企業名変遷要覧 2

機械振興協会経済研究所 結城智里 編

日外アソシエーツ

A List of Changed Company Names of Japanese Corporations 2

Compiled by

©CHISATO YUKI

©Nichigai Associates, inc.

●

Nichigai Associates, inc.
Printed in Japan

●編集担当● 青木 竜馬
装　丁：赤田 麻衣子

刊行にあたって

　早いもので前版の企業名変遷要覧が発刊されてからそろそろ10年になる。この10年間はリーマンショックによる世界的な不況があり、東日本大震災による甚大な被害があり、震災がもたらした福島原子力発電所の災害があり、いろいろな意味で災厄に見舞われた10年であったといえるかもしれない。このような社会にあって、企業はその災厄をもろに受けたかもしれない。

　前版発刊当時は、バブル崩壊からの不況の影響が尾を引き、倒産件数の上昇が続いている頃であったと思う。

　今回2版の編纂にあたり、この10年の間における企業の変遷を俯瞰してみることができた。その中で浮かび上がってくる特徴がいくつかあったが、大企業において合併などの企業再編が顕著になったこと、そしてホールディングカンパニー制をとる企業が増加したことが目を引いた。

　たとえば伊勢丹と三越、大丸と松坂屋などの百貨店、新日本製鐵と住友金属など日本を代表する企業同士が相次いで合併した。これまでの歴史からはとても考えられない状況が生まれたのがこの10年であった。前版の発刊された2006年の時点ですでに日本鋼管と川崎製鉄が合併しJFEスチールとなっていたから、新日本製鉄と住友金属の合併はさらに鉄鋼業界の地図を大きくぬりかえるものだったのではないだろうか。

　また前版が発刊された頃からホールディングカンパニー制をとる企業がぽつぽつと出てきた。当時、ホールディングカンパニー制はまだなじみが薄く、前版の編纂の際には、あまり目立たなかったように思う。今回の版では、変遷のあった企業のうちかなりの数の企業がホールディングカンパニー制に移行していた。

　ホールディングカンパニーに移行すると、それまで実際に活動していた会社が子会社化される。子会社となると上場廃止となる。たとえば伊勢丹や三越のような長い歴史を持ちずっと上場してきた有名百貨店であっても子会社

化されたことにより、上場企業ではなくなりEDINET（有価証券報告書等の開示書類を閲覧するサイト）から百貨店としての伊勢丹や三越の名前が消えていくという結果が生まれている。ホールディングカンパニー制をとった会社ではこうしたことが起こっているのである。

「企業名変遷」は社名の記述のみで企業の変遷を描くことを意図していたため、ホールディングカンパニーに移行すると、それまでの歴史を単純にホールディングカンパニーに移行することでよいのか、企業の実績をついでいるのは子会社化された企業ではないか、という悩ましい状況が生まれた。今回の版では、ホールディングカンパニーを承継会社とし、子会社化された企業の変遷もできるだけ記述するという形をとっている。

歴史ある企業が変化をしていく一方で前版のITバブル期に生まれた新興企業が倒産、上場廃止に追い込まれていた企業が数多くあったのも事実である。各社の沿革にも、設立、清算の文字が躍っている。また高齢化問題や政府の成長戦略などの影響か医療やバイオなど分野で新たに上場する企業が目立ち、アベノミクスによるものか否か、傾いた会社が更生して改めて上場した会社なども目立った。こうしてみると社名の変遷も社会を写す鏡、という側面を持っているのかもしれない

前版の企業名変遷要覧の編纂にあたっては、企業の変遷を追うということがそもそもの目的であったが、もうひとつ、長い歴史を持つ、あるいは輝かしい業績を残したにもかかわらず合併、倒産などにより消滅していく企業の名前を記憶にとどめたいという思いがあった。「企業名変遷要覧2」においてもその役割の一端を果たすことができれば幸いである。

2015年10月

機械振興協会経済研究所

結城 智里

目　次

目　次……………………………………………………………… (5)

凡　例……………………………………………………………… (6)

業種別一覧………………………………………………………… (8)

企業名変遷要覧…………………………………………………… 1

社名索引…………………………………………………………… 509

凡　例

1. 本書の内容
　　本書は、国内主要企業3,169社の設立から現在にいたる社名の変遷を一覧できるツールである。

2. 収録対象
収録対象は以下の通りである。
(1)2015年8月時点で全国の証券取引所に上場している企業。
(2)非上場であっても著名な企業。
(3)上記条件を満たし、かつ前版（「企業名変遷要覧」2006.1刊行）以降、社名や直系の子会社設立などデータに変遷のある、もしくは沿革上で新たな変遷情報が確認された企業。

3. 企業名見出し
　　見出しは基本的には正式社名を採用した。使用漢字は原則常用漢字、新字体に統一した。

4. 排　列
(1)企業名は（株）などを外した企業名の五十音順に排列した。
(2)排列にあたっては、濁音、半濁音は清音扱いとし、ヂ→シ、ヅ→スとみなした。また、拗促音は直音扱いとし、長音は無視した。

5. 記載事項
(1)企業名データ
　　　企業番号/企業名/証券コード/上場区分
(2)変遷データ
　1)年月（西暦）の後ろに、設立、改組、社名・商号変更、吸収合併、持株会社設立など創業以来の変遷内容を記述した。なお見出しに立てた企業に直接つながっていく社名は太字で記載した。
　2)変遷データは、時系列に配した。但し複数の企業が合併などを行っている場合は、それぞれの系列ごとに変遷の経緯をまとめた。
　3)一つの企業の社名変遷、もしくは合併、子会社設立などで、同じ社名が重複して出現する場合には、区別するために〈旧〉、〈新〉などを付した。
　4)変遷過程が複雑な企業については、簡略な変遷図を付した。

6. 業種別一覧
　　本文の企業名（上場企業）見出しを業種別にまとめ、記載頁を示した。

7. 社名索引
　(1)現社名、旧社名、子会社名、被合併社名など本文のデータに現れるすべての社名から掲載されている企業番号が引けるようにするものである。
　(2)五十音順ないしABC順に配列した。

8. データの出所
　　本書の編集に際し、主に以下の資料を参考にした。
　　　　EDINET（金融庁）
　　　　日本取引所グループ上場会社情報

業種別一覧

1 水産・農林業
- (株)秋川牧園 ………………… 9
- (株)アクシーズ ……………… 10
- カネコ種苗(株) ……………… 86
- (株)極洋 ……………………… 108
- (株)サカタのタネ …………… 142
- 日本水産(株) ………………… 340
- ベルグアース(株) …………… 418
- ホクト(株) …………………… 420
- (株)ホクリヨウ ……………… 421
- (株)ホーブ …………………… 424
- マルハニチロ(株) …………… 436

2 鉱業
- K&Oエナジーグループ(株) ………………… 121
- 国際石油開発帝石(株) ……… 132
- 住石ホールディングス(株) ………………… 205
- 石油資源開発(株) …………… 213
- 日鉄鉱業(株) ………………… 329
- 日本海洋掘削(株) …………… 334
- 三井松島産業(株) …………… 447

3 建設業
- (株)淺沼組 …………………… 12
- (株)アジアゲートホールディングス …………………… 13
- (株)安藤・間 ………………… 23
- インターライフホールディングス(株) ………………… 30
- (株)ウエストホールディングス ……………………… 33
- NDS(株) ……………………… 52
- OSJBホールディングス(株) ……………………… 63
- (株)大林組 …………………… 66
- 大林道路(株) ………………… 66
- (株)大本組 …………………… 67
- (株)大盛工業 ………………… 67
- (株)オーテック ……………… 72
- 鹿島建設(株) ………………… 82
- 金下建設(株) ………………… 86
- 川崎設備工業(株) …………… 92
- (株)関電工 …………………… 94
- 技研興業(株) ………………… 95
- 北野建設(株) ………………… 97
- (株)協和エクシオ …………… 106
- (株)協和日成 ………………… 106
- (株)きんでん ………………… 110
- 工藤建設(株) ………………… 111
- (株)熊谷組 …………………… 112
- クレアホールディングス(株) ……………………… 116
- コーアツ工業(株) …………… 126
- (株)弘電社 …………………… 129
- コムシスホールディングス(株) ……………………… 137
- 五洋建設(株) ………………… 138
- サイタホールディングス(株) ……………………… 140
- 佐田建設(株) ………………… 145
- (株)佐藤渡辺 ………………… 146
- サムシングホールディングス(株) ………………… 148
- サーラ住宅(株) ……………… 149
- 三機工業(株) ………………… 151
- 三信建設工業(株) …………… 154
- (株)サンテック ……………… 155
- サンユー建設(株) …………… 157
- サンヨーホームズ(株) ……… 158
- シーキューブ(株) …………… 171
- (株)SYSKEN ………………… 173
- シード平和(株) ……………… 177
- 清水建設(株) ………………… 180
- (株)省電舎 …………………… 186
- 常磐開発(株) ………………… 186
- ショーボンドホールディングス(株) ………………… 189
- シンクレイヤ(株) …………… 191
- 新興プランテック(株) ……… 193
- 新日本空調(株) ……………… 196
- 新日本建設(株) ……………… 197
- 住友電設(株) ………………… 208
- 世紀東急工業(株) …………… 209
- 西部電気工業(株) …………… 211
- 積水ハウス(株) ……………… 212
- (株)錢高組 …………………… 214
- (株)ソネック ………………… 223
- 第一カッター興業(株) ……… 226
- (株)大気社 …………………… 228
- 大末建設(株) ………………… 231
- 大成温調(株) ………………… 231
- 大成建設(株) ………………… 231
- (株)ダイセキ環境ソリューション ……………………… 232
- ダイダン(株) ………………… 232
- 大東建託(株) ………………… 233
- 太平電業(株) ………………… 238
- 大豊建設(株) ………………… 239
- 太洋基礎工業(株) …………… 240
- 大和ハウス工業(株) ………… 242
- 高砂熱学工業(株) …………… 244
- (株)高田工業所 ……………… 245
- 高橋カーテンウォール工業(株) ……………………… 246
- (株)高松コンストラクショングループ ………………… 246
- 田辺工業(株) ………………… 252
- 中外炉工業(株) ……………… 257
- (株)中電工 …………………… 257
- 千代田化工建設(株) ………… 259
- (株)土屋ホールディングス ……………………… 261
- (株)TTK ……………………… 267
- (株)テノックス ……………… 272
- 東亜建設工業(株) …………… 277
- 東亜道路工業(株) …………… 278
- 東急建設(株) ………………… 280
- 東建コーポレーション(株) ……………………… 287
- 東芝プラントシステム(株) ……………………… 289
- 東鉄工業(株) ………………… 290
- 東洋建設(株) ………………… 293
- (株)トーエネック …………… 297
- 徳倉建設(株) ………………… 298
- 戸田建設(株) ………………… 300
- 飛島建設(株) ………………… 302
- (株)ナカノフドー建設 ……… 312
- 西松建設(株) ………………… 318
- 日成ビルド工業(株) ………… 328
- (株)NITTOH ………………… 330
- 日特建設(株) ………………… 332
- (株)NIPPO …………………… 332
- (株)日本アクア ……………… 333
- 日本乾溜工業(株) …………… 336
- 日本電設工業(株) …………… 345
- 日本電通(株) ………………… 345
- 日本リーテック(株) ………… 349
- (株)日本ハウスホールディングス ……………………… 358
- (株)長谷工コーポレーション ……………………… 371
- パナホーム(株) ……………… 373
- (株)ピーエス三菱 …………… 381
- (株)桧家ホールディングス ……………………… 388
- (株)福田組 …………………… 398
- 藤田エンジニアリング(株) ……………………… 403
- (株)富士ピー・エス ………… 407
- 富士古河E&C(株) …………… 407
- (株)不動テトラ ……………… 409
- (株)細田工務店 ……………… 422
- 北海電気工事(株) …………… 422

前田建設工業(株)……428	(株)……108	フィード・ワンホールディングス(株)……395
(株)マサル……429	ケンコーマヨネーズ(株)……125	福留ハム(株)……399
松井建設(株)……430	コカ・コーライーストジャパン(株)……130	不二製油グループ本社(株)……403
美樹工業(株)……439	コカ・コーラウエスト(株)……131	フジッコ(株)……405
ミサワホーム(株)……439	寿スピリッツ(株)……134	フジ日本精糖(株)……406
ミサワホーム中国(株)……440	(株)コモ……138	(株)不二家……408
三井金属エンジニアリング(株)……443	サッポロホールディングス(株)……145	(株)フルッタフルッタ……413
三井住建道路(株)……444	佐藤食品工業(株)……146	ブルドックソース(株)……413
三井ホーム(株)……447	サントリー食品インターナショナル(株)……156	(株)ブルボン……413
明星工業(株)……456	(株)J-オイルミルズ……163	(株)フレンテ……415
(株)ミライト・ホールディングス……457	(株)ジェーシー・コムサ……167	北海道コカ・コーラボトリング(株)……423
名工建設(株)……460	シノブフーズ(株)……178	(株)増田製粉所……429
(株)森組……466	(株)シベール……179	マルサンアイ(株)……435
(株)守谷商会……468	ジャパン・フード＆リカー・アライアンス(株)……182	(株)マルタイ……436
矢作建設工業(株)……470	昭和産業(株)……187	三井製糖(株)……445
(株)ヤマダ・エスバイエルホーム……472	仙波糖化工業(株)……219	ミヨシ油脂(株)……457
(株)ヤマト……473	(株)ダイショー……230	明治ホールディングス(株)……461
(株)ユアテック……475	ダイドードリンコ(株)……234	名糖産業(株)……462
(株)四電工……487	太陽化学(株)……240	森永製菓(株)……467
ライト工業(株)……488	(株)大冷……241	森永乳業(株)……468
ルーデン・ホールディングス(株)……499	宝ホールディングス(株)……247	焼津水産化学工業(株)……468
	滝沢ハム(株)……248	(株)ヤクルト本社……469
4 食料品	中部飼料(株)……258	山崎製パン(株)……471
アヲハタ(株)……8	東福製粉(株)……290	雪印メグミルク(株)……476
アサヒグループホールディングス(株)……12	東洋水産(株)……294	(株)ユニカフェ……479
(株)あじかん……14	鳥越製粉(株)……307	養命酒製造(株)……483
味の素(株)……15	(株)永谷園ホールディングス……311	米久(株)……486
イートアンド(株)……27	(株)なとり……314	理研ビタミン(株)……494
井村屋グループ(株)……28	日糧製パン(株)……321	(株)ロック・フィールド……503
岩塚製菓(株)……29	(株)ニチレイ……322	和弘食品(株)……506
(株)ウォーターダイレクト……34	日和産業(株)……322	わらべや日洋(株)……507
(株)AFC-HDアムスライフサイエンス……38	日清食品ホールディングス(株)……326	
江崎グリコ(株)……43	日新製糖(株)……326	**5 繊維製品**
エスビー食品(株)……48	(株)日清製粉グループ本社……327	芦森工業(株)……15
エスフーズ(株)……48	日東富士製粉(株)……331	オーベクス(株)……75
エバラ食品工業(株)……54	日東ベスト(株)……332	オーミケンシ(株)……75
(株)大森屋……67	日本製粉(株)……342	(株)オンワードホールディングス……79
(株)柿安本店……81	日本甜菜製糖(株)……345	片倉工業(株)……82
カゴメ(株)……81	日本ハム(株)……346	北日本紡績(株)……96
亀田製菓(株)……88	日本食品化工(株)……353	(株)キムラタン……99
カルビー(株)……90	ハウス食品グループ本社(株)……368	(株)キング……109
カンロ(株)……95	林兼産業(株)……375	(株)クラウディア……112
キーコーヒー(株)……96	(株)ピエトロ……381	倉敷紡績(株)……112
(株)北の達人コーポレーション……97	(株)ヒガシマル……382	グンゼ(株)……120
キッコーマン(株)……97	(株)ピックルスコーポレーション……387	小松精練(株)……137
(株)ギャバン……100	(株)ファーマフーズ……393	(株)ゴールドウイン……138
キユーピー(株)……102		サイボー(株)……141
キリンホールディングス		サカイオーベックス(株)……141
		(株)三陽商会……157
		シキボウ(株)……170

(株)自重堂 176
住江織物(株) 205
セーレン(株) 216
倉庫精練(株) 220
(株)ソトー 222
大東紡織(株) 234
(株)ダイドーリミテッド 235
ダイニック(株) 236
(株)TSIホールディングス 263
帝人(株) 266
(株)デサント 271
(株)トーア紡コーポレーション 277
東海染工(株) 279
東洋紡(株) 295
東レ(株) 296
(株)ナイガイ 309
日東製網(株) 331
日本毛織(株) 337
日本フエルト(株) 348
日本バイリーン(株) 357
(株)フジコー 401
(株)フジックス 405
富士紡ホールディングス(株) 407
(株)ホギメディカル 419
ユニチカ(株) 480
(株)ラピーヌ 490
(株)ルック 499
(株)レナウン 502

6 パルプ・紙
阿波製紙(株) 23
王子ホールディングス(株) 61
大石産業(株) 63
国際チャート(株) 132
ザ・パック(株) 148
昭和パックス 188
スーパーバッグ(株) 204
大王製紙(株) 227
ダイナパック(株) 235
中央紙器工業(株) 255
特種東海製紙(株) 298
(株)巴川製紙所 303
(株)トーモク 303
ニッポン高度紙工業(株) 338
日本製紙(株) 342
ハビックス(株) 374
光ビジネスフォーム(株) 382
古林紙工(株) 413
北越紀州製紙(株) 419
三菱製紙(株) 451
レンゴー(株) 502

7 化学
アイカ工業(株) 3
(株)アイビー化粧品 7
(株)アサヒペン 13
(株)アジュバンコスメジャパン 15
アース製薬(株) 16
(株)ADEKA 17
(株)アテクト 18
イサム塗料(株) 25
石原ケミカル(株) 26
上村工業(株) 33
宇部興産(株) 36
エア・ウォーター(株) 37
永大化工(株) 39
エスケー化研(株) 46
エステー(株) 47
(株)エス・ディー・エスバイオテック 47
(株)エフピコ 57
OATアグリオ(株) 62
大倉工業(株) 64
(株)大阪ソーダ 65
大阪有機化学工業(株) 65
小野産業(株) 73
花王(株) 80
(株)カネカ 85
カーリットホールディングス(株) 89
川上塗料(株) 91
川口化学工業(株) 91
川崎化成工業(株) 91
関西ペイント(株) 94
関東電化工業(株) 94
(株)きもと 99
共和レザー(株) 107
クミアイ化学工業(株) 112
(株)クラレ 113
(株)クレハ 117
群栄化学工業(株) 120
ケミプロ化成 125
高圧ガス工業(株) 127
広栄化学工業(株) 127
互応化学工業(株) 130
(株)コーセー 133
児玉化学工業(株) 134
コニシ(株) 136
小林製薬(株) 136
堺化学工業(株) 141
サカタインクス(株) 142
(株)サンエー化研 150
サンケイ化学(株) 152
三光合成(株) 153
三洋化成工業(株) 157
JSR(株) 161

(株)ジェイエスピー 161
四国化成工業(株) 172
(株)資生堂 174
(株)シーボン 179
昭和化学工業(株) 187
昭和電工(株) 187
(株)ショーエイコーポレーション 189
信越化学工業(株) 191
信越ポリマー(株) 191
神東塗料(株) 195
新日本理化(株) 197
スガイ化学工業(株) 199
ステラ ケミファ(株) 203
住友化学(株) 206
住友精化(株) 207
住友ベークライト(株) 208
星光PMC(株) 210
積水化学工業(株) 212
積水化成品工業(株) 212
積水樹脂(株) 212
セメダイン(株) 216
セントラル硝子(株) 218
綜研化学(株) 219
曽田香料(株) 221
(株)ソフト99コーポレーション 224
第一化成(株) 226
第一稀元素化学工業(株) 226
第一工業製薬(株) 226
タイガースポリマー(株) 228
ダイキョーニシカワ(株) 228
大伸化学(株) 230
大成ラミック(株) 231
(株)ダイセル 232
大日精化工業(株) 235
大日本塗料(株) 236
大陽日酸(株) 240
太陽ホールディングス(株) 241
田岡化学工業(株) 243
(株)タカギセイコー 243
高砂香料工業(株) 244
タカラバイオ(株) 247
タキロン(株) 248
竹本容器(株) 249
(株)田中化学研究所 251
チタン工業(株) 254
中央化学(株) 255
中国塗料(株) 257
DIC(株) 262
(株)T&K TOKA 262
テイカ(株) 265
デクセリアルズ(株) 270
(株)寺岡製作所 273

| 業種別一覧 | | 9 石油・石炭製品 |

会社名	頁
電気化学工業(株)	274
天昇電気工業(株)	275
天馬(株)	276
東亞合成(株)	277
東京インキ(株)	281
東京応化工業(株)	282
東ソー(株)	290
東邦化学工業(株)	291
東洋インキSCホールディングス(株)	292
東洋合成工業(株)	293
東洋ドライルーブ(株)	295
東リ(株)	296
(株)ドクターシーラボ	298
(株)トクヤマ	299
戸田工業(株)	300
(株)トリケミカル研究所	307
ナトコ(株)	314
(株)ニイタカ	317
ニチバン(株)	320
日油(株)	320
日華化学(株)	322
(株)ニックス	323
日産化学工業(株)	324
新田ゼラチン(株)	329
日東電工(株)	331
日本化学工業(株)	334
日本化成(株)	335
日本カーバイド工業(株)	335
日本化薬(株)	336
日本合成化学工業(株)	338
(株)日本触媒	340
日本精化(株)	341
日本ゼオン(株)	342
日本曹達(株)	343
日本バルカー工業(株)	347
日本ピグメント(株)	347
日本ペイントホールディングス(株)	348
(株)ニフコ	350
日本化学産業(株)	352
日本デコラックス(株)	355
日本特殊塗料(株)	357
日本農薬(株)	357
日本パーカライジング(株)	358
日本ユピカ(株)	360
(株)ノエビアホールディングス	363
(株)パーカーコーポレーション	368
長谷川香料(株)	371
(株)ハーバー研究所	373
日立化成(株)	383
(株)ファンケル	394
フクビ化学工業(株)	399
藤倉化成(株)	401
富士フイルムホールディングス(株)	402
フジプレアム(株)	407
藤森工業(株)	408
扶桑化学工業(株)	408
フマキラー(株)	410
北興化学工業(株)	423
保土谷化学工業(株)	424
ポバール興業(株)	424
(株)ポーラ・オルビスホールディングス	425
(株)ポラテクノ	425
本州化学工業(株)	426
前澤化成工業(株)	427
松本油脂製薬(株)	431
マナック(株)	432
丸尾カルシウム(株)	434
丸東産業(株)	436
(株)マンダム	437
三井化学(株)	442
MICS化学(株)	447
三菱瓦斯化学(株)	449
未来工業(株)	457
(株)ミルボン	457
ムトー精工(株)	459
メック(株)	463
ユニ・チャーム(株)	480
ライオン(株)	488
ラサ工業(株)	489
リケンテクノス(株)	493
(株)リプロセル	497
レック(株)	501
ロックペイント(株)	504
ロンシール工業(株)	504

8 医薬品

会社名	頁
あすか製薬(株)	16
(株)アールテック・ウエノ	22
アンジェスMG	23
(株)医学生物学研究所	25
栄研化学(株)	38
エーザイ(株)	43
大塚ホールディングス(株)	66
小野薬品工業(株)	73
オンコセラピー・サイエンス(株)	79
オンコリスバイオファーマ(株)	79
(株)カイノス	80
科研製薬(株)	81
カルナバイオサイエンス(株)	90
キッセイ薬品工業(株)	97
協和発酵キリン(株)	106
キョーリン製薬ホールディングス(株)	108
沢井製薬(株)	149
参天製薬(株)	155
サンバイオ(株)	156
(株)ジーエヌアイグループ	168
塩野義製薬(株)	170
生化学工業(株)	209
ゼリア新薬工業(株)	216
そーせいグループ(株)	221
第一三共(株)	226
大幸薬品(株)	229
大正製薬ホールディングス(株)	230
ダイト(株)	232
大日本住友製薬(株)	236
武田薬品工業(株)	249
田辺三菱製薬(株)	252
中外製薬(株)	256
(株)中京医薬品	257
(株)ツムラ	261
(株)デ・ウエスタン・セラピテクス研究所	269
日医工(株)	319
日水製薬(株)	328
日本ケミファ(株)	338
日本新薬(株)	340
ビオフェルミン製薬(株)	381
久光製薬(株)	382
富士製薬工業(株)	403
扶桑薬品工業(株)	409
JCRファーマ(株)	416
(株)ヘリオス	418
(株)メドレックス	465
(株)免疫生物研究所	465
持田製薬(株)	465
森下仁丹(株)	466
(株)UMNファーマ	476
ラクオリア創薬(株)	489
ロート製薬(株)	504
わかもと製薬(株)	506

9 石油・石炭製品

会社名	頁
出光興産(株)	27
JXホールディング(株)	162
東亜石油(株)	277
ニチレキ(株)	322
日本コークス工業(株)	338
日本精蠟(株)	342
富士石油(株)	403
(株)MORESCO	468
ユシロ化学工業(株)	477

10 ゴム製品

オカモト（株）·················· 68
相模ゴム工業（株）··············· 143
櫻護謨（株）···················· 144
昭和ホールディングス（株）
·· 188
住友ゴム工業（株）··············· 206
住友理工（株）···················· 208
東洋ゴム工業（株）··············· 293
西川ゴム工業（株）··············· 318
（株）ニチリン···················· 321
ニッタ（株）······················ 328
日東化工（株）···················· 330
バンドー化学（株）··············· 379
（株）フコク······················ 399
藤倉ゴム工業（株）··············· 401
（株）ブリヂストン··············· 412
横浜ゴム（株）···················· 484

11 ガラス・土石製品

旭硝子（株）······················ 12
（株）エーアンドエーマテリアル
·· 37
SECカーボン（株）··············· 44
（株）オハラ······················ 73
クニミネ工業（株）··············· 111
（株）倉元製作所················· 113
黒崎播磨（株）···················· 117
ジオスター（株）················· 169
品川リフラクトリーズ（株）
·· 177
ジャパンパイル（株）············ 182
新東（株）························ 194
（株）スパンクリートコーポレーション
·· 204
ゼニス羽田ホールディングス（株）
·· 214
ダントーホールディングス（株）
·· 254
チヨダウーテ（株）··············· 259
（株）デイ・シイ················· 266
テクノクオーツ（株）············ 270
東海カーボン（株）··············· 278
東京窯業（株）···················· 287
東洋炭素（株）···················· 294
TOTO（株）······················ 301
ニチハ（株）······················ 320
ニッコー（株）···················· 323
日東紡績（株）···················· 332
日本碍子（株）···················· 334
日本カーボン（株）··············· 335
日本コンクリート工業（株）
·· 339
日本電気硝子（株）··············· 344
日本特殊陶業（株）··············· 345

日本坩堝（株）···················· 350
日本研紙（株）···················· 352
日本山村硝子（株）··············· 360
（株）ノザワ······················ 363
（株）ノリタケカンパニーリミテド
·· 365
不二硝子（株）···················· 400
（株）フジミインコーポレーテッド
·· 407
Mipox（株）······················ 427
（株）MARUWA················· 437
三谷セキサン（株）··············· 442
美濃窯業（株）···················· 455
（株）ヤマウ······················ 471
（株）ヤマックス················· 473
理研コランダム（株）············ 493

12 鉄鋼

愛知製鋼（株）···················· 5
朝日工業（株）···················· 12
（株）エンビプロ・ホールディングス
·· 60
大阪製鐵（株）···················· 65
（株）川金ホールディングス··· 91
共英製鋼（株）···················· 103
（株）栗本鐵工所················· 115
虹技（株）························ 127
合同製鐵（株）···················· 129
（株）神戸製鋼所················· 129
（株）サンユウ··················· 157
山陽特殊製鋼（株）··············· 158
神鋼鋼線工業（株）··············· 192
（株）シンニッタン·············· 195
新日鐵住金（株）················· 195
新日本電工（株）················· 196
新報国製鉄（株）················· 198
大同特殊鋼（株）················· 233
大平洋金属（株）················· 238
大和重工（株）···················· 242
高砂鐵工（株）···················· 244
中央可鍛工業（株）··············· 255
東京鐵鋼（株）···················· 285
東北特殊鋼（株）················· 292
東洋鋼鈑（株）···················· 293
（株）中山製鋼所················· 312
日亜鋼業（株）···················· 319
日新製鋼（株）···················· 326
日本金属（株）···················· 336
日本高周波鋼業（株）············ 338
日本精線（株）···················· 342
日本鋳造（株）···················· 343
日本鋳鉄管（株）················· 344
日本冶金工業（株）··············· 349
パウダーテック（株）············ 368
日立金属（株）···················· 384

北越メタル（株）················· 420
丸一鋼管（株）···················· 434
三菱製鋼（株）···················· 451
（株）メタルアート·············· 463
モリ工業（株）···················· 466
大和工業（株）···················· 473
（株）淀川製鋼所················· 486

13 非鉄金属

（株）アサカ理研················· 11
アサヒホールディングス（株）
·· 13
エヌアイシ・オートテック（株）
·· 50
FCM（株）························ 55
（株）大阪チタニウムテクノロジーズ
·· 65
沖電線（株）······················ 69
オーナンバ（株）················· 72
カナレ電気（株）················· 85
（株）CKサンエツ··············· 172
昭和電線ホールディングス（株）
·· 188
住友金属鉱山（株）··············· 206
住友電気工業（株）··············· 207
（株）大紀アルミニウム工業所
·· 228
タツタ電線（株）················· 251
中外鉱業（株）···················· 256
東京特殊電線（株）··············· 286
東邦亜鉛（株）···················· 291
東邦金属（株）···················· 291
東邦チタニウム（株）············ 292
DOWAホールディングス（株）
·· 309
日本軽金属ホールディングス（株）
·· 337
日本精鉱（株）···················· 353
平河ヒューテック（株）········· 390
（株）フジクラ··················· 401
古河機械金属（株）··············· 412
三井金属鉱業（株）··············· 443
三菱マテリアル（株）············ 452
（株）三ッ星····················· 453
（株）UACJ······················ 476
リョービ（株）···················· 498

14 金属製品

アトムリビンテック（株）······ 19
（株）RS Technologies ········· 21
イワブチ（株）···················· 30
（株）エイチワン················· 40
（株）エスイー··················· 44
エムケー精工（株）··············· 57
岡部（株）························ 67

業種別一覧　　　15 機械

(株)オーネックス……………73	文化シヤッター(株)………416	(株)キッツ…………………97
兼房(株)……………………86	ホッカンホールディングス	(株)キトー…………………98
川田テクノロジーズ(株)…92	(株)……………………423	木村化工機(株)……………99
(株)菊池製作所……………95	(株)丸順…………………435	(株)クボタ………………111
京都機械工具(株)…………104	(株)マルゼン……………435	栗田工業(株)……………115
協立エアテック(株)………105	(株)MIEコーポレーション	黒田精工(株)……………118
(株)共和工業所……………106	……………………………439	グローリー(株)…………119
(株)ケー・エフ・シー……123	(株)三ツ知………………453	(株)KVK………………123
高周波熱錬(株)……………128	モリテック スチール(株)…467	小池酸素工業(株)………126
(株)駒井ハルテック………136	(株)ヤマシナ……………472	鉱研工業(株)……………128
(株)コロナ…………………139	(株)横河ブリッジホール	(株)郷鉄工所……………130
(株)SUMCO………………148	ディングス……………484	(株)小島鐵工所…………133
サンコーテクノ(株)………153	(株)LIXILグループ………491	(株)小松製作所…………136
サンコール(株)……………153	(株)ロブテックス………504	(株)小森コーポレーション
(株)山王……………………156		……………………………138
三洋工業(株)………………157	**15 機械**	酒井重工業(株)…………141
三和ホールディングス(株)	(株)IHI……………………3	(株)ササクラ……………144
……………………………160	(株)アイチコーポレーショ	サトーホールディングス
JFEコンテイナー(株)……162	ン…………………………5	(株)……………………146
(株)ジーテクト……………177	(株)アマダホールディング	サムコ(株)………………148
昭和鉄工(株)………………187	ス…………………………20	三精テクノロジーズ(株)…155
シンポ(株)…………………198	(株)石川製作所……………26	サンデンホールディングス
(株)スーパーツール………204	(株)エイチアンドエフ……40	(株)……………………156
(株)ダイケン………………229	SMC(株)……………………45	(株)ジェイテクト………165
高田機工(株)………………245	(株)エスティック…………47	CKD(株)…………………171
瀧上工業(株)………………247	(株)NFKホールディングス…51	澁谷工業(株)……………178
立川ブラインド工業(株)…250	NTN(株)……………………52	(株)島精機製作所………179
知多鋼業(株)………………254	(株)エヌ・ピー・シー……54	蛇の目ミシン工業(株)…181
中央発條(株)………………256	荏原実業(株)………………54	JUKI(株)…………………184
中国工業(株)………………257	(株)荏原製作所……………54	(株)昭和真空……………187
(株)長府製作所……………258	エンシュウ(株)……………59	(株)新川…………………191
天龍製鋸(株)………………277	(株)オーイズミ……………60	(株)神鋼環境ソリューショ
(株)トーアミ………………277	オイレス工業(株)…………61	ン………………………192
東京製綱(株)………………284	オーエスジー(株)…………62	新晃工業(株)……………192
東プレ(株)…………………291	大阪機工(株)………………64	新東工業(株)……………194
東洋製罐グループホール	大崎エンジニアリング(株)…65	(株)瑞光…………………198
ディングス(株)…………294	オカダアイヨン(株)………67	水道機工(株)……………199
東洋刃物(株)………………295	岡野バルブ製造(株)………67	鈴茂器工(株)……………201
トーカロ(株)………………298	(株)岡本工作機械製作所…68	住友精密工業(株)………207
特殊電極(株)………………298	オークマ(株)………………70	住友重機械工業(株)……209
トーソー(株)………………300	小倉クラッチ(株)…………70	靜甲(株)…………………210
TONE(株)…………………301	(株)小田原エンジニアリン	西部電機(株)……………211
(株)中西製作所……………311	グ…………………………71	セガサミーホールディング
那須電機鉄工(株)…………313	オリエンタルチエン工業	ス(株)…………………211
日東精工(株)………………331	(株)………………………76	(株)セコニックホールディ
日本発條(株)………………346	オルガノ(株)………………78	ングス…………………213
日本フイルコン(株)………348	桂川電機(株)………………83	(株)ソディック…………222
日本パワーファスニング	(株)加藤製作所……………84	ダイキン工業(株)………229
(株)……………………358	兼松エンジニアリング(株)…86	ダイコク電機(株)………230
ネポン(株)…………………363	(株)カワタ…………………92	ダイジェット工業(株)…230
(株)ノーリツ………………365	キクカワエンタープライズ	大同工業(株)……………233
(株)パイオラックス………366	(株)………………………95	(株)ダイフク……………237
(株)ファインシンター……392	(株)技研製作所……………95	(株)太平製作所…………238
不二サッシ(株)……………402	北川精機(株)………………96	大豊工業(株)……………239
(株)フジマック……………407	(株)北川鉄工所……………96	(株)太陽工機……………240

(13)

大和冷機工業(株)……243	日本精工(株)……341	(株)ヤマザキ……471
(株)タカキタ……244	日本トムソン(株)……345	ヤマシンフィルタ(株)……472
(株)タカトリ……245	日本ピストンリング(株)……347	(株)やまびこ……474
高松機械工業(株)……246	日本ピラー工業(株)……348	油研工業(株)……477
(株)高見沢サイバネティックス……246	日本エアーテック(株)……351	(株)ユーシン精機……478
(株)滝澤鉄工所……247	(株)日本製鋼所……354	ユニオンツール(株)……479
(株)タクマ……248	(株)ニューフレアテクノロジー……361	(株)ユニバーサルエンターテインメント……481
(株)タクミナ……248	野村マイクロ・サイエンス(株)……365	(株)横田製作所……484
(株)竹内製作所……248	(株)ハマイ……374	(株)リケン……493
タケダ機械(株)……249	浜井産業(株)……374	理想科学工業(株)……494
(株)タダノ……250	(株)ハーモニック・ドライブ・システムズ……375	レオン自動機(株)……501
タツモ(株)……251	パンチ工業(株)……379	ローツェ(株)……503
中日本鋳工(株)……258	(株)日阪製作所……382	ワイエイシイ(株)……505
(株)ツガミ……259	日立建機(株)……384	(株)和井田製作所……505
月島機械(株)……260	日立工機(株)……384	
津田駒工業(株)……261	日立造船(株)……386	**16 電気機器**
(株)椿本チエイン……261	ヒーハイスト精工(株)……388	(株)アイ・オー・データ機器……3
(株)鶴見製作所……262	平田機工(株)……391	IDEC(株)……6
THK(株)……263	福島工業(株)……398	アオイ電子(株)……8
DMG森精機(株)……264	富士機械製造(株)……400	(株)アクセル……10
(株)帝国電機製作所……266	(株)不二越……401	アズビル(株)……16
(株)ディスコ……267	(株)藤商事……402	(株)アドテック プラズマ テクノロジー……18
TPR(株)……268	不二精機(株)……402	(株)RVH……22
(株)テクノスマート……270	富士精工(株)……403	イリソ電子工業(株)……29
(株)テセック……272	冨士ダイス(株)……403	岩崎通信機(株)……29
(株)電業社機械製作所……274	(株)富士テクニカ宮津……406	インスペック(株)……30
東亜バルブエンジニアリング(株)……278	フジテック(株)……406	ウシオ電機(株)……34
(株)東京機械製作所……283	(株)プラコー……410	(株)エイアンドティー……37
(株)東京自働機械製作所……284	フロイント産業(株)……415	ASTI(株)……37
東芝機械(株)……288	ペガサスミシン製造(株)……417	EIZO(株)……39
東洋機械金属(株)……293	(株)放電精密加工研究所……419	SMK(株)……45
巴工業(株)……303	豊和工業(株)……419	(株)エスケーエレクトロニクス……46
(株)西島製作所……307	北越工業(株)……420	エスペック(株)……48
トリニティ工業(株)……308	ホシザキ電機(株)……421	(株)エヌエフ回路設計ブロック……51
TOWA(株)……308	ホソカワミクロン(株)……422	NKKスイッチズ(株)……51
(株)ナガオカ……310	前澤給装工業(株)……427	(株)エノモト……54
中野冷機(株)……312	前澤工業(株)……428	FDK(株)……56
(株)中村超硬……312	(株)前田製作所……428	(株)MCJ……57
ナビタス(株)……314	(株)マキタ……428	エルナー(株)……58
ナブテスコ(株)……315	(株)牧野フライス製作所……428	エレコム(株)……59
(株)ニチダイ……320	(株)マースエンジニアリング……429	(株)遠藤照明……60
日工(株)……323	マックス(株)……430	(株)エンプラス……60
日精エー・エス・ビー機械(株)……325	(株)マルマエ……437	(株)OSGコーポレーション……63
日進工具(株)……326	(株)丸山製作所……437	(株)大泉製作所……63
(株)ニッセイ……328	三浦工業(株)……438	大井電気(株)……64
日精樹脂工業(株)……328	ミクロン精密(株)……439	岡谷電機産業(株)……68
日東工器(株)……330	三菱化工機(株)……449	沖電気工業(株)……69
日特エンジニアリング(株)……332	三菱重工業(株)……450	オーデリック(株)……72
日本ギア工業(株)……336	(株)妙徳……456	(株)小野測器……73
日本金銭機械(株)……336	(株)名機製作所……460	OBARA GROUP(株)……73
日本コンベヤ(株)……339	明治機械(株)……461	オプテックス(株)……74

16 電気機器

会社名	頁
オプテックス・エフエー(株)	75
(株)オプトエレクトロニクス	75
オムロン(株)	75
オリジン電気(株)	77
オンキヨー(株)	78
カシオ計算機(株)	82
(株)キーエンス	95
菊水電子工業(株)	95
北川工業(株)	96
キヤノン(株)	100
キヤノン電子(株)	100
(株)京三製作所	102
(株)京写	103
京セラ(株)	103
(株)キョウデン	104
協立電機(株)	105
(株)共和電業	106
クラリオン(株)	113
KIホールディングス(株)	121
ケル(株)	125
KOA(株)	126
(株)小糸製作所	127
コーセル(株)	134
コニカミノルタ(株)	135
(株)コンテック	139
ザインエレクトロニクス(株)	141
サクサホールディングス(株)	144
澤藤電機(株)	149
サンケン電気(株)	152
(株)サンコー	153
(株)三社電機製作所	154
三相電機(株)	155
santec(株)	155
サン電子(株)	155
山洋電気(株)	157
(株)C&Gシステムズ	160
(株)JVCケンウッド	165
(株)ジーエス・ユアサ コーポレーション	168
ジオマテック(株)	170
シーシーエス(株)	173
(株)指月電機製作所	173
シスメックス(株)	174
(株)芝浦電子	178
芝浦メカトロニクス(株)	178
(株)ジャパンディスプレイ	182
JALCOホールディングス(株)	183
シライ電子工業(株)	190
新コスモス電機(株)	193
新光電気工業(株)	193
新電元工業(株)	194
新日本無線(株)	197
シンフォニアテクノロジー(株)	197
(株)SCREENホールディングス	200
(株)図研	200
(株)鈴木	200
スター精密(株)	201
スタンレー電気(株)	203
スミダ コーポレーション(株)	205
(株)精工技研	210
(株)正興電機製作所	210
セイコーエプソン(株)	210
星和電機(株)	211
SEMITEC(株)	216
象印マホービン(株)	221
双信電機(株)	221
ソニー(株)	222
第一精工(株)	227
(株)大真空	231
(株)大日光・エンジニアリング	236
(株)ダイヘン	238
ダイヤモンド電機(株)	239
太洋工業(株)	240
太陽誘電(株)	241
田淵電機(株)	252
ダブル・スコープ(株)	253
(株)多摩川ホールディングス	253
(株)タムラ製作所	253
(株)チノー	254
(株)中央製作所	256
千代田インテグレ(株)	259
ツインバード工業(株)	259
ティアック(株)	262
TOA(株)	265
帝国通信工業(株)	265
TDK(株)	267
(株)TBグループ	268
テクニカル電子(株)	270
(株)テクノ・セブン	270
テクノホライゾン・ホールディングス	271
寺崎電気産業(株)	273
(株)テラプローブ	273
デンヨー(株)	276
東京エレクトロン(株)	281
東京コスモス電機(株)	284
東光(株)	288
(株)東光高岳	288
東芝テック(株)	289
東洋電機(株)	295
東洋電機製造(株)	295
(株)戸上電機製作所	297
トミタ電機(株)	303
トレックス・セミコンダクター(株)	308
長野日本無線(株)	312
(株)ナカヨ	313
名古屋電機工業(株)	313
西芝電機(株)	318
ニチコン(株)	319
日新電機(株)	327
日清紡ホールディングス(株)	327
日東工業(株)	331
日本アビオニクス(株)	333
日本アンテナ(株)	333
日本ケミコン(株)	337
日本シイエムケイ(株)	339
日本セラミック(株)	343
日本タングステン(株)	343
日本電気(株)	344
(株)日本マイクロニクス	348
日本インター(株)	351
日本航空電子工業(株)	353
日本光電工業(株)	353
(株)日本抵抗器製作所	355
日本電産(株)	355
日本電子(株)	356
日本電子材料(株)	356
日本電波工業(株)	356
(株)日本トリム	357
日本フェンオール(株)	359
日本無線(株)	360
(株)ニューテック	361
(株)ニレコ	361
(株)ネクスグループ	362
能美防災(株)	363
パイオニア(株)	366
パナソニック(株)	372
パナソニック デバイス SUNX(株)	373
浜松ホトニクス(株)	374
原田工業(株)	375
パルステック工業(株)	376
日置電機(株)	381
(株)ピクセラ	382
(株)日立製作所	385
日立マクセル(株)	387
ヒロセ電機(株)	391
ファナック(株)	393
(株)フェローテック	396
フォスター電機(株)	396
フクダ電子(株)	398
富士通(株)	404

17 輸送用機器

会社名	ページ
富士通コンポーネント(株)	404
(株)富士通ゼネラル	404
富士通フロンテック(株)	405
富士電機(株)	406
双葉電子工業(株)	409
船井電機(株)	410
ブラザー工業(株)	411
ぷらっとホーム(株)	411
古河電池(株)	413
古野電気(株)	413
ヘリオステクノホールディング(株)	418
北陸電気工業(株)	421
ホシデン(株)	422
ホーチキ(株)	422
(株)堀場製作所	426
本多通信工業(株)	426
マブチモーター(株)	433
(株)三井ハイテック	446
(株)ミツバ	448
三菱電機(株)	451
ミツミ電機(株)	453
ミネベア(株)	454
(株)ミマキエンジニアリング	455
宮越ホールディングス(株)	455
明星電気(株)	456
MUTOHホールディングス(株)	459
(株)村田製作所	459
(株)メイコー	460
(株)明電舎	462
(株)メガチップス	463
(株)メディアグローバルリンクス	464
(株)メルコホールディングス	465
森尾電機(株)	466
(株)安川電機	469
ヤーマン(株)	475
(株)ユーシン	477
ユニデンホールディングス(株)	481
(株)ユビテック	483
(株)ヨコオ	484
横河電機(株)	484
リオン(株)	490
(株)リコー	494
リーダー電子(株)	496
リバーエレテック(株)	496
ルネサスエレクトロニクス(株)	499
レーザーテック(株)	501
ローヤル電機(株)	504
(株)ワコム	506

17 輸送用機器

会社名	ページ
愛三工業(株)	4
IJTテクノロジーホールディングス(株)	4
曙ブレーキ工業(株)	11
アスカ(株)	15
(株)ウェッズ	33
エイケン工業(株)	38
(株)エクセディ	42
(株)エッチ・ケー・エス	49
NOK(株)	51
(株)エフ・シー・シー	55
(株)エフテック	56
(株)小田原機器	71
尾張精機(株)	78
(株)カネミツ	87
(株)カーメイト	88
カヤバ工業(株)	88
カルソニックカンセイ(株)	89
川崎重工業(株)	92
河西工業(株)	93
鬼怒川ゴム工業(株)	98
極東開発工業(株)	107
近畿車輛(株)	108
(株)ケーヒン	124
神戸発動機(株)	129
(株)桜井製作所	144
サノヤスホールディングス(株)	148
三櫻工業(株)	150
GMB(株)	169
(株)シマノ	180
(株)ジャムコ	183
昭和飛行機工業(株)	188
(株)ショーワ	189
シロキ工業(株)	190
新明和工業(株)	198
スズキ(株)	200
大同メタル工業(株)	234
ダイハツディーゼル(株)	237
太平洋工業(株)	238
タカタ(株)	245
(株)タチエス	250
(株)タツミ	251
田中精密工業(株)	251
テイ・エス テック(株)	264
(株)デイトナ	267
(株)TBK	268
(株)ティラド	269
(株)テイン	269
(株)デンソー	275
(株)東海理化電機製作所	280
東京ラヂエーター製造(株)	287
トピー工業(株)	302
豊田合成(株)	304
トヨタ自動車(株)	304
(株)豊田自動織機	305
トヨタ紡織(株)	305
内海造船(株)	310
(株)名村造船所	315
(株)ナンシン	316
ニチユ三菱フォークリフト(株)	321
(株)ニッキ	322
日産自動車(株)	324
日産車体(株)	324
日信工業(株)	325
日鍛バルブ(株)	329
日本車輌製造(株)	340
日本精機(株)	341
日本プラスト(株)	359
(株)ハイレックスコーポレーション	367
日野自動車(株)	388
(株)ファルテック	394
フジオーゼックス(株)	400
富士機工(株)	400
フタバ産業(株)	409
プレス工業(株)	414
本田技研工業(株)	426
マツダ(株)	431
(株)ミクニ	439
三井造船(株)	446
三菱自動車工業(株)	449
武蔵精密工業(株)	458
(株)村上開明堂	459
(株)ムロコーポレーション	459
盟和産業(株)	462
(株)モリタホールディングス	466
(株)安永	470
八千代工業(株)	470
ヤマハ発動機(株)	474
(株)ユタカ技研	478
(株)ユニバンス	482
ユニプレス(株)	482
(株)ヨロズ	487
レシップホールディングス(株)	501

18 精密機器

会社名	ページ
IMV(株)	3
愛知時計電機(株)	5
朝日インテック(株)	12
(株)インターアクション	30

（株）エー・アンド・デイ……… 37
岡本硝子（株）……………… 68
（株）オーバル……………… 74
オリンパス（株）…………… 77
川澄化学工業（株）………… 92
クボテック（株）…………… 111
クリエートメディック（株）
……………………………… 114
国際計測器（株）…………… 132
CYBERDYNE（株）………… 140
（株）ジェイ・エム・エス… 163
（株）JMS …………………… 163
ジェコー（株）……………… 167
ジーエルサイエンス（株）… 169
シグマ光機（株）…………… 171
シチズンホールディングス
（株）………………………… 175
（株）シード………………… 177
（株）島津製作所…………… 179
（株）松風…………………… 186
（株）スリー・ディー・マト
リックス …………………… 209
セイコーホールディングス
（株）………………………… 210
（株）セルシード…………… 216
大研医器（株）……………… 229
（株）タムロン……………… 253
テルモ（株）………………… 274
（株）東京衡機……………… 281
東京計器（株）……………… 283
（株）東京精密……………… 284
（株）トプコン……………… 302
（株）ナカニシ……………… 311
長野計器（株）……………… 311
（株）ニコン………………… 317
日機装（株）………………… 323
ニプロ（株）………………… 350
日本精密（株）……………… 354
ノーリツ鋼機（株）………… 366
（株）ブイ・テクノロジー… 395
プレシジョン・システム・
サイエンス（株）…………… 414
HOYA（株）………………… 425
マニー（株）………………… 432
（株）メニコン……………… 465
（株）モリテックス………… 467
理研計器（株）……………… 493
リズム時計工業（株）……… 494

19 その他製品

（株）アイフィスジャパン… 7
アジェット（株）…………… 14
（株）アシックス…………… 14
As-meエステール（株）…… 17
（株）アートネイチャー…… 18

（株）ウィズ………………… 32
（株）ウイルコホールディン
グス ………………………… 32
（株）ウッドワン…………… 35
永大産業（株）……………… 39
（株）遠藤製作所…………… 60
（株）岡村製作所…………… 67
（株）オービス……………… 74
（株）オリバー……………… 77
カーディナル（株）………… 84
兼松日産農林（株）………… 87
（株）河合楽器製作所……… 90
菊水化学工業（株）………… 95
共同印刷（株）……………… 104
共立印刷（株）……………… 105
（株）キングジム…………… 109
（株）グラファイトデザイン
……………………………… 113
クリナップ（株）…………… 115
グローブライド（株）……… 119
（株）桑山…………………… 120
興研（株）…………………… 128
（株）光彩工芸……………… 128
（株）廣済堂………………… 128
（株）光陽社………………… 130
コクヨ（株）………………… 132
コマニー（株）……………… 137
（株）サマンサタバサジャパ
ンリミテッド ……………… 148
三光産業（株）……………… 153
サンメッセ（株）…………… 157
（株）SHOEI………………… 188
SHO-BI（株）……………… 189
（株）スノーピーク………… 203
セキ（株）…………………… 212
セブン工業（株）…………… 215
セーラー万年筆（株）……… 216
総合商研（株）……………… 220
大建工業（株）……………… 229
大日本印刷（株）…………… 236
大日本木材防腐（株）……… 237
タカノ（株）………………… 245
宝印刷（株）………………… 246
タカラスタンダード（株）… 246
（株）タカラトミー………… 247
竹田印刷（株）……………… 249
（株）TASAKI……………… 250
ダンロップスポーツ（株）… 254
凸版印刷（株）……………… 254
（株）ツツミ………………… 261
トーイン（株）……………… 277
東京ボード工業（株）……… 287
図書印刷（株）……………… 299
トッパン・フォームズ（株）… 300
（株）トランザクション…… 306

ナカバヤシ（株）…………… 312
南海プライウッド（株）…… 316
（株）ニッピ………………… 332
日本アイ・エス・ケイ（株）… 351
日本写真印刷（株）………… 353
（株）日本創発グループ…… 354
日本フォームサービス（株）
……………………………… 359
ニホンフラッシュ（株）…… 359
任天堂（株）………………… 361
野崎印刷紙業（株）………… 363
（株）ノダ…………………… 364
（株）パイロットコーポレー
ション ……………………… 368
萩原工業（株）……………… 369
パラマウントベッドホール
ディングス ………………… 375
（株）バンダイナムコホール
ディングス ………………… 379
ピジョン（株）……………… 383
（株）平賀…………………… 390
福島印刷（株）……………… 398
フジコピアン（株）………… 402
（株）フジシールインターナ
ショナル …………………… 402
（株）プラッツ……………… 411
フランスベッドホールディ
ングス（株）………………… 412
（株）フルヤ金属…………… 414
（株）ブロッコリー………… 415
（株）プロネクサス………… 416
前田工繊（株）……………… 428
マルマン（株）……………… 437
三浦印刷（株）……………… 438
美津濃（株）………………… 440
三菱鉛筆（株）……………… 449
光村印刷（株）……………… 453
ヤマハ（株）………………… 474
ヨネックス（株）…………… 486
（株）リーガルコーポレー
ション ……………………… 491
（株）リヒトラブ…………… 496
リンテック（株）…………… 499

20 電気・ガス業

イーレックス（株）………… 29
九州電力（株）……………… 101
四国電力（株）……………… 172
静岡ガス（株）……………… 173
中部電力（株）……………… 258
電源開発（株）……………… 275
東京瓦斯（株）……………… 282
東京電力（株）……………… 286
東北電力（株）……………… 292
広島ガス（株）……………… 391

21 陸運業

(株)ファーストエスコ............392
北陸瓦斯(株)............420
北海道瓦斯(株)............422
北海道電力(株)............423
メタウォーター(株)............463

21 陸運業

SBSホールディングス(株)... 48
(株)エスライン............49
遠州トラック(株)............59
岡山県貨物運送(株)............69
小田急電鉄(株)............71
神奈川中央交通(株)............84
カンダホールディングス
(株)............94
京極運輸商事(株)............102
近鉄グループホールディングス............109
京阪電気鉄道(株)............122
京浜急行電鉄(株)............123
鴻池運輸(株)............129
(株)サカイ引越センター......142
山九(株)............151
神姫バス(株)............191
新京成電鉄(株)............192
セイノーホールディングス
(株)............211
(株)西武ホールディングス
............211
(株)ゼロ............217
センコー(株)............217
センコン物流(株)............217
相鉄ホールディングス(株)
............221
第一交通産業(株)............226
大宝運輸(株)............239
大和自動車交通(株)............242
タカセ(株)............245
東海旅客鉄道(株)............280
東京急行電鉄(株)............283
トナミホールディングス
(株)............301
名古屋鉄道(株)............313
南海電気鉄道(株)............315
南総通運(株)............316
新潟交通(株)............317
西日本旅客鉄道(株)............318
ニッコンホールディングス
(株)............323
日本通運(株)............344
日本ロジテム(株)............360
(株)ハマキョウレックス......374
阪急阪神ホールディングス
(株)............378
(株)ヒガシトゥエンティワ
ン............381
東日本旅客鉄道(株)............382
(株)日立物流............386
福山通運(株)............399
(株)丸運............434
丸全昭和運輸(株)............435
(株)丸和運輸機関............437
名鉄運輸(株)............462
ヤマトホールディングス
(株)............473
(株)ロジネットジャパン......503

22 海運業

NSユナイテッド海運(株)...... 50
川崎汽船(株)............91
川崎近海汽船(株)............91
佐渡汽船(株)............146
(株)東栄リーファーライン
............278
東海汽船(株)............279
日本郵船(株)............349
明治海運(株)............461

23 空運業

アジア航測(株)............13
ANAホールディングス(株)... 38
(株)スターフライヤー............202
日本航空(株)............352
(株)パスコ............370

24 倉庫・運輸関連業

アサガミ(株)............11
東海運(株)............16
(株)宇徳............36
(株)エーアイテー............36
(株)エージーピー............44
(株)オーナミ............72
(株)上組............87
川西倉庫(株)............93
キムラユニティー(株)............99
(株)キユーソー流通システム............101
(株)近鉄エクスプレス............109
ケイヒン(株)............123
(株)サンリツ............159
澁澤倉庫(株)............178
(株)住友倉庫............207
(株)大運............227
大東港運(株)............233
(株)中央倉庫............256
東陽倉庫(株)............294
東洋埠頭(株)............295
トランコム(株)............306
トレーディア(株)............308
内外トランスライン(株)......310
(株)日新............325
日本コンセプト(株)............339
日本トランスシティ(株)......357
兵機海運(株)............390
三井倉庫ホールディングス
(株)............445
名港海運(株)............460
安田倉庫(株)............469
郵船ロジスティクス(株)......476

25 情報・通信業

(株)アイ・エス・ビー............3
アイエックス・ナレッジ(株)..3
アイサンテクノロジー(株)......4
(株)IGポート............4
(株)アイスタイル............5
(株)アイティフォー............6
ITbook(株)............6
ITホールディングス(株)......6
(株)アイ・ピー・エス............6
(株)アイフリーク ホールディングス............7
(株)AOI Pro.............8
(株)ACCESS............10
アクセルマーク(株)............10
アクモス(株)............10
(株)アクロディア............11
(株)朝日ネット............13
アドソル日進(株)............18
(株)アバント............19
アプリックスIPホールディングス(株)............20
RKB毎日放送(株)............21
(株)アルゴグラフィックス...21
(株)ALBERT............22
(株)アルファクス・フード・システム............22
(株)アルファポリス............22
アンドール(株)............23
(株)いい生活............23
(株)イグニス............25
(株)Eストアー............26
伊藤忠テクノソリューションズ(株)............27
eBASE(株)............27
(株)イマジカ・ロボットホールディングス............27
イメージ情報開発(株)............28
(株)インタートレード............30
(株)インテージホールディングス............30
(株)インテリジェント ウェイブ............30
インフォコム(株)............31
インフォテリア(株)............31

業種別一覧　　　25 情報・通信業

(株)インフォメーションクリエーティブ……31
(株)インフォメーション・ディベロップメント……31
(株)インプレスホールディングス……31
(株)ウェザーニューズ……32
ウェルス・マネジメント(株)……34
(株)ASJ……37
(株)エイジア……38
AGS(株)……38
(株)エイチーム……40
(株)エイティング……41
エイベックス・グループ・ホールディングス(株)……41
(株)Aiming……42
エキサイト(株)……42
(株)駅探……42
(株)SRAホールディングス……44
SEホールディングス・アンド・インキュベーションズ(株)……45
(株)エスケーアイ……46
(株)SJI……46
SCSK(株)……46
(株)sMedio……49
(株)エックスネット……49
(株)enish……50
NECネッツエスアイ(株)……50
(株)NSD……50
NCS&A(株)……52
(株)エヌ・ティ・ティ・データ……52
(株)エヌ・ティ・ティ・データ・イントラマート……53
(株)NTTドコモ……53
エヌ・デーソフトウェア(株)……54
(株)FFRI……55
(株)エムアップ……57
(株)エムケイシステム……57
(株)エムティーアイ……58
応用技術(株)……62
(株)大塚商会……66
沖縄セルラー電話(株)……69
(株)オークファン……70
(株)ODKソリューションズ……72
(株)オービック……74
(株)オービックビジネスコンサルタント……74
オリコン(株)……76
(株)オルトプラス……78
(株)ガイアックス……79

KYCOMホールディングス(株)……79
(株)学研ホールディングス……83
カドカワ(株)……84
兼松エレクトロニクス(株)……86
(株)カプコン……87
(株)カヤック……88
(株)ガーラ……89
ガンホー・オンライン・エンターテイメント(株)……94
キーウェアソリューションズ(株)……95
(株)キューブシステム……102
協立情報通信(株)……105
(株)クエスト……110
(株)gumi……112
(株)クラウドワークス……112
KLab(株)……113
グリー(株)……114
クルーズ(株)……116
(株)クレオ……116
(株)クレスコ……117
(株)クロスキャット……117
(株)クロス・マーケティンググループ……118
(株)クロップス……119
(株)KSK……121
KDDI(株)……122
(株)ケイブ……123
ゲンダイエージェンシー(株)……126
(株)コア……126
(株)構造計画研究所……128
(株)コーエーテクモホールディングス……130
コナミホールディングス(株)……135
コネクシオ(株)……136
(株)コネクトホールディングス……136
コムシード(株)……137
コムチュア(株)……137
(株)コロプラ……139
サイオステクノロジー(株)……139
サイバーコム(株)……140
サイバーステップ(株)……140
サイバネットシステム(株)……140
(株)サイバーリンクス……140
サイボウズ(株)……141
さくらインターネット(株)……144
(株)ザッパラス……145
(株)CIJ……160

(株)CRI・ミドルウェア……160
(株)シーイーシー……160
(株)CEホールディングス……161
(株)JIEC……161
ジェイ・エスコムホールディングス(株)……161
JFEシステムズ(株)……162
(株)CAC Holdings……164
(株)Jストリーム……165
JBCCホールディングス(株)……166
(株)ジェクシード……166
GMOインターネット(株)……168
GMOクラウド(株)……168
GMOペイメントゲートウェイ(株)……169
(株)GMOペパボ……169
GMOリサーチ(株)……169
(株)ジオネクスト……170
ジグソー(株)……171
(株)じげん……172
(株)システナ……173
システムズ・デザイン(株)……174
(株)システムソフト……174
(株)システム ディ……174
(株)システムリサーチ……174
(株)ジーダット……175
(株)SHIFT……178
(株)ジャステック……181
(株)ジャストプランニング……181
松竹(株)……185
(株)情報企画……187
情報技術開発(株)……187
(株)昭和システムエンジニアリング……187
(株)ショーケース・ティービー……189
ジョルダン(株)……189
新日鉄住金ソリューションズ(株)……196
(株)スカパーJSATホールディングス……199
(株)スクウェア・エニックス・ホールディングス……199
図研エルミック(株)……200
鈴与シンワート(株)……201
スターツ出版(株)……202
(株)スペースシャワーネットワーク……204
(株)スマートバリュー……205
(株)セゾン情報システムズ……214
(株)セック……214
セブンシーズホールディン

(19)

25 情報・通信業

グス(株)…………215	(株)電算…………275	(株)ビットアイル…………387
(株)ゼンリン…………219	(株)電算システム…………275	(株)ヒト・コミュニケーションズ…………388
(株)創通…………221	(株)電通国際情報サービス…………276	(株)ビーマップ…………388
(株)ソケッツ…………221	東映(株)…………278	(株)ヴィンクス…………392
ソースネクスト(株)…………221	東映アニメーション(株)…………278	(株)ファインデックス…………392
(株)ソフィアホールディングス…………223	(株)東京放送ホールディングス…………287	(株)ファステップス…………392
(株)ソフトウェア・サービス…………223	(株)東計電算…………287	(株)ブイキューブ…………394
(株)ソフトクリエイトホールディングス…………223	東宝(株)…………291	(株)フィスコ…………394
ソフトバンクグループ(株)…………223	(株)東邦システムサイエンス…………292	(株)フィックスターズ…………394
ソフトバンク・テクノロジー(株)…………223	(株)東北新社…………292	(株)フェイス…………395
ソフトブレーン(株)…………224	東洋ビジネスエンジニアリング(株)…………295	(株)フォーサイド・ドット・コム…………396
(株)ソフトフロント…………224	(株)トーセ…………299	(株)フォーバルテレコム…………397
ソフトマックス(株)…………224	(株)ドリコム…………307	(株)フォーバル・リアルストレート…………397
(株)ソリトンシステムズ…………225	トレンドマイクロ(株)…………308	(株)fonfun…………397
(株)ソルクシーズ…………225	日本アジアグループ(株)…………333	福井コンピュータホールディングス(株)…………397
(株)大和コンピューター…………242	(株)日本一ソフトウェア…………333	富士ソフト(株)…………403
(株)中央経済社…………255	日本コロムビア(株)…………338	(株)富士通ビー・エス・シー…………405
中部日本放送(株)…………258	日本システムウエア(株)…………340	(株)フジ・メディア・ホールディングス…………408
(株)T&Cホールディングス…………263	日本テレビホールディングス(株)…………344	フューチャーアーキテクト(株)…………410
(株)ディー・エル・イー…………265	日本BS放送(株)…………347	(株)フライトホールディングス…………410
(株)ティーガイア…………265	日本メディカルネットコミュニケーションズ(株)…………349	フリービット(株)…………412
(株)ディジタルメディアプロフェッショナル…………266	日本ラッド(株)…………349	(株)ブレインパッド…………414
(株)ディー・ディー・エス…………267	ニフティ(株)…………350	(株)プロシップ…………415
(株)DTS…………267	日本エンタープライズ(株)…………352	(株)プロトコーポレーション…………415
TDCソフトウェアエンジニアリング(株)…………267	日本通信(株)…………355	(株)ブロードバンドタワー…………415
(株)ティー・ワイ・オー…………269	日本ファルコム(株)…………358	(株)ブロードリーフ…………416
(株)テクノスジャパン…………270	日本プロセス(株)…………359	(株)文溪堂…………416
テクマトリックス(株)…………271	日本ユニシス(株)…………360	(株)ベリサーブ…………418
デジタルアーツ(株)…………271	ネオス(株)…………362	(株)ホットリン…………424
(株)デジタルアドベンチャー…………271	ネクストウェア(株)…………362	(株)VOYAGE GROUP…………425
デジタル・インフォメーション・テクノロジー(株)…………271	(株)ネクソン…………362	(株)ボルテージ…………426
(株)デジタルガレージ…………271	ネットイヤーグループ(株)…………362	ポールトゥウィン・ピットクルーホールディングス(株)…………426
(株)デジタルデザイン…………272	ネットワンシステムズ(株)…………363	マークラインズ(株)…………429
(株)データ・アプリケーション…………272	(株)ネプロジャパン…………363	(株)マーベラス…………433
データセクション(株)…………272	(株)野村総合研究所…………364	(株)豆蔵ホールディングス…………433
(株)データホライゾン…………272	パシフィックシステム(株)…………370	(株)三菱総合研究所…………451
テックファームホールディングス(株)…………272	パス(株)…………370	(株)Minoriソリューションズ…………455
(株)テラスカイ…………273	(株)ハーツユナイテッドグループ…………372	(株)ミロク情報サービス…………458
(株)テレビ朝日ホールディングス…………274	(株)パピレス…………374	(株)みんなのウェディング…………458
(株)テレビ東京ホールディングス…………274	(株)ビーイング…………380	(株)メディア工房…………464
	ピー・シー・エー(株)…………383	
	(株)ビジネスブレイン太田昭和…………383	

(株)メディアシーク……464	岡谷鋼機(株)……68	……150
(株)メディアドゥ……464	小津産業(株)……71	三京化成(株)……151
モバイルクリエイト(株)……466	OCHIホールディングス(株)……72	三共生興(株)……152
(株)モバイルファクトリー……466	(株)オートバックスセブン……72	(株)サンゲツ……152
(株)モルフォ……468	小野建(株)……73	三信電気(株)……154
安川情報システム(株)……469	(株)オーハシテクニカ……73	三洋貿易(株)……158
ヤフー(株)……470	OUGホールディングス(株)……76	(株)サンリオ……159
(株)USEN……476	加賀電子(株)……80	サンリン(株)……159
ULSグループ(株)……476	(株)カーチスホールディングス……82	サンワテクノス(株)……159
(株)ユークス……476	(株)カッシーナ・イクシー……83	JKホールディングス(株)……164
(株)ユニリタ……482	加藤産業(株)……84	(株)ジェイホールディングス……166
(株)U-NEXT……482	(株)カナデン……85	(株)GSIクレオス……167
夢の街創造委員会(株)……483	兼松(株)……86	(株)シーエスロジネット……168
(株)ラック……490	カネヨウ(株)……87	ジーエフシー(株)……168
リアルコム(株)……490	(株)カノークス……87	シークス(株)……171
(株)リアルワールド……490	カメイ(株)……88	シップヘルスケアホールディングス(株)……176
リスクモンスター(株)……494	(株)ガリバーインターナショナル……89	シナネン(株)……177
(株)リミックスポイント……497	(株)カワサキ……91	(株)シモジマ……181
(株)両毛システムズ……497	川辺(株)……93	(株)JALUX……183
(株)ロックオン……503	北沢産業(株)……96	ジューテックホールディングス(株)……184
(株)ワイヤレスゲート……505	木徳神糧(株)……98	正栄食品工業(株)……185
(株)WOWOW……505	(株)キムラ……99	昭光通商(株)……185
26 卸売業	キヤノンマーケティングジャパン(株)……100	神栄(株)……190
(株)アイ・テック……6	協栄産業(株)……102	神鋼商事(株)……192
(株)アイナボホールディングス……6	(株)共同紙販ホールディングス……104	新光商事(株)……193
あいホールディングス(株)……7	極東貿易(株)……107	シンデン・ハイテックス(株)……194
(株)アスモ……17	(株)久世……111	(株)進和……198
アゼアス(株)……17	クリエイト(株)……114	(株)スズケン……201
アップルインターナショナル(株)……17	(株)グリムス……115	スズデン(株)……201
(株)アマガサ……20	(株)クリムゾン……115	スターゼン(株)……201
アルコニックス(株)……21	クリヤマホールディングス(株)……115	スターティア(株)……202
アルフレッサ ホールディングス(株)……22	クロスプラス(株)……118	すてきナイスグループ(株)……203
(株)イデアインターナショナル……27	黒田電気(株)……118	住友商事(株)……206
(株)イメージ ワン……28	黒谷(株)……118	西華産業(株)……209
イワキ(株)……29	(株)クワザワ……119	清和中央ホールディングス(株)……211
ウイン・パートナーズ(株)……32	ケイティケイ(株)……121	ゼット(株)……214
上原成商事(株)……33	(株)神戸物産……129	セフテック(株)……215
(株)内田洋行……35	コスモ・バイオ(株)……133	泉州電業(株)……217
ウライ(株)……36	五洋インテックス(株)……138	(株)創健社……219
英和(株)……42	(株)コンセック……139	双日(株)……220
(株)エクセル……42	コンドーテック(株)……139	ソーダニッカ(株)……221
エコートレーディング(株)……43	堺商事(株)……141	ソマール(株)……224
(株)エスケイジャパン……46	(株)栄電子……142	(株)第一興商……226
SPK(株)……48	佐藤商事(株)……145	第一実業(株)……226
エレマテック(株)……59	佐鳥電機(株)……147	(株)大光……229
尾家産業(株)……60	(株)サハダイヤモンド……148	(株)大水……231
オーウイル(株)……61	(株)三栄コーポレーション……	(株)タイセイ……231
大阪工機(株)……64		ダイトエレクトロン(株)……234
(株)大田花き……66		太平洋興発……238

26 卸売業　業種別一覧

太洋物産(株) ……………… 241
ダイワボウホールディングス(株) ……………… 242
高島(株) ……………… 244
(株)タカショー ……………… 244
(株)タカチホ ……………… 245
高千穂交易(株) ……………… 245
(株)高見澤 ……………… 246
タキヒヨー(株) ……………… 248
(株)たけびし ……………… 249
(株)立花エレテック ……………… 251
タビオ(株) ……………… 252
(株)ダルトン ……………… 253
中央魚類(株) ……………… 255
中央自動車工業(株) ……………… 256
中央物産(株) ……………… 256
蝶理(株) ……………… 258
(株)ツカモトコーポレーション ……………… 260
築地魚市場(株) ……………… 260
都築電気(株) ……………… 260
椿本興業(株) ……………… 261
ディーブイエックス(株) ……………… 269
(株)テーオー小笠原 ……………… 269
(株)テクノアソシエ ……………… 270
テクノアルファ(株) ……………… 270
デリカフーズ(株) ……………… 273
(株)テリロジー ……………… 274
(株)テンポスバスターズ ……………… 276
東海エレクトロニクス(株) ……………… 278
東京エレクトロン デバイス(株) ……………… 281
東京貴宝(株) ……………… 283
東京産業(株) ……………… 284
東京日産コンピュータシステム(株) ……………… 286
(株)ドウシシャ ……………… 288
東テク(株) ……………… 290
東都水産(株) ……………… 290
東邦ホールディングス(株) ……………… 292
東邦レマック(株) ……………… 292
東北化学薬品(株) ……………… 292
(株)東陽テクニカ ……………… 295
(株)TOKAIホールディングス ……………… 297
(株)トーカン ……………… 298
トシン・グループ(株) ……………… 299
(株)鳥羽洋行 ……………… 301
(株)トーホー ……………… 302
(株)トミタ ……………… 303
(株)トーメンデバイス ……………… 303
豊田通商(株) ……………… 305
トラスコ中山(株) ……………… 306
内外テック(株) ……………… 310
ナガイレーベン(株) ……………… 310
長瀬産業(株) ……………… 310
(株)ナガホリ ……………… 312
中山福(株) ……………… 313
名古屋木材(株) ……………… 313
(株)ナ・デックス ……………… 314
ナラサキ産業(株) ……………… 315
(株)南陽 ……………… 316
(株)日伝 ……………… 320
日新商事(株) ……………… 326
日鉄住金物産(株) ……………… 330
日邦産業(株) ……………… 333
日本紙パルプ商事(株) ……………… 335
日本プリメックス(株) ……………… 348
日本出版貿易(株) ……………… 353
日本電計(株) ……………… 355
日本ライトン(株) ……………… 360
日本ライフライン(株) ……………… 360
(株)ネットワークバリューコンポネンツ ……………… 362
(株)バイク王&カンパニー ……………… 366
(株)バイタルケーエスケー・ホールディングス ……………… 367
(株)バイテックホールディングス ……………… 367
(株)ハイパー ……………… 367
萩原電気(株) ……………… 369
伯東(株) ……………… 369
白銅(株) ……………… 370
(株)ハピネット ……………… 374
ハリマ共和物産(株) ……………… 376
(株)Paltac ……………… 376
阪和興業(株) ……………… 380
ピクセルカンパニーズ(株) ……………… 382
(株)日立ハイテクノロジーズ ……………… 386
(株)卑弥呼 ……………… 389
(株)ビューティ花壇 ……………… 389
(株)ビューティガレージ ……………… 389
フィールズ(株) ……………… 395
(株)フォーバル ……………… 397
富士興産(株) ……………… 401
扶桑電通(株) ……………… 408
(株)フーマイスターエレトロニクス ……………… 410
プラマテルズ(株) ……………… 411
フルサト工業(株) ……………… 413
(株)プロルート丸光 ……………… 416
平和紙業(株) ……………… 416
(株)ペッパーフードサービス ……………… 418
(株)PALTEK ……………… 418
(株)ホウスイ ……………… 419
(株)星医療酸器 ……………… 421
堀田丸正(株) ……………… 424
マクニカ・富士エレ ホールディングス(株) ……………… 429
松田産業(株) ……………… 431
マルカキカイ(株) ……………… 434
丸紅(株) ……………… 436
丸紅建材リース(株) ……………… 436
萬世電機(株) ……………… 437
(株)Misumi ……………… 441
(株)ミスミグループ本社 ……………… 441
ミタチ産業(株) ……………… 441
三谷商事(株) ……………… 442
三井物産(株) ……………… 446
(株)ミツウロコグループホールディングス ……………… 447
三菱商事(株) ……………… 450
三菱食品(株) ……………… 450
三谷産業(株) ……………… 456
(株)ミューチュアル ……………… 456
(株)ムサシ ……………… 458
ムーンバット(株) ……………… 460
明治電機工業(株) ……………… 461
明和産業(株) ……………… 462
メディアスホールディングス(株) ……………… 464
(株)メディパルホールディング ……………… 464
(株)モスフードサービス ……………… 465
モリト(株) ……………… 467
(株)ヤギ ……………… 468
八洲電機(株) ……………… 469
ヤマエ久野(株) ……………… 471
山下医科器械(株) ……………… 472
(株)山大 ……………… 472
ユアサ商事(株) ……………… 475
(株)UEX ……………… 475
(株)UKCホールディングス ……………… 477
ユニバーサルソリューションシステムズ(株) ……………… 481
横浜魚類(株) ……………… 484
横浜丸魚(株) ……………… 485
横浜冷凍(株) ……………… 485
(株)ヨンキュウ ……………… 487
(株)ラクーン ……………… 489
ラサ商事(株) ……………… 490
(株)理経 ……………… 492
(株)理研グリーン ……………… 493
リックス(株) ……………… 496
リーバイ・ストラウス ジャパン(株) ……………… 496
菱電商事(株) ……………… 497
菱洋エレクトロ(株) ……………… 497
(株)リョーサン ……………… 498

27 小売業

(株)ルネサスイーストン……499
レカム(株)……501
(株)レッド・プラネット・ジャパン……502
YKT(株)……505

27 小売業

アイエーグループ(株)……3
(株)アイケイ……4
(株)アイセイ薬局……5
(株)AOKIホールディングス……8
青山商事(株)……9
アクシアルリテイリング(株)……10
アークランドサカモト(株)……10
(株)アークランドサービス……10
アジアグロースキャピタル(株)……13
アシードホールディングス(株)……15
(株)アスラポート・ダイニング……17
(株)アダストリア……17
(株)ANAP……19
アプライド(株)……20
(株)ありがとうサービス……21
アールビバン(株)……22
(株)アルペン……22
イオン北海道(株)……24
ウエルシアホールディングス(株)……33
(株)魚喜……34
(株)魚力……34
(株)うかい……34
(株)梅の花……36
エイチ・ツー・オー リテイリング(株)……40
(株)ATグループ……41
SFPダイニング(株)……45
(株)エスエルディー……45
(株)エディオン……49
(株)エー・ピーカンパニー……54
(株)エービーシー・マート……55
オイシックス(株)……60
(株)王将フードサービス……62
(株)オーエムツーネットワーク……63
(株)大塚家具……66
(株)大戸屋ホールディングス……66
(株)オークワ……70
(株)オーシャンシステム……71
(株)オートウェーブ……72
(株)Olympicグループ……78

(株)音通……79
(株)オンリー……79
(株)買取王国……79
(株)海帆……80
カッパ・クリエイト(株)……83
カネ美食品(株)……87
(株)カルラ……90
(株)カワチ薬品……93
(株)関西スーパーマーケット……93
(株)カンセキ……94
(株)かんなん丸……94
(株)関門海……95
(株)キタムラ……97
(株)きちり……97
(株)キャンドゥ……101
京都きもの友禅(株)……104
(株)キリン堂ホールディングス……108
(株)銀座山形屋……109
(株)近鉄百貨店……110
クオール(株)……111
(株)クスリのアオキ……111
(株)くらコーポレーション……112
(株)クリエイトSDホールディングス……114
(株)クリエイト・レストランツ・ホールディングス……114
(株)グルメ杵屋……116
(株)グローバルダイニング……119
(株)ゲオホールディングス……124
(株)ケーズホールディングス……124
(株)ケーユーホールディングス……125
(株)ケーヨー……125
ゲンキー(株)……125
元気寿司(株)……125
ケンコーコム(株)……125
(株)幸楽苑ホールディングス……130
(株)ココカラファイン……132
(株)ココスジャパン……133
(株)コスモス薬品……133
(株)小僧寿し……134
(株)コナカ……134
コーナン商事(株)……135
(株)コメ兵……137
(株)コメリ……137
(株)ゴルフダイジェスト・オンライン……139
(株)コロワイド……139

(株)さいか屋……139
(株)サイゼリヤ……140
(株)さが美……143
(株)サガミチェーン……143
(株)サダマツ……145
(株)雑貨屋ブルドッグ……145
(株)サックスバーホールディングス……145
(株)サッポロドラッグストアー……145
サトレストランシステムズ(株)……147
(株)サーラコーポレーション……148
(株)サンエー……149
(株)サンオータス……151
(株)サンドラッグ……156
(株)サンマルクホールディングス……156
(株)三洋堂ホールディングス……158
(株)山陽百貨店……158
(株)サンワカンパニー……159
(株)ジェイアイエヌ……161
(株)ジェイグループホールディングス……164
(株)JBイレブン……165
J.フロント リテイリング(株)……166
(株)ジェーソン……168
(株)G-7ホールディングス……175
(株)ジー・テイスト……176
(株)ジーフット……178
(株)シーマ……179
(株)島忠……179
(株)しまむら……180
(株)ジュンテンドー……184
(株)ジョイフル……184
(株)ジョイフル本田……185
上新電機(株)……185
(株)ショクブン……189
(株)ジョリーパスタ……189
(株)白鳩……190
(株)新星堂……194
(株)すかいらーく……199
スギホールディングス(株)……199
(株)スクロール……200
(株)スタートトゥデイ……202
(株)ストリーム……203
(株)スーパーバリュー……204
(株)スリーエフ……209
(株)セキチュー……213
ゼビオ(株)……214
(株)セブン&アイ・ホール

ディングス …………………215
(株)千趣会 …………………217
(株)ゼンショーホールディ
　ングス …………………218
総合メディカル(株) ………220
大黒天物産(株) ……………230
(株)大庄 ……………………230
ダイヤ通商(株) ……………239
(株)ダイヤモンドダイニン
　グ …………………………239
(株)ダイユーエイト ………240
(株)大和 ……………………242
(株)タカキュー ……………244
(株)高島屋 …………………244
(株)WDI …………………252
チムニー(株) ………………255
(株)銚子丸 …………………258
(株)ツルハホールディング
　ス …………………………262
DCMホールディングス
　(株) ………………………266
(株)テイツー ………………267
ティーライフ(株) …………269
テンアライド(株) …………274
21LADY(株) ……………278
(株)東葛ホールディングス
　……………………………280
(株)東京一番フーズ ………281
(株)東天紅 …………………290
(株)東理ホールディングス
　……………………………296
(株)トーエル ………………297
(株)トップカルチャー ……301
(株)ドトール・日レスホー
　ルディングス ……………301
(株)ドミー …………………302
(株)トラスト ………………306
(株)鳥貴族 …………………307
(株)トリドール ……………307
(株)ドンキホーテホール
　ディングス ………………309
(株)ながの東急百貨店 ……312
(株)ナフコ …………………315
日産東京販売ホールディン
　グス(株) …………………324
(株)ニッセンホールディン
　グス ………………………328
(株)ニトリホールディング
　ス …………………………350
日本KFCホールディングス
　(株) ………………………352
日本調剤(株) ………………355
日本マクドナルドホール
　ディングス(株) …………359
(株)ネクステージ …………362

(株)ノジマ …………………363
(株)ハークスレイ …………369
(株)パシフィックネット …370
(株)パスポート ……………371
(株)ハチバン ………………371
(株)バッファロー …………371
(株)ハードオフコーポレー
　ション ……………………372
(株)ハナテン ………………373
(株)ハニーズ ………………373
(株)ハピネス・アンド・
　ディ ………………………374
(株)ハブ ……………………374
Hamee(株) ………………374
(株)パル ……………………376
(株)パルコ …………………376
はるやま商事(株) …………377
(株)パレモ …………………377
(株)バローホールディング
　ス …………………………377
(株)ヴィア・ホールディン
　グス ………………………380
(株)ピーシーデポコーポ
　レーション ………………383
(株)ビックカメラ …………387
VTホールディングス(株) …387
BEENOS(株) ……………388
(株)ヒマラヤ ………………389
(株)ヒューマンウェブ ……389
ヒラキ(株) …………………390
(株)ひらまつ ………………391
(株)ヴィレッジヴァンガー
　ドコーポレーション ……391
(株)ファーストリテイリン
　グ …………………………392
ファーマライズホールディ
　ングス(株) ………………393
(株)ファミリーマート ……393
(株)ファンデリー …………394
(株)フェリシモ ……………396
(株)フォーシーズホール
　ディングス ………………396
(株)フジ ……………………399
(株)フジオフードシステム
　……………………………400
ブックオフコーポレーショ
　ン(株) ……………………409
(株)プレナス ………………414
(株)フレンドリー …………415
(株)ブロンコビリー ………416
(株)文教堂グループホール
　ディングス ………………416
(株)平和堂 …………………416
(株)ベクター ………………417
(株)ベスト電器 ……………417

(株)ベリテ …………………418
(株)ベルク …………………418
(株)ベルーナ ………………419
北雄ラッキー(株) …………420
(株)ホットマン ……………424
(株)ホットランド …………424
(株)ポプラ …………………425
ホリイフードサービス(株)
　……………………………426
(株)マキヤ …………………428
マックスバリュ九州(株) …430
マックスバリュ中部(株) …430
マックスバリュ東北(株) …430
マックスバリュ西日本(株)
　……………………………431
マックスバリュ北海道(株)
　……………………………431
(株)マックハウス …………431
(株)マツモトキヨシホール
　ディングス ………………431
(株)マツヤ …………………432
(株)松屋 ……………………432
(株)松屋フーズ ……………432
(株)マミーマート …………433
(株)丸井グループ …………433
(株)丸栄 ……………………434
マルコ(株) …………………435
マルシェ(株) ………………435
丸善CHIホールディングス
　(株) ………………………435
(株)丸千代山岡家 …………436
(株)マルヨシセンター ……437
(株)三城ホールディングス
　……………………………439
(株)ミサワ …………………439
(株)ミスターマックス ……440
(株)三越伊勢丹ホールディ
　ングス ……………………448
ミニストップ(株) …………454
(株)メガネスーパー ………463
(株)メディカル一光 ………464
(株)メディカルシステム
　ネットワーク ……………464
(株)物語コーポレーション
　……………………………466
(株)MonotaRO ……………466
(株)ヤオコー ………………468
(株)薬王堂 …………………469
(株)ヤマダ電機 ……………473
(株)ヤマナカ ………………474
(株)ヤマノホールディング
　ス …………………………474
(株)やまや …………………475
(株)ユナイテッドアローズ
　……………………………479

ユナイテッド・スーパーマーケット・ホールディングス(株)……479
ユニーグループ・ホールディングス(株)……480
夢展望(株)……483
夢みつけ隊(株)……483
(株)ヨシックス……485
(株)吉野家ホールディングス……485
(株)ヨンドシーホールディングス……488
(株)ライトオン……488
(株)ライフフーズ……489
ラオックス(株)……489
(株)リックコーポレーション……496
(株)リテールパートナーズ……496
(株)良品計画……497
(株)リンガーハット……499
(株)ローソン……503
ワイエスフード(株)……505
(株)ワイズテーブルコーポレーション……505
綿半ホールディングス(株)……506
ワタミ(株)……507
(株)ワッツ……507
(株)ワンダーコーポレーション……508

28 銀行業

(株)愛知銀行……5
(株)あおぞら銀行……8
(株)青森銀行……8
(株)秋田銀行……9
(株)足利ホールディングス……14
(株)池田泉州ホールディングス……25
(株)伊予銀行……28
(株)岩手銀行……30
(株)愛媛銀行……55
(株)大分銀行……63
(株)大垣共立銀行……64
(株)沖縄銀行……69
(株)関西アーバン銀行……93
(株)北日本銀行……96
(株)紀陽銀行……102
(株)京都銀行……105
(株)群馬銀行……120
(株)京葉銀行……123
(株)高知銀行……128
(株)佐賀銀行……142
(株)山陰合同銀行……149

(株)滋賀銀行……170
(株)四国銀行……172
(株)静岡銀行……173
(株)島根銀行……179
(株)清水銀行……180
(株)じもとホールディングス……181
(株)十八銀行……183
(株)十六銀行……183
(株)常陽銀行……187
(株)新生銀行……193
(株)セブン銀行……215
(株)大光銀行……229
(株)大東銀行……232
(株)第四銀行……241
(株)筑邦銀行……254
(株)千葉銀行……255
(株)千葉興業銀行……255
(株)中国銀行……257
(株)筑波銀行……260
(株)東京TYフィナンシャルグループ……285
(株)東邦銀行……291
(株)東北銀行……292
(株)栃木銀行……300
(株)鳥取銀行……300
(株)トマト銀行……302
トモニホールディングス(株)……303
(株)富山銀行……304
(株)長野銀行……311
(株)名古屋銀行……313
(株)七十七銀行……314
(株)南都銀行……316
(株)八十二銀行……371
(株)東日本銀行……381
(株)百五銀行……389
(株)百十四銀行……389
(株)広島銀行……391
(株)福井銀行……397
(株)ふくおかフィナンシャルグループ……398
(株)福島銀行……398
(株)豊和銀行……419
(株)北越銀行……420
(株)ほくほくフィナンシャルグループ……420
(株)北洋銀行……420
(株)北國銀行……423
(株)三重銀行……438
(株)みずほフィナンシャルグループ……441
(株)みちのく銀行……442
三井住友トラスト・ホールディングス(株)……444

(株)三井住友フィナンシャルグループ……445
(株)三菱ユーエフジェーフィナンシャル・グループ……453
(株)みなと銀行……454
(株)南日本銀行……454
(株)宮崎銀行……455
(株)宮崎太陽銀行……456
(株)武蔵野銀行……458
(株)山口フィナンシャルグループ……471
(株)りそなホールディングス……495

29 証券、商品先物取引業

藍澤證券(株)……4
あかつきフィナンシャルグループ(株)……9
アジア開発キャピタル(株)……13
アストマックス(株)……16
今村証券(株)……28
岩井コスモホールディングス(株)……29
インヴァスト証券(株)……31
SBIホールディングス(株)……47
(株)FPG……57
(株)岡三証券グループ……67
岡藤ホールディングス(株)……67
Oakキャピタル(株)……69
極東証券(株)……107
(株)小林洋行……136
澤田ホールディングス(株)……149
GMOクリックホールディング(株)……169
(株)ジャパンインベストメントアドバイザー……182
(株)ジャフコ……183
スパークス・グループ(株)……204
第一商品(株)……227
(株)だいこう証券ビジネス……229
高木証券(株)……243
東海東京フィナンシャル・ホールディングス(株)……279
東洋証券(株)……294
トレイダーズホールディングス(株)……308
日本アジア投資(株)……351
野村ホールディングス(株)……365
(株)マネースクウェアHD……432
マネックス・ビーンズ・ホールディングス(株)……433

30 保険業

(株)マネーパートナーズグ
ループ ················· 433
丸三証券(株) ············· 435
水戸証券(株) ············· 454
豊商事(株) ··············· 478

30 保険業

(株)アドバンテッジリスク
マネジメント ··········· 19
アニコム ホールディングス
(株) ··················· 19
MS&ADインシュアランス
グループホールディング
ス(株) ················· 57
ソニーフィナンシャルホー
ルディングス(株) ······ 222
損保ジャパン日本興亜ホー
ルディングス(株) ······ 225
第一生命保険(株) ········ 227
東京海上ホールディングス
(株) ·················· 282
(株)ニュートン・フィナン
シャル・コンサルティン
グ ···················· 361
ライフネット生命保険(株)
······················ 489

31 その他金融業

アクリーティブ(株) ········ 10
アコム(株) ··············· 11
(株)アサックス ············ 11
(株)アプラスフィナンシャ
ル ····················· 20
イオンフィナンシャルサー
ビス(株) ··············· 24
イー・ギャランティ(株) ···· 25
(株)ウェッジホールディン
グス ··················· 33
NECキャピタルソリュー
ション(株) ············· 50
(株)オリエントコーポレー
ション ················· 76
オリックス(株) ············ 77
(株)九州リースサービス ··· 101
(株)クレディセゾン ······· 117
興銀リース(株) ··········· 127
Jトラスト(株) ··········· 165
GFA(株) ················ 168
(株)ジャックス ··········· 181
全国保証(株) ············· 217
東京センチュリーリース
(株) ·················· 285
中道リース(株) ··········· 312
(株)日本取引所グループ ··· 346
日立キャピタル(株) ······· 383

フィンテック グローバル
(株) ·················· 395
芙蓉総合リース(株) ······· 410
ポケットカード(株) ······· 421
(株)MAGねっとホール
ディングス ············ 429
三菱UFJリース(株) ······ 452
(株)UCS ················ 477

32 不動産業

(株)青山財産ネットワーク
ス ······················ 9
(株)ASIAN STAR ········ 14
(株)アスコット ··········· 16
アズマハウス(株) ········· 16
(株)アーバネットコーポ
レーション ············· 19
(株)アパマンショップホー
ルディングス ··········· 19
(株)アールエイジ ········· 21
(株)AMBITION ··········· 23
飯田グループホールディン
グス(株) ··············· 23
イオンモール(株) ········· 24
(株)イーグランド ········· 25
いちごグループホールディ
ングス(株) ············· 26
(株)インテリックス ········ 31
(株)ウィル ··············· 32
(株)ウッドフレンズ ········ 35
エコナックホールディング
ス(株) ················· 43
(株)エストラスト ········· 47
(株)エー・ディー・ワーク
ス ····················· 49
エヌ・ティ・ティ都市開発
(株) ··················· 53
(株)エフ・ジェー・ネクス
ト ····················· 55
エムティジェネックス(株) ·· 58
(株)エリアクエスト ········ 58
エリアリンク(株) ········· 58
(株)オープンハウス ········ 75
空港施設(株) ············· 110
グランディハウス(株) ····· 113
京阪神ビルディング(株) ··· 122
(株)コスモスイニシア ····· 133
(株)コーセーアールイー ··· 133
(株)ゴールドクレスト ····· 138
(株)THEグローバル社 ···· 144
サムティ(株) ············· 148
(株)サンウッド ··········· 149
(株)三栄建築設計 ········· 149
(株)サンセイランディック
······················ 155

サンフロンティア不動産
(株) ·················· 156
(株)サンヨーハウジング名
古屋 ·················· 158
(株)シーアールイー ······· 160
(株)シノケングループ ····· 178
(株)新日本建物 ··········· 197
スターツコーポレーション
(株) ·················· 202
スター・マイカ(株) ······· 202
(株)ストライダーズ ······· 203
住友不動産(株) ··········· 208
(株)センチュリー21・ジャ
パン ·················· 218
セントラル総合開発(株) ··· 219
(株)大京 ················· 228
(株)タカラレーベン ······· 247
(株)駐車場綜合研究所 ····· 257
(株)テーオーシー ········· 269
東急不動産ホールディング
ス(株) ················ 280
東京建物(株) ············· 285
(株)東京楽天地 ··········· 287
(株)東武住販 ············· 291
トーセイ(株) ············· 299
トラストホールディングス
(株) ·················· 306
日神不動産(株) ··········· 320
日本商業開発(株) ········· 340
日本駐車場開発(株) ······· 343
日本管理センター(株) ····· 350
日本アセットマーケティン
グ(株) ················ 351
(株)日本エスコン ········· 351
(株)日本エスリード ······· 351
日本空港ビルデング(株) ··· 352
ハウスコム(株) ··········· 368
(株)ハウスドゥ ··········· 368
パーク二四(株) ··········· 370
パラカ(株) ··············· 375
(株)原弘産 ··············· 375
ビジネス・ワンホールディ
ングス(株) ············ 383
ヒューリック(株) ········· 390
(株)ファースト住建 ······· 392
ファーストブラザーズ(株)
······················ 392
(株)ファンドクリエーショ
ングループ ············ 394
フジ住宅(株) ············· 402
(株)フージャースホール
ディングス ············ 408
(株)プレサンスコーポレー
ション ················ 414
(株)プロスペクト ········· 415

(株)プロパスト……416	(株)……26	(株)カナモト……85
平和不動産(株)……417	(株)市進ホールディングス……26	川崎地質(株)……92
(株)毎日コムネット……427	(株)イチネンホールディングス……26	(株)キタック……96
(株)誠建設工業……429	いであ(株)……27	KeePer技研(株)……99
三重交通グループホールディングス(株)……438	(株)イード……27	(株)キャリアデザインセンター……101
三井不動産(株)……446	(株)イナリサーチ……27	キャリアバンク(株)……101
三菱地所(株)……449	EPSホールディングス(株)……27	キャリアリンク(株)……101
(株)ムゲンエステート……458	(株)インタースペース……30	(株)京進……103
(株)明豊エンタープライズ……462	(株)インターワークス……30	(株)共成レンテム……103
明和地所(株)……463	(株)インフォマート……31	共同ピーアール(株)……104
ユニゾホールディングス(株)……480	(株)ウィザス……31	(株)京都ホテル……105
(株)ラ・アトレ……488	(株)ウィルグループ……32	(株)共立メンテナンス……105
(株)RISE……488	ウィルソン・ラーニングワールドワイド(株)……32	(株)協和コンサルタンツ……106
リベレステ(株)……497	(株)ウエスコホールディングス……32	(株)きょくとう……107
(株)レオパレス21……500	ウチダエスコ(株)……35	(株)クイック……110
(株)レーサム……501	(株)ウチヤマホールディングス……35	クックパッド(株)……111
(株)ロジコム……503	(株)ACKグループ……39	(株)クリエアナブキ……114
	(株)エイジス……39	(株)クリーク・アンド・リバー社……115
33 サービス業	(株)エイチ・アイ・エス……39	(株)クリップコーポレーション……115
アイ・ケイ・ケイ(株)……4	エスアールジータカミヤ(株)……44	グリーンランドリゾート(株)……116
アイティメディア(株)……6	(株)エス・エム・エス……45	(株)ぐるなび……116
(株)IBJ……7	(株)エスクロー・エージェント・ジャパン……46	(株)ケアネット……120
(株)アイレップ……7	SDエンターテイメント(株)……47	(株)ケア21……121
(株)アイロムグループ……7	(株)エスプール……48	KNT-CTホールディングス(株)……121
アウンコンサルティング(株)……8	(株)エナリス……49	(株)建設技術研究所……125
アーキテクツ・スタジオ・ジャパン(株)……9	(株)NJS……51	(株)極楽湯……132
(株)アクトコール……10	(株)エフアンドエム……55	こころネット(株)……133
(株)アコーディア・ゴルフ……11	(株)エプコ……55	(株)コシダカホールディングス……133
(株)アゴーラ・ホスピタリティー・グループ……11	MRT(株)……57	サイジニア(株)……140
(株)アサツー ディ・ケイ……12	(株)エム・エイチ・グループ……57	(株)サイネックス……140
(株)アサンテ……13	エムスリー(株)……57	(株)サイバーエージェント……140
(株)アドウェイズ……18	(株)エル・シー・エーホールディングス……58	サクセスホールディングス(株)……144
(株)アドベンチャー……19	エン・ジャパン(株)……59	サコス(株)……144
アトラ(株)……19	(株)エンバイオ・ホールディングス……60	(株)サニックス……147
(株)アビスト……20	(株)オウチーノ……62	(株)三機サービス……151
アミタホールディングス(株)……21	応用地質(株)……62	燦キャピタルマネージメント(株)……151
(株)アメイズ……21	オーエス(株)……62	三協フロンテア(株)……152
アライドアーキテクツ(株)……21	(株)オオバ……66	(株)サン・ライフ……159
(株)アルテサロンホールディングス……22	(株)オプトホールディング……75	(株)シイエム・シイ……160
(株)アルトナー……22	オリジナル設計(株)……77	(株)ジェイエイシーリクルートメント……161
ERIホールディングス(株)……23	(株)オールアバウト……78	(株)ジェイエスエス……161
イオンディライト(株)……23	(株)カカクコム……80	ジェイコムホールディングス(株)……164
(株)イオンファンタジー……24	(株)学情……81	(株)ジェイテック……165
イー・ガーディアン(株)……25	花月園観光(株)……81	(株)JPホールディングス……166
イーサポートリンク(株)……25	価値開発(株)……82	
E・Jホールディングス(株)……26	(株)学究社……83	
伊豆シャボテンリゾート		

33 サービス業　業種別一覧

（株）CSSホールディングス 167
GMOアドパートナーズ（株） 168
GMO TECH（株） 169
（株）シグマクシス 171
GCAサヴィアン（株） 173
システム・ロケーション（株） 174
シダックス（株） 175
（株）シーティーエス 176
CDS（株） 176
（株）CDG 176
地盤ネットホールディングス 178
シミックホールディングス（株） 180
ジャパンベストレスキューシステム（株） 182
ジャパンマテリアル（株） 182
常磐興産（株） 186
（株）新日本科学 196
（株）進学会 197
シンプロメンテ（株） 198
シンワアートオークション（株） 198
（株）スタジオアリス 201
スバル興業（株） 204
（株）スペース 204
スリープログループ（株） 209
（株）成学社 209
西菱電機（株） 211
セコム（株） 213
セコム上信越（株） 214
（株）セプテーニ・ホールディングス 215
セーラー広告（株） 216
セントケア・ホールディング（株） 218
セントラル警備保障（株） 218
セントラルスポーツ（株） 219
綜合警備保障（株） 219
（株）総医研ホールディングス 219
（株）綜合臨床ホールディングス 220
ソーバル（株） 223
（株）ダイオーズ 228
大成（株） 231
（株）ダイセキ 231
大日本コンサルタント（株） 236
（株）タウンニュース社 243
（株）タケエイ 248
（株）ダスキン 250

TAC（株） 251
WDBホールディングス（株） 252
（株）田谷 253
（株）地域新聞社 254
（株）チャーム・ケア・コーポレーション 255
（株）中広 257
（株）長大 258
（株）ツカダ・グローバルホールディング 259
（株）ツクイ 260
（株）ツヴァイ 261
（株）ディー・エヌ・エー 264
（株）テイクアンドギヴ・ニーズ 265
ディップ（株） 267
（株）テー・オー・ダブリュー 269
テクノプロ・ホールディングス（株） 270
デジタル・アドバタイジング・コンソーシアム（株） 271
データリンクス（株） 272
（株）鉄人化計画 272
テラ（株） 273
（株）電通 276
テンプホールディングス（株） 276
東海リース（株） 279
（株）東京會舘 282
東京テアトル（株） 285
（株）東祥 289
（株）トーカイ 297
（株）トスネット 299
（株）トライアイズ 305
（株）トライステージ 305
（株）トラスト・テック 306
トランス・コスモス（株） 306
（株）トランスジェニック 307
（株）ドリームインキュベータ 308
トレンダーズ（株） 308
（株）ナガセ 310
中日本興業（株） 311
（株）ナガワ 313
（株）ナック 314
西尾レントオール（株） 317
（株）ニチイ学館 319
日本エス・エイチ・エル（株） 334
日本エマージェンシーアシスタンス（株） 334
日本管財（株） 336
（株）日本ケアサプライ 337

日本工営（株） 338
日本サード・パーティ（株） 339
日本スキー場開発（株） 341
（株）日本動物高度医療センター 345
日本ビューホテル（株） 347
日本マニュファクチャリングサービス（株） 349
（株）日本M&Aセンター 352
日本ハウズイング（株） 358
日本和装ホールディングス（株） 361
（株）ネクシィーズ 362
（株）ネクスト 362
（株）ノバレーゼ 364
（株）乃村工藝社 364
（株）白青舎 369
（株）博展 369
（株）白洋舍 370
（株）パソナグループ 371
（株）ぱど 372
（株）ハリマビステム 376
（株）バリューHR 376
バリューコマース（株） 376
ぴあ（株） 380
（株）ビー・エム・エル 381
比較.com（株） 381
（株）ビジネス・ブレークスルー 383
ヒビノ（株） 388
ヒューマンホールディングス（株） 389
ヒューマン・メタボローム・テクノロジーズ（株） 390
（株）ファルコホールディングス 393
（株）ファンコミュニケーションズ 394
（株）福山コンサルタント 399
藤田観光（株） 404
（株）船井総研ホールディングス 409
（株）フュートレック 410
（株）プラザクリエイト 411
（株）プラップジャパン 411
（株）フリークアウト 412
（株）フルキャストホールディングス 413
（株）フルスピード 413
（株）プレステージ・インターナショナル 414
ブロードメディア（株） 415
（株）ベクトル 417
（株）ベネフィット・ワン 418
弁護士ドットコム（株） 419

(28)

(株)翻訳センター............427
(株)マイスターエンジニア
　リング....................427
マーチャント・バンカーズ
　(株).......................430
(株)ミクシィ................439
(株)御園座..................441
みらかホールディングス
　(株).......................457
武蔵野興業(株)............458
(株)明光ネットワークジャ
　パン......................460
(株)メイテック............462
(株)メッセージ............464
(株)メディアフラッグ....464
(株)メディネット..........464
(株)メディビックグループ
　..........................465
メドピア(株)...............465
モーニングスター(株)....466
山田コンサルティンググ
　ループ(株)...............472
(株)山田債権回収管理総合
　事務所...................473
やまねメディカル(株).....474
(株)ユー・エス・エス....476
ユナイテッド(株).........479
(株)ユニバーサル園芸社....481
(株)ユニマット リタイアメ
　ント・コミュニティ......482
(株)UBIC...................483
(株)夢真ホールディングス
　..........................483
(株)夢テクノロジー........483
幼児活動研究会(株).......483
(株)よみうりランド........487
(株)ライドオン・エクスプ
　レス......................488
(株)ラウンドワン..........489
楽天(株)...................489
(株)ラックランド..........490
(株)ランシステム..........490
(株)リクルートホールディ
　ングス...................492
(株)リソー教育............494
リゾートソリューション
　(株).......................495
リゾートトラスト(株).....495
(株)リニカル...............496
(株)リブセンス............497
りらいあコミュニケーショ
　ンズ(株).................498
(株)リロ・ホールディング..498
(株)リンクアンドモチベー
　ション..................499

(株)ルネサンス............500
(株)レアジョブ............500
(株)レイ...................500
(株)レッグス...............501
(株)レントラックス........503
ロングライフホールディン
　グ(株)....................504
ワタベウェディング(株)..506
(株)ワールドホールディン
　グス......................507

企業名変遷要覧
2

0001　(株)IHI
[証券コード]7013
[上場区分]東証一部
- 1853年8月　石川島造船所を設立
- 1872年10月　石川島修船所に社名変更
- 1876年10月　(個)石川島平野造船所を設立
- 1889年1月　(有責)石川島造船所に社名変更
- 1893年9月　(株)東京石川島造船所に社名変更
- 1941年8月　石川島航空工業(株)を設立
- 1945年6月　石川島重工業(株)に社名変更
- 1946年9月　丸石工業(株)を設立
- 1949年10月　千葉倉庫(株)を設立
- 1960年12月　(株)播磨造船所を合併し石川島播磨重工業(株)に社名変更
- 1962年11月　石川島芝浦精機(株)を合併
- 1964年5月　名古屋造船(株)と名古屋重工業(株)を合併
- 1967年10月　芝浦共同工業(株)を合併
- 1968年3月　(株)呉造船所を合併
- 2007年7月　(株)IHIに社名変更

0002　IHI運搬機械(株)
- 1973年4月　石川島播磨重工業(株)が出資し石川島沼津輸送機(株)を設立
- 1973年4月　関西輸送機(株)と(株)石川島沼津製作所を吸収合併し石川島輸送機(株)に社名変更
- 1977年6月　石川島物流工事(株)を吸収合併
- 1985年10月　石川島クレーン(株)を吸収合併
- 1994年12月　(株)アイ・エイチ・アイ・パーキング・テクノスを吸収合併し石川島運搬機械(株)に社名変更
- 2008年10月　石川島運搬機械エンジニアリング(株)を吸収合併
- 2009年10月　IHI運搬機械(株)に社名変更

0003　(株)IHI建材工業
- 1974年12月　石川島播磨重工業(株)により石川島建材工業(株)を設立
- 1981年7月　中部セグメント(株)を設立
- 1981年10月　九州セグメント(株)を設立(後解散)
- 1985年9月　関西セグメント(株)を設立
- 1985年9月　関東セグメント(株)を設立
- 1985年9月　昭和興産(株)を設立(後:関東セグメント(株))
- 1989年7月　石川島建材商事(株)を設立(後解散)
- 1990年5月　アイティープレコン(株)を設立(後解散)
- 2015年4月　関東セグメント(株)を吸収合併し(株)IHI建材工業に社名変更

0004　アイエーグループ(株)
[証券コード]7509
[上場区分]ジャスダックスタンダード
- 1984年3月　(株)アイエーを設立
- 2008年10月　アイエーグループ(株)に社名変更

0005　(株)アイ・エス・ビー
[証券コード]9702
[上場区分]東証一部
- 1970年6月　(株)インフォメイション・サービス・ビューローを設立
- 1985年5月　ソフトウエアメインテナンス(株)を設立(後:(株)エス・エム・シー)
- 1986年12月　(株)アイ・エス・ビーに社名変更
- 1995年4月　アイエスビー・ブレインズ(株)を設立
- 1995年4月　アイエスビー応用システム(株)を設立(後:(株)エス・エム・シー)
- 2001年6月　(株)アイフィスを設立(後解散)
- 2010年7月　(株)ISBパーソナルサービスを設立
- 2011年7月　(株)アイエスビー東北を設立
- 2011年12月　(株)GIOTを設立

0006　アイエックス・ナレッジ(株)
[証券コード]9753
[上場区分]ジャスダックスタンダード
〈日本ナレッジインダストリ系〉
- 1979年6月　日本ナレッジインダストリ(株)を設立
- 1986年9月　(株)日刊工業新聞社と共同で出資し(株)エヌ・ケイ・アイを設立
- 1986年9月　(株)応用工学研究所を設立

〈アイエックス系〉
- 1964年7月　(株)データプロセスコンサルタントを設立
- 1969年10月　データプロセシング(株)を設立
- 1972年10月　(株)データプロセシングを吸収合併
- 1973年6月　日本産業開発(株)を設立(後:(株)アイコム)
- 1990年2月　(株)アイエックスに社名変更
- 1999年10月　日本ナレッジインダストリ(株)と(株)アイエックスが合併しアイエックス・ナレッジ(株)に社名変更
- 2003年7月　(株)IKIアットラーニングを設立
- 2003年12月　アイ・ティ・ジャパン(株)を設立
- 2011年10月　(株)アイエックスときわテクノロジーを吸収合併

0007　IMV(株)
[証券コード]7760
[上場区分]ジャスダックスタンダード
- 1957年4月　(株)国際機械振動研究所を設立
- 1987年4月　アイエムブイ(株)に社名変更
- 2003年1月　IMV(株)に社名変更

0008　あいおいニッセイ同和損害保険(株)
- 1944年3月　神戸海上火災保険(株)と共同火災海上保険(株)と朝日海上火災保険(株)と横浜火災海上保険(株)が合併し同和火災海上保険(株)を設立
- 1996年　ニッセイ損害保険(株)を設立
- 2001年4月　ニッセイ損害保険(株)と合併しニッセイ同和損害保険(株)に社名変更
- 2010年　あいおい損害保険と合併しあいおいニッセイ同和損害保険(株)に社名変更

0009　(株)アイ・オー・データ機器
[証券コード]6916
[上場区分]東証二部
- 1976年1月　(株)アイ・オー・データ機器を設立
- 1993年3月　クリエイティブ・メディア(株)を設立
- 1996年2月　(株)アイ・オー・ネットを設立(後精算)
- 2014年3月　ITGマーケティング(株)を設立

0010　アイカ工業(株)
[証券コード]4206

[上場区分]東証一部
1936年10月　愛知時計電機(株)より事業を継承し愛知化学工業(株)を設立
1957年1月　愛知電装(株)を設立
1962年6月　アイカ工業(株)に社名変更
1968年7月　アイカ中国(株)を設立
1984年6月　(株)アイホーを設立
1984年7月　(株)マイクロニックアイカインターナショナルを設立(後:(株)マイクロニックアイカ)
1984年12月　アイカ電子(株)を設立
2001年10月　アイカ販売(株)を吸収合併
2004年10月　アイカ中国(株)を吸収合併

0011　(株)アイケイ
[証券コード]2722
[上場区分]ジャスダックスタンダード
1982年5月　アイケイ商事(有)を設立
1990年4月　(株)アイケイに社名変更
2007年4月　(株)コスカを設立

0012　アイ・ケイ・ケイ(株)
[証券コード]2198
[上場区分]東証一部
1995年11月　(株)アイ・ケイ・ケイ不動産から結婚式場とホテルの運営を引継ぎアイ・ケイ・ケイ(株)を設立
2011年4月　スイート ヴィラ ガーデン(株)を設立(後吸収合併)
2012年12月　アイケア(株)を設立

0013　藍澤證券(株)
[証券コード]8708
[上場区分]東証一部
1918年7月　創業者藍澤彌八が証券業務の取扱いを開始
1933年10月　(株)藍澤商店を設立
1944年5月　(株)石崎商店を合併
1948年10月　藍澤證券(株)に商号変更
1952年1月　日本証券投資(株)を吸収合併
1986年6月　藍澤投資顧問(株)を設立(後解散)
2002年10月　平岡証券(株)を合併
2005年4月　上海藍澤投資諮詢有限公司を設立(後解散)
2005年7月　アイザワ・インベストメンツ(株)を設立
2005年10月　アイザワ・ベンチャー1号投資事業有限責任組合を設立
2006年3月　アイザワ・ベンチャー2号投資事業有限責任組合を設立
2006年4月　Aizawa Asset Management (C. I.) Ltd.を設立
2008年2月　アイザワ3号投資事業有限責任組合を設立

0014　愛三工業(株)
[証券コード]7283
[上場区分]東証一部
1938年12月　愛三工業(株)を設立
1980年5月　愛協産業(株)を設立
2008年7月　愛三熊本(株)を設立

0015　アイサンテクノロジー(株)
[証券コード]4667
[上場区分]ジャスダックスタンダード
1970年8月　(株)アイサンを設立
1985年8月　アイサンソフトウェア(株)を設立
1988年8月　(株)アイサン東海を設立
1992年1月　〈旧〉アイサンテクノロジー(株)を設立
1992年8月　アイサン東海と〈旧〉アイサンテクノロジー(株)を吸収合併しアイサンテクノロジー(株)に社名変更
1995年4月　アイサンソフトウェアー(株)を吸収合併
2010年12月　(株)スリードを設立

0016　IJTテクノロジーホールディングス(株)
[証券コード]7315
[上場区分]東証二部

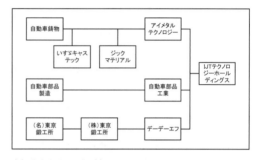

〈自動車部品工業系〉
1938年8月　東京自動車工業(株)が出資し自動車部品製造(株)を設立
1982年5月　自動車ねぢ工業(株)と合併
1982年7月　自動車部品工業(株)に社名変更
〈アイメタルテクノロジー系〉
1937年8月　自動車鋳物(株)を設立
1957年　(株)三和鋳造所を設立(後:三和金属工業(株))
1986年　新大洋工業(株)を設立
1988年　三和金属工業(株)と合併
2007年4月　(株)いすゞキャステックと(株)ジックマテリアルを吸収合併し(株)アイメタルテクノロジーに社名変更
〈テーデーエフ系〉
1918年4月　(名)東京鍛工所を設立
1930年2月　(株)東京鍛工所に改組
1990年4月　テーデーエフ(株)に社名変更
　　　　＊　　＊　　＊　　＊
2013年10月　(株)アイメタルテクノロジーとテーデーエフ(株)と自動車部品工業(株)が株式移転の方法によりIJTテクノロジーホールディングス(株)を設立

0017　(株)IGポート
[証券コード]3791
[上場区分]ジャスダックスタンダード
1990年6月　(株)イングを設立
2000年9月　〈旧〉(株)プロダクション・アイジーを業務の効率化のため吸収合併し(株)プロダクション・アイジーに商号変更
2007年11月　(株)プロダクション・アイジーに事業のほとんどを分割新設会社した同社

に引継ぎ(株)IGポートに持株会社となり商号変更
〈プロダクション・アイジー系〉
 1987年12月 (有)アイジータツノコを設立
 1993年9月 (有)プロダクション・アイジーに商号変更
 1998年4月 〈旧〉(株)プロダクション・アイジーに組織変更

0018 (株)アイスタイル
[証券コード]3660
[上場区分]東証一部
 1999年7月 (有)アイ・スタイルを設立
 2000年4月 (株)アイスタイルへ組織変更
 2005年7月 (株)アイスタイル・マーケティングソリューションズを設立(後吸収合併)
 2005年7月 (株)サイバーエージェントとの合弁により(株)フラウディア・コミュニケーションズを設立
 2006年4月 (株)アイメディアドライブを設立
 2008年2月 (株)コスメ・コムを設立
 2012年5月 istyle Global(Hong Kong)Co., Limitedを設立
 2012年8月 istyle Global(Singapore)Pte. Limitedを設立
 2012年10月 istyle China Co., Limitedを設立
 2012年11月 PT. Creative Visions Indonesiaを設立
 2014年11月 (株)アイスタイルキャピタルを設立
 2014年12月 (株)アイスタイルトレーディングを設立

0019 (株)アイセイ薬局
[証券コード]3170
[上場区分]ジャスダックスタンダード
 1984年9月 アイセイ薬局を開局
 1987年8月 (有)アイセイ薬局を設立(後:〈別〉(株)アイセイ薬局)
 1999年2月 (株)エム・ファームを設立(後吸収合併)
 2000年6月 (株)アイセイ・メディケアを設立(後:(株)愛誠会)
 2000年8月 (株)エルストファーマを設立
 2004年7月 (株)愛誠会より薬局店舗を事業承継し(株)アイセイ薬局に商号変更
 2004年8月 (株)日本医療サービスを設立(後:ヒューマンファクトリー(株))
 2011年2月 (株)アースを設立(後:(株)コスモ・メディカル)

0020 (株)愛知銀行
[証券コード]8527
[上場区分]東証一部
 1910年9月 日本貯蓄興業(株)を設立
 1916年10月 名古屋無尽(株)に社名変更
 1918年6月 〈旧〉(株)愛知無尽を設立
 1920年 名古屋無尽(株)と〈旧〉愛知無尽(株)が合併し愛知無尽(株)に社名変更
 1944年5月 愛知無尽(株)と勧業無尽(株)と東海無尽(株)が合併し愛知合同無尽(株)に社名変更
 1948年2月 中央無尽(株)に社名変更
 1951年10月 (株)中央相互銀行に社名変更
 1971年4月 昭和信用組合を合併
 1973年4月 品野信用組合を合併
 1983年2月 (株)愛銀ディーシーカードを設立
 1983年5月 愛銀ファイナンス(株)を設立(後:(株)愛銀ディーシーカード)
 1983年7月 愛銀ファクター(株)を設立(後:(株)愛銀ディーシーカード)
 1989年2月 (株)愛知銀行に社名変更
 1989年9月 (株)愛銀コンピュータサービスを設立
 1989年10月 (株)愛銀ビジネスサービスを設立

0021 (株)アイチコーポレーション
[証券コード]6345
[上場区分]東証一部
 1962年2月 愛知車輌(株)を設立
 1973年5月 九州愛知車輌(株)を設立(後:愛知車輌工業(株))
 1976年1月 愛知車輌北陸販売会社を設立(後:(株)北陸アイチ)
 1978年3月 愛知車輌九州販売会社を設立(後:(株)九州アイチ)
 1978年11月 愛知車輌中国販売会社を設立(後:(株)中国アイチ)
 1978年12月 愛知車輌北海道販売(株)を設立(後:(株)北海道アイチ)
 1982年3月 愛知車輌東北販売(株)を設立(後:(株)東北アイチ)
 1982年11月 愛知車輌四国販売(株)を設立(後:(株)四国アイチ)
 1990年6月 (株)アステックを設立
 1992年2月 (株)アイチコーポレーションに社名変更
 2004年5月 (株)アステックを吸収合併
 2010年4月 愛知車輌工業(株)を吸収合併
 2010年10月 (株)レンテックを吸収合併

0022 愛知製鋼(株)
[証券コード]5482
[上場区分]東証一部
 1940年3月 (株)豊田自動織機製作所より分離し豊田製鋼(株)を設立
 1945年11月 愛知製鋼(株)に社名変更
 1987年9月 アイコーサービス(株)を設立
 1991年3月 (株)シー・エス・エイを設立(後:アイチ情報システム(株))(後:(株)ケイ・ビー・シー)
 2000年12月 アイチ・マイクロ・インテリジェント(株)を設立
 2002年4月 (株)アスデックスを設立

0023 愛知時計電機(株)
[証券コード]7723
[上場区分]東証一部
 1893年4月 愛知時計製造(資)を設立
 1898年7月 愛知時計製造(株)に改組
 1911年11月 名古屋製函(株)を合併
 1912年7月 〈旧〉愛知時計電機(株)に社名変更
 1917年1月 愛知電機(株)を合併
 1918年9月 愛知電工(株)を合併
 1920年1月 愛知機器(株)を合併
 1936年10月 愛知化学工業を設立(後:アイカ工業(株))
 1937年4月 (株)東洋機械製作所を合併

あいていい

1943年2月	愛知航空機(株)を設立
1949年6月	〈旧〉愛知時計電機(株)の第2会社として新愛知時計電機(株)を設立
1952年7月	〈旧〉愛知時計電機(株)を吸収合併
1952年12月	愛知時計電機(株)に社名変更
1993年4月	(株)アイセイテックを設立
2011年8月	アイレックス(株)を設立
2011年11月	アイチ木曽岬精工(株)を設立

0024　IDEC(株)
[証券コード]6652
[上場区分]東証一部

1945年11月	和泉商会を設立
1947年3月	和泉電気(株)に社名変更
1972年12月	アイデックコントロールズ(株)を設立
1973年1月	(株)和泉電気富山製作所を設立
1983年9月	(株)アイ・イー・エスを設立
1985年10月	エリデック(株)を設立(後:和泉パワーデバイス(株))
1986年4月	ハイデック(株)を設立(後:和泉オプトデバイス(株))
1991年3月	(株)和泉電気富山製作所を吸収合併
1992年6月	アイデックシステムズ(株)を設立
2005年10月	IDEC(株)へ社名変更

0025　(株)アイティフォー
[証券コード]4743
[上場区分]東証一部

1972年	千代田情報機器(株)を設立
2000年	(株)アイティフォーに社名変更

0026　ITbook(株)
[証券コード]3742
[上場区分]東証マザーズ

1990年6月	(株)デュオシステムを設立
1999年3月	(株)デュオシステムズに社名変更
2004年11月	(株)ピコラボを設立
2005年4月	情報政策研究所(株)を設立
2009年10月	情報政策研究所(株)を吸収合併
2011年8月	ITbook(株)に社名変更
2012年3月	NEXT(株)を設立
2012年10月	沖縄ITbook(株)を設立

0027　ITホールディングス(株)
[証券コード]3626
[上場区分]東証一部

2008年4月	TIS(株)と(株)インテックホールディングスが株式移転により両社の完全親会社となるITホールディングス(株)を設立
2008年10月	TIS(株)の保有する子会社である(株)ユーフィットと(株)アグレックスとクオリカ(株)とAJS(株)とエス・イー・ラボとTISトータルサービス(株)とTISリース(株)とBMコンサルタンツ(株)とTISソリューションビジネス(株)の全株式について当社を承継会社とする吸収分割を実施しの直接の子会社とする
2009年4月	ITサービスフォース(株)を設立
2009年6月	(株)エス・イー・ラボを完全子会社化
2009年7月	(株)エス・イー・ラボとTISソリューションビジネス(株)が経営統合しネオアクシス(株)を設立
2010年4月	ソラン(株)を完全子会社化
2011年2月	(株)ユーフィットを完全子会社化
2011年4月	TIS(株)とソラン(株)と(株)ユーフィットが合併
2013年11月	中央システム(株)を完全子会社化
2015年3月	(株)アグレックスを完全子会社化

0028　アイティメディア(株)
[証券コード]2148
[上場区分]東証マザーズ

1999年12月	ソフトバンク パブリッシング(株)の100%子会社としてソフトバンク・ジーディーネット(株)を設立
2004年1月	ソフトバンク・アイティメディア(株)に商号変更
2005年3月	(株)アットマーク・アイティを合併しアイティメディア(株)に商号変更
2006年2月	(株)メディアセレクトを合併
2010年3月	E2パブリッシング(株)を合併

0029　(株)アイ・テック
[証券コード]9964
[上場区分]ジャスダックスタンダード

1960年10月	清水シャーリング(株)を設立
1963年10月	清水シャーリング鋼材(株)に社名変更
1972年3月	清水シャーリング運輸(株)を設立(後:アイテック運輸(株))(後:中央ロジテック(株))
1982年7月	〈新〉(株)清水シャーリング鋼材を設立
1984年9月	静清鋼業(株)を設立
1988年12月	(株)アイ・テックに社名変更
1991年4月	〈新〉(株)清水シャーリング鋼材を吸収合併
2009年4月	(株)オーエーテックを設立
2011年1月	(株)アイ・テックストラクチャーを設立

0030　(株)アイナボホールディングス
[証券コード]7539
[上場区分]ジャスダックスタンダード

1955年3月	阿部窯業(株)を設立
1961年	(株)三和商会を設立
1965年1月	大阪阿部窯業(株)を設立
1983年10月	阿部窯業ユニット(株)を設立
1984年3月	横浜阿部窯業(株)を設立
1987年	三和商事(株)と大阪阿部窯業(株)と阿部窯業ユニット(株)と横浜阿部窯業(株)を吸収合併し(株)アベルコに社名変更
1999年8月	(株)ジャクソンジャパンを設立(後清算)
2013年4月	(株)アベルコ分割準備会社を設立(後:アベルコ(株))
2013年10月	(株)アイナボホールディングスに持株会社化し社名変更

0031　(株)アイ・ピー・エス
[証券コード]4335
[上場区分]ジャスダックスタンダード

1997年6月	(株)アイ・ピー・エスを設立
2000年3月	(有)アイピーエス・ノートを設立(後清算)(後:(株)アイピーエス・ノート)

0032　(株)アイビー化粧品
[証券コード]4918
[上場区分]ジャスダックスタンダード
- 1975年12月　白銀化粧品を設立
- 1977年10月　(株)アイビー化粧品に社名変更
- 2006年10月　(株)アイブラティナを設立

0033　(株)IBJ
[証券コード]6071
[上場区分]東証一部
- 2006年2月　(株)IBJを設立
- 2006年9月　日本結婚相談行協会を設立(後:日本結婚相談所連盟)
- 2009年1月　(株)ブライダルネットを吸収合併
- 2010年4月　(株)アットウィルを吸収合併
- 2010年4月　(株)アブニールを吸収合併
- 2010年4月　(株)日本ブライダル・コミュニティーを吸収合併
- 2013年4月　(株)エスアイヤを吸収合併
- 2015年1月　民間事業者協議会「婚活サポートコンソーシアム」を発足

0034　(株)アイフィスジャパン
[証券コード]7833
[上場区分]東証一部
- 1995年5月　(有)アイフィスジャパンを設立
- 1996年4月　(株)アイフィスジャパンに組織変更
- 2006年2月　アイフィス・インベストメント・マネジメント(株)を設立
- 2008年9月　(株)アイコスを設立

0035　(株)アイフラッグ
- 1997年6月　(株)テレウェイヴを設立
- 2000年4月　(株)テレウェイヴリンクスを設立
- 2000年11月　ドットネット(株)を設立(後:(株)アントレプレナー)
- 2000年12月　(株)ウェブ・ワークスを設立
- 2004年6月　フリービット(株)と共同で出資し(株)アイピーアンドケイを設立
- 2009年4月　(株)SBRに社名変更
- 2009年4月　(株)テレウェイヴリンクスと(株)アイピーアンドケイを吸収合併
- 2011年2月　(株)くるねっとと(株)イーフロッグを設立
- 2012年1月　(株)アイフラッグに社名変更

0036　(株)アイフリーク ホールディングス
[証券コード]3845
[上場区分]ジャスダックスタンダード
- 2000年6月　(有)アイフリークを設立
- 2001年12月　(株)アイフリークに改組
- 2007年12月　(株)フィール・ジーを設立(後吸収合併)
- 2009年11月　(株)日本インターシステムを吸収合併
- 2013年4月　(株)アイフリーク ホールディングスに会社分割により持株会社体制に移行し商号変更

0037　あいホールディングス(株)
[証券コード]3076
[上場区分]東証一部
- 1949年3月　(株)渡辺研究所を設立
- 1952年7月　(株)渡辺測器製作所に社名変更
- 1977年4月　渡辺電子機器(株)を設立(後:グラフテック電子機器(株))
- 1977年12月　渡辺測器(株)に社名変更
- 1981年3月　(株)グラフテック研究所を設立
- 1983年6月　グラフテック(株)に社名変更
- 1984年9月　グラフテックキャド(株)を設立
- 1986年3月　(株)グラフテックエンジニアリングを設立
- 1987年4月　関西グラフテックエスエス(株)を設立(後:グラフテックエスエス(株))
- 1987年4月　関東グラフテックエスエス(株)を設立
- 1989年4月　中部グラフテックエスエス(株)を設立(後:グラフテックエスエス(株))
- 1995年4月　北日本グラフテックエスエス(株)を設立(後:グラフテックエスエス(株))
- 1999年4月　グラフテック商事(株)を設立
- 1999年5月　グラフテックエスエス(株)を設立
- 2001年6月　テクノグラフテック(株)を設立
- 2002年6月　グラフテクエスエス(株)を吸収合併
- 2007年2月　(株)ドッドウエル ビー・エム・エスとグラフテック(株)が共同で株式移転の方法によりあいホールディングス(株)を完全親会社として設立

0038　(株)アイレップ
[証券コード]2132
[上場区分]東証二部
- 1997年11月　(株)アスパイアを設立
- 2000年6月　(株)アイレップに商号変更
- 2007年10月　(株)あいけあを設立
- 2007年12月　デジタル・アドバタイジング・コンソーシアム(株)と合弁で(株)レリバンシー・プラスを設立
- 2009年10月　(株)ウエストホールディングスと合弁で(株)グリーンエネルギーマーケティングを設立(後清算)
- 2012年1月　(株)フロンティアデジタルマーケティングを設立
- 2012年12月　(株)ロカリオを設立
- 2013年5月　PT.DIGITAL MARKETING INDONESIAを設立
- 2013年12月　Acquisio Inc.と合弁で(株)アクイジオジャパンを設立
- 2014年1月　北京艾睿普広告有限公司を設立
- 2014年4月　(株)ネクストフィールドを設立

0039　(株)アイロムグループ
[証券コード]2372
[上場区分]東証一部
- 1997年4月　(株)アイロムを設立
- 1997年12月　(有)ウッズスタッフを設立(後:(株)ウッズスタッフ)
- 2002年3月　(株)アイロムメディックを設立
- 2003年4月　エア・ウォーター(株)と共同で出資しエー・ダブリュー・アイ・メディカルサポート(株)を設立
- 2004年5月　アイロム・プロスタッフ(株)を設立
- 2004年6月　(有)アイ・エム・ファンドを設立
- 2004年10月　オーダーメイド創薬(株)を設立
- 2006年10月　(株)アイロムホールディングスに商号変更
- 2015年7月　(株)アイロムグループに商号変更

あうんこん

0040 アウンコンサルティング(株)
[証券コード]2459
[上場区分]東証マザーズ
1998年6月	アウンコンサルティング(株)を設立
2008年4月	AUN Thai Laboratories Co., Ltd.を設立
2008年4月	アウン沖縄ラボラトリーズ(株)を設立(後解散)
2010年6月	台灣亞文營銷事業股份有限公司を設立
2010年9月	AUN Korea Marketing, Inc.と亞文香港營銷事業股份有限公司を設立
2010年11月	AUN Global Marketing Pte.Ltd.(シンガポール)を設立

0041 アオイ電子(株)
[証券コード]6832
[上場区分]東証二部
1962年10月	和光工業(株)を設立
1969年2月	(株)東洋電具製作所と資本提携しアオイ電子(株)に社名変更
1975年10月	ハヤマ工業(株)を設立
2009年10月	(株)カネカと合弁し(株)ヴィーネックスを設立

0042 (株)AOI Pro.
[証券コード]9607
[上場区分]東証一部
1963年10月	(株)葵プロモーションを設立
1988年10月	(株)日本教育研究所を吸収合併
1992年10月	(株)クリエイティブハウスサブを設立(後:(株)ティーポット)
1994年7月	(株)ガーデン・スタジオを設立(後:(株)メディア・ガーデン)
1998年5月	(株)デジタル・ガーデンを設立
2003年1月	(株)スパイクフィルムスを設立
2003年1月	(株)葵デジタルクリエイションを設立(後解散)
2008年1月	(株)スクラッチを設立
2012年7月	(株)AOI Pro.に社名変更
2014年1月	(株)STORYWRITERを設立

0043 (株)AOKIホールディングス
[証券コード]8214
[上場区分]東証一部
1976年8月	アオキファッション販売(株)を設立
1980年7月	(株)アオキファッションに社名変更
1985年9月	(株)アオキインターナショナルに社名変更
2000年10月	(株)ヴァリックを設立
2005年10月	(株)トリイと合併
2006年4月	(株)AOKIホールディングスに商号変更
2008年4月	(株)ラヴィスを株式交換により完全子会社化(後:アニヴェルセル(株))

〈トリイ系〉
1962年3月	(株)トリイを設立
1977年10月	第一繊維(株)を設立(後:(株)第一紳士服)
1982年8月	(株)第一紳士服を吸収合併
1994年4月	トリイサカエチカ(株)を設立(後清算)

0044 (株)あおぞら銀行
[証券コード]8304
[上場区分]東証一部
1957年4月	(株)日本不動産銀行を設立
1977年10月	(株)日本債券信用銀行に社名変更
1991年5月	日債銀プライベートエクイティ(株)を設立(後:あおぞらインベストメント(株))
1994年2月	(株)日債銀信託銀行を設立
1994年2月	日債銀信託銀行(株)を設立(後:あおぞら信託銀行(株))
1999年6月	日債銀債権回収(株)を設立(後:あおぞら債権回収(株))
2001年1月	(株)あおぞら銀行に社名変更
2013年3月	あおぞら地域総研(株)を設立
2014年2月	あおぞら投信(株)を設立
2015年1月	あおぞら不動産投資顧問(株)を設立

0045 アヲハタ(株)
[証券コード]2830
[上場区分]東証二部
1932年12月	(株)中島董商店全額を出資し(株)旗道園を設立
1943年2月	広島県合同缶詰(株)に統合される
1948年12月	青旗缶詰(株)を設立
1966年3月	(株)竹原アヲハタを設立
1971年7月	(株)アヲハタ興産を設立(後:レインボー食品(株))
1972年9月	芸南観光レンタル(株)を設立
1975年2月	(株)東北アヲハタを設立
1977年11月	(株)アヲハタエフエムサプライを設立
1985年10月	大石田食品(株)を設立(後:(株)東北アヲハタ)
1988年12月	忠海食品(株)を設立
1989年2月	アヲハタ(株)に社名変更
1990年6月	芸南食品(株)を設立
1992年6月	テクノエイド(株)を設立
1996年2月	(株)ビーエフ情報サービスを設立
2011年5月	烟台青旗農業科技開発有限公司を設立
2011年8月	杭州碧幟食品有限公司を設立
2013年5月	Santiago Agrisupply SpAを設立
2013年10月	青島青旗食品有限公司を設立

0046 (株)青森銀行
[証券コード]8342
[上場区分]東証一部
1878年3月	第五十九国立銀行を設立
1897年9月	(株)第五十九銀行に社名変更
1943年10月	(株)坂柳銀行と(株)八戸銀行と(株)津軽銀行と(株)青森銀行を合併し(株)青森銀行に社名変更
1978年7月	(財)青森地域社会研究所を設立
1980年1月	あおぎん信用保証(株)を設立
1980年1月	青銀キャッシュビジネス(株)を合併し青銀ビジネスサービス(株)を設立
1985年7月	あおぎんディーシーカード(株)を設立(後:あおぎんカードサービス(株))(後:あおぎんクレジットカード(株))
1985年10月	あおぎんリース(株)を設立
1987年11月	あおぎんコンピュータサービス(株)を設立(後解散)
1988年4月	青銀キャッシュビジネス(株)を設立(後:青銀ビジネスサービス(株))
1988年4月	青銀不動産調査(株)を設立(後解散)
1989年2月	青銀スタッフサービス(株)を設立(後

	解散)
1989年3月	あおぎん抵当証券(株)を設立(後解散)
1990年11月	あおぎんクレジットカード(株)を設立(後合併)(後:あおぎんジェーシービーカード(株))(後:あおぎんディーシーカード(株))
1995年11月	あおぎんジェーシービーカード(株)を設立(後:あおぎんクレジットカード(株))

0047 (株)青山財産ネットワークス
[証券コード]8929
[上場区分]東証二部
1991年9月	(株)船井財産ドックを設立
1999年4月	(株)船井財産コンサルタンツに社名変更
1999年4月	(株)船井財産コンサルタンツ京都を設立
2000年10月	(株)船井エステートを設立(後:(株)青山綜合エステート)
2005年3月	(有)暁事業再生ファンドを設立
2005年9月	(有)地域企業再生ファンドと(有)ふるさと再生ファンドを設立
2011年1月	アオヤマ・ウエルス・マネジメント・プライベート・リミテッドを設立
2012年7月	(株)青山財産ネットワークスに社名変更
2013年10月	青山財産ネットワークスUSAを設立

0048 青山商事(株)
[証券コード]8219
[上場区分]東証一部
1964年5月	青山商事(株)を設立
1986年4月	青味(株)と青山(株)を吸収合併
1991年3月	ブルーリバース(株)を設立
1999年8月	ケイ・エス・ケイ・カード(株)を吸収合併し(株)青山キャピタルを設立
2005年10月	カジュアルランドあおやま(株)を設立
2010年12月	日鉄住金物産(株)との合弁で(株)イーグルリテイリングを設立
2011年7月	(株)globeを設立

0049 あかつきフィナンシャルグループ(株)
[証券コード]8737
[上場区分]東証二部
1950年9月	木谷商事(株)を設立
1990年4月	〈旧〉洸陽フューチャーズ(株)に社名変更
2005年10月	(株)アイビックジェイピードットコムを設立
2005年10月	和洸フューチャーズ(株)と(株)日本アイビックとさくらフューチャーズ(株)と株式交換し大洸ホールディングス(株)に社名変更
2005年10月	大洸ホールディングス(株)が会社分割し洸陽フューチャーズ(株)を設立
2007年8月	KKFGキャピタル(株)を設立
2007年8月	ヴィータス・ソリューション(株)を設立(後解散)
2007年9月	黒川木徳フィナンシャルホールディングス(株)に社名変更
2008年2月	黒川木徳キャピタルマネジメント(株)を設立(後:あかつきキャピタルマネジメント(株))
2008年12月	黒川木徳リアルエステート(株)を設立
2010年10月	(株)クレゾーを吸収合併
2011年8月	あかつきフィナンシャルグループ(株)に社名変更
2013年5月	トレード・ラボ投資事業有限責任組合を設立
2013年12月	キャピタル・エンジン(株)を設立

0050 (株)秋川牧園
[証券コード]1380
[上場区分]ジャスダックスタンダード
1979年	秋川食品(株)を設立
1993年	(株)秋川牧園に社名変更
2000年3月	(株)スマイルを設立(後:(株)秋川牧園)
2008年12月	(株)ゆめファームを設立

0051 (株)秋田銀行
[証券コード]8343
[上場区分]東証一部
1879年1月	第四十八国立銀行を設立
1898年1月	第四十八銀行に社名変更
1925年4月	船川銀行を合併
1941年10月	〈旧〉秋田銀行と湯沢銀行が合併し(株)秋田銀行に社名変更
1975年5月	(株)秋田グランドリースを設立
1979年10月	(株)秋田保証サービスを設立
1981年1月	(株)秋銀ビジネスサービスを設立
1986年4月	(株)秋田ジェーシービーカードを設立
1987年7月	(株)あきぎんコンピュータサービスを設立(後解散)(後:(株)あきぎんオフィスサービス)
1989年9月	(株)秋銀スタッフサービスを設立
1989年11月	秋銀不動産調査サービス(株)を設立(後解散)
1990年8月	(株)秋田国際カードを設立
2003年12月	(株)秋銀ビジネスサービスと(株)秋銀スタッフサービスが合併し(株)秋銀ビジネスサービスを設立(後解散)

0052 アーキテクツ・スタジオ・ジャパン(株)
[証券コード]6085
[上場区分]東証マザーズ
2007年11月	アーキテクツ・スタジオ・ジャパン(株)を設立

0053 (株)あきんどスシロー
1984年6月	(株)すし太郎(豊中)を設立
1988年9月	(株)すし太郎(吹田)を設立
1999年8月	(株)すし太郎(豊中)と(株)すし太郎(吹田)が合併
2000年12月	(株)あきんどスシローに社名変更
2009年5月	エーエスホールディングス(株)が〈旧〉(株)あきんどスシローを吸収合併し〈新〉(株)あきんどスシローに商号変更

0054 アクサ生命保険(株)
2000年3月	日本団体生命とアクサ生命保険(株)と共同で出資しアクサニチダン保険ホールディング(株)を保険持株会社として設立
2001年3月	アクサ保険ホールディングス(株)に社名変更

あくさたい

  2004年6月 アクサ ジャパン ホールディング(株)に社名変更
  2014年10月 アクサ生命保険(株)(2代)を吸収合併しアクサ生命保険(株)(3代)に社名変更

0055 アクサダイレクト生命保険(株)
  1994年7月 〈旧〉アクサ生命保険(株)を設立
  2000年3月 日本団体生命と共同で出資しアクサニチダン保険ホールディング(株)を保険持株会社として設立
  2000年4月 アクサニチダン生命保険(株)に社名変更
  2001年3月 アクサ生命保険(株)に社名変更
  2010年5月 ネクスティア生命保険(株)に商号変更
  2013年5月 アクサダイレクト生命保険(株)に商号変更

0056 アクシアルリテイリング(株)
[証券コード]8255
[上場区分]東証一部
  1907年 初代原信吾が「洋ローソク」の製造販売を創業
  1953年 (有)原信商店を設立
  1967年8月 (株)原信に社名変更
  1978年4月 (株)ローリーを設立
  1985年7月 (株)チューリップストアを吸収合併
  2006年4月 〈新〉原信に(現連結子会社)に事業の全てを承継させて原信ナルスホールディングス(株)に商号を変更し純粋持株会社となる
  2013年10月 アクシアル リテイリング(株)に社名変更

0057 (株)アクシーズ
[証券コード]1381
[上場区分]ジャスダックスタンダード
  1962年11月 (株)伊地知種鶏場を設立
  1968年6月 (有)南九州畜産を設立
  1972年4月 (株)アイエムポートリーを設立
  1976年2月 (有)城山サービスを設立
  1976年4月 イヂヂ化成(株)を設立(後:(株)アクシーズケミカル)
  1991年5月 (有)求名ファームを設立
  1993年2月 イヂヂ商事(株)を設立(後:(株)アクシーズフーズ)
  1999年4月 (株)アクシーズに社名変更
  2004年2月 (有)南九州バイオマスを設立

0058 (株)ACCESS
[証券コード]4813
[上場区分]東証マザーズ
  1984年 (有)アクセスを設立
  1996年 (株)ACCESSに社名変更
  2001年2月 (株)アクセスパブリッシングを設立

0059 (株)アクセル
[証券コード]6730
[上場区分]東証一部
  1996年2月 (株)アクセルを設立
  2010年12月 (株)ニューゾーンを設立(後清算)

0060 アクセルマーク(株)
[証券コード]3624
[上場区分]東証マザーズ
  1994年3月 (株)マッキャナを設立
  1997年12月 (株)ハイジに商号変更
  2005年11月 アクセルマーク(株)に商号変更
  2009年4月 (株)メディアグロウを設立
  2011年10月 エフルート(株)を吸収合併

0061 (株)アクトコール
[証券コード]6064
[上場区分]東証マザーズ
  2005年1月 (株)全管協サービスを設立
  2006年11月 (株)アクトコールに社名変更
  2009年9月 (株)アンテナを設立
  2014年4月 (株)PLUS-Aを設立

0062 アクモス(株)
[証券コード]6888
[上場区分]ジャスダックスタンダード
  1991年8月 (株)アイ・エフ・シーを設立
  1994年2月 アクモス(株)に社名変更

0063 アークランドサカモト(株)
[証券コード]9842
[上場区分]東証一部
  1970年7月 (株)坂本産業を設立
  1987年12月 (株)武蔵を吸収合併しアークランドサカモト(株)に社名変更
  1993年3月 アークランドサービス(株)を設立
  1994年1月 ランドジャパン(株)を設立
  1994年10月 宮元屋ムサシ(株)を設立
  2008年10月 宮元屋ムサシ(株)を吸収合併
  2011年2月 ランドジャパン(株)を吸収合併

0064 (株)アークランドサービス
[証券コード]3085
[上場区分]東証一部
  1993年3月 (株)アークランドサービスを設立
  2003年9月 ビイエスフーズ(株)を設立
  2004年8月 ビイエスフーズ(株)を吸収合併
  2010年10月 サトレストランシステムズ(株)と共同で出資しサト・アークランドフードサービス(株)を設立
  2011年10月 アークダイニング(株)を設立
  2014年10月 マルハニチロ(株)と共同出資しアークランドマルハミート(株)を設立

0065 アクリーティブ(株)
[証券コード]8423
[上場区分]東証一部
  1999年5月 (株)フィデックコーポレーションを設立
  2003年7月 (株)フィデックに社名変更
  2005年7月 富帝克信息技術(上海)有限公司を設立
  2006年7月 (株)日本決済代行を設立(後:ストアークルーズ(株))
  2012年5月 Accretive Service (Cambodia) Co., Ltd.を設立
  2012年7月 アクリーティブ(株)に社名変更
  2013年8月 Accretive Holdings (Thailand) Co., Ltd.とAccretive (Thailand) Co., Ltd.を設立
  2014年1月 アクリーティブ・ファイナンス(株)を設立

0066　(株)アクロディア
[証券コード]3823
[上場区分]東証マザーズ

2004年7月	(株)アクロディアを設立
2007年4月	Acrodea America, Inc.を設立（後解散）
2007年7月	(株)AMSを設立
2008年4月	Mobile Solution, Incを設立（後：Acrodea Korea, Inc.）
2011年4月	TI Corporationを設立（後：Gimme Corporation）
2011年6月	GMOインターネット(株)と合弁でGMOゲームセンター(株)を設立

0067　曙ブレーキ工業(株)
[証券コード]7238
[上場区分]東証一部

1929年1月	(個)曙石綿工業所を設立
1936年1月	(旧)曙石綿工業(株)に社名変更
1944年5月	曙兵器工業(株)に社名変更
1945年9月	曙石綿工業(株)に社名変更
1946年	曙産業(株)に社名変更
1960年5月	曙ブレーキ工業(株)に社名変更
1973年	山陽ハイドリック工業(株)を設立
1977年6月	曙インターナショナル(株)を設立
1984年4月	(株)日本制動安全研究所を設立（後：(株)曙ブレーキ中央技術研究所）
1992年	曙ブレーキ山形製造(株)を設立
2000年	アケボノテック(株)を設立
2000年	(株)ネオストリートを設立
2001年	曙ブレーキ三春製造(株)を設立
2001年	曙ブレーキ福島製造(株)を設立
2001年	(株)曙マネジメントサービスを設立
2002年	曙ブレーキ岩槻製造(株)を設立
2003年	あけぼの123(株)を設立
2003年	曙ブレーキ館林製造(株)を設立
2007年	曙ブレーキ産機鉄道部品販売(株)を設立
2014年	(株)曙アドバンスドエンジニアリングを設立

0068　(株)アコーディア・ゴルフ
[証券コード]2131
[上場区分]東証一部

1981年9月	(株)竹沼ゴルフ練習場を設立
2002年3月	(株)ゴルフアライアンス・ジャパンに商号変更
2003年3月	(株)アコーディアゴルフに商号変更
2003年5月	(株)アコーディア・ゴルフに商号変更
2008年4月	合同会社アコーディア・ガーデン甲子園浜を設立
2008年7月	(株)MDAコーポレーションを設立
2014年3月	Accordia Golf Trust Management Pte. Ltd.（シンガポール）を設立
2014年3月	アコーディア・ゴルフ・アセット合同会社を設立
2014年4月	(株)アコーディア・リテールを設立
2014年6月	(株)アコーディアAH02を設立

0069　アコム(株)
[証券コード]8572
[上場区分]東証一部

1978年10月	アコム(株)を設立
2000年	アイ・アール債権回収(株)を吸収合併しエイビーパートナー(株)を設立
2001年8月	(株)東京三菱銀行と三菱信託銀行(株)と(株)ディーシーカード)と(株)ジャックスと共同で出資し(株)東京三菱キャッシュワンを設立（後：(株)DCキャッシュワン）
2005年	エム・ユー・コミュニケーションズ(株)を吸収合併し(株)リレイツを設立
2009年	(株)DCキャッシュワンを吸収合併
2012年4月	エーシーベンチャーズ(株)を吸収合併
2013年	エム・ユー信用保証(株)を設立

0070　(株)アゴーラ・ホスピタリティー・グループ
[証券コード]9704
[上場区分]東証一部

1948年3月	さくら観光(株)を設立
1952年8月	(株)大森観光ホテルを合併
1953年10月	東海観光事業(株)と合併し東海観光(株)に社名変更
1962年3月	(株)池の平ホテルと妙高観光(株)を合併
1983年5月	(株)牛やを吸収合併
1991年5月	今井浜東海観光(株)を吸収合併
1994年12月	(株)ピー・アール・エスを設立（後解散）
2012年5月	(株)アゴーラ・ホスピタリティー・グループに社名変更
2012年5月	(株)アゴーラ・ホテルマネジメント伊豆を設立（簡易新設分割）

0071　アサガミ(株)
[証券コード]9311
[上場区分]東証二部

1948年11月	双栄運輸(株)を設立
1951年1月	東京航運(株)に社名変更
1954年12月	浅上倉庫(株)を吸収合併し浅上航運倉庫(株)に社名変更
1969年7月	(有)児玉組を吸収合併
1970年4月	浅上重機作業(株)を設立
1985年6月	(株)エイ・ディー・エスを設立
1989年4月	アサガミ(株)に社名変更
1999年12月	オーテック(株)を吸収合併
2004年3月	アサガミプレスいばらき(株)を設立
2009年8月	アサガミプレス物流(株)を設立

0072　(株)アサカ理研
[証券コード]5724
[上場区分]ジャスダックスタンダード

1969年8月	アサカ理研工業(株)を設立
1973年4月	アサカ, マテイアリアル, リデュース(株)を設立（後：アサカエムアール(株)）
1979年8月	フクシマ弘運(株)を設立（後：アサカ弘運(株)）
1981年8月	アサカケミカル(株)を設立
1993年4月	アサカエムアール(株)を設立（後吸収合併）
2007年10月	(株)アサカ理研に商号変更

0073　(株)アサックス
[証券コード]8772
[上場区分]東証一部

1969年7月	（株）朝日企業を設立
1983年1月	（株）朝日不動産ローンに商号変更
1995年3月	富士商事（株）を吸収合併
1995年10月	（株）アサックスに商号変更
2012年4月	アサックス債権回収（株）を設立（後解散）

0074　（株）アサツー ディ・ケイ
［証券コード］9747
［上場区分］東証一部

1956年3月	（株）旭通信社を設立
1970年6月	（株）サン・アーチスト・スタジオを設立（後：（株）ADKアーツ）
1980年12月	（株）アサツーインターナショナルを設立（後：（株）ADKインターナショナル）
1981年10月	（株）ミリオン書房を設立（後：（株）ネオ書房）
1998年12月	（株）メイクスを設立（後：（株）ADKアーツ）
1999年1月	第一企画（株）と合併し（株）アサツー ディ・ケイに社名変更
2006年5月	（株）ADKボーイズを設立（後：（株）ボーイズ）
2006年5月	（株）ミリオン書房を設立
2011年8月	（株）ADKデジタル・コミュニケーションズを設立（後：（株）電通デジタル・ホールディングス）

0075　（株）淺沼組
［証券コード］1852
［上場区分］東証一部

1892年1月	（個）淺沼組を設立
1937年6月	（株）淺沼組に改組
1965年6月	（株）奈良万葉カンツリ倶楽部を設立
1975年3月	淺沼建物（株）を設立

0076　朝日インテック（株）
［証券コード］7747
［上場区分］東証二部

1973年4月	（個）朝日ミニロープ工業所を設立
1974年4月	朝日ミニロープ（株）に社名変更
1976年7月	朝日ミニロープ（株）の販売部門を分離し朝日ミニロープ販売（株）を設立
1988年7月	朝日インテック（株）に社名変更
1995年12月	朝日ファインテック（株）を吸収合併
1996年9月	アテック（株）を設立（後：フィルメック（株））
1998年5月	（株）インターテクトを吸収合併
1999年6月	朝日ミニロープ（株）を吸収合併
2006年3月	コンパスメッドインテグレーション（株）を設立（後：朝日インテックJセールス（株））

0077　旭硝子（株）
［証券コード］5201
［上場区分］東証一部

1907年9月	〈旧〉旭硝子（株）を設立
1936年1月	（株）旭ラッカー製造所を合併
1939年8月	昭和化学工業（株）を吸収合併
1942年9月	大阪晒粉（株）を吸収合併
1944年4月	日本化成工業（株）と合併し三菱化成工業（株）に社名変更
1950年6月	旭硝子（株）に社名変更（企業再建整備法により、三菱化成工業（株）が3分割されたため）
1954年3月	旭特殊硝子（株）を設立
1962年7月	旭特殊硝子（株）と旭加工硝子（株）を吸収合併
1964年	タイ旭硝子社を設立（後：AGCフラットガラス・タイランド社）
1965年	タイ旭苛性曹達社を設立（後：AGCケミカルズタイランド社）
1972年	アサヒマス板硝子社を設立
1974年	タイ安全硝子社を設立（後：AGCオートモーティブ・タイランド社）
1976年	三菱電機（株）と共同で出資しオプトレックスを設立
1985年	APテクノグラス社を設立（後：AGCフラットガラス・ノースアメリカ社）
1992年	大連フロート硝子社を設立（後：旭硝子特種玻璃（大連）有限公司）
1995年	秦皇島海燕安全玻璃有限公司を設立（後：旭硝子汽車玻璃（中国）有限公司）
2000年	AGCオートモーティブ・ハンガリー社を設立
2000年	旭硝子ファインテクノ台湾社を設立（後：AGCディスプレイグラス台湾社）
2004年	旭硝子ファインテクノ韓国社を設立
2010年	旭硝子顕示玻璃（昆山）有限公司を設立
2013年	AGCアジア・パシフィック社を設立

0078　アサヒグループホールディングス（株）
［証券コード］2502
［上場区分］東証一部

1906年3月	札幌麦酒（株）と日本麦酒（株）と大阪麦酒（株）と共同で出資し大日本麦酒（株）を設立
1920年4月	日本硝子工業（株）を合併
1933年7月	日本麦酒鉱泉（株）を合併
1943年11月	桜麦酒（株）を合併
1944年12月	大日本ビタミン製薬（株）を設立（後：エビオス薬品工業）
1949年9月	大日本麦酒（株）を分割し朝日麦酒（株）に社名変更
1964年4月	北海道朝日麦酒（株）を設立（後：北海道アサヒビール（株））
1982年7月	エビオス薬品工業（株）を吸収合併
1988年	アサヒビール飲料製造（株）を設立
1989年1月	アサヒビール（株）に社名変更
1992年3月	アサヒビール食品（株）を設立（後：アサヒフードアンドヘルスケア（株））
1994年3月	アサヒビール薬品（株）を設立（後：アサヒフードアンドヘルスケア（株））
1994年7月	北海道アサヒビール（株）を合併
2002年7月	アサヒビール食品（株）とアサヒビール薬品（株）が合併しアサヒフードアンドヘルスケア（株）を設立
2011年7月	アサヒグループホールディングス（株）に純粋持株会社制に移行し商号変更

0079　朝日工業（株）
［証券コード］5456
［上場区分］ジャスダックスタンダード

1935年8月	朝日化学肥料（株）を設立

1960年9月	日本ニッケル(株)の鉄鋼建設資材事業を吸収し**西武化学工業(株)**に社名変更
1985年10月	朝日食品(株)と(株)丸上と合併し**朝日工業(株)**に社名変更
1990年3月	(株)秩父環境リサイクルセンターを設立(後:ミナノ石産(株))
1991年10月	朝日スチール(株)を設立
1995年8月	JOHNSON ASAHI PTY.LTD.とASAHI INDUSTRIES AUSTRALIA PTY.LTD.を設立
2011年12月	莱陽龍大朝日農業科技有限公司を設立

0080　旭食品(株)

1956年4月	旭食品(株)を設立
1961年	須崎販売(株)を設立
1961年	中村販売(株)を設立
1989年	デリカサラダボーイ(株)を設立
1994年	(株)夢ファーム土佐山を設立
1995年	(株)キョクスイフーズを設立
1997年	(株)デリカサラダボーイえひめを設立
1999年	(株)夢ファーム有漢を設立
2009年	(株)旭経営研究所を設立
2010年	(株)フーデムを設立
2011年	(株)旭フードサービスを設立
2013年	トモシアホールディングス(株)を設立
2015年	旭細野西蔵(株)を設立
2015年	旭森下酒販(株)を設立

0081　(株)朝日ネット
[証券コード]3834
[上場区分]東証一部

1990年4月	(株)朝日新聞社とトランスコスモス(株)の共同出資により(株)アトソンを設立
2001年1月	(株)エースネットと朝日ネット(株)を吸収合併し**(株)朝日ネット**に社名変更
2006年4月	(株)ビットムを吸収合併
2012年4月	Asahi Net International, Inc.を設立

0082　(株)アサヒペン
[証券コード]4623
[上場区分]東証二部

1940年10月	大和塗料工業所として発足
1947年9月	旭ペイント(株)を設立
1965年10月	**(株)アサヒペン**に商号変更
1976年5月	アサヒペンアメリカINC.を設立(後清算)
1980年5月	(株)アサヒペン・ホームイングサービスを設立
1983年10月	(株)東京アサヒペンと(株)名古屋アサヒペンと(株)アサヒペン販売を合併
1984年8月	アサヒ急送(株)を設立
2004年6月	(株)オレンジタウンを設立

0083　アサヒホールディングス(株)
[証券コード]5857
[上場区分]東証一部

1964年4月	(株)朝日化学研究所を設立
1997年4月	(株)九州アサヒと(株)四国アサヒと(株)佐藤金属と(株)ボンアンジュを吸収合併し**アサヒプリテック(株)**に社名変更
2009年4月	アサヒプリテック(株)とジャパンウェイスト(株)との共同株式移転により**アサヒホールディングス(株)**を設立
2014年12月	アサヒアメリカホールディングス(株)を設立

0084　(株)アサンテ
[証券コード]6073
[上場区分]東証一部

1970年5月	三洋消毒社を創業
1973年9月	三洋消毒(株)を設立
1994年1月	**(株)アサンテ**に商号変更
1999年4月	(株)ヒューマン・グリーンサービスを設立
2009年7月	(株)伊万里製作所を吸収合併

0085　アジア開発キャピタル(株)
[証券コード]9318
[上場区分]東証二部

1952年6月	日本橋倉庫(株)を設立
2003年10月	**NDB**に社名変更
2004年7月	ジェイ・ブリッジ(株)に社名変更
2004年8月	JBインベストメントパートナーズ(株)を設立
2010年10月	アジア・アライアンス・ホールディングス(株)に社名変更
2012年6月	デザイア(株)を設立
2015年2月	Miki Energy Pte. Ltd.を設立
2015年10月	**アジア開発キャピタル(株)**に商号変更

0086　アジアグロースキャピタル(株)
[証券コード]6993
[上場区分]東証二部

1915年10月	森新治郎商店を設立
1935年4月	森電機(株)に社名変更
1987年5月	日新興業(株)を吸収合併
2012年12月	**アジアグロースキャピタル(株)**に社名変更

0087　(株)アジアゲートホールディングス
[証券コード]1783
[上場区分]ジャスダックスタンダード

1950年8月	南野建設(株)を設立
2005年8月	ナンテック(株)を設立
2005年12月	**(株)アジアゲートホールディングス**に持株会社体制へ移行し商号変更
2005年12月	〈新〉南野建設(株)を分社型新設分割により設立
2006年1月	(株)A.Cファイナンスと(株)A.Cインターナショナルと(株)A.Cインベストメントを設立
2006年2月	(有)広島紅葉カントリークラブと(有)シェイクスピアカントリークラブを設立
2014年1月	創進国際投資有限公司を設立

0088　アジア航測(株)
[証券コード]9233
[上場区分]東証二部

1954年2月	アジア航空測量(株)を設立
1963年6月	〈別〉アジア航測(株)と合併し**アジア航測(株)**に社名変更
1965年11月	関西アジア航測(株)を設立(後:(株)ジオテクノ関西)(後:(株)シー・エム・シー)

あしあんす

1969年12月	関東アジア航測(株)を設立(後清算)
1969年12月	三光アジア航測(株)を設立(後:サン・ジオテック(株))
1970年10月	東北アジア航測(株)を設立(後:(株)アドテック)
1971年4月	(株)アステックを設立
1971年6月	中部アジア航測(株)を設立(後:(株)中部テクノス)(後:(株)岐阜テクノス)(後:北陸ジオコンサル(株))
1971年12月	アジアエアーフォト(株)を設立
1972年3月	九州アジア航測(株)を設立(後:アイプラン(株))
1975年10月	北関東アジア航測(株)を設立(後:(株)プライムプラン)
1975年11月	中国アジア航測(株)を設立(後:(株)イーテック)
1976年11月	(株)東北アジアコンサルタントを設立(後:(株)タックエンジニアリング)
1977年4月	北海道アジアコンサルタント(株)を設立(後:(株)ユニテック)
1978年4月	四国航測(株)を設立(後:(株)四航コンサルタント)
1978年10月	東京アジアコンサルタント(株)を設立(後:彩コンサルタント(株))
1979年7月	(株)アサヒ、アジア、フォト、エンジニアリングを設立(後:(株)アサヒアジア)
1979年7月	アジアエンジニアリング(株)を設立(後清算)
1980年10月	北陸アジア航測(株)を設立(後:北陸ジオコンサル(株))(後:中部テクノ(株))
1987年10月	(株)エー.エー.エス.ビジネスサービスを設立
1990年4月	(株)シー・エム・シーを設立(後:(株)ジオテクノ関西)
1990年6月	(株)ジオ・リサーチを設立(後清算)
1993年4月	(株)グランパスを設立(後:(株)岐阜テクノス)(後:中部テック(株))
1997年10月	(株)アジア・トライアングル・サービスを設立
1997年10月	(株)スカイリサーチを設立
1999年12月	(株)テックを設立
2000年5月	エー.エー.エス.クリエーション(株)を設立
2000年6月	(株)エー.エー.エス空間情報センターを設立
2000年10月	(株)アースコンサルタントを設立
2000年10月	(株)秋田エイテックを設立
2000年10月	北関東コンサルタント(株)を設立
2001年1月	(株)アジア・トライアングル・サービスを吸収合併
2001年1月	(株)エー.エー.エス.ビジネスサービスを設立(後:(株)アジアマネジメントサポート)

0089 (株)ASIAN STAR
[証券コード]8946
[上場区分]ジャスダックスタンダード

1979年	(有)陽光住販を設立
1986年8月	(有)ヨコハマ地所を設立
1988年11月	(株)陽光都市開発に社名変更
1992年11月	(有)ヨーコー管財を設立
1996年12月	(株)陽光ビルシステムを設立
1998年5月	サン建築設計(株)を設立
2004年2月	(株)陽光アセット・インベスターズを設立
2008年1月	(株)陽光ビルシステムと(株)ヨコハマ地所とサン建築設計(株)を吸収合併
2009年7月	(株)陽光ビルシステムを設立
2015年4月	(株)ASIAN STARに社名変更

0090 アジェット(株)
[証券コード]7853
[上場区分]東証二部

1986年3月	イーディーコントライブ(株)を設立
2014年4月	アジェット(株)に商号変更

0091 (株)足利ホールディングス
[証券コード]7167
[上場区分]東証一部

1895年8月	(株)足利銀行を足利町の商工業者が設立
1920年2月	佐野銀行を合併
1924年8月	宇都宮商業銀行を合併
1925年6月	小山銀行と葛生銀行を合併
1927年12月	羽生銀行を合併
1930年7月	栃木倉庫銀行を合併
1935年5月	烏山銀行を合併
1978年12月	足利信用保証(株)を設立
1982年3月	足利ダイヤモンドクレジット(株)を設立(後:(株)あしぎんカード)
1983年10月	足銀ビジネスサービス(株)を設立(後:(株)あしぎん事務センター)(後:(株)あしぎん総合開発研究所)
1989年10月	あしぎん不動産調査(株)を設立(後:あしぎんビジネスサポート(株))
2000年4月	あしぎんシステム開発(株)を設立(後:(株)あしぎん総合開発研究所)
2008年4月	(株)足利ホールディングスを設立
2009年4月	(株)あしぎん総合研究所を設立

0092 (株)あじかん
[証券コード]2907
[上場区分]東証二部

1965年3月	〈旧〉(株)三栄製玉を設立
1978年1月	(株)広島製玉に社名変更
1978年2月	(株)三栄製玉を吸収合併
1978年3月	(株)あじかんに社名変更
1978年7月	(株)あじかん(松山市)と(株)三栄食品販売とサンエー食品(株)を吸収合併
1981年4月	(株)政所を設立(後精算)
1992年4月	(株)東京あじかんを吸収合併
1993年4月	(株)ダイマル食品を設立
1999年10月	(株)大口屋を吸収合併
2002年10月	(株)ダイマル食品を吸収合併
2003年10月	松山生必(株)を吸収合併
2012年4月	(株)あじかんアグリファームを設立

0093 (株)アシックス
[証券コード]7936
[上場区分]東証一部

1949年3月	(個)鬼塚商会を設立
1949年9月	鬼塚(株)に社名変更
1957年6月	鬼塚(株)のタイガーゴム工業所が独立しオニツカ(株)を設立

1958年7月	東京鬼塚(株)とオニツカ(株)と合併しオニツカ(株)に社名変更		1973年8月	ゼネラルフーヅ社《米国》と共同で出資し味の素ゼネラルフーヅを設立
1969年4月	鳥取オニツカ(株)を設立(後：山陰アシックス工業(株))		1980年4月	ジェルベ・ダノン社《フランス》と共同で出資し味の素ダノン(株)を設立
1976年8月	島根オニツカ(有)を設立(後：島根アシックス工業(株))		1992年11月	カルピス食品工業(株)とジェルベ・ダノン社《フランス》と共同で出資しカルピス味の素ダノン(株)を設立
1977年7月	(株)ジィティオとジェレンク(株)と合併し(株)アシックスに社名変更		1996年7月	ルセル森下(株)を設立
1980年10月	鳥取アシックス工業(株)を設立(後：山陰アシックス工業(株))		1997年4月	味の素フレッシュフーズ(株)を設立(後：味の素冷凍食品(株))
1982年9月	アシックス物流(株)を設立		1998年10月	味の素ファインテクノ(株)を設立
2001年10月	アシックス歩人館(株)を設立(後清算)(後：アシックススポーツビーイング)		1999年4月	味の素製油(株)を設立(後：J-オイルミルズ(株))
			1999年7月	味の素エンジニアリング(株)を設立
2002年7月	アシックス東北販売(株)を設立(後：アシックス販売(株))		1999年12月	味の素ファルマ(株)を設立(後：味の素製薬(株))
2002年10月	アシックスデポルテ(株)を合併		2000年4月	味の素物流(株)を設立
2006年1月	アシックス九州販売(株)を合併(後：アシックス販売(株))		2000年10月	味の素パッケージング(株)を設立
			2000年10月	味の素冷凍食品(株)を設立
2007年11月	アシックス関越販売(株)を設立(後：アシックス販売(株))		2002年4月	(株)豊年味の素製油を設立
2007年11月	アシックス中四国販売(株)を設立(後：アシックス販売(株))		2002年12月	清水製薬(株)とシミズメディカル(株)を買収
			2003年4月	味の素ベーカリー(株)を設立
2009年4月	(株)OTプランニングを設立(後清算)		2010年4月	味の素製薬(株)に医薬事業、並びに味の素ファルマ(株)及び味の素メディカ(株)を統合
2012年9月	アシックスジャパン(株)を設立(後：アシックス販売(株))		2011年11月	味の素アニマル・ニュートリション・グループ(株)に飼料用アミノ酸事業運営を移管
2014年3月	アシックス商事(株)およびその子会社を完全子会社化			

0094 **アシードホールディングス(株)**
[証券コード] 9959
[上場区分] 東証二部

1972年11月	日本バンテン(株)を設立
1973年8月	中国フード機器(株)に社名変更
1989年6月	アシード(株)に社名変更
1990年4月	(株)共和サービスを吸収合併
1990年8月	(有)ティスター宮崎を吸収合併
1996年8月	(株)アシード情報システムを設立
2008年8月	アオンズエステート(株)を設立
2008年10月	アシードホールディングス(株)に商号変更

0095 **味の素(株)**
[証券コード] 2802
[上場区分] 東証一部

1893年	(個)鈴木製薬所を設立
1907年5月	日本化学工業(株)を設立
1907年5月	(資)鈴木製薬所に社名変更
1912年4月	(資)鈴木商店を設立
1925年12月	(株)鈴木商店を合併し(株)鈴木商店を継承設立
1932年10月	味の素本舗(株)鈴木商店に社名変更
1935年3月	宝製油(株)を設立
1940年12月	鈴木食料工業(株)に社名変更
1943年5月	大日本化学工業(株)に社名変更
1944年5月	宝製油(株)を合併
1946年2月	味の素(株)に社名変更
1958年5月	ユニオンケミカルズ(株)を設立
1963年3月	クノール食品(株)を設立
1970年11月	味の素レストラン食品(株)を設立(後：冷凍食品(株))
1973年8月	オルサン社《フランス》と共同で出資しユーロリジン(株)を設立

0096 **芦森工業(株)**
[証券コード] 3526
[上場区分] 東証一部

1878年11月	綿麻糸商を創業
1894年8月	(個)芦森製鋼所に社名変更
1935年12月	(株)芦森製鋼所に改組
1944年5月	芦森工業(株)に社名変更
1945年11月	大洋工業(株)と竹村テープ(株)を合併
1950年10月	柏原細幅織物(株)を設立
1953年4月	竹村商事(株)を合併
1957年7月	アシオ織物(株)を設立(後解散)
1969年12月	アシモリセンイ(株)を設立
1981年2月	芦森エンジニアリング(株)を設立
1986年	芦森不動産(株)を設立
2008年7月	芦森工業山口(株)を設立

0097 **(株)アジュバンコスメジャパン**
[証券コード] 4929
[上場区分] 東証一部

1990年4月	(有)みずふれんどを設立
1991年4月	(有)アクト企画に商号変更
1992年3月	(有)アジュバン関西販売に商号変更
1995年10月	(株)アジュバンに商号変更
1998年12月	(株)アジュバンコスメジャパンに商号変更
2013年7月	ADJUVANT HONG KONG COMPANY LIMITEDを設立

0098 **アスカ(株)**
[証券コード] 7227
[上場区分] 名証二部

1953年12月	片山工業(株)を設立

あすかせい

1988年4月	西山工業(株)を買収しアスカ工業(株)を設立
1992年3月	(株)アスカに社名変更
1992年4月	(有)アスカを設立
2001年6月	(株)フェアフィールド東海を設立(後：アームス(株))
2012年7月	(株)AMIを設立

0099　あすか製薬(株)
[証券コード]4514
[上場区分]東証一部

1920年6月	帝国社臓器薬研究所を設立
1929年6月	(株)帝国臓器研究所に社名変更
1945年10月	帝国臓器製薬(株)に社名変更
1991年5月	(株)メディカル・システム・サービス神奈川を設立(後：(株)あすか製薬メディカル)
2005年10月	グレラン製薬(株)と合併しあすか製薬(株)に社名変更
2009年4月	あすかActavis製薬(株)を設立
2013年6月	あすかアニマルヘルス(株)を設立

0100　(株)アスコット
[証券コード]3264
[上場区分]ジャスダックスタンダード

1999年4月	(株)アスコットを設立
2002年7月	(株)アスコットレントを設立(後：(株)アスコットコミュニティ)
2005年10月	(株)ASアセットマネジメントを設立(後吸収合併)

0101　アース製薬(株)
[証券コード]4985
[上場区分]東証一部

1925年8月	(株)木村製薬所を設立
1964年5月	アース製薬(株)に商号変更
1978年5月	アース環境サービス(株)を設立
1980年5月	オーシャン&オーツカ(株)を設立(後：ARS CHEMICAL (THAILAND) CO., LTD.)
1990年7月	天津阿斯化学有限公司を設立
2005年5月	安速日用化学(蘇州)有限公司を設立
2014年8月	白元アース(株)を設立

0102　アストマックス(株)
[証券コード]7162
[上場区分]ジャスダックスタンダード

2012年10月	〈旧〉アストマックス(株)が単独株式移転によりアストマックス(株)を設立
2012年10月	〈旧〉アストマックス(株)をアストマックス・トレーディング(株)に商号変更

0103　アズビル(株)
[証券コード]6845
[上場区分]東証一部

1906年12月	(個)山武商会を設立
1932年7月	(株)山武商会に改組
1942年4月	山武工業(株)に社名変更
1942年4月	山武商会(株)に社名変更
1949年8月	山武計器(株)に企業再建整備法により社名変更
1956年7月	山武ハネウエル計器(株)に社名変更
1963年8月	山武計装(株)を設立(後：山武ビルシステム(株))
1965年10月	山和計装(株)を設立(後：山武エンジニアリング(株))
1966年12月	山武ハネウエル(株)に社名変更
1973年7月	山武プレシジョン(株)を設立(後：山武コントロールプロダクト(株))
1992年8月	山武テクノシステム(株)を設立
1998年7月	(株)山武に社名変更
2003年4月	山武ビルシステム(株)と山武産業システム(株)を吸収合併
2012年4月	山武コントロールプロダクト(株)を吸収合併しアズビル(株)に社名変更

0104　東海運(株)
[証券コード]9380
[上場区分]東証一部

1917年12月	東海運(株)を設立
1955年11月	原田荷役(株)を設立
1956年12月	東興業(株)を設立(後：名東カイウン商事(株))
1969年2月	睦海運(株)と中央運輸(株)を吸収合併
1988年10月	イースタンマリンシステム(株)を設立
1991年6月	SIAM AZUMA MULTI-TRANS CO., LTD.を設立
1993年2月	(株)トーユーを設立(後：アヅマ・ロジテック(株))
1994年10月	岩谷産業(株)との共同出資により横浜液化ガスターミナル(株)を設立
2000年11月	AZM MARINE S.A.を設立
2003年7月	山東外運公司との合弁で青島運東儲運有限公司を設立
2006年1月	豊前開発(株)と久保田海運(有)を合併し豊前久保田海運(株)を設立
2007年4月	AZUMA CIS LLCを設立
2007年4月	TANDEM GLOBAL LOGISTICS (NL) B.V.を共同出資により設立
2007年5月	AZUMA TRANSPORT SERVICES (Thailand) CO., LTD.を設立
2007年5月	TANDEM HOLDING (HK) LTD.を共同出資により香港に設立
2008年2月	トランスロシアエージェンシージャパン(株)を共同出資により設立
2010年6月	(株)KSAインターナショナルとの共同出資によりタンデム・ジャパン(株)を設立
2011年10月	AZUMA SHIPPING MONGOLIA LLCとTANDEM GLOBAL LOGISTICS MONGOLIA LLCを設立
2011年10月	東華貨運代理を設立

0105　アズマハウス(株)
[証券コード]3293
[上場区分]ジャスダックスタンダード

1977年5月	東不動産(株)を設立
2010年10月	東都建設(株)を吸収合併
2011年6月	ドリームズコーポレーション(株)とウィッシュコーポレーション(株)を吸収合併
2011年8月	アズマハウス(株)へ商号変更
2012年1月	東不動産販売(株)とオリンピックホーム(株)と(株)住まいの情報センターを

　　　　　　　　吸収合併
　2013年1月　　ハウザー(株)を吸収合併

0106　As-meエステール(株)
[証券コード]7872
[上場区分]東証一部
　1959年3月　　(株)信州宝石を設立
　1973年7月　　〈別〉(株)信州宝石と合併(額面変更のため)
　1988年8月　　(株)シンシューに社名変更
　1989年10月　 (株)エステと(株)ウエスタン・ジュエルと(株)アスクを合併しエステール(株)に社名変更
　1994年7月　　九江宏威－艾斯特尔珠宝有限公司を設立(後清算)
　1996年4月　　キンバレー(株)を設立
　1998年6月　　MKJ JEWELLERY PRIVATE LTD.を設立
　2001年7月　　サイゴンパールLTD.を設立
　2004年3月　　エステールホンコンLTD.を設立
　2006年10月　 サイゴンオプティカルCO., LTD.を設立
　2007年2月　　エステールベトナムソフトウェアCO., LTDを設立(後：ライフタイムテクノロジーズLTD.)
　2009年10月　 あずみ(株)を吸収合併しAs-meエステール(株)に商号変更
　2012年4月　　愛思徳(杭州)珠宝有限公司を設立
　2014年4月　　エステールカンボジアCO., LTDを設立

0107　(株)アスモ
[証券コード]2654
[上場区分]東証二部
　1975年4月　　信和商事(株)を設立
　1990年7月　　REXUS INTERNATIONAL CORPORATIONを設立(後清算)
　1990年10月　 (株)セイワ物流を設立
　1990年12月　 (株)シンワに社名変更
　1997年4月　　(株)ロイヤルミートコントロールと(株)ユニティを吸収合併
　2006年8月　　(株)オックスと合併しシンワオックス(株)に社名変更
　2012年7月　　(株)アスモに商号変更
　2012年7月　　(株)アスモ介護サービスを設立
　2013年4月　　(株)アスモトレーディングと(株)アスモフードサービスを設立
　2014年2月　　ASMO CATERING (TAIWAN) COMPANY LIMITEDを設立

0108　(株)アスラポート・ダイニング
[証券コード]3069
[上場区分]ジャスダックスタンダード
　1995年9月　　(株)ベンチャー・リンクの子会社として(株)プライム・リンクを設立
　2007年1月　　(株)プライム・リンクからの株式移転により(株)アスラポート・ダイニングを設立
　2014年6月　　ASRAPPORT FRANCE SASを設立

0109　アゼアス(株)
[証券コード]3161
[上場区分]東証二部
　1947年5月　　(株)千代田屋を設立
　1972年5月　　(株)東京千代田屋を設立(後吸収合併)
　1972年10月　 (株)蔵前千代田屋を設立(後清算)
　1998年9月　　ニチウラ(株)と合併しニチウラ千代田屋(株)に商号変更
　2002年10月　 日里服装輔料(大連)有限公司を設立
　2004年5月　　アゼアス(株)に商号変更
〈ニチウラ系〉
　1954年1月　　日本裏地(株)を設立
　1964年3月　　ニチウラ(株)に商号変更
　1994年5月　　日里服装輔料(上海)有限公司を設立
　1997年8月　　大連保税区日里貿易有限公司を設立

0110　(株)アダストリア
[証券コード]2685
[上場区分]東証一部
　1953年10月　 (株)福田屋洋服店を設立
　1988年6月　　(有)ベアーズファクトリーを設立(後：(株)ポジック)
　1993年3月　　(株)ポイントに社名変更
　2002年12月　 波茵特股份有限公司(POINT TW INC.)を設立
　2012年2月　　SINGAPORE POINT PTE.LTD.を設立(後：ADASTRIA SINGAPORE PTE.LTD.)
　2013年4月　　〈新〉(株)ポイントを会社分割のため設立
　2013年9月　　(株)アダストリアホールディングスに社名変更
　2013年12月　 (株)アダストリア・ゼネラルサポートを設立
　2015年3月　　〈新〉(株)ポイントと(株)トリニティアーツを吸収合併
　2015年6月　　(株)アダストリアに社名変更

0111　アップルインターナショナル(株)
[証券コード]2788
[上場区分]東証二部
　1996年1月　　アップルインターナショナル(株)を設立
　2003年12月　 A.I.HOLDINGS（HONG KONG）LIMITEDを設立
　2004年3月　　PRIME ON CORPORATION LIMITED(香港)を設立
　2007年4月　　Apple Auto Auction (Thailand) Company Limitedを設立

0112　(株)ADEKA
[証券コード]4401
[上場区分]東証一部
　1915年12月　 (匿)東京電化工業所を設立
　1917年1月　　旭電化工業(株)に社名変更
　1928年11月　 藤井製薬(株)と共同で出資し日本農薬(株)を設立
　1938年9月　　古河電気工業(株)と関東水力電気興業(株)と共同で出資し関東電化工業(株)を設立
　1947年1月　　陽光産業(株)を設立
　1959年10月　 FMC社《米国》と共同で出資し東海電化工業(株)を設立
　1962年1月　　アーガスケミカル社《米国》と共同で出資しアデカアーガス産業(株)を設立

あてくと

1964年8月	（有）旭建築設計事務所を設立
1965年	アデカ・スウィフト化学（株）を設立（後：陽光産業（株））
1968年2月	三菱油化（株）と旭硝子（株）と共同で出資し鹿島ケミカル（株）を設立
1968年2月	三菱油化（株）と旭硝子（株）と共同で出資し鹿島塩ビモノマー（株）を設立
1968年2月	三菱油化（株）と旭硝子（株）と共同で出資し鹿島電解（株）を設立
1968年2月	三菱油化（株）と旭硝子（株）と共同で出資し鹿島南共同発電（株）を設立
1969年	三菱油化（株）と旭硝子（株）と共同で出資し関東珪曹硝子（株）を設立
1969年	鹿島共同施設（株）を設立
1969年10月	日本サンホーム（株）を設立
1975年	アデカエンジニアリング（株）を設立（後：アデカ総合設備（株））
1975年9月	住友化学工業（株）と共同で出資しエイエス化成（株）を設立
1979年2月	新日本理化（株）と日本油脂（株）と共同で出資し千葉脂肪酸（株）を設立
1985年11月	三菱瓦斯化学（株）と大日本インキ化学工業（株）と花王（株）と共同で出資し水島可塑剤（株）を設立
1990年10月	アデカ・アーガス（株）を吸収合併
1993年	（株）アレルゲンフリー・テクノロジー研究所を設立
1994年	アサヒ・ファインフーズ（株）を設立
1996年	旭総合工事（株）を設立（後：アデカ総合設備（株））
1999年	東海電化工業（株）を合併
2000年	アデカ物流（株）を設立（後：ADEKA物流（株））
2000年	旭食品販売（株）を設立
2006年5月	（株）ADEKAに社名変更

0113 （株）アテクト
[証券コード]4241
[上場区分]ジャスダックスタンダード

1959年10月	大日化成工業所を創業
1969年4月	大日化成（株）を設立
1982年4月	大日実業（株）に商号変更
1982年5月	大日化成工業（株）と大日管理（株）を設立
1982年6月	大日エンジニアリング（株）と（株）ブレーバーソニックコーポレーションを設立
2001年10月	大日化成工業（株）と（株）フルステリを吸収合併し（株）フルステリに商号変更
2003年5月	（株）アテクトに商号変更
2006年10月	（株）アテクトコリアを設立
2010年1月	アテクト・プログレッシヴ・アンド・イノヴェイティヴ・マニュファクチャリング（株）を設立
2010年8月	上海昂統快泰商貿有限公司を設立
2010年11月	安泰科技股份有限公司（台湾）を設立

0114 （株）アドウェイズ
[証券コード]2489
[上場区分]東証マザーズ

2000年8月	アドウェイズエージェンシーを創業
2001年2月	（株）アドウェイズを設立
2003年12月	愛徳威軟件開発（上海）有限公司を設立
2007年2月	愛徳威広告（上海）有限公司を設立
2009年4月	（株）アドウェイズ・プラネットを設立（後：（株）おくりバント）
2012年4月	ADWAYS INERACTIVE, INC.とJS ADWAYS MEDIA INC.を設立
2012年7月	（株）アドウェイズ・ラボットを設立（後：ラボット（株））
2012年9月	（株）muamua gamesを設立（後：（株）パシオリユース）
2012年10月	Adways FrontierとADWAYS KOREA INC.を設立
2013年4月	（株）アドウェイズ・スタジオを設立（後：（株）七転八起）
2013年5月	（株）サムライベイビーを設立
2013年7月	Bulbit（株）を設立
2014年12月	（株）アドウェイズ・サポートを設立

0115 アドソル日進（株）
[証券コード]3837
[上場区分]ジャスダックスタンダード

1976年3月	日進ソフトウエア（株）を設立
1989年4月	三菱電機（株）とジャパンソフト（株）と共同で出資しメルコ・パワー・システムズ（株）を設立
2003年11月	アドソル日進（株）に社名変更

0116 （株）アドテック プラズマ テクノロジー
[証券コード]6668
[上場区分]東証二部

1985年1月	（株）アドテックを設立
2000年12月	（株）アドテック プラズマ テクノロジーに社名変更
2011年5月	Phuc Son Technology Co., Ltd.（ベトナム）とHana Technology Co., Ltd.（韓国）を設立
2014年8月	愛笛科技有限公司（台湾）を設立

0117 （株）アートネイチャー
[証券コード]7823
[上場区分]東証一部

1967年6月	（株）アートネイチャーを設立
1976年9月	（株）アートネイチャー中部を設立（後吸収合併）
1977年10月	（株）アートネイチャー関西と（株）アートネイチャー西部を設立（後吸収合併）
1980年7月	（株）アートネイチャー神奈川を設立（後吸収合併）
1980年8月	（株）アートネイチャー千葉を設立（後吸収合併）
1980年11月	（株）アートネイチャー古都を設立（後吸収合併）
1981年10月	（株）アトネイチャー四国を設立（後吸収合併）
1990年10月	（株）アートネイチャー北海道を設立（後吸収合併）
1996年9月	（株）アートネイチャー関東と（株）アートネイチャー東京を設立（後吸収合併）
2006年6月	ANBH ASSETS DEV. PHILIPPINES CORPORATIONを設立

2007年12月	ARTNATURE LANDHOLDING PHILIPPINES INC.を設立
2008年2月	ARTNATURE MANUFACTURING PHILIPPINES INC.を設立
2009年12月	(株)東洋新薬と合弁で(株)ビューティーラボラトリを設立
2010年4月	(株)MJOを設立
2012年4月	(株)AN友の会を設立
2012年12月	ARTNATURE SINGAPORE PTE. LTD.を設立
2014年1月	ARTNATURE (CAMBODIA) INC.を設立
2014年11月	ARTNATURE MALAYSIA SDN. BHD.を設立

0118　(株)アドバンテッジリスクマネジメント
[証券コード]8769
[上場区分]ジャスダックスタンダード

1995年1月	(株)アドバンテッジインシュアランスサービスを設立
1999年3月	(株)アドバンテッジリスクマネジメントを設立
1999年6月	(株)日本長期信用銀行より長栄(株)の営業譲渡を受け(株)長栄アドバンテッジを設立
1999年9月	(株)日本債券信用銀行より九段エージェンシー(株)の営業譲渡を受け(株)九段アドバンテッジを設立
2000年7月	(株)アドバンテッジライフプランニングを設立(後解散)
2003年9月	(株)アドバンテッジインシュアランスサービスと(株)長栄アドバンテッジが合併
2006年3月	(株)オーエムシーカードと共同出資で(株)エフバランスを設立
2008年10月	(株)アドバンテッジインシュアランスサービスを吸収合併
2009年2月	(株)アイ・ビー・コーポレーションを吸収合併
2009年10月	(株)ARM総合研究所を設立
2009年10月	(株)フォーサイトと(株)ライフバランスマネジメントを吸収合併
2011年11月	優励心(上海)管理諮詢有限公司を設立

0119　(株)アドベンチャー
[証券コード]6030
[上場区分]東証マザーズ

2004年10月	〈旧〉(株)アドベンチャーを設立
2006年12月	〈旧〉(株)アドベンチャーの子会社として(株)サイバートラベルを設立
2013年6月	〈旧〉(株)アドベンチャーを吸収合併し(株)アドベンチャーに社名変更

0120　アトムリビンテック(株)
[証券コード]3426
[上場区分]ジャスダックスタンダード

1954年	アトムリビンテック(株)を設立

0121　アトラ(株)
[証券コード]6029
[上場区分]東証マザーズ

2005年1月	(有)權左ヱ門を設立
2006年2月	アトラ(株)に商号変更
2009年11月	(株)トライニンを吸収合併

0122　(株)ANAP
[証券コード]3189
[上場区分]ジャスダックスタンダード

1992年9月	(株)エイ・エヌアートプランニングを設立
2007年9月	(株)ANAPに社名変更

0123　アニコム ホールディングス(株)
[証券コード]8715
[上場区分]東証一部

2000年7月	(株)ビーエスピーを設立
2004年12月	アニコム パフェ(株)を設立
2005年1月	アニコム インターナショナル(株)に商号変更
2005年2月	アニコム フロンティア(株)を設立
2006年1月	アニコム インシュアランス プランニング(株)を設立(後:アニコム損害保険(株))
2008年6月	アニコム ホールディングス(株)に商号変更
2014年1月	日本どうぶつ先進医療研究所(株)を設立

0124　(株)アーバネットコーポレーション
[証券コード]3242
[上場区分]ジャスダックスタンダード

1997年7月	(株)アーバネットを設立
1998年11月	(有)アーバネット設計連合を設立(後:(株)アーバネット設計連合)
2000年12月	(有)エイチ・ケイズ・コーポレーションを設立(後:(株)ユークリッドプランニング)
2002年3月	(株)アーバネットコーポレーションに商号変更
2005年7月	(株)アーバネットデザインパートナーズと(株)ユークリッドプランニングを吸収合併
2015年3月	(株)アーバネットリビングを設立

0125　(株)アパマンショップホールディングス
[証券コード]8889
[上場区分]ジャスダックスタンダード

1999年10月	(株)アパマンショップネットワークを設立
2000年2月	(株)エイエス出版を設立
2001年6月	(株)アパマンショップ・コンサルタンツを設立(後:(株)アパマンショップホームプランナー)
2002年1月	(株)アパマンショップコムズを設立
2002年12月	(株)アパマンショップ保証を設立
2003年6月	(株)ウェブポータルを合併
2003年6月	(株)グリーンボックス管理を吸収合併
2006年7月	(株)アパマンショップホールディングスへ持株会社化し商号変更
2009年6月	(株)エイエス・コミュニケーションズを設立

0126　(株)アバント
[証券コード]3836
[上場区分]ジャスダックグロース

1997年5月	(株)ディーバを設立
2008年10月	DIVA CORPORATION OF

		AMERICAを設立
	2011年8月	(株)ディーバ・ビジネス・イノベーションを設立
	2012年7月	ジール分割準備(株)を設立(後：(株)ジール)
	2013年10月	(株)アバントに持株会社制へ移行し商号変更

0127　(株)アビスト
[証券コード]6087
[上場区分]東証一部
- 2006年3月　JBSエンジニアリング(株)を設立
- 2007年2月　(株)アビストに商号変更
- 2013年3月　(株)アビストH&Fを設立

0128　アプライド(株)
[証券コード]3020
[上場区分]ジャスダックスタンダード
- 1982年9月　(株)フクオカ電子パーツを設立
- 1988年11月　アプライド(株)に商号変更
- 1999年9月　アプライドテクノロジー(株)を設立(後吸収合併)
- 2006年10月　アプリケイツ(株)を設立
- 2007年10月　(株)フィールテックを設立
- 2009年6月　(株)プレビを設立

0129　(株)アプラスフィナンシャル
[証券コード]8589
[上場区分]東証一部
- 1956年10月　大阪信用販売(株)を設立
- 1978年10月　(株)大信販に社名変更
- 1984年3月　(株)ショップ二十一を設立(後：(株)アプラスインベストメント)
- 1985年4月　(株)大信販マネープラザを設立(後：(株)アプラスプラザ)
- 1985年6月　ディーエスピーリース(株)を設立(後：アプラスリース(株))
- 1987年10月　(株)ディーエスピービジネスサービスを設立(後：(株)アプラスクリエイト)
- 1992年4月　(株)アプラスに社名変更
- 1998年10月　(株)アプラスビジネスサービスを設立
- 1999年7月　アプラス債権回収(株)を設立
- 2009年4月　(株)アプラスクレジットを設立(後：アプラス(株))
- 2009年4月　(株)アプラスパーソナルローンを設立
- 2010年4月　(株)アプラスフィナンシャルに持株会社化し商号変更

0130　アプリックスIPホールディングス(株)
[証券コード]3727
[上場区分]東証マザーズ
- 1986年2月　(株)アプリックスを設立
- 2011年4月　ガイアホールディングス(株)に持株会社体制へ移行し商号変更
- 2011年4月　新(株)アプリックスを設立
- 2013年4月　アプリックスIPホールディングス(株)に商号変更

0131　(株)アマガサ
[証券コード]3070
[上場区分]ジャスダックグロース
- 1974年4月　マガサ商店を創業
- 1976年6月　(有)天笠を設立
- 1990年4月　(株)アマガサを設立
- 2009年7月　天笠靴業(上海)有限公司を設立

0132　(株)アマダホールディングス
[証券コード]6113
[上場区分]東証一部
- 1946年9月　(個)天田製作所を設立
- 1948年6月　(資)天田製作所に改組
- 1953年10月　(株)天田製作所に改組
- 1960年4月　エーエム商事(株)を設立
- 1964年1月　エーエム商事(株)と(株)巧技術研究所を吸収合併し(株)アマダに社名変更
- 1973年7月　(株)淀川プレス製作所を設立
- 1979年2月　アマダ技術サービス(株)を設立
- 2000年4月　(株)アマダメトレックスを吸収合併
- 2003年10月　(株)アマダマシニックスと合併
- 2015年4月　(株)アマダホールディングスに商号変更

〈アマダメトレックス系〉
- 1975年9月　園池東部販売(株)を設立
- 1977年9月　園池販売(株)に社名変更
- 1977年12月　園池中部販売(株)と園池西部販売(株)を吸収合併
- 1978年11月　アマダ技術サービス(株)を設立
- 1983年1月　(株)アマダメトレメックスに社名変更

〈アマダワシノ系〉
- 1937年3月　鷲野興業(株)を設立
- 1937年11月　(名)ワシノ商店を買収しワシノ製機商事(株)に社名変更
- 1939年2月　(株)鷲野製作所を合併
- 1939年3月　(株)ワシノ電気製作所を合併
- 1940年12月　ワシノ製機(株)に社名変更
- 1944年3月　諸戸タオル(株)を合併
- 1945年10月　ワシノ製機商事(株)に社名変更
- 1960年4月　ワシノトラップ(株)を設立
- 1960年10月　ワシノ機械(株)に社名変更
- 1978年6月　ワシノ商事(株)を設立
- 1978年6月　ワシノ製鋼(株)を設立
- 1981年1月　ワシノ風力機(株)を設立(後：(株)テクノワシノ)
- 1981年6月　(株)淀川プレス製作所を合併
- 1983年5月　ワシノ工機(株)を設立(後：(株)ワシノエンジニアリング)
- 1985年　(株)三正製作所を合併
- 1989年4月　(株)アマダワシノに社名変更

〈アマダマシニックス系〉
- 1912年6月　(個)池田工具製作所を設立
- 1914年3月　(個)園池製作所に社名変更
- 1917年3月　(株)園池製作所に改組
- 1972年10月　園池計器(株)を設立
- 1975年10月　園池西部販売(株)を設立
- 1975年10月　園池中部販売(株)を設立
- 1975年10月　園池東部販売(株)を設立
- 1976年10月　(株)アマダツールの金型製造部門と合併
- 1985年10月　(株)クマガヤ工機を吸収合併
- 1989年4月　(株)アマダソノイケに社名変更
- 2000年4月　(株)アマダワシノと合併し(株)アマダマシニックスに社名変更
- 2002年9月　(株)アマダカッティングマシナリーを設立

0133　アミタホールディングス(株)
[証券コード]2195
[上場区分]ジャスダックグロース
1977年4月　スミエイト興産(株)を設立
1989年4月　スミエイト(株)に社名変更
1994年6月　日化スミエイト(株)を設立(後吸収合併)
2000年4月　アミタ(株)を設立
2000年4月　スミエイト(株)を設立(後吸収合併)
2009年2月　(株)アミタ持続可能経済研究所とアミタエコブレーン(株)と(株)トビムシを設立
2010年1月　アミタ(株)の単独株式移転によりアミタホールディングス(株)を持株会社として設立

0134　(株)アムスク
1975年1月　丸栄商事(株)を設立
1986年12月　(株)アムスクに社名変更
2013年3月　(株)シリアル・アムスク・マイクロエレクトロニクスを設立

0135　(株)アメイズ
[証券コード]6076
[上場区分]福証
1911年10月　亀の井旅館を創業
1924年11月　(株)亀の井ホテルを設立
2007年6月　(株)AK開発を設立
2010年12月　(株)AK開発と(株)エンジェライトと(株)モストウインを吸収合併
2013年3月　(株)アメイズに商号変更

0136　アライドアーキテクツ(株)
[証券コード]6081
[上場区分]東証マザーズ
2005年8月　アライドアーキテクツ(株)を設立
2014年3月　Allied Asia Pacific Pte. LTD.(シンガポール)を設立

0137　(株)ありがとうサービス
[証券コード]3177
[上場区分]ジャスダックスタンダード
2000年10月　(株)エムジーエスを設立
2005年9月　(株)エージーワイを吸収合併し(株)ありがとうサービスに商号変更

0138　(株)アールエイジ
[証券コード]3248
[上場区分]東証マザーズ
1986年11月　(有)光建を設立
1990年9月　(有)賃貸くんに社名変更
1994年1月　(株)アールエイジに社名変更
1997年5月　(有)アテックスを設立(後:(株)アールエイジ・テクニカル・サービス)
2003年2月　(有)アールエイジ住宅販売を設立(後清算)

0139　(株)RS Technologies
[証券コード]3445
[上場区分]東証マザーズ
2010年12月　ラサ工業(株)から事業装置などを購入するなどして(株)RS Technologiesを設立

2014年2月　艾爾斯半導體股份有限公司を設立

0140　RKB毎日放送(株)
[証券コード]9407
[上場区分]福証
1951年6月　(株)ラジオ九州を設立
1956年2月　九州テレビサービス(株)を設立(後:(株)アール・ケー・ビー毎日ミュージック・システム)
1957年12月　九州テレビジョン映画社を設立(後:(株)アール・ケー・ビー映画社)
1958年8月　西部毎日テレビジョン放送(株)と合併しアール・ケー・ビー毎日放送(株)に社名変更
1966年3月　(株)ビジネス・コンサルティング・センターを設立(後:(株)BCC)
1966年10月　セレナ音楽出版(株)を設立(後:アール・ケー・ビー・セレナ(株))(後:アール・ケー・ビー・ミューズ(株))
1969年8月　アール・ケー・ビー不動産(株)を設立(後:アール・ケー・ビー興発(株))
1970年5月　アール・ケー・ビー・ミューズ(株)を設立(後:アール・ケー・ビー・セレナ(株))
1990年8月　(株)バフを設立
2009年6月　RKB毎日放送(株)に社名変更

0141　(株)アルゴグラフィックス
[証券コード]7595
[上場区分]東証一部
1985年2月　〈旧〉(株)アルゴグラフィックスを設立
1995年4月　(株)アルゴハイテックを設立
1997年4月　〈別〉(株)アルゴグラフィックスと合併し(株)アルゴグラフィックスに社名変更
1999年10月　(株)ソリッドウェーブを設立
2001年10月　国際システム(株)と合弁で(株)アルゴシステムサポートを設立
2005年8月　DNE Technology社との共同出資によりD&A Technology Co., Ltd.を設立
2006年7月　(株)ベストシステムズとの合弁で(株)HPCソリューションズを設立
2007年7月　DNE Technology社と合弁でARGO DNE Technology PTE.Ltd.を設立
2009年4月　(株)ソリッドウェーブを吸収合併
2013年6月　(株)ジーダットと共同で愛績旻(上海)信息科技有限公司を設立

0142　アルコニックス(株)
[証券コード]3036
[上場区分]東証一部
1981年7月　日商岩井(株)の100%出資により日商岩井非鉄販売(株)を設立
2000年4月　日商岩井メタルプロダクツ(株)を吸収合併し日商岩井アルコニックス(株)に商号変更
2004年1月　ALCONIX(THAILAND)LTD.とALCONIX(SINGAPORE)PTE. LTD.とALCONIX HONGKONG CORP., LTD.(香港)を設立
2005年4月　アルコニックス(株)に商号変更
2006年6月　ALCONIX EUROPE GMBH(ドイツ)を設立

2007年1月	ALCONIX（MALAYSIA）SDN.BHD.を設立
2008年2月	ALCONIX（TAIWAN）CORP.を設立
2008年4月	アルコニックス三伸（株）を設立
2009年4月	アルコニックス・ハヤシ（株）を設立
2009年8月	アルコニックス・オオカワ（株）を設立
2009年9月	ALCONIX LOGISTICS（THAILAND）LTD.を設立
2009年10月	ALCONIX（SHANGHAI）CORP. SHENZHEN BRANCHを設立
2010年1月	ALCONIX DIECAST SUZHOU CO., LTD.を設立
2010年4月	アルコニックス・三高（株）を設立
2011年11月	北京愛徳旺斯貿易有限公司を設立
2012年4月	ALCONIX VIETNAM CO., LTDと ALCONIX（SHANGHAI）CORP. GUANGZHOU BRANCHを設立
2013年1月	ADVANCED MATERIAL TRADING PTE.LTDを設立

0143　（株）アルテサロンホールディングス
［証券コード］2406
［上場区分］ジャスダックスタンダード
- 1988年　（有）アルテを設立
- 1997年12月　（株）アルテに改組
- 2006年7月　（株）アッシュを設立
- 2006年7月　（株）アルテサロンホールディングスに持株会社化に伴い社名変更
- 2007年5月　（株）AMGを設立
- 2007年5月　（株）エッセンシュアルズジャパンを設立
- 2008年3月　（株）etraを設立（後：（株）aj）（後：（株）アッシュ）
- 2011年7月　（株）東京美髪芸術学院を設立

0144　（株）アールテック・ウエノ
［証券コード］4573
［上場区分］ジャスダックスタンダード
- 1989年9月　（株）アールテック・ウエノを設立
- 2002年9月　（株）スキャンポファーマを設立
- 2007年4月　（株）上野新薬開発を吸収合併

0145　（株）アルトナー
［証券コード］2163
［上場区分］ジャスダックスタンダード
- 1953年8月　（有）関口興業社を設立
- 1962年9月　（株）大阪技術センターを設立
- 1998年4月　（株）アルトナーに商号変更

0146　（株）ALBERT
［証券コード］3906
［上場区分］東証マザーズ
- 2005年7月　（株）ALBERTを設立

0147　（株）RVH
［証券コード］6786
［上場区分］東証二部
- 1996年7月　（株）リアルビジョンを設立
- 2002年1月　（株）リアルビジョン北九州を設立
- 2015年4月　（株）RVHに社名変更

0148　アールビバン（株）
［証券コード］7523
［上場区分］ジャスダックスタンダード
- 1984年11月　アールビバン（株）を設立

0149　（株）アルファクス・フード・システム
［証券コード］3814
［上場区分］ジャスダックグロース
- 1993年12月　（株）アルファクス・フード・システムを設立
- 1996年6月　フードバンク（株）を設立（後清算）
- 2000年3月　デジタルメニューバンク（株）を設立（後清算）

0150　（株）アルファポリス
［証券コード］9467
［上場区分］東証マザーズ
- 2000年8月　（株）アルファポリスを設立
- 2004年3月　（株）レーヴックを設立（吸収合併）

0151　アルフレッサ ホールディングス（株）
［証券コード］2784
［上場区分］東証一部
- 2003年9月　（株）アズウェルと福神（株）が経営統合しアルフレッサ ホールディングス（株）を持株会社として設立
- 2007年10月　日立製作所（株）と合弁でアルフレッサ システム（株）を設立

0152　（株）アルペン
［証券コード］3028
［上場区分］東証一部
- 1972年7月　（株）アルペンを設立
- 1978年2月　ジャパーナインターナショナル（株）を設立（後：（株）ミズノ・インターナショナル）
- 1985年8月　（有）北海道アルペンを設立（後：（株）北海道アルペン）
- 1987年12月　（有）エス・エー・ピーを設立（後：（株）エス・エー・ピー）
- 1988年3月　（株）ロイヤルヒルズを設立
- 1990年5月　（株）アルペントラベル企画を設立（後清算）
- 1992年6月　無錫ジャパーナ体育用品有限公司を設立
- 1993年2月　（株）ゴルフプランナーを設立
- 1999年3月　（株）キスマークジャパンを設立
- 1999年7月　（株）スポーツロジスティックスを設立
- 2003年1月　（株）ジャパーナを設立
- 2007年1月　（株）北海道アルペンを吸収合併
- 2010年6月　（株）ロイヤルヒルズを吸収合併
- 2012年4月　JAPANA（CAMBODIA）CO., LTD.を設立
- 2012年8月　愛蓬（中国）商貿有限公司を設立
- 2014年10月　JAPANA TECHNICALCENTER（CAMBODIA）CO., LTD.を設立

0153　アロカ（株）
- 1950年1月　日本無線（株）の医療器部門より独立し（株）医学研究所を設立
- 1958年1月　（株）日本無線医理学研究所に社名変更
- 1976年12月　アロカ（株）に社名変更
- 2000年1月　アロカテクニカルサービス（株）を設立
- 2000年10月　アロカエンタープライズ（株）を設立

2001年10月	(後:アロカビジネスサービス(株)) アロカシステムエンジニアリング(株)を設立
2009年4月	アロカテクニカルサービス(株)を吸収合併

0154 阿波製紙(株)
[証券コード]3896
[上場区分]東証二部

1916年2月	阿波製紙(株)を設立
1943年5月	(株)平和製紙所と三和製紙所と合併し徳島合同製紙(株)を設立(後:阿波製紙(株))
1956年4月	三光工業(株)を吸収合併
1979年11月	日米加工(株)を設立
1982年10月	リード工業(株)を設立(後:リード(株))
1994年2月	Thai United Awa Paper Co., Ltd.を設立
2003年4月	阿波製紙(上海)有限公司を設立
2007年4月	日米加工(株)とリード(株)を吸収合併

0155 アンジェスMG
[証券コード]4563
[上場区分]東証マザーズ

1999年12月	(株)メドジーンを設立
2000年6月	メドジーン バイオサイエンス(株)に商号変更
2001年10月	アンジェス インク(米国)を設立
2001年10月	アンジェス エムジー(株)に商号変更
2002年6月	アンジェス ユーロ リミテッド(英国)を設立
2002年7月	ジェノミディア(株)を設立
2004年3月	アンジェスMG(株)に商号変更

0156 (株)安藤・間
[証券コード]1719
[上場区分]東証一部
〈安藤建設系〉

1873年	(個)安藤方を設立
1911年1月	(名)安藤組に社名変更
1918年3月	(株)安藤組に改組
1962年3月	安藤建設(株)に社名変更
1972年11月	菱晃開発(株)を設立
1982年10月	安藤サービス(株)を設立(後:アドテクノ(株))
1984年10月	エビラ興産(株)を設立(後:(株)エビラ)
1988年3月	エヌエー開発(株)を設立(後:アドテクノ(株))
1993年11月	エーシートレーディング(株)を設立(後:(株)エビラ)
1999年10月	安藤サービス(株)を合併
2000年4月	エヌエー開発(株)を合併

〈間組系〉

1889年4月	(個)間組を設立
1917年12月	(資)間組に改組
1930年12月	(株)間組を設立
1931年4月	(資)間組を合併
1970年12月	ハザマ興業(株)を設立
1975年7月	昭和実営(株)を合併
2002年	(株)アッシュクリートを設立
2002年	(株)防かび環境エンジニアリングを設立

* * * *

2013年4月	(株)安藤建設と(株)間組が合併し(株)安藤・間に社名変更

0157 アンドール(株)
[証券コード]4640
[上場区分]ジャスダックスタンダード

1972年9月	アンドール(株)を設立
1990年8月	(株)新潟アンドールを設立
1996年12月	Applied 3D Science, Inc.を設立
1998年1月	アンドール・コンシューマ・エンジニアリング(株)を設立(後:(株)アイム)
2002年4月	東京コンピュータサービス(株)とキャデム(株)と共同でアンドールシステムズ(株)を設立
2007年1月	アンドールプロテック(株)を設立(後吸収合併)
2007年3月	アンドールシステムソリューションズ(株)を設立

0158 (株)AMBITION
[証券コード]3300
[上場区分]東証マザーズ

2007年9月	(株)AMBITIONを設立
2011年12月	(株)ルームギャランティを設立
2015年4月	AMBITION VIETNAM CO., LTDを設立

0159 ERIホールディングス(株)
[証券コード]6083
[上場区分]東証一部

1999年11月	日本イーアールアイ(株)を設立
2003年11月	日本ERI(株)に社名変更
2013年12月	ERIホールディングス(株)を単独株式移転の方法により設立

0160 (株)いい生活
[証券コード]3796
[上場区分]東証マザーズ

2000年1月	(株)いい生活を設立
2008年7月	(株)いい生活不動産を設立

0161 飯田グループホールディングス(株)
[証券コード]3291
[上場区分]東証一部

2013年11月	一建設(株)と(株)飯田産業と(株)東栄住宅とタクトホーム(株)と(株)アーネストワンとアイディホーム(株)が経営統合し共同株式移転の方法により6社を完全子会社とする株式移転設立完全親会社として飯田グループホールディングス(株)を設立

0162 イオンディライト(株)
[証券コード]9787
[上場区分]東証一部

1972年11月	(株)ニチイメンテナンスを設立
1976年2月	(株)ニチイジャパン開発と合併
1976年3月	(株)ジャパンメンテナンスに社名変更
1978年11月	(株)ジャパンメンテナンス北海道を設立
1979年3月	ニチイ興産(株)を合併

1982年1月	(株)ジャパンメンテナンス信越を設立
1982年1月	(株)ジャパンメンテナンス東北を設立
1986年9月	(株)ジャパンメンテナンス九州を設立
2001年6月	(株)ジャパンメンテナンスアカデミーを設立
2002年6月	(株)ジャパンメンテナンス信越を吸収合併
2004年3月	(株)ジャパンメンテナンスセキュリティーを設立
2004年6月	(株)ジャパンメンテナンス東北を吸収合併
2006年9月	(株)イオンテクノサービスと合併しイオンディライト(株)に商号変更
2007年9月	永旺永楽(北京)物業管理有限公司を設立(後:永旺永楽(中国)物業服務有限公司)
2010年9月	チェルト(株)を吸収合併
2011年12月	FMSソリューション(株)を設立
2012年3月	AEON DELIGHT (MALAYSIA) SDN. BHD.を設立
2012年9月	永旺永楽(杭州)服務外包有限公司を設立
2012年12月	AEON DELIGHT (VIETNAM) CO., LTD.を設立
2012年12月	Aライフサポート(株)を設立

〈チェルト系〉

1992年8月	チェルト(株)を設立
2006年8月	(株)オートマックセールスを吸収合併

0163　(株)イオンファンタジー

[証券コード]4343
[上場区分]東証一部

1997年2月	(株)イオンファンタジーを設立
2006年8月	(株)マイカルクリエイトを吸収合併
2007年9月	永旺幻想(北京)児童遊楽有限公司を設立(後:永旺幻想(中国)児童遊楽有限公司)
2011年3月	AEON FANTASY (MALAYSIA) SDN.BHD.を設立
2012年5月	AEON Fantasy (Thailand) Co., Ltd.を設立
2014年5月	AEON FANTASY GROUP PHILIPPINES INC.を設立
2014年11月	PT. AEON FANTASY INDONESIAを設立

0164　イオンフィナンシャルサービス(株)

[証券コード]8570
[上場区分]東証一部

1981年6月	ジャスコ(株)が100%出資し日本クレジットサービス(株)を設立
1990年1月	エヌ・シー・エス興産(株)を設立(後:イオン保険サービス(株))
1990年7月	NIHON CREDIT SERVICE (ASIA) CO., LTD.を設立(後:AEON CREDIT SERVICE (ASIA) CO., LTD.)
1992年12月	SIAM NCS CO., LTD.を設立(後:AEON THANA SINSAP (THAILAND) PLC.)
1994年8月	イオンクレジットサービス(株)に社名変更
1996年12月	ACS CREDIT SERVICE (M) SDN. BHD.を設立(後:AEON CREDIT SERVICE (M) BERHAD)
1998年9月	エー・シー・エス・ファイナンス(株)を設立
1999年2月	エー・シー・エス・クレジットマネジメント(株)を設立(後:エー・シー・エス債権管理回収(株))
1999年12月	AEON CREDIT SERVICE (TAIWAN) CO., LTD.を設立
2000年6月	AEON INFORMATION SERVICE (SHENZHEN) CO., LTD.を設立
2002年8月	AEON CREDIT CARD (TAIWAN) CO., LTD.を設立
2006年5月	PT.AEON CREDIT SERVICE INDONESIAを設立
2006年8月	AEON CREDIT GUARANTEE (CHINA) CO., LTD.を設立
2007年3月	ACS SERVICING (THAILAND) CO., LTD.を設立
2008年2月	AEON CREDIT TECHNOLOGY SYSTEMS (PHILIPPINES) INC.を設立(後:AEON CREDIT SERVICE SYSTEMS (PHILIPPINES) INC.)
2008年6月	ACS TRADING VIETNAM CO., LTD.を設立
2008年11月	AEON INSURANCE BROKERS (HK) LIMITEDを設立
2009年7月	イオン(株)と(株)エヌ・ティ・ティ・ドコモと合弁でイオンマーケティング(株)を設立
2011年3月	AEON CREDIT SERVICE INDIA PRIVATE LIMITEDを設立
2011年4月	AEON MICRO FINANCE (SHENYANG) CO., LTD.を設立
2011年10月	AEON MICROFINANCE (CAMBODIA) PRIVATE COMPANY LIMITEDを設立
2012年6月	AEON Credit Holdings (Hong Kong) Co., Ltd.を設立(後:AEON Financial Service (Hong Kong) Co., Limited)
2013年5月	(株)イオン銀行と新イオンクレジットサービスとの吸収分割を行いイオンフィナンシャルサービス(株)に社名変更

0165　イオン北海道(株)

[証券コード]7512
[上場区分]東証一部

1978年4月	(株)北海道ニチイを設立
1980年3月	(株)ホクホーを設立
1992年3月	(株)北海道ニチイと合併し(株)北海道ニチイに社名変更
1996年7月	(株)マイカル北海道に社名変更
2002年1月	(株)ポスフールに社名変更
2007年8月	イオン(株)の吸収分割により北海道の総合小売事業を承継しイオン北海道(株)に社名変更
2009年9月	(有)ティーウィンを吸収合併

0166　イオンモール(株)

[証券コード]8905
[上場区分]東証一部

1911年11月	(個)岐阜繭糸を設立

1973年4月	ジャスコ不動産(株)に社名変更
1973年8月	ジャスコ不動産(株)と(株)やまとやと岡惣不動産(株)が合併しジャスコ興産(株)に社名変更
1978年8月	酒田ショッピングセンター(株)とジャスコパーク(株)を合併し
1984年6月	(株)グリーンシティを合併
1984年12月	仙都地域開発(株)を合併
1988年2月	テイサン貝塚ショッピングセンター(株)を合併
1989年	イオン興産(株)に社名変更
1993年2月	下田タウン(株)を設立
1994年1月	ベルシティ(株)を設立
1998年8月	ベルシティ(株)とセブン開発(株)を合併
2001年6月	イオンモール(株)に社名変更
2007年8月	(株)ダイヤモンドシティを合併
2008年6月	AEON MALL (CHINA) BUSINESS MANAGEMENT CO., LTD.を設立
2011年8月	AEON MALL INVESTMENT (CAMBODIA) CO., LTD.とAEON MALL (CAMBODIA) CO., LTD.を設立
2012年11月	PT. AEON MALL INDONESIAを設立
2013年2月	AEON MALL VIETNAM CO., LTD.を設立
2013年9月	AEON MALL (CHINA) CO., LTD.を設立

0167 (株)医学生物学研究所
[証券コード]4557
[上場区分]ジャスダックスタンダード

1969年8月	(株)医学生物学研究所を設立
1993年11月	MBL International Corporationを設立
1998年9月	(株)サイクレックスとRhiGene Inc.を設立
1999年5月	(株)ゲノムサイエンス研究所を設立(後:G&Gサイエンス(株))
1999年5月	(株)抗体研究所と(株)ゲノムサイエンス研究所を設立
2000年1月	エムビーエルベンチャーキャピタル(株)を設立
2001年10月	NAKANE DIAGNOSTICS, INC.を設立
2003年1月	Amalgaam(有)を設立
2004年9月	GEL-Designを設立
2013年3月	(株)ACTGenを吸収合併
2013年5月	(株)新組織科学研究所を設立
2013年8月	Integrated DNA Technologies, Inc.とIntegrated DNA Technologies MBLを設立

0168 イー・ガーディアン(株)
[証券コード]6050
[上場区分]東証マザーズ

1997年11月	ホットポットを創業
1998年5月	(株)ホットポットを設立
2004年4月	(株)BQを設立
2005年10月	イー・ガーディアン(株)に商号変更

0169 イー・ギャランティ(株)
[証券コード]8771
[上場区分]東証一部

2000年9月	伊藤忠商事(株)の金融・不動産・保険・物流カンパニーの子会社としてイー・ギャランティ(株)を設立
2013年11月	イー・ギャランティ・ソリューション(株)を設立
2014年3月	アールジー保証(株)を設立

0170 (株)イグニス
[証券コード]3689
[上場区分]東証マザーズ

2010年5月	(株)イグニスを設立
2012年9月	(株)アイビーを設立
2013年5月	IGNIS AMERICA, INCを設立
2013年8月	(株)イグニッションを設立
2013年8月	スワッグアップ(株)を設立
2013年12月	(株)フリークアウトと合弁でM.T.Burn(株)を設立
2014年2月	(株)スタジオキングを設立

0171 (株)イーグランド
[証券コード]3294
[上場区分]ジャスダックスタンダード

1989年6月	(有)恵久ホームを設立
2003年9月	(株)恵久ホームに組織変更
2007年8月	(株)イーグランドに商号変更

0172 (株)池田泉州ホールディングス
[証券コード]8714
[上場区分]東証一部

2010年5月	(株)池田銀行と(株)泉州銀行が株式移転の方法により(株)池田泉州ホールディングスを設立
2010年5月	(株)池田銀行と(株)泉州銀行は存続会社を池田銀行として合併し(株)池田泉州銀行に商号変更

0173 イーサポートリンク(株)
[証券コード]2493
[上場区分]ジャスダックスタンダード

2000年11月	(株)フレッシュシステムが当時休眠会社((株)関東協和)の全株式を取得しイーサポート(株)に商号変更
2001年9月	イーサポートリンク(株)に商号変更

0174 イサム塗料(株)
[証券コード]4624
[上場区分]東証二部

1927年4月	(資)北村溶剤化学製品所を設立
1947年7月	ローズ色彩工業(株)を設立
1949年10月	合資会社北村溶剤化学製品所を吸収合併し(株)北村溶剤化学製品所に商号変更
1955年7月	イサム塗料(株)に商号変更
1958年7月	イサム土地建物(株)を設立
1967年6月	イサムエアーゾール工業(株)を設立
1974年9月	進勇商事(株)を設立
1977年1月	イサムモータープール(株)を設立
1977年3月	明勇色彩(株)を設立

0175　E・Jホールディングス(株)
［証券コード］2153
［上場区分］東証二部
- 1954年7月　(株)深夜放送を設立
- 1959年4月　日本技術開発(株)に社名変更
- 2007年6月　日本技術開発(株)と(株)エイトコンサルタントが共同で株式移転しE・Jホールディングス(株)を設立

0176　(株)石川製作所
［証券コード］6208
［上場区分］東証一部
- 1923年12月　(個)石川鉄工所を設立
- 1937年1月　(株)石川鉄工所に改組
- 1938年7月　(株)石川製作所に社名変更
- 1944年3月　〈旧〉東和織物(株)を合併
- 1947年2月　東和織物(株)を設立
- 1948年6月　石川機械製作所(株)を設立
- 1948年7月　石川式絹織機(株)を設立
- 1953年5月　石川式絹織機(株)を合併
- 1992年4月　(株)イシメックスを設立

0177　石原ケミカル(株)
［証券コード］4462
［上場区分］東証二部
- 1900年4月　石原永壽堂を創業
- 1925年4月　(名)石原永壽堂を設立
- 1939年3月　(株)石原永壽堂を設立
- 1946年3月　石原薬品(株)に商号変更
- 2013年10月　石原ケミカル(株)に商号変更

0178　石山GatewayHoldings(株)
- 1982年12月　(株)フォトニクスを設立
- 2001年10月　(株)SPCを設立(後：(株)GW長岡製作所)
- 2005年12月　(株)フォトニクス・エンジニアリングを設立(後：(株)GWソリューション)
- 2010年9月　(株)ゲートウェイに社名変更
- 2012年6月　(株)ゲートウェイホールディングスに社名変更
- 2013年2月　Sky Express Hawaii, Inc.を設立
- 2013年4月　(株)GWメディカルサポートを設立
- 2013年5月　GW鹿島発電所(株)を設立
- 2013年10月　石山Gateway Holdings(株)に社名変更
- 2014年2月　(株)GW福祉農場を設立

0179　伊豆シャボテンリゾート(株)
［証券コード］6819
［上場区分］ジャスダックスタンダード
- 1976年1月　ボディソニック(株)を設立
- 1991年8月　モンド(株)を合併
- 1992年2月　日本ビジネスサポート(株)を設立
- 1997年1月　ボディソニック・ラボ(株)が分社独立(後：(株)アクーヴ・ラボ)
- 1999年　マイクロソフト社と共同で出資しウェブシアターインターナショナル(株)を設立
- 2000年　オメガ・プロジェクト(株)に社名変更
- 2001年　ビルボードライブ・インターナショナル《米国》と共同で出資しビルボードライブ・ジャパン(株)を設立
- 2005年4月　オメガプロジェクト・ホールディングス(株)に社名変更
- 2005年6月　オメガ・プロジェクト(株)を設立
- 2010年10月　ソーシャル・エコロジー・プロジェクト(株)に商号変更
- 2015年　伊豆シャボテンリゾート(株)に社名変更

0180　(株)Eストアー
［証券コード］4304
［上場区分］ジャスダックスタンダード
- 1999年2月　(株)Eストアーを設立

0181　いちごグループホールディングス(株)
［証券コード］2337
［上場区分］ジャスダックスタンダード
- 2000年3月　アセット・マネジャーズ(株)を設立
- 2008年3月　アセット・マネジャーズ・ホールディングス(株)に商号変更
- 2010年9月　いちごグループホールディングス(株)に商号変更

0182　(株)市進ホールディングス
［証券コード］4645
［上場区分］ジャスダックスタンダード
- 1965年5月　真間進学会を設立
- 1970年12月　市川進学教室に改称
- 1975年6月　(株)市川進学教室に改組
- 1979年2月　(株)市進教育センターを設立
- 1981年11月　(株)市進教育センターと合併
- 1984年10月　(株)市進に社名変更
- 1986年3月　(株)友進を設立
- 1999年5月　(株)個学舎を設立
- 2010年3月　(株)市進ホールディングスに商号変更

0183　(株)いちたかガスワン
- 1960年5月　(株)高橋燃料店を設立
- 1969年4月　(株)一高たかはしに社名変更
- 1999年7月　(株)プリフォームを設立
- 1999年7月　ユースガス(株)を設立
- 2013年　(株)いちたかガスワンに商号変更

0184　(株)イチネンホールディングス
［証券コード］9619
［上場区分］東証一部
- 1963年5月　黒田商事(株)を設立
- 1969年11月　(株)イチネンに社名変更
- 1973年12月　(株)イチネン・カー・サービスを設立
- 1973年12月　(株)イチネン・リースを設立
- 1976年12月　(株)イチネン本社を設立
- 1980年2月　(株)ジャパン・カーリース・サービスを設立
- 1987年4月　(株)ユニカムを設立
- 1989年10月　(株)イチネン・リースと(株)ジャパン・カーリース・サービスと(株)イチネン本社を吸収合併
- 2000年3月　(株)カーライフ・イチネンを設立
- 2000年4月　三洋電機クレジット(株)と共同で出資し三洋カーシステムを設立
- 2000年10月　ユアサオートリース(株)を共同出資で設立
- 2001年2月　(株)アームズを設立(後：(株)イチネン)
- 2008年7月　(株)イチネンパーキングを設立

2008年10月　(株)イチネンホールディングスに社名変更

0185　いであ(株)
[証券コード]9768
[上場区分]東証二部
- 1968年9月　(株)トウジョウ・ウエザー・サービス・センターを設立
- 1969年12月　新日本気象海洋(株)に社名変更
- 1980年1月　新日本環境調査(株)を設立
- 1993年9月　沖縄環境調査(株)を設立
- 1993年9月　環境生物(株)を設立(後：新日本環境調査(株))
- 1996年11月　地球環境カレッジ(株)を設立
- 1998年8月　イーアイエス・ジャパン(株)を設立
- 2001年1月　国土環境(株)に社名変更
- 2006年6月　いであ(株)に商号変更
- 2008年12月　中持依迪亜(北京)環境研究所有限公司の設立に参加(後：中持衣迪亜(北京)環境検測分析株式有限公司)
- 2012年11月　以天安(北京)科技有限公司を設立

0186　(株)イデアインターナショナル
[証券コード]3140
[上場区分]ジャスダックグロース
- 1995年11月　(株)イデア・インターナショナルを設立
- 2000年9月　(株)イデアインターナショナルに商号変更

0187　出光興産(株)
[証券コード]5019
[上場区分]東証一部
- 1911年6月　(個)出光商会を門司で創業
- 1940年3月　出光興産(株)を設立
- 1947年11月　(個)出光商会を吸収合併
- 1961年　アポロサービス(株)を設立
- 1962年8月　出光タンカー(株)を設立
- 1964年9月　出光石油化学(株)を設立
- 1983年　出光エンジニアリング(株)を設立
- 1986年　出光クレジット(株)を設立
- 1989年　出光オイルアンドガス開発(株)を設立
- 2001年　出光ガスアンドライフ(株)を設立
- 2004年　出光石油化学(株)を合併
- 2005年4月　三井化学(株)と合弁で(株)プライムポリマーを設立

0188　(株)イード
[証券コード]6038
[上場区分]東証マザーズ
- 2000年4月　(株)インターネット総合研究所の100％子会社として(株)アイ・アール・アイコマースアンドテクノロジーを設立
- 2005年9月　〈旧〉(株)イードを子会社化
- 2010年6月　〈旧〉(株)イードと合併し(株)イードに商号変更
- 2012年12月　(株)三越伊勢丹ホールディングスと共同で(株)ファッションヘッドラインを設立

0189　イートアンド(株)
[証券コード]2882
[上場区分]東証一部
- 1969年9月　大阪王将の第1号店を開店
- 1977年8月　大阪王将食品(株)を設立
- 1996年8月　(株)大阪王将に社名変更
- 2002年10月　イートアンド(株)に社名変更

0190　伊藤忠テクノソリューションズ(株)
[証券コード]4739
[上場区分]東証一部
- 1972年4月　伊藤忠データシステム(株)を設立
- 1986年6月　〈旧〉伊藤忠テクノサイエンス(株)を設立
- 1989年10月　〈旧〉伊藤忠テクノサイエンス(株)と伊藤忠データシステム(株)が合併し伊藤忠テクノサイエンス(株)に社名変更
- 1990年4月　シーティーシー・エスピー(株)を設立
- 1990年4月　シーティーシー・テクノロジー(株)を設立
- 2006年10月　(株)CRCソリューションズと合併し伊藤忠テクノソリューションズ(株)を設立
- 2008年7月　シーティーシー・システムオペレーションズ(株)を設立(後：CTCシステムマネジメント(株))

0191　(株)イナリサーチ
[証券コード]2176
[上場区分]ジャスダックスタンダード
- 1974年7月　(有)信州実験動物センターを設立
- 1977年7月　(有)信州動物実験センターに商号変更
- 1978年5月　(株)信州動物実験センタに改組
- 1989年7月　(株)イナリサーチに商号変更
- 1994年4月　Ina Research Philippines, Inc. (INARPフィリピン)を設立
- 1994年4月　Inaphil, Incorporated(フィリピン)を設立

0192　EPSホールディングス(株)
[証券コード]4282
[上場区分]東証一部
- 1991年5月　(株)イーピーエス東京を設立
- 1996年9月　イー・ピー・エス(株)に社名変更
- 1999年12月　(株)イーピーリンクを設立
- 2001年4月　イーピーエス(株)に社名変更
- 2005年10月　(株)イーピーメイトを設立
- 2006年3月　(株)イートライアルを設立
- 2010年12月　EMS(株)を設立
- 2013年10月　EPSインターナショナル(株)を設立
- 2013年10月　EPS益新(株)を設立
- 2013年12月　EPI(株)を設立
- 2014年7月　イーピーエス分割準備(株)を設立
- 2015年1月　EPSホールディングス(株)に商号変更

0193　eBASE(株)
[証券コード]3835
[上場区分]ジャスダックスタンダード
- 2001年10月　(株)ホットアイを創立
- 2003年7月　eBASE(株)に商号変更
- 2005年11月　eBASE-NeXT(株)を設立
- 2010年11月　eBASE-PLUS(株)を設立

0194　(株)イマジカ・ロボット ホールディングス
[証券コード]6879

いまむらし

[上場区分]東証一部
〈旧イマジカ・ロボット ホールディングス系〉
1935年2月	(株)極東現像所を設立(後:(株)エフ・イー・エル)
1942年1月	(株)東洋現像所に商号変更
1986年1月	(株)IMAGICAに商号変更
2000年3月	(株)IMAGICAウェストを設立
2002年4月	(株)エフ・イー・エルの新設分割により(株)イマジカを設立
2002年4月	(株)エフ・イー・エルに商号変更
2005年4月	(株)IMAGICAエンタテインメントを吸収合併
2006年4月	(株)イマジカホールディングスに社名変更
2006年4月	(株)エフ・イー・エルより同社保有の事業の一部を吸収分割により承継し(株)フォトロンを子会社とする
2006年7月	〈旧〉(株)イマジカ・ロボット ホールディングスに商号変更

〈フォトロン系〉
1968年7月	(株)大沢商会が全額を出資し(株)大沢研究所を設立
1974年6月	(株)大沢商会が全額を出資し〈旧〉(株)フォトロンを設立
1983年9月	(株)大沢研究所と〈旧〉(株)フォトロンを合併し(株)フォトロンに社名変更
2000年1月	PHOTRON USA, Inc.を設立
2000年5月	アイチップス・テクノロジー(株)を設立
2001年4月	PHOTRON EUROPE Limitedを設立
2001年11月	PHOTRON VIETNAM TECHNICAL CENTER Ltd.を設立
2007年8月	フォトロン メディカル イメージング(株)を設立
2010年11月	フォトロン企画を設立(後:(株)フォトロン)

＊　＊　＊　＊

2011年4月	(株)デジタルスケープと(株)IMAGICA PDが合併し(株)イマジカデジタルスケープに商号変更
2011年4月	〈新〉(株)フォトロンと〈旧〉(株)イマジカ・ロボット ホールディングスが合併し(株)イマジカ・ロボット ホールディングスに商号変更
2011年4月	(株)フォトロン企画が(株)フォトロン(旧〉(株)フォトロン)の映像システム事業を吸収分割により承継し〈新〉(株)フォトロンに商号変更
2015年2月	ICS International Inc.を設立

0195　今村証券(株)
[証券コード]7175
[上場区分]ジャスダックスタンダード
1921年3月	今村直治商店を創業
1944年7月	志鷹吉蔵商店と藤井外治商店と小島喜四郎商店の3店を統合し今村証券(株)を設立

0196　井村屋グループ(株)
[証券コード]2209
[上場区分]東証二部
1947年4月	(株)井村屋を設立
1953年1月	〈旧〉井村屋製菓(株)に社名変更
1961年9月	井村屋乳業(株)を設立
1964年5月	森下仁丹(株)と業務提携し仁丹井村屋食品(株)に社名変更
1965年1月	井村屋製菓(株)に社名変更
1969年3月	日本フード(株)を設立
1973年3月	イムラ(株)を設立
2005年6月	井村屋乳業(株)を吸収合併
2010年10月	井村屋(株)を設立
2010年10月	井村屋グループ(株)に社名変更
2010年10月	井村屋シーズニング(株)を設立

0197　イメージ情報開発(株)
[証券コード]3803
[上場区分]ジャスダックグロース
1975年10月	イメージ情報開発(株)を設立
2011年7月	イクオス(株)を設立

0198　(株)イメージ ワン
[証券コード]2667
[上場区分]ジャスダックスタンダード
1984年4月	(株)イメージアンドメジャーメントを設立
2000年	(株)イメージ ワンに社名変更
2002年	東京スポットイマージュ(株)を設立
2009年3月	(株)イメージワン ソリューションズを設立

0199　(株)伊予銀行
[証券コード]8385
[上場区分]東証一部
1941年9月	今治商業銀行と松山五十二銀行と豫州銀行が合併し(株)伊豫合同銀行を設立
1944年12月	(株)伊豫相互貯蓄銀行を合併
1951年11月	(株)伊豫銀行に社名変更
1974年9月	いよぎんリース(株)を設立
1975年1月	(株)アイ・シー・エスを設立(後:(株)いよぎんコンピュータサービス)
1978年9月	いよぎん保証(株)を設立
1979年12月	いよぎんビジネスサービス(株)を設立
1985年8月	いよぎんキャピタル(株)を設立
1988年4月	(株)いよぎん地域経済研究センターを設立
1988年7月	いよぎんモーゲージサービス(株)を設立(後清算)
1988年8月	(株)いよぎんディーシーカードを設立
1989年9月	いよぎんスタッフサービス(株)を設立(後清算)
1990年9月	(株)伊予銀行に社名変更
1992年4月	(株)東邦相互銀行を合併
1996年1月	いよぎん資産管理(株)を設立(後清算)
1999年10月	富士貯蓄信用組合を合併
2003年7月	いよベンチャーファンド1号投資事業有限責任組合を設立(後清算)
2005年12月	いよベンチャーファンド2号投資事業有限責任組合を設立
2008年3月	いよベンチャーファンド3号投資事業有限責任組合を設立
2012年2月	いよぎん証券(株)を設立
2013年4月	いよエバーグリーン6次産業化応援ファンド投資事業有限責任組合を設立
2014年9月	いよエバーグリーン農業応援ファンド投資事業有限責任組合を設立
2014年10月	いよエバーグリーン事業承継応援ファ

ンド投資事業有限責任組合を設立

0200 イリソ電子工業(株)
［証券コード］6908
［上場区分］ジャスダックスタンダード
1963年2月	イリソ電子工業所を創業
1966年12月	イリソ電子工業(株)を設立
1978年12月	IRS (S) PTE. LTD.を設立
1980年3月	アイアールエス精工(株)を設立(後：茨城イリソ電子(株))
1993年1月	IRISO ELECTRONICS (HONG KONG) LIMITEDを設立
1993年6月	上海意力速電子工業有限公司を設立
1994年4月	IRISO U.S.A., INC.を設立
1996年1月	IRISO ELECTRONICS PHILIPPINES, INC.を設立
1998年9月	(株)イリソコンポーネントを設立
1999年10月	IRISO ELECTRONICS SINGAPORE PTE. LTD.を設立
2000年4月	IRISO ELECTRONICS EUROPE GmbHを設立
2000年10月	意力速(上海)貿易有限公司を設立
2003年3月	IRISO ELECTRONICS (THAILAND) LTD.を設立
2006年11月	IRISO ELECTRONICS VIETNAM CO., LTD.を設立
2008年8月	意力速(上海)電子技術研発有限公司を設立

0201 イーレックス(株)
［証券コード］9517
［上場区分］東証マザーズ
1999年12月	日短エナジー(株)を設立
2000年7月	イーレックス(株)に社名変更
2012年4月	イーレックスニューエナジー(株)を設立
2014年7月	イーレックスニューエナジー佐伯(株)を設立

0202 岩井コスモホールディングス(株)
［証券コード］8707
［上場区分］東証一部
〈岩井証券系〉
1915年5月	株式現物業岩井商店を創業
1944年7月	岩井証券(株)を設立
2010年4月	岩井証券設立準備(株)を設立(後：岩井証券(株))

〈コスモ証券系〉
1873年	(個)野村徳七商店を設立
1917年12月	(株)野村商店に社名変更
1923年7月	(株)大阪屋商店に社名変更
1943年3月	大阪屋証券(株)に社名変更
1961年6月	大阪屋証券投資信託委託(株)を設立(後：日本投資委託)
1976年9月	(株)大阪屋インフォメーションセンターを設立(後：(株)コスモインフォメーションセンター)
1981年7月	(株)大阪屋リサーチセンターを設立(後：(株)コスモ証券経済研究所)
1983年5月	(株)関西ベンチャーキャピタルを設立(後：コスモ総合ファイナンス(株))
1986年2月	コスモ証券(株)に社名変更

* * * *

2010年7月	岩井コスモホールディングス(株)に商号変更
2012年5月	岩井証券(株)とコスモ証券(株)が合併し岩井コスモ証券(株)に商号変更

0203 イワキ(株)
［証券コード］8095
［上場区分］東証一部
1914年7月	岩城市太郎商店を設立
1939年10月	岩城薬品(株)に社名変更
1941年9月	(株)岩城商店に社名変更
1948年9月	岩城製薬(株)を設立
1960年10月	(株)ジャパンメタルフィニッシングを設立(後：(株)メルテックス)
1962年4月	(株)アイケーケーセンターを設立
1963年3月	イワキ(株)に社名変更
1965年4月	ボーエン化成(株)を設立
1971年10月	アスカ純薬(株)を設立
1971年10月	北海道岩城製薬(株)を設立(後：ホクヤク(株))
1973年2月	ジェイ エム エフ(ホンコン)社を設立(後：メルテックス香港社)
1973年3月	梅屋動薬販売(株)を設立(後：(株)エイ・エム・アイ)
1986年12月	岩城薬品(株)を吸収合併
1994年10月	台湾メルテックス社を設立
1998年2月	(株)パートナー・メディカル・システムズを設立
2000年4月	アプロス(株)を設立
2001年12月	イワキファルマネット(株)を設立
2008年6月	イワキファルマネット(株)を吸収合併
2011年6月	メルテックスアジアパシフィック社を設立
2012年6月	美緑達科技(天津)有限公司を設立
2012年8月	メルテックスアジアタイランド社を設立
2014年5月	メルテックスコリア社を設立

0204 岩崎通信機(株)
［証券コード］6704
［上場区分］東証一部
1934年	(個)岩崎通信機製作所を設立
1938年8月	岩崎通信機(株)を設立
1963年10月	藤倉電線(株)とアンフェノール社《米国》と共同で出資し第一電子工業(株)を設立
1964年4月	電子化工(株)を設立
1969年10月	九州岩通(株)を設立
1970年4月	福島岩通(株)を設立
1973年9月	コロナ電子工業(株)を設立
1991年4月	Iwatsu (Malaysia) Sdn. Bhd.を設立
1997年4月	岩通香港有限公司を設立
2002年10月	岩通計測(株)を設立
2008年10月	岩通システムソリューション(株)を統合し岩通販売(株)を設立

0205 岩塚製菓(株)
［証券コード］2221
［上場区分］ジャスダックスタンダード
1954年4月	(株)岩塚農産加工場を設立
1960年11月	岩塚製菓(株)に社名変更
1985年3月	(株)瑞花を設立
1988年2月	(株)新潟味のれん本舗を設立
1990年7月	台湾岩塚製菓有限公司を設立

1994年　　　（株）越後抄を設立
2002年7月　　瀋陽岩旺米粉製造有限公司を設立
2003年7月　　旺旺・ジャパン（株）を設立

0206　（株）岩手銀行
［証券コード］8345
［上場区分］東証一部
1932年7月　　岩手殖産銀行を設立
1941年8月　　陸中銀行を吸収合併
1943年4月　　岩手貯蓄銀行を吸収合併
1960年1月　　（株）岩手銀行に社名変更
1972年4月　　イワギンコンピュータサービス（株）を設立（後：いわぎんリース・データ（株））
1979年9月　　いわぎんビジネスサービス（株）を設立
1989年8月　　（株）いわぎんディーシーカードと（株）いわぎんクレジットサービスを設立

0207　イワブチ（株）
［証券コード］5983
［上場区分］ジャスダックスタンダード
1950年8月　　岩淵電気器材（株）を設立
1952年9月　　岩淵金属工業（株）に社名変更
1968年1月　　岩淵プラスチック工業（株）を設立（後：イワブチ化成（株））
1968年1月　　岩淵メッキ工業（株）を設立
1986年8月　　岩淵メッキ工業（株）を吸収合併しイワブチ（株）に社名変更
1988年9月　　イワブチメカニクス（株）を設立
2000年4月　　イワブチメカニクス（株）を吸収合併
2002年9月　　海陽岩淵金属製品有限公司を設立

0208　インスペック（株）
［証券コード］6656
［上場区分］東証マザーズ
1984年1月　　太洋製作所を創業
1988年5月　　（有）太洋製作所を設立
1991年6月　　（株）太洋製作所に組織変更
2001年1月　　インスペック（株）に商号変更
2013年9月　　台湾英視股份有限公司（Inspec Taiwan Inc.）を設立
2014年10月　　テラ（株）を設立

0209　（株）インターアクション
［証券コード］7725
［上場区分］東証二部
1992年6月　　（株）インターアクションを設立
2005年6月　　（株）BIJを設立
2009年3月　　西安朝陽光伏科技有限公司を設立
2011年6月　　おひさま農場（株）を設立
2012年4月　　Inter Action Solomon Islands Limitedを設立
2013年1月　　アイディーエナジー（株）を設立

0210　（株）インタースペース
［証券コード］2122
［上場区分］東証マザーズ
1999年11月　　（株）インタースペースを設立
2011年7月　　（株）電脳広告社を設立
2013年5月　　Ciagram（株）を設立
2013年7月　　PT. INTERSPACE INDONESIAを設立
2013年10月　　INTERSPACE（THAILAND）CO., LTD.を設立

0211　（株）インタートレード
［証券コード］3747
［上場区分］東証二部
1999年1月　　（株）インタートレードを設立
2011年10月　　（株）トレーデクスを設立
2013年8月　　（株）ジーコレクションを設立

0212　インターライフホールディングス（株）
［証券コード］1418
［上場区分］ジャスダックスタンダード
2010年　　　インターライフホールディングス（株）を株式移転により親会社として設立

0213　（株）インターワークス
［証券コード］6032
［上場区分］東証マザーズ
1991年3月　　ビスコ（株）を設立
2006年1月　　（株）インターワークスに商号変更
2012年3月　　（株）アイ・アムを吸収合併し（株）アイ・アム＆インターワークスに商号変更
2013年4月　　（株）I&Iエグゼクティブエージェントを設立（後清算）
2014年8月　　（株）インターワークスに商号変更

0214　（株）インテージホールディングス
［証券コード］4326
［上場区分］東証一部
1960年3月　　（株）社会調査研究所を設立
1972年9月　　（株）ミック長野センターを設立
1986年4月　　（株）ミックビジネスサービスを設立（後：（株）インテージ・アソシエイツ）
1990年10月　　（株）コンピューター・テクニカル・サービスを設立
1993年7月　　（株）グリーンマーケティング研究所を設立（後清算）
1993年10月　　（株）ミック長野センターと合併
1996年4月　　（株）ミック長野システムズを設立（後：（株）インテージ長野）
2001年4月　　（株）インテージに社名変更
2002年3月　　英徳知市場諮詢（上海）有限公司を設立
2002年10月　　（株）インテージ・インタラクティブを設立
2008年4月　　（株）アスクレップ・メディオを設立（後清算）
2008年7月　　INTAGE（Thailand）Co., Ltdを設立
2010年4月　　（株）インテージ・インタラクティブを吸収合併
2012年4月　　（株）エヌ・ティ・ティ・ドコモとの合弁により（株）ドコモ・インサイトマーケティングを設立
2012年8月　　INTAGE INDIA Private Limitedを設立
2013年4月　　（株）インテージ分割準備会社を設立
2013年6月　　INTAGE SINGAPORE Private Ltd.を設立
2013年10月　　（株）インテージ分割準備会社に全ての営業を承継させ、持株会社体制に移行するとともに（株）インテージホールディングスに商号変更
2013年11月　　PT. INTAGE INDONESIAを設立

0215　（株）インテリジェント ウェイブ
［証券コード］4847

[上場区分]ジャスダックスタンダード
1984年12月　（株）インテリジェント ウェイブを設立
1991年5月　INTELLIGENT WAVE PHILIPPINES, INC.を設立
2004年9月　Intelligent Wave USA, Inc.を設立（後清算）
2004年12月　INTELLIGENT WAVE EUROPE LIMITEDを設立（後清算）
2005年6月　Intelligent Wave Korea Inc.を設立

0216　（株）インテリックス
[証券コード]8940
[上場区分]東証二部
1995年7月　（株）ブレスタージュを設立
1996年7月　（株）インテリックスに社名変更
1998年2月　（株）インテリックス空間設計を設立
2003年6月　（株）セントラルプラザを吸収合併
2015年4月　（株）インテリックスプロパティを設立

0217　インヴァスト証券（株）
[証券コード]8709
[上場区分]ジャスダックスタンダード
1960年8月　丸起証券（株）を設立
1996年3月　こうべ証券（株）に商号変更
2005年6月　KOBE証券（株）に商号変更
2007年4月　インヴァスト証券（株）に商号変更
2013年2月　Invast Financial Services Pty Ltd.を設立

0218　インヴィンシブル投資法人
2002年1月　（株）東京リート投信を設立企画人とし東京グロースリート投資法人を設立
2010年2月　エルシーピー投資法人と合併しインヴィンシブル投資法人に社名変更

0219　インフォコム（株）
[証券コード]4348
[上場区分]ジャスダックスタンダード
1983年2月　日商岩井（株）の100％出資子会社として日商岩井コンピュータシステムズ（株）を設立
1987年6月　日商岩井インフォコムシステムズ（株）に社名変更
1999年4月　インフォコムサービス（株）を設立（後：（株）インフォコム東日本）
1999年4月　日商岩井インフォコム（株）に社名変更
2000年4月　インフォコム（株）に社名変更
2001年4月　（株）帝人システムテクノロジーと合併
2001年6月　Infocom America Inc.を設立
2003年10月　インフォベック（株）を設立（後：GRANDIT（株））
2013年4月　ネットビジネス設立準備（株）を設立（後：（株）アムタス）
2013年6月　Six Apart, Inc.を設立
2013年9月　（株）ミュートスとの共同出資によりインフォミュートス（株）を設立

0220　インフォテリア（株）
[証券コード]3853
[上場区分]東証マザーズ
1998年9月　インフォテリア（株）を設立
2013年11月　Infoteria Hong Kong Limitedを設立
2014年7月　Infoteria Singapore Pte.を設立

0221　（株）インフォマート
[証券コード]2492
[上場区分]東証マザーズ
1998年2月　（株）インフォマートを設立
2009年5月　（株）インフォマートインターナショナル（香港）を設立
2009年8月　インフォマート北京コンサルティング有限公司を設立
2010年1月　（株）インフォライズを設立

0222　（株）インフォメーションクリエーティブ
[証券コード]4769
[上場区分]ジャスダックスタンダード
1978年2月　（株）インフォメーションクリエーティブを設立
1994年3月　（株）今田商事との合弁により（株）日本ネイルゲージシステムズを設立（後清算）

0223　（株）インフォメーション・ディベロプメント
[証券コード]4709
[上場区分]東証一部
1969年10月　（株）インフォメーション・ディベロプメントを設立
1982年9月　日本ユニシス（株）との共同出資により（株）ソフトウエア・ディベロプメントを設立
2004年4月　艾迪系統開発(武漢)有限公司(を設立
2012年5月　INFORMATION DEVELOPMENT SINGAPORE PTE. LTD.を設立
2012年8月　INFORMATION DEVELOPMENT AMERICA INC.を設立
2014年1月　愛ファクトリー（株）を設立

0224　（株）インプレスホールディングス
[証券コード]9479
[上場区分]東証一部
1992年4月　〈旧〉（株）インプレスを設立
1996年2月　（株）インプレスエイアンドディを設立
2004年10月　〈新〉（株）インプレスを会社分割により新設し（株）インプレスホールディングスに商号変更
2006年2月　（株）Impress Comic Engineを設立（後：（株）ICE）
2006年4月　（株）インプレスR&Dを設立
2006年9月　英普麗斯(北京)科技有限公司を設立
2011年5月　Impress Business Developmentを設立
2013年10月　（株）IADとStyle us（株）を設立
2014年7月　Impress Group Singapore Pte. Ltd.を設立
2014年7月　（株）インプレスコミュニケーションズと共同新設分割により（株）Impress Professional Worksを設立

0225　（株）ウィザス
[証券コード]9696
[上場区分]ジャスダックスタンダード
1976年7月　（株）学力研修社を設立
1982年6月　（株）ジェック第一教育センターを設立（後：（株）学育社）
1987年6月　（株）第一教研に社名変更
1992年11月　（株）第一プロジェを設立（後：（株）ブ

1994年3月	（株）第一プログレスを設立
1998年4月	（株）学育社と合併し（株）学育舎に社名変更
2000年11月	（株）バーチャル・ラボを設立（後解散）
2003年6月	ユニ・チャーム（株）と共同で出資しユニ・チャームエデュオ（株）を設立
2003年10月	（株）ウィザスに社名変更
2004年1月	（株）ハーモニックを設立
2006年11月	（株）ナビを設立（後：（株）ウィザス）
2007年6月	（株）フォレストを設立
2009年2月	（株）グローバルエールを設立
2012年4月	（株）ハーモニックと（株）ナビを吸収合併
2012年10月	（株）グローバルゲートインスティテュートを設立（後：（株）SRJ）

0226　（株）ウィズ
[証券コード]7835
[上場区分]ジャスダックスタンダード

1986年9月	（株）ウイズを設立
1998年2月	WIZ（H.K.）LTD.を設立
1998年6月	（株）ウイズワールドを設立（後清算）
2000年7月	（株）ウィズに社名変更
2005年9月	（株）クレマリーミルクを設立

0227　（株）ウィル
[証券コード]3241
[上場区分]ジャスダックスタンダード

1993年10月	ウィル不動産販売を創業
1995年6月	（株）ウィル不動産販売を設立
2005年11月	（株）リノウエストを設立
2008年1月	（株）ウィルフィナンシャルコミュニケーションズを設立
2008年7月	（株）ウィルに商号変更
2013年11月	（株）遊を設立
2014年7月	（株）ウィルスタジオを設立

0228　（株）ウィルグループ
[証券コード]6089
[上場区分]東証一部

1997年1月	（株）セントメディアを設立
2006年4月	（株）セントメディアと（株）グローリアスが共同株式移転を行い（株）ウィルホールディングスを設立
2008年7月	（株）マーススポーツエージェントを設立
2009年4月	（株）セントメディアフィールドエージェントを設立（後：（株）エフエージェイ）
2012年6月	（株）ウィルグループに商号変更
2014年2月	WILL GROUP Asia Pacific Pte. Ltd.を設立

0229　（株）ウイルコホールディングス
[証券コード]7831
[上場区分]東証二部

1979年5月	わかさ屋美術印刷（株）を設立
1988年8月	（株）イングを設立（後吸収合併）
1998年11月	わかさ屋情報印刷（株）に商号変更
2000年4月	（株）ウイル・コーポレーションに商号変更
2007年9月	偉路愛而泰可印刷（蘇州）有限公司を設立
2008年1月	（株）ウイルコに商号変更
2012年5月	（株）さくらノートを設立
2012年5月	（株）ウイルコホールディングスに株会社制へ移行し商号変更
2013年9月	（株）日本特殊加工印刷を設立

0230　ウィルソン・ラーニング ワールドワイド（株）
[証券コード]9610
[上場区分]ジャスダックスタンダード

1981年12月	ウィルソン・ラーニング社《米国》が出資し日本ウィルソン・ラーニング（株）を設立
1987年11月	麻生セメント（株）と共同で出資し九州ウィルソンラーニング（株）を設立
1998年3月	ガートナー・グループ社《米国》と共同で出資しウィルソン・ガートナーグループ（株）を設立
1998年3月	ウィルソン・ラーニング ワールドワイド（株）に社名変更
1999年12月	ウィルソン・ラーニング コリアを設立
2001年4月	ウィルソン・ラーニング GmbH.を設立
2002年8月	展智（北京）企業管理諮詢有限公司を設立
2007年10月	ウィルソン・ラーニング インド PVT. LTD.を設立

0231　ウィンテック（株）

1942年10月	船舶無線電信電話（株）を設立
1959年7月	國際電設（株）に社名変更
1962年10月	國興電業（株）を設立（後：國興システムズ（株））
2007年7月	コムシスウィングス（株）に社名変更
2010年10月	コムシスイーテック（株）と合併しウィンテック（株）に社名変更

0232　ウイン・パートナーズ（株）
[証券コード]3183
[上場区分]東証一部

| 2012年11月 | （株）ウイン・インターナショナルとテスコ（株）は共同株式移転の方法によりウイン・パートナーズ（株）を両社の完全親会社として設立 |

0233　（株）ウェザーニューズ
[証券コード]4825
[上場区分]東証一部

1986年6月	オーシャンルーツ《米国》から陸上・航空部門が発展的に独立し（株）ウェザーニューズを設立
2006年12月	（株）ウィズ ステーションを設立
2009年12月	財団法人WNI気象文化創造センターを設立

0234　（株）ウエスコホールディングス
[証券コード]6091
[上場区分]東証二部

1970年9月	西日本測量設計（株）を設立
1973年11月	西日本建設コンサルタント（株）に社名変更
1989年4月	（株）ウエスコに社名変更
1995年3月	（株）ウエスコ住販を設立

1995年9月	エヌ・シー興産(株)を吸収合併
2001年4月	(株)アイテックスを設立
2002年8月	(株)エヌシーピーサプライを設立(後：(株)NCPサプライ)
2004年6月	(株)イー・ウォーター島根を設立
2007年9月	(株)西日本テクノサービスを設立(後清算)
2014年2月	(株)ウエスコホールディングスを単独株式移転の方法により設立

0235 (株)ウエストホールディングス
[証券コード]1407
[上場区分]ジャスダックスタンダード

1984年5月	西日本鐘商(株)を設立
1985年4月	西武ハウス工業(株)に社名変更
1989年6月	(株)ウエストに社名変更
1997年9月	ムネカタ電子(株)と額面変更のため合併(後：(株)ウエスト)
2003年11月	(株)イノベーションアライアンスを設立(後：(株)ウエストイノベーションアライアンス)
2005年10月	(株)ハウスドクターを設立
2006年3月	(株)ウエストホールディングスを株式移転により完全親会社として設立
2006年3月	(株)ハウスケアを設立(後：(株)ウエストビギン)
2006年3月	(株)骨太住宅に社名変更(後：(株)ウエストエネルギーソリューション)
2007年3月	(株)桜井ビルテクノを設立
2007年7月	(株)サンテックを設立(後：(株)ウエスト)
2008年10月	LIGITEC PHOTOVOLTAIC CO., LTD.と業務提携し(株)リジテックジャパンを設立
2012年2月	(株)POWERWAY・JAPANを設立
2013年6月	(株)ウエストO&Mを設立

0236 上田八木短資(株)

1918年6月	(匿)上田商店を上田要が創業
1937年2月	(株)上田商店に改組
1942年6月	上田短資(株)に社名変更
1984年10月	上田ハーロー(株)を設立
1989年5月	上田バトラートレジャリーサービス(株)を設立(後：上田ガーバン(株))
1997年9月	上田短資証券(株)を設立
2001年7月	八木短資(株)と合併し上田八木短資(株)に社名変更
2007年4月	上田八木証券(株)を設立

0237 (株)ウェッジホールディングス
[証券コード]2388
[上場区分]ジャスダックグロース

2001年10月	(株)ブレインナビを設立
2004年2月	ブレインナビ・コンテンツファンド投資事業組合を設立
2005年7月	〈新〉(株)ブレインナビに営業の殆どを承継させ(株)ウェッジホールディングスに商号変更
2006年10月	(株)ラディクスエースエンタテインメントと(株)ウェッジインベストメントを吸収合併
2007年1月	(株)ブレインナビを吸収合併
2008年8月	(株)スピニングを設立
2009年2月	Engine Holdings Asia PTE.LTD.を設立
2010年7月	(株)エンジンと(株)スピニングを吸収合併
2011年8月	Engine Property Management Asia PTE.LTD.を設立

0238 (株)ウェッズ
[証券コード]7551
[上場区分]ジャスダックスタンダード

1965年10月	日宝(株)を設立
1973年11月	(株)ウェッズに社名変更
2003年10月	(株)バーデンを設立
2008年4月	Weds North America, INC.を設立
2010年7月	威直貿易(寧波)有限公司を設立

0239 上原成商事(株)
[証券コード]8148
[上場区分]東証二部

1948年10月	(株)上原成介商店を設立
1962年4月	上原成商事(株)に社名変更
1973年8月	京都三協サッシセンター(株)を設立(後：京都三協サッシ(株))
1973年12月	京滋ツバメプロパン瓦斯(株)を吸収合併
1976年7月	上原硝子(株)を設立
1980年7月	舞鶴ツバメガス(株)を吸収合併
1981年5月	上原産業(株)を設立(後：上原産業(有))
1997年6月	昭和ガステック(有)を設立
2006年10月	山田ガステック(株)を設立
2012年2月	(株)ウェルビー京都を設立
2013年6月	新ダイヤ産業(株)を吸収合併
2014年10月	(株)ウェルビー湖南を吸収合併

0240 上村工業(株)
[証券コード]4966
[上場区分]東証二部

1933年12月	(株)上村長兵衛商店を設立
1963年9月	三和防錆(株)を設立(後：(株)サミックス)
1969年1月	上村工業(株)に社名変更
1985年12月	ウエムラ・インターナショナル・コーポレーションを設立(後：ウエムラ・システムズ・コーポレーション)
1986年2月	上村旭光有限公司を設立(後：上村(香港)有限公司)
1987年6月	台湾上村股份有限公司を設立
1987年12月	サムハイテックスを設立
1988年3月	南山上村旭光有限公司を設立(後：上村工業(深圳)有限公司)
1992年5月	ウエムラ・インターナショナル・シンガポールを設立
1992年12月	ウエムラ・インターナショナル・コーポレーションを設立
1996年7月	ウエムラ・マレーシアを設立
2002年4月	上村化学(上海)有限公司を設立
2003年10月	台湾上村科技股份有限公司を設立
2010年7月	韓国上村(株)を設立
2012年8月	ウエムラ・インドネシアを設立

0241 ウエルシアホールディングス(株)
[証券コード]3141

うえるすま

[上場区分] 東証一部
1974年4月　（株）十字薬局を設立
1997年7月　（株）グリーンクロス・コアに社名変更
1997年9月　（株）グリーンクロスと合併
1999年12月　（有）コア・コーポレーションを設立
2002年3月　（株）池野を吸収合併
2005年12月　ウエルシア関東（株）に社名変更
2008年9月　（株）高田薬局と株式移転の方法によりグローウェルホールディングス（株）を設立
2012年9月　ウエルシアホールディングス（株）に商号変更

0242　ウェルス・マネジメント（株）
[証券コード] 3772
[上場区分] 東証マザーズ
1999年12月　ドリームバイザー・ドット・コム（株）を設立
2008年7月　ドリームバイザー・ファイナンシャル（株）を設立（後解散）
2008年7月　ドリームバイザー・ホールディングス（株）へ商号変更
2014年10月　ウェルス・マネジメント（株）へ商号変更

0243　（株）魚喜
[証券コード] 2683
[上場区分] 東証二部
1985年4月　（有）魚喜水産を設立
1990年11月　（株）魚喜に社名変更
1998年11月　（株）ユー・エムを設立
1999年12月　（株）北斗を設立（後解散）
2000年3月　（株）ロッキーと株式の額面金額を変更する目的で合併（形式上の存続会社）
2001年9月　（有）うおや亭を吸収合併

0244　（株）ウォーターダイレクト
[証券コード] 2588
[上場区分] 東証二部
2006年10月　（株）ウォーターダイレクトを設立
2014年1月　（株）光通信との合弁で（株）アイディール・ライフを設立
2014年5月　（株）ディー・アクションを設立
2014年6月　深圳日商沃徳諮詢有限公司を設立

0245　（株）魚力
[証券コード] 7596
[上場区分] 東証一部
1930年4月　（個）魚力商店を設立
1953年2月　（株）魚力商店に改組
1981年9月　魚力商事（有）を設立
1984年12月　力水産（株）を設立（後：（株）魚力）
1996年4月　〈旧〉（株）魚力を合併（株式の額面金額の変更が目的）し（株）魚力に商号変更
2008年2月　ウオリキ・フレッシュ・インクを設立
2010年4月　UKトレーディング（株）を設立
2012年4月　松岡水産（株）とオカムラトレーディング（株）と合弁で松岡インターナショナル（株）を設立
2012年6月　（株）大田魚力を設立
2012年7月　UKトレーディング（株）を吸収合併

0246　（株）うかい
[証券コード] 7621
[上場区分] ジャスダックスタンダード
1968年3月　（株）うかい鳥山を設立
1978年5月　〈旧〉（株）うかいに社名変更
1990年8月　うかい商事（株）と（株）横浜うかいが額面変更のため合併し（株）うかいに社名変更
1997年4月　（株）コレクトを吸収合併
1997年11月　（株）河口湖うかいを設立

0247　ウシオ電機（株）
[証券コード] 6925
[上場区分] 東証一部
1964年3月　ウシオ工業（株）の電機部門を分離独立しウシオ電機（株）を設立
1967年5月　USHIO AMERICA, INC.を設立
1968年9月　〈別〉ウシオ電機（株）と合併（額面変更のため）
1981年4月　（株）ユーテックを設立（後：（株）ウシオユーテック）
1983年6月　兵庫ウシオ電機（株）を設立（後：ウシオライティング（株））
1984年9月　（株）邑楽製作所を設立（後：群馬ウシオ電機（株））
1985年4月　USHIO EUROPE B.V.を設立
1986年9月　USHIO HONG KONG, LTD.を設立
1987年4月　USHIO OREGON, INC.を設立
1987年9月　USHIO TAIWAN, INC.を設立
1988年12月　USHIO FRANCE S.A.R.L.を設立
1990年6月　ウシオマリーン（株）を設立（後：ウシオユーテック（株））
1990年6月　ウシオマリーン（株）を設立
1991年11月　日本電子技術（株）を買収
1992年4月　CHRISTIE, INC.を設立
1992年6月　USHIO DEUTSCHLAND GmbHを設立
1995年8月　USHIO INTERNATIONAL B.V.を設立
1996年1月　USHIO PHILIPPINES, INC.を設立
1996年3月　USHIO KOREA, INC.を設立
1997年4月　USHIO U.K., LTD.を設立
1997年7月　（株）ウシオ総合技術研究所を設立
1999年1月　TAIWAN USHIO LIGHTING, INC.を設立
1999年9月　CHRISTIE SYSTEMS, INC.とCHRISTIE DIGITAL SYSTEMS, INC.とCHRISTIE DIGITAL SYSTEMS USA, INC.を設立
2000年8月　ギガフォトン（株）を設立
2001年5月　USHIO U-TECH（HONG KONG）CO., LTD.を設立（後清算）（後：USHIO LIGHTING（HONG KONG）CO., LTD.）
2003年7月　USHIO SHANGHAI, INC.を設立
2004年3月　USHIO（SUZHOU）Co., LTD.を設立
2004年8月　CHRISTIE DIGITAL SYSTEMS（SHANGHAI）, LTD.を設立
2005年4月　兵庫ウシオライティング（株）を設立
2008年6月　USHIO SHENZHEN, INC.を設立
2010年6月　CHRISTIE DIGITAL SYSTEMS（SHENZHEN）CO., LTD.を設立

2012年1月	CHRISTIE DIGITAL SYSTEMS SOUTH AMERICA LTDA.を設立
2012年4月	USHIO AMERICA HOLDINGS, INC.を設立
2012年4月	USHIO (SHAOGUAN) CO., LTDを設立
2013年2月	USHIO ASIA PACIFIC (THAILAND) LTD.を設立
2013年7月	CHRISTIE DIGITAL SYSTEMS MEXICO, S. DE R.L. DE C.V.を設立
2014年8月	ウシオオプトセミコンダクター(株)を設立

0248　ウチダエスコ(株)
[証券コード]4699
[上場区分]ジャスダックスタンダード

1972年11月	(株)ウチダ・コンピューター・エンジニアリングを設立
1977年9月	(株)内田洋行と共同で出資し(株)ウチダ・プログラム・プロダクツを設立
1987年1月	ウチダサービス(株)と対等合併しウチダエスコ(株)に社名変更
1991年11月	アーク(株)を設立
2000年4月	(株)エスコ・アシストを設立(後:(株)ユーアイ・テクノ・サービス)

0249　(株)内田洋行
[証券コード]8057
[上場区分]東証一部

1910年2月	翠苔号を設立(中国・大連)
1917年3月	内田洋行(株)に社名変更(本店は大阪)
1926年12月	〈旧〉(株)内田洋行に社名変更(後:内田(株))
1940年5月	(株)大阪内田洋行を組織整備により設立
1941年5月	〈旧〉(株)内田洋行より東京支店を分離し(株)内田洋行を設立
1950年3月	(株)大阪内田洋行を合併
1953年12月	内田交易(株)を合併
1967年12月	東北ユーザック(株)を設立(後:(株)内田洋行ITソリューションズ)
1979年11月	日本オフィスメーション(株)を設立(後:(株)内田洋行ITソリューションズ)
1987年1月	(株)ウチダ・コンピュータエンジニアリングとウチダサービス(株)が合併しウチダエスコ(株)を設立
1989年4月	(株)ウチダコンピュータシステムと(株)ウチダオフィスメーションが合併しウチダユニコム(株)を設立(後:(株)内田洋行ITソリューションズ)
1990年10月	ウチダ事務機サービス(株)と内田設備工業(株)と内田ピーエス(株)が合併し(株)ウチダテクノサービスを設立
1990年10月	日本金属精工(株)と(株)三和が合併し(株)サンテックを設立
1992年1月	内田興産(株)とマービー化工(株)が合併し(株)マービーを設立
1992年4月	(株)ユウエヌエイを設立(後:(株)ウチダデータ)
1995年3月	エッグヘッドウチダ(株)を設立(後:ウチダスペクトラム(株))
1995年6月	ウチダインフォメーションテクノロジー(株)を設立
1995年7月	日本綜合配送(株)とウチダ総合物流(株)が合併し(株)オリエント・ロジを設立
1996年4月	(株)ウチダ人材開発センタを設立
1997年7月	東海オフィスメーション(株)と北陸ユーザック(株)と(株)ウチダシステムが合併し(株)オフィスブレインを設立(後:(株)内田洋行ITソリューションズ西日本)
2002年8月	(株)太陽技研を設立

0250　(株)ウチヤマホールディングス
[証券コード]6059
[上場区分]東証一部

2006年10月	(株)さわやか倶楽部と(株)ボナーの株式移転により(株)ウチヤマホールディングスを持株会社として設立

0251　(株)ウッドフレンズ
[証券コード]8886
[上場区分]ジャスダックスタンダード

1982年11月	(株)ウッドフレンズを設立
2000年6月	(株)ミルクリーク東海を設立(後:(株)Design & Construction)
2003年12月	(株)IZMを設立(後吸収合併)
2005年1月	森林公園ゴルフ場運営(株)を設立
2006年2月	(株)リアルウッドマーケティングを設立
2009年1月	(株)フォレストノートを設立
2013年3月	(株)izmデザインを設立

0252　(株)ウッドワン
[証券コード]7898
[上場区分]東証一部

1952年4月	(有)中本林業を設立
1960年10月	(株)中本林業に改組
1964年1月	中本ハウス(株)を設立
1969年3月	〈旧〉(株)住建産業に社名変更
1969年4月	(株)住建防腐を設立
1969年4月	中本木材工業(株)を設立
1970年3月	(株)住建合板を設立
1972年5月	東和商事(株)を設立
1973年4月	岩根林業(株)と(株)住建合板と中本木材工業(株)と(株)住建防腐と東和商事(株)が合併(額面変更のため)し(株)住建産業に社名変更
1975年10月	東洋住建(株)を設立(後:(株)ジューケン特販)
1984年2月	住建木村工業(株)を設立
1985年9月	(株)中国住建を設立
1985年9月	(株)北海道住建を設立
1990年6月	日商岩井(株)と合弁でJuken Nissho Ltd.を設立(後:Juken New Zealand Ltd.)
1995年4月	日商岩井(株)と合弁で住建日商(上海)有限公司を設立(後:住建(上海)有限公司)
1999年12月	Juken Sangyo (Phils.) Corp.を設立
2002年10月	(株)ウッドワンに社名変更
2002年12月	木隆木業(上海)有限公司を設立(後:沃達王木業(上海)有限公司)
2003年10月	住建木材工業(株)と(株)北海道住建

うとく

2004年9月	沃達王國際有限公司を設立
2006年10月	IGC(株)を設立
2012年9月	(株)中国住建を吸収合併

0253　(株)宇徳
[証券コード] 9358
[上場区分] 東証一部

1890年3月	(個)宇都宮徳蔵回漕店を設立
1915年12月	(株)宇都宮徳蔵回漕店に改組
1949年1月	宇徳運輸(株)に社名変更
1963年7月	宇徳企業(株)を設立(後:千葉宇徳(株))
1965年4月	宇徳陸運(株)を設立(後:宇徳ロジスティクス(株))
1970年1月	宇徳不動産(株)を設立
1986年4月	UTOKU EXPRESS (U.S.A), INC.を設立(後:UTOC (U.S.A), INC.)
1987年9月	ユウ・エフ(株)を設立
1987年10月	宇徳不動産(株)を吸収合併
1988年4月	UTOKU (THAILAND) CO., LTD.を設立(後:UTOC (THAILAND) CO., LTD.)
1989年1月	UTOKU ENGINEERING PTE LTD.を設立(後:UTOC ENGINEERING PTE.LTD.)
1995年8月	九州宇徳(株)を設立
1995年8月	鉄宇国際運輸(天津)有限公司を設立
1999年11月	仙台宇徳(株)を設立
2000年12月	宇徳港運(株)を設立
2003年3月	千葉宇徳(株)を設立
2006年4月	(株)宇徳ビジネスサポートを設立
2007年2月	宇徳プラントサービス(株)を設立
2007年8月	(株)宇徳に商号変更
2008年4月	UTOC AMERICA, INC.を設立
2011年4月	国際コンテナターミナル(株)と合併
2013年8月	ASIA UTOC PTE.LTD.を設立

0254　宇部興産(株)
[証券コード] 4208
[上場区分] 東証一部
〈沖ノ山炭鉱系〉

1897年6月	(匿)沖ノ山炭鉱を設立
1928年10月	(株)沖ノ山炭鉱に改組

〈宇部鉄工所系〉

1914年1月	(匿)宇部新川鉄工所を設立
1917年12月	(株)宇部鉄工所に社名変更

〈宇部セメント製造系〉

1923年9月	宇部セメント製造(株)を設立

〈宇部窒素工業系〉

1933年4月	宇部窒素工業(株)を設立

＊　＊　＊　＊

1942年3月	沖ノ山炭鉱(株)と宇部窒素工業(株)と宇部セメント製造(株)と(株)宇部鉄工所が合併し宇部興産(株)を設立
1944年7月	東見初炭鉱(株)を合併
1963年6月	宇部サイコン(株)を設立(後:ユーエムジー・エービーエス(株))
1966年9月	宇部不動産(株)を設立
1969年6月	宇部アンモニア工業(株)を設立(後:宇部アンモニア工業(有))
1971年10月	宇部合成ゴム(株)を設立
1977年5月	宇部鋳鍛鋼(株)を設立
1987年	(株)ユーモールドを設立
1998年	三菱マテリアル(株)と共同で出資し宇部三菱セメント(株)を設立
1999年	宇部興産機械(株)を設立
2003年10月	宇部日東化成(株)を株式交換によ完全子会社化(後:宇部エクシモ(株))
2004年	丸善石油化学(株)と共同で出資し宇部丸善ポリエチレン(株)を設立
2010年2月	タイ・カプロラクタム,パブリック・カンパニー・リミテッドとウベ・ナイロン・タイランド,リミテッドを合併しウベ・ケミカルズ・アジア,パブリック・カンパニー・リミテッドを設立
2013年8月	宇部マテリアルズ(株)を株式交換により完全子会社化

0255　(株)梅の花
[証券コード] 7604
[上場区分] 東証二部

1979年10月	かにしげ(有)(佐賀県)を設立
1980年3月	かにしげ(有)(熊本県)を設立
1980年12月	かにしげ(有)(熊本県)を合併
1990年7月	(株)ウメコーポレーションに社名変更
1997年10月	(株)梅の花に社名変更
2001年10月	UMENOHANA USA INC.を設立
2003年9月	UMENOHANA (THAILAND) CO., LTD.を設立
2004年9月	(株)西日本梅の花と(株)東日本梅の花を新設分割により設立
2004年10月	(有)梅の花26を設立(後清算)
2004年10月	(株)梅の花不動産管理を設立(後清算)
2004年11月	(有)梅の花plusを設立
2005年10月	(有)梅の花27を設立
2006年10月	(株)梅の花28を設立
2007年10月	(株)梅の花29を設立
2013年6月	S&P Syndicate Public Company Limited社と合弁でUMENOHANA S&P CO., LTD.を設立

0256　ウライ(株)
[証券コード] 2658
[上場区分] ジャスダックスタンダード

1951年	(株)裏井商店を設立
1962年	裏井(株)に社名変更
1990年	ウライ(株)に社名変更
2006年11月	(株)優彩美を設立

0257　(株)エーアイテー
[証券コード] 9381
[上場区分] 東証一部

1988年2月	(株)スバルを設立
1995年3月	(株)エーアイテーに商号変更
1996年6月	愛特(香港)有限公司を設立
2001年2月	(株)アトラス物流を設立(後清算)
2003年6月	上海愛意特商務諮询有限公司を設立(後:上海愛意特国際物流有限公司)
2005年11月	上海愛意特物流有限公司を設立(後清算)
2006年6月	AIT LOGISTICS (THAILAND) LIMITEDを設立
2009年1月	(株)AITソリューションズを設立(後清算)

0258　エア・ウォーター(株)
[証券コード]4088
[上場区分]東証一部
〈ほくさん系〉
　1929年9月　　北海酸素(株)を設立
　1942年5月　　小樽酸素(株)を合併
　1947年2月　　北酸商事(株)を設立
　1951年10月　　北海道車輌酸素(株)を合併
　1966年8月　　(株)ほくさんに社名変更
〈大同酸素系〉
　1933年3月　　大同酸素(株)を設立
　1975年5月　　近畿冷熱(株)と岩谷産業(株)と共同で出資し(株)コールド・エアー・プロダクツを設立
　1991年4月　　近畿冷熱(株)と共同で出資し(株)クリオ・エアーを設立
〈共同酸素系〉
　1962年2月　　共同酸素(株)を設立
　1981年2月　　共同酸素販売(株)を設立(後:(株)キョーセック)
　1996年5月　　大同ほくさん(株)と共同で出資し和歌山ケーディーガス(株)を設立
　1997年5月　　共酸薬化(株)を設立
　　　　＊　＊　＊　＊
　1993年4月　　大同酸素(株)と(株)ほくさんが合併し大同ほくさん(株)に社名変更
　1997年1月　　エア・プロダクツ・アンド・ケミカルズ・インコーポレーテッド《米国》と共同で出資し大同エアプロダクツ・エレクトロニクス(株)を設立
　2000年4月　　共同酸素(株)と合併しエア・ウォーター(株)に社名変更
　2006年2月　　タテホ化学工業(株)を株式交換により完全子会社化

0259　(株)エーアンドエーマテリアル
[証券コード]5391
[上場区分]東証一部
〈アスク系〉
　1924年3月　　朝日スレート(株)を設立
　1944年9月　　新興スレート(株)を吸収合併
　1950年12月　　〈旧〉朝日石綿工業(株)と(株)朝日ビルディングを吸収合併し朝日石綿工業(株)に社名変更
　1951年5月　　東洋建築板(株)を吸収合併
　1987年4月　　(株)アスクに社名変更
　1989年11月　　アスク・サンシンエンジニアリング(株)を設立
　1991年10月　　(株)アスクテクニカを設立
〈浅野スレート系〉
　1914年　　　　浅野スレート工場を設立
　1915年　　　　〈旧〉浅野スレート(株)に吸収合併される
　1923年　　　　浅野セメント(株)に合併される
　1951年4月　　浅野セメント(株)より独立しアサノスレート(株)に社名変更
　1951年10月　　東日本スレート興業(株)と大阪スレート興業(株)と九州スレート興業(株)を合併し浅野スレート(株)に社名変更
　1956年12月　　浅野パイプ(株)を設立
　1969年7月　　浅野防火建材(株)を設立
　1976年6月　　東北浅野スレート(株)を設立
　1997年1月　　中国浅野パイプ(株)を設立
　　　　＊　＊　＊　＊
　2000年10月　　(株)アスクと浅野スレート(株)が合併し(株)エーアンドエーマテリアルに社名変更
　2004年10月　　(株)エーアンドエー名古屋を設立
　2009年2月　　エーアンドエー工事(株)を設立

0260　(株)エー・アンド・デイ
[証券コード]7745
[上場区分]東証一部
　1977年5月　　(株)エー・アンド・デイを設立
　1982年8月　　A&D ENGINEERING, INC.を設立
　1985年6月　　リトラ(株)を設立
　1989年5月　　(株)タケダメディカルを合併
　1990年4月　　(株)エー・アンド・デイ・システムを設立
　1990年12月　　A&D KOREA Limitedを設立
　1991年5月　　A&D INSTRUMENTS LIMITEDを設立
　1994年6月　　A&D SCIENTECH TAIWAN LIMITEDを設立
　2002年10月　　愛安徳電子(深圳)有限公司を設立
　2005年1月　　(株)エー・アンド・デイ・システムを吸収合併
　2005年4月　　A&D Technology Inc.を設立
　2006年7月　　A&D RUS CO., LTD.を設立
　2007年10月　　愛安徳科研貿易(上海)有限公司を設立
　2008年2月　　A&D INSTRUMENTS INDIA PRIVATE LIMITEDを設立
　2008年8月　　A&D Europe GmbHを設立
　2013年7月　　(株)MBSを設立
　2015年2月　　A&D Vietnam Limitedを設立

0261　(株)エイアンドティー
[証券コード]6722
[上場区分]ジャスダックスタンダード
　1978年5月　　(株)アナリィティカルインスツルメンツを設立
　1994年4月　　〈旧〉(株)エイアンドティーを合併し(株)エイアンドティーに社名変更
　1999年4月　　(株)エイティーディジコムを設立
　2001年7月　　(株)アットウィルを設立
　2002年7月　　(株)エイティーディジコムを吸収合併
　2009年7月　　(株)アットウィルを吸収合併
　2012年2月　　東軟安徳医療科技有限公司を設立

0262　(株)ASJ
[証券コード]2351
[上場区分]東証マザーズ
　1984年2月　　(株)アドミラルシステムを設立
　1998年8月　　(有)丸山商事を吸収合併
　2005年1月　　(株)スポーツレイティングスを設立(後:(株)アドミラルシステム)(後:(株)ASJ)
　2009年4月　　(株)ASJに商号変更
　2010年3月　　(株)スポーツレイティングスを吸収合併

0263　ASTI(株)
[証券コード]6899
[上場区分]東証二部

1963年5月	ペンオイルセールス(株)を設立		2001年9月	(株)栄研ロジスティクスサービスに社名変更
1966年4月	太平洋企業(株)に社名変更		2004年9月	栄研生物科技(上海)有限公司を設立
1979年10月	太平洋電子(株)を設立(後:アストム(株))		2007年4月	栄研器材(株)を吸収合併
1979年12月	亜細亜部品(株)を設立(後:アスティプラス(株))			
1983年9月	太平洋アスティ(株)に社名変更			
1992年1月	アスティ(株)に社名変更			
1995年6月	ASTI(株)に社名変更			
2003年3月	アスティプラス(株)を吸収合併			

0267　エイケン工業(株)
[証券コード]7265
[上場区分]ジャスダックスタンダード

1969年2月	エーケン工業(株)を設立
1972年7月	エイケン工業(株)に社名変更
1973年4月	東部エイケン(株)を設立(後合併)
1973年9月	日本エレメント(株)を買収(後:コーシン工業(株))
1976年4月	(株)エイケンを設立
1978年5月	(株)ビック・イーストを設立
1978年8月	エイケン熱器(株)を設立(後解散)
1981年4月	(株)ビックウエスト福岡を設立
1981年5月	(株)ビックウエスト名古屋を設立
1984年5月	(株)中央ビックを設立(後解散)
1992年12月	コーシン工業(株)を合併
1995年11月	(株)エイケンを合併

0264　ANAホールディングス(株)
[証券コード]9202
[上場区分]東証一部

1952年12月	日本ヘリコプター(株)を設立
1957年12月	〈旧〉全日本空輸(株)に社名変更
1958年3月	極東航空(株)と合併
1963年11月	藤田航空(株)を吸収合併
1970年10月	全日空商事(株)を設立
1970年10月	全日空整備(株)を設立
1974年3月	日本近距離航空(株)を設立(後:エアーニッポン(株))
1975年4月	〈別〉全日本空輸(株)と合併(額面変更)し全日本空輸(株)に社名変更
1978年9月	日本貨物航空(株)を設立
1990年6月	ワールドエアーネットワーク(株)を設立(後:(株)エアージャパン)
2001年4月	(株)エアーニッポンネットワークを設立(後:ANAウイングス(株))
2004年8月	エアーネクスト(株)を設立(後:ANAウイングス(株))
2006年2月	(株)ANA&JPエクスプレスを設立(後:(株)エアージャパン)
2012年4月	エアーニッポン(株)を吸収合併
2013年4月	〈新〉全日本空輸(株)を吸収分割しANAホールディングス(株)に社名変更
2013年4月	エアアジア・ジャパン(株)を設立(後:バニラ・エア(株))

0268　栄光ホールディングス(株)

1980年7月	(株)栄光ゼミナールを設立
1993年3月	(株)栄光に社名変更
1993年4月	(株)学伸社と合併
1993年7月	(株)栄光オフィスサプライを設立(後:(株)エデュケーショナルネットワーク)
1995年10月	(株)栄光アドインターナショナルを設立(後:(株)エデュケーショナルネットワーク)
1998年9月	(株)イー・スタッフを設立(後:(株)エデュケーショナルネットワーク)
1999年4月	(株)栄光ゼミナール北海道を設立
2000年8月	(株)二期リゾートを設立
2002年12月	(株)栄光教育文化研究所を設立
2003年5月	(株)エデュケーショナルネットワークを設立
2004年8月	(株)ランゲージ・ティーチング・レボリューションズを設立
2004年9月	〈新〉(株)学伸社を設立
2011年8月	(株)ソーシャルシェアリングサービスを設立(後:(株)エー・アンド・アイ)
2011年10月	栄光ホールディングス(株)を設立

0265　(株)AFC-HDアムスライフサイエンス
[証券コード]2927
[上場区分]ジャスダックスタンダード

1969年6月	あさやま商事を創業
1975年9月	あさやま商事(株)に改組
1980年12月	味王食品(株)を設立
1982年2月	あさやまファミリークラブを設立(後:(株)エーエフシー)
1983年9月	ェモリェ化粧品(株)を設立(後:(株)日本予防医学研究所)
1997年1月	(株)あさやま総合企画に社名変更
2001年1月	(株)アムスライフサイエンスに社名変更
2010年8月	(株)AFC-HDアムスライフサイエンスに社名変更

0269　(株)エイジア
[証券コード]2352
[上場区分]東証マザーズ

1995年4月	(株)エイジアを設立
2006年4月	(株)東京テレマーケティングと合弁で(株)エイジアコミュニケーションズを設立(後解散)

0270　AGS(株)
[証券コード]3648
[上場区分]東証一部

1995年4月	あさひ銀総合システム(株)とあさひ銀情報システム(株)が合併しあさひ銀総合システム(株)を存続会社とした
2004年5月	AGSプロサービス(株)を設立
2004年7月	AGS(株)に商号変更
2006年11月	AGSシステムアドバイザリー(株)を

0266　栄研化学(株)
[証券コード]4549
[上場区分]東証一部

1939年2月	興亜化学工業(株)を設立
1940年8月	(株)興亜栄養化学研究所に社名変更
1946年4月	日本栄養化学(株)に社名変更
1969年2月	栄研化学(株)に社名変更

設立

0271　(株)ACKグループ
[証券コード]2498
[上場区分]ジャスダックスタンダード

1957年12月	(株)オリエンタルコンサルタンツを設立
2006年8月	(株)ACKグループを株式移転により完全親会社として設立
2007年5月	(株)総合環境テクノロジーを設立
2012年3月	パシフィックコンサルタンツグループ(株)との合弁で(株)InterActを設立
2012年9月	Oriental Consultants Gulf LLCを設立
2013年6月	Oriental Consultants India Private Limitedを設立
2014年3月	Oriental Consultants Japan co., Ltd.を設立
2014年4月	(株)トータルフリートサービスを設立
2014年6月	PT.Oriental Consultants Indonesiaを設立
2014年6月	(株)オリエンタルコンサルタンツグローバルを設立

0272　(株)エイジス
[証券コード]4659
[上場区分]ジャスダックスタンダード

1978年5月	オール・ジャパン・インベントリ・サービス(株)を設立
1996年8月	(株)エイジスに社名変更
2003年	エイジスビジネスサポート(株)を設立
2004年4月	大連愛捷是科技有限公司を設立
2007年12月	エイジスシステム開発(株)を設立
2009年3月	艾捷是(上海)商務服務有限公司とAJIS(MALAYSIA)SDN.BHD.を設立
2009年10月	台湾愛捷是股份有限公司を設立
2010年1月	エイジスコーポレートサービス(株)を設立
2011年3月	愛捷是(広州)商務服務有限公司とAJIS INDIA PRIVATE LIMITEDを設立
2011年4月	愛捷是(北京)商務服務有限公司を設立
2011年7月	AJIS(THAILAND)COMPANY LIMITEDを設立
2011年8月	AJIS(HONG KONG)CO., LIMITEDを設立

0273　EIZO(株)
[証券コード]6737
[上場区分]東証一部

1968年3月	羽咋電機(株)を設立
1973年3月	(株)ナナオに社名変更
1984年9月	ハイテクアソシエーツ(株)を設立(後吸収合併)
1985年9月	Nanao USA Corporationをアメリカに設立(後:EIZO Inc.)
1992年9月	Eizo Sweden ABをスウェーデンに設立(後:EIZO Nordic AB)
1997年4月	アイレムソフトウェアエンジニアリング(株)を設立
1998年2月	エイゾーサポートネットワーク(株)を設立(後:EIZOサポートネットワーク(株))
2005年2月	(株)エイゾーテクノキャリアを設立(後:EIZOエンジニアリング(株))
2005年7月	Eizo Nanao AGをスイスに設立(後:EIZO AG)
2010年3月	EIZO Display Technologies(Suzhou)Co., Ltd.を中国に設立
2011年8月	EIZO Europe GmbHをドイツに設立
2011年8月	EIZO Limitedをイギリスに設立
2013年4月	EIZO(株)に社名変更

0274　永大化工(株)
[証券コード]7877
[上場区分]ジャスダックスタンダード

1949年6月	(個)丸和ビニール工業所を設立
1956年11月	(個)丸和ビニール工業所を継承し永大化工(株)を設立
1979年12月	楠泰塑膠(股)を設立(後清算)
1990年8月	横浜ボンドマグネット(株)を設立
1995年10月	永大化工ベトナム会社を設立
2003年1月	永代化工(上海)有限公司を設立
2014年1月	天台永大貿易有限公司を設立

0275　永大産業(株)
[証券コード]7822
[上場区分]東証一部

1946年7月	永大産業(株)を設立
1952年11月	永大ベニヤ(株)を設立(後:永大ハウジング(株))
1967年11月	小名浜合板(株)を設立(後:永大小名浜(株))
1973年3月	三菱商事(株)との合弁でEIDAI DO BRASIL MADEIRAS S.A.を設立(後破産)
1982年9月	永大木材工業(株)と永大ハウジング(株)を吸収合併
1995年2月	永大テクニカ(株)を施工事業会社としてスタート(後清算)
1995年4月	日本製紙(株)との合弁でエヌ・アンド・イー(株)を設立
2004年3月	永大スタッフサービス(株)を設立
2005年7月	永大テクノサポート(株)を設立
2011年6月	Eidai Vietnam Co., Ltd.を設立

0276　(株)エイチ・アイ・エス
[証券コード]9603
[上場区分]東証一部

1978年6月	(個)インターナショナルツアーズを設立
1980年12月	(株)インターナショナルツアーズに改組
1985年5月	HIS(HONG KONG)COMPANY LIMITEDを設立
1988年1月	H.I.S. INTERNATIONAL TOURS(NY)INC.を設立
1989年10月	H.I.S. Deutschland Touristik GmbHを設立
1990年4月	(株)エイチ・アイ・エスに商号変更
1990年8月	(株)パスポルテを設立(後:(株)クオリタ)
1990年9月	(株)ナンバーワントラベル渋谷とH.I.S. AUSTRALIA PTY. LTD.を設立
1991年4月	H.I.S. KOREA CO., LTD.を設立
1992年8月	H.I.S. INTERNATIONAL TOURS

えいちあん

	FRANCE SARLを設立
1993年4月	H.I.S. INTERNATIONAL TRAVEL PTE LTDを設立
1994年1月	H.I.S. AUSTRALIA HOLDINGS PTY LTDとH.I.S. INVESTMENTS PTY LTDを設立
1995年5月	H.I.S. INTERNATIONAL TOURS (BC) INC.を設立（後：H.I.S. CANADA INC.）
1995年9月	THE WATERMARK HOTEL GROUP PTY LTDを設立
1995年12月	PT. HARUM INDAH SARI TOURS & TRAVELを設立
1996年1月	H.I.S. INTERNATIONAL TOURS KOREA INC.を設立
1996年3月	H.I.S. ITALIA S.R.L.を設立（後：H.I.S. EUROPE ITALY S.R.L.）
1996年11月	スカイマークエアラインズ（株）を設立（後：スカイマーク（株））
1997年3月	H.I.S. Tours Co., Ltd.を設立
1997年10月	H.I.S. GUAM, INC.とHIS SAIPAN INCを設立
2000年12月	H.I.S. EUROPE LIMITEDを設立
2002年8月	H.I.S. U.S.A. INC.を設立
2003年12月	HIS (FIJI) LIMITEDを設立
2004年10月	H.I.S. (Austria) Travel GmbHを設立
2006年7月	H.I.S. Travel Switzerland AGを設立
2007年9月	H.I.S. TRAVEL (UAE) L.L.C.を設立（後：H I S TRAVEL & TOURISM L.L.C）
2008年4月	H.I.S. Travel Nederland B.V.を設立
2008年6月	H.I.S. (PHILIPPINES) TRAVEL CORP.を設立
2009年4月	H.I.S. NEW ZEALAND LIMITEDを設立
2010年5月	H.I.S. (SHANGHAI) INTERNATIONAL TRAVEL SERVICE CO., LTDを設立
2011年1月	HTBクルーズ（株）を設立
2012年12月	ASIA ATLANTIC AIRLINES CO., LTD.を設立
2014年5月	（株）ラグーナテンボスを設立

0277　（株）エイチアンドエフ
［証券コード］6163
［上場区分］ジャスダックスタンダード

1964年8月	福井機械（株）を設立
1999年7月	日立造船（株）のプレス部門と統合し（株）エイチアンドエフに商号変更
2005年1月	H&F Services (Thailand) Co., Ltd.を設立
2006年5月	H&F Europe Limitedを設立

0278　エイチ・ツー・オー リテイリング（株）
［証券コード］8242
［上場区分］東証一部

1929年4月	阪神急行電鉄（株）の百貨店部門が大阪梅田で開業
1939年11月	植田奈良漬製造（株）を設立（後：阪急食品工業（株））
1947年3月	京阪神急行電鉄（株）の百貨店部門が分離独立し（株）阪急百貨店を設立
1952年8月	阪急物産（株）と阪急共栄製薬（株）とが合併し阪急共栄物産（株）を設立
1960年10月	（株）阪急オアシスを設立
1992年4月	（株）神戸阪急を設立（後解散）
1992年10月	（株）エイチディ開発を設立（後：（株）阪急商業開発）
1993年1月	（株）宝塚阪急を設立（後吸収合併）
2002年5月	（株）阪急キッチンエールを設立
2003年3月	阪急共栄物産（株）を吸収合併
2007年10月	（株）阪神百貨店を子会社化・株式交換により経営統合しエイチ・ツー・オーリテイリング（株）へ社名変更し持株会社体制へ移行
2007年10月	（株）大井開発を設立
2008年3月	阪急食品工業（株）を吸収合併
2008年10月	（株）阪急百貨店と（株）阪神百貨店が合併し（株）阪急阪神百貨店に商号変更
2009年2月	（株）モザイクリアルティを吸収合併
2014年6月	イズミヤ（株）を株式交換により子会社化し経営統合

0279　（株）エイチーム
［証券コード］3662
［上場区分］東証一部

2000年2月	（有）エイチームを設立
2004年11月	（株）エイチームに組織変更
2013年2月	（株）A.T.bridesを設立
2013年8月	（株）引越し侍と（株）A.T.サポートと（株）エイチームライフスタイルを設立
2014年1月	NHN Entertainment Corporationとの合弁で（株）Ateam NHN Entertainmentを設立

0280　（株）エイチワン
［証券コード］5989
［上場区分］ジャスダックスタンダード

1939年4月	平田工業（株）を設立
1953年7月	平田プレス工業（株）に社名変更
1961年10月	（株）本郷製作所を設立（後：（株）本郷）
1990年1月	（株）ヒラタに商号変更
1996年2月	（株）本郷とケー・ティ・エイチ・パーツインダストリーズ・インコーポレーテッドとの共同出資によりカライダ・マニュファクチャリング・インコーポレーテッドを設立
1997年5月	（株）本郷とケー・ティ・エイチ・パーツインダストリーズ・インコーポレーテッドとの共同出資によりケー・ティ・エイチ・シェルバーン・マニュファクチャリング・インコーポレーテッドを設立
2002年1月	（株）本郷と共同で出資し広州愛機汽車配件有限公司を設立
2005年2月	（株）本郷と共同で出資し清遠愛機汽車配件有限公司を設立
2005年2月	（株）本郷と共同で出資し武漢愛機汽車配件有限公司を設立
2005年11月	シー・エヌ・シー・ディーテックス・カンパニー・リミテッドを設立
2006年4月	（株）本郷と合併し（株）エイチワンに商号変更
2010年9月	エイチワン・パーツ・シラチャ・カンパニー・リミテッドを設立
2012年3月	（株）ジーテクトとの共同出資により

	ジーワン・オート・パーツ・デ・メキシコ・エス・エー・デ・シー・ブイを設立
2013年10月	虹技(株)とピー・ティ・ロダ・プリマ・ランカーとの共同出資によりピー・ティ・エイチワン・コウギ・プリマ・オート・テクノロジーズ・インドネシアを設立

0281 (株)ATグループ
[証券コード]8293
[上場区分]名証二部

1942年11月	愛知県自動車配給(株)を設立
1943年11月	愛知県自動車整備配給(株)に商号変更
1945年8月	愛知燃料機合同(株)を合併
1946年3月	東海工業(株)を合併
1946年9月	愛知トヨタ販売(株)に商号変更
1948年8月	愛知トヨタ自動車(株)に商号変更
1953年3月	愛知サンカー販売(株)を設立(後:トヨタカローラ愛豊(株))
1953年6月	名古屋スポーツガイド(株)を設立(後:(株)アトラス)
1960年8月	中部トヨタリフト(株)を設立(後:トヨタL&F中部(株))
1961年6月	愛知スズキ販売(株)を設立
1966年9月	(株)トヨタレンタカーサービス愛知を設立(後:(株)トヨタレンタリース愛知)
1967年4月	北愛知トヨタ中古車販売(株)を設立(後:愛知クレジットサービス(株))
1968年1月	トヨタオート愛知(株)を設立(後:ネッツトヨタ愛知(株))
1968年3月	愛知トヨタ興業(株)を設立(後:(株)アトコ)
1968年11月	トヨタ部品愛知共販(株)を設立
1979年9月	トヨタビスタ愛知(株)を設立(後:ネッツトヨタ東海(株))
1993年2月	愛知トヨタ総合開発(株)を設立(後:(株)ATビジネス)
2006年12月	(株)ATグループを設立(後:愛知トヨタ自動車(株))
2007年4月	(株)ATグループにほぼ全ての事業を吸収分割の方法により継承し設立

0282 (株)エイティング
[証券コード]3785
[上場区分]東証マザーズ

1993年3月	(有)エイティングを設立
1993年11月	(株)エイティングに改組
2008年8月	(株)エイティング沖縄を設立
2010年10月	(株)エイティングネットワークスを設立

0283 (株)エイブル&パートナーズ

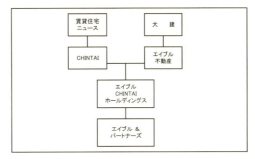

〈CHINTAI系〉
1992年4月	(株)賃貸住宅ニュースを設立
2002年8月	(株)シージーシーを合併
2004年7月	(株)HDAを設立
2005年8月	(株)CHINTAIに社名変更
2009年6月	秦泰广告(上海)有限公司を設立

〈エイブル系〉
1979年7月	大建(株)を設立
1995年5月	エイブル不動産(株)に社名変更
1997年12月	(株)エイブルに社名変更
2003年7月	(株)エイブル総合研究所を設立(後:(株)エイブルリサーチ・インターナショナル)
2006年4月	(株)エイブルパーキングを設立

＊　　＊　　＊　　＊

2010年11月	(株)エイブルと(株)CHINTAIは共同持株会社として(株)エイブルCHINTAIホールディングスを設立
2011年6月	(株)エイブルCHINTAIマーケティングを設立
2012年2月	(株)エイブル&パートナーズに社名変更

0284 エイベックス・グループ・ホールディングス(株)
[証券コード]7860
[上場区分]東証一部

1988年4月	エイベックス・ディー・ディー(株)を設立
1990年11月	(株)ミュージック・フォリオを設立(後:(株)プライム・ディレクション)(後:エイベックス・ライヴ・クリエイティヴ(株))
1995年7月	(株)ホワイト・アトラスを設立(後:(株)アクシヴエイベックス・プランニング&デベロップメント)
1997年10月	(株)エイベックス・ディストリビューションとエイベックス・マーケティング(株)を設立(後:エイベックス・マーケティング・コミュニケーションズ(株))
1998年4月	エイベックス・ディー・ディー(株)を合併し(株)エイベックスに商号変更
1998年7月	Avex Taiwan Inc.を設立
2000年3月	エイベックス ネットワーク(株)を設立(後:エイベックス・マーケティング(株))(後:エイベックス・ミュージック・クリエイティヴ(株))
2004年10月	エイベックス・グループ・ホールディングス(株)に商号変更

2004年10月	〈新〉エイベックス（株）を設立（後：エイベックス・エンタテインメント（株））（後：エイベックス・デジタル（株））
2009年1月	エイベックス・マネジメント（株）を設立
2010年4月	エイベックス・ミュージック・パブリッシング（株）を設立

0285　（株）Aiming
［証券コード］3911
［上場区分］東証マザーズ

2011年5月	（株）Aimingを設立
2012年3月	Aiming Korea, Inc.を設立（後清算）（後：A-Kong, Inc.）
2012年4月	Aiming Global Service, Inc.を設立
2014年9月	Aiming High, Inc.を設立

0286　英和（株）
［証券コード］9857
［上場区分］東証二部

1947年6月	英和商店を設立
1948年6月	英和商店（株）に改組
1948年6月	英和精器（株）を設立
1952年9月	〈旧〉英和精工（株）を設立
1956年10月	（株）双葉製作所を設立（後：双葉テック（株））
1970年10月	〈旧〉英和精工（株）を吸収合併し**英和精工（株）**を設立
1987年4月	**英和（株）**に社名変更
2003年4月	エラン（株）を設立（後吸収合併）

0287　エキサイト（株）
［証券コード］3754
［上場区分］ジャスダックスタンダード

1997年8月	エキサイト（株）を設立
2012年12月	EXCITE MEDIA SERVICES PH, INC.を設立
2013年6月	PT EXCITE INDONESIAを設立
2014年11月	愛客彩股份有限公司を設立

0288　（株）駅探
［証券コード］3646
［上場区分］東証マザーズ

2003年1月	（株）東芝より乗換案内事業を分社化し（株）駅前探険倶楽部を設立
2008年4月	（株）駅探に商号変更

0289　（株）エクセディ
［証券コード］7278
［上場区分］東証一部

1938年3月	**大金聯動機工業（株）**を設立
1950年7月	**（株）大金製作所**に社名変更
1973年6月	レイマーク社《米国》と共同で出資し大金・アールエム（株）を設立
1977年3月	ダイキンクラッチU.S.A.を設立（後：ダイキンクラッチ）（後：エクセディグローバルパーツ）
1981年2月	第一金属（株）と共同で出資し（株）北海道プレスを設立
1985年9月	ダイキンクラッチインドネシアを設立（後：エクセディインドネシア）（後：エクセディマニファクチャリングインドネシア）
1989年4月	フォイトターボ社《ドイツ》と共同で出資し（株）ニッポンリターダシステムを設立
1989年11月	ダイキンクラッチヨーロッパを設立（後：エクセディクラッチヨーロッパ）
1992年4月	（株）ディーケープロナックを設立
1993年2月	ダイキンバーカーニュクラッチを設立（後：ユーロエクセディクラッチ）（後：エクセディダイナックスヨーロッパ）
1994年10月	ダイキンドライブトレインコンポーネンツを設立（後：エクセディアメリカ）
1994年12月	サイアムディーケーテクノロジーを設立（後：エクセディタイランド）
1995年5月	ダイキンクラッチオーストラリアを設立（後：エクセディオーストラリア）
1995年6月	ダイナックスアメリカを設立
1995年8月	**（株）エクセディ**に社名変更
1995年12月	重慶三鈴大金離合器製造を設立（後：エクセディ重慶）
1996年9月	エクセディマレーシアを設立
1998年1月	エクセディフリクションマテリアルを設立
1999年7月	上海ダイナックスを設立（後消滅）
2001年12月	ダイナックス工業（上海）を設立
2002年7月	エクセディミドルイーストを設立
2004年6月	エクセディ（上海）複合摩擦材料を設立（後：エクセディ上海）（後：エクセディダイナックス上海）
2006年2月	エクセディベトナムを設立
2006年5月	エクセディ広州を設立
2006年7月	エクセディモーターサイクルインドネシアを設立（後消滅）
2008年10月	エクセディニュージーランドを設立
2010年1月	エクセディ電設を設立
2010年12月	エクセディダイナックスメキシコを設立
2011年3月	エクセディ太陽を設立
2011年9月	エクセディクラッチインディアを設立
2012年7月	エクセディラテンアメリカを設立
2012年9月	エクセディSB兵庫を設立
2012年11月	エクセディロシアを設立
2013年6月	エクセディエンジニアリングアジアを設立
2013年12月	エクセディ北京を設立
2014年1月	エクセディ南アフリカを設立
2014年2月	エクセディプリマインドネシアを設立
2015年2月	エクセディメキシコアフターマーケットセールスを設立

0290　（株）エクセル
［証券コード］7591
［上場区分］東証一部

1961年7月	**（株）オーケー商会**を設立
1963年12月	**（株）オーケー電機商会**に社名変更
1977年11月	**（株）オーケー電機**に社名変更
1992年4月	**（株）エクセル**に社名変更
1994年6月	曄華企業股份有限公司（EXCEL ASIAN TAIWAN CO., LTD.）を設立
2001年6月	逸博顧問有限公司（EASEPRO CONSULTANTS LTD）を設立（後：卓華電子（香港）有限公司）
2001年6月	卓宏電子科技（深圳）有限公司を設立
2005年7月	卓燊国際貿易（上海）有限公司を設立

2007年7月	(株)ニデコを吸収合併	
2009年2月	卓奘電子貿易(深圳)有限公司を設立	
2012年2月	卓華電子科技(恵州)有限公司を設立	
2012年5月	緯曄科技(香港)有限公司を設立	
2014年2月	EXCEL ELECTRONICS TRADING (THAILAND) CO., LTD.を設立	

0291　エコートレーディング(株)
[証券コード] 7427
[上場区分] 東証一部

1971年6月	エコー販売(株)を設立
1992年3月	エコートレーディング(株)に社名変更
1992年3月	日本マックス(株)と大和工業(株)を吸収合併
2000年3月	(株)ペットペットを設立
2000年12月	ペッツバリュー(株)を設立
2007年1月	(株)ドアトゥドアを設立
2009年9月	(株)マーク産業を設立
2010年4月	(株)ケイ・スタッフを設立
2010年11月	ココロ(株)を設立
2011年5月	愛寵頂級(北京)商貿有限公司を設立(後清算)

0292　エコナックホールディングス(株)
[証券コード] 3521
[上場区分] 東証一部

1926年12月	日本レース(株)を設立
1944年8月	日本航空電器(株)に社名変更
1945年9月	日本レース(株)に社名変更
1957年3月	新日本レース(株)を設立
1966年9月	堅田レース(株)と守山レース(株)と小浜レース(株)と水保レース(株)を設立
1969年3月	福知山日本レース(株)を設立
1973年4月	湖北日本レース(株)を設立(後:日本レース(株))
1976年10月	(株)絵麗奈を設立(後:(株)ラフィネ)(後:日本レース(株))
1978年	(株)れいわを設立(後解散)
1978年5月	京都デベロッパー(株)と新日本レース(株)を吸収合併
2001年10月	エコナック(株)に社名変更
2003年1月	ネスティー(株)を設立(後:(株)テルマー湯)
2010年8月	エコナックホールディングス(株)に社名変更

0293　エーザイ(株)
[証券コード] 4523
[上場区分] 東証一部

1936年11月	(資)桜ヶ岡研究所を設立
1941年12月	日本衛材(株)に社名変更
1944年11月	(資)桜ヶ岡研究所を合併
1955年5月	エーザイ(株)に社名変更
1983年10月	エーザイ化学(株)を設立
1987年11月	Eisai Research Institute of Boston, Inc.を設立(後:Eisai Inc./Andover研究所)
1989年9月	Eisai Deutschland GmbHを設立(後:Eisai GmbH)
1990年8月	Eisai London Research Laboratories Ltd.を設立(後:Eisai Ltd.)
1990年11月	ブラッコ・エーザイ(株)を設立
1991年10月	ワイス・エーザイ(株)を設立
1992年4月	Eisai Corporation of North Americaを設立
1995年2月	Eisai Pharmatechnology, Inc.を設立(後:Eisai Inc./North Carolina工場)
1995年4月	Eisai Inc.を設立
1995年10月	Eisai Ltd.を設立
1996年1月	Eisai S.A.を設立(後:Eisai S.A.S.)
1996年3月	衛材(蘇州)製薬有限公司を設立(後:衛材(中国)薬業有限公司)
1996年4月	エルメッド エーザイ(株)を設立
1997年4月	Eisai Korea Inc.を設立
1997年4月	(株)カン研究所を設立
2002年6月	Eisai Medical Research Inc.を設立(後:Eisai Inc.)
2004年10月	Eisai Europe Ltd.を設立
2007年3月	Eisai Manufacturing Ltd.を設立
2007年3月	Eisai Pharmatechnology & Manufacturing Pvt. Ltd.を設立(後:Eisai Pharmaceuticals India Pvt. Ltd.)
2010年12月	H3 Biomedicine Inc.を設立
2014年11月	衛材(中国)投資有限公司を設立

0294　江崎グリコ(株)
[証券コード] 2206
[上場区分] 東証一部

1922年2月	(名)江崎を設立
1929年2月	(株)江崎に改組
1934年12月	グリコ(株)に社名変更
1943年2月	江崎グリコ(株)に社名変更
1944年	江崎航機(株)を設立(後消滅)
1949年12月	グリコ(株)に社名変更
1952年5月	(株)江崎グリコ栄養実験所を合併
1958年1月	江崎グリコ(株)に社名変更
1963年5月	グリコ埼玉アイスクリーム(株)を設立
1965年1月	グリコ商事(株)を設立
1966年10月	グリコ協同乳業(株)を乳業子会社7社を合併し設立(後:グリコ乳業(株))
1967年10月	グリコ千葉アイスクリーム(株)を設立
1968年10月	グリコ兵庫アイスクリーム(株)を設立
1970年8月	グリコ仙台アイスクリーム(株)を設立(後:仙台グリコ(株))
1971年7月	北海道グリコ(株)を設立
1973年11月	兵庫グリコ(株)を設立
1974年10月	武生グリコ(株)を設立
1975年6月	鳥取グリコ(株)を設立
1976年6月	福島グリコ(株)を設立
1979年9月	三重グリコ(株)を設立
1984年11月	グリコ商事(株)を設立(後:江栄商事(株))
1984年11月	神戸グリコ(株)を設立
1988年	(株)京冷を設立(後:関西フローズン(株))
1989年2月	(株)グリコ物流サービスを設立
1990年8月	グリコフードサービス(株)を設立
1991年8月	茨城グリコ(株)を設立
2000年1月	関西グリコ(株)を設立
2001年12月	九州グリコ(株)を設立
2001年12月	東京グリコ(株)を設立
2003年2月	Ezaki Glico USA Corp.を設立
2006年11月	上海江崎格力高南奉食品有限公司を設立
2011年1月	関東グリコ(株)を設立

えしひ

2011年9月	Haitai Confectionery & Foods Co., Ltd.(韓国)と合弁でGlico-Haitai Co., Ltd.(韓国)を設立
2012年4月	〈新〉グリコ栄養食品(株)を設立
2013年4月	東京グリコ乳業(株)と那須グリコ乳業(株)と岐阜グリコ乳業(株)と広島グリコ乳業(株)と佐賀グリコ乳業(株)を設立
2013年10月	WINGSグループ(インドネシア)と合弁でPT.Glico-Wings(インドネシア)を設立
2014年2月	PT.Glico Indonesiaを設立

0295　(株)エージーピー
[証券コード]9377
[上場区分]ジャスダックスタンダード

1965年12月	日本空港動力(株)を設立
1975年2月	那覇総合ビルサービス(株)を設立(後:(株)エージーピー沖縄)
1991年4月	(株)エージーピー開発を設立
1993年4月	(株)エージーピー関西を設立
1999年2月	(株)エージーピー北海道と(株)エージーピー九州を設立
2000年9月	(株)エージーピーに商号変更
2004年12月	(株)エージーピー中部を設立
2014年4月	(株)エージーピーアグリテックを設立
2015年1月	ドクターベジタブルジャパン(株)を設立

0296　(株)SRAホールディングス
[証券コード]3817
[上場区分]東証一部

1991年1月	(有)アール・エム・ビジネスを設立
1991年10月	(有)アール・エム・プランニングを吸収合併
1994年10月	(有)ミスターを吸収合併
2006年5月	(株)アール・エム・ビジネスに商号変更
2006年6月	(株)SRAホールディングスに商号変更
2006年9月	(株)SRAを完全子会社化
2011年6月	愛司聯發軟件科技(上海)有限公司を設立
2011年10月	SRA IP Solutions (Asia Pacific) Pte. Ltd.を設立
2012年6月	SRA International Holdings, Inc.を設立
2012年9月	Cavirin Systems, Inc.を設立

0297　エスアールジータカミヤ(株)
[証券コード]2445
[上場区分]東証一部

1969年6月	(株)新関西を設立
1984年11月	〈旧〉エスアールジータカミヤ(株)を設立
1987年12月	〈旧〉エスアールジータカミヤ(株)を吸収合併しエスアールジータカミヤ(株)に社名変更
1994年7月	(有)レンタルナガキタを設立(後:(株)ナガキタ)(後:(株)新建ナガキタ)
1994年8月	(有)タツミを設立(後:(株)タツミ)
1998年4月	(有)テクノ工房を設立(後:(株)キャディアン)
1999年7月	(株)カナモトと共同で出資し(株)エスアールジー・カナモトを設立
2000年5月	(株)エコ・トライを設立
2002年8月	(株)カンキと共同で出資し(株)エスアールジーカンキを設立
2004年4月	ARSエンタープライズ(株)を設立
2004年10月	(株)ヒラマツを設立
2005年2月	(株)SNビルテックを設立
2008年10月	(株)青森アトムを設立
2013年8月	ホリーベトナム(有)を設立

0298　(株)エスイー
[証券コード]3423
[上場区分]ジャスダックスタンダード

1981年12月	新構造技術(株)の一事業部門を分離・独立しエスイー産業(株)を設立
1991年12月	(株)エスイーに商号変更
2001年4月	美野里工業(株)を吸収合併
2001年6月	(株)アンジェロセックを設立
2004年8月	エスイーバイオマステクノ(株)を設立
2007年12月	(有)日越建設コンサルタントを設立

0299　SEIオプティフロンティア(株)

1939年12月	(株)佐々木工業所を設立
1952年5月	佐々木電線製造(株)に社名変更
1973年4月	豊国電線(株)と合併し豊国佐々木電線(株)に社名変更
1986年10月	トヨクニ電線(株)に社名変更
1989年	埼玉トヨクニ(株)を設立
1991年	東北トヨクニ(株)を設立
1994年	(株)ティ・アンド・ディを設立
1994年	トヨクニ・エンジニアリングサービス(株)を設立
1997年	関西トヨクニ(株)を設立
2001年	秩父トヨクニ(株)を設立
2002年	四国トヨクニ(株)を設立

住電ハイプレジション系

| 1938年 | 昭和機械工具(株)を設立 |
| 1992年 | 住電ハイプレジション(株)に社名変更 |

＊　　＊　　＊　　＊

| 2010年7月 | トヨクニ電線(株)と住電ハイプレジション(株)が合併しSEIオプティフロンティア(株)を設立 |

0300　SECカーボン(株)
[証券コード]5304
[上場区分]東証二部

1934年10月	昭和電極(株)を設立
1945年5月	日本軽金属(株)と共同で出資し日本電極(株)を設立
1984年7月	(株)エスイーシーに社名変更
1986年12月	協和カーボン(株)と合併
2006年10月	SECカーボン(株)に商号変更

〈協和カーボン系〉

1929年1月	ピッチコークス(株)を設立
1936年8月	昭和乾溜工業(株)を設立
1940年3月	〈旧〉協和カーボン(株)を設立
1940年3月	協和土地(資)を設立
1941年5月	東邦海運(株)と昭和乾溜工業(株)と東邦乾溜工業(株)と(資)東邦商会を合併
1943年10月	〈旧〉協和カーボン(株)を合併
1944年11月	大日本炭素工業(株)に社名変更

1945年10月	協和カーボン(株)に社名変更
1953年1月	協和土地(資)を合併

0301　SEホールディングス・アンド・インキュベーションズ(株)
[証券コード]9478
[上場区分]ジャスダックスタンダード

1985年12月	(株)翔泳社を設立
1993年9月	(株)クラスエイを設立
2001年11月	(株)翔泳社人材センターを設立(後：(株)SEプラス)
2006年10月	SEホールディングス・アンド・インキュベーションズ(株)に社名変更
2006年10月	(株)翔泳社と(株)SEデザインとSEモバイル・アンド・オンライン(株)と(株)ゲームグースを設立
2010年9月	(株)クラスエイを吸収合併
2011年4月	SEインベストメント(株)を設立

0302　SFPダイニング(株)
[証券コード]3198
[上場区分]東証二部

1987年6月	大興食品産業(株)を設立
1996年6月	〈旧〉サムカワフードプランニング(株)に商号変更
1998年4月	(株)鳥良を吸収合併
2010年11月	(株)サンフランシスコ・ホールディングスを設立
2011年5月	〈旧〉サムカワフードプランニング(株)を吸収合併しサムカワフードプランニング(株)に商号変更
2011年10月	SFPダイニング(株)に商号変更

〈鳥良系〉

1984年4月	鳥良を創業
1984年6月	(有)鳥良を設立
1995年12月	(株)鳥良に組織変更

0303　(株)エス・エム・エス
[証券コード]2175
[上場区分]東証一部

2003年4月	(株)エス・エム・エスを設立
2009年4月	SMS VIETNAM CO., LTD.を設立
2009年12月	エムスリー(株)と共同新設分割にてエムスリーキャリア(株)を設立
2012年1月	知恩思資訊股份有限公司を設立
2013年1月	SENIOR MARKETING SYSTEM SDN.BHD.を設立
2013年4月	SENIOR MARKETING SYSTEM (THAILAND) CO., LTD.を設立
2013年7月	SENIOR MARKETING SYSTEM ASIA PTE. LTD.を設立
2013年10月	SMS PHILIPPINES HEALTHCARE SOLUTIONS INC.を設立
2014年1月	(株)エス・エム・エスフィナンシャルサービスを設立
2014年4月	(株)エス・エム・エスメディケアサービスを設立
2015年1月	(株)エス・エム・エスキャリアを設立

0304　SMK(株)
[証券コード]6798
[上場区分]東証一部

1925年4月	(個)池田無線電機製作所を設立
1929年1月	昭和無線工業(株)に社名変更
1973年7月	SMK Europe S.A.を設立(後：SMK Europe N.V.)
1973年9月	SMK Electronics Corporation of Americaを設立(後：SMK Electronics Corporation, U.S.A.)
1978年6月	SMK Electronics (H.K.) Ltd.を設立
1985年2月	**SMK(株)**に社名変更
1987年11月	SMK (U.K.) Ltd.を設立
1989年4月	SMK Electronics (Malaysia) Sdn. Bhd.を設立
1990年5月	SMK Electronics Singapore Pte. Ltd.を設立
1996年8月	和林電子有限公司(SMK Electronics (Shenzhen) Co., Ltd.)を設立
1998年2月	SMK Electronics (Phils.) Corporationを設立
2000年10月	SMK Hungary Kft.を設立
2005年4月	SMK Electronics Trading (Shanghai) Co., Ltd.を設立
2006年3月	SMK Electronics Int'l Trading (Shanghai) Co., Ltd.を設立
2007年8月	SMK-Link Electronics Corporationを設立
2009年12月	SMK Electronics Technology Development (Shenzhen) Co., Ltd.を設立
2011年1月	SMK Electronics (Dongguan) Co., Ltd.を設立
2013年2月	SMK Electronics Trading (Shenzhen) Co., Ltdを設立
2015年3月	SMK Electronics (Europe) Ltd.を設立

0305　SMC(株)
[証券コード]6273
[上場区分]東証一部

1959年4月	焼結金属工業(株)を設立
1974年8月	SMCシンガポールを設立
1977年3月	SMCアメリカを設立
1978年2月	SMCイギリスを設立
1978年6月	SMCドイツを設立
1986年4月	**SMC(株)**に社名変更
1986年9月	SMC Mfg シンガポールを設立
1989年10月	SMC台湾を設立
1990年10月	SMCスペインを設立
1994年9月	SMC中国を設立
1995年3月	SMC韓国を設立
2000年12月	SMC北京製造を設立
2005年10月	SMC広州を設立

0306　(株)エスエルディー
[証券コード]3223
[上場区分]ジャスダックスタンダード

2004年1月	(株)エスエルディーを設立
2012年4月	SLD SINGAPORE PTE.LTD.を設立

0307　(株)SOL Holdings

1970年12月	ニッポー電測(株)を設立
2001年8月	(株)シスウェーブに商号変更
2010年4月	(株)シスウェーブテクノを設立
2012年2月	(株)シスウェーブ分割準備会社を設立(後：(株)シスウェーブ)

えすくろえ

2012年4月	（株）シスウェーブに吸収分割契約に基づき当社の全ての事業を承継し（株）シスウェーブホールディングスに持株会社体制へ移行し商号変更
2012年6月	（株）シスウェーブトレーディングを設立
2012年7月	（株）上武支援準備会社を設立（後：（株）上武）
2014年1月	（株）**SOL Holdings**に商号を変更
2014年7月	SOL ASIA HOLDINGS PTE. LTD.（シンガポール）を設立

0308　（株）エスクロー・エージェント・ジャパン
［証券コード］6093
［上場区分］ジャスダックスタンダード

2007年4月	（株）エスクロー・エージェント・ジャパンを設立
2008年1月	（株）マザーズエスクローを吸収合併
2014年5月	（株）エスクロー・エージェント・ジャパン・トラストを設立（後：（株）エスクロー・エージェント・ジャパン信託）

〈マザーズエスクロー系〉

2004年7月	（株）アイディーユー総合事務所を設立
2006年1月	（株）マザーズエスクローに商号変更

0309　（株）エスケーアイ
［証券コード］9446
［上場区分］ジャスダックスタンダード

1991年3月	（株）**エスケーアイ**を設立
1996年6月	（有）安さ一番携帯ディスカウントを設立
1999年9月	テレコムワン（株）を設立（後：エスケーアイ開発（株））
2006年1月	（株）ニュートン・フィナンシャル・コンサルティングと合併で（株）セントラルパートナーズを設立
2009年9月	エスケーアイマネージメント（株）を設立

0310　（株）エスケイジャパン
［証券コード］7608
［上場区分］東証一部

1989年12月	（株）**エスケイジャパン**を設立
1992年12月	サムシング（株）を設立
1993年9月	（株）サンエスを設立
1996年4月	サムシング（株）を合併
1996年4月	（株）喜六と合併（額面変更のため）
2009年9月	SKJ USA, INC.を設立

0311　（株）エスケーエレクトロニクス
［証券コード］6677
［上場区分］ジャスダックスタンダード

2001年10月	（株）写真化学より分社し（株）エスケーエレクトロニクスを設立
2002年5月	頂正科技股份有限公司を設立
2005年11月	SKE KOREA CO., LTD.を設立
2010年9月	愛史科電子貿易（上海）有限公司を設立

0312　エスケー化研（株）
［証券コード］4628
［上場区分］ジャスダックスタンダード

1958年4月	（株）四国化学研究所を設立
1981年8月	SKK（S）PTE.LTD.を設立
1983年5月	SHIKOKU（M）SDN.BHD.を設立（後：SK KAKEN（M）SDN.BHD.）
1984年9月	SKK（H'K）CO., LTD.を設立
1988年2月	ベック（株）を設立
1991年4月	**エスケー化研（株）**に社名変更
1992年3月	SKK CHEMICAL（M）SDN.BHD.を設立
1996年8月	SK COATINGS SDN.BHD.を設立
2001年5月	H.K.SHIKOKU CO., LTD.を設立
2001年9月	SIKOKUKAKEN（SHANGHAI）CO., LTD.を設立
2002年12月	SK KAKEN（THAILAND）CO., LTD.を設立
2005年5月	SKK KAKEN（KOREA）CO., LTD.を設立
2008年8月	SIKOKUKAKEN（LANGFANG）CO., LTD.を設立
2010年2月	SKK CHEMICAL（THAILAND）CO., LTD.を設立
2011年5月	SKK VIETNAM CO., LTD.を設立
2014年5月	PT SKK KAKEN INDONESIAを設立

0313　（株）SJI
［証券コード］2315
［上場区分］ジャスダックスタンダード

1989年7月	（株）サン・ジャパンを設立
1990年12月	日本恒星（南京）電脳系統有限公司を設立
1994年12月	中国科学技術大学科技実業総公司との合弁で合肥科大恒星計算機技術研究有限公司を設立
1999年2月	南京日恒信息系統有限公司を設立（後：聯迪恒星（南京）信息系統有限公司）
1999年12月	合肥科大恒星計算機技術研究有限公司などとの新設合併により科大創新股份有限公司を設立
2000年11月	科大創新股份有限公司とソフトバンク・テクノロジー・ホールディングス（株）との合弁で安徽科大恒星電子商務技術有限公司を設立
2004年3月	蘇州科大恒星信息技術有限公司を設立
2004年10月	（株）ティー・シー・シーと経営統合
2005年3月	アイビートと経営統合
2005年4月	（株）**SJホールディングス**に社名変更
2005年4月	（株）サン・ジャパンを新たに設立
2005年8月	聯迪恒星電子科技（上海）有限公司を設立
2005年12月	福建実達聯迪商用設備有限公司を設立（後：福建聯迪商用設備有限公司）
2006年4月	（株）SJアルピーヌを設立
2007年11月	聯迪恒星（北京）信息系統有限公司を新設
2008年6月	（株）リーディングソフトを設立
2009年7月	（株）**SJI**に商号変更

0314　SCSK（株）
［証券コード］9719
［上場区分］東証一部

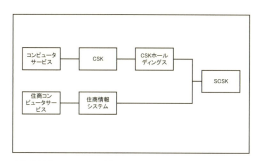

〈住商情報システム系〉
　1969年10月　住商コンピューターサービス(株)を設立
　1987年10月　Sumisho Computer Service (USA), Inc.を設立(後：Sumisho Computer Systems (USA), Inc.)
　1989年12月　宮崎住商コンピューターサービス(株)を設立(後：九州住商情報システム(株))
　1990年5月　Sumisho Computer Service (Europe) Ltd.を設立(後：Sumisho Computer Systems (Europe) Ltd.)
　1992年10月　住商情報システム(株)に社名変更
　1999年1月　(株)日本金融システム研究所を設立(後：(株)SCSフィナンシャル・コンサルティング)
　2000年6月　ソフトバンク・テクノロジー(株)と合併しイー・コマース・テクノロジー(株)を設立
　2004年12月　エスシーエス・ネットワークス(株)とエス・シー・インファオテック(株)が統合しSCS・ITマネジメント(株)を設立
　2004年12月　(株)カールを設立
　2004年12月　(株)カール・アジアパシフィックと合併
　2005年8月　住商エレクトロニクス(株)と合併
　2007年2月　住商信息系統(上海)有限公司を設立
　2007年11月　Sumisho Computer Systems (Asia Pacific) Pte.Ltd.を設立

〈CSK系〉
　1968年10月　コンピュータサービス(株)を設立
　1987年1月　(株)CSKに社名変更
　2005年10月　(株)CSKホールディングスに商号変更

　　　*　　　*　　　*

　2011年10月　住商情報システム(株)と(株)CSKが合併しSCSK(株)に商号変更

0315　エステー(株)
[証券コード]4951
[上場区分]東証一部
　1946年8月　エステー化学工業所を設立
　1948年8月　エステー化学工業(株)に社名変更
　1967年12月　(株)エステー化学小倉工場を設立
　1973年1月　(株)エステー化学いわき工場を設立
　1975年6月　(株)エステー化学埼玉工場を設立
　1982年　(株)エステー化学小倉工場と(株)エステー化学いわき工場を吸収合併しエステー化学(株)に社名変更
　1988年4月　ファミリーグローブカンパニーリミテッド(タイ国)を設立(後：S.T.(タイランド))
　1988年7月　ファミリーグローブカンパニーリミテッド(台湾)を設立
　1989年1月　エステーケミカル(アメリカ)インクを設立
　1993年9月　エステーグローブ(株)を設立(後：エステートレーディング(株))
　2003年4月　エステーオート(株)を設立
　2003年7月　エステー・マイコール(株)を設立(後清算)
　2005年12月　エステービジネスサポート(株)を設立
　2007年8月　エステー(株)に商号変更
　2014年12月　エステーオート(株)を吸収合併

0316　(株)エス・ディー・エスバイオテック
[証券コード]4952
[上場区分]東証二部
　1968年10月　昭和ダイヤモンド化学(株)を設立
　1983年6月　(株)エス・ディー・エスバイオテックに社名変更
　2000年2月　フマキラー(株)と共同で出資しフマキラー・トータルシステム(株)を設立
　2005年7月　(有)エス・ディー・エスバイオテックホールディングスを吸収合併
　2006年1月　(株)SDSグリーンを吸収合併

0317　SDエンターテイメント(株)
[証券コード]4650
[上場区分]ジャスダックスタンダード
　1954年5月　須貝興行(株)を設立
　1995年1月　北邦サービス(株)を吸収合併
　1996年4月　(株)スガイ・エンタテインメントに社名変更
　2009年7月　(株)ゲオディノスに商号変更
　2014年7月　SDエンターテイメント(株)に商号変更

0318　(株)エスティック
[証券コード]6161
[上場区分]東証マザーズ
　1993年8月　太陽鉄工(株)のナットランナ事業を分離独立させ(株)エスティックを設立
　2001年10月　SHANGHAI ESTIC CO., LTD.を設立
　2012年3月　ESTIC (THAILAND) CO., LTD.を設立
　2014年6月　ESTIC America, Inc.を設立

0319　(株)エストラスト
[証券コード]3280
[上場区分]東証一部
　1999年1月　(株)エストラストを設立
　2005年11月　(株)トラストコミュニティを設立

0320　SBI証券(株)
　1944年3月　大沢証券(株)を設立
　1999年4月　イー・トレード証券(株)に社名変更
　2007年10月　SBI証券(株)と合併
　2008年7月　SBI証券(株)に商号変更

0321　SBIホールディングス(株)
[証券コード]8473

えすひえす

[上場区分]東証一部
- 1999年7月　ソフトバンク・インベストメント（株）を設立
- 2000年1月　ソフトベンチャーキャピタル（株）を吸収合併
- 2001年4月　エスビーアイ・キャピタル（株）を設立（後：SBIキャピタル（株））
- 2003年6月　イー・トレード（株）と合併
- 2003年10月　ワールド日栄証券（株）を買収（後：SBI証券（株））
- 2003年12月　日商岩井証券（株）を買収（後：イー・トレード証券（株））
- 2004年12月　SBI児童福祉有限責任中間法人を設立
- 2005年1月　（株）クレディアとエスビーアイ債権回収サービス（株）を設立
- 2005年6月　SBIカード（株）を設立
- 2005年7月　**SBIホールディングス（株）に社名変更**
- 2006年5月　SBI損保設立準備（株）を設立（後：SBI損害保険（株））
- 2006年11月　SBIジャパンネクスト証券準備（株）を設立（後：SBIジャパンネクスト証券（株））
- 2007年6月　SBI VEN HOLDINGS PTE.LTD.を設立
- 2008年8月　（株）SBI証券を完全子会社化

0322　**SBSホールディングス（株）**
[証券コード]2384
[上場区分]東証一部
- 1987年12月　（株）関東即配を設立
- 1988年9月　〈別〉（株）関東即配を設立（後：SBS即配（株））
- 1989年4月　（株）総合物流システムに商号変更
- 1997年6月　（有）スタッフジャパンを設立（後：SBSスタッフ（株））
- 1998年3月　マーケティングパートナー（株）を設立
- 1999年12月　（株）エスビーエスに商号変更
- 2004年9月　（株）エーマックスを設立
- 2006年4月　**SBSホールディングス（株）に商号変更**
- 2012年5月　SBS Logistics RHQ Pte. Ltd.を設立（後：SBS Logistics Holdings Singapore Pte. Ltd.）

0323　**SPK（株）**
[証券コード]7466
[上場区分]東証一部
- 1917年　伊藤忠商事（株）の機械部より分離し**大阪自動車（株）を設立**
- 1949年　**大同自動車興業（株）に社名変更**
- 1980年3月　大同オートモティブプロダクツ（PTE）リミテッドを設立（後：SPKシンガポールPTE.LTD）
- 1990年5月　大同オーバーシーズB.V.を設立（後：SPKヨーロッパB.V.）
- 1991年4月　米子大同自興（株）を吸収合併
- 1992年　**SPK（株）に社名変更**
- 1997年8月　SPKビークルプロダクツSDN.BHD.を設立
- 2005年5月　SPKモーターパーツCO., LTD.を設立
- 2007年11月　SPK広州CO.LTD.を設立
- 2015年1月　SPKビークルパーツCorporationを設立

0324　**エスビー食品（株）**
[証券コード]2805
[上場区分]東証二部
- 1926年　**日賀志屋を設立**
- 1940年4月　**（株）日賀志屋に改組**
- 1949年12月　**エスビー食品（株）に社名変更**
- 1960年3月　エスビーガーリック工業（株）を設立
- 1961年4月　エスビースパイス工業（株）を設立
- 1973年10月　（株）エスビーカレーの王様を設立
- 1974年4月　（有）大伸を設立（後：（株）大伸）
- 1979年4月　（株）エスビー興産を設立
- 1989年7月　（株）エスビーサンキョーフーズを設立
- 1990年3月　（株）ヒガシヤデリカを設立
- 1992年4月　S&B INTERNATIONAL CORPORATIONを設立

0325　**エスフーズ（株）**
[証券コード]2292
[上場区分]東証一部
- 1967年5月　**（有）スタミナ食品を設立**
- 1970年1月　**スタミナ食品（株）に改組**
- 1977年3月　ミスタースタミナ（株）を設立
- 1978年3月　スタミナフードサプライ（株）を設立（後：（株）味兆）
- 1985年7月　静岡県食肉卸（株）を設立
- 1989年4月　丸紅（株）等との合弁でFREMONT BEEF COMPANYを設立
- 2000年8月　**エスフーズ（株）に社名変更**
- 2005年3月　（株）ムラチクを合併

0326　**（株）エスプール**
[証券コード]2471
[上場区分]ジャスダックスタンダード
- 1999年12月　**（株）エスプールを設立**
- 2003年6月　（株）エスプールエコロジーを設立（旧：（株）エスプール・マーケティング）
- 2005年7月　（株）GIMを設立（旧：（株）パスカル）
- 2006年4月　（株）エスプール総合研究所を設立
- 2009年12月　（株）エスプールヒューマンソリューションズを設立
- 2010年7月　（株）エスプールプラスを設立（旧：（株）わーくはぴねす農園）
- 2013年12月　（株）エスプールロジスティクスを設立
- 2014年11月　（株）エスプールセールスサポートを設立

0327　**エスペック（株）**
[証券コード]6859
[上場区分]東証一部
- 1947年7月　**田葉井製作所を設立**
- 1954年1月　**（株）田葉井製作所に改組**
- 1975年5月　（株）タバイエンジニアリングサービスを設立（後：エスペックエンジニアリング（株））
- 1977年5月　（株）タバイ環境設備を設立
- 1977年5月　（株）タバイ理工を設立
- 1978年6月　（株）京都タバイを設立（後：タバイエスペック京都）
- 1983年4月　**タバイエスペック（株）に社名変更**
- 1983年10月　ESPEC CORP.を設立（後：ESPEC NORTH AMERICA, INC.）
- 1985年11月　上海愛斯佩克環境儀器有限公司を設立
- 1996年7月　ESPEC（CHINA）LIMITEDを設立

1997年11月	塔巴依愛斯佩克環境儀器（上海）有限公司を設立（後：愛斯佩克環境儀器（上海）有限公司））	
2000年1月	上海愛斯佩克環境設備有限公司を設立	
2001年2月	（株）ミックを設立（後：（株）エスペックミック）	
2001年3月	ESPEC KOREA CORP.を設立	
2002年4月	エスペック（株）に社名変更	
2002年4月	エスペック環境試験技術センター（株）を設立（後：エスペックテストセンター（株））	
2010年4月	エスペックエンジニアリング（株）とエスペックテストセンター（株）を吸収合併	
2013年5月	愛斯佩克試験儀器（広東）有限公司を設立	

0328　（株）sMedio
［証券コード］3913
［上場区分］東証マザーズ
- 2007年3月　ビデイス（株）を設立
- 2007年5月　VideAce Technology Co.を設立
- 2008年3月　VideAce Technology Inc.を設立（後：sMedio Technology（Shanghai）Inc.）
- 2009年9月　ロールテック（株）に商号変更
- 2010年8月　（株）sMedioに商号変更
- 2011年10月　sMedio America Inc.を設立

0329　（株）エスライン
［証券コード］9078
［上場区分］名証二部
- 1947年3月　岐阜合同産業（株）を設立
- 1948年8月　岐阜トラック（株）に社名変更
- 1949年10月　岐阜トラック運輸（株）に社名変更
- 1956年12月　那加トラック運輸（株）を設立（後：（株）エスライン各務原）
- 1961年10月　船津運輸（株）を設立（後：（株）エスラインヒダ）
- 1962年2月　岐北トラック（株）を設立（後：（株）エスラインミノ）
- 1962年6月　郡上トラック（株）を設立（後：（株）エスライン郡上）
- 1964年1月　羽島トラック（株）を設立（後：（株）エスライン羽島）
- 1969年2月　阪九運送（株）を設立（後：（株）エスライン九州）
- 1972年4月　（株）エスラインギフに社名変更
- 1977年7月　（株）スワロー急送を設立
- 1982年5月　（株）宅配百十番一宮を設立（後：（株）スリーエス物流）
- 1985年5月　（株）宅配百十番墨田を設立（後：（株）スワロー物流東京）
- 2006年10月　（株）エスラインに会社分割により純粋持株会社に移行し商号変更

0330　（株）エックスネット
［証券コード］4762
［上場区分］東証一部
- 1991年6月　（株）エックスネットを設立
- 2001年4月　ウェブオフィス（株）を設立
- 2004年12月　ユーエックスビジネス（株）を設立

0331　（株）エッチ・ケー・エス
［証券コード］7219
［上場区分］ジャスダックスタンダード
- 1973年10月　（株）エッチ・ケー・エスを設立
- 1981年6月　（株）エッチ・ケー・エス・サービスを設立（後：（株）エッチ・ケー・エス・販売）
- 1996年3月　HKS EUROPE LIMITEDを設立
- 2001年6月　HKS-IT Co., Ltd.とHKS（Thailand）Co., Ltd.を設立
- 2003年2月　（株）エッチ・ケー・エス テクニカルファクトリーを設立

0332　エーディア（株）
- 1954年5月　三光純薬（株）を設立
- 1989年8月　日本ステリ（株）を設立
- 1989年11月　（株）セントラル・サン・メディカルを設立
- 2002年5月　エーザイ（株）と共同で出資し（株）パルマビーズ研究所を設立
- 2011年4月　エーディア（株）に社名変更

0333　（株）エディオン
［証券コード］2730
［上場区分］東証一部
- 2002年3月　（株）デオデオと（株）エイデンの完全親会社として£（株）エディオンを株式移転により設立
- 2007年10月　（株）東京エディオンを設立

0334　（株）エー・ディー・ワークス
［証券コード］3250
［上場区分］東証二部
- 1886年2月　東京都墨田区において染色業を創業
- 1936年5月　（株）青木染工場を設立
- 1995年2月　（株）エー・ディー・ワークスに商号変更
- 2000年3月　（有）ハウスポート・リブを設立（後：（株）エー・ディー・エステート）
- 2006年5月　〈旧〉（株）エー・ディー・エステートを吸収合併
- 2008年12月　（株）エー・ディー・エステートを設立
- 2011年2月　（株）エー・ディー・リモデリングを設立（後：（株）エー・ディー・パートナーズ）
- 2013年4月　ADW-No.1 LLC（米国）を設立
- 2013年9月　ADW Management USA, Inc.を設立
- 2015年2月　A.D.Works USA, Inc.を設立

0335　（株）エナリス
［証券コード］6079
［上場区分］東証マザーズ
- 2008年4月　（株）エナリスホールディングスを設立
- 2010年11月　（株）エナリス・パワー・マーケティングを設立
- 2011年12月　〈旧〉（株）エナリスを吸収合併し（株）エナリスに社名変更
- 2012年8月　エナリス神奈川太陽光発電（株）を設立
- 2012年12月　イーキュービック（株）を吸収合併
- 2013年3月　（株）エナリスパワーを設立
- 2013年10月　NCPバイオガス発電投資事業有限責任組合を設立
- 2014年1月　（株）フジコーとの合弁により（株）一戸フォレストパワーを設立

2014年2月	エナリスPVパワー合同会社を設立		1953年11月	日本電気(株)営業部工事所より分離独立し**日本電気工事(株)**を設立
2014年8月	緑の電力を創る1号投資事業有限責任組合を設立		1980年12月	**日本電気システム建設(株)**に社名変更
2014年9月	ENERES INTERNATIONAL PTE LTD.とPT.ENERES INTERNATIONAL INDONESIAを設立		1992年10月	日本電気建設エンジニアリング(株)を設立
			1995年5月	メディアサービス(株)を設立(後:日本電気システム建設メディアサービス(株))
2014年9月	湘南ベルマーレ(株)との共同出資により湘南電力(株)を設立		2003年3月	中国ソフトウイング(株)を設立(後:(株)シネックアセレント)
2014年9月	水俣首都電力(株)を設立		2005年10月	**NECネッツエスアイ(株)**に社名変更
			2006年4月	Networks & System Integration Saudi Arabia Co. Ltd.を設立

0336 **(株)enish**
[証券コード]3667
[上場区分]東証一部

2009年2月	(株)シンクロアの100%子会社として(株)Synphonieを設立
2012年9月	(株)enishに商号変更

0337 **エヌアイシ・オートテック(株)**
[証券コード]5742
[上場区分]ジャスダックスタンダード

1927年4月	西川鑢製作所を設立
1960年3月	クレト商会に商号変更
1970年10月	(株)クレトに商号変更(後吸収合併)
1971年5月	キュノ・トヤマセールス(株)を設立
1982年7月	西川精機(株)に商号変更
1984年4月	セイデン工業(株)を設立
1985年4月	エヌアイシ・オートテック(株)に商号変更
1996年12月	セイコー電子工業(株)との共同出資によりエヌアイシ・セイコー(株)を設立(後解散)(後:ニック・セイコー・マイスナー・ヴュルスト(株))
2008年10月	セイデン工業(株)を吸収合併
2015年1月	NIC Autotec (Thailand) Co., Ltd.を設立

0338 **NECキャピタルソリューション(株)**
[証券コード]8793
[上場区分]東証一部

1978年11月	〈旧〉**日本電気リース(株)**を設立
1998年4月	日電海外エンジニアリング(株)と合併(額面変更のため)し**日本電気リース(株)**に社名変更
2002年2月	エヌイーシーリース(株)に社名変更
2004年6月	**NECリース(株)**に社名変更
2007年10月	NLアセットサービス(株)を設立
2008年4月	リブートテクノロジーサービス(株)を設立
2008年11月	**NECキャピタルソリューション(株)**に商号を変更
2012年4月	電子債権アクセプタンス(株)とイノベーティブ・ベンチャー投資事業有限責任組合を設立
2012年10月	日本電氣租賃香港有限公司を設立
2012年12月	NEC Capital Solutions Singapore Pte.Limitedを設立
2013年12月	NEC Capital Solutions Malaysia Sdn. Bhd.を設立

0339 **NECネッツエスアイ(株)**
[証券コード]1973
[上場区分]東証一部

0340 **(株)NSD**
[証券コード]9759
[上場区分]東証一部

1969年4月	(株)**日本システムディベロップメント**を設立
1973年5月	湘南情報サービス(株)を設立(後:NSDソフトウェア(株))
1979年12月	日本エントリーサービス(株)を設立(後:日本テクニカルサービス(株))
1986年7月	日本テクニカルサービス(株)を設立(後:NSDビジネスサービス(株))
1987年5月	(株)タイムスを買収(後:NSDビジネスサービス(株))
2001年4月	NSD AMERICA INC.を設立(後清算)
2001年5月	エヌ・アイ・コンサルティング(株)を設立
2001年5月	エヌ・エス・ディシステムサービス(株)を設立(後:NSDビジネスサービス(株))
2002年5月	エヌ・エス・ディ九州(株)を設立
2002年6月	(株)エヌ・エス・ディシステム研究所を設立
2003年1月	日本アイデントラス(株)を設立
2007年8月	(株)シェアホルダーズ・リレーションサービスを設立
2008年3月	(株)NSDリアルエステートサービスを設立
2010年10月	(株)**NSD**に社名変更
2012年5月	NSD International, Inc.を設立
2012年10月	北京仁本新動科技有限公司を設立
2013年4月	(株)NSDビジネスイノベーションを設立
2014年4月	NSDビジネスサービス(株)を吸収合併

0341 **NSユナイテッド海運(株)**
[証券コード]9110
[上場区分]東証一部

1950年4月	日本製鉄(株)より分離独立し**日鉄汽船(株)**を設立
1956年9月	中央海運(株)を設立(後:新和ケミカルタンカー(株))
1959年3月	晴海船舶(株)を設立
1961年5月	日和産業海運(株)を設立(後:新和内航海運(株))
1962年2月	東邦海運(株)と合併し**新和海運(株)**に社名変更
1970年1月	MATTHEWS WRIGHTSON

	SHIPPING LTD.と合弁方式による英国法人としてSHINWA (U.K.) LTD.を設立
1972年9月	東京汽船(株)と共同で出資し新昌船舶(株)を設立
1975年3月	東洋マリン・サービス(株)を設立(後:新和マリン(株))
1975年5月	SHINWA (U.S.A.) INC.を設立(後解散)
1976年3月	P.T.PAKARTI TATAを設立
1977年4月	産和ターミナル(株)を設立(後解散)
1985年4月	新和エンジニアリング(株)を設立(後解散)
1987年1月	(株)サンライズシステムセンターを設立(後:新和システム(株))
1988年11月	(株)インターナショナルマリンコンサルティングを設立
1989年12月	新和マリン(株)を設立(後:新和マリン(株))
1991年8月	新和興業(株)を吸収合併
1991年12月	(株)新和テクノを設立(後解散)
1998年2月	新晴海運(株)を吸収合併
1999年11月	DAJIN SHIPPING PTE LTDを設立
2001年6月	新和ビジネスマネジメント(株)を設立
2001年12月	(株)シンワ エンジニアリング・サービスを設立
2010年10月	日鉄海運(株)と合併し**NSユナイテッド海運(株)**に商号変更

0342　エヌエヌ生命保険(株)

1985年10月	ナショナーレ・ネーデルランデン生命保険会社N.V.日本支店を設立
1995年1月	ナショナーレ・ネーデルランデン生命保険(株)を設立
1997年1月	**アイエヌジー生命保険(株)**に社名変更
2010年11月	アイエヌジー・エージェンシー(株)を設立
2015年4月1日	**エヌエヌ生命保険(株)**に社名変更

0343　(株)エヌエフ回路設計ブロック
[証券コード]6864
[上場区分]ジャスダックスタンダード

1959年7月	(有)エヌエフ回路設計ブロックを設立
1963年8月	(株)エヌエフ回路設計ブロックに改組
1973年4月	エヌエフエンジニアリング(株)を設立
1980年10月	エヌエフ通商(株)を設立
1986年10月	山口エヌエフ電子(株)を設立
1991年8月	(株)エヌエフ計測システムを設立
1993年4月	(株)エヌエフカストマサービスを設立
2006年8月	恩乃普電子商貿(上海)有限公司を設立
2013年3月	エヌエフ商事(株)を設立(後:(株)NFテクノコマース)

0344　(株)NFKホールディングス
[証券コード]6494
[上場区分]ジャスダックスタンダード

1950年4月	日本火熱材料(株)を設立
1950年6月	日本ファーネス工業(株)に社名変更
1970年5月	日本ファーネス製造(株)を設立
1976年10月	日本ファーネス炉材(株)を設立(後清算)
1983年4月	オークシステム(株)を設立
1986年12月	(株)ファーネス・カンリを設立(後清算)
2005年6月	NFKテクノロジー(株)を設立(後清算)
2005年7月	NFKファイナンス(株)を設立
2006年10月	NFKファイナンス(株)を統合し持株会社として**(株)NFKホールディングス**に商号変更
2008年10月	(株)ファーネスESを設立

0345　NOK(株)
[証券コード]7240
[上場区分]東証一部

1939年12月	江戸川精機(株)を設立
1942年8月	東京油止工業(株)に社名変更
1948年10月	東京オイルシール工業(株)に社名変更
1951年12月	日本油止工業(株)と合併し日本オイルシール工業(株)に社名変更
1964年10月	日本シールオール(株)を設立(後:イーグル工業(株))
1968年3月	NOK-USA., Inc.を設立(後:NOK Inc.)
1969年11月	日本メクトロン(株)を設立
1976年12月	NOKクリューバー(株)を設立
1982年1月	NOKメグラスティック(株)を設立
1985年7月	**NOK(株)**に社名変更
1986年9月	メクテックCorp.台湾を設立
1988年10月	タイNOKCo., Ltd.を設立
1989年3月	NOK EG&G オプトエレクトロニクス(株)を設立(後:ネオプト(株))
1994年11月	メクテックマニュファクチャリングCorp.タイLtd.を設立
1995年6月	無錫NOKフロイデンベルグCo., Ltd.を設立
1997年8月	メクテックマニュファクチャリングCorp.珠海Ltd.を設立
2002年8月	メクテックマニュファクチャリングCorp.蘇州Ltd.を設立

0346　NKKスイッチズ(株)
[証券コード]6943
[上場区分]ジャスダックスタンダード

1953年12月	日本開閉器工業(株)を設立
1972年9月	岩崎マニファクス(株)を設立
1973年4月	横浜バイオニクス(株)を設立
2001年7月	日開香港有限公司を設立
2014年4月	**NKKスイッチズ(株)**に商号変更

0347　(株)NJS
[証券コード]2325
[上場区分]東証一部

1951年9月	日本上下水道設計(株)を設立
1974年8月	(株)ニットーコンサルタントを設立(後:(株)エヌジェーエス・イーアンドエム)
2000年4月	(株)エヌジェーエス・コンサルタンツを設立
2001年1月	(株)エヌジェーエス・デザインセンターを設立
2003年2月	NJS CONSULTANTS, INC.を設立
2004年10月	(株)サン・コンサルタンツを設立(後清算)
2006年10月	NJS CONSULTANTS (OMAN), L.L.C.を設立

えぬしえす

2007年3月	NJS ENGINEERS INDIA PVT.LTD.を設立
2010年5月	CONSORCIO NJS-SOGREAH S.A.を設立
2015年4月	(株)**NJS**に社名変更

0348　NCS&A（株）
［証券コード］9709
［上場区分］東証二部

1966年9月	日本システム・マシン（株）より分離独立し**日本コンピューター（株）**を設立
1966年10月	**日本コンピューター・システム（株）**に社名変更
1983年4月	オーエーエンジニアリング（株）を設立（後：エブリ（株））
1993年5月	エヌシーテクノロジー（株）を設立（後：エブリ（株））
2004年3月	恩喜愛思（上海）計算機系統有限公司を設立
2012年3月	NCSサポート＆サービス（株）を設立
2014年8月	（株）アクセスを吸収合併し**NCS&A（株）**に社名変更

0349　NDS（株）
［証券コード］1956
［上場区分］東証一部

1954年5月	日本技術（株）と静岡工電社と電路工業（株）名古屋支店が結集し**日本電話施設（株）**を設立
2005年10月	NDSインフォス（株）を設立
2012年10月	**NDS（株）**に商号変更

0350　NTN（株）
［証券コード］6472
［上場区分］東証一部

1927年3月	（個）西園鉄工所と（個）巴商会のベアリング部門とが分離統合し（資）**エヌチーエヌ製作所**を設立
1934年3月	**（株）エヌテーエヌ製作所**に社名変更
1937年1月	**東洋ベアリング製造（株）**に社名変更
1939年12月	昭和ベアリング製造（株）を合併
1950年8月	エヌテーエヌ販売（株）を設立（後：東洋ベアリング販売（株））
1960年4月	（株）東洋ベアリング磐田製作所を設立
1961年11月	NTN Walzlager (Europa) G.m.b.H.を設立
1963年3月	NTN BEARING CORP.OF AMERICAを設立
1968年9月	NTN BEARING CORP.OF CANADA LTD.を設立
1971年1月	AMERICAN NTN BEARING MFG.CORP.を設立
1971年12月	NTN Kugellagerfabrik (Deutschland) G.m.b.H.を設立
1971年12月	（株）東洋ベアリング岡山製作所を設立
1972年11月	**エヌ・テー・ヌ東洋ベアリング**に社名変更
1973年3月	NTN BEARING MFG.CANADA LTD.を設立（後：NTN BEARING CORP.OF CANADA LTD）
1975年4月	NTN ELGIN CORP.を設立（後：AMERICAN NTN BEARING MFG.CORP.）
1983年3月	（株）東洋ベアリング磐田製作所と（株）東洋ベアリング岡山製作所を合併
1984年11月	（株）東洋ベアリング長野製作所を設立
1985年10月	NTN-BOWER CORP.を設立
1989年4月	NTN DRIVESHAFT, INC.を設立
1989年10月	**NTN（株）**に社名変更
1989年10月	（株）東洋ベアリング長野製作所を合併
1990年8月	NTN USA CORP.を設立
1996年9月	NTN-BCA CORP.を設立
1998年5月	NTN MANUFACTURING (THAILAND) CO., LTD.を設立
1998年12月	NTN TRANSMISSIONS EUROPEを設立
2000年9月	NTN販売会社を吸収合併
2001年4月	（株）NTN平野製作所を吸収合併
2002年8月	上海恩梯恩精密機電有限公司と恩梯恩日本産（浙江）有限公司を設立
2002年9月	廣州恩梯恩裕隆傳動系統有限公司を設立
2004年8月	常州恩梯恩精密軸承有限公司を設立
2005年7月	恩梯恩（中国）投資有限公司を設立
2005年10月	NTN Manufacturing India Private Limitedを設立
2005年11月	NTN-NIDEC (THAILAND) CO., LTD.を設立
2005年12月	（株）NTN上伊那製作所を設立
2006年7月	（株）NTN袋井製作所を設立
2007年2月	恩梯恩阿愛必（常州）有限公司を設立
2008年4月	（株）NTN宝達志水製作所を設立
2010年12月	（株）NTN能登製作所を設立
2011年1月	恩梯恩LYC（洛陽）精密軸承有限公司を設立
2011年10月	南京恩梯恩精密機電有限公司を設立
2013年4月	NTN MANUFACTURING DE MEXICO, S.A.DE C.V.を設立
2014年1月	襄陽恩梯恩裕隆傳動系統有限公司を設立

0351　（株）エヌ・ティ・ティ・データ
［証券コード］9613
［上場区分］東証一部

1988年5月	日本電信電話（株）より分離独立し**エヌ・ティ・ティ・データ通信（株）**を設立
1990年2月	エヌ・ティ・ティ・データクリエイション（株）を設立
1990年2月	エヌ・ティ・ティ・データ・テクノロジ（株）を設立
1990年3月	関西テクシス（株）を設立（後：（株）エヌ・ティ・ティ・データ関西）
1990年3月	九州テクシス（株）を設立（後：（株）エヌ・ティ・ティ・データ九州）
1990年3月	東海テクシス（株）を設立（後：（株）エヌ・ティ・ティ・データ東海）
1990年3月	東北テクシス（株）を設立（後：（株）エヌ・ティ・ティ・データ東北）
1990年3月	北海道テクシス（株）を設立（後：（株）エヌ・ティ・ティ・データ北海道）
1990年10月	関西エヌ・ティ・ティ・データ通信システムズ（株）を設立（後：（株）エヌ・ティ・ティ・データ関西）
1990年10月	九州エヌ・ティ・ティ・データ通信システムズ（株）を設立（後：（株）エヌ・ティ・ティ・データ九州）
1990年10月	中国エヌ・ティ・ティ・データ通信システムズ（株）を設立（後：（株）エヌ・ティ・

1990年10月	東海エヌ・ティ・ティ・データ通信システムズ(株)を設立(後：(株)エヌ・ティ・ティ・データ東海)		2011年4月	フィット(株)を統合し(株)NTTデータ・フィナンシャルコアを設立 (株)エヌ・ティ・ティ・データ・クイックと(株)エヌ・ティ・ティ・データ・システムズを統合し(株)NTTデータ・ビジネス・システムズを設立
1991年1月	四国テクシス(株)を設立(後：(株)エヌ・ティ・ティ・データ四国)		2011年7月	(株)北京エヌ・ティ・ティ・データ・ジャパンと(株)ビー・エヌ・アイ・システムズを統合し(株)NTTデータ・チャイナ・アウトソーシングを設立
1991年1月	中国テクシス(株)を設立(後：(株)エヌ・ティ・ティ・データ中国)		2012年3月	NTT DATA EMEA LTD.を設立
1991年1月	長野テクシス(株)を設立(後：(株)エヌ・ティ・ティ・データ信越)			
1991年1月	北陸テクシス(株)を設立(後：(株)エヌ・ティ・ティ・データ北陸)			

0352 (株)エヌ・ティ・ティ・データ・イントラマート
[証券コード]3850
[上場区分]東証マザーズ

1991年4月	(株)エヌ・ティ・ティ・データ経営研究所を設立
1991年9月	福島エヌ・ティ・ティ・データ通信システムズ(株)を設立(後：(株)エヌ・ティ・ティ・データ東北)
1992年4月	グローバル・フィナンシャル・データ(株)を設立
1992年4月	ジェー・エム・ビー(株)を設立(後：エヌ・ティ・ティ・データ・マネジメント・サービス(株))
1993年5月	長野エヌ・ティ・ティ・データ通信システムズ(株)を設立(後：(株)エヌ・ティ・ティ・データ・システムズ)
1995年9月	エヌ・ティ・ティ・データ東京エス・エム・エス(株)を設立
1997年3月	エヌ・ティ・ティ・データ・クオリティ(株)を設立(後：(株)エヌ・ティ・ティ・データ・フロンティア)
1997年7月	エヌ・ティ・ティ・データ関西エス・エム・エス(株)を設立(後：エヌ・ティ・ティ・データ・カスタマサービス(株))
1998年3月	エヌ・ティ・ティ・データ・カスタマサービス(株)を設立
1998年4月	エヌ・ティ・ティ・データ・ソリューション(株)を設立
1998年7月	エヌ・ティ・ティ・データ・オフィスマート(株)を設立
1998年8月	(株)エヌ・ティ・ティ・データに社名変更
1998年10月	エヌ・ティ・ティ・データ・ネッツ(株)を設立
1999年2月	エヌ・ティ・ティ・データ関西カスタマサービス(株)を設立(後：エヌ・ティ・ティ・データ・カスタマサービス(株))
1999年8月	エヌ・ティ・ティ・データ先端技術(株)を設立
2000年2月	(株)エヌ・ティ・ティ・データ・イントラマートを設立
2000年6月	エヌ・ティ・ティ・データ・フィット(株)を設立
2000年11月	エヌ・ティ・ティ・データ・フォース(株)を設立
2001年8月	(株)エヌ・ティ・ティ・データ・ユニバーシティを設立
2001年11月	(株)エヌ・ティ・ティ・データ・スリーシーを設立
2002年8月	(株)エヌ・ティ・ティ・データ・ウェーブを設立
2008年10月	(株)NTTデータ・アイを設立
2009年11月	エヌ・ティ・ティ・データ・ネッツ(株)とエヌ・ティ・ティ・データ・
2000年2月	(株)エヌ・ティ・ティ・データ・イントラマートを設立
2008年4月	(株)イントラマート・シー・エス・アイを設立(後：(株)NTTデータ・イントラマートCSI)
2009年2月	(株)エヌ・ティ・ティ・データと北京エヌ・ティ・ティ・データ・ジャパン(株)が合弁しNTTデータイントラマートソフトウェア系統(上海)有限公司を設立

0353 (株)NTTドコモ
[証券コード]9437
[上場区分]東証一部

1985年4月	日本電信電話公社が民営化し日本電信電話(株)を設立
1988年10月	エヌ・ティ・ティ中央移動通信(株)を設立
1991年8月	日本電信電話(株)が出資しエヌ・ティ・ティ・移動通信企画(株)を設立(各地域も同様)
1992年4月	エヌ・ティ・ティ移動通信網(株)に社名変更(地域ドコモ8社も同様)
1993年4月	地域移動通信網(株)に社名変更(地域ドコモ8社も同様)
1993年10月	エヌ・ティ・ティ中央移動通信(株)と合併(地域ドコモ8社も同様)
2000年4月	(株)エヌ・ティ・ティ・ドコモに社名変更(地域ドコモ8社も同様)
2013年10月	(株)NTTドコモに商号変更

0354 エヌ・ティ・ティ都市開発(株)
[証券コード]8933
[上場区分]東証一部

1986年1月	エヌ・ティ・ティ・都市開発(株)を設立
1993年4月	エヌ・ティ・ティ・アクティフ(株)と(株)エヌ・ティ・ティ・クレイスを吸収合併
1995年2月	エヌ・ティ・ティ・エステート(株)を吸収合併
1995年10月	東京オペラシティビル(株)を設立
1999年4月	エヌ・ティ・ティ東海不動産(株)とエヌ・ティ・ティ関西建物(株)と(株)エヌ・ティ・ティ・クレドとエヌ・ティ・ティ九州不動産(株)と(株)エヌ・ティ・ティ北海道エステートを吸収合併
2000年6月	エヌ・ティ・ティ都市開発ビルサービス(株)を設立

えぬてそふ

2006年12月	NTT都市開発西日本BS(株)を設立
2009年10月	UD EUROPE LIMITEDを設立
2011年9月	UD AUSTRALIA PTY LIMITEDを設立
2013年10月	UD USA Inc.を設立
2014年10月	品川シーズンテラスビルマネジメント(株)を設立
2015年1月	NTT都市開発投資顧問(株)を設立

0355　エヌ・デーソフトウェア(株)
[証券コード]3794
[上場区分]東証二部

1978年3月	日東電子(有)を設立
1979年9月	日東電子(株)を改組設立
1983年11月	日東電子(株)のソフトウェア事業部が独立し〈旧〉エヌ・デーソフトウェア(株)を設立
2000年4月	日東電子(株)と合併しエヌ・デーソフトウェア(株)に商号変更
2003年7月	(株)三菱総合研究所との共同出資で(株)日本ケアコミュニケーションズを設立
2014年4月	(株)ナレッジ・マネジメント・ケア研究所を設立

0356　(株)エヌ・ピー・シー
[証券コード]6255
[上場区分]東証マザーズ

1992年12月	(株)エヌ・ピー・シーを設立
1996年8月	NPC America Corporationを設立
1999年8月	NPC Europe GmbHを設立
2000年1月	(株)メクトを設立
2010年9月	NPC China Co., Ltd.を設立
2011年3月	NPC Taiwan Co., Ltd.を設立(後閉鎖)
2011年9月	NPC Korea Co., Ltd.を設立(後閉鎖)

0357　(株)エノモト
[証券コード]6928
[上場区分]ジャスダックスタンダード

1967年4月	(株)榎本製作所を設立
1990年7月	(株)エノモトに社名変更
1991年6月	(株)津軽エノモトを設立
1995年10月	ENOMOTO PHILIPPINE MANUFACTURING Inc.を設立
1997年8月	(株)岩手エノモトを設立
2000年11月	ENOMOTO HONG KONG Co., Ltd.を設立
2001年1月	ZHONGSHAN ENOMOTO Co., Ltd.を設立
2004年4月	(株)津軽エノモトと(株)岩手エノモトを吸収合併

0358　荏原実業(株)
[証券コード]6328
[上場区分]東証一部

1946年11月	荏原工業(株)を設立
1952年6月	荏原実業(株)に社名変更
1985年10月	(株)エバジツを設立
2004年4月	イージェイ(株)を設立
2010年4月	トリニタス(株)を設立

0359　エバラ食品工業(株)
[証券コード]2819
[上場区分]東証一部

1958年5月	荏原食品(株)を設立
1968年7月	エバラ食品工業(株)に商号変更
1984年11月	(株)横浜エージェンシーを設立(後:(株)横浜エージェンシー&コミュニケーションズ)
1988年3月	US EBARA FOODS INC.を設立
1988年4月	(株)エバラコーポレーションを設立(後解散)
2000年3月	(株)エバレイを設立
2003年4月	(株)エバレイを吸収合併
2005年4月	荏原食品(上海)有限公司を設立
2011年6月	(株)エバラCJフレッシュフーズを設立
2012年11月	荏原食品香港有限公司を設立

0360　(株)荏原製作所
[証券コード]6361
[上場区分]東証一部

1912年11月	ゐのくち式機械事務所を設立
1920年5月	(株)荏原製作所に社名変更
1956年1月	荏原インフィルコ(株)を設立
1964年6月	荏原サービス(株)を設立
1975年1月	Ebara Industrias Mecanicas e Comercio Ltda.を設立
1979年12月	P.T. Ebara Indonesiaを設立
1981年1月	Ebara International Corp.を設立
1983年10月	(株)湘南スポーツセンターを設立
1984年7月	(株)荏原総合研究所を設立
1989年1月	Ebara Italia S.p.A.を設立(後:Ebara Pumps Europe S.p.A.)
1992年8月	青島荏原環境設備有限公司を設立
1994年10月	荏原インフィルコ(株)を吸収合併
2000年4月	(株)荏原製作所の汎用風水力機械部門を分離統合し荏原テクノサーブ(株)を設立
2001年4月	(株)エンバイロメンタルエンジニアリングを設立
2001年6月	(株)荏原九州を設立
2002年4月	(株)荏原エリオットを設立
2002年9月	荏原冷熱システム(株)を設立
2003年5月	嘉利特荏原ポンプ業有限公司を設立
2005年8月	荏原博ポンプポンプ業有限公司を設立(後:荏原機械シ博有限公司)
2010年10月	(株)荏原九州を吸収合併
2012年4月	荏原テクノサーブ(株)と(株)荏原由倉ハイドロテックと(株)荏原環境テクノ北海道を吸収合併
2014年3月	Ebara Pumps Middle East FZEを設立

0361　(株)エー・ピーカンパニー
[証券コード]3175
[上場区分]東証一部

2001年10月	(有)エー・ピーカンパニーを設立
2006年2月	(有)エー・ピーファームを設立(後:(株)地頭鶏ランド日南)
2006年6月	(株)エー・ピーカンパニーに商号変更
2011年6月	(株)プロジェクト48を設立
2011年6月	(株)新得ファームを設立
2012年7月	AP Company International

2013年3月	（株）エーピーアセットマネジメントを設立
2013年10月	（株）カゴシマバンズを設立
2014年12月	AP Company USA Inc.を設立

0362　（株）エービーシー・マート
[証券コード]2670
[上場区分]東証一部

1985年	（株）国際貿易商事を設立
1987年	（株）インターナショナル・トレーディング・コーポレーションに社名変更
1990年	（有）エービーシー・マートを設立（後：（株）エービーシー・マート）
1999年	ティーアンドエー（株）を設立（後：（株）ウインインターナショナル）
2002年	（株）エービーシー・マートに社名変更
2002年	〈旧〉（株）エービーシー・マートを吸収合併
2002年8月	ABC-MART KOREA, INC.を設立
2004年	（株）エス・ジー・シューズ・カンパニーと（株）ウインインターナショナルを吸収合併

0363　（株）愛媛銀行
[証券コード]8541
[上場区分]東証一部

1915年	東豫無尽蓄積（株）を設立
1916年	今治無尽（株）を設立
1923年8月	松山無尽（株）を設立
1929年5月	常磐無尽（株）を設立
1932年	南豫無尽金融（株）を設立
1943年3月	東豫無尽蓄積（株）と今治無尽（株）と松山無尽（株）と常磐無尽（株）と南豫無尽金融（株）が合併し愛媛無尽（株）を設立
1951年10月	（株）愛媛相互銀行に商号変更
1989年2月	（株）愛媛銀行に商号変更
1999年7月	ひめぎんリース（株）とひめぎん総合ファイナンス（株）が合併しひめぎん総合リース（株）に商号変更
2000年10月	北温信用組合と合併
2004年8月	投資事業有限責任組合えひめベンチャーファンド2004を設立
2006年11月	えひめガイヤファンド投資事業有限責任組合を設立
2013年8月	投資事業有限責任組合えひめベンチャーファンド2013を設立
2014年9月	えひめアグリファンド投資事業有限責任組合を設立

0364　（株）エフアンドエム
[証券コード]4771
[上場区分]ジャスダックスタンダード

1990年7月	（株）フラワーメッセージを設立
1992年7月	大野税理士事務所と合弁で（有）大野会計センターを設立
1992年10月	千原税理士事務所と合弁で（有）千原会計センターを設立
1993年12月	（株）エフアンドエムに社名変更
2000年9月	エフアンドエムネット（株）を設立
2001年2月	（株）中小企業M&Aセンターを設立
2001年4月	ソフトバンク・イーコマース（株）と（株）あおぞら銀行グループなどと共同で（株）ブループラネットを設立（後清算）
2002年7月	（株）ジャパン・インシュアランスを設立
2012年5月	（株）フォーパーキングを設立

0365　（株）FFRI
[証券コード]3692
[上場区分]東証マザーズ

| 2007年7月 | （株）フォティーンフォティ技術研究所を設立 |
| 2013年6月 | （株）FFRIに商号変更 |

0366　（株）エプコ
[証券コード]2311
[上場区分]ジャスダックスタンダード

1990年4月	（有）エプコを設立
1992年6月	（株）エプコに改組
1994年8月	（株）マストを設立
2004年8月	艾博科建築設備設計（深圳）有限公司を設立
2009年5月	（株）マストを吸収合併
2011年5月	EPCO（HK）LIMITEDを設立
2011年8月	広東聯塑科技実業有限公司と合弁で広東聯塑艾博科住宅設備設計服務有限公司を設立
2013年3月	オリックス（株）と日本電気（株）と共同でONEエネルギー（株）を設立
2014年1月	パナソニック（株）と合弁でパナソニック・エプコ エナジーサービス（株）を設立

0367　（株）エフ・ジェー・ネクスト
[証券コード]8935
[上場区分]東証一部

1980年7月	不動住販（株）を設立
1991年7月	（株）エフ・ジェー・ネクストに社名変更
2002年4月	（株）エフ・ジェー・コミュニティを設立
2005年12月	（株）レジテックコーポレーションを設立
2008年1月	FJリゾートマネジメント（株）を設立
2011年12月	（株）アライドライフを設立
2013年5月	（株）エフ・ジェー不動産販売を吸収合併
2014年10月	台湾益富傑股份有限公司を設立

0368　FCM（株）
[証券コード]5758
[上場区分]ジャスダックスタンダード

1949年6月	筒井リベット製作所（株）を設立
1956年6月	筒井伸線（株）に社名変更
1979年6月	（株）筒井に社名変更
1997年12月	エフシーエム（株）に社名変更
2001年6月	（株）筒井電産を吸収合併
2003年6月	FCM（株）に社名変更

0369　（株）エフ・シー・シー
[証券コード]7296
[上場区分]東証一部

1939年6月	（株）不二ライト工業所を設立
1943年	不二化学工業（株）に社名変更
1982年2月	九州不二化学（株）を設立（後：（株）九州エフ・シー・シー）
1984年	（株）エフ・シー・シーに社名変更
1988年7月	JAYTEC, INC.を設立（後：FCC

えふていけ

1989年3月	（INDIANA），LLC.）
1989年3月	FCC（THAILAND）CO., LTD.を設立
1993年9月	FCC（PHILIPPINES）CORP.を設立
1993年12月	成都江華・富士離合器有限公司を設立（後：成都永華富士離合器有限公司）
1995年3月	上海中瑞・富士離合器有限公司を設立
1995年9月	FCC（EUROPE）LTD.を設立（後清算）
1997年4月	FCC RICO LTD.を設立（後：FCC INDIA MANUFACTURING PRIVATE LTD.）
1998年11月	FCC DO BRASIL LTDA.を設立
2000年4月	FCC（North Carolina），INC.を設立（後：FCC（North Carolina），LLC.）
2001年4月	PT. FCC INDONESIAを設立
2002年12月	FCC（North America），INC.を設立
2002年12月	FCC（INDIANA），INC.を設立（後：FCC（INDIANA），LLC.）
2003年5月	FCC（Adams），LLC.を設立
2005年11月	FCC（VIETNAM）CO., LTD.を設立
2006年1月	佛山富士離合器有限公司を設立
2012年9月	愛富士（中国）投資有限公司を設立
2013年2月	FCC SEOJIN CO., LTD.を設立
2013年6月	FCC AUTOMOTIVE PARTS DE MEXICO, S.A.DE C.V.を設立
2014年11月	FCC CLUTCH INDIA PRIVATE LTD.を設立

0370　FDK（株）
［証券コード］6955
［上場区分］東証二部

1950年2月	東京電気化学工業（株）を設立
1958年7月	富士電気化学（株）に社名変更
1966年12月	いわき電子（株）を設立
1979年2月	FDK AMERICA, INC.を設立
1981年1月	FUCHI ELECTRONICS CO., LTD.を設立
1984年11月	（株）三河富士電化を設立（後：（株）エフ・ディー・ケイ パワトロニクス）
1989年8月	P.T. FDK-INTERCALLINを設立
1989年11月	（株）FDKメカトロニクスを設立
1990年9月	（株）FDKエンジニアリングを設立
1990年11月	FDK LANKA（PVT）LTD.を設立
1994年3月	XIAMEN FDK CORPORATIONを設立
1994年12月	NANJING FDK CORPORATIONを設立（後：NANJING JINNING SANHUAN FDK CO., LTD.）
1995年8月	SHANGHAI FDK CORPORATIONを設立
2001年1月	FDK（株）に社名変更
2001年6月	SUZHOU FDK CO., LTD.を設立
2001年12月	FDK（THAILAND）CO., LTD.を設立
2002年4月	いわき電子（株）を吸収合併
2002年8月	FDKエナジー（株）を設立
2005年4月	FDK販売（株）を吸収合併
2008年4月	FDKモジュールシステムテクノロジー（株）を設立
2011年10月	旭化成FDKエナジーデバイス（株）を設立
2012年6月	FDK販売（株）を設立
2013年4月	FDK（THAILAND）CO., LTD.を設立
2014年12月	FDKトワイセル（株）を吸収合併

0371　（株）エフティコミュニケーションズ

1985年8月	ファミリーテレホン（株）を設立
2001年8月	（株）エフティコミュニケーションズに社名変更
2003年10月	（株）アイエフネットを設立
2005年11月	（株）フレクソルを設立
2007年10月	（株）サンデックスを設立
2014年5月	FT Communications（Thailand）Co., Ltd.を設立

0372　（株）エフテック
［証券コード］7212
［上場区分］東証一部

1947年	福田製作所を創業
1955年	（有）福田製作所に改組
1964年	福田プレス工業（株）に社名変更
1983年11月	福田エンジニアリング（株）を設立（後：フクダエンジニアリング（株））
1986年10月	アメリカンホンダモーターカンパニー・インコーポレーテッドと（株）ユタカ技研との共同出資によりエフアンドピー・マニュファクチャリング・インコーポレーテッドを設立
1988年	（株）エフテックに社名変更
1993年7月	エフアンドピー・マニュファクチャリング・インコーポレーテッドとの共同出資によりエフアンドピーアメリカ・マニュファクチャリング・インコーポレーテッドを設立
1994年1月	（株）九州エフテックを設立
1994年5月	エフテックフィリピン・マニュファクチャリング・インコーポレーテッドを設立
1997年4月	フクダエンジニアリング（株）との共同出資によりダイナミグ・マニュファクチャリングオブ・ストラッドフォード・インコーポレーテッドを設立（後：エフアンドピー・マニュファクチャリング・インコーポレーテッド）
2000年10月	エフアンドピー・マニュファクチャリング・インコーポレーテッドとエフアンドピーアメリカ・マニュファクチャリング・インコーポレーテッドとの共同出資によりエフアンドピージョージア・マニュファクチャリング・インコーポレーテッドを設立（後：エフアンドピーアメリカ・マニュファクチャリング・インコーポレーテッド）
2001年6月	フクダエンジニアリング（株）との共同出資によりエフイージー・デ・ケレタロ・ソシエダアノニマ・デ・カピタルバリアブレを設立
2002年1月	ニチメン（株）との共同出資により偉福科技工業（中山）有限公司を設立
2003年4月	エフテックアールアンドディノースアメリカ・インコーポレーテッドを設立
2003年4月	エフテックノースアメリカ・インコーポレーテッドを設立（後：エフアンドピーアメリカ・マニュファクチャリング・インコーポレーテッド）

	2004年11月	偉福科技工業(武漢)有限公司を設立
	2006年3月	エフテック・マニュファクチャリング(タイランド)リミテッドを設立
	2008年7月	エフテックアールアンドディフィリピン・インコーポレーテッドを設立
	2011年12月	偉福科技工業(中山)有限公司との共同出資により偉福(広州)汽車技術開発有限公司を設立
	2013年2月	ピー・ティー・エフテック・インドネシアを設立

0373　(株)エフピコ
[証券コード]7947
[上場区分]東証一部
- 1962年7月　福山パール紙工(株)を設立
- 1972年7月　福山パール紙工販売(株)を設立
- 1973年10月　福山パール四国販売(株)を設立
- 1975年5月　福山パール九州販売(株)を設立
- 1979年7月　福山パール運輸(株)を設立(後:エフピー倉庫運輸(株))
- 1987年4月　エフピー商事(株)を設立
- 1989年1月　(株)エフピコに社名変更
- 1994年2月　エフピー・アモコカップ(株)を設立
- 2006年8月　(株)ダックス佐賀を設立
- 2006年10月　広島愛パック(株)を設立(後:エフピコ愛パック(株))
- 2007年3月　福山愛パック(株)を設立(後:エフピコ愛パック(株))
- 2009年10月　エフピコ日本パール(株)を設立(後:エフピコチューパ(株))

0374　(株)FPG
[証券コード]7148
[上場区分]東証一部
- 2001年11月　(有)ファイナンシャル・プロダクト・グルーを設立
- 2002年10月　(有)エフ・ピー・ジーに商号変更
- 2002年11月　(有)FPGに商号変更
- 2002年11月　(有)FPGリアル・エステートを設立(後解散)(後:(株)FPGリアル・エステート)
- 2004年2月　(株)FPGに商号変更
- 2013年6月　(株)FPGリアルエステートを設立

0375　(株)エムアップ
[証券コード]3661
[上場区分]東証一部
- 2004年12月　(株)エムアップを設立
- 2013年5月　(株)エムアップAEを吸収合併

0376　MRT(株)
[証券コード]6034
[上場区分]東証マザーズ
- 2000年1月　(有)メディカルリサーチアンドテクノロジーを設立
- 2014年9月　MRT(株)に商号を変更

0377　(株)エム・エイチ・グループ
[証券コード]9439
[上場区分]ジャスダックスタンダード
- 1990年4月　(株)ビーアイジーグループを設立
- 1998年4月　(有)ビーメディアワークスを吸収合併
- 2001年1月　(株)ブイ・スリーを設立(後株式売却)
- 2002年8月　(株)ビガーグループを設立(後株式売却)
- 2004年10月　(株)ビッグエナジーを設立(後:(株)ラッシュネットワーク)
- 2005年10月　(株)エム・エイチ・グループを設立
- 2006年6月　BNX(株)を設立(後株式売却)
- 2007年9月　(株)ラッシュネットワークを吸収合併
- 2009年10月　(株)エム・エイチ・グループを吸収合併
- 2009年10月　(株)エム・エイチ・グループに社名変更

0378　MS&ADインシュアランスグループホールディングス(株)
[証券コード]8725
[上場区分]東証一部
- 2008年4月　三井住友海上火災保険(株)が単独株式移転により三井住友海上グループホールディングス(株)を設立
- 2010年4月　MS&ADインシュアランスグループホールディングス(株)に商号変更

0379　(株)エムケイシステム
[証券コード]3910
[上場区分]ジャスダックスタンダード
- 1989年2月　(株)エムケイ情報システムを設立
- 1992年11月　(株)エムケイシステムに商号変更

0380　エムケー精工(株)
[証券コード]5906
[上場区分]ジャスダックスタンダード
- 1956年12月　丸山工業(株)を設立
- 1980年3月　エムケー関西販売(株)を設立
- 1980年3月　エムケー九州販売(株)を設立
- 1980年3月　エムケー中京販売(株)を設立
- 1984年12月　エムケー精工(株)に社名変更
- 1986年3月　エムケービッグトップ西日本販売(株)を設立
- 1995年9月　MK SEIKO (VIETNAM) CO., LTD.を設立
- 2000年　(株)エムケーネットを設立
- 2000年　丸忠産業を吸収合併
- 2001年　長野エムケー販売(株)を設立
- 2005年　(株)エムケーネットと長野エムケー販売(株)を吸収合併

0381　(株)MCJ
[証券コード]6670
[上場区分]東証二部
- 1998年8月　マウスコンピュータージャパン(株)の製造及び卸部門を分社し(有)エムシージェイを設立
- 2000年9月　(株)エムシージェイに改組
- 2001年4月　マウスコンピュータージャパン(株)と合併
- 2003年11月　(株)MCJに社名変更
- 2005年1月　(株)MCJデジタルペリフェラルを設立(後:(株)GTIパートナーズ)
- 2006年10月　(株)マウスコンピューターと(株)iriver japanを設立
- 2009年3月　(株)MCJパートナーズと合併

0382　エムスリー(株)
[証券コード]2413
[上場区分]東証一部

2000年9月	ソネット・エムスリー（株）を設立
2003年10月	So-net M3 USA Corporationを設立（後：M3 USA Corporation）
2009年12月	エムスリーキャリア（株）を設立
2010年1月	エムスリー（株）に社名変更
2014年3月	エムキューブ（株）を設立
2014年5月	PracticeMatch Corporationを設立
2014年8月	エムスリードクターサポート（株）を設立
2014年10月	（株）メディサイエンスプラニングを分社化しエムスリーマーケティング（株）を設立

0383　（株）エムティーアイ
［証券コード］9438
［上場区分］東証一部

1996年8月	（株）エムティーアイを設立
2005年12月	（株）コミックジェイピーを設立
2006年1月	（株）ミュージック・ドット・ジェイピーを合併
2007年1月	（株）テレコムシステムインターナショナルを合併
2007年6月	（株）TMを合併
2009年2月	（株）コミックジェイピーを合併
2010年6月	上海海隆宜通信息技術有限公司を設立
2013年9月	（株）エバージーンを設立
2013年11月	（株）ソニックノートを設立

0384　エムティジェネックス（株）
［証券コード］9820
［上場区分］ジャスダックスタンダード

1945年10月	古暮商店を設立
1953年4月	古暮金網（有）に社名変更
1961年9月	古暮金網（株）に改組
1975年4月	（株）古暮に社名変更
1985年8月	（有）コグレ流通センターを設立
1989年11月	（株）コグレに社名変更
1994年6月	（株）リック東京を設立
2001年4月	森開発エンタープライズ（株）と合併
2002年10月	エムティジェネックス（株）に社名変更
2007年10月	協和陶管（株）と栄工業（株）と共同で協栄ジェネックス（株）を設立

0385　（株）エリアクエスト
［証券コード］8912
［上場区分］東証二部

2000年1月	エリアリンク（株）を設立
2000年2月	エリアリサーチ（株）を設立
2000年5月	エリアリサーチ（株）に商号変更
2001年3月	（株）エリアクエストに商号変更
2001年5月	（株）クエストホールディングスと合併
2004年10月	（株）リアルバリューを設立（後清算）
2005年4月	（株）エリアクエスト店舗＆オフィス（大阪本社）を設立

0386　エリアリンク（株）
［証券コード］8914
［上場区分］東証マザーズ

1995年4月	（株）ウェルズ技研を設立
1999年10月	ミスター貸地（株）に社名変更
2000年9月	（株）シスネットを吸収合併してエリアリンク（株）に社名変更
2005年3月	ハローアッカ（株）を設立
2008年1月	（株）スペースプロダクツを吸収合併
2010年1月	（株）湯原リゾートを吸収合併

0387　（株）エル・シー・エーホールディングス
［証券コード］47980
［上場区分］東証二部

1964年7月	（株）小林生産技術研究所を創業
1973年	（株）日本エル・シー・エーを設立
1986年3月	（株）ベンチャー・リンクを設立（後：（株）C&I Holdings）
1999年12月	（株）イデア・リンクを設立
2000年4月	（株）シーエス・リンクを設立
2000年7月	（株）ケア・リンクを設立
2000年12月	（株）リンク・プロモーションを設立（後：（株）カーリンク）
2001年7月	（株）リンク・ワンを設立
2002年9月	（株）エル・シー・エーコミュニケーションズを設立
2003年7月	（株）NQA-Japanを設立
2005年1月	（株）LCA-Iを設立
2005年5月	（株）Active Linkを設立
2007年5月	（株）エム・シー・アイを設立
2008年5月	（株）MS&Consultingを設立
2009年5月	（株）COSMOを設立（後：ARuCo Union（株））
2009年5月	（株）日本エル・シー・エーを設立（後：（株）インタープライズ・コンサルティング）
2009年8月	（株）エル・シー・エーホールディングスに商号変更

0388　エルナー（株）
［証券コード］6972
［上場区分］東証二部
〈フォックス電子工業系〉

1937年5月	太陽スレート（株）を設立
1950年3月	フォックスケミコン（株）に社名変更
1962年8月	フォックス電子工業（株）に社名変更
1964年8月	福島電子工業（株）を設立（後：エルナーいわき（株））

〈エルナー電子系〉

1929年7月	本田製作所を設立
1939年3月	（株）三光社製作所に社名変更
1961年10月	白河電子工業（株）を設立（後精算）
1964年4月	エルナー電子（株）に社名変更

　　　　　＊　　＊　　＊

1968年3月	フォックス電子工業（株）とエルナー電子（株）が合併しエルナー電子・フォックス工業（株）に社名変更
1970年6月	エルナー（株）に社名変更
1976年10月	宮城電子工業（株）を設立（後：エルナー宮城（株））
1977年3月	ELNA AMERICA, INC.を設立
1979年7月	ELNA ELECTRONICS (S) PTE. LTD.を設立
1979年10月	青森コンデンサ（株）を設立（後：エルナー東北（株））
1980年1月	松本プリント（株）を設立（後：エルナー松本（株））
1980年2月	タニンコンデンサ（株）を設立（後：TANIN ELNA CO., LTD.）
1995年3月	ELNA-SONIC SDN.BHD.を設立

| 1995年4月 | ELNA PCB (M) SDN.BHD.を設立 |
| 2002年8月 | 愛陸電子貿易(上海)有限公司を設立 |

0389　エレコム(株)
[証券コード]6750
[上場区分]東証一部

1986年5月	エレコム(株)を設立
1991年7月	エレコム販売(株)を設立
1992年9月	ELECOM COMPUTER PRODUCT INC.(アメリカ)を設立(後清算)
1993年12月	(株)ホームダイレクトを設立
1994年10月	エレコム販売(株)と合併
2001年4月	エレコム・テクノロジー(株)と合併
2003年2月	ELECOM UK LIMITED(イギリス)を設立(後清算)
2003年7月	ELECOM KOREA CO., LTD.(韓国)を設立
2004年4月	宜麗客(上海)貿易有限公司を設立(後清算)
2004年9月	ELECOM Deutschland GmbH(ドイツ)を設立
2004年12月	ELECOM ITALY s.r.l(イタリア)を設立
2006年7月	ELECOM EUROPE B.V.(オランダ)を設立
2011年5月	ELECOM SINGAPORE PTE.LTD.を設立
2011年7月	ハギワラソリューションズ(株)を設立
2011年9月	エレコムサポート&サービス(株)を設立(後清算)
2011年11月	Elecom India Private Limitedを設立
2011年12月	新宜麗客民台(上海)商貿有限公司を設立(後：新宜麗客(上海)商貿有限公司)
2012年4月	ELECOM Europe GmbHを設立
2012年5月	ELECOM SALES HONG KONG LIMITEDを設立
2015年2月	エレコムヘルスケア(株)を設立

0390　エレマテック(株)
[証券コード]2715
[上場区分]東証一部

1942年3月	高千穂航器製作所を創業
1945年11月	高千穂製作所を設立
1947年4月	高千穂電気(株)に社名変更
1979年4月	(株)高千穂技研を設立(後：エレマテッククロジサーブ(株))
2001年5月	高輪科技有限公司を設立
2002年3月	蘇州高輪電子科技有限公司を設立
2002年4月	TAKACHIHO ELECTRIC (THAILAND) CO., LTD.を設立(後：Elematec(Thailand) Co., Ltd.)
2002年4月	高千穂貿易(大連保税区)有限公司を設立(後：依摩泰貿易(大連)有限公司)
2002年8月	高千穂国際貿易(深圳)有限公司を設立(後：依摩泰国際貿易(深圳)有限公司)
2003年9月	大連高千穂電子有限公司を設立(後：依摩泰電子(大連)有限公司)
2004年3月	TAKACHIHO KOREA CO., LTD.を設立(後：Elematec Korea Co., Ltd.)
2005年7月	無錫高千穂燦科技有限公司を設立(後：依摩泰無錫科技有限公司)
2006年8月	Takachiho USA, Inc.を設立(後：Elematec USA Corporation)
2006年11月	TAKACHIHO Czech s.r.o.を設立(後：Elematec Czech s.r.o.)
2009年11月	大西電気(株)と合併しエレマテック(株)に社名変更
2011年3月	Elematec Trading India Private Limitedを設立
2014年1月	ELEMATEC MEXICO S.A.DE C.V.を設立
2014年12月	(株)トムキを吸収合併

0391　エン・ジャパン(株)
[証券コード]4849
[上場区分]ジャスダックスタンダード

2000年1月	(株)日本ブレーンセンターより分離独立しエン・ジャパン(株)を設立
2011年1月	職縁人力資源(上海)有限公司を設立
2011年3月	en-Asia Holdings Ltd.を設立
2011年9月	en world Singapore Pte. Ltd.を設立
2012年4月	en world Hong Kong Ltd.を設立
2012年11月	en world Korea Co., Ltd.を設立
2014年8月	en world (Chonburi) Recruitment Co., Ltd.を設立

0392　エンシュウ(株)
[証券コード]6218
[上場区分]東証一部

1912年	(資)鈴政式織機製作所を設立
1920年2月	鈴政式織機(株)を設立
1923年6月	遠州織機(株)に社名変更
1941年1月	遠州機械(株)に社名変更
1945年10月	遠州織機(株)に社名変更
1960年6月	遠州製作(株)に社名変更
1970年5月	遠州クロス(株)を設立
1971年7月	ユニワインド(株)を設立
1991年7月	ENSHU(USA)CORPORATIONを設立
1991年10月	遠州クロス(株)とユニワインド(株)を吸収合併しエンシュウ(株)に社名変更
1997年5月	ENSHU(Thailand)Limitedを設立
1998年11月	ENSHU GmbHを設立
2003年9月	BANGKOK ENSHU MACHINERY Co., Ltd.を設立
2009年5月	PT.ENSHU INDONESIAを設立
2010年6月	遠州(青島)機床製造有限公司を設立
2010年12月	遠州(青島)機床商貿有限公司を設立
2011年11月	ENSHU VIETNAM Co., Ltd.を設立

0393　遠州トラック(株)
[証券コード]9057
[上場区分]ジャスダックスタンダード

1965年8月	遠州トラック(株)を設立
1971年1月	豊田不動産(株)を設立
1981年11月	(株)タウンサービスを設立
1982年2月	(株)藤友物流サービスを設立
1988年6月	浜松整備(株)を設立
1989年3月	遠州トラック関東(株)を設立
1989年3月	遠州トラック浜松(株)を設立
1992年4月	豊田不動産(株)と(株)タウンサービスと浜松整備(株)と遠州トラック浜松(株)と遠州トラック関東(株)を吸収合併

えんとうし

1994年2月	上海遠州出口商品整理服務有限公司を設立	
1997年5月	青島遠州国際物流有限公司を設立	
2001年1月	大連遠州貨運有限公司を設立	
2004年11月	(株)中国遠州コーポレーションを設立	
2008年4月	北京遠州包装服務有限公司を設立	

0394　(株)遠藤照明
[証券コード]6932
[上場区分]東証一部
- 1967年9月　遠藤照明器具製作所を設立
- 1972年8月　(株)遠藤照明に社名変更
- 1978年7月　(株)遠藤照明京都店を設立
- 1979年1月　遠藤照明大阪販売(株)を設立
- 1981年1月　遠藤照明渋谷販売(株)を設立(後：(株)遠藤照明東京販売)
- 1984年4月　(株)遠藤製作所を設立
- 1987年1月　(株)遠藤照明東京販売と(株)遠藤照明京都店と遠藤照明大阪販売(株)と(株)エルコン大阪と(株)遠藤製作所を吸収合併
- 1989年6月　Lighting ENDO (THAILAND) Co., Ltd.を設立(後：ENDO Lighting (THAILAND) Public Co., Ltd.)
- 1991年9月　(株)アビタを設立(後精算)
- 2003年11月　昆山恩都照明有限公司を設立
- 2005年7月　イーシームズ(株)を設立
- 2014年4月　ENDO Lighting SE Asia Pte.Ltdを設立

0395　(株)遠藤製作所
[証券コード]7841
[上場区分]ジャスダックスタンダード
- 1950年11月　(株)遠藤製作所を設立
- 1977年2月　エポンゴルフ(株)を設立
- 1989年4月　ENDO THAI CO., LTD.を設立
- 1992年5月　ENDO FORGING (THAILAND) CO., LTD.を設立
- 2000年4月　(株)協鍛を吸収合併

0396　(株)エンバイオ・ホールディングス
[証券コード]6092
[上場区分]東証マザーズ
- 1999年6月　(株)エンバイオテック・ラボラトリーズを設立
- 2003年1月　(株)ランドコンシェルジュを設立
- 2006年8月　(株)アイ・エス・ソリューションを設立
- 2010年3月　(株)ビーエフマネジメントを設立
- 2010年6月　(株)エンバイオ・ホールディングスに商号変更
- 2012年6月　江蘇聖泰実田環境修復有限公司を設立

0397　(株)エンビプロ・ホールディングス
[証券コード]5698
[上場区分]東証二部
- 1950年3月　(株)佐野マルカ商店を創業
- 2000年4月　(株)富士通ゼネラルとの合弁により(株)富士エコサイクルを設立
- 2000年7月　(株)佐野マルカに商号変更
- 2003年12月　(株)ユー・エス・エスとの合弁により(株)アビヅを設立
- 2006年7月　(株)3WMを設立
- 2007年7月　(株)エコネコルに商号変更
- 2009年8月　(株)オイコスを設立
- 2010年5月　(株)エコネコル・ホールディングスを純粋持株会社移行のため設立
- 2010年7月　(株)エンビプロ・ホールディングスに商号変更
- 2013年12月　(株)エコミットを設立

0398　(株)エンプラス
[証券コード]6961
[上場区分]東証一部
- 1962年2月　第一精工(株)を設立
- 1975年5月　ENPLAS CO., (SINGAPORE) PTE. LTD.を設立(後：ENPLAS HI-TECH (SINGAPORE) PTE.LTD.)
- 1980年4月　ENPLAS (U.S.A.), INC.を設立
- 1980年4月　第一精工研究所を設立(後：(株)エンプラス研究所)
- 1981年10月　茨城第一精工(株)を設立(後：(株)エンプラス茨城)
- 1986年4月　QMS(株)を設立
- 1987年8月　愛信精工(株)[ENPLAS(KOREA), INC.]を設立
- 1988年6月　ENPLAS (U.K.) LTD.を設立
- 1990年4月　(株)エンプラスに社名変更
- 1990年4月　(株)エンプラステックを設立
- 1991年8月　(株)エンプラス鹿沼を設立
- 1992年10月　(株)エンプラス茨城を吸収合併
- 1993年8月　ENPLAS TECH (U.S.A.), INC.を設立(後：ENPLAS TECH SOLUTIONS, INC.)
- 1997年3月　ENPLAS PRECISION (THAILAND) CO., LTD.を設立
- 1997年6月　HY-CAD SYSTEMS AND ENGINEERING社との合弁でENPLAS HY-CAD INTERNATIONAL TRADING (SHANGHAI) CO., LTD.を設立(後：ENPLAS ELECTRONICS (SHANGHAI) CO., LTD.)
- 1999年4月　ノリタ光学(株)を買収
- 2000年5月　(株)エンプラステックを吸収合併
- 2002年4月　(株)エンプラス半導体機器を設立
- 2003年4月　(株)エンプラス ディスプレイ デバイスを設立

0399　尾家産業(株)
[証券コード]7481
[上場区分]東証一部
- 1961年2月　(株)尾家商店を設立
- 1968年11月　尾家産業(株)に社名変更
- 1995年10月　(株)マルモ・オイエを設立

0400　オイシックス(株)
[証券コード]3182
[上場区分]東証マザーズ
- 1997年5月　(有)コーヘイを設立
- 2000年3月　(株)コーヘイへ組織変更
- 2000年6月　オイシックス(株)に商号変更
- 2012年4月　(株)ウェルネスを吸収合併

0401　(株)オーイズミ
[証券コード]6428
[上場区分]東証一部

1974年7月 (株)大泉製作所を設立
1986年2月 (株)オーイズミに社名変更
2011年1月 (株)オーアイデータシステムを設立
2011年2月 (株)インプレスデザインを吸収合併
2014年10月 (株)オーイズミサポートを設立

0402 オイレス工業(株)
[証券コード]6282
[上場区分]東証一部
1939年4月 日本オイルレスベアリング研究所を設立
1952年3月 (株)日本オイルレスベアリング研究所に改組
1958年12月 日本オイレス工業(株)に社名変更
1962年2月 オイレス工業(株)に社名変更
1971年2月 ルービィ工業(株)を設立
1976年11月 Oiles America Corporationを設立（後合併、消滅）
1978年5月 オーケー工業(株)を設立
1978年5月 ユニプラ(株)を設立
1979年4月 オペレータサービス(株)を設立（後：オイレス建材(株)）（後：オイレスECO(株)）
1995年3月 (株)免震エンジニアリングを設立
1998年10月 上海自潤軸承有限公司を設立
1998年11月 Oiles USA Holding Incorporatedを設立（後：Oiles America Corporation）
2002年4月 Oiles (Thailand) Company Limitedを設立
2003年6月 Oiles Czech Manufacturing s.r.o.を設立
2005年4月 自潤軸承（蘇州）有限公司を設立
2005年9月 Oiles France SASUを設立
2011年3月 Oiles Self Lubricating Bearings Manufacturing Private Limitedを設立（後：Oiles India Private Limited）

0403 オーウイル(株)
[証券コード]3143
[上場区分]東証二部
1986年7月 オーウイル(株)を設立
1990年5月 オーウイルビジネスアシストを設立（後吸収合併）（後：(株)オービーエー）
2011年10月 O'WILL (ASIA) HOLDINGS PTE. LTD.を設立

0404 王子ホールディングス(株)
[証券コード]3861
[上場区分]東証一部
〈新王子製紙系〉
1873年2月 抄紙会社を設立
1876年5月 製紙会社に社名変更
1893年11月 〈旧1〉王子製紙(株)に社名変更
1918年7月 樺太産業(株)を設立（後：王子製紙(株)）
1921年12月 朝鮮製紙(株)を合併
1924年4月 (株)小倉製紙所を合併
1925年4月 東洋製紙(株)を合併
1926年3月 札幌水力電気(株)を合併
1933年5月 富士製紙(株)と樺太工業(株)を合併
1943年6月 王子証券(株)と日本人絹パルプ(株)を合併
1943年11月 王子鋳造(株)を設立
1943年12月 興亜航空機材(株)と王子兵器(株)を設立
1947年12月 北日本製紙産業(株)を設立（後：北日本製紙(株)）
1948年9月 神崎製紙(株)を設立
1949年8月 苫小牧製紙(株)に社名変更
1952年6月 王子製紙工業(株)に社名変更
1960年12月 〈旧2〉王子製紙(株)に社名変更
1970年9月 北日本製紙(株)と合併
1979年3月 日本パルプ工業(株)と合併
1982年9月 王子化工(株)を設立
1989年4月 東洋パルプ(株)と合併
1993年10月 神崎製紙(株)と合併し新王子製紙(株)に社名変更
〈本州製紙系〉
1949年8月 〈旧1〉王子製紙(株)を過度経済力集中排除法に基づき分割し本州製紙(株)に社名変更
1972年4月 本州緑化(株)を設立
1983年4月 福岡製紙(株)と東信製紙(株)と合併
1986年4月 本州ダンボール工業(株)と合併
　　＊　　＊　　＊　　＊
1996年10月 本州製紙(株)と新王子製紙(株)が合併し王子製紙(株)を設立
2001年 高崎三興(株)と中央板紙(株)と北陽製紙(株)と共同で出資し王子板紙(株)を設立
2007年10月 江蘇王子製紙有限公司を設立
2012年10月 王子ホールディングス(株)に商号変更

0405 王子マテリア(株)
〈高崎製紙系〉
1914年3月 高崎板紙(株)を設立
1927年12月 日光板紙(株)を合併
1929年6月 千住板紙(株)を合併
1936年6月 高崎紙業(株)を合併
1949年11月 高崎製紙(株)に社名変更
1962年4月 吹田製紙(株)を合併
1964年1月 日本包装容器(株)を設立
1977年3月 高崎製紙コンテナー(株)を設立
1980年8月 日光製紙(株)を設立
1988年1月 日光製紙(株)を合併
1991年12月 高崎製紙コンテナー(株)とバンドウ倉庫(株)とタカサキ物流(株)を吸収合併
〈三興製紙系〉
1949年10月 三興(株)から設備を継承して三興製紙(株)を設立
1968年10月 サツキセイシ(株)と合併
〈中央板紙系〉
1948年5月 (個)中央繊維工業所を設立
1949年3月 中央繊維(株)に社名変更
1961年4月 中央板紙(株)に社名変更
1999年6月 中板サービス(株)を設立
　　＊　　＊　　＊　　＊
1999年10月 三興製紙(株)と高崎製紙(株)合併し高崎三興(株)を設立
2001年5月 王子製紙(株)と高崎三興(株)と中央板紙(株)と北陽製紙(株)の段ボール原紙販売部門を統合し王子板紙(株)を設立
2012年10月 王子製紙(株)より白板紙販売、包装用紙製造販売事業（呉工場含む）を受入れ王子マテリア(株)に社名変更

おうしよう

0406　(株)王将フードサービス
[証券コード]9936
[上場区分]東証一部
1973年7月	(株)王将チェーンを設立
1980年7月	(株)餃子の王将チェーンに社名変更
1985年12月	王将食品(株)と(株)ビーピーエーシステム餃子館と(株)王将商事を吸収合併
1990年12月	(株)王将フードサービスに社名変更
1995年8月	(株)キングランドを設立(後解散)

0407　(株)オウチーノ
[証券コード]6084
[上場区分]東証マザーズ
2003年4月	(株)ホームアドバイザーを設立
2012年11月	(株)オウチーノに商号変更
2014年8月	(株)スペースマゼランを設立

0408　応用技術(株)
[証券コード]4356
[上場区分]ジャスダックスタンダード
1984年6月	応用技術(株)を設立
1996年11月	オージーアイテクノサービス(株)を設立
2000年12月	北京阿普特応用技術有限公司を設立(後閉鎖)
2004年6月	オージーアイテクノサービス(株)を吸収合併
2005年1月	(株)マックインターフェイスと合併
2007年1月	(株)トランスコスモス・テクノロジーズを設立

0409　応用地質(株)
[証券コード]9755
[上場区分]東証一部
1957年5月	(株)応用地質調査事務所を設立
1983年4月	OYO CORPORATION U.S.A.を設立
1985年5月	応用地質(株)に商号を変更
1991年1月	フランス工業省地質調査所と合弁でIRIS INSTRUMENTS S.A.を設立(後:IRIS INSTRUMENTS SAS)
1992年5月	エヌ・エス・環境科学コンサルタント(株)を買収(後:エヌエス環境(株))
1996年9月	オーシャンエンジニアリング(株)を設立
1996年12月	応用地震計測(株)を設立
1997年2月	(株)宏栄土木設計事務所を買収
1997年7月	応用インターナショナル(株)を設立
1998年5月	RMS社《米国》と共同で出資し応用アール・エム・エス(株)を設立
1998年11月	鹿島建設(株)と共同で出資し(株)イー・アール・エスを設立
2003年2月	OYOインターナショナル(株)を設立
2010年11月	OYO CORPORATION, PACIFICを設立
2012年12月	天津星通聯華物聯網応用技術研究院有限公司と合弁で天津奥優星通伝感技術有限公司を設立
2014年10月	報国鋼業(株)を吸収合併

0410　OATアグリオ(株)
[証券コード]4979
[上場区分]東証二部
2010年9月	大塚化学(株)のアグリテクノ事業部を新設分割し大塚アグリテクノ(株)を設立
2013年3月	OAT&IIL India Laboratories Private Limitedを設立
2014年4月	**OAT**アグリオ(株)に商号変更
2014年10月	OATステビア(株)を設立

0411　オーエス(株)
[証券コード]9637
[上場区分]東証二部
1946年12月	オーエス映画劇場(株)を設立
1949年5月	梅田シネマ(株)と大成起業(株)を合併
1951年7月	東洋映画(株)を合併
1956年12月	関西興行(株)を合併
1958年3月	オーエス共栄(株)を設立
1961年5月	関西カクタス(株)を設立
1969年3月	オーエス不動産(株)を設立(後:オーエス(株))
1969年3月	神戸オーエス食品(株)を設立(後解散)
1975年8月	オーエス(株)に社名変更
1991年2月	オーエス不動産(株)を合併
1991年2月	(有)ラウンジオーエスを設立(後:OSフードサービス(株))
1997年2月	オーエス共栄(株)と関西カクタス(株)が合併しオーエス共栄カクタス(株)を設立(後解散)
2002年1月	オーエス・シネブラザーズ(株)を設立
2004年11月	OSアミック(株)を設立(後解散)
2004年11月	OS共栄ビル管理(株)を設立
2005年11月	OS不動産(株)を設立

0412　オーエスジー(株)
[証券コード]6136
[上場区分]東証一部
1938年3月	(株)大沢螺子研削所を大沢秀雄が東京・武蔵野町(現武蔵野市)に設立
1963年6月	オーエスジー(株)に社名変更
1968年2月	OSG Tap and Die, Inc. Illinoisを設立
1970年4月	大宝精密工具股份有限公司を設立
1974年11月	OSG Ferramentas de Precisao Ltda.を設立(後:OSG Sulamericana de Ferramentas Ltda.)
1985年10月	(株)秀一精密と合弁で韓国OSG(株)を設立
1988年1月	OSG Canada Ltd.を設立
1990年12月	OSG Asia Pte Ltd.を設立
1992年12月	オーエスジー販売(株)と合併
1995年1月	OSG Limitedを設立(後:OSG Europe Limited)
1997年10月	大宝(東莞)模具切削工具有限公司を設立
1997年11月	OSG Belgium S.A.を設立(後:OSG Europe S.A.)
2001年7月	欧士机(上海)精密工具有限公司を設立
2001年12月	オーエスジーコーティングサービス(株)を設立
2002年7月	OSG Tooling Iberica, S.L.を設立(後:OSG Comaher S.L.)
2003年1月	OSG GmbHを設立
2004年6月	奥斯机(上海)精密工具有限公司を設立
2005年6月	オーエスジーシステムプロダクツ(株)を設立

| 2006年12月 | (株)モリヤマを吸収合併 |
| 2007年12月 | (株)オーモリを吸収合併 |

0413　OSJBホールディングス(株)
[証券コード] 5912
[上場区分] 東証一部

1916年	(個)小林鉄工所を設立
1917年	日本橋梁建築(名)に社名変更
1918年	日本橋梁建築(資)に改組
1919年7月	(株)岩井商店が日本橋梁(資)に資本参加し日本橋梁(株)に社名変更
1982年12月	日本橋梁エンジニアリング(株)を設立
2013年11月	日本橋梁分割準備(株)を純粋持株会社体制へ移行するために設立(後：日本橋梁(株))
2014年4月	OSJBホールディングス(株)へ純粋持株会社体制に移行し商号変更

0414　(株)OSGコーポレーション
[証券コード] 6757
[上場区分] ジャスダックスタンダード

1970年8月	(株)大阪三愛を設立
1977年2月	(株)三愛ファミリーを設立(後：(株)オーエスジー・ファミリー)
1981年10月	関西リズムタッチ販売(株)を設立(後：(株)オーエスジー関西)(後：(株)オーエスジー・コーポレーション)
1982年11月	九州リズムタッチ販売(株)を設立(後：(株)オーエスジー九州)(後：(株)オーエスジー・コーポレーション)
1984年3月	東京リズムタッチ販売(株)を設立(後：(株)オーエスジー東京)(後：(株)オーエスジー・コーポレーション)
1984年4月	東海リズムタッチ販売(株)を設立(後：(株)オーエスジー東海)(後：(株)オーエスジー・コーポレーション)
1990年7月	(株)ジーエーティ研究所を設立
2003年4月	(株)OSGコーポレーションに商号変更
2004年5月	天年三愛環保科技(蘇州)有限公司を設立(後：欧愛水基環保科技(蘇州)有限公司)
2006年3月	(株)ウォーターネットを設立
2010年9月	珠海欧愛水基水科技有限公司を設立
2012年3月	(株)ウォーターネットエンジニアリングを設立
2012年5月	(株)OSGコミュニケーションズを設立
2012年6月	(株)オアシスウォーターを吸収合併

0415　(株)オーエムツーネットワーク
[証券コード] 7614
[上場区分] ジャスダックスタンダード

1958年12月	(有)大久保養鶏場を設立
1989年7月	(株)オオクボに社名変更
2000年7月	(株)オーエムツーネットワークに社名変更
2002年10月	(株)オーエムツーデリカを会社分割により設立(後：(株)オーエムツーミート)
2002年10月	(株)オーエムツー西日本と(株)オーエムツー関西と(株)オーエムツー東日本と(株)オーエムツー関東を会社分割により設立(後：(株)オーエムツーミート)

0416　大石産業(株)
[証券コード] 3943
[上場区分] 福証

1925年4月	大石商店を設立
1947年2月	(株)大石商店に社名変更
1948年6月	大石工業(株)を設立
1948年7月	九州資源(株)を設立(後：(株)ファディモ)
1952年2月	大石工業(株)を吸収合併し大石産業(株)に社名変更
1968年10月	大石サッシ(株)を設立
1968年11月	大分段ボール(株)を設立
1969年7月	マタイ大石樹脂(株)を設立
1973年3月	熊本段ボール(株)を設立(後：(株)サンオオイシ)
1977年10月	大石サッシ(株)を吸収合併
1978年9月	(株)ユニパックを設立
1982年4月	鞍手モウルド(株)とマタイ大石樹脂(株)を吸収合併
1986年4月	(株)アクシスを設立
1990年3月	CORE PAX(M)SDN.BHD.を設立
1993年4月	(株)ファディモを(株)アクシスへ
1999年4月	大分段ボール(株)を吸収合併
2000年1月	(株)サンオオイシを吸収合併
2002年6月	大連大石包装有限公司を設立
2013年6月	ENCORE LAMI SDN.BHD.を設立

0417　(株)大泉製作所
[証券コード] 6618
[上場区分] 東証マザーズ

1939年8月	日本接点研究所として創業
1944年3月	(株)大泉航空機器製作所を設立
1945年10月	(株)大泉製作所に商号変更
1966年12月	十和田電子(株)を設立
1981年10月	五戸電子工業(株)を設立
1982年7月	奥入瀬電子工業(株)を設立
1984年1月	八甲田電子(株)を設立
1984年4月	狭山電子(株)を設立(後清算)
1985年5月	センサ工業(株)を設立
1987年1月	デンソー工業(株)を設立(後：栄電子工業(株))
1989年6月	八戸電子工業(株)を設立
1989年7月	上北エレックス(株)を設立
1991年10月	八戸エレックス(株)を設立
1999年4月	青森台電子(有)を設立(後清算)
2000年4月	(株)オーエスサービスセンターを設立
2004年1月	東莞大泉傳感器有限公司を設立
2009年1月	大泉國際貿易有限公司を設立
2010年9月	OHIZUMI MFG(THAILAND)CO., LTD.を設立

0418　(株)大分銀行
[証券コード] 8392
[上場区分] 東証一部

1893年2月	〈旧〉(株)大分銀行を設立
1927年10月	(株)二十三銀行を合併し(株)大分合同銀行に社名変更
1929年5月	佐賀関銀行を合併
1940年5月	百九銀行を合併

1942年3月	豊和銀行を合併
1942年7月	日田共立銀行を合併
1942年10月	共同野村銀行と中津銀行を合併
1943年8月	実業貯蓄銀行を合併
1943年9月	大分貯蓄銀行を合併
1953年1月	**大分銀行**に社名変更
1953年2月	大分不動産商事（株）を設立（後：大銀ビジネスサービス（株））
1975年4月	大分リース（株）を設立
1976年4月	大分保証サービス（株）を設立
1983年5月	（株）大分カードを設立
1987年6月	大銀スタッフサービス（株）を設立
2002年7月	大銀アカウンティングサービス（株）を設立

0419　大井電気（株）
［証券コード］6822
［上場区分］ジャスダックスタンダード

1950年1月	**大井電気（株）**を設立
1963年2月	日本フィールド・エンジニアリング（株）を設立
1966年4月	日本テクニカル・サービス（株）を設立
1967年1月	大井電子（株）を設立
1986年4月	オオイテクノ（株）を設立
1989年10月	大井電子（株）を合併

0420　（株）大垣共立銀行
［証券コード］8361
［上場区分］東証一部

1896年3月	〈旧〉第百二十九国立銀行の業務を継承し（株）**大垣共立銀行**を設立
1900年6月	（株）美濃実業銀行を吸収合併
1910年1月	（株）真利銀行を吸収合併
1919年9月	（株）五六銀行を吸収合併
1921年4月	（株）養老銀行を吸収合併
1923年12月	（株）農産銀行を吸収合併
1926年4月	（株）共営銀行を吸収合併
1928年5月	（株）七十六銀行と合併
1928年12月	（株）本田銀行を吸収合併
1943年11月	（株）大垣貯蓄銀行を吸収合併
1979年12月	共立ビジネスサービス（株）を設立
1980年12月	共立コンピューターサービス（株）を設立
1982年7月	共立信用保証（株）を設立
1983年7月	共立クレジット（株）を設立
1984年4月	共立文書代行（株）を設立
1984年10月	共立キャピタル（株）を設立
1996年7月	（株）共立総合研究所を設立
2000年6月	共立不動産調査（株）を設立
2000年10月	郡上信用組合を合併
2014年6月	（株）OKBフロントを設立

0421　大倉工業（株）
［証券コード］4221
［上場区分］東証一部

1947年7月	四国住宅（株）を設立
1951年11月	**四国実業（株）**に社名変更
1955年11月	**大倉工業（株）**に社名変更
1973年4月	（株）オークラホテルを設立
1978年7月	大倉建販（株）と（株）オークラホテルを吸収合併
1991年11月	オークラ情報システム（株）を設立
1991年11月	（株）ユニオン・グラビアを設立
1996年11月	（株）オークラホテル丸亀を設立（後：オークラホテル（株））
1996年11月	（株）オークラホテル高松を設立（後：オークラホテル（株））
2003年4月	（株）オークラハウスを設立
2004年1月	オークラホテル（株）を設立
2004年9月	（株）九州オークラを設立
2007年7月	（株）関西オークラと（株）関東オークラを設立
2009年1月	（株）オークラプレカットシステムを設立

0422　大阪機工（株）
［証券コード］6205
［上場区分］東証一部

1915年10月	（株）松田製作所を設立
1916年12月	**日本兵器製造（株）**に社名変更
1920年2月	（株）**大阪機械工作所**に社名変更
1920年9月	大阪工作（株）を合併
1938年12月	**大阪機工（株）**に社名変更
1959年7月	大機紡績（株）を設立
1960年8月	大機金型工業（株）を設立
1960年11月	（株）オーケイケイ・シムテックを設立
1965年12月	大豊機工（株）を設立
1975年10月	（株）大阪機工サービスセンターを設立（後：（株）オーケーケーエンジニアリング）（後：OKKテクノ（株））
1978年3月	OKK USA CORPORATIONを設立
1989年4月	THAI OKK MACHINERY CO., LTD.を設立
1991年4月	OKK Europe GmbHを設立
1993年10月	オーケーケーキャスティング（株）を設立（後：（株）オーケーケーエンジニアリング）（後：OKKテクノ（株））
1995年12月	天津OKK機械有限公司を設立
2006年7月	大阪机工（上海）商貿有限公司を設立
2011年10月	KK MACHINE SALES (THAILAND) CO., LTD.を設立
2011年12月	OKK MANUFACTURING (THAILAND) CO., LTD.を設立
2012年3月	PT. OKK INDONESIAを設立

0423　大阪工機（株）
［証券コード］3173
［上場区分］東証二部

1945年	**中央機械工具商会**として創業
1950年5月	**大阪工具（株）**を設立
1954年10月	**大阪工機（株）**に社名変更
2002年10月	DAIKOH (THAILAND) CO., LTD.を設立
2003年8月	山崎兄弟商会（株）を吸収合併
2005年3月	（株）CSTを設立
2006年3月	中阪貿易（上海）有限公司を設立
2010年10月	COMINIX (PHILIPPINES), INC.を設立（元フィリピン駐在事務所）
2010年10月	武和テック（株）を吸収合併
2010年12月	（株）CSTを吸収合併
2011年8月	PT.COMINIX INDONESIAを設立
2011年12月	COMINIX VIETNAM CO., LTD.を設立（元ベトナム駐在事務所）
2012年9月	COMINIX INDIA PRIVATE LIMITEDを設立
2012年10月	COMINIX MEXICO, S.A.DE C.V.

0424　大阪製鐵(株)
[証券コード]5449
[上場区分]東証一部

1978年5月	大鐵工業(株)と大和製鋼(株)の合併母体として大阪製鐵(株)を設立
1978年10月	大鐵工業(株)と大和製鋼(株)を吸収合併
1980年10月	日鐵鋼機(株)を吸収合併
1980年11月	大阪物産(株)を設立
1981年2月	大阪新運輸(株)を設立
1987年9月	日本スチール(株)を設立
1995年6月	西日本製鋼(株)を吸収合併
1999年3月	新北海鋼業(株)を設立(後解散)
1999年10月	関西ビレットセンター(株)を吸収合併
2012年12月	PT KRAKATAU STEEL (PERSERO) Tbkと合弁でKrakatau Osaka Steel (KOS社)を設立

0425　(株)大阪ソーダ
[証券コード]4046
[上場区分]東証一部

1915年10月	大阪曹達(株)を設立
1956年8月	大曹商事(株)を設立(後:ダイソーケミカル(株))
1963年7月	大曹化成工業(株)を設立
1968年12月	旭化成工業(株)と共同で出資し岡山化成工業(株)を設立
1969年12月	大曹化成工業(株)を吸収合併
1970年4月	大曹有機(株)を設立
1975年4月	ダイソーエンジニアリング(株)を設立
1975年6月	大曹有機を吸収合併
1975年10月	大曹工事(株)を設立
1978年10月	大曹工事(株)を吸収合併
1987年1月	ダイソー加工(株)を設立
1987年11月	大曹エピログラバー(株)を設立
1988年12月	ダイソー(株)に社名変更
2002年	ダイソーケミカル(株)を設立
2006年4月	DAISO Fine Chem USA, Inc.を設立
2008年1月	DAISO Fine Chem GmbHを設立
2008年10月	DSロジスティクス(株)を設立
2015年	(株)大阪ソーダに社名変更

0426　(株)大阪チタニウムテクノロジーズ
[証券コード]5726
[上場区分]東証一部

1937年	大阪特殊製鉄所を設立
1950年	(株)大阪特殊製鉄所に改組
1952年	大阪チタニウム製造(株)に社名変更
1993年	住友シチックス(株)に社名変更
2002年3月	住友チタニウム(株)に社名変更
2007年10月	(株)大阪チタニウムテクノロジーズに商号変更

0427　大阪トヨペット(株)

1927年3月	豊国自動車(株)を設立
1956年	大阪トヨペット販売(株)に社名変更
2006年8月	大阪トヨペット(株)に社名変更

0428　(株)大丸松坂屋百貨店
〈大丸系〉

1920年4月	(株)大丸呉服店を設立
1928年12月	(株)大丸に社名変更
1931年7月	(株)京都大丸を吸収合併
1943年7月	〈旧〉大丸興業(株)を合併
1947年7月	大丸印刷(株)を設立
1948年8月	大丸興業(株)を設立
1950年12月	大丸青果(株)を設立
1950年12月	大丸木工(株)を設立
1999年6月	(株)大丸装工を設立
2004年2月	中央興業(株)と大央不動産(株)を吸収合併

〈松坂屋ホールディングス系〉

1611年	(個)いとう呉服店を設立
1768年	上野松坂屋に社名変更
1910年2月	(株)いとう呉服店に社名変更
1921年7月	(株)野澤屋呉服店を設立(後:(株)横浜松坂屋)
1925年3月	(株)誠工舎を設立
1925年5月	(株)松坂屋に社名変更
1927年2月	(株)栄屋を合併
1947年6月	伊藤産業(株)を合併
1972年12月	(株)関東松坂屋ストアを設立(後:(株)松坂屋ストア)
1972年12月	(株)中部松坂屋ストアを設立(後:(株)松坂屋ストア)
1973年3月	(株)マツザカヤ友の会を設立
1980年9月	(株)札幌松坂屋と八木(株)を合併
2006年	(株)松坂屋ホールディングスを持株会社として設立

＊　＊　＊　＊

2007年	(株)大丸と(株)松坂屋ホールディングスが経営統合しJ.フロント リテイリング(株)を持株会社としてを設立
2010年	(株)大丸と(株)松坂屋が合併し(株)大丸松坂屋百貨店を設立

0429　(株)大阪屋

1949年9月	日本出版配給(株)の大阪支店を母体として(株)大阪屋を設立
1982年2月	マルサカ商事を設立
1992年10月	マルサカブックサービスを設立
2007年4月	(株)大阪屋物流を設立
2008年6月	(株)大阪屋商事を設立
2009年11月	栗田出版販売(株)と合弁で(株)OKCを設立
2013年1月	リーディングスタイル(株)を設立
2014年5月	(株)OSSと(株)大阪屋ロジスティクスを設立

0430　大阪有機化学工業(株)
[証券コード]4187
[上場区分]東証一部

1946年12月	大阪有機化学工業(株)を設立
1969年4月	神港有機化学工業(株)を設立
1988年12月	サンユーケミカル(株)を設立
2014年1月	光硯(上海)化工貿易有限公司を設立

0431　大崎エンジニアリング(株)
[証券コード]6259
[上場区分]ジャスダックスタンダード

1990年4月	大崎エンジニアリング(株)として設立
1998年3月	(株)マックスの株式を譲受けし100%子会社化(後:(株)オー・イー・シー金沢)

0432　(株)大田花き
[証券コード]7555
[上場区分]ジャスダックスタンダード
- 1989年1月　(株)大田花きを設立
- 1999年3月　(有)ピーエルシーを設立
- 2002年8月　花き施設整備(有)と(株)フラワーオークションジャパンを設立
- 2005年11月　(株)とうほくフラワーサポートと(株)石巻花卉園芸を設立
- 2008年12月　(株)九州大田花きを設立
- 2014年4月　(株)大田ウィングスを設立

0433　(株)大塚家具
[証券コード]8186
[上場区分]ジャスダックスタンダード
- 1972年8月　(株)桔梗を設立
- 1978年12月　(株)大塚家具に社名変更
- 1991年1月　(株)オーティックを設立
- 2006年9月　秋田木工(株)を設立

0434　(株)大塚商会
[証券コード]4768
[上場区分]東証一部
- 1961年12月　(株)大塚商会を設立
- 1984年7月　大塚システムエンジニアリング(株)を設立(後：(株)OSK)
- 1987年1月　大塚オートサービス(株)を設立
- 1990年8月　(株)ネットワールドを設立
- 1996年2月　(株)アルファテクノを設立
- 1997年5月　(株)テンアートニを設立(後：サイオステクノロジー(株))
- 1997年8月　震旦大塚股份有限公司を設立(後：大塚資訊科技股份有限公司)
- 1997年10月　(株)アルファネットワーク24を設立(後：(株)アルファネット)

0435　大塚ホールディングス(株)
[証券コード]4578
[上場区分]東証一部
- 1921年　大塚製薬工業部を大塚武三郎が創立
- 1950年　大塚化学薬品(株)を設立(後：大塚化学(株))
- 1961年　大塚倉庫(株)を設立
- 1963年　大鵬薬品工業(株)を設立
- 1964年　大塚製薬工場販売部門(除く四国4県)を分離し大塚製薬(株)を設立
- 1973年　タイ大塚製薬(株)を設立
- 1981年　中国大塚製薬有限公司を設立
- 2008年7月　大塚ホールディングス(株)を設立

0436　(株)大戸屋ホールディングス
[証券コード]2705
[上場区分]ジャスダックスタンダード
- 1958年1月　大戸屋食堂を三森栄一が開店
- 1983年5月　(株)大戸屋を設立
- 2001年4月　(株)ジュオ・ハタノと株式の額面金額の変更を目的に形式上の合併
- 2004年3月　OOTOYA (THAILAND) CO., LTD.を設立
- 2005年8月　BETAGRO OOTOYA CO., LTD.を設立
- 2006年3月　台湾大戸屋股份有限公司を設立
- 2007年8月　香港大戸屋有限公司を設立
- 2011年7月　(株)大戸屋ホールディングスに商号変更
- 2011年8月　AMERICA OOTOYA INC.を設立

0437　(株)オオバ
[証券コード]9765
[上場区分]東証一部
- 1922年10月　和地工務所を設立
- 1930年11月　大場宗憲土木事務所に社名変更
- 1945年11月　大場土木建築事務所に社名変更
- 1947年10月　(株)大場土木建築事務所に社名変更
- 1950年4月　大場木材工業(株)を設立
- 1967年3月　大場木材工業(株)を合併
- 1971年12月　(株)オオバに社名変更
- 1977年6月　オオバ調査測量(株)を設立
- 1979年3月　オオバ技術サービス(株)を設立
- 1989年3月　(株)オオバクリエイトを設立
- 2013年4月　東北都市整備(株)と(株)おおぎみファームを設立

0438　(株)大林組
[証券コード]1802
[上場区分]東証一部
〈(資)大林組系〉
- 1892年1月　(個)大林店を設立
- 1904年　(個)大林組に社名変更
- 1909年7月　(資)大林組に改組

〈〈旧〉(株)大林組系〉
- 1918年12月　〈旧〉(株)大林組を設立
- 1919年3月　(資)大林組を合併
- 1931年10月　内外木材工芸(株)を設立(後：内外木材工業(株))

〈第二大林組系〉
- 1936年12月　(株)第二大林組を設立

＊　＊　＊　＊

- 1937年3月　〈旧〉(株)大林組を合併し(株)大林組に社名変更
- 1955年1月　浪速土地(株)を設立(後：大林不動産(株))(後：大林新星和不動産(株))
- 1963年10月　東洋ビルサービス(株)を設立
- 1972年1月　ジャヤ大林を設立
- 1974年5月　タイ大林を設立
- 1989年11月　(株)オーシー・ファイナンスを設立
- 1990年6月　台湾大林組を設立
- 2002年7月　大林USAを設立
- 2011年3月　大林カナダホールディングスを設立

0439　大林道路(株)
[証券コード]1896
[上場区分]東証一部
- 1933年8月　(株)大林組と神戸財界人が出資し東洋舗装(株)を設立
- 1967年2月　大林道路(株)に社名変更
- 1988年2月　(株)大林組と共同で出資し大林スポーツ(株)を設立
- 1994年9月　ジェイアール高崎商事と大林スポーツ(株)と共同で出資し(株)オークびゅうを設立
- 2002年7月　東洋テクノ建設(株)を設立(後：東洋パイプリノベート(株))
- 2002年10月　東洋パイプリノベート(株)を設立(後：東洋テックス(株))

0440　(株)大本組
[証券コード]1793
[上場区分]ジャスダックスタンダード
　　1907年1月　　大本組を設立
　　1937年12月　　(株)大本組に改組
　　1988年6月　　(株)坂出カントリークラブを設立

0441　(株)大盛工業
[証券コード]1844
[上場区分]東証二部
　　1967年6月　　(株)大盛工業を設立
　　1999年6月　　(株)エコム・ジャパンを設立

0442　(株)大森屋
[証券コード]2917
[上場区分]ジャスダックスタンダード
　　1955年3月　　(株)大森屋を設立
　　1992年9月　　九州大森実業(株)を吸収合併
　　1993年11月　　香港大森屋有限公司を設立(後解散)
　　1998年4月　　大森実業(株)を吸収合併
　　2013年3月　　大森屋(上海)貿易有限公司を設立

0443　(株)岡三証券グループ
[証券コード]8609
[上場区分]東証一部
　　1923年4月　　岡三商店を創業
　　1944年8月　　岡三証券(株)を改組して設立
　　1949年12月　　鈴木証券(株)(大阪)を吸収合併
　　1954年4月　　岡三興業(株)を設立
　　1956年10月　　丸米証券(株)(名古屋)を吸収合併
　　1964年10月　　日本投信委託(株)を設立(後：岡三アセットマネジメント(株))
　　1976年12月　　岡三国際(亜洲)有限公司を設立
　　1980年7月　　(株)岡三インフォメーションサービスを設立(後：岡三情報システム(株))
　　1981年8月　　(株)岡三経済研究所を設立(後：岡三証券(株))
　　1984年9月　　岡三投資顧問(株)を設立(後：岡三アセットマネジメント(株))
　　1996年3月　　岡三ビジネスサービス(株)を設立
　　2003年10月　　岡三証券分割準備(株)に証券業その他の営業を会社分割によりに承継させ岡三ホールディングス(株)に商号変更(後：岡三証券(株))
　　2006年1月　　岡三オンライン証券(株)を設立
　　2008年10月　　(株)岡三証券グループに商号変更

0444　オカダアイヨン(株)
[証券コード]6294
[上場区分]東証二部
　　1960年9月　　オカダ鑿岩機(株)を設立
　　1983年9月　　オカダアイヨン(株)に社名変更
　　1996年9月　　BOA, INC.を設立
　　1999年5月　　エー・エム・シー(株)を設立
　　2002年2月　　(株)アイヨンテックを設立
　　2003年10月　　エー・エム・シー(株)を吸収合併

0445　岡野バルブ製造(株)
[証券コード]6492
[上場区分]東証二部
　　1926年11月　　岡野商会を設立
　　1936年2月　　岡野バルブ製造(株)に社名変更
　　1964年9月　　スペロ機械工業(株)を設立
　　1979年9月　　岡野サービス(株)を設立
　　1989年3月　　岡野メンテナンス(株)を設立(後：岡野クラフト(株))
　　1989年4月　　岡野工業(株)を設立
　　2000年10月　　岡野サービス(株)と岡野工業(株)を吸収合併

0446　岡藤ホールディングス(株)
[証券コード]8705
[上場区分]ジャスダックスタンダード
　　2005年4月　　岡藤ビジネスサービス(株)を設立
　　2005年4月　　岡藤商事(株)が株式移転の方法により同社の完全親会社として岡藤ホールディングス(株)を設立
　　2011年5月　　岡藤商事分割準備(株)を設立(後：日本フィナンシャルセキュリティーズ(株))

0447　岡部(株)
[証券コード]5959
[上場区分]東証一部
　　1933年10月　　(資)岡部鉄工所を設立
　　1944年2月　　岡部鉄工(株)に社名変更
　　1963年8月　　岡部商事(株)を吸収合併し岡部(株)に社名変更
　　1985年12月　　岡部エンジニアリング(株)を設立
　　1985年12月　　岡部土木(株)を設立
　　1986年2月　　岡部機工(株)を設立
　　1988年5月　　オカベリース(株)を設立
　　1988年6月　　小林産業(株)とサンコー(株)と共同で出資しオカコー四国(株)を設立
　　1991年9月　　岡部開発(株)を設立
　　1998年4月　　岡部構造システム(株)を設立
　　2001年1月　　岡部ストラクト(株)を設立
　　2001年1月　　岡部建材(株)を設立
　　2001年1月　　海洋環境コンサルタント(株)を設立
　　2001年9月　　関西岡部(株)を設立
　　2005年1月　　岡部建材(株)と岡部ストラクト(株)と岡部土木(株)を吸収合併
　　2005年4月　　オカベ・ホールディングUSA, Inc.を設立
　　2012年6月　　長興華泰格林金属製品有限公司を設立

0448　(株)岡村製作所
[証券コード]7994
[上場区分]東証一部
　　1945年10月　　(個)岡村製作所を設立
　　1946年7月　　(名)岡村製作所に改組
　　1948年8月　　(株)岡村製作所に改組
　　1960年9月　　三菱商事(株)と富士製鐵(株)と大同鋼板(株)が共同で出資し(株)関西岡村製作所を設立
　　1969年3月　　クラーク・イクイップ社と共同で出資しオカムラタイラー(株)を設立
　　1972年7月　　岡村エンジニアリング(株)を合併
　　1977年6月　　オカムラタイラー(株)を合併
　　1981年10月　　(株)オカムラ・コンピュータ・システムを設立(後：(株)ライフスケープ研究所)
　　1988年5月　　三菱商事(株)及び現地企業との共同出資によりサイアムオカムラスチールCO., LTDを設立
　　1989年6月　　(株)オカムラ施工サービスを設立(後：

おかもと

	（株）オカムラオフィックス）
1989年6月	（株）オカムラ物流を設立
1991年4月	（株）オカムラ・テクノスを設立
1991年10月	新日本製鐵（株）と（株）関西岡村製作所が共同で出資し（株）エヌエスオカムラを設立
1992年10月	オカムラスペースクリエイツを設立
1994年4月	（株）オカムラビジネスサポートを設立
1999年8月	（株）オカムラ物流と共同出資により（株）オカムラサポートアンドサービスを設立
2004年6月	上海岡村家具物流設備有限公司を設立
2013年7月	杭州岡村伝動有限公司を設立

0449　オカモト（株）
［証券コード］5122
［上場区分］東証一部

1934年1月	**日本ゴム工業（株）** を設立
1958年2月	理研ゴム（株）と合併し**日本理研ゴム（株）** に社名変更
1965年3月	OM., Inc.を設立（後：Okamoto U.S.A., Inc.）（後：Okamoto Sandusky Manufacturing, LLC）
1968年2月	岡本ゴム工業（株）と合併し**岡本理研ゴム（株）** に社名変更
1972年6月	（株）岡本理研茨城製作所を吸収合併
1976年5月	ゼブラケンコー自転車（株）を合併
1985年10月	**オカモト（株）** に社名変更
1989年7月	ミシュランオカモトタイヤ（株）を合弁で設立
1997年4月	ジェクス（株）と共同で出資しチュチュベビー（株）を設立
1998年10月	Siam Okamoto Co., Ltd.を設立
2002年10月	オカモトフットウェア（株）を吸収合併
2003年12月	ボヌール販売（株）から営業譲受
2004年4月	（株）トクヤマホームプロダクツから営業譲受
2004年8月	世界長（株）を吸収分割により連結子会社化
2007年7月	Okamoto Sandusky Manufacturing, LLCを設立（後：Okamoto Sandusky Manufacturing, LLC）
2008年4月	Okamoto North America, Inc.を設立
2008年4月	Okamoto Realty, LLCを設立（後：Okamoto Sandusky Manufacturing, LLC）

0450　岡本硝子（株）
［証券コード］7746
［上場区分］ジャスダックスタンダード

1947年3月	**岡本硝子（株）** を設立
1977年2月	大阪岡本硝子（株）を設立
1995年5月	台湾岡本硝子股份有限公司を設立
2001年8月	岡本光学科技股份有限公司を設立
2003年7月	大阪岡本硝子（株）を吸収合併
2004年4月	岡本光学科技（蘇州）有限公司を設立
2005年4月	新潟岡本硝子（株）を設立
2005年8月	（有）オーテックを設立
2006年8月	蘇州岡本貿易有限公司を設立
2008年10月	（有）オーテックを吸収合併
2014年4月	JAPAN 3D DEVICES（株）を設立

0451　（株）岡本工作機械製作所
［証券コード］6125
［上場区分］東証二部

1926年11月	岡本専用工作機械製作所を設立
1935年6月	（株）**岡本工作機械製作所** に社名変更
1950年6月	細田機械工業（株）を合併
1972年7月	岡本歯車（株）を設立（後：岡本工機（株））
1972年11月	OKAMOTO CORPORATIONを設立
1973年12月	OKAMOTO（SINGAPORE）PTE, LTD.を設立
1975年5月	岡本工機（株）を設立
1975年9月	岡本技研サービス（株）を設立（後：技研（株））
1981年4月	山陽岡本（株）を設立（後：岡本工機（株））
1986年4月	岡本工機（株）を設立
1987年12月	OKAMOTO（THAI）CO., LTD.を設立
1991年7月	（株）ニッショーを設立（後：技研（株））
1992年1月	KAMOTO MACHINE TOOL EUROPE GMBHを設立
1992年9月	芝山機械（株）を設立
1996年10月	芝山機械（株）を合併

0452　岡谷鋼機（株）
［証券コード］7485
［上場区分］名証一部

1937年	（株）**岡谷商店** を設立
1943年	**岡谷鋼機（株）** に社名変更
1964年	米国岡谷鋼機会社を設立
1974年	サイアム スリヤ会社を設立
1982年	Union Autoparts Manufacturing Co., Ltd.を設立
1982年	シンガポール岡谷鋼機会社を設立
1983年	香港岡谷鋼機有限公司を設立
2006年	Poland Tokai Okaya Manufacturing Sp. z o.o.を設立
2006年	北京岡谷鋼機有限公司を設立
2007年	Mex Okaya-TN（U.S.A.）, Inc.を設立
2007年	Mex Okaya-TN, S. DE R.L. DE C.V.を設立
2007年	タイ岡谷鋼機会社を設立
2008年	インド岡谷鋼機会社を設立
2011年	インドネシア岡谷鋼機会社を設立
2011年	ベトナム岡谷鋼機会社を設立
2012年	ブラジル岡谷鋼機会社を設立

0453　岡谷電機産業（株）
［証券コード］6926
［上場区分］東証一部

1939年4月	（株）**昭和電機製作所** を設立
1942年5月	**東北電気無線（株）** に社名変更
1946年6月	**岡谷無線（株）** に社名変更
1967年6月	**岡谷電機産業（株）** に社名変更
1971年7月	（株）健宝製作所を設立（後：OSD（株））
1973年9月	東永電子（株）を設立（後：東北ロダン（株））
1986年4月	東北ロダン（株）を設立（後：東北オカヤ（株））
1989年12月	OKAYA ELECTRIC AMERICA, INC.を設立

1993年5月	東永興業(株)を設立(後:岡谷エレクトロン(株))
1993年12月	岡谷香港有限公司を設立
1995年5月	OKAYA ELECTRIC (SINGAPORE) PTE LTDを設立
1998年3月	岡谷香港貿易有限公司を設立
2008年4月	OKAYA LANKA (PVT) LTD.を設立
2011年4月	帝国ピストンリング(株)と合弁でTOCキャパシタ(株)を設立
2011年4月	東莞岡谷電子有限公司を設立
2013年4月	OKAYA ELECTRIC (THAILAND) CO., LTD.を設立

0454 岡山県貨物運送(株)
[証券コード]9063
[上場区分]東証二部

1943年3月	岡山県貨物運送(株)を設立
1971年10月	マルケー自動車整備(株)を設立
1971年10月	マルケー商事(株)を設立
1972年1月	岡山県貨物鋼運(株)を設立
2005年6月	オカケンスタッフサービス(株)を設立(後:ハートスタッフ(株))
2009年3月	山陽コンテナトランスポート(株)を設立

0455 沖電気工業(株)
[証券コード]6703
[上場区分]東証一部

1881年1月	(個)明工舎を設立
1889年	(個)沖電機気工場に社名変更
1896年3月	(個)沖商会に社名変更
1899年5月	(名)沖商会に改組
1900年10月	(匿)沖商会に改組
1907年5月	(資)沖商会に改組
1917年2月	〈別〉沖電気(株)と合併し沖電気(株)に社名変更
1936年7月	沖電線(株)を設立
1949年11月	沖電気(株)の第2会社として沖電気工業(株)を設立
1961年12月	東北沖電気(株)を設立
1967年4月	沖ビジネスマシン販売(株)を合併
1970年5月	沖セラミック工事(株)を設立
1970年5月	沖電気工事(株)を設立
1970年5月	富岡沖電気(株)を設立
1973年7月	富岡沖電気(株)を吸収合併
1980年11月	宮崎沖電気(株)を設立
1987年12月	OKI EUROPE LTD.を設立
1988年4月	宮城沖電気(株)を設立
1992年8月	(株)沖電気カスタマアドテックを設立
2001年7月	沖電気実業(深セン)有限公司を設立
2006年6月	日沖商業(北京)有限公司を設立
2014年1月	OKI BRASIL INDUSTRIA E COMERCIO DE PRODUTOS E TECNOLOGIA EM AUTOMACAO S.A.を設立

0456 沖電線(株)
[証券コード]5815
[上場区分]東証一部

1936年7月	沖電気(株)より電線製造部門を分離独立し沖電線(株)を設立
1991年5月	オーイーシー・アカギ(株)を設立(後:沖電線ワイヤーハーネス(株))
1999年10月	オーイーシー・サービス(株)を設立(後:沖電線サービス(株))
2007年12月	日沖電線(常熟)有限公司を設立
2010年1月	沖電線フレキシブルサーキット(株)を設立

0457 (株)沖縄銀行
[証券コード]8397
[上場区分]東証一部

1956年8月	(株)沖縄銀行を設立
1964年4月	東洋相互銀行を吸収合併
1971年10月	南陽相互銀行と合併
1983年6月	(株)沖縄ビルサービスを設立(後:(株)おきぎん環境サービス)
1985年4月	おきぎんビジネスサービス(株)を設立
1987年11月	(株)おきぎんジェーシービーを設立
1989年7月	(株)おきぎんスタッフサービスを設立(後:(株)おきぎん環境サービス)
1990年12月	おきぎんシステムサービス(株)を設立(後:(株)おきぎんエス・ピー・オー)
1995年12月	おきぎん総合管理(株)を設立(後解散)
2004年1月	(株)おきぎん経済研究所を設立
2014年11月	美ら島債権回収(株)を設立

0458 沖縄セルラー電話(株)
[証券コード]9436
[上場区分]ジャスダックスタンダード

1991年6月	沖縄セルラー電話(株)を設立
2014年9月	沖縄バリューイネイブラー(株)を設立

0459 Oakキャピタル(株)
[証券コード]3113
[上場区分]東証二部

1868年4月	平田商店を設立
1912年	平田製網(名)に社名変更
1918年2月	旭製網(株)に社名変更
1918年11月	平田製網(株)に社名変更
1938年6月	(旧)平田紡績(株)に社名変更
1943年4月	平田漁網製造(株)に社名変更
1950年4月	平田紡績(株)に社名変更
1987年2月	ヒラボウ(株)に社名変更
2001年10月	ビーエスエル(株)に社名変更
2002年8月	BSLインシュアランスを設立
2005年10月	(株)ヒラタを設立
2006年10月	Oakキャピタル(株)に社名変更

0460 (株)オークネット

1984年3月	(株)エフティーエフを設立
1984年9月	(株)オークネットに社名変更
1990年1月	(株)フレックスオート商事を合併
1996年9月	(株)オークネット・インスペクション・サービスを設立(後:(株)オートモビル・インスペクション・システム)
2001年9月	(株)アイ・エヌ・ジーコミュニケーションズと共同で出資し(株)アイオークを設立
2002年6月	(株)ランマートを設立
2006年1月	(株)ソフトクリエイトと共同で(株)アドバンスド・コア・テクノロジーを設立
2010年3月	ブランコ社と共同で(株)ブランコ・ジャパンを設立

おくふあん

2011年11月	(株)オークネットメディカルを設立
2012年1月	アイ・ディー・エス・ピーと合併
2013年9月	(株)オーク・フィナンシャル・パートナーズを設立

0461　(株)オークファン
[証券コード]3674
[上場区分]東証マザーズ

2004年4月	(株)デファクトスタンダードを設立
2007年6月	(株)デファクトスタンダードよりメディア事業を新設分割し(株)オークファンを設立

0462　オークマ(株)
[証券コード]6103
[上場区分]東証一部

1898年1月	(個)大隈麺機商会を設立
1916年5月	(個)大隈鐵工所に社名変更
1918年7月	(株)大隈鐵工所に改組
1936年9月	大隈鋳工(株)を設立
1942年1月	大隈鋳工(株)を合併
1942年7月	旭兵器製造(株)を設立
1945年10月	大隈興業(株)に社名変更
1951年10月	(株)大隈式麺機製作所を設立
1951年11月	(株)大隈鐵工所に社名変更
1955年10月	大隈鋳造(株)を設立(後:大隈エンジニアリング(株))
1974年12月	(株)大隈技術サービスを設立
1979年9月	オークマ マシナリー Corp.を設立
1984年3月	オークマ マシナリー Inc.を設立(後:Okuma America Corporation)
1987年2月	オークマ マシン ツールス Inc.を設立(後:Okuma America Corporation)
1988年4月	(有)大隈鉄工マシンサービスを設立(後:オークマ興産(株))
1991年4月	オークマ(株)に社名変更
1997年4月	米国三井物産(株)との合弁でOkuma Latino Americana Comercio Ltda.を設立
1997年7月	大同大隈股份有限公司を設立
2000年2月	Okuma Techno (Thailand) Ltd.を設立
2001年3月	大隈机床(上海)有限公司を設立
2002年3月	Okuma Australia Pty. Ltd.を設立
2002年7月	北一大隈(北京)机床有限公司を設立
2005年4月	Okuma New Zealand Ltd.を設立
2005年10月	〈新〉オークマ(株)に全ての営業を承継しオークマ ホールディングス(株)に商号変更
2006年7月	オークマ(株)に商号変更
2006年7月	大隈豊和機械(株)と大隈エンジニアリング(株)を吸収合併
2007年3月	Okuma India Pvt. Ltd.を設立
2009年4月	OTR Makina Sanayi ve Ticaret Ltd. Sti.を設立
2009年6月	Okuma Europe RUS LLCを設立
2011年6月	PT. Okuma Indonesiaを設立
2014年1月	Okuma Vietnam Co. Ltd.を設立

0463　小倉クラッチ(株)
[証券コード]6408
[上場区分]ジャスダックスタンダード

1938年5月	小倉製作所を設立
1948年5月	小倉精密工業(株)を設立
1952年5月	小倉製作所の事業を継承し朝香工芸社を設立
1954年2月	朝香工芸(株)に社名変更
1961年5月	(株)小倉製作所に社名変更
1962年10月	小倉クラッチ(株)に社名変更
1980年2月	東洋クラッチ(株)を設立
1985年5月	信濃機工(株)を設立
1988年1月	オグラ・コーポレーションを設立
1988年10月	東洋精工(株)を設立
1996年12月	オグラS.A.S.を設立
1998年1月	オグラ・インダストリアル・コーポレーションを設立
1999年10月	オグラクラッチ・ド・ブラジル・リミターダを設立
2000年6月	ヒューロン・プレシジョン・パーツ・コーポレーションを設立(後:オグラ・コーポレーション)
2001年4月	(株)エー・アールシーインターナショナルを設立
2001年11月	オグラクラッチ・マレーシアSDN. BHD.を設立
2002年2月	(株)コーヨーテクノを設立
2002年2月	(株)丸弘製作所を設立
2003年5月	小倉離合機(東莞)有限公司を設立
2004年6月	小倉離合機(無錫)有限公司を設立
2008年7月	オグラクラッチ・タイランドCO., LTD.を設立
2013年5月	小倉離合機(長興)有限公司を設立
2014年6月	オグラクラッチ・インディアPVT. LTD.を設立

0464　(株)オークワ
[証券コード]8217
[上場区分]東証一部

1969年2月	(株)主婦の店オークワを設立
1971年5月	ジャスコ(株)と共同で出資しジャスコ・オークワ(株)を設立
1973年6月	(株)イズミと(株)グランドタマコシと(株)ライフストアと(株)さとうと(株)平和堂と(株)八百半デパートと共同で出資し日本流通産業(株)を設立
1976年3月	(株)チェーンストアオークワに社名変更
1982年3月	和歌山津田青果(株)と共同で出資し(株)サンライズを設立
1982年4月	(株)チェーンストアオークワ友の会を設立
1985年10月	(株)オークフーズを設立
1986年2月	紀州産業(株)を合併
1991年11月	(株)オークワホームセンターを設立(後:(株)オーマート)
1991年11月	ジスト(株)を設立(後:(株)オー・エンターテイメント)
1992年2月	大桑産業(株)を吸収合併
1994年8月	湯浅プラザ(株)を吸収合併
1997年2月	(株)黒潮を設立
1999年8月	〈旧〉(株)オークワを吸収合併
2000年2月	(株)オークワに社名変更
2002年8月	(株)オーマートと(株)ジョイフル朝日が合併し(株)オージョイフルを設立
2004年11月	(有)オードラックを設立
2012年2月	(株)パレを吸収合併

0465　オー・ジー(株)

1923年1月	井村貿易(株)と山留(名)と林六兵衛商店と河内(名)と柴田安染料店が合併し**大阪合同(株)**を設立
1958年6月	大和化学工業(株)を設立
1967年4月	鈴川化学工業(株)を設立
1971年12月	東亜化成(株)を設立
1980年7月	オージー化学工業(株)を設立
1983年8月	OSAKAGODO AMERICA INC.を設立
1991年7月	**オー・ジー(株)**に社名変更
1995年9月	(株)エフ・オー・テックを設立
1995年10月	OG. ASIA (TAIWAN) CORPORATIONを設立
1995年12月	青島欧積塑膠製品有限公司を設立
1996年4月	オー・ジー和歌山(株)を設立
1997年12月	上海欧積貿易有限公司を設立
1999年4月	(株)ノアックを設立
2001年4月	オージーフィルム(株)を設立
2004年6月	OSAKAGODO KOREA CORPORATIONを設立
2004年7月	(有)大阪定温物流サービスを設立
2007年11月	長瀬産業(株)と共同で出資しオー・エヌ・コラボ(株)を設立
2009年10月	OG TRADING (THAILAND) CO., LTD.を設立
2013年3月	ARVIND OG NONWOVENS PVT. LTD.を設立
2013年9月	PT. OG ASIA INDONESIAを設立
2013年10月	OG CORPORATION INDIA PVT. LTD.を設立

0466　(株)オーシャンシステム
[証券コード]3096
[上場区分]ジャスダックスタンダード

1963年6月	ひぐち食品を創業
1977年11月	(株)ひぐち食品を改組設立
1978年11月	(株)ヨシケイ新潟を設立(後:(株)オーシャンシステム)
1979年6月	(有)ヨシケイ新潟長岡販売を設立(後:(株)オーシャンシステム)
1979年11月	ひぐち食品新潟を設立(後:(株)ひぐち食品新潟)
1982年1月	(株)ランチボックスを設立(後:(株)ランチサービス長岡)
1990年12月	(株)新潟カウボーイを設立(後:(株)チャレンジャー本社)
1994年2月	(株)日本海サービスを設立(後吸収合併)
1999年4月	ティベリウス(株)を形式上の存続会社とし株式額面変更のための合併を行い**(株)オーシャンシステム**に商号変更
2002年4月	(株)エルジョイを吸収合併

0467　小津産業(株)
[証券コード]7487
[上場区分]東証一部

1939年12月	小津商事(株)を設立
1944年12月	**小津産業(株)**に社名変更
1973年11月	旭化成工業(株)と共同で出資し(株)旭小津を設立
2011年2月	小津(上海)貿易有限公司を設立
2014年7月	Ozu (Thailand) Co., Ltd.を設立

0468　小田急電鉄(株)
[証券コード]9007
[上場区分]東証一部

1920年3月	東京高速鉄道(株)を設立
1923年5月	**小田原急行鉄道(株)**に社名変更
1927年1月	小田原急行土地(株)を合併
1940年5月	帝都電鉄(株)を合併
1941年3月	鬼怒川水力電気(株)と合併し**小田急電鉄(株)**に社名変更
1942年5月	東京横浜電鉄(株)と京浜電気鉄道(株)と合併し**東京急行電鉄(株)**に社名変更
1944年5月	京王電気軌道(株)を合併
1948年6月	東京急行電鉄(株)から分離し**小田急電鉄(株)**に社名変更
1949年10月	銀座タクシー(株)を設立(後:小田急交通(株))
1950年3月	箱根観光船(株)を設立
1951年12月	小田急砂利(株)を設立(後:小田急建材(株))
1959年4月	箱根ロープウェイ(株)を設立
1961年6月	ベストン(株)を設立(後:小田急建材ベストン(株))
1961年6月	〈旧〉(株)小田急百貨店を設立(後:(株)小田急百貨店ビル)
1963年8月	(株)オー・エックスを設立(後:小田急商事(株))
1964年12月	小田急不動産(株)を設立
1966年11月	小田急ビル代行(株)を設立(後:(株)小田急ビルサービス)
1976年5月	(株)小田急トラベルサービスを設立(後:(株)小田急トラベル)
1978年6月	(株)ホテル小田急を設立
1983年9月	(株)小田急スポーツサービスを設立
1983年10月	(株)小田急情報サービスを設立
1984年7月	(株)藤沢小田急を設立(後:(株)小田急百貨店)
1988年12月	(株)北欧トーキョーを設立
1990年2月	(株)小田急キャップエージェンシーを設立(後:(株)小田急エージェンシー)
1990年10月	(株)小田急レストランシステムを設立
1995年5月	(株)ホテル小田急静岡を設立
1997年1月	(株)ホテル小田急サザンタワーを設立
1998年2月	(株)小田急ランドフローラを設立
2000年8月	小田急箱根高速バス(株)を設立
2002年2月	(株)小田急ホテルズアンドリゾーツを設立
2003年7月	箱根施設開発(株)を設立
2003年8月	小田急カード(株)を設立
2005年10月	小田急カード(株)を吸収合併
2013年4月	小田急西新宿ビル(株)を吸収合併

0469　(株)小田原エンジニアリング
[証券コード]6149
[上場区分]ジャスダックスタンダード

1979年10月	(株)小田原鉄工所から分離独立し**(株)小田原エンジニアリング**を設立
1986年5月	ODAWARA AMERICA CORP.を設立
1988年4月	小田原オートメーション長岡を設立

0470　(株)小田原機器
[証券コード]7314
[上場区分]ジャスダックスタンダード

おちほるて

1979年10月	(株)小田原鉄工所から機器事業部の営業権譲渡を受け(株)小田原機器を設立
1999年10月	(株)オーバルテックを設立

0471　OCHIホールディングス(株)
[証券コード]3166
[上場区分]東証一部

1955年5月	(個)越智商店を創業
1958年10月	(株)越智商店に改組
1970年6月	越智産業(株)に社名変更
1988年3月	ムライ住宅産業(株)を設立(後：(株)ホームコア)
1994年4月	ハウステクノ(株)を設立
1996年12月	ウィンテリア(株)を設立(後：(株)新建)
2000年11月	小林(株)との均等出資により(株)ウエストハウザーを設立
2003年9月	(株)タカクラマテリアル販売を設立
2010年10月	越智産業(株)の単独株式移転によりOCHIホールディングス(株)を設立

0472　(株)ODKソリューションズ
[証券コード]3839
[上場区分]ジャスダックスタンダード

1963年4月	大阪電子計算(株)を設立
1998年7月	(株)オーディーケイ情報システムを設立
2006年9月	(株)ODKソリューションズに商号変更

0473　(株)オーテック
[証券コード]1736
[上場区分]ジャスダックスタンダード

1934年5月	大石商店を創業
1948年7月	大石商事(株)に改組
1951年2月	大和バルブ工業(株)を設立(後：(株)大和バルブ)
1976年6月	道東大石商事(株)を設立(後：(株)道東オーテック)
1977年3月	九州大石商事(株)を設立(後：(株)九州オーテック)
1980年10月	(株)システム計装を設立(後：(株)オーテックサービス北海道)
1988年	(株)オーテックに社名変更

0474　オーデリック(株)
[証券コード]6889
[上場区分]ジャスダックスタンダード

1951年6月	(株)大山金属製作所を設立
1956年7月	大山電機工業(株)に社名変更
1966年7月	(株)朝日照明を設立(後：朝日照明硝子(株))(後：オーデリック貿易(株))
1968年8月	(株)京葉照明を設立(後：(株)日本ライティング)
1971年4月	九州オオヤマ販売(株)を設立(後：オーデリック貿易(株))
1973年11月	オーヤマ照明(株)に社名変更
1995年4月	(株)オーヤマデザイン研究所とオーヤマ通商を吸収合併
1996年1月	オーデリック(株)に社名変更

0475　(株)オートウェーブ
[証券コード]2666
[上場区分]ジャスダックスタンダード

1990年9月	(株)オートウェーブを設立
1990年12月	(株)ピットライヴを設立
1995年2月	(株)ベルガレージを設立
1996年4月	(株)ピットライヴを吸収合併
1999年6月	(株)シーエムサウンドを設立
2010年3月	(株)シー・エフ・シーを吸収合併
2010年4月	(株)シーエムサウンドと(株)ばるクルを吸収合併

0476　(株)オートバックスセブン
[証券コード]9832
[上場区分]東証一部

1947年2月	末広商会を設立
1948年8月	(株)富士商会に社名変更
1958年1月	〈旧〉大豊産業(株)を設立
1978年2月	〈旧〉(株)オートバックスセブンに社名変更
1979年3月	〈旧〉大豊産業(株)と(株)オートバックス・東大阪を吸収合併し大豊産業(株)に社名変更
1980年3月	(株)オートバックスセブンに社名変更
1986年3月	(株)オートバックス・まるがめと(株)オートバックス香西と(株)オートバックス福岡長尾と(株)オートバックス松山北と(株)オートバックス東名インターを吸収合併
1999年8月	オートバックスセブンヨーロッパS.A.S.を設立(後：オートバックスフランスS.A.S.)

0477　(株)オーナミ
[証券コード]9317
[上場区分]東証二部

1949年11月	大浪運輸倉庫(株)を設立
1998年7月	(株)オーナミに社名変更
2012年4月	欧那美国際貨運代理(上海)を設立

0478　オーナンバ(株)
[証券コード]5816
[上場区分]東証二部

1942年11月	(株)大阪スピンドル製作所を設立
1943年3月	(株)大阪航空電機製作所に社名変更
1946年4月	(株)大阪警報機製作所に社名変更
1948年6月	オーナンバ歯冠製造(株)に社名変更
1952年1月	オーナンバ化工(株)に社名変更
1978年10月	SINGAPORE ONAMBA PRIVATE LTD.を設立(後解散)
1980年5月	三重オーナンバ(株)を設立(後：ウエストオーナンバ)(後：オーナンバインターコネクトテクノロジー(株))
1981年4月	オーナンバ(株)に社名変更
1986年10月	O&S CALIFORNIA, INC.を設立
1987年8月	ONAMBA(M) SDN. BHD.を設立
1989年7月	東北オーナンバ(株)を設立(後解散)
1994年9月	欧南芭電子配件(昆山)有限公司を設立
1996年1月	PT. ONAMBA INDONESIAを設立
1997年1月	ONAMBA(THAILAND) CO., LTD.を設立
2001年6月	CZECH REPUBLIC ONAMBA S.R.O.を設立
2006年3月	O & M SOLAR S.R.O.を設立(後解散)

2007年5月	VIETNAM ONAMBA CO., LTD.を設立	1982年	(株)ビーブランド・メディコーデンタルを設立
2012年3月	テス・エンジニアリング(株)と合弁でインテリジェントソーラーシステム(株)を設立	1998年	オノ・ファーマ・ユーエスエー インクとオノ・ファーマ・ユーケー・リミテッドを設立
2012年8月	欧南芭(上海)貿易有限公司を設立	2013年	韓国小野薬品工業(株)を設立
		2014年	台湾小野薬品工業股份有限公司を設立

0479 (株)オーネックス
[証券コード]5987
[上場区分]ジャスダックスタンダード
- 1951年8月　大屋熱処理(株)を設立
- 1991年6月　(株)オーネックスに社名変更
- 2004年1月　(株)オーネックス山口を吸収合併
- 2014年5月　(株)オーネックステックセンターを設立

0480 小野建(株)
[証券コード]7414
[上場区分]東証一部
- 1949年8月　(株)小野建材社を設立
- 1957年2月　小野建(株)に社名変更
- 2002年8月　西日本スチールセンター(株)を設立
- 2010年9月　小野建沖縄(株)を設立
- 2013年3月　横浜鋼業(株)を吸収合併

0481 小野産業(株)
[証券コード]7858
[上場区分]ジャスダックスタンダード
- 1943年6月　第一工業(株)に社名変更
- 1945年9月　小野産業(株)に社名変更
- 1996年3月　(株)フナトを設立
- 2004年9月　OSK INTERNATIONAL (H.K.) LIMITEDを設立(後清算)

0482 (株)小野測器
[証券コード]6858
[上場区分]東証一部
- 1957年10月　(株)小野測器製作所を設立
- 1980年4月　(株)小野測器に社名変更
- 1986年10月　オノソッキ テクノロジーインクを設立
- 1987年6月　小野測器エンジニアリング(株)を設立
- 1990年1月　オノ テクノ システム(株)を設立
- 1990年4月　オノ エンタープライズ(株)を設立
- 1992年6月　小野測器カスタマーサービス(株)を設立(後:(株)小野測器宇都宮)
- 1992年7月　オンテックマニュファクチュアフアリング(株)を設立(後:小野測器製造(株))
- 1998年1月　ユーテック(株)を設立
- 2009年2月　オノソッキ(タイランド)を設立
- 2012年5月　オノソッキインディアを設立
- 2012年8月　上海小野測器測量技術有限公司を設立

0483 小野薬品工業(株)
[証券コード]4528
[上場区分]東証一部
〈(名)小野市兵衛商店系〉
- 1717年　(個)伏見屋市兵衛商店を設立
- 1934年　(名)小野市兵衛商店に社名変更

〈小野薬品工業系〉
- 1947年7月　日本有機化学工(株)を設立
- 1948年11月　小野薬品工業(株)に社名変更
- 1949年2月　(名)小野市兵衛商店を吸収合併
- 1969年　(株)現代医療社を設立

0484 (株)オーハシテクニカ
[証券コード]7628
[上場区分]東証一部
- 1953年3月　大橋商事(株)を設立
- 1974年5月　大橋興産(株)を設立
- 1987年4月　FasTac, Inc.を設立(後:OHASHI TECHNICA U.S.A., INC.)
- 1987年5月　(株)オーハシテクニカに社名変更
- 1994年3月　O.S.Technology, Inc.を設立(後:OHASHI TECHNICA U.S.A. MANUFACTURING INC.)
- 1997年1月　OHASHI TECHNICA (THAILAND) CO., LTD.を設立
- 1998年4月　大橋興産(株)を吸収合併
- 1999年12月　OHASHI TECHNICA UK, LTD.を設立
- 2000年10月　OHASHI SATO (THAILAND) CO., LTD.を設立
- 2002年6月　大橋精密電子(上海)有限公司を設立
- 2002年10月　(株)オーティーシーロジスティクスを設立(後:(株)オーハシロジスティクス)
- 2003年9月　大橋精密件(上海)有限公司を設立
- 2004年11月　大橋精密件製造(広州)有限公司を設立
- 2011年7月　広州大中精密件有限公司を設立
- 2015年4月　台灣大橋精密股份有限公司を設立

0485 (株)オハラ
[証券コード]5218
[上場区分]東証一部
- 1935年10月　小原光学硝子製造所を創立
- 1941年11月　(有)小原光学硝子製造所を設立
- 1944年2月　(株)小原光学硝子製造所を改組設立
- 1981年8月　Ohara Optical Glass Inc.を設立(後:Ohara Corporation)
- 1985年5月　(株)オハラに商号変更
- 1986年9月　台湾小原光学股份有限公司を設立
- 1987年5月　(有)オーピーシーを設立(後:(株)オーピーシー)
- 1990年1月　OHARA GmbHを設立
- 1991年11月　OHARA OPTICAL (M) SDN.BHD.を設立
- 1996年5月　OHARA DISK (M) SDN.BHD.を設立
- 2002年5月　小原光学(香港)有限公司を設立
- 2002年12月　小原光学(中山)有限公司を設立
- 2012年3月　台湾小原光学材料股份有限公司を設立

0486 OBARA GROUP(株)
[証券コード]6877
[上場区分]東証一部
- 1958年12月　小原金属工業(株)を設立
- 1971年5月　スピードファム(株)を設立
- 1987年9月　OBARA KOREA CORP.を設立
- 1988年8月　**OBARA**(株)に社名変更

おはる

1990年1月	OBARA（MALAYSIA）SDN.BHD.を設立
1992年10月	小原サプライズ（株）を吸収合併
1994年12月	OBARA（NANJING）MACHINERY & ELECTRIC CO., LTD.を設立
1996年10月	OBARA（THAILAND）CO., LTD.を設立
2001年9月	OBARA（SHANGHAI）CO., LTD.を設立
2001年9月	SPEEDFAM MECHATRONICS（SHANGHAI）., LTD.を設立
2003年8月	OBARA AUSTRALIA PTY. LTD.を設立
2008年2月	LLC OBARA RUSを設立
2011年10月	**OBARA GROUP（株）**に社名変更
2013年6月	SPEEDFAM MECHATRONICS（NANJING）LTD.を設立

0487　（株）オーバル
[証券コード]7727
[上場区分]東証一部

1949年5月	オーバル機器工業（株）を設立
1979年8月	日本プラント（株）と共同で出資し関東オーバルサービス（株）を設立
1979年9月	山陽オーバルメンテナンス（株）を設立（後：（株）オーバルテクノ）
1983年1月	千葉オーバル（株）を設立（後：（株）オーバルテクノ）
1983年5月	OVAL KOREA LIMITEDを設立
1983年8月	オーバルアシスタンス（株）を設立（後：（株）オーバルテクノ）
1988年4月	エヌケーオーバル（株）を設立（後：（株）オーバルテクノ）
1991年10月	OVAL SINGAPORE PTE.LTD.を設立
1992年12月	（株）オーバルに社名変更
1993年8月	YANG INSTRUTECH CO., LTD.を設立
1996年4月	HEFEI OVAL INSTRUMENT CO., LTD.を設立
1998年6月	SHANGHAI OVAL INSTRUMENT CO., LTD.を設立
1999年9月	（株）オーバルテクノを設立
2002年9月	OVAL EUROPE B.V.を設立（後清算）
2004年4月	OVAL GAS ENGINEERING KOREA COMPANYを設立
2005年4月	（株）オーバルテクノを吸収合併
2005年8月	HEFEI OVAL INSTRUMENT SALES CO., LTD.を設立
2009年3月	（株）宮崎オーバルを設立
2010年7月	HEFEI OVAL AUTOMATION CONTROL SYSTEM CO., LTD.を設立

0488　（株）オービス
[証券コード]7827
[上場区分]ジャスダックスタンダード

1959年11月	（有）中浜材木店を設立
1974年9月	中浜木材（株）を改組設立
1978年3月	中浜住宅（株）を設立（後：中浜ハウス（株））
1981年5月	日本梱包（株）を設立（後：日之出興業（株））
1990年9月	中浜ハウス（株）と中浜木材（株）が合併し（株）オービス・ナカハマに商号変更
1992年4月	（株）オービスに商号変更
2000年12月	TUI MARITIME S.A.を設立（後清算）

0489　（株）オービック
[証券コード]4684
[上場区分]東証一部

1968年4月	（株）大阪ビジネスを設立
1972年8月	（株）オービーシステムを設立
1974年1月	（株）オービックに商号変更
1976年7月	（株）オービックオフィスオートメーションを設立
1979年11月	（株）オービックオフィスオートメーション・中部を設立（後：（株）オービックオフィスオートメーション）
1980年12月	（株）オービックビジネスコンサルタントを設立
1981年9月	（株）オービックビジネスソリューションを設立
1982年8月	（株）オービックシステムエンジニアリング（大阪）を設立（後：（株）オービックシステムエンジニアリング）
1983年4月	（株）オービックシステムエンジニアリング（東京）を設立（後：（株）オービックシステムエンジニアリング）
1983年10月	（株）オービックシステムエンジニアリング（名古屋）を設立（後：（株）オービックシステムエンジニアリング）
1983年11月	（株）新潟オービックシステムエンジニアリングを設立
2012年10月	（株）オービックシステムエンジニアリングと（株）オービックビジネスソリューションを吸収合併

0490　（株）オービックビジネスコンサルタント
[証券コード]4733
[上場区分]東証一部

1980年12月	（株）ビック・システム・コンサルタント・グループを設立
1981年5月	（株）オービックビジネスコンサルタントに社名変更
2004年4月	Shanghai OBC Safe Software Co., Ltd.（上海欧比西晟峰軟件有限公司）を設立

0491　オプテックス（株）
[証券コード]6914
[上場区分]東証一部

1979年5月	オプテックス（株）を設立
1983年5月	サンエー電機（株）と共同で出資しオフロム（株）を設立
1985年9月	OPTEX（U.S.A.）, INC.を設立
1989年4月	エルヴィン・ジック社との合弁でジックオプテックス（株）を設立
1989年5月	サンオクト（株）を設立
1990年1月	オーバルオプテックス（株）を設立
1990年1月	オーバルテックス（株）を設立
1991年5月	OPTEX（EUROPE）LTD.を設立
1992年4月	OPTEX AMERICA, INC.を設立

1994年2月	OPTEX (H.K.), LTD.を設立
1997年1月	OPTEX ELECTRONICS (TAIWAN), LTD.を設立(後清算)
1999年7月	OPTEX INCORPORATEDを設立
2002年1月	オプテックス・エフエー(株)を設立
2003年2月	OPTEX KOREA CO., LTD.を設立
2003年4月	OPTEX SECURITY SASを設立
2004年4月	技研トラステム(株)を設立
2004年12月	OPTEX TECHNOLOGIES INC.とOPTEX SECURITY Sp.z o.o.を設立
2005年8月	OPTEX (DONGGUAN) CO., LTD.を設立
2011年10月	OPTEX SECURITY, LLCを設立
2012年12月	OPTEX PINNACLE INDIA PRIVATE LIMITEDとOPTEX DO BRASIL LTDA.を設立

0492 オプテックス・エフエー(株)
[証券コード]6661
[上場区分]ジャスダックスタンダード

2002年1月	オプテックス(株)の産業用光電センサ事業部門を分社化しオプテックス・エフエー(株)を設立
2013年7月	日本エフ・エーシステム(株)を吸収合併
2013年9月	センサビジョン(株)を設立
2013年11月	広州奥泰斯工業自動化控制設備有限公司を設立

0493 (株)オプトエレクトロニクス
[証券コード]6664
[上場区分]ジャスダックスタンダード

1976年12月	(株)オプトエレクトロニクスを設立
1984年3月	Opticon, Inc.を設立
1991年1月	Option Sensors Pty.Ltd.を設立
1993年4月	(株)オプトとオプトジャパン(株)を設立
1995年12月	(株)オプトとオプトジャパン(株)を吸収合併
2009年6月	北海道電子工業(株)を設立

0494 (株)オプトホールディング
[証券コード]2389
[上場区分]東証一部

1994年3月	(有)デカレックスを設立
1995年4月	(株)オプトに社名変更
2002年12月	(株)イースマイを設立(後:(株)ネクスト)
2005年5月	(株)クラシファイドを設立
2006年6月	クロスフィニティ(株)を設立
2009年12月	ソウルドアウト(株)を設立
2011年7月	(株)Platform IDを設立
2013年1月	(株)Consumer firstを設立
2013年12月	glocom, Inc.を設立
2014年9月	(株)グルーバーを設立
2015年	(株)オプトホールディングに持株会社への移行に伴い商号変更

0495 (株)オープンハウス
[証券コード]3288
[上場区分]東証一部

1997年9月	(株)オープンハウスを創業
2001年9月	創建ビルド(有)を完全子会社化(後:(株)創建ビルド)

0496 オーベクス(株)
[証券コード]3583
[上場区分]東証二部

1893年12月	東京帽子(株)を設立
1944年7月	東邦製帽(株)を合併
1985年4月	オーベクス(株)に社名変更
1987年4月	朝日商事(株)を設立
2001年4月	(株)エーエムアイ研究所を設立
2005年11月	天津奥貝庫斯技研有限公司(中国天津市)を設立

0497 オーミケンシ(株)
[証券コード]3111
[上場区分]東証二部

1917年8月	近江絹綿(株)を設立
1919年12月	近江絹糸紡績(株)に社名変更
1937年6月	第二近江絹糸紡績(株)を合併
1941年9月	大島光綿紡績(株)を合併
1943年2月	中山織布(株)を合併
1943年6月	日本絹糸紡績(株)を合併
1943年12月	関東紡績(株)を合併
1968年8月	オーミケンシ(株)に社名変更
1969年8月	ミカレディ(株)を設立
1973年6月	オーミ・ジロー・ローレンゼッチ繊維工業(株)を設立(後:オーミ・ド・ブラジルテキスタイル(株))
1975年9月	エルエ(株)を設立
1975年9月	オーミ緑化(株)を設立
1975年9月	キャメリアン(株)を設立
1975年9月	サンドライ(株)を設立
1975年9月	ドレスコ(株)を設立
1995年	オーミケンシキャリアサービス(株)を設立
1996年	オーミ建設(株)を設立
2006年1月	近絹(上海)商貿有限公司を設立
2010年10月	オーミ・リアルエステート(株)とミカレディ(株)とオーミケンシレーヨン(株)を吸収合併

0498 オムロン(株)
[証券コード]6645
[上場区分]東証一部

1933年5月	(個)立石電機製作所を設立
1948年5月	立石電機(株)に社名変更
1955年1月	(株)西京電機製作所を設立
1955年1月	(株)立石電機研究所を設立
1955年1月	立石電機販売(株)を設立
1959年2月	(株)立石電機研究所を合併
1960年12月	(株)立石電機草津製作所を設立
1961年4月	(株)立石電機三島製作所を設立
1964年10月	(株)西京電機立石製作所を設立
1965年4月	立石電機販売(株)と(株)西京電機立石製作所を吸収合併
1986年4月	OMRON MANAGEMENT CENTER OF AMERICA, INC.を設立
1988年9月	OMRON EUROPE B.V.を設立
1988年10月	OMRON ASIA PACIFIC PTE.LTD.を設立
1990年1月	オムロン(株)に社名変更
1994年5月	OMRON (CHINA) CO., LTD.を設立
2003年4月	オムロンリレーアンドデバイス(株)を

	設立		1967年6月	シンセツ工業(株)を設立
2003年7月	オムロンヘルスケア(株)を設立		1968年10月	〈旧〉(株)オリイを設立
2004年10月	オムロンアミューズメント(株)を設立		1979年2月	(株)オリイ自動機製作所に社名変更
2008年7月	オムロンセミコンダクターズ(株)を吸収合併		1979年7月	オリイ商事(株)を設立
2010年4月	オムロンスイッチアンドデバイス(株)を設立		1980年8月	オリイ精機(株)を設立
2010年5月	オムロンオートモーティブエレクトロニクス(株)を設立		1981年1月	(株)苅谷製作所を設立
			1985年6月	〈旧〉(株)オリイとシンセツ工業(株)とオリイ商事(株)を吸収合併し(株)オリイに社名変更
2010年11月	オムロンソーシアルソリューションズ(株)を設立		2000年12月	メックマシナリー(株)を吸収合併しオリイメック(株)に社名変更
2012年1月	OMRON MANAGEMENT CENTER OF INDIAを設立		2002年1月	欧立美克香港有限公司を設立
2012年4月	Omron Management Center of Latin Americaを設立		2002年11月	広州欧立机電有限公司を設立
			2004年4月	Oriimec (Thailand) Co.Ltd.を設立
2013年10月	OMRON VIETNAM CO., LTDを設立		2006年7月	欧立美克(上海)貿易有限公司を設立
2014年7月	オムロンベンチャーズ(株)を設立		2013年2月	ORIIMEC DE MEXICO S.A.DE.C.V.を設立
			2014年7月	Oriimec Trading (Thailand) Co.Ltd.を設立

0499 OUGホールディングス(株)
［証券コード］8041
［上場区分］東証一部

1946年6月	(株)大魚組を設立
1947年8月	大阪魚(株)に商号変更
1948年3月	大阪魚市場(株)に商号変更
1950年12月	北海商運(株)を吸収合併
1953年2月	大丸水産(株)を吸収合併
1956年11月	(株)中水を吸収合併
1964年11月	大阪東部水産市場(株)を設立
1967年4月	(株)和歌魚を設立(後：和歌山魚類(株))
2006年10月	OUGホールディングス(株)に商号変更
2006年10月	〈新〉大阪魚市場(株)を設立
2007年10月	大阪魚市場(株)と和歌山魚類(株)と滋賀県魚市場(株)の3社が大阪魚市場(株)を存続会社として合併し(株)うおいちに商号変更
2007年10月	大栄太源(株)を完全子会社化
2008年4月	大栄太源(株)と(株)スイチョクとやまは食品(株)の3社が大栄太源(株)を存続会社として合併し(株)ショクリューに商号変更

〈大栄太源系〉
1949年6月	大栄水産(株)を設立
1959年11月	(株)太源を設立
1960年4月	大栄食品(株)を設立
1965年6月	大栄水産(株)と(株)太源と大栄食品(株)が合併し大栄太源(株)を設立

〈スイチョク系〉
1949年7月	大阪水産物販売(株)を設立
1950年	大阪水産物直売(株)に商号変更
1991年9月	(株)スイチョクに商号変更

〈やまは食品系〉
1980年6月	金丸商事(株)を設立(後：(株)西日本食販)
1985年10月	金丸食品(株)を設立
1993年4月	(株)西日本食販と金丸食品(株)を合併しヤマハ食品(株)を設立
2004年7月	やまは食品(株)に商号変更

0500 オリイメック(株)
1962年7月	(有)オリイ自動機製作所を設立

0501 オリエンタルチエン工業(株)
［証券コード］6380
［上場区分］東証二部

1947年8月	オリエンタルチエン工業(株)を設立
1961年1月	オリエンタル機械(株)を設立
1963年4月	オリエンタルチエン販売(株)を設立(後解散)
1986年1月	オリエンタル機械(株)を吸収合併

0502 (株)オリエントコーポレーション
［証券コード］8585
［上場区分］東証一部

1954年12月	協同組合広島クーポンを設立
1961年8月	広島信用販売(株)に社名変更
1967年5月	広島信販(株)に社名変更
1973年4月	〈別〉(株)オリエントファイナンスと合併(額面変更)しオリエントファイナンス(株)に社名変更
1985年12月	(株)オリコ商事を設立(後：(株)オリコビジネス＆コミュニケーションズ)
1989年10月	(株)オリエントコーポレーションに社名変更
1990年7月	コンバインド保険会社《米国》と共同で出資しオリエントエイオン生命保険(株)を設立
1998年4月	台湾歐利克(股)有限公司を設立
1999年1月	日本債権回収(株)を設立
2003年6月	(株)オリコ中部と(株)中四国を設立
2004年2月	(株)オリコ東北と(株)オリコ関西と(株)オリコ九州と(株)オリコ北海道と(株)オリコ関東を設立
2004年3月	オリファサービス債権回収(株)を設立
2006年4月	(株)オリコオートホールディングスを設立(後：(株)オリコサポート)
2007年3月	オートローン保証会社と(株)CAL信用保証を設立
2007年5月	(株)オリコ東京を設立
2008年3月	(株)オリコ西関東と(株)オリコオートリースを設立

0503 オリコン(株)
［証券コード］4800
［上場区分］ジャスダックスタンダード

	1999年10月	(株)おりこんダイレクトデジタルを設立
	2001年6月	オリコン・グローバルエンタテインメント(株)に商号変更
	2002年7月	オリコン(株)に商号変更

0504　オリジナル設計(株)
［証券コード］4642
［上場区分］東証二部
　　1962年1月　　(株)オリジナル設計事務所を設立
　　1987年1月　　(株)共同計算センターを設立(後：(株)情報資源管理センター)
　　1988年1月　　オリジナル設計(株)に社名変更
　　1993年12月　　(株)情報資源管理センターを吸収合併
　　2000年4月　　(株)オーイーシーシステムズを設立(吸収合併)
　　2000年4月　　シーオーエヌエス(株)を設立(後：(株)ウルシ)
　　2010年1月　　(株)カンザイを吸収合併

0505　オリジン電気(株)
［証券コード］6513
［上場区分］東証一部
　　1938年5月　　富士電炉工業(株)を設立
　　1952年12月　　オリジン電気(株)に社名変更
　　1970年7月　　北海道オリジン(株)を設立
　　1988年6月　　結城オリジン(株)を設立
　　1998年1月　　埼玉オリジン(株)を設立
　　2000年3月　　三木産業(株)と合弁でオリジン・ミキ(タイランド)(株)を設立
　　2000年6月　　オリジン・エレクトリック・アメリカ(株)を設立
　　2001年11月　　上海欧利生東邦塗料有限公司を設立
　　2004年4月　　欧利晶精密机械(上海)有限公司を設立
　　2004年11月　　欧利生塗料(天津)有限公司を設立
　　2007年1月　　欧利生東邦塗料(東莞)有限公司を設立

0506　オリックス(株)
［証券コード］8591
［上場区分］東証一部
〈オリエント・リース系〉
　　1950年3月　　(株)三木伊本店を設立
　　1971年8月　　日綿實業(株)と日商(株)と岩井産業(株)と(株)三和銀行と東洋信託銀行(株)と(株)日本勧業銀行と(株)神戸銀行と(株)日本興業銀行が出資しオリエント・リース(株)を設立

　　　　　　　＊　　＊　　＊　　＊

　　1971年9月　　Orient Leasing (Hong Kong) Ltd.を設立(後：ORIX Asia Limited)
　　1971年10月　　〈旧〉オリエント・リース(株)と合併(額面変更のため)
　　1972年3月　　オリエント・リース・インテリア(株)を設立(後：オリックス・アルファ(株))
　　1973年6月　　オリエント・オート・リース(株)を設立(後：オリックス・オート・リース(株))(後：オリックス自動車(株))
　　1973年9月　　United Orient Leasing Company Bhd.を設立(後：ORIX Leasing Malaysia Berhad)
　　1975年4月　　P.T.Orient Bina Usaha Leasingを設立(後：PT.ORIX Indonesia Finance)
　　1976年9月　　オリエント測器レンタル(株)を設立

		(後：オリックス・レンテック(株))
	1979年6月	ファミリー信販(株)を設立(後：オリックス・クレジット(株))
	1981年8月	Orient Leasing Containers, Inc.を設立(後：ORIX USA Corporation))
	1985年2月	バジェット・レンタカー(株)を設立(後：オリックス・レンタカー(株))(後：オリックス自動車(株))
	1986年7月	Budget Orient Leasing Limitedを設立(後：ORIX Australia Corporation Limited)
	1986年12月	大阪市岡(株)を設立(後：オリックス市岡(株))
	1989年4月	オリックス(株)に社名変更
	1990年1月	オリックス・コモディティーズ(株)を設立
	1991年3月	ORIX Aviation Systems Limitedを設立
	1991年4月	オリックス・オマハ生命保険(株)を設立(後：オリックス生命保険(株))
	1999年3月	オリックス・リアルエステート(株)を設立(後：オリックス不動産(株))
	1999年4月	オリックス債権回収(株)を設立
	2009年12月	欧力士(中国)投資有限公司を設立

0507　(株)オリバー
［証券コード］7959
［上場区分］名証二部
　　1967年12月　　富士スチール(株)を設立
　　1969年11月　　日本ソファー(株)を設立(後：富士ホームセット工業(株))
　　1982年10月　　(株)富士ユーザックを設立
　　1986年10月　　富士ホームセット工業(株)を吸収合併
　　1987年10月　　(株)オリバーに社名変更
　　1988年8月　　オリバーファーム・ニュージーランドLTD.を設立
　　1994年9月　　オリバーアメリカ・インターナショナルINC.を設立

0508　オリンパス(株)
［証券コード］7733
［上場区分］東証一部
　　1919年10月　　(株)高千穂製作所を設立
　　1942年5月　　高千穂光学工業(株)に社名変更
　　1949年1月　　オリンパス光学工業(株)に社名変更
　　1964年5月　　Olympus Optical Co. (Europa) GmbHを設立(後：Olympus Europa Holding GmbH)
　　1968年1月　　Olympus Corporation of Americaを設立(後：Olympus America Inc.)
　　1969年5月　　オリンパス精機(株)を設立(後：オリンパス光電子)
　　1972年11月　　オリンパス販売(株)を設立
　　1977年3月　　Olympus Camera Corporationを設立(後：Olympus America Inc.)
　　1988年10月　　Olympus Hong Kong Limitedを設立(後：Olympus Asset Management Limited)
　　1990年6月　　Olympus USA Incorporatedを設立(後：Olympus Corporation of the Americas)
　　1991年5月　　SYMBOL TECHNOLOGIES INC.《米国》と共同で出資し(株)オリンパ

1991年12月	スシンボルを設立 Olympus (Shenzhen) Industrial Ltd.を設立
2001年3月	ノバスジーン（株）を設立
2002年4月	オリンパスオプトテクノロジー（株）を設立（後：長野オリンパス（株））
2003年4月	オリンパステクニカルサービス（株）を設立
2003年4月	オリンパスプロマーケティング（株）を設立
2003年4月	オルテック（株）を設立
2003年10月	**オリンパス(株)**に社名変更
2004年10月	オリンパスイメージング（株）を設立
2004年10月	オリンパスメディカルシステムズ（株）を設立
2005年6月	Olympus NDT Corporationを設立
2010年5月	オリンパスビジネスクリエイツ（株）を設立

0509　（株）Olympicグループ
［証券コード］8289
［上場区分］東証一部

1973年3月	〈旧〉（株）オリンピックショッピングセンターより分離し（株）オリンピックショッピングセンターを設立
1973年10月	（株）シジシージャパンを設立
1985年11月	（株）町田興産を設立
1987年3月	（有）千葉総合卸売センターと（有）上東興産を吸収合併
1988年5月	**（株）オリンピック**に社名変更
1989年3月	（株）町田興産を吸収合併
1992年12月	（株）アバンセを設立
1997年8月	〈旧〉（株）ホームピックを設立
2000年1月	（株）フレムピックを設立
2001年4月	（株）オー・エス・シー・フーズを設立
2005年2月	（株）OSCフットウェアーを設立
2005年3月	（株）OSCゴルフワールドを設立
2006年2月	（株）ホームピックを吸収合併
2008年2月	（株）ペティアを設立（後：（株）動物総合医療センター）
2008年7月	（株）おうちDEPOを設立（後：（株）Kマート）
2013年6月	**（株）Olympicグループ**に商号変更
2014年9月	（株）OSCサイクルを設立
2014年12月	（株）サイクルオリンピックと（株）ユアペティアと（株）シューズフォレストと（株）おうちDEPOを設立
2015年1月	（株）フォルムを設立

0510　（株）オールアバウト
［証券コード］2454
［上場区分］ジャスダックスタンダード

2000年6月	（株）オールアバウトを設立
2006年8月	（株）オールアバウトフィナンシャルサービスを設立
2011年4月	（株）オールアバウトエンファクトリーを設立
2014年4月	合同会社カーコンマーケットを設立

0511　オルガノ（株）
［証券コード］6368
［上場区分］東証一部

1941年7月	山梨化学興業（株）を設立
1946年5月	（株）日本オルガノ商会に社名変更
1961年5月	オルガノソフナー（株）を設立（後：東京オルガノ商事（株））
1966年2月	**オルガノ（株）**に社名変更
1972年4月	九州オルガノ商事（株）を設立
1972年10月	北海道オルガノ商事（株）を設立
1974年7月	オルガノ工事（株）を設立（後：オルガノプラントサービス（株））
1985年11月	オルガノメンテナンスサービス（株）を設立（後：オルガノプラントサービス（株））
1986年1月	オルガノ（マレーシア）SDN.BHD.を設立（後：オルガノ（アジア）SDN.BHD.）
1989年3月	オルガノ（タイランド）CO., LTD.を設立
2000年4月	中部オルガノ商事（株）を設立
2000年4月	東北オルガノ商事（株）を設立
2002年7月	オルガノローディアフードテクノ（株）を設立（後：オルガノフードテック（株））
2003年9月	オルガノ（蘇州）水処理有限公司を設立
2005年7月	オルガノ・テクノロジー有限公司を設立
2009年10月	オルガノエコテクノ（株）を設立
2014年4月	オルガノ北海道（株）とオルガノ東北（株）とオルガノ東京（株）とオルガノ中部（株）とオルガノ関西（株）とオルガノ九州（株）とオルガノ山下薬品（株）を吸収合併

0512　（株）オルトプラス
［証券コード］3672
［上場区分］東証一部

2010年5月	（株）オルトプラスを設立
2013年3月	グリー（株）との合弁で（株）オルトダッシュを設立
2013年9月	ALTPLUS VIETNAM Co., Ltd.（ベトナム社会主義共和国）を設立
2014年10月	AltPlus Korea Inc.（大韓民国）を設立

0513　尾張精機（株）
［証券コード］7249
［上場区分］名証二部

1906年5月	尾張時計（株）を設立
1918年7月	帝国機械製造（株）に社名変更
1943年8月	尾張時計航空機工業（株）に社名変更
1945年8月	尾張時計（株）に社名変更
1962年5月	**尾張精機（株）**に社名変更
2002年4月	OSR, INC.を設立
2002年12月	OWARI PRECISION PRODUCTS (INDIA) PVT. LTD.を設立
2004年8月	合克薩斯（へくさす）精工（嘉興）有限公司を設立
2007年3月	OYT CO., LTD.を設立

0514　オンキヨー（株）
［証券コード］6628
［上場区分］ジャスダックスタンダード

1946年9月	（株）大阪電気音響社を設立
1971年9月	**オンキヨー（株）**に社名変更
2010年10月	オンキヨー（株）を単独株式移転の方法により設立
2010年12月	オンキヨーエレクトロニクス（株）と

		オンキヨーデジタルソリューションズ（株）とオンキヨーマーケティングジャパン（株）へ事業を継承させオンキヨーサウンド＆ビジョン（株）を設立
	2012年6月	Moneual Inc.と合弁でMoneual Onkyo Lifestyle Inc.を設立
	2012年6月	国光電器股份有限公司と合弁で広州安橋国光音響有限公司を設立
	2015年1月	Pioneer & Onkyo U.S.A. Corporationを設立

0515　オンコセラピー・サイエンス（株）
[証券コード]4564
[上場区分]東証マザーズ

	2001年4月	オンコセラピー・サイエンス（株）を設立
	2004年8月	（株）医学生物学研究所と合弁にてイムナス・ファーマ（株）を設立
	2006年6月	ワクチン・サイエンス（株）を設立（後吸収合併）
	2010年5月	Laboratoires OncoTherapy Science France S.A.R.L.を設立

0516　オンコリスバイオファーマ（株）
[証券コード]4588
[上場区分]東証マザーズ

	2004年3月	オンコリスバイオファーマ（株）を設立
	2011年6月	オンコリスダイアグノスティクス（株）を設立

0517　（株）音通
[証券コード]7647
[上場区分]東証二部

	1981年8月	（株）音通を設立
	1993年4月	（株）サンフレアを設立（後吸収合併）
	2005年4月	フォーレスト（株）との合弁会社としてマクロス（株）を設立
	2006年6月	（株）音通アミューズメントを設立
	2007年4月	（株）第一興商と合弁で会社（株）ビデオエイティーを設立
	2008年7月	（株）ファイコムを設立

0518　（株）オンリー
[証券コード]3376
[上場区分]東証二部

	1976年6月	（株）オンリーを設立
	2005年11月	（株）オンリートレンタを設立

0519　（株）オンワードホールディングス
[証券コード]8016
[上場区分]東証一部

	1927年10月	（個）樫山商店を設立
	1942年8月	既製服中央第74代行（株）に社名変更
	1947年3月	樫山工業（株）に社名変更
	1949年6月	樫山（株）に合併され社名変更
	1962年4月	オンワード商事（株）を設立（後：オーク（株））
	1984年2月	エバ・モーダを設立（後：（株）インパクト二十一）
	1988年9月	（株）オンワード樫山に社名変更
	1992年2月	（株）スピアーを設立（後：チャコット（株））
	1994年4月	ジボ・コーS.P.A.を設立（後：オンワードラグジュアリーグループS.P.A.）
	1996年1月	（株）アクティ二十一を設立（後：（株）インパクト二十一）
	2004年9月	（株）フュージョンを設立
	2007年9月	（株）オンワードホールディングスに会社分割による純粋持株会社体制への移行により商号変更

0520　（株）ガイアックス
[証券コード]3775
[上場区分]セントレックス

	1999年3月	（有）ガイアックスを設立
	1999年5月	（株）ガイアックスに改組
	2000年4月	GAIAX U.S.A LTD.を設立
	2000年6月	GAIAX SINGAPORE PTE. LTD.を設立
	2000年8月	（株）ガイアックスカフェを設立
	2000年8月	（株）ダウムジャパンを設立
	2002年11月	GaiaX Korea Co., Ltd.を設立（後清算）
	2006年2月	（株）GT-Agencyを設立（後：（株）TMR）
	2010年1月	（株）カヨトコと（株）MGRを設立
	2011年12月	GT-Agencyを設立
	2012年1月	（株）テンエックスラボを設立
	2012年6月	GaiaX Asia Corporationを設立
	2012年7月	（株）GaiaX Interactive SolutionとGaiaX Global Marketing & Ventures Pte.Ltd.を設立
	2012年9月	GaiaX Fukuokaと（株）GaiaX Sendaiを設立
	2014年10月	アディッシュ（株）を設立

0521　（株）買取王国
[証券コード]3181
[上場区分]ジャスダックスタンダード

	1999年10月	（株）マルスを設立
	2003年1月	（株）買取王国に社名変更

0522　カイゲンファーマ（株）

	1924年1月	（個）中西武商店を設立
	1938年1月	（株）中西武商店に改組
	1959年7月	改源（株）に社名変更
	1966年9月	（株）カイゲンを吸収合併
	1966年10月	（株）カイゲンに社名変更
	2013年4月	カイゲンファーマ（株）に社名変更

0523　KYCOMホールディングス（株）
[証券コード]9685
[上場区分]ジャスダックスタンダード

	1968年5月	（株）福井共同電子計算センターを設立
	1973年5月	〈旧〉共同コンピュータ（株）に社名変更
	1980年3月	（株）共栄データセンターを設立
	1981年4月	（株）上野計算センターを吸収合併
	1983年11月	（株）共栄システムズを設立
	1995年4月	YURISOFT, INC.を設立
	2001年1月	（有）サムソン・エステートを設立
	2003年2月	KYD（株）を設立
	2004年10月	共同コンピュータ（株）を設立
	2004年10月	共同コンピュータホールディングス（株）に社名変更
	2005年2月	サムソン総合ファイナンス（株）を設立
	2006年4月	カイコムテクノロジー（株）を設立（後：

			カイコム・インベストメント（株））
	2011年3月		共同コンピュータ（株）（本店：福井市）を設立
	2011年6月		**KYCOM**ホールディングス（株）に商号変更
	2011年7月		KYCOM ASIA PTE. LTD.を設立
	2013年1月		ASHAKY（株）を設立（後：（株）ぶんど）
	2013年4月		（株）そんとくを設立
	2013年4月		ボックシステム（株）と（株）東北共栄システムズと（有）湘南共栄システムズを吸収合併
	2014年1月		（有）北陸共栄システムズを吸収合併
	2014年4月		KYCOM（株）を吸収合併

0524　（株）カイノス
［証券コード］4556
［上場区分］ジャスダックスタンダード
　　1975年5月　　（株）ドムスヤトロンを設立
　　1975年7月　　（株）カイノスに社名変更

0525　（株）海帆
［証券コード］3133
［上場区分］東証マザーズ
　　2003年5月　　（有）海帆を設立
　　2006年10月　　（株）海帆に商号変更

0526　花王（株）
［証券コード］4452
［上場区分］東証一部
〈長瀬商会系〉
　　1887年6月　　（個）洋物店長瀬商店を設立
　　1911年10月　　（資）長瀬商会に社名変更
〈〈旧〉花王系〉
　　1890年10月　　長瀬商会を改組し花王石鹸（株）を設立
　　1946年10月　　〈旧〉（株）花王に社名変更
〈花王油脂系〉
　　1935年3月　　花王石鹸（株）と長瀬商会が出資し**大日本油脂（株）**を設立
　　1949年12月　　〈旧〉（株）花王を合併し**花王油脂（株）**に社名変更
〈日本有機系〉
　　1940年5月　　花王石鹸（株）長瀬商会と（株）鉄興社が共同で**日本有機（株）**を設立
　　1954年4月　　紀陽木工（株）を設立
　　　　　　　　＊　　＊　　＊
　　1954年5月　　花王油脂（株）と日本有機（株）が合併し**花王石鹸（株）**に社名変更
　　1954年8月　　花王油脂（株）を合併
　　1964年9月　　Kao (Taiwan) Corporationを設立
　　1964年9月　　Kao Industrial (Thailand) Co., Ltd.を設立
　　1965年7月　　Kao (Singapore) Private Limitedを設立（後：Kao Singapore Private Limited）
　　1970年3月　　花王（香港）有限公司を設立
　　1970年11月　　Sinor-Kao S.A.を設立（後：Kao Corporation S.A）
　　1974年11月　　花王クエーカー（株）を設立
　　1975年3月　　Quimi-Kao S.A. de C.V.を設立
　　1977年1月　　Pilipinas Kao, Inc.を設立
　　1977年1月　　花王コルゲート・オーラルプロダクツ（株）を設立
　　1978年2月　　愛媛サニタリープロダクツ（株）を設立
　　1979年5月　　Molins-Kao S.A.を設立（後：Kao Corporation S.A）
　　1980年4月　　化王フード（株）を設立
　　1985年9月　　花王化粧品販売（株）を設立
　　1985年10月　　**花王（株）**に社名変更
　　1986年4月　　花王化学（株）を吸収合併
　　1986年10月　　Guhl Ikebana GmbHを設立
　　1987年4月　　花王フード（株）を吸収合併
　　1987年8月　　Kao Corporation S.A.を設立
　　1988年4月　　KAO (Southeast Asia) Pte.Ltd.を設立（後：Kao Singapore Private Limited）
　　1988年7月　　Fatty Chemical (Malaysia) Sdn. Bhd.を設立
　　1989年10月　　花王化粧品販売（株）を設立（後：花王カスタマーマーケティング（株））
　　1993年8月　　上海花王有限公司を設立
　　1999年4月　　花王販売（株）を設立
　　1999年8月　　Kao Chemicals Europe, S.L.を設立
　　1999年12月　　Kao Chemicals Americas Corporationを設立
　　2002年6月　　花王（中国）投資有限公司を設立
　　2003年3月　　花王（上海）産品服務有限公司を設立
　　2004年7月　　花王販売（株）を完全子会社化（後：花王カスタマーマーケティング（株））
　　2011年4月　　花王（合肥）有限公司を設立
　　2012年4月　　花王（上海）化工有限公司を設立
　　2014年4月　　花王コスメプロダクツ小田原（株）を設立

0527　花王カスタマーマーケティング（株）
　　1966年　　　花王製品のみを取り扱う専門販売会社を設立
　　1981年　　　北海道花王販売（株）を北海道の8販売会社が合併し設立
　　1983年　　　東京花王販売（株）を設立
　　1986年　　　東北花王（株）を設立
　　1987年　　　近畿花王販売（株）と四国花王販売（株）を設立
　　1988年　　　九州花王販売（株）を設立
　　1991年　　　中部花王販売（株）を設立
　　1992年　　　花王ロジスティクス東北（株）を設立
　　1993年　　　中国花王販売（株）を設立
　　1999年　　　**花王販売（株）**を設立（全国8販社が1つに合併）
　　2007年4月　　花王化粧品販売（株）を吸収合併し**花王カスタマーマーケティング（株）**へ商号変更

0528　（株）カカクコム
［証券コード］2371
［上場区分］東証一部
　　1997年12月　　（有）コアプライスを設立
　　2000年5月　　（株）カカクコムに社名変更
　　2001年3月　　（有）コアプライスを設立（後：（株）カカクコム・インシュアランス）
　　2005年12月　　（株）カカクコム・フィナンシャルを設立

0529　加賀電子（株）
［証券コード］8154

[上場区分]東証一部
1968年9月	加賀電子(株)を設立
1990年4月	(株)ナグザットを設立
1991年4月	ボルテック(株)を設立(後:加賀コンポーネント(株))
1991年4月	加賀デバイス(株)を設立
1991年6月	(株)タクサンシステムズを設立
1992年6月	KAGA(H.K.) ELECTRONICS LIMITED.を設立
1994年7月	KAGA(SINGAPORE) ELECTRONICS PTE LTDを設立
1995年2月	KAGA(KOREA) ELECTRONICS CO., LTD.を設立
1995年8月	加賀ソルネット(株)を設立
1995年12月	KAGA(TAIWAN) ELECTRONICS CO., LTD.を設立
1999年10月	(株)デジタル・ゲインを設立
2000年8月	加賀電子を設立
2002年4月	KAGA ELECTRONICS(THAILAND) COMPANY LIMITEDを設立
2002年9月	マイクロソリューション(株)を設立
2003年2月	KAGA DEVICES(H.K.) LIMITEDを設立
2003年12月	KAGA ELECTRONICS(USA) INC.を設立
2004年12月	FYT(株)を設立
2005年9月	KGF(株)を設立
2006年8月	加賀電子(大連)有限公司を設立
2007年4月	加賀アミューズメント(株)を設立
2009年4月	KAGA(EUROPE) ELECTRONICS LTD.とKD TEC s.r.o.を設立

0530 (株)柿安本店
[証券コード]2294
[上場区分]ジャスダックスタンダード
1968年11月	(株)柿安本店を設立
1972年8月	(株)柿安商事を設立
1990年5月	(株)柿安メルサ店を吸収合併

0531 (株)カークエスト
〈USS東洋系〉
1904年	東洋防水布商会を設立
1935年6月	東洋防水布工業(株)を吸収合併し東洋防水布製造(株)に社名変更
1996年10月	ミサワ東洋(株)に社名変更
2005年	(株)USS東洋に社名変更

〈カークエスト系〉
1999年	(株)ユー・エス・エス・カーバンクネットを設立
2001年	(株)ラビットジャパンを吸収合併
2002年	〈旧〉(株)カークエストに社名変更

＊　＊　＊　＊　＊

| 2012年 | (株)USS東洋と〈旧〉(株)カークエストが合併し(株)カークエストに社名変更 |

0532 (株)学情
[証券コード]2301
[上場区分]東証一部
1977年11月	(株)実鷹企画を設立
1987年11月	(株)大毎企画と共同で出資し(株)毎日クリエイトを設立
2000年4月	(株)学情に社名変更
2004年9月	(株)毎日クリエイトを吸収合併

0533 花月園観光(株)
[証券コード]9674
[上場区分]東証二部
1950年7月	神奈川競輪(株)を設立
1958年8月	花月園観光(株)に社名変更
1986年7月	(株)ジョイランドを設立(後解散)
2008年4月	平安企画(株)を吸収合併

0534 科研製薬(株)
[証券コード]4521
[上場区分]東証一部
1948年3月	(財)理化学研究所の資産継承し(株)科学研究所を設立
1952年8月	(株)科学研究所を設立
1952年8月	(株)科学研究所の生産部門が分離独立し科研化学(株)に社名変更
1982年10月	科研薬化工(株)と合併し科研製薬(株)に社名変更
1986年12月	科研不動産サービス(株)を設立
1988年5月	科研ファルマ(株)を設立
1990年4月	科研物流(株)を設立(後:科研不動産サービス(株))

0535 (株)鹿児島銀行
1879年10月	第百四十七国立銀行を設立
1897年1月	第百四十七銀行に社名変更
1928年9月	鹿児島商業銀行を合併
1944年2月	鹿児島銀行と鹿児島貯蓄銀行と合併し(株)鹿児島興業銀行を設立
1952年12月	(株)鹿児島銀行に社名変更
1974年9月	鹿児島リース(株)を設立
1977年6月	鹿児島保証サービス(株)を設立
1983年3月	(株)鹿児島カードを設立
1983年9月	かぎんビジネスサービス(株)を設立(後:かぎんオフィスビジネス(株))
1985年8月	鹿児島キャピタル(株)を設立(後:鹿児島リース(株))
1985年8月	新総合オンラインシステム稼動を設立
1985年10月	かぎんシステムサービス(株)を設立(後清算)
1990年4月	(株)鹿児島地域経済研究所を設立(後:(株)鹿児島経済研究所)
1991年7月	かぎんオフィスサービス(株)を設立(後:かぎんオフィスビジネス(株))
2004年4月	かぎん会計サービス(株)を設立
2015年3月	かぎん代理店(株)を設立

0536 カゴメ(株)
[証券コード]2811
[上場区分]東証一部
1914年12月	愛知トマトソース製造(資)を設立
1923年4月	愛知トマト製造(株)に社名変更
1934年8月	愛知食糧品製造(株)を合併
1940年10月	愛知商事(株)を設立
1943年1月	幡豆食品(株)を合併
1943年4月	愛知缶詰興業(株)と滋賀缶詰(株)を設立
1949年8月	愛知トマト製造(株)と愛知缶詰興業(株)と愛知海産興業(株)と滋賀缶詰

1963年4月	（株）と愛知商事（株）が合併し愛知トマト（株）を設立
1963年4月	カゴメ（株）に社名変更
1967年10月	台湾可果美股份有限公司を設立
1970年10月	（株）キスクを設立
1971年3月	カゴメ興業（株）を設立（後：カゴメ物流サービス（株））
1998年1月	KAGOME INC.を設立
2005年8月	可果美（杭州）食品有限公司を設立
2010年7月	Kagome Australia Pty Ltd.を設立

0537　カシオ計算機（株）
[証券コード]6952
[上場区分]東証一部

1946年4月	（個）樫尾製作所を設立
1957年6月	カシオ計算機（株）に社名変更
1959年4月	東京工場を設立（後：（株）カシオ日立モバイルコミュニケーションズ）
1965年9月	甲府工場を設立（後：甲府カシオ（株））
1970年3月	〈別〉カシオ計算機（株）と合併（額面変更のため）
1970年5月	Casio, Inc.を設立（後：Casio America, Inc.）
1972年10月	Casio Computer Co., GmbH Deutschlandを設立（後：Casio Europe GmbH）
1975年9月	Casio Electronics Co., Ltd.を設立
1976年3月	カシオリース（株）を設立
1976年10月	山形カシオ（株）を設立
1979年8月	Casio Computer (Hong Kong) Ltd.を設立
1984年7月	カシオ電子工業（株）を設立
1985年1月	愛知カシオ（株）を設立
1987年7月	カシオマイクロニクス（株）を設立
1990年10月	高知カシオ（株）を設立
1991年6月	（株）朝日コーポレーションを設立
1992年4月	カシオ情報機器（株）を設立
1995年11月	カシオ電子（深圳）有限公司を設立
1999年7月	Casio Holdings, Inc.を設立
2005年6月	カシオ電子科技（中山）有限公司を設立

0538　鹿島建設（株）
[証券コード]1812
[上場区分]東証一部

1840年	大岩を創業
1880年3月	（個）鹿島組を設立
1915年1月	（匿）鹿島組に改組
1930年2月	（株）鹿島組に改組
1941年5月	かたばみ商事（株）を設立（後：かたばみ興業（株））
1947年12月	鹿島建設（株）に社名変更
1958年6月	（株）鹿島製作所を吸収合併
1984年1月	鹿島リース（株）を設立
1986年11月	カジマ ユー エス エー インコーポレーテッドを設立
1987年9月	カジマ ヨーロッパ ビー ヴイを設立
1988年4月	カジマ オーバーシーズ アジア ピー ティー イー リミテッドを設立
2008年7月	カジマ ヨーロッパ リミテッドを設立
2010年3月	鹿島道路（株）を株式交換により完全子会社化

0539　片倉工業（株）
[証券コード]3001
[上場区分]東証一部

1873年	座繰製糸を創業
1878年6月	垣外製糸場を開設
1881年	（個）一之沢社を合併
1895年	（個）三全社と（個）松本片倉清水製糸場と合併し（匿）片倉組を設立
1920年3月	片倉製糸紡績（株）を継承設立
1923年11月	（株）尾澤組を合併
1933年8月	武州製糸（株）を合併
1938年8月	片倉越後製糸（株）と日東製糸（株）と備作製糸（株）を合併
1939年10月	片倉佐越生糸（株）と（株）富岡製糸所を合併
1940年10月	薩摩製糸（株）と松江片倉製糸（株）と片倉江津製糸（株）と片倉磐城製糸（株）と多摩製糸（株）と岩手県是製糸（株）と長崎製糸（株）を合併
1943年11月	片倉工業（株）に社名変更
1945年12月	宮城県是共栄蚕糸（株）を合併
1954年5月	片倉ハドソン靴下（株）を設立（後：片倉ハドソン（株））
1955年11月	片倉機器工業（株）を設立
1955年12月	片倉自転車（株）を設立
1956年5月	片倉機業（株）を設立
1961年12月	日本ビニロン（株）を設立（後：（株）ニチビ）
1965年6月	片倉富士紡ローソン（株）を設立
1968年1月	片倉ハドソン（株）を吸収合併
1970年7月	中越ニット（株）を設立
1973年12月	中央蚕研（株）を設立
1987年10月	（株）片倉キャロンを設立
2008年8月	オグランジャパン（株）を設立

0540　価値開発（株）
[証券コード]3010
[上場区分]東証二部

1912年9月	上毛撚糸（株）を設立
1940年6月	上毛実業（株）を設立
1972年3月	（株）上毛ハウジングを設立（後解散）
1976年6月	加茂上毛撚糸（株）を設立（後解散）
1979年3月	（株）赤城カートランドを設立（後：（株）上毛ファミリーサービス）
2001年5月	（株）上毛に社名変更
2002年3月	シイアールアンドパートナーズ（株）を設立
2004年	上毛ファミリーサービス（株）と合併
2007年4月	（株）北海道上毛を設立（後：（株）バリュー・ザ・ホテル）
2007年9月	（株）ジェイ・エイチ・エムを設立
2008年4月	朝里川温泉開発（株）を設立
2008年10月	価値開発（株）に社名変更
2009年1月	（株）ベストウェスタンホテルズジャパンを設立
2009年12月	（株）衣浦グランドホテルを設立
2010年3月	價値開發亞洲有限公司を設立
2012年10月	（株）バリュー・ザ・ホテル宮城を設立
2012年11月	（株）バリュー・ザ・ホテル福島を設立

0541　（株）カーチスホールディングス
[証券コード]7602
[上場区分]東証二部

1987年12月	(株)エイジーエイを設立
1988年7月	(株)オートガーデンアソシエーションに社名変更
1993年12月	〈旧〉(株)ジャックに社名変更
1997年4月	藤博(株)と合併(額面変更)し(株)ジャックに社名変更
2000年9月	ジャック・ホールディングス(株)に社名変更
2006年1月	(株)ライブドアオートに商号変更
2006年3月	(株)ジャックリアルエステートを吸収合併
2006年8月	(株)カーチスに商号変更
2007年4月	(株)ソリッドグループホールディングスに商号変更
2008年8月	〈新〉(株)カーチスに商号変更
2009年1月	(株)カーチスホールディングスに商号変更
2009年5月	(株)カーチスリンクを設立(後:(株)カーチス)
2013年2月	(株)カーチス倶楽部を吸収合併

0542 (株)学究社
[証券コード]9769
[上場区分]東証二部

1976年10月	国立学院を母体に(株)学究社を設立
1986年6月	三菱信託銀行(株)他7社共同で出資し衛星教育ステーション(株)を設立(後:(株)インターエデュ・ドットコム)
1987年2月	GAKKYUSHA U.S.A.CO., LTD.を設立
1992年1月	GAKKYUSHA EUROPE GmbHを設立
1993年1月	GAKKYUSHA (U.K.) LTD.を設立

0543 (株)学研ホールディングス
[証券コード]9470
[上場区分]東証一部

1946年4月	(個)学習研究社を設立
1947年3月	(株)学習研究社に改組
1958年6月	(株)よいこのくに社を吸収合併
1982年9月	学研割賦販売(株)を吸収合併
1983年10月	(株)ジー・アイ・シーを設立(後:(株)学研ジー・アイ・シー)
1984年10月	(株)スリー・エー・システムズを設立
1985年2月	(株)学研メディコンを設立
1985年5月	(株)学研アールボーテを設立(後:(株)学研ネットワークサービス)
1988年5月	(有)プラッツアーティストを設立(後:(株)プラッツアーティスト)
1991年4月	(株)学研ジー・アイ・シーとイーエスティー教育システム(株)を合併
1992年10月	(株)学研ロジスティクスを設立
1993年7月	(株)学研スクールマネジメントを設立
1994年3月	(株)エーエムエスを設立
1994年4月	(株)学研イーピーオーを設立
1994年4月	学研トイホビーを設立
2004年7月	(株)ココファンを設立(後:(株)学研ココファン)
2004年7月	(株)立風書房を合併
2005年2月	(株)R&Cを設立
2005年11月	(株)学研メソッドを設立
2006年11月	(株)学研エリアマーケットを設立
2008年5月	(株)学研ココファンと(株)学研ココファン・ナーサリーと(株)学研ココファンスタッフを設立
2009年1月	(株)学研教育みらいを設立
2009年2月	福島ベストスタディ(株)を設立
2009年10月	(株)学研ホールディングスに会社分割による持株会社へ移行し社名変更

0544 (株)カッシーナ・イクスシー
[証券コード]2777
[上場区分]ジャスダックスタンダード

1980年7月	(株)インターデコールを設立
1980年7月	(株)カシーナ・ジャパンを設立(後:(株)カッシーナ・ジャパン)(後:(株)カザテック)
1983年6月	(株)カッシーナジャパンに商号変更
1989年12月	(株)カッシーナジャパンよりインターデコール事業部を分離し(株)インターデコールを設立
1994年1月	(株)フレスコを設立(後:(株)CIXM)
2000年1月	(株)インターデコールを吸収合併し(株)カッシーナ・インターデコール・ジャパンに商号変更
2001年5月	三井物産(株)との合弁で(株)トライアスを設立
2002年1月	(株)カザテックを吸収合併
2002年5月	(株)カッシーナ・イクスシーに商号変更
2011年7月	(株)CIXMを吸収合併

0545 カッパ・クリエイト(株)
[証券コード]7421
[上場区分]東証一部

1973年8月	(株)ジェム・エンタープライズを設立
1978年6月	(株)ジェム・エンタープライズから寿司部門を分離独立し(有)長野フーズを設立
1983年4月	(有)日伸食品に社名変更
1983年8月	(株)日伸食品に改組
1988年1月	(株)ニッシンに社名変更
1989年8月	カッパ不動産(株)を合併
1991年12月	(株)ティ・エム・ティを設立
1992年2月	大宝食品(株)を買収
1992年6月	(株)ニッシンと合併しカッパ・クリエイト(株)を形式上の存続会社とする
1996年1月	(株)得得を設立
2003年5月	KGアセット・マネジメント(株)を設立(後:カッパ・クリエイト(株))
2009年4月	カッパ・クリエイトコリア(株)を設立
2010年12月	F.デリカッパ(株)を設立
2012年9月	カッパ・クリエイトホールディングス(株)に社名変更
2012年10月	カッパ・クリエイト・サプライ(株)を設立
2015年10月	カッパ・クリエイト(株)に商号変更

0546 桂川電機(株)
[証券コード]6416
[上場区分]ジャスダックスタンダード

1954年2月	桂川電機(株)を設立
1964年1月	三桂精機(株)を吸収合併
1971年7月	大東電波工業(株)と合併
1972年6月	桂新電機(株)を設立
1986年8月	住友スリーエム(株)と共同で出資しケ

かていなる

		イアイピー イメージ インテグレーション（株）を設立
1986年11月		（株）ケイ・アイ・ピーを吸収合併
1987年12月		台湾桂川股份有限公司を設立（後：台湾三桂股份有限公司）
1996年10月		KIP Europe S.A.を設立（後：KIP Europe S.A.S.）
2003年2月		KIP（HONG KONG）LTD.を設立
2006年3月		KIP Deutschland GmbH.を設立
2007年4月		KIP Business Solution Korea Ltd.を設立

0547　カーディナル（株）
［証券コード］7855
［上場区分］ジャスダックグロース

1967年10月	（株）宮田機械印刷研究所を設立
1990年7月	カーディナル（株）に社名変更
2006年6月	（株）ウィルワンカードを設立（後吸収合併）

0548　加藤産業（株）
［証券コード］9869
［上場区分］東証一部

1945年9月	加藤商店を設立
1947年8月	加藤産業（株）に社名変更
1956年1月	関西バターピーナツ（株）を設立（後：カンピー食品工業（株））
1959年8月	加藤不動産（株）を設立
1969年5月	（株）億食を設立（後：カトロジスティクス（株））
1971年3月	（株）丸善を合併
1972年10月	和歌山産業（株）を設立
1981年7月	住商フーズ（株）を合併
1994年6月	カトー菓子（株）を設立
1996年4月	九州加藤（株）を設立
1997年2月	ヤタニ酒販（株）を設立
1997年6月	沖縄ロジスティクス（株）を設立
2003年10月	（株）アドバンス・キッチンを設立
2004年2月	カトー酒販（株）を設立
2005年11月	カトー農産（株）を設立
2006年4月	加藤低温（株）を設立（後：ケイ低温フーズ（株））
2012年10月	加藤SCアジアインベストメント（株）を設立

0549　（株）加藤製作所
［証券コード］6390
［上場区分］東証一部

1895年1月	（個）加藤製作所を設立
1935年1月	（株）加藤製作所に改組
1943年12月	エーワン（株）を合併
2004年2月	加藤（中国）工程機械有限公司を設立
2014年9月	KATO WORKS（THAILAND）CO., LTD.を設立

0550　カドカワ（株）
［証券コード］9468
［上場区分］東証一部

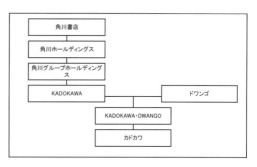

〈KADOKAWA系〉

1954年4月	（株）角川書店を設立
2003年4月	（株）角川ホールディングスに社名変更
2003年4月	〈新〉（株）角川書店を事業会社として設立
2004年	角川エンタテインメントを設立
2006年	角川グループホールディングスに社名変更
2013年	角川グループパブリッシングを吸収合併
2013年6月	（株）KADOKAWAに商号変更

〈ドワンゴ系〉

1997年8月	（株）ドワンゴを設立
2000年6月	（株）フロム・ソフトウェアと共同で出資し（株）フロム・ネットワークスを設立
2000年12月	多玩國股份有限公司を設立
2001年4月	（株）コンポジットを設立
2001年10月	（株）マリアスを設立（後：（株）エンティス）
2004年2月	（株）モバイルコンテンツを設立
2005年10月	（株）コンポジットと合併
2005年10月	（株）コンポジットを吸収合併
2005年11月	（株）ニワンゴを設立
2005年12月	（株）ゲームズアリーナを設立
2005年12月	（株）ドワンゴ・ミュージックパブリッシングを設立（後：（株）ドワンゴ・ミュージックエンタテインメント）
2006年7月	（株）AG ONEを設立
2006年10月	（株）スカイスクレイパーを設立（後：（株）スマイルエッジ）
2006年11月	（株）ドワンゴ プランニング アンド ディベロップメントを設立（後：（株）AG-ONE）
2012年1月	（株）ドワンゴモバイルを設立
2012年2月	（株）キテラスを設立
2014年10月	（株）ドワンゴコンテンツと（株）ドワンゴモバイルと（株）キテラスを吸収合併
2014年10月	ドワンゴ人工知能研究所を設立
2014年11月	（株）ドワンゴ・ユーザーエンタテインメントを吸収合併
2015年7月	（株）ではぎゃらりーを設立

＊　＊　＊　＊

2014年10月	（株）ドワンゴと（株）KADOKAWAの共同株式移転による持株会社として（株）**KADOKAWA・DWANGO**を設立
2015年10月	カドカワ（株）に社名変更

0551　神奈川中央交通（株）
［証券コード］9081

[上場区分]東証一部
1921年6月	相武自動車(株)を設立
1936年12月	(資)鶴屋商会と(資)戸塚自動車商会を合併
1937年1月	相武鶴屋自動車(株)に社名変更
1939年6月	中央相武自動車(株)を合併し東海道乗合自動車(株)に社名変更
1942年2月	秦野自動車(株)を合併
1944年6月	藤沢自動車(株)と伊勢原自動車(株)を合併し神奈川中央乗合自動車(株)に社名変更
1945年8月	相模中央交通(株)を設立
1950年5月	相模中央交通(株)を合併
1951年6月	神奈川中央交通(株)に社名変更
1972年12月	神奈中ハイヤー(株)を設立
1976年8月	(株)神奈中スイミングスクールを設立(後:(株)クリエイトL&S)
1980年12月	(株)平塚グランドホテルを設立(後:(株)グランドホテル神奈中)
1984年4月	(株)伸交商事を設立
1988年4月	(株)中伊豆グリーンクラブを設立(後:(株)クリエイトL&S)
1995年12月	(株)湘南神奈交バスを設立
1997年12月	(株)神奈中システムプランを設立
1999年7月	(株)津久井神奈交バスを設立
2000年6月	(株)横浜神奈交バスを設立
2000年12月	(株)相模神奈交バスを設立
2000年12月	(株)藤沢神奈交バスを設立
2002年4月	(株)神奈中情報システムを設立
2007年4月	(株)神奈中アカウンティングサービスを設立
2009年9月	(株)神奈中タクシーホールディングスを設立

0552 (株)カナデン
[証券コード]8081
[上場区分]東証一部
1907年5月	神奈川電燈(株)の電気機械器具材料類の輸入販売事業を継承し神奈川電気(資)を設立
1912年12月	神奈川電気(株)に社名変更
1979年4月	東北カナデン電子サービス(株)を設立(後:(株)東北カナデンテレコムエンジニアリング)
1988年10月	カナデンサプライ(株)を設立
1989年11月	カナデン冷熱プラント(株)を設立
1990年11月	(株)カナデンに社名変更
1990年12月	(株)カナテックを設立(後:(株)カナデンブレイン)
1991年4月	KANADEN CORPORATION SINGAPORE PTE.LTD.を設立
1991年4月	加拿殿香港有限公司を設立(後:科拿電(香港)有限公司)
1992年4月	テクノクリエイト(株)を設立
1994年10月	(株)カナデンテレシスを設立
1995年4月	(株)カナデンテレコムエンジニアリングを設立
1998年12月	(株)エルピージーブレインを設立
2001年4月	(株)カナデンテクノエンジニアリングを設立
2002年6月	科拿電国際貿易(上海)有限公司を設立

0553 (株)カナモト
[証券コード]9678
[上場区分]東証一部
1964年10月	(株)金本商店を設立
1972年12月	(株)カナモトに社名変更
1980年11月	(株)室蘭鋼業を合併
1999年8月	(株)エスアールジー・カナモトを設立
2007年2月	上海米源国際貿易有限公司とオリックス(株)との共同出資により上海金和源設備租賃有限公司を設立(後:上海金和源建設工程有限公司)
2008年4月	SJ Rental, Inc.を設立(後清算)
2008年4月	(株)カナモトエンジニアリングを設立
2009年2月	上海米源実業有限公司とオリックス(株)との共同出資により上海金和源建設工程有限公司を設立
2009年6月	金本(香港)有限公司を設立
2011年1月	JP Nelson Equipment PTE.Ltd.との共同出資によりKanamoto & JP Nelson Equipment(S)PTE.Ltd.を設立

0554 カナレ電気(株)
[証券コード]5819
[上場区分]東証一部
1970年9月	カナレ電気を設立
1973年2月	カナレ電気(株)に改組
1982年12月	カナレ電線(株)を設立
1983年2月	Canare Cable, Inc.を設立(後:Canare Corporation of America)
1983年11月	カナレハーネス(株)を設立
1989年4月	カナレ電線(株)を吸収合併
1999年11月	Canare Corporation of Koreaを設立
2001年6月	Canare Corporation of Taiwanを設立
2003年4月	Canare Electric(Shanghai)Co., Ltd.を設立
2004年2月	Canare Electric Corporation of Tianjinを設立
2007年12月	Canare France S.A.S.を設立
2008年5月	Canare Singapore Private Ltd.を設立
2011年3月	カナレシステムワークス(株)を設立
2012年5月	(株)カナレテックを設立

0555 (株)カネカ
[証券コード]4118
[上場区分]東証一部
1949年9月	鐘淵紡績(株)より第2会社として分離し鐘淵化学工業(株)を設立
1970年8月	フォンテーヌ(株)を設立
1973年10月	栃木カネカ(株)を設立
1973年12月	北海道カネカ(株)を設立
1979年1月	カネカシンガポールCo.(Pte)Ltd.を設立
1982年5月	カネカテキサスCorp.を設立
1993年9月	(株)カネカメディックスを設立
1994年10月	カネカファーマヨーロッパN.V.を設立
1995年8月	カネカマレーシアSdn.Bhd.を設立
1996年7月	カネカエペランSdn.Bhd.を設立
1997年8月	カネカハイテックマテリアルズInc.を設立
1998年10月	カネカソーラーテック(株)を設立
1999年3月	カネカペーストポリマーSdn.Bhd.を

2003年9月　蘇州愛培朗緩衝塑料有限公司と青島海華繊維有限公司を設立
2004年6月　カネカニュートリエンツL.P.を設立
2004年9月　(株)カネカに社名変更
2010年10月　カネカイノベイティブファイバーズSdn.Bhd.を設立
2011年8月　カネカモディファイヤーズドイチュラントGmbHを設立
2012年4月　鐘化企業管理(上海)有限公司を設立
2013年10月　PT.カネカフーズインドネシアを設立

0556　カネコ種苗(株)
[証券コード]1376
[上場区分]東証二部
1947年6月　群馬種苗(株)の卸売販売部門が独立しカネコ種苗(株)を設立
1963年6月　群馬種苗(株)と合併
1991年12月　(株)三福と(株)宇塚至誠堂を合併
1992年12月　協和産業(株)を合併
1996年12月　(株)コバヤシを合併
1997年12月　(株)ナカジマ園芸を合併
2012年6月　(株)ベルデ九州を合併

0557　金下建設(株)
[証券コード]1897
[上場区分]東証二部
1935年4月　金下組を設立
1951年4月　金下建設(株)に社名変更
1996年4月　司建設(株)を設立
2007年3月　(株)KALSを設立

0558　カネシメ高橋水産(株)
1924年4月　カネシメ高橋松吉商店を設立
1934年2月　(株)カネシメ高橋松吉商店に改組
1936年10月　札幌冷蔵を設立
1945年12月　カネシメ高橋水産(株)に社名変更
1967年1月　カネシメ食品を設立
1967年1月　カネシメ不動産を設立
1980年12月　カネシメ冷蔵を設立
2004年2月　(株)ニッショウ・コーポレーションを設立

0559　兼房(株)
[証券コード]5984
[上場区分]東証二部
1948年11月　兼房刃物工業(株)を設立
1968年7月　兼房刃物販売(株)を設立
1988年4月　大口サービス(株)を設立
1990年3月　兼房刃物販売(株)を吸収合併
1990年4月　兼房(株)に社名変更
1999年5月　カネフサUSA, INC.を設立
2001年4月　カネフサヨーロッパB.V.を設立
2002年9月　昆山兼房高科技刀具有限公司を設立
2003年6月　昆山兼房精密刀具有限公司を設立(後：昆山兼房高科技刀具有限公司)
2009年8月　カネフサインディア Pvt.Ltd.を設立
2010年1月　カネフサド ブラジル LTDA.を設立
2013年12月　カネフサメキシコ S.A. DE C.V.を設立

0560　兼松(株)
[証券コード]8020
[上場区分]東証一部
1889年8月　(個)兼松房次郎商店を設立
1912年　(匿)兼松商店に改組
1913年5月　(資)兼松商店に改組
1918年3月　(株)兼松商店に改組
1943年2月　〈旧〉兼松(株)に社名変更
1951年4月　Kanematsu New York Inc.を設立(後：Kanematsu USA Inc.)
1957年6月　F.Kanematsu & Co., GmbHを設立(後：Kanematsu GmbH)
1961年2月　兼松事務機販売(株)を設立
1967年4月　江商(株)と合併し兼松江商(株)に社名変更
1967年6月　(株)ファインクロダサービスを設立(後：(株)ケージーケイ)
1973年4月　兼松不動産(株)を吸収合併
1975年10月　Kanematsu-Gosho（Hong Kong）Ltd.を設立（後：Kanematsu（Hong Kong）Ltd.）
1988年10月　総合管財(株)を吸収合併
1989年11月　日産農林工業(株)を合併し兼松日産農林(株)に社名変更
1990年1月　兼松(株)に社名変更
1999年12月　兼松繊維(株)を設立
1999年12月　兼松羊毛工業(株)を設立
2003年10月　兼松デバイス(株)を吸収合併

0561　兼松エレクトロニクス(株)
[証券コード]8096
[上場区分]東証一部
1968年7月　兼松江商(株)が出資し兼松電子サービス(株)を設立
1970年3月　兼松エレクトロニクス(株)に社名変更
1985年3月　ADE社《米国》と共同で出資し日本エー・ディー・イー(株)を設立
1992年9月　KEL Trading Inc.を設立(後清算)
1992年12月　ケー・イー・エル総合サービス(株)を設立(後清算)
1993年4月　兼松メディカルシステム(株)を設立(後清算)
1996年7月　ケー・イー・エルテクニカルサービス(株)を設立
1998年4月　ケー・イー・エルシステムズ(株)を設立
2002年1月　ケー・イー・エルマネジメントサービス(株)を設立
2006年6月　TKEビジネスサポート(株)を設立
2007年4月　メモレックス・テレックス(株)と合併
2010年6月　兼松電子(成都)有限公司を設立
2011年10月　(株)ニュートラルとの合弁によりクラウドランド(株)を設立
2013年10月　トッパンエムアンドアイ(株)と東京日産コンピュータシステム(株)との合弁により(株)グロスディーを設立
2014年4月　Watana Inter-Trade Co., Ltdとの合弁によりKanematsu Electronics (Thailand) Ltd.を設立

0562　兼松エンジニアリング(株)
[証券コード]6402
[上場区分]東証二部
1971年9月　兼松エンジニアリング(株)を設立
2002年10月　(株)高知溶工を吸収合併

0563　兼松日産農林(株)
[証券コード] 7961
[上場区分] 東証一部

1934年3月	日本産業(株)よりタワオゴム園事業を分離し日本作業護謨(株)を設立
1934年8月	ジョホール護謨(株)を吸収合併
1934年9月	大和護謨栽培(株)を吸収合併
1937年6月	速水護謨(株)を吸収合併
1937年7月	帝国木材工業(株)を吸収合併
1939年8月	日産農林工業(株)に社名変更
1939年12月	大同燐寸(株)を吸収合併
1968年10月	東京防腐木材(株)を設立
1984年1月	日産興業(株)を設立
1991年10月	兼松デュオファスト(株)兼松日産農林(株)を合併しに商号変更
2004年10月	兼松日産工事(株)を設立
2008年1月	ジオサイン(株)を設立
2008年5月	UGRコーポレーション(株)を設立

0564　カネ美食品(株)
[証券コード] 2669
[上場区分] ジャスダックスタンダード

1971年3月	カネ美食品(株)を設立
1971年5月	(株)鮨の美也古を設立
1972年5月	(株)鮨の美也古を吸収合併
1986年12月	(株)サンショクを設立
1991年5月	(株)デリカパレット多治見を設立
1992年3月	(株)サンショクと(株)デリカパレット多治見を吸収合併
2000年4月	(株)港炊飯センターを設立
2011年4月	(株)港炊飯センターを吸収合併
2013年10月	(株)エスジーダイニングを吸収合併

0565　(株)カネミツ
[証券コード] 7208
[上場区分] 東証二部

1947年1月	(資)金光銅工熔接所を設立
1984年10月	(株)カネミツを設立
1985年1月	(資)金光銅工熔接所を吸収合併
1999年10月	淇水堂印刷(株)が旧(株)カネミツを株式の旧額面金額変更のため吸収合併し(株)カネミツに商号変更
1999年11月	KANEMITSU PULLEY CO., LTD.を設立
2006年4月	佛山金光汽車零部件有限公司を設立
2012年7月	JBM Kanemitsu Pulleys Private Limitedを設立
2014年10月	PT. KANEMITSU SGS INDONESIAを設立

0566　カネヨウ(株)
[証券コード] 3209
[上場区分] 東証二部

1927年8月	兼羊タツノ(株)を設立
1935年11月	兼松(株)羊毛研究所を設立
1939年2月	兼松羊毛工業(株)に社名変更
1942年2月	大同毛織(株)に社名変更
1949年10月	兼松羊毛工業(株)に社名変更
1987年10月	兼松寝装(株)と合併
1994年11月	浙江正松紡織有限公司を設立
1995年12月	(株)カネックスを設立
2000年10月	カネヨウ(株)に社名変更

0567　(株)カノークス
[証券コード] 8076
[上場区分] 名証二部

1919年12月	(名)加納商店を設立
1929年9月	新々商事(株)を吸収合併
1948年1月	(株)加納商店に改組
1958年12月	加納鉄鋼(株)に社名変更
1965年7月	加納鋼板工業(株)を設立(後清算)
1987年11月	加納物流センター(株)を設立
1989年7月	加納興産(株)を設立
1991年4月	加納鋼板加工(株)を設立(後清算)
1991年10月	(株)カノークスに社名変更
1991年10月	(株)岡島パイプ製作所と共同で出資し(株)キャノップを設立
2006年4月	(株)カノークス北上を設立

0568　(株)カプコン
[証券コード] 9697
[上場区分] 東証一部

1979年5月	アイ・アール・エム(株)を設立
1981年5月	日本カプセルコンピュータ(株)を設立
1983年6月	〈旧〉(株)カプコンを設立
1985年8月	CAPCOM U.S.A., INC.を設立
1989年1月	〈旧〉(株)カプコンを吸収合併し(株)カプコンに社名変更
1993年7月	CAPCOM ASIA CO., LTD.を設立
1995年6月	CAPCOM ENTERTAINMENT, INC.およびCAPCOM DIGITAL STUDIOS, INC.を設立(後：CAPCOM STUDIO 8, INC)
1997年4月	(株)フラグシップを設立
2001年9月	カプコンチャーボ(株)を設立
2002年11月	CE EUROPE LTD.を設立
2003年2月	CEG INTERACTIVE ENTERTAINMENT GmbHを設立(後：CAPCOM ENTERTAINMENT GERMANY GmbH)
2004年7月	クローバースタジオ(株)を設立
2006年6月	CAPCOM INTERACTIVE, INC.を設立(後：BEELINE INTERACTIVE, INC.)
2006年10月	(株)ダレットを設立
2007年3月	CAPCOM ENTERTAINMENT KOREA CO., LTD.を設立
2007年6月	(株)フラグシップを吸収合併
2008年7月	CAPCOM ENTERTAINMENT FRANCE SASを設立
2010年8月	CAPCOM GAME STUDIO VANCOUVER, INC.を設立
2011年3月	(株)ダレットを吸収合併
2011年4月	(株)ビーライン・インタラクティブ・ジャパンを設立
2012年3月	BEELINE INTERACTIVE EUROPE LTD.を設立
2012年10月	CAPCOM TAIWAN CO., LTD.を設立

0569　(株)上組
[証券コード] 9364
[上場区分] 東証一部

1867年	神戸浜仲を設立
1873年	中組浜仲と、それぞれの業務によって二派に分離し上組浜仲に改称

かめい

1906年5月	上組(資)を、組合員だけの出資により設立		2010年9月	ケイ・システム(株)と(株)アデマックを吸収合併
1943年11月	東神戸造船鉄工(株)を設立(後:(株)カミックス)		2013年6月	THIEN HA KAMEDA, JSC.を設立
1947年2月	上組土建(株)を設立			
1948年9月	上津(資)に社名変更			

0573 **(株)カヤック**
[証券コード]3904
[上場区分]東証マザーズ

1952年4月	上組(資)に社名変更
1961年8月	上組陸運(株)を設立
1965年1月	上組土建(株)と合併し(株)上組に社名変更
1968年11月	上組綿花運送(株)を設立(後:(株)カミックス)
1969年1月	上組海運(株)を設立
1972年1月	ドッドウエル上組エアカーゴ(株)を設立(後:上組航空サービス(株))
1976年3月	泉包装作業(株)を設立(後:泉産業(株))
1985年6月	法人上組(香港)有限公司を設立
1992年12月	上津興産(株)を設立(後:(株)カミックス)

1998年8月	(資)カヤックを設立
2001年10月	(株)クーピーを設立
2005年1月	(株)カヤックを設立
2005年5月	(資)カヤックを解散
2008年9月	(株)クーピーを合併
2009年7月	(株)グッドイブニングを設立
2010年12月	(株)グッドイブニングを合併

0574 **カヤバ工業(株)**
[証券コード]7242
[上場区分]東証一部

1919年11月	萱場発明研究所を創業者萱場資郎が開設
1927年1月	(個)萱場製作所を設立
1935年3月	(株)萱場製作所に改組
1945年4月	萱場航空兵器(株)に社名変更
1945年10月	萱場産業(株)に社名変更
1948年11月	萱場産業(株)の企業再建整備法に基づく第二会社として萱場工業(株)を設立
1956年6月	萱場オートサービス(株)を設立(後:KYBエンジニアリングアンドサービス(株))
1958年3月	日本鉱機(株)を設立(後:カヤバシステムマシナリー(株))
1974年7月	KYB Corporation of Americaを設立(後:KYB Americas Corporation)
1976年2月	P.T. Kayaba Indonesiaを設立
1977年9月	日本精工(株)と共同で出資し日本パワーステアリング(株)を設立
1983年8月	Kayaba (Malaysia) Sdn. Bhd.を設立(後:KYB-UMW Malaysia Sdn. Bhd.)
1984年9月	カヤバ・マックグレゴー・ナビーレ(株)を設立
1985年10月	カヤバ工業(株)に社名変更
1987年1月	(有)三重カヤバ製作所を設立
1989年6月	Kayaba Europe GmbHを設立(後:KYB Europe GmbH)
1996年1月	Siam Kayaba Co., Ltd.を設立(後:KYB (Thailand) Co., Ltd.)
1996年6月	Kayaba Arvin S.A.を設立(後:KYB Steering Spain, S.A.)
1996年10月	Thai Kayaba Industries Co., Ltd.を設立(後:KYB Steering (Thailand) Co., Ltd.)
2002年10月	Kayaba Vietnam Co., Ltd.を設立(後:KYB Manufacturing Vietnam Co., Ltd.)
2002年12月	凱迩必機械工業(鎮江)有限公司を設立
2003年8月	KYB Manufacturing Czech s.r.o.を設立
2004年2月	凱迩必液圧工業(鎮江)有限公司を設立
2004年7月	カヤバシステムマシナリー(株)を設立
2004年11月	凱迩必貿易(上海)有限公司を設立
2004年12月	KYB Latinoamerica S.A. de C.V.を設立

0570 **カメイ(株)**
[証券コード]8037
[上場区分]東証一部

1905年7月	亀井文平(創業者)が宮城県塩釜にて、石油、砂糖、洋粉などの販売を開始
1932年12月	(株)亀井商店に改組
1953年10月	富士運輸倉庫(株)を設立(後:カメイ物流サービス(株))
1973年3月	カメイ・ショウテン・オブ・アメリカを設立
1985年4月	カメイ(株)に社名変更

0571 **(株)カーメイト**
[証券コード]7297
[上場区分]ジャスダックスタンダード

1966年6月	(株)カーメイトを設立
1974年7月	(株)複合システム研究所を設立(後:(株)シーエスアール)
1987年9月	CARMATE CAR ACCESSORIES CO., LTD.を設立
1988年5月	カーメイト物流(株)を設立
1996年12月	快美特汽車精品(深セン)有限公司を設立
1999年10月	Car Mate USA, Inc.を設立
2001年3月	CAR MATE KOREA CO., LTD.を設立
2001年5月	(株)オールライフメイトを設立
2005年4月	烈卓(上海)貿易有限公司を設立
2012年8月	CARMATE India Private Limitedを設立

0572 **亀田製菓(株)**
[証券コード]2220
[上場区分]東証一部

1957年8月	亀田製菓(株)を設立
1992年4月	亀田あられ(株)と合併
1997年10月	ケイ・システム(株)を設立
1998年4月	(株)アデマックを設立
2003年1月	青島亀田食品有限公司を設立
2005年4月	亀田トランスポート(株)を設立
2005年7月	天津亀田食品有限公司を設立
2008年4月	KAMEDA USA, INC.を設立

2005年2月	KYB Asia Co., Ltd.を設立	
2005年6月	KYB Middle East FZEを設立	
2008年8月	無錫凱迹必拓普減震器有限公司を設立	
2008年10月	KYB Advanced Manufacturing Spain, S.A.を設立	
2009年12月	KYB Europe Headquarters GmbHを設立	
2010年7月	凱迹必(中国)投資有限公司を設立	
2012年4月	KYB Europe Headquarters B.V.を設立	
2012年7月	LLC KYB Eurasiaを設立	
2012年10月	KYB Mexico S.A. de C.V.を設立	
2012年12月	KYB Motorcycle Suspension India Pvt. Ltd.を設立	
2013年1月	KYB CHITA Manufacturing Europe s.r.o.を設立	
2013年10月	PT. KYB Hydraulics Manufacturing Indonesiaを設立	
2013年12月	Comercial de Autopecas KYB do Brasil Ltda.を設立	

0575　(株)ガーラ
[証券コード]4777
[上場区分]ジャスダックスタンダード

1993年9月	(株)ガーラを設立
2000年12月	GALA KOREA, INC.を設立(後解散)
2004年5月	Gala-Net Inc.を設立
2007年4月	(株)ガーラモバイルを設立
2007年12月	(株)ガーラバズを設立

0576　カーリットホールディングス(株)
[証券コード]4275
[上場区分]東証一部

1920年7月	〈旧〉日本カーリット(株)を設立
1923年10月	浅野セメント(株)と合併し浅野セメント(株)(カーリット部)に社名変更
1934年3月	浅野セメント(株)よりカーリット部を分離継承し浅野カーリット(株)を設立
1942年11月	関東水力電気(株)と関水興業(株)を合併し関東電気興業(株)に社名変更
1943年11月	日曹火薬(株)を合併
1945年1月	関東電気工業(株)に社名変更
1951年7月	日本カーリット(株)に社名変更
1976年3月	日本研削砥粒(株)を設立
1980年6月	カーリット産業(株)を設立
1991年8月	ジェーシービバレッジ(株)を設立
1994年12月	(株)シリコンテクノロジーを設立
2009年4月	関東高圧化学(株)を吸収合併
2010年2月	ジェーシーボトリング(株)を設立
2010年6月	佳里多(上海)貿易有限公司を設立
2011年10月	Carlit Singapore Pte.Ltd.を設立
2013年10月	カーリットホールディングス(株)を単独株式移転により設立

0577　(株)ガリバーインターナショナル
[証券コード]7599
[上場区分]東証一部

1994年10月	(株)ガリバーインターナショナルコーポレーションを設立
2000年3月	(株)イー・インベストメントを設立(後:(株)ジー・ワンファイナンシャルサービス)
2000年4月	(株)フジヤマトレーディングと共同出資で(株)ジー・トレーディングを設立
2001年7月	Gulliver Europe Ltd.を設立
2004年6月	キャリア・メッセ(株)と共同出資で(株)ハコボーを設立
2004年11月	Gulliver USA, Inc.を設立
2011年8月	(株)ハコボーを吸収合併
2012年11月	(株)モトーレングローバルを設立

0578　カルソニックカンセイ(株)
[証券コード]7248
[上場区分]東証一部
〈カルソニック系〉

1938年8月	日本ラジエーター製造(株)を設立
1952年12月	日本ラヂエーター(株)に社名変更
1957年	東邦鉄工(株)を設立(後:カルソニックプロダクツ(株))
1961年	(株)興和製作所を設立(後:カルソニックプロダクツ(株))
1973年	(株)ニットーを設立(後:カルソニックプロダクツ(株))
1975年	日本プラスト(株)と共同で出資しアヅマ工業を設立
1976年6月	カルソニック・インコーポレイテッドを設立(後:カルソニック・クライメート・コントロール社)(後:北米カルソニック社)(後:北米カルソニックカンセイ)
1982年	(株)ニッコーを設立(後:(株)シーケーサービス)
1985年	マツダ(株)と広島プレス工業(株)と共同で出資しユーメックスを設立
1986年	萬自動車工業(株)と共同で出資しカルソニック・ヨロズ社を設立
1986年	カルソニック販売(株)を設立(後:シーケー販売(株))
1986年2月	カルソニック・インターナショナル社を設立
1986年3月	TI-ニホンU.K.社を設立(後:カルソニックカンセイ・ユーケー社)
1986年5月	ゼネラル・モーターズ社と合弁でカルソニックハリソン(株)を設立(後:カルソニックカンセイ宇都宮(株))
1987年	(株)ニチラエージェンシーを設立(後:カルソニックニットー(株))
1988年	カルソニック(株)に社名変更
1988年	カルソニックニットー(株)を設立
1988年	カルソニック物流(株)を設立(後:(株)シーケー物流)
1989年6月	カルソニック・インターナショナル(UK)社を設立(後:カルソニックカンセイ・ヨーロッパ社)
1991年4月	クリマティサドーレス・カルソニック社を設立(後:カルソニックカンセイ・スペイン社)
1991年4月	大韓カルソニック社を設立
1996年1月	セスコ社を設立(後:カルソニックカンセイ・コリア社)
1996年10月	カルソニックプロダクツ(株)を設立
1997年5月	カルソニック・メキシコ社を設立(後:カルソニックカンセイ・メキシコ社)

〈カンセイ系〉

1956年10月	日産自動車(株)が出資し関東精機

1973年4月	協立ハイパーツ（株）を設立
1988年3月	ケーブルシステム（株）を設立
1989年5月	ケーエスエンジニアリング（株）を設立
1991年5月	（株）カンセイに社名変更

* * *

1997年	カルソニックコミュニケーション（株）を設立
2000年	カルソニック（株）と（株）カンセイが合併しカルソニックカンセイ（株）に社名変更
2001年	シーケーエンジニアリング（株）を設立
2001年	シーケー販売（株）を設立
2001年3月	北米カルソニックカンセイ社とカルソニックカンセイ・メキシコ社を設立
2001年4月	カルソニックカンセイ・タイランド社を設立
2001年9月	セイコーインスツルメンツ（株）と合弁でカルソニックエスアイアイ・コンプレッサー社を設立（後：カルソニックカンセイ・マレーシア社）
2002年7月	（株）シーケーケーを設立（後：（株）CKK）
2002年12月	カルソニックカンセイ（無錫）社を設立
2003年	（株）CKFを設立
2003年7月	セイコーインスツルメンツ社と合弁でカルソニックコンプレッサー（株）を設立
2004年	ケーエスエンジニアリング（株）を設立
2005年7月	カルソニックカンセイ（中国）社を設立
2006年6月	カルソニックカンセイ・ルーマニア社を設立
2008年12月	カルソニックコンプレッサー（株）を吸収合併
2012年4月	カルソニックカンセイ・ブラジル社を設立
2012年5月	カルソニックカンセイ・ロシア社を設立

0579 カルチュア・コンビニエンス・クラブ（株）

1982年	LOFTを増田宗昭が喫茶店兼貸レコード店として開店
1985年9月	カルチュア・コンビニエンス・クラブ（株）を設立
2012年10月	（株）Tポイント・ジャパンを設立
2013年7月	（株）T-MEDIAホールディングスを設立
2014年12月	（株）TSUTAYAとカルチュア・エンタテインメント（株）と（株）CCCマーケティングを設立

0580 カルナバイオサイエンス（株）
[証券コード]4572
[上場区分]ジャスダックグロース

| 2003年4月 | カルナバイオサイエンス（株）を設立 |
| 2008年4月 | CarnaBio USA, Inc.を設立 |

0581 カルビー（株）
[証券コード]2229
[上場区分]東証一部

1949年4月	松尾糧食工業所を法人に改組し**松尾糧食工業（株）**を設立
1955年5月	**カルビー製菓（株）**に社名変更
1970年3月	Calbee America, Inc.を設立
1972年4月	カルビー食品（株）を設立
1973年12月	**カルビー（株）**に社名変更
1980年4月	Calbee Tanawat Co., Ltd.を設立
1980年10月	カルビーポテト（株）を設立
1990年4月	スナックフード・サービス（株）を設立
1994年2月	Calbee Four Seas Co., Ltd.を設立
1995年7月	青島カルビー食品有限公司を設立
1996年6月	ガーデンベーカリー（株）を設立
2000年4月	（株）カルナックを設立
2006年8月	R.D.OFFUTT COMPANYとの合弁でRDO-CALBEE FOODS, LLCを設立（後：Calbee North America, LLC）
2007年11月	カルビー・イートーク（株）を設立
2011年7月	HAITAI Confectionery & Foods Co., Ltd.との合弁でHaitai-Calbee Co., Ltd.（韓国）を設立
2012年8月	康師傅方便食品投資（中国）有限公司と伊藤忠商事（株）との合弁でカルビー（杭州）食品有限公司を設立
2012年8月	味全食品工業股份有限公司との合弁で台北カルビー食品股份有限公司を設立
2013年7月	PT. Mitrajaya Ekapranaと伊藤忠商事（株）との合弁でPT.Calbee-Wings Food（インドネシア）を設立
2014年3月	Calbee（UK）Ltdを設立
2014年4月	Universal Robina Corporationとの合弁でCalbee-URC, Inc.（フィリピン）を設立
2014年7月	カルビー食品（株）を吸収合併

0582 （株）カルラ
[証券コード]2789
[上場区分]ジャスダックスタンダード

1972年6月	（有）丸松を設立
1979年10月	（株）丸松に改組
1991年3月	（株）カルラに社名変更
2004年3月	（有）寿松庵を吸収合併
2008年4月	（株）ネットワークサービスを設立

0583 （株）河合楽器製作所
[証券コード]7952
[上場区分]東証一部

1927年8月	（個）河合楽器研究所を設立
1929年6月	（個）河合楽器製作所に社名変更
1935年3月	（名）河合楽器製作所に改組
1951年5月	（株）河合楽器製作所に改組
1962年12月	テスコ（株）を設立
1965年5月	（株）河合楽器サービスセンターを設立
1965年12月	カワイ月販（株）を北海道、仙台、東京、大阪、九州に設立（後：（株）カワイアシスト）
1976年9月	カワイドイチュランドGmbHを設立（後：カワイヨーロッパGmbH）
1979年12月	カワイヨーロッパGmbHを設立
1980年3月	カワイ精密金属（株）を設立
1985年2月	（株）カワイビジネスソフトウェアを設立
1988年3月	ミディミュージックセンターInc.を設立
1989年	（株）カワイテクノセンターを設立
1989年	（株）カワイ音響システムを設立
1989年	ジャパンレジャー開発（株）を設立
1990年	（株）カワイウッドを設立
1990年	（株）ケーシービーを設立

1992年	(株)カワイコスモスを設立
1993年	(株)カワイ音楽企画を設立(後解散)
1993年	(株)ビーピーシー・ジャパンを設立
1998年	(株)ピアノリサイクルを設立
1998年3月	(株)カワイハイパーウッドを設立
2001年4月	PT.カワイインドネシアを設立
2002年12月	河合貿易(上海)有限公司を設立
2004年11月	河合楽器(寧波)有限公司を設立
2011年9月	PT.カワイミュージックインドネシアを設立
2012年10月	上海カワイ電子有限公司を設立
2012年11月	(株)カワイキャスティングを設立
2014年10月	販売会社カワイピアノ・ロシアを設立

0584　川上塗料(株)
[証券コード]4616
[上場区分]東証二部

1901年4月	創設者川上保太郎、国産初のエナメル・ワニス製造に着手
1931年8月	(名)川上塗料製造所に改組
1945年1月	川上塗料(株)に改組
1957年4月	鳥印塗料販売(株)を設立(後:ダイヤス化成(株))

0585　(株)川金ホールディングス
[証券コード]5614
[上場区分]東証二部

1937年4月	川口製鉄(株)を設立
1939年11月	日本鉄鋼工業(株)に社名変更
1945年4月	石産金属工業(株)と合併し同社の川口工場となる
1948年10月	川口金属工業(株)と企業再建整備法により旧会社の第二会社として発足
1978年10月	(株)ケイ・エム・アイを設立(後:(株)KMI)
1985年11月	川口金属加工(株)を設立(後:(株)川口金属加工)
2002年3月	川口金属鋳造(株)を設立(後:(株)川口金属工業)
2004年5月	川口テクノソリューション(株)を設立(後:(株)川金ソリューション)
2006年8月	新明興産業(株)を吸収合併
2008年9月	(株)川金金融を設立
2008年10月	(株)川金ホールディングスを株式移転により設立
2012年1月	Kawakin Core-Tech Vietnam Co., Ltd.を設立

0586　川口化学工業(株)
[証券コード]4361
[上場区分]東証二部

1935年12月	川口化学研究所を設立
1937年1月	川口化学工業(株)に社名変更
2010年8月	開溪愛(上海)貿易有限公司を設立

0587　(株)カワサキ
[証券コード]3045
[上場区分]東証二部

1971年10月	(株)川部装飾を設立
1972年10月	(株)川崎装飾に商号変更
1975年10月	(株)カワサキに商号変更
1994年3月	オーアンドケイ(株)を設立
2003年1月	忠岡倉庫(株)を吸収合併

0588　川崎化成工業(株)
[証券コード]4117
[上場区分]東証二部

1948年5月	中央化成工業(株)を設立
1955年7月	川崎化成工業(株)を設立
1956年3月	中央化成工業(株)を吸収合併し川崎化成工業(株)に社名変更(子会社が存続会社)
1957年10月	東レ(株)と共同で出資し京浜化成工業(株)を設立
1958年4月	京浜化成工業(株)を吸収合併
1971年3月	東洋インキ製造(株)と共同で出資し東洋化成工業(株)を設立(後清算)
1983年1月	カワカ機工(株)を設立(後:川崎化成エンジニアリング(株))
1983年1月	カワカ産業(株)を設立
2006年10月	川崎化成物流(株)を吸収合併
2008年10月	川崎化成エンジニアリング(株)を吸収合併

0589　川崎汽船(株)
[証券コード]9107
[上場区分]東証一部

1919年4月	(株)川崎造船所が現物出資し川崎汽船(株)を設立
1946年2月	川友商事(株)を設立
1954年2月	興国汽船(株)を吸収合併
1960年8月	川汽不動産(株)を設立
1964年4月	飯野汽船(株)を吸収合併
1964年8月	川崎汽船外航定期貨物(株)を設立
1966年5月	川崎近海汽船(株)を設立
1987年6月	(株)ケイラインシステムセンターを設立
1989年7月	東京マリンデータサービス(株)を設立
2001年10月	(株)ケイロジスティックスを設立(後:ケイライン ロジスティックス(株))
2002年1月	(株)ケイライン システムズを設立
2002年9月	太洋日本汽船(株)と神戸桟橋(株)を株式交換により完全子会社化
2002年10月	(株)ケイラインジャパンを設立
2007年3月	(株)ケイライン物流ホールディングスを吸収合併
2007年11月	K LINE OFFSHORE ASを設立
2012年7月	ノーブルチャータリング社と共同運航会社としてK NOBLE HONG KONG LTD.を設立

〈太洋日本汽船系〉

1917年7月	太洋海運(株)を設立
1930年12月	大同海運(株)を運航部門を分離独立し設立
2000年7月	神戸日本汽船(株)と吸収合併し太洋日本汽船(株)に社名変更

0590　川崎近海汽船(株)
[証券コード]9179
[上場区分]東証二部

1966年5月	川崎汽船(株)の内航部門の全航路及び全船腹の運航を継承し川崎近海汽船(株)を設立
1970年10月	(有)春徳汽船を設立
1970年10月	日本近海汽船(株)を吸収合併
1971年11月	シルバーフェリー(株)を設立
1988年12月	"K" LINE KINKAI

かわさきし

	（SINGAPORE）PTE LTDを設立
1992年4月	シルバーフェリー（株）を吸収合併
1999年9月	TROPICAL LINE S.A.を設立
2000年1月	ASIA SHIPPING NAVIGATION S.A.を設立
2000年9月	KAWASAKI KINKAI KISEN KAISHA (M) SDN BHDを設立（後："K" LINE KINKAI (MALAYSIA) SDN BHD）
2003年11月	MARINE VICTOR SHIPPING S.A.を設立
2011年10月	POLAR STAR LINE S.A.を設立
2012年1月	新洋興産（株）を吸収合併
2013年10月	（株）オフショア・ジャパンを設立
2014年2月	GALLEON LINE S.A.及びBINTANG LINE S.A.を設立

0591　川崎重工業（株）
[証券コード]7012
[上場区分]東証一部

1869年12月	工部省兵器製作所を設立
1871年	（個）川崎商店を設立
1872年	（個）川崎本店に社名変更
1873年	川崎築地造船所（株）と（個）川崎兵庫造船所と川崎回漕店（株）に分離
1885年12月	農商務省兵庫造船所に社名変更
1886年5月	農商務省兵庫造船所と（個）川崎兵庫造船所が合併し（個）川崎造船所に社名変更
1896年9月	川崎築地造船所（株）を移転合併
1896年10月	（株）川崎造船所に改組
1918年1月	川崎回漕店（株）を合併
1928年5月	川崎車輛（株）を設立
1937年11月	川崎航空機工業（株）を設立
1939年12月	川崎重工業（株）に社名変更
1950年8月	川崎製鉄（株）を設立
1959年12月	川崎電機製造（株）を設立
1966年11月	横山工業（株）を合併
1969年4月	川崎航空機工業（株）と川崎車輛（株）を合併
1972年4月	汽車製造（株）を合併
1981年12月	Kawasaki Motors Manufacturing Corp., U.S.A.を設立
1983年9月	川重施設（株）を合併
1989年2月	Kawasaki Rail Car, Inc.を設立
2002年10月	（株）川崎造船を設立
2010年10月	（株）川崎造船と（株）カワサキプレシジョンマシナリとカワサキプラントシステムズ（株）を合併

0592　川崎設備工業（株）
[証券コード]1777
[上場区分]名証二部

1951年10月	（株）川崎岐阜製作所の設備部門が分離独立し川崎設備工業（株）を設立
1991年4月	カワセツ東京サービス（株）とカワセツ中部サービス（株）とカワセツ近畿サービス（株）を設立（後：カワセツサービス（株））

0593　川崎地質（株）
[証券コード]4673
[上場区分]ジャスダックスタンダード

1943年7月	（資）川崎試錐機製作所を設立
1951年8月	川崎ボーリング（株）を設立
1970年8月	川崎地質（株）に社名変更
1983年3月	川崎土木（株）を設立
1983年11月	（株）エスピーシーを設立
1993年4月	（株）エスピーシーを吸収合併
1998年5月	文化財調査コンサルタント（株）を設立
2003年6月	川崎土木（株）を吸収合併

0594　川澄化学工業（株）
[証券コード]7703
[上場区分]東証二部

1957年6月	川澄化学工業（株）を設立
1975年6月	（株）カワスミを設立
1978年3月	タイカワスミを設立
1990年5月	フレゼニウス川澄（株）を設立
1991年2月	カワスミラボラトリーズアメリカを設立
1993年4月	（株）カワスミを吸収合併
1993年9月	カワスミラボラトリーズヨーロッパ（ドイツ）を設立（後清算）
2006年7月	（株）カワスミバイオサイエンスを吸収合併

0595　（株）カワタ
[証券コード]6292
[上場区分]東証二部

1951年7月	（株）川田製作所を設立
1985年3月	（株）カワタに社名変更
1989年9月	カワタU.S.A. INC.を設立
1989年11月	カワタMFシンガポールPTE. LTD.を設立
1990年1月	（株）サーモテックを設立
1993年9月	カワタエンジMFG. SDN. BHD.を設立
1995年3月	川田（上海）有限公司を設立（後：川田機械製造（上海））
1996年8月	カワタタイランドCO., LTD.を設立
1997年7月	川田機械製造（上海）有限公司を設立
1999年12月	（株）カワタテクノサービスを設立
2000年2月	川田國際股份有限公司を設立
2002年4月	（株）カワタラピッドジャパンを設立
2003年1月	川田機械香港有限公司を設立
2011年4月	PT.カワタインドネシアを設立
2013年7月	レイケンタイランドCO., LTD.を設立
2014年6月	PT.カワタマーケティングインドネシアを設立

0596　川田テクノロジーズ（株）
[証券コード]3443
[上場区分]東証一部

1922年5月	（個）川田鉄工所を設立
1940年5月	北陸産業（株）を設立（後：北陸車輛（株））
1952年7月	北陸車輛（株）と合併し川田工業（株）に社名変更
1970年1月	（株）システムエンジニアリングを設立（後：川田テクノシステム（株））
1971年11月	玖洋建設（株）を設立（後：川田建設（株））
1986年4月	（株）綜合メンテナンスと（株）中京メンテナンスを設立（後：（株）橋梁メンテナンス）
1986年7月	富士前鋼業（株）を設立

2007年2月	川田建設(株)を完全子会社化		1952年4月	旭運輸(株)を設立
2009年2月	川田テクノロジーズ(株)を純粋持株会社として設立		1983年1月	川西ファインサービス(株)を設立
			1989年4月	泰国川西(株)を設立
			1990年8月	川西ロジスティックス(シンガポール)有限公司を設立

0597　(株)カワチ薬品
[証券コード] 2664
[上場区分] 東証一部
- 1980年7月　(株)カワチ薬品を設立
- 2014年3月　(株)倉持薬局を吸収合併

0598　河西工業(株)
[証券コード] 7256
[上場区分] 東証一部
- 1933年1月　河西(名)を設立
- 1946年10月　河西工業(株)に社名変更
- 1986年3月　三重河西(株)を設立
- 1986年10月　M-TEK INC.を設立
- 1986年12月　(株)エーピーエムを設立
- 1989年11月　(株)カサイサービスを設立(後：(株)エーピーエム)
- 1991年10月　レイデル社と合弁でR-TEK Ltd.を設立
- 1996年4月　カサイロジスティクス(株)を設立(後：(株)エーピーエム)
- 1997年4月　カサイエンジニアリング(株)を設立(後：(株)エーピーエム)
- 1997年5月　KASAI MEXICANA S.A. de C.V.を設立
- 2000年10月　カサイサポートシステム(株)を設立(後：(株)エーピーエム)
- 2001年11月　M-TEK Mississippi, Inc.を設立(後：M-TEK INC.)
- 2005年4月　河西テック(株)を設立
- 2005年6月　岩手河西(株)を設立
- 2007年3月　Kasai Teck See Co., Ltd.を設立
- 2007年5月　河西テクノ(株)を設立
- 2008年3月　三和工業(株)と合弁でエスケイ工業(株)を設立
- 2008年4月　三和工業(株)と合弁で広州艾司克汽車内飾有限公司を設立
- 2010年1月　九州河西(株)を設立
- 2010年9月　蕪湖奇端科技(有)と合弁で蕪湖河西汽車内飾件有限公司を設立
- 2012年3月　Antolin Kasai TEK Chennai Private Ltd.を設立
- 2012年4月　海南鈞達汽車飾件(有)と合弁で開封河西汽車飾件有限公司を設立
- 2012年7月　Kasai Teck See (Malaysia) Sdn. Bhd.を設立
- 2013年11月　東風偉世汽車飾件系統(有)と合弁で東風河西(襄陽)汽車飾件有限公司を設立
- 2014年9月　東風偉世汽車飾件系統(有)と合弁で東風河西(大連)汽車飾件有限公司を設立

0599　川西倉庫(株)
[証券コード] 9322
[上場区分] 東証二部
- 1918年7月　川西商事(株)を設立
- 1922年6月　川西倉庫(株)に社名変更
- 1946年10月　甲子園製氷冷蔵(株)を設立(後：川西甲子園冷蔵(株))
- 1948年6月　名古屋運輸作業(株)を設立(後：(株)メイサク)

0600　川辺(株)
[証券コード] 8123
[上場区分] ジャスダックスタンダード
- 1923年2月　川辺富造商店を設立
- 1940年5月　(名)川辺富造商店に改組
- 1942年11月　(株)川辺富造商店に改組
- 1964年9月　川辺(株)に社名変更
- 2011年9月　川辺(上海)商貿有限公司を設立

0601　(株)関西アーバン銀行
[証券コード] 8545
[上場区分] 東証一部
- 1922年7月　山城無尽(株)を設立
- 1951年10月　(株)関西相互銀行に商号変更
- 1975年2月　関西総合リース(株)を設立(後：関銀リース(株))(後：関西アーバン銀行リース(株))
- 1976年9月　関西ビジネス(株)を設立(後：関西モーゲージサービス(株))
- 1977年6月　関西総合信用(株)を設立
- 1983年1月　(株)関西クレジット・サービスを設立(後：(株)関西クレジット・サービス)
- 1989年2月　(株)関西銀行に商号変更
- 2000年9月　関西さわやか(株)を設立(後：(株)関西さわやか銀行)
- 2004年2月　(株)関西さわやか銀行と合併し(株)関西アーバン銀行に商号変更
- 2007年1月　KUBC Preferred Capital Cayman Limitedを設立(後清算)
- 2009年3月　KUBC Preferred Capital Cayman 2 Limitedを設立(後清算)
- 2010年3月　(株)関西アーバン銀行と(株)びわこ銀行が合併し〈新〉(株)関西アーバン銀行となる

〈びわこ銀行系〉
- 1925年8月　華実無尽(株)を設立
- 1925年11月　興業無尽(株)を設立
- 1942年10月　華実無尽(株)と興業無尽(株)が合併し滋賀無尽(株)を設立
- 1951年10月　(株)滋賀相互銀行に商号変更
- 1983年4月　びわこ総合リース(株)を設立(後：びわ銀リース(株))(後：関西アーバン銀リース(株))
- 1986年11月　びわこ信用保証(株)を設立
- 1989年2月　(株)びわこ銀行に商号変更
- 1989年3月　びわ銀カード(株)を設立(後：(株)関西クレジット・サービス)

0602　(株)関西スーパーマーケット
[証券コード] 9919
[上場区分] 東証一部
- 1959年7月　相互産業(株)を設立
- 1971年12月　相互開発(株)を吸収合併
- 1973年8月　(株)関西スーパーマーケットに社名変更
- 1992年1月　(株)スマイルを設立(後：(株)ビッグパワー)

1992年8月	（株）関西スーパー物流を設立
2005年3月	（株）ビッグパワーを清算

0603　関西ペイント（株）
［証券コード］4613
［上場区分］東証一部

1917年11月	（個）関西ペイント工業所を設立
1918年5月	関西ペイント（株）に継承設立
1937年3月	岩城塗料製造（株）を合併
1943年6月	オリエンタルペイント（株）を合併
1943年11月	沢村亜鉛（株）を合併
1966年7月	カンペ不動産（株）を設立
1968年11月	THAI KANSAI PAINT CO., LTD.を出資設立
1976年6月	（株）カンペ・アドを設立
1981年4月	カンペ不動産（株）を合併
1985年10月	台湾関西塗料股份有限公司を出資設立
1988年9月	（株）カンペ共販大阪を出資設立（後：関西ペイント販売（株））
1989年3月	（株）カンペ共販東京を出資設立（後：関西ペイント販売（株））
1995年4月	重慶関西塗料有限公司を出資設立
1996年3月	KANSAI RESIN (THAILAND) CO., LTD.を出資設立
1999年10月	P.T.KANSAI PAINT INDONESIAを出資設立
2001年10月	NKMコーティングス（株）を出資設立

0604　（株）カンセキ
［証券コード］9903
［上場区分］ジャスダックスタンダード

1969年12月	関東石油（株）を設立
1975年2月	（株）服部に社名変更
1976年12月	（株）カンセキに社名変更
2007年5月	（株）茨城カンセキを設立
2007年9月	（株）バーンを設立

0605　カンダホールディングス（株）
［証券コード］9059
［上場区分］東証二部

1944年5月	神田運送（株）を設立
1970年10月	埼玉配送（株）を設立
1974年10月	（株）サン流通システムを設立（後：（株）カンダビジネスサポート）
1978年5月	栃木配送（株）を設立
1978年8月	群馬配送（株）を設立
1991年10月	カンダコーポレーション（株）に社名変更
1993年10月	（株）レキストを設立
1997年4月	ケイ物流サービス（株）を設立
2007年3月	（株）ロジメディカルを設立
2008年5月	（株）カンダコアテクノを設立
2008年5月	カンダコーポレーション分割準備（株）を設立（後：カンダコーポレーション（株））
2009年4月	カンダホールディングス（株）に商号変更
2010年9月	（株）ペガサスグローバルエクスプレスを設立
2011年9月	関西配送（株）を設立
2012年4月	カンダ物流（株）を設立
2014年8月	カンダハーティーサービス（株）を設立

0606　（株）関電工
［証券コード］1942
［上場区分］東証一部

1944年9月	（株）協立興業と応用電気（株）と（株）大東商会と（株）電洋社と（株）中楯電気商会と（株）清電舎と（名）福興社と（個）北井電気商会と関東配電（株）が統合し関東電気工事（株）を設立
1962年5月	関東石材工業（株）を設立（後：関工興業（株））
1984年9月	（株）関電工に社名変更
1984年11月	関工不動産管理（株）を設立
1985年1月	東京工事警備（株）を設立
1987年7月	関工メンテナンスサービス（株）を設立
1994年7月	（株）ベイテクノを設立
1995年7月	関工ケー・シー・エス警備（株）を設立
1997年10月	（株）茨城ケイテクノを設立
1997年10月	（株）群馬ケイテクノを設立
1997年10月	（株）山梨ケイテクノを設立
1997年10月	（株）静岡ケイテクノを設立
1997年10月	（株）栃木ケイテクノを設立
1998年7月	（株）埼玉ケイテクノを設立
1998年7月	（株）神奈川ケイテクノを設立
1998年7月	（株）千葉ケイテクノを設立
2000年11月	（株）ネットセーブを設立
2013年3月	嘉麻太陽光発電（株）を設立

0607　関東電化工業（株）
［証券コード］4047
［上場区分］東証一部

1938年9月	関東水力電気（株）と旭電化工業（株）と古河電気工業（株）が共同で関東電化工業（株）を設立
1961年10月	大崎産業（株）を設立（後：カンデン渋川産業（株））
1961年11月	（株）群馬鉄工所を設立
1969年11月	関東運輸（株）を設立（後：関東電化産業（株））
1971年8月	森下弁柄工業（株）との共同出資により日本酸化鉄工業（株）を設立
1978年3月	関電興産（株）を設立
2000年11月	関東電化KOREA（株）を設立
2004年7月	台灣關東電化股份有限公司を設立
2011年6月	科地克（上海）貿易有限公司を設立

0608　（株）かんなん丸
［証券コード］7585
［上場区分］ジャスダックスタンダード

1982年5月	（有）かんなん丸を設立
1994年3月	〈元〉（株）かんなん丸に改組
1995年4月	〈別〉（株）かんなん丸と合併（額面変更）し（株）かんなん丸に社名変更
2012年6月	（株）しんしん丸を設立

0609　ガンホー・オンライン・エンターテイメント（株）
［証券コード］3765
［上場区分］東証一部

1998年7月	オンセール（株）を設立
2002年8月	ガンホー・オンライン・エンターテイメント（株）に社名変更
2005年10月	ガンホー・モード（株）を設立（後吸収合併）

2007年10月　ガンホー・ワークス(株)を設立
2013年2月　(株)グラスホッパー・マニファクチュアを設立
2014年9月　GungHo Online Entertainment Asia Pacific Pte.Ltd.を設立

0610　(株)関門海
[証券コード]3372
[上場区分]東証マザーズ
1980年9月　ふぐ半を開店
1989年5月　(株)さかな亭を設立
1999年5月　(株)阪口フーズを設立(後吸収合併)
2001年3月　(株)関門海に社名変更
2007年3月　(株)カネジを設立(後:(株)トドクック)
2011年9月　(株)関門福楽館を設立

0611　カンロ(株)
[証券コード]2216
[上場区分]東証二部
1950年5月　宮本製菓(株)を設立
1960年9月　カンロ(株)に社名変更
1972年5月　光製菓(株)を設立(後:ひかり製菓(株))

0612　キーウェアソリューションズ(株)
[証券コード]3799
[上場区分]東証二部
1965年5月　日本電子開発(株)を設立
2001年1月　キーウェアソリューションズ(株)に社名変更
2001年3月　キーウェアサービス(株)を設立
2002年4月　キーウェアマネジメント(株)を設立
2003年4月　キーウェア北海道(株)とキーウェア西日本(株)とキーウェア九州(株)を設立
2012年4月　キーウェアマネジメント(株)を吸収合併

0613　(株)キーエンス
[証券コード]6861
[上場区分]東証一部
1972年3月　リード電機を設立
1973年5月　リード電機(株)に改組
1985年3月　KEYENCE CORPORATION OF AMERICAを設立
1985年9月　クレボ(株)を設立
1986年10月　(株)キーエンスに社名変更
1990年5月　KEYENCE DEUTSCHLAND GmbHを設立
2001年9月　KEYENCE (CHINA) CO., LTD.を設立
2011年5月　KEYENCE BRASIL COMERCIO DE PRODUTOS ELETRONICOS LTDA.を設立
2011年8月　KEYENCE INDIA PVT.LTD.を設立
2013年7月　PT.KEYENCE INDONESIAを設立
2014年3月　KEYENCE VIETNAM CO., LTD.を設立

0614　キクカワエンタープライズ(株)
[証券コード]6346
[上場区分]東証二部
1897年11月　(名)菊川鉄工所を設立
1954年4月　(株)菊川鉄工所に改組
2012年10月　キクカワエンタープライズ(株)に商号変更

0615　菊水化学工業(株)
[証券コード]7953
[上場区分]東証二部
1959年5月　菊水商事(有)を設立
1961年3月　菊水(株)に社名変更
1963年6月　菊水化学工業(株)に社名変更
1976年12月　菊水インターナショナル(株)を設立
1977年5月　菊水クリエイト(株)を設立
2004年4月　菊水化工(上海)有限公司を設立

0616　菊水電子工業(株)
[証券コード]6912
[上場区分]ジャスダックスタンダード
1949年10月　菊水電波研究所を設立
1951年8月　(株)菊水電波に社名変更
1958年10月　三共通信部品(株)を吸収合併
1962年6月　菊水電子工業(株)に社名変更
1986年4月　フジテック(株)を設立
2004年8月　菊水電子(蘇州)有限公司を設立(後清算)
2004年10月　KIKUSUI AMERICA, INC.を設立
2006年6月　菊水貿易(上海)有限公司を設立

0617　(株)菊池製作所
[証券コード]3444
[上場区分]ジャスダックスタンダード
1970年4月　菊池製作所を創業
1976年3月　(株)菊池製作所を設立
1990年3月　KOREA KIKUCHI CO., LTD.を設立
2000年3月　菊池ヘルスクリエイト(株)として事業開始
2002年8月　KIKUCHI (HONG KONG) LIMITEDを設立
2009年4月　菊池ヘルスクリエイト(株)並と(株)レーザーアンドマシンを吸収合併
2013年12月　(株)イノフィスを設立

0618　技研興業(株)
[証券コード]9764
[上場区分]東証二部
1958年7月　〈旧〉技研興業(株)を設立
1961年9月　技研興業(株)に吸収合併される(株式額面変更の為)
1984年12月　(株)ゼックスを設立
2003年4月　技研建設(株)を吸収合併
2003年10月　ゴールドテック(株)を設立(後:日動技研(株))

0619　(株)技研製作所
[証券コード]6289
[上場区分]東証二部
1967年1月　高知技研コンサルタントを設立
1971年8月　(株)高知技研コンサルタントに社名変更
1978年1月　(株)技研製作所を設立(後:(株)技研施工)
1978年8月　(株)技研施工に社名変更
1981年9月　(株)高知技研コンサルタントを設立
1981年10月　(株)技研通商を設立

1989年9月	(株)技研製作所と(株)技研施工を吸収合併し(株)技研製作所に社名変更
1991年7月	ギケン ヨーロッパ ビー・ブイを設立
1996年1月	シギケン セイサクショ アジア プライベート・リミテッドを設立
1996年3月	(株)エムアンドエムを設立
1996年5月	(株)ジーアンドビーを設立
1999年12月	ギケン アメリカ コーポレーションを設立
2008年4月	台湾技研製作所股份有限公司を設立

0620　キーコーヒー(株)
[証券コード]2594
[上場区分]東証一部

1920年8月	木村商店を設立
1923年9月	木村コーヒー店に社名変更
1952年10月	(株)木村コーヒー店に社名変更
1953年1月	(株)大阪木村コーヒー店を設立
1961年12月	日本インスタントコーヒー(株)を設立(後:ニック食品工業(株))
1971年8月	キーコーヒーサービス(株)を設立
1971年9月	(株)青森木村コーヒーを設立(後:青森キーコーヒー(株))
1971年10月	(株)沖縄木村コーヒーを設立(後:沖縄キーコーヒー(株))
1973年9月	スラウェッシ興産(株)を設立
1986年10月	(株)タスコを設立
1988年10月	(株)大阪木村コーヒー店を吸収合併
1989年2月	キーコーヒー(株)に社名変更
1995年6月	(株)イタリアントマトとの共同出資により(株)アイ・アンド・ケイを設立
1996年2月	CRESCO INC.との共同出資により台湾キーコーヒー(株)を設立
2004年	青森キーコーヒー(株)を合併

0621　北川工業(株)
[証券コード]6896
[上場区分]名証二部

1963年6月	北川ゴム工業(株)を設立
1971年3月	北川工業(株)に社名変更
1983年12月	(株)プラテックを設立
1986年7月	イー・エス・ディー・テクノロジー(株)を設立(後:インターマーク(株))
1994年7月	KITAGAWA ELECTRONICS (SINGAPORE) PTE.LTD.を設立
1995年5月	KITAGAWA INDUSTRIES (H.K.) LIMITEDを設立
1995年12月	PT. KITAGAWA INDUSTRIES INDONESIAを設立(後清算)
2000年9月	上海北川工業電子有限公司を設立
2000年11月	KITAGAWA ELECTRONICS (THAILAND) CO., LTD.を設立
2002年9月	無錫開司科技有限公司を設立
2009年4月	インターマーク(株)を吸収合併
2010年4月	北弘科技(深圳)有限公司を設立
2010年7月	開技司科技(深圳)有限公司を設立

0622　北川精機(株)
[証券コード]6327
[上場区分]ジャスダックスタンダード

1957年1月	(株)寿製作所を設立
1960年9月	北川精機(株)に社名変更
1999年7月	キタガワエンジニアリング(株)を設立
2011年7月	北川精機貿易(上海)有限公司を設立

0623　(株)北川鉄工所
[証券コード]6317
[上場区分]東証一部

1918年3月	(個)北川船具製作所を設立
1936年12月	(個)北川鉄工所に社名変更
1941年11月	(株)北川鉄工所に改組
1961年12月	北川製作所を設立
1974年2月	北川冷機(株)を設立(後:日本建機(株))
2009年4月	K&Kプラント(株)を吸収合併
2009年4月	上海北川鉄社貿易有限公司を設立
2010年12月	北川(瀋陽)工業機械製造有限公司を設立
2012年2月	KITAGAWA MEXICO, S.A.DE C.V.を設立

0624　北沢産業(株)
[証券コード]9930
[上場区分]東証一部

1951年3月	日本黒耀石工業(株)を設立(後:北沢産業(株))
1960年4月	北沢産業(株)を設立
1963年7月	〈別〉北沢産業(株)に株式額面変更のため合併
1967年6月	北沢工業(株)を設立
1997年4月	ファルコン・ジャパン(株)を設立
1997年11月	エース工業(株)を設立
2007年10月	ファルコン・ジャパン(株)を吸収合併

0625　(株)キタック
[証券コード]4707
[上場区分]ジャスダックスタンダード

1973年2月	北日本技術コンサルタント(株)を設立
1989年12月	(株)キタックに社名変更
1992年12月	哈爾濱新龍工程技術開発有限公司を設立(後清算)
1995年9月	独資会社哈爾濱北友土木工程開発有限公司を設立

0626　(株)北日本銀行
[証券コード]8551
[上場区分]東証一部

1942年2月	岩手無尽と盛岡無尽が合併し岩手興産無尽(株)を設立
1950年8月	興産無尽(株)に社名変更
1951年10月	(株)興産相互銀行に社名変更
1962年7月	(株)北日本相互銀行に社名変更
1986年12月	きたぎんビジネスサービス(株)を設立
1988年2月	きたぎんユーシー(株)を設立
1989年2月	(株)北日本銀行に商号変更
1990年2月	きたぎんリース(株)を設立(後:きたぎんリース・システム(株))
1991年2月	きたぎんコンピュータサービス(株)を設立(後:きたぎんリース・システム(株))
1998年8月	きたぎん集金代行(株)を設立(後清算)

0627　北日本紡績(株)
[証券コード]3409
[上場区分]東証二部

1948年10月	北日本紡績(株)を設立

1971年8月	鳥越産業(株)を設立(後:(株)リック・コーポレーション)
1984年6月	キタボー興産(株)を設立
1988年11月	能都産業(株)を設立(後精算)
2002年11月	承徳帝賢北日本紡績有限公司を設立

0628　北野建設(株)
[証券コード]1866
[上場区分]東証一部

1946年8月	北野建築工業(株)を設立
1948年7月	北野建設(株)に社名変更
1964年7月	北野林業(株)を設立
1971年6月	(株)長野東急エージェンシーを設立(後:(株)アサヒエージェンシー)
1973年12月	川中嶋土地開発(株)を設立
1974年1月	木曽高原開発(株)を設立
1977年3月	東邸管理(株)を設立
1989年11月	ソロモン キタノ メンダナホテル リミテッドを設立

0629　(株)北の達人コーポレーション
[証券コード]2930
[上場区分]東証二部

1999年12月	(資)サイマートを設立
2002年5月	(株)北海道・シーオー・ジェイピーを設立
2009年3月	(株)北の達人コーポレーションに商号変更
2013年12月	(株)オーダーコスメジャパンを設立

0630　(株)キタムラ
[証券コード]2719
[上場区分]東証二部

1934年3月	キタムラ写真機店を創業
1943年5月	(株)北村商会に社名変更
1970年4月	(株)キタムラに社名変更
1985年3月	(株)ラボネットワークを設立
1994年10月	(株)ジェイドラッグを設立
1998年2月	(株)小田通商を設立(後:(株)キタムラトレードサービス)
1999年10月	(株)ビコムキタムラを設立
1999年10月	(株)メディアシティキタムラを設立(後:(株)ビコムキタムラ)
2002年9月	(株)オフィス事務サービスを設立
2004年4月	(株)ピクチャリングオンラインを設立
2006年5月	(株)トランスフォーメーションを設立
2007年7月	(株)キタムラピーシーデポを設立
2008年4月	(株)メディアラボNEXTを設立(後:(株)ラボ生産)
2009年1月	(株)カメラのきむらとジャスフォート(株)とスナップス販売(株)を吸収合併
2012年9月	サイエント コマーステクノロジー(株)を設立(後:サイエント ソリューションズ(株))
2012年9月	(株)ピクチャリングオンラインを吸収合併

0631　(株)きちり
[証券コード]3082
[上場区分]東証一部

1998年7月	(有)吉利を設立
2000年11月	(株)きちりに商号変更
2015年3月	三井物産(株)とEATALY社と合弁でイータリー・アジア・パシフィック(株)を設立
2015年4月	KICHIRI USA INC.を設立

0632　キッコーマン(株)
[証券コード]2801
[上場区分]東証一部

1917年12月	野田醬油(株)を設立
1925年4月	万上味醂(株)を吸収合併(後:流山キッコーマン(株))
1957年6月	KIKKOMAN INTERNATIONAL INC.(米国)を設立(後:KIKKOMAN SALES USA, INC.)
1961年7月	吉幸食品工業(株)を設立(後:キッコー食品工業(株))(後:日本デルモンテ(株))
1962年2月	利根飲料(株)を設立(後:利根コカ・コーラボトリング(株))
1962年10月	勝沼洋酒(株)を設立(後:マンズワイン(株))
1964年10月	キッコーマン醬油(株)に商号変更
1972年3月	KIKKOMAN FOODS, INC.(米国)を設立
1980年10月	キッコーマン(株)に商号変更
1983年6月	KIKKOMAN (S) PTE. LTD.(シンガポール)を設立
1990年2月	統萬股份有限公司(台湾)を設立
1996年4月	KIKKOMAN FOODS EUROPE B.V.(オランダ)を設立
2000年5月	昆山統万微生物科技有限公司(中国)を設立
2005年1月	SIAM DEL MONTE COMPANY LIMITED(タイ)を設立
2005年3月	COUNTRY LIFE, LLC(米国)を設立
2008年8月	(株)紀文フードケミファの全株式を取得(後:(株)フードケミファ)(後:キッコーマンソイフーズ(株))
2011年4月	キッコーマンバイオケミファ(株)を設立
2012年4月	埼玉キッコーマン(株)を設立
2013年7月	キッコーマンデイリー(株)を設立
2013年10月	日本デルモンテアグリ(株)を設立
2014年4月	亀甲萬(上海)貿易有限公司を設立

0633　キッセイ薬品工業(株)
[証券コード]4547
[上場区分]東証一部

1946年8月	(株)橘生化学研究所を設立
1947年5月	橘生薬品工業(株)に社名変更
1964年10月	キッセイ薬品工業(株)に社名変更
1977年4月	キッセイ商事(株)を設立
1985年4月	キッセイコムテック(株)を設立

0634　(株)キッツ
[証券コード]6498
[上場区分]東証一部

1951年1月	(株)北澤製作所を設立
1975年11月	(株)北沢バルブに商号変更
1977年3月	不二家電機(株)と合併
1984年12月	KITZ CORP.OF AMERICAを設立
1985年3月	台湾北澤股份有限公司を設立
1988年9月	KITZ (THAILAND) LTD.を設立
1988年10月	ワイケイブイ(株)を合弁で設立

きと

1990年11月	(株)キッツウェルネスを設立
1991年4月	(株)東洋金属を吸収合併
1992年10月	(株)キッツに商号変更
1994年6月	(株)キッツエンジニアリングサービスを設立
2002年1月	北澤精密機械(昆山)有限公司を設立
2003年2月	上海開滋国際貿易有限公司を設立
2003年9月	北澤閥門(昆山)有限公司を設立
2004年1月	北澤半導体閥門(昆山)有限公司を設立
2004年4月	(株)キッツメタルワークスと(株)キッツマイクロフィルターを設立
2007年5月	連雲港北澤精密閥門有限公司を設立
2011年11月	KITZ CORP. OF ASIA PACIFIC PTE. LTD.を設立

0635 (株)キトー
[証券コード]6409
[上場区分]東証一部

1932年11月	**鬼頭製作所を設立**
1937年6月	(資)鬼頭製作所に改組
1944年7月	**鬼頭鈎鎖機器工業(株)に社名変更**
1945年11月	(株)鬼頭製作所に社名変更
1947年10月	鬼頭商事(株)を設立
1967年11月	大野シャッター(株)を設立
1970年1月	キトーサービスエンジニアリング(株)を設立
1970年11月	大野シャッター(株)を吸収合併し(株)キトーに社名変更
1978年10月	キトーサービスエンジニアリング管理を吸収合併
1990年1月	Harrington Hoists, Inc.を設立
1990年1月	KITO INC.とHarrington Hoists, Inc.を設立(後：KITO Americas, Inc.)
1993年1月	KITO CANADA INC.を設立
1995年5月	江陰凱澄起重機械有限公司を設立
1996年4月	KITO PHILIPPINES, INC.とKIMA REALTY, INC.を設立
1997年8月	SIAM KITO CO., LTD.を設立
2002年6月	北京KITO-BLUESWORD物流系統集成有限公司を設立(後閉鎖)
2003年1月	川崎キトー製品サービス(株)を吸収合併
2004年3月	上海凱道貿易有限公司を設立(後：凱道起重設備(上海)有限公司)
2006年5月	Kito Europe GmbHを設立
2006年12月	SUKIT BUSINESS CO., LTD.を設立
2008年11月	KITO KOREA CO., LTD.を設立
2010年6月	キトーホイストサービス(株)を設立
2011年4月	KITO DO BRASIL COMERCIO DE TALHAS E GUINDASTES LTDA(ブラジル)を設立
2011年8月	PT. KITO INDONESIA(インドネシア)を設立
2011年12月	キトーホイストサービス(株)を吸収合併
2012年11月	台湾開道起重機股份有限公司を設立(後：台湾開道股份有限公司)
2013年4月	KITO HOISTS & CRANES ASIA PTE. LTD.を設立

0636 木徳神糧(株)
[証券コード]2700
[上場区分]ジャスダックスタンダード

1882年1月	木村徳兵衛商店として開業
1950年3月	(株)木村徳兵衛商店を設立
1960年12月	日本特殊飼料(株)を設立(後：内外食品(株))
1964年1月	**木徳(株)に社名変更**
1983年8月	(株)クックマンを設立(後：東洋キトクフーズ(株))
1989年5月	(株)木味を設立(後：東洋キトクフーズ(株))
1991年8月	アンジメックス・キトク合弁会社を設立(後：アンジメックス・キトク(有))
1995年10月	木徳九州(株)を設立
1996年12月	米キトク・アメリカ会社を設立
1997年6月	木徳滋賀(株)を設立
1999年6月	(株)木徳備前岡山ライスセンターを設立(後清算)
2000年10月	神糧物産(株)と合併し**木徳神糧(株)に社名変更**
2007年10月	(株)ライスピアを吸収合併
2008年2月	キトク・タイランド会社を設立
2010年8月	木徳東海(株)を設立
2011年2月	木徳(大連)貿易有限公司を設立
2012年1月	備前食糧(株)と木徳九州(株)と徳東海(株)を吸収合併
2015年3月	台湾木徳生技股份有限公司を設立

0637 鬼怒川ゴム工業(株)
[証券コード]5196
[上場区分]東証一部

1939年10月	**鬼怒川護謨工業(株)を設立**
1961年7月	**鬼怒川ゴム工業(株)に社名変更**
1966年12月	名取ゴム工業(株)を合併
1971年3月	中光橡膠工業股份有限公司を設立
1980年5月	コオニ運輸(株)を設立(後：ケイジー物流(株))
1980年5月	ナリタ合成(株)を設立
1985年8月	CKRインダストリーズ・インクを設立(後：TEPRO, INC.)
1992年1月	(株)郡山キヌガワを設立(後解散)
2000年3月	(株)キヌテックを設立
2001年6月	KINUGAWA (Thailand) CO., LTD.を設立
2001年9月	(株)キヌガワ郡山と(株)キヌガワ大分と(株)キヌガワ防振部品と(株)キヌガワブレーキ部品を設立
2004年1月	エスイーシー化成(株)を設立
2004年5月	帝都ゴム(株)の株式を取得し連結子会社化
2006年11月	鬼怒川橡塑(広州)有限公司を設立
2010年5月	KINUGAWA MEXICO, S.A.DE C.V.を設立
2010年6月	鬼怒川(大連)摸具開発有限公司を設立
2010年12月	鬼怒川橡塑(蕪湖)有限公司を設立
2012年3月	PT.KINUGAWA INDONESIAを設立
2012年12月	Kinugawa Rubber India Private Limitedを設立
2012年12月	鬼怒川橡塑(鄭州)有限公司を設立
2013年6月	Limited Liability company Kinugawa RUSを設立
2013年11月	KINUGAWA BRASIL Ltda.を設立

〈帝都ゴム系〉

1943年10月	**帝都ゴム製造(株)を設立**
1951年10月	輸出ゴム製造(株)を吸収合併

1987年7月	帝都ゴム(株)に社名変更
1989年7月	(株)クラフトを設立(後清算)
1989年7月	(株)トランスパックを設立
1991年2月	(株)バイセルを設立(後解散)
1991年11月	オリオンラバーマニュファクチャリング社を設立(後株式譲渡)
1992年10月	CTラバー&プラスチックス社を設立(後株式譲渡)
1996年2月	バルテックラバー社を設立(後株式譲渡)
1999年10月	(株)栃木テイトを設立
2003年11月	福州帝都橡膠有限公司を設立
2006年7月	テイトラバーアメリカ社を設立(後解散)

0638　KeePer技研(株)
[証券コード]6036
[上場区分]東証マザーズ

1985年8月	(株)タニを設立
1993年2月	(株)タニのスーパーポリマー事業部を分離しアイ・タック技研(株)を設立
1995年5月	アクアプラス(株)を設立
2007年7月	(株)快洗隊とアクアプラス(株)と(有)トムテックを吸収合併
2007年12月	(有)エムズカーケアパフォーマンスを吸収合併
2014年9月	KeePer技研(株)に社名変更

0639　(株)キムラ
[証券コード]7461
[上場区分]ジャスダックスタンダード

1951年1月	(株)木村金物店を設立
1962年9月	(株)木村金物に社名変更
1972年2月	(株)キムラに社名変更
1982年8月	(株)キムラ物流センターを設立
1983年5月	(株)グッドーを設立(後吸収合併)
1991年10月	(株)キムラ物流センターを吸収合併
1998年1月	(株)アルミックを設立
2001年8月	(株)ジョイフルエーケーを設立

0640　木村化工機(株)
[証券コード]6378
[上場区分]東証一部

1924年1月	(個)木村鉛工所を設立
1939年4月	木村鉛鉄機械工業所に社名変更
1958年11月	〈元〉木村鉛鉄化学機械(株)に社名変更
1962年9月	〈別〉木村鉛鉄化学機械(株)と合併(額面変更)し木村鉛鉄化学機械(株)に社名変更
1969年6月	木村化工機(株)に社名変更
1978年9月	三原木村化工機(株)を設立
1987年10月	(株)サモンド・サービスを設立
1998年4月	関西木村化工機(株)を設立
2002年4月	煙台万華木村化工機械有限公司を設立
2002年4月	東北木村化工機(株)を設立

0641　(株)キムラタン
[証券コード]8107
[上場区分]東証一部

1925年4月	木村坦商店を設立
1948年5月	(株)木村坦商店に改組
1964年12月	木村坦(株)に社名変更
1973年2月	(株)キムラタンに社名変更
2005年9月	利覇来科(天津)電子有限公司を設立(後閉鎖)
2007年2月	(株)ママメディアを設立(後閉鎖)
2010年3月	(株)キムラタンリテールを設立
2012年10月	上海可夢楽旦商貿有限公司を設立

0642　キムラユニティー(株)
[証券コード]9368
[上場区分]東証一部

1951年3月	(資)木村製函所を設立
1971年6月	〈旧〉(資)木村本社に社名変更
1973年10月	(株)アキラを設立
1973年12月	(資)木村本社と合併し(株)木村本社に社名変更
1982年8月	(株)木村に社名変更
1991年4月	キムラユニティーキムラ物流(株)とキムラユニティーキムラ運輸(株)とキムラユニティートヨペットサービスショップ(株)とキムラユニティーキムラ保険(株)とキムラユニティーキムラシステム(株)とキムラユニティーキムラ本社(株)とキムラユニティーキムラハウジング(株)を合併しキムラユニティー(株)に社名変更
1999年9月	(株)キムラライフサポートを吸収合併
2001年11月	TK Logistica do Brasil Ltda.を設立
2002年4月	ビジネスピープル(株)を設立
2002年5月	KIMURA, INC.を設立
2002年12月	TTK Logistics (THAILAND) Co., LTD.を設立
2004年6月	TK Logistica de Mexico S.de R.L.de C.V.を設立
2005年1月	天津木村進和物流有限公司を設立
2005年11月	広州広汽木村進和倉庫有限公司を設立
2006年1月	キムラリースサービス(株)を吸収合併
2013年2月	TTK Asia Transport (THAILAND) Co., LTD.を設立

0643　(株)きもと
[証券コード]7908
[上場区分]東証一部

1952年	(有)きもと商会を設立
1961年2月	(株)きもと商会に改組
1967年7月	(株)きもとに社名変更
1973年11月	KIMOTO USA INC.を設立(後:KIMOTO TECH, INC.)
1974年2月	KIMOTO AGを設立
1985年9月	KIMOTO TECH, INC.を設立
1989年10月	(株)氏仁商会と合併
1989年10月	(株)東北きもとを設立
1991年4月	(株)東北きもとと(株)沖縄きもとを合併
1991年8月	瀋陽木本数据有限公司を設立(後:瀋陽木本実業有限公司)
2006年12月	KIMOTO POLAND Sp. z o.o.を設立(後清算)
2007年8月	稀本商貿(上海)有限公司を設立(後:木本新技術(上海)有限公司)

0644　キャタピラージャパン(株)

1963年	三菱重工業とキャタピラー社《米国》と共同で出資しキャタピラー三菱(株)を

きやのん

1987年	キャタピラー三菱と明石製作所（後身）と共同で出資し新キャタピラー三菱（株）に社名変更
2006年	キャタピラージャパン（株）を設立

0645　キヤノン（株）
［証券コード］7751
［上場区分］東証一部

1933年11月	（個）精機工学研究所を設立
1937年8月	精機光学工業（株）に社名変更
1944年3月	（株）大和光学製作所を合併
1947年9月	キヤノンカメラ（株）に社名変更
1952年12月	（株）目黒精機製作所を設立（後：キヤノンプレシジョン（株））
1954年5月	（株）秩父英工舎を設立（後：キヤノン電子（株））
1957年9月	Canon Europe S.A.を開設
1966年4月	Canon U.S.A., Inc.を設立
1968年2月	キヤノン事務機販売（株）を設立（後：キヤノン販売（株））（後：キヤノンマーケティングジャパン（株））
1969年3月	キヤノン（株）に商号変更
1970年6月	台湾佳能股份有限公司を設立
1978年8月	Canon Australia Pty.Ltd.を設立
1979年10月	Canon Singapore Pte.Ltd.を設立
1982年1月	Canon Europa N.V.を設立
1982年2月	大分キヤノン（株）を設立
1983年8月	Canon Bretagne S.A.を設立（後：Canon Bretagne S.A.S.）
1984年1月	キヤノン・コンポーネンツ（株）を設立
1985年11月	Canon Virginia, Inc.を設立
1988年9月	長浜キヤノン（株）を設立
1988年12月	Canon Opto（Malaysia）Sdn.Bhd.を設立
1989年9月	佳能大連事務機有限公司を設立
1990年1月	佳能珠海有限公司を設立
1990年8月	Canon Hi-Tech（Thailand）Ltd.を設立
1997年3月	Canon（China）Co., Ltd.を設立
1998年1月	大分キヤノンマテリアル（株）を設立
2000年11月	キヤノン化成（株）を完全子会社化
2001年1月	Canon Europe Ltd.を設立
2001年4月	Canon Vietnam Co., Ltd.を設立
2001年9月	佳能（蘇州）有限公司を設立
2008年7月	長崎キヤノン（株）を設立

0646　キヤノンITソリューションズ（株）

1984年4月	〈旧〉（株）アルゴ21を設立
1984年10月	日本テクノシステム（株）を設立
1985年2月	ソニー（株）とセイコー電子工業（株）と共同で出資し（株）アルゴグラフィックスを設立
1985年10月	日本テクノシステム（株）と合併し（株）マーテック21を設立
1989年7月	日本テクノシステム（株）と合併し（株）アルゴテクノス21に社名変更
1999年4月	エス・エス・ジェイ（株）を買収
2000年9月	（株）アルゴ21に社名変更
2001年1月	（株）システムインを買収（後：（株）アルゴコンサルティングサービス）
2001年10月	アイエックス・ナレッジ（株）とウッドランド（株）と情報技術開発（株）と（株）アイ・ビー・ティーと共同で出資しシーディーシーソリューションズ（株）を設立
2002年3月	住金物産情報システム（株）を買収
2002年8月	（株）コムニック創研を買収
2004年4月	（株）アルゴコンサルティングサービスを吸収合併
2004年4月	キヤノンシステムソリューションズ（株）と合併し（株）キヤノンITソリューションズに社名変更

0647　キヤノン電子（株）
［証券コード］7739
［上場区分］東証一部

1954年5月	（株）秩父英工舎を設立
1964年1月	キヤノン電子（株）に社名変更
1968年12月	ミノン電子（株）を設立（後清算）
1970年7月	オータキ電子（株）を設立（後清算）
1970年11月	ヨリイ電子（株）を設立（後清算）
1972年9月	オガノ電子（株）を設立（後清算）
1984年7月	（株）シーイーパートナーズを設立
1988年12月	Canon Electronics（Malaysia）Sdn. Bhd.を設立
2008年11月	Canon Electronics Vietnam Co., Ltd.を設立

0648　キヤノンプロダクションプリンティングシステムズ（株）
〈昭和情報機器系〉

1973年1月	昭和情報機器（株）を設立
1989年2月	昭和創研（株）を設立

〈日本オセ系〉

1983年	日本カルコンプ（株）を設立
1990年	エヌエス・カルコンプ（株）に社名変更
1999年	日本オセ（株）に社名変更

〈キヤノンプリントスクエア系〉

2009年	キヤノンプリントスクエア（株）を設立

　　　　　＊　　＊　　＊　　＊

2014年	昭和情報機器（株）と日本オセ（株）とキヤノンプリントスクエア（株）が合併しキヤノンプロダクションプリンティングシステムズ（株）を設立

0649　キヤノンマーケティングジャパン（株）
［証券コード］8060
［上場区分］東証一部

1968年2月	キヤノン事務機販売（株）を設立
1971年11月	キヤノンカメラ販売（株）とキヤノン事務機サービス（株）を吸収合併しキヤノン販売（株）に商号変更
1978年4月	（株）富士システム開発に出資（後：キヤノンソフトウェア（株））
1980年7月	コピア販売（株）に出資（後：キヤノンシステムアンドサポート（株））
2006年4月	キヤノンマーケティングジャパン（株）に商号変更

0650　（株）ギャバン
［証券コード］2817
［上場区分］ジャスダックスタンダード

1954年3月	エイト食品（株）を設立
1961年3月	エイト香辛料（株）に商号変更
1971年8月	ギャバンスパイス（株）に商号変更

	1988年3月	YNC (Penang) SDN. BHD.を設立 (後：Gaban Spice Manufacturing (M) SDN.BHD.)
	1992年11月	Gaban Spice Marketing (M) SDN. BHD.を設立
	1996年3月	Gaban Spice (H.K.) Limitedを設立 (後清算)
	2001年3月	Gaban Spice Singapore Pte Ltdを設立 (後清算)
	2001年12月	朝岡香辛料(株)を合併し(株)ギャバン朝岡に商号変更
	2003年6月	(株)ギャバンに商号変更

0651　(株)キャリアデザインセンター
[証券コード]2410
[上場区分]東証一部
　　　1993年7月　(株)キャリアデザインセンターを設立
　　　2003年1月　(株)キャリアデザインコンサルティングを吸収合併
　　　2013年10月　(株)キャリアデザインITパートナーズを設立

0652　キャリアバンク(株)
[証券コード]4834
[上場区分]札証
　　　1987年11月　キャリアバンク(株)を設立
　　　2002年7月　(株)セールスアウトソーシングを設立

0653　キャリアリンク(株)
[証券コード]6070
[上場区分]東証一部
　　　1996年10月　シンキ(株)の子会社としてキャリアリンク(株)を設立
　　　2003年10月　(株)エクセル人材派遣センターを吸収合併
　　　2004年1月　ファブリンク(株)を設立(後吸収合併)
　　　2006年7月　ジョイリンク(株)を設立

0654　(株)キャンドゥ
[証券コード]2698
[上場区分]東証一部
　　　1993年12月　(株)キャンドゥを設立
　　　2007年1月　感動(上海)商業有限公司を設立

0655　九州電力(株)
[証券コード]9508
[上場区分]東証一部
　　　1951年5月　九州配電(株)と日本発送電(株)が設備を出資・譲渡し九州電力(株)を設立
　　　1954年5月　九州火力建設(株)を設立(後：西日本プラント工業(株))
　　　1972年4月　西日本共同火力(株)と合併
　　　1973年3月　大島電力(株)と合併
　　　1974年2月　北九州エル・エヌ・ジー(株)を設立
　　　1986年7月　大分エル・エヌ・ジー(株)を設立
　　　1999年8月　(株)キューデン・インターナショナルを設立
　　　2000年11月　(株)福岡エネルギーサービスを設立(後：西日本環境エネルギー(株))
　　　2010年8月　キューデン・インターナショナル・ネザランドを設立
　　　2010年10月　九電新桃投資股份有限公司を設立
　　　2011年8月　キュウシュウ・エレクトリック・オーストラリア社とキュウシュウ・エレクトリック・ウィートストーン社を設立

0656　(株)九州リースサービス
[証券コード]8596
[上場区分]福証
　　　1973年11月　(株)福岡相互銀行と(株)日本リースとの業務提携によりユニオンリース(株)を設立
　　　1980年10月　(株)九州リースサービスに社名変更
　　　1980年12月　(株)ユニオン商事を設立
　　　1987年1月　KYUSHU LEASING SERVICE (H.K.) CO., LIMITEDを設立(後清算) (後：K. L. HONG KONG LIMITED)
　　　1989年4月　K. L. AMERICA INC.を設立(後清算)
　　　1999年8月　(株)ケイ・エル・アイを設立
　　　2005年10月　(株)ケイ・エル熊本を設立(後吸収合併)
　　　2005年11月　(株)KL合人社を設立
　　　2006年7月　(株)ケイ・エル宮崎を設立(後吸収合併)
　　　2007年7月　(株)ケイ・エル大分を設立(後吸収合併)

0657　(株)キユーソー流通システム
[証券コード]9369
[上場区分]東証一部
　　　1962年2月　キユーピー(株)の倉庫部門を母体にキユーピー倉庫(株)を設立
　　　1972年4月　三鷹倉庫運輸(株)を設立(後：(株)サンエー物流)
　　　1973年11月　トス・キユーソー(株)を設立(後：(株)エルプラン九州)(後：(株)エルプラン西日本)(後：(株)キユーソーエルプラン西日本)
　　　1975年11月　イタミ・キユーソー(株)を設立(後：キユーソーティス(株))
　　　1976年7月　キユーピー倉庫運輸(株)に社名変更
　　　1976年10月　キユーソーサービス(株)を設立
　　　1976年11月　コロモ・キユーソー(株)を設立(後：(株)エルプラン東海)(後：(株)エルプラン関東)(後：(株)キユーソーエルプラン中日本)
　　　1977年4月　ゴカ・キユーソー(株)を設立(後：(株)エルプラン東日本)(後：(株)キユーソーエルプラン東日本)
　　　1989年4月　(株)片岡商店を設立
　　　1989年12月　(株)キユーピー流通システムに社名変更
　　　1991年11月　(株)片岡商店を吸収合併
　　　1995年10月　神戸合同キユーソー(株)を設立(後：(株)エルプラン西日本)(後：(株)キユーソーエルプラン西日本)
　　　1997年10月　ミズシマキユーソー(株)を設立(後：ワイエムキユーソー(株))(後：キユーソーティス(株))
　　　1997年10月　ヤマモトキユーソー(株)を設立(後：ワイエムキユーソー(株))(後：キユーソーティス(株))
　　　1998年4月　ゲイナンキユーソー(株)を吸収合併
　　　2000年4月　(株)キユーソー流通システムに社名

2000年4月	変更 (株)キユーピー流通システムを設立
2003年4月	キユーソー荷役(株)を設立(後：(株)キユーソーエルプラン)
2003年5月	エム物流(株)を設立
2003年8月	(株)サンファミリーを設立
2003年12月	キユーソーティス(株)を吸収合併
2005年3月	ケイ物流(株)を設立
2006年9月	上海丘寿儲運有限公司を設立
2009年11月	フードクオリティーロジスティクス(株)を設立
2010年12月	(株)キユーソーエルプランを吸収合併

0658　キユーピー(株)
[証券コード]2809
[上場区分]東証一部

1919年11月	食品工業(株)を設立
1954年4月	(株)西府農場を設立
1957年9月	キユーピー(株)に社名変更
1962年8月	西府産業(株)を設立(後：キユーピー醸造(株))
1966年2月	キユーピー倉庫(株)を設立(後：(株)キユーソー流通システム)
1973年9月	(株)キユーピーフローズンを設立(後：デリア食品(株))
1977年5月	キユーピータマゴ(株)を設立
1982年3月	Q&B FOODS, INC.を設立
1993年12月	北京丘比食品有限公司を設立
1994年4月	サハ・パタナ社と共同でAKESAOVAROS CO., LTD.を設立(後：KEWPIE (THAILAND) CO., LTD.)
2002年4月	杭州丘比食品有限公司を設立
2009年6月	KEWPIE MALAYSIA SDN.BHD.を設立
2010年11月	KEWPIE VIETNAM CO., LTD.を設立
2013年2月	PT. KEWPIE INDONESIAを設立

0659　(株)キューブシステム
[証券コード]2335
[上場区分]東証一部

1972年7月	カストマエンジニアーズ(株)を設立
1990年10月	(株)キューブシステムに変更
1990年12月	(株)北海道キューブシステムを設立
2008年3月	CUBE SYSTEM VIETNAM CO., LTD.を設立
2009年7月	上海求歩申亜信息系統有限公司を設立

0660　協栄産業(株)
[証券コード]6973
[上場区分]東証一部

1945年1月	暁電波工業(株)を設立
1947年2月	三和工業(株)に社名変更
1947年10月	協栄産業(株)に社名変更
1979年5月	(株)協栄システムを設立
1984年6月	福島協栄(株)を設立
1989年3月	KYOEI ELECTRONICS SINGAPORE PTE LTDを設立
1995年8月	KYOEI ELECTRONICS HONG KONG LIMITEDを設立
2003年5月	KYOEI ELECTRONICS SHANGHAI CO., LTD.を設立
2006年4月	協栄マリンテクノロジ(株)を設立
2008年12月	サンレッズ(株)を設立
2012年4月	KYOEI ELECTRONICS AMERICA INC.を設立
2013年10月	KYOEI ELECTRONICS (THAILAND) CO., LTD.を設立

0661　(株)紀陽銀行
[証券コード]8370
[上場区分]東証一部

1895年5月	(株)紀陽貯蓄銀行を設立
1921年1月	和歌山無尽(株)を設立(後：(株)和歌山相互銀行)(後：(株)和歌山銀行)
1922年1月	(株)紀陽銀行に商号変更
1945年6月	紀伊貯蓄銀行を合併
1956年8月	陽和地所(株)を設立(後：陽和ビジネスサービス(株))
1979年7月	阪和信用保証(株)を設立
1982年12月	紀陽ビジネスサービス(株)を設立(後：陽和ビジネスサービス(株))
1987年4月	紀陽銀スタッフサービス(株)を設立(後：陽和ビジネスサービス(株))
1990年9月	(株)紀陽カードサービスと(株)紀陽カードジェーシービーと(株)紀陽カードディーシーを設立(後：(株)紀陽カード)
1996年1月	紀陽リース(株)を設立(後：紀陽リース・キャピタル(株))
1996年6月	紀陽キャピタル(株)を設立(後：紀陽リース・キャピタル(株))
2003年9月	陽和ビジネスサービス(株)を吸収合併
2006年2月	(株)和歌山銀行と共同株式移転方式により(株)紀陽ホールディングスを設立
2006年10月	(株)和歌山銀行と合併
2013年10月	(株)紀陽ホールディングスと合併

0662　京極運輸商事(株)
[証券コード]9073
[上場区分]ジャスダックスタンダード

1947年5月	(株)京極社を設立
1958年3月	(株)弥生京極社を設立
1964年11月	京極運輸商事(株)に社名変更
1971年4月	サンドラムサービス(株)を設立(後：サンドラム(株))
1971年4月	日本タンクサービス(株)を設立
1973年3月	京極石油(株)を設立
1981年9月	京浜京極運送(株)を設立(後吸収合併)
1988年8月	(株)泉州配送センターを設立
2004年4月	(有)京極トランスポートサービスを設立(後：(株)TSトランスポー)

0663　(株)京三製作所
[証券コード]6742
[上場区分]東証一部

1917年9月	東京電機工業(株)を設立
1926年9月	(株)京三製作所に社名変更
1928年8月	(資)京三商会と日本電気応用(株)を合併
1944年3月	〈旧〉大同信号(株)を合併
1949年12月	京三電機(株)を設立
1949年12月	大同信号(株)を設立
1957年8月	インターナショナル・レクティファイアー会社(米国)との共同出資により日

	本インターナショナル整流器(株)を設立(後：日本インター(株))
1961年9月	京三金属工業(株)を設立
1962年12月	京三工事(株)を設立(後：京三電設工業(株))
1962年12月	京三電設工業(株)を設立
1964年4月	京三興業(株)を設立
1970年6月	京三化工(株)を設立(後：京三精機(株))
1971年3月	台湾京三股份有限公司を設立
1972年5月	京三エンジニアリングサービス(株)を設立
1983年7月	京三システム(株)を設立
2013年1月	Kyosan India Private Limitedを設立

0664 (株)京写
[証券コード] 6837
[上場区分] ジャスダックスタンダード

1959年2月	(株)京都写真型を設立
1982年11月	(株)京写に社名変更
1993年12月	Kyosha IDT (Holdings) Company Limitedを設立(後：Kyosha Hong Kong Company Limited)
1994年7月	PT. Lippo Kyosha Indonesiaを設立(後：PT. Kyosha Indonesia)
1997年12月	Kyosha America Corporationを設立(後清算)

0665 (株)京進
[証券コード] 4735
[上場区分] 東証二部

1975年6月	京都進学教室を創設
1981年4月	(株)京都進学教室を設立
1997年1月	(株)京進に社名変更
2006年10月	広州京進実戦語言技能培訓有限公司を設立(後：広州京進語言技能信息諮詢有限公司)
2011年1月	(株)アルファビートを設立
2011年9月	(株)HOPPAを設立
2011年11月	Kyoshin USA, Inc.を設立
2012年8月	(株)京進ランゲージアカデミーを設立
2014年11月	KYOSHIN JETC CO., LTD.を設立

0666 共英製鋼(株)
[証券コード] 5440
[上場区分] 東証一部

1939年	共英鍛工所を設立
1947年8月	共栄製鉄(株)を設立
1948年9月	共英製鋼(株)に社名変更
1956年11月	共英伸鉄(株)を設立(後：共英特殊鋼)
1963年2月	共英製鉄(株)を設立
1966年3月	共英特殊鋼(株)を吸収合併
1972年11月	山口共英工業(株)と熊本共英工業(株)を設立
1973年1月	オーバンスチール社を設立
1980年6月	鐵鋼運輸興業(株)を設立(後：(株)共英メソナ)
1988年10月	和歌山共英製鋼(株)を設立
1990年4月	共英製鉄(株)と山口共英工業(株)と第一製鋼(株)と和歌山共英製鋼(株)と合併
1990年11月	共英産業(株)を設立
1991年7月	キョウエイ製鐵(株)を設立(後：日鉄住金スチール(株))
1994年1月	ビナ・キョウエイ・スチール社(ベトナム)を設立
1994年3月	関東スチール(株)を設立
1996年1月	ビナ・ジャパン・エンジニアリング社(ベトナム)を設立
2004年2月	共英リサイクル(株)を設立
2005年3月	共英加工販売(株)を設立
2012年3月	キョウエイ・スチール・ベトナム社を設立
2014年3月	(株)堺リサイクルセンターを設立

0667 (株)共成レンテム
[証券コード] 9680
[上場区分] 東証二部

1963年10月	共成電機産業(株)を設立
1980年6月	共成産業(株)に社名変更
1990年7月	(株)共成レンテムに社名変更
2009年8月	(株)ユニバーサルハウスを設立

0668 京セラ(株)
[証券コード] 6971
[上場区分] 東証一部

1959年4月	京都セラミック(株)を設立
1969年7月	Kyocera International, Inc.を設立
1969年10月	京セラ商事(株)を設立
1970年10月	京セラ(株)(旧京都セラミック(株))が京都セラミック(株)と京セラ商事(株)を吸収合併
1971年1月	Feldmuhle AGと合弁でFeldmuhle Kyocera Europe Elektronische Bauelemente GmbHを設立(後：Kyocera Fineceramics GmbH)
1982年10月	サイバネット工業(株)と(株)クレサンベールと日本キャスト(株)と(株)ニューメディカルを吸収合併し京セラ(株)に社名変更
1983年4月	鹿児島エレクトロニクス(株)を吸収合併
1983年10月	(株)ヤシカを吸収合併
1984年6月	第二電電企画(株)を設立(後：KDDI(株))
1995年8月	Dongguan Shilong Kyocera Optics Co., Ltd.を設立(後：Dongguan Shilong Kyocera Co., Ltd.)
1995年9月	京セラコミュニケーションシステム(株)を設立
1995年12月	Shanghai Kyocera Electronics Co., Ltd.を設立
1996年9月	(株)京セラソーラーコーポレーションを設立
1999年8月	Kyocera Solar, Inc.を設立
2001年12月	Kyocera Mita Office Equipment (Dongguan) Co., Ltd.を設立(後：Kyocera Document Technology (Dongguan) Co., Ltd.)
2003年5月	Kyocera (Tianjin) Solar Energy Co., Ltd.を設立
2003年8月	京セラSLCテクノロジー(株)を設立(後：京セラサーキットソリューションズ(株))
2004年9月	日本メディカルマテリアル(株)を設立(後：京セラメディカル(株))

きょうてん

2011年7月	Kyocera Mita Vietnam Technology Co., Ltd.を設立（後：Kyocera Document Technology Vietnam Co., Ltd.）
2011年8月	Kyocera Vietnam Management Co., Ltd.を設立（後：Kyocera Vietnam Co., Ltd.）

0669　(株)キョウデン
[証券コード]6881
[上場区分]東証二部

1983年7月	(株)キョウデンを設立
1998年2月	昭和エレクトロニクス(株)を設立（後：キョウデンエレクトロニクス(株)）
2001年10月	(株)イー・システムズを吸収合併
2007年4月	トーエイ電資(株)を吸収合併
2011年3月	日本エレクトロニクス(株)と(株)キョウデンビジネスパートナーを吸収合併し日エレ(株)を設立（後：(株)キョウデン東北）

0670　共同印刷(株)
[証券コード]7914
[上場区分]東証一部

1897年6月	(個)博文館印刷工場を設立
1898年4月	(資)博進社印刷工場に社名変更
1905年4月	(資)博文館印刷所に社名変更
1916年5月	(資)日本油脂工業所を設立（後：東京インキ(株)）
1918年12月	(株)博文館印刷所に社名変更
1920年10月	(株)小川製作所を合併
1925年12月	(株)精美堂と合併し共同印刷(株)に社名変更
1959年2月	(株)ニュープロセス製版社を設立（後清算）（後：(株)日本書籍新社）
1962年9月	精新プロセス(株)を設立（後：小石川プロセス(株)）
1963年2月	近畿共同印刷(株)を設立（後：共同印刷西日本(株)）
1964年12月	共同運輸(株)を設立（後：共同物流(株)）
1965年12月	共同不動産(株)を設立（後：共同総業(株)）
1972年8月	常磐興産(株)と共同出資にて常磐共同印刷(株)を設立
1972年12月	シンロンプレス社と合弁契約し共同シンロン印刷工業を設立（後清算）（後：キョウドウプリンティングカンパニー（シンガポール）プライベートリミテッド）
1975年9月	共同包装(株)を設立（後：共同印刷データリンク(株)）
1976年4月	共同輪転印刷(株)を設立（後：共同オフセット(株)）
1976年10月	共同辞書印刷(株)を設立（後：共同オフセット(株)）
1977年3月	共同施設(株)を設立（後清算）（後：常磐包装(株)）
1978年4月	(株)共同エージェンシーを設立（後清算）
1980年4月	共同戸田製本(株)を設立（後：共同印刷製本(株)）
1990年7月	(株)共同キャラクターを設立（後：共同デジタル(株)）
2012年2月	共印商貿(上海)有限公司を設立
2014年7月	KYODO PRINTING (VIETNAM) CO.LTD.を設立

0671　(株)共同紙販ホールディングス
[証券コード]9849
[上場区分]ジャスダックスタンダード

1947年3月	林紙業社を設立
1952年3月	(株)河内屋に社名変更
1955年1月	(株)河内屋洋紙店に社名変更
1973年4月	河内屋紙(株)に社名変更
1973年5月	河内屋資源(株)を設立
1991年5月	(株)フォーレストエイトを設立
2002年4月	(有)河内屋リサイクルセンターを設立
2003年10月	関東流通(株)を設立
2008年4月	(株)はが紙販ホールディングスと合併
2008年4月	(株)共同紙販ホールディングスに社名変更
2008年4月	〈新〉河内屋紙(株)を設立
2010年4月	河内屋紙(株)とはが紙販(株)を吸収合併

0672　共同ピーアール(株)
[証券コード]2436
[上場区分]ジャスダックスタンダード

1964年11月	共同ピーアール(株)を設立
1998年8月	中国環球公共関係公司と(株)新華エンタープライズとの共同出資により北京東方三盟公共関係策画有限公司を設立
2000年6月	Kyodo Public Relations America, Inc.を設立（後清算）
2006年11月	共同拓信公関顧問(上海)有限公司を設立
2007年7月	(株)共同PRメディックスを設立
2008年6月	韓国共同PR(株)を設立

0673　京都機械工具(株)
[証券コード]5966
[上場区分]東証二部

1950年8月	京都機械工具(株)を設立
1962年3月	京都ツール(株)を設立
1964年5月	ケー・ティ・シー商事(株)を設立
1968年1月	ケー・ティ・シーツール(株)を設立
1970年9月	北陸ケーティシーツール(株)を設立
1973年5月	ケーティシー化工(株)を設立
1973年6月	ケーティーシー販売(株)を設立
1977年12月	京都ツール(株)とケー・ティ・シーツール(株)とケーティシー化工(株)を吸収合併
1980年6月	ケー・ティ・シー商事(株)を吸収合併
1984年10月	ケーティーシー販売(株)を吸収合併
1994年	(株)ケーティーシーサービスを設立
1995年10月	福清京達師工具有限公司を設立
2004年10月	上海凱特希工具貿易有限公司を設立（後清算）

0674　京都きもの友禅(株)
[証券コード]7615
[上場区分]東証一部

1967年9月	(個)京呉服まるかわを設立
1971年8月	(株)マルカワに社名変更
1977年2月	(株)まるかわおしゃれ会を設立（後：

	1981年7月	（株）京都きもの友禅友の会）
	1989年7月	（株）まるかわに社名変更
	2001年8月	京都きもの友禅（株）に社名変更
	2004年11月	シルエンス（株）を設立（後解散・清算）
	2010年4月	KYクレジットサービス（株）を設立
		KYクレジットサービス（株）を吸収合併

0675　（株）京都銀行
［証券コード］8369
［上場区分］東証一部
- 1941年10月　両丹銀行と宮津銀行と丹後商工銀行と丹後産業銀行が合併し（株）丹和銀行を設立
- 1951年1月　（株）京都銀行に社名変更
- 1958年10月　京友商事（株）を設立（後：烏丸商事（株））
- 1979年10月　京都信用保証サービス（株）を設立
- 1982年11月　京都クレジットサービス（株）を設立
- 1983年7月　京銀ビジネスサービス（株）を設立
- 1985年6月　京都インベストメント・ファイナンス（株）を設立（後：京銀リース・キャピタル（株））
- 1987年4月　（株）京都総合経済研究所を設立
- 1989年9月　京銀カードサービス（株）を設立
- 1991年2月　京都國際財務（香港）有限公司を設立（後清算）
- 1995年9月　京銀総合管理（株）を設立（後清算）

0676　（株）京都ホテル
［証券コード］9723
［上場区分］東証二部
- 1888年　常盤ホテルを設立
- 1895年3月　京都ホテルに名称変更
- 1927年6月　（株）京都ホテルを設立
- 1960年6月　（株）志賀高原ホテルを設立（後清算）
- 1966年5月　洛陽食品（株）を設立（後：京都ホテルサービス（株））
- 1976年1月　京都ホテル実業（株）を設立
- 1988年5月　高槻ホテル実業（株）を設立（後清算）
- 2008年4月　京都ホテルサービス（株）を吸収合併
- 2009年4月　京都ホテル実業（株）を吸収合併
- 2011年6月　（有）おいけプロパティを吸収合併
- 2011年7月　一般社団法人おいけインベストメントを清算

0677　共立印刷（株）
［証券コード］7838
［上場区分］東証一部
- 1980年8月　共立印刷（株）を設立
- 1981年9月　（株）ケーアンドエムプロセスを設立（後：（株）共立製本マーケティング）
- 1997年6月　共立製本（株）を設立
- 1998年6月　（株）インフォビジョンを設立
- 2007年4月　共立製本（株）を吸収合併
- 2010年4月　（株）インフォビジョンを吸収合併

0678　協立エアテック（株）
［証券コード］5997
［上場区分］ジャスダックスタンダード
- 1971年2月　（株）協立工業所を設立
- 1973年6月　協立産業（株）に社名変更
- 1990年1月　協立エアテック（株）に社名変更
- 2005年8月　常熟快風空調有限公司を設立
- 2013年9月　（株）マスクを設立

0679　協立情報通信（株）
［証券コード］3670
［上場区分］ジャスダックスタンダード
- 1964年6月　協立電設を創業
- 1965年6月　協立電設（株）を設立
- 1988年11月　協立情報通信（株）に社名変更
- 1994年6月　情報開発リース（株）を設立
- 2009年9月　東名情報サービス（株）を吸収合併
- 2010年2月　情報開発リース（株）を吸収合併

0680　協立電機（株）
［証券コード］6874
［上場区分］ジャスダックスタンダード
- 1959年2月　東海計測（株）を設立
- 1959年4月　協立電機計器（株）に社名変更
- 1960年8月　協立計器（株）に社名変更
- 1983年6月　協立電機（株）に社名変更
- 2002年5月　Kyoritsu Electric Singapore Pte, Ltdを設立
- 2002年5月　アブレスト（株）を設立
- 2002年8月　上海協立シンタン電子科技有限公司を設立（後：上海協立科迪測試系統有限公司）
- 2002年11月　協立電機（上海）有限公司を設立
- 2003年12月　協立機械（株）を設立
- 2005年4月　KYORITSU ELECTRIC CORPORATION（Canada）を設立
- 2007年5月　協立商貿（深）有限公司を設立
- 2008年7月　Kyoritsu Electric India Pvt Ltd.を設立
- 2009年11月　Kyoritsu Engineering（Thailand）Co., Ltd.を設立
- 2010年7月　九州協立機械（株）を設立
- 2011年11月　Kyoritsu Electric（Vietnam）Co., Ltd.を設立
- 2013年5月　PT.Kyoritsu Electric Indonesiaを設立
- 2014年7月　Kyoritsu Electric Tech（Philippines）Inc.を設立

0681　（株）共立メンテナンス
［証券コード］9616
［上場区分］東証一部
- 1979年9月　（株）共立メンテナンスを設立
- 1990年8月　（株）ガーデンヴィラを設立（後解散）
- 1997年10月　（株）共立トラストを設立
- 1998年6月　（株）共立ケータリングサービスを設立（後：共立フーズサービス）
- 1998年6月　（株）共立トラスト西日本を設立（後：（株）共立トラスト）
- 1999年4月　（株）共立コミュニケーションを設立（後：（株）共立トラスト）
- 1999年9月　（株）共立ライブネットを設立（後解散）
- 1999年12月　（株）日本プレースメントセンターを設立
- 2000年6月　（株）共立ファイナンシャルサービスを設立
- 2002年12月　（株）共立事業計画研究所を設立
- 2011年7月　（株）韓国共立メンテナンスを設立
- 2012年8月　（株）共立アシストを設立

0682　(株)協和エクシオ
［証券コード］1951
［上場区分］東証一部
〈協和エクシオ系〉
1954年5月	協和電設(株)を設立
1954年9月	共同工業(株)と日本電話工業(株)を吸収合併
1986年10月	(株)ミサワセラミックホーム関西協和を設立
1986年10月	(株)ミサワセラミックホーム協和を設立
1986年10月	協和物流サービス(株)を設立
1991年5月	(株)協和エクシオに社名変更
2001年4月	(株)昭和テクノスと合併
2001年9月	(株)テレコムバンクを設立

〈昭和テクノス系〉
1947年6月	誠電舎を母体として大阪電工(株)を設立
1952年4月	平和電工(株)に社名変更
1952年11月	電建興業(株)を吸収合併し昭和電気建設(株)に社名変更
1997年10月	(株)昭和テクノスに社名変更

0683　(株)共和工業所
［証券コード］5971
［上場区分］ジャスダックスタンダード
1961年12月	(株)共和工業所を設立
2010年10月	共和機械(山東)有限公司を設立

0684　(株)協和コンサルタンツ
［証券コード］9647
［上場区分］ジャスダックスタンダード
1961年8月	(株)協和コンサルタンツを設立
1973年8月	(株)ケーイーシー リプロセンターを設立
1973年10月	(株)ケーイーシー商事を設立
1976年6月	(株)協和コンサルタンツ鹿児島を設立
1984年3月	(株)ケーイーシー・インターナショナルを設立
1985年12月	(株)ケーイーシー東北を設立
1986年4月	(株)ケーイーシー・京北を設立
1986年9月	協和エンジニヤリングコンサルタンツ沖縄を設立
1990年8月	天工(株)を共同出資で設立
1995年7月	(株)ケー・デー・シーを設立
2005年12月	(株)ケーイーシー東北を設立
2006年12月	(株)KEC建築事務所を設立
2010年6月	(株)KEC建築事務所を吸収合併

0685　(株)共和電業
［証券コード］6853
［上場区分］東証一部
1949年6月	(株)共和無線研究所を設立
1961年10月	(株)共和電業に社名変更
1973年10月	(株)山形共和電業を設立
1977年1月	道路計装(株)を設立(後清算)
1981年1月	(株)共和計測工事を設立(後：(株)共計測)
1983年6月	(株)共電商事を設立(後：(株)共和ハイテック)
1986年5月	(株)甲府共和電業を設立
1987年1月	(株)関西共和計測を設立(後：(株)ニューテック)
1995年1月	(株)共和サービスセンターを設立
2007年1月	三幸電気(株)を吸収合併
2010年10月	共和電業(上海)貿易有限公司を設立
2012年12月	KYOWA AMERICAS INC.を設立
2013年8月	KYOWA DENGYO MALAYSIA SDN.BHD.を設立

0686　(株)協和日成
［証券コード］1981
［上場区分］ジャスダックスタンダード
1948年9月	協和管工事(株)を設立
1952年2月	協和建興(株)に社名変更
1973年10月	協和整備(株)を設立(後：(株)協和サービス)
1974年7月	(株)協和ライフサービスを設立
1983年7月	湘南管工(株)を合併
2002年4月	(株)日成と合併し(株)協和日成に社名変更
2008年10月	東京ガスライフバル西むさし(株)を設立

0687　協和発酵キリン(株)
［証券コード］4151
［上場区分］東証一部
〈協和化学工業系〉
1937年2月	協和化学工業(株)を設立
1944年4月	近藤化工(株)を合併

〈東亜化学興業系〉
1943年3月	東亜化学興業(株)を設立

＊　＊　＊　＊

1945年4月	東亜化学興業(株)と協和化学工業(株)が合併(東亜化学興業(株)が存続会社)
1945年11月	協和産業(株)に社名変更
1949年7月	協和発酵工業(株)を企業再建整備法に基づく第2会社として設立
1953年8月	岩手酒類工業(株)を合併
1954年6月	明和醸造(株)を合併
1954年8月	兵庫県酒類興業(株)を合併
1954年12月	福岡県酒類工業(株)を合併
1955年4月	利久発酵工業(株)を合併
1960年7月	山陽化学工業(株)を合併
1960年9月	日本酒類(株)を合併
1961年3月	桜醸造(株)を合併
1961年5月	大協石油(株)と合併し大協和石油化学(株)を設立
1962年11月	協和油化(株)を設立(後：協和発酵ケミカル(株))
1969年7月	Kyowa Hakko U.S.A., Inc.を設立
1970年1月	理研化学(株)を合併
1971年7月	協和ケミカルズ(株)を合併
1973年3月	Kyowa Hakko Europe GmbHを設立
1978年4月	ヤンセン社《ベルギー》と合併しヤンセン協和(株)を設立
1981年4月	協和メデックス(株)を設立
1982年10月	BioKyowa Inc.を設立
1988年	日本オキソコール(株)を設立
1989年	協和医療開発(株)を設立
1992年10月	Kyowa Pharmaceutical, Inc.を設立(後：Kyowa Hakko Kirin Pharma, Inc.)
1998年9月	上海冠生園協和アミノ酸有限公司を設立(後：上海協和アミノ酸有限公司)

2000年	（株）ジェイ・プラスを設立
2003年	日本酢酸エチル（株）を設立
2003年2月	BioWa, Inc.を設立
2005年4月	協和発酵フーズ（株）を設立（後：キリン協和フーズ（株））
2008年10月	キリンファーマ（株）を吸収合併し協和発酵キリン（株）に商号変更
2008年10月	協和発酵バイオ（株）を設立
2012年3月	富士フイルム（株）との合弁会社として協和キリン富士フイルムバイオロジクス（株）を設立
2012年11月	Thai Kyowa Biotechnologies Co., Ltd.を設立

0688 共和レザー（株）
[証券コード]3553
[上場区分]東証一部

1935年8月	富士革布（株）と朝日レザー（株）と大日本レザー（株）と日本擬革（株）と大日本セルロイド（株）（擬革部）を合併し共和レザー（株）を設立
1944年4月	共和航空化工（株）に社名変更
1945年12月	共和化工（株）に社名変更
1947年10月	共和レザー（株）に社名変更
1948年11月	新興国策工業（株）を吸収合併
1950年8月	浜松ゴム（株）を設立（後：遠州ゴム（株））
1950年11月	南海ゴム（株）を設立（後：（株）ナンカイテクナート）
1974年7月	神戸共商（株）を設立（後：（株）キョーレ）
2001年9月	共和サカモト（株）を設立
2001年12月	共和サポートアンドサービス（株）を設立
2002年1月	タイナム共和（株）を設立
2002年11月	共和サカモト（株）を合併
2003年7月	南亜共和塑膠（南通）有限公司を設立
2004年4月	共和興塑膠（廊坊）有限公司を設立

0689 （株）きょくとう
[証券コード]2300
[上場区分]ジャスダックスタンダード

1964年6月	福岡ベビーランドリー企業組合を創業
1966年11月	企業組合極東化学ドライに社名変更
1980年7月	（株）きょくとうを設立
1983年3月	（有）極東化学ドライ七隈と（有）極東化学ドライ粕屋を設立（後：（株）きょくとう）
1983年6月	（有）極東化学ドライ糸島を設立（後：（株）きょくとう）
1984年3月	（有）極東化学ドライ東部を設立（後：（株）きょくとう）
1987年3月	（有）極東化学ドライ田隈と（有）極東化学ドライ中広を設立（後：（株）きょくとう）
1989年3月	（有）極東化学ドライ大橋を設立（後：（株）きょくとう）
1990年3月	（有）極東化学ドライ観音と（有）マックドライを設立（後：（株）きょくとう）
1990年5月	（有）極東化学ドライ拾六町と（有）極東化学ドライ篠栗を設立（後：（株）きょくとう）
1997年3月	（株）ビッグベリージャパンを設立
1997年4月	（株）マックスシステムを設立
1999年10月	（株）ビッグベリージャパンを吸収合併
2005年1月	（株）マックスシステムを吸収合併

0690 極東開発工業（株）
[証券コード]7226
[上場区分]東証一部

1955年6月	極東開発機械工業（株）を設立
1971年6月	極東開発工業（株）に社名変更
1973年4月	阪神電気鉄道（株）と共同で出資し極東サービスエンジニアリング（株）を設立
1979年8月	極東オートサービス（株）を設立
1987年2月	（株）エフ・イ・イを設立
1991年11月	（株）ケイ・アール・エムを設立
1994年10月	極東オートサービス（株）を合併
1998年4月	（株）極東開発東北を設立
1998年6月	極東特装販売（株）を設立
1999年3月	極東サービスエンジニアリング（株）と極東サービスエンジニアリング北海道（株）を設立
2001年4月	（株）エフ・イ・テックを設立
2002年8月	極東サービスエンジニアリング西日本（株）を設立
2002年8月	極東特装車貿易（上海）有限公司を設立
2003年8月	極東開発（昆山）機械有限公司を設立
2005年10月	極東開発パーキング（株）を設立
2010年10月	MITHRA KYOKUTO SPECIAL PURPOSE VEHICLE COMPANY PRIVATE LIMITEDを設立
2012年7月	（株）FE-ONEを設立
2012年9月	PT.Kyokuto Indomobil Manufacturing Indonesiaを設立
2012年11月	PT.Kyokuto Indomobil Distributor Indonesiaを設立
2014年5月	Trex Thairung Co., Ltd.を設立

0691 極東証券（株）
[証券コード]8706
[上場区分]東証一部

1947年3月	冨士証券（株）を設立
1949年12月	極東証券（株）に社名変更
1989年10月	極東証券（亜洲）有限公司を開設する（後清算）
1989年11月	（株）極東証券経済研究所を設立
1999年4月	KYOKUTO FUTURES (SINGAPORE) PTE, LTD.を設立（後清算）
2000年2月	極東プロパティ（株）を設立
2000年9月	極東不動産（株）を吸収合併
2005年9月	（株）FEインベストを設立

0692 極東貿易（株）
[証券コード]8093
[上場区分]東証一部

1947年11月	極東貿易（株）を設立
1956年4月	Far East Mercantile Corp.を設立（後：KBK Inc）
1958年10月	Far East Mercantile GmbHを設立（後：KBK Europe Gmb）
1970年9月	日本システム工業（株）を設立
1997年5月	極東貿易（上海）有限公司を設立
2005年6月	KBKフロンティア（株）を設立
2006年6月	KBKオフィスワークス（株）を設立

0692 （株）共和工業所（続き）

2008年4月	Kyokuto Trading (India) Private Limitedを設立
2009年4月	3DDS名古屋有限責任事業組を設立
2009年4月	KBKスチールプロダクツ（株）を設立
2011年3月	KBK do Brasil Comercio de Maquinas Ltda.を設立

0693 （株）極洋
[証券コード] 1301
[上場区分] 東証一部

1918年3月	スマトラ護謨拓殖（株）を設立
1937年2月	スマトラ拓殖（株）に社名変更
1937年9月	極洋捕鯨（株）を設立（遠洋捕鯨事業権を譲受）
1951年2月	太平洋海運（株）を設立
1951年3月	鮎川捕鯨（株）を合併
1971年1月	（株）極洋に社名変更
1971年11月	秋津冷蔵（株）を設立
1980年11月	極洋食品（株）を設立
1984年	キョクヨーフーズ（株）を設立
1986年	秋津海運（株）を設立（後：極洋海運（株））
1988年	サポートフーズ（株）を設立
1996年1月	Kyokuyo America Corporationを設立
1997年	極洋水産（株）を設立
1998年8月	（株）ひたちなか極洋を設立
2005年5月	K&U Enterprise Co., Ltd.を設立
2005年10月	青島極洋貿易有限公司を設立
2006年8月	Kyokuyo Europe B.V.を設立
2007年7月	キョクヨーマリンファーム（株）を設立
2010年5月	キョクヨーマリン愛媛（株）を設立
2010年6月	極洋フレッシュ（株）を設立
2012年11月	極洋日配マリン（株）を設立
2014年4月	Kyokuyo (Thailand) Co., Ltd.を設立

0694 キョーリン製薬ホールディングス（株）
[証券コード] 4569
[上場区分] 東証一部

1958年10月	山川商事（株）を設立
1994年8月	（株）アプリコットと（株）杏栄と合併
1995年1月	（株）アプリコットに社名変更
2004年12月	（株）APRIに社名変更
2006年1月	（株）キョーリンに社名変更
2010年7月	キョーリン製薬ホールディングス（株）に社名変更
2012年6月	キョーリン製薬グループ工場（株）を設立

0695 （株）キリン堂ホールディングス
[証券コード] 3194
[上場区分] 東証一部

1958年3月	（株）キリン堂を設立
1973年7月	（株）健美舎を設立
1978年1月	（株）東洋医学国際センターを設立（後：（株）健美舎）
2004年11月	（株）メディネットを吸収合併
2005年1月	（株）ドラッグエルフを吸収合併
2011年1月	麒麟堂美健国際貿易（上海）有限公司を設立
2012年8月	（株）ニッショードラッグを吸収合併
2012年9月	忠幸麒麟堂（常州）商貿有限公司を設立
2014年8月	（株）キリン堂ホールディングスを単独株式移転の方法により設立

0696 キリンホールディングス（株）
[証券コード] 2503
[上場区分] 東証一部

1907年2月	麒麟麦酒（株）を設立
1963年4月	自動販売サービス（株）を設立（後：キリンビバレッジ（株））
1972年8月	キリン・シーグラム（株）を設立（後：キリンディスティラリー（株））
1976年6月	小岩井乳業（株）を設立
1977年5月	KW Inc.を設立（後：The Coca-Cola Bottling Company of Northern New England, Inc.）
1983年5月	（株）キリンシティを設立（後：キリンシティ（株））
1983年8月	ハイネケン ジャパン（株）を設立（後：ハイネケン・キリン（株））
1984年5月	KIRIN-AMGEN, INC.を設立
1986年11月	（株）横浜アリーナを設立
1988年5月	台湾麒麟工程股份有限公司を設立
1991年1月	キリン・トロピカーナ（株）を設立
1991年10月	Kirin Europe GmbHを設立
1996年7月	Kirin Brewery of America, LLCを設立
2002年2月	Four Roses Distillery, LLCを設立
2002年9月	（株）キリンコミュニケーションステージを設立（後：キリンビールマーケティング（株））
2004年12月	麒麟（中国）投資有限公司を設立
2005年5月	Siam Kirin Beverage Co., Ltd.を設立
2007年7月	キリンホールディングス（株）に純粋持株会社制を導入し商号変更
2007年7月	麒麟麦酒（株）が発足
2008年10月	協和発酵バイオ（株）を設立
2010年10月	Kirin Holdings Singapore Pte. Ltd.を設立
2010年12月	メルシャン（株）を完全子会社化
2011年8月	華潤麒麟飲料（大中華）有限公司を設立
2013年1月	キリン（株）が発足

0697 近畿車輛（株）
[証券コード] 7122
[上場区分] 東証一部

1920年12月	（個）田中車輛工場を設立
1935年12月	田中車輛（名）に社名変更
1939年11月	田中車輛（株）に改組
1945年11月	近畿車輛（株）に社名変更
1961年2月	近畿日本鉄道（株）と共同で出資し近畿工業（株）を設立
1962年6月	近畿日本鉄道（株）と住友軽金属工業（株）と共同で出資し近畿アルミサッシ（株）を設立
1970年7月	近畿日本鉄道（株）と共同で出資し近畿アルミ（株）を設立
1974年10月	（株）きんきゴルフセンターを設立（後：（株）ケーエスサービス）
1979年	近車サービス（株）を設立（後：（株）ケーエステクノス）
1986年	（株）テクノデザインを設立（後：（株）ケーエスデザイン）
1991年5月	KINKISHARYO (USA) INC.を設立
1999年5月	KINKISHARYO International, L.L.C.を設立
2001年	コスモ工業（株）と共同で出資しコスモ

| | 2006年2月 | 近畿(株)を設立
KINKISHARYO INTERNATIONAL CANADA INC.を設立 |

0698　(株)キング
[証券コード]8118
[上場区分]東証一部

1946年3月	山田商店を設立
1948年9月	(株)キング染工芸社に社名変更
1949年9月	キング染織(株)に社名変更
1961年7月	キング商事(株)に社名変更
1978年3月	(株)キングに社名変更
1982年1月	(株)プリンスエイジェンシーを設立
1983年10月	(株)ボーンを設立
1987年10月	(株)エス企画を設立
2003年4月	(株)キングテキスタイルを設立(後:(株)ボーン)
2003年4月	(株)ザ・ケイ・コレクションを合併

0699　(株)キングジム
[証券コード]7962
[上場区分]東証一部

1927年4月	名鑑堂を設立
1948年8月	(株)名鑑堂に改組
1961年8月	(株)キングジムに社名変更
1995年10月	(株)ワークウェイを設立(後清算)
1997年7月	(株)キングビジネスサポートを設立
2001年5月	(株)エル・クラッセを設立(後:(株)Gクラッセ)
2001年7月	長島商事(株)を買収(後:(株)ラドンナ)
2003年6月	(株)合同を買収(後:(株)Gクラッセ)
2007年4月	KING JIM (VIETNAM) Co., Ltd.を設立
2012年4月	錦宮(香港)有限公司を設立

0700　(株)銀座山形屋
[証券コード]8215
[上場区分]ジャスダックスタンダード

1907年5月	山形屋洋服店を設立
1946年11月	(株)山形屋に社名変更
1971年1月	(株)ギンザヤマガタを設立
1985年3月	(株)ギンザヤマガタを吸収合併し(株)銀座山形屋に社名変更
1988年9月	〈旧〉(株)銀座ファッションを設立(後清算)
1989年12月	(株)ワイズを設立
1992年7月	(株)ベネックスを設立
1998年	(株)シンパシーを設立
1998年	(株)ジー・ワイ・トレーディングを設立(後:(株)銀座山形屋トレーディング)
1998年	(株)銀座山形屋リテイリングと(株)ウィングロードと(株)ヴァイソムと(株)ディーエイチエスを設立
1998年12月	(株)アルファベッツを設立(後:(株)エルメックスハウス)
1999年9月	(株)銀座ファッションを設立
2008年4月	(株)ヴァイソムと(株)ディーエイチエスを吸収合併

0701　(株)近鉄エクスプレス
[証券コード]9375
[上場区分]東証一部

1969年4月	Kintetsu World Express (HK) Ltd.を設立
1969年5月	Kintetsu World Express (U.S.A.), Inc.を設立
1970年1月	近畿日本ツーリスト(株)から航空貨物事業部が分離・独立し近鉄航空貨物(株)が発足
1975年8月	KWE-Kintetsu World Express (S) Pte Ltd.を設立
1982年6月	近鉄航空配送(株)を設立
1985年2月	Kintetsu World Express (U.K.) Ltd.を設立
1985年7月	Kintetsu World Express (Deutschland) GmbHを設立
1987年4月	Kintetsu World Express (Taiwan), Inc.とKintetsu Integrated Air Services Sdn. Bhd.を設立
1989年1月	(株)近鉄エクスプレスに社名を変更
1989年12月	Kintetsu World Express (Thailand) Co., Ltd.を設立
1990年8月	Kintetsu World Express (France) S. A.を設立
1993年4月	(株)近鉄コスモス東京と(株)近鉄コスモス大阪を設立
1996年4月	Kintetsu World Express South Africa (Pty) Ltd.を設立
1996年5月	Kintetsu World Express (Korea), Inc.を設立
1996年11月	北京近鉄運通運輸有限公司(Beijing Kintetsu World Express Co., Ltd.)を設立
1997年7月	Kintetsu World Express (India) Pvt. Ltd.を設立

0702　近鉄グループホールディングス(株)
[証券コード]9041
[上場区分]東証一部

1910年9月	奈良軌道(株)を設立
1910年10月	大阪電気軌道(株)に社名変更
1922年7月	生駒鋼索鉄道(株)を合併
1924年2月	城東電気鉄道(株)を合併
1924年12月	東大阪土地建物(株)を合併
1928年3月	大軌土地(株)を合併
1929年3月	伊賀電気鉄道(株)を合併
1929年8月	吉野鉄道(株)を合併
1941年3月	参宮急行電鉄(株)を合併し関西急行鉄道(株)に社名変更
1943年2月	大阪鉄道(株)を合併
1944年4月	(株)大鉄百貨店と南和電気鉄道(株)と信貴山急行電鉄(株)と合併
1944年6月	南海鉄道(株)と合併し近畿日本鉄道(株)に社名変更
1963年10月	奈良電気鉄道(株)を合併
1964年10月	信貴生駒電鉄(株)を合併
1965年4月	三重電気鉄道(株)を合併
1970年1月	近鉄航空貨物(株)を設立(後:(株)近鉄エクスプレス)
1972年4月	(株)近鉄百貨店を設立
1986年4月	東大阪生駒電鉄(株)を合併
1991年5月	(株)志摩スペイン村を設立
1998年7月	(株)近鉄ホテルシステムズを設立
1999年5月	近鉄バス(株)を設立

きんてつひ

1999年5月	近鉄観光バス(株)を設立
1999年10月	(株)金沢都ホテルを合併
2000年6月	(株)近鉄サービスネットを設立(後：(株)近鉄ステーションサービス)
2000年10月	上本町ホテルビル(株)と福岡リコー近鉄ビル(株)と(株)新都ホテルを合併
2002年4月	近鉄不動産(株)と京近土地(株)と近鉄ビルディング(株)を合併
2005年4月	(株)近鉄ホテルシステムズを合併
2007年10月	(株)けいはんなバスホールディングスを設立(後：近鉄バスホールディングス(株))
2014年4月	近畿日本鉄道分割準備(株)を設立(後：近畿日本鉄道(株))
2015年4月	近畿日本鉄道分割準備(株)に会社分割により鉄軌道事業等を移転し純粋持株会社制に移行するとともに**近鉄グループホールディングス(株)**に商号変更

0703　(株)近鉄百貨店
[証券コード]8244
[上場区分]東証一部
〈京都近鉄百貨店系〉

1920年1月	京都物産館を設立
1920年2月	(名)京都物産館に社名変更
1931年9月	(名)丸物に社名変更
1934年9月	(株)丸物に改組
1953年9月	近畿日本商事(株)を設立(後：(株)近商ストア)
1977年5月	(株)京都近鉄百貨店に社名変更
2000年9月	(株)近鉄商業開発を合併

〈〈旧〉近鉄百貨店系〉

1936年9月	大軌百貨店を設立
1937年11月	大鉄百貨店を開業
1972年4月	〈旧〉(株)近鉄百貨店に社名変更
1998年9月	(株)枚方近鉄百貨店を合併

　　　　　　＊　　＊　　＊

| 2001年2月 | (株)京都近鉄百貨店と〈旧〉(株)近鉄百貨店が合併し(株)**近鉄百貨店**に社名変更 |

0704　(株)きんでん
[証券コード]1944
[上場区分]東証一部

1944年8月	(資)立花商会と山田電気工業(株)と(株)中外電気工務所と(個)東亜電気商会と(個)浪速電気商会と京阪電気工事(株)が統合し**近畿電気工事(株)**を設立
1961年11月	近電商事(株)を設立
1970年2月	近電サービス(株)を設立
1970年9月	近畿貨物輸送(株)を設立
1987年5月	ユー・エス・キンデン・コーポレーションを設立
1990年4月	(株)**きんでん**に社名変更
1995年7月	(株)アレフネットを設立
2001年11月	(株)プレミネットを設立
2002年12月	リサイクルアース(株)を設立

0705　クアーズテック(株)

2006年10月	エスアイシー・インベストメント(株)を設立
2007年3月	**コバレントマテリアル(株)**に社名変更
2007年6月	東芝セラミックス(株)を吸収合併
2008年8月	コバレントマテリアル上海社を設立
2010年8月	フェローテック・グループと合弁で杭州晶シン科技有限公司を設立
2015年10月	**クアーズテック(株)**に社名変更

〈東芝電興系〉

1928年9月	**電気金融(株)**を設立
1929年12月	**日本電興(株)**に社名変更
1952年12月	(株)東興社を合併
1958年10月	**東芝電興(株)**に社名変更
1962年10月	東芝合金(株)を設立(後：日本重化学工業(株))

〈東芝炉材系〉

1918年5月	**東洋耐火煉瓦(株)**を設立
1932年10月	(株)三保舎を合併
1943年7月	東京芝浦電気(株)と合併し**東京芝浦電気(株)耐火物製造所**に社名変更
1950年2月	東京芝浦電気(株)から第2会社として**東海炉材(株)**を設立
1959年12月	**東芝炉材(株)**に社名変更

〈東芝セラミックス系〉

1968年4月	東芝電興(株)と東芝炉材(株)が合併し**東芝セラミックス(株)**に社名変更
1979年10月	東炉(株)を合併
1986年10月	川棚東芝セラミックス(株)を設立
1991年6月	新潟東芝セラミックス(株)を設立
1999年	長崎東芝セラミックス(株)を設立
1999年8月	東芝セラミックス台湾社を設立
2004年1月	黒崎播磨(株)と合弁で(株)SNリフラテクチュア東海を設立

0706　(株)クイック
[証券コード]4318
[上場区分]東証一部

1980年9月	(株)**クイックプランニング**を設立
1990年9月	(株)**クイック**に社名変更
1992年4月	(株)クイックサービスを設立(後：(株)クイック・テクノサービス)
1999年5月	QUICK USA, Inc.を設立
2000年4月	(株)アイ・キューを設立
2000年4月	(株)クイック・テクノサービスを吸収合併
2003年6月	上海可以可邁伊茲明勝人才咨詢服務有限公司を設立(後：上海魁可企業管理諮詢有限公司)
2005年4月	(株)クイック・エリアサポートを設立
2010年4月	(株)クイック・エリアサポートを吸収合併

0707　空港施設(株)
[証券コード]8864
[上場区分]東証一部

1970年2月	国際航業(株)より分離独立し**空港施設(株)**を設立
1978年2月	成田空港施設(株)を設立
1980年3月	アクアサービス(株)を設立(後：アクアテクノサービス(株))
1989年8月	東京空港冷暖房(株)を設立
2013年11月	AIRPORT FACILITIES ASIA PTE. LTD.を設立

0708　(株)クエスト
[証券コード]2332
[上場区分]ジャスダックスタンダード

	1965年5月	(株)京浜計算センターを設立		1994年2月	(株)タックを設立
	1978年12月	(株)データ・処理センターを設立		1998年1月	(株)みらいテクノハウスを設立
	1988年4月	(株)クエストに社名変更			
	1999年6月	(株)アイパックを吸収合併			
	2007年10月	慧徳科技(大連)有限公司を設立			

0709 クオール(株)
[証券コード]3034
[上場区分]東証一部
- 1992年10月　クオール(株)を設立
- 2007年10月　(株)エーベルを吸収合併
- 2008年12月　クオールメディス(株)を設立(後:クオールアカデミー(株))
- 2009年2月　クオールアシスト(株)を設立
- 2011年3月　メディプロ(株)を設立(後吸収合併)
- 2013年4月　クオールSDホールディングス(株)を設立
- 2014年8月　クオールアカデミー(株)とフェーズオン(株)を吸収合併

0710 (株)クスリのアオキ
[証券コード]3398
[上場区分]東証一部
- 1985年1月　(株)クスリのアオキを設立
- 1996年11月　(株)青木二階堂薬局と(株)草山商事を合併
- 2006年10月　(株)青木二階堂を設立(後清算)

0711 (株)久世
[証券コード]2708
[上場区分]ジャスダックスタンダード
- 1934年4月　久世商店を創業
- 1950年1月　(株)久世商店に改組
- 1967年7月　(株)久世に社名変更
- 1979年8月　キスコフーズ(株)を設立
- 1989年7月　アクロス(株)を設立
- 1989年12月　(株)コノミーズを設立(後解散)
- 2009年7月　(株)久世フレッシュ・ワンを設立
- 2011年5月　KISCO FOODS INTERNATIONAL LIMITEDを設立
- 2011年9月　久世(香港)有限公司を設立
- 2012年5月　久華世(成都)商貿有限公司を設立

0712 クックパッド(株)
[証券コード]2193
[上場区分]東証一部
- 1997年10月　(有)コインを設立
- 2004年9月　クックパッド(株)に組織変更
- 2010年3月　COOKPAD Inc.を設立
- 2011年5月　COOKPAD PTE.LTD.を設立(後:DAPUR MASAK PTE. LTD.)

0713 工藤建設(株)
[証券コード]1764
[上場区分]東証二部
- 1966年1月　工藤浄水工業所を創業
- 1971年7月　工藤建設(株)を設立
- 1979年7月　(株)日建企画を設立(後:(株)サンビルド)
- 1986年10月　(有)東洋リースを設立
- 1991年7月　(有)グループにじゅういちを合併
- 1993年9月　ひかる建設(株)を設立(後:(株)サンビルド)

0714 クニミネ工業(株)
[証券コード]5388
[上場区分]東証二部
- 1943年6月　國峯鉱業(株)を設立
- 1946年2月　國峯硬化工業(株)に社名変更
- 1949年12月　月布川工業(株)を吸収合併
- 1953年7月　林産工業(株)を吸収合併
- 1970年4月　川崎鉱業(株)を吸収合併
- 1978年6月　クニミネ工業(株)に社名変更
- 1979年2月　クニミネ物流(株)を設立(後:クニミネ通商(株))
- 1981年10月　クニミネ商事(株)を設立(後:クニミネ通商(株))
- 1983年10月　クニミネ通商(株)を吸収合併
- 1992年12月　TRANS WORLD PROSPECT CORPORATIONを設立
- 1994年7月　クニマイン(株)を設立
- 1994年8月　クニミエを設立
- 2015年1月　KUNIMINE(THAILAND)CO., LTD.を設立

0715 (株)クボタ
[証券コード]6326
[上場区分]東証一部
- 1890年2月　(個)久保田鉄工所を設立
- 1927年2月　(株)隅田川製鉄所を買収
- 1930年12月　(個)久保田鉄工所の原動機部・鋳物部を継承し(株)久保田鉄工所に改組
- 1937年3月　(株)久保田鉄工所機械部を合併
- 1938年7月　(株)隅田川精鉄所を設立
- 1953年6月　久保田鉄工(株)に社名変更
- 1957年11月　久保田建材工業(株)を設立
- 1960年10月　久保田陸機工業(株)を設立
- 1972年4月　関東大径鋼管(株)を吸収合併
- 1972年9月　クボタトラクター Corp.を設立
- 1974年3月　ヨーロッパクボタトラクタ販売(有)を設立(後:クボタヨーロッパ S.A.S.)
- 1987年4月　クボタコンピュータ(株)を設立
- 1990年4月　(株)クボタに社名変更
- 2000年10月　〈旧〉クボタハウス(株)を再編成しクボタハウス(株)を設立
- 2000年10月　〈旧〉クボタハウス(株)を再編成しクボタメゾン(株)を設立
- 2005年4月　シーアイ化成(株)との合成樹脂管事業統合によりクボタシーアイ(株)を設立
- 2007年9月　サイアムクボタトラクター Co., Ltd.を設立(後:サイアムクボタコーポレーション Co., Ltd.)

0716 クボテック(株)
[証券コード]7709
[上場区分]東証一部
- 1979年4月　(個)クボテックを設立
- 1985年7月　クボテック(株)に改組
- 1995年2月　(株)シー・エス・シーを設立
- 2003年9月　Kubotek USA, Inc.を設立
- 2004年11月　KUBOTEK Europe srlを設立
- 2010年3月　KUBOTEK KOREA CORPORATIONを設立

0717　(株)熊谷組
[証券コード]1861
[上場区分]東証一部

1898年1月	熊谷三太郎が個人経営の土木建築請負業を開業
1938年1月	(株)熊谷組を設立
1963年11月	熊谷道路(株)を設立(後:(株)ガイアートT・K)
1996年4月	熊谷テクノス(株)を設立(後:テクノス(株))

0718　(株)熊本銀行
〈熊本銀行系〉

1929年1月	熊本無尽(株)を設立
1942年5月	福栄無尽(株)を合併
1951年10月	(株)熊本相互銀行に社名変更
1989年2月	(株)熊本銀行に社名変更

〈肥後ファミリー銀行系〉

1933年3月	肥後無尽(株)に社名変更
1943年3月	城南無尽(株)を合併
1951年10月	(株)肥後相互銀行に社名変更
1989年2月	(株)肥後ファミリー銀行に社名変更

＊　＊　＊　＊

1992年4月	(株)熊本銀行と(株)肥後ファミリー銀行が合併し(株)熊本ファミリー銀行に社名変更
2013年4月	(株)熊本銀行に社名変更

0719　(株)gumi
[証券コード]3903
[上場区分]東証一部

2007年6月	アットムービー・パイレーツ(株)を設立
2008年6月	(株)gumiに商号変更
2012年6月	(株)gumiWestを設立
2012年6月	(株)gumiventuresを設立
2013年11月	(株)Fenrisを設立

0720　クミアイ化学工業(株)
[証券コード]4996
[上場区分]東証一部

1949年6月	庵原郡農村工業購買利用組合の解散により農業事業を分離し庵原農薬(株)を設立
1962年1月	イハラ農薬(株)に社名変更
1962年8月	イハラ自動車(株)を設立
1968年10月	クミアイ化学工業(株)に社名変更
1968年11月	東亜農薬(株)を吸収合併
1972年10月	尾道クミカ工業(株)を設立
1974年1月	Iharabens Industria E Comercio Ltdaを設立
1975年7月	(株)クミカ計算センターを設立(後:ケイアイ情報システム(株))
1978年1月	Agro Chemical International Inc.を設立(後:K-I Chemical U.S.A. Inc.)
1991年7月	(株)エコプロ・リサーチを設立
2007年3月	K-I Chemical Europe S.A./N.V.を設立
2012年11月	Kumika International Inc.を設立
2013年2月	KUMIKA KOREA., Ltdを設立

0721　(株)クラウディア
[証券コード]3607
[上場区分]東証一部

1976年12月	(株)クラウディアを設立
1986年3月	(株)エミードレスを設立
1997年9月	(株)ダイアナを吸収合併
1999年2月	(有)ラブリーを設立(後:(株)クラウディアコスチュームサービス)
2000年6月	KURAUDIA USA.LLC.を設立(後:KURAUDIA USA.LTD)
2001年6月	KURAUDIA AUSTRALIA PTY. LTD.を設立
2003年3月	KURAUDIA GUAM.INC.を設立
2008年12月	VIETNAM KURAUDIA CO., LTD.を設立
2010年8月	(株)クラウディアブライダルサービスを設立
2014年4月	青島瑪莎商貿有限公司を設立

0722　(株)クラウドワークス
[証券コード]3900
[上場区分]東証マザーズ

2011年11月	クラウドワーク(株)を設立
2011年11月	(株)クラウドワークスに社名変更

0723　(株)くらコーポレーション
[証券コード]2695
[上場区分]東証一部

1995年11月	(株)くらコーポレーションを設立
2007年3月	KRA CORPORATIONを設立
2008年11月	Kula West Irvine, Inc.を設立(後:Kula Sushi USA, Inc.)
2014年1月	台灣國際藏壽司股份有限公司を設立

0724　倉敷紡績(株)
[証券コード]3106
[上場区分]東証一部

1888年3月	(有責)倉敷紡績所を設立
1893年7月	倉敷紡績(株)に社名変更
1918年3月	讃岐紡績(株)を合併
1918年6月	松山紡績(株)を合併
1921年1月	早島紡績(株)を合併
1922年12月	岡山染織整理(株)を合併
1926年6月	三豊紡績(株)と倉敷絹織(株)を設立
1933年12月	三豊紡績(株)を合併
1934年3月	又新紡績(株)を設立
1935年5月	倉敷毛織(株)を設立
1936年3月	倉敷毛織(株)と又新紡績(株)を合併
1941年6月	国光紡績(株)を合併
1941年9月	倉敷鉱業(株)を設立
1942年2月	長谷川毛織(株)と共同毛糸紡績(株)と倉敷撚糸紡績(株)を合併
1944年1月	倉敷工業(株)に社名変更
1944年8月	日本重工業(株)と倉敷航空機工業(株)と倉敷染工(株)と愛知精機(株)と紀陽染工(株)を合併
1946年3月	倉敷紡績(株)に社名変更
1948年12月	倉敷繊維加工(株)を設立(後:山陽レース(株))
1949年8月	倉敷機械工業(株)を設立(後:倉敷機械(株))
1957年8月	クラシキ・ド・ブラジル・テキスタイル(有)を設立

1958年7月	倉敷染工(株)を設立
1968年10月	タイ・クラボウ(株)を設立
1969年8月	新三洋(株)を設立
1969年11月	東名化成(株)を設立
1973年5月	(株)倉敷アイビースクエアを設立
1973年8月	(株)クラボウインターナショナルを設立
1974年5月	(株)クラボウ・マヌンガル・テキスタイルを設立
1995年8月	サイアム・クラボウ(株)を設立
2001年12月	広州倉敷化工製品有限公司を設立

0725　KLab(株)
[証券コード]3656
[上場区分]東証一部

2000年1月	ケイ・ラボラトリーを(株)サイバードの研究・開発部門として発足
2000年8月	(株)サイバードを親会社として(株)ケイ・ラボラトリーを設立
2004年11月	**KLab**(株)に商号変更
2009年12月	KLabGames(株)を設立(後吸収合併)
2011年12月	KLab Ventures(株)を設立
2012年2月	KLab Global Pte. Ltd.(シンガポール)を設立
2012年4月	KLab America, Inc.を設立
2012年12月	可来軟件開発(上海)有限公司を設立
2014年4月	メディアインクルーズ(株)を吸収合併

0726　(株)グラファイトデザイン
[証券コード]7847
[上場区分]ジャスダックスタンダード

1989年8月	(株)グラファイトデザインを設立
1997年4月	GRAPHITE DESIGN INTERNATIONAL, INC.を設立(後清算)
2000年2月	ジー・ディ企画(株)を合併
2001年8月	GDI MEX S.A. DE C.V.を設立(後清算)

0727　(株)倉元製作所
[証券コード]5216
[上場区分]ジャスダックスタンダード

1975年10月	(有)倉元製作所を創業
1980年8月	(株)倉元製作所に改組
2004年11月	(株)FILWELを設立
2005年11月	SCHOTT社と合弁でSCHOTT KURAMOTO Processing Korea Co., Ltd.を設立

0728　クラリオン(株)
[証券コード]6796
[上場区分]東証一部

1940年12月	白山無線電機(株)を設立
1944年8月	東京無線工業(株)を合併
1948年11月	瀧澤無線電機工業(株)を合併し**帝国電波**(株)に社名変更
1962年1月	クラリオン商事(株)を設立
1964年1月	Clarion Corporation of Americaを設立
1970年12月	クラリオン(株)に社名変更
1995年1月	Clarion (H.K.) Industries Co., Ltd.を設立
1995年4月	Dongguan Clarion Orient Electronics Co., Ltd.を設立
1997年10月	Clarion Hungary Electronics Kft.を設立
2000年3月	クラリオン販売(株)を設立(後:クラリオンセールスアンドマーケティング(株))
2009年4月	(株)ザナヴィ・インフォマティクスを吸収合併
2013年5月	Clarion India Pvt.Ltd.を設立

0729　(株)クラレ
[証券コード]3405
[上場区分]東証一部

1926年6月	倉敷絹織(株)を設立
1940年12月	中国産業(株)を設立(後:クラレケミカル(株))
1949年4月	倉敷レイヨン(株)に社名変更
1961年10月	大阪合成品(株)を設立(後:クラレトレーディング(株))
1970年6月	(株)クラレに社名変更
1971年11月	クラレチコピー(株)を設立(後:クラフレックス(株))
1972年10月	Kuraray International Corp.を設立
1977年1月	クラレエンジニアリング(株)を設立
1983年10月	Eval Company of Americaを設立
1983年10月	Kuraray America, Inc.を設立(後:Eval Company of America)
1984年12月	日本ベルクロ(株)を吸収合併
1987年10月	クラフレックス(株)を吸収合併
1988年12月	マジックテープ(株)を設立(後:クラレファスニング(株))
1989年10月	協和ガス化学工業(株)を吸収合併
1991年4月	Kuraray Europe GmbHを設立
1995年12月	Kuraray Eval Europe GmbHを設立
1996年4月	Kuraray America, Incを設立(後:Kuraray Holdings U.S.A., Inc.)
1996年9月	Kuraray Singapore Pte., Ltd.を設立
1996年10月	日本合成化学工業(株)と合弁でPOVAL ASIA PTE LTDを設立
1997年10月	EVAL Europe N.V.を設立
1997年11月	Kuraray Specialities Asia Pte., Ltd.を設立
2000年1月	クラフレックス(株)を設立
2000年10月	SEPTON Company of Americaを設立
2001年6月	クラレメディカル(株)を設立
2001年7月	Kuraray Specialities Europe GmbHを設立
2004年3月	可楽麗国際貿易(上海)有限公司を設立
2008年9月	Kuraray India Private Limitedを設立
2010年7月	Kuraray South America Ltda.を設立
2011年4月	(株)ノリタケカンパニーリミテドとの間で共同出資の持株会社であるクラレノリタケデンタルホールディングス(株)を設立(後:クラレノリタケデンタル(株))
2012年5月	Kuraray (Thailand) Co., Ltd.を設立

0730　グランディハウス(株)
[証券コード]8999
[上場区分]東証一部

くり

1991年4月	新日本開発(株)を設立
1995年8月	新日本地所(株)を設立(後:グランディ商事(株))
1996年6月	(株)新日本リフォームサービスを設立(後:(株)中古住宅情報館)
1999年11月	新日本グランディ(株)に商号変更
2000年8月	グランディ都市計画(株)を設立(後吸収合併)
2000年9月	グランディテクノロジー(株)を設立(後吸収合併)
2001年1月	グランディ土木建設(株)を設立(後:グランディリフォーム(株))
2003年10月	グランディ都市計画(株)とグランディテクノロジー(株)を吸収合併
2004年1月	グランディハウス(株)に商号変更
2007年11月	茨城グランディハウス(株)と群馬グランディハウス(株)とグランディリフォーム(株)を設立
2013年2月	千葉グランディハウス(株)を設立

0731　グリー(株)
[証券コード]3632
[上場区分]東証一部

2004年12月	グリー(株)を設立(東京都港区白金)
2005年2月	グリー(株)(東京都三鷹市)を吸収合併
2011年1月	GREE International, Inc.を設立
2014年2月	(株)Wright Flyer Studiosを設立
2014年10月	LINE(株)と合弁でEpic Voyage(株)を設立
2015年1月	(株)レッスンパスを設立

0732　(株)クリエアナブキ
[証券コード]4336
[上場区分]ジャスダックスタンダード

1986年4月	(株)穴吹テンポラリーセンターを設立
1986年7月	(株)穴吹人材派遣センターに商号変更
2000年4月	(株)クリエアナブキに商号変更
2006年4月	(株)クリエ・イルミネートを設立
2012年1月	(株)クリエ・ロジプラスを設立

0733　クリエイト(株)
[証券コード]3024
[上場区分]ジャスダックスタンダード

1948年3月	(株)福井一夫商店を設立
1952年8月	大阪ドレネーヂ工業(株)を設立(後:ダイドレ(株))
1964年4月	福井管材(株)に商号変更
1979年7月	(株)フクイを設立(後:福井リース(株))
1983年4月	フクイ(株)に商号変更
1983年6月	福井東(株)を設立(後:クリエイト東京(株))
1990年9月	(株)ハイライトを設立
1993年4月	クリエイト(株)に商号変更
1997年7月	ダイドレ物流(有)を設立
1998年4月	クリエイト北海道(株)とクリエイト東北(株)とクリエイト信越(株)とクリエイト北関東(株)とクリエイト東関東(株)とクリエイト東京(株)とクリエイト神奈川(株)とクリエイト東海(株)とクリエイト京都(株)とクリエイト大阪(株)とクリエイト西(株)とクリエイト四国(株)とクリエイト九州(株)を吸収合併
2004年4月	福井函館(株)を吸収合併
2006年7月	ダイポリシステム(株)を設立
2012年7月	可麗愛特(上海)商貿有限公司を設立

0734　(株)クリエイトSDホールディングス
[証券コード]3148
[上場区分]東証一部

〈クリエイトエス・ディー系〉

1975年	みどり薬局を開業
1983年	(有)みどりドラッグストアーを設立
1990年	(株)クリエイトエス・ディーに社名変更

〈クリエイトエス・ディーホールディングス〉

1998年4月	(有)ヤマモトを設立
2006年11月	(株)ヤマモトに商号変更
2008年7月	(株)クリエイトSDホールディングスに商号変更

　　　　　＊　＊　＊　＊

2009年3月	(株)クリエイトエス・ディーが株式交換により完全子会社となる
2010年6月	(株)サロンデイを設立

0735　(株)クリエイト・レストランツ・ホールディングス
[証券コード]3387
[上場区分]東証一部

1997年4月	徳壽クリエイティブサービス(株)が100%出資し(株)ヨコスカ・ブルーイング・カンパニーを設立
1999年4月	(株)クリエイト・レストランツに商号変更
2007年8月	(株)吉祥と合弁で(株)クリエイト吉祥が営業を開始
2008年5月	上海豫園南翔饅頭店有限公司と合弁で上海豫園商城創造餐飲管理有限公司を設立
2010年1月	(株)クリエイト・レストランツ・ジャパンを設立
2010年6月	(株)クリエイト・レストランツ・ホールディングスに商号変更
2010年10月	中國創造餐飲管理有限公司を設立
2011年2月	create restaurants asia Pte. Ltd.を設立
2014年10月	台湾創造餐飲股份有限公司を設立
2015年3月	(株)グルメブランズカンパニーを設立

0736　クリエートメディック(株)
[証券コード]5187
[上場区分]東証一部

1973年8月	ナスク(株)を設立
1977年7月	クリエートメディック(株)に社名変更
1996年2月	北京万東医療装備股份有限公司と北京医薬集団有限責任公司と合弁で北京万東クリエート医用製品有限公司を設立
2001年3月	大連クリエート医療製品有限公司を設立
2003年2月	クリエート国際貿易(大連)有限公司を設立
2010年6月	ベトナムクリエートメディック(有)を設立
2014年5月	ベトナムクリエートメディック国際貿易(有)を設立

0737　(株)クリーク・アンド・リバー社
［証券コード］4763
［上場区分］ジャスダックスタンダード
- 1990年3月　(株)クリーク・アンド・リバー社を設立
- 2001年8月　CREEK & RIVER KOREA Co., Ltd.を設立
- 2005年4月　(有)BSプロジェクトを設立
- 2005年11月　(有)ASプロジェクトを設立
- 2007年8月　(株)C&Rリーガル・エージェンシー社を設立
- 2010年3月　CREEK & RIVER SHANGHAI Co., Ltd.を設立

0738　栗田工業(株)
［証券コード］6370
［上場区分］東証一部
- 1949年7月　栗田工業(株)を設立
- 1954年10月　昌平工業(株)を合併
- 1959年6月　(株)鈴木商会を設立(後：栗田エンジニアリング(株))
- 1961年10月　関西栗田整備(株)を設立(後：栗田テクニカルサービス(株))
- 1966年8月　(株)栗田製造所を設立
- 1975年4月　栗田水処理管理(株)を設立(後：(株)クリタス西日本)
- 1978年4月　東京水処理管理(株)を設立(後：(株)クリスタ)
- 1978年7月　クリタ(シンガポール)Pte.Ltd.を設立
- 1984年9月　クリタ空調薬品(株)を設立(後：クリタ・ビルテック(株))
- 1991年8月　クリタ化成(株)を設立(後清算)
- 2002年4月　(株)栗田製造所を吸収合併
- 2003年4月　クリタ分析センター(株)を設立
- 2003年6月　クリテックサービス(株)を設立
- 2009年4月　クリタ・ケミカル製造(株)を設立

0739　(株)クリップコーポレーション
［証券コード］4705
［上場区分］ジャスダックスタンダード
- 1981年5月　(株)湯浅教育システム中部を設立
- 1989年11月　ユアサシステムに社名変更
- 1997年1月　(株)クリップコーポレーションに社名変更
- 2000年2月　(株)クリップアクトスタジオを設立(後売却)
- 2000年4月　(株)クリップホームを設立(後：(株)クリップワーク)
- 2004年1月　上海井上憲商務諮詢有限公司を設立
- 2004年3月　(株)クリップワークを解散

0740　クリナップ(株)
［証券コード］7955
［上場区分］東証一部
- 1954年10月　井上食卓(株)を設立
- 1960年10月　井上工業(株)に社名変更
- 1971年4月　クリナップ東京販売(株)を設立
- 1971年5月　クリナップ常磐工業(株)を設立
- 1973年5月　クリナップ調理機工業(株)を設立
- 1976年6月　(株)クリナップステンレス加工センターを設立
- 1979年6月　クリナップ香港リミテッドを設立
- 1983年1月　クリナップ常磐工業(株)を合併
- 1983年4月　クリナップ(株)に社名変更
- 1990年10月　下仁井田クリナップ工業(株)を設立
- 1994年　(株)CISを設立(後：クリナップテクノサービス西日本(株))
- 1996年　クリナップサービス(株)を設立(後：クリナップテクノサービス(株))
- 1997年　クリナップテクノ(株)を設立

0741　栗原工業(株)
- 1919年8月　栗原工業所を栗原信虎が創業
- 1942年6月　栗原工業(株)に社名変更
- 1979年5月　栗原シンガポール(株)を設立
- 1993年6月　栗原テック(株)を設立
- 1995年5月　栗原タンロン合弁会社(ベトナム)を設立(後：栗原ベトナム有限責任会社)
- 1995年8月　栗原シンテック(株)(タイ)を設立(後：栗原タイランド(株))
- 2004年4月　栗原システムリンク(株)を設立
- 2005年12月　栗原テクノサポート(株)を設立

0742　(株)グリムス
［証券コード］3150
［上場区分］ジャスダックスタンダード
- 2005年7月　(株)ユビキタスエナジーを設立
- 2011年4月　(株)グリムスに商号変更
- 2011年4月　(株)グリムスソーラーと(株)GRコンサルティングを設立
- 2011年6月　プレミアムウォーター(株)と合弁で(株)グリムスプレミアムウォーターを設立(後：(株)グリムスソーラー)
- 2012年12月　(株)エフティコミュニケーションズと合弁で(株)GFライテックを設立
- 2013年11月　(株)グリムスベンチャーズを設立

0743　(株)クリムゾン
［証券コード］2776
［上場区分］ジャスダックスタンダード
- 1984年1月　(株)クリムゾンを設立
- 1997年8月　レミット(株)と(株)フライング・スコッツマン・ジャパンを吸収合併
- 2007年3月　Crymson USA INC.を設立
- 2009年7月　パイオニアトレーディング(株)を吸収合併
- 2009年8月　可麗美(北京)国際貿易有限公司を設立

0744　(株)栗本鐵工所
［証券コード］5602
［上場区分］東証一部
- 1909年2月　(資)栗本鐵工所を設立
- 1934年5月　(株)栗本鐵工所に改組
- 1934年9月　(株)栗本足田鉄工所を合併
- 1940年11月　明光重工業(株)を合併
- 1962年10月　栗本排水管工業(株)を設立
- 1963年7月　栗本鋼管工業(株)を設立
- 1976年4月　(株)名取製作所を合併
- 1987年4月　新日本パイプ(株)を合併
- 2009年3月　クリモトファイナンス(株)を吸収合併
- 2009年4月　ピー・エス・ティ(株)を吸収合併
- 2009年10月　栗本化成工業(株)とクリモトメック(株)と栗本細野(株)を吸収合併

0745　クリヤマホールディングス(株)
［証券コード］3355
［上場区分］東証二部

1939年	栗山ゴム商会を創業		2007年10月	(株)インターネットなび東京を吸収合併
1940年	栗山護謨(株)を設立		2008年1月	フェリカポケットマーケティング(株)を設立
1957年	王子ゴム化成(株)を設立		2010年8月	(株)タスカルと共同で(株)ジーアンドティープランニングを設立(後清算)
1969年	栗山ゴム(株)に社名変更		2010年10月	(株)ぐるなび総研を設立
1974年	クリヤマコンソルト(株)を設立		2010年10月	ジョイジョイ(株)を吸収合併
1978年3月	タイガースポリマー(株)との合弁でTigerflex Corporationを設立		2010年11月	(株)ぐるなびサポートアソシエを設立
1979年3月	栗山興産(株)を設立(後:KOC(株))		2011年5月	(株)食文化と東京シティ青果(株)と丸千千代田水産(株)と共同で(株)日本食材情報を設立
1983年	クリヤマ(株)に社名変更		2013年1月	(株)ぐるなび6次産業化パートナーズを設立
1984年9月	Kuriyama Canada, Inc.を設立		2013年5月	ぐるなび6次産業化パートナーズ投資事業有限責任組合を設立
1989年	クリヤマハウス(株)を設立			
1990年11月	Kuri Tec Corporationを設立			
1991年11月	スカルパジャポネ(株)を設立(後:エアモンテ(株))			

0749 (株)グルメ杵屋
[証券コード]9850
[上場区分]東証一部

1996年	クリヤマプラスチック工業(株)を設立
1996年1月	王子ゴム化成(株)との合弁で(株)クリヤマ技術研究所を設立
1996年7月	上海栗山貿易有限公司を設立
1997年	ピー・エム技研(株)を設立
1997年6月	王子ゴム化成(株)との合弁で靖江王子橡膠有限公司を設立
1998年11月	Kuri Tec Manufacturing, Inc.を設立
2001年	クリテック九州(株)を設立
2003年8月	Alfagomma S.P.A.(イタリア)との合弁でAlfagomma America, Inc.を設立
2012年10月	Kuriyama(Thailand)Co., Ltd.を設立
2012年10月	クリヤマホールディングス(株)へ純粋持株体制移行に伴い商号変更

1967年3月	両国食品(株)を設立
1986年9月	(株)グルメを合併し(株)グルメ杵屋に社名変更
1991年1月	(株)ワールドグルメを設立(後解散)
1992年7月	近畿コカコーラボトリング(株)と三菱商事(株)と共同で出資し(株)スカイフーズを設立
1994年6月	芦屋産業(株)と共同で出資し(株)グルメあしやを設立
2000年5月	元気寿司(株)と共同で出資し杵屋元気寿司東海(株)を設立
2003年4月	(株)アーシーチャイニーズファクトリーを設立
2004年4月	(株)麦まるを設立
2008年4月	(株)麦まるを吸収合併
2009年7月	ともえ商事(株)と(株)アーシーチャイニーズファクトリーを吸収合併
2010年10月	(株)やまよしフーズを吸収合併

0746 グリーンランドリゾート(株)
[証券コード]9656
[上場区分]東証二部

1980年1月	三井鉱山土地開発(株)が全額出資し(株)グリーンランドを設立
1987年12月	グリーンランドサービス(株)を設立
1990年6月	三井グリーンランド(株)に社名変更
1999年9月	グリーンランド商事(株)を設立(後:グリーンランドサービス(株))
2006年7月	グリーンランドリゾート(株)に商号変更

0750 クレアホールディングス(株)
[証券コード]1757
[上場区分]東証二部

1965年2月	高杉建設(株)を設立
1996年10月	キーイングホーム(株)に社名変更
2004年10月	(株)千年の杜に社名変更
2005年4月	BAU BIO INTERNATIONAL(株)を設立
2005年12月	MILLENNIUM INVESTMENT(株)を設立
2007年11月	露日物産(株)を設立(後清算)
2008年4月	東邦グローバルアソシエイツ(株)に社名変更
2010年8月	クレアホールディングス(株)に社名変更
2011年3月	クレアファシリティマネジメント(株)を設立

0747 クルーズ(株)
[証券コード]2138
[上場区分]ジャスダックスタンダード

2001年5月	(有)ウェブドゥジャパンを設立
2002年5月	(株)ウェブドゥジャパンに組織変更
2009年8月	クルーズ(株)に社名変更
2012年8月	CROOZ America, Inc.を設立
2012年12月	CROOZ Korea Corporationを設立
2013年7月	(株)BANEX JAPANを吸収合併
2015年3月	ウェーバー(株)を設立
2015年6月	Card King(株)を設立

0751 (株)クレオ
[証券コード]9698
[上場区分]ジャスダックスタンダード

1973年3月	(株)東海クリエイトを設立
1986年9月	(株)クリエイトラボを設立
1989年4月	(株)クレオに社名変更

0748 (株)ぐるなび
[証券コード]2440
[上場区分]東証一部

1989年10月	(株)交通アドを設立
1999年12月	(株)インターネットなび東京に社名変更
2000年2月	(株)ぐるなびに社名変更
2005年11月	(株)ぐるなびプロモーションコミュニティを設立

2009年4月	(株)クレオスマイルを設立(後:(株)クレオネットワークス)	

0752　(株)クレスコ
[証券コード]4674
[上場区分]東証一部

1988年4月	(株)クレスコを設立
1998年9月	芝ソフトウェア(株)を設立(後:クレスコ・イー・ソリューション(株))
2000年8月	(株)ハートコンピューターを買収
2005年10月	ワイヤレステクノロジー(株)を設立(後:クレスコワイヤレス(株))

0753　(株)クレディセゾン
[証券コード]8253
[上場区分]東証一部

1946年9月	(個)岡本商店を設立
1947年11月	(名)大丸に社名変更
1950年10月	(有)緑屋に社名変更
1951年5月	(株)緑屋に改組
1963年2月	(株)吉祥寺緑屋と(株)溝口緑屋と(株)横浜緑屋と(株)宇都宮緑屋と(株)常盤台緑屋と(株)平塚緑屋と(株)千住緑屋を合併
1967年2月	(株)調布緑屋と(株)千葉緑屋を合併
1979年11月	ミドリヤファイナンス(株)を設立(後:(株)エス・ビー・エフ)
1980年8月	(株)志澤と合併し(株)西武クレジットに社名変更
1984年2月	(株)西武抵当証券を設立(後:(株)セゾンファンデックス)
1989年10月	(株)クレディセゾンに社名変更
2010年9月	(株)セブンCSカードサービスを設立
2012年4月	(株)アトリウムを設立
2013年4月	ietnam Saison Consulting Company Limited.を設立
2014年5月	Credit Saison Asia Pacific Pte. Ltd.を設立

0754　(株)クレハ
[証券コード]4023
[上場区分]東証一部

1944年6月	呉羽化学工業(株)を設立
1953年9月	呉羽化成(株)を設立
1962年5月	呉羽化成(株)を合併
1962年10月	呉羽油化(株)を設立
1969年2月	呉羽プラスチックス(株)を設立
1969年4月	呉羽石油化学工業(株)を設立
1970年4月	クレハ・コーポレーション・オブ・アメリカを設立(後:クレハ・アメリカInc.)
1970年4月	呉羽油化(株)を合併
1973年5月	呉羽油化(株)を設立
1973年7月	太洋化研(株)を設立
1973年10月	クレハロン・インダストリーB.V.(オランダ)を設立
1978年10月	太洋化研(株)を合併
1983年6月	クレハ・ケミカルズGmbH(ドイツ)を設立(後:クレハGmbH)
1992年5月	フォートロン・インダストリーズ(アメリカ)を設立(後:フォートロン・インダストリーズLLC)
2003年3月	南通匯羽豊新材料有限公司(中国)を設立
2003年4月	上海呉羽化学有限公司(中国)を設立
2005年	(株)クレハに社名変更
2008年1月	クレハ・ピージーエーLLC(アメリカ)とクレハ・ベトナムCo., Ltd.(ベトナム)を設立
2010年7月	クレハプラスチックス(株)を吸収合併
2011年4月	(株)クレハ・バッテリー・マテリアルズ・ジャパンを設立
2011年9月	呉羽(中国)投資有限公司を設立
2012年1月	呉羽(常熟)ふっ素材料有限公司を設立

0755　黒崎播磨(株)
[証券コード]5352
[上場区分]東証一部
〈黒崎窯業系〉

1918年10月	黒崎窯業(株)を設立
1944年6月	昭和耐火材料(株)を合併
1944年9月	鶴見窯業(株)を合併
1953年4月	(有)黒崎築炉工業所を設立
1953年6月	黒崎築炉工業(有)を設立(後:黒崎炉工業(株))
1956年10月	黒崎炉材(株)を設立
1962年4月	黒崎耐火原料(株)を設立
1972年10月	黒崎産業(株)を設立
1978年4月	黒崎機工(株)を設立
1978年4月	黒崎耐火工業(株)を設立
1987年2月	ライフリフレッシュサービス(株)を設立
1987年3月	清水ライフサービス(株)を設立
1987年9月	(株)ことぶきホンを設立(後:(株)クロサキビジネスサービス)
1987年10月	三保産業(株)を設立
1999年4月	黒崎炉工業(株)を合併
2004年1月	東芝セラミックス(株)と合併し(株)SNリフラテクチュア東海を設立

〈ハリマセラミックス系〉

1950年4月	日本製鐵(株)の第2会社として播磨耐火煉瓦(株)を設立
1988年10月	ハリマセラミックス(株)に社名変更

＊　＊　＊

1995年12月	無錫黒崎蘇嘉耐火材料有限公司を設立
2000年4月	黒崎窯業(株)とハリマセラミックス(株)が合併し黒崎播磨(株)に社名変更
2002年8月	伊藤忠セラテック(株)と共同でKrosaki USA Inc.を設立
2003年1月	黒崎播磨(上海)国際貿易有限公司を設立(後:黒崎播磨(上海)企業管理有限公司)
2004年1月	東芝セラミックス(株)と共同で(株)SNリフラテクチュア東海を設立
2005年1月	首鋼総公司と共同で秦皇島首鋼黒崎耐火材料有限公司を設立
2005年2月	菊竹産業(株)と共同で(株)K&Kを設立(後:黒崎播磨セラコーポ(株))
2008年4月	かずさファーネス(株)を吸収合併
2009年8月	Krosakiharima Europe B.V.を設立
2012年7月	九州耐火煉瓦(株)を吸収合併

0756　(株)クロスキャット
[証券コード]2307
[上場区分]ジャスダックスタンダード

くろすふら

1973年6月	(株)ニスコンコアを設立
1977年	(株)イーディーピー・アプリケーションシステムに社名変更
1989年	(株)クロスキャットに社名変更
1990年	(株)イーディーピーサービスを合併
2006年7月	(株)クロススタッフを設立

0757　クロスプラス(株)
[証券コード]3320
[上場区分]東証二部

1951年8月	櫻屋商店を創業
1953年4月	櫻屋商事(株)に改組
2001年8月	クロスプラス(株)に社名変更
2002年8月	スタイリンク(株)を設立
2003年2月	ノーツ(株)を設立
2004年9月	客楽思普勒斯(上海)服飾整理有限公司を設立
2005年7月	客楽思普勒斯(上海)服飾整理有限公司・青島分公司を設立
2006年11月	客楽思普勒斯(上海)時装貿易有限公司を設立(後清算)
2007年10月	ノーツ(株)を吸収合併
2009年6月	客楽思普勒斯(上海)服飾有限公司を設立

0758　(株)クロス・マーケティンググループ
[証券コード]3675
[上場区分]東証マザーズ

2003年4月	(株)クロス・マーケティングを設立
2012年2月	Cross Marketing China Inc.を設立
2013年4月	(株)UNCOVER TRUTHを設立
2013年5月	TOMORROW COMPANY(株)を設立
2013年6月	(株)クロス・マーケティンググループを株式移転の方法により設立
2013年7月	Cross Marketing Asia Pte. Ltd.を設立

0759　黒田精工(株)
[証券コード]7726
[上場区分]東証二部

1925年1月	黒田狭範製作所を設立
1935年11月	(資)黒田狭範製作所に改組
1943年1月	(株)黒田狭範製作所に改組
1965年6月	黒田精工(株)に社名変更
1973年3月	黒田興産(株)を設立
1973年5月	クロダインターナショナル(株)を設立
1996年12月	川鉄商事(株)とKSPC社との合弁でクロダプレシジョンインダストリーズマレーシアを設立
2001年11月	川鉄商事(株)と浙江川電鋼板加工有限公司との合弁で平湖黒田精工有限公司を設立
2003年10月	クロダニューマティクス(株)を設立
2004年4月	(株)プレシジョンクロダを吸収合併
2007年3月	(株)ファインクロダを吸収合併
2010年6月	韓国黒田精工(株)を設立
2014年4月	平湖黒田捷納泰克商貿有限公司を設立

0760　黒田電気(株)
[証券コード]7517
[上場区分]東証一部

1945年10月	黒田商事営業所を設立
1947年3月	黒田商事(株)に社名変更
1948年6月	黒田電気(株)に社名変更
1949年11月	鍋島石材興業(株)を吸収合併
1956年3月	黒田工業(株)を設立(後：黒田化学(株))
1963年9月	黒田化学(株)を設立
1977年9月	黒田化学(株)を合併
1978年7月	Z.クロダ(シンガポール)PTE.LTD.を設立
1979年9月	黒田貿易(株)を設立
1990年5月	Z.クロダ(タイランド)CO., LTD.を設立
1991年3月	Z.クロダ エレクトリックCO., LTD.を設立
1993年12月	黒田電気(上海)有限公司を設立
1994年4月	黒田貿易(株)を合併
1995年11月	黒田電気(香港)有限公司を設立
1999年1月	ユーアイ電子(株)を設立
1999年8月	クロダ エレクトリックU.S.A.INC.を設立
1999年11月	台湾黒田電器股份有限公司を設立
2000年4月	黒田テクノ(株)を設立
2001年3月	上海黒田貿易有限公司を設立
2002年5月	広州黒田電子有限公司を設立
2003年6月	クロダ エレクトリック フィリピンズ, INC.を設立
2004年4月	クロダ エレクトリック コリア INC.を設立
2005年5月	黒田電気貿易(無錫)有限公司を設立
2005年7月	黒田電気(中国)有限公司を設立
2005年8月	天津黒田貿易有限公司を設立
2005年9月	凱欣自動化技術(深セン)有限公司を設立
2005年9月	大連黒田貿易有限公司を設立
2006年1月	クロダ シンセイ(タイランド)CO., LTD.を設立
2006年6月	チクロダ エレクトリック チェコ s.r.o.を設立
2007年10月	黒田電子(深セン)有限公司を設立
2007年12月	コスモ クロダ エレクトリック s.r.o.を設立
2008年4月	クロダ エレクトリック(ベトナム)CO., LTD.を設立
2009年7月	上海黒田管理有限公司を設立
2010年2月	クロダ エレクトリック(マレーシア)SDN.BHD.を設立
2010年8月	イーコリア&クロダ エレクトリック インディア PVT.LTD.を設立
2011年3月	黒田虹日集団(香港)有限公司を設立
2011年6月	東莞虹日金属科技有限公司を設立
2011年10月	P.T. クロダ エレクトリック インドネシアを設立
2013年12月	エコ テックウェル インベストメント Inc.を設立

0761　黒谷(株)
[証券コード]3168
[上場区分]東証二部

1967年4月	黒谷(株)を設立
1986年3月	(株)クロタニコーポレーションに商号変更
1993年3月	(株)テクノキャストを設立(後合併)
1995年2月	新日本商事(株)と(株)アート・アン

　　　　　　　　ド・クラフトを合併
　2012年7月　　KUROTANI NORTH AMERICA INC.を設立
　2014年8月　　THAI KUROTANI CO., LTD.を出資設立

0762　(株)クロップス
[証券コード]9428
[上場区分]東証一部
　1977年11月　　いすゞオート半田(株)を設立
　1994年11月　　(株)アルメディアに社名変更
　1999年4月　　 (株)クロップスに社名変更
　2000年5月　　 名古屋鉄道(株)と(株)名鉄百貨店との共同出資により(株)クロップス・クルーを設立
　2004年3月　　 (株)クロップス・クリエイトを設立
　2009年2月　　 (株)クロップス・レボルバを設立
　2012年4月　　 克龍風速上海商貿有限公司を設立

0763　グローバルアジアホールディングス(株)
　1947年9月　　豊国糸業(株)を設立
　1952年4月　　石井商事(株)を合併し豊国産業(株)に社名変更
　2000年10月　　(株)アイビーダイワに社名変更
　2011年9月　　 (株)プリンシパル・コーポレーションに社名変更
　2014年9月　　 グローバルアジアホールディングス(株)に社名変更

0764　(株)グローバルダイニング
[証券コード]7625
[上場区分]東証二部
　1973年10月　　(有)長谷川実業を設立
　1985年2月　　 長谷川実業(株)に改組
　1990年7月　　 グローバル インベストメント コンセプト, インク.(GLOBAL INVESTMENT CONCEPT, INC.)を設立(後:グローバルダイニング, インク.オブ カリフォルニア(GLOBAL-DINING, INC.OF CALIFORNIA))
　1997年1月　　 (株)グローバルダイニングに社名変更
　1998年1月　　 オーエムスリー(株)と合併(額面変更のため)

0765　グローブライド(株)
[証券コード]7990
[上場区分]東証一部
　1950年　　　　(個)松井製作所を設立
　1958年7月　　大和精工(株)に社名変更
　1969年5月　　ダイワ精工(株)に社名変更
　1980年2月　　(株)フィッシング・ナカムラを設立(後:(株)フィッシング・ワールド)
　1984年6月　　ダイワ物流(株)を設立
　1985年12月　　(株)大八木商店を設立(後:ワールド・スポーツ(株))
　1988年9月　　ダイワレジャーリゾート(株)を設立
　1995年　　　　ダイワゴルフ(株)を吸収合併
　1995年5月　　信州ダイワ(株)を設立(後清算)
　1995年6月　　ダイワセイコー(タイランド)Co., リミテッドを設立
　2004年1月　　ダイワ(ホンコン)Co., リミテッドを設立
　2005年4月　　ダイワセイコー・コリア Co., リミテッドを設立(後:ダイワ・コリア Co., リミテッド)
　2005年9月　　ダイワ・スポーツ(広州)Co., リミテッドを設立
　2005年9月　　ダイワ・ベトナム・リミテッドを設立
　2008年7月　　(株)スポーツライフプラネッツを設立
　2009年10月　　グローブライド(株)に社名変更
　2010年11月　　アジア ダイワ(ホンコン)Co., リミテッドを設立
　2013年3月　　トンガン・ダイワ・スポーティンググッズ・リミテッドを設立
　2014年4月　　ファッサ社と合弁でダイワ・イタリア S.r.lを設立

0766　グローリー(株)
[証券コード]6457
[上場区分]東証一部
　1936年1月　　(名)国栄機械製作所を設立
　1944年11月　　(株)国栄機械製作所に改組
　1957年3月　　国栄商事(株)を設立(後:グローリー商事(株))
　1969年3月　　グローリーサービス(株)を設立
　1970年2月　　グローリー機器(株)を設立
　1971年11月　　〈旧〉グローリー工業(株)を吸収合併しグローリー工業(株)に社名変更
　1979年2月　　佐用グローリー(株)を設立
　1980年8月　　北海道グローリー(株)を設立
　1981年10月　　(株)ジーエヌシステムを設立(後:加西グローリー(株))
　1982年2月　　GLORY (U.S.A.) INC.を設立(後:Glory Global Solutions Inc.)
　1988年2月　　福崎工業(株)を設立(後:グローリーテック(株))
　1991年7月　　GLORY GmbHを設立
　1991年12月　　(株)テスを買収
　1994年8月　　GLORY (PHILIPPINES), INC.を設立
　1996年4月　　GLORY MONEY HANDLING MACHINES PTE LTDを設立(後:Glory Global Solutions (Singapore) Pte.Ltd.)
　2001年7月　　GLORY Cash Handling Systems (China) Ltd.を設立(後:Glory Global Solutions (Hong Kong) Ltd.)
　2003年2月　　光栄電子工業(蘇州)有限公司を設立
　2006年10月　　グローリー商事(株)を吸収合併しグローリー(株)に商号変更
　2011年1月　　GLORY Europe GmbHはReis Service GmbHを吸収合併
　2012年2月　　Glory Global Solutions Ltd.を設立

0767　(株)クワザワ
[証券コード]8104
[上場区分]札証
　1951年2月　　(株)桑沢商店を設立
　1969年11月　　(株)東北クワザワを設立
　1971年3月　　(株)クワザワに社名変更
　1972年2月　　児玉建材(株)を合併
　1981年2月　　クワザワサッシ工業(株)を設立
　1983年4月　　(株)クワザワエージェンシーを設立
　1993年4月　　北海道管材(株)を設立
　1998年12月　　日桑建材(株)を設立
　2002年4月　　(株)クワザワリフォームセンターを

0768　（株）桑山
［証券コード］7889
［上場区分］ジャスダックスタンダード

1970年4月	（株）桑山貴金属鎖を設立
1976年10月	（株）ジーアンドピーを設立
1977年11月	（株）征洋ジュエルを設立（後：（株）セイヨージュエル）
1980年3月	（株）ジュエル貴を設立
1986年8月	**（株）桑山貴金属**に社名変更
1988年10月	サン・ジェルソ・トレーディング（株）を設立
1992年4月	（株）ジーアンドピーと（株）セイヨージュエルと（株）ジュエル貴と（株）ジーアンドピーとケー・ピー・エム（株）とサン・ジェルソ・トレーディング（株）を吸収合併
1994年4月	無錫金藤首飾有限公司を設立
1995年4月	KUWAYAMA EUROPE N.V.を設立
1996年9月	KUWAYAMA THAILAND CO., LTD.を設立（後清算）
1997年12月	KUWAYAMA HONG KONG CO., LTD.を設立
2000年8月	**（株）桑山**に社名変更
2000年10月	KUWAYAMA USA, INC.を設立
2007年4月	（株）ブリリアンスインターナショナルジャパンを設立

0769　群栄化学工業（株）
［証券コード］4229
［上場区分］東証一部

1946年1月	**群馬栄養薬品（株）**を設立
1953年6月	**群栄化学工業（株）**に社名変更
1987年7月	ボーデン社《米国》と共同で出資し群栄ボーデン（株）を設立
1997年	（株）ビッグトレーディングを設立
2005年	（株）羽鳥研究室を設立（後解散）
2009年4月	群栄商事（株）と群栄ボーデン（株）と日本カイノール（株）を吸収合併
2012年7月	三栄シリカと合弁出資によりインディア ジーシーアイ レヅトップ プライベート リミテッドを設立

0770　グンゼ（株）
［証券コード］3002
［上場区分］東証一部

1896年8月	**郡是製絲（株）**を設立
1916年10月	第二郡是製絲（株）を合併
1918年7月	舞鶴製絲（株）と福知山製絲（株）と蚕栄製糸（株）を合併
1927年2月	第三郡是製絲（株）を合併
1935年7月	郡是繊維工業（株）を設立
1943年3月	郡是繊維工業（株）を合併
1943年4月	**郡是工業（株）**に社名変更
1943年4月	昭和紡績（株）を合併
1945年4月	朝日化学肥料（株）を合併
1946年5月	**郡是製絲（株）**に社名変更
1967年2月	**グンゼ（株）**に社名変更
1970年3月	九州グンゼ（株）を設立
1970年9月	東北グンゼ（株）を設立
1971年10月	東京グンゼ販売（株）を設立
1973年4月	グンゼ物流（株）を設立
1973年10月	グンゼ包装システム（株）を設立
1974年	グンゼグリーン（株）を設立
1982年12月	グンゼ塚口開発（株）を設立（後：グンゼ開発（株））
1984年5月	滋賀フィルム（株）を設立
1984年12月	グンゼシルク（株）を設立
1984年12月	グンゼスポーツ（株）を設立
1988年9月	グンゼエヌシー販売（株）を設立（後：グンゼ販売（株））
1989年	兵庫グンゼ（株）を設立
1989年10月	新大阪造機（株）を吸収合併
1990年2月	福島プラスチックス（株）を設立
1990年4月	Thai Gunze Co., Ltd.を設立
1991年10月	大連坤姿時装有限公司とP.T.Gunze Indonesiaを設立
1992年10月	Gunze Plastics & Engineering Corporation of Americaを設立
1992年10月	グンゼ販売（株）を設立
1995年4月	P.T.Gunze Socks Indonesiaを設立
1995年8月	Gunze (Vietnam) Co., Ltd.を設立
1998年8月	エルマ（株）を設立
1998年11月	GGI Technology Ltd.を設立
2000年8月	綾部エンプラ（株）を設立
2001年	公冠グンゼ（株）を設立
2005年12月	山東冠世針織有限公司を設立
2006年3月	郡是（上海）商貿有限公司を設立
2008年10月	郡宏光電股份有限公司を設立
2010年3月	青島吉福包装有限公司を設立（後：青島郡是新包装有限公司）
2010年4月	台湾郡是股份有限公司を設立
2011年1月	郡是医療器材（深圳）有限公司を設立
2011年9月	北京愛慕郡是服飾有限公司を設立
2012年7月	Gunze United Limitedを設立
2012年11月	郡是（上海）節能設備貿易有限公司を設立
2014年8月	韓国グンゼ（株）を設立
2015年1月	Gnze International Europe GmbHを設立

0771　（株）群馬銀行
［証券コード］8334
［上場区分］東証一部

1932年9月	**群馬県金融（株）**を設立
1932年10月	**（株）群馬大同銀行**に社名変更
1932年11月	（株）群馬銀行と（株）上州銀行を吸収
1955年1月	**（株）群馬銀行**に社名変更
1971年2月	群馬中央興業（株）を設立
1973年10月	群馬総合リース（株）を設立（後：ぐんぎんリース（株））
1983年9月	群馬信用保証（株）を設立
1991年2月	群馬財務（香港）有限公司を設立

0772　（株）ケアネット
［証券コード］2150
［上場区分］東証マザーズ

1996年7月	**（株）ケアネット**を設立
2000年3月	（株）ケアネット・インターナショナルを設立（株式移転による完全親会社）
2000年5月	（株）イー・ファーマを設立
2003年8月	（株）ケアネット・インターナショナルを吸収合併
2014年12月	（株）マクロミルと合弁で（株）マクロ

（前ページからの続き）
| 2014年10月 | （株）エフケー・ツタイを吸収合併 |

ミルケアネットを設立

0773 (株)ケア21
[証券コード]2373
[上場区分]ジャスダックスタンダード
- 1993年11月　(株)ヨダゼミイーストを設立
- 1999年7月　(株)ケアにじゅういちに社名変更
- 2003年1月　(株)ケア21に社名変更
- 2006年5月　(株)サポート21を設立
- 2010年10月　(株)ケア21薬局を設立(後清算)
- 2014年10月　(株)ケア21メディカルを設立

0774 KIホールディングス(株)
[証券コード]6747
[上場区分]東証二部
- 1947年9月　内外商事(株)を設立
- 1948年7月　小糸商事(株)に社名変更
- 1957年5月　小糸工業(株)に社名変更
- 1976年8月　ミナモト通信サービス(株)を設立(後：ミナモト通信(株))
- 1977年1月　道路計装(株)を設立
- 2001年10月　(株)パンウォシュレットを設立
- 2011年　KIホールディングス(株)に商号変更
- 2011年　コイト電工(株)を会社分割により航空機シート事業以外の事業を移管し設立

0775 K&Oエナジーグループ(株)
[証券コード]1663
[上場区分]東証一部

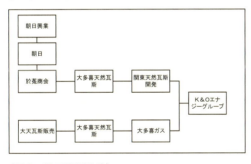

〈関東天然瓦斯開発系〉
- 1917年5月　朝日興業(株)を設立
- 1922年6月　朝日(株)に社名変更
- 1924年4月　(株)於菟商会に社名変更
- 1931年5月　〈旧〉大多喜天然瓦斯(株)に社名変更
- 1949年9月　千葉天然瓦斯(株)を吸収合併
- 1956年8月　大天瓦斯販売(株)を設立(後：大多喜天然瓦斯(株))
- 1957年1月　関東天然瓦斯開発(株)に社名変更
- 1976年7月　関東建設(株)を設立
- 1985年8月　KNG AMERICA, INC.を設立
- 1995年3月　(株)テクノアースを設立

〈大多喜ガス系〉
- 1956年8月　大天瓦斯販売(株)を設立
- 1957年1月　大多喜天然瓦斯(株)に社名変更
- 1970年12月　オータキ産業(株)を設立
- 1981年7月　(株)大多喜住設を設立
- 1986年12月　(株)房総コンピューターサービスを設立
- 1992年1月　大多喜ガス(株)に社名変更
- 1994年1月　(株)大多喜住設を吸収合併

＊　＊　＊　＊

- 2014年1月　関東天然瓦斯開発(株)と大多喜ガス(株)の完全親会社としてK&Oエナジーグループ(株)を設立

0776 (株)KSK
[証券コード]9687
[上場区分]ジャスダックスタンダード
- 1974年5月　サンユウ商事(株)を設立
- 1979年1月　国際システム(株)に社名変更
- 1992年8月　(株)ケイエスケイ商事を設立(後解散)
- 1994年11月　(株)ケイエスケイリースを設立(後解散)
- 1997年10月　(株)東京ファシリテイズを合併
- 1999年11月　ケイエスケイデータ(株)を設立(後：(株)KSKデータ)
- 2000年12月　ケイエスケイテクノサポート(株)を設立(後：(株)KSKテクノサポート)
- 2001年10月　(株)アルゴグラフィックスと共同で出資し(株)アルゴシステムサポートを設立
- 2004年10月　(株)KSKに社名変更
- 2004年10月　(株)フレックス・ファームを合併
- 2005年9月　(株)KSK九州を設立
- 2008年10月　(株)KSKアルパを合併

0777 KNT-CTホールディングス(株)
[証券コード]9726
[上場区分]東証一部
- 1941年10月　関西急行鉄道(株)が全額出資し(有)関急旅行社を設立
- 1944年6月　(有)近畿日本交通社に商号変更
- 1947年5月　(株)近畿交通社に商号変更
- 1954年10月　近畿日本航空観光(株)を設立
- 1955年9月　日本ツーリスト(株)を合併し近畿日本ツーリスト(株)を設立
- 1961年7月　(株)箱根高原ホテルを設立
- 1968年8月　(株)奥日光高原ホテルを設立
- 1970年3月　近畿日本鉄道(株)と共同で出資し近鉄航空貨物(株)を設立
- 1974年10月　(株)ホテルサンフラワー札幌を設立
- 1978年9月　(株)ツーリストサービスを設立
- 1995年1月　(株)ホテルポポロ東京を設立
- 2004年12月　(株)ホテルポポロ東京を合併
- 2009年11月　(株)近畿日本ツーリスト北海道と(株)近畿日本ツーリスト九州を設立
- 2011年9月　(株)近畿日本ツーリスト東北と(株)近畿日本ツーリスト中国四国と(株)近畿日本ツーリスト商事を設立
- 2012年9月　KNT団体(株)とKNT個人(株)を設立(後：近畿日本ツーリスト(株))(後：近畿日本ツーリスト個人旅行(株))
- 2013年1月　KNT-CTホールディングス(株)に持株会社に移行し商号変更

0778 ケイティケイ(株)
[証券コード]3035
[上場区分]ジャスダックスタンダード
- 1971年6月　カトー特殊計紙(株)を設立
- 1990年6月　(株)アイオーテクノを設立
- 2002年9月　(株)アイテクノを合併しケイティケイ(株)に社名変更

けいていて

2007年5月	(株)スワットビジネスを合併

0779　KDDI(株)
［証券コード］9433
［上場区分］東証一部
〈第二電電系〉

1984年6月	第二電電企画を設立
1985年4月	第二電電(株)に社名変更
1987年6月	関西セルラー電話(株)を設立(後：(株)エーユー)
1987年10月	九州セルラー電話(株)を設立(後：(株)エーユー)
1987年11月	中国セルラー電話(株)を設立(後：(株)エーユー)
1988年4月	東北セルラー電話(株)を設立(後：(株)エーユー)
1988年5月	北陸セルラー電話(株)を設立(後：(株)エーユー)
1988年7月	北海道セルラー電話(株)を設立(後：(株)エーユー)
1989年4月	四国セルラー電話(株)を設立(後：(株)エーユー)
1991年6月	沖縄セルラー電話(株)を設立
1991年7月	(株)ツーカーセルラー東京を設立
1992年2月	(株)ツーカーセルラー東海を設立
1993年4月	日本イリジウム(株)を設立
1994年11月	(株)ディーディーアイポケット企画を設立(後：ディーディーアイポケット電話(株))
1994年11月	ディーディーアイ関西ポケット電話(株)を設立(後：ディーディーアイポケット電話(株))
1994年11月	ディーディーアイ九州ポケット電話(株)を設立(後：ディーディーアイポケット電話(株))
1994年11月	ディーディーアイ四国ポケット電話(株)を設立(後：ディーディーアイポケット電話(株))
1994年11月	ディーディーアイ中国ポケット電話(株)を設立(後：ディーディーアイポケット電話(株))
1994年11月	ディーディーアイ東海ポケット電話(株)を設立(後：ディーディーアイポケット電話(株))
1994年11月	ディーディーアイ東北ポケット電話(株)を設立(後：ディーディーアイポケット電話(株))
1994年11月	ディーディーアイ北海道ポケット電話(株)を設立(後：ディーディーアイポケット電話(株))
1994年11月	ディーディーアイ北陸ポケット電話(株)を設立(後：ディーディーアイポケット電話(株))
1996年1月	(株)京セラディーディーアイ未来通信研究所を設立(後：(株)KDDI研究所)
1996年4月	(株)ケイディディコミュニケーションズを設立(後：(株)KDDIネットワーク＆ソリューションズ)
1999年4月	ディーディーアイネットワークシステムズ(株)を設立

〈ケイディディ系〉

1953年3月	日本電信電話公社から国際通信部門を分離し国際電信電話(株)を設立
1984年11月	日本高速通信(株)を設立
1996年5月	KDDテレマーケティング(株)を設立(後：(株)KDDIエボルバ)
1998年	(株)ケイディディ研究所を設立(後：(株)KDDI研究所)
1998年12月	日本高速通信(株)と合併しケイディディ(株)に社名変更
1999年1月	WinStar Communications, Inc.《米国》と住友商事(株)と共同で出資しケイディディ・ウィンスター(株)を設立

〈日本移動通信系〉

1987年3月	日本移動通信(株)を設立

　　　　＊　　＊　　＊　　＊

2000年10月	第二電電(株)とケイディディ(株)と日本移動通信(株)が合併し(株)ディーディーアイに社名変更
2001年4月	KDDI(株)に社名変更
2001年10月	(株)エーユーを合併
2002年2月	ケイディディアイ・ウィンスター(株)と合併
2005年10月	(株)ツーカーセルラー東京と(株)ツーカーセルラー東海と(株)ツーカーホン関西を吸収合併
2006年1月	(株)パワードコムと合併
2008年7月	(株)KDDIネットワーク＆ソリューションズと合併
2011年2月	KDDIまとめてオフィス(株)を設立
2014年2月	KDDIフィナンシャルサービス(株)を設立
2014年6月	KDDI Summit Global Myanmar Co., Ltd.を設立

0780　京阪神ビルディング(株)
［証券コード］8818
［上場区分］東証一部

1948年12月	京阪神競馬(株)を設立
1955年12月	京阪神不動産(株)に社名変更
1976年6月	京阪神建物管理(株)を設立(後：京阪神建築サービス(株))
1979年1月	京阪神南紀興産(株)を設立(後：南紀興産(株))
1988年1月	コンピュータビルサービス(株)を設立
2011年10月	京阪神ビルディング(株)に社名変更

0781　京阪電気鉄道(株)
［証券コード］9045
［上場区分］東証一部

1906年8月	畿内電気鉄道(株)を設立
1906年11月	京阪電気鉄道(株)に社名変更
1919年4月	安威川水力電気(株)を合併
1922年7月	桃山自動車(株)を設立(後：京阪バス(株))
1922年7月	和歌山水力電気(株)を合併
1925年1月	京津電気軌道(株)を合併
1926年3月	日高水力電気(株)を合併
1927年10月	京阪土地(株)を合併
1929年4月	琵琶湖鉄道汽船(株)を合併
1930年9月	新京阪鉄道(株)を合併
1932年11月	(株)京阪デパートを設立(後解散)
1943年10月	阪神急行電鉄(株)と合併し京阪神急行電鉄(株)に社名変更
1949年12月	京阪神急行電鉄(株)から分離し京阪電気鉄道(株)に社名変更

1953年3月	（株）京阪観光社を設立（後：（株）京阪交通社）
1979年8月	京阪住宅建設（株）を設立
1983年4月	（株）京阪百貨店を設立
1989年4月	鴨川電気鉄道（株）を合併
2014年4月	京阪アセットマネジメント（株）を設立

0782　（株）KVK
[証券コード]6484
[上場区分]ジャスダックスタンダード

1939年2月	北村鋳造所を設立
1949年1月	北村バルブ（株）に社名変更
1989年12月	大連北村閥門有限公司を設立
1992年4月	（株）KVKに商号変更
1994年4月	大連保税区北村国際工貿有限公司を設立（後清算）

0783　ケイヒン（株）
[証券コード]9312
[上場区分]東証一部

1947年12月	大津工業（株）を設立
1948年4月	京浜倉庫（株）に社名変更
1960年2月	ケイヒン港運（株）を設立
1968年11月	（東京）ケイヒン陸運（株）を設立
1969年8月	ケイヒン海運（株）を設立
1969年11月	大興運輸（株）を吸収合併
1972年12月	ケイヒン配送（株）を設立
1978年9月	ケイヒン アメリカ コーポレーションを設立
1978年10月	（東京）ケイヒンコンテナ急送（株）を設立
1983年9月	（神戸）ケイヒンコンテナ急送（株）を設立
1984年7月	ケイヒン（株）に社名変更
1985年9月	（愛知）ケイヒン陸運（株）を設立
1988年6月	ケイヒン マルチトランス タイワン カンパニー リミテッドを設立
1989年2月	ケイヒン マルチトランス（シンガポール）プライベート リミテッドを設立
1989年4月	ケイヒン航空（株）を設立
1989年4月	ダックシステム（株）を設立
1990年12月	（神戸）ケイヒン陸運（株）を設立
1992年3月	ケイヒン マルチトランス ヨーロッビーヴィを設立
1992年8月	ケイヒン マルチトランス（ホンコン）リミテッドを設立
1992年10月	ケイヒン エヴェレット フォワーディング カンパニー インクを設立
2001年12月	オーケーコンテナエキスプレス（株）を設立
2006年2月	ケイヒン マルチトランス（シャンハイ）カンパニー リミテッドを設立
2013年7月	ベケイヒン マルチトランス（ベトナム）カンパニー リミテッドを設立
2013年8月	トランスポルテス ケイヒン チリ リミタダを設立

0784　京浜急行電鉄（株）
[証券コード]9006
[上場区分]東証一部

1898年2月	大師電気鉄道（株）を設立
1899年4月	京浜間電気鉄道（株）を合併し京浜電気鉄道（株）に社名変更
1941年11月	湘南電気鉄道（株）と湘南半島自動車（株）を合併
1942年5月	東京横浜電鉄（株）に合併され東京急行電鉄（株）に社名変更
1948年6月	東京急行電鉄（株）より分離独立し京浜急行電鉄（株）に社名変更
1958年9月	京急興業（株）を設立（後：京急不動産（株））
1966年12月	京急新橋地下駐車場（株）を設立
1970年2月	（株）ホテルパシフィック東京を設立（後：（株）ホテル京急）
1989年12月	京急百貨店（株）を設立
2003年4月	京浜急行バス（株）を設立
2005年5月	（株）ホテルグランパシフィックを設立

0785　（株）ケイブ
[証券コード]3760
[上場区分]ジャスダックスタンダード

1994年6月	（株）ケイブを設立
2005年7月	（株）ケイブ・オンライン・エンターテイメントを設立
2006年2月	ミニ四駆ネットワークス（株）を設立
2007年6月	タボット（株）を設立
2015年2月	（株）ケイブシステムズを設立

0786　（株）京葉銀行
[証券コード]8544
[上場区分]東証一部

1943年3月	千葉無尽（株）と大昭無尽（株）と千葉共栄無尽（株）が合併し千葉合同無尽（株）を設立
1944年6月	国民共済無尽（株）を吸収合併
1951年10月	（株）千葉相互銀行に社名変更
1982年10月	（株）千相オフィスサービスを設立（後：（株）京葉銀オフィスサービス）
1985年2月	（株）千相ローンサービスを設立（後：（株）京葉銀ビジネスサービス）
1986年4月	（株）千相ファイナンスを設立（後：（株）京葉銀ファイナンス）
1988年2月	（株）千相トランスポートを設立（後：（株）京葉トランスポート）
1989年1月	（株）京葉銀キャリアサービスと（株）京葉銀カードを設立
1989年2月	（株）京葉銀行に社名変更
1995年1月	（株）京葉銀メンテナンスを設立（後清算）
1996年2月	（株）京葉銀キャッシュサービスを設立（後：（株）京葉銀ビジネスサービス）
1998年3月	（株）京葉銀保証サービスを設立

0787　（株）ケー・エフ・シー
[証券コード]3420
[上場区分]東証二部

1965年3月	建設ファスナー（株）を設立
1970年8月	レジン化学工業（株）を設立（後：（株）アール・シー・アイ）
1971年9月	京都建設ファスナー（株）を吸収合併
1986年1月	（株）ケー・エフ・シーに社名変更
1989年4月	カーボフォル・ジャパン（株）を設立
2007年2月	カーボフォル・ジャパン（株）を吸収合併
2012年9月	唐山日翔建材科技有限公司を設立

0788 （株）ゲオホールディングス
[証券コード] 2681
[上場区分] 東証一部

1989年1月	（株）テープ堂を設立
1992年5月	（株）ゲオミルダと資本提携し（株）ゲオステーションに社名変更
1995年11月	（株）ゲオに社名変更
1996年4月	（株）ゲオミルダと合併
1999年11月	（株）ゲオウェブサービスを設立
2000年2月	（株）ゲオスポーツを設立
2000年3月	（株）ゲオフーズを設立
2005年1月	（株）インデックスと共同で出資し（株）ゲオ・ビービーを設立
2010年10月	（株）ゲオアクティブを吸収合併
2011年11月	〈新〉（株）ゲオを会社分割により新設し（株）ゲオホールディングスに社名変更

〈（株）ゲオアクティブ系〉

1926年6月	嶋田寝具店を設立
1950年4月	宝船屋寝具店に社名変更
1962年7月	（株）宝船屋に社名変更
1983年11月	（株）宝船に社名変更
1989年7月	（株）ユーノスエーツーゼットを設立
2003年9月	（株）ゲオエステートに社名変更
2005年4月	（株）ゲオアクティブに社名変更

0789 （株）ケーズホールディングス
[証券コード] 8282
[上場区分] 東証一部

1955年10月	（有）加藤電機商会を設立
1971年5月	（有）カトーデンキに社名変更
1980年9月	（株）カトーデンキとカトーデンキ販売（株）に分社
1985年3月	（株）カトーデンキを吸収合併しカトーデンキ販売（株）に社名変更
1991年7月	（株）よつば電機を設立（後：（株）東北ケーズデンキ）
1997年11月	（株）ケーズデンキに社名変更
2004年	ギガスケーズデンキ（株）に社名変更
2004年10月	八千代ムセン電機（株）を経営統合
2007年1月	（株）九州ケーズデンキを設立
2007年2月	（株）ケーズホールディングスに商号変更
2007年4月	（株）デンコードーと株式交換を行う

0790 ケネディクス・オフィス投資法人

2005年5月	ケネディクス・リート・マネジメント（株）を設立企画人としてケネディクス不動産投資法人を設立
2014年2月	ケネディクス・オフィス投資法人に商号変更

0791 （株）ケーヒン
[証券コード] 7251
[上場区分] 東証一部

1956年12月	（株）京浜精機製作所を設立
1971年9月	（株）金津製作所を設立（後：（株）ケーヒンサクラ）
1973年8月	（株）京浜気化器を設立（後：（株）ハドシス）
1981年9月	京濱精機股份有限公司を設立（後：台灣京濱化油器股份有限公司）
1981年9月	（株）電子技研を設立
1988年4月	インディアナプレシジョンテクノロジー・インコーポレーテッドを設立（後：ケーヒンノースアメリカ・インコーポレーテッド）
1989年5月	ケイヒンセイキ（タイランド）カンパニー・リミテッドを設立（後：ケーヒン（タイランド）カンパニー・リミテッド）
1994年11月	ハドシス（タイランド）カンパニー・リミテッドを設立（後：ケーヒンオートパーツ（タイランド）カンパニー・リミテッド）
1996年2月	ケイヒンセイキヨーロッパ・リミテッドを設立（後：ケーヒンヨーロッパ・リミテッド）
1997年4月	（株）ハドシスと（株）電子技研と合併し（株）ケーヒンに商号変更
1997年4月	ケーヒンパナルファ・プライベートリミテッドを設立（後：ケーヒンインディアマニュファクチュアリング・プライベートリミテッド）
1997年4月	南京京濱化油器有限公司を設立
1997年6月	カロライナシステムテクノロジー・インコーポレーテッドを設立（後：ケーヒンカロライナシステムテクノロジー・エルエルシー）
1997年8月	（株）ケーヒンワタリを設立
1999年2月	ケーヒンエアコンノースアメリカ・インコーポレーテッドを設立
1999年7月	ケーヒンエフ・アイ・イー・プライベートリミテッドを設立
2000年11月	ケーヒンテクノロジア・ド・ブラジル・リミターダを設立
2001年4月	ケーヒンアイピーティーマニュファクチュアリング・インコーポレーテッドを設立（後：ケーヒンアイピーティーマニュファクチュアリング・エルエルシー）
2002年3月	東莞京濱汽車電噴装置有限公司を設立
2003年3月	（株）ケーヒンエレクトロニクステクノロジーを設立
2003年3月	京濱電子装置研究開発（上海）有限公司を設立
2003年11月	ピーティーケーヒンインドネシアを設立
2005年6月	（株）ケーヒンバルブを設立
2007年1月	ケーヒンセールスアンドデベロップメントヨーロッパ・ゲーエムベーハーを設立
2007年4月	ケーヒンミシガンマニュファクチュアリング・エルエルシーを設立
2009年12月	ケーヒンアジアバンコクカンパニー・リミテッドを設立
2011年1月	ケーヒンマレーシアマニュファクチュアリング・エスディエヌビーエイチディを設立
2011年6月	ケーヒンベトナムカンパニー・リミテッドを設立
2011年7月	ケーヒンオートモーティブシステムズインディア・プライベートリミテッドを設立
2012年2月	ケーヒン・デ・メキシコ・エスエーデシービイを設立
2014年7月	京濱（武漢）汽車零部件有限公司を設立

0792 ケミプロ化成(株)
[証券コード]4960
[上場区分]東証二部
1982年9月	ケミプロ化成(株)を設立
1982年11月	石原産業(株)と正華産業(株)と共同出資によりアイエスシー化学(株)を設立
1985年2月	竹内シーピー化学(株)を設立
1987年5月	ケミプロファインケミカル(株)を設立
1989年8月	ケミプロインターメディエイト(株)を設立
1991年10月	竹内シーピー化学(株)を吸収合併
1992年10月	ケミプロ興産(株)とケミプロインターメディエイト(株)とケミプロ産業(株)を吸収合併(現相生工場)
1997年8月	アイエスシー化学(株)を吸収合併
1997年11月	東洋木材防腐(株)を吸収合併
2007年12月	ケミプロファインケミカル(株)を吸収合併

0793 (株)ケーユーホールディングス
[証券コード]9856
[上場区分]東証一部
1972年10月	ケーユー商事(株)を設立
1982年9月	(株)オートラマケーユーを設立(後:(株)ファイブスター東名横浜)
1988年4月	ケーユーモータース(株)を吸収合併
1988年6月	(株)ケーユーに社名変更
1988年6月	(株)ビ・ケーユーを設立(後:(株)シュテルン世田谷)
1999年7月	(株)日本自動車流通研究所を設立(後:(株)カーセブンディベロプメント)
2004年11月	(株)モトーレン東名横浜を設立
2007年10月	(株)ケーユーホールディングスに社名変更
2007年10月	〈新〉(株)ケーユーを設立
2008年6月	(株)ファイブスター世田谷を設立(後:(株)ファイブスター東名横浜)

0794 (株)ケーヨー
[証券コード]8168
[上場区分]東証一部
1952年5月	京葉産業(株)を設立
1976年1月	木更津石油(株)を吸収合併
1979年4月	(株)ケーヨーに社名変更
1985年2月	(株)穂高ショッピングセンターを設立
1985年11月	茂原商業開発(株)を設立
2003年4月	(株)ケーヨーカーサービスを設立(後解散)
2005年1月	(株)カーライフケーヨーを設立
2009年9月	本久ケーヨー(株)を吸収合併

0795 ケル(株)
[証券コード]6919
[上場区分]ジャスダックスタンダード
1962年7月	ケル(株)を設立
2004年2月	旺昌電子股份有限公司を設立
2008年1月	科陸電子貿易(上海)有限公司を設立

0796 ゲンキー(株)
[証券コード]2772
[上場区分]東証一部
1988年4月	ゲンキーつくしの店を藤永賢一が創業
1990年9月	ゲンキー(株)を設立
2002年2月	ゲンキーリテイリング(株)を設立(後清算)
2006年12月	ゲンキーネット(株)を設立
2012年6月	玄気商貿(上海)有限公司を設立

0797 元気寿司(株)
[証券コード]9828
[上場区分]東証一部
1970年10月	(有)廻る元禄を設立
1979年7月	元禄商事(株)に社名変更
1984年11月	元禄(株)に社名変更
1989年10月	(株)廻る元禄を合併
1990年2月	元気寿司(株)に社名変更
1992年5月	GENKI SUSHI HAWAII, INC.を設立(後:GENKI SUSHI USA, INC.)
2000年5月	杵屋元気寿司東海(株)を設立(後解散)

0798 ケンコーコム(株)
[証券コード]3325
[上場区分]東証マザーズ
1994年11月	(株)ヘルシー・ネットを設立
2003年12月	ケンコーコム(株)に社名変更
2007年6月	Kenko.com U.S.A., Inc.を設立
2009年2月	ケンコーロジコム(株)を設立

0799 ケンコーマヨネーズ(株)
[証券コード]2915
[上場区分]東証一部
1952年3月	(有)森本商店を設立
1958年3月	森本油脂(株)に社名変更
1966年6月	ケンコー・マヨネーズ(株)に社名変更
1990年2月	(株)九州ダイエットクックを開設
1991年9月	(株)ダイエットクック埼玉を設立(後:(株)関東ダイエットクック)
1992年6月	ケンコーマヨネーズ(株)に社名変更
1993年8月	(株)ダイエットクック白老を設立
1995年3月	(株)ダイエットエッグ東日本を設立(後:(株)関東ダイエットエッグ)
1996年6月	ライラック・フーズ(株)を設立
1996年8月	(株)関西ダイエットクックを設立
1997年3月	(株)ダイエットクックサプライを設立
2005年8月	サラダカフェ(株)を設立
2006年4月	(株)ハローデリカを設立
2006年5月	(株)関東ダイエットクック(新)を設立
2007年1月	大連健可泉平色拉食品有限公司を設立
2012年3月	杭州頂可食品有限公司を設立
2014年7月	PT.Intan Kenkomayo Indonesiaを設立

0800 (株)建設技術研究所
[証券コード]9621
[上場区分]東証一部
1963年4月	建設技研(株)を設立
1964年2月	(株)建設技術研究所に社名変更
1969年8月	(株)建設技研調査部を設立
1983年12月	シーティーアイ調査設計(株)を設立(後:(株)AURAエンジニアリング)
1992年10月	(株)シー・ティ・アイ情報処理研究所を設立
1999年3月	(株)建設技研インターナショナルを設立
1999年12月	(株)マネジメントテクノを設立

けんたいえ

2001年3月	（株）建設技研地質環境を設立
2001年11月	（株）シーティーアイ環境テクノを設立
2003年4月	（株）CTIアカデミーを設立
2008年1月	武漢長建創維環境科技有限公司を設立
2014年3月	DUWUN社と合弁で（株）CTIミャンマーを設立

0801 ゲンダイエージェンシー（株）
［証券コード］2411
［上場区分］ジャスダックスタンダード
1994年2月	（個）現代広告社を創業
1995年4月	（株）現代広告社を設立
2003年8月	ゲンダイエージェンシー（株）に社名変更
2004年11月	（株）プラクトを設立
2006年1月	（株）ランドサポートを設立
2006年3月	（株）プラクトを吸収合併
2008年5月	（株）マスターシップを設立（後清算）
2012年1月	（株）ジールネットを設立
2012年9月	Gendai Agency HK Ltd.を設立
2014年4月	（株）エンサインアドを設立

0802 （株）幻冬舎
1993年11月	（株）幻冬舎を設立
2011年12月	（株）ジーエフエスを設立
2012年4月	（株）幻冬舎総合財産コンサルティングを設立
2012年9月	（株）giftを設立

0803 （株）コア
［証券コード］2359
［上場区分］東証一部
1969年	（株）システムコアを設立
1972年	西日本シンクタンク（株）を設立
1973年	（株）デンケイを設立
1974年	コアデジタル（株）を設立
1979年	大阪コア（株）を設立
1980年	（株）アコード・システムを設立
1984年	コアネットインタナショナル（株）を設立
1985年	〈旧〉（株）コアを設立
1986年	北海道コア（株）を設立
1987年	（株）東北情報センターを設立
1989年	九州コア（株）と（株）古河市情報センターと中部コア（株）と（株）アクティブ・ブレインズ・トラスを設立
1997年	（株）コアに社名変更
2001年10月	上海核心信息技術有限公司を設立
2004年	（株）医療福祉工学研究所を設立
2012年2月	（株）コアファームを設立

0804 KOA（株）
［証券コード］6999
［上場区分］東証一部
1947年6月	（株）興亜工業社に社名変更
1950年12月	興亜電工（株）に社名変更
1969年2月	阿南興亜電工（株）を設立（後：興亜エレクトロニクス（株））
1973年11月	興亜販売（株）を設立
1981年9月	コーア・ティー・アール・ダブリュー（株）を設立（後：ケー・ティー・アイ（株））
1984年10月	鹿島興亜電工（株）を設立
1986年4月	コーア（株）に社名変更
1986年4月	コスミック（株）を設立（後：箕輪興亜（株））
1986年4月	セフィックス（株）を設立（後：コーアセフィックス（株））
1989年6月	コーア・ティー・アンド・ティー（株）を設立
2001年8月	多摩電気工業（株）を設立
2001年8月	多摩電気工業（株）を株式交換により子会社化（後：真田KOA（株））
2002年12月	コーアセフィックス（株）を吸収合併

〈真田KOA系〉
1939年1月	（株）電気科学研究所を設立
1941年10月	電気科学工業（株）に社名変更
1948年9月	多摩電気工業（株）に社名変更
1973年11月	KOA DENKO（MALAYSIA）SDN. BHD.を設立
1980年4月	KOA SPEER ELECTRONICS, INC.を設立
1981年1月	KOA DENKO（S）PTE. LTD.を設立
1986年8月	高雄興亜（有）を設立
1992年1月	上海興亜電子元件有限公司を設立
1992年6月	KOA ELECTRONICS（H.K.）LTD.を設立
1995年2月	KOA Europe GmbHを設立
1996年10月	上海可爾電子貿易（有）を設立
2000年6月	興和電子（太倉）有限公司を設立
2004年6月	多摩ファインオプト（株）を設立
2006年3月	箕輪興亜（株）を吸収合併
2014年4月	真田KOA（株）に社名変更
2015年6月	KOA（株）に社名変更

0805 コーアツ工業（株）
［証券コード］1743
［上場区分］東証二部
1959年11月	南日本高圧コンクリート（株）を設立
1990年1月	コーアツ工業（株）に社名変更
1998年11月	（株）ケイテックを設立
2005年2月	さつま郷本舗（株）を設立

0806 小池酸素工業（株）
［証券コード］6137
［上場区分］東証二部
1918年	小池製作所を設立
1936年12月	小池酸素（株）に社名変更
1937年6月	（株）小池製作所に社名変更
1941年5月	小池熔断機（株）に社名変更
1953年1月	小池酸素工業（株）に社名変更
1958年8月	川口酸素工業（株）と小池アセチレン（株）と大阪小池酸素（株）を吸収合併
1974年4月	コイケアメリカ（株）を設立
1974年6月	小池酸素工業（株）と英国BOC社の出資により小池ビーオーシーを設立
1975年8月	（株）群馬コイケを設立
1982年5月	コイケヨーロッパ・ビー・ブイを設立
1985年8月	ケー・エヌ・アロンソン（株）を設立（後：コイケアロンソン（株））
1988年8月	コイケコリア・エンジニアリング（株）を設立
2002年10月	小池酸素（唐山）有限公司を設立
2008年10月	コイケエンジニアリング・ジャーマニー（有）を設立
2011年5月	コイケイタリア（有）を設立

	2011年7月	コイケカッティングアンドウェルディング(インド)(株)を設立
	2011年10月	コイケアロンソンブラジル(有)を設立
	2013年4月	小池(唐山)商貿有限公司を設立

0807　(株)小糸製作所
[証券コード]7276
[上場区分]東証一部

	1915年4月	小糸源六郎商店を設立
	1930年10月	(個)小糸製作所に社名変更
	1936年6月	(株)小糸製作所に改組
	1943年3月	綾羽クツシタ(株)を合併
	1949年1月	日本内外商事(株)を分離し小糸車輛(株)に社名変更
	1950年3月	(株)小糸製作所に社名変更
	1957年8月	小糸電機(株)を設立
	1962年1月	小糸電機(株)を吸収合併
	1983年4月	ノースアメリカンライティングインクを設立
	1986年8月	タイコイトカンパニーリミテッドを設立
	1989年2月	上海小糸車灯有限公司を設立
	1997年4月	インディアジャパンライティングプライベートリミテッドを設立
	2001年3月	コイトチェコs.r.o.を設立
	2004年11月	コイトヨーロッパNVを設立
	2005年11月	広州小糸車灯有限公司を設立
	2005年11月	小糸九州(株)を設立
	2010年1月	コイト保険サービス(株)を設立
	2010年6月	PT.インドネシアコイトを設立
	2012年12月	ノースアメリカンライティングメキシコエスエーデシーブイを設立
	2014年9月	湖北小糸車灯有限公司を設立

0808　高圧ガス工業(株)
[証券コード]4097
[上場区分]東証一部

	1958年6月	中部ガス産業(株)を設立
	1959年4月	三重アセチレン(株)を吸収合併し中部ガス工業(株)に社名変更
	1960年3月	京都アセチレン(株)を吸収合併
	1962年3月	高圧ガス工業(株)に社名変更
	1962年11月	日本アセチレン工業(株)を吸収合併
	1974年5月	九州電気工業(株)を吸収合併
	1978年9月	新潟高圧ガス(株)を設立
	1981年6月	宇野酸素(株)を設立
	1982年8月	春日井ガスセンター(株)を設立
	1986年12月	安浦アセチレン(株)を設立
	1993年12月	(株)スミコエアーを設立
	2000年5月	(株)カネショーを設立(後:ウエルディング・ガス・サービス(株))
	2003年3月	砂金瓦斯工業(株)を設立
	2004年11月	大豊商事(株)を設立
	2006年3月	正光産業(株)を設立(後:ウエルディング・ガス・サービス(株))
	2007年2月	気仙沼酸素(株)を設立
	2007年12月	(株)ナノテクフォトンを設立(後:ウエルディングガス九州(株))
	2013年12月	Koatsu Gas Kogyo Vietnam Co., Ltd.を設立

0809　広栄化学工業(株)
[証券コード]4367
[上場区分]東証二部

	1917年6月	広栄製薬(株)を設立
	1926年5月	広栄(株)に社名変更
	1950年7月	広栄化学工業(株)に社名変更
	1991年4月	広栄テクノサービス(株)を設立
	1997年12月	大阪広栄サービス(株)を設立
	1998年6月	千葉広栄サービス(株)を設立
	2003年7月	パーストープABと合弁で広栄パーストープ(株)を設立

0810　虹技(株)
[証券コード]5603
[上場区分]東証一部

	1916年12月	(個)神戸鋳鉄所を設立
	1919年1月	(名)神戸鋳鉄所に改組
	1933年3月	三浦鋳造所と興国工業(株)を吸収合併
	1940年6月	興国工業(株)を合併
	1940年6月	(株)神戸鋳鉄所に改組
	1975年1月	(株)神鉄エンジニアリングを設立(後:虹技サービス(株))
	1989年10月	ケーシーエンジニアリング(株)を設立(後:虹技ブロワ(株))
	1989年10月	ケーシーマテリアル(株)を設立(後:虹技物流機工)
	1990年3月	ケーシー物流(株)を設立(後:虹技物流(株))
	1992年3月	ケーシー加工センター(株)を設立(後:虹技ロール(株))
	1993年12月	虹技(株)に社名変更
	2000年4月	虹技ファウンドリー(株)を設立
	2004年1月	岡谷鋼機(株)と上海岡谷鋼機有限公司と合弁で天津虹岡鋳鋼有限公司を設立
	2007年8月	虹技ソリューション(株)を設立(後清算)
	2013年10月	(株)エイチワンとPT.RODA PRIMA LANCARと合弁でPT.H-ONE KOGI PRIMA AUTO TECHNOLOGIES INDONESIAを設立

0811　興銀リース(株)
[証券コード]8425
[上場区分]東証一部

	1969年12月	(株)日本興業銀行を中心に他15の事業会社が出資し(株)パシフィック・リースを設立
	1972年2月	IBJ Leasing (Hong Kong) Ltd.を設立(後解散)
	1972年12月	丸の内商事(株)を設立(後:ケイエル・インシュアランス(株))
	1981年11月	興銀リース(株)に社名変更
	1984年12月	IBJ Leasing (USA) Inc.を設立(後解散)
	1987年2月	IBJ Leasing (UK) Ltd.を設立
	1993年12月	八重洲リース(株)を設立(後:ケイエル・リース&エステート(株))
	1995年6月	IBJ Leasing America Corp.を設立(後解散)
	1996年7月	(株)ケイエル・レンタルを設立
	1998年4月	興銀オートリース(株)を設立
	2001年3月	台灣興銀資融股份有限公司を設立(後解散)
	2007年4月	ケイエル・オフィスサービス(株)を設立
	2007年4月	(株)ケイエル・レンタルを吸収合併

こうけん

2008年7月	興銀融資租賃（中国）有限公司を設立
2010年8月	PT. IBJ VERENA FINANCEを設立

0812　興研(株)
［証券コード］7963
［上場区分］ジャスダックスタンダード

1943年5月	興進会研究所を設立
1952年2月	(株)興進会研究所に改組
1963年12月	(株)興進会研究所の製造・販売部門が分離独立し興研(株)に社名変更
1981年1月	コーケン防災システム(株)を設立
1985年6月	(株)興進会研究所と(株)二宮製作所を吸収合併
1987年7月	コーケン防災システム(株)を吸収合併
2012年11月	SIAM KOKEN LTD.を設立

0813　鉱研工業(株)
［証券コード］6297
［上場区分］ジャスダックスタンダード

1947年10月	鉱研試錐工業(株)を設立
1984年5月	鉱研マシンサービス(株)を設立(後：ボーリング・テクノサービス(株))
1987年10月	鉱研工業(株)に社名変更
1995年4月	構造工事(株)を設立
1995年8月	ジャパン・ホームウォーターシステム(株)を設立
1998年9月	明昭(株)を設立
2013年3月	明昭(株)を吸収合併

0814　(株)光彩工芸
［証券コード］7878
［上場区分］ジャスダックスタンダード

1967年4月	(株)光彩工芸を設立
1985年8月	(株)ゴールドンを設立(後清算)
1987年3月	(株)ニスカ精工と共同で出資し(株)テクノブライトを設立
1990年2月	(株)ジェルアヤンを設立(後清算)
2011年10月	KOSAI VIETNAM CO., LTD.を設立

0815　(株)廣済堂
［証券コード］7868
［上場区分］東証一部
〈廣済堂印刷系〉

1949年1月	櫻井謄写堂を設立
1954年7月	(有)桜井広済堂に社名変更
1965年12月	総合製版(株)を設立(後：札幌廣済堂印刷(株))
1970年3月	凸版印刷(株)と共同で出資し東京コンピューター・タイプ(株)を設立
1972年7月	廣済堂印刷(株)に社名変更
1978年6月	(株)クラウンガスライターと関東クラウン工業(株)と合併し廣済堂クラウン(株)に社名変更
1981年4月	(株)廣済堂に社名変更
1991年5月	廣済堂商事(株)を設立
1991年5月	廣済堂新聞印刷(株)を設立
1994年4月	廣済堂印刷(株)に社名変更
1995年7月	暁教育図書(株)を設立
1995年10月	廣済堂芝浦ビル(株)を吸収合併
1996年3月	(株)情報センターを設立

〈関西廣済堂系〉

1957年5月	(有)櫻井廣済堂大阪支店を設立
1962年3月	(株)関西櫻井廣済堂に社名変更
1968年9月	(株)科学情報社を設立(後：(株)廣済堂科学情報社)
1972年7月	関西廣済堂印刷(株)に社名変更
1975年7月	(株)関西廣済堂に社名変更
1977年7月	(株)岡山廣済堂を設立
1977年7月	(株)岡山廣済堂岡山情報センターを設立
1977年7月	(株)製版センターを設立(後：(株)廣済堂製版センター)
1990年7月	(株)岡山廣済堂を吸収合併

＊　　＊　　＊　　＊

1999年10月	廣済堂印刷(株)と(株)関西廣済堂が合併し(株)廣済堂に社名変更
2002年4月	廣済堂新聞印刷(株)を合併
2008年10月	札幌廣済堂印刷(株)と(株)廣済堂製版センターを吸収合併
2010年2月	(株)廣済堂埼玉ゴルフ倶楽部を設立
2013年1月	(株)トムソンナショナルカントリー倶楽部を設立

0816　高周波熱錬(株)
［証券コード］5976
［上場区分］東証一部

1940年7月	東亜無線電機(株)を設立
1946年5月	高周波熱錬(株)に社名変更
1983年6月	(株)ネツレン甲府を設立(後：(株)ネツレン・ヒートトリート)
2003年7月	上海中煉線材有限公司を設立
2005年8月	塩城高周波熱煉有限公司を設立
2007年1月	ネツレンアメリカコーポレーションを設立
2011年3月	高周波熱錬(中国)軸承有限公司を設立
2013年1月	ネツレン・チェコ(有)を設立
2013年9月	PT.ネツレン・インドネシアを設立

0817　(株)構造計画研究所
［証券コード］4748
［上場区分］ジャスダックスタンダード

1959年5月	(株)構造計画研究所を設立
1965年1月	(株)建築美術研究所を吸収合併
2015年1月	KKE SINGAPORE PTE.LTD.を設立

0818　(株)講談社

1909年	大日本雄弁会を創立
1911年	講談社を設立
1925年	大日本雄弁会講談社に社名変更
1958年	(株)講談社に社名変更
1963年	講談社インターナショナル(株)を設立(後清算)
2003年	(株)ランダムハウス講談社を設立
2005年	講談社(北京)文化有限公司を設立
2011年	台湾講談社媒体有限公司を設立

0819　(株)高知銀行
［証券コード］8416
［上場区分］東証一部

1930年1月	高知無尽(株)を設立
1951年10月	(株)高知相互銀行に商号変更
1973年12月	(株)高財社を設立(後：(株)高銀ビジネス)
1974年10月	オーシャンリース(株)を設立
1979年8月	(株)高銀ビジネスを設立
1987年8月	(株)高知ジェーシービーを設立(後：

	1989年2月	（株）高知カード） （株）高知銀行に商号変更
	1989年8月	（株）高銀ファイナンスを設立（後清算）
	1997年4月	（株）高銀システムサービスを設立（後：（株）高銀ビジネス）

0820　（株）弘電社
［証券コード］1948
［上場区分］東証二部
	1917年6月	（株）弘電社を設立
	1995年11月	（株）弘電テクノスを設立
	2003年1月	弘電社技術諮問（北京）有限公司を設立（後：弘電社機電工程（北京）有限公司））
	2008年11月	弘電社物業管理（北京）有限公司を設立

0821　合同製鐵（株）
［証券コード］5410
［上場区分］東証一部
	1921年3月	（個）高石圧延工場を設立
	1928年3月	（資）高石製鉄所に社名変更
	1937年12月	大阪製鋼（株）に社名変更
	1938年12月	淀川鋳鋼（株）を合併
	1941年9月	（株）石原兄弟製作所を合併
	1977年6月	大谷重工業（株）を合併し合同製鐵（株）に社名変更
	1978年4月	日本砂鐵工業（株）と江東製鋼（株）を合併
	1991年4月	船橋製鋼（株）を合併
	1997年1月	（株）大平洋エネルギーセンターを設立

0822　鴻池運輸（株）
［証券コード］9025
［上場区分］東証一部
	1871年	建設業並びに運輸業を鴻池忠治郎が創業
	1945年5月	（株）鴻池組より運輸事業の一切を継承して鴻池運輸（株）を設立
	1963年5月	鳳梱包（株）を設立（後：鳳テック（株））
	1965年6月	鳳選鉱（株）を設立
	1972年5月	島屋興産（株）を設立（後：コウノイケ・コーポレートサービス（株））
	1981年5月	千代田検査工業（株）を設立
	1982年6月	（株）キャリア・サービスを設立
	1985年4月	KONOIKE TRANSPORT&ENGINEERING (USA), INC.を設立
	1986年6月	コウノイケ・パーソナルサービス（株）を設立（後：ケーピーエス（株））
	1989年5月	KONOIKE TRANSPORT&ENGINEERING (H.K.) LTD.を設立
	1991年3月	コウノイケ・エアポート・エンジニアリング（株）を設立（後：コウノイケ・エアポートサービス（株））
	1994年4月	KONOIKE-PACIFIC (CALIFORNIA), INC.を設立
	1994年7月	（株）メディカル・システム・サービス北関東を設立（後：鴻池メディカル（株））
	1995年4月	青島遠洋鴻池冷蔵有限公司を設立（後：青島遠洋鴻池物流有限公司）
	1996年12月	THE JAPAN VIETNAM TRANSPORTATION CO., LTD.を設立（後：KONOIKE VINATRANS LOGISTICS CO., LTD.）
	1999年11月	コウノイケ・エンジニアリング（株）を設立
	2000年6月	コウノイケ・エキスプレス和歌山（株）を設立（後：コウノイケ・エキスプレス（株））
	2001年3月	VENUS MARINE CO.LTD., S.A.を設立
	2001年9月	コウノイケ・シッピング（株）を設立
	2003年1月	鴻池物流（上海）有限公司を設立
	2007年6月	鴻池ロジスティクスネットワーク（株）を設立
	2009年5月	KONOIKE ASIA (THAILAND) CO., LTD.を設立
	2011年3月	KONOIKE COOL LOGISTICS (THAILAND) CO., LTD.を設立
	2012年8月	鴻池亜細亜物流（江蘇）有限公司を設立

0823　（株）神戸製鋼所
［証券コード］5406
［上場区分］東証一部
	1905年9月	小林製鋼所を買収し（名）鈴木商店神戸製鋼所を設立
	1911年6月	（株）神戸製鋼所に社名変更
	1925年3月	日本エヤーブレーキ（株）を設立
	1925年5月	紡機製造（株）を設立
	1929年11月	（株）播磨造船所を設立
	1943年3月	日本鉄線鋼索（株）を吸収合併
	1944年2月	神銅兵器工業（株）を設立
	1945年1月	第一神鋼金属工業を合併
	1945年5月	高地電気冶金工業（株）を設立
	1946年11月	太平商事（株）を設立
	1954年3月	神鋼鋼線鋼索（株）を設立
	1954年6月	フアウドラー社《米国》と合併し神鋼フアウドラーを設立
	1954年10月	丸神海運（株）を設立
	1957年1月	神鋼金属工業を吸収合併
	1957年2月	神鋼工事（株）を設立
	1965年4月	尼崎製鉄（株）を吸収合併
	1991年1月	神鋼アルコアアルミを設立
	1996年4月	神鋼コベルコツールを設立
	1999年10月	コベルコ建機を設立
	1999年12月	神鋼タセトを設立
	2002年3月	神鋼興産（株）と合併
	2004年4月	コベルコクレーン（株）を設立
	2004年4月	三菱マテリアル（株）と銅管事業を統合し（株）コベルコ マテリアル銅管を設立
	2011年1月	神鋼投資有限公司を設立

0824　神戸発動機（株）
［証券コード］6016
［上場区分］東証二部
	1910年11月	（名）神戸発動機製造所を設立
	1920年6月	（株）神戸発動機製造所に改組
	1952年6月	神戸発動機（株）に社名変更
	1988年5月	（有）サンライズを設立（後：シンパツサンライズ（株））

0825　（株）神戸物産
［証券コード］3038
［上場区分］東証一部
	1981年4月	フレッシュ石守を開業
	1985年11月	（有）フレッシュ石守を設立

こうようし

1991年4月	(株)フレッシュ石守に組織変更
1992年7月	大連福来休食品有限公司を設立
2001年10月	〈旧〉(株)神戸物産を吸収合併し(株)神戸物産に社名変更
2004年1月	神戸物産(香港)有限公司を設立
2004年2月	神戸物産(安丘)食品有限公司を設立
2006年10月	KOBE BUSSAN EGYPT Limited Partnershipを設立
2008年10月	(株)神戸物産エコグリーン北海道を設立
2009年5月	(株)肉の太公と宮城製粉(株)を設立
2009年10月	(株)麦パン工房を設立
2010年10月	Kobe Bussan Green Egypt Co., Ltd.を設立
2011年3月	(株)エコグリーン埼玉を設立
2011年10月	(株)神戸機械製作所を設立
2011年10月	(株)川口工業を設立
2011年11月	(株)グリーンポートリーを設立
2012年2月	珈琲まめ工房(株)を設立
2013年1月	豊田乳業(株)を設立
2013年5月	(株)富士麺業を設立
2013年11月	KOBEBUSSAN MYANMAR CO., LTD.を設立
2014年2月	(株)九重町おこしエネルギーを設立
2014年4月	(株)日本町おこしエネルギーを設立

0826 (株)光陽社
[証券コード]7946
[上場区分]東証二部

1949年10月	(株)光陽社を設立
1973年3月	光陽化学工業(株)を設立
1977年1月	シムコ社《米国》と共同で出資しシムコジャパン(株)を設立
1987年10月	コーヨースキャナー(株)と(株)仙台光陽社を吸収合併
1990年10月	日本たばこ産業(株)と(株)電通と共同で出資し(株)プランザートを設立
1992年4月	ケー・クリエイト(株)を設立
1992年12月	ケー・テクス(株)を設立
1993年4月	ケー・システム(株)を設立
1993年8月	(株)帆風を設立
2015年2月	(株)双葉紙工社を吸収合併

0827 (株)幸楽苑ホールディングス
[証券コード]7554
[上場区分]東証一部

1954年9月	味よし食堂を開店
1970年11月	(株)幸楽苑に改組
2002年2月	(株)デン・ホケンを設立
2002年5月	(株)幸楽苑アソシエイト東京を設立(後吸収合併)
2003年1月	(株)スクリーンを設立
2011年9月	KOURAKUEN (THAILAND) CO., LTD.を設立
2015年	(株)幸楽苑ホールディングスに持株会社体制への移行に伴い商号変更

0828 興和(株)

1894年	(個)服部兼三郎商店を綿布問屋として創業
1912年10月	(株)服部商店を設立
1920年4月	福井紡績を合併
1939年11月	(株)カネカ服部商店と興和紡績(株)に分割
1940年8月	(株)服部商店に社名変更
1943年8月	興服産業(株)に社名変更
1954年	興和新薬(株)を設立
1956年	武蔵光学(株)を設立
1960年5月	興和(株)に社名変更
1986年	Kowa Europe GmbHを設立
1989年	Kowa Asia Ltd.を設立
1997年	Kowa Research Institute, Inc.を設立
1999年	Kowa Research Europe, Ltd.を設立

0829 (株)コーエーテクモホールディングス
[証券コード]3635
[上場区分]東証一部

1978年7月	(株)コーエーを設立
1989年3月	(株)光栄不動産を吸収合併
1989年10月	(株)光栄ミュージックを設立
1991年6月	(株)光栄アドを設立
1992年7月	(株)光栄ソフトを設立(後:(株)光栄ネット)
1996年3月	(株)光栄シージーを設立
1996年12月	(株)光栄キャピタルを設立
2001年9月	(株)コーエーリブを設立

〈テクモ系〉

1985年4月	(株)テーカンを設立
1986年1月	テクモ(株)に社名変更
1987年4月	(株)テーカンエレクトロニクスに吸収合併(株式額面変更の為)
1993年1月	テクモソフトプロダクツ(株)を設立
2002年4月	(株)お台場王国を設立(後:(株)テクノロジー アンド モバイル ラボラトリー)
2003年6月	(株)スーパーブレインを設立

* * * *

| 2009年4月 | (株)コーエーとテクモ(株)が経営統合し株式移転により持株会社である(株)コーエーテクモホールディングスを設立 |

0830 互応化学工業(株)
[証券コード]4962
[上場区分]東証二部

1953年11月	互応化学工業(株)を設立
1983年2月	互応運輸(株)を設立(後:互応物流(株))
1992年5月	ゴオウインドネシアコーポレーション(株)を設立(後:ゴオウインドネシアケミカル(株))
1993年9月	宇治ケミカル(株)を合併

0831 (株)郷鉄工所
[証券コード]6397
[上場区分]東証二部

1931年5月	郷工務店を設立
1947年2月	郷土建鉄工(株)に社名変更
1952年3月	(株)郷鉄工所に社名変更
2014年4月	(株)郷イノベーションを設立

0832 コカ・コーライーストジャパン(株)
[証券コード]2580
[上場区分]東証一部

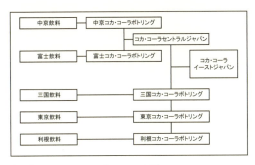

〈中京コカ・コーラボトリング系〉
  1961年5月　　中京飲料(株)を設立
  1962年7月　　中京コカ・コーラボトリング(株)に社名変更
〈富士コカ・コーラボトリング系〉
  1961年7月　　富士飲料(株)を設立
  1962年6月　　富士コカ・コーラボトリング(株)に社名変更
  1970年9月　　(株)さわやかを設立
  1978年1月　　厚木三菱自動車販売(株)を設立(後：神奈川中央三菱自動車販売(株))
  1978年1月　　藤沢三菱自動車販売(株)を設立(後：神奈川中央三菱自動車販売(株))
  1985年7月　　(株)富士ビバレッジを設立
  1989年1月　　富士自販機サービス(株)を設立
　　　　＊　＊　＊　＊
  2001年6月　　中京コカ・コーラボトリング(株)と富士コカ・コーラボトリング(株)を合併しコカ・コーラ セントラル ジャパン(株)を設立
〈三国コカ・コーラボトリング系〉
  1963年8月　　三国飲料(株)を設立
  1964年3月　　三国コカ・コーラボトリング(株)に商号変更
〈東京コカ・コーラボトリング系〉
  1956年11月　 東京飲料(株)を設立
  1962年4月　　東京コカ・コーラボトリング(株)に商号変更
〈利根コカ・コーラボトリング系〉
  1962年2月　　利根飲料(株)を設立
  1963年2月　　利根コカ・コーラボトリング(株)に商号変更
　　　　＊　＊　＊　＊
  2013年7月　　コカ・コーラ セントラル ジャパン(株)と三国コカ・コーラボトリング(株)と東京コカ・コーラボトリング(株)と利根コカ・コーラボトリング(株)をそれぞれ株式交換完全子会社とする株式交換により経営統合しコカ・コーライーストジャパン(株)に商号変更
  2013年7月　　コカ・コーラ セントラル ジャパン(株)を新設分割により設立

0833　コカ・コーラウエスト(株)
  [証券コード] 2579
  [上場区分] 東証一部
〈北九州コカ・コーラボトリング系〉
  1960年12月　 日米飲料(株)を設立
  1963年3月　　日米コカ・コーラボトリング(株)に社名変更
  1973年7月　　北九州コカ・コーラボトリング(株)に社名変更
  1999年2月　　北九州コカ・コーラセールス(株)を設立
〈山陽コカ・コーラボトリング系〉
  1963年1月　　山陽飲料(株)を設立
  1963年8月　　山陽コカ・コーラボトリング(株)に社名変更
　　　　＊　＊　＊　＊
  1999年7月　　北九州コカ・コーラボトリング(株)と山陽コカ・コーラボトリング(株)が合併しコカ・コーラウエストジャパン(株)を設立
  2002年2月　　ウエストジャパンプロダクツ(株)を設立(後：コカ・コーラウエストプロダクツ(株))
  2002年4月　　山陽コカ・コーラセールス(株)と北九州コカ・コーラセールス(株)を吸収合併
  2002年7月　　ロジコムジャパン(株)を設立
  2002年7月　　西日本カスタマーサービス(株)を設立
  2002年7月　　西日本ビバレッジ(株)を発足(後吸収合併)
  2006年7月　　コカ・コーラウエストホールディングス(株)に商号変更
  2008年1月　　コカ・コーラウエストプロダクツ(株)が発足
  2008年4月　　コカ・コーラウエスト販売機器サービス(株)が発足
  2009年1月　　コカ・コーラウエストジャパン(株)と近畿コカ・コーラボトリング(株)と三笠コカ・コーラボトリング(株)を吸収合併しコカ・コーラウエスト(株)に商号変更
  2010年1月　　ウエストベンディング(株)を設立(後：コカ・コーラウエストベンディング(株))
  2010年1月　　コカ・コーラウエストリテールサービス(株)が発足(後：コカ・コーラウエストセールスサポート(株))
  2010年1月　　西日本ビバレッジ(株)が発足
  2014年1月　　南九州コカ・コーラボトリング(株)を吸収合併

0834　国際紙パルプ商事(株)
  1924年12月　 (株)大同洋紙店を設立
  1926年1月　　九州洋紙(株)を吸収合併
  1971年4月　　DAIDO (AUSTRALASIA) PTY. LTD.を設立(後：DaiEi Australasia Pty.Ltd.)
  1973年3月　　王子連合通商(株)と合併し大永紙通商(株)に社名変更
  1975年10月　 大成紙業(株)を吸収合併
  1976年12月　 TAI WING PAPERS (HONG KONG) LTD.を設立(後：DaiEi Papers (H.K.) Limited)
  1982年7月　　DaiEi Papers (USA) Corp.を設立
  1997年4月　　DaiEi Papers (S) Pte Ltdを設立
  1999年10月　 (株)日亜と合併し国際紙パルプ商事(株)に社名変更
  2002年4月　　(株)ダイエイ ペーパーズ インターナショナル コーポレーションを設立

こくさいけ

2006年10月　服部紙商事(株)と合併
2007年10月　柏井紙業(株)と合併
2013年1月　住商紙パルプ(株)と合併
2013年4月　(株)ダイエイ ペーパーズ インターナショナル コーポレーションと合併

0835　国際計測器(株)
[証券コード]7722
[上場区分]ジャスダックスタンダード
1969年6月　国際計測器(株)を設立
1985年11月　日本ビブロン(株)を吸収合併
1987年11月　KOKUSAI INC.を設立
1993年12月　国際計測器(株)を設立(後清算)
1993年12月　中国合資上海松雲国際計測器有限公司を設立(後清算)
1999年6月　KOREA KOKUSAI CO., LTD.を設立
2002年5月　KOKUSAI Europe GmbH.を設立
2002年10月　高技国際計測器(上海)有限公司を設立
2006年2月　Thai Kokusai CO., LTD.を設立
2009年12月　松林国際試験機(武漢)有限公司を設立(後清算)

0836　国際石油開発帝石(株)
[証券コード]1605
[上場区分]東証一部
〈帝国石油系〉
1941年9月　帝国石油(株)を設立
1942年9月　日本石油(株)と日本鉱業(株)と中野興業(株)と旭石油(株)の石油鉱業部門を統合
1943年2月　太平洋石油(株)と大日本石油鉱業(株)を合併
1944年7月　北樺太石油(株)を合併
1950年6月　帝国石油(株)を民間会社として新発足
1979年4月　帝石パイプライン管理(株)を設立(後:帝石パイプライン(株))
1981年12月　磐城沖石油開発(株)を設立
2001年　日石三菱(株)と日本石油ガス(株)と共同で出資しネクストエネルギーを設立
〈国際石油開発系〉
1966年2月　北スマトラ海洋石油資源開発(株)を設立
1975年5月　インドネシア石油(株)に社名変更
2001年9月　国際石油開発(株)に社名変更
　　　　＊　　＊　　＊　　＊
2008年10月　国際石油開発(株)と帝国石油(株)が合併し国際石油開発帝石(株)に商号変更

0837　国際チャート(株)
[証券コード]3956
[上場区分]ジャスダックスタンダード
1962年10月　国際特殊印刷(株)を設立
1971年3月　国際チャート(株)に社名変更
1996年4月　Kokusai Chart Corporation of Americaを設立(後解散)
2000年7月　国際プリンティング(有)を設立(後吸収合併)
2004年11月　スマートIDテック(株)を設立

0838　国産電機(株)
1931年7月　国産電機(株)を設立

1986年11月　India Nippon Electricals Limitedを設立
1996年1月　廊坊科森電器有限公司(中国河北省)を設立
2014年6月　Kokusan MAIILE Siam Co., Ltd.を設立

0839　国分(株)
1712年　大國屋を四代国分勘兵衛宗山が土浦に創業
1915年　(名)國分商店に改組
1947年　國分漬物(株)を設立
1950年　國分漬物(株)と合併し(株)國分商店に社名変更
1971年　国分(株)に社名変更
2010年　三通国分商貿(青島)有限公司を設立

0840　コクヨ(株)
[証券コード]7984
[上場区分]東証一部
1905年10月　(個)黒田表紙店を設立
1914年10月　(個)黒田国光堂に社名変更
1938年1月　(名)黒田国光堂に改組
1949年1月　国誉帳簿製造(株)を設立(後解散)
1949年4月　(株)コクヨ商店と(株)東京国誉商店と(株)西部コクヨ商店と合併し(株)黒田国光堂に社名変更
1951年6月　(株)名古屋コクヨ商店を共同出資で設立(後:(株)名古屋コクヨ)
1960年5月　(株)名古屋コクヨを合併
1961年6月　〈旧〉コクヨ(株)に社名変更
1961年9月　北越製紙(株)と合併し日本感光紙工業(株)を合併
1969年10月　国誉商事(株)と合併しコクヨ(株)に社名変更
1996年12月　コクヨIKを設立
1997年3月　コクヨ(マレーシア)を設立
1999年　(株)コクヨロジテムを設立
2000年　コクヨオフィスシステム(株)を設立
2000年　コクヨビジネスサービス(株)を設立
2000年10月　(株)カウネットを設立
2005年3月　国誉商業(上海)有限公司を設立
2005年11月　コクヨベトナムを設立
2006年3月　国誉家具商貿(上海)有限公司を設立(後:国誉家具(中国)有限公司)
2007年10月　コクヨマーケティング(株)を設立
2012年7月　コクヨビジネスサービス(株)と合併

0841　(株)極楽湯
[証券コード]2340
[上場区分]ジャスダックスタンダード
1980年　三洋実業(株)を設立
1984年　(株)フォーラムに社名変更
1993年　(株)自然堂(東京自然堂)を設立
1997年　(株)自然堂に社名変更
2006年7月　(株)極楽湯に商号変更
2009年11月　大連極楽温泉開発技術諮詢有限公司を設立
2011年4月　極楽湯(上海)沐浴有限公司を設立

0842　(株)ココカラファイン
[証券コード]3098
[上場区分]東証一部

2000年2月	（株）東洋薬局と（株）白沢ドラッグと（株）シーズアンドアーバスが経営統合し（株）ジップ・ホールディングスを持株会社として設立
2008年4月	（株）セイジョーとセガミメディクス（株）が共同して株式移転の方法により完全親会社として（株）ココカラファインホールディングスを設立
2010年10月	（株）アライドハーツ・ホールディングスとの合併により（株）ココカラファインに商号変更
2012年3月	可開嘉来（上海）商貿有限公司を設立
2014年12月	（株）ココカラファイン ソレイユを設立

0843　（株）ココスジャパン
［証券コード］9943
［上場区分］ジャスダックスタンダード
　　1978年4月　　（株）ろびんふっどを設立
　　1987年2月　　（株）ココスジャパンに社名変更
　　2002年10月　（株）はま寿司を設立

0844　こころネット（株）
［証券コード］6060
［上場区分］ジャスダックスタンダード
　　2006年4月　　カンノ・コーポレーション（株）よりこころネット（株）に商号変更
　　2014年4月　　（株）川島を吸収合併

0845　（株）コシダカホールディングス
［証券コード］2157
［上場区分］ジャスダックスタンダード
　　1967年3月　　（有）新盛軒を設立
　　2010年7月　　（株）韓国コシダカを設立
　　2010年9月　　（株）コシダカホールディングスに商号変更
　　2011年7月　　スポルト分割準備（株）を設立（後：（株）スポルト）

0846　（株）小島鐵工所
［証券コード］6112
［上場区分］東証二部
　　1930年4月　　（資）小島鐵工所を設立
　　1936年6月　　（株）小島鐵工所に改組
　　2013年2月　　オイルギヤジャパン（株）を設立

0847　（株）コスモスイニシア
［証券コード］8844
［上場区分］ジャスダックスタンダード
　　1969年6月　　（株）日本リクルート映画社を設立
　　1974年2月　　環境開発（株）に社名変更
　　1985年3月　　（株）リクルートコスモスに社名変更
　　1987年3月　　（株）コスモスライフを設立
　　1990年1月　　（株）コスモスモアを設立
　　2002年9月　　アール・シーひばりヶ丘特定目的会社を設立（後清算）
　　2002年9月　　（有）コスモスアセットマネジメント・スリーを設立
　　2003年8月　　（有）シーエーエム・フォー武蔵小杉を設立
　　2003年9月　　（有）CAM宮崎台を設立
　　2004年8月　　RC武蔵小杉特定目的会社を設立
　　2005年2月　　（有）CAM5を設立
　　2006年9月　　（株）コスモスイニシアに社名変更

　　2014年10月　（株）コスモスライフサポートを設立

0848　（株）コスモス薬品
［証券コード］3349
［上場区分］東証一部
　　1983年12月　（有）コスモス薬品を設立
　　1991年4月　　（株）コスモス薬品に改組
　　1993年1月　　（株）回天堂薬局と（有）なの花薬局を吸収合併
　　1999年12月　（株）ドラッグコスモスを設立（後：（株）コスモス・コーポレーション）
　　2004年4月　　（株）グリーンフラッシュを設立

0849　コスモ・バイオ（株）
［証券コード］3386
［上場区分］ジャスダックスタンダード
　　1983年8月　　丸善石油（株）の子会社として丸善石油バイオケミカル（株）を設立
　　1986年4月　　コスモ・バイオ（株）に社名変更
　　1998年4月　　シービー開発（株）を設立
　　2000年12月　シービー開発（株）を吸収合併
　　2004年8月　　COSMO BIO USA, INC.を設立
　　2013年7月　　（株）プライマリーセルを吸収合併

0850　（株）コーセー
［証券コード］4922
［上場区分］東証一部
　　1948年6月　　（株）小林コーセーを設立
　　1951年11月　コーセー商事（株）を設立
　　1956年3月　　（株）アルビオンを設立
　　1961年10月　（株）トパックを設立（後：インターコスメ（株））
　　1971年8月　　高絲私人公司（KOSE SINGAPORE PTE.LTD.）を設立
　　1984年9月　　台湾高絲股份有限公司を設立
　　1985年4月　　（株）コスメラボを設立
　　1985年10月　（株）クリエを設立
　　1987年12月　春絲麗有限公司を設立（後：高絲化粧品有限公司）
　　1988年4月　　コーセー化粧品販売（株）を設立
　　1988年7月　　コーセーコスメポート（株）を設立
　　1991年2月　　インターコスメ（株）を設立
　　1991年8月　　（株）コーセーに社名変更
　　1992年9月　　（株）アドバンスを設立
　　1993年10月　コーセーコスメニエンス（株）を設立
　　2000年11月　高絲香港有限公司を設立
　　2001年7月　　KOSE KOREA CO., LTD.を設立
　　2002年　　　　コーセーコスメピア（株）を設立
　　2005年6月　　高絲化粧品銷售（中国）有限公司を設立
　　2011年8月　　（株）プロビジョンを設立（後：コーセープロビジョン（株））
　　2013年10月　KOSE Corporation INDIA Pvt.Ltd.を設立
　　2014年2月　　PT.INDONESIA KOSEを設立

0851　（株）コーセーアールイー
［証券コード］3246
［上場区分］ジャスダックスタンダード
　　1990年12月　（株）エステート栄和を設立
　　1992年8月　　（株）コーセーに商号変更
　　1996年1月　　（有）コーセーホームネットを設立（後清算）（後：（株）コーセーホームネット）

こせる

2005年1月	(株)コーセーアールイーに商号変更
2008年2月	(株)コーセーアセットプランを設立

0852　コーセル(株)
［証券コード］6905
［上場区分］東証一部

1967年2月	(個)キムラ電気販売として発足
1969年7月	キムラ電気販売を発展的解消しエルコー(株)を設立
1992年4月	コーセル(株)に社名変更
1997年7月	コーセルヨーロッパGmbHを設立
1998年5月	コーセルアジアLTD.を設立
2011年11月	上海科素商貿有限公司を設立
2011年12月	無錫科索電子有限公司を設立

0853　(株)小僧寿し
［証券コード］9973
［上場区分］ジャスダックスタンダード

1972年2月	(株)小僧寿し本部を設立
1987年6月	(株)マッキーを設立
1988年4月	(株)小僧寿し関西地区本部を設立
1999年10月	(株)小僧寿し岡山を設立(後解散)
1999年11月	(株)小僧寿し長野を設立(後解散)
2000年1月	(株)小僧寿し静岡を設立(後解散)
2002年1月	(株)東京小僧寿しを合併
2002年6月	(株)ムーンを設立
2003年6月	KOZO SUSHI AMERICA, INC.を設立
2012年6月	(株)小僧寿しに商号変更
2012年8月	(株)茶月東日本を設立
2013年10月	〈新〉(株)東京小僧寿しを設立

0854　児玉化学工業(株)
［証券コード］4222
［上場区分］東証二部

1952年5月	児玉金属工業(株)を設立
1955年8月	児玉化学工業(株)に社名変更
1962年5月	小関商事(株)に合併される(額面変更のため)
1988年2月	THAI KODAMA CO., LTD.を設立
1989年9月	兒玉機械股份有限公司を設立(後閉鎖)
1990年9月	THAI KODAMA CO., LTD.を設立(後：SYNERGY MARKETTING CO., LTD.)
2002年10月	無錫普拉那塑膠有限公司を設立
2002年11月	ECHO AUTOPARTS (THAILAND) CO., LTD.を設立
2003年12月	エコーリフレックス(株)を設立(後閉鎖)(後：エコーラック・ブランド(株))
2003年12月	プラナー東海(株)を設立(後：エコーラック(株))
2005年5月	普拉那(天津)複合製品有限公司を設立
2011年4月	P.T. Echo Advanced Technology Indonesiaを設立
2012年6月	Thai Kodama (Vietnam) Co Ltdを設立

0855　寿スピリッツ(株)
［証券コード］2222
［上場区分］東証一部

1952年4月	寿製菓(株)を設立
1972年4月	(株)コトブキを設立(後：(株)北陸寿)(後：(株)九十九島グループ)
1975年4月	寿販売(株)を設立
1975年10月	(株)コトブキ屋を設立(後：(株)寿堂)
1980年4月	宮崎県土産(株)を設立(後：南寿製菓(株))
1980年8月	(株)コトブキ香寿庵を設立(後：(株)寿香庵)
1982年3月	飛騨コトブキ製菓(株)を設立(後：(株)ひだ寿庵)
1982年8月	(株)三重コトブキ製菓を設立(後：(株)三重寿庵)
1987年3月	(株)但馬寿を設立
1987年10月	(株)瀬戸内コトブキを設立(後：(株)せとうち寿)
1988年3月	(株)奈良コトブキを設立(後解散)(後：(株)なら寿庵)
1989年3月	(株)東海コトブキを設立(後：(株)東海寿)
1989年9月	(株)国武商店を設立(後解散)
1990年4月	(株)京都コトブキを設立(後：(株)寿庵)
1990年4月	寿販売(株)と(株)香寿庵を吸収合併
1993年4月	(株)花福堂を設立
1994年5月	(株)海南堂を設立(後解散)
1996年4月	(株)コトブキチョコレートカンパニーを設立(後：(株)ケイシイシイ)
1998年6月	(株)つきじちとせを設立(後解散)
1998年6月	(株)コトブキチョコレートカンパニーを設立(後：(株)ケイシイシイ)
2004年12月	(株)加賀寿庵を設立(後解散)
2006年10月	寿スピリッツ(株)と純粋持株会社体制への移行に伴い商号変更
2006年10月	〈新〉寿製菓(株)を設立
2007年10月	(株)ケーエスケーを吸収合併
2011年12月	(株)シュクレイを設立
2012年4月	(株)WEALTHY JAPANを設立
2012年11月	(株)ジュテックスと台灣北壽心股份有限公司を設立(ジュテックスは後解散)
2014年9月	純藍(株)を設立

0856　(株)コナカ
［証券コード］7494
［上場区分］東証一部

1973年11月	(株)新紳を設立
1984年5月	(株)コナカに社名変更
1991年5月	(株)紳士服のコナカとコナカ商事(株)と合併
1998年5月	コナカエンタープライズ(株)を設立
2004年2月	コナカコーポレーション(株)を設立
2008年5月	(株)アイステッチを設立
2011年11月	KONAKA (THAILAND) CO., LTD.を設立
2012年9月	上海庫納佳服装服飾有限公司を設立

0857　(株)コナミスポーツ&ライフ

1973年3月	(株)千葉久友の会を設立
1978年2月	(株)ピープルに社名変更
1989年6月	(株)ニチイとセノー(株)と共同で出資し(株)ナプスを設立
1994年1月	(株)ニチイとサッポロビール(株)と共同で出資し(株)ザ・クラブ・アット・エビスガーデンを設立
2001年6月	コナミスポーツ(株)に社名変更

2002年10月	(株)コナミオリンピックスポーツクラブを吸収合併
2003年1月	コナミスポーツプラザ(株)を吸収合併
2003年5月	コナミ・アスレティックス(株)を吸収合併
2006年3月	(株)コナミスポーツ&ライフに社名変更
2008年6月	スポーツプレックス・ジャパンを吸収合併
2012年6月	コンビウェルネスを吸収合併

0858 コナミホールディングス(株)
[証券コード]9766
[上場区分]東証一部

1969年3月	コナミ工業を設立
1973年3月	コナミ工業(株)に改組
1982年6月	〈旧〉コナミ(株)を設立(後:コナミエンタテインメント(株))
1982年11月	Konami of America, Inc.を設立(後:Konami Digital Entertainment, Inc.)
1984年5月	Konami Ltd.を設立(後:Konami Digital Entertainment B.V.)
1984年12月	Konami GmbHを設立(後:Konami Digital Entertainment B.V.)
1987年12月	コナミ興産(株)を設立
1991年6月	コナミ(株)に社名変更
1994年9月	Konami (Hong Kong) Limitedを設立(後:Konami Digital Entertainment Limited)
1995年4月	(株)コナミコンピュータエンタテインメント大阪を設立(後:(株)コナミコンピュータエンタテインメントスタジオ)
1995年4月	(株)コナミコンピュータエンタテインメント東京を設立
1995年12月	(株)コナミミュージックエンタテインメントを設立(後:(株)コナミメディアエンタテインメント)
1996年11月	Konami Corporation of AmericaとKonami Australia Pty Ltdを設立
1997年1月	Konami Gaming, Inc.を設立
1997年3月	(株)コナミコンピュータエンタテインメントスクールを設立(後:(株)コナミスクール)
1997年11月	Konami Europe B.V.を設立(後:Konami Digital Entertainment B.V.)
2000年10月	コナミマーケティング(株)を設立
2001年10月	(株)コナミ モバイル・オンラインを設立(後:(株)コナミオンライン)
2005年4月	(株)コナミコンピュータエンタテインメントスタジオと(株)コナミコンピュータエンタテインメント東京と(株)コナミコンピュータエンタテインメントジャパンと(株)コナミオンラインと(株)コナミメディアエンタテインメントを吸収合併
2006年2月	(株)インターネットイニシアティブとの合弁で(株)インターネットレボリューションを設立
2012年2月	KPE・高砂販売(株)を設立
2012年5月	4K Acquisition Corp.を設立(後:4K Media Inc.)
2012年8月	Konami Digital Entertainment Pte. Ltd.を設立
2015年3月	コナミビジネスエキスパート(株)を設立
2015年10月	コナミホールディングス(株)に社名変更

0859 コーナン商事(株)
[証券コード]7516
[上場区分]東証一部

1978年9月	コーナン商事(株)を設立
1998年3月	(株)ハイ・ジー・サービスを設立(後:大阪エイチシー(株))
1999年12月	大阪エイチシー(株)を設立
2003年3月	和歌山コーナン(株)を吸収合併
2007年9月	コーナンロジスティクス(株)を設立
2007年11月	K・F(株)を吸収合併

0860 コニカミノルタ(株)
[証券コード]4902
[上場区分]東証一部

〈ミノルタ系〉

1928年11月	日独写真機商店を設立
1931年7月	モルタ(資)に社名変更
1937年9月	千代田光学精工(株)に社名変更
1962年7月	ミノルタカメラ(株)に社名変更
1965年3月	モルタ事務機販売(株)を設立(後:ミノルタ事務機販売(株))
1972年12月	六光商事(株)を買収(後:ミノルタカメラ販売会社)
1994年7月	ミノルタ(株)に社名変更

〈(資)小西六本店系〉

1873年4月	(個)小西屋六兵衛店を設立
1876年	(個)小西本店に社名変更
1921年10月	(資)小西六本店に社名変更

〈コニカ系〉

1936年12月	(資)小西六本店が出資して(株)小西六本店を設立
1937年3月	(資)小西六本店を吸収合併
1943年4月	小西六写真工業(株)に社名変更
1944年3月	昭和写真工業(株)を合併
1970年2月	さくらカラー販売(株)を設立
1987年10月	コニカ(株)に社名変更

* * * *

2003年8月	コニカ(株)とミノルタ(株)が株式交換により経営統合しコニカミノルタホールディングス(株)に社名変更
2003年10月	コニカ(株)とミノルタ(株)が有していた全ての事業を再編しコニカミノルタビジネステクノロジーズ(株)とコニカミノルタオプト(株)とコニカミノルタエムジー(株)とコニカミノルタセンシング(株)とコニカミノルタフォトイメージング(株)とコニカミノルタカメラ(株)とコニカミノルタテクノロジーセンター(株)とコニカミノルタビジネスエキスパート(株)に社名変更
2005年1月	コニカミノルタIJ(株)を設立
2013年4月	コニカミノルタビジネステクノロジーズ(株)とコニカミノルタアドバンストレイヤー(株)とコニカミノルタオプティクス(株)とコニカミノルタエムジー(株)とコニカミノルタIJ(株)とコニカミノルタテクノロジーセンター(株)とコニカミノルタビジネス

エキスパート(株)を吸収合併しコニカミノルタ(株)と純粋持株会社から事業会社に移行し商号変更

0861　コニシ(株)
[証券コード]4956
[上場区分]東証一部

1870年	小西屋を創業
1888年	大阪洋酒醸造会社を設立
1925年	(株)小西儀助商店に改組
1976年	コニシ(株)に社名変更
1988年9月	水口化学産業(株)を設立
1996年7月	ボンド興産(株)を設立(後:ボンドケミカル商事(株))
1999年4月	ボンドケミカル商事(株)を設立
2001年11月	ボンドエンジニアリング(株)を設立
2003年5月	ボンド販売(株)を設立
2004年2月	サンライズ・エム・エス・アイ(株)と共同出資で科鳴精細化工(蘇州)有限公司を設立
2004年7月	科昵西貿易(上海)有限公司を設立
2005年5月	サンライズ・エム・エス・アイ(株)と共同出資でKony Sunrise Trading Co., Ltd.を設立
2010年1月	KF Instruments India Pvt.Ltd.を設立
2010年10月	Konishi Lemindo Vietnam Co., Ltd.を設立
2012年7月	ボンド物流(株)を設立
2013年7月	ボンドケミカル商事(株)と共同出資でPT.KONISHI INDONESIAを設立

0862　コネクシオ(株)
[証券コード]9422
[上場区分]東証一部

1997年8月	アイ・ティー・シーネットワーク(株)を設立
1997年10月	東海ネットワーク(株)を設立
2002年5月	アイ・ティー・シーネットワークサービス(株)を設立
2002年7月	東海ネットワーク(株)を吸収合併
2006年7月	アイ・ティー・シーネットワークサービス(株)を吸収合併
2007年4月	(株)イドムココミュニケーションズを吸収合併
2007年6月	(株)ITCNアシストを設立(後:コネクシオウィズ(株))
2008年7月	ITCモバイル(株)を吸収合併
2011年4月	ITC Networks USA, Inc.を設立
2012年10月	パナソニック テレコム(株)を吸収合併
2013年10月	コネクシオ(株)に商号変更

0863　(株)コネクトホールディングス
[証券コード]3647
[上場区分]東証二部

2000年5月	(株)コネクトを設立
2003年7月	(株)コネクトテクノロジーズに社名変更
2011年3月	(株)ゲットバック・エンタテインメントを設立
2011年3月	(株)コネクトホールディングスを株式移転の方法により設立
2011年9月	(株)DLCを設立

0864　小林製薬(株)
[証券コード]4967
[上場区分]東証一部

1886年	(名)小林盛大堂を創業者小林忠兵衛が開業
1919年8月	合名会社小林盛大堂と合資会社小林大薬房を合併改組し(株)小林大薬房を設立
1940年11月	(株)小林大薬房の製剤部門を分離し小林製薬(株)を設立
1956年4月	小林製薬(株)を合併
1956年5月	小林製薬(株)に商号変更
1972年6月	米国バード社と提携し(株)日本メディコを設立(後:(株)メディコン)
1982年3月	富山小林製薬(株)を設立
1992年11月	仙台小林製薬(株)を設立
1996年2月	小林ソフファモアダネック(株)を設立
1998年9月	小林ヘルスケア社を設立
1998年9月	上海小林友誼日化有限公司を設立
2000年10月	(株)コバショウを設立
2001年8月	小林ヘルスケア ヨーロッパ社を設立
2002年12月	小林コーム(株)を吸収合併
2012年4月	合肥小林日用品有限公司を設立

0865　(株)小林洋行
[証券コード]8742
[上場区分]東証一部

1949年3月	(株)小林洋行を設立
1991年4月	田山(株)を吸収合併
1999年4月	(株)共和トラストを設立

0866　(株)駒井ハルテック
[証券コード]5915
[上場区分]東証一部

1883年	駒井喜商店を設立
1919年	(資)駒井鐵工所に社名変更
1943年4月	(株)駒井鐵工所に改組
1959年3月	(株)九州駒井鉄工所を設立
1979年7月	東北鉄骨橋梁(株)を設立
1989年4月	駒井鉄工(株)に社名変更
2010年10月	(株)ハルテックと合併し(株)駒井ハルテックに商号変更

〈ハルテック系〉

1941年6月	(株)春本組を設立
1952年1月	(株)春本鐵工所に社名変更
1996年8月	(株)春本鐵工に社名変更
2001年8月	(株)ハルテックに社名変更

0867　(株)小松製作所
[証券コード]6301
[上場区分]東証一部

1921年5月	竹内鉱業(株)より小松鉄工所を分離独立し(株)小松製作所を設立
1951年1月	相模工業(株)を設立
1952年12月	池貝自動車製造(株)を吸収合併
1952年12月	中越電化工業(株)を吸収合併
1957年6月	小松化成(株)を設立
1965年3月	インターナショナル・ハーベスター社《米国》と共同で出資し小松インターナショナル製造(株)を設立
1967年1月	小松サービス販売(株)を合併
1988年9月	ドレッサー社と合弁でコマツドレッサーカンパニーを設立(後:米州コマツカンパニー)

1994年6月	コマツ工機(株)を設立
1994年6月	コマツ産機(株)を設立
1997年7月	コマツキャステックス(株)を設立
2000年8月	ウシオ電機(株)と共同で出資しギガフォトン(株)を設立
2011年4月	コマツユーティリティ(株)を吸収合併
2014年10月	コマツディーゼル(株)を吸収合併

0868 小松精練(株)
[証券コード]3580
[上場区分]東証一部

1943年7月	小松織物精練染工(株)を設立
1964年10月	小松精練(株)に社名変更
1966年	(株)オノモリを設立
1970年	(株)トーケンを設立
1972年	(株)ケイスを設立
1972年	根上工業(株)を設立
1982年	小松エージェンシー(株)を設立
1991年	(株)コマツインターリンクを設立
1992年	(株)DOMを設立
1999年	(株)小松精練エンジニアリングを設立
2000年	(有)小松精練テクノフロントを設立
2003年	(株)カ・インパナを設立
2003年	小松住江テック(株)を設立
2003年4月	小松精練(蘇州)有限公司を設立
2005年	(株)クレスポを設立

0869 コマニー(株)
[証券コード]7945
[上場区分]東証二部

1961年8月	小松キャビネット(株)を設立
1970年6月	(株)コマツパーテイション工業に社名変更
1972年10月	(株)コマツアルミを設立
1984年11月	コマニー(株)に社名変更
1986年11月	(株)コマツアルミを吸収合併
1991年4月	キヤップ(株)を設立(後:コマニーエンジニアリング(株))
1997年5月	(株)コマツフラッシュを設立(後:クラスター(株))
1997年12月	格満林(南京)実業有限公司を設立
1998年3月	格満林(南京)装飾建材有限公司を設立(後:格満林(南京)装飾工程有限公司)
2010年4月	(株)エー・ピー・エムを吸収合併
2012年2月	格満林(南京)新型建材科技有限公司を設立

0870 コムシスホールディングス(株)
[証券コード]1721
[上場区分]東証一部

2003年9月	日本コムシス(株)と(株)三和エレックと東日本システム建設(株)が株式移転によりコムシスホールディングス(株)を設立
2010年10月	(株)つうけんを株式交換により完全子会社化

〈つうけん系〉

1951年4月	大北電建(株)を設立
1952年8月	北海道電話工事(株)と北海道通信工事(株)を合併
1961年6月	共栄工業(株)を合併し北日本通信建設(株)に社名変更
1962年1月	晃通建(株)を設立
1964年12月	大有通信建設(株)を設立
1966年12月	北東電設(株)を設立
1971年7月	道和通建(株)を設立
1986年10月	つうけん商事(株)を設立(後:(株)つうけんアクト)
1990年2月	つうけんビジネス(株)を設立
1992年6月	(株)つうけんに社名変更
1994年5月	つうけんオートリース(株)を設立(後:(株)つうけんアクト)
1996年5月	(株)つうけんセピアを設立
1998年6月	(株)つうけんテクノロジーを設立
1998年7月	つうけんコンサル(株)を設立
1998年8月	(株)つうけんテクノネットを設立
2000年10月	(株)エルベックと合併
2001年10月	(株)つうけんアドバンスシステムズを設立
2013年10月	(株)つうけんハーテックと(株)つうけん道央エンジニアリングと(株)つうけん道北エンジニアリングと(株)つうけん道東エンジニアリングと(株)つうけん道南エンジニアリングを吸収合併

0871 コムシード(株)
[証券コード]3739
[上場区分]セントレックス

1991年12月	マイクロワールド(株)を創業
2000年9月	パチンコクラブ・ドットコム(株)に社名変更
2002年8月	コムシード(株)に社名変更
2005年7月	(株)エバーワークスを設立

0872 コムチュア(株)
[証券コード]3844
[上場区分]東証一部

1985年1月	(株)日本コンピューターテクノロジーを設立
2002年1月	コムチュア(株)に商号変更
2011年2月	コムチュアネットワーク(株)を設立
2011年4月	コムチュアマーケティング(株)を設立

0873 (株)コメ兵
[証券コード]2780
[上場区分]東証二部

1947年	米兵を創業
1979年5月	(株)米兵に改組
1987年9月	(株)コメ兵に社名変更
2013年	KOMEHYO HONG KONG LIMITEを設立

0874 (株)コメリ
[証券コード]8218
[上場区分]東証一部

1952年4月	米利商店を設立
1962年7月	(株)米利商店に改組
1973年1月	(株)米利に社名変更
1973年3月	北星産業(株)を設立
1985年2月	(株)ライフコメリを設立
1985年7月	(株)コメリに社名変更
1987年4月	(株)ブリージーグリーンを設立
1988年4月	(株)ムービータイムを設立
1990年5月	(株)ビット・エイを設立
2002年4月	(株)アクアを設立
2006年4月	ミスタージョン(株)と(株)キッコリー

0875 （株）コモ
[証券コード]2224
[上場区分]ジャスダックスタンダード

1984年6月	（株）コモを設立
2005年4月	コモサポート（株）を設立

（前略）
	を吸収合併
2006年10月	（株）ブリージーグリーンを設立
2009年4月	（株）ヤマキを吸収合併
2009年10月	（株）アテーナを吸収合併

0876 （株）小森コーポレーション
[証券コード]6349
[上場区分]東証一部

1923年	小森機械製作所を設立
1946年12月	（株）小森印刷機械製作所に社名変更
1967年2月	小森精密ギヤー（株）を設立（後：（株）小森プリシジョンヤマガタ）
1975年6月	足立工機（株）を吸収合併
1976年8月	（株）高畠製作所を設立（後：（株）小森マシナリー）
1976年9月	小森印刷機械（株）に社名変更
1980年6月	東洋電子工業（株）を設立
1980年12月	梅田製機（株）を吸収合併
1982年2月	コモリ アメリカ コーポレーションを設立
1984年4月	コモリ ヨーロッパ リミテッドを設立（後：コモリ ユー.ケー.リミテッド）
1985年6月	小森山形エレクトロニクス（株）を設立（後：（株）小森エレクトロニクス）
1986年10月	コモリ インターナショナル ファイナンス ビー.ヴィ.を設立（後清算）
1988年9月	コモリ ヨーロッパ ビー.ヴィ.を設立（後：コモリ インターナショナル ヨーロッパ ビー.ヴィ.）
1989年1月	コモリ シャンボン エス.エイ.を設立（後：コモリ シャンボン エス.エイ.エス.）
1990年7月	（株）小森コーポレーションに社名変更
1990年8月	コモリ イタリア エス.アール.エル.を設立
1990年8月	コモリ ウエスト インコーポレーテッドを設立（後：コモリ アメリカ コーポレーション）
1991年9月	コモリ フランス エス.エイ.を設立（後：コモリ フランス エス.エイ.エス.）
1995年6月	コモリ リースィング インコーポレーテッドを設立
1996年1月	（株）小森エンジニアリングを設立
1998年9月	小森香港有限公司を設立
2001年9月	コモリ エイチ アール ビー コーポレーションを設立（後：コモリ アメリカ コーポレーション）
2001年10月	コモリ タイワン リミテッドを設立
2003年12月	小森国際貿易（シンセン）有限公司を設立（後清算）
2004年2月	コモリ オーストラリア ピーティーワイ リミテッドを設立（後清算）
2004年10月	コモリ インターナショナル ネザランズ ビー.ヴィ.を設立
2005年12月	小森印刷机械（シンセン）有限公司を設立
2008年6月	コモリ アジア テクニカル サービスセンター エス.ビー.を設立（後清算）
2012年6月	小森機械（南通）有限公司を設立
2014年9月	コモリ マレーシア Sdn.Bhd.を設立

0877 五洋インテックス（株）
[証券コード]7519
[上場区分]ジャスダックスタンダード

1979年3月	五洋インテックス（株）を設立
1979年6月	（株）豊産業を設立（後：（株）イフ）

0878 五洋建設（株）
[証券コード]1893
[上場区分]東証一部

1950年4月	（株）水野組を設立
1963年6月	〈旧〉（株）水野組を額面変更合併
1967年2月	五洋建設（株）に社名変更
1967年12月	酒井建設工業（株）を吸収合併
1969年7月	日本土地開発（株）を設立
1970年7月	神工業（株）を吸収合併
1986年10月	九州洋伸建設（株）を設立
1991年3月	ペンタファシリティサービス（株）を設立（後：ペンタビルダーズ（株））

〈〈旧〉（株）水野組系〉

1896年1月	（個）水野組を設立
1929年4月	（名）水野組に改組
1937年1月	水野土地（資）を合併
1954年1月	〈旧〉（株）水野組を改組設立
1954年4月	（名）水野組を合併

0879 （株）ゴールドウイン
[証券コード]8111
[上場区分]東証一部

1951年12月	（株）津沢メリヤス製造所を設立
1963年6月	（株）ゴールドウインに社名変更
1979年6月	（株）トヤマゴールドウインを設立（後：（株）ゴールドウインテクニカルセンター）
1988年6月	ゴールドウイン開発（株）を設立
1989年	兼松（株）と共同で出資しシークラフト（株）を設立
1990年7月	（株）ゴールドウインイベントサポートを設立（後：（株）イー・エス・ジー）
1997年4月	（株）ゴールドウインロジテムと（株）ゴールドウイントレーディングと（株）ゴールドウインエンタープライズを設立
1999年4月	（株）ジー・アール・ディを設立（後：（株）ゴールドウインテクニカルセンター）
1999年5月	（株）ゴールドウインシステムサービスを設立
2001年4月	（株）ジーパーソンを設立
2004年4月	（株）ゴールドウインシステムサービスを吸収合併
2008年7月	（株）ウエザーステーションと（株）ジーパーソンを吸収合併

0880 （株）ゴールドクレスト
[証券コード]8871
[上場区分]東証一部

1992年1月	（株）ゴールドクレストを設立
1999年7月	（株）ゴールドクレストコミュニティを設立
2001年9月	（株）ファミリーファイナンスを設立

| | 2008年2月 | (株)ゴールドクレスト住宅販売を設立 |

0881　(株)ゴルフダイジェスト・オンライン
[証券コード]3319
[上場区分]東証一部
| | 2000年5月 | (株)ゴルフダイジェスト・オンラインを設立 |
| | 2007年5月 | (株)テレビ東京と共同出資しテレビ東京ゴルフダイジェスト・オンラインLLC合同会社を設立 |

0882　(株)コロナ
[証券コード]5909
[上場区分]東証一部
	1950年7月	内田製作所を設立
	1992年4月	コロナ販売(株)とコロナ物流(株)を吸収合併し(株)コロナに社名変更
	1998年6月	コロロナ物流(株)を設立

0883　(株)コロプラ
[証券コード]3668
[上場区分]東証一部
| | 2008年10月 | (株)コロプラを設立 |
| | 2013年7月 | (株)オーバークロックを設立 |

0884　(株)コロワイド
[証券コード]7616
[上場区分]東証一部
	1963年4月	山本商事(株)を設立
	1994年9月	(株)コロワイドに社名変更
	2008年1月	(株)バンノウ水産を設立
	2013年3月	(株)フードテーブルを設
	2013年9月	EINS INTERNATIONAL (THAILAND) CO., LTDを設立
	2014年10月	(株)コロカフェを設立

0885　(株)コンセック
[証券コード]9895
[上場区分]ジャスダックスタンダード
	1967年11月	建設サービス(株)を設立
	1976年10月	発研(株)を設立
	1990年4月	(株)コンセックに社名変更
	2004年6月	南通康賽克工程工具有限公司(中国)を設立
	2004年7月	(株)サンライフを設立

0886　(株)ゴンゾ
	1992年9月	(有)ゴンゾを設立
	1996年5月	(株)ディジメーションを設立
	2000年2月	(株)ゴンゾ・ディジメーション・ホールディングを設立(後:(株)GDH)
	2002年4月	(株)ゴンゾと(株)ディジメーションが合併し(株)ゴンゾ・ディジメーションに社名変更
	2003年11月	(株)フューチャービジョンミュージックを設立
	2004年7月	(株)ゴンゾに社名変更
	2005年7月	(株)ゴンジーノを設立
	2009年4月	(株)GDHと(株)ゴンゾが合併し〈新〉(株)ゴンゾに社名変更

0887　(株)コンテック
[証券コード]6639
[上場区分]東証二部
	1975年4月	(株)コンテックを設立
	1987年10月	北京康泰克電子技術有限公司を設立
	1991年4月	(株)パルテックを吸収合併
	1995年4月	(株)コンテック・マイクロエレクトロニクスを設立(後:(株)コンテック・イーエムエス)
	1999年1月	康泰克国際電子有限公司を設立
	2006年1月	台湾康泰克股分有限公司を設立
	2009年5月	康泰克科技股分有限公司を設立
	2009年9月	康泰克(上海)信息科技有限公司を設立
	2013年2月	SINGAPORE CONTEC PTE. LTD.を設立
	2015年4月	(株)コンテック・イーエムエスを吸収合併

0888　コンドーテック(株)
[証券コード]7438
[上場区分]東証一部
	1953年1月	(株)近藤商店を設立
	1955年9月	近藤鉄工(株)に社名変更
	1989年1月	コンドーテック(株)に社名変更
	2012年11月	KONDOTEC INTERNATIONAL (THAILAND) Co., Ltd.を設立

0889　コンビ(株)
	1957年12月	三信(株)を設立
	1961年4月	ミマツ化学(株)を吸収合併
	1968年3月	コンビ(株)に社名変更
	1982年5月	コンビヘルス(株)を設立(後:コンビウィズ(株))
	1989年7月	Combi INTERNATIONAL CORP.を設立
	1991年7月	Combi Asia Ltd.を設立
	1995年12月	康貝(上海)有限公司を設立
	2001年10月	コンビウェルネス(株)を設立
	2009年4月	コンビネクスト(株)を設立
	2014年1月	Phnom Penh Combi (Cambodia) Co., Ltd.を設立
	2014年4月	Combi Holdings Limitedを設立

0890　サイオステクノロジー(株)
[証券コード]3744
[上場区分]東証二部
	1997年5月	(株)テンアートニを設立
	2002年1月	ノーザンライツコンピュータ(株)を吸収合併
	2006年11月	サイオステクノロジー(株)に社名変更
	2009年11月	賽欧思(北京)科技有限公司を設立
	2013年11月	Glabio.Inc,を設立

0891　(株)さいか屋
[証券コード]8254
[上場区分]東証二部
	1950年11月	(株)大洋会館を設立
	1955年8月	(株)川崎さいか屋に社名変更
	1969年5月	(株)さいか屋に社名変更
	1969年9月	(株)横須賀さいか屋と〈旧〉(株)藤沢さいか屋を合併
	1978年11月	(株)藤沢さいか屋を設立
	1979年9月	(株)さいか屋マーケットプロモーションを設立
	1988年5月	(株)エーエムカードサービスを設立
	2009年2月	(株)彩賀開発を吸収合併

さいしにあ

　　　　2012年9月　（株）エーエムカードサービスを吸収合併

0892　サイジニア（株）
[証券コード]6031
[上場区分]東証マザーズ
　　　　2005年8月　サイジニア（有）を設立
　　　　2007年4月　サイジニア（株）に組織変更

0893　（株）サイゼリヤ
[証券コード]7581
[上場区分]東証一部
　　　　1973年5月　（個）レストラン サイゼリヤを設立
　　　　1987年4月　（株）マリアーヌ商会に社名変更
　　　　1987年4月　（株）マリアーノに社名変更
　　　　1992年9月　（株）サイゼリヤに社名変更
　　　　2000年7月　SAIZERIYA AUSTRALIA PTY. LTD.を設立
　　　　2002年2月　（株）アダツアーズジャパンを設立
　　　　2003年6月　上海薩莉亜餐飲有限公司を設立
　　　　2004年3月　北京薩莉亜餐飲管理有限公司を設立（後清算）
　　　　2007年11月　広州薩莉亜餐飲有限公司を設立
　　　　2008年3月　台湾薩莉亜餐飲股份を設立
　　　　2008年5月　北京瑪利亜諾餐飲有限公司を設立（後：北京薩莉亜餐飲管理有限公司）
　　　　2008年8月　MARIANO CO., LIMITEDを設立（後：HONG KONG SAIZERIYA CO.LIMITED）
　　　　2009年7月　SINGAPORE SAIZERIYA PTE. LTD.を設立
　　　　2012年12月　広州サイゼリヤ食品有限公司を設立

0894　サイタホールディングス（株）
[証券コード]1999
[上場区分]福証
　　　　1955年12月　（株）才田組を設立
　　　　1976年11月　（有）賀和運送を設立
　　　　1987年3月　立花建設（有）を設立
　　　　2006年1月　サイタホールディングス（株）に持株会社制に移行し会社名を変更

0895　（株）サイネックス
[証券コード]2376
[上場区分]東証二部
　　　　1953年　　近畿電話通信社を創業
　　　　1966年　　（株）商工通信に社名変更
　　　　1971年　　商工プロセス（株）を設立（後：商工印刷工業（株））
　　　　1990年　　商工印刷工業（株）を合併
　　　　1991年　　（株）サイネックスに社名変更
　　　　2000年1月　（株）サイネックス・コミュニケーションズを設立（後：（株）太陽産業）
　　　　2005年2月　（株）サイネックス・イーシーネットを設立

0896　（株）サイバーエージェント
[証券コード]4751
[上場区分]東証一部
　　　　1998年3月　（株）サイバーエージェントを設立
　　　　2000年5月　（株）シーエー・モバイルを設立
　　　　2007年7月　（株）マイクロアドを設立
　　　　2009年4月　（株）CyberZを設立

　　　　2009年5月　（株）サムザップを設立
　　　　2010年7月　（株）アプリボットを設立
　　　　2010年10月　（株）CAリワードを設立
　　　　2011年5月　（株）Cygamesを設立
　　　　2013年5月　（株）CA Tech Kidsを設立

0897　サイバーコム（株）
[証券コード]3852
[上場区分]東証二部
　　　　1978年12月　（株）ソフトウェア企画を設立
　　　　2002年3月　サイバーコム（株）とボスシステム（株）と有明システム（株）を吸収合併しサイバーコム（株）に商号変更

0898　サイバーステップ（株）
[証券コード]3810
[上場区分]東証マザーズ
　　　　2000年7月　サイバーステップ・ドット・コム（有）を設立
　　　　2001年8月　サイバーステップ（株）を改組設立
　　　　2004年10月　CyberStep Communication, Inc.を設立
　　　　2010年4月　CyberStep Entertainment, Inc.を設立
　　　　2012年8月　CyberStep Brasil, Ltda.を設立
　　　　2012年9月　CyberStep HongKong Limited.を設立
　　　　2013年6月　CyberStep Philippines, Inc.を設立
　　　　2013年6月　PT. CyberStep Jakarta Gamesを設立

0899　**CYBERDYNE**（株）
[証券コード]7779
[上場区分]東証マザーズ
　　　　2004年6月　**CYBERDYNE**（株）を設立
　　　　2013年4月　鈴鹿ロボケアセンター（株）を設立
　　　　2013年9月　大分ロボケアセンター（株）を設立

0900　サイバネットシステム（株）
[証券コード]4312
[上場区分]東証一部
　　　　1971年5月　日本シーディーシー（株）を設立
　　　　1985年4月　サイバネットシステム（株）を設立
　　　　2004年12月　西希安工程模擬軟件（上海）有限公司を設立
　　　　2006年8月　莎益博設計系統商貿（上海）有限公司を設立（後：莎益博工程系統開発（上海）有限公司）
　　　　2008年7月　思渤科技股份有限公司を設立
　　　　2009年8月　（株）プラメディアを吸収合併
　　　　2010年5月　（株）ケイ・ジー・ティーを吸収合併
　　　　2012年3月　Cybernet Systems Korea Co., LTD.を設立

0901　（株）サイバーリンクス
[証券コード]3683
[上場区分]東証一部
　　　　1956年5月　村上テレビサービスステーションを創業
　　　　1964年5月　（株）南海無線を設立
　　　　1974年10月　南海通信特機（株）に商号変更
　　　　2000年1月　南海オーエーシステム（株）と関西中部リテイルネットワークシステムズ（株）と（株）エムディービーセンターを吸収合併し（株）サイバーリンクスに商号変更
　　　　2010年7月　（株）テレコムと（株）バーチャル和歌山

	2012年5月	を吸収合併 （株）サイバーリンクス東海を設立（後：（株）ネット東海）	1952年4月 1954年12月	酒伊合同紡織（株）を吸収合併 （株）今立織布工場と（株）丹生織布工場と（株）武生織布工場と（株）酒伊編織工場を設立
	2012年7月	（株）和歌山海南地方産業情報センターを吸収合併	1954年12月	（株）新庄織布工場を設立（後清算終了）
	2014年12月	（株）アイコンセプトとエニタイムウェア（株）を吸収合併	1956年3月 1956年8月 1962年11月	（株）北陸彫刻所を設立 （株）酒伊ニッティングを設立 （株）酒伊繊維名古屋工場を設立（後：（株）サカイナゴヤ）

0902　サイボー（株）
［証券コード］3123
［上場区分］東証二部

1948年6月	埼玉紡績（株）を設立
1967年2月	サイボー（株）に社名変更
1978年4月	神根サイボー（株）を設立
1980年5月	フロリア（株）を設立
1981年12月	埼工設備（株）を設立
1983年2月	（株）ホテルサイボーを設立
1985年8月	東京ライフ（株）を設立
1986年5月	（株）グリーンテニスを設立
2004年5月	彩賀（上海）貿易有限公司を設立
2011年3月	ディアグリーンサイボー（株）を吸収合併

0903　サイボウズ（株）
［証券コード］4776
［上場区分］東証一部

1997年8月	サイボウズ（株）を設立
2005年5月	サイボウズファイナンス（有）を設立（後：（株）インフォニックス）
2005年8月	サイボウズ・ラボ（株）を設立
2005年11月	サイボウズ・ドットネット（株）を設立（後吸収合併）
2007年5月	才望子信息技術（上海）有限公司を設立
2008年12月	Cybozu Vietnam Co., Ltd.を設立
2010年8月	サイボウズスタートアップス（株）を設立
2011年8月	CYBOZU CORPORATIONを設立

0904　ザインエレクトロニクス（株）
［証券コード］6769
［上場区分］ジャスダックスタンダード

1992年6月	（株）ザイン・マイクロシステム研究所と三星電子（株）《韓国》が合併しザインエレクトロニクス（株）を設立
1995年6月	光友股份有限公司（台湾）と光菱電子股份有限公司（台湾）との合弁により旭展電子股份有限公司（台湾）を設立
1998年9月	哉英電子股份有限公司を設立
2010年3月	ザインエレクトロニクスコリア（株）を設立
2012年11月	賽恩電子香港股份有限公司を設立
2013年5月	前海賽恩電子（深圳）有限公司を設立

0905　サカイオーベックス（株）
［証券コード］3408
［上場区分］東証一部

1934年10月	酒伊織産（株）を設立
1937年5月	（個）酒伊精錬加工場を合併し**酒伊繊維工業（株）**に社名変更
1942年11月	南越染色（株）を合併
1943年9月	南越航空補機（株）を設立
1943年11月	**酒伊通信工業（株）**に社名変更
1945年9月	**酒伊繊維工業（株）**に社名変更
1984年6月	（株）サカイ電子を設立
1984年6月	マルイテキスタイル（株）を設立
1984年6月	酒伊テキスタイル（株）を設立（後：サカイテキスタイル（株））
1986年4月	（株）酒伊エルコムを設立（後：（株）サカイエルコム）
1992年4月	**サカイオーベックス（株）**に社名変更
2005年8月	水産増殖施設（株）を吸収合併
2011年11月	酒伊貿易（上海）有限公司を設立

（1973年10月　鐘紡（株）と共同で出資し鯖江合繊（株）を設立）

0906　堺化学工業（株）
［証券コード］4078
［上場区分］東証一部

1918年6月	（個）堺精錬所を設立
1920年5月	（資）堺精錬所に改組
1932年2月	（資）堺化学精錬所に社名変更
1932年2月	（資）堺化学精錬所の一部を継承し（株）**堺化学精錬所**に改組
1932年11月	**堺化学工業（株）**に社名変更
1933年9月	（資）堺化学精錬所を合併
1936年2月	堺商事（株）を設立
1971年	（株）エス・ケー興産を設立
1975年7月	ラインファルト工業（株）を設立
1978年10月	小名浜堺化学（株）を設立
1987年4月	小名浜堺化学（株）を吸収合併
1997年10月	常磐化成（株）を設立
2007年12月	SAKAI CHEMICAL（VIETNAM）CO., LTD.を設立

0907　酒井重工業（株）
［証券コード］6358
［上場区分］東証一部

1949年5月	（株）酒井工作所を設立
1967年3月	**酒井重工業（株）**に社名変更
1972年11月	（株）サカイエンジニアリングを設立（後：酒井機工（株））
1976年4月	SAKAI AMERICA, INC.を設立
1989年6月	東京フジ（株）を設立
1995年7月	P.T.SAKAI INDONESIAを設立
2000年1月	SAKAI AMERICA MANUFACTURING, INC.を設立
2003年2月	酒井工程機械（上海）有限公司を設立
2008年2月	P.T.SAKAI ROAD MACHINERY INDONESIAを設立

0908　堺商事（株）
［証券コード］9967
［上場区分］東証二部

1936年2月	堺化学工業（株）より貿易部を分離し**堺商事（株）**を設立
1943年5月	**堺産業（株）**に社名変更
1948年1月	**堺商事（株）**に社名変更

さかいひつ

1950年2月	堺貿易（株）を吸収合併
1968年10月	SAKAI TRADING NEW YORK INC.を設立
1972年7月	エム・エルエンジニアリング（株）を設立
2000年4月	SAKAI TRADING AUSTRALIA PTY LTD.を設立（後：SAKAI AUSTRALIA PTY LTD.）
2000年4月	韓国堺商事（株）を設立
2001年3月	SAKAI TRADING EUROPE GmbHを設立
2002年11月	堺商事貿易（上海）有限公司を設立
2005年7月	台湾堺股份有限公司を設立
2012年9月	PT. S&S HYGIENE SOLUTIONを設立
2012年11月	SAKAI TRADING（THAILAND）CO., LTD.を設立

0909　（株）サカイ引越センター
［証券コード］9039
［上場区分］東証一部

1979年9月	（株）アーイ引越センターを設立
1981年5月	（株）堺引越センターに社名変更
1982年4月	八洲運送（株）を設立
1990年10月	八洲運送（株）と合併し（株）サカイ引越センターに社名変更
1997年10月	（株）新世紀サービスを設立
2009年7月	（株）エヌケイパッケージを設立

0910　（株）栄電子
［証券コード］7567
［上場区分］ジャスダックスタンダード

1967年12月	栄電子を創業
1968年2月	（有）栄電子を設立
1971年4月	（株）栄電子に改組
1977年12月	東栄電子（株）を設立
1984年4月	酒東不動産管理（株）を設立
2007年11月	心栄電子商貿（上海）有限公司を設立
2008年12月	酒東不動産管理（株）を吸収合併

0911　（株）佐賀銀行
［証券コード］8395
［上場区分］東証一部

1955年7月	佐賀興業銀行と佐賀中央銀行が合併し（株）佐賀銀行を設立
1978年6月	佐銀ビジネスサービス（株）を設立
1979年4月	佐銀信用保証（株）を設立
1984年7月	佐銀コンピュータサービス（株）を設立

0912　サカタインクス（株）
［証券コード］4633
［上場区分］東証一部

1896年11月	（個）阪田商会インキ製造所を設立
1905年	（個）阪田商会に社名変更
1920年9月	（株）阪田商会に改組
1944年	阪田謄写版工業を設立（後解散）
1947年6月	阪田カーボン（株）を設立（後解散）
1947年6月	阪田産業（株）と阪田カーボン（株）と阪田油脂化学（株）を設立（後：阪田インキ製造）
1949年12月	阪田インキ製造（株）を合併
1987年4月	SAKATA INX ESPANA, S.A.を設立
1987年10月	サカタインクス（株）に社名変更
1988年2月	INX INTERNATIONAL INCORPORATEDを設立（後：THE INX GROUP LIMITED）
1989年5月	P.T. SAKATA INX INDONESIAを設立
1990年1月	サカタ興産（株）と扶桑商事（株）を吸収合併
1992年1月	Acme Printing Ink CompanyとMidland Color Companyを設立
1992年7月	サカタインクスインターナショナル（株）を設立（後：シークス（株））
1993年3月	MEGA FIRST SAKATA INX SDN. BHD.を設立（後：SAKATA INX （MALAYSIA）SDN.BHD.）
1995年2月	インクステクノ物流（株）を設立（後：ロジコネット（株））
1995年8月	MONTARI SAKATA INX LIMITEDを設立（後：SAKATA INX（INDIA）PRIVATE LIMITED）
2000年4月	ロジコネット（株）を設立
2000年11月	ジーエーシティ（株）を設立
2001年4月	サカタラボステーション（株）を設立
2002年12月	SAKATA INX SHANGHAI CO., LTD.を設立
2004年7月	MAOMING SAKATA INX CO., LTD.を設立

0913　（株）サカタのタネ
［証券コード］1377
［上場区分］東証一部

1913年7月	坂田農園を設立
1913年7月	朝日農園を設立
1916年	坂田商会と改称
1942年12月	坂田商会とアタリヤ農園と藤田善兵衛商店と榎本徳次郎商店と養本社が企業合同し坂田種苗（株）を設立
1977年7月	Sakata Seed America, Inc.を設立
1979年6月	共栄農事（株）を設立（後：（株）サカタロジスティックス）
1980年8月	（株）フローリストサカタを設立
1982年7月	（有）中井園芸を設立（清算）
1986年1月	（株）サカタのタネに社名変更
1987年1月	（株）山形野菜センターを設立（後：（株）山形セルトップ）
1988年1月	サカタ興産（株）を設立（清算）
1988年6月	（株）東村育種場を設立（後：（株）ブロリード）
1990年3月	Sakata Seed Europe B.V.を設立（後：Sakata Holland B.V.）
1990年5月	（株）長野セルトップを設立
1990年7月	（株）島根セルトップを設立
1990年12月	（株）飛騨セルトップを設立
1991年8月	Sakata Seed Chile S.A.を設立
1992年5月	（株）福岡セルトップを設立
1993年3月	Sakata Seed de Mexico, S.A.de C.V.を設立
1994年10月	Sakata Seed do Brasil Ltda.を設立（後：Sakata Seed Sudamerica Ltda.）
1996年4月	Sakata Seed France S.A.R.L.を設立（後：Sakata Vegetables Europe S.A.S.）
1996年6月	Sakata Seed Iberica S.L.を設立
1996年6月	Sakata Siam Seed Co., Ltd.を設立

1999年2月	坂田種苗（蘇州）有限公司を設立
2001年2月	European Sakata Holding S.A.S.を設立
2001年6月	Sakata Vegenetics RSA（Pty）Ltd.を設立
2001年9月	(有)サカタテクノサービスを設立
2003年7月	Sakata Ornamentals Europe A/Sを設立
2005年5月	Sakata Seed Oceania Pty Ltdを設立
2008年5月	Sakata Seed India Private Limitedを設立
2009年12月	Sakata Seed Chile S.A.がSakata Ornamentals Chile Ltda.を吸収合併
2010年2月	Sakata America Holding Company Inc.を設立
2011年9月	Sakata Tarim Urunleri ve Tohumculuk Sanayi ve Ticaret Limited Sirketiを設立
2013年3月	たねとファーム(株)を設立
2014年4月	Sakata Seed America, Inc.がAlf Christianson Seed Co.を吸収合併

0914　(株)さが美
[証券コード]8201
[上場区分]東証一部

1974年4月	(株)さが美を設立
1981年8月	(株)東京和裁を設立(後清算)
1985年2月	(株)呉竹を設立(後：(株)永谷美笠和装服飾総合研究所)
1995年2月	(株)匠美を設立(後清算)
2004年1月	(株)九州さが美を設立

0915　相模ゴム工業(株)
[証券コード]5194
[上場区分]東証二部

1934年1月	アサヒラテックス化学研究所を設立
1942年2月	北支護謨乳液化学有限公司と合併し日本ラテックスゴム工業(株)に社名変更
1944年12月	相模ゴム工業(株)に社名変更
1952年4月	相模プラスチック工業(株)を設立
1953年3月	相模プラスチック工業(株)を吸収合併
1996年4月	相模マニュファクチャラーズ有限公司を設立

0916　(株)サガミチェーン
[証券コード]9900
[上場区分]東証一部

1970年3月	サガミチェーン(株)を設立
1978年2月	(株)どんどん庵を設立
1982年1月	(株)ジーベンサガミを吸収合併
1982年6月	サガミチェーン(株)より(株)キャッスルサガミに商号変更
1982年6月	(株)どんどん庵より〈新〉(株)サガミチェーンに商号変更
1986年7月	(株)キャッスルサガミを吸収合併
1997年12月	(株)ディー・ディー・エーを設立
1999年6月	(株)サガミサービスを設立
2002年12月	(株)エー・エス・サガミを設立(後：(株)サガミフード)
2003年3月	上海盛賀美餐飲有限公司を設立
2009年6月	(株)ボンパナを設立
2012年10月	SAGAMI INTERNATIONAL CO., LTD.を設立(後：HONG KONG SAGAMI CO., LTD.)
2013年6月	SINGAPORE SAGAMI PTE.LTD.を設立
2013年10月	BANGKOK SAGAMI CO., LTD.を設立
2014年4月	サガミインターナショナル(株)を設立

0917　佐川急便(株)

1957年3月	運輸会社を佐川清が創業
1962年6月	(有)佐川を設立
1966年4月	〈旧〉佐川急便(株)に社名変更
1966年10月	北陸佐川急便(株)を設立
1967年4月	山陰佐川急便(株)を設立(後：三丹佐川急便(株))
1969年10月	三都急配(株)を設立(後：南大阪佐川急便(株))
1971年3月	岡山佐川急便(株)を設立
1971年9月	九州佐川急便(株)を設立
1972年7月	中国佐川急便(株)を設立
1973年1月	肥後佐川急便(株)を設立(後：熊本佐川急便(株))
1973年4月	長崎佐川急便(株)を設立
1973年7月	山口佐川急便(株)を設立
1973年7月	大阪佐川急便(株)を設立
1973年10月	高知佐川急便(株)を設立
1973年10月	徳島佐川急便(株)を設立
1973年11月	大分佐川急便(株)を設立
1980年5月	佐川自動車工業(株)を設立
1980年9月	佐川航空(株)を設立
1980年9月	東濃佐川急便(株)を設立
1980年12月	佐川車体(株)を設立
1981年1月	南千葉佐川急便(株)を設立
1981年2月	仁淀運輸(株)を設立(後：佐川ロジテック大阪)
1981年3月	浜松佐川急便(株)と佐川物流(株)(中京)を設立
1981年6月	長野佐川急便(株)を設立
1981年7月	北福島佐川急便(株)を設立
1981年8月	佐川物流サービス(東京)を設立
1982年	福山佐川急便(株)と栃木佐川急便(株)と土浦佐川急便(株)を設立
1982年1月	京都佐川急便(株)に社名変更
1982年3月	松江佐川急便(株)を設立(後：島根佐川急便(株))
1982年7月	滋賀佐川急便(株)を設立
1982年9月	佐川物流サービス(株)(九州)を設立
1990年4月	京都佐川急便(株)と清和商事(株)が合併し佐川急便(株)に社名変更
1990年12月	佐川林業(株)を設立
1992年5月	大阪佐川急便(株)と北陸佐川急便(株)と中京佐川急便(株)と東京佐川急便(株)と北関東佐川急便(株)を合併
1993年3月	北関東佐川物流(株)を設立
1994年9月	九州佐川急便(株)と中国佐川急便(株)と四国佐川急便(株)と東北佐川急便(株)と南部佐川急便(株)と北海道佐川急便(株)と熊本佐川急便(株)と横浜佐川急便(株)と土浦佐川急便(株)を合併
1997年9月	倉敷佐川急便(株)と南大阪佐川急便(株)と長岡佐川急便(株)と岐阜佐川急便(株)と浜松佐川急便(株)と北福島佐川急便(株)を合併
2001年2月	川崎佐川急便(株)と厚木佐川急便(株)

さくさほる

	2002年3月	と千葉佐川急便(株)と南千葉佐川急便(株)を合併
		全国(北海道は除く)の地区法人34社を合併
	2006年3月	SGホールディングス(株)を設立

0918 サクサホールディングス(株)
［証券コード］6675
［上場区分］東証一部
- 2004年2月　(株)田村電機製作所と(株)大興電機製作所が株式を移転し田村大興ホールディングス(株)を持株会社として設立
- 2007年10月　サクサホールディングス(株)に社名変更

0919 サクセスホールディングス(株)
［証券コード］6065
［上場区分］東証一部
- 1989年12月　(株)サクセスアカデミーを設立
- 2008年1月　サクセスプロスタッフ(株)を設立
- 2010年11月　サクセスホールディングス(株)を株式移転により設立

0920 (株)桜井製作所
［証券コード］7255
［上場区分］ジャスダックスタンダード
- 1953年1月　(資)桜井製作所を設立
- 1953年11月　(株)桜井製作所に改組
- 2000年3月　SAKURAI U.S.A., Co.を設立
- 2002年5月　SAKURAI VIETNAM CO., LTD.を設立
- 2013年9月　SAKURAI(THAILAND)LTD.を設立

0921 さくらインターネット(株)
［証券コード］3778
［上場区分］東証マザーズ
- 1999年8月　さくらインターネット(株)を設立
- 2000年4月　エス・アール・エス(株)と(有)インフォレストを吸収合併しエスアールエス・さくらインターネット(株)に商号変更
- 2004年7月　さくらインターネット(株)に商号変更
- 2006年5月　さくらクリエイティブ(株)を設立
- 2006年8月　SAKURA Internet(USA), Inc.を設立

0922 櫻護謨(株)
［証券コード］5189
［上場区分］東証二部
- 1918年5月　櫻護謨(株)を設立
- 1978年10月　(株)二十一世紀を設立
- 1989年7月　(株)サクラフローシステムズを設立(後：櫻テクノ(株))
- 2011年4月　(株)川尻機械を設立

0923 (株)THEグローバル社
［証券コード］3271
［上場区分］東証二部
- 1998年9月　(有)シー・アール・エスを設立
- 1998年11月　(有)グローバル住販に商号変更
- 1999年2月　(株)グローバル住販に商号変更
- 2001年11月　(株)エルシードを設立(後：(株)グローバル・エルシード)
- 2005年9月　マ(株)ハートウェルス・マネジメントを設立(後：(株)グローバル・ハート)
- 2006年6月　(株)ヒューマンヴェルディを設立(後：(株)エルキャスト)
- 2010年7月　(株)グローバル住販が単独株式移転の方法によって株式移転し(株)THEグローバル社を完全親会社として設立
- 2012年5月　Global Real Management (Singapore) Pte. Ltd.を設立
- 2013年12月　(株)グローバル投資顧問を設立

0924 サコス(株)
［証券コード］9641
［上場区分］ジャスダックスタンダード
- 1967年9月　三光機械リース(株)を設立
- 1986年9月　サコス(株)に社名変更
- 2009年6月　(株)新光電舎を設立

0925 (株)ササクラ
［証券コード］6303
［上場区分］東証二部
- 1949年2月　(株)笹倉機械製作所を設立
- 1973年3月　SASAKURA INTERNATIONAL (H.K.) CO., LTD.を設立
- 1991年10月　(株)笹倉サービスセンターを設立
- 1992年10月　(株)ササクラに社名変更
- 1994年10月　P.T. SASAKURA INDONESIAを設立
- 2003年5月　ARABIAN COMPANY AND SASAKURA FOR WATER AND POWERを設立
- 2014年1月　台灣篠倉貿易股份有限公司を設立

0926 (株)サザビーリーグ
- 1972年4月　(株)サザビーを設立
- 1983年12月　C.M.C. S.A.と合弁にて(株)アニエスベーサンライズを設立
- 1985年7月　(株)ファーイーストカンパニーを設立
- 1986年7月　(株)キハチアンドエスを設立
- 1995年10月　Starbucks Coffee International, Inc.との合弁にてスターバックス コーヒー ジャパン(株)を設立
- 1998年10月　Industries Werts, Inc.との合弁にてアメリカンラグ シー ジャパン(株)を設立
- 2000年8月　アンド エー(株)と(株)エストネーションを設立
- 2002年3月　(株)ロングラージュとの合弁にて(株)タアコバを設立
- 2005年6月　Coflusa S.A.U.との合弁にて(株)ピナを設立
- 2005年12月　(株)サザビーリーグに商号変更
- 2007年12月　(株)トリプルアイを設立
- 2008年1月　3.1 phillip lim LLC.との合弁にて(株)3.1フィリップリム・ジャパンを設立
- 2008年2月　統一超商股份有限公司との合弁にて統一午茶風光股份有限公司を設立
- 2008年4月　(株)アイシーエルと(株)ビーエルティーと(株)バゲージハンドラーズと(株)エーアンドエスを設立
- 2009年4月　(株)サザビーリーグHRを設立
- 2013年1月　サザビーリーグ(上海)有限公司を設立

2015年3月　（株）エストネーションと（株）アイシーエルとアイビー（株）と合併

0927　佐田建設（株）
［証券コード］1826
［上場区分］東証一部
1920年3月　（個）佐田組を設立
1949年10月　佐田建設（株）に社名変更
1987年5月　（株）リフォーム群馬を設立
1987年5月　（株）リフォーム埼玉を設立（後：彩光建設（株））

0928　（株）サダマツ
［証券コード］2736
［上場区分］ジャスダックスタンダード
1920年4月　貞松時計店を創業
1964年3月　（有）貞松時計店に改組
1974年7月　（株）貞松時計店に改組
1985年6月　（株）サダマツに社名変更
1989年3月　（株）ジュエリーアイを設立
2006年1月　（株）ヴィエールを吸収合併
2006年5月　D&Q JEWELLERY Co., Ltd.を設立
2006年10月　（株）SPAパートナーズを設立（後清算）
2011年1月　台灣貞松股份有限公司を設立

0929　（株）雑貨屋ブルドッグ
［証券コード］3331
［上場区分］ジャスダックスタンダード
1976年10月　〈旧〉（株）商研を設立
1982年12月　大恭総業（株）を設立
1983年11月　（有）トータルメンテナンスを設立（後：（有）雑貨屋ブルドッグ）
1985年7月　SHOKEN U.S.A. CORPORATIOを設立
1988年10月　（株）商人を設立（後：（株）商研管財）
1991年10月　大恭総業（株）と（有）雑貨屋ブルドッグが合併し（株）雑貨屋ブルドッグに商号変更
1995年9月　〈旧〉（株）商研と合併
2014年4月　（株）商研を吸収合併

0930　（株）サックスバーホールディングス
［証券コード］9990
［上場区分］東証一部
1948年7月　（資）丸二商会を設立
1973年8月　（株）東京デリカに社名変更
1979年2月　（株）シューズデリカを設立
1983年7月　（株）関西デリカを設立
1991年2月　（株）関西デリカと（株）シューズデリカを吸収合併
1991年11月　（株）バグフェスタを設立
2001年10月　ディレクターズ（株）を設立
2010年3月　ディレクターズ（株）を吸収合併
2014年5月　（株）東京デリカ準備会社を設立（後：（株）東京デリカ）
2014年10月　（株）東京デリカ準備会社を承継とする会社分割により（株）サックスバーホールディングスに社名変更
2015年1月　（株）カーニバルカンパニーを設立

0931　（株）ザッパラス
［証券コード］3770
［上場区分］東証一部
2000年3月　（株）サイバービズを設立
2001年4月　（株）ザッパラスに社名変更
2012年12月　Zappallas, Inc.を設立

0932　（株）サッポロドラッグストアー
［証券コード］2786
［上場区分］東証一部
1983年4月　（株）サッポロドラッグストアーを設立
2000年12月　（株）サッポロドラッグサポートを設立（後：Creare（株））
2013年8月　（株）リージョナルマーケティングを設立

0933　サッポロホールディングス（株）
［証券コード］2501
［上場区分］東証一部
1906年3月　札幌麦酒（株）と日本麦酒（株）と大阪麦酒（株）が合同し大日本麦酒（株）を設立
1920年4月　日本硝子工業（株）を合併
1933年7月　日本麦酒鉱泉（株）を合併
1943年11月　桜麦酒（株）を合併
1944年12月　大日本ビタミン製薬（株）を設立
1949年9月　日本共栄（株）を設立（後：（株）サッポロライオン）
1949年9月　大日本麦酒（株）を分割し日本麦酒（株）に社名変更
1957年1月　国際飲料（株）を設立（後：サッポロ飲料（株））
1963年8月　星和運輸（株）を設立（後：サッポロ流通システム（株））
1964年1月　サッポロビール（株）に社名変更
1971年8月　（株）サッポロエージェンシーを設立
1986年7月　恵比寿開発（株）を設立（後：恵比寿ガーデンプレイス（株））
1992年11月　（株）サッポロホテルエンタプライズを設立
2003年7月　サッポロホールディングス（株）に純粋持株会社として社名変更
2003年7月　〈新〉サッポロビール（株）を設立
2012年3月　ポッカサッポロフード＆ビバレッジ（株）を設立

0934　佐藤商事（株）
［証券コード］8065
［上場区分］東証一部
1930年2月　佐藤ハガネ商店を設立
1937年12月　佐藤商事（資）に社名変更
1949年2月　佐藤商事（株）に改組
1949年6月　佐藤（資）を吸収合併
2002年　佐藤新潟加工センター（株）を設立
2004年4月　香港佐藤商事有限公司を設立
2007年4月　SATO-SHOJI (THAILAND) CO., LTD.を設立
2007年9月　上海佐商貿易有限公司を設立
2010年4月　SATO-SHOJI (VIETNAM) CO., LTD.を設立
2010年5月　SATO SHOJI KOREA CO., LTDを設立
2010年9月　佐藤ケミグラス（株）を設立
2011年1月　UCHIDA-SATO TECH (THAILAND) CO., LTD.を設立
2011年3月　曽我部（蘇州）減速機製造有限公司を

さとうしよ

2012年5月	YUASA SATO (Thailand) Co., Ltd.を設立
2012年7月	PT.SATO-SHOJI INDONESIAを設立
2015年2月	SATO HOME&PRODUCTS CO., LTD.を設立

0935　佐藤食品工業(株)
[証券コード]2814
[上場区分]ジャスダックスタンダード

1961年4月	(有)佐藤食品工業所を設立
1966年10月	(株)佐藤食品工業所に改組
1975年5月	(株)こぶし食品工業を吸収合併
1980年4月	佐藤食品工業(株)に商号変更
1998年2月	(株)パワーズフジミを設立
2014年8月	宝町食品(株)を設立

0936　(株)佐藤渡辺
[証券コード]1807
[上場区分]ジャスダックスタンダード

1938年12月	(株)渡辺組を設立
1975年12月	拓神建設(株)を設立
1990年3月	(株)弘永舗道を設立
1993年1月	(株)創誠を設立
2004年8月	佐々幸建設(株)を設立
2005年7月	SWテクノ(株)を設立
2005年10月	佐藤道路(株)と合併し(株)佐藤渡辺に商号変更
2009年7月	大連佐東奥瀝青有限公司を設立(後他社に譲渡)

0937　(株)ザ・トーカイ

1950年12月	焼津瓦斯(株)を設立
1956年2月	東海瓦斯(株)に社名変更
1959年5月	新光石油瓦斯(株)を設立
1963年1月	新光石油瓦斯(株)を吸収合併
1966年12月	東海都市ガス(株)を設立(後:東海ガス(株))
1967年6月	東海瓦斯運輸(株)を設立(後:東海造船運輸(株))
1972年11月	東海シティサービス(株)を設立(後:(株)トーカイ・ブロードバンド・コミュニケーションズ)
1973年8月	東海高圧ガス(株)を設立
1977年3月	焼津ケーブルテレビジョン(株)を設立(後:(株)ビック東海)
1987年10月	(株)ザ・トーカイに社名変更
1988年1月	(株)東部電気を設立(後:(株)トーカイ・ブロードバンド・コミュニケーションズ)
1989年12月	西静ケーブルネットワーク(株)を設立(後:(株)トーカイ・ブロードバンド・コミュニケーションズ)
1992年4月	関東熔材工業(株)と千葉酸素(株)と福島高圧ガス(株)を吸収合併
1993年6月	テレビ共聴開発(株)を設立(後:(株)トーカイ・ブロードバンド・コミュニケーションズ)
1995年4月	(有)裾野共同テレビ協会を設立(後:東静ケーブルネットワーク(株))
1999年6月	(株)エイ・アイ・シーを設立(後:厚木伊勢原ケーブルネットワーク(株))
2001年1月	(株)トーカイ・ブロードバンド・コミュニケーションズを設立
2002年12月	(株)ブケ東海を設立
2006年12月	(株)御殿場ケーブルテレビを設立
2009年1月	トーカイシティサービス(株)を設立
2011年4月	(株)ビック東海と共同で(株)TOKAIホールディングスを設立
2012年4月	拓開(上海)商貿有限公司を設立
2013年4月	島田リゾート(株)と(有)すずき商会を吸収合併
2014年4月	TOKAI MYANMAR COMPANY LIMITEDを設立
2014年12月	(株)エナジーラインを設立
2015年4月	(株)TOKAIホームガスを設立

0938　佐渡汽船(株)
[証券コード]9176
[上場区分]ジャスダックスタンダード

1913年2月	佐渡商船(株)を設立
1932年4月	新潟汽船(株)と越佐商船(株)を買収合併し佐渡汽船(株)に社名変更
1970年9月	佐渡観光ガイド(株)を設立(後:佐渡汽船スチュワーデス(株))
1971年7月	(株)両津港ターミナルビルを設立(後:両津南埠頭ビル(株))
1972年5月	佐渡汽船清掃(株)を設立(後:佐渡汽船ビルサービス(株))
1983年1月	(有)佐渡汽船宅配を設立(後:佐渡汽船通運(株))
1984年4月	佐渡汽船コンピューターサービス(株)を設立
1988年11月	(株)佐渡西三川ゴールドパークを設立
2009年3月	佐渡汽船シップマネジメント(株)を設立
2009年7月	佐渡汽船ニュー商事(株)を設立(後:佐渡汽船商事(株))
2009年9月	佐渡汽船シップメンテナンス(株)を設立
2009年9月	佐渡汽船営業サービス(株)を設立(後合併)

0939　サトーホールディングス(株)
[証券コード]6287
[上場区分]東証一部

1951年5月	(株)佐藤竹工機製作所を設立
1973年9月	(株)サトーに社名変更
1973年9月	サトーマーキング直販(株)を設立
1973年11月	サトーラベル(株)を設立
1974年9月	サトー機工(株)に社名変更
1986年9月	SATO ELECTRONICS (M) SDN BHDを設立(後:SATO LABELLING MALAYSIA ELECTRONICS SDN.BHD)
1987年1月	SATO AMERICA INC.を設立
1987年5月	BAR CODE SATO ELECTRONICS (S) PTE LTDを設立(後:SATO ASIA PACIFIC PTE.LTD.)
1987年8月	BAR CODE SATO ELECTRONICS (M) SDN BHDを設立(後:SATO MALAYSIA ELECTRONICS MANUFACTURING SDN.BHD.)
1989年12月	SATO EUROPE GmbHを設立(後:SATO LABELLING SOLUTIONS

		EUROPE GmbH)	1981年1月	SATORI ELECTRIC (AMERICA) INC.を設立
1996年2月	SATO BAR CODE & LABELLING SDN BHDを設立（後：SATO MALAYSIA SDN.BHD.）		1985年12月	佐鳥テクノシステム（株）を設立（後：佐鳥エス・テック（株））
2001年7月	BARCODE SATO (THAILAND) CO., LTD.を設立（後：SATO AUTO-ID (THAILAND) CO., LTD.）		1989年4月	佐鳥不動産（株）を吸収合併
			1990年12月	SATORI ELECTRIC (GERMANY) GmbHを設立
2002年2月	SATO POLSKA SP.Z O.O.を設立		1994年11月	SATORI PINICS (SINGAPORE) PTE., LTD.を設立
2002年4月	SATO SHANGHAI CO., LTD.を設立		1998年3月	SATORI E-TECHNOLOGY (AMERICA) INC.を設立
2002年10月	SATO EUROPE NV.を設立（後：SATO INTERNATIONAL EUROPE N.V.）		2000年3月	佐鳥エス・アイ・シー（株）を設立（後吸収合併）
2004年6月	SATO VIETNAM CO., LTD.を設立		2000年10月	（株）スター・エレクトロニクスを設立
2004年12月	SATO AUTO-ID MALAYSIA SDN. BHD.を設立		2001年3月	SATORI ELECTRIC (THAILAND) CO., LTD.を設立
2006年1月	SATO LABELING SOLUTIONS AMERICA, INC.とSATO LABELLING SOLUTIONS EUROPE GmbHとSATO IBERIA S.A.U.とSATO AUSTRALIA PTY LTD.とSATO NEW ZEALAND LTD.を設立		2001年6月	佐鳥エス・テック（株）を設立
			2001年8月	SHANGHAI SATORI CO., LTD.を設立
			2002年2月	SATORI PINICS HONG KONG CO., LTD.を設立
			2002年10月	SATORI S-TECH HONG KONG CO., LTD.を設立
2006年10月	Technology&Business Development Centreを設立（後：SATO TECHNO LAB EUROPE AB）		2005年6月	SATORI S-TECH PRODUCTION MANAGEMENT CONSULTING CO., LTD.を設立（後：SATORI PRODUCTION MANAGEMENT CONSULTING CO., LTD.）
2007年3月	SATO INTERNATIONAL AMERICA, INC.を設立			
2007年4月	SATO INTERNATIONAL ASIA PACIFIC PTE.LTD.を設立		2006年8月	KOREA SATORI CO., LTD.を設立
2009年10月	SATO GLOBAL BUSINESS SERVICES PTE.LTD.を設立		2006年9月	SATORI PINICS (THAILAND) CO., LTD.を設立（後清算）
2010年2月	SATO BENELUX B.V.を設立		2009年2月	SHENZHEN SATORI CO., LTD.を設立
2010年9月	SATO LABELLING POLAND SP.Z O.O.を設立			

0941　サトレストランシステムズ（株）

［証券コード］8163
［上場区分］東証一部

1968年8月	（株）尼崎すし半本店を設立
1970年1月	恒栄フード・サービス（株）に社名変更
1974年7月	〈旧〉（株）サトに社名変更
1977年8月	〈別〉（株）サトと合併（額面変更）し（株）サトに社名変更
1984年9月	サト運輸（株）を設立（後清算）
1988年9月	（株）芳醇を設立
1991年3月	（株）スインビー・フーズを設立
1998年10月	サトレストランシステムズ（株）に社名変更
2008年2月	上海莎都餐飲管理有限公司を設立
2010年10月	サト・アークランドフードサービス（株）を設立

2010年11月	SATO GERMANY GmbHを設立
2011年10月	サトーホールディングス（株）に商号変更
2012年3月	SATO AUTO-ID INDIA PVT.LTD.を設立
2013年4月	サトープライマリーラベルインターナショナル（株）とサトーRFIDソリューションズ（株）とサトーグリーンエンジニアリング（株）を設立
2013年11月	SATO VICINITY PTY LTDを設立
2014年4月	サトーヘルスケア（株）を設立
2014年12月	SATO Global Solutions, LLCとサトーインターナショナル（株）とを設立

0940　佐鳥電機（株）

［証券コード］7420
［上場区分］東証一部

1947年7月	佐鳥電機（株）を設立
1969年6月	佐鳥オートマチックス（株）を設立（後吸収合併）
1969年6月	佐鳥パイニックス（株）を設立
1973年9月	TSO YAO TRADING CO., LTD.を設立（後：TAIWAN SATORI CO., LTD.）
1976年9月	HONG KONG SATORI CO., LTD.を設立
1977年3月	SINGAPORE SATORI PTE., LTD.を設立

0942　（株）サニックス

［証券コード］4651
［上場区分］東証一部

1978年9月	三洋消毒（株）を設立
1987年3月	（株）サニックスに社名変更
1995年12月	（株）サンエイムを設立
1999年2月	（株）エネルギー総合開発研究所を設立
2001年10月	（株）サニックスエナジーを設立
2003年4月	（株）サニックス・ソフトウェア・デザインを設立
2004年5月	（株）サニックス・ソリューションを設立
2010年4月	（株）北海道サニックス環境を設立

2010年12月　善日(上海)能源科技有限公司を設立
2012年1月　(株)サニックスエンジニアリングを設立

0943　サノヤスホールディングス(株)
[証券コード]7022
[上場区分]東証一部
1911年4月　(個)佐野安造船所を設立
1923年2月　千本松船渠(株)を買収
1940年6月　佐野安船渠(株)に社名変更
1984年8月　(株)サノヤスに社名変更
1990年10月　菱野金属工業(株)と合併
1991年4月　明昌特殊産業(株)と合併し(株)サノヤス・ヒシノ明昌に社名変更
2011年10月　サノヤスホールディングス(株)を単独株式移転により設立
2013年7月　Sanoyas Rides Australia Pty Ltdを設立
2014年8月　サノヤス・インタラクションズ(株)を設立
2014年12月　サノヤス精密工業(株)を設立

0944　(株)サハダイヤモンド
[証券コード]9898
[上場区分]ジャスダックスタンダード
1965年5月　東京サンゴ(株)を設立
1977年3月　(株)宝林に社名変更
1991年10月　(株)リヨン企画を設立
1994年3月　(株)ジェムパールを設立
1999年10月　(株)ジャパンオークションシステムズに社名変更
2004年10月　(株)サハダイヤモンドに社名変更

0945　ザ・パック(株)
[証券コード]3950
[上場区分]東証一部
1952年5月　日本ケース(株)を設立
1965年7月　森紙工(株)を併合
1983年7月　ザ・パック(株)に社名変更
1987年11月　ザ・パックアメリカコーポレーションを設立
1996年1月　(株)ザ・ニコルスを設立
2003年10月　(株)京浜特殊印刷を設立
2006年3月　特百嘉包装品貿易(上海)有限公司を設立
2007年8月　特百嘉包装制品(常熟)有限公司を設立
2009年2月　(株)パックタケヤマを設立
2014年1月　(株)ザ・ニコルスを吸収合併

0946　(株)サマンサタバサジャパンリミテッド
[証券コード]7829
[上場区分]東証マザーズ
1994年3月　(株)サマンサタバサジャパンリミテッドを設立
2006年9月　SAMANTHA THAVASA USA, INC.を設立
2011年8月　STL Co., Limitedを設立

0947　サムコ(株)
[証券コード]6387
[上場区分]東証一部
1979年9月　(株)サムコインターナショナル研究所を設立

2004年12月　サムコ(株)に社名変更
2008年10月　莎姆克股份有限公司を設立

0948　(株)SUMCO
[証券コード]3436
[上場区分]東証一部
1999年7月　住友金属工業(株)と三菱マテリアル(株)と三菱マテリアルシリコン(株)の共同出資により(株)シリコン ユナイテッド マニュファクチュアリングとして設立
2002年1月　SUMCO USA Corp.を設立(後清算)
2002年2月　三菱マテリアルシリコン(株)と合併し、住友金属工業(株)よりシリコン事業の営業を譲り受け三菱住友シリコン(株)に商号変更
2005年8月　(株)SUMCOに商号変更
2012年11月　ジャパンスーパークォーツ(株)を吸収合併

0949　サムシングホールディングス(株)
[証券コード]1408
[上場区分]ジャスダックグロース
1997年6月　(株)サムシングを設立
2000年10月　(株)サムシングの株式移転によりサムシング・ホウルディング(株)を設立
2000年11月　(株)ジオ・インシュランス・リサーチを設立(後:(株)GIR)
2001年6月　Something Re.Co., Ltd.を設立
2005年12月　サムシングホールディングス(株)に商号変更
2006年4月　(株)サムシング東海を設立(後:(株)サムシング西日本)
2008年1月　ジオサイン(株)を共同設立
2008年11月　(株)ユナイテッド・インスペクターズを設立(後:(株)住まいる検査)
2009年10月　(株)サムシング四国を共同設立
2013年3月　(株)E-maを設立
2013年3月　SOMETHING HOLDINGS ASIA PTE.LTD.を設立

0950　サムティ(株)
[証券コード]3244
[上場区分]ジャスダックスタンダード
1982年12月　サムティ開発(株)を設立
2005年6月　サムティ(株)に商号変更
2006年1月　(有)彦根エス・シーを設立
2006年12月　合同会社船場ISビルを設立
2011年11月　合同会社アンビエントガーデン和泉中央を設立
2011年12月　サムティ管理(株)を設立
2014年3月　合同会社淡路町プロジェクトを設立

0951　(株)サーラコーポレーション
[証券コード]2734
[上場区分]東証一部
2002年5月　(株)中部と新協オートサービス(株)とガステックサービス(株)の完全親会社として(株)サーラコーポレーションが発足
2003年12月　サーラ物流(株)を設立
2014年4月　サーラの水(株)を設立

0952　サーラ住宅(株)
[証券コード]1405
[上場区分]東証二部
- 1969年11月　(株)ミサワホーム中部を設立
- 1970年11月　中部住宅販売(株)に商号変更
- 1973年8月　ラックペーパー(株)を設立
- 1974年1月　中部ホームサービスステーション(株)を設立(後:中部ホームサービス(株))
- 1976年12月　(株)ミサワホーム中部を設立(後解散)
- 1998年12月　サーラハウスサポート(株)を設立
- 2000年10月　サーラ住宅(株)に商号変更

0953　沢井製薬(株)
[証券コード]4555
[上場区分]東証一部
- 1948年7月　澤井製薬(株)を設立
- 1979年1月　沢井製薬(株)に商号変更
- 1985年3月　メディサ新薬(株)を設立
- 1991年3月　(株)アクティブワークを設立
- 2004年4月　(株)アクティブワークを吸収合併

0954　澤田ホールディングス(株)
[証券コード]8699
[上場区分]ジャスダックスタンダード
- 1958年1月　協立証券(株)を設立
- 1999年4月　エイチ・アイ・エス協立証券(株)に社名変更
- 2001年4月　エイチ・エス証券(株)に社名変更
- 2006年9月　エイチ・エス証券分割準備(株)を設立(後:エイチ・エス証券(株))
- 2006年11月　エイチ・エス債権回収(株)を設立
- 2007年4月　澤田ホールディングス(株)に商号変更
- 2007年11月　JHKパートナーズファンド(投資事業組合)を解散
- 2007年11月　エイチ・エスファイナンス(株)を吸収合併
- 2008年1月　H.S.International(Asia)Limitedを設立
- 2008年4月　HSI-VLOH投資事業組合を解散
- 2008年10月　HIS-HS九州産交投資事業有限責任組合を解散
- 2010年5月　エイチ・エスライフプランニング(株)を設立
- 2010年9月　オリエント証券(株)を解散
- 2010年10月　パワーアセットマネジメントリミテッドを解散
- 2011年1月　HS-IPO投資事業有限責任組合を解散
- 2011年1月　(株)エイチ・エスインベストメントを解散

0955　澤藤電機(株)
[証券コード]6901
[上場区分]東証一部
- 1908年6月　(個)澤藤電機工業所を設立
- 1933年10月　(個)澤藤電機工業所の農耕用磁石発電機を継承し(個)澤藤電機研究所に社名変更
- 1934年6月　(株)菊地商会を継承し澤藤電機(株)に社名変更
- 1950年12月　澤藤機械製造(株)を合併
- 1964年10月　大船電機(株)を合併
- 1988年6月　(株)エス・エス・デーを設立
- 1990年12月　(有)佐藤産業を買収し(株)エス・テー・エスを設立
- 1992年4月　日本アイ・ビー・エム(株)他と共同で出資しソリューション・ラボ・北関東(株)を設立
- 2000年6月　エンゲル・ディストリビューション Pty Ltd.を設立
- 2001年9月　マーコンサワフジ Ltd.を設立
- 2012年1月　サワフジ エレクトリック タイランド CO., LTD.を設立

0956　(株)山陰合同銀行
[証券コード]8381
[上場区分]東証一部
- 1889年8月　(株)松江銀行を設立
- 1894年1月　(株)米子銀行を設立
- 1934年12月　松栄土地(株)を設立(後:松江不動産(株))
- 1941年7月　(株)松江銀行と(株)米子銀行が合併し(株)山陰合同銀行を設立
- 1941年10月　(株)石州銀行と(株)矢上銀行を合併
- 1945年3月　(株)山陰貯蓄銀行を買収
- 1975年4月　山陰総合リース(株)を設立(後:山陰総合リース(株))
- 1979年4月　山陰信用保証(株)を設立(後:ごうぎん保証(株))
- 1980年4月　合銀ビジネスサービス(株)を設立
- 1984年4月　(株)合同クレジットサービスを設立(後:(株)ごうぎんクレジット)
- 1985年9月　(株)山陰経済経営研究所を設立
- 1986年12月　扶桑ビジネスサービス(株)を設立(後:ごうぎんスタッフサービス(株))
- 1989年11月　(株)ごうぎんジェーシービーを設立(後:(株)ごうぎんクレジット)
- 1990年3月　ごうぎんシステムサービス(株)を設立
- 1991年4月　(株)ふそう銀行を合併
- 1996年1月　ごうぎんキャピタル(株)を設立
- 1997年10月　(株)山陰合同銀行に商号変更
- 2002年4月　山陰債権回収(株)を設立
- 2004年3月　(株)ごうぎん代理店を設立
- 2004年6月　(株)山陰オフィスサービスを設立
- 2015年2月　ごうぎん証券(株)を設立

0957　(株)サンウッド
[証券コード]8903
[上場区分]ジャスダックスタンダード
- 1997年2月　(株)サンウッドを設立
- 2006年2月　永田町プロジェクト有限責任中間法人を設立
- 2006年3月　東京デベロップメントサード特定目的会社を設立(後清算)

0958　(株)サンエー
[証券コード]2659
[上場区分]東証一部
- 1970年5月　(株)サンエーを設立
- 1982年9月　サンエー運輸(株)を設立

0959　(株)三栄建築設計
[証券コード]3228
[上場区分]東証一部
- 1993年9月　(有)三栄コーポレーションを設立
- 1994年8月　(有)三栄建築設計に社名変更
- 1996年12月　(株)三栄建築設計に組織変更

2012年10月	(株)三建アーキテクトを設立

0960　(株)三栄コーポレーション
[証券コード]8119
[上場区分]ジャスダックスタンダード

1946年10月	共栄商会を設立
1948年2月	共栄貿易(株)に社名変更
1949年9月	昭栄貿易(株)に社名変更
1954年6月	アトラス貿易(株)と共和貿易(株)が合併し東栄貿易(株)に社名変更
1958年1月	香港三栄洋行を創業(後:三栄洋行有限公司)
1961年2月	三栄貿易(株)に社名変更
1961年10月	共栄貿易(株)と昭栄貿易(株)と東栄貿易(株)を吸収合併
1962年6月	(株)キョーワを設立
1963年10月	三栄通商(株)を設立
1969年4月	(株)オーシーエスを設立
1971年12月	(株)三栄コーポレーションに社名変更
1973年9月	SANYEI CORPORATION (MALAYSIA) SDN. BHD.を設立
1976年7月	(株)サンエイインターナショナルコーポレーションを設立
1978年7月	三發貿易有限公司を設立(後:三發電器製造廠有限公司)
1978年9月	佳豪實業有限公司を設立(後:三栄電器香港有限公司)
1986年7月	TRIACE LIMITEDを設立
1989年3月	(株)ペットランドジャパンを設立
1994年1月	(株)サムコを設立
1998年10月	(株)ペットランドを設立
2002年5月	(株)ビルケンシュトックジャパンを設立
2002年10月	三暉国際貿易(上海)有限公司を設立
2007年4月	(株)エス・シー・テクノを設立
2007年12月	(株)リリーベットを設立
2011年4月	三發電器制品(東莞)有限公司を設立
2011年5月	三栄貿易(深圳)有限公司を設立
2011年12月	ヴェーエムエフ ジャパン コンシューマーグッズ(株)を設立
2012年10月	(株)L&Sコーポレーションを設立

0961　(株)サンエー化研
[証券コード]4234
[上場区分]ジャスダックスタンダード

1942年	静岡加工紙共販(株)を設立
1945年	静岡加工紙工業(株)に社名変更
1964年	サンエー化学工業(株)に社名変更
1996年	化研工業(株)と合併し(株)サンエー化研に社名変更
2013年12月	長興(中国)投資有限公司との合弁で長鼎電子材料(蘇州)有限公司を設立

0962　三櫻工業(株)
[証券コード]6584
[上場区分]東証一部

1939年4月	大宮航空工業(株)を設立
1945年9月	竹田産業(株)に社名変更
1952年3月	三櫻工業(株)に社名変更
1969年3月	(株)三田製作所を設立(後:フルトンプロダクツ工業(株))
1970年3月	中部三櫻(株)を設立(後解散)
1979年9月	P.T.サンオー インドネシアを設立
1980年7月	サンオー フルトン(フィリピンズ)インコーポレーテッドを設立
1980年11月	サンオー マニュファクチュアリング コーポレーションを設立
1985年6月	ユナイテッド サンオー インダストリーズ SDN.BHDを設立
1986年6月	ハイセン インコーポレーテッドを設立(後:サンオー アメリカ インコーポレーテッド)
1990年6月	エイブル サンオー インダストリーズ カンパニー リミテッドを設立(後:エイブル サンオー インダストリーズ(1996) カンパニー リミテッド)
1990年8月	サンオー インダストリアル デ メキシコ S.A.DE C.V.を設立
1990年9月	マルチプロダクツ工業(株)を設立
1990年12月	中国三桜(株)を設立(後:西日本三桜(株))
1991年5月	ブリストル ベンディング サンオー リミテッドを設立(後:サンオー UK マニュファクチュアリング リミテッド)
1993年6月	ECD三桜(株)を設立(後:(株)サンオーコミュニケーションズ)
1997年3月	エイブル サニット インダストリーズを設立
1997年4月	STIサンオー インディア リミテッドを設立
1997年12月	サンオー オボニック パワー システムズ コーポレーションを設立
1998年8月	(株)サンオーシステムソリューションズを設立(後:(株)エス・エス・エス)
1999年4月	広州三櫻制管有限公司を設立
1999年12月	サンオー ヨーロッパ GmbHを設立
1999年12月	上海三櫻機械製造有限公司を設立
2000年8月	サンオーインダストリーズ(タイランド) カンパニー リミテッドを設立
2001年1月	サンオー ヨーロッパ(フランス)EURLを設立
2003年7月	サンオー エムティーシー インコーポレーテッドを設立
2004年2月	三櫻(無錫)汽車部件有限公司を設立
2005年4月	上海三櫻汽車管路有限公司を設立
2005年10月	三櫻(武漢)汽車部件有限公司を設立
2006年11月	サンオー マジャール kft.を設立
2009年3月	マルチプロダクツ工業(株)を吸収合併
2010年10月	三櫻企業管理(上海)有限公司を設立(後:三櫻(中国)投資有限公司)
2011年8月	天津三櫻飛躍汽車部件有限公司を設立
2012年4月	サンオー インディア プライベート リミテッドを設立
2012年6月	サンオー ボルガ リミテッド ライアビリティ カンパニーを設立
2012年8月	サンオー ベトナム カンパニー リミテッドを設立
2012年10月	三櫻(東莞)汽車部件有限公司を設立
2013年4月	サンオー サンクトペテルブルク リミテッド ライアビリティ カンパニーを設立
2013年7月	サンオー イジェフスク リミテッド ライアビリティ カンパニーを設立
2013年9月	三櫻(重慶)汽車部件有限公司を設立
2014年3月	サンオー コリア カンパニー リミテッドを設立

0963 (株)サンオータス
[証券コード]7623
[上場区分]ジャスダックスタンダード
1951年5月	(株)朝日商会を設立
1970年	(株)朝日に社名変更
1992年5月	三栄石油(株)と(株)オートラマヨコハマとアンスオート整備(株)を吸収合併し(株)サンオータスに社名変更
1994年2月	(株)オートラマヨコハマを設立(後:(株)フォード横浜)
1998年5月	(株)フォード横浜と(株)オリックスレンタカー横浜を吸収合併
2000年11月	(株)サンイエローを設立
2001年12月	(株)ブリティッシュオートを設立
2002年9月	(株)サンメディアを設立
2009年9月	(株)ブリティッシュオートを吸収合併

0964 三機工業(株)
[証券コード]1961
[上場区分]東証一部
1949年8月	〈旧〉三機工業(株)の第二会社として三機工業(株)を設立
1971年7月	苫小牧熱サービス(株)を設立
1972年9月	(株)サンエーデベロッパーを設立(後吸収合併)
1974年9月	(株)三機加工センターを設立(後吸収合併)
1980年4月	(株)三機空調センターと(株)三機電設センターを設立
1980年5月	(株)三機産設センターを設立(後:三機産業設備(株))
1980年9月	(株)三機環設センターを設立(後:三機化工建設(株))
1985年10月	関西総合設備(株)と中部総合設備(株)を設立
1988年4月	九州総合設備(株)を設立
1990年6月	サンキ環境サービス(株)を設立(後:三機環境サービス(株))
2004年4月	上海三机工程諮詢有限公司を設立
2005年4月	三機アイティサービス(株)を設立
2005年7月	三机建筑工程(上海)有限公司を設立
2008年4月	東和興産(株)を吸収合併
2008年6月	THAI SANKI ENGINEERING & CONSTRUCTION CO., LTD.を設立
2010年4月	三機食品設備(株)を吸収合併

0965 (株)三機サービス
[証券コード]6044
[上場区分]ジャスダックスタンダード
1977年7月	(株)三機サービスを設立
1998年9月	上海三機大楼設備維修有限公司を設立

0966 燦キャピタルマネージメント(株)
[証券コード]2134
[上場区分]ジャスダックスタンダード
1992年9月	(有)横浜経営研究所を設立
1997年5月	ワイトレーディング(株)に組織変更
2001年9月	燦キャピタルマネージメント(株)に商号変更
2003年4月	SUN Foresight RE.Ltd(有)を設立(後吸収合併)
2003年12月	SUN ReXIS Inc.(有)を設立(後吸収合併)
2005年11月	北斗第15号投資事業有限責任組合を設立
2006年10月	北斗第17号投資事業有限責任組合を設立(後清算)
2007年3月	一般社団法人鳥取カントリー倶楽部を設立
2007年5月	北斗第18号投資事業有限責任組合を設立
2007年7月	合同会社蔵人を設立(後清算)
2007年8月	アセットマネージメントを設立
2007年9月	北斗第19号投資事業有限責任組合を設立
2008年9月	燦ストラテジックインベスト第1号投資事業有限責任組合を設立
2008年10月	日本プロパティ開発(株)を設立
2009年4月	燦アセットマネージメント(株)東京支社を設立
2009年6月	大阪投資マネージメント(株)を設立
2010年12月	SSデベロップメンツ有限責任事業組合を設立(後清算)
2011年3月	鳥取カントリー倶楽部(株)を設立
2011年10月	SCM SOUTHRIDGE, LLCを設立
2011年11月	スプリング投資事業有限責任組合を設立
2012年1月	燦HE(株)を設立
2012年2月	NQ屋台村有限責任事業組合を設立(後:NQ屋台街有限責任事業組合)
2012年2月	合同会社NQ屋台村を設立

0967 山九(株)
[証券コード]9065
[上場区分]東証一部
1916年	(名)磯部組を設立
1917年11月	(株)磯部組に改組
1918年10月	(株)中村屋を買収、改組し山九運輸(株)に社名変更
1929年2月	洞海汽船(株)を合併
1947年6月	山九産業運輸機工(株)に社名変更
1951年11月	山九運輸(株)に社名変更
1959年7月	山九運輸機工(株)に社名変更
1971年11月	Sankyu(Singapore)Pte.Ltd.を設立
1972年1月	Sankyu S/Aを設立
1973年8月	Sankyu Eastern International(H.K.) Co., Ltd.を設立
1974年6月	P.T.Sankyu Indonesia Internationalを設立
1979年5月	Sankyu(Malaysia)Sdn.Bhd.を設立
1980年10月	山九(株)に社名を変更
1984年7月	Sankyu U.S.A., Inc.を設立
1988年2月	Sankyu Logistics & Engineering Services (Thailand) Co., Ltd.を設立
1990年10月	岡崎工業(株)と合併
2008年7月	郵便事業(株)と新たにJPサンキュウグローバルロジスティクス(株)を設立
2010年9月	SankyuSoutheastAsia Holdings Pte.Ltd.を設立(後:山九東南アジアホールディングス(株))

0968 三京化成(株)
[証券コード]8138
[上場区分]東証二部
1946年7月	三協商会を設立

さんきょう

1947年2月	（株）三協商会に改組
1947年11月	三京化成（株）に社名変更
1958年1月	大同工業（株）を設立
1995年3月	東洋紡績（株）と共同出資し三東洋行有限公司を設立
2002年3月	SANKYO KASEI SINGAPORE PTE. LTD.を設立
2007年5月	産京貿易（上海）有限公司を設立
2010年8月	SANKYO KASEI（THAILAND）CO., LTD.を設立

0969　（株）産業経済新聞社
- 1933年6月　日本工業新聞を創刊
- 1939年3月　（株）日本工業新聞社を設立
- 1942年10月　（株）産業経済新聞社と旧大阪本社の商号変更
- 1955年2月　（株）産業経済新聞東京本社を設立
- 1959年2月　（株）産業経済新聞社に商号変更
- 2005年11月　（株）産経デジタルを設立

0970　三共生興（株）
［証券コード］8018
［上場区分］東証一部
- 1920年5月　（個）三木商店を設立
- 1923年9月　三共商会（株）に社名変更
- 1938年12月　（株）三共商会に社名変更
- 1944年1月　三共生興（株）に社名変更
- 1973年1月　三共生興ファッションサービス（株）を設立
- 1973年12月　（株）ブティック サンプチを設立
- 1977年5月　日本ローブ（株）を合併
- 1989年10月　（株）サンファーストを設立
- 1989年12月　（株）サン・レッツを設立
- 1991年3月　SAN EAST UK PLCを設立
- 1992年1月　SANKYO SEIKO EUROPE S.A.を設立（後清算）
- 1995年2月　（株）サン プロシードを設立
- 2002年4月　三共生興ホームファッション（株）を設立（後：三共生興アパレルファッション（株））
- 2002年4月　三共生興リビング（株）を設立
- 2013年4月　SANKYO SEIKO（ASIA PACIFIC）CO., LTD.を設立

0971　三協フロンテア（株）
［証券コード］9639
［上場区分］ジャスダックスタンダード
- 1969年12月　三協フロンテア（株）を設立
- 1980年12月　（株）フロンテア化学を設立（後：（株）フロンテア化工）
- 1993年6月　（有）フロンテア流通を設立（後：フロンテア流通（株））
- 1995年9月　番禺三協豪施有限公司を設立（後：広州番禺三協豪施有限公司）
- 1997年7月　フロンテアガーデン（株）を設立（後：フロンテア環境システム（株））

0972　サンケイ化学（株）
［証券コード］4995
［上場区分］福証
- 1941年12月　鹿児島化学工業（株）の郡山工場を分離し三啓化学工業（株）を設立
- 1945年4月　泉熱製塩工業（株）に社名変更
- 1946年5月　鹿児島配合肥料工業（株）を合併
- 1949年6月　鹿児島化学工業（株）を合併し鹿児島化学工業（株）に社名変更
- 1949年6月　泉熱化学工業（株）に社名変更
- 1962年1月　サンケイ化学（株）に社名変更
- 1970年12月　富士グリーン（株）を設立

0973　（株）サンゲツ
［証券コード］8130
［上場区分］東証一部
- 1850年　（個）山月堂を設立
- 1953年4月　（株）山月堂に改組
- 1970年4月　（株）サンゲツに社名変更
- 1996年10月　Sangetsu America, Inc.を設立

0974　サンケン電気（株）
［証券コード］6707
［上場区分］東証一部
- 1937年10月　（財）東邦産業研究所を設立
- 1946年9月　東邦産研電気（株）を設立
- 1962年1月　サンケン電気（株）に商号変更
- 1970年2月　鹿島サンケン（株）を設立
- 1973年6月　韓国サンケン（株）を設立
- 1974年4月　サンケン電設（株）を設立
- 1978年7月　石川サンケン（株）を設立
- 1981年10月　山形サンケン（株）を設立
- 1988年3月　福島サンケン（株）を設立
- 1988年12月　サンケン エレクトリック ホンコン カンパニー リミテッドを設立
- 1989年10月　グーディング グループ リミテッド（英国）との合弁でグーディング サンケン リミテッドを設立（後：サンケン パワー システムズ（ユーケー）リミテッド）
- 1990年10月　サンケン エレクトリック シンガポール プライベート リミテッドを設立
- 1990年12月　スプレーグ テクノロジーズ インク（米国）の半導体部門を買収しアレグロ マイクロシステムズ インクを設立（後：アレグロ マイクロシステムズ エルエルシー）
- 1997年7月　ピーティー サンケン インドネシアを設立
- 2000年4月　サンケン エレクトリック コリア（株）を設立
- 2001年5月　台湾三墾電気股份有限公司を設立
- 2003年9月　三墾電気（上海）有限公司を設立
- 2005年7月　ポーラー ファブ エルエルシー（米国）を買収しポーラー セミコンダクター インクを設立（後：ポーラー セミコンダクター エルエルシー）
- 2005年9月　サンケンオプトプロダクツ（株）を設立
- 2007年5月　サンケンロジスティクス（株）を設立
- 2009年10月　サンケントランスフォーマー（株）を吸収合併
- 2013年3月　サンケン ノースアメリカ インクを設立

0975　（株）三五
- 1928年6月　恒川鉄工所を創業
- 1950年6月　（株）三五を設立
- 1965年10月　（株）三幸精機を設立
- 1970年10月　三愛運輸（株）を設立
- 1971年7月　三和工機（株）を設立
- 1973年4月　伸和バルジ（株）を設立

1973年8月	(株)三立を設立
1987年1月	Arvin Sango, Inc.を設立
1996年4月	YS PUND Co., LTDを設立
2002年3月	(株)三五米野を設立
2002年4月	SANGO TURKEY INC.を設立
2003年1月	(株)三福を設立
2003年5月	天津三五汽車部件有限公司を設立
2004年8月	広州三五汽車部件有限公司を設立
2005年10月	(株)三幸精機と伸和バルジ(株)を併合
2007年2月	(株)三五北海道を設立
2008年3月	(株)三五三重を設立
2008年11月	(株)三五関東を設立
2012年4月	PT.SANGO INDONESIAを設立
2012年4月	襄陽三五汽車部件有限公司を設立
2012年12月	SANGO India Automotive Parts Prv. Ltd.を設立

0976 (株)サンコー
[証券コード]6964
[上場区分]東証二部

1963年9月	(株)サンコーを設立
1971年10月	(株)松本サンコーを設立
1980年9月	(株)三光製作所と合併
1981年8月	(株)トミー工業を設立
1981年9月	(株)村田精工と(株)松本サンコーと(有)トミー工業と合併
2000年3月	SANKO TRADING USA, INC.を設立
2001年5月	トミー工業(株)と合併
2004年7月	サンコーミタチ(株)を設立
2011年1月	THAI SANKO CO., LTD.を設立
2015年1月	THAI SANKO TRADING CO., LTD.を設立

0977 三光合成(株)
[証券コード]7888
[上場区分]ジャスダックスタンダード

1944年9月	(株)三光化学工作所を設立
1948年3月	三光合成樹脂工業(株)に社名変更
1987年2月	SANKO GOSEI TECHNOLOGY (SINGAPORE) PTE LTD.を設立
1987年10月	SANKO GOSEI UK LTD.を設立
1988年2月	RICH MOUNT INC.を設立(後清算)
1990年6月	東京三光合成樹脂工業(株)と大阪三光合成樹脂工業(株)と名古屋三光合成樹脂工業(株)をを吸収合併し三光合成(株)に社名変更
1991年6月	三光精機(株)と三光エンジニアリング(株)を吸収合併
1994年12月	SANKO GOSEI TECHNOLOGY (THAILAND) LTD.を設立
1995年9月	SANKO NEDERLAND B.V.を設立(後清算)
1995年10月	麗光精密(香港)有限公司を設立
1996年2月	SANKO TOCHEMI MANUFACTURING (THAILAND) LTD.を設立(後:SANKO GOSEI (THAILAND) LTD.)
2003年6月	PT. SANKO GOSEI TECHNOLOGY INDONESIAを設立
2003年8月	天津三華塑膠有限公司を設立
2004年12月	燦曄合成科技貿易(上海)有限公司を設立
2005年3月	三華合成(廣州)塑膠有限公司を設立
2011年3月	SANKO GOSEI TECHNOLOGY INDIA PRIVATE LTD.を設立
2012年7月	SANKO GOSEI MEXICO, S.A.DE C.V.を設立
2012年12月	SANKO GOSEI TECHNOLOGIES USA, INC.を設立
2014年5月	SANKO GOSEI PHILIPPINES, INC.を設立

0978 三光産業(株)
[証券コード]7922
[上場区分]ジャスダックスタンダード

1960年4月	三光産業(株)を設立
1988年11月	サンコウサンギョウ(マレーシア)SDN.BHD.を設立
2001年10月	光華産業有限公司を設立
2002年3月	サンコウサンギョウ(タイランド)Co., Ltd.を設立(後解散)
2002年9月	三光プリンティング(株)を設立
2007年2月	燦光電子(深圳)有限公司を設立

0979 三光ソフランホールディングス(株)

1974年9月	三光不動産(株)を設立
1978年1月	三光建設(株)に社名変更
1987年2月	(株)グットライフを設立
1991年3月	(株)財産ドックを設立
1992年2月	(株)ウィーン建築設計事務所を設立
1997年9月	(株)武蔵野工務店と(株)グットライフを吸収合併
2000年4月	三光ソフラン(株)に商号変更
2000年4月	三光建設(株)を設立
2008年6月	三光ソフラン(株)を設立
2008年6月	三光ソフランホールディングス(株)に商号変更
2010年9月	MCSハートフル(株)を設立

0980 サンコーテクノ(株)
[証券コード]3435
[上場区分]東証二部

1964年5月	三幸商事(株)を設立
1966年6月	三幸工業(株)を設立
1988年1月	三幸商事顧問股份有限公司を設立
1988年3月	SANKO FASTEM USA INC.を設立
1988年7月	SANKO FASTEM (THAILAND) LTD.を設立
1996年4月	三幸商事(株)と三幸工業(株)が合併しサンコーテクノ(株)に社名変更
2001年6月	加藤金属(株)を吸収合併
2002年4月	(株)エヌ・ティ・シーを吸収合併
2006年1月	サンコーストナジー(株)を設立(後清算)
2011年8月	SANKO FASTEM (VIETNAM) LTD.を設立

0981 サンコール(株)
[証券コード]5985
[上場区分]東証一部

1943年6月	三興線材工業(株)を設立
1945年7月	日染興業(株)を吸収合併
1972年12月	サンコール仙台(株)を設立

さんしやて

1973年2月	サンコール菊池(株)を設立
1981年3月	サンコールエンジニアリング(株)を設立
1989年5月	SUNCALL SANKO CORP.を設立（後清算）
1989年6月	SANKO PETERSON CORP.を設立
1991年4月	**サンコール(株)**に社名変更
1992年4月	SUNCALL CO., (H.K.) LTD.を設立
1992年11月	広瀬テクノロジー(株)を設立(後吸収合併)
1997年10月	PT.SUNCALL INDONESIAを設立
2000年1月	SUNCALL AMERICA INC.を設立
2000年11月	SUNCALL HIGH PRECISION (THAILAND) LTD.を設立
2004年12月	SUNCALL TECHNOLOGY VIETNAM CO., LTD.を設立
2006年3月	SUNCALL (Guangzhou) CO., LTD.を設立
2013年8月	Suncall (Guangzhou) Trading Co., Ltd.を設立
2013年9月	SUNCALL TECHNOLOGIES MEXICO, S.A.DE C.V.を設立
2013年11月	K & S WIRE CO., LTD.を設立
2014年6月	SUNCALL (Tianjin) Co., Ltd.を設立
2014年10月	HS POWER SPRING MEXICO, S.A.de C.V.を設立

0982　(株)三社電機製作所
[証券コード]6882
[上場区分]東証二部

1933年3月	**三社電機製作所**を設立
1948年4月	**(株)三社電機製作所**に改組
1974年12月	(株)三社電機サービスを設立
1981年4月	(株)三社エレクトロコンポーネントを設立
1981年4月	(株)三社エンジニアリングサービスを設立(後吸収合併)
1992年4月	(株)三社エレクトロコンポーネントを吸収合併
1994年1月	順徳三社電機有限公司を設立(後：佛山市順徳区三社電機有限公司)
1999年4月	サンレックスアジアパシフィックPTE.LTD.を設立
2001年8月	三社電機(上海)有限公司を設立

0983　三信建設工業(株)
[証券コード]1984
[上場区分]ジャスダックスタンダード

1956年11月	**三信建設工業(株)**を設立
1963年2月	(株)日東テクノ・グループを設立
2010年11月	三信建設工業(香港)有限公司を設立

0984　三信電気(株)
[証券コード]8150
[上場区分]東証一部

1951年11月	**三信電気(株)**を設立
1976年9月	松栄電気股份有限公司を設立(後：台湾三信電気股份有限公司)
1977年2月	SANSHIN ELECTRONICS (HONG KONG) CO., LTD.を設立
1977年12月	SANSHIN ELECTRONICS SINGAPORE (PTE) LTD.を設立
1988年12月	SANSHIN ELECTRONICS CORPORATIONを設立
1992年7月	サン・テクノロジー(株)を設立
1993年5月	SAN SHIN ELECTRONICS (MALAYSIA) SDN. BHD.を設立
1995年10月	日本情報機器(株)を吸収合併
1997年8月	SANSHIN ELECTRONICS (THAILAND) CO., LTD.を設立
2001年11月	(株)エス・ヌメディアテクノを設立(後：(株)三信メディア・ソリューションズ)
2002年8月	三信国際貿易(上海)有限公司を設立
2002年11月	三信ネットワークサービス(株)を設立
2003年7月	(株)TAKUMIを設立
2006年3月	SANSHIN ELECTRONICS KOREA CO., LTD.を設立
2009年4月	三信力電子(深圳)有限公司を設立
2009年9月	アクシスデバイス・テクノロジー(株)を設立

0985　サンスター(株)

1933年11月	(個)金田兄弟商会を設立
1946年4月	金田金属工業(株)に社名変更
1946年11月	巴産業(株)を設立
1948年3月	(有)太陽チューブ工業所を設立(後：太陽チューブ工業(株))
1948年5月	極東化工(株)を設立
1950年11月	金田金属工業(株)と帝国合同護謨工業(株)と極東化工(株)と(株)星光社が合併し**サンスター(株)**に社名変更
1952年4月	**サンスター歯磨(株)**に社名変更
1952年7月	サンスター歯刷子(株)を設立
1953年9月	太陽チューブ工業(株)と巴産業(株)を吸収合併
1954年12月	極東化工(株)を設立
1965年1月	サンスター金属(株)を設立
1965年12月	サンスターパッケージ(株)を設立
1966年2月	アルバート・カルバー社《米国》と合弁でアルバートサンスター(株)を設立
1969年11月	サンスター金属工業(株)とサンスターパッケージ(株)とサンスター商事(株)とサンスター機工(株)が合併し(株)サンスター金属を設立
1971年10月	(株)サレーヌを設立
1973年6月	サンスター歯刷子(株)を吸収合併
1977年7月	(財)サンスター歯科保健振興財団を設立
1980年12月	**サンスター(株)**に社名変更
1982年3月	サンスター技研(株)を設立
1986年1月	日星流通(株)を設立(後：サンスター開発(株))
1989年3月	サンスターエンジニアリングタイランドを設立
1992年5月	サンスターロジスティックシンガポールを設立(後：サンスター シンガポール Pte.Ltd.)
1993年11月	サンスターケミカルタイランドを設立
1995年7月	サンスターグループエンジニアリング(株)を設立
1995年10月	サンスターエンジニアリングインドネシアを設立
1996年4月	エス・ジー・エス(株)を設立(後：エス・ジー・シー(株))

2002年9月	サンスターロザンヌSAを設立（後：サンスタースイスSA）	1998年8月	設立 SANTEC Europe Ltd.を設立
2004年1月	サンスターSAを設立	1999年1月	サンテック・レーザー（株）と（株）サンテック・フォトニクス研究所を設立

0986 三精テクノロジーズ(株)
[証券コード]6357
[上場区分]東証二部

1951年2月	三精輸送機(株)を設立
1952年2月	(株)三精商会を吸収合併
1972年6月	三精不動産設備(株)を設立
1975年5月	(株)サンセイメンテナンスを設立
1976年10月	(株)サンエースを設立
2012年7月	Sansei Technologies Inc.を設立
2014年1月	三精テクノロジーズ(株)に社名変更

0987 (株)サンセイランディック
[証券コード]3277
[上場区分]東証一部

1976年2月	(株)サンセイサービスを設立
1987年3月	(株)サンセイに商号変更
1993年8月	(株)サンセイ住宅販売を設立（後吸収合併）（後：(株)サンセイコミュニティ）
1997年2月	(株)サンセイランディックに商号変更
2005年3月	(株)One's Life ホームを設立

0988 三相電機(株)
[証券コード]6518
[上場区分]ジャスダックスタンダード

1957年10月	三相電機(株)を設立
1970年11月	熊本三相電機(株)を設立（後：岡山三相電機(株)）
1993年12月	上海電視一廠との合弁で上海金星三相電機有限公司を設立（後：上海三相電機有限公司）
1999年9月	龍野サンソー(有)を設立（後：サンソー精工(株)）

0989 (株)サンテック
[証券コード]1960
[上場区分]東証二部

1937年1月	満長組を設立
1948年10月	山陽電気工事(株)に社名変更
1992年10月	(株)サンテックに社名変更
2003年8月	山陽機電技術(上海)有限公司を設立
2004年7月	(株)システック・エンジニアリングを設立
2007年1月	さくらんぼ東根学校給食サービス(株)を設立
2009年11月	(株)セルメックを設立
2010年1月	SANYO ENGINEERING & CONSTRUCTION VIETNAM CO., LTD.を設立
2012年10月	山口宇部ソーラー(株)を設立

0990 santec(株)
[証券コード]6777
[上場区分]ジャスダックスタンダード

1979年8月	協同商事(株)を設立
1981年12月	サムコム エレクトロニクス(株)に商号変更
1983年6月	サンテック(株)に商号変更
1985年11月	SANTEC U.S.A. CORPORATIONを設立
1998年8月	SANTEC Europe Ltd.を設立
1999年1月	サンテック・レーザー（株）と（株）サンテック・フォトニクス研究所を設立
1999年4月	サンテック オーシーシー(株)を設立
2001年6月	santec(株)に商号変更
2001年11月	聖徳科(上海)光通信有限公司を設立
2002年12月	(株)サンテック・フォトニクス研究所とサンテック オーシーシー(株)を吸収合併

0991 サン電子(株)
[証券コード]6736
[上場区分]ジャスダックスタンダード

1971年4月	サン電子(株)を設立
1986年7月	SUN CORPORATION OF AMERICAを設立
1990年3月	旭日電子股份有限公司を設立
1990年4月	(株)サンコミュニケーションズを設立
1999年8月	Future Dial Inc.を設立
2003年8月	輝之翼軟件有限公司を設立
2008年11月	Cellebrite GmbHを設立
2008年12月	躍陽信息技術(上海)有限公司を設立
2013年1月	Cellebrite Solucoes Technol'ogicas Ltda.を設立
2013年2月	Cellebrite Asia Pacific Pte Ltd.を設立
2014年2月	Cellebrite UK Limitedを設立
2014年4月	SUNCORP USA, Inc.を設立
2015年1月	Cellebrite France SAS.を設立
2015年3月	Cellebrite Canada Data Solutions Ltd.を設立

0992 参天製薬(株)
[証券コード]4536
[上場区分]東証一部

1890年	(個)田口参天堂を設立
1896年	田口参天堂(資)に改組
1914年9月	(資)参天堂に社名変更
1925年8月	参天堂(株)に改組
1945年3月	参天堂製薬(株)に社名変更
1958年6月	参天製薬(株)に社名変更
1993年1月	Santen Inc.を設立
1994年11月	参天物流(株)を設立
1997年2月	Santen Oyを設立
2002年1月	Santen Holdings U.S. Inc.を設立
2005年9月	参天製薬(中国)有限公司を設立
2011年7月	Santen India Private Limitedを設立
2012年3月	Santen Holdings EU B.V.を設立
2013年9月	参天医薬販売(蘇州)有限公司を設立
2013年12月	Santen Pharmaceutical Asia Pte.Ltd.を設立
2014年7月	Santen Italy S.r.l.を設立
2014年8月	Santen Switzerland SAとSanten UK Limitedを設立
2014年10月	SANTEN PHILIPPINES INC.とSANTEN（THAILAND）CO., LTD.を設立
2014年11月	SANTEN PHARMA MALAYSIA SDN. BHD.を設立
2014年12月	Santen Pharmaceutical Spain, S.L.を設立

0993　サンデンホールディングス(株)
[証券コード]6444
[上場区分]東証一部
- 1943年7月　三共電器(株)を創立
- 1964年12月　三共販売(株)を設立(後：サンデン販売(株))
- 1974年11月　三共インターナショナル(株)を設立(後：サンデンインターナショナル(株))
- 1977年12月　SANKYO INTERNATIONAL (SINGAPORE) PTE.LTD.を設立(後：SANDEN INTERNATIONAL (SINGA-PORE) PTE.LTD.))
- 1979年4月　三共電器電装(株)を設立(後：サンデン電装(株))
- 1980年4月　SANKYO INTERNATIONAL (U.K.) LTD.を設立(後：SANDEN INTERNATIONAL (EUROPE) LTD.)
- 1982年10月　サンデン(株)に商号変更
- 1987年8月　サンデンシステムエンジニアリング(株)とサンデン物流(株)を設立
- 1995年4月　SANDEN MANUFACTURING EUROPE S.A.Sを設立
- 1997年4月　サンデン販売(株)とサンデンインターナショナル(株)を吸収合併
- 2000年9月　上海三電汽車空調有限公司を設立
- 2004年4月　SANDEN MANUFACTURING POLAND SP.ZO.O.を設立
- 2005年4月　SANDENVENDO AMERICA INC.を設立
- 2005年12月　上海三電冷机有限公司を設立
- 2008年9月　蘇州三電精密零件有限公司を設立
- 2010年6月　重慶三電汽車空調有限公司を設立
- 2010年8月　上海三電環保冷熱系統有限公司を設立
- 2012年9月　SANDEN VIKAS PRECISION PARTS PRIVATE LIMITEDを設立
- 2012年12月　SANDEN MANUFACTURING MEXICO SA DE CVを設立
- 2015年4月　サンデンホールディングス(株)に商号変更

0994　(株)サンドラッグ
[証券コード]9989
[上場区分]東証一部
- 1957年　フタバ薬局を設立
- 1965年　(有)サンドラッグに社名変更
- 1970年　(有)已立商事を吸収合併
- 1980年7月　(株)サンドラッグに社名変更
- 1991年10月　(株)武蔵野サンドラッグと(株)神奈川サンドラッグを吸収合併
- 2011年2月　(株)サンドラッグ・ドリームワークスを設立
- 2013年10月　(株)サンドラッグ東海を吸収合併

0995　サントリー(株)
- 1899年2月　(個)鳥井商店を鳥井信治郎が大阪市西区靱中通2丁目に創業
- 1906年9月　(個)寿屋洋酒店に社名変更
- 1913年2月　(名)寿屋洋酒店に社名変更
- 1914年2月　(資)寿屋洋酒店に社名変更
- 1921年　(旧)(株)寿屋を創立
- 1922年3月　(資)寿屋洋酒店と登利寿(株)を合併し(株)寿屋に社名変更
- 1924年10月　エム・ワイ・エム商会(株)を合併
- 1963年　サントリー(株)に社名変更
- 1972年4月　サントリーフーズ(株)を設立
- 1984年　中国江蘇三得利食品有限公司を設立
- 1995年　上海三得利梅林食品有限公司と三得利ヒ酒(上海)有限公司を設立
- 2002年7月　サントリーフラワーズ(株)を設立
- 2003年　台湾三得利股份有限公司を設立
- 2011年　サントリー食品インターナショナルとサントリー(中国)ホールディングスとサントリー食品アジア社を設立
- 2013年　サントリーグローバルイノベーションセンター(株)を設立
- 2014年　サントリー食品ヨーロッパとビームサントリーとサントリービール(株)を設立

0996　サントリー食品インターナショナル(株)
[証券コード]2587
[上場区分]東証一部
- 2009年1月　サントリー食品(株)を設立
- 2011年1月　サントリー食品インターナショナル(株)に商号変更

0997　(株)山王
[証券コード]3441
[上場区分]ジャスダックスタンダード
- 1958年8月　(有)山王鍍金工業所を設立
- 1988年4月　(株)山王に社名変更
- 1995年7月　Sanno Land Corporationを設立
- 1995年10月　Sannno Philippines Manufacturing Corporationを設立
- 1997年11月　広和工業(有)を設立(後吸収合併)
- 2003年5月　山王電子(無錫)有限公司を設立

0998　サンバイオ(株)
[証券コード]4592
[上場区分]東証マザーズ
- 2013年2月　サンバイオ(株)を設立
- 2013年10月　SanBio Merger Sub, Inc.(米国)を設立

0999　サンフロンティア不動産(株)
[証券コード]8934
[上場区分]東証一部
- 1999年4月　(株)サンフロンティアを設立
- 2000年11月　サンフロンティア不動産(株)に社名変更
- 2004年12月　(有)SFキャピタルを設立(後吸収合併)
- 2005年7月　SFインベストメンツ(株)とサンフロンティア不動産投資顧問(株)とSFビルサポート(株)を設立
- 2007年10月　SFインベストメンツ(株)を吸収合併
- 2013年3月　東京陽光不動産股份有限公司を設立

1000　(株)サンマルクホールディングス
[証券コード]3395
[上場区分]東証一部
- 1989年3月　(株)大元サンマルクを設立
- 1990年7月　(株)サンマルクに商号変更
- 1991年7月　(株)デコールを設立
- 1991年12月　(株)倉敷サンマルクを吸収合併

1998年5月	Saint Marc Caymanを設立（後清算）
2005年11月	（株）サンマルクホールディングスに商号変更
2008年4月	（株）広東炒飯店を設立（後：（株）サンマルクチャイナ）
2015年4月	（株）サンマルクグリルと（株）倉式珈琲を設立

1001　サンメッセ（株）
[証券コード]7883
[上場区分]ジャスダックスタンダード

1935年5月	（個）田中印刷所を設立
1947年6月	（資）田中印刷所に改組
1953年10月	大垣土地興行（株）と合併し田中印刷興行（株）に社名変更
1966年10月	田中印刷興業（株）に社名変更
1969年9月	田中印刷興業（株）に販売部門を分離・設立し田中工業（株）に社名変更
1990年4月	田中印刷興業（株）と（株）日劇不動産と（株）スイト会館を合併しサンメッセ（株）に社名変更
2012年9月	Sun Messe (Thailand) Co., Ltd.を設立

1002　（株）サンユウ
[証券コード]5697
[上場区分]東証二部

1957年1月	三友シャフト工業（株）を設立
1991年5月	八尾精鋼（株）を吸収合併し（株）サンユウに社名変更
2008年8月	（株）サンユウ九州を設立

1003　サンユー建設（株）
[証券コード]1841
[上場区分]ジャスダックスタンダード

1950年7月	（株）堀工務店を設立
1967年6月	サンユー建設（株）に社名変更
2002年7月	サンユーエステート（株）を設立

1004　三洋化成工業（株）
[証券コード]4471
[上場区分]東証一部

1949年1月	三洋油脂（株）の京都工場を分離し三洋油脂工業（株）を設立
1962年11月	ノプコ・ケミカル社《米国》と共同で出資しサンノプコ（株）を設立
1963年5月	三洋化成工業（株）に社名変更
1966年4月	アボット・ラボラトリーズと折半出資によりサンアプロ（株）を設立
1966年11月	ノプコ・ケミカルと折半出資によりサンノプコ（株）を設立
1977年7月	日本石油化学（株）と共同で出資し（株）サン・ペトロケミカルを設立
1982年7月	日本石油化学（株）と共同で出資しサンケミカル（株）を設立
1989年11月	サンナム・コーポレーションを設立
1992年2月	ハーキュリーズと折半出資によりハーキュリーズ－サンヨー・インコーポレイテッドを設立
1997年3月	トーメン・エンタープライズ（バンコク）とVIVインターケムとの共同出資によりサンヨーカセイ（タイランド）リミテッドを設立
2001年3月	三菱化学（株）と共同出資によりサンダイヤポリマー（株）を設立
2003年4月	三洋化成精細化学品（南通）有限公司を設立
2007年12月	三洋化成（上海）貿易有限公司を設立
2008年4月	韓国三洋化成（株）を設立
2010年1月	台湾三洋化成股份有限公司を設立

1005　三洋工業（株）
[証券コード]5958
[上場区分]東証一部

1948年10月	（個）三洋商会を設立
1954年4月	（株）三洋商会に改組
1959年11月	三洋鍍金（株）を設立
1963年9月	三洋工業（株）と（株）三洋商会と（株）三洋商会（広島）と三洋鍍金（株）が合併し三洋工業（株）に社名変更
1982年10月	（株）三洋工業九州システムを設立
1983年4月	（株）三洋工業東北システムと（株）三洋工業北海道システムを設立
1989年1月	（株）三洋工業東京システムを設立

1006　（株）三陽商会
[証券コード]8011
[上場区分]東証一部

1942年12月	三陽商会を設立
1943年5月	（株）三陽商会に改組
1944年10月	（株）三陽商会製作所に社名変更
1948年7月	（株）三陽商会に社名変更
1996年4月	サンヨーショウカイミラノS.p.A.を設立（後閉鎖）
1996年5月	三陽商會香港有限公司を設立（後閉鎖）
1998年2月	國際三陽股份有限公司を設立（後閉鎖）
1999年10月	サンヨーショウカイニューヨーク, INC.を設立
2006年5月	上海三陽時装商貿有限公司を設立

1007　山洋電気（株）
[証券コード]6516
[上場区分]東証一部

1927年8月	山洋商会を設立
1936年12月	（株）山洋商会に改組
1942年4月	山洋電気（株）に社名変更
1973年6月	山洋開発（株）を設立
1988年12月	SANYO DENKI EUROPE S.A.を設立
1995年4月	SANYO DENKI AMERICA, INC.を設立
1999年3月	山洋電気テクノサービス（株）を設立
2000年2月	SANYO DENKI PHILIPPINES, INC.を設立
2003年4月	山洋電気（上海）貿易有限公司を設立
2005年6月	山洋電気精密機器維修（深圳）有限公司を設立
2005年6月	山洋電氣（香港）有限公司を設立
2005年8月	SANYO DENKI SINGAPORE PTE. LTD.を設立
2005年10月	SANYO DENKI GERMANY GmbHを設立
2005年11月	SANYO DENKI KOREA CO., LTD.を設立
2005年12月	台灣山洋電氣股份有限公司を設立
2006年8月	SANYO DENKI TECHNO

さんようと

	SERVICE (SINGAPORE) PTE.LTD.を設立
2008年1月	山洋電気貿易(深圳)有限公司を設立
2011年4月	中山市山洋電気有限公司を設立
2011年7月	SANYO DENKI (THAILAND) CO., LTD.を設立
2014年11月	上海山洋電気技術有限公司を設立
2015年2月	SANYO DENKI INDIA PRIVATE LIMITEDを設立

1008 (株)三洋堂ホールディングス
[証券コード]3058
[上場区分]ジャスダックスタンダード

1959年3月	(株)杁中三洋堂を設立
1978年12月	(株)杁中三洋堂から分離して(株)三洋堂書店を設立
2010年4月	(株)メディサイトコーポレーションを設立
2011年12月	(株)三洋堂おひさま保険を設立(後:(株)三洋堂プログレ)
2012年4月	(株)三洋堂ホールディングスに会社分割を実施して持株会社制へ移行し商号変更
2012年4月	(株)三洋堂書店を新設分割により設立

1009 山陽特殊製鋼(株)
[証券コード]25481
[上場区分]東証一部

1935年1月	山陽製鋼(株)を設立
1959年1月	山陽特殊製鋼(株)に社名変更
1963年6月	大阪特殊製鋼(株)を吸収合併
1974年	陽鋼物産(株)を設立
1982年	山特工業(株)を設立
1984年	山特不動産(株)を設立(後:サントクテック)
1986年	(有)サントクフーズを設立
1987年	サントク運輸(株)を設立(後:山特精鍛(株))
1987年	サントク加工(株)を設立(後:サントクテック(株))
1989年	サントクサービス(株)を設立(後:サントクテック)
1989年	(株)サントク人材センターを設立(後:サントクテック)
1990年	(株)OSテックを設立
1990年	サントクコンピュータサービス(株)とSKJ Metal Industries Co., Ltd.を設立
1992年	陽鋼スチール(株)を設立(後:陽鋼物産)
1995年10月	P.T. SANYO SPECIAL STEEL INDONESIAを設立
1996年1月	SANYO SPECIAL STEEL U.S.A., INC.を設立
2000年	サントク精研(株)を設立
2001年	山特精鍛(株)を設立
2001年8月	寧波山陽特殊鋼製品有限公司(中国)を設立
2002年10月	Advanced Green Components, LLC(米国)を設立
2011年2月	山陽特殊鋼貿易(上海)有限公司を設立
2011年9月	山特テクノス(株)とサントク保障サービス(株)を設立
2012年1月	Sanyo Special Steel India Pvt. Ltd.(インド)を設立
2014年9月	Siam Sanyo Special Steel Product Co., Ltd.(タイ)を設立

1010 (株)山陽百貨店
[証券コード]8257
[上場区分]ジャスダックスタンダード

1952年2月	(株)山陽百貨店を設立
1973年2月	(株)山陽友の会を設立
1976年10月	(株)サンヨーマートを設立
1987年2月	山陽アメニティサービス(株)と山陽デリバリーサービス(株)を設立
2000年2月	(株)キャリアネットを設立
2008年2月	兵庫ライフインダストリー(株)を吸収合併

1011 三洋貿易(株)
[証券コード]3176
[上場区分]東証一部

1947年5月	三洋貿易(株)を設立
1961年2月	Sanyo Corporation of Americaにニューヨーク駐在員事務所を改組
1972年11月	(株)産和工業を設立(後:三洋機械工業(株))
1990年9月	San-Thap International Co., Ltd.を設立
2002年10月	ニューリー・インスツルメンツ(株)を吸収合併
2003年12月	三洋物産貿易(上海)有限公司を設立
2006年4月	三洋テクノス(株)を設立
2010年2月	Sanyo Trading (Viet Nam) Co., Ltd.にホーチミン駐在員事務所を改組
2011年12月	Sanyo Trading India Private Limitedにニューデリー駐在員事務所を改組
2012年2月	三洋物産貿易(香港)有限公司を設立
2013年6月	Sun Phoenix Mexico, S.A. de C.V.を設立
2014年8月	PT. Sanyo Trading Indonesiaを設立

1012 (株)サンヨーハウジング名古屋
[証券コード]8904
[上場区分]東証一部

1989年11月	(株)サンヨーハウジング名古屋を設立
1992年9月	サンヨーコンサルタント(株)を設立
1999年7月	サンヨー土木測量(株)を設立
2007年5月	ジェイテクノ(株)を設立

1013 サンヨーホームズ(株)
[証券コード]1420
[上場区分]東証一部

1996年10月	(株)クボタの出資により西日本興産(株)を設立
2000年6月	宝貴産業(株)へ商号変更
2000年10月	クボタハウス(株)のプレハブ住宅事業を譲受しクボタハウス(株)に商号変更
2002年4月	三洋ホームズ(株)に社名変更
2008年10月	三洋コミュニティサービス(株)を設立(後:三洋ホームズコミュニティ(株))
2012年12月	サンヨーホームズ(株)に商号変更
2013年4月	サンアドバンス(株)を設立
2014年5月	e-暮らし(株)を設立

1014　(株)サン・ライフ
[証券コード]4656
[上場区分]ジャスダックスタンダード

1970年12月	(株)神奈川県冠婚葬祭サービスセンターを設立
1972年12月	(株)神奈川県互助センターを設立(後:サン・ライフメンバーズ)
1976年5月	神奈川県互助サービス(株)に社名変更
1981年3月	(株)互助サービスに社名変更
1985年8月	(株)ライフサービスに社名変更
1986年5月	(株)ウイングを設立
1991年1月	(株)サン・ライフサービスに社名変更
1991年2月	(株)サン・ライフに社名変更
2001年1月	(株)ウイングを吸収合併
2004年3月	(有)サン・セレモニーを設立(後:(株)サン・セレモニー)
2005年9月	(株)SECを設立
2008年11月	(株)サン・ライフ・ファミリーを設立
2014年7月	(株)クローバーを設立

1015　(株)サンリオ
[証券コード]8136
[上場区分]東証一部

1960年8月	(株)山梨シルクセンターを設立
1972年10月	サンリオ電機工業(株)と合併
1973年4月	〈別〉(株)サンリオと合併(額面変更)し(株)サンリオに社名変更
1973年10月	サンリオグリーティング(株)と合併
1974年12月	Sanrio Communications, Inc.を設立(後:Sanrio, Inc.)
1976年5月	Sanrio, Inc.を設立
1983年4月	Sanrio GmbHを設立
1984年2月	(株)ココロを設立
1987年2月	Sanrio Do Brasil Comersio e Representacoes Ltda.を設立
1987年11月	(株)サンリオコミュニケーション・ワールドを設立(後:(株)サンリオピューロランド)
1988年10月	(株)ハーモニーランドを設立(後清算)
1988年12月	光和ファイナンス(株)を設立
1989年2月	(株)サンリオ文化研究所を設立
1990年4月	(株)サンリオキャラクターソフトを設立
1990年4月	(株)サンリオファーイーストを設立
1992年5月	三麗鷗有限公司を設立(後:三麗鷗股份有限公司)
1994年4月	Sanrio (Hong Kong) Co., Ltd.を設立
1998年7月	Sanrio Korea Co., Ltd.を設立
2001年1月	Sanrio Wave Hong Kong Co., Ltd.を設立
2003年1月	三麗鷗上海国際貿易有限公司を設立
2005年4月	Sanrio Asia Merchandise Co., Ltd.を設立
2009年1月	Sanrio License GmbHを設立(後:Sanrio GmbH)
2009年7月	(株)サンリオエンテイメントを設立
2011年12月	Sanrio Global Ltd.とSanrio UK Finance Ltd.を設立
2012年3月	Sanrio Global Asia Ltd.を設立
2012年11月	Sanrio Chile SpA.を設立

1016　(株)サンリツ
[証券コード]9366
[上場区分]東証一部

1948年3月	(株)三立を設立
1950年10月	三立梱包運輸(株)に社名変更
1969年12月	三栄運送(株)を吸収合併
1976年12月	千葉三立梱包運輸(株)を設立
1985年8月	(株)サンリツに社名変更
2008年4月	(株)相模協栄商会を吸収合併
2010年3月	SANRITSU LOGISTICS AMERICA Inc.を設立
2010年7月	新英産業(株)を吸収合併
2013年12月	山立国際貨運代理(上海)有限公司を設立

1017　サンリン(株)
[証券コード]7486
[上場区分]ジャスダックスタンダード

1934年12月	信濃燃料(株)を設立
1966年7月	サンリン(株)に社名変更
1966年11月	三鱗運送(株)を設立
1972年11月	(株)ミツウロコと合弁で新潟サンリン(株)を設立
1973年4月	長野三鱗商事(株)を設立(後吸収合併)
1978年3月	ウロコ興業(株)を設立
1980年11月	(株)ミツウロコなどと合弁で富山ミツウロコ(株)を設立(後:富山サンリン(株))
1981年9月	上伊那ガス燃料(株)を設立
1999年10月	南安石油販売(株)を吸収合併
2004年6月	サンリンエネルギー商事(株)を設立
2004年10月	甲信サンリン(株)とイナガス(株)と(株)百瀬石油を吸収合併

1018　(株)サンワカンパニー
[証券コード]3187
[上場区分]東証マザーズ

1979年8月	(株)三輪を設立
2008年4月	(株)サンワカンパニーに社名変更
2011年2月	SANWA COMPANY HUB PTE. LTD.を設立

1019　サンワテクノス(株)
[証券コード]8137
[上場区分]東証一部

1946年7月	山田工業を設立
1949年11月	山田工業(株)に社名変更
1970年11月	山田空調(株)を設立(後:サンワトリニティ(株))
1977年11月	(株)山田工業研究所を設立
1990年6月	ヤマダ流通(株)を設立(後:サンワロジスティック(株))
1993年4月	サンワテクノス(株)に社名変更
1995年5月	サンワテクノスシンガポールを設立
1997年12月	サンワテクノスホンコンを設立
1998年4月	サンワテクニックヨーロッパを設立(後:サンワテクノスヨーロッパ)
1998年7月	サンワテクノスアメリカを設立
1998年11月	サンワテクノス台湾を設立(後:サンワテクノス台湾)
2000年10月	サンワテクノスマレーシアを設立
2001年12月	上海サンワテクノスを設立
2006年10月	サンワテクノスタイランドを設立

2009年1月	サンワテクノス深圳を設立
2014年10月	サンワテクノスインドネシアを設立

1020　三和ホールディングス(株)
[証券コード]5929
[上場区分]東証一部

1956年4月	(株)三和シヤッター製作所を設立
1959年10月	〈旧〉三和シヤッター(株)を設立
1961年5月	三和商事(株)を設立
1963年5月	**三和シヤッター工業(株)**に社名変更
1974年2月	三和ドアー工業(株)を吸収合併
1984年4月	昭和フロント販売(株)を設立(後：昭和フロント(株))
1986年8月	三和シヤッター(シンガポール)有限公司を設立(後清算)
1986年10月	三和シヤッター(香港)有限公司を設立
1987年4月	三和エクステリア(株)を設立
1988年9月	安海金属工業股份有限公司を設立
1991年3月	明治アルミ工業(株)を設立
1996年4月	(株)ミスタービルドなにわを設立
1996年4月	(株)ミスタービルド東京南を設立
1996年4月	沖縄三和シヤッター(株)を設立
1996年7月	Sanwa USA Inc.を設立
2000年1月	三和タジマ(株)を設立(後解散)
2003年10月	Sanwa Shutter Europe Ltd.を設立(後：Novoferm Europe Ltd.)
2004年1月	三和喜雅達門業設計(上海)有限公司を設立
2006年3月	三和タジマ(株)を吸収合併
2006年4月	上海宝産三和門業有限公司を設立
2007年10月	**三和ホールディングス(株)**に商号変更
2008年1月	VINA-SANWA COMPANY LIABILITY LTD.を設立
2011年7月	ベニックス(株)を設立(後解散)

1021　(株)CIJ
[証券コード]4826
[上場区分]東証一部

1976年1月	(株)日本コンピュータ研究所を設立
2000年2月	(株)シー・アイ・ジェイに社名変更
2001年2月	(株)日本コンピュータ研究所を設立(後：(株)CIJマネージ)
2002年11月	(株)**CIJ**に社名変更
2003年3月	(株)四国コンピュータ研究所を設立
2006年1月	(株)CIJソリューションを設立
2008年3月	(株)高知ソフトウェアセンターを設立

1022　(株)CRI・ミドルウェア
[証券コード]3698
[上場区分]東証マザーズ

2001年8月	(株)CSK総合研究所の100％子会社として(株)シーアールアイ・ミドルウェアを設立
2005年1月	(株)**CRI・ミドルウェア**に商号変更
2006年2月	CRI Middleware, Inc.を設立

1023　(株)シーアールイー
[証券コード]3458
[上場区分]東証二部

2009年12月	公共ロジスティックス(株)を設立
2010年7月	公共シィー・アール・イー(株)に社名変更
2014年6月	(株)**シーアールイー**に社名変更

1024　(株)C&Gシステムズ
[証券コード]6633
[上場区分]ジャスダックスタンダード

2007年7月	コンピュータエンジニアリング(株)と(株)グラフィックプロダクツが共同して株式移転により(株)**C&Gシステムズ**を完全親会社として設立
2010年1月	コンピュータエンジニアリング(株)と(株)グラフィックプロダクツを吸収合併(後：(株)C&Gシステムズ)

1025　(株)シイエム・シイ
[証券コード]2185
[上場区分]ジャスダックスタンダード

1962年5月	(株)名古屋レミントンランド・マイクロフィルムサービスを設立
1966年5月	(株)中部マイクロセンターに商号変更
1972年4月	(株)中部システムズを設立(後吸収合併)
1979年8月	(株)イントランスを設立(後吸収合併)
1989年10月	(株)**シイエム・シイ**に商号変更
1994年2月	(株)中部印刷製本センターを吸収合併
1998年6月	CMC PRODUCTIONS USA INC.を設立
2005年12月	広州国超森茂森信息科技有限公司を設立
2006年10月	(株)CMC Solutionsを設立
2012年10月	CMC ASIA PACIFIC CO., LTD.を設立

1026　(株)シーイーシー
[証券コード]9692
[上場区分]東証一部

1968年2月	(株)コンピューターエンジニアーズを設立
1978年2月	(株)**シーイーシー**に社名変更
1984年1月	(株)データエントリーを設立(後：シーイーシークロスメディア(株))
1990年1月	(株)ファナックビジネスを設立(後：(株)イーセクター)
1991年4月	中国冶金工業部と共同で出資し(株)シノテックを設立
1995年12月	大分シーイーシー(株)を設立
2000年8月	(株)シーイーシー名古屋情報サービスを設立(後：(株)シーイーシーカスタマサービス)
2003年8月	創注(上海)信息技術有限公司を設立(後：シーイーシー(上海)信息系統有限公司)
2009年9月	(株)宮崎太陽農園を設立
2010年9月	シーイーシー(杭州)科技有限公司を設立

1027　GEヘルスケア・ジャパン(株)

1982年4月	GEと横河電機が共同で出資し横河メディカルシステム(株)を設立
1994年4月	**GE横河メディカルシステム(株)**に社名変更
2009年8月	GEヘルスケア バイオサイエンス(株)と事業を統合し**GEヘルスケア・ジャパン(株)**に社名変更

1028　(株)CEホールディングス
[証券コード] 4320
[上場区分] 東証一部
- 1996年3月　(株)オネスト・エスを設立
- 2000年2月　(株)シーエスアイに社名変更
- 2002年12月　(株)シーエスアイ・テクノロジーを設立
- 2012年2月　(株)エル・アレンジ北海道を設立
- 2013年4月　(株)CEホールディングスに商号変更
- 2013年4月　(株)CEリブケアを設立

1029　(株)JIEC
[証券コード] 4291
[上場区分] 東証二部
- 1985年9月　日本インフォメーション・エンジニアリング(株)を設立
- 2000年4月　(株)ジェー・アイ・イー・シーに社名変更
- 2009年6月　(株)JIECに社名変更

1030　(株)ジェイアイエヌ
[証券コード] 3046
[上場区分] 東証一部
- 1988年7月　(有)ジェイアイエヌを設立
- 1991年7月　(株)ジェイアイエヌに改組
- 2004年4月　(株)ジンズを合併
- 2007年6月　(株)ジャストコミュニケーションズを吸収合併
- 2010年10月　吉姿商貿(瀋陽)有限公司を設立
- 2011年6月　(株)ブランドニューデイを設立
- 2011年12月　睛姿商貿(上海)有限公司を設立
- 2013年3月　睛姿美視商貿(北京)有限公司を設立
- 2013年12月　JINS Eyewear US, Inc.を設立
- 2013年12月　JINS US Holdings, Inc.を設立

1031　(株)ジェイエイシーリクルートメント
[証券コード] 2124
[上場区分] 東証一部
- 1988年3月　(株)ジェイ エイ シー ジャパンを設立
- 2009年4月　(株)ジェイエイシーリクルートメントに社名変更

1032　JSR(株)
[証券コード] 4185
[上場区分] 東証一部
- 1957年12月　日本合成ゴム(株)を設立
- 1961年9月　日合商事(株)を設立(後:JSRトレーディング(株))
- 1963年10月　日本ラテックス加工(株)を設立(後:(株)イーテック)
- 1964年8月　日合ゴム加工(株)を設立(後:(株)エラストミックス)
- 1996年6月　ジェイエスアールエレクトロニクス九州(株)を設立(後:JSRマイクロ九州(株))
- 1996年10月　テクノポリマー(株)を設立
- 1997年12月　JSR(株)に社名変更
- 1998年1月　ジェイエスアールオプテック筑波(株)を設立(後:JSRオプテック筑波(株))
- 2011年6月　Bangkok Synthetics Co., Ltd.と共同でJSR BST Elastomer Co., Ltd.を設立

1033　(株)ジェイエスエス
[証券コード] 6074
[上場区分] ジャスダックスタンダード
- 1976年7月　竜奥興業(株)の子会社としてジャパンスイミングサービス(株)を設立
- 1991年6月　(株)ジェイエスエスに商号変更

1034　ジェイ・エスコムホールディングス(株)
[証券コード] 3779
[上場区分] ジャスダックスタンダード
- 1968年5月　(株)イングリッシュコンパニオンを設立
- 1977年2月　(株)コンパニオンに社名変更
- 1985年7月　(株)エスコムに社名変更
- 1999年4月　(株)インストラクティービーを設立(後清算)
- 2005年10月　ジェイ・エスコムホールディングス(株)を株式移転により完全親会社として設立
- 2007年7月　Escom China Limitedを設立

1035　JST(株)
- 1938年11月　(株)服部製作所より若松工場を分離し(株)若松服部製作所を設立
- 1961年4月　日本鉄塔工業(株)を設立
- 1980年5月　(株)日本鉄塔大森工場を設立
- 2003年8月　(株)日本鉄塔鉄構カンパニーを設立(後:日本鉄塔工業(株))
- 2006年4月　JST(株)に社名変更
- 2007年10月　JSTブリッジ(株)を設立

1036　(株)ジェイエスピー
[証券コード] 7942
[上場区分] 東証一部
- 1962年1月　日本瓦斯化学工業(株)が出資し日本スチレンペーパー(株)を設立
- 1973年7月　新宮スチレンペーパー(株)を設立
- 1975年10月　日本ザンパック(株)を設立
- 1977年9月　九州スチレンペーパー(株)を設立
- 1979年9月　北海道スチレンペーパー(株)を設立
- 1985年10月　JSP America INC.を設立(後:JSP International Group LTD.)
- 1985年12月　Arco Sentinel社と合弁でARCO/JSP社を設立(後:JSP International LLC)
- 1986年4月　北海道スチレンペーパー(株)と新宮スチレンペーパー(株)と九州スチレンペーパー(株)を吸収合併
- 1989年1月　(株)ジェイエスピーに社名変更
- 1991年4月　KOSPA(株)を設立
- 1992年2月　Taiwan JSP Chemical Co., LTD.を設立
- 1993年12月　JSP Europe S.A.R.L.を設立(後:JSP International S.A.R.L.)
- 1995年11月　JSP Foam Products PTE.LTD.を設立
- 1996年6月　JSP International Manufacturing S.A.R.L.を設立
- 2002年7月　JSP Plastics (Wuxi) Co., LTD.を設立
- 2003年7月　三菱化学フォームプラスチック(株)と合併
- 2004年3月　JSP International Trading

	(Shanghai) Co., LTD.を設立（後：JSP Plastics (Shanghai) Co., LTD.）
2006年11月	JSP Plastics (Dongguan) Co., LTD.を設立
2006年11月	セイホクパッケージ（株）と合弁しKunshan JSP Seihoku Packaging Material Co., LTD.を設立
2010年7月	JSP Foam India Pvt.LTD.を設立
2011年1月	JSP Participacoes LTDA.を設立

1037　JXエンジニアリング（株）

1950年10月	甲陽建設工業（株）を設立
2001年4月	日鉱エンジニアリング（株）と合併し日陽エンジニアリング（株）に社名変更
2003年12月	鹿島エンジニアリング（株）を合併
2012年4月	（株）NIPPOのエネルギー事業本部と統合しJXエンジニアリング（株）に社名変更

1038　JXホールディング（株）
［証券コード］5020
［上場区分］東証一部

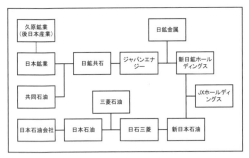

〈日本石油系〉

1888年5月	有限責任日本石油会社を内藤久寛、山口権三郎等が創立
1894年1月	日本石油（株）に商号変更
1921年10月	宝田石油（株）を合併（日本石油）
1931年2月	三菱石油（株）を設立
1933年6月	興亜石油（株）を設立
1941年6月	小倉石油（株）を合併（日本石油）
1951年10月	日本石油精製（株）を設立（後：日石三菱精製（株））
1991年6月	日石アジア石油開発（株）を設立（後：日本石油開発（株））（後：新日本石油開発（株））
1999年4月	三菱石油（株）を合併し日石三菱（株）に商号変更
2002年4月	日石三菱精製（株）と興亜石油（株）と東北石油（株）が合併し新日本石油精製（株）に商号変更
2002年6月	新日本石油（株）に商号変更
2008年10月	九州石油（株）を合併

〈新日鉱ホールディング系〉

1905年12月	久原房之助、赤沢銅山（後の日立鉱山）を買収、操業開始
1912年9月	久原鉱業（株）を設立（後：日本産業（株））
1929年4月	日本産業（株）の鉱山・製錬部門を分離・独立させ日本鉱業（株）を設立
1965年8月	共同石油（株）を設立
1992年5月	日鉱金属（株）を設立
1992年12月	日本鉱業（株）と共同石油（株）が合併し（株）日鉱共石に商号変更
1993年12月	（株）ジャパンエナジーに商号変更
2002年9月	日鉱金属（株）と株式移転により新日鉱ホールディングス（株）を設立

＊　＊　＊　＊

2010年4月	新日本石油（株）と新日鉱ホールディングス（株）の経営を統合しJXホールディング（株）を設立

1039　JFE鋼材（株）

1936年7月	鋼材商事（株）を設立
1948年10月	東京シヤリング（株）に社名変更
1984年10月	（株）横川シヤリング工場を合併
1989年12月	（株）東京シヤリング福山作業所を合併
2004年10月	川鉄鋼材工業（株）と合併しJFE鋼材（株）を設立

1040　JFEコンテイナー（株）
［証券コード］5907
［上場区分］東証二部

1961年4月	日本スチールコンテナー（株）を設立
1965年7月	伊丹製缶（株）を吸収合併し川鉄コンテイナー（株）に社名変更
2003年4月	鋼管ドラム（株）と合併しジェイ エフ イー コンテイナー（株）に商号変更
2003年7月	JFEコンテイナー（株）に商号変更
2004年1月	大同鉄器（株）と（株）ユニコンの事業を統合し（株）ジャパンペールを発足
2005年12月	JFEガスシリンダー（株）を吸収合併
2006年12月	浙江傑富意金属容器有限公司を設立（後：杰富意金属容器（浙江）有限公司）
2007年1月	日本製罐（株）とJFE製缶（株）と彌生工業（株）と伊藤忠丸紅鉄鋼（株）と共同出資しグローバル製缶（株）を設立（後清算）
2013年4月	J缶管財（株）を吸収合併
2013年6月	杰富意金属容器（重慶）有限公司を設立

1041　JFEシステムズ（株）
［証券コード］4832
［上場区分］東証二部

1983年9月	川鉄システム開発（株）を設立
1994年10月	川鉄情報システム（株）に社名変更
2004年12月	JFEシステムズ（株）に社名変更
2009年10月	JSU, Inc.を設立

1042　JFEスチール（株）
〈川崎製鉄系〉

1950年8月	川崎重工業（株）の製鉄部門が分離独立し川崎製鉄（株）を設立
1957年10月	昭和不動産（株）を設立
1958年7月	川鉄鉱業（株）を設立
1959年2月	川鉄化学（株）を設立
1969年2月	神戸食品（株）を設立
1971年10月	川鉄鋼線工業（株）を設立
1972年1月	川鉄鋼管工事（株）を設立
1973年4月	川鉄電気設備工事（株）を設立
1973年11月	川鉄計量器（株）を設立
1975年4月	川鉄エンジニアリング（株）を設立
1984年4月	川鉄化学（株）を吸収合併

〈日本鋼管系〉
年月	事項
1912年6月	**日本鋼管(株)**を設立
1919年11月	電気製鉄(株)を合併
1930年6月	川崎窯業(株)を設立
1933年12月	第二鋼管(株)を合併
1935年6月	昭和鋼管(株)を合併
1935年7月	川崎コークス(株)を合併
1937年12月	第三鋼管(株)を合併
1940年10月	鶴見製鉄造船(株)を合併
1944年7月	川崎窯業(株)を合併
1957年8月	鋼管化学工業(株)を設立
1959年8月	日本鋼管工事(株)を設立
1960年4月	日本エンジニアリング(株)を設立
1960年11月	日本鋼管ライトスチール(株)を合併

＊　＊　＊　＊

年月	事項
2002年9月	ジェイ エフ イー ホールディングス(株)を完全親会社として設立
2003年4月	川崎製鉄(株)と日本鋼管(株)の事業を再編し**JFEスチール(株)**を設立
2011年4月	JFE都市開発(株)を吸収合併

1043 **(株)ジェイ・エム・エス**
[証券コード]7702
[上場区分]東証一部

年月	事項
1965年6月	**(株)日本メディカル・サプライ**を設立
1968年5月	ディスポ医療器(株)を設立(後:ジェイ・エム・エス東部販売(株))
1971年2月	興陽化成(株)を設立(後:ジェイ・エム・エス高分子(株))
1973年9月	ジェイ・エム・エス中四国販売(株)を設立(後:ジェイ・エム・エス西部販売(株))
1976年2月	ジェイ・エム・エス合機(株)を設立
1988年7月	大連ジェイ・エム・エス医療器具有限公司を設立
1993年8月	ジェイ・エム・エス・ノース・アメリカ・コーポレーションを設立
1994年4月	**(株)ジェイ・エム・エス**に社名変更
1995年7月	ジェイ・エム・エス・ドゥ・ブラジルLTDA.を設立
2002年5月	(株)大野を設立
2002年6月	北京英特創軟件科技有限公司を設立
2004年3月	クリノグラフィ(株)を設立
2014年5月	ジェイ・エム・エス・ヘルスケア・フィリピン, INC.を設立

1044 **(株)JMS**
[証券コード]7702
[上場区分]東証一部

年月	事項
1965年6月	**(株)日本メディカル・サプライ**を設立
1974年9月	ジェイ・エム・エス中四国販売(株)を設立(後清算)(後:(株)ジェイ・エム・エス販売)
1976年2月	(株)ジェイ・エム・エスを設立(後:ジェイ・エム・エス・サービス(株))
1979年6月	ジャパン・メディカル・サプライ(シンガポール)プライベート・リミテッドを設立(後:ジェイ・エム・エス・シンガポールPTE.LTD.)
1981年6月	(株)栄商事と合併(株式額面変更のため)し**(株)日本メディカル・サプライ**に商号変更
1988年7月	大連ジェイ・エム・エス医療器具有限公司を設立
1988年10月	医用材料(ジェイ・エム・エス大連)有限公司を設立(後:大連ジェイ・エム・エス医療器具有限公司)
1993年8月	ジェイ・エム・エス・ノース・アメリカ・コーポレーションを設立
1994年4月	**(株)JMS**に商号変更(登記上:(株)ジェイ・エム・エス)
1995年7月	ジェイ・エム・エス・ドゥ・ブラジルLTDA.を設立
2002年5月	(株)大野を設立
2002年6月	北京英特創軟件科技有限公司を設立
2004年3月	クリノグラフィ(株)を設立
2014年5月	ジェイ・エム・エス・ヘルスケア・フィリピン, INC.を設立

1045 **(株)J-オイルミルズ**
[証券コード]2613
[上場区分]東証一部
〈ホーネンコーポレーション系〉

年月	事項
1907年10月	南満州鉄道(株)中央試験所を設立
1914年3月	満鉄豆油製造場に社名変更
1915年9月	(名)鈴木商店より満鉄豆油製造場を譲受し鈴木油房に社名変更
1922年4月	**豊年製油(株)**に社名変更(製油工場事業を継承)
1960年5月	三菱瓦斯化学(株)と共同で出資し豊ホルマリン工業(株)を設立
1964年11月	参松工業(株)と共同で出資し豊産業(株)を設立
1966年2月	豊産商事(株)を設立(後:豊年商事(株))
1966年8月	吉原製油(株)と共同で出資し日本大豆製油(株)を設立
1968年4月	豊産業(株)を吸収合併
1978年3月	豊神警備保障(株)を設立
1981年4月	ホーネンサービス(株)を設立
1983年3月	坂出ユタカサービス(株)を設立
1984年10月	東京ユタカサービス(株)を設立(後:豊年リーバ(株))
1988年1月	ユタカデベロップメント(株)を設立
1988年4月	ホーネン・ファイナンス(株)を設立(後:ホーネンビジネスサービス(株))
1988年6月	(株)ダイナシティーを設立
1988年6月	(株)フードランドを設立
1988年12月	ホーネン興産(株)を設立
1989年4月	**(株)ホーネンコーポレーション**に社名変更
1989年5月	楽陽食品(株)を買収
1990年6月	ホーネン物流(株)を設立
1992年10月	ユタカデベロップメント(株)を吸収合併(後:坂出ユタカサービス(株))

〈吉原製油系〉

年月	事項
1855年	(個)吉原商店を設立
1897年	(個)吉原定次郎商店に社名変更
1934年12月	(株)吉原定次郎商店に改組
1935年6月	**吉原製油(株)**を合併
1935年7月	**吉原製油(株)**に社名変更
1940年4月	(株)吉原商店を設立
1966年8月	豊年製油(株)と共同で出資し日本大豆製油(株)を設立
1968年9月	ゴールデン産業(株)を設立(後:ゴールデンサービス(株))

しえいくる

1988年7月	ゴールデンマーケティング（株）を設立
1991年6月	ゴールデントランスポート（株）を設立

〈味の素製油系〉

1999年4月	**味の素製油（株）**を設立
2001年4月	熊沢製油産業（株）を吸収合併

＊　＊　＊　＊

2002年4月	味の素製油（株）と（株）ホーネンコーポレーションの共同株式移転により**（株）豊年味の素**を設立
2003年4月	吉原製油（株）を完全子会社とするとともに**（株）J-オイルミルズ**に社名変更
2012年4月	（株）J-ビジネスサービスを吸収合併
2014年5月	Toyota Tsusho（Thailand）Co., Ltd.とMHCB Consulting（Thailand）Co., Ltd.と合弁でJ-OILMILLS（THAILAND）Co., Ltd.を設立

1046　（株）ジェイグループホールディングス
［証券コード］3063
［上場区分］東証マザーズ

1997年3月	（有）ジェイプロジェクトを設立
2001年3月	（株）ジェイプロジェクトを改組設立
2010年4月	（株）ジェイトレードを設立
2011年3月	（株）ディアジェイを設立
2011年9月	（株）ジェイキャストを設立
2012年9月	（株）ジェイグループホールディングスに商号変更
2012年9月	〈新〉（株）ジェイプロジェクトを会社分割によりを新たに設立
2013年5月	（株）ジェイエイトを設立
2014年2月	（株）ジェイグループインターナショナルを設立

1047　JKホールディングス（株）
［証券コード］9896
［上場区分］東証一部

〈丸吉系〉

1949年2月	（株）丸吉商店を設立
1963年2月	（株）丸吉に社名変更
1988年6月	中国イビ建材商事（株）を設立（後：（株）丸吉広島）
1989年1月	旭建材（株）を設立
1989年2月	千里企画総合（株）を吸収合併
1991年2月	（株）マルイチを設立
1991年8月	（株）丸吉広島を吸収合併
1993年1月	（株）カワシンを設立

〈興国ハウジング系〉

1947年11月	興国企業（株）を設立
1973年12月	興国ハウジング（株）に社名変更
1989年10月	東京運輸倉庫（株）を吸収合併
1996年7月	Pacific Housing Materials & Design Inc.《米国》と共同で出資しパシフィック・ハウジング・インターナショナル（株）を設立

＊　＊　＊　＊

1998年10月	（株）丸吉と興国ハウジング（株）が合併し**ジャパン建材（株）**に社名変更
1999年10月	（株）ティー・エム・シーと合併
2000年7月	江川ベニヤ（株）と合併
2002年7月	ダンタニ建材（株）と合併
2003年11月	（株）コウダと合併
2004年7月	九紅産業（株）と合併
2005年2月	JK工業（株）を設立
2005年10月	東海ダイケン（株）を吸収合併
2006年2月	JKC（株）を設立（後：ジャパン建材（株））
2006年4月	山陰ダイケン（株）を吸収合併
2006年5月	JKI（株）を設立
2006年10月	**JKホールディングス（株）**へ持株会社体制へ移行し商号を変更
2008年4月	（株）KEY BOARDを設立
2008年4月	（株）群馬木芸を設立
2008年5月	クロカワベニヤ（株）を設立
2014年1月	（株）COMFILLを設立

1048　ジェイコムホールディングス（株）
［証券コード］2462
［上場区分］東証一部

1993年9月	（株）パワーズインターナショナルを設立
1994年7月	**トラーディア（株）**に社名変更
1996年11月	**ジェイコム（株）**に社名変更
2009年6月	ジェイコムスタッフ（株）を設立（後：ジェイコム（株））
2009年12月	ジェイコム（株）にすべての事業部分を吸収分割によりに承継・持株会社体制へ移行し**ジェイコムホールディングス（株）**に社名変更

1049　（株）CAC Holdings
［証券コード］4725
［上場区分］東証一部

1966年8月	**（株）コンピュータアプリケーションズ**を設立
1989年7月	Computer Applications（America）Co., Ltd.を設立（後：CAC AMERICA CORPORATION）
1990年11月	Computer Applications（Europe）Company Limitedを設立（後：CAC EUROPE LIMITED）
1994年	日本システムサービス（株）と（株）システムユティリティを合併し**（株）シーエーシー**に社名変更
2000年5月	CAC PACIFIC CORPORATIONを設立（後解散）
2000年6月	（株）小学館と日本電気（株）との合弁で（株）ウェブプログレッシブを設立
2000年7月	希亜思（上海）信息技術有限公司を設立
2000年10月	（株）小学館と富士通（株）との合弁で（株）ネットアドバンスを設立
2002年4月	日本電気（株）と（株）熊谷組との合弁でシーイーエヌソリューションズ（株）を設立
2005年3月	（株）カティエントを設立（後解散）
2005年6月	富士ゼロックス（株）との合弁により（株）クロスフォースを設立
2006年7月	（株）コーポレイトディレクションなどとの合弁で（株）CDIソリューションズを設立
2007年1月	（株）きざしカンパニーを設立
2010年4月	（株）CACクリニットと（株）アームシステックスと（株）アームを吸収合併
2010年10月	CAC India Private Limitedを設立
2012年4月	（株）CACエクシケアを設立
2014年4月	**（株）CAC Holdings**に商号変更

1050 （株）Jストリーム
［証券コード］4308
［上場区分］東証マザーズ
　1997年5月　　トランス・コスモス（株）と国際電信電話（株）と（株）エヌ・ティ・ティ・PCコミュニケーションズとプログレッシブネットワークス社《米国》が共同で出資しリアル・ストリーム（株）を設立
　1997年6月　　（株）ジェイストリームに社名変更
　2002年11月　（株）Jストリームに社名変更
　2005年4月　　（株）エクスペリエンスを設立
　2005年9月　　（株）CO3を設立
　2006年4月　　（株）BASIS PLANETを設立

1051 （株）ジェイティービー
　1912年3月　　ジャパン・ツーリスト・ビューローを創立
　1927年7月　　社団法人ジャパン・ツーリスト・ビューローと改組
　1934年10月　社団法人ジャパン・ツーリスト・ビューローと名称変更
　1941年8月　　社団法人東亜旅行社と名称変更
　1942年12月　財団法人東亜旅行社と改組
　1943年12月　財団法人東亜交通公社と名称変更
　1945年9月　　財団法人日本交通公社と名称変更
　1963年11月　（株）日本交通公社を設立
　1971年2月　　トラベランド興業を設立（後：JTBトラベランド）
　1989年7月　　AIGと提携しジャパン・インターナショナル傷害火災保険を設立
　1989年12月　JR東海との共同出資でジェイアール東海ツアーズを設立
　1990年4月　　（株）JTB北海道を設立
　1992年10月　（株）JTBデータサービスを設立
　1993年3月　　（株）JTBシニアスタッフを設立
　1995年12月　社団法人ゼンコロと三菱商事（株）と共同で（株）トラベルネットを設立
　1997年12月　（株）バンカーズパートナーを設立
　1998年4月　　（株）ジェイティービー情報システムを設立
　2000年2月　　（株）JTBベネフィットを設立
　2000年5月　　ヤフー（株）などと共同で（株）たびゲーターを設立
　2000年8月　　カールソンワゴンリートラベル社との合弁により（株）ジェイティービービジネストラベルソリューションズを設立
　2001年1月　　（株）ジェイティービーに名称変更
　2001年4月　　（株）ジェーシービーなどとの合弁で（株）日本ポイントアネックスを設立
　2001年6月　　（株）ツーリズム・マーケティング研究所を設立
　2004年4月　　（株）JTBワールドバケーションズを設立
　2004年10月　（株）JTBパブリッシングを設立
　2006年5月　　（株）J&J事業創造を設立
　2007年4月　　（株）JTBコーポレートソリューションズを設立
　2014年4月　　（株）JTB国内旅行企画と（株）JTB熊本リレーションセンターを設立

1052 （株）ジェイテクト
［証券コード］6473
［上場区分］東証一部
〈豊田工機系〉
　1941年5月　　トヨタ自動車工業（株）より独立し〈旧〉豊田工機（株）を設立
　1945年12月　刈谷工機（株）に社名変更
　1952年12月　豊田工機（株）に社名変更
　1958年2月　　（株）刈谷機械製作所を設立（後：豊興工業（株））
　2002年11月　光洋精工（株）と（株）デンソーとトヨタ自動車（株）共同で出資し（株）ファーベスを設立
〈光洋精工系〉
　1921年1月　　（個）光洋精工社を設立
　1935年1月　　光洋精工（株）に社名変更
　　　　　　＊　　＊　　＊　　＊
　2006年1月　　光洋精工（株）と豊田工機（株）が合併し（株）ジェイテクトを設立

1053 （株）ジェイテック
［証券コード］2479
［上場区分］ジャスダックグロース
　1996年8月　　（株）ジェイ・テックを設立
　1999年8月　　（株）ジェイテックに社名変更
　2003年4月　　ジェイテック・エンジニアス・カンパニー（韓国）を設立
　2007年10月　（株）ジオトレーディングを設立

1054 Jトラスト（株）
［証券コード］8508
［上場区分］東証二部
　1977年3月　　（株）一光商事を設立
　1991年3月　　（株）イッコーに社名変更
　2009年7月　　Jトラスト（株）に社名変更
　2012年7月　　ネクストジャパンホールディングス（株）を吸収合併

1055 ジェイ・バス（株）
　1920年11月　脇田（資）を設立
　1928年3月　　脇田自動車工業（株）に社名変更
　1938年6月　　帝国自動車工業（株）に社名変更
　1975年4月　　金産自動車工業（株）を合併し日野車体工業（株）に社名変更
　2002年10月　ジェイ・バス（株）を合併準備会社として設立
　2004年10月　いすゞバス製造（株）と日野車体工業（株）とジェイ・バス（株）が合併しジェイ・バス（株）が発足

1056 （株）JBイレブン
［証券コード］3066
［上場区分］名証二部
　1971年12月　サッポロラーメン11番を創業
　1981年9月　　（株）十一番を設立
　1986年4月　　（株）イレブンを設立（後吸収合併）
　1994年6月　　（株）JBイレブンに商号変更
　2014年10月　JBレストラン（株）と桶狭間フーズ（株）を設立

1057 （株）JVCケンウッド
［証券コード］6632
［上場区分］東証一部
〈日本ビクター系〉
　1927年9月　　ビクター・トーキング・マシン社《米国》が出資し日本ビクター蓄音器（株）

1943年4月	日本音響(株)に社名変更
1945年12月	日本ビクター(株)に社名変更
1970年5月	日本フォノグラム(株)を設立
1972年5月	ビクター音楽産業(株)を設立(後：ビクターエンタテインメント(株))
1975年10月	九州ビクター(株)を設立
1975年10月	北海道ビクター(株)を設立

〈ケンウッド系〉
1946年12月	(有)春日無線電気商会を設立
1950年1月	春日無線工業(株)に社名変更
1958年10月	トリオ商事(株)を設立(後解散)
1960年1月	トリオ(株)に社名変更
1981年7月	東北トリオ(株)を設立(後：(株)山形ケンウッド)
1986年6月	(株)ケンウッドに社名変更
1991年8月	(株)長野ケンウッドを設立
1993年1月	(株)ケンウッドサービスを設立
1996年7月	(株)ケンウッド ティー・エム・アイを設立(後売却)

* * * *

2007年10月	日本ビクター(株)と(株)ケンウッドの共同出資によりJ&Kテクノロジーズ(株)を設立(後：J&Kカーエレクトロニクス)
2008年10月	日本ビクター(株)と(株)ケンウッドが株式移転の方法によりJVC・ケンウッド・ホールディングス(株)を共同持株会社として設立
2011年8月	(株)JVCケンウッドに社名変更
2011年10月	日本ビクター(株)と(株)ケンウッドとJ&Kカーエレクトロニクスを吸収合併

1058 JBCCホールディングス(株)
[証券コード]9889
[上場区分]東証一部

1964年4月	日響電機工業(株)の経営機械化研究部が独立し日本ビジネスコンピューター(株)を設立
1965年6月	(株)ジェービーシーを合併
1975年6月	関西データサービス(株)を設立
1976年12月	第一ビジネスコンピュータ(株)を設立(後：(株)ジェイビーシー・システムサービス)
1983年8月	日響電機工業(株)と合併
1983年8月	日本コンピューターリース(株)を設立
1983年8月	日本パワーシステム(株)を設立
1994年4月	ジェイビーシーサプライ(株)を設立(後：(株)イガアス)
1998年7月	ジェイ・ビー・ディー・ケー(株)を設立(後解散)
2000年7月	JBCC Hong Kong Limitedを設立(後他者へ譲渡)
2002年4月	(株)ジェイ・ビー・エス・エスを設立(後：C&Cビジネスサービス(株))
2002年4月	(株)ジェイ・ビー・ティー・エスを設立(後：JBサービス(株))
2005年11月	JBCC事業分割準備(株)を設立(後：JBCC(株))
2005年11月	パートナー事業分割準備(株)を設立(後：(株)イガアス)
2006年4月	JBCCホールディングス(株)を純粋持株会社として設立
2008年11月	捷報(大連)信息技術有限公司を設立
2010年7月	JBCC(Thailand) Co., Ltd.を設立
2010年8月	佳報(上海)信息技術有限公司を設立
2013年1月	JBSG PTE. LTD.を設立

1059 (株)JPホールディングス
[証券コード]2749
[上場区分]東証一部

1993年3月	(有)ジェイ・プランニングを設立
1995年8月	(株)ジェイ・ピー・サービスを設立
1996年6月	(株)ゲオ・ジェイピーに社名変更
1999年4月	(株)ジェイ・プランニングに社名変更
2000年3月	(株)マルチボックスと(有)ジェイ・ピー・サービスと(有)ジェイ・ピー・スタッフを吸収合併
2001年11月	(有)ジェイキャストを設立
2004年10月	(株)JPホールディングスに社名変更
2004年10月	(株)日本保育サービスと(株)ジェイ・プランニングと(株)ジェイキッチンと(株)ジェイ・プランニング販売を設立
2006年4月	(株)四国保育サービスを設立
2013年3月	(株)日本保育総合研究所を設立

1060 J.フロント リテイリング(株)
[証券コード]3086
[上場区分]東証一部

2007年9月	(株)大丸と(株)松坂屋ホールディングスが株式移転の方法によりJ.フロント リテイリング(株)を設立
2007年11月	(株)松坂屋ホールディングスを吸収合併
2010年3月	(株)松坂屋と(株)大丸が合併し(株)大丸松坂屋百貨店に社名変更
2010年9月	(株)JFRコンサルティングを設立
2012年8月	JFR PLAZA Inc.を設立

1061 (株)ジェイホールディングス
[証券コード]2721
[上場区分]ジャスダックスタンダード

1993年1月	(株)イザットを設立
2000年7月	(株)ジェイホーム・ドットコムに社名変更
2001年3月	(株)ジェイホームに社名変更
2004年8月	(株)メガシステムを設立
2008年4月	(株)イザットハウスと(株)ジェイビルダーズと(株)メガショップと(株)メガシステムを吸収合併
2011年2月	(株)ジェイコンストラクションを設立(後：(株)シナジー・コンサルティング)
2011年7月	(株)イザットハウスと(株)ジェイスポーツを設立
2011年7月	(株)ジェイホールディングスに商号変更
2013年6月	(株)フクロウを設立

1062 (株)ジェクシード
[証券コード]3719
[上場区分]ジャスダックスタンダード

1964年10月	(株)細谷組を設立
1995年9月	(株)ビジネスバンクを社名変更
2000年4月	(株)ビジネスバンクコンサルティングに社名変更

2004年7月	(株)B.B.インキュベーションと(株)中野サンプラザを設立(後解散)
2007年7月	(株)**BBH**に社名変更
2007年7月	(株)ジェクシードコンサルティングを設立
2011年2月	(株)ジェクシード・テクノロジー・ソリューションズを設立(後休眠会社)
2012年4月	(株)ジェクシードコンサルティングを吸収合併し(株)**ジェクシード**に社名変更
2014年12月	(株)インビットを設立

1063　ジェコー(株)
[証券コード]7768
[上場区分]東証二部

1952年2月	日本真空時計(株)を設立
1955年6月	日本電気時計(株)に社名変更
1963年7月	ジェコー(株)に社名変更
1970年6月	長野ジェコー(株)を設立
1971年11月	神奈川樹脂(株)を設立(後清算)
1972年9月	新潟ジェコー(株)を設立(後清算)
1995年12月	ジェコーオートパーツフィリピン(株)を設立
2005年11月	東莞精刻電子有限公司を設立

1064　(株)ジェーシー・コムサ
[証券コード]2876
[上場区分]ジャスダックスタンダード

1964年11月	(株)ジェーアンドシーカンパニーを設立
1981年11月	(株)ジェーシー・フーズに社名変更
1985年9月	三菱商事(株)と共同で出資し(株)ジェー・シー・シーを設立
1994年9月	(株)大仁ジェーシー・フーズを設立(後精算)
1997年6月	(株)多摩ジェーシー・フーズを設立
2000年9月	(株)ジェーシー・フーズネットに社名変更
2002年4月	東京デリカ(株)を吸収合併
2003年10月	(株)コムサネットと(株)多摩ジェーシー・フーズを吸収合併し(株)ジェーシー・コムサに社名変更
2008年12月	(株)ベネフィットデリバリーを設立
2012年3月	(株)ファンシーコーポレーションと(株)ベネフィットデリバリーと(株)ビーデリサービスを吸収合併
2012年12月	爵士客香港控股有限公司を設立
2013年7月	廊坊欧爵士食品有限公司を設立
2014年3月	PT Indofood Comsa Sukses Makmurを設立

1065　(株)ジェーシービー

1961年	(株)大阪クレジットビューローを設立
1961年	(株)日本クレジットビューローを設立
1968年	(株)日本クレジットビューローと(株)大阪クレジットビューローが合併し(株)大阪クレジットビューローが存続会社となる
1973年	五光商事(株)を設立(後:(株)ジェーシービー・サービス)
1978年	(株)**ジェーシービー**に社名変更
1980年	(株)ジェーシービー・トラベルを設立
1981年	(株)ジェーシービー・インターナショナルを設立
1987年	(株)ジェーシービー・リースを設立
1993年	(株)ジェーシービー・カード開発センターを設立
1995年	(株)日本カードネットワークを設立
1998年	(株)ジェーシービー北海道を設立
2000年	日本マーチャントサービス(株)を設立(後:(株)ジェイエムエス)
2001年	(株)日本ポイントアネックスを設立
2006年	(株)J&J事業創造と(株)JCBトラベルと(株)J&Jギフトを設立
2014年	(株)JCBエクセを設立

1066　(株)GSIクレオス
[証券コード]8101
[上場区分]東証一部

1927年10月	(個)林大作商店を設立
1931年10月	(株)林大作商店に社名変更
1934年4月	(株)郡是シルクコーポレーションに社名変更
1942年1月	郡是産業(株)に社名変更
1945年8月	日本商事(株)を合併
1955年4月	Gunze New York, Inc.を設立
1967年4月	大三紙化工業(株)を設立
1970年4月	Gunze (Dusseldorf) Gmbhを設立
1970年7月	Gunze Trading Hong kong Ltd.を設立
1971年9月	グンゼ産業(株)に社名変更
1998年3月	GSI Holding Corporationを設立
2001年9月	(株)ソルシステムズを設立
2001年11月	(株)**GSIクレオス**に社名変更
2003年11月	GSI (Shenzhen) Ltd.を設立
2004年11月	吉思愛(上海)工程塑料加工有限公司を設立
2006年8月	GSI Creos (Beijing) Co., Ltd.を設立
2011年4月	(株)クレオスアパレルを設立

1067　(株)CSIジャパン

1936年12月	(株)柴崎製作所を設立
1992年7月	柴崎メタルプリント(株)を吸収合併
2002年6月	(株)アルコア・クロージャー・システムズに社名変更
2008年6月	(株)**CSIジャパン**に社名変

1068　(株)CSSホールディングス
[証券コード]2304
[上場区分]ジャスダックスタンダード

1984年12月	(株)セントラルサービスシステムを設立
1994年9月	(株)宮崎セントラルサービスシステムと(株)福岡セントラルサービスシステムを設立
1999年3月	(株)千葉セントラルサービスシステムと(株)東京西セントラルサービスシステムと(株)東京南セントラルサービスシステムを吸収合併
2000年10月	(株)宮崎セントラルサービスシステムと(株)福岡セントラルサービスシステムを吸収合併
2005年7月	(株)セントラルマネジメントシステムを設立(後清算)
2008年4月	(株)**CSSホールディングス**に社名変更
2008年4月	(株)セントラルサービスシステムと

しえすゆあ

(株)CSSビジネスサポートを設立

1069　(株)ジーエス・ユアサ コーポレーション
[証券コード]6674
[上場区分]東証一部

1915年7月	湯浅蓄電池製造(株)の乾電池部を継承し(匿)湯浅蓄電池製造所を設立
1918年4月	湯浅蓄電池製造(株)に社名変更
1949年3月	湯浅乾電池(株)を設立
1954年9月	湯浅乾電池(株)を合併し湯浅電池(株)に社名変更
1959年2月	湯浅電池総合サービス(株)を設立(後：ユアサ電源システム(株))
1966年1月	湯浅化成(株)を設立(後：ユアサ化成(株))
1992年10月	(株)ユアサコーポレーションに社名変更
1999年4月	ユアサバッテリー販売(株)を設立
2000年10月	(株)ユアサ総電と第一ユアサ電機(株)とユアサメンテナンス販売(株)が合併し(株)ユアサ総電を設立
2003年10月	(株)ユアサメンブレンシステムを設立
2004年4月	(株)ユアサコーポレーションと日本電池(株)が株式移転により(株)ジーエス・ユアサ コーポレーションを持株会社として設立
2005年10月	Tata AutoComp Systems Limitedとの合弁でTata AutoComp GY Batteries Pvt. Ltd.を設立
2007年12月	三菱商事(株)と三菱自動車工業(株)との合弁で(株)リチウムエナジー ジャパンを設立
2009年4月	本田技研工業(株)との合弁で(株)ブルーエナジーを設立

1070　(株)シーエスロジネット
[証券コード]2710
[上場区分]ジャスダックスタンダード

1982年4月	(株)中部黎紅堂を設立
1985年4月	〈旧〉シー・エス流通(株)を設立
1995年10月	中部黎紅堂と〈旧〉シー・エス流通(株)が合併しシー・エス流通(株)に社名変更
2000年4月	(株)ポニーキャニオンエンタープライズと共同で出資し(株)イーネット・フロンティアを設立
2000年6月	(株)シーエスロジネットに社名変更
2013年4月	(株)ハブ・ア・グッドを吸収合併
2014年9月	テクタイト(株)とDongbu Lightec Co., Ltd.と合弁でC&D Lightec(株)を設立

1071　(株)ジェーソン
[証券コード]3080
[上場区分]ジャスダックスタンダード

1983年6月	(株)クルメを設立
1985年5月	(株)ジェーソンに商号変更
1989年5月	(株)スパイラルを設立
1998年3月	京和物産(株)と(株)ジェーソンを合併(京和物産(株)を形式上の存続会社、(株)ジェーソンを実質上の存続会社とする)し(株)ジェーソンと形式上の存続会社の商号を変更

1072　(株)ジーエヌアイグループ
[証券コード]2160
[上場区分]東証マザーズ

2001年11月	Gene Networks, Inc.の日本法人として(株)ジーエヌアイを設立
2003年9月	GNI USA, Inc.を設立(後清算)
2010年11月	イーピーエス(株)との合弁でGNI-EPS Pharmaceuticals, Incを設立
2011年6月	(株)ジーエヌアイグループに商号変更

1073　GFA(株)
[証券コード]8783
[上場区分]ジャスダックスタンダード

2002年1月	(株)グラウンドを設立
2002年5月	グラウンド・ファイナンシャル・アドバイザリー(株)に商号変更
2012年7月	GFA(株)に商号変更

1074　ジーエフシー(株)
[証券コード]7559
[上場区分]ジャスダックスタンダード

1972年8月	(株)岐阜珍味を設立
1991年5月	ジーエフシー(株)に社名変更
1995年5月	サンコー(株)を設立
2015年3月	Global Food Creators Singapore Pte. Ltd.を設立

1075　GMOアドパートナーズ(株)
[証券コード]4784
[上場区分]ジャスダックスタンダード

1999年9月	(株)まぐクリックを設立
2002年1月	(株)メディアレップドットコムと合併
2004年9月	(株)マグフォースを吸収合併
2004年12月	(株)パワーフォーメーションを吸収合併
2007年7月	GMOモバイル(株)を設立
2008年7月	GMOアドパートナーズ(株)に社名変更
2009年4月	GMOサンプランニング(株)を吸収合併
2011年1月	サノウ(株)を吸収合併
2013年7月	シードテクノロジー(株)を吸収合併
2014年11月	GMOアドマーケティング(株)を設立

1076　GMOインターネット(株)
[証券コード]9449
[上場区分]東証一部

1991年5月	(株)ボイスメディアを設立
1995年11月	インターキュー(株)に商号変更
1998年1月	(株)アルティマックスと合併
1999年9月	(株)まぐクリックを設立(後：GMOアドパートナーズ(株))
2001年4月	グローバルメディアオンライン(株)に商号変更
2005年6月	GMOインターネット(株)に商号変更
2005年10月	GMOインターネット証券(株)を設立(後：GMOクリック証券(株))
2011年6月	GMOゲームセンター(株)を設立

1077　GMOクラウド(株)
[証券コード]3788
[上場区分]東証一部

1993年12月	(有)アイルを設立

1997年5月	（株）アイルに商号変更	
1997年10月	ラピッドサイト（株）を設立（後：（株）アイル）	
2002年5月	GMOホスティングアンドテクノロジーズ（株）に商号変更	
2002年7月	ラピッドサイト（株）と合併	
2003年4月	日本ジオトラスト（株）を設立（後：GMOグローバルサイン（株））	
2005年2月	（株）お名前ドットコムを吸収合併	
2005年3月	マイティーサーバー（株）を設立（後：GMOマネージドホスティング（株））	
2005年9月	GMOホスティング＆セキュリティ（株）に商号変更	
2011年4月	GMOクラウド（株）に商号変更	

1078　GMO TECH（株）
［証券コード］6026
［上場区分］東証マザーズ
- 2006年12月　（株）イノベックスを設立
- 2009年5月　GMO SEOテクノロジー（株）に商号変更
- 2011年12月　GMO TECH（株）に商号変更

1079　GMOペイメントゲートウェイ（株）
［証券コード］3769
［上場区分］東証一部
- 1995年3月　カード・コール・サービス（株）を設立
- 2000年11月　（株）カードコマースサービスに社名変更
- 2005年2月　GMOペイメントゲートウェイ（株）に社名変更
- 2010年3月　ソーシャルアプリ決済サービス（株）を設立
- 2012年10月　GMO PAYMENT GATEWAY PTE. LTD.を設立
- 2013年1月　GMOペイメントサービス（株）を設立
- 2013年9月　GMO PAYMENT GATEWAY HONG KONG LIMITEDを設立
- 2013年10月　GMO VenturePartners（株）と共同でGMO Global Payment Fund 投資事業組合を設立
- 2013年12月　GMO PAYMENT GATEWAY MALAYSIA SDN. BHD.を設立
- 2014年5月　GMO PAYMENT GATEWAY（THAILAND）CO., LTD.を設立

1080　（株）GMOペパボ
［証券コード］3633
［上場区分］ジャスダックスタンダード
- 2003年1月　（有）paperboy&co.を設立
- 2004年3月　（株）paperboy&co.を設立
- 2012年1月　（株）ペーパーボーヤを設立
- 2012年6月　（株）ブクログを設立
- 2014年6月　（株）GMOペパボに商号変更

1081　GMOリサーチ（株）
［証券コード］3695
［上場区分］東証マザーズ
- 2002年4月　（株）GMO総合研究所を設立
- 2006年9月　旧GMOリサーチ（株）を吸収合併しGMOリサーチ（株）に商号変更
- 2012年12月　GMOジャパンマーケットインテリジェンス（株）を吸収合併

1082　GMOクリックホールディング（株）
［証券コード］7177
［上場区分］ジャスダックスタンダード
- 2012年1月　GMOクリック証券（株）の単独株式移転によりGMOクリックホールディング（株）を設立
- 2012年8月　（株）シェアーズを吸収合併

1083　GMB（株）
［証券コード］7214
［上場区分］東証一部
- 1962年5月　（株）浪速精密工業所を設立
- 1976年12月　GMB UNIVERSAL JOINTS, INC.を設立
- 1977年8月　GMB UNIVERSAL JOINTS（WEST）INC.を設立
- 1979年2月　韓国GMB工業（株）を設立（後：GMB KOREA CORP.）
- 1989年5月　ジーエムビー（株）に社名変更
- 1991年12月　韓国ベアリング（株）を設立
- 1992年9月　東吉明美工業有限公司を設立
- 1996年3月　青島吉明美机械製造有限公司を設立
- 2001年9月　THAI GMB INDUSTRY CO., LTD.を設立
- 2002年11月　GMB（株）に社名変更
- 2006年5月　GMB AUTOMOTIVE USA INC.とGMB AUTOMOTIVE USA LLC.を設立（後清算）
- 2006年8月　青島吉明美汽車配件有限公司を設立
- 2009年6月　THAI KYOWA GMB CO., LTD.を設立
- 2013年1月　吉明美（杭州）汽配有限公司を設立
- 2013年4月　AG TECH CORP.を設立
- 2013年12月　吉明美汽配（南通）有限公司を設立
- 2014年5月　GMB ROMANIA AUTO INDUSTRY S.R.L.を設立
- 2014年5月　GMB RUS TOGLIATTI LLCを設立

1084　ジーエルサイエンス（株）
［証券コード］7705
［上場区分］東証二部
- 1968年2月　ガスクロ工業（株）を設立
- 1976年10月　（株）ガスクロ・ヤマガタを設立（後：テクノクオーツ（株））
- 1990年10月　ジーエルサイエンス（株）に社名変更
- 2005年2月　GL Sciences, Inc.を設立
- 2007年11月　（株）グロースを設立
- 2013年4月　ジーエルソリューションズ（株）を設立

1085　ジオスター（株）
［証券コード］5282
［上場区分］東証二部
- 1970年3月　八幡製鐵（株）と（株）熊谷組が共同で出資しプレスコンクリート（株）を設立
- 1970年5月　日本プレスコンクリート（株）に社名変更
- 1970年8月　日本プレスセグメント（株）を吸収合併
- 1994年6月　ジオスター（株）に社名変更
- 2005年4月　中部ジオスター（株）と関西ジオスター（株）を設立
- 2005年9月　（株）日本プレス興産と（株）日本プレス興建と合併
- 2011年10月　東京エコン建鉄（株）を吸収合併

2014年6月	Robin Village International PTE. LTD.とMarubeni-Itochu Steel PTE. LTD.との合弁によりGEOSTR-RV PTE.LTD.を設立
2014年7月	GEOSTR-RV PTE.LTD.の全額出資によりGEOSTR RV（M）SDN.BHDを設立

1086　（株）ジオネクスト
［証券コード］3777
［上場区分］ジャスダックグロース

1995年7月	ターボリナックスジャパン（株）を設立
2002年9月	ターボリナックス（株）に社名変更
2006年5月	Turbolinux India Private Ltd.を設立
2007年10月	エイミーストリートジャパン（株）を設立（後：CJ-LINX（株））
2009年5月	〈新〉ターボリナックス（株）を会社分割により設立し**TLホールディングス（株）**に社名変更
2009年7月	CJ-LINX Capital Management Ltd.を設立
2009年9月	CJ-LINX Finance（株）とOPENECO Ltd.を設立
2009年10月	ターボシステムズ（株）を設立
2013年3月	プラスワン（株）を設立（後売却）
2013年4月	**ターボリナックスHD（株）**に社名変更
2014年2月	日本地熱発電（株）を設立
2014年4月	**（株）ジオネクスト**に社名変更
2014年5月	（株）遺伝子治療研究所を設立
2014年7月	（株）仙真堂を設立
2014年11月	エリアエナジー（株）を設立

1087　塩野義製薬（株）
［証券コード］4507
［上場区分］東証一部

1878年3月	（個）塩野義三郎薬種問屋を設立
1919年6月	（個）塩野義製薬所を合併し**（株）塩野義商店**に社名変更
1919年8月	千種製薬所（株）を設立
1943年7月	**塩野義製薬（株）**に社名変更
1944年9月	（個）岩戸栄養薬品創製所と（株）三田薬品製錬所を合併
1945年8月	塩野義化学を合併
1963年12月	台湾塩野義製薬（股）を設立
1965年4月	日本エランコ（株）を設立
1976年8月	日亜薬品工業（株）を設立（後：シオノギファーマケミカル（株））
1998年7月	オオモリ薬品（株）を発足（子会社及び関連会社である医薬品卸11社が合併及び営業譲渡）
1998年8月	武州製薬（株）を設立
2001年2月	シオノギUSA, INC.（米国）を設立
2008年1月	シオノギ分析センター（株）を設立
2008年8月	シオノギUSAホールディングス, INC.を設立（後：シオノギ INC.）
2008年10月	サイエルファーマ, INC.を買収（後：シオノギファーマ, INC.）
2010年10月	シオノギテクノアドバンスリサーチ（株）を設立
2011年4月	シオノギエンジニアリングサービス（株）を吸収合併
2012年2月	シオノギ Ltd.を設立
2013年3月	北京塩野義医薬科技有限公司を設立
2013年12月	シオノギシンガポール Pte. Ltd.を設立

1088　ジオマテック（株）
［証券コード］6907
［上場区分］ジャスダックスタンダード

1953年9月	松崎光学精密硝子（株）を設立
1958年8月	松崎光学（株）に社名変更
1960年6月	松崎真空被膜（株）に社名変更
1988年9月	松崎真空（株）に社名変更
1992年4月	ジオマテック（株）に社名変更
2002年7月	吉奥馬科技（無錫）有限公司を設立

1089　（株）滋賀銀行
［証券コード］8366
［上場区分］東証一部

1933年10月	（株）百州銀行と（株）八幡銀行が合併し**（株）滋賀銀行**を設立
1940年11月	（株）蒲生銀行を買収
1942年8月	（株）湖北銀行を買収
1943年6月	（株）柏原銀行を買収
1943年8月	（株）滋賀貯蓄銀行を合併
1945年7月	近江信託（株）を合併
1979年7月	しがぎんビジネスサービス（株）を設立
1985年4月	（株）滋賀ディーシーカードを設立
1985年5月	しがぎんリース（株）を設立
2004年4月	滋賀保証サービス（株）を設立
2006年10月	Shiga Preferred Capital Cayman Limitedを設立（後清算）

1090　敷島製パン（株）

1919年	**敷島製パン（株）**を初代社長盛田善平が名古屋に創立
1978年	日洋フレッシュ（株）を設立（後：（株）ジャパンフレッシュ）
1979年	Pasco Corporation of Americaを設立
1980年	（株）シキシマパン松山工場を設立（後：（株）四国シキシマパン）
1983年	Burlap Limitedを設立（後：Panash Limited）
1984年	（株）信州シキシマを設立
2007年	（株）パスコ・エクスプレスを設立

1091　シキボウ（株）
［証券コード］3109
［上場区分］東証一部

1892年8月	**（有責）傳法紡績会社**を設立
1893年3月	**福島紡績（株）**に社名変更
1908年12月	大成紡績（株）を合併
1941年6月	明治紡績（資）を合併
1943年12月	朝日紡績（株）を合併
1944年3月	**敷島紡績（株）**に社名変更
1944年10月	敷島航空工業（株）を設立
1949年4月	敷島航空工業（株）を合併
1953年2月	敷島帆布（株）と敷島カタン糸（株）を設立
1968年10月	敷島カタン糸（株）を合併
1972年6月	（株）マーメイドテキスタイルインダストリーインドネシアを設立
1988年11月	タイシキボウ（株）を設立
1990年10月	敷島カンバス（株）と敷島興産（株）と大機紡績（株）とシキボウ開発（株）を吸収合併

1991年10月	(株)大和機械製作所を吸収合併
1993年12月	敷紡(香港)有限公司を設立
1995年8月	丸ホームテキスタイル(株)を設立
1997年11月	上海敷紡服飾有限公司を設立
1998年4月	シキボウ電子(株)と小田陶器(株)が合併し小田陶器(株)を設立
1999年2月	(株)シキボウ物流システムを設立
1999年3月	(株)マーメイドアパレルを設立
2002年4月	シキボウ(株)に社名変更
2002年4月	(株)シキボウ江南を設立
2005年9月	敷島工業織物(無錫)有限公司を設立
2006年2月	敷紡貿易(上海)有限公司を設立
2007年5月	湖州敷島福紡織品有限公司を設立
2011年3月	(株)マーメイドソーイング秋田を設立

1092　シーキューブ(株)
[証券コード]1936
[上場区分]名証一部

1954年5月	東海建設工業(株)と大和建設(株)と双葉電建(株)が合併し中部通信建設(株)を設立
1987年5月	(株)フューチャーインを設立
1991年4月	東海通信建設(株)と合併
1992年2月	(株)中部通信愛知を設立(後:(株)シーキューブ愛知)
1992年10月	シーキューブ(株)に商号変更
1995年1月	(株)シーキューブ名東と(株)トーカイを設立
1996年12月	(株)テクノサービスを設立
1997年4月	(株)シーキューブトータルサービスを設立
1999年5月	(株)シーキューブシステムサービスを設立

1093　シークス(株)
[証券コード]7613
[上場区分]東証一部

1992年7月	サカタインクス(株)の海外事業部が分離・独立し、同社の全額出資によりサカタインクスインターナショナル(株)を設立
1994年7月	(株)PFUと合弁でPFU Technology Singapore Pte. Ltd.を設立
1995年3月	バンドー化学(株)との合弁でBando Sakata Ltd.を設立(後:Bando SIIX Ltd.)
1997年2月	Sakata Inx Logistics Phils. Inc.を設立(後:SIIX Logistics Phils, Inc.)
1997年12月	Sakata Inx TWN Co., Ltd.を設立(後:SIIX TWN Co., Ltd.)
1998年7月	シークス(株)に社名変更
1999年7月	SIIX(Shanghai)Co., Ltd.を設立
2001年3月	タカヤ(株)との合弁でTakaya SIIX Electronics (Shanghai) Co., Ltd.を設立
2001年8月	Sluzba SIIX Electronics s.r.o.を設立(後:SIIX EMS Slovakia s.r.o.)
2002年6月	SIIX(Dongguan)Co., Ltd.を設立
2002年6月	SIIX EMS Dongguan Ltd.を設立(後:SIIX EMS(DONG GUAN)Co., Ltd.)
2007年9月	SIIX MEXICO, S.A DE C.V.を設立
2007年12月	SIIX Bangkok Co., Ltd.を設立
2010年2月	シークスエレクトロニクス(株)を設立
2010年11月	PT. SIIX EMS INDONESIAを設立
2012年2月	SIIX EMS(Shanghai)Co., Ltd.を設立
2013年5月	SIIX EMS PHILIPPINES, INC.を設立
2013年9月	SIIX EMS MEXICO S de RL de C.V.を設立
2014年1月	SIIX COXON PRECISION PHILS., INC.を設立

1094　ジグソー(株)
[証券コード]3914
[上場区分]東証マザーズ

2001年11月	アイピー・テレコム(株)を設立
2008年8月	ジグソー(株)に商号変更
2008年9月	ユニキド・ホールディングス(株)とスーパーエディション(株)と合併

1095　(株)シグマクシス
[証券コード]6088
[上場区分]東証マザーズ

2008年5月	三菱商事(株)とRHJ International SAによる合弁で(株)シグマクシスを設立
2008年8月	ユーフォリンク(株)を吸収合併
2014年5月	SIGMAXYZ SINGAPORE PTE. LTD.を設立

1096　シグマ光機(株)
[証券コード]7713
[上場区分]ジャスダックスタンダード

1977年4月	シグマ光機(株)を設立
1993年6月	上海西格瑪光机有限公司を設立
1995年7月	OptoSigma Corporationを設立
1998年5月	夏目光学(株)と共同出資でタックコート(株)を設立
2005年11月	上海西格瑪光机有限公司を設立
2014年1月	OptoSigma Europe S.A.S.を設立

1097　GKNドライブライン トルクテクノロジー(株)

1952年6月	栃木富士産業(株)を設立
1972年	暁精機(株)を設立
1972年	富士興産(株)を設立
1976年	芳賀精密(株)を設立
1985年	GKNと合弁でビスコドライブジャパン(株)を設立
2005年	GKNドライブライン トルクテクノロジー(株)に社名変更

1098　CKD(株)
[証券コード]6407
[上場区分]東証一部

1943年4月	住友通信工業(株)と(株)小糸製作所と川崎航空機工業(株)と住友金属工業(株)と東洋紡績(株)の出資により日本航空電機(株)を設立
1945年10月	中京電機(株)に社名変更
1960年5月	中京精機(株)を設立(後:シーケーディ精機(株))
1961年10月	日本ソレノイド(株)を設立(後解散)
1963年6月	コントロールズ社《米国》と共同で出資

1963年12月	し日本コントロールズ(株)を設立
	中京興業(株)を設立(後:シーケーディ中部販売(株))
1973年9月	梅田機器販売(株)を設立(後解散)
1977年4月	シーケーディ東部販売(株)を設立(後解散)
1979年7月	**シーケーディ(株)**に社名変更
1984年4月	シーケーディプレシジョン(株)を設立
1988年7月	シーケーディグローバルサービス(株)を設立
1988年11月	シーケーディエンジニアリングを設立(後解散)
2000年10月	シーケーディ精機(株)とシーケーディプレシジョン(株)を吸収合併
2003年1月	喜開理(中国)有限公司を設立
2003年3月	シーケーディ東部販売(株)とシーケーディ東京販売(株)とシーケーディ中部販売(株)とシーケーディ大阪販売(株)とシーケーディ西部販売(株)を統合
2007年4月	台湾喜開理股份有限公司を設立
2012年7月	**CKD(株)**に社名変更
2012年11月	CKDフィールドエンジニアリング(株)を設立
2014年5月	PT CKD TRADING INDONESIAを設立
2014年6月	CKD VIETNAM ENGINEERING CO., LTD.を設立
2014年8月	PT CKD MANUFACTURING INDONESIAを設立
2015年3月	CKD MEXICO, S. de R.L. de C.V.を設立

1099　GKNドライブライン ジャパン(株)

2010年1月	GKNドライブライン トルクテクノロジーと(株)ジーケーエヌ・ジャパンとジーケーエヌドライブライン宇都宮(株)とビスコドライブジャパン(株)が合併し**GKNドライブライン ジャパン(株)**を設立

1100　(株)CKサンエツ
[証券コード]5757
[上場区分]名証二部

1937年12月	阪神伸銅(株)を設立
1943年12月	関東通信金属(株)に社名変更
1947年5月	三越金属工業(株)に社名変更
1971年2月	北陸金属工業(株)に社名変更
1984年9月	サンエツ金属(株)に社名変更
1985年8月	エスケー商事(株)を設立
1988年12月	(株)サンエツ精工を設立
1991年1月	エスケー商事(株)を吸収合併
1994年12月	大連三越精密部品工業有限公司を設立
2002年10月	(株)サンエツ精工を吸収合併
2005年1月	三越金属(上海)有限公司を設立
2011年10月	**(株)CKサンエツ**を設立
2011年10月	サンエツ金属(株)を設立
2011年12月	(株)リケンとの合弁で(株)リケンCKJVを設立
2015年3月	台湾三越股份有限公司を設立

1101　(株)じげん
[証券コード]3679
[上場区分]東証マザーズ

2006年6月	(株)ドリコムからの会社分割によりドリコムジェネレーティッドメディアを設立
2009年9月	**(株)じげん**に商号変更
2011年4月	(株)じげんホールディングスを吸収合併
2012年2月	(株)にじげんを設立
2013年1月	ZIGExN VeNtura Co., Ltd.を設立

1102　四国化成工業(株)
[証券コード]4099
[上場区分]東証一部

1947年10月	**四国化成工業(株)**を設立
1969年6月	四国興産(株)を設立(後:シコク興産(株))
1970年4月	日本硫炭工業(株)を設立
1972年11月	四国ファインケミカルズ(株)を設立(後:シコク景材関東(株))
1975年1月	日本建装(株)を設立(後:シコク景材(株))
1985年12月	SHIKOKU INTERNATIONAL CORPORATIONを設立
1989年10月	(株)システム工房を設立(後:シコク・システム工房(株))
1993年5月	(株)新花太陽を設立(後:シコク・フーズ商事(株))
2006年7月	四国化成欧艾姆(上海)貿易有限公司を設立(後:四国化成(上海)貿易有限公司)
2013年4月	シコク・フーズ保険サービス(株)を設立

1103　(株)四国銀行
[証券コード]8387
[上場区分]東証一部

1878年10月	第三十七国立銀行を設立
1896年2月	高知第三十七国立銀行に社名変更
1896年9月	第百二十七国立銀行を合併
1897年3月	(株)高知銀行に社名変更
1919年2月	土佐貯金銀行を合併
1923年2月	(株)土佐銀行を合併
1923年11月	**(株)四国銀行**に社名変更
1926年6月	関西銀行を合併
1930年3月	高陽銀行を合併
1945年4月	土佐貯蓄銀行を合併
1974年2月	四銀総合リース(株)を設立
1976年8月	四国保証サービス(株)を設立
1981年5月	四国ビジネスサービス(株)を設立(後解散)
1990年7月	四銀コンピューターサービス(株)を設立
1991年5月	(株)四銀経営研究所を設立(後:(株)四銀地域経済研究所)
1998年3月	四銀ビル管理(株)を設立(後解散)
2010年8月	四銀代理店(株)を設立

1104　四国電力(株)
[証券コード]9507
[上場区分]東証一部

1951年5月	四国配電(株)と日本発送電(株)から設備の出資及び譲渡を受け**四国電力(株)**を設立
1951年12月	四国計器工業(株)を設立(後:四国計

1961年12月	測工業（株））
1961年12月	四国企業（株）を設立
1970年6月	四電エンジニアリング（株）を設立
1984年7月	（株）四電情報ネットワークサービスを設立（後：（株）STNet）
2004年6月	坂出LNG（株）を設立

1105　GCAサヴィアン（株）
［証券コード］2174
［上場区分］東証一部

2008年3月	GCAホールディングス（株）とサヴィアン（株）の共同株式移転の方法により完全親会社としてGCAサヴィアングループ（株）を設立
2008年4月	サヴィアン（株）を吸収合併
2012年12月	GCAホールディングス（株）とGCAサヴィアン（株）を吸収合併しGCAサヴィアン（株）に商号変更
2014年2月	MCo（株）を設立
2014年4月	アンプリア（株）を設立

1106　シーシーエス（株）
［証券コード］6669
［上場区分］ジャスダックスタンダード

1992年5月	（個）シーシーエスを開業
1993年10月	シーシーエス（株）に社名変更
1999年9月	CCS America, Inc.を設立
2004年11月	CCS Europe N.V.を設立
2011年5月	CCS-ELUX LIGHTING ENGINEERING PVT.LTD.を設立
2014年1月	東莞鋭視光電科技有限公司を設立

1107　静岡ガス（株）
［証券コード］9543
［上場区分］東証一部

1909年4月	静岡ガスを資本金50万円をもって設立
1917年12月	沼津瓦斯（株）を吸収合併
1942年7月	清水瓦斯（株）を吸収合併
1959年7月	大富士瓦斯（株）を設立
1961年8月	静岡液化瓦斯（株）を設立
1973年9月	大富士ガス工業（株）を設立
1992年1月	大富士ガス工業（株）を吸収合併
1992年8月	清水エル・エヌ・ジー（株）を設立
2000年1月	大富士瓦斯（株）と富士宮瓦斯（株）と静岡蒲原瓦斯（株）を吸収合併

1108　（株）静岡銀行
［証券コード］8355
［上場区分］東証一部

1943年3月	静岡三十五銀行と遠州銀行が合併し（株）静岡銀行を設立
1943年6月	（株）伊豆銀行と（株）浜松銀行と（株）榛原銀行を合併
1943年12月	（株）静岡貯蓄銀行と（株）伊豆貯蓄銀行と（株）浜松貯蓄銀行を合併
1944年12月	浦川銀行を合併
1945年4月	浜松市信用組合を合併
1974年3月	葵リース（株）を設立（後：静銀リース（株））
1974年4月	静岡コンピューターサービス（株）を設立
1978年11月	葵信用保証（株）を設立（後：静銀信用保証（株））
1979年6月	静銀ビジネス・サービス（株）を設立（後：静銀ビジネスクリエイト（株））
1983年4月	静岡ダイヤモンドクレジット（株）を設立（後：静銀ディーシーカード（株））
1984年8月	静岡キャピタル（株）を設立
1985年7月	静銀総合サービス（株）を設立
1990年7月	静岡モーゲージサービス（株）を設立（後：静銀モーゲージサービス（株））
1991年2月	Shizuoka Bank (Europe) S.A.を設立
1999年6月	静銀ビジネスクリエイト（株）を設立
2000年12月	静銀ティーエム証券（株）を設立
2006年10月	静銀セゾンカード（株）を設立
2014年8月	Shizuoka Liquidity Reserve Limitedを設立

1109　（株）指月電機製作所
［証券コード］6994
［上場区分］東証二部

1939年3月	指月製作所を設立
1939年12月	指月電気工業（株）に社名変更
1947年9月	（株）指月電機製作所に社名変更
1963年11月	岡山指月（株）を設立
1968年4月	秋田指月（株）を設立
1969年4月	九州指月（株）を設立
1973年7月	SHIZUKI AMERICA INC.を設立（後：AMERICAN SHIZUKI CORP.）
2006年5月	指月獅子起（上海）貿易有限公司を設立
2007年1月	タイ指月電機（株）を設立

1110　（株）SYSKEN
［証券コード］1933
［上場区分］東証二部

1954年9月	九州信越建設（株）と九州建設工業（株）が合併し西日本通信建設（株）を設立
1957年6月	西日本電材（株）を設立
1968年2月	西部通信工業（株）を設立
1972年7月	明正電設（株）を設立
1973年8月	西日本電設（株）と合併
1984年8月	（株）システムニシツウを設立
1986年1月	（株）ニシツウ長崎を設立
1986年4月	（株）ミサワセラミックホーム鹿児島を設立
1986年4月	西日本システム建設（株）に社名変更
1986年8月	（株）ミサワセラミックホーム北九州を設立
1989年10月	（株）ミサワセラミックホーム熊本を設立
1991年3月	九州システム建設（株）を設立
2014年10月	（株）SYSKENに社名変更

1111　（株）システナ
［証券コード］2317
［上場区分］東証一部

1983年3月	ヘンミエンジニアリング（株）を設立
1984年2月	（株）システムプロに商号変更
2010年4月	カテナ（株）を吸収合併しシスプロカテナ（株）に商号変更
2010年7月	（株）システナに商号変更
2010年11月	（株）GaYaを設立
2011年7月	iSoftStone Holdings Limitedと合弁でiSYS Information Technology Co., Ltd.を設立

しすてむす

　2013年11月　Systena America Inc.を設立
　2014年9月　Systena Vietnam Co., Ltdを設立

1112　システムズ・デザイン(株)
[証券コード]3766
[上場区分]ジャスダックスタンダード
　1967年3月　システムズ・デザイン(株)を設立
　1972年8月　千代田電子計算(株)を設立
　1993年7月　ディジタルリンクス(株)を吸収合併
　2000年10月　千代田電子計算(株)と山梨千代田計算(株)を吸収合併

1113　(株)システムソフト
[証券コード]7527
[上場区分]ジャスダックスタンダード
　1983年5月　(株)システムソフト福岡のソフトウェア部門を分離、独立させ(株)システムソフトを創業
　1998年11月　(株)システムソフト・プロダクションを設立
　2013年1月　パワーテクノロジー(株)を吸収合併
　2014年9月　(株)アップトゥーミーを吸収合併

1114　(株)システム ディ
[証券コード]3804
[上場区分]ジャスダックスタンダード
　1982年4月　(株)現代工房舎を設立
　1984年6月　(株)システム ディに商号変更

1115　(株)システムリサーチ
[証券コード]3771
[上場区分]ジャスダックスタンダード
　1981年3月　(株)システムリサーチを設立
　1999年3月　メディアスタッフ(株)を設立
　2012年12月　(株)ソエルを設立
　2014年10月　イリイ(株)を吸収合併

1116　システム・ロケーション(株)
[証券コード]2480
[上場区分]ジャスダックスタンダード
　1992年7月　システム・ロケーション(株)として事業開始
　1999年3月　住商オートリース(株)との合弁によりスペイス・ムーブ(株)を設立
　2000年8月　ジェイトランス(株)を設立(後:ジェイ・コア(株))
　2008年1月　SLK Solution Inc.を設立
　2013年6月　千車科技(北京)有限公司を設立

1117　シスメックス(株)
[証券コード]6869
[上場区分]東証一部
　1968年2月　東亞特殊電機(株)が製造する血球計数装置の販売会社として東亞医用電子(株)を設立
　1980年10月　トーア メディカル エレクトロニクス ドイチュラント ゲーエムベーハーを設立(後:シスメックス ヨーロッパ ゲーエムベーハー)
　1991年5月　トーア メディカル エレクトロニクス ユーケー リミテッドを設立(後:シスメックス ユーケー リミテッド)
　1997年2月　シスメックス インフォシステムズ アメリカ インクを設立(後:シスメックス アメリカ インク)
　1998年2月　シスメックス シンガポール ピーティーイー リミテッドを設立(後:シスメックス アジア パシフィック ピーティーイー リミテッド)
　1998年10月　シスメックス(株)に社名変更
　2000年1月　希森美康医用電子(上海)有限公司を設立
　2000年3月　シスメックス フランス エスエーアールエルを設立(後:シスメックス フランス エスエーエス)
　2003年8月　希森美康生物科技(無錫)有限公司を設立
　2010年9月　シスメックス フィリピン インクを設立
　2011年1月　シスメックス ルース エルエルシーを設立
　2013年4月　シスメックスビジネスサポート(株)を設立
　2013年8月　シスメックス ターキー ダイアグノスティック システムレリ リミテッド エスティーアイと(株)メディカロイドを設立
　2014年4月　シスメックス コロンビア エセアーエセを設立
　2014年11月　シスメックス オーストラリア ピーティーワイ リミテッドを設立

1118　(株)資生堂
[証券コード]4911
[上場区分]東証一部
　1872年8月　(個)資生堂薬局を設立
　1921年6月　(資)資生堂に社名変更
　1927年6月　朝日堂(株)の資生堂代理部を合併し(株)資生堂に改組
　1930年12月　資生堂石鹸(株)を合併
　1941年1月　資生堂薬粧販売(株)と資生堂食品販売(株)を設立
　1943年9月　資生堂製薬(株)を合併
　1948年12月　大阪資生堂を設立
　1957年6月　台湾資生堂を設立
　1959年10月　資生堂商事(株)を設立(後:(株)エフティ資生堂)
　1965年8月　資生堂コスメティックス(アメリカ)を設立(後:資生堂アメリカズCorp.)
　1968年6月　資生堂コスメティチ(イタリア)S.p.A.を設立
　1980年7月　資生堂ドイチュラントGmbHを設立
　1987年8月　資生堂薬品(株)を設立
　1988年8月　資生堂インターナショナルCorp.を設立(後:資生堂アメリカズCorp.)
　1990年1月　資生堂アメリカInc.を設立
　1991年11月　資生堂コスメニティー(株)を設立(後:資生堂フィティット(株))
　1991年12月　北京麗源公司と合弁で資生堂麗源化粧品有限公司を設立
　1995年4月　資生堂化粧品販売(株)と販売会社15社を合併し設立(後:資生堂販売(株))
　1995年12月　(株)資生堂インターナショナルを設立
　1998年2月　上海卓多姿中信化粧品有限公司を設立
　1998年9月　資生堂大昌行化粧品有限公司を設立(後:資生堂香港有限公司)
　2000年10月　(株)エフティ資生堂を設立

2003年12月	資生堂（中国）投資有限公司を設立
2004年10月	資生堂プロフェッショナル（株）を設立
2008年4月	資生堂ベトナムInc.を設立
2009年12月	資生堂コスメティクスベトナムCo.,Ltd.を設立
2011年4月	資生堂プロフェッショナル韓国Co.,Ltd.を設立
2011年10月	資生堂コスメティックA.S.を設立
2013年7月	資生堂インドPrivate Limitedを設立
2013年11月	資生堂ミドルイーストFZCOを設立
2014年3月	資生堂コスメティクス インドネシアを設立

1119　（株）G-7ホールディングス
[証券コード]7508
[上場区分]東証一部

1976年6月	キノシタ商事（株）を設立
1976年12月	（株）エムケー企画を合併
1979年10月	（株）エムケー商会を合併
1992年4月	〈旧〉キノシタオート（株）を合併しキノシタオート（株）に社名変更
1993年4月	（株）カーライフセブンを合併
1995年4月	**（株）オートセブンに社名変更**
2000年4月	（株）サンセブンを設立（後：（株）G-7スーパーマート）
2000年9月	〈新〉キノシタオート（株）を設立
2002年1月	（株）セブンプランニングを設立（後：（株）G-7デベロップメント）
2004年4月	（株）バイクセブンを設立
2005年4月	キノシタオート（株）を吸収合併
2006年1月	オートセブン分割準備（株）を設立（後：（株）G-7・オート・サービス）
2006年4月	**（株）G-7ホールディングスに持株会社体制に移行し商号変更**
2006年4月	〈新〉（株）オートセブンにすべての営業（グループ経営に関する企画・計画及び管理に関わる営業を除く）を承継（後：（株）G-7・オート・サービス）
2014年10月	（株）G7ジャパンフードサービスを設立

1120　シダックス（株）
[証券コード]4837
[上場区分]ジャスダックスタンダード

1960年5月	富士食品工業（株）を設立（後：シダックスフードサービス（株））
1980年6月	志太キャフトシステム（株）を設立（後：シダックスエンジニアリング（株））
1993年8月	（株）シダックス・コミュニティープラーザを設立（後：シダックス・コミュニティー（株））
2000年12月	シダックスフードサービス（株）とシダックス・コミュニティー（株）が両社の共同完全親会社である**シダックス（株）**を設立
2003年9月	シダックスフードサービス北海道（株）を設立
2006年4月	Shidax USA Corporationを設立
2011年3月	シダックスオフィスパートナー（株）を設立
2012年8月	シダックス・スポーツアンドカルチャー（株）を設立
2013年9月	シダックスビューティーケアマネジメント（株）を設立
2015年4月	シダックス中伊豆ワイナリーヒルズ（株）を設立

1121　（株）ジーダット
[証券コード]3841
[上場区分]ジャスダックスタンダード

2003年11月	セイコーインスツルメンツ（株）の100％子会社として**エスエックス・テクノロジー（株）**を設立
2004年1月	**（株）ジーダットに商号変更**
2005年1月	績達特軟件（北京）有限公司を設立
2007年7月	（株）A-ソリューションを設立（後清算）
2013年4月	（株）ジーダット・イノベーションを吸収合併
2013年6月	愛績旻（上海）信息科技有限公司を設立

1122　シチズンファインデバイス（株）
〈シチズンファインテックミヨタ系〉

1959年7月	御代田精密（株）を設立
1991年1月	**ミヨタ（株）に社名変更**
2004年4月	ミヨタプレシジョン（株）を設立（後吸収合併）
2005年10月	シチズン時計（株）の完全子会社になり**シチズンミヨタ（株）に社名変更**
2008年	シチズンファインテック（株）を吸収合併し**シチズンファインテックミヨタ（株）**を設立

〈シチズンセイミツ系〉

| 1960年 | シチズン時計（株）が河口湖精密（株）を設立 |
| 2005年 | **シチズンセイミツ（株）に商号変更** |

　　　　　＊　　　＊　　　＊

| 2015年 | シチズンファインテックミヨタ（株）とシチズンセイミツ（株）が合併し**シチズンファインデバイス（株）**を設立 |

1123　シチズンホールディングス（株）
[証券コード]7762
[上場区分]東証一部

1930年5月	尚工舎時計研究を母体としてシチズン時計（株）を創立
1932年12月	スター商会を合併
1936年7月	貴石製作所を合併
1938年12月	**大日本時計（株）と改称**
1941年9月	日東精機（株）を合併
1948年2月	**シチズン時計（株）に社名復名**
1949年6月	シチズン商事（株）を設立
1949年10月	（株）平和時計製作所を設立
1959年7月	御代田精密（株）を設立（後：シチズンファインテックミヨタ（株））
1960年7月	河口湖精密（株）を設立（後：シチズンセイミツ（株））
1963年1月	シメオ精密（株）を設立
1964年12月	シチズン事務機（株）を設立
1970年2月	新星工業有限公司を設立
1970年6月	（株）ブローバ・シチズンを設立
1975年4月	シチズン・ウオッチ・カンパニー・オブ・アメリカInc.を設立
1976年3月	星辰表（香港）有限公司を設立
1979年6月	シチズン・ウオッチ・ヨーロッパGmbHを設立

しちようと

1984年3月	シチズン・アメリカ・コーポレーションを設立
1989年8月	冠潤実業有限公司を設立（後：西鉄城精電科技（香港）有限公司）
2002年4月	シチズン商事とシービーエム（株）を完全子会社とする簡易株式交換を実施
2004年10月	シチズン商事（株）を合併
2005年4月	シチズン・システムズ（株）とシチズン・ディスプレイズ（株）を設立
2005年10月	（株）シチズン電子とミヨタ（株）とシメオ精密（株）と狭山精密工業（株）と河口湖精密（株）を完全子会社化
2007年4月	シチズンホールディングス（株）に商号変更
2007年4月	シチズン時計（株）とシチズンテクノロジーセンター（株）を設立
2008年7月	シチズンテクノロジーセンター（株）を合併
2009年4月	シチズンシービーエム（株）を合併

1124　（株）自重堂
[証券コード]3597
[上場区分]東証二部

1924年9月	（名）自重堂を設立
1960年7月	（株）自重堂に改組
1979年3月	（株）玄海ソーイングを設立
1981年8月	（株）備後ソーイングを設立
1984年8月	（株）川口ソーイングを設立（後解散）
1987年1月	（株）スペースユニフォームを設立
1990年1月	（株）ソーイングプラネットを設立
1992年3月	（株）オービットを設立（後：（株）玄海ソーイング）
1994年12月	昆山自重堂時装有限公司を設立
1996年9月	（株）ジェイエフシーを設立
1997年9月	（株）ジェイアイディを設立

1125　シップヘルスケアホールディングス（株）
[証券コード]3360
[上場区分]東証一部

1992年	グリーンホスピタルサプライ（株）を設立
1992年8月	（株）シップコーポレーションを設立
1992年11月	〈元〉グリーンホスピタルサプライ（株）を設立
1994年1月	（株）保健医療総合研究所を設立（後：シップヘルスケアリサーチ＆コンサルティング（株））
1994年3月	日星調剤（株）を設立
1999年10月	富士メディカル（株）と共同で出資し富士フイルムメディカル西日本（株）を設立
2002年3月	〈元〉グリーンホスピタルサプライ（株）を吸収合併しグリーンホスピタルサプライ（株）に商号変更
2002年3月	シップコーポレーションと合併
2005年3月	グリーンエンジニアリング（株）と（株）大阪先端画像センターを設立
2005年6月	（株）アニマルメディカルセンターを設立（後：グリーンアニマル（株））
2009年5月	シップヘルスケアホールディングス（株）を設立（後：グリーンホスピタルサプライ（株））
2009年10月	シップヘルスケアホールディングス（株）に商号変更
2012年1月	クオンシステム（株）を設立
2014年4月	シップヘルスケアエステート東日本（株）を設立
2014年8月	GREEN HOSPITAL MYANMAR, LTD.を設立
2014年8月	グリーンライフ東北（株）を設立

1126　（株）シーティーエス
[証券コード]4345
[上場区分]東証一部

1972年4月	（有）中部測機を設立
1990年11月	（株）中部測機に組織変更
1991年4月	（株）レンタックスを設立（後吸収合併）
1992年7月	（株）測検を設立（後：（株）レンタックス）
1994年11月	（株）シー・ティー・エスを設立（後清算）
1995年6月	（株）中部ラインサービスを設立（後：（株）ラインサービス）
1996年1月	（有）中部カッティングサービスを設立（後清算）
1998年4月	（株）中部に商号変更
2000年4月	（株）シーティーエスに商号変更
2002年10月	（株）ジオネットジャパンと（株）ラインサービスを吸収合併

1127　CDS（株）
[証券コード]2169
[上場区分]東証一部

1980年2月	中央立体図（株）を設立
1988年8月	（株）ティーピーエスを設立
2005年1月	（株）ティーピーエスを吸収合併しCDS（株）に商号変更

1128　（株）CDG
[証券コード]2487
[上場区分]ジャスダックスタンダード

1974年4月	（株）クリエートを設立（後：（株）CDG）
1979年6月	（有）近畿クリエートを設立（後：（株）岐阜クリエート）
1992年7月	（株）札幌クリエートを設立（後吸収合併）
1992年10月	（株）仙台クリエートを設立（後吸収合併）
1995年11月	（株）岡山クリエートを設立（後吸収合併）
1996年3月	（株）福岡クリエートを設立（後吸収合併）
2006年5月	（株）CDGに商号変更
2012年3月	CDG Promotional Marketing Co., Ltd.を設立

1129　（株）ジー・テイスト
[証券コード]2694
[上場区分]ジャスダックスタンダード

1959年11月	（株）教育用品センターを設立
1973年9月	（株）元禄に社名変更
1997年4月	平禄（株）に社名変更
2005年10月	（株）ジー・テイストに社名変更
2009年8月	（株）グローバルアクトを吸収合併
2010年7月	フード インクルーヴ（株）を吸収合併

2013年8月	（株）ジー・ネットワークスと（株）さかいとの共同新設分割により（株）クック・オペレーションを設立
2013年8月	（株）ジー・ネットワークスと（株）さかいを吸収合併
2015年1月	（株）ジー・アカデミーを設立

1130　（株）ジーテクト
[証券コード]5970
[上場区分]東証一部
〈高尾金属工業系〉

1952年6月	高尾金属工業（株）を設立
1994年10月	Takao（Thailand）Co., Ltd.を設立（後：G-TEKT（Thailand）Co., Ltd.）
1996年5月	Takao Eastern Co., Ltd.を設立（後：G-TEKT Eastern Co., Ltd.）
1997年1月	Stadoco Takao Europeを設立（後：G-TEKT Europe Manufacturing Ltd.）

〈菊池プレス工業系〉

1953年11月	菊池ボデー工業（有）を設立
1963年10月	菊池プレス工業（株）に商号変更
1984年5月	K・T・H Parts Industries, Inc.を設立
1988年5月	Jefferson Industries Corporationを設立
1996年10月	Jefferson Elora Corporationを設立
1996年12月	KP do Brasil Ltda.を設立（後：G-KT do Brasil Ltda.）
1998年7月	Austin Tri-Hawk Automotive Inc.を設立
1999年3月	Takao America Corporationを設立（後：G-TEKT America Corporation）
2000年7月	Jefferson Southern Corporationを設立
2001年10月	Auto Parts Alliance（China）Ltd.を設立
2004年5月	Thai G&B Manufacturing Ltd.を設立
2005年3月	Wuhan Auto Parts Alliance Co., Ltd.を設立
2005年9月	Conghua K&S Auto Parts Co., Ltd.を設立
2007年2月	Global Auto-Parts Alliance India Private Ltd.を設立

＊　＊　＊　＊

2011年4月	菊池プレス工業（株）と高尾金属工業（株）が合併し(株)ジーテクトに商号変更
2011年11月	G-TEKT India Private Ltd.を設立
2012年2月	PT.G-TEKT Indonesia Manufacturingを設立
2012年3月	G-ONE AUTO PARTS DE MEXICO, S.A. DE C.V.を設立
2013年4月	G-TEKT North America Corporationを設立
2013年9月	G-TEKT MEXICO CORP. S.A. DE C.V.を設立

1131　（株）シード
[証券コード]7743
[上場区分]東証二部

1957年10月	（株）東京コンタクトレンズ研究所を設立
1987年2月	（株）シードに商号変更
1998年10月	（株）メガサーチを設立（後：（株）シードアイサービス）
1999年2月	（株）タワービジョンが発足
2011年9月	SEED Contact Lens Europe S.A.（ベルギー）を設立
2011年10月	SEED CONTACT LENS ASIA PTE.LTD.（シンガポール）と実瞳（上海）商貿有限公司を設立
2013年10月	SEED CONTACT LENS（M）SDN. BHD.（マレーシア）を設立
2014年8月	台灣實瞳股份有限公司を設立

1132　シード平和（株）
[証券コード]1739
[上場区分]ジャスダックグロース

1993年10月	（株）シードを設立
2014年7月	平和建設（株）を吸収合併しシード平和（株）に商号変更

1133　品川リフラクトリーズ（株）
[証券コード]5351
[上場区分]東証一部

1884年9月	（個）伊勢勝白煉瓦製造所を設立
1887年10月	（個）品川白煉瓦製造所に社名変更
1903年6月	品川白煉瓦（株）に社名変更
1916年12月	日本窯業（株）を合併
1950年12月	品川鉱業（株）を合併
1962年6月	（株）神戸製鋼所と共同で出資し品川炉材（株）を設立
1968年11月	品川キルン（株）を設立
1984年	品川開発（株）を設立
1986年	品川化成（株）を設立
2002年	品川ファインセラミックス（株）を設立
2004年	イソライト工業（株）を設立
2008年4月	鞍山市和豊耐火材料有限公司との共同出資により遼寧品川和豊冶金材料有限公司を設立
2009年10月	JFE炉材（株）と合併し品川リフラクトリーズ（株）に社名変更と変更する
2012年10月	日本ロータリーノズル（株）を吸収合併する

1134　シナネン（株）
[証券コード]8132
[上場区分]東証一部

1934年4月	品川豆炭（株）を設立
1936年5月	品川燃料（株）に社名変更
1936年12月	（資）炭鉱商会を吸収合併
1937年3月	東京無煙炭（株）と合併
1953年9月	日本煉炭工業（株）と合併
1981年7月	（株）品川ブリケットを設立
1998年4月	シナネン（株）に社名変更
1999年2月	（株）シナネン・オートガスを設立
1999年3月	（株）イシネンを設立
2006年4月	（株）チバネンと（株）ミヤネンとアルプス産業（株）を吸収合併
2010年10月	シナネンライフサポート（株）を設立
2011年10月	（株）サイトシーイングを設立
2014年1月	合同会社群馬ソーラーパークを設立

1135 （株）シノケングループ
[証券コード]8909
[上場区分]ジャスダックスタンダード
　1990年6月　（株）エスケーエナジーを設立
　1990年6月　（株）シノケングループを持株会社として設立
　1999年2月　（株）シノケンコミュニケーションズを設立
　2007年5月　（株）シノケンハーモニーを設立
　2007年12月　（株）エスケーエナジー名古屋を設立
　2008年8月　（株）シノケンファシリティーズを設立
　2009年12月　（株）エスケーエナジー東京を設立
　2011年5月　（株）シノケンプロデュースを設立
　2012年12月　（株）シノケンウェルネスを設立

1136　シノブフーズ（株）
[証券コード]2903
[上場区分]東証二部
　1971年5月　（株）志のぶ寿司を設立
　1986年1月　シノブフーズ（株）に社名変更
　1992年4月　（株）マルチを設立（後：デリカキッチン（株））
　2001年1月　シノブデリカ（株）を設立（後吸収合併）
　2004年9月　（株）エス・エフ・ディーを設立
　2012年10月　巽パン（株）を設立

1137　（株）芝浦電子
[証券コード]6957
[上場区分]ジャスダックスタンダード
　1954年3月　（有）芝浦電子製作所を設立
　1959年9月　（株）芝浦電子製作所に改組
　1969年10月　（株）東北芝浦電子を設立
　1973年4月　（株）岩手芝浦電子を設立
　1983年10月　（株）大宮芝浦電子を設立
　1985年4月　（株）福島芝浦電子を設立
　1991年11月　（有）野田製作所を設立（後：（株）岩手芝浦電子）
　1992年4月　（有）三春電器を設立（後：（株）三春電器）
　1994年4月　（株）角館芝浦電子を設立
　1995年2月　（株）三戸芝浦電子を設立
　1996年8月　（株）芝浦電子に社名変更
　1996年9月　サイアム センシング デバイス マニュファクチュアリング カンパニー リミテッドを設立（後：タイ シバウラデンシ カンパニー リミテッド）
　1997年5月　東莞芝浦電子有限公司を設立
　1997年6月　上海芝浦電子有限公司を設立
　2001年2月　香港芝浦電子有限公司を設立
　2002年10月　（株）芝浦電子コリアを設立
　2012年9月　シバウラ エレクトロニクス ヨーロッパ GmbHを設立

1138　芝浦メカトロニクス（株）
[証券コード]6590
[上場区分]東証一部
　1939年10月　東京芝浦電気（株）の事業の一部を継承し（株）芝浦京町製作所を設立
　1939年12月　（株）芝浦製作所に社名変更
　1991年10月　芝浦エレテック（株）を設立
　1991年10月　（株）徳田製作所を吸収合併
　1993年6月　芝浦自販機（株）を設立
　1998年10月　東芝メカトロニクス（株）と合併し芝浦メカトロニクス（株）に社名変更
　1998年10月　東精エンジニアリング（株）を設立（後：芝浦プレシジョン（株））
　2004年7月　（株）東芝との共同出資により芝浦ハイテック（株）を設立

1139　地盤ネットホールディングス
[証券コード]6072
[上場区分]東証マザーズ
　2008年6月　地盤ネット（株）を設立
　2013年7月　JIBANNET ASIA CO., LTD.を設立
　2014年10月　地盤ネット（株））を設立
　2014年10月　地盤ネットホールディングスに商号変更
　2015年2月　JIBANNET REINSURANCE INC.を新設

1140　澁澤倉庫（株）
[証券コード]9304
[上場区分]東証一部
　1897年3月　（匿）澁澤倉庫部を設立
　1909年7月　澁澤倉庫（株）に社名変更
　1933年12月　浪華倉庫（株）を合併
　1958年10月　澁澤海運（株）を設立
　1963年7月　澁澤陸運（株）を設立
　1964年8月　親和陸運（株）を設立（後：北海澁澤物流（株））
　1973年12月　（株）埼玉カントリー倶楽部を設立
　2002年9月　澁澤物流（上海）有限公司を設立
　2009年11月　Shibusawa Logistics Vietnam Co., Ltd.を設立

1141　（株）ジーフット
[証券コード]2686
[上場区分]名証二部
　1953年6月　（資）ツルヤ靴店を設立
　1971年10月　（株）ツルヤ靴店に改組
　2000年5月　（有）ツルヤ商事と合併
　2009年2月　（株）ニューステップを吸収合併し（株）ジーフットに社名変更

1142　（株）SHIFT
[証券コード]3697
[上場区分]東証マザーズ
　2005年9月　（株）SHIFTを設立
　2012年4月　SHIFT INDIA PRIVATE LIMITEDを設立
　2012年9月　SHIFT GLOBAL PTE LTDを設立
　2013年1月　CHATPERF HOLDINGS PTE LTDを設立（後：SCENTEE HOLDINGS PTE LTD）

1143　澁谷工業（株）
[証券コード]6340
[上場区分]東証一部
　1949年6月　澁谷工業（株）を設立
　1964年8月　澁谷工業販売（株）を吸収合併
　1971年2月　進和機械（株）を設立（後：シブヤ精工（株））
　1986年7月　（株）タチバナ工業を設立（後吸収合併）
　1986年7月　（株）新光製作所とシブヤマシン（株）と（シブヤ機電（株）と（株）立花製作所を吸収合併

1991年1月	シブヤインターナショナルインコーポレーテッドを設立
1993年3月	シブヤマシナリー(株)を設立
2000年8月	(株)シブヤパーツを設立(後吸収合併)
2002年8月	(株)テクノ工業を設立
2004年5月	シブヤEDI(株)を設立
2005年7月	シブヤホールディングスコーポレーションを設立
2008年2月	静岡シブヤ精機(株)を設立(後:シブヤ精機(株))
2012年7月	シブヤシーエス(株)とシブヤ機工(株)を吸収合併
2014年4月	シブヤITソリューション(株)を吸収合併

1144　ジブラルタ生命保険(株)

1935年12月	協栄生命再保険(株)を生保27社が共同で設立
1945年4月	(特殊法人)生命保険中央会を設立
1947年5月	協栄生命保険(株)を再発足
1947年9月	生命保険中央会の事業を継承
1972年7月	沖縄生命保険の全契約を包括移転
2001年3月	プルデンシャル生命とスポンサー契約しジブラルタ生命保険(株)に社名変更
2012年	AIGエジソン生命(株)とエイアイジー・スター生命(株)を吸収合併し〈新〉ジブラルタ生命(株)が発足

1145　(株)シベール
[証券コード]2228
[上場区分]ジャスダックスタンダード

1966年10月	(個)シベールを創業
1970年10月	(有)シベールに改組
1981年11月	(株)シベールに改組
1985年11月	(株)ル・グレンアンビテを設立(後吸収合併)

1146　(株)シーボン
[証券コード]4926
[上場区分]東証一部

1966年1月	シーボン化粧品(株)を設立
1966年10月	(株)シーボン化粧品総合本舗に商号変更
1968年4月	〈旧〉シーボン(株)を子会社として設立(後:シーボンプロダクツ(株))
1992年1月	(株)シーボンに商号変更

1147　(株)シーマ
[証券コード]7638
[上場区分]ジャスダックスタンダード

1994年9月	(株)ダイヤモンドシライシを設立
1998年4月	〈別〉(株)ダイヤモンドシライシと合併(額面変更のため)
1998年7月	(株)シーマブライダルに社名変更
2001年10月	(株)シーマに社名変更
2011年9月	(株)ウェディングサポートを設立

1148　(株)島津製作所
[証券コード]7701
[上場区分]東証一部

1875年3月	(個)島津製作所を設立
1917年1月	日本電池(株)を設立
1917年9月	(株)島津製作所に改組
1942年6月	日本電気計器(株)を合併
1943年6月	工業電気計器(株)を合併
1943年12月	(個)早野化学研究所を合併
1944年1月	島津計器工業(株)を合併
1947年1月	太平林産工業(株)を設立
1948年6月	京都科学標本(株)を設立
1962年1月	島津金属工業(株)を設立(後:島津金属精工(株))
1968年8月	シマヅ オイローパ ゲーエムベーハーを設立
1969年4月	島津理化器械(株)を設立
1970年10月	島津電気計測器(株)を設立
1975年7月	シマヅ サイエンティフィック インスツルメンツ インクを設立
1979年4月	シマヅ プレシジョン インスツルメンツ インクを設立
1986年5月	島津メディカル(株)を設立
1989年11月	シマヅ(エイシア パシフィック)プライベイト リミテッドを設立
1996年10月	シマヅ ユーエスエー マニュファクチュアリング インクを設立
1997年2月	島根島津(株)を設立
1997年10月	島津(香港)有限公司を設立

1149　(株)島精機製作所
[証券コード]6222
[上場区分]東証一部

1961年7月	三伸精機(株)を設立
1962年2月	島精機(株)に社名変更
1962年3月	〈旧〉(株)島精機製作所に社名変更
1979年7月	ニットマックエンジニアリング(株)を設立(後:(株)ニットマック)
1980年1月	(株)シマファインプレスを設立
1981年10月	ティーエスエム工業(株)を設立
1985年4月	(株)ツカダを設立
1986年4月	シマセイキU.S.A.を設立
1987年10月	神谷電子工業(株)と(株)島アイデア・センターを合併
1988年	〈別〉(株)島精機製作所と合併(額面変更)し(株)島精機製作所に社名変更
2007年7月	島精榮榮(上海)貿易有限公司を設立
2009年4月	SHIMA SEIKI(THAILAND) CO., LTD.を設立

1150　(株)島忠
[証券コード]8184
[上場区分]東証一部

1960年	(有)島忠箪笥店を設立
1969年11月	(株)家具の島忠に社名変更
1979年5月	(株)島忠に社名変更
2000年9月	(株)関西島忠を設立(後合併)
2002年9月	(株)島忠ホームズを設立(後合併)
2005年3月	(株)関東島忠を設立(後合併)

1151　(株)島根銀行
[証券コード]7150
[上場区分]東証一部

1915年5月	松江相互貯金(株)を設立
1915年10月	松江相互無尽(株)に商号変更
1951年10月	(株)松江相互銀行に商号変更
1981年4月	松江リース(株)を設立
1986年2月	まつぎんビジネスサービス(株)を設立(後:しまぎんビジネスサービス(株))

しまの

1989年8月	(株)島根銀行に商号変更
1997年10月	しまぎんユーシーカード(株)を設立
2005年10月	しまぎんビジネスサービス(株)を吸収合併

1152　(株)シマノ
[証券コード]7309
[上場区分]東証一部

1921年2月	(個)島野鉄工所を設立
1940年1月	(株)島野鉄工所に改組
1950年9月	島野自転車(株)を吸収合併
1951年2月	島野工業(株)に社名変更
1965年3月	Shimano American Corporationを設立
1970年10月	島野山口(株)を設立
1971年1月	島野足立(株)を設立
1972年8月	Shimano(Europa) GmbHを設立
1973年5月	Shimano(Singapore) Pte.Ltd.を設立
1977年4月	(株)フィッシング関東を設立(後:シマノ釣具販売(株))
1977年6月	(株)フィッシング九州を設立(後:シマノ釣具販売(株))
1979年10月	中国シマノ販売(株)を設立
1980年3月	シマノ関西(株)を設立
1989年2月	Ultegra Nederland B.V.を設立
1989年5月	シマノ臨海(株)を設立(後:シマノセールス(株))
1990年1月	Shimano Components (Malaysia) Sdn.Bhd.を設立
1991年3月	(株)シマノに社名変更
1991年7月	P.T.Shimano Batamを設立
1992年10月	Shimano(Kunshan) Bicycle Components Co., Ltd.を設立
1997年11月	Shimano Europe Holding B.V.を設立
2001年3月	Shimano Czech Republic, s.r.o.を設立
2001年6月	Shimano(Shanghai) Bicycle Components Co., Ltd.を設立(後:Shimano(Shanghai) Sales Corporation)
2002年9月	Shimano Taiwan Co., Ltd.を設立
2003年4月	Shimano(Tianjin) Bicycle Components Co., Ltd.を設立
2008年12月	Shimano Europe Bike Holding B.V.を設立
2013年6月	Shimano(Philippines) Inc.を設立

1153　(株)しまむら
[証券コード]8227
[上場区分]東証一部

1953年5月	(株)島村呉服店を設立
1970年5月	(株)東松山ショッピングセンターを設立
1972年9月	(株)しまむらに社名変更
1996年4月	(株)アベイルを設立
1997年10月	思夢樂股份有限公司を設立

1154　合同会社シマンテック・ウェブサイトセキュリティ

1996年2月	日本ベリサイン(株)を設立
2014年4月	合同会社シマンテック・ウェブサイトセキュリティに社名変更

1155　(株)清水銀行
[証券コード]8364
[上場区分]東証一部

1928年7月	富士川銀行と由比銀行と江尻銀行と蒲原銀行と庚子銀行と岩瀬銀行が合併し駿州銀行を設立
1932年4月	〈旧〉清水銀行を合併
1948年5月	(株)清水銀行に社名変更
1965年10月	清水総合保険(株)を設立(後:(株)清水地域経済研究センター)
1975年12月	清水総合リース(株)を設立(後:清水カードサービス(株))
1978年11月	清水信用保証(株)を設立
1981年12月	清水ビジネスサービス(株)を設立
1989年7月	清水総合コンピュータサービス(株)を設立
1990年10月	清水キャリエール(株)を設立(後:清水銀キャリアップ(株))
1991年12月	清水総合メンテナンス(株)を設立
1999年4月	清水ミリオンカード(株)を設立(後:清水カードサービス(株))

1156　清水建設(株)
[証券コード]1803
[上場区分]東証一部
〈(資)清水組系〉

1804年	清水喜助が江戸神田鍛冶町に大工業を開業
1804年	(個)清水組を設立
1915年10月	(資)清水組に改組
1928年2月	(資)東京鐵骨橋梁製作所を設立(後:(株)東京鐵骨橋梁製作所)

〈清水組系〉

1937年8月	(株)清水組を設立
1937年11月	(資)清水組を合併
1946年8月	丸喜産業(株)を設立(後:(株)ミルックス)
1947年3月	新清土木(株)を設立(後:清水建設(株))
1948年2月	清水建設(株)に社名変更
1986年4月	(株)シミズリフォームを設立(後:(株)シミズ・ビルライフケア)
1988年4月	(株)エスシー・リース・マシーナリを設立(後:(株)エスシー・マシーナリ)
2000年11月	清水総合開発(株)を設立

1157　シミックホールディングス(株)
[証券コード]2309
[上場区分]東証一部

1985年3月	シミック(株)を設立
2000年7月	シミックCRC(株)を設立
2000年8月	(株)シーアイエムを設立(現:(株)シミックMPSS)
2001年	(株)シミックビーエスを設立(後:(株)シミックBS)
2003年6月	PCN(株)を設立(後:(株)ヘルスクリック)
2004年7月	希米科医薬技術発展(北京)有限公司を設立
2004年12月	エムディエス(株)を設立(後:エムディエス・シーエムジー(株))
2006年11月	CMIC ASIA-PACIFIC, PTE.LTD.を設立

| 2012年1月 | シミックホールディングス(株)に商号変更 |

1158　(株)シモジマ
[証券コード]7482
[上場区分]東証一部

1962年4月	下島不動産(株)を設立
1979年3月	下島産業(株)に社名変更
1991年4月	シモジマ(株)と〈旧〉(株)シモジマを合併しシモジマ商事(株)に社名変更
1994年11月	下島興業(株)を吸収合併
2002年7月	(株)シモジマに社名変更
2006年3月	下島(上海)商貿有限公司を設立
2008年1月	サンワ(株)を設立
2008年3月	浅草紙工(株)を吸収合併

1159　(株)じもとホールディングス
[証券コード]7161
[上場区分]東証一部

2007年5月	(株)殖産銀行と(株)山形しあわせ銀行が合併し(株)きらやか銀行に社名変更
2012年5月	きらやかターンアラウンド・パートナーズ(株)を設立
2012年10月	仙台銀行と経営統合し(株)じもとホールディングスを設立
2015年3月	きらやかターンアラウンド・パートナーズ(株)を吸収合併

1160　(株)ジャステック
[証券コード]9717
[上場区分]東証一部

1971年7月	(株)ジャステックを設立
1975年12月	(株)アドバートを設立
2004年4月	JASTEC International, Inc.を設立

1161　(株)ジャストプランニング
[証券コード]4287
[上場区分]ジャスダックスタンダード

1994年1月	(有)ジャストプランニングを設立
1998年6月	(株)ジャストプランニングに商号変更
2013年4月	(株)JPパワーを設立

1162　(株)ジャックス
[証券コード]8584
[上場区分]東証一部

1954年6月	デパート信用販売(株)を設立
1959年7月	北日本信用販売(株)に社名変更
1976年4月	(株)ジャックスに社名変更
1980年10月	パイオニアクレジット(株)とパイオニアリース(株)を吸収合併
1987年9月	ジェー・ティー・エス(株)を設立(後:ジャックス・トータル・サービス(株))
1989年11月	ジェイ・エフ・サービス(株)を設立(後解散)
1989年11月	ジャックス・シー・シー・エヌ(株)を設立(後:ジャックス・トータル・サービス(株))
1991年2月	ジャックスカーリース(株)を設立
1991年7月	ジャックススタッフサービス(株)を設立
1993年10月	ジャックス・ビジネスサポート(株)を設立
1999年4月	ジャックス情報システムサービス(株)を設立
1999年6月	ジャックス債権回収サービス(株)を設立
2010年6月	JACCS International Vietnam Finance Co., Ltd.を設立
2012年8月	ジャックス・ペイメント・ソリューションズ(株)が発足
2013年4月	JNS管理サービス(株)を吸収合併
2013年7月	ジャックス情報システムサービス(株)を吸収合併

1163　ジヤトコ(株)

1970年	〈旧〉ジヤトコ(株)を設立
1999年6月	トランステクノロジー(株)を設立
1999年10月	〈旧〉ジヤトコ(株)とトランステクノロジー(株)が共同で出資しジヤトコ・トランステクノロジー(株)に社名変更
2002年4月	ジヤトコ(株)に社名変更
2003年4月	ジヤトコ メキシコを設立
2003年4月	ダイヤモンドマチック(株)を吸収合併
2003年10月	ジヤトコ フランス社を設立
2004年5月	ジヤトコ コリアサービス社を設立
2007年4月	ジヤトコ(広州)自動変速機有限公司を設立
2011年7月	ジヤトコ タイランド社を設立

1164　蛇の目ミシン工業(株)
[証券コード]6445
[上場区分]東証一部

1921年10月	(個)パインミシン縫製機械製作所を設立
1929年11月	パインミシン(株)に社名変更
1931年10月	国産パインミシン(株)を設立
1935年10月	帝国ミシン(株)に社名変更
1936年6月	(個)小林家具製作所を合併
1943年5月	エムパイヤミシンを合併
1944年2月	帝国精機製造(株)に社名変更
1945年9月	帝国ミシン(株)に社名変更
1947年9月	東海木工(株)を設立(後:蛇の目精機(株))
1949年1月	蛇の目ミシン(株)に社名変更
1950年6月	蛇の目ミシン(株)が解散、事業を継承し蛇の目産業(株)を設立
1954年4月	蛇の目ミシン販売(株)を合併し蛇の目ミシン工業(株)に社名変更
1954年5月	蛇の目ミシン岡山販売(株)を合併
1954年7月	蛇の目ミシン宇部販売(株)を合併
1965年3月	蛇の目不動産(株)を設立
1967年4月	蛇の目精密工業(株)を設立
1969年11月	蛇の目金属工業(株)を設立
1970年10月	(株)蛇の目電算センターを設立(後:(株)ジャノメクレディア)
1997年12月	(株)ジャノメ北海道販売を設立
1998年2月	(株)ジャノメサービスを設立
2002年4月	ジャノメダイカスト(株)を設立
2002年6月	ジャノメダイカストタイランド(株)を設立
2006年8月	(株)サン・プランニングを設立
2007年8月	ジャノメインダストリアルエクイプメントアメリカ(株)を設立
2008年4月	ジャノメインダストリアルエクイプメントヨーロッパ(有)を設立
2011年4月	ジャノメインダストリアルエクイプメ

1165　(株)ジャパンインベストメントアドバイザー
[証券コード]7172
[上場区分]東証マザーズ
2006年9月	(有)ジャパン・インベストメント・アドバイザーより会社分割の手法で(株)ジャパン・インベストメント・アドバイザーを設立
2007年1月	米国CAIInternational, Inc.と合弁でCAIJ(株)を設立
2011年8月	JPリースプロダクツ&サービシイズ(株)を設立
2014年4月	(株)ジャパンインベストメントアドバイザーに商号変更

1166　(株)ジャパンディスプレイ
[証券コード]6740
[上場区分]東証一部
2002年10月	(株)日立ディスプレイズを設立
2003年7月	(株)日立デバイスエンジニアリングを吸収合併し(株)日立ディスプレイデバイシズと(株)日立ディスプレイテクノロジーズへ会社分割
2010年7月	(株)日立ディスプレイプロダクツを設立(後:(株)ジャパンディスプレイイーストプロダクツ)
2011年4月	(株)日立ディスプレイデバイシズと(株)日立ディスプレイテクノロジーズを吸収合併
2013年1月	〈旧〉(株)ジャパンディスプレイと(株)ジャパンディスプレイセントラルと(株)ジャパンディスプレイウェストと(株)ジャパンディスプレイイーストプロダクツを吸収合併
2013年4月	(株)ジャパンディスプレイに社名変更

1167　ジャパンパイル(株)
[証券コード]5288
[上場区分]東証一部
2005年4月	大同コンクリート工業(株)と(株)ジオトップが共同で株式移転によりジャパンパイル(株)を設立
2007年4月	(株)ジオトップと大同コンクリート工業(株)とヨーコン(株)を吸収合併
2007年4月	富士コン(株)との共同出資によりジャパンパイル富士コン(株)を設立
2010年2月	(株)ホッコンとの共同出資によりホッコンJP(株)を設立
2011年4月	ジャパンパイル製造(株)を吸収合併
2012年9月	Phan Vu Investment Corporationとの共同出資によりPhan Vu Quang Binh Concrete Company Limitedを設立
2015年3月	ジャパンパイル分割準備(株)を設立

1168　(株)ジャパンビバレッジホールディングス
1958年7月	ユナイテッドスティールカンパニーを創業
1994年4月	(株)ユニマットコーポレーションを設立
1999年9月	(株)ジャパンビバレッジに社名変更
2005年7月	(株)ジャパンビバレッジSPを設立
2010年7月	(株)ジャパンビバレッジホールディングスを持株会社として設立
2011年1月	(株)ジャパンビバレッジを吸収合併
2011年4月	(株)ジャパンビバレッジコミサリーを吸収合併

(冒頭)
2013年4月	ント上海(有)を設立
2013年4月	ジャノメブラジル(有)を設立
2013年8月	ジャノメインダストリアルエクイプメント台湾(有)を設立

1169　ジャパン・フード&リカー・アライアンス(株)
[証券コード]2538
[上場区分]東証二部
〈忠勇系〉
1896年10月	若林(名)を設立
1944年7月	若林酒造(株)を設立
1946年12月	若林食品工業(株)を設立
1947年9月	若林食品(株)東京工場を設立
1947年10月	若林(名)と若林食品工業(株)を吸収合併
1948年6月	若林酒類食品(株)に社名変更
1966年8月	忠勇(株)に社名変更
1989年12月	忠勇リース(株)を設立(後:エフ・ヴイ・ファイナンス(株))

〈マルキン醬油系〉
1907年1月	マルキン醬油(株)を設立
1934年10月	清水醬油(株)と丸島醬油(株)と内海醬油(株)を吸収合併
1962年8月	船山醬油(株)と安田醬油(株)と川野醬油(株)と島一醬油(株)を吸収合併
1991年10月	マルキン東日本(株)を設立
1995年3月	マルキン共栄(株)を設立

＊　　＊　　＊　　＊
2000年4月	マルキン醬油(株)と忠勇(株)が合併しマルキン忠勇(株)を設立
2003年3月	大連丸金食品有限公司を設立
2006年2月	〈新〉マルキン忠勇(株)を会社分割により設立しジャパン・フード&リカー・アライアンス(株)に社名変更(純粋持株会社)

1170　ジャパンベストレスキューシステム(株)
[証券コード]2453
[上場区分]東証一部
1997年2月	日本二輪車ロードサービス(株)を設立
1999年8月	ジャパンベストレスキューシステム(株)に社名変更
2004年4月	セコム(株)とセコムテクノサービス(株)との共同出資でセコムウィン(株)を設立
2004年6月	(株)INAXとの共同出資で(株)水の救急車を設立
2006年4月	JBR Motorcycle(株)を設立(後:JBR Leasing(株))
2009年4月	(株)光通信との共同出資で(株)ライフデポを設立
2012年6月	At Working Singapore Pte.Ltd.を設立

1171　ジャパンマテリアル(株)
[証券コード]6055
[上場区分]東証一部
1997年4月	ジャパンマテリアル(有)を設立
1999年12月	ジャパンマテリアル(株)に組織変更

2001年7月	JAPAN MATERIAL（S）PTE LTDを設立（後清算）
2014年4月	（株）JMエンジニアリングサービスを設立

1172　（株）ジャフコ
［証券コード］8595
［上場区分］東証一部

1973年4月	日本合同ファイナンス（株）を設立
1983年3月	ジャフコペン（株）を設立
1983年6月	ジャフコファイナンスサービス（株）を設立（後：ジャフコ・ファイナンス（株））
1984年7月	JAFCO America Ventures Inc.を設立
1989年4月	日本合同抵当信用（株）と野村カードサービス（株）と野村不動産ファイナンス（株）と合併し野村ファイナンス（株）に社名変更
1989年5月	（株）ジャフコブレインズを設立（後：ジャフコ・コンサルティング（株））
1991年1月	（株）ジャフコ・プロパティーズを設立
1993年6月	ジャフコ アジア インベストメント サービス（株）を設立
1994年6月	ジャフコ公開コンサルティング（株）を設立（後：ジャフコ・コンサルティング（株））
1997年8月	（株）ジャフコに社名変更
2001年3月	JAFCO Investment（Korea）Co., Ltd.を設立

1173　（株）ジャムコ
［証券コード］7408
［上場区分］東証一部

1949年3月	今橋証券（株）を設立
1952年12月	新倉敷飛行機（株）に社名変更
1955年9月	伊藤忠航空整備（株）に社名変更
1956年4月	藤沢航空サービス（株）を吸収合併
1988年6月	（株）ジャムコに社名変更
1989年4月	（株）新潟ジャムコを設立
1990年3月	（株）宮崎ジャムコを設立
1992年1月	（株）徳島ジャムコを設立
1997年4月	（株）ジェイテックを設立（後：（株）ジャムコエアロテック）

1174　JALCOホールディングス（株）
［証券コード］6625
［上場区分］ジャスダックスタンダード

1956年3月	（有）雪ケ谷金属を設立
1967年11月	（株）雪ケ谷金属に改組
1973年5月	（株）ジャルコに社名変更
1986年10月	ジャルコ精工（株）を設立
1988年9月	ジャルコ物産（株）を設立
2011年10月	JALCOホールディングス（株）を単独株式移転の方法により設立

1175　（株）JALUX
［証券コード］2729
［上場区分］東証一部

1962年3月	航空商事（株）を設立
1963年1月	東洋サーモコントロール（株）を設立
1963年10月	日航商事（株）に社名変更
1970年3月	日航デリバリー（株）を設立
1970年8月	東京航空クリーニング（株）を設立
1970年9月	（株）三方を設立
1976年6月	（株）航建を設立
1984年5月	ミカド時計宝飾（株）を買収
1984年12月	J・ART日航商事（株）を設立
1990年12月	北海道空港（株）と共同で出資しノルディス（株）を設立
1991年6月	（株）日航商事ショップサービス北海道を設立
2001年3月	（株）ジャルックスに社名変更
2001年6月	（株）JALUXに社名変更
2004年1月	（株）ジェイエイエストレーディングと合併
2004年4月	（株）創生事業団と合併で（株）JALUXライフデザインを設立
2005年12月	JALUX SHANGHAI Co., Ltd.を設立
2006年2月	JALUX ASIA SERVICE Ltd.を設立
2006年7月	JALUX HONG KONG Co., Ltd.を設立
2007年11月	（株）アップフロントグループと合弁で（株）UJプランニングを設立
2008年10月	（株）JALUX保険サービスを設立
2008年11月	JALUX ASIA RECRUITMENT Ltd.を設立
2009年10月	SIAM JALUX Ltd.を設立
2011年3月	（株）JALUXトラストを設立
2011年9月	日本空港ビルデング（株）と合弁で日本エアポートデリカ（株）を設立
2013年6月	（株）JALUXフレッシュフーズを設立
2014年5月	Aqua Patch Road Materials, L.L.C.を設立

1176　（株）十八銀行
［証券コード］8396
［上場区分］東証一部

1877年11月	第十八国立銀行を設立
1897年7月	（株）十八銀行に社名変更
1907年7月	松田銀行部を設立
1919年11月	口之津銀行を合併
1927年	長崎銀行を合併
1929年	有家銀行を合併
1942年	諫早銀行を合併
1944年	長崎貯蓄銀行を合併
1969年5月	長崎興業（株）を設立
1975年5月	十八総合リース（株）を設立
1979年5月	十八ビジネスサービス（株）を設立
1983年1月	長崎保証サービス（株）を設立
1983年5月	（株）十八カードを設立
1984年7月	十八合同ファイナンス（株）を設立（後：十八キャピタル（株））
1987年5月	十八オフィスサービス（株）を設立
1987年10月	十八ソフトウェア（株）を設立
1989年6月	（株）長崎経済研究所を設立

1177　（株）十六銀行
［証券コード］8356
［上場区分］東証一部

1877年8月	第十六国立銀行を設立
1896年12月	（株）十六銀行に社名変更
1903年6月	（株）岐阜銀行と（株）岐阜倉庫銀行を合併
1904年7月	（株）濃厚銀行を合併
1911年10月	（株）富秋銀行を合併
1916年6月	（株）間銀行を合併
1928年4月	（株）竹鼻銀行を合併

1930年9月	(株)鏡島銀行を買収
1936年11月	(株)百二十八銀行を買収
1937年3月	(株)八百津銀行を買収
1937年3月	(株)美濃銀行を買収
1940年8月	(株)美濃合同銀行を買収
1941年2月	(株)飛騨銀行を買収
1942年5月	(株)恵那銀行と(株)赤坂銀行を買収
1943年12月	(株)飛州貯蓄銀行と(株)岐阜貯蓄銀行を合併
1944年12月	(株)岐阜信託銀行を買収
1975年3月	十六リース(株)を設立
1979年1月	十六ビジネスサービス(株)を設立
1979年5月	十六信用保証(株)を設立
1982年8月	十六ダイヤモンドクレジット(株)を設立(後:(株)十六カード)
1984年4月	十六合同ファイナンス(株)を設立(後:十六リース(株))
1985年8月	十六コンピュータサービス(株)を設立
1994年11月	(株)十六ジェーシービーを設立(後:(株)十六カード)
2012年9月	(株)岐阜銀行を吸収合併
2013年6月	(株)十六総合研究所を設立

1178 JUKI(株)

[証券コード]6440
[上場区分]東証一部

1938年12月	東京重機製造工業組合として発足
1943年9月	東京重機工業(株)と改称
1970年7月	JUKI(HONG KONG)LTD.を設立
1974年3月	JUKI AMERICA, INC.を設立
1988年4月	**JUKI(株)** に社名変更
1990年6月	上海重機ミシン有限公司を設立
1995年3月	JUKI SINGAPORE PTE. LTD.を設立
1995年9月	新興重機工業有限公司を設立
2000年10月	重機(上海)工業有限公司を設立
2001年1月	重機(中国)投資有限公司を設立
2013年8月	JUKIオートメーションシステムズ(株)を設立

1179 ジューテックホールディングス(株)

[証券コード]3157
[上場区分]ジャスダックスタンダード

〈日本ベニア系〉

1923年9月	ベニア商会を創業
1952年9月	(株)ベニア商会に改組
1969年11月	**日本ベニア(株)** に社名変更

〈丸長産業系〉

1947年1月	梅崎産業を創業
1951年7月	(株)丸長木材工業所の横浜出張所を改組し丸長木材産業(株)を設立
1956年10月	**丸長産業(株)** に社名変更

〈ヤマキ系〉

1977年6月	(株)ホームセンターヤマキを設立
1984年6月	山木木材(株)と(株)横手ホームセンターを吸収合併し(株)ヤマキに社名変更
1991年2月	(有)山木商事を吸収合併
1991年7月	(株)北海道ヤマキを設立

　　　　　　＊　　　＊　　　＊

2002年10月	日本ベニア(株)と丸長産業(株)が合併し(株)ジューテックに社名変更
2004年1月	(株)ヤマキと合併
2004年4月	(株)住まいるテックを設立
2005年1月	(株)ジューテックリブを設立
2005年4月	(株)イシモクを設立
2006年5月	日本バリュー(株)を吸収合併
2006年7月	ウェルテック(株)を設立
2008年7月	オフィスオペレーション(株)を設立
2009年4月	ウェルテック関西(株)を設立
2009年10月	**ジューテックホールディングス(株)** を単独株式移転の方法により設立
2010年4月	ジューテックホーム(株)を設立

1180 (株)ジュピターテレコム

1995年1月	住友商事(株)などが出資し(株)ジュピターテレコムを設立
2005年7月	(株)ジェイコムテクノロジーを設立
2007年9月	(株)ジュピターTVを吸収合併
2007年11月	チャンネル銀河(株)を設立
2009年4月	(株)メディアッティ・コミュニケーションズを吸収合併
2014年7月	(株)テクノロジーネットワークスを吸収合併
2015年6月	(株)ジェイコムハートを設立

1181 (株)ジュンテンドー

[証券コード]9835
[上場区分]東証二部

1894年10月	順天堂薬局を創立
1948年6月	(名)飯塚順天堂駅前薬局に社名変更
1953年2月	(有)飯塚順天堂薬局に社名変更
1962年11月	(有)順天堂に社名変更
1970年1月	(有)まるぶんを吸収合併
1970年12月	順天堂土地住宅(株)を設立(後:ジャスト商事(株))
1976年6月	順天堂商事(株)を設立
1977年11月	(株)順天堂に社名変更
1987年3月	**(株)ジュンテンドー** に社名変更
2005年9月	順天堂商事(株)を吸収合併
2011年5月	ジャストサービス(株)を設立
2011年9月	ジャスト商事(株)を吸収合併

1182 (株)ジョイフル

[証券コード]9942
[上場区分]福証

1976年5月	(株)焼肉園を設立
1980年9月	**(株)ジョイフル** に社名変更
1988年11月	(株)寿会館を吸収合併
1994年5月	(株)亀の井ホテルを設立(後:(株)アメイズ)
1994年10月	(株)ティーエスを設立
1996年10月	(株)関東ジョイフルを設立(後吸収合併)
1997年2月	(株)中部ジョイフルを設立(後吸収合併)
1997年6月	(株)中国ジョイフルと(株)東北ジョイフルと(株)北陸ジョイフルを設立(後吸収合併)
1998年1月	(株)近畿ジョイフルを設立(後吸収合併)
1999年8月	(株)東京ジョイフルを設立(後吸収合併)
2005年1月	(株)ジョイフルサービスを設立
2008年1月	上海巧芸府餐飲有限公司を設立(後清

1183 (株)ジョイフル本田
[証券コード]3191
[上場区分]東証一部

1975年12月	(株)ジョイフル本田を設立
1983年3月	(株)スマイル本田を設立
1985年4月	(株)ジョイフルアスレティッククラブを設立
1985年9月	(株)ホンダ産業を設立
1987年8月	(株)ジョイフル内装を設立
1994年9月	つくば商業都市開発(株)を設立
2001年1月	(株)ジョイフルカンパニーに社名変更
2001年8月	(株)キムラとアークランドサカモト(株)と共同で(株)ジョイフルエーケーを設立

1184 正栄食品工業(株)
[証券コード]8079
[上場区分]東証二部

1904年11月	成光舎牛乳店を設立
1947年11月	正栄食品工業(株)に社名変更
1974年8月	(株)京まろんを設立
1974年9月	(株)モンドを設立
1977年8月	三栄食品(株)を設立(後:(株)京まろん)
1977年8月	常陽製菓(株)を設立(後:(株)正栄デリシィ)
1977年8月	東京農産(株)を設立(後:(株)ロビニア)
1977年8月	東京農産(株)と常陽製菓(株)と(株)正栄産業を吸収合併
1985年2月	SHOEI FOODS (U.S.A.), INC.を設立
2002年1月	正栄菓子(株)を設立(後:(株)正栄デリシィ)
2002年8月	青島秀愛食品有限公司を設立
2003年7月	上海秀愛国際貿易有限公司を設立
2004年5月	延吉秀愛食品有限公司を設立
2006年7月	香港正栄国際貿易有限公司を設立
2007年1月	(株)正栄デリシィを設立

1185 (株)小学館集英社プロダクション

1967年	(株)小学館プロダクションを設立
1998年	ミキハウス&小学館プロダクションと小学館ミュージック&デジタルエンタテイメントを設立
2000年	ミキハウス子育て総研(株)とShoPro USAを設立
2005年	VIZ Media, LLCを設立
2007年	VIZ Media Europe, S.A.R.Lを設立
2008年	(株)小学館集英社プロダクションに社名変更
2010年	台灣小學館股份有限公司を設立

1186 昭光通商(株)
[証券コード]8090
[上場区分]東証一部

1947年5月	昭和電工(株)と味の素(株)が支援し光興業(株)を設立
1952年7月	昭和培土(株)を設立
1958年8月	大利両毛アグリ(株)を設立
1969年12月	大分砕石(株)を設立
1973年9月	三重化成(株)を設立
1976年8月	昭栄興業(株)と合併
1982年7月	昭和培土(株)を設立
1982年8月	**昭光通商(株)に社名変更**
1986年7月	(株)ゆーらむを設立
1987年1月	昭興(株)と合併
1994年1月	昭光化学工業(株)と横浜化学(株)と合併
1994年5月	クリスタルスペシャリティーズ(株)を設立
2000年4月	協同軽金属(株)と合併
2001年9月	昭光通商(上海)有限公司とShoko America, Inc.を設立
2007年8月	昭光通商保険サービス(株)を設立
2007年12月	SHOKO SINGAPORE PTE. LTD.を設立
2008年1月	昭光通商アグリ(株)と昭光プラスチック製品(株)を設立
2009年9月	昭光サイエンティフィック(株)を設立
2009年10月	SIサイエンス(株)を設立
2010年12月	韓国昭光通商(株)と台湾昭光貿易股份有限公司とShoko Tsusho (Thailand) Co., Ltd.を設立
2014年1月	昭光エレクトロニクス(株)を設立

1187 上新電機(株)
[証券コード]8173
[上場区分]東証一部

1948年5月	**上新電気商会を設立**
1950年2月	**上新電機商会(株)に社名変更**
1958年4月	**上新電機(株)に社名変更**
1973年11月	永井商運(株)と共同で出資し上新サービス(株)を設立
1983年2月	(株)アポロテクニカを設立
1984年4月	ジョーシンサービス(株)を設立
1989年1月	ジョーシンナルス(株)を設立(後:北信越ジョーシン)
1989年6月	エヌシーエス(株)を設立(後:ジェーアンドピーシステム(株))
1990年2月	ジョーシンサービス(株)を設立(後:ジャプロ(株))
2001年9月	ジェー・イー・ネクスト(株)を設立
2005年5月	ジェイパートナーズ(株)を設立(後:兵庫京都ジョーシン(株))
2007年8月	東海ジョーシン(株)と関東ジョーシン(株)を設立
2008年11月	滋賀ジョーシン(株)を設立
2010年4月	和歌山ジョーシン(株)を設立
2011年10月	中四国ジョーシン(株)を設立
2012年11月	ジェイ・ホビー(株)を設立

1188 松竹(株)
[証券コード]9601
[上場区分]東証一部

1920年11月	帝国活動写真(株)を設立
1921年4月	松竹キネマ合名社を吸収し松竹キネマ(株)に社名変更
1926年5月	ルナパーク(株)を吸収合併
1934年8月	常盤興行(株)と邦楽座(株)を合併
1936年8月	神戸聚楽館(株)を吸収合併
1937年4月	松竹興行(株)を吸収合併し**松竹(株)**に社名変更
1941年7月	松竹映画都市(株)を吸収合併

しょうてん

1942年3月	西日本松竹興行(株)を設立(後解散)
1942年12月	松竹土地興行(株)を設立(後:松竹第一興行(株))
1946年10月	松竹京都映画(株)を設立
1952年11月	国際劇場(株)を吸収合併
1957年9月	松竹衣裳(株)を設立
1958年1月	松竹関西興行(株)を設立(後解散)
1958年6月	松竹第一興行(株)を設立(後解散)
1959年3月	松竹事業(株)を設立(後:(株)松竹サービスネットワーク)
1962年6月	東日本松竹興行(株)を設立(後解散)
1985年2月	(株)松竹パフォーマンスを設立
1985年12月	松竹関東サービス(株)を設立(後解散)
1986年3月	(株)松竹プロモーションを設立(後解散)
1992年4月	(株)衛星劇場を設立(後:松竹ブロードキャスティング(株))
1994年11月	(株)神奈川メディアセンターを設立(後:(株)松竹映像センター)
1996年5月	(株)松竹マルチプレックスシアターズを設立
1996年12月	(株)伝統文化放送を設立
2003年2月	(株)松竹シネプラッツを設立
2003年7月	(株)トライメディアを設立
2004年4月	(株)松竹ニューセレクトを設立
2006年12月	(株)松竹エンタテインメントを設立
2008年8月	(株)歌舞伎チャンネルを設立
2008年10月	(株)松竹京都撮影所を設立(後:(株)松竹撮影所)
2013年2月	中映(株)を合併
2015年2月	松竹ナビ(株)を設立

1189　(株)省電舎
[証券コード]1711
[上場区分]東証二部

1986年6月	(株)省電舎を設立
2011年12月	ドライ・イー(株)を設立
2014年12月	PT.SDS ENERGY INDONESIAを設立

1190　常磐開発(株)
[証券コード]1782
[上場区分]ジャスダックスタンダード

1960年10月	常磐開発(株)を設立
1976年2月	東北設備(株)を設立(後清算)
1977年7月	地質基礎工業(株)を設立
1978年4月	いわき建築サービス(株)を設立(後清算)
1983年4月	常磐鉄工(株)を設立(後清算)
1991年9月	(株)福島環境整備センターを吸収合併
2002年4月	(株)ジェイ・ケイ・ハウスを設立

1191　常磐興産(株)
[証券コード]9675
[上場区分]東証一部

1944年3月	磐城炭礦(株)と入山採炭(株)が合併し常磐炭礦(株)を設立
1944年9月	神ノ山炭礦(株)と中郷無煙炭礦(株)を合併
1953年3月	双葉貨物自動車(株)を設立(後:常磐港運(株))
1961年12月	小名浜港石炭荷役(株)を設立(後:常磐港運(株))
1963年3月	(株)常磐製作所を設立
1970年5月	新常磐炭礦(株)を設立(後:常磐炭礦(株))
1970年7月	常磐湯本温泉観光(株)を合併し常磐興産(株)に社名変更
1970年10月	常磐炭礦練炭(株)を設立(後:(株)山海館)
1971年4月	茨城サービス(株)を設立(後:(株)茨城サービスエンジニアリング)
1973年6月	(株)東北造園設計事務所を設立(後:(株)クレストコーポレーション)
1975年4月	常磐紙業(株)を合併
1978年6月	いわき紙器(株)を設立
1982年10月	常磐コンクリート工業(株)を合併
1985年9月	常磐炭礦(株)を合併
1987年10月	(株)ジェイ・ケイ・レストランサービスを合併
1989年1月	(株)常磐エンジニアリングを設立
1989年2月	いわき湯本カントリークラブ(株)を設立(後:(株)クレストヒルズ)
1989年10月	常磐興産倉庫を合併
1990年7月	常磐プラスチック工業(株)を設立
1990年12月	(株)クレストビルを設立
1991年5月	(株)ホテルクレスト札幌を設立
1992年10月	バキューム・コンクリート(株)を合併
1993年1月	(株)ハワイアンズ・グリーングリーを設立(後:(株)ジェイ・ケイ・スタッフ)
1993年12月	(株)テクノ・クレストを設立
1995年2月	(株)シーエス・メンテックを設立
1996年9月	(株)ジェイ・アイ・ピーを設立
2004年1月	常磐興産ビーシー(株)を設立
2004年10月	常磐パッケージ(株)を設立
2004年10月	ときわ流通(株)と小名浜港セメント荷役(株)が合併し常磐港運(株)を設立
2005年5月	(株)山海館を合併
2010年4月	(株)JKリアルエステートを吸収合併

1192　(株)松風
[証券コード]7979
[上場区分]東証一部

1922年5月	松風陶歯製造(株)を設立
1971年1月	SHOFU Dental Corp.を設立
1972年2月	(株)松風プロダクツを設立
1973年12月	(株)滋賀松風を設立
1975年5月	大興有限公司を設立(後解散)
1978年12月	SHOFU Dental GmbHを設立
1980年4月	SHOFU Dental Co. (Singapore) Pte., Ltd.を設立(後清算)
1983年4月	(株)松風に社名変更
1986年4月	(株)松風プロダクツを吸収合併
1996年8月	(株)プロメックを設立
2000年10月	(株)ライフテック研究所を吸収合併
2003年4月	SHANGHAI SHOFU Dental Material Co., Ltd.を設立
2005年8月	SHOFU Dental Supplies (Shanghai) Co., Ltd.を設立
2009年7月	SHOFU Dental Trading (Shanghai) Co., Ltd.を設立
2013年4月	SHOFU Dental Asia-Pacific Pte.Ltd.を設立
2014年12月	台湾娜拉波股份有限公司を設立
2015年4月	松風バイオフィックス(株)を設立

1193　(株)情報企画
［証券コード］3712
［上場区分］東証二部
　1986年10月　(株)情報企画を設立
　2000年12月　(有)システムデザインを設立
　2012年11月　(株)アイピーサポートを設立

1194　情報技術開発(株)
［証券コード］9638
［上場区分］ジャスダックスタンダード
　1968年9月　(株)日本コンピューター・サービスを設立
　1984年10月　情報技術開発(株)に社名変更
　1990年5月　(株)リゾートメーション・エンジニアリングを共同出資で設立
　1990年12月　(株)リンク・コンセプトを共同出資で設立
　2001年10月　シーディーシーソリューションズ(株)を共同出資で設立
　2007年4月　TDIシステムサービス(株)を設立
　2009年4月　TDIビジネスシステムズ(株)を設立
　2010年4月　TDIプロダクトソリューション(株)を設立
　2011年11月　レイヤーズ・TDIソリューションズ(株)を設立
　2012年2月　大連特迪信息技術開発有限公司を設立
　2013年3月　TDIビジネスシステムズ(株)を吸収合併

1195　(株)常陽銀行
［証券コード］8333
［上場区分］東証一部
　1935年7月　常盤銀行と五十銀行が合併し(株)常陽銀行を設立
　1939年10月　三ツ輪銀行を合併
　1942年3月　石岡銀行と猿田公益銀行を合併
　1945年4月　茨城貯蓄銀行を合併
　1995年4月　(株)常陽産業研究所を設立
　1996年10月　茨城中央信用組合と合併
　1999年3月　常陽施設管理(株)を設立
　1999年4月　常陽キャッシュサービス(株)を設立
　2007年11月　常陽証券(株)を設立

1196　昭和化学工業(株)
［証券コード］4990
［上場区分］東証二部
　1930年11月　東亜商会を設立
　1931年8月　喜田商店鉱業部に社名変更
　1933年11月　昭和化学工業(株)に社名変更
　1940年9月　白山工業(株)を設立
　1944年3月　朝日産業(株)と合併
　1946年7月　日本活性珪藻土(株)と合併
　1964年3月　日昭輸送(株)を設立(後：日昭(株))
　1966年3月　日本トーライト(株)と合併
　1967年3月　岩尾生産(株)と合併
　1969年10月　(株)若戸スポールと合併
　2010年9月　北京瑞来特貿易有限公司を設立

1197　昭和産業(株)
［証券コード］2004
［上場区分］東証一部
　1936年2月　昭和産業(株)を設立
　1938年3月　日本加里工業(株)と日本肥料(株)と昭和製粉(株)を吸収合併
　1953年11月　昭産商事(株)を設立
　1980年5月　昭産開発(株)を設立
　1985年12月　九州産業(株)と九州昭産飼料(株)を合併し九州昭和産業(株)を設立
　1988年6月　(株)コビトを吸収合併
　1989年11月　(株)ショウレイを設立
　1991年4月　神港製粉(株)を吸収合併
　1991年12月　昭和鶏卵(株)を設立
　1993年1月　(株)昭産ビジネスサービスを設立
　1993年2月　新潟エリート食品(株)を設立(後：昭和冷凍食品(株))
　2005年3月　(株)スウィングベーカリーを設立

1198　(株)昭和システムエンジニアリング
［証券コード］4752
［上場区分］ジャスダックスタンダード
　1966年4月　(株)昭和計算センターを設立
　1982年9月　日本ユニバック(株)と共同出資により昭和ソフトウエアエンジニアリング(株)を設立(後合併)
　1986年4月　(株)昭和システムエンジニアリングに商号変更

1199　(株)昭和眞空
［証券コード］6384
［上場区分］ジャスダックスタンダード
　1958年8月　昭和眞空機械(株)を設立
　1978年6月　(株)昭和眞空に社名変更
　1997年2月　昭和真空に社名変更
　1999年11月　昭和精工(株)を吸収合併
　2002年8月　昭和真空機械(上海)有限公司を設立
　2003年8月　昭和真空機械貿易(上海)有限公司を設立
　2004年10月　(株)SPTを設立
　2010年4月　(株)SPTを吸収合併

1200　昭和鉄工(株)
［証券コード］5953
［上場区分］福証
　1883年10月　斎藤製作所を設立
　1933年4月　(株)斎藤製作所に社名変更
　1934年12月　昭和鉄工(株)に社名変更
　1959年11月　アサヒ不動産(株)を設立(後：昭和トータルサービス(株))
　1960年5月　(株)昭和鉄工東京製作所を設立
　1973年4月　昭和機工(株)を吸収合併
　1982年12月　アサヒ自動車工業(株)を吸収合併
　1988年4月　(株)昭和鉄工東京製作所を吸収合併
　1995年　昭和エフキャストを吸収合併
　1995年12月　大連氷山空調設備有限公司を合弁で設立
　1998年　昭和メンテサービス(株)を設立(後：昭和ネオス(株))
　1999年　昭和トータルサービス(株)を設立(後：アサヒ不動産)
　1999年　北海道昭和鉄工(株)を設立
　2000年　朝日テック(株)を設立
　2009年1月　北海道昭和鉄工(株)を吸収合併

1201　昭和電工(株)
［証券コード］4004
［上場区分］東証一部

しょうわて

〈日本電気工業系〉
- 1908年12月　総房水産(株)を設立
- 1926年10月　日本沃度(株)を設立
- 1934年3月　日本電気工業(株)に社名変更
- 1934年9月　秩父電気工業(株)を合併

〈昭和肥料系〉
- 1928年10月　昭和肥料(株)を設立

＊　＊　＊　＊

- 1939年6月　日本電気工業(株)と昭和肥料(株)が合併し昭和電工(株)を設立
- 1943年10月　日満アルミニウム(株)を合併
- 1957年5月　昭和合成化学工業(株)を合併
- 1957年6月　昭和油化(株)を設立
- 1964年4月　昭和工事(株)を設立
- 1964年11月　フィリップス・ケミカル社と合併しエー・エー・ケミカル(株)を設立
- 1965年1月　徳山石油化学(株)を設立
- 1968年7月　昭和化成肥料(株)を設立
- 1976年10月　昭和軽金属(株)を設立
- 1977年7月　三峰川電力(株)を合併
- 1979年4月　富山昭和電工(株)を設立
- 1979年7月　昭和油化(株)を合併
- 1995年6月　昭和電工プラスチックプロダクツ(株)を設立
- 1995年6月　日本ポリオレフィン(株)を設立
- 1995年6月　日本石油化学(株)を設立
- 1999年5月　徳山石油化学(株)と合併
- 2001年3月　昭和アルミニウム(株)と合併
- 2001年7月　(株)ショウティックと合併
- 2001年10月　昭和電工パッケージング(株)を設立
- 2003年8月　協和発酵工業(株)を設立
- 2003年8月　日本酢酸エチル(株)を設立
- 2010年7月　昭和高分子(株)を合併

〈昭和アルミニウム系〉
- 1921年4月　高田アルミニューム器具製作所を設立
- 1935年10月　(株)高田アルミニューム製作所に社名変更
- 1938年10月　中外ホイル(株)を合併
- 1957年1月　昭和アルミニウム(株)に社名変更
- 1963年9月　昭和ポール(株)を設立
- 1965年6月　昭和マツタカ(株)を設立
- 1969年4月　昭和アルミニウム缶(株)を設立
- 1989年9月　アルファミック(株)を設立

〈昭和高分子系〉
- 1937年11月　理研琥珀工業(株)を設立
- 1939年2月　理研合成樹脂(株)に社名変更
- 1969年11月　高分子化学工業(株)を吸収合併し昭和高分子(株)に社名変更
- 1985年3月　昭和ユニオン合成(株)を吸収合併
- 1989年11月　大分エマルジョン(株)を吸収合併

1202　昭和電線ホールディングス(株)
[証券コード]5805
[上場区分]東証一部
- 1936年5月　東京電気(株)より独立し昭和電線電纜(株)を設立
- 2006年4月　昭和電線ホールディングス(株)に社名変更

1203　昭和パックス(株)
[証券コード]3954
[上場区分]ジャスダックスタンダード
- 1935年12月　昭和製袋工業(株)を設立
- 1946年4月　函成工業(株)を合併
- 1966年5月　太陽紙工(株)を吸収合併
- 1981年4月　(株)ネスコを設立
- 1989年4月　シンワ化学工業(株)を吸収合併
- 1989年12月　昭和パックス(株)に社名変更
- 1997年4月　タイ昭和パックス(株)を設立

1204　昭和飛行機工業(株)
[証券コード]7404
[上場区分]東証二部
- 1937年6月　昭和飛行機工業(株)を設立
- 1982年4月　昭和ビル管理(株)を設立(後：昭和の森綜合サービス(株))
- 1996年8月　昭和テクノ(株)を設立(後：昭和飛行機テクノサービス(株))
- 1997年4月　SHOWA AIRCRAFT USA INC.を設立
- 2002年8月　アーバンリゾーツ昭和の森(株)を設立
- 2004年5月　昭和の森ライフサービス(株)を設立(後：昭和の森エリアサービス(株))
- 2006年4月　昭和飛行機ビジネスコンサルタント(株)を設立
- 2014年6月　Showa Aircraft Industry Philippines Inc.を設立
- 2015年1月　ドクターベジタブルジャパン(株)を設立

1205　昭和ホールディングス(株)
[証券コード]5103
[上場区分]東証二部
- 1937年6月　昭和護謨(株)を設立
- 1937年9月　(株)南亜公司とスマトラ興業(株)と東京護謨工業(株)と明治護謨工業(株)を吸収合併
- 1945年5月　三田土ゴム製造(株)を吸収合併
- 1949年6月　日東タイヤ(株)を設立
- 1968年12月　昭和ゴム(株)に社名変更
- 1988年4月　(株)ボンスラッガーを設立
- 1988年10月　ショーワバンクラフト(株)を設立
- 1990年3月　ショーワエスヂー(株)を設立
- 1990年3月　(株)ショーワコーポレーションを設立
- 1992年1月　(株)境野製作所を設立
- 2000年11月　エス・アール・イー(株)を設立
- 2001年1月　UNITED ROBOT ENGINEERING, INC.を設立(後清算)
- 2001年2月　昭和熱技研(株)を設立
- 2009年6月　昭和ホールディングス(株)に社名変更
- 2009年10月　昭和ゴム(株)とショーワスポーツ(株)と昭和ゴム技術開発(株)を設立

1206　昭和リース(株)
- 1969年　昭和リース(株)を設立
- 1986年　(株)エス・エル・エスを設立
- 1986年　昭和オートレンタリース(株)を設立
- 1987年　昭和ハイテクレント(株)を設立
- 2007年　昭和ハイテクレント(株)と合併
- 2009年　(株)エス・エス・ソリューションズと合併
- 2010年　新生ビジネスファイナンス(株)と合併

1207　(株)SHOEI
[証券コード]7839

[上場区分] 東証二部
- 1954年　　（個）鎌田ポリエステル商会を設立
- 1959年3月　昭栄化工（株）に社名変更
- 1968年7月　SHOEI SAFETY HELMET CORPORATIONを設立
- 1978年11月　SHOEI EUROPE BVBAを設立
- 1987年7月　SHOEI FRANCE SARLを設立（後：SHOEI EUROPE DISTRIBUTION SARL）
- 1994年3月　SHOEI（EUROPA）GMBHを設立
- 1998年5月　（株）ショウエイに社名変更
- 1998年12月　（株）SHOEIに社名変更
- 2006年4月　（有）南小梨ペインティングを合併
- 2011年4月　SHOEI ITALIA S.R.L.を設立

1208　（株）ショーエイコーポレーション
[証券コード] 9385
[上場区分] ジャスダックグロース
- 1968年2月　照栄製袋（株）を設立
- 1986年7月　（株）ショーエイコーポレーションに社名変更

1209　（株）ショクブン
[証券コード] 9969
[上場区分] 東証二部
- 1977年12月　（株）ヨシケイ愛知を設立
- 1987年11月　（株）ヨシケイ三重と（株）ヨシケイ岐阜を吸収合併し（株）ショクブンに社名変更
- 1988年10月　（株）ヨシケイ京都と（株）キーストンを吸収合併
- 1996年5月　（株）食文化研究所を設立
- 2013年11月　介護食運営（株）を設立

1210　（株）ショーケース・ティービー
[証券コード] 3909
[上場区分] 東証マザーズ
- 1996年2月　（有）フューチャーワークスを設立
- 1998年9月　（株）フューチャーワークスに組織変更
- 2005年11月　（株）スマートイメージを吸収合併し（株）ショーケース・ティービーに商号変更

1211　SHO-BI（株）
[証券コード] 7819
[上場区分] 東証一部
- 1949年12月　粧美堂（株）を設立
- 2005年6月　粧美堂日用品（上海）有限公司を設立
- 2006年1月　SHO-BI Corporation（株）に商号変更
- 2006年7月　ツバキ・ピオニ（株）と東京粧美堂（株）を吸収合併
- 2008年1月　SHO-BI（株）に商号変更

1212　ショーボンドホールディングス（株）
[証券コード] 1414
[上場区分] 東証一部
- 1958年6月　昭和工業（株）を設立
- 1963年6月　（株）ショーボンドに社名変更
- 1975年3月　ショーボンド化学（株）を設立
- 1975年4月　ショーボンド建設（株）に社名変更
- 1977年4月　ショーボンド化工（株）を設立（後：化工建設（株））
- 2008年1月　ショーボンドホールディングス（株）を株式移転の方式により完全親会社として設立

1213　（株）ジョリーパスタ
[証券コード] 9899
[上場区分] 東証二部
- 1971年10月　（株）サンデーサンを設立
- 1991年12月　（株）サンデーサン・エンタープライズを設立
- 2002年10月　（株）サンデーサントレーディングスを設立
- 2007年8月　（株）サンデーサン・エンタープライズと（株）サンデーサントレーディングスを吸収合併
- 2007年9月　（株）CSと（株）BSを設立
- 2013年8月　（株）ジョリーパスタに商号変更

1214　ジョルダン（株）
[証券コード] 3710
[上場区分] ジャスダックスタンダード
- 1979年12月　（株）ジョルダン情報サービスを設立
- 1989年12月　ジョルダン（株）に社名変更
- 1999年2月　（株）ねこぐみを設立（後清算）
- 1999年11月　JORUDAN AMERICA, INC.を設立（後清算）
- 2001年3月　コンパスティービー（株）を設立
- 2004年12月　（株）ジェイ・オフタイムを設立（後清算）
- 2011年2月　きぼうキャピタル（株）を設立
- 2012年6月　Jorudan Transit Directory, Inc.と（株）Doreicuを設立
- 2013年4月　（株）グルメぴあネットワークを吸収合併
- 2014年7月　Remunera Jorudan（株）と（株）悟空出版を設立
- 2014年8月　（株）フォルテNEXTを設立

1215　（株）ショーワ
[証券コード] 7274
[上場区分] 東証一部
- 1938年10月　昭和航空精機（株）を設立
- 1946年8月　（株）昭和製作所に社名変更
- 1978年3月　ピー・ティー・ショーワ・インドネシア・マニファクチャリングを合弁で設立
- 1981年11月　ショーワ・ド・ブラジル・リミターダを合弁で設立
- 1986年11月　サンベリー・コンポーネント・インダストリーズ・インコーポレイテッドを合弁で設立
- 1993年4月　サミット・ショーワ・マニファクチャリング・カンパニー・リミテッドを合弁で設立
- 1993年4月　精機技研工業（株）と合併し（株）ショーワに社名変更
- 1994年11月　広州昭和減震器有限公司を合弁で設立（後：広州昭和汽車零部件有限公司）
- 1994年12月　（株）九州ショーワを設立
- 1995年9月　ショーワ・ユー・ケー・リミテッドを設立
- 1996年3月　四川寧江昭和減震器有限公司を設立（後：成都寧江昭和汽車零部件有限公司）

しらいてん

1998年1月	ショーワ・カナダ・インコーポレイテッドを設立
2002年2月	上海昭和汽車配件有限公司を設立
2006年6月	ショーワ・オートパーツ（タイランド）・カンパニー・リミテッドを設立
2006年10月	ショーワ・インディア・プライベート・リミテッドを設立
2009年4月	ショーワ・リージョナル・センター（タイランド）・カンパニー・リミテッドを設立
2012年8月	ピー・ティー・ショーワ・オートパーツ・インドネシアを設立
2013年3月	ショーワ・オートパーツ・メキシコ・エス・エー・デ・シー・ブイを設立
2013年7月	武漢昭和汽車零部件制造有限公司を設立
2014年9月	昭和汽車零部件研究開発（広州）有限公司を設立
2014年12月	台湾昭和貿易股份有限公司を設立

1216　シライ電子工業（株）

[証券コード] 6658
[上場区分] ジャスダックスタンダード

1970年1月	シライ電子工業（株）を設立
1984年10月	日進サーキット（株）とシライハイテク工業（株）を設立（後吸収合併）
1986年4月	（株）シライサービスセンターを設立（後：白井商事（株））
1988年10月	（株）近江ファスナーと両社折半の出資によりオーミハイテク（株）を設立
1994年3月	白井電子（香港）有限公司を設立（後清算）
1997年3月	白井電子科技（香港）有限公司を設立
2002年8月	科恵白井電路有限公司と科恵白井（佛岡）電路有限公司を設立
2007年6月	白井電子商貿（上海）有限公司を設立

1217　シロキ工業（株）

[証券コード] 7243
[上場区分] 東証一部

1946年3月	**白木金属工業（株）**を設立
1948年	白木興業（株）を合併
1984年9月	シロキ精工（株）を設立
1985年12月	シロキ商事（株）と（株）シロキ工機を設立
1988年3月	シロキ・ウイックス・コーポレーションを設立（後：シロキノースアメリカ（株））
1988年9月	**シロキ工業（株）**に社名変更
1989年5月	シロキU.S.A.（株）を設立（後：シロキノースアメリカ（株））
1989年6月	宇和島シロキ（株）を設立（後：シロキ商事（株））
1990年3月	シロキ運輸（株）を設立（後：シロキ商事（株））
1995年6月	SWMジョージア LLCを設立（後：シロキGA LLC）
2001年8月	九州シロキ（株）を設立
2002年1月	シロキタイランド（株）を設立
2003年10月	広州白木汽車零部件有限公司を設立
2005年6月	SWM-GT LLCを設立（後：シロキGT LLC）
2011年8月	シロキインドネシア（株）を設立
2012年7月	シロキアジア（株）を設立
2013年7月	東北シロキ（株）を設立
2014年5月	シロキテクニコインディア（株）を設立

1218　（株）白鳩

[証券コード] 3192
[上場区分] ジャスダックスタンダード

| 1965年10月 | 京都市伏見区において創業し靴下の職域販売を開始 |
| 1974年8月 | **（株）白鳩**を設立 |

1219　（株）新出光

[証券コード]
[上場区分]

1926年3月	石油製品取扱いを出光弘が開始
1955年3月	**新出光石油（株）**を設立
1960年8月	新光商事（株）を設立
1985年10月	（株）バジェット レンタカー九州を設立
1989年4月	新光商事（株）と合併し**（株）新出光**に社名変更
1990年9月	（株）シュテルン福岡を設立
1997年4月	（株）イデックスライブクリエイションと（株）新出光フォーバルを設立
2000年4月	（株）イデックスヒューマンクリエイトを設立
2001年3月	（株）イデックスガスを設立
2009年2月	（株）河宗石油を設立（後：（株）イデックスリテール南九州）
2011年8月	（株）イデックスリテール熊本を設立
2011年10月	（株）イデックスオート・ジャパンを設立
2012年11月	（株）i・ライフソリューションズを設立

1220　神栄（株）

[証券コード] 3004
[上場区分] 東証一部

1887年5月	**（有責）神栄会社**を設立
1893年5月	**〈旧〉神栄（株）**に社名変更
1925年6月	**神栄生糸（株）**に社名変更
1942年12月	神栄製絲（株）を合併
1943年6月	**神栄実業（株）**に社名変更
1944年3月	岐阜蚕業（株）を設立（後閉鎖）
1947年3月	**神栄（株）**に社名変更
1959年2月	大分製絲（株）とShinyei Company, Inc.を設立
1966年8月	神栄電機（株）と大分製絲（株）を吸収合併し**神栄（株）**に社名変更
1967年	長野シンエイ（株）を設立（後：シンエイ電子部品（株））
1979年5月	Shinyei Corp.of Americaを設立
1985年9月	九州シンエイ電子（株）を設立
1987年11月	エスケー建材工業（株）を設立
1989年5月	Shinyei Singapore Pte.Ltd.を設立
1992年7月	Shinyei Kaisha Electronics（M）SDN. BHD.を設立
1997年12月	神栄（上海）貿易有限公司を設立
1998年1月	Shinyei Electronics Corp. of Americaを設立
1998年7月	エスケー電子（株）を設立
1999年4月	エスケーエルテック（株）を設立
2000年1月	神栄コンデンサ（株）を設立
2002年1月	エスケーシー（株）を設立
2002年11月	（株）ヴォイス・オブ・エスケーを設立
2003年3月	神栄ビジネスエンジニアリングサービス（株）を設立

しんくれい

2010年2月	神栄アグリフーズ（株）を設立
2011年2月	神栄キャパシタ（株）を設立
2012年2月	神栄商事（青島）貿易有限公司を設立
2013年12月	神栄アグリテック（株）を設立
2014年11月	神栄ライフテックス（株）を設立
2015年2月	神栄テストマシナリー（株）を設立

1221　信越化学工業（株）
［証券コード］4063
［上場区分］東証一部

1926年9月	信濃電気（株）と日本窒素肥料（株）が共同で出資し**信越窒素肥料（株）**を設立
1940年3月	**信越化学工業（株）**に社名変更
1945年5月	大同化学工業（株）を吸収合併
1955年3月	日信化学工業（株）を設立
1960年9月	信越ポリマー（株）を設立
1962年12月	信越協同建設（株）を設立（後：信越アステック（株））
1964年8月	長野電子工業（株）を設立
1967年3月	信越半導体（株）を設立
1967年4月	信越石油化学工業（株）を吸収合併
1968年12月	信越酢酸ビニル（株）を設立
1969年9月	直江津電子工業（株）を設立
1973年7月	シンテックINC.を設立
1976年4月	信越エンジニアリング（株）を設立
1978年2月	シンエツ化成（株）と信越電炉（株）を設立
1986年3月	信越シーラント（株）を設立
2000年10月	信越金属工業（株）を吸収合併
2001年2月	アジアシリコーンズモノマーLtd.とシンエツシリコーンズタイランドLtd.を設立
2002年	日本酢ビ・ポバール（株）を設立

1222　信越ポリマー（株）
［証券コード］7970
［上場区分］東証一部

1960年9月	信越化学工業（株）が全額出資し**信越ポリマー（株）**を設立
1966年7月	信越ユニット（株）を設立
1969年12月	浦和ポリマー（株）を設立
1971年9月	（株）サンエースを設立
1973年12月	しなのポリマー（株）を設立
1974年1月	信越化工業（株）と共同で出資し新潟ポリマー（株）を設立
1979年6月	第二しなのポリマー（株）を設立
1981年2月	Shin-Etsu Polymer America, Inc.を設立
1986年6月	Shin-Etsu Polymer Europe B.V.を設立
1988年10月	Shin-Etsu Polymer（Malaysia）Sdn. Bhd.を設立
1993年9月	第二しなのポリマー（株）を吸収合併
1993年10月	蘇州信越聚合有限公司を合弁で設立
1997年11月	P.T. Shin-Etsu Polymer Indonesiaを設立
1999年11月	信越聚合物（上海）有限公司を設立
2003年10月	Shin-Etsu Polymer Hungary Kft.を設立
2005年7月	Shin-Etsu Polymer Hong Kong Co., Ltd.を設立
2005年8月	Shin-Etsu Polymer Singapore Pte. Ltd.を設立
2007年10月	Shin-Etsu Polymer India Pvt.Ltd.を合弁で設立
2011年4月	東莞信越聚合物有限公司を設立
2014年2月	Shin-Etsu Polymer（Thailand）Ltd.を設立

1223　（株）新川
［証券コード］6274
［上場区分］東証一部

1959年8月	**（株）新川製作所**を設立
1980年2月	**（株）新川**に社名変更
1988年9月	Shinkawa Singapore Pte. Ltd.を設立
1989年9月	Shinkawa U.S.A., Inc.を設立
1994年11月	Shinkawa（Malaysia）Sdn. Bhd.を設立
1996年8月	新川半導体機械股份有限公司を設立
1996年12月	新川韓国（株）を設立
2000年1月	Shinkawa（Thailand）Co., Ltd.を設立
2001年11月	新川（上海）半導体機械有限公司を設立
2002年4月	（株）エスケーティーを設立（後：（株）新川テクノロジーズ）
2006年2月	Shinkawa Philippines, Inc.を設立
2009年8月	Shinkawa Vietnam Co., Ltd.を設立
2012年2月	Shinkawa Manufacturing Asia Co., Ltd.を設立

1224　神姫バス（株）
［証券コード］9083
［上場区分］東証二部

1927年10月	**神姫自動車（株）**を設立
1941年3月	社自動車（株）とフタバ自動車（株）と（資）神姫自動車商会ほか14社を、合併または買収
1943年5月	山陽自動車（株）と播電自動車（株）と相生合同自動車（株）を合併し**神姫合同自動車（株）**に社名変更
1943年8月	柏原自動車（株）ほか4社を合併または買収
1945年5月	神戸自動車交通（株）を合併
1949年9月	日の丸自動車（株）播美支社を買収
1952年12月	赤穂交通（株）を買収
1959年1月	神姫観光（株）を設立
1969年3月	神姫遙送（株）を設立
1970年4月	完全自動車整備塗装（株）を設立（後：神姫商工（株））
1970年9月	シンキ興業（株）を設立
1972年5月	**神姫バス（株）**に社名変更
1980年11月	神姫ゾーンバス（株）を設立
1984年1月	（株）ホープを設立
1997年11月	神姫観光バス（株）を設立
2002年10月	神姫観光（株）を吸収合併
2006年1月	（株）ハウジング幸陽を買収
2012年3月	神姫バスツアーズ（株）を設立
2012年4月	神姫観光ホールディングス（株）を設立
2014年8月	（株）サンピースを設立
2014年11月	（株）冨士屋かまぼこを買収

1225　シンクレイヤ（株）
［証券コード］1724
［上場区分］ジャスダックスタンダード

1962年5月	**愛知電子（株）**を設立

1973年4月	（株）愛起を設立（後：ケーブルシステム建設（株））
1994年9月	愛知電子（中山）有限公司を設立
1994年10月	愛知電子（香港）有限公司を設立（後清算）
2002年7月	シンクレイヤ（株）に社名変更
2004年4月	シンクレイヤ ラテンアメリカを設立（後清算）

1226　新京成電鉄（株）
[証券コード]9014
[上場区分]東証一部

1946年10月	新京成電鉄（株）を設立
1974年3月	下総興業（株）を設立（後：スタシオン・セルビス（株））
1979年1月	新京成車輌工業（株）を設立
1979年7月	船橋バス（株）を設立
2003年4月	習志野新京成バス（株）を設立
2003年4月	松戸新京成バス（株）を設立
2003年4月	船橋新京成バス（株）を設立
2007年10月	船橋バス（株）を吸収合併

1227　（株）神鋼環境ソリューション
[証券コード]6299
[上場区分]東証二部

1954年6月	（株）神戸製鋼所とフアウドラー社《米国》が共同で出資し神鋼フアウドラー（株）を設立
1975年6月	神鋼フアウドラー・サービス（株）を設立（後：神鋼パンテツク・サービス（株））
1978年3月	神鋼フアウドラー環境管理（株）を設立（後：神鋼パンテツク環境管理（株））
1989年10月	神鋼パンテツク（株）に社名変更
2000年12月	（株）イー・アール・シー高城を設立
2003年10月	（株）神鋼環境ソリューションに社名変更
2006年1月	豊田環境サービス（株）を設立
2006年10月	（株）加古川環境サービスを設立
2010年11月	KOBELCO ECO-SOLUTIONS VIETNAM CO., LTD.を設立
2011年1月	（株）たかお環境サービスを設立
2011年3月	（株）生駒環境サービスを設立
2011年6月	（株）芳賀環境サービスを設立
2012年2月	KOBELCO ECO-SOLUTIONS (MALAYSIA) SDN.BHD.を設立
2012年5月	（株）甲府・峡東環境サービスを設立
2013年2月	（株）仙南環境サービスを設立
2014年3月	（株）福井グリーンパワーを設立
2015年1月	さしま環境サービスと（株）中津川環境サービスと（株）射水環境サービスを設立
2015年3月	（株）岩出環境サービスを設立

1228　新晃工業（株）
[証券コード]6458
[上場区分]東証一部

1950年6月	新晃工業（株）を設立
1965年8月	新晃工業（株）秦野工場を設立（後：新晃空調工業（株））
1976年1月	新晃空調サービス（株）を設立（後：新晃アトモス（株））
1976年12月	日本ビー・エー・シー（株）を設立
1979年1月	新晃実業（株）を設立
1981年3月	新晃工業（株）岡山工場を設立（後：岡山新晃工業（株））
1987年5月	上海新晃空調設備有限公司を設立（後：上海新晃空調設備股份有限公司）
1988年1月	新晃設備サービス（株）を設立（後：新晃アトモス（株））
1991年10月	（株）川湯グランドホテルを設立
1994年4月	新晃テクノス（株）を設立
1996年3月	（株）サン・マテックを設立

1229　神鋼鋼線工業（株）
[証券コード]5660
[上場区分]東証二部

1917年12月	乾鉄線（株）を設立
1931年1月	日本鉄線鋼索（株）に社名変更
1943年3月	（株）神戸製鋼所と合併し（株）神戸製鋼所尼崎工場に社名変更
1954年3月	（株）神戸製鋼所より分離し神鋼鋼線鋼索（株）に社名変更
1971年4月	（株）朝日製鋼所と合併し神鋼鋼線工業（株）に社名変更
1974年2月	サンエス工業を設立（後：神鋼鋼線ステンレス）
1983年11月	コウセンサービス（株）を設立
1988年6月	尾上ロープ加工（株）を設立
1997年11月	（株）ケーブルテックを設立
1999年2月	鶴原都市開発（株）を設立
2013年4月	（株）テザック神鋼ワイヤロープを設立
2013年7月	神鋼鋼線（広州）販売有限公司を設立

1230　神鋼商事（株）
[証券コード]8075
[上場区分]東証一部

1946年11月	太平商事（株）を設立
1957年4月	鉞和産業（株）を設立
1959年10月	湯浅商店（株）を合併
1960年6月	神鋼商事（株）に社名変更
1966年8月	The Shinsho American Corp.を設立（後：Shinsho American Corp.）
1974年1月	神商開発（株）を設立（後清算）
1982年7月	神商金属加工（株）を設立（後：神商非鉄（株））
1983年7月	神鋼建機販売（株）を設立
1986年1月	神鋼金属販売（株）を設立（後：神商鉄鋼販売（株））
1987年5月	Thai Escorp Ltd.を設立
1987年9月	Shinsho (Malaysia) Sdn.Bhd.を設立
1992年11月	台湾神商股份有限公司を設立
1996年3月	日本ハイブリッド（株）を設立
1996年11月	Shinsho Australia Pty.Ltd.を設立（後：Kobelco Trading Australia Pty Ltd）
1998年4月	（株）神商エヤーコーハンを設立
1999年4月	フェアチャイルド・シンショウ・セミコン（株）を設立
2000年9月	神商神戸ウエルディング（株）を設立（後：（株）コベルコ溶接ソリューション）
2005年1月	韓国神商（株）を設立
2005年8月	Shinsho (Philippines) Corp.を設立
2006年7月	蘇州神商金属有限公司を設立
2006年9月	神鋼商貿（上海）有限公司を設立
2007年2月	TES E&M Service Co., Ltd.を設立

2008年12月	Shinsho Europe GmbHを設立
2010年12月	神商精密器材（蘇州）有限公司を設立
2011年3月	Kobelco Trading India Private Limitedを設立
2011年5月	PT.Kobelco Trading Indonesiaを設立
2011年6月	Kobelco Trading Vietnam Co., Ltd.を設立
2012年1月	Kobelco Plate Processing India Private Limitedを設立
2013年1月	神商大阪精工（南通）有限公司を設立
2013年4月	Shinsho Mexico S.A. de C.V.を設立
2014年9月	Kobelco CH Wire Mexicana, S.A.de C.V.を設立

1231　新光商事（株）
［証券コード］8141
［上場区分］東証一部

1953年11月	新光商事（株）を設立
1977年6月	SHINKO（PTE）LTD.を設立
1978年12月	SUNSHINE HONG KONG ELECTRONICS LTD.を合弁で設立（後解散）
1987年9月	NOVALUX HONG KONG ELECTRONICS LIMITEDを設立
1989年1月	NOVALUX AMERICA INC.を設立
1997年11月	新光商事エルエスアイデザインセンター（株）を設立
2012年2月	NOVALUX EUROPE, S.A.を設立

1232　新興プランテック（株）
［証券コード］6379
［上場区分］東証一部

1938年7月	（株）法専組鉄工所を設立
1941年3月	トーヨコ（株）と資本を含め業務提携し（株）法専鉄工所を設立
1945年11月	（株）三興製作所に社名変更
1996年9月	P.T.SANKO ENGINEERING INDONESIAを設立（後：PT. SHINKO PLANTECH）
2000年10月	新潟工事（株）と合併し新興プランテック（株）に社名変更
2003年11月	無錫興高工程技術有限公司を設立
2011年6月	SHINKO PLANTECH（THAILAND）CO., LTD.を設立

1233　新コスモス電機（株）
［証券コード］6824
［上場区分］ジャスダックスタンダード

1960年6月	新コスモス電機（株）を設立
1992年4月	新コスモス電機メンテナンス（株）を設立
1992年6月	コスモスサービス（株）を設立
1997年7月	上海新宇宙煤気監控設備有限公司を設立
2007年9月	新考思莫施電子（上海）有限公司を設立

1234　新光電気工業（株）
［証券コード］6967
［上場区分］東証一部

1946年2月	（資）長野家庭電器再生所を設立
1946年9月	新光電気工業（株）に社名変更
1973年4月	新光パーツ（株）を設立
1973年9月	吉川新光電気（株）を設立
1977年3月	SHINKO ELECTRIC AMERICA, INC.を設立
1986年7月	SHINKO ELECTRONICS（SINGAPORE）PTE. LTD.を設立
1987年12月	KOREA SHINKO MICROELECTRONICS CO., LTD.を設立
1990年11月	SHINKO ELECTRONICS（MALAYSIA）SDN. BHD.を設立
1991年7月	新光プレシジョン（株）を設立
1992年5月	KOREA SHINKO TRADING CO., LTD.を設立
1992年10月	新光テクノサーブ（株）を設立
1993年11月	TAIWAN SHINKO ELECTRONICS CO., LTD.を設立
2003年4月	SHINKO ELECTRIC INDUSTRIES（WUXI）CO., LTD.を設立
2012年6月	SHANGHAI SHINKO TRADING LTD.を設立

1235　（株）新生銀行
［証券コード］8303
［上場区分］東証一部

1952年12月	（株）日本長期信用銀行を設立
1996年11月	長銀信託銀行（株）を設立（後：新生信託銀行（株））
2000年6月	（株）新生銀行に社名変更
2001年5月	新生証券（株）を開業

1236　新生紙パルプ商事（株）
〈大倉紙パルプ商事系〉

1889年	大倉孫兵衛洋紙店を創業
1918年	（株）大倉洋紙店に社名変更
1962年	（株）愛知洋紙店を合併
1964年	（株）五輪堂洋紙店を合併
1971年	（株）博進社と合併し大倉博進に社名変更
1985年	大倉紙パルプ商事（株）に社名変更

〈三幸系〉

| 1945年 | 三幸（株）を宮本貞雄が創設 |
| 1985年 | 三商（株）と合併 |

〈大倉三幸系〉

| 2000年 | 大倉紙パルプ商事（株）と三幸（株）が合併し大倉三幸（株）に社名変更 |

〈岡本系〉

1692年	初代紙屋弥兵衛が江戸松坂町に和紙問屋を創業
1918年	（株）岡本商店を設立
1963年1月	（株）岡本に社名変更
1967年3月	日本化工製紙（株）と共同で出資しサッシプリント（株）を設立
1968年9月	江戸川段ボール工業（株）を設立
1973年2月	サッシプリント（株）と共同で出資しサッシプリント販売（株）を設立
1996年	岡本紙流通（株）を設立

＊　　＊　　＊

2005年10月	大倉三幸（株）と（株）岡本が合併し新生紙パルプ商事（株）に社名変更
2006年2月	大倉商貿（上海）有限公司を設立
2007年4月	新生物流（株）を設立
2007年6月	大倉商貿（上海）有限公司 広州分公司を設立
2007年7月	SHINSEI PULP&PAPER

2012年5月	AUSTRALIA PTY LTD.を設立 SHINSEI PULP & PAPER（USA）Corp.を設立

1237　(株)新星堂
［証券コード］7415
［上場区分］ジャスダックスタンダード

1949年7月	新星堂を設立
1964年6月	(株)新星堂に改組
1984年9月	(株)オーマガトキを設立
1995年7月	香港新星堂有限公司を設立（後清算）
2005年10月	(株)新星堂ポータルを設立（後清算）
2011年3月	新星堂モバイルプラス(株)を設立

1238　新電元工業(株)
［証券コード］6844
［上場区分］東証一部

1949年8月	新電元工業(株)を設立
1962年4月	コマ電子工業(株)を設立
1967年2月	秩父電子(株)を設立
1968年3月	山梨電子工業(株)を設立
1969年11月	日本ベンダーネット(株)を設立
1970年4月	アズマ電子工業(株)を設立
1976年3月	新電元メンバツ(株)を設立（後：新電元デバイス販売(株)）
1976年11月	新電元商事(株)を設立
1978年11月	(株)山形新電元を設立
1981年7月	(株)東根新電元を設立
1985年7月	(株)岡部新電元を設立
1987年2月	シンデンゲン・アメリカ・インコーポレイテッドを設立
1988年1月	シンデンゲン（タイランド）カンパニー・リミテッドを設立
1988年1月	新電元精機(株)を設立
1989年1月	三興電器(株)を設立（後：新電元スリーイー(株)）
1989年12月	新電元エンタープライズ(株)を設立
1989年12月	新電元メンテナンス(株)を設立
1989年12月	新電元熊本テクノリサーチ(株)を設立
1990年3月	新電元計測(株)を設立
1990年6月	シンデンゲン・シンガポール・ピーティーイー・リミテッドを設立
1991年3月	ランプーン・シンデンゲン・カンパニー・リミテッドを設立
1992年7月	新電元商事(株)を合併
1993年3月	(株)新電元ロジステックを設立
1994年4月	広州新電元電器有限公司を設立
1994年5月	上海新電元通信設備有限公司を設立（後清算）
1994年10月	新電元（香港）有限公司と天津新電元電子有限公司を設立
1995年3月	シンデンゲン・フィリピン・コーポレーションとシンデンゲン・ディベロップメント・インコーポレイテッドを設立
2001年11月	ピーティー・シンデンゲン・インドネシアを設立
2002年2月	新電元メカトロニクス(株)を設立
2005年11月	ヤマナシ・エレクトロニクス（タイランド）カンパニー・リミテッドを設立
2006年2月	新電元センサーデバイス(株)を設立（後解散）
2009年5月	新電元（上海）電器有限公司を設立
2010年9月	シンデンゲン・ベトナム・カンパニー・リミテッドを設立
2012年8月	シンデンゲン・インディア・プライベート・リミテッドを設立
2014年8月	シンデンゲン・ラオス・カンパニー・リミテッドを設立

1239　シンデン・ハイテックス(株)
［証券コード］3131
［上場区分］ジャスダックスタンダード

1995年6月	シンデン・ハイテックス(株)を設立
2000年2月	Shinden Hong Kong Limitedを設立
2000年10月	Shinden Hightex Korea Corporationを設立
2001年7月	Shinden Singapore Pte. Ltd.を設立
2002年3月	Shinden Trading (Shanghai) Co., Ltd.を設立
2004年4月	Shinden Korea Techno Co., Ltd.を設立
2005年1月	Shinden (Thailand) Co., Ltd.を設立
2005年8月	Shinden U.S.A. INC.を設立（後清算）

1240　新東(株)
［証券コード］5380
［上場区分］ジャスダックスタンダード

1963年9月	新東赤瓦(株)を設立
1974年8月	新東窯業(株)に社名変更
1980年2月	新東ルーフ(株)を設立
1996年1月	新東(株)に社名変更
1998年1月	新東セラミック(株)と新東ルーフ(株)を吸収合併
1998年1月	新東ルーフ(株)を設立
2014年7月	新東ルーフ(株)を吸収合併

1241　新東亜交易(株)

1952年2月	新東亜交易(株)を設立
1958年2月	山王興業(株)を吸収合併
1961年9月	米国新東亜交易会社を設立
2004年1月	英国新東亜交易会社を設立

1242　新東工業(株)
［証券コード］6339
［上場区分］東証一部

1923年11月	(個)久保田鋳造所を設立
1933年1月	(名)久保田製作所を設立
1934年10月	(株)久保田製作所に改組
1960年2月	新東工業(株)に社名変更
1963年4月	新東ダストコレクタ(株)を設立
1963年6月	ホイルアブレーター社《米国》と共同で出資し新東ブレーター(株)を設立
1968年2月	台湾新東機械股份有限公司を合弁で設立
1970年6月	韓国新東工業(株)を合弁で設立
1974年12月	ホイルアブレーターシントードブラジル社を合弁で設立（後：シントーブラジルプロドゥトス社）
1975年12月	ワグナーシントーギーセライマシーネン社を合弁で設立（後：ハインリッヒワグナーシントーマシーネンファブリーク社）
1987年5月	ロバーツシントー社を合弁で設立
1991年3月	シントーアメリカ社を設立
1996年5月	青島新東機械有限公司を合弁で設立
1996年9月	タイ新東工業(株)を合弁で設立

2000年4月	新東ダストコレクタ(株)と中部新東工業(株)を吸収合併
2001年10月	中日本電子(株)を吸収合併
2006年7月	西部新東工業(株)を吸収合併
2007年10月	東部シントー(株)を吸収合併
2008年7月	新東工業商貿(昆山)有限公司を設立
2009年4月	新東ブレーター(株)を吸収合併
2010年8月	浙江新東鋼丸有限公司を設立
2011年2月	シントーエンジニアリングインディア社を設立
2012年9月	シントーインドネシア社を設立
2012年11月	シントーバラットマニュファクチャリング社を設立
2013年12月	広州新中通機械有限公司を設立

1243　神東塗料(株)
［証券コード］4615
［上場区分］東証一部

1901年	(個)神戸ボイル油製造所を設立
1910年3月	(株)神戸ボイル油に社名変更
1929年12月	神戸ペイント(株)を合併
1933年4月	東洋塗料製造(株)と共同で出資し神東塗料(株)を設立
1943年8月	帝国塗料(株)と合併
1978年8月	シントーファミリー(株)を設立
1993年10月	(株)シントーケミトロンを合併
1995年1月	(株)東京シントーを設立(後解散)
1996年4月	(株)西部シントーを設立(後解散)
2002年3月	エスピー興産(株)を合併
2012年6月	PT. Shinto Paint Indonesiaを設立
2012年9月	神之東塗料貿易(上海)有限公司を設立
2013年3月	PT. Shinto Paint Manufacturing Indonesiaを設立

1244　(株)シンニッタン
［証券コード］6319
［上場区分］東証一部

1948年11月	〈旧〉日本鍛工(株)川崎製造所を合併し東日本鍛工(株)を設立
1953年1月	新日本鍛工(株)に社名変更
1968年4月	中部鍛工(株)を設立
1970年3月	中部工機(株)を設立
1982年7月	ニッタン商事(株)を設立(後：ジェイ・エム・ティ(株))
1984年10月	ニッタン機材(株)を設立
1985年8月	つくば工機(株)を設立
1990年2月	(株)シンニッタンに社名変更
1992年8月	(株)エスエヌティビルを設立
1993年4月	シーエスヌ(株)を設立
1996年6月	サイアム・メタル・テクノロジー社を設立
1996年9月	ニッタン物流(株)を設立(後：(株)エヌケーケー)
1997年10月	(株)東海テクニカルセンターを設立
2004年5月	上海日鍛金属有限公司を設立

1245　新日鐵住金(株)
［証券コード］5401
［上場区分］東証一部

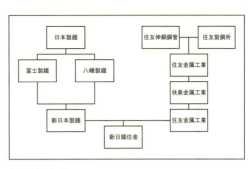

〈八幡製鐵系〉
1950年4月	日本製鐵(株)より分離し**八幡製鐵(株)**を設立
1956年10月	八幡化学工業(株)を設立(後：新日鐵化学工業(株))
1968年4月	八幡鋼管(株)を合併

〈富士製鐵系〉
| 1950年4月 | 日本製鐵(株)より分離し**富士製鐵(株)**を設立 |
| 1967年8月 | 東海製罐(株)を合併 |

〈新日本製鐵系〉
1970年3月	八幡製鐵(株)と富士製鐵(株)が合併し**新日本製鐵(株)**に社名変更
1971年4月	富士三機鋼管(株)を合併
1973年4月	日鐵建材(株)を設立(後：日鐵建材工業(株))
1984年4月	新日本製鉄化学工業(株)と日鐵化学工業(株)が合併し新日鐵化学(株)に商号変更
1989年6月	日鐵コンピュータシステム(株)と情報システム部門を統合し新日鉄情報通信システム(株)に商号変更
2001年4月	新日鉄情報通信システム(株)とエレクトロニクス・情報通信事業部を統合し新日鉄ソリューションズ(株)に商号変更

〈住友金属工業系〉
1935年9月	住友伸銅鋼管(株)と(株)住友製鋼所が合併し**住友金属工業(株)**を設立
1945年11月	**扶桑金属工業(株)**に社名変更
1949年7月	扶桑金属工業(株)の第2会社として8工場を継承し**新扶桑金属工業(株)**を設立
1950年12月	扶桑乳業(株)を設立
1950年12月	鳴海製陶(株)を設立
1952年5月	**住友金属工業(株)**に社名変更
1953年7月	小倉製鋼(株)を合併
1959年8月	住友軽金属工業(株)を設立
1961年1月	住友精密工業(株)を設立
1963年1月	住友特殊金属(株)を設立
1980年1月	住友海南鋼管(株)を合併
1987年10月	住金化工(株)を合併
1992年10月	日本ステンレス(株)と合併
1998年10月	住友シチックス(株)と合併
2003年10月	新日鐵住金ステンレス(株)を設立
2003年11月	(株)住金鋼鉄和歌山を設立

〈住友シチックス系〉
1937年11月	**大阪特殊製鉄所**を設立
1950年11月	(株)**大阪特殊製鉄所**に社名変更
1952年11月	大阪チタニウム製造(株)を設立
1973年8月	住友金属工業(株)と共同で出資し九州電子金属(株)を設立

しんにつて

| 1992年10月 | 九州電子金属(株)と合併 |
| 1993年1月 | 住友シチックス(株)に社名変更 |

       *   *   *

| 2012年10月 | 新日本製鐵(株)と住友金属工業(株)が合併し新日鐵住金(株)に商号変更 |

1246 新日鉄住金化学(株)

〈新日本製鉄化学工業系〉

| 1956年10月 | 八幡製鐵(株)の化学部門が独立し八幡化学工業(株)を設立 |
| 1970年4月 | 富士製鐵(株)の化学品販売業務を継承し新日本製鉄化学工業(株)に社名変更 |

〈日鐵化学工業系〉

| 1939年 | 日本ピッチコークス工業(株)を設立 |
| 1949年 | 日鐵化学工業(株)に社名変更 |

       *   *   *

1984年4月	新日本製鉄化学工業(株)と日鐵化学工業(株)が合併し新日鐵化学(株)に社名変更
1988年11月	日本スチレンモノマー(株)を設立
1989年9月	新日本ビスフェノール(株)を設立
1989年9月	新日本フェノール(株)を設立
1995年9月	エスエーカーボン(株)を設立
2011年	新日化機能材製造(株)とNSスチレンモノマー(株)を設立
2012年10月	新日鉄住金化学(株)に社名変更

1247 新日鉄住金ソリューションズ(株)

[証券コード]2327
[上場区分]東証一部

1988年4月	新日鉄情報通信システム(株)を設立
2001年4月	新日鉄ソリューションズ(株)に社名変更
2002年10月	新日鉄軟件(上海)有限公司を設立
2006年10月	NS Solutions USA Corporationを設立
2007年4月	NSフィナンシャルマネジメントコンサルティング(株)を設立
2011年12月	NS Solutions Asia Pacific Pte. Ltd.を設立
2012年10月	新日鉄住金ソリューションズ(株)に社名変更
2013年1月	Thai NS Solutions Co., Ltd.を設立
2013年3月	NS Solutions IT Consulting Europe Ltd.を設立
2014年8月	PT.NSSOL SYSTEMS INDONESIAを設立

1248 新日鉄ソリューションズ(株)

1980年10月	新日本製鐵(株)の全額出資により日鐵コンピュータシステム(株)を設立
1985年11月	北海道ニックス(株)を設立(後:北海道NSソリューションズ(株))
1986年4月	東北ニックス(株)を設立(後:東北NSソリューションズ(株))
1986年7月	(株)ニックス・オー・エイ・サービスを設立(後:(株)NSソリューションズ東京)
1988年4月	新日本製鐵(株)の「情報通信システム部門」の事業を譲り受け新日鉄情報通信システム(株)に社名変更
1995年12月	(株)エニコムシステム関西を設立(後:(株)NSソリューションズ関西)
2001年4月	新日本製鐵(株)のエレクトロニクス・情報通信事業部の事業を譲り受け新日鉄ソリューションズ(株)に社名変更
2002年10月	新日鉄軟件(上海)有限公司を設立
2006年10月	NS Solutions USA Corporationを設立
2007年4月	NSフィナンシャルマネジメントコンサルティング(株)を設立
2011年12月	NS Solutions Asia Pacific Pte. Ltd.を設立
2012年10月	新日鐵住金(株)の発足に合わせ新日鉄住金ソリューションズ(株)に社名変更
2013年1月	Thai NS Solutions Co., Ltd.を設立
2013年3月	NS Solutions IT Consulting Europe Ltd.を設立
2014年8月	PT.NSSOL SYSTEMS INDONESIAを設立

1249 (株)新日本科学

[証券コード]2395
[上場区分]東証一部

1973年	(株)日本ドッグセンターを設立
1974年	(株)新日本科学に社名変更
2001年	(株)バイオアクティスを設立
2002年	(株)グリフィンバイオテックを設立
2004年10月	SNBL Clinical Pharmacology Center, Inc.を設立

1250 新日本空調(株)

[証券コード]1952
[上場区分]東証一部

1930年12月	三機工業(株)とキヤリア社《米国》が共同で出資し東洋キヤリア工業(株)を設立
1969年10月	東洋キヤリア工業(株)の工事事業部門を分離独立し新日本空調(株)を設立
2003年12月	新日本空調工程(上海)有限公司を設立

1251 新日本電工(株)

[証券コード]5563
[上場区分]東証一部

1925年10月	(個)大垣電気冶金工業所を設立
1933年1月	(個)電気冶金工業所に社名変更
1935年1月	(株)電気冶金工業所に改組
1936年11月	日本電気冶金(株)に社名変更
1944年9月	北海道クローム鉱業(株)を合併
1963年12月	東邦電化(株)と合併し日本電工(株)に社名変更
1971年6月	極東工業(株)を吸収合併
2014年7月	中央電気工業(株)と経営統合し新日本電工(株)と社名変更

〈中央電気工業系〉

1934年2月	中央電気(株)と秩父電気工業(株)と共同で出資し中央電気工業(株)を設立
1974年2月	中電産業(株)を設立
1976年8月	(有)越後商事を設立(後:中電産業(株))
1993年6月	中電興産(株)を設立
2009年12月	VIETNAM RARE EARTH JOINT STOCK COMPANYを設立(後:VIETNAM RARE EARTH COMPANY LIMITED)

| | 2013年7月 | 中電レアアース(株)を吸収合併 |

1252　新日本建設(株)
[証券コード]1879
[上場区分]東証一部
	1923年	金綱工務店を設立
	1964年10月	(有)金綱工務店に改組
	1972年7月	新日本建設(株)に社名変更
	1975年8月	(株)建設保全サービス協会を設立
	1977年12月	新日本ハウス(株)を設立
	1991年4月	新日本ハウス(株)を合併
	1995年5月	新日本不動産(株)を設立
	2006年10月	新日興進(瀋陽)房地産有限公司を設立

1253　(株)新日本建物
[証券コード]8893
[上場区分]ジャスダックスタンダード
	1975年4月	関東空調サービス(株)を設立
	1976年10月	(株)京浜住宅に社名変更
	1982年5月	(株)京浜住宅販売に社名変更
	1989年5月	(株)新日本地所に社名変更
	1994年6月	(株)新日本建設を吸収合併し(株)新日本建設に社名変更
	1994年9月	(株)新日本建物に社名変更
	1997年4月	(株)新日本ハウスを吸収合併

〈新日本建設系〉
	1984年12月	(株)村上総合企画を設立
	1987年1月	(株)新日本建設に社名変更
	1998年10月	(株)新日本地所を設立
	1998年12月	(株)新日本ハウスを設立
	1999年6月	(株)新日本建物販売を設立
	2002年4月	(株)ベルクハウスを設立
	2005年4月	(株)新日本ハウスを吸収合併
	2007年2月	(株)ステップアップを設立
	2008年8月	(株)新日本レジデンスを設立
	2009年11月	ブロッサム(株)を設立
	2010年3月	(株)エス・ティー・エンジニアリングを設立
	2011年2月	(株)新日本アーバンマトリックスと(株)新日本レジデンスを吸収合併
	2013年8月	(株)SNコミュニティと(株)TNエステートを設立

1254　新日本法規出版(株)
	1948年1月	新日本法規出版(株)を設立
	1984年10月	新日本法規実業(株)を設立
	1986年7月	(株)リバティ書房を設立
	1999年11月	(株)リバティ書房を吸収合併
	2006年4月	米国トムソン社と均等出資の合弁会社としてウエストロー・ジャパン(株)を設立

1255　新日本無線(株)
[証券コード]6911
[上場区分]東証一部
	1959年9月	日本無線(株)が全額出資し埼玉日本無線(株)を設立
	1961年3月	新日本無線(株)に社名変更
	1965年4月	佐賀エレクトロニクス(株)を設立
	1978年10月	新日本無線商事(株)を設立(後:(株)エヌ・ジェイ・アールトレーディング)
	1985年10月	(株)エヌ・ジェイ・アールセミコンダクタを設立
	1989年5月	(株)秩父マイクロワークスを設立(後:(株)エヌ・ジェイ・アール秩父)
	2001年4月	(株)エヌ・ジェイ・アールサービスを設立
	2003年1月	(株)エヌ・ジェイ・アール福岡を設立
	2008年1月	恩結雅(上海)貿易有限公司を設立
	2010年8月	NJR KOREA CO., LTD.を設立

1256　新日本理化(株)
[証券コード]4406
[上場区分]東証一部
	1919年11月	大阪酸水素(株)を設立
	1943年5月	鐘淵油脂工業(株)に社名変更
	1948年11月	酸水素油脂工業(株)に社名変更
	1967年3月	新日本理化(株)に社名変更
	1972年9月	日産化学工業(株)と共同で出資し日新理化(株)を設立
	1979年2月	日本油脂(株)と旭化成工業(株)と共同で出資し千葉脂肪酸(株)を設立
	1980年5月	ハーキュレスInc.《米国》と共同で出資しハーキュレス(株)を設立
	1988年	岩谷産業と共同で出資しイワタニ理化(株)を設立
	1990年1月	ヘンケルオレオケミカルズSdn.Bhd.とラッキーLtd.との共同出資によりヘンケルリカSdn.Bhd.を設立(後:Emery Oleochemicals Rika (M) Sdn.Bhd.)
	1997年5月	RiKA International Ltd.を設立(後:NJC Europe Ltd.)
	2010年8月	NJC Korea Co., Ltd.を設立
	2014年7月	NJC Malaysia Sdn.Bhd.を設立

1257　(株)進学会
[証券コード]9760
[上場区分]東証一部
	1976年6月	北大(株)増進会を母体に(株)北大学力増進会を設立
	1984年6月	(株)ノースパレスを設立
	1984年6月	(株)増進印刷を設立(後:(株)ホクシンエンタープライズ)
	1986年2月	(株)ホクシンエンタープライズを設立
	1987年3月	(株)進学会に社名変更
	1990年4月	(株)エスケーシステムを設立(後:(株)ホクシンエンタープライズ)
	2009年4月	(株)プログレスを設立

1258　シンフォニアテクノロジー(株)
[証券コード]6507
[上場区分]東証一部
	1949年8月	(株)神戸製鋼所より独立し神鋼電機(株)を企業再建整備法により設立
	1970年11月	協進商事(株)を設立(後:シンフォニア商事(株))
	1970年12月	神電工事(株)を設立(後:シンフォニアエンジニアリング(株))
	1978年7月	伊勢コンピュータサービス(株)を設立(後:(株)アイ・シー・エス)
	1989年6月	THAI PARTS FEEDER CO., LTD.を設立(後:SINFONIA TECHNOLOGY (THAILAND) CO., LTD.)
	1990年4月	(株)鳥羽神鋼電機を設立
	1991年1月	(株)セルテクノを設立

しんふれく

2001年10月	（株）鳥羽神鋼電機と神電ファクトリーサービス（株）と鳥羽電装（株）を吸収合併
2002年10月	アシスト シンコー（株）を設立
2006年7月	（株）S&Sエンジニアリングを設立
2009年4月	シンフォニアテクノロジー（株）に商号変更

1259　（株）シンプレクス・インベストメント・アドバイザーズ

2002年6月	（株）シンプレクス・インベストメント・アドバイザーズを設立
2007年9月	シンプレクス不動産投資顧問（株）（SRM）を設立

1260　シンプロメンテ（株）
[証券コード]6086
[上場区分]東証マザーズ

1999年10月	（株）トレス・プロジェクトを設立
2004年12月	シンプロメンテ（株）に商号変更

1261　シンポ（株）
[証券コード]5903
[上場区分]ジャスダックスタンダード

1971年4月	（株）エーワイ食機を設立
1980年4月	シンポ（株）に商号変更
1988年12月	シンポアメリカインクを設立（後清算）
2011年7月	神府貿易（上海）有限公司を設立
2013年10月	フードクロス・マネジメント（株）を設立（後清算）

1262　新報国製鉄（株）
[証券コード]5542
[上場区分]ジャスダックスタンダード

1949年10月	新報国製鉄（株）を設立
1950年10月	新三徳工業（株）と合併
2000年11月	山本重工業（株）を設立（後：（株）新報国製鉄三重）

1263　神明電機（株）

1956年6月	神明電機製作所を設立
1958年9月	神明電機（株）に社名変更

1264　新明和工業（株）
[証券コード]7224
[上場区分]東証一部

1949年11月	明和興業（株）を合併し**新明和興業（株）**を設立
1953年2月	明和興業（株）を吸収合併
1958年6月	アキツ工業（株）を設立
1960年1月	明和工芸（株）を設立
1960年5月	**新明和工業（株）**に社名変更
1965年11月	（株）明和印刷所を設立
1966年	関西車輌サービス（株）を設立（後：（株）明和製作所）
1971年5月	新明和エンジニアリング（株）を設立
1972年10月	（株）カワモサービスを設立（後：新明和オートエンジニアリング（株））
1986年10月	新明和ソフトテクノロジ（株）を設立
1988年12月	Thai ShinMaywa Co., Ltd.を設立
1994年4月	新明和ウエステック（株）を設立
1996年4月	新明和岩国航空整備（株）を設立
2004年4月	新盟和（上海）貿易有限公司を設立（後：新明和（上海）商貿有限公司）
2005年10月	ShinMaywa（Bangkok）Co., Ltd.を設立
2009年6月	Kailash ShinMaywa Industries Limitedを設立（後：ShinMaywa Industries India Private Limited）
2009年6月	ShinMaywa JEL Aerotech Pte. Ltd.を設立（後：ShinMaywa Aerotech Pte. Ltd.）
2009年6月	新明和エンジニアリング（株）を吸収合併
2009年8月	新盟和（上海）精密機械有限公司を設立（後：新明和（上海）精密機械有限公司）
2010年5月	重慶新明和耐徳機械設備有限公司を設立
2010年9月	台湾新明和工業股份有限公司を設立
2014年1月	新明和オートセールス（株）を設立

1265　（株）進和
[証券コード]7607
[上場区分]東証一部

1951年2月	（株）進和商会を設立
1973年4月	（株）進和に社名変更
1993年4月	（株）東京進和と（株）関東進和と（株）名古屋進和と（株）三重進和と（株）大阪進和と（株）九州進和と（株）三泰と（株）サンワとエス・エム・シー（株）と中央ケミカル工業（株）とシンワ機工（株）を吸収合併
2000年3月	SHINWA INTEC Co., Ltd.とタイ事務所を法人化
2003年9月	那欧雅進和（上海）貿易有限公司を設立
2004年10月	煙台進和接合技術有限公司を設立
2009年10月	煙台三拓進和撹拌設備維修有限公司を設立
2011年1月	進和（天津）自動化控制設備有限公司を設立
2012年7月	PT. SANTAKU SHINWA INDONESIAを設立
2013年6月	SHINWA INTEC MALAYSIA SDN. BHD.を設立

1266　シンワアートオークション（株）
[証券コード]2437
[上場区分]ジャスダックスタンダード

1987年8月	親和会が美術品の業者交換会として発足
1989年6月	（株）親和会を設立
1991年6月	シンワアートオークション（株）に社名変更
2013年4月	シンワメディカル（株）を設立（後：シンワメディコ（株））
2013年10月	Jオークション（株）を設立

1267　（株）瑞光
[証券コード]6279
[上場区分]東証二部

1963年4月	瑞光鉄工（株）を設立
1986年6月	（株）瑞光に社名変更
2003年3月	瑞光（上海）電気設備有限公司を設立
2006年9月	（株）瑞光メディカルを設立
2009年3月	ZUIKO INC.を設立
2012年10月	ZUIKO INDUSTRIA DE MAQUINAS LTDA.を設立
2013年9月	ZUIKO ASIA（THAILAND）CO.,

LTD.を設立

1268　水道機工(株)
[証券コード] 6403
[上場区分] ジャスダックスタンダード

1923年8月	(株)エルレボイド商館都市工業部を設立
1935年1月	日本温泉管(株)に社名変更
1946年3月	日本温泉水道品(株)に社名変更
1946年12月	水道機工(株)に社名変更
1962年8月	水道機工サービス販売(株)を設立(後：(株)水機テクノス)
1998年4月	(株)水機メンテナンスサービスを設立(後：(株)水機テクノス)
1999年7月	(株)ミエネラリア研究所を設立
2014年3月	SUIDO KIKO VIET NAM CO., LTDを設立

1269　スガイ化学工業(株)
[証券コード] 4120
[上場区分] 東証二部

1928年1月	菅井化学工場として創業
1933年10月	(資)菅井化学工場に改組
1952年4月	菅井化学工業(株)に改組
1962年11月	スガイ化学工業(株)と合併(額面変更の目的)
1985年3月	スガイケミー(株)を設立
1992年10月	SUGAI AMERICA, INC.を設立(後清算)
1995年10月	スガイシステムサービス(株)を設立(後清算)

1270　(株)すかいらーく
[証券コード] 3197
[上場区分] 東証一部

1962年4月	ことぶき食品(有)を設立
1969年7月	(株)ことぶき食品に改組
1974年11月	〈元〉(株)すかいらーくに社名変更
1977年1月	〈別〉(株)すかいらーくを吸収合併し(株)すかいらーくに社名変更
1979年5月	(株)サンボを設立(後：(株)ジョナサン)
1981年1月	ひばり開発(株)を合併
1985年12月	(株)藍屋を設立
1987年5月	(株)テスコを設立
1987年12月	(株)バーミヤンを設立
1993年12月	(株)エス・ジー・エムを設立
1994年12月	(株)エス・ジー・ケーを設立
1999年7月	(株)バーミヤンを合併
2000年7月	(株)藍屋を合併
2005年9月	雲雀國際股份有限公司を設立
2007年7月	SNCインベストメント(株)と同社を存続会社として当社と合併し(株)すかいらーくに商号変更
2010年7月	上海雲雀餐飲管理有限公司を設立
2012年1月	(株)ジョナサンを合併
2012年6月	(株)BCJホールディングス6が同社を存続会社として当社と合併し(株)すかいらーくに商号変更
2014年7月	(株)BCJホールディングス5が同社を存続会社として当社と合併し(株)すかいらーくに商号変更

1271　(株)スカパーJSATホールディングス
[証券コード] 9412
[上場区分] 東証一部

1994年11月	(株)ディーエムシー企画を設立
1995年	日本デジタル放送サービス(株)に社名変更
1998年5月	ジェイ・スカイ・ビー(株)と合併
2000年6月	(株)スカイパーフェクト・コミュニケーションズに社名変更
2007年4月	ジェイサット(株)と経営統合しスカパーJSAT(株)を設立
2008年6月	(株)スカパーJSATホールディングスに商号変更
2012年12月	(株)ディー・エス・エヌを設立
2015年5月	WAKUWAKU JAPAN(株)を設立

1272　スギホールディングス(株)
[証券コード] 7649
[上場区分] 東証一部

1982年3月	(株)スギ薬局を設立
2008年9月	スギホールディングス(株)に商号変更
2008年9月	〈新〉(株)スギ薬局とスギメディカル(株)を設立
2009年6月	スギスマイル(株)を設立
2013年3月	(株)ジャパンを吸収合併

1273　(株)スクウェア・エニックス・ホールディングス
[証券コード] 9684
[上場区分] 東証一部

〈エニックス系〉

1980年2月	(株)営団社募集サービスセンターが出資し(株)営団社不動産を設立
1981年8月	(株)営団社システムに社名変更
1982年8月	(株)エニックスに社名変更
1983年10月	小西六写真工業(株)と共同で出資し(株)小西六エニックスを設立
1988年10月	エニックスプロダクツ(株)を設立
1989年4月	(株)営団社募集サービスセンターとコニカエニックス(株)とエニックスプロダクツ(株)と合併
1991年10月	(株)デジタルエンタテインメントアカデミーを設立

〈スクウェア系〉

1986年9月	(株)スクウェアを設立
1996年2月	(株)デジキューブを設立
1999年6月	(株)スクアーツを設立
1999年6月	(株)スクウェアサウンズを設立
1999年6月	(株)スクウェアネクストを設立(後：(株)ゲームデザイナーズ・スタジオ)
1999年6月	(株)スクウェアヴィジュアルワークスを設立
2001年1月	(株)スクウェアヴィジュアルワークスと(株)スクアーツを吸収合併
2001年4月	〈別〉(株)スクウェアと合併(額面変更のため)
2002年4月	(株)スクウェアサウンズを吸収合併

＊　＊　＊　＊

2003年4月	(株)エニックスと(株)スクウェアが合併し(株)スクウェア・エニックスに社名変更
2005年1月	SQUARE ENIX (China) CO., LTD.

1274 (株)SCREENホールディングス
[証券コード]7735
[上場区分]東証一部

2006年3月	(株)タイトーを完全子会社化
2006年11月	SQUARE ENIX OF AMERICA HOLDINGS, INC.を設立
2008年10月	(株)スクウェア・エニックス・ホールディングスに商号変更

1274 (株)SCREENホールディングス
[証券コード]7735
[上場区分]東証一部

1937年5月	石山旭山印刷(株)のガラススクリーン研究部門を継承し(個)大日本スクリーン製造所を設立
1943年10月	大日本スクリーン製造(株)に社名変更
1976年10月	(株)ファースト・リースを設立
1983年9月	(株)ディエス技研を設立
1990年1月	DAINIPPON SCREEN (TAIWAN) CO., LTD.を設立(後: DAINIPPON SCREEN ELECTRONICS (TAIWAN) CO., LTD.)
1996年4月	D.S.NORTH AMERICA HOLDINGS, INC.とDNS ELECTRONICS, LLCを設立
2001年4月	(株)クォーツリードを設立
2002年7月	(株)メディアテクノロジー ジャパンを設立
2002年9月	DAINIPPON SCREEN ELECTRONICS (SHANGHAI) CO., LTD.を設立
2003年10月	DAINIPPON SCREEN MT (HANGZHOU) CO., LTD.を設立
2006年7月	(株)SOKUDOを設立
2014年10月	(株)SCREENホールディングスに社名変更

1275 (株)スクロール
[証券コード]8005
[上場区分]東証一部

1943年10月	静岡布帛(株)を設立
1951年12月	武藤商事(株)を吸収合併し武藤衣料(株)に社名変更
1962年9月	武藤縫製(株)を設立
1967年8月	ムトウ衣料(株)に社名変更
1970年10月	(株)ムトウに社名変更
1971年11月	(株)ムトウサービスを設立(後:(株)ムトウ)
1972年5月	(株)エム・デー・シーを設立(後:(株)ムトウ流通センター)(後:(株)ムトウ)
1983年7月	(株)グリントファイナンスを設立(後:(株)ムトウクレジット)
1986年3月	(株)ミックを設立
1990年4月	(株)サンセリテを設立
1990年4月	(株)リフレを設立
1991年4月	(株)パケットを設立
2005年	(株)ムトウヤマノを設立(後:(株)ヤマノホールディングス)
2006年1月	武藤系統信息咨詢(上海)有限公司を設立(後:詩克楽商貿(上海)有限公司)
2009年10月	(株)スクロールに社名変更

1276 (株)図研
[証券コード]6947
[上場区分]東証一部

1976年12月	(株)図形処理技術研究所を設立
1983年11月	ズケン・アメリカInc.を設立(後:ズケン・ユーエスエーInc.)
1985年6月	(株)図研に社名変更
1992年1月	ズケン・コリアInc.を設立
1992年1月	ズケン・ヨーロッパGmbHを設立(後:ズケンGmbH)
1992年8月	ズケン・シンガポールPte.Ltd.を設立
1996年7月	(株)リアルビジョンを設立
1997年5月	(株)図研プロセスデザイン研究所を設立
2000年12月	図研テクノマティックス(株)を設立
2001年4月	図研ネットウェイブ(株)を設立
2002年6月	図研上海技術開発有限公司を設立
2005年8月	台湾図研股份有限公司を設立
2007年5月	(株)キャドラボを設立
2015年2月	東洋ビジネスエンジニアリング(株)と合弁で(株)ダイバーシンクを設立
2015年3月	ズケン・インディアPrivate Limitedを設立

1277 図研エルミック(株)
[証券コード]4770
[上場区分]東証二部

1977年4月	ポンド(株)エルミックシステムを設立
1994年2月	イオス(株)を設立
1997年2月	ELMIC SYSTEMS OF AMERICA, INC.を設立(後生産)
2000年9月	Elmic Systems USA, INC.を設立
2005年7月	ウェスコム(株)と合併しエルミック・ウェスコム(株)に社名変更
2009年7月	図研エルミック(株)に社名変更

1278 (株)鈴木
[証券コード]6785
[上場区分]東証一部

1933年6月	鈴木製作所を創業
1945年6月	(資)鈴木製作所に改組
1974年7月	(株)スズキ精機と合併し(株)鈴木に社名変更
2006年12月	住友電装(株)と合弁でS&Sコンポーネンツ(株)を設立
2007年8月	東新工業(株)との合弁で鈴木東新電子(香港)有限公司を設立
2007年10月	東新工業(株)との合弁で鈴木東新電子(中山)有限公司を設立

1279 スズキ(株)
[証券コード]7269
[上場区分]東証一部

1909年10月	(個)鈴木式織機製作所を設立
1920年3月	鈴木式織機(株)に社名変更
1922年3月	鈴木式機械(株)を合併
1941年3月	(資)金原織布工場を設立
1954年6月	鈴木自動車工業(株)に社名変更
1961年4月	鈴木式織機(株)を設立
1963年8月	U.S. Suzuki Motor Corp.を設立(後清算)
1967年3月	Thai Suzuki Motor Co., Ltd.を設立
1971年10月	日工産業(株)を合併

	1986年10月	General Motors of Canada Ltd.との合弁によりCAMI Automotive Inc.を設立（後合弁事業を解消）
	1990年10月	スズキ（株）に社名変更
	1991年4月	Magyar Suzuki Corporation Ltd.を設立
	2014年3月	Suzuki Motor Gujarat Private Ltd.を設立

1280　（株）スズケン
[証券コード]9987
[上場区分]東証一部
- 1946年8月　（株）鈴謙洋行を設立
- 1947年11月　（株）鈴木謙三郎商店に社名変更
- 1964年10月　（株）スズケンに社名変更
- 2008年3月　上海鈴謙滬中医薬有限公司を設立
- 2011年10月　（株）エスケアメイトを設立
- 2012年3月　（株）SDネクストを設立（後：（株）エス・ディ・コラボ）

1281　スズデン（株）
[証券コード]7480
[上場区分]東証一部
- 1948年1月　鈴木電気商会を創業
- 1952年12月　鈴木電業（株）を設立
- 1991年4月　鈴木電興（株）と多摩鈴電（株）と茨城鈴電（株）と横浜鈴電（株）を合併しスズデン（株）に社名変更
- 1993年3月　SUZUDEN SINGAPORE PTE LTDを設立
- 2002年4月　（株）スズデンインダストリアルシステムズを設立
- 2002年8月　SUZUDEN HONG KONG LIMITEDを設立（後清算）
- 2004年8月　SUZUDEN TRADING (SHANGHAI) CO., LTDを設立
- 2005年4月　（株）スズデンインダストリアルシステムズを吸収合併
- 2005年12月　スズデンビジネスサポート（株）を設立

1282　鈴茂器工（株）
[証券コード]6405
[上場区分]ジャスダックスタンダード
- 1961年1月　鈴茂商事（株）を設立
- 1966年8月　鈴茂機械工業（株）に社名変更
- 1986年3月　鈴茂器工（株）に社名変更
- 1998年12月　Suzumo Machinery USA Inc.を設立（後清算）
- 2006年3月　Suzumo International Corporationを設立

1283　鈴与シンワート（株）
[証券コード]9360
[上場区分]東証二部
- 1947年5月　新和運輸（株）を設立
- 1949年7月　東和海運（株）と合併
- 1975年6月　スリー・エス・シンワ（株）に社名変更
- 1989年10月　（株）シンワートに社名変更
- 1994年10月　鈴与シンワート（株）に社名変更
- 1995年5月　鈴与シンワ埼玉（株）を設立（後：シンワ運輸埼玉（株））
- 1998年10月　（株）システムナレッジを吸収合併
- 1999年10月　（株）フロイスを吸収合併
- 2002年1月　鈴与シンワ運輸（株）を設立（後：シンワ運輸東京（株））
- 2011年11月　鈴与シンワ物流（株）を分社

1284　（株）スタジオアリス
[証券コード]2305
[上場区分]東証一部
- 1974年5月　（株）日峰写真工芸を設立
- 1976年6月　（株）日峰に商号変更
- 1999年2月　（株）スタジオアリスに商号変更
- 2001年2月　スタジオアリスコリア・カンパニー・リミテッドを設立
- 2005年5月　（株）アリスデジタルソリューションセンターを設立（後：（株）ジェイヴィス）
- 2005年11月　スタジオアリスタイワン・カンパニー・リミテッドを設立
- 2006年2月　（株）アリスキャリアサービスを設立
- 2008年6月　愛麗絲（北京）摂影工作室有限公司を設立

1285　スター精密（株）
[証券コード]7718
[上場区分]東証一部
- 1950年7月　（株）スター製作所を設立
- 1960年10月　シチズン時計（株）との共同出資により東海精密（株）を設立
- 1965年9月　東海精密（株）吸収合併しスター精密（株）に社名変更
- 1977年1月　スターマイクロニクス アメリカ・INCを設立
- 1984年11月　スターマイクロニクス UK・LTDを設立（後：スターマイクロニクス ヨーロッパ・LTD）
- 1989年1月　斯大精密（大連）有限公司を設立
- 1991年10月　スターマイクロニクス・AGを設立
- 1992年2月　A&S プレシジョン マシンツールス・LTDを設立（後：スターマイクロニクス GB・LTD）
- 1992年7月　スターマイクロニクス マニュファクチュアリングドイツ・GmbHを設立（後：スターマイクロニクス・GmbH）
- 1995年8月　ハーシュマンCorp.を設立（後：スターCNC マシンツール Corp.）
- 2000年8月　スターアメリカ ホールディング・INCを設立
- 2001年4月　上海星栄精機有限公司を設立
- 2002年12月　上海星昂機械有限公司を設立
- 2005年2月　スターマイクロニクス（タイランド）Co., LTDを設立
- 2007年4月　S&K プレシジョン テクノロジーズ（タイランド）Co., LTDを設立（後：スターマイクロニクス プレシジョン（タイランド）Co., LTD）
- 2011年9月　スターマイクロニクス サウスイースト アジアCo., LTDを設立
- 2012年2月　スターマイクロニクス マニュファクチュアリング（タイランド）Co., LTDを設立
- 2015年2月　スタークラウドサービス・INCを設立

1286　スターゼン（株）
[証券コード]8043
[上場区分]東証一部

すたつこほ

1946年6月	全国畜産協同組合を設立
1948年6月	全国畜産(株)に社名変更
1965年2月	ゼンチクハム(株)を設立(後解散)
1967年3月	(株)丸全を設立
1970年6月	(株)ゼンチクに社名変更
1981年10月	(株)栃木ゼンチクを設立
1984年3月	(株)阿久根ゼンチクを設立(後:(株)スターゼンミートグループ)
1986年4月	(株)石狩ゼンチクを設立(後:(株)スターゼンミートグループ)
1993年9月	東京白露産業(株)を設立
1994年10月	(株)三戸ゼンチクを設立
1996年10月	(株)ゼンチクパックセンターを設立(後:(株)栃木ゼンチク)
1996年10月	(株)ゼンチク販売を設立
1998年2月	(株)スターゼン食品を設立
1998年5月	(株)スターゼンミートグループを設立
1999年4月	スターゼン(株)に社名変更
2002年5月	スターゼンアメリカ,INC.を設立
2005年7月	(株)青木食品を設立
2007年7月	スターゼンインターナショナル(株)を設立
2008年10月	スターゼン北日本販売(株)とスターゼン東日本販売(株)とスターゼン西日本販売(株)とスターゼン南日本販売(株)を設立
2009年5月	オレンジベイフーズ(株)を設立
2009年6月	スターゼンヨーロッパApSを設立
2010年7月	スターゼン広域販売(株)を設立
2013年4月	スターゼン東日本販売(株)とスターゼン北日本販売(株)とスターゼン西日本販売(株)とスターゼン南日本販売(株)を合併しスターゼン販売(株)を設立
2013年10月	スターゼンシンガポールPte.Ltd.を設立

1287 スターツコーポレーション(株)
[証券コード]8850
[上場区分]東証一部

1972年9月	千曲不動産(株)を設立
1975年8月	(株)千曲建設に社名変更
1978年2月	チクマハウス販売(株)を設立
1978年2月	千葉チクマハウス販売(株)を設立
1980年3月	千曲木材住器販売(株)を設立
1980年11月	中古住宅センター(株)を設立
1982年2月	千曲観光(株)を設立
1984年7月	チクマハウス販売(株)と千葉チクマハウス販売(株)を吸収合併
1987年5月	(株)千曲ファイナンスを設立
1987年7月	(株)千曲建設と千曲木材住器販売(株)と千曲観光(株)とマイオームセンター(株)と(株)千曲ファイナンスを吸収合併しスターツ(株)に社名変更
1989年11月	ウッディーホーム(株)を設立(後:スターツホーム(株))
1994年1月	(株)スターツツーリストを設立
1995年5月	スターツ商事(株)を設立
1996年3月	(株)ウィーブを設立
1996年9月	(株)スターツ総合研究所を設立
2000年6月	(株)リアルジョブを設立(後:ピタットハウスネットワーク(株))
2001年4月	シャーロック(株)を設立
2003年3月	スターツホテル開発(株)を設立
2003年7月	スターツケアサービス(株)を設立
2003年8月	九州スターツ(株)を設立
2003年10月	Starts (Shanghai) Real Estate Service Co., Ltd.を設立
2005年7月	Starts Deutschland GmbH.を設立
2005年10月	スターツコーポレーション(株)に商号変更
2009年9月	スターツ信託(株)を設立
2011年12月	Starts Brasil Real Estate Ltd.を設立
2012年5月	スターツ笠間ゴルフ倶楽部(株)を設立
2015年3月	スターツエージェンシー(株)を設立

1288 スターツ出版(株)
[証券コード]7849
[上場区分]ジャスダックスタンダード

1983年3月	スターツ(株)が全額出資し千曲出版(株)を設立
1989年10月	スターツ出版(株)に社名変更
1998年4月	(株)住宅流通推進協会を設立(後:(株)リアルジョブ)

1289 スターティア(株)
[証券コード]3393
[上場区分]東証一部

1996年2月	(有)テレコムネットを設立
1996年10月	(株)エヌディーテレコムに組織変更
2000年4月	(株)ホワイトボードを設立
2004年2月	スターティア(株)に商号変更
2006年4月	スターティアレナジー(株)を設立
2009年4月	スターティアラボ(株)を設立
2011年10月	西安思達典雅軟件公司を設立
2013年1月	上海思達典雅信息系統有限公司(STARTIA SHANGHAI INC.)を設立
2014年10月	(株)クロスチェックを設立

1290 (株)スタートトゥデイ
[証券コード]3092
[上場区分]東証一部

1998年5月	(有)スタート・トゥデイを設立
2000年4月	(株)スタートトゥデイへ組織変更
2008年5月	(株)スタートトゥデイコンサルティングを設立(後吸収合併)
2011年6月	ソフトバンク(株)との合弁でZOZOTOWN HONGKONG CO., LIMITEDを設立
2011年8月	走走城(上海)電子商務有限公司を設立

1291 (株)スターフライヤー
[証券コード]9206
[上場区分]東証二部

2002年12月	神戸航空(株)を設立
2003年5月	(株)スターフライヤーに商号変更
2008年10月	スターフライヤービジネスサービスを設立
2010年12月	(株)スターフライヤーフロンティアを設立

1292 スター・マイカ(株)
[証券コード]3230
[上場区分]ジャスダックスタンダード

2001年5月	(株)扇インベストメントを設立
2002年2月	スター・マイカ(株)に商号変更

2007年5月	スター・マイカ・アセットマネジメント（株）を設立
2008年5月	スター・マイカ・ボレオ（株）を設立（後解散）（後：スター・マイカ・アセット・パートナーズ（株））
2008年5月	ファン・インベストメント（株）を設立
2012年9月	スター・マイカ・レジデンス（株）を設立

1293 スタンレー電気（株）
［証券コード］6923
［上場区分］東証一部

1920年12月	（個）北野商会を設立
1923年12月	（個）東京北野商会に社名変更
1933年5月	〈旧〉スタンレー電気（株）に社名変更
1943年5月	北野電気工業（株）に社名変更
1949年11月	スタンレー電気（株）に社名変更
1967年10月	（株）スタンレーいわき製作所を設立
1970年5月	（株）スタンレー宮城製作所を設立
1970年5月	（株）スタンレー鶴岡製作所を設立
1970年10月	（株）スタンレー伊那製作所を設立
1979年10月	Stanley Electric U.S. Co., Inc.を設立
1980年5月	Thai Stanley Electric Public Co., Ltd.を設立
1984年10月	STANLEY-IDESS S.A.を設立（後：STANLEY-IDESS S.A.S.）
1986年11月	I I Stanley Co., Inc.を設立
1987年12月	Asian Stanley International Co., Ltd.を設立
1993年4月	香港賜丹雷電器有限公司を設立（後：Stanley Electric（Asia Pacific）Ltd.）
1993年7月	松尾電気（株）を設立
1994年4月	（株）明拓システムを設立
1995年7月	天津斯坦雷電気有限公司を設立
1998年4月	Stanley Electric Sales of America, Inc.を設立
2000年3月	Stanley Electric Holding of America, Inc.を設立
2001年8月	Stanley Electric Hungary Kft.を設立
2001年9月	PT. Indonesia Stanley Electricを設立
2002年9月	広州斯坦雷電気有限公司を設立
2003年9月	Stanley Electric Holding Asia-Pacific Pte. Ltd.を設立
2005年5月	Stanley Electric Korea Co., Ltd.を設立
2006年7月	Stanley Electric Holding Europe Co., Ltd.を設立
2009年10月	Stanley Electric do Brasil Ltda.を設立
2011年5月	斯坦雷電気（中国）投資有限公司を設立
2011年10月	武漢斯坦雷電気有限公司を設立
2011年12月	Stanley Electric Sales of India Pvt. Ltd.を設立
2013年4月	Stanley Electric Mexico S.A. de C.V.を設立
2013年7月	斯坦雷電気貿易（深圳）有限公司を設立

1294 すてきナイスグループ（株）
［証券コード］8089
［上場区分］東証一部

1950年6月	市売木材（株）を設立
1971年3月	日栄住宅資材（株）に社名変更
1988年10月	日栄不動産（株）に商号変更
1995年10月	ナイス日栄（株）に商号変更
2000年10月	ナイス（株）に商号変更
2007年10月	すてきナイスグループ（株）に商号変更

1295 ステラ ケミファ（株）
［証券コード］4109
［上場区分］東証一部

1916年	橋本升高堂製薬所を創立
1944年	橋本化成工業（株）を設立
1990年	橋本化成（株）に社名変更
1997年	ステラ ケミファ（株）に社名変更
2001年1月	STELLA CHEMIFA SINGAPORE PTE LTDを設立
2002年12月	浙江瑞星フッ化工業有限公司を設立
2010年4月	コスメドステラ（株）を設立

1296 （株）ストライダーズ
［証券コード］9816
［上場区分］ジャスダックスタンダード

1965年2月	リース事務機（株）を設立
1977年2月	（株）リース電子に社名変更
1998年2月	（株）リンクシス・ジャパンを設立
1998年7月	（株）バーテックス リンクに社名変更
2004年2月	（株）バーテックスリンクインベストメンツを設立
2004年4月	（株）郵テックを設立（後：（株）ジオブレイン）
2005年2月	（株）バーテックスリンクコンサルティングと（株）ブイ・エル・アールを設立
2005年3月	（株）エー・エム・コンポジットを設立
2005年8月	（株）バーテックスリンクデジタルデザインを設立
2009年2月	（株）エスグラント・アドバイザーズを吸収合併し（株）トラストアドバイザーズに商号変更
2010年7月	（株）ストライダーズに商号変更
2011年4月	グローバル芸術家有限責任事業組合を設立
2012年12月	（株）グローバルホールディングスを設立
2014年3月	（株）東京アパートメント保証を設立
2014年6月	ロテルド倉敷（株）を子会社化し（株）倉敷ロイヤルアートホテルに商号変更

1297 （株）ストリーム
［証券コード］3071
［上場区分］東証マザーズ

1999年7月	（株）ストリームを設立
2002年11月	上海思多励国際貿易有限公司を設立
2005年5月	思多励貿易（上海）有限公司を設立（後：上海思多励国際貿易有限公司）
2009年3月	（株）特価COMを設立

1298 （株）スノーピーク
［証券コード］7816
［上場区分］東証マザーズ

1958年7月	山井幸雄商店を創業
1964年1月	（有）山井商店を設立
1971年5月	（株）ヤマコウへ組織変更
1996年12月	Snow Peak U.S.A., Inc.を設立
1996年12月	（株）スノーピークに社名変更
2008年11月	Snow Peak Korea, Inc.を設立
2012年5月	（株）スノーピークウェルを設立

1299　スパークス・アセット・マネジメント(株)
1988年6月	虎ノ門投資顧問(株)を設立
1989年7月	スパークス投資顧問(株)に社名変更
2000年3月	スパークス・アセット・マネジメント投信(株)に社名変更
2006年4月	スパークス分割準備(株)を設立
2006年10月	スパークス・アセット・マネジメント(株)に社名変更

1300　スパークス・グループ(株)
[証券コード]8739
[上場区分]ジャスダックスタンダード
1988年6月	虎ノ門投資顧問(株)を設立
1993年10月	SPARX Finance S.A.を設立
1994年7月	SPARX Investment & Research, USA, Inc.を設立
1996年1月	SPARX Fund Services, Inc.を設立（後：SPARX Global Strategies, Inc.）
1996年12月	SPARX Overseas Ltd.を設立
1998年5月	スパークス証券(株)を設立
2000年3月	スパークス・アセット・マネジメント投信(株)に商号変更
2004年2月	SPARX Asset Management International, Ltd.を設立
2004年6月	SPARX Securities, USA, LLCを設立
2004年12月	SPARX International, Ltd.を設立
2005年4月	SPARX International（Hong Kong）Limitedを設立
2005年7月	スパークス・キャピタル・パートナーズ(株)を設立
2006年10月	スパークス・グループ(株)に商号変更
2012年8月	スパークス・グリーンエナジー&テクノロジー(株)を設立

1301　(株)スーパーツール
[証券コード]5990
[上場区分]ジャスダックスタンダード
1942年9月	日鍛工器(株)を設立
1965年3月	(株)スーパーツールを設立
1980年3月	(株)スーパーツールを吸収合併し(株)スーパーツールに社名変更
1987年7月	相互建物(株)と合併
2010年7月	世派機械工具貿易(上海)有限公司を設立

1302　スーパーバッグ(株)
[証券コード]3945
[上場区分]東証二部
1947年10月	(株)福田商会を設立
1963年6月	スーパーバッグ(株)に社名変更
1973年6月	西日本スーパーバッグ(株)を設立
1991年9月	台湾超級包装材料股份有限公司を設立
1992年3月	北海道スーパーバッグ(株)を設立
1993年5月	上海世覇包装材料有限公司を設立
2010年12月	上海世覇商貿有限公司を設立

1303　(株)スーパーバリュー
[証券コード]3094
[上場区分]ジャスダックスタンダード
1996年3月	(株)大川の全額出資により(株)大川ホームセンターを設立
2002年7月	(株)ミートバリューを設立（後：(株)生鮮市場）
2002年11月	(株)シーフードバリューを設立（後：(株)生鮮市場）
2003年8月	(株)デリカバリューを設立（後：(株)生鮮市場）
2005年3月	(株)スーパーバリューに商号変更
2005年9月	(有)上尾企画を設立（後清算）
2006年12月	(株)生鮮市場を吸収合併

1304　スバル興業(株)
[証券コード]9632
[上場区分]東証一部
1946年2月	スバル興業(株)を設立
1964年6月	(株)東京ハイウエイを設立
1965年9月	スバル食堂(株)を設立
1966年9月	スバルハイウェイ工事(株)を設立（後：(株)太陽道路）
1973年12月	(株)トーハイサービスを設立
1974年1月	(株)新トーハイを設立（後：(株)グローウェイ）
1974年4月	トーハイ事業(株)を設立（後：(株)トーハイクリーン）
1974年8月	(株)東京ハイウエイを合併
1975年12月	(株)東京ハイウエイを設立
1976年8月	阪神道路サービス(株)を設立（後：(株)高速道路管理）
1981年12月	(株)末広建設工業を設立（後：京阪道路サービス(株)）
1983年1月	(株)関西トーハイ事業を設立
1983年5月	(株)協立道路サービスを設立
2003年6月	(株)エヌティジェーを設立
2007年10月	スバルケミコ(株)を設立
2012年4月	スバル・ソーラーワークス(株)を設立
2012年12月	(株)北日本ハイウェイを設立

1305　(株)スパンクリートコーポレーション
[証券コード]5277
[上場区分]ジャスダックスタンダード
1963年3月	スパンクリート製造(株)を設立
1991年2月	(株)スパンクリートコーポレーションに社名変更
1993年9月	(有)スパンクリートライフサービスを設立

1306　(株)スペース
[証券コード]9622
[上場区分]東証一部
1972年10月	カトウガラス(株)を前身とし東海美装(株)を設立
1973年1月	カトウ工芸(株)を設立（後：(株)東京スペース）
1973年7月	カトウ美装(株)に社名変更
1981年1月	東京カトウ美装(株)を設立
1989年12月	(株)スペースに社名変更
1991年1月	(株)東京スペースと(株)カトウ開発を吸収合併
2010年4月	SPACE SHANGHAI CO., LTD.を設立

1307　(株)スペースシャワーネットワーク
[証券コード]4838
[上場区分]ジャスダックスタンダード
1993年12月	(株)セップを設立（後：(株)スペースシャワーTV）

1994年10月	(有)デジタルピクチャーを設立		1950年3月	別子建設(株)を設立
1996年12月	(株)スペースシャワーネットワークに社名変更		1950年3月	別子鉱業(株)を設立
			1950年3月	(株)別子百貨店を設立
2004年9月	(株)セップ映像企画を設立(後:(株)セップ)		1952年7月	**住友石炭鉱業(株)**に社名変更
2005年3月	(株)eTENを設立		1960年10月	潜龍石炭(株)を設立(後:住石開発(株))

1308 (株)スマートバリュー
[証券コード]9417
[上場区分]ジャスダックスタンダード

1928年10月	堺バッテリー工業所を創業
1947年6月	**(株)堺電機製作所**を設立
1996年4月	(株)スマートバリューを設立
2006年9月	(株)モバイルスタッフを設立
2006年10月	**(株)SDVホールディングス**に商号変更
2006年10月	(株)モバイルビズと(株)堺電機製作所を設立
2008年10月	(株)モバイルスタッフ東京を設立(後:(株)モバイルスタッフ)
2010年12月	(株)SDVカーソリューションズを設立
2012年7月	(株)モバイルビズと(株)SDVカーソリューションズと(株)スマートバリューと(株)モバイルスタッフを吸収合併し**(株)スマートバリュー**に商号変更

1309 住江織物(株)
[証券コード]3501
[上場区分]東証一部

1883年	(個)村田工場を創業
1913年12月	住江織物(資)を設立
1930年12月	**住江織物(株)**を改組設立
1932年2月	住江織物(資)を吸収合併
1943年2月	(個)細井商店と(個)若林工場を合併
1988年6月	(株)スミノエシーホースを設立
1988年11月	デゴラ商事(株)を設立
1998年12月	(株)スミノエを設立
2003年9月	小松住江テック(株)を設立
2004年7月	住江奈良(株)を設立(後:住江テクノ(株))
2004年11月	住商エアバッグ・システムズ(株)を設立
2005年10月	住江互太(広州)汽車繊維製品有限公司を中国広東省に設立
2009年12月	スミノエ テイジン テクノ(株)を設立
2013年11月	(合)PT.Suminoe Surya Technoをインドネシア・バンドン市に設立

1310 住石ホールディングス(株)
[証券コード]1514
[上場区分]東証一部

2008年10月	住友石炭鉱業(株)の単独株式移転により同社を完全子会社とする持株会社として**住石ホールディングス(株)**を設立
2009年8月	住石貿易(株)を設立

1311 住石マテリアルズ(株)

1927年6月	住友別子鉱山(株)を設立
1937年6月	住友炭鉱(株)を吸収合併し**住友鉱業(株)**を設立
1946年1月	**井華鉱業(株)**に社名変更
1950年3月	別子建設(株)を設立
1950年3月	別子鉱業(株)を設立
1950年3月	(株)別子百貨店を設立
1952年7月	**住友石炭鉱業(株)**に社名変更
1960年10月	潜龍石炭(株)を設立(後:住石開発(株))
1961年10月	忠隈炭鉱(株)を設立(後:住石開発(株))
1977年10月	住石開発(株)を合併
1979年10月	住友石炭赤平炭鉱(株)を設立
1979年10月	日本商事(株)と住石興発(株)と第一砕石(株)と四国石炭(株)を吸収合併
1988年4月	有明観光開社を吸収合併
1991年10月	新門司砕石工業(株)を吸収合併
1994年1月	御成門第二ビル(株)を設立
1995年9月	日本商事(株)を設立
2002年10月	(株)エスシーエム興産を設立
2003年3月	(株)イズミテックを吸収合併
2005年3月	住石九州(株)を設立
2008年10月	住石ホールディングス(株)を単独株式移転により設立し**住石マテリアルズ(株)**に社名変更

1312 スミダ コーポレーション(株)
[証券コード]6817
[上場区分]東証一部

1956年1月	**墨田電機工業(株)**を設立
1963年6月	**スミダ電機(株)**に社名変更
1967年5月	相馬プラスチック(株)を合弁(後:相馬スミダ(株))
1971年10月	勝美達電子股份有限公司を設立
1972年7月	韓国SUMIDA電子(株)を設立(後清算)
1974年7月	Sumida Electric (H.K.) Company Limitedを設立
1985年11月	相馬スミダ(株)とスミダ興産(株)を吸収合併
1988年8月	M.SUMIDA ELECTRIC SDN.BHD.を設立
1990年1月	SUMIDA ELECTRIC (USA) COMPANY LIMITEDを設立(後:SUMIDA AMERICA COMPONENTS INC.)
1992年12月	東莞勝美達(太平)電機有限公司を設立
1995年6月	SUMIDA OPT-ELECTRONICS COMPANY LIMITEDを設立(後清算)
1999年8月	REMtech Corporationを設立(後:SUMIDA AMERICA COMPONENTS INC.)
1999年8月	SUMIDA AMERICAN HOLDINGS.INC.を設立(後:SUMIDA AMERICA COMPONENTS INC.)
2000年6月	**スミダ コーポレーション(株)**に社名変更
2001年8月	SUMIDA REMtech CORPORATIONを設立(後売却)
2002年3月	UZHOU SUMIDA ELECTRIC COMPANY LIMITEDを設立
2004年11月	SUMIDA Korea, Incを設立(後清算)
2004年12月	STELCO GmbHを買収(後:SUMIDA Components GmbH)
2004年12月	Sumida Holding Germany GmbHを

2005年4月	設立（後：SUMIDA Europe GmbH）SEC（株）を設立	2007年11月	住化武田農薬（株）を吸収合併

1314　住友金属鉱山（株）
［証券コード］5713
［上場区分］東証一部

2005年8月	SUMIDA TRADING（SHANGHAI）COMPANY LIMITEDを設立
2006年2月	VOGT electronic AGを買収（後：SUMIDA AG）
2006年7月	SUMIDA SHINTEX COMPANY LIMITEDを設立（後：SUMIDA LCM COMPANY LIMITED）
2006年9月	Panta GmbHを買収（後：SUMIDA flexible connections GmbH）
2006年9月	SUMIDA TRADING（KOREA）COMPANY LIMITEDを設立
2007年8月	TAIWAN SUMIDA TRADING COMPANY LIMITEDを設立
2008年2月	PANTA ROMANIA S.R.L.を設立（後：SUMIDA FLEXIBLE CONNECTIONS ROMANIA S.R.L.）
2008年8月	SUMIDA ELECTRIC（GUANGXI）CO., LTD.を設立
2008年10月	スミダパワーエレクトロニクス（株）を設立
2009年1月	Sumida Finance B.V.を設立
2010年1月	SUMIDA ELECTRONIC VIETNAM CO., LTD.を設立
2010年3月	Sumida Electric（Changde）Co., Ltd.を設立
2010年9月	Sumida Electric（JI'AN）Co., Ltd.を設立
2011年11月	Guangzhou Sumida Electric Co., Ltd.を設立
2013年1月	Sumida Technologies Inc.を設立
2013年6月	SUMIDA Electronic SuQian Co., Ltd.を設立
2014年2月	スミダパワーテクノロジー（株）を設立

1927年6月	住友（資）から別子鉱山、四阪島製錬所等を分離し住友別子鉱山（株）を設立
1937年6月	住友炭鉱（株）を合併し住友鉱業（株）に社名変更
1946年1月	井華鉱業（株）に社名変更
1950年3月	井華鉱業（株）の金属部門をもって新発足し別子鉱業（株）に社名変更
1952年6月	住友金属鉱山（株）に社名変更
1956年9月	（株）日向製錬所を設立
1966年4月	東京電子金属（株）を合併
1977年1月	住友金属鉱山シンガポール社を設立（後：SHアジアパシフィック社）
1980年10月	住友アイ・エス・ピー（株）を合併
1991年4月	住鉱アイ・エス・ピー（株）を合併
1997年2月	住友金属鉱山アメリカ社を設立
1999年9月	住友金属鉱山シポレックス（株）を設立
2002年7月	三井金属鉱業（株）と亜鉛精錬事業について提携しエム・エスジンク（株）を設立
2003年2月	同和鉱業（株）と硫酸事業について提携し（株）アシッズを設立
2010年7月	三井住友金属鉱山伸銅（株）が発足
2013年7月	SHマテリアル（株）が発足

1315　住友ゴム工業（株）
［証券コード］5110
［上場区分］東証一部

1917年3月	ダンロップ・ラバー・カンパニー（ファー・イースト）リミテッド日本支店の資産を継承しダンロップ護謨（極東）（株）を設立
1937年2月	日本ダンロップ護謨（株）に社名変更
1943年1月	中央ゴム工業（株）に社名変更
1949年8月	日本ダンロップ護謨（株）に社名変更
1963年10月	住友ゴム工業（株）に社名変更
1963年10月	日本ダンロップ護謨（株）を設立（後：（株）日本ダンロップ）
2003年7月	SRIスポーツ（株）を設立
2003年7月	SRIハイブリッド（株）を設立
2003年7月	オーツタイヤ（株）と（株）日本ダンロップを吸収合併
2010年1月	ダンロップファルケンタイヤ（株）とSRIハイブリッド（株）を吸収合併
2010年9月	住友橡膠（湖南）有限公司を設立
2011年6月	Sumitomo Rubber Do Brasil Ltda.を設立
2013年1月	SRIタイヤトレーディング（株）を吸収合併（後：Sumitomo Rubber AKO Lastik Sanayi ve Ticaret A.S.）

〈オーツタイヤ系〉

1944年5月	大日本航空機タイヤ（株）を設立
1945年8月	大津ゴム工業（株）に社名変更
1962年7月	オーツタイヤ（株）に社名変更

1313　住友化学（株）
［証券コード］4005
［上場区分］東証一部

1925年6月	住友（資）の肥料製造所が分離し住友肥料製造所を改組設立
1934年2月	住友化学工業（株）に社名変更
1944年7月	日本染料（株）を合併
1946年2月	日新化学工業（株）に社名変更
1952年8月	住友化学工業（株）に社名変更
1956年12月	新居浜化学工業（株）を合併
1964年9月	住友ケミカルエンジニアリング（株）を設立
1965年11月	住友千葉化学工業（株）を設立
1975年1月	住友千葉化学工業（株）を合併
1976年7月	住友アルミニウム製錬（株）を設立
1986年8月	住友アルミニウム販売（株）を設立
1988年4月	ベーラントU.S.A. コーポレーションを設立
1989年10月	住友アルミニウム販売（株）を合併
2000年1月	ベーラント バイオサイエンス コーポレーションを設立
2002年11月	武田薬品工業（株）と合併し住化武田農薬（株）を設立
2004年10月	住友化学（株）に社名変更

1316　住友商事（株）
［証券コード］8053
［上場区分］東証一部

1919年12月	大阪北港（株）を設立

1944年11月	（株）住友ビルディングを合併し**住友土地工務（株）**に社名変更		設立
1945年11月	**日本建設産業（株）**に社名変更	2011年10月	SPPテクノロジーズを設立
1950年7月	日建設計工務（株）を設立（後：（株）日建設計）	2012年4月	SPP Canada Aircraft, Inc.を設立
1952年6月	**住友商事（株）**に社名変更	2014年4月	SPP長崎エンジニアリング（株）を設立
1963年2月	（株）京浜商会を設立（後：サミット（株））	**1319**	**住友生命保険相互会社**
1963年2月	東西興業（株）を設立（後：住商リース（株））	1907年5月	**日之出生命保険（株）**を設立
1969年10月	住商コンピューターサービス（株）を設立（後：住商情報システム（株））	1926年5月	**住友生命保険（株）**に社名変更
1970年8月	相互貿易（株）を合併	1948年3月	国民生命保険相互会社の全契約を包括移動
1973年4月	住商大阪非鉄金属販売（株）を設立（後：メタレックス（株））	1952年6月	**住友生命保険相互会社**に社名変更
1975年12月	住商エレクトロニクス（株）を設立	1999年1月	住友ライフ・インベストメントを設立
1981年6月	住商オートリース（株）を設立	2000年10月	明治生命等と共同で出資しリバンスネットを設立
1995年1月	（株）ジュピターテレコムを設立	2001年10月	ジャパン・ペンション・サービスを設立
2000年4月	住友商事北海道（株）を設立	2005年11月	中国人民保険と合弁で中国人民人寿保険を設立
2003年4月	住友商事東北（株）を設立		
2005年10月	住友商事九州（株）を設立	**1320**	**（株）住友倉庫**

1317　住友精化（株）
［証券コード］4008
［上場区分］東証一部

1944年7月	住友化学工業（株）と（株）多木肥料所が共同で出資し**住友多木化学工業（株）**を設立
1946年4月	**別府化学工業（株）**に社名変更
1961年10月	製鉄化学工業（株）を合併し**製鉄化学工業（株）**に社名変更
1968年11月	日本アンモニア（株）を設立
1989年10月	**住友精化（株）**に社名変更
1997年2月	スミトモ セイカ シンガポール プライベート リミテッドを設立
2004年12月	台湾住精科技股份有限公司を設立
2008年6月	住精ケミカル（株）を設立
2011年3月	住友精化貿易（上海）有限公司を設立
2011年4月	住精科技（揚州）有限公司を設立
2014年7月	スミトモ セイカ ポリマーズ コリア カンパニー リミテッドを設立

［証券コード］9303
［上場区分］東証一部

1923年8月	住友（資）の業務を継承し**（株）住友倉庫**を設立
1933年8月	大正回漕（株）を合併
1947年9月	博多臨港倉庫（株）を設立
1948年10月	井住運送（株）を設立
1971年4月	住友興産（株）を設立
1982年7月	Sumitomo Warehouse（Deutschland）GmbHを設立（後：Sumitomo Warehouse（Europe）GmbH
1985年4月	Sumitomo Warehouse（U.S.A.）, Inc.を設立
1988年10月	Sumitomo Warehouse（Singapore）Pte Ltdを設立
1993年3月	香港住友倉儲有限公司を設立
1993年12月	上海住友倉儲有限公司を設立
2006年4月	アイスター（株）を設立
2006年11月	住友倉儲（中国）有限公司を設立
2007年8月	Rabigh Petrochemical Logistics LLCを設立

1318　住友精密工業（株）
［証券コード］6355
［上場区分］東証一部

1961年1月	住友金属工業（株）の航空機器事業部の業務（航空機用プロペラ・脚・油圧機器・アルミニウムろう付熱交換器及び産業用油圧機器の製造販売を主体とする業務）を継承し**住友精密工業（株）**を設立
1975年11月	住精エンジニアリング（株）を設立
1989年10月	住精テクノサービス（株）を設立
1999年6月	英国BAEシステムズ社との折半出資による合弁でシリコン・センシング・システムズ・リミテッドを英国に設立
2000年11月	スミトモプレシジョン・ユーエスエイ・インクを設立
2004年10月	中国寧波海天集団股份有限公司との共同出資で寧波住精液圧工業有限公司を設立
2005年8月	住精ハイドロシステム（株）を設立
2007年3月	天陽航太科技股份有限公司を設立
2010年6月	住友精密工業技術（上海）有限公司を

1321　住友電気工業（株）
［証券コード］5802
［上場区分］東証一部

1897年4月	日本製銅（株）を買収し**住友伸銅場**を設立
1899年3月	大阪製銅（株）を買収
1911年8月	住友伸銅場より電線製造業を分離し**住友電線製造所**に社名変更
1920年12月	**（株）住友電線製造所**に社名変更
1935年6月	藤倉電線（株）と古河電工（株）と共同で出資し日本海底電線（株）を設立
1939年11月	**住友電気工業（株）**に社名変更
1972年7月	古河電気工業（株）と共同で出資し原子燃料工業（株）を設立
1973年1月	（株）住電資材加工センターを設立
2003年10月	第一工業（株）を統合

〈第一電工系〉

1936年7月	**白石金鉱（株）**を設立
1945年9月	**北見金鉱（株）**に社名変更
1946年9月	**第一電工（株）**に社名変更
1954年3月	（株）中野銅線工場を吸収合併
1986年6月	スミトモ エレクトリック ワイヤリン

すみともて

	1994年2月	グ システムズ インクを設立 スミトモ エレクトリック ライトウェーブ コープを設立

1322　住友電設(株)
［証券コード］1949
［上場区分］東証一部

1947年3月	太陽電気工事(名)を設立
1950年4月	太陽電設(株)に社名変更
1969年3月	工藤電気(株)を吸収合併し太陽工藤工事(株)に社名変更
1977年3月	P.T.タイヨー シナール ラヤ テクニクを設立
1979年11月	テマコン エンジニアリング SDN. BHD.を設立
1985年7月	住友電設(株)に社名変更
1985年10月	タイ セムコン CO., LTD.を設立
1985年10月	住電空調(株)を吸収合併
1990年12月	スミセツ フィリピンズ, INC.を設立
1992年2月	スミセツエンジニアリング(株)を設立
1998年4月	エスイーエム・ダイキン(株)を設立
1998年10月	P.T.チカラン ヒジョウ インダを設立
1999年10月	アイティ ソリューション サービス(株)を設立
1999年11月	(株)エスイーエムキャド大阪を設立
2003年8月	総合設備工事会社住設機電工程(上海)有限公司を設立
2010年1月	総合設備工事会社上海住設貿易有限公司を設立

1323　住友電装(株)

1917年2月	東海電線製造所を設立
1917年12月	東海電線(株)に社名変更
1967年2月	泉電線(株)と合併
1985年4月	住友電装(株)に社名変更
2001年3月	SEWS-CABIND S.p.A.を設立
2008年7月	SE Wiring Systems Egypt S.A.Eを設立
2008年9月	SE Bordnetze Tunisia S.A.R.L.を設立

1324　住友不動産(株)
［証券コード］8830
［上場区分］東証一部

1949年12月	(株)住友本社の不動産部門を継承(財閥解体による)し泉不動産(株)を設立
1957年5月	住友不動産(株)に社名変更
1963年4月	(株)住友本社を吸収合併
1972年8月	信泉興業(株)を合併
1981年10月	泉日比谷ビルディング(株)を合併
1982年2月	住友不動産ホーム(株)を設立
1982年10月	泉ビルディング(株)と泉不動産(株)を合併
1983年10月	泉半ビルディング(株)と泉新橋ビルディング(株)を合併
1984年12月	住友不動産ファイナンス(株)を設立
1986年	住友不動産フィットネス(株)を設立
2008年4月	住友不動産ベルサール(株)を設立

1325　住友ベークライト(株)
［証券コード］4203
［上場区分］東証一部

1932年1月	三共(株)よりフェノール系合成樹脂事業を継承し日本ベークライト(株)を設立
1945年1月	東京ライト工業(株)を合併
1955年3月	住友化工材工業(株)を合併し住友ベークライト(株)に社名変更
1963年12月	フッカー・ケミカルコーポレーション《米国》と共同で出資し住友デュレズ(株)を設立
1973年12月	秋田ベークライト(株)を設立
1987年3月	(株)エスエフシイを設立(後：秋田住友ベーク(株))
1994年2月	秋田ベークライト(株)を合併(後：秋田住友ベーク(株))
1995年12月	蘇州住友電木有限公司を設立
1998年4月	台湾住友培科股份有限公司を設立
2000年10月	ベークライト商事(株)を吸収合併
2001年4月	住友デュレズ(株)を吸収合併
2001年10月	日東紡績(株)と合弁でデコラニット(株)を設立(後吸収合併)
2002年1月	SB Durez Holding, Inc.を設立(後：Sumitomo Bakelite North America Holding, Inc.)
2007年6月	南通住友電木有限公司を設立
2007年7月	筒中プラスチック工業(株)を吸収合併

〈筒中プラスチック工業系〉

1917年1月	筒中セルロイド工業所を設立
1929年2月	筒中セルロイド(株)に社名変更
1959年6月	筒中プラスチック工業(株)に社名変更
1970年4月	関東筒中(株)を設立

1326　住友理工(株)
［証券コード］5191
［上場区分］東証一部

1929年12月	昭和興業(株)を設立
1930年1月	蒲田調帯(株)に社名変更
1937年10月	東海護謨興業(株)に社名変更
1941年3月	二葉護謨(株)を合併
1942年4月	(株)渡邊ゴム工業所を合併
1943年8月	笹川護謨(株)を合併
1961年11月	東海ゴム工業(株)に社名変更
1998年2月	(株)ティーアールアイ大分エイイーを設立
1999年	(株)ティーアールアイテクノを設立
1999年	(株)ティーアールアイヒューテックを設立
2002年	(株)ティー アール アイ クリエイツを設立
2003年	(株)TRIロジッテックを設立
2003年	ビュープランニングを設立
2004年4月	東海橡塑(合肥)有限公司を設立
2007年12月	(株)TRI九州と(株)東海化成九州を設立
2008年5月	Tokai Rubber Auto-Parts India Private, Ltd.を設立
2011年7月	東海橡塑技術中心(中国)有限公司を設立
2011年8月	PT.Tokai Rubber IndonesiaとPT. Tokai Rubber Auto Hose Indonesiaを設立
2011年9月	Tokai Rubber Industrial Hose India Private Ltd.を設立
2011年9月	東海橡塑企業管理(浙江)有限公司を設立
2012年10月	Tokai Rubber Chemical and Plastic

2013年12月	Products (Thailand) Ltd.を設立 (株)TRI京都を設立
2014年10月	住友理工(株)に社名変更
2014年12月	住理工化工産品(上海)有限公司を設立
2015年4月	住理工FCシール(株)を設立

1327　住友重機械工業(株)

[証券コード]6302
[上場区分]東証一部
〈住友機械工業系〉

1888年	住友別子鉱業所工作方を設立
1928年	住友別子鉱山(株)新居浜製作所に社名変更
1934年11月	住友機械製作所に社名変更
1940年9月	住友機械工業(株)に社名変更
1945年12月	四国機械(株)に社名変更
1952年5月	住友機械工業(株)に社名変更

〈浦賀重工業系〉

1896年9月	浦賀船渠(株)を設立
1902年	東京石川島造船所浦賀分工場を買収合併
1938年7月	大日本兵器(株)を設立
1962年11月	浦賀玉島ディゼル工業(株)と合併し浦賀重工業(株)に社名変更

*　　　*　　　*　　　*

1969年6月	住友機械工業(株)と浦賀重工業(株)が合併し住友重機械工業(株)を設立
1982年10月	日特金属工業(株)と合併
1986年6月	住友建機(株)を設立
1992年4月	ディーエス興産(株)と合併
1999年5月	大阪製鎖(株)を設立(後：(株)セイサ)
2002年7月	日立建機(株)と共同で出資し日立住友重機械建機クレーン(株)を設立
2003年4月	住友重機械マリンエンジニアリング(株)を設立

1328　(株)スリーエフ

[証券コード]7544
[上場区分]東証二部

1981年2月	(株)スリーエフを設立
2000年10月	スリーエフ・オンライン(株)を設立

1329　スリーエム ジャパン(株)

1960年2月	日本ミネソタスリーエム(株)を設立
1961年12月	住友ミネソタ(株)を設立
1962年11月	住友ミネソタ(株)を吸収合併
1962年12月	住友スリーエム(株)に社名変更
1970年3月	山形スリーエム(株)を設立
1973年6月	スリーエム・ビジネスシステムズ(株)を設立
1976年1月	スリーエム薬品(株)を設立(後：スリーエムヘルスケア(株))
1980年7月	スリーエム物流倉庫(株)を設立
1986年4月	岩手スリーエム(株)を設立
1988年8月	日本インターコネクションシステムズ(株)を設立
1997年10月	スリーエム フェニックス(株)を設立
2014年9月	スリーエム ジャパン(株)に社名変更

1330　(株)スリー・ディー・マトリックス

[証券コード]7777
[上場区分]ジャスダックグロース

2001年5月	3-D Matrix, Inc.(米国)を設立
2004年5月	(株)スリー・ディー・マトリックス・ジャパンを設立
2008年3月	(株)スリー・ディー・マトリックスに商号変更
2012年4月	3-D Matrix Europe SAS.を設立
2014年6月	3-D Matrix Da America Latina Representacao Comercial Ltda.を設立
2014年9月	北京立美基投資咨詢有限公司を設立

1331　スリープログループ(株)

[証券コード]2375
[上場区分]東証二部

1977年1月	(株)ザポイントスタジオを設立
1999年1月	〈旧〉スリープロ(株)に社名変更
2006年5月	スリープロ(株)を設立
2006年5月	スリープログループ(株)に社名変更
2006年9月	スリープロコミュニケーションズ(株)を設立(後：スリープロ(株))
2008年2月	スリープロネットワークス(株)を設立(後：スリープロ(株))
2008年4月	スリープロフィッツ(株)を設立(後：スリープロ(株))

1332　生化学工業(株)

[証券コード]4548
[上場区分]東証一部

1947年6月	興生水産(株)を設立
1953年9月	(株)生化学研究所に社名変更
1962年8月	生化学工業(株)に社名変更
1997年11月	《米国》アソシエーツ オブ ケープ コッド インクを買収
2007年5月	生化学バイオビジネス(株)を設立(後吸収合併)

1333　(株)成学社

[証券コード]2179
[上場区分]ジャスダックスタンダード

1987年1月	(株)成学社を設立
2003年5月	(有)アドユニットを設立(後：(株)アプリス)
2010年2月	(株)東京フェリックスを設立(後吸収合併)

1334　西華産業(株)

[証券コード]8061
[上場区分]東証一部

1947年7月	西華産業(株)を設立
1974年1月	Seika Sangyo GmbHをドイツに設立
1982年11月	(株)セイカエレクトロニクスを設立
1983年11月	Tsurumi (Europe) GmbHをドイツに設立
1994年4月	SEIKA MACHINERY, INC.を米国に設立
2004年1月	西曄貿易(上海)有限公司を中国に設立
2008年8月	(株)テンフィートライトを設立
2012年4月	西華デジタルイメージ(株)を設立
2012年12月	Seika Sangyo (Thailand) Co., Ltd.をタイに設立
2013年2月	(株)エヌ・エス・テックを設立
2015年2月	Seika YKC Circuit (Thailand) Co., Ltd.を設立

1335　世紀東急工業(株)

[証券コード]1898

せいこう

[上場区分]東証一部
- 1950年1月　世紀建設工業(株)を設立
- 1962年4月　世紀建設(株)に社名変更
- 1982年5月　東急道路(株)と合併し世紀東急工業(株)に社名変更
- 1989年12月　エス・ティ・マシーナリー・サービス(株)を設立(後:エス・ティ・サービス(株))

1336　静甲(株)
[証券コード]6286
[上場区分]ジャスダックスタンダード
- 1939年5月　清水精機(株)を設立
- 1946年10月　静甲いすゞ自動車販売(株)に社名変更
- 1947年12月　静甲いすゞ自動車(株)に社名変更
- 1951年2月　(株)鈴与機械製作所を吸収合併
- 1954年3月　静岡自動車(株)を設立
- 1961年1月　静菱電業(株)を設立
- 1965年9月　日本機械製造(株)を設立(後:(株)包装技研)
- 1968年6月　静岡スバル自動車(株)を設立(後:静岡ブイオート(株))
- 1983年8月　静甲(株)に社名変更
- 1989年1月　日本機械商事(株)を設立
- 1989年4月　日本機械商事(株)を吸収合併
- 1999年6月　(株)包装技研と静菱電業(株)を吸収合併
- 2008年8月　(株)エコノス・ジャパンを設立

1337　(株)精工技研
[証券コード]6834
[上場区分]ジャスダックスタンダード
- 1972年6月　(株)精工技研を設立
- 2000年9月　SEIKOH GIKEN USA, INC.を米国に設立
- 2001年3月　杭州精工技研有限公司を中華人民共和国に設立
- 2002年5月　SEIKOH GIKEN EUROPE GmbHをドイツに設立
- 2006年6月　香港精工技研有限公司を設立(後休眠化)

1338　(株)正興電機製作所
[証券コード]6653
[上場区分]福証
- 1921年5月　正興商会を設立
- 1930年7月　(株)正興商会に改組
- 1943年2月　(株)正興製作所に社名変更
- 1949年9月　(株)正興商会に社名変更
- 1960年2月　(株)正興商会を設立(後:(株)正興サービス&エンジニアリング)
- 1960年2月　(株)正興電機製作所に社名変更
- 1960年12月　正興電気建設(株)を設立
- 1973年10月　正興エンジニアリングサービス(株)を設立
- 1982年10月　(株)正興機器製作所を設立(後:(株)正興C&E)
- 1983年10月　正興ソフトウェアエンジニアリング(株)を設立
- 2000年1月　正興施設エンジニアリング(株)を設立(後:(株)正興電機製作所社会システムカンパニー)
- 2000年11月　(株)エーエスピーランドを設立(後:正興ITソリューション(株))
- 2002年8月　(株)エス・キュー・マーケティングを設立(後:正興ITソリューション(株))
- 2003年4月　(株)正興C&Eを設立
- 2005年3月　正興ITソリューション(株)を設立
- 2006年6月　北京正興聯合電機有限公司を中国に設立

1339　星光PMC(株)
[証券コード]4963
[上場区分]東証一部
- 1968年1月　大日本インキ化学工業(株)とHercules Incorporated《米国》が共同で出資しディック・ハーキュレス(株)を設立
- 1992年10月　日本PMC(株)に社名変更
- 2003年4月　星光化学工業(株)と合併し星光PMC(株)に社名変更
- 2003年4月　星光ポリマー(株)を設立(後吸収合併)
- 2005年4月　星光精細化工(張家港)有限公司を中国に設立
- 2006年3月　星悦精細化工商貿(上海)有限公司を中国に設立

1340　セイコーエプソン(株)
[証券コード]6724
[上場区分]東証一部
- 1942年5月　(有)大和工業を創立
- 1959年5月　(有)大和工業と(株)第二精工舎諏訪工場を合併し(株)諏訪精工舎に社名変更
- 1961年12月　信州精器(株)を設立
- 1982年　エプソン(株)に社名変更
- 1985年11月　(株)諏訪精工舎とエプソン(株)が合併しセイコーエプソン(株)に社名変更
- 1987年1月　Epson Telford Ltd.をイギリスに設立
- 1989年9月　Epson Semiconductor GmbHをドイツに設立(後:Epson Europe Electronics GmbH)
- 1990年1月　Epson Europe B.V.をオランダに設立
- 1993年1月　U.S.Epson, Inc.をアメリカに設立
- 1993年11月　エプソンダイレクト(株)を設立
- 1994年7月　P.T.Indonesia Epson Industryをインドネシアに設立
- 1996年2月　Suzhou Epson Quartz Devices Co., Ltd.を設立(後:Suzhou Epson Co., Ltd.)
- 1996年11月　Epson Electronics America, Inc.をアメリカに設立
- 1998年4月　Epson(China) Co., Ltd.を中国に設立
- 2004年10月　三洋エプソンイメージングデバイス(株)を設立(後:エプソンイメージングデバイス(株))
- 2005年10月　エプソントヨコム(株)を設立(後:宮崎エプソン(株))

1341　セイコーホールディングス(株)
[証券コード]8050
[上場区分]東証一部
- 1881年12月　(個)服部時計店を時計販売店として設立
- 1892年5月　精工舎を時計工場として設立
- 1917年10月　〈旧〉(株)服部時計店に社名変更
- 1937年9月　(株)第二精工舎を設立(後:経営統合)
- 1945年1月　(株)服部精工舎に社名変更

1946年6月	（株）服部時計店に社名変更
1947年4月	（株）和光を設立
1959年5月	（株）諏訪精工舎を設立（後：セイコーエプソン（株））
1970年11月	（株）精工舎を設立
1983年8月	（株）服部セイコーに社名変更
1996年1月	（株）セイコーオプティカルプロダクツを設立（後：セイコーオプティカルプロダクツ（株））
1996年1月	セイコークロック（株）を設立
1996年1月	セイコープレシジョン（株）を設立
1997年5月	セイコージュエリー（株）を設立
1997年7月	セイコー（株）に社名変更
2000年5月	セイコーエスヤード（株）を設立
2001年7月	セイコーウォッチ（株）を設立
2007年7月	セイコーホールディングス（株）に社名変更

1342　セイノーホールディングス（株）
［証券コード］9076
［上場区分］東証一部

1930年2月	（個）田口自動車を設立
1941年1月	西濃トラック運輸（株）に社名変更
1942年3月	西濃トラック運輸（株）と大垣トラック合同（名）他12社が戦時陸運統制令により集約合同し〈旧1〉西濃運輸（株）に社名変更
1946年11月	〈旧1〉西濃運輸（株）より分散し水都産業（株）に社名変更
1950年10月	西濃トラック運輸（株）に社名変更
1955年1月	〈旧2〉西濃運輸（株）に社名変更
1983年2月	（株）セイノー商事を設立
1984年3月	（株）セイノー情報サービスを設立
1996年4月	中国西濃運輸（株）と広島食糧（株）と西濃コスモエキスプレス（株）と合併
2002年4月	スティネス社《ドイツ》と共同で出資し西濃シェンカー（株）を設立
2002年10月	セイノー通関（株）を設立
2003年7月	セイノー引越（株）を設立
2005年10月	セイノーホールディングス（株）に社名変更（持株会社化）
2005年10月	西濃運輸（株）を設立

1343　西部電機（株）
［証券コード］6144
［上場区分］東証二部

1939年2月	西部電機工業（株）を設立
1973年10月	西電興産（株）を設立
1986年7月	西部電機（株）に社名変更
1995年8月	（有）西部テクノサービスを設立（後：（株）西部ハイテック）
2006年4月	西部ペイント（株）を設立

1344　西部電気工業（株）
［証券コード］1937
［上場区分］東証一部

1947年7月	西部電気通信工業（株）を設立
1948年8月	西部電気工業（株）に社名変更
1965年7月	西部電設（株）を設立
1969年8月	福岡電通工業（株）を設立（後：西部電設（株））
2000年7月	ひばりネットシステム（株）を設立
2001年4月	（株）エコモと合併

2011年4月	（株）カープラザSeibuを設立

1345　（株）西武ホールディングス
［証券コード］9024
［上場区分］東証一部

2005年11月	西武鉄道（株）と（株）コクドが株式移転により（株）NWコーポレーションを持株会社として設立
2006年2月	（株）コクドを吸収合併し〈新〉（株）プリンスホテルが発足
2006年2月	（株）西武ホールディングスを（株）プリンスホテルによる株式移転により設立

1346　西菱電機（株）
［証券コード］4341
［上場区分］東証二部

1966年12月	西菱電機（株）を設立
1976年1月	西菱電機販売（株）を設立
2013年4月	コーナン電子（株）を設立（後：西菱電機エンジニアリング（株））

1347　清和中央ホールディングス（株）
［証券コード］7531
［上場区分］ジャスダックスタンダード

1954年3月	〈旧〉清和鋼業（株）を設立
1981年12月	清和倉庫（株）を設立（後：エスケー興産（株））
1994年8月	清和サービス（株）を設立
2008年7月	清和鋼業（株）を新設分割し持株会社へ移行
2008年7月	清和中央ホールディングス（株）に社名変更

1348　星和電機（株）
［証券コード］6748
［上場区分］東証二部

1945年10月	三星電気（名）を設立
1949年1月	星和電機（株）を設立
1986年6月	星和電子（株）を設立（後清算）
1995年4月	星和情報システム（株）を設立（後：星和テクノロジー（株））
2001年4月	（株）デジテックを設立
2004年10月	常熟星和電機有限公司を中国常熟市に設立
2005年12月	（株）セイワキャリアサービスを設立（後吸収合併）
2007年1月	香港星和電機有限公司を中国・香港に設立（後清算）
2009年8月	上海制和貿易有限公司を中国上海市に設立（後清算）
2011年4月	SEIWA ELECTRIC (VIETNAM) Co., Ltd.をベトナムホーチミン市に設立
2011年6月	星和電機（包頭）有限公司を中国包頭市に設立（後出資分の全部売却）
2013年4月	常熟星電貿易有限公司を中国常熟市に設立

1349　セガサミーホールディングス（株）
［証券コード］6460
［上場区分］東証一部

2004年10月	サミー（株）と（株）セガの共同持株会社としてセガサミーホールディングス（株）を設立

せき

2005年10月	(株)トムス・エンタテインメントを株式取得により連結子会社化
2012年7月	(合)PARADISE SEGASAMMY Co., Ltd.を設立
2013年4月	(株)セガサミー釜山を設立
2013年6月	セガサミークリエイション(株)を設立

1350 セキ(株)
[証券コード]7857
[上場区分]ジャスダックスタンダード

1949年3月	(株)関印刷所を設立
1952年5月	(株)関洋紙店印刷所に社名変更
1972年5月	関興産(株)を設立
1975年4月	(株)エス・ピー・シーを設立
1978年4月	コープ印刷(株)を設立
1986年4月	セキ(株)に社名変更
1996年4月	(有)こづつみ倶楽部を設立
2008年4月	メディアプレス瀬戸内(株)を合弁で設立

1351 関彰商事(株)

1908年	関彰商店を創業
1938年	(株)関彰商店に改組
1966年	関彰商事(株)に社名変更
1972年	セキショウ総業(株)を設立
1982年	安立サービス(株)を設立
1983年	ヒタチ石油(株)を設立
1986年	セキショウホンダ(株)を設立
1989年	(株)シュテルンつくばを設立
1991年	(株)パナホームセキショウ茨城を設立(後:(株)パナホームセキショウ)
1997年	(株)フカヤを設立
1999年	(株)グランシエルセキショウを設立
1999年	(株)モトーレン水戸を設立(後:(株)モトーレン・アイ&エフ)
2005年	(株)アドバンス・カーライフサービスを設立
2006年	(株)セキショウキャリアプラスを設立
2007年	関彰エンジニアリング(株)を設立
2008年	(株)セキショウモバイルとセキショウカーライフ(株)を設立
2010年	セキショウブランニューシステム(株)を設立
2012年	(株)セキショウライフサポートを設立
2013年	(株)ザルツブルグ・モータースを設立

1352 積水化学工業(株)
[証券コード]4204
[上場区分]東証一部

1947年3月	積水産業(株)を設立
1948年1月	積水化学工業(株)に社名変更
1960年8月	積水ハウス産業(株)を設立
1961年3月	(株)積水精機製作所を設立
1964年1月	徳山積水工業(株)を設立
1964年3月	西部エスロン工事(株)を設立
1971年10月	奈積工業(株)を設立(後:近畿セキスイハイム工業(株))
1972年3月	(株)サンエスハイム製作所を設立(後:東京セキスイハイム工業(株))
1983年12月	セキスイ・アメリカ・コーポレーションを設立
2003年4月	セキスイハイム中国(株)を設立(後:セキスイハイム中四国(株))
2004年8月	セキスイハイム東北(株)を設立
2005年7月	セキスイハイム九州(株)を設立
2007年7月	東京セキスイハイム(株)とセキスイハイム中部(株)とセキスイハイム近畿(株)を設立

1353 積水化成品工業(株)
[証券コード]4228
[上場区分]東証一部

1959年10月	積水スポンジ工業(株)を設立
1969年10月	積水化成品工業(株)に社名変更
1969年12月	東洋ゴム工業(株)と共同で出資しセキスイソフラン工業(株)を設立
1976年7月	北海道エスレン(株)を設立(後:(株)積水化成品北海道)
1981年4月	エスレンフォーム(株)を設立
2004年6月	天津積水化成品有限公司を設立
2006年1月	Sekisui Plastics U.S.A., Inc.を設立
2007年6月	Sekisui Plastics Europe B.V.を設立
2007年12月	積水化成品(蘇州)科技有限公司を設立
2012年3月	Sekisui Plastics (Thailand) Co., Ltd.を設立
2012年7月	PT.Sekisui Plastics Indonesiaを設立
2015年1月	積水化成品(上海)精密塑料有限公司を設立

1354 積水樹脂(株)
[証券コード]4212
[上場区分]東証一部

1954年11月	アドヘヤ紙工(株)を設立
1954年12月	アドヘヤ化工(株)に社名変更
1961年11月	アドヘヤ産商(株)を設立(後:積水樹脂産商(株))
1963年5月	積水アドヘヤ工業(株)に社名変更
1970年4月	アドヘヤ・サービス(株)を設立(後:積水樹脂商事(株))
1970年6月	積水樹脂(株)に社名変更
1970年10月	東北ジスロン(株)を設立(後:(株)東北積水樹脂)
1971年7月	(株)ネヤガワ製作所を設立(後:(株)積樹製作所)
1974年1月	セキスイジュシB.V.を設立(後:セキスイジュシヨーロッパホールディングスB.V.)
1987年6月	積樹道路(株)を設立
1990年10月	キャップアイシステム(株)を設立(後:積水樹脂キャップアイシステム(株))
1992年4月	宮崎積水樹脂(株)を設立
1996年10月	セキスイジュシフィリピンCorp.を設立(後:サミットストラッピングCorp.)
1997年10月	スペーシア(株)を設立
1999年2月	関東積水樹脂(株)を設立
2002年1月	青島積水樹脂有限公司を設立
2002年6月	無錫積水樹脂有限公司を設立

1355 積水ハウス(株)
[証券コード]1928
[上場区分]東証一部

1960年7月	積水化学工業(株)のハウス事業部を分離し積水ハウス産業(株)を設立
1963年10月	積水ハウス(株)に社名変更
1976年3月	積和不動産(株)を設立

1977年2月	積和不動産(株)を設立(後:積和不動産関西(株))
1980年8月	積和不動産(株)を設立(後:積和不動産九州(株))
1981年2月	積和不動産(株)を設立(後:積和不動産中部(株))
1982年8月	中国積和不動産(株)を設立(後:積和不動産中国(株))
1983年8月	東北積和不動産(株)を設立(後:積和不動産東北(株))
1995年8月	積水ハウス木造(株)を吸収合併
2001年2月	積水ハウス北陸(株)と積水ハウス四国(株)と積水ハウス山梨(株)と積水ハウス山陰(株)を吸収合併
2005年5月	積和不動産札幌(株)を設立
2008年12月	Sekisui House Australia Holdings Pty Limitedを設立
2010年5月	North America Sekisui House, LLCを設立
2011年1月	積水好施新型建材(瀋陽)有限公司を設立
2011年12月	積水ハウスフィナンシャルサービス(株)を設立
2014年2月	積水ハウス投資顧問(株)を設立
2014年11月	積和グランドマスト(株)を設立

〈積水ハウス木造系〉

1962年12月	東淀建設(株)を設立
1969年11月	トーヨド建設(株)に社名変更
1989年6月	積水ハウス木造(株)に社名変更

〈積和ハウス北陸系〉

1955年10月	森下興建(株)を設立
1968年8月	北陸セキスイハウス(株)に社名変更
1976年11月	積水ハウス(株)と共同で出資し石川積和工事(株)を設立
1990年8月	積水ハウス北陸(株)に社名変更

1356 積水ハウス・SI レジデンシャル投資法人

2005年4月	(株)ジョイント・キャピタル・パートナーズを設立企画人としてジョイント・リート投資法人を設立
2010年6月	積水ハウス・SI 投資法人へ商号変更
2014年6月	積水ハウス・SI レジデンシャル投資法人へ商号変更

1357 (株)セキチュー
[証券コード]9976
[上場区分]ジャスダックスタンダード

1952年4月	関口木材(株)を設立
1977年3月	(株)セキチューリースを設立
1977年7月	(株)セキチューに社名変更
1983年12月	(株)センチュリを設立
1986年6月	(株)かんがるーフーズを設立
1986年11月	(株)ビーバーちさんを吸収合併
1988年2月	(株)グリーンナンバー・ワンを設立
1991年2月	(株)センチュリーと合併
2008年2月	(株)グリーンナンバー・ワンを吸収合併

1358 石油資源開発(株)
[証券コード]1662
[上場区分]東証一部

1955年12月	〈旧〉石油資源開発(株)を設立
1962年6月	エスケイ産業を設立
1966年2月	北スマトラ海洋石油資源開発(株)を設立(後:国際石油開発帝石(株))
1970年4月	石油開発公団から分離し石油資源開発(株)として再発足
1971年5月	日本海洋石油資源開発を設立
1971年10月	エスケイエンジニアリング(株)を設立
1978年8月	ジャパン オイルサンド アルバータ社を設立(後:ジャパン カナダ オイルサンド社(Japan Canada Oil Sands Ltd.))
1978年12月	カナダオイルサンドを設立
2003年10月	白根瓦斯を設立
2006年4月	(株)ジャペックスBlockAを設立
2013年3月	ジャペックス モントニー社を設立
2014年3月	ジャペックス ユーケー イーアンドピー社を設立
2014年9月	ジャペックス ユーケー イーアンドピー セントラル社を設立

1359 (株)セコニックホールディングス
[証券コード]7758
[上場区分]東証二部

1951年6月	成光電機工業(株)を設立
1960年6月	華北電機工業(株)とセコニック部品(株)を吸収合併
1960年8月	(株)セコニックに社名変更
1970年3月	(株)福島セコニックを設立
1972年9月	(株)江川製作所を設立(後:(株)会津セコニック)
1985年6月	(株)エリックスを設立(後:(株)函館セコニック)
1988年4月	(株)会津セコニックを設立(後:(株)福島セコニック)
2004年11月	賽科尼可電子(常熟)有限公司を設立
2004年12月	賽科尼可有限公司を設立
2009年1月	賽科尼可三誠高科技(深圳)有限公司を設立
2012年4月	(株)セコニックを設立
2012年4月	(株)セコニックホールディングスを設立

1360 セコム(株)
[証券コード]9735
[上場区分]東証一部

1962年7月	〈旧〉日本警備保障(株)を設立
1970年5月	日警電設(株)を設立(後:セコムサービス(株))
1972年12月	エス・ビ・アラーム(株)と合併(額面変更)し日本警備保障(株)に社名変更
1977年7月	東京電力(株)と関西電力(株)と中部電力(株)と共同で出資し日本原子力防護システムを設立
1977年10月	セコム工業(株)を設立
1979年3月	(財)セコム科学技術振興財団を設立
1981年3月	韓国安全システム(株)を設立(後:(株)エスワン)
1983年8月	宮城ネットワーク(株)を設立
1983年12月	セコム(株)に社名変更
1986年6月	セコムトウェンティフォー(株)とセコム東北(株)を合併
1991年4月	セコムキャロル社を設立(後:セコムPLC)
1992年12月	西科姆(中国)有限公司を設立
1999年9月	セコム朝日(株)を設立(後:セコムホー

せこむしよ

　　　　　　　　ムライフ(株))
　2000年12月　(株)マックを買収
　2001年3月　ジャパンケーブルネット(株)を共同出資で設立
　2002年3月　セコム在宅医療システム(株)とセコムケアサービス(株)とセコム漢方システム(株)が合併しセコム医療システム(株)を設立
　2011年7月　セコムテクノサービス(株)を吸収合併

1361　セコム上信越(株)
［証券コード］4342
［上場区分］東証二部
　1967年5月　日本警備保障(株)の子会社として日本警備保障新潟(株)を設立
　1969年3月　日本警備保障上信越(株)に商号変更
　1983年12月　セコム上信越(株)に商号変更
　1988年12月　(株)ジャスティック上信越を設立(後：セコムジャスティック上信越(株))
　1994年10月　(株)セコムメンテナンス上信越を設立

1362　(株)セゾン情報システムズ
［証券コード］9640
［上場区分］ジャスダックスタンダード
　1970年9月　(株)西武情報センターを設立
　1981年3月　(株)緑屋計算センターを吸収合併
　1992年4月　(株)セゾン情報システムズに社名変更
　1999年4月　(株)ファシリティエキスパートサービスズを設立(後：(株)フェス)
　2005年4月　(株)HRプロデュースを設立
　2005年4月　(株)流通情報ソリューションズを吸収合併
　2005年11月　世存信息技術(上海)有限公司を設立

1363　(株)セック
［証券コード］3741
［上場区分］ジャスダックスタンダード
　1970年5月　(株)セックを設立
　1989年5月　(株)セック・インターナショナルを設立
　2010年4月　(株)セック・インターナショナルを吸収合併

1364　ゼット(株)
［証券コード］8135
［上場区分］東証二部
　1920年10月　渡辺梁三商店を設立
　1950年12月　渡辺運動用品(株)に社名変更
　1967年4月　渡辺(株)に社名変更
　1979年5月　(株)ロッジを吸収合併
　1980年10月　ゼット(株)に社名変更
　1983年1月　エイブルウェア(株)を吸収合併
　1989年10月　ゼトラ(株)を設立
　1990年4月　ザイロ(株)を設立
　1991年11月　(株)ゼオス宇部を設立
　1995年10月　(株)丹羽製作所を合併
　2004年4月　(株)ゼオスを設立
　2008年4月　(株)ゼノアを設立
　2009年4月　(株)ジャスプロを設立

1365　ゼニス羽田ホールディングス(株)
［証券コード］5289
［上場区分］東証二部
〈日本ゼニスパイプ系〉
　1935年4月　日本ゼニスパイプ(株)を設立
〈ハネックス系〉
　1941年4月　(株)羽田コンクリート工業所の日野工場の設備を譲受し羽田ヒューム管(株)を設立
　2001年7月　(株)ハネックスに社名変更
　　　　　　　＊　＊　＊　＊
　2011年4月　日本ゼニスパイプ(株)と(株)ハネックスを経営統合し、両社を完全子会社とする共同持株会社としてゼニス羽田(株)を設立
　2014年7月　ゼニス羽田ホールディングス(株)に社名変更

1366　(株)錢高組
［証券コード］1811
［上場区分］東証一部
〈(資)錢高組系〉
　1887年2月　(個)錢高組を設立
　1912年11月　(資)錢高組に改組
〈錢高組系〉
　1931年4月　(株)錢高組を改組設立
　1931年7月　(資)錢高組を吸収合併
　1969年　大東仮構(株)を設立
　1988年11月　ゼニタカ不動産(株)を合併
　1994年3月　ゼット・ウェスト・アメリカ・コーポレーションを設立
　1997年3月　五番町ビル(株)と京町堀地所(株)を設立

1367　ゼネラルホールディングス(株)
　1914年3月　東洋複写紙(資)を設立
　1940年8月　東洋複写紙(株)に改組
　1943年8月　東洋化工(株)に社名変更
　1960年8月　ゼネラル(株)に社名変更
　1987年　第一ゼネラル(株)を合弁で設立
　1988年　ゼネラル・リボン・デ・メヒコS.A.DE C.Vを設立
　1990年　ゼネラル・イメージング・テクノロジー(U.K.)LTD.を設立
　1991年　ゼネラルOAサプライズCO., LTDとE&G香港LTD.とE&Gエレクトロニック(シンセン)LTD.を設立
　1999年　テキサス・イメージング・サプライINC.を設立
　2001年　アイ・エス・インダストリーズSDN. BHD.を設立
　2003年　上海尖能国際貿易有限公司とゼネラルSRLを設立
　2004年　プレステージ・アセット・マネジメント(株)を設立
　2004年　青島尖能辦公用品有限公司を設立
　2009年　〈別〉(株)ゼネラルホールディングスと合併し(株)ゼネラルホールディングスに社名変更
　2013年　ゼネラル興産(株)を吸収合併

1368　ゼビオ(株)
［証券コード］8281
［上場区分］東証一部
　1973年7月　〈旧〉(株)サンキョウの経営部門より分離独立し(株)サンスーツを設立

1979年8月	(株)サンキョウに社名変更
1980年3月	(株)岩手サンキョウと第一繊維(株)(福島県郡山市)と第一繊維(株)(新潟県新潟市)を吸収合併
1986年8月	(株)サンキョウ(いわき)を合併
1987年11月	ゼビオ(株)に社名変更
2004年7月	ゼビオビジネスサービス(株)を設立
2005年8月	ゼビオインシュアランスサービス(株)を設立
2006年6月	ゼビオカード(株)を設立
2008年7月	ゼビオナビゲーターズネットワーク(株)を設立
2011年5月	クロススポーツマーケティング(株)を設立
2012年2月	賽標(中国)体育用品有限公司を設立
2012年4月	(株)ゼビオコリアを設立
2013年11月	Leonian Singapore Pte. Ltd.と(株)ネクサスを設立
2014年4月	賽標(成都)体育用品有限公司を設立

1369　セフテック(株)

[証券コード]7464
[上場区分]ジャスダックスタンダード

1952年4月	(有)岡商店を設立
1957年6月	東阪神点灯(株)に社名変更
1977年12月	愛知フェンス工業(株)を設立
1978年6月	東阪神(株)に社名変更
1995年2月	セフテック(株)に社名変更
2003年5月	東阪神(株)を設立(後清算)

1370　(株)セプテーニ・ホールディングス

[証券コード]4293
[上場区分]ジャスダックスタンダード

1990年10月	(株)サブアンドリミナルを設立
2000年3月	(株)セプテーニに社名変更
2005年10月	オプトメール(株)と合併
2006年4月	(株)セプテーニ・ダイレクトマーケティングを設立
2006年10月	(株)セプテーニ・ホールディングスに社名変更
2013年2月	コミックスマート(株)を設立

1371　(株)セブン&アイ・ホールディングス

[証券コード]3382
[上場区分]東証一部

2005年9月	(株)セブン-イレブン・ジャパンと(株)イトーヨーカ堂と(株)デニーズジャパンは共同して株式移転により完全親会社となる(株)セブン&アイ・ホールディングスを設立
2005年11月	7-Eleven, Inc.を完全子会社化
2006年6月	(株)ミレニアムリテイリングを完全子会社することで(株)そごうと(株)西武百貨店を子会社とする
2006年9月	(株)ヨークベニマルを完全子会社化
2007年1月	(株)デニーズジャパンと(株)ファミールとヨーク物産(株)を統合・再編するためにこれら3社の100%親会社として(株)セブン&アイ・フードシステムズを設立
2008年1月	(株)セブン&アイ・フィナンシャル・グループを設立(後:(株)セブン・フィナンシャルサービス)
2008年7月	(株)セブン&アイ・ネットメディアを設立
2009年6月	(株)セブンヘルスケアを設立(後:(株)セブン美のガーデン)
2009年8月	(株)ミレニアムリテイリングと(株)そごうと(株)西武百貨店を統合し存続会社である(株)そごうの商号を(株)そごう・西武に変更

1372　(株)セブン-イレブン・ジャパン

1973年11月	〈旧〉(株)ヨークセブンを設立
1977年3月	〈別〉(株)ヨークセブンと合併(額面変更)し(株)ヨークセブンに社名変更
1978年1月	(株)セブン-イレブン・ジャパンに社名変更
2000年2月	(株)セブンドリーム・ドットコムを設立
2000年9月	(株)セブン・ミールサービスを設立
2001年2月	(株)ユニオンリースを設立
2001年4月	(株)イトーヨーカ堂と共同で出資し(株)アイワイバンク銀行を設立
2004年1月	セブン-イレブン北京(有)を設立
2005年9月	(株)セブン-イレブン・ジャパンと(株)イトーヨーカ堂と(株)デニーズジャパンの持株会社として(株)セブン&アイ・ホールディングスを株式移転により設立
2008年4月	セブン-イレブン中国有限公司を設立
2009年1月	(株)セブンカルチャーネットワークを設立
2010年12月	セブン-イレブン成都有限公司を設立
2013年10月	(株)SEJアセットマネジメント&インベストメントを設立

1373　(株)セブン銀行

[証券コード]8410
[上場区分]東証一部

2001年4月	(株)アイワイバンク銀行を設立
2005年10月	(株)セブン銀行に社名変更
2014年6月	PT. ABADI TAMBAH MULIA INTERNASIONALを設立
2014年7月	(株)バンク・ビジネスファクトリーを設立

1374　セブン工業(株)

[証券コード]7896
[上場区分]東証二部

1961年2月	丸七白川口市売木材(株)を設立
1976年6月	丸七住研工業(株)に社名変更
1988年2月	シマリス住研(株)を設立
1988年3月	丸七ミヤマ工業(株)を設立
1989年10月	(株)三星を吸収合併
1990年4月	セブン工業(株)に社名変更
1991年7月	セブン開発(株)を設立
1993年6月	丸七ミヤマ工業(株)を設立
2000年3月	(株)セブンセイレイを設立
2007年6月	(株)オバラシマリスを吸収合併
2008年4月	丸七ミヤマ工業(株)を吸収合併

1375　セブンシーズホールディングス(株)

[証券コード]3750
[上場区分]東証二部

2004年10月	ゼィープラスホールディング(株)を設立

せみてつく

2005年4月	ゼィープラス・マネジメント（株）を吸収合併
2005年8月	セブンシーズホールディングス（株）に社名変更
2012年2月	セブンシーズ債権回収（株）を設立
2014年5月	セブンシーズフィナンシャルソリューションズ（株）を設立

1376　SEMITEC（株）
［証券コード］6626
［上場区分］ジャスダックスタンダード

1950年	石塚電機製作所を創業
1958年3月	石塚電子（株）を設立
1989年12月	SEMITEC USA CORP.を設立
1995年3月	SEMITEC (HONG KONG) CO., LTDを設立
1999年11月	SEMITEC TAIWAN CORP.を設立
2000年5月	SEMITEC ELECTRONICS PHILIPPINES INC.を設立
2000年11月	SEMITEC KOREA CO., LTDを設立
2002年2月	泰州石塚感応電子有限公司を設立
2003年4月	感応貿易（深圳）有限公司を設立
2005年6月	世美特電子（威海）有限公司を設立
2007年2月	石塚国際貿易（上海）有限公司を設立
2008年11月	韶関市小金井電子有限公司を設立（後：石塚感応電子（韶関）有限公司）
2011年3月	SEMITEC（株）に商号変更
2011年4月	Thai Semitec Co., Ltdを設立（後清算）
2011年6月	石塚感応電子（深圳）有限公司を設立
2011年11月	SEMITEC PHILIPPINES CORPORATIONを設立（後清算）
2011年12月	SEMITEC Europe GmbHを設立
2014年11月	SEMITEC ELECTRONICS VIETNAM CO., LTD.を設立

1377　セメダイン（株）
［証券コード］4999
［上場区分］東証二部

1941年12月	（名）今村化学研究所を設立
1948年4月	（株）今村化学研究所に改組
1951年2月	セメダイン（株）を設立
1956年9月	セメダイン（株）を吸収合併しセメダイン（株）に社名変更
1974年3月	利根川化工（株）を設立
1975年10月	セメダイン神奈川販売（株）を設立
1977年12月	台湾施敏打硬股份有限公司を設立
1981年11月	CEMEDINE (THAILAND) CO., LTD.を設立
1999年10月	セメダインヘンケル（株）を設立（後：セメダインオートモーティブ（株））
2004年10月	ASIA CEMEDINE CO., LTD.を設立
2006年10月	シー・エヌ・シー（株）を設立（後：セメダインケミカル（株））
2012年10月	思美定（上海）貿易有限公司とCEMEDINE PHILIPPINES CORP.を設立

1378　セーラー広告（株）
［証券コード］2156
［上場区分］ジャスダックスタンダード

1951年3月	（株）セーラー工藝社を設立
1959年8月	（株）セーラー広告社に商号変更
1982年4月	（株）ホットカプセルを設立（後清算）
1990年4月	（株）エイ・アンド・ブイを設立
1991年5月	セーラー広告（株）に商号変更
2013年5月	南放セーラー広告（株）を設立

1379　セーラー万年筆（株）
［証券コード］7992
［上場区分］東証二部

1932年8月	（株）セーラー万年筆阪田製作所を設立
1941年4月	（株）阪田製作所に社名変更
1952年5月	セーラー万年筆阪田製作所に社名変更
1960年5月	セーラー万年筆（株）に社名変更
1973年10月	台湾写楽股份有限公司を設立（後清算）
1985年	セーラー出版（株）を設立
1996年6月	THE SAILOR (THAILAND) CO., LTD.を設立
1997年6月	SAILOR U.S.A., INC.を設立（後清算）
2002年5月	写楽精密機械（上海）有限公司を設立
2003年3月	SAILOR AUTOMATION, INC.を合弁で設立

1380　ゼリア新薬工業（株）
［証券コード］4559
［上場区分］東証一部

1955年12月	（株）ゼリア薬粧研究所を設立
1958年5月	ゼリア化工（株）に商号変更
1961年3月	東京ゼリア（株）と大阪ゼリア（株）を吸収合併
1961年4月	ゼリア（株）に商号変更
1970年5月	ゼリア新薬工業（株）に商号変更
1986年6月	（株）ゼービスを設立
1987年10月	ゼリア化工（株）を設立
1989年2月	ZERIA USA, INC.を設立
1993年10月	沖縄ゼリア（株）を吸収合併
1995年10月	ゼリア化工（株）を吸収合併
2000年3月	（株）ゼリアエコテックを設立
2003年9月	（株）ゼリアップを設立

1381　（株）セルシード
［証券コード］7776
［上場区分］ジャスダックグロース

2001年5月	（株）セルシードを設立
2008年10月	CellSeed Europe SARLを設立（後：CellSeed France SARL）
2010年6月	CellSeed Europe Ltd.を設立
2015年3月	CellSeed Sweden ABを設立

1382　セーレン（株）
［証券コード］3569
［上場区分］東証一部

1923年5月	福井撚糸染工（株）と福井県絹紬精練（株）と福井県精練（株）と丸三染練合資組合と島崎織物（株）（加工部）を統合し福井精練加工（株）を設立
1932年12月	（株）丸三染工場を設立
1937年11月	昭和染色（株）を合併
1942年7月	（株）丸三染工場を合併
1967年3月	セーレン殖産（株）を設立（後：セーレン商事（株））
1970年10月	セーレン電子（株）を設立

1971年11月	アルマジャパン(株)を設立
1973年2月	セーレン(株)に社名変更
1973年7月	セーレンミサワホーム(株)を設立
1985年4月	セーレンケーピー(株)を設立
1986年10月	Seiren U.S.A. Corporationを設立
1988年10月	(株)セーレンシステムサービスを設立
1989年2月	(株)デプロと(株)セーレンオーカスを設立
1994年12月	Saha Seiren Co., Ltd.を設立
1997年8月	Seiren Produtos Automotivos Ltda.を設立
1998年9月	Viscotec U.S.A.LLCを設立(後清算)
2001年8月	Viscotec Automotive Products, LLCを設立
2002年3月	(株)リョーカを設立
2002年12月	世聯汽車内飾(蘇州)有限公司を設立
2004年3月	セーレンコスモ(株)を設立
2004年7月	Viscotec World Design Center, LLCを設立
2005年5月	KBセーレン(株)を設立
2007年10月	セーレンリョーカ(株)を吸収合併
2009年4月	世聯電子(蘇州)有限公司を設立
2011年4月	凱碧世聯(上海)化学繊維有限公司を設立(後:世聯美仕生活用品(上海)有限公司)
2012年4月	(株)セーレンシステムサービスを吸収合併
2012年5月	SEIREN INDIA PRIVATE LIMITEDを設立
2012年11月	PT. SEIREN INDONESIAを設立
2014年9月	Viscotec México S.A.deC.V.を設立

1383　(株)ゼロ
[証券コード]9028
[上場区分]東証二部

1961年10月	日産陸送(株)を設立
1968年4月	プリンス輸送(株)を合併
1976年7月	九州弘和陸送(株)を設立(後:(株)ゼロ九州)
1977年11月	(株)ホンモクトランスポートを設立(後:(株)ゼロ・トランズ)
2001年5月	(株)ゼロに社名変更
2003年7月	(株)ゼロ弘和を吸収合併
2004年8月	陸友物流有限公司を設立
2006年4月	(株)フルキャストドライブを設立(後:(株)ゼロドライブスタッフ)
2010年11月	八菱有限公司を設立

1384　(株)全教研

1962年7月	全教科研究会を設立
1969年7月	(株)全教科研究会を設立
1977年3月	(株)全教研久留米に社名変更
1977年3月	(株)全教研北九州を設立
1978年6月	(有)全教研学習指導協会を設立(後:(株)全教研学習指導協会)
1978年7月	(有)ちとせビルを設立
1980年4月	(有)全教研熊本を設立
1980年9月	(有)全教研適性調査会を設立(後:(有)全教研ネス)
1989年2月	(有)全教研佐賀を設立
1989年2月	(有)全教研福岡を設立
1990年10月	(株)全教研北九州と(株)全教研学習指導協会と(有)ちとせビルと(有)全教研熊本と(有)全教研ネスと(株)全教研福岡と(株)全教研佐賀を吸収合併し(株)全教研に社名変更
2002年3月	(株)福陵館を吸収合併

1385　センコー(株)
[証券コード]9069
[上場区分]東証一部

1941年	日窒運輸(株)を設立
1946年7月	扇興運輸商事(株)に社名変更
1946年10月	扇興運輸(株)に社名変更
1953年6月	延岡運輸(株)を合併
1961年8月	扇興汽船(株)を合併
1973年10月	センコー(株)に社名変更
1977年4月	(株)センコー計算センターを設立(後:センコー情報システム(株))
1982年10月	(株)オー・エー・エスを設立(後:センコー商事(株))
1993年4月	(株)エスケイ開発を合併
1998年2月	広州扇拡物流有限公司を設立
2002年3月	Senko International Logistics Pte. Ltd.を設立
2005年8月	上海扇拡国際貨運有限公司を設立
2005年8月	大連三興物流有限公司を設立

1386　全国保証(株)
[証券コード]7164
[上場区分]東証一部

| 1981年2月 | 全国保証(株)を設立 |
| 2010年4月 | (株)全国ビジネスパートナーを設立 |

1387　センコン物流(株)
[証券コード]9051
[上場区分]ジャスダックスタンダード

1959年10月	(株)仙台梱包運搬社を設立
1996年4月	センコン物流(株)に社名変更
1999年8月	センコンファイナンス(株)を設立(後:センコンインベストメント(株))
2000年4月	(株)テレクオリティを設立(後:センコンテクノサービス(株))
2001年4月	(株)センコンエンタープライズを設立

1388　泉州電業(株)
[証券コード]9824
[上場区分]東証二部

1949年11月	泉州電業(株)を設立
1958年11月	合同電気(株)を吸収合併
1985年6月	斉藤電気(株)を設立(後:(株)エステック)
1992年11月	(株)エステックを設立
1996年6月	ヤスヰ電業(株)を設立
2001年11月	SENSHU ELECTRIC (THAILAND) CO., LTD.を設立
2004年1月	上海泉秀国際貿易有限公司を設立
2011年5月	上海泉秀国際貿易有限公司 天津分公司を設立
2014年10月	SENSHU ELECTRIC PHILIPPINES CORPORATIONを設立

1389　(株)千趣会
[証券コード]8165
[上場区分]東証一部

| 1953年10月 | 味楽会を設立 |

1955年11月	（株）千趣会に社名変更
1973年4月	（株）越前カントリー倶楽部を設立
1977年9月	千趣興産（株）と合併
1981年3月	（株）エイメを設立
1981年3月	丸二運輸（株）を設立
1993年9月	千趣会香港有限公司を設立
1994年6月	（株）千趣ビジネスサービスを設立
1998年10月	千趣物流（株）を設立（後：千趣ロジスコ（株））
2000年7月	千趣会コールセンター（株）を設立
2006年2月	（株）ディー・エヌ・エーと合弁で（株）モバコレを設立
2012年8月	（株）ベルメゾンロジスコを設立
2013年11月	（株）千趣会チャイルドケアを設立

1390　（株）ゼンショーホールディングス
[証券コード]7550
[上場区分]東証一部

1982年6月	（株）ゼンショーを設立
2000年10月	（株）テクノサポートを設立
2000年11月	（株）グローバルフーズを設立
2002年6月	（株）グローバルテーブルサプライを設立
2004年12月	Zensho America Corporationを設立
2006年6月	（株）グローバルピザシステムを設立（後：（株）トロナジャパン）
2006年8月	（株）グローバルフレッシュサプライを設立
2008年6月	（株）グローバルITサービスを設立
2008年8月	ZENSHO DO BRASIL COMERCIO DE ALIMENTOS LTDA.を設立
2009年9月	（株）GMフーズを吸収合併
2010年9月	（株）ぎゅあんを吸収合併
2010年12月	（株）ゼンショーベストクルーを設立
2011年2月	ZENSHO (THAILAND) CO., LTDを設立
2011年5月	（株）ゼンショー分割準備会社を設立（後：（株）すき家本部）
2011年10月	（株）ゼンショーホールディングスに持株会社として社名変更
2011年12月	（株）GFFを設立
2012年4月	（株）ゼンショービジネスサービスを設立
2012年10月	（株）ゼンショー・クリーン・エナジーを設立
2013年12月	（株）日本リテールホールディングスを設立

1391　（株）センチュリー21・ジャパン
[証券コード]8898
[上場区分]ジャスダックスタンダード

| 1983年10月 | （株）センチュリー21を設立 |
| 1983年11月 | センチュリー21・ジャパンに社名変更 |

1392　セントケア・ホールディング（株）
[証券コード]2374
[上場区分]ジャスダックスタンダード

1983年3月	日本福祉サービス（株）を設立
1999年10月	セントスタッフ（株）とセントヘルスケア（株）を設立
2002年5月	セントケア（株）に社名変更
2003年2月	ピアサポート（株）とケアプランサービス（株）を設立
2004年6月	メディスンショップ・ジャパン（株）を設立
2006年10月	セントケア東北（株）など6社を設立
2006年11月	セントワークス（株）を設立
2007年4月	セントケア東北（株）など7社を会社分割しセントケア・ホールディング（株）に社名変更
2010年7月	セントケア少額短期保険準備（株）を設立（後：セント・プラス少額短期保険（株））
2014年8月	セントメディカルサービス（株）を設立
2014年10月	ケアボット（株）を設立

1393　セントラル硝子（株）
[証券コード]4044
[上場区分]東証一部

1936年10月	宇部曹達工業（株）を設立
1958年5月	セントラル硝子（株）を設立
1963年1月	セントラル硝子（株）を吸収合併しセントラル硝子（株）に社名変更
1963年4月	セントラル化学（株）を設立
1971年3月	セントラルグラスファイバー（株）を設立
1988年5月	セントラル化成（株）を設立
1999年10月	セントラルグラスモジュール（株）を設立
2003年4月	セントラル化学（株）を吸収合併
2004年4月	日本合同肥料（株）と共同で出資しセントラル合同肥料（株）を設立
2009年4月	中国康鵬化学グループと共同で浙江中硝康鵬化学有限公司を設立
2012年11月	セントラル・サンゴバン・インベストメント（株）と共同で聖戈班中硝安全玻璃（青島）有限公司を設立
2014年3月	（株）トクヤマと共同でトクヤマ・セントラルソーダ（株）を設立

1394　セントラル警備保障（株）
[証券コード]9740
[上場区分]東証一部

1966年3月	〈旧〉セントラル警備保障（株）を設立
1972年1月	（株）セントラルエージェンシーを設立
1972年4月	日本セントラルシステム（株）と共同で出資しセントラルシステム警備（株）を設立
1973年3月	（株）セントラルプラニングを設立
1979年3月	セントラルシステム警備（株）を吸収合併しセントラル警備保障（株）に社名変更
1987年8月	千代田化工建設（株）と共同で出資しセントラル千代田（株）を設立
1988年8月	日本貨物鉄道（株）と共同で出資しジェイアールエフ・パトロールズ（株）を設立
1997年4月	エスシーエスピー（株）を設立
2000年12月	（株）ケンウッド他2社と共同で出資しケイ・フロンティア（株）を設立
2001年6月	第二エスシーエスピー（株）を設立
2006年10月	（株）インスパイアと共同出資でスパイス（株）を設立
2007年10月	（株）エム・シー・サービスと共同出資で（株）CSPほっとサービスを設立

1395　セントラルスポーツ（株）
［証券コード］4801
［上場区分］東証一部
- 1970年5月　（株）セントラルスポーツクラブを設立
- 1978年8月　セントラル産商（株）を設立
- 1979年5月　セントラルスポーツ（株）に社名変更
- 1979年10月　セントラル施設（株）を設立（後：（株）サンクレア）
- 1984年4月　トップアスリーツ（株）を設立
- 1986年12月　セントラルスポーツダイビング協会（DACS=Diving Association of Central Sports）を設立
- 1991年5月　ケージーセントラルスポーツ（株）を設立
- 1991年9月　Central Sports U.S.A., Inc.を設立
- 1991年10月　Meridian Central, Inc.を設立
- 1999年4月　天王洲スポーツ（株）を設立
- 2004年10月　（株）サンクレアを簡易合併
- 2006年12月　Wellbridge Central, Inc.を設立

1396　セントラル総合開発（株）
［証券コード］3238
［上場区分］東証二部
- 1959年11月　泰生開発（株）を設立
- 1973年5月　関東セントラル開発（株）に商号変更
- 1977年6月　セントラル総合開発（株）に商号変更
- 1977年9月　セントラルビル（株）と合併（後：セントラル開発（株））

1397　全日空商事（株）
- 1970年10月　全日空商事（株）を設立
- 1979年6月　東京フレッシュサービス（株）を設立
- 1987年10月　インターナショナル・カーゴ・サービス（株）を設立
- 1989年6月　（株）ホリデー・インターナショナル・トラベルを設立
- 1992年6月　全日空商事デューティーフリー（株）を設立
- 1993年4月　全日空商事エアクラフト（株）を設立
- 1999年7月　全日空スカイホリデー（株）を設立
- 2004年11月　（株）エー・スイーツ・ハウスを設立
- 2009年7月　全日空商事エアクラフト（株）を吸収合併

1398　仙波糖化工業（株）
［証券コード］2916
［上場区分］ジャスダックスタンダード
- 1947年7月　仙波糖化工業（株）を設立
- 1974年　仙波包装（株）を設立
- 1990年　（株）東北センバを設立
- 2002年4月　クリエイトインターナショナル（株）を設立
- 2003年11月　福州仙波糖化食品有限公司を設立

1399　（株）ゼンリン
［証券コード］9474
［上場区分］東証一部
- 1948年　善隣出版社を設立（後：（株）善隣出版社）
- 1973年3月　（株）善隣を設立
- 1983年7月　（株）ゼンリンに社名変更
- 1983年8月　（株）善隣出版社と日本住宅地図出版（株）を吸収合併
- 1991年4月　ゼンリン福岡販売（株）と公共標識（株）を吸収合併
- 1991年11月　（株）サンラインを第3セクター方式で北九州市ト共同で出資し設立
- 2000年4月　（株）ゼンリンデータコムを設立
- 2001年8月　（株）ジオ技術研究所を設立
- 2005年10月　ZENRIN EUROPE GmbHを設立

1400　綜合警備保障（株）
［証券コード］2331
［上場区分］東証一部
- 1965年7月　綜合警備保障（株）を設立
- 2003年4月　綜警電気産業（株）を吸収合併
- 2003年10月　佐賀綜合警備保障（株）を設立
- 2004年10月　ALSOK山陰（株）を設立
- 2012年10月　ALSOKケア（株）を設立
- 2013年8月　綜警電気工事（株）を吸収合併

1401　（株）総医研ホールディングス
［証券コード］2385
［上場区分］東証マザーズ
- 2001年12月　（株）総合医科学研究所を設立
- 2005年12月　（株）ウィルス医科学研究所を設立
- 2006年1月　（株）博報堂と合弁で（株）エビデンスラボを設立
- 2007年1月　〈新〉（株）総合医科学研究所を分社化により設立し（株）総医研ホールディングスに社名変更

1402　綜研化学（株）
［証券コード］4972
［上場区分］ジャスダックスタンダード
- 1948年9月　（株）綜合加工研究所を設立
- 1953年　綜研化学（株）に社名変更
- 1994年5月　中国中信大榭開発公司と合弁で寧波市大榭開発区綜研化学有限公司を設立
- 1995年12月　遼河油田華油実業公司と合弁で盤錦華日化学有限公司を設立（後：盤錦遼河綜研化学有限公司）
- 1997年1月　綜研テクニックス（株）を設立
- 1999年12月　常州綜研加熱炉有限公司を設立
- 2001年4月　浜岡綜研（株）を設立
- 2001年11月　綜研化学シンガポール（株）を設立
- 2002年5月　綜研化学（蘇州）有限公司を設立
- 2004年4月　狭山綜研（株）を設立
- 2004年4月　綜研化学アメリカ（株）を設立（後清算）
- 2008年11月　綜研化学アジア（株）を設立
- 2011年11月　綜研高新材料（南京）有限公司を設立
- 2014年4月　浜岡綜研（株）と狭山綜研（株）を吸収合併

1403　（株）創健社
［証券コード］7413
［上場区分］ジャスダックスタンダード
- 1968年2月　（株）創健社を設立
- 1976年1月　（株）ジック創健と（株）沖縄創健社を吸収合併
- 1980年12月　〈別〉（株）創健社と合併（額面変更のため）
- 1996年11月　（株）風と光のファクトリーを設立（後：（株）おいしい）
- 2007年2月　（株）品質安全研究センターを設立
- 2009年7月　（株）創健エス・シー・エスを設立（後解

そうこうえ

散)

1404　総合エネルギー(株)
　　1958年3月　　日商岩井石油(株)を設立
　　2004年3月　　ニチメンエネルギー(株)と合併し双日エネルギー(株)に社名変更
　　2013年2月　　総合エネルギー(株)に社名変更

1405　総合商研(株)
[証券コード]7850
[上場区分]ジャスダックスタンダード
　　1969年1月　　(個)プリント企画を設立
　　1970年4月　　(個)総合印刷に社名変更
　　1972年12月　総合商研(株)に改組
　　1994年3月　　札幌印刷(株)と菊水商事(株)を吸収合併
　　1998年1月　　協同組合札幌プリントピアを設立
　　2002年9月　　(株)総合商業研究所を設立(後清算)
　　2004年9月　　(株)味香り戦略研究所を設立
　　2010年5月　　プリントハウス(株)を設立

1406　総合メディカル(株)
[証券コード]4775
[上場区分]東証一部
　　1978年6月　　(株)総合メディカル・リースを設立
　　1989年10月　総合メディカル(株)に社名変更
　　1991年4月　　(株)総合メディカル・サービスを設立
　　1994年10月　(株)ソム・テックを設立
　　1997年5月　　(株)そうごう薬局と(株)総合メディカル・サービスを吸収合併
　　2001年10月　〈新〉総合メディアサプライ(株)を設立
　　2001年10月　総合メディアサプライ(株)を吸収合併
　　2003年12月　総合メディプロ(株)を設立
　　2004年10月　(株)エス・エム・イーを設立(後：総合リアルエステート(株))
　　2011年1月　　〈新〉(株)エス・エム・イーを設立
　　2011年11月　総合ケアネットワーク(株)を設立

1407　(株)綜合臨床ホールディングス
[証券コード]2399
[上場区分]東証一部
　　1989年12月　(株)綜合臨床薬理研究所を設立
　　2007年8月　　(株)綜合臨床ホールディングスに商号変更
　　2012年4月　　(株)綜合臨床メデフィを設立
　　2015年9月　　(株)綜合臨床エムケアを設立

1408　倉庫精練(株)
[証券コード]3578
[上場区分]東証二部
　　1914年8月　　帝国精練(株)と石川精練(株)が合併し倉庫精練(株)を設立
　　1975年8月　　北陸染色加工(株)を吸収合併
　　1986年9月　　(株)ソーコ流通サービスを設立
　　1986年10月　(株)キョクソーを設立
　　1996年11月　(株)ソーコゴーセンを設立
　　2010年7月　　(株)ソーコゴーセンを吸収合併
　　2013年5月　　SOKO SEIREN MEXICANA, S.A. DE C.V.を設立

1409　双日(株)
[証券コード]2768

[上場区分]東証一部
〈日商系〉
　　1877年　　　　(個)かね辰・鈴木商店を設立
　　1902年11月　(名)鈴木商店に社名変更
　　1909年2月　　(株)日本商業会社を設立
　　1911年6月　　(株)神戸製鋼所を設立
　　1923年4月　　(名)鈴木商店が分離し(株)鈴木商店に社名変更
　　1928年2月　　(株)鈴木商店の事業を継承し日商(株)に社名変更
　　1941年4月　　(資)桜井商店を吸収合併
　　1942年4月　　東部紡毛糸工業(株)を設立
　　1943年7月　　**日商産業(株)** に社名変更
　　1949年1月　　日協商事(株)を設立
　　1949年1月　　**日商(株)** に社名変更
　　1954年8月　　信興棉花を吸収合併
　　1956年6月　　白洋貿易を吸収合併
〈岩井産業系〉
　　1862年　　　　(個)加賀屋を創業
　　1863年　　　　(個)岩井商店に社名変更
　　1912年11月　(株)岩井商店に改組
　　1935年6月　　(資)岩井本店を合併
　　1943年6月　　**岩井産業(株)** に社名変更
　　1945年3月　　千田商会を吸収合併
　　1959年1月　　斎藤誠司商店(株)を吸収合併
　　1965年3月　　平松(株)を吸収合併
〈日商岩井系〉
　　1968年10月　日商(株)と岩井産業(株)が合併し**日商岩井(株)** に社名変更
　　1983年7月　　日商岩井建材を設立
〈ニチメン系〉
　　1892年11月　**日本綿花(株)** を設立
　　1943年4月　　**日綿實業(株)** に社名変更
　　1954年9月　　丸永(株)を合併
　　1960年3月　　田附(株)を合併
　　1963年4月　　(株)高田商会を合併
　　1982年4月　　ニチメン建材(株)を設立
　　1982年6月　　**ニチメン(株)** に社名変更
　　1989年7月　　豊国不動産(株)と東京豊国不動産(株)を合併
　　1998年8月　　ニチメンアジア大洋州(株)を設立
　　2001年10月　(株)ニチメンプルミエを合併
　　2002年3月　　ニチメンパルテックス(株)とニチメンアパレル(株)とニチメンフーズ(株)と(株)ニックスを合併
〈〈旧〉双日系〉
　　2004年4月　　日商岩井(株)とニチメン(株)が合併し〈旧〉**双日(株)** に社名変更
〈双日ホールディングス系〉
　　2003年4月　　日商岩井(株)とニチメン(株)が経営統合しニチメン・日商岩井ホールディングス(株)を設立
　　2004年7月　　双日ホールディングス(株)に社名変更
　　　　　　　　＊　　＊　　＊　　＊
　　2005年10月　双日ホールディングス(株)と〈旧〉双日(株)が合併し**双日(株)** に社名変更
　　2006年8月　　双日都市開発(株)を合併
　　2006年10月　グローバル・ケミカル・ホールディングス(株)と双日ケミカル(株)を合併

1410　双日インフィニティ(株)
　　1978年8月　　(株)マックメイトを設立

1978年9月	〈旧〉ニチメン衣料（株）より商号並びに営業権を譲受しニチメン衣料（株）に社名変更
1992年10月	（株）ニチメンインフィニティに社名変更
2009年1月	双日インフィニティ（株）に社名変更

1411　象印マホービン（株）
［証券コード］7965
［上場区分］東証二部

1948年12月	（株）協和製作所を設立
1953年6月	協和魔法瓶工業（株）に社名変更
1961年12月	象印マホービン（株）に社名変更
1968年9月	和新ガラス（株）を吸収合併
1973年4月	象印（株）を設立
1983年11月	象印（株）を吸収合併
1986年11月	ゼットオー販売（株）を設立
1987年1月	ZOJIRUSHI AMERICA CORPORATIONを設立
1995年3月	新象製造廠有限公司を設立
1995年8月	香港象印有限公司を設立
2002年4月	台象股份有限公司を設立
2003年3月	上海象印家用電器有限公司を設立
2014年10月	ZOJIRUSHI SE ASIA CORPORATION LTD.を設立

1412　双信電機（株）
［証券コード］6938
［上場区分］東証一部

1944年4月	双信電機（株）を設立
1954年12月	長野双信電機（株）を設立
1959年12月	双信マイカ工業（株）を設立
1969年5月	双信マイカ（株）を設立
1969年12月	宮崎双信電機（株）を設立
1970年10月	（株）八紘セールスエージェントを設立（後：（株）アイセコ）
1973年5月	（株）双信電機中込工場を設立
1979年5月	（株）双信電機中込工場を吸収合併
1984年11月	長野双信電機（株）を吸収合併
1985年5月	宮崎双信電機（株）を吸収合併
1990年3月	高信エレクトロニクス（株）を設立
1996年10月	（株）エム・エレックを買収
2008年8月	SOSHIN ELECTRONICS EUROPE GmbHを設立
2008年11月	TAIWAN SOSHIN ELECTRIC CO., LTD.を設立
2010年4月	双信華科技（深圳）有限公司を設立

1413　（株）創通
［証券コード］3711
［上場区分］ジャスダックスタンダード

1965年10月	（株）東洋エージェンシーを設立
1977年8月	（株）創通エージェンシーに社名変更
1985年3月	創通映像（株）を設立
1997年10月	（株）ジェイ・ブロードを設立
2007年4月	（株）創通に社名変更

1414　相鉄ホールディングス（株）
［証券コード］9003
［上場区分］東証一部

1917年12月	相模鉄道（株）を設立
1943年4月	神中鉄道（株）を吸収合併
1945年9月	吉村砂利興業（株）を吸収合併
1950年4月	相模野興業（株）を吸収合併
1962年9月	相鉄不動産（株）の不動産賃貸業を合併
1964年5月	相鉄観光（株）を設立
1988年5月	相鉄ホテル（株）を設立
1999年10月	日本市街地開発（株）を吸収合併
2000年12月	相鉄トランスポート（株）と相鉄エステート（株）と相鉄流通サービス（株）と相鉄ビジネスサービス（株）を設立
2001年1月	相鉄プロパティーズ（株）と相鉄ホテルアセッツ（株）を設立
2001年4月	相鉄バス（株）を設立
2006年6月	相鉄イン（株）を設立
2009年4月	相鉄都市開発（株）を設立
2009年8月	（株）相鉄リビングサポートを設立
2009年9月	相鉄ホールディングス（株）に商号変更
2012年6月	相鉄ネクストステージ（株）を設立
2013年1月	（株）相鉄ピュアウォーターを設立

1415　（株）ソケッツ
［証券コード］3634
［上場区分］東証マザーズ

2000年6月	（株）メディアソケットを設立
2002年12月	MEDIA SOCKET US, INC.を設立（後清算）
2007年8月	（株）ソケッツに商号変更
2013年10月	カルチュア・コンビニエンス・クラブ（株）と合弁で（株）CSマーケティングを設立

1416　ソースネクスト（株）
［証券コード］4344
［上場区分］東証一部

1996年8月	（株）ソースを設立
1999年10月	ソースネクスト（株）に商号変更
2012年9月	SOURCENEXT Inc.（米国）を設立

1417　そーせいグループ（株）
［証券コード］4565
［上場区分］東証マザーズ

1990年6月	（株）そーせいを設立
2006年10月	そーせいグループ（株）に持株会社体制へ移行し商号変更
2013年5月	そーせいコーポレートベンチャーキャピタル（株）を設立

1418　曽田香料（株）
［証券コード］4965
［上場区分］ジャスダックスタンダード

1972年9月	エム・エス香料（株）を設立
1972年10月	曽田香料（株）に社名変更
1976年7月	（株）箕輪香料を設立（後：（株）ソダアクト）
1985年2月	岡山化学工業（株）を設立
1990年9月	（株）ソダコスモを設立

1419　ソーダニッカ（株）
［証券コード］8158
［上場区分］東証一部

1947年4月	曹達商事（株）を設立
1970年4月	ソーダ商事（株）に社名変更
1979年4月	ソーダニッカ（株）に社名変更
1979年4月	新日化産（株）を吸収合併
1984年4月	（株）エス・エヌサービスを設立

そていつく

2006年3月	曹達日化商貿（上海）有限公司を設立
2012年3月	PT.SODA NIKKA INDONESIAを設立
2013年3月	（株）エス・エヌロジスティクスを設立
2014年9月	SODA NIKKA VIETNAM CO., LTD.を設立

1420　（株）ソディック
[証券コード]6143
[上場区分]東証一部

1976年8月	（株）ソディックを設立
1977年3月	（株）ビーイーエムを吸収合併
1981年12月	（株）ヨコハマ・ソディック・マテリアルセンターを設立（後：（株）エス・ビー・レーザー）
1982年6月	（株）エス・アンド・オーを設立（後：（株）KHS）
1982年7月	ソディック・リース（株）を設立
1982年7月	（株）北陸ソディックを設立（後：（株）金沢ソディック）
1992年7月	（株）ソディックエンジニアリングを設立
1992年7月	（株）ソディックテクニカルサービスを設立
1992年7月	（株）ソディックニューマテリアルを設立
1992年7月	（株）ソディックプラステックを設立
1992年7月	（株）ソディックメカテックを設立
1994年12月	蘇州沙迪克特種設備有限公司を設立
1997年4月	沙迪克機電（上海）有限公司を設立
2006年3月	沙迪克（厦門）有限公司を設立
2009年3月	（株）ソディックCPCを吸収合併
2009年10月	（株）ソディックハイテックを吸収合併
2012年7月	（株）ソディックプラステックを吸収合併

〈ソディックプラステック系〉

|1992年7月|（株）ソディックプラステックを設立|

1421　（株）ソトー
[証券コード]3571
[上場区分]東証二部

1920年12月	工毛会を設立
1923年3月	一宮整理（株）に社名変更
1924年3月	蘇東興業（株）に社名変更
1972年6月	八州藍染（株）を設立
1992年10月	（株）ソトーに社名変更
2005年9月	ソトー1号投資事業有限責任組合を設立
2009年12月	（株）ソトージェイテックを設立
2011年4月	（株）ワールドと合弁で（株）Jファブリック・インターナショナルを設立
2012年3月	（株）ソトープラザを吸収合併

1422　ソニー（株）
[証券コード]6758
[上場区分]東証一部

1946年5月	東京通信工業（株）を設立
1958年1月	ソニー（株）に社名変更
1962年3月	ソニーケミカル（株）を設立
1968年3月	シービーエス・インク《米国》と共同で出資しCBS・ソニーレコード（株）を設立
1969年8月	ソニー・マグネスケール（株）を設立（後：ソニー・プレシジョン・テクノロジー（株））
1979年8月	ザ・プルデンシャル・インシュアランス・カンパニー・オブ・アメリカ《米国》と共同で出資しソニー・プルデンシャル生命保険（株）を設立
1993年11月	（株）ソニー・コンピュータエンタテインメントを設立
2001年4月	ソニーイーエムシーエス（株）を設立
2001年4月	ソニーセミコンダクタ九州（株）を設立
2002年10月	アイワ（株）を吸収合併
2004年4月	Samsung Electronics Co., Ltd.とS-LCD Corporationを設立
2004年4月	ソニーフィナンシャルホールディングス（株）を設立
2004年8月	Bertelsmann AGと合弁でSONY BMG MUSIC ENTERTAINMENTを設立（後：Sony Music Entertainment）
2013年4月	オリンパス（株）と合弁でソニー・オリンパスメディカルソリューションズ（株）を設立

1423　ソニー生命保険（株）

1979年8月	ソニー（株）とザ・プルデンシャル・インシュアランス・カンパニー・オブ・アメリカが共同で出資しソニー・プルーデンシャル生命保険（株）を設立
1980年2月	ソニー・プルデンシャル生命保険（株）に社名変更
1987年9月	ソニー・プルコ生命保険（株）に社名変更
1991年4月	ソニー生命保険（株）に社名変更
1998年8月	Sony Life Insurance（Philippines）Corporationを設立
2007年8月	ソニーライフ・エイゴン・プランニング（株）を設立
2010年2月	（株）リプラを設立

1424　ソニーフィナンシャルホールディングス（株）
[証券コード]8729
[上場区分]東証一部

|2004年4月|ソニー生命保険（株）とソニー損害保険（株）とソニー銀行（株）を傘下におくソニーフィナンシャルホールディングス（株）を設立（ソニー（株）からの会社分割により）|
|2014年4月|ソニー・ライフケア（株）を設立|

1425　（株）ソニー・ミュージックエンタテインメント

1968年3月	ソニー（株）とCBS《米国》と共同で出資しCBS・ソニーレコード（株）を設立
1973年8月	（株）CBS・ソニーに社名変更
1974年8月	CBS・ソニーレコード（株）を設立
1978年8月	（株）EPIC・ソニーを設立
1983年8月	（株）CBS・ソニーグループに社名変更
1988年3月	（株）CBS・ソニーと（株）EPIC・ソニーとCBS・ソニーレコード（株）と（株）ソニービデオソフトウェアインターナショナルを吸収合併

1991年4月	(株)ソニー・ミュージックエンタテインメントに社名変更
2001年10月	(株)ソニー・ミュージックジャパンインターナショナルと(株)ソニー・ミュージックレコーズと(株)エピックレコードジャパンと(株)キューンレコードと(株)ソニー・ミュージックアソシエイテッドレコーズと(株)ソニー・ミュージックディストリビューションと(株)ソニー・ミュージックマニュファクチュアリングを設立
2003年4月	(株)エスエムイーレコーズを設立
2003年4月	(株)ソニー・カルチャーエンタテインメントを設立
2005年4月	(株)ソニー・ミュージックネットワークを設立
2006年12月	(株)ソニー・カルチャーエンタテインメントを吸収合併
2014年6月	(株)Zeppライブを設立

1426　(株)ソネック
[証券コード]1768
[上場区分]東証二部

1944年3月	(株)曽根組を設立
1992年10月	(株)ソネックに社名変更
1998年4月	ケミカル運輸(株)を設立
2004年3月	(株)クリエート・プロシードを吸収合併

1427　ソーバル(株)
[証券コード]2186
[上場区分]ジャスダックスタンダード

1983年1月	美和産業(株)を設立
1989年6月	トオタス(株)に商号変更
1991年11月	トオタス情報システム(株)を設立(後解散)
1991年11月	〈別〉トオタス(株)を設立(後解散)
2004年12月	東海テック(株)を吸収合併
2005年3月	ソフトイングローバル(株)に商号変更
2006年3月	ソーバル(株)に商号変更

1428　(株)ソフィアホールディングス
[証券コード]6942
[上場区分]ジャスダックスタンダード

1975年8月	(株)ソフィアシステムズを設立
2004年12月	ソフィア総合研究所(株)を設立
2007年1月	(株)ソフィアシステムズ準備会社を設立(後:(株)ソフィアシステムズ)
2007年2月	(株)ソフィアモバイルを設立
2007年4月	(株)ソフィアホールディングスに社名変更
2009年7月	Sophia Asia-Pacific Limitedを設立
2010年2月	ソフィアデジタル(株)を設立

1429　(株)ソフトウェア・サービス
[証券コード]3733
[上場区分]ジャスダックスタンダード

1969年4月	(株)ソフトウェア・サービスを設立
1990年4月	(株)病院システム研究所を設立(後:(株)エスエスサポート)

1430　(株)ソフトクリエイトホールディングス
[証券コード]3371
[上場区分]東証一部

1969年8月	白坂産業(有)を設立
1976年11月	白坂産業(株)に改組
1985年12月	(株)ソフトクリエイトに社名変更
1986年7月	(株)ソフトクリエイトを吸収合併
2002年9月	(株)エスシーを設立
2003年10月	(株)エスシーを吸収合併
2006年1月	(株)オークネットと日本ビジネステレビジョン(株)と合弁で(株)アドバンスド コア テクノロジーを設立
2007年4月	(株)エイトレッドを設立
2012年10月	(株)ソフトクリエイトホールディングスに社名変更

1431　ソフトバンクグループ(株)
[証券コード]9984
[上場区分]東証一部

1981年1月	(株)日本ソフトバンクを設立
1990年1月	(株)日本データネットを合併
1990年3月	ノベル(株)を設立
1990年7月	ソフトバンク(株)に社名変更
1990年10月	ソフトバンク技研(株)を設立
1990年10月	ソフトバンク物流(株)を設立
1991年7月	ネットプロコンサルティング(株)を設立(後:ソフトバンクネットワークセンター(株))
1992年1月	ソフトベンチャーキャピタル(株)を設立
1994年4月	メディアバンク企画(株)を設立(後:メディアバンク(株))
1995年8月	ゲームバンク(株)を設立
1996年1月	ヤフー(株)を設立
1996年6月	(株)電通と共同で出資し(株)サイバー・コミュニケーションズを設立
1996年6月	ソフトバンクベンチャーズ(株)を設立
2001年4月	(株)ブループラネットを設立
2001年7月	レインボー・テクノロジーズ(株)を設立
2001年9月	エントレージ・ブロードコミュニケーションズ(株)を設立
2002年2月	ビー・ビー・テクノロジー(株)を設立(後:ソフトバンク(株))
2002年2月	(株)フォーバルテレコムとビー・ビー・コミュニケーションズ(株)を設立
2003年1月	ソフトバンクBB(株)を設立(後:ソフトバンク(株))
2004年7月	日本テレコム(株)を買収
2005年2月	ケーブル・アンド・ワイヤレス・アイディーシー(株)を買収
2005年5月	ダイエーホークス(株)を買収(後:福岡ソフトバンクホークス(株))
2011年10月	Bhartiグループと合弁でBharti SoftBank Holdings Pte. Ltdを設立
2011年10月	SBエナジー(株)を設立
2012年12月	PayPal Pte. Ltd.と共同で日本PayPal(株)を設立
2013年5月	Bloom Energy Japan(株)を設立
2015年7月	ソフトバンクグループ(株)に社名変更

1432　ソフトバンク・テクノロジー(株)
[証券コード]4726
[上場区分]東証一部

1963年10月	伊豆芳建設(株)を設立
1997年6月	エスビーネットワークス(株)に社名

1997年8月	変更 ソフトバンク技研(株)とソフトバンクネットワークセンター(株)を合併
1999年1月	ソフトバンク・テクノロジー(株)に社名変更
2000年4月	イーシー・アーキテクト(株)を設立(後解散)
2000年4月	ソフトバンク・モバイル・テクノロジー(株)を設立
2000年4月	ブロードバンド・テクノロジー(株)を設立(後：SBTコンサルティング(株))
2005年8月	三菱マテリアル(株)と共同でセキュアイーサ・マーケティング(株)を設立(後解散)
2007年9月	(株)エーアイピーブリッジを吸収合併
2008年3月	SBTコンサルティング(株)とソフトバンク・モバイル・テクノロジー(株)を吸収合併
2010年4月	イー・コマース・テクノロジー(株)を吸収合併
2012年6月	亞洲電子商務科技有限公司を設立
2012年12月	SOLUTION BUSINESS TECHNOLOGY KOREA Ltd.を設立

〈ソフトバンク技研系〉
 1990年10月 ソフトバンク技研(株)を設立
〈ソフトバンクネットワークセンター系〉
 1991年7月 ネットプロ・コンサルティング(株)を設立
 1992年4月 ソフトバンクネットワークセンター(株)に社名変更

1433　ソフトブレーン(株)
[証券コード]4779
[上場区分]東証一部

1992年11月	ソフトブレーン(株)を設立
1997年2月	軟脳軟件(北京)有限公司を設立
2000年3月	ソフトブレーンU.S., INC.を設立
2004年7月	ソフトブレーン・フィールド(株)を設立
2004年8月	ソフトブレーン・サービス(株)を設立
2005年1月	ソフトブレーン・インテグレーション(株)を設立(後：ソフトブレーン・フィールド(株))
2005年9月	ソフトブレーン・オフショア(株)を設立
2006年1月	軟脳離岸資源(青島)有限公司を設立
2006年2月	〈別〉ソフトブレーン・インテグレーション(株)を設立

1434　(株)ソフトフロント
[証券コード]2321
[上場区分]ジャスダックグロース

1997年4月	(株)ソフトフロントを設立
1997年8月	(株)ビジョン・コーポレーションと(株)コアシステムを吸収合併
2000年6月	Softfront, Inc.を設立(後：ACAPEL, INC.)
2013年8月	SOFTFRONT VIETNAM CO., LTD.を設立

1435　ソフトマックス(株)
[証券コード]3671
[上場区分]東証マザーズ

1974年1月	ビクター計算機九州販売(株)を設立
1976年8月	(株)ビクターターミナルシステムズに商号変更
1978年6月	(株)鹿児島ビジネスコンピュータに商号変更
1985年6月	(株)スペックを設立
1985年9月	(株)日本メディカルシステムを設立
1998年6月	サイバーウェイ(株)を設立
2001年1月	(株)宮崎ビジネスコンピュータと(株)西日本ビジネスコンピュータと(株)日本メディカルシステムと(株)スペックを吸収合併ソフトマックス(株)に商号変更
2006年4月	サイバーウェイ(株)を吸収合併

1436　(株)ソフト99コーポレーション
[証券コード]4464
[上場区分]東証二部

1952年9月	日東商会を創業
1954年10月	日東化学(株)を設立
1993年4月	(株)ソフト99コーポレーションに商号変更
1994年6月	上海速特99化工有限公司を設立
2014年7月	アライズ(株)を設立

1437　ソマール(株)
[証券コード]8152
[上場区分]東証二部

1948年2月	兵庫建材(株)を設立
1949年6月	丸正産業(株)に社名変更
1962年11月	ソマール工業(株)を設立
1984年1月	ソマール工業(株)を吸収合併しソマール(株)に社名変更
1985年10月	ソマリース(株)を設立
2006年4月	索馬龍(香港)有限公司を設立
2007年5月	索馬龍精細化工(珠海)有限公司を設立
2008年6月	ソマテック(株)を設立
2008年9月	台灣索馬龍股份有限公司を設立
2008年10月	Siam Somar Co., Ltd.を設立
2014年1月	Somar Corporation India Pvt.Ltd.を設立

1438　(株)ソラスト

1965年10月	日本医療経営協会を設立
1968年10月	(株)日本医療経営新社に社名変更
1969年6月	(株)医療事務研究センターを設立
1973年10月	(株)医療事務研究センターを吸収合併
1980年11月	(株)日本医療事務センターに社名変更
1993年2月	(株)ファームを設立(後：(株)ファーコス)
1993年11月	(株)クレセルを設立(後：(株)ファーコス)
1994年8月	(株)ライズを設立(後：(株)ファーコス)
1994年9月	(株)エミックを設立(後：(株)ファーコス)
1994年11月	(株)オリーブを設立(後：(株)ファーコス)
1995年6月	(株)フェイスを設立(後：(株)ファーコス)
1997年7月	(株)エム・エム・エスを設立
1997年8月	日本健康機構(株)を設立

2003年4月	（株）技能認定振興協会を設立	
2003年5月	（株）ホスピタルマネジメント研究所を設立	
2004年4月	日本医療事務センター新潟（株）を吸収合併	
2012年	（株）ソラストに社名変更	

1439　（株）ソリトンシステムズ
[証券コード]3040
[上場区分]ジャスダックスタンダード

1979年3月	（株）カマタ研究所を設立
1982年7月	（株）カマケンに商号変更
1983年10月	（株）ソリトンシステムズに商号変更
1989年1月	Silicon Compiler Systems社との共同出資によりシリコン・コンパイラ・システムズ・ジャパン（株）を設立
1989年6月	3COM社との共同出資によりスリーコム・ソリトン（株）を設立（後吸収合併）（後：ソリトロン・テクノロジー（株））
1991年6月	シリコン・コンパイラ・システムズ・ジャパン（株）を吸収合併
1995年5月	Solitron Technologies社を設立（後：Soliton Systems, Inc.）
1998年11月	索利通網絡系統（上海）有限公司を設立
2000年3月	Solphone, Inc.を設立（後清算）
2006年4月	アステック（株）を吸収合併
2013年11月	Soliton Systems Singapore Pte.Ltd.を設立

1440　（株）ソルクシーズ
[証券コード]4284
[上場区分]ジャスダックスタンダード

1981年2月	（株）エポックシステムを設立
1998年1月	（株）トータルシステムコンサルタントと合併し（株）エポック・ティエスシーに社名変更
1999年2月	（株）エイ・エス・ジイ テクノを吸収合併
2001年4月	（株）ソルクシーズに社名変更
2003年4月	（株）エフ・エフ・ソルを設立
2005年12月	（株）イー・アイ・ソルを設立
2006年12月	（株）シー・エル・ソルを設立（後：（株）teco）
2007年5月	（株）インフィニットコンサルティングを設立
2008年9月	（株）エクスモーションを設立
2009年12月	（株）コアネクストを設立
2010年11月	（株）アスウェアを設立
2011年10月	索路克（杭州）信息科技有限公司を設立

1441　損害保険ジャパン日本興亜（株）

1944年10月	〈旧〉日本火災海上保険（株）と日本海上火災保険（株）が合併し**日本火災海上保険（株）**を設立
1951年3月	日本ビルディング（株）を合併
1977年4月	日火ビル（株）を合併
2001年4月	興亜火災海上保険（株）を合併し**日本興亜損害保険（株）**に社名変更
2002年4月	太陽海上火災（株）を合併

〈興亜火災海上保険系〉

1918年	尼崎海上火災保険（株）に社名変更
1919年	辰馬海上火災（株）を設立
1920年	大北火災海上運送保険（株）に社名変更
1921年	神国海上火災保険（株）に社名変更
1944年3月	辰馬海上火災（株）と大北火災海上運送保険（株）と神国海上火災保険（株）と尼崎海上火災保険（株）が解散合併し興亜海上火災運送保険（株）に社名変更
1948年9月	興亜火災海上保険（株）に社名変更

〈太陽火災海上保険系〉

1951年2月	太陽火災海上（株）を設立
2014年9月	（株）損害保険ジャパンと合併し**損害保険ジャパン日本興亜（株）**を発足

1442　損保ジャパン日本興亜ひまわり生命保険（株）

1981年7月	アイ・エヌ・エイ生命保険（株）を設立
1997年1月	アイ・エヌ・エイひまわり生命保険（株）に社名変更
2001年1月	安田火災ひまわり生命保険（株）に社名変更
2002年7月	損保ジャパンひまわり生命保険（株）に社名変更
2011年10月	日本興亜生命保険（株）と合併し**NKSJひまわり生命保険（株）**に社名変更
2014年9月	損保ジャパン日本興亜ひまわり生命保険（株）に社名変更

1443　損保ジャパン日本興亜ホールディングス（株）
[証券コード]8630
[上場区分]東証一部

2010年4月	（株）損害保険ジャパンと日本興亜損害保険（株）が株式移転による共同持株会社として**NKSJホールディングス（株）**を設立
2010年10月	損保ジャパン・アセットマネジメント（株）とゼスト・アセットマネジメント（株）が合併し損保ジャパン日本興亜アセットマネジメント（株）に商号変更
2011年10月	損保ジャパンひまわり生命保険（株）と日本興亜生命保険（株）が合併しNKSJひまわり生命保険（株）に商号変更（後：損保ジャパン日本興亜ひまわり生命保険（株））
2013年1月	Sompo Japan Nipponkoa Holdings (Americas) Inc.を設立
2013年7月	Tenet Sompo Insurance Pte. Ltd.とTenet Capital Ltd.が合併しTenet Sompo Insurance Pte. Ltd.に商号変更
2014年9月	（株）損害保険ジャパンと日本興亜損害保険（株）が合併し損害保険ジャパン日本興亜（株）に商号変更
2014年9月	**損保ジャパン日本興亜ホールディングス（株）**に商号変更
2014年9月	損保ジャパン日本興亜保険サービス（株）とエス・ケイ・プランニング（株）が合併し損保ジャパン日本興亜保険サービス（株）に商号変更
2014年10月	Yasuda Seguros S.A.とMaritima Seguros S.A.が合併しYasuda Maritima Seguros S.A.に商号変更

1444　第一化成(株)
[証券コード]4235
[上場区分]ジャスダックスタンダード
1947年1月	第一化成工業所を創業
1969年7月	第一化成(株)に社名変更
1998年10月	(株)ディー・エス・シーを設立
1998年11月	Ultrafabrics, LLCを設立

1445　第一カッター興業(株)
[証券コード]1716
[上場区分]ジャスダックスタンダード
1966年3月	(個)第一カッター興業を設立
1967年8月	第一カッター興業(株)に改組
1988年11月	(株)アルファを吸収合併
2010年7月	(株)新伸興業を設立
2012年4月	第一カッター・エシカル(株)を設立

1446　第一稀元素化学工業(株)
[証券コード]4082
[上場区分]東証二部
1956年5月	第一稀元素化学工業(株)を設立
1984年4月	ニューテックス(株)を設立
1993年3月	(株)アイ・ディ・ユーを設立
2002年9月	ニューテックス(株)を吸収合併
2012年3月	Vietnam Rare Elements Chemical Joint Stock Companyを設立

1447　第一工業製薬(株)
[証券コード]4461
[上場区分]東証一部
1918年8月	〈旧〉第一工業製薬(株)を改組設立
1918年9月	第一工業製薬(株)と(名)負野工業製薬所が合併し第一工業製薬(株)に社名変更
1938年12月	木津川油脂(株)を吸収合併
1941年6月	高圧化学工業(株)を吸収合併
1943年6月	浪花モスリンを合併
1946年2月	第一商事(株)を設立(後解散)
1969年8月	日本サンホーム(株)を設立
1973年5月	ゲンブ(株)を設立
1982年1月	第一クリーンケミカル(株)を設立
1986年7月	京都エレックス(株)を設立
1988年10月	(有)第一セラモを設立(後:第一セラモ(株))
1989年1月	(有)第一建工を設立(後:第一建工(株))
1992年10月	Sisterna B.V.を設立
1996年9月	P.T.DAI-ICHI KIMIA RAYAを設立
2001年4月	第一化学工業(株)を吸収合併
2002年11月	エレクセル(株)を設立
2004年1月	帝開思(上海)国際貿易有限公司を設立

〈(名)負野工業製薬所系〉
1909年4月	(匿)負野薫玉堂解酔液部を設立
1914年12月	(名)負野工業製薬所に社名変更

1448　(株)第一興商
[証券コード]7458
[上場区分]ジャスダックスタンダード
1971年3月	保志商店を設立
1976年2月	(株)第一興商に社名変更
1978年10月	(株)コスモを設立(後:(株)コスモ第一興商)
1984年9月	(株)ディーケーファイナンスを設立
1988年7月	Daiichi Kosho U.S.A.Inc.を設立

1449　第一交通産業(株)
[証券コード]9035
[上場区分]福証
1960年6月	第一タクシー(有)を設立
1964年9月	第一通産(株)に組織変更
1968年1月	第一通産(株)自動車整備工場を設立(後:(株)第一モータース)
1975年4月	第一住宅(株)を設立(後:(株)第一ゼネラルサービス)
1984年6月	第一マルキサービス(株)を設立
1984年6月	第一土地建物(株)を設立(後吸収合併)
1984年9月	第一自動車学園を設立
1988年2月	(株)第一不動産情報センターを設立(後:第一不動産(株))
1993年4月	(有)すみれタクシーと林田タクシー(株)と大博タクシー(株)と大丸タクシー(株)とハナカゴタクシー(株)と第一土地建物(株)とエボシタクシー(株)と合併し第一交通産業(株)に社名変更
1993年11月	平和第一交通(株)を吸収合併
1995年4月	長尾交通(有)を吸収合併
1996年1月	木屋瀬タクシー(有)を吸収合併
1996年4月	(資)第一タクシーを吸収合併
1997年7月	第一オーケイパーキング(株)を設立(後:ダイイチパーク(株))

1450　第一三共(株)
[証券コード]4568
[上場区分]東証一部
〈三共系〉
1913年3月	三共(株)を設立
1916年4月	東京製薬(株)を合併
1919年3月	サトウライト(株)を合併
1920年9月	内国製薬(株)を合併
1946年6月	(株)柏木験温器製作所を設立

〈第一製薬系〉
1915年10月	(匿)アーセミン商会を設立
1916年12月	(資)アーセミン商会に改組
1918年1月	第一製薬(株)に社名変更

　　　　＊　　＊　　＊　　＊
2005年2月	三共(株)と第一製薬(株)が、株式移転により完全親会社である第一三共(株)を設立
2005年12月	第一三共ヘルスケア(株)を設立
2006年3月	三共ファルマInc.と第一ファーマ・ホールディングスInc.と第一ファーマシューティカルCorp.と第一メディカル・リサーチInc.が合併し第一三共Inc.に商号変更
2006年7月	三共ファルマGmbHの商号を第一三共ヨーロッパGmbHに変更
2007年4月	三共(株)と第一製薬(株)を吸収合併
2010年4月	第一三共エスファ(株)を設立
2011年4月	北里第一三共ワクチン(株)を設立
2011年11月	第一三共(中国)投資有限公司を設立
2012年4月	ジャパンワクチン(株)を設立

1451　第一実業(株)
[証券コード]8059
[上場区分]東証一部
1948年8月	第一実業(株)を設立

1969年4月	第一機械販売(株)を設立(後:(株)フロー・ダイナミックス)
1970年6月	第一機械サービス(株)を設立(後:(株)第一メカテック)
1987年3月	第一プラスチック(株)を設立(後:第一実業テクノロジ(株))
1987年12月	第一アールストローム(株)を設立(後:第一スルザー(株))
1996年7月	ディー・ジェー・ケー興産(株)を設立
1996年7月	第一エンジニアリング(株)を設立
1998年9月	ヤグチテクノを設立
1999年6月	DAIICHI JITSUGYO (PHILIPPINES), INC.を設立
2005年8月	DAIICHI JITSUGYO ASIA PTE. LTD.を設立
2005年10月	第一実業(香港)有限公司を設立
2006年3月	第一実業(広州)貿易有限公司を設立
2007年1月	DAIICHI JITSUGYO DO BRASIL COMERCIO DE MAQUINAS LTDA.を設立
2008年8月	DJK EUROPE GMBHを設立
2009年7月	PT.DJK INDONESIAを設立
2013年5月	DAIICHI JITSUGYO (VIETNAM) CO., LTD.を設立
2014年10月	第一実業ソーラーソリューション(株)を設立

1452　第一商品(株)
[証券コード]8746
[上場区分]ジャスダックスタンダード

1972年11月	高津商事(株)と新設合併し第一商品(株)を設立
1979年9月	東京第一商品(株)を吸収合併
2002年4月	あしたば商品(株)を吸収合併

1453　第一精工(株)
[証券コード]6640
[上場区分]東証一部

1963年7月	第一精工(株)を設立
1979年1月	SINGAPORE DAI-ICHI PTE.LTD.を設立
1988年11月	PHILIPPINE D-I, INC.を設立
1989年6月	MDI SDN. BHD.を設立
1991年3月	上海第一精工模塑有限公司を設立
1994年2月	DAI-ICHI SEIKO AMERICA, INC.を設立
1999年10月	(株)ダイイチパーツと(株)ダイイチセミコンと誠巧技研(株)を吸収合併
2000年4月	(株)ディステックを吸収合併
2000年6月	THAI DAI-ICHI SEIKO CO., LTD.を設立
2000年12月	PT.PERTAMA PRECISION BINTANを設立
2005年7月	日本航空電子工業(株)と合弁でDJプレシジョン(株)を設立
2006年6月	VIETNAM DAI-ICIII SEIKO CO., LTD.を設立
2007年10月	I-PEX FRANCE SARLを設立
2012年1月	I-PEX KOREA CO., LTD.を設立
2015年1月	(株)アイペックスとテクノダイイチ(株)を吸収合併

1454　第一生命保険(株)
[証券コード]8750
[上場区分]東証一部

1902年9月	第一生命保険相互会社を矢野恒太が設立
1941年12月	昭和生命保険相互会社を合併
1984年	第一リース(株)を設立
1985年7月	第一生命投資顧問(株)を設立(後:DIAMアセットマネジメント(株))
1986年	第一生命カード(株)を設立
1988年4月	第一生命情報サービス(株)を設立(後:第一生命情報システム(株))
1989年12月	第一生命キャピタル(株)を設立(後:ネオステラ・キャピタル(株))
1995年	第一ライフ損害保険(株)を設立
1997年	(株)第一生命保険エージェンシーと(株)第一生命経済研究所を設立
1998年	(株)第一生命ウェルライフサポートを設立
1999年	ジャパンリアルエステイトアセットマネジメント(株)を設立
1999年10月	興銀第一ライフ・アセットマネジメント(株)を発足(後:DIAMアセットマネジメント(株))
2001年	資産管理サービス信託銀行(株)と企業年金ビジネスサービス(株)を設立
2006年12月	第一フロンティア(株)を設立(後:第一フロンティア生命保険(株))
2006年12月	第一フロンティア(株)を設立(後:第一フロンティア生命保険(株))
2010年4月	第一生命保険(株)に改組

1455　(株)大運
[証券コード]9363
[上場区分]東証二部

1945年3月	大阪海運(株)を設立
1961年2月	関西運送(株)を吸収合併
1962年1月	(株)大運に社名変更
1963年6月	日本トレード・サービス(株)を設立
2007年4月	関西商運(株)を吸収合併

1456　大王製紙(株)
[証券コード]3880
[上場区分]東証一部

1943年5月	四国紙業(株)以下14企業が合同し大王製紙(株)を製紙工業企業整備要綱に基づき設立
1958年4月	西日本パルプ(株)を吸収合併
1996年4月	いわき大王製紙(株)を設立
2007年4月	名古屋パルプ(株)を吸収合併
2011年1月	エリエールインターナショナルタイランドCo., LTDを設立
2012年2月	エリエールインターナショナルコリアCo., LTDを設立
2012年12月	大王(南通)生活用品有限公司を設立
2013年3月	PT.エリエールインターナショナルトレーディングインドネシアを設立
2014年11月	PT.エリエールインターナショナルマニュファクチャリングインドネシアを設立

1457　ダイオ化成(株)

1956年6月	垣内商事(株)等が出資し東海編機(株)を設立

たいおす

1967年4月	東西化成（株）を設立	
1970年10月	ダイオ化成（株）に社名変更	
2001年11月	東西化成（株）を吸収合併	
2005年4月	ウェーブロックホールディングス（株）の100％子会社となる	
2006年11月	掛川ソーイング（株）を設立	
2012年6月	大連嘉欧農業科技有限公司を設立	

1458　（株）ダイオーズ
[証券コード]4653
[上場区分]東証一部

1976年10月	（株）ダイオーズを設立
1988年9月	ダイオーズUSA INC.を設立（後解散）
1991年10月	ダイオーズサービシーズINC.を設立
1993年12月	（株）ダイオーズコーヒーサービスと（株）ダイオーズレンタルサービスと（株）ダイオーフーズを吸収合併
1999年4月	台湾徳欧仕股份有限公司を設立
1999年5月	Daiohs U.S.A., Inc.を設立
2005年3月	Daiohs Korea Co., Ltd.を設立
2006年5月	徳欧仕咖啡商貿（上海）有限公司を設立
2010年5月	徳欧仕咖啡商貿（北京）有限公司を設立

1459　タイガースポリマー（株）
[証券コード]4231
[上場区分]東証一部

1938年6月	タイガースゴム工業所を創業
1948年12月	タイガースゴム（株）を設立
1973年6月	タイガースポリマー（株）に社名変更
1977年3月	Tigers Polymer Singapore Pte. Ltd.を設立（後清算）
1977年6月	大阪タイガース工販（株）を設立
1978年3月	Kuriyama of America Inc.と合弁でTigerflex Corporationを設立
1979年7月	（有）見市商会を設立
1987年3月	（株）中山製作所を設立（後：ラバー・フレックス（株））
1987年4月	Tigerpoly Manufacturing Inc.を設立
1994年1月	Tigerpoly (Thailand) Ltd.を設立
1994年11月	杭州泰賀塑化有限公司を設立
1995年4月	武庫川化成（有）を設立（後：武庫川化成（株））
1997年2月	Tigers Polymer (Malaysia) Sdn. Bhd.を設立
2000年4月	高槻化成（有）を設立
2004年12月	広州泰賀塑料有限公司を設立
2012年2月	Tigerpoly Industria de Mexico S.A. de C.V.を設立

1460　（株）大紀アルミニウム工業所
[証券コード]5702
[上場区分]東証一部

1924年3月	（資）大紀アルミニウム工業所を設立
1948年10月	（株）大紀アルミニウム工業所に改組
1965年12月	大博アルミニウム工業（株）を設立
1982年6月	紀和商事（株）を設立
1985年1月	（株）陽紀を設立
1987年10月	（株）ダイキメタルを設立
1992年12月	（株）東北ダイキを設立
2006年10月	（株）ダイキエンジニアリングを設立
2010年4月	ダイキアルミニウム インドネシアを設立（後：ダイキアルミニウム インダストリー インドネシア）
2010年6月	セイシン（タイランド）を設立

1461　（株）大気社
[証券コード]1979
[上場区分]東証一部

1913年4月	（資）建材社を設立
1935年	日本カールフロール（株）を設立（後閉鎖）
1943年10月	航空熱科学工業（株）を設立
1949年7月	（株）建材社に改組
1971年6月	エヌ・ジェイ・アクシベイン（株）を設立
1973年4月	（株）大気社に社名変更
1976年8月	サンエス工業（株）を設立
1986年10月	日本ノイズコントロール（株）を設立
1987年4月	（株）アトモス空調サービスを設立（後：東京大気社サービス（株））
1989年4月	Taikisha UK Ltd.を設立（後：Geico Taikisha Europe Ltd）
1989年4月	カスタムエース（株）を設立（後：東京大気社サービス（株））
1989年6月	Taikisha Engineering (M) Sdn. Bhd.を設立
1990年4月	P.T.Taikisha Indonesia Engineeringを設立
1992年4月	（株）東気TECを設立（後：（株）韓国大気社）
1994年3月	五洲大気社工程有限公司を設立
1995年2月	Taikisha Engineering India Pvt. Ltd.を設立（後：Taikisha Engineering India Private Ltd.）
1995年4月	Taikisha Philippines Inc.を設立
1998年3月	Taikisha Vietnam Engineering Inc.を設立
2000年6月	大気社香港有限公司を設立
2004年1月	Taikisha (Singapore) Pte. Ltd.を設立
2004年7月	P.T. Taikisha Manufacturing Indonesiaを設立
2009年12月	"Taikisha(R)" LLCを設立
2010年10月	天津大気社塗装系統有限公司を設立
2011年6月	Taikisha (Cambodia) Co., Ltd.を設立
2013年12月	Taikisha Myanmar Co., Ltd.を設立

1462　（株）大京
[証券コード]8840
[上場区分]東証一部

1964年12月	〈旧〉大京観光（株）を設立
1970年2月	大京観光（株）に額面変更のため合併され社名変更
1971年4月	大京地所（株）を合併
1987年10月	（株）大京に社名変更
1988年12月	（株）大京流通を設立
2003年7月	（株）西日本大京を設立
2003年12月	（株）北海道大京を設立
2004年4月	（株）東北大京を設立
2006年8月	（株）大京エル・デザインを設立
2009年1月	（株）扶桑エンジニアリングを設立
2009年3月	扶桑レクセル（株）を吸収合併

1463　ダイキョーニシカワ（株）
[証券コード]4246
[上場区分]東証一部

2007年4月	西川化成（株）とジー・ピー・ダイキョー（株）と〈旧〉ダイキョーニシカワ（株）が合併し**ダイキョーニシカワ**（株）に商号変更
2007年7月	DaikyoNishikawa（Thailand）Co., Ltd.を設立
2010年11月	大協西川汽車部件（常熟）有限公司を設立
2011年10月	ダイハツ工業（株）と共同でエイエフティー（株）を設立
2012年2月	DaikyoNishikawa Mexicana, S.A. de C.V.を設立
2013年2月	天馬（株）と共同でPT. DaikyoNishikawa Tenma Indonesiaを設立
2013年10月	DNCサービス（株）を設立

1464　ダイキン工業（株）
［証券コード］6367
［上場区分］東証一部

1924年10月	（資）**大阪金属工業所**を設立
1935年3月	大阪金属工業（株）と合併し**大阪金属工業**（株）に社名変更
1935年3月	（資）大阪金属工業所を吸収合併
1963年10月	**ダイキン工業**（株）に社名変更
1969年9月	ダイキンプラント（株）を設立
1972年3月	ダイキン ヨーロッパ エヌ ブイを設立
1990年2月	ダイキン インダストリーズ（タイランド）リミテッドを設立
1991年1月	ダイキン アメリカ インクを設立
1995年11月	上海協昌ミシン総公司と合弁で上海大金協昌空調有限公司を設立（後：大金空調（上海）有限公司）
1996年8月	慶安集団有限公司と合併で西安大金慶安圧縮機有限公司を設立
2001年4月	大金フッ素化学（中国）有限公司を設立
2001年9月	大金（中国）投資有限公司を設立
2001年10月	ザウアーダンフォス インクと合弁でザウアーダンフォス・ダイキン（株）を設立
2001年10月	ザウアーダンフォス インクと合弁でダイキン・ザウアーダンフォス・マニュファクチャリング（株）を設立（後：ダイキン・ザウアーダンフォス（株））
2005年11月	ダイキン ホールディングス（ユーエスエー）インクを設立
2011年12月	大金空調（蘇州）有限公司を設立

1465　大研医器（株）
［証券コード］7775
［上場区分］東証一部

1968年11月	**大研医器**（株）を設立
1980年2月	大研メディカル（株）を設立（後：大研産業（株））
2003年4月	大研医工（株）を吸収合併

1466　（株）ダイケン
［証券コード］5900
［上場区分］ジャスダックスタンダード

1948年3月	（株）**植製作所**を設立
1949年4月	**カネセ金属工業**（株）に社名変更
1949年10月	**大阪建築金物製造**（株）に社名変更
1963年4月	（株）**ダイケン**に社名変更

2000年5月	（株）ディックワンを設立

1467　大建工業（株）
［証券コード］7905
［上場区分］東証一部

1945年9月	大建産業（株）の全事業を継承し**大建木材工業**（株）を設立
1967年10月	大建ウォールボード工業（株）を合併し**大建工業**（株）に社名変更
1984年5月	ダイケンエンジニアリング（株）を設立
1987年5月	三重ダイケン（株）を設立
1992年10月	ダイケン物流（株）を設立
1994年5月	DAIKEN SARAWAK SDN.BHD.を設立
1996年9月	ダイライト（株）を設立（後：西日本ダイケンプロダクツ（株））
1999年3月	ダイケンホーム（株）を設立
2000年9月	富山大建工業（株）を設立
2005年12月	秋田ダイケン（株）を吸収合併
2008年4月	大建阿美昵体（上海）商貿有限公司を設立

1468　（株）大光
［証券コード］3160
［上場区分］東証二部

1948年6月	**大光商店**を創業
1950年12月	（株）**大光商店**を設立
1968年2月	（株）**大光**に商号変更

1469　（株）大光銀行
［証券コード］8537
［上場区分］東証一部

1942年3月	**大光無尽**（株）を設立
1951年10月	（株）**大光相互銀行**に社名変更
1989年8月	（株）**大光銀行**に社名変更
1990年6月	大光ミリオンカード（株）を設立（後：たいこうカード（株））
1995年4月	大光ジェーシービー（株）を設立（後：たいこうカード（株））

1470　（株）だいこう証券ビジネス
［証券コード］8692
［上場区分］東証一部

1957年5月	大阪証券取引所と大阪証券業協会と大阪証券金融等が出資し**大阪代行**（株）を設立
1957年10月	**大阪証券代行**（株）に社名変更
1994年2月	（株）だいこうエンタープライズを設立
1995年1月	（株）**だいこう証券ビジネス**に社名変更
2014年10月	日本クリアリングサービス（株）を吸収合併

1471　大幸薬品（株）
［証券コード］4574
［上場区分］東証一部

1946年11月	**大幸薬品**（株）を設立
1996年12月	大幸薬品股份有限公司を設立
2004年11月	大幸薬品（亞洲太平洋）有限公司を設立
2005年2月	正露丸（国際）有限公司を設立
2005年11月	安部環保技術（上海）有限公司を子会社化し大幸安部環保技術（上海）有限公司に社名変更（後：大幸環保科技（上海）有限公司）

たいこくて

　　　　　2006年3月　　ビジネスプラン(株)を吸収合併

1472　ダイコク電機(株)
[証券コード]6430
[上場区分]東証一部
　　　1973年7月　　ダイコク産業(株)より営業権を譲受し**ダイコク電機(株)を設立**
　　　1974年4月　　ミタカ電機(株)を設立
　　　1976年9月　　ミタカ電機(株)を吸収合併
　　　2000年4月　　〈別〉ダイコク電機(株)と合併(額面変更のため)
　　　2005年4月　　DIXEO(株)を設立
　　　2006年3月　　DAXEL(株)を設立
　　　2012年7月　　DIXEO(株)を吸収合併

1473　大黒天物産(株)
[証券コード]2791
[上場区分]東証一部
　　　1986年6月　　(有)倉敷きのしんを設立
　　　1993年6月　　**大黒天物産(株)に社名変更**
　　　2003年3月　　(有)ディープライスを設立
　　　2006年2月　　(株)恵比寿天を設立
　　　2006年5月　　(株)ワッツと合弁で(株)バリュー100を設立

1474　ダイジェット工業(株)
[証券コード]6138
[上場区分]東証一部
　　　1938年10月　　小林鉱業(株)内地事業所を設立
　　　1950年12月　　百年工業(株)に社名変更
　　　1954年6月　　**ダイジェット工業(株)に社名変更**
　　　1983年10月　　ダイジェット・インコーポレーテッドを設立
　　　1992年5月　　ダイジェット・ビジネスサービス(有)を設立
　　　2013年9月　　黛杰漢金(滄州)精密模具有限公司を設立

1475　(株)ダイショー
[証券コード]2816
[上場区分]東証二部
　　　1966年12月　　大昌食品(株)を設立
　　　1994年1月　　ロックフーズ(株)に社名変更
　　　1994年4月　　**(株)ダイショーに社名変更**
　　　2004年11月　　(株)韓国ダイショーを設立(後清算)
　　　2008年2月　　(株)ダイショーフードシステムズを設立(後清算)

1476　(株)大庄
[証券コード]9979
[上場区分]東証一部
〈大庄系〉
　　　1971年11月　　(株)朱鷺を設立
　　　1989年9月　　(有)大庄を合併し**(株)大庄に社名変更**
　　　1989年12月　　(株)イズ・プランニングを買収
　　　1990年5月　　(有)大運を設立
　　　1990年9月　　(株)庄やと(株)ゴウキと(株)ダイタン商事と(株)善行と(株)一れつ商事と(株)マグロと(株)大量と(株)タクバツと(株)タコウと(株)カツオと(株)庄山と(株)大宮ダイタン商事と(株)池袋どてらい商事と(株)じぞうと(株)大地と(株)宝珠と(株)松戸ダイタン商事と(株)金山を吸収合併
　　　1991年3月　　(株)どてらい商事と(株)朱鷺の家と(株)ダイ産業と(株)大洋と(株)パワーと(株)立川南口庄やと(株)八王子庄やと(株)大役と(株)浦和ダイタン商事と(株)大老と(株)ダイショウと(株)上野ダイタン商事と(株)親山を吸収合併
　　　1991年3月　　(有)新丸金小谷商店を買収
　　　1991年4月　　(有)グラマー・フィッシュを設立
　　　1991年7月　　リード(株)を設立
　　　1991年7月　　(株)大輪を設立
　　　1991年7月　　中国高麗人参(株)を設立
　　　1992年4月　　(株)やる気茶屋を設立
　　　2003年3月　　(株)榮太郎と合併
　　　2005年11月　　(有)グラマー・フィッシュを吸収合併
　　　2009年3月　　職業能力開発大学校日本調理アカデミーを設立
　　　2011年9月　　(株)イズ・プランニングと(株)壽司岩を吸収合併
〈榮太郎系〉
　　　1973年9月　　(株)いづみより継承し**(株)榮太郎を設立**
　　　1988年9月　　(株)いづみと中京食品(株)と(株)東京榮太郎と(株)福岡榮太郎と(株)いづみフードを吸収合併
　　　1993年10月　　(株)加ト吉興産と(株)加ト吉リガを吸収合併

1477　大正製薬(株)
　　　1912年10月　　(個)大正製薬所を設立
　　　1928年5月　　**(株)大正製薬所に改組**
　　　1945年6月　　明治製薬(株)を吸収合併
　　　1948年5月　　**大正製薬(株)に社名変更**
　　　1996年3月　　オソサパ大正(株)を設立(後:大正オソサパ製薬(株))
　　　1997年8月　　上海冠生園大正有限公司を設立(後:上海大正力保健有限公司)
　　　2002年10月　　大正富山医薬品(株)を設立
　　　2009年10月　　シンガポール大正製薬(株)を設立
　　　2011年10月　　大正製薬ホールディングス(株)を単独株式移転により設立

1478　大正製薬ホールディングス(株)
[証券コード]4581
[上場区分]東証一部
　　　2011年10月　　大正製薬(株)が単独株式移転により**大正製薬ホールディングス(株)を設立**
　　　2012年1月　　大正富山医薬品(株)と富山化学工業(株)と養命酒製造(株)を直接の子会社化
　　　2012年7月　　Compania Internacional de Comercio, S.A.P.I. de C.V. (CICSA社)を連結子会社化
　　　2012年7月　　(株)トクホンを連結子会社化
　　　2014年3月　　ビオフェルミン製薬(株)を直接の子会社化

1479　大伸化学(株)
[証券コード]4629
[上場区分]ジャスダックスタンダード
　　　1952年12月　　**大伸化学(株)を設立**
　　　1997年7月　　台湾大伸股分有限公司を設立(後清算)

1480　(株)大真空
[証券コード]6962
[上場区分]東証一部
- 1963年5月　〈旧〉(株)大和真空工業所を設立
- 1981年5月　(株)ダンデンを合併
- 1981年5月　〈別〉(株)文化堂百貨店と合併(額面変更)し(株)大和真空工業所に社名変更
- 1988年9月　大真興産(株)を設立
- 1989年5月　(株)大真空に社名変更
- 1994年4月　西原金属工業(株)を設立
- 1995年11月　九州通信工業(株)を設立(後:(株)九州大真空)

1481　(株)大水
[証券コード]7538
[上場区分]東証二部
- 1939年4月　大阪冷凍海老(株)を設立
- 1941年8月　共同水産加工(株)に社名変更
- 1944年1月　共同水産(株)に社名変更
- 1947年9月　大阪水産物(株)に社名変更
- 1948年3月　(株)大水に社名変更
- 1964年11月　大阪東部水産市場(株)を設立
- 2000年9月　神戸海産物(株)を吸収合併
- 2001年10月　京都魚市場(株)を吸収合併
- 2005年5月　(株)明石丸海を吸収合併

1482　大末建設(株)
[証券コード]1814
[上場区分]東証一部
- 1937年3月　(個)山本工務店を設立
- 1947年3月　(株)大末組に社名変更
- 1970年3月　大末建設(株)に社名変更
- 1970年9月　南部梅ケ丘温泉(株)を設立(後:テクノワークス(株))
- 2000年4月　大末パートナーズ(株)を設立(後:テクノワークス(株))
- 2000年12月　ダイスエ開発(株)を設立

1483　(株)タイセイ
[証券コード]3359
[上場区分]東証マザーズ
- 1998年12月　(株)タイセイを設立
- 2010年6月　(株)プティパを設立
- 2014年1月　(株)TUKURUを設立

1484　大成(株)
[証券コード]4649
[上場区分]名証二部
- 1959年10月　大成(株)を設立
- 1962年4月　東日本ビル管理(株)を設立(後:リンレイビル管理(株))
- 1992年9月　大成ビルガード(株)を吸収合併

1485　大成温調(株)
[証券コード]1904
[上場区分]ジャスダックスタンダード
- 1941年4月　河村スクリーンプレート製作所冷凍部を設立
- 1952年12月　大成温調工業(株)に社名変更
- 1972年3月　大成温調サービス(株)を設立(後:大成温調(株))
- 1980年11月　(株)ストアシステムを設立(後:温調システム(株))
- 1983年11月　大成ビル管理(株)を設立(後:温調システム(株))
- 1987年8月　温調機器(株)を設立(後:温調システム(株))
- 1990年2月　温調プラミング(株)を設立(後:大成温調(株))
- 1991年1月　大成温調(株)に社名変更
- 1998年4月　プレハブシステム(株)を設立
- 1998年4月　温調メンテナンス(株)を設立(後:大成温調(株))
- 2003年12月　大成温調機電工程(上海)有限公司を設立
- 2009年11月　大成温調香港工程有限公司を設立
- 2010年2月　TAISEI ONCHO INDIA PRIVATE LIMITEDを設立
- 2014年3月　ぺんぎんアソシエイツ(株)を設立

1486　大成建設(株)
[証券コード]1801
[上場区分]東証一部
- 1887年3月　大倉組商会の土木関係業務を分離継承し(有責)日本土木会社を設立
- 1893年6月　(有責)日本土木会社が解散し、事業を継承し(個)大倉土木組に社名変更
- 1893年6月　土木用達組(株)を合併
- 1911年11月　(名)大倉組(商事・鉱業部門)が合併し(株)大倉組に社名変更
- 1917年12月　(株)大倉組の土木部が分離独立し(株)大倉土木組に社名変更
- 1920年12月　日本土木(株)に社名変更
- 1924年6月　大倉土木(株)に社名変更
- 1946年1月　大成建設(株)に社名変更
- 1953年4月　有楽土地(株)を設立
- 1956年10月　成和機械(株)を設立(後:成和機工(株))
- 1961年4月　大成輸送(株)を設立
- 1961年6月　大成道路(株)を設立(後:大成ロテック(株))
- 1963年8月　大成プレハブ(株)を設立(後:大成ユーレック(株))
- 1966年8月　村上建設(株)を吸収合併
- 1987年10月　大倉組商会(組合)を設立

1487　大成ラミック(株)
[証券コード]4994
[上場区分]東証一部
- 1966年3月　大成包材(株)を設立
- 1990年4月　大成ラミック(株)に社名変更
- 1993年5月　(株)グリーンパックスを設立
- 2011年4月　Taisei Lamick USA, Inc.を設立

1488　(株)ダイセキ
[証券コード]9793
[上場区分]東証一部
- 1958年10月　(株)大同石油化学工業を設立
- 1970年9月　北陸ダイセキ(株)を設立
- 1984年2月　(株)ダイセキに社名変更
- 1993年3月　新開(株)と合併
- 1996年11月　(株)ダイセキプラントを設立(後:(株)ダイセキ環境ソリューション)
- 2008年10月　(株)グリーンアローズ中部を設立

たいせきか

1489　(株)ダイセキ環境ソリューション
[証券コード]1712
[上場区分]東証一部

1996年11月	(株)ダイセキプラントを設立
1999年5月	(株)ダイセキ環境エンジに社名変更
2004年6月	(株)ダイセキ環境ソリューションに社名変更
2008年10月	(株)グリーンアローズ中部を設立
2012年3月	(株)グリーンアローズ九州を設立

1490　(株)ダイセル
[証券コード]4202
[上場区分]東証一部

1919年9月	大日本セルロイド(株)を設立
1926年6月	国際セルロイド工業(株)を合併
1927年7月	三国セルロイド(株)を設立
1934年1月	富士写真フイルム(株)を設立
1956年9月	大日本プラスチックス(株)を設立
1961年1月	大日本化成(株)を設立
1964年5月	ヘキストセラニーズ社と共同で出資しポリプラスチックス(株)を設立
1966年2月	ダイセル(株)に社名変更
1968年6月	大日本化成(株)を吸収合併
1969年10月	上越電炉工業(株)と共同で出資し上越鉱業(株)を設立
1970年7月	ヒュルス社《西ドイツ》と共同で出資しダイセル・ヒュルスを設立
1977年7月	三菱瓦斯化学(株)と電気化学工業(株)とチッソ(株)と共同で出資し協同酢酸(株)を設立
1979年10月	ダイセル化学工業(株)に社名変更
1982年12月	日本合成ゴム(株)と共同で出資し協同ポリマー(株)を設立
1983年7月	住友ノーガタック(株)と住友化学工業(株)と共同で出資しノバポリマー(株)を設立
1986年7月	(株)アートプラスを設立(後:(株)ダイセルクラフト)
1986年9月	ダイセルファイナンス(株)を設立
1988年5月	UCB社《ベルギー》と共同で出資しダイセル・ユーシービー(株)を設立
1989年2月	レイケム社《米国》と共同で出資しダッチパネル・システムズ(株)を設立
1991年10月	日東化成(株)と共同で出資し大日ケミカル(株)を設立
1992年7月	西安北方恵安化学工業有限公司と陝西中煙工業公司と合弁でXi'an Huida Chemical Industries Co., Ltd.を設立
1994年5月	セントラルフィルター工業(株)とセントラルメインテナンス(株)と合弁でダイセン・メンブレン・システムズ(株)を設立
1995年10月	Chiral Technologies-Europe SARLを設立(後:Chiral Technologies Europe S.A.S.)
2000年12月	豊田合成(株)と合弁でDaicel Safety Systems America, LLCを設立
2000年12月	ダイセルポリマー(株)を設立
2002年9月	Daicel Safety Systems (Thailand) Co., Ltd.を設立
2004年3月	Daicel Safety Systems Europe Sp. z o. o.を設立
2004年7月	Daicel Chemical (China) Investment Co., Ltd.を設立(後:Daicel (China) Investment Co., Ltd.)
2004年12月	Daicel Safety Systems (Jiangsu) Co., Ltd.を設立
2005年3月	西安北方恵安化学工業有限公司と陝西中煙工業公司と合弁でNingbo Da-An Chemical Industries Co., Ltd.を設立
2005年11月	Topas Advanced Polymers GmbHを設立
2005年11月	Topas Advanced Polymers, Inc.を設立
2007年8月	Daicel Chiral Technologies (China) Co., Ltd.を設立
2008年4月	Daicel Chiral Technologies (India) Pvt. Ltd.を設立
2011年10月	(株)ダイセルに社名変更
2011年11月	Daicel Safety Systems Korea, Inc.を設立

1491　ダイダン(株)
[証券コード]1980
[上場区分]東証一部

1903年3月	(個)菅谷商店を設立
1907年1月	(個)大阪電気商会に社名変更
1918年4月	(個)大阪暖房商会を吸収合併し(資)大阪電気商会大阪暖房商会に社名変更
1933年10月	(株)大阪電気商会大阪暖房商会に改組
1943年9月	大阪電気鉄管工業(株)に社名変更
1946年12月	(株)大阪電気商会大阪暖房商会に社名変更
1965年1月	大阪電気暖房(株)に社名変更
1987年4月	ダイダン(株)に社名変更
1997年12月	ダイダンサービス関東(株)を設立
2001年4月	ダイダンサービス関西(株)を設立

1492　ダイト(株)
[証券コード]4577
[上場区分]東証一部

1942年6月	大東亜薬品交易統制(株)を設立
1944年4月	大東亜薬品交易(株)に商号変更
1945年11月	大東薬品交易(株)に商号変更
1948年12月	大東交易(株)に商号変更
1956年3月	大和薬品工業(株)を設立
1991年12月	ダイト(株)に商号変更
2008年6月	Daito Pharmaceuticals America, Inc.を設立

1493　(株)大東銀行
[証券コード]8563
[上場区分]東証一部

1942年8月	郡山無尽(株)と会津勧業無尽(株)と磐城無尽(株)が合併し大東無尽(株)を設立
1951年10月	大東相互銀行に社名変更
1989年2月	(株)大東銀行に社名変更
1989年11月	(株)大東ミリオンカードと(株)大東カードを設立(後:(株)大東クレジットサービス)
1990年3月	大東信用保証(株)を設立(後:(株)大東リース)
1991年1月	(株)大東リースを設立

1494　大東建託（株）
［証券コード］1878
［上場区分］東証一部

1973年6月	大東産業（株）を設立
1975年6月	大東興産（株）（名古屋）を設立
1976年6月	大東設計（株）（名古屋）を設立
1978年9月	大東建設（株）に社名変更
1978年10月	大東建設（株）（大阪）を設立
1980年3月	大東共済会（株）を設立（後：大東建物管理（株））
1985年4月	大東興産（株）（名古屋）と大東設計（株）（名古屋）と大東建設（株）（大阪）と大東興産（株）（大阪）を吸収合併
1988年4月	大東建託（株）に社名変更
1993年10月	大東ファイナンス（株）を設立
1994年1月	ハウスコム（株）を設立
1997年4月	大東スチール（株）を設立
1997年5月	大東スチール（株）を設立
1997年7月	関西ハウスコム（株）を設立（後：ハウスコム（株））
1999年2月	大東ロジテム（株）を設立（後：ケアパートナー（株））
1999年11月	品川ビルサービス（株）を設立（後：大東建物管理（株））
2001年11月	（株）ガスパル関東を設立（後：（株）ガスパル）
2001年11月	（株）ガスパル中部を設立（後：（株）ガスパル）
2002年4月	大東ホーム薬品（株）を設立
2002年6月	（株）ガスパル近畿を設立（後：（株）ガスパル）
2002年6月	（株）ガスパル九州を設立（後：（株）ガスパル）
2002年6月	（株）ガスパル中国を設立（後：（株）ガスパル）
2002年8月	新日本電建（株）を設立（後：大東建設（株））
2004年12月	（株）ガスパル東北を設立（後：（株）ガスパル）
2005年5月	大東コーポレートサービス（株）を設立
2007年9月	ハウスリーブ（株）を設立
2012年8月	大東ビジネスセンター（株）を設立
2014年4月	大東みらい信託（株）を設立

1495　大東港運（株）
［証券コード］9367
［上場区分］ジャスダックスタンダード

1957年12月	巽海運（株）を設立
1961年1月	大東港運（株）に社名変更
1968年5月	大和海陸作業（株）を吸収合併
1968年9月	京浜港通関（株）を吸収合併
1982年1月	（株）大東物流機工を設立
1982年1月	大東陸運（株）を設立
1986年6月	大東プラント建設（株）を設立
1987年11月	石田海運（株）を吸収合併
1996年10月	大阪築港運輸（株）を吸収合併
1996年12月	大東港運（江陰）儲運有限公司を設立

1496　大同工業（株）
［証券コード］6373
［上場区分］東証一部

1933年5月	国益チエン（株）を設立
1935年5月	加賀チエン（株）と朝日チエン（株）を合併し大同チエン（株）に社名変更
1938年12月	大同工業（株）に社名変更
1984年10月	（株）大同ゼネラルサービスを設立
1984年10月	（株）大同パーツセンターを設立（後：（株）ダイド・オート）
1987年11月	ダイド工販（株）を設立（後：（株）D.I.D）
1995年8月	（株）大同テクノを設立
1996年5月	DAIDO SITTIPOL CO., LTD.を設立
1997年10月	P.T.DAIDO INDONESIA MANUFACTURINGを設立
2002年5月	DAIDO CORPORATION OF AMERICAを設立
2004年4月	DID EUROPE S.R.L.を設立
2005年4月	D.I.D ASIA CO., LTD.を設立
2005年4月	大同鏈条（常熟）有限公司を設立
2007年9月	DAIDO INDUSTRIA DE CORRENTES DA AMAZONIA LTDA.を設立
2010年9月	D.I.D INDIA TRADING PVT.LTD.を設立（後：DAIDO INDIA PVT. LTD.）
2010年9月	D.I.D VIETNAM CO., LTD.を設立

1497　大同特殊鋼（株）
［証券コード］5471
［上場区分］東証一部

1916年	名古屋電燈（株）の製鋼部門を分離し（株）電気製鋼所を設立
1918年9月	木曽電気製鉄（株）を設立
1919年10月	木曽電気興業（株）に社名変更
1921年2月	木曽電気興業（株）と日本水力（株）と大阪送電（株）が合併し大同電力（株）に社名変更
1921年11月	大同電力（株）から名古屋製鉄所を分離し大同製鋼（株）を設立
1922年7月	（株）電気製鋼所から現物出資を譲受し（株）大同電気製鋼所に社名変更
1938年6月	〈旧〉大同製鋼（株）に社名変更
1941年10月	富永鋼業（株）を合併
1944年4月	日の出耐火煉瓦（資）を合併
1950年2月	〈旧〉大同製鋼（株）を企業再建整備法により解散
1950年2月	大同製鋼（株）を企業再建整備法により解散し新大同製鋼（株）として再発足
1953年	大同製鋼（株）に社名変更
1955年10月	新理研工業（株）を合併
1956年5月	王子製鉄（株）を設立
1956年5月	小台伸銅（株）を設立
1957年8月	（株）東京製鋼所を合併
1957年12月	大同発條（株）を合併
1964年7月	関東製鋼（株）を合併
1976年9月	日本特殊鋼（株）と特殊製鋼（株）を合併し大同特殊鋼（株）に社名変更
1980年4月	大同特殊鋳造（株）を設立
1983年10月	Daido Steel（America）Inc.を設立
1988年7月	OHIO STAR FORGE CO.を設立
1990年1月	（株）ダイドー電子を設立（後：（株）大同キャスティングス）
1994年6月	（株）ダイドー電子と伊藤忠商事（株）他との共同出資でDaido Electronics（Thailand）Co., Ltd.を設立

たいとうほ

1995年4月	(株)大同分析リサーチを設立
2000年4月	(株)スターインフォテックを設立

1498　大東紡織(株)
[証券コード]3202
[上場区分]東証一部

1896年2月	東京モスリン(株)を設立
1921年5月	東京キャリコ製織(株)に社名変更
1936年12月	大東紡織(株)に社名変更
1941年6月	沼津毛織(株)を合併
1944年3月	大東工業(株)に社名変更
1947年5月	大東紡織(株)に社名変更
1949年6月	大東製機(株)を設立
1960年11月	東栄スーツ(株)を設立(後：三東スーツ(株))
1968年10月	高田三東スーツ(株)を設立
1974年	(株)ペンタスポーツを設立(後：(株)ロッキンガムペンタ)
1990年12月	新潟大東紡(株)を設立
1991年3月	大東紡寝装(株)を設立
1996年9月	大東紡エステート(株)を設立
2000年8月	中国杉杉集団と合弁で寧波杉杉大東服装有限公司を設立(後：寧波杉京服飾有限公司)
2005年9月	中国杉杉集団と合弁で寧波杉京服飾有限公司を設立
2010年8月	上海大東紡織貿易有限公司を設立
2014年2月	大東紡寝装(株)を吸収合併

1499　大同メタル工業(株)
[証券コード]7245
[上場区分]東証一部

1939年11月	大同メタル工業(株)を設立
1943年10月	大同軸受工業(株)に社名変更
1946年4月	大同メタル工業(株)に社名変更
1970年1月	パーマウィック社《米国》と共同で出資し大同パーマウィック(株)を設立
1971年10月	ナガトメタル工業(株)と日本メタル工業(株)を吸収合併
1992年8月	大同ロジテック(株)を設立
1996年12月	大同メタルアメリカCORP.を設立(後清算)
1997年1月	グレーシア大同アメリカLLCを設立
1997年4月	大同メタル販売(株)を設立
1998年12月	フェデラルモーガル大同HWB CO., LTD.を設立(後：大同インダストリアルベアリングヨーロッパLTD.)
2000年3月	ディーエムシー(株)を設立(後：大同プレーンベアリング(株))
2001年12月	BBL大同プライベートLTD.を設立
2002年1月	大同メタルコトールADを設立
2002年12月	大同精密金属(蘇州)有限公司を設立
2003年4月	大同メタルヨーロッパGmbHを設立(後：大同メタルドイツGmbH)
2005年4月	大同メタルチェコs.r.o.を設立
2005年5月	大同メタルベルフォンテンLLCを設立(後解散)
2006年1月	大同メタルヨーロッパLTD.を設立
2007年10月	広州原同貿易有限公司を設立
2007年11月	大同リビルドサービスINC.を設立(後清算)
2012年2月	大同メタルメキシコS.A.DE C.V.を設立
2012年7月	大同インダストリアルベアリングジャパン(株)を設立
2014年1月	大同メタルメキシコ販売S.A.DE C.V.を設立

1500　ダイトエレクトロン(株)
[証券コード]7609
[上場区分]東証一部

1952年6月	大都商事(株)を設立
1998年1月	ダイトエレクトロン(株)に社名変更
1998年3月	ダイトロン(マレーシア)SDN.BHD.を設立
2002年5月	大都電子(香港)有限公司を設立
2002年10月	大途電子(上海)有限公司を設立
2003年12月	(株)東京ダイヤモンド工具製作所と合弁で大都東京精磨股份有限公司を設立(後解散)
2005年2月	ダイトパワートロン(株)を吸収合併
2005年10月	コントロンエンベデッドテクノロジー, INC.と合弁でコントロンテクノロジージャパン(株)を設立(後解散)
2007年1月	ダイトロン(韓国)CO., LTD.を設立
2008年1月	(株)ダイトを吸収合併
2008年5月	ダイトロン(タイランド)CO., LTD.を設立
2011年8月	大途電子諮詢(深セン)有限公司を設立

1501　ダイドードリンコ(株)
[証券コード]2590
[上場区分]東証一部

1975年1月	大同薬品工業(株)の清涼飲料販売の事業を引き継ぎダイドー(株)を設立
1984年6月	ダイドードリンコ(株)に社名変更
1994年1月	(株)ティーアンドティーと合併
1998年10月	大同薬品工業(株)を完全子会社化
2000年4月	ダイドー・タケナカビバレッジ(株)を設立
2002年8月	中部カーラ・コマース(株)と合弁で(株)ダイドービバレッジ静岡を設立
2003年6月	(株)ダイドービバレッジ東京を設立(後：イー・ドリンコ東京(株))
2003年8月	イー・ドリンコ四国(株)を設立
2004年7月	(株)ダイドービバレッジ埼玉を設立(後解散)(後：イー・ドリンコイースト(株))
2005年2月	(株)ダイドービバレッジ大阪を設立(後解散)(後：イー・ドリンコ大阪(株))
2005年11月	イー・ドリンコ四国(株)とイー・ドリンコ(株)が合併しイー・ドリンコ(株)として営業を開始(後解散)(後：ダイドービバレッジサービス(株))
2006年2月	イー・カナゾン(株)を設立(後解散)(後：イー・ドリンコ神奈川(株))
2007年8月	イー・ドリンコ関東(株)を設立(後解散)(後：ダイドービバレッジサービス(株))
2008年7月	上海大徳多林克商貿有限公司を設立
2008年9月	イー・ドリンコ新潟(株)を設立(後解散)(後：ダイドービバレッジサービス(株))
2009年1月	(株)タケナカと合弁でイー・ドリンコ高知(株)を設立(後：ダイドー・タケナ

		カベンディング(株))
2010年1月		(株)群馬ダイドーの株式を取得しダイドービジネスサービス(株)を持分法適用関連会社として設立
2013年12月		DyDo DRINCO RUS, LLCを設立

1502 (株)ダイドーリミテッド
[証券コード]3205
[上場区分]東証一部
〈栗原紡織系〉
1879年	栗原イネが綿織物の貸織を創業
1918年4月	**栗原紡織(名)**を設立

〈〈旧〉大同毛織系〉
1936年3月	栗原紡織(名)が出資し**栗原毛織(株)**を設立
1941年3月	(株)関西製織所を合併し〈旧〉**大同毛織(株)**に社名変更

* * * *

1934年	中部航空機工業(株)を設立
1942年2月	〈旧〉大同毛織(株)と栗原紡織(名)と関東繊維工業(株)と兼松羊毛工業(株)を統合し**大同毛織(株)**を設立
1943年5月	大同工業(有)を合併
1949年10月	**大同毛織(株)**を企業再建整備法より改組新発足
1964年1月	(株)ニューヨーカーを設立
1964年7月	関絨(株)を設立
1965年6月	ミリオンテックス(株)を設立
1980年5月	(株)ニューヨーカーを吸収合併
1989年8月	**(株)ダイドーリミテッド**に社名変更
1999年	(株)ハンプトンと(株)ユニベールを吸収合併
2002年	(株)メンズニューヨーカーを設立(後:(株)ニューヨーカー)
2002年	(株)レディースニューヨーカーを設立(後:(株)ニューヨーカー)
2004年	(株)ギーブスアンドホークスジャパンを設立(後解散)
2004年	(株)ダイドー トレーディングを設立
2004年11月	大同利美特(上海)管理有限公司を設立(後:大都利美特(中国)投資有限公司)
2004年12月	芭貝(上海)毛線編結有限公司を設立(後:大同利美特商貿(上海)有限公司)
2005年4月	(株)ジェ・ディ・ビジネスクリエイションを設立(後解散)
2005年5月	北京紐約克服装販売有限公司を設立(後:愛雅仕商貿(北京)有限公司)(後:愛雅仕商貿(北京)有限公司)
2005年10月	(株)ダイドーシェアードサービスを設立(後解散)
2006年8月	〈新〉(株)ニューヨーカーを設立
2007年8月	(株)ダイドーインターナショナルを設立
2010年7月	大都利美特(中国)投資有限公司を設立

1503 ダイナパック(株)
[証券コード]3947
[上場区分]東証二部
〈大日本紙業系〉
1962年8月	三和印刷(株)と堤紙工(株)が合併し**大日本紙業(株)**を設立
1974年6月	サン興業(株)を設立(後:サン・パッケージ(株))
1990年3月	(株)トーカイシステムを設立
1995年10月	サン・プリプレス(株)を設立
2003年1月	(株)ユニオンパックを設立
2004年6月	(株)ディー・ピー・エスを設立

〈日本ハイパック系〉
1950年12月	昭和段ボール(株)を設立
1965年9月	**日本ハイパック(株)**に社名変更

* * * *

2005年1月	大日本紙業(株)と日本ハイパック(株)が統合し**ダイナパック(株)**を設立
2005年7月	愛柏包装製品貿易(深圳)有限公司を設立(後:泰納包装製品貿易(深圳)有限公司)
2010年1月	(株)東装を吸収合併
2010年7月	大日本紙業(株)と日本ハイパック(株)と新日本ハイパック(株)を吸収合併
2010年10月	山形ハイパック(株)を吸収合併
2014年6月	DYNAPAC PACKAGING TECHNOLOGY (PHILIPPINES) INC.を設立
2014年8月	DYNAPAC (HAIPHONG) CO., LTD.を設立

1504 (株)ダイナムジャパンホールディングス
1987年12月	(有)リッチオを設立
2006年12月	(株)ダイナムを完全子会社化し**(株)ダイナムホールディングス**に商号変更
2008年12月	(株)信頼の森を設立
2009年4月	(有)金海商事の株式を取得(後:(株)キャビンプラザ)
2009年12月	大黒天(株)の株式を取得
2010年6月	(株)オークワジャパンの株式を取得
2010年7月	(株)ダイナムPトレーディングと(株)ダイナムアド企画を設立
2011年9月	(株)ダイナムと(株)キャビンプラザと大黒天(株)と(株)オークワジャパンと(株)ダイナム土地建物と(株)ダイナム情報処理と(株)ダイナムPトレーディングと(株)ダイナムアド企画の株式を取得
2011年9月	(株)ダイナムホールディングスより新設分割し**(株)ダイナムジャパンホールディングス**を設立
2013年1月	Dynam Hong Kong Co., Limited(大樂門香港有限公司)を設立

1505 大日精化工業(株)
[証券コード]4116
[上場区分]東証一部
1931年	**彩華顔料(資)**を設立
1939年12月	**彩華色素工業(株)**に社名変更
1944年	東京顔料工業(株)と(名)富士化学工業所を合併し**大日精化工業(株)**に社名変更
1989年	大日ピーシーコンパウンド(株)を設立
1992年	DAINICHISEIKA CHEMICAL (SHENZHEN) FACTORY LTD.を設立
1995年	P.T. HI-TECH INK INDONESIAを設立
1995年	東莞大日化工廠有限公司を設立
1997年	DAINICHISEIKA

たいにつく

2001年	(HK) COLOURING CO., LTD.を設立
2001年	大日精化(上海)貿易有限公司を設立
2003年	大日精化(上海)化工有限公司を設立
2005年	大日精化貿易(深圳)有限公司を設立
2006年	DAINICHI COLOR VIETNAM CO., LTD.を設立
2006年	大淀大日精化工業(株)を吸収合併
2007年	九州化工(株)を設立
2008年	DAINICHI COLOR INDIA PRIVATE LTD.を設立
2013年	DM COLOR MEXICANA S.A. DE C.V.を設立
2014年	北海道大日精化工業(株)を吸収合併

1506 ダイニック(株)
[証券コード]3551
[上場区分]東証一部

1919年8月	日本クロス工業(株)を設立
1942年8月	開南染工化学(株)を設立
1950年8月	開南染工化学(株)を合併
1952年2月	大和クロス工業(株)を吸収合併
1954年5月	九州クロス工業(株)を合併
1961年9月	大和紙工(株)を設立
1963年8月	福岡クロス工業(株)を設立
1964年8月	桂工業(株)を設立
1974年7月	ダイニック(株)に社名変更
1975年7月	ニックパワーズ(株)を設立
1977年11月	東京アセテート(株)を合併
1990年4月	ダイニック フラワー&グリーン(株)を設立
1990年6月	リゲル・ジャパン(株)を設立
1994年	ダイニック・ジュノ(株)を設立
2003年	大平製紙(株)を吸収合併
2014年4月	PT. DYNIC TEXTILE PRESTIGEを設立

〈大平製紙系〉

1937年8月	大平加工製紙(株)を設立
1943年3月	扶桑紙業(株)を合併
1943年4月	新興製紙(株)を合併し大平製紙(株)に社名変更

1507 (株)大日光・エンジニアリング
[証券コード]6635
[上場区分]ジャスダックスタンダード

1979年9月	(株)山口電装を設立
1985年2月	(株)プレテックドウを設立
1991年8月	(株)プレテックロボテックサービスを設立(後:(株)大日光・エンジニアリング)
1993年4月	(株)トロワ・エンジニアリング・プレテックを設立
1994年3月	TROIS ENGINEERING PRETEC HONG KONG LTD.を設立
1999年4月	〈旧〉(株)大日光・エンジニアリングと(株)プレテックドウと(株)プレテックロボテックサービスと合併し(株)大日光・エンジニアリングに商号変更
2005年12月	(株)匠を設立(後:(株)ボン・アティソン)
2008年5月	TROIS ELECTRONICS (VIETNAM) CO., LTD.を設立
2012年5月	(株)大日光商事を設立
2014年4月	TROIS (THAILAND) CO., LTD.を設立

1508 大日本印刷(株)
[証券コード]7912
[上場区分]東証一部

1876年10月	(個)秀英舎を設立
1888年4月	(有責)秀英舎に改組
1894年1月	(株)秀英舎に改組
1935年2月	日清印刷(株)を合併
1935年3月	大日本印刷(株)に社名変更
1956年9月	日本精版(株)を合併
1968年12月	大日本ミクロ(株)を合併
1972年6月	二葉印刷(株)を合併
2004年10月	(株)DNP北海道と(株)DNP東北を設立
2005年10月	(株)DNP西日本を設立
2010年2月	丸善(株)と(株)図書館流通センターを経営統合しCHIグループ(株)を設立(後:丸善CHIホールディングス(株))
2010年10月	(株)DNPオフセットと(株)DNP製本を経営統合し(株)DNP書籍ファクトリーを設立
2011年4月	(株)DNP東海と事業統合し(株)DNP中部を設立

1509 大日本コンサルタント(株)
[証券コード]9797
[上場区分]東証二部

1963年1月	大日本コンサルタント(株)を設立
1996年11月	NE-CMT Engineering Co., Ltd.を設立(後:Nippon Engineering-Vietnam Co., Ltd.)
2009年10月	NEテクノ(株)を設立

1510 大日本住友製薬(株)
[証券コード]4506
[上場区分]東証一部

1896年12月	大阪製薬(株)を設立
1898年11月	大日本製薬(資)を買収し大日本製薬(株)に社名変更
1908年7月	大阪薬品試験(株)を吸収合併
1947年10月	五協産業(株)を設立(後:DSP五協フード&ケミカル(株))
1993年1月	大日本製薬USAを設立(後:ダイニッポンスミトモファーマ アメリカ・インク)
2005年10月	住友製薬(株)と合併し大日本住友製薬(株)に商号変更
2009年7月	ダイニッポンスミトモファーマ アメリカホールディングス・インクを設立
2013年1月	サノビオン・ファーマシューティカルズ・アジア・パシフィック・プライベート・リミテッドを設立
2013年10月	ボストン・バイオメディカル・ファーマ・インクを設立

1511 大日本塗料(株)
[証券コード]4611
[上場区分]東証一部

1929年7月	日本電池(株)の塗料部門が分離し鉛粉塗料(株)を設立

1929年8月	(個)阿部ペイント製造所を合併		1979年1月	東日本ダイハツディーゼル販売(株)を設立(後:ダイハツディーゼル東日本(株))
1936年5月	(株)旭ラッカー製造所を吸収合併し大日本塗料(株)に社名変更		1981年7月	ダイハツ自動車販売(株)を合併
1959年6月	大日本シンロイヒ(株)を設立		1981年12月	ダイハツディーゼル輸送(株)を設立(後:ディーエス商事(株))
1962年9月	日塗不動産(株)を設立		1985年11月	中部ダイハツディーゼル販売(株)を設立(後:ダイハツディーゼル中部(株))
1966年4月	サンデーペイント(株)を設立		1986年4月	(株)ダイテクを設立
1968年5月	ニットサービス(株)を設立		1986年9月	ディー・ディー部品サービス(株)を設立(後:ダイハツディーゼル部品サービス(株))
1969年8月	関東ニットサービス(株)を設立		1991年11月	ダイハツディーゼル梅田シティ(株)を設立
1970年12月	三菱金属(株)と共同で出資し直島化成(株)を設立		2000年5月	ダイハツディーゼル エヌ・エイチ・エヌ(株)を設立
1973年4月	関東ニットサービス(株)を吸収合併		2005年4月	ダイハツディーゼルエヌ・エイチ・エヌ(株)を会社分割し〈新〉ダイハツディーゼルエヌ・エイチ・エヌ(株)を設立(後清算)
1975年10月	日塗エンジニアリング(株)を設立			
1986年10月	札幌ケミカル(株)を吸収合併			
1987年4月	福岡ケミカル(株)を吸収合併			
1988年10月	那須ディ・エヌ・ティ(株)を設立		2007年7月	安慶中船柴油機有限公司と合弁でDAIHATSU DIESEL ANQING IRONWORKS.CO., LTD.を設立
1991年4月	ニットサービス(株)を吸収合併			
1993年2月	ハーバーツ社《ドイツ》と共同で出資しディエヌティ・ハーバーツ(株)を設立			
1993年4月	那須ディ・エヌ・ティ(株)を吸収合併		2010年9月	三井造船(株)と合弁でMDエンジニアリング(株)を設立
2001年10月	田辺化学工業(株)と合併			
2003年5月	DAI NIPPON TORYO MEXICANA, S.A. de C.V.を設立		**1514 (株)ダイフク**	
2005年4月	大日本塗料販売(株)を設立		[証券コード]6383	
2006年6月	日塗化学(株)を設立		[上場区分]東証一部	
2009年8月	DNTサービス(株)を設立		1937年5月	兼松商店が経営に参加し(株)坂口機械製作所を設立
2010年7月	Lilama3-Dai Nippon Toryo Co., Ltd.を設立		1944年3月	兼松機工(株)に社名変更
2013年1月	大日本塗料販売(株)と東京ケミカル(株)と大阪ケミカル(株)と九州ケミカル(株)を吸収合併		1947年8月	大福機工(株)に社名変更
			1953年10月	福知山大福機工(株)を設立
			1975年2月	大福工営(株)を設立
2013年6月	関西ペイント(株)と合弁でDNT KANSAI MEXICANA S.A. de C.V.を設立		1975年4月	(株)コンテックを設立
			1984年5月	(株)ダイフクに社名変更
2013年7月	日塗不動産(株)とDNTビジネスサービス(株)を吸収合併		1996年12月	(株)ダイフクマジックテクノを設立(後:(株)ダイフクユニックス)
2015年1月	久保孝ペイント(株)と合弁でジャパンパウダー塗料製造(株)を設立		2003年3月	(株)ダイフクキュービカを設立
			2003年4月	(株)ダイフクソフトウェア開発を設立(後:(株)コンテックソフトウェア開発)
1512 大日本木材防腐(株)				
[証券コード]7907			2003年7月	(株)ダイフクテクノサービスを吸収合併
[上場区分]名証二部				
1921年2月	日本舗装道路(株)を設立		2003年8月	DAIFUKU CARWASH-MACHINE KOREA INC.を設立(後:DAIFUKU KOREA CO., LTD.)
1922年8月	大日本木材防腐(株)に社名変更			
1983年8月	ダッズ工業(株)を設立			
2001年4月	会津木材防腐(株)とダッズ工業(株)を吸収合併		2004年4月	(株)ダイフク・ロジスティック・テクノロジーを設立
			2004年10月	コンテック・イーエムエスを設立(後:(株)コンテック)
1513 ダイハツディーゼル(株)			2005年1月	大福自動輸送機(広州)有限公司を設立(後:大福(中国)有限公司)
[証券コード]6023				
[上場区分]東証二部			2005年2月	(株)ダイフク・アルベック・ソフトウェアを設立(後:(株)ダイフクソフトウェア開発)
1907年3月	発動機製造(株)を設立			
1937年11月	ダイハツ号自動車(株)を合併			
1951年12月	ダイハツ工業(株)に社名変更		2005年4月	(株)ダイフクビジネスクリエイトを設立(後:(株)ダイフクビジネスサービス)
1962年5月	ダイハツ工業(株)の大阪事業部を分離しダイハツディーゼル(株)を設立			
1968年8月	長崎マリンサービス(株)を設立(後:ダイハツディーゼル西日本(株))			
			2005年4月	(株)ダイフクフィールドエンジニアを設立(後:(株)ダイフクビジネスサービス)
1970年4月	ダイハツディーゼル今治(株)を設立(後:ダイハツディーゼル四国(株))			
1970年11月	旭工業(株)を合併			
1972年12月	中日本ダイハツディーゼル販売(株)を設立(後:ダイハツディーゼル中日本(株))			

たいへいせ

2005年4月	(株)ダイフク・マニュファクチャリング・エキスパートを設立(後:(株)ダイフク・マニュファクチャリング・テクノロジー)
2005年7月	大福洗車設備(上海)有限公司を設立(後:大福(中国)物流設備有限公司)
2005年8月	台灣大福高科技設備股分有限公司を設立
2005年9月	江蘇大福日新自動輸送機有限公司を設立(後:大福(中国)自動化設備有限公司)
2005年10月	DAIFUKU INDIA PRIVATE LIMITEDを設立
2009年3月	ATS Co., LTD.とMIMATS Co., LTD.とDAIFUKU CARWASH-MACHINE KOREA INC.を統合しDAIFUKU KOREA CO., LTD.を設立
2009年4月	(株)ダイフクキュービカエーエムエフと(株)ダイフクユニックスと(株)九州ダイフクと(株)ダイフクビジネスサービスを事業統合(レンタル営業部門)し(株)ダイフクプラスモアを設立
2010年4月	大福(中国)有限公司を設立
2011年1月	DAIFUKU WEBB HOLDING COMPANYを設立(後:DAIFUKU NORTH AMERICA HOLDING COMPANY)
2012年4月	(株)ダイフク・ロジスティック・テクノロジーと(株)ダイフクデザインアンドエンジニアリングを吸収合併
2012年11月	大福自動搬送設備(蘇州)有限公司を設立
2013年1月	DAIFUKU DE MEXICO, S.A. DE C.V.を設立
2013年4月	(株)ダイフク研究・開発センターを吸収合併

1515 (株)太平製作所
[証券コード]6342
[上場区分]東証二部

1925年5月	(名)太平製作所を設立
1925年5月	(株)太平製作所に改組
2004年3月	太平ハウジング(株)を設立

1516 太平電業(株)
[証券コード]1968
[上場区分]東証一部

1947年3月	太平電業(株)を設立
1961年	(株)太平機械製作所を設立
1962年6月	不二機工(株)を設立
1970年6月	日本電装工業(株)を設立(後解散)
1973年3月	新東洋ロール(株)を設立
1976年12月	TAIHEI ALLTECH CONSTRUCTION (PHIL.), INC.を設立

1517 大平洋金属(株)
[証券コード]5541
[上場区分]東証一部

1949年12月	日本曹達(株)の鉄鋼部門を企業再建整備計画に基づき分離し日曹製鋼(株)を設立
1951年4月	(相)日本電解製鉄所を合併
1956年2月	呉羽製鉄(株)を設立(後清算)
1956年10月	曹和金属(株)を設立
1957年5月	(株)米子製鋼所を設立
1959年5月	大平洋ニッケル(株)を設立
1970年1月	大平洋ニッケル(株)を吸収合併し大平洋金属(株)に社名変更
1983年6月	大平洋ランダム(株)を設立
1997年1月	(株)大平洋エネルギーセンターを設立

1518 太平洋工業(株)
[証券コード]7250
[上場区分]東証一部

1930年8月	太平洋工業(名)を設立
1938年4月	太平洋工業(株)に改組
1947年9月	パシフィック商工(株)を設立
1950年5月	パシフィック商工(株)を吸収合併
1961年10月	太平洋精工(株)を設立
1972年4月	太平洋開発(株)を設立
1973年12月	太平洋産業(株)を設立
1974年	東芝住設機器工業(株)を設立(後解散)
1987年12月	ピーアイシステム(株)を設立
1988年7月	PACIFIC INDUSTRIES USA INC.を設立
1989年3月	PACIFIC INDUSTRIES (THAILAND) CO., LTD.を設立
1999年7月	PACIFIC INDUSTRIES AIR CONTROLS, INC.を設立(後:PACIFIC MANUFACTURING OHIO, INC.)
1999年7月	PACIFIC MANUFACTURING OHIO, INC.を設立
2005年4月	天津太平洋汽車部件有限公司を設立
2011年11月	長沙太平洋半谷汽車部件有限公司を設立
2012年5月	PACIFIC INDUSTRIES EUROPE NV/SAを設立
2012年6月	太平洋工業(中国)投資有限公司を設立
2014年7月	PACIFIC MANUFACTURING TENNESSEE, INC.を設立
2014年7月	太平洋汽車部件科技(常熟)有限公司を設立

1519 太平洋興発(株)
[証券コード]8835
[上場区分]東証一部

1920年4月	〈旧〉太平洋炭礦(株)を設立
1970年11月	〈旧〉太平洋興発(株)と太平洋埠頭(株)を吸収合併し太平洋興発(株)に社名変更
1970年11月	太平洋炭礦(株)を設立
2003年4月	太平洋リビングサービス(株)を吸収合併
2005年2月	釧路石炭乾溜(株)を吸収合併
2006年4月	(株)太平洋シルバーサービス北海道を設立
2010年5月	太平洋フーズ(株)を設立

1520 (株)ダイヘン
[証券コード]6622
[上場区分]東証一部

1919年12月	大阪変圧器(株)を設立
1938年8月	電気工商(株)を設立(後:ダイヘン産機販売(株))
1941年11月	酉島変圧器(株)を合併

1946年10月	大阪無線商事（株）を設立（後：ダイヘン電設機器（株））
1951年6月	大阪ヒューズ（株）を設立
1959年10月	九州変圧器（株）を設立（後：（株）キューヘン）
1965年3月	大東電気（株）を設立（後：ダイヘン電設機器（株））
1965年5月	（株）ダイヘン厚生事業団を設立
1965年5月	（株）関電兼平製作所と合併
1970年3月	鳥取ダイヘン（株）を設立（後：ダイヘン産業機器（株））
1973年12月	（株）石塚製作所を設立（後：ダイホク工業（株））
1974年12月	ダイヘンスタッド（株）を設立
1975年11月	ダイヘンエンジニアリング（株）を設立
1980年5月	（株）ダイキを設立
1983年8月	京都ダイヘン（株）を設立（後：ダイヘン電設機器（株））
1984年8月	大分ダイヘン（株）を設立（後：ダイヘンテック（株））
1985年12月	（株）ダイヘンに社名変更
1994年8月	（株）ダイヘンテクノス西日本を設立（後：（株）ダイヘンテクノス）
1994年8月	（株）ダイヘンテクノス東日本を設立（後：（株）ダイヘンテクノス）
1997年11月	ダイヘン電機システム（株）を設立
1998年11月	大阪電気（株）を買収（後：ダイヘン産業機器（株））
1999年3月	ダイヘンビジネスサービス（株）を設立
2001年2月	ダイヘン物流（株）を設立
2002年9月	ダイヘン溶接メカトロシステム（株）を設立
2006年10月	ダイヘンOTC機電（北京）（有）を設立
2009年12月	ダイヘン精密機械（常熟）（有）を設立
2011年6月	OTC DAIHEN INDIA Pvt.Ltd.を設立
2012年7月	PT.OTC DAIHEN INDONESIAを設立

1521　大宝運輸（株）
[証券コード]9040
[上場区分]名証二部

1951年9月	中央急配（株）を設立
1952年2月	大宝急配（株）に社名変更
1964年8月	大宝運輸（株）に社名変更
1973年9月	大宝興業（株）を設立
1974年9月	大宝興業（株）を設立

1522　大豊建設（株）
[証券コード]1822
[上場区分]東証一部

1924年1月	（個）明楽工務店を設立
1943年7月	（株）明楽工務店に改組
1945年2月	（株）明楽組に社名変更
1947年4月	明楽工業（株）に社名変更
1949年3月	明楽工業（株）の本社直轄土木部を分離し大豊建設（株）を設立
1956年8月	大豊塗装工業（株）を設立
1969年9月	大豊不動産（株）を設立
1975年4月	黒岩石材工業（株）を設立
1984年6月	タイ大豊（株）を設立
1988年4月	進和機工（株）を設立
1996年2月	マダガスカル大豊（株）を設立

1523　大豊工業（株）
[証券コード]6470
[上場区分]東証一部

1939年12月	西尾精機（株）を設立
1944年	大豊工業（株）に社名変更
1973年	（株）大豊リバノイスオートメーションを設立（後：大豊精機（株））
1999年	（株）ティーイーティーを設立
2001年	（株）タイホウライフサービスを設立
2002年	（株）タイホウテクノサービスを設立
2004年	（株）タイホウパーツセンターを設立
2005年4月	大豊岐阜（株）を設立
2007年2月	タイホウ マニュファクチャリング オブ テネシーLLCを設立

1524　ダイヤ通商（株）
[証券コード]7462
[上場区分]ジャスダックスタンダード

1949年	（株）杉浦商会を設立
1975年	ダイヤ通商（株）に社名変更
1992年10月	丸友共和産業（株）を吸収合併
2000年4月	（株）ティー・エー・シーを設立（後解散）

1525　（株）ダイヤモンドダイニング
[証券コード]3073
[上場区分]東証一部

1995年6月	日焼けサロンマーメイド 池袋店を開店
1996年3月	（有）エイアンドワイビューティサプライを設立
2002年12月	（株）ダイヤモンドダイニングに社名変更
2008年12月	（株）シークレットテーブルを設立（後吸収合併）
2009年5月	（株）ゴールデンマジックを設立
2010年6月	（株）土佐社中を設立
2011年10月	Diamond Dining International Corporationを設立
2014年12月	Diamond Dining International CorporationがDiamond Wedding LLC.を設立

1526　ダイヤモンド電機（株）
[証券コード]6895
[上場区分]東証二部

1940年6月	特殊変圧器（株）を設立
1960年12月	特殊金型（株）を設立（後：鳥取ダイヤモンド電機（株））
1962年5月	ダイヤモンド電機（株）を設立
1968年11月	ダイヤモンド電機（株）を吸収合併しダイヤモンド電機（株）に社名変更
1984年9月	（株）内田製作所と共同で出資し新潟ダイヤモンド電子（株）を設立
1989年11月	鳥取ダイヤモンド電機（株）を吸収合併
2000年9月	Diamond Electric Hungary Kft.を設立（ハンガリー）
2004年5月	金剛石電機（蘇州）有限公司を設立
2007年6月	DE Diamond Electric India Private Limitedを設立
2010年11月	金剛石電機国際貿易（蘇州）有限公司を設立
2011年3月	Diamond Electric（Thailand）Co., Ltd.を設立

2012年2月	Diamond Electric Korea Co., Ltd.を設立
2013年5月	PT.Diamond Electric Indonesiaを設立
2013年9月	PT.Diamond Electric Mfg Indonesiaを設立
2014年10月	金剛石電機研究所有限公司を設立
2014年11月	ダイヤモンドビジネス(株)を設立
2014年12月	Diamond Electric Asia Pacific Co., Ltdを設立

1527　(株)ダイユーエイト
［証券コード］2662
［上場区分］東証一部

1976年4月	(株)アサクラを設立
1977年6月	(株)ダイユーエイトに社名変更
1986年11月	(株)エイトメイトを設立(後：エイト開発(株))
1996年8月	(有)エイト薬品を設立
2001年7月	(株)エイトフーズを設立
2005年9月	(株)ダイユーエイト・ホームサービスを設立
2008年2月	(株)エイトファームを設立
2009年2月	(株)DKYコーポレーションを設立
2009年4月	(株)リックコーポレーションと合弁で(株)アレンザコーポレーションを設立(後：(株)アレンザ・ジャパン)
2009年6月	(有)エイト薬品を吸収合併
2009年10月	(株)DKYコーポレーションを吸収合併
2012年6月	(株)エイトフーズを吸収合併
2013年6月	(株)エイトファームを吸収合併

1528　太陽化学(株)
［証券コード］2902
［上場区分］名証二部

1946年5月	太陽化学工業(名)を設立
1948年1月	太陽化学工業(株)に改組
1958年11月	太陽フード(株)を設立
1959年9月	太陽観光(株)を設立
1963年12月	太陽観光(株)を吸収合併
1979年3月	森永乳業(株)と共同で出資しサンフレッドケミカル(株)を設立
1981年4月	太陽フード(株)を吸収合併し太陽化学(株)に社名変更
1982年4月	メグレ・ミルヒルインダストリー社《西ドイツ》と共同で出資しテクノ・マーケティング(株)を設立
1994年3月	タイヨーインタナショナルインクを設立
1995年5月	開封金明食品有限公司を設立(後：開封太陽金明食品有限公司)
2002年3月	タイヨーインタコリアリミテッドを設立
2002年9月	タイヨールシードプライベイトリミテッドを設立
2004年2月	無錫太陽緑宝科有限公司を設立
2004年3月	タイヨーフードリミテッドを設立
2004年4月	太陽食品(天津)有限公司を設立
2005年2月	開封金明農業科技有限公司を設立(後閉鎖)
2006年1月	上海太陽食研国際貿易有限公司を設立
2012年4月	Taiyo GmbHを設立
2012年4月	開封香麦士食品有限公司を設立
2012年10月	香奈維斯(天津)食品有限公司を設立

1529　太洋基礎工業(株)
［証券コード］1758
［上場区分］ジャスダックスタンダード

1958年	豊住組を設立
1967年	太洋基礎工業(株)に社名変更
1993年7月	大洋機械(株)を吸収合併

1530　(株)太陽工機
［証券コード］6164
［上場区分］ジャスダックスタンダード

| 1986年3月 | (有)太陽工機として創業 |
| 1988年5月 | (株)太陽工機に組織変更 |

1531　太洋工業(株)
［証券コード］6663
［上場区分］ジャスダックスタンダード

1960年12月	太洋工業(株)を設立
2007年3月	TAIYO TECHNOLEX (THAILAND) CO., LTD.を設立
2011年6月	太友(上海)貿易有限公司を設立

1532　大陽日酸(株)
［証券コード］4091
［上場区分］東証一部

〈東洋酸素系〉

1918年10月	東洋酸素(株)を設立
1937年1月	東洋酸素機械(株)に社名変更
1937年10月	東洋電極工業(株)を設立
1940年10月	日本理化工業(株)と共同で出資し日東酸素(株)を設立
1949年2月	東洋酸素(株)に社名変更
1954年10月	日東酸素(株)を吸収合併
1967年7月	日興酸素(株)と大陽酸素(株)と共同で出資し三洋酸素(株)を設立
1971年3月	新洋酸素(株)を設立
1976年12月	東京冷熱産業(株)等と共同で出資し東京酸素窒素(株)を設立
1990年2月	日本酸素(株)と大陽酸素(株)と日興酸素(株)と共同で出資し新相模酸素(株)を設立

〈大陽酸素系〉

1929年9月	三菱油化(株)と共同で出資し鹿島酸素(株)を設立
1946年12月	大陽酸素(株)を設立
1969年10月	日本酸素(株)と共同で出資し富士酸素(株)を設立
1970年9月	大阪酸素工業(株)と共同で出資し黒崎サンソ(株)を設立
1975年5月	三菱商事(株)と共同で出資しダイヤ冷機工業(株)を設立
1982年2月	極陽セミコンダクターズ(株)と共同で出資し熊本極陽サービスを設立
1985年12月	高知溶材(株)と土佐酸素(株)と共同で出資し高知大陽セミコンダクターズ(株)を設立
1986年3月	大陽・ケプコ(株)を設立
1987年4月	昭和電工(株)と共同で出資し川口総合ガスセンター(株)を設立
1990年2月	日本酸素(株)と東洋酸素(株)と日興酸素(株)と共同で出資し新相模酸素(株)を設立

〈大陽東洋酸素系〉

| 1995年4月 | 東洋酸素(株)と大陽酸素(株)が合併し |

	1999年	大陽東洋酸素(株)を設立 関西サーンガス(株)を設立	2008年6月	合併 太陽油墨(中山)有限公司を設立(後清算)
	2001年	日本酸素(株)と共同で出資しジャパンファインプロダクツ(株)を設立	2010年9月	太陽油墨貿易(深圳)有限公司を設立
〈日本酸素系〉			2010年10月	太陽ホールディングス(株)に社名変更
	1910年10月	日本酸素(資)を設立	2014年12月	太陽グリーンエナジー(株)を設立

〈日本酸素系〉
1910年10月 日本酸素(資)を設立
1918年7月 日本酸素(株)に改組
1937年6月 日本理化工業(株)に社名変更
1940年10月 東洋酸素機械(株)と共同で出資し日東酸素(株)を設立
1955年4月 日新製鋼(株)と共同で出資し日新酸素(株)を設立
1955年4月 日本酸素(株)に社名変更
1955年4月 日本理化工業(株)を設立
1964年5月 日本理化工業(株)を吸収合併
1970年11月 (株)フレックを設立(後:(株)コメック)
1979年4月 相模原酸素(株)を設立
1980年9月 (株)日酸サーモを設立
2001年10月 サーモス(株)を設立
　　　　＊　＊　＊　＊
2004年 ニチゴー日興(株)を設立
2004年10月 大陽東洋酸素(株)と日本酸素(株)が合併し大陽日酸(株)に社名変更
2005年 (株)クライオワンを設立
2005年10月 (株)小澤酸素と(株)大和酸器と鈴商メディカル(株)を統合し日本メガケア(株)を設立
2007年10月 液化炭酸(株)と日本炭酸(株)と日本液炭ホールディングス(株)と事業統合し日本液炭(株)を設立
2007年11月 エア・ウォーター(株)と共同で(株)堺ガスセンターを設立
2008年5月 大陽日酸(中国)投資有限公司と大連長興島大陽日酸気体有限公司を設立
2014年2月 サマトール社と合弁でサマトール・タイヨウニッポンサンソ・インドネシア社を設立
2014年7月 タイヨウニッポンサンソ・ホールディングス・シンガポール社を設立
2014年10月 リーデン・ナショナル・オキシジェン社を設立

1533　太洋物産(株)
[証券コード] 9941
[上場区分] ジャスダックスタンダード
1936年10月 太洋物産(資)を設立
1941年4月 太洋物産(株)に改組
1993年8月 徐州太鵬工程機械有限公司を設立
2001年2月 TAIYO BUSSAN KAISHA USA LTD.を設立(後解散)
2008年11月 上海太洋栄光商業有限公司を設立

1534　太陽ホールディングス(株)
[証券コード] 4626
[上場区分] 東証一部
1953年9月 太陽インキ製造(株)を設立
1998年8月 太陽インターナショナル(株)を設立
1999年8月 日本太陽(株)を設立(後:太陽インキ製造(株))
2003年12月 (有)森谷梱包を買収・改称し(有)太陽物流を設立(後:太陽物流(株))
2004年3月 太陽インターナショナル(株)を吸収合併
2008年6月 太陽油墨(中山)有限公司を設立(後清算)
2010年9月 太陽油墨貿易(深圳)有限公司を設立
2010年10月 太陽ホールディングス(株)に社名変更
2014年12月 太陽グリーンエナジー(株)を設立

1535　太陽誘電(株)
[証券コード] 6976
[上場区分] 東証一部
1950年3月 太陽誘電(株)を設立
1970年1月 太陽化学工業(株)を設立
1979年3月 月夜野電子(株)を設立
1981年7月 赤城電子(株)を設立
1982年9月 サン・エレクトロニクス(株)を設立
1988年6月 ソニー(株)と共同で出資し(株)スタートラボを設立
1989年8月 (株)ザッツ福島を設立(後:福島太陽誘電(株))
1994年12月 TAIYO YUDEN (SARAWAK) SDN. BHD.を設立
1999年9月 太陽誘電(廣東)有限公司を設立
1999年10月 韓国慶南太陽誘電(株)を設立
2002年3月 太陽誘電(上海)電子貿易有限公司を設立
2004年2月 太陽誘電(天津)電子有限公司を設立
2004年7月 太陽誘電(深圳)電子貿易有限公司を設立
2007年1月 新潟太陽誘電(株)を設立
2007年1月 太陽誘電(中国)投資有限公司を設立
2009年2月 JVC ADVANCED MEDIA U.S.A. INC.を設立
2009年3月 JVC Advanced Media EUROPE GmbHを設立
2010年1月 JVC Advanced Media(天津)有限公司を設立
2011年4月 TAIYO YUDEN TRADING (THAILAND) CO., LTD.を設立

1536　(株)第四銀行
[証券コード] 8324
[上場区分] 東証一部
1873年12月 第四国立銀行を設立
1896年12月 (株)新潟銀行に社名変更
1912年12月 中条共立銀行を合併
1917年1月 (株)第四銀行に社名変更
1945年8月 新潟信託(株)を合併
1974年11月 第四リース(株)を設立
1976年5月 第四コンピューターサービス(株)を設立
1978年10月 第四信用保証(株)を設立
1982年11月 第四ジェーシービーカード(株)を設立
1984年6月 第四合同ファイナンス(株)を設立(後:だいし経営コンサルティング(株))
1990年3月 第四ディーシーカード(株)を設立

1537　(株)大冷
[証券コード] 2883
[上場区分] 東証二部
1971年8月 業務用冷凍食品の製造及び販売を目的とする個人事業会社を創業
1972年6月 (株)大冷を設立
2009年9月 (株)昔亭と共同で出資しダイレイト

たいわ

レーディング(株)を設立(後：雅興産(株))

1538　(株)大和
[証券コード]8247
[上場区分]東証二部

1923年10月	宮市百貨店を設立
1930年8月	(株)宮市大丸に社名変更
1943年12月	丸越と共同で出資し(株)大和に社名変更
1954年10月	(株)大和印刷社を設立
1967年12月	(株)大和ハウジングを設立(後清算)
1970年3月	(株)勁草書房を設立
1970年9月	(株)金沢ニューグランドホテルを設立
1973年3月	(株)大和カーネーションサークルを設立
1975年12月	(株)レストランダイワを設立
1985年9月	(株)ディー・アンド・シーを設立
1985年9月	(株)大和服飾研究所を設立(後清算)

1539　(株)大和コンピューター
[証券コード]3816
[上場区分]ジャスダックスタンダード

1977年6月	(株)大和コンピューターを設立
2000年6月	アイ・アンド・コム(株)(大阪)を設立(後：アイ・アンド・コム(株)(沖縄))
2000年6月	アイ・アンド・コム(株)(東京)を設立(後：アイ・アンド・コム(株)(沖縄))
2000年12月	アイ・アンド・コム(株)(沖縄)を設立
2006年4月	i and com. Co., Ltd.を設立
2011年2月	フィットネス・コミュニケーションズ(株)を子会社化(後：(株)フィット・コム)

1540　大和自動車交通(株)
[証券コード]9082
[上場区分]東証二部

1939年9月	中野相互自動車(株)を、戦時企業統合令による12社の企業合同で設立
1945年9月	大和自動車交通(株)に社名変更
1949年6月	興産自動車(株)を設立(後：大和物産(株))
1965年2月	大和自動車(株)を設立
1966年10月	山梨鈴木シャタァ工業(株)を設立(後：大和工機(株))
1966年10月	大和自動車整備(株)を設立
1967年6月	(株)大和自動車教習所を設立
1968年8月	(株)スリーディ開発を設立
2014年4月	大和自動車交通羽田(株)と大和自動車交通江東(株)と大和自動車交通立川(株)を設立
2015年4月	大和自動車交通ハイヤー(株)を設立

1541　大和重工(株)
[証券コード]5610
[上場区分]東証二部

1920年3月	瀬良商工(株)を設立
1926年11月	住野鋳造所を吸収合併
1939年11月	大和(やまと)重工(株)に社名変更
1944年7月	(株)観音鋳造所を吸収合併し大和(やまと)重工業(株)に社名変更
1950年8月	大和商事を合併
1951年10月	大和(だいわ)重工(株)に社名変更

1542　大和ハウス工業(株)
[証券コード]1925
[上場区分]東証一部

1955年4月	〈旧1〉大和ハウス工業(株)を設立
1959年6月	大和工商(株)を設立(後：大和工商リース(株))
1959年8月	大和梱包(株)を設立(後：大和物流(株))
1962年12月	〈旧2〉大和ハウス工業(株)を株式額面変更のために吸収合併し大和ハウス工業(株)に社名変更
1971年4月	ダイワ住宅機器(株)を設立(後：ダイワラクダ工業(株))
1978年2月	日本住宅流通(株)を設立
1979年3月	(株)転宅便を設立(後：(株)ダイワサービス)
1986年1月	大和情報サービス(株)を設立
1989年11月	大和リビング(株)を設立
1991年4月	アールアンドディープランニング(株)を設立(後：ダイワロイヤル(株))
2001年4月	大和団地(株)と合併し大和ハウス工業(株)に社名変更
2004年4月	ロイヤルホームセンター(株)を設立
2006年8月	大和リース(株)と(株)デザインアークと大和物流(株)を完全子会社化
2009年9月	大和ライフネクスト(株)を完全子会社化

〈大和団地系〉

1961年6月	〈旧1〉大和ハウス工業(株)の子会社化し〈旧〉大和団地(株)を設立
1965年4月	大和団地(株)に額面変更のため合併され社名変更
1983年7月	(株)寿恵会を設立
1984年5月	(株)アローエースを設立
1987年3月	(株)メッツエースを設立
1987年12月	(株)タートルエースを設立
1988年4月	(株)甲賀エースを設立
1989年1月	(株)奈良エースを設立
1991年4月	アールアンドディープランニング(株)を設立(後：ダイワロイヤル(株))
2001年4月	大和団地(株)と合併

1543　ダイワボウホールディングス(株)
[証券コード]3107
[上場区分]東証一部

1941年5月	錦華紡績(株)と日出紡織(株)と出雲製織(株)と和歌山紡織(株)が合併し大和紡績(株)を設立
1942年12月	大和工業(株)を設立
1944年1月	大和工業(株)に社名変更
1946年6月	大和紡績(株)に社名変更
1949年7月	大和機械工業(株)を設立
1951年3月	島根レーヨン(株)を合併
1964年9月	大和紡観光(株)を設立
1973年6月	大和紡興産(株)を設立
1978年6月	ソーラー産業(株)を設立
1982年4月	ダイワボウ情報システム(株)とダイワボウアパレル(株)とダイワボウ益田(株)を設立
1988年2月	ダイワボウレーヨン(株)を設立
1989年3月	ダイワボウ・クリエイト(株)を設立
1992年10月	ダイワゴム(株)を吸収合併
1994年3月	ダイワボウポリテック(株)を設立

2002年1月	ダイワボウアドバンス（株）を設立
2002年9月	ダイワボウマテリアルズ（株）を設立
2005年11月	大和紡工業（蘇州）有限公司を設立
2005年12月	ダイワボウアソシエ（株）を設立
2007年1月	P.T.Daiwabo Sheetec Indonesiaを設立
2009年7月	ダイワボウホールディングス（株）に社名変更
2009年7月	大和紡績（株）を設立
2012年3月	Daiwabo Hong Kong Co., Limitedを設立
2012年12月	P.T.Daiwabo Nonwoven Indonesiaを設立

1544　大和冷機工業（株）
[証券コード]6459
[上場区分]東証一部

1958年2月	大和冷機工業所を設立
1962年11月	大和冷機工業（株）に社名変更
2013年1月	（株）トーニチを吸収合併

1545　（株）タウンニュース社
[証券コード]2481
[上場区分]ジャスダックスタンダード

1977年7月	〈旧〉（株）タウンニュース社を設立
1980年8月	セントラル印刷（株）を設立
1982年7月	〈旧〉（株）タウンニュース社が解散しセントラル印刷（株）がその営業を譲受
1982年10月	（株）タウンニュース社に社名変更
2012年1月	（株）タウンニュース・ロコを設立
2013年4月	タウンニュース・エンターテイメント（株）を設立

1546　田岡化学工業（株）
[証券コード]4113
[上場区分]東証二部

1919年4月	田岡商店を設立
1934年10月	田岡染料製造（株）に社名変更
1944年11月	田岡合成工業（株）に社名変更
1946年4月	田岡染料製造（株）に社名変更
1972年1月	田岡化学工業（株）に社名変更
1977年	（株）田岡化学分析センターを設立
1978年	豊中包装（株）を設立
1986年	田岡サービス（株）を設立
2000年	三建化工（株）と合併
2002年8月	アナボンド タオカ インド プライベート リミテッドを設立（後：タオカ ケミカル インド プライベート リミテッド）
2002年8月	田岡（天津）有機化学有限公司を設立（後清算）
2013年1月	タオカ ケミカル シンガポール プライベート リミテッドを設立
2013年2月	田岡播磨ジェネラルサービス（株）を設立

1547　高木証券（株）
[証券コード]8625
[上場区分]東証二部

1873年	高木両替店を設立
1918年11月	（株）高木商店に社名変更
1944年4月	高木証券（株）に社名変更
1964年12月	東京昭和証券（株）を合併
1989年10月	（株）高木エステートを設立（後：高木ビジネスサービス（株））

1548　（株）タカギセイコー
[証券コード]4242
[上場区分]ジャスダックスタンダード

1931年4月	高木漆器店を開業
1946年3月	高木製作所を創立
1959年8月	（株）高木製作所を設立
1962年10月	東高プラスチックを設立（後：サンケイゴルフ製造（株））
1965年7月	（株）サンケイゴルフを設立
1965年7月	高木ソリッド（株）を設立（後：タカギ成機（株））
1967年11月	高木化成（株）を設立（後：（株）大阪セイコー）
1972年10月	（株）東北タカギを設立（後：（株）東北セイコー）
1974年6月	（株）タカギ化工を設立（後：（株）福光セイコー）
1977年3月	中部ボビン（株）を設立（後：（株）岡崎セイコー）
1980年10月	（株）シンコー化成を設立（後：（株）信州セイコー）
1982年3月	（株）テー・ケイ化成を設立
1986年4月	（株）タカギセイコーに社名変更
1993年3月	（株）氷見セイコーと（株）福光セイコーと（株）東北セイコーと（株）信州セイコーと（株）大阪セイコーを吸収合併
1993年9月	（株）テー・ケイ化成を吸収合併
1993年11月	（株）トリニティを設立
1995年2月	高木精工（香港）有限公司を設立
1995年12月	南海華達模具廠との合弁で佛山市南海華達高木模具有限公司を設立
2001年1月	明和産業（株）との合弁で高和精工（上海）有限公司を設立
2002年12月	大連大顕股分有限公司と住友商事プラスチック（株）との合弁で大連大顕高木模具有限公司を設立
2003年10月	PT.サリマルチウタマ社（インドネシア）とプラネット（株）との合弁でPT.タカギ・サリマルチウタマを設立
2004年5月	明和産業（株）との合弁で高和精密模具（上海）有限公司を設立
2005年2月	プラネット（株）との合弁で高木汽車部件（佛山）有限公司を設立
2006年3月	PT.タカギ・サリマルチウタマと住友商事ケミカル（株）との合弁でPT.TSCマニュファクチュアリング（インドネシア）を設立
2006年5月	バンコク・ダイキャスティング＆インジェクション社（タイ）とスミ・タイ・インターナショナル社（タイ）とタイハタチ社（タイ）との合弁でタイ タカギセイコーカンパニー・リミテッドを設立
2009年10月	高和精密模具（上海）有限公司を吸収合併
2010年10月	明和アペックス（株）を吸収合併
2011年10月	PT.TSCマニュファクチュアリングを吸収合併
2014年4月	高木汽車部件（佛山）有限公司との合弁で武漢塔佳奇汽車部件有限公司を設立

1549　(株)タカキタ
[証券コード]6325
[上場区分]東証二部
- 1945年3月　(株)高北農機製作所を設立
- 1961年9月　高北農機(株)に社名変更
- 1988年1月　(株)タカキタに社名変更
- 1988年10月　(株)サンソーを設立
- 2009年4月　(株)サンソーを吸収合併

1550　(株)タカキュー
[証券コード]8166
[上場区分]東証一部
- 1950年6月　(株)高久を設立
- 1981年10月　(株)メルスを設立
- 1984年5月　(株)タカキューに社名変更
- 1986年4月　(株)ムービンを設立(後清算)
- 1988年3月　テイエムエムサービス(株)を設立

1551　高砂香料工業(株)
[証券コード]4914
[上場区分]東証一部
- 1920年2月　高砂香料(株)を設立
- 1939年7月　高砂化学工業(株)に社名変更
- 1951年8月　高砂香料工業(株)に社名変更
- 1952年10月　南海果工(株)を設立
- 1977年1月　高栄産業(株)を設立
- 1985年9月　高砂フードプロダクツ(株)を設立
- 1986年11月　(有)高砂インターナショナルコーポレーションを設立
- 1992年1月　Takasago Europe G.m.b.H.を設立
- 2004年11月　高砂香料(広州)有限公司を設立
- 2013年7月　高砂香料西日本工場(株)を設立

1552　高砂鐵工(株)
[証券コード]5458
[上場区分]東証二部
- 1923年11月　高砂工業(株)の鉄鋼部門が分離独立し高砂鐵工(株)を設立
- 1925年2月　東京鋼帯工業(株)を合併
- 1951年11月　高砂チェン(株)を設立(後清算)
- 1954年3月　(株)高砂製作所を設立
- 1990年10月　(株)タカテツ機器開発を設立
- 2003年7月　高砂加工販売(株)を吸収合併

1553　高砂熱学工業(株)
[証券コード]1969
[上場区分]東証一部
- 1923年11月　高砂工業(株)の暖房工事部を継承し高砂煖房工事(株)を設立
- 1943年7月　高砂熱学工業(株)に社名変更
- 1943年8月　高砂化工機(株)を設立(後解散)
- 1972年3月　日本開発興産(株)を設立
- 1972年4月　日本ピーマック(株)を設立
- 1972年9月　日本エスエフ(株)を設立(後:日本フレクト(株))
- 2000年3月　高砂メンテナンス(株)を設立(後:高砂丸誠エンジニアリングサービス(株))
- 2003年7月　高砂建築工程(北京)有限公司を設立
- 2005年4月　タカサゴシンガポールPte.Ltd.を設立
- 2007年4月　タカサゴベトナムCo., Ltd.を設立
- 2012年11月　タカサゴエンジニアリングインディアPvt.Ltd.を設立
- 2013年11月　PT.タカサゴインドネシアを設立
- 2015年2月　タカサゴエンジニアリングメキシコ,S.A. DE C.V.を設立

1554　高島(株)
[証券コード]8007
[上場区分]東証一部
- 1915年10月　(名)高島屋商店を設立
- 1918年10月　(資)高島屋商店に改組
- 1931年12月　〈旧〉(株)高島屋商店に社名変更
- 1938年3月　東洋化工織布(株)を設立
- 1939年7月　高島屋工業(株)に社名変更
- 1939年7月　(株)高島屋商店を設立
- 1949年10月　高島(株)に社名変更
- 1967年6月　明正興産(株)を設立
- 2004年4月　TAKグリーンサービス(株)を設立
- 2004年10月　タカシマパッケージングジャパン(株)を設立(後:Tメディカルパッケージ(株))
- 2005年9月　ハイランドテクノ(株)を設立
- 2010年6月　(株)Tメディカルサービスを設立

1555　(株)高島屋
[証券コード]8233
[上場区分]東証一部
- 1831年1月　(個)たかしまやを設立
- 1909年12月　高島屋飯田(名)に社名変更(後解散)
- 1919年8月　(株)高島屋呉服店を設立
- 1919年9月　高島屋飯田(名)より呉服事業を譲受
- 1930年12月　(株)高島屋に社名変更
- 1939年6月　(株)高島屋工作所を設立(後:高島屋スペースクリエイツ(株))
- 1944年3月　(株)宝屋を設立(後:(株)グッドリブ)
- 1945年9月　第五丸高食品(株)と第二丸高食品(株)と丸高食品(株)と(株)丸高を合併
- 1960年12月　高島屋日発工業(株)を設立
- 1963年12月　東神開発(株)を設立
- 1973年8月　(株)高島屋友の会を設立
- 1986年8月　高島屋クレジット(株)を設立
- 1990年9月　(株)関東高島屋を吸収合併
- 1995年　(株)横浜高島屋と(株)岐阜高島屋と(株)泉北高島屋と(株)岡山高島屋と(株)米子高島屋を合併
- 2003年9月　(株)米子高島屋を設立
- 2004年4月　(株)岡山高島屋を設立
- 2004年4月　(株)岐阜高島屋を設立
- 2004年4月　(株)高崎高島屋を設立
- 2009年2月　上海高島屋百貨有限公司を設立

1556　(株)タカショー
[証券コード]7590
[上場区分]ジャスダックスタンダード
- 1935年　(個)高岡正一商店を設立
- 1980年8月　(株)タカショーに社名変更
- 1985年4月　ガーデンクリエイト(株)を設立
- 1985年9月　奈良ガーデンクリエイト(株)を設立(後:ガーデンクリエイト(株))
- 1992年1月　徳島ガーデンクリエイト(株)を設立
- 1995年1月　天津高秀国際工貿有限公司を設立
- 1996年8月　広東高秀花園製品有限公司を設立
- 1997年9月　(株)青山ガーデンを設立
- 1999年6月　(株)日本インテグレートを設立
- 1999年8月　(有)タカショーヨーロッパを設立
- 2000年3月　(株)タカショーノースアメリカを設立

2002年6月	（後清算）上海高秀園芸建材有限公司を設立	
2004年8月	タカショーコリア（有）を設立	
2004年11月	（株）タカショーデジテックを設立	
2005年4月	満洲里高秀木業有限公司を設立	
2005年4月	佛山市南方高秀花園製品有限公司を設立	
2008年12月	トーコー資材（株）を設立	
2009年6月	（株）エンサイドデザインを設立	
2009年7月	タカショーオーストラレイジア（株）を設立	
2009年8月	浙江東陽高秀花園製品有限公司を設立	
2009年11月	江西高秀進出口貿易有限公司を設立	
2010年4月	浙江正特高秀園芸建材有限公司を設立	
2010年6月	九江高秀園芸製品有限公司を設立	
2012年2月	デジライト販売（株）を設立	
2013年12月	（株）ガーデンクリエイト関東を設立	

1557 **タカセ（株）**
［証券コード］9087
［上場区分］ジャスダックスタンダード

1922年2月	（株）高瀬組を設立
1963年6月	**高瀬運輸**に社名変更
1968年7月	（株）タカセディストリビューションシステムを設立
1971年2月	タカセ陸送（株）を設立（後：（株）タカセ運輸集配システム）
1981年11月	（株）タカセディストリビューションシステムを合併し**タカセ（株）**に社名変更
1988年11月	エイワパレット（株）を設立
1996年4月	萬警備保障（株）を設立
1996年9月	咸臨運輸（株）を設立
1997年1月	（株）システム創研を設立
2000年11月	（有）アイティーワークを設立
2003年5月	高瀬物流（上海）有限公司を設立
2004年12月	雅達貨運（中山）有限公司を設立

1558 **タカタ（株）**
［証券コード］7312
［上場区分］東証一部

2004年1月	**タカタ事業企画（株）**を設立
2004年4月	**タカタ（株）**に社名変更
2004年8月	TAKATA-PETRI SIBIU S.R.L.を設立（後：TAKATA Sibiu S.R.L.）
2005年12月	TAKATA（CHANGXING）SAFETY SYSTEMS CO., LTD.を設立
2007年6月	TAKATA INDIA PRIVATE LIMITED.を設立
2008年5月	Takata Automotive Electronics (Shanghai) Co., Ltd.を設立
2010年7月	Takata Petri RUS LLCを設立（後：Takata Rus LLC）
2010年11月	PT. TAKATA AUTOMOTIVE SAFETY SYSTEMS INDONESIAを設立
2013年10月	Takata Safety Systems Hungary Kft.を設立

1559 **高田機工（株）**
［証券コード］5923
［上場区分］東証一部

1924年5月	（名）高田兄弟商会を設立
1932年3月	（株）高田鉄骨橋梁製作所を設立
1935年11月	（株）高田鉄骨橋梁製作所と合併し**高田商事（株）**に社名変更
1939年10月	**高田機工（株）**に社名変更
1996年10月	高田エンジニアリング（株）を設立（後解散）

1560 **（株）高田工業所**
［証券コード］1966
［上場区分］東証二部

1940年9月	高田組を設立
1941年2月	**高田工業所**に社名変更
1948年6月	**（株）高田工業所**に改組
1981年9月	高田プラント建設（株）を設立
1982年4月	高田サービス（株）を設立
1982年11月	高田エンジニアリング（株）を設立（後：高田工業所）
1988年4月	テンプスタッフ福岡（株）を設立
1994年12月	（株）タカダインホメックスを設立（後：（株）インフォメックス）
2000年3月	（株）ニューホライズン九州を設立（後：（株）インフォメックス）
2012年12月	タイ・タカダ・カンパニー・リミテッドを設立

1561 **（株）タカチホ**
［証券コード］8225
［上場区分］ジャスダックスタンダード

1949年2月	（株）高千穂ストアーを設立
1963年10月	**（株）タカチホ**に社名変更
1982年2月	（株）たかのを設立（後解散）

1562 **高千穂交易（株）**
［証券コード］2676
［上場区分］東証一部

1952年3月	**高千穂交易（株）**を設立
1965年	（株）シー・エス・シーを設立
1973年	昭和情報機器（株）と千代田情報機器（株）を設立
1996年10月	高千穂ユースウェア（株）を設立（後：（株）ティケーユー）
2001年4月	TAKACHIHO KOHEKI（H.K.）LTD.を設立
2002年10月	高千穂コムテック（株）を設立

1563 **（株）タカトリ**
［証券コード］6338
［上場区分］東証二部

1950年	（株）高鳥機械製作所を設立
1986年10月	**（株）タカトリ**に社名変更
1986年12月	タカトリインテックコーポレーションを設立（後解散）
1992年2月	（株）タカトリハイテックと（株）タカトリセイコーを吸収合併
1993年1月	タカトリ機工（株）と（株）タカトリサービスセンターを吸収合併
2000年4月	台湾高鳥股份有限公司を設立（後解散）
2004年4月	上海高鳥機電科技有限公司を設立（後全持株分譲渡）

1564 **タカノ（株）**
［証券コード］7885
［上場区分］東証一部

1941年7月	鷹野製作所を設立

1953年7月	(株)タカノに社名変更
1968年3月	日光商事(株)を設立(後:(株)ニッコー)
1973年8月	タカノ(株)に社名変更
1979年9月	タカノ機械(株)を設立
1992年4月	タカノ販売(株)を吸収合併
2001年	オプトワン(株)を設立
2005年2月	台湾鷹野股份有限公司を設立
2010年1月	上海鷹野商貿有限公司を設立
2011年8月	香港鷹野国際有限公司を設立

1565　高橋カーテンウォール工業(株)
[証券コード]1994
[上場区分]ジャスダックスタンダード

1965年1月	(株)高橋商会を設立
1981年6月	高橋カーテンウォール工業(株)に社名変更
1990年5月	石川島建材工業(株)と共同で出資しアイティープレコン(株)を設立
1995年1月	(株)スパジオを設立
1996年7月	(株)タラソシステムジャパンを設立
1996年9月	(株)アシェルを設立
2005年7月	(株)タカハシテクノを設立
2007年3月	(株)エスピーを設立(後:(株)スパジオ)
2010年5月	(有)ティーケー興産を吸収合併

1566　高松機械工業(株)
[証券コード]6155
[上場区分]東証二部

1948年9月	(個)高松鉄工所を設立
1961年7月	高松機械工業(株)を設立
1996年2月	TAKAMATSU MACHINERY U.S.A., INC.を設立
2003年8月	TAKAMATSU MACHINERY (THAILAND) CO., LTD.を設立
2003年9月	独エマグ社と合弁で(株)タカマツエマグを設立
2004年12月	友嘉実業股份有限公司と合弁で杭州友嘉高松機械有限公司を設立
2008年8月	友嘉実業股份有限公司と合弁で(株)エフ・ティ・ジャパンを設立
2009年3月	TAKAMAZ MACHINERY EUROPE GmbHを設立
2010年11月	喜志高松貿易(杭州)有限公司を設立(後:喜志高松機械(杭州)有限公司)
2013年4月	PT.TAKAMAZ INDONESIAを設立
2015年2月	TP MACHINE PARTS CO., LTD.を設立

1567　(株)高松コンストラクショングループ
[証券コード]1762
[上場区分]東証一部

1965年6月	高松建設(株)を設立
1980年11月	(株)日本内装を設立(後:高松建設(株))
1990年10月	高松建設(株)に社名変更
1993年3月	やまと建設(株)(大阪)を設立
1994年4月	(株)高富士を設立(後:(株)(大阪))
1997年4月	やまと建設(株)(東京)を設立
2000年1月	日本オーナーズクレジット(株)を設立
2000年12月	(株)日本建商(東京)を設立
2005年4月	JPホーム(株)を設立
2005年11月	〈新〉(株)金剛組を設立
2008年10月	(株)高松コンストラクショングループに社名変更

1568　(株)高見澤
[証券コード]5283
[上場区分]ジャスダックスタンダード

1951年3月	(株)高見澤商店を設立
1971年3月	(株)高見澤に社名変更
1971年4月	中野陸送(株)と中野砂利採取(株)と千曲生コン(株)と高見澤興産(株)と高見澤商事(株)を吸収合併
1995年11月	中国山東省淄博物資配套股份有限総公司と合弁で淄博高見澤混凝土有限公司を設立
1996年11月	直江津臨港生コン(株)を設立
2012年9月	烟台森浩経貿有限公司と合弁で烟台市長野建材有限公司を設立

1569　(株)高見沢サイバネティックス
[証券コード]6424
[上場区分]ジャスダックスタンダード

| 1969年10月 | (株)高見沢サイバネティックスを設立 |
| 1988年12月 | 浅間エレクラフト(株)を設立(後:(株)高見沢メックス) |

1570　宝印刷(株)
[証券コード]7921
[上場区分]東証一部

1952年	(株)宝商会を設立
1960年4月	宝印刷(株)に社名変更
1967年11月	宝不動産(株)を設立
1983年3月	(株)ワードコンプを設立
1988年6月	宝不動産(株)と(株)ワードコンプを吸収合併
1997年9月	(株)フィナンシャルメディアを設立(後清算)
2007年2月	ディスクロージャー・イノベーション(株)を設立
2015年3月	TAKARA International (Hong Kong) Limitedを設立
2015年3月	仙台宝印刷(株)を設立

1571　タカラスタンダード(株)
[証券コード]7981
[上場区分]東証一部

1912年5月	〈旧〉日本エナメル(株)を設立
1943年4月	日本圧延加工(株)に社名変更
1946年6月	日本エナメル(株)に社名変更
1955年10月	(個)矢田琺瑯製作所を設立(後:タカラホーロー(株))
1962年2月	タカラ販売(株)を設立
1964年2月	企業組合平和ブロック工業を設立
1970年4月	九州タカラ工業(株)を設立
1971年6月	タカラスタンダード(株)に社名変更
1977年10月	大阪住機(株)と九州タカラ工業(株)を吸収合併
1980年7月	ベッカー(株)を設立(後:ティーエス北陸(株))
1982年10月	八幡エナメル(株)を吸収合併
1990年10月	(株)木村製作所を吸収合併
1999年7月	ティーエス精機(株)を吸収合併
1999年7月	ティーエス北陸(株)を吸収合併

2000年9月	ティーエス企画(株)を吸収合併
2001年	タカラ厨房(株)を設立
2005年3月	タカラホーロー(株)を吸収合併
2007年1月	タカラ厨房(株)を吸収合併
2012年4月	シルバー工業(株)を吸収合併
2013年4月	和歌山タカラ工業(株)を吸収合併
2014年7月	高木工業(株)を吸収合併

1572 (株)タカラトミー
[証券コード]7867
[上場区分]東証一部

1953年1月	三陽工業(株)に社名変更
1963年3月	トミー工業(株)に社名変更
1989年3月	(株)トミーに社名変更
1990年1月	トミー興産(株)を設立(後:(株)タカラトミーアイビス)
1994年4月	(株)ユーメイトを設立(後:(株)タカラトミーアーツ)
1996年3月	(株)トミーテックを設立
1996年8月	(株)ユーエースを設立(後:(株)タカラトミーマーケティング)
1996年10月	トミーシステムデザイン(株)を設立(後:(株)タカラトミービジネスサービス)
1998年2月	TOMY Corporationを設立
2001年5月	(株)トミーデベロップメントセンターを設立(後:(株)タカラトミーエンジニアリング)
2001年12月	(株)ハートランドを設立(後:(株)タカラトミーアーツ)
2003年1月	(株)トミーゼネラルサービスを設立(後:(株)タカラトミービジネスサービス)
2004年6月	TOMY (Shenzhen) Ltd.を設立
2004年9月	TOMY (Shanghai) Ltd.を設立
2006年1月	(株)すばる堂を設立(後:(株)タカラトミーアーツ)
2006年3月	(株)タカラを吸収合併し(株)タカラトミーに社名変更

〈タカラ系〉

1953年5月	佐藤加工所を設立
1955年9月	(有)佐藤ビニール工業所に社名変更
1959年6月	(株)佐藤ビニール工業所に改組
1960年7月	(株)宝ビニール工業所に社名変更
1961年2月	(株)タカラビニールに社名変更
1962年11月	(株)タカラに社名変更
1980年4月	(株)エリカを吸収合併
1981年10月	(株)タカラ工業を吸収合併
1988年10月	ベスト玩具(株)と(株)コスモと(株)大正洋行と(株)セブンを吸収合併
1991年4月	(株)オーヒラと(株)タカラ倉庫運輸を吸収合併
1992年4月	(株)タカラアミューズメントを設立
2000年2月	タカラモバイルエンタテインメント(株)を設立
2000年8月	タカラプリスクール(株)を設立
2000年11月	日本アニメーション(株)と(株)アガツマと(株)エポック社と共同で出資し日本アニメディア(株)を設立
2002年2月	チョロキューモーターズ(株)を設立

1573 タカラバイオ(株)
[証券コード]4974
[上場区分]東証マザーズ

2002年2月	寶酒造(株)のバイオ事業を継承しタカラバイオ(株)を設立
2002年10月	ドラゴン・ジェノミクス(株)を吸収合併
2003年8月	タカラアグリ(株)を吸収合併
2004年1月	Takara Mirus Bio, Inc.を設立(後:Clontech Laboratories, Inc.)
2004年1月	宝日医生物技術(北京)有限公司を設立
2005年7月	Takara Bio USA Holdings Inc.を設立
2007年1月	(株)きのこセンター金武を設立
2011年5月	DSS Takara Bio India Private Limitedを設立

1574 宝ホールディングス(株)
[証券コード]2531
[上場区分]東証一部

1925年9月	四方(名)を吸収合併し寶酒造(株)を改組設立
1926年11月	帝国酒蔵(株)を合併
1929年6月	大正製酒(株)を合併
1929年9月	(株)鞆保命酒屋を合併
1939年1月	日本酒蔵(株)を合併
1944年	寶酒精(株)に社名変更
1945年9月	寶酒造(株)に社名変更
1947年9月	旭酒造(株)と日本酒精(株)を吸収合併
1952年11月	中央酒類(株)を吸収合併
1964年9月	摂津酒造(株)と本辰酒造(株)を吸収合併
2002年4月	宝酒造(株)とタカラバイオ(株)を分割し宝ホールディングス(株)に社名変更
2006年9月	宝ヘルスケア(株)を設立

1575 (株)タカラレーベン
[証券コード]8897
[上場区分]東証一部

1972年9月	(株)宝工務店を設立
2000年10月	(株)タカラレーベンに社名変更
2001年12月	(株)タフコを設立
2004年11月	(株)アズパートナーズを設立
2013年10月	タカラアセットマネジメント(株)を設立
2013年10月	タカラ投資顧問(株)を設立

1576 瀧上工業(株)
[証券コード]5918
[上場区分]東証二部

1937年1月	瀧上鉄骨鉄筋工業(株)を設立
1939年11月	瀧上工業(株)に社名変更
1941年5月	(株)瀧上工作所を設立
1953年6月	丸定産業(株)を設立
1960年6月	瀧上精機工業(株)を設立
1961年2月	丸定運輸(株)を設立
1965年4月	瀧上建設興業(株)を設立
1968年9月	丸定鋼業(株)を設立
1969年12月	中部レベラー鋼業(株)を設立
1975年6月	富川鉄工(株)を設立

1577 (株)滝澤鉄工所
[証券コード]6121
[上場区分]東証一部

| 1922年8月 | 瀧澤鐵工所を設立 |
| 1935年4月 | (名)瀧澤鐵工所を設立 |

1944年10月	(株)滝澤鉄工所に改組
1971年11月	滝沢鉄工テクノサービス(株)を設立
1976年10月	滝澤電気工業(株)と新東産業(株)を吸収合併
2003年2月	滝沢鉄工テクノサービス(株)を吸収合併
2003年2月	滝沢鉄工テクノサービス(株)を設立
2009年4月	滝澤商貿(上海)有限公司を設立
2009年7月	(株)カスケードを吸収合併
2011年2月	PT.TAKISAWA INDONESIAを設立
2012年4月	滝沢鉄工テクノサービス(株)を吸収合併
2012年12月	滝澤机床(上海)有限公司を設立
2013年1月	Takisawa Tech Corp.を設立

1578 滝沢ハム(株)
[証券コード]2293
[上場区分]ジャスダックスタンダード

1950年12月	(株)滝沢商店を設立
1966年3月	滝沢ハム(株)に社名変更
1983年3月	(株)テルマンフーズを設立
1988年10月	(株)泉川運輸を吸収合併
2010年3月	(株)菖蒲フーズを吸収合併

1579 タキヒヨー(株)
[証券コード]9982
[上場区分]東証一部

1751年5月	(個)絹屋兵右衛門を創業
1912年11月	(株)滝兵商店に社名変更
1943年7月	瀧兵(株)に社名変更
1956年1月	瀧兵被服工業(株)を設立(後:ティー・ティー・シー)
1967年3月	(株)中部流通センターを設立
1967年12月	タキヒヨー(株)に社名変更
1973年4月	(株)タキヒヨー北陸センターを設立(後:ティー・ティー・シー(株))
1985年3月	(株)東京タキヒヨー商品センターを設立(後:(株)タキヒヨー・オペレーション・プラザ)
1987年2月	(株)タキヒヨー滋賀センターを設立(後:ティー・ティー・シー(株))
1991年3月	(株)タキヒヨー・オペレーション・プラザを設立
1997年12月	ティー・エフ・シー(株)を設立
2008年2月	タキヒヨー(上海)貿易有限公司を設立
2014年12月	(株)マックスアンドグローイングを吸収合併

1580 タキロン(株)
[証券コード]4215
[上場区分]東証一部

1919年10月	(個)滝川セルロイド工業所を設立
1935年12月	〈旧〉滝川セルロイド(株)に社名変更
1944年2月	滝川工業(株)に社名変更
1951年7月	滝川セルロイド(株)に社名変更
1959年8月	タキロン化学(株)に社名変更
1963年11月	東京タキロン(株)を設立
1965年11月	大洋化成(株)を吸収合併
1970年5月	東京タキロン(株)を吸収合併
1973年11月	タキロン(株)に社名変更
1991年2月	北海産資(株)を設立(後解散)
1996年3月	上海龍徳塑料有限公司を設立(後:上海他喜龍塑料有限公司)
2002年8月	PT.TAKIRON INDONESIAを設立
2007年1月	タキロンポリマー(株)を設立
2007年4月	タキロンKCホームインプルーブメント(株)を設立
2014年3月	他喜龍塑料(常州)有限公司を設立

1581 (株)タクマ
[証券コード]6013
[上場区分]東証一部

1936年6月	(個)田熊常吉研究所を設立
1937年7月	(株)田熊研究所に社名変更
1938年12月	田熊汽罐製造(株)と合併し田熊汽罐製造(株)に社名変更
1940年	田熊汽力工事(株)を設立
1972年6月	(株)タクマに社名変更
1973年3月	(株)近畿サニタリー・メンテナンスを設立(後:(株)タクマテクノス)
1974年2月	(株)関東サニタリー・メンテナンスを設立(後:(株)タクマテクノス)
1975年4月	(株)北海道サニタリー・メンテナンスを設立
1987年10月	(株)北海道タクマ環境サービスを設立(後:(株)タクマテクノス北海道)
1988年1月	台湾田熊股份有限公司を設立(後:臺田環工股份有限公司)
1994年4月	タクマシステムコントロール(株)を設立
1999年4月	カンポリサイクルプラザ(株)を設立
2000年4月	(株)環境ソルテックを設立
2002年8月	SIAM TAKUMA CO., Ltd.を設立
2004年1月	長泉ハイトラスト(株)を設立
2004年8月	藤沢ハイトラスト(株)を設立
2006年4月	いわて県北クリーン(株)を設立
2009年2月	ひたちなか・東海ハイトラスト(株)を設立
2009年4月	田熊プラント(株)を吸収合併
2010年6月	阿南ハイトラスト(株)を設立

1582 (株)タクミナ
[証券コード]6322
[上場区分]東証二部

1977年4月	日本フィーダー工業(株)を設立
1991年5月	日本フィーダー産業(株)を吸収合併
1993年10月	(株)タクミナに社名変更
2012年1月	TACMINA KOREA CO., LTD.を設立
2014年2月	TACMINA USA CORPORATIONを設立

1583 (株)竹内製作所
[証券コード]6432
[上場区分]東証一部

1963年8月	(株)竹内製作所を設立
1979年2月	TAKEUCHI MFG.(U.S.), LTD.を設立
1996年10月	TAKEUCHI MFG.(U.K.) LTD.を設立
2000年5月	TAKEUCHI FRANCE S.A.S.を設立
2005年4月	竹内工程機械(青島)有限公司を設立

1584 (株)タケエイ
[証券コード]2151
[上場区分]東証一部

1977年3月	武栄建設興業(株)を設立
1988年10月	(株)タケエイに商号変更
2006年8月	(株)門前クリーンパークを設立
2007年9月	(株)グリーンアローズホールディングスを設立
2008年2月	(株)タケエイパークゴルフマネジメントを設立(後消滅)
2013年4月	(株)津軽バイオマスエナジーを設立
2014年8月	(株)グリーンアローズ東北を設立
2014年10月	(株)花巻バイオマスエナジーを設立
2014年12月	ヴェオリア・ウォーター・ジャパン(株)と資本業務提携し(株)T・Vエナジーホールディングスと(株)V・Tエナジーマネジメントを設立
2015年2月	花巻バイオチップ(株)を設立

1585　竹田印刷(株)
[証券コード]7875
[上場区分]名証二部

1946年11月	竹田精版印刷(株)を設立
1950年8月	竹田印刷(名)と合併し**竹田印刷(株)**に社名変更
1964年10月	竹田印刷(株)(東京)を設立
1967年11月	(株)風光企画を設立
1986年12月	フォックスにじゅういち(株)を設立
1991年4月	竹田印刷(株)(東京)を吸収合併
1992年4月	(株)〈旧〉光文堂を吸収合併
2003年10月	上海竹田包装印務技術有限公司を設立
2005年7月	大連光華軟件技術有限公司を設立
2007年12月	リントメディア(株)を設立
2009年4月	(株)かみたにを吸収合併
2010年8月	(株)千代田グラビヤと共同で(株)千代田プリントメディアを設立
2011年10月	(株)プロセス・ラボ・ミクロンと共同で竹田ミクロン(株)を設立

1586　タケダ機械(株)
[証券コード]6150
[上場区分]ジャスダックスタンダード

1971年6月	(株)竹田機械製作所を設立
1990年6月	竹田機械販売(株)を吸収合併し**タケダ機械(株)**に社名変更
2000年5月	(株)タケダテクニカルを吸収合併

1587　武田薬品工業(株)
[証券コード]4502
[上場区分]東証一部

1781年6月	(個)近江屋長兵衛を設立
1871年	(個)**武田長兵衛商店**に社名変更
1918年7月	(資)武田薬品試験所と共同で出資し武田製薬(株)を設立
1922年6月	武田化学薬品(株)を設立
1925年1月	武田製薬(株)を合併し(株)**武田長兵衛商店**に社名変更
1943年8月	**武田薬品工業(株)**に社名変更
1944年7月	小西薬品(株)とラヂウム製薬(株)を合併
1962年8月	台湾武田 Ltd.を設立
1985年5月	米国アボット・ラボラトリーズと合弁でTAPファーマシューティカルズ(株)を設立(後：TAPファーマシューティカル・プロダクツ(株))
1993年3月	タケダ・アメリカ(株)を設立(後：武田アメリカ・ホールディングス Inc.)
1997年10月	武田アイルランド Limitedを設立
1998年5月	武田ファーマシューティカルズ・アメリカ(株)を設立(後：武田ファーマシューティカルズUSA Inc.)
1998年9月	武田欧州研究開発センター(株)を設立(後：欧州武田開発センター Ltd.)
2004年1月	武田グローバル研究開発センター Inc.を設立(後：米州武田開発センター Inc.)
2006年8月	武田ファーマシューティカルズ・ヨーロッパ Limitedを設立
2008年9月	武田クリニカル・リサーチ・シンガポール(株)を設立(後：アジア武田開発センター Pte. Ltd.)

1588　(株)竹中工務店

1610年	(個)大隅屋を初代竹中藤兵衛正高が名古屋で創業
1909年5月	(名)竹中工務店を14代竹中藤右衛門が神戸に進出し創立
1937年7月	(株)**竹中工務店**に改組
1938年1月	(名)竹中工務店を吸収合併
1939年7月	(株)竹中製作所を設立
1947年9月	中外林業(株)を設立
1947年9月	明和鉄工(株)を設立(後：大阪鉄工(株))
1951年1月	(株)東京貿易会館を設立(後：(株)TAKリアルティ)
1969年3月	朝日建物企業(株)を設立(後：(株)アサヒファシリティズ)
2010年4月	(株)TAKリアルティを吸収合併

1589　(株)たけびし
[証券コード]7510
[上場区分]東証一部

1926年4月	九笹商業(株)を設立
1931年3月	(株)竹菱電機商会に社名変更
1943年11月	**竹菱電機(株)**に社名変更
1969年8月	竹菱冷暖房サービス(株)を設立(後：(株)竹菱テクノス)
1992年4月	竹菱興産(株)を設立
1996年5月	竹菱香港有限公司を設立
2006年2月	竹菱(上海)電子貿易有限公司を設立(後：竹菱香港有限公司)
2006年10月	(株)**たけびし**に社名変更
2014年1月	TAKEBISHI (THAILAND) CO., LTD.を設立
2014年12月	TAKEBISHI EUROPE B.V.を設立

1590　竹本容器(株)
[証券コード]4248
[上場区分]東証二部

1953年5月	**竹本容器(株)**を設立
1988年10月	(株)プラスコを設立(後：(株)共栄プラスコ)
1990年8月	(株)竹本総合計画を設立(後：(株)共栄プラスコ)
1996年1月	上海竹本容器包装有限公司を設立
1997年1月	(株)ジェイ・プラを設立
1999年1月	(株)竹本総合計画と(株)プラスコが合併し(株)共栄プラスコを設立
2004年5月	竹本容器(昆山)有限公司を設立

1591　(株) TASAKI
[証券コード] 7968
[上場区分] 東証一部

1956年10月	(有) 田崎真珠商会を設立
1959年12月	田崎真珠 (株) に社名変更
1969年4月	あこや商事 (株) を設立
1975年4月	(株) 田崎マベパールを設立
1979年9月	(有) 田崎真珠養殖所と濱口真珠 (株) を吸収合併
1986年11月	(株) 田崎マベパールを吸収合併
1987年11月	(有) 奄美真珠母貝養殖所を設立
1990年3月	(有) あこや真珠母貝養殖所を設立
1990年10月	(株) 田崎運輸サービスを設立
1992年4月	(株) アコヤ興産を設立
1995年3月	亜細亜田崎真珠股份有限公司を設立 (後：田崎股份有限公司)
1995年6月	上海田崎真珠有限公司を設立 (後：田崎珠宝 (上海) 有限公司)
1997年1月	Tasaki U.S.A. Inc.を設立 (後清算)
2001年7月	MYANMAR TASAKI CO., LTD.を設立
2003年2月	Tasaki Euro N. V.を設立 (後清算)
2007年5月	TASAKI KOREA Co., Ltd.を設立
2012年2月	(株) TASAKIに社名変更
2014年2月	TASAKI FRANCE S.A.S.を設立

1592　(株) ダスキン
[証券コード] 4665
[上場区分] 東証一部

1963年2月	(株) サニクリーンを設立
1964年6月	(株) ダスキンに社名変更
1990年4月	(株) アガと合併
1990年4月	(株) アガ コスメティックスを設立
1991年5月	(株) どんを設立
1994年11月	統一超商股份有限公司と合弁で楽清服務股份有限公司を設立
2004年8月	統一超商股份有限公司と合弁で統一多拿滋股份有限公司を設立
2005年11月	楽清香港有限公司 (DUSKIN HONG KONG COMPANY LIMITED) を設立
2006年8月	MISTER DONUT KOREA CO., LTD.を設立
2006年11月	三井物産 (株) と楽清服務股份有限公司と合弁で楽清 (上海) 清潔用具租賃有限公司を設立
2011年10月	(株) ダスキンサーヴ近畿を設立
2013年4月	エムディフード (株) を設立

1593　(株) タダノ
[証券コード] 6395
[上場区分] 東証一部

1919年8月	(個) 多田野鉄工所を設立
1948年8月	(株) 多田野鉄工所に改組
1973年9月	タダノエンタープライズ (株) を設立
1983年3月	タダノ北陸販売 (株) を設立
1985年1月	(株) 四国特装を設立
1985年7月	タダノ産業 (株) を設立
1989年5月	(株) ニューエラーを設立
1989年5月	四国機工 (株) を設立
1989年7月	(株) タダノに社名変更
1990年10月	国際機械商事 (株) を設立
2000年4月	協和興業 (株) を設立
2008年12月	タダノ・アメリカ・ホールディングス Inc.を設立
2012年4月	タダノ・タイランドCo., Ltd.を設立

1594　(株) タチエス
[証券コード] 7239
[上場区分] 東証一部

1954年4月	立川スプリング (株) を設立
1961年4月	立川発条 (株) を設立
1978年9月	名古屋インテリア (株) を吸収合併
1986年4月	(株) タチエスに社名変更
1987年10月	タチエスサービス (株) を設立
2004年4月	(株) TSデザインを設立
2004年9月	タチエス カナダLTD.を設立
2004年10月	タチエス エンジニアリング ヨーロッパS.A.R.L.を設立
2004年11月	広州泰李汽車座椅有限公司を設立
2005年9月	泰極 (広州) 汽車内飾有限公司を設立
2005年12月	タックル シーティング U.S.A.LLCを設立 (後：タチエス オートモーティブ シーティング U.S.A.LLC)
2006年7月	(株) Nui Tec Corporationを設立
2008年6月	武漢泰極江森汽車座椅有限公司を設立
2010年3月	タックル シーティング Thailand Co., Ltd.を設立 (後：タチエス オートモーティブ シーティング (THAILAND) Co., Ltd.)
2010年12月	上海泰極愛思汽車部件有限公司を設立
2011年9月	PT.タチエス インドネシアを設立
2011年9月	タチエス (THAILAND) CO., LTD.を設立
2011年10月	泰極愛思 (広州) 企業管理有限公司を設立 (後：泰極愛思 (広州) 投資有限公司)
2012年1月	浙江泰極愛思汽車部件有限公司を設立
2012年5月	タチエス エンジニアリング ラテンアメリカ S.A. DE C.V.を設立
2012年9月	シーテックス オートモーティブ メキシコ S.A. DE C.V.を設立
2012年9月	タチエス ブラジル Ltda.を設立
2013年7月	襄陽東風李爾泰極愛思汽車座椅有限公司を設立
2013年10月	泰極愛思 (武漢) 汽車内飾有限公司を設立

1595　立川ブラインド工業 (株)
[証券コード] 7989
[上場区分] 東証一部

1938年5月	(名) 立川工業所を設立
1947年10月	立川ブラインド工業 (株) に社名変更
1954年8月	東洋スプリート工業 (株) を吸収合併
1968年1月	日本内装材工業 (株) を吸収合併
1984年12月	立川装備 (株) を設立
1988年10月	立川布帛工業 (株) を設立
1990年12月	富士電送機 (株) と共同でティーエフサービス (株) を設立 (後：タチカワサービス (株))
1991年2月	滋賀立川布帛工業 (株) を設立
1991年8月	(株) タチカワシルキーハウスを設立

2005年4月 | Takemoto Packaging Inc.を設立
2005年5月 | (株) ジェイ・トムを設立 (後吸収合併)
2011年6月 | 大阪ブロー成型 (株) を設立 (後吸収合併)

1991年11月	(株)立川技術工作所を設立(後:タチカワサービス(株))
1994年7月	タチカワトレーディング(株)を設立
2002年7月	立川窓飾工業(上海)有限公司を設立

1596　(株)立花エレテック
[証券コード]8159
[上場区分]東証一部

1921年9月	立花商会を設立
1931年2月	(資)立花商会に改組
1948年7月	(株)立花商会に改組
2001年9月	(株)立花エレテックに社名変更
2003年	アドバンストロジスティクス(株)を設立
2003年	(株)立花マネジメントサービスを設立
2012年3月	立花オーバーシーズホールディングス社を設立
2012年12月	(株)立花デバイスコンポーネントを設立

1597　TAC(株)
[証券コード]4319
[上場区分]東証一部

1980年12月	TAC(株)を設立
1988年3月	タック(株)に社名変更
1993年9月	福岡ティー・エー・シー(株)を設立
2001年5月	(株)TACキャリアサポートを設立(後:(株)TACプロフェッションバンク)
2002年4月	福岡ティー・エー・シー(株)を吸収合併
2002年6月	TAC(株)に社名変更
2005年1月	泰克現代教育(大連)有限公司を設立
2008年2月	(株)日本アンダーライター・アカデミーを設立(後:(株)LUAC)
2011年4月	(株)TACグループ出版販売を設立
2011年8月	太科信息技術(大連)有限公司を設立
2012年5月	(株)プロフェッションネットワークを設立
2012年6月	空橋克拉伍徳信息技術服務(大連)有限公司を設立
2012年12月	(株)TAC総合管理を設立
2013年5月	(株)オンラインスクールを設立
2014年12月	(株)TAC医療事務スタッフを設立

1598　タツタ電線(株)
[証券コード]5809
[上場区分]東証一部

1943年1月	(名)豆陽金属工業所を設立
1945年9月	東洋伸銅(株)を合併し(株)豆陽金属工業所に改組
1946年2月	タツタ産業(株)に社名変更
1946年12月	タツタ伸銅(株)に社名変更
1948年7月	タツタ電線(株)に社名変更
1949年3月	タツタ興業(株)を設立
1949年10月	大阪電線工業(株)を合併
1950年4月	タツタバルブ(株)を設立
2002年3月	タツタ システム・エレクトロニクスを設立
2011年3月	常州拓自達恰依納電線有限公司を設立
2011年4月	タツタ商事(株)を吸収合併
2012年11月	TATSUTA ELECTRONIC MATERIALS MALAYSIA SDN. BHD.を設立

1599　(株)タツミ
[証券コード]7268
[上場区分]ジャスダックスタンダード

1951年5月	(株)タツミ製作所を設立
1993年	(株)タツミに社名変更
1998年5月	タツミ・オブ・アメリカ・コーポレーションを設立
2014年1月	ピーティー・タツミ・インドネシアを設立

1600　タツモ(株)
[証券コード]6266
[上場区分]ジャスダックスタンダード

1972年2月	タツモ(株)を設立
2003年1月	TAZMO INC.を設立
2003年4月	上海龍雲精密機械有限公司を設立
2006年11月	大連龍雲電子部件有限公司を設立
2008年6月	TAZMO VIETNAM CO., LTDを設立
2011年7月	TAZMO KOREA CO., LTD.を設立(後解散)

1601　立山アルミニウム工業(株)

1948年10月	立山鋳造(株)を設立
1960年1月	立山アルミニウム工業(株)に社名変更
2002年10月	立山合金工業(株)と合併
2003年12月	三協・立山ホールディングス(株)を持株会社として設立

1602　田中亜鉛鍍金(株)

1971年4月	田中亜鉛鍍金所(株)を設立
1971年5月	田中亜鉛鍍金(株)に社名変更
1980年7月	田中興産(株)を吸収合併
1990年12月	堺田中亜鉛鍍金(株)を吸収合併
1994年4月	大阪ガルバ(株)を吸収合併
1999年4月	横浜ガルバー(株)他と共同で秋田ガルバー(株)を設立

1603　(株)田中化学研究所
[証券コード]4080
[上場区分]ジャスダックスタンダード

1956年12月	田中化学研究所を創立
1957年12月	(株)田中化学研究所を設立
1991年11月	(株)マルロを設立
2012年4月	(株)マルロを吸収合併

1604　田中精密工業(株)
[証券コード]7218
[上場区分]ジャスダックスタンダード

1948年3月	田中製作所として創業
1951年3月	田中金属工業(有)を設立
1955年1月	田中精密(有)に社名変更
1957年10月	田中精密工業(株)に改組
1959年11月	(株)タナカエンジニアリングを設立
1962年3月	田中自動車部品工業(株)を設立
1963年9月	田中プレス工業(株)を設立
1964年8月	田中技研工業(株)を設立
1977年4月	(株)ホンダ自販タナカを設立
1987年3月	(株)田中マシン工業を吸収合併
1994年10月	エフ・ティ・プレシジョン・インコーポレーテッドを設立
1996年9月	タナカ・プレシジョン(タイランド)カンパニーリミテッドを設立
1997年10月	田中部品工業(株)を吸収合併

2011年12月	タナカオートパーツインディア・プライベート・リミテッドを設立
2012年4月	田中自動車部品工業（株）と田中プレス工業（株）と田中技研工業（株）を吸収合併
2013年1月	タナカ・プレシジョン・ベトナム・カンパニーリミテッドを設立
2014年4月	エイシアン・タナカ・バンコク・カンパニーリミテッドを設立

1605　田辺工業（株）
［証券コード］1828
［上場区分］東証二部

1921年	田辺鉄工所を設立
1935年	（資）田辺工作所に社名変更
1951年	（資）田辺工作所を分離し田辺建設（株）に社名変更
1969年2月	田辺建設（株）の機電情報部を分離し田辺工業（株）に社名変更
1983年6月	田辺インターナショナル（株）を設立（後解散）
1996年10月	タナベタイランド社を設立
2010年10月	田工商貿（上海）有限公司を設立
2010年12月	タナベエンジニアリングシンガポール社を設立

1606　田辺三菱製薬（株）
［証券コード］4508
［上場区分］東証一部

1678年	（個）たなべや薬を設立
1933年12月	（株）田邊五兵衛商店に社名変更
1943年8月	田邊製薬（株）に社名変更
1961年6月	田辺製薬（株）に社名変更
1962年9月	台湾田辺製薬股份有限公司を設立
1970年1月	タナベU.S.A.社を設立
1970年7月	タナベ・アバディ社を設立（後：タナベインドネシア社）
1972年12月	タナベ ヨーロッパ社を設立
1987年7月	台田薬品股份有限公司を設立
1990年11月	タナベ リサーチ ラボラトリーズ アメリカ社を設立
1993年10月	天津田辺製薬有限公司を設立
2000年12月	タナベ ホールディング アメリカ社を設立（後：ミツビシ タナベ ファーマ ホールディングス アメリカ社）
2003年12月	タナベ ファーマ デベロップメント アメリカ社を設立
2005年10月	山口田辺製薬（株）を設立
2007年10月	三菱ウェルファーマ（株）と合併し田辺三菱製薬（株）に社名変更

1607　タビオ（株）
［証券コード］2668
［上場区分］東証二部

1977年3月	（株）ダンを設立
1992年4月	協同組合靴下屋共栄会を設立（後：タビオ奈良（株））
1994年8月	丸紅繊維洋品（株）と丸紅（株）と共同出資で上海通暖紅針織有限公司を設立（後清算）
2001年7月	DANSOX UK Co., Ltdを設立（後：Tabio Europe Limited）
2006年9月	タビオ（株）に社名変更
2008年6月	Tabio France S.A.R.L.を設立（後：Tabio France S.A.S.）
2012年6月	Tabio Retail S.A.S.を設立

1608　田淵電機（株）
［証券コード］6624
［上場区分］東証一部

1925年5月	美登里商会を設立
1939年12月	（株）美登里製作所に社名変更
1940年9月	田淵電機（株）に社名変更
1962年9月	岡山電子工業（株）を設立
1962年12月	鳥取電子工業（株）を設立（後解散）
1967年12月	田淵電子工業（株）を設立
1969年8月	熊本電子工業（株）を設立（後解散）
1976年7月	大阪ゼブラ特販（株）を設立
1981年3月	山形田淵電子工業（株）を設立（後：田淵電子工業（株））
1990年5月	西日本電子工業（株）を設立（後解散）
1999年9月	千葉ゼブラ（株）を設立（後解散）
2000年4月	香港田淵電機有限公司を設立
2001年9月	岡山電子工業（株）を吸収合併
2007年9月	ベトナム田淵電機を設立
2012年2月	江西碧彩田淵変圧器有限公司を設立
2012年9月	東莞田淵電機有限公司を設立

1609　（株）WDI
［証券コード］3068
［上場区分］ジャスダックスタンダード

1954年4月	中央興行（株）を設立
1971年7月	（株）日本ダブリュー・ディー・アイに商号変更
1979年9月	WDI Hawaii, Inc.を設立（後：WDI International, Inc.）
1993年12月	Mundy New York, Inc.を設立
1998年4月	（株）ダブリュー・ディー・アイ ホールディングに商号変更
2003年4月	（株）WDIに商号変更
2003年12月	P.T.WDI Indonesiaを設立

1610　WDBホールディングス（株）
［証券コード］2475
［上場区分］東証一部

1985年7月	（株）ワークデータバンクを設立
2001年2月	（株）テディスを設立
2001年12月	研究ネットワーク（株）を設立（後：WDBシステムズ（株））
2002年11月	WDB（株）に商号変更
2004年1月	WDBエウレカ（株）を設立
2004年10月	まだまだ現役（株）を設立（後：理系の転職（株））
2005年5月	理系人（株）とWDB研究分析（株）とWDBドクター・ファーマシスト（株）を設立
2007年7月	（株）ゲノミックブレーンとWDB研究分析（株）を吸収合併
2010年4月	WDBテディス（株）と理系人（株）とWDBドクター・ファーマシスト（株）を吸収合併
2010年4月	WDBメディカル（株）を設立
2010年4月	パートナーズ（株）を設立（後：WDB事業承継パートナーズ（株））
2010年10月	（株）WDB環境バイオ研究所を設立
2011年6月	ポスドクスタイル（株）とWDB独歩

2011年8月	（株）を設立
2011年8月	WDB Singapore Pte. Ltd.を設立
2011年11月	WDB（株）を新設分割し**WDBホールディングス（株）**に純粋持株会社へ移行し商号変更
2012年4月	WDBユニバーシティ（株）を設立
2012年12月	WDB工学（株）を設立

1611　ダブル・スコープ（株）
[証券コード]6619
[上場区分]東証マザーズ

2005年10月	W-ABLE CO., LTDを設立（後：W-SCOPE KOREA CO., LTD.）
2005年10月	**ダブル・スコープ（株）**を設立

1612　（株）多摩川ホールディングス
[証券コード]6838
[上場区分]ジャスダックスタンダード

1968年	（有）多摩川電子を設立
1970年5月	（株）多摩川電子に改組
1987年10月	（株）武川エレクトロニクスを設立
1997年4月	（株）武川エレクトロニクスを吸収合併
2007年10月	〈新〉（株）多摩川電子を新設し（株）**多摩川ホールディングス**に社名変更
2010年2月	バイオエナジー・リソーシス（株）を設立（後清算）
2010年6月	PT. Indonesia Biomass Resourcesを設立
2012年9月	（株）GPエナジーを設立
2013年2月	（株）多摩川ソーラーシステムズを設立（後：（株）多摩川エナジー）

1613　（株）タムラ製作所
[証券コード]6768
[上場区分]東証一部

1924年5月	（個）タムララジオストアーを設立
1939年11月	（株）**タムラ製作所**に社名変更
1958年9月	タムラ化研（株）を設立
1962年10月	若柳電子工業（株）を設立
1969年4月	タムラ精工（株）を設立
1973年1月	（株）東北タムラ製作所を設立
1982年7月	（株）群馬タムラ製作所を設立
1986年4月	（株）タムラ流通センターを設立
1987年6月	鷲津精機（株）を設立
1987年11月	（株）会津タムラ製作所を設立
1987年12月	タムラ電子（株）を設立
1988年1月	（株）タムラ化成を設立
1995年4月	（株）タムラエフエーシステムを設立
1996年4月	（株）タムラネットワークサービスを設立
2001年7月	太平洋田村科技股份有限公司を設立（後：田村科技股份有限公司）
2004年3月	タムラ電子（タイランド）（株）を設立（後：タムラタイランド（株））
2010年4月	（株）タムラエフエーシステムとタムラ精工（株）を吸収合併

1614　（株）タムロン
[証券コード]7740
[上場区分]東証一部

1952年10月	泰成光学工業（株）を設立
1962年7月	和宏光機（株）を設立
1970年4月	（株）**タムロン**に社名変更
1970年7月	泰成光学工業（株）を設立
1971年4月	タムロン商事（株）を設立
1981年1月	泰成光学工業（株）と和宏光機（株）とタムロン商事（株）を吸収合併
1984年2月	（株）オプテック・タムロンを設立
1985年12月	（株）ファイン技研を設立
1991年7月	（株）オプテック・タムロンを吸収合併
1998年7月	ブロニカ（株）を吸収合併
2000年5月	TAMRON France EURL.を設立
2005年10月	タムロン光学上海有限公司を設立
2012年3月	Tamron (Russia) LLC.を設立
2012年5月	TAMRON OPTICAL (VIETNAM) CO., LTD.を設立
2013年3月	TAMRON INDIA PRIVATE LIMITEDを設立

1615　（株）田谷
[証券コード]4679
[上場区分]東証一部

1964年10月	田谷哲哉美容室を創立
1975年9月	（株）ビューティショップ田谷を設立
1983年4月	（株）**田谷**に社名変更
1989年4月	（株）エムズを設立
1995年10月	（株）シー・ビー・ジェイを吸収合併
1999年4月	（株）エバンジェ・タヤを吸収合併

1616　（株）ダルトン
[証券コード]7432
[上場区分]ジャスダックスタンダード

1939年9月	三英製作所を設立
1948年7月	（株）三英製作所に改組
1987年4月	（株）九州ダルトンを設立
1988年1月	（株）**ダルトン**に社名変更
1991年12月	（株）ダルトン工芸センターを設立
1992年4月	（株）東北ダルトンを設立
1992年4月	（株）北海道ダルトンを設立
1998年	（株）テクノパウダルトンを設立
1999年	（株）ダルトンサービスを設立（後：（株）ダルトンメンテナンス）
2005年10月	（株）九州ダルトンを吸収合併
2007年10月	連（株）東北ダルトンを吸収合併
2008年10月	（株）北海道ダルトンを吸収合併

1617　タンガロイ（株）

1934年12月	東京電気（株）と（株）芝浦製作所が共同で出資し**特殊合金工具（株）**を設立
1937年2月	芝浦マツダ工業（株）に吸収合併
1942年10月	東京芝浦電気（株）に吸収合併
1950年2月	東京芝浦電気（株）を吸収合併し**タンガロイ工業（株）**を設立
1958年6月	**東芝タンガロイ（株）**に社名変更
1983年10月	タンガロイ物流（株）を設立
1985年2月	タンガロイ精密（株）を設立
1990年10月	日鐵超硬（株）を設立
2004年4月	NPFティーツー・インベストメント（株）と合併し**タンガロイ（株）**に社名変更
2006年	タンガロイフリクションマテリアルベトナム社を設立
2007年	タンガロイ・チェコ社を設立
2009年	タンガロイ・ブラジル社とタンガロイ・イベリカ社とタンガロイ・スカンジナビア社とタンガロイ・ロシア社とタン

たんとほる

2010年	ガロイ・ポーランド社とタンガロイ・韓国社を設立
2010年	タンガロイ・インド社とタンガロイ・マレーシア社とタンガロイ・オーストラリア社とタンガロイ・イギリス社を設立
2012年	タンガロイ・ハンガリー社とタンガロイ・トルコ社とタンガロイ・インドネシア社を設立
2013年	タンガロイ・ベネルクス社とタンガロイ・クロアチア社を設立

1618 ダントーホールディングス(株)
［証券コード］5337
［上場区分］東証一部

1885年8月	合資組織淡陶社を設立
1893年7月	淡陶(株)に社名変更
1920年7月	南海窯業(株)を吸収合併
1985年4月	ダントー(株)に社名変更
2005年12月	ダントーキャピタル(株)を設立
2005年12月	ダントープロダクツ(株)を設立(後：(株)Danto)
2006年7月	ダントーホールディングス(株)に社名変更
2006年7月	〈新〉ダントー(株)を設立

1619 ダンロップスポーツ(株)
［証券コード］7825
［上場区分］東証一部

2003年7月	住友ゴム工業(株)のスポーツ事業部門が分社独立しSRIスポーツ(株)を設立
2007年9月	Srixon Sports Manufacturing (Thailand) Co., Ltd.を設立
2009年11月	常熟史力勝体育用品貿易有限公司(Changshu Srixon Sports Co., Ltd.)を設立
2009年12月	Srixon Sports Hong Kong Co., Limitedを設立
2011年1月	Srixon Sports Korea Ltd.を設立
2012年4月	(株)ダンロップスポーツが社名を(株)ダンロップスポーツマーケティングに変更
2012年5月	ダンロップスポーツ(株)に社名変更
2012年9月	Srixon Sports (Thailand) Co., Ltd.を設立

1620 (株)地域新聞社
［証券コード］2164
［上場区分］ジャスダックグロース

1984年8月	(有)八千代地域新聞社を設立
1987年5月	(株)八千代地域新聞社を設立
1988年7月	(株)地域新聞社に商号変更

1621 (株)筑邦銀行
［証券コード］8398
［上場区分］福証

1952年12月	(株)筑邦銀行を設立
1974年10月	ウエスタンリース(株)を設立(後：ちくぎんリース(株))
1982年12月	筑銀ビジネスサービス(株)を設立
1985年10月	筑邦信用保証(株)を設立
1988年1月	ちくぎんコンピュータサービス(株)を設立(後：(株)ちくぎん地域経済研究所)

1622 知多鋼業(株)
［証券コード］5993
［上場区分］名証二部

1946年5月	知多鋼業所を設立
1956年3月	知多鋼業(株)に社名変更
1978年8月	知多鋼材(株)を設立
1996年2月	SIAM CHITA CO., LTD.を設立
2008年8月	PT.CHITA INDONESIAを設立
2013年1月	KYB CHITA Manufacturing Europe s.r.oを設立

1623 チタン工業(株)
［証券コード］4098
［上場区分］東証一部

1936年6月	チタン工業(株)を設立
1938年8月	日本硫酸(株)を合併
2004年5月	山東東佳集団有限公司と三井物産(株)と合弁で山東三盛鈦工業有限公司を設立
2006年10月	TKサービス(株)を設立

1624 凸版印刷(株)
［証券コード］7911
［上場区分］東証一部

1900年1月	凸版印刷(資)を設立
1908年6月	凸版印刷(株)に改組
1918年1月	オフセット印刷(名)を合併
1926年4月	東京紙器(株)を合併
1944年7月	精版印刷(株)を合併
1968年12月	九州精版印刷(株)を合併
1971年12月	愛知特殊印刷(株)と興文舎印刷(株)を合併
1976年6月	凸版建材開発(株)を合併
1979年12月	三ヶ日凸版印刷(株)を設立
1984年7月	(株)トッパン・エレクトロニクス富士を設立
1988年10月	(株)トッパン・グラフィックを設立
1991年10月	神辺凸版(株)を設立
1993年6月	東京都プリプレス・トッパン(株)を設立
2002年	日本電気(株)と共同で出資しトッパンNECサーキットソリューションズ(株)を設立
2002年	日本システムウェア(株)と共同で出資しトッパン・エヌエスダブリュ(株)を設立
2009年4月	(株)トッパンコミュニケーションプロダクツと(株)トッパンパッケージプロダクツと(株)トッパンエレクトロニクスプロダクツを設立(後：(株)トッパンマテリアルプロダクツ)
2011年4月	(株)トッパン高機能プロダクツを設立(後：(株)トッパンマテリアルプロダクツ)

1625 (株)チノー
［証券コード］6850
［上場区分］東証一部

1913年3月	(個)千野製作所に改組
1936年8月	(株)千野製作所に社名変更
1977年5月	千幸電機(株)を設立

1977年6月 チノックス販売(株)を設立
1986年10月 (株)チノーに社名変更
1989年10月 フォックス・ボロー社《米国》と共同で出資しチノー・フォックスボロー(株)を設立
1992年2月 (株)山形チノーを設立
1993年3月 (株)チノーサービスを設立
1998年11月 三基計装(株)を設立
2003年8月 千野測控設備(昆山)有限公司を設立
2011年10月 東京精工(株)を吸収合併
2012年4月 (株)山形チノーを吸収合併
2012年10月 CHINO Corporation (Thailand) Limitedを設立
2015年1月 (株)チノーサービスを吸収合併

1626 (株)千葉銀行
[証券コード]8331
[上場区分]東証一部
1943年3月 (株)千葉合同銀行と(株)第九十八銀行と(株)小見川農商銀行が合併し(株)千葉銀行を設立
1944年3月 (株)千葉貯蓄銀行を合併
1944年6月 野田商誘銀行を合併
1959年9月 (株)総武を設立
1978年5月 ちばぎん保証(株)を設立
1982年11月 (株)千葉カードを設立(後:ちばぎんジェーシービーカード(株))
1986年12月 ちばぎんファイナンス(株)を設立(後:ちばぎんリース(株))
1989年2月 ちばぎんディーシーカード(株)を設立
1989年12月 ちばぎんスタッフサービス(株)を設立(後:ちばぎんキャリアサービス(株))
2001年10月 ちば債権回収(株)を設立
2006年12月 ちばぎんハートフル(株)を設立

1627 (株)千葉興業銀行
[証券コード]8337
[上場区分]東証一部
1952年1月 (株)千葉興業銀行を設立
1979年4月 千葉保証サービス(株)を設立(後:ちば興銀カードサービス(株))
1982年12月 千葉総合リース(株)を設立
1983年2月 ちば興銀ユーシーカード(株)を設立(後:ちば興銀カードサービス(株))
1986年1月 ちば興銀ビジネスサービス(株)を設立
1988年7月 ちば興銀ファイナンス(株)を設立(後特別清算)
1991年7月 ちば興銀コンピュータソフト(株)を設立
1995年7月 ちば興銀総合管理(株)を設立(後清算)

1628 チムニー(株)
[証券コード]3178
[上場区分]東証一部
2009年9月 (株)エフ・ディーを設立
2010年9月 〈旧〉チムニー(株)と合併しチムニー(株)に社名変更
2011年11月 魚鮮水産(株)を設立
2013年7月 新業態準備(株)を設立(後:めっちゃ魚が好き(株))

1629 (株)チャーム・ケア・コーポレーション
[証券コード]6062
[上場区分]ジャスダックスタンダード
1984年8月 (株)不二クリニックラボラトリーを設立
2000年2月 (株)愛ライフに商号変更
2007年12月 (株)チャーム・ケア・コーポレーションに商号変更
2010年5月 (株)つばめ荘を吸収合併

1630 中央化学(株)
[証券コード]7895
[上場区分]ジャスダックスタンダード
1961年1月 中央化学(株)を設立
1970年2月 東北中央化学(株)を設立
1972年4月 九州中央化学(株)を設立
1978年12月 北海道中央化学(株)を設立
1991年1月 北海道中央化学(株)と東北中央化学(株)と九州中央化学(株)と北陸中央(株)を吸収合併
2000年11月 三菱化学フォームプラスティック(株)と共同で出資しシー・エフ・ケイ(株)を設立
2003年3月 リケンテクノス(株)と三菱商事(株)と合弁で理研食品包装(江蘇)有限公司を設立
2004年5月 天津中央化学有限公司を設立(後清算)
2011年1月 シー・エフ・ケイ(株)を吸収合併
2012年7月 環菱中央化学管理有限公司を設立

1631 中央可鍛工業(株)
[証券コード]5607
[上場区分]名証二部
1930年6月 武山鋳造所を設立
1944年1月 安達工機工業所と渡辺鉄工所を合併し中央可鍛工業(株)に社名変更
1962年8月 中京金属工業(株)を買収
1968年4月 土岐可鍛工業(株)を設立
2004年3月 蘇州中央可鍛有限公司を設立

1632 中央魚類(株)
[証券コード]8030
[上場区分]東証二部
1947年2月 中央魚類荷受組合を設立
1947年7月 中央魚類(株)に社名変更
1953年4月 大松水産(株)を統合
1972年4月 船橋中央魚類(株)を設立(後解散)
1989年5月 大都魚類(株)等と共同で出資し(株)大田合水を設立
2012年1月 大都魚類(株)と共同で船橋魚市(株)を設立

1633 (株)中央経済社
[証券コード]9476
[上場区分]ジャスダックスタンダード
1948年10月 (株)中央経済社を設立
1964年10月 (株)プランニングセンターを設立
2005年4月 (株)CKDを設立

1634 中央紙器工業(株)
[証券コード]3952
[上場区分]名証二部
1957年5月 中央紙器工業(株)を設立
1987年4月 中央興産(株)を設立
1987年10月 シーエスコンテ(株)を設立

ちゅうおう

1989年11月	日機物産(株)と(株)片岡製作所と日新物産(株)と(株)シーエスコンテ(株)と三幸紙商事(株)とシーエス商事(株)を吸収合併
1996年4月	中央コンテ(株)を設立
1996年10月	MC PACK (MALAYSIA) SDN.BHD.を設立
2012年11月	澤邦発展有限公司と東莞宏冠包装印刷科技有限公司を設立

1635　中央自動車工業(株)
[証券コード]8117
[上場区分]東証二部

1946年5月	大洋工業(株)を買収し中央自動車工業(株)を設立
1960年11月	セントラル自動車工業(株)を設立
1976年10月	(株)ジャパックを設立(後清算)
1989年3月	CAPCO PTE LTDを設立
1992年8月	CAPCO USA, INC.を設立

1636　(株)中央製作所
[証券コード]6846
[上場区分]名証二部

1936年4月	(株)中央製作所を設立
1955年4月	アツタ工業(株)を設立
1957年5月	東洋ウェルダー(株)を設立
1964年2月	東洋ウェルダー(株)を吸収合併
1986年4月	(株)オーシーシーを設立
1989年7月	(株)エミックを設立
2012年8月	秋欧機械設備(上海)有限公司を設立

1637　(株)中央倉庫
[証券コード]9319
[上場区分]東証一部

1927年10月	京都中央市場倉庫(株)を設立
1937年9月	(株)中央倉庫に社名変更
1952年12月	中央梱包(株)を設立
1973年7月	中倉陸運(株)を設立
2007年4月	中央梱包(株)を吸収合併

1638　中央発條(株)
[証券コード]5992
[上場区分]東証一部

1925年3月	中央スプリング製作所を設立
1931年1月	(株)中央スプリング製作所に社名変更
1936年4月	〈旧〉中央発條(株)を設立
1948年12月	新中央発條(株)を企業整備再建法による第2会社として設立
1954年3月	中央発條(株)に社名変更
1996年6月	(株)岐阜中発を設立
2001年3月	CHUO PRECISION SPRING GLASGOW, INC.を設立
2002年9月	昆山中発六和機械有限公司を設立
2003年9月	天津中発華冠機械有限公司を設立
2003年10月	天津中発富奥弾簧有限公司を設立(後:天津隆星弾簧有限公司)
2004年3月	昆山中和弾簧有限公司を設立
2005年6月	天津中星汽車零部件有限公司を設立
2007年4月	中発テクノ(株)を設立
2007年4月	(株)長崎中発を設立
2011年4月	(株)リーレックスを設立
2012年2月	P.T.CHUHATSU TECHNO INDONESIAを設立
2013年11月	孝感中星汽車零部件有限公司を設立

1639　中央物産(株)
[証券コード]9852
[上場区分]ジャスダックスタンダード

1950年10月	中央石鹸(株)を設立
1968年8月	ブラウ社《米国》と共同で出資し(株)コバトーンを設立
1970年4月	中央物産(株)に社名変更
1975年10月	(株)盛嘉商会を吸収合併
1979年7月	(株)プティークペルパンを設立(後:(株)シー・ビー・トランスポート)
1986年12月	(株)カシマを設立
1988年7月	ショール ピーエルシー《英》と共同で出資し(株)ショールジャパンを設立
1989年2月	鳥光(株)と共同で出資し新千葉物産(株)を設立
1990年8月	〈旧〉(株)シー・ビー・トランスポートを設立(後:(株)シー・ビー・トランスポート)
1991年10月	(株)シービックを設立
1998年10月	ダイシン(株)と(株)ヤマヤ商事と合併
1999年10月	チヨカジ(株)と合併
2001年4月	(株)アール・エム・エス東京を設立(後:(株)CBフィールド・イノベーション)
2002年4月	(株)シー・ビー・ロジスティクスを設立
2002年9月	富士流通(株)を吸収合併
2005年7月	(株)エナスを設立
2008年3月	(株)シー・ビー・ロジスティクスを吸収合併
2010年8月	(株)e-NOVATIVEを設立

1640　中外鉱業(株)
[証券コード]1491
[上場区分]東証二部

1932年5月	持越金山(株)を設立
1935年4月	持越鉱業(株)に社名変更
1936年4月	八雲鉱業(株)と橋洞金山(株)と中外硫黄(株)が合併し中外鉱業(株)に社名変更
1979年6月	都茂鉱業(株)を設立
1995年1月	中外化学(株)を設立
1996年3月	(株)インデックスを設立
1997年10月	東洋機工と合併
2000年11月	中外キャピタル(株)を設立(後:(株)キャリアメイト)
2010年11月	CR任意組合とIR任意組合を設立

1641　中外製薬(株)
[証券コード]4519
[上場区分]東証一部

1925年3月	(個)中外新薬商会を設立
1943年3月	中外製薬(株)に社名変更
1944年4月	(株)松永製薬所と大正化学工業(株)を吸収合併
1946年1月	不二化学工業(株)を合併
1948年1月	中外薬品(株)を設立
1951年10月	中外薬品(株)を合併
1972年4月	(株)シー・エスケー実験動物研究所を設立
2002年10月	日本ロシュ(株)と合併

| | 2012年1月 | 中外ファーマボディ・リサーチ・ピーティーイー・リミテッドを設立 |
| | 2014年6月 | 日健中外製薬有限公司を設立 |

1642　中外炉工業（株）
［証券コード］1964
［上場区分］東証一部

	1935年8月	（個）中外工業所を設立
	1945年4月	中外炉工業（株）に社名変更
	1959年5月	中外鉱業（株）を設立（後：（株）シーアール）
	1979年9月	中外エンジニアリング（株）を設立（後：中外プロックス（株））
	1992年4月	中外エアシステムズ（株）を設立
	1992年4月	中外環境エンジニアリング（株）を設立
	1999年8月	中外プラント（株）を設立
	2001年4月	中外環境エンジニアリング（株）と中外プロックス（株）が合併
	2005年2月	中外炉熱工設備（上海）有限公司を設立
	2012年2月	PT. Chugai Ro Indonesiaを設立
	2012年3月	Chugai Ro (Thailand) Co., Ltd.を設立
	2012年7月	中外炉設備技術（上海）有限公司を設立

1643　（株）中京医薬品
［証券コード］4558
［上場区分］ジャスダックスタンダード

	1978年5月	（株）中京医薬品を設立
	1993年4月	中京医薬品販売（株）と三重中京医薬品（株）を吸収合併
	2001年10月	（株）ユナイテッドデザインを設立
	2004年7月	（株）中京医薬品コリアを設立

1644　（株）中広
［証券コード］2139
［上場区分］東証二部

	1978年5月	（株）中広を設立
	1982年5月	（株）中広プロダクションを設立（後：（株）通販倶楽部）
	2004年3月	（株）通販倶楽部を合併

1645　（株）中国銀行
［証券コード］8382
［上場区分］東証一部

	1930年12月	第一合同銀行と山陽銀行を合併し（株）中國銀行を設立
	1944年2月	（株）岡山合同貯蓄銀行を合併
	1945年6月	中国信託（株）を合併
	1979年7月	中銀保証（株）を設立
	1981年5月	中銀ビジネスサービス（株）を設立（後：（株）CBS）
	1982年4月	中銀リース（株）を設立
	1985年4月	中銀システム開発（株）を設立（後清算）
	1987年2月	中銀カード（株）を設立
	1987年11月	中銀投資顧問（株）を設立（後：中銀アセットマネジメント（株））
	1990年10月	（株）中国銀行に社名変更
	1991年7月	中銀コンピュータサービス（株）を設立（後清算）
	1991年8月	岡山プリペイドカード（株）を設立（後清算）
	2000年9月	中銀事務センター（株）を設立
	2012年7月	おかやまキャピタルマネジメント（株）を設立

1646　中国工業（株）
［証券コード］5974
［上場区分］東証一部

| | 1950年10月 | 中国工業（株）を設立 |
| | 1959年6月 | 中国鋼材（株）を設立（後：中鋼運輸（株）） |

1647　中国塗料（株）
［証券コード］4617
［上場区分］東証一部

	1917年5月	中国化学工業（資）を設立
	1923年5月	中国塗料（株）に社名変更
	1944年11月	東洋合成化学工業（株）を吸収合併
	1962年10月	ヤス運送（株）を設立
	1973年9月	信友（株）を設立
	1987年2月	中国塗料福岡販売（株）を設立
	1987年8月	中国マリンペイント販売（株）を設立
	1987年8月	中国塗料関東販売（株）を設立
	1987年8月	中国塗料近畿販売（株）を設立
	1989年9月	シー・エム・ビー・ジャパン（株）を設立
	2002年1月	中国塗料マリン販売（株）と中国塗料工業販売（株）を吸収合併
	2011年5月	CHUGOKU PAINTS (India) Pvt. Ltd.を設立

1648　（株）駐車場綜合研究所
［証券コード］3251
［上場区分］東証マザーズ

	1994年10月	駐車場総合研究所を創業
	1998年4月	（株）駐車場綜合研究所を設立
	2000年6月	（有）都市交通情報研究所を設立
	2001年11月	（株）オーエス・パーキングを設立
	2005年11月	（株）オーエス・パーキングを吸収合併
	2006年4月	（有）都市交通情報研究所を吸収合併
	2010年4月	派蒙蜂巣停車場管理（北京）有限公司を設立
	2010年10月	派蒙蜂巣停車場管理（天津）有限公司と派盟静懿交通技術開発（天津）有限公司を設立
	2014年2月	派盟交通咨詢（上海）有限公司を設立

1649　（株）中電工
［証券コード］1941
［上場区分］東証一部

	1944年9月	三和電気土木工事（株）と（株）長沼電業社と（株）中央電気商会と毛利電気商会（株）と共和工事所と他7社が統合し中国電気工事（株）を設立
	1953年4月	中国電業（株）を合併
	1990年10月	（株）中電工に社名変更
	2002年4月	（株）イーペック広島を設立
	2002年4月	（株）中電工サービス広島を設立
	2002年4月	（株）中電工テクノ広島を設立
	2003年4月	（株）岡山エレテックを設立
	2003年4月	（株）山口エレテックを設立
	2005年10月	（株）島根エレテックを設立
	2005年12月	（株）鳥取エレテックを設立
	2010年12月	CHUDENKO (Malaysia) Sdn.Bhd.を設立

ちゅうにち

1650　中日本鋳工(株)
［証券コード］6439
［上場区分］名証二部
1943年5月	西尾鋳造(株)を設立
1961年7月	中日本鋳工(株)に社名変更
2011年4月	(株)旭メンテナンス工業を吸収合併

1651　(株)中部
1963年4月	中部瓦斯(株)が全額出資し中部設備工業(株)を設立
1964年7月	(株)中部に社名変更
1968年2月	中部三洋機器(株)を設立(後：(株)中部技術サービス)
1977年10月	(株)中部技術サービスを設立
1981年3月	中部菱光コンクリート工業(株)を設立
1984年10月	テクノシステム(株)を設立
1993年10月	中部三洋機器販売(株)と合併
1994年4月	エヌシー電子(株)と合併(後：テクノシステム(株))
2002年5月	新協オートサービス(株)とガステックサービス(株)と株式を移転し(株)サーラコーポレーションを持株会社として設立
2010年4月	(株)ジーワークスを吸収合併
2012年4月	中設工事(株)を吸収合併

1652　中部飼料(株)
［証券コード］2053
［上場区分］東証一部
1949年3月	中部飼料(株)を設立
1963年5月	マルナカ畜産商事(株)を設立(後：(株)マルチク)
1964年4月	エネルギー(株)を設立(後：(株)スマック)
1967年9月	(株)ダイコクを設立
1968年2月	大黒商事(株)と合併
1994年4月	中部エコテック(株)を設立
2013年4月	中部チムニー(株)を設立
2013年6月	三通中部飼料(山東)有限公司を設立

1653　中部電力(株)
［証券コード］9502
［上場区分］東証一部
1951年5月	中部配電(株)と日本発送電(株)が設備を出資・譲渡し中部電力(株)を設立
1951年8月	中部計器工業(株)を設立(後：中部精機(株))
1953年6月	中電興業(株)を設立
1956年8月	中部林産(株)を設立
1957年4月	永楽不動産(株)を設立(後：(株)永楽開発)
1957年10月	永楽自動車(株)を設立
1960年6月	中電ビル(株)を設立
1961年5月	東邦石油(株)を設立
1961年11月	中部火力工事(株)を設立(後：(株)中部プラントサービス)
1962年3月	中electric工事(株)を設立(後：(株)シーテック)
1978年8月	中電コンピューターサービス(株)を設立(後：(株)中電シーティーアイ)
1978年8月	中部環境エンジニアリング(株)を設立(後：(株)テクノ中部)
1980年1月	知多エル・エヌ・ジー(株)を設立
1986年6月	中部テレコム・コンサルティング(株)を設立(後：中部テレコミュニケーション(株))
1989年6月	(株)コンピュータ・テクノロジー・インテグレイタを設立(後：(株)中電シーティーアイ)
1994年10月	(株)アステル中部を設立(後：中部テレコミュニケーション(株))
2001年4月	(株)シーエナジーを設立
2007年12月	中電エネルギートレーディング(株)を設立
2011年10月	Chubu Energy Trading Singapore Pte.Ltd.を設立

1654　中部日本放送(株)
［証券コード］9402
［上場区分］名証一部
1950年12月	中部日本放送(株)を設立
1964年10月	(株)千代田会館を設立
1965年9月	中日電子工業所を設立(後：(株)中日電子)
1971年12月	加茂開発(株)を設立(後：(株)南山カントリークラブ)
1992年1月	(株)CBCヴィジョンを設立(後：(株)テクノビジョン)
1996年6月	シービーシー・クア・アルプ(株)を設立(後清算)
2013年5月	CBCテレビ分割準備(株)を設立(後：(株)CBCテレビ)

1655　(株)銚子丸
［証券コード］3075
［上場区分］ジャスダックスタンダード
1977年11月	(株)オールを設立
2005年4月	(株)銚子丸に商号変更

1656　(株)長大
［証券コード］9624
［上場区分］東証二部
1968年2月	(有)長大橋設計センタを設立
1968年11月	(株)長大橋設計センターに社名変更
1969年3月	(株)三橋設計を吸収合併
1984年11月	(株)長大に社名変更
2002年11月	(株)長大テックを設立
2007年1月	順風路(株)を設立
2007年1月	(株)長大構造技術センターを設立(後合併により消滅)
2013年6月	CHODAI KOREA CO., LTD.を設立

1657　(株)長府製作所
［証券コード］5946
［上場区分］東証一部
1954年7月	(株)長府製作所を設立
1979年1月	〈新〉(株)長府製作所に社名変更

1658　蝶理(株)
［証券コード］8014
［上場区分］東証一部
1861年	(個)大橋商店を設立
1933年1月	(名)蝶理商店に社名変更
1943年1月	蝶理(名)に社名変更
1948年9月	蝶理(株)に改組
1950年3月	蝶理生糸(株)を合併

	1999年3月	(株)蝶理アイ・エス・ターミナルを設立(後:(株)蝶理コム)
	2005年7月	蝶理(中国)商業有限公司を設立

1659　千代田インテグレ(株)
[証券コード]6915
[上場区分]東証一部

1955年9月	**千代田フエルト(株)を設立**
1975年4月	日本フエルト工業(株)と共同で出資しサンフエルト(株)を設立
1988年9月	**千代田インテグレ(株)に社名変更**
1989年2月	千代田保全(株)を吸収合併
1990年3月	シーアイケー(株)を設立(後解散)
1992年3月	シーアイエム(株)を設立
1997年6月	PT.CHIYODA INTEGRE INDONESIAを設立
1997年11月	CHIYODA INTEGRE PHILIPPINES, INC.を設立(後清算)
1999年4月	CHIYODA INTEGRE DE TAMAULIPAS, S.A. DE C.V.を設立(後:CHIYODA INTEGRE DE BAJA CALIFORNIA, S.A.DE C.V.)
2001年4月	千代達電子製造(蘇州)有限公司を設立
2003年4月	千代達電子製造(東莞)有限公司を設立
2003年10月	CHIYODA INTEGRE VIETNAM CO., LTD.を設立
2003年11月	千代達電子製造(天津)有限公司を設立
2006年12月	CHIYODA INTEGRE SLOVAKIA, s.r.o.を設立
2010年12月	千代達電子製造(山東)有限公司を設立
2011年2月	千代達電子製造(広州)有限公司を設立
2012年8月	CHIYODA INTEGRE (PHILIPPINES) CORPORATIONを設立
2014年7月	CHIYODA INTEGRE DE MEXICO, S.A. DE C.V.を設立

1660　チヨダウーテ(株)
[証券コード]5387
[上場区分]ジャスダックスタンダード

1948年1月	**千代田建材(株)を設立**
1957年6月	**千代田建材工業(株)に社名変更**
1980年7月	千代田産業(株)を設立
1987年9月	東京総合資材(株)を設立
1989年6月	チヨダメタルスタッド(株)を設立
1990年6月	**チヨダウーテ(株)に社名変更**
1991年6月	チヨダエクスプレス(株)を設立
1993年11月	川越エンジニアリング(株)を設立(後:チヨダグリーンセラ(株))
2009年12月	チヨダセラ(株)を設立
2010年11月	チヨダメタルスタッド中部(株)とチヨダメタルスタッド関西(株)を設立
2010年12月	チヨダ加工センター(株)を設立
2011年1月	チヨダメタルスタッド(株)を吸収合併

1661　千代田化工建設(株)
[証券コード]6366
[上場区分]東証一部

1948年1月	三菱石油(株)の工事部門が独立し**千代田化工建設(株)を設立**
1974年3月	千代田工商(株)を設立
1985年7月	テクノファイナンス(株)を設立
1986年2月	アローヒューマンリソース(株)を設立(後:(株)アローメイツ)
1986年10月	千代田テクノエース(株)を設立
1986年10月	千代田情報サービス(株)を設立(後:ITエンジニアリング(株))
1987年10月	千代田プロテック(株)を設立(後解散)
2002年4月	千代田アドバンスト・ソリューションズ(株)を設立
2008年1月	サンライズ・リアルエステート(株)を吸収合併
2008年3月	千代田アルマナ・エンジニアリング・エルエルシーを設立
2010年3月	千代田サラワク・センドリアン・ベルハッダを設立
2012年10月	千代田アドバンスト・ソリューションズ(株)を吸収合併
2014年4月	千代田ビジネスソリューションズ(株)を設立

1662　ツインバード工業(株)
[証券コード]6897
[上場区分]東証二部

1951年3月	**野水電化被膜工業所を創業**
1962年4月	**野水電化(株)を設立**
1979年4月	**ツインバード工業(株)に社名変更**
1987年3月	(株)栄を吸収合併
2011年1月	双鳥電器(深圳)有限公司を設立

1663　(株)ツカダ・グローバルホールディング
[証券コード]2418
[上場区分]東証一部

1995年10月	**(株)ベストブライダルを設立**
2000年8月	(株)ベストプランニングを設立
2002年9月	(株)ベストブライダルインターナショナルを設立
2004年12月	Best Restaurants, Inc.を設立(後解散)
2005年5月	(株)ア・リリアーレを設立(後:(株)アクア・グラツィエ)
2006年9月	(株)ライフクリエイートバンクを設立
2006年12月	Best Bridal Korea Inc.を設立
2007年2月	PT.Tirtha Bridalを設立
2010年4月	(株)ホスピタリティ・ネットワークと合弁で(株)ベストホスピタリティハートを設立(後清算)
2013年2月	Best Bridal Singapore Pte.Ltd.を設立
2013年11月	(株)ベストグローバルを設立
2014年2月	(株)ベストブライダル分割準備会社を設立(後:(株)ベストブライダル)
2014年7月	**(株)ツカダ・グローバルホールディングに社名変更**

1664　(株)ツガミ
[証券コード]6101
[上場区分]東証一部

1937年3月	**(株)津上製作所を設立**
1938年12月	**津上安宅製作所に社名変更**
1945年1月	**津上製作所(株)に社名変更**
1945年2月	津上精密工学工業(株)を吸収合併
1961年10月	東洋精機(株)を吸収合併
1970年9月	津上総合研究所を設立
1970年11月	**(株)津上に社名変更**
1982年10月	**(株)ツガミに社名変更**

1991年4月	(株)ツガミプレシジョンを設立
1991年10月	(株)ツガミスクリューを設立(後:(株)ツガミメカテック)
1998年4月	(株)ツガミハイテックを設立
2001年11月	ツガミテクノ(株)を設立(後:(株)ツガミシマモト)
2003年9月	津上精密机床(浙江)有限公司を設立
2004年4月	津上工販(株)を吸収合併
2007年11月	TSUGAMI GmbHを設立(後:TSUGAMI EUROPE GmbH)
2009年1月	(株)ツガミシマモトを吸収合併
2010年2月	TSUGAMI KOREA CO., LTD.を設立
2010年11月	浙江品川精密機械有限公司を設立
2011年4月	TSUGAMI PRECISION ENGINEERING INDIA PRIVATE LIMITEDを設立
2011年6月	TSUGAMI TECH SOLUTIONS INDIA PRIVATE LIMITEDを設立
2012年3月	TSUGAMI Universal Pte.Ltd.を設立
2013年7月	津上精密機床(中國)有限公司を設立
2013年9月	津上精密機床(香港)有限公司を設立

1665 (株)ツカモトコーポレーション
[証券コード]8025
[上場区分]東証一部

1812年	(個)紅屋を創業
1889年3月	(個)塚本商社に社名変更
1893年7月	塚本(名)に社名変更
1923年3月	(株)塚本商社に社名変更
1942年1月	(株)辰紅商店を合併
1944年7月	(株)かねこ商店を合併
1959年10月	千歳(株)を設立
1961年2月	塚本商事(株)に社名変更
1979年11月	塚本倉庫(株)を設立
1994年4月	ツカモト(株)に社名変更
2003年10月	(株)ツカモトコーポレーションに社名変更
2003年10月	〈新〉ツカモト(株)とツカモト札幌(株)とツカモトアパレル(株)とツカモトユーエス(株)とツカモトファッション(株)とツカモトエイム(株)とツカモトエステート(株)を設立
2008年4月	ツカモトエステート(株)を吸収合併
2010年4月	塚本ビルサービス(株)を吸収合併

1666 築地魚市場(株)
[証券コード]8039
[上場区分]東証二部

1935年6月	東京魚市場(株)を設立
1944年7月	東京水産統制会社に統制会社令のため社名変更
1945年	東京水産物(株)に社名変更
1948年3月	東京水産物(株)が解散し、前身の業務を継承し築地魚市場(株)を設立
1954年3月	築地食品(株)を設立(後:共同水産(株))
1957年5月	八王子魚市場(株)を設立
1963年4月	八戸東市冷蔵(株)を設立(後清算)
1972年10月	豊海東市冷蔵(株)を設立
2006年3月	東市フレッシュ(株)を設立(後清算)
2008年1月	東市築地水産貿易(上海)有限公司を設立
2013年1月	(株)キタショクを設立
2013年4月	八王子魚市場(株)を吸収合併

1667 月島機械(株)
[証券コード]6332
[上場区分]東証一部

1905年8月	東京月島機械製作所を設立
1917年6月	月島機械(株)に社名変更
1937年12月	第二月島機械(株)を合併
1944年7月	月島機械鋳工(株)を合併
1971年4月	月島メンテナンス(株)を設立
1992年10月	(株)浅野研究所を設立
2001年12月	月島テクノマシナリー(株)を設立
2008年12月	月島不動産(株)を吸収合併
2011年3月	月島環保機械(北京)有限公司を設立
2012年7月	月島テクノマシナリー(株)を吸収合併

1668 (株)ツクイ
[証券コード]2398
[上場区分]東証一部

1969年6月	津久井土木(株)を設立
1978年11月	津久井産業(株)に社名変更
1999年11月	(株)ツクイに社名変更
2003年2月	大和福祉産業(株)を吸収合併

1669 (株)筑波銀行
[証券コード]8338
[上場区分]東証一部
〈つくば銀行系〉

1927年4月	下妻無尽会社を設立
1952年5月	(株)東陽相互銀行に社名変更
1989年2月	(株)つくば銀行に社名変更

〈関東銀行系〉

| 1952年9月 | (株)関東銀行を設立 |

＊　＊　＊　＊

2003年4月	(株)つくば銀行と(株)関東銀行が合併し(株)関東つくば銀行に社名変更
2010年3月	(株)関東つくば銀行と(株)茨城銀行が合併し(株)筑波銀行に商号変更

1670 都築電気(株)
[証券コード]8157
[上場区分]東証二部

1932年5月	都築商店を設立
1941年3月	都築電話工業(株)に社名変更
1961年6月	都築電気工業(株)に社名変更
1962年6月	都築通信建設(株)を設立(後:都築通信技術(株))
1964年7月	富士通信機製造(株)と共同で出資し(株)都築フアコムセンターを設立
1969年10月	(株)都築シーイーセンターを設立
1991年10月	都築電気(株)に社名変更
1993年	九州ツヅキエンジニアリング(株)を設立(後:九州ツヅキ(株))
1994年	東京情報システム(株)を設立(後:都築オフィスサービス(株))
1996年	(株)都築スタッフサービスを設立
2012年2月	都築電産(株)を吸収合併

〈都築電産〉

1967年12月	東新電機(株)を設立
1972年9月	都築電産(株)に社名変更
2005年10月	(株)ユニトロンと合併

1671　津田駒工業(株)
[証券コード]6217
[上場区分]東証一部

1909年3月	(個)津田駒次郎工場を設立
1936年3月	(資)津田駒次郎工場に改組
1939年12月	津田駒工業(株)に社名変更
1963年1月	津田駒代行(株)を設立(後:ツダコマ・ゼネラル・サービス(株))
1966年2月	ツダコマ運輸(株)を設立(後:ツダコマ・ゼネラル・サービス(株))
1976年11月	ツダコマ・ゼネラル・サービス(株)を設立
2002年8月	津田駒金属模具(上海)有限公司を設立(後:津田駒機械設備(上海)有限公司)
2006年6月	ツダコマテクノサポート(株)を設立
2008年5月	(株)豊田自動織機と共同で(株)T-Tech Japanを設立
2010年12月	津田駒機械製造(常熟)有限公司を設立
2011年3月	TSUDAKOMA SERVICE INDIA PRIVATE LIMITEDを設立
2011年4月	ふぁみーゆツダコマ(株)を設立
2012年10月	経緯紡織機械股份有限公司と共同で経緯津田駒紡織機械(咸陽)有限公司を設立

1672　(株)土屋ホールディングス
[証券コード]1840
[上場区分]東証二部

1976年9月	(株)丸三土屋建設を設立
1982年6月	(株)土屋ホームトピアを設立(後:(株)土屋ホームトピア)
1982年8月	(株)土屋ホームに社名変更
1986年10月	(株)土屋ツーバイホームを設立(後解散)
1989年11月	(株)トップハウジングシステムを設立(後精算手続完了)
1989年11月	(株)土屋住宅流通と(株)土屋システム住宅を吸収合併
2000年10月	(株)アーキテクノを設立
2008年6月	(株)新土屋ホームを設立(後:(株)土屋ホーム)
2008年11月	(株)土屋ホールディングスに社名変更

1673　(株)ツツミ
[証券コード]7937
[上場区分]東証一部

1973年6月	(株)堤貴金属工業を設立
1988年4月	(株)キングスター宝飾を吸収合併し(株)ツツミに社名変更
1998年10月	(有)エスアンドエスを吸収合併

1674　(株)ツヴァイ
[証券コード]2417
[上場区分]東証二部

1984年11月	(株)ツヴァイを設立
2011年12月	ZWEI (THAILAND) CO., LTD.を設立

1675　(株)ツバキ・ナカシマ
〈椿本精工系〉

1934年1月	東洋鋼球製作所を設立
1936年6月	(名)東洋鋼球製作所に改組
1939年1月	東洋鋼球製造(株)に社名変更
1954年8月	椿本鋼球製造(株)に社名変更
1968年6月	(株)椿本精工に社名変更

〈中島製作所系〉

1905年9月	中島合金所を設立
1907年9月	中島製作所に社名変更
1911年1月	(資)中島製作所に改組
1918年1月	(株)中島製作所に改組
1967年4月	中島工業(株)と合併

＊　＊　＊　＊

1996年4月	(株)椿本精工と(株)中島製作所が合併し(株)ツバキ・ナカシマに社名変更
2002年2月	椿中島機械(太倉)有限公司を設立
2002年8月	(株)管理事業と(株)鋼球事業と(株)ボールネジと(株)ボールウェイと(株)送風機事業を設立
2010年	Tsubaki Hoover India Pvt., Ltd.を設立
2010年	台湾椿中島股份有限公司を設立

1676　椿本興業(株)
[証券コード]8052
[上場区分]東証一部

1916年10月	(個)椿本商店を設立
1938年1月	(株)椿本商店に改組
1943年7月	椿本興業(株)に社名変更
1966年10月	(株)建設工業会館を合併
1967年6月	ツバコー川崎販売(株)を設立(後:(株)ツバコー・ケー・アイ)
1969年6月	ツバコー横浜販売(株)を設立(後:(株)ツバコー・ケー・アイ)
1992年5月	TSUBACO SINGAPORE PTE.LTD.を設立
1996年1月	TSUBACO KTE CO., LTD.を設立

1677　(株)椿本チエイン
[証券コード]6371
[上場区分]東証一部

1917年12月	(個)椿本工業所を創業
1919年1月	(個)椿本商店に社名変更
1941年1月	(株)椿本チエイン製作所に社名変更
1965年	エマソン・レトリック社《米国》と共同で出資し椿本エマソン(株)を設立
1965年10月	ボルグ・ワーナー社《米国》と共同で出資し椿本モールス(株)を設立
1970年4月	(株)椿本チエインに社名変更
1981年4月	(株)椿本バルクシステムを設立
1999年11月	(株)椿本マシナリーを設立
2002年4月	(株)ツバキエマソンを設立(後:(株)ツバキE&M)
2003年4月	(株)ツバキサポートセンターを設立
2004年4月	椿本汽車発動機(上海)有限公司を設立
2009年7月	TSUBAKIMOTO AUTOMOTIVE KOREA CO., LTD.を設立
2011年12月	椿本鏈条(天津)有限公司を設立

1678　(株)ツムラ
[証券コード]4540
[上場区分]東証一部

1893年4月	(個)津村順天堂を設立
1936年4月	(株)津村順天堂に改組
1962年12月	津村交易(株)を吸収合併
1988年10月	(株)ツムラに社名変更

つるはほる

1991年3月		深セン津村薬業有限公司を設立
2001年7月		上海津村製薬有限公司を設立
2001年8月		TSUMURA USA, INC.を設立
2005年10月		日本生薬（株）を吸収合併

1679　（株）ツルハホールディングス
［証券コード］3391
［上場区分］東証一部

1929年	鶴羽薬師堂を設立
1956年8月	ツルハ薬局に屋号変更
1963年6月	（株）ツルハ薬局を設立
1975年5月	（株）クスリのツルハコントロールセンターを設立（後：（株）ツルハ）
1993年2月	（株）クレーン商事に社名変更
2005年8月	（株）ツルハホールディングスに社名変更
2011年12月	サハグループと合弁でTsuruha (Thailand) Co., Ltd.を設立

1680　（株）鶴見製作所
［証券コード］6351
［上場区分］東証一部

1951年12月	（株）鶴見製作所を設立
1983年2月	（株）ツルミファイナンスを設立（後：（株）ツルミテクノロジーサービス）
1989年11月	ANATOLE (TAIWAN) CO., LTD.を設立（後：TSURUMI PUMP TAIWAN CO., LTD.）
1997年9月	台湾鶴義有限公司を設立（後：TSURUMI PUMP TAIWAN CO., LTD.）
2002年1月	TSURUMI PUMP (M) SDN.BHD.を設立
2002年6月	SHANGHAI TSURUMI PUMP CO., LTD.を設立
2007年10月	TSURUMI PUMP (THAILAND) CO., LTD.を設立
2011年5月	SHANDONG TSURUMI HONGQI ENVIRONMENTAL TECHNOLOGY CO., LTD.を設立
2014年10月	TSURUMI PUMP MIDDLE EAST FZEを設立

1681　DIC（株）
［証券コード］4631
［上場区分］東証一部

1908年2月	（個）川村インキ製造所を設立
1912年	（個）川村喜十郎商店に社名変更
1937年2月	大日本インキ製造（株）に社名変更
1937年2月	日本染料薬品製造（株）を設立
1944年9月	日本染料薬品製造（株）を吸収合併
1950年2月	日辰貿易（株）を設立
1952年2月	Reichhold Chemicals, Inc.《米国》と共同で出資し日本ライヒホールド化学工業（株）（JRC）を設立
1957年7月	大日本インキ販売（株）を設立
1960年6月	Carl Freudenberg《米国》と東洋レーヨン（株）と日本ライヒホールド化学工業（株）と共同で出資し日本バイリーン（株）を設立
1962年9月	日本ライヒホールド化学工業（株）を合併
1962年10月	大日本インキ化学工業（株）に社名変更
1962年10月	日本ライヒホールド（株）を設立
1965年2月	ディック農薬（株）を設立（後：日本ライヒホールド（株））
1992年10月	日栄化学工業（株）を吸収合併
1997年12月	Eastman Kodakと合弁でKodak Polychrome Graphicsを設立（後：コダック（株））
2003年7月	迪愛生投資有限公司を設立
2008年4月	DIC（株）に社名変更
2009年10月	ザ・インクテック（株）と事業統合しDICグラフィックス（株）を設立

1682　ティアック（株）
［証券コード］6803
［上場区分］東証一部
〈ティアックオーディオ系〉

1953年8月	東京テレビ音響（株）を設立
1962年11月	ティアックオーディオ（株）に社名変更

〈ティアック系〉

1956年12月	東京電気音響（株）を設立
1962年11月	ティアック（株）に社名変更

　　　　＊　　＊　　＊　　＊

1964年10月	ティアックオーディオ（株）とティアック（株）と金山鋳造鉱業（株）が合併しティアック（株）に社名変更
1971年10月	ティアック特機（株）を設立
1984年1月	富士吉田ティアック（株）を設立
1985年2月	ティアック電子計測（株）を設立
1990年4月	ティアックシステムクリエイト（株）を設立
1990年4月	岩手ティアック（株）を設立（後精算）
1995年4月	（株）ティアックウェルフェアサービスを設立
1995年9月	TEAC AUDIO (CHINA) CO., LTD.を設立
1995年12月	DONGGUAN DONGFA TEAC AUDIO CO., LTD.を設立
2003年1月	TEAC SHANGHAI LTD.を設立
2004年4月	TEAC SSE LTD.を設立
2004年4月	（株）ティアック エソテリック カンパニーを設立（後：エソテリック（株））
2005年8月	TEAC AUSTRALIA PTY., LTD.を設立
2006年4月	ティアック電子計測（株）を吸収合併
2012年3月	TEAC SALES & TRADING (ShenZhen) CO., LTDを設立

1683　（株）T&K TOKA
［証券コード］4636
［上場区分］東証一部

1949年12月	東華色素化学工業（株）を設立
1958年5月	富士化成工業（株）を設立
1971年3月	（株）チマニートオカを設立
1975年1月	ミヨシ産業（株）を設立
1979年4月	韓国特殊インキ工業（株）を設立
1985年10月	東華油墨国際（香港）有限公司を設立
1988年12月	杭華油墨化学有限公司を設立
1989年1月	東北東華色素（株）を設立
1989年8月	九州東華販売（株）を設立
1991年1月	（株）ティーアンドケイ東華に社名変更（商号：（株）T&K TOKA）
1992年2月	（株）ティーアンドディセラテックを

1992年5月	トオカインキ（バングラデシュ）（株）を設立
1994年12月	富士化成工業（株）と合併
1995年11月	東華（広州）油墨有限公司を設立
1998年10月	九州東華販売（株）と合併
2002年5月	大日精化（広州）油墨有限公司を設立
2004年9月	杭州経済技術開発区杭華油墨有限公司を設立（後：杭華油墨化学有限公司）
2007年8月	安慶市杭華油墨科技有限公司を設立
2007年9月	湖州杭華油墨科技有限公司を設立
2010年7月	広西蒙山梧華林産科技有限公司を設立
2011年2月	富士化成工業（株）を吸収合併
2011年9月	深圳杭華穎博油墨有限公司を設立（後清算）

1684　（株）T&C ホールディングス
[証券コード]3832
[上場区分]ジャスダックグロース

1999年12月	（株）トレーダーズ・アンド・カンパニーを設立（後：（株）T&Cフィナンシャルリサーチ）
2001年8月	（有）ティーアンドシー・ホールディングスが（株）ティーアンドシー・ホールディングスに組織変更
2001年9月	（株）トレーダーズ・アンド・カンパニーを株式交換により完全子会社化
2002年11月	（株）T&Cホールディングスに商号変更
2005年7月	T&C Cosmic, Inc.を設立（後：T&C Financial Research USA, Inc.）
2007年1月	T&C Pictures, Inc.（米国）を設立
2007年9月	T&C Financial Advisor（Schweiz）AG を設立
2008年1月	T&C FA Holding AG（スイス）を設立
2008年10月	（株）マルコポーロXTF Japanを設立（後：（株）T&C XTF Japan）
2008年12月	（株）T&C FIホールディングスを設立（後吸収合併）
2014年8月	北京天安徳喜医療科技有限公司（T&C Beijing, Ltd.）を設立

1685　T&Dフィナンシャル生命保険（株）

1895年1月	真宗信徒生命保険（株）を創業
1914年7月	共保生命保険（株）に社名変更
1934年9月	野村生命保険（株）に社名変更
1940年10月	仁寿生命保険（株）を合併
1941年10月	日清生命保険（株）を合併
1947年7月	東京生命保険相互会社に社名変更
2001年10月	ティ・アンド・ディ・フィナンシャル生命保険（株）に社名変更
2004年4月	太陽生命と大同生命と統合しT&Dホールディングスを完全親会社として設立
2006年7月	T&Dフィナンシャル生命保険（株）に社名変更

1686　THK（株）
[証券コード]6481
[上場区分]東証一部

1971年4月	東邦精工（株）を設立
1972年12月	（株）日新製作所を吸収合併
1973年3月	（株）宮入バルブ製作所と共同で出資し（株）テーエチケーを設立
1982年10月	（株）テーエチケーが形式上吸収合併し（株）テーエチケーに社名変更
1984年1月	THK（株）に社名変更
1984年2月	（株）大幸製作所を買収
1985年4月	東洋精工（株）を吸収合併
1988年4月	（株）佐文工業所と共同で出資しTHK安田（株）を設立
1988年4月	THK販売（株）を吸収合併
1990年3月	（株）メカニック設計事務所と共同で出資し（株）THKメカニック技術研究所を設立
1993年5月	THK Europe B.V.を設立
1996年3月	瓦房店軸承集団有限責任公司と合弁で大連THK瓦軸工業有限公司を設立
1997年8月	THK Manufacturing of America, Inc.を設立
2000年2月	THK Manufacturing of Europe S.A.S.を設立
2002年10月	THK France S.A.S.を設立
2003年8月	THK（上海）国際貿易有限公司を設立
2004年3月	THK（無錫）精密工業有限公司を設立
2005年2月	THK（遼寧）精密工業有限公司を設立
2005年9月	THK（中国）投資有限公司を設立
2006年12月	THK LM SYSTEM Pte. Ltd.を設立
2007年7月	THK RHYTHM（THAILAND）CO., LTD.を設立
2008年9月	THK MANUFACTURING OF VIETNAM CO., LTD.を設立
2011年3月	蒂業技凱力知茂（常州）汽車配件有限公司を設立
2012年2月	THK RHYTHM MEXICANA, S.A. DE C.V.とTHK RHYTHM MEXICANA ENGINEERING, S.A. DE C.V.を設立
2012年11月	THK India Pvt. Ltd.を設立

1687　（株）TSIホールディングス
[証券コード]3608
[上場区分]東証一部
〈東京スタイル系〉

1949年3月	東京縫製（株）を設立
1950年2月	（株）東京スタイルに社名変更
1970年1月	（株）東京スタイルファインを設立
1971年5月	（株）東京シャルマンを吸収合併
1975年3月	（株）スタイル運輸を設立
1975年4月	（株）東京テキスタイルを設立
1976年3月	（株）東京スタイルソーイング宇都宮を設立
1976年3月	（株）東京スタイルソーイング宮崎を設立
1976年3月	（株）東京スタイルソーイング須賀川を設立
1976年9月	（株）トスカを設立
1977年4月	（株）東京スタイルソーイング米沢を設立
1979年3月	（株）エバンスを設立
1980年7月	（株）東京スタイルソーイング飯山を設立
1988年1月	（株）東京スタイルソーイング盛岡を設立
1988年4月	（株）東京スタイルソーイング山之口を

1989年6月	（株）スタイルテックスを設立
2001年2月	（株）ティエスプラザを設立
2001年3月	（株）日本バノックを設立
2004年2月	（株）ジャックを設立
2004年2月	（株）ジャック・コーポレーションを設立
2004年10月	（株）パルメルを設立

〈サンエー・インターナショナル系〉
| 1949年8月 | 三永（株）を設立 |
| 1987年9月 | （株）サンエー・インターナショナルに社名変更 |

＊　＊　＊　＊

| 2011年6月 | （株）東京スタイルと（株）サンエー・インターナショナルが株式移転の方法により（株）TSIホールディングスを設立 |

1688　ティーエスアルフレッサ（株）

〈成和産業系〉
1947年4月	八紅産業（株）を設立
1965年4月	富士薬品（株）と合併し成和産業（株）に社名変更
1974年3月	（株）光栄堂と合併
1978年7月	山陰薬品（株）と合併
1998年11月	（株）健翔を設立
1999年3月	（株）フルケア成和を設立
2000年7月	（株）メディカル・システム・サービス成和を設立（後解散）
2001年11月	（株）アスペックを設立
2003年2月	（株）SAFEを設立

〈常盤薬品系〉
1934年9月	（資）常盤薬房を設立
1953年12月	（資）常盤薬房より営業権を譲受し（株）常盤薬局を設立
1960年10月	常盤薬品（株）に社名変更

＊　＊　＊　＊

| 2015年4月 | 成和産業（株）と常盤薬品（株）が合併しティーエスアルフレッサ（株）に商号変更 |

1689　テイ・エス テック（株）
［証券コード］7313
［上場区分］東証一部

1954年5月	帝都布帛工業（株）のシート部として創業
1960年12月	東京シート（株）を設立
1972年2月	新和工業（株）を設立（後：（株）テイエス・ロジスティクス）
1976年1月	九州テイ・エス（株）を設立
1977年2月	トライ・コン インダストリーズ リミテッド（株）を設立
1986年11月	テイエス トリム インダストリーズ インコーポレーテッド（株）を設立
1994年12月	テイエス テック ユーエスエー コーポレーション（株）を設立
1997年10月	テイ・エス テック（株）に社名変更
2001年10月	（株）ホンダプリモ テイ・エス 埼玉を設立（後：（株）ホンダプリモ テイ・エス）
2001年10月	（株）ホンダプリモ テイ・エス 中部を設立
2003年2月	PT. TS TECH INDONESIAを設立
2005年4月	武漢提愛思全興汽車零部件有限公司を設立
2007年4月	TS TECH INDIANA, LLCを設立
2008年7月	TS TECH SUN RAJASTHAN PRIVATE LIMITEDを設立
2011年6月	TS TECH DEUTSCHLAND GmbHを設立
2013年1月	TS TECH ASIAN CO., LTD.を設立
2013年3月	TS TECH HUNGARY Kft.を設立
2013年4月	TST MANUFACTURING DE MEXICO, S. DE R.L. DE C.V.を設立
2013年12月	TS TECH（KABINBURI）CO., LTD.を設立
2014年6月	TS TECH（MANDAL）PRIVATE LIMITEDを設立
2014年6月	TS TRIM BRASIL S/Aを設立

1690　（株）ディー・エヌ・エー
［証券コード］2432
［上場区分］東証一部

1999年3月	（有）ディー・エヌ・エーを設立
1999年8月	（株）ディー・エヌ・エーに改組
2005年6月	（株）モバオクを設立
2006年5月	（株）ペイジェントを設立
2008年1月	DeNA Global, Inc.を設立
2010年4月	（株）エブリスタを設立
2015年3月	DeSCヘルスケア（株）を設立

1691　DMG森精機（株）
［証券コード］6141
［上場区分］東証一部

1948年10月	（株）森精機製作所を設立
1991年10月	森精機興産（株）を吸収合併
1993年10月	森精機興産（株）を設立（後：（株）森精機ハイテック）
2000年10月	（株）ユナイティッド マニュファクチャリング ソリューションズを設立
2001年5月	（株）太陽工機を設立
2001年9月	（株）森精機テクノを設立
2001年12月	（株）森精機プレシジョンを設立
2002年3月	（株）森精機治具研究所を設立
2002年3月	（株）森精機販売を設立
2002年3月	（株）森精機部品化工研究所を設立
2002年6月	DTL MORI SEIKI, INC.を設立（後：DIGITAL TECHNOLOGY LABORATORY CORPORATION）
2003年4月	MORI SEIKI AUSTRALIA PTY LIMITEDを設立
2003年9月	PT.MORI SEIKI INDONESIAを設立（後：PT.DMG MORI SEIKI INDONESIA）
2007年3月	MORI SEIKI MOSCOW LLCを設立
2007年4月	MORI SEIKI INDIA PRIVATE LIMITEDを設立
2007年8月	Mori Seiki Manufacturing (Thailand) Co., Ltd.を設立（後：DMG Mori Seiki (Thailand) Co., Ltd.）
2008年7月	Mori Seiki Canada, Ltd.とMORI SEIKI MALAYSIA SDN.BHD.を設立
2009年10月	DMG/MORI SEIKI AUSTRALIA PTY LTDを設立
2010年5月	MG Finance GmbHを設立（後：DMG MORI Finance GmbH）

2011年3月	Mori Seiki Argentina S.A.を設立
2011年4月	(株)森精機セールスアンドサービスを設立(後：DMG森精機セールスアンドサービス(株))
2011年8月	Mori Seiki Manufacturing USA, Inc.を設立(後：DMG Mori Seiki Manufacturing USA, Inc.)
2012年1月	MORI SEIKI Europe AGを設立
2012年7月	森精机(天津)机床有限公司を設立
2013年10月	**DMG森精機(株)**に社名変更
2013年11月	DMG MORI SEIKI USA SALES, INC.を設立
2014年10月	DMG MORI GmbHを設立

1692　(株)ディー・エル・イー
[証券コード]3686
[上場区分]東証マザーズ

2001年12月	(有)パサニアを設立
2003年10月	**(株)ディー・エル・イー**に商号変更
2010年3月	年代網際事業股份有限公司(ERA)と合弁で夢響年代股份有限公司(DLE-ERA)を設立
2010年8月	America, Inc.を設立

1693　TOA(株)
[証券コード]6809
[上場区分]東証一部

1934年9月	東亜特殊電機製作所を設立
1949年4月	東亜特殊電機(株)に社名変更
1958年2月	東亜商事(株)を吸収合併
1970年12月	武雄トーア(株)を設立(後：タケックス(株))
1989年10月	**TOA(株)**に社名変更
2002年10月	アコース(株)を設立
2003年10月	TOAアソシエート(株)を設立
2008年3月	TOA ELECTRONICS (M) SDN. BHD.を設立
2009年4月	TOA ELECTRONICS SOUTHERN AFRICA (PROPRIETARY) LIMITEDを設立
2010年1月	TOA Communication Systems, Inc.を設立
2010年6月	TOA Electronics (Thailand) Co., Ltd.を設立
2013年12月	TOA ELECTRONICS VIETNAM COMPANY LIMITEDを設立

1694　テイカ(株)
[証券コード]4027
[上場区分]東証一部

1920年2月	**帝国人造肥料(株)**を設立
1942年4月	**帝国化工(株)**に社名変更
1969年5月	備前化成(株)を設立
1973年10月	テイカ倉庫(株)を設立
1983年3月	戸田工業(株)と共同で出資し(株)ティアンドティを設立
1984年6月	テイカ商事(株)を設立
1989年8月	**テイカ(株)**に社名変更
1997年4月	TFT(株)を設立
2001年10月	TAYCA (Thailand) Co., Ltd.を設立
2014年2月	TAYCA (VIETNAM) CO., LTD.を設立

1695　(株)ティーガイア
[証券コード]3738
[上場区分]東証一部

1992年2月	三井物産情報通信(株)を設立
2001年4月	三井物産情報通信と物産テレコムと物産テレコム関西と合併し三井物産テレパーク(株)に社名変更
2004年10月	(株)テレパークに社名変更
2008年4月	(株)テレコムパークを吸収合併
2008年6月	(株)モビテックを吸収合併
2008年10月	(株)エム・エス・コミュニケーションズと合併し**(株)ティーガイア**に社名変更
2010年8月	天閣雅(上海)商貿有限公司を設立
2011年6月	(株)TGコントラクトを設立(後清算)
2013年11月	Advanced Star Link Pte.Ltd.を設立

1696　(株)テイクアンドギヴ・ニーズ
[証券コード]4331
[上場区分]東証一部

1998年10月	**(株)テイクアンドギヴ・ニーズ**を設立
2010年4月	T&G WEDDING ASIA PACIFIC Co., Limitedを設立
2011年1月	天愿結婚慶(上海)有限公司を設立
2013年6月	天愿結婚慶(深圳)有限公司と天愿結婚慶(台湾)有限公司を設立
2013年8月	幸運股份有限公司を設立
2014年2月	蘇州天愿結企業形象設計有限公司(中国・蘇州市)を設立
2014年12月	PT. TAKE AND GIVE NEEDS INDONESIA(インドネシア共和国・ジャカルタ市)を設立

1697　帝国通信工業(株)
[証券コード]6763
[上場区分]東証一部

1944年8月	東京芝浦電気(株)と日本電気(株)と日本無線(株)等が共同で出資し**帝国通信工業(株)**を設立
1961年5月	飯田帝通(株)を設立
1964年11月	ノーブルスタット(株)を設立(後：須坂帝通(株))
1968年10月	山梨帝通(株)を設立
1969年4月	福井帝通(株)を設立
1973年5月	木曽精機(株)を設立
1975年2月	帝通エンジニヤリング(株)を設立
1978年3月	ノーブル興業(株)を設立
1979年10月	諏訪帝通(株)を設立
1980年4月	ミクロトリミング(株)を設立
1985年4月	ノーブルセンサー商事(株)を設立(後：東北帝通(株))
1988年4月	川崎帝通(株)を設立
1991年5月	ミノワノーブル(株)を設立
1994年3月	P.T.ノーブルバタムを設立
1995年1月	富貴(無錫)電子有限公司を設立
1995年5月	ノーブルV&S(株)を設立(後：ノーブルプレシジョン(タイランド)(株))
1997年5月	ノーブル貿易(上海)有限公司を設立
2001年3月	華南富貴電子(株)を設立(後清算)
2005年10月	ノーブルエレクトロニクスベトナム(株)を設立
2009年7月	ノーブルトレーディング(バンコク)(株)を設立
2012年3月	富貴電子(淮安)有限公司を設立

ていこくて

1698 (株)帝国電機製作所
[証券コード]6333
[上場区分]東証一部
1939年9月	(株)帝国電機製作所を設立
1962年4月	(株)協和電機製作所を設立
1963年12月	(株)平福電機製作所を設立
1966年11月	上月電装(株)を設立
1968年12月	(株)帝伸製作所を設立
1986年4月	帝和エンジ(株)を設立(後:(株)帝和エンジニアリング)
1991年11月	TEIKOKU USA INC.を設立
1994年12月	大連キャンドモータポンプ廠と合弁で大連帝国キャンドモータポンプ有限公司を設立
1999年1月	台湾帝国ポンプ有限公司を設立
1999年3月	TEIKOKU SOUTH ASIA PTE LTD.を設立
2002年8月	TEIKOKU ELECTRIC GmbHを設立
2005年10月	TEIKOKU KOREA CO., LTD.を設立
2009年2月	無錫大帝キャンドモータポンプ修理有限公司を設立
2009年6月	済南大帝キャンドモータポンプ修理有限公司を設立
2013年12月	成都大帝キャンドモータポンプ修理有限公司を設立

1699 (株)デイ・シイ
[証券コード]5234
[上場区分]東証一部
1917年5月	浅野セメント(株)川崎工場として設立
1941年2月	浅野セメント(株)より分離独立し日本高炉セメント(株)に社名変更
1949年6月	日本高炉セメント(株)の第2会社として第一セメント(株)を設立
1969年11月	芙蓉コンクリート(株)を設立
1985年4月	(株)イチコーの工事部門を分離し第一エンジニアリング(株)を設立
1993年4月	相模第一コンクリート(株)を設立
2003年3月	(株)ウツイを設立
2003年10月	第一セメント(株)と中央商事(株)が合併し(株)デイ・シイに社名変更
2005年3月	横浜デイ・エム生コン(株)を設立
2008年3月	(株)シンセイと(株)シンセイ栃木と(株)シンセイ群馬を設立
2008年10月	DCM生コンホールディング(株)を設立
2009年3月	エバタ生コン(株)を設立
2010年9月	国見山資源(株)を設立
2011年12月	厚木生コン(株)を設立
2015年3月	PT.Soil Tek Indonesiaを設立

1700 DCMホールディングス(株)
[証券コード]3050
[上場区分]東証一部
2006年9月	(株)カーマとダイキ(株)とホーマック(株)を完全子会社化しDCM JAPAN(株)を持株会社として設立
2007年12月	(株)オージョイフルを完全子会社化
2011年2月	DCMジャパン(株)を吸収合併しDCMホールディングス(株)に商号変更

1701 (株)ディジタルメディアプロフェッショナル
[証券コード]3652
[上場区分]東証マザーズ
2002年7月	(株)ディジタルメディアプロフェッショナルを設立
2011年10月	Digital Media Professionals USA Inc.(米国)を設立

1702 帝人(株)
[証券コード]3401
[上場区分]東証一部
1915年11月	東工業(株)(米沢人造絹糸製造所)を設立
1918年6月	東工業(株)の人造絹糸部が分離し帝国人造絹絲(株)を設立
1942年3月	第二帝国人造絹糸(株)を合併
1944年8月	帝人航空工業(株)を合併
1962年11月	帝人(株)に社名変更
1963年10月	帝人醋化工業(株)を合併
1979年3月	帝人アセテート(株)を設立
1983年10月	帝人医薬(株)を吸収合併
1990年10月	帝人アセテート(株)と帝人油化(株)と帝人メンテナンス(株)を吸収合併
1991年10月	東京麻絲紡績(株)を吸収合併
1993年10月	帝人メモリーメディア(株)と帝人コードレ(株)とコードレ不織布(株)を吸収合併
1999年12月	帝人デュポンフィルム(株)を設立
2000年12月	Teijin Twaron B.V.を設立(後:Teijin Aramid B.V.)
2007年9月	東邦テナックス(株)を株式交換により完全子会社化
2012年10月	帝人テクノプロダクツ(株)と帝人フィルム(株)と(株)帝人知的財産センターと帝人クリエイティブスタッフ(株)を吸収合併
2013年4月	帝人化成(株)を吸収合併

1703 帝人フロンティア(株)
〈帝人商事系〉
1869年	竹村藤兵衛商店を創業
1918年	(株)竹村商店に社名変更
1936年	竹村棉業(株)を設立
1952年	〈元〉帝人商事(株)を設立
1953年	山陽興産(株)を合併
1953年	土佐堀産業(株)を合併
1960年	〈元〉帝人商事(株)と竹村棉業(株)が合併し竹村帝商(株)を設立
1964年	〈旧〉帝人商事(株)に社名変更
1982年	帝人商事(株)に社名変更

〈日商岩井アパレル系〉
1975年	日商岩井繊維(株)を設立
1980年	日商岩井衣料(株)を設立
1982年	日商岩井繊維原料(株)を設立
1993年	日商岩井衣料(株)を改称し日商岩井アパレル(株)に社名変更
2001年3月	日商岩井繊維(株)を吸収合併

* * * * *

2001年4月	帝人商事(株)と日商岩井アパレル(株)が合併しNI帝人商事(株)に社名変更

| | 2012年10月 | 帝人ファイバー(株)のアパレル部門が統合し帝人フロンティア(株)が発足 |

1704　(株)ディスコ
[証券コード]6146
[上場区分]東証一部

	1937年5月	第一製紙所を設立
1940年3月	(名)第一製紙所に改組
1958年11月	(株)第一製紙所に改組
1977年4月	(株)ディスコに社名変更
1987年1月	(株)ディスコ・サイヤー・ジャパンを設立(後:ディスコハイテック(株))
2001年10月	(株)ディスコ アブレイシブ システムズを設立
2005年1月	(株)ディスコ エンジニアリング サービスを吸収合併
2006年8月	(株)ダイイチコンポーネンツを設立
2007年8月	DISCO HI-TEC TAIWAN CO., LTD.を設立

1705　(株)テイツー
[証券コード]7610
[上場区分]ジャスダックスタンダード

1990年4月	(株)テイツーを設立
1999年11月	(株)アゲインと共同で(有)アゲインを設立
2000年8月	(株)アイシーピーと共同で(株)ユーブックを設立
2000年10月	(株)トップカルチャー共同で(株)トップブックスを設立
2001年8月	メディア(株)と共同でエムアンドティー(株)を設立
2005年7月	(株)ブック・スクウェア中部を吸収合併
2009年9月	(株)アイ・カフェと(株)ユーブックを吸収合併
2011年8月	TWO-BASE(株)を設立
2011年10月	TAY TWO MARKETING, INC.を設立
2012年5月	カードフレックスジャパン(株)を設立
2014年7月	(株)モ・ジールを設立
2014年12月	TWO-BASE(株)を吸収合併

1706　ディップ(株)
[証券コード]2379
[上場区分]東証一部

1997年3月	ディップ(株)を設立
2005年6月	(株)なでしこキャリアを設立
2006年6月	ディップエージェント(株)を設立(後解散)
2008年1月	(株)イー・エンジンと(株)ブックデザインを吸収合併

1707　(株)ディー・ディー・エス
[証券コード]3782
[上場区分]東証マザーズ

1995年9月	(有)ディー・ディー・エスを設立
1998年1月	(株)ディー・ディー・エスに組織変更
1999年2月	梅テック(有)を設立
2006年2月	DDS Korea, Inc.を設立
2008年2月	DDS Hong Kong, Ltd.を設立
2008年5月	DDS Shanghai Technology, Inc.を設立

1708　(株)DTS
[証券コード]9682
[上場区分]東証一部

1972年8月	(株)データ通信システムを設立
2000年10月	(株)九州データ通信システムを設立(後:(株)九州DTS)
2001年3月	(株)ディー・ティー・エスと合併
2003年10月	(株)DTSに社名変更
2005年11月	(株)FAITECを設立
2007年4月	(株)MIRUCAを設立
2007年10月	遥天斯(上海)軟件技術有限公司を設立
2009年10月	デジタルテクノロジー(株)を設立
2011年10月	(株)DTSパレットを設立
2011年11月	DTS America Corporationを設立
2013年4月	DTS IT Solutions (Thailand) Co., Ltd.を設立
2014年4月	DTS SOFTWARE VIETNAM CO., LTD.(DTSベトナム)を設立
2014年4月	(株)DTS WESTを設立
2014年4月	(株)FAITECを吸収合併

1709　TDK(株)
[証券コード]6762
[上場区分]東証一部

1935年12月	東京電気化学工業(株)を設立
1947年12月	新東産業(株)を設立(後解散)
1983年3月	TDK(株)に社名変更
2008年3月	デンセイ・ラムダ(株)を完全子会社化
2009年10月	TDK-EPC(株)を設立

1710　(株)TTK
[証券コード]1935
[上場区分]東証二部

1955年2月	三洋工業(株)と東華電建(株)と(株)仙東建設と山田電業(株)と東洋工業(株)と秋田通建設(株)が合併し東北通信建設(株)を設立
1959年10月	東北通産(株)を設立
1964年3月	東部電話工事(株)を設立
1964年10月	山形通信工事(株)を設立
1966年3月	北部電設(株)を設立
1970年12月	盛岡電話工事(株)を設立
1971年12月	福島電話工事(株)を設立
1973年6月	八甲通信建設(株)を設立
1979年7月	千秋通信建設(株)を設立
2005年4月	(株)TTKに社名変更
2007年6月	(株)TTKテクノを設立

1711　TDCソフトウェアエンジニアリング(株)
[証券コード]4687
[上場区分]東証一部

1963年12月	東京データセンターを設立
1986年4月	ティーディーシーソフトウェアエンジニアリング(株)に社名変更
2012年1月	天津TDC軟件技術有限公司を設立
2012年7月	TDCソフトウェアエンジニアリング(株)に社名変更

1712　(株)デイトナ
[証券コード]7228
[上場区分]ジャスダックスタンダード

| 1972年4月 | 阿部商事(株)を設立 |
| 1985年7月 | (株)デイトナに社名変更 |

1989年10月	（有）久悦を吸収合併	
1992年3月	（株）ライコを設立（後：（株）ライダーズ・サポート・カンパニー）	
2000年1月	（株）ネットライダーズ・デイトナを設立（後：（株）ライダーズ・サポート・カンパニー）	
2007年4月	PT DAYTONA AZIAを設立	

1713　（株）ディノス・セシール

〈セシール系〉

1972年9月	（有）アジア物産を設立
1973年8月	東洋物産（株）に社名変更
1983年5月	（株）セシールに社名変更
2003年4月	（有）セシールエンタープライズを設立（後：（株）セシールビジネス＆スタッフィング）
2006年7月	（株）セシールコミュニケーションズと（株）セシールロジスティクスを設立
2007年2月	（株）セシールブランドクリエイトを設立
2008年8月	賽詩麗商貿（上海）有限公司を設立
2010年4月	（株）セシールロジスティクスを吸収合併

〈ディノス系〉

1971年12月	（株）ディノスを設立
1973年6月	（株）フジサンケイリビングサービスに社名変更
2004年10月	（株）ディノスに社名変更
2007年4月	（株）フジテレビフラワーセンターと合併

*　＊　＊　＊

2013年7月	（株）フジ・ダイレクト・マーケティングと（株）ディノスと（株）セシールが合併し（株）ディノス・セシールに社名変更

1714　TPR（株）

［証券コード］6463
［上場区分］東証一部

1939年12月	帝国ピストンリング（株）を設立
1967年4月	テーピ販売（株）を設立
1970年6月	テーピ工業（株）を設立
1982年12月	テーピ興産（株）を設立
1990年4月	（株）テーピ塚間製作所を設立
1991年4月	テイコク ヨーロッパ（有）を設立
2002年2月	テーピアルテックを設立（後：TPRアルテック（株））
2002年5月	フェデラル・モーグル社と合弁でフェデラル・モーグル テーピ ヨーロッパ社を設立
2002年7月	南京航海航標装備総廠と合弁で南京帝伯熱学有限公司を設立
2002年10月	柳成企業社と合弁でY&Tパワーテック社を設立
2003年10月	安慶環新集団有限公司と合弁で帝伯環新国際貿易（上海）有限公司を設立
2003年11月	フェデラル・モーグルインベストメント社と合弁でフェデラル・モーグル テーピ ライナ ヨーロッパ社を設立
2004年7月	安慶帝伯格茨活塞環有限公司他と合弁で安慶帝伯格茨缸套有限公司を設立
2005年1月	安慶安帝技益精機有限公司を設立
2005年2月	マノヨント社他と合弁でTPRアシアンセールス（タイランド）社を設立
2005年2月	柳成企業社と安慶環新集団有限公司と合弁で柳伯安麗活塞環有限公司を設立
2006年8月	TPRベトナム社を設立
2008年2月	TPRセールス インドネシア社を設立
2008年3月	TPRオートパーツMFG．インディア社を設立
2011年4月	岡谷電機産業（株）と合弁でTOCキャパシタ（株）を設立
2011年5月	TPRエンプラ（株）を設立
2011年10月	**TPR**（株）に社名変更
2011年12月	PT．TPRインドネシアを設立
2011年12月	PT．アート ピストン インドネシアを設立
2012年5月	TPR フェデラル・モーグル テネシー社を設立
2012年5月	帝伯愛爾（天津）企業管理有限公司を設立
2014年3月	安慶帝伯功能塑料有限公司を設立
2014年7月	TPRブラジル社を設立

1715　（株）TBグループ

［証券コード］6775
［上場区分］東証二部

1946年11月	（株）富士製作所を設立
1961年7月	（株）スターに社名変更
1976年4月	サン機電（株）に社名変更
1978年10月	東和サン機電（株）に社名変更
1982年10月	東和レジスター（株）（東京）と東和レジスター（株）（大阪）と合併
1990年2月	協デン（株）を設立（後清算）（後：新潟東和メックス（株））
1990年10月	東和エスポ（株）に社名変更
1991年10月	東和メックス（株）に社名変更
2004年6月	東和サンクサービス（株）を設立
2005年1月	TOWA MECCS EUROPE S.A.を設立（後清算）
2006年11月	東和アイ（株）を設立（後：（株）TOWA）
2007年12月	TOWA GLOBAL TECH CORP. LTD.を設立（後清算）
2011年10月	（株）**TB**グループに社名変更

1716　（株）TBK

［証券コード］7277
［上場区分］東証一部

1949年8月	いすゞ部品工業（株）を設立
1951年3月	東京ブレーキ工業（株）に社名変更
1956年11月	いすゞ部品工業（株）と東京ブレーキ工業（株）が合併し東京部品工業（株）に社名変更
1963年8月	第一精機（株）を吸収合併
1970年9月	東京精工（株）を設立
1971年12月	トーエイ工業（株）を設立
1973年9月	鶴岡ブレーキ（株）を設立（後：ティービーアール（株））
1983年12月	ロックウェル・インターナショナル社《米国》と共同で出資し東京部品ロックウェル（株）を設立
1986年2月	ティービーケイ販売（株）を設立
1992年5月	（株）ティービーケイエムアールを設立
2005年7月	（株）**TBK**に社名変更
2005年8月	長春世立汽車制動零部件有限責任公司と合弁でChangchun TBK SHILI

		Auto Parts Co., Ltd.を設立
2007年5月		TBK China Co., Ltd.を設立
2011年2月		Qiaotou TBK Co., Ltd.を設立
2014年11月		長春一汽四環汽車制動器有限公司と合弁でChangchun FAW Sihuan TBK Co., Ltd.を設立（後：Changchun FAWSN TBK Co., Ltd.）

1717　ディーブイエックス（株）
[証券コード]3079
[上場区分]東証一部
- 1986年4月　（株）ヘルツを設立
- 2004年2月　ディーブイエックスジャパン（株）を吸収合併しディーブイエックス（株）に社名変更

1718　ティーライフ（株）
[証券コード]3172
[上場区分]東証二部
- 1983年8月　ティーライフ（株）を設立
- 1987年12月　（株）植田茶園を設立（後解散）（後：（株）ウエダ散）

1719　（株）ティラド
[証券コード]7236
[上場区分]東証一部
- 1936年10月　（株）東洋ラヂエーター製作所を設立
- 1944年5月　東洋冷却器（株）に社名変更
- 1951年8月　東洋ラジエーター（株）に社名変更
- 1987年5月　三谷伸銅（株）と共同で出資しテーエムケー（株）を設立
- 2005年4月　ティラドに社名変更
- 2005年4月　青島東洋熱交換器有限公司を設立
- 2008年5月　PT. T.RAD INDONESIAを設立
- 2008年6月　TRM Corporation B.V.を設立
- 2010年8月　済寧東洋熱交換器有限公司を設立
- 2012年3月　東洋熱交換器（常熟）有限公司を設立
- 2012年10月　T.RAD（VIETNAM）Co., Ltd.を設立

1720　（株）ティー・ワイ・オー
[証券コード]4358
[上場区分]東証一部
- 1982年4月　（株）ティー・ワイ・オーを設立
- 2010年7月　（株）TYOプロダクションズと（株）モンスター・ウルトラと（株）エムワンプロダクションと（株）Camp KAZと（株）サッソフィルムズと（株）アイ・ディとテオーリアコミュニケーションズ（株）と（株）TYO Administrationを吸収合併
- 2010年10月　（株）1st Avenueを吸収合併
- 2011年11月　（株）博宣インターナショナルを吸収合併
- 2012年7月　（株）キャンプドラフトを設立
- 2012年11月　（株）ドワーフを設立

1721　（株）テイン
[証券コード]7217
[上場区分]ジャスダックスタンダード
- 1985年2月　（株）テインを設立
- 2001年8月　EIN U.S.A., INC.を設立
- 2002年1月　天御股份有限公司を設立（後清算）
- 2003年8月　TEIN UK LIMITEDを設立
- 2008年4月　天御香港有限公司を設立
- 2009年5月　天御遠東国際貿易（北京）有限公司を設立
- 2013年11月　天御減振器製造（江蘇）有限公司を設立
- 2015年2月　宿遷天野貿易有限公司を設立

1722　（株）デ・ウエスタン・セラピテクス研究所
[証券コード]4576
[上場区分]ジャスダックグロース
- 1999年2月　（有）デ・ウエスタン・セラピテクス研究所を設立
- 2004年11月　（株）デ・ウエスタン・セラピテクス研究所に組織変更

1723　（株）テーオー小笠原
[証券コード]9812
[上場区分]ジャスダックスタンダード
- 1950年5月　小笠原商店を設立
- 1955年1月　（株）小笠原商店に改組
- 1975年5月　（株）テーオー小笠原に社名変更
- 1989年6月　（株）テーオーハウスと東京ゴールド木材（株）を吸収合併
- 1990年6月　テーオーアイエム（株）と（株）東北テーオーハウスを吸収合併
- 1991年9月　（株）レンタルテーオーを設立
- 2003年4月　（株）ミカドフローリング製作所を吸収合併
- 2005年6月　（株）テーオーファシリティーズを設立
- 2010年12月　小笠原不動（株）と（株）夕張フローリング製作所と北見ベニヤ（株）を吸収合併
- 2014年12月　（株）テーオースイミングスクールを吸収合併

1724　（株）テーオーシー
[証券コード]8841
[上場区分]東証一部
- 1926年4月　〈旧〉星製薬（株）を設立
- 1967年7月　（株）東京卸売りセンターを設立
- 1982年3月　大谷薬品（株）を設立（後：星製薬（株））
- 1982年4月　（株）東京卸売りセンターと合併し（株）テーオーシーに社名変更
- 1983年3月　（株）テーオーリネンサプライを設立
- 1985年4月　（株）LOXヘルスプラザを設立（後：（株）TOL）
- 1998年6月　（株）アニマ・アクティス・ジャパンを設立（後：（株）アニマ・ジャパン）
- 2000年11月　（株）テーオーエルを設立（後：（株）TOL）
- 2007年4月　（株）東京卸売りセンター流通グループを吸収合併
- 2007年8月　（株）TOC-indexを設立（後：（株）TOC・バイヤーズネット）
- 2009年3月　（株）TORアセットインベストメントを設立
- 2009年8月　（株）TOCディレクションを設立
- 2009年8月　（株）TOLコマーシャル・ディレクションを設立（後：（株）TOLCD）

1725　（株）テー・オー・ダブリュー
[証券コード]4767
[上場区分]東証一部
- 1976年7月　（有）テー・オー・ダブリューを設立

てくせりあ

1989年3月	(株)テー・オー・ダブリューに改組
1998年7月	(株)イベント企画と合併(額面変更のため)
2002年3月	(株)ティー・ツー・クリエイティブを設立

1726　デクセリアルズ(株)
[証券コード]4980
[上場区分]東証一部

1962年3月	ソニー(株)が全額出資しソニーケミカル(株)を設立
2002年4月	ソニー根上(株)と統合
2006年7月	ソニー宮城(株)と統合しソニーケミカル&インフォメーションデバイス(株)に社名変更
2012年10月	デクセリアルズ(株)に社名変更

1727　テクニカル電子(株)
[証券コード]6716
[上場区分]ジャスダックスタンダード

1952年5月	中央無線(株)を設立
1996年4月	(株)テクノスサンキューを設立(後清算)
2000年12月	〈旧〉テクニカル電子(株)を設立
2005年10月	〈旧〉テクニカル電子(株)と合併しテクニカル電子(株)に社名変更
2007年4月	日飛電子精機(株)と合併

1728　(株)テクノアソシエ
[証券コード]8249
[上場区分]東証二部

1946年8月	(株)住友電気工業と住友金属工業(株)が資本参加し阪根産業(株)を設立
1970年4月	共同加工(株)を設立
1979年7月	浪速流通サービス(株)を設立(後:トーブツ興産(株))
1980年8月	東洋物産(株)に社名変更
1980年12月	阪南トーブツ(株)を設立
1982年5月	トーブツ興産(株)を設立
1985年10月	浪速流通サービス(株)を吸収合併
1989年10月	トーブツ・(マレーシア)・センドリアン・ベルハットを設立(後清算)
2000年12月	トーブツ・(タイランド)・カンパニー・リミテッドを設立(後:テクノアソシエ・(タイランド)・カンパニー・リミテッド)
2002年9月	科友電子有限公司を設立(後清算)
2002年12月	昆山東訊機電有限公司を設立
2003年8月	東物貿易(大連保税区)有限公司を設立(後:科友貿易(大連保税区)有限公司)
2004年11月	東物貿易(広州)有限公司を設立(後:科友貿易(広州)有限公司)
2005年3月	トーブツ・チェコ・エス・アール・オーを設立(後:テクノアソシエ・チェコ・エス・アール・オー)
2006年7月	日星金属製品(上海)有限公司を設立
2006年8月	(株)テクノアソシエに社名変更
2008年8月	嘉善科友盛科技有限公司を設立
2013年8月	ティー・エー・オートモティブ・パーツ・(タイランド)・カンパニー・リミテッドを設立
2014年4月	ピーティー・テクノアソシエ・インドネシアを設立

1729　テクノアルファ(株)
[証券コード]3089
[上場区分]ジャスダックスタンダード

1989年12月	テクノアルファ(株)を設立
2011年12月	(株)コムテックを吸収合併

1730　テクノクオーツ(株)
[証券コード]5217
[上場区分]ジャスダックスタンダード

1976年10月	ガスクロ工業(株)が出資し(株)ガスクロ・ヤマガタを設立
1991年4月	テクノクオーツ(株)に社名変更
2000年11月	TECHNO QUARTZ SINGAPORE PTE LTD.を設立(後清算)
2001年10月	シーコ社と合弁でテクノクオーツ・シーコ(株)を設立(後清算)
2002年5月	杭州泰谷諾石英有限公司を設立
2012年5月	GL TECHNO America, Inc.を設立

1731　(株)テクノスジャパン
[証券コード]3666
[上場区分]東証一部

1994年4月	(株)テクノスジャパンを設立
2005年6月	神戸テクノス(株)を設立
2006年7月	(株)テクノスアイティを吸収合併
2007年7月	沖縄テクノス(株)を設立
2013年10月	テクノスデータサイエンス・マーケティング(株)を設立
2014年7月	神戸テクノス(株)を吸収合併

1732　(株)テクノスマート
[証券コード]6246
[上場区分]東証二部

1912年6月	井上鉄工所を設立
1932年5月	(資)井上鉄工所に改組
1936年1月	井上金属工業(株)に社名変更
2012年10月	(株)テクノスマートに社名変更

1733　(株)テクノ・セブン
[証券コード]6852
[上場区分]ジャスダックスタンダード

1947年6月	信陽工業(名)を設立
1950年4月	宝工業(株)に社名変更
1981年2月	東北タカラ・サーミスタ(株)を設立(後解散)
1987年7月	扶桑電機(株)を吸収合併
1989年4月	ニッポー(株)を吸収合併し(株)テクノ・セブンに社名変更
1990年10月	(株)宝エンジニアリングを設立(後:(株)タカラ・サーミスタ)
2007年9月	ニッポー(株)を設立
2015年4月	ウインテック(株)を吸収合併

1734　テクノプロ・ホールディングス(株)
[証券コード]6028
[上場区分]東証一部

2006年7月	ジャパン・ユニバーサル・ホールディングス・アルファ(株)を設立
2012年4月	テクノプロ・ホールディングス(株)に商号変更
2013年5月	TechnoPro Asia Limitedを設立

1735　テクノホライゾン・ホールディングス(株)
[証券コード]6629
[上場区分]ジャスダックスタンダード
2010年4月	ELMO Europe SASを設立
2010年4月	(株)エルモ社と(株)タイテックが経営統合し両社を完全子会社とする共同持株会社としてテクノホライゾン・ホールディングス(株)を設立
2010年7月	(株)エルモアイテックを設立
2010年12月	北京艾路摩科技有限公司を設立
2011年1月	泰志達(蘇州)自控科技有限公司を設立

1736　テクマトリックス(株)
[証券コード]3762
[上場区分]東証一部
1984年8月	ニチメンデータシステム(株)を設立
2000年11月	テクマトリックス(株)に社名変更
2007年8月	合同会社医知悟を設立

1737　(株)デサント
[証券コード]8114
[上場区分]東証一部
1935年2月	(個)石本商店を設立
1958年2月	(株)石本商店に改組
1961年9月	(株)デサントに社名変更
1964年8月	デサント商事(株)を合併
1970年2月	東北デサント(株)を設立
1972年9月	トルビオン(株)を設立
1973年2月	九州デサント(株)を設立
1973年8月	デサント商事(株)を吸収合併
1973年8月	近畿デサント(株)を設立
1979年3月	カスタムサービス(株)を設立
1982年5月	インパック(株)を設立
1987年12月	デサントエンタープライズ(株)を設立
1999年1月	デサアントアパレル(株)を設立
2000年11月	韓国デサント(株)を設立(後:デサントコリア(株))
2003年11月	香港迪桑特貿易有限公司を設立
2004年2月	寧波ルコック服飾有限公司を設立
2006年2月	上海迪桑特商業有限公司を設立
2010年12月	シンガポールデサント(株)を設立
2013年9月	(株)ディーケーロジスティクスを設立
2015年1月	デサントグローバルリテール(株)を設立

1738　デジタルアーツ(株)
[証券コード]2326
[上場区分]東証一部
1995年6月	デジタルアーツ(株)を設立
2011年4月	Digital Arts America, Inc.を設立
2011年4月	Digital Arts Europe Ltdを設立
2012年6月	Digital Arts Investment, Inc.を設立
2013年5月	ポルキャスト・ジャパン(株)を設立(後解散)
2014年4月	FinalCode, Inc.を設立

1739　デジタル・アドバタイジング・コンソーシアム(株)
[証券コード]4281
[上場区分]ジャスダックスタンダード
1996年12月	デジタル・アドバタイジング・コンソーシアム(株)を設立
2004年12月	(株)アド・プロを設立
2005年10月	北京迪愛慈商務諮詢有限公司を設立(後:北京迪愛慈広告有限公司)
2011年2月	(株)プラットフォーム・ワンを設立
2012年5月	DAC ASIA PTE. LTD.(DACアジア)を設立

1740　(株)デジタルアドベンチャー
[証券コード]4772
[上場区分]ジャスダッククロース
1971年12月	ミヅホ企画工業(株)を設立
1998年3月	(株)デジタルアドベンチャーに社名変更
1998年4月	(株)デジタルアドベンチャーを設立
2005年11月	(株)ドーンエンターテイメントジャパンを設立(後:(株)DA Music)
2005年11月	(有)ドーンミュージックを設立(後:(株)DA Music Publishing)
2009年5月	ビーオーエフインターナショナル(株)と合併

1741　デジタル・インフォメーション・テクノロジー(株)
[証券コード]3916
[上場区分]ジャスダックスタンダード
1982年7月	東洋コンピュータシステム(株)を設立
2002年1月	東洋アイティーホールディングス(株)を純粋持株会社として設立
2002年1月	東洋コンピュータシステム(株)と東洋テクノ(株)と日本オートマトン(株)を株式移転により完全子会社化
2002年12月	東洋ユースウエアサービス(株)を株式交換により完全子会社化
2006年1月	東洋コンピュータシステム(株)と日本オートマトン(株)と東洋テクノ(株)と東洋ユースウエアサービス(株)を吸収合併しデジタル・インフォメーション・テクノロジー(株)に商号変更
2006年5月	東洋インフォネット(株)を完全子会社化
2011年1月	DIT America, LLC.を設立

1742　(株)デジタルガレージ
[証券コード]4819
[上場区分]ジャスダックスタンダード
1995年8月	(株)デジタルガレージを設立
1996年12月	(株)博報堂と(株)旭通信社と(株)読売広告社と(株)I&Sと共同出資でデジタル・アドバタイジング・コンソーシアム(株)を設立
1997年5月	(株)フロムガレージと(株)スタジオガレージと(有)エコシスを吸収合併
1999年4月	(株)コミュニケーション科学研究所等と共同出資で(株)イーコマース総合研究所を設立
2000年5月	(株)ローソンと(株)東洋情報システムと三菱商事(株)と共同で(株)イーコンテクストを設立
2000年10月	(株)シャディと共同出資で(株)ギフトポートを設立
2003年2月	クリエイティブガレージを設立
2004年2月	(株)DGモバイルを設立
2005年1月	(株)テクノラティジャパンを設立(後:(株)DGストラテジックパート

	ナーズ）
2005年7月	〈旧〉（株）DGインキュベーションを設立
2005年9月	〈旧〉（株）DGインキュベーションと日本アジア投資（株）と共同出資で（株）DG&パートナーズを設立
2005年11月	ぴあ（株）と（株）カカクコムと共同出資で（株）WEB2.0を設立
2006年1月	（株）DGアセットマネジメントを設立
2006年3月	（株）DGメディアマーケティングを設立
2006年8月	（株）電通と（株）サイバー・コミュニケーションズと（株）アサツー ディ・ケイと共同出資で（株）CGMマーケティングを設立（後：（株）BI.Garage）
2006年8月	亜細亜証券印刷（株）と共同出資で（株）グロース・パートナーズを設立
2008年10月	（株）イーコンテクストと（株）DGソリューションズと（株）ディージー・アンド・アイベックスと（株）クリエイティブガレージと（株）DGメディアマーケティングを吸収合併
2009年6月	（株）DGインキュベーションを設立
2010年6月	日本通運（株）と共同出資で（株）NEXDGを設立
2010年12月	（株）ウィールを設立
2011年7月	Digital Garage US, Inc.を設立
2011年9月	（株）ネットプライスドットコムと共同出資で（株）Open Network Labを設立
2011年12月	New Context, Inc.を設立（後：Neo Innovation, Inc.）
2012年1月	Digital Garage Development LLCを設立
2012年11月	（株）DGペイメントホールディングスを吸収合併
2014年3月	SBIインベストメント（株）と共同出資でeconext ASIA EC Fund投資事業有限責任組合を設立
2015年6月	（株）講談社と共同出資で（株）DK Gateを設立

1743 （株）デジタルデザイン
［証券コード］4764
［上場区分］ジャスダッククロス
1996年2月	（株）デジタルデザインを設立
1999年7月	（株）アクアリウムコンピューターを設立（後：（株）ディーキューブ）

1744 （株）テセック
［証券コード］6337
［上場区分］ジャスダックスタンダード
1969年12月	（株）テスを設立
1980年	（株）テセックに社名変更
1983年9月	TESEC (M) SDN.BHD.を設立
1984年1月	TESEC, INC.を設立
1984年11月	TESEC SEMICONDUCTOR EQUIPMENT (SINGAPORE) PTE. LTD.を設立
1985年8月	TESEC EUROPE S.A.を設立（後清算）
2003年4月	泰賽国際貿易（上海）有限公司を設立
2006年10月	（株）テセックサービスを吸収合併

1745 （株）データ・アプリケーション
［証券コード］3848
［上場区分］ジャスダックスタンダード
1982年9月	（株）データ・アプリケーションを設立
1988年12月	三和プランニング（株）と合併
2008年4月	ホロンテクノロジーを設立
2008年4月	（株）鹿児島データ・アプリケーションを設立

1746 データセクション（株）
［証券コード］3905
［上場区分］東証マザーズ
2000年7月	データセクション（株）を設立
2013年4月	ソリッドインテリジェンス（株）を設立
2013年6月	DATASECTION VIETNAM CO., LTDを設立
2014年3月	データエクスチェンジコンソーシアム有限責任事業組合を設立
2015年4月	Weavers（株）を設立

1747 （株）データホライゾン
［証券コード］3628
［上場区分］東証マザーズ
1982年3月	（株）ワイエス企画を設立
1996年5月	（株）医療情報研究所を設立
2000年3月	（株）データホライゾンに商号変更
2000年10月	（株）イーメディカルを設立
2001年3月	DATA HORIZON PHILS, INC.を設立
2010年12月	（株）DPPヘルスパートナーズを設立

1748 データリンクス（株）
［証券コード］2145
［上場区分］ジャスダックスタンダード
1982年5月	（株）共済情報ビジネスを設立
1998年4月	データリンクス（株）に商号変更

1749 テックファームホールディングス（株）
［証券コード］3625
［上場区分］ジャスダックグロース
1991年8月	（株）ジー・エム・エス・ジャパンを設立
1998年1月	テックファーム（株）に商号変更
2010年2月	エクシーダ（株）を設立（後清算）
2014年3月	Prism Solutions Inc.を設立
2015年7月	テックファームホールディングス（株）に商号変更

1750 （株）鉄人化計画
［証券コード］2404
［上場区分］東証二部
1999年12月	（株）鉄人化計画を設立
2010年11月	鐵人化計畫（股）有限公司を設立
2011年3月	（株）アイディアラボを吸収合併
2012年12月	TETSUJIN USA Inc.を設立
2013年1月	シーエルエスジー私募投資専門会社第1号を設立
2014年3月	（株）パレードを設立

1751 （株）テノックス
［証券コード］1905
［上場区分］ジャスダックスタンダード
1970年7月	（株）テノックスを設立
1987年12月	（株）テノックス九州を設立

1997年4月	(株)複合技術研究所を設立
2001年3月	(有)プロスペックを吸収合併
2007年12月	TENOX KYUSYU VIETNAM CO., LTD.を設立

1752　テーブルマーク(株)

1956年9月	加卜吉水産(株)を設立
1964年3月	(株)加卜吉に社名変更
1965年12月	コトヒキ産業(株)に合併
1972年6月	四国冷凍食品加工販売協同組合を設立(後：四国冷食協同組合)
1973年4月	コック冷凍運輸(株)を設立(後：(株)加卜吉フードレック)
1980年12月	加卜吉食品(株)を吸収合併
1980年12月	(株)福島加卜吉を設立
1980年12月	〈別〉(株)加卜吉と合併(額面変更のため)
1982年10月	(株)加卜吉ノースイを設立
1982年10月	(株)静岡加卜吉を設立
1983年11月	加卜吉水産(株)を設立
1985年8月	(株)加卜吉商事を設立(後：(株)加卜吉フードレック)
1988年3月	栄和綜合リース(株)を設立
1989年12月	(株)静岡加卜吉と合併
1990年4月	(株)加卜吉バイオを設立
1990年4月	(株)加卜吉ファイナンスを設立(後：栄和綜合リース(株))
1991年3月	(株)栄太郎を設立
1995年12月	(株)カトキチフーズを設立(後：加卜吉水産(株))
1996年8月	(株)関空デリカを設立
1997年9月	(株)グリーンフーズを設立
2010年1月	テーブルマーク(株)に社名変更

1753　テラ(株)
[証券コード]2191
[上場区分]ジャスダックスタンダード

2004年6月	テラ(株)を設立
2013年5月	タイタン(株)を設立
2014年1月	テラファーマ(株)を設立
2014年2月	(株)ジェノサイファーを設立(後：(株)オールジーン)

1754　(株)寺岡製作所
[証券コード]4987
[上場区分]東証二部

1921年2月	(個)寺岡製作所を設立
1937年2月	(資)寺岡製作所に改組
1943年5月	(株)寺岡製作所に改組
1943年12月	(株)三陽工業所を合併
1944年9月	日本粘着テープ工業(株)を合併
1995年1月	寺徳(香港)有限公司を設立(後：寺岡製作所(香港)有限公司)
1995年5月	東莞寺徳電子膠粘帯有限公司を設立(後清算)
2004年7月	寺岡(上海)高機能膠粘帯有限公司を設立
2006年11月	寺岡(深圳)高機能膠粘帯有限公司を設立
2011年3月	PT. Teraoka Seisakusho Indonesiaを設立

1755　寺崎電気産業(株)
[証券コード]6637
[上場区分]ジャスダックスタンダード

1946年10月	(株)寺崎電機製作所を設立
1955年10月	〈旧〉寺崎電気産業(株)を設立
1961年8月	(株)阪南電機製作所を設立
1961年10月	(株)畝傍電機製作所を設立
1970年11月	Automat Engineering Glasgow Ltdと合弁でTerasaki Circuit Breaker Co., (UK) LTD.を設立
1973年3月	LINDE TEVES JACOBARGと合弁でTERASAKI ELECTRIC CO., (F. E.) PTE.LTD.を設立
1973年11月	(株)耶馬溪製作所を設立
1975年1月	TERASAKI DO BRASIL LTDA.を設立
1980年4月	〈旧〉寺崎電気産業(株)より営業譲渡を受け寺崎電気産業(株)を設立
1984年7月	テラテック(株)を設立
1985年7月	TERASAKI CIRCUIT BREAKERS (S) PTE.LTD.を設立
1986年1月	テラメックス(株)を設立
1986年6月	TERASAKI ITALIA s.r.l.を設立(後：TERASAKI ELECTRIC (EUROPE) LTD.)
1986年9月	TERASAKI ELECTRIC (M) SDN. BHD.を設立
1987年6月	TERASAKI ESPANA, S.A.U.を設立(後清算)
1991年10月	寺崎電気販売(株)と(株)畝傍電機製作所と(株)阪南電機製作所と(株)寺崎電機製作所と産業振興(株)と寺崎エステートと(株)振興エステートを吸収合併
1994年3月	TERASAKI ELECTRIC (CHINA) LIMITEDを設立
2001年5月	テラサキ伊万里(株)を設立

1756　(株)テラスカイ
[証券コード]3915
[上場区分]東証マザーズ

2006年2月	(株)ヘッド・ソリューションズを設立
2007年2月	(株)テラスカイに社名変更
2012年8月	TerraSky Inc.を設立
2014年5月	(株)スカイ365を設立

1757　(株)テラプローブ
[証券コード]6627
[上場区分]東証マザーズ

| 2005年8月 | (株)テラプローブを設立 |
| 2008年8月 | Powertech Technology Inc.と合弁でTeraPower Technology Inc.を設立 |

1758　デリカフーズ(株)
[証券コード]3392
[上場区分]東証一部

1979年10月	デリカフーズ(株)を設立
1984年12月	(株)東京デリカフーズを設立(後：東京デリカフーズ(株))
1990年5月	大阪デリカフーズ(株)を設立
1997年9月	名古屋デリカフーズ(株)に商号変更
2003年4月	デリカフーズ(株)を持株会社として設立

てりろし

    2014年10月 エフエスロジスティックス(株)を設立

1759 (株)テリロジー
[証券コード]3356
[上場区分]ジャスダックスタンダード
    1989年7月 (株)テリロジーを設立
    2011年12月 Terilogy Hong Kong Limitedを設立(後清算)

1760 テルモ(株)
[証券コード]4543
[上場区分]東証一部
    1921年9月 赤線検温器(株)を設立
    1936年11月 仁丹体温計(株)に社名変更
    1963年12月 (株)仁丹テルモに社名変更
    1974年10月 テルモ(株)に社名変更
    2001年9月 テルモメディカルケア社を設立
    2003年1月 テルモハート, Inc.を設立
    2006年4月 テルモベトナムCo., Ltd.を設立
    2007年1月 テルモチリLtda.を設立
    2007年4月 オリンパス テルモ バイオマテリアル(株)を設立
    2010年1月 テルモアメリカスホールディング, Inc.を設立
    2011年8月 泰尔茂(中国)投資有限公司を設立
    2011年11月 テルモアジアホールディングスPte. Ltd.を設立
    2011年12月 テルモ山口(株)を設立
    2012年12月 威高泰尔茂(威海)医療製品有限公司を設立
    2013年1月 テルモBCTベトナム Co., Ltd.を設立
    2013年2月 テルモロシア LLC.を設立
    2013年7月 テルモインディアプライベートLtd.を設立
    2014年1月 テルモメディカルイノベーション, Inc.を設立
    2015年1月 テルモ山口D&D(株)を設立

1761 (株)テレビ朝日ホールディングス
[証券コード]9409
[上場区分]東証一部
    1957年11月 (株)日本教育テレビを創立
    1977年4月 全国朝日放送(株)に社名変更
    2003年10月 (株)テレビ朝日に社名変更
    2013年10月 テレビ朝日分割準備(株)を設立(後:(株)テレビ朝日)
    2014年4月 (株)テレビ朝日ホールディングスに社名変更

1762 (株)テレビ東京ホールディングス
[証券コード]9413
[上場区分]東証一部
    1968年7月 (株)東京12チャンネルプロダクションを設立
    1973年10月 (株)東京12チャンネルに社名変更
    1981年10月 (株)テレビ東京に社名変更
    2010年10月 (株)テレビ東京と(株)BSジャパンとテレビ東京ブロードバンド(株)を経営統合し(株)テレビ東京ホールディングスを設立認定放送持会社として設立

1763 テンアライド(株)
[証券コード]8207
[上場区分]東証一部
    1969年12月 天狗チェーン(株)を設立
    1977年4月 テンアライド(株)に社名変更
    1988年3月 テンワールドトレーディング(株)を設立
    1990年12月 (株)桃桃を設立
    1991年5月 テンサービス(株)を設立(後清算)
    2012年4月 (株)桃桃を吸収合併

1764 電気化学工業(株)
[証券コード]4061
[上場区分]東証一部
〈〈旧〉電気化学工業系〉
    1915年5月 〈旧〉電気化学工業(株)を設立
    1921年2月 高砂水力電気(株)と北陸水電(株)を合併
    1925年5月 和賀水力電気(株)を合併
    1941年3月 日本醋酸製造(株)を合併
    1945年2月 日本塗紙工業(株)を合併
    1953年9月 電化セメント(株)を設立
    1953年10月 海川電力(株)を合併
    1955年7月 電化セメント(株)を合併
    1958年10月 群馬化学(株)を設立
    1962年3月 千代田セメント(株)を設立
    1962年11月 デンカ石油化学工業(株)を設立
    1968年8月 本所化成(株)を設立(後:デンカ石油化学工業(株))
    1971年4月 デンカエンジニアリング(株)を設立
    1973年10月 群馬化学(株)を合併
    1974年4月 デンカ石油化学工業(株)を合併
    1975年4月 横川電力(株)を合併
    1987年10月 デナールシラン(株)を設立
    1992年1月 住友化学工業(株)と共同で出資し千葉スチレンモノマー(有)を設立
    1996年1月 東ソー(株)と三井東圧化学(株)と共同で出資し大洋塩ビ(株)を設立
    2001年7月 (株)デンカリノテックを設立
〈東洋化学系〉
    1949年11月 東洋化学(株)を設立
    1979年 東洋合繊(株)を設立
    1998年7月 中川テクノ(株)を設立
    2001年9月 (株)トーヨーアドテックを設立
    * * * *
    2003年4月 〈旧〉電気化学工業(株)と東洋化学(株)が合併し電気化学工業(株)に社名変更
    2003年7月 デンカアヅミン(株)を設立
    2009年4月 デンカケミカルズホールディングスアジアパシフィックP.L.を設立

1765 (株)電業社機械製作所
[証券コード]6365
[上場区分]東証二部
    1910年9月 電業社水車製造部を設立
    1915年10月 (株)電業社水車製造所に社名変更
    1919年12月 (株)電業社原動機製造所を設立
    1920年2月 (株)電業社原動機製造所に社名変更
    1939年12月 電業社開発(株)を設立(後:(株)電業社商事)
    1955年3月 (株)電業社機械製作所に社名変更
    1961年8月 ユニオンポンプ社《米国》と共同で出資し日本ユニオンポンプ(株)を設立(後

	清算)
1979年7月	電業社工事(株)を設立(後清算)
2003年6月	(株)エコアドバンスを設立
2003年6月	(株)電業社オリディアを設立(後清算)
2014年10月	DMWインド社(DMW India Private Limited)を設立

1766 電源開発(株)
[証券コード]9513
[上場区分]東証一部

1952年9月	電源開発(株)を設立
1953年3月	共益(株)を設立(後:(株)JPビジネスサービス)
1960年3月	開発工事(株)を設立(後:(株)JPハイテック)
1963年12月	電発フライアッシュ(株)を設立(後:(株)電発コール・テック アンド マリーン)
1967年6月	開発電気(株)を設立(後:(株)ジェイペック)
1974年4月	開発電子技術(株)を設立
1978年10月	(株)開発土木コンサルタントを設立(後:(株)開発設計コンサルタント)
1981年10月	イー・ピー・ディー・シー海外炭(株)を設立(後:(株)JPリソーシズ)
1981年11月	EPDC(Australia) Pty. Ltd.を設立(後:J-POWER AUSTRALIA PTY. LTD.)
1984年7月	開発肥料(株)を設立
1991年8月	日本ネットワーク・エンジニアリング(株)を設立
1999年4月	(株)ドリームアップ苫前を設立(後:(株)ジェイウインド)
2000年4月	仁賀保高原風力発電(株)を設立
2001年11月	大牟田プラントサービス(株)を設立
2002年3月	(株)ベイサイドエナジーを設立
2002年11月	J-Power Investment Netherlands B.V.を設立
2003年3月	(株)ジェイパワージェネックスキャピタルを設立
2003年6月	長崎鹿町風力発電(株)を設立
2003年11月	J-POWER民営化ファンド(株)を設立
2004年2月	(株)グリーンパワー瀬棚を設立(後:(株)ジェイウインド)
2005年1月	J-POWER North America Holdings Co., Ltd.とJ-POWER USA Development Co., Ltd.を設立
2005年3月	ジェイパワー・エンテック(株)を設立
2005年5月	JM活性コークス(株)を設立
2006年4月	J-POWER USA Investment Co., Ltd.を設立
2006年9月	J-POWER Holdings (Thailand) Co., Ltd.とJ-POWER Generation (Thailand) Co., Ltd.を設立
2007年7月	Gulf JP Co., Ltd.を設立
2007年8月	Gulf JP NLL Co., Ltd.とGulf JP NNK Co., Ltd.とGulf JP CRN Co., Ltd.を設立
2007年10月	Gulf JP NS Co., Ltd.とGulf JP UT Co., Ltd.を設立
2008年2月	捷幅瓦電源開発諮詢(北京)有限公司を設立
2009年2月	南九州ウィンド・パワー(株)を買収
2009年6月	Gulf JP TLC Co., Ltd.とGulf JP KP1 Co., Ltd.とGulf JP NK2 Co., Ltd.とGulf JP KP2 Co., Ltd.を買収
2009年12月	宮崎ウッドペレット(株)を設立
2011年4月	(株)バイオコール大阪平野を設立
2012年1月	(株)ジェイウインドサービスを設立
2012年7月	日本クリーンエネルギー開発(株)を設立
2012年10月	(株)グリーンコール西海と(株)ジェイウインドせたなと由利本荘風力発電(株)を設立
2014年8月	(株)ジェイウインド大間を設立

1767 (株)電算
[証券コード]3640
[上場区分]東証一部

1966年3月	(株)長野電子計算センターを設立
1969年12月	(株)電算に社名変更
1987年10月	(株)信州流通ネットワークを設立(後:(株)サンネット)

1768 (株)電算システム
[証券コード]3630
[上場区分]東証一部

1967年3月	(株)岐阜電子計算センターを設立
1977年1月	(株)電算システムに社名変更
1990年7月	(株)システムエンジニアリングを設立
1999年6月	(株)システムアイシーを設立

1769 天昇電気工業(株)
[証券コード]6776
[上場区分]東証二部

1936年5月	昇商会を設立
1940年9月	天昇電気工業(株)に社名変更
1973年2月	天昇電子(株)を設立
2001年10月	三王技研工業(株)を設立
2002年4月	三王技研工業(株)を吸収合併
2003年12月	天昇塑料(常州)有限公司を設立
2006年4月	第一化研(株)を吸収合併
2006年12月	天昇ポーランドコーポレーション(有)を設立
2007年1月	天昇アメリカコーポレーションを設立

1770 (株)デンソー
[証券コード]6902
[上場区分]東証一部

1949年12月	トヨタ自工(株)より分離独立し日本電装(株)を設立
1959年2月	愛知電装(株)を吸収合併
1996年10月	(株)デンソーに社名変更
1998年5月	デンソー・インターナショナル・オーストラリア(株)を設立
1998年12月	デンソー・インターナショナル・アジア(株)(シンガポール)を設立
2001年3月	デンソー・アブドゥル・ラティフ・ジャミール(有)を設立
2001年7月	デンソー・マニュファクチュアリング・チェコ(有)を設立
2003年2月	電装(中国)投資有限公司を設立
2007年2月	デンソー・インターナショナル・アジア(株)(タイランド)を設立
2009年8月	デンソー・セールス・ロシア(有)を設立

てんつう

2010年11月	デンソー・セールス・ミドルイースト＆ノースアフリカ(株)を設立
2011年5月	デンソー・カンボジア(株)を設立

1771　(株)電通
[証券コード]4324
[上場区分]東証一部

1901年	電報通信社を創立
1906年	(株)日本電報通信社に社名変更
1907年	日本広告(株)と合併
1955年	(株)電通に社名変更
1975年12月	(株)電通国際情報サービスを設立
1994年12月	地域電通を設立(後:(株)電通東日本)(後:(株)電通西日本)(後:(株)電通九州)(後:(株)電通北海道)
1994年12月	(株)電通東北を設立(後:(株)電通東日本)

1772　(株)電通国際情報サービス
[証券コード]4812
[上場区分]東証一部

1975年12月	(株)電通とGE社《米国》が共同で出資し(株)電通国際情報サービスを設立
1987年3月	ISI-Dentsu of America, Inc.を設立
1990年8月	ISI-Dentsu of Asia, Ltd.を設立(後:ISI-Dentsu of Hong Kong, Ltd.)
1991年1月	ISI-Dentsu of Europe, Ltd.を設立
1991年2月	電通国際システム(株)を設立
1992年4月	ISI-Dentsu Singapore Pte. Ltd.を設立(後:ISI-Dentsu South East Asia Pte. Ltd.)
1997年7月	電通国際システム(株)を吸収合併
2002年2月	デロイトトーマツコンサルティング(株)と合弁で(株)アイエスアイディ・デロイトを設立(後:(株)電通イーマーケティングワン)
2002年4月	(株)アイエスアイディ・ホライゾンを設立
2004年8月	(株)アイエスアイディ・ホライゾンを吸収合併
2006年12月	(株)ISID北海道を設立
2009年3月	(株)ISIDアドバンストアウトソーシングを設立
2009年10月	(株)ブレイニーワークスと(株)ISIDテクノソリューションズを統合
2010年5月	(株)ボードウォークを設立
2013年2月	(株)ISIDビジネスコンサルティングを設立
2013年4月	PT. ISID Indonesiaを設立
2014年5月	(株)ISIDエンジニアリングを設立

1773　テンプホールディングス(株)
[証券コード]2181
[上場区分]東証一部

1983年3月	ウーマンスタッフ(株)を設立
1998年9月	ピープルリソース(株)を吸収合併してピープルスタッフ(株)に社名変更
2006年2月	川商スタッフサービス(株)を吸収合併
2008年10月	テンプスタッフ(株)とピープルスタッフ(株)が株式移転によりテンプホールディングス(株)を共同持株会社として設立
2012年5月	(株)アイ・ユー・ケイとの合弁会社としPVネクスト(株)を設立
2012年8月	特酷時度汽車技術開発(上海)有限公司を設立
2012年12月	テンプベトナム(TEMP VIETNAM CO., LTD)を設立
2013年6月	(株)インテリジェンスビジネスソリューションズ沖縄を設立
2013年10月	インテリジェンスビジネスソリューションズベトナム(Intelligence Business Solutions Vietnam Co., Ltd.)を設立
2014年5月	TS Intelligence South Asia Holdings Pte.Ltd.を設立
2015年2月	LINE(株)との合弁会社として(株)AUBEを設立
2015年3月	THDシェアードセンター(株)を設立

1774　(株)テンポスバスターズ
[証券コード]2751
[上場区分]ジャスダックスタンダード

1997年3月	(株)テンポスバスターズを設立
1999年10月	(株)てんぽす・きっずを設立(後:(株)F&M)
2005年9月	(株)テンポスインベストメントを設立
2006年5月	(株)テンポハンズを設立(後:(株)テンポスドットコム)
2008年11月	(株)テンポス情報館を設立
2009年4月	(株)テンポス店舗を設立(後:(株)テンポス店舗企画)
2013年8月	(株)天タコシステムと(株)あさくまサクセッションを設立

1775　天馬(株)
[証券コード]7958
[上場区分]東証一部

1949年8月	太洋商事(株)を設立
1954年7月	天馬合成樹脂(株)に社名変更
1987年4月	天馬(株)に社名変更
1988年8月	TENMA(U.K.)LIMITEDを設立(後清算)
1992年12月	天馬精塑(中山)有限公司を設立
1994年6月	PRINCIA Co., LTD.を設立
1995年10月	上海天馬精塑有限公司を設立
1998年2月	天馬マグテック(株)を設立
2005年3月	天馬マグテック(株)を吸収合併
2005年12月	天馬精密工業(中山)有限公司を設立
2005年12月	天馬精密注塑(深圳)有限公司を設立
2007年11月	TENMA VIETNAM CO., LTD.を設立
2010年9月	天馬皇冠精密工業(蘇州)有限公司を設立
2014年4月	PT. TENMA CIKARANG INDONESIAを設立

1776　デンヨー(株)
[証券コード]6517
[上場区分]東証一部

1948年7月	日本電気熔接機材(株)を設立
1962年7月	デンヨー(株)に社名変更
1987年10月	丸久電機(株)を設立(後:デンヨーテクノサービス(株))
1988年4月	(株)ディー・ビー・エスを設立(後:デンヨー興産(株))

1992年2月	物流システム(株)を設立
1999年7月	デンヨーテクノサービス(株)を設立
1999年10月	(株)ディー・エム・エスを吸収合併
2000年3月	物流システム(株)を吸収合併
2007年10月	デンヨー ヨーロッパ B.V.を設立
2009年7月	デンヨーテクノサービス(株)とデンヨー貿易(株)を吸収合併
2010年5月	デンヨーベトナム CO., LTD.を設立

1777　天龍製鋸(株)
[証券コード]5945
[上場区分]ジャスダックスタンダード

1913年10月	天龍製鋸(株)を設立
1972年12月	(株)カケンを設立
1972年12月	(株)パスを設立
1976年4月	(株)ギケンを設立
1992年4月	(株)カケンと(株)ギケンと(株)パスを吸収合併
1994年7月	英昌刃物(株)と合弁で天龍製鋸(中国)有限公司を設立
1996年5月	TENRYU AMERICA, INC.を設立
2004年11月	TENRYU SAW (THAILAND) CO., LTD.を設立
2009年9月	TENRYU EUROPE GMBHを設立
2011年9月	TENRYU SAW INDIA PRIVATE LIMITEDを設立
2012年9月	TENRYU SAW DE MEXICO, S.A. DE C.V.を設立

1778　(株)トーア紡コーポレーション
[証券コード]3204
[上場区分]東証一部

2003年2月	東亜紡織(株)の株式を移転し(株)トーア紡コーポレーションを完全親会社として設立
2005年5月	颯進(上海)貿易有限公司を設立
2006年7月	広州東富井特種紡織品有限公司を設立

1779　(株)トーアミ
[証券コード]5973
[上場区分]東証二部

1940年9月	東洋金網(株)を設立
1970年9月	中国東洋金網(株)を設立
1973年6月	九州東洋金網(株)を設立
1980年6月	東洋技研工業(株)を設立
1984年11月	中部東洋金網(株)を設立
1992年1月	中国東洋金網(株)と九州東洋金網(株)と中部東洋金網(株)と東洋技研工業(株)を合併し(株)トーアミに社名変更
2015年2月	SMC TOAMI LIMITED LIABILITY COMPANYを設立

1780　トーイン(株)
[証券コード]7923
[上場区分]ジャスダックスタンダード

1958年4月	東京印刷紙器(株)を設立
1980年6月	トーイン工業(株)を設立(後解散)
1987年6月	トーイン(株)に社名変更

1781　東亜建設工業(株)
[証券コード]1885
[上場区分]東証一部

1908年	鶴見埋立組合を設立
1914年3月	鶴見埋築(株)に社名変更
1920年1月	鶴見埋築(株)を吸収合併し東京湾埋立(株)を設立
1937年11月	京浜運河(株)を合併
1944年4月	港湾工業(株)を合併し東亜港湾工業(株)に社名変更
1956年10月	東亜土木(株)を設立
1959年10月	東亜地所(株)を設立
1973年12月	東亜建設工業(株)に社名変更
1973年12月	(株)留岡組を合併
1975年1月	(株)東亜エージェンシーを設立
1993年10月	信幸建設(株)を設立
1998年2月	(株)東亜エージェンシー西日本を設立
1998年2月	東亜ビルテック(株)を設立
2007年12月	東亜地所(株)を吸収合併

1782　東亞合成(株)
[証券コード]4045
[上場区分]東証一部

1942年3月	矢作水力(株)より分離独立し矢作工業(株)を設立
1944年7月	昭和曹達(株)と北海曹達(株)とレーヨン曹達(株)を吸収合併し東亞合成化学工業(株)に社名変更
1950年8月	オークライト工業(株)を設立(後:アロン化成(株))
1969年1月	川崎有機(株)を設立
1970年3月	ATO社《フランス》と共同で出資し日本リルサン(株)を設立
1983年10月	昭和電工(株)と共同で出資し大分ケミカル(株)を設立
1991年8月	大日本スクリーン製造(株)と共同で出資しディ・エス・ティ・マイクロニクスを設立
1994年7月	東亞合成(株)に社名変更
2000年	ヴイテック(株)を設立
2001年	東亞テクノガス(株)を設立
2003年	toaエンジニアリング(株)を設立
2004年	(株)tgサポートを設立
2004年1月	大日本インキ化学工業(株)と合弁で張家港東亞迪愛生化学有限公司を設立
2006年10月	三井化学(株)と合弁でMTアクアポリマー(株)を設立
2010年6月	三井化学(株)と合弁でMTエチレンカーボネート(株)を設立
2013年1月	鶴見曹達(株)と日本純薬(株)を吸収合併

1783　東亜石油(株)
[証券コード]5008
[上場区分]東証二部

1924年2月	日本重油(株)を設立
1942年4月	東亜石油(株)に社名変更
1965年8月	共同石油(株)を設立
1968年1月	扇島石油基地(株)を設立
1973年6月	東亜共石(株)を設立
1976年8月	(株)東亜サービスを設立(後:東亜テックス(株))
1978年8月	東扇島オイルターミナル(株)を設立
2001年9月	(株)ジェネックスを設立
2008年3月	東扇島オイルターミナル(株)を吸収合併

1784　東亜道路工業(株)
[証券コード]1882
[上場区分]東証一部
- 1930年11月　日本ビチュマルス(株)を設立
- 1942年2月　東亜道路工業(株)に社名変更
- 1946年10月　ビチュマルス道路工業(株)に社名変更
- 1951年2月　東亜道路工業(株)に社名変更
- 2003年12月　幾久建設(株)と合併
- 2004年10月　国土道路(株)と合併
- 2005年3月　(株)トーアホールディングス関東を設立(後：(株)トーアホールディング)
- 2011年4月　(株)トーアホールディングを吸収合併

1785　東亜バルブエンジニアリング(株)
[証券コード]6466
[上場区分]東証二部
- 2000年3月　東亜バルブ(株)と東亜エンジニアリング(株)の株式を移転し(株)トウアバルブグループ本社を持株会社として設立
- 2010年4月　東亜バルブエンジニアリング(株)を吸収合併し〈新〉東亜バルブエンジニアリング(株)に社名変更
- 2014年7月　(株)クリエイトと共同で東亜クリエイト(株)を設立

〈東亜バルブエンジニアリング系〉
- 1922年3月　太田工業商会を設立
- 1932年11月　虫印バルブ製作所に社名変更
- 1940年4月　虫印バルブ製造(株)に社名変更
- 1942年9月　東亜バルブ(株)に社名変更
- 1974年9月　東亜エンジニアリング(株)を設立
- 1989年7月　ティー・エス・ケー(株)を設立(後：トウアサービス(株))
- 2000年3月　(株)トウアバルブグループ本社を持株会社として設立
- 2002年10月　トウアバルブオーバーシーズPTE.LTD.を設立
- 2008年10月　東亜エンジニアリング(株)を吸収合併し東亜バルブエンジニアリング(株)に社名変更

1786　東映(株)
[証券コード]9605
[上場区分]東証一部
- 1949年9月　東横映画(株)と(株)太泉スタヂオ製作の劇場用映画を配給する目的で東京映画配給(株)を設立
- 1951年3月　東横映画(株)と太泉映画(株)を合併し東映(株)に社名変更
- 1953年2月　オリムピア映画(株)を吸収合併
- 1956年7月　日動映画(株)を買収(後：東映アニメーション(株))
- 1970年6月　東映ビデオ(株)を設立
- 2002年8月　(株)ティ・ジョイを共同出資で設立
- 2006年11月　東映興業不動産(株)を吸収合併

1787　東映アニメーション(株)
[証券コード]4816
[上場区分]ジャスダックスタンダード
- 1948年1月　日本動画(株)を設立
- 1952年8月　日動映画(株)に社名変更
- 1956年7月　東映動画(株)に社名変更
- 1998年10月　東映アニメーション(株)に社名変更
- 2001年3月　東映アニメーション音楽出版(株)を設立
- 2002年7月　(株)LATERNAを設立(後：(株)AMAZONLATERNA)
- 2004年3月　TOEI ANIMATION INCORPORATEDを設立
- 2004年12月　TOEI ANIMATION EUROPE S.A.S.を設立

1788　(株)東栄リーファーライン
[証券コード]9133
[上場区分]ジャスダックスタンダード
- 1959年12月　東栄物産(株)を設立
- 1974年8月　(株)東栄リーファーラインに社名変更
- 1979年5月　TOEI RECRUITING SERVICE CO., LTD.(H.K.)を設立
- 1993年4月　TOEI RECRUITING SERVICE S.A.を設立(後：PANAMA TRL S.A.)
- 1994年12月　TRS PANAMA S.A.を設立
- 2000年11月　東栄海洋企業有限公司を設立
- 2005年5月　EAST POWERSHIP S.A.を設立

1789　21LADY(株)
[証券コード]3346
[上場区分]セントレックス
- 2000年3月　トゥエニーワンレイディ・ドット・コム(株)を設立
- 2003年1月　21LADY(株)に社名変更
- 2006年5月　ライフスタイル・アセットマネジメント(株)を設立
- 2012年9月　雷門TP(株)を吸収合併

1790　東海エレクトロニクス(株)
[証券コード]8071
[上場区分]名証二部
- 1945年10月　東海物産社を設立
- 1955年5月　東海物産(株)に社名変更
- 1970年5月　東海オートマチックス(株)を設立
- 1971年4月　東海グラスファイバー(株)を設立
- 1972年7月　東海計装工業(株)を設立
- 1984年7月　扶桑興産(株)を吸収合併
- 1984年12月　東海グラスファイバー(株)と東海計装工業(株)を吸収合併
- 1988年10月　新東商事(株)を吸収合併
- 1989年3月　東海精工(香港)有限公司を設立
- 1994年10月　TOKAI PRECISION (S) PTE.LTD.を設立
- 1995年10月　台湾東海精工股份有限公司を設立
- 1996年4月　TOKAI PRECISION AMERICA, LTD.を設立
- 1998年8月　TOKAI PRECISION PHILIPPINES, INC.を設立
- 2000年6月　PT.TOKAI PRECISION INDONESIAを設立
- 2003年4月　TOKAI PRECISION (THAILAND) LTD.を設立
- 2007年4月　東海ファシリティーズ(株)を設立
- 2011年10月　東海エレクトロニクス(株)に社名変更

1791　東海カーボン(株)
[証券コード]5301
[上場区分]東証一部
- 1918年4月　東海電極製造(株)を設立
- 1919年11月　(株)大三製作所を合併

1936年11月	第二東海電極(株)を合併
1952年10月	中越電気工業(株)を合併
1968年2月	富山電工(株)を設立
1975年6月	**東海カーボン(株)**に社名変更
1992年1月	東洋カーボン(株)と合併
1994年7月	TOKAI CARBON EUROPE S.R.L.を設立(後:TOKAI CARBON ITALIA S.R.L.)
1996年8月	K.C.Tech Co., Ltd.他と合弁で韓国東海カーボン(株)を設立
1999年3月	TOKAI CARBON EUROPE LTD.を設立
2002年9月	SGL CARBON AGと合弁でSGL TOKAI CARBON LTD.SHANGHAIを設立
2003年6月	東海マテリアル(株)を設立
2004年4月	住友商事(株)と合弁で東海炭素(天津)有限公司を設立
2006年3月	大連東海結金藤碳素有限公司を設立(後:東海耀碳素(大連)有限公司)
2007年4月	東海ファインカーボンマシニング(株)より新設分割し東海能代精工(株)を設立
2007年9月	TOKAI CARBON EUROPE GmbHを設立
2008年1月	拓凱碳素貿易(上海)有限公司を設立
2012年6月	東海碳素(蘇州)有限公司を設立

1792　東海汽船(株)
[証券コード]9173
[上場区分]東証二部

1889年11月	(有責)東京湾汽船会社を設立
1890年12月	東京湾汽船(株)に社名変更
1942年8月	**東海汽船(株)**に社名変更
1949年7月	大島開発(株)を吸収合併
1963年	房総観光(株)を吸収合併
1964年	東海観光(株)を設立
1969年	小笠原海運(株)を設立
1981年3月	伊豆七島海運(株)を設立
1988年12月	東京ヴァンテアンクルーズ(株)を設立
1993年4月	伊東港運(株)を設立
1997年9月	東海マリンサービス(株)を設立
1998年10月	東海自動車サービス(株)を設立
1998年12月	東汽商事(株)を設立
2003年2月	大島旅客自動車(株)を設立
2005年1月	大島マリンサービス(株)を設立
2006年1月	八丈マリンサービス(株)を設立
2011年3月	東海シップサービス(株)を設立

1793　東海染工(株)
[証券コード]3577
[上場区分]東証一部

1941年3月	**東海染工(株)**を設立
1954年9月	富士染機械(株)を設立
1961年10月	浜松染工(株)を吸収合併
1972年5月	都染色工芸(株)を吸収合併
1978年5月	(株)ロビューを設立
1990年9月	T.T.Iを設立(後:P.T. TOKAI TEXPRINT INDONESIA)
2000年9月	日本染工(株)を吸収合併
2010年3月	(株)トットメイトを設立

1794　東海東京フィナンシャル・ホールディングス(株)
[証券コード]8616
[上場区分]東証一部

〈東京証券系〉

1929年6月	(株)高山商店を設立
1947年1月	六鹿証券(株)に社名変更
1961年4月	小山証券(株)と合併
1964年10月	(株)六鹿商店と合併
1969年12月	**東京証券(株)**に社名変更
1981年10月	遠山証券(株)と日興證券投資信託販売(株)と合併
1984年10月	扶桑証券(株)と合併
1986年12月	(株)東京証券経済研究所を設立(後:(株)東京証券総合研究所)
1987年11月	東京投信(株)を設立
1989年3月	東京総合ファイナンス(株)を設立

〈東海丸万証券系〉

1944年3月	**丸万証券(株)**を設立
1983年6月	(株)丸万ファイナンスを設立
1986年8月	(株)丸万投資顧問を設立
1996年4月	東海証券(株)と合併し**東海丸万証券(株)**に社名変更
1999年	内外証券を合併

＊　＊　＊　＊

2000年	東海丸万証券(株)と東京証券(株)が合併し**東海東京証券(株)**に社名変更
2005年7月	東海東京ファイナンス&リアルエステート(株)を設立(後:東海東京アセットマネジメント)
2006年4月	東海東京インベストメント(株)を設立
2007年1月	東海東京証券ヨーロッパを設立
2007年6月	東海東京SWPコンサルティング(株)を設立
2007年7月	(株)山口フィナンシャルグループと共同出資によりワイエム証券(株)を設立
2008年2月	東海東京証券アメリカを設立
2008年5月	浜銀TT証券準備(株)を設立(後:浜銀TT証券(株))
2008年7月	東海東京ビジネスサービス(株)を設立
2008年10月	東海東京証券分割準備(株)を設立(後:東海東京証券(株))
2009年4月	東海東京証券分割準備(株)へ会社分割し**東海東京フィナンシャル・ホールディングス(株)**に社名変更
2009年9月	西日本シティTT証券準備(株)を設立(後:西日本シティTT証券(株))
2011年3月	東海東京アカデミー(株)を設立
2011年3月	東海東京シンガポールを設立
2013年1月	池田泉州TT証券準備(株)を設立(後:池田泉州TT証券(株))
2015年3月	PHILLIP TOKAI TOKYO INVESTMENT MANAGEMENT PTE. LTD.を設立

1795　東海リース(株)
[証券コード]9761
[上場区分]東証二部

1968年5月	**東海リース(株)**を設立
1973年9月	日本キャビネット(株)を設立
1983年12月	〈子〉東海リース(株)を吸収合併
1988年6月	福州榕東活動房有限公司を設立
1993年10月	西安榕東活動房有限公司を設立

1796　東海旅客鉄道（株）
[証券コード]9022
[上場区分]東証一部

1998年7月	上海榕東活動房有限公司を設立
2013年5月	廊坊榕東活動房有限公司を設立
1987年4月	東海旅客鉄道（株）を設立
1988年3月	ジェイアール東海バス（株）を設立
1992年7月	（株）ジェイアール東海ホテルズを設立
1992年12月	（株）ジェイアール東海百貨店を設立（後：（株）ジェイアール東海高島屋）
1994年6月	ジェイアールセントラルビル（株）を設立
2001年3月	ジェイアール東海不動産（株）を設立

1797　（株）東葛ホールディングス
[証券コード]2754
[上場区分]ジャスダックスタンダード

1969年1月	（株）不二ホンダを設立
1978年6月	（株）ホンダベルノ東葛を設立
1985年2月	（株）ホンダクリオ東葛に社名変更
2006年10月	（株）ホンダベルノ東葛を吸収合併
2007年4月	（株）ホンダカーズ東葛と（株）ティーエスシーを設立し（株）東葛ホールディングスに社名変更
2008年4月	（株）東葛プランニングを設立
2014年10月	（株）東葛ボディーファクトリーを設立

1798　（株）東海理化電機製作所
[証券コード]6995
[上場区分]東証一部

1948年8月	（株）東海理化電機製作所を設立
1960年3月	宝工業（株）を設立（後：東海理化サービス（株））
1960年7月	東海理化販売（株）を設立
1980年4月	（株）東海メカノを合併
1987年3月	中日本スイッチ（株）を設立（後：エヌ・エス・ケイ（株））
1989年12月	（株）豊賀を設立
1990年4月	恵那東海理化（株）を設立
1991年9月	理化精機（株）を設立
2000年6月	（株）理化テクニカを設立（後：（株）豊賀）
2001年2月	豊田通商（株）他と合弁で天津東海理化汽車部件有限責任公司を設立
2001年3月	信昌国際投資有限公司と合弁で無錫理昌科技有限責任公司を設立
2001年6月	TRBR インダストリア イ コメルシオ 有限責任公司を設立
2001年10月	TRCZ有限責任公司を設立
2003年2月	トウカイリカベルギー（株）を設立
2004年6月	理嘉工業（株）と豊田通商（株）と合弁で佛山東海理化汽車部件有限公司を設立
2004年8月	（株）マックシステムズと合弁で（株）TRMACエンジニアリングを設立（後：（株）東海理化アドバンスト）
2008年4月	トウカイリカアジア（株）を設立
2008年8月	トウカイリカ ミンダ インディア（株）を設立
2011年5月	トウカイリカインドネシア（株）を設立
2012年12月	信昌機械グループと合弁でトウカイリカセイフティインドネシア（株）を設立

1799　東急建設（株）
[証券コード]1720
[上場区分]東証一部

2003年4月	TCホールディングス（株）を設立
2003年10月	〈旧〉東急建設（株）より建設事業部門を継承し東急建設（株）に社名変更
2011年3月	PT. TOKYU CONSTRUCTION INDONESIAを設立
2013年11月	GOLDEN TOKYU CONSTRUCTION CO., LTD.を設立

1800　東急不動産（株）

1953年12月	東京急行電鉄（株）から不動産販売業、砂利業、遊園業、広告業を譲受し〈旧〉東急不動産（株）を設立
1954年4月	日本興業（株）を合併
1954年8月	東京建設工業（株）を合併
1959年11月	〈旧〉東急建設（株）を設立（後：東急建設（株））
1961年3月	（株）東急エージェンシーを設立
1963年8月	〈別〉東急不動産（株）と合併（額面変更）し東急不動産（株）に社名変更
1969年12月	東急ホームサービス（株）を設立（後：（株）東急ホームズ）
1970年4月	（株）東急コミュニティーを設立
1972年3月	（株）エリアサービスを設立（後：東急リバブル（株））
1982年9月	東急ホーム（株）を設立（後：（株）東急ホームズ）
1991年4月	江坂東急ビル（株）と成田東急ビル（株）と飯重都市開発（株）を吸収合併
2000年	（株）豊通テレコムと共同で出資し（株）イーウェルを設立
2001年	東京急行電鉄（株）と共同で出資し東急リアルインベストメントマネージメントを設立
2001年	（株）東急リゾートサービスを設立
2003年3月	三菱商事（株）と共同で出資し（株）イーライフデザインを設立
2007年2月	東急不動産キャピタル・マネジメント（株）を設立
2009年1月	東急不動産SCマネジメント（株）を設立
2009年10月	TLCリアルティマネジメント（株）を設立（後：東急不動産コンフォリア投信（株））
2010年11月	TLCタウンシップ（株）を設立（後：東急不動産アクティビア投信（株））
2012年7月	PT.TOKYU LAND INDONESIAを設立

1801　東急不動産ホールディングス（株）
[証券コード]3289
[上場区分]東証一部

2013年10月	東急不動産（株）と（株）東急コミュニティーと東急リバブル（株）が共同株式移転の方法により東急不動産ホールディングス（株）を完全親会社として設立
2014年4月	東急住宅リース（株）を設立

1802　東急リバブル（株）

1972年3月	（株）エリアサービスを設立
1978年7月	東急不動産地域サービス（株）に社名

1988年1月	東急リバブル(株)に社名変更
1996年10月	住宅金融債権管理機構を設立
2003年2月	リバブルアセットマネジメント(株)を設立
2012年2月	東急麗邦投資諮詢(上海)有限公司を設立
2013年10月	東急不動産(株)と(株)東急コミュニティーと共同で東急不動産ホールディングス(株)を設立
2014年4月	東急房地産股份有限公司を設立

1803　(株)東京一番フーズ
[証券コード]3067
[上場区分]東証一部

1996年10月	泳ぎとらふぐ料理専門店 とらふぐ亭を開業
1998年10月	(有)東京一番フーズを設立
2000年9月	(株)東京一番フーズに組織変更
2001年12月	(有)新宿活魚を設立(後：(株)長崎ファーム)

1804　東京インキ(株)
[証券コード]4635
[上場区分]東証二部

1895年	博文館印刷所練肉部を設立
1916年5月	(資)日本油脂工業所に社名変更
1923年12月	東京インキ(株)に社名変更
1964年10月	三井石油化学工業(株)と共同で出資し東京ポリマー(株)を設立
1991年12月	トーイン加工(株)を設立
2000年4月	精美堂印刷(株)を設立
2000年7月	東京ポリマー(株)を設立
2006年2月	東京油墨貿易(上海)有限公司を設立
2009年12月	トーインエンタープライズ(株)を吸収合併
2010年1月	東京インキ(タイ)(株)を設立

1805　(株)東京衡機
[証券コード]7719
[上場区分]東証二部

1923年3月	(資)東京衡機製造所を設立
1936年12月	(株)東京衡機製造所に社名変更
1948年	隅田冷凍工業(株)を設立
1975年	(株)東衡テスタックを設立(後解散)
2002年	堀場製作所とカールシェンク社《独》と共同で出資しシェンク東京衡機(株)を設立
2003年1月	カール・シェンクAGと(株)堀場製作所と合弁でシェンク東京衡機(株)を設立
2008年9月	(株)テークスグループに社名変更
2013年9月	(株)東京衡機に社名変更

1806　東京エレクトロン(株)
[証券コード]8035
[上場区分]東証一部

1963年11月	(株)東京エレクトロン研究所を設立
1968年2月	サーモコ社《米国》と共同で出資しテル・サーモコ(株)を設立
1973年5月	(株)テル・データ・システムを設立
1977年8月	テル・アヴイエーション(株)を吸収合併
1977年11月	パネトロン(株)を吸収合併
1978年7月	東京プロセス開発(株)を吸収合併
1978年10月	〈別〉東京エレクトロン(株)と合併(額面変更)し東京エレクトロン(株)に社名変更
1981年9月	ジェンラッド社《米国》と共同で出資しテル・ジェンラッド(株)を設立
1982年3月	バリアン・アソシエイツ社と共同で出資しテル・バリアン(株)を設立
1983年7月	ラム・リサーチ社《米国》と共同で出資しテル・ラム(株)を設立
1984年2月	(株)テルメックを合併
1986年7月	テル東北(株)を設立(後：東京エレクトロン東北(株))
1987年1月	テル九州(株)を設立(後：東京エレクトロン九州(株))
1990年8月	東京エレクトロン エフイー(株)を設立
1990年10月	東京エレクトロン デバイス(株)を設立
1991年4月	東京エレクトロン佐賀(株)を設立(後：東京エレクトロン九州(株))
1991年4月	東京エレクトロン札幌(株)を設立
1992年10月	テル・エンジニアリング(株)を設立
1992年10月	テル・ファミリー・サービス(株)を設立
1997年4月	東京エレクトロン宮城(株)を設立(後：東京エレクトロンAT(株))
1998年12月	東京エレクトロンEE(株)を設立
2002年1月	〈旧〉Tokyo Electron (Shanghai) Ltd.を設立(後：Tokyo Electron (Shanghai) Logistic Center Ltd.)
2003年4月	Tokyo Electron (Shanghai) Ltd.を設立
2003年8月	TEL Technology Center, America, LLCを設立
2004年7月	Tokyo Electron U.S. Holdings, Inc.を設立
2006年6月	TEL Venture Capital, Inc.を設立
2011年1月	Tokyo Electron (Kunshan) Ltd.を設立
2012年4月	Tokyo Electron Singapore Pte. Ltd.を設立
2013年4月	東京エレクトロン ソフトウェア・テクノロジーズ(株)と東京エレクトロン技術研究所(株)を吸収合併

1807　東京エレクトロン デバイス(株)
[証券コード]2760
[上場区分]東証一部

1986年3月	テル管理サービス(株)を設立
1990年9月	東京エレクトロン デバイス(株)に社名変更
2004年1月	TOKYO ELECTRON DEVICE (SHANGHAI) LTD.を設立(後：SHANGHAI inrevium SOLUTIONS LTD.)
2005年1月	TOKYO ELECTRON DEVICE HONG KONG LTD.を設立(後：TOKYO ELECTRON DEVICE ASIA PACIFIC LTD.)
2006年1月	TOKYO ELECTRON DEVICE (WUXI) LTD.を設立(後：WUXI inrevium SOLUTIONS LTD.)
2008年1月	TOKYO ELECTRON DEVICE SINGAPORE PTE. LTD.を設立

とうきょう

2008年2月	パネトロン(株)を設立
2012年8月	TOKYO ELECTRON DEVICE (SHANGHAI) LTD.を設立
2013年9月	inrevium AMERICA, INC.を設立

1808 東京応化工業(株)
[証券コード]4186
[上場区分]東証一部

1940年10月	東京応化工業(株)を設立
1949年9月	応化工業(株)を設立
1972年7月	東京アルメタル工業(株)を設立
1975年7月	フォトポリ応化(株)を設立
1977年3月	東京電子化学(株)を設立
1984年12月	応化工業(株)を合併
1987年6月	東京電子(株)とフォトポリ応化(株)を合併
1989年4月	TOK INTERNATIONAL INC.を設立
1992年10月	ティーオーケーエンジニアリング(株)を設立
1997年3月	ティーオーケーテクノサービス(株)を設立
1998年1月	台湾東應化股份有限公司を設立
2004年10月	長春應化(常熟)有限公司を設立
2005年10月	COTEM Co., Ltd.を設立
2005年12月	Tokyo Ohka Kogyo Europe B.V.を設立
2014年11月	TOK尖端材料(株)を設立

1809 (株)東京會舘
[証券コード]9701
[上場区分]東証二部

1920年4月	有馬パラダイス土地(株)を設立
1922年11月	大正土地建物(株)に社名変更
1947年3月	(株)東京會舘に社名変更
1948年9月	日米観光(株)を設立(後:東京會舘食品(株))
1958年8月	ホテルテート(株)を合併
1960年2月	(株)パレスホテルを設立
1969年10月	(株)霞が関東京會舘を合併
2011年10月	東京會舘食品(株)と千代田産業(株)を吸収合併

1810 東京海上日動火災保険(株)
〈〈旧〉東京海上火災保険系〉

1879年7月	(有責)東京海上保険を設立
1890年11月	東京海上保険(株)に社名変更
1918年4月	〈旧〉東京海上火災保険(株)に社名変更

〈明治火災海上保険系〉

| 1891年 | 明治火災海上保険(株)に社名変更 |
| 1891年1月 | 明治火災保険(株)を設立 |

〈三菱海上火災保険系〉

| 1893年12月 | 三菱(資)を設立 |
| 1919年3月 | 三菱海上火災保険(株)に社名変更 |

＊　　＊　　＊

1944年3月	〈旧〉東京海上火災保険(株)と明治火災海上保険(株)と三菱海上火災保険(株)が対等合併し東京海上火災保険(株)に社名変更
2002年4月	東京海上火災保険(株)と日動火災海上保険(株)の株式を移転し(株)ミレアホールディングスを持株会社として設立(後:東京海上ホールディングス(株))
2003年10月	日動生命保険(株)を合併
2004年4月	スカンディア生命保険(株)を合併
2004年10月	日動火災海上保険(株)を合併し東京海上日動火災保険(株)に社名変更
2006年5月	東京海上日動アトラディウス・クレジットマネジメント(株)を設立
2010年1月	東京海上ビジネスサポート(株)を設立
2013年11月	東京海上メザニン(株)を設立
2014年2月	東京海上アシスタンス(株)を設立

〈日動火災保険系〉

1914年1月	東京物品火災保険(株)の月掛火災保険事業を継承し日本動産火災保険(株)を設立
1944年8月	東邦火災保険(株)を吸収合併
1946年2月	日動火災海上保険(株)に社名変更
1996年8月	日動生命保険(株)を設立(後:東京海上日動あんしん生命保険(株))
2003年10月	日動生命保険(株)を合併
2004年4月	スカンディア生命保険(株)を合併

1811 東京海上ホールディングス(株)
[証券コード]8766
[上場区分]東証一部

| 2002年4月 | 東京海上火災保険(株)と日動火災海上保険(株)の株式を移転し(株)ミレアホールディングスを持株会社として設立 |
| 2008年7月 | 東京海上ホールディングス(株)に社名変更 |

1812 東京瓦斯(株)
[証券コード]9531
[上場区分]東証一部

1885年10月	東京瓦斯会社を設立
1893年7月	東京瓦斯(株)に社名変更
1944年11月	横浜瓦斯(株)を吸収合併
1944年11月	関東瓦斯(株)を吸収合併
1945年10月	宇都宮瓦斯(株)を吸収合併
1945年10月	浦賀瓦斯製造(株)を吸収合併
1945年10月	湘南瓦斯(株)を吸収合併
1945年10月	千葉瓦斯工業(株)を吸収合併
1945年10月	相武瓦斯(株)を吸収合併
1945年10月	相模瓦斯(株)を吸収合併
1945年10月	大宮瓦斯(株)を吸収合併
1945年10月	長野瓦斯(株)を吸収合併
1945年10月	日立瓦斯(株)を吸収合併
1945年10月	八王子瓦斯(株)を吸収合併
1945年10月	木更津瓦斯(株)を吸収合併
1945年10月	立川瓦斯(株)を吸収合併
1959年8月	(株)ガスターを設立
1960年2月	東京ガスエネルギー(株)を設立
1961年8月	(株)関配を設立
1970年10月	筑波学園ガス(株)を設立
1973年10月	東京ガスケミカル(株)を設立
1974年8月	東京ガス・エンジニアリング(株)を設立
1976年12月	東京酸素窒素(株)を設立
1983年4月	ティージー・クレジットサービス(株)を設立
1985年1月	ティージー・エンタープライズ(株)を設立
1987年7月	(株)ティージー情報ネットワークを設立
1991年3月	東京エルエヌジータンカー(株)を設立

1991年9月	東京ガス都市開発(株)を設立
1991年9月	東京ガス豊洲開発(株)を設立
1992年7月	パークタワーホテル(株)を設立
2002年4月	東京ガス・カスタマーサービス(株)を設立
2002年5月	(株)ニジオを設立
2002年7月	(株)エネルギーアドバンスを設立(後:東京ガスエンジニアリングソリューションズ(株))
2002年7月	(株)ティージー・アイティーサービスを設立
2002年7月	(株)関配リビングサービスを設立(後:東京ガスリビングライン(株))
2002年10月	TOKYO GAS AUSTRARIA PTY LTDを設立
2003年4月	Tokyo Gas International Holdings B.V.を設立
2003年8月	(株)扇島パワーを設立
2004年11月	長野都市ガス(株)を設立

1813 (株)東京機械製作所
[証券コード]6335
[上場区分]東証一部

1888年8月	東京機械製造(株)を内務省勧農局の三田製作所を前身として設立
1911年7月	(株)東京機械製作所に社名変更
1916年2月	(株)東京機械製作所に改組(存続期限終了により更改設立)
1937年9月	(株)三田機械製作所を合併
1979年8月	(株)東機サービスを設立
1980年4月	TKS(U.S.A.), INC.を設立
1987年4月	東機エレクトロニクス(株)を設立
2004年11月	(株)伊賀マシナリーを設立(後解散)

1814 東京貴宝(株)
[証券コード]7597
[上場区分]ジャスダックスタンダード

1960年11月	東京貴宝(株)を設立
1987年10月	レジェンド ジュエル プライベート リミテッドを設立(後解散)
1990年4月	キングダイヤモンド(株)を吸収合併
1991年1月	ジュエル貿易(株)を吸収合併
1992年5月	ジェイ・エム・シィ(株)を設立(後解散)
1995年1月	レジェンド(ファーイースト)リミテッドを設立(後解散)
1997年4月	政木興産(株)を吸収合併
2008年8月	TOKYO KIHO OVERSEAS(HK) LIMITEDを設立
2014年6月	(株)アスプレンディを設立

1815 東京急行電鉄(株)
[証券コード]9005
[上場区分]東証一部

1922年9月	目黒蒲田電鉄(株)を設立
1928年5月	田園都市(株)を合併
1934年10月	池上電気鉄道(株)を合併
1937年12月	目黒自動車(株)と芝浦乗合自動車(株)を合併
1939年10月	東京横浜電鉄(株)を合併
1939年10月	東京横浜電鉄(株)に社名変更
1940年2月	相鉄運輸(株)を設立(後:東急ロジスティック(株))
1942年5月	京浜電気鉄道(株)と小田急電鉄(株)を合併し東京急行電鉄(株)に社名変更
1944年5月	京王電気軌道(株)を合併
1946年3月	白木金属工業(株)を設立(後:シロキ工業(株))
1946年6月	新日本興業(株)を設立(後:(株)東急レクリエーション)
1948年5月	(株)東横百貨店を設立(後:(株)東急百貨店)
1948年6月	京王帝都電鉄(株)を設立
1948年6月	京浜急行電鉄(株)を設立
1948年6月	小田急電鉄(株)を設立
1948年8月	(株)東急横浜製作所を設立(後:東急車輛製造(株))
1949年5月	新日本興業(株)を設立(後:(株)東急レクリエーション)
1950年1月	世紀建設工業(株)を設立(後:世紀東急工業(株))
1953年12月	東急不動産(株)を設立
1956年1月	東急観光(株)を設立
1956年10月	東横興業(株)を設立(後:(株)東急ストア)
1958年11月	(株)丸善銀座屋を設立(後:(株)ながの東急百貨店)
1959年4月	伊豆下田電気鉄道(株)を設立(後:伊豆急行(株))
1968年5月	(株)東急ホテルチェーンを設立
2003年2月	東急ワイ・エム・エムプロパティーズ(株)を吸収合併
2006年4月	渋谷開発(株)を吸収合併
2007年9月	(株)東急ホテルチェーンを吸収合併
2010年4月	〈旧〉東急セキュリティ(株)を吸収合併

〈東急ホテルチェーン系〉

1959年2月	〈旧〉東急国際ホテル(株)を設立
1963年8月	ニュートーキュウモータース(株)と合併(額面変更)し東急国際ホテル(株)に社名変更
1971年5月	〈旧〉東急ホテルチェーン(株)と(株)ホテルジャパン東急を合併し(株)東急ホテルチェーンに社名変更

1816 東京計器(株)
[証券コード]7721
[上場区分]東証一部

1896年5月	(個)和田計器製作所を設立
1917年5月	〈旧〉(株)東京計器製作所に社名変更
1917年7月	三菱(資)と共同で出資し日本光学工業(株)を設立
1937年3月	東京計器(株)を設立(後:東京航空計器(株))
1946年8月	千代田精工(株)を合併
1948年12月	〈旧〉(株)東京計器製作所が会社分割し(株)東京計器製造所を設立
1960年5月	(有)東京計器製作所に社名変更
1963年12月	東京計器販売(株)を吸収合併
1968年8月	東京ビッカース(株)を設立
1969年12月	新東京計器(株)を設立
1970年10月	(株)東京計器に社名変更
1970年10月	東京計器エンジニアリング(株)を設立(後:トキメックパワーシステムズ(株))
1973年4月	第一東京計器(株)を設立
1973年12月	東京計器アビエーション(株)を設立

とうきよう

	（後：（株）トキメックアビエーション）
1981年4月	第一東京計器（株）を吸収合併
1982年4月	新東京計器（株）を吸収合併
1984年10月	東京ビッカース（株）を吸収合併
1990年9月	（株）トキメックに社名変更
1996年8月	（株）トキメック自動建機を設立
1997年9月	（株）トキメックレールテクノを設立
1998年12月	TOKIMEC KOREA HYDRAULICS CO., LTD.を設立（後：TOKIMEC KOREA POWER CONTROL CO., LTD.）
2008年10月	〈新〉東京計器（株）に社名変更
2011年7月	TOKYO KEIKI (SHANGHAI) CO., LTD.を設立
2012年10月	TOKYO KEIKI PRECISION TECHNOLOGY CO., LTD.を設立

1817　東京コスモス電機（株）
［証券コード］6772
［上場区分］東証二部

1957年6月	東京コスモス電機（株）を設立
1972年4月	柳津コスモス電機（株）を設立（後清算）
1972年10月	白河コスモス電機（株）を設立
1984年8月	中津コスモス電機（株）を設立
1984年10月	トーコスアメリカ（株）を設立
1987年2月	台湾東高志電機股份有限公司を設立
2000年12月	東高志（香港）有限公司を設立
2010年11月	煙台科思摩思電機有限公司を設立
2010年12月	煙台科思摩思貿易有限公司を設立
2014年7月	コスモス電子販売（株）を吸収合併

1818　東京産業（株）
［証券コード］8070
［上場区分］東証一部

1942年4月	大和機械（株）を設立
1947年3月	東京建材工業（株）に社名変更
1947年7月	東京産業（株）に社名変更
1957年4月	（株）東京メイキを合併
1960年3月	日協産業（株）と合併
1987年2月	東京産業不動産（株）を設立
2002年11月	ティーエス・サデ（株）を設立
2006年10月	菱東貿易（上海）有限公司を設立
2011年10月	TOKYO SANGYO (THAILAND) CO., LTD.を設立
2012年12月	PT. TOKYO SANGYO INDONESIAを設立
2013年4月	Tokyo Sangyo, Inc.を設立
2014年4月	TSCマシナリー（株）を設立
2014年5月	Tokyo Sangyo Machinery, S.A.de C.V.を設立
2014年7月	Tokyo Sangyo Europe GmbHを設立

1819　（株）東京自働機械製作所
［証券コード］6360
［上場区分］東証二部

1908年	島根工業所を設立
1944年6月	島根工業（株）に社名変更
1949年6月	（株）東京自働機械製作所に社名変更
1960年11月	東京施設工業（株）を設立
1987年3月	（有）東祐を設立
1995年10月	エスティ オートマチックマシナリー エスディエヌ ビーエッチディを設立

1820　東京青果（株）

1947年5月	東印東京青果（株）を設立
1958年3月	東光商事（株）を設立
1967年7月	東印東京青果（株）と東京丸一青果（株）が合併し東京青果（株）に社名変更
1975年2月	栃木青果（株）を設立
1981年6月	東京青果貿易（株）を設立
2009年12月	大田市場ロジスティクスセンター（株）を設立

1821　東京製綱（株）
［証券コード］5981
［上場区分］東証一部

1887年2月	東京製綱会社を設立
1893年10月	東京製綱（株）に社名変更
1907年3月	月島製綱（株）を合併
1909年8月	日本製綱（株）を合併
1917年11月	大島製鋼所（株）を設立
1918年12月	浅野小倉製鋼所（株）を設立
1919年	（資）鹿沼麻糸工場を設立
1924年12月	横浜製綱（株）を合併
1949年5月	大阪ロープ工業（株）を設立
1956年6月	日東麻綱（株）を設立
1956年11月	豊川製綱（株）を設立
1959年2月	東綱商事（株）を設立
1960年4月	東新鋼業（株）を設立
1964年2月	（株）東鋼磐田製作所を設立
1964年9月	東洋製鋼（株）を合併
1968年7月	東京製綱繊維ロープ（株）を設立
1971年9月	大阪ロープ工業（株）を合併
1985年	日鐵ロープ工業（株）を設立
1988年	東京製綱テクノス（株）を設立
1990年	（株）インターテックを設立
1990年	エー・エム・エンジニアリング（株）を設立
1999年	東綱メタルファイバー（株）を設立
2001年	東綱商事（株）を吸収合併
2002年	トーコーテクノ（株）を設立
2004年	江蘇双友東綱金属製品有限公司を設立
2005年	東京製綱海外事業投資（株）を設立
2005年	東京製綱（常州）有限公司を設立
2006年	東京製綱ベトナム有限責任会社を設立
2010年	東京製綱（常州）機械有限公司を設立
2012年	東京ロープエンジニアリング（有）を設立
2012年	東京製綱（香港）有限公司を設立

1822　（株）東京精密
［証券コード］7729
［上場区分］東証一部

1949年3月	東京精密工具（株）を設立
1962年4月	（株）東京精密に社名変更
1962年11月	（株）インターナショナル東京精密を設立
1969年4月	（株）東精エンジニアリングサービスを設立（後：（株）東精エンジニアリング）
1982年10月	（株）インターナショナル東京精密を吸収合併
1985年10月	（株）トーセーシステムズを設立
1999年	（株）ティーエスケイ・ファイナンスを設立
2001年9月	（株）東精ボックスを設立
2002年10月	東精精密設備（上海）有限公司を設立

2007年4月	（株）アクレーテク・マイクロテクノロジを吸収合併		1943年10月	安田ビルディング（株）を吸収合併
2012年4月	ACCRETECH AMERICA INCを設立		1944年3月	横浜桟橋倉庫（株）を吸収合併
2014年9月	ACCRETECH ADAMAS（THAILAND）CO., LTDを設立		1980年5月	東建住宅サービス（株）を設立（後：東京建物不動産販売（株））

1823　東京センチュリーリース（株）

[証券コード] 8439
[上場区分] 東証一部

1969年	伊藤忠商事（株）と（株）第一銀行と日本生命保険相互会社と朝日生命保険相互会社と共同で出資し**センチュリー・リーシング・システム（株）**を設立
1983年	センチュリー・スタッフ（株）を設立
1985年	センチュリー・オート・リース（株）を設立（後：日本カーソリューションズ（株））
1991年	センチュリー・エージェンシー（株）を設立（後：TCエージェンシー（株））
2006年10月	伊藤忠（中国）集団有限公司と共同出資で盛世利（中国）租賃有限公司を設立（後：東瑞盛世利融資租賃有限公司）
2009年4月	東京リース（株）と合併し**東京センチュリーリース（株）**に社名変更
2011年2月	PT.Century Tokyo Leasing Indonesiaを設立
2012年8月	京セラ（株）と共同で京セラTCLソーラー合同会社を設立
2013年6月	東瑞盛世利（上海）商業保理有限公司を設立
2013年10月	TC Aviation Capital Ireland Limitedを設立
2014年10月	CIT Group Inc.と合弁でTC-CIT Aviation Ireland LimitedとTC-CIT Aviation U.S., Inc.を設立
2015年4月	（株）オリエントコーポレーションと合弁で（株）オリコビジネスリースを設立

〈東京リース系〉

1964年8月	**東京リース（株）**を設立
1972年4月	テー・エル・シー・サービス（株）を設立
1973年6月	モービル石油（株）と共同で出資しイースタン・リース（株）を設立
1979年3月	東京オートリース（株）を設立
1993年7月	ティーエルシーエスピーシー（株）を設立
1993年7月	東京リースエスピーシー（株）を設立
1997年11月	統一東京股份有限公司を設立
2002年10月	川鉄リース（株）と合併
2004年6月	TLCビジネスサービス（株）を設立（後：TCビジネスサービス（株））
2006年7月	東瑞融資租賃有限公司を設立（後：東瑞盛世利融資租賃有限公司）
2007年6月	TLC Capital（Malaysia）Sdn.Bhd.を設立（後：Century Tokyo Capital（Malaysia）Sdn. Bhd.）
2008年3月	（株）オリエントコーポレーションと共同で（株）オリコオートリースを設立

1824　東京建物（株）

[証券コード] 8804
[上場区分] 東証一部

1896年8月	**東京建物（株）**を設立
1943年10月	安田ビルディング（株）を吸収合併
1944年3月	横浜桟橋倉庫（株）を吸収合併
1980年5月	東建住宅サービス（株）を設立（後：東京建物不動産販売（株））
1989年6月	（株）長井コンパウンドを設立（後：東建インターナショナルビル（株））
1994年10月	（株）東京建物テクノビルドを設立
1996年1月	（株）アンフォルマを設立
1996年8月	（株）東京建物プロパティ・マネージメントを設立
1998年10月	（株）ホットネスを設立
2001年2月	（株）イー・ステート・オンラインを設立
2001年6月	（株）つなぐネットコミュニケーションズに出資
2001年8月	（株）クオリティワークスを設立
2004年11月	（株）ジェイゴルフを設立
2005年10月	（株）プライムプレイスを設立
2006年9月	かちどきGROWTH TOWN（株）を設立
2006年11月	東京建物（上海）房地産咨詢有限公司を設立
2011年12月	新宿スクエアタワー管理（株）を吸収合併

1825　東京テアトル（株）

[証券コード] 9633
[上場区分] 東証一部

1946年6月	**東京興行（株）**を設立
1955年10月	**東京テアトル（株）**に社名変更
1958年2月	（株）鎌倉市民座を吸収合併
1958年7月	東興不動産（株）を設立（後：テアトル不動産）
1961年5月	第一観光（株）を設立
1973年2月	テアトルエージェンシー（株）を設立（後：（株）メディアボックス）
1974年1月	テアトルエンタープライズ（株）を設立
1994年4月	東京センタービルディング（株）を吸収合併
1994年10月	（株）創遊を設立
1997年8月	（有）塩原温泉ホテルを買収（後：（有）ディーワンエンタープライズ）
1999年2月	（株）アルファハウジングを設立
1999年10月	（有）アイザックを設立
2003年8月	（株）ティー・エー・ユニオンを設立
2006年7月	（株）アルファハウジングを吸収合併

1826　（株）東京TYフィナンシャルグループ

[証券コード] 7173
[上場区分] 東証一部

2014年10月	（株）八千代銀行と（株）東京都民銀行と共同株式移転により**（株）東京TYフィナンシャルグループ**を設立

1827　東京鐵鋼（株）

[証券コード] 5445
[上場区分] 東証一部

1939年6月	**大和製鐵（株）**を設立
1940年10月	**東京鐵鋼（株）**に社名変更
1944年3月	（株）二興製作所を合併
1973年4月	トーテツ興運（株）を設立
1980年7月	トーテツ産業（株）を設立
1988年8月	トーテツ建材（株）を設立（後清算）
1989年3月	トーテツメンテナンス（株）を設立

とうきよう

1993年9月	(株)関東メタルを設立
2000年5月	(株)東北環境クリーンシステムを設立(後清算)
2001年12月	東北東京鐵鋼(株)を設立
2002年2月	合同製鐵(株)と共同で東京デーバー・スチール(株)を設立(後清算)
2008年4月	(有)吉栄を吸収合併
2012年4月	鉄特凱商貿(瀋陽)有限公司を設立
2013年10月	ティーティーケイ コリア(株)を設立
2014年12月	トーテツ資源(株)を設立
2015年4月	東北東京鐵鋼(株)を吸収合併

1828　東京電力(株)
［証券コード］9501
［上場区分］東証一部

1951年5月	電燈廣告(株)を設立(後：東電広告(株))
1951年5月	関東配電(株)と日本発送電(株)が設備を出資・譲渡し東京電力(株)を設立
1954年4月	東興業(株)を設立(後：東電工業(株))
1955年4月	東電不動産(株)を設立
1955年11月	東電フライアッシュ工業(株)を設立(後：東電環境エンジニアリング(株))
1957年6月	東京礦油(株)を設立(後：(株)テプコーユ)
1960年12月	(株)東電建設設計事務所を設立(後：東電設計(株))
1977年7月	東京計算サービス(株)を設立(後：(株)テプコシステムズ)
1977年7月	東電電材輸送(株)を設立(後：東電物流(株))
1979年9月	東京電設サービス(株)を設立
1980年2月	東新建物(株)を設立(後：東新ビルディング(株))
1980年4月	東京リビングサービス(株)を設立
1982年9月	東電営配サービス(株)を設立(後：(株)東電ホームサービス)
1984年4月	(株)ティー・ピー・エスを設立(後：東電ピーアール(株))
1987年9月	東京都市サービス(株)を設立
1989年11月	(株)テプコケーブルテレビを設立
2000年6月	(株)アット東京を設立
2000年10月	(株)ファミリーネット・ジャパンを設立
2000年12月	パシフィック・エルエヌジー・シッピング社を設立
2002年2月	ティーエムエナジー・オーストラリア社を設立(後清算)
2002年2月	パシフィック・ユーラス・シッピング社を設立
2002年12月	東京臨海リサイクルパワー(株)を設立
2003年3月	テプコ・オーストラリア社を設立
2003年3月	テプコ・ダーウィン・エルエヌジー社を設立
2005年5月	トウキョウ・エレクトリック・パワー・カンパニー・インターナショナル・パイトンI社を設立
2005年5月	(株)リビタを設立
2005年11月	シグナス・エルエヌジー・シッピング社を設立
2005年11月	リサイクル燃料貯蔵(株)を設立
2006年1月	TEPCOトレーディング(株)を設立
2006年1月	東電パートナーズ(株)を設立

1829　東京特殊電線(株)
［証券コード］5807
［上場区分］東証一部

1940年2月	(個)東京特殊電線製造所を設立
1940年11月	東京特殊電線(株)に社名変更
1943年12月	国東電線製造所(株)ほか7業者を合併
1949年9月	東京特殊電線販売(株)を設立
1956年5月	東京特殊電器(株)を設立
1956年10月	(有)東徳巻線工業所を設立
1959年2月	(株)東特総合研究所を設立
1961年3月	(株)東特総合研究所を合併
1964年10月	東京特殊電器(株)を合併
1984年3月	東特長岡(株)を設立
1993年4月	東京特殊電線販売(株)を合併
1998年12月	トウトクテクノ(株)を設立
1999年4月	TOTOKU PHILIPPINES, INC.を設立
2003年5月	TOTOKU (THAILAND) CO., LTD.を設立
2003年6月	東特(浙江)有限公司を設立
2007年9月	TOTOKU Europe GmbHを設立
2007年9月	トウトクテクノ(株)を吸収合併
2012年11月	ベルトン・トウトク・テクノロジーを設立
2013年10月	TTI LAGUNA PHILIPPINES INC.を設立

1830　(株)東京都民銀行

1951年12月	(株)東京都民銀行を設立
1975年6月	とみんリース(株)を設立(後：東京TYリース(株))
1977年7月	とみんビジネスサービス(株)を設立(後：とみん銀事務センター(株))
1977年7月	とみん信用保証(株)を設立
1980年1月	とみんコンピューターシステム(株)を設立
1984年7月	(株)とみん経営カルチャーセンターを設立(後：(株)とみん経営研究所)
1985年7月	とみんキャピタル(株)を設立(後：(株)とみん経営研究所)
1989年9月	とみんカード(株)を設立
1996年12月	Tokyo Tomin Finance (Cayman) Limitedを設立(後清算)
1998年3月	とみん銀事務センター(株)を設立
2009年8月	都民銀商務諮詢(上海)有限公司を設立
2014年10月	(株)八千代銀行と共同株式移転により(株)東京TYフィナンシャルグループを設立

1831　東京日産コンピュータシステム(株)
［証券コード］3316
［上場区分］ジャスダックスタンダード

| 1989年3月 | 東京日産コンピュータシステム(株)を設立 |
| 2013年10月 | トッパンエムアンドアイ(株)と兼松エレクトロニクス(株)と共同で(株)グロスディーを設立 |

1832　東京美装興業(株)

1957年9月	東京美装興業(株)を設立
1963年3月	東海美装興業(株)を設立
1970年5月	東美商事(株)を設立
1971年7月	ゼネコン・サービス(株)を設立

1973年7月　（株）日本環境調査研究所を設立
1976年11月　日本科学警備保障（株）を設立
2000年1月　日本クリーンテック（株）を設立
2007年4月　東京美装北海道（株）を設立
2010年12月　ティービーホールディングス（株）を吸収合併

1833　（株）東京放送ホールディングス
［証券コード］9401
［上場区分］東証一部
1951年5月　（株）ラジオ東京を設立
1960年11月　（株）東京放送に社名変更
2000年3月　（株）ティ・ビー・エス・エンタテインメントを設立（後：（株）TBSテレビ）
2000年3月　（株）ティ・ビー・エス・スポーツを設立（後：（株）TBSテレビ）
2000年3月　（株）ティ・ビー・エス・ラジオ・アンド・コミュニケーションズを設立
2001年3月　（株）ティ・ビー・エス・ライブを設立（後：（株）TBSテレビ）
2009年4月　（株）東京放送ホールディングスに社名変更

1834　東京ボード工業（株）
［証券コード］7815
［上場区分］東証二部
〈江東プライウッド系〉
1947年5月　山陰ベニヤ（株）を設立
1957年1月　大日本ベニヤ工業（株）に商号変更
1977年6月　太洋プライウッド（株）との合併により江東プライウッド（株）に商号変更
〈千住プライウッド系〉
1946年5月　千住ベニヤ工業（有）を設立
1947年9月　千住ベニヤ（株）に組織変更
1961年1月　千住プライウッド（株）に商号変更
〈荒川プライウッド系〉
1969年10月　荒川プライウッド（株）を設立
〈東京アイディアルウッド系〉
1970年5月　東京アイディアルウッド（株）を設立
　　　　　＊　＊　＊　＊
1983年11月　江東プライウッド（株）と千住プライウッド（株）と荒川プライウッド（株）と東京アイディアルウッド（株）が合併し東京ボード工業（株）を発足

1835　東京窯業（株）
［証券コード］5363
［上場区分］東証一部
1947年2月　（個）牛込製粉工場より設備を買収し東京窯業（株）を設立
1958年11月　明知耐火煉瓦（株）を設立（後：明智セラミックス（株））
1960年7月　住吉耐火煉瓦（株）を設立
1964年9月　久田窯業（株）を設立（後：（株）水野セラミックス）
1967年3月　豊栄興業（株）を設立
1975年10月　土岐耐火工業（株）を設立
1992年　（株）TYK情報サービスを設立
1995年4月　TYKヨーロッパGmbHを設立
2003年7月　青島東窯陶瓷有限公司を設立

1836　（株）東京楽天地
［証券コード］8842
［上場区分］東証一部
1937年2月　（株）江東楽天地を設立
1952年9月　（株）浅草楽天地を設立
1953年3月　（株）浅草楽天地を吸収合併
1960年5月　（株）錦糸町交通会館を設立（後：（株）錦糸町ステーションビル）
1961年10月　（株）錦美舎を設立（後：（株）楽天地セルビス）
1961年10月　（株）東京楽天地に社名変更
1963年12月　楽天地スポーツ（株）を設立（後：（株）楽天地スポーツセンター）
1975年12月　（株）楽天地パブを設立（後：（株）楽天地ステラ）
1983年11月　（株）楽天地エンジニアリングを設立
1991年3月　（株）アルフィクスを設立

1837　東京ラヂエーター製造（株）
［証券コード］7235
［上場区分］東証二部
1938年10月　東京ラヂエーター製造（株）を設立
1938年11月　（株）西村ラヂエーター製作所と日本板金工業（株）を買収
1982年5月　東湘興産（株）を設立（後清算）
1984年2月　トーコー産業（株）を設立
1986年6月　東神物流（株）を設立（後：（株）トーシンテクノ）
1988年5月　American TRS Inc.を設立（後清算）
1995年9月　（株）トークピアサービスを設立
1999年7月　重慶東京散熱器有限公司を設立
2004年4月　（株）トークピアサービスを吸収合併
2004年4月　無錫塔尔基熱交換器科技有限公司を設立
2012年4月　PT.TOKYO RADIATOR SELAMAT SEMPURNAを設立

1838　（株）東京理化工業所
1934年9月　（株）東京理化工業所を設立
1946年2月　（株）東京精密金型製作所を設立（後：（株）東京理化工業所）
1965年3月　白河精機（株）を設立
1973年8月　（株）東北理化を設立
1993年2月　（株）九州理化を設立
2004年10月　（株）東理ホールディングスを持株会社として設立
2007年7月　（株）東北理化と（株）九州理化を吸収合併

1839　（株）東計電算
［証券コード］4746
［上場区分］東証一部
1970年4月　（株）東京濾器計算センターを設立
1975年4月　（株）東計電算センターに社名変更
1980年4月　（株）東計電算に社名変更
1995年7月　（株）イースタンホールを設立
2008年1月　大連東計軟件有限公司を設立
2012年7月　TOUKEI（THAILAND）CO., LTD.を設立

1840　東建コーポレーション（株）
［証券コード］1766
［上場区分］東証一部
1976年7月　（株）東名商事を設立
1990年3月　東名リース建設（株）に社名変更
1990年3月　（株）東名商事を設立

とうこう

1991年7月	〈旧〉東建コーポレーション（株）を設立
1992年5月	東建コーポレーション（株）に社名変更
1992年7月	（株）ヨーロピアンハウスと〈旧〉東建コーポレーション（株）と（株）新日本建築を吸収合併
1994年5月	（株）東通トラベルを設立
1998年3月	東建リーバ（株）を設立（後：ナスラック（株））
1999年7月	東建リースファンド（株）を設立
2003年2月	東建多度カントリー（株）を設立
2004年11月	東建リゾート・ジャパン（株）を設立
2004年12月	（有）東建大津通Aと（有）東建大津通Bを設立
2005年2月	（有）東通千種タワーを設立
2006年2月	東建ビル管理（株）を設立

1841　東光（株）
［証券コード］6801
［上場区分］東証一部

1955年8月	〈旧〉（株）東光ラジオコイル研究所を設立
1962年4月	（株）東光ラジオコイル研究所と額面変更のため合併し社名変更
1964年3月	東光（株）に社名変更
1969年9月	東光精機（株）を設立
1999年1月	館山デバイス（株）を設立
2000年9月	汕頭華鉅科技有限公司を設立
2003年10月	偉金有限公司を設立
2003年11月	VIET HOA ELECTRONICS CO., LTD.を設立
2003年12月	HENG YU INTERNATIONAL CO., LTD.を設立
2005年6月	TOKO SINGAPORE PTE.LTD.を設立
2005年8月	昇龍東光科技（中国深圳市）有限公司を設立
2006年8月	北上科技（珠海）有限公司を設立
2006年10月	華龍東光科技（深圳）有限公司を設立
2010年11月	東光電子（南昌）有限公司を設立

1842　（株）東光高岳
［証券コード］6617
［上場区分］東証一部
〈高岳製作所系〉

1918年3月	（株）高岳製作所を設立
1960年12月	高岳産業（株）を設立（後：タカオカビジネスサービス（株））
1973年5月	高岳金属（株）を設立（後：タカオカ機器工業（株））
1975年6月	高岳工事（株）を設立
1975年6月	高岳商事（株）を設立
1982年1月	タカオカ化成工業（株）を設立
1982年1月	高岳興産（株）を設立（後：タカオカ・ビジネスサービス（株））
1982年11月	高岳機工（株）を設立（後：タカオカ機器工業（株））
1984年12月	タカオカ・システムサービス（株）を設立
1985年1月	タカック・システム開発（株）を設立
2002年10月	（株）ミントウェーブを設立
2012年9月	台湾高岳電機股份有限公司を設立
2012年10月	東光電気（株）と株式移転により（株）東光高岳ホールディングスを共同持株会社として設立

〈東光電気系〉

1928年9月	東京電灯（株）の自家用電球製造工場が独立し東電電球（株）を設立
1938年6月	芝浦電気工業（株）と東電電気商品（株）を吸収合併
1939年4月	東光電気（株）に社名変更
1952年3月	芝浦紙器（株）を設立
1953年4月	東西電球（株）を吸収合併
1980年3月	（有）鈴木組運輸を設立（後：東光工運（株））
1980年5月	東光計器工事（株）を設立（後：東光工運（株））
2005年8月	蘇州東光優技電気有限公司を設立
2009年12月	東光東芝メーターシステムズ（株）を設立
2012年10月	（株）高岳製作所と株式移転により（株）東光高岳ホールディングスを共同持株会社として設立

　　　　　*　　*　　*　　*

| 2014年4月 | （株）高岳製作所と東光電気（株）を吸収合併し（株）東光高岳に社名変更 |

1843　（株）ドウシシャ
［証券コード］7483
［上場区分］東証一部

1974年10月	同志社を設立
1977年1月	（株）ドウシシャに社名変更
1987年6月	ドウシシャファーイースト（株）を設立（後：（株）ドウシシャ）
1997年4月	（株）ドウイングを設立
1997年4月	（株）ドウシシャ物流を設立（後：（株）ドウシシャロジスティクス）
2001年4月	DEL.S.A.を設立
2003年12月	（株）ドウシシャ・スタッフサービスを設立
2014年7月	麗港控股有限公司を設立

1844　東芝機械（株）
［証券コード］6104
［上場区分］東証一部
〈〈旧〉東芝機械系〉

1949年4月	〈旧〉芝浦工機（株）が解体し、第2会社として鶴見工場を継承し芝浦工機（株）を設立
1961年6月	芝浦機械製作所と芝浦工機（株）が合併し〈旧〉東芝機械（株）を設立
1961年10月	（株）東芝機械研削研究所を設立（後：九州東芝機械（株））
1973年7月	（株）東芝機械ダイカストエンジニアリングを設立
1973年10月	東芝機械設備工業（株）を設立
1976年6月	（株）東芝機械プラスチックエンジニアリングを設立
1983年4月	（株）マシンツールエンジニアリングを設立

〈朝比奈機械系〉

| 1897年11月 | （株）朝比奈鉄工所を設立 |
| 1950年6月 | 朝比奈機械（株）に社名変更 |

　　　　　*　　*　　*　　*

| 1996年10月 | 〈旧〉東芝機械（株）と朝比奈機械（株）が合併し東芝機械（株）に社名変更 |

2002年8月	(株)ニューフレアテクノロジーを設立
2002年10月	東芝機械マシナリー(株)を設立
2004年10月	(株)東芝機械セルマックを吸収合併
2006年4月	TOSHIBA MACHINE (INDIA) PVT.LTD.を設立
2008年8月	TOSHIBA MACHINE (SHENZHEN) CO., LTD.を設立
2010年10月	TOSHIBA MACHINE COMPANY CANADA LTD.を設立
2010年10月	東芝機械マシナリー(株)を吸収合併
2011年7月	TOSHIBA MACHINE (VIETNAM) CO., LTD.を設立
2012年11月	TOSHIBA MACHINE MANUFACTURING (THAILAND) CO., LTD.を設立
2012年12月	PT.TOSHIBA MACHINE INDONESIAを設立
2013年11月	TOSHIBA MACHINE DO BRASIL COMERCIO DE MAQUINAS LTDA.を設立
2014年7月	TOSHIBA MACHINE (EU) LTD.を設立

1845　東芝テック(株)
[証券コード]6588
[上場区分]東証一部

1950年2月	東京芝浦電気(株)より分離独立し東京電気器具(株)を設立
1952年12月	東京電気(株)に社名変更
1962年10月	東芝事務機械(株)を吸収合併
1972年9月	テック電子事務機(株)を設立(後:テック電子(株))
1973年11月	テックエンジニアリング(株)を設立
1980年3月	東京電気技研(株)を設立(後:テックインフォメーションシステムズ(株))
1991年12月	テック商事(株)を設立(後:テックアプライアンス(株))
1993年10月	(株)テックに社名変更
1993年10月	テック電子(株)と合併
1999年1月	東芝テック(株)に社名変更
1999年1月	東芝テック画像情報システム(株)を設立
1999年10月	東芝アメリカビジネスソリューション社を設立

1846　東芝プラントシステム(株)
[証券コード]1983
[上場区分]東証一部
〈東芝電設系〉

1923年10月	三興電気事務所を設立
1924年	(資)三興電気事務所と改組
1938年10月	三興電気(株)に社名変更
1959年2月	東芝電設(株)に社名変更

〈東芝工事系〉

1923年	野口祐靖電気工業所を設立
1939年	電力工業(株)に社名変更
1941年2月	電力工業(株)の業務を継承し新興電力工業(株)を設立
1950年7月	日本電気工事(株)の業務を継承し芝浦工事(株)に社名変更
1958年12月	東芝工事(株)に社名変更

〈東芝プラント建設系〉

| 1962年7月 | 東芝電設(株)と東芝工事(株)が合併し東芝電気工事(株)に社名変更 |
| 1978年12月 | 東芝プラント建設(株)に社名変更 |

〈東芝エンジニアリング系〉

| 1959年 | 東芝エンジニアリング(株)を設立 |
| 1996年 | 地域東芝システム開発(株)7社と合併 |

＊　＊　＊　＊

2004年1月	東芝エンジニアリング(株)と東芝プラント建設(株)が合併し東芝プラントシステム(株)に社名変更
2010年6月	TPSC (THAILAND) CO., LTD.を設立
2010年10月	TPSC US CORPORATIONを設立
2014年5月	TPSC (VIETNAM) CO., LTD.を設立

1847　東芝メディカルシステムズ(株)

1914年	東芝の医用機器事業として発足
1930年	東京電気(株)が全額出資し日本医療電気(株)を設立
1942年	日本医療電気(株)を戦時企業統合により東芝が吸収合併
1948年	日本医療電気(株)を再建
1954年	東芝医療電気(株)に社名変更
1957年	東芝放射線(株)に社名変更
1972年	東芝メディカル(株)に社名変更
2003年	(株)東芝医用システムと一体化し東芝メディカルシステムズ(株)に社名変更
2004年	東芝住電医療情報システムズ(株)を設立
2006年	東芝メディカルリサーチ・アメリカ社を設立
2007年	東芝医療系統(中国)有限公司を設立
2009年	東芝メディカルビジュアライゼーションシステムズ・ヨーロッパ社を設立

1848　東芝ライテック(株)
〈東輝電気系〉

1937年	東京輸出電球(株)を設立
1943年	東輝電気工業(株)に社名変更
1987年	東輝電気(株)に社名変更

〈東芝電材系〉

| 1974年 | 東芝電材(株)を設立 |

〈〈旧〉東芝ライテック系〉

| 1989年2月 | 〈旧〉東芝ライテック(株)を設立 |

＊　＊　＊　＊

1989年4月	東輝電気(株)と東芝電材(株)と〈旧〉東芝ライテック(株)が合併し東芝ライテック(株)を設立
2003年9月	東芝ホームライティング(株)を設立
2004年4月	東芝電材マーケティング(株)を設立
2007年10月	東芝ホームライティング(株)を吸収合併
2012年10月	ハリソン東芝ライティング(株)を吸収合併
2013年4月	(株)LDFと東芝照明システム(株)を吸収合併

1849　(株)東祥
[証券コード]8920
[上場区分]東証一部

| 1979年3月 | 東和建設(株)を設立 |
| 1986年12月 | 祥福不動産(株)を設立(後:ショーフク(株)) |

とうそ

	1989年8月	祥福コーポレーション(株)を設立(後：ショーフク(株))
	1994年3月	(株)住まい発見のコロンブスを設立(後：(株)ジーエルホーム愛知三河)
	1996年1月	(株)杳名を吸収合併
	1997年8月	祥福開発(株)を設立
	1999年4月	ショーフク(株)と(株)ホリデイと(株)ジーエルホーム愛知三河と祥福開発(株)を吸収合併し(株)東祥に社名変更
	2001年3月	(株)和泉芝生を吸収合併
	2014年10月	ABホテル(株)を設立

1850　東ソー(株)
[証券コード]4042
[上場区分]東証一部

- 1935年2月　東洋曹達工業(株)を設立
- 1938年4月　第二東洋曹達工業(株)を合併
- 1966年4月　日本ポリケミカル(株)を設立
- 1969年4月　日ケミ商事(株)を設立
- 1975年4月　(株)鐵興社と四日市東曹(株)と合併
- 1983年3月　東北東ソー化学(株)を設立
- 1987年10月　東ソー(株)に社名変更
- 1990年10月　新大協和石油(株)と(有)四日市ポリマーと合併
- 1994年11月　東ソー塩ビ加工開発(株)を設立
- 1995年7月　東ソー日向(株)を設立
- 1998年6月　東ソー機工(株)を設立
- 2004年12月　三菱商事(株)と丸紅(株)と三井物産(株)と共同で東曹(広州)化工有限公司を設立
- 2005年11月　日本ポリウレタン(瑞安)有限公司を設立
- 2014年10月　日本ポリウレタン工業(株)を吸収合併

1851　東テク(株)
[証券コード]9960
[上場区分]ジャスダックスタンダード

- 1955年7月　東京機工(株)を設立
- 1970年7月　中央ダイキン空調(株)を設立
- 1973年7月　東京機工エンジニアリング(株)を設立(後：日本ビルコン(株))
- 1978年11月　第一管機(株)を設立
- 1982年5月　朝日物産(株)と合併
- 1986年4月　東テク(株)に社名変更
- 1989年9月　協和工業(株)を設立(後：協和システム(株))
- 1991年3月　関西イトミック(株)を設立
- 1994年4月　日本ビルコン関西(株)を設立
- 1997年4月　日本ビルコン新潟(株)を設立
- 2005年4月　(株)カルメンを事業分割し〈別〉(株)カルメンを設立
- 2005年4月　〈別〉(株)カルメンを吸収合併

1852　東鉄工業(株)
[証券コード]1835
[上場区分]東証一部

- 1943年7月　東京鉄道工業(株)を設立
- 1952年7月　東鉄工業(株)に社名変更
- 1985年2月　(株)トーコーリホームを設立
- 1987年9月　(株)トーコーサービス千葉を設立(後：(株)トーコー千葉)
- 1989年9月　(株)トーコー相模を設立
- 1990年8月　(株)トーコーエステートを設立
- 1994年9月　(株)トーコー大宮を設立
- 2000年6月　(株)トーコー高崎を設立
- 2001年10月　(株)トーコーエステートを合併
- 2001年11月　(株)トーコー山の手を設立
- 2009年2月　(株)国際重機整備を設立(後清算)

1853　(株)東天紅
[証券コード]8181
[上場区分]東証一部

- 1957年3月　上野観光温泉(株)を設立
- 1961年5月　〈旧〉(株)東天紅に社名変更
- 1978年3月　〈別〉(株)東天紅と合併(額面変更)し(株)東天紅に社名変更
- 1991年10月　(株)海燕亭を設立
- 2014年9月　(株)LCL Partnersを設立

1854　東都水産(株)
[証券コード]8038
[上場区分]東証一部

- 1935年　東京魚市場(株)を設立
- 1939年6月　東京淡水魚(株)を合併
- 1940年5月　東京海産物(株)を合併
- 1944年7月　東京水産物統制会社に統合され社名変更
- 1946年　東京水産物統制会社より分離し東京水産物(株)を設立
- 1948年3月　東京水産物(株)が閉鎖機関に指定されたのち、農林省が再編成示達し東都水産(株)を設立
- 1954年3月　渡波水産製氷冷凍(株)を合併
- 1955年5月　東京海産物(株)を合併
- 1994年10月　川越水産市場(株)を設立(後清算)
- 2001年5月　関東コールド(株)を設立(後清算)
- 2002年4月　(株)埼玉県水産物卸売市場と(株)埼玉県魚市場が合併し(株)埼玉県魚市場を設立
- 2003年9月　(株)川越魚市場を設立(後：(株)川越水産市場)
- 2007年11月　東水フーズ(株)を設立

1855　東日京三電線(株)
〈東日電線系〉

- 1945年11月　神永製作所を設立
- 1947年5月　(株)神永製作所に社名変更
- 1951年10月　神永電線(株)に社名変更
- 1968年1月　東日電線(株)に社名変更
- 1979年7月　東日電線加工(株)を設立(後：東日京三テクノス)
- 1987年4月　東日商事(株)を設立

〈京三電線系〉

- 1939年11月　京三電線(株)を設立

*　　*　　*

- 2000年4月　東日電線(株)と京三電線(株)が合併し東日京三電線(株)に社名変更
- 2012年4月　(株)東日京三テクノスを吸収合併

1856　東福製粉(株)
[証券コード]2006
[上場区分]東証二部

- 1932年10月　木德製粉(株)を設立
- 1935年2月　愛知製粉(株)を買収
- 1940年1月　東福製粉(株)に社名変更
- 1971年11月　(株)トーフクを設立

	1973年4月	互光建物(株)と共同で出資し東福互光(株)を設立
	1989年12月	(株)山甚を設立
	2004年4月	(株)大江商店を設立
	2012年1月	(株)トーフクを吸収合併

1857　(株)東武住販
[証券コード]3297
[上場区分]ジャスダックスタンダード

	1984年9月	(有)東武住販を設立
	1989年8月	(株)東武住販に組織変更
	2008年5月	(株)東武メディアを吸収合併
	2010年5月	(株)人財プロモーションを吸収合併

1858　東プレ(株)
[証券コード]5975
[上場区分]東証一部

	1935年4月	東京プレス工業(株)を設立
	1937年12月	城東鋼業(株)を合併
	1958年1月	東京ダイカスト(株)を合併
	1985年10月	東プレ(株)に社名変更
	1999年11月	東プレ九州(株)を設立
	2002年6月	Topre America Corporationを設立
	2008年4月	東プレ埼玉(株)を設立
	2010年1月	東普雷(佛山)汽車部件有限公司を設立
	2010年12月	TOPRE (THAILAND) CO., LTD.を設立
	2012年2月	東普雷(襄陽)汽車部件有限公司を設立
	2012年3月	Topre Autoparts Mexico, S.A. de C.V.を設立
	2015年5月	PT.TOPRE REFRIGERATOR INDONESIAを設立

1859　東宝(株)
[証券コード]9602
[上場区分]東証一部

	1932年8月	(株)東京宝塚劇場を設立
	1936年1月	日本映画劇場(株)を合併
	1937年3月	(株)東横映画劇場を合併
	1937年8月	東宝映画(株)を設立
	1938年3月	帝国劇場(株)を合併
	1943年12月	東宝映画(株)を合併し東宝(株)に社名変更
	1945年3月	(株)梅田映画劇場と(株)南街映画劇場を合併
	1946年2月	スバル興業(株)を設立
	1947年9月	太千電気工業(株)を設立(後:東宝不動産(株))
	1948年6月	三和興行(株)を設立
	1950年7月	(株)帝国劇場を設立
	1955年7月	(株)帝国劇場を合併
	1960年9月	(株)大阪サービス・センターを設立(後:東宝ビル管理(株))
	1965年10月	〈新〉(株)帝国劇場を設立(後:東宝不動産(株))
	1971年11月	(株)東宝映画を設立
	2003年4月	TOHOシネマズ(株)を設立
	2014年3月	(株)コマ・スタジアムを合併
	2014年8月	三和興行(株)を合併

1860　東邦亜鉛(株)
[証券コード]5707
[上場区分]東証一部

	1937年2月	日本亜鉛製錬(株)を設立
	1941年9月	日本亜鉛(株)を合併し東邦亜鉛(株)に社名変更
	1949年7月	東邦非鉄圧延(株)を合併
	1973年9月	東邦リサイクル(株)を設立
	1973年12月	対州鉱発(株)を設立
	1988年4月	(株)ティーディーイーを設立
	1991年8月	大連晶亜電器有限公司を設立
	1994年2月	光明貿易有限公司を設立(後:東邦亜鉛香港有限公司)
	1994年3月	諸城華日粉末冶金有限公司を設立
	1996年6月	大連天馬電器有限公司を設立
	1998年7月	契島興産(有)を設立
	1998年9月	(有)エキスパート東邦を設立
	2003年10月	東邦亜鉛(上海)貿易有限公司を設立
	2005年1月	天津東邦鉛資源再生有限公司を設立

1861　東邦化学工業(株)
[証券コード]4409
[上場区分]東証二部

	1938年3月	東邦化学工業(株)を設立
	1965年3月	近代化学工業(株)を設立
	1967年10月	東邦石油樹脂(株)を設立
	1970年8月	東邦千葉化学工業(株)を設立
	1977年12月	東邦特殊工事(株)を設立
	1978年6月	(株)横須賀技術センターを設立
	1988年10月	東邦石油樹脂(株)を吸収合併
	1993年10月	東邦千葉化学工業(株)を吸収合併
	1999年2月	東邦化学倉庫(株)を設立
	2000年2月	TOHO CHEMICAL (THAILAND) CO., LTD.を設立
	2008年11月	東邦化貿易(上海)有限公司を設立
	2010年7月	東邦化学(上海)有限公司を設立

1862　(株)東邦銀行
[証券コード]8346
[上場区分]東証一部

	1941年11月	郡山商業銀行と会津銀行と白河瀬谷銀行が合併し(株)東邦銀行を設立
	1942年11月	猪苗代銀行と岩瀬興業銀行と三春銀行を合併
	1943年3月	矢吹銀行と田村実業銀行と磐東銀行を合併
	1944年11月	福島貯蓄銀行を合併
	1981年6月	東邦ビジネスサービス(株)を設立(後解散)
	1983年10月	東邦コンピューターサービス(株)を設立(後:東邦情報システム(株))
	1985年3月	東邦リース(株)を設立
	1985年3月	東邦信用保証(株)を設立
	1985年4月	(株)東邦カードを設立
	1990年7月	(株)東邦クレジットサービスを設立
	1992年7月	東邦スタッフサービス(株)を設立(後解散)
	1992年7月	東邦不動産サービス(株)を設立(後解散)
	1993年4月	東邦情報システム(株)を設立(後:東邦情報システム(株))
	2012年3月	(株)とうほうスマイルを設立

1863　東邦金属(株)
[証券コード]5781
[上場区分]東証二部

とうほうし

1918年11月	日本冶金(株)を設立
1950年2月	東邦金属(株)に社名変更
1973年12月	北海タングステン工業(株)を設立
1996年10月	北海タングステン工業(株)を吸収合併

1864　(株)東邦システムサイエンス
［証券コード］4333
［上場区分］東証一部

1971年6月	(株)東邦計算センターを設立
1989年4月	(株)東邦システムサイエンスに社名変更
1999年10月	(株)ティエスエス・データ・サービスを設立
2005年4月	(株)中野ソフトウェア・エースと合併
2011年4月	(株)インステクノと(株)ティエスエス・データ・サービスと合併

1865　東邦チタニウム(株)
［証券コード］5727
［上場区分］東証一部

1948年9月	三和通商(株)を設立
1953年8月	東邦チタニウム(株)に社名変更
1989年8月	三京ダイヤモンドグループを買収
1998年	東チタ触媒黒部(株)を設立
2000年	東邦キャタリスト(株)を設立
2008年4月	東邦キャタリスト(株)を吸収合併
2009年2月	Toho Titanium America Co., Ltd.を設立
2009年4月	東邦マテリアル(株)とToho Titanium Europe Co., Ltd.を設立

1866　東邦ホールディングス(株)
［証券コード］8129
［上場区分］東証一部

1948年9月	東邦薬品(株)を設立
1965年4月	東邦不動産(株)を設立
1982年10月	(株)大月商店を吸収合併
1982年10月	東北薬品(株)を吸収合併
1988年7月	(株)東邦システムサービスを設立
1992年5月	モリクボ(株)を吸収合併
1996年4月	エーメイ(株)を吸収合併
1998年10月	かみや薬品(株)を吸収合併
1998年10月	中日本薬業(株)を吸収合併
2006年10月	東海東邦(株)を吸収合併
2008年11月	東邦ホールディングス(株)を設立(後：東邦薬品(株))
2008年12月	ファーマクラスター(株)を設立
2009年4月	〈新〉東邦ホールディングス(株)に社名変更
2010年4月	(株)ネストを設立

1867　東邦レマック(株)
［証券コード］7422
［上場区分］ジャスダックスタンダード

1958年7月	東邦ゴム(株)を設立
1987年4月	レマック(株)を設立(後解散)
1988年1月	東邦レマック(株)に社名変更
2008年6月	(株)新宿屋を吸収合併
2010年9月	麗瑪克香港有限公司を設立

1868　東北化学薬品(株)
［証券コード］7446
［上場区分］ジャスダックスタンダード

1953年2月	東北化学薬品(株)を設立
1983年6月	東奥科研(株)を設立(後：あすなろ理研(株))
1988年8月	東北システム(株)を設立
1989年3月	(株)東化地所を設立
1992年10月	(株)東化地所と合併

1869　(株)東北銀行
［証券コード］8349
［上場区分］東証一部

1950年10月	(株)東北銀行を設立
1982年1月	東北ビジネスサービス(株)を設立
1983年5月	(株)東北ジェーシービーカードを設立
1984年10月	東北保証サービス(株)を設立
1986年10月	とうぎん総合リース(株)を設立
1987年8月	東北銀ソフトウェアサービス(株)を設立

1870　(株)東北新社
［証券コード］2329
［上場区分］ジャスダックスタンダード

1961年4月	(株)東北新社を設立
1970年	(株)テレビテクニカと(株)ビデオ・グラフを設立
1986年	(株)スター・チャンネルを設立
1987年	(株)オムニバス・ジャパンを設立
1992年	(株)デジタルエッグを設立
1997年	(株)東北新社クリエイツを設立
1998年6月	CENTE SERVICE CORP.と8981 INC.を設立
2002年4月	(株)テレビテクニカと(株)ギャラクシー・エンタープライズと合併
2005年3月	(株)サーマルと(株)ティーエフシープラスを設立
2005年10月	(有)ヴァンエンタープライズを吸収合併
2007年4月	(株)ホワイトボックスを設立
2011年3月	(株)ザ・シネマを設立
2012年12月	(株)オフィスPACを設立

1871　東北電力(株)
［証券コード］9506
［上場区分］東証一部

1951年5月	東北配電(株)と日本発送電(株)が設備を出資・譲渡し東北電力(株)を設立
1973年4月	酒田共同火力発電(株)を設立
1978年9月	日本海エル・エヌ・ジー(株)を設立
1980年4月	新潟共同火力発電(株)を吸収合併
1998年12月	(株)コアネット東北を設立
2005年4月	(株)コアネット東北を吸収合併

1872　東北特殊鋼(株)
［証券コード］5484
［上場区分］ジャスダックスタンダード

1937年4月	東北特殊鋼(株)を設立
1938年4月	仙台特殊鋼(株)を合併
1971年4月	キリンサービス(株)を設立(後：東特興業(株))
2011年5月	TOHOKU Manufacturing (Thailand) Co., Ltd.を設立

1873　東洋インキSCホールディングス(株)
［証券コード］4634

[上場区分]東証一部
- 1896年1月 （個）小林インキ店を設立
- 1899年 （個）小林商店に社名変更
- 1905年 （資）小林商店に改組
- 1907年1月 東洋インキ製造（株）に社名変更
- 1976年 東洋グラビア製版センター（株）と九州東洋製版（株）を設立
- 1984年9月 東洋インキオーストラリア（株）を設立
- 1988年1月 ライオケム（株）を設立
- 1988年3月 トーヨーケム（株）を設立
- 1992年12月 斗門大宇化工廠有限公司を設立（後：珠海東洋科美化学有限公司）
- 1994年1月 天津東洋油墨有限公司を設立
- 1996年1月 T.I.P.P.（マレーシア）（株）を設立（後：トーヨーケムスペシャリティケミカル（株））
- 1999年9月 東洋インキ北海道（株）と東洋インキ中四国（株）を設立
- 1999年10月 東洋インキ東北（株）と東洋インキ九州（株）を設立
- 2001年8月 台湾東洋彩光股份有限公司を設立（後：台湾東洋先端科技股份有限公司）
- 2003年1月 上海東洋油墨製造有限公司を設立
- 2006年8月 東洋インキインド（株）を設立
- 2011年4月 トーヨーケム（株）を設立（後：トーヨーカラー（株））
- 2011年4月 東洋インキ（株）を設立
- 2011年4月 東洋インキSCホールディングス（株）に社名変更

1874　東洋機械金属（株）
[証券コード]6210
[上場区分]東証一部
- 1925年5月 （株）神戸製鋼所の紡績部門を分離し紡績製造（株）を設立
- 1938年10月 東亜金属工業（株）に社名変更
- 1949年5月 紡績製造（株）に社名変更
- 1962年1月 東洋機械金属（株）に社名変更
- 2000年7月 TOYO MACHINERY（M）SDN. BHD.を設立
- 2001年12月 TOYO MACHINERY（T）CO., LTD.を設立
- 2003年9月 東曜機械貿易（上海）有限公司を設立
- 2007年6月 東洋機械（常熟）有限公司を設立
- 2008年3月 東洋機械金属（広州）貿易有限公司を設立

1875　東洋建設（株）
[証券コード]1890
[上場区分]東証一部
- 1929年7月 山下汽船（株）と満州鉄道（株）が共同で出資し阪神築港（株）を設立
- 1964年5月 東洋建設（株）に社名変更
- 1970年4月 日立造船臨海工事（株）を合併
- 1970年11月 阪築商事（株）を設立（後：東建商事（株））
- 1986年7月 東建テクノ（株）を設立
- 1988年4月 東建ビルサービス（株）を設立（後：東建サービス（株））
- 1990年4月 （株）トマックを設立

1876　東洋合成工業（株）
[証券コード]4970
[上場区分]ジャスダックスタンダード
- 1954年9月 日本アセチレン化学工業（株）を設立
- 1961年5月 東洋合成工業（株）に社名変更
- 1965年12月 ケミカルトランスポート（有）を設立（後：ケミカルトランスポート（株））
- 1974年6月 オリエントサービス（株）を設立
- 1988年9月 千葉東洋合成（株）を設立
- 1993年4月 オリエントサービス（株）を合併
- 1996年4月 千葉東洋合成（株）と東正産業（株）を合併

1877　東洋鋼鈑（株）
[証券コード]5453
[上場区分]東証一部
- 1934年4月 東洋鋼板（株）を設立
- 1939年4月 東洋機械（株）を設立
- 1968年11月 鋼鈑建材（株）を設立（後：KYテクノロジー（株））
- 1989年4月 鋼鈑商事（株）を設立
- 1997年3月 TOYO-MEMORY TECHNOLOGY SDN.BHD.を設立
- 2012年4月 TOSYALI TOYO CELIK ANONIM SIRKETI（Tosyali Toyo Steel CO. INC.）を設立

1878　東洋ゴム工業（株）
[証券コード]5105
[上場区分]東証一部
- 1943年12月 （株）平野護謨製造所を設立
- 1945年8月 東洋ゴム化工（株）と合併し東洋ゴム工業（株）に社名変更
- 1996年10月 菱東タイヤ（株）を吸収合併
- 2001年2月 Toyo Automotive Parts（USA），Inc.を設立
- 2003年1月 三菱商事（株）と合弁で東洋輪胎（上海）貿易有限公司を設立（後：通伊欧輪胎（上海）貿易有限公司）
- 2003年2月 ソフランユーボード（株）を設立（後：（株）ソフランウイズ）
- 2004年6月 Toyo Tire North America, Inc.を設立（後：Toyo Tire North America Manufacturing Inc.）
- 2004年7月 トーヨー・アドバンスト・テクノロジー（株）を設立
- 2004年9月 東洋橡塑（広州）有限公司を設立
- 2007年4月 （株）トーヨータイヤジャパンを設立（国内タイヤ販売会社10社を統合）
- 2007年4月 東洋ゴム化工品販売（株）を設立（国内タイヤ販売会社10社を統合）（後：東洋ゴム化工品（株））
- 2010年4月 東洋輪胎張家港有限公司を設立（後：通伊欧輪胎張家港有限公司）
- 2011年4月 Toyo Tyre Manufacturing（Malaysia）Sdn Bhdを設立（後：Toyo Tyre Malaysia Sdn Bhd）
- 2011年10月 無錫市美峰橡胶制品制造有限公司と合弁で無錫東洋美峰橡胶制品有限公司を設立
- 2011年12月 TOYO RUBBER CHEMICAL PRODUCTS（THAILAND）LIMITEDを設立
- 2013年4月 Toyo Tire（Thailand）Co., LTD.を設立

とうようし

2013年10月	TOYO AUTOMOTIVE PARTS DE MEXICO, S.A.DE C.V.を設立
2014年5月	Toyo Tire Deutschland GmbHを設立
2014年6月	TOYO SOFLAN WIZ（THAILAND）CO., LTD.を設立

1879　東洋証券(株)
[証券コード] 8614
[上場区分] 東証一部

1934年4月	廣島証券商事(株)を設立
1947年7月	廣島証券(株)に社名変更
1964年1月	廣陵証券(株)を吸収合併
1967年3月	高井証券(株)と合併し廣島高井証券(株)に社名変更
1971年4月	東洋証券(株)に社名変更
1979年10月	丸十証券(株)と合併
1983年10月	(株)東洋ファイナンスを設立（後：東洋キャピタル(株)）
1987年12月	東洋証券亜洲有限公司を設立
1988年12月	東洋サプライ(株)を設立

1880　東洋水産(株)
[証券コード] 2875
[上場区分] 東証一部

1953年3月	横須賀水産(株)を設立
1956年7月	東洋水産(株)に社名変更
1960年7月	東京水産興業(株)と合併
1965年8月	新東物産(株)を設立
1971年2月	福島東洋(株)を設立（後：フクシマフーズ(株)）
1972年12月	マルチャン, INC.を設立
1986年9月	銚子東洋(株)を設立
1987年5月	パックマル, INC.を設立
1989年4月	マルチャンバージニア, INC.を設立
1991年5月	新東物産(株)を設立
1993年10月	伊万里東洋(株)を設立
1995年4月	(株)フレッシュダイナーを設立
1997年4月	マルト興産(株)を吸収合併
1997年4月	ミツワデイリー(株)を設立
1998年10月	東洋冷凍(株)を設立（後：宮城東洋(株)）
1999年4月	東洋冷凍(株)を吸収合併
2007年1月	田子製氷(株)を吸収合併
2012年3月	石狩東洋(株)を吸収合併
2012年7月	マルチャンテキサス, INC.を設立

1881　東洋製罐グループホールディングス(株)
[証券コード] 5901
[上場区分] 東証一部

1917年6月	〈旧〉東洋製罐(株)を設立
1924年5月	広島製罐(株)を合併
1930年7月	名古屋製罐倉庫(株)を合併
1933年9月	戸畑製罐(株)を合併
1941年7月	〈旧〉東洋製罐(株)と(株)明光堂と朝鮮製罐(株)《韓国》と鶴見製罐(株)と広島製罐(株)と長瀬商事(株)と日本製罐(株)が大合同勧告に従い合併し東洋製罐(株)を設立
1943年2月	東罐化学工業(株)を設立（後：東罐興業(株)）
2012年4月	東洋製罐分割準備(株)を設立（後：東洋製罐(株)）
2013年4月	東洋製罐グループホールディングス(株)に社名変更

1882　東陽倉庫(株)
[証券コード] 9306
[上場区分] 東証一部

1926年3月	〈旧〉名古屋倉庫(株)と〈旧〉東海倉庫(株)が合併し東陽倉庫(株)を設立
1959年9月	東陽荷役(株)を設立（後：東陽物流(株)）
1967年6月	中部荷役(株)を設立（後：東陽物流(株)）
1981年12月	中部貿易梱包(株)を合併
1997年5月	TOYO LOGISTICS(S) PTE. LTD.を設立
2004年10月	東陽物流(株)を設立（作業部門の連結子会社を統合）
2011年3月	東誉(上海)国際貨運代理有限公司を設立
2012年3月	TOYO LOGISTICS (THAILAND) CO., LTD.を設立
2014年9月	TOYO AIG LOGISTICS (MYANMAR) CO., LTD.を設立

1883　東洋炭素(株)
[証券コード] 5310
[上場区分] 東証一部

1947年7月	近藤カーボン工業(株)を設立
1949年11月	東洋炭素(株)に社名変更
1986年3月	TOYO TANSO AMERICA, INC.を設立
1987年4月	TTA, INC.を設立（後清算）（後：TTAMERICA, INC.)
1988年8月	GRAPHITES TECHNOLOGIE ET INDUSTRIE S.A.を設立（後：TOYO TANSO FRANCE S.A.）
1991年4月	GRAPHITES TECHNOLOGY APPLICATIONS S.R.L.を設立
1991年5月	PENNGRAPH, INC.とGTD GRAPHIT TECHNOLOGIE GMBHを設立
1991年11月	TOYO TANSO USA, INC.を設立
1991年11月	精工炭素股份有限公司を設置
1994年8月	上海東洋炭素有限公司を設立
1997年1月	TOYO TANSO EUROPE S.P.A.を設置
1999年9月	大和田カーボン工業(株)を設置
2001年6月	ADVANCED GRAPHITE, INC.とTOYO TANSO PA GRAPHITE, INC.を設立（後清算）
2003年9月	上海東洋炭素工業有限公司を設立
2005年4月	嘉祥東洋炭素有限公司を設立
2006年9月	TOYO TANSO KOREA CO., LTD.を設立
2008年3月	TOYO TANSO (THAILAND) CO., LTD.を設立
2010年8月	TOYO TANSO SINGAPORE PTE. LTD.を設立
2011年3月	TOYO TANSO INDIA PRIVATE LIMITEDを設立
2013年4月	TOYO TANSO GRAPHITE AND CARBON PRODUCTS INDUSTRY AND COMMERCIAL A.Sを設立
2014年9月	東洋炭素(浙江)有限公司を設立

1884　(株)東陽テクニカ
[証券コード]8151
[上場区分]東証一部
- 1953年9月　和光通商(株)を設立
- 1955年1月　東陽通商(株)に社名変更
- 1984年11月　(株)東陽テクニカに社名変更
- 2003年4月　CLEARSIGHT NETWORKS, INC.を設立(後株式売却)
- 2003年4月　TOYO US HOLDINGS L.L.Cを設立(後清算)
- 2010年10月　東揚精測系統(上海)有限公司を設立

1885　東洋電機(株)
[証券コード]6655
[上場区分]名証二部
- 1947年7月　(株)東洋電機工作所を設立
- 1970年1月　東洋電機(株)に社名変更
- 1970年6月　東洋樹脂(株)を設立
- 2002年4月　ティーエムシー(株)を設立
- 2002年4月　東洋電機ファシリティーサービス(株)を設立
- 2004年10月　南京華洋電気有限公司を設立(後清算)
- 2012年2月　ティーエムシー(株)を新設分割し東洋板金製造(株)を設立
- 2012年4月　ティーエムシー(株)を吸収合併
- 2013年2月　Thai Toyo Electric Co., Ltd.を設立

1886　東洋電機製造(株)
[証券コード]6505
[上場区分]東証一部
- 1918年6月　東洋電機製造(株)を設立
- 1950年12月　(株)東洋製鋼所を設立
- 1953年7月　日本自動車(株)を設立(後:東洋工機(株))
- 1957年8月　泰平電鉄機(株)を設立(後:泰平電機(株))
- 1970年12月　東洋産業(株)を設立
- 1977年8月　東洋商事(株)を設立
- 2000年11月　東洋工機(株)を吸収合併
- 2001年6月　(株)東洋ウチナミテクノクリーンを吸収合併
- 2003年9月　TOYO DENKI USA, INC.を設立
- 2003年11月　湘潭電機股份有限公司と共同出資で湖南湘電東洋電気有限公司を設立
- 2005年8月　泰展雲自動門(常州)有限公司を設立
- 2006年8月　中国南車集団戚墅堰機車車両工芸研究所と共同出資により常州朗鋭東洋伝動技術有限公司を設立
- 2006年11月　天津東洋電機国際貿易有限公司を設立
- 2011年5月　(株)豊田自動織機と共同出資により(株)エレットを設立(後解散)
- 2011年11月　洋電貿易(北京)有限公司を設立
- 2014年8月　洋電貿易(北京)有限公司と北京新興日祥科有限公司と共同出資により北京京車双洋軌道交通牽引設備有限公司を設立

1887　東洋ドライルーブ(株)
[証券コード]4976
[上場区分]ジャスダックスタンダード
- 1962年7月　東洋ドライルーブ(株)を設立
- 2002年5月　香港塗頼潤滑有限公司を設立(後清算)
- 2004年8月　香港三和金属処理有限公司と合弁で昆山三民塗頼電子材料技術有限公司を設立
- 2008年1月　広州徳来路博科技有限公司を設立
- 2010年7月　DRILUBE(THAILAND)CO., LTD.を設立
- 2013年3月　DRILUBE VIETNAM CO., LTD.(ドライルーブ・ベトナム)を設立

1888　東洋刃物(株)
[証券コード]5964
[上場区分]東証二部
- 1925年8月　東洋刃物(株)を設立
- 1961年11月　(株)トオハを設立
- 1967年　熱研工業(株)を設立
- 1971年　(有)杏友精器を設立(後解散)
- 1973年　東洋緑化(株)を設立
- 1984年1月　(株)トミックスを設立
- 1995年7月　(株)東刃機工を設立(後解散)
- 2004年1月　上海東優刃物国際貿易有限公司を設立
- 2011年3月　(株)トミックスを吸収合併

1889　東洋ビジネスエンジニアリング(株)
[証券コード]4828
[上場区分]東証一部
- 1999年4月　東洋ビジネスエンジニアリング(株)を設立
- 2003年3月　東洋ビジネスシステムサービス(株)を設立

1890　東洋埠頭(株)
[証券コード]9351
[上場区分]東証一部
- 1929年6月　日満倉庫(株)を設立
- 1940年1月　(株)大東園を設立
- 1946年5月　東洋埠頭商事(株)に社名変更
- 1947年5月　東洋埠頭(株)に社名変更
- 1949年8月　東洋運輸(株)を設立
- 1960年9月　第一陸運(株)を設立(後解散)
- 1972年9月　東洋埠頭作業(株)を設立(後:鹿島東洋埠頭(株))
- 1979年9月　東洋埠頭配送センターを設立(後:東洋埠頭陸運(株))
- 2003年1月　OOO東洋トランスを設立
- 2005年7月　(株)東洋埠頭青果センターを設立
- 2005年8月　OOOTB東洋トランスを設立

1891　東洋紡(株)
[証券コード]3101
[上場区分]東証一部
〈大阪紡績系〉
- 1882年5月　(有責)大阪紡績を設立
- 1887年5月　大阪織布会社を設立
- 1890年　大阪織布会社を合併
- 1893年7月　大阪紡績(株)に改組
- 1906年6月　金巾製織(株)を合併

〈三重紡績系〉
- 1882年6月　三重紡績所を設立
- 1886年11月　(有責)三重紡績会社に社名変更
- 1893年10月　三重紡績(株)に社名変更
- 1897年2月　伊勢中央紡績(株)を合併
- 1903年10月　尾張紡績(株)と名古屋紡績(株)を合併
- 1907年8月　桑名紡績(株)と知多紡績(株)を合併
- 1911年11月　下野紡績(株)を合併

＊　　＊　　＊　　＊

1914年6月	三重紡績（株）と大阪紡績（株）が合併し東洋紡績（株）に社名変更
1923年6月	伊勢紡織（株）を合併
1926年6月	名古屋絹紡（株）を合併
1928年3月	昭和レーヨン（株）を設立
1930年9月	（株）昭和工作所を合併
1931年3月	大阪合同紡績（株）を合併
1934年6月	昭和レーヨン（株）を合併
1936年9月	和泉紡績（株）を合併
1941年2月	琴浦紡績（株）を合併
1941年3月	（株）三重製糸所と（株）井谷製絨所を合併
1941年5月	内外紡績（株）と和泉織物（株）と吉見紡績（株）を合併
1942年3月	東洋毛糸紡績（株）と日本毛糸紡績（株）と東洋毛織工業（株）を合併
1942年8月	福島人絹（株）を合併
1943年3月	合同酒精（株）等と共同で出資し東亜化学興業（株）を設立
1949年10月	東洋染色（株）を合併
1949年12月	東洋染色工業（株）を設立
1962年4月	呉羽紡績（株）と合併
1975年12月	（株）東洋紡テキスタイルを設立
1977年10月	犬山ユピカ（株）を設立
1981年11月	（株）東洋紡テキスタイルを吸収合併
1988年10月	東洋紡ペットコード（株）を設立
2000年	（株）東洋紡総合研究所を設立
2005年	（株）東洋紡総合研究所を吸収合併
2008年4月	東洋紡スペシャルティズトレーディング（株）を共同新設分割により設立（後：東洋紡STC（株））
2010年3月	東洋化成工業（株）を吸収合併
2012年10月	東洋紡（株）に社名変更

1892　東リ（株）

[証券コード]7971
[上場区分]東証一部

1919年12月	東洋リノリューム（株）を設立
1969年3月	帝人（株）と共同で出資し（株）グレース・カーペットを設立
1977年6月	小泉東リカーペット（株）を設立
1980年4月	太平染工（株）を設立（後：滋賀東リカーペット（株））
1982年5月	（株）東リ中央配送センターを設立（後：東リ物流（株））
1991年10月	東リ（株）に社名変更
1992年10月	東リオフロケ（株）を設立
1995年12月	（株）テクノカメイを設立
2002年12月	（株）インテリアシステムサポートを設立
2006年4月	（株）キロニーを設立
2006年10月	ダイヤ・カーペット（株）を設立
2012年3月	（株）グレース・カーペットを吸収合併
2014年2月	東璃（上海）貿易有限公司を設立

1893　（株）東理ホールディングス

[証券コード]5856
[上場区分]東証二部

2004年10月	（株）東京理化工業所の株式を移転し（株）東理ホールディングスを持株会社として設立
2005年5月	（株）オリオンキャピタル・インベストメントを設立
2005年11月	（株）創育を設立
2006年3月	（株）シャフトを設立
2014年4月	（株）シャフトと（株）エスジーエヌを吸収合併

1894　東レ（株）

[証券コード]3402
[上場区分]東証一部

1926年1月	東洋レーヨン（株）を設立
1941年7月	東洋絹織（株）と庄内川レーヨン（株）と（株）庄内川染工所を吸収合併
1960年8月	東洋工事（株）を設立
1970年1月	東レ（株）に社名変更
1973年1月	東レ・テキスタイル（株）を設立
1973年4月	エタニット社（ベルギー）と共同で出資し東レグラサル（株）を設立
1978年6月	（株）東レリサーチセンターを設立
1980年1月	東レ・メディカル（株）を設立
1982年11月	東レ建設（株）を設立
1984年7月	東レ物流（株）を設立
1986年6月	（株）東レ経営研究所を設立
1987年2月	東レインターナショナル（株）を設立
1990年7月	東レ・ディプロモード（株）を設立
2000年9月	松下プラズマディスプレイ（株）を設立
2000年9月	東レ・エーシーエス（株）を設立
2001年12月	エイトピア（株）を設立
2003年2月	東レACE（株）を設立
2004年7月	東洋メタライジング（株）と東レ合成フィルム（株）を統合し東レフィルム加工（株）を設立
2005年4月	東レ・ダウコーニング・シリコーン（株）とダウコーニングアジア（株）の事業を統合し東レ・ダウコーニング（株）を設立
2010年1月	東燃ゼネラル石油（株）と合弁で東レ東燃機能膜合同会社を設立（後：東レバッテリーセパレータフィルム（株））

1895　藤和不動産（株）

1957年6月	〈旧〉藤和不動産（株）を設立
1968年4月	〈別〉藤和不動産（株）と合併（額面変更）し藤和不動産（株）に社名変更
1969年12月	藤和横須賀（株）を設立（後：藤和横須賀リゾート（株））
1969年12月	藤和管理（株）を設立（後：藤和コミュニティ（株））
1973年6月	藤和カントリークラブ（株）を設立
1973年12月	（株）タスを設立（後：藤和エアーサービス（株））
1984年7月	藤和不動産流通サービス（株）を設立
1987年1月	藤和住販（株）を設立
1989年4月	藤和ハウジング（株）を設立
1989年7月	（株）高宮カントリークラブを設立
1989年8月	大阪藤和コミュニティ（株）を設立
1990年4月	中央コンサル（株）を設立
1993年1月	パシフィック都市開発（株）を設立（後：三菱地所ハウスネット（株））
1993年1月	藤和ビルディング（株）を設立
1993年1月	那須ハイランドゴルフ（株）を設立
2000年3月	（株）エス・ディー・マネジメントを設立
2011年1月	三菱地所（株）と三菱地所リアルエステートサービス（株）と住宅分譲事業を統合し三菱地所レジデンス（株）に社名

1896 （株）トーエネック
[証券コード]1946
[上場区分]東証一部

1944年10月	（株）東光商会を中心とする業者が統合し**東海電気工事（株）**を設立
1947年3月	東光電気工事（株）を設立
1981年10月	東工産業（株）を設立（後：（株）トーエネックサービス）
1986年10月	（株）長野テクノサービスを設立（後：（株）トーエネックサービス）
1991年4月	（株）三重テクノサービスを設立（後：（株）トーエネックサービス）
1991年4月	（株）飯田テクノサービスを設立（後：（株）トーエネックサービス）
1991年10月	**（株）トーエネック**に社名変更
1991年10月	（株）静岡テクノサービスを設立（後：（株）トーエネックサービス）
2001年4月	（株）フィルテックを設立
2003年9月	統一能科建築安装（上海）有限公司を設立

1897 （株）トーエル
[証券コード]3361
[上場区分]東証一部

1963年5月	東京エルピー瓦斯（株）を設立
1973年12月	〈旧〉（株）トーエルを設立
1999年10月	〈旧〉（株）トーエルを吸収合併し**（株）トーエル**に社名変更
1999年12月	（株）トーエルエンジニアリングを設立（後：LPG物流（株））
2004年8月	TOELL U.S.A. CORPORATIONを設立
2006年1月	白馬ウォーター（株）を設立（後：アルプスウォーター（株））
2008年1月	日本レストランシステム（株）と合弁でT&Nネットサービス（株）を設立
2008年7月	南アルプスウォーター（株）を設立
2009年9月	日本レストランシステム（株）と合弁でT&Nアグリ（株）を設立
2011年5月	トーエルサービス（株）を吸収合併

1898 （株）トーカイ
[証券コード]9729
[上場区分]東証一部

1955年7月	**東海綿業（株）**を設立
1968年2月	東海リース（株）を設立
1968年5月	日本リースキン（株）を設立
1975年10月	**（株）トーカイ**に社名変更
1979年4月	日本サブリック（株）を設立
1979年8月	（株）衣裳館トーカイを設立
1984年11月	トーカイ開発（株）を設立
1986年4月	東海リース（株）と日本リースキン（株）と日本サブリック（株）と（株）衣裳館トーカイと合併
1993年5月	瑞穂トーアリゾート（株）を設立
1995年10月	たんぽぽ薬局（株）を設立
2002年10月	（株）リースキンサポートを設立
2011年10月	（株）エム・イー・工房を吸収合併

1899 （株）TOKAIホールディングス
[証券コード]3167
[上場区分]東証一部

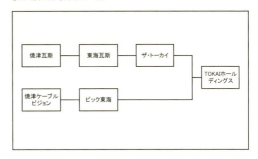

〈ザ・トーカイ系〉

1950年12月	**焼津瓦斯（株）**を設立
1956年2月	**東海瓦斯（株）**に社名変更
1959年5月	新光石油瓦斯（株）を設立
1963年1月	新光石油瓦斯（株）を吸収合併
1966年12月	東海都市ガス（株）を設立（後：東海ガス（株））
1967年6月	東海瓦斯運輸（株）を設立（後：東海造船運輸（株））
1972年11月	東海シティサービス（株）を設立（後：（株）トーカイ・ブロードバンド・コミュニケーションズ）
1973年8月	東海高圧ガス（株）を設立
1977年3月	焼津ケーブルテレビジョン（株）を設立（後：（株）ビック東海）
1987年10月	**（株）ザ・トーカイ**に社名変更
1988年1月	（株）東部電気を設立（後：（株）トーカイ・ブロードバンド・コミュニケーションズ）
1989年12月	西静ケーブルネットワーク（株）を設立（後：（株）トーカイ・ブロードバンド・コミュニケーションズ）
1992年4月	関東熔材工業（株）と千葉酸素（株）と福島高圧ガス（株）を吸収合併
1993年6月	テレビ共聴開発（株）を設立（後：（株）トーカイ・ブロードバンド・コミュニケーションズ）
1995年4月	（有）裾野共同テレビ協会を設立（後：東静ケーブルネットワーク（株））

〈ビック東海系〉

1977年3月	**焼津ケーブルビジョン（株）**を設立
1978年5月	**（株）ビック東海**に社名変更
2005年10月	（株）トーカイ・ブロードバンド・コミュニケーションズと合併

＊　＊　＊

2011年4月	（株）ザ・トーカイと（株）ビック東海が経営統合を行い**（株）TOKAIホールディングス**を株式移転により設立
2012年4月	拓開（上海）商貿有限公司を設立
2013年10月	（株）TOKAIマネジメントサービスを設立
2014年4月	TOKAI Myanmar Co., Ltd.を設立
2014年12月	（株）エナジーラインを設立

1900 （株）戸上電機製作所
[証券コード]6643
[上場区分]東証二部

1925年3月	**（株）戸上電機製作所**を設立
1952年7月	佐賀板金塗装（株）を設立（後：（株）戸

1952年9月	上メタリックス） （株）大財製作所を設立（後：（株）戸上デンソー）
1954年7月	九州化成（株）を設立（後：（株）戸上化成）
1964年10月	（株）名古屋製作所を設立
1977年8月	大財電機工業（株）を設立（後：（株）戸上コントロール）
1977年9月	大阪戸上電機販売（株）を設立（後清算）
1989年	（株）戸上電機ソフトを設立
2004年7月	戸上電子（常熟）有限公司を設立
2006年10月	戸上電気（蘇州）有限公司を設立
2007年8月	托伽米機電貿易（上海）有限公司を設立（後清算）

1901　トーカロ（株）
［証券コード］3433
［上場区分］東証一部

1973年6月	キザイサービス（株）を設立
2001年1月	ジャフコ・エス・アイ・ジー（株）に社名変更
2001年8月	〈旧〉トーカロ（株）を吸収合併し**トーカロ（株）**に社名変更
2005年4月	東華隆（広州）表面改質技術有限公司を設立
2011年5月	東賀隆（昆山）電子有限公司を設立
2011年6月	漢泰国際電子股份有限公司を設立

〈旧トーカロ系〉

1951年7月	東洋カロライジング工業（株）を設立
1981年9月	〈旧〉**トーカロ（株）**に社名変更

1902　（株）トーカン
［証券コード］7648
［上場区分］名証二部

1947年3月	（個）永津商店を設立
1949年10月	**東海乾物（株）**に社名変更
1968年11月	**（株）東幹**に社名変更
1969年10月	**（株）トーカン**に社名変更
1969年12月	（株）チューリップチェーンを設立（後：東海地域スパー本部（株））
1972年9月	太平洋海苔（株）を設立
1974年3月	王将椎茸（株）を設立
1984年10月	（株）東永と合併
2005年4月	東海地域スパー本部（株）と合併
2012年8月	透康（上海）商貿有限公司を設立

1903　（株）徳島銀行

1918年3月	富岡無尽（資）を設立
1936年7月	**富岡無尽（株）**に社名変更
1948年2月	**徳島無尽（株）**に社名変更
1951年10月	**（株）徳島相互銀行**に社名変更
1989年2月	**（株）徳島銀行**に社名変更
1998年4月	（財）徳島銀行生涯学習振興財団を設立
2010年4月	（株）香川銀行と経営統合しトモニホールディングス（株）を設立

1904　徳倉建設（株）
［証券コード］1892
［上場区分］名証二部

1947年4月	宝土建（株）を設立
1949年2月	**徳倉建設（株）**に社名変更
1957年3月	セントラル工材（株）を設立
1965年1月	中央管理（株）を設立
1979年3月	東京中央管理（株）を設立
1992年6月	吉良合材プラント（株）を設立
2002年6月	リテック徳倉（株）を設立
2008年1月	TOKURA THAILAND CO., LTD.を設立
2012年2月	TOKURA DO BRASIL CONSTRUTORA LTDA.を設立
2012年10月	PT. INDOTOKURAを設立

1905　特殊電極（株）
［証券コード］3437
［上場区分］ジャスダックスタンダード

1933年2月	**特殊溶接棒製作所**として創業
1950年1月	**特殊電極（株）**に商号変更
1969年4月	トクデン溶接棒（株）を設立（後解散）
2013年12月	TOKUDEN TOPAL CO., LTD.（タイ）を設立

1906　特種東海製紙（株）
［証券コード］3708
［上場区分］東証一部

〈東海パルプ系〉

1907年12月	東海紙料（株）を設立
1941年5月	**東海化成（株）**を設立
1943年4月	**東海事業（株）**に社名変更
1946年6月	赤石木材工業（株）を設立
1946年11月	白峰製紙（株）を設立
1951年8月	**東海パルプ（株）**に社名変更
1962年4月	〈別〉東海パルプ（株）を合併
1978年10月	白光製紙（株）を吸収合併
1979年5月	（株）東海フォレストを設立（後：（株）特種東海フォレスト）
1988年7月	東海パルプ林産（株）を設立（後：特種東海マテリアルズ（株））
2002年4月	（株）レックスを設立

〈特種製紙系〉

1926年11月	**特種製紙（株）**を設立
1934年3月	美濃製紙（株）を買収
1964年10月	真砂製紙（株）を合併
1974年4月	特種紙工（株）を設立（後：特種メーテル（株））
1982年3月	泉興産（株）を設立（後：静岡ロジスティクス（株））

　　　　　＊　　＊　　＊　　＊

2007年4月	東海パルプ（株）と特種製紙（株）が株式移転により**特種東海ホールディングス（株）**を設立
2010年4月	特種製紙（株）と東海パルプ（株）を吸収合併
2010年7月	**特種東海製紙（株）**に社名変更

1907　（株）ドクターシーラボ
［証券コード］4924
［上場区分］東証一部

1999年2月	（株）ドクターシーラボを設立
2003年10月	Dr.Ci：Labo Hawaii Inc.を設立（後：CI）（後：LABO USA, INC.）
2003年11月	Dr.Ci：Labo Company Limited（施麗宝有限公司）を設立
2004年5月	台湾施麗賓股份有限公司を設立（後：喜萊博股份有限公司）
2005年1月	Ci：Labo USA, Incを設立

2005年3月	（株）エムディサイエンスを設立		2013年4月	図書製本（株）を吸収合併

1908　（株）トクヤマ
［証券コード］4043
［上場区分］東証一部

1918年2月	日本曹達工業（株）を設立
1936年1月	徳山曹達（株）に社名変更
1962年9月	（株）鉄興社とダイセル化学工業（株）が共同で出資しサン・アロー化学（株）を設立
1982年3月	第一塩ビ販売（株）を設立
1983年7月	ユニオンポリマー（株）を設立
1984年9月	不二セメント共同事業（株）を設立
1986年10月	周南ケミカル（株）を吸収合併
1988年9月	徳山科学技術振興財団を設立
1994年4月	（株）トクヤマに社名変更
1995年7月	〈新〉第一塩ビを設立
2000年4月	サン・トックス（株）を設立
2000年4月	（株）シャノンを設立
2000年10月	（株）トクヤマホームプロダクツを設立
2001年4月	出光石油化学（株）と共同で出資し徳山ポリプロ（有）を設立
2001年10月	（株）トクヤマデンタルを設立
2001年12月	（株）トクヤマシルテックを設立
2003年1月	（株）トクヤマ情報サービスを設立
2004年1月	（株）アストムを設立
2005年9月	徳玖山国際貿易（上海）有限公司を設立
2005年9月	徳山化工（浙江）有限公司を設立
2007年2月	TDパワーマテリアル（株）を設立
2008年1月	Tokuyama Korea Co., Ltd.を設立
2008年8月	周南バルクターミナル（株）を設立
2009年8月	Tokuyama Malaysia Sdn. Bhd.を設立
2011年6月	天津徳山塑料有限公司を設立
2011年8月	（株）トクヤマ・チヨダジプサムを設立
2014年3月	トクヤマ・セントラルソーダ（株）を設立
2014年6月	広島トクヤマ生コン（株）を設立

1909　図書印刷（株）
［証券コード］7913
［上場区分］東証一部

1911年3月	（個）川口印刷所を設立
1943年3月	川口印刷（株）に社名変更
1944年6月	帝国印刷（株）に社名変更
1947年9月	図書印刷（株）に社名変更
1948年5月	学校図書（株）を設立
1967年9月	色器材装備（株）を設立（後：富士サービス（株））
1973年9月	富士梱包輸送（株）を設立（後：図書物流（株））
1975年	（株）プランニング・センターを設立（後：クリエイティブ・センター（株））
1982年10月	関西図書印刷（株）を設立
1988年6月	富士製本加工（株）を設立（後：図書バインダリー（株））
1989年3月	図書製本（株）を設立
2007年4月	（株）トッパングラフィック王子を吸収合併

1910　トシン・グループ（株）
［証券コード］2761
［上場区分］ジャスダックスタンダード

1947年3月	トシン電機（株）を設立
2000年	丸菱電機（株）を買収
2005年	ライト電機（株）を設立
2005年3月	ライト電機（株）を設立
2006年11月	トシン電機（株）に分割しトシン・グループ（株）に社名変更

1911　（株）トスネット
［証券コード］4754
［上場区分］ジャスダックスタンダード

1977年3月	東北タイショウ警備保障（株）を設立
1991年2月	（株）トスネットに社名変更
2005年5月	（株）日本保安を設立
2005年6月	（株）ビルキャストを設立
2011年5月	（株）トスネット釜石と（株）トスネット陸前高田と（株）トスネット相馬を設立
2011年6月	（株）トスネット茨城を設立
2012年8月	（株）トスネット北陸を設立
2013年8月	（株）トスネット北東北と（株）トスネット南東北と（株）トスネット上信越と（株）トスネット首都圏を設立

1912　（株）トーセ
［証券コード］4728
［上場区分］東証一部

1979年11月	（株）東亜セイコーより分離独立し（株）トーセを設立
1993年11月	東星軟件（上海）有限公司を設立（後解散）
2001年3月	東星軟件（杭州）有限公司を設立
2003年3月	TOSE SOFTWARE USA, INC.を設立（後解散）
2004年10月	（株）フォネックス・コミュニケーションズを設立
2006年12月	（株）トーセ沖縄を設立
2008年4月	（株）リブリカを設立
2012年8月	（株）トーセ沖縄を吸収合併
2013年6月	TOSE PHILIPPINES, INC.を設立

1913　トーセイ（株）
［証券コード］8923
［上場区分］東証一部

1950年2月	ユーカリ工業（株）を設立
1969年7月	（株）ユーカリに社名変更
1983年3月	東誠ビルディング（株）に社名変更
1996年3月	東誠不動産（株）に社名変更
2001年2月	（株）紺政商店と日本興業住宅（株）と日高鋼業（株）を吸収合併
2002年12月	（株）神田淡路町ビルを吸収合併
2005年3月	トーセイリバイバルインベストメント（株）を設立（後：トーセイ・リバイバル・インベストメント（株））
2005年9月	トーセイ・リート・アドバイザーズ（株）を設立（後：トーセイ・アセット・アドバイザーズ（株））
2006年10月	トーセイ（株）に社名変更
2012年1月	TOSEI SINGAPORE PTE.LTD.を設立

| | 2012年12月 | NAI・トーセイ・JAPAN(株)を設立 |

1914　トーソー(株)
[証券コード]5956
[上場区分]東証二部

	1949年9月	東京装備工業(株)を設立
	1961年8月	東装(株)に社名変更
	1964年10月	東装化工(株)を設立(後：トーソー化工(株))
	1968年10月	東装繊維(株)を設立(後：トーソー繊維(株))
	1972年1月	トーソー(株)に社名変更
	1976年3月	フジホーム(株)を設立
	1979年10月	トーソー化工(株)とトーソー繊維(株)を吸収合併
	1980年6月	東京装備(株)を設立(後：トービ(株))
	1981年12月	サイレントグリスホールディング社《スイス》と共同で出資しベストインテリア(株)を設立
	1985年3月	トーソーインターナショナル(株)を設立
	1985年3月	トーソー産業資材(株)を設立
	1993年4月	トーソーインターナショナル(株)とトービ(株)を吸収合併
	1995年3月	トーソー商事(株)を設立
	1999年6月	トーソーサービス南関東(株)とトーソーサービス九州(株)を設立(後：トーソーサービス(株))
	2000年5月	トーソーサービス東京(株)を設立(後：トーソーサービス(株))
	2001年3月	トーソー流通サービス(株)を設立
	2001年4月	トーソーサービス近畿(株)を設立(後：トーソーサービス(株))
	2002年9月	上海東装家居材料製造有限公司を設立(後：東装窓飾(上海)有限公司)
	2011年4月	トーソー産業資材(株)を吸収合併
	2011年4月	フジホーム(株)を設立
	2011年8月	TOSO EUROPE S.A.S.を設立

1915　戸田建設(株)
[証券コード]1860
[上場区分]東証一部

	1881年	戸田方と称し請負業を創業
	1908年	(個)戸田組に社名変更
	1936年7月	(株)戸田組に改組
	1962年4月	戸田建物(株)を設立(後：戸田ビルパートナーズ(株))
	1963年6月	戸田道路(株)を設立
	1963年7月	戸田建設(株)に社名変更
	1987年4月	島藤建設工業(株)と合併

1916　戸田工業(株)
[証券コード]4100
[上場区分]東証一部

	1823年	(個)精勤舎を設立
	1933年11月	戸田工業(株)に社名変更
	1940年7月	クツワ弁柄製造(株)を設立
	1951年4月	クツワ弁柄製造(株)を合併
	1954年11月	吉備工業(株)を合併
	1983年3月	帝国化工(株)と共同で出資し(株)ティアンドティを設立
	1997年7月	戸田ピグメント(株)を設立
	2001年3月	戸田レコーディングマテリアル(株)を設立(後：戸田マテリアル(株))
	2001年12月	轡(有)を設立
	2003年1月	戸田塑磁材料(浙江)有限公司を設立
	2003年5月	徳清戸田三峰顔料有限公司を設立
	2006年10月	戸田フェライトコリア CO., LTD.を設立
	2007年4月	戸田麦格昆磁性材料(天津)有限公司を設立
	2007年8月	戸田アドバンストマテリアルズINC.を設立
	2010年11月	T&I湖南インベストメント(株)を設立
	2012年6月	戸田磁鉄(深圳)有限公司を設立
	2015年2月	BASFジャパン(株)と合弁でBASF戸田バッテリーマテリアルズ合同会社を設立

1917　(株)栃木銀行
[証券コード]8550
[上場区分]東証一部

	1942年12月	農商無尽(株)と富源無尽(株)と足利無尽(株)が合併し栃木無尽(株)を設立
	1952年7月	(株)栃木相互銀行に社名変更
	1989年2月	(株)栃木銀行に社名変更
	1990年8月	(株)とちぎんオフィスサービスを設立(後：(株)とちぎんビジネスサービス)
	1991年3月	(株)とちぎんカード・サービスを設立
	1992年6月	(株)とちぎんリーシングを設立
	1996年10月	(株)とちぎん集中事務センターを設立
	2014年10月	(株)とちぎんキャピタルを設立
	2015年2月	とちぎ地域活性化投資事業有限責任組合を設立
	2015年3月	とちぎん農業法人投資事業有限責任組合を設立

1918　(株)鳥取銀行
[証券コード]8383
[上場区分]東証一部

	1921年12月	(株)鳥取貯蓄銀行を設立
	1948年12月	(株)因伯銀行に社名変更
	1949年10月	(株)鳥取銀行に社名変更
	1973年10月	鳥取県信用金庫を合併
	1984年10月	とりぎんリース(株)を設立
	1988年9月	鳥銀ビジネスサービス(株)を設立(後清算)
	1990年6月	(株)とりぎんカードサービスを設立
	1997年6月	とっとりキャピタル(株)を設立
	2000年12月	(株)バンク・コンピュータ・サービスを設立

1919　トッパン・フォームズ(株)
[証券コード]7862
[上場区分]東証一部

	1955年5月	アジア・ビジネスフォーム(株)を設立
	1965年5月	トッパン・ムーア・ビジネスフォーム(株)に社名変更
	1971年1月	トッパン・ムーア(株)に社名変更
	1997年4月	トッパン・フォームズ(株)に社名変更
	2001年4月	トッパン・フォームズ・サービス関西(株)を設立(後：トッパン・フォームズ関西(株))
	2001年4月	トッパン・フォームズ・サービス西日本(株)を設立(後：トッパン・フォーム

2011年8月	広州トッパン・フォームズ情報技術有限公司を設立
2011年12月	TFペイメントサービス（株）を設立
2012年1月	トッパン・フォームズ・セントラルプロダクツ（株）を設立
2012年3月	トッパン・フォームプロセス（株）を吸収合併

1920　（株）トップカルチャー
[証券コード]7640
[上場区分]東証一部

1986年12月	〈旧〉（株）トップカルチャーを設立
1999年11月	（株）新潟みちのり会と合併（額面変更）し（株）トップカルチャーに社名変更
2007年2月	（株）グランセナフットボールクラブを設立
2010年5月	（株）アンフォルマを吸収合併
2011年7月	カルチュア・コンビニエンス・クラブ（株）との合弁でTSUTAYA STATIONERY NETWORK（株）を設立

1921　TOTO（株）
[証券コード]5332
[上場区分]東証一部

1917年5月	日本陶器（名）の衛生部門を分離し東洋陶器（株）を設立
1970年3月	東陶機器（株）に社名変更
1981年	豊前東陶（株）を設立（後：東陶プラテック（株））
1985年	東陶エンジニアリング（株）を設立
1986年	千葉東陶（株）を設立（後：東陶バスクリエイト（株））
1989年	東陶ハイリビング（株）を設立
1993年	（株）サンアクアトートーを設立
1994年	（株）東陶オプトロニクスを設立
2000年	ジャパンハイドロテクト・コーティングスを設立
2001年	（株）パンウォシュレットを設立
2002年2月	TOTO VIETNAM CO., LTDを設立
2006年4月	TOTO SANITARIOS DE MEXICO, S.A.DE C.V.を設立（後：TOTO MEXICO, S.A.DE C.V.）
2007年5月	TOTO（株）に社名変更
2008年1月	TOTO Asia Oceania Pte.Ltd.を設立
2009年11月	TOTO Manufacturing (Thailand) Co., Ltd.を設立
2011年1月	TOTO Do Brasil Distribuicao e Comercio, Ltda.を設立
2011年1月	TOTO INDIA INDUSTRIES PVT. LTD.を設立
2013年4月	TOTOアクアテクノ（株）を設立

1922　（株）ドトール・日レスホールディングス
[証券コード]3087
[上場区分]東証一部
〈日本レストランシステム系〉

1973年4月	ショウサンレストラン企画（株）を設立
1973年6月	ジャーマンレストランシステム（株）を設立
1978年6月	ジャーマンレストランシステム（株）とショウサンレストラン企画（株）が合併し日本レストランシステム（株）に社名変更

〈ドトールコーヒー系〉

1962年4月	（有）ドトールコーヒーを設立
1976年1月	（株）ドトールコーヒーに改組
1990年1月	（株）ドトールシンボライズと（有）モリミチエンタープライズを吸収合併
1993年1月	（有）エヌ・ワイ・ティを吸収合併

　　　　　＊　　＊　　＊　　＊

2007年10月	（株）ドトールコーヒー共同で（株）ドトール・日レスホールディングスを持ち株会社として設立

1923　トナミホールディングス（株）
[証券コード]9070
[上場区分]東証一部

1943年5月	礪波運輸（株）を設立
1948年6月	礪波自動車工業（株）を設立
1953年12月	礪波自動車工業（株）を合併
1962年5月	トナミ運輸（株）に社名変更
1974年4月	広島トナミ運輸（株）を吸収合併
1985年6月	三井物産（株）と共同で出資しパンサー・エクスプレス・インターナショナル（株）を設立
1987年8月	バジェット・レンタカー北陸（株）を設立
2008年10月	トナミホールディングス（株）に社名変更
2011年1月	托納美国際貨運代理（大連）有限公司を設立（後：托納美物流（大連）有限公司）
2012年4月	第一貨物（株）と久留米運送（株）と合弁でジャパン・トランズ・ライン（株）を設立

1924　TONE（株）
[証券コード]5967
[上場区分]東証二部

1925年1月	前田軍治商店を設立
1938年8月	前田金属工業（株）に社名変更
1949年7月	〈旧〉前田金属工業（株）が企業再建整備法より解散し第二前田金属工業（株）を設立
1953年7月	前田金属工業（株）に社名変更
1998年11月	ロック（株）を設立
2013年6月	TONE VIETNAM CO., LTD.を設立
2013年11月	TONE（株）に社名変更

1925　（株）鳥羽洋行
[証券コード]7472
[上場区分]ジャスダックスタンダード

1949年12月	（株）鳥羽洋行を設立
2008年12月	鳥羽（上海）貿易有限公司を設立
2012年5月	TOBA（THAILAND）CO., LTD.を設立

1926　（株）トーハン

1949年9月	東京出版販売（株）を創立
1992年1月	（株）トーハンに社名変更
2000年8月	（株）ブックライナーを設立
2003年8月	（株）トーハン・メディア・ホールディングスを設立
2004年7月	（株）金文図書出版販売新社を設立（後：（株）きんぶん図書）

とひこうき

| | 2005年7月 | (株)出版QRセンターを出版社38社と共に設立 |
| | 2007年9月 | (株)トーハン総研を吸収合併 |

1927　トピー工業(株)
[証券コード]7231
[上場区分]東証一部
〈東都製鋼系〉
1921年10月	(個)宮製鋼所を設立
1924年4月	(資)宮製鋼所に改組
1935年9月	(株)宮製鋼所に改組
1943年10月	東京シヤリング(株)を合併し東都製鋼(株)に社名変更

〈車輪工業系〉
1934年12月	(株)東京車輪製作所を設立
1941年10月	(株)阿部鉄工所と合併し車輪工業(株)に社名変更
1953年6月	大阪車輪製造(株)を設立

〈東都造機系〉
1947年7月	太洋鋼機工業を設立
1952年7月	(株)高浜製作所に社名変更
1955年7月	東都造機(株)に社名変更

〈東都鉄構系〉
| 1956年12月 | 東都鉄構(株)を設立 |

*　　*　　*　　*

1964年7月	車輪工業(株)と東都製鋼(株)と東都造機(株)と東都鉄構(株)が合併しトピー工業(株)に社名変更
1976年11月	九州ホイール工業(株)を設立
1984年4月	トピーメタリ(株)を設立
1985年1月	トピーコーポレーションを設立(後：トピーアメリカ, INC.)
1999年11月	トピーインターナショナルU.C.A., INC.を設立(後：トピーアメリカ, INC.)
2003年9月	福建源興トピー汽車零件有限公司を設立(後：福建トピー汽車零件有限公司)
2011年8月	トピー履帯(中国)有限公司を設立
2013年3月	トピー パリンダ マニファクチャリング インドネシアを設立

1928　飛島建設(株)
[証券コード]1805
[上場区分]東証一部
1883年3月	(個)飛島組を設立
1916年9月	(株)飛島組に改組
1920年3月	(資)飛島組に改組
1940年1月	(株)飛島組に社名変更
1947年3月	飛島組を解散し、事業を継承し飛島土木(株)を設立
1964年12月	飛島道路(株)を設立
1965年4月	飛島建設(株)に社名変更
1996年2月	TOBISHIMA BRUNEI SDN.BHD.を設立

1929　(株)トプコン
[証券コード]7732
[上場区分]東証一部
1932年9月	服部時計店精工舎の測量部門を母体に東京光学機械(株)を設立
1946年12月	山形機械工業を設立(後：(株)トプコン山形)
1969年10月	東京光学精機(株)を設立(後：(株)オプトネクサス)
1989年6月	(株)トプコンに社名変更
2002年4月	(有)トプコンファイナンスを設立
2002年7月	Topcon South Asia Pte.Ltd.を設立(後：Topcon Singapore Holdings. Pte.Ltd.)
2004年2月	北京拓普康商貿有限公司と合弁でTopcon (Beijing) Opto-Electronics Corporationを設立(後：Topcon (Beijing) Opto-Electronics Development Corporation)
2005年7月	Topcon Europe Positioning B.V.とTopcon Europe Medical B.V.を設立
2006年9月	TPS Australia Holdings Pty Ltd.を設立
2010年7月	Topcon Medical Laser Systems, Inc.を設立
2012年11月	(株)トプコンビジョンケアジャパンを設立
2013年10月	Shanghai Topcon-Sokkia Technology & Trading Co., Ltd.を設立

1930　(株)トーホー
[証券コード]8142
[上場区分]東証一部
1947年10月	(名)藤町商店を設立
1953年3月	東蜂産業(株)に社名変更
1983年1月	(株)トーホーに社名変更
2003年8月	(株)フィナンシャル・アドバイスを設立
2008年8月	(株)トーホーフードサービスと(株)トーホーストアと(株)トーホービジネスサービスを設立
2008年11月	(株)トーホー・仲間を設立
2009年6月	(株)トーホー・カワサキを設立
2009年12月	(株)トーホーファームを設立
2013年12月	(株)トーホーウイングを設立

1931　(株)トマト銀行
[証券コード]8542
[上場区分]東証一部
1931年11月	倉敷無尽(株)を設立
1941年3月	興国無尽(株)と別所無尽(株)を吸収合併し三和無尽(株)に社名変更
1951年10月	(株)三和相互銀行に社名変更
1969年4月	(株)山陽相互銀行に社名変更
1980年10月	山陽リース(株)を設立(後：トマトリース(株))
1985年2月	山陽サービス(株)を設立(後：トマトサービス(株))
1986年4月	山崎ファイナンス(株)を設立(後：トマトファイナンス(株))
1989年4月	(株)トマト銀行に社名変更
1995年10月	トマトカード(株)を設立
1998年7月	トマトビジネス(株)を設立
2003年11月	トマトファイナンス(株)を合併

1932　(株)ドミー
[証券コード]9924
[上場区分]名証二部
1913年5月	梶川呉服店を設立
1941年6月	(株)ユーキチ呉服店に社名変更
1945年6月	梶川(株)に社名変更
1950年6月	(株)ユーキチ呉服店に社名変更

1962年7月	(株)ユーキチに社名変更
1987年6月	(株)ドミーフーズを吸収合併
1988年5月	(株)ポピーと(株)ボブを吸収合併
1989年3月	(株)ドミーに社名変更
1994年9月	ドミー保険サービス(株)を設立(後:ドミーサービス(株))
1996年11月	岡崎商業開発(株)を設立
1998年2月	ドミーデリカアンドベーカリー(株)を設立(後:ドミーデリカ(株))

1933 (株)トミタ
[証券コード]8147
[上場区分]ジャスダックスタンダード

1911年5月	冨田商店を創業
1919年8月	(株)冨田商店に改組
1942年9月	冨田機械(株)に社名変更
1943年4月	冨田工具(株)を設立
1947年12月	冨田機械(株)を吸収合併
1970年7月	(株)トミタに社名変更
1984年10月	TOMITA U.S.A., INC.を設立
1991年4月	TOMITA U.K., LTD.を設立
1993年8月	(株)トミタファミリーを設立
1995年4月	TOMITA ASIA CO., LTD.を設立
1997年7月	(株)ツールメールクラブを設立
1999年5月	TOMITA CANADA, INC.を設立
2003年4月	TOMITA ENGINEERING (THAILAND) CO., LTD.を設立
2003年11月	広州富田国際貿易有限公司を設立(後:広州富田貿易有限公司)
2005年7月	PT.TOMITA INDONESIAを設立
2012年7月	VIETNAM TOMITA CO., LTD.を設立
2012年12月	TOMITA INVESTMENT U.S.A., LLC.を設立
2012年12月	TOMITA MEXICO, S. DE R.L. DE C.V.を設立
2013年9月	TOMITA INDIA PVT.LTD.を設立

1934 トミタ電機(株)
[証券コード]6898
[上場区分]ジャスダックスタンダード

1952年9月	(有)富田電機製作所を設立
1960年2月	富田電機(株)に社名変更
1971年3月	トミタ電機(株)に社名変更
1987年4月	三亜洋行有限公司と合弁でTOMITA FERRITE CORES[HK]LTD.を設立
1990年5月	昭富実業股份有限公司他と合弁でHARVARD THAI INDUSTRIAL CO., LTD.を設立
1996年8月	TOMITA ELECTRONICS(ZHUHAI)LTD.を設立(後:TOMITA FERRITE LTD.)

1935 (株)トーメンデバイス
[証券コード]2737
[上場区分]東証一部

1992年3月	(旧)(株)トーメンデバイスを設立
2001年4月	(株)トーメンデバイスと合併(額面変更)
2002年6月	上海東棉半導体有限公司を設立
2012年3月	ATMD(Hong Kong)Limitedを設立

1936 (株)巴川製紙所
[証券コード]3878
[上場区分]東証一部

1914年6月	(個)巴川製紙所を創業
1917年8月	(株)巴川製紙所に改組
1945年8月	新宮木材パルプ(株)を吸収合併
1987年12月	新巴川加工(株)を設立
1987年12月	巴川新興(株)を設立
1987年12月	巴川物流サービス(株)を設立
2004年9月	TOMOEGAWA HONG KONG CO., LTD.を設立
2005年3月	(株)巴川ホールディングス恵州を設立
2005年12月	(株)巴川ファインコーティングを設立(後:(株)TFC)
2006年10月	新巴川製紙(株)を設立
2010年2月	(株)トッパンTOMOEGAWAオプティカルプロダクツを設立(後:(株)トッパンTOMOEGAWAオプティカルフィルム)
2011年5月	日彩控股有限公司を設立
2013年10月	新巴川製紙(株)を吸収合併

1937 巴工業(株)
[証券コード]6309
[上場区分]東証一部

1941年5月	巴工業(株)を設立
1978年6月	巴機械サービス(株)を設立
1987年6月	巴物流(株)を設立
1989年1月	星際化工有限公司を設立
1989年6月	星際化工有限公司他の共同出資で深圳美星塑料有限公司を設立(後清算)
1999年9月	巴ワイン・アンド・スピリッツ(株)を設立
2004年11月	巴工業(香港)有限公司を設立
2006年5月	巴栄工業機械(上海)有限公司を設立
2008年3月	星科工程塑料(深圳)有限公司を設立
2013年4月	Tomoe Engineering USA, Inc.を設立

1938 (株)トーモク
[証券コード]3946
[上場区分]東証一部

1940年12月	北海製函乾燥(株)を設立
1945年6月	菅原木工場(株)を合併し北海木材工業(株)に社名変更
1949年5月	東洋木材企業(株)に社名変更
1952年11月	北海道床板工業(株)を合併
1959年2月	東洋運輸(株)を設立
1969年4月	東洋段ボール(株)を吸収合併
1971年1月	(株)トーモクに社名変更
1983年2月	スウェーデンハウス(株)を設立
1990年10月	サウスランドボックスカンパニーを設立
1991年5月	トーモクヒュースABを設立
2006年1月	(株)太田ダンボールを設立
2013年4月	トーモクベトナムを設立

1939 トモニホールディングス(株)
[証券コード]8600
[上場区分]東証一部
〈香川銀行系〉

1943年2月	香川第一無尽(株)と丸亀無尽(株)と讃岐無尽(株)と七宝無尽(株)と旭無尽(株)が合併し香川無尽(株)を設立

とやまきん

1951年10月	(株)香川相互銀行に社名変更
1989年2月	(株)香川銀行に社名変更

〈徳島銀行系〉

1918年3月	富岡無尽(資)を設立
1936年7月	富岡無尽(株)に社名変更
1948年2月	徳島無尽(株)に社名変更
1951年10月	(株)徳島相互銀行に社名変更
1989年2月	(株)徳島銀行に社名変更

＊　＊　＊　＊

2010年4月	(株)徳島銀行と(株)香川銀行が経営統合を行い、共同株式移転の方式によりトモニホールディングス(株)を設立
2013年4月	トモニシステムサービス(株)を設立

1940　(株)富山銀行
［証券コード］8365
［上場区分］東証二部

1954年1月	(株)富山産業銀行を設立
1954年8月	(株)井波信用金庫を吸収合併
1967年8月	(株)富山銀行に社名変更
1981年3月	富山リース(株)を設立
1987年9月	富山保証サービス(株)を設立

1941　トーヨーコーケン(株)

1957年2月	工研工業(株)を設立
1959年4月	東洋工研(株)に社名変更
1973年7月	トーヨーコーケン(株)に社名変更
2001年8月	メドマン(株)を設立
2002年10月	メドマン(株)を吸収合併

1942　豊田合成(株)
［証券コード］7282
［上場区分］東証一部

1923年	豊田織布菊井工場を設立
1924年	菊井織布(株)に社名変更
1943年5月	国華工業(株)名古屋工場に社名変更
1949年6月	国華工業(株)の第2会社として名古屋、岡崎両工場を分離独立し名古屋ゴム(株)に社名変更
1962年5月	ソフトコルク工業(株)を吸収合併
1973年8月	豊田合成(株)に社名変更
1986年4月	米国TG(株)を設立(後：TGミズーリ(株))
1986年10月	豊田合成ホールディングス(株)を設立
1987年5月	豊裕(株)を設立
1991年5月	TGテクニカルセンター(U.S.A.)(株)を設立
1994年2月	TGポンパラ(株)を設立(後：豊田合成タイランド(株))
1995年12月	天津豊田合成汽車軟管有限公司を設立(後：天津豊田合成有限公司)
1996年11月	ブリヂストンTGオーストラリア(株)を設立(後：豊田合成オーストラリア(株))
1997年11月	TGケンタッキー(株)を設立(後：TGケンタッキー有限責任会社)
1998年9月	TGキルロスカオートモーティブ(株)を設立
1999年4月	英国豊田合成(株)とTGノースアメリカ(株)を設立
2000年2月	TGフルイドシステムズUSA(株)を設立
2000年4月	豊田合成ラバータイランド(株)を設立
2000年8月	静岡ティージーオプシード(株)を設立
2000年9月	TGミント(株)を設立
2000年11月	TGヨーロッパ(株)を設立(後：豊田合成ヨーロッパ(株))
2001年3月	TGセーフティシステムズチェコ(有)を設立(後：豊田合成チェコ(有))
2001年9月	TGオートモーティブシーリングケンタッキー有限責任会社を設立
2001年10月	豊田合成アジア(株)を設立
2002年2月	(株)エフティエスを設立(後：堀江金属工業)
2002年11月	TGパーソネルサービスノースアメリカ(株)を設立
2003年1月	(株)豊田合成セーフティシステムズインドネシアを設立
2003年4月	豊田合成光電貿易(上海)有限公司を設立
2003年7月	TGRテクニカルセンター有限責任会社を設立
2003年10月	豊田合成(張家港)科技有限公司を設立
2003年11月	豊田合成(張家港)塑料製品有限公司を設立
2004年2月	豊田合成(佛山)橡塑有限公司と(株)イノアックTGインドネシアを設立
2004年9月	豊田合成ハイフォン社と豊田合成(天津)精密製品有限公司を設立
2004年10月	豊田合成(佛山)汽車部品有限公司を設立
2005年1月	豊田合成テキサス有限責任会社を設立
2005年6月	レクセディスライティング(有)を設立
2005年12月	豊田合成南アフリカ(株)を設立
2008年1月	豊田合成九州(株)を吸収合併
2008年4月	豊田合成オートモーティブシーリングメキシコ(株)と豊田合成パーソネルサービスメキシコ(株)と豊田合成インド(株)を設立
2010年11月	豊晶光電(株)を設立
2011年10月	韓国豊田合成オプト(株)を設立(後：韓国豊田合成(株))
2012年10月	豊田合成ブラウンズビルテキサス有限責任会社を設立
2012年12月	TSオプト(株)を設立
2013年1月	TG東日本(株)を設立(後：豊田合成東日本(株))
2013年3月	GDBRコメルシオ有限責任会社を設立
2013年7月	豊田合成ラバーメキシコ(株)を設立
2014年4月	豊田合成メテオール(有)とメテオールシーリングシステム(有)とエルエムアイカスタムミキシング(有)を設立
2014年8月	豊田合成イラプアトメキシコ(株)を設立
2014年11月	ミンダTGラバー(株)を設立

1943　トヨタ自動車(株)
［証券コード］7203
［上場区分］東証一部

1937年8月	(株)豊田自動織機製作所より分離独立しトヨタ自動車工業(株)を設立
1937年10月	豊田光棉紡績(株)を設立(後解散)
1940年3月	豊田製鋼(株)を設立
1941年5月	豊田工機(株)を設立
1943年11月	中央紡績(株)を吸収合併
1945年8月	トヨタ車体工業(株)を設立

1949年12月	愛知珱瑯(株)を設立(後:(株)日新珱瑯製作所)	
1949年12月	日本電装(株)を設立	
1950年4月	トヨタ自動車販売(株)を設立	
1950年5月	民成紡績(株)を設立(後:豊田紡織(株))	
1973年10月	(財)トヨタ財団を設立	
1982年7月	トヨタ自動車販売(株)と合併し**トヨタ自動車(株)**に社名変更	
1991年2月	トヨタ自動車九州(株)を設立	
1991年2月	トヨタ自動車東北北海道(株)を設立	
1998年10月	東京トヨタ自動車(株)を合併	
2000年7月	トヨタファイナンシャルサービス(株)を設立	
2002年3月	プジョー シトロエン オートモービルズ SAとの間で合弁会社としてトヨタ プジョー シトロエン オートモービル チェコ(有)を設立	
2002年4月	トヨタ モーター ヨーロッパ(株)を設立	
2004年9月	広州汽車集団股份有限公司との間で合弁会社として広州トヨタ自動車(有)を設立(後:広汽トヨタ自動車(有))	

1944　(株)豊田自動織機
[証券コード]6201
[上場区分]東証一部

1926年11月	**(株)豊田自動織機製作所**を設立
1937年8月	トヨタ自動車工業(株)を設立(後:トヨタ自動車(株))
1937年10月	豊田光棉紡績(株)を設立(後解散)
1940年3月	豊田製鋼(株)を設立(後:愛知製鋼(株))
1971年9月	スルザー社《スイス》と共同で出資し豊田スルザー(株)を設立
1988年10月	トヨタ インダストリアル イクイップメント マニュファクチャリング(株)を合弁で設立
1989年1月	ミシガン オートモーティブ コンプレッサー(株)を合弁で設立
1994年8月	豊田工業(昆山)有限公司を合弁で設立
1995年3月	トヨタ インダストリアル イクイップメント(株)を合弁で設立
1995年12月	キルロスカト トヨダ テキスタイル マシナリー(株)を設立(後:キルロスカト ヨタ テキスタイル マシナリー(株))
1997年10月	エスティ・エルシーディ(株)を合弁で設立
1998年9月	テーデー ドイチェ クリマコンプレッサー(有)を合弁で設立
1998年10月	(株)ティーアイビーシーを合弁で設立
2001年8月	**(株)豊田自動織機**に社名変更
2002年10月	トヨタ モーター インダストリーズ ポーランド(有)を合弁で設立
2004年7月	ティーディー オートモーティブ コンプレッサー ジョージアLLCを合弁で設立
2005年6月	豊田工業電装空調圧縮機(昆山)有限公司を合弁で設立

1945　豊田通商(株)
[証券コード]8015
[上場区分]東証一部

1948年7月	豊田産業(株)の商事部門を継承し**日新通商(株)**を設立
1956年7月	**豊田通商(株)**に社名変更
1960年10月	Toyota Tsusho America, Inc.を設立
1987年7月	**豊田通商(株)**に社名変更
1989年5月	Toyota Tsusho Mining (Australia) Pty.Ltd.を設立
1992年2月	Toyota Tsusho U.K.Ltd.を設立
2000年4月	加商(株)を吸収合併
2006年4月	(株)トーメンと合併
2009年7月	Toyota Tsusho Energy Europe Cooperatief U.A.を設立
2009年11月	Toyota Tsusho CBM Queensland Pty Ltdを設立
2012年4月	Toyota Tsusho Wheatland Inc.を設立

〈加商系〉

1923年11月	**加藤商業(株)**を設立
1928年7月	**加商(株)**に社名変更
1953年3月	〈旧〉南陽交易(株)を合併
1953年9月	南陽交易(株)を設立
1968年3月	早稲田殖産(株)を合併

1946　トヨタ紡織(株)
[証券コード]3116
[上場区分]東証一部

1918年1月	**豊田紡織(株)**を設立
1931年9月	菊井紡織(株)を合併
1942年2月	内海紡織(株)と中央紡織(株)と協和紡織(株)と豊田押切紡織(株)と合併し**中央紡績(株)**に社名変更
1943年11月	**トヨタ自動車工業(株)**に社名変更
1950年5月	トヨタ自動車工業(株)より独立し**民成紡績(株)**に社名変更
1967年8月	**豊田紡織(株)**に社名変更
1968年3月	岐阜紡績(株)を合併
2000年10月	豊田化工(株)と合併
2001年4月	ティービーオートパーツマネージメント(株)を設立
2004年10月	アラコ(株)とタカニチ(株)と合併し**トヨタ紡織(株)**に社名変更
2005年7月	トヨタ紡織ヨーロッパ(株)を設立
2008年10月	トヨタ紡織ソマン(株)を設立

1947　(株)トライアイズ
[証券コード]4840
[上場区分]ジャスダックグロース

1995年3月	**ソフマップ・エフ・デザイン(株)**を設立
1996年3月	**ソフマップ・フューチャー・デザイン(株)**に社名変更
1999年2月	**エスエフディ(株)**に社名変更
1999年11月	**ドリームテクノロジーズ(株)**に社名変更
2005年4月	オムニトラストジャパン(株)を設立
2007年4月	**(株)トライアイズ**に商号変更
2010年5月	(株)セレクティブを設立
2010年6月	(株)トライアイズビジネスサービスを設立

1948　(株)トライステージ
[証券コード]2178
[上場区分]東証マザーズ

2006年3月	**(株)トライステージ**を設立
2013年6月	GMOアドパートナーズ(株)との合弁

とらすこな

により（株）トライズデジタルベースを設立（後解散）

1949　トラスコ中山（株）
［証券コード］9830
［上場区分］東証一部
　1964年3月　　中山機工（株）を設立
　1971年3月　　中山ファイリング（株）を設立
　1987年10月　 中山ファイリング（株）を吸収合併
　1988年11月　 ユニオンスチール（株）を設立
　1988年11月　 東洋スチール（株）を設立
　1994年1月　　トラスコ中山（株）に社名変更
　2010年9月　　プロツールナカヤマ（タイ）（株）を設立（後：トラスコナカヤマ タイランド）
　2014年2月　　トラスコナカヤマ インドネシアを設立

1950　（株）トラスト
［証券コード］3347
［上場区分］東証二部
　1988年12月　 （株）トラストを設立
　2001年5月　　（有）オートトランスを設立（後清算）
　2005年11月　 AMANA SHIPHOLDING S.A.を設立（後清算）
　2006年8月　　TRUST AMERICAS INCORPORATEDを設立（後清算）

1951　（株）トラスト・テック
［証券コード］2154
［上場区分］東証一部
　1997年8月　　共生産業（株）を設立
　2004年11月　 （株）アミューズキャピタルが全株式を取得し（株）トラストワークスサンエーに商号変更
　2005年7月　　〈新〉共生産業（株）を設立
　2006年11月　 （株）トラストワークスに商号変更
　2008年10月　 （株）トラスト・テックに商号変更

1952　トラストホールディングス（株）
［証券コード］3286
［上場区分］東証マザーズ
　1993年8月　　（有）ビー・エム・トラストを設立
　1995年5月　　（株）ビー・エム・トラストへ組織変更
　2003年12月　 トラストパーク（株）に商号変更
　2004年5月　　トラストネットワーク（株）を設立
　2011年5月　　タウンパトロール（株）を設立
　2013年7月　　トラストパーク（株）の完全親会社として株式移転によりトラストホールディングス（株）を設立
　2013年11月　 トラストメディカルサポート（株）を設立
　2013年12月　 メディカルアライアンス合同会社を設立
　2014年5月　　トラストアセットパートナーズ（株）を設立
　2014年7月　　（株）ジーエートラストを設立

1953　トランコム（株）
［証券コード］9058
［上場区分］東証一部
　1959年6月　　（株）ナゴヤトランスポートセンターを設立
　1980年3月　　中部物流サービス（株）を設立
　1981年3月　　アイコーシステム輸送（株）を設立
　1989年6月　　アイコー倉庫（株）と中部物流サービス（株）とアイコーシステム輸送（株）を吸収合併
　1989年6月　　トランコム（株）に社名変更
　1991年4月　　愛知小型運輸（株）を吸収合併
　1996年4月　　エイド（株）を合併
　2000年4月　　（株）アドバンスアイを設立（後：（株）シー・アンド・シー）
　2000年4月　　（株）トラフィックアイを設立
　2002年4月　　（株）シー・アンド・シーを買収
　2003年4月　　（株）豊田自動織機と共同で出資しアルトラン（株）を設立
　2005年9月　　（株）ジージェイラインを設立（後：トランコムMA（株））
　2006年10月　 トランコムDS東日本（株）とトランコムDS西日本（株）とトランコムDS関東（株）を設立
　2007年2月　　（株）CLIPを合弁で設立
　2009年2月　　トランコムEX東日本（株）を設立
　2010年1月　　PT.TRANCOM INDONESIAを設立
　2010年7月　　TRANCOM (HK) LIMITEDを設立
　2011年5月　　特蘭科姆国際貨運代理（上海）有限公司を設立
　2012年2月　　特蘭科姆物流（大連）有限公司を設立
　2012年7月　　特蘭科姆人才服務（天津）有限公司を設立
　2014年11月　 TRANCOM GLOBAL HOLDINGS CO., LTD.を設立

1954　（株）トランザクション
［証券コード］7818
［上場区分］東証一部
　1987年1月　　（有）トランスを設立
　1989年12月　 （株）トランスに改組
　1991年5月　　（有）クラフトワークを設立（後：（株）クラフトワーク）
　2002年6月　　（株）トレードワークスを設立
　2005年4月　　Trade Works Asia Limitedを設立
　2005年8月　　（有）T3デザインを設立（後：（株）T3デザイン）
　2007年8月　　（株）トランザクションに商号変更
　2007年8月　　〈新〉（株）トランスを新設会社分割により設立

1955　トランス・コスモス（株）
［証券コード］9715
［上場区分］東証一部
　1985年6月　　トランス・コスモス（株）を設立
　1986年10月　 （株）マリテックと〈子〉トランス・コスモス（株）を吸収合併
　1987年4月　　ジャスネット（株）を吸収合併
　1988年4月　　（株）総合ソフトウェア研究所と合併
　1995年2月　　大宇宙信息創造（中国）有限公司を設立
　1995年12月　 Primus Communications社《米国》と共同で出資しプライムス・コミュニケーションズを設立
　1997年5月　　Real Networks社《米国》と国際電信電話（株）と（株）エヌ・ティ・ティ・ビーシーコミュニケーションズと共同で出資し（株）Jストリームを設立
　1997年9月　　Double Click社《米国》と日本電信電話（株）と（株）エヌ・ティ・ティ・アドと共同で出資しダブルクリック（株）

2000年3月	(株)フォアキャスト・コミュニケーションズを合弁で設立
2001年5月	CIC Korea, Inc.を設立 (後：transcosmos Korea Inc.)
2002年12月	トランスコスモスシー・アール・エム和歌山 (株)を設立
2005年2月	大宇宙信息系統 (上海)有限公司を設立
2005年7月	大宇宙営鏈創信息咨詢 (上海)有限公司を設立
2009年6月	トランスコスモスシー・アール・エム (株)を設立
2010年3月	ダブルクリック (株)と(株)TCIPlusを吸収合併
2010年4月	大宇宙商業服務 (蘇州)有限公司を設立
2011年11月	トランスコスモスシー・アール・エム宮崎 (株)を設立
2012年12月	トランスコスモスダイレクト (株)を設立 (後：日本直販 (株))
2015年3月	TAKASHIMAYA TRANSCOSMOS INTERNATIONAL COMMERCE PTE. LTD.とMetroDeal Co., Ltd.を設立
2015年4月	トランスコスモスシー・アール・エム沖縄を吸収合併

〈ダブルクリック系〉

1997年9月	ダブルクリック (株)を設立
2000年7月	ネットグラビティ・アジアパシフィック (株)を吸収合併

1956　(株)トランスジェニック
[証券コード] 2342
[上場区分] 東証マザーズ

1998年4月	(株)クマモト抗体研究所を設立
2000年4月	(株)トランスジェニックに社名変更
2003年7月	(株)エコジェノミクスを設立
2004年3月	(株)イムノキックを設立
2005年7月	(株)ユージーンを吸収合併
2013年4月	(株)新薬リサーチセンターを設立

1957　(株)鳥貴族
[証券コード] 3193
[上場区分] 東証二部

1985年5月	鳥貴族を開店 (焼鳥屋)
1986年9月	(株)イターナルサービスを設立
2009年8月	(株)鳥貴族に商号変更

1958　(株)トリケミカル研究所
[証券コード] 4369
[上場区分] ジャスダックスタンダード

1978年12月	(株)トリケミカル研究所を設立
1994年1月	テイサンとの合弁で(株)エッチ・ビー・アールを設立

1959　鳥越製粉 (株)
[証券コード] 2009
[上場区分] 東証一部

1935年12月	鳥越商店を設立
1951年12月	鳥越製粉 (株)に社名変更
1969年4月	(株)長崎アンデルセンを設立
2011年1月	寺彦製粉 (株)を吸収合併

1960　(株)ドリコム
[証券コード] 3793
[上場区分] 東証マザーズ

2001年11月	(有)ドリコムを設立
2003年3月	(株)ドリコムへ組織変更
2005年1月	(株)ドリコムテックを設立

1961　(株)酉島製作所
[証券コード] 6363
[上場区分] 東証一部

1919年8月	藤田鉱業 (株)の製作工場として酉島製作所を設立
1928年4月	(株)酉島製作所に改組
1962年4月	酉島ケエスビ商事 (株)を設立 (後：酉島産業 (株))
1969年8月	酉島サービス (株)を設立 (後：酉島エンジニアリング (株))
1979年4月	協和機工 (株)を設立
1984年2月	P.T.TORISHIMA GUNA INDONESIAを合弁で設立
1990年6月	(株)九州トリシマを設立
1991年3月	P.T.GETEKA FOUNINDOを設立
1994年10月	酉島ポンプ香港有限公司を設立
1999年5月	P.T.TORISHIMA GUNA ENGINEERINGを設立
2000年8月	(株)風力エネルギー開発を設立
2002年3月	(株)立川シーエスセンターを設立
2002年10月	LOIKUM WINDPARK GMBH.を設立
2003年7月	(株)玄海風力エネルギー開発を設立 (後：(株)風力エネルギー開発)
2003年12月	(株)大星山風力エネルギー開発を設立 (後：(株)風力エネルギー開発)
2008年6月	TORISHIMA EUROPE LTD.を設立
2009年8月	酉島ポンプ (天津)有限公司を設立
2009年12月	TORISHIMA SERVICE SOLUTIONS FZCO.を設立
2010年5月	TORISHIMA SERVICE SOLUTIONS EUROPE LTD.を設立
2011年5月	TORISHIMA EUROPE PROJECTS LTD.を設立
2014年3月	(株)風力エネルギー開発と(株)立川シーエスセンターと(株)牧之原風力エネルギー開発と(株)吉備風力エネルギー開発を合併

1962　(株)トリドール
[証券コード] 3397
[上場区分] 東証一部

1985年8月	トリドール三番館を開店
1990年6月	(有)トリドールコーポレーションに改組
1995年10月	(株)トリドールを設立
2010年7月	TORIDOLL USA CORPORATIONを設立
2012年2月	TORIDOLL LLCを設立
2012年7月	TORIDOLL AUSTRALIA PTY LIMITEDを設立
2012年8月	TORIDOLL KOREA CORPORATIONを設立
2012年9月	東利多控股有限公司を設立
2012年12月	台湾東利多股份有限公司を設立
2013年4月	GEORGE'S DONUTS

とりにてい

2013年4月	CORPORATIONを設立（後：GEORGE'S CORPORATION） TORIDOLL KENYA LIMITEDを設立

1963　トリニティ工業(株)
[証券コード]6382
[上場区分]東証二部

1946年10月	トヨタ自動車工業(株)が資本参加し日本工芸工業(株)を設立
1980年4月	マトコ工業(株)と同和工業(株)を吸収合併
1980年7月	トリニティ工業(株)に社名変更

1964　(株)ドリームインキュベータ
[証券コード]4310
[上場区分]東証一部

2000年4月	(株)ドリームインキュベータを設立
2001年2月	(株)デライトを設立（後清算）
2007年11月	Dream Incubator (Vietnam) Joint Stock Companyを設立
2008年7月	(株)DIインベストメントパートナーズを設立
2009年2月	DI Investment Partners Limitedを設立
2010年12月	得愛(上海)企業管理咨洵有限公司を設立
2011年8月	DREAM INCUBATOR SINGAPORE PTE.LTD.を設立
2013年7月	(株)フェノロッサを設立
2014年7月	DI DigitalとDI MARKETING CO., LTD.を設立
2014年9月	DI Pan Pacific Inc.を設立

1965　トレイダーズホールディングス(株)
[証券コード]8704
[上場区分]ジャスダックスタンダード

2001年5月	トウキョウフォレックストレイダーズ証券(株)に商号変更
2002年6月	トレイダーズ証券(株)に社名変更
2006年4月	トレイダーズ証券分割準備会社を設立
2006年10月	トレイダーズホールディングス(株)に社名変更

1966　トレックス・セミコンダクター(株)
[証券コード]6616
[上場区分]東証二部

1995年3月	トレックス・セミコンダクター(株)を設立
1996年11月	TOREX SEMICONDUCTOR (S) PTE LTDを設立
1997年3月	トレックスデバイス(株)を設立
2000年6月	TOREX SEMICONDUCTOR DEVICE(HONG KONG) LIMITEDを設立（後：ISM ASIA LIMITED）
2000年9月	TOREX USA Corp.を設立
2001年3月	TOREX SEMICONDUCTOR EUROPE LIMITEDを設立
2006年10月	トレックスデバイス(株)を吸収合併
2007年2月	TOREX (HONG KONG) LIMITEDを設立
2007年4月	(株)TOS・デバイスを設立
2007年4月	台湾特瑞仕半導體股份有限公司（TOREX SEMICONDUCTOR TAIWAN LTD.）を設立
2015年3月	(株)ディーブイイーを吸収合併

1967　トレーディア(株)
[証券コード]9365
[上場区分]東証二部

1941年4月	大日通運(株)を設立
1944年12月	日新運輸(株)と南海運輸(株)を吸収合併し大日南海通運(株)に社名変更
1969年5月	森本倉庫(株)と共同で出資し阪神コンテナー輸送(株)を設立
1980年11月	トランスユニオン(株)を共同出資で設立
1980年11月	大日物流(株)を設立
1984年4月	ソーラー・エンタープライズ(株)を設立
1994年4月	トレーディア(株)に社名変更
2008年4月	OMTRANS Logistics Ltd.社との合弁会社としてOMTRAX Packaging Solutions Ltd.を設立
2008年4月	EURASIA Logistics社との合弁会社として海盟国際物流(深圳)有限公司を設立
2011年2月	錦茂国際物流(上海)有限公司を設立

1968　トレンダーズ(株)
[証券コード]6069
[上場区分]東証マザーズ

2000年4月	トレンダーズ(株)を設立
2006年4月	(有)女性起業塾を吸収合併
2012年3月	(株)クラリティ・アソシエイツを吸収合併
2015年4月	(株)Smarpriseを設立

1969　トレンドマイクロ(株)
[証券コード]4704
[上場区分]東証一部

1989年10月	(株)ロンローインターナショナルネットワークスを設立
1992年1月	(株)リンクに社名を変更
1996年5月	トレンドマイクロ(株)に社名を変更

1970　TOWA(株)
[証券コード]6315
[上場区分]東証一部

1979年4月	東和精密工業(株)を設立
1988年7月	TOWA Singapore Mfg.Pte.Ltd.を設立
1988年12月	TOWA(株)に商号変更
1990年3月	名和精工(株)を設立（後：トワテック(株)）
1991年3月	(株)バンディックを設立
1993年11月	三星電子(株)と漢陽機工(株)との合弁会社として韓国TOWA(株)を設立（後：SECRON Co., Ltd）
1995年7月	TOWA AMERICA, Inc.を設立
1995年9月	蘇州STK鋳造有限公司を設立
1996年2月	TOWA Asia-Pacific Pte.Ltd.を設立
1998年10月	JIPAL Corporation(台湾)との合弁会社として巨東精技股份有限公司を設立
1999年4月	大日本スクリーン製造(株)と(株)堀場製作所との共同出資により(株)サーク

2001年10月	東和半導体設備(上海)有限公司を設立	2007年11月	DOWA HD EUROPE GmbHを設立
2002年6月	TOWA半導体設備(蘇州)有限公司を設立	2008年3月	秋田ジンクリサイクリング(株)を設立
		2008年7月	バイオディーゼル岡山(株)を設立
2004年1月	台湾東和半導体設備股份有限公司を設立	2010年7月	昆山同和熱処理工業炉有限公司を設立
		2010年9月	NIPPON PGM EUROPE S.R.O.を設立
2004年3月	TOWA Asia-Pacific Pte.Ltd.を設立		
2004年4月	TOWA Semiconductor Equipment Philippines Corp.を設立	2010年12月	蘇州同和環保工程有限公司を設立
		2011年2月	江西同和資源綜合利用有限公司を設立
2006年4月	TOWAサービス(株)を設立	2011年4月	同和企業管理(上海)有限公司を設立
2013年1月	TOWA USA Corporationを設立	2012年6月	PT.DOWA THERMOTECH INDONESIAを設立
2013年4月	TOWA韓国(株)を設立		
2013年10月	TOWA Europe B.V.を設立	2012年7月	DOWA METALS&MINING (THAILAND) CO., LTD.を設立

1971 DOWAホールディングス(株)
[証券コード]5714
[上場区分]東証一部

1877年9月	(個)藤田伝三郎商社を設立	2014年1月	DOWA HOLDINGS (THAILAND) CO., LTD.を設立
1881年1月	組合組織藤田組に社名変更		
1893年12月	(名)藤田組に改組	2014年12月	GOLDEN DOWA ECO-SYSTEM MYANMAR CO., LTD.を設立
1909年1月	小坂鉄道(株)を設立		
1917年9月	藤田鉱業(株)を設立	2015年3月	DOWA THERMOTECH MEXICO S.A. DE C.V.を設立
1928年4月	(株)豊崎伸銅所を設立		
1937年3月	(名)藤田組と藤田鉱業(株)が合併し(株)藤田組に改組		

1972 (株)ドンキホーテホールディングス
[証券コード]7532
[上場区分]東証一部

1945年5月	藤田鉱業(株)を設立(後:藤田興業(株))	1980年9月	(株)ジャストを設立
		1995年6月	(株)リーダーを設立
1945年12月	同和鉱業(株)に社名変更	1995年9月	(株)ドン・キホーテに社名変更
1955年1月	金平鉱業(株)を設立	2001年11月	(株)パウ・クリエーションを設立(後:日本商業施設(株))
1956年10月	卯根倉鉱業(株)を設立		
1957年8月	藤田興業(株)を合併	2004年2月	(株)ドンキ情報館を設立
1957年9月	同和興産(株)を設立	2004年9月	(株)ディワンを設立
1958年1月	小坂鉄道(株)を合併	2004年9月	(株)ディワンを設立
1965年11月	同和製粉(株)を設立	2005年1月	(株)ドンキコムを設立
1969年3月	同和精鉱(株)を設立	2005年1月	(株)ドンキコムを設立(後:(株)リアリット)
1971年2月	秋田製錬(株)を設立		
1972年6月	同和工営(株)を設立	2009年7月	ビッグワン(株)を吸収合併
1972年8月	江差興業(株)を設立	2012年7月	(株)ドン・キホーテシェアードサービスを設立
1975年4月	同和エンジニアリング(株)を設立		
1986年11月	花岡鉱業(株)を設立	2012年7月	(株)ドン・キホーテシェアードサービスを設立
1986年11月	内の岱鉱業(株)を設立		
1989年9月	小坂製錬(株)を設立	2013年7月	Pan Pacific International Holdings Pte. Ltd.を設立
1990年1月	同和興産(株)を合併		
1991年4月	東京熱処理工業(株)を合併	2013年12月	(株)ドンキホーテホールディングスへ商号変更
2001年10月	リサイクル・システムズ・ジャパンを設立		

1973 (株)ナイガイ
[証券コード]8013
[上場区分]東証一部

2002年4月	秋田ジンクソリューションズを設立	1920年8月	内外編物(株)を設立
2003年4月	(株)アシッズを設立	1939年11月	内外編物販売(株)を設立
2003年4月	ジオテクノスを設立	1939年11月	(株)富士屋商店を設立(後解散)
2003年4月	ジンクエクセル(株)を設立	1947年	内外工業(株)を設立
2003年4月	同和テクノエンジを設立	1951年10月	内外編物販売(株)を合併
2003年12月	蘇州同和資源綜合利用有限公司を設立	1954年12月	群馬編物(株)を設立
2004年10月	同和テクノリサーチ(株)を設立(後:DOWAテクノリサーチ(株))	1975年5月	(株)浜松ナイガイを設立(解散)
		1979年3月	ナイガイリビング(株)を設立
2006年10月	DOWA METALTECH (THAILAND) CO., LTD.を設立	1985年9月	(株)ナイガイに社名変更
		1986年5月	NAIGAI APPAREL (H.K.) LTD.を設立
2006年10月	DOWAホールディングス(株)に社名変更		
		1987年	(株)越谷流通サービスを設立(後:(株)インテクス)
2007年2月	TDパワーマテリアル(株)を設立		
2007年4月	DOWA THERMOTECH (THAILAND) CO., LTD.を設立	1992年	(株)ナイガイロジスティクスを設立
		2001年4月	(株)ロンデックスを吸収合併
2007年7月	オートリサイクル秋田(株)を設立	2001年7月	RONDEX (Thailand) CO., LTD.を

企業名変遷要覧2 309

ないかいそ

2002年12月	設立 サード・プランニング(株)を設立(後：(株)ナイガイマート)
2004年2月	(株)東京ナイガイと(株)大阪ナイガイと(株)名古屋ナイガイと(株)福岡ナイガイを設立(後：(株)ナイガイマート)
2005年3月	青島美内外時装有限公司を設立
2005年11月	諸暨市龍的絲橡筋有限公司を設立(後解散)
2006年1月	上海奈依尔貿易有限公司を設立
2006年2月	(株)ナイガイ・イムを設立
2008年2月	ナイガイアパレル(株)と(株)ナイガイマートを吸収合併
2009年3月	台北内外發展股份有限公司を設立
2011年8月	(株)NAPを設立

1974　内海造船(株)
[証券コード]7018
[上場区分]東証二部

1944年11月	瀬戸田船渠(株)と(株)村上造船鉄工所と(株)中桐造船鉄工所が合併し瀬戸田造船(株)を設立
1972年10月	田熊造船(株)を吸収合併し内海造船(株)に社名変更
2005年1月	(株)ニチゾウアイエムシーを吸収合併
2006年1月	(株)テスビックを吸収合併
2010年4月	(株)ナティーク城山を設立

1975　内外テック(株)
[証券コード]3374
[上場区分]ジャスダックスタンダード

1961年6月	内外機材(株)を設立
1984年10月	内外エレクトロニクス(株)を設立
2001年4月	内外テック(株)に社名変更
2012年4月	内外テック韓国(株)を設立
2014年12月	納宜伽義機材(上海)商貿有限公司を設立

1976　内外トランスライン(株)
[証券コード]9384
[上場区分]東証一部

1980年5月	内外シッピング(株)を設立
1986年12月	内外トランスライン(株)に商号変更
1997年4月	NTL NAIGAI TRANS LINE (S) PTE LTD.を設立
2000年6月	NTL NAIGAI TRANS LINE (THAILAND) CO., LTD.を設立
2001年4月	PT. NTL NAIGAI TRANS LINE INDONESIAを設立
2003年1月	上海内外環亜運輸代理有限公司を設立(後：上海内外特浪速運輸代理有限公司)
2003年9月	NTL NAIGAI TRANS LINE (KOREA) CO., LTD.を設立
2006年2月	NTL-LOGISTICS (HK) LIMITEDを設立
2009年10月	グローバルマリタイム(株)を設立
2013年2月	フライングフィッシュ(株)を設立

1977　ナガイレーベン(株)
[証券コード]7447
[上場区分]東証一部

1950年7月	(株)永井商店を設立
1952年3月	永井衣料(株)に社名変更
1969年10月	ナガイ白衣工業(株)を設立
1976年4月	北海道ナガイ(株)を設立
1979年11月	ナガイ(株)に社名変更
1988年8月	エミット興産(株)を設立
1994年1月	ナガイレーベン(株)に社名変更
2004年9月	北海道ナガイ(株)を吸収合併

1978　(株)ナガオカ
[証券コード]6239
[上場区分]ジャスダックスタンダード

2004年11月	(株)ナガオカに商号変更
2004年11月	〈旧〉(株)ナガオカより資産等を譲り受けて(株)ナガオカスクリーンを設立
2005年5月	(株)MMKを吸収合併
2011年2月	那賀水処理技術(瀋陽)有限公司を設立
2012年4月	那賀日造設備(大連)有限公司を設立
2012年9月	那賀(瀋陽)水務設備製造有限公司を設立
2013年5月	那賀欧科(北京)貿易有限公司を設立

1979　中北薬品(株)

1726年	油屋・伊助を初代中北伊助が創業
1914年	(合)中北商店を設立
1914年	(名)中北商店を設立
1944年11月	(株)日本模範製剤社を吸収合併し中北製薬(株)を設立
1945年12月	名古屋製薬(株)を吸収合併
1950年5月	中北製薬(株)を合併し中北薬品(株)に社名変更
1962年10月	岡崎日本堂薬品(株)を吸収合併
1963年5月	(株)真長兵衛商店を吸収合併
1993年11月	(株)グリーンサービスを設立
1995年7月	丸一薬品(株)を吸収合併
1996年4月	(株)グリーンぱるを設立
2005年	(株)葦の会を設立
2006年	ICソリューションズ(株)を設立

1980　(株)ナガセ
[証券コード]9733
[上場区分]ジャスダックスタンダード

1976年5月	(株)ナガセを設立
1986年12月	(株)ナガセ進学センターと合併
1987年9月	(株)東進スクールを設立
2000年2月	(株)アイ・キャンパスを共同出資で設立
2000年3月	(株)ナガセピーシースクールを設立
2004年2月	(株)ナガセマネージメントを設立
2006年3月	(株)アイ・キャンパスを吸収合併
2009年6月	NAGASE BROTHERS INTERNATIONAL PTE.LTD.を設立
2011年8月	永瀬商貿(上海)有限公司を設立

1981　長瀬産業(株)
[証券コード]8012
[上場区分]東証一部

1832年6月	(個)長瀬商店を設立(鱗形屋と称する)
1931年12月	(個)長瀬糸店と合併し(株)長瀬商店に改組
1935年2月	(株)極東現像所を設立(後：(株)東洋現像所)
1941年1月	日本合成染料販売(株)を設立(後解散)
1943年6月	長瀬産業(株)に社名変更
1970年4月	チバガイギー社《スイス》と共同出資に

		より長瀬チバ(株)を設立(後：ナガセケムテックス(株))
1971年2月		長瀬(香港)有限公司を設立
1971年4月		Nagase America Corp.を設立
1971年4月		ゼネラル エレクトリック社と合弁でエンジニアリング プラスチックス(株)を設立
1974年2月		テクニカル オペレイションズ社と合弁で長瀬ランダウア(株)を設立
1975年4月		Nagase Singapore (Pte) Ltd.を設立
1980年4月		Nagase (Europa) GmbHを設立
1982年3月		Nagase (Malaysia) Sdn.Bhd.を設立
1988年8月		台湾長瀬股份有限公司を設立
1989年3月		Nagase (Thailand) Co., Ltd.を設立
1989年4月		(財)長瀬科学技術振興財団を設立(後：公益財団法人長瀬科学技術振興財団)
1990年3月		Sofix Corp.を設立
1990年12月		長華塑膠股份有限公司を設立
1997年4月		Nagase Philippines Corp.を設立
1997年9月		上海長瀬貿易有限公司とNagase Engineering Service Korea Co., Ltd.を設立
1998年2月		P.T.Nagase Impor-Ekspor Indonesiaを設立
1998年3月		上海華長貿易公司を設立
2001年3月		Nagase Korea Corp.を設立
2001年8月		Nagase FineChem Singapore (Pte) Ltd.を設立
2002年3月		広州長瀬貿易有限公司を設立
2002年9月		長瀬精細化工(無錫)有限公司を設立
2003年9月		天津長瀬国際貿易有限公司を設立
2004年9月		長華国際貿易(深圳)有限公司を設立
2005年1月		東拓工業(蘇州)有限公司を設立
2005年11月		長瀬電子科技股份有限公司を設立
2005年12月		Nagase Philippines International Services Corp.を設立
2006年11月		Nagase India Private Ltd.を設立
2008年9月		Nagase Vietnam Co., Ltd.を設立
2012年7月		Nagase do Brasil Comercio de Produtos Quimicos Ltda.を設立

1982 (株)永谷園ホールディングス
[証券コード]2899
[上場区分]東証一部

1953年4月	(株)永谷園本舗を設立
1975年7月	(株)サン・フリーズドライを設立(後：(株)サンフレックス永谷園)
1976年1月	北茨城包装(株)を設立(後：(株)オクトス)
1986年6月	(株)オリエント興産を設立(後：(株)ユニネット)
1987年12月	(株)エイシンを設立(後：(株)オクトス)
1988年8月	(株)ニシエイを設立
1992年10月	(株)永谷園に社名変更
1999年6月	(株)アルファウェーブを設立
1999年11月	(株)花笠食品を設立
2000年5月	(株)オクトス物流を設立(後：(株)オクトス)
2002年4月	(株)サンマーチを設立
2009年2月	(株)サニーフーズを設立
2010年10月	(株)永谷園プロパティを設立
2010年11月	NAGATANIEN USA, INC.を設立
2014年11月	(株)永竹を設立
2015年	(株)永谷園ホールディングスを持株会社に移行し設立

1983 (株)長野銀行
[証券コード]8521
[上場区分]東証一部

1950年11月	長野県商工信用組合を設立
1970年4月	(株)長野相互銀行に社名変更
1989年2月	(株)長野銀行に社名変更
1990年7月	長野カード(株)を設立
1997年11月	(株)長野ビーエスを設立(後解散)
2010年11月	(株)ながぎんビジネスパートナーズを設立(後合併)

1984 (株)ナカニシ
[証券コード]7716
[上場区分]ジャスダックスタンダード

1930年	中西製作所を設立
1953年	(有)中西歯科器械製作所に社名変更
1981年6月	(株)中西歯科器械製作所に改組
1996年1月	(株)ナカニシに社名変更
1996年7月	(株)エヌエスケーナカニシを吸収合併
2003年3月	NSK EUROPE GmbHを設立
2004年11月	NSK EURO HOLDINGS S.A.を設立
2005年3月	上海弩速克国際貿易有限公司を設立
2006年9月	NSK OCEANIA PTY.LTDとNSK OCEANIA LTDを設立
2007年1月	NSK UNITED KINGDOM LTDを設立
2008年1月	NSK-NAKANISHI DENTAL SPAIN S.A.を設立
2011年2月	NSK DENTAL LLを設立
2012年3月	NSK NAKANISHI ASIA PTE LTD.を設立
2014年3月	NSK Dental Korea Co., Ltd.を設立

1985 (株)中西製作所
[証券コード]5941
[上場区分]東証二部

1958年8月	(株)中西製作所を設立
2006年4月	(株)厨を設立(後吸収合併)

1986 中日本興業(株)
[証券コード]9643
[上場区分]名証二部

1954年7月	中日本興業(株)を設立
1958年1月	(株)ホテルみゆきを買収・改称し(株)東山会館を設立
1968年8月	中日本商事(株)を設立
2002年11月	(株)Ji.Cooを設立
2014年9月	中日本商事(株)を吸収合併

1987 長野計器(株)
[証券コード]7715
[上場区分]東証一部

1948年12月	(株)東京計器製作所を清算会社として分離し(株)長野計器製作所を設立
1989年3月	KOREA NAGANO CO., LTD.を設立
1991年1月	DRESSER-NAGANO, LTD.を設立
1997年7月	長野計器(株)に社名変更

なかのとう

1988　(株)ながの東急百貨店
[証券コード]9829
[上場区分]ジャスダックスタンダード
　1958年11月　(株)丸善銀座屋を設立
　1961年2月　(株)ながの丸善に社名変更
　1970年9月　(株)ながの東急百貨店に社名変更
　1990年5月　(株)ながの東急ライフを設立(後解散)
　1996年9月　(株)おかや東急百貨店を設立(後解散)
　1999年12月　(株)北長野ショッピングセンターを設立

1989　長野日本無線(株)
[証券コード]6878
[上場区分]東証二部
　1949年10月　長野日本無線(株)を設立
　1987年11月　ナガニチ物流(株)を設立(後：長野日本無線サービス(株))
　1987年12月　ナガニチ電工(株)を設立(後：長野日本無線マニュファクチャリング(株))
　1988年10月　ナガニチデバイス(株)を設立
　1990年10月　飯山日本無線(株)を設立
　1994年10月　長野日本無線エンジニアリング(株)を設立
　1995年3月　長野日本無線(香港)有限公司を設立
　1997年4月　恩佳昇(連雲港)電子有限公司を設立
　1998年10月　ナガノコミュニケーションズ販売(株)を設立
　2000年4月　ナガノビジネスサービス(株)を設立

1990　(株)ナカノフドー建設
[証券コード]1827
[上場区分]東証一部
　1897年10月　(個)中野組を設立
　1925年2月　(資)中野組に改組
　1942年12月　(資)中野組の土木建築部門を分離し(株)中野組を設立
　1968年1月　大東重機(株)を設立(後：(株)ダイトーエンジニアリング)
　1985年8月　ネプス抵当証券(株)を設立(後：(株)ナカノエージェンシー)
　1990年4月　南塚口ビル(株)を吸収合併
　1991年7月　(株)ナカノコーポレーションに社名変更
　1997年9月　(株)ナカノテックを設立
　1999年10月　大島興業(株)を吸収合併
　2000年2月　(株)グリーウッドカントリークラブを設立
　2002年4月　(株)ナカノフドー建設に社名変更
　2013年2月　ナカノベトナムCO., LTD.を設立

1991　中野冷機(株)
[証券コード]6411
[上場区分]ジャスダックスタンダード
　1946年2月　(株)中野冷機製作所を設立
　1980年3月　中野冷機(株)に社名変更
　1994年8月　上海双鹿中野冷機有限公司を設立(後：上海海立中野冷機有限公司)
　2002年6月　テクノ冷熱(株)を設立
　2005年7月　(株)中野冷機東東京と(株)中野冷機西東京と(株)中野冷機千葉と(株)中野冷機茨城を設立
　2007年10月　(株)中野冷機東北を設立
　2010年10月　テクノ冷熱(株)と(株)高橋冷凍機製作所を吸収合併

1992　ナカバヤシ(株)
[証券コード]7987
[上場区分]東証一部
　1923年4月　(個)中林製本所を設立
　1951年6月　(株)中林製本社に社名変更
　1953年7月　中林製本手帳(株)に社名変更
　1970年10月　ナカバヤシ(株)に社名変更
　1989年6月　出雲ナカバヤシ(株)を設立(後：島根ナカバヤシ(株))
　2004年11月　寧波仲林文化用品有限公司を設立
　2006年4月　仲林(寧波)商業有限公司を設立
　2009年9月　非フエルネット(株)を設立
　2013年5月　松江バイオマス発電(株)を設立
　2014年7月　定谷紙業(株)を吸収合併する

1993　(株)ナガホリ
[証券コード]8139
[上場区分]東証二部
　1962年6月　長堀真珠(株)を設立
　1972年4月　長堀貿易(株)に社名変更
　1982年10月　(株)ナガホリに社名変更
　1991年8月　(株)グラン・パリを設立
　2006年3月　プロデイア(株)を設立
　2007年12月　ロイヤル・アッシャー・ジャパン(株)を設立
　2011年7月　長堀珠宝商貿(深圳)有限公司を設立
　2012年5月　長堀(香港)有限公司を設立

1994　中道リース(株)
[証券コード]8594
[上場区分]札証
　1972年4月　中道機械(株)が出資し中道リース(株)を設立
　1973年1月　中道レンタル(株)を設立
　2013年6月　メッドネクスト(株)を設立

1995　(株)中村超硬
[証券コード]6166
[上場区分]東証マザーズ
　1954年10月　中村鉄工所を創業
　1970年12月　(株)中村超硬を設立
　1991年2月　(株)マテリアルナカムラを設立
　1997年7月　(株)シーエスコーポレーションを設立
　1997年8月　(株)シーエスコーポレーションに商号変更
　1998年8月　(株)中村超硬に商号変更
　2002年12月　(株)マテリアルナカムラと(株)シーエスコーポレーションを吸収合併
　2011年12月　住江織物(株)と合弁で中超住江デバイス・テクノロジー(株)を設立
　2013年2月　上海那科夢楽商貿有限公司を設立

1996　(株)中山製鋼所
[証券コード]5408
[上場区分]東証一部
　1920年　(個)関西亜鉛鍍金工業所を創業
　1923年12月　(株)中山悦治商店を設立
　1934年6月　(株)中山製鋼所に社名変更
　1939年9月　南海化学工業(株)を合併
　1941年10月　中山重工業(株)を合併
　1946年11月　三星海運(株)を合併

1951年6月	南海化学工業(株)を設立
1993年10月	三星機工(株)を合併
1996年7月	中山共同発電(株)を設立
1998年6月	中山名古屋共同発電(株)を設立
1999年4月	中山三星建材(株)を設立
2013年4月	(株)中山アモルファスを設立

1997　中山福(株)
[証券コード]7442
[上場区分]東証一部

1947年2月	(株)中山福松商店を設立
1963年2月	中山福(株)に社名変更
1977年1月	中山福サービス(株)を設立
1999年9月	(株)ベストコを設立

1998　(株)ナカヨ
[証券コード]6715
[上場区分]東証一部

1926年4月	中村与一郎商店を設立
1944年5月	(株)中与通信機製作所に社名変更
1958年10月	(株)信和電業社を吸収合併
1973年5月	(株)ナカヨ通信機に社名変更
1973年11月	(株)前橋商工を設立(後吸収合併)
1987年4月	沖縄テレコム(株)を設立
1999年2月	ナカヨ電子サービス(株)を設立
2000年9月	中興香港有限公司を設立
2006年9月	NYCソリューションズ(株)を設立
2014年8月	(株)ナカヨに社名変更

1999　(株)ナガワ
[証券コード]9663
[上場区分]ジャスダックスタンダード

1966年7月	(株)長和石油を設立
1978年3月	(株)ナガワに社名変更
1981年4月	(株)関東スーパーハウスを設立(後:(株)ナガワ)
1988年1月	(株)ナガワ建販を設立(後吸収合併)
1988年1月	(株)ナガワ石油を設立(後:(株)ホクイ)
1988年5月	〈子〉(株)ナガワを吸収合併
1994年1月	(株)建販を設立
1996年10月	(株)トータルサービスを設立(後:(株)建販)
2010年9月	NAGAWA DO BRASIL INDUSTRIA DE CONSTRUCOES MODULARES LTDA.をブラジルに設立
2012年6月	PT.NAGAWA INDONESIA INTERNATIONALをインドネシアに設立
2012年10月	NAGAWA(THAILAND)CO., LTDをタイに設立

2000　(株)名古屋銀行
[証券コード]8522
[上場区分]東証一部

1949年2月	共和殖産(株)を設立
1951年10月	(株)名古屋相互銀行に社名変更
1969年9月	中央信用組合と合併
1970年4月	豊橋市民信用組合と合併
1971年4月	尾北商工信用組合と合併
1972年4月	大野町信用組合と合併
1989年2月	(株)名古屋銀行に社名変更
2007年10月	(株)名銀コンピューター・サービスを吸収合併

2001　名古屋鉄道(株)
[証券コード]9048
[上場区分]東証一部

1921年6月	〈旧〉名古屋鉄道(株)を設立
1923年11月	蘇東電気軌道(株)を合併
1930年8月	美濃電気軌道(株)を合併
1930年9月	名岐鉄道(株)に社名変更
1935年3月	各務原鉄道(株)を合併
1935年8月	愛知電気鉄道(株)を合併し名古屋鉄道(株)に社名変更
1939年9月	瀬戸電気鉄道(株)を合併
1940年9月	渥美電鉄(株)と豊橋自動車(株)を合併
1941年6月	三河鉄道(株)を合併
1943年2月	知多鉄道(株)を合併
1943年3月	竹鼻鉄道(株)と東美鉄道(株)を合併
1943年4月	岐阜乗合自動車(株)を共同出資で設立
1944年3月	豊川鉄道(株)と鳳来寺鉄道(株)と谷汲鉄道(株)と碧南電気鉄道(株)を合併
1944年9月	名鉄交通(株)を設立
1952年12月	名鉄ビルディング(株)を設立(後:(株)名鉄百貨店)
1961年5月	名鉄自動車整備(株)を設立
1988年12月	(株)名鉄総合企業を設立(後清算)
2004年5月	名鉄バス(株)を設立
2011年4月	名鉄タクシーホールディングス(株)を設立

2002　名古屋電機工業(株)
[証券コード]6797
[上場区分]名証二部

1958年5月	名古屋電機商事(株)を設立
1959年	(株)名古屋変圧器製作所を吸収合併し名古屋電機工業(株)に社名変更
1991年6月	日本車載標識(株)を設立(後吸収合併)
2014年6月	Zero-Sum ITS Solutions India Private Limitedをインド・カルナカタ州に設立

2003　名古屋木材(株)
[証券コード]7903
[上場区分]名証二部

1945年12月	名古屋木材(株)を設立
1947年11月	報徳産業(株)を吸収合併
1948年8月	愛知興業(株)を吸収合併
1957年4月	名木施工(株)を設立
1992年8月	(株)光洋住建を設立(後:(株)三重ナゴヤホームズ)
2001年11月	江間忠木材(株)と(株)ソレックスと共同で出資し(株)ソレックス中部を設立
2001年12月	江間忠木材(株)と江間忠ウッドベース(株)とヤマガタヤ産業(株)と共同で出資し江間忠ウッドベース中部(株)を設立
2013年7月	(株)メイモク・リグノを設立

2004　那須電機鉄工(株)
[証券コード]5922
[上場区分]東証二部

1929年6月	(株)那須鉄工所を設立
1939年6月	(株)那須鉄工所を合併し那須鉄工車輛

なつく

	1949年5月	（株）を設立 那須電機鉄工（株）に社名変更
	1962年6月	那須ストラクチャー工業（株）を設立（後清算）
	1964年6月	那須電材産業（株）を設立
	1964年9月	那須電機商事（株）を設立
	1967年6月	東北那須電機（株）を設立
	1967年7月	北海道那須電機（株）を設立
	1967年12月	那須工業（株）を設立
	1971年8月	電材運輸（株）を設立
	1975年8月	那須鋼板（株）を設立
	1989年6月	那須化成（株）を設立
	1993年7月	那須設計（株）を設立（後：那須エンジニアリング（株））

2005　（株）ナック
［証券コード］9788
［上場区分］東証一部

1971年5月	（株）ダスキン鶴川を設立
1977年8月	（株）ナックに社名変更
1983年5月	（株）ナックチェーン本部を設立
1989年7月	（株）東亜を吸収合併
1992年10月	（株）ナックチェーン本部を吸収合併
2001年10月	（株）ダイコーを吸収合併
2002年2月	タマキューホーム（株）を設立（後：（株）レオハウス）
2003年10月	（株）富士テックを吸収合併
2006年4月	（株）まるはらを吸収合併
2006年10月	（株）レオハウスを設立
2008年10月	（株）ダスキン境を吸収合併
2012年11月	（株）ナックライフパートナーズを設立

2006　（株）ナ・デックス
［証券コード］7435
［上場区分］ジャスダックスタンダード

1950年10月	（株）名古屋電元社を設立
1969年7月	名電不動（株）を設立（後：（株）メイデンシステム）
1969年10月	（株）名電工作所を設立（後：（株）ナ・デックスプロダクツ）
1974年7月	名電産業（株）を設立（後：（株）ナ・デックスプロダクツ）
1992年5月	（株）ナ・デックスに社名変更
2000年4月	（株）ナデックス企画を設立
2003年7月	那電久寿機器（上海）有限公司を中国・上海市に設立
2008年4月	NADEX (THAILAND) CO., LTD.をタイ・バンコクに設立
2011年8月	NADEX USA CO., LTD.を米国・ミシガン州に設立
2012年1月	PT.NADESCO INDONESIAをインドネシア・チカランに設立
2013年2月	NADEX MEXICANA, S.A.de C.V.をメキシコ・ケレタロに設立

2007　ナトコ（株）
［証券コード］4627
［上場区分］ジャスダックスタンダード

1948年11月	名古屋塗料（株）を設立
1969年8月	ナトコ商事（株）を設立（後：名古屋ペイント（株））
1978年11月	ナトコペイント（株）に社名変更
1990年9月	名古屋ペイント（株）を設立
1998年11月	ナトコ（株）に社名変更
2004年7月	名古屋ペイント（株）を吸収合併
2012年3月	耐塗可精細化工（青島）有限公司を中華人民共和国山東省に設立
2014年7月	NATOCO PAINT PHILIPPINES, INC.をフィリピン共和国・バタンガス州に設立

2008　（株）なとり
［証券コード］2922
［上場区分］東証一部

1948年	（株）名取商会を設立
1964年	（株）なとり商会に社名変更
1964年	なとり食品販売（株）を設立
1966年	なとり製菓（株）を設立
1975年	なとり観光（株）を設立
1979年	（株）なとりデリカを設立
1982年	（株）上野なとりを設立
1983年	（株）好好飲茶を設立
1987年	なとり納品代行（株）を設立（後：名旺商事（株））
1988年	メイホク食品（株）を設立
1991年	（株）なとりに社名変更
1993年	（株）メイリョウを設立
1993年	（株）函館なとりを設立
1996年	なとり製菓（株）となとり観光（株）を吸収合併
2002年12月	〈旧〉名旺商事（株）を設立（後：名旺商事（株））
2012年1月	南京名紅旺食品有限公司を設立

2009　（株）七十七銀行
［証券コード］8341
［上場区分］東証一部

1932年1月	七十七銀行と東北実業銀行と五城銀行が合併し（株）七十七銀行を設立
1941年9月	宮城銀行を合併
1974年11月	七十七リース（株）を設立
1978年10月	七十七信用保証（株）を設立
1980年1月	七十七ビジネスサービス（株）を設立
1982年1月	七十七コンピューターサービス（株）を設立
1983年2月	（株）七十七カードを設立
1987年3月	七十七スタッフサービス（株）を設立
1988年10月	七十七事務代行（株）を設立（後：七十七スタッフサービス（株））
1997年12月	七十七クレジットサービス（株）を設立（後：（株）七十七カード）

2010　ナビタス（株）
［証券コード］6276
［上場区分］ジャスダックスタンダード

1962年10月	大平工業（株）を設立
1987年9月	ナビタス（株）に社名変更
1994年10月	エヌアイエス（株）を設立（後：ナビタスインモールディングソリューションズ（株））
2004年10月	納維達斯机械（蘇州）有限公司を中国に設立
2011年4月	ナビタスビジョンソリューション（株）を設立
2012年9月	NAVITAS VIETNAM CO., LTD.をベトナムに設立

| | 2013年2月 | 納維達斯商貿（蘇州）有限公司を中国に設立 |

2011　(株)ナフコ
[証券コード]2790
[上場区分]ジャスダックスタンダード

1947年	深町家具を創業
1953年	(株)深町家具店に社名変更
1970年	(株)ナフコに社名変更
1972年9月	協同組合ナフコ商品センターを設立（後：(株)ナフコ商品センター）
1995年5月	(株)四国ナフコを設立（後精算）
2002年4月	(株)荒尾ナフコを吸収合併
2010年4月	(株)直方ナフコを吸収合併

2012　ナブテスコ(株)
[証券コード]6268
[上場区分]東証一部
〈ティーエスコーポレーション系〉

1944年8月	帝国人絹糸(株)より分離独立し帝人航空工業(株)を設立
1945年9月	帝人製機(株)に社名変更
1966年11月	東洋自動機(株)を設立
1971年4月	大亜真空技研(株)を設立（後：大亜真空(株)）
1982年4月	《米国》サンドストランド社と共同で出資しエス・ティ・エス(株)を設立
1990年3月	(株)セイキメタルを設立
1995年12月	帝人製機プレシジョン(株)を設立（後：ティーエスプレシジョン(株)）
1999年2月	ティーエスヒートロニクス(株)を設立
1999年7月	ログイット(株)を設立
2000年3月	帝人製機テキスタイルマシナリー(株)を設立（後：TSTM(株)）
2000年4月	東レエンジニアリング(株)と村田機械(株)と共同で出資しティエムティマシナリー(株)を設立
2000年12月	シーメット(株)を設立
2003年10月	ティーエスコーポレーション(株)に社名変更

〈ナブコ系〉

1925年3月	(株)神戸製鋼所と発動機製造(株)と東京瓦斯電気工業(株)が共同で出資し日本エヤーブレーキ(株)を設立
1943年12月	日本制動機(株)に社名変更
1946年6月	日本エヤーブレーキ(株)に社名変更
1984年6月	ロバート・ボッシュ社《ドイツ》と共同で出資し日本エービーエス(株)を設立
1992年4月	(株)ナブコに社名変更

＊　＊　＊　＊

2003年9月	帝人製機(株)とナブコ(株)は持株を移転してナブテスコ(株)を設立
2004年10月	ティーエスコーポレーション(株)と(株)ナブコを吸収合併
2008年2月	Nabtesco Power Control (Thailand) Co., Ltd.を設立
2009年12月	ナブテスコオートモーティブ(株)を設立
2011年1月	今創集団有限公司と合弁で江蘇納博特斯克今創軌道設備有限公司を設立
2011年10月	江蘇納博特斯克液圧有限公司を設立

2013　(株)名村造船所
[証券コード]7014
[上場区分]東証一部

1911年2月	(個)名村造船鉄工所を設立
1931年4月	(株)名村造船所に社名変更
1979年10月	名村重機船渠を設立
1983年7月	玄海テック(株)と名村情報システム(株)を設立
1985年8月	ゴールデン バード シッピング社を設立
1986年9月	名村エンジニアリング(株)を設立
1988年1月	モーニング ダイダラス ナビゲーション社を買収
1991年	メックマシナリー(株)を買収（後：オリイメック(株)）
1998年9月	名村マリン(株)を設立

2014　ナラサキ産業(株)
[証券コード]8085
[上場区分]東証二部

1902年	(株)楢崎商店を設立
1943年10月	楢崎商事(株)を吸収合併し楢崎産業(株)に社名変更
1968年5月	楢崎石油商事(株)を設立
1984年4月	楢崎総合運輸(株)を設立（後：ナラサキスタックス(株)）
1991年2月	ナラサキ石油(株)を設立
1991年10月	楢崎石油商事(株)を吸収合併
2002年10月	ナラサキ産業(株)に社名変更
2006年2月	悠禧貿易(上海)有限公司を中国に設立
2007年12月	エヌエスサービス(株)を設立
2013年7月	NARASAKI VIETNAM CO., LTD.をベトナムに設立

2015　(株)ナルコ岩井
1901年10月	(個)高木アルミニューム製造所を設立
1906年2月	日本アルミニューム製造所に社名変更
1928年9月	(株)日本アルミニューム製造所に改組
1940年11月	木下金属工業(株)を合併
1944年4月	三菱軽合金工業(株)に社名変更
1945年2月	昭和造機工業(株)を合併
1946年5月	日本アルミニウム工業(株)に社名変更
1967年12月	日本アルミ建材工業(株)を設立
1969年2月	日新アルミニウム工業(株)を合併
1977年12月	日本アルミニウム建材(株)を設立
1978年9月	日本アルミツルマル(株)を設立
1991年10月	日本アルミニウム建材(株)を合併し〈旧〉(株)日本アルミに社名変更
2009年10月	〈旧〉(株)日本アルミを清算し〈新〉(株)日本アルミと(株)日本アルミ滋賀製造所と(株)日本アルミ安城製作所を設立
2012年7月	岩井金属工業(株)に吸収合併され(株)ナルコ岩井に社名変更

2016　南海電気鉄道(株)
[証券コード]9044
[上場区分]東証一部
〈〈旧〉南海鉄道系〉

1893年10月	紀泉鉄道(株)と紀阪鉄道(株)が合併し紀摂鉄道(株)を設立
1895年	南陽鉄道(株)に社名変更
1895年8月	〈旧1〉南海鉄道(株)に社名変更
1909年12月	浪速電車軌道(株)を吸収合併

1915年6月	阪堺電気軌道(株)を吸収合併
1922年9月	大阪高野鉄道(株)と高野大師鉄道(株)を吸収合併
1932年2月	加太電気鉄道(株)を吸収合併
1940年12月	阪和電気鉄道(株)を吸収合併
1944年6月	関西急行鉄道(株)と〈旧1〉南海鉄道(株)が合併し**近畿日本鉄道(株)**に社名変更
1947年2月	近畿日本鉄道(株)から分離し〈旧2〉**南海鉄道(株)**に社名変更
1947年3月	高野山電気鉄道(株)と合併し**南海電気鉄道(株)**に社名変更
1948年12月	南海乗合自動車(株)を合併
1950年10月	南海航空観光(株)を設立(後:(株)南海国際旅行)
1952年5月	大阪競艇施設(株)を設立(後:住之江興業(株))
1956年7月	南海交通(株)を設立(後:南海タクシー)
1957年10月	南海自動車興業(株)を設立(後:南海車両工業(株))
1960年3月	(株)南海徳バスビルディングを設立(後:(株)南海徳島ビルディング)
1960年3月	南海白浜観光(株)を設立(後:(株)中の島)
1961年11月	和歌山電気鉄道(株)を合併
1969年8月	南海親和商事(株)を設立(後:南海商事(株))
1970年9月	南海地所(株)を設立
1975年8月	南海フェリー(株)を設立
1975年12月	和歌山バス(株)を設立
1978年4月	南海ビルサービス(株)を設立
1980年4月	南海観光バス(株)を設立
1980年7月	阪堺電気軌道(株)を設立
1987年4月	(株)南海ホームを設立(後:南海不動産(株))
1991年4月	関西空港交通(株)を設立
1998年10月	大阪スタヂアム興業(株)と合併
2000年12月	(株)南海ホテルアンドトラベルを設立
2001年5月	南海バス(株)を設立
2004年5月	南海都市創造(株)を設立
2005年3月	(株)南海ホテルアンドトラベルと合併
2010年10月	南海都市創造(株)と合併

〈大阪スタヂアム興業(株)系〉

1949年10月	**大阪スタヂアム(株)**を設立
1977年12月	大阪アイス興業(株)と合併し**大阪スタヂアム興業(株)**に社名変更
1991年6月	南海不動産(株)と合併

2017　南海プライウッド(株)
[証券コード]7887
[上場区分]東証二部

1955年4月	**南海プライウッド(株)**を設立
1962年12月	四国建設機器(株)を設立(後:ナンリツ(株))
1971年10月	南海港運(株)を設立
1992年10月	南海木材(株)を吸収合併
1996年4月	SENTUHAMONI SDN.BHD.をマレーシアに設立(後解散)
2000年12月	PT.NANKAI INDONESIAをインドネシアに設立
2002年4月	南海システム作業(株)を設立
2012年5月	南海建材商貿(上海)有限公司を設立

| 2014年1月 | NP ROLPIN SASをフランスに設立 |

2018　(株)ナンシン
[証券コード]7399
[上場区分]ジャスダックスタンダード

1947年10月	**(株)南進ゴム工業所**を設立
1987年7月	**(株)ナンシン**に社名変更
1990年1月	新正栄ダイカスト工業(株)を買収(後解散)
1990年7月	NSG(MALAYSIA)SDN.BHD.をマレーシアに設立
1991年9月	《英国》FLEXELLO LTD.を買収(後解散)
2000年7月	NANSIN USA CORPORATIONを設立(後解散)
2001年11月	NSG EUROPE LTD.を設立(後解散)
2004年1月	南星物流器械(蘇州)有限公司を中国に設立

2019　南総通運(株)
[証券コード]9034
[上場区分]ジャスダックスタンダード

1942年11月	**南総通運(株)**を設立
1972年12月	南総タクシー(株)を設立
1974年1月	南総総業(株)を設立
1979年10月	南総建設(株)を設立
1982年3月	南総電子工業(株)を設立(後:(株)南総デマンドサポート)

2020　(株)南都銀行
[証券コード]8367
[上場区分]東証一部

1934年6月	(株)六十八銀行と(株)吉野銀行と(株)八木銀行と(株)御所銀行が合併し**(株)南都銀行**を設立
1944年2月	(株)大和貯蓄銀行を合併
1969年11月	南都地所(株)を設立
1984年6月	南都ビジネスサービス(株)を設立
1984年10月	南都信用保証(株)を設立
1984年12月	南都リース(株)を設立
1986年7月	南都コンピュータサービス(株)を設立
1986年11月	南都投資顧問(株)を設立
1990年10月	南都ディーシーカード(株)を設立
1990年12月	南都カードサービス(株)を設立
1991年3月	南都スタッフサービス(株)を設立
2009年10月	なんぎん代理店(株)を設立

2021　(株)南陽
[証券コード]7417
[上場区分]福証

1953年8月	**西日本ベアリング(株)**を設立
1954年3月	**南陽機材(株)**に社名変更
1963年4月	直方砕石(株)を吸収合併
1973年8月	(株)共立砕石所を設立
1984年12月	共立産業(株)を買収
1986年12月	キョーエイレンタリース(有)を設立(後:キョーエイレンタリース(株))
1989年9月	(株)ナンヨーを設立
1989年9月	福岡建設機械(株)を設立(後:(株)南陽レンテック)
1992年4月	**(株)南陽**に社名変更
1995年1月	(株)建商を設立
1997年1月	(株)南陽リースを設立(後:(株)南陽

		レンテック)
	1997年5月	(株)南陽ディーゼルトウゲを設立(後：(株)南陽重車輛)
	1999年7月	(株)南陽トレーディングを設立
	2003年4月	浜村ユアツ(有)を買収
	2003年9月	南央国際貿易(上海)有限公司を中国に設立
	2010年4月	(株)南陽クリエイトを設立
	2013年4月	共栄通信工業(株)を買収

2022 新潟交通(株)
[証券コード]9017
[上場区分]東証二部

1943年12月	新潟電鉄(株)と新潟合同自動車(株)が合併し新潟交通(株)を設立
1950年12月	国際佐渡観光ホテル(株)を設立
1965年2月	新潟交友事業(株)を設立
1968年5月	(株)シルバーホテルを設立
1969年1月	新交ストアー(株)を設立
1972年4月	(株)浦浜農園を設立
1972年10月	新交西貸切バス(株)を設立(後：新潟交通西(株))
1972年10月	新交北貸切バス(株)を設立(後：新潟交通北(株))
1986年3月	新交佐渡貸切バスを設立(後：新潟交通佐渡(株))
1986年3月	新交貸切バス(株)を設立(後：新潟交通観光バス(株))
1986年12月	(株)新交企画を設立
1992年10月	新交西貸切バス(株)を設立(後：新潟交通観光バス(株))
1992年10月	新交北貸切バス(株)を設立(後：新潟交通観光バス(株))

2023 (株)ニイタカ
[証券コード]4465
[上場区分]東証一部

1963年4月	新高化学(株)を設立
1971年11月	新高化学工業(株)に商号変更
2000年6月	(株)日本自洗機メンテナンス協会を設立
2002年9月	(株)ニイタカに商号変更
2007年9月	福建新拓高日用化学品有限公司を設立
2011年4月	(株)ユーホーニイタカを設立

2024 (株)ニコン
[証券コード]7731
[上場区分]東証一部

1917年7月	東京計器製作所と(個)岩城硝子製作所の光学部門と反射鏡部門を統合し日本光学工業(株)を設立
1968年1月	(株)橘製作所を設立(後：(株)水戸ニコンプレシジョン)
1971年6月	(株)仙台ニコンを設立
1978年4月	(株)ニッコーエンジニアリングを設立(後：(株)ニコンエンジニアリング)
1981年6月	蔵王ニコンを設立(後：(株)宮城ニコンプレシジョン)
1986年4月	(株)ニコンシステムを設立
1987年5月	(株)ニコンテックを設立
1988年2月	コニカ販売(株)と共同で出資しニコンカメラ販売(株)を設立(後：ニコンイメージングジャパン)
1988年4月	(株)ニコンに社名変更
1992年8月	(株)ニコンインステックを設立
2000年1月	(株)ニコンアイウェアを設立
2000年1月	エシロールインターナショナル《仏》と共同で出資し(株)ニコン・エシロールを設立
2000年8月	(株)ニコンつばさ工房を設立
2001年4月	(株)ニコンビジョンを設立
2003年4月	トリンブルナビゲーション《米国》と共同で出資し(株)ニコン・トリンブルを設立
2003年11月	(株)ニコンスタッフサービスを設立
2005年1月	Nikon Instruments Korea Co., Ltd.を韓国に設立
2005年4月	尼康映像儀器銷售(中国)有限公司を中国に設立
2006年1月	Nikon Imaging Korea Co., Ltd.を韓国に設立
2006年9月	Nikon Australia Pty Ltdをオーストラリアに設立
2007年5月	Nikon India Private Limitedをインドに設立
2008年2月	Nikon(Russia)LLC.をロシアに設立
2008年12月	Nikon Mexico, S.A.de C.V.をメキシコに設立
2009年7月	(株)ニコンイメージングシステムズを設立
2010年8月	NIKON DO BRASIL LTDA.をブラジルに設立
2010年8月	Nikon Holdings Hong Kong Limitedを香港に設立
2010年12月	Nikon Sales(Thailand)Co., Ltd.をタイに設立
2011年8月	Nikon Middle East FZEをアラブ首長国連邦に設立
2012年9月	PT NIKON INDONESIAをインドネシアに設立
2013年3月	Nikon Lao Co., Ltdをラオスに設立
2013年6月	Nikon Asia Pacific Pte.Ltd.をシンガポールに設立
2015年6月	(株)ニコン・セル・イノベーションを設立

2025 西尾レントオール(株)
[証券コード]9699
[上場区分]東証一部

1959年10月	宝電機(株)を設立
1963年3月	宝電産(株)に社名変更
1965年10月	西尾実業(株)に社名変更
1969年1月	西尾建設機械販売(株)を設立
1971年5月	西尾リース(株)に社名変更
1979年3月	スピードショア社《米国》と共同で出資し日本スピードショア(株)を設立
1983年8月	三興レンタル(株)を設立
1983年12月	西尾レントオール(株)に社名変更
1989年9月	(有)アールアンドアールを設立
1992年10月	(株)トンネルのレンタルを設立
1995年2月	THAI RENT ALL CO., LTD.を設立(後：NISHIO RENT ALL(THAILAND)CO., LTD.)
2008年10月	ニシオワークサポート(株)を設立
2008年11月	ニシオレントオール北海道(株)を設立
2009年6月	(株)新光電舎を設立

にしかわこ

　　　　2010年10月　　ニシオレントオール神奈川（株）を設立

2026　西川ゴム工業（株）
［証券コード］5161
［上場区分］東証二部

　　　　1934年12月　　西川護謨工業所を設立
　　　　1949年4月　　西川ゴム工業（株）に社名変更
　　　　1960年6月　　興亜ゴム（株）を買収
　　　　1982年　　　　（株）西和物流を設立
　　　　1985年　　　　西和工業（株）を設立（後：（株）西川ビッグウェル）
　　　　1986年9月　　ザ・スタンダード・プロダクツ・カンパニーとの合弁によりニシカワ・スタンダード・カンパニーを設立
　　　　1989年3月　　ニシカワ・オブ・アメリカ, Inc.を設立
　　　　1991年　　　　（株）西川ゴム山口を設立
　　　　1995年8月　　インターナショナル・ラバー・パーツ・カンパニーと丸紅（株）との合弁によりニシカワ・タチャプララート・ラバー・カンパニー Ltd.を設立（後：ニシカワ・タチャプララート・クーパーLtd.）
　　　　1997年　　　　（株）いはら西川を設立
　　　　2001年12月　　上海西川密封件有限公司を設立
　　　　2002年　　　　西川デザインテクノ（株）を設立
　　　　2002年4月　　西川デザインテクノ（株）を設立
　　　　2004年6月　　広州西川密封件有限公司を設立
　　　　2005年　　　　（株）ナチュラブを設立
　　　　2013年1月　　PT. ニシカワ・カリヤ・インドネシアを設立

2027　西芝電機（株）
［証券コード］6591
［上場区分］東証二部

　　　　1950年2月　　東京芝浦電気（株）の網干工場より設備、人員等を継承し西芝電機（株）を設立
　　　　1965年3月　　播西電業（株）を設立（後：西芝サテック（株））
　　　　1978年4月　　西芝エンジニアリング（株）を設立
　　　　1989年4月　　西芝テクノ（株）を設立
　　　　1996年10月　　西芝ベトナム社を設立

2028　西日本旅客鉄道（株）
［証券コード］9021
［上場区分］東証一部

　　　　1987年4月　　西日本旅客鉄道（株）を設立
　　　　1988年4月　　ハートアンドアクション・フーズ（株）を設立（後：（株）ジェイアール西日本フードサービスネット）
　　　　1988年4月　　ハートアンドアクション・リーテイル（株）を設立（後：（株）ジェイアール西日本デイリーサービスネット）
　　　　1989年4月　　（株）ジェイアール西日本クリエイトを設立
　　　　1990年10月　　（株）ジェイアール西日本ホテル開発を設立
　　　　1991年6月　　ジェイアール西日本不動産（株）を設立（後：ジェイアール西日本不動産開発（株））
　　　　2000年2月　　（株）ジェイアール ウェスト レストランとジェイアール西日本フーズ（株）を合併（後：（株）ジェイアール西日本フードサービスネット）
　　　　2000年2月　　西日本キヨスク（株）と（株）ジェイアール西日本リーテックスを合併（後：（株）ジェイアール西日本デイリーサービスネット）
　　　　2002年11月　　ジェイアール西日本開発（株）とジェイアール西日本不動産（株）を合併（後：ジェイアール西日本不動産開発（株））
　　　　2005年1月　　JR西日本SC開発（株）と西日本電気テック（株）を設立
　　　　2005年4月　　JR西日本フィナンシャルマネジメント（株）を設立
　　　　2006年7月　　神戸ステーション開発（株）と芦屋ステーションビル（株）と（株）明石ステーション・センターを合併（後：神戸SC開発（株））
　　　　2007年4月　　呉ステーション開発（株）と中国ステーション開発（株）を合併（後：中国SC開発（株））
　　　　2009年2月　　JR西日本宮島フェリー（株）を設立
　　　　2009年4月　　ジェイアール西日本ファイナンス（株）とジェイアール西日本商事（株）を合併（後：ジェイアール西日本商事（株））
　　　　2009年4月　　山陽ステーション開発（株）と（株）岡山ステーションセンターを合併（後：山陽SC開発（株））
　　　　2009年7月　　（株）駅レンタカー中国と（株）駅レンタカー関西を合併（後：JR西日本レンタカー＆リース（株））
　　　　2009年8月　　（株）JR西日本カスタマーリレーションズを設立
　　　　2010年4月　　広島ステーションビル（株）と中国SC開発（株）を合併（後：中国SC開発（株））
　　　　2011年7月　　（株）天王寺ステーションビルディングと天王寺ターミナルビル（株）を合併（後：天王寺SC開発（株））
　　　　2013年7月　　（株）ジェイアールサービスネット米子と山陰ステーション開発（株）を合併（後：JR西日本山陰開発（株））
　　　　2013年7月　　ジェイアール西日本不動産開発（株）と（株）ジェイアール西日本福岡開発を合併（後：ジェイアール西日本不動産開発（株））

2029　（株）にしの
　　　　1922年11月　　西野栄助が創業
　　　　1952年　　　　（株）西野商店を設立
　　　　1971年9月　　伊藤忠商事（株）との合弁にて西野商事（株）を設立
　　　　2007年　　　　（株）日本アクセスと合併
　　　　2012年　　　　（株）にしのに商号を変更

2030　西松建設（株）
［証券コード］1820
［上場区分］東証一部

〈（資）西松組系〉
　　　　1874年　　　　（個）西松組を設立
　　　　1914年6月　　（個）西松工業所に社名変更
　　　　1916年7月　　（個）西松組に社名変更
　　　　1929年12月　　（資）西松組に改組
〈西松建設系〉
　　　　1937年9月　　（株）西松組を改組設立
　　　　1937年12月　　（資）西松組を吸収合併

	1948年7月	西松建設（株）に社名変更
	1959年5月	松栄不動産（株）を設立
	1961年2月	松栄不動産（株）を設立
	2010年3月	西松地所（株）を設立
	2010年6月	松栄不動産（株）を吸収合併・解散

2031　日亜化学工業（株）
	1956年	日亜化学工業（株）を設立
	1988年	日亜アメリカ（株）を設立
	1989年	日亜マレーシア（株）を設立
	1993年	日亜ケミカルヨーロッパGmbHと日亜化学ヨーロッパGmbHを設立
	1999年	日亜ヨーロッパB.V.を設立
	2000年	日亜シンガポール（株）を設立
	2001年	上海日亜電子化学有限公司を設立
	2003年	日亜化学（香港）有限公司を設立
	2004年	韓国日亜（株）を設立
	2005年	上海日亜光電販売有限公司を設立
	2006年	日亜タイ（株）を設立
	2008年	日亜インド（株）を設立
	2009年	日亜ロシア（有）を設立

2032　日亜鋼業（株）
［証券コード］5658
［上場区分］東証一部
	1908年7月	田中亜鉛鍍金工場を設立
	1918年3月	日本亜鉛鍍（株）に社名変更
	1935年5月	日本亜鉛鍍鋼業（株）に社名変更
	1939年9月	日亜製鋼（株）に社名変更
	1952年6月	日亜製鋼（株）より分離独立し日亜鋼業（株）に社名変更
	1961年4月	日亜加工鋼業（株）を吸収合併
	1968年4月	日亜工運（株）を設立
	1976年2月	日亜企業（株）を設立
	1979年4月	東北日亜鋼業（株）を設立（後：太陽メッキ（株））
	2001年10月	日亜機電（株）を設立（後清算）
	2011年11月	天津冶金鋼線鋼繊集団有限公司と合弁で天津天冶日亜鋼業有限公司を設立

2033　（株）ニチイ学館
［証券コード］9792
［上場区分］東証一部
	1973年8月	（株）保育総合学院を設立
	1975年8月	（株）ニチイ学館に社名変更
	1976年4月	（株）日本医療事務学院を吸収合併
	1983年7月	（株）全医研を設立
	1987年3月	（有）サンフラワー薬局を設立（後：（株）サンメディック）
	1990年1月	（株）全医研を吸収合併
	1993年7月	（株）エム・アンド・アールを設立
	1999年7月	（株）ヘルシーライフサービスを吸収合併
	1999年7月	（株）ヘルシーライフサービスを吸収合併
	2000年10月	（株）デベロ介護センターを吸収合併
	2002年4月	（株）アイタックを吸収合併
	2003年1月	シルバーサービス（株）を吸収合併（後吸収合併）
	2009年10月	（株）ニチイのほほえみと（株）ニチイのきらめきと（株）ニチイ関東と（株）ニチイケア長野と（株）ニチイケア岐阜と（株）ニチイケア愛知と（株）ニチイケア京都と（株）ニチイケア兵庫を吸収合併
	2010年1月	京浜ライフサービス（株）を吸収合併
	2012年10月	NICHII INTERNATIONAL CLINIC PTE.LTD.を設立
	2012年11月	（株）ヨーク国際留学センターを設立
	2013年12月	日医（北京）商貿有限公司を設立
	2014年2月	日醫香港有限公司を設立
	2014年6月	（株）ホスピカを吸収合併
	2014年11月	日医（広州）商貿有限公司を設立

2034　日医工（株）
［証券コード］4541
［上場区分］東証一部
	1965年7月	日本医薬品工業（株）を設立
	1967年7月	内外医師新薬（株）を吸収合併
	1978年12月	（株）田村薬品と合併（株式額面変更）
	1978年12月	（株）日医工と（株）日医工物産と（株）内外薬学研究所を吸収合併
	1985年6月	東京医薬品工業（株）を吸収合併
	2005年4月	日本ガレン（株）を吸収合併
	2005年6月	日医工（株）に商号変更
	2012年6月	日医工ファーマ（株）を吸収合併
	2014年1月	NIXS Corporation（アメリカ）を設立
	2014年1月	Nichi-Iko（Thailand）Co., Ltd.を設立

2035　ニチコン（株）
［証券コード］6996
［上場区分］東証一部
	1950年8月	（株）関西二井製作所を設立
	1957年4月	関西二井販売（株）を設立（後：ニチコン販売（株））
	1961年4月	日本コンデンサ工業（株）に社名変更
	1968年10月	ワカサ電機（株）を設立
	1969年8月	タイワン キャパシタ リミテッドを設立（後：タイコン コーポレーション）
	1970年9月	ニチコン（アメリカ）コーポレーションを設立
	1970年9月	ニチコンスプラーグ（株）を設立（後：ニチコンタンタル（株））
	1971年10月	デンドー（株）を設立（後：ニチコンデンドー（株））
	1972年5月	ニチコン（香港）リミテッドを設立
	1978年9月	ニチコン（シンガポール）プライベートリミテッドを設立
	1981年2月	ニチコン岩手（株）を設立
	1987年10月	ニチコン販売（株）を吸収合併しニチコン（株）に社名変更
	1990年1月	ニチコン（ヨーロッパ）リミテッドを設立
	1990年3月	ニチコン（マレーシア）センディリアンバハッドを設立
	2000年2月	ニチコン福井（株）を設立（後解散）
	2000年3月	ニチコン（台湾）カンパニー リミテッドを設立
	2000年4月	ニチコン滋賀（株）を設立（後解散）
	2001年2月	ニチコン（タイランド）カンパニー リミテッドを設立
	2001年12月	ニチコン エレクトロニクス（無錫）カンパニー リミテッドを設立
	2001年12月	ニチコン（オーストリア）ゲー・エム・ベー・ハーを設立
	2002年6月	ニチコン エレクトロニクス トレーディング（上海）カンパニー リミテッドを

	2003年4月	設立
ニチコン亀岡(株)を設立	1989年4月	(株)日伝に社名変更
	2003年10月	ニチコン草津(株)を設立	2003年4月	日伝国際貿易(上海)有限公司を設立
	2005年4月	ニチコン大野(株)を設立	2006年1月	(株)プロキュバイネットを設立
	2008年8月	ニチコン エレクトロニクス トレーディング(深圳)カンパニー リミテッドを設立	2010年6月	NICHIDEN (Thailand) Co., Ltd.を設立
	2009年7月	無錫ニチコン エレクトロニクス R&D センター カンパニー リミテッドを設立	2013年1月	日伝鉄工(株)を吸収合併
			2014年6月	NICHIDEN Trading (Thailand) Co., Ltd.を設立
	2011年2月	ニチコン エレクトロニクス(宿遷)カンパニー リミテッドを設立	2014年11月	NICHIDEN VIETNAM CO., LTD.を設立
	2012年4月	ニチコン エレクトロニクス(インディア)プライベート リミテッドを設立		

2039　ニチハ(株)
[証券コード] 7943
[上場区分] 東証一部

1956年6月	日本ハードボード工業(株)を設立
1988年4月	ニチハ(株)に社名変更
1989年10月	住友金属工業(株)と住金鋼材工業(株)と共同で出資し住金エフアールシー(株)を設立
1992年7月	三重ニチハ(株)を設立
1998年5月	Nichiha USA, Inc.を設立
2004年8月	高萩ニチハ(株)を設立
2004年12月	ニチハ装飾建材(嘉興)有限公司を設立
2005年1月	ニチハ装飾繊維セメント壁板(嘉興)有限公司と八代ニチハ(株)を設立
2005年2月	住友林業(株)と共同出資にてニチハ富士テック(株)を設立
2013年7月	松本建工(株)からの事業一部譲受けを目的として(株)FPコーポレーションを設立

2012年10月　ニチコン製箔(株)を設立
2012年10月　ニチコン長野(株)を設立(後清算)

2036　日神不動産(株)
[証券コード] 8881
[上場区分] 東証一部

1975年3月	日医信販(株)を設立
1983年8月	日医神和(株)に社名変更
1987年6月	日神開発(株)を設立(後:日神建設(株))
1987年8月	日神管理(株)を設立
1988年8月	日医神和フロリダ, INC.を設立(後:日神コーポレーション USA, INC.)
1989年7月	フォレスト オークス ホールディング, CORP.を設立(後:フォレスト オークス カントリークラブ, INC.)
1989年12月	日神ファイナンス(株)を設立
1990年4月	日神コーポレーション オブ アメリカ, INC.を設立(後:日神コーポレーション USA, INC.)
1990年4月	日神不動産(株)に社名変更
2002年7月	グッドリフォーム(株)を設立(後:日神住宅サポート(株))
2005年6月	日神住宅流通(株)を設立(後:日神住宅サポート(株))
2007年4月	ハンターズ クリーク ゴルフ コース, INC.を設立
2013年10月	日神不動産投資顧問(株)を設立

2040　ニチバン(株)
[証券コード] 4218
[上場区分] 東証一部

1918年1月	(個)歌橋製薬所を設立
1934年12月	(株)歌橋製薬所に改組
1944年9月	日絆工業(株)に社名変更
1948年6月	日絆薬品工業(株)に社名変更
1961年1月	ニチバン(株)に社名変更
1965年10月	ニチバンプリント(株)を設立
1968年4月	ニチバンテクノ(株)を設立
1989年7月	ニチバンメディカル(株)を設立

2041　(株)日貿信
1897年7月	(株)台湾銀行を設立
1957年4月	日本貿易信用(株)に社名変更
1974年4月	(株)日貿信に社名変更
1983年5月	東京抵当信用(株)を設立(後:(株)日貿信ファイナンス)
2000年1月	(株)日貿信債権回収サービスを設立

2037　(株)ニチダイ
[証券コード] 6467
[上場区分] ジャスダックスタンダード

1959年5月	田中合金製作所を創業
1967年5月	(株)ニチダイを設立
2001年4月	NICHIDAI AMERICA CORPORATIONを設立
2004年4月	ニチダイフィルタ(株)を設立
2007年2月	THAI SINTERED MESH CO., LTD.を設立
2008年4月	NICHIDAI (THAILAND) LTD.を設立
2008年4月	ニチダイプレシジョン(株)を設立(後吸収合併)

2042　日油(株)
[証券コード] 4403
[上場区分] 東証一部

〈(第1次)日本油脂系〉

1910年9月	日本リバーブラザーズ(株)を設立
1925年11月	大日本石鹸(株)に社名変更
1926年2月	ベルベット石鹸(株)に社名変更
1937年3月	〈第1次〉日本油脂(株)に社名変更

〈合同油脂系〉

1917年8月	(名)鈴木商店(王子製油所)を設立
1921年4月	スタンダード油脂(株)を設立
1923年4月	日本グリセリン工業(株)を合併し合同

2038　(株)日伝
[証券コード] 9902
[上場区分] 東証一部

1952年11月	日本伝導(株)を設立
1959年10月	日本伝導精機(株)に社名変更

	油脂グリセリンに社名変更
1931年12月	合同油脂(株)に社名変更

*　　*　　*

1937年6月	合同油脂(株)と〈第1次〉日本油脂(株)が合併し〈第2次〉日本油脂(株)に社名変更
1937年9月	(株)高田船底塗料製造所を合併
1938年1月	室蘭魚糧(株)を合併
1938年2月	噴火湾漁業(株)と伊達水業(株)と噴火湾東水産(株)と木村漁業(株)と北海油脂工業(株)他13社を合併
1938年7月	帝国火薬工業(株)を合併
1938年10月	帝国火工品製造(株)を設立
1940年6月	東邦人造繊維(株)を合併
1941年7月	新潟人絹工業(株)と日本石鹸(株)を合併
1942年6月	東京ペイント(株)と日本高級塗料(株)を合併
1945年4月	日本鉱業(株)を合併し日産化学工業(株)に社名変更
1945年5月	豊洋水産(株)と日産木材工業(株)を設立
1949年7月	〈第3次〉日本油脂(株)を設立
1961年6月	細雪酒造(株)を設立
1970年6月	帝国火工製造(株)を吸収合併
1973年6月	ダイヤモンド・シャムロックコーポレーション《米国》と共同で出資し日本ダクロシャムロック(株)を設立
1973年11月	ニッサン石鹸工業(株)とシスター石鹸(株)グループが合併しニッサン石鹸(株)を設立
1988年7月	ピーピージー・インダストリーズ・ファー・イースト(株)と共同で出資しジェー・ピー・エヌ・ケミカル(株)を設立
1988年12月	NOF AMERICA CORPORATIONを設立
1988年12月	モートン・サイオコール(株)《米国》と共同で出資し(株)モートンニチユを設立(後：(株)オートリブ・ニチユ)
1992年7月	PT.SINAR MAS TUNGGALと(株)資生堂と丸紅(株)と日立造船(株)と合弁でPT.SINAR OLEOCHEMICAL INTERNATIONALを設立
1994年7月	NOF EUROPE N.V.を設立
1995年11月	PT.SINAR MAS TUNGGALと丸紅(株)と合弁でPT.NOF MAS CHEMICAL INDUSTRIESを設立
1996年2月	日本カーリット(株)と日本工機(株)と合弁で(株)ジャペックスを設立
2002年9月	(株)アグロメデックとニチユビルド(株)と日本ベッツディアボーン(株)を統合しニチユソリューション(株)を設立
2004年10月	常熟日油化工有限公司を設立
2007年10月	日油(株)に社名変更
2011年2月	日油(上海)商貿有限公司を設立
2014年11月	NOF EUROPE GmbHを設立

2043　ニチユ三菱フォークリフト(株)
[証券コード]7105
[上場区分]東証一部

1937年8月	(株)日本輸送機製作所の事業を継承し日本輸送機(株)を設立
1966年9月	大阪ニチユ整備(株)を設立(後：ニチユMHI近畿(株))
1967年10月	東京ニチユ(株)を設立(後：ニチユMHI東京(株))
1992年3月	Nichiyu Asia Pte.Ltd.を設立
1997年10月	上海力至優叉車製造有限公司を設立
1998年4月	力至優叉車(上海)有限公司を設立
2009年4月	三菱重工業(株)と国内フォークリフト販売、サービス事業を統合しニチユMHIフォークリフト(株)を設立
2010年6月	Nichiyu Forklifts India Pvt. Ltd.を設立
2011年8月	Nichiyu Forklift (Thailand) Co., Ltd.を設立
2013年4月	ニチユ三菱フォークリフト(株)に社名変更

2044　日糧製パン(株)
[証券コード]2218
[上場区分]札証

1943年10月	北海道報国製菓(名)を設立
1946年5月	日本糧産化学工業(名)に社名変更
1948年12月	日本糧産化学工業(株)に改組
1959年3月	日糧製パン(株)に社名変更
1962年4月	釧路日糧(株)を設立
1962年12月	丸十製パン(株)を買収
1963年1月	亀屋パン(株)を合併
1968年5月	函館第一製パン(株)を設立(後：函館日糧(株))
1969年4月	旭川日糧(株)を設立
1971年2月	日糧デリー食品(株)を設立(後：(株)味車)
1973年12月	旭川日糧(株)と釧路日糧(株)と函館日糧(株)を合併
1976年3月	(株)日糧所沢工場を設立
1980年6月	(株)北海道わらべやを設立
1986年11月	〈旧〉(株)味車を設立(後整理)
1999年3月	(株)味車を設立
2010年2月	(株)ノースデリカを吸収合併

2045　(株)ニチリン
[証券コード]5184
[上場区分]東証二部

1914年5月	東工業(株)より分離独立し日本輪業(資)を設立
1924年5月	日本輪業(株)に改組
1931年2月	日本輪業ゴム(株)に社名変更
1943年8月	日輪ゴム工業(株)に社名変更
1988年7月	ニチリン化成(株)を吸収合併
1991年7月	(株)ニチリンに社名変更
1994年6月	ニチリン(タイランド)を設立
1996年12月	上海日輪汽車配件有限公司を設立
1998年10月	ニチリン カプラ テック ユー・エス・エー インクを設立
1999年2月	ニチリン ユー・ケー リミテッドを設立
2002年4月	ニチリン テネシー インクを設立
2004年7月	日輪工販(株)を吸収合併
2004年11月	日輪軟管工業(上海)有限公司を設立(後：日輪橡塑工業(上海)有限公司)
2005年8月	日輪橡塑工業(上海)有限公司を設立
2008年5月	ニチリン ベトナム カンパニー リミテッドを設立
2010年10月	オートパーツ インディア プライベー

にちれい

| | 2011年4月 | ピーティー.ニチリン インドネシアを設立 |

2046　（株）ニチレイ
[証券コード]2871
[上場区分]東証一部

1942年12月	帝国水産統制（株）を設立
1945年12月	日本冷蔵（株）に社名変更
1950年4月	常陸冷蔵（有）を設立
1959年5月	九州冷蔵（株）を設立（後：九州日冷（株））
1960年2月	北国冷蔵（株）と高知冷蔵（株）を設立
1960年10月	東海冷蔵（株）と駿河冷蔵（株）を設立
1964年1月	泉州製氷（株）を合併
1965年7月	九州日冷（株）を設立
1966年1月	大阪日冷（株）と北陽日冷（株）と京都日冷（株）を設立
1966年10月	白石フード（株）を設立
1967年4月	神奈川日冷スター販売（株）を設立
1970年3月	名古屋日冷スター販売（株）を設立
1977年3月	（株）日本低温流通を設立（後：（株）ロジスティクス・ネットワーク）
1985年2月	（株）ニチレイに社名変更
2000年11月	（株）ロジスティクス・プランナーを設立
2001年4月	（株）ニチレイ・アプリを設立（後：（株）ニチレイプロサーヴ）
2003年1月	（株）日立製作所と共同で出資し（株）日立フーズ＆ロジスティクスシステムズを設立
2005年11月	（株）日清製粉グループ本社との合弁会社として錦築（烟台）食品研究開発有限公司を設立
2006年11月	Surapon Nichirei Foods Co., Ltdを設立

2047　ニチレキ（株）
[証券コード]5011
[上場区分]東証一部

1943年10月	（個）日本瀝青化学工業所を設立
1946年8月	（資）日本瀝青化学工業所に改組
1947年2月	（資）日本瀝青化学工業所の代用アスファルト製造業務を継承し日本瀝青工業（株）を設立
1954年2月	日本瀝青工業（株）の製造・販売業務、アスファルト乳剤製造を継承し〈旧〉日瀝化学工業（株）を設立
1969年1月	日瀝特殊加工（株）と（資）日本瀝青化学工業所と（株）日瀝と〈旧〉日瀝化学工業（株）が対等合併し日瀝化学工業（株）を設立
1970年10月	日瀝道路（株）を設立
1973年2月	北海道ニチレキ工事（株）を設立
1975年8月	東北ニチレキ工事（株）と九州ニチレキ工事（株）と中国ニチレキ工事（株）を設立
1977年4月	中部ニチレキ工事（株）と近畿ニチレキ工事（株）と四国ニチレキ工事（株）を設立
1979年4月	日レキ特殊工事（株）を設立
1994年10月	ニチレキ（株）に社名変更
2002年12月	北京路新大成景観舗装有限公司を設立

2004年7月	ピーエスニチレキを設立
2007年4月	杭州同舟瀝青有限公司を設立
2010年8月	重慶市三瀝高科道路材料有限責任公司を設立
2010年10月	日瀝（上海）商貿有限公司を設立
2013年8月	上海城建日瀝特種瀝青有限公司を設立

2048　日和産業（株）
[証券コード]2055
[上場区分]東証二部

1924年8月	日本家畜飼料（株）を設立
1948年7月	日和産業（株）に社名変更
1951年7月	兵庫製油（株）を吸収合併
1975年11月	東和畜産（株）を設立
2003年12月	みちのく飼料（株）を設立

2049　日華化学（株）
[証券コード]4463
[上場区分]名証二部

1939年	（資）日華化学工業所に改組
1941年9月	日華化学工業（株）を設立
1963年7月	（株）日華化学輸出部を設立（後：（株）ニッカエンタープライズ）
1968年5月	台湾日華化学工業股份有限公司を設立
1971年5月	三慶日華化学（株）を設立（後：韓国精密化学（株））
1974年1月	サイアムテキスタイルケミカルCO., LTD.を設立（後：STCニッカCO., LTD.）
1974年10月	PT.インドネシアニッカケミカルズを設立
1987年12月	（株）サンファイバーを設立（後解散）
1988年4月	ニッカU.S.A., INC.を設立
1988年5月	香港日華化学有限公司を設立
1988年6月	日華化学（株）に商号変更
1993年4月	広州日華化学有限公司を設立
1995年7月	杭州日華化学有限公司を設立（後解散）
1996年11月	ローヌ・プーラン日華（株）を設立（後：ローディア日華（株））
2002年7月	コスメラボ（株）を設立
2002年8月	日華化学技術諮詢（上海）有限公司を設立（後：日華化学研発（上海）有限公司）
2002年9月	浙江日華化学有限公司を設立
2003年2月	デミヘアケアシステムズ, INC.を設立（後解散）
2003年2月	（株）ニッカエンタープライズを吸収合併
2004年6月	ニッカVIETNAM CO., LTD.を設立
2010年2月	イーラル（株）を設立
2011年3月	DEMI (BEIJING) INTERNATIONAL TRADING CO., LTD.を設立
2012年8月	DEMI KOREA CO., LTD.を設立

2050　（株）ニッキ
[証券コード]6042
[上場区分]東証二部

1932年2月	（株）日本気化器製作所を設立
1974年11月	田島精密工業（株）を設立
1978年6月	（株）日気サービスを設立
1995年10月	瀋陽日新気化器有限公司を設立
1998年1月	NIKKI AMERICA, INC.を設立
2001年10月	（株）ニッキに社名変更

2004年5月	(株)ニッキ ソルテックを設立(後：(株)ニッキ ソルテック サービス)
2005年6月	NIKKI KOREA CO., LTD.を設立
2005年11月	NIKKI AMERICA FUEL SYSTEMS, LLCを設立
2011年8月	NIKKI INDIA FUEL SYSTEMS PRIVATE LIMITEDを設立
2013年8月	NIKKI(THAILAND) CO., LTD.を設立

2051　日機装(株)
[証券コード]6376
[上場区分]東証一部

1953年12月	特殊ポンプ工業(株)を設立
1959年10月	〈旧〉日本機械計装(株)に社名変更
1961年5月	共和紙工(株)と合併し日本機械計装(株)に社名変更
1962年6月	日機装工事(株)を設立
1968年11月	日機装(株)に社名変更
1973年2月	日機装エイコー(株)を設立
1973年10月	Nikkiso Deutschland GmbHを設立(後：Nikkiso Pumps Europe GmbH)
1996年6月	Nikkiso LNG Testing, Inc.を設立(後：Nikkiso Cryo, Inc.)
1997年2月	Nikkiso Medical GmbHを設立(後：Nikkiso Europe GmbH)
2000年1月	Microtrac, Inc.を設立
2000年12月	Nikkiso Pumps America, Inc.を設立
2001年2月	Nikkiso Vietnam MFG Co., Ltd.を設立
2008年12月	Nikkiso Vietnam, Inc.を設立
2010年5月	威高日機装(威海)透析機器有限公司を設立

2052　(株)ニックス
[証券コード]4243
[上場区分]ジャスダックスタンダード

1949年2月	不二機械製作(株)を設立
1953年4月	日幸工業(株)に商号変更
1995年1月	NIX OF AMERICAを設立
2001年1月	(株)ニックスに商号変更
2003年10月	香港日幸有限公司を設立
2010年5月	中山日幸精密機械有限公司を設立
2011年6月	上海日更国際貿易有限公司を設立
2012年8月	NIX TRADING (THAILAND) LTD.を設立

2053　ニッコー(株)
[証券コード]5343
[上場区分]名証二部

1950年8月	日硬産業(株)を整理解散し日硬陶器(株)を設立
1953年8月	日硬陶業(株)に社名変更
1958年6月	日本硬質陶器(株)に社名変更
1964年5月	白山タイル工業(株)を設立
1968年7月	NIKKO CERAMICS, INC.を設立
1983年11月	ニッコー(株)に社名変更
1993年5月	N&I ASIA PTE LTD.を合弁で設立
2008年1月	ニッコーエムイー(株)を設立

2054　日工(株)
[証券コード]6306
[上場区分]東証一部

1919年8月	日本工具製作(株)を設立
1967年10月	日工(株)を設立(後：日工興産(株))
1968年2月	日工(株)に社名変更
1971年5月	日工電子工業(株)を設立
1993年5月	トンボ日工商事(株)を設立
1994年2月	ニッコーバウマシーネン(有)を設立
1994年4月	トンボ工業(株)を設立
1995年4月	日工セック(株)を設立
2001年4月	日工(上海)工程機械有限公司を設立
2006年8月	エヌ・ディー・シー(株)を設立
2012年10月	日工ダイヤクリート(株)を吸収合併

2055　日興シティホールディングス(株)
〈川島屋証券系〉

1918年7月	(個)川島屋商店を設立
1920年4月	(株)川島屋商店に改組
1943年9月	川島屋証券と合併し川島屋証券(株)に社名変更

〈日興証券系〉

1920年6月	日本興業銀行から独立し日興証券(株)を設立
1943年12月	共同証券(株)を合併

*　　　*　　　*　　　*

1944年4月	川島屋証券(株)と日興証券(株)が合併し日興証券(株)に社名変更
1959年12月	日興証券投資信託委託(株)を設立
1960年1月	日興証券投資信託サービス(株)を設立
1970年12月	(株)日興リサーチセンターを設立
2001年10月	(株)日興コーディアルグループに社名変更
2001年10月	日興コーディアル証券(株)を証券業およびその他営業の全部を譲渡し設立
2008年5月	シティグループ・ジャパン・ホールディングス(株)に吸収合併されて日興シティホールディングス(株)に商号変更

2056　ニッコンホールディングス(株)
[証券コード]9072
[上場区分]東証一部

1953年8月	〈旧〉(株)日本梱包運搬社を設立
1959年	熱田急配(株)を買収(後：(株)メイコン)
1959年	豊田貨物自動車運送(株)を買収(後：(株)日本陸送)
1965年	(株)日本梱包運搬社を吸収合併し(株)日本梱包運搬社に社名変更
1966年	日本運輸(株)を設立
1968年10月	日本梱包運輸倉庫(株)に社名変更
1971年	(株)オートテクニックを設立
1974年	日輪商事(株)を設立
1977年	(株)東倉庫を買収
1978年	(株)テクニックサービスを設立
1981年	日本梱包運輸(株)を買収
1982年	(株)オートテクニックジャパンを設立
1988年	コスモ技研(株)を設立(後：(株)ニッコン九州)
1989年	NK PARTS INDUSTRIES, INC.を設立
1993年	エヌケイエンジニアリング(株)を設立
1994年	A.N.I.LOGISTICS, LTD.と南京日梱儲運実業有限公司を設立
1995年	(株)ホンダ埼玉南を設立(後：(株)ホ

にっさんか

	ンダプリモ埼玉南
2000年	NK AMERICA, INC.を設立
2004年	NKA TRANSPORTATION, INC.とNKA LOGISTICS, INC.を設立
2006年	NIPPON KONPO VIETNAM CO., LTD.を設立
2006年	菱自運輸（株）を買収
2008年	NKA CUSTOMS SERVICE, INC.を設立
2010年	NK BRASIL LOGISTICA LTDA.を設立
2010年	中越テック（株）を買収
2011年	A.N.I.TRANSPORT, LTD.とNKP MEXICO, S.A. DE C.V.を設立
2013年	AUTO TECHNIC AMERICAS, INC.を設立
2013年	（株）信栄倉庫を買収
2014年	（株）イトー急行を買収
2014年	狭山日梱（株）と小川日梱（株）と藤沢日梱（株）と新潟日梱（株）と松本日梱（株）と鈴鹿日梱（株）と群馬日梱（株）を設立
2015年10月	ニッコンホールディングス（株）に商号変更

2057　日産化学工業（株）
［証券コード］4021
［上場区分］東証一部

1887年2月	東京人造肥料会社を設立
1893年12月	東京人造肥料（株）に社名変更
1910年7月	大日本人造肥料（株）に社名変更
1918年	中国肥料（株）を合併
1919年	硫酸肥料（株）を合併
1922年6月	大正運送（株）を設立（後：日産物流（株））
1923年5月	関東酸曹（株）と日本化学肥料（株）を合併
1929年1月	北陸人造肥料（株）を合併
1932年10月	（株）文化農報社を設立（後：日星産業（株））
1937年12月	日産化学工業（株）に社名変更
1943年4月	日本鉱業（株）化学部門に名称変更
1945年4月	日本油脂（株）より譲受され日産化学工業（株）に社名変更
1958年6月	日産丸紅商事（株）を設立
1963年11月	関西日産化学（株）を設立
1963年11月	東京日産化学（株）を設立
1963年11月	北海道日産化学（株）を設立
1965年1月	日産石油化学（株）を設立
1970年1月	日産エンジニアリング（株）を設立
1989年10月	ニッサン ケミカル アメリカ コーポレーションを設立
1996年7月	ニッサン ケミカル ヒューストン コーポレーションを設立（後：ニッサン ケミカル アメリカ コーポレーション）
1998年4月	東京日産化学（株）を吸収合併
2001年4月	韓国日産化学（株）を設立
2001年10月	日産アグリ（株）を設立（後：サンアグロ（株））
2002年12月	ニッサン ケミカル ヨーロッパ S.A.R.L.を設立
2005年2月	日産化学アグロコリア（株）を設立
2010年10月	台湾日産化学股份有限公司を設立
2013年6月	Thin Materials GmbHを買収
2014年1月	日産化学製品（上海）有限公司を設立

2058　日産自動車（株）
［証券コード］7201
［上場区分］東証一部

1933年12月	日本産業（株）と戸畑鋳物（株）が共同で出資し自動車製造（株）を設立
1934年6月	日産自動車（株）に社名変更
1942年11月	日産自動車販売（株）を合併
1944年9月	日産重工業（株）に社名変更
1949年8月	日産自動車（株）に社名変更
1956年5月	厚木自動車部品（株）を設立
1960年9月	米国日産自動車会社を設立
1961年9月	メキシコ日産自動車会社を合弁で設立
1966年8月	プリンス自動車工業（株）と合併
1980年7月	米国日産自動車製造会社を設立
1981年11月	米国日産販売金融会社を設立
1984年2月	英国日産自動車製造会社を設立
1989年4月	欧州日産会社を設立
1990年11月	〈旧〉北米日産会社を設立
1994年4月	北米日産会社を設立
1994年10月	中東日産会社を設立
2002年3月	ルノー・日産会社を設立
2002年8月	欧州日産自動車会社を設立（後清算）
2007年12月	ルノー日産オートモーティブインディア社を設立
2011年7月	アジア・パシフィック日産自動車会社を設立
2011年8月	日産自動車九州（株）を設立

2059　日産車体（株）
［証券コード］7222
［上場区分］東証一部

1941年7月	日本航空工業（株）と国際工業（株）が合併し日本国際航空工業（株）を設立
1946年2月	日国工業（株）に社名変更
1949年4月	日国工業（株）より分離独立し新日国工業（株）を設立
1962年1月	日産車体工機（株）に社名変更
1962年8月	日国工業（株）を吸収合併
1971年6月	日産車体（株）に社名変更
2001年4月	（株）オートワークス京都を設立
2007年5月	日産車体九州（株）を設立

2060　日産東京販売ホールディングス（株）
［証券コード］8291
［上場区分］東証一部

1942年11月	東京府自動車配給（株）を設立
1943年10月	東京都自動車整備配給（株）に社名変更
1946年2月	東京自動車販売（株）に社名変更
1946年12月	東京日産自動車販売（株）に社名変更
1960年3月	三生不動産（株）を設立（後：三生興産（株））
1989年3月	東京日産コンピュータシステム（株）を設立
1990年11月	東京日産ドライビングカレッジ（株）を設立
1994年11月	（株）ユーアンドユーを設立（後：（株）カーネット車楽）
1998年10月	（株）ジャガー東京を設立
1999年8月	（株）昭和島サービスセンターを設立（後：エヌティオートサービス（株））

2001年6月	(株)エース・オートリースを設立			ZO.O.を設立
2002年10月	(株)車検館を設立		2012年2月	LAO NISSIN SMT CO., LTDを合弁で設立
2004年4月	(株)東日カーライフグループを持株会社として設立し社名変更		2012年6月	日新倉運(深圳)貨運代理有限公司を設立
2011年4月	日産東京販売ホールディングス(株)に社名変更		2014年3月	PT.NISSIN JAYA INDONESIAを合弁で設立

2061　(株)日新
[証券コード]9066
[上場区分]東証一部

1938年12月	日新運輸(株)を設立
1946年3月	〈旧〉日新商事(株)に社名変更
1949年4月	新栄倉庫(株)を設立
1950年1月	日新運輸倉庫(株)に社名変更
1950年2月	日新商事(株)を設立
1950年6月	新栄倉庫(株)を合併
1956年6月	北新港運(株)を設立
1963年3月	(株)新興畜産保土ケ谷農園を合併
1969年10月	横浜海運倉庫(株)を合併
1973年12月	NISSIN INTERNATIONAL TRANSPORT U.S.A., INC.を設立
1974年1月	日新運輸倉庫(香港)有限公司を設立
1978年4月	日新航空サービス(株)を設立
1981年4月	北海道日新運輸倉庫(株)を設立(後:(株)北海道日新)
1983年3月	日新エアカーゴ(株)を設立
1983年10月	NISSIN TRANSPORT (S) PTE. LTD.とNISSIN (U.K.) LTD.を設立
1984年10月	NISSIN TRANSPORT (CANADA) INC.を設立
1985年1月	NISSIN TRANSPORT GmbHを設立
1985年10月	(株)日新に社名変更
1987年10月	SIAM NISTRANS CO., LTD.を設立
1987年12月	NISSIN TRANSPORT GES.MBHを設立
1988年10月	NISSIN TRANSPORTES ESPANA S.A.を設立
1992年4月	NISSIN FRANCE S.A.S.を設立
1992年8月	上海高信貿儲実業有限公司を合弁で設立(後:上海高信国際物流有限公司)
1994年6月	NISTRANS(M)SDN.BHD.を設立
1995年2月	常熟日新中外運運輸有限公司を合弁で設立
1995年3月	日新エアポートサービス(株)を設立
1997年3月	江蘇日新外運国際運輸有限公司を合弁で設立
1997年4月	NISSIN BELGIUM N.V.を設立
1997年12月	NISSIN TRANSPORT PHILIPPINES CORPORATIONを合弁で設立
1998年3月	NISSIN MIDDLE EAST FZEを設立
1999年5月	NISSIN ABC LOGISTICS PRIVATE LIMITEDを合弁で設立
2004年8月	PT. NISSIN TRANSPORT INDONESIAを設立
2005年3月	L.L.C NISSIN RUSを設立
2005年11月	中外運－日新国際貨運有限公司を合弁で設立
2005年12月	日新日倉国際貨運(上海)有限公司を設立
2006年5月	NISSIN LOGISTICS (VN) CO., LTD.を設立
2007年6月	NISSIN LOGISTICS POLAND SP.

2062　日精エー・エス・ビー機械(株)
[証券コード]6284
[上場区分]東証一部

1978年11月	日精エー・エス・ビー機械(株)を設立
1980年12月	NISSEI ASB CO.を設立
1987年5月	NISSEI ASB GmbHを設立
1989年8月	(有)日東工業を設立
1990年	日東工業(株)を設立
1993年4月	NISSEI ASB PTE. LTD.を設立
1993年6月	トリカ・エエスビー(株)を設立
1995年5月	NISSEI ASB CENTRO AMERICA, S.A. DE C.V.を設立
1995年10月	NISSEI ASB DO BRASIL COMERCIAL LTDA.を設立(後: NISSEI ASB SUDAMERICA LTDA.)
1997年12月	ASB INTERNATIONAL PVT. LTD.を設立
2005年4月	NISSEI ASB FZEを設立
2012年1月	上海艾実碧貿易有限公司を設立(後清算)

2063　日信工業(株)
[証券コード]7230
[上場区分]東証一部

1953年10月	日信工業(株)を設立
1973年7月	M.N.INDUSTRY CO., LTD.を設立(後: NISSIN BRAKE (THAILAND) CO., LTD.)
1988年10月	FINDLEX CORP.を設立(後: NISSIN BRAKE OHIO, INC.)
1989年10月	(株)日信室賀製作所と直江津軽金属工業(株)を吸収合併
1990年1月	NISSIN BRAKE SYSTEM CO., LTD.を設立(後: NISSIN BRAKE (THAILAND) CO., LTD.)
1995年5月	NISSIN BRAKE PHILIPPINES CORP.を設立
1995年12月	山東日信工業有限公司を設立
1996年10月	NISSIN BRAKE VIETNAM CO., LTD.を設立
1997年4月	NISSIN BRAKE DO BRASIL LTDA.を設立
2000年10月	FINDLEX GEORGIA CORP.を設立(後: NISSIN BRAKE GEORGIA, INC.)
2002年5月	NISSIN R&D EUROPE S.L.U.を設立
2002年12月	中山日信工業有限公司を設立
2004年2月	NISSIN R&D ASIA CO., LTD.を設立
2006年12月	TUNGALOY FRICTION MATERIAL VIETNAM LTD.を合弁で設立
2007年1月	NISSIN BRAKE INDIA PRIVATE LTD.を設立
2012年1月	P.T.ALCAR CHEMCO INDONESIA

2064　日進工具(株)
［証券コード］6157
［上場区分］ジャスダックスタンダード
1954年12月	日進工具製作所を創業
1961年9月	(有)日進工具製作所を設立
1979年12月	(株)日進工具製作所に組織変更
1990年1月	(株)ジーテックを設立
1991年9月	日進工具(株)に社名変更
2009年4月	(株)日進エンジニアリングを設立
2013年1月	日進工具香港有限公司を設立

2065　日新商事(株)
［証券コード］7490
［上場区分］東証二部
1947年8月	横浜起業(株)を設立
1947年9月	東洋起業(株)に社名変更
1947年12月	(株)日新商会に社名変更
1950年2月	日新商事(株)に社名変更
1957年9月	弓場商事(株)を設立
1967年10月	弓場商事(株)を吸収合併
1973年8月	チクサ石油(株)を設立
1975年4月	秋田日石(株)を設立
1977年6月	日新瓦斯(株)を設立
1978年3月	和光通商(株)を設立(後:協進石油(株))
1979年4月	チクサ石油(株)を吸収合併
1980年1月	日新化成品(株)を設立
1984年11月	協進石油(株)を設立
1994年4月	日新化成品(株)を吸収合併
1995年11月	上毛日石(株)を設立(後:上毛日新(株))
1996年8月	桑嶋日石(株)を設立(後:東北日新(株))
1996年12月	中京日石(株)を設立
1997年7月	NISSIN SHOJI SINGAPORE PTE. LTD.を設立
1997年7月	(株)ホッツを設立(後:埼玉日新(株))
1997年12月	(株)テンポを設立
1998年12月	日新サプライズ(株)を設立
1999年11月	日新サプライズ(株)を吸収合併
2001年2月	NISTRADE(M)SDN.BHD.を設立
2012年4月	協進石油(株)を吸収合併

2066　日清食品ホールディングス(株)
［証券コード］2897
［上場区分］東証一部
1948年9月	(株)中交総社を設立
1949年9月	サンシー殖産(株)に社名変更
1958年12月	日清食品(株)に社名変更
1970年7月	ニッシンフーズ(U.S.A.)Co., Inc.を設立
1972年3月	日清エフ・ディ食品(株)を設立
1973年2月	ダートインダストリーズ社《米国》と合併し日清ダート(株)を設立
1984年10月	日清食品有限公司を設立
2005年5月	日清(上海)食品安全研究開発有限公司を設立
2008年10月	日清食品(株)と日清食品チルド(株)と日清食品冷凍(株)と日清食品ビジネスサポート(株)を設立
2008年10月	日清食品ホールディングス(株)に社名変更

2067　日新製鋼(株)
［証券コード］5413
［上場区分］東証一部
〈日本鉄板系〉
1928年2月	大阪鉄板製造(株)から分離独立し徳山鉄板(株)を設立
1953年10月	大阪鉄板製造(株)を合併し日本鉄板(株)に社名変更
1955年5月	日板商事(株)を設立

〈日亜製鋼系〉
1918年3月	日本亜鉛鍍(株)を設立
1935年5月	日本亜鉛鍍鋼業(株)に社名変更
1939年9月	日亜製鋼(株)に社名変更
1952年5月	日亜加工鋼業(株)を設立
1952年6月	日亜鋼業(株)を設立

＊　＊　＊
1959年4月	日本鉄板(株)と日亜製鋼(株)が合併し日新製鋼(株)に社名変更
1963年10月	新星鉄板(株)を設立
1963年11月	ステンレス鋼板(株)を設立
1984年6月	ウィーリング・ニッシン, Inc.を設立
1986年12月	ニッシン・USA, Inc.を設立(後:ニッシン・スチールUSA, LLC)
1991年10月	ニッシン・フランス S.A.を設立
1996年7月	エヌ・エス・エー・メタルズ Proprietary Limitedを設立
1997年9月	ニッシン・ホールディング, Inc.を設立
2003年11月	ニッシン・オートモーティブ・チュービング LLCを設立
2012年10月	日本金属工業(株)と共同で株式を移転し日新製鋼ホールディングス(株)を設立
2014年4月	〈別〉日新製鋼(株)と日本金属工業(株)を吸収合併し日新製鋼(株)に社名変更

2068　日新製糖(株)
［証券コード］2117
［上場区分］東証二部
1950年6月	日新製糖(株)を設立
1973年6月	雪印乳業(株)と(株)上組と共同で出資し日本ポート産業(株)を設立
1973年12月	ニューポート産業(株)を設立
1981年8月	(株)テンノットツアーズを設立
1987年7月	新豊食品(株)を設立
1988年2月	(株)高島屋と共同で出資し(株)ウェルネスデザインシステムを設立
1988年10月	(株)出光興産と共同で出資し(株)エヌアイフィットネスを設立
1989年8月	(株)エヌエスジーコーポレーションを設立
1992年6月	日新余暇開発(株)を設立
2011年10月	新光製糖(株)と共同で株式を移転し日新製糖ホールディングス(株)を設立
2013年4月	〈別〉日新製糖(株)と新光製糖(株)を吸収合併し日新製糖(株)に社名変更
2015年1月	(株)ドゥ・スポーツプラザを設立
2015年4月	日新余暇開発(株)を吸収合併

2069　(株)日清製粉グループ本社
［証券コード］2002
［上場区分］東証一部

1907年3月	日清製粉(株)を設立
1908年2月	館林製粉(株)を合併
1910年3月	大日本製粉(株)を合併
1919年5月	上毛製粉(株)を合併
1922年11月	両毛製粉(株)を合併
1929年4月	讃岐製粉(株)と九州製粉(株)を合併
1934年	日本篩絹(株)を設立(後：(株)NBCメッシュテック)
1938年7月	常磐製粉(株)と愛国製粉(株)を合併
1940年4月	(株)敷島屋製粉所を合併
1953年3月	函館製粉(株)を合併
1962年12月	DCA食品会社《米国》と共同で出資し日清ディー・シー・エー食品(株)を設立
1970年10月	日清ペット・フード(株)を設立
1972年4月	日清エンジニアリング(株)を設立
1978年4月	フレッシュ・フード・サービス(株)を設立
1987年10月	日清フーズ(株)と日清化学(株)を吸収合併
1988年3月	Thai Nisshin Seifun Co., Ltd.を設立
1991年8月	Nisshin-STC Flour Milling Co., Ltd.を合弁で設立
1996年10月	Medallion Foods, Inc.を設立
1999年4月	日清テクノミック(株)を合併
2001年7月	(株)日清製粉グループ本社に社名変更
2002年4月	青島日清製粉食品有限公司を設立
2004年3月	イニシオフーズを設立
2005年7月	新日清製粉食品(青島)有限公司を設立
2005年11月	錦築(煙台)食品研究開発有限公司を合弁で設立
2008年2月	東酵(上海)商貿有限公司を設立(後：日清製粉東酵(上海)商貿有限公司)
2012年1月	Oriental Yeast India Pvt.Ltd.を設立
2012年10月	日清製粉プレミックス(株)を設立
2013年6月	Vietnam Nisshin Seifun Co., Ltd.を設立
2014年6月	Nisshin Seifun Turkey Makarna Ve Gida Sanayi Ve Ticaret A.S.を設立

2070　日新電機(株)
［証券コード］6641
［上場区分］東証一部

1911年3月	(個)日新工業社を設立
1917年4月	日新電機(株)に社名変更
1968年2月	(株)立正電機製作所と合併
1970年6月	日新ハイボルテージ(株)を設立
1977年5月	日新工事(株)を設立(後：日新テクノス(株))
1980年2月	日新電機商事(株)を設立
1980年8月	日新技術サービス(株)を設立(後：日新テクノス(株))
1984年7月	(株)日新システムズを設立
1987年10月	日新電機タイ(株)を設立
1989年8月	日新ハイテック(株)を設立
1991年10月	日亜電機股份有限公司を設立
1995年12月	無錫日新電機有限公司を設立
2001年1月	日新電機(無錫)電力電容器有限公司を設立(後：日新電機(無錫)有限公司)
2001年9月	北京北開日新電機高圧開閉設備有限公司を設立(後：北京宏達日新電機有限公司)
2001年12月	日新受配電システム(株)を設立
2002年4月	(株)エコトロンと日新(無錫)機電有限公司を設立
2005年11月	日新電機ベトナム(有)を設立
2006年3月	日新高性能ト層(東莞)有限公司を設立(後：日新高技電機(東莞)有限公司)
2006年6月	日新(大連)高性能ト層技術有限公司を設立(後：日新電機(大連)技術開発有限公司)
2007年1月	日新高性能ト層(瀋陽)有限公司を設立
2007年9月	日新高性能ト層(天津)有限公司を設立
2007年12月	Nissin Advanced Coating Indo Co., Ltdを設立
2008年4月	日新電機(呉江)有限公司を設立
2010年2月	Arteche Nissin, Sociedad Limitadaを設立
2013年10月	日新受配電システム(株)を吸収合併
2014年1月	(株)エコトロンを吸収合併

2071　日清紡ホールディングス(株)
［証券コード］3105
［上場区分］東証一部

1907年2月	日清紡績(株)を設立
1921年2月	岡崎紡績(株)を合併
1924年5月	東京紡績(株)を合併
1937年11月	川越紡績(株)を買収
1938年9月	日清レイヨン(株)を合併
1944年5月	湖東紡績(株)を統合
1949年2月	日本ポスタルフランカー(株)を設立(後：日清紡ポスタルケミカル(株))
1949年10月	上田日本無線(株)を設立
1949年10月	日東アスベスト(株)を設立(後：日清紡ブレーキ販売(株))
1958年12月	日本高分子管(株)を設立(後：日本高分子(株))
1972年12月	NISSHINBO DO BRASIL INDUSTRIA TEXTIL LTDA.を設立
1987年12月	NISSHINBO CALIFORNIA INC.を合弁で設立(後清算)
1989年1月	KOHBUNSHI (THAILAND) LTD.を設立(後：NISSHINBO MECHATRONICS (THAILAND) LTD.)
1993年7月	浦東高分子(上海)有限公司を設立(後：日清紡精密機器(上海)有限公司)
1995年2月	NISSHINBO AUTOMOTIVE CORPORATIONを設立(後清算)
1995年6月	日清紡都市開発(株)を設立
1996年6月	NISSHINBO SOMBOON AUTOMOTIVE CO., LTD.を設立
1998年4月	PT.GISTEX NISSHINBO INDONESIAを合弁で設立(後：PT. NISSHINBO INDONESIA)
1999年3月	SAERON AUTOMOTIVE CORPORATIONを設立
2000年12月	コンチネンタル・テーベス(株)を設立(後：コンチネンタル・オートモーティブ(株))
2002年2月	寧波維科棉紡織有限公司を合弁で設立
2002年3月	日清紡績(上海)有限公司を設立
2009年4月	日清紡テキスタイル(株)と日清紡ブ

	レーキ(株)と日清紡ペーパー プロダクツ(株)と日清紡メカトロニクス(株)と日清紡ケミカル(株)を設立
2009年4月	日清紡ホールディングス(株)に社名変更
2011年9月	NISSHINBO SINGAPORE PTE. LTD.とNISSHINBO MECHATRONICS INDIA PRIVATE LIMITEDを設立
2012年3月	日清紡企業管理(上海)有限公司を設立
2013年7月	NISSHINBO COMMERCIAL VEHICLE BRAKE LTD.を設立
2014年5月	日清紡大陸精密機械(揚州)有限公司を設立

2072　日水製薬(株)
[証券コード]4550
[上場区分]東証一部

1935年4月	(株)日産水産研究所を設立
1958年2月	(株)日産研究所に商号変更
1962年1月	日水製薬(株)に商号変更
1984年10月	(株)ライフミンを設立
2009年4月	日本クリエート(株)を吸収合併
2010年4月	(株)ライフミンを吸収合併
2011年4月	(株)リスブランを吸収合併
2013年1月	ミクニ化学産業(株)を吸収合併

2073　(株)ニッセイ
[証券コード]6271
[上場区分]東証二部

1942年3月	日本ミシン針製造(株)を設立
1956年7月	日本ミシン精機(株)に社名変更
1965年7月	日精工業(株)に社名変更
1974年5月	フジタカ工業(株)を設立
1995年10月	NISSEI CORPORATION OF AMERICAを設立
2000年10月	(株)ニッセイに社名変更
2009年7月	日静貿易(上海)有限公司を設立
2010年9月	日静減速機製造(常州)有限公司を設立
2013年4月	フジタカ工業(株)を吸収合併

2074　日精樹脂工業(株)
[証券コード]6293
[上場区分]東証一部

1951年7月	(資)日精樹脂製作所を設立
1957年5月	日精樹脂工業(株)に社名変更
1976年9月	ニッセイマシナリーサービスPTE.LTD.を設立(後:ニッセイプラスチックシンガポールPTE LTD)
1977年10月	ニッセイアメリカINC.を設立
1981年8月	ニッセイプラスチック(ホンコン)LTD.を設立
1985年8月	台湾日精股份有限公司を設立
1993年5月	(株)日精テクニカを設立
1993年6月	ニッセイメキシコS.A.DE C.V.を設立
1994年11月	ニッセイプラスチック(タイランド)CO.,LTD.を設立
2003年7月	上海尼思塑胶机械有限公司を設立
2006年3月	ニッセイプラスチック(ベトナム)CO.,LTD.を設立
2009年7月	日精塑料机械(太倉)有限公司を設立
2012年5月	ニッセイプラスチックマシナリー(タイランド)CO.,LTD.を設立
2013年10月	ニッセイプラスチック(インディア)PVT.LTD.を設立
2013年12月	日精メタルワークス(株)を設立
2014年10月	ニッセイプラスチック フィリピンINC.を設立
2014年12月	PT.ニッセイプラスチック インドネシアを設立
2015年3月	日精樹脂工業科技(太倉)有限公司を設立

2075　日成ビルド工業(株)
[証券コード]1916
[上場区分]東証一部

1961年7月	日成ビルド工業(株)を設立
1976年9月	森岡産業(株)を吸収合併
1994年4月	日成リース(株)を吸収合併
2009年3月	日成エンジニアリング(株)を吸収合併
2012年9月	上海天地日成停車場管理有限公司を合弁で設立
2013年1月	NISSEI BUILD ASIA PTE.LTD.を設立
2013年7月	SPACE VALUE(THAILAND)CO.,LTD.を合弁で設立
2013年9月	(株)NBファシリティーズを設立
2013年12月	(株)NBインベストメントを設立
2014年2月	ASIA PARKING INVESTMENT PTE.LTD.を設立
2014年6月	(株)NBネットワークスを設立
2015年3月	PCC-1 NISSEI TIC AUTO PARKING JOINT STOCK COMPANYを合弁で設立

2076　(株)ニッセンホールディングス
[証券コード]8248
[上場区分]東証一部

1970年4月	(株)日本捺染より分離独立し(株)日本染芸を設立
1973年12月	(株)日本捺染を吸収合併し(株)ニッセンに社名変更
1980年12月	(株)日本捺染を設立
1999年9月	(株)ニッセンエヴァーズ大分を設立
2000年10月	GEキャピタルと共同で出資しニッセン・ジー・イー・クレジット(株)を設立
2001年12月	(株)ニッセンシェイプファンデを設立
2003年10月	日泉国際貿易(上海)有限公司を設立
2004年5月	天津日泉国際貿易有限公司を設立
2004年7月	上海日泉服飾検整有限公司を設立
2007年6月	(株)ニッセンを設立
2007年6月	(株)ニッセンホールディングスに社名変更
2007年12月	インシュアランスサービス(株)を設立(後:(株)ニッセンライフ)
2008年3月	(株)u&nと東莞日専服飾検整有限公司を設立
2008年6月	(株)ニッセンプレミアムを設立
2011年11月	香港日泉有限公司を設立

2077　ニッタ(株)
[証券コード]5186
[上場区分]東証一部

1945年2月	(株)新田帯革製造所を設立
1946年12月	(資)新田帯革製造所を吸収合併

1948年12月	(株)新田牧場を設立
1959年4月	新田産業(株)を設立
1961年1月	(株)芦原自動車教習所を設立
1965年6月	**新田ベルト(株)**に社名変更
1968年7月	サムエル・ムアー社《米国》とニッタ・ムアー(株)と共同で出資し(有)ニッタ・ムアーカンパニーを設立
1969年4月	新田産業(株)を吸収合併
1971年1月	ユニロイヤル社《米国》と共同で出資しユニッタ(株)を設立
1982年11月	**ニッタ(株)**に社名変更
1983年10月	ロデール社《米国》と共同で出資しロデール・ニッタ(株)を設立
1989年11月	(有)ニッタサービスを設立
2004年	アバンテ(株)を設立
2004年	ソナック(株)を設立
2004年	フォンズ・ニッタ・アジア・パシフィック(株)を設立
2009年7月	ニッタ・ムアー(株)を吸収合併
1986年12月	(有)秦野ツーリングを設立
1988年3月	U.S.エンジンバルブコーポレーションを設立
1995年4月	新和精密(株)を合弁で設立
1995年6月	PT.フェデラルニッタンインダストリーズを設立
1997年1月	ニッタンタイランドCo., Ltd.を設立
1997年10月	アジアンニッタン Pte, Ltd.を設立(後清算)
2008年8月	ニッタン・グローバル・テックとニッタン・ユーロ・テックsp.z o.o.を設立
2009年7月	KN-Tech Co., Ltd.を設立
2012年4月	ニッタンベトナムCo., Ltd.を設立
2013年2月	韓国日鍛(株)を設立
2013年3月	ニッタンインディアテック Pvt.Ltd.を設立

2078　新田ゼラチン(株)
[証券コード]4977
[上場区分]東証一部

1945年2月	**新田膠質工業(株)**を設立
1960年4月	**新田ゼラチン(株)**に商号変更
1968年2月	彦根ゼラチン(有)を設立(後:彦根ゼラチン(株))
1975年4月	ケララケミカルズアンドプロテインズLtd.を設立(後:ニッタゼラチンインディアLtd.)
1979年7月	ニッタコーポレーション・オブ・アメリカを設立(後:ニッタゼラチンエヌエーInc.)
1982年4月	ニッタフィンドレイ(株)を設立(後:ボスティック・ニッタ(株))
1990年5月	キャンジェルInc.を設立(後:ニッタゼラチンカナダInc.)
1996年8月	ニッタケーシングズInc.とニッタケーシングズ(カナダ)Inc.を設立
1998年4月	(株)アイビスを設立(後清算)
1998年5月	バムニプロテインズLtd.を設立
2004年4月	(株)アルマコーポレーションを設立
2004年9月	(株)ニッタバイオラボを設立
2004年12月	ニッタゼラチンホールディングInc.を設立
2009年7月	ニッタゼラチンユーエスエーInc.とレバプロテインズLtd.を設立
2010年12月	広東百維生物科技有限公司を設立
2011年9月	上海新田明膠有限公司を設立
2012年3月	ニッタホンコンLtd.を設立
2012年9月	北京新田膠原腸衣有限公司を設立
2013年1月	ニッタゼラチンベトナムCo., Ltd.を設立

2079　日鍛バルブ(株)
[証券コード]6493
[上場区分]東証二部

1948年11月	**日鍛バルブ製造(株)**を設立
1961年7月	**日鍛バルブ(株)**に社名変更
1969年4月	台湾日鍛工業股份有限公司を設立
1979年5月	秦野精機(株)を設立
1979年5月	(有)秦和商事を設立
1986年7月	秦野工機(株)を設立(後:ニッタンエンジニヤリング(株))

2080　日鉄鉱業(株)
[証券コード]1515
[上場区分]東証一部

1939年5月	日本製鐵(株)より分離独立し**日鉄鉱業(株)**を設立
1939年6月	釜石鉱業(株)(鉱山部門)と輪西鉱山(株)(鉱山部門)を合併
1941年7月	新興炭鉱(株)を合併
1953年4月	葛生苦灰石鉱業(株)を合併
1954年9月	嘉穂長崎鉱業(株)を吸収合併
1961年9月	新和商事(株)を設立
1963年1月	日鉄鉱コンサルタント(株)を設立
1964年12月	日鉄鉱不動産(株)を設立
1968年11月	三井金属鉱業(株)と共同で出資し日比共同製錬(株)を設立
1970年11月	足立石灰工業(株)と共同で出資しアテツ石灰化工(株)を設立
1972年4月	日本セメント(株)他と共同で出資し津久見共同採掘(株)を設立
1973年2月	日鉄鉱道南興発(株)を設立
1975年3月	赤谷鉱産(株)を設立
1976年5月	丹波鉱産(株)を設立
1978年3月	八茎鉱山(株)を設立
1979年4月	釜石鉱山(株)を設立
1979年5月	四浦珪石(株)を設立
1987年9月	伊藤忠商事(株)とミナス・エル・ロブレ社《コロンビア》と共同で出資しエル・ロブレ採鉱(株)を設立
1990年2月	新日本製鐵(株)と共同で出資し日鉄鹿児島地熱(株)を設立
1990年4月	日鉄鉱不動産(株)を吸収合併
1992年4月	日鉄鉱機械販売(株)を吸収合併
1993年10月	日鉄鉱チリ(有)を設立
1997年3月	古河機械金属(株)他と共同で出資しポート・ケンブラ・カパー社を設立
1999年5月	アタカマ・コーザン鉱山特約会社を設立
2006年1月	津久見石灰石(株)を設立
2009年5月	葛生石灰砕石(株)を設立
2013年3月	霧島地熱(株)を設立
2013年4月	日鉄鹿児島地熱(株)を吸収合併

2081　日鉄住金鋼管(株)

1933年2月	**東芝鋼管(株)**を設立
1965年10月	千代田鋼管(株)を合併
1993年10月	多摩鋼管工業(株)を合併

|1994年10月|日鉄鋼管(株)に社名変更|
|2013年|住友鋼管と合併して日鉄住金鋼管(株)に商号変更|

2082 日鉄住金テックスエンジ(株)

1946年10月	太平工業(株)を設立
1961年10月	太平梱包(株)を設立(後:(株)タイパックス)
1972年12月	太平舗道(株)を設立
1978年3月	太広産業(株)を設立
1978年9月	太東産業(株)を設立(後:(株)太東)
1980年6月	太豊産業(株)を設立(後:(株)太豊テクノス)
1980年10月	太北産業(株)を設立(後:(株)たいほく)
1981年4月	太光工業(株)を設立
1981年11月	太総産業(株)を設立
1981年12月	太九産業(株)を設立(後:(株)太九)
1982年4月	太堺産業(株)を設立(後:(株)タイパックス)
1982年4月	太陸産業(株)を設立(後:NSテックスエンジ釜石(株))
1982年11月	太武産業(株)を設立(後:太平工業(株))
1986年4月	新日本工業(株)を吸収合併
1987年7月	(株)テクスを設立(後解散)
1989年2月	サン・エンジニアリング(株)を設立(後:NSテックスエンジ釜石(株))
1989年6月	(株)大分テクノスを設立(後:(株)太豊テクノス)
1994年4月	太武産業(株)を吸収合併
1994年5月	(株)タイメイクを設立(後:太広産業(株))
1999年10月	(株)タイワコーポレーションを設立(後解散)
2000年4月	(株)タイフク建設を設立(後解散)
2000年4月	東海総合エンジニアリング(株)を設立
2001年8月	(株)響エコサイトを設立
2004年7月	(株)東京ビジネスソリューションを設立(後:テックスエンジソリューションズ(株))
2013年10月	(株)日鉄エレックスと経営統合し日鉄住金テックスエンジ(株)に社名変更

2083 日鉄住金物産(株)

[証券コード]9810
[上場区分]東証一部

〈住金物産系〉

1941年4月	ヰゲタ鋼管販売(株)を設立
1944年3月	ヰゲタ鋼管(株)に社名変更
1962年10月	山本鋼業(株)と合併し住金物産(株)に社名変更
1967年11月	(株)桝谷商会を合併
1993年4月	イトマン(株)と合併

〈日鐵商事系〉

1977年8月	新日本製鐵(株)の100%出資により日鐵商事(株)を設立
1977年11月	大阪鋼材(株)と入丸産業(株)を吸収合併
1982年6月	Nittetsu Shoji(H.K.) Company Limitedを設立(後:NIPPON STEEL & SUMIKIN BUSSAN (H.K) CO., LTD.(中国))
1988年12月	深圳深日鋼材有限公司(中国)を設立
1995年6月	東莞鐵和金属製品有限公司(中国)を設立
1995年8月	信栄機鋼(株)を設立
1997年3月	Bangkok Eastern Coil Center Co., Ltd.(タイ)を設立
1998年8月	日鐵商事コイルセンター(株)を設立(後:NSMコイルセンター(株))
2003年7月	NSE Limited(ロシア)を設立
2007年7月	NSステンレス(株)を設立
2011年10月	日鐵商事コイルセンター(株)と大阪鋼板工業(株)と(株)三井物産コイルセンターの合併によりNSMコイルセンター(株)を設立

* * * *

|2013年10月|住金物産(株)と日鐵商事(株)が合併し日鉄住金物産(株)に商号変更|

2084 日鉄住金物流(株)

1942年12月	日本製鐵(株)広畑製鐵所と港湾港運会社が共同で出資し広畑港運(株)を設立
1949年7月	広畑海運(株)に社名変更
1969年9月	広和産業(株)を合併
1970年3月	内海造船(株)を合併
1983年4月	広海興産(株)を設立(後:(株)ニチブツサービス)
1987年10月	日鐵物流(株)に社名変更
1989年7月	日鐵物流コンピュータシステム(株)を設立
1989年12月	(株)日鐵物流コンピュータシステム大分を設立
1990年10月	姫路物流サービス(株)を設立
1991年4月	(株)日鐵物流コンピュータシステム姫路を設立
2001年1月	八幡船舶(株)と合併
2002年4月	(株)日鐵流通センターと合併
2013年4月	日鐵物流(株)と住友金属物流(株)が事業統合し日鉄住金物流(株)へ商号変更

2085 (株)NITTOH

[証券コード]1738
[上場区分]名証二部

1973年4月	サンインテリア(株)を設立
1974年6月	中部日東エース(株)に商号変更
1990年10月	(株)NITTOHに商号変更(登記上:(株)ニットー)
2008年10月	日本住宅耐震補強(株)を設立
2014年10月	セブンハウス(株)を吸収合併

2086 日東化工(株)

[証券コード]5104
[上場区分]東証二部

1949年7月	日東タイヤ(株)を設立
1979年4月	日東タイヤ販売(株)を設立
1982年4月	日東化工(株)に社名変更
1994年8月	(株)愛東を設立
1995年7月	日東化工販売(株)を設立(後:日東化工(株))
2007年6月	PERUBCO NITTO KAKO CO., LTD.を設立

2087 日東工器(株)

[証券コード]6151

[上場区分] 東証一部
1956年10月	**日東工器(株)**を設立
1969年11月	NITTO KOHKI U.S.A., INC.を設立
1970年10月	アトラ工器(株)と合併
1979年2月	NITTO KOHKI EUROPE CO., LTD.を設立
1989年6月	大日機工(株)を設立
1990年5月	WESTAIR-NITTO SALES PTY., LTD.を設立(後：NITTO KOHKI AUSTRALIA PTY., LTD.)
1990年10月	萬デザイン(株)を吸収合併
1992年3月	NITTO KOHKI DEUTSCHLAND GMBHを設立
1992年9月	WESTAIR-NITTO MANUFACTURING PTY., LTD.を設立(後：NITTO KOHKI AUSTRALIA MFG.PTY., LTD.)
1992年12月	日東技研(株)とメドーエレクトロニクス(株)を吸収合併
1997年3月	NITTO KOHKI (THAILAND) CO., LTD.を設立
1999年2月	日東工器サービスセンター(株)を設立
2000年3月	栃木日東工器(株)を設立
2000年3月	白河デンセイ(株)を買収(後：白河日東工器(株))
2001年12月	日東工器-美進(株)を設立
2003年4月	日東工器物流(株)を設立
2012年8月	日東工器省力機器貿易(上海)有限公司を設立
2013年4月	NITTO KOHKI INDUSTRY (THAILAND) CO., LTD.を設立

2088 日東工業(株)

[証券コード] 6651
[上場区分] 東証一部

1948年11月	**日東工業(株)**を設立
1970年11月	日東販売(株)を設立
1979年6月	日東販売(株)を吸収合併
1986年5月	(有)長久手サービスを設立(後：日東緑化サービス(株))
1994年9月	東名保険サービス(株)を設立
1994年9月	東名保険サービス(株)を設立
1997年1月	(株)キャドテックを設立
1997年1月	(株)キャドテックを設立
2001年4月	日東テクノサービス(株)を設立
2001年4月	日東テクノサービス(株)を設立
2004年7月	日東工業(嘉興)電機有限公司を設立
2006年4月	日東スタッフ(株)を設立
2006年10月	東北日東工業(株)を設立
2008年3月	エレット(タイランド)(株)を設立
2010年6月	日東エンジニアリング(株)を吸収合併
2013年6月	東名保険サービス(株)と日東テクノサービス(株)を吸収合併
2015年3月	NITTO KOGYO TRADING (THAILAND) (株)を設立

2089 日東精工(株)

[証券コード] 5957
[上場区分] 東証一部

1938年2月	**日東精工(株)**を設立
1968年8月	日東公進(株)を設立
1969年12月	九州日東精工(株)を設立
1973年3月	(株)ニッセイを設立
1983年3月	日東工具販売(株)を設立
1984年1月	日東ディ・エム・システム(株)を設立(後：(株)日東エンジニアリング)
1984年12月	VSI AUTOMATION ASSEMBLY, INC.を設立(後清算)
1985年6月	PT.NITTO ALAM INDONESIAを設立
1988年10月	NITTO SEIKO (THAILAND) CO., LTD.を設立
1990年7月	MALAYSIAN PRECISION MANUFACTURING SDN.BHD.を設立
2013年7月	THAI NITTO SEIKO MACHINERY CO., LTD.を設立
2014年7月	PT.INDONESIA NITTO SEIKO TRADINGを設立

2090 日東製網(株)

[証券コード] 3524
[上場区分] 東証一部

1910年8月	**西備綟織(株)**を設立
1919年5月	**西備綟網(株)**に社名変更
1937年5月	〈旧〉**日本製網(株)**に社名変更
1943年11月	(株)川西製作所を合併
1944年7月	福山製機(株)を合併し**日本造機製網(株)**に社名変更
1946年1月	**日本製網造機(株)**に社名変更
1948年11月	ふしなし漁網(株)を合併し**日本製網(株)**に社名変更
1949年	東洋組網工業(株)に合併し**日東製網(株)**に社名変更
1963年12月	日本ターニング(株)を設立
1998年8月	日東ネット(株)を設立
2003年5月	平湖日東漁具有限公司を設立
2003年8月	レデス・ニットー・ペルー・S.A.C.を設立
2012年7月	タイ・ニットウセイモウ・グローバル Co., Ltd.を設立

2091 日東電工(株)

[証券コード] 6988
[上場区分] 東証一部

1918年10月	**日東電気工業(株)**を設立
1958年5月	大阪マクセル(株)を設立
1960年9月	マクセル電気工業(株)を設立(後：日立マクセル(株))
1975年4月	(株)ニトムズを設立
1976年	日東電工包装システム(株)を設立
1988年9月	**日東電工(株)**に社名変更
2000年10月	日東電工マテックス(株)を設立
2001年7月	NITTO DENKO (SUZHOU) CO., LTD.を設立
2001年7月	共信商事(株)を設立(後：共信(株))
2002年8月	NITTO DENKO (CHINA) INVESTMENT CO., LTD.を設立

2092 日東富士製粉(株)

[証券コード] 2003
[上場区分] 東証一部

1914年3月	**松本米穀製粉(株)**を設立
1923年2月	埼玉製麺(株)と千代田製粉(株)を合併
1930年11月	**松本米穀肥料(株)**を設立
1930年12月	名古屋製粉(株)と新田製粉(株)を合

1937年10月	併し**日東製粉(株)**に社名変更
	第二日東製粉(株)を合併
1938年6月	埼玉興業(株)を合併(後：深谷工場)
1954年12月	中央製粉(株)を合併(後：東京工場)
1970年5月	日東運輸倉庫(株)を設立
1977年5月	日東フーズサービス(株)を設立(後：(株)さわやか)
2006年4月	富士製粉(株)と合併し**日東富士製粉(株)**に社名変更
2006年6月	三菱商事(株)と共同でNitto-Fuji International Vietnam Co., Ltd.を設立

2093　日東ベスト(株)
[証券コード]2877
[上場区分]ジャスダックスタンダード

1948年7月	**日東食品製造(株)**を設立
1994年4月	(株)ベスト・フローズンと東日本食品(株)と(株)ベストフーズ本楯とスリーエフ(株)と日東倉庫(株)と(株)日東直販を吸収合併し**日東ベスト(株)**に社名変更
2004年3月	(株)爽健亭を吸収合併
2005年7月	青島日東餐飲有限公司を設立(後：青島日東食品有限公司)

2094　日東紡績(株)
[証券コード]3110
[上場区分]東証一部

1918年4月	**福島精練製糸(株)**を設立
1919年9月	**福島紡織(株)**に社名変更
1923年4月	**〈旧〉日東紡績(株)**に社名変更
1937年9月	名古屋紡績(株)と合併
1941年4月	日東毛絲紡績(株)を合併
1941年5月	昭光紡績(株)を合併
1942年1月	泊紡績(株)を合併
1944年2月	**日東工砿業(株)**に社名変更
1944年3月	日東毛業(株)を設立
1944年4月	(資)富坂護謨工業所を合併
1946年6月	**日東紡績(株)**に社名変更
1948年12月	吾嬬ゴム(株)を設立
1950年3月	日東砿山(株)を設立
1957年5月	三光工業(株)を合併
1965年9月	日東紡建材(株)を設立
1965年10月	海南紡織(株)を設立(後：日東紡織(株))
1970年5月	日東紡織(株)を合併
1975年10月	日東紡建材(株)と日東紡不動産(株)を合併
1977年12月	日東紡伊丹加工(株)を設立
1992年2月	(株)ニットーボー和歌山を設立(後合併)
1995年4月	日東紡伊丹加工(株)を吸収合併
1998年4月	(株)ニットーボー和歌山を合併
1999年6月	(株)日東紡マテリアルを設立
2001年	デコラニット(株)を設立
2005年10月	ニットーボー新潟(株)を設立

2095　日特エンジニアリング(株)
[証券コード]6145
[上場区分]ジャスダックスタンダード

1972年9月	**日特エンジニアリング(株)**を設立
1980年7月	日特エンジニアリング西販売(株)を設立
1980年7月	日特エンジニアリング東販売(株)を設立
1985年4月	日特エンジニアリング東販売(株)を吸収合併
1999年2月	日特テクノシステム(株)を設立
2000年10月	日特シンガポール社を設立
2001年7月	台湾日特先進社を設立
2001年10月	日特ヨーロッパS.A.S.社を設立
2002年7月	日特機械工程(蘇州)有限公司を設立
2005年6月	日特機械工程(深圳)有限公司を設立
2007年3月	日特アメリカ社を設立
2010年3月	ニットク社を設立
2015年5月	日特ヨーロッパ社を設立

2096　日特建設(株)
[証券コード]1929
[上場区分]東証一部

1953年4月	**八千代地下工業(株)**を設立
1959年12月	**日本特殊土木工業(株)**に社名変更
1972年5月	**日特建設(株)**に社名変更
1973年2月	(株)日本パブリックを設立(後精算)
1979年12月	緑興産(株)を設立
1985年4月	日特不動産(株)を設立(後精算)
1985年10月	(株)ハイテクリースを設立(後清算)
1990年5月	ドーム建設(株)を設立(後清算)
2004年10月	島根アースエンジニアリング(株)を設立
2013年12月	山口アースエンジニアリング(株)を設立

2097　(株)ニッピ
[証券コード]7932
[上場区分]ジャスダックスタンダード

1907年4月	**日本皮革(株)**を設立
1964年4月	大阪帯革製造所を吸収合併
1973年2月	**(株)ニッピ**に社名変更
1977年2月	ニッピコラーゲン工業(株)を設立
1983年10月	ニッピゼラチン工業(株)を設立
1988年6月	(株)ニッピコラーゲン化粧品を設立
1991年10月	難波ニッピ都市開発(株)を設立(後吸収合併)
2004年10月	NIPPI CANADA LIMITEDを設立(後：NIPPI COLLAGEN NA INC.)
2005年8月	霓碧(上海)貿易有限公司を設立(後：日皮(上海)貿易有限公司)
2006年8月	(株)日本コラーゲンを設立
2007年4月	(株)ニッピ・フジタを設立
2007年12月	ニッピ都市開発(株)を設立

2098　(株)NIPPO
[証券コード]1881
[上場区分]東証一部

1934年2月	日本石油(株)と浅野物産(株)の道路課と道路部の事業を継承し**日本鋪道(株)**を設立
1940年7月	満州鋪道(株)を設立
1999年1月	琴海土地開発(株)を吸収合併
2003年10月	**(株)NIPPOコーポレーション**に商号変更
2009年7月	**(株)NIPPO**に商号変更

2099　日邦産業(株)
[証券コード]9913
[上場区分]ジャスダックスタンダード

1952年3月	東邦カーボン製造所の販売部門を母体として日邦産業(株)を設立
1977年4月	コーポリマー化工(株)を設立(後：日邦メカトロニクス(株))
1987年11月	NIPPO MECHATRONICS PARTS (THAILAND) CO., LTD.を設立 (後：NIPPO MECHATRONICS (THAILAND) CO., LTD.)
1993年2月	NIPPO MECHATRONICS PARTS (MALAYSIA) SDN. BHD.を設立 (後：NIPPO MECHATRONICS (M) SDN. BHD.)
1995年6月	NK MECHATRONICS CO., LTD.を設立
1996年2月	NIPPO (HONG KONG) LTD.を設立
2002年2月	NIPPO C&D CO., LTD.を設立(後：NIPPO MECHATRONICS (THAILAND) CO., LTD.)
2002年10月	NIPPO MECHATRONICS (VIETNAM) CO., LTD.を設立
2003年11月	NIPPO (SHANG HAI) LTD.を設立
2004年8月	日邦アミューズメント(株)を設立
2008年12月	NIメカトロニクス(株)を設立(後：日邦メカトロニクス(株))
2012年6月	PT. NIPPO MECHATRONICS INDONESIAを設立
2012年7月	日邦精密工業(深圳)有限公司を設立
2013年3月	NIPPO GLOBAL MANAGEMENT CO., LTD.を設立
2014年4月	(株)富士プレスと合弁でFNA MECHATRONICS MEXICO S.A. de C.V.を設立

2100　(株)日本アクア
[証券コード]1429
[上場区分]東証マザーズ

2004年11月	(株)日本アクアを設立

2101　(株)日本アクセス
〈仁木島商事系〉

1918年6月	仁木島商店を創業
1934年	(株)仁木島商店に改組
1967年	仁木島商事(株)に社名変更

〈島屋商店系〉

1921年1月	島屋商店を創業
1939年	島屋商事(株)に社名変更

〈雪印物産系〉

1952年10月	(株)雪アイスを設立
1957年	雪印物産(株)に社名変更

〈雪印商事系〉

1957年	大阪市乳製品(株)を設立
1965年	雪印商事(株)に社名変更

〈東京雪印販売系〉

1955年3月	雪印アイスクリーム販売(株)を設立
1985年	東京雪印販売(株)に社名変更

＊　＊　＊　＊

1993年10月	仁木島商事(株)と島屋商事(株)と雪印物産(株)と雪印商事(株)と東京雪印販売(株)が合併し(株)雪印アクセスに社名変更
2001年7月	国分(株)と共同で出資し(株)ジェフネットを設立
2004年4月	(株)日本アクセスに社名変更
2006年4月	国分(株)と(株)菱食と共同で出資し(株)ジャパン・インフォレックスを設立
2007年4月	西野商事(株)と合併
2007年4月	大塚チルド食品(株)を設立
2011年3月	ファミリーコーポレーション(株)を合併

2102　日本アジアグループ(株)
[証券コード]3751
[上場区分]東証一部

1988年3月	(株)日星地所を設立
1989年3月	(株)ジー・イー・ニッセイに商号変更
1991年4月	(株)ジー・エフ・シーに商号変更
1998年3月	(株)ジー・エフに商号変更
2008年6月	(株)ジー・エフグループに商号変更
2009年2月	〈旧〉日本アジアグループ(株)と〈旧〉(株)モスインスティテュートと合併し日本アジアグループ(株)に商号変更
2012年1月	国際航業ホールディングス(株)を完全子会社化

2103　日本アビオニクス(株)
[証券コード]6946
[上場区分]東証二部

1960年4月	日本アビオトロニクス(株)を設立
1976年4月	アルス(株)を設立(後：日本アビオニクス販売(株))
1979年4月	山梨アビオニクス(株)を設立
1980年4月	日本アビオニクス(株)に社名変更
1989年2月	アビオシステムテクノロジー(株)を設立
1989年9月	福島アビオニクス(株)を設立
2012年10月	NEC Avio赤外線テクノロジー(株)を吸収合併
2015年4月	日本ヒューチャア(株)を吸収合併

2104　日本アンテナ(株)
[証券コード]6930
[上場区分]ジャスダックスタンダード

1953年11月	日本アンテナ(株)を設立
1987年12月	ニチアンシーエーテーブイ(株)を設立
1991年10月	ニッポンアンテナ(ヨーロッパ)GmbHを設立
1995年10月	ニッポンアンテナ(フィリピン), INC.とNACデベロップメントコーポレーションを設立
2000年6月	ニッポンアンテナ(アメリカ), INC.を設立
2003年4月	上海日安電子有限公司を設立
2007年4月	ニチアンCATV(株)を吸収合併
2008年8月	ニッポンアンテナ(ヨーロッパ), LTD.を設立
2012年9月	上海日安天線有限公司を設立

2105　(株)日本一ソフトウェア
[証券コード]3851
[上場区分]ジャスダックスタンダード

1991年9月	(有)プリズムを設立(後：(有)ローゼンクイーン商会)

1993年7月	(有)プリズムの営業業務を分離し(有)プリズム企画を設立(後:(株)日本一ソフトウェア)
1994年11月	(有)プリズムの開発業務を移管し(有)日本一ソフトウェアに商号変更
1995年7月	(株)日本一ソフトウェアに組織変更
2003年12月	NIS America, Inc.を設立
2008年4月	NIS Europe, Inc.を設立(後解散)
2011年12月	(株)ディオンエンターテインメントを設立(後:(株)エンターテインメントサポート)

2106　日本エス・エイチ・エル(株)
[証券コード]4327
[上場区分]ジャスダックスタンダード

1987年12月	Saville & Holdsworth Ltd.と(株)文化放送ブレーンが共同で出資しエス・エイチ・エル ジャパン(株)を設立
1993年10月	日本エス・エイチ・エル(株)に商号変更
2004年8月	日本エス・エイチ・エル販売(株)を設立(後:(株)イー・コーチング)
2008年1月	(株)イー・コーチングを吸収合併

2107　日本エマージェンシーアシスタンス(株)
[証券コード]6063
[上場区分]ジャスダックスタンダード

2003年1月	日本エマージェンシーアシスタンス(株)を設立
2005年7月	EMERGENCY ASSISTANCE JAPAN (U.S.A), INC.を設立
2005年11月	EMERGENCY ASSISTANCE JAPAN (SINGAPORE) PTE. LTD.を設立
2005年12月	北京威馬捷国際旅行援助有限責任公司を設立
2007年5月	EMERGENCY ASSISTANCE (THAILAND) COMPANY LIMITEDを設立

2108　日本碍子(株)
[証券コード]5333
[上場区分]東証一部

1919年5月	日本陶器(株)からがいし部門を分離独立し日本碍子(株)を設立
1936年10月	日本特殊陶業(株)を設立
1973年	GENERAL ELECTRIC社と合弁でLOCKE INSULATORS, INC.を設立
1977年	NGK-BAUDOUR S.A.とNGK EUROPE S.A.を設立(後:NGK CERAMICS EUROPE S.A.)
1985年	NGK CERAMICS EUROPE S.A.を設立(後消滅)
1986年	NGK METALS CORPORATIONを設立
1986年	日本ガイシ(株)に社名表記を変更
1987年	NGK NORTH AMERICA, INC.を設立
1988年	NGK CERAMICS USA, INC.を設立
1996年	NGK唐山電瓷有限公司を設立
2000年	NGK CERAMICS SOUTH AFRICA (PTY) LTD.を設立
2001年	NGK(蘇州)環保陶瓷有限公司とNGK(蘇州)精細陶瓷器具有限公司を設立
2003年	BIRLA NGK INSULATORS PRIVATE LIMITED.を設立(後資本関係解消)
2003年	NGK CERAMICS POLSKA SP. Z O.O.を設立
2006年	NGK(蘇州)電瓷有限公司を設立(後解散)
2008年	NGK CERAMICS MEXICO, S.DE R.L.DE C.V.を設立

2109　日本海洋掘削(株)
[証券コード]1606
[上場区分]東証一部

1968年4月	日本海洋掘削(株)を設立
1979年4月	石油開発サービス(株)を設立
1986年4月	P.T. Japan Drilling Indonesiaを設立
1987年6月	Japan Drilling (Malaysia) Sdn.Bhd.を設立(後:UMW JDC Drilling Sdn. Bhd.)
1991年3月	J.D.C. Australia Pty. Ltd.を設立
1997年3月	Sagadril, Inc.を設立
2002年12月	Sagadril 2, Inc.を設立
2003年5月	Pars Drilling Kish Co., Ltd.を設立
2004年5月	カタール国営石油と合弁でGulf Drilling International Ltd.を設立
2005年2月	JDC Panama, Inc.を設立
2007年10月	Hakuryu 10, Inc.を設立
2008年7月	Hakuryu 5, Inc.を設立
2008年9月	JDC Rig Management Services, Inc.を設立
2008年9月	日本郵船(株)と共同出資で日本マントル・クエスト(株)を設立
2008年10月	日本マントル・クエスト(株)との出資によりMQJ Management Services, Inc.を設立
2009年5月	JDC DS Delaware, Inc.を設立
2010年3月	Japan Drilling (Netherlands) B.V.を設立
2012年10月	JDC Offshore Malaysia Sdn. Bhd.を設立
2014年9月	Japan Drilling Saudi Arabia Companyを設立

2110　日本化学工業(株)
[証券コード]4092
[上場区分]東証一部

1893年9月	(個)棚橋製薬所を設立
1915年9月	日本製錬(株)に社名変更
1920年8月	有機化学工業(株)を合併
1924年12月	東洋電気工業(株)を設立
1935年5月	第二日本製錬(株)を合併
1935年10月	日本化学工業(株)を合併
1936年12月	江東製錬(株)を合併
1937年4月	東北製錬(株)を合併
1937年7月	〈旧〉日本化学工業(株)を設立
1944年3月	〈旧〉日本化学工業(株)を合併し日本化学工業(株)に社名変更
1969年4月	旭電化工業(株)と共同で出資し関東珪曹硝子(株)を設立
1970年5月	森村商事(株)とM.& T. Chemical社《米国》と共同で出資し日本エムアンドティー(株)を設立

1973年5月	同和鉱業(株)と共同で出資しバライト工業(株)を設立		2014年12月	ニッセツ(株)を設立(後吸収合併)

2113　日本カーボン(株)
［証券コード］5302
［上場区分］東証一部

1985年12月	三井東圧化学(株)とラサ工業(株)と共同で出資し協同燐酸(有)を設立
1992年8月	富士化学(株)と共同で出資し京葉ケミカル(株)を設立
1994年2月	日進ケムコ(株)と共同で出資しエヌシー・テック(株)を設立
1994年4月	日本ピュアテック(株)を設立
1994年10月	日本クリアテック(株)を設立
1996年2月	JCI USA Inc.を設立
1997年3月	日商岩井(株)と澄江燐業化工鳳麓有限責任公司(中国)と澄江県水電開発公司(中国)と香港時興投資有限公司(香港)との共同出資により雲南盤橋燐電有限公司を設立
2004年6月	日化(成都)電材有限公司を設立
2010年8月	捷希艾(上海)貿易有限公司を設立
2014年4月	日本クリアテック(株)を吸収合併

2111　日本化成(株)
［証券コード］4007
［上場区分］東証一部

1937年9月	**日本水素工業(株)**を設立
1971年5月	日本化成(株)を吸収合併し**日本化成(株)**に社名変更
1972年8月	太平洋不動産(株)を合併
1986年3月	小名浜蒸溜(株)を設立
1995年12月	日化新菱(株)を設立(後清算)
2003年12月	小名浜パワー事業化調査(株)を設立
2006年3月	日化ビジネスサービス(株)を吸収合併

2112　日本カーバイド工業(株)
［証券コード］4064
［上場区分］東証一部

1935年10月	**日本カーバイド工業(株)**を設立
1936年1月	国産肥料(株)を合併
1943年7月	刀根石灰工業(株)を合併
1947年8月	三和化学工業(株)を設立(後：(株)三和ケミカル)
1960年9月	日本高圧瓦斯(株)を設立(後：日本カーバイド工業(株))
1962年8月	三菱化成工業(株)と共同で出資し水島有機(株)を設立
1967年4月	ビニフレーム工業(株)を設立
1969年7月	ダイヤモンドエンジニアリング(株)を設立
1969年9月	東洋ヒドラジン工業(株)を設立(後：日本カーバイド工業(株))
1988年4月	THAI DECAL CO., LTD.を設立
1988年10月	ELECTRO-CERAMICS (THAILAND) CO., LTD.を設立
1991年5月	ニッカポリマ(株)を設立
1991年5月	ニッカポリマ(株)を設立(後解散)
1991年7月	NIPPON CARBIDE INDUSTRIES (USA) INC.を設立
1994年12月	PT ALVINY INDONESIAと恩希愛(杭州)化工有限公司を設立
1997年2月	NCI (VIETNAM) CO., LTD.を設立
1999年1月	NIPPON CARBIDE INDUSTRIES (South Carolina) INC.を設立
2011年10月	NIPPON CARBIDE INDIA PVT. LTD.を設立

1915年12月	**日本カーボン(株)**を設立
1917年3月	(個)小沢電炭製造所を合併
1959年7月	京浜炭素工業(株)を設立(後：日本カーボン精工(株))
1960年11月	八重洲建物(株)を合併
1963年3月	日本カーボン商事(株)を設立
1978年10月	八重洲建物(株)を合併
1999年	新日本カーボン(株)を吸収合併
2003年	新日本テクノカーボン(株)を設立
2005年	日本カーボン・ローレンヌ(株)を設立
2008年	精工管理(株)を吸収合併
2012年	NGSアドバンストファイバー(株)を設立

2114　日本紙通商(株)

1947年1月	**関門商事(株)**を設立
1947年7月	三洋商事(株)に社名変更
1972年12月	日比谷商事(株)と合併し三洋日比谷(株)に社名変更
1981年7月	(株)サンブリッジと合併しサンミック通商(株)に社名変更
1995年4月	千代田紙業(株)と合併しサンミック千代田(株)に社名変更
2004年4月	十條商事(株)と合併し**サンミック商事(株)**に社名変更
2006年4月	コミネ日昭(株)と合併し**日本紙通商(株)**に商号変更

〈千代田紙業系〉

1942年10月	**不二紙業(株)**を設立
1946年4月	関東紙業(株)に社名変更
1955年3月	九州紙袋(株)と合併し**千代田紙業(株)**に社名変更
1956年4月	(株)東京紙器製作所と合併

2115　日本紙パルプ商事(株)
［証券コード］8032
［上場区分］東証一部

1845年	**(個)越後屋三郎兵衛商店**を設立
1876年1月	(個)中井商店に社名変更
1902年	(名)中井商店に改組
1916年12月	(株)中井商店に改組
1963年5月	中井(株)に社名変更
1968年4月	北興産業(株)を吸収合併
1968年4月	北陸紙業(株)を合併
1970年1月	(株)富士洋紙店を吸収合併し**日本紙パルプ商事(株)**に社名変更
1973年10月	紙パ資源(株)を設立(後：JP資源(株))
1979年4月	(株)ジェーピー情報センターを設立
1983年6月	南港紙センター(株)を設立
1985年5月	ジェーピーホームサプライ(株)を設立
1999年	九州紙パ資源(株)を設立
1999年	中部紙パ資源(株)を設立
2000年	ジェーピー共同物流(株)を設立
2000年	(株)ジェーピー北海を設立
2000年	関西紙パ資源(株)を設立
2004年	JHリサイクル(株)を設立
2005年	JP中国を設立

にっほんか

2007年10月	(株)エコポート九州を設立
2010年4月	JP総合開発(株)を吸収合併
2011年4月	(株)中井本社を吸収合併
2013年1月	(株)エコパワーJPを設立

2116　日本化薬(株)
[証券コード]4272
[上場区分]東証一部

1916年6月	日本火薬製造(株)を設立
1934年6月	火薬工業(株)を合併
1934年11月	日本導火線(株)と日本雷管(株)と中外雷管(株)を合併
1943年8月	帝国染料製造(株)と山川製薬(株)を合併
1945年4月	日本色素製造(株)と東京染料工業(株)を合併
1945年12月	日本化薬(株)に社名変更
1970年8月	化薬ヌーリー(株)を設立
1977年4月	厚和産業(株)を設立
1989年7月	カヤフロック(株)を設立
1991年7月	(株)ポラテクノを設立
1992年2月	(株)ポラテクノ販売を設立(後:(株)ポラテクノ)
1995年6月	日本化薬フードテクノ(株)を設立
1995年12月	招遠先進化工有限公司を設立
1996年9月	無錫先進化工有限公司を設立(後:無錫先進化薬化工有限公司)
2000年6月	(株)日本化薬福山と(株)日本化薬東京を設立
2000年7月	ライフスパーク, Inc.を設立(後清算)
2002年9月	化薬化工(無錫)有限公司を設立
2006年2月	ニッポンカヤク CZ, s.r.o.を設立
2006年4月	E-マテリアルズCo., Ltd.を設立(後:ニッポンカヤク コリアCo., Ltd.)
2006年8月	化薬(湖州)安全器材有限公司を設立
2007年5月	カヤク セイフティシステムズ デ メキシコ, S.A. de C.V.を設立
2011年12月	化薬(上海)管理有限公司を設立
2012年12月	カヤク セイフティシステムズ マレーシア Sdn. Bhd.を設立

2117　日本管財(株)
[証券コード]9728
[上場区分]東証一部

1965年10月	日本管財(株)を設立
1972年8月	(株)日本管財サービスを設立(後:(株)エヌ・ケイ・エス)
1978年12月	(株)スリーエスを設立
1999年7月	(株)ケイエヌ・ファシリティーズを共同出資で設立
2001年1月	(株)前田建設工業と共同で出資し(株)ちばシティ消費生活ピーエフアイ・サービスを設立
2001年10月	(有)三光開発を買収
2002年8月	(株)日本プロパティ・ソリューションズを共同出資で設立
2005年5月	(株)日本管財環境サービスを設立
2007年1月	東京キャピタルマネジメント(株)を設立

2118　日本乾溜工業(株)
[証券コード]1771
[上場区分]福証

1939年7月	日本乾溜工業(株)を設立
1993年4月	日本標識工業(株)を吸収合併
2009年10月	佐賀安全産業(株)を設立

2119　日本ギア工業(株)
[証券コード]6356
[上場区分]東証二部

1923年1月	晴山自動車機械工場を設立
1938年12月	晴山自動車工業(株)に社名変更
1954年12月	日本ギア工業(株)に社名変更
1976年6月	(株)ニチギ・エンジニアリングを設立
1979年12月	ニチギ整備(株)を設立(後:(株)ギアシステムズ)
2002年4月	(株)ニチギ・エンジニアリングと(株)ギアシステムズを吸収合併

2120　日本金銭機械(株)
[証券コード]6418
[上場区分]東証一部

1955年1月	日本金銭機械(株)を設立
1987年6月	JCM GOLD (H.K.) LTD.及びSHAFTY CO., LTD.を設立
1988年7月	JCM AMERICAN CORP.を設立
1990年10月	(株)サンテックスと長浜電子(株)を吸収合併
1999年6月	JAPAN CASH MACHINE GERMANY GMBH.を設立(後:JCM EUROPE GMBH.)
2001年10月	ジェーシーエムテクノサポート(株)を設立(後:JCMシステムズ(株))
2004年3月	JCM UNITED KINGDOM LTD.を設立
2006年9月	J-CASH MACHINE (THAILAND) CO., LTD.を設立
2010年11月	JCM CHINA CO., LTD.を設立

2121　日本金属(株)
[証券コード]5491
[上場区分]東証一部

1930年11月	東京伸鉄所を設立
1939年1月	日本特殊鋼材工業(株)を設立
1945年6月	(個)日本特殊金属精錬所を合併
1945年9月	日本金属産業(株)に社名変更
1946年3月	第二日本金属産業(株)を合併
1954年2月	日本金属(株)に社名変更
1955年3月	和光鋼帯(株)を設立(後:日金スチール(株))
1957年6月	服部鋼業(株)を設立(後:日金電磁工業(株))
1964年4月	共和梱包(株)を設立(後:日金スリット工業(株))
1973年7月	志村鋼業(株)を設立(後:日金精整テクニックス(株))
1975年11月	日本金属商事(株)を設立
1989年3月	NIPPON KINZOKU (SINGAPORE) PTE.LTD.を設立
1995年12月	NIPPON KINZOKU (THAILAND) CO., LTD.を設立
1998年3月	(株)日金東部コイルセンターを設立(後:日金精整テクニックス(株))
2012年8月	NIPPON KINZOKU (MALAYSIA) SDN.BHD.を設立

2122　(株)日本ケアサプライ
[証券コード] 2393
[上場区分] 東証二部
1998年3月	(株)日本ケアサプライを設立
2005年2月	(株)グリーンケア虹を設立(後:(株)グリーンケアガーデン)
2006年8月	グリーンメディ(株)を設立
2007年5月	(株)グリーンケアブリッジを設立
2007年10月	(株)グリーンケアはーねすを設立
2012年1月	(株)ブリッジサポートを設立

2123　日本軽金属(株)
〈〈旧〉日本軽金属系〉
1939年3月	東京電燈(株)と古河電気工業(株)が共同で出資し〈旧〉日本軽金属(株)を設立
1939年7月	富士川電力(株)を合併
1958年8月	日軽化工(株)を設立
1961年4月	(株)日本軽金属総合研究所を設立(後:(株)日軽技研)
1973年10月	日軽アルミ(株)の製造部門を合併
1978年10月	日軽圧延(株)を吸収合併
1984年4月	新日軽(株)を設立
1989年4月	日軽化工(株)と日軽苫小牧(株)を吸収合併
1991年4月	大信軽金属(株)を吸収合併
1992年12月	(株)アルキャン・アセアンを吸収合併
1993年4月	日軽冷熱(株)を吸収合併

〈東洋アルミニウム系〉
1931年4月	アルミニウム・リミテッド《カナダ》と住友伸銅管(株)と共同で出資し住友アルミニウム(株)を設立
1950年4月	東洋アルミニウム(株)に社名変更
1962年4月	ピヤス商事(株)を設立(後:東洋アルミ商事(株))
1969年11月	エコー・プロダクツ・インコーポレイテッド《米国》と共同で出資し東洋エコー(株)を設立
1976年5月	東洋アルミホイルプロダクツ(株)を設立

　　　　　＊　　＊　　＊　　＊
1999年10月	〈旧〉日本軽金属(株)と東洋アルミニウム(株)が合併し日本軽金属(株)に社名変更
2002年	日軽パネルシステム(株)を設立
2002年	日軽金アクト(株)を設立
2004年	華日軽金(深せん)有限公司を合弁で設立
2005年5月	東海アルミ箔(株)を連結子会社化
2008年	日軽(上海)汽車配件有限公司を設立
2010年	日軽(上海)国際貿易有限公司を設立
2011年	日軽金加工開発ホールディングス(株)を設立
2012年	日本軽金属ホールディングス(株)を株式移転により親会社として設立

2124　日本軽金属ホールディングス(株)
[証券コード] 5703
[上場区分] 東証一部
| 2012年10月 | 日本軽金属(株)が株式移転の方法により日本軽金属ホールディングス(株)を設立 |

2125　日本毛織(株)
[証券コード] 3201
[上場区分] 東証一部
1896年12月	日本毛織(株)を設立
1918年6月	日本毛糸紡績(株)を吸収合併
1940年9月	(株)日毛商会を設立(後解散)
1941年7月	共立モスリン(株)を吸収合併
1942年3月	昭和毛糸紡績(株)を吸収合併
1945年11月	誠宏織物(株)を合併
1952年4月	日誠毛織(株)を設立
1961年1月	ニッケ不動産(株)を設立
1967年11月	アカツキ商事(株)を設立
1978年	(株)ニッケ機械製作所を設立
1987年10月	(株)ニッケレジャーサービスを設立
1995年11月	双洋貿易(株)とカバロ(株)を買収
1998年5月	青島日毛織物有限公司を設立
1999年6月	尾西毛糸紡績(株)を合併
2003年	(株)ニッケ・アミューズメントを設立
2012年1月	日毛(上海)管理有限公司を設立
2012年9月	南海ニッケ・トレンガヌ社と南海ニッケ・マレーシア社を買収
2013年10月	ニッケ・タイランド社を設立

2126　日本ケミコン(株)
[証券コード] 6997
[上場区分] 東証一部
1931年8月	(資)佐藤電機工業所を設立
1947年8月	日本ケミカルコンデンサー(株)に社名変更
1962年6月	(株)ヒタチ電解箔研究所を設立(後:KDK(株))
1963年5月	日本ケミカルコンデンサ(株)に社名変更
1968年2月	東洋ケミコン(株)を設立(後:ケミハン(株))
1970年6月	United Chemi-Con, Inc.を設立
1972年9月	三瑩電子工業(株)を合弁で設立
1975年2月	Singapore Chemi-Con (Pte.) Ltd.を設立
1976年6月	福島ケミコン(株)を設立(後:ケミコン福島(株))
1977年2月	Europe Chemi-Con (Deutschland) GmbHを設立
1979年4月	台湾佳美工股份有限公司を設立
1980年10月	(株)ケミコンコンダクターズセールスを設立(後:CSS(株))
1981年7月	日本ケミコン(株)に社名変更
1993年1月	P.T.Indonesia Chemi-Conを設立
1995年4月	マルコン電子(株)を買収
1999年10月	ケーデーケー(株)と合併
2001年11月	貴弥功(無錫)有限公司を設立
2003年10月	ケミコンシーリングラバー(株)を設立
2003年10月	ケミコン岩手(株)を設立
2003年10月	ケミコン宮城(株)を設立
2003年10月	ケミコン福島(株)を設立
2012年6月	貴弥功電子研発(無錫)有限公司を設立

〈ケーデーケー系〉
1962年9月	日本ケミカルコンデンサ(株)等が出資し(株)ヒタチ電解箔研究所を設立
1981年7月	(株)電解箔工業に社名変更
1985年10月	日本電子材料工業(株)を吸収合併しケーデーケー(株)に社名変更
1985年10月	日栄電子(株)を設立

にっぽんけ

1987年12月	日本電子材料（株）を設立
1991年4月	（株）福島電気工業を設立

2127　日本ケミファ（株）
［証券コード］4539
［上場区分］東証一部

1950年6月	日立化学（株）を設立
1969年12月	日本薬品工業（株）を買収
1970年7月	日本ケミファ（株）に社名変更
1976年3月	ジャパンソファルシム（株）を設立
1985年4月	メディカル・システム・サービス（株）を設立
1986年9月	（株）化合物安全性研究所を買収
1987年2月	ウエルライフ（株）を設立
2005年12月	シャプロ（株）を設立

2128　日本工営（株）
［証券コード］1954
［上場区分］東証一部

1946年6月	（株）新興産業建設社に社名変更
1946年6月	新興電業（株）を設立
1947年10月	日本工営（株）に社名変更
1968年8月	スマトラ木材（株）を設立
1998年4月	（株）日本工営横浜事業所を設立（後：日本工営パワー・システムズ（株））
2003年10月	日本シビックコンサルタント（株）を買収
2005年3月	玉野総合コンサルタント（株）を買収
2007年6月	NIPPON KOEI LAC DO BRASIL LTDA.を設立
2008年6月	NIPPON KOEI INDIA PVT.LTD.を設立
2010年9月	NKLAC, INC.を設立（後：NIPPON KOEI LAC, Inc.）

2129　日本高周波鋼業（株）
［証券コード］5476
［上場区分］東証一部

1936年1月	日本高周波重工業（株）を設立
1950年5月	日本高周波鋼業（株）に社名変更
1981年5月	高周波鋳造（株）を設立
2001年6月	高周波精密（株）を設立
2011年10月	麦卡発商貿（上海）有限公司を設立

2130　日本合成化学工業（株）
［証券コード］4201
［上場区分］東証一部

1927年3月	（株）日本合成化学研究所を設立
1928年10月	日本合成化学工業（株）に社名変更
1937年4月	日本理化工業（株）と共同で出資し日本アセチレン工業（株）を設立
1962年3月	ヘキスト社と共同で出資しヘキスト合成（株）を設立
1963年10月	三菱化成工業（株）と共同で出資し水島合成化学工業を設立
1971年4月	水島合成化学工業を合併
1971年11月	ニチゴー機工（株）を設立
1977年3月	大日本酢酸（株）を設立
1987年5月	NIPPON GOHSEI (U.S.A.) Co., Ltd.を設立
1994年6月	NOLTEX L.L.C.を設立
1996年5月	SOARUS L.L.C.を設立
1996年7月	NIPPON GOHSEI Europe GmbHを設立
1996年8月	NIPPON GOHSEI Singapore Pte Ltd.を設立（後清算）
1996年10月	POVAL ASIA Pte Ltd.を設立
1997年9月	ニチゴー・モートン（株）を設立
2001年3月	NIPPON GOHSEI UK Ltd.を設立
2005年	大垣化成工業（株）を吸収合併
2009年4月	ニチゴー・モビニール（株）を設立
2010年9月	日之高（上海）商貿有限公司を設立
2010年10月	NIPPON GOHSEI (THAILAND) CO., LTD.を設立

2131　ニッポン高度紙工業（株）
［証券コード］3891
［上場区分］ジャスダックスタンダード

1941年8月	ニッポン高度紙工業（株）を設立
2002年6月	NIPPON KODOSHI KOGYO (MALAYSIA) SDN.BHD.を設立
2003年7月	蘇州萬旭光電通信有限公司を設立

2132　日本コークス工業（株）
［証券コード］3315
［上場区分］東証一部

1874年9月	三井組が神岡鉱山の一部を取得
1889年1月	三池炭鉱社を三井組、三井物産、三井銀行が協力して設立
1892年6月	三井鉱山（資）を設立し三池炭鉱、神岡鉱山その他の経営にあたる
1893年7月	三井鉱山合名会社に改組
1909年10月	三井合名会社鉱山部とする
1911年12月	三井合名会社鉱山部が独立し〈旧〉三井鉱山（株）を設立
1941年4月	三井化学工業（株）を設立
1950年5月	神岡鉱業（株）を設立（後：三井金属鉱業（株））
1959年10月	（株）三井三池製作所を設立
1965年3月	（株）三井三池港務所を設立
1969年12月	みなと木材工業（株）を設立
1970年5月	三井鉱山コークス工業（株）を設立
1973年8月	（株）三井三池港務所を吸収合併
1973年8月	三井石炭鉱業（株）を設立
1976年5月	三井セメント（株）を吸収合併
1981年4月	三井鉱山コークス工業（株）を吸収合併
1984年11月	三港運送（株）を吸収合併（後：三港運送（株））
1993年10月	三井三池化工機（株）を吸収合併
1997年4月	三池ポートサービス（株）を吸収合併（後：三池港物流（株））
2001年4月	三井鉱山物流（株）に商号変更
2004年3月	〈旧〉三井鉱山コークス（株）を吸収合併し三井鉱山（株）に商号変更
2005年5月	サンケミカル（株）を設立
2006年10月	三井西日本埠頭（株）を吸収合併
2009年4月	日本コークス工業（株）に商号変更
2010年10月	三池港物流（株）を設立

2133　日本コロムビア（株）
［証券コード］6791
［上場区分］東証一部

1909年1月	（個）日本蓄音器商会を設立
1910年10月	（株）日本蓄音器商会に改組
1912年4月	日米蓄音機製造（株）を吸収合併
1919年12月	東洋蓄音機（資）を合併

1924年9月	大和木工(株)を設立(後：コロムビア音響工業(株))
1942年8月	**日蓄工業(株)**に社名変更
1946年4月	**日本コロムビア(株)**に社名変更
1949年8月	日本蓄音機(株)を設立(後：コロムビアマグネプロダクツ(株))
1963年3月	日本電気音響(株)を吸収合併
1969年1月	タクト電子(株)を設立(後：東北音響(株))
2001年10月	(株)デノンをAV・メディア部門として分社化
2002年10月	コロムビアミュージックエンタテインメント(株)に社名変更
2004年1月	(株)コロムビアファミリークラブを吸収合併
2005年7月	コロムビアアーティストマネジメント(株)を設立
2010年10月	**日本コロムビア(株)**に商号変更

2134 日本コンクリート工業(株)
[証券コード]5269
[上場区分]東証一部

1948年8月	鉄道電気工業(株)より分離独立し**日本コンクリート工業(株)**を設立
2000年12月	NCマネジメントサービス(株)とNC西日本パイル製造(株)とNC九州パイル製造(株)を設立
2003年1月	NCロジスティックス(株)を設立
2005年4月	NC貝原パイル製造(株)とNC貝原コンクリート(株)を設立
2007年2月	NC関東パイル製造(株)を設立
2008年8月	日本エコテクノロジーズ(株)を設立

2135 日本コンセプト(株)
[証券コード]9386
[上場区分]ジャスダックスタンダード

1994年1月	**日本コンセプト(株)**を設立
1997年1月	(株)オリエント・ティナーズ・ジャパンと合併
1998年12月	NICHICON EUROPE B.V.を設立(後：EURO-CONCEPT B.V.)
2001年3月	NIPPON CONCEPT SINGAPORE PTE.LTD.を設立
2005年11月	ニチコンアセットマネジメント(株)を設立
2006年1月	ニチコンホールディングス(株)を株式移転により設立
2007年1月	ニチコンホールディングス(株)を吸収合併
2008年7月	ニチコンアセットマネジメント(株)を吸収合併
2012年2月	NIPPON CONCEPT AMERICA, LLC.を設立

2136 日本コンベヤ(株)
[証券コード]6375
[上場区分]東証一部

1949年5月	(株)日本コンベヤー製作所を設立
1959年4月	**日本コンベヤ(株)**に社名変更
1968年11月	日本コンベヤ工事(株)を設立
1978年4月	日機工業(株)を設立(後解散)
1986年6月	ニッケン(株)を設立
1991年12月	(有)テックシステムサービスを設立(後：エヌエイチサービス(株))
1991年12月	東京テックサービス(株)を設立(後：エヌエイチサービス(株))
2002年3月	日本コンベヤ工事(株)を吸収合併
2010年7月	Nippon Conveyor Vietnam Co., Ltd.を設立
2013年12月	NH Parking Systems Taiwan Co., Ltd.を設立

2137 日本サード・パーティ(株)
[証券コード]2488
[上場区分]ジャスダックスタンダード

1987年10月	**日本サードパーティ(株)**を設立
1995年5月	中日国際電子計算機職業学校を設立
1997年2月	(株)ジェイ・ティー・ピー ネットワーク・コミュニケーションズを設立
1997年2月	(株)ジェー・ティ・ピー・プラザを設立
1998年7月	データ・エントリー・ソリューション(株)を設立
2000年5月	(株)ジェイ・ティー・ピー ネットワーク・コミュニケーションズを吸収合併
2000年12月	日本リファビッシュ(株)を設立(後：ITPセールス(株))
2002年6月	**日本サード・パーティ(株)**に商号変更
2005年11月	韓国サード・パーティ(株)を設立
2006年8月	Japan Third Party of Americas, Inc.を設立
2009年9月	一般社団法人インターナショナル・エシカル・ハッカー・エンジニア・コンソーシアムを設立
2009年10月	一般社団法人行政刷新研究機構を設立

2138 日本シイエムケイ(株)
[証券コード]6958
[上場区分]東証一部

1961年2月	**中央銘板工業(株)**を設立
1980年8月	シイエムケイメカニクス(株)を設立
1980年8月	(株)中銘を設立(後：シイエムケイハイテックス(株))
1980年8月	中銘エンジニアリング(株)を設立
1980年11月	CMK SINGAPORE(PTE.) LTD.を設立(後：CMK ASIA(PTE.) LTD.)
1982年10月	中銘ドリリング(株)を設立(後：日本シイエムケイマルチ(株))
1984年1月	**日本シイエムケイ(株)**に社名変更
1987年2月	CMK EUROPE N.V.を設立
1988年9月	ジェイティシイエムケイ(株)を設立
1989年11月	CMKS(MALAYSIA) SDN.BHD.を設立
1990年9月	(株)三開者製作所を設立(後：シイエムケイサンテクノ(株))
1994年4月	(株)シイエムケイ回路設計センターを設立(後：シイエムケイ・プロダクツ(株))
1994年4月	日本シイエムケイマルチ(株)を設立
1994年8月	P.T.CMKS INDONESIAを設立
1996年7月	エスイープロダクツ(株)を設立(後：シイエムケイ・プロダクツ(株))
1999年10月	(株)シイエムケイエンジニアリングを設立(後：シイエムケイメカニクス(株))
2001年2月	新昇電子(香港)有限公司を設立
2001年5月	希門凱電子(無錫)有限公司を設立

にっぽんし

2002年10月	シイエムケイパッケージテクニック(株)を設立
2003年1月	CMK Global Brands Manufacture, Ltd.を設立
2003年9月	(株)シエムケイエンジニアリングを吸収合併
2004年6月	シイエムケイハイテックス(株)を吸収合併
2006年4月	CMK CORPORATION (THAILAND) CO., LTD.を設立
2007年8月	CMK AMERICA CORPORATIONを設立
2008年7月	シイエムケイパッケージテック(株)を吸収合併
2012年9月	新昇電子貿易(深セン)有限公司を設立
2014年10月	日本シイエムケイマルチ(株)とシイエムケイ蒲原電子(株)と(株)山梨三光とシイエムケイメカニクス(株)を吸収合併

2139 日本システムウエア(株)
[証券コード]9739
[上場区分]東証一部
1966年8月	(株)事務計算センターを設立
1982年3月	日本システムウエア(株)に社名変更
1991年11月	システムウエアリンケージ(株)を設立(後：日本テクノウェイブ(株))
2002年9月	エヌエスダブリュ販売(株)を設立
2009年10月	NSWウィズ(株)を設立

2140 日本車輌製造(株)
[証券コード]7102
[上場区分]東証一部
1896年9月	日本車輌製造(株)を設立
1973年1月	日車開発(株)を設立
1985年4月	日車建設工事(株)を設立
1999年1月	日熊工機(株)を吸収合併
2002年10月	台湾車輌股份有限公司を設立
2004年3月	日車情報システム(株)と日車開発(株)を吸収合併
2008年4月	日車建設工事(株)を吸収合併

2141 日本出版販売(株)
1949年9月	日本出版販売(株)を創業
1999年10月	(株)ブッキングを設立
2002年4月	出版共同流通(株)を設立
2004年4月	トライネットエンタテインメント(株)を設立
2006年4月	(株)MPDを設立

2142 日本商業開発(株)
[証券コード]3252
[上場区分]東証一部
2000年4月	日本商業開発(株)を設立
2008年1月	(株)長谷工コーポレーションと共同出資により新日本商業開発(株)を設立
2009年2月	西日本商業開発(株)を設立
2013年6月	(株)Jを設立

2143 (株)日本触媒
[証券コード]4114
[上場区分]東証一部
1941年8月	(個)ヲサメ硫酸工業所より分離独立しヲサメ合成化学工業(株)を設立
1949年4月	日本触媒化学工業(株)に社名変更
1953年3月	大光海運(株)を設立(後：日触物流(株))
1953年5月	北浜薬品工業(株)を設立(後：日本ポリエステル(株))
1954年12月	日本蒸溜工業(株)を設立(後：日触テクノファインケミカル(株))
1971年9月	日本ポリマー工業(株)を設立
1988年1月	エヌエイ・インダストリーズ Inc.を設立
1991年6月	(株)日本触媒に社名変更
1992年	デグサジャパン(株)と共同で出資し(株)アイシーティーを設立
1994年	(有)エヌ・エス・グリーンを設立
1996年8月	PT.ニッポンショクバイ・インドネシアを設立
1998年	日触アロー化学(株)を吸収合併
1998年1月	ニッポンショクバイ(アジア)PTE. LTD.を設立
1999年2月	ニッポンショクバイ・ヨーロッパ N.V.を設立
2002年	第一工業製薬(株)と共同で出資し(株)ソリオンを設立
2003年	三井武田ケミカル(株)と共同で出資しジャパンコンポジット(株)を設立
2003年4月	日触化工(張家港)有限公司を設立

2144 日本新薬(株)
[証券コード]4516
[上場区分]東証一部
1911年11月	(個)京都新薬堂を設立
1919年9月	日本新薬(株)に社名変更
1962年7月	ローヤル・モーターズ(株)を設立(後：ローヤル(株))
1999年7月	NS Pharma, Inc.を設立
2006年4月	ラプラスファルマ(株)を設立(後解散)

2145 日本水産(株)
[証券コード]1332
[上場区分]東証一部
1917年	共同漁業(株)を設立
1919年9月	(社)日本トロールを合併
1928年	新興水産(株)を合併
1937年3月	日本水産(株)に社名変更
1942年12月	帝国水産統制(株)を設立
1943年3月	高砂漁業(株)を合併
1943年3月	日本海洋漁業統制(株)を漁撈部を中心に設立
1945年1月	日満漁業(株)を合併
1945年12月	日本水産(株)に社名変更
1974年3月	NIPPON SUISAN (U.S.A.), INC.を設立
1974年5月	UNISEA, INC.を設立
1978年10月	EMPRESA DE DESARROLLO PESQUERO DE CHILE, LTDA.を設立
1988年12月	SALMONES ANTARTICA S.A.を買収
1990年2月	NIPPON SUISAN AMERICA LATINA S.A.を設立
2008年4月	(株)北海道日水を設立
2008年6月	青島日水食品研究開発有限公司を設立

2008年12月	北海道ファインケミカル(株)を設立
2009年3月	TN Fine Chemicals Co.Ltdを設立
2009年12月	博多まるきた水産(株)を設立
2013年12月	弓ヶ浜水産(株)を設立

2146 日本スキー場開発(株)
[証券コード]6040
[上場区分]東証マザーズ

| 2005年12月 | 日本スキー場開発(株)を設立 |
| 2010年8月 | (株)鹿島槍を設立 |

2147 日本精化(株)
[証券コード]4362
[上場区分]東証一部

1918年2月	日本樟脳(株)を設立
1971年1月	日本精化(株)に社名変更
1989年2月	(株)環境保健生物センターを買収(後:(株)環境バイリス研究所)
1990年5月	アルボース薬粧(株)を買収(後:(株)アルボース)
1995年4月	吉川製油(株)を吸収合併
1996年12月	四川日普精化有限公司を合弁で設立
2003年1月	太倉日夏精化有限公司を合弁で設立
2003年8月	オレオトレード・インターナショナルを設立
2007年3月	(株)カスタムサーブを買収
2009年4月	日隆精化國際股份有限公司を合弁で設立

2148 日本精機(株)
[証券コード]7287
[上場区分]東証二部

1946年12月	日本精機(株)を設立
1959年9月	(有)旭計器製作所を設立(後:エヌエスアドバンテック(株))
1970年2月	日精サービス(株)を設立
1971年7月	(株)真人日本精機を設立(後:エヌエスアドバンテック(株))
1972年11月	エヌ・エス・インターナショナル社を設立
1973年6月	エヌエスエレクトロニクス(株)を設立
1978年7月	(株)ホンダベルノ長岡を設立
1982年6月	(株)ワイエヌエスを設立(後:NSウエスト(株))
1983年11月	日精ホンダ(株)を設立
1985年4月	(株)エヌエス・コンピュータサービスを設立(後:(株)NS・コンピュータサービス)
1986年7月	ニューサバイナインダストリーズ社を設立
1987年8月	ユーケーエヌ・エス・アイ社を設立
1994年4月	香港易初日精有限公司を設立
1995年2月	上海易初日精有限公司を合弁で設立(後:上海日精儀器有限公司)
1995年12月	タイ-ニッポンセイキ社を設立
1997年9月	タイ マット エヌエス社を設立
2001年11月	香港日本精機有限公司を設立
2001年12月	インドネシア エヌエスを設立(後:インドネシア ニッポンセイキ社)
2002年8月	ニッポンセイキ・ド・ブラジル社を設立
2002年12月	ニッポンセイキヨーロッパ社を設立
2003年9月	東莞日精電子有限公司を設立
2004年6月	日精工程塑料(南通)有限公司を設立
2004年11月	(株)NSモータースを設立(後:(株)カーステーション新潟)
2006年5月	(株)新長岡マツダ販売を設立
2006年7月	エヌエスサンパウロ・コンポーネント・オートモーティブ社を設立
2007年3月	ベトナム・ニッポンセイキ社を設立
2007年8月	ニッポンセイキ・コンシューマ・プロダクツ(タイ)社を設立
2008年4月	ニッポンセイキ・デ・メヒコ社とニッセイ・アドバンテック・メヒコ社を設立
2011年6月	日精儀器武漢有限公司を設立
2012年2月	エヌエス インスツルメンツ インディア社を設立
2012年3月	日精儀器科技(上海)有限公司を設立
2013年8月	ニッセイ・ディスプレイ・メヒコ社を設立
2013年10月	ダナンニッポンセイキ社を設立

2149 日本精工(株)
[証券コード]6471
[上場区分]第一部

1914年2月	日本精工(資)を設立
1916年11月	日本精工(株)に改組
1935年5月	第二日本精工(株)を合併
1937年11月	帝国精工(株)を合併
1944年4月	日ノ出製鋼(株)を設立
1951年5月	(株)桜町工業所を設立(後解散)
1960年6月	北日本精工(株)を設立(後:NSKステアリングシステムズ(株))
1962年12月	NSKコーポレーション社を設立
1963年1月	トリトン社《英国》と東京ベアリング(株)と共同で出資しエヌエスケー・トリトン(株)を設立
1963年10月	NSKドイツ社を設立
1964年8月	ボルグ・ワーナー社《米国》と共同で出資しエヌエスケー・ワーナー(株)を設立
1966年5月	西日本精工(株)を吸収合併
1967年11月	北日本精工(株)を吸収合併
1969年3月	(株)天辻鋼球製作所と共同で出資し新日本鋼球(株)を設立
1977年9月	日本パワーステアリング(株)を設立
1980年11月	NSKシンガポール社を設立
1987年9月	NSK韓国社を設立
1990年6月	日本精工九州(株)を設立
1994年4月	NSKベアリング・インドネシアを設立
1995年7月	NSK昆山社を設立
1997年4月	ゼネラルモータース社《米国》と共同で出資しデルファイ・サギノー・エヌエスケー(株)を設立
1997年6月	ラネーNSKステアリングシステムズ社を設立
2001年4月	エヌエスケー・ステアリングシステムズ(株)を設立
2001年5月	エヌエスケー福島(株)を設立
2002年10月	エヌエスケー・プレシジョン(株)を設立
2010年9月	(株)ADTechを合弁で設立
2011年7月	NSKテクノロジー(株)を設立
2013年4月	NSKベアリング・マニュファクチュアリング・メキシコ社を設立

にっぽんせ

2150　日本製紙(株)
[証券コード]3863
[上場区分]東証一部
〈国策パルプ工業系〉
1938年6月	国策パルプ工業(株)を設立
1945年5月	大日本再生製紙(株)を合併
1963年4月	(株)国策工務所を設立

〈山陽パルプ系〉
1937年4月	山陽パルプ工業(株)を設立
1946年11月	山陽パルプ(株)に社名変更
1951年6月	島根化学工業(株)を合併
1952年5月	(株)大川田中事務所を合併

〈山陽国策パルプ系〉
1972年3月	国策パルプ工業(株)と山陽パルプ(株)が合併し山陽国策パルプ(株)に社名変更
1975年4月	(株)勇払土地利用研究所を合併
1978年4月	パルボード(株)を設立

〈十條製紙系〉
1873年2月	抄紙会社を設立
1893年11月	〈旧〉王子製紙(株)に社名変更
1949年8月	十條製紙(株)を設立
1966年12月	西日本製紙(株)を設立
1968年3月	東北パルプ(株)を合併
1970年9月	十條木材(株)を設立
1980年4月	十條パルプ(株)を設立

〈〈旧〉日本製紙系〉
1993年4月	山陽国策パルプ(株)と十條製紙(株)を合併し〈旧〉日本製紙(株)に社名変更
1997年11月	(株)パルを設立
2001年3月	大昭和製紙(株)と事業統合し(株)日本ユニパックホールディングを持株会社として設立
2002年10月	日本製紙ケミカル(株)を設立

〈昭和製紙系〉
1919年10月	寿製紙(株)を設立
1927年	昭和製紙(株)に社名変更
1935年12月	(株)斉藤商会を合併

〈大昭和製紙系〉
1938年9月	昭和製紙(株)と昭和産業(株)と大正工業(株)と岳陽製紙(株)と駿富製紙(株)を統合し大昭和製紙(株)を設立
1944年8月	富士航空工業(株)を設立
1959年6月	大昭和運輸(株)を設立
1961年10月	長野大昭和木材(株)を設立
1967年10月	大昭和紙商事(株)を設立
1968年4月	大昭和パルプ(株)を設立
1974年12月	大昭和海外開発(株)を設立
1983年4月	大昭和パルプ(株)と大昭和紙商事(株)と大昭和海外開発(株)を合併
2001年3月	日本製紙(株)共同で(株)日本ユニパックホールディングを持株会社として設立

*　　*　　*　　*

2003年4月	〈旧〉日本製紙(株)と大昭和製紙(株)と日本紙共販(株)が合併し日本製紙(株)に社名変更
2012年10月	日本大昭和板紙(株)と日本紙パック(株)と日本製紙ケミカル(株)と合併
2013年4月	(株)日本製紙グループ本社と合併

2151　日本精線(株)
[証券コード]5659
[上場区分]東証一部
1951年6月	三信特殊線工業(株)を設立
1956年10月	日本精線(株)に社名変更
1988年5月	THAI SEISEN CO., LTD.を設立
2006年5月	耐素龍精密濾機(常熟)有限公司を設立
2007年10月	大同ステンレス(株)を吸収合併
2008年9月	韓国ナスロンを設立
2014年12月	日精テクノ(株)を設立

2152　日本製粉(株)
[証券コード]2001
[上場区分]東証一部
1896年9月	日本製粉(株)を設立
1907年12月	明治製粉(株)を合併
1909年9月	帝国製粉(株)を合併
1920年3月	東洋製粉(株)と(株)大里製粉所を合併
1920年4月	東北製粉(株)を合併
1925年7月	東亜製粉(株)を合併
1951年4月	(株)扇屋商店を設立(後:ニップン商事(株))
1953年8月	(株)小山製作所を設立
1958年4月	松屋製粉(株)を設立
1960年3月	大阪製粉(株)を合併
1962年7月	城北工業(株)を合併
1972年10月	ニップンドーナツ(株)を設立
1975年6月	ニップン機工(株)を設立(後:ニップンエンジニアリング(株))
1976年7月	新日本商事(株)を設立(後:ニップン商事(株))
1982年7月	日本リッチ(株)を設立
1989年3月	エヌピーエフジャパン(株)を設立
1990年10月	〈旧〉オーマイ(株)を合併
1996年3月	エヌエフフローズン(株)を設立
1996年6月	ニップン冷食(株)を設立
1996年11月	Nippon Flour Mills(Thailand) Ltd.を設立
1998年3月	オーマイ(株)を設立
2000年5月	Pasta Montana, L.L.C.を買収
2000年5月	ニップンドーナツ関西(株)を設立
2001年2月	(株)ファスマックを設立
2005年4月	(株)ニップン商事コーポレーションを設立
2006年3月	NIPPN (Thailand) Co., Ltd.を設立
2006年6月	NIPPN California Inc.を設立
2014年4月	PT.NIPPN FOODS INDONESIAを設立

2153　日本精蠟(株)
[証券コード]5010
[上場区分]東証二部
1951年2月	日本精蠟(株)を設立
1975年10月	周和産業(株)を設立
1983年3月	大阪ニチロウ商事(株)を設立
2004年1月	新精商事(株)と大阪ニチロウ商事(株)を吸収合併
2008年4月	テクノワックス(株)を設立
2014年3月	Nippon Seiro(Thailand) Co., Ltd.を設立

2154　日本ゼオン(株)
[証券コード]4205
[上場区分]東証一部
1950年4月	日本ゼオン(株)を設立

1981年10月	ゼオン化成(株)を設立		1950年5月	三和倉庫(株)を設立
1988年7月	ゼオン・ケミカルズ社を設立		1952年10月	日曹化工(株)を設立(後:新日曹化工(株))
1989年3月	ゼオン・ケミカルズ・ヨーロッパ社を設立		1956年9月	日曹金属鉱山(株)を設立(後解散)
1989年9月	ゼオン・ケミカルズ・USA社を設立		1963年6月	日曹油化工業(株)を設立
1993年10月	蘇州瑞紅電子化学品有限公司を設立		1965年11月	日曹金属(株)を設立(後:日曹金属化学(株))
1996年5月	ゼオン・ケミカルズ・タイランド社を設立		1969年4月	日曹化成(株)を設立
2009年1月	(株)オプテスを吸収合併		1987年10月	新日曹化工(株)を合併
2010年12月	ゼオン・ケミカルズ・シンガポール社を設立		1995年	日曹ビーエーエスエフ・アグロ(株)を設立
2011年2月	ゼオンコリア社を設立		1999年	日曹化成(株)を合併
2011年7月	瑞翁(上海)管理有限公司を設立		2006年12月	上越日曹ケミカル(株)を設立
2012年2月	ゼオン マニュファクチャリング ベトナム社を設立		2011年6月	日曹南海アグロ(株)を設立
2013年3月	(株)トウペを公開買付けにより子会社化			

〈トウペ系〉

1919年10月	大阪製錬(株)を設立
1939年12月	東亜ペイント(株)と合併し東亜化学(株)に社名変更
1940年7月	東亜化学製錬(株)に社名変更
1943年11月	小泉ペイント(株)を合併
1944年8月	東亜化学(株)に社名変更
1949年7月	東亜ペイント(株)に社名変更
1961年5月	伊賀塗料(株)を設立
1992年4月	伊賀塗料(株)を吸収合併
1993年6月	(株)トウペに社名変更
2004年11月	(株)トウペ製造を設立

2155 日本セラミック(株)
[証券コード]6929
[上場区分]東証一部

1975年6月	日本セラミック(株)を設立
1975年11月	(株)日本技術研究製作所を設立(後:日本セラミック研究所(株))
1985年12月	日セラ販売(株)を設立
1986年9月	上海日セラセンサ有限公司を合弁で設立
1991年9月	上海日セラ磁性器材有限公司を合弁で設立
1994年7月	蘇州日セラ電子有限公司を合弁で設立
1995年6月	昆山日セラ電子器材有限公司を合弁で設立
1998年3月	日セラテック(株)を設立
1998年3月	日セラ電子(株)を設立(後:日セラマーケティング(株))
1998年5月	NICERA HONG KONG LTD.を設立
1998年11月	NICERA AMERICA CORP.を設立
2001年1月	NICERA PHILIPPINES INC.を設立
2001年12月	厦門日セラ電器有限公司を設立
2005年1月	日セラ三和電器(蘇州)有限公司を設立

2156 日本曹達(株)
[証券コード]4041
[上場区分]東証一部

1920年2月	日本曹達(株)を設立
1926年4月	日本電爐工業(株)を合併
1937年4月	日本人絹紡織(株)を合併
1939年1月	日曹製鋼(株)を合併
1939年12月	日曹商事(株)を設立
1944年10月	九州曹達(株)を合併
1945年1月	日曹鉱業(株)を合併
1949年12月	日豊化学工業(株)と日曹炭鉱(株)と日曹製鋼(株)を設立

2157 日本タングステン(株)
[証券コード]6998
[上場区分]東証二部

1931年7月	日本タングステン(名)を設立
1932年9月	日本タングステン(株)に改組
1941年12月	昭和冶金(株)を吸収合併
1979年4月	サハビリヤニッタン(株)を設立(後:SVニッタン(株))
1979年4月	(株)福岡機器製作所を設立
1991年12月	(株)エヌ・ティー・サービスを設立
1993年8月	四平日本タングステン有限公司を設立
1995年10月	SVニッタンプレシジョン(株)を設立(後:SVニッタン(株))
2000年9月	九江日本タングステン有限公司を設立
2005年7月	上海電科電工材料有限公司を設立
2006年11月	恩悌(上海)商貿有限公司を設立
2009年11月	恩悌(香港)有限公司を設立
2009年12月	NIPPON TUNGSTEN USA, INC.を設立
2011年3月	四平恩悌タングステン高新技術材料有限公司を設立

2158 日本駐車場開発(株)
[証券コード]2353
[上場区分]東証一部

1991年12月	日本駐車場開発(株)を設立
1999年8月	(株)パーキングプロフェッショナルサービシーズを設立(後吸収合併)
2003年8月	(株)マーケットメイカーズを設立(後吸収合併)
2005年12月	日本スキー場開発(株)を設立
2011年1月	NPD GLOBAL CO., LTD.とNIPPON PARKING DEVELOPMENT (THAILAND) CO., LTD.を設立
2011年6月	邦駐(上海)停車場管理有限公司を設立
2011年12月	日本自動車サービス(株)を設立
2014年7月	NPD KOREA CO., LTD.を設立

2159 日本鋳造(株)
[証券コード]5609
[上場区分]東証二部

1920年9月	〈旧〉日本鋳造(株)を設立
1948年12月	〈旧〉日本鋳造(株)より企業再建法に基づき分離し新日本鋳造(株)を設立
1952年11月	日本鋳造(株)に社名変更
1984年1月	(株)エヌシーシーを設立
1985年6月	ダイテツ工業(株)と共同出資にてエヌ・

にっぽんち

1989年10月	ディ・パウダー(株)を設立(後清算) 京浜機械(株)を吸収合併
1992年3月	デアマント・ボアート・エス・エイ(ベルギー国)と共同出資にてエヌシーダイヤモンドボーツ(株)を設立
2000年3月	(株)富岡工場を吸収合併
2001年3月	ティーエムケー(株)を設立(後:新東北メタル(株))
2001年3月	東北メタル(株)を吸収合併

2160　日本鋳鉄管(株)
[証券コード]5612
[上場区分]東証一部

1937年12月	東洋精機(株)を設立
1939年2月	東洋精工業(株)に社名変更
1960年1月	日本鋳鉄管(株)に社名変更
2001年11月	日鋳サービス(株)を設立
2004年1月	(株)鶴見工材センターを設立
2014年4月	利根鉄工(株)を吸収合併

2161　日本通運(株)
[証券コード]9062
[上場区分]東証一部

1872年6月	陸運元会社を設立
1875年2月	内国通運会社に社名変更
1893年7月	内国通運(株)に社名変更
1928年3月	明治運送(株)と国際運送(株)と国際通運(株)を合併し国際通運(株)を合併
1937年10月	国際通運(株)と帝国運送計算保証(株)と(株)運送計算所と北海運送保証計算(株)と丸同明治計算保証(株)と久運(株)と明治運輸(株)が財産出資し日本通運(株)に社名変更
1941年10月	東京合同社ほか56社を合併(第1次統合)
1942年1月	横須賀合同(株)ほか73社を合併(第2次統合)
1944年5月	釧路海陸作業(株)ほか7社を合併(第3次統合)
1944年9月	藤枝合同運送(株)ほか30社を合併(第4次統合)
1944年11月	樺太通運(株)ほか1社を合併(第5次統合)
1945年3月	愛媛運通(株)ほか5社を合併(第6次統合)
1945年8月	大和運送(株)ほか89社を合併(第7次統合)
1945年9月	福井合同運送(株)ほか67社を合併(第8次統合)
1946年12月	通運産業(株)を設立
1958年10月	(株)日通保険総代理社を設立
1962年7月	米国日本通運(株)を設立
1977年6月	オランダ日本通運(株)を設立
1979年6月	香港日本通運(株)を設立
1981年1月	英国日本通運(株)を設立
1981年10月	ドイツ日本通運(有)を設立
1992年7月	大連日通外運物流有限公司を設立
1994年6月	上海通運国際物流有限公司を設立
1995年1月	天宇客貨運輸服務有限公司を設立(後:日通国際物流(中国)有限公司)
1995年6月	フィリピン日本通運(株)を設立
2000年7月	ベトナム日本通運(株)を設立
2001年4月	インドネシア日本通運(株)を設立
2006年10月	日通キャピタル(株)を設立
2008年6月	JPエクスプレス(株)を設立
2011年9月	欧州日本通運(有)を設立
2012年2月	南アジア・オセアニア日本通運(株)を設立

2162　日本テレビホールディングス(株)
[証券コード]9404
[上場区分]東証一部

1952年10月	日本テレビ放送網(株)を設立
1958年10月	(株)レクリエーションセンターを吸収合併
1969年10月	日本テレビ音楽(株)を設立
1972年4月	(株)日本テレビサービスを設立
1980年3月	(株)クリーンアップを設立(後:(株)日本テレビワーク24)
1981年1月	(株)バップを設立
1986年6月	NTV International Corporationを設立
1992年6月	NTV America Companyを設立
1998年12月	(株)ビーエス日本を設立(後:(株)BS日本)
2000年3月	(株)フォアキャスト・コミュニケーションズを設立
2001年3月	(株)シーエス日本を設立
2007年12月	(株)日テレ7を設立
2012年4月	日本テレビ分割準備(株)を設立(後:日本テレビ放送網(株))
2012年10月	日本テレビホールディングス(株)に商号変更

2163　日本電気(株)
[証券コード]6701
[上場区分]東証一部

1898年8月	日本電気(資)を設立
1899年7月	(旧)日本電気(株)に社名変更
1943年2月	住友通信工業(株)に社名変更
1945年11月	日本電気(株)に社名変更
1949年3月	日本電気真空硝子(株)を設立
1953年6月	新日本電気(株)を設立(後:日本電気ホームエレクトロニクス(株))
1953年12月	日本電気工事(株)を設立
1970年10月	日電厚生サービス(株)を設立
1972年2月	日電機工(株)を設立
1972年2月	(株)日電物流センターを設立
1972年12月	日本電気移動無線サービス(株)を設立
1973年4月	日本電気海外市場開発(株)を設立
1973年8月	(株)日本電気コストコンサルティングを設立
1978年2月	日本電気電力エンジニアリング(株)を設立

2164　日本電気硝子(株)
[証券コード]5214
[上場区分]東証一部

1944年10月	住友通信工業(株)が出資し日本電気硝子(株)を設立
1988年5月	オーアイ・エヌイージー・ティービー・プロダクツ Inc.を設立
1991年4月	ニッポン・エレクトリック・グラス・マレーシア Sdn.Bhd.を設立
2002年11月	日本電気硝子(韓国)(株)を設立
2003年11月	台湾電気硝子股份有限公司を設立

2005年1月	坡州電気硝子(株)を設立
2006年8月	電気硝子(上海)広電有限公司を設立
2011年6月	ニッポン・エレクトリック・グラス・ヨーロッパ GmbHを設立
2012年5月	電気硝子(Korea)(株)を設立
2013年2月	電気硝子(広州)有限公司を設立
2014年4月	電気硝子(廈門)有限公司を設立
2014年6月	OLED Material Solutions(株)を設立

2165　日本甜菜製糖(株)
[証券コード]2108
[上場区分]東証一部

1919年6月	北海道製糖(株)を設立
1923年4月	十勝鉄道(株)を設立
1944年9月	北海道興農工業(株)に社名変更
1947年9月	日本甜菜製糖(株)に社名変更
1971年12月	十勝鉄道(株)と共同で出資しスズラン企業(株)を設立
2009年9月	サークル機工(株)を設立

2166　日本電子計算(株)

1962年12月	日本電子計算(株)を設立
1971年7月	日本インプットサービス(株)を設立(後:(株)ジェイ・アイ・エス)
1983年4月	日本ソフテック(株)を設立(後:(株)ノア・インフォテクノ)
1985年7月	ジップエンジニアリング(株)を設立(後:JIPテクノサイエンス(株))
1987年4月	(株)極洋と共同で出資しインテグレート・システム(株)を設立
1993年7月	ジップエンジニアリングサービス(株)を設立
1994年12月	(株)日本構造技術研究所を設立
1998年9月	日本図形技術(株)を設立(後:JIPテクノサイエンス(株))
2003年4月	JIPテクノサイエンス(株)を設立
2006年	(株)JBISホールディングスを設立(後合併)
2007年	(株)JBISコンサルティングを設立(後:(株)JBIS)
2011年	(株)JBISを吸収合併

2167　日本電設工業(株)
[証券コード]1950
[上場区分]東証一部

1942年12月	大鉄電気工業(株)や鉄道省指定請負業者や指定機材電線製造業社が共同し鉄道電気工業(株)を設立
1949年7月	日本電設工業(株)に社名変更
1978年12月	電設工サービス(株)を設立(後:NDK総合サービス(株))
1981年1月	仙台電気保全(株)を設立
1981年1月	東京電気保全(株)を設立(後:東日本電気エンジニアリング(株))
1989年7月	(株)エヌディーケー・イッツを設立(後:NDKイッツ(株))
2000年4月	NDKアールアンドイー(株)を設立

2168　日本電通(株)
[証券コード]1931
[上場区分]東証二部

1947年10月	日本電興(株)を設立
1952年11月	日本電通建設(株)に社名変更
1999年10月	日本電通(株)に社名変更
2012年3月	三洋コンピュータ(株)を設立
2013年2月	NNC(株)を設立

2169　(株)日本動物高度医療センター
[証券コード]6039
[上場区分]東証マザーズ

2005年9月	(株)日本動物高度医療センターを設立
2008年2月	JCアライアンス(株)を設立

2170　日本特殊陶業(株)
[証券コード]5334
[上場区分]東証一部

1936年10月	日本碍子(株)のスパークプラグ部門を分離し日本特殊陶業(株)を設立
1982年9月	(株)神岡セラミックを設立
1984年5月	(株)可児セラミックを設立
1984年6月	台湾NGKスパークプラグ(株)を設立
1984年10月	(株)武並セラミックを設立
1984年11月	(株)飯島セラミックを設立
1984年11月	(株)飯島セラミックを設立(後:NTKセラミック(株))
1989年12月	セラミックセンサ(株)を設立
1990年10月	ヨーロッパ特殊陶業(株)を設立(後:フランスNGKスパークプラグ(株))
1993年7月	(株)中津川セラミック(岐阜県)を設立(後:NTKセラミック(株))
1993年11月	韓国NTK工具(株)を設立(後:韓国NTKセラミック(株))
1994年4月	米国センサー(株)を設立(後:米国特殊陶業(株))
1995年8月	米国ホールディング(株)を設立
2002年1月	米国特殊陶業(株)と米国テクノロジー(株)を設立
2003年4月	上海特殊陶業有限公司(中国)を設立
2006年8月	インド特殊陶業(株)を設立
2007年1月	南アフリカNGKスパークプラグ(株)を設立
2011年9月	常熟特殊陶業有限公司(中国)を設立
2012年5月	ベトナムNGKスパークプラグ(有)を設立
2013年5月	(有)NGKスパークプラグユーラシアを設立
2013年6月	日特電子(株)を設立
2013年7月	(株)スパークテックタイランドを設立

2171　日本トムソン(株)
[証券コード]6480
[上場区分]東証一部

1950年2月	大一工業(株)を設立
1963年8月	日本トムソン(株)に社名変更
1964年2月	日本トムソンベアリング(株)を吸収合併
1971年1月	アイケイオー販売(株)を設立
1973年9月	(株)笠神製作所を設立(後:日本トムソン販売(株))
1989年2月	(株)武芸川製作所を設立
2006年2月	艾克欧東晟商貿(上海)有限公司を設立
2006年3月	IKO THOMPSON VIETNAM CO., LTD.を設立
2010年7月	日本トムソン販売(株)と(株)笠神製作所と(株)武芸川製作所を吸収合併
2014年4月	IKO THOMPSON ASIA CO., LTD.

を設立

2172　(株)日本取引所グループ
[証券コード]8697
[上場区分]東証一部

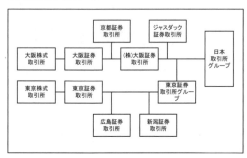

〈大阪証券取引所系〉
1878年6月	大阪株式取引所を設立
1949年4月	大阪証券取引所を設立
2001年3月	京都証券取引所と合併
2001年4月	(株)大阪証券取引所に組織変更(後：(株)大阪取引所)
2010年4月	(株)ジャスダック証券取引所を吸収合併
2012年9月	新大証設立準備(株)を設立(後：(株)大阪取引所)

〈東京証券取引所グループ系〉
1878年5月	東京株式取引所を設立
1949年4月	東京証券取引所を設立
1961年6月	(株)東京証券計算センターを設立(後：(株)東証コンピュータシステム)
2000年3月	広島証券取引所と新潟証券取引所と合併
2001年8月	証券会員制法人東京証券取引所に商号変更
2001年11月	(株)東京証券取引所に組織変更
2002年7月	(株)日本証券クリアリング機構を設立
2004年7月	日本証券業協会とAutomatic Data Processing, Inc.とともに(株)ICJを設立
2007年8月	(株)東京証券取引所グループを設立
2007年10月	東京証券取引所自主規制法人を設立

　　　　　＊　　　＊　　　＊

2013年1月	(株)大阪証券取引所と(株)東京証券取引所グループが合併し(株)日本取引所グループに商号変更

2173　日本発條(株)
[証券コード]5991
[上場区分]東証一部

1936年6月	(株)芝浦スプリング製作所を設立
1939年9月	日本発條(株)と改称し創立
1958年2月	日発精密工業(株)を設立
1958年5月	大同発条(株)を合併
1959年5月	日発販売(株)を設立
1963年7月	日発運輸(株)を設立
1963年12月	NHKスプリング(タイランド)社を設立
1980年9月	エグスキアーNHK社を設立
1986年9月	NHK-アソシエイテッドスプリング社を設立(後：NHKオブアメリカサスペンションコンポーネンツ社)
1987年4月	日豊(株)との合併により(株)ニッパツサービスを設立
1987年5月	リヤ シーティング社との合弁によりゼネラル シーティング オブ アメリカ社を設立(後：NHKシーティングオブアメリカ社)
1987年5月	ゼネラル シーティング オブ カナダ社を設立
1987年9月	ニューメーサーメタルス社を設立
1989年11月	イベリカ デス スペンシオネス(有)を設立
1994年7月	NHKマニュファクチャリング(マレーシア)社を設立
1994年12月	NHKスプリング(ホンコン)社を設立
1995年4月	(株)アイテスを設立
1996年10月	リア社と合弁でゼネラル シーティング(タイランド)社を設立
1998年4月	ジャムナグループと合弁でジャムナNHKアルバールサスペンション社を設立
1998年9月	ラッシーニ社と共同でラッシーニNHKアウトペサス社を設立
2000年7月	日発運輸(株)と合弁で(株)ニッパツパーキングシステムズを設立
2001年10月	フォルシア社との合併によりフォルシア・ニッパツ(株)とフォルシア・ニッパツ九州(株)を設立
2002年5月	広州日正弾簧有限公司を設立
2003年10月	広州日弘機電有限公司を設立
2003年11月	NATペリフェラル社を設立
2003年11月	NHKスプリング(シンセン)社を設立
2005年5月	NHKスプリングプレシジョンオブアメリカ社を設立
2005年12月	特殊條興業(株)を買収
2010年11月	湖北日発汽車零部件有限公司を設立
2011年2月	日發電子科技(東莞)有限公司を設立
2011年4月	ニッパツ機工(株)を設立
2011年4月	広州福恩凱汽配有限公司を設立
2011年7月	NHKオートモーティブ コンポーネンツ インディア社を設立
2011年11月	日発投資有限公司を設立
2012年5月	鄭州日発汽車零部件有限公司を設立
2012年5月	フォルシア社との合併により沸吉亜日発(襄陽)汽車座椅有限公司を設立
2012年8月	SUN NHK PHILIPPINES社を買収しNHK Spring Philippines社に社名変更
2012年10月	カルヤ・バハナ・ウニガム社とフォルシア社との合弁により日本発条・エフ・ケービーユー・オートモーディブ・シーティング社を設立
2013年2月	クリシュナグループとの合併によりニッパツ エフ クリシュナ インド オートモティブ シーティング社を設立
2013年9月	ニッパツメキシコ(株)を設立
2014年3月	日本発条(欧州)(株)を設立
2014年9月	ニッパツ九州(株)を設立

2174　日本ハム(株)
[証券コード]2282
[上場区分]東証一部

1942年3月	(個)徳島食肉加工場を設立
1951年12月	徳島ハム(株)に社名変更
1963年8月	鳥清ハム(株)を吸収合併し日本ハム

1967年2月	(株)に社名変更 北海ミート(株)を設立
1978年3月	長崎日本ハム(株)を設立
1979年4月	日本ハム食品(株)を設立
1981年6月	マリンフーズ(株)を設立
1985年2月	静岡日本ハム(株)を設立
1993年12月	(株)セレッソ大阪を設立
1995年2月	Texas Farm, Inc.を設立(後:Texas Farm, LLC)

2175　日本バルカー工業(株)
[証券コード]7995
[上場区分]東証一部

1927年1月	(個)日本ブレーキライニング製作所を設立
1929年5月	(資)日本ライニング製作所に社名変更
1932年4月	(旧)日本バルカー工業(株)に社名変更
1943年10月	日本金属衛帯工業(株)を吸収合併
1943年12月	帝国パッキン工業(株)に社名変更
1945年11月	日本バルカー工業(株)に社名変更
1966年5月	バルカーセイキ(株)を設立
1985年8月	九州バルカー(株)を設立
1989年4月	バルカー興産(株)を設立
1989年4月	岡福商事(株)を吸収合併
1990年4月	バルカーエンジニアリング(株)を設立
1990年9月	(株)バルカーマテリアルを設立
1994年12月	(株)バンスを設立
2000年3月	(株)バルカーエスイーエスを設立
2001年3月	淀川化成(株)と共同で出資し厚木ヒューテック(株)を設立
2001年7月	バルカービジネスサービス(株)を設立
2002年10月	(株)バルカー シール ソリューションズを設立
2003年10月	バルカー・ハイパフォーマンス・ポリマーズ(株)を設立
2004年3月	VALQUA KOREA CO., LTD.を設立
2008年4月	VALQUA VIETNAM CO., LTD.を設立
2013年4月	ADVANCED FLON TECHNOLOGIES (SHANGHAI) CO., LTD.を設立

2176　日本BS放送(株)
[証券コード]9414
[上場区分]東証一部

1999年8月	日本ビーエス放送企画(株)を設立
1999年12月	日本ビーエス放送(株)に商号変更
2005年10月	(株)メガポート放送を吸収合併
2007年2月	日本BS放送(株)に商号を変更

2177　日本ピグメント(株)
[証券コード]4119
[上場区分]東証二部

1925年7月	三輪商店を設立
1937年5月	三輪化学顔料工業(株)に社名変更
1949年7月	日本ピグメント(株)に社名変更
1969年7月	名古屋ピグメント(株)を設立
1984年5月	大阪ピグメント(株)を設立
1984年5月	東京ピグメント(株)を設立
1988年5月	ニッピ化成(株)を設立
1995年9月	名古屋ピグメント(株)を設立
2006年3月	天津碧美特工程塑料有限公司を設立

2178　日本ピストンリング(株)
[証券コード]6461
[上場区分]東証一部

1931年	日本ピストンリング製作所を創業
1934年	日本ピストンリング(株)に社名変更
1964年6月	(株)日本リングサービスを設立
1973年1月	シュトレ モトーレンタイレ社を設立
1973年7月	エヌピーアール オブ アメリカ社を設立
1974年4月	(株)日ピス福島製造所を設立
1982年9月	(株)日ピス川口製造所と(株)日ピス物流センターを設立
1983年12月	(株)日ピス今西製造所を設立
1990年4月	(株)日ピス岩手を設立
1997年7月	サイアム セメント パブリック社との合弁でサイアム エヌピーアール社を設立
1999年12月	エヌピーアール オブ ヨーロッパ社を設立
2000年12月	ニッポンピストンリング インドネシア社を設立(後:エヌティー ピストンリング インドネシア社)
2004年10月	エヌピーアール マニュファクチュアリング ミシガン社を設立(後:エヌピーアール オブ アメリカ社)
2005年2月	日環汽車零部件製造(儀征)有限公司を設立
2005年3月	エヌピーアール シンガポール社を設立
2006年2月	日塞環貿易(上海)有限公司を設立
2006年3月	エヌピーアール マニュファクチュアリング インドネシア社を設立
2006年4月	日塞環汽車零部件製造(鎮江)有限公司を設立(後清算)
2006年5月	エヌピーアール マニュファクチュアリング ケンタッキー社を設立(後:エヌピーアール オブ アメリカ社)
2006年5月	エヌピーアール ユーエス ホールディングス社を設立
2011年12月	エヌピーアール オートパーツ マニュファクチュアリング インディア社を設立
2012年3月	(株)日ピス川口製造所と(株)日ピス物流センターを吸収合併
2012年12月	日環粉末冶金製造(儀征)有限公司を設立

2179　日本ビューホテル(株)
[証券コード]6097
[上場区分]東証一部

1950年4月	(資)小松屋石雲荘を設立(後清算)
1953年5月	那須観光(株)を設立
1964年11月	那須興業(株)を設立
1966年5月	ファミリー観光(有)を設立
1966年12月	日本ビューホテル(株)に商号変更
1974年1月	朝日新聞事業(株)との合弁で(株)アサヒビューインターナショナルを設立
1975年2月	エアポートバス(株)を設立(後清算)
1977年10月	日本ビューホテル事業(株)を設立
1981年7月	高崎ビューホテル(株)を設立(後吸収合併)
1982年5月	(株)ヤナイを設立(後吸収合併)
1982年9月	秋田ビューホテル(株)を設立(後吸収合併)
1985年7月	浅草ビューホテル(株)を設立(後清算)
1987年5月	(株)ビューアドバタイジングを設立(吸収合併)

1988年8月	(有)那須牧場を設立
1990年10月	(株)郡山国際ホテルを買収し郡山ビューホテル(株)に商号変更

2180　日本ピラー工業(株)
[証券コード]6490
[上場区分]東証一部

1924年5月	日本ピラー工業所を設立
1948年5月	日本ピラー工業(株)に社名変更
1963年2月	日本ガスケット工業(株)を設立
1972年7月	ピラー不動産(株)を設立(後：ピラー産業(株))
1977年5月	ピラーサービス販売(株)を設立
1982年7月	中部ピラーサービス販売(株)を設立
1985年5月	ピラー電子工業(株)を設立
1987年4月	東京ピラー(株)を設立
1987年4月	敦賀ピラー(株)を設立(後：北陸ピラー(株))
1990年12月	ピラーテック(株)を設立(後：ピラーエンジニアリングサービス(株))
1993年6月	日本ピラーシンガポール(株)を設立
1994年6月	プロテック(株)を設立(後：日本ピラー九州(株))
1994年12月	エヌピイ工業(株)を設立
1996年4月	関東ピラーエンジニアリングサービス(株)を設立
1997年2月	リエンフーピラー(株)を設立
1999年9月	日本ピラーアメリカ(株)を設立
2003年12月	蘇州ピラー工業有限公司を設立
2005年3月	山陽ピラーエンジニアリングサービス(株)を設立
2006年11月	ピラーテクノ(株)を設立
2007年4月	上海ピラートレーディング有限公司を設立

2181　日本フイルコン(株)
[証券コード]5942
[上場区分]東証一部

1916年4月	東京金網(株)を設立
1917年7月	日本金網(株)を設立
1918年9月	東洋金網製造(株)を設立
1929年7月	東洋金網製造(株)と合併
1936年3月	日本金網(株)と合併し日本金網(株)を設立
1949年6月	特殊金属工業(株)を設立(後：日本特殊金属工業(株))
1957年12月	京都金網(株)を合併
1961年7月	(株)狭山製作所を設立
1972年12月	日本特殊金属工業(株)と(株)狭山製作所を合併し日本フイルコン(株)を設立
1996年11月	フイルコンサービス(株)を設立
1999年7月	エスデイアイ・エレクトロニクス・ジャパン(株)を設立
2004年5月	関西金属網科技(昆山)有限公司を設立
2005年10月	FILCON FABRICS & TECHNOLOGY CO., LTD.を設立
2008年7月	FILCON EUROPE SARLを設立

2182　日本フエルト(株)
[証券コード]3512
[上場区分]東証一部

1917年6月	日本フエルト(株)を設立
1942年10月	東京毛布(株)を合併
1943年4月	日本特殊毛織(株)を合併
1949年11月	市川毛織(株)を設立
1961年1月	埼玉フエルト(株)を設立
1969年4月	埼玉フエルト(株)を吸収合併
1970年4月	ニップ縫整(株)を設立
1973年	東山フエルト(株)を設立
1973年7月	日本フエルト商事(株)を設立
1987年3月	(有)エヌ・エフ・エンジニアリングを設立(後解散)
1987年3月	(有)エヌ・エフ・サービスを設立(後解散)
1987年3月	エヌ・エフ・ファイナンス(株)を設立(後吸収合併)
1988年4月	黒羽フエルト(株)を設立(後解散)
2007年4月	日本フエルト商事(株)を吸収合併
2011年5月	日惠得造紙器材(上海)貿易有限公司を設立

2183　日本プリメックス(株)
[証券コード]2795
[上場区分]ジャスダックスタンダード

1979年4月	シチズン事務機(株)を設立(後：シチズン・システムズ(株))
1979年4月	日本プリメックス(株)を設立
1986年11月	ニチプリ電子工業(株)を設立(後：日本プリンタエンジニアリング(株))

2184　日本ペイントホールディングス(株)
[証券コード]4612
[上場区分]東証一部

1881年12月	(共同組合)光明社を設立
1895年10月	光明(資)に社名変更
1898年3月	日本ペイント製造(株)に継承設立
1927年11月	日本ペイント(株)に社名変更
1934年6月	日満塗料(株)を合併
1939年7月	満州日本ペイント(株)を設立
1971年	ピー・ケミカル社《米国》と共同で出資し日本ピー・ケミカル(株)を設立
1975年12月	日本ペイント(アメリカ)社を設立
1989年12月	NIPPON PAINT (EUROPE) LTD.を設立
1990年3月	NIPPON PAINT (USA) INC.を設立
1992年12月	NIPPON PAINT (CHINA) COMPANY LIMITEDを設立
1995年4月	NPA COATINGS INC.を設立
1995年6月	NP AUTOMOTIVE COATINGS (EUROPE) LTD.を設立
1999年4月	日本ペイント工業用コーティング(株)を設立
2002年4月	大日本インキ化学工業(株)との合弁会社として日本ファインコーティングス(株)を設立
2004年4月	日本ペイント販売(株)を設立
2004年11月	日本ペイントマリン(株)を設立
2006年10月	NB COATINGS, INC.を設立
2014年10月	日本ペイントホールディングス(株)に商号変更

2185　(株)日本マイクロニクス
[証券コード]6871
[上場区分]ジャスダックスタンダード

1970年11月	トーワ電気(株)を設立

1975年4月	(株)日本マイクロニクスに社名変更		1975年12月	大江山ニッケル(株)を設立
2003年1月	旺傑芯微電子(上海)有限公司を設立		1983年10月	大江山ニッケル(株)を合併
2003年11月	MDK Co., Ltd.を設立(後:MEK Co., Ltd.)		2003年4月	(株)YAKIN川崎と(株)YAKIN大江山を設立
2004年7月	美科樂電子股份有限公司を設立		2010年4月	(株)YAKIN川崎と(株)YAKIN大江山とナスビジネスサービス(株)を吸収合併

2189　日本郵船(株)
[証券コード]9101
[上場区分]東証一部
〈〈旧〉日本郵船系〉

1885年9月	郵便汽船三菱会社と共同運輸会社が合併し日本郵船会社を設立
1893年12月	〈旧〉日本郵船(株)に社名変更
1923年3月	近海郵便(株)を設立
1926年3月	第二東洋汽船(株)を合併
1939年	近海郵便(株)を合併
1949年	織田興業(株)を合併
1964年4月	三菱海運(株)を合併
1978年9月	日本貨物航空(株)を設立
1988年4月	(株)エヌワイケイシステム総研を設立
1990年9月	郵船クルーズ(株)を設立
1991年10月	日本ライナーシステム(株)を合併
1994年10月	天王洲郵船ビル(株)を設立

〈昭和海運系〉

1944年6月	共同企業(株)の船舶部門が独立し日本油槽船(株)を設立
1959年5月	宝洋海運産業(株)を設立
1960年4月	東洋汽船(株)と合併
1964年4月	日産汽船(株)と合併し昭和海運(株)に社名変更

＊　＊　＊　＊

1998年10月	〈旧〉日本郵船(株)と昭和海運(株)が合併し日本郵船(株)に社名変更
2003年3月	日本クリーニング(株)を吸収合併
2004年9月	NYK LINE JAPAN(株)を設立(後:NYK CONTAINER LINE(株))
2006年5月	グローバルロジスティックスインベストメンツ(株)を簡易吸収合併
2010年10月	太平洋海運(株)を吸収合併

〈太平洋海運系〉

1951年2月	極洋捕鯨(株)の船舶部門が分離独立し太平洋海運(株)を設立
1952年9月	日之出興産(株)を設立
1961年5月	太平洋近海船舶(株)を設立
1968年3月	洋和船舶(株)を設立
1977年3月	太平洋マリン・マネージメント(株)を設立(後:ティ・エム・エム(株))
2001年6月	(株)ヒノデを設立

2186　日本マニュファクチャリングサービス(株)
[証券コード]2162
[上場区分]ジャスダックスタンダード

1990年8月	オーキッド・エアロスペース(株)を設立
1996年3月	(有)オーキッド・エアロスペースに組織変更
2003年12月	(株)ジャフコ・エスアイジーNO.2に商号変更
2004年7月	日本マニュファクチャリングサービス(株)の株式を発行済株式総数の84.1%取得しNMSホールディング(株)に商号変更
2004年10月	日本マニュファクチャリングサービス(株)に商号変更
2010年8月	NMS International Vietnam Company Limitedを設立
2010年12月	北京世貿翰林企業管理有限公司と合弁で北京中基衆合国際技術服務有限公司を設立
2014年9月	nms(Thailand) Co., Ltd.を設立

〈旧 日本マニュファクチャリングサービス系〉

1985年9月	(株)テスコを設立
1998年9月	(株)ヘリオスを吸収合併
1999年11月	テスコ・テクノブレーン(株)に商号変更
2000年9月	〈旧〉日本マニュファクチャリングサービス(株)に商号変更
2004年7月	北京日華材創国際技術服務有限公司を設立

2187　日本メディカルネットコミュニケーションズ(株)
[証券コード]3645
[上場区分]東証マザーズ

2000年4月	日本インターネットメディアセンターを創業
2001年6月	日本メディカルネットコミュニケーションズ(株)を設立
2011年8月	(株)ガイドデントを設立

2188　日本冶金工業(株)
[証券コード]5480
[上場区分]東証一部

1925年8月	中央理化学工業(株)を設立
1928年9月	〈旧〉日本火工(株)に社名変更
1942年9月	日本冶金工業(株)に社名変更
1943年12月	大江山ニッケル工業(株)と大阪電気(株)を合併
1952年7月	日本火工(株)を合併
1958年12月	昭和火薬工業(株)を設立

2190　日本ラッド(株)
[証券コード]4736
[上場区分]ジャスダックスタンダード

1971年6月	日本ラッド(株)を設立
2009年10月	日本ラッド情報サービス(株)を吸収合併

2191　日本リーテック(株)
[証券コード]1938
[上場区分]東証二部
〈千歳電気工業系〉

1957年4月	千代田工事(株)を設立

企業名変遷要覧2　349

にっぽんる

1973年5月	千歳電気工業(株)に社名変更
1985年5月	(株)シーディーサービスを設立
1989年4月	(株)シーディーラインを設立(後:(株)シーディーサービス)
2000年4月	電車線工事(株)を設立
2001年4月	(株)シーディーメッツを設立(後:(株)シーディーサービス)
2003年10月	シーディーシグナル(株)を設立
2004年6月	(株)TCパワーラインを設立

〈保安工業系〉
| 1942年3月 | 鉄道保安工業(株)を設立 |
| 1968年8月 | 保安工業(株)に社名変更 |

　　　　＊　　＊　　＊　　＊

| 2009年4月 | 保安工業(株)と千歳電気工業(株)が合併し日本リーテック(株)に社名変更 |

2192　日本坩堝(株)
[証券コード]5355
[上場区分]東証二部
1885年1月	大日本坩堝会社を設立
1896年4月	(資)大日本坩堝製造所に社名変更
1906年12月	帝国坩堝(株)に社名変更
1907年2月	(資)大日本坩堝製造所と〈旧〉日本坩堝(株)と大阪坩堝(株)が合併し日本坩堝(株)に社名変更
1937年11月	日本耐火器製造(株)を合併
1944年5月	井上坩堝(株)を合併
1961年12月	中央窯業(株)を設立
1962年8月	日坩築炉工業(株)を設立
1973年9月	アジア耐火(株)を設立
1975年6月	日坩組運送(株)を設立(後：日坩運輸(株))
2004年	日本モルガン・クルシブル(株)を設立

2193　日本管理センター(株)
[証券コード]3276
[上場区分]東証一部
2002年6月	日本管理センター(株)を設立
2013年1月	(株)JPMCエージェンシーを設立
2014年10月	(株)JPMCアセットマネジメントを設立

2194　(株)ニトリホールディングス
[証券コード]9843
[上場区分]東証一部
1972年3月	似鳥家具卸センター(株)を設立
1986年7月	(株)ニトリに社名変更
1994年10月	P.T. MARUMITSU INDONESIAを設立(後：P.T. NITORI FURNITURE INDONESIA)
2003年10月	MARUMITSU-VIETNAM EPEを設立(後：NITORI FURNITURE VIETNAM EPE)
2004年3月	似鳥(中国)采購有限公司を設立
2006年12月	宜得利家居股份有限公司を設立
2010年3月	(株)ニトリ分割準備会社と(株)ニトリ物流分割準備会社を設立
2010年5月	明応商貿(上海)有限公司を設立
2010年8月	(株)ニトリホールディングスに変更変更
2012年5月	NITORI USA, INC.を設立

2195　(株)ニフコ
[証券コード]7988
[上場区分]東証一部
1967年2月	日英物産(株)とイリノイ・ツール・ワークス社《米国》が合併し日本工業ファスナー(株)を設立
1970年12月	(株)ニフコに社名変更
1977年10月	日英物産(株)を吸収合併
1990年2月	日本たばこ産業(株)と共同で出資し(株)JT-ニフコを設立
1990年10月	Nifco (Malaysia) SDN BHD.を設立(後：Nifco Manufacturing (Malaysia) Sdn. Bhd.)
1991年12月	(株)九州JTニフコを設立(後：(株)ニフコ熊本)
1995年7月	Nifco (Singapore) Pte. Ltd.を設立
1996年3月	上海利富高塑料製品有限公司を設立
1996年4月	Nifco U.S. Corporationを設立(後：Nifco America Corporation)
2001年11月	台扣利富高塑膠製品(東莞)有限公司を設立
2002年2月	東莞利富高塑料製品有限公司を設立
2002年7月	Nifco (Thailand) Co., Ltd.を設立
2004年11月	北京利富高塑料製品有限公司を設立
2005年1月	Kifco Vietnam Ltd.を設立(後：Nifco Vietnam Ltd.)
2006年2月	Nifco Poland. Sp.z o.o.を設立
2007年3月	Nifco North America Inc.を設立
2007年6月	Nifco Deutschland GmbHを設立(後：Nifco KTS GmbH)
2008年10月	Nifco Korea USA Inc.を設立
2010年6月	Nifco India Private Ltd.を設立
2010年7月	Nifco South India Manufacturing Private Ltd.を設立
2010年11月	利富高(湖北)精密樹脂製品有限公司を設立
2010年12月	Nifco Korea Poland Sp.z o.o.を設立
2011年1月	利富高(江蘇)精密樹脂製品有限公司を設立
2011年5月	PT.Nifco Indonesiaを設立
2011年6月	利富高(塩城)精密樹脂製品有限公司を設立
2012年7月	Nifco Central Mexico S.de R.L.de C.V.を設立

2196　ニフティ(株)
[証券コード]3828
[上場区分]東証二部
1986年2月	富士通(株)と日商岩井(株)が共同出資し(株)エヌ・アイ・エフを設立
1986年9月	エヌ・アイ・エフ(株)に商号変更
1991年4月	ニフティ(株)に商号変更
2005年10月	ネットライフパートナー(株)を設立(後清算)
2012年5月	(株)産業革新機構と合弁で(株)グロザスを設立

2197　ニプロ(株)
[証券コード]8086
[上場区分]東証一部
| 1954年7月 | 〈旧〉日本硝子商事(株)を設立 |
| 1969年8月 | (株)富沢製作所を設立(後：ニプロ医工(株)) |

1972年4月	日本プラスチックスペシャリティース（株）を設立
1974年1月	〈別〉日本硝子商事（株）と合併（額面変更）し**日本硝子商事（株）**に社名変更
1977年4月	〈旧〉**（株）ニッショー**に社名変更
1988年4月	日本医工（株）を吸収合併
2001年4月	**ニプロ（株）**に社名変更
2001年6月	（株）ニッショーを設立
2003年5月	尼普洛貿易（上海）有限公司を設立
2010年2月	ニプロインディアコーポレーションPVT.LTD.を設立
2010年2月	ニプログラスインディアPVT.LTD.を設立
2010年10月	尼普洛医療器械（合肥）有限公司を設立
2011年2月	PT.ニプロインドネシアJAYAを設立
2013年12月	ニプロ医療電子システムズ（株）を設立

2198　日本アイ・エス・ケイ（株）
［証券コード］7986
［上場区分］ジャスダックスタンダード

1916年8月	**日進社**を設立
1918年6月	**キング商会**に社名変更
1948年4月	**キング工業（株）**に社名変更
1989年6月	（株）帝国デンタル製作所を吸収合併
2014年4月	**日本アイ・エス・ケイ（株）**に商号変更

2199　日本アジア投資（株）
［証券コード］8518
［上場区分］東証一部

1981年7月	**日本アセアン投資（株）**を設立
1991年6月	**日本アジア投資（株）**に社名変更
1994年3月	JAIC INTERNATIONAL（HONG KONG）CO., LTD.を設立
1996年4月	日本アジア投資（株）と合併（形式上の存続会社）
1998年6月	PT. JAIC Indonesiaを設立
1998年6月	YAMAICHI ASIA VENTURE CAPITAL PTE. LTD.を買収（後：JAIC ASIA CAPITAL PTE. LTD.）
2000年10月	日本プライベートエクイティ（株）を設立
2001年11月	JAIC KOREA CO., LTD.を設立
2005年8月	JAICシードキャピタル（株）を設立
2007年8月	JAIC（Thailand）Co., Ltd.を設立
2007年12月	日亜投資諮詢（上海）有限公司を設立
2008年5月	蘇州日亜創業投資管理有限公司を設立
2011年7月	日亜（天津）創業投資管理有限公司を設立
2011年11月	瀋陽日亜創業投資管理有限公司を設立
2013年4月	政投銀日亜投資諮詢（北京）有限公司を設立

2200　日本アセットマーケティング（株）
［証券コード］8922
［上場区分］東証マザーズ

1999年9月	（株）アイディーユーコム・ドットコムを設立
2000年2月	**（株）アイディーユー**に社名変更
2001年3月	（株）マザーズキャピタルを設立（後：（株）マザーズオークションキャピタル）（後：（株）エムエーピー）
2001年9月	（株）日本アイ・ディー・ユーを吸収合併
2003年3月	（株）アイディーユービービーを設立
2004年7月	（株）マザーズオークションカンパニーを設立（後：（株）アイディーユープラス）
2005年9月	（株）マザーズオークションを設立（後消滅）
2006年1月	（株）マザーズDDを設立
2006年2月	（株）Dressを設立（後：（株）デューデリ＆ディール）
2006年9月	（株）マザーズ・ローン・サービスを設立（後清算）
2007年9月	（株）ストライプスを設立
2007年12月	（株）ロケーションビューを設立
2008年4月	（株）東京不動産取引所を設立（後消滅）
2010年7月	（株）ジアースに社名変更
2011年10月	（株）マザーズオークションを設立（後消滅）
2011年11月	（株）マーズを設立（後消滅）
2013年7月	**（株）日本アセットマーケティング**に社名変更

2201　日本インター（株）
［証券コード］6974
［上場区分］東証二部

1957年8月	**日本インターナショナル整流器（株）**を設立
1988年4月	インターユニット（株）を設立
1988年8月	**日本インター（株）**に社名変更
1997年10月	フィリピンインターエレクトロニクス社を設立
2001年6月	インターエレクトロニクスシンガポール社を設立
2002年4月	香港英達電子有限公司を設立
2005年8月	日英電子（上海）有限公司を設立
2013年4月	NIF（株）を設立

2202　日本エアーテック（株）
［証券コード］6291
［上場区分］東証一部

1973年3月	**日本エアーテック（株）**を設立
1986年1月	クリーンサプライ（株）を設立
1989年7月	クリーンサプライ（株）を吸収合併
1992年9月	岡部工業（株）と共同で出資しオカベテック（株）を設立
1994年3月	蘇州安泰空気技術有限公司を設立
1995年7月	AIRTECH INTERNATIONAL MANUFACTURING, INC.を設立（後清算）
1998年9月	蘇州華泰空気過濾器有限公司を設立
2002年3月	蘇州富泰潔浄系統有限公司を設立

2203　（株）日本エスコン
［証券コード］8892
［上場区分］東証二部

1995年4月	**（株）デザート・イン**を設立
1996年4月	**（株）日本エスコン**に社名変更
2014年7月	（株）エスコンアセットマネジメントを設立

2204　日本エスリード（株）
［証券コード］8877
［上場区分］東証一部

1992年5月	〈旧〉**日本エスリード（株）**を設立

1996年4月	エスリード企画(株)を吸収合併
1996年5月	エスリード管理(株)を設立
1997年4月	〈別〉イーエルコーポレーション(株)と合併(額面変更のため)しイーエルコーポレーション(株)に社名変更
1997年6月	日本エスリード(株)に社名変更

2205　(株)日本M&Aセンター
[証券コード]2127
[上場区分]東証一部

1991年4月	(株)日本エム・アンド・エーセンターを設立
1994年3月	(株)日本経営研究所を設立(後:(株)ベンチャー総研)
1998年9月	(株)日本マージャーアンドアクイジションセンターを設立
2000年10月	日本アジア投資(株)との合弁で日本プライベートエクイティ(株)を設立
2002年12月	(株)日本M&Aセンターに商号変更
2006年5月	(株)経営プランニング研究所を設立
2006年6月	(株)ベンチャー総研を吸収合併

2206　日本エンタープライズ(株)
[証券コード]4829
[上場区分]東証一部

1989年5月	日本エンタープライズ(株)を設立
2001年2月	(株)モバイルコミュニケーションズを設立
2002年6月	北京エンタープライズモバイルテクノロジー有限公司を設立(後売却)
2003年8月	(株)ダイブを設立
2005年12月	因特瑞思(北京)信息科技有限公司を設立
2006年9月	瑞思放送(北京)数字科技有限公司を設立
2007年8月	瑞思豊通(北京)信息科技有限公司を設立(後:瑞思創智(北京)信息科技有限公司)
2009年12月	NE Mobile Services(India)Pvt. Ltd.を設立
2014年8月	(株)HighLabを設立
2015年7月	山口再エネ・ファクトリー(株)を設立

2207　日本化学産業(株)
[証券コード]4094
[上場区分]東証二部

1924年10月	東亜化学工業(株)を設立
1946年4月	日本化学産業(株)に社名変更
1948年1月	柳沢有機化学工業所を買収
1982年2月	(株)川口ニッカを設立
1999年4月	ネクサス・エレケミックCO., LTD.を設立
2000年6月	サイアム・エヌケーエスCO., LTD.を設立

2208　日本空港ビルデング(株)
[証券コード]9706
[上場区分]東証一部

1953年7月	日本空港ビルデング(株)を設立
1972年1月	日本かまぷろ観光(株)を設立(後:(株)日本空港ロジテム)
1974年5月	日本空港技術サービス(株)を設立(後:(株)エアポートマックス)
1993年1月	(株)ビッグウイングを設立
1999年7月	日本空港テクノ(株)を設立
2004年7月	(株)羽田エアポートエンタープライズを設立
2004年7月	(株)成田エアポートエンタープライズを設立
2011年1月	羽双(成都)商貿有限公司を設立

2209　日本KFCホールディングス(株)
[証券コード]9873
[上場区分]東証二部

1970年7月	ケンタッキー・フライド・チキン・コーポレーション《米国》と三菱商事(株)が共同で出資し日本ケンタッキー・フライド・チキン(株)を設立
1980年1月	(株)インターナショナル・プロセス・フーズを設立(後:(株)コムサネット)
1991年3月	(株)ケイ・アドを設立
2008年9月	ケイ・フーズ(株)を設立
2013年4月	フェニックス・フーズ(株)を設立
2013年5月	ケイ・ダイニング(株)を設立(後:日本ケンタッキー・フライド・チキン(株))
2013年5月	(株)フェニックスととナチュラル・ダイニング(株)を設立
2014年4月	日本KFCホールディングス(株)と社名変更

2210　(株)日本経済新聞社

1876年12月	中外物価新報として創刊
1909年	中外商業新報社に商号変更
1946年3月	(株)日本経済新聞社に社名変更
1969年4月	日経マグロウヒル社を設立(後:日経BP社)
2010年	(株)テレビ東京ホールディングスを認定持ち株会社として設立
2014年	日経グループアジア本社を事業統括会社として設立

2211　日本研紙(株)
[証券コード]5398
[上場区分]東証二部

1932年3月	細川化学工業所を設立
1942年6月	日本研紙(株)に社名変更
1955年6月	甲子園砥石(株)を吸収合併
1994年10月	日本研紙クリエイティブ(株)を設立
2004年2月	昆山正日研磨料有限公司を設立
2011年4月	常州日研磨料有限公司を設立

2212　日本航空(株)
[証券コード]9201
[上場区分]東証一部

1951年8月	〈旧〉日本航空(株)を設立
1953年10月	〈旧〉日本航空(株)と日本政府が折半出資により〈新〉日本航空(株)を設立
1963年10月	日本航空整備(株)を吸収合併
1964年4月	日東航空(株)と富士航空(株)と北日本航空(株)が合併し日本国内航空(株)を設立
1971年5月	日本国内航空(株)と東亜航空(株)が合併し東亜国内航空(株)を設立(後:(株)日本エアシステム)(後:(株)日本航空ジャパン)
1975年8月	日本アジア航空(株)を設立

にほんせい

2002年9月	(株)日本エアシステムと株式移転し(株)日本航空システムを設立(後:(株)日本航空)
2004年4月	日本アジア航空(株)を完全子会社化
2004年4月	(株)日本航空インターナショナルに商号変更
2006年10月	(株)日本航空ジャパンと合併
2008年4月	日本アジア航空(株)と合併
2010年12月	(株)日本航空に吸収合併される
2011年4月	日本航空(株)に商号変更
2014年10月	(株)ジャルエクスプレスを合併

2213 日本航空電子工業(株)
[証券コード]6807
[上場区分]東証一部

1953年1月	日本航空エレクトロニクス(株)を設立
1963年8月	〈旧〉日本航空電子工業(株)に社名変更
1970年	日本航空電子工業(株)に額面変更のため合併され社名変更
1975年4月	ニッコー産業(株)を設立
1975年9月	(株)富士工業を設立(後:山形航空電子(株))
1979年3月	弘前航空電子(株)を設立
1985年3月	航空電子エンジニアリング(株)を設立
1986年4月	信州航空電子(株)を設立
1987年5月	八紘電業(株)を設立
1991年12月	ニッコー・ロジスティクス(株)を設立
1994年4月	JAE Hong Kong, Ltd.を設立
1995年2月	JAE Singapore Pte Ltd.を設立
1996年1月	JAE Korea, Inc.を設立
1996年6月	JAE Philippines, Inc.を設立
1996年9月	JAE Europe, Ltd.を設立
2001年7月	JAE Wuxi Co., Ltd.を設立
2002年3月	JAE Wujiang Co., Ltd.を設立
2003年6月	JAE Shanghai Co., Ltd.を設立

2214 日本光電工業(株)
[証券コード]6849
[上場区分]東証一部

1951年8月	日本光電工業(株)を設立
1962年5月	(株)光電工業富岡製作所を設立(後:日本光電富岡(株))
1962年5月	日本光電九州(株)を設立
1979年11月	日本光電アメリカ(株)を設立
1985年2月	日本光電ヨーロッパ(有)を設立
1990年2月	上海光電医用電子儀器(有)を設立
1996年2月	日本光電シンガポール(株)を設立
1999年9月	NKUSラボ(株)を設立
2001年2月	日本光電イタリア(有)を設立
2002年9月	メディネット光電医療軟件(上海)(有)を設立
2002年12月	日本光電イベリア(有)を設立
2004年4月	日本光電コリア(株)を設立
2004年11月	日本光電フランス(有)を設立
2006年4月	日本光電フィレンツェ(有)を設立
2008年4月	日本光電貿易(上海)(有)を設立(後:上海光電医用電子儀器(有))
2008年9月	スパン日本光電ダイアグノスティクス(株)を設立
2010年9月	日本光電UK(有)を設立
2011年3月	日本光電インディア(株)を設立
2012年1月	日本光電ブラジル(有)を設立
2012年9月	日本光電ミドルイースト(株)を設立
2012年10月	リサシテーションソリューション(株)を設立
2013年10月	NKSバンコク(株)を設立
2013年11月	日本光電ラテンアメリカ(株)を設立
2014年3月	日本光電マレーシア(株)を設立
2014年9月	日本光電イノベーションセンタ(株)を設立

2215 日本写真印刷(株)
[証券コード]7915
[上場区分]東証一部

1929年10月	(個)鈴木尚美社を設立
1937年	(株)鈴木尚美社に改組
1942年7月	鈴木尚美社を中心とする京都の印刷業者15社が、解散後に企業合同し日本写真印刷(名)を設立
1946年12月	(資)似玉堂を合併し日本写真印刷(株)に改組
1968年2月	東日写真印刷(株)を設立
1999年12月	ナイテック工業(株)を設立
2000年1月	ナイテック・プレシジョン(株)を設立
2001年12月	広州日写精密塑料有限公司を設立
2002年7月	香港日寫有限公司を設立
2004年4月	日写(昆山)精密模具有限公司を設立
2005年4月	Nissha Europe GmbHを設立
2006年1月	台灣日寫股份有限公司を設立
2009年12月	ナイテック・プレシジョン・アンド・テクノロジーズ(株)を設立
2012年5月	日写商貿有限公司を設立
2013年6月	(株)エムクロッシングを設立
2014年8月	Nissha Industrial and Trading Malaysia Sdn. Bhd.を設立

2216 日本出版貿易(株)
[証券コード]8072
[上場区分]ジャスダックスタンダード

1942年1月	日本出版貿易(株)を設立
1979年4月	九州日貿(株)を設立
1997年10月	JAPON S.A.S.を設立
2000年5月	JP-BOOKS(UK)LIMITEDを設立(後:JPT EUROPE LTD.)

2217 日本食品化工(株)
[証券コード]2892
[上場区分]東証二部

1948年7月	日本穀産化工(株)を設立
1949年5月	日本食品化工(株)に社名変更
1961年12月	協新産業(株)を吸収合併
1992年11月	日食物流(株)を設立(後解散)
1994年2月	コンユを設立(後解散)
1994年10月	二村コーンスターチ(株)を設立
2004年4月	エフ・エス・ピー(株)を設立(後解散)

2218 日本精鉱(株)
[証券コード]5729
[上場区分]東証二部

1935年6月	中瀬鉱業(株)を設立
1936年2月	天美鉱業(株)を吸収合併し日本精鉱(株)に社名変更
1964年10月	吹田アンチモニー工業(株)を吸収合併

にほんせい

2219　(株)日本製鋼所
[証券コード] 5631
[上場区分] 東証一部

1907年11月	北海道炭礦汽船(株)とアームストロング・ウイットウォース会社《英国》とビッカーズ社《英国》が共同で出資し〈旧〉(株)日本製鋼所を設立
1919年12月	北海道製鉄(株)を合併
1920年11月	(株)広島製作所を買収
1931年9月	輪西製鉄(株)を設立(後解散)
1949年11月	パインミシン製造(株)を設立(後：シンガー日鋼(株))
1950年12月	〈旧〉(株)日本製鋼所から製作所、作業所及び本店その他の営業所を継承し(株)日本製鋼所を設立
1952年7月	(有)西野工作所を設立
1952年7月	日鋼鉱業(株)を設立(後清算)
1952年8月	山陽火工事(株)を設立(後：アーム興産(株))
1978年12月	日鋼工営(株)を設立
1979年1月	日鋼運輸(株)を設立
1979年1月	日鋼検査サービス(株)を設立
1979年4月	日鋼設計(株)を設立
1986年10月	北海道厚産(株)を設立
1986年11月	(株)ダイプラを設立
1986年11月	日鋼デザイン(株)を設立
1986年11月	日鋼マシナリー(株)を設立
1987年8月	日鋼商事(株)を設立
1988年8月	ファインクリスタル(株)を設立
1989年7月	府中熱供給(株)を設立
1990年1月	JSW Plastics Machinery, Inc.を設立
1990年2月	(株)サン・テクトロを設立
1990年4月	日鋼情報システム(株)を設立
1991年6月	(株)府中アーバンマネジメントを設立
1992年7月	JSW Plastics Machinery (S) Pte Ltd.を設立
1992年11月	日鋼トラック(株)を設立
1994年4月	日鋼マテリアル(株)を設立
1996年7月	JSW Plastics Machinery (M) SDN. BHD.を設立
1996年9月	JSW Plastics Machinery (T) Co., Ltd.を設立
1996年9月	エムジープレシジョン(株)を設立
1997年1月	(株)洋光を設立
1997年4月	JSW Plastics Machinery (H.K.) Co., Ltd.を設立
1998年2月	(株)日鋼機械センターを設立
1998年2月	日鋼特機(株)を設立
2000年3月	日鋼テクノ(株)を設立
2000年4月	JSW Plastics Machinery (TAIWAN) Corp.を設立
2000年11月	西胆振環境(株)を設立
2001年10月	Fine Crystal (H.K.) Co., Ltd.を設立
2002年5月	JSW Injection Machine Maintenance (Shenzhen) Co., Ltd.を設立
2003年1月	(株)JSW Clad Steel Plate Companyを設立
2003年1月	JSW Plastics Machinery (Shanghai) Corp.を設立
2003年1月	(株)日鋼キャスティングを設立
2003年4月	JSW Compounding Technical Centerを開設
2004年7月	(株)日鋼室蘭マネジメントサービスを設立
2004年12月	JSW Plastics Machinery Vietnam Ltd.を設立
2005年7月	(株)J-Winを設立
2005年10月	室蘭新エネ開発(株)を設立
2006年5月	JSW ITサービス(株)を設立
2006年6月	JSW IT SERVICE KOREAを設立
2006年9月	室蘭環境プラントサービス(株)を設立
2007年8月	JSW樹脂機械サービス(株)を設立
2008年7月	JSW Machinery Trading (Shanghai) Co., Ltd.を設立
2009年12月	JAPAN STEEL WORKS INDIA PRIVATE LIMITEDを設立
2010年12月	JSW Machinery (Ningbo) Co., Ltd.を設立
2012年9月	Fine Crystal Precision (S.Z.) Co., Ltd.を設立
2012年9月	Japan Steel Works Europe GmbHを設立
2013年5月	JSW Plastics Machinery (Philippines) Inc.を設立
2013年10月	PT. JSW Plastics Machinery Indonesiaを設立
2013年10月	アーム興産(株)を吸収合併
2014年2月	JSWアフティ(株)を設立
2014年4月	JSW樹脂機械サービス(株)を吸収合併

2220　日本精密(株)
[証券コード] 7771
[上場区分] ジャスダックスタンダード

1978年8月	日本精密(株)を設立
1994年4月	宏和エンジニアリング(株)を吸収合併
1994年11月	NISSEY VIETNAM CO., LTD.を設立
2001年4月	NISSEY (HONG KONG) LIMITEDを設立
2009年11月	NS Murai Inc.を設立
2013年5月	NISSEY CAMBODIA CO., LTD.を設立

2221　(株)日本総合研究所

1969年2月	住友銀行から分離し日本情報サービス(株)を設立
1989年12月	(株)日本総合研究所に社名変更
1993年6月	(株)日本総研システムソリューションを設立
1995年4月	住友ビジネスコンサルテイング(株)を吸収合併
2000年4月	(株)日本総研システムソリューションを吸収合併
2001年4月	(株)さくら総合研究所調査部を統合
2006年7月	(株)日本総研ソリューションズを設立(後：(株)JSOL)

2222　(株)日本創発グループ
[証券コード] 7814
[上場区分] ジャスダックスタンダード

2015年1月	東京リスマチック(株)の単独株式移転により(株)日本創発グループを設立

2223　日本調剤(株)
[証券コード]3341
[上場区分]東証一部
1980年3月	日本調剤(株)を設立
1994年1月	宮城日本調剤(株)を設立(後：(株)メディカルリソース)
2000年2月	日本調剤ファルマスタッフ(株)を設立(後：(株)メディカルリソース)
2005年1月	日本ジェネリック(株)を設立
2006年10月	(株)メディカルリソースを設立
2012年1月	(株)日本医薬総合研究所を設立

2224　日本通信(株)
[証券コード]9424
[上場区分]東証一部
1996年5月	日本通信(株)を設立
2006年8月	アレクセオ・ジャパン(株)を設立(後：コントゥアー・ネットワークス・ジャパン(株))
2013年7月	JCI US Inc.を設立

2225　(株)日本抵抗器製作所
[証券コード]6977
[上場区分]東証二部
1943年5月	(名)日本抵抗器製作所を設立
1953年8月	(株)日本抵抗器製作所に改組
1962年12月	(株)日本抵抗器福光製作所を吸収合併
1971年3月	(株)日本抵抗器大分製作所を設立
1971年3月	(有)福光製作所を設立
1975年10月	日本抵抗器販売(株)を設立
1985年5月	マイクロジェニックス(株)を設立
1986年1月	ジェイ・アール・エムを設立
1990年8月	ジェイ・アール・エムグループを設立
1993年10月	JRM香港有限公司を設立
1997年6月	上海JRM有限公司を設立
2001年8月	解亜園(上海)電子製造有限公司を設立
2002年4月	(株)サンジェニックスを設立
2012年1月	PT JRM INDONESIAを設立

2226　日本デコラックス(株)
[証券コード]7950
[上場区分]名証二部
1958年8月	日本デコラックス(株)を設立
1970年9月	(株)ニチデコを設立
1985年10月	(株)ニチデコを吸収合併
1996年5月	スープリーム・デコラックス社を設立
2009年1月	(株)太平洋を吸収合併

2227　日本電計(株)
[証券コード]9908
[上場区分]ジャスダックスタンダード
1950年9月	日本電計(株)を設立
1970年4月	(株)デンケイを設立
1988年7月	(株)デンケイを合併
2004年8月	(株)アルファ科学を吸収合併
2006年1月	日本電計(香港)有限公司を設立
2006年8月	NIHON DENKEI VIETNAM CO., LTD.を設立
2006年10月	電計科技研究(上海)有限公司を設立
2007年7月	(株)風間電機興業を吸収合併
2008年3月	NIHON DENKEI INDIA PRIVATE LTD.を設立
2011年11月	PT.NIHON DENKEI INDONESIAを設立
2012年7月	TAIWAN DENKEI SOLUTION CO., LTD.を設立
2013年9月	NIHON DENKEI PHILIPPINES, INC.を設立
2014年6月	未来B計画(株)を設立

2228　日本電産(株)
[証券コード]6594
[上場区分]東証一部
1973年7月	日本電産(株)を設立
1986年10月	鳥取電産(株)を設立(後：日本電産エレクトロニクス(株))
1988年6月	岡山日本電産(株)を設立(後精算)
1989年1月	(株)デーシーパックを設立(後売却)
1989年3月	信濃特機(株)を設立
1989年7月	(株)デーシーパックを買収
1989年9月	日本電産エレクトロニクス(株)を設立
1992年1月	日本電産プレシジョン(株)を設立
1993年4月	日本電産エンジニアリング(株)を設立
1993年7月	真坂電子(株)を買収(後売却)
1997年3月	トーソク(株)を設立(後：日本電産トーソク(株))
1998年10月	(株)芝浦製作所と(株)東芝と共同で出資し芝浦電産(株)を設立
1999年1月	日本電産コパル・ベトナム会社を設立
1999年4月	日本電産芝浦(浙江)有限公司を設立(後：日本電産シバウラ(浙江)有限公司)
1999年4月	日本電産シンポ(株)とトーソク(株)と(株)コパルと芝浦電産(株)と日本電産キョーリン(株)と日本電産リード(株)と共同で出資し日本電産総合サービス(株)を設立
1999年4月	日本電産総合サービス(株)を設立(後：日本電産グローバルサービス(株))
1999年12月	韓国日本電産(株)を設立
2002年4月	日本電産(浙江)有限公司を設立
2002年6月	日本電産(東莞)有限公司を設立
2003年4月	日電産(上海)国際貿易有限公司と日本電産綜合服務(浙江)有限公司を設立
2005年10月	ベトナム日本電産会社を設立
2006年2月	日本電産自動車モータ(浙江)有限公司を設立
2006年12月	日本電産モーターズ アンド アクチュエーターズ(株)を設立
2007年2月	ブリリアント マニュファクチャリング(株)を買収(後：日本電産コンポーネントテクノロジー(株))
2009年9月	日本電産テクノモータホールディングス(株)を設立(後：日本電産テクノモータ(株))
2010年10月	日本電産(韶関)有限公司を設立
2010年12月	日電産貿易(北京)有限公司とインド日本電産(株)を設立
2011年11月	日電産(上海)管理有限公司を設立
2013年4月	日本電産自動車モータ・アメリカ(株)を設立

2229　日本電産コパル(株)
1946年5月	(個)コパル光機製作所を設立
1949年5月	(株)コパル光機製作所に改組
1962年3月	(株)コパルに社名変更

1967年4月	コパル光機(株)を設立
1967年4月	コパル電子(株)を設立(後：日本電産コパル電子(株))
1969年6月	六日町コパル(株)を設立
1970年1月	(株)コパル研究所を設立
1972年12月	一関コパル(株)を設立
1973年2月	コパルエステート(株)を設立
1976年2月	メモレックス・テレックス(株)と共同で出資し(株)エム・シー・シーを設立
1976年5月	(株)御殿場製作所を設立
1977年12月	コパル商事(株)を設立
1978年10月	コパル精密(株)を吸収合併
1984年4月	コパルコーオン(株)とコパル光機(株)と六日町コパル(株)と一関コパル(株)と武蔵野コパル(株)を吸収合併
1987年6月	コパル精密部品(株)を設立
1990年8月	コパルエステート(株)を吸収合併
1990年9月	日本アグファ・ゲバルト(株)と共同で出資しコパル・アグファ(株)を設立
1992年1月	(株)コパルハイテックを設立
1993年2月	(株)メディアラボバルを設立
1999年10月	日本電産コパル(株)に社名変更
2003年	コパル・ヤマダ(株)を設立
2010年	日本電産コパル精密を設立
2014年	新潟日本電産コパル(株)を吸収合併

2230　日本電産サーボ(株)

1949年4月	(株)桐生英工舎を設立
1960年12月	日本サーボ(株)に社名変更
1988年6月	中部サーボ販売(株)を設立
1999年4月	サーボテクノシステム(株)を設立
2001年9月	サーボテック(株)を設立
2003年10月	(株)サーボソリューションジャパンを設立(後吸収合併)
2004年	日本サーボヨーロッパ社を設立
2008年	日本電産サーボ(株)に社名変更

2231　日本電産サンキョー(株)

1946年6月	(個)三協精機製作所を設立
1947年7月	(名)三協精機製作所に改組
1953年12月	(株)三協精機製作所に改組
1962年4月	伊那三協(株)を設立
1962年9月	三協光学工業を設立
1969年1月	飯田三協(株)を設立
1983年4月	伊那三協(株)と飯田三協(株)を吸収合併
1993年10月	三協サービスエンジニアリング(株)を設立
2000年8月	東北日新工機(株)を設立
2005年	日本電産三協(浙江)有限公司とベトナム日本電産サンキョー会社とブラジル日本電産サンキョー(有)を設立
2005年10月	日本電産サンキョー(株)に社名変更
2009年	日本電産三協電子(東莞)有限公司を設立
2010年	タイ日本電産サンキョー(株)を設立
2012年	日本電産サンキョー商事(株)と日本電産ニッシン(株)を吸収合併
2014年	三菱マテリアルシーエムアイを買収(後：日本電産サンキョーシーエムアイ(株))

2232　日本電産シンポ(株)

1952年4月	シンポ工業(株)を設立
1996年3月	大三工業(株)を合併
1997年3月	(株)リードエレクトロニクスを設立(後：日本電産リード(株))
1997年10月	(株)シンポセラミックスを設立
1997年10月	日本電産シンポ(株)に社名変更
2003年6月	日電産新宝(上海)国際貿易有限公司を設立
2003年11月	日本電産新宝(浙江)有限公司を設立
2006年11月	日本電産新宝(香港)有限公司とを設立

2233　日本電子(株)

[証券コード] 6951
[上場区分] 東証一部

1949年5月	(株)日本電子光学研究所を設立
1960年9月	さくら精機(株)を設立(後：日本電子テクニクス(株))
1961年5月	日本電子(株)に商号変更
1962年12月	JEOLCO (U.S.A.) INC.を設立(後：JEOL USA, INC.)
1964年11月	JEOLCO (FRANCE) S.A.を設立(後：JEOL (EUROPE) SAS)
1968年7月	JEOLCO (U.K.) LTD.を設立(後：JEOL (U.K.) LTD.)
1968年10月	JEOL (AUSTRALASIA) PTY.LTD.を設立(後：JEOL Ltd.)
1973年2月	JEOL (EUROPE) B.V.を設立
1973年3月	JEOL (SKANDINAVISKA) A.B.を設立
1974年6月	日電子物産(株)を設立(後：日本電子アクティブ(株))
1974年7月	日電子技術サービス(株)を設立(後吸収合併)
1984年4月	JEOL (ITALIA) S.p.A.を設立
1989年4月	日本電子クリエイティブ(株)を設立(後吸収合併)
1994年2月	JEOL KOREA LTD.を設立
1995年1月	JEOL ASIA PTE.LTDを設立
1997年6月	JEOL (GERMANY) GmbHを設立
1999年1月	JEOL DATUM TAIWAN LTD.を設立(後：JEOL TAIWAN SEMICONDUCTORS LTD.)
2002年3月	山形クリエイティブ(株)を設立
2002年4月	北京創成技術有限公司を設立
2009年7月	日本電子データム(株)と日本電子アクティブ(株)とを吸収合併
2011年4月	(株)JEOL RESONANCEを設立

2234　日本電子材料(株)

[証券コード] 6855
[上場区分] 東証一部

1960年4月	日本電子材料(株)を設立
1987年5月	ジェムアメリカを設立
1988年6月	ジェム香港を設立
1993年10月	ジェム台湾を設立
1999年10月	同和ジェム(株)を設立
2003年7月	ジェム上海を設立
2003年9月	ジェムヨーロッパを設立

2235　日本電波工業(株)

[証券コード] 6779
[上場区分] 東証一部

1948年1月	日本電波工業(株)を設立
1970年3月	ホーク電子(株)を設立(後:新潟エヌ・デー・ケー(株))
1972年4月	(有)橋本製作所を設立(後:シャロム電子(株))
1976年3月	古川エヌ・デー・ケー(株)を設立
1979年1月	ASIAN NDK CRYSTAL SDN. BHD.を設立
1979年12月	NDK AMERICA, INC.を設立
1986年9月	MALAYSIAN QUARTZ CRYSTAL SDN. BHD.を設立(後:NDK QUARTZ MALAYSIA SDN. BHD.)
1988年9月	NDK EUROPE LTD.を設立
1989年3月	函館エヌ・デー・ケー(株)を設立
1994年1月	蘇州日本電波工業有限公司を設立
1995年9月	NDK ELECTRONICS(HK)LIMITEDを設立
2002年3月	NDK CRYSTAL, INC.を設立
2002年4月	NDK HOLDINGS USA, INC.を設立
2002年4月	エヌ・アール・エス・テクノロジー(株)を設立(後解散)
2002年9月	NDK-ELECTRONICS SHANGHAI CO., LTD.を設立

2236　日本特殊塗料(株)
[証券コード]4619
[上場区分]東証一部

1929年6月	日本特殊塗料(資)を設立
1936年8月	日本特殊塗料(株)に改組
1962年8月	東邦塗料(株)を合併
1973年1月	日晃工業(株)を設立
1980年4月	(株)タカヒロを設立
1991年2月	日本ユニケラー(株)を設立
1992年9月	(株)ニットクシーケーを設立
1994年6月	Summit Auto Seats Industry Co, Ltdと合弁でSNC Sound Proof Co., Ltd.(タイ)を設立
2003年10月	Rietor Automotive International AGと合弁で日特固(広州)防音配件有限公司を設立
2004年3月	Rietor Automotive Internationaと合弁で天津日特固防音配件有限公司(中国)を設立
2005年1月	Summit Auto Seats Industry Co, Ltdと合弁でSRN Sound Proof Co., Ltd.を設立
2008年6月	Rietor Automotive International AGと合弁でRieter Nittoku Automotive Sound Proof Products India Pvt. Ltd.を設立(後:utoneum Nittoku Sound Proof Products India Pvt. Ltd)
2010年7月	武漢日特固防音配件有限公司を設立
2012年4月	PT.TUFFINDO NITTOKU AUTONEUMを設立

2237　日本トランスシティ(株)
[証券コード]9310
[上場区分]東証一部

1942年12月	四日市港運(株)を設立
1943年11月	四日市港湾荷役(株)を設立(後:四日市海運(株))
1945年10月	〈旧〉四日市倉庫(株)を合併し四日市港運倉庫(株)に社名変更
1947年5月	極東冷蔵(株)を設立
1949年5月	四日市倉庫(株)に社名変更
1963年5月	セントラル自動車整備(株)を設立
1967年12月	四港サイロ(株)を設立
1974年7月	三鈴開発(株)を設立
1977年2月	四倉不動産(株)を設立(後:ヨンソー開発(株))
1981年6月	住友商事(株)と共同で出資し中部コールセンター(株)を設立
1992年4月	日本トランスシティ(株)に社名変更
1994年4月	四日市港国際物流センター(株)を設立
2002年1月	トランスシティロジスティクス中部(株)を設立
2004年8月	Trancy Logistics Mexico S.A.de C.V.を設立
2005年12月	Trancy Logistics(Shanghai)Co., Ltd.を設立
2010年1月	Trancy Logistics(Vietnam)Co., Ltd.を設立
2011年8月	Trancy Logistics(Cambodia)Co., Ltd.を設立

2238　(株)日本トリム
[証券コード]6788
[上場区分]東証一部

1982年6月	(株)日本トリムを設立
1999年1月	TRIM USA CORPORATION設を設立
2004年4月	(株)機能水細胞分析センターを九州大学との産学共同ベンチャーとして設立
2005年10月	広州多寧健康科技有限公司を設立
2007年5月	(株)トリムジン ホールディングスを設立(後:(株)トリムメディカル ホールディングス)
2007年11月	(株)トリム メディカル インスティテュートを東北大学との産学共同ベンチャーとして設立
2012年2月	(株)トリムライフサポートを設立

2239　日本農薬(株)
[証券コード]4997
[上場区分]東証一部

1928年11月	旭電化工業(株)農業薬品部と藤井製薬(株)が合併し日本農薬(株)を設立
1951年10月	第一農薬(株)を設立
1973年2月	(株)埼玉協同緑化を設立
1973年6月	(株)ニチノー緑化を設立
1985年2月	(株)ニチノーレックを設立
1989年6月	ジャパンハウステック(株)を設立
1990年8月	日本エコテック(株)を設立
1997年6月	Nihon Nohyaku America, Inc.を設立(後吸収合併)
2001年3月	Nichino America, Inc.を設立
2007年10月	Nichino Europe Co., Ltd.を設立
2011年12月	日農(上海)商貿有限公司を設立
2014年7月	Nichino Do Brasil Consultoria Em Agroquimicos Ltda.を設立

2240　日本バイリーン(株)
[証券コード]3514
[上場区分]東証一部

| 1960年6月 | 日本バイリーン(株)を設立 |

にほんはう

1971年3月	（株）カントリーバイリーンを設立
1973年8月	（株）九州バイリーンを設立
1976年2月	（株）ノービルを設立（後：バイリーンクリエイト（株））
1982年6月	（株）バイリーンメディカルを設立
1983年10月	彦富工業（株）を設立
1985年6月	パシフィック技研（株）を設立
1986年7月	バイクリーン（株）を設立
1987年10月	バイテック（株）を設立
1987年12月	キュムラス（株）を設立
1992年4月	バイリーン滋賀サービス（株）を設立（後：ブイアイエス（株））
1994年4月	バイリーン茨城サービス（株）を設立（後：ブイアイエス（株））
1996年10月	東京加工技研（株）を設立
1997年6月	小山化学（株）を買収合併
1998年10月	コリアバイリーンカンパニーリミテッドを設立
1998年11月	バイアム（TN）リミテッドパートナーシップを設立
2001年2月	バイアム ホールディングインコーポレーテッドを設立
2001年12月	コリアフィルタテックカンパニーリミテッドを設立（後：コリアフィルトレーションテクノロジーズカンパニーリミテッド）
2004年9月	天津バイアムオートモティブプロダクツカンパニーリミテッドを設立
2005年10月	フロイデンベルグ＆バイリーンインターライニングス（ナントン）カンパニーリミテッドを設立
2007年2月	日本VIAM（株）を設立
2008年1月	フロイデンベルグ＆バイリーンフィルタ（タイランド）カンパニーリミテッドを設立
2011年1月	バイキャムインコーポレーテッドを設立
2012年3月	フロイデンベルグ＆バイリーンフィルタ（チェンドゥ）カンパニーリミテッドを設立
2012年5月	バイアムマニファクチュアリングメキシコソシエダダアノニマデカピタルバリアブレを設立
2013年5月	バイアムマニファクチュアリング（タイランド）カンパニーリミテッドを設立

2241　日本ハウジング（株）
［証券コード］4781
［上場区分］東証二部

1958年12月	富士建物工を設立
1966年9月	日本ハウジング（株）に社名変更
1987年10月	カテリーナビルディング（株）を設立
1989年4月	日本コミュニティー（株）を設立
1994年9月	東京都保全股份有限公司と大連日隆物業管理有限公司を設立
2013年7月	ハウズイング合人社北海道（株）とハウズイング合人社沖縄（株）を設立

2242　（株）日本ハウスホールディングス
［証券コード］1873
［上場区分］東証一部

1969年6月	東日本ハウス（株）を設立
1980年4月	（株）ホテル東日本を設立
1995年2月	（株）東日本ウッドワークス中部を設立
1995年7月	（株）東日本ウッドワークス北海道を設立
1995年10月	（株）宇都宮パークレーンズを吸収合併
1996年7月	銀河高原ビール（株）を設立（後：（株）銀河高原ビール）
2015年5月	（株）日本ハウスホールディングスに社名変更

2243　日本パーカライジング（株）
［証券コード］4095
［上場区分］東証一部

1928年7月	日本パーカライジング（株）を設立
1949年3月	精華工業（株）を吸収合併
1953年4月	日本再生工業（株）を吸収合併
1967年2月	中日金属化工（株）を設立
1972年5月	パーカー興産（株）を設立
1979年6月	ツルテック（株）を設立
1979年7月	タイパーカライジング（株）を設立

2244　日本パワーファスニング（株）
［証券コード］5950
［上場区分］東証二部

1964年4月	新和工業（株）と日本発条（株）とイリノイ・ツール・ワークス・インコーポレーテッド《米国》が共同で出資し日本シェークプルーフ（株）を設立
1978年2月	ニスコ販売（株）を吸収合併
1979年8月	ニスコ（株）に社名変更
1991年8月	〈旧〉日本パワーファスニング（株）を設立
1992年10月	〈旧〉日本パワーファスニング（株）を吸収合併し日本パワーファスニング（株）に社名変更
1993年7月	近江ニスコ工業（株）を設立
1996年5月	蘇州強力電鍍有限公司を設立
1997年5月	豊岡ジェイ・ピー・エフ工業（株）を設立
2007年1月	ジェイ・ピー・エフ・ワークス（株）を吸収合併
2013年3月	Japan Power Fastening Hong Kong Limitedを設立

2245　日本ヒューレット・パッカード（株）

1963年	横河・ヒューレット・パッカード（株）を設立
1995年	日本ヒューレット・パッカード（株）に社名変更
1999年	アジレント・テクノロジーより分離独立
2002年	コンパックコンピュータ（株）と合併
2014年10月	（株）日本HPを設立

2246　日本ファルコム（株）
［証券コード］3723
［上場区分］東証マザーズ

| 1981年3月 | 〈旧〉日本ファルコム（株）を設立（後：（株）ファルコム） |
| 2001年11月 | 〈旧〉日本ファルコム（株）から新設分割により〈新〉日本ファルコム（株）を設立 |

2247　日本風力開発（株）

1999年7月	日本風力開発（株）を設立
2000年12月	銚子屏風ヶ浦風力開発（株）を設立
2001年6月	JWD Till-Moyland Windpark GmbHを設立

2001年8月	六ヶ所村風力開発(株)を設立
2001年9月	イオスサービス(株)を設立(後:イオスエンジニアリング&サービス(株))
2002年9月	銚子小浜風力開発(株)を設立(後:銚子屏風ヶ浦風力開発(株))
2002年9月	銚子風力開発(株)を設立
2003年1月	渥美風力開発(株)を設立
2003年7月	肥前風力発電(株)を設立
2003年9月	(株)MJウィンドパワー市原を設立
2003年9月	二又風力開発(株)を設立
2004年3月	館山風力開発(株)を設立(後:南房総風力開発(株))
2004年5月	三浦ウィンドパーク(株)を設立
2004年6月	大山ウィンドファーム(株)を設立
2004年8月	鴨川風力開発(株)を設立(後:南房総風力開発(株))
2004年10月	MITOS Windpark GmbHを設立
2005年7月	琴浦ウィンドファーム(株)を設立
2005年7月	珠洲風力開発(株)を設立
2005年7月	木更津風力開発(株)を設立(後:イオスエナジーマネジメント(株))
2006年8月	平生風力開発(株)を設立
2007年2月	由良風力開発(株)を設立
2007年5月	江差風力開発(株)を設立
2008年1月	琴浦ウィンドファーム(株)を吸収合併
2008年9月	胎内風力開発(株)を設立
2009年6月	銭函風力開発(株)を設立
2009年11月	松前風力開発(株)を設立
2009年11月	吹越台地風力開発(株)を設立
2010年9月	EOS Energy Singapore Pte. Ltd.を設立
2012年2月	掛川風力開発(株)を設立
2013年11月	風力開発(株)を設立
2013年12月	六ヶ所村風力開発(株)と渥美風力開発(株)と三浦ウィンドパーク(株)と大山ウィンドファーム(株)と珠洲風力開発(株)とえりも風力開発(株)を吸収合併
2014年10月	尻別風力開発(株)を設立
2015年1月	雲雀平風力開発(株)を設立

2248　日本フェンオール(株)
[証券コード]6870
[上場区分]ジャスダックスタンダード

1961年5月	フェンオール《米国》と三井物産(株)と日本電熱(株)が共同で出資し日本フェンオール(株)を設立
1973年4月	日本エス・エス・ピー(株)を設立(後吸収合併)
1988年10月	フェンオール・システム(株)を設立
1995年7月	フェンオールアネシス(株)を吸収合併
1997年10月	防消火エンジニアリング(株)を設立
2002年3月	フェンオール設備(株)を設立
2004年11月	FENWAL CONTROLS OF JAPAN (H.K.), LIMITEDを設立登記
2011年10月	FENWAL CONSULTING (SHENZHEN) CO., LIMITEDを設立

2249　日本フォームサービス(株)
[証券コード]7869
[上場区分]ジャスダックスタンダード

| 1956年10月 | 日本フォームサービス(株)を設立 |
| 2013年11月 | フォービスリンク(株)を設立 |

2250　日本プラスト(株)
[証券コード]7291
[上場区分]東証二部

1948年4月	日本プラスト工芸を設立
1948年10月	八勢化工(株)を買収し日本プラスト(株)に社名変更
1971年10月	エヌピー化成(株)を設立
1973年10月	エヌピー工機(有)を設立(後:(株)プロステック)
1988年1月	日本化研(株)を設立
1999年5月	エヌピーサービス(株)を設立
2000年4月	ニートン・オート・プロダクツの全額出資によりニートン・ローム・インコーポレーテッドを設立
2003年2月	中山富拉司特工業有限公司を設立
2004年11月	ニホンプラストタイランドを設立
2007年4月	ニホンプラストメヒカーナとニートン・オート・プロダクツとの出資によりニホンマグネシオを設立
2008年8月	武漢富拉司特汽車零部件有限公司を設立
2010年11月	ニホンプラストメヒカーナとニートン・オート・プロダクツとの出資によりニートン・オート・メヒカーナを設立

2251　ニホンフラッシュ(株)
[証券コード]7820
[上場区分]東証一部

1964年9月	ニホンフラッシュ(株)を設立
1989年3月	ニホンフラッシュ北海道工場(株)を設立(後吸収合併)
2002年8月	昆山日門建築装飾有限公司を設立
2006年9月	(株)ニックを吸収合併
2006年12月	日門(青島)建材有限公司を設立
2008年10月	日門(上海)貿易有限公司を設立
2011年11月	日門(江西)建材有限公司を設立

2252　日本プロセス(株)
[証券コード]9651
[上場区分]ジャスダックスタンダード

1967年6月	日本プロセスコンサルタント(株)を設立
1971年5月	日本プロセス(株)に社名変更
1974年5月	情報システム(株)を設立(後:アイ・エス・アイ(株))
1975年9月	コンピュータシステムプランニング(株)を設立
1979年7月	新日本プロセス(株)を設立
1985年4月	国際プロセスシステム(株)を設立(後:アイ・ピー・エス(株))
1986年3月	(株)鉄研エンジニヤーズを設立
1990年9月	日本ビットを吸収合併
2001年3月	(有)日本プロセス・マネージメントと(有)ジェー・ピー・ダブリューを吸収合併
2003年4月	新日本プロセス(株)を吸収合併
2010年6月	コンピュータシステムプランニング(株)を吸収合併
2010年12月	アイ・エス・アイ(株)を吸収合併

2253　日本マクドナルドホールディングス(株)
[証券コード]2702
[上場区分]ジャスダックスタンダード

| 1971年5月 | 日本マグドナルド(株)を設立 |

にほんむせ

2002年6月	日本プレタ・マンジェ(株)を設立(後清算)
2002年7月	日本マクドナルド(株)を会社分割によりハンバーガーレストランの営業を承継するために設立
2002年7月	日本マクドナルドホールディングス(株)に社名変更

2254　日本無線(株)
[証券コード]6751
[上場区分]東証一部

1915年12月	(匿)日本無線電信機製造所を設立
1917年3月	(資)日本無線電信機製造所に改組
1920年2月	日本無線電信電話(株)に社名変更
1942年12月	〈旧〉日本無線(株)に社名変更
1949年10月	〈旧〉日本無線(株)の三鷹工場を継承し日本無線(株)を設立
1950年1月	(株)医理学研究所を設立(後：アロカ(株))
1954年10月	(有)大阪無線電業所を設立(後：(株)大阪無線日本サービス社)
1955年5月	日本無線硝子(株)を設立
1956年8月	武蔵野電機(株)を設立
1957年11月	佐世保日本無線(株)を設立
1959年9月	埼玉日本無線(株)を設立(後：新日本無線(株))
1983年4月	ジェイ・アール・シーエンジニアリング(株)を設立
1985年10月	ジェイ・アール・シー特機(株)を設立
1999年7月	総合ビジネスサービス(株)を設立
2001年11月	(株)ジェイ・アール・シーモビテックを設立
2011年1月	結雅希(上海)貿易有限公司を設立

2255　日本山村硝子(株)
[証券コード]5210
[上場区分]東証一部
〈山村硝子系〉

1914年4月	(個)山村製壜所を設立
1955年1月	〈旧〉山村硝子(株)に社名変更
1961年4月	山村プラスチック(株)を設立(後解散)
1962年9月	〈別〉山村硝子(株)と合併(額面変更)し山村硝子(株)に社名変更
1983年4月	(株)山村製壜所を設立
1989年4月	広島硝子工業(株)と合併

〈日本硝子系〉

1916年6月	日本硝子工業(株)として設立
1920年4月	大日本麦酒(株)に合併される
1936年11月	大日本麦酒(株)社から分離独立し日本硝子(株)して設立
1950年9月	新日本硝子工業(株)と新日本硝子(株)に分割
1951年11月	日本硝子(株)に社名変更
1955年2月	徳永硝子(株)と合併
1962年2月	日硝(株)を設立(後：星硝(株))

*　*　*　*

| 1998年10月 | 日本硝子(株)と山村硝子(株)が合併し日本山村硝子(株)に社名変更 |
| 2009年10月 | 山村インターナショナル・タイランドを設立 |

2256　日本ユニシス(株)
[証券コード]8056
[上場区分]東証一部

1958年3月	日本レミントン・ユニバック(株)を設立
1968年4月	〈旧〉日本ユニバック(株)に社名変更
1969年4月	(株)日本ユニバック総合研究所を設立
1970年6月	日本ユニバック(株)に額面変更のため合併され社名変更
1973年4月	日本ユニバック・サプライ(株)を設立(後：日本ユニシス・サプライ(株))
1983年7月	日本ユニバック情報システム(株)を設立(後：日本ユニシス情報システム(株))
1985年12月	日本ユニバック・ソフト・エンジニアリング(株)を設立(後：日本ユニシス・ソリューション(株))
1988年4月	バロース(株)を吸収合併し日本ユニシス(株)に社名変更
1997年3月	ユニアデックス(株)を設立
2007年4月	USOLホールディングス(株)を設立(後解散)
2007年9月	日本ユニシス・ソリューション(株)を吸収合併
2010年5月	日本ユニシス・ラーニング(株)を吸収合併
2015年4月	USOL北海道(株)とUSOL東北(株)とUSOL東京(株)とUSOL中部(株)とUSOL関西(株)とUSOL中国(株)とUSOL九州(株)を吸収合併

2257　日本ユピカ(株)
[証券コード]7891
[上場区分]ジャスダックスタンダード

1977年10月	三菱瓦斯化学(株)と東洋紡績(株)が共同で出資し日本ユピカ(株)を設立
1988年4月	三立化工機(株)と共同で出資し日本プレミックス(株)を設立
1991年4月	平塚ユピカ(株)と犬山ユピカ(株)を吸収合併
1991年7月	マクロボード(株)を設立
1997年4月	(有)ユピカサービスを設立
2007年8月	優必佳樹脂(常熟)有限公司を設立

2258　日本ライトン(株)
[証券コード]2703
[上場区分]ジャスダックスタンダード

1985年8月	日本ライトン(株)を設立
1998年3月	L&K INDUSTRIES PHILIPPINES, INC.を設立
2000年4月	LITE-ON JAPAN (H.K.) LIMITEDを設立
2005年5月	LOJ KOREA CO., LTD.を設立
2005年5月	(株)松宝を設立

2259　日本ライフライン(株)
[証券コード]7575
[上場区分]ジャスダックスタンダード

1981年2月	日本ライフライン(株)を設立
2007年9月	ソーリン・グループ・ジャパン(株)を吸収合併
2012年12月	(株)ハートブレーンを設立

2260　日本ロジテム(株)
[証券コード]9060

[上場区分] ジャスダックスタンダード
- 1944年10月 大崎運送(株)を設立
- 1962年9月 セントラル陸運(資)を設立(後:大崎運送(資))
- 1962年9月 三幸ターミナル倉庫(株)を設立
- 1983年12月 阪神貨物自動車(株)を設立
- 1987年4月 オオサキサービス(株)を設立(後:ロジテムエージェンシー(株))
- 1987年5月 (株)セイモス情報開発研究所を設立
- 1987年7月 (株)オオサキインターナショナルを設立(後:ロジテムインターナショナル(株))
- 1988年12月 オーエムオートサービス(株)を設立
- 1989年12月 日本ロジテム(株)に社名変更
- 1990年10月 三幸ターミナル倉庫(株)を吸収合併
- 1992年11月 LOGITEM (THAILAND) CO., LTD.を設立
- 1994年4月 LOGITEM VIETNAM CORP.を設立
- 1998年7月 ロジスメイト(株)を設立
- 2003年6月 L&K TRADING CO., LTD.を設立
- 2004年10月 (株)ロジテム軽貨便を設立
- 2005年9月 洛基泰姆(上海)倉庫有限公司を設立
- 2005年10月 福岡ロジテム(株)を設立
- 2006年6月 LOGITEM VIETNAM CORP.を設立
- 2007年4月 ロジテムエンジニアリング(株)を設立
- 2008年11月 LOGITEM VIETNAM HOLDING & INVESTMENT COMPANY LIMITEDを設立
- 2013年10月 LOGITEM MYANMAR CO., LTD.を設立

2261 日本和装ホールディングス(株)
[証券コード] 2499
[上場区分] 東証二部
- 1984年3月 デリコを創業
- 1986年7月 (有)デリコを設立
- 1993年12月 (有)九和会に商号変更
- 1996年6月 (株)吉田商店に組織変更
- 2003年9月 (株)フロムノースを吸収合併
- 2003年10月 (株)ヨシダホールディングスに商号変更
- 2003年12月 日興企業(株)を吸収合併
- 2004年4月 (株)ワイズ・アソシエイツと(株)日本和装文化研究所と(有)もりぐち(染物の卸悉皆業)と(有)吉田プロフェッショナル・サービスと(有)ワソウ・ドットコムを吸収合併
- 2006年5月 日本和装ホールディングス(株)に商号変更
- 2007年3月 日本和装ホールセラーズ(株)を設立(後:(株)はかた匠工芸)
- 2007年5月 日本和装クレジット(株)を設立
- 2007年11月 日本和装マーケティング(株)を設立
- 2008年3月 NIHONWASOU USA, INC.を設立
- 2010年5月 日本和装マーケティング(株)を吸収合併
- 2011年11月 Nihonwasou (Thailand) Co., Ltd.を設立
- 2012年12月 NIHONWASOU FRANCE SASを設立
- 2013年6月 NIHONWASOU VIETNAM Co., Ltd.を設立
- 2014年9月 Nihonwasou International Business Head Quarter(株)を設立

2262 (株)ニューテック
[証券コード] 6734
[上場区分] ジャスダックスタンダード
- 1982年3月 (株)ニューテックを設立
- 2007年5月 (株)ITストレージサービスを設立

2263 (株)ニュートン・フィナンシャル・コンサルティング
[証券コード] 7169
[上場区分] ジャスダックスタンダード
- 1999年12月 (株)テレコムスタンダードを設立
- 2002年5月 (株)ニュートン・フィナンシャル・コンサルティングに商号変更
- 2006年7月 (株)ニュートン・リスク・マネジメントを設立
- 2013年6月 (株)ライフパートナーを吸収合併

2264 (株)ニューフレアテクノロジー
[証券コード] 6256
[上場区分] ジャスダックスタンダード
- 1997年10月 東芝機械プレスエンジニアリング(株)を設立(後解散)
- 2002年5月 (株)ニューフレアテクノロジーに商号変更
- 2009年3月 (株)NFT韓国を設立
- 2014年1月 NuFlare Technology America, Inc.を設立

2265 (株)ニレコ
[証券コード] 6863
[上場区分] ジャスダックスタンダード
- 1931年 アスカニア・ヴェルケが100%出資しアスカニア(資)を設立
- 1936年 アスカニア(株)に改組
- 1950年11月 日本レギュレーター(株)に社名変更
- 1961年1月 千代田精機(株)を設立
- 1972年5月 ニレコ・サービス(株)を設立(後:ニレコ計装(株))
- 1984年11月 (株)ニレコに社名変更
- 1990年4月 ミスミ電子(株)を設立
- 1990年11月 (株)アイテクノを設立
- 2000年11月 NIRECO AMERICA CORP.を設立
- 2003年11月 尼利可自動控制机器(上海)有限公司を設立
- 2013年10月 ニレコ計装(株)を吸収合併
- 2014年11月 Nireco Process Korea Co., Ltd.を設立

2266 任天堂(株)
[証券コード] 7974
[上場区分] 東証一部
- 1947年11月 (名)山内任天堂が製造販売を目的として出資し(株)丸福を設立
- 1949年9月 丸福かるた販売(株)に社名変更
- 1950年3月 任天堂かるた(株)に社名変更
- 1951年7月 任天堂骨牌(株)に社名変更
- 1963年10月 任天堂(株)に社名変更
- 1980年4月 Nintendo of America Inc.を設立
- 1982年2月 Nintendo of America Inc.を設立
- 1990年2月 Nintendo of Europe GmbHを設立
- 1993年2月 Nintendo France S.A.R.L.を設立
- 2006年7月 韓国任天堂(株)を設立

2267　ネオス(株)
[証券コード]3627
[上場区分]東証一部

2004年4月	プライムワークス(株)を設立
2009年7月	メディアキュート(株)を設立(後清算)
2009年9月	スタジオブラスコ(株)を設立
2012年6月	カタリスト・モバイル(株)と合併しネオス(株)に商号変更
2013年3月	Nemustech Co., Ltd 社(韓国)と共同出資によりネマステックジャパン(株)を設立
2013年6月	(株)カメリアシステムを吸収合併
2014年6月	Neos Innovations International, Inc.を設立

2268　(株)ネクシィーズ
[証券コード]4346
[上場区分]東証一部

1990年2月	(株)日本テレックスを設立
2000年1月	(株)ネクステルに商号変更
2000年12月	(株)ネクシィーズに商号変更
2001年7月	エヌ・エフ・ビーを設立(後:(株)Nexyz.BB)
2005年3月	(株)ネクシィーズ・トレードを設立
2007年2月	(株)ブランジスタを設立

2269　(株)ネクスグループ
[証券コード]6634
[上場区分]ジャスダックスタンダード

1984年4月	本多エレクトロン(株)を設立
2003年4月	ジェコム(株)を合併
2005年8月	インデックスネットワークス(株)に商号変更
2005年9月	(株)ネットインデックスに商号変更
2012年12月	(株)ネクスに商号変更
2015年4月	(株)ネクスグループに商号変更

2270　(株)ネクステージ
[証券コード]3186
[上場区分]東証一部

1998年12月	(有)オートステージヒロタを設立
2002年6月	〈旧〉(株)ネクステージを設立
2002年8月	(株)オートステージに商号変更
2004年12月	〈旧〉(株)ネクステージを吸収合併し(株)ネクステージへ商号変更
2011年12月	(株)ASAPを設立

2271　(株)ネクスト
[証券コード]2120
[上場区分]東証一部

1997年3月	(株)ネクストを設立
2005年4月	(株)イースマイを吸収合併
2007年2月	伊藤忠商事(株)と合弁で(株)ウィルニックを設立
2007年7月	(株)ネクストフィナンシャルサービスを設立
2011年	(株)リッテルを吸収合併
2011年7月	(株)ウィルニックを吸収合併
2014年11月	HOME'S PROPERTY MEDIA (THAILAND) CO., LTD.を設立(後:Lifull (Thailand) Co., Ltd)

2272　ネクストウェア(株)
[証券コード]4814
[上場区分]ジャスダックスタンダード

1990年6月	関西日本エス・イー(株)を設立
1997年8月	ネクストウェア(株)に社名変更

2273　(株)ネクソン
[証券コード]3659
[上場区分]東証一部

2002年12月	〈旧〉ネクソン・コーポレーションが日本におけるオンラインゲームへの本格的参入を目的に(株)ネクソンジャパンを設立
2005年9月	NXゲームズ・インクを設立(後:ネクソン・アメリカ・インク)
2006年7月	ネクソン・パブリッシング・ノースアメリカ・インクを設立(後清算)
2007年3月	ネクソン・ヨーロッパ・リミテッドを設立(後清算)
2009年4月	(株)ネクソンに商号変更
2010年11月	ネクソン・ヨーロッパ・SARLを設立

2274　ネスレ日本(株)

1913年	ネスレ・アングロ・スイス煉乳会社を英国ロンドンの極東輸出部の管轄で、横浜に日本支店として開設
1933年	藤井煉乳と提携し藤井乳製品(株)を設立
1940年	ネスレ・プロダクト・カンパニー神戸支店に社名変更
1960年	淡路煉乳(株)とネスレ・プロダクト・カンパニー神戸支店の業務を一体化しネスレ日本(株)を発足
1987年	フリスキー(株)を設立(後:ネスレピュリナペットケア(株))
1989年	ネスレマッキントッシュ(株)を設立(後:ネスレコンフェクショナリー(株))
2001年2月	雪印乳業(株)と共同で出資しネスレ・スノー(株)を設立
2011年	ネスレマニュファクチャリング(株)を吸収合併

2275　ネットイヤーグループ(株)
[証券コード]3622
[上場区分]東証マザーズ

1999年7月	ネットイヤー・ナレッジキャピタル・パートナーズ(株)を設立
2000年1月	ネットイヤーグループ(株)に商号変更
2006年1月	ソラン(株)との合弁でトリビティー(株)を設立(後:ネットイヤーゼロ(株))
2006年9月	ネットイヤークラフト(株)を設立
2007年4月	ネットイヤームーヴ(株)を設立
2014年4月	ネットイヤーゼロ(株)を吸収合併

2276　(株)ネットワークバリューコンポネンツ
[証券コード]3394
[上場区分]東証マザーズ

1990年4月	(株)ネットワークバリューコンポネンツを設立
1995年3月	(株)エヌブイシーカスタマーサービスを設立(後吸収合併)

　　　　2008年8月　　（株）セーブルネットワークスを設立
　　　　　　　　　　　（後解散）
　　　　2008年9月　　（株）セーブルネットワークスジャパン
　　　　　　　　　　　を設立（後解散）

2277　ネットワンシステムズ（株）
［証券コード］7518
［上場区分］東証一部
　　　　1988年2月　　ネットワンシステムズ（株）を設立
　　　　1995年3月　　Tennoz Initiative Inc.を設立（後：Net One Systems USA, Inc.）
　　　　2008年11月　 ネットワンパートナーズ（株）を設立
　　　　2013年10月　 Net One Systems Singapore Pte. Ltd.を設立

2278　（株）ネプロジャパン
［証券コード］9421
［上場区分］ジャスダックスタンダード
　　　　1991年12月　 （株）新都市科学研究所を設立
　　　　1997年3月　　（株）ネプロジャパンに商号変更
　　　　2007年3月　　（株）ネプロサービスを設立（後：（株）シーズプロモーション）
　　　　2010年3月　　（株）キャリアフリーを設立
　　　　2010年5月　　プロソフトトレーニングジャパン（株）を吸収合併
　　　　2011年9月　　（株）モバイル＆ゲームスタジオを完全子会社化

2279　ネポン（株）
［証券コード］7985
［上場区分］東証二部
　　　　1948年6月　　熱ポンプ工業（株）を設立
　　　　1969年4月　　ネポン（株）に社名変更
　　　　1979年8月　　神奈川ネポン販売（株）を設立
　　　　1980年12月　 札幌ネポン販売（株）を設立
　　　　1981年6月　　西九州ネポン販売（株）を設立
　　　　1982年3月　　東北ネポン販売（株）と新潟ネポン販売（株）と静岡ネポン販売（株）と東九州ネポン販売（株）を設立
　　　　2000年6月　　ネポンパーテック（株）を設立（後解散）
　　　　2003年4月　　東北ネポン販売（株）と神奈川ネポン販売（株）と新潟ネポン販売（株）を吸収合併
　　　　2004年4月　　静岡ネポン販売（株）と西九州ネポン販売（株）と東九州ネポン販売（株）を吸収合併
　　　　2015年1月　　NEPON (Thailand) Co., Ltd.を設立

2280　能美防災（株）
［証券コード］6744
［上場区分］東証一部
　　　　1916年12月　 能美商会を設立
　　　　1925年11月　 （資）能美商会に社名変更
　　　　1944年5月　　日本防災通信工業（株）に社名変更
　　　　1948年8月　　能美防災工業（株）に社名変更
　　　　1989年7月　　能美防災（株）に社名変更
　　　　1989年10月　 日信防災（株）を設立
　　　　1995年6月　　北京能美西科姆消防設備有限公司を設立（後：上海能美西科姆消防設備有限公司）

2281　（株）ノエビアホールディングス
［証券コード］4928
［上場区分］東証一部
　　　　1964年4月　　ジェイ・エイチ・オークラ・エンド・カンパニーを設立
　　　　1971年6月　　（株）ジェイ・エイチ・オークラ・エンド・カンパニーに改組
　　　　1978年5月　　（株）ノエビアに社名変更
　　　　1982年4月　　（株）ノエビアフーズを設立
　　　　1983年3月　　（株）エム・エイチ・エムを設立（後：常盤薬品工業（株））
　　　　1986年6月　　（株）サナを設立（後：常盤薬品工業（株））
　　　　2005年10月　 ノエビア ヨーロッパエスアールエルを設立
　　　　2007年4月　　海諾依薇雅商貿有限公司を設立
　　　　2011年3月　　（株）ノエビアは子会社となり上場廃止（株）ノエビアホールディングスを設立

2282　野崎印刷紙業（株）
［証券コード］7919
［上場区分］東証二部
　　　　1868年　　　　野崎茂七が呉服値札業を創業
　　　　1921年　　　　雑貨値札、シーリングスタンプ等あらゆる値札類の製造を開始
　　　　1932年3月　　（名）野崎商店を設立
　　　　1940年11月　 野崎紙業（株）を設立
　　　　1953年11月　 昭栄堂製本（株）を設立（後：早和製本（株））
　　　　1955年5月　　野崎カレンダー（株）を設立
　　　　1962年8月　　野崎印刷紙業（株）に商号変更
　　　　1970年4月　　（株）ツバサ製作所を設立
　　　　1979年12月　 フェニックス電子（株）を設立
　　　　1990年8月　　旭ラベル（株）を設立

2283　（株）ノザワ
［証券コード］5237
［上場区分］東証二部
　　　　1897年8月　　野澤幸三郎商店を設立
　　　　1913年9月　　日本石綿盤製造（株）に社名変更
　　　　1939年9月　　昭和セメント（株）を吸収合併
　　　　1944年10月　 野澤石綿（株）を吸収合併し野澤石綿興業（株）に社名変更
　　　　1949年4月　　野澤石綿鉱業セメント（株）に社名変更
　　　　1969年10月　 ノザワ興産（株）を設立（後解散）
　　　　1969年12月　 （株）ノザワに社名変更
　　　　1970年6月　　（株）ジャック・エイム・ジャパンを設立（後：ノザワ商事（株））
　　　　1991年7月　　（株）エスピーノザワを設立（後：（株）ノザワトレーディング）
　　　　1995年4月　　フラノ産業（株）を設立（後解散）
　　　　2011年4月　　野澤貿易（上海）有限公司を設立
　　　　2011年5月　　積水ハウス（株）との合弁契約に基づき野澤積水好施新型建材（瀋陽）有限公司を設立

2284　（株）ノジマ
［証券コード］7419
［上場区分］ジャスダックスタンダード
　　　　1959年8月　　野島電気工業社を設立
　　　　1962年4月　　（有）野島電気商会に社名変更
　　　　1982年6月　　（株）野島電気商会に改組
　　　　1991年4月　　（株）ネックス南多摩と（株）ネックス神奈川中央と（株）ネックス神奈川北と

のた

	（株）ネックス八王子と（株）ネックス湘南と（株）ネックス埼玉を吸収合併
1991年4月	（株）ノジマに社名変更
1993年9月	（株）リンリンを設立
1993年11月	（株）ドゥーを設立
1994年4月	（株）映音を設立
1995年5月	（株）ドクター・ケイを設立
1995年5月	（株）ノジマエレクトロニクスサービスを設立
1995年6月	（株）テレマックスを設立
1996年4月	（株）ジョイナムを設立
2000年2月	ソロン（株）を設立
2002年8月	ソフトバンク（株）と共同で出資し（株）ブロードバンドジャパンを設立
2011年12月	西日本モバイル（株）を設立
2013年10月	Nojima (Cambodia) Co., Ltd.を設立
2014年2月	（株）ノジマステラスポーツクラブを設立
2014年12月	ITN（株）を設立

2285　（株）ノダ
［証券コード］7879
［上場区分］東証二部

1938年1月	（株）野田製材所を設立
1942年6月	野田合板（株）に社名変更
1987年2月	（株）ナフィックスを設立
1987年10月	（株）高山木工を設立
1988年3月	アドン（株）を設立
1989年3月	（株）ノダに社名変更
1990年3月	PT. SURA INDAH WOOD INDUSTRIESを設立

2286　（株）野田スクリーン

1984年11月	（株）野田スクリーンを設立
1998年6月	（株）デジビアを設立（後：（株）エヌアイマテリアル）
2004年8月	広州野田電子有限公司を設立
2007年3月	香港野田電子有限公司を設立
2009年5月	（株）エヌアイマテリアルを吸収合併
2014年1月	昆山野拓電子有限公司を設立
2014年7月	（株）野田テクノを設立
2015年4月	台湾野田電子股份有限公司を設立

2287　（株）ノバレーゼ
［証券コード］2128
［上場区分］東証一部

2000年11月	（株）ワーカホリックを設立
2002年12月	（株）ノバレーゼに商号変更
2011年6月	NOVARESE KOREA INC.を設立
2013年1月	（株）タイムレスを設立

2288　野村アセットマネジメント（株）
〈野村投資顧問系〉

1981年	野村総合研究所を母体に野村投資顧問（株）を設立

〈野村證券投資信託委託系〉

1959年	野村證券投資信託委託（株）を設立
1990年	（株）日本投資信託制度研究所を設立（後：野村アセット投信研究所）

　　　　　　　＊　　＊　　＊　　＊

1997年10月	野村證券投資信託委託（株）と野村投資顧問（株）が合併し野村アセット・マネジメント投信（株）に社名変更
1999年4月	米国ブラックロック社と共同で出資し野村ブラックロック・アセット・マネジメント（株）を設立
2000年11月	野村アセットマネジメント（株）に社名変更
2008年7月	ノムラグローバルアルファエルエルシーを設立
2008年11月	ノムライスラミックアセットマネジメントを設立

2289　（株）乃村工藝社
［証券コード］9716
［上場区分］東証一部

1942年12月	日本軍事工藝（株）を設立
1945年12月	（株）乃村工藝社に社名変更
1985年3月	（株）乃村工藝社ピーオーピー広告事業部を設立（後：（株）ノムラコムス）
1994年2月	（株）ノムラサービスを設立（後：（株）シーズ・スリー）
1996年2月	（株）ノムラデュオを設立（後：（株）ノムラデュオウエスト）
1998年2月	（株）ノムラデュオイーストを設立
2004年11月	乃村工藝建築装飾（北京）有限公司を設立
2008年11月	NOMURA DESIGN & ENGINEERING SINGAPORE PTE. LTD.を設立
2011年2月	（株）ノムラプロダクツを設立

2290　（株）野村総合研究所
［証券コード］4307
［上場区分］東証一部

1965年4月	〈旧〉（株）野村総合研究所を設立
1966年1月	（株）野村電子計算センターを設立（後：野村コンピュータシステム（株））
1988年1月	〈旧〉（株）野村総合研究所と野村コンピュータシステム（株）が合併し〈新〉（株）野村総合研究所を設立
1991年4月	野村システムズ関西（株）を設立（後：NRIネットコム（株））
2002年7月	野村総合研究所（上海）有限公司を設立
2002年10月	野村総合研究所（北京）有限公司を設立
2010年9月	野村総合研究所（大連）有限公司を設立
2011年11月	Nomura Research Institute India Private Limitedを設立
2015年3月	Nomura Research Institute Singapore Pte. Ltd.を設立

2291　野村トレーディング・ホールディングス（株）

1917年	野村南洋事業部を創設
1936年	野村南洋事業部より分離独立しヤマト産業（株）を設立
1942年	野村殖産貿易（株）に社名変更
1945年	〈旧〉野村貿易（株）に社名変更
1945年	野村建設工業（株）を設立
1951年	大彌産業（株）と合併し新野村貿易（株）に社名変更
1956年	野村貿易（株）に社名変更
2002年	野村トレーディング・ホールディングス（株）を設立
2006年4月	野村プレミアムブランズ（株）を設立（後：野村貿易マシナリーサービス

	2007年2月	ノムラ・タンホア・ガーメントを設立
	2009年10月	エフアンドエヌ・フードサービスを設立
	2013年11月	野村北海道菜園(株)を設立

2292　野村ホールディングス(株)
[証券コード]8604
[上場区分]東証一部

	1925年12月	(株)大阪野村銀行の証券部が分離し〈旧〉野村證券(株)を設立
	1943年12月	第一証券(株)を合併
	1944年2月	久保田証券(株)を合併
	1959年12月	野村證券投資信託販売(株)を設立(後:国際証券(株))
	1965年4月	(株)野村総合研究所を設立
	1966年1月	(株)野村電子計算センターを設立(後:野村コンピュータシステム(株))
	1985年11月	野村ビジネスサービス(株)を設立
	1993年8月	野村信託銀行(株)を設立
	1999年1月	野村ファンドネット証券(株)を設立
	1999年11月	野村キャピタル・インベストメント(株)を設立
	1999年11月	野村リアルティ・キャピタル・マネジメント(株)を設立
	2001年10月	〈新〉野村證券(株)を持株会社への移行に伴い機能を分割し設立
	2001年10月	野村ホールディングス(株)に持株会社として社名変更
	2006年4月	野村ヘルスケア・サポート&アドバイザリー(株)を設立
	2007年10月	(株)プライベート・エクイティ・ファンド・リサーチ・アンド・インベストメンツを設立

2293　野村マイクロ・サイエンス(株)
[証券コード]6254
[上場区分]ジャスダックスタンダード

	1969年4月	野村マイクロ・サイエンス(株)を設立
	1972年12月	GE社と共同でNPC社(Nuclepore Corporation)を設立
	1980年7月	米国アクアメディアと日揮と合弁で日本アクアメディア(株)を設立(後:(株)ナムテック)
	1993年12月	(株)野村テクノを設立(後:(株)野村コリア)
	1996年1月	野村マイクロ・サイエンス USA, Incを設立(後閉鎖)
	1997年9月	野村マイクロ・サイエンス UK Ltd.を設立(後閉鎖)
	1998年10月	(株)ピュアレックスと合弁で(株)野村ピュアを設立
	2000年3月	オーストリア・アグルー社と合弁で(株)アグルー・ジャパンを設立(後吸収合併)
	2001年2月	Hantech社(台湾)との合弁で上海野村水処理国際貿易有限公司を設立
	2006年1月	(株)ナムテックを吸収合併
	2006年1月	Hantech社(台湾)との合弁で上海野村水処理工程有限公司を設立
	2006年2月	野村マイクロ・サイエンス USA Ltd., Coを設立
	2006年8月	(株)野村ピュアを吸収合併
	2006年8月	野村マイクロ・サイエンス(Singapore) Pte Ltdを設立(後清算)
	2008年2月	(株)クラレとの合弁でクラレアクア(株)を設立
	2009年6月	上海日村商貿有限公司を設立
	2011年1月	野村微科學工程股份有限公司を設立
	2011年11月	(株)NADを設立(後:(株)野村コリア)
	2014年1月	黔東南州凱創水資源環保科技工程有限公司を設立

2294　(株)ノリタケカンパニーリミテド
[証券コード]5331
[上場区分]東証一部

	1904年3月	日本陶器(名)を設立
	1916年6月	(名)日陶商会を設立
	1917年4月	日本玩具(株)を設立(後解散)
	1917年5月	東洋陶器(株)を設立(後:東陶機器(株))
	1917年12月	日本陶器(株)と合併し日本陶器(株)に社名変更
	1919年5月	日本碍子(株)を設立
	1928年10月	森村商事(株)を合併
	1936年9月	日東石膏(株)を設立
	1942年4月	(名)日の出陶器商会を合併
	1944年5月	(名)国産製砥商会を合併
	1979年3月	ノリタケ機材(株)を設立
	1981年4月	(株)ノリタケカンパニーリミテドに社名変更
	1985年6月	日東石膏(株)を吸収合併
	1989年8月	三好セラミックス(株)を設立(後:ノリタケセラミックス(株))
	1993年2月	(株)ノリタケアーティストクラブを設立
	1998年3月	(株)ノリタケデンタルサプライを設立
	2002年4月	(株)ノリタケボンデッドアブレーシブを設立
	2009年10月	(株)ノリタケエンジニアリングと日本陶器(株)と(株)ノリタケテーブルウェアと東京砥石(株)を吸収合併
	2010年4月	ノリタケ機材(株)と(株)ノリタケセラミックスを吸収合併
	2011年4月	(株)ノリタケボンデッドアブレーシブと(株)ノリタケスーパーアブレーシブを吸収合併

2295　(株)ノーリツ
[証券コード]5943
[上場区分]東証一部

	1951年3月	能率風呂工業(株)を設立
	1968年3月	(株)ノーリツに社名変更
	1983年4月	(株)近畿ノーリツサービスを設立(後:(株)エヌティーエス)
	1983年4月	(株)東京ノーリツサービスを設立(後:(株)エヌティーエス)
	1984年4月	(株)名古屋ノーリツサービスを設立(後:(株)エヌティーエス)
	1986年4月	(株)ノーリツエンジニアリングを設立(後:(株)エヌティーエス)
	1989年5月	(株)近畿ノーリツエンジニアリングを設立(後:(株)エヌティーエス)
	1989年6月	ノーリツサービス(株)を設立
	1993年10月	上海水仙能率有限公司を設立(後:上海能率有限公司)
	2002年1月	NORITZ AMERICA

のりつこう

2002年7月	CORPORATIONを設立
2002年7月	（株）ノーリツキャピタルを設立
2002年11月	能率電子科技（香港）有限公司を設立
2003年	（株）ライフテックを設立
2003年1月	ノーリツエレクトロニクステクノロジー（株）を設立
2003年8月	（株）ユービックを設立（後清算）
2004年5月	能率香港集団有限公司を設立（後清算）
2004年6月	能率香港有限公司を設立
2004年6月	能率（上海）住宅設備有限公司を設立
2005年10月	能率（中国）投資有限公司を設立
2009年3月	（株）H&Nを設立
2011年1月	ノーリツエレクトロニクステクノロジー（株）を吸収合併
2012年1月	（株）H&Nを吸収合併
2014年11月	NORITZ AUSTRALIA PTY LTDを設立

2296　ノーリツ鋼機（株）
［証券コード］7744
［上場区分］東証一部

1943年4月	（個）報国写真館を設立
1956年6月	（有）ノーリツ光機製作所に社名変更
1961年11月	ノーリツ鋼機（株）に社名変更
1989年9月	（株）ノーリツ研究センターと西本貿易（株）とノーリツ産業（株）と合併（（株）ノーリツ研究センターが額面変更のため他も合併）
1989年10月	NORITSU KOKI AUSTRALIA PTY. LIMITEDを設立
1989年12月	台湾諾日士股份有限公司を設立
1994年7月	NORITSU ITALIA S.r.l.を設立
1996年9月	NORITSU PHILIPPINES, INC.を設立
1997年2月	Noritsu（R）Limitedを設立
1998年2月	諾日士（上海）精密機械製造有限公司を設立
2001年7月	ノーリツテック（株）と和泉興産（株）を吸収合併
2009年3月	Noritsu India Private Limitedを設立
2009年4月	NKリレーションズ（株）を設立
2009年11月	NKアグリ（株）を設立
2010年6月	（株）サイアンを設立
2010年7月	NKメディコ（株）を設立
2011年2月	NKワークス（株）を設立

2297　パイオニア（株）
［証券コード］6773
［上場区分］東証一部

1936年11月	（個）福音商会電機製作所を設立
1938年1月	（個）福音商会電機製作所を設立
1941年8月	（名）福音電機製作所に社名変更
1947年7月	福音電機（株）に吸収合併される
1961年6月	パイオニア（株）に社名変更
1966年8月	東北パイオニア（株）を設立
1969年6月	パイオニアアンサホン（株）を設立
1977年10月	パイオニアビデオ（株）を設立（後：パイオニア・ディスプレイ・プロダクツ（株））
1996年11月	静岡パイオニア（株）を設立（後：パイオニア・ディスプレイ・プロダクツ（株））
2004年4月	パイオニア・マイクロ・テクノロジー（株）を設立
2007年10月	東北パイオニア（株）を完全子会社化

2298　（株）パイオラックス
［証券コード］5988
［上場区分］東証一部

1933年	加藤発條製作所を設立
1939年9月	加藤発條（株）に社名変更
1973年10月	ピーターソン・アメリカン・コーポレーション《米国》と共同で出資しケーピープロダクツ（株）を設立
1976年1月	戸塚化成（株）を設立（後：（株）エスティーケー）
1983年11月	保土ヶ谷発条（株）を設立（後：（株）エスティーケー）
1990年1月	（株）ケーエッチケー販売を設立
1990年11月	（株）エスティーケーを設立（後：（株）パイオラックスエイチエフエス）
1992年10月	型研精工（株）と共同で出資し（株）ケーアンドケーを設立
1994年6月	加藤発条（株）に社名変更
1995年10月	（株）パイオラックスに社名変更
1999年4月	（株）パイオラックス メディカル デバイスを設立
2001年12月	（株）ピーエスティーを設立
2002年10月	（株）パイオラックス ビジネスサービスを設立
2003年8月	東莞百楽仕汽車精密配件有限公司を設立
2005年8月	（株）ピーエヌエスを設立
2007年10月	（株）パイオラックス九州を設立
2009年12月	パイオラックス インディア プライベート リミテッドを設立
2012年3月	パイオラックス メキシカーナを設立
2012年7月	ピーティー パイオラックス インドネシアを設立
2015年2月	武漢百楽仕汽車精密配件有限公司を設立

2299　（株）パイオン

1990年6月	（株）ネクサスを設立
2000年3月	エイペックスジャパン（株）を設立（後：（株）イープランニング）
2000年7月	（株）デジタルゲートを設立
2001年6月	ソフトバンク・インベストメント（株）を含む他3社と共同で出資しエスビーアイ・プロモ（株）を設立
2002年8月	ソフトバンク・コマース（株）とビー・ビー・テクノロジー（株）と共同で出資しビー・ビー・ショップ（株）を設立
2004年6月	（株）エヌズテレコムと（株）エヌズサービスを設立
2004年7月	（株）エヌズファイナンスを設立
2004年8月	（株）エヌズスタッフを設立
2005年5月	（株）ネクサスプロモーションアンドマーケティングと（株）ネクサスビジネスソリューションと（株）ネクサスストアマネジメントを設立
2005年6月	（株）ネクサスミュージックを設立
2009年	（株）パイオンに商号を変更
2010年	リアルマーケティング（株）と（株）ウェストウェーブを吸収合併
2011年	（株）フィールドサポートを設立

2300　（株）バイク王＆カンパニー
［証券コード］3377

[上場区分]東証二部
1998年9月	(株)アイケイコーポレーションを設立	
1999年11月	(有)ケイアイセンターを設立	
2001年1月	メジャーオート(有)と(有)オーケイと(有)キャブと(有)バイク王を吸収合併	
2003年1月	(有)スピードと(有)ケイアイセンターと(有)モトガレージオープンを吸収合併	
2006年3月	(株)パーク王を設立	
2007年2月	(株)アイケイモーターサイクルを設立	
2008年6月	(株)アイケイモーターサイクルを吸収合併	
2012年9月	(株)バイク王&カンパニーに社名変更	
2014年3月	(株)パーク王を吸収合併	

2301　(株)バイタルケーエスケー・ホールディングス
[証券コード]3151
[上場区分]東証一部
1950年2月	(株)鈴彦商店を設立
1962年12月	大学堂商事(株)を設立(後:サンエス(株))
1964年8月	村研薬品(株)を設立
1994年4月	和光薬品(株)と合併
2001年1月	(株)ニチエーと三栄薬品(株)が合併し(株)バイタルネットに社名変更
2009年4月	(株)バイタルネットと(株)ケーエスケーの株式移転の方法により(株)バイタルケーエスケー・ホールディングスを共同持株会社として設立
2010年4月	(株)VKシェアードサービスを設立

2302　(株)バイテックホールディングス
[証券コード]9957
[上場区分]東証一部
1987年4月	(株)バイテックを設立
1989年3月	スミー(株)を設立
1989年4月	バイテックシステムエンジニアリング(株)を設立
1998年4月	(株)ケイロジステクスを設立(後:(株)アルスネット)
1998年9月	VITEC ELECTRONICS (H.K.) CO., LTD.とVITEC ELECTRONICS (SHENZHEN) CO., LTD.を設立
2000年12月	GMAC MEXICO SA DE CVを設立(後清算)
2001年5月	(株)ジーマックを設立(後清算)
2002年6月	VITEC ELECTRONICS TRADING (SHANGHAI) CO., LTD.を設立
2005年3月	U.S.INFONICS INC.を設立
2005年7月	INFONICS INTERNATIONAL TRADING (SHANGHAI) CO., LTD.を設立
2009年10月	VITEC ELECTRONICS (SHENZHEN) CO., LTD.を設立
2009年10月	(株)インフォニクスを吸収合併
2010年2月	(株)エネビックを設立(後:(株)V-Power)
2012年8月	(株)バイテックローカルエナジーを設立
2014年2月	(株)バイテックグローバルソーラーを設立
2014年3月	(株)バイテックソーラーエナジーを設立
2015年10月	(株)バイテックホールディングスに商号変更

2303　(株)ハイパー
[証券コード]3054
[上場区分]ジャスダックスタンダード
1990年5月	ハイパーコンセプション(株)を設立
2009年9月	(株)ハイパーに商号変更
2012年4月	(株)リステックを設立
2013年3月	(株)らくさあを設立

2304　(株)パイプドビッツ
2000年4月	(株)カレンからの出資を受け(株)サハラを設立
2001年1月	(株)パイプドビッツに商号変更
2015年5月	(株)パブリカを設立

2305　(株)ハイレックスコーポレーション
[証券コード]7279
[上場区分]東証二部
1946年1月	宝塚策導管(株)を設立
1963年11月	東洋機械金属(株)と合併
1971年7月	日本ケーブル・システム(株)に社名変更
1973年5月	寺浦不動産(株)を吸収合併
1985年11月	出石ケーブル(株)を設立
1989年2月	日本ケーブル・システム埼玉(株)を設立
1989年6月	日本ケーブル・システム島根(株)を設立
1991年11月	関東TSK(株)を設立
1992年11月	TSK of AMERICA INC.を設立
1992年12月	HI-LEX CORPORATIONを設立(後:HI-LEX AMERICA INC.)
1993年11月	HI-LEX MEXICANA, S.A.DE C.V.を設立
1995年5月	重慶利時徳拉索有限公司を設立(後:重慶海徳世拉索系統集団有限公司)
1996年11月	MACHINO TSK NIPPON CABLE PRIVATE LTD.を設立(後:HI-LEX INDIA PRIVATE LTD.)
1999年3月	HI-LEX VIETNAM CO., LTD.を設立
2000年5月	HI-LEX CABLE SYSTEM CO., LTD.を設立
2002年2月	ALPHA HI-LEX, S.A.DE C.V.を設立
2002年8月	広州利時徳控制拉索有限公司を設立
2002年9月	重慶利時徳汽車部件有限公司を設立(後:重慶海徳世控制拉索系統有限公司)
2003年1月	煙台利時徳拉索系統有限公司を設立
2003年7月	大同ハイレックス(株)を設立
2006年5月	(株)ハイレックスコーポレーションに商号変更
2006年7月	HI-LEX HUNGARY CABLE SYSTEM MANUFACTURING LLCを設立
2006年7月	江蘇大同海瑞克斯車門系統有限公司を設立(後:江蘇大同海徳世車門系統有限公司)
2007年12月	広州海勒徳世拉索系統有限公司を設立(後:広東海徳世拉索系統有限公司)

2007年12月	長春利時徳汽車拉索有限公司を設立（後：長春海徳世汽車拉索有限公司）
2008年7月	DAEDONG HI-LEX OF AMERICA, INC.を設立
2010年3月	HI-LEX CONTROLS DE MEXICO S. DE R.L. DE C.V.を設立
2012年12月	HI-LEX RUS LLCを設立
2013年3月	HI-LEX EUROPE GMBHを設立
2013年6月	HI-LEX DISTRIBUTION CENTER IN THAILAND LTD.を設立
2014年5月	PT. HI-LEX CIREBONを設立
2014年7月	杭州海徳世拉索系統有限公司と重慶永仁心医療器械有限公司を設立

2306　(株)パイロットコーポレーション
［証券コード］7846
［上場区分］東証一部
〈パイロット系〉

1915年9月	(個)並木製作所を設立
1918年1月	(株)並木製作所に改組
1937年10月	パイロット化学工業(株)を設立
1938年6月	パイロット萬年筆(株)に社名変更
1938年9月	パイロット化学工業(株)を合併
1950年4月	パイロットインキ(株)を設立
1972年6月	(株)九州パイロットを設立
1989年10月	(株)パイロットに社名変更
1994年	(株)パイロットロジテムを設立

〈パイロットグループホールディングス系〉

2002年1月	(株)パイロットと パイロットインキ(株)と パイロットプレシジョン(株)が株式移転し(株)パイロットグループホールディングスを設立

　　　　　＊　＊　＊　＊　＊

2003年7月	(株)パイロットと(株)パイロットグループホールディングスが合併し(株)パイロットコーポレーションに社名変更
2008年7月	パイロットプレシジョン(株)を吸収合併

2307　ハウスコム(株)
［証券コード］3275
［上場区分］ジャスダックスタンダード

1998年7月	大東建託(株)の100％出資子会社として関西ハウスコム(株)を設立
2003年12月	ハウスコム(株)へ商号変更

2308　ハウス食品グループ本社(株)
［証券コード］2810
［上場区分］東証一部

1913年11月	(個)浦上靖介商店を設立
1930年	(名)浦上靖介商店に改組
1947年6月	(株)浦上糧食工業所に社名変更
1949年1月	(株)ハウスカレー浦上商店に社名変更
1950年5月	ハウス食品(株)を合併
1960年11月	ハウス食品工業(株)に社名変更
1970年6月	サンハウス食品(株)を設立
1970年10月	ハウス配送(株)を設立（後：ハウス物流サービス(株)）
1974年8月	ハウスカレーナ(株)を設立
1984年9月	(株)エイチ・アイ・イーを設立
1985年8月	(株)デリカシェフを設立
1989年4月	(株)エスパックを設立
1993年8月	サンサプライ(株)を設立
1993年10月	ハウス食品(株)に社名変更
1997年7月	ハイネット(株)を設立
2004年8月	(株)ハウス食品分析テクノサービスを設立
2007年9月	韓国カレーハウス(株)を設立
2011年4月	ハウス食品(上海)商貿(有)を設立（後：ハウス食品(中国)投資(有)）
2011年7月	ハウスオソサファフーズ(株)を設立
2012年1月	ハウスフーズベトナム(有)を設立
2012年10月	エルブリトーメキシカンフードプロダクトCorp.を設立
2013年4月	ハウス食品分割準備(株)を設立（後：ハウス食品(株)）
2013年9月	ハウス美家レストラン管理(北京)(有)を設立
2013年10月	ハウス食品グループ本社(株)に社名変更
2013年11月	ハウスレストラン管理(広州)(有)を設立

2309　(株)ハウスドゥ
［証券コード］3457
［上場区分］東証マザーズ

2009年1月	〈旧〉(株)ハウスドゥのフランチャイズ事業部を継承し(株)ハウスドゥ・フランチャイズ・システムズを設立
2010年3月	(株)ハウスドゥ住宅販売を設立
2011年6月	〈旧〉(株)ハウスドゥの一部事業を(株)ハウスドゥ・フランチャイズ・システムズに継承し(株)ハウスドゥに商号変更
2011年11月	(株)ハウスドゥ・キャリア・コンサルティングを設立
2012年2月	(株)ハウスドゥローンサービスを設立

2310　パウダーテック(株)
［証券コード］5695
［上場区分］ジャスダックスタンダード

1952年	北陸化工(株)を設立
1960年	日本特殊鉄粉(株)に社名変更
1966年	日本特殊鉄粉(株)の事業を引き継ぎ日本鉄粉(株)を設立
1988年	POWDERTECH CORPを設立（後清算）
1989年7月	パウダーテック(株)に社名変更
1991年10月	(株)ビーティーエスを設立
2002年7月	POWDERTECH INTERNATIONAL CORPを設立
2003年10月	(株)ワンダーキープ高萩を設立
2014年2月	武蔵産業(株)を吸収合併

2311　(株)パオ

1966年	(有)レストラン五平太を設立
1973年	(株)五平太に改組
1988年	(株)パオに社名変更
1996年	(株)華フーズを設立
2007年1月	(株)サザン・イート・アイランドを合併

2312　(株)パーカーコーポレーション
［証券コード］9845
［上場区分］東証二部

1951年8月	日本パーカーライジング(株)の営業部門から分離独立しパーカー商事(株)を

1956年12月	パーカー工業(株)を設立
1969年5月	新日本マグナス(株)を吸収合併
1983年4月	パーカー油販(株)を共同出資で設立
1988年8月	(株)パーカーコーポレーションに社名変更
1990年10月	PC INTERNATIONAL TRADING (EUROPE) B.V.を設立
1994年4月	PARKER INTERNATIONAL CORPORATION (THAILAND) LTD.を設立
1996年7月	(株)ピーシーアコウスティックを設立
1996年7月	(株)ピーシーアコウスティックを設立
1996年8月	HANKUK PARKER CO., LTD.を設立
2001年1月	PARKER INTERNATIONAL TRADING (SHANGHAI) CO., LTD.を設立
2001年6月	(株)群南テクノを設立
2002年9月	SHANGHAI PARKER M&E PARTS CO., LTD.を設立
2004年10月	PC INTERNATIONAL (CZECH) S.R.O.を設立
2005年3月	ZAO KAWAKAMI PARKERを設立
2005年4月	(株)ピーエムジーを吸収合併
2005年8月	GUANGZHOU PARKER AUTO PARTS CO., LTD.を設立
2006年2月	PARKER INTERNATIONAL (TAIWAN) CORPORATIONを設立
2009年7月	PARKER-PCP AUTO COMPONENTS PVT.LTD.を設立
2011年7月	AK.PARKER (THAILAND) COMPANY LIMITEDを設立
2011年7月	PARKER M&E PARTS (FOSHAN) CO., LTD.を設立
2011年12月	PARKER CORPORATION MEXICANA, S.A.DE C.V.を設立
2013年9月	ZHEJIANG PARKER THERMO TECHNOLOGY CO., LTD.を設立
2013年10月	PARKER ADVANCED CHEMICAL (SHANGHAI) CO., LTD.を設立

2313　萩原工業(株)
[証券コード] 7856
[上場区分] 東証一部

1962年11月	(株)萩原商店の水島工場を分社独立し萩原工業(株)を設立
1995年3月	ハギハラ・ウイハルタ・インドネシア社を設立(後:ハギハラ・ウエストジャワ・インダストリーズ社)
1997年4月	かようアイランド(株)を設立(後吸収合併)
2002年12月	青島萩原工業有限公司を設立
2005年1月	萩華機械技術(上海)有限公司を設立
2005年12月	萩原アシスト(株)を設立

2314　萩原電気(株)
[証券コード] 7467
[上場区分] 東証一部

1948年3月	萩原電気工業社を創業
1958年12月	(株)萩原電気工業社を設立
1965年2月	萩原電気(株)に社名変更
2006年10月	Hagiwara America, Inc.と萩原電気貿易(上海)有限公司を設立
2011年6月	萩原電気韓国(株)と萩原貿易(上海)有限公司を設立
2012年10月	Hagiwara Electric Europe GmbHを設立
2014年9月	Hagiwara Electric (Thailand) Co., Ltd.を設立

2315　(株)ハークスレイ
[証券コード] 7561
[上場区分] 東証一部

1980年3月	(株)ほっかほっか亭大阪事業本部を設立
1986年5月	(株)ほっかほっか亭関西地域本部に社名変更
1989年1月	(株)関西ほっかほっか亭に社名変更
1993年7月	(株)ハークスレイに社名変更
1994年4月	(株)ほっかほっか亭岡山地区本部を吸収合併
1997年11月	(株)アサヒ・トーヨーを設立
2011年2月	TRNコーポレーション(株)を完全子会社化

2316　(株)白青舎
[証券コード] 9736
[上場区分] ジャスダックスタンダード

1954年8月	(株)白青舎を設立
1958年11月	中央管財(株)を設立
1964年	(株)京都白青舎を設立(後:(株)関西白青舎)
1964年	(株)大阪白青舎を設立(後:(株)関西白青舎)
1971年8月	白青警備保障(株)を設立
1975年2月	(株)白青ガーデンを吸収合併
1975年6月	東洋スポーク(株)と合併
1990年4月	白青舎エンジニアリング(株)を設立
2013年4月	ハクセイサービス(株)を吸収合併する
2013年9月	箕面駅前パーキングサービス(株)を設立

2317　(株)博展
[証券コード] 2173
[上場区分] ジャスダックグロース

1967年2月	展示会、ディスプレイの企画、施工を目的として創業
1970年3月	(株)博展を設立

2318　伯東(株)
[証券コード] 7433
[上場区分] 東証一部

1953年11月	伯東(株)を設立
1963年8月	伯東化学(株)を設立
1969年12月	伯東エンジニアリング(株)を設立
1983年1月	エイチ・ティー・シー(株)を設立(後:ハクトロニクス(株))
1990年1月	(株)ヒューマンリソーシスインターナショナルを設立
1991年4月	伯東化学(株)を吸収合併
1996年12月	S&T Enterprises (Singapore) Pte. Ltd.を設立(後:Hakuto Singapore Pte.Ltd.)

1997年3月	Hakuto America Holdings, Inc.を設立（後解散）
1997年3月	S&T HITECH LTD.を設立（後：Hakuto Taiwan Ltd.）
1999年10月	Hakuto Europe GmbHを設立（後解散）
2000年1月	伯東インフォメーション・テクノロジー（株）を設立
2000年9月	（有）エス・ティー・ジェネラルを吸収合併
2002年9月	Hakuto California, Inc.を設立
2003年1月	伯東A&L（株）を設立
2003年3月	ハクトロニクス（株）を吸収合併
2005年12月	Hakuto Korea Co., Ltd.を設立
2006年1月	Hakuto Trading（Shenzhen）Ltd.を設立
2007年11月	Microtek Shanghai Ltd.を設立

2319　白銅（株）
[証券コード]7637
[上場区分]東証一部
〈廣成系〉
1932年2月	（個）白銅商店に改組
1949年11月	（株）白銅商店に社名変更
1967年5月	〈旧〉白銅（株）に社名変更
1991年10月	〈旧〉白銅（株）より分離独立し廣成（株）を設立

〈銅金系〉
|1949年10月|（株）国光地銅店を設立|
|1967年3月|銅金（株）に社名変更|

＊　＊　＊　＊

1992年1月	銅金（株）と廣成（株）が合併（額面変更）し銅金（株）に社名変更
1992年4月	〈旧〉白銅（株）より金属事業に関する営業を譲受し白銅（株）に社名変更
2003年5月	上海白銅精密材料有限公司を設立
2014年10月	HAKUDO（THAILAND）Co., Ltd.を設立

2320　パーク二四（株）
[証券コード]4666
[上場区分]東証一部
1985年8月	（株）ニシカワ商会の駐車場の保守および運営官営部門を分離独立しパーク二四（株）を設立
1992年5月	タイムズ24（株）を設立
1998年5月	タイムズ広島（株）を設立（後吸収合併）
1998年11月	タイムズサービス（株）を設立
2000年1月	ドライバーズネット（株）を設立
2006年3月	GS Park24 Co., Ltd.を設立
2008年4月	台湾パーク二四有限公司を設立
2012年6月	TFI（株）を設立

2321　（株）白洋舎
[証券コード]9731
[上場区分]東証一部
1906年3月	（個）白洋舎を設立
1920年5月	白洋舎クリーニング（株）に社名変更
1927年12月	（株）白洋舎に社名変更
1956年4月	東日本ホールセール（株）を設立
1959年2月	信和実業（株）を設立
1962年2月	共同リネンサプライ（株）を設立
1962年11月	日本リネンサプライ（株）を設立
1963年9月	スターリース（株）を設立
1963年10月	（株）ケイシーケイエンタープライズを設立
1969年12月	（株）双立を設立
1970年2月	白洋舎インターナショナル（株）を設立
1973年2月	（株）ジャパンアパレル・サービスを設立
1974年8月	白洋舎不動産（株）を設立
1975年8月	マーキュリーコメット（株）を設立（後清算）
1981年7月	ダステックスホノルル（株）を設立
1981年12月	サニトーンジャパン（株）を設立（後：（株）ケイシーケイエンタープライズ）
2004年2月	（有）マインクリーナースを設立
2008年1月	札幌白洋舎（株）を設立
2011年1月	静岡白洋舎（株）を設立

2322　パシフィックシステム（株）
[証券コード]3847
[上場区分]ジャスダックスタンダード
1980年8月	秩父セメント（株）のシステム部が分離独立しシステム綜合開発（株）を設立
1983年6月	（株）ジェスと合併
1989年6月	（株）ジェムと合併
1999年10月	（株）アイシスと合併しパシフィックシステム（株）に商号変更
2011年2月	パシフィックテクノス（株）を吸収合併

2323　（株）パシフィックネット
[証券コード]3021
[上場区分]東証マザーズ
1988年7月	（株）パシフィックレンタルを設立
1997年4月	（株）パシフィックネットに社名変更
2000年4月	（株）パシフィックアイテックを設立
2002年6月	（株）パシフィックアイテックを吸収合併
2007年11月	（株）システムイン郡山を吸収合併
2010年8月	（株）アールモバイルを設立
2012年5月	（株）アールモバイルを吸収合併
2012年7月	PacificNet（Cambodia）Co., Ltd.を設立

2324　パス（株）
[証券コード]3840
[上場区分]東証マザーズ
1990年5月	アイロンジャパン（株）を創業
2000年12月	イー・キャッシュ（株）に商号変更
2006年2月	Global Business Design（UK）Ltd.を設立（後清算）
2009年9月	イー・キャッシュライフウェア（株）を設立
2014年7月	パス（株）に商号変更
2014年12月	（株）PATHマーケットを設立

2325　（株）パスコ
[証券コード]9232
[上場区分]東証一部
1949年7月	中部測量（株）を設立
1962年1月	パシフィック航業（株）に社名変更
1962年8月	パシフィック航空測量（株）を合併
1964年9月	パシフィック測量調査（株）を設立
1967年1月	セントラルコンサルタント（株）を設立
1972年4月	国際航業（株）と八州測量（株）と東北測

	量(株)と太洋航空(株)と共同で出資し共立航空撮影(株)を設立
1975年12月	(株)パシフィック航業海洋調査部を設立
1980年10月	(株)パスコインターナショナルを設立(後:(株)GIS東京)
1983年10月	(株)パスコに社名変更
1984年10月	(株)パスコ総合環境センターを設立(後:(株)環境情報技術センター)
1984年10月	(株)信州パスコボトリングを設立
1985年7月	(株)北海道測技を設立(後:(株)GIS北海道)
1987年10月	(株)パスコ道路技術センターを設立(後:(株)パスコ道路センター)
2000年9月	(株)区画整理センターを設立(後:(株)都市環境整備センター)
2001年6月	(株)GIS北陸を設立
2002年4月	ESRI社《米国》と共同で出資しESRIジャパン(株)を設立
2003年6月	(株)GIS東海を設立
2005年3月	(株)環境情報技術センターと(株)シーランドリサーチを吸収合併
2006年3月	(株)PASCO SPACE MAPPING TECHNOLOGYを設立
2006年6月	(株)ミッドマップ東京を設立
2010年11月	PASCO International Europe B.V.を設立(後:PASCO Europe B.V.)

2326　(株)パスポート
[証券コード]7577
[上場区分]ジャスダックスタンダード

1969年7月	(株)パスポートを設立
2004年10月	(株)SPLを設立

2327　長谷川香料(株)
[証券コード]4958
[上場区分]東証一部

1903年	長谷川藤太郎商店を設立
1948年	(株)長谷川藤太郎商店に改組
1961年12月	長谷川香料(株)を設立
1978年12月	T.HASEGAWA U.S.A., INC.を設立
1984年5月	(株)エー・ティ・エイチを設立
1990年11月	T.HASEGAWA CO.(S.E. ASIA)PTE.LTD.を設立(後閉鎖)
1991年10月	長谷藤(株)を合併
1999年11月	長谷川ファインフーズ(株)を設立(後吸収合併)
2000年1月	長谷川香料(上海)有限公司を設立
2003年11月	T.HASEGAWA(SOUTHEAST ASIA)CO., LTD.を設立
2006年8月	長谷川香料(蘇州)有限公司を設立
2011年12月	長谷川ビジネスサービス(株)を設立
2014年4月	PT. HASEGAWA FLAVOURS AND FRAGRANCES INDONESIAを設立

2328　(株)長谷工コーポレーション
[証券コード]1808
[上場区分]東証一部

1937年2月	(個)長谷川工務店を設立
1946年8月	(株)長谷川工務店に改組
1969年2月	長谷工不動産(株)を設立
1988年10月	(株)長谷工コーポレーションに社名変更
2003年4月	(株)長谷工アネシスを設立
2006年11月	(株)長谷工インテックを設立
2008年10月	(株)長谷工コミュニティ九州を設立
2009年4月	(株)長谷工リフォームを設立
2014年1月	(株)長谷工ビジネスプロクシーを設立

2329　(株)パソナグループ
[証券コード]2168
[上場区分]東証一部

1976年2月	人材派遣事業を主業務とする(株)テンポラリーセンターの前身を設立
1993年6月	〈旧〉(株)パソナに商号変更(後:(株)南部エンタープライズ)
2000年6月	旧(株)パソナより人材関連事業に関する営業を譲受け(株)パソナに商号変更
2007年12月	(株)パソナグループを株式移転により純粋持株会社として設立
2008年10月	(株)パソナCIOを設立
2011年11月	Pasona Korea Co., Ltd.を設立
2011年12月	(株)パソナ農援隊を設立
2012年1月	PT Pasona HR Indonesiaを設立
2012年11月	(株)パソナテキーラを設立
2012年12月	Pasona HR Consulting Recruitment (Thailand) Co., Ltd.を設立
2014年5月	Pasona HR Malaysia Sdn. Bhd.を設立
2015年1月	(株)丹後王国を設立
2015年4月	(株)パソナ東北創生を設立

2330　(株)八十二銀行
[証券コード]8359
[上場区分]東証一部

1931年8月	(株)第十九銀行と(株)六十三銀行が合併し(株)八十二銀行を設立
1943年2月	上伊那銀行と佐久銀行を合併
1943年12月	(株)飯田銀行を合併
1974年6月	長野ダイヤモンドリース(株)を設立(後:八十二リース(株))
1981年8月	八十二ビジネスサービスを設立
1982年8月	(株)八十二ディーシーカードを設立
1983年12月	八十二信用保証(株)と八十二システム開発(株)を設立
1984年9月	八十二キャピタル(株)を設立
1986年5月	八十二投資顧問(株)を設立(後清算)
1986年9月	八十二スタッフサービス(株)を設立
1989年1月	八十二亜洲有限公司を設立
2000年6月	やまびこ債権回収(株)を設立
2005年10月	八十二オートリース(株)を設立

2331　(株)ハチバン
[証券コード]9950
[上場区分]ジャスダックスタンダード

1971年1月	(株)八番フードサービスを設立
1986年10月	(株)ハチバンに社名変更
1989年9月	(株)アニューを設立(後吸収合併)
1989年10月	(株)ハチバントレーディングを設立(後吸収合併)
1991年9月	(株)ハチバン天龍を設立(後閉鎖)
1994年2月	(株)カントンを設立(後吸収合併)
2014年2月	大連紅葉八番餐飲管理有限公司を設立

2332　(株)バッファロー
[証券コード]3352

はつゆない

　　［上場区分］ジャスダックスタンダード
　　1983年4月　　バッファローオートパーツ(株)を設立
　　2003年4月　　(株)オートバックスさいたまを吸収合併
　　2003年4月　　(株)バッファローに商号変更
　　2007年9月　　(株)ラムズインターナショナルを設立(後：(株)ファイバーワーク)

2333　(株)ハーツユナイテッドグループ
　　［証券コード］3676
　　［上場区分］東証一部
　　2001年4月　　(有)デジタルハーツを設立
　　2003年10月　　(株)デジタルハーツに商号変更
　　2013年10月　　(株)デジタルハーツが単独株式移転により(株)ハーツユナイテッドグループを設立
　　2014年3月　　(株)KADOKAWAと(株)ドワンゴと合弁で(株)リインフォースを設立
　　2015年1月　　(株)ZMPと合弁(株)ZEGを設立

2334　(株)ぱど
　　［証券コード］4833
　　［上場区分］ジャスダッククロース
　　1987年8月　　(株)荏原製作所と凸版印刷(株)と(株)東芝と第一勧業銀行と三和銀行が共同で出資し(株)ぱどを設立
　　1996年6月　　わかさや美術印刷(株)との共同出資により(株)ぱどデザイン工場を設立
　　2003年6月　　(株)廣済堂と(株)ウイル・コーポレーショとの合弁により(株)仙台ぱどを設立
　　2006年10月　　(株)エルネットとの合弁により(株)ぱどラボを設立
　　2007年4月　　福博印刷(株)との合弁により(株)九州ぱどを設立
　　2009年2月　　(株)阪神ぱどを設立(後：(株)ぱど)
　　2009年3月　　ぱどシップを設立
　　2009年12月　　タイヘイコンピュータ(株)との合弁により(株)ぱどポイントを設立

2335　(株)ハードオフコーポレーション
　　［証券コード］2674
　　［上場区分］東証一部
　　1972年7月　　(株)サウンド北越を設立
　　1995年4月　　(株)ハードオフコーポレーションに商号変更
　　1997年10月　　新潟ブックオフ(株)を吸収合併
　　2013年10月　　(株)ビッグアルファを100%子会社化し(株)ハードオフファミリーに商号変更

2336　パナソニック(株)
　　［証券コード］6752
　　［上場区分］東証一部
　　1918年3月　　(個)松下電気器具製作所を設立
　　1929年3月　　(個)松下電気製作所を設立
　　1931年4月　　松和電器(株)を合併
　　1935年8月　　松下電器貿易(株)を貿易部門として設立
　　1935年8月　　松和電器商事(株)を設立(後解散)
　　1935年12月　　松下電器直売(株)と松下電熱(株)と松下無線(株)と松下乾電池(株)と松下電器(株)と松下金属(株)を分離し松下電器産業(株)に社名変更
　　1938年10月　　松下電動機(株)を設立(後：松下電気工業(株))
　　1941年2月　　ビームライト製作所(株)を合併
　　1944年11月　　松下電気工業(株)と松下蓄電池(株)と松下無線(株)と松下乾電池(株)を合併
　　1952年12月　　松下電子工業(株)を設立
　　1955年12月　　九州松下電器(株)を設立(後：パナソニックコミュニケーションズ(株))
　　1956年5月　　大阪電機精機(株)を設立(後：松下エコシステムズ(株))
　　1958年1月　　松下通信工業(株)を設立(後：パナソニックモバイルコミュニケーションズ(株))
　　1969年11月　　松下寿電子工業(株)を設立
　　1976年1月　　松下電子部品(株)を設立
　　1977年1月　　松下産業機器(株)を設立(後：松下産業情報機器(株))
　　1977年1月　　松下住設(株)を設立
　　1979年1月　　松下電池工業(株)を設立
　　1983年3月　　(株)松下テクノリサーチを設立
　　1988年4月　　松下電器貿易(株)を合併
　　1995年4月　　松下住設機器(株)を合併
　　2001年4月　　松下電子工業(株)を合併
　　2002年4月　　(株)東芝と共同で出資し東芝松下ディスプレイテクノロジー(株)を設立
　　2003年1月　　九州松下電器(株)と合併しパナソニックコミュニケーションズ(株)を設立
　　2003年1月　　(株)東芝と共同で出資し松下東芝映像ディスプレイ(株)を設立
　　2005年4月　　松下産業情報機器(株)を合併
　　2008年4月　　松下冷機(株)を合併
　　2008年10月　　パナソニック(株)に社名変更
　　2008年10月　　松下電池工業(株)を合併
　　2012年1月　　パナソニック電工(株)を合併
　　2012年4月　　パナソニック エレクトロニックデバイス(株)他を合併
〈パナソニック電工系〉
　　1918年3月　　(個)松下電気器具製造所を設立
　　1929年3月　　松下電器製作所に社名変更
　　1935年12月　　松下電器(株)に社名変更
　　1937年4月　　日本電器製造(株)を合併
　　1943年8月　　松下航空工業(株)に社名変更
　　1945年11月　　松下電工(株)に社名変更
　　1963年8月　　ナショナル住宅建材(株)を設立
　　1970年12月　　龍野松下電工(株)を設立
　　1989年12月　　サンクス(株)と共同で出資し松下制御機器(株)を設立
　　1999年2月　　松下電工インフォメーションシステムズ(株)を設立
　　2001年10月　　朝日ナショナル照明(株)を設立(後：朝日松下電工(株))
　　2002年8月　　フォスロ・エレクトロ(有)を買収(後：フォスロ・シュワーベ松下電工(有))
　　2003年12月　　(株)クボタと共同で出資しクボタ松下電工外装(株)を設立
　　2008年10月　　パナソニック電工に社名変更
〈松下電池工業系〉
　　1979年　　松下電池工業(株)を設立
　　1993年　　松下マイクロ電池(株)を吸収合併
　　1996年　　パナソニックEVエナジー(株)を設立

〈松下冷機系〉
　1939年2月　中川機械(株)を設立
　1953年8月　中川電機(株)に社名変更
　1960年5月　松下電器産業(株)と共同で出資しマナ精密鋳工(株)を設立
　1972年11月　松下冷機(株)に社名変更

2337　パナソニック システムネットワークス(株)
　1955年12月　〈旧〉九州松下電器(株)を設立
　1964年7月　九州松下電器(株)に額面変更のため合併され社名変更
　1964年8月　宮崎松下電器(株)を設立
　1973年5月　鹿児島松下電子(株)を設立
　2003年1月　パナソニックコミュニケーションズ(株)に社名変更
　2010年1月　パナソニック システムネットワークス(株)に社名変更

2338　パナソニック デバイスSUNX(株)
[証券コード]6860
[上場区分]東証一部
　1969年10月　(株)三友技術研究所を設立
　1975年3月　(株)サンユーを設立(後:サンクス光電販売(株))
　1975年4月　(株)サンクスに社名変更
　1979年6月　サンクス電子(株)を設立
　1979年7月　サンクス貿易(株)を設立
　1982年5月　サンクス(株)に社名変更
　1983年3月　(株)サンクス中央研究所を設立(後精算)
　1987年2月　サンクスソフトウェアサービス(株)を設立(後精算)
　1987年12月　九州サンクス(株)を設立(後:パナソニック電工SUNX九州(株))
　1989年12月　松下電工(株)との共同出資で松下制御機器(株)を設立
　2002年3月　蘇州神視電子有限公司を設立(後:パナソニック デバイスSUNX蘇州(有))
　2003年9月　SUNX KOREA Limitedを設立
　2010年10月　パナソニック電工SUNX(株)に商号変更
　2012年7月　パナソニック デバイスSUNX(株)に商号変更

2339　パナソニック ヘルスケア(株)
　1948年11月　大新鉱業(株)を設立
　1969年8月　松下寿電子工業(株)に社名変更
　1969年11月　寿電工(株)と寿電機(株)と寿録音機(株)を合併
　2005年4月　パナソニック四国エレクトロニクス(株)に社名変更
　2010年5月　パナソニック ヘルスケア(株)に社名変更

2340　パナソニック モバイルコミュニケーションズ(株)
　1958年1月　松下電器産業(株)の通信機器部門、計測機器部門、音響機器部門を分離し〈旧〉松下通信工業(株)を設立
　1967年　松下通信工業(株)に額面変更のため合併され社名変更
　1968年10月　ナショナル通信工事(株)を設立
　2003年1月　パナソニック モバイルコミュニケーションズ(株)に社名変更
　2013年4月　パナソニック(株)に合併される

2341　(株)ハナテン
[証券コード]9870
[上場区分]東証二部
　1962年3月　放出中古車センター(株)を設立
　1987年3月　(株)ハナテンに社名変更
　1999年2月　ハナテンエフ シーリンク(株)を設立(後解散)
　2000年12月　(株)ハナテンネットを設立
　2001年2月　ドライブゲート(株)を設立
　2004年2月　ハナテン・オート(有責)中間法人を設立
　2014年4月　(株)ビーエムハナテンを設立

2342　パナホーム(株)
[証券コード]1924
[上場区分]東証一部
　1950年12月　大田工務店(株)を設立
　1970年10月　〈別〉ナショナル住宅建材(株)と合併(額面変更)しナショナル住宅建材(株)に社名変更
　1982年8月　ナショナル住宅産業(株)に社名変更
　1991年5月　(株)近畿パナホームサービスを設立
　1993年4月　(株)パナホーム エル アンド シーを設立
　1996年4月　(株)パナホーム テック オークラを設立
　1997年4月　近畿ナショナル住宅産業(株)を設立(後:(株)パナホーム近畿)
　1997年4月　東京ナショナル住宅産業(株)を設立
　1999年10月　(株)パナホーム神奈川を設立
　1999年10月　(株)パナホーム東京を設立
　2000年3月　東京ナショナル住宅産業(株)を吸収合併
　2002年10月　(株)パナホーム東京ほか27社の連結子会社を吸収合併しパナホーム(株)に社名変更
　2007年7月　パナホーム不動産(株)を設立
　2010年2月　台湾松下居家内装股份有限公司を設立
　2012年5月　PANAHOME MALAYSIA SDN. BHD.を設立
　2013年4月　パナホームリフォーム(株)を設立

2343　(株)ハニーズ
[証券コード]2792
[上場区分]東証一部
　1978年　(有)エジリを設立
　1985年　(株)ハニークラブに社名変更
　1986年　(株)ハニーズに社名変更
　2006年4月　好麗姿(上海)服飾商貿有限公司を設立
　2008年5月　好麗姿(香港)有限公司を設立(非連結子会社)
　2008年9月　(株)アナザーノーツと(有)サードプランニングを吸収合併
　2012年3月　Honeys Garment Industry Limitedを設立
　2013年2月　(株)ハニーズハートフルサポートを設立(非連結子会社)

2344　(株)ハーバー研究所
[証券コード]4925

［上場区分］ジャスダックスタンダード
- 1983年5月　ハーバー(株)を設立
- 1987年2月　(株)ハーバー研究所に社名変更
- 1987年6月　ハーバー(株)を設立
- 2004年10月　(株)銀座ハーバーとハーバーメディカルコスメティクス(株)を設立
- 2005年1月　HABA LABS USA INC.を設立(後清算)
- 2005年11月　プライムハーバープロダクツ(株)を設立(後清算)
- 2006年7月　(株)ネイチャービューティラボと(株)ビューティジーンを設立
- 2007年11月　男の美学(株)を設立
- 2011年10月　(株)銀座ハーバーと(株)中部ハーバーと(株)関西ハーバーと(株)四国ハーバーと(株)中国ハーバーと(株)九州ハーバーを吸収合併
- 2012年8月　海白(上海)商貿有限公司を設立
- 2014年3月　(株)ビューティジーンを吸収合併

2345　ハビックス(株)
［証券コード］3895
［上場区分］ジャスダックスタンダード
- 1950年12月　(株)大黒屋を設立
- 1952年10月　福村製紙(株)に社名変更
- 1993年3月　ハビックス(株)に社名変更
- 1994年7月　ジェイソフト(株)を設立
- 2012年8月　HAVIX TRADING (Thailand) Co., Ltd.を設立

2346　(株)ハピネス・アンド・ディ
［証券コード］3174
［上場区分］ジャスダックスタンダード
- 1946年　　　デン時計店を創業
- 1967年9月　(有)デン時計店に組織変更
- 1990年9月　(株)ジュエリーデンを設立
- 2006年1月　(株)ハピネス・アンド・ディに商号変更
- 2013年3月　(株)ハピネス アンド ディ コリアを設立

2347　(株)ハピネット
［証券コード］7552
［上場区分］東証一部
- 1969年6月　(有)トウショウを設立
- 1972年9月　(株)トウショウに改組
- 1991年10月　(株)ダイリンと(株)セイコーを吸収合併し(株)ハピネットに社名変更
- 2001年4月　(株)ハピネット・ロジスティクスサービスを設立
- 2004年4月　(株)ハピネット・ジェイピーと(株)ハピネット・ピクチャーズと(株)ハピネット・ロビンを吸収合併
- 2008年2月　(株)ハピネット・マーケティングを設立
- 2014年4月　(株)ハピネット・ピーエムを吸収合併

2348　(株)パピレス
［証券コード］3641
［上場区分］ジャスダックスタンダード
- 1995年3月　(株)フジオンラインシステムを設立
- 2000年10月　(株)パピレスに商号変更
- 2014年9月　巴比樂視網路科技股份有限公司を設立

2349　(株)ハブ
［証券コード］3030
［上場区分］ジャスダックスタンダード
- 1980年3月　〈旧〉(株)ハブを設立
- 1986年11月　〈旧〉(株)ハブに解散し(株)キャプテンクックが承継
- 1989年9月　(株)りきしゃまんに営業譲渡
- 1998年5月　(株)ダイエーホールディングコーポレーションの子会社として(株)ハブを設立

2350　(株)ハマイ
［証券コード］6497
［上場区分］ジャスダックスタンダード
- 1927年2月　浜井製作所を設立
- 1939年12月　(名)浜井製作所に改組
- 1958年10月　(株)浜井製作所に改組
- 1962年6月　ミスヂ商事(株)を設立
- 1984年7月　ミスヂ商事(株)を吸収合併
- 1991年4月　(株)ハマイに社名変更
- 1991年7月　九州ハマイ(株)を吸収合併
- 2013年2月　(株)ハマイコリアを韓国に設立

2351　浜井産業(株)
［証券コード］6131
［上場区分］東証二部
- 1938年1月　(株)浜井機械器具製作所を設立
- 1946年3月　浜井産業(株)に社名変更
- 1973年10月　ハマイインタナショナル(株)を設立
- 1993年8月　浜井エンジニアリング(株)を設立
- 1999年4月　浜井エンジニアリング(株)を吸収合併
- 2006年9月　ハマイエンジニアリング(株)を設立
- 2012年2月　哈邁机械商貿(上海)有限公司を設立

2352　(株)ハマキョウレックス
［証券コード］9037
［上場区分］東証一部
- 1971年12月　浜松協同運送(株)を設立
- 1984年6月　浜協サービス(株)を設立
- 1992年8月　(株)ハマキョウレックスに社名変更
- 1993年4月　伊藤忠商事(株)と合弁により(株)スーパーレックスを設立
- 2002年2月　上海浜神服飾整理有限公司を設立
- 2010年5月　HAMAKYOREX CO., LTD.をバングラデシュに設立
- 2011年11月　濱協物流通(香港)有限公司を設立

2353　浜松ホトニクス(株)
［証券コード］6965
［上場区分］東証一部
- 1948年9月　東海電子研究所を設立
- 1953年9月　浜松テレビ(株)に社名変更
- 1983年4月　浜松ホトニクス(株)に社名変更
- 1983年6月　ホトニクス・マネージメント・コーポを設立
- 1985年7月　ハママツ・ホトニクス・フランス・エス・ア・エール・エルを設立
- 1988年3月　ハママツ・ホトニクス・ユー・ケイ・リミテッドを設立
- 2011年8月　浜松光子学商貿(中国)有限公司を設立

2354　**Hamee**(株)
［証券コード］3134

[上場区分]東証マザーズ
- 1998年5月　　マクロウィル(有)を設立
- 2001年12月　(株)ストラップヤ.comに商号変更
- 2013年5月　　Hamee(株)に商号変更

2355　(株)ハーモニック・ドライブ・システムズ
[証券コード]6324
[上場区分]ジャスダックスタンダード
- 1970年10月　(株)長谷川歯車とユーエスエムコーポレーション《米国》が共同で出資し(株)ハーモニック・ドライブ・システムズを設立
- 1989年2月　〈新〉(株)ハーモニック・ドライブ・システムズを旧会社の100％子会社として設立
- 1989年4月　(株)光電製作所に旧会社吸収合併される
- 1999年4月　(株)エッチ・ディ・ロジスティクスを設立
- 1999年7月　(株)ハーモニック プレシジョンを設立
- 2003年4月　(株)ハーモニック・エイディを設立
- 2005年12月　ハーモニック・ドライブ・エルエルシーを米国に設立
- 2011年1月　哈默納科(上海)商貿有限公司を設立
- 2013年2月　三益ADM(株)を設立

2356　林兼産業(株)
[証券コード]2286
[上場区分]東証一部
- 1941年1月　山口県合同缶詰(株)を設立
- 1947年6月　山口県缶詰(株)に社名変更
- 1950年10月　日新缶詰(株)に社名変更
- 1955年1月　林兼産業(株)を吸収合併し**林兼産業(株)**に社名変更
- 1956年4月　興産(株)を合併
- 1969年4月　林兼畜産(株)を設立
- 1974年11月　林兼缶詰(株)を設立(後：(株)林兼デリカ)
- 1976年2月　林兼冷蔵(株)を設立
- 1978年10月　林兼コンピューター(株)を設立
- 1986年11月　林兼ファーム(株)を設立(後：キリシマドリームファーム(株))
- 1986年11月　林兼ポートリー(株)を設立(後：キリシマドリームファーム(株))
- 1990年9月　(株)関栄を設立(後：林兼フーズ(株))
- 1990年10月　キリシマデリカ(株)を設立(後解散)
- 1991年7月　(有)平安海産を設立
- 1991年8月　キリシマパック(株)を設立(後：キリシマドリームファーム(株))
- 1996年12月　林兼フーズ(株)を設立
- 2003年6月　(株)関東オルトを設立
- 2003年9月　(株)ハヤシマルを設立
- 2006年10月　都城ウエルネスミート(株)を設立

2357　パラカ(株)
[証券コード]4809
[上場区分]東証一部
- 1997年8月　パルク(株)を設立
- 2004年1月　パラカ(株)に社名変更
- 2011年2月　(有)神谷町パークを吸収合併

2358　(株)原弘産
[証券コード]8894

[上場区分]東証二部
- 1986年3月　(有)原弘産を設立
- 1993年7月　(株)原弘産に改組
- 2005年11月　(株)原弘産ライフサービスを設立
- 2006年4月　(株)原弘産PFIインヴェストメントを設立
- 2006年6月　湖南湘電風能有限公司を設立(後：湘電風能有限公司)

2359　原田工業(株)
[証券コード]6904
[上場区分]ジャスダックスタンダード
- 1947年11月　(有)原田電機製作所を設立
- 1958年3月　原田工業(株)を設立
- 1968年3月　台湾原田工業股份有限公司を設立(後：台湾原田投資股份有限公司)
- 1976年10月　HARADA INDUSTRY OF AMERICA, INC.を設立
- 1988年8月　大連原田工業有限公司を設立
- 1988年11月　MANUFACTURAS H.I.A., S.A. DE C.V.を設立
- 1989年7月　HARADA INDUSTRIES (EUROPE) LIMITEDを設立
- 1997年1月　HARADA INDUSTRIES VIETNAM LIMITEDを設立
- 1997年1月　Harada European Research Centreを設立(後：HARADA EUROPE R&D CENTRE)
- 1998年2月　GIS JEVDAX PTE LTD.を設立
- 2009年4月　HARADA Asia-Pacific Ltd.を設立
- 2013年10月　原田通信(株)を吸収合併

2360　パラマウントベッドホールディングス
[証券コード]7817
[上場区分]東証一部
- 1947年5月　木村寝台製作所を設立
- 1950年5月　木村寝台工業(株)に社名変更
- 1982年10月　**木村興産(株)**を設立
- 1986年7月　パラマウント(株)と(株)ラムーンと(株)パラマウント仙台とパラマウント札幌(株)を吸収合併
- 1986年8月　木村産業(株)を設立
- 1987年3月　木村寝台工業(株)よりパラマウントベッド(株)に社名変更
- 1992年4月　木村産業(株)を吸収合併
- 1995年9月　PT.パラマウントベッド インドネシアを設立
- 2002年7月　パラテクノ(株)を設立
- 2004年3月　八楽夢床業(中国)有限公司を設立
- 2010年10月　パラマウントベッド タイランドを設立
- 2010年11月　KPサービス(株)を設立
- 2011年2月　パラマウントベッドホールディングス(株)に商号変更
- 2011年10月　パラマウントベッド(株)を株式交換により完全子会社化
- 2012年2月　パラマウントベッド アジア パシフィックを設立
- 2012年8月　パラマウントベッド インディアを設立
- 2013年6月　パラマウントベッド メキシコを設立
- 2013年7月　パラマウントベッド ベトナムを設立
- 2014年7月　パラマウントベッド ブラジルが営業開始

2361　ハリマ化成(株)

1947年11月	播磨化成工業(株)を設立
1955年7月	播磨商事(株)を設立(後：ハリマ化成商事(株))
1968年2月	関西ペイント(株)と日商岩井(株)と共同で出資し三好化成工業(株)を設立
1973年8月	ミードとインランドコンテナーと共同で出資し播磨エムアイディ(株)を設立
1990年4月	ハリマ化成(株)に社名変更
1991年11月	古河電気工業(株)と共同で出資しスーパーソルダーテクノロジィズ(株)を設立
1994年12月	桂林播磨化成有限公司を設立(後清算)
1997年10月	杭州杭化播磨造紙化学品有限公司を設立(後：杭州杭化哈利瑪化工有限公司)
2003年2月	第一実業(株)との合弁により杭州播磨電材技術有限公司を設立(後：杭州哈利瑪電材技術有限公司)
2003年9月	ハリマテックInc.を設立
2003年12月	第一実業(株)との合弁によりハリマテックマレーシアSdn.Bhd.を設立
2005年7月	南寧哈利瑪化工有限公司を設立
2007年2月	ハリマテックチェコs.r.o.を設立
2009年8月	ハリマ化成ポリマー(株)を設立
2011年1月	Lawter B.V.を設立
2012年6月	哈利瑪化成管理(上海)有限公司を設立

2362　ハリマ共和物産(株)
[証券コード]7444
[上場区分]東証二部

1951年3月	本多商事(株)を設立
1969年11月	ハリマ共和物産(株)に社名変更
1991年8月	(株)キョーエイを合併
2004年4月	トイレタリージャパンインク(株)を設立
2014年5月	ケアサポート中日(株)を設立

2363　(株)ハリマビステム
[証券コード]9780
[上場区分]ジャスダックスタンダード

1961年10月	日光ブロック販売(株)を設立
1963年2月	播磨ビルサービス(株)に社名変更
1993年7月	(株)ハリマビステムに社名変更
1996年4月	(株)セーブ・イーを設立
1996年6月	(株)ビステム・イーを設立
1997年4月	(株)ビー・ジー・エムを設立
1997年4月	(株)ビステム・クリーンを設立
1997年12月	(株)クリーンメイトを設立
2000年1月	共和防災設備(株)を子会社化
2001年3月	(株)不二ハウジングを子会社化
2006年10月	エヌケー建物管理(株)を子会社化
2007年4月	上海環月物業管理有限公司を設立
2009年1月	(株)ビステム・イーと(株)ビー・ジー・エムと(株)不二ハウジングを吸収合併

2364　(株)バリューHR
[証券コード]6078
[上場区分]東証二部

2001年7月	(株)バリューエイチアールを設立
2002年7月	(株)バリューサポートを設立
2003年6月	(株)バリューHRに社名変更
2005年12月	(株)バリューヘルスケアを設立

2365　バリューコマース(株)
[証券コード]2491
[上場区分]東証一部

1996年3月	トランズパシフィック(有)を設立
1999年9月	トランズパシフィック(株)に組織変更
1999年11月	バリューコマース(株)に商号変更

2366　(株)パル
[証券コード]2726
[上場区分]東証一部

1973年10月	(株)スコッチ洋服店のカジュアル部門を分離し(株)パルを設立
1981年5月	英・インターナショナル(株)をを設立
1982年3月	(株)アンジェを設立(後：ジェネラル(株))
1984年11月	(株)ピー・エム・ピーを設立(後：(株)P.M.フロンティア)
2000年2月	(株)インヴォークモードを設立
2002年11月	(株)パル・リテイルシステムズ・サービスを設立
2004年4月	(株)マグスタイルを設立
2006年3月	(株)シェトワを吸収合併
2007年9月	(株)パル・リテイルシステムズ・サービスを吸収合併
2009年7月	(株)バレリーを設立
2011年3月	(株)フリーゲート白浜を設立
2012年9月	(株)東洋産業商会を吸収合併
2013年3月	(株)THREADを吸収合併

2367　(株)パルコ
[証券コード]8251
[上場区分]東証一部

1953年2月	池袋ステーションビル(株)を設立
1957年5月	(株)東京丸物に社名変更
1957年10月	池袋ステーションビル(株)に社名変更
1959年4月	(株)東京丸物に社名変更
1970年4月	(株)パルコに社名変更
1973年3月	(株)東京パルコを吸収合併
1981年9月	(株)パルコ商事を吸収合併
1988年9月	(株)パルコプロモーションを設立
2000年3月	(株)パルコ・シティを設立
2001年6月	(株)ヌーヴ・エイが営業開始
2005年6月	(株)ジャパン・リテール・アドバイザーズを設立

2368　パルステック工業(株)
[証券コード]6894
[上場区分]東証二部

1968年11月	浜松コントロールズを創業
1969年11月	パルステック工業(株)に社名変更
1975年11月	北菱電機工業(株)を設立(後合併)
1988年11月	(株)パステルを設立(後清算)
1996年4月	Pulstec USA, Inc.を設立

2369　(株)Paltac
[証券コード]8283
[上場区分]東証一部

1918年5月	(資)角倉商店を設立
1928年12月	(株)角倉商店に商号変更
1938年4月	角倉商事(株)を設立(後：角倉化工(株))
1950年12月	(株)大粧と合併
1951年1月	(株)大粧に商号変更

1964年1月	(株)名糚と合併
1965年1月	(株)大粧堂と合併
1976年10月	(株)パルタックに商号変更
1977年4月	(株)大伸と合併
2001年5月	(株)スパー・エフエム・ジャパンを設立
2001年10月	(株)新和パルタックと合併
2002年4月	(株)香川パルタックと(株)徳島パルタックと(株)シンコーパルタックと合併
2002年10月	(株)ワッツ・ジャパンを設立
2003年4月	加納商事(株)と合併
2004年9月	(株)アイザスを設立
2005年4月	(株)鹿児島パルタックと合併
2006年4月	(株)アルコスと合併
2007年7月	松江共和物産(株)と合併
2008年4月	(株)コバショウと合併し(株)パルタックKSに商号変更
2008年10月	(株)エイコーと合併
2009年3月	(株)アイザスと(株)ワッツ・ジャパンと合併
2009年4月	(株)Paltacに商号変更

2370　(株)パルテック
1982年10月	〈旧〉(株)パルテックを設立
1997年1月	(株)パルテックに額面変更のため合併され社名変更
2002年3月	アルファ電子(株)との共同出資によりアルファエレクトロンHKを設立
2009年4月	アルファ電子(株)とエヌエス・マイクロエレクトロニクス(株)を吸収合併

2371　はるやま商事(株)
[証券コード]7416
[上場区分]東証一部
1973年11月	(株)関西地区はるやまチェーンを設立
1977年12月	東京紳士服(株)を設立
1991年4月	東京紳士服(株)と〈旧〉はるやま商事(株)を吸収合併しはるやま商事(株)に社名変更
2006年7月	(株)H・Mを設立
2008年4月	(株)H・Mを吸収合併
2008年8月	(株)モリワンを買収し子会社化
2014年9月	(株)テット・オムを設立
2014年9月	治山服装商貿(上海)有限公司を設立

2372　(株)パレモ
[証券コード]2778
[上場区分]ジャスダックスタンダード
1984年11月	(株)パレモを設立
2008年1月	巴麓梦(上海)服飾貿易有限公司を設立
2012年2月	(株)鈴丹を吸収合併

2373　(株)バローホールディングス
[証券コード]9956
[上場区分]東証一部
1958年7月	(株)主婦の店を設立
1969年3月	中部興産(株)を設立
1970年3月	(株)主婦の店バローに社名変更
1973年11月	(株)バローに社名変更
1979年6月	中部綜合印刷(株)を設立
1984年2月	中部薬品(株)を設立
1985年5月	中部フーズ(株)を設立
1989年	中部流通(株)を設立
1995年	(株)富士屋と合併
1998年7月	(株)主婦の店商事中部本社を子会社化
1999年3月	メンテックス(株)を設立
2001年2月	(株)牧華を子会社化
2001年12月	(株)岐東ファミリーデパートを子会社化
2002年7月	(株)ダイエンフーズを子会社化
2003年12月	(株)中部保険サービスを設立
2005年2月	(株)タチヤと(有)ケイズコーポレーションを子会社化
2005年4月	(株)ユースと(有)Vマートを子会社化
2006年5月	(株)オカノを子会社化
2007年2月	(株)サンフレンドを子会社化(後:(株)食鮮館タイヨー)
2007年10月	山成商事(株)を関連会社化
2008年6月	(株)Vソリューションを設立
2008年9月	(株)北欧倶楽部を設立
2008年10月	(株)福井中央漬物を設立
2010年3月	(株)ビックポンドストアーを子会社化
2010年4月	(株)セイソーを設立
2011年2月	V-drug International CO., LTD.を設立
2011年3月	中部開発(株)を子会社化
2011年4月	V-drug Hong Kong CO., LTD.を設立
2011年4月	(株)オカノを吸収合併
2011年4月	(株)中部大誠を設立
2011年7月	(株)ファミリースーパーマルキを子会社化
2011年9月	VARO CO., LTD.を子会社化
2012年5月	美多康(成都)商貿有限公司を設立
2012年7月	Valor International USA, Inc.を設立
2012年9月	(株)VMCを設立
2012年10月	(株)師定アグリを設立
2013年2月	中部ミート(株)を設立
2013年4月	(株)V Flowerと上海巴栄有限公司を設立
2013年9月	(株)郡上きのこファームを設立
2013年10月	(株)バローファーム海津を設立
2013年10月	(株)ユースを吸収合併
2014年3月	(株)飛騨小坂ぶなしめじを子会社化
2014年7月	東邦産業(株)を子会社化
2015年4月	(株)スーパーマーケットバロー分割準備会社と(株)ホームセンターバロー分割準備会社とHigh-Pressure Support(株)を設立
2015年5月	(株)アグリトレードを設立
2015年6月	(株)トーホーストアを関連会社化
2015年10月	(株)バローホールディングスに商号変更

2374　(株)阪急阪神百貨店
〈阪急百貨店系〉
1929年4月	阪神急行電鉄(株)百貨店部門を設立
1939年11月	植田奈良漬製造(株)を設立(後:阪急食品工業(株))
1947年3月	京阪神急行電鉄(株)より分離独立し(株)阪急百貨店に社名変更
1952年8月	阪急物産(株)と阪急共栄製薬(株)が合併し阪急共栄物産(株)を設立
1960年10月	(株)阪急オアシスを設立
1992年10月	(株)エイチディ開発を設立(後:(株)阪急ショッピングセンター開発)
1992年10月	(株)神戸阪急を設立(後解散)

はんきゅう

 1993年4月 （株）宝塚阪急を設立
 2002年5月 （株）阪急キッチンエールを設立
 2003年3月 阪急共栄物産（株）を吸収合併
〈阪急共栄物産系〉
 1952年8月 阪急物産（株）と阪急共栄製薬（株）が合併し阪急共栄物産（株）を設立
 1956年2月 阪急製菓（株）を合併
 2003年1月 （株）阪急ファミリーストア他4社を分割設立
 2007年10月 エイチ・ツー・オーリテイリングに社名変更
 2007年10月 〈新〉（株）阪急百貨店を新設
〈阪神百貨店系〉
 1933年3月 阪神マートを設立
 1951年11月 阪神百貨店に名称変更
 1957年4月 （株）阪神百貨店に改組
 1960年10月 阪神運送（株）を設立
 1961年2月 阪神商事（株）を設立
 1966年 〈別〉（株）阪神百貨店と合併（額面変更のため）
 1968年4月 阪神喫食（株）を設立（後：（株）レストラン阪神）
 1973年10月 阪神みどり会を設立
 1980年7月 （株）阪神ギフトサービスを設立
 2000年2月 （株）レストラン阪神を吸収合併
  * * *
 2008年10月 （株）阪急百貨店と（株）阪神百貨店が経営統合し（株）阪急阪神百貨店に商号変更

2375　（株）阪急阪神ホテルズ

 1963年3月 阪急観光開発（株）を設立
 1963年12月 （株）新阪急ホテルと合併し（株）新阪急ホテルに社名変更
 1979年8月 （株）京都新阪急ホテルを設立
 1984年5月 （株）高知新阪急ホテルを設立
 1984年8月 （株）新阪急ホテルアネックスを設立
 1993年10月 （株）東京新阪急ホテルを設立
 1998年5月 （株）神戸三田新阪急ホテルを設立
 2004年6月 （株）第一阪急ホテルズと共同して株式移転方式により（株）阪急ホテルマネジメントを完全親会社として設立
 2005年4月 （株）第一阪急ホテルズと（株）新阪急ホテルと（株）京都新阪急ホテルと（株）東京新阪急ホテルと（株）神戸三田新阪急ホテルと合併し（株）阪急ホテルマネジメントに商号変更
 2008年4月 （株）ホテル阪神とホテル阪神レストラン・システムズ（株）と合併し（株）阪急阪神ホテルズに商号変更

2376　阪急阪神ホールディングス（株）

［証券コード］9042
［上場区分］東証一部

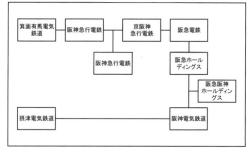

 1907年10月 箕面有馬電気鉄道（株）を設立
 1918年2月 阪神急行電鉄（株）に社名変更
 1943年10月 京阪電気鉄道（株）を合併し京阪神急行電鉄（株）に社名変更
 1949年12月 京阪電気鉄道（株）を設立
 1973年4月 阪急電鉄（株）に社名変更
 2001年11月 （株）第一ホテルを完全子会社化
 2002年4月 阪急不動産（株）を完全子会社化
 2004年4月 （株）新阪急ホテルを完全子会社化
 2005年4月 阪急電鉄分割準備（株）に鉄道事業その他すべての営業を移転（同社は阪急電鉄（株）に改称）し阪急ホールディングス（株）に商号変更（後：阪急電鉄（株））
 2006年10月 阪神電気鉄道（株）と株式交換により経営統合し阪急阪神ホールディングス（株）に商号変更
〈第一ホテル系〉
 1937年1月 （株）第一ホテルを設立
 1958年7月 （資）第一ホテルを合併
 1965年8月 （株）宝塚第一ホテルを合併
 1968年8月 （株）山王ホテルを合併
〈阪急不動産系〉
 1952年9月 〈旧〉阪急不動産（株）を設立
 1967年10月 阪急不動産（株）に額面変更のため吸収合併され阪急不動産（株）に社名変更
 1970年4月 阪急地所（株）を設立
 1976年11月 （株）ギャザ阪急を設立
 1996年9月 （株）ライフメイツを設立
 2002年10月 ギャザ阪急を吸収合併
 2003年2月 （株）阪急ファイブを吸収合併
 2004年7月 能勢電産業（株）を吸収合併
〈阪神電気鉄道系〉
 1899年6月 摂津電気鉄道（株）を設立
 1899年7月 阪神電気鉄道（株）に社名変更
 1911年1月 北大阪電気軌道（株）を合併
 1922年12月 阪神土地（株）を設立
 1928年4月 阪神国道電軌を合併
 1935年12月 （株）大阪野球倶楽部を設立（後：（株）阪神タイガース）
 1942年11月 阪神土建工業（株）を設立（後：（株）ハンシン建設）
 1957年8月 （株）整美社を設立（後：阪神エンジニアリング（株））
 1987年7月 アイテック阪神ハンシン（株）を設立
 1991年4月 （株）ティウェーブおおさかほか8社と共同出資し設立（後：（株）ベイ・コミュニケーションズ）
 1992年4月 阪神不動産（株）を合併
 2000年12月 （株）元町阪神ビルディングを設立（後：阪神総合レジャー（株））

| | 2003年9月 | 阪神総合レジャー（株）を吸収合併 |

2377　（株）バンダイナムコホールディングス
［証券コード］7832
［上場区分］東証一部

1950年7月	（株）萬代屋を設立
1961年5月	（株）バンダイに社名変更
1983年3月	（株）ポピーと（株）バンダイ模型とバンダイ工業（株）と（株）バンダイ・オーバーシーズと（株）マミートと（株）セレンテと（株）バンダイ出版を吸収合併
1983年8月	（株）エィ・イー企画を設立（後：バンダイビジュアル（株））
1986年1月	（株）マーバを設立
2002年3月	（株）サンライズとバンダイビジュアル（株）とバンダイネットワークス（株）と共同で出資し（株）バンダイチャンネルを設立
2005年9月	（株）バンダイと（株）ナムコが経営統合し、（株）バンダイナムコホールディングスを株式移転により共同持株会社として設立
2006年1月	（株）バンダイロジパルを株式交換により完全子会社化
2006年3月	（株）ナムコから施設運営事業を新設分割し〈新〉（株）ナムコを設立（後：（株）バンダイナムコゲームス）
2008年2月	バンダイネットワークス（株）とバンダイビジュアル（株）を株式交換により完全子会社化
2009年3月	（株）ディースリーの株式の公開買付けを実施し同社及び同社の子会社6社を子会社化（後：（株）ディースリー・パブリッシャー）
2009年10月	（株）バンダイナムコオンラインを設立
2010年4月	（株）バンダイナムコライブクリエイティブを設立
2011年8月	（株）アイウィルを設立
2012年4月	（株）バンダイナムコスタジオを設立
2012年9月	BANDAI PHILIPPINES INC.を設立（後：BANDAI NAMCO PHILIPPINES INC.）
2013年4月	BANDAI AMERICA INC.がBANDAI ENTERTAINMENT INC.を吸収合併
2014年7月	BANDAI NAMCO Games Malaysia Sdn.Bhd.を設立（後：BANDAI NAMCO Entertainment Malaysia Sdn.Bhd.）
2015年1月	BANDAI NAMCO（SHANGHAI）CO., LTD.を設立

2378　パンチ工業（株）
［証券コード］6165
［上場区分］東証一部

1975年3月	神庭商会（株）を設立
1977年8月	パンチ工業（株）に社名変更
1989年5月	宮古パンチ工業（株）を設立
1990年10月	盤起工業（大連）有限公司を設立
2003年10月	盤起工業（瓦房店）有限公司を設立
2003年12月	盤起工業（無錫）有限公司を設立
2004年5月	盤起工業（東莞）有限公司を設立
2006年11月	大連盤起多摩弾簧有限公司を設立（後：盤起弾簧（大連）有限公司）
2008年3月	宮古パンチ工業（株）を吸収合併
2010年9月	PUNCH INDUSTRY INDIA PVT. LTD.を設立
2013年11月	PT. PUNCH INDUSTRY INDONESIAを設立

2379　バンドー化学（株）
［証券コード］5195
［上場区分］東証一部

1906年4月	阪東式調帯（資）を設立
1929年6月	阪東調帯護謨（資）に社名変更
1937年1月	阪東調帯護謨（株）に改組
1943年4月	（有）南海調帯製造所を吸収合併
1961年8月	阪東調帯ゴム（株）に社名変更
1970年6月	バンドー化学（株）に社名変更
1971年4月	（株）近畿バンドーを設立（後：西日本バンドー（株））
1973年9月	バンドー興産（株）を設立
1976年4月	バンドー・ショルツ（株）を設立
1978年6月	Bando Chemical Industries（Europe）GmbHを設立（後：Bando Europe GmbH）
1980年7月	Bando Chemical Industries（Singapore）Pte. Ltd.を設立（後：Bando（Singapore）Pte.Ltd.）
1984年9月	バンドートレーディング（株）を設立
1987年3月	P.T. Bando Indonesiaを設立
1987年4月	Siamese-Bando Rubber Industry Ltd.を設立（後：Bando Manufacturing（Thailand）Ltd.）
1987年5月	ビー・エル・オートテック（株）を設立
1987年7月	Bando Iberica, S.A.を設立
1988年4月	バンドーエラストマー（株）を設立
1988年5月	Pengeluaran Getah Bando（Malaysia）Sdn. Bhd.を設立
1988年7月	Dongil Bando Co., Ltd.を設立（後：Bando Korea Co., Ltd.）
1988年8月	Bando Jungkong Ltd.を設立
1988年10月	北海道バンドー（株）を設立（後：東日本バンドー（株））
1990年3月	中国バンドー（株）を設立（後：西日本バンドー（株））
1990年11月	Bando（U.S.A.）, Inc.を設立（後：Bando USA, Inc.）
1995年3月	Bando Sakata Ltd.を設立（後：Bando Siix Ltd.）
1998年9月	Bando Chemical Industries（Tianjin）Co., Ltd.を設立（後：Bando Belt（Tianjin）Co., Ltd.）
2002年5月	Bando（Shanghai）International Trading Co., Ltdを設立（後：Bando（Shanghai）Management Co., Ltd.）
2003年1月	Bando Kockaya Belt Manufacturing（Turkey）, Inc.を設立（後：Bando Belt Manufacturing（Turkey）, Inc.）
2003年12月	Bando（India）Pvt. Ltd.を設立
2005年6月	Bando Manufacturing（Dongguan）Co., Ltd.を設立
2012年2月	Bando Manufacturing（Vietnam）Co., Ltd.を設立
2012年3月	BL Autotec（Shanghai）, Ltd.を設立

2380　ハンナン(株)

2012年9月	Bando（Shanghai）Industrial Belt Co., Ltd.を設立
2014年7月	Bando（Shanghai）Industry Equipment Element Co., Ltdを設立

2380　ハンナン(株)

1947年	(個)浅田商店を創業
1967年	(株)阪南畜産浅田商店に社名変更
1970年	九州ミート(株)を設立(後：ハンナンフーズ九州(株))
1971年	(株)広島ミートを設立(後：広島ハンナン(株))
1973年	阪南畜産(株)に社名変更
1979年	ロイヤルハンナンミートパッキング(株)を設立(後：大阪プロセスセンター(株))
1980年	中部阪南(株)を設立(後：中部ハンナン(株))
1981年	十勝食肉(株)を設立(後：十勝ハンナン(株))
1981年	十勝食肉販売(株)を設立(後：札幌ハンナン(株))
1985年	ハンナン(株)に社名変更
1985年	阪南畜産(株)を設立
1985年	東京丸一畜産(株)を設立(後：ティーエムシー(株))
1985年	日本ミート販売(株)を設立
1987年	ハンナンフーズ(株)を設立
1987年	ハンナン食品(株)を設立
1987年	十勝池田食品(株)を設立
1987年	東北阪南(株)を設立(後：ハンナンフーズ東北(株))
1988年	大阪ミートサービス(株)を設立(後：ハンナンミートサービス(株))
1992年	エム・エスプロダクト(株)を設立
1992年	(株)コービスプロダクトを設立
1994年	広島プロセスセンター(株)を設立
1995年	サノチュー(株)を設立
1995年	ハンナングループコーディネート(株)を設立(後：HFGマネジメント(株))
1996年	ハンナンライブストック(株)を設立
1996年	ハンナン食肉(株)を設立
1999年	ファーストチョイズ(株)を設立
2000年	ハンナンフーズ(株)とハンナンミートサービス(株)を統合し近畿ハンナン(株)を設立
2002年	近畿ハンナン(株)と関西丸一食品(株)を統合しハンナンフーズ関西(株)を設立
2002年	ハンナンフーズ中四国(株)を設立
2002年	ハンナンフーズ東海(株)を設立
2002年	ハンナンフーズ北海道(株)を設立
2003年	ハンナン食肉(株)を統合
2003年	中部プロセスセンター(株)を設立
2004年	ハンナンフーズ北関東(株)を設立
2008年	満久利食品貿易有限公司を設立
2010年	MERCURY OVERSEAS KOREA CO., LTDを設立
2012年	ハンナンファーム(株)を設立
2014年	ティーエムシーハニー(株)を設立

2381　阪和興業(株)

［証券コード］8078
［上場区分］東証一部

1946年	(個)阪和商会を設立
1947年4月	阪和興業(株)に社名変更
1977年4月	阪和不動産(株)を合併
1983年	(株)シー・ピー・ユーを設立
1994年1月	(株)阪和流通センターを設立
1996年2月	(株)ハローズを設立
1997年	阪和アルファビジネスを設立
2000年	阪和エコスチール(株)を設立
2002年	阪和スチールサービス(株)を設立
2004年6月	HANWA STEEL SERVICE（THAILAND）CO., LTD.を設立
2005年7月	阪和鋼板加工(東莞)有限公司を設立
2008年9月	PT. HANWA STEEL SERVICE INDONESIAを設立

2382　ぴあ(株)

［証券コード］4337
［上場区分］東証一部

1972年7月	情報誌月刊「ぴあ」創刊
1974年12月	ぴあ(株)を設立
1987年4月	日本チケット・ヴァン・サービス(株)を設立(後：ぴあ総合研究所(株))
1988年7月	チケットぴあ名古屋(株)を設立
1989年3月	ぴあコンピュータシステム(株)を設立(後：(株)グルメぴあ)
1989年4月	(株)ぴあ会計事務所を設立(後：ぴあデジタルマップ(株))
1990年2月	チケットぴあ九州(株)を設立
1999年4月	ぴあデジタルコミュニケーションズ(株)を設立
1999年10月	ぴあシティ・ネット(株)を設立(後：(株)シティ・ネット)
2002年8月	ぴあデジタルライフライン(株)を設立
2005年3月	ぴあデジタルコミュニケーションズ(株)とぴあデジタルライフライン(株)が合併
2005年6月	ぴあインターナショナル(株)を設立
2005年8月	PIA ASIA PACIFIC CO., LIMITEDを設立
2006年3月	(株)ナノ・メディアとの共同出資で(株)NANOぴあを設立

2383　(株)ヴィア・ホールディングス

［証券コード］7918
［上場区分］ジャスダックスタンダード

1934年3月	新開社活版印刷業を設立
1948年2月	暁印刷(株)に社名変更
1999年7月	あかつきピーピー(株)に社名変更
2005年4月	(株)ヴィア・ホールディングスに持株会社として社名変更
2005年4月	(株)暁印刷を新設分割
2006年1月	(株)NBKを設立
2006年10月	(株)パチャコム・ジャパンを設立
2010年2月	(株)ぼちぼちを設立(後：(株)扇屋コーポレーション)
2010年2月	(株)北海道FBを設立(後：(株)一丁)

2384　(株)ビーイング

［証券コード］4734
［上場区分］ジャスダックスタンダード

1984年9月	イリイ三重(株)を設立
1987年4月	(株)ビーイングに社名変更

	2011年11月	Being Global Services, LLCを設立（後解散）	1995年1月	（株）松戸メディカルラボラトリーを設立
	2013年10月	Being（Myanmar）Co., Ltd.を設立	1995年4月	（株）愛媛メディカルラボラトリーを設立

2385　（株）ピーエス三菱
[証券コード]1871
[上場区分]東証一部
〈ピー・エス系〉
- 1952年3月　東日本重工（株）の七尾造船所を継承し**ピー・エス・コンクリート（株）を設立**
- 1964年3月　ジャパン・コンサルタンツ（株）を設立（後解散）
- 1980年10月　（株）秦野製作所を設立
- 1981年10月　（有）大菱を設立（後：菱建商事（株））
- 1991年4月　（株）ニューテックを設立
- 1991年4月　銭函土地（有）を設立
- 1991年10月　**（株）ピー・エスに社名変更**
- 1996年4月　（株）茨城ピー・エスを設立
- 1999年4月　（株）宮崎ピー・エスを設立
- 1999年10月　（株）ピーエス機工を設立
- 2001年10月　（株）ピーシー建築技術研究所を設立

〈三菱建設系〉
- 1960年4月　**新菱建設（株）を設立**
- 1962年12月　太平洋工業（株）を吸収合併
- 1969年6月　**三菱建設（株）に社名変更**
- 1990年10月　（株）ブルーライン・カントリー倶楽部と綜合整備（株）と（株）ダイヤ・エンタープライズを吸収合併

　　　　＊　＊　＊　＊

- 2002年10月　三菱建設（株）と（株）ピー・エスが合併し**（株）ピーエス三菱に社名変更**
- 2003年1月　銭函土地（有）と合併
- 2003年4月　（株）大菱と合併
- 2004年7月　VINA-PSMC PRECAST CONCRETE JOINT VENTURE COMPANYを設立（後：VINA-PSMC Precast Concrete Company Limited）
- 2007年10月　ピー・エス・コンクリート（株）を設立
- 2012年5月　PT.Wijaya Karya Komponen Betonを設立

2386　（株）ピエトロ
[証券コード]2818
[上場区分]東証二部
- 1980年　洋麺屋ピエトロを開業
- 1985年　**（株）ピエトロを設立**
- 2002年　（株）ピエトログルトを設立（後清算）
- 2005年　（株）ピエトロソリューションズを設立
- 2010年8月　ANGELO PIETRO, INC.を設立
- 2013年7月　PIETRO SINGAPORE PTE.LTD.を設立

2387　（株）ビー・エム・エル
[証券コード]4694
[上場区分]東証一部
- 1955年7月　**（株）相互ブラッド・バンクを設立**
- 1973年4月　（株）ジャパンクリニカルサービスを設立
- 1986年7月　（株）ピーシーエルジャパンを設立
- 1989年3月　（株）メリッツを設立
- 1989年4月　**（株）ビー・エム・エルに社名変更**
- 1993年7月　（株）ビーエムエル神奈川を吸収合併
- 1997年12月　（株）アレグロを設立
- 2006年4月　（株）近畿予防医学研究所との共同出資により（株）近畿予研BMLを設立（後：（株）オー・ピー・エル）

2388　日置電機（株）
[証券コード]6866
[上場区分]東証一部
- 1952年1月　**日置電機（株）を設立**
- 1994年3月　日置フォレストプラザ（株）を設立
- 1999年4月　日置エンジニアリングサービス（株）を設立
- 2001年4月　TKK HIOKI CO., LTD.を設立
- 2002年10月　HIKING TECHNOLOGY CO., LTD.を設立
- 2006年3月　THT TECHNOLOGY CO., LTD.を設立
- 2006年12月　ハインズテック（株）を設立
- 2007年4月　日置（上海）商貿有限公司を設立
- 2010年4月　HIOKI INDIA PRIVATE LIMITEDを設立
- 2010年11月　HIOKI SINGAPORE PTE.LTD.を設立
- 2011年1月　ハインズテック（株）を吸収合併
- 2012年4月　HIOKI KOREA CO., LTD.を設立

2389　ビオフェルミン製薬（株）
[証券コード]4517
[上場区分]東証一部
- 1917年2月　歩（株）神戸衛生実験所を設立
- 1949年3月　**ビオフェルミン製薬（株）に社名変更**

2390　比較.com（株）
[証券コード]2477
[上場区分]東証マザーズ
- 2003年8月　**比較.comを設立**
- 2005年10月　比較.comサービス（有）を設立
- 2009年6月　（株）プラスアルファともっとネクスト（株）を吸収合併
- 2014年4月　予約.com（株）を吸収合併

2391　（株）ヒガシトゥエンティワン
[証券コード]9029
[上場区分]東証二部
- 1944年12月　**大阪東運送（株）を設立**
- 1985年8月　ヒガシ運送サービス（株）に社名変更
- 2002年2月　**（株）ヒガシトゥエンティワンに社名変更**

2392　（株）東日本銀行
[証券コード]8536
[上場区分]東証一部
- 1924年4月　**常磐無尽（株）を設立**
- 1951年6月　（株）常磐相互銀行に社名変更
- 1973年10月　ときわ相互銀行に社名変更
- 1989年2月　**（株）東日本銀行に社名変更**
- 1990年7月　東日本銀ファイナンス（株）を設立（後清算）
- 1990年7月　東日本保証サービス（株）を設立

1995年4月	東日本総合管理(株)を設立(後株式売却)
1996年7月	東日本銀ジェーシービーカード(株)を設立

2393 東日本旅客鉄道(株)
[証券コード]9020
[上場区分]東証一部

1949年6月	日本国有鉄道を設立
1987年4月	日本国有鉄道の事業等を継承し東日本旅客鉄道(株)に社名変更
1988年4月	ジェイアールバス関東(株)を設立
1988年4月	ジェイアールバス東北(株)を設立
1988年5月	(株)ジェイアール東日本企画を設立
1989年4月	ジェイアール東日本高架開発(株)を設立(後:(株)ジェイアール東日本都市開発)
1989年11月	(株)ジェイアール東日本情報システムを設立(後:(株)JR東日本情報システム)
1990年4月	東京圏駅ビル開発(株)を設立
1990年8月	ジェイアール東日本ビルテック(株)を設立
1992年4月	ジェイアール東日本メカトロニクス(株)を設立
2006年7月	(株)ジェイアール東日本ビルディングを設立

2394 (株)ヒガシマル
[証券コード]2058
[上場区分]福証

1979年10月	(株)ヒガシマルを設立
1993年1月	QUEENSLAND PRAWN FARM PTY.LTD.を設立(後清算)
1998年1月	(株)島原素麺本舗を設立(後吸収合併)
2001年8月	(株)小川食品商事を吸収合併
2007年5月	HIGASHIMARU VIETNAM CO., LTDを設立(後清算)

2395 光ビジネスフォーム(株)
[証券コード]3948
[上場区分]ジャスダックスタンダード

1968年2月	光ビジネス・フォーム(株)を設立
1971年6月	(株)ヒカリコンピューティングサービスを設立
1981年6月	山梨ヒカリビジネス(株)を設立
1981年8月	ヒカリプロセッシング(株)を設立
1986年9月	(株)ヒカリコンピューティングサービスとヒカリプロセッシング(株)を吸収合併
1988年5月	光ビジネスフォーム(株)に社名変更
1994年1月	山梨ヒカリビジネス(株)を吸収合併
2006年11月	光ティーピーエル(株)を設立(後解散)

2396 (株)ピクセラ
[証券コード]6731
[上場区分]東証二部

1982年6月	(株)堺システム開発を設立
1997年10月	(株)ピクセラに社名変更
2004年3月	(株)RfStreamを設立
2004年10月	貝賽莱(上海)多媒体信息技術有限公司を設立

2397 ピクセルカンパニーズ(株)
[証券コード]2743
[上場区分]ジャスダックスタンダード

1986年10月	大阪プラント販売(株)を設立
1994年4月	(有)エヴァグリーンを設立
1998年5月	ハイブリッド・サービス(株)に社名変更
2003年10月	海伯力国際貿易(上海)有限公司を設立
2007年1月	海伯力物流(上海)有限公司を設立
2007年8月	海伯力(香港)有限公司を設立
2015年10月	ピクセルカンパニーズ(株)に商号変更

2398 ビクターエンタテインメント(株)

1927年9月	日本ビクター蓄音器(株)を創立
1945年12月	日本ビクター(株)に社名変更
1972年4月	ビクター音楽産業(株)を設立
1984年2月	日本エイ・ブイ・シー(株)を設立
1993年4月	日本エイ・ブイ・シー(株)を合併しビクターエンタテインメント(株)に社名変更

2399 (株)肥後銀行

1925年7月	(株)肥後協同銀行を設立
1928年3月	(株)肥後銀行に社名変更
1974年12月	肥後総合リース(株)を設立(後:肥銀リース(株))
1981年3月	(株)肥銀用度センターを設立
1984年11月	肥銀ビジネス開発(株)を設立
1988年9月	(株)肥銀コンピュータサービスを設立
1989年7月	肥銀ワールドカード(株)を設立(後:肥銀カード(株))
1990年4月	肥銀ジェーシービーカード(株)を設立(後:肥銀カード(株))
1996年11月	肥銀ベンチャーキャピタル(株)を設立(後:肥銀キャピタル(株))

2400 (株)日阪製作所
[証券コード]6247
[上場区分]東証一部

1942年5月	三石工業(株)を設立
1948年11月	(株)桜製作所に社名変更
1951年8月	(株)日阪製作所に社名変更
2004年10月	HISAKAWORKS S.E.A. SDN. BHD.を設立
2006年8月	日阪(上海)商貿有限公司を設立
2009年8月	日阪(常熟)机械科技有限公司を設立
2012年3月	HISAKA MIDDLE EAST CO., LTD.を設立

2401 久光製薬(株)
[証券コード]4530
[上場区分]東証一部

1847年	(個)小松屋を設立
1868年	(個)久光常英堂に社名変更
1903年12月	(旧)久光兄弟(名)に社名変更
1944年5月	三養基製薬(株)に企業整備令により家庭薬業者20業者と統合し社名変更
1946年8月	久光兄弟(名)を設立
1951年2月	久光兄弟(名)と田代鉱機工業(株)と合併し久光兄弟(株)に社名変更
1965年4月	久光製薬(株)に社名変更
1994年9月	ヒサミツ ベトナム ファーマシューティカル カンパニーリミテッドを設立

1995年	(株)ディナベック研究所を設立
2000年4月	ヒサミツ ファルマセウティカ デ マナウス リミターダを設立
2001年4月	(株)ジェノファンクションを設立
2002年1月	ヒサミツ ユーケー リミテッドを設立
2011年10月	久光製薬技術諮詢(北京)有限公司を設立

2402　ピー・シー・エー(株)
[証券コード]9629
[上場区分]東証一部

1980年8月	ピー・シー・エー(株)を設立
1988年4月	(株)ケーイーシーを設立
1989年3月	ピーエーシー販売(株)を設立
1997年4月	ピーシーエー販売(株)を吸収合併
2011年5月	クロノス(株)を設立

2403　(株)ピーシーデポコーポレーション
[証券コード]7618
[上場区分]ジャスダックスタンダード

1994年8月	(株)ピーシーマーチャンダイズを設立
1999年4月	(株)ピーシーデポコーポレーションに社名変更
2000年4月	イージェーワークス・ドットコム(株)を設立(後:(株)イージェーワークス)
2000年10月	(株)ミスターマックスと合弁で(株)ピーシーデポマックスを設立
2002年6月	(株)ビー・ビー・マーケティングを設立
2007年7月	(株)キタムラと合弁で(株)キタムラピーシーデポを設立
2011年10月	(株)ビー・ビー・マーケティングを吸収合併

2404　(株)ビジネスブレイン太田昭和
[証券コード]9658
[上場区分]東証一部

1967年8月	(株)中部ファコムセンターを設立
1973年1月	(株)ビジネスブレイン昭和に社名変更
1973年10月	(株)インプット・サービスを設立(後:(株)アドック)
1978年2月	(株)静岡県医療情報センターを設立(後:(株)ミックス)
1981年1月	(株)システムプラン昭和を設立
1984年8月	(株)ホスピタル・ブレイン昭和を設立(後:グローバルセキュリティエキスパート(株))
1986年10月	(株)ビジネスブレイン太田昭和に社名変更
1992年10月	日本アイ・ビー・エム(株)と共同で出資し(株)ギャブコンサルティングを設立
1995年4月	(株)ビジネス・トレーニング太田昭和を設立(後:(株)アドファイン)
1997年11月	(株)ファイナンシャルブレインシステムズを設立
2004年12月	(株)PLMジャパンを設立
2011年1月	(株)ギャブコンサルティングを吸収合併
2014年6月	BBS(Thailand)Co., Ltd.を設立

2405　(株)ビジネス・ブレークスルー
[証券コード]2464
[上場区分]東証マザーズ

| 1998年4月 | (株)ビジネス・ブレークスルーを設立 |
| 2011年7月 | (株)BBTオンラインを設立 |

2406　ビジネス・ワンホールディングス(株)
[証券コード]4827
[上場区分]福証

1987年8月	(株)ビジネス・ワンを設立
1992年10月	(株)ビー・ワンサポート(東京)を設立
2002年6月	(株)ビー・ワンサポート(長崎)を吸収合併
2008年3月	(株)ビジネス・ワンファイナンスを設立
2008年7月	ビジネス・ワンホールディングス(株)に社名変更
2008年7月	〈新〉(株)ビジネス・ワンを設立
2012年6月	(株)ビジネス・ワン賃貸管理を設立

2407　ピジョン(株)
[証券コード]7956
[上場区分]東証一部

1957年8月	(株)ピジョン哺乳器本舗を設立
1962年6月	ピジョン(株)に社名変更
1980年3月	ピジョンケミック(株)を設立
1985年10月	ピジョンホームプロダクツ(株)を設立
1989年2月	ピジョンケミック(株)と合併
1989年8月	ピジョンウィル(株)を設立
1999年	ピジョンキッズワールド(株)を設立(後:ピジョンハーツ(株))
1999年	ピジョン クオリティ オブ ライフ(株)を設立
2000年10月	ピジョン真中(株)を設立
2002年4月	PIGEON (SHANGHAI) CO., LTD.を設立
2009年8月	PIGEON INDUSTRIES (CHANGZHOU) CO., LTD.を設立
2009年11月	PIGEON INDIA PVT.LTD.を設立
2012年8月	DOUBLEHEART CO.LTD.を設立
2014年2月	ピジョンウィル(株)を吸収合併
2014年3月	PIGEON PRODUTOS INFANTIS LTDA.を設立
2014年4月	LANSINOH LABORATÓRIOS DO BRASIL LTDA.を設立

2408　日立化成(株)
[証券コード]4217
[上場区分]東証一部

1962年10月	日立化成工業(株)を設立
1963年4月	日立化工(株)を吸収合併
1965年4月	日立コンデンサ(株)を設立(後:日立エーアイシー(株))
1968年8月	日立粉末冶金(株)を設立
2001年	(株)日立ハウステックを設立
2009年4月	日化設備エンジニアリング(株)を吸収合併
2012年3月	新神戸電機(株)を完全子会社化
2013年1月	日立化成(株)に社名変更
2014年4月	日立粉末冶金(株)を吸収合併

〈日立粉末冶金系〉

1968年8月	日立化成工業(株)より分離独立し日立粉末冶金(株)を設立
1968年10月	関東商事(株)を設立
1973年3月	ミノリ商事(株)を設立

2409　日立キャピタル(株)
[証券コード]8586

ひたちきん

[上場区分]東証一部
1960年8月	**日立月販(株)**を設立
1960年12月	東京日立家庭電器月賦販売(株)と大阪日立家庭電器月賦販売(株)と九州日立家庭電器月賦販売(株)と名古屋日立家庭電器月賦販売(株)を吸収合併
1968年12月	沖縄日立クレジット(株)を設立
1969年1月	**日立クレジット(株)**に社名変更
1983年6月	(株)アミックを設立
1989年10月	(株)ノバオートリースを設立
1989年10月	(株)ノバビジネスサービスを設立
2000年	日立トリプルウィン(株)を設立
2000年10月	日立クレジット(株)と日立リースが合併し**日立キャピタル(株)**に社名変更
2002年	日立カードサービス(株)を設立
2003年	日本住宅ローン(株)を設立
2004年	日立キャピタル綾瀬SC(株)を設立
2005年4月	日立キャピタル信託(株)を設立
2005年4月	日立租賃(中国)有限公司を設立
2008年5月	Hitachi Capital Management (Thailand) Co., Ltd.を設立
2008年6月	Hitachi Capital (Thailand) Co., Ltd.を設立
2012年10月	Hitachi Capital Canada Corp.を設立
2013年8月	日商商業保理(中国)有限公司を設立
2014年1月	(株)日立製作所と共同で日立ウィンドパワー(株)を設立

2410 日立金属(株)

[証券コード]5486
[上場区分]東証一部
1956年4月	(株)日立製作所が出資し**日立金属工業(株)**を設立
1967年1月	三交産業(株)と合併(額面変更)し**日立金属(株)**に社名変更
1973年4月	日立金属配管機器を設立
1995年10月	日立フェライト(株)と合併
2006年1月	Hitachi Metals (India) Pvt. Ltd.を設立
2006年1月	日立金属投資(中国)有限公司を設立
2006年9月	上海宝鋼集団と合弁で宝鋼日立金属軋輥(南通)有限公司を設立
2007年4月	(株)NEOMAXを合併
2013年7月	日立電線(株)を吸収合併

〈日立電線系〉
1918年1月	(株)日立製作所日立工場を設立
1947年9月	(株)日立製作所日立工場より独立し日立電線工場を設立
1956年4月	〈元〉**日立電線(株)**に社名変更
1963年6月	日立電線木工(株)を設立
1967年7月	〈別〉日立電線(株)と合併(額面変更)し**日立電線(株)**に社名変更
2002年4月	日立ケーブルインターナショナルを吸収合併
2003年10月	日立電線販売を吸収合併

2411 日立建機(株)

[証券コード]6305
[上場区分]東証一部
1955年12月	日立建設機械サービス(株)を設立
1965年4月	(株)日立製作所建設機械販売が合併し**日立建機(株)**に社名変更
1970年10月	日立建設機械製造(株)が合併
1973年10月	相模工業(株)と合併
1979年7月	山形日立建機(株)を設立
1990年1月	(株)日立建機ティエラを設立
1991年12月	(株)新潟マテリアルを設立
1999年6月	日立建機ファインテック(株)を設立
2000年4月	日立古賀建樹(株)を設立
2002年7月	日立住友重機械建機クレーン(株)を設立
2007年12月	日立建機租賃(中国)有限公司を設立
2008年10月	日立建機ファインテック(株)を吸収合併
2010年3月	日立建機ユーラシア販売LLCを設立
2010年10月	日立建機アフリカPty.Ltd.を設立
2011年3月	日立建機中東Corp.FZEを設立
2011年4月	日立建機ユーラシア製造LLCを設立
2012年4月	日立建機ビジネスフロンティア(株)を吸収合併
2012年10月	つくばテック(株)を吸収合併

2412 日立工機(株)

[証券コード]6581
[上場区分]東証一部
1948年12月	日立兵器(株)の第2会社として**日立工機(株)**を設立
1953年5月	日立兵器(株)を吸収合併
1960年9月	日立熱器具(株)を設立(後:(株)日立ホームテック)
1970年5月	(株)日立工機原町工場を設立(後消滅)
1970年8月	(株)日工パーツを設立(後:日工産業(株))
1975年6月	日工部品販売(株)を設立(後:日立工機サービス(株))
1984年4月	日立工機エンジニアリング(株)を設立
1984年12月	(株)日立工機山形を設立(後解散)
1995年5月	(株)湘南日立工機を設立(後解散)
2000年2月	日立工機販売(株)を設立
2000年4月	(株)日立工機佐和を設立
2001年12月	(株)日立工機勝田を設立(後:日立プリンティングテクノロジーズ(株))
2002年1月	Hitachi Fercad Power Tools Italia S.p.A.を設立
2004年11月	台湾日立工機クーフェン有限公司を設立
2005年5月	日立工機商業(中国)有限公司を設立
2007年1月	Hitachi Power Tools de Mexico, S.A. de C.V.を設立
2007年4月	Hitachi Power Tools (Thailand) Co., Ltd.を設立
2007年4月	(株)日工タナカエンジニアリングを設立
2008年9月	広州日立工機有限公司とHitachi Power Tools Panama S.Aを設立
2009年8月	L.L.C. Hitachi Power Tools RUSを設立
2010年1月	Hitachi Koki do Brasil Ltda.を設立
2012年6月	Hitachi Power Tools (Malaysia) Sdn. Bhd.を設立

2413 (株)日立システムズ

〈日立情報システムズ系〉
1959年6月	(株)**日本ビジネスコンサルタント**を設立
1981年4月	(株)九州東和コンピュータを設立(後:

	(株)九州日立情報システムズ)
1983年4月	(株)広島東和コンピュータを設立(後：(株)中国日立情報システムズ)
1984年12月	(株)エヌビーシー北海道を設立(後：(株)北海道日立情報システムズ)
1985年5月	(株)エヌビーシー今治システムズを設立(後：(株)四国日立情報システムズ)
1989年10月	**(株)日立情報システムズ**に社名変更
2001年10月	(株)日立情報ネットワークと合併
2004年4月	日立ネットビジネス(株)と合併

〈日立電子サービス系〉
1962年	日立電子サービス(株)を設立
2005年	(株)日立オープンプラットフォームソリューションズと合併
2009年	(株)日立エイチ・ビー・エムと合併

＊　　＊　　＊　　＊

2011年10月	日立電子サービス(株)と(株)日立情報システムズが合併し**(株)日立システムズ**に社名変更
2013年	Hitachi Sunway Information Systems Sdn. Bhd.を合弁で設立
2014年	(株)日立システムズパワーサービスと日立系統(広州)有限公司上海分公司を設立

2414　(株)日立製作所
[証券コード]6501
[上場区分]東証一部

1910年	久原鉱業日立鉱山所付属修理工場を設立
1920年2月	(株)日立製作所に社名変更
1937年5月	国産工業(株)を吸収合併
1939年5月	東京瓦斯電気工業(株)を合併
1939年5月	日立工作機(株)を設立
1939年5月	日立航空機(株)を設立(後解散)
1939年5月	日立兵器(株)を設立
1943年7月	理研真空工業(株)を吸収合併
1944年4月	戸畑鋳物(株)と日昭電線伸銅(株)を合併
1946年11月	日立造兵(株)を設立
1947年4月	(株)日之出商会を設立(後：(株)日立ハイテクノロジーズ)
1949年5月	東日本繊維機械(株)を設立(後：(株)日立メディコ)
1950年2月	日東運輸(株)を設立(後：(株)日立物流)
1952年1月	日立重機(株)を設立
1955年5月	日立家庭電器販売(株)を設立(後：(株)日立家電)
1956年10月	日立機電工業(株)を設立
1956年10月	日立電線(株)を設立
1960年8月	日立月販(株)を設立(後：日立キャピタル(株))
1961年2月	マクセル電気工業(株)を設立(後：日立マクセル(株))
1964年3月	日立サーボ(株)を設立
1970年5月	日立ソフトエンジニアリング(株)を設立
1976年4月	日立照明(株)を設立
1995年4月	(株)日立家電を吸収合併
2000年10月	三菱電機(株)と共同で出資し三菱日立ホームエレベーター(株)を設立
2000年10月	日立キャピタル(株)を設立
2001年10月	(株)日立インダストリイズを設立
2002年4月	日立ホーム・アンド・ライフ・ソリューションを設立(後：日立アプライアンス(株))
2002年4月	(株)日立産機システムを設立
2002年10月	(株)日立コミュニケーションテクノロジーを設立
2002年10月	(株)日立ディスプレイズを設立
2003年4月	三菱電機(株)と共同で出資し(株)ルネサステクノロジを設立
2004年10月	(株)トキコと(株)日立ユニシアオートモティブを吸収合併

〈日立家電系〉
1955年5月	**日立家庭電器販売(株)**を設立
1964年7月	〈旧〉**日立家電販売(株)**に社名変更
1965年	日立住宅設備(株)を設立
1973年10月	日立家電販売(株)と合併(額面変更)し**日立家電販売(株)**に社名変更
1991年10月	**(株)日立家電**に社名変更

〈トキコ系〉
1937年7月	東京瓦斯電気工業(株)の計器部門が独立し**東京機器工業(株)**を設立
1949年3月	**東機工業(株)**に社名変更
1949年5月	東機工業(株)の第2会社として**東京機器工業(株)**に社名変更
1962年11月	トキコメンテナンス(株)を設立
1964年4月	トキコナガノ商事(株)を設立
1965年1月	**トキコ(株)**に社名変更
1972年6月	トキコ鋳造(株)を設立(後：(株)トキコハイキャスト)
1975年4月	トキコエンジニアリング(株)を設立
1975年4月	トキコ福島(株)を設立
1975年9月	トキコソフト産業(株)を設立
1981年11月	トキコ部品(株)を設立
1986年8月	トキコ技研(株)を設立

〈日立ユニシアオートモティブ系〉
1956年5月	日産自動車(株)から分離独立し〈旧〉**厚木自動車部品(株)**を設立
1965年5月	**厚木自動車部品(株)**に額面変更のため合併され社名変更
1989年9月	**(株)アツギユニシア**に社名変更
1993年3月	日本電子機器(株)と合併し**(株)ユニシアジェックス**に社名変更
2002年12月	**(株)日立ユニシアオートモティブ**に社名変更
2003年4月	(株)ルネサステクノロジを設立(後：ルネサスエレクトロニクス(株))
2004年10月	トキコ(株)と(株)日立ユニシアオートモティブを吸収合併
2004年10月	日立オムロンターミナルソリューションズ(株)を設立
2009年7月	日立オートモティブシステムズ(株)と日立コンシューマエレクトロニクス(株)を設立
2009年7月	(株)日立コミュニケーションテクノロジーを吸収合併
2013年4月	(株)日立プラントテクノロジーを吸収合併
2014年2月	三菱重工業(株)と(株)日立製作所が出資して三菱日立パワーシステムズ(株)を設立

〈日立プラントテクノロジー系〉
1956年11月	**日立機電工業(株)**を設立

1974年7月	(株)三共ポンプ製作所を設立(後：日立機電エンジニアリング(株))
2006年4月	日立プラント建設(株)と(株)日立インダストリイズと合併し(株)日立プラントテクノロジーに社名変更

〈日立プラント建設系〉

1929年6月	(株)共成組を設立
1932年6月	共成冷機工業(株)に社名変更
1936年4月	柳本工務店(株)を吸収合併し共成工業(株)に社名変更
1940年12月	(株)良綱社と日本エレベーター製造(株)を合併し日立工事(株)に社名変更
1956年11月	日立機電工業(株)を設立
1968年8月	日立プラント建設(株)に社名変更
1998年9月	日立プラント建設サービス(株)を設立
2000年12月	日立化成テクノプラント(株)を設立(後：日立プラントテクノ(株))

2415　日立造船(株)
[証券コード]7004
[上場区分]東証一部

1881年4月	(個)大阪鉄工所を設立
1911年7月	因島船渠(株)を買収
1914年4月	(株)大阪鉄工所に改組
1919年7月	備後船渠(株)を買収
1924年4月	彦島船渠(株)を買収
1934年5月	(株)大阪鉄工所の事業を継承し(株)日本産業大阪鉄工所に社名変更
1934年8月	(株)大阪鉄工所に社名変更
1943年3月	日立造船(株)に社名変更
1943年9月	向島船渠(株)と原田造船(株)を吸収合併
1971年4月	舞鶴重工業(株)を吸収合併
1986年7月	ニチゾウマテリアル(株)を設立
1986年7月	ハイシステムコントロール(株)を設立
1986年7月	(株)日立造船技術研究所を設立
1987年1月	日立造船堺重工業(株)を設立
1989年9月	大阪プラントエンジニアリング(株)とニチゾウ陸機設計(株)とハイシステムコントロール(株)と(株)日立造船技術研究所と日立造船地所(株)と(株)日立造船船舶設計所を吸収合併
2002年10月	(株)エイチイーシーを吸収合併
2009年4月	日立造船ディーゼルアンドエンジニアリング(株)と日立造船メカニカル(株)と(株)Hitzマシナリー(株)と日立造船鉄構(株)と(株)エムテックとHitz産機テクノ(株)と(株)Hitzハイテクノロジーとニチゾウ電子制御(株)と(株)日立造船茨城発電所とエイチ・エス開発(株)を吸収合併
2014年4月	アタカ大機(株)を吸収合併

〈エイチイーシー系〉

1960年12月	日立造船エンジニアリング(株)を設立
1987年1月	エッチ・イー・シー産業(株)を設立
1988年1月	マテリアルエンジニアリング(株)を設立(後：(株)エイチイーシーエンジニアリング)
1991年3月	三和動熱工業(株)を設立
1992年6月	(株)ヘスコを設立(後：(株)日立造船メンテック)
1994年7月	(株)エイチイーシーに社名変更

2416　(株)日立ハイテクノロジーズ
[証券コード]8036
[上場区分]東証一部

1947年4月	(株)日之出商会を設立
1947年10月	日製産業(株)に社名変更
1959年12月	日静電機(株)を設立
1960年11月	松江日製(株)を設立(後：日製電機)
1962年6月	日立化学製品販売(株)を設立
1965年4月	日立計測器サービス(株)を設立
1966年12月	日立電材(株)を設立
1968年6月	日立リース(株)を設立
1970年8月	日立芝電商事(株)を設立(後解散)
1972年4月	日製石油販売(株)を設立
1972年10月	日静理化(株)を設立
1973年7月	日製エレクトロニクス(株)を設立
1983年10月	日製ソフトウェア(株)を設立
2001年10月	(株)日立ハイテクノロジーズに社名変更
2002年3月	ギーゼッケ・アンド・デブリエントを設立
2002年4月	Hitachi High Technologies America, Inc.を設立
2005年4月	Hitachi High-Technologies Korea Co., Ltd.を設立
2005年4月	(株)日製サイエンスを吸収合併
2005年5月	日立高科技貿易(上海)有限公司を設立
2005年9月	日立先端科技股份有限公司を設立
2006年4月	日立ハイテク電子エンジニアリング(株)を吸収合併
2007年4月	(株)日立ハイテクサイエンスシステムズを吸収合併
2011年9月	PT. Hitachi High-Technologies Indonesiaを設立
2013年4月	Chorus Call Asia(株)を設立
2013年4月	Hitachi High-Technologies India Private Limitedを設立
2014年1月	Hitachi High-Technologies RUS Limited Liability Companyを設立
2014年4月	Hitachi High-Technologies Mexico S. A. de C.V.を設立
2014年6月	Hitachi High-Tech AW Cryo, Inc.を設立
2015年3月	(株)日立ハイテクインスツルメンツと共同新設分割によりファスフォードテクノロジ(株)を設立

〈日立ハイテク電子エンジニアリング系〉

1965年2月	日立電子エンジニアリング(株)を設立
1981年9月	中井電子工業(株)を設立(後：日立ハイテクデーイーテクノロジー(株))
1989年12月	日立デーイーサービス(株)を設立(後：日立デーイーテクノロジー(株))
1994年10月	(株)デーイーファシリティーズを設立(後：日立デーイーテクノロジー(株))
2004年3月	(株)日立ハイテクノロジーズを設立
2004年4月	日立ハイテク電子エンジニアリング(株)に社名変更

2417　(株)日立物流
[証券コード]9086
[上場区分]東証一部

〈西部日立運輸系〉

1950年9月	(株)大阪日立サービス・ステーションを設立

1954年4月	大阪日立サービス(株)に社名変更
1963年4月	西部日立運輸(株)に社名変更

〈日立運輸系〉
1950年4月	日東運輸(株)を設立
1952年12月	日立運輸(株)に社名変更

〈東京モノレール系〉
1959年8月	大和観光(株)を設立
1960年6月	日本高架電鉄(株)に社名変更
1964年5月	東京モノレール(株)に社名変更

* * * *

1967年11月	西部日立運輸(株)と日立運輸(株)と東京モノレール(株)が合併し日立運輸東京モノレール(株)に社名変更
1981年5月	東京モノレール(株)を分離し日立運輸(株)に社名変更
1984年7月	サンライズエアカーゴ(株)を設立
1985年7月	(株)日立物流に社名変更
2002年4月	北海道日立物流サービス(株)を設立
2011年7月	(株)近鉄エクスプレスと合弁しプロジェクトカーゴジャパン(株)を設立
2012年7月	(株)日立物流バンテックフォワーディングを設立
2014年12月	暖新国際貿易(上海)有限公司を設立

2418 日立マクセル(株)
[証券コード]6810
[上場区分]東証一部

1960年9月	日東電気工業(株)から分離独立しマクセル電気工業(株)を設立
1964年1月	〈元〉日立マクセル(株)に社名変更
1968年9月	マクセル精器(株)を設立
1970年3月	九州日立マクセル(株)を設立
1970年4月	〈別〉日立マクセル(株)と合併(額面変更のため)し日立マクセル(株)に社名変更
1980年5月	Maxell(U.K.)Ltd.を設立(後：Maxell Europe Ltd.)
1986年1月	(株)マクセル東京を設立(後：(株)マクセル商事)
1987年6月	マクセルエンジニアリング(株)を設立
1987年9月	(株)マクセル大阪を設立(後：(株)マクセル商事)
1987年12月	Maxell Asia, Ltd.を設立(後：Hitachi Maxell Global Ltd.)
1989年5月	Maxell Electronics(Malaysia)Sdn. Bhd.を設立(後：Maxell Tohshin(Malaysia)Sdn. Bhd.)
1993年12月	Maxell Asia(Singapore)Pte. Ltd.を設立
1996年6月	無錫日立マクセル有限公司を設立
1997年10月	マクセル(上海)貿易有限公司を設立
1998年4月	台湾マクセル有限公司を設立
2000年4月	Maxell Latin America, S.A.を設立
2001年5月	加賀電気工業(無錫)有限公司を設立
2009年10月	マクセル北陸精器(株)を吸収合併
2011年2月	宇部興産(株)と合弁で宇部マクセル(株)を設立
2011年6月	Maxell Finetech(Thailand)Co., Ltd.を設立
2012年4月	マクセルファインテック(株)とマクセルスリオンテック(株)と九州日立マクセル(株)とマクセル精器(株)と(株)
2012年5月	マクセル商事を吸収合併 Maxell(Shenzhen)Trading Co., Ltd.を設立
2013年1月	日立マクセルエナジー(株)を吸収合併
2013年5月	マクセルスマートコミュニケーションズ(株)を設立

2419 (株)ビックカメラ
[証券コード]3048
[上場区分]東証一部

1968年3月	(株)高崎DPセンターを設立
1978年5月	(株)ビックカメラ(高崎)に商号変更
1980年11月21日	(株)ビックカメラを設立
1981年11月	東京カメラ流通協同組合を設立
1992年8月	(株)東京羽毛工房を設立(後：(株)生毛工房)
1993年3月	(株)東京サービスステーションを設立
1994年10月	(株)ビックパソコン館を設立(後：(株)ビックピーカン)
1996年3月	(株)ビックカメラビルディングを設立(後：(株)東京計画)
1999年8月	日本ビーエス放送企画(株)を設立(後：日本BS放送(株))
2001年11月	(株)ビック酒販を設立
2001年12月	(株)フューチャー・エコロジーを設立
2003年5月	(株)ビックピーカンを吸収合併

2420 (株)ピックルスコーポレーション
[証券コード]2925
[上場区分]ジャスダックスタンダード

1977年2月	(株)東海デイリーを設立
1993年9月	(株)ピックルスコーポレーションに社名変更
1995年9月	(株)ピックルスコーポレーション長野を設立
2002年2月	(株)彩旬館を設立(後：(株)ピックルスコーポレーション関西)
2014年8月	(株)尾花沢食品を設立

2421 (株)ビットアイル
[証券コード]3811
[上場区分]東証一部

2000年6月	(株)ビットアイルを設立
2004年1月	(株)エヌティーシーと(株)ファインダーを吸収合併
2006年2月	(株)ビットサーフを設立
2010年10月	(株)ネオジャパンと合弁で(株)ライブラネオを設立
2011年6月	(株)セタ・インターナショナルを設立
2014年5月	日本クリーンエナジー(株)を設立

2422 VTホールディングス(株)
[証券コード]7593
[上場区分]東証一部

1983年3月	〈旧〉(株)ホンダベルノ東海を設立
1997年4月	(株)ホンダオートセールスと額面変更のため合併
2003年4月	(株)ホンダベルノ東海に販売の営業・自動車整備の営業を継承・分割しVTホールディングス(株)に社名変更
2004年9月	フェイスオン(株)を設立(後：ピーシーアイ(株))
2005年7月	VTインターナショナル(株)を設立

              2013年8月   エスシーアイ(株)を設立

2423　(株)ヒト・コミュニケーションズ
[証券コード]3654
[上場区分]東証一部
　　1998年2月　　(株)ビックスタッフを設立
　　2006年2月　　(株)ヒト・コミュニケーションズに社名変更

2424　(株)桧家ホールディングス
[証券コード]1413
[上場区分]名証二部
　　1988年10月　(株)東日本ニューハウスを設立(後：(株)桧家ホールディングス)
　　2002年7月　 (株)桧家ハウステックを設立(後：(株)桧家リフォーミング)
　　2003年1月　 (株)ユートピアホームを設立(後：(株)桧家ホールディングス)
　　2003年1月　 (株)桧家住宅に商号変更
　　2004年1月　 (株)桧家住宅ちばを設立(後：(株)桧家住宅東京)
　　2008年2月　 (株)桧家住宅とちぎを設立(後：(株)桧家住宅北関東)
　　2008年4月　 (株)ユートピアホームを吸収合併
　　2011年2月　 (株)桧家住宅さいたまを設立(後：(株)桧家住宅)
　　2011年7月　 (株)桧家住宅さいたまに会社分割により注文住宅事業を承継し(株)桧家ホールディングスに商号を変更
　　2011年8月　 (株)桧家住宅上信越を設立
　　2014年11月 フュージョン資産マネジメント(株)を設立

2425　日野自動車(株)
[証券コード]7205
[上場区分]東証一部
　　1937年4月　 東京瓦斯電気工業(株)と自動車工業(株)が共同で出資し**東京自動車工業(株)**を設立
　　1937年8月　 協同国産自動車(株)を合併
　　1937年11月　自動車工業(株)を合併
　　1941年4月　 **ヂーゼル自動車工業(株)**に社名変更
　　1942年5月　 ヂーゼル自動車工業(株)から日野製造所を分離し**日野重工業(株)**を設立
　　1946年3月　 **日野産業(株)**に社名変更
　　1948年5月　 日野ヂーゼル販売(株)を設立
　　1948年12月　**日野ヂーゼル工業(株)**に社名変更
　　1953年4月　 中外ルノー(株)を合併
　　1953年4月　 日野ルノー販売(株)を設立
　　1959年6月　 **日野自動車工業(株)**に社名変更
　　1999年10月　日野自動車販売(株)と合併し**日野自動車(株)**に社名変更
　　2001年4月　 日野興産(株)を合併
　　2003年10月　上海柴油機股份有限公司と折半出資により上海日野エンジン(有)を設立
　　2007年8月　 日野モータース マニュファクチャリング コロンビア(株)を設立
　　2007年11月　広州汽車集団股份有限公司と折半出資により広汽日野自動車(有)を設立
　　2008年7月　 三井物産(株)と共同出資により日野モータース セールス ロシア(有)を設立
　　2008年8月　 丸紅(株)と共同出資により日野モータース セールス インディア(株)を設立
　　2008年9月　 日野モータース マニュファクチャリング メキシコ(株)を設立
　　2010年11月　日野セールスサポート(株)を設立
　　2011年3月　 日野パワートレーン マニュファクチャリング タイランド(株)を設立
　　2012年1月　 和興フィルタテクノロジー(株)と日野モータース マニュファクチャリング タイランド(株)と共同出資によりJフィルター(株)を設立
　　2012年10月　MBM Resources Berhadと共同出資により日野モータース マニュファクチャリング マレーシア(株)を設立
　　2014年12月　PT. Indomobil Multi Jasaと住友商事(株)と共同出資により日野ファイナンスインドネシア(株)を設立

2426　BEENOS(株)
[証券コード]3328
[上場区分]東証マザーズ
　　1999年11月　(株)ネットプライスを設立
　　2007年2月　 (株)ネットプライスドットコムに社名変更
　　2007年4月　 (株)ショップエアラインを設立
　　2007年6月　 (株)オークファンを設立
　　2007年11月　Shop Airlines America, Inc.を設立
　　2008年7月　 (株)転送コムを設立
　　2011年8月　 (株)デジタルガレージとの共同により(株)Open Network Labを設立
　　2012年2月　 モノセンス(株)を設立
　　2012年5月　 (株)Netprice Partnersを設立(後：(株)Beenos Partners)
　　2013年1月　 Beenos Asia Pte. Ltd.を設立
　　2014年7月　 BEENOS Plaza Pte.Ltdを設立(持分法適用会社)
　　2014年10月　**BEENOS(株)**に社名変更

2427　ヒーハイスト精工(株)
[証券コード]6433
[上場区分]ジャスダックスタンダード
　　1962年7月　 ヒーハイスト精工(株)を設立
　　2011年6月　 赫菲(上海)軸承商貿有限公司を設立

2428　ヒビノ(株)
[証券コード]2469
[上場区分]ジャスダックスタンダード
　　1964年11月　日比野電気を母体として**ヒビノ電気音響(株)**を設立
　　1988年6月　 **ヒビノ(株)**に社名変更
　　2000年6月　 ヒビノドットコム(株)を設立
　　2004年7月　 ヒビノドットコム(株)を吸収合併
　　2009年1月　 Hibino Europe Limitedを設立
　　2009年1月　 アイテムプラス(株)を吸収合併
　　2010年4月　 Hibino Asia Pacific (Shanghai) Limitedを設立

2429　(株)ビーマップ
[証券コード]4316
[上場区分]ジャスダックグロース
　　1998年9月　 (株)ビーマップを建設
　　2006年1月　 (株)アイ・オー・データ機器と(株)プロジェクトと共同出資により(株)エム・

データを設立

2430　(株)ヒマラヤ
［証券コード］7514
［上場区分］東証一部
　1976年4月　(有)岐阜ヒマラヤを設立
　1991年8月　(有)ヒマラヤに社名変更
　1991年8月　(株)ヒマラヤに改組
　1993年4月　(株)ゴルフパークヒマラヤを吸収合併
　2000年9月　(株)イー・エス・プログレスを設立
　　　　　　　（後：(株)eSPORTS）

2431　(株)卑弥呼
［証券コード］9892
［上場区分］ジャスダックスタンダード
　1976年2月　(株)卑弥呼を設立
　1977年6月　(株)テストドライバーを設立
　1980年11月　(株)原宿卑弥呼を設立
　1987年3月　(株)卑弥呼興産を設立
　1988年3月　(株)テストドライバーと(株)原宿卑弥呼と(株)卑弥呼興産を合併
　2010年5月　(株)たびごこちを設立

2432　(株)百五銀行
［証券コード］8368
［上場区分］東証一部
　1878年12月　第百五国立銀行を設立
　1897年7月　(株)百五銀行に社名変更
　1916年12月　桑名銀行を合併
　1920年6月　尾鷲銀行と参北商業銀行を合併
　1920年12月　八十三銀行を合併
　1943年3月　勢南銀行を合併
　1943年9月　三重共同貯蓄銀行を合併
　1979年7月　百五ビジネスサービス(株)を設立
　1983年10月　百五ダイヤモンドクレジット(株)を設立（後：(株)百五ディーシーカード）
　1984年10月　百五オリエント・リース(株)を設立（後：百五リース(株)）
　1985年7月　百五管理サービス(株)を設立
　1985年7月　(株)百五経済研究所を設立
　1988年10月　百五不動産調査(株)を設立
　1990年3月　百五コンピュータソフト(株)を設立
　2001年6月　百五オフィスサービス(株)を設立
　2004年6月　百五スタッフサービス(株)を設立
　2009年8月　百五証券(株)を設立

2433　(株)百十四銀行
［証券コード］8386
［上場区分］東証一部
　1924年3月　〈旧〉(株)高松百十四銀行と(株)高松銀行が合併し(株)高松百十四銀行を設立
　1928年11月　小豆島銀行を譲受
　1934年8月　同盟銀行（坂出）を譲受
　1936年2月　松山銀行を譲受
　1941年3月　多度津銀行を譲受
　1943年6月　讃岐貯蓄銀行を譲受
　1948年6月　(株)百十四銀行に社名変更
　1959年2月　日本橋不動産(株)を設立
　1974年4月　百十四リース(株)を設立
　1979年4月　百十四総合保証(株)を設立
　1980年7月　百十四ビジネスサービス(株)を設立
　1982年12月　(株)百十四ディーシーカードを設立

　1986年2月　(株)西日本情報サービスセンターを設立
　1988年4月　百十四ソフトウェアサービス(株)を設立（後清算）
　1988年12月　百十四大部代理店(株)を設立（後清算）
　1988年12月　百十四福田代理店(株)を設立（後清算）
　1989年8月　(株)百十四人材センターを設立
　1989年10月　百十四財田代理店(株)を設立
　1990年2月　百十四財務（香港）有限公司を設立（後清算）
　1990年10月　百十四総合メンテナンス(株)を設立
　1992年4月　百十四ワークサポート(株)を設立（後清算）
　2008年1月　Hyakujushi Preferred Capital Cayman Limitedを設立

2434　(株)ビューティ花壇
［証券コード］3041
［上場区分］東証マザーズ
　1974年5月　ビューティ花壇を個人商店として創業
　1997年1月　(有)ビューティ花壇に改組
　2000年6月　(株)ビューティ花壇に組織変更
　2003年4月　昆明美花花卉有限公司を設立（後清算）
　2003年4月　青島麗人花園芸有限公司を設立
　2006年10月　美麗花壇股份有限公司を設立
　2007年5月　(株)クラウンガーデネックスを設立（後：(株)One Flower）
　2012年10月　(株)ビイケイエステートを設立
　2012年12月　(株)セレモニーサービスを設立
　2013年6月　(株)キャリアライフサポートを設立

2435　(株)ビューティガレージ
［証券コード］3180
［上場区分］東証マザーズ
　2003年4月　(株)**BEAUTY GARAGE**を設立
　2006年1月　(株)BGエステートを設立（後吸収合併）
　2006年7月　(株)ビューティガレージに社名変更
　2013年5月　(株)サロンキャリアを設立
　2013年5月　(株)ムサシを吸収合併
　2014年11月　(株)アイラッシュガレージを設立

2436　(株)ヒューマンウェブ
［証券コード］3224
［上場区分］東証マザーズ
　2000年4月　(株)ヒューマンウェブを設立
　2007年9月　(株)日本かきセンターを設立
　2014年3月　(株)中尾水産テクノロジーを設立

2437　ヒューマンホールディングス(株)
［証券コード］2415
［上場区分］ジャスダックスタンダード
　2002年8月　ヒューマンホールディングス(株)を設立
　2005年6月　ヒューマンスポーツエンタテインメント(株)を設立
　2006年5月　ダッシングディバインターナショナル(株)を設立
　2007年6月　ヒューマンエヌディー(株)を設立
　2008年9月　ヒューマンアカデミー学園(株)を設立
　2010年4月　ヒューマンアカデミー(株)とヒューマ

ひゆまんめ

2010年4月	ンライフケア(株)を設立 ヒューマンインキュベーション(株)を設立(後:ダイジョブ・グローバルリクルーティング(株))
2012年4月	ヒューマンタッチ(株)とヒューマンメディカルケア(株)を設立

2438　ヒューマン・メタボローム・テクノロジーズ(株)
［証券コード］6090
［上場区分］東証マザーズ

2003年7月	ヒューマン・メタボローム・テクノロジーズ(株)を設立
2012年10月	Human Metabolome Technologies America, Inc.を設立

2439　ヒューリック(株)
［証券コード］3003
［上場区分］東証一部

1957年3月	日本橋興業(株)を設立
1958年9月	福岡セントラルビル(株)を設立(後:ヒューリック福岡(株))
1960年6月	阪都不動産管理(株)を設立(後:ヒューリックビルマネジメント(株))
2000年11月	(株)フォワードビルディングを合併
2001年4月	かけ橋企画(株)を設立(後:ヒューリックビルド(株))
2005年8月	仙台一番町開発特定目的会社を設立
2006年8月	エヌケー・インベストメント合同会社を設立
2007年1月	ヒューリック(株)に社名変更
2010年3月	ヒューリック保険サービス(株)を設立
2010年7月	千秋商事(株)と芙蓉総合開発(株)と合併
2011年4月	ヒューリックホテルマネジメント(株)を設立
2012年4月	ヒューリック福岡(株)とエヌケー・インベストメント合同会社を合併
2012年7月	昭栄(株)と合併

〈昭栄系〉

1931年3月	安田銀行が全額を出資し昭栄製絲(株)を設立
1943年11月	昭栄興業(株)に社名変更
1945年1月	明和不動産(株)と釧路土地(株)を合併
1945年12月	丸ノ内興業(株)を合併
1948年6月	昭栄製絲(株)に社名変更
1971年4月	昭栄(株)に社名変更
1976年11月	富山昭栄(株)を設立
1982年10月	上田昭栄(株)を設立(後:昭栄エレクトロニクス(株))
2004年	昭栄アセットマネジメント(株)を設立

2440　兵機海運(株)
［証券コード］9362
［上場区分］東証二部

1942年12月	兵機帆船運送(株)を設立
1949年3月	兵庫機帆船(株)に社名変更
1960年6月	兵機海運(株)に社名変更
1976年12月	旭物産(株)を設立(後:(株)ヒョウキ)
1978年2月	〈旧〉新大同海運(株)を設立
2003年10月	〈旧〉新大同海運(株)を吸収合併
2003年10月	新大同海運(株)を設立(後解散)
2004年10月	(株)ヒョウキを吸収合併
2013年10月	(株)シンパを吸収合併
2015年1月	長門海運(株)を吸収合併

2441　(株)平賀
［証券コード］7863
［上場区分］ジャスダックスタンダード

1956年1月	(株)平賀商店を設立
1965年2月	(株)平賀に社名変更
2013年4月	(株)イマージュを吸収合併

2442　平河ヒューテック(株)
［証券コード］5821
［上場区分］東証一部

1948年9月	平河電線(株)を設立
1972年6月	(株)ワイヤープロセスを設立
1973年1月	(株)ワイヤーモールドを設立
1973年4月	(株)ワイヤーコンパウンドを設立
1980年3月	WIRE MOLD (HONG KONG) LTD.を設立(後:福泰克香港有限公司)
1988年7月	HIKAM AMERICA, INC.を設立
1988年10月	HIKAM ELECTRONICA DE MEXICO, S.A.DE C.V.を設立
1990年10月	平河ヒューテック(株)に社名変更
1993年5月	LTK INDUSTRIES LTD.との合弁で福泰克-楽庭有限公司を設立
1994年3月	HEWTECH SINGAPORE PTE LTD.を設立
1995年11月	福泰克(連雲港)電線有限公司を設立(後:福泰克(連雲港)電子有限公司)
1995年11月	連雲港杰瑞福泰克電子有限公司を設立(後:連雲港平河電子有限公司)
2001年10月	HIKAM TECNOLOGIA DE SINALOA, S.A.DE C.V.を設立
2002年4月	福泰克(呉江)電子有限公司を設立(後:福泰克(連雲港)電子有限公司)
2003年1月	上海河拓克貿易有限公司を設立
2003年9月	福泰克(連雲港)電子輻照有限公司を設立(後:福泰克(連雲港)電線有限公司)
2006年9月	HEWTECH (THAILAND) CO., LTD.を設立
2007年11月	福泰克(深圳)電子有限公司を設立
2011年7月	HEWTECH PHILIPPINES CORP.を設立
2013年2月	福泰克(深圳)電子有限公司を設立
2015年2月	HEWTECH (BANGKOK) CO., LTD.を設立

2443　ヒラキ(株)
［証券コード］3059
［上場区分］東証二部

1961年1月	平木製作所を設立
1978年4月	ヒラキ商事(株)を設立
1987年12月	ヒラキ工業(株)より靴の部品製造販売の営業権を譲受しヒラキ(株)に商号変更
1988年1月	ヒラキ産業(株)と合併
2004年2月	ヒラキ不動産管理(有)を設立
2005年6月	上海平木福客商業有限公司(連結子会社)を設立
2008年10月	ヒラキ不動産管理(有)を吸収合併

2444　平田機工(株)
[証券コード]6258
[上場区分]ジャスダックスタンダード

1951年12月	平田車輌工業(株)を設立
1974年8月	〈別〉平田機工商事(株)と大平コンベヤー(株)と合併し**平田機工(株)**に商号変更
1980年2月	HIRATA Corporation of Americaを設立
1980年10月	太平興産(株)を設立
1986年3月	タイヘイコンピュータ(株)を設立(後:(株)トリニティ)
1991年1月	HIRATA FA Engineering (S) Pte. Ltd.を設立
1992年2月	太平興産(株)を当社子会社とする(後:タイヘイテクノス(株))
1993年11月	HIRATA Robotics GmbHを設立(後:HIRATA Engineering Europe GmbH)
1999年5月	ヒラタ工営(株)を設立(後:ヒラタフィールドエンジニアリング(株))
1999年8月	上海平田機械工程有限公司を設立
2000年5月	HIRATA Engineering S.A.de C.V.を設立
2004年8月	HIRATA Engineering (THAILAND) Co., Ltd.を設立
2006年10月	平田机工自動化設備(上海)有限公司を設立
2006年12月	台湾平田機工股份有限公司を設立
2012年12月	HIRATA FA Engineering (M) Sdn. Bhd.を設立
2014年7月	PT. Hirata Engineering Indonesiaを設立
2014年8月	(株)KOYAを設立

2445　(株)ひらまつ
[証券コード]2764
[上場区分]東証一部

1982年4月	ひらまつ亭を開店
1983年6月	(有)ひらまつに社名変更
1994年12月	(株)ひらまつに改組
2000年6月	HIRAMATSU IMMOBILIER EUROPE SARLを設立(後清算)
2000年6月	HIRAMATSU RESTAURANT SARLとHIRAMATSU EUROPE SARLを設立(後:HIRAMATSU EUROPE EXPORT SARL)

2446　(株)ヴィレッジヴァンガードコーポレーション
[証券コード]2769
[上場区分]ジャスダックスタンダード

1998年5月	(株)ヴィレッジヴァンガードコーポレーションを設立
2009年9月	Era-Bee Limitedと合弁でVillage Vanguard (Hong Kong) Limitedを設立
2011年3月	(株)Village Vanguard Webbedを設立
2012年4月	TITICACA HONGKONG LIMITEDを設立
2012年5月	Village Vanguard (Taiwan) Limitedを設立

2447　広島ガス(株)
[証券コード]9535
[上場区分]東証一部

1909年10月	広島瓦斯(株)を設立
1910年10月	尾道瓦斯(株)と合併
1913年12月	呉瓦斯(株)と合併
1917年8月	広島電気軌道(株)と合併し**広島瓦斯電軌(株)**に社名変更
1942年4月	**広島瓦斯(株)**に社名変更
1942年4月	広島電鉄(株)を設立
1954年9月	中国プロパン瓦斯(株)を設立
1959年7月	広島瓦斯燃料(株)を設立
1960年7月	広島瓦斯燃料(株)を吸収合併
1962年1月	**中国プロパン瓦斯(株)**に社名変更
1969年3月	広島ガスプロパン(株)を設立
1970年3月	**広島ガス(株)**に社名変更
1970年4月	(株)広島ガス開発を設立(後解散)
1970年4月	広島ガス不動産(株)を設立
1972年4月	広島ガスサービス(株)を設立
1975年4月	広島ガス集金(株)を設立(後:広島ガスメイト(株))
1975年5月	広島ガス器具販売(株)を設立(後:広島ガスリビング(株))
1978年4月	広島ガス呉サービス(株)を設立(後:広島ガスメイト(株))
1998年6月	広島ガステクノ(株)を設立
2000年10月	(株)ラネットを設立
2001年6月	(株)ビー・スマイルを設立
2003年5月	瀬戸内パイプライン(株)を設立
2003年12月	広島ガス不動産(株)を吸収合併
2005年2月	HG LNG Shipping Corporation Limitedを設立
2005年2月	(株)商船三井と共同でMAPLE LNG TRANSPORT INC.を設立
2011年7月	広島ガスリビング(株)を吸収合併

2448　(株)広島銀行
[証券コード]8379
[上場区分]東証一部

1945年5月	(株)芸備銀行と(株)呉銀行と(株)備南銀行と(株)三次銀行と(株)広島合同貯蓄銀行が合併し**(株)芸備銀行**を設立
1950年8月	**(株)廣島銀行**に社名変更
1988年7月	**(株)広島銀行**に社名変更
1989年8月	ひろぎんモーゲージサービス(株)を設立
1992年4月	ひろぎんオートリース(株)を設立
2001年6月	しまなみ債権回収(株)を設立

2449　ヒロセ電機(株)
[証券コード]6806
[上場区分]東証一部

1937年8月	(個)広瀬商会を設立
1948年6月	**(株)広瀬商会製作所**に社名変更
1963年8月	**ヒロセ電機(株)**に社名変更
1973年3月	チェリー社《米国》と共同で出資し(株)ヒロセチェリープレシジョンを設立
1973年3月	東北ヒロセ電機(株)を設立
1982年6月	郡山ヒロセ電機(株)を設立
1991年11月	青森電装(株)を設立(後:郡山ヒロセ電機(株))
1994年10月	一関ヒロセ電機(株)を設立
2003年4月	博瀬電機貿易(上海)有限公司を設立

ひんくす

    2003年10月   ヒロセエレクトリックヨーロッパB.V.を設立
    2007年7月   広瀬電機(蘇州)有限公司を設立
    2009年12月   廣瀬電機香港貿易有限公司を設立
    2010年7月   ヒロセエレクトリックシンガポールPtd.Ltd.を設立
    2011年4月   広瀬科技(深圳)有限公司を設立

2450 (株)ヴィンクス
[証券コード]3784
[上場区分]ジャスダックスタンダード
    1991年2月   (株)マイカルシステムズを設立
    2000年9月   (株)マイカル総合研究所を吸収合併
    2002年3月   ヴィンキュラム ジャパン(株)に商号変更
    2006年5月   (株)4U Applicationsを設立
    2009年1月   (株)東忠ソフトウェアとの合弁で維傑思科技(杭州)有限公司を設立
    2011年4月   上海新域信息系統有限公司と維傑思科技(杭州)有限公司との合弁で上海新域系統集成有限公司を設立
    2011年12月   イオンディライト(株)と合弁でFMSソリューション(株)を設立
    2012年6月   Vinculum Malaysia Sdn.Bhd.を設立(後：Vinx Malaysia Sdn.Bhd.)
    2012年10月   イオンディライト(株)と(株)東忠と合弁で永旺永楽(杭州)服務外包有限公司を設立
    2013年4月   (株)ヴィクサスを吸収合併し(株)ヴィンクスに商号変更
    2014年1月   VINX VIETNAM COMPANY LIMITEDを設立

2451 (株)ファインシンター
[証券コード]5994
[上場区分]東証二部
    1950年12月   東京焼結金属(株)を設立
    1990年5月   ティエスヘルスシステム(株)を設立
    1990年5月   東北焼結金属(株)を設立
    1992年3月   (株)ティエスエンジニアリングを設立(後清算)
    2002年5月   日本粉末合金(株)と合併し(株)ファインシンターに社名変更
    2004年6月   精密焼結合金(無錫)有限公司を設立
    2012年9月   ファインシンターインドネシア(株)を設立

2452 (株)ファインデックス
[証券コード]3649
[上場区分]東証一部
    1985年1月   四国環衛興業(株)を設立
    1992年5月   (株)シェイクハンズに商号変更
    1998年3月   (株)ピーエスシーに商号変更
    2014年11月   (株)ファインデックスに商号変更

2453 (株)ファステップス
[証券コード]2338
[上場区分]東証二部
    1999年5月   (有)ザイオンを設立
    2000年2月   (株)ザイオンに組織変更
    2007年7月   セブンシーズ・テックワークス(株)に商号変更
    2011年9月   TMプランニング(株)を設立
    2012年9月   (株)ファステップスに商号変更
    2015年1月   ジャパンアシュアランス(株)を設立

2454 (株)ファーストエスコ
[証券コード]9514
[上場区分]東証マザーズ
    1997年5月   (株)ファーストエスコを設立
    2003年9月   (株)岩国ウッドパワーを設立
    2003年9月   (株)富津ウッドパワーを設立(後：(株)ファーストエスコ)
    2004年2月   (株)日田ウッドパワーを設立
    2004年2月   (株)白河ウッドパワーを設立
    2004年5月   (株)グリーンエナジーホールディングスを設立(後：(株)ファーストエスコ)
    2004年8月   (株)エナジーサービス・アセット・マネジメントを設立(後：(株)フェスコパワーステーション滋賀)
    2005年10月   (株)フェスコパワーステーション群馬を設立
    2005年12月   (株)フェスコメンテナンスを設立(後：(株)ファーストエスコ)
    2005年12月   (株)中袖クリーンパワーを設立
    2006年4月   日本森林燃料(株)を設立
    2007年7月   (株)新潟ニューエナジーを設立
    2008年1月   (株)バイオエンサービスを設立(後：(株)ファーストバイオス)
    2009年4月   (株)F-Powerを設立
    2012年6月   アールイー福島(株)を設立(後：アールイー鹿沼(株))
    2012年7月   ソレイユ日田(株)を設立
    2012年8月   アールイー大分(株)を設立

2455 ファースト住建(株)
[証券コード]8917
[上場区分]東証一部
    1999年7月   飯田住建工業(株)を設立
    2001年4月   ファースト住建(株)に社名変更
    2014年3月   ファースト工務店(株)を設立

2456 ファーストブラザーズ(株)
[証券コード]3454
[上場区分]東証マザーズ
    2004年2月   ファーストブラザーズ(株)を設立
    2007年11月   エフビーインベストメントツー(株)を設立(後：エフビーキャピタルインベストメント(株))
    2008年6月   エフビー債権回収(株)を設立(後清算)(後：エフビーエス(株))
    2010年11月   エフビー企業投資(株)を設立
    2011年6月   エフビーエーエム準備会社(株)を設立(後：ファーストブラザーズ投資顧問(株))
    2012年6月   ユニモマネジメント(株)を設立
    2013年6月   ファーストスタンダード投資顧問(株)を設立

2457 (株)ファーストリテイリング
[証券コード]9983
[上場区分]東証一部
    1949年3月   メンズショップ小郡商事を設立
    1963年5月   小郡商事(株)に社名変更
    1984年2月   オーエス販売(株)を設立
    1991年9月   (株)ファーストリテイリングに社名

2002年9月	(株)エフアール・フーズを設立
2004年11月	UNIQLO USA, Inc.を設立
2004年12月	ロッテショッピング社と合弁でFRL Korea Co., Ltd.を設立
2005年3月	UNIQLO HONGKONG, LIMITEDを設立
2005年4月	FR FRANCE S.A.S.を設立（後：FAST RETAILING FRANCE S.A.S.）
2005年4月	GLOBAL RETAILING FRANCE S.A.S.を設立（後：UNIQLO EUROPE LIMITED）
2006年3月	(株)ジーユーを設立

2458 ファナック(株)
[証券コード]6954
[上場区分]東証一部

1972年5月	富士通(株)より計算制御部門が分離独立し〈旧〉富士通ファナック(株)を設立
1974年4月	富士通ファナック(株)に額面変更のため合併され社名変更
1981年5月	ファナックパートロニクス(株)を設立
1982年7月	ファナック(株)に社名変更
1998年7月	ファナックサーボ(株)を設立
2001年4月	ファナックレーザサービス(株)を設立
2003年4月	ファナックDDモータ(株)を設立（後 解散）
2003年4月	ファナックロボットサービス(株)を設立（後：ファナックサービス(株)）
2004年1月	FANUC EUROPE GmbHとFANUC ROBOMACHINE EUROPE GmbHを設立（後：FANUC Europe Corporation）
2004年1月	ファナックFAサービス(株)を設立（後：ファナックサービス(株)）
2004年12月	Fanuc GE CNC Europe S.A.を設立
2005年12月	FANUC ROBOSHOT EUROPE GmbHを設立（後：FANUC Europe Corporation）
2009年12月	FANUC FA AMERICA CORPORATIONとFANUC FA Europe S.A.を設立（後：FANUC Europe Corporation）
2012年4月	ファナック健康保険組合を設立

2459 (株)ファーマフーズ
[証券コード]2929
[上場区分]東証マザーズ

1997年9月	(株)ファーマフーズ研究所を設立
2000年10月	PharmaBio Co., Ltd.を設立（後：Pharma Foods Korea Co., Ltd.）
2004年10月	(株)ファーマフーズに社名変更
2007年4月	(株)広島バイオメディカルを設立（後 吸収合併）
2012年7月	東部ファームPFI(株)を設立
2013年9月	日本ペットフード(株)と韓国・Pulmuone Health & Living Co., Ltd.と合弁でシーエイエフ(株)を設立

2460 ファーマライズホールディングス(株)
[証券コード]2796
[上場区分]東証一部

1984年6月	(株)東京物産を設立
1997年2月	(株)協和静岡を吸収合併
2000年2月	北陸ファーマシューティカルサービス(株)を設立（後：(株)みなみ薬局）
2002年4月	ファーマライズ(株)に商号変更
2009年6月	ファーマライズホールディングス(株)に商号変更
2009年6月	〈新〉ファーマライズ(株)を設立
2013年3月	ファーマライズプラス(株)を設立

2461 (株)ファミリーマート
[証券コード]8028
[上場区分]東証一部

1981年9月	(株)西友ストアーより営業と資産を譲受し(株)ファミリーマートを設立
1985年4月	(株)綜合酒販センターと共同で出資し中部ファミリーマート(株)を設立
1987年11月	(株)リウボウと共同で出資し(株)沖縄ファミリーマートを設立
1989年2月	(株)松早コンビニエンス・ストアと共同で出資し(株)松早ファミリーマートを設立
1990年3月	(株)岩田屋と共同で出資し(株)アイ・ファミリーマートを設立
1990年3月	(株)ユースと(株)西部北陸と共同で出資し(株)北陸ファミリーマートを設立
1993年4月	(株)本坊商店と共同で出資し(株)南九州ファミリーを設立
1995年9月	中部ファミリーマート(株)を吸収合併
2000年5月	(株)ファミマ・ドット・コムを設立
2000年9月	(株)アイ・ファミリーマートと(株)北陸ファミリーマートを吸収合併
2002年9月	(株)松早ファミリーマートを吸収合併
2004年5月	上海福満家便利有限公司を設立
2006年2月	(株)北海道ファミリーマートを設立
2006年9月	広州市福満家便利店有限公司を設立（後：広州市福満家連鎖便利店有限公司）
2007年7月	蘇州福満家便利店有限公司を設立
2010年3月	(株)エーエム・ピーエム・ジャパンを吸収合併
2011年4月	(株)エーエム・ピーエム・関西を吸収合併
2011年11月	杭州頂全便利店有限公司を設立
2011年12月	成都福満家便利有限公司を設立
2012年11月	Philippine FamilyMart CVS, Inc.を設立
2012年11月	深圳市頂全便利店有限公司を設立
2014年1月	無錫福満家便利店有限公司を設立
2014年5月	北京頂全便利店有限公司を設立
2014年7月	東莞市頂全便利店有限公司を設立

2462 (株)ファルコホールディングス
[証券コード]4671
[上場区分]東証一部

1988年3月	(株)ファルコ・バイオシステムズを設立
1988年3月	(株)沖縄臨床検査センターを設立（後：(株)ファルコバイオシステムズ九州）
1993年3月	(名古屋)(株)ファルコバイオシステムズを吸収合併
1993年9月	ファルコバイオシステムグループの4法人（枚方市、大阪市、神戸市、橿原市）と合併

1993年11月	(株)ファルコバイオシステムズ九州を設立
1993年12月	(株)ファルコイムノシステムズと合併
1994年2月	(株)ファルコバイオシステムズに社名変更
2003年9月	(株)アシーニを吸収合併
2007年2月	(株)ファルコバイオシステムズ西日本と(株)ファルコバイオシステムズ山陰を吸収合併
2007年4月	(株)ファルコバイオシステムズ九州を吸収合併
2007年8月	(株)志太医研と(株)東予中検を吸収合併
2010年3月	(株)ファルコSDホールディングスに社名変更
2010年8月	(株)ファルコビジネスサポートを設立
2014年10月	(株)ファルコホールディングスに社名変更

2463 (株)ファルテック
[証券コード]7215
[上場区分]東証一部

2004年4月	(株)アルティアと橋本フォーミング工業(株)が共同株式移転による持株会社として(株)ファルテックを設立
2008年4月	(株)いしかわファルテックを設立
2009年1月	エム・エイチ・インベストメント(株)を吸収合併
2009年11月	佛山発爾特克汽車零部件有限公司を設立
2010年9月	FALTEC (THAILAND) CO., LTD.を設立(後：ALTEC SRG GLOBAL (THAILAND) CO., LTD.)
2012年11月	湖北発爾特克汽車零部件有限公司を設立

2464 (株)ファンケル
[証券コード]4921
[上場区分]東証一部

| 1980年4月 | ファンケル化粧品を創業 |
| 1981年8月 | (株)ファンケルを設立 |

2465 (株)ファンコミュニケーションズ
[証券コード]2461
[上場区分]東証一部

1999年10月	(株)ファンコミュニケーションズを設立
1999年11月	(株)バンジョーキャピタルズを設立(後：(株)インフォストックスドットコム)
2011年8月	(株)エイトクロップスを設立
2012年3月	(株)アドジャポンを設立

2466 (株)ファンデリー
[証券コード]3137
[上場区分]東証マザーズ

| 2000年9月 | (株)ファンデリーを設立 |
| 2011年4月 | (株)カウンセリングデリバリーを設立(吸収合併) |

2467 (株)ファンドクリエーショングループ
[証券コード]3266
[上場区分]ジャスダックスタンダード

2002年12月	(株)ファンドクリエーションを設立
2003年9月	FC Investment Ltd.を設立
2004年2月	FCリート・アドバイザーズ(株)を設立(後：ファンドクリエーション不動産投信(株))
2004年6月	(株)FCインベストメント・アドバイザーズを設立
2004年7月	上海創喜投資諮詢有限公司を設立
2005年11月	FCパートナーズ(株)を設立
2007年9月	ファンドクリエーション・アール・エム(株)を設立
2009年5月	(株)ファンドクリエーションが株式移転の方法により(株)ファンドクリエーショングループを設立

2468 (株)ブイキューブ
[証券コード]3681
[上場区分]東証一部

1998年	(有)ブイキューブインターネットを創業
2000年2月	(株)ワァコマースを設立
2001年1月	(株)ブイキューブインターネットに組織変更
2001年6月	(株)ランデブーに商号変更
2002年12月	〈旧〉(株)ブイキューブに商号変更
2003年4月	V-cube USA, Inc.を設立
2004年1月	(株)ブイキューブブロードコミュニケーションに商号変更
2006年3月	〈旧〉(株)ブイキューブに吸収合併し(株)ブイキューブに商号変更
2009年12月	V-cube Malaysia Sdn. Bhd.を設立
2012年1月	V-cube Singapore R&D Centre Pte. Ltd.を設立(後：V-cube Global Services Pte. Ltd.)
2012年7月	PT. V-CUBE INDONESIAを設立
2013年5月	V-cube Global Operations Pte. Ltd.を設立
2013年8月	V-cube Singapore Pte. Ltd.(を設立

2469 (株)フィスコ
[証券コード]3807
[上場区分]ジャスダックグロース

1995年5月	(株)フィスコを設立
1997年7月	(株)投資情報センターの設立に参加(後：(株)フィスコウェブ)
2004年5月	(株)フィスコアセットマネジメントを設立(後：TAKMAキャピタル(株))
2005年12月	(株)フィスココモディティーを設立(後清算)
2010年5月	FISCO International Limitedを設立
2010年6月	星際富溢(福建)信息諮詢有限公司を設立
2010年10月	FISCO (BVI) Ltd.を設立
2010年12月	(株)フィスコプレイスを吸収合併
2011年3月	(株)フィスコ・キャピタルを設立
2011年5月	FISCO International (BVI) Ltd.を設立

2470 (株)フィックスターズ
[証券コード]3687
[上場区分]東証マザーズ

2002年8月	(有)フィックスターズを設立
2002年10月	(株)フィックスターズへ組織変更
2008年10月	Fixstars Solutions, Inc.を設立

| 2010年6月 | (株)フィックスターズマルチコアラボを設立(後清算) |

2471　(株)ブイ・テクノロジー
[証券コード]7717
[上場区分]東証一部

1997年10月	(株)ブイ・テクノロジーを設立
2000年4月	V Technology Korea Co., Ltd.を設立
2001年5月	V Technology North America Inc.とV Technology USA Inc.を設立
2001年11月	V-TEC Co., Ltd.を設立
2005年6月	(株)ブイ・イメージング・テクノロジーを設立
2010年1月	(株)ブイ・イメージング・テクノロジーを吸収合併
2011年6月	上海微鉄克貿易有限公司を設立
2014年12月	昆山微鉄克光電設備有限公司を設立

2472　フィード・ワンホールディングス(株)
[証券コード]2060
[上場区分]東証一部
〈日本配合飼料系〉

1928年6月	三井物産(株)と(株)木村徳兵衛商店と(株)舘野栄吉商店が共同で出資し(個)日本配合飼料研究所を設立
1929年10月	〈旧〉日本配合飼料(株)に社名変更
1942年6月	九州飼糧(有)を設立
1944年9月	日配薬糧(株)に社名変更
1950年4月	日本配合飼料(株)に社名変更
1951年6月	九州飼料(有)を吸収合併
1973年1月	大洋漁業(株)が共同で出資し北海道飼料(株)を設立
1974年7月	武隈保之と共同で出資し(株)秋田ファームを設立
1977年10月	三井物産(株)と共同で出資し九州日配(株)を設立
1978年11月	三井物産(株)と共同で出資し日配飼料販売(株)を設立
1979年5月	三井物産(株)と協同飼料(株)と共同で出資し(株)イチノウを設立
1979年5月	協同飼料(株)と(株)イチノウなどが共同で出資し(株)第一ポートリーファームを設立
1981年4月	日本栽培水産(株)と共同で出資し日配車えび飼料(株)を設立
1982年9月	協同飼料(株)と共同で出資し東北飼料(株)を設立
1984年1月	明治飼料(株)と共同で出資し釧路飼料(株)を設立
1985年1月	日本ロシュ(株)と共同で出資しニュートリテック(株)を設立
1985年6月	ニップン飼料(株)と共同で出資し知多飼料(株)を設立
1985年9月	林兼産業(株)と協同飼料(株)と共同で出資し志布志飼料(株)を設立
1985年10月	ニップン飼料(株)と共同で出資し北九州飼料(株)を設立
1988年2月	鹿島飼料(株)を設立
1989年6月	日配クレジットサービス(株)を設立(後精算)
1990年6月	ニッパイフード東北(株)を設立
1991年11月	ニッパイフード東海(株)を設立
1993年4月	協同飼料(株)と共同で出資し苫小牧飼料(株)を設立
2003年3月	西日本マジックパール(株)を設立
2004年12月	(株)岩島フーズを設立

〈協同飼料系〉

1953年4月	協同飼料(株)を設立
1960年11月	協同飼料販売(株)を合併(額面変更)
1962年6月	紀ノ国屋食品(株)を設立
1963年10月	日本ペットフード販売(株)を設立(後:日本ペットフード(株))
1982年4月	埼玉ハム(株)と紀ノ国屋食品(株)が合併し日本デリカ(株)を設立
1992年4月	三河畜産工業(株)を買収
1994年4月	(株)横浜ミートセンターを設立(後:(株)横浜ミート)
1997年7月	門司飼料(株)を設立
2001年8月	(株)横浜ミートセンターを設立

＊　＊　＊　＊

| 2014年10月 | 協同飼料(株)と日本配合飼料(株)が株式移転の方法によりフィード・ワンホールディングス(株)を設立 |

2473　フィールズ(株)
[証券コード]2767
[上場区分]東証一部

1988年6月	(株)東洋商事を設立
1992年	レジャーニッポン新聞社を吸収合併
1994年	三井物産(株)と共同で出資しPステーション(株)を設立
2001年	フィールズ(株)に社名変更
2001年	プロフェッショナル・マネージメントとトータル・ワークアウトを設立
2003年1月	デジタルロード(株)を設立(後:ルーセント・ピクチャーズエンタテインメント(株))
2006年10月	(株)フューチャースコープを設立
2009年5月	(株)Fを設立(後:(株)BOOOM)
2010年3月	(株)総合メディアを設立
2010年4月	(株)ヒーローズを設立
2010年12月	アイピー・ブロス(株)を設立
2011年5月	トータル・ワークアウトプレミアムマネジメント(株)を設立
2012年6月	チェアサイド(株)を設立(後:(株)クリスティーナ)
2013年9月	(株)エフを設立(後:(株)XAAX)

2474　フィンテック　グローバル(株)
[証券コード]8789
[上場区分]東証マザーズ

1994年12月	フィンテック　グローバル(株)を設立
2001年4月	フィンテック　キャピタル　リスク　ソリューションズ(株)を設立
2009年6月	(株)公共ファイナンス研究所と(株)公共財アセットマネジメントを設立

2475　(株)フェイス
[証券コード]4295
[上場区分]東証一部

1992年	(株)フェイスを設立
2002年5月	Faith West Inc.を設立(後清算)
2004年5月	Digiplug S.A.S.から会社分割によりFaith Technologies S.A.S.を設立
2006年4月	(株)ブレイブを設立
2006年8月	(株)デスペラードを設立(後:(株)フ

	2007年5月	(株)フェイス・ビズを会社分割により設立	2013年5月	SmartEbook.com Mexico, S.de R.L. de C.V.を設立
	2009年4月	(株)フェイス・ビズを吸収合併	2013年5月	SmartEbook.com Vietnam Company Limitedを設立
	2011年9月	日本コロムビア(株)と合弁により(株)フューチャーレコーズを設立	2013年8月	PT.SMARTEBOOKCOM INDONESIAを設立
			2014年11月	(株)フォーサイドブックを設立(後:(株)モビぶっく)

2476　(株)フェリシモ
[証券コード]3396
[上場区分]東証一部

1965年5月	(株)ハイセンスを設立
1989年12月	〈旧〉(株)フェリシモに商号変更
1990年8月	Felissimo Universal Corporation of Europeを設立(後解散)
1999年9月	北京幸福生活貿易有限公司を設立(後解散)
2002年8月	(株)フェリシモを分割設立
2003年5月	上海芬理希夢時装有限公司を設立(後解散)
2004年2月	(株)フェリシモを吸収合併
2005年12月	芬理希夢(北京)商貿有限公司を設立(後解散)

2477　(株)フェローテック
[証券コード]6890
[上場区分]ジャスダックスタンダード

1980年9月	(株)日本フェローフルイディクスを設立
1992年1月	杭州大和熱磁電子有限公司を設立
1995年5月	上海申和熱磁電子有限公司を設立
1995年10月	(株)フェローテックに社名変更
1998年7月	(株)フェローテッククオーツを設立
2005年3月	上海漢虹精密機械有限公司を設立
2005年4月	杭州和源精密工具有限公司を設立
2005年12月	杭州先進陶瓷材料有限公司を設立
2006年9月	台湾飛羅特股份有限公司を設立(後:台湾飛羅得股份有限公司)
2006年10月	杭州先進石英材料有限公司を設立
2008年3月	香港漢虹新能源装備集団有限公司を設立
2010年9月	杭州晶鑫科技有限公司を設立
2011年4月	寧夏銀和新能源科技有限公司と寧夏富楽徳石英材料有限公司を設立
2011年10月	(株)フェローテックシリコンと合併

2478　(株)フォーサイド・ドット・コム
[証券コード]2330
[上場区分]ジャスダックスタンダード

2000年3月	(株)フォーサイド・ドット・コムを設立
2003年8月	For-side.com KOREA Co., Ltd.を設立
2003年9月	For-side.com.U.S.A.Co., Ltd.を設立
2003年10月	For-side.com.U.K.Co., Ltd.を設立
2004年7月	For-sidePlus.U.K.Co., Ltd.を設立(後解散)
2004年7月	For-sidePlus.U.S.A.Co., Ltd.を設立
2004年9月	For-sidePlus.KOREA.Co., Ltd.を設立(後解散)
2005年4月	(株)ハリケーンを吸収合併
2009年8月	For-side.com.AU.PTY., Ltdを設立(後解散)
2011年4月	(株)SmartEbook.comに社名変更
2012年7月	Indo SmartEbook.com Private Limitedを設立
2015年1月	(株)フォーサイド・ペイメントゲートウェイを設立
2015年4月	(株)フォーサイドに社名変更
2015年4月	フォーサイドエンタテイメント(株)を設立

2479　(株)フォーシーズホールディングス
[証券コード]3726
[上場区分]東証二部

1998年10月	サイトデザイン(株)を設立
2003年12月	(株)SDホールディングスを設立
2004年1月	アーツテクノロジー(株)を設立
2004年3月	(株)フェヴリナの全株式を取得し完全子会社化
2005年11月	ユーロスポーツ(株)を設立
2008年8月	(株)フェヴリナを吸収合併し(株)フェヴリナに商号変更
2012年4月	(株)フェヴリナ販売を設立
2012年7月	(株)フェヴリナに会社分割の方法により事業を分割し(株)フェヴリナホールディングスに持株会社体制に移行し商号変更
2012年10月	ソフトエナジーホールディングスを完全子会社化
2014年6月	(株)サイエンスボーテを完全子会社化
2015年2月	(株)フォーシーズホールディングスに商号変更

2480　フォスター電機(株)
[証券コード]6794
[上場区分]東証一部

1949年6月	信濃音響研究所を設立
1953年5月	信濃音響(株)に社名変更
1962年2月	フォスター電機(株)に社名変更
1971年5月	フォスター音響(株)を設立
1973年6月	フォテクス(株)を設立
1986年11月	(株)トネゲンを吸収合併
2003年4月	フォステクス(株)を吸収合併
2006年1月	フォスターエレクトリック(ベトナム)Co., Ltd.を設立
2006年5月	豊達電機(常州)有限公司を設立
2007年11月	豊達電機(南寧)有限公司を設立
2008年4月	フォスターエレクトリックIPO(タイランド)Ltd.を設立
2008年6月	フォスターエレクトリック(ダナン)Co., Ltd.を設立
2010年1月	フォスターエレクトリック(バクニン)Co., Ltd.を設立
2010年1月	豊達音響(河源)有限公司を設立
2011年3月	豊達電機(崇左)有限公司を設立
2011年12月	豊達電機(高州)有限公司を設立
2012年7月	ミャンマーフォスターエレクトリックCo., Ltd.を設立
2012年9月	ESTec Phu Tho Co., Ltd.を設立
2013年2月	ESTec Corporation (Cambodia)

2013年2月	フォスターエレクトリック（クアンガイ）Co., Ltd.を設立
2014年12月	フォスターエレクトリック（ティラワ）Co., Ltd.を設立

2481　（株）フォーバル
[証券コード]8275
[上場区分]東証一部

1980年9月	新日本工販（株）を設立
1990年7月	（株）フォーバルラネッサンスを設立
1991年4月	（株）フォーバルシーディーケーを設立（後：（株）フォーバル総合研究所）
1991年6月	（株）フォーバルクリエーティブを設立
1991年10月	（株）フォーバルに社名変更
1995年	（株）フォーバル テレコムを設立
1997年4月	（株）新出光と共同で出資し（株）新出光フォーバルを設立
2000年2月	（株）イノベイトと共同で出資し（株）エーゼットを設立
2002年2月	ビー・ビー・テクノロジー（株）と共同で出資しビー・ビー・コミュニケーションズ（株）を設立
2003年2月	（株）セブンライズを設立
2004年6月	（株）ゲートフォーを設立
2005年7月	（株）フォーバライブを設立
2006年5月	（株）プロセス・マネジメントを設立
2010年5月	FORVAL (CAMBODIA) CO., LTD.を設立
2011年7月	PT.FORVAL INDONESIAを設立
2011年8月	FORVAL VIETNAM CO., LTD.を設立
2014年8月	ITEC VIETNAM CO., LTD.を設立

2482　（株）フォーバルテレコム
[証券コード]9445
[上場区分]東証二部

1995年4月	フォーバル・インターナショナル・テレコミュニケーションズ（株）を設立
1998年8月	（株）フォーバルテレコムに社名変更
2002年2月	ビー・ビー・コミュニケーションズ（株）を設立（後売却）
2002年2月	ビー・ビー・テクノロジー（株）を設立（後：ソフトバンクモバイル（株））
2008年10月	（株）ホワイトビジネスイニシアティブを設立
2012年12月	（株）新英を吸収合併

2483　（株）フォーバル・リアルストレート
[証券コード]9423
[上場区分]ジャスダックスタンダード

1995年3月	（株）東海ビジネスを設立
2000年4月	（株）フリードに社名変更
2004年11月	（株）アンタックを設立（後：（株）FRSファシリティーズ）
2009年7月	（株）フォーバル・リアルストレートに社名変更

2484　（株）fonfun
[証券コード]2323
[上場区分]ジャスダックスタンダード

1997年3月	ネットビレッジ（株）を設立
2000年3月	NetVillage, Inc.を設立
2004年6月	上海網村信息技術有限公司を設立（後売却）
2005年10月	NVソフト（株）を設立
2006年4月	合肥網村信息技術有限公司を設立（当社連結子会社）
2006年7月	（株）エンコード・ジャパンを吸収合併
2006年10月	（株）fonfunに社名変更
2009年12月	（株）FunFusionを設立

2485　（株）福井銀行
[証券コード]8362
[上場区分]東証一部

1899年12月	（株）福井銀行を設立
1910年11月	大手銀行を買収
1912年6月	越前商業銀行を合併
1914年8月	三国商業銀行を買収
1919年6月	若狭商業銀行を合併
1924年4月	高浜銀行を合併
1924年8月	大七銀行を合併
1926年4月	石川銀行を合併
1928年5月	嶺南銀行を合併
1930年12月	森田銀行を合併
1932年2月	洪盛銀行を買収
1944年12月	福井信託（株）を合併
1945年11月	森田貯蓄銀行を合併
1982年11月	福井信用保証サービス（株）を設立
1983年9月	福銀住商リース（株）を設立（後：（株）福銀リース）
1983年12月	（株）福井経済経営研究所を設立
1986年8月	（株）福井ディーシーカードを設立（後：（株）福井カード）
1986年12月	福銀ビジネスサービス（株）を設立
1993年6月	福銀スタッフサービス（株）を設立（後清算）
1994年4月	福銀オフィスサービス（株）を設立（後清算）
1996年4月	福銀総合管理（株）を設立（後清算）
1997年4月	福銀ネットワーク（株）を設立
2004年1月	（株）福銀ローンワークを設立（後清算）
2006年12月	Fukui Preferred Capital Cayman Limitedを設立

2486　福井コンピュータホールディングス（株）
[証券コード]9790
[上場区分]東証一部

1979年10月	福井コンピューター販売（株）を設立
1984年6月	（株）アテナシステムを設立（後解散）
1985年2月	福井コンピューター（株）に社名変更
1989年9月	福井コンピュータ（株）に社名変更
2004年1月	福申信息系統(上海)有限公司を設立（後出資金持分全部譲渡）
2012年7月	福井コンピュータアーキテクト（株）と〈新〉福井コンピュータ（株）を設立
2012年7月	福井コンピュータホールディングス（株）に社名変更
2013年7月	福井コンピュータスマート（株）を設立

2487　（株）福岡銀行

1945年3月	（株）十七銀行と（株）筑邦銀行と（株）嘉穂銀行と（株）福岡貯蓄銀行が合併し（株）福岡銀行を設立
1976年10月	福銀ビジネスサービス（株）を設立（後：福銀事務サービス（株））

ふくおかふ

1978年6月	福岡信用保証サービス(株)を設立(後：ふくぎん保証(株))
1979年10月	福岡コンピューターサービス(株)を設立
2000年3月	福銀不動産調査(株)を設立
2003年5月	ふくおか債権回収(株)を設立
2007年4月	(株)熊本ファミリー銀行と共同株式移転により(株)ふくおかフィナンシャルグループを設立
2008年8月	(株)FFGビジネスコンサルティングを設立

2488　(株)ふくおかフィナンシャルグループ
[証券コード]8354
[上場区分]東証一部

| 2007年4月 | 福岡銀行と熊本ファミリー銀行が共同株式移転により(株)ふくおかフィナンシャルグループを設立 |
| 2007年5月 | 親和銀行を経営統合し完全子会社とする |

2489　福島印刷(株)
[証券コード]7870
[上場区分]名証二部

1952年9月	福島印刷(株)を設立
1961年9月	加越印刷(株)を設立
1962年7月	加越印刷(株)を合併

2490　(株)福島銀行
[証券コード]8562
[上場区分]東証一部

1922年11月	湯本信用無尽(株)を設立
1939年11月	福島無尽(株)を吸収合併し(株)福島無尽金庫に社名変更
1951年10月	(株)福島相互銀行に社名変更
1989年2月	(株)福島銀行に社名変更
1989年5月	福銀ユニオンクレジット(株)を設立(後：(株)福島カードサービス)
1995年12月	(株)東北バンキングシステムズを設立

2491　福島工業(株)
[証券コード]6420
[上場区分]東証一部

1951年12月	福島工業(株)を設立
1994年2月	(株)スリー・エフを設立
1998年5月	(株)エイチ・エム・アールを設立
2001年11月	フクシマトレーディング(株)を設立
2002年9月	フクシマ東冷(株)を設立
2003年8月	福島国際韓国(株)を設立
2004年4月	福島国際シンガポール(株)を設立
2004年8月	台湾福島国際股份有限公司を設立
2008年10月	福久島貿易(上海)有限公司を設立
2012年7月	福島国際マレーシア(株)を設立
2013年1月	FSP(株)を設立
2013年8月	福島国際タイランド(株)を設立
2013年10月	福島国際(ベトナム)(有)を設立
2014年4月	福島工業(タイランド)(株)を設立

2492　(株)福田組
[証券コード]1899
[上場区分]東証一部

1902年1月	(個)福田組を設立
1927年12月	(株)福田組に改組
1959年4月	興和地下建設(株)を設立(後：(株)興和)
1970年11月	福田道路(株)を設立
1972年6月	福田不動産(株)を設立(後：(株)リフレ)
1973年12月	(株)北日本ハウジングを設立(後：(株)リフレ)
1973年12月	(株)北日本仮設センターを設立(後：北日本建材リース(株))
1975年10月	新潟道路サービス(株)を設立(後：(株)レックス)
1988年11月	(株)阿賀高原開発を設立
1994年10月	(株)エフ・アンド・エフを設立(後：福田不動産(株))
1996年6月	福田リニューアル(株)を設立
1997年7月	ジーエス産業(株)を設立(後：(株)阿賀高原開発)
2001年6月	管周推進技建(株)を設立
2011年1月	(株)リアスを設立

2493　フクダ電子(株)
[証券コード]6960
[上場区分]ジャスダックスタンダード

1939年	福田特殊医療電気製作所を設立
1948年7月	(株)福田電機製作所に社名変更
1950年6月	福田エレクトロ製作(株)に社名変更
1960年10月	福田エレクトロ(株)に社名変更
1962年7月	福田エレクトロ近畿販売(株)を設立(後：フクダ電子近畿販売(株))
1969年10月	フクダ医療電機(株)と合併しフクダ電子(株)に社名変更
1972年7月	フクダ電子商事(株)を設立(後：(株)フクダメディカル開発)
1973年12月	(株)フクダ電子本郷事業所を設立(後：フクダ電子技術サービス(株))
1988年1月	フクダ電子中部特器(株)を設立(後：フクダライフテック中部(株))
1988年1月	関西特器(株)を設立(後：フクダライフテック関西(株))
1991年2月	エフアンドエル(株)を設立(後：フクダ電子(株))
1992年4月	フクダバイタルテック(株)を設立(後：フクダライフテック(株))
1993年7月	フクダインターベンションシステムズ(株)を設立
1994年10月	フクダライフテック広島(株)を設立(後：フクダライフテック中国(株))
1994年10月	フクダライフテック南東北(株)を設立
2001年10月	京セラコミュニケーションシステム(株)と共同で出資しメディカルデータ(株)を設立
2003年4月	フクダメディカルソリューション(株)を設立
2004年4月	フクダ広島販売(株)を設立
2006年4月	フクダ電子東京中央販売(株)とフクダ電子三岐販売(株)を設立
2006年10月	フクダカーディアックラボ関東(株)とフクダカーディアックラボ関西(株)を設立(後清算)
2012年10月	(株)メトランと合弁しブレステクノロジー(株)を設立
2013年4月	フクダライフテック京滋(株)を設立
2015年3月	フクダライフテック東京西(株)を設立

2494　福留ハム(株)
[証券コード]2291
[上場区分]東証二部

1948年3月	福留ハム製造所を設立
1958年3月	福留ハム(株)に社名変更
1973年1月	(株)佐賀福留を設立
1979年10月	(株)宮崎福留を設立
1982年7月	小倉フーズ(株)を設立
1983年2月	(株)広島フーズを設立(後:(株)福留ハムパックセンター)
1992年12月	松戸福留(株)を設立
1997年6月	昴(株)を設立
2002年9月	福留東販(株)を吸収合併
2005年3月	小倉フーズ(株)を吸収合併
2012年1月	(株)福留ハムパックセンターと昴(株)を吸収合併

2495　フクビ化学工業(株)
[証券コード]7871
[上場区分]東証二部

1953年5月	福井ビニール工業(株)を設立
1970年1月	フクビ化学工業(株)に社名変更
1991年11月	伊藤忠建材(株)と(株)北洲と共同で出資しフクビハウジング(株)を設立
1992年10月	フクビミカタ工業(株)を吸収合併
1996年6月	三井物産(株)と共同でFUKUVI USA, INC.を設立
2011年8月	エアサイクルホームシステム(株)を吸収合併
2013年4月	長瀬産業(株)と共同でFUKUVI VIETNAM CO., LTD.を設立

2496　(株)福山コンサルタント
[証券コード]9608
[上場区分]ジャスダックスタンダード

1963年11月	(株)福山コンサルタントを設立
1980年10月	(株)トランスポートリサーチを設立
1982年1月	(株)フクヤマコンサルタンツ・インターナショナルを設立
1997年12月	(株)フクヤマコンサルタンツ・インターナショナルを吸収合併
2001年5月	(株)トランスポートリサーチを吸収合併
2007年8月	(株)福山リサーチ&インキュベーションセンターを設立
2011年1月	(株)Health Monitoring Businessを設立
2013年1月	(株)環境調査技術研究所を吸収合併

2497　福山通運(株)
[証券コード]9075
[上場区分]東証一部

1945年4月	広島県貨物自動車(株)を設立
1948年9月	広島県貨物自動車(株)の福山支店が分離独立し福山貨物運送(株)に社名変更
1950年8月	福山通運(株)に社名変更
1951年10月	備南運輸(有)を合併
1967年10月	日本急配運送(株)を合併
1968年10月	(有)若津トラックを合併
1969年4月	長北運輸(株)を合併
1970年7月	三次急送(株)を合併
1985年4月	四国福山運輸(株)を設立
1988年11月	新潟福山運輸(株)を設立
1995年5月	福通エクスプレス(株)を設立
1999年11月	南九州福山運輸(株)を設立
2000年9月	ジェイロジスティクス(株)を設立
2000年12月	(株)日立物流と共同で出資しエアアンドエイチエアエクスプレス(株)を設立
2004年2月	グリーンスタッフサービス(株)を設立
2004年9月	グリーンオートサービス(株)を設立
2004年9月	福通エクスプレス福島(株)を設立
2004年9月	北関東福山通運(株)を設立
2005年1月	南東北福山通運(株)を設立
2005年1月	北東北福山通運(株)を設立
2005年10月	福山通運包装整理(上海)有限公司を設立
2011年3月	福山エコオートサービス(株)を設立
2014年10月	FUKUYAMA GLOBAL SOLUTIONS (CAMBODIA) INC.を設立
2015年2月	福山スペースチャーター(株)を設立

2498　(株)フコク
[証券コード]5185
[上場区分]東証一部

1953年12月	富国ゴム工業(株)を設立
1986年1月	(株)フコクに社名変更
1987年5月	韓国フコク(株)を設立
1994年11月	バーミリオンラバーテクノロジーインクを設立(後清算)
1995年12月	サイアムフコク(株)を設立
1997年12月	(株)フコクインドネシアを設立
2001年1月	上海フコク有限公司を設立
2001年5月	フコクアメリカインクとフコクサウスカロライナインクを設立(後:フコクアメリカインク)
2002年4月	フコク貿易(上海)有限公司を設立
2002年5月	富原産業(株)を設立(後:韓国フコク(株))
2003年7月	東莞フコク有限公司を設立
2004年12月	CFゴンマ社との合弁でCFフコクルクセンブルクS.A.を設立(後清算)
2005年9月	貴州CFAゴンマ有限公司を設立
2011年1月	フコクインディア(株)を設立
2011年1月	南京富国勃朗峰橡胶有限公司を設立
2011年3月	フコクベトナム(有)を設立
2014年4月	フコクチェコ(有)を設立
2014年7月	フコクメキシコ(株)を設立

2499　富国生命保険相互会社

1923年11月	富国徴兵保険相互会社を創立
1945年9月	富国生命保険相互会社に社名変更
2002年4月	フコク情報システム(株)を設立
2004年4月	富国生命スタッフサービス(株)を設立
2014年4月	富国生命リサーチ(シンガポール)(株)を設立

2500　(株)フジ
[証券コード]8278
[上場区分]東証一部

1967年9月	十和(株)が出資し(株)フジを設立
1976年11月	(株)浜本とフジリビング(株)を吸収合併
1978年3月	(株)フジ(宇和島市)と(株)トーワフジマートと(株)フジマートとフジ青果(株)と(株)フジ津島店を吸収合併

企業名変遷要覧2

1984年2月	(株)フジドルフィンクラブを設立
1985年2月	(株)メディコ・二十一を設立
1993年2月	(株)オリックスレンタカー四国を設立(後：(株)フジ・レンタリース)
1995年3月	(株)西南企画を設立
1998年7月	(株)フジファミリーフーズと(株)フジセキュリティを設立
2007年10月	(株)ユーミーケアを設立
2009年6月	フジ・TSUTAYA・エンターテイメント(株)を設立
2012年6月	(株)フジ・カードサービスを設立
2013年5月	(株)フジファームを設立
2013年12月	(株)フジ・スポーツ&フィットネスを設立
2014年7月	(株)フジマート四国を設立

2501　富士エレクトロニクス(株)

1970年9月	富士エレクトロニクス(株)を設立
1980年	フジ・エレクトロニクス・アメリカ・インクを設立
1984年	富士半導体有限公司を設立
1995年	フジ・セミコンダクター・シンガポールPTE LTDを設立
2004年	富際電子貿易(上海)有限公司を設立
2012年	富士セミコンダクター(タイ)(株)を設立
2015年	(株)マクニカと経営統合しマクニカ・富士エレホールディングス(株)を設立(共同持株会社)

2502　フジオーゼックス(株)
[証券コード]7299
[上場区分]東証二部

1951年12月	園池バルブ(株)を設立
1952年6月	富士バルブ(株)に社名変更
1985年11月	(有)富士バルブ興業を設立(後：(株)テトス)
1989年6月	湘南物流(株)を設立(後：(株)ジャトス)
1992年12月	フジオーゼックス(株)に社名変更
1998年10月	(株)フジテクノを設立
2010年8月	TRW社と新韓バルブ工業との合弁で富士気門(広東)有限公司を設立
2013年9月	PT. Prospect Motorとの合弁でPT. FUJI OOZX INDONESIAを設立
2014年8月	大同興業(株)との合弁でFUJI OOZX MEXCO, S.A. DE C.V.を設立

2503　(株)フジオフードシステム
[証券コード]2752
[上場区分]ジャスダックスタンダード

1999年11月	(株)フジセイ・コーポレーションと(株)ベンチャー・リンクが共同で出資し(株)フジオフードシステムを設立
2005年1月	(株)フジセイ・コーポレーションを吸収合併
2006年6月	上海藤尾餐飲管理有限公司を設立
2011年10月	FUJIO FOOD SYSTEM SINGAPORE PTE.LTD.を設立
2012年2月	(株)ホノルルコーヒージャパンを設立
2012年6月	FUJIO FOOD SYSTEM FRANCHISING, INC., を設立
2013年9月	MBK FOOD SYSTEM CO., LTD.を設立
2013年11月	美樂食餐飲股份有限公司を設立

2504　不二硝子(株)
[証券コード]5212
[上場区分]ジャスダックスタンダード

1916年7月	中野硬質硝子製造所を設立
1936年5月	(資)中野硬質硝子製造所に改組
1942年12月	不二硝子(株)に社名変更
1950年4月	(株)芙蓉商会を吸収合併
1971年5月	常磐硝子(株)を設立

2505　富士機械製造(株)
[証券コード]6134
[上場区分]東証一部

1959年4月	〈元〉富士機械製造(株)を設立
1962年10月	〈別〉富士機械製造(株)と合併(額面変更)し富士機械製造(株)に社名変更
1977年4月	(株)マコト工業を設立
1992年11月	(株)リンセイシステムを設立(後：(株)エデックリンセイシステム)
1994年10月	(株)エデックを買収
1994年11月	フジマシン アメリカ コーポレイションを設立
1995年11月	フジ ド ブラジル マキナス インダストリアイス リミターダを設立
2007年11月	富社(上海)商貿有限公司を設立
2012年1月	昆山之富士機械製造有限公司を設立

2506　富士機工(株)
[証券コード]7260
[上場区分]東証一部

1944年11月	富士紡績(株)が全額出資し富士兵器(株)を設立
1945年10月	富士機工(株)に社名変更
1959年7月	埼玉機工(株)を設立
1985年7月	九州富士機工(株)を設立
1986年5月	若泉富士機工(株)を設立
1986年10月	佐久間富士機工(株)を設立
1986年10月	東三河富士機工(株)を設立(後：相模富士機工(株))
1987年9月	エレクトロラクス・オートリブAB《スウェーデン》と共同で出資し富士オートリブ(株)を設立
1988年6月	関東富士機工(株)を設立
1989年6月	(株)エフ・アール・ディーを設立
1991年12月	(株)イー・エフ・ケーを設立
1996年3月	PT・オートテック・インドネシアを設立
2000年7月	フジキコーオブユーエスエー・コーポレーションを設立
2002年10月	フジ・コーヨー・チェコ・s.r.o.を設立
2005年1月	広州富士機工汽車部件有限公司を設立
2005年4月	(株)富士機工クラタを設立
2006年6月	サミット・フジキコー・クラタ・マニュファクチャリング・Co., Ltd.を設立
2007年8月	ソナ・フジキコー・オートモティブ・Ltd.を設立
2010年4月	フジキコー・ハマーシュタイン・オートモティブ・GmbHを設立
2011年3月	浙江富昌泰汽車零部件有限公司を設立
2013年1月	フジキコー・ヨーロッパ・S.A.S.を

2013年10月	フジキコー・メキシコ・S.A. DE C.V.を設立
2013年12月	富昌(福州)汽車部件開発有限公司を設立

2507 (株)フジクラ
[証券コード]5803
[上場区分]東証一部

1910年3月	藤倉電線護謨(名)より電線部門を分離独立し**藤倉電線(株)**を設立
1956年2月	東日本熔銅(株)を合併
1959年2月	(株)ワイヤーハーネス製作所を設立
1992年10月	**(株)フジクラ**に社名変更
2001年	(株)シンシロケーブルを設立
2001年	(株)ビスキャスを設立
2005年1月	三菱電線工業(株)と販売合弁し(株)フジクラ・ダイヤケーブルを設立
2005年3月	America Fujikura Ltd.を設立
2009年5月	Fujikura Automotive Morocco Tangier, S.A.を設立
2009年5月	藤倉烽火光電材料科技有限公司を設立
2010年4月	Fujikura Electronics (Thailand) Ltd.を設立
2011年5月	Fujikura Automotive Paraguay S.A.を設立
2011年10月	Fujikura Automotive Morocco Kenitra, S.A.を設立
2013年6月	PT. FUJIKURA INDONESIAを設立

2508 藤倉化成(株)
[証券コード]4620
[上場区分]東証一部

1938年9月	藤倉工業(株)と藤倉電線(株)の化学部門を分離し**藤倉化学工業(株)**を設立
1943年9月	片岡塗料(株)を吸収合併
1945年10月	**藤化成(株)**に社名変更
1958年12月	**藤倉化成(株)**に社名変更
1982年10月	(株)中京ペイントサービスを設立
1984年5月	フジケミカル(株)を設立
1986年7月	フジケミ東京(株)を設立
1996年5月	FUJIKURA KASEI (SINGAPORE) PTE LTDを設立(後清算)
2002年4月	FUJIKURA KASEI (THAILAND) CO., LTD.を設立
2004年7月	藤倉化成塗料(天津)有限公司を設立
2005年7月	藤倉化成(佛山)塗料有限公司を設立
2008年2月	FUJICHEM, INC.を設立
2009年12月	上海藤倉化成塗料有限公司を設立
2010年11月	FUJIKURA KASEI COATING INDIA PRIVATE LIMITEDを設立
2013年9月	FUJIKURA KASEI MALAYSIA SDN.BHD.を設立
2014年3月	FUJIKURA KASEI VIETNAM CO., LTD.を設立

2509 藤倉ゴム工業(株)
[証券コード]5121
[上場区分]東証一部

1901年10月	**藤倉電線ゴム(名)**を設立
1910年3月	**藤倉(名)防水布製造所**に社名変更
1920年4月	**藤倉工業(株)**に社名変更
1948年10月	**藤倉ゴム工業(株)**に社名変更
1953年2月	藤栄運輸(株)を設立
1985年6月	藤栄産業(株)を設立
1991年4月	(株)キャラバンを設立
1994年4月	Fujikura Composite America, Inc.を設立
1996年4月	杭州藤倉橡膠有限公司を設立
2002年9月	FUJIKURA COMPOSITES HAIPHONG, Inc.を設立
2009年7月	FUJIKURA GRAPHICS, INC.を設立
2011年2月	安吉藤倉橡膠有限公司を設立
2012年3月	Fujikura Composites Korea, Co., Ltd.を設立

2510 (株)フジコー
[証券コード]3515
[上場区分]ジャスダックスタンダード

1951年7月	**富士帽子工業(株)**を設立
1971年3月	**(株)フジコー**に社名変更
1983年9月	(有)フジコーサービスを設立
1997年3月	富士工香港有限公司を設立
1999年4月	富士工商事(株)を吸収合併
2010年10月	富士工精密器材(深圳)有限公司を設立
2012年10月	(有)フジコーサービスを吸収合併
2013年2月	PT.FUJIKO INDONESIAを設立

2511 富士興産(株)
[証券コード]5009
[上場区分]東証一部

1949年9月	**富士興産(株)**を設立
1965年10月	兵庫富士興産販売(株)を設立(後:エフケー石油販売(株))
1966年10月	富士興産アスファルト(株)を設立
1978年10月	富士興産タンカー(株)を設立(後:エフケールブネット(株))
1982年7月	富士タンク設備(株)を設立(後:富士エンジニアリング(株))
2000年10月	富士興産アスファルト(株)を吸収合併
2006年7月	富士油業(株)とエフケー石油販売(株)を吸収合併
2010年7月	エフケールブネット(株)を吸収合併

2512 (株)不二越
[証券コード]6474
[上場区分]東証一部

1928年12月	**不二越鋼材工業(株)**を設立
1931年9月	(個)三宅工具製作所を合併
1938年3月	第二不二越鋼材工業(株)を合併
1941年10月	九州特殊鋼(株)を合併
1962年9月	ナチ工具販売(株)を設立
1963年8月	**(株)不二越**に社名変更
1969年4月	(株)ナチベアリングを設立
1970年11月	(株)ナチ油圧センターを設立
1984年4月	(株)滑川不二越を設立
1987年7月	建信啓記股份有限公司と合弁で建越工業股份有限公司を設立
1988年5月	大成産業(株)と合弁で大成NACHI油圧工業(株)を設立
1988年10月	NACHI TECHNOLOGY INC.を設立
1989年1月	NACHI PILIPINAS INDUSTRIES, INC.を設立
1989年2月	NACHI ROBOTIC SYSTEMS INC.

1999年12月	NACHI TECHNOLOGY (THAILAND) CO., LTD.を設立	1962年2月	ランクゼロックス社《英国》と共同で出資し富士ゼロックス（株）を設立
2003年10月	NACHI CZECH s.r.o.を設立	1965年4月	フジカラー販売（株）を設立
2004年1月	上海不二越精密軸承有限公司を設立	1990年3月	富士フイルムマイクロデバイス（株）を設立
2004年2月	（株）不二越コムサービスを設立		
2004年7月	那智不二越（上海）貿易有限公司を設立	1990年12月	（株）フジックスを設立
2005年9月	NACHI PRECISION NORTH CAROLINA INC.を設立（後：NACHI TOOL AMERICA INC.）	1993年10月	千代田メディカル（株）を設立
		2006年10月	**富士フイルムホールディングス（株）**に商号変更

2516 フジ住宅（株）
［証券コード］8860
［上場区分］東証一部

1973年4月	**フジ住宅（株）**を設立
1988年6月	フジハウジング（株）を設立（後：フジ工務店（株））
1988年9月	フジ工務店（株）とフジ住宅販売（株）を吸収合併
1991年11月	（株）フジイリュージョンを設立（後清算）
2005年6月	フジ・アメニティサービス（株）を設立
2008年10月	フジ工務店（株）を吸収合併

2006年11月	SAMVARDHANA MOTHERSON FINANCE LTD.と合弁でNACHI MOTHERSON TOOL TECHNOLOGY LTD.を設立
2008年9月	ナチ鋼材（株）を吸収合併
2008年12月	（株）ナチ山陽を設立
2009年5月	（株）ナチツールエンジニアリングを設立
2010年10月	SAMVARDHANA MOTHERSON FINANCE LTD.と合弁でNACHI MOTHERSON PRECISION LTD.を設立
2012年3月	KG INTERNATIONAL FZCOと合弁でNACHI KG TECHNOLOGY INDIA PRIVATE LTD.を設立
2012年3月	那智不二越（江蘇）精密機械有限公司を設立
2013年6月	（株）ナチ山陽と（株）ナチ九州を吸収合併
2014年9月	NACHI TECHNOLOGY MEXICO S.A. DE C.V.を設立

2517 （株）藤商事
［証券コード］6257
［上場区分］ジャスダックスタンダード

1966年10月	**（株）藤商事**を設立
2003年4月	（株）第一藤工業を吸収合併
2005年6月	（株）JFJを設立

2518 （株）フジシールインターナショナル
［証券コード］7864
［上場区分］東証一部

1958年10月	**（株）藤尾製作所**を設立
1967年5月	**冨士シール工業（株）**に社名変更
1985年7月	〈旧〉（株）フジシールを販売会社として設立
1994年9月	〈旧〉（株）フジシールを合併し（株）フジシールに社名変更
2004年10月	（株）フジシールインターナショナルに社名変更
2005年5月	Fuji Seal Poland Sp.zo.o.を設立
2007年1月	（株）フジタックイーストを設立
2008年10月	Fuji Seal Packaging de Mexico, S.A. de C.V.とFuji Seal Personnel Services, S.A.de C.V.を設立
2009年12月	Fuji Seal Iberia S.L.U.を設立
2010年7月	Fuji Seal B.V.を設立
2010年11月	（株）フジシールサウスイーストアジアを設立
2011年2月	PT.Fuji Seal Indonesiaを設立
2011年5月	Fuji Seal Vietnam Co., Ltd.を設立
2014年2月	（株）フジシールウエストを設立

2513 フジコピアン（株）
［証券コード］7957
［上場区分］東証二部

1950年3月	**富士化学紙工業（株）**を設立
1992年1月	**フジコピアン（株）**に社名変更
2002年2月	フジコピアン（USA）インクを設立

2514 不二サッシ（株）
［証券コード］5940
［上場区分］東証二部

1946年12月	**土建資材（株）**を設立
1949年10月	**大成産業（株）**に社名変更
1961年6月	**不二サッシ販売（株）**に社名変更
1981年10月	不二サッシ工業（株）と不二サッシ販売（株）と不二サッシ（株）を合併し**不二サッシ（株）**に社名変更
2000年7月	関西不二サッシ（株）を設立
2001年7月	（株）不二サッシ東北と（株）不二サッシ関東と（株）不二サッシ関西と（株）不二サッシ九州を設立

2519 不二精機（株）
［証券コード］6400
［上場区分］ジャスダックスタンダード

1965年7月	**不二精機（株）**を設立
2001年1月	THAI FUJI SEIKI CO., LTD.を設立
2001年9月	上海不二精機有限公司を設立
2001年12月	蘇州不二設計技術有限公司を設立
2002年3月	蘇州不二精机有限公司を設立

2515 富士フイルムホールディングス（株）
［証券コード］4901
［上場区分］東証一部

1934年1月	大日本セルロイド（株）の写真フィルム部門を分離継承し**富士写真フイルム（株）**を設立
1934年6月	東洋乾板（株）を合併
1936年7月	（株）富士板金工房を設立
1944年3月	富士写真光機製作所を設立
1946年4月	天然色写真（株）を設立（後：（株）フジ

2002年11月　　常州不二精机有限公司を設立
　　　2009年7月　　（株）スーパージュエルボックスジャパンを吸収合併
　　　2012年10月　　PT. FUJI SEIKI INDONESIAを設立

2520　富士精工(株)
[証券コード]6142
[上場区分]名証二部
　　　1958年3月　　**富士精工(株)を設立**
　　　1984年3月　　富士エンジニアリング(株)を設立
　　　1988年1月　　韓富エンジニアリング(株)を設立
　　　1988年5月　　アキュロム(U.K.)リミテッドを設立
　　　1988年7月　　サンセツオーストラリアP.T.Y.リミテッドを設立(後：サンセルP.T.Y.リミテッド)
　　　1989年6月　　アキュロムU.S.A.インコーポレーテッドを設立
　　　1993年11月　　P.T.フジプレシシツールインドネシアを設立
　　　1995年10月　　大連富士工具有限公司を設立
　　　2004年5月　　アキュロムセントラルヨーロッパ(有)を設立
　　　2004年9月　　広州富士工具有限公司を設立
　　　2005年6月　　長春韓富工具有限公司を設立
　　　2012年12月　　アキュロムメキシコ(株)を設立

2521　富士製薬工業(株)
[証券コード]4554
[上場区分]東証一部
　　　1954年4月　　(個)富士薬品商会を創業
　　　1959年4月　　(有)富士製薬工業を設立
　　　1965年4月　　**富士製薬工業(株)に社名変更**

2522　不二製油グループ本社(株)
[証券コード]2607
[上場区分]東証一部
　　　1950年10月　　不二蚕糸(株)より大阪工場を買収し**不二製油(株)を設立**
　　　1972年　　（株）阪南タンクターミナルを設立
　　　1977年9月　　フジピュリナプロテイン(株)を設立(後：フジプロテインテクノロジー(株))
　　　1982年　　（株）フクシヨクを設立
　　　1986年10月　　PALMAJU EDIBLE OIL SDN.BHD.を設立
　　　1987年6月　　FUJI SPECIALTIES, INC.とFUJI VEGETABLE OIL, INC.を設立
　　　1988年5月　　WOODLANDS SUNNY FOODS PTE.LTD.を設立
　　　1992年2月　　VAMO-FUJI SPECIALITIES, N.V.を設立(後：FUJI OIL EUROPE)
　　　1994年8月　　吉林不二蛋白有限公司を設立
　　　1995年12月　　不二製油(張家港)有限公司を設立
　　　2004年8月　　天津不二蛋白有限公司を設立
　　　2010年2月　　FUJI OIL (THAILAND) CO., LTD.を設立
　　　2012年3月　　FUJI OIL ASIA PTE.LTD.を設立
　　　2015年10月　　**不二製油グループ本社(株)に商号変更**

2523　富士石油(株)
[証券コード]5017
[上場区分]東証一部
　　　1964年4月　　**富士石油(株)を設立**
　　　2003年　　アラビア石油と経営統合しAOCホールディングス(株)を共同持株会社として設立
　　　2013年10月　　AOCホールディングス(株)に吸収合併され**(新)富士石油(株)に社名変更**

2524　富士ソフト(株)
[証券コード]9749
[上場区分]東証一部
〈エービーシ系〉
　　　1967年12月　　朝日ビジネスコンサルタント(株)を設立
　　　1984年10月　　オフィスアドバンス(株)を設立
　　　1986年12月　　(株)エービーシに社名変更
　　　1987年6月　　日本アイ・ビー・エム(株)と共同で出資しエー・アンド・アイシステム(株)を設立
　　　1987年6月　　(株)エービーシーサービスビューロを設立
　　　1991年9月　　(株)テクノウェーブを設立
〈富士ソフト系〉
　　　1970年5月　　(株)富士ソフトウエア研究所を設立
　　　1984年4月　　富士ソフトウェア(株)に社名変更
　　　1995年6月　　富士ソフト(株)に社名変更
　　　　　　　＊　　＊　　＊　　＊
　　　1996年10月　　(株)エービーシと富士ソフト(株)が合併し**富士ソフトエービーシ(株)に社名変更**
　　　1999年4月　　ダイヤモンドコンピュータサービス(株)と共同で出資しダイヤモンド富士ソフト(株)を設立
　　　2006年7月　　**富士ソフト(株)に社名変更**
　　　2008年1月　　(株)V&Vを設立
　　　2010年6月　　イデア・コンサルティング(株)を設立
　　　2011年1月　　(株)V&Vを吸収合併
　　　2014年2月　　富士ソフト・ティッシュエンジニアリング(株)を設立
　　　2014年4月　　富士軟件科技(山東)有限公司を設立

2525　冨士ダイス(株)
[証券コード]6167
[上場区分]東証二部
　　　1949年6月　　冨士ダイス製作所を設立
　　　1956年4月　　**冨士ダイス(株)に改組**
　　　2003年11月　　FUJILLOY (THAILAND) CO., LTD.を設立
　　　2004年12月　　富士模具貿易(上海)有限公司を設立
　　　2010年5月　　PT.FUJILLOY INDONESIAを設立
　　　2012年10月　　FUJILLOY INDIA PRIVATE LIMITEDを設立
　　　2012年12月　　FUJILLOY MALAYSIA SDN.BHD.を設立

2526　藤田エンジニアリング(株)
[証券コード]1770
[上場区分]ジャスダックスタンダード
　　　1926年6月　　藤田電機商会を創業
　　　1942年11月　　**藤田電機(株)を設立**
　　　1964年10月　　藤田工事(株)を設立
　　　1973年3月　　藤田電子(株)を設立
　　　1973年7月　　藤田サービス(株)を設立(後：藤田テクノ(株))
　　　1986年3月　　藤田工事(株)と合併し**藤田エンジニア**

		リング(株)に社名変更
1991年4月		藤田電子システム(株)を吸収合併
1993年2月		藤田産業機器(株)を設立
1998年7月		佐久エレクトロン(株)を設立
2000年4月		佐久エレクトロン(株)を吸収合併
2002年10月		藤田デバイス(株)を設立
2003年5月		藤田水道受託(株)を設立
2012年6月		FUJITA ENGINEERING ASIA PTE.LTD.を設立

2527 藤田観光(株)

[証券コード]9722
[上場区分]東証一部

1955年11月	藤田興業(株)の観光部門が分離独立し〈旧〉藤田観光(株)を設立
1957年10月	藤田物産(株)を設立
1959年8月	京阪神観光(株)を合併
1962年8月	国際観光(株)と合併(額面変更)し藤田観光(株)に社名変更
1964年10月	島原温泉観光(株)を設立
1964年12月	能登興業開発(株)を設立
1972年5月	藤田グリーン・サービス(株)を設立
1972年7月	(株)京都国際ホテルを吸収合併
1973年12月	函館造林(株)を合併
1974年9月	(株)仙台ワシントンホテルを設立(後:藤田観光ワシントンホテル(株))
1977年4月	藤田観光工営(株)を設立
1980年3月	宇都宮ワシントンホテル(株)を設立(後:藤田観光ワシントンホテル(株))
1982年3月	長崎ワシントンホテル(株)を設立(後:藤田観光ワシントンホテル(株))
1983年12月	新宿ワシントンホテル(株)を設立
1984年2月	松江ワシントンホテル(株)を設立
1985年5月	新潟ワシントンホテル(株)を設立(後:藤田観光ワシントンホテル(株))
1986年6月	新宿ワシントンホテル(株)を吸収合併
1987年10月	秋田ワシントンホテル(株)を設立(後:藤田観光ワシントンホテル(株))
1988年7月	沖縄ワシントンホテル(株)を設立(後:藤田観光ワシントンホテル(株))
1990年6月	藤田観光ワシントンホテル旭川(株)を設立
1991年8月	藤田ホテルサービス(株)を設立(後:(株)フェアトン)
1992年4月	福井ワシントンホテル(株)を設立(後:藤田観光ワシントンホテル(株))
2002年4月	関西エアポートワシントンホテル(株)を設立
2003年12月	藤田ホテルマネジメント(株)を設立
2006年10月	(株) Plus Thankを設立
2012年10月	藤田(上海)商務咨詢有限公司を設立
2013年10月	FUJITA KANKO SINGAPORE PTE.LTD.を設立
2014年12月	WHG KOREA INC.を設立

2528 富士通(株)

[証券コード]6702
[上場区分]東証一部

1935年6月	富士電機製造(株)より独立し富士通信機製造(株)を設立
1941年2月	河津無線電機(株)を設立(後:富士通アクセス(株))
1944年11月	(株)金岩工作所を設立(後:富士通フロンテック(株))
1957年6月	新光電気工業(株)を設立
1964年8月	石井通信工業(株)を設立(後:(株)富士通ビジネスシステム)
1967年6月	富士通(株)に社名変更
1968年7月	平山電機商事(株)を設立(後:富士通デバイス(株))
1968年8月	神戸工業(株)を吸収合併
1968年11月	(株)富士通研究所を設立
1972年4月	富士電気化学(株)を設立(後:FDK(株))
1972年5月	富士通ファナック(株)を設立(後:ファナック(株))
1972年10月	富士通テン(株)を設立
1974年7月	熊谷電子(株)を吸収合併
1975年6月	ユーザック電子工業(株)を設立(後:(株)PFU)
1975年6月	日産コンピュータ(株)を設立(後:(株)富士通ビー・エス・シー)
1977年11月	富士通エフ・アイ・ピー(株)を設立
1978年3月	富士通リース(株)を設立
1986年2月	日商岩井(株)と共同で出資し(株)エヌ・アイ・エフを設立
1989年3月	富士通カストマエンジニアリング(株)を設立(後:富士通サポートアンドサービス(株))
2001年10月	富士通コンポーネント(株)を設立
2002年4月	(株)PFUと共同で(株)富士通ITプロダクツを設立
2008年1月	富士通モバイルフォンプロダクツ(株)を設立
2008年3月	富士通マイクロエレクトロニクス(株)を設立(後:富士通セミコンダクター(株))
2008年10月	Fujitsu North America Holdings, Inc.を設立
2010年10月	(株)東芝より携帯電話事業を譲受し富士通東芝モバイルコミュニケーションズ(株)を設立(後:富士通モバイルコミュニケーションズ(株))

2529 富士通コンポーネント(株)

[証券コード]6719
[上場区分]東証二部

1995年	富士通(株)と(株)高見澤電機製作所が共同で出資し富士通高見澤コンポーネント(株)を創立
2001年	(株)高見澤電機製作所と共同で株式を移転し富士通コンポーネント(株)を完全親会社として設立
2003年10月	長野富士通コンポーネント(株)を吸収合併

2530 (株)富士通ゼネラル

[証券コード]6755
[上場区分]東証一部

1936年1月	(株)八欧商店を設立
1942年8月	八欧電機(株)に社名変更
1947年11月	(名)八欧無線電機製作所を吸収合併し八欧無線電機会社に社名変更
1948年11月	八欧無線(株)に社名変更
1955年2月	八欧電機(株)に社名変更
1964年3月	ゼネラル電子工業(株)を設立

1966年11月	(株)ゼネラルに社名変更	
1967年3月	新庄ゼネラル(株)を設立	
1967年3月	青森ゼネラル(株)を設立	
1973年4月	中部ゼネラル(株)を設立	
1976年4月	新庄ゼネラル(株)と中部ゼネラル(株)とゼネラル電子工業(株)と白河ゼネラル(株)を吸収合併	
1984年3月	白河ゼネラル(株)を設立	
1985年10月	(株)富士通ゼネラルに社名変更	
1993年1月	(株)エフエルシーを設立	
1993年1月	(株)富士通ゼネラルカストマサービスを設立	
1994年9月	(株)一関富士通ゼネラルを設立(後:(株)富士通ゼネラルエレクトロニクス)	
1994年9月	(株)新庄富士通ゼネラルを設立	
1994年12月	富士通将軍(上海)有限公司を設立	
1997年8月	Fujitsu General (Asia) Pte. Ltd.を設立	
1997年8月	(株)富士通ゼネラルイーエムシー研究所を設立	
1998年6月	FGA (Thailand) Co., Ltd.を設立	
1999年2月	Fujitsu General Engineering (Thailand) Co., Ltd.を設立	
2000年4月	(株)富士エコサイクルを設立	
2001年4月	(株)富士通ゼネラル空調技術研究所を設立	
2003年12月	リトルスワングループと合弁で江蘇富天江電子電器有限公司を設立	
2006年1月	リトルスワングループと合弁で富士通将軍中央空調(無錫)有限公司を設立	
2006年4月	東方国際(集団)有限公司グループと合弁で富士通将軍東方国際商貿(上海)有限公司を設立	
2007年10月	Eurofredグループと合弁でFG Eurofred Limitedを設立	
2012年11月	東芝キヤリア(株)と合弁でTCFG Compressor (Thailand) Co., Ltd.を設立	

2531 富士通テン(株)

1920年	川西機械製作所を創立
1949年	神戸工業(株)に社名変更
1967年	テンオンキョー(株)を設立(後:(株)栃木富士通テン)
1968年	神戸工業(株)と富士通(株)が合併
1972年	富士通(株)からラジオ部門が分離独立し富士通テン(株)を設立
1975年	中津川テン(株)を設立
1987年	中津川テン(株)を吸収合併
2010年	富士通テンサービス(株)を設立
2011年	FUJITSU TEN DO BRASIL LTDAを設立
2012年	富士通テン販売(株)を設立
2012年	富士通天(中国)投資有限公司とFUJITSU TEN MINDA INDIA PRIVATE LIMITEDとMINDA F-TEN PRIVATE LIMITEDを設立

2532 (株)富士通パーソナルズ

1995年7月	(株)富士通パーソナルズを富士通(株)の卸販売会社6社のパーソナル機器販売部門が集約し設立
2001年8月	富士通モバイルテレコム(株)を吸収合併
2009年9月	(株)FJPリテールサービスを設立(後:(株)富士通パーソナルズリテールサービス)

2533 (株)富士通ビー・エス・シー
[証券コード]4793
[上場区分]ジャスダックスタンダード

1963年11月	日産リース(株)を設立
1969年10月	日産コンピュータ(株)に社名変更
1976年7月	(株)ビー・エス・シーに社名変更
1986年3月	(株)富士通ビー・エス・シーに社名を変更
1990年9月	東元商業系統有限公司を設立(後解散)
1992年7月	北京思元軟件有限公司を設立

2534 富士通フロンテック(株)
[証券コード]6945
[上場区分]東証二部

1940年11月	(株)金岩工作所を設立
1944年11月	蒲原機械工業(株)に社名変更
1970年6月	蒲原機械電子(株)に社名変更
1970年6月	富士通機械(株)に社名変更
1996年12月	(株)富士通機電ライフクリエイトを設立
2000年4月	富士通機電カストマサービスを設立(後:富士通フロンテックカストマサービス)
2002年4月	(株)プロダクトサービスエンタープライズを設立
2002年7月	富士通フロンテック(株)に社名変更
2003年10月	富士通先端科技(上海)有限公司を設立

2535 (株)フジックス
[証券コード]3600
[上場区分]東証二部

1921年3月	藤井太一商店を設立
1927年1月	(名)藤井太一商店に改組
1937年10月	日本人造テグス工業(株)を買収
1949年1月	藤井繊維工業所に社名変更
1950年1月	藤井繊維(株)に社名変更
1950年6月	日本漁業糸(株)を吸収合併
1993年1月	(株)フジックスに社名変更
1993年4月	上海富士克制線有限公司を設立
1995年3月	上海富士克貿易有限公司を設立
2003年11月	上海新富士克制線有限公司を設立
2004年12月	富士克國際(香港)有限公司を設立
2009年9月	(株)FTCを設立
2010年11月	(株)ニットマテリアルを設立
2011年6月	サハグループと合弁でFUJIX INTERNATIONAL Co., Ltd.を設立
2012年5月	FUJIX VIETNAM CO., LTD.を設立

2536 フジッコ(株)
[証券コード]2908
[上場区分]東証一部

1960年11月	(株)富士昆布を設立
1968年8月	フジコン食品(株)を設立
1975年9月	(株)ふじっ子と合併(額面変更のため)
1976年	ふじっ子食品(株)を設立
1985年5月	フジッコ(株)に社名変更
1986年5月	栗原葡萄酒醸造(株)を買収(後:フジッ

1988年9月	コワイナリー(株))
1988年9月	ふじっ子食品(株)を合併
1989年4月	味富士(株)を設立
1991年3月	フジッコマルシン(株)を設立(後：フジッコフーズ(株))
1995年5月	青島富吉高食品有限公司を設立
1996年4月	創食(株)を設立
2004年2月	創食(株)を吸収合併

2537　(株)富士テクニカ宮津
[証券コード]6476
[上場区分]ジャスダックスタンダード

1957年2月	(有)富士鉄工所を設立
1962年4月	(株)富士鉄工所に改組
1989年10月	(株)富士テクニカに社名変更
1995年6月	アストラインターナショナル社とニチメン(株)と伊藤忠商事(株)と合弁でフジテクニカインドネシア社を設立
2000年7月	(株)ヒラマツを設立(後：(株)富士アセンブリシステム)
2002年8月	五金沃森有限公司と合弁で烟台富士沃森技術有限公司を設立
2005年5月	三井物産(株)と合弁で烟台三井富士汽車模具有限公司を設立
2010年6月	瑞鵠汽車模具有限公司と合弁で富士瑞鵠技研(蕪湖)有限公司を設立
2011年7月	(株)富士テクニカ宮津に社名変更
2012年11月	富士テクニカ宮津アメリカ社を設立

2538　フジテック(株)
[証券コード]6406
[上場区分]東証一部

1948年2月	富士輸送機工業(株)を設立
1974年2月	フジテック(株)に社名変更
1983年6月	フジテック通商(株)を設立
1989年2月	フジテックフロンティア(株)を設立
1989年2月	フジテック総合施設(株)を設立(後：フジテックエンジニアリング(株))
1990年4月	(株)フジテック技術研究所を設立
1999年10月	フジテックフロンティア(株)とフジテックエンジニアリング(株)を設立
2002年1月	上海華昇富士達扶梯有限公司を設立
2003年12月	上海富士達電梯研発有限公司を設立
2004年5月	FSPエレベータPRIVATE LTD.を設立(後：フジテック インディア PRIVATE LTD.)
2006年12月	富士達電梯配件(上海)有限公司を設立

2539　富士電機(株)
[証券コード]6504
[上場区分]東証一部

1923年8月	古河電気工業(株)とシーメンス社《ドイツ》が資本・技術提携し富士電機製造(株)を設立
1935年6月	富士通信機製造(株)を設立(後：富士通(株))
1944年12月	(株)高千穂商会を設立(後：富士電機工事(株))
1958年12月	宝永興業(株)を設立(後：富士ライフ(株))
1965年11月	富士電機エンジニアリングを設立
1966年10月	富士電機家電(株)を設立
1968年10月	川崎電機製造(株)を合併
1975年2月	富士物流(株)を設立
1976年9月	富士電機家電(株)を設立(後：富士ライフ(株))
1976年9月	富士電機冷機(株)を設立(後：富士電機リテイルシステムズ(株))
1976年9月	富士電気総合設備(株)を設立(後：富士電機総設(株))
1977年12月	富士ファコム制御(株)を設立(後：FFC(株))
1980年4月	富士電機総合研究所を設立
1984年9月	富士電機(株)に社名変更
1991年8月	富士電機テクノエンジニアリング(株)を設立(後：富士電機システムズ(株))
1999年5月	富士電機モータ(株)を設立
1999年6月	富士電機画像デバイス(株)を設立
1999年12月	富士電機ストレージデバイス(株)を設立
2001年7月	(株)日立製作所と(株)明電舎と共同で出資し(株)日本エイパワーシステムズを設立
2002年4月	吹上富士自販機(株)を設立(後：富士電機リテイルシステムズ(株))
2003年10月	富士電機ホールディングス(株)に各部門を分社化し純粋持株会社に移行し社名変更
2008年3月	富士電機半導体マレーシア社を設立
2009年10月	富士電機アドバンストテクノロジー(株)を吸収合併
2011年4月	富士電機システムズ(株)を吸収合併し富士電機(株)に社名変更
2011年7月	富士電機デバイステクノロジー(株)を吸収合併
2012年10月	富士電機リテイルシステムズ(株)を吸収合併

〈富士電機リテイルシステムズ系〉

1965年9月	富士電機製造(株)が全額を出資し東京富士電機家電(株)を設立
1966年10月	富士電機家電(株)に社名変更
1976年9月	富士電機冷機(株)に社名変更
1979年9月	富士オペレーション(株)を吸収合併
2003年4月	富士電機リテイルシステムズ(株)に社名変更

2540　フジ日本精糖(株)
[証券コード]2114
[上場区分]東証二部
〈フジ製糖系〉

1947年5月	フジ工業(株)を設立
1950年7月	フジ製糖(株)に社名変更
1953年3月	(株)フジ商店を設立(後：フジ商事(株))
1955年1月	日本精糖(株)と共同で出資し日本マカロニ(株)を設立
1956年4月	三菱商事(株)と提携し奄美興発(株)を設立
1961年10月	日商(株)と(株)神戸製鋼所と提携しサン・アルミニウム工業(株)を設立

〈日本精糖系〉

1949年7月	日本精糖(株)を設立
1951年9月	協立食品(株)を設立
1955年1月	フジ製糖(株)と提携し日本マカロニ(株)を設立
1987年9月	日本ティバルディ(株)を設立

	＊　＊　＊　＊
2001年10月	日本精糖(株)とフジ製糖(株)が合併しフジ日本精糖(株)を設立
2012年6月	Bangkog Inter Food Co., Ltd.とThai Fermentation Industry Co., Ltd.との共同出資によりFuji Nihon Thai Inulin Co., Ltd.を設立

2541　(株)富士ピー・エス
[証券コード]1848
[上場区分]東証二部

1954年3月	九州鋼弦コンクリート(株)を設立
1972年7月	富士ピー・エス・コンクリート(株)に社名変更
1984年9月	三信カーテンウォール(株)を設立
1991年4月	(株)富士ピー・エスに社名変更
1996年4月	(株)富士メンテを設立(後解散)
2008年1月	(株)常磐ピーシーを設立
2008年10月	富士興産(株)を吸収合併
2011年10月	(株)常磐ピーシーを吸収合併
2014年9月	Myanmar FujiP.S Construction Company Limitedを設立

2542　富士古河E&C(株)
[証券コード]1775
[上場区分]東証二部

1923年10月	(資)高千穂商会を設立
1938年7月	(株)高千穂商会に改組
1950年4月	富士電気工事(株)に社名変更
1961年4月	富士電機工事(株)に社名変更
2005年7月	富士電機E&C(株)に社名変更
2006年4月	富士電機工程社を設立(後解散)
2009年10月	古河総合設備(株)と富士電機総設(株)と合併し富士古河E&C(株)に社名変更
2010年10月	富士古河E&C(マレーシア)社を設立
2011年7月	富士古河E&C(カンボジア)社を設立
2012年9月	富士古河E&C(ミャンマー)社を設立
2013年2月	富士古河E&C(インド)社を設立
2013年9月	富士古河E&C(インドネシア)社を設立
2014年9月	富士古河コスモスエナジー合同会社を設立

〈古河総合設備系〉

1947年8月	古河総合設備(株)を設立

2543　フジプレアム(株)
[証券コード]4237
[上場区分]ジャスダックスタンダード

1982年4月	(株)不二を設立
1991年10月	フジプレアム(株)に社名変更
1992年5月	フジプレアム販売(株)を設立(後解散)
2001年4月	フジサンエナジー(株)を設立(後:フジプレ販売(株))
2003年9月	上海不二光学科技有限公司を設立
2006年6月	フジプレアム商事(株)を設立
2013年12月	東レエンジニアリング(株)と共同出資し北九州TEK&FP合同会社を設立

2544　富士紡ホールディングス(株)
[証券コード]3104
[上場区分]東証一部

1896年2月	富士紡績(株)を設立
1903年7月	(有責)小名木川綿布を合併
1903年8月	日本絹綿紡績(株)を合併
1906年9月	東京瓦斯貿易(株)を合併し富士瓦斯紡績(株)に社名変更
1914年2月	相模水力電気(株)を合併
1920年12月	中華紡績(株)を合併
1922年2月	大分紡績(株)と日華絹綿紡績(株)と東洋絹糸紡績(株)を合併
1923年3月	金華紡織(株)と日本紡織(株)を合併
1923年3月	満州紡績(株)を設立
1925年3月	協同紡績(株)を合併
1927年5月	富士電力(株)を設立
1935年1月	東洋綿布(株)を合併
1935年2月	相模紡績(株)を合併
1935年3月	富士繊維工業(株)を設立
1939年12月	富士繊維工業(株)を合併
1941年7月	明正紡織(株)を合併
1943年7月	帝国製絲(株)を合併
1944年1月	桂川染工(株)を合併
1944年11月	富士兵器(株)を設立(後:富士機工(株))
1945年12月	富士紡績(株)に社名変更
1949年2月	帝国製絲(株)を設立
1973年10月	三光染業(株)を合併
1975年10月	帝国製絲(株)を合併
1977年6月	フジボウ愛媛(株)を設立
1979年7月	フジボウ小坂井(株)を設立
1984年12月	フジボウ和歌山(株)を設立
1985年1月	(株)中津フジボウアパレルを設立
1986年12月	フジボウカタン(株)を設立
1995年9月	フジボウ電子(株)を設立
1995年12月	フジボウ小坂井(株)を設立
2005年9月	富士紡ホールディングス(株)に社名変更
2011年9月	富士紡(上海)商貿有限公司を設立
2012年6月	フジボウトレーディング(株)を設立

2545　(株)フジマック
[証券コード]5965
[上場区分]東証二部

1950年3月	富士厨房設備(株)を設立
1962年10月	富士厨房サービス(株)を設立(後:(株)フジマックサービス)
1985年10月	フジマックエンジニアリング(株)を設立
1990年10月	(株)フジマックに社名変更
1992年1月	(株)フジマックサービスとフジマックエンジニアリング(株)を吸収合併
1999年5月	(株)ルナックスを設立
2000年7月	(株)ネオシスと(株)エクスタインを設立

2546　(株)フジミインコーポレーテッド
[証券コード]5384
[上場区分]東証一部

1950年8月	不二見研磨材工業所を創立
1953年3月	不二見研磨材工業(株)を設立
1991年10月	(株)フジミインコーポレーテッドに社名変更
1995年4月	FUJIMI-MICRO TECHNOLOGY SDN.BHD.を設立
2004年1月	FUJIMI EUROPE GmbHを設立
2004年1月	FUJIMI EUROPE LIMITEDを設立

2011年8月	臺灣福吉米股份有限公司（FUJIMI TAIWAN LIMITED）を設立
2013年1月	FUJIMI KOREA LIMITEDを設立
2015年1月	深圳福吉米科技有限公司（FUJIMI SHENZHEN TECHNOLOGY CO., LTD.）を設立

2547　（株）フジ・メディア・ホールディングス
［証券コード］4676
［上場区分］東証一部

1957年6月	（株）ニッポン放送と（株）文化放送と東宝（株）と松竹（株）と大映（株）が共同で富士テレビジョンとしてテレビ免許を申請
1957年11月	（株）富士テレビジョンを設立
1958年12月	（株）フジテレビジョンに社名変更
1979年7月	（株）フジミックを設立
1989年8月	（株）フジテレビ美術センターを設立（後：（株）フジアール）
1991年3月	（株）フジサンケイリビングサービスを設立（後：（株）ディノス）（後：（株）ディノス・セシール）
1995年4月	（株）フジサンケイグループ本社を吸収合併
1995年10月	（株）フジクリエイティブコーポレーションを設立
1998年12月	（株）ビーエスフジを設立
2007年10月	（株）ビッグショットと（株）フジサンケイアドワークと（株）ティーコムコーポレーションと（株）富士アドシステムが合併し（株）クオラスを設立
2008年10月	（株）フジ・メディア・ホールディングスに認定放送持株会社体制へ移行し商号変更
2008年10月	〈新〉（株）フジテレビジョンを設立

2548　藤森工業（株）
［証券コード］7917
［上場区分］東証一部

1935年	（資）藤森工業所を設立
1936年11月	（株）藤森工業所に改組
1944年3月	藤森工業（株）に社名変更
1976年9月	ニッカ（株）を設立（後：フジモリプラケミカル（株））
1980年2月	協和工業（株）を設立（後：フジモリプラケミカル（株））
1991年4月	フジモリ産業（株）を設立
1995年2月	（株）宮城オプトデバイスを設立
1995年10月	南栄アクト（株）を設立（後清算）
1999年4月	アデコ（株）を設立（後清算）
2007年4月	ZACROS (HONG KONG) CO., LTD.を設立
2011年12月	ZACROS AMERICA, Inc.を設立
2013年7月	台湾賽諾世股份有限公司を設立

2549　（株）不二家
［証券コード］2211
［上場区分］東証一部

1910年11月	（個）不二家洋菓子舗を設立
1930年3月	（名）不二家に社名変更
1938年6月	（株）第二不二家を改組設立
1938年9月	（名）不二家を吸収合併
1938年12月	（株）不二家に社名変更
1944年7月	中央工業（株）と共同で出資し不二家航空電機（株）を設立
1958年11月	（名）不二家（名古屋）を吸収合併
1961年11月	不二家食品（株）を吸収合併
1973年12月	バスキン・ロビンス社《米国》と共同で出資しビー・アールジャパン（株）を設立
1978年3月	（株）不二家ロードサイドレストランを設立
1989年6月	ネッスル社《米国》と共同で出資しネッスルマッキントッシュ（株）を設立
1989年10月	（株）ダロワイヨジャポンを設立
1994年	不二家テクノ（株）を設立
1994年	不二販売サービス（株）を設立
2004年2月	旺陞貿易有限公司と豊和貿易（株）と共同で不二家（杭州）食品有限公司を設立

2550　（株）フージャースホールディングス
［証券コード］3284
［上場区分］東証一部

1994年12月	（有）フージャースを設立
1995年6月	（株）フージャースコーポレーションに社名変更
2002年10月	（株）フージャースリビングサービスを設立
2003年4月	（株）フージャースハートを設立
2004年10月	（有）マイホームライナーを設立
2005年4月	（株）フージャースキャピタルパートナーズを設立（後清算）
2006年4月	（株）フージャースハートと合併
2013年3月	（株）アーバンシティーを吸収合併
2013年4月	（株）フージャースコーポレーションを会社分割し（株）フージャースアベニューを設立
2013年4月	（株）フージャースホールディングスを単独株式移転により設立
2015年4月	（株）アイ・イー・エーを設立

2551　扶桑化学工業（株）
［証券コード］4368
［上場区分］ジャスダックスタンダード

1957年6月	扶桑化学工業（株）を設立
1988年5月	扶桑興産（株）を設立
1990年10月	（株）扶桑コーポレイションを合併
1994年7月	青島扶桑精製加工有限公司を設立
1995年12月	青島扶桑貿易有限公司を設立
2002年4月	扶桑興産（株）と（株）扶桑コーポレイションを合併し（株）扶桑コーポレーションとして発足
2003年12月	青島扶桑第二精製加工有限公司を設立（後：扶桑化学（青島）有限公司）
2008年8月	FUSO (THAILAND) CO., LTD.を設立
2008年12月	（株）海洋化学を設立

2552　扶桑電通（株）
［証券コード］7505
［上場区分］東証二部

1948年3月	扶桑通信工業（株）を設立
1989年10月	扶桑電子（株）を合併し扶桑電通（株）に社名変更
1990年9月	扶桑通信工事（株）を吸収合併

	2001年2月	(有)榮豊興産との合併

2553　扶桑薬品工業(株)
[証券コード]4538
[上場区分]東証一部
	1937年3月	(株)大和商会を設立
	1942年12月	扶桑産業(株)に社名変更
	1949年3月	扶桑薬品工業(株)に社名変更
	1970年10月	扶桑興発(株)を設立(後清算)

2554　フタバ産業(株)
[証券コード]7241
[上場区分]東証一部
	1935年3月	関東重工業(株)を設立
	1946年2月	フタバ産業(株)に社名変更
	1991年4月	(株)フタバ伊万里を設立
	2000年	(株)フタバ平泉を設立
	2004年	(株)フタバ知立を設立
	2005年2月	フタバインダストリアルテキサス(株)を設立
	2005年8月	東莞双叶金属製品有限公司を設立
	2006年4月	(株)フタバ知立を吸収合併
	2007年12月	FMIオートモーティブコンポーネンツ(株)を設立
	2011年10月	フタバノースアメリカE&M(株)を設立
	2011年12月	(株)フタバインダストリアルインドネシアを設立
	2012年1月	長沙双叶汽車部件有限公司を設立
	2012年12月	重慶福達巴汽車部件有限公司を設立

2555　双葉電子工業(株)
[証券コード]6986
[上場区分]東証一部
	1948年2月	双葉電子工業(株)を設立
	1972年9月	(株)秋田エレコンを設立
	1972年11月	(株)朝日工業所を設立(後:(株)千葉エレコ)
	1993年12月	小川精機(株)を買収
	1994年1月	富得巴精模(深圳)有限公司を設立
	1995年2月	フタバ・コーポレーション・オブ・ザ・フィリピンを設立
	1996年4月	フタバ・ジェイ・ティ・ダブリュー(タイランド)リミテッドを設立
	2001年6月	富得巴国際貿易(上海)有限公司を設立
	2001年7月	フタバ(ベトナム)カンパニー・リミテッドを設立
	2002年8月	双葉電子科技開発(北京)有限公司を設立
	2002年11月	双葉電子部品(恵州)有限公司を設立
	2005年9月	双葉精密模具(中国)有限公司を設立
	2007年10月	起信精密模具(天津)有限公司を設立
	2009年4月	双葉電子部品韓国(株)を設立
	2013年2月	ピーティー・フタバデンシ・インドネシアを設立

2556　ブックオフコーポレーション(株)
[証券コード]3313
[上場区分]東証一部
	1991年8月	ブックオフコーポレーション(株)を設立
	1999年4月	(株)キッズグッズを設立(後清算)
	1999年10月	BOOKOFF U.S.A. INC.を設立
	2000年4月	(株)ビースタイルと(株)ビー・オー・エムを設立
	2000年9月	(株)ビープレゼントを設立(後:(株)B&H)
	2002年2月	ブックオフ物流(株)を設立
	2004年4月	BOOKOFF FRANCE E.U.R.L.を設立
	2005年6月	BOOKOFF CANADA TRADING INC.を設立(後清算)
	2006年11月	B.O.C. PRODUCE KOREA INC.を設立(後清算)
	2008年11月	青山ブックセンター(株)を設立(後:(株)B&H)
	2010年4月	(株)ビースタイルを吸収合併
	2010年10月	ビーアシスト(株)を設立
	2013年4月	(株)ハグオールを設立
	2014年4月	ブックオフ物流(株)を吸収合併
	2014年5月	リユースコネクト(株)を設立

2557　(株)不動テトラ
[証券コード]1813
[上場区分]東証一部
〈テトラ系〉
	1961年5月	日本テトラポッド(株)を設立
	1993年4月	テトラ商事(株)を設立(後:福祉商事(株))
	1995年10月	(株)テトラに社名変更
	1999年10月	秋和建設(株)を設立(後:高橋秋和建設(株))

〈不動建設系〉
	1947年1月	(株)滝田組を設立
	1948年	滝田建設(株)に社名変更
	1956年11月	不動建設(株)に社名変更
	1966年7月	フドウ重機(株)を設立(後:フドウ技研(株))
	1971年7月	日本シルバークール(株)を設立
	1977年4月	環境エンジニアリング(株)を設立
	2003年7月	フドウサービスを吸収合併
	2004年3月	(株)ナカノコーポレーションを設立(後:(株)ナカノフドー建設)
	2005年2月	Fudo Construction Inc.を設立

　　　　　＊　　＊　　＊　　＊

	2006年10月	(株)テトラと不動建設(株)不動建設(株)を存続会社として合併し(株)不動テトラに商号変更

2558　(株)船井総研ホールディングス
[証券コード]9757
[上場区分]東証一部
	1970年3月	(株)日本マーケティングセンターを設立
	1977年1月	(株)スペースシステム計画事務所を設立(後:(株)コスモ開発)
	1985年3月	(株)船井総合研究所に社名変更
	1990年5月	船井ファイナンス(株)を設立(後:船井キャピタル(株))
	1990年9月	船井コーポレーション(株)を設立
	2000年1月	船井プロデュース(株)を設立
	2000年2月	(株)船井情報システムズを設立
	2000年5月	船井総研ロジ(株)を設立
	2012年1月	船井(上海)商務信息咨詢有限公司を設立
	2013年11月	(株)船井総研コーポレートリレーショ

ふないてん

		ンズ分割準備会社を設立（後：（株）船井総研コーポレートリレーションズ）
2013年11月		（株）船井総合研究所分割準備会社を持株会社体制への移行のために設立
2014年7月		（株）船井総研ホールディングスに持株会社体制に移行し商号変更

2559 船井電機（株）
［証券コード］6839
［上場区分］東証一部

1961年8月	〈旧〉船井電機（株）を設立
1964年3月	中国船井電機（株）を設立
1976年6月	船井電機（株）に額面変更のため合併され社名変更
1980年6月	FUNAI ELECTRIC TRADING (EUROPE) GmbHを設立（後：FUNAI EUROPE GmbH）
1991年5月	FUNAI CORPORATION, INC.を設立
1992年3月	嘉財実業有限公司を設立（後：船井電機（香港）有限公司）
1996年1月	船井サービス（株）を設立
2000年11月	船井軽機工業（株）を吸収合併
2003年7月	FUNAI (THAILAND) CO., LTD.を設立
2006年10月	FUNAI ELECTRIC (POLSKA) Sp.z o.o.を設立（後：FUNAI ELECTRIC EUROPE Sp.z o.o.）
2007年10月	FUNAI SERVICE CORPORATIONを設立
2008年6月	P&F USA, Inc.を設立
2009年4月	P&F MEXICANA, S.A. DE C.V.を設立
2010年7月	中山嘉財船井電機有限公司を設立
2012年2月	Funai India Private Limitedを設立
2012年6月	広東船明光電有限公司を設立
2012年6月	中山船井電機有限公司を設立
2013年4月	Funai Electric Philippines Inc.を設立

2560 （株）フーマイスターエレクトロニクス
［証券コード］3165
［上場区分］ジャスダックスタンダード

1988年3月	（株）フーマイスターエレクトロニクスを設立
2006年12月	（株）フーコを吸収合併

2561 フマキラー（株）
［証券コード］4998
［上場区分］東証二部

1924年7月	大下回春堂を設立
1950年12月	（株）大下回春堂に改組
1962年12月	フマキラー（株）に社名変更
1970年5月	大下製薬（株）を設立
1978年4月	フマキラーホームサービス（株）を設立（後清算）
2000年3月	フマキラー・トータルシステム（株）を設立
2007年8月	FUMAKILLA AMERICA, S.A.DE C.V.を設立
2011年11月	FUMAKILLA QUIMICA BRASIL LTDA.を設立

2562 フューチャーアーキテクト（株）
［証券コード］4722
［上場区分］東証一部

1989年11月	フューチャーシステムコンサルティング（株）を設立
1997年1月	Future Architect, Incを設立
2005年6月	フューチャーインベストメント（株）を設立
2007年1月	ウッドランド（株）を吸収合併しフューチャーアーキテクト（株）に社名変更
2011年5月	North Consulting Group Pte. Ltd.を設立
2011年7月	フューチャーフィナンシャルストラテジー（株）を吸収合併
2013年1月	（株）ABMを吸収合併

2563 （株）フュートレック
［証券コード］2468
［上場区分］東証マザーズ

2000年4月	（株）フュートレックを設立
2007年4月	（株）シンフォニックを設立（後吸収合併）
2014年10月	（株）みらい翻訳を設立

2564 芙蓉総合リース（株）
［証券コード］8424
［上場区分］東証一部

1969年5月	芙蓉総合リース（株）を設立
1973年5月	（株）エフ・ジー・エル・サービスを設立
1987年1月	横河電機と共同で出資し横河レンタリース（株）を設立
1987年1月	芙蓉オートリース（株）を設立
1996年4月	（株）芙蓉リース販売を設立
1996年7月	（株）アクア・アートを設立
1999年12月	ニチイ学館と共同で出資し（株）日本信用リースを設立
2001年4月	安信リースを吸収合併
2002年1月	横河電機と共同で出資し（株）ワイ・エフ・リーシングを設立
2002年4月	安田リースを吸収合併
2011年10月	芙蓉綜合融資租賃（中国）有限公司を設立
2012年4月	日本抵当証券（株）を吸収合併

2565 （株）フライトホールディングス
［証券コード］3753
［上場区分］東証二部

1988年4月	（株）フライトを設立
2002年10月	フューチャーソフト（株）と合併し（株）フライトシステムコンサルティングに社名変更
2013年6月	（株）フライトホールディングスに持株会社体制へ移行し商号変更
2013年6月	（株）フライト分割準備会社を設立
2014年12月	FLIGHT SYSTEM USA Inc.を設立

2566 （株）プラコー
［証券コード］6347
［上場区分］ジャスダックスタンダード

1955年7月	プラスチックス貿易（株）を設立
1958年2月	関口機械工業（株）に社名変更
1960年8月	プラスチックス貿易（株）と関口機械工業（株）が合併しプラスチックス工業

		2006年4月	兄弟高科技(深圳)有限公司を設立
1972年1月	(株)プラコーに社名変更	2006年7月	ブラザーインダストリーズ(スロバキア)を設立
1973年11月	江東機工(株)と合併		
1980年5月	プラコーエンジニアリング(株)を設立(後解散)	2010年6月	濱江兄弟軟件(杭州)有限公司を設立(後:濱江兄弟信息技術(杭州)有限公司)
1995年1月	(株)プラコーテクノサービスを設立(後解散)	2011年4月	ブラザーインダストリーズ(サイゴン)を設立
2006年4月	プラコーエンジニアリング(株)と(株)プラコーテクノサービスを吸収合併	2012年3月	ブラザーインダストリーズ(フィリピン)を設立
2008年5月	富拉鑫股份有限公司(台湾)を設立(後解散)	2013年4月	ブラザーマシナリー(ベトナム)を設立

2567 (株)プラザクリエイト
[証券コード]7502
[上場区分]ジャスダックスタンダード

1988年3月	(株)プラザクリエイトを設立
1994年10月	(株)ポッカコーポレーションと共同で出資し(株)ポッカクリエイトを設立
1995年4月	メディアクリエイトを設立
1996年9月	プラザクリエイトリース(株)を設立
1996年12月	ピクチャービジョン・インク《米国》と共同で出資しフォトネットジャパン(株)を設立
2002年3月	リクリ(株)を設立
2003年4月	ネットワークラボ(株)を吸収合併
2004年3月	プラザクリエイトリース(株)を吸収合併
2004年8月	リクリ(株)を吸収合併
2005年2月	(株)パレットプラザを設立
2006年4月	(株)プラザハートを設立
2007年4月	(株)プラザクリエイトモバイリングを設立
2008年4月	デジプリ(株)とITエージェント(株)を吸収合併
2010年4月	(株)フォトネットと(株)Qlixを設立
2013年3月	(株)プラザクリエイトスタッフサービスを設立
2014年7月	(株)プラザクリエイトモバイリングと(株)プラザハートと(株)Qlixを吸収合併

2568 ブラザー工業(株)
[証券コード]6448
[上場区分]東証一部

1908年4月	(個)安井ミシン商会を設立
1925年11月	(個)安井ミシン兄弟商会に社名変更
1934年1月	日本ミシン製造(株)に社名変更
1941年7月	ブラザーミシン販売(株)を設立(後:兄弟販売(株))
1947年	星崎電機(株)を設立
1948年7月	星崎電機(株)を合併
1954年3月	ブラザーインターナショナル(株)を設立
1962年7月	ブラザー工業(株)に社名変更
1992年10月	(株)エクシングを設立
1999年4月	ブラザー販売(株)を設立
1999年4月	兄弟販売(株)を吸収合併
2001年9月	兄弟ミシン(西安)有限公司を設立(後:兄弟機械(西安)有限公司)
2002年10月	兄弟工業(深圳)有限公司を設立
2005年3月	兄弟(中国)商業有限公司を設立
2006年1月	ブラザーインダストリーズ(ベトナム)を設立

2569 (株)プラッツ
[証券コード]7813
[上場区分]東証マザーズ

1992年7月	(有)九州和研を設立
1995年6月	(株)プラッツに商号変更
2012年8月	PLATZ VIETNAM CO., LTD.を設立

2570 ぷらっとホーム(株)
[証券コード]6836
[上場区分]東証二部

1993年3月	ぷらっとホーム(株)を設立
2002年4月	プラット・コミュニケーションコンポーネンツ(株)を設立
2003年12月	プラット・コミュニケーションコンポーネンツ(株)を吸収合併
2007年4月	Plat'Home USA Ltd.を設立(後解散)

2571 (株)プラップジャパン
[証券コード]2449
[上場区分]ジャスダックスタンダード

1970年9月	(株)プラップジャパンを設立
1974年3月	(株)新教育社を設立(後:(株)ブレインズ・カンパニー)
1997年12月	北京普楽普公共関係策劃有限公司を設立(後:北京普楽普公共関係顧問有限公司)

2572 プラマテルズ(株)
[証券コード]2714
[上場区分]ジャスダックスタンダード

1951年3月	日本樹脂(有)を設立
1952年3月	日本樹脂(株)に改組
1995年9月	ニチメン樹脂販売(株)に社名変更
1998年11月	ニチメンプラスチック(株)と合併
2000年1月	プラマテルズ(株)に社名変更
2000年1月	甲子産業(株)と合併
2003年9月	フィルタレン(株)を設立
2004年3月	Pla Matels (Singapore) Pte.Ltd.を設立(後清算)
2004年10月	普拉材料(天津)国際貿易有限公司を設立(後清算)
2006年2月	TOYO INK COMPOUNDS VIETNAM CO., LTD.を設立
2009年8月	普拉材料貿易(大連)有限公司を設立
2012年7月	Pla Matels (Thailand) Co., Ltd.を設立
2013年5月	PLA MATELS INDIA PRIVATE LIMITEDを設立
2013年8月	台灣普拉材料股フン有限公司を設立
2015年2月	PLA MATELS (MALAYSIA) SDN. BHD.を設立

2573　フランスベッドホールディングス(株)
［証券コード］7840
［上場区分］東証一部

2004年3月	フランスベッド(株)とフランスベッドメディカル(株)を統合しフランスベッドホールディングス(株)を持株会社として設立
2005年5月	France bed International (Thailand) Co., Ltd.を設立
2006年1月	韓国フランスベッド(株)を設立
2012年6月	江蘇芙蘭舒床有限公司を設立

2574　(株)フリークアウト
［証券コード］6094
［上場区分］東証マザーズ

2010年10月	(株)フリークアウトを設立
2012年4月	FREAKOUT INTERNATIONAL, INC.を設立
2013年6月	(株)Preferred Infrastructureと合弁で(株)インティメート・マージャーを設立
2013年10月	FREAKOUT ASIA PACIFIC PTE. LTD.を設立
2013年12月	(株)イグニスと合弁でM.T.Burn(株)を設立

2575　(株)ブリヂストン
［証券コード］5108
［上場区分］東証一部

1931年3月	ブリヂストンタイヤ(株)を設立
1931年4月	(株)旭製鋼所を設立(後解散)
1942年2月	日本タイヤ(株)に社名変更
1949年10月	ブリヂストン自転車(株)を設立(後：ブリヂストンサイクル(株))
1951年2月	ブリヂストンタイヤ(株)に社名変更
1952年3月	和泉撚糸(株)を合併
1965年5月	ブリヂストン・インペリアル・イーストマン(株)を合弁で設立(後：ブリヂストン・フローテック(株))
1970年1月	ブリヂストン・ベカルト・スチール・コード(株)を設立
1970年2月	ブリヂストン・クレバイト(株)を設立(後：ブリヂストンエラステック(株))
1970年2月	熊本ビーエスゴム(株)を設立
1971年10月	熊本ビーエスゴム(株)を合併
1972年9月	ブリヂストン・スポルディング(株)を共同出資で設立(後：ブリヂストンスポーツ(株))
1984年4月	(株)ブリヂストンに社名変更
1989年1月	ブリヂストンファイナンス(株)を設立
1994年12月	BMAH CORP.を設立(後：BRIDGESTONE AMERICAS, INC.)
1998年7月	BRIDGESTONE/FIRESTONE POLAND SP. Z O.O.を設立(後：BRIDGESTONE POZNAN SP. Z O.O.)
1999年6月	BRIDGESTONE NATURAL RUBBER (THAILAND) CO., LTD.を設立
1999年11月	BRIDGESTONE MIDDLE EAST FZEを設立(後：BRIDGESTONE MIDDLE EAST & AFRICA FZE)
2000年3月	BRIDGESTONE TIRE MANUFACTURING (THAILAND) CO., LTD.を設立
2004年10月	普利司通(中国)投資有限公司を設立
2006年7月	BRIDGESTONE ASIA PACIFIC PTE. LTD.を設立

2576　フリービット(株)
［証券コード］3843
［上場区分］東証マザーズ

2000年5月	(株)フリービット・ドットコムを設立
2002年12月	フリービット(株)に商号変更
2010年5月	aigo Digital Technology Co. Ltd.、と合弁でSmart Cloud(北京筋斗雲科技有限公司)を設立
2012年9月	SmartVPS LIMITED(香港)を設立
2013年11月	フリービットスマートワークス(株)を設立
2015年4月	フリービットインベストメント(株)を設立

2577　古河機械金属(株)
［証券コード］5715
［上場区分］東証一部

1875年8月	(個)古河本店を設立
1897年6月	(個)古河鉱業事務所に社名変更
1905年3月	古河鉱業会社に社名変更
1911年11月	〈旧1〉古河(名)に社名変更
1917年11月	〈旧2〉古河(名)を不動産部門を分離し設立
1917年11月	(名)古河鉱業会社に社名変更(鉱業部門が分離)
1917年11月	古河商事(株)を鉱業・金属製造販売部門を分離し設立
1918年4月	(名)古河鉱業会社の鉱業部門が独立し古河鉱業(株)を設立
1921年11月	古河商事(株)を合併
1933年3月	古河石炭鉱業(株)に社名変更
1941年2月	古河(名)と合併し古河鉱業(株)に社名変更
1944年8月	大阪製錬(株)を買収
1954年4月	足尾機械(株)を設立
1961年6月	古河さく岩機販売(株)を設立
1961年11月	西武炭鉱(株)を設立
1962年3月	新大峰炭鉱(株)を設立
1962年12月	雨竜炭鉱(株)を設立(後解散)
1963年5月	大阪運輸(株)を設立
1963年9月	目尾産業(株)を設立
1964年5月	好間炭鉱(株)を設立
1972年7月	古河プラント建設(株)を設立
1973年6月	阿仁鉱山(株)を設立
1987年3月	(株)ユニックを設立
1989年10月	古河機械金属(株)に社名変更
2003年	古河不動産(株)を合併
2004年3月	古河メタルリソース(株)を設立
2004年5月	古河産機システムズ(株)を設立
2006年2月	古河鑿岩机械(上海)有限公司を設立
2011年12月	フルカワ・ロック・ドリル・インディアPvt.Ltd.を設立
2012年1月	フルカワ・ロック・ドリル・ラテン・アメリカS.A.を設立
2012年6月	LLCフルカワ・ユニック・ルスを設立
2014年10月	エフ・ディー・コイル・フィリピン

　　　　　　　　Inc.を設立

2578　古河電池(株)
[証券コード] 6937
[上場区分] 東証一部
- 1914年4月　横浜電線製造(株)を設立
- 1920年4月　古河電気工業(株)に社名変更
- 1950年12月　古河電気工業(株)より電池製作所の事業を継承し古河電池(株)を設立
- 1993年10月　旭開発(株)を吸収合併
- 2013年12月　INDOMOBILグループ(Salimグループ)と合弁でPT.FURUKAWA INDOMOBIL BATTERY MANUFACTURINGとPT. FURUKAWA INDOMOBIL BATTERY SALESを設立

2579　(株)フルキャストホールディングス
[証券コード] 4848
[上場区分] 東証一部
- 1990年9月　(株)リゾートワールドを設立
- 1992年9月　(株)フルキャストに社名変更
- 2008年10月　(株)フルキャストホールディングスに社名変更

2580　フルサト工業(株)
[証券コード] 8087
[上場区分] 東証一部
- 1946年10月　古里鉄工所を設立
- 1959年5月　(株)古里鉄工所に改組
- 1973年2月　フルサト工業(株)に社名変更
- 1973年3月　韓国古里工業(株)を設立
- 1978年4月　Columbia Fasteners, INC.を設立(後整理)
- 1993年12月　(有)フルネットを設立(後：(株)わかばリース)

2581　(株)フルスピード
[証券コード] 2159
[上場区分] 東証マザーズ
- 2001年1月　(有)エクシスを設立
- 2003年12月　(株)エクシスへ組織変更
- 2005年7月　(株)ウェブマーケティングジャパンと(株)セルを吸収合併
- 2005年7月　(株)フルスピードに商号変更
- 2008年1月　(株)ブティック・ポータルズを設立
- 2008年3月　(株)フルスピードファイナンスを設立
- 2008年10月　(株)フライトを設立(後清算)
- 2009年8月　(株)A-boxを設立
- 2009年8月　(株)フルスピードファイナンスを吸収合併
- 2010年4月　(株)フォーイットを設立
- 2012年8月　上海富斯市場営銷諮詢有限公司を設立(後：上海賦絡思广告有限公司)

2582　(株)フルッタフルッタ
[証券コード] 2586
[上場区分] 東証マザーズ
- 2002年11月　クプアス・インターナショナル・ジャパン(株)を設立
- 2004年7月　(株)フルッタフルッタに商号変更

2583　ブルドックソース(株)
[証券コード] 2804
[上場区分] 東証二部
- 1902年　三澤屋商店を設立
- 1926年9月　〈旧〉ブルドックソース食品(株)に社名変更
- 1940年10月　ブルドック食品(株)に社名変更
- 1944年3月　三澤工業(株)に社名変更
- 1945年12月　ブルドック食品(株)に社名変更
- 1962年12月　ブルドックソース(株)に社名変更
- 1972年3月　(株)三澤屋商店を吸収合併
- 1985年11月　(株)サンワフーズを設立
- 1991年5月　(株)ブルーリンクを設立
- 2006年7月　(株)Bullフーズを設立
- 2009年7月　富留得客(北京)商貿有限公司を設立

2584　古野電気(株)
[証券コード] 6814
[上場区分] 東証一部
- 1938年4月　(個)古野電気商会を設立
- 1948年12月　(資)古野電気工業所に社名変更
- 1955年8月　〈旧〉古野電気(株)に社名変更
- 1980年3月　〈別〉古野電気(株)と合併(額面変更)し古野電気(株)に社名変更
- 1984年10月　協立電波(株)を設立
- 1992年7月　フルノ近畿販売(株)を設立
- 1993年1月　フルノ北海道販売(株)を設立(後：フルノ北日本販売(株))
- 1996年11月　フルノ関西販売(株)を設立
- 1996年11月　フルノ四国販売(株)を設立
- 1996年11月　フルノ西日本販売(株)を設立
- 1996年11月　フルノ東北販売(株)を設立(後：フルノ北日本販売(株))
- 1996年11月　フルノ南日本販売(株)を設立
- 1996年11月　フルノ日本海販売(株)を設立
- 2001年3月　フルノ近畿販売(株)とフルノ四国販売(株)とフルノ日本海販売(株)を統合しフルノ関西販売(株)を設立
- 2003年8月　FURUNO FINLAND OYを設立
- 2003年10月　古野香港有限公司を設立
- 2005年6月　FURUNO DEUTSCHLAND GmbHを設立
- 2009年2月　FURUNO HELLAS LTD.を設立(後：FURUNO HELLAS S.A.)
- 2009年3月　フルノ北日本販売(株)を吸収合併

2585　古林紙工(株)
[証券コード] 3944
[上場区分] 東証二部
- 1934年9月　古林紙器印刷所を設立
- 1947年8月　古林紙工(株)に社名変更
- 1972年1月　複合紙工業(株)を設立(後：複合工業(株))
- 1977年1月　ライニングコンテナー(株)を設立
- 1988年12月　台湾古林股份有限公司を設立
- 1994年3月　上海古林国際印務有限公司を設立
- 1995年12月　古林紙工(上海)有限公司を設立
- 2002年8月　古林包装材料製造(上海)有限公司を設立

2586　(株)ブルボン
[証券コード] 2208
[上場区分] 東証二部
- 1924年11月　北日本製菓(株)を設立
- 1943年8月　北日本産業(株)に社名変更

企業名変遷要覧2　413

1948年11月	北日本食糧工業(株)に社名変更			GmbHを設立
1952年7月	北日本食品(株)に社名変更		2002年7月	ユニバーサル・バイオ・リサーチ(株)を設立
1969年4月	(株)ボンビスコを設立			
1969年12月	マルキタ米菓(株)を設立(後：北日本五泉食品(株))		2006年7月	PSSキャピタル(株)を設立

2591 プレス工業(株)
[証券コード]7246
[上場区分]東証一部

1925年2月	(資)プレッス作業所を設立
1934年6月	プレス工業(株)に社名変更
1957年4月	車体工業(株)を設立
1962年8月	自動車車輪(株)を設立
1967年11月	(株)プレス工業埼玉製作所を設立
1971年4月	自動車車輪(株)を合併
1972年3月	(株)協和製作所を買収
1989年2月	(株)ジグを設立
2005年	(株)プレス工業埼玉製作所と合併
2008年11月	THAI SUMMIT PK CORPORATION LTD.を設立
2010年10月	普莱斯冲圧部件(蘇州)有限公司を設立
2011年8月	PT.PK Manufacturing Indonesiaを設立
2012年2月	普莱斯工業小型駕駛室(蘇州)有限公司を設立

(続き 2587 など)

1972年2月	西蒲米菓(株)を設立
1972年6月	北日本大潟食品(株)を設立
1974年11月	北日本和島食品(株)を設立
1980年4月	北日本月潟食品(株)を設立
1982年7月	北日本羽黒食品(株)を設立
1982年7月	北日本村上食品(株)を設立
1989年6月	(株)ブルボンに社名変更
1990年4月	北日本豊浦食品(株)を設立
2007年1月	波路梦(長興)食品有限公司を設立
2007年6月	波路梦(上海)商貿有限公司を設立
2009年10月	北日本卷食品(株)と(株)ボンビスコと西蒲米菓(株)と北日本大潟食品(株)と北日本和島食品(株)と北日本月潟食品(株)と北日本村上食品(株)と北日本豊浦食品(株)と北日本五泉食品(株)を吸収合併
2015年3月	Bourbon Foods USA Corporationを設立

2587 (株)フルヤ金属
[証券コード]7826
[上場区分]ジャスダックスタンダード

1951年3月	古屋商店を創立
1968年8月	(株)フルヤ金属に商号変更
2001年4月	三菱商事(株)と共同出資でイプシロン(株)を設立(後吸収合併)
2011年9月	(株)韓国フルヤメタルを設立
2013年4月	(株)米国フルヤメタルを設立

2588 (株)ブレインパッド
[証券コード]3655
[上場区分]東証一部

2004年3月	(株)ブレインパッドを設立
2013年9月	Brainpad US Inc.を設立
2014年1月	ヤフー(株)との合弁で(株)Qubitalデータサイエンスを設立

2589 (株)プレサンスコーポレーション
[証券コード]3254
[上場区分]東証一部

1997年10月	(株)日経プレステージを設立
1998年12月	(株)プレサンスコミュニティを設立
1999年6月	(株)日経アシストを設立(後：(株)プレサンス住販)
2002年4月	(株)プレサンスコーポレーションに社名変更
2008年8月	(株)ルームプロを設立(後：(株)プレサンスリアルタ)
2014年8月	(株)プレサンスギャランティを設立

2590 プレシジョン・システム・サイエンス(株)
[証券コード]7707
[上場区分]東証マザーズ

1985年7月	プレシジョン・システム・サイエンス(株)を設立
2001年7月	PSS Bio Instruments, Inc.を設立(後：Precision System Science USA, Inc.)
2001年7月	Precision System Science Europe

2592 (株)プレステージ・インターナショナル
[証券コード]4290
[上場区分]東証一部

1986年10月	(株)プレステージ・インターナショナルを設立
2004年12月	(株)プレステージ・ACを設立
2005年4月	(株)プレミアRSを設立
2005年4月	(株)プレミアRSを設立(後：(株)プレミアアシスト東日本)
2006年2月	(株)オールアシストを設立
2006年3月	(株)プレミアインシュアランスプランニングを設立(後：(株)プレミア・プロパティサービス)
2006年8月	(株)プレミアロータス・ネットワークを設立
2010年7月	(株)プレミアアシスト西日本を設立
2011年2月	(株)プレミアネットワークを設立(後：(株)プレミアITソリューション)
2011年6月	(株)プレミアパークアシストを設立
2011年7月	(株)プレミア・クロスバリューを設立
2012年4月	NKSJホールディングス(株)と合弁で(株)プライムアシスタンスを設立
2013年4月	(株)Exigen Asia Pacificを設立
2013年7月	(株)AppGTを設立
2014年10月	(株)プレミア・エイドを設立

2593 (株)プレナス
[証券コード]9945
[上場区分]東証一部

1960年3月	(有)太陽事務機を設立
1976年11月	(株)太陽事務機に改組
1985年4月	(株)タイヨーに社名変更
1987年6月	(株)ほっかほっか亭九州地域本部を吸収合併
1990年12月	(株)プレナスに社名変更
1993年12月	(株)プレナス・エムケイを設立
2004年3月	(株)ほっかほっか亭を吸収合併

2010年7月	北京好麦道餐飲管理有限公司を設立
2013年3月	PLENUS AusT PTY.LTDを設立
2014年1月	臺灣富禮納思股份有限公司を設立
2014年2月	Plenus, Inc.を設立

2594 （株）フレンテ
[証券コード]2226
[上場区分]ジャスダックスタンダード

1977年1月	（株）メリカ・フーズを設立
1990年4月	（株）ケイコウ・フーズに社名変更
1995年11月	〈旧〉フレンテ（株）に社名変更
2002年6月	（株）フレンテホールディングスに社名変更
2002年6月	〈新〉フレンテ（株）を会社分割により設立（後：（株）フレンテ・インターナショナル）
2003年11月	フレンテに社名変更
2006年8月	華元食品股份有限公司と合弁で台湾湖池屋股份有限公司を設立

2595 （株）フレンドリー
[証券コード]8209
[上場区分]東証二部

1954年8月	（株）すし半を設立
1959年6月	河重産業（株）に社名変更
1968年6月	日本フードサービス（株）に社名変更
1971年8月	日本ファーストフードサービスインダストリ（株）を吸収合併
1978年8月	ダイチ（株）と東京フードサービス（株）と日本食品販売（株）と合併
1985年4月	（株）フレンドリーに社名変更
1987年7月	エフ・アール興産（株）を設立（後清算）

2596 フロイント産業（株）
[証券コード]6312
[上場区分]ジャスダックスタンダード

1964年4月	フロイント産業（株）を設立
1980年2月	フロイント化成（株）を設立
2001年3月	VPS CORPORATIONを設立
2010年1月	FREUND PHARMATEC LTD.を設立
2014年3月	フロイント化成（株）を吸収合併

2597 （株）プロシップ
[証券コード]3763
[上場区分]ジャスダックスタンダード

1969年4月	日本エム・アイ・エス（株）を設立
2001年5月	（株）プロシップに社名変更
2005年4月	普楽希普信息系統（大連）有限公司を設立
2006年4月	（株）プロシップフロンティアを設立
2006年4月	（株）ライジングプロを設立
2013年4月	浦楽熙普信息科技（上海）有限公司を設立

2598 （株）プロスペクト
[証券コード]3528
[上場区分]東証二部

1937年12月	井波機業（株）を設立
1953年11月	井波経編興業（株）に社名変更
1961年7月	カロリナ（株）に社名変更
1990年12月	かろりーな（株）に社名変更
2001年9月	（株）グローベルスに社名変更
2014年10月	〈旧〉（株）プロスペクトを吸収合併し（株）プロスペクトに商号変更

2599 （株）ブロッコリー
[証券コード]2706
[上場区分]ジャスダックスタンダード

1994年3月	（株）ブロッコリーを設立
2001年10月	ブロッコリー音楽出版（株）を設立
2002年3月	Broccoli International USA Inc.を設立（後解散）
2008年1月	（株）アニメイトと共同で（株）アニブロを設立

2600 （株）プロトコーポレーション
[証券コード]4298
[上場区分]ジャスダックスタンダード

1977年10月	「月刊中古車通信」を名古屋にて創刊
1979年6月	（株）プロジェクトエイトを設立
1991年2月	（株）プロトコーポレーションに社名変更
1996年11月	（株）プロトギガを設立（後：（株）プロトール）
2000年3月	三井物産（株）と合弁で（株）エムペックを設立（後：（株）プロトコーポレーション）
2004年9月	宝路多（上海）広告有限公司を設立（後解散）
2005年5月	（株）予約ネットを設立（後：（株）プロトコーポレーション）
2007年4月	（株）プロトデータセンターを設立
2008年3月	（株）エムペックと合併
2008年6月	（株）プロトリンクと合併
2008年9月	宝路多（上海）旧機動車経紀有限公司を設立
2009年1月	（株）グーオートを設立（後：（株）キングスオート）
2011年12月	台湾寶路多股份有限公司を設立
2012年2月	（株）カークレドを設立
2012年5月	PROTO SINGAPORE Pte. Ltd.を設立（後解散）
2012年12月	PT. PROTO INDONESIAを設立

2601 （株）ブロードバンドタワー
[証券コード]3776
[上場区分]ジャスダックスタンダード

2000年2月	グローバルセンター・ジャパン（株）を設立
2002年4月	（株）ブロードバンドタワーに社名変更
2003年9月	（株）シアンス・アールを設立
2005年10月	（株）ビービーエフを設立
2006年10月	（株）ブロードバンドタワーPEを吸収合併
2013年8月	（株）Lyudiaを設立

2602 ブロードメディア（株）
[証券コード]4347
[上場区分]ジャスダックスタンダード

1996年9月	スカイインターナショナル企画（株）を設立
1998年11月	（株）デジタルクラブに社名変更
2000年4月	ガルバ（株）を設立と合併（後：（株）デジタルクラブ）
2001年12月	ブロードメディア・ティービー企画

2603 (株)ブロードリーフ
[証券コード]3673
[上場区分]東証一部
- 2009年9月　　ブロードリーフの経営陣によるマネジメント・バイアウトのための受皿会社としてシー・ビー・ホールディングス(株)を設立
- 2010年1月　　〈旧〉(株)ブロードリーフを吸収合併し(株)ブロードリーフに商号変更

（株）を設立（後：ビー・ビー・ケーブル（株））
- 2002年1月　　クラビット(株)に社名変更
- 2007年10月　ブロードメディア(株)に社名変更

2604 (株)プロネクサス
[証券コード]7893
[上場区分]東証一部
- 1947年5月　　亜細亜商会を設立
- 1947年5月　　亜細亜証券印刷(株)に社名変更
- 1989年12月　(株)アスプコミュニケーションズを設立
- 2001年6月　　(株)イーオーエルを設立
- 2002年8月　　(株)エーツーメディアを設立（後：(株)a2media）
- 2002年8月　　(株)エーツーメディアを設立
- 2006年10月　(株)プロネクサスに社名変更
- 2006年10月　亜細亜証券印刷(株)を設立
- 2006年12月　日本事務翻訳(株)を設立

2605 (株)プロパスト
[証券コード]3236
[上場区分]ジャスダックスタンダード
- 1987年12月　(株)フォレスト・アイを設立
- 1991年1月　　(株)プロパストに商号変更
- 1994年1月　　(株)フォレスト・アイを設立
- 2005年1月　　(株)フォレスト・アイと(有)音羽女子学生会館を吸収合併

2606 (株)プロルート丸光
[証券コード]8256
[上場区分]ジャスダックスタンダード
- 1951年3月　　丸光(株)を設立
- 1979年9月　　ライト貿易(株)を設立
- 1988年6月　　(株)プロルート丸光に社名変更
- 1995年5月　　上海丸光金球服装有限公司を設立
- 1996年9月　　(株)プロルート天理流通センターを設立（後解散）
- 2010年2月　　タオエンタープライズと共同出資で(株)グローバルルートを設立
- 2014年6月　　(株)グローバルルートを吸収合併

2607 (株)ブロンコビリー
[証券コード]3091
[上場区分]東証一部
- 1969年3月　　喫茶トミヤマを開店
- 1978年6月　　ブロンコを創業
- 1983年12月　(株)ブロンコを設立
- 1995年1月　　(株)ブロンコビリーに商号変更

2608 文化シヤッター(株)
[証券コード]5930
[上場区分]東証一部
- 1955年4月　　日本文化鉄扉(株)を設立
- 1955年8月　　〈元〉日本文化シヤッター(株)(台東区)に社名変更
- 1964年8月　　〈別〉日本文化シヤッター(株)(中央区)と合併(額面変更)し日本文化シヤッター(株)に社名変更
- 1970年3月　　日本文化シヤッター(株)(姫路市)を合併し文化シヤッター(株)に社名変更
- 1972年6月　　北海道文化シヤッター(株)を設立
- 1984年4月　　(株)テンパルを設立
- 1990年10月　北海道文化シヤッター(株)を吸収合併
- 1993年3月　　森電機(株)を設立
- 2005年12月　ゆとりフォーム(株)を設立
- 2013年12月　BX BUNKA TAIWAN Co., Ltd.を設立

2609 (株)文教堂グループホールディングス
[証券コード]9978
[上場区分]ジャスダックスタンダード
- 1949年12月　(株)島崎文教堂を設立
- 1993年11月　(株)文教堂に社名変更
- 2008年　　　(株)文教堂グループホールディングスに社名変更

2610 (株)文溪堂
[証券コード]9471
[上場区分]名証二部
- 1900年　　　文溪堂を設立
- 1953年12月　(株)文溪堂に改組
- 1985年12月　文溪製本(株)を吸収合併
- 1989年1月　　(株)創造工芸新社を設立（後：(株)ロビン企画）
- 1991年6月　　(株)ぶんけい出版を設立（後清算）

2611 JCRファーマ(株)
[証券コード]4552
[上場区分]東証一部
- 1975年9月　　日本ケミカルリサーチ(株)を設立
- 1988年11月　オーム製薬(株)を合併
- 2014年9月　　JCRファーマ(株)に商号変更

2612 平和紙業(株)
[証券コード]9929
[上場区分]東証二部
- 1946年3月　　平和紙業(株)を設立
- 1974年3月　　平和興産(株)を設立
- 1974年8月　　(株)辻和を設立
- 1998年7月　　平和紙業(上海)有限公司を設立（後清算）
- 1998年10月　エーピーファーム(株)を設立（後清算）
- 2008年4月　　ムーサ(株)を吸収合併

2613 (株)平和堂
[証券コード]8276
[上場区分]東証一部
- 1957年6月　　(株)平和堂を設立
- 1965年10月　(有)バラエティーランド・ハトストアーを設立
- 1971年9月　　(株)フレンドを設立
- 1976年2月　　(有)バラエティーランド・ハトストアーを合併
- 1980年7月　　(株)ベルを設立

1983年8月	東近畿地域スパー本部(株)を設立(後清算)
1984年10月	(株)平和フーズを設立
1984年10月	(株)平和フーズを設立
1984年12月	(株)ファイブスターを設立
1989年1月	(株)シー・オー・エムを設立(後閉鎖)
1991年11月	(株)ベストーネを設立
1992年3月	福井南部商業開発(株)を設立
1993年2月	八日市駅前商業開発(株)を設立
1994年12月	富山フューチャー開発(株)を設立
1995年3月	湖南平和堂実業有限公司を設立
1995年4月	南彦根都市開発(株)を設立
1995年7月	加賀コミュニティプラザ(株)を設立
1999年7月	武生駅北パーキング(株)を設立
2000年10月	(株)ユーイングと(株)グランドデュークホテルと〈別〉(株)シー・オー・エムを設立

2614 平和不動産(株)
[証券コード]8803
[上場区分]東証一部

1947年7月	平和不動産(株)を設立
1984年12月	平和地域サービス(株)を設立(後:平和サービス(株))
2004年4月	平和サービス(株)から分割し平和ヘルスケア(株)を設立

2615 ペガサスミシン製造(株)
[証券コード]6262
[上場区分]東証一部

1914年	美馬ミシン商会を創業
1947年1月	(株)美馬ミシン工業所を設立
1948年1月	美馬ミシン工業(株)に社名変更
1959年3月	ペガサスミシン製造(株)に社名変更
1959年3月	美馬ミシン(株)を設立
1962年3月	美馬精機(株)を設立
1972年10月	美馬(香港)有限公司を設立(後清算)
1972年11月	(株)萬貫を設立(後合併)
1973年2月	韓国美馬(株)を設立
1975年7月	パフニッポンピーエム(株)を設立
1975年8月	美馬ミシン(株)と合併
1981年11月	PEGASUS SEWING MACHINE PTE. LTD.を設立
1982年4月	PEGASUS CORPORATION OF AMERICAを設立
1982年9月	PFAFF-PEGASUS OF U.S.A., INC.を設立
1985年5月	天馬ミシン製造有限公司を設立(後:ペガサス(天津)ミシン有限公司)
1991年10月	PEGASUS PFAFF EUROPA GmbHを設立
1994年2月	ペガサス(天津)ミシン有限公司を設立
1997年6月	PEGASUS SEWING MACHINES (HONG KONG) LTD.を設立(後清算)
1997年12月	(株)ペックを設立(後清算)
2001年4月	福馬(天津)縫製機械有限公司を設立(後:ペガサス(天津)ミシン有限公司)
2002年11月	天津ペガサス エス イー 有限公司を設立
2007年1月	天津ペガサス嶋本自動車部品有限公司を設立
2008年1月	PEGASUS VIETNAM SEWING MACHINE CO., LTD.を設立
2013年4月	PEGASUS-SHIMAMOTO AUTO PARTS(VIETNAM) CO., LTD.を設立

2616 (株)ベクター
[証券コード]2656
[上場区分]ジャスダックスタンダード

1996年11月	(株)ベクターを設立
2001年7月	スパイシーソフト(株)と合弁でスパイシー・ベクター(株)を設立
2002年12月	(株)ラスターを設立(後清算)
2009年2月	(株)ベルクスを吸収合併

2617 (株)ベクトル
[証券コード]6058
[上場区分]東証一部

1993年3月	(株)デビアスを設立
1993年6月	(株)ベクトルに商号変更
2003年6月	(株)ダブルアップオフィスを吸収合併
2004年5月	(株)ベクトルコミュニケーションを設立(後:(株)プラチナム)
2004年5月	(株)ベクトルスタンダードを設立(後:(株)アンティル)
2005年12月	(株)WOMCOMを設立(後:(株)シグナル)
2005年12月	(株)キジネタコムを設立(後:(株)PR TIMES)
2011年1月	維酷公共関係諮問(上海)有限公司を設立
2011年6月	(株)セカンドニュースと(株)ストレートプレスネットワークを設立
2012年6月	Vector Group International Limitedを設立
2012年8月	(株)イニシャルと(株)ソーシャルスカウトを設立
2012年10月	Vector Group Pte. Ltd.を設立
2013年1月	PT.VECTORを設立
2014年3月	Vector Group Ltd.を設立
2014年4月	(株)ビタブリッドジャパンを設立
2014年5月	VECTOR GROUP COMPANY LIMITEDを設立
2014年10月	(株)ニューステクノロジーを設立

2618 (株)ベスト電器
[証券コード]8175
[上場区分]東証一部

1953年9月	九州機材倉庫(株)を設立
1968年12月	(株)ベストサービスを設立
1973年3月	〈別〉(株)ベスト電器と合併(額面変更)し(株)ベスト電器に社名変更
1975年3月	(株)ベストホーランドとベストホーム(株)を合併
1979年11月	(株)ベスト物流を設立
1981年12月	(株)中国ベスト電器を設立
1993年7月	(株)ビー・ピー・シーを設立
1999年	ソフトバンク(株)と共同で出資し(株)イーベストを設立
2002年	(株)ベストブロードバンドを設立
2005年10月	PT.BESTDENKI INDONESIAを設立
2011年4月	(株)ベストフィナンシャルを設立

2619　(株)ペッパーフードサービス
［証券コード］3053
［上場区分］東証マザーズ
　1985年10月　(有)くにを設立
　1995年8月　(株)ペッパーフードサービスに商号変更

2620　(株)ベネフィット・ワン
［証券コード］2412
［上場区分］東証二部
　1996年3月　(株)ビジネス・コープを設立
　2001年4月　(有)カントリーインを吸収合併し(株)ベネフィット・ワンに社名変更
　2005年4月　(株)パソナと東京電力(株)らとの共同出資により(株)NARPを設立
　2005年11月　(株)スピークラインを設立
　2006年2月　(株)ベネフィットワン・パートナーズを設立
　2009年7月　(株)ベネフィットワン・パートナーズと(株)グローバルヘルスケアを吸収合併
　2012年5月　Benefit One Shanghai Inc.を設立
　2012年9月　(株)パソナグループとの共同出資により(株)パソナふるさとインキュベーションを設立
　2012年10月　Benefit One USA, Inc.を設立
　2013年10月　伊藤忠商事(株)と合弁でBenefit One Asia Pte. Ltd.を設立
　2014年1月　Benefit One (Thailand) Co., Ltd.を設立
　2014年2月　中華電信股份有限公司と合弁でChunghwa Benefit One Co., Ltd.を設立
　2014年5月　PT.BENEFIT ONE INDONESIAを設立
　2015年1月　Benefit One Deutschland GmbHを設立

2621　(株)ヘリオス
［証券コード］4593
［上場区分］東証マザーズ
　2011年2月　(株)日本網膜研究所を設立
　2013年9月　(株)ヘリオスに社名変更
　2014年2月　大日本住友製薬(株)との合弁により(株)サイレジェンを設立

2622　ヘリオステクノホールディング(株)
［証券コード］6927
［上場区分］東証一部
　1976年10月　フェニックス電機(株)を設立
　1986年2月　(株)ペックを設立
　1987年12月　フェニックス・パーラー(株)を設立
　1988年2月　フェニックス精工(株)を設立
　1990年3月　フェニックス・ライティング(株)を設立
　1990年7月　モーリス写真工業(株)を設立
　1990年9月　(株)ホームを設立
　2009年4月　ヘリオステクノホールディング(株)に社名変更
　2009年4月　<新>フェニックス電機(株)を設立
　2009年6月　ナカンテクノ(株)を設立

2623　(株)ベリサーブ
［証券コード］3724
［上場区分］東証一部
　2001年7月　(株)ベリサーブを設立
　2010年4月　百力服軟件測試(上海)有限公司を設立

2624　(株)ベリテ
［証券コード］9904
［上場区分］東証二部
　1948年5月　(株)大久保時計店を設立
　1965年6月　(株)オオクボに社名変更
　1988年2月　(株)ジュエリーオオクボを吸収合併
　1991年4月　(株)ジュエルベリテオオクボに社名変更
　1991年7月　(株)サンオオクボを設立
　2005年　(株)ベリテに社名変更
　2006年2月　(株)ソバックを設立
　2008年10月　(株)ジュエリーシノンと(株)ソバックを吸収合併
　2009年11月　(株)サンジュエルを吸収合併

2625　ベーリンガーインゲルハイムジャパン(株)
　1961年1月　日本C.H.ベーリンガーゾーン(株)を設立
　1982年3月　日本ベーリンガーインゲルハイム(株)に社名変更
　2002年4月　塩野義製薬(株)と共同で出資しベーリンガーインゲルハイムシオノギベトメディカ(株)を設立
　2011年4月　日本ベーリンガーインゲルハイム(株)とエスエス製薬(株)とベーリンガーインゲルハイム ベトメディカジャパン(株)とベーリンガーインゲルハイム製薬(株)の4つの事業会社を統括しベーリンガーインゲルハイムジャパン(株)を設立

2626　(株)ベルク
［証券コード］9974
［上場区分］東証一部
　1977年7月　(株)主婦の店秩父店を設立
　1983年3月　(株)主婦の店ベルクに社名変更
　1992年3月　(株)ベルクに社名変更
　1998年3月　(株)ホームデリカを設立
　2003年6月　(株)ジョイテックを設立

2627　ベルグアース(株)
［証券コード］1383
［上場区分］ジャスダックスタンダード
　1996年2月　(有)山口園芸を設立(後：(株)山口園芸)
　2001年1月　(有)山口園芸から一部の業務を譲受しベルグアース(株)を設立
　2013年4月　(株)山口園芸との共同出資により(株)九重おひさまファームを設立
　2014年3月　ベルグ福島(株)を設立
　2014年6月　ファンガーデン(株)を設立

2628　(株)PALTEK
［証券コード］7587
［上場区分］ジャスダックスタンダード
　1982年10月　(株)パルテックを設立(定款上の商号：(株)PALTEK)
　1997年1月　(株)パルテックと合併(株式の額面金額変更のため)
　2002年3月　アルファ電子(株)との共同出資によ

2009年4月	りアルファエレクトロンHK社を設立（後：PALTEK Hong Kong Limited） アルファ電子(株)とエヌエス・マイクロエレクトロニクス(株)を吸収合併
2014年6月	(株)テクノロジー・イノベーションを設立

2629　(株)ベルーナ
[証券コード]9997
[上場区分]東証一部

1968年9月	友華堂を設立
1977年6月	(株)友華堂に改組
1990年4月	(株)ベルーナに社名変更
1992年4月	ツバサ電機(株)と合併
1994年7月	(株)東洋漢方研究所を設立（後：(株)リフレ）
1998年5月	(株)エルドラドを設立
2002年5月	(株)サンステージ・ファイナンスを設立
2002年10月	ベルネット クレジット カンパニー リミテッドを設立
2004年2月	上海蓓如娜服装整理有限公司を設立
2006年11月	(株)BANKANと(株)わものやを設立
2007年10月	(株)ベルーナメーリングサービスを設立
2010年10月	(株)エルドラドを吸収合併
2011年3月	〈新〉(株)エルドラドを設立

2630　弁護士ドットコム(株)
[証券コード]6027
[上場区分]東証マザーズ

2005年7月	オーセンスグループ(株)を設立
2013年10月	弁護士ドットコム(株)に社名変更

2631　(株)ホウスイ
[証券コード]1352
[上場区分]東証一部

1945年8月	報國水産(株)を設立
1981年8月	日南養魚(株)を設立（後解散）
1983年10月	北洋水産(株)と合併
1984年8月	(株)ホウスイに社名変更
1996年3月	恵光水産(株)を設立
1999年4月	日東シュリンプ(株)を設立
2001年4月	日東シュリンプ(株)を吸収合併
2008年4月	中央冷凍(株)を吸収合併
2013年4月	(株)せんにちを設立

2632　(株)放電精密加工研究所
[証券コード]6469
[上場区分]ジャスダックスタンダード

1961年12月	(株)放電精密加工研究所を設立
1986年9月	(株)ミヤギを設立
1987年9月	トーヨーサッシ(株)と合弁会社でKYODO DIE-WORKS (THAILAND) CO., LTD.を設立
2003年7月	天津和興機電技術有限公司を設立
2007年3月	HSKT CO., LTD.を設立（後清算）

2633　(株)豊和銀行
[証券コード]8559
[上場区分]福証

1949年12月	大豊殖産無尽(株)を設立
1953年1月	(株)豊和相互銀行に社名変更
1989年2月	(株)豊和銀行に社名変更
1989年9月	(株)ほうわバンクカードを設立（後解散）

2634　豊和工業(株)
[証券コード]6203
[上場区分]東証一部

1907年2月	豊田式織機(株)を設立
1913年7月	名古屋織布(株)を合併
1916年6月	木本鉄工(株)を合併
1934年6月	金城興業(株)を設立（後：昭和重工業(株)）
1938年8月	豊田式織機継続(株)を設立（後：中日運送(株)）
1941年9月	昭和重工業(株)を合併し豊和重工業(株)に社名変更
1943年10月	豊和工作機(株)を設立
1945年10月	豊和工業(株)に社名変更
1959年7月	中日鋼材(株)を設立（後：豊友物産(株)）
1964年5月	西部産業(株)を設立（後解散）
1975年6月	(株)豊苑を設立
1979年5月	豊友産業(株)を設立（後解散）
1999年5月	エイチオーエンジニアリング(株)を設立
2011年5月	豊和(天津)机床有限公司を設立

2635　(株)ホギメディカル
[証券コード]3593
[上場区分]東証一部

1955年12月	保木明正堂を設立
1961年4月	保木記録紙販売(株)に社名変更
1970年10月	(株)ホギに社名変更
1987年4月	(株)ホギメディカルに社名変更
1994年10月	P.T.ホギインドネシアを設立
2011年6月	P.T.ホギメディカルセールスインドネシアを設立

2636　北越紀州製紙(株)
[証券コード]3865
[上場区分]東証一部

〈北越製紙系〉

1907年4月	北越製紙(株)を設立
1917年2月	北越板紙(株)を合併
1937年5月	北越パルプ(株)を設立
1938年7月	新潟板紙(株)を合併
1943年5月	小田洲炭鉱(株)を合併
1944年3月	北越パルプ(株)を合併
1946年12月	湯河原製紙(株)を設立（後解散）
1955年11月	戸田パルプ工業(株)を設立（後解散）
1961年9月	日本感光紙工業(株)を設立
1967年11月	北越紙精選(株)を設立
1971年4月	北越エンジニアリング(株)を設立
1977年11月	北越パッケージ(株)を設立
1981年11月	(株)京葉資源センターを設立

〈紀州製紙系〉

1950年10月	紀州製紙パルプ(株)を設立
1953年8月	大阪製紙(株)を合併
1960年5月	紀州製紙(株)に社名変更
1962年12月	紀州不動産(株)を設立
1972年1月	日向興発(株)を設立
1987年2月	紀州造林(株)を設立

＊　　＊　　＊　　＊

ほくえつき

2009年10月	紀州製紙（株）との株式交換により同社を完全子会社とし北越紀州製紙（株）に商号変更
2011年4月	紀州製紙（株）を吸収合併
2011年4月	北越紀州販売（株）を設立
2011年10月	江門星輝造紙有限公司を設立

2637　（株）北越銀行
[証券コード] 8325
[上場区分] 東証一部

1942年12月	（株）六十九銀行と（株）長岡銀行が合併し（株）長岡六十九銀行を設立
1943年12月	長岡貯蓄銀行を合併
1945年11月	加茂信用組合を合併
1948年10月	（株）北越銀行に社名変更
1977年10月	北越システム開発（株）を設立（後解散）
1982年11月	北越リース（株）を設立
1983年6月	北越カード（株）を設立
1983年10月	北越ビジネス（株）を設立（後解散）
1984年12月	（株）北越キャピタルを設立（後解散）
1986年8月	北越信用保証（株）を設立
1992年4月	北越ジェーシービー（株）を設立
1995年4月	北越資産管理（株）を設立（後解散）
1997年7月	（株）ホクギン経済研究所を設立

2638　北越工業（株）
[証券コード] 6364
[上場区分] 東証一部

1938年5月	地蔵堂鋳物工業所を設立
1939年1月	北越鋳物機械（株）に社名変更
1939年12月	北越工業（株）に社名変更
1991年1月	HOKUETSU INDUSTRIES EUROPE B.V.を設立
1993年4月	（株）エーエスシーを設立
2001年4月	（株）ファンドリーを設立
2013年10月	HOKUETSU INDUSTRIES ASIA SDN.BHD.を設立（後：AIRMAN ASIA SDN.BHD.）
2014年12月	AIRMAN USA CORPORATIONを設立

2639　北越メタル（株）
[証券コード] 5446
[上場区分] 東証二部

1942年6月	北越水力電気（株）の化学工業部門を継承し北越電化工業（株）を設立
1964年11月	北越電化工業（株）と東邦製鋼（株）と（株）新潟製鋼所を合併し北越メタル（株）に社名変更
1965年11月	北越興業（株）を設立
1970年4月	（株）北越タンバックルを設立
1971年5月	協越興業（株）を設立（後：（株）メタルトランスポート）
1974年9月	北興商事（株）を設立
1986年10月	（株）アールディメタルを設立
2000年4月	（株）アールディメタルを吸収合併

2640　ホクト（株）
[証券コード] 1379
[上場区分] 東証一部

1962年4月	（株）デラップス・ランドリーを吸収合併
1964年7月	デラップス商事（株）を設立
1972年2月	ホクト産業（株）に社名変更
2003年10月	ホクト（株）に社名変更
2004年4月	ホクト産業（株）を設立
2005年4月	ホクトメディカル（株）を設立
2006年7月	HOKTO KINOKO COMPANYを設立
2011年3月	台湾北斗生技股份有限公司を設立
2012年11月	HOKTO MALAYSIA SDN.BHD.を設立
2013年4月	ホクトメディカル（株）を吸収合併

2641　（株）ほくほくフィナンシャルグループ
[証券コード] 8377
[上場区分] 東証一部

2003年9月	（株）北陸銀行の株式を移転し（株）ほくぎんフィナンシャルグループを完全親会社として設立
2004年9月	（株）北海道銀行の株式を移転し（株）ほくほくフィナンシャルグループに社名変更
2004年12月	（株）北銀コーポレートを設立

2642　北雄ラッキー（株）
[証券コード] 2747
[上場区分] ジャスダックスタンダード

1971年4月	（株）オレンジチェーンを設立
1982年5月	（株）まるせんと合併し北雄ラッキー（株）に社名変更
1993年9月	（株）シティびほろと合併
1994年11月	エル食品（株）を設立
1995年2月	（株）アップルを設立
2010年3月	エル食品（株）と（株）アップルを吸収合併

2643　（株）北洋銀行
[証券コード] 8524
[上場区分] 東証一部

1917年8月	北海道無尽（株）を設立
1918年1月	小樽無尽（株）に社名変更
1931年7月	滝川無尽（株）を合併
1940年10月	北海道産業無尽（株）を合併
1944年3月	北日本無尽（株）と拓殖無尽（株）と東和無尽（株）と日之出無尽（株）を合併し北洋無尽（株）に社名変更
1951年10月	（株）北洋相互銀行に社名変更
1989年1月	（株）北洋銀行に社名変更
2001年	（株）札幌銀行と株式移転し（株）札幌北洋ホールディングスを協同持株会社として設立
2008年10月	（株）札幌銀行と合併
2012年10月	（株）札幌北洋ホールディングスと合併

2644　北陸瓦斯（株）
[証券コード] 9537
[上場区分] 東証二部

1913年6月	合同瓦斯（株）を設立
1917年10月	新潟瓦斯（株）に社名変更
1943年2月	長岡瓦斯（株）と三条瓦斯（株）と合併
1944年4月	北陸瓦斯（株）に社名変更
1949年9月	蒲原瓦斯（株）を設立
1955年10月	北陸天然瓦斯興業（株）を設立
1980年2月	北陸ガスリビングサービス（株）を設立
1980年2月	北陸ガス保安サービス（株）を設立（後：

北陸ガスエンジニアリング(株))

2645　(株)北陸銀行
1943年7月	(株)十二銀行と(株)高岡銀行と(株)中越銀行と(株)富山銀行が合併し(株)北陸銀行を設立
1943年12月	(株)金沢貯蓄銀行と(株)富山合同貯蓄銀行を合併
1944年12月	北陸信託(株)を合併
2003年9月	(株)ほくぎんフィナンシャルグループを完全親会社として設立(後:(株)ほくほくフィナンシャルグループ)
2010年3月	北銀不動産サービス(株)を吸収合併

2646　北陸電気工業(株)
[証券コード]6989
[上場区分]東証一部
1943年4月	北陸電気科学工業(株)を設立
1944年4月	北陸電気工業(株)に社名変更
1961年12月	北陸精機(株)を設立
1969年7月	北日本電子(株)を設立(後:北陸興産(株))
1973年3月	明科電子工業(株)を設立
1980年7月	北陸興産(株)を設立
1982年4月	黒瀬電子(株)を設立(後:朝日電子(株))
1982年4月	北陸アイシー(株)を設立
1983年7月	富山エレクトロニクスを設立
1987年8月	新庄電子(株)を設立
1990年4月	北陸マレーシア(株)を設立
1994年7月	北電マレーシア(株)を設立
1995年2月	蘇州大和精密模具有限公司を設立
1996年9月	HDKアメリカ(株)を設立
1997年2月	HDKチャイナ(株)を設立
1997年3月	北陸アジアホールディング(株)を設立(後清算)
2002年10月	北陸(上海)国際貿易有限公司を設立
2004年9月	天津北陸電気有限公司を設立
2007年10月	HDKタイランド(株)を設立
2011年10月	北陸電気(広東)有限公司を設立
2011年11月	北陸インターナショナル(タイランド)(株)を設立

2647　(株)ホクリヨウ
[証券コード]1384
[上場区分]東証二部
1949年5月	北海道糧食(株)を設立
1963年4月	(株)大丸札幌大屋商店を設立(後:ホクリヨウ畜産(株))
1972年2月	(株)ホクリヨウに商号変更
1980年5月	(株)登別養鶏ファームを設立(後:(株)登別ポートリー)
1981年6月	(株)東養鶏場を設立(後:(株)北見ポートリー)
1982年5月	(株)北海道エス・ピー・エフ畜産センターを設立(後:(株)ホクリヨウ生産)
1986年5月	(株)十勝ポートリーを設立(後:(株)ホクリヨウ生産)
1987年7月	(株)北海道若めすを設立(後:(株)ホクリヨウ生産)
1988年4月	(株)ホクリヨウ赤井川畜産センターを設立(後:(株)ホクリヨウ生産)
2004年3月	ホクリヨウ畜産(株)を合併
2008年9月	(株)ホクリヨウ生産を合併
2009年2月	(株)千歳ポートリーを設立(後合併)
2010年3月	(株)北海道中央牧場を設立

2648　ポケットカード(株)
[証券コード]8519
[上場区分]東証一部
1982年5月	ニチイ・クレジット・サービスを設立
1994年3月	マイカルカード(株)に社名変更
2001年12月	ポケットカード(株)に社名変更
2012年9月	ファミマクレジット(株)を吸収合併

2649　(株)星医療酸器
[証券コード]7634
[上場区分]ジャスダックスタンダード
1974年4月	(株)星医療酸器を設立
1989年11月	(株)エイ・エム・シーを設立
1993年4月	(株)星エンジニアリングを設立
1993年6月	(株)アイ・エム・シーを設立
1993年8月	星友商事(有)を設立(後:(株)星コーポレーション)
1995年12月	(株)ケイ・エム・シーを設立
2003年9月	(株)星医療酸器関西を設立
2003年9月	(株)星医療酸器東海を設立
2005年1月	(株)星コーポレーションを設立
2008年10月	(有)大興医酸器を吸収合併
2010年10月	(株)星コーポレーションを吸収合併

2650　ホシザキ電機(株)
[証券コード]6465
[上場区分]東証一部
1947年2月	日本ミシン製造会社の協力工場として星崎電機(株)を設立
1966年12月	ホシザキ東京(株)を設立
1969年1月	ホシザキ東海(株)を設立
1969年3月	ホシザキ京阪(株)を設立
1969年3月	ホシザキ北九(株)を設立
1974年4月	ホシザキ東北(株)を設立
1976年2月	ホシザキ関東(株)を設立
1976年12月	ホシザキ四国(株)とホシザキ中国(株)を設立
1977年12月	ホシザキ湘南(株)とホシザキ北信越(株)を設立
1978年3月	ホシザキ阪神(株)を設立
1978年12月	ホシザキ北海道(株)を設立
1981年12月	HOSHIZAKI AMERICA, INC.を設立
1982年12月	ホシザキ北関東(株)を設立
1983年12月	ホシザキ南九(株)を設立
1987年2月	ホシザキ家電(株)を設立(後吸収合併)
1988年12月	ホシザキ沖縄(株)を設立
1989年12月	ホシザキ電機(株)に社名変更
1992年9月	Hoshizaki Europe B.V.を設立
1994年1月	HOSHIZAKI EUROPE LIMITEDを設立
1996年12月	ホシザキ冷器(株)を吸収合併
1999年10月	HOSHIZAKI SINGAPORE PTE LTDを設立
2003年11月	Hoshizaki Europe Holdings B.V.を設立
2004年8月	星崎冷熱機械(上海)有限公司を設立
2005年5月	(株)厨房ステーションを設立(後清算)

ほしてん

2005年12月	坂本商事(株)とホシザキ家電(株)を吸収合併
2006年1月	HOSHIZAKI USA HOLDINGS, INC.を設立
2006年1月	星崎電機(蘇州)有限公司を設立
2010年8月	台湾星崎国際股份有限公司を設立(後:台湾星崎股份有限公司)
2010年11月	星崎香港有限公司を設立
2012年3月	星崎(中国)投資有限公司を設立
2013年1月	Hoshizaki Korea Co., Ltd.を設立
2013年1月	Jackson MSC, Inc.を設立(後:Jackson WWS, Inc.)
2014年2月	PT. HOSHIZAKI INDONESIAを設立

2651 ホシデン(株)

[証券コード]6804
[上場区分]東証一部

1947年4月	古橋製作所を設立
1950年9月	星電器製造(株)に社名変更
1959年11月	城東電機(株)を設立(後:ホシデン精工(株))
1959年11月	東京星電(株)を設立
1968年7月	東北星電(株)を設立(後:ホシデン東北(株))
1968年8月	九州星電(株)を設立(後:ホシデン九州(株))
1968年8月	新潟星電(株)を設立(後:ホシデン新潟(株))
1982年4月	星電子工業(株)を設立
1990年10月	ホシデン(株)に社名変更
1993年1月	ホシデン米子(株)を設立
2005年7月	星電高科技(青島)(有)を設立
2007年2月	天津豪熙電電子(有)を設立
2008年10月	HOSIDEN VIETNAM (BAG GIANG) CO., LTD.を設立
2012年2月	東莞橋頭星電科技電子(有)を設立
2012年2月	東莞橋頭中星電器(有)を設立

2652 ホソカワミクロン(株)

[証券コード]6277
[上場区分]東証一部

1949年8月	(株)細川鉄工所を設立
1980年8月	ホソカワミクロン(株)に社名変更
1986年9月	(株)ホソカワインターナショナルと細川粉体機器サービス(株)とホソカワ東京機器サービス(株)と(株)細川粉体工学研究所を吸収合併
1988年12月	ホソカワパウダエンジニアリング(株)を設立(後:(株)ホソカワ粉体技術研究所)
1990年2月	ホソカワ環境エンジニアリング(株)を吸収合併
1991年5月	大正産業(株)を買収
1999年4月	ホソカワ粉体機器工業(株)を吸収合併
2004年10月	(株)ホソカワ粉体技術研究所を設立
2005年8月	細川密克朗(上海)粉体機械有限公司を設立
2009年7月	(株)ホソカワ粉体技術研究所を吸収合併

2653 (株)細田工務店

[証券コード]1906
[上場区分]ジャスダックスタンダード

1957年2月	(株)細田工務店を設立
1984年8月	(株)細田シティホームを設立(後:親和ファイナンス(株))
1989年3月	細田資材流通(株)を設立
2001年3月	(株)アクアブルーを設立
2003年7月	(株)細田住宅販売を設立
2005年4月	D-ASSETアドバイザーズ(株)を設立
2005年7月	相互住宅(株)と共同で出資し第一リフォームテクノ(株)を設立
2013年3月	細田資材流通(株)を吸収合併

2654 ホーチキ(株)

[証券コード]6745
[上場区分]東証一部

1918年4月	東京報知機(株)を設立
1970年1月	東京報知機販売(株)を合併
1972年7月	ホーチキ(株)に社名変更
1980年6月	関西ホーチキエンジニアリング(株)を設立
1986年1月	(株)ホーチキ物流センターを設立
1988年4月	愛媛ホーチキ(株)を設立
1988年7月	(株)ホーチキメンテナンスセンターを設立
1988年9月	ホーチキエンジニアリング(株)を設立
1989年4月	(株)ホーチキ名古屋メンテナンスを設立
1989年10月	(株)ホーチキ福岡メンテナンスを設立
1990年4月	(株)ホーチキ札幌メンテナンスを設立(後:(株)北海道ホーチキサービスセンター)
1990年10月	(株)ホーチキ横浜メンテナンスを設立
1990年10月	(株)ホーチキ大阪メンテナンスを設立
1991年8月	(株)ホーチキ中国メンテナンスを設立
1992年4月	埼玉ホーチキ(株)を設立
2004年1月	(株)ホーチキ東北メンテナンスを設立
2005年11月	ホーチキ消防科技(北京)有限公司を設立
2009年4月	大和防災工業(株)を吸収合併
2011年4月	(株)ホーチキ物流センターを吸収合併
2011年10月	(株)ホーチキメンテナンスと(株)ホーチキ東日本メンテナンスと(株)ホーチキ西日本メンテナンスを吸収合併
2012年2月	ホーチキオーストラリアPTYリミテッドを設立
2012年5月	ホーチキサービスS.de R.L.de C.V.を設立
2012年6月	ホーチキメキシコS.A.de C.V.を設立
2013年3月	ホーチキミドルイーストFZEを設立

2655 北海電気工事(株)

[証券コード]1832
[上場区分]札証

1944年10月	北海道配電(株)が資本参加し北海電気工事(株)を設立
1998年10月	(株)アイテスを設立
2002年4月	(株)テクセルと合併
2005年	北海道用地(株)と合併

2656 北海道瓦斯(株)

[証券コード]9534
[上場区分]東証一部

1911年7月	北海道瓦斯(株)を設立
1967年12月	北ガス燃料(株)を設立(後:北ガスジェネックス(株))
1972年7月	北ガス建設(株)を設立
1974年4月	北ガスサービス(株)を設立
1974年9月	北ガス不動産(株)を設立(後:北ガスサービス(株))
1986年4月	新函館都市ガス(株)を合併
1986年12月	(株)ケージープランニングを設立
1996年5月	天然ガス自動車北海道(株)を設立(後解散)
2005年9月	(株)エナジーソリューションを設立
2011年6月	北海道LNG(株)を設立

2657 北海道コカ・コーラボトリング(株)
[証券コード]2573
[上場区分]東証二部

1963年1月	北海道飲料(株)を設立
1963年10月	北海道コカ・コーラボトリング(株)に社名変更
1973年4月	東北満俺(株)と合併
1973年6月	エリオクリーニング(株)を設立(後:北海道サービス(株))
1982年2月	富浦飲料(株)を設立(後解散)
1985年1月	北海道サービス(株)を設立
1986年11月	北海道キャンティーン(株)を設立(後解散)
1989年1月	北海道飲料(株)を設立(後:北海道コカ・コーラプロダクツ(株))
1993年1月	北海道システム開発(株)を設立(後:北海道サービス(株))
2000年10月	北海道マシンメンテナンス(株)を設立(後:北海道コカ・コーラプロダクツ(株))
2004年5月	北海道ビバレッジサービス(株)を設立(後:北海道ベンディング(株))
2006年3月	北海道コカ・コーラプロダクツ(株)を設立

2658 北海道電力(株)
[証券コード]9509
[上場区分]東証一部

1951年5月	北海道配電(株)と日本発送電(株)が設備を出資・譲渡し北海道電力(株)を設立
1956年4月	北電興業(株)を設立
1968年5月	日本軽金属(株)と共同で出資し苫小牧共同発電(株)を設立
1970年3月	北海道電設工事(株)を設立(後:(株)テクセル)
1974年11月	北海道火力工事(株)を設立(後:北海道パワーエンジニアリング(株))
1982年7月	苫東コールセンター(株)を設立
1982年12月	北海水力発電(株)を設立
1989年4月	北海道総合通信網(株)を設立
1989年6月	(株)ほくでんライフシステムを設立
1991年6月	(株)アイ・エス・ティ北海道を設立(後:ほくでん情報テクノロジー(株))

2659 ホッカンホールディングス(株)
[証券コード]5902
[上場区分]東証一部

1921年10月	北海製罐倉庫(株)を設立
1941年7月	東洋製罐(株)小樽工場に社名変更
1950年2月	東洋製罐(株)から集中排除法により分離独立し北海製罐(株)に社名変更
1950年4月	昭和製器(株)を設立
1959年7月	東洋運輸(株)を設立(後:トーウンサービス(株))
1960年11月	日東製器(株)を設立
1973年9月	(株)日本キャンパックを設立(後:オーエスマシナリー(株))
1985年1月	(株)ワーク・サービスを設立
1988年2月	日本たばこ産業(株)と共同出資で(株)ジェイティキャニングを設立
2005年10月	〈新〉北海製罐(株)を会社分割により設立しホッカンホールディングス(株)に社名変更(純粋持株会社)
2005年10月	三菱マテリアル(株)と共同でユニバーサル製缶(株)を設立
2011年7月	PT.HOKKAN INDONESIAを設立

2660 北興化学工業(株)
[証券コード]4992
[上場区分]東証一部

1950年2月	北興化学(株)を設立
1953年11月	野村鉱業(株)の製薬部より分離し北興化学工業(株)に社名変更
1967年11月	双商(株)を設立(後:北興産業(株))
1967年12月	美瑛白土工業(株)を設立
1991年8月	ホクコーパックス(株)を設立
2002年8月	張家港北興化工有限公司を設立

2661 (株)北國銀行
[証券コード]8363
[上場区分]東証一部

1943年12月	(株)加能合同銀行と(株)加州銀行と(株)能和銀行が合併し(株)北國銀行を設立
1974年4月	北国総合リース(株)を設立
1981年6月	(株)北国クレジットサービスを設立
1983年7月	北国保証サービス(株)を設立
1991年4月	(株)北国石川ジェーシービーカードを設立(後:(株)北国クレジットサービス)
2010年3月	北國マネジメント(株)を設立
2011年9月	北國債権回収(株)を設立

2662 ボッシュ(株)

1939年7月	三菱重工業(株)と東京自動車工業(株)等が共同で出資しヂーゼル機器(株)を設立
1955年8月	自動車機器(株)を設立(後:ボッシュブレーキシステム)
1973年6月	日産自動車(株)とロバート・ボッシュ・ゲーエムベーハー《西独》と共同で出資し日本電子機器(株)を設立
1975年7月	(株)ヂーゼル機器販売を設立(後:(株)ゼクセル販売)
1990年7月	(株)ゼクセルに社名変更
1991年12月	(株)ゼクセルロジテックを設立
1992年10月	ロバート・ボッシュ・ゲーエムベーハーと共同で出資しアスコ(株)を設立
1999年10月	ボッシュブレーキシステム(株)を設立
2000年7月	(株)ボッシュオートモーティブシステムに社名変更

2001年9月	（株）ボッシュリアルエステートジャパンを設立		2013年3月	（株）ホットリンクコンサルティングを設立
2002年1月	（株）ゼクセルエスイー尾島と（株）ゼクセル興産を吸収合併			

2667　保土谷化学工業（株）
［証券コード］4112
［上場区分］東証一部

1915年3月	（個）程谷曹達工場を設立
1916年12月	（株）程谷曹達工場に改組
1925年11月	保土谷曹達（株）に社名変更
1932年12月	王子染色（株）を合併
1934年8月	〈旧〉東洋曹達（株）を合併
1939年11月	東硫化学工業（株）を合併し保土谷化学工業（株）に社名変更
1944年10月	内国化学工業（株）と（資）石井化学研究所を合併
1960年3月	日本ポリウレタン工業（株）を設立
1960年10月	南陽興業（株）を合併
1963年7月	日本パーオキサイド（株）を設立
1976年4月	保土谷エンジニアリング（株）を設立
1985年7月	東ソー・サスティール（株）を設立
1985年9月	保土谷アシュランド（株）を設立
1990年12月	（株）王子染料製造所を合併
1993年12月	保土谷コントラクトラボ（株）を設立
1994年1月	保土谷アグロス（株）を設立（後：（株）日本グリーンアンドガーデン）
1997年	保土谷ロジテックス（株）を設立
1998年	呉羽化学工業（株）と合併しケー・エイチ・ケミカル（株）を設立
1999年	保土谷ダイカラー（株）を設立（後：アイゼン保土谷（株））
2000年	東北保土谷（株）を設立
2000年	保土谷大連ピーティージー（株）を設立
2005年	アイゼン保土谷（株）を合併
2007年3月	東北保土谷（株）を吸収合併
2008年3月	United Phosphorus Limitedと共同出資し保土谷UPL（株）を設立
2011年5月	HODOGAYA CHEMICAL KOREA CO., LTD.を設立
2012年3月	保土谷アグロテック（株）を設立
2013年7月	日本パーオキサイド（株）を吸収合併
2014年4月	保土谷（上海）貿易有限公司を設立

2002年7月　ボッシュブレーキシステム（株）とボッシュエレクトロニクス（株）を吸収合併
2005年7月　〈元〉ボッシュ（株）と合併しボッシュ（株）に社名変更
2006年11月　ボッシュエンジニアリングサービス（株）を設立（後：ボッシュエンジニアリング（株））

2663　堀田丸正（株）
［証券コード］8105
［上場区分］東証二部

1928年11月	（資）丸正商店を設立
1933年2月	（株）丸正商店に改組
1944年4月	（株）金松商店と（株）小梅と（株）藤安商店と（株）正和を吸収合併し（株）丸正に社名変更
1983年	（株）正友を設立（後：（株）HAMANO 1880）
1995年	（有）ポコメロを設立
2001年	千代田のきもの（株）と合併
2004年10月	ソフランリビング（株）と（株）よねはらを吸収合併
2005年6月	（株）SAKAMURAを設立（後清算）
2007年4月	堀田産業（株）を吸収合併し堀田丸正（株）に社名変更
2008年7月	（株）天創を吸収合併
2012年3月	HMリテーリングス（株）を設立
2013年4月	タケオニシダ・ジャパン（株）を吸収合併
2014年10月	丸福商事（株）を吸収合併

〈堀田産業系〉
1944年6月	堀田産業（株）を設立
1970年6月	弘前堀田産業（株）を設立
1992年10月	弘前堀田産業（株）を吸収合併

2664　（株）ホットマン
［証券コード］3190
［上場区分］ジャスダックスタンダード

1973年1月	古川ステレオパックセンターを創業
1975年1月	（株）ホットマンを設立
1983年6月	（株）ホットマン多賀城を設立

2665　（株）ホットランド
［証券コード］3196
［上場区分］東証一部

1988年	ホットランドを創業
1991年6月	（株）ホットランドを設立
1999年12月	（有）佐憲鉄工所を吸収合併
2004年4月	台湾和園國際股份有限公司を設立
2004年10月	WAEN International Limited（香港）を設立
2014年6月	L.A.Style（株）を設立

2666　（株）ホットリン
［証券コード］3680
［上場区分］東証マザーズ

2000年6月	（株）ホットリンクを設立
2011年4月	（株）ホットスコープを設立
2012年10月	（株）ガーラバズを吸収合併

2668　ポバール興業（株）
［証券コード］4247
［上場区分］名証二部

1957年5月	神田製作所を設立
1964年11月	ポバール興業（株）に商号変更
1990年4月	ポバール販売（株）を設立（後吸収合併）
2001年11月	POVAL KOBASHI (THAILAND) CO., LTD.を設立
2006年4月	POBAL DEVICE KOREA CO., LTD.を設立
2011年9月	博宝楽輸送帯科技（昆山）有限公司を設立

2669　（株）ホープ
［証券コード］1382
［上場区分］ジャスダックスタンダード

1987年6月	（株）ホープを設立
2001年	（株）西村を合併
2008年4月	（株）エス・ロジスティックスを設立
2012年5月	（株）ホープ21を設立

2670　(株)ポプラ
[証券コード]7601
[上場区分]東証一部
　1976年4月　　(株)ポプラを設立
　1991年9月　　(株)弁当のポプラを合併
　1992年7月　　トップマート(株)を合併
　1992年12月　 ポプラ物流サービス(株)を設立
　1994年4月　　ポプラ保険サービス(有)を設立
　1996年2月　　ポプラフーズ(株)を設立
　2001年2月　　ポプラフーズ(株)とポプラ物流サービス(株)他子会社5社を吸収合併

2671　HOYA(株)
[証券コード]7741
[上場区分]東証一部
　1941年11月　(個)東洋光学硝子製造所を設立
　1944年8月　　(株)東洋光学硝子製造所に改組
　1945年8月　　(株)保谷陶器製造所に社名変更
　1947年8月　　(株)保谷クリスタル硝子製造所に社名変更
　1960年11月　保谷光学工業(株)と山中光学工業(株)と保谷光学硝子販売(株)を吸収合併し(株)保谷硝子を設立
　1962年10月　保谷クリスタル販売(株)を設立(後：(株)保谷クリスタル)
　1982年10月　(株)保谷電子を吸収合併
　1984年10月　(株)保谷レンズと(株)保谷クリスタルを吸収合併しHOYA(株)に社名変更
　1991年4月　　東京HOYAレンズ(株)を設立
　2003年3月　　HOYAクリスタル(株)とHOYAクリスタルショップ(株)を吸収合併
　2004年2月　　HOYAオプティクス(株)を吸収合併
　2006年3月　　HOYAアドバンストセミコンダクタテクノロジーズ(株)を吸収合併
　2008年3月　　ペンタックス(株)を吸収合併
　2010年1月　　HOYAヘルスケア(株)を吸収合併

2672　(株)VOYAGE GROUP
[証券コード]3688
[上場区分]東証一部
　1999年10月　(株)アクシブドットコムを設立
　2005年10月　(株)ECナビに商号変更
　2005年11月　(株)リサーチパネルを設立
　2007年1月　　(株)PeXを設立(後：(株)VOYAGE MARKETING)
　2008年6月　　(株)adingoを設立
　2011年4月　　(株)Zucksを設立
　2011年10月　(株)VOYAGE GROUPに商号変更

2673　(株)ポーラ・オルビスホールディングス
[証券コード]4927
[上場区分]東証一部

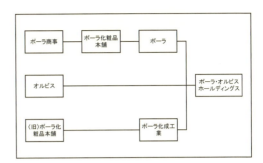

　1929年9月　　鈴木忍が個人事業として創業
　1940年12月　(株)ポーラ化粧品本舗を設立(後：ポーラ化成工業(株))
　2006年9月　　(株)ポーラと(株)オルビス(株)とポーラ化成工業(株)の純粋持株会社として(株)ポーラ・オルビスホールディングスを設立
　2006年12月　(株)ピーオーリアルエステートを設立
　2007年1月　　(株)decenciaを設立
　2007年1月　　(株)ポーラファルマを設立
　2007年3月　　オルラーヌ社との合弁で(株)オルラーヌジャポンを設立
　2008年2月　　(株)ACROを設立
〈ポーラ系〉
　1946年7月　　ポーラ化成工業(株)から販売部門を独立させポーラ商事(株)を設立
　1948年7月　　(株)ポーラ化粧品本舗に社名変更
　1974年1月　　寶麗化粧品(香港)有限公司を設立
　1992年11月　ポーラデイリーコスメ(株)を設立(後：(株)pdc)
　2004年10月　上海寶麗妍貿易有限公司を設立(後：上海寶麗妍貿易有限公司)
　2004年12月　上海頗麗美容有限公司を設立(後：上海寶麗妍貿易有限公司)
　2007年1月　　ポーラ販売(株)を合併
　2007年5月　　POLA LLCを設立
　2007年7月　　(株)ポーラに社名変更
　2008年3月　　台湾保麗股份有限公司を設立
　2011年7月　　宝麗(中国)美容有限公司を設立
〈オルビス系〉
　1984年6月　　オルビス(株)を設立
　2001年2月　　ORBIS KOREA Inc.を設立
　2006年7月　　台湾奧蜜思股份有限公司を設立
　2008年9月　　奧蜜思商貿(北京)有限公司を設立
　2010年8月　　ORBIS CHINA HONG KONG LIMITEDを設立
　2013年7月　　ORBIS ASIA PACIFIC Headquarters PTE.LTD.を設立
〈ポーラ化成工業系〉
　1940年12月　(株)ポーラ化粧品本舗を設立
　1943年8月　　ポーラ化成工業(株)に社名変更
　2007年1月　　(株)ポーラファルマを設立

2674　(株)ポラテクノ
[証券コード]4239
[上場区分]ジャスダックスタンダード
　1991年7月　　日本化薬(株)と(株)有沢製作所の合弁により(株)ポラテクノを設立
　1992年2月　　日本化薬(株)と(株)有沢製作所の合弁により(株)ポラテクノ販売を設立(後

ほりいふと

吸収合併)
1999年7月　デジマ テックB.V.を設立
2003年8月　無錫宝来光学科技有限公司を設立

2675　ホリイフードサービス(株)
[証券コード] 3077
[上場区分] ジャスダックスタンダード
1983年3月　ホリイフードサービス(有)を設立
1993年7月　ホリイフードサービス(株)に組織変更
1995年9月　(株)ホリイプロジェクトを設立(後吸収合併)

2676　(株)堀場製作所
[証券コード] 6856
[上場区分] 東証一部
1945年10月　(個)堀場無線研究所を設立
1953年1月　(株)堀場製作所に社名変更
1970年3月　〈別〉(株)堀場製作所と合併(額面変更のため)
1998年8月　愛宕物産(株)を買収(後：(株)堀場ジョバンイボン)
2000年3月　(株)堀場テクノサービスを設立
2000年6月　(株)バイオ・アプライド・システムズを設立
2003年3月　(株)堀場ジョバンイボン社を統合
2004年8月　厚利巴貿易(上海)有限公司を設立(後：堀場(中国)貿易有限公司)
2006年5月　シェンク東京衡機(株)を統合
2006年6月　(株)ホリバ・バイオテクノロジーを統合
2006年9月　ホリバ・インド社を設立
2008年12月　ホリバ・ヨーロッパ・ホールディング社を設立
2011年1月　北京ホリバメトロン社を設立
2011年8月　ホリバ・台湾社を設立
2012年1月　(株)ホリバアイテック社を統合
2013年7月　ホリバ・インドネシア社を設立

2677　(株)ボルテージ
[証券コード] 3639
[上場区分] 東証一部
1999年9月　(有)ボルテージを設立
2000年2月　(株)ボルテージに組織変更
2012年5月　Voltage Entertainment USA, Inc.を設立

2678　ポールトゥウィン・ピットクルーホールディングス(株)
[証券コード] 3657
[上場区分] 東証一部
2009年2月　ポールトゥウィン(株)とピットクルー(株)の株式移転によりグループ全体を統括する純粋持株会社としてペイサー(株)を設立
2010年7月　ポートサイド(株)を設立(後：ピットクルー・クロスラボ(株))
2011年4月　ポールトゥウィン・ピットクルーホールディングス(株)に商号変更
2013年2月　〈新〉ペイサー(株)を設立
2013年4月　Pole To Win America Hunt Valley, Inc.を吸収合併

2679　本州化学工業(株)
[証券コード] 4115
[上場区分] 東証二部
1914年11月　由良精工(資)を設立
1952年10月　共和電化工業(株)と合併し由良精工(株)に社名変更
1955年10月　本州化学工業(株)に社名変更
1963年7月　〈別〉本州化学工業(株)と合併(額面変更のため)し
2001年11月　Hi-Bis GmbHを設立

2680　本田技研工業(株)
[証券コード] 7267
[上場区分] 東証一部
1946年10月　(個)本田技術研究所を設立
1948年9月　(個)本田技術研究所を継承し本田技研工業(株)に社名変更
1960年7月　(株)本田技術研究所を設立
1970年9月　ホンダ工機(株)を設立(後：本田エンジニアリング(株))
1971年10月　ホンダモーター・ド・ブラジル・リミターダを設立(後：ホンダサウスアメリカ・リミターダ)
1975年7月　モトホンダ・ダ・アマゾニア・リミターダを設立
1978年3月　ホンダオブアメリカマニュファクチュアリング・インコーポレーテッドを設立
1978年8月　ホンダモトール・デ・アルヘンティーナ・エス・エーを設立
1980年2月　アメリカンホンダファイナンス・コーポレーションを設立
1985年2月　ホンダオブザユー・ケー・マニュファクチュアリング・リミテッドを設立
1985年9月　ホンダ・デ・メキシコ・エス・エー・デ・シー・ブイを設立
1987年1月　ホンダカナダファイナンス・インコーポレーテッドを設立
1987年3月　ホンダノースアメリカ・インコーポレーテッドを設立
1989年8月　ホンダモーターヨーロッパ・リミテッドを設立
1992年7月　ホンダカーズマニュファクチュアリング(タイランド)カンパニー・リミテッドを設立(後：ホンダオートモービル(タイランド)カンパニー・リミテッド)
1996年5月　ホンダオートモーベイス・ド・ブラジル・リミターダを設立
1999年4月　(株)ホンダクレジットを設立(後：(株)ホンダファイナンス)
1999年12月　ホンダマニュファクチュアリングオブアラバマ・エル・エル・シーを設立
2004年1月　本田技研工業(中国)投資有限公司を設立

2681　本多通信工業(株)
[証券コード] 6826
[上場区分] 東証二部
1947年6月　本多通信工業(株)を設立
1952年2月　(合)本多製作所を吸収合併
1968年4月　本多電子工業(株)を吸収合併
1972年10月　あずさ工業(株)を設立(後：安曇野本多通信工業(株))
1983年2月　(株)ホンダエンジニアリングを設立(後：(株)HTKエンジニアリング)
1984年12月　本多興産(株)を設立(後：安曇野本多

	通信工業(株))
2001年10月	香港本多有限公司を設立
2010年12月	深圳本多通信技術有限公司を設立

2682　(株)翻訳センター
[証券コード]2483
[上場区分]ジャスダックスタンダード

1986年4月	(株)メディカル翻訳センターを設立
1997年4月	(株)関西翻訳センターを吸収合併し(株)翻訳センターに商号変更
2006年11月	HC Language Solutions, Inc.を設立
2008年8月	北京東櫻花翻訳有限公司を設立
2010年12月	(株)外国出願支援サービスを設立
2014年10月	(株)パナシアを設立

2683　(株)マイスターエンジニアリング
[証券コード]4695
[上場区分]東証二部

1973年6月	(株)大阪丸誠を設立
1984年6月	(株)丸誠エンジニアリングに社名変更
1985年4月	(株)丸誠エンジニアリングを設立(後:(株)マイスターエンジニアリング(本社・東京))
1986年4月	(株)丸誠エンジニアリングを設立(後:(株)マイスターエンジニアリング(本社・名古屋))
1990年2月	(株)マイスター60を設立
1991年8月	(株)マイスターエンジニアリングに社名変更
1991年10月	ナビックスラインス(株)と共同で出資しナビックスマイスター(株)を設立
1993年8月	(株)マイスターエンジニアリング(本社・名古屋)を吸収合併
1994年10月	(株)マイスターエンジニアリング(本社・東京)を吸収合併
1999年2月	(株)マイスターパークを設立(後:(株)マイスターホテルマネジメント)
2000年2月	(株)マイスターソリューションを設立(後:(株)エムイーホテルズ)
2000年2月	(株)マイスターファシリティを設立
2005年4月	(株)エムイーホテルオペレーションズを設立(後:(株)クサツエストピアホテル)
2006年11月	(株)ウイズミーを設立
2010年7月	(株)日本ソーラーサービスを設立
2012年4月	東洋保全工業(株)を吸収合併

2684　(株)毎日コムネット
[証券コード]8908
[上場区分]ジャスダックスタンダード

1979年	(株)トラベル・ドウ・インターナショナルを設立
1979年	(株)毎日ツーリストに社名変更
1983年	(株)サークルライフを設立(後:(株)毎日ネットワーク)
1994年	(株)毎日建物を設立
1997年	(株)毎日ネットワークと(株)毎日建物を吸収合併し(株)毎日コムネットに社名変更
1998年12月	奇兵隊と(株)毎日建物と合併(額面変更のため)し〈新〉(株)毎日コムネットに社名変更
2003年6月	(株)学生サービスプラザを設立(後:(株)毎日コムネットレジデンシャル)
2012年6月	TUA学生寮PFI(株)を設立
2014年8月	(株)毎日コムネットグリーン電力を設立

2685　(株)毎日新聞社

1872年2月	東京日日新聞を創刊
1876年2月	大阪日報を創刊
1888年	大阪毎日新聞と改題
1911年3月	大阪毎日新聞と東京日日新聞が合併
1943年	大阪毎日新聞と東京日日新聞の題号を統一し(株)毎日新聞社に変更
2011年4月	スポーツニッポン新聞社と共同で毎日・スポニチ持株移行(株)を設立(後:(株)毎日新聞グループホールディングス)

2686　Mipox(株)
[証券コード]5381
[上場区分]ジャスダックスタンダード

1925年11月	独逸顔料(名)を設立
1941年12月	独逸顔料工業(株)に改組
1981年4月	日本ミクロコーティング(株)に社名変更
1984年3月	山梨ミクロコーティング(株)を設立
1989年11月	マイポックス・インターナショナル・コーポレーションを設立
1990年10月	山梨ミクロコーティング(株)を吸収合併
1997年8月	マイポックス・マレーシア・センドリアン・バハードを設立
2003年7月	マイポックス・インターナショナル・トレーディング(上海)コーポレーションを設立(後:マイポックス・プレシジョン・ポリッシング・プロダクト(上海)コーポレーション)
2007年1月	マイポックス・シンガポール・プライベート・リミテッドを設立(後:マイポックス・アジア・プライベート・リミテッド)
2007年8月	JMエナジー(株)を設立(後他社に譲渡)
2012年2月	マイポックス(上海)トレーディングコーポレーションを設立
2012年7月	マイポックス・アブレイシヴス・インディア・プライベート・リミテッドを設立
2013年8月	Mipox(株)に商号変更

2687　前澤化成工業(株)
[証券コード]7925
[上場区分]東証一部

1954年12月	硬質エンビ工業(株)を設立
1961年7月	前澤化成工業(株)に社名変更
2011年5月	浙江前澤嘉盛排水材料有限公司を設立

2688　前澤給装工業(株)
[証券コード]6485
[上場区分]東証一部

1957年1月	東京水道工業(株)を設立
1965年10月	前澤給装工業(株)に社名変更
1988年10月	前澤実業(株)を合併
2002年1月	前澤給装(南昌)有限公司を設立

| | 2004年2月 | QSOサービス(株)を設立 |

2689　前澤工業(株)
[証券コード]6489
[上場区分]東証一部
	1937年7月	昭和製作所を設立
	1947年9月	前澤バルブ工業(株)に社名変更
	1973年4月	前澤工業(株)に社名変更
	1985年4月	前澤機工(株)を設立(後：前澤エンジニアリングサービス(株))
	2003年6月	(株)ウォーテック北海道を設立

2690　前田建設工業(株)
[証券コード]1824
[上場区分]東証一部
	1919年1月	〈旧〉飛島組の配下として前田事務所を発足
	1946年11月	前田建設工業(株)を設立
	1956年10月	前田産業(株)を設立
	1962年11月	(株)前田製作所を設立
	1969年5月	フジミ工研(株)を設立
	1976年5月	ミヤマ特殊工事(株)を設立(後：(株)ミヤマ工業)
	1984年10月	Thai Maeda Corporation Ltd.を設立
	1985年2月	正友地所(株)を設立
	1986年3月	フジミビルサービス(株)を設立(後：(株)エフビーエス)
	2002年12月	(株)なおしや又兵衛を設立(後：(株)JM)

2691　前田工繊(株)
[証券コード]7821
[上場区分]東証一部
	1972年11月	前田工繊(株)を設立
	1985年3月	テープテック(株)を設立
	1998年11月	フォルカエンジ(株)を設立(後：(株)エムシー研究所)
	2002年3月	テープテック(株)と(株)エムシー研究所と(株)ガイアンと(株)混混と輪設計(株)を吸収合併
	2008年9月	太田工業(株)と日本不織布(株)を吸収合併
	2010年3月	(株)サングリーンを吸収合併
	2010年9月	マグネ(株)を吸収合併
	2011年12月	MAEDA KOSEN VIETNAM CO., LTD.を設立

2692　(株)前田製作所
[証券コード]6281
[上場区分]ジャスダックスタンダード
	1962年11月	前田建設工業(株)の篠ノ井機械工場の施設を継承し(株)前田製作所を設立
	1987年4月	(株)フォードマエダを設立
	1988年9月	レンタルアイチ(株)を設立(後：(株)レンタル・トゥエンティワン)
	1991年4月	(株)ネオックスを設立
	1992年4月	(株)マエダレンタルを設立(後清算)
	2005年4月	サンネットワーク中部(株)を設立
	2008年9月	(株)サンネットワークマエダを設立

2693　(株)マキタ
[証券コード]6586
[上場区分]東証一部
	1915年3月	(個)牧田電機製作所を設立
	1938年12月	(株)牧田電機製作所に改組
	1962年5月	(株)マキタ電機製作所に社名変更
	1986年7月	城山開発(株)を設立
	1991年4月	(株)マキタに社名変更
	1991年12月	(株)ティエムケーを設立
	1995年9月	(株)マキタ一宮を設立
	1996年8月	マキタ韓国(株)を設立(後清算)
	1997年4月	マキタ・ガルフFZEを設立
	1998年4月	マキタ・アルゼンチンS.A.を設立
	1999年3月	マキタ・チリLtda.を設立
	2000年4月	マキタSAを設立
	2000年11月	牧田(昆山)有限公司(中国)を設立
	2001年1月	マキタ・ラテン・アメリカInc.を設立
	2001年3月	マキタOyを設立
	2001年3月	牧田(上海)機電国際貿易有限公司を設立
	2003年10月	マキタ・ロシアLLCを設立
	2005年5月	マキタ EU S.R.L.を設立
	2005年6月	マキタ・ウクライナLLCを設立
	2007年1月	マキタ・ペルーS.A.を設立
	2008年2月	マキタ・ブルガリアEOODを設立
	2008年4月	マキタ・インディア Pvt. Ltd.を設立
	2008年6月	マキタ・コロンビアS.A.を設立
	2008年12月	マキタ・アフリカ s.a.r.l.a.u.を設立
	2009年11月	マキタ・ベトナム(有)を設立
	2011年3月	マキタ・マニュファクチュアリング・タイ Co., Ltd.を設立
	2011年8月	マキタ d.o.oを設立
	2013年1月	マキタ・マレーシアSdn.Bhd.を設立
	2013年4月	(株)マキタ沼津を吸収合併
	2013年10月	マキタ・ヨーロッパN.V.を設立
	2014年10月	マキタ・カザフスタンLLPを設立

〈マキタ沼津系〉
	1942年12月	中島飛行機(株)三島製作所を設立
	1946年3月	富士産業(株)三島工場に社名変更
	1950年7月	富士機械工業(株)に社名変更
	1960年7月	富士機発動機(株)を吸収
	1960年8月	富士発動機(株)に社名変更
	1962年6月	富士ロビン(株)に社名変更
	1967年12月	富士小松ロビン(株)に社名変更
	1970年6月	富士ロビン(株)に社名変更
	1979年6月	(株)富士ロビン第一サービスを設立
	2007年8月	(株)マキタ沼津に社名変更

2694　(株)牧野フライス製作所
[証券コード]6135
[上場区分]東証一部
	1937年5月	(個)牧野商店製作部を設立
	1942年3月	(個)牧野竪フライス製作所に社名変更
	1951年5月	(株)牧野竪フライス製作所に改組
	1961年4月	(株)牧野フライス製作所に社名変更
	1977年2月	(株)牧野技術サービスを設立
	1978年9月	牧野リース(株)を設立
	1993年10月	牧野J(株)を設立
	1994年3月	牧野電装(株)を設立
	2001年6月	MAKINO INDIA PRIVATE LIMITEDを設立
	2002年7月	牧野机床(中国)有限公司を設立

2695　(株)マキヤ
[証券コード]9890
[上場区分]ジャスダックスタンダード

1895年6月	まきや金物店を設立
1953年8月	(有)マキヤ金物店に社名変更
1963年4月	(有)マキヤに社名変更
1972年6月	(株)マキヤに改組
1989年4月	(株)ヤベを吸収合併
2005年7月	(株)ヤマダ電機と共同出資で(株)東海テックランドを設立
2006年3月	(株)MKカーゴを設立
2011年12月	(株)ひのやを吸収合併

2696 マクニカ・富士エレ ホールディングス(株)
[証券コード]3132
[上場区分]東証一部
〈シーズ系〉

1972年10月	〈旧〉ジャパンマクニクス(株)を設立
1990年3月	シーズ(株)に社名変更
1992年12月	〈別〉(株)マクニカと合併(額面変更)し(株)マクニカに社名変更
1997年3月	(株)アルティマを吸収合併

〈〈旧〉マクニカ系〉

1990年3月	シーズ(株)の営業を全面的に譲受しジャパンマクニクス(株)を設立
1992年3月	〈旧〉(株)マクニカに社名変更
1995年12月	MACNICA, INC.を設立(後:MACNICA USA, INC.)
1997年3月	(株)アルティマを吸収合併
2000年3月	MACNICA SINGAPORE PTE LTDとMACNICA HONG KONG, LIMITEDを設立(後:MACNICA ASIA PACIFIC PTE LTD)
2000年11月	MACNICA TAIWAN, LIMITEDを設立
2000年12月	(株)シーズとシーズテクノロジー(株)を吸収合併
2002年6月	MACNICA SHANGHAI, LIMITEDを設立
2004年3月	マクニカネットワークス(株)を設立
2007年4月	MACNICA(THAILAND)CO., LTD.を設立
2009年6月	CYTECH GLOBAL PTE. LTD.を設立
2012年8月	GFEI CYTECH TECHNOLOGY (SHENZHEN) LTD.を設立
2015年4月	富士エレクトロニクス(株)と経営統合しマクニカ・富士エレ ホールディングス(株)を持株会社として設立

2697 (株)MAGねっとホールディングス
[証券コード]8073
[上場区分]ジャスダックスタンダード

1975年8月	(株)亜土電子工業を設立
1999年8月	(株)シーエスケイ・エレクトロニクスに社名変更
2002年6月	(株)ティー・ゾーンに社名変更
2003年4月	(株)T・ZONEキャピタルを設立
2003年8月	(株)T・ZONE DIYを設立
2003年8月	(株)T・ZONEホールディングスに持株会社として社名変更
2008年8月	(株)MAGを吸収合併し(株)MAGねっとに社名変更
2008年11月	(株)ガルガンチュア・アセット・マネジメントを吸収合併
2009年3月	(株)MAGねっとホールディングスに社名変更
2009年3月	〈新〉(株)MAGねっとを会社分割により設立
2013年4月	(株)T・ZONEストラテジィを吸収合併

2698 マークラインズ(株)
[証券コード]3901
[上場区分]ジャスダックスタンダード

2001年1月	マークラインズ(株)を設立
2003年2月	MarkLines North America, Inc.を設立
2004年9月	中麦柯莱依信息咨詢(上海)有限公司を設立
2013年7月	MarkLines(Thailand)Co., Ltd.を設立

2699 (株)誠建設工業
[証券コード]8995
[上場区分]東証二部

1991年4月	(株)誠建設工業を設立
2004年3月	(株)誠不動産を設立(後:(株)誠ホームサービス)
2005年2月	(株)誠住宅センターを設立(後:(株)誠design工房)

2700 (株)マサル
[証券コード]1795
[上場区分]ジャスダックスタンダード

1957年9月	マサル工業(株)を設立
1979年4月	(株)マサルエンジニアリングを設立
1986年2月	(株)マサルソーヴィを設立(後解散により清算)
1989年8月	(株)マサルに社名変更
1991年4月	(株)マサルエンジニアリングと合併
2009年4月	(株)テクマを吸収合併

2701 (株)マースエンジニアリング
[証券コード]6419
[上場区分]東証一部

1973年9月	(株)マースエンジニアリングを設立
1982年11月	(株)マースシステム販売を設立
1996年11月	(株)エー・エム企画を設立(後解散)
1996年12月	(株)マースコーポレーションを設立
1997年10月	浅間産業(株)を設立(後解散)
1998年10月	(株)カード情報管理センターを設立(後:(株)マーストーケンソリューション)
1998年10月	(株)ホテルサンルート博多を設立(後:(株)マースプランニング)
2000年7月	(株)ウインテックを設立(後:(株)マースウインテック)
2000年9月	(株)エムアンドティ・カーを設立(後:(株)マーステクノサイエンス)
2006年1月	(株)マースフロンティアを設立(後解散)

2702 (株)増田製粉所
[証券コード]2008
[上場区分]東証二部

1906年	増田増蔵とセンテニアルミル会社が共同で出資し増田増蔵製粉所を設立
1908年5月	(株)増田製粉所に社名変更

| | 1940年3月 | 兼三(有)を設立(後:兼三(株)) |

2703　マーチャント・バンカーズ(株)
[証券コード]3121
[上場区分]東証二部

	1947年3月	西日本紡織(株)を設立
	1948年5月	西日本紡績(株)に社名変更
	1952年4月	九州染工(株)を設立
	1959年8月	日本繊維化工(株)に社名変更
	1979年4月	津島毛糸紡績(株)と合併し新日本紡績(株)に社名変更
	2003年7月	アセット・インベスターズ(株)に社名変更
	2009年7月	マーチャント・バンカーズ(株)に商号変更

2704　松井建設(株)
[証券コード]1810
[上場区分]東証一部

	1586年	創業(城・社寺造営)
	1923年	(個)松井組の東京出張所を開設
	1939年1月	(株)松井組に改組
	1948年9月	松井建設(株)に社名変更
	1970年4月	松友商事(株)を設立
	1998年3月	松井リフォーム(株)を設立

2705　マックス(株)
[証券コード]6454
[上場区分]東証一部

	1942年11月	山田航空工業(株)を設立
	1945年9月	山田興業(株)に社名変更
	1949年10月	スマート製販(株)を設立(後:マックス製販(株))
	1955年9月	マックス工業(株)に社名変更
	1964年11月	マックス製販(株)を吸収合併しマックス(株)に社名変更
	1970年10月	常盤マックス(株)を設立
	1973年6月	兵庫マックス(株)を設立
	1979年12月	防長マックス(株)を設立
	1980年9月	マックス物流倉庫(株)を設立
	1988年3月	マックスサービス(株)を設立
	2000年8月	シンワハイテク(株)を設立(後:マックスシンワ(株))
	2000年8月	(株)神和製作所を設立(後:マックスシンワ(株))
	2003年12月	美克司電子機械(深圳)有限公司を設立
	2005年8月	MAX(THAILAND)CO., LTD.を設立
	2006年2月	MAX EUROPE B.V.を設立
	2007年11月	MAX-NANMEE CO., LTD.を設立
	2010年6月	邁庫司(上海)商貿有限公司を設立
	2010年7月	美克司電子機械(蘇州)有限公司を設立
	2013年3月	MAX ASIA PTE.LTD.を設立

2706　マックスバリュ九州(株)
[証券コード]3171
[上場区分]ジャスダックスタンダード

| | 2002年3月 | (株)壽屋から店舗を譲り受けることを目的としてマックスバリュ九州(株)を設立 |
| | 2003年11月 | 西九州ウエルマート(株)と(株)ハローを吸収合併 |

2707　マックスバリュ中部(株)
[証券コード]8171
[上場区分]名証二部

	1959年2月	(有)八百久食料品店を設立
	1967年5月	(有)八百久フードセンターに社名変更
	1973年8月	八昇製菓(株)を設立
	1973年8月	(株)八百久に社名変更
	1977年3月	津南ショッピングセンター(株)を設立
	1979年2月	伊勢商業開発(株)を設立
	1979年2月	富士電設備(株)を設立
	1979年9月	(株)サンパークを設立
	1980年7月	(株)サン書房を設立
	1982年12月	共栄青果(株)を設立
	1983年2月	フレックス(株)に社名変更
	1985年8月	八百久不動産(株)と(株)中央商事を吸収合併
	1986年4月	百合ヶ丘開発(株)を設立
	1988年2月	松阪商業開発(株)を設立
	1990年1月	(株)ユーノスロードフレックスを設立
	1990年6月	エフアール興産(株)を設立
	1991年9月	松阪らくらく亭(株)を設立
	1992年12月	(株)テイストホールディングを設立
	1999年10月	フレックス(株)と(株)アコレと中部ウエルマート(株)が合併しフレックスアコレ(株)に社名変更
	2000年10月	マックスバリュ中部(株)に社名変更
	2002年2月	エフアール興産(株)を吸収合併
	2007年10月	マックスバリュ名古屋(株)を吸収合併
	2013年3月	マックスバリュ中京(株)を吸収合併
	2013年4月	永旺(中国)投資有限公司と合弁で永旺美思佰楽(江蘇)商業有限公司を設立

2708　マックスバリュ東北(株)
[証券コード]2655
[上場区分]東証二部
〈山形ウエルマート系〉

	1972年12月	西奥羽ジャスコ(株)を設立
	1975年2月	西奥羽ファミリー(株)を吸収合併
	1987年2月	山形ウエルマート(株)に社名変更
	1993年2月	マルダイ(株)を合併

〈東北ウエルマート系〉

	1972年12月	カクダイジャスコ(株)を設立
	1989年2月	カクダイウエルマート(株)に社名変更
	1994年8月	カクダイウエルマート(株)と山形ウエルマート(株)が合併し東北ウエルマート(株)に社名変更
	1995年2月	(株)丸大商会を吸収合併

〈北日本ウエルマート系〉

	1981年3月	羽後ショッピング(株)を設立
	1986年5月	羽後ジャスコ(株)を合併
	1995年2月	(株)つるまいと合併し北日本ウエルマート(株)に社名変更
	1996年2月	由利商事(株)と東北商事(株)を吸収合併

＊　＊　＊　＊

	2000年5月	東北ウエルマート(株)と北日本ウエルマート(株)が合併しマックスバリュ東北(株)に社名変更
	2002年6月	(株)同友と合併
	2014年3月	マックスバリュ北東北(株)と合併

2709　マックスバリュ西日本(株)
[証券コード]8287
[上場区分]東証二部
- 1982年12月　キヤンパス(株)が出資しウエルマート(株)を設立
- 1987年1月　キヤンパス(株)を吸収合併
- 1988年5月　ウエルマート(株)に社名変更
- 1996年2月　(株)主婦の店スーパーチェーンと小野スーパー(株)と合併
- 2000年5月　マックスバリュ西日本(株)に社名変更
- 2002年2月　(株)マミーと合併
- 2013年1月　永旺美思佰楽(青島)商業有限公司を設立

2710　マックスバリュ北海道(株)
[証券コード]7465
[上場区分]ジャスダックスタンダード
- 1961年3月　(株)札幌フードセンターを設立
- 2000年10月　北海道ジャスコ(株)と合併しマックスバリュ北海道(株)に社名変更
- 2008年4月　(株)ジョイと合併

2711　(株)マックハウス
[証券コード]7603
[上場区分]ジャスダックスタンダード
- 1990年6月　〈旧〉(株)マックハウスを設立
- 1996年3月　(株)東京靴流通センターと合併(額面変更)し(株)マックハウスに社名変更
- 2005年9月　(株)レオと合併

2712　マツダ(株)
[証券コード]7261
[上場区分]東証一部
- 1920年1月　東洋コルク工業(株)を設立
- 1927年9月　東洋工業(株)に社名変更
- 1944年7月　東洋コルク(株)を設立
- 1979年11月　フォード工業(株)を吸収合併
- 1984年5月　マツダ(株)に社名変更
- 1985年1月　マツダモーターマニュファクチャリング(USA)コーポレーションを設立(後：オートアライアンスインターナショナル, Inc.)
- 1988年7月　マツダリサーチ&ディベロップメントオブノースアメリカ, Inc.を設立(後：マツダモーターオブアメリカ, Inc.)
- 1990年6月　マツダセールス(タイランド)Co., Ltdを設立
- 1995年11月　フォードモーターカンパニーと合弁でオートアライアンス(タイランド)Co., Ltd.を設立
- 2005年3月　第一汽車集団と合弁で一汽マツダ汽車販売有限公司を設立
- 2005年9月　フォードモーターカンパニーと長安汽車集団と合弁で長安フォードマツダエンジン有限公司を設立
- 2005年12月　マツダモーターロシア, OOOを設立
- 2011年9月　住友商事(株)と合弁でマツダモトールマヌファクトゥリングデメヒコS.A. de C.V.を設立
- 2012年9月　ソラーズ社と合弁でマツダソラーズマヌファクチュリングルースLLCを設立
- 2013年2月　マツダパワートレインマニュファクチャリング(タイランド)Co., Ltd.を設立

2713　松田産業(株)
[証券コード]7456
[上場区分]東証一部
- 1956年5月　松田商店(食品系)を設立(後：松田産業)
- 1957年5月　松田商店(貴金属系)を設立(後：マツダメタル工業)
- 1978年9月　マツダ貴金属工業を設立
- 1992年7月　マツダ貴金属工業と〈旧〉松田産業とマツダメタル工業が合併し松田産業(株)に社名変更
- 1997年1月　日本メディカルテクノロジー(株)を設立
- 1997年7月　マツダ環境(株)を設立
- 1998年12月　ALD Vacuum Technologies GmbHと共同でゼロ・ジャパン(株)を設立
- 2000年10月　Matsuda Sangyo (Thailand) Co., Ltd.を設立
- 2004年2月　Matsuda Sangyo (Philippines) Corporationを設立
- 2005年2月　Matsuda Sangyo (Singapore) Pte. Ltd.を設立
- 2007年4月　Matsuda Resource Recycling (Suzhou) Co., Ltd.を設立
- 2009年6月　Matsuda Sangyo (Malaysia) Sdn. Bhd.を設立
- 2012年6月　Matsuda Sangyo Trading (Qingdao) Co., Ltd.を設立
- 2013年1月　Matsuda Sangyo Trading (Thailand) Co., Ltd.を設立
- 2014年3月　Matsuda Sangyo (Vietnam) Co., Ltd.を設立

2714　(株)マツモトキヨシホールディングス
[証券コード]3088
[上場区分]東証一部
- 1932年12月　マツモト薬舗を設立
- 1954年1月　(有)マツモトキヨシ薬店に社名変更
- 1962年11月　(有)薬局マツモトキヨシに社名変更
- 1975年4月　(株)マツモトキヨシに社名変更
- 1983年8月　(株)ユーカリ広告を設立
- 1984年6月　ケーブルテレビジョン(株)を設立
- 1984年10月　(株)マツモトキヨシ保険サービスを設立
- 1985年5月　マツモトキヨシ薬品(株)を設立
- 1991年11月　マツモトキヨシ不動産(株)を設立
- 1992年2月　(有)いそべやを設立
- 2007年10月　(株)マツモトキヨシホールディングスを株式移転により持株会社として設立
- 2013年4月　(株)マツモトキヨシホールセールを設立

2715　松本油脂製薬(株)
[証券コード]4365
[上場区分]ジャスダックスタンダード
- 1926年10月　松本商店を設立
- 1939年3月　松本油脂製薬(株)に社名変更
- 1969年5月　立松化工股份有限公司を設立
- 1970年9月　クエーカー・ケミカル社と合弁で日本クエーカー・ケミカル(有)を設立(後：日本クエーカー・ケミカル(株))

| 1992年1月 | (株)マツモトユシ・インドネシアを設立 |

2716 (株)マツヤ
[証券コード]7452
[上場区分]ジャスダックスタンダード

1968年10月	(株)松屋スーパーを設立
1973年7月	(株)ヨークマツヤに社名変更
1983年	(株)川西ショッピングセンターを設立
1986年12月	(株)松屋小山商店を設立
1987年4月	(株)川中島中央ショッピングセンターを設立
1987年4月	(株)東部中央ショッピングセンターを設立
1988年1月	(株)川西ホームセンターを設立
1988年2月	(株)マツヤに社名変更
1988年4月	(株)ジャスティンを設立(後清算)
1989年5月	(株)高井富士ショッピングセンターを設立
1992年1月	(株)シマダを設立
1992年10月	(株)松屋商事を吸収合併
1993年1月	(株)川西ホームセンターを吸収合併
1993年10月	(株)シマダを吸収合併
1993年12月	(株)松屋小山商店を吸収合併
2008年9月	(株)更北中央ショッピングセンターを吸収合併

2717 (株)松屋
[証券コード]8237
[上場区分]東証一部

1869年11月	(個)鶴屋呉服店を設立
1903年7月	合名(名)鶴屋呉服店に社名変更
1919年3月	合名(名)松屋呉服店を合併し(株)松屋鶴屋呉服店に社名変更
1924年9月	(株)松屋呉服店に社名変更
1937年10月	(株)東栄商会を設立
1944年4月	(株)寿百貨店を吸収合併
1948年4月	(株)松屋に社名変更
1956年9月	(株)みずほを設立(後:(株)アターブル松屋)
1961年7月	(株)松美舎を設立(後:(株)シービーケー)

2718 (株)松屋フーズ
[証券コード]9887
[上場区分]東証一部

1980年1月	(株)松屋商事を設立
1981年3月	(株)松屋食品を設立
1988年4月	(株)松屋食品を吸収合併
1989年6月	(株)松屋フーズに社名変更
1998年3月	(株)エム・ティ・ティを設立
2000年2月	(株)エム・エル・エスを設立
2001年3月	(株)エム・ピー・アイと(株)エム・エム・シー・エーを設立
2001年3月	松屋フーズ開発(株)を設立(後清算)
2001年8月	松屋フーズ建設(株)を設立(後:(株)エム・ティ・ティ)
2004年11月	青島松屋快餐有限公司を設立
2008年4月	(株)エム・ピー・アイと(株)エム・エム・シー・エーを吸収合併
2009年7月	上海松屋餐飲管理有限公司を設立

2719 マナック(株)
[証券コード]4364
[上場区分]東証二部

1948年5月	松永化学工業(株)を設立
1988年4月	マナック(株)に社名変更
2004年9月	ヨード・ファインケム(株)を設立
2014年6月	マナック(南京)化工新材料有限公司を設立

2720 マニー(株)
[証券コード]7730
[上場区分]東証一部

1956年5月	(個)松谷製作所を設立
1959年12月	(株)松谷製作所に改組
1996年5月	MEINFA社と合資でMANI-MEINFA CO., LTD.を設立(後:MANI HANOI CO., LTD.)
1996年5月	マニー(株)に社名変更
1998年7月	(株)メディカルテクノを設立(後解散)
1998年9月	マイクロテクノ(株)を合併
1999年10月	MANI YANGON LTD.を設立
2003年2月	MANI HANOI CO., LTD.を設立
2009年3月	MANI VIENTIANE CO., LTD.を設立(後:MANI VIENTIANE SOLE. CO., LTD.)
2010年3月	MANI MEDICAL HANOI CO., LTD.を設立
2010年3月	マニー・リソーシズ(株)を設立
2012年9月	馬尼(北京)貿易有限公司を設立

2721 マニュライフ生命保険(株)

1914年10月	日本生命保険を創業
1929年8月	萬歳生命保険を合併し日華萬歳生命保険に社名変更
1930年10月	日華生命保険に社名変更
1941年12月	第百生命徴兵保険に社名変更
1945年10月	第百生命保険に社名変更
1947年9月	第百生命保険相互会社に社名変更
1999年3月	マニュライフ・センチュリー生命保険(株)に事業を譲渡
1999年4月	マニュライフ・センチュリー生命保険(株)を設立
2001年9月	マニュライフ生命保険(株)に社名変更
2004年4月	MFCグローバル・インベストメント・マネジメント・ジャパン社を設立(後:マニュライフ・アセット・マネジメント(株))
2007年11月	マニュライフ・インベストメンツ・ジャパン社を設立

2722 (株)マネースクウェアHD
[証券コード]8728
[上場区分]東証一部

2002年10月	(株)マネースクウェア・ジャパンを設立
2011年1月	MONEY SQUARE INTERNATIONAL, INC.を設立
2014年5月	マネースクウェア・ジャパン分割準備(株)と(株)M2・インベストメント・アドバイザリーを設立
2014年10月	(株)マネースクウェア・ジャパンを吸収分割し全事業を承継・持株会社体制へ移行し(株)マネースクウェアHDに商号変更

2723　マネックス・ビーンズ・ホールディングス（株）
[証券コード] 8698
[上場区分] 東証一部
2004年8月	マネックス証券（株）と日興ビーンズ証券（株）が共同で株式移転しマネックス・ビーンズ・ホールディングス（株）を設立
2004年10月	マネックス・オルタナティブ・インベストメンツ（株）を設立
2005年9月	WR Hambrecht & Co Japan（株）を設立
2005年11月	マネックス・ビジネス・インキュベーション（株）を設立（後：マネックスベンチャーズ（株））
2005年11月	（株）マネックス・ユニバーシティを設立
2006年4月	トレード・サイエンス（株）を設立
2007年8月	MBH America, Inc.を設立
2008年7月	**マネックスグループ（株）** に社名変更
2010年12月	BOOMグループ合併準備合同会社を吸収合併

2724　（株）マネーパートナーズグループ
[証券コード] 8732
[上場区分] 東証一部
2005年6月	北辰商品（株）からの新設分割により**（株）マネーパートナーズ**を設立
2006年9月	（株）マネーパートナーズソリューションズを設立
2008年5月	マネーパートナーズ分割準備（株）を設立（後：（株）マネーパートナーズ）
2008年10月	マネーパートナーズ分割準備（株）に吸収分割の方法により事業を承継させ持株会社体制へ移行し**（株）マネーパートナーズグループ**に商号変更

2725　マブチモーター（株）
[証券コード] 6592
[上場区分] 東証一部
1958年8月	馬渕工業（株）を設立
1959年8月	東京科学（株）に社名変更
1971年3月	**マブチモーター（株）** に社名変更
1972年12月	マブチ国際通商（株）を吸収合併
1973年3月	マブチ精工（株）を設立
2003年1月	マブチ精工（株）を吸収合併
2005年3月	マブチモーターダナンリミテッドを設立
2005年11月	マブチモーターコリアカンパニーリミテッドを設立
2008年1月	万宝至馬達貿易（深圳）有限公司を設立
2009年7月	万宝至馬達（鷹潭）有限公司を設立
2009年12月	万宝至精工（東莞）有限公司を設立
2010年10月	東莞道ジャオ万宝至馬達有限公司を設立
2011年5月	万宝至馬達（江西）有限公司を設立
2014年8月	マブチモーターメキシコエスエーデシーブイを設立

2726　（株）マーベラス
[証券コード] 7844
[上場区分] 東証一部
1997年6月	（株）マーベラスエンターテイメントを設立
2001年7月	（株）マーベラス音楽出版を設立
2004年6月	（株）マーベラスライブウェアを設立
2004年12月	Bargsala ABと合弁でRising Star Games Limitedを設立
2005年4月	（株）マーベラススタジオを設立（後：（株）デルファイサウンド）
2007年4月	（株）マーベラス音楽出版を吸収合併
2007年6月	（株）マーベラスインタラクティブを吸収合併
2008年4月	（株）ランタイムを吸収合併
2011年10月	（株）AQインタラクティブと（株）ライブウェアを吸収合併し（株）マーベラス**AQL**に社名変更
2012年4月	MAQL Europe Limitedを設立（後：Marvelous Europe Limited）
2014年7月	**（株）マーベラス** に社名変更

2727　（株）マミーマート
[証券コード] 9823
[上場区分] ジャスダックスタンダード
1965年10月	岩崎商事（株）を設立
1988年4月	（株）マミーマート流通グループを吸収合併し（株）**マミーマート**に社名変更
1989年9月	（株）レッツトライを設立
1999年10月	彩裕フーズ（株）とマミーサービス（株）を設立
2004年12月	（株）ギガ物産を設立
2007年11月	（株）産直開発を設立
2013年10月	（株）産直開発を吸収合併

2728　（株）豆蔵ホールディングス
[証券コード] 3756
[上場区分] 東証一部
2000年1月	（株）豆蔵を設立
2006年10月	〈新〉（株）豆蔵を会社分割により設立し（株）豆蔵**OS**ホールディングスに社名変更
2010年9月	碼媒卓軟件（上海）有限公司を設立
2012年7月	**（株）豆蔵ホールディングス** に社名変更

2729　（株）丸井グループ
[証券コード] 8252
[上場区分] 東証一部
1931年2月	（個）丸二商会を設立
1937年3月	（株）丸井に社名変更
1959年8月	（株）丸井広告事業社を設立（後：（株）エイムクリエイツ）
1960年10月	丸井運輸（株）を設立（後：（株）ムービング）
1970年5月	丸井信用販売（株）を合併
1977年6月	（株）ブルーインテリアと（株）ロンザと（株）マールドを合併
1984年9月	（株）エムアンドシーシステムを設立
1991年2月	（株）エムワンカードを設立
1996年2月	（株）エム・ジェイ・ティを設立
1998年2月	シー・アンド・シー時計販売（株）を設立（後：（株）マルイアクセス）
2001年2月	（株）エムズモードを設立（後：（株）マルイエムズモード）
2003年1月	（株）マルイスマートサポートを設立
2003年5月	（株）マルイシーズニングを設立
2004年3月	（株）マルイパレットを設立
2004年3月	（株）マルイファッションナビを設立

まるいちこ

2004年4月	(株)京葉ムービングを設立
2004年4月	(株)埼京ムービングを設立
2004年4月	(株)東海ムービングを設立
2004年4月	(株)東京ムービングを設立
2004年10月	(株)マルイカードを設立
2004年11月	(株)エムアールアイ債権回収を設立
2007年10月	(株)マルイホームサービスを設立
2007年10月	〈新〉(株)丸井を設立し(株)丸井グループに社名変更(純粋持株会社)
2008年8月	丸井商貿(上海)有限公司を設立
2013年2月	エポス少額短期準備(株)を設立(後：(株)エポス少額短期保険)

2730　丸一鋼管(株)
[証券コード]5463
[上場区分]東証一部

1947年12月	(株)丸一鋼管を設立
1956年12月	丸一鋼販(株)を設立
1959年5月	橘工業(株)を設立(後：四国丸一鋼管(株))
1960年3月	丸一鋼管(株)に社名変更
1970年4月	北海道丸一鋼管(株)を設立
1974年7月	四国丸一鋼管(株)を設立
1974年11月	九州丸一鋼管(株)を設立
1976年11月	沖縄丸一(株)を設立
1978年12月	マルイチ・アメリカン・コーポレーションを設立
2001年7月	丸一インベストメント(有)を設立
2008年5月	MKK・USA・インクを設立
2008年11月	サン・スチール・(ハノイ)・カンパニー・リミテッドを設立(後：マルイチ・サン・スチール・(ハノイ)・カンパニー・リミテッド)
2012年1月	マルイチメックス S.A.de C.V.を設立
2012年10月	丸一インベストメント(有)を吸収合併
2015年3月	マルイチ・オレゴン・スチール・チューブLLCを設立

2731　(株)丸運
[証券コード]9067
[上場区分]東証一部

1892年5月	天龍運輸会社を設立
1938年12月	(株)天龍組に社名変更
1947年12月	天龍運輸(株)に社名変更
1950年1月	天龍木下運輸(株)に社名変更
1960年6月	(株)丸運に社名変更
1960年10月	丸運急送(株)を吸収合併
2008年1月	丸運国際貨運代理(上海)有限公司を設立
2011年6月	丸運トワード物流(株)を設立
2011年10月	丸運安科迅物流(常州)有限公司を設立

2732　(株)丸栄
[証券コード]8245
[上場区分]東証一部

1615年	(個)十一屋呉服店を設立
1922年2月	(株)十一屋に社名変更
1943年8月	(株)三星と対等合併し(株)丸栄に社名変更
1961年1月	栄町ビル(株)を設立
1961年11月	(株)国際フードサービスを設立
1962年1月	(株)観光ホテル丸栄を吸収合併
1964年9月	(株)栄工社を設立
1973年1月	ニューサカエビル(株)を設立
1982年9月	(株)豊橋丸栄を設立
1989年3月	(株)栄エンジニアリングを設立
1991年6月	(株)丸栄友の会を設立
1998年2月	(株)フリーナを設立
2000年2月	(株)栄和ストアを吸収合併
2000年9月	(株)スマックを吸収合併
2001年12月	(株)栄エンジニアリングを吸収合併
2002年2月	ニューサカエビル(株)を吸収合併
2003年5月	栄町ビル(株)を吸収合併

2733　丸尾カルシウム(株)
[証券コード]4102
[上場区分]東証二部

1926年10月	丸尾製粉(資)を設立
1928年1月	播磨製粉(資)を吸収合併
1944年8月	丸尾商事(株)を設立
1944年8月	日東白堊(株)を設立
1948年11月	〈旧〉丸尾製粉(株)を設立
1949年8月	〈旧〉丸尾製粉(資)を吸収合併し丸尾製粉(株)に社名変更
1950年7月	明石製粉(株)を吸収合併
1953年4月	丸尾商事(株)を吸収合併
1963年8月	丸尾カルシウム(株)に社名変更
1965年5月	日東カルシウム(株)を吸収合併
1979年4月	九州カルシウム(株)を設立
2003年9月	丸尾(上海)貿易有限公司を設立
2007年9月	東莞立丸奈米科技有限公司を設立

2734　マルカキカイ(株)
[証券コード]7594
[上場区分]東証一部

1946年12月	(株)丸嘉商会を設立
1947年4月	丸嘉(株)に社名変更
1962年1月	丸嘉機械(株)に社名変更
1970年2月	マルカキカイ(株)に社名変更
1974年1月	マルカ・ナチ販売(株)を設立
1974年2月	ソノルカエンジニアリング(株)を設立
1979年3月	Maruka Enterprises, Inc.を設立
1980年11月	P.T. Tunas Maruka Machinery Co.を設立(後解散)
1987年1月	マルカレンタルサービス(株)を設立
1988年1月	Maruka Machinery (Thailand) Co., Ltd.を設立
1989年5月	日本ロイス(株)を設立
1990年9月	MARUKA U.S.A.INC.を設立
1991年6月	マルカメディテック(株)を設立(後：マルカ産業(株))
1993年1月	Maruka(M)SDN.BHD.を設立
1995年6月	マルカ・ナチ販売(株)を吸収合併
2002年3月	PT.MARUKA INDONESIAを設立
2002年6月	日本ロイス(株)を吸収合併
2003年9月	広州丸嘉貿易有限公司を設立
2006年3月	マルカレンタルサービス(株)を吸収合併
2007年9月	MARUKA INDIA PVT.LTD.を設立
2007年9月	上海丸嘉貿易有限公司を設立
2012年11月	Maruka Mexico S.A.de C.V.を設立
2013年9月	MARUKA VIETNAM CO., LTD.を設立
2014年8月	Maruka Export (Thailand) Co., Ltd.を設立

2735　マルコ(株)
[証券コード]9980
[上場区分]東証二部
　　1978年4月　　マルコ(株)を設立
　　1983年2月　　九州マルコ(株)を設立(後：マルコ熊本(株))
　　1991年9月　　マルコ本社(株)とマルコ熊本(株)とマルコハウジング(株)が合併
　　2006年8月　　ヤマトテキスタイル(株)を吸収合併
　　2014年1月　　瑪露珂爾(上海)国際貿易有限公司を設立

2736　マルサンアイ(株)
[証券コード]2551
[上場区分]名証二部
　　1952年3月　　岡崎醸造(株)を設立
　　1964年9月　　岡崎マルサン(株)に社名変更
　　1973年10月　　マルサン食品(株)を設立
　　1983年1月　　〈旧〉マルサンアイ(株)に社名変更
　　1989年10月　　マルサンフーヅ(株)を設立
　　1992年7月　　(株)匠美を設立
　　1995年3月　　マルサン食品(株)と合併しマルサンアイ(株)に社名変更
　　1997年9月　　マルサンフーヅ(株)を合併
　　2002年9月　　マルサン商事(株)を合併
　　2012年3月　　丸三愛食品商貿(上海)有限公司を設立

2737　丸三証券(株)
[証券コード]8613
[上場区分]東証一部
　　1909年12月　　丸三商店を設立
　　1910年1月　　丸三多田岩吉商店に社名変更
　　1921年2月　　丸三吉田政四郎商店に社名変更
　　1925年8月　　丸三長尾秀一商店に社名変更
　　1944年3月　　丸三証券(株)に社名変更
　　1971年6月　　丸三土地建物(株)を設立
　　1983年3月　　丸三ファイナンス(株)を設立
　　1987年1月　　丸三投資顧問(株)を設立
　　1995年8月　　(株)エムエスシーを設立(後清算)

2738　マルシェ(株)
[証券コード]7524
[上場区分]東証一部
　　1972年5月　　丸忠興業(株)を設立
　　1978年1月　　(株)丸忠酔虎伝に社名変更
　　1988年4月　　マルシェ(株)に社名変更
　　1991年10月　　丸忠販売(株)と東京マルシェ(株)と丸忠食品(株)と合併し〈新〉マルシェ(株)に社名変更
　　2005年11月　　エコファーム・マルシェ(株)を設立(後清算)
　　2007年4月　　エコプランニング・マルシェ(株)を設立

2739　(株)丸順
[証券コード]3422
[上場区分]名証二部
　　1952年7月　　丸順精器工業を設立
　　1960年1月　　丸順精器工業(株)に改組
　　1997年5月　　(株)丸順に社名変更
　　2001年8月　　(株)いきいきジュンテックを設立
　　2001年11月　　広州丸順汽車配件有限公司を設立
　　2003年10月　　武漢丸順汽車配件有限公司を設立

2740　(株)マルゼン
[証券コード]5982
[上場区分]東証二部
　　1961年3月　　渡辺商事(株)を設立
　　1965年4月　　マルゼン燃器製造(株)に社名変更
　　1976年9月　　(株)マルゼンに社名変更
　　1986年2月　　マル厨工業(株)を設立
　　1991年2月　　台湾丸善股份有限公司を設立
　　2003年4月　　(株)フジサワ・マルゼンを設立
　　2013年9月　　Maruzen(Thailand)Co., Ltd.を設立

2741　丸全昭和運輸(株)
[証券コード]9068
[上場区分]東証一部
　　1931年8月　　(株)丸全昭和組を設立
　　1947年12月　　丸全昭和運輸(株)に社名変更
　　1962年3月　　国際埠頭(株)を共同出資で設立
　　1971年6月　　ウイング アンド ウイールス エクスプレス インコーポレイテッド《米国》と共同で出資し丸全エア エクスプレス インターナショナル(株)を設立
　　1987年8月　　丸全九州運輸(株)を設立
　　1987年8月　　丸全北海道運輸(株)を設立
　　2000年12月　　丸全京葉物流(株)を設立
　　2002年4月　　丸全関西物流(株)を設立
　　2002年4月　　丸全京浜物流(株)を設立
　　2002年4月　　丸全鹿島物流(株)を設立
　　2002年4月　　丸全川崎物流(株)を設立
　　2002年4月　　丸全中部物流(株)を設立
　　2004年3月　　SASロジスティックス(株)を設立
　　2006年2月　　丸全港運(株)を設立
　　2008年3月　　丸全テクノパック(株)を設立(後：丸全トランスパック(株))
　　2010年11月　　鹿島タンクターミナル(株)を設立
　　2012年11月　　PT.MaruzenSamuderaTaiheiyoを設立
　　2014年1月　　MaruzenShowa(Thailand)Ltd.を設立
　　2014年10月　　鹿島バルクターミナル(株)を設立

2742　丸善CHIホールディングス(株)
[証券コード]3159
[上場区分]東証一部
　　1869年1月　　丸屋商社を設立
　　1880年3月　　(有責)丸善商社に改組
　　1893年11月　　丸善(株)に社名変更
　　1930年8月　　(株)丸善洋物卸店と(株)丸善服装雑貨卸店を設立(後：(株)丸善洋物卸店)
　　1938年12月　　興亜商事(株)を設立(後解散)
　　1938年12月　　興亜貿易(株)を設立(後：丸善製品販売(株))
　　1945年1月　　丸善出版(株)を設立
　　1950年1月　　丸善化工(株)を設立
　　1953年4月　　丸善出版(株)を吸収合併
　　1960年8月　　中部丸善製品販売(株)と大阪丸善製品販売(株)と九州丸善製品販売(株)と北海道丸善製品販売(株)と東京丸善製品販売(株)を設立(後：丸善製品販売(株))
　　1968年8月　　(株)丸善洋物卸店と丸善製品販売(株)を吸収合併
　　1976年8月　　丸善ブックメイツ(株)を設立
　　1978年10月　　丸善メイツ(株)を設立
　　1979年11月　　丸善システムサービス(株)を設立
　　1989年2月　　(株)イチ・ニ・イチを設立(後清算)

まるたい

1990年6月	（株）オルモを設立
2000年3月	丸善ブックメイツ大阪（株）を吸収合併
2001年8月	（株）丸善トライコムを設立
2004年4月	丸善システムインテグレーション（株）を設立
2010年2月	（株）図書館流通センターと株式移転によりCHIグループ（株）を持株会社として設立
2010年8月	丸善書店（株）を設立
2011年2月	丸善出版（株）を設立
2011年5月	丸善CHIホールディングス（株）に社名変更

2743　（株）マルタイ
［証券コード］2919
［上場区分］福証
〈泰明堂系〉

1960年6月	（株）泰明堂を設立
1965年1月	（株）佐賀泰明堂を設立
1975年2月	（株）佐賀泰明堂を吸収合併

〈〈旧〉（株）マルタイ系〉

1963年12月	〈旧〉（株）マルタイを設立

*　　*　　*　　*

1976年7月	（株）泰明堂を吸収合併しマルタイ泰明堂（株）と社名変更
1990年12月	（株）マルタイに社名変更

2744　（株）丸千代山岡家
［証券コード］3399
［上場区分］ジャスダックスタンダード

1980年2月	（有）丸千代商事を設立
1983年4月	（株）丸千代商事へ組織変更
1993年3月	（株）山岡家を設立
1997年1月	（有）山岡家スープを設立（後：（有）サンシンフーズ）
1997年2月	（有）サンシンフーズを設立（後：（株）サンシンフーズ）
2002年2月	（株）丸千代商事を吸収合併し（株）丸千代山岡家に商号変更
2004年11月	（株）サンシンフーズを吸収合併

2745　丸東産業（株）
［証券コード］7894
［上場区分］福証

1939年10月	丸東商会を設立
1947年3月	（株）丸東商会に改組
1961年7月	丸東工業（株）を吸収合併し丸東産業（株）に社名変更
1971年2月	南丸東（株）を吸収合併
1988年7月	九州グラビア製版（株）を吸収合併
1989年4月	丸東化工（株）を吸収合併
1990年3月	丸東農材（株）を吸収合併
1997年9月	丸東化研（株）を設立（後解散）
2015年1月	MARUTO（THAILAND）CO., LTD.を設立

2746　マルハニチロ（株）
［証券コード］1333
［上場区分］東証一部

2004年4月	（株）マルハグループ本社を設立
2007年10月	（株）ニチロと経営統合し（株）マルハニチロホールディングスに社名変更
2008年4月	（株）マルハニチロ水産に社名変更
2009年	（株）マルハニチロ北日本を設立
2010年	（株）マルハニチロ九州を設立
2011年	（株）MNリテールサービスを設立
2014年4月	（株）マルハニチロホールディングスと（株）マルハニチロ食品と（株）マルハニチロ畜産と（株）マルハニチロマネジメントと（株）アクリフーズを吸収合併しマルハニチロ（株）に社名変更

2747　（株）マルハン

1957年5月	るーちぇを京都峰山町に開店
1972年12月	（株）マルハンを設立
1988年10月	（株）マルハンコーポレーションに社名変更
1999年10月	（株）エムエムインターナショナルを設立
1999年11月	（株）マルハンに社名変更
2003年4月	（株）エムフーズを設立（後：（株）マルハンダイニング）

2748　丸紅（株）
［証券コード］8002
［上場区分］東証一部

1872年	（個）紅忠を設立
1893年	伊藤京店と伊藤染工場と伊藤西店と伊藤糸店と伊藤輸出店と伊藤外海組に分離し（個）伊藤本店に社名変更
1914年	（個）伊藤本店と伊藤京店と伊藤染工場と伊藤西店と伊藤糸店と伊藤輸出店を統合し〈旧〉伊藤忠（名）に社名変更
1918年	〈旧〉伊藤忠商事（株）と（株）伊藤忠商店と伊藤忠（名）に分割し（株）伊藤忠商店に社名変更
1920年3月	（個）伊藤長兵衛商店を合併
1921年3月	（株）丸紅商店に社名変更
1941年9月	〈旧〉伊藤忠商事（株）と（株）岸本商店と合併し三興（株）に社名変更
1944年9月	呉羽紡績（株）と大同貿易（株）と合併し大建産業（株）に社名変更
1945年9月	大建木材工業（株）を設立
1949年12月	伊藤忠商事（株）と呉羽紡績（株）と（株）尼崎製釘所が過度経済集中排除法により分離し丸紅（株）に社名変更
1955年9月	高島屋飯田（株）を吸収合併し丸紅飯田（株）に社名変更
1960年2月	第一鋼材（株）を合併
1966年6月	東通（株）を合併
1972年1月	丸紅（株）に社名変更
1973年11月	（株）南洋物産を合併
1985年2月	丸紅英国会社を設立（後：丸紅欧州会社）
2001年10月	伊藤忠商事（株）と共同で伊藤忠丸紅鉄鋼（株）を設立

2749　丸紅建材リース（株）
［証券コード］9763
［上場区分］東証一部

1968年11月	丸紅鉄鋼建材リース（株）を設立
1972年10月	丸紅建材リース（株）に社名変更
1975年4月	丸建機材（株）を設立
1979年5月	丸建工事（株）を設立
1996年9月	丸精基礎（株）を設立（後：マルケンシールドテック（株））

2001年1月	丸建機材(株)を吸収合併
2008年3月	丸建基礎工事(株)を設立

2750　(株)マルマエ
[証券コード]6264
[上場区分]東証マザーズ

1965年4月	鹿児島県出水市において鉄工所を個人で創業
1988年10月	マルマエ工業(有)に改組
2001年4月	(株)マルマエに商号変更

2751　マルマン(株)
[証券コード]7834
[上場区分]ジャスダックスタンダード

1950年	日本ゴールドメタル工業(株)を設立
1952年	(株)丸萬に社名変更
1962年	〈旧〉(株)マルマンに社名変更
2001年9月	(株)マルマンコーポレーションに額面変更のため合併され社名変更
2003年2月	マルマンゴルフ(株)を吸収合併しマルマン(株)に社名変更
2006年3月	マルマンバイオ(株)を設立
2006年10月	エムアイトレーディング(株)を設立
2006年10月	マルマンエンタープライズ(株)を設立(後:マルマンゴルフ(株))
2009年4月	〈別〉マルマンゴルフ(株)を吸収合併
2009年10月	エムアイトレーディング(株)とマルマンバイオ(株)を吸収合併
2011年1月	丸万(香港)有限公司を設立
2013年9月	丸万(北京)商易有限公司を設立

2752　(株)マルミヤストア

1972年5月	(有)マルミヤを設立
1998年11月	下川薬品(株)と合併し(株)マルミヤ下川に商号変更
2002年10月	(株)マルミヤストアに商号変更
2015年7月	(株)丸久と経営統合し(株)リテールパートナーズを設立

2753　(株)丸山製作所
[証券コード]6316
[上場区分]東証一部

1895年	(個)丸山商会を設立
1937年11月	(株)丸山製作所に社名変更
1944年1月	(資)林田製作所を合併
1953年1月	特殊青銅(株)を設立
1954年6月	日本クライス(株)を設立
1956年4月	丸山商事(株)を設立(後:マルヤマエクセル(株))
1985年10月	丸山工機(株)を設立
1986年11月	西部丸山(株)を設立(後:東北丸山(株))
1991年7月	マルテックス(株)を設立
1991年10月	エーステック(株)を設立
1999年10月	(株)丸山製作所中四国販売を吸収合併
2003年12月	香港丸山有限公司を設立(後清算)
2008年4月	マルヤマ(タイ)CO., LTD.を設立
2008年5月	丸山(上海)貿易有限公司を設立
2009年4月	(株)M&Sテクノロジーを設立

2754　(株)マルヨシセンター
[証券コード]7515
[上場区分]東証二部

1961年3月	(有)トキワフードセンターを設立
1970年9月	(株)マルヨシセンターに社名変更
1973年7月	(株)サンフラワーを設立
1979年7月	(株)ぐりーんはうすを設立
1983年10月	(株)サンフラワーを合併
1985年1月	(株)オビカ商事を設立
1988年7月	(株)スーパーナルトを吸収合併
1989年6月	(株)南海プラザを吸収合併
1991年9月	(株)オビカ商事を吸収合併
1992年3月	(株)四国スーパーマーケットを吸収合併
1994年9月	(株)ファミリーストアーあらいを吸収合併
2005年9月	(株)フレッシュデポを設立

2755　(株)MARUWA
[証券コード]5344
[上場区分]東証一部

1973年4月	(株)丸和セラミックを設立
1999年8月	(株)MARUWAに社名変更
2000年11月	MARUWA ELECTRONICS (HK) CO., LIMITEDを設立
2003年3月	丸和(上海)貿易有限公司を設立
2005年10月	MARUWA Electronic (India) Pvt. Ltd.を設立
2006年6月	Maruwa Electronics (Beijing) Co., Ltd.を設立
2015年1月	(株)MARUWA CERAMICを設立

2756　(株)丸和運輸機関
[証券コード]9090
[上場区分]東証一部

1973年8月	(有)丸和運輸機関を設立
1978年10月	(株)丸和運輸機関に組織変更
1997年8月	(株)東北丸和サービスを設立(後:(株)東北丸和ロジスティクス)
2002年4月	(株)四国丸和ロジスティクスを設立(後:(株)中四国丸和ロジスティクス)
2004年10月	(株)アズコムデータセキュリティを設立
2005年10月	(株)九州丸和ロジスティクスを設立

2757　(株)マーレフィルターシステムズ

1945年7月	(株)土屋製作所を設立
1996年	(株)テネックスに社名変更
2002年	(株)マーレテネックスに社名変更
2005年	(株)マーレフィルターシステムズに社名変更

2758　萬世電機(株)
[証券コード]7565
[上場区分]東証二部

1947年5月	(株)萬世商会を設立
1962年4月	萬世電機工業(株)に社名変更
1987年10月	マンセイサービス(株)を設立(後清算)
1994年7月	萬世電機(株)に社名変更
2003年2月	萬世電機香港有限公司を設立
2011年3月	万世電機貿易(上海)有限公司を設立
2013年4月	日本原ソーラーエナジー(株)を設立

2759　(株)マンダム
[証券コード]4917

[上場区分]東証一部
1927年12月	金鶴香水(株)を設立
1949年8月	(株)巴屋化粧品製造所を吸収合併
1959年4月	丹頂(株)に社名変更
1971年4月	(株)マンダムに社名変更
1972年10月	ドクター・ルノー社《フランス》と提携し日本ドクター・ルノー化粧品(株)を設立
1985年2月	(株)ミックを設立
1992年9月	(株)エムザを設立
1993年10月	(株)ギノージャパンを設立
1996年4月	(株)ビューコスを設立
1997年4月	(株)公南サービスを設立
2008年5月	MANDOM CHINA CORPORATIONを設立
2012年3月	MANDOM CORPORATION (INDIA) PRIVATE LTD.を設立
2015年1月	MANDOM VIETNAM CO., LTD.を設立

2760 三浦印刷(株)
[証券コード]7920
[上場区分]東証二部
1931年9月	三浦印刷所を設立
1950年11月	三浦印刷(株)に社名変更
1998年4月	ミウラテック(株)を設立
2015年7月	ミウラテック(株)を吸収合併

2761 三浦工業(株)
[証券コード]6005
[上場区分]東証一部
1927年12月	三浦製作所を設立
1959年5月	(株)三浦製作所に改組
1970年2月	三浦工業(株)を設立
1972年12月	三浦工機(株)を設立
1978年5月	三浦工業(株)を吸収合併し三浦工業(株)に社名変更
1982年2月	三川工業(株)を設立(後:三浦精機(株))
1982年12月	(株)サンケミを設立(後:三浦アクアテック(株))
1989年2月	(株)三浦研究所を設立
1990年1月	三浦テクノ(株)を設立
1990年3月	(株)バイデルを設立(後:ミウラ・バイデル(株))
1995年4月	三浦マシン(株)を設立
1995年4月	(株)三浦マニファクチャリングを設立
1998年4月	三浦環境マネジメント(株)を設立
1998年7月	三浦エヌピー(株)を設立(後:(株)三浦マニファクチャリング)
2004年4月	(株)三浦プロテックと三浦インターナショナル(株)を設立
2004年9月	三浦工業設備(蘇州)有限公司を設立
2006年12月	(株)ゼットシステムを吸収合併
2008年4月	(株)三浦プロテックと三浦インターナショナル(株)を吸収合併
2008年5月	MIURA MANUFACTURING AMERICA CO., LTD.を設立
2008年5月	MIURA SOUTH EAST ASIA PTE. LTD.を設立
2011年3月	MIURA BOILER MEXICO, S.A.DE C.V.を設立
2012年4月	MIURA BOILER DO BRASIL, LTDA.を設立
2014年8月	MIURA INDUSTRIES (THAILAND) CO., LTD.を設立
2014年10月	MIURA NETHERLANDS B.V.を設立
2015年2月	MIURA INTERNATIONAL AMERICAS INC.を設立
2015年3月	MIURA TURKEY HEATING SYSTEMS INDUSTRY CO., LTD.を設立

2762 (株)三重銀行
[証券コード]8374
[上場区分]東証一部
1895年11月	(株)四日市銀行を設立
1919年3月	(株)山田銀行を合併
1921年12月	(株)河曲銀行を合併
1922年3月	(株)員弁銀行を合併
1927年5月	(資)小津銀行を合併
1927年5月	(株)津農商銀行を合併
1928年6月	(株)四日市貯蓄銀行を合併
1939年12月	(株)三重銀行に社名変更
1945年4月	(株)伊賀農商銀行を合併
1979年8月	中日本総合リース(株)を設立(後:三重銀総合リース(株))
1982年7月	(株)中日本クレジットサービスを設立(後:(株)三重銀カード)

2763 三重交通グループホールディングス(株)
[証券コード]3232
[上場区分]東証一部
1931年2月	伊勢電鉄自動車(株)を設立
1936年8月	神都乗合自動車(株)を合併
1936年12月	参急山田自動車(株)に社名変更
1939年8月	神都乗合自動車を吸収合併し神都交通(株)に社名変更
1944年2月	北勢電気鉄道と四日市鉄道と三重乗合自動車と松阪電気鉄道と志摩電気鉄道と伊賀自動車を吸収合併し三重交通(株)に社名変更
1953年8月	三交タクシー(株)を設立
1953年12月	(株)三交観光社を設立(後:三交旅行(株))
1954年5月	北部三交タクシー(株)を合併
1955年7月	(株)三重会館を設立(後:三交不動産(株))
1955年9月	伊賀三交タクシー(株)を設立
1956年2月	太洋観光バス(株)を合併
1957年5月	御在所ロープウエイ(株)を設立
1963年6月	(株)関ドライブインを設立(後:三交興業(株))
1964年2月	三重電気鉄道(株)を設立
1965年2月	(株)三交ショッピングセンターを設立(後:(株)三交百貨店)
1975年2月	三交ホーム(株)を設立
1986年2月	(株)三交クリエイティブ・ライフを設立
1990年1月	桑名グリーンヒル開発(株)を設立(後:(株)アンク)
1999年2月	鳥羽シーサイドホテル(株)を設立
2001年4月	三交産業(株)を合併
2006年10月	三交不動産(株)と共同で三交ホールディングス(株)を設立
2007年10月	三交ニューサービス(株)を吸収合併

2009年7月	三重交通グループホールディングス(株)に商号変更
2012年4月	三交旅行(株)を吸収合併
2014年2月	三交南紀交通(株)を吸収合併
2014年9月	(株)三交シーエルツーを設立
2015年3月	三交ウェルフェア(株)を設立

2764　(株)MIEコーポレーション
[証券コード]3442
[上場区分]名証二部

1907年6月	琺瑯鉄器(株)を設立
1922年6月	三重琺瑯(株)に社名変更
1970年3月	三重ホーロー(株)に社名変更
2000年5月	(株)中部マテリアルズを設立
2001年1月	(株)MIEテクノに商号変更
2008年1月	(株)MIEコーポレーションを株式移転の方法により設立
2011年7月	上海桑江金属科技有限公司を設立

2765　美樹工業(株)
[証券コード]1718
[上場区分]ジャスダックスタンダード

1952年10月	三木組を設立
1962年1月	美樹建設(株)と美樹設備工業(株)を設立
1971年1月	美樹建設(株)と美樹設備工業(株)を合併し美樹工業(株)に社名変更
1972年3月	はりまハウジング(株)を設立(現：セキスイハイム山陽(株))
1972年4月	神戸美樹工業(株)を設立
1995年4月	神戸美樹工業(株)を吸収合併
2005年2月	かつみ企画(株)を設立
2009年10月	かつみ企画(株)を吸収合併

2766　(株)三城ホールディングス
[証券コード]7455
[上場区分]東証一部

1950年1月	(株)三城時計店を設立
1960年3月	(株)メガネの三城に社名変更
1973年3月	MIKI PARIS S.A.R.L.を設立(後：PARIS MIKI S.A.R.L.)
1974年1月	(株)パリーミキを設立
1974年7月	OPTIQUE PARIS-MIKI (S) PTE. LTD.を設立
1980年5月	(株)パリーミキ技研を設立
1988年3月	(株)パリーミキと(株)パリーミキ技研を吸収合併し(株)三城に社名変更
1988年4月	VISION EXPRESS OF AUSTRALIA Pty.LTD.を設立(後：PARIS MIKI AUSTRALIA PTY.LTD.)
1993年8月	上海巴黎三城光学有限公司を設立(後：巴黎三城光学(中国)有限公司)
2000年10月	上海巴黎三城眼鏡有限公司を設立
2009年4月	(株)三城ホールディングスへ純粋持株会社体制へ移行し商号変更
2014年12月	HATTORI & DREAM PARTNERS LTD.を設立

2767　(株)ミクシィ
[証券コード]2121
[上場区分]東証マザーズ

1999年6月	(有)イー・マーキュリーを設立
2000年10月	(株)イー・マーキュリーへ組織変更
2006年2月	(株)ミクシィに商号変更
2011年4月	(株)ミクシィ・リクルートメントを設立
2012年3月	mixi America, Inc.を設立
2013年9月	(株)ノハナを設立

2768　(株)ミクニ
[証券コード]7247
[上場区分]東証一部

1923年10月	(資)三國商店を設立
1933年12月	(株)三國商店に改組
1939年7月	〈旧〉三國商工(株)に社名変更
1948年10月	第二三國商工(株)と(株)三國製作所に分割し第二三國商工(株)と企業再建整備法により社名変更
1950年4月	三國商工(株)に社名変更
1955年4月	(株)三國製作所を吸収合併
1961年	〈新〉三國商工(株)を設立
1961年7月	三國工業(株)に社名変更
1972年7月	東北三國工業(株)を設立(後：(株)ミクニアデック)
1986年4月	三菱電機(株)とロバート・ボッシュ社《ドイツ》と共同で出資し日本インジェクタ(株)を設立
1988年5月	ミクニパーテック(株)を設立
1991年4月	(株)ミクニに社名変更
2002年	(株)ミクニアデックを吸収合併
2003年	〈新〉三國商工(株)を吸収合併
2004年	三國通商(株)を吸収合併
2006年4月	ピーティー ミクニ インドネシアを設立
2008年9月	ミクニ インディア プライベート リミテッドを設立
2010年6月	三国(上海)企業管理有限公司を設立

2769　ミクロン精密(株)
[証券コード]6159
[上場区分]ジャスダックスタンダード

1958年9月	中川精機(株)山形工場として創業
1961年10月	中川精機製造(株)を山形県山形市東原町に設立
1968年5月	ミクロン精密(株)に社名変更
2003年7月	Micron Europe GmbHを設立
2011年3月	Micron Machinery (Thailand) Co., Ltd.を設立
2013年1月	ミクロンテクニカルサービス(株)を設立

2770　(株)ミサワ
[証券コード]3169
[上場区分]東証一部

1959年2月	(株)三沢精機製作所を設立
1988年2月	(株)ミサワに商号変更
1995年8月	Lamon Bay Furniture Corp.を設立

2771　ミサワホーム(株)
[証券コード]1722
[上場区分]東証一部

1906年	(個)三澤木材店を設立
1953年7月	(株)三澤に社名変更
1967年10月	(株)三澤のプレハブ住宅部門を分離独立しミサワホーム(株)に社名変更
1969年3月	愛知ミサワホーム(株)を設立(後：ミサワホーム東海(株))
1969年4月	大二ミサワホーム(株)を設立(後：ミ

みさわほむ

1970年6月	〈旧〉ミサワホーム（株）を合併（額面変更）（サワホーム東京（株））
1972年8月	札幌ミサワホーム（株）を設立（後：ミサワホーム北海道（株））
1973年1月	（株）ミサワホーム総合研究所を設立
1974年11月	福岡ホームイング（株）を設立（後：ミサワホーム九州（株））
1979年11月	仙台ミサワホーム（株）を設立（後：東北ミサワホーム（株））
1979年11月	（株）全国不動産情報センターを設立
1979年12月	愛知住宅工業（株）を設立（後：ミサワテクノ（株））
1980年12月	住宅流通サービス（株）を設立（後：ミサワホームサンイン（株））
1982年10月	ホームイング（株）を設立
1984年4月	（株）鈴木鉄工所を設立（後：ミサワホーム（株））
1987年1月	東洋防水布製造（株）を設立（後：ミサワ東洋（株））
1987年2月	日本エタニットパイプ（株）を設立（後：ミサワリゾート（株））
1988年10月	共栄設備（株）を設立（後：ミサワホーム北日本（株））
2003年8月	ミサワホームホールディングス（株）を株式移転し設立
2007年10月	ミサワホームホールディングス（株）と合併し〈新〉ミサワホーム（株）に社名変更
2010年6月	東北ミサワホーム（株）を完全子会社化
2010年8月	テクノエフアンドシー（株）を設立

2772　ミサワホーム中国（株）
［証券コード］1728
［上場区分］ジャスダックスタンダード

1971年3月	山口朝日ミサワホーム（株）を設立
1972年8月	山口ミサワホーム（株）に社名変更
1980年10月	（株）ミサワホーム下関を合併
1980年12月	（株）ミサワホーム山口に社名変更
1991年4月	（株）山口ミサワ建設を設立
1993年12月	ミサワホーム中国（株）に社名変更
2007年10月	ミサワホームサンイン（株）を合併

〈ミサワホームサンイン系〉

1971年12月	（株）ミサワホーム鳥取を設立
1979年7月	ホーミング工業（有）を設立（後：ミサワ建設鳥取（株））
1997年10月	ミサワホームしまね（株）と合併しミサワホームサンイン（株）に社名変更

2773　（株）ミスターマックス
［証券コード］8203
［上場区分］東証一部

1950年1月	（有）平野ラジオ電気商会を設立
1961年3月	平野電機（株）に社名変更
1984年8月	（株）MrMaxに社名変更
1984年8月	（株）ミスターマックスに社名変更
2000年10月	（株）ピーシーデポマックスと（株）ネットマックスを設立
2009年12月	（株）ネットマックスを吸収合併

2774　美津濃（株）
［証券コード］8022
［上場区分］東証一部

1906年4月	（個）美津濃商店を設立
1911年2月	（財）水野国際スポーツ交流財団を設立（後：（財）ミズノ国際スポーツ交流財団）
1923年7月	美津濃運動用品（株）に社名変更
1942年3月	美津濃（株）に社名変更
1970年9月	（財）水野スポーツ振興会を設立（後：（財）ミズノスポーツ振興会）
1981年9月	ミズノランバード（株）を設立
1988年7月	（株）ミズノリゾート八ヶ岳を設立
1990年3月	ミズノリゾート月山（株）を設立
1991年10月	ミズノエクセル（株）を設立
1992年5月	（株）ミズノアベールを設立
1993年5月	ミズノゴルフバード（株）を設立
2002年4月	ミズノテクニクス（株）を設立
2005年5月	MIZUNO（CHINA）CORPORATIONを設立
2008年7月	MIZUNO CORPORATION AUSTRALIA PTY. LTD.を設立
2013年4月	MIZUNO KOREA LTD.を設立
2013年5月	MIZUNO IBERIA, S.L.を設立
2013年11月	MIZUNO SINGAPORE PTE. LTD.を設立
2014年9月	MIZUNO NORGE ASを設立

2775　みずほ証券（株）
〈新日本証券系〉

1917年7月	大阪商事（株）を設立
1959年1月	大商証券（株）に社名変更
1961年6月	大商投信委託（株）を設立（後：太陽投信委託（株））
1967年3月	玉塚証券（株）と山叶証券（株）とが合併し新日本証券（株）に社名変更
1973年4月	新日本情報システム（株）を設立（後：日本証券テクノロジー（株））
1976年9月	新日本投資顧問（株）を設立（後：興銀エヌダブリュ・アセットマネジメント（株））
1980年5月	（株）新日本証券調査センターを設立
1982年11月	新日本ファイナンス（株）を設立
1983年10月	（株）日本興業銀行と和光証券（株）と岡三証券（株）と共同で出資し共同コンピュータサービス（株）を設立
1986年6月	新日本カードサービス（株）を設立（後：新光インベストメント（株））
1987年12月	新日本証券ビジネスサービス（株）を設立

〈和光証券系〉

1947年12月	大井証券（株）を設立
1952年10月	六甲証券（株）を合併
1954年11月	伊賀証券（株）を合併
1956年7月	丸広証券（株）を合併
1958年9月	大分証券（株）を合併
1958年12月	横浜興信証券（株）を合併
1961年6月	大井証券投資信託委託（株）を設立（後：新和光投資委託（株））
1966年9月	（株）大井に社名変更
1969年10月	和光証券（株）に社名変更
1973年9月	（株）和光データセンターを設立（後：新光コンピューターシステム（株））
1979年3月	（株）和光経済研究所を設立
1982年12月	和光ファイナンス（株）を設立（後：新光インベストメント（株））

1983年10月	（株）日本興業銀行と新日本証券（株）と岡三証券（株）と共同で出資し共同コンピュータサービス（株）を設立	
1984年1月	和光投資顧問（株）を設立（後：新日本インターナショナル投資顧問（株））	
1988年9月	和光カードサービス（株）を設立	

＊　＊　＊　＊

2000年4月	新日本証券（株）と和光証券（株）が合併し新光証券（株）に社名変更
2001年4月	東京コンピュータサービス（株）と共同で出資し金融システムソリューションズ（株）を設立
2005年7月	新光プリンシパル・インベストメント（株）を設立
2009年5月	みずほ証券（株）を吸収合併しみずほ証券（株）に商号変更
2013年1月	みずほインベスターズ証券（株）を吸収合併
2013年4月	（株）みずほフィナンシャルグループの直接出資子会社となる

2776　（株）みずほフィナンシャルグループ
［証券コード］8411
［上場区分］東証一部
〈富士銀行系〉

1864年	（個）安田屋を設立
1866年	安田商店に社名変更
1879年12月	合本安田銀行を設立
1893年7月	（資）安田銀行に改組
1900年10月	（名）安田銀行に改組
1912年1月	（株）安田銀行に改組
1923年5月	（株）保善銀行を設立
1923年11月	（株）保善銀行と（株）根室銀行と（株）神奈川銀行と（株）信濃銀行と（株）明治商業銀行と（株）京都銀行と（株）日本商業銀行と（株）第百三十銀行と二十二銀行と（株）肥後銀行と（株）第三銀行が合併し（株）安田銀行に社名変更
1943年4月	（株）日本昼夜銀行を合併
1944年8月	（株）昭和銀行を合併
1948年10月	（株）富士銀行に社名変更
1994年10月	富士証券（株）を設立

〈第一銀行系〉

1873年6月	第一国立銀行を設立
1896年9月	（株）第一銀行に社名変更
1912年9月	二十銀行を合併
1916年12月	京都商工銀行を合併
1927年4月	東海銀行（東京）を合併
1943年3月	三井銀行と合併し帝国銀行に社名変更
1948年	帝国銀行から分割し第一銀行を設立
1964年8月	朝日銀行を合併

〈日本勧業銀行系〉

1897年6月	日本勧業銀行を設立

〈第一勧業銀行系〉

1971年2月	第一銀行と日本勧業銀行が合併し第一勧業銀行に社名変更
1994年10月	第一勧業証券（株）を設立

〈日本興業銀行系〉

1902年3月	（株）日本興業銀行を設立
1993年7月	興銀証券（株）を設立

＊　＊　＊　＊

2000年9月	富士銀行と第一勧業銀行と日本興業銀行が経営統合し（株）みずほホールディングスを持株会社として設立
2003年1月	（株）みずほフィナンシャルグループに社名変更
2003年5月	（株）みずほプロジェクトと（株）みずほコーポレート銀行と（株）みずほグローバルとみずほアセット信託銀行（株）を設立
2003年6月	（株）みずほアドバイザリーを設立

2777　（株）Misumi
［証券コード］7441
［上場区分］福証

1959年2月	三角石油瓦斯（株）を設立
1969年9月	鹿児島日東タイヤ（株）を設立（後：南九州トーヨータイヤ（株））
1970年2月	三角住宅設備機器（株）を設立（後：（株）ミスミ建設）
1985年11月	日石人吉中央給油所を設立（後：ミスミ石油人吉（株））
1989年4月	（株）ミスミへ社名変更
1992年3月	ミスミ石油鹿児島（株）を設立
1992年4月	（株）ミスミ熊本を設立
1994年7月	（株）Misumiに商号変更
2002年4月	ミスミ石油鹿児島（株）とミスミ石油宮崎（株）と（株）ミスミ熊本とミスミ石油人吉（株）を吸収合併
2007年10月	（株）フォード南九州を吸収合併
2013年10月	（株）ミスミ建設を吸収合併

2778　（株）ミスミグループ本社
［証券コード］9962
［上場区分］東証一部

1963年2月	三住商事（株）を設立
1989年5月	〈旧〉（株）ミスミに社名変更
2005年4月	（株）ミスミを、全事業を承継する子会社として設立
2005年4月	駿河精機（株）と株式交換により経営統合し（株）ミスミグループ本社に社名変更
2006年8月	三島精機（株）を設立
2006年9月	SURUGA KOREA CO., LTD.を設立
2009年3月	MISUMI INDIA Pvt. Ltd.を設立
2011年2月	SURUGA India Pvt. Ltd.を設立
2011年7月	スルガセイキ商貿（上海）有限公司を設立（後：スルガセイキ科技（上海）有限公司）
2013年1月	PT. MISUMI INDONESIAを設立
2013年1月	スルガセイキ（南通）有限公司を設立

2779　（株）御園座
［証券コード］9664
［上場区分］名証二部

1896年6月	名古屋劇場（株）御園座を設立
1947年2月	御園座（株）に社名変更
1961年2月	（株）御園座に社名変更
1980年6月	みその事業（株）を設立（後清算）
1986年5月	ミソノピア（株）を設立

2780　ミタチ産業（株）
［証券コード］3321
［上場区分］東証一部

1976年7月	ミタチ産業（株）を設立

2001年7月	美達奇(香港)有限公司を設立			(後清算)
2003年8月	台湾美達旗股份有限公司を設立		1993年9月	北日本財務(香港)有限公司を設立
2005年7月	敏拓吉電子(上海)有限公司を設立		1996年4月	みちのくキャピタル(株)を設立
2008年7月	美達奇電子(深圳)有限公司を設立		1996年6月	みち銀総合管理(株)を設立(後清算)
2012年9月	MITACHI(THAILAND)CO., LTD.を設立		1999年2月	(株)みちのく銀行(モスクワ)を設立
2013年4月	大洋電機(株)を吸収合併		2007年8月	Michinoku Preferred Capital Cayman Limitedを設立(後清算)
2013年6月	PT. MITACHI INDONESIAを設立		2010年7月	(株)みちのくサービスセンターを吸収合併
2015年5月	MITACHI TRADING (THAILAND) CO., LTD.を設立			

2781　三谷商事(株)
[証券コード]8066
[上場区分]東証二部

1915年	三谷商店を設立
1922年	三谷(名)に社名変更
1928年	(旧)三谷商事(株)に社名変更
1946年3月	三谷商事(株)に社名変更
1962年3月	アルプス産業(株)を設立
1962年8月	(株)ミタニを設立
1963年5月	三谷生コン(株)を設立
1969年3月	三谷コンピュータシステム(株)を設立

2782　三谷セキサン(株)
[証券コード]5273
[上場区分]東証一部

1956年9月	北陸石産工業(株)を設立
1962年11月	セキサン工業(株)に社名変更
1973年6月	東京セキサン(株)を吸収合併
1979年6月	(株)プラザホテル浦和を設立
1980年3月	東京セキサン(株)を設立
1983年3月	三谷セキサン(株)に社名変更
1991年10月	近畿三谷セキサン(株)を設立
1991年10月	三谷基礎(株)を設立
1993年5月	西日本コンクリート工業(株)を設立
1994年10月	香川三谷セキサン(株)を設立
1996年11月	岡山三谷セキサン(株)を設立
2003年4月	東コン三谷セキサン(株)を設立
2006年6月	コーアツ三谷セキサン(株)を設立
2007年5月	進菱三谷セキサン(株)を設立
2008年12月	北海道永井三谷セキサン(株)を設立(後：北海道三谷セキサン(株))

2783　(株)みちのく銀行
[証券コード]8350
[上場区分]東証一部
〈青森商業銀行系〉

1894年8月	(株)青森商業銀行を設立

〈青和銀行系〉

1921年10月	(株)青森貯蓄銀行を設立
1948年12月	(株)青和銀行に社名変更
1958年9月	(株)青森商業銀行と合併

〈弘前相互銀行系〉

1924年6月	弘前無尽(株)を設立
1949年1月	(株)弘前相互銀行に社名変更

＊　　＊　　＊

1976年10月	(株)青和銀行と(株)弘前相互銀行が合併し(株)みちのく銀行に社名変更
1986年4月	みちのく信用保証(株)を設立
1990年8月	みちのくエムシーカード(株)を設立
1990年8月	みちのくユーシーカード(株)を設立
1991年2月	(株)みちのくオフィスサービスを設立

2784　三井化学(株)
[証券コード]4183
[上場区分]東証一部
〈三井東圧化学系〉

1933年4月	東洋高圧工業(株)を設立
1937年2月	三池窒素工業(株)を吸収合併
1938年10月	合成工業(株)を吸収合併
1951年1月	三井化学工業(株)と関西石油化学(株)と共同で出資し大阪石油化学(株)を設立
1961年5月	東洋エンジニアリング(株)を設立
1968年7月	三井化学工業(株)と共同で出資し三井泉北石油化学(株)を設立
1968年10月	三井化学工業(株)を吸収合併し三井東圧化学(株)に社名変更
1972年10月	東洋メラミン(有)を合併
1974年10月	三井泉北石油化学(株)を吸収合併
1982年3月	三井東圧肥料(株)を設立
1982年12月	三井東圧染料(株)を設立
1983年2月	三井物産(株)と三井日曹ウレタン(株)と共同で出資し(株)湘南総合化学研究所を設立
1983年6月	三西化学工業(株)と共同で出資し九州ファインケミカルズ(株)を設立
1984年11月	東洋コンチネンタルカーボン(株)と東洋ポリスチレン工業(株)を合併
1987年10月	(株)湘南総合化学研究所を吸収合併
1988年10月	MTC Industries, Inc.を設立(後：Mitsui Chemicals America, Inc.)
1995年9月	Siam Mitsui PTA Co., Ltd.を設立
1999年4月	Mitsui Phenol Singapore Pte. Ltd.を設立(後：Mitsui Phenols Singapore Pte. Ltd.)
2001年2月	Mitsui Elastomers Singapore Pte. Ltd.を設立
2001年8月	Mitsui Hygiene Materials Thailand Co., Ltd.を設立
2005年4月	(株)プライムポリマーを設立
2007年9月	Mitsui Prime Advanced Composites India Pvt.Ltd.を設立
2009年4月	三井化学ポリウレタン(株)を吸収合併
2011年11月	三井化学不織布(天津)有限公司を設立
2012年10月	Prime Evolue Singapore Pte. Ltd.を設立

〈三井石油化学系〉

1955年7月	三井石油化学工業(株)を設立

＊　　＊　　＊

1997年10月	三井東圧化学(株)と三井石油化学工業(株)が合併し三井化学(株)を設立
2001年4月	三井武田ケミカル(株)を設立

2785　三井金属エンジニアリング(株)

[証券コード]1737
[上場区分]東証二部

1964年2月	三井金属鉱業(株)が100%出資し三金機工(株)を設立
1970年11月	三井金属エンジニアリング(株)に社名変更
1987年5月	MESCO(U.S.A.), INC.を設立
1988年8月	メスコパイプ工業(株)を設立
1990年5月	MESCOENG(MALAYSIA)SDN. BHD.を設立
1991年1月	メスコパイプ工業(株)を吸収合併
1994年11月	SIAM MESCO Co., Ltd.を設立
1999年4月	台湾美施可(股)有限公司を設立

2786　三井金属鉱業(株)

[証券コード]5706
[上場区分]東証一部

1892年6月	三井鉱山(資)を設立
1893年7月	三井鉱山(名)に改組
1911年12月	三井鉱山(株)に改組
1950年5月	三井鉱山(株)の金属部門が独立し神岡鉱業(株)に企業再建整備法により社名変更
1952年12月	三井金属鉱業(株)に社名変更
1962年6月	王子金属工業(株)と昭和ダイカスト(株)を吸収合併
1962年7月	石見鉱山(株)を設立
1964年6月	三井串木野鉱山(株)を設立
1967年2月	八戸精錬(株)を設立
1968年11月	日比共同精錬(株)を設立
1972年3月	三井金属工芸(株)を設立
1974年10月	三池化成工業(株)を合併
1976年2月	Oak-Mitsui Inc.を設立
1976年2月	オーク三井(株)を設立
1976年11月	台湾銅箔股份有限公司を設立
1980年10月	三井金属箔製造(株)と三金レア・アース(株)を吸収合併
1982年7月	三井圧延(株)を設立
1982年7月	(株)三井金属三池製錬所を設立
1983年11月	奥会津地熱(株)を設立
1985年12月	ユーロセル(株)を設立
1986年7月	神岡鉱業(株)を設立
1986年7月	彦島製錬(株)を設立
1987年2月	Gecom Corp.を設立
1987年2月	ジーコム(株)を設立
1989年4月	(株)ユアソフトを設立
1989年7月	(株)エム・シー・エスを設立(後解散)
1989年11月	Mitsui Copper Foil(Malaysia)Sdn. Bhd.を設立
1990年1月	東京高級炉材(株)と三井金属パーライト(株)とダイカライト・オリエント(株)を吸収合併
1992年10月	Mitsui/ZCA Zinc Powders.を設立(後:Mitsui Zinc Powder LLC)
1995年2月	Mitsui Siam Components Co., Ltd.を設立
1995年8月	三井華陽汽車配件有限公司を設立
1998年4月	三井銅箔(香港)有限公司を設立
1998年6月	Mitsui Components Europe Ltd.を設立
2000年8月	台湾特格股份有限公司を設立
2000年10月	日鉱金属(株)との共同出資でパンパシフィック・カッパー(株)を設立
2001年7月	三井銅箔(広東)有限公司を設立
2002年6月	広東三井汽車配件有限公司を設立
2002年7月	住友金属鉱山(株)と共同出資でエム・エスジンク(株)を設立
2002年11月	台湾微電股份有限公司を設立(後解散)
2005年2月	三井金属貿易(上海)有限公司を設立
2005年6月	Mitsui Kinzoku Components India Private Limitedを設立
2006年1月	(株)三井金属韓国を設立
2006年9月	三井金属(珠海)環境技術有限公司を設立
2007年8月	三井金属(上海)企業管理有限公司を設立
2010年7月	(株)大井製作所と事業統合し三井金属アクト(株)を設立
2010年7月	住友金属鉱山(株)と伸銅事業を統合し三井住友金属鉱山伸銅(株)を設立
2011年5月	Automotive Components Technology India Private Limitedを設立
2012年1月	PT.Mitsui Kinzoku Catalysts Jakartaを設立
2012年3月	三井金属愛科特(上海)管理有限公司を設立
2012年5月	三井金属特種陶瓷(蘇州)有限公司を設立
2012年7月	MITSUI KINZOKU ACT MEXICANA, S.A. de C.V.を設立
2012年10月	三井金属九州機工(株)と事業統合し三井金属計測機工(株)を設立
2013年1月	Mitsui Kinzoku Catalysts(Thailand)Co., Ltd.を設立
2013年2月	Mitsui Kinzoku Catalysts Vietnam Co., Ltd.を設立
2013年4月	PT.MITSUI KINZOKU ACT INDONESIAを設立
2013年7月	Mitsui Kinzoku Catalysts America Inc.を設立
2014年7月	三井金属ダイカスト(株)を設立

2787　三井鉱山(株)

1911年12月	三井(名)の鉱山部が独立し〈旧〉三井鉱山(株)を設立
1941年4月	三井化学工業(株)を設立
1950年5月	神岡鉱業(株)を設立
1950年11月	三井三池土地建物(株)を設立
1959年12月	(株)三井三池製作所を設立
1963年12月	山野鉱業(株)を設立
1964年9月	三井三池開発(株)を設立(後:三井三池土地建物(株))
1964年9月	田川鉱業(株)を設立
1965年3月	(株)三井三池港務所を設立
1972年12月	有明炭鉱(株)を設立
1973年8月	三井石炭工業(株)を設立
1973年8月	(株)三池港務所を吸収合併
1976年5月	三井セメント(株)を吸収合併
1981年4月	三井鉱山コークス(株)を吸収合併
1993年10月	三井三池化工機(株)を吸収合併
1997年4月	三池ポートサービス(株)を吸収合併し三池港物流(株)に社名変更
2001年4月	三井鉱山物流(株)に社名変更
2004年3月	〈旧〉三井鉱山と三井鉱山コークス(株)

みついしゅ

		を吸収合併し三井鉱山(株)に社名変更
2005年5月		サンケミカル(株)を吸収合併
2006年10月		三井西日本埠頭(株)を吸収合併
2009年4月		日本コークス工業(株)に商号変更
2010年10月		三池港物流(株)を設立

2788　三井住建道路(株)
［証券コード］1776
［上場区分］東証二部
〈三井道路系〉
　1948年2月　　岡本興業(株)を設立
　1965年12月　　北海道路(株)に社名変更
　1971年12月　　三建道路(株)と岡田舗装(株)を合併し三井道路(株)に社名変更
〈住建道路系〉
　1971年12月　　住建道路(株)を設立
　　　　　＊　　＊　　＊　　＊
　2003年10月　　三井道路(株)と住建道路(株)が合併し三井住建道路(株)に社名変更

2789　(株)三井住友銀行
〈神戸銀行系〉
　1936年12月　　三十八銀行と神戸岡崎銀行と五十六銀行と西宮銀行と灘商業銀行と姫路銀行と高砂銀行が合併し(株)神戸銀行を設立
　1945年3月　　全但銀行(豊岡)と福本銀行と播州銀行(姫路)と兵和銀行(姫路)を合併
〈太陽銀行系〉
　1940年12月　　大日本無尽(株)を設立
　1942年2月　　(株)東京第一無尽を合併
　1946年7月　　信州無尽を合併
　1948年4月　　日本無尽(株)に社名変更
　1951年10月　　(株)日本相互銀行に社名変更
　1968年12月　　(株)太陽銀行に社名変更
〈太陽神戸銀行系〉
　1973年10月　　神戸銀行と太陽銀行が合併し(株)太陽神戸銀行に社名変更
〈三井銀行系〉
　1876年7月　　私盟会社三井銀行を設立
　1893年6月　　(名)三井銀行に社名変更
　1909年11月　　(株)三井銀行に改組
〈さくら銀行系〉
　1990年4月　　(株)三井銀行と(株)太陽神戸銀行が合併し(株)太陽神戸三井銀行に社名変更
　1992年4月　　(株)さくら銀行に社名変更
〈住友銀行系〉
　1743年　　　　両替屋(泉屋理兵衛)を開業
　1895年11月　　住友銀行を設立
　1899年7月　　(個)住友倉庫を設立
　1912年4月　　(株)住友銀行に改組
　1945年7月　　(株)阪南銀行と(株)池田実業銀行を合併
　1948年10月　　(株)大阪銀行に社名変更
　1952年12月　　(株)住友銀行に社名変更
　1965年4月　　(株)河内銀行を合併
　1986年10月　　(株)平和相互銀行を合併
　　　　　＊　　＊　　＊　　＊
　2001年4月　　(株)住友銀行と(株)さくら銀行が合併し(株)三井住友銀行に社名変更
　2002年12月　　(株)三井住友フィナンシャルグループを株式移転により完全親会社として設立
　2003年3月　　(株)わかしお銀行と合併し〈新〉(株)三井住友銀行に商号変更
　2009年10月　　日興コーディアル証券(株)を完全子会社化(後：SMBC日興証券(株))

2790　三井住友トラスト・パナソニックファイナンス(株)
〈住信リース系〉
　1985年7月　　住信リース(株)を設立
　2007年　　　　スミセイ・リース(株)を吸収合併
〈住信・松下フィナンシャルサービス系〉
　1951年　　　　ナショナルラジオ月販を設立
　1970年　　　　ナショナルクレジットに社名変更
　1992年　　　　松下クレジットサービスに社名変更
　1997年　　　　松下クレジット(株)に社名変更
　2001年　　　　松下リース(株)と合併し松下リース・クレジット(株)として新会社発足
　2005年　　　　住信・松下フィナンシャルサービス(株)に社名変更
　　　　　＊　　＊　　＊　　＊
　2010年　　　　住信・松下フィナンシャルサービス(株)と住信リースが合併し住信・パナソニックフィナンシャルサービス(株)として新会社発足
　2012年　　　　三井住友トラスト・パナソニックファイナンス(株)へ社名変更
　2013年　　　　三井住友トラスト・リーシング・シンガポールを設立

2791　三井住友トラスト・ホールディングス(株)
［証券コード］8309
［上場区分］東証一部
　2002年2月　　中央三井信託銀行(株)の株式移転により三井トラストフィナンシャルグループ(株)を設立
　2006年11月　　三井アセット信託銀行(株)を株式交換により完全子会社化(後：三井アセット信託銀行(株))
　2007年10月　　三井トラスト・ホールディングス(株)から中央三井トラスト・ホールディングス(株)に社名変更
　2011年4月　　住友信託銀行(株)と株式交換により経営統合し三井住友トラスト・ホールディングス(株)が発足
　2012年4月　　中央三井信託銀行(株)と中央三井アセット信託銀行(株)と住友信託銀行(株)が合併し三井住友信託銀行(株)が発足

2792　三井住友ファイナンス＆リース(株)
　1968年9月　　総合リース(株)を住友銀行を中心とする住友グループのリース会社として設立
　1982年10月　　住銀総合リース(株)に社名変更
　1986年2月　　住銀リース(株)に社名変更
　1988年2月　　エス・ビー・エル興産(株)を設立
　1995年1月　　住銀オートリース(株)とエス・ビー・エル・サービス(株)を設立
　1996年12月　　住銀レックス(株)を設立
　2001年9月　　三井住友銀リース(株)に社名変更
　2003年10月　　さくらリース(株)を合併
　2007年10月　　住商リース(株)と三井住友銀リース(株)が合併し三井住友ファイナンス＆リース(株)に商号変更
　2009年12月　　SMFLインベストメント(株)と合併
　2010年1月　　PT. SMFL Leasing Indonesiaを設立

2012年12月	Sumitomo Mitsui Finance and Leasing（China）Co., Ltd. Beijing Branchを設立
2013年6月	Sumitomo Mitsui Finance and Leasing（China）Co., Ltd. Chengdu Branchを設立
2014年7月	グリーンホスピタルサプライ（株）と合弁でホスピタルサプライジャパン（株）を設立
2014年12月	Shanghai Sumitomo Mitsui Finance and Leasing Co., Ltdを設立

2793　（株）三井住友フィナンシャルグループ
［証券コード］8316
［上場区分］東証一部

2002年12月	さくら銀行と住友銀行が経営統合し（株）三井住友フィナンシャルグループを持株会社として設立
2003年2月	三井住友カード（株）と三井住友銀リース（株）と（株）日本総合研究所を完全子会社化
2006年9月	SMBCフレンド証券（株）を株式交換により完全子会社化
2012年4月	プロミス（株）を株式交換により完全子会社化（後：SMBCコンシューマーファイナンス（株））

2794　三井製糖（株）
［証券コード］2109
［上場区分］東証一部

〈台糖系〉

1900年12月	台湾製糖（株）を設立
1907年5月	大東製糖（株）を合併
1909年9月	台南製糖（株）を合併
1912年1月	怡記製糖（株）を合併
1913年8月	埔里社製糖（株）を合併
1916年9月	台北製糖（株）を合併
1946年7月	新日本興業（株）を設立
1946年10月	大東殖産（株）に社名変更
1950年5月	台糖（株）に社名変更
1955年6月	チャールズ・ファイザー社《米国》と共同で出資し台糖ファイザー（株）を設立
1956年6月	太平製糖（株）を吸収合併
1959年10月	台商（株）を設立（後：（株）タイショーテクス）
1968年4月	芝浦製糖（株）と大日本製糖（株）と共同で出資し北海道糖業（株）を設立
1970年	台糖エンジニアリング（株）を設立（後：台糖食品販売（株））
1971年6月	台糖ビルメンテナンス（株）を設立（後：台糖ビーエム（株））
1972年8月	神戸トラックターミナル（株）を設立（後解散）
1975年	旭洋商事（株）を設立（後：タイトー海藻（株））
1979年1月	台糖産業（株）を設立
1982年9月	甲南サービス（株）を設立
1982年9月	（株）台糖ゼネラルサービスを設立
1985年10月	台糖産業（株）を吸収合併
1988年5月	タイトーマート（株）を設立
1999年10月	タイトー海藻（株）を吸収合併
2003年8月	（株）台糖バイオ生産研究を設立

〈新三井製糖系〉

1947年9月	湘南糖化工業（株）を設立
1949年1月	横浜製糖（株）に社名変更
1963年8月	大東産業（株）を設立
1970年10月	八千代物産（株）を設立（後：備南産業（株））
1970年11月	スプーンシュガー加工（株）を設立
1970年11月	芝浦製糖（株）と大阪製糖（株）と合併し三井製糖（株）に社名変更
1975年9月	備南産業（株）を設立
1980年4月	サントーエンジニアリング（株）を設立（後：サントーサービス（株））
1982年1月	三井製糖食品（株）を設立
1983年12月	サントーサービス（株）を設立（後解散）
1994年10月	三井製糖食品（株）を吸収合併
2001年4月	新名糖（株）を吸収合併し新三井製糖（株）に社名変更

〈ケイ・エス系〉

1949年9月	九州製糖（株）を設立
1989年8月	九州製糖（株）の資産、営業権を譲受し（株）ケイ・エスに社名変更

＊　　＊　　＊　　＊

2005年4月	新三井製糖（株）と台糖（株）と（株）ケイ・エスが合併し三井製糖（株）を設立

2795　三井倉庫サプライチェーンソリューション（株）

1989年4月	ソニートレーディングインターナショナル（株）を設立
2003年3月	ソニーロジスティックス（株）と合併しソニーサプライチェーンソリューション（株）に社名変更
2015年4月	三井倉庫ホールディングス（株）とソニー（株）の合弁で三井倉庫サプライチェーンソリューション（株）を設立し社名変更

2796　三井倉庫ホールディングス（株）
［証券コード］9302
［上場区分］東証一部

1909年10月	（名）三井銀行より倉庫部が独立し東神倉庫（株）を設立
1942年3月	三井倉庫（株）に社名変更
1944年6月	昭和海運（株）を合併
1944年8月	〈旧〉大正運輸（株）を合併
1948年7月	大正運輸（株）を設立（後：三井倉庫港運（株））
1950年8月	是則倉庫運輸（株）を設立（後：（株）ミツノリ）
1961年3月	北海三井倉庫（株）を設立
1970年9月	千代田ビジネスデザイン（株）を設立（後：（株）サン・ビジネスサポート）
1979年8月	Mitsui-Soko（Singapore）Pte. Ltd.を設立
1982年12月	Mitsui-Soko（U. S. A.）Inc.を設立
1984年1月	三井倉庫オフィスビルディング（株）を設立
1988年2月	Mitsui-Soko International Pte. Ltd.を設立
2001年4月	三井倉庫オフィスビルディング（株）を吸収合併
2001年4月	三井倉庫九州（株）を設立

2797　三井造船(株)
[証券コード]7003
[上場区分]東証一部

1917年11月	三井物産(株)造船部を設立
1937年7月	三井物産(株)から分離独立し(株)玉造船所を設立
1942年1月	三井造船(株)に社名変更
1958年4月	三友不動産(株)を設立
1962年10月	日本開発機(株)を設立(後清算)
1962年10月	日本開発機製造(株)を合併
1964年2月	東海鋳造(株)を設立(後：三井ミーハナイト・メタル(株))
1967年10月	(株)藤永田造船所を合併
1973年3月	三造企業(株)を設立(後：MESシッピング(株))
1973年3月	三井物産(株)との共同出資により東洋鉄構(株)を設立(後：三井造船千葉機工エンジニアリング(株))
1974年2月	播磨工事(株)を設立(後：三井造船鉄構工事(株))
1985年10月	三造環境サービス(株)を設立(後：三造環境エンジニアリング(株))
1986年4月	三井造船システム技研(株)を設立
1986年5月	三造メタル(株)を設立(後：三井ミーハナイト・メタル(株))
1986年5月	(株)三造機械部品加工センターを設立
1987年6月	三井造船プラント工事(株)を設立(後：三井造船プラントエンジニアリング(株))
1988年10月	三井物産(株)との共同出資によりPACECO CORP.を設立
1988年10月	(株)大阪三井造船を設立(後：三造リフレ(株))
1988年10月	(株)大分三井造船を設立
1988年10月	(株)由良三井造船を設立((株)エム・イー・エス由良)(後：MES-KHI由良ドック(株))
1989年10月	川崎重工業(株)と日立造船(株)と日本開発銀行と共同で出資し(株)エイ・ディ・ディーを設立
1990年4月	MES Engineering, Inc.を設立(後：Engineers and Constructors International, Inc.)
1990年12月	三幸物流(株)を設立
1992年10月	三幸実業(株)と合併
1994年11月	三井造船鉄構工事(株)と共同で出資し三造リフレ(株)を設立
1995年3月	(株)エム・ディー特機を設立(後：三井造船マシナリー・サービス(株))
2003年4月	伊達製鋼(株)を吸収合併
2004年4月	鹿島建設(株)と三井物産(株)との共同出資により市原グリーン電力(株)を設立
2011年6月	戸田工業(株)との共同出資によりM&Tオリビン(株)を設立

2798　(株)三井ハイテック
[証券コード]6966
[上場区分]東証一部

1949年1月	三井工作所を設立
1957年4月	(株)三井工作所に改組
1972年12月	ミツイ・マニュファクチュアリング(シンガポール)プライベート・リミテッドを設立(後：ミツイ・ハイテック(シンガポール)プライベート・リミテッド)
1973年1月	ミツイ・マニュファクチュアリング(ホンコン)リミテッドを設立(後：ミツイ・ハイテック(ホンコン)リミテッド)
1984年5月	(株)三井ハイテックに社名変更
1987年1月	ミツイ・ハイテック(マレーシア)センドリアン・バルハドを設立
1991年6月	(株)三井電器を設立
1994年7月	三井高科技(天津)有限公司を設立
1996年3月	三井高科技(上海)有限公司を設立
1997年1月	ミツイ・アジア・ヘッドクォーターズ・プライベート・リミテッドを設立
1997年8月	三井ハイテック熊本(株)を設立
1997年9月	エムエイチティ・アメリカ・ホールディングス・インコーポレイテッドを設立
1998年10月	ミツイ・ハイテック(タイワン)カンパニー・リミテッドを設立
1998年10月	(株)三井エンジニアリングを設立
1999年12月	ミツイ・ハイテック(タイランド)カンパニー・リミテッドを設立
2000年4月	(株)三井テクノスを設立
2002年7月	三井ハイテック熊本(株)を吸収合併
2002年9月	三井高科技(広東)有限公司を設立
2003年2月	(株)三井スタンピングを設立
2015年1月	ミツイ・ハイテック(カナダ)インコーポレイテッドを設立

2799　三井物産(株)
[証券コード]8031
[上場区分]東証一部

1949年7月	第一物産(株)を設立
1954年11月	三井木材工業(株)を合併
1955年7月	日本機械貿易(株)を合併
1956年4月	豪州第一物産(株)を設立(後：豪州三井物産(株))
1957年7月	国際物産交易(株)を合併
1958年4月	〈旧〉三井物産(株)を合併
1958年4月	大洋(株)を合併
1959年3月	三井物産(株)に社名変更
1966年4月	米国三井物産(株)を設立
1971年3月	三井リース事業(株)を設立(後：JA三井リース(株))
1976年5月	エーアールエー社ほかと共にエームサービス(株)を設立
1987年10月	物産不動産(株)を合併
1988年4月	英国三井物産(株)を設立(後：欧州三井物産(株))
1994年2月	P.T. Paiton Energyを設立

2800　三井不動産(株)
[証券コード]8801
[上場区分]東証一部

1941年7月	三井(名)所有の不動産経営を主な目的に**三井不動産(株)**を設立
1964年5月	三信建物(株)を吸収合併
1969年7月	三井不動産販売(株)を設立(後：三井不動産リアルティ(株))
1970年4月	朝日土地興業(株)を吸収合併

(冒頭の表)

2012年3月	三井倉庫(中国)投資有限公司を設立
2014年10月	三井倉庫ホールディングス(株)に社名変更

	1973年5月	米国三井不動産(株)を設立(後:米国三井不動産グループ(株))(後:MITSUI FUDOSAN AMERICA, INC.)
	1973年9月	新名古屋ビル(株)を吸収合併
	1974年10月	三井ホーム(株)と三井不動産建設(株)を設立
	1989年12月	米国三井不動産グループ(株)を設立
	2005年12月	三井不動産レジデンシャル(株)を設立
	2009年8月	三井不動産(上海)投資諮詢有限公司を設立

2801　三井ホーム(株)
[証券コード]1868
[上場区分]東証一部

	1974年10月	三井不動産(株)と三井物産(株)が共同で出資し三井ホーム(株)を設立
	1975年8月	ホームコンポーネント(株)を設立(後:三井ホームコンポーネント(株))
	1980年4月	三友ホームサービス(株)を設立(後:三井デザインテック(株))
	1980年9月	三井ホームインテリア(株)を設立(後:三井デザインテック(株))
	1986年11月	サムコーポレーション(株)を設立(後:三井ホームエステート(株))
	1987年7月	サムファイナンスサービス(株)を設立(後:三井ホームリンケージ(株))
	1988年3月	(株)ユーアンドエー研究所を設立(後:(株)三井ホームデザイン研究所)
	1988年6月	関西ツーバイフォー(株)を設立(後:三井ホームコンポーネント関西(株))
	1988年10月	三井ホームエンヂニアリング(株)を設立(後:三井ホームエンジニアリング(株))
	1991年4月	三井ホームエンヂニアリング横浜(株)を設立(後:三井ホームエンヂニアリング(株))(後:三井ホームエンジニアリング(株))
	1992年4月	三井ホームエンヂニアリング九州(株)と三井ホームエンヂニアリング(株)を設立(後:三井ホームエンヂニアリング(株))(後:三井ホームエンジニアリング(株))
	1992年5月	Mitsui Home Canada Inc.を設立(後:Mitsui Homes Canada Inc.)
	1993年12月	九州ツーバイフォー(株)を設立
	1998年10月	ホームテクノリサーチ(株)を設立(後:三井ホームテクノス(株))
	2002年10月	三井ホームリモデリング(株)を設立
	2014年10月	MHA Construction Inc.を設立

2802　三井松島産業(株)
[証券コード]1518
[上場区分]東証一部

	1913年1月	古賀鉱業(資)を継承し松島炭鉱(株)を設立
	1913年1月	古賀鉱業(資)と三井鉱山(株)と共同し松島炭鉱(株)を設立
	1968年3月	松島建設工業(株)を設立
	1969年3月	(株)松島製作所と松島産業(株)を設立
	1969年7月	松島産業(株)を合併
	1973年4月	松島興産(株)に社名変更
	1973年4月	松島第一商事(株)を合併

	1981年10月	(株)マツシマ商事を吸収合併
	1983年4月	三井鉱山建材販売(株)を吸収合併し三井松島産業(株)に社名変更
	1990年11月	MITSUI MATSUSHIMA AUSTRALIA PTY.LTD.を設立
	1997年4月	三井松島リソーシス(株)を設立
	1999年4月	松島海運(株)を吸収合併
	2001年4月	松島ハイプレジション(株)を合併
	2002年6月	MITSUI MATSUSHIMA INTERNATIONAL PTY.LTD.を設立
	2007年2月	池島アーバンマイン(株)を設立
	2012年8月	MMエナジー(株)を設立
	2014年1月	MMライフサポート(株)を設立

2803　(株)ミツウロコグループホールディングス
[証券コード]8131
[上場区分]東証一部

	1910年	三鱗運送部の別部門として三鱗石炭部を設立
	1926年5月	三井物産(株)と三鱗石炭(株)が資本提携し三鱗煉炭原料(株)に社名変更
	1933年3月	三鱗無煙炭(株)に社名変更
	1961年6月	東京煉炭(株)と横浜煉炭(株)と栃木三鱗(株)と永沼燃料(株)と湘南燃料(株)を吸収合併し(株)ミツウロコに社名変更
	1967年4月	ミツウロコ運輸(株)を設立
	1967年4月	新潟ミツウロコ(株)を設立
	1967年5月	ミツウロコ石油を設立
	1969年3月	ミツウロコ住宅設備(株)を設立
	1970年6月	(株)ハマボールを設立
	1974年12月	千葉流通(株)を設立(後:京葉ミツウロコ(株))
	1977年7月	(株)サンアンドキューを設立(後:(株)ミツウロコファイナンス)
	1985年10月	(株)アイコンを設立(後:ミツウロコクリエイティブソリューションズ)
	2000年3月	エムアンドディークリーンエネルギー(株)を設立(後:ミツウロコグリーンエネルギー(株))
	2001年4月	伊藤忠エネクス(株)とシナネン(株)と共同で出資し武蔵エナジックセンター(株)を設立
	2002年3月	(株)茨城エナジックを設立
	2002年3月	(株)神奈川エナジックを設立
	2002年5月	三協ミツウロコ(株)を設立
	2010年4月	ロジトライ関東(株)を設立(後:ロジトライ(株))
	2010年4月	ロジトライ東北(株)を設立
	2011年10月	(株)ミツウロコグループホールディングスに社名変更
	2014年12月	カールスジュニアジャパン(株)を設立

2804　MICS化学(株)
[証券コード]7899
[上場区分]ジャスダックスタンダード

	1971年4月	(株)丸寅商店より分離独立してオザキ軽化学(株)を設立
	1980年5月	ジャパン・パック産業(株)を設立
	2008年11月	MICS化学(株)に商号変更
	2011年8月	米可思化学商貿(蘇州)有限公司を設立

2805　(株)三越伊勢丹ホールディングス
[証券コード]3099
[上場区分]東証一部

2008年4月	(株)三越と(株)伊勢丹が株式移転の方法により(株)三越伊勢丹ホールディングスを設立
2009年6月	(株)岩田屋を完全子会社化
2010年10月	(株)岩田屋と(株)福岡三越が合併し(株)岩田屋三越に社名変更
2011年4月	(株)札幌丸井今井と(株)札幌三越が合併し(株)札幌丸井三越に社名変更
2011年4月	(株)三越と(株)伊勢丹が合併し(株)三越伊勢丹に社名変更

2806　(株)ミツトヨ

1934年	沼田惠範マイクロメータ国産化のため研究所を開設
1936年	三豊製作所を設立
1938年	三豊製作所(株)に改組
1959年	三豊商事(株)を設立
1985年	システムテクノロジーインスティテュートを設立
1987年3月	(株)ミツトヨに社名変更
1987年3月	三豊商事(株)を吸収合併
1988年4月	ミツトヨオランダプレシジョンB.V.を設立(後:オランダミツトヨ)
1988年9月	マレーシアミツトヨを設立
1994年7月	韓国ミツトヨサービスを設立(後:韓国ミツトヨ)
1996年8月	ミツトヨサウスアジアを設立
1997年1月	タイミツトヨを設立
1998年3月	中国ミツトヨを設立(後:蘇州ミツトヨ)
2001年9月	上海ミツトヨを設立
2002年1月	ポーランドミツトヨを設立
2002年8月	ミツトヨ欧州研究所を設立
2004年7月	天津ミツトヨを設立(後精算)
2004年10月	ハンガリーミツトヨを設立
2011年4月	ドイツミツトヨを設立

2807　(株)ミツバ
[証券コード]7280
[上場区分]東証一部

1946年3月	(株)三ツ葉電機製作所を設立
1957年8月	弘和電機(株)を設立(後:(株)サンコーワ)
1965年4月	(株)三ツ葉電機利根製作所を設立
1969年9月	(株)前山電具製作所を設立(後:(株)エムテック)(後:(株)サンユー)
1970年1月	(株)両毛電子計算センターを設立(後:(株)両毛システムズ)
1970年5月	(株)東葉電機製作所を設立
1973年11月	(株)タツミ製作所を設立
1974年3月	森田電気工事(株)を設立(後:三興電気(株))
1981年4月	東日本ダイカスト工業(株)を設立
1982年4月	(株)三ツ葉電機利根製作所を吸収合併
1985年12月	(株)サンユーを設立
1986年12月	ミツバ・オブ・アメリカコーポレーションを設立(後:アメリカン・ミツバ・コーポレーション)
1987年1月	ウオルブロー社《米国》と共同で出資し(株)ミツバ・ウオルブローを設立
1987年7月	ウオルブロー社との合弁でCMEコーポレーションを設立
1989年12月	(株)大嶋崎電気製作所を設立
1990年6月	(株)サンティストを設立
1993年7月	タイサミット社との合弁でタイサミット・ミツバ・エレクトリック・マニュファクチュアリング・カンパニーリミテッドを設立
1994年10月	(株)サンビップを設立(後:(株)ミツバサンコーワ)(後:(株)サンコーワ)
1994年11月	三葉電機(香港)有限公司を設立
1996年10月	(株)ミツバに社名変更
1996年10月	ミツバ・フィリピンズ・コーポレーションを設立
1997年8月	日商岩井(株)との合弁でミツバ・エムテック・ベトナム・カンパニーリミテッドを設立
1999年1月	(株)テクノ・クローバを設立(後:(株)ミツバ環境分析リサーチ)
1999年11月	広州摩托集団公司他との合弁で広州三葉電機有限公司を設立
2000年2月	ミツバ・ヨーロッパ・リミテッドを設立
2000年3月	(株)オフィス・アドバンを設立
2000年4月	コルポラシオン・ミツバ・デ・メヒコ・エス・エー・デ・シー・ブイを設立
2001年3月	サウス・インディア・コーポレーション・エージェンシーズ・リミテッドとの合弁でミツバ・シカル・インディア・リミテッドを設立
2001年5月	ミツバ・オートモーティブ・システムズ・オブ・ヨーロッパ・ケー・エフ・ティーを設立
2001年8月	ミツバ・マニュファクチュアリング・フィリピンズ・コーポレーションを設立
2001年11月	エイシアン・ホンダ・モーター・カンパニーリミテッド他との合弁でピーティー・ミツバ・インドネシアを設立
2002年9月	ミツバ・ド・ブラジル・リミターダを設立
2004年9月	ミツバ・ベトナム・テクニカル・センターを設立
2005年10月	パルテス・デ・プレシシオン・ミツバ・デ・メヒコ・エス・エー・デー・シー・ブイを設立
2005年11月	アメリカン・ミツバ・セールス・エル・エル・シーとCMEオートモーティブ・エル・エル・シーを設立
2006年4月	ミツバ・ジャーマニー・ジー・エム・ビー・エイチを設立
2006年6月	(株)アムコを設立
2006年10月	三葉士林電機(武漢)有限公司を設立
2006年11月	ミツバ・アジア・アール・アンド・ディー・カンパニーリミテッドを設立
2007年4月	自動車電機工業(株)を吸収合併
2009年11月	(株)ミツバサービスパーツプロダクトとミツバ・ド・ブラジル・レプレセンタシオン・コメルシアル・リミターダを設立(後:ミツバ・オートパーツ・ド・ブラジル・インダストリア・リミターダ)
2014年1月	ピーティー・タツミ・インドネシアを設立
2015年1月	アメリカン・ミツバ・コーポレーショ

2808　三菱鉛筆（株）
［証券コード］7976
［上場区分］東証一部

	ンを吸収合併（後：ミツバ・バーズダウン・インコーポレーテッド）
1887年4月	（個）眞崎鉛筆製造所を設立
1909年3月	眞崎市川鉛筆に社名変更
1921年	眞崎鉛筆（株）に社名変更
1925年4月	大和鉛筆（株）と合併し眞崎大和鉛筆（株）に社名変更
1936年8月	三菱鉛筆大阪販売（株）を設立
1939年8月	三菱鉛筆東京販売（株）を設立
1939年8月	真和工業（株）を設立
1945年8月	（資）三菱鉛筆名古屋販売を設立（後：三菱鉛筆中部販売（株））
1951年5月	三菱鉛筆札幌販売（株）を合併
1952年6月	三菱鉛筆（株）に社名変更
1953年11月	真和工業（株）を合併
1958年3月	三菱鉛筆福岡販売（株）を設立（後：三菱鉛筆九州販売（株））
1958年8月	三菱鉛筆広島販売（株）を設立（後：三菱鉛筆中国販売（株））
1972年6月	三菱鉛筆軸板工業（株）を合併
1975年3月	（株）ダイヤクラフトを設立（後：ホビーラ・ホビーレ（株））
1975年3月	（株）ホビーラホビーレを設立
1977年6月	MITSUBISHI PENCIL CORP., OF AMERICAを設立
1979年2月	ユニ工業（株）を設立
1984年10月	MITSUBISHI PENCIL CO.U.K. LTD.を設立
1990年6月	山形三菱鉛筆精工（株）を設立
1996年12月	MITSUBISHI PENCIL CO (S.E.A.) PTE.LTD.を設立
1997年11月	MITSUBISHI PENCIL ESPANA, S.A.を設立
1998年3月	台湾三菱鉛筆股份有限公司を設立
1998年12月	MITSUBISHI PENCIL (AUSTRALIA) PTY.LTD.を設立
2000年11月	MITSUBISHI PENCIL VIETNAM CO., LTD.を設立
2001年12月	（株）永江印祥堂を買収
2003年5月	三菱鉛筆関西販売（株）を設立
2004年3月	三菱鉛筆商務（香港）有限公司を設立
2004年5月	三菱鉛筆中国販売（株）を設立
2005年1月	上海新華菱文具製造有限公司を設立
2007年6月	深圳新華菱文具製造有限公司を設立
2010年11月	三菱鉛筆貿易（上海）有限公司を設立
2012年4月	MITSUBISHI PENCIL (THAILAND) CO., LTD.を設立
2012年5月	MITSUBISHI PENCIL EUROPEAN DISTRIBUTION CENTER SASを設立

2809　三菱化工機（株）
［証券コード］6331
［上場区分］東証一部

1935年5月	化工機製作（株）を設立
1938年11月	三菱化工機（株）に社名変更
1944年9月	（株）田中機械製作所を合併
1949年9月	三菱化工機（株）の第2会社として三菱化工機（株）を設立
1977年7月	化工機工事（株）を設立（後解散）
1978年7月	化工機商事（株）を設立
1999年5月	化工機エンジ（株）を設立（後：化工機プラント環境エンジ（株））
1999年6月	（株）化工機環境サービスと化工機エンジ（株）と（株）菱和技研と共同で出資し化工機プラント環境エンジ（株）を設立
2008年11月	菱化貿易（上海）有限公司を設立
2010年7月	MKK Asia Co., Ltd.を設立

2810　三菱瓦斯化学（株）
［証券コード］4182
［上場区分］東証一部

1951年4月	日本瓦斯化学工業（株）を設立
1955年10月	日本尿素工業（株）を設立
1957年4月	日本樹脂化学工業（株）を設立
1957年4月	日本尿素工業（株）を吸収合併
1961年10月	日本樹脂化学工業（株）を吸収合併
1971年10月	三菱江戸川化学（株）を合併し三菱瓦斯化学（株）に社名変更
1974年10月	水島石油化学工業（株）を合併
1994年3月	三菱化学（株）とエンジニアリングプラスチックスの販売業務等を統合し三菱エンジニアリングプラスチックス（株）を設立
2009年8月	菱優工程塑料（上海）有限公司を設立（後：三菱瓦斯化学工程塑料（上海）有限公司）
2012年1月	MGC ELECTROTECHNO (THAILAND) CO., LTD.を設立
2014年12月	MGC MONTNEY HOLDINGS LTD.を設立

2811　三菱地所（株）
［証券コード］8802
［上場区分］東証一部

1937年5月	三菱（資）の貸事務所経営部門を継承し三菱地所（株）を設立
1953年4月	開東不動産（株）を合併
1953年4月	陽和不動産（株）を合併
1972年10月	北菱不動産（株）を吸収合併
1972年10月	名菱不動産（株）を吸収合併
1972年12月	三菱地所住宅販売（株）を設立
1984年7月	三菱地所ホーム（株）を設立
2000年11月	（株）ロイヤルパークホテルズアンドリゾーツを設立
2001年6月	（株）三菱地所設計を設立
2001年9月	三菱地所投資顧問（株）を設立
2009年4月	藤和不動産（株）を完全子会社化
2011年1月	三菱地所リアルエステートサービス（株）と藤和不動産（株）の住宅分譲事業を統合し三菱地所レジデンス（株）が発足

2812　三菱自動車工業（株）
［証券コード］7211
［上場区分］東証一部

1970年4月	三菱重工業（株）が全額出資し三菱自動車工業（株）を設立
1972年1月	三菱商事（株）と三菱自動車販売（株）とエイビス・レンタカー・システム・インク《米国》と共同で出資し三菱レンタカー（株）を設立

みつひしし

1973年3月	三菱自動車販売(株)と共同で出資し三菱自動車販売金融(株)を設立	
1984年10月	三菱自動車販売(株)を統合	
1988年6月	メルセデス・ベンツ日本販売(株)と共同で出資しシュットットガルト・オート・サービス(株)を設立	
2003年	ダイムラークライスラー社などと共同で出資し三菱ふそうトラック・バス(株)を設立	
2003年1月	三菱ふそうトラック・バス(株)を設立	

2813　三菱重工業(株)
[証券コード]7011
[上場区分]東証一部
〈〈旧〉三菱重工業系〉

1917年10月	三菱(資)より造船部を継承し**三菱造船(株)**を設立
1920年5月	三菱内燃機製造(株)を設立(後：三菱航空機(株))
1921年1月	三菱電機(株)を設立
1934年4月	〈旧〉**三菱重工業(株)**に社名変更
1934年6月	三菱航空機(株)を合併
1935年11月	横浜船渠(株)造船部を合併
1942年8月	三菱製鋼(株)を設立
1943年12月	日立造船(株)彦島造船所を買収
1945年6月	三菱工作機械(株)を合併
1950年1月	〈旧〉三菱重工業(株)が過度経済力集中排除法により分割し中日本重工業(株)と東日本重工業(株)と西日本重工業(株)を設立

〈〈新〉三菱重工業系〉

1950年1月	中日本重工業(株)を設立
1950年8月	日本冷蔵(株)と共同で出資し(株)東洋製作所を設立
1952年5月	〈新〉**三菱重工業(株)**に社名変更

〈三菱日本重工業系〉

1950年1月	東日本重工業(株)を設立
1952年6月	**三菱日本重工業(株)**に社名変更

〈三菱造船系〉

1950年1月	西日本重工業(株)を設立
1952年5月	**三菱造船(株)**に社名変更

      *   *   *   *

1964年6月	〈新〉三菱重工業(株)と三菱日本重工業(株)と三菱造船(株)が合併し**三菱重工業(株)**に社名変更
1968年12月	菱重環境エンジニアリング(株)を設立(後：三菱重工メカトロシステムズ(株))
1970年4月	三菱自動車工業(株)を設立
1975年12月	ダイヤモンドリース(株)と共同で出資し千代田リース(株)を設立
1976年2月	重工環境サービス(株)を設立(後：三菱重工環境・化学エンジニアリング(株))
1979年7月	Mitsubishi Heavy Industries America, Inc.を設立
1980年11月	東京菱重施設(株)と愛知菱重施設(株)と近畿菱重施設(株)と東中国菱重施設(株)と広島菱重施設(株)と西日本菱重施設(株)を合併
1988年4月	エム・エイチ・アイ・ターボテクノ(株)を設立(後：三菱重工コンプレッサ(株))
1992年5月	Mitsubishi Caterpillar Forklift America Inc.を設立
1995年1月	三菱原子力工業(株)を合併
2000年10月	エムエイチアイ日立製鉄機械(株)を設立(後：三菱日立製鉄機械(株))
2001年4月	Mitsubishi Power Systems, Inc.を設立(後：Mitsubishi Hitachi Power Systems Americas, Inc.)
2007年3月	MHI International Investment B.V.を設立
2012年12月	MPS-CT LLCを設立
2013年8月	MHI Holding Denmark ApSを設立

2814　三菱商事(株)
[証券コード]8058
[上場区分]東証一部

1918年4月	三菱(資)の営業部門が分離独立し〈旧〉**三菱商事(株)**を設立
1943年6月	三菱汽船(株)を設立
1950年4月	〈旧〉三菱商事(株)の解散後、第2会社として光和実業(株)を設立
1952年8月	**三菱商事(株)**に社名変更
1954年7月	不二商事(株)と東京貿易(株)と東西交易(株)を吸収合併
1968年11月	MITSUBISHI DEVELOPMENT PTY LTDを設立
1974年11月	TRI PETCH ISUZU SALES COMPANY LIMITEDを設立
2003年1月	(株)メタルワンを設立

2815　三菱食品(株)
[証券コード]7451
[上場区分]東証一部

1925年3月	三菱商事(株)が全額出資し(株)北洋商会を設立
1969年10月	山田商事(株)を合併し**北洋商事(株)**に社名変更
1979年8月	野田喜商事(株)と新菱商事(株)と合併し**(株)菱食**に社名変更
1981年5月	(株)井上北洋を設立(後：(株)福島リョーショク)
1989年6月	(株)北陸リョーショクを設立(後：(株)MS北陸)
1991年11月	(株)関東リョーショクを設立(後：(株)MS関東)
1992年1月	菱和酒類販売(株)を吸収合併
1995年6月	(株)リョーカジャパンを設立
2002年	フーズ・ロジスティクス・ネットワーク(株)を設立
2003年1月	(株)リョーショクフードサービスを設立(後：(株)アールワイフードサービス)
2003年1月	(株)祭原と合併
2004年	(株)北海道リョーショクを設立(後：MS北海道)
2005年3月	(株)RJオグラを設立(後：MS北海道)
2006年10月	(株)アールワイフードサービスと合併
2011年7月	(株)リョーショクリカーと合併し**三菱食品(株)**に社名変更
2011年10月	明治屋商事(株)と合併
2012年4月	(株)サンエスと(株)フードサービスネットワークと(株)リョーカジャパンと合併

2816　三菱製鋼(株)
[証券コード]5632
[上場区分]東証一部

1949年12月	〈旧〉三菱製鋼(株)の第2会社として長崎製鋼所(株)を設立(企業再建整備法のため)
1953年6月	三菱製鋼(株)に社名変更
1964年2月	三菱鋼材(株)と合併
1970年4月	日本鋳鍛鋼(株)を設立
1975年1月	三菱長崎機工(株)を設立
1976年8月	三菱製鋼磁材(株)を設立
1983年1月	菱鋼鋳造(株)を設立
1986年6月	MSM CANADA INC.を設立
1991年10月	MSM US INC.を設立
1992年3月	室蘭特殊鋼(株)を設立(後：三菱製鋼室蘭特殊鋼(株))
1992年4月	三菱製鋼磁材(株)を吸収合併
1994年3月	三菱製鋼室蘭特殊鋼(株)を設立
1994年10月	BANGKOK MAGNET CORPORATION Co., Ltd.を設立(後：MSM (THAILAND) CO., LTD.)
2002年12月	寧波菱鋼弾簧有限公司を設立
2004年4月	ヒューマン電機(株)を買収
2005年4月	プレシジョンスプリング(株)と菱鋼鋳造(株)を吸収合併
2006年7月	PT.MSM INDONESIAを設立
2006年10月	ヒューマン電機(株)を吸収合併
2014年4月	Stumpp Schuele & Somappa Springs Pvt.Ltd.と合弁でMSM Spring India Pvt.Ltd.とStumpp Schuele & Somappa Auto Suspension Systems Pvt.Ltd.を設立

2817　三菱製紙(株)
[証券コード]3864
[上場区分]東証一部

1898年4月	(資)神戸製紙所を設立
1904年6月	(資)三菱製紙所に社名変更
1917年11月	三菱製紙(株)に社名変更
1918年1月	(個)江戸川バリウム工業所を設立
1944年2月	京都写真工業(株)を吸収合併
1944年8月	浪速製紙(株)を吸収合併
1962年4月	白河パルプ工業(株)を合併
1985年4月	三菱ペーパーインターナショナル, Inc.を設立
1989年8月	三菱ペーパーGmbHを設立
1992年4月	(株)山本商会と(株)月光商会合併しダイヤミック(株)を設立
1992年4月	(株)山本商会と(株)月光商会が合併しダイヤミック(株)を設立
2001年1月	コダック(株)と共同で出資しコダックダイヤミック(株)を設立
2002年5月	三菱ペーパーホールディング(ヨーロッパ)GmbHを設立
2005年4月	北上ハイテクペーパー(株)を設立
2010年10月	三菱ハイテクペーパービーレフェルトGmbHと三菱ハイテクペーパーフレンスブルグGmbHが合併し三菱ハイテクペーパーヨーロッパGmbHを設立
2014年4月	エム・ピー・エム・オペレーション(株)を設立

2818　(株)三菱総合研究所
[証券コード]3636
[上場区分]東証一部

1970年5月	(株)三菱総合研究所を設立
1970年10月	(株)技術経済情報センターを設立(後：エム・アール・アイビジネス(株))
1984年5月	(株)システム トウエンティ・ワンを設立(後：エム・アール・アイリサーチアソシエイツ(株))
1987年8月	エム・アール・アイ・キャリアスタッフ(株)を設立(後：(株)MDビジネスパートナー)
2009年6月	三菱電機インフォメーションシステムズ(株)との合弁によりMRIバリューコンサルティング(株)を設立

2819　三菱電機(株)
[証券コード]6503
[上場区分]東証一部

1921年1月	三菱電機(株)を設立
1942年4月	東京イーシー(株)を合併
1954年3月	菱電サービス(株)を設立(後：三菱電機ビルテクノサービス(株))
1958年7月	菱電運輸(株)を設立(後：三菱電機ロジスティクス(株))
1959年4月	菱電機器(株)を設立
1962年2月	菱電エンジニアリング(株)を設立(後：三菱電機エンジニアリング(株))
1962年3月	菱電機器(株)を合併
1962年5月	三菱プレシジョン(株)を設立
1964年4月	菱電不動産(株)を設立(後：三菱電機ライフサービス(株))
1973年8月	三菱電機アメリカ社を設立(後：三菱電機US社)
1977年9月	メルコ・セールス・シンガポール社を設立(後：三菱電機アジア社)
1978年6月	台湾三菱電機股份有限公司を設立
1989年1月	三菱電機情報ネットワーク(株)を設立
1989年4月	三菱電機オスラム(株)を設立
1989年4月	三菱電機オスラムメルコ(株)を設立
1989年4月	三菱電機照明(株)を設立
1995年8月	三菱電機インフォメーション・テクノロジーセンター・アメリカ社を設立(後：三菱電機リサーチ・ラボラトリーズ社)
1995年9月	三菱電機インフォメーション・テクノロジーセンター・ヨーロッパ社を設立(後：三菱電機R&Dセンター・ヨーロッパ社)
1997年10月	三菱電機(中国)有限公司を設立
1999年10月	(株)東芝と共同で出資しティーエムエレクトリック(株)を設立
2000年1月	日本電気(株)と共同で出資しNEC三菱電機ビジュアルシステムズ(株)を設立
2000年10月	(株)日立製作所と共同で出資し三菱日立ホームエレベーター(株)を設立
2000年10月	(株)日立製作所と合弁で三菱日立ホームエレベーター(株)を設立
2001年4月	三菱電機インフォメーションシステムズ(株)を設立
2001年4月	三菱電機インフォメーションテクノロジー(株)を設立
2002年4月	三菱電機USホールディングス社を設立

2002年4月	(株)三菱電機ライフファシリティーズを設立(後：三菱電機住環境システムズ(株))
2002年10月	(株)東芝と共同で出資しティーエム・ティーアンドディー(株)を設立
2003年4月	(株)日立製作所と共同で出資し(株)ルネサステクノロジーを設立
2003年10月	(株)東芝と合弁で東芝三菱電機産業システム(株)を設立
2010年9月	三菱電機インド社を設立
2011年6月	三菱電機ベトナム社を設立
2012年9月	三菱電機ブラジル社を設立
2012年12月	三菱電機インドネシア社を設立
2013年1月	三菱電機トルコ社を設立
2014年10月	三菱電機ロシア社を設立

2820　(株)三菱東京UFJ銀行
〈東京銀行系〉

1879年12月	横浜正金銀行を設立
1946年12月	(株)東京銀行に社名変更
1993年10月	(株)東京信託銀行を設立

〈三菱銀行系〉

1919年8月	三菱(資)会社の銀行業務を継承し(株)三菱銀行を設立
1929年5月	(株)森村銀行を買収
1940年10月	(株)金原銀行を買収
1942年4月	(株)東京中野銀行を買収
1943年4月	(株)第百銀行を合併
1948年10月	(株)千代田銀行に社名変更
1953年7月	(株)三菱銀行に社名変更
1994年10月	三菱ダイヤモンド証券(株)を設立
1994年11月	日本信託銀行(株)を設立

＊　＊　＊　＊

1996年4月	(株)東京銀行と(株)三菱銀行が合併し(株)東京三菱銀行に社名変更
2001年4月	三菱信託銀行(株)と日本信託銀行(株)と経営統合し(株)三菱東京フィナンシャル・グループを株式移転により設立(後：(株)三菱UFJフィナンシャル・グループ)
2006年1月	(株)UFJ銀行と合併し(株)三菱東京UFJ銀行を設立

2821　三菱マテリアル(株)
［証券コード］5711
［上場区分］東証一部
〈三菱金属系〉

1918年4月	三菱(資)より鉱業関係の資産を継承し三菱鉱業(株)を設立
1950年4月	三菱鉱業(株)の鉱山、製錬所などを分離し太平鉱業(株)を設立
1952年12月	三菱金属鉱業(株)に社名変更
1972年4月	尾去沢鉱山(株)を設立
1973年2月	(株)シルバー生野を設立
1973年9月	(株)菱金製作所を合併
1973年10月	佐渡金山(株)を設立
1973年12月	三菱金属(株)に社名変更
1976年4月	(株)三菱金属中央研究所を設立
1976年4月	菱新製管(株)を設立
1976年7月	下川鉱業(株)を設立
1976年7月	古遠部鉱業(株)を設立
1976年7月	細倉鉱業(株)を設立
1976年7月	松木鉱業(株)を設立(後解散)
1976年7月	明延鉱業(株)を設立
1977年6月	新菱製罐(株)を設立
1983年11月	菱新製管(株)と(株)三菱金属中央研究所を吸収合併
1988年1月	菱金不動産(株)を吸収合併

〈三菱鉱業セメント系〉

1918年4月	三菱鉱業(株)を設立
1934年8月	日本タール工業(株)を設立
1936年4月	飯塚工業(株)を合併
1940年9月	九州炭礦汽船(株)を合併
1950年4月	美唄鉄道(株)を合併
1958年1月	(株)筑豊機械製作所を設立
1965年6月	美唄炭礦(株)を設立
1969年10月	三菱高島炭礦(株)を設立
1969年10月	三菱大夕張炭礦(株)を設立
1973年4月	三菱セメント(株)と豊国セメント(株)と合併し三菱鉱業セメント(株)に社名変更

＊　＊　＊　＊

1990年12月	三菱金属(株)と三菱鉱業セメント(株)が合併し三菱マテリアル(株)に社名変更
1991年10月	東北開発(株)を吸収合併
1992年10月	三宝メタル販売(株)を設立
1996年2月	インドネシア・カパー・スメルティング社を設立
1996年7月	米国三菱ポリシリコン社を設立
1998年7月	宇部三菱セメント(株)を設立
2000年	神鋼コベルコツール(株)を買収(後：三菱マテリアル神戸ツールズ(株))
2002年	住友金属工業(株)とシリコンウエハー事業を統合し三菱住友シリコン(株)を設立
2003年	三菱マテリアルツールズ(株)を設立
2004年4月	(株)神戸製鋼所と銅管事業を統合し(株)コベルコマテリアル銅管を設立
2005年10月	北海製罐(株)と飲料用アルミ缶事業を統合しユニバーサル製缶(株)を設立
2008年2月	三菱伸銅(株)を株式交換により完全子会社化
2009年12月	(株)ダイヤメットを完全子会社化
2010年3月	三菱電線工業(株)を株式交換により完全子会社化
2014年4月	三菱マテリアルツールズ(株)を吸収合併

2822　三菱UFJリース(株)
［証券コード］8593
［上場区分］東証一部

1971年4月	(株)三菱銀行と(株)三菱商事と三菱信託銀行(株)と明治生命保険(株)と東京海上火災保険(株)と日本生命保険(株)と第一生命保険(株)とチェース・マンハッタン銀行《米国》を株主としてダイヤモンドリース(株)を設立
1973年4月	Diamond Lease (Hong Kong) Ltd.を設立(後：Mitsubishi UFJ Lease & Finance (Hong Kong) Ltd.)
1999年10月	菱信リース(株)と合併
2000年8月	カシオリース(株)を連結子会社化
2002年3月	ひろぎんリース(株)を連結子会社化

2003年3月	三菱電機クレジット(株)を持分法適用関連会社化		1947年3月	(株)三ッ星商会を設立
2004年1月	大和ファクター・リース(株)を連結子会社化(後:ディー・エフ・エル・リース(株))		1971年	(株)三ッ星に社名変更
			2007年2月	MITSUBOSHI PHILIPPINES CORPORATIONを設立
2006年8月	京セラリーシング(株)を連結子会社化(後:ダイヤモンドアセットファイナンス(株))		2010年1月	MITSUBOSHI THAI CO., LTD.を設立

2825 ミツミ電機(株)
[証券コード]6767
[上場区分]東証一部

1954年1月	(個)三美電機製作所を設立
1955年11月	三美電機(株)に社名変更
1959年11月	〈旧〉ミツミ電機(株)に社名変更
1962年4月	ミツミ電機(株)に額面変更のため合併され社名変更
1968年6月	栃木ミツミ(株)を設立
1969年3月	九州ミツミ(株)を設立
1984年2月	秋田ミツミ(株)を設立
2003年10月	秋田ミツミ(株)と山形ミツミ(株)とミツミニューテク(株)と栃木ミツミ(株)を吸収合併
2007年10月	九州ミツミ(株)を吸収合併
2010年9月	青島三美電子有限公司を設立

2826 光村印刷(株)
[証券コード]7916
[上場区分]東証一部

1901年10月	関西写真製版(資)を設立
1914年9月	光村印刷所に社名変更
1936年12月	(株)光村原色版印刷所に社名変更
1967年3月	光村印刷(株)を設立
1990年10月	光村印刷(株)を合併
1991年4月	光村印刷(株)に社名変更
1994年9月	(株)細川活版所と合併
1996年4月	群馬高速オフセット(株)を設立

2827 (株)三ツ知
[証券コード]3439
[上場区分]ジャスダックスタンダード

1963年6月	三ツ知鋲螺(株)を設立
1971年6月	(株)三ツ知製作所を設立
1975年2月	(株)三ツ知に商号変更
1984年6月	(株)三ツ知守山工場を設立
1987年10月	Thai Mitchi Corporation Ltd.を設立
2001年4月	Mitsuchi Corporation of Americaを設立
2001年8月	(株)三ツ知部品工業を設立
2010年11月	三之知通用零部件(蘇州)有限公司を設立

2828 ミツワ電機(株)

1910年	ミツワ電機商会を創業
1939年	ミツワ電機商会(株)に改組
1960年	ミツワ電機(株)に社名変更
1996年	上越ミツワ電機(株)と秋田ミツワ電機(株)を設立
1997年	九州ミツワ電機(株)を設立
1998年	静岡ミツワ電機(株)を設立
1999年	青森ミツワ電機(株)と新潟ミツワ電機(株)を設立
2001年	ミューハウスエンジニアリング(株)を設立
2002年	東北ミツワ電機(株)とミューテクノ群

2823 (株)三菱ユーエフジェーフィナンシャル・グループ
[証券コード]8306
[上場区分]東証一部

〈三菱東京フィナンシャル・グループ系〉

2001年4月	(株)東京三菱銀行と三菱信託銀行(株)と日本信託銀行(株)が経営統合し(株)三菱東京フィナンシャル・グループを株式移転により設立

〈UFJホールディングス系〉

2001年4月	(株)三和銀行と(株)東海銀行と東洋信託銀行(株)が経営統合し(株)UFJホールディングスを株式移転により設立

    ＊ ＊ ＊ ＊

2005年10月	UFJニコス(株)を連結子会社化
2005年10月	(株)三菱東京フィナンシャル・グループと(株)UFJホールディングスが合併し(株)三菱ユーエフジェーフィナンシャル・グループに社名変更
2006年1月	(株)東京三菱銀行と(株)UFJ銀行が合併し(株)三菱東京UFJ銀行に商号変更
2007年4月	UFJニコス(株)と(株)ディーシーカードが合併し三菱UFJニコス(株)に商号変更
2007年9月	三菱UFJ証券(株)を完全子会社化
2008年8月	三菱UFJニコス(株)を完全子会社化
2008年12月	アコム(株)を連結子会社化
2010年4月	三菱UFJ証券(株)はその金融商品取引業等を会社分割(吸収分割)により三菱UFJ証券(株)に承継させて中間持株会社に移行し三菱UFJ証券ホールディングス(株)に商号変更

2824 (株)三ッ星
[証券コード]5820
[上場区分]ジャスダックスタンダード

2003年	馬(株)を設立
2003年	ミューテクノ千葉(株)を設立
2004年	関東ミツワ電機(株)を設立
2006年	群馬ミツワ電機(株)を設立
2008年	ミューテクノ神奈川(株)とミューテクノ多摩(株)を設立
2009年	ミューテクノ埼玉(株)を設立
2012年	ミューテクノ(株)を設立
2014年	東北ミツワ電機(株)と関東ミツワ電機(株)と新潟ミツワ電機(株)と群馬ミツワ電機(株)と静岡ミツワ電機(株)と東海ミツワ電機(株)を合併

2829 水戸証券(株)
[証券コード]8622
[上場区分]東証一部

1921年4月	小岸商会を設立
1922年10月	(株)小岸商会に改組
1926年7月	小岸商会に社名変更
1927年12月	小林商店に社名変更
1942年8月	(株)小林商店に改組
1944年6月	丸木証券(株)と合併
1944年6月	水戸証券(株)に社名変更
1951年6月	協同証券(株)を買収
1956年4月	協同証券(株)と合併
1962年9月	水戸不動産(株)を吸収合併
1971年9月	水戸不動産(株)を設立
1972年7月	秦野証券(株)を吸収合併
1986年10月	水戸コンピュータ・サービス(株)を設立
1992年5月	小島証券(株)を吸収合併

2830 (株)みなと銀行
[証券コード]8543
[上場区分]東証一部

1949年9月	七福相互無尽(株)を設立
1951年10月	(株)七福相互銀行に社名変更
1962年10月	(株)阪神相互銀行に社名変更
1989年2月	(株)阪神銀行に社名変更
1995年10月	(株)みどり銀行を設立
1998年11月	(株)みどり銀行を合併
1999年4月	(株)みなと銀行に社名変更
2001年10月	神戸商業信用組合を合併

2831 (株)南日本銀行
[証券コード]8554
[上場区分]福証

1943年11月	鹿児島無尽(株)と鹿児島相互無尽(株)が合併し鹿児島無尽(株)を設立
1951年10月	(株)旭相互銀行に社名変更
1989年2月	(株)南日本銀行に社名変更
1990年3月	アサヒエステート(株)を設立(後精算)
1990年8月	南日本バンクカード(株)を設立(後精算)

2832 ミニストップ(株)
[証券コード]9946
[上場区分]東証一部

1980年5月	ジャスコ(株)が100%出資しミニストップ(株)を設立
1988年4月	ネットワークサービス(株)を設立
2000年3月	三菱商事(株)と(株)日立物流と共同で出資しMMH-ECサービス(株)を設立
2009年1月	青島ミニストップ有限公司を設立
2010年8月	(株)れこっづを設立
2012年5月	RTS-ミニストップ・リミテッド・ライアビリティ・パートナーシップをカザフスタンに設立(後、関連会社から除外)

2833 ミネベア(株)
[証券コード]6479
[上場区分]東証一部

1951年7月	日本ミネチュアベアリング(株)を設立
1962年1月	日本ミネチュアベアリング販売(株)を合併
1967年3月	ミネチュアベアリング販売(株)を合併
1968年9月	NIPPON MINIATURE BEARING CORPORATIONを設立
1971年4月	N.M.B.(U.K.) LIMITEDを設立
1972年2月	NMB SINGAPORE LIMITEDを設立
1977年10月	NIPPON MINIATURE BEARING GmbHを設立
1978年8月	(株)ハタ通信機製作所を設立(後:ミネベア電子(株))
1978年8月	北斗音響(株)を設立(後:ミネベア電子(株))
1979年3月	(株)かねもりを設立
1979年8月	帝国ダイカスト工業(株)を設立
1980年3月	PELMEC INDUSTRIES (PTE.) LIMITEDを設立
1980年9月	NMB THAI LIMITEDを設立
1981年1月	(株)エヌ・エム・ビーを設立
1981年10月	(株)東京螺子製作所と新興通信工業(株)と新中央工業(株)と大阪車輪製造(株)を合併しミネベア(株)に社名変更
1981年12月	(株)アクタスを設立
1982年1月	北斗音響(株)と(株)ハタ通信機製作所を合併しミネベア電子(株)を設立
1983年3月	(株)コンドーを設立(後:エヌ・エム・ビー電子精工(株))
1983年10月	ミネベア電子(株)と合併しオーディオリサーチ(株)を設立
1984年3月	帝国ダイカスト(株)を吸収合併
1984年5月	(株)エヌ・エム・ビー セミコンダクターを設立
1984年5月	(株)エヌ・エム・ビー セミコンダクターを設立
1984年8月	MINEBEA THAI LIMITED 及びPELMEC THAI LIMITEDを設立
1984年11月	ミネベア電子(株)とオーディオリサーチ(株)を合併しエヌ・エム・ビー オーディオリサーチ(株)を設立
1985年6月	ミネベア信販(株)を設立
1985年6月	ミネベア通販(株)を設立
1986年4月	〈旧〉(株)かねもりを吸収合併
1986年5月	ミネベアエレクトロニクス(株)を設立
1987年3月	(株)かねもりを設立
1987年5月	THAI FERRITE CO., LTD.を設立
1988年3月	NMB TECHNOLOGIES, INC.とMINEBEA ELECTRONICS (THAILAND) COMPANY LIMITEDを設立
1988年12月	NMB HI-TECH BEARINGS LIMITEDとNMB PRECISION

1990年10月	BALLS LIMITEDを設立 PAPST-MINEBEA-DISC-MOTOR GmbHを設立
1991年1月	アジア投資(株)を設立
1991年5月	ミネベア音響(株)を買収
1994年4月	MINEBEA ELECTRONICS & HI-TECH COMPONENTS (SHANGHAI) LTD.を設立
2008年4月	NMB-Minebea Thai Ltd.を設立
2010年8月	MINEBEA ELECTRONIC DEVICES (SUZHOU) LTD.を設立
2010年10月	MINEBEA (CAMBODIA) Co., Ltd.を設立
2011年4月	NMB-MINEBEA DO BRASIL IMPORTACAO E COMERCIO DE COMPONENTES DE PRECISAO LTDAを設立
2013年4月	NMB-Minebea India Private Limitedを設立
2013年4月	ミネベアモータ(株)を吸収合併
2014年8月	Cixi New MeiPeiLin Precision Bearing Co., Ltdを設立

2834 (株)ミネルヴァインテリジェンス

2001年9月	全研本社(株)から学院事業部が分離・独立しゼンケンオール(株)を設立
2002年3月	ゼンケントップ(株)を吸収合併
2007年10月	ゼンケンオール分割準備(株)を会社分割による持株会社体制へ移行し既存事業の継承会社として設立(後:ゼンケンホールディングス(株))
2009年5月	ゼンケンホールディングス(株)に商号変更
2009年7月	(株)ミネルヴァインテリジェンスに商号変更

2835 美濃窯業(株)
[証券コード]5356
[上場区分]名証二部

1918年4月	美濃窯業(株)を設立
1936年4月	(資)三和窯業商会を買収
1942年5月	中央珪石煉瓦(株)を吸収合併
1953年7月	美州興産(株)を設立
1960年10月	美濃窯業製陶(株)を設立(後合併)
1961年4月	美窯原料(株)を設立(後:(株)ビヨーブライト)
1970年12月	G.S.CERAMICS CO., LTD.をタイに設立
1972年2月	ミノー油絵具(株)を設立(後売却)
1976年2月	ミノセラミックス商事(株)を設立
1977年3月	REFRACTORIES CORPORATION OF THE PHILIPPINESをフィリピンに設立
1978年3月	モノリス(株)を設立(後合併)
1984年12月	(株)ブライトセラムを設立(後:(株)ビヨーブライト)
1990年12月	(株)ビヨーブライトを設立

2836 (株)Minoriソリューションズ
[証券コード]3822
[上場区分]東証二部

1986年3月	(株)TISソフトウェアエンジニアリングを設立
1988年8月	(株)フライトを設立
2000年4月	(株)TISソフトウェアエンジニアリングと(株)フライトが合併し(株)イーウェーヴに社名変更
2001年10月	(株)ティアイエス東北ソフトウェアエンジニアリングを合併
2001年12月	(株)関西データサイエンスを設立(後合併)
2004年11月	(株)スター・ツアーズ・ジャパンを設立
2008年7月	(株)トータルシステムソリューションを合併
2009年5月	(株)イービックスを合併
2010年4月	(株)JSCと合併し(株)Minoriソリューションズに社名変更

2837 (株)ミマキエンジニアリング
[証券コード]6638
[上場区分]東証一部

1975年8月	(有)ミマキエンジニアリングを設立
1981年5月	(株)ミマキエンジニアリングに改組
1995年7月	台湾御牧股份有限公司を設立
1999年9月	MIMAKI USA, INC.を設立
2004年4月	MIMAKI EUROPE B.V.を設立
2004年4月	(株)ミマキプレシジョンを設立
2007年12月	御牧噴墨打印科技(浙江)有限公司を設立
2009年6月	上海御牧貿易有限公司を設立
2009年7月	MIMAKI BRASIL REPRESENTACOES LTDAを設立(後:MIMAKI BRASIL COMERCIO E IMPORTACAO LTDA)
2010年8月	平湖御牧貿易有限公司を設立
2011年11月	PT. MIMAKI INDONESIAを設立
2013年4月	MIMAKI AUSTRALIA PTY LTDを設立
2013年4月	MIMAKI SINGAPORE PTE. LTD.を設立

2838 宮越ホールディングス(株)
[証券コード]6620
[上場区分]東証一部

2011年10月	宮越商事(株)が単独株式移転により宮越ホールディングス(株)を設立

〈宮越商事系〉

1948年5月	(株)旭無線電気を設立
1953年4月	旭無線電気(株)に社名変更
1960年4月	クラウン(株)に社名変更
1972年9月	日東建物(株)を合併
1975年1月	クラウンラジオ販売(株)を設立(後:クラウン商事(株))
1987年10月	田尻機械工業(株)を吸収合併
1993年10月	宮越商事(株)を設立
2012年7月	クラウン(株)に商号変更

2839 (株)宮崎銀行
[証券コード]8393
[上場区分]東証一部

1932年7月	(株)日向中央銀行と(株)宮崎銀行が共同で出資し(株)日向興業銀行を設立
1933年12月	延岡銀行を合併
1944年8月	日向貯蓄銀行を合併
1962年8月	(株)宮崎銀行に社名変更
1973年3月	宮崎住宅ローン(株)を設立(後:宮銀

1976年10月	保証(株)) 南九州総合リース(株)を設立(後:宮銀リース(株))
1979年11月	宮銀ビジネスサービス(株)を設立
1979年11月	宮銀ビルサービス(株)を設立(後:宮銀ビジネスサービス(株))
1988年4月	宮銀コンピューターサービス(株)を設立
1989年3月	宮銀スタッフサービス(株)を設立(後:宮銀ビジネスサービス(株))
1996年4月	宮銀ベンチャーキャピタル(株)を設立
2003年12月	宮銀カード(株)を設立

2840 (株)宮崎太陽銀行
[証券コード]8560
[上場区分]福証

1941年8月	宮崎無尽(株)を設立
1951年10月	(株)宮崎相互銀行に社名変更
1986年2月	宮崎相銀ビジネスサービス(株)を設立(後:(株)宮崎太陽ビジネスサービス)
1989年2月	(株)宮崎太陽銀行に社名変更
1993年10月	日向市信用組合を合併
1996年9月	(株)宮崎太陽キャピタルを設立

2841 三谷産業(株)
[証券コード]8285
[上場区分]東証一部

1928年2月	三谷(名)金沢出張所を設立
1940年10月	(株)三谷商店に社名変更
1943年12月	〈旧〉三谷産業(株)に社名変更
1950年4月	三谷石炭(株)に社名変更
1951年6月	三谷産業(株)に社名変更
1963年4月	三谷石油サービス(株)を設立
1967年7月	三栄設備工事(株)を設立(後:三谷産業コンストラクションズ(株))
1973年12月	(株)金沢スタジアムを吸収合併
1977年4月	三谷ガスサービス(株)を設立(後:三谷ガス(株))
1986年8月	サンエーガス(株)を設立
1987年11月	富山サンエー工事(株)を設立
1988年10月	サンエーテイクケア(株)を設立
1993年10月	(株)シスコムを設立(後:(株)エンブレム)
1993年10月	(株)システックを設立(後:(株)エンブレム)
1994年	三谷住設(株)を設立
1996年	(株)キュープロシステムズと三谷住建販売(株)と三谷産業コンストラクション・プロダクツ(株)と三谷ワークスマネジメント(株)と三谷住機(株)を設立
1997年	三谷産業イー・シー(株)と(株)プラス・ワーキングと(株)アクティを設立
1998年	(有)キッツシステムを設立
1999年	ディサークル(株)を設立

2842 (株)ミューチュアル
[証券コード]2773
[上場区分]ジャスダックスタンダード

1949年2月	(株)ミュチュアル・トレイディングを設立
1983年4月	(株)ミューチュアルに社名変更
1994年7月	(株)ウイストを設立
1996年4月	(株)テクノ自動機製作所を吸収合併
2005年4月	ファーマリード・エンジニアリング(株)を設立(後吸収合併)
2009年9月	Mutual(Thailand)Co.,Ltd.をタイに設立

2843 明星工業(株)
[証券コード]1976
[上場区分]東証一部

1944年4月	明星工業所を設立
1947年7月	明星工業(株)に社名変更
1967年11月	サンライズMSI(株)を設立(後株式を譲渡)
1972年3月	明星不動産(株)を設立(後解散)
1979年2月	日本ケイカル(株)を設立
1987年4月	明星建工(株)を設立
1987年10月	(株)よしみねを買収
1990年4月	MEISEI INTERNATIONAL PTE. LTD.をシンガポールに設立
1999年9月	4M INDUSTRY SDN.BHD.をマレーシアに設立(後解散)
2000年6月	MEISEI NIGERIA LTD.をナイジェリアに設立
2006年6月	MEISEI MIDDLE EAST W.L.L.をカタールに設立(後解散)
2006年6月	PT.MEISEI INDONESIAをインドネシアに設立
2008年6月	MEISEI INTERNATIONAL CO., LTD.をタイに設立
2009年4月	(株)エムエステックを設立
2009年11月	MEISEI SAUDI CO., LTD.をサウジアラビアに設立(後解散)
2011年6月	SMI GLOBAL SDN.BHD.をマレーシアに設立

2844 明星電気(株)
[証券コード]6709
[上場区分]東証二部

1938年2月	(名)東洋無線電機製作所を設立
1939年5月	(株)東洋無線電機製作所に改組
1939年10月	明星電気(株)に社名変更
1972年4月	メイセイ電気工事(株)を設立(後精算)
1972年4月	山形明星電気(株)を設立(後精算)
1987年4月	コムテックエンジニアリング(株)を設立(後精算)
1987年4月	メイセイビジネス(株)を設立(後精算)
1987年4月	東海ニックス(株)を設立(後精算)
1988年11月	メイセイソフト開発(株)を設立(後吸収合併)
1989年1月	メイセイエレクトリック(マレーシア)Sdn.Bhd.をマレーシア・ペナンに設立(後精算)
1992年7月	メイセイエンジニアリング(株)を設立(後:明星マネジメントサービス(株))
1995年10月	威星(香港)有限公司を香港に設立(後精算)
1995年12月	メイセイテクノロジー(株)を設立

2845 (株)妙徳
[証券コード]6265
[上場区分]ジャスダックスタンダード

1951年4月	(株)妙徳製作所を設立
1982年	(株)妙徳に社名変更
1988年7月	(株)秋田妙徳を設立(後解散)

1989年4月	と(株)仙台妙徳を設立(後：(株)コンバムコーポレーション)
1989年4月	(株)岩手妙徳を設立
2003年4月	上海妙徳空覇睦貿易有限公司を設立(後：妙徳空覇睦機械設備(上海)有限公司)
2004年9月	妙徳韓国(株)を設立
2008年6月	CONVUM (THAILAND) CO., LTD.を設立

2846　ミヨシ油脂(株)
[証券コード]4404
[上場区分]東証一部
〈ミヨシ石鹸工業系〉
1921年11月	(個)吉村工業石鹸製造所と(個)三木石鹸工業所を合併しミヨシ石鹸工業(資)を設立
1937年2月	ミヨシ化学興業(株)を改組設立
1937年3月	ミヨシ石鹸工業(資)を合併
1941年12月	ミヨシ製油(株)を合併
1949年2月	ミヨシ化学を設立
1949年2月	ミヨシ油脂(株)に社名変更
1963年7月	綾瀬運輸梱包(株)を設立(後：ミヨシ物流(株))
1971年5月	鐘紡(株)と共同で出資しカネボウ石鹸製造(株)を設立
1972年2月	マレット社《米国》と丸紅(株)が共同で出資し日本マレット(株)を設立
1972年12月	大洋漁業(株)との共同出資により(株)大洋ミヨシ千葉精油所を設立
1981年7月	シュライバーフーズ社《米国》と大倉商事(株)と共同で出資し日本シュライバーフーズ(株)を設立
1986年10月	玉の肌石鹸(株)との共同出資によりミヨシ(株)を設立(後：ミヨシ石鹸(株))
1987年10月	パルスガード社《デンマーク》と共同で出資し日本パルスガード(株)を設立
1987年12月	ベアトリーム社《米国》と共同で出資し日本ベアトリーム(株)を設立
1992年7月	(株)大洋ミヨシ千葉精油所を吸収合併
1996年10月	ミヨシ石鹸製造(株)を設立(後：ミヨシ石鹸(株))

2847　未来工業(株)
[証券コード]7931
[上場区分]名証二部
1965年8月	未来工業(株)を設立
1993年12月	韓国未来工業(株)を設立(後清算)
1993年12月	未来運輸(株)を設立
1996年4月	岐阜神保電器(株)を設立(後：神保電器(株))
1997年10月	台湾未来国際工業股份有限公司を設立
1998年4月	未来技研(株)を設立
1998年6月	花神(株)を設立(後清算)
1999年7月	未来化成(株)を設立
2001年7月	(株)ミライコミュニケーションネットワークを設立
2002年12月	未来(株)を完全親会社として設立
2006年9月	未来(株)を吸収合併し未来工業(株)を名古屋証券取引所市場第二部に上場

2848　(株)ミライト
1946年12月	大明電話工業(株)を設立
1984年10月	明電設工業(株)を吸収合併
1995年4月	鈴電(株)を合併
1995年6月	大明(株)に社名変更
2001年10月	大明ビジネスメイト(株)を設立
2003年4月	(株)IPテクノサービスを設立
2010年10月	(株)コミューチュアと(株)東電通と株式移転により(株)ミライト・ホールディングスを設立(共同持株会社)
2012年10月	(株)東電通を吸収合併し(株)ミライトに社名変更

〈東電通系〉
1946年2月	東洋電気通信工業(株)を設立
1971年4月	公共警備保障(株)を設立(後：日本トヨコム(株))
1992年4月	(株)東電通に社名変更
2009年2月	東電通テクノス(株)を設立(後：(株)エムズフロンティア)

2849　(株)ミライト・ホールディングス
[証券コード]1417
[上場区分]東証一部
2010年10月	大明(株)と(株)コミューチュアと(株)東電通が株式移転の方法により(株)ミライト・ホールディングスを設立
2012年10月	大明(株)と(株)東電通が合併し(株)ミライトに商号変更
2012年10月	(株)コミューチュアはグループ事業再編成に伴い(株)ミライト・テクノロジーズに商号変更

2850　みらかホールディングス(株)
[証券コード]4544
[上場区分]東証一部
1950年12月	富士臓器製薬(株)を設立
1970年6月	(株)スペシアル レファレンスラボラトリーを設立(後：(株)エスアールエル)
1982年11月	東レ(株)と共同で出資しトーレ・フジバイオニクス(株)を設立
1983年4月	富士レビオ(株)に社名変更
2000年	栄研化学(株)とエスアールエルと三菱化学(株)と(株)カケンジェネックスと共同で出資し(株)ジェー・ジー・エスを設立
2002年9月	レビオ・ジェン(株)を設立
2005年7月	みらかホールディングス(株)に社名変更
2005年7月	〈新〉富士レビオ(株)を新設分割により事業承継し設立
2011年11月	Miraca USA, Inc.を設立

2851　(株)ミルックス
1946年8月	丸喜産業を創立
1988年4月	(株)ミルックスに社名変更
2003年11月	(株)肥後橋シミズビルを設立

2852　(株)ミルボン
[証券コード]4919
[上場区分]東証一部
1960年7月	ユタカ美容化学(株)を設立
1965年	(株)ミルボンに社名変更
2007年11月	Milbon Trading (Shanghai) Co., Ltd.を中華人民共和国に設立
2009年7月	Milbon Korea Co., Ltd.を大韓民国に

みろくしよ

	設立
2012年5月	MILBON (THAILAND) CO., LTD.をタイ王国に設立

2853　(株)ミロク情報サービス
[証券コード]9928
[上場区分]東証一部

1977年11月	(株)ミロク経理の会計事務所事業部が分離独立し(株)ミロク計算センターを設立
1977年11月	(株)ミロク情報サービスに社名変更
1984年9月	日本ボイスメール(株)を設立(後:(株)ボイスメール)
1999年11月	(株)ミロクシステムサポートを設立(後解散)
2000年2月	(株)ミロクドットコムを設立
2004年2月	(株)ミロク・ユニソフトを設立
2014年9月	(株)MJS M&Aパートナーズを設立

2854　(株)みんなのウェディング
[証券コード]3685
[上場区分]東証マザーズ

2010年10月	(株)ディー・エヌ・エーから簡易新設分割にて(株)みんなのウェディングを設立
2014年8月	(株)フォーオールを設立

2855　(株)ムゲンエステート
[証券コード]3299
[上場区分]東証マザーズ

1990年5月	(株)ムゲンエステートを設立
1997年8月	(株)フジホームを設立

2856　(株)ムサシ
[証券コード]7521
[上場区分]ジャスダックスタンダード

1946年12月	武蔵商事(株)を設立
1947年9月	武蔵産業(株)に社名変更
1949年4月	武蔵紙業(株)に社名変更
1962年9月	武蔵(株)に社名変更
1978年1月	武蔵エンジニアリング(株)を設立
1986年5月	武蔵興産(株)を設立
1991年12月	(株)ムサシに社名変更
2005年10月	ムサシ・フィールド・サポート(株)を設立

2857　武蔵精密工業(株)
[証券コード]7220
[上場区分]東証一部

1938年4月	大塚製作所として発足
1944年1月	大塚航空工業(株)を設立
1946年10月	武蔵産業(株)に社名変更
1963年9月	武蔵精密工業(株)に社名変更
1980年8月	ムサシユーエスエー・インコーポレーテッドをアメリカ・ミシガン州に設立(後:ムサシオートパーツミシガン・インコーポレーテッド)
1993年7月	ティーエーピーマニュファクチュアリング・リミテッドをイギリス・サウスウエルズに設立(後:ムサシオートパーツユーケー・リミテッド)
1997年6月	ムサシオートパーツカナダ・インコーポレーテッドをカナダ・オンタリオ州に設立
1999年10月	ムサシサウスカロライナ・インコーポレーテッドをアメリカ・サウスカロライナ州に設立(後精算)
2000年2月	ムサシハンガリーマニュファクチュアリング・リミテッドをハンガリー・エルチに設立
2001年1月	ムサシノースアメリカ・インコーポレーテッドをアメリカ・ミシガン州に設立
2001年1月	ムサシヨーロッパ・ゲーエンベーハーをドイツ・ミュンヘンに設立
2002年3月	ムサシダアマゾニア・リミターダをブラジル・アマゾニア州に設立
2002年7月	ムサシオートパーツインディア・プライベートリミテッドをインド・ハリアナ州に設立
2003年1月	武蔵汽車配件(中山)有限公司を中国・広東省に設立(後:武蔵精密汽車零部件(中山)有限公司)
2003年12月	ムサシアジアカンパニー・リミテッドをタイ・バンコク市に設立
2010年11月	ムサシオートパーツベトナムカンパニー・リミテッドをベトナム・フンイエン省に設立
2011年12月	ムサシインディア・プライベートリミテッドをインド・ハリアナ州に設立
2012年3月	ムサシオートパーツメキシコ・エス・エー・デ・シー・ブイをメキシコ・サンルイスポトシに設立
2014年6月	武蔵精密汽車零部件(南通)有限公司を中国・江蘇省に設立
2014年10月	武蔵精密企業投資(中山)有限公司を中国・広東省に設立

2858　(株)武蔵野銀行
[証券コード]8336
[上場区分]東証一部

1952年3月	(株)武蔵野銀行を設立
1975年4月	武蔵野総合リース(株)を設立(後:ぶぎん総合リース(株))
1982年4月	武蔵野信用保証(株)を設立(後:ぶぎん保証(株))
1985年11月	むさしのカード(株)を設立
1986年8月	武蔵野(ぶぎん)ビジネスサービス(株)を設立(後精算)
1989年6月	ぶぎんカードサービス(株)を設立(後:むさしのカード(株))
1989年8月	ぶぎんシステムサービス(株)を設立
1990年8月	ぶぎんビルメンテナンス(株)を設立(後合併)
1992年4月	(株)ぶぎん地域経済研究所を設立
1997年4月	(株)ぶぎんキャピタルを設立

2859　武蔵野興業(株)
[証券コード]9635
[上場区分]東証二部

1920年5月	(株)武蔵野館を設立
1949年6月	〈旧〉帝都興業(株)を吸収合併
1949年8月	武蔵野映画劇場(株)に社名変更
1981年1月	(株)寄居武蔵野自動車教習所を設立
1986年10月	武蔵野興業(株)に社名変更
1996年4月	(株)野和ビルを合弁で設立
2013年8月	武蔵野エンタテインメント(株)を設立

2860　ムトー精工(株)
[証券コード]7927
[上場区分]ジャスダックスタンダード
- 1961年1月　(有)武藤合成樹脂工業所を設立
- 1968年4月　東立精工(株)を設立
- 1970年6月　武藤合成(株)に社名変更
- 1985年3月　東立精工(株)を吸収合併しムトー精工(株)に社名変更
- 1988年6月　(株)花田製作所を吸収合併
- 1995年6月　ムトーベトナムCO., LTD.を設立
- 2000年10月　ムトーシンガポールPTE LTDを設立
- 2003年11月　豊武光電(蘇州)有限公司を設立
- 2005年2月　ムトーテクノロジーハノイCO., LTD.を設立
- 2005年9月　武藤香港有限公司を設立
- 2006年3月　武藤精密工業(太倉)有限公司を設立(後解散)
- 2012年2月　ムトー(タイランド)CO., LTD.を設立

2861　MUTOHホールディングス(株)
[証券コード]7999
[上場区分]東証一部
- 1952年3月　(株)武藤目盛彫刻を設立
- 1953年4月　武藤工業(株)に社名変更
- 1985年10月　(株)メニックを設立(後:(株)ムトーエンジニアリング)
- 1987年3月　ムトーヨーロッパ社をドイツに設立(後:ムトードイツ社)
- 1988年10月　(株)ムトーオレンジキャットを設立(後:(株)ムトーエンタープライズ)
- 1990年9月　ムトーベルギー社をベルギーに設立
- 1992年6月　ムトーテクノサービス(株)を設立(後:ムトーアイテックス(株))
- 2007年4月　MUTOHホールディングス(株)に社名変更
- 2014年6月　(株)ムトーフィギュアワールドを設立

2862　(株)村上開明堂
[証券コード]7292
[上場区分]東証二部
- 1882年　開明堂を設立
- 1948年3月　(株)村上開明堂に社名変更
- 1975年1月　旭硝子(株)と共同で出資し静岡オートグラス(株)を設立
- 1981年5月　旭硝子(株)と共同で出資し(株)静岡サンミラーを設立
- 1983年4月　筒中プラスチック工業(株)と共同で出資し(株)カイツを設立(後:(株)村上開明堂化成)
- 2000年6月　Murakami Manufacturing U.S.A.Inc.を米国ケンタッキー州に設立
- 2001年7月　Murakami Manufacturing (Thailand) Co., Ltd.をタイ国に設立
- 2001年10月　村上開明堂(香港)有限公司を設立
- 2002年11月　嘉興村上石崎汽車配件有限公司を設立(後:嘉興村上汽車配件有限公司)
- 2004年3月　Murakami Saikyu (Thailand) Co., Ltd.を設立
- 2007年5月　(株)村上開明堂九州を設立
- 2010年6月　(株)村上開明堂コンフォームを設立
- 2011年2月　嘉興奥尓薩村上汽車配件有限公司を設立
- 2013年9月　Murakami Corporation (Thailand) Ltd.を設立
- 2014年2月　Murakami Manufacturing Mexico, S.A.de C.V.を設立

2863　村田機械(株)
- 1935年7月　(名)西陣ジャカード機製作所を設立
- 1962年6月　村田機械(株)に社名変更
- 1972年11月　日本デックス(株)を設立
- 2000年6月　ムラテックC.C.S(株)を設立
- 2002年4月　東レエンジニアリングと帝人製機と共同で出資しTMTマシナリー(株)を設立
- 2007年10月　ムラタ・マシナリー・インディアを設立
- 2009年6月　ムラテックオートメーション(株)を設立
- 2013年7月　ムラタ・マシナリー・メキシコを設立

2864　(株)村田製作所
[証券コード]6981
[上場区分]東証一部
- 1944年10月　(個)村田製作所を設立
- 1950年12月　(株)村田製作所に改組
- 1955年4月　(株)福井村田製作所を設立
- 1963年3月　(株)村田技術研究所を合併
- 1976年8月　(株)金津村田製作所を設立
- 1977年4月　村田貿易(株)を設立(後:村田土地建物(株))
- 1979年4月　(株)鯖江村田製作所を設立
- 1981年5月　(株)小松村田製作所を設立
- 1982年10月　(株)富山村田製作所を設立
- 1983年8月　(株)出雲村田製作所を設立
- 1984年8月　(株)金沢村田製作所を設立
- 1992年4月　(株)岡山村田製作所を設立
- 2004年1月　(株)大垣村田製作所を設立
- 2005年6月　Shenzhen Murata Technology Co., Ltd.を中国に設立
- 2005年12月　Murata (China) Investment Co., Ltd.を中国に設立
- 2010年10月　Murata Electronics (Vietnam) Co., Ltd.をベトナムに設立
- 2010年10月　Murata Electronics (India) Private Limitedをインドに設立
- 2011年9月　Philippine Manufacturing Co.of Murata, Inc.をフィリピンに設立
- 2013年8月　東京電波(株)を買収

〈東京電波系〉
- 1949年5月　東京電波(株)に社名変更
- 1949年5月　東波工業(株)を設立
- 1973年4月　北見東京電波(株)を設立
- 1977年2月　群馬東京電波(株)を設立
- 1979年4月　都留東京電波(株)を設立(後解散)
- 1979年6月　東京電波機器(株)を設立
- 1987年7月　盛岡東京電波(株)を設立
- 1991年4月　東京電波機器(株)を吸収合併
- 2001年9月　TEW AMERICA, Inc.を設立

2865　(株)ムロコーポレーション
[証券コード]7264
[上場区分]ジャスダックスタンダード
- 1953年4月　(株)室金属製作所を創業
- 1958年4月　室金属工業(株)を設立
- 1990年3月　(株)ムロコーポレーションに社名変更
- 1993年1月　ムロ ノース アメリカ インクをカナダ・オンタリオ州に設立

むんはつと

1995年2月	ムロテック コーポレーションを米国カリフォルニア州に設立（後精算）
1998年7月	ムロテック オハイオ コーポレーションを米国オハイオ州に設立
2005年8月	ムロ テック ベトナム コーポレーションをベトナム・ドンナイ省に設立
2012年7月	ピーティー ムロテック インドネシアをインドネシア共和国・西ジャワ州に設立
2012年11月	3MT（THAILAND）CO., LTD.をタイ王国に合弁で設立

2866　ムーンバット（株）
［証券コード］8115
［上場区分］東証二部

1885年3月	河野与助商店を設立
1941年9月	（名）河野与助商店に改組
1946年6月	（株）河与商事に社名変更
1963年8月	ムーンバット（株）に社名変更
1995年9月	エムビー情報サービス（株）を設立（後：ルナ（株））

2867　（株）名機製作所
［証券コード］6280
［上場区分］名証二部

1933年11月	（資）名機製作所を設立
1938年12月	（株）名機製作所に改組
1962年2月	愛知ダイカスト工業（株）を吸収合併
1980年10月	名機シンガポールPTE.LTD.をシンガポールに設立（後精算）
1987年5月	名機アメリカ・コーポレーションをアメリカに設立（後精算）
1996年9月	MEIKI（Thailand）CO., LTD.をタイに設立（後解散）

2868　（株）メイコー
［証券コード］6787
［上場区分］ジャスダックスタンダード

1975年11月	名幸電子工業（株）を設立
1982年3月	マルチテック（株）を設立（後：（株）メイコーテック）
1982年9月	山形名幸電子（株）を創設（後：（株）山形メイコー）
1988年7月	（株）エム・ディー・システムズを設立
1991年4月	（株）メイコーに社名変更
1998年8月	名幸電子香港有限公司を香港に設立
1998年12月	名幸電子（番禺南沙）有限公司を中国広東省広州市南沙地区に設立（後：名幸電子（広州南沙）有限公司）
2001年6月	MDS Circuit Technology, Inc.をフィリピン・マニラ市に設立
2005年7月	名幸電子（武漢）有限公司を中国湖北省武漢市に設立
2006年4月	Meiko Electronics America, Inc.をアメリカ・サンノゼに設立
2007年1月	Meiko Electronics Vietnam Co., Ltd.をベトナム・ハノイ市に設立
2014年8月	Meiko Electronics Thang Long Co., Ltd.をベトナム・ハノイ市に設立

2869　名港海運（株）
［証券コード］9357
［上場区分］名証二部

1949年1月	名古屋港運（株）の役員・従業員が協力し名港海運（株）を設立
1949年11月	ナゴヤシッピング（株）を設立
1950年4月	名古屋船舶（株）を設立
1955年2月	名港荷役（株）を設立（後：名海運輸作業（株））
1969年2月	名港陸運（株）を設立
1970年9月	SAN MODE FREIGHT SERVICE, INC.をアメリカに設立
1973年9月	MEIKO WAREHOUSING, INC.をアメリカに設立（後：MEIKO AMERICA, INC.）
1977年4月	セントラルエンタープライズ（株）を設立（後：セントラルシッピング（株））
1978年2月	MEIKO EUROPE N.V.をベルギーに設立
1994年5月	MEIKO TRANS（HONG KONG）CO., LTD.を香港に設立
1996年10月	MEIKO TRANS（THAILAND）CO., LTD.をタイに設立
2005年6月	上海名港国際貨運有限公司中国に設立
2006年7月	MEIKO TRANS POLSKA SP.Z O.O.をポーランドに設立
2007年9月	名港商貿（上海）有限公司中国に設立
2011年11月	MEIKO LOGISTICS（INDIA）PVT., LTD.をインドに設立
2014年3月	MEIKO ASIA CO., LTD.をタイに設立
2014年5月	MEIKO TRANS DE MEXICO, S.DE R.L.DE C.V.をメキシコに設立

2870　名工建設（株）
［証券コード］1869
［上場区分］名証二部

1941年6月	名鐵工業（株）を設立
1956年2月	名工建設（株）に社名変更
1996年4月	金沢駅西開発（株）を吸収合併
1996年4月	中部建物（株）を吸収合併
1998年8月	（株）大軌を設立
2001年6月	（株）ビルメンの株式を取得
2009年11月	（株）静軌建設を設立

2871　（株）明光ネットワークジャパン
［証券コード］4668
［上場区分］東証一部

1984年9月	サンライト（株）を設立
1986年	（株）明光ネットワークジャパンに社名変更
2001年9月	（株）アイヴィットを設立（後清算）

2872　（株）明治
1917年12月	（個）花島煉乳所と（個）札幌煉乳所を買収合併し極東煉乳（株）を設立
1934年3月	森永煉乳（株）（三島工場）と合併し昭和煉乳（株）を設立
1939年2月	東京市乳（株）を設立
1940年12月	明治乳業（株）に社名変更
1944年4月	明治畜産（株）を合併
1944年12月	千葉県酪農業（株）を設立（後：朝日乳業（株））
1949年11月	日本乳製品（株）と阪南合同市乳（株）と姫路明治牛乳（株）と金沢市乳（株）を合併

1950年12月	東京乳業(株)と湘南牛乳(株)を吸収合併
1951年12月	朝日乳業(株)を合併
1953年10月	関西牛乳運輸(株)を設立(後:(株)カントラ)
1957年4月	信濃乳業(株)を合併
1983年11月	東京明販(株)を設立
1984年9月	(株)明治テクノサービスを設立
1994年6月	四国明治乳業(株)を設立
1996年4月	近畿明販(株)を設立
2003年4月	フレッシュネットワークシステムズ(株)を設立
2009年4月	明治製菓と明治乳業(株)が経営統合し明治ホールディングス(株)を共同持株会社として設立
2011年4月	(株)明治に社名変更

2873　明治海運(株)
[証券コード]9115
[上場区分]東証一部

1911年5月	明治海運(株)を設立
1933年8月	五洲汽船(株)を合併
1984年1月	東明汽船(株)を設立
1984年11月	ぎのわん観光開発(株)を設立
1990年4月	(株)ラグナガーデンホテルを設立
2010年1月	(株)稚内観光開発を設立
2010年10月	MK CENTENNIAL MARITIME B.V.をオランダに設立
2013年1月	サフィールリゾート(株)を設立

2874　明治機械(株)
[証券コード]6334
[上場区分]東証二部

1925年8月	山越工場を設立
1937年3月	(株)山越工場に改組
1943年5月	山越機械(株)に社名変更
1948年3月	明治機械(株)に社名変更
1960年3月	(株)明治鉄工所を設立(後解散)
1982年12月	(株)メイキを設立
1986年10月	(株)メイテツを設立(後:(株)明治企画)
1994年6月	シンヨー(株)を設立(後:シンヨー・サンワテクノス(株))(後:シンヨー(株))
1995年6月	(株)カムズを設立
1995年9月	明治トレーディング(株)を設立(後精算)
1996年9月	(株)テクノ河原を設立
1997年3月	(株)アルファジャパンを設立
2000年4月	内外マシーナリー(株)を設立(後吸収合併)
2004年7月	ラップマスターエスエフティ(株)を設立
2005年3月	明治機械(徳州)有限公司を中国に設立
2008年3月	(株)東京製粉機製作所を創設(後吸収合併)

2875　Meiji Seika ファルマ(株)
1916年10月	東京菓子(株)を設立
1917年3月	大正製菓(株)を合併
1919年10月	東京澱粉精製(株)を合併
1924年9月	〈旧〉明治製菓(株)に社名変更
1933年12月	大日本乳製品(株)を合併
1936年4月	明治製乳(株)と山陽煉乳(株)と函館菓子製造(株)を合併
1939年8月	明治食品(株)と大島煉乳(株)と共同国産煉乳(株)と明治牛乳(株)と明治製乳(株)と朝日牛乳(株)を合併
1939年12月	神戸ミルクプラント(株)と京都煉乳(株)を合併
1940年1月	小倉ミルクプラント(株)を合併
1940年6月	八王寺ミルクプラント(株)を合併
1940年7月	(株)江東北辰社を合併
1940年8月	二葉煉乳(株)を合併
1940年8月	(名)北辰社といわせ煉乳工場を合併
1941年	東京合同市乳(株)を設立
1942年7月	岡山県合同食品(株)と山形県合同食品(株)を設立
1943年3月	京都罐詰興業(株)を設立
1943年6月	愛媛県合同罐詰(株)を設立
1943年8月	千葉県合同罐詰(株)を設立
1943年12月	**明治産業(株)**に社名変更
1945年10月	東亜製菓(株)と東亜化工(株)を合併
1947年4月	**明治製菓(株)**に社名変更
1952年4月	明治食糧(株)と関東食品(株)を合併
1969年8月	明治製菓リテイル(株)を設立
1972年4月	明治商事(株)を合併
1973年	明治マクビティを設立
2003年	明治魯抗医薬を設立(後:明治医薬(山東))
2009年4月	明治製菓と明治乳業(株)が経営統合し**明治ホールディングス(株)**を共同持株会社として設立
2011年4月	**Meiji Seika ファルマ(株)**に社名変更
2013年	DM Bio Limitedを設立

2876　明治電機工業(株)
[証券コード]3388
[上場区分]東証一部

1920年7月	(資)明治商会を設立
1958年6月	合資会社明治商会を解散し**明治電機工業(株)**を設立
1979年7月	明治エンジニアリング(株)を設立
1983年10月	明治システム計測(株)を設立
1987年3月	MEIJI CORPORATIONを設立
1994年10月	明治エンジニアリング(株)と明治システム計測(株)を吸収合併
1998年7月	MEIJI UK LTD.を設立
2006年3月	明治進和(中国天津市)を設立
2008年7月	Meiji Electric Industries(Thailand) Co., Ltd.を設立(後清算)
2012年2月	Meiji(Thailand) Co., Ltd.を設立
2012年3月	明治電機商業(中国上海市)を設立
2012年4月	エム・ディーマシナリー(株)を設立

2877　明治ホールディングス(株)
[証券コード]2269
[上場区分]東証一部

| 2009年4月 | 明治製菓と明治乳業(株)が経営統合し**明治ホールディングス(株)**を共同持株会社として設立 |
| 2011年4月 | 明治製菓(株)がMeiji Seika ファルマ(株)に商号変更 |

めいてつう

2878　名鉄運輸(株)
[証券コード]9077
[上場区分]名証二部
1943年6月	一宮運輸(株)を設立
1945年4月	名岐運輸(株)を吸収合併し蘇東運輸(株)に社名変更
1960年4月	名鉄運輸(株)に社名変更
1960年5月	半田通運(株)を吸収合併
1961年4月	名鉄運輸(株)(栃木県宇都宮市)を吸収合併
1964年10月	名鉄運輸(株)(栃木県足利市)を吸収合併
1974年8月	名鉄運輸(株)(岡山県児島郡藤田村)と名鉄運輸(株)(札幌市)を吸収合併
2010年4月	和歌山名鉄運輸(株)を設立
2011年10月	四国名鉄運輸(株)を設立

2879　(株)メイテック
[証券コード]9744
[上場区分]東証一部
1973年7月	(株)名古屋技術センターを設立
1979年12月	日本機械設計(株)を設立(後:(株)メイテックフィルダーズ)
1984年12月	(株)メイテックに社名変更
1987年8月	(株)メイスタッフを設立(後:(株)メイテックフィルダーズ)
1987年11月	(株)メイサービスを設立
1988年10月	(株)メイテックインテリジェントテクノロジーを設立
1991年2月	メイテック教育センター(株)を設立
2000年2月	(株)ジャパンキャストを設立(後:(株)メイテックキャスト)
2000年12月	(株)スリーディーテックを合弁で設立
2003年3月	(株)メイテックグローバルソリューションズを設立(後吸収合併)
2003年9月	明達科(上海)諮詢有限公司を設立(後:明達科(上海)科技有限公司)
2005年9月	アポロ技研(株)を設立
2006年4月	(株)メイテックCAEを設立(後吸収合併)
2006年7月	(株)メイテックネクストを設立
2007年10月	(株)all engineer.jpを設立
2007年10月	明達科(西安)科技培訓有限公司を設立
2007年10月	明達科(成都)科技培訓有限公司を設立
2013年7月	(株)メイテックEXを設立

2880　(株)明電舎
[証券コード]6508
[上場区分]東証一部
〈明電舎系〉
1897年12月	明電舎(個)を設立
1917年6月	(株)明電舎に改組
1951年11月	ユニオンワニス(株)を設立(後:ユニオン化成(株))
1962年9月	(株)米沢明電舎を設立(後:明電通信工業(株))
1972年11月	明電興産(株)を設立(後精算)
1978年12月	明電プラント(株)を設立
1981年10月	明電鋳工(株)を設立
1987年7月	明電商事(株)を設立
1988年5月	北斗電工(株)を設立
1994年3月	明電システムエンジニアリング(株)を設立
1998年10月	明電情報システム(株)を設立
1998年12月	明電板金塗装(株)を設立
2000年7月	(株)日立製作所と富士電機(株)と共同で出資しジャパンモータアンドジェネレータ(株)を設立
2001年7月	(株)日立製作所と富士電機(株)と共同で出資し(株)日本エーイーパワーシステムズを設立
2003年4月	明電エンジニアリング(株)を合併

〈明電エンジニアリング系〉
1965年4月	(株)明電舎が出資し明電エンジニアリング(株)を設立
1987年10月	大阪明電エンジニアリング(株)と名古屋明電エンジニアリング(株)と九州明電エンジニアリング(株)と北海道明電エンジニアリング(株)と静岡明電エンジニアリング(株)を合併
2001年4月	メックテクノ(株)を設立

2881　名糖産業(株)
[証券コード]2207
[上場区分]東証一部
1945年2月	富士製薬(株)を設立
1953年4月	オックス製菓(株)を合併し名糖産業(株)に社名変更
1987年10月	名糖販売(株)を吸収合併
2002年10月	(株)エースベーカリーを設立

2882　(株)明豊エンタープライズ
[証券コード]8927
[上場区分]ジャスダックスタンダード
1966年12月	長栄不動産(株)を設立
1977年11月	(株)明豊エンタープライズに社名変更
2001年2月	(株)明豊を合併
2001年12月	(株)豊英エンタープライズとサンフルリアルエステート(株)を設立(後:(株)明豊プロパティーズ)
2003年3月	(株)東京テナントセンターを設立(後:(株)明豊プロパティーズ)
2006年6月	(株)明豊コーポレーションを設立(後吸収合併)

2883　盟和産業(株)
[証券コード]7284
[上場区分]東証一部
1956年5月	盟和産業(株)を設立
1978年7月	盟伸工業(株)を設立(後解散)
2006年3月	大連盟和化工製品有限公司を中国・大連に設立(後:盟和(大連)汽車配件有限公司)
2009年7月	盟和(佛山)汽車配件有限公司を中国・佛山市に設立
2012年3月	MEIWA INDUSTRY (THAILAND) CO., LTD.をタイ・バンコク都に設立
2013年2月	MEIWA INDUSTRY NORTH AMERICA, INC.をアメリカ・テネシー州ルイズバーグ市に設立
2013年4月	盟和(佛山)汽車配件有限公司広州分公司を中国・広州市に設立

2884　明和産業(株)
[証券コード]8103
[上場区分]東証一部

1947年7月　〈旧〉三菱商事(株)が解散し**明和産業(株)**を設立
1959年7月　三商(株)と合併
1964年4月　(株)明和セールスを設立
1980年8月　ソーケン(株)を設立
1996年9月　明和産業(上海)有限公司を中華人民共和国に設立

2885　明和地所(株)
[証券コード]8869
[上場区分]東証一部
1986年4月　〈旧〉明和地所(株)を設立
1986年6月　明和管理(株)を設立
1989年9月　明和ファイナンス(株)を設立
1990年4月　神奈川造機(株)と合併(額面変更)し**明和地所(株)**に社名変更
1997年6月　明和商事(株)を設立(後：明和リアルエステート(株))
2002年12月　明和地所住宅販売(株)を設立

2886　(株)メガチップス
[証券コード]6875
[上場区分]東証一部
1990年4月　**(株)メガチップス**を設立
1998年12月　(株)ビジュアルコミュニケーションを設立(後吸収合併)
2004年4月　(株)カメオインタラクティブを設立
2004年4月　(株)メガチップスLSIソリューションズを設立(後吸収合併)
2005年5月　Shun Yin Investment Ltd.を設立
2012年7月　川崎マイクロエレクトロニクス(株)を設立(後吸収合併)
2013年9月　MegaChips Taiwan Corporationを台湾に設立
2014年11月　SiTime Corporationを買収

2887　(株)メガネスーパー
[証券コード]3318
[上場区分]ジャスダックスタンダード
1973年2月　(有)ニュー湘南眼鏡を設立
1976年7月　(有)メガネスーパーを設立
1980年9月　**(株)メガネスーパー**に改組
1991年7月　〈旧〉(株)ザ・マスターズコーポレーションを設立(後吸収合併)
2001年6月　(株)グッド・アイを設立(後吸収合併)
2010年12月　(株)ザ・マスターズコーポレーションを設立

2888　メタウォーター(株)
[証券コード]9551
[上場区分]東証一部

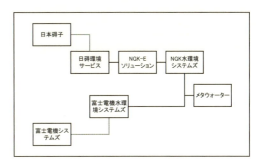

〈(株)NGK水環境システムズ系〉
1970年　日本碍子(株)の化工機事業部より環境関連事業が環境装置事業部として独立
1973年10月　(株)日碍環境サービスを設立
2004年4月　(株)**NGK-Eソリューション**に商号変更
2007年4月　(株)**NGK水環境システムズ**に商号変更
〈富士電機水環境システムズ系〉
2007年4月　富士電機システムズ(株)の水環境事業を吸収分割により**富士電機水環境システムズ(株)**に承継
　　　　　　＊　　＊　　＊　　＊
2008年4月　(株)NGK水環境システムズと富士電機水環境システムズ(株)が合併し**メタウォーター(株)**を設立
2014年9月　メタウォーターテック(株)を設立

2889　(株)メタルアート
[証券コード]5644
[上場区分]東証二部
1933年5月　(資)後藤鍛工所を設立
1943年8月　(株)後藤鍛工所に改組
1967年12月　近江精工を設立(後：(株)メタルテックス)
1981年5月　サンエム工業を設立(後：(株)メタルテックス)
1991年10月　(株)**メタルアート**に社名変更
1993年3月　(株)メタルフォージを設立
2013年5月　PT METALART ASTRA INDONESIAをインドネシアに設立

2890　メック(株)
[証券コード]4971
[上場区分]東証一部
1969年5月　**メック(株)**を設立
1992年11月　MEC EUROPE NV.をベルギーに設立
1994年5月　MEC TAIWAN COMPANY LTD.を台湾に設立
1996年3月　MEC(HONG KONG)LTD.を香港に設立
1997年4月　MEC USA SPECIALTY PRODUCTS INC.をアメリカ合衆国カリフォルニア州に設立(後精算)
2001年10月　MEC CHINA SPECIALTY PRODUCTS(SUZHOU)CO., LTD.を中国江蘇省蘇州市に設立

2891 （株）メッセージ
［証券コード］2400
［上場区分］ジャスダックスタンダード
1997年5月	（株）メッセージを設立
2003年2月	（株）シーケーフーズを設立
2004年10月	（株）エムエステートを設立（後精算）
2005年7月	積水ハウス（株）と共同で出資し積和サポートシステム（株）を設立
2005年11月	コンフォートピア（株）を設立（後本社に合併）
2013年7月	（株）JICCを設立

2892 （株）メディアグローバルリンクス
［証券コード］6659
［上場区分］ジャスダックスタンダード
1993年4月	（株）メディア・リンクスを設立
2005年4月	MEDIA LINKS, INC.を設立
2005年5月	（株）メディアグローバルリンクスに商号変更
2009年1月	（株）メディアリンクスシステムズを吸収合併
2011年6月	ML AU PTY LTDを設立

2893 （株）メディア工房
［証券コード］3815
［上場区分］東証マザーズ
1997年10月	（有）フラミンゴを設立
1998年4月	（有）メディア工房に商号変更
2000年4月	（株）メディア工房に組織変更
2005年8月	（株）ムービーズを設立
2007年12月	（株）MKコミュニケーションズを設立
2008年2月	（株）アンクルールを設立
2010年1月	（株）アンクルールを吸収合併
2011年1月	（株）ムービーズを吸収合併
2013年2月	（株）MKBコリアを設立
2013年5月	（株）ギフトカムジャパンを設立

2894 （株）メディアシーク
［証券コード］4824
［上場区分］東証マザーズ
2000年3月	（株）メディアシークを設立
2003年7月	スタートメディアジャパン（株）を設立
2005年8月	DELIVERY VIETNAM CO., LTD.をベトナムに設立
2006年7月	DELIVERY THAI CO., LTD.をタイに設立

2895 メディアスホールディングス（株）
［証券コード］3154
［上場区分］ジャスダックスタンダード
1952年	池谷医療器械店を創業
1959年	協和医科器械（株）を設立
2009年7月	協和医科器械（株）による株式移転によって協和医科ホールディングス（株）を持株会社として設立
2010年10月	メディアスホールディングス（株）に商号変更
2013年11月	鴻池運輸（株）との合弁でCARNA MEDICAL DATABASE PVT.LTD.を設立
2014年10月	（株）ケアフォースを設立

2896 （株）メディアドゥ
［証券コード］3678
［上場区分］東証マザーズ
1996年4月	（有）フジテクノを設立
1998年10月	（株）フジテクノへ組織変更
1999年4月	（株）メディアドゥを設立
2001年11月	（株）フジテクノと合併
2014年10月	LINE（株）と（株）講談社と（株）小学館と合弁でLINE Book Distribution（株）を設立

2897 （株）メディアフラッグ
［証券コード］6067
［上場区分］東証マザーズ
2004年2月	（株）メディアフラッグを設立
2012年10月	（株）メディアフラッグ沖縄を設立（後：（株）MEDIAFLAG沖縄）
2012年10月	梅地亜福（上海）管理咨詢有限公司を設立
2013年2月	（株）ラウンドパワーを設立
2013年10月	K9（株）を設立
2013年11月	O&H（株）を設立

2898 （株）メディカル一光
［証券コード］3353
［上場区分］ジャスダックスタンダード
1980年9月	近畿商事三重（株）を設立（後：（株）キンキ・コーポレーション）
1985年4月	（株）メディカル一光を設立
1996年4月	（株）メディカル一光と（株）キンキ・コーポレーションが合併し（株）メディカル一光を存続会社とする
1997年6月	（株）京都メディカル一光を設立
2005年10月	（株）ヘルスケア一光を設立
2006年3月	（株）メディシン一光を設立
2012年4月	（株）ヘルスケア・キャピタルを設立

2899 （株）メディカルシステムネットワーク
［証券コード］4350
［上場区分］東証一部
1999年9月	（株）メディカルシステムネットワークを設立
2005年2月	三井物産（株）と共同出資にて（株）エムエムネットを設立
2005年6月	（株）メディシスサイエンスを設立
2013年7月	（株）ファーマホールディングと阪神調剤ホールディング（株）と共同出資の上（株）H&Mを設立
2013年7月	（株）エムエムネットを吸収合併

2900 （株）メディネット
［証券コード］2370
［上場区分］東証マザーズ
1995年10月	（株）メディネットを設立
2008年1月	（株）医業経営研究所を設立
2013年12月	（株）メドセルを設立

2901 （株）メディパルホールディング
［証券コード］7459
［上場区分］東証一部
| 2000年4月 | （株）三星堂とクラヤ薬品（株）と東京医薬品（株）が合併し（株）クラヤ三星堂を設立 |

2004年10月　（株）メディセオホールディングスに社名変更
　　　2005年10月　（株）パルタックと経営統合し（株）メディセオ・パルタックホールディングスに社名変更
　　　2008年10月　（株）クラヤ三星堂に医療用医薬品等卸売事業を承継し（株）メディパルホールディングに商号変更

2902　（株）メディビックグループ
［証券コード］2369
［上場区分］東証マザーズ
　　　2000年2月　　（株）メディバンクを設立
　　　2000年11月　〈旧〉（株）メディビックに社名変更
　　　2004年3月　　（株）ラボと共同で出資し（株）アドバンスト・メディカル・ゲートウェイを設立
　　　2004年3月　　（株）メディビック・アライアンスを設立（後：Asia Private Equity Capital）
　　　2006年3月　　（株）メディビックファーマを設立
　　　2006年7月　　（株）メディビックを設立
　　　2006年7月　　（株）メディビックグループに社名変更

2903　メドピア（株）
［証券コード］6095
［上場区分］東証マザーズ
　　　2004年12月　（株）メディカル・オブリージュを設立
　　　2010年4月　　メドピア（株）に商号変更

2904　（株）メドレックス
［証券コード］4586
［上場区分］東証マザーズ
　　　2002年1月　（株）メドレックスを設立
　　　2007年10月　IL Pharma Inc.（米国）を設立
　　　2009年9月　（株）カネカと合弁で（株）ケイ・エム トランスダームを設立

2905　（株）メニコン
［証券コード］7780
［上場区分］東証一部
　　　1952年7月　日本コンタクトレンズ研究所を開業
　　　1957年7月　日本コンタクトレンズ（株）を設立
　　　1965年7月　東洋コンタクトレンズ（株）に商号変更
　　　1977年6月　Menicon Europe S.A.をフランスに設立（後：Menicon SAS）
　　　1982年6月　東洋コンタクトレンズ（株）から販売部門を分離〈旧〉（株）メニコンを設立
　　　1986年11月　〈新〉（株）メニコンを設立
　　　1988年1月　Menicon GmbHを設立（後：Menicon Holdings B.V.）
　　　1992年5月　Menicon Pharma S.A.を設立（後：Menicon Pharma SAS）
　　　1993年4月　〈新〉（株）メニコンと東洋コンタクトレンズ（株）が合併
　　　2001年2月　Menicon Espana S.L.を設立（後：Menicon Holdings B.V.）
　　　2001年4月　Menicon America, Inc.を設立
　　　2003年5月　（株）メニワンを設立
　　　2004年1月　Menicon UK Ltd.を設立（後清算）
　　　2005年3月　Menicon-Mandarin Asia Pte. Ltd.を設立（後：Menicon Singapore Sales Pte. Ltd.）
　　　2006年5月　Menicon Holdings B.V.を設立
　　　2006年10月　Menicon Singapore Pte.Ltd.を設立
　　　2008年5月　温州欣視界科技有限公司を設立
　　　2010年2月　（株）トーメーを買収し（株）メニコンネクトに商号変更
　　　2010年9月　Menicon China Co., Ltd.を設立
　　　2012年12月　First Glory Holdings Ltd.を設立
　　　2013年4月　上海瑞赤康生物科技有限公司を設立
　　　2014年5月　Menicon Korea Co., Ltd.を設立

2906　（株）メルコホールディングス
［証券コード］6676
［上場区分］東証一部
　　　1986年7月　（有）バッファローを設立
　　　2003年5月　（株）メルコホールディングスに社名変更

2907　（株）免疫生物研究所
［証券コード］4570
［上場区分］ジャスダックグロース
　　　1982年9月　（株）免疫生物研究所を設立
　　　2013年11月　（株）ネオシルク化粧品を設立

2908　（株）モスフードサービス
［証券コード］8153
［上場区分］東証一部
　　　1972年7月　（株）モス・フード・サービスを設立
　　　1984年3月　（株）モスフローズンフードと（株）モスマスフィーディングを吸収合併
　　　1984年6月　（株）モスフードサービスに社名変更
　　　1986年2月　（株）エフエフティを設立（後：（株）トモス）
　　　1992年4月　モリヨシーズ社をシンガポールに設立（後：モスフード・シンガポール社）
　　　2004年4月　（株）モスフードサービス九州を設立（後：（株）モスストアカンパニー）
　　　2004年7月　（株）モスフードサービス東北を設立（後：（株）モスストアカンパニー）
　　　2004年12月　（株）モスフードサービス関西を設立（後：（株）モスストアカンパニー）
　　　2005年4月　（株）モスフードサービス北関東と（株）モスフードサービス南関東を設立（後：（株）モスストアカンパニー）
　　　2006年2月　（株）サングレイスを設立
　　　2007年2月　（株）シェフズブイを設立（後：（株）モスダイニング）
　　　2013年4月　（株）モスファーム熊本を設立
　　　2014年3月　（株）モス・サンファームむかわを設立
　　　2014年4月　（株）モスファームすずなりを設立

2909　持田製薬（株）
［証券コード］4534
［上場区分］東証一部
　　　1913年2月　持田商会薬局を設立
　　　1944年9月　山村化学研究所（株）と臨床薬品研究所（株）を合併
　　　1945年4月　持田製薬（株）に社名変更
　　　1974年3月　東海ケミカル（株）を設立（後：（株）テクノネット）
　　　1976年5月　インターファーム（株）を設立
　　　1995年9月　（株）メジカルセンスを設立（後：（株）テクノネット）
　　　1997年9月　（株）メジカルリンクを設立（後：（株）持田インターナショナル）
　　　1997年9月　東海サービス（株）を設立（後：（株）テ

2003年4月	クノネット）
2003年4月	持田ヘルスケア（株）を設立
2003年4月	持田メディカルシステム（株）を設立（後：持田シーメンスメディカルシステム（株））
2004年4月	持田製薬工場（株）を設立
2014年6月	持田製薬販売（株）を設立

2910　モーニングスター（株）
［証券コード］4765
［上場区分］ジャスダックスタンダード
- 1998年3月　モーニングスター（株）を設立
- 2001年5月　モーニングスター・アセット・マネジメント（株）を設立
- 2001年11月　ゴメス（株）を創設（後合併）
- 2002年9月　イー・アドバイザー（株）を創設（後合併）
- 2008年4月　（株）株式新聞社と合併
- 2011年10月　イー・アドバイザー（株）を設立
- 2014年9月　SBIサーチナ（株）と合併

2911　（株）物語コーポレーション
［証券コード］3097
［上場区分］東証一部
- 1969年9月　（株）げんじを設立
- 1997年6月　（株）物語コーポレーションに社名変更
- 2011年7月　物語香港有限公司を設立
- 2011年11月　物語（上海）企業管理有限公司を設立

2912　（株）MonotaRO
［証券コード］3064
［上場区分］東証一部
- 2000年10月　住友商事（株）とGrainger International, Inc.の共同出資により住商グレンジャー（株）を設立
- 2006年2月　（株）MonotaROに商号変更
- 2011年8月　（株）K-engineを設立
- 2013年1月　NAVIMRO Co., Ltd.を設立

2913　モバイルクリエイト（株）
［証券コード］3669
［上場区分］東証一部
- 2002年12月　モバイルクリエイト（株）を設立
- 2010年6月　（株）M.R.Lを設立
- 2013年3月　沖縄モバイルクリエイト（株）を設立
- 2014年10月　（株）トランを設立

2914　（株）モバイルファクトリー
［証券コード］3912
［上場区分］東証マザーズ
- 2001年11月　（有）モバイルファクトリーを設立
- 2003年4月　（株）モバイルファクトリーに組織変更

2915　森尾電機（株）
［証券コード］6647
［上場区分］東証二部
- 1911年5月　森尾商会を設立
- 1912年4月　（株）森尾商会製作所に社名変更
- 1942年8月　森尾電機（株）に社名変更
- 1989年2月　（株）森尾エンジニアリングサービスを設立（後解散）
- 1989年2月　（株）森尾ロボテックスを設立
- 1993年5月　（株）コーテリー森尾を設立（後精算）
- 1999年5月　（株）森尾テクノを設立
- 2013年8月　Morio USA Corporationアメリカ合衆国・ネブラスカ州に設立

2916　（株）森組
［証券コード］1853
［上場区分］東証二部
- 1899年6月　森組を設立
- 1934年2月　（株）森組に改組
- 1976年9月　総合スポーツ施設（株）を設立（後清算）
- 1984年8月　大拓林業（株）を設立（後清算）

2917　モリ工業（株）
［証券コード］5464
［上場区分］東証一部
- 1929年4月　（個）森製作所を設立
- 1940年11月　（名）堺ホーク製作所に社名変更
- 1947年7月　（個）森鉄工所に浅香山工場を供出
- 1949年1月　（個）森鉄工所の株式組織化を目的に日本輪業（株）を設立
- 1961年2月　モリ工業（株）に社名変更
- 1972年3月　しろがね産業（株）を設立（後：モリ金属（株））
- 1978年6月　モリ・ステンレス建材（株）を設立（後：モリ金属（株））
- 2004年6月　（株）ニットクを設立
- 2012年10月　PT.MORY INDUSTRIES INDONESIAをインドネシア共和国西ジャワ州に設立

2918　森下仁丹（株）
［証券コード］4524
［上場区分］東証二部
- 1893年2月　森下南陽堂を設立
- 1905年2月　森下博薬房に名称変更
- 1921年9月　赤線検温器（株）を設立
- 1936年11月　森下仁丹（株）に社名変更
- 1964年4月　北海道仁丹食品（株）を設立（後：仁丹食品（株））
- 1965年10月　（株）仁丹ドルフを設立
- 1986年9月　仁丹食品（株）を吸収合併
- 1992年1月　仁丹アニコ（株）を設立
- 1992年9月　（株）ジンタン・オーアイエヌを設立
- 1993年5月　シンノウ仁丹（株）を設立
- 1994年4月　（株）ジェイエイチビー関東を設立
- 1994年4月　（株）仁丹ファインケミカルを設立
- 1996年4月　仁丹栄光薬品（株）を設立
- 2000年3月　仁丹商事（株）を設立（後合併）
- 2000年10月　仁丹ミラセルびわ湖（株）を設立（後合併）
- 2005年7月　（株）メディケアシステムズを設立
- 2007年10月　（株）仁丹テックを設立（後合併）
- 2007年12月　（株）森下仁丹ヘルスサポートを設立（後精算）
- 2009年3月　（株）森下仁丹ヘルスコミュニケーションズを設立
- 2011年12月　（株）エムジェイラボを設立

2919　（株）モリタホールディングス
［証券コード］6455
［上場区分］東証一部
- 1932年7月　（株）森田ガソリン喞筒製作所を設立
- 1939年9月　森田喞筒工業（株）に社名変更

1943年4月	(株)森田ポンプ北海道製作所を設立(後:北海道森田ポンプ(株))
1948年3月	(株)森田ポンプサービス工場を設立(後:(株)モリタエコノス)
1961年3月	森田ポンプ(株)に社名変更
1985年5月	モリタ第一機工(株)を設立
1985年10月	オート電子(株)を設立(後:(株)モリタテクノス)
1994年4月	(株)森田ポンプセンターを吸収合併
1995年10月	モリトクエンジニアリング(株)を設立
1997年3月	(株)モリタ総合サービスを設立
1997年4月	〈旧〉(株)モリタに社名変更
2001年10月	〈旧〉(株)モリタエコノスを吸収合併
2003年10月	(株)モリタエコノスを設立
2008年10月	(株)モリタと(株)モリタ防災テックと(株)モリタ環境テックを設立
2008年10月	(株)モリタホールディングスに社名変更
2010年6月	(株)ミヤタサイクルを設立

2920　(株)モリテックス
[証券コード]7714
[上場区分]東証一部

1973年2月	〈旧〉(株)モリテックスを設立
1992年1月	(株)東北モリテックスを設立
1994年12月	(株)ライトパイプを設立(後解散)
1997年8月	(株)コルクを設立(後解散)
1999年7月	(株)モリテックス光電を設立(後解散)
2000年3月	モリテックス香港有限公司を香港に設立
2000年3月	(株)モリテックス販売を設立(後吸収合併)
2000年10月	(株)スティルを設立
2010年3月	モリテックスASIA有限公司を設立
2013年5月	ショットモリテックス(株)に社名変更
2015年7月	(株)モリテックスに社名変更

2921　モリテック スチール(株)
[証券コード]5986
[上場区分]東証一部

1943年5月	森商店を設立
1950年11月	森ゼンマイ鋼業(株)に社名変更
1972年10月	協同鋼業(株)を合併
1990年9月	モリテック スチール(株)に社名変更
2002年11月	モリテックプロダクトサポート(株)を設立
2009年7月	上海摩立特克鋼鉄商貿有限公司を中国に設立
2011年10月	モリテックスチール(ベトナム)会社をベトナムに設立
2012年9月	モリテックスチールインドネシア(株)をインドネシアに設立
2013年3月	モリテックスチールメキシコ(株)をメキシコに設立
2014年1月	上海摩立特克鋼鉄商貿有限公司広州分公司を設立

2922　モリト(株)
[証券コード]9837
[上場区分]東証二部

1935年12月	(株)森藤商店を設立
1963年8月	森藤(株)に社名変更
1969年8月	カラーファスナー工業(株)を設立
1976年4月	トリント(株)を設立

1976年11月	モリト(株)に社名変更
1989年9月	エース工機(株)を設立
2000年3月	トライポッド・プランニング(株)を設立
2003年8月	佳耐美国際貿易有限公司を中国に設立
2010年1月	MORITO VIETNAM CO., LTD.をベトナムに設立
2010年6月	摩理都石原汽車配件有限公司を中国に設立
2010年11月	KANE-M DANANG CO., LTD.をベトナムに設立
2011年4月	KANE-M(THAILAND)CO., LTD.をタイに設立

2923　(株)森トラスト・ホールディングス

1970年6月	森ビル開発(株)を設立
1973年2月	森ビル観光(株)を設立(後:森観光トラスト(株))
1983年11月	森ビル産業(株)を設立(後:森産業トラスト(株))
1986年5月	(株)日本インテリジェントビルシステムズを設立
1989年11月	城山熱供給(株)を設立
1998年9月	森トラスト(株)に社名変更
2000年2月	森トラスト・アセットマネジメント(株)を設立
2000年3月	森インベストメント・トラスト(株)を設立
2001年8月	フォレセーヌ(株)を設立
2002年4月	MTファシリティサービス(株)を設立
2003年8月	森産業トラスト(株)を吸収合併
2004年10月	MT&ヒルトン(株)を設立
2004年11月	MTゴルフ開発(株)を設立
2005年7月	(株)森トラスト・ホールディングスに社名変更

2924　森永製菓(株)
[証券コード]2201
[上場区分]東証一部

1899年8月	(個)森永西洋菓子製造所を設立
1910年2月	(株)森永商店に社名変更
1912年11月	〈旧〉森永製菓(株)に社名変更
1920年7月	日本煉乳(株)を合併
1923年3月	森永製品販売(株)を設立
1923年5月	丸ノ内製菓(株)を合併
1927年9月	森永煉乳(株)を設立(後:森永乳業(株))
1933年5月	(株)森永キャンディーストアーを設立(後:森永産業(株))
1941年6月	森永製品東北販売(株)と森永製品奥羽販売(株)を合併
1942年10月	森永乳業(株)と森永食品工業(株)と東海製菓(株)と森永関西牛乳(株)を合併
1943年11月	森永食糧工業(株)に社名変更
1945年3月	森永産業(株)と森永茶業(株)と森永東北農産工業(株)を合併
1949年8月	森永商事(株)を設立(後:森永製菓(株))
1949年10月	森永製菓(株)に社名変更
1953年7月	森永醸造(株)を設立(後:福徳長酒種(株))
1954年7月	(株)森永キャンデーストアーを設立

1965年3月	（後：(株)レストラン森永） 大和食品(株)を設立(後：森永エンゼルデザート(株)）
1965年8月	米国ゼネラルミルズ社と共同で出資し森永ゼネラルミルズ(株)を設立
1969年10月	森永商事(株)を合併
1970年12月	森永開発(株)を設立
1980年1月	森永デザート(株)を設立
1999年4月	森永開発(株)を合併
2001年7月	(株)エンゼルフードシステムズを設立（後株式を譲渡）
2008年8月	米国森永製菓(株)を設立
2010年12月	森永食品(浙江)有限公司を設立
2011年4月	高崎森永(株)を設立
2013年10月	森永キノインドネシア(株)を設立
2013年12月	森永アメリカフーズ(株)を設立

2925　森永乳業(株)
[証券コード]2264
[上場区分]東証一部

1917年9月	愛国煉乳(資)を買収し日本煉乳(株)を設立
1949年4月	森永乳業(株)を設立
1970年2月	エムケーチーズ(株)を設立
1985年5月	Morinaga Nutritional Foods, Inc.を米国に設立
2007年12月	東北森永乳業(株)を設立
2010年2月	北海道森永乳業販売(株)を設立

2926　(株)守谷商会
[証券コード]1798
[上場区分]ジャスダックスタンダード

1955年8月	(株)守谷商会を設立
1985年4月	守谷建工(株)を設立（後清算）
1991年11月	守谷道路(株)を設立（後：(株)アスペック）
2003年12月	トヨタホームしなの(株)を設立
2004年3月	機材サービス(株)を設立

2927　モリリン(株)

1662年	棉の売買などを創業
1903年	(名)森林商店を創立
1918年	(株)森林商店に改組
1936年	森林紡績(株)を設立
1943年	森林(株)に社名変更
1971年	モリリン(株)に社名変更
1991年	森林(亜洲)有限公司を設立
1998年	上海茉莉林紡織品有限公司を設立
2001年	上海森億服飾整理有限公司を設立
2011年	MORIRIN VIETNAM CO., LTDを設立
2013年10月	PT.MORIRIN INDONESIAを設立
2013年12月	PT.MORIRIN LIVING INDONESIAを設立
2014年2月	MORIRIN（THAILAND）CO., LTDを設立

2928　(株)モルフォ
[証券コード]3653
[上場区分]東証マザーズ

2004年5月	(株)モルフォを設立
2013年10月	Morpho Korea, Inc.を設立

2929　(株)MORESCO
[証券コード]5018
[上場区分]東証一部

1958年10月	松村石油(株)の研究開発部門が分離独立し(株)松村石油研究所を設立
1973年3月	(株)マツケンを設立
1992年3月	(株)モレスコテクノを設立
1994年3月	(株)モレスコサービスを設立
1995年6月	MORESCO（Thailand）Co., Ltd.を設立
2001年3月	無錫徳松科技有限公司を設立
2003年2月	MORESCO Holding（Thailand）Co., Ltd.を設立
2006年5月	MORESCO USA Inc.を設立
2009年5月	無錫松村貿易有限公司を設立
2009年9月	(株)MORESCOに社名変更
2011年6月	PT.MORESCO INDONESIAを設立
2012年1月	PT.MORESCO MACRO ADHESIVEを設立
2014年3月	天津莫莱斯柯科技有限公司を設立

2930　(株)モンテローザ

1975年10月	モンテローザを大神輝博が新宿歌舞伎町に開店
1983年5月	(株)モンテローザに改組
2003年5月	(有)モンテローザファームを設立
2004年5月	白木屋香港有限公司を設立
2005年8月	笑輝餐飲(上海)有限公司を設立
2010年2月	(株)笑笑コリアを設立
2012年7月	魚民股份有限公司を設立
2012年12月	白木屋シンガポール株式有限責任会社を設立

2931　焼津水産化学工業(株)
[証券コード]2812
[上場区分]東証一部

1959年3月	焼津水産化学工業(株)を設立
2004年7月	大連味思開生物技術有限公司を中国大連市に設立
2004年10月	UMIウェルネス(株)を設立
2005年8月	マルミフーズ(株)を設立
2005年11月	(株)ソルケアを設立（後精算）

2932　(株)ヤオコー
[証券コード]8279
[上場区分]東証一部

1957年7月	(有)八百幸商店を設立
1973年3月	(株)ヤオコーに社名変更
1990年5月	田原屋フーズを設立
1991年1月	(株)フレッシュヤオコーを設立（後精算）
1995年7月	(株)ワイシーシーを設立（後株式売却）
1995年9月	(株)日本アポックを設立
2003年4月	(株)三味を設立
2010年4月	(株)ヤオコービジネスサービスを設立

2933　(株)ヤギ
[証券コード]7460
[上場区分]東証二部

1918年4月	(株)八木商店を設立
1943年5月	八木(株)に社名変更
1947年11月	(株)八木商店に社名変更
1972年9月	(株)八木ビルを設立（後：(株)マルス）

1979年5月	日本パフ（株）を設立
1989年2月	（株）ヤギに社名変更
1991年8月	〈旧〉（株）マルスを設立
1993年6月	（株）ジョイリビングを設立（後：（株）マルス）
1994年6月	ヤギ アメリカ コーポレーションを設立（後精算）

2934　（株）薬王堂
[証券コード]3385
[上場区分]東証一部

1978年4月	（個）都南プラザドラッグを創業
1981年2月	（有）薬王堂を設立
1991年6月	（株）薬王堂を改組設立
1999年3月	（有）薬王堂販売を設立（後吸収合併）

2935　（株）ヤクルト本社
[証券コード]2267
[上場区分]東証一部

1935年	（匿）代田保護菌研究所を設立
1955年4月	（株）ヤクルト本社に社名変更
1969年1月	日本クロレラ（株）を設立
1979年7月	湘南食品（株）を吸収合併
1981年2月	（株）東京ヤクルト工場と（株）常陽ヤクルト工場を吸収合併
1984年12月	ヤクルト薬品工業（株）と東京ヤクルト興産（株）を吸収合併
1990年2月	インドネシアヤクルト（株）を設立
1992年6月	オーストラリアヤクルト（株）を設立
1996年3月	ヨーロッパヤクルト（株）を設立
2005年4月	中国ヤクルト（株）を設立
2005年10月	グループダノン《フランス》と共同で出資しインドヤクルト・ダノン（株）を設立

2936　矢崎総業（株）

1941年10月	矢崎総業（株）を設立
1950年8月	矢崎計器（株）を設立
1959年6月	矢崎部品（株）を設立
1963年8月	矢崎電線（株）を設立
1964年6月	矢崎資源（株）を設立
1999年10月	矢崎総業北海道販売（株）を設立
2002年10月	矢崎モロッコ（有）を設立
2012年6月	矢崎エナジーシステム（株）を設立

2937　八洲電機（株）
[証券コード]3153
[上場区分]東証一部

1946年8月	八洲電機商会を創業
1947年4月	（株）八洲電機商会に組織変更
1960年2月	八洲電機（株）に商号変更
1976年9月	飯村機電工業（株）との共同出資により茨城冷機（株）を設立（後吸収合併）
1976年9月	八洲電機サービス（株）を設立（後：八洲エンジニアリング（株））
1988年2月	（株）中国パワーシステムを設立
2004年10月	大成電機（株）と合併
2006年6月	Hong Kong Yashima Denki Limited（香港八洲電機有限公司）を設立
2012年10月	Yashima Denki Singapore Pte.Ltd.を設立
2012年12月	八禧洲（上海）電機商貿有限公司を設立

2938　安川情報システム（株）
[証券コード]2354
[上場区分]東証二部

1978年2月	安川情報システム（株）を設立
1983年	田中工業（株）と共同で出資し北九州データサービス（株）を創立（後：（株）安川情報北九州）
1987年	（株）ワイ・ディー・システムズを創立
1997年	（株）安川情報プロサービスを設立
2004年	（株）安川情報プロサービスを吸収合併
2005年1月	アソシエント・イースト（株）を設立（後：安川情報エンベデッド（株））

2939　（株）安川電機
[証券コード]6506
[上場区分]東証一部

1919年12月	（株）安川電機製作所を設立
1920年3月	（資）安川電機製作所を合併
1946年3月	安川航空電機（株）を合併
1960年9月	安川商事（株）を設立（後解散）
1967年9月	安川コントロール（株）を設立
1969年4月	安川プラントエンジニアリング（株）を設立
1971年5月	安川エンジニアリング（株）を設立
1973年9月	（株）ワイ・イー・データを設立（後：日本電産パワーモータ（株））
1976年3月	安川ロジステック（株）を設立
1977年11月	安川設備技研（株）を設立
1978年2月	安川情報システム（株）を設立
1986年10月	（株）ワイ・イー・ドライブを設立
1991年9月	安川電機に社名変更
1999年4月	安川システムエンジニアリング（株）を設立（後：安川シーメンス オートメーションドライブ（株））
2000年6月	シナティクスソリューションズ（株）を設立
2000年6月	安川モートル（株）を設立
2000年10月	シーメンス社《ドイツ》と共同で出資し安川シーメンス エヌシー（株）を設立
2001年3月	安川プラントエンジニアリング（株）を吸収合併
2006年6月	ブルックス・オートメーション社《米国》と共同で出資し安川ブルックスオートメーション（株）を設立

2940　安田倉庫（株）
[証券コード]9324
[上場区分]東証一部

1919年12月	興亜起業（株）を創立
1942年	安田倉庫（株）に社名変更
1962年6月	ヤスダワークスを設立
1970年7月	北海安田倉庫（株）を設立
1972年11月	安田運輸（株）を設立
1985年3月	（株）安田ビルを設立
1990年6月	（株）安田エステートサービスを設立
2000年8月	安田倉儲（上海）有限公司を設立
2007年1月	安田中倉国際貨運代理（上海）有限公司を設立
2009年8月	YASUDA LOGISTICS (VIETNAM) CO., LTD.を設立
2013年10月	安田メディカルロジスティクス（株）を設立

2941　(株)安永
[証券コード]7271
[上場区分]東証一部

1949年9月	(株)安永鉄工所を設立
1953年3月	(株)安永鋳造所を設立(後：安永キャスティング(株))
1964年12月	緑運送(株)を設立(後：安永運輸(株))
1970年7月	安永エンジニアリング(株)を設立
1988年4月	(株)安永に社名変更
1993年10月	安永エンジニアリング(株)を吸収合併
1994年4月	安永キャスティング(株)を吸収合併
1998年4月	安永総合サービス(株)を設立
2004年10月	YASUNAGA S&I(株)を設立
2004年10月	ヤスナガワイヤソーシステムズ(株)を設立
2005年4月	安永エアポンプ(株)を設立
2009年4月	ヤスナガワイヤソーシステムズ(株)とYASUNAGA S&I(株)を吸収合併
2010年5月	安永クリーンテック(株)を設立
2010年10月	山東安永精密機械有限公司を中国山東省に設立
2011年3月	韓国安永(株)を韓国に設立
2012年12月	ヤスナガ タイランド カンパニー リミテッドをタイに設立

2942　八千代工業(株)
[証券コード]7298
[上場区分]ジャスダックスタンダード

1947年4月	(個)大竹塗装所を創業
1953年8月	八千代塗装(株)を設立
1968年9月	八千代工業(株)に社名変更
1989年1月	ヤチヨ オブ オンタリオ マニュファクチュアリング インコーポレーテッドをカナダに設立
1996年6月	ヤチヨ インダストリー (ユーケー) リミテッドとユー ワイ ティー リミテッドを英国に設立
1997年1月	サイアム ヤチヨ カンパニー リミテッドをタイに設立
1997年9月	ヤチヨ オブ アメリカ インコーポレーテッドを米国に設立
1997年10月	エー ワイ マニュファクチュアリング リミテッドを米国に設立
1999年1月	ユー エス ヤチヨ インコーポレーテッドを米国に設立
2000年9月	ヤチヨ マニュファクチュアリング オブ アラバマ エル エル シーを米国に設立(後：ヤチヨ マニュファクチュアリング オブ アメリカ エル エル シー)
2002年4月	八千代工業(中山)有限公司を中国に設立
2005年7月	八千代工業(武漢)有限公司を中国に設立
2005年11月	ヒラタ ヤチヨ リーシング リミテッドを英国に設立
2008年4月	ヤチヨ インディア マニュファクチュアリング プライベート リミテッドをインドに設立
2008年4月	(株)ワイジーテックを設立
2009年9月	ヤチヨ ド ブラジル インダストリア エ コメルシオ デ ペサス リミターダをブラジルに設立
2012年2月	ヤチヨ メキシコ マニュファクチュアリング エス エー デ シー ブイをメキシコに設立
2012年5月	ピー ティー ヤチヨ トリミトラ インドネシアをインドネシアに設立
2014年12月	ヤチヨ ジャーマニー ゲー エム ベー ハーをドイツに設立

2943　(株)ヤナセ

1915年	梁瀬商会を創立
1920年	梁瀬自動車(株)を設立
1941年	梁瀬自動車工業(株)に社名変更
1945年	梁瀬自動車(株)に社名復帰
1963年	梁瀬商事(株)を吸収合併し(株)梁瀬に社名変更
1964年	(株)関東ヤナセマリーンを設立
1969年	(株)ヤナセに社名変更
1972年	(株)ヤナセ岡本航空を設立(後：(株)エアロ航空)
1979年	(株)ヤナセ沖縄を設立
1987年	エーエムジー・ジャパン(株)を設立
1988年	(株)ハイグレード農園を設立
1992年	(株)フランス・モーターズを設立
1994年	(株)ヤナセ石油販売を設立
1996年	(株)ヤナセウェルサービスとヤナセサターン(株)と(株)ヤナセ四国を設立
2001年	(株)ヤナセ大阪クライスラーを設立
2002年	(株)ウエスタンコーポレーションを吸収合併
2002年	アウディジャパン(株)と共同で出資しヤナセアウディ販売(株)を設立
2003年	ヤナセバイエルンモーターズ(株)を設立
2004年4月	(株)ヤナセグローバルモーターズを設立
2005年	ヤナセヴィークルワールド(株)を設立
2006年	ヤナセスカンジナビアモーターズ(株)を設立

2944　矢作建設工業(株)
[証券コード]1870
[上場区分]東証一部

1949年5月	矢作建設工業(株)を設立
1967年	国際開発ビルディング(株)を設立(後：矢作葵ビル(株))
1967年	矢作地所(株)を設立
1967年10月	名鉄建設(株)と合併
1972年	ヤハギ緑化(株)を設立
1977年5月	南信高森開発(株)を設立
2000年4月	(株)テクノサポートを設立
2001年10月	ヤハギ道路(株)を設立
2003年	(株)ピタコラムを設立
2008年4月	(株)ピタリフォームを設立(後：(株)ピタコラム)

2945　ヤフー(株)
[証券コード]4689
[上場区分]東証一部

1996年1月	ヤフー(株)を設立
2000年9月	ピー・アイ・エム(株)を吸収合併
2003年11月	ワイズ・インシュアランス(株)を設立
2004年2月	(株)リクルートと合弁し(株)インディバルを設立

2008年4月	（株）アルプス社と（株）プレイナーを吸収合併
2008年6月	ヤフーカスタマーリレーションズ（株）を設立
2009年3月	ソフトバンクIDCソリューションズ（株）を吸収合併
2012年8月	YJキャピタル（株）を設立
2014年11月	（株）クロコスを吸収合併
2015年1月	（株）コミュニティファクトリーを吸収合併

2946　（株）ヤマウ
[証券コード]5284
[上場区分]ジャスダックスタンダード

1968年2月	ヤマウセメント製品工業（株）を設立
1970年5月	ヤマウ総合開発（株）を設立
1974年9月	ヤマウ相知プレコン（株）とヤマウプレコン（株）を吸収合併し（株）ヤマウに社名変更
1976年9月	ヤマウ商事（株）を設立
1992年4月	旭コンクリート工業（株）とヤマウ商事（株）とヤマウ総合開発（株）を吸収合併
2003年11月	（株）アサヒメッシュ産業と合弁し（有）ヤマウ・アサヒを設立
2004年6月	（有）ヤマウトラストを設立（後：（株）ヤマウトラスト）
2005年4月	（有）ネオトラストを設立（後：（株）ヤマウトラスト）
2006年6月	（株）ピオと（株）ピオテックを設立
2006年8月	九コン販売（株）を設立
2007年6月	メック（株）を設立
2007年9月	クリエイティブ・モールド（株）を設立
2010年10月	宮崎プレコン（株）を設立
2013年12月	（株）リペアエンジを設立

2947　ヤマエ久野（株）
[証券コード]8108
[上場区分]福証

1947年9月	第一農産興業（株）を設立
1950年5月	（資）小林江夏商店を吸収合併し（株）江夏商店に社名変更
1955年	江夏商事（株）に社名変更
1966年1月	ヤマエ商事（株）に社名変更
1969年7月	久野食糧（株）を合併しヤマエ久野（株）に社名変更
1982年10月	タカチホ食品（株）を吸収合併
1983年10月	大糖商事（株）とヤマエ農業資材（株）を吸収合併
1984年10月	（株）横尾商店と新みなと飼料販売（株）と（株）三協飼料を吸収合併
1985年4月	ヤマエホーム（株）を吸収合併
1985年4月	（株）リンネットを設立
1986年10月	（株）丸中を吸収合併
1992年3月	北薩酒類販売（株）を設立（後：鹿児島リカーフーズ（株））
1994年10月	ヤマエ酒類販売（株）とタチバナ酒販（株）と合資会社萬屋商店を吸収合併
1995年1月	（株）フレンドリーデリカを設立（後：（株）デリカフレンズ）
1997年6月	ヤマエ石油（株）とヤマエ久野（株）とオリックス（株）とオリックス・レンタカー（株）とオリックス・オート・リース（株）と共同で出資しオリックス・レンタカー福岡（株）を設立（後：ヤマエレンタリース（株））
1998年8月	（株）筑豊デリカを設立（後：（株）デリカフレンズ）
1999年8月	ヤマエ石油（株）と岩谷産業（株）と共同で出資しクリーンライフ九州（株）を設立（後清算）
1999年12月	鹿児島中央酒販（株）を設立（後：鹿児島リカーフーズ（株））
2005年4月	ワイテックを設立
2006年10月	ヤマエオート（株）を設立（後：ヤマエレンタリース（株））
2008年4月	エコーフーズ（株）を設立（後：（株）サンエー21）
2009年3月	シンセイ酒類（株）を設立（後：（株）宝友）
2011年5月	サンエー21（株）を設立

2948　（株）山口フィナンシャルグループ
[証券コード]8418
[上場区分]東証一部

2006年10月	（株）山口銀行と（株）もみじホールディングスは共同株式移転により（株）山口フィナンシャルグループを設立しその完全子会社となった
2007年4月	（株）もみじホールディングスは（株）もみじ銀行を存続会社とする吸収合併方式により合併し解散
2007年7月	東海東京証券（株）との共同出資によりワイエム証券（株）を設立
2007年8月	（株）クレディセゾンとの共同出資によりワイエムセゾン（株）を設立
2010年10月	北九州金融準備（株）を設立（後：（株）北九州銀行）

2949　（株）ヤマザキ
[証券コード]6147
[上場区分]ジャスダックスタンダード

1946年3月	山崎鉄工所を設立
1960年9月	（株）山崎鉄工所に改組
1972年10月	（株）ヤマザキに社名変更
1997年2月	YAMAZAKI-IKE（THAILAND）CO., LTD."を設立
2004年9月	YAMAZAKI TECHNICAL VIETNAM CO., LTD.を設立
2009年10月	（株）東海鉄工所を吸収合併

2950　山崎製パン（株）
[証券コード]2212
[上場区分]東証一部

1948年3月	（個）山崎製パン所を設立
1948年6月	山崎製パン（株）に社名変更
1962年6月	（株）ヤマザキを設立
1963年10月	（株）山崎製パン横浜工場を吸収合併
1967年7月	（株）スーパーヤマザキを設立
1970年10月	ナビスコ社《米国》と日綿実業（株）と共同で出資しヤマザキ・ナビスコ（株）を設立
1973年7月	（株）末広製菓を設立
1973年11月	（株）山崎製パン千葉工場を吸収合併
1976年1月	山崎製菓（株）と（株）山崎製パン新潟工場を吸収合併
1977年10月	（株）サンロイヤルを設立（後：（株）ヴ

やましたい

	イ・ディー・エフ・サンロイヤル）
1977年12月	（株）サンエブリーを設立
1980年5月	（株）サンデリカを設立
1981年5月	香港山崎麵飽有限公司を設立
1982年1月	（株）サンショップヤマザキを設立（後：（株）デイリーヤマザキ）
1983年10月	千葉製粉（株）と共同で出資し（株）サンミックスを設立
1986年1月	（株）サンキムラヤを設立
1986年1月	（株）関西ヤマザキを吸収合併
1989年6月	ヤマザキエンジニアリングを設立
1991年4月	ヴィ・ド・フランス・ベーカリー・ヤマザキ, Inc.を設立（後：ヴィ・ド・フランス・ヤマザキ, Inc.）
1997年10月	（株）岡山イワミ食品を設立
2013年7月	（株）デイリーヤマザキを吸収合併

2951　山下医科器械（株）
［証券コード］3022
［上場区分］東証一部

1950年4月	（株）山下医療器械店を設立
1960年9月	山下医科器械（株）へ商号変更
2000年4月	エムアイエス（株）を設立（後清算）
2002年6月	（株）アトルエムアイを吸収合併
2004年7月	（株）イーピーメディックを設立

2952　（株）ヤマシナ
［証券コード］5955
［上場区分］東証二部

1917年9月	（株）山科精工所を設立
1965年4月	（株）山科サービスを設立（後解散）
1973年4月	（有）トーヨー電子を設立（後解散）
2000年5月	ツワイス（株）を設立
2000年11月	（株）ヤマシナに社名変更
2001年9月	ジェイ・ランド（株）を設立（後解散）
2002年5月	滋賀ファスナー（株）を吸収合併
2005年10月	J-netレンタリース京都とY'sアセットマネジメントを設立

2953　ヤマシンフィルタ（株）
［証券コード］6240
［上場区分］東証二部

1956年4月	山信工業（株）を設立
1981年8月	ワイエスケー工業（株）を設立
1989年4月	YAMASHIN CEBU FILTER MANUFACTURING CORP.を設立
1995年7月	YAMASHIN AMERICA INC.を設立
1996年4月	YAMASHIN EUROPE B.V.を設立
2001年2月	YAMASHIN THAI LIMITEDを設立
2005年10月	ヤマシンフィルタ（株）に社名変更
2007年5月	YAMASHIN FILTER SHANGHAI INC.を設立
2010年9月	YAMASHIN FILTER (SIP) RESEARCH & DEVELOPMENT CENTER INC.を設立
2010年12月	YAMASHIN EUROPE BRUSSELS BVBAを設立
2011年3月	YAMASHIN EUROPE BRUSSELS BVBAがYAMASHIN EUROPE B.V.を吸収合併
2012年6月	YSK（株）を設立

2954　（株）山大
［証券コード］7426
［上場区分］ジャスダックスタンダード

1964年8月	（株）山大産業を設立
1989年4月	（株）山大に社名変更
1990年8月	三陸森林海洋開発（株）を設立（後：エフエムディー山大（株））
1991年4月	（株）山大ホームと（株）阿部住建を合併
2014年4月	エフエムディー山大（株）を吸収合併

2955　（株）ヤマダ・エスバイエルホーム
［証券コード］1919
［上場区分］東証一部

1951年6月	三成建築工業（株）を設立
1951年12月	三成工業（株）に社名変更
1955年9月	小堀興業（株）に社名変更
1961年5月	小堀住研興業（株）に社名変更
1965年4月	住研ハウス（株）と住研機材（株）を吸収合併し小堀住研（株）に社名変更
1971年3月	小堀興産（株）を設立（後：エス・バイ・エルトラスト（株））
1972年3月	小堀住工（株）を設立（後：エス・バイ・エル住工（株））
1988年4月	ファイナンス・ワークス（株）を設立（後：エス・バイ・エルトラスト（株））
1990年10月	エス・バイ・エル（株）に社名変更
1991年10月	エス・バイ・エルコングロ（株）を設立（後：コングロエンジニアリング（株））
1991年11月	（株）軽井沢倶楽部を設立
1994年5月	（株）宜野座カントリークラブを設立
1997年11月	エス・バイ・エル沖縄（株）を設立
2000年11月	エースホーム（株）を設立
2000年11月	エースホーム（株）を設立
2000年12月	エス・バイ・エル東北（株）を設立
2001年4月	エス・バイ・エル九州（株）を設立
2003年3月	エス・バイ・エルホームセンター（株）を設立
2003年3月	ハウジングテクノ（株）を設立
2003年3月	ハウジングワークス（株）を設立（後：エス・バイ・エルハウジング（株））
2007年4月	エス・バイ・エルトラスト（株）を吸収合併
2013年6月	（株）ヤマダ・エスバイエルホームに社名変更

2956　山田コンサルティンググループ（株）
［証券コード］4792
［上場区分］ジャスダックスタンダード

1989年7月	（株）東京ファイナンシャルプランナーズを設立
2002年10月	TFPコンサルティンググループ（株）に社名変更
2005年3月	キャピタルパートナー・二号投資事業有限責任組合を組成（後：清算）
2005年3月	山田MTSキャピタル（株）を設立
2007年4月	（株）TFP・WebとTFPビジネスソリューション（株）と（株）オーナー企業総合研究所を経営統合し（株）TFPオーナー企業総合研究所を設立（後：山田FAS（株））
2008年1月	キャピタルソリューション（株）を設立
2008年1月	キャピタルソリューション壱号投資事業有限責任組合を組成

	2010年12月	山田コンサルティンググループ(株)に社名変更
	2012年3月	キャピタルソリューション弐号投資事業有限責任組合を組成

2957　(株)山田債権回収管理総合事務所
[証券コード]4351
[上場区分]ジャスダックスタンダード

1975年7月	山田晃久司法書士・土地家屋調査士事務所を開業(後:山田司法書士・土地家屋調査士総合事務所)
1981年10月	山田測量設計(株)を設立
1991年6月	(株)山田総合事務所に商号変更
1999年6月	(株)山田債権回収管理総合事務所に商号変更
2004年7月	ワイエスインベストメント(株)を設立
2005年2月	(株)日本エスクロー信託を設立(後:(株)山田エスクロー信託)
2007年2月	(株)山田知財再生を設立

2958　(株)ヤマダ電機
[証券コード]9831
[上場区分]東証一部

1983年9月	(株)ヤマダ電機を設立
1991年3月	テック情報システム(株)を設立(後清算)
1997年6月	(株)シー・アイ・シーを設立
1997年12月	南九州ヤマダ電機(株)を設立
2001年7月	(株)沖縄ヤマダ電機を設立
2001年9月	和光電気(株)と共同で出資し(株)和光ヤマダ電機を設立
2002年4月	(株)ヤマダブロードバンドを設立
2003年1月	(株)リーガル・ユナイテッド・トラスティーズを設立(後:(株)ワイジャスト)
2005年2月	(株)ヤマダハウジングを設立
2005年7月	(株)東海テックランドを設立
2005年9月	コスモス・ベリーズ(株)を設立
2005年11月	(株)中四国テックランドを設立
2006年3月	(株)ヤマダ・キャピタル・ホールディングスを吸収合併
2006年6月	(株)ヤマダフィナンシャルを設立
2006年7月	(株)テックサイトを設立
2007年1月	(株)九州テックランドを設立
2009年1月	(株)Project Whiteを設立
2013年5月	(株)ダイクマとサトームセン(株)を吸収合併
2013年7月	(株)KOUZIROを吸収合併
2013年11月	(株)ヤマダ・ウッドハウスを設立

2959　(株)ヤマックス
[証券コード]5285
[上場区分]ジャスダックスタンダード

1963年10月	ヤマウコンクリート工業(株)を設立
1991年3月	(株)ヤマウ工業とヤマウハウス(株)と荒尾コンクリート工業(株)と小倉建材工業(株)を吸収合併し(株)ヤマックスに社名変更
1997年11月	(株)ミナト建材を設立
2006年5月	(株)福岡ヤマックスを設立
2012年9月	茂森興産(株)を吸収合併
2014年4月	(株)ミナト建材を吸収合併

2960　(株)ヤマト
[証券コード]1967
[上場区分]東証一部

1946年7月	大和工業(株)を設立
1963年7月	大和設備工事(株)に社名変更
1995年7月	大和メンテナンス(株)を設立
1997年3月	大和メンテナンス埼玉(株)を設立
1999年9月	大和ビジネスサービス(株)を設立
2000年9月	(株)ヤマトに社名変更
2004年3月	ヤマト.イー.アール(株)を設立
2006年11月	ヤマト・イズミテクノスを設立
2015年2月	箱島湧水発電PFI(株)を設立

2961　大和工業(株)
[証券コード]5444
[上場区分]東証一部

1944年11月	大和工業(株)を設立
1956年7月	須鎗産業(株)を買収
1987年1月	ヤマトホールディングコーポレーションを設立
1987年2月	ニューコア社(米国)と合弁しニューコア・ヤマト・スチールカンパニーを設立
1989年6月	ヤマトコウギョウ(ユー・エス・エー)コーポレーションを設立
1989年9月	住友商事グループと合弁しアーカンソー・スチール・アソシエイツLLCを設立
1992年4月	ザ・サイアム・セメント社(タイ国)と三井物産(株)とタイ国三井物産(株)と住友商事(株)と合弁しサイアム・ヤマト・スチールカンパニーリミテッドを設立
2002年3月	ヤマトコウギョウアメリカ・インクを設立
2002年4月	大和軌道製造(株)を設立
2002年11月	ヤマト・コリア・スチールコーポレーションを設立(後:ワイケー・スチールコーポレーション)
2003年10月	ヤマトスチール(株)を設立
2009年2月	フーラス社と合弁しユナイテッド・スチールカンパニー(スルブ)BSC(c)を設立(後:スルブカンパニーBSC(c))
2011年6月	フーラス社と合弁しユナイテッド・スルブカンパニー(サウジスルブ)LLCを設立

2962　ヤマトホールディングス(株)
[証券コード]9064
[上場区分]東証一部

1919年11月	〈旧〉大和運輸(株)を設立
1929年5月	第二大和運輸(株)と合併し大和運輸(株)に社名変更
1973年1月	ヤマトシステム開発(株)を設立
1982年10月	ヤマト運輸(株)に社名変更
1986年7月	ヤマトコレクトサービス(株)を設立(後:ヤマトフィナンシャル(株))
1990年11月	ユーピーエス・インターナショナル・インクと共同で出資しヤマト・ユーピーエス(株)を設立
2003年4月	九州ヤマト運輸(株)と四国ヤマト運輸(株)を吸収合併
2005年11月	ヤマトホールディングス(株)に純粋持株会社となり商号変更

2005年11月	ヤマト運輸分割準備(株)にデリバリー事業およびその他すべての事業を分割し承継(後:ヤマト運輸(株))

2963　(株)ヤマナカ
[証券コード]8190
[上場区分]名証二部

1922年	中野商店を設立
1951年3月	(資)ヤマナカ商店に社名変更
1957年7月	(株)ヤマナカに社名変更
1970年6月	(株)メザックを設立
1978年5月	サンデイリー(株)を設立
1979年5月	(株)マルイと合併
1980年3月	リトルクック(株)を設立
1985年7月	(株)アイビーを設立
1987年5月	アスティ・スポーツ(株)を設立(後:プレミアムサポート(株))
1987年8月	アスティ開発(株)を設立
1988年4月	新安城商業開発(株)を設立
1995年8月	ヤマナカメンテナンス(株)を設立(後:プレミアムサポート(株))
2011年9月	(株)健康デリカを吸収合併

2964　やまねメディカル(株)
[証券コード]2144
[上場区分]ジャスダックグロース

2002年6月	(有)やまねメディカルを設立
2003年5月	(株)やまねメディカルに組織変更
2006年4月	(株)オーワンを設立(後解散)
2006年4月	(株)キャリアアップを設立(後解散)

2965　(株)ヤマノホールディングス
[証券コード]7571
[上場区分]ジャスダックスタンダード

1987年2月	かねもり(株)を設立
2001年10月	(株)ヤマノホールディングコーポレーションに社名変更
2006年8月	(株)ヤマノホールディングスに社名変更
2009年10月	(株)ヤマノリテーリングスと(株)きのはなと(株)ヤマノスポーツシステムズと(株)スポーツマンクラブと(株)ヤマノプラザと(株)ヤマノ1909プラザと(株)ヤマノクレジットサービスと(株)ヤマノインベストメントを吸収合併
2012年10月	(株)ヤマノジュエリーシステムズを吸収合併
2013年10月	(株)ら・たんす山野を吸収合併
2014年7月	HMリテーリングス(株)を吸収合併

2966　ヤマハ(株)
[証券コード]7951
[上場区分]東証一部

1889年3月	(資)山葉風琴製造所を設立
1897年10月	日本楽器製造(株)に社名変更
1921年8月	(名)西川楽器製造所を合併
1955年7月	ヤマハ発動機(株)を設立
1958年10月	Yamaha de Mexico, S.A. de C.V.を設立
1960年6月	Yamaha International Corporationを設立(後:Yamaha Corporation of America)
1962年5月	中日本観光開発(株)を設立(後:ヤマハレクリェーション(株))
1967年5月	宮竹楽器製造(株)を吸収合併
1969年11月	天竜楽器製造(株)を吸収合併
1970年5月	日本管楽器(株)を吸収合併
1977年5月	志摩開発(株)を合併
1987年2月	ヤマハ鹿児島セミコンダクタ(株)を設立
1987年10月	ヤマハ(株)に社名変更
1990年6月	ヤマハリゾート(株)を設立
1991年4月	ヤマハレクリエーション(株)を吸収合併
1991年10月	ヤマハリビングテック(株)を設立
1991年11月	ヤマハメタニクス(株)を設立
1994年	ヤマハミュージックメディア(株)を設立
2001年2月	ワイズ(株)を設立(後:ヤマハエレクトロニクスマーケティング(株))
2002年5月	雅馬哈楽器音響(中国)投資有限公司を設立
2002年9月	Yamaha Music Holding Europe GmbHを設立(後:Yamaha Music Europe GmbH)
2007年6月	(株)ヤマハミュージックエンタテインメントホールディングスを設立

2967　ヤマハ発動機(株)
[証券コード]7272
[上場区分]東証一部

1955年7月	日本楽器製造(株)より分離し〈旧〉ヤマハ発動機(株)を設立
1966年11月	〈別〉ヤマハ発動機(株)と合併(額面変更のため)
1968年10月	Yamaha Motor Europe N.V.を設立
1970年11月	Yamaha Motor do Brasil Ltda.を設立
1974年7月	PT.Yamaha Indonesia Motor Manufacturingを設立
1977年1月	Yamaha Motor Corporation, U.S.A.を設立
1986年12月	台湾山葉機車工業股份有限公司を設立
1989年11月	ヤマハ八代製造(株)を設立(後:ヤマハマリン製造(株))
1998年1月	Yamaha Motor Vietnam Co., Ltd.を設立
2007年10月	India Yamaha Motor Pvt. Ltd.を設立
2009年1月	ヤマハマリン(株)を吸収合併

2968　(株)やまびこ
[証券コード]6250
[上場区分]東証一部

〈共立系〉

1947年9月	共立農機(株)を設立
1970年10月	共立エコー物産(株)を設立
1971年8月	(株)共立に社名変更
1973年12月	追浜工業(株)を設立
1990年6月	エコーレンテックス(株)を設立

〈新ダイワ工業系〉

1962年6月	新ダイワ工業(株)を設立
1969年5月	(株)浅本精機を吸収合併
1981年	新ダイワインクを設立
1984年12月	(株)カセイを設立
2005年	新大華機械股份有限公司を設立

*　　　*　　　*　　　*

2008年12月	（株）共立と新ダイワ工業（株）が株式移転の方法により（株）やまびこを設立
2009年10月	（株）共立と新ダイワ工業（株）を吸収合併

2969　（株）やまや
[証券コード]9994
[上場区分]東証一部

1970年11月	（株）やまやを設立
1992年4月	（有）八百照商店と（有）山長佐藤商店と（有）海老屋を吸収合併
1993年4月	花心酒造（株）を設立（後：大和蔵酒造（株））
1993年12月	（株）ファミリーセンターいとうと（有）木村商店を吸収合併
1995年2月	ジャスコ（株）と共同出資し（株）やまやジャスコを設立（後清算）
1998年7月	ジャスコ（株）と共同出資し（株）ワイジェーを設立
2002年3月	（株）ワイジェーを合併
2003年8月	（株）名柄本店と北陸やまや（株）を合併
2006年7月	イオン（株）と共同出資し（株）コルドンヴェールを設立
2006年11月	やまやロジスティクス（株）を設立（後：やまや商流（株））
2008年7月	楽市（株）を設立（後：やまや関西（株））
2008年11月	スピード（株）を合併（後：やまや関西（株））
2012年8月	やまや北陸（株）を設立

2970　ヤーマン（株）
[証券コード]6630
[上場区分]東証一部

1978年1月	YAMA-SUN CORPORATIONを設立（後解散）（後：LABOWELL CORPORATION）
1978年5月	ヤーマンリミテット（株）を設立
1981年4月	ヤーマンリミテット（株）とチケン（株）とはま（株）を吸収合併
1981年5月	ヤーマン（株）に商号変更
1986年12月	カーマン（株）を設立
1998年1月	知研（株）を設立（後：LABO WELL（株））
2007年11月	カーマン（株）を吸収合併
2015年2月	YA-MAN U.S.A Ltdを設立

2971　ヤンマーホールディングス（株）

1912年	山岡発動機工作所を創業
1931年	（株）山岡発動機工作所を設立
1936年	山岡内燃機（株）に社名変更
1952年	ヤンマーディーゼル（株）に社名変更
1961年	ヤンマー農機（株）を設立
1972年	ヤンマー造船（株）とヤンマー産業（株）を設立
2000年	ヤンマーエネルギーシステム製造（株）を設立
2002年	ヤンマー（株）に社名変更
2002年	ヤンマーマリンインターナショナルとヤンマー舶用システム（株）とヤンマー物流サービス（株）を設立
2003年	ヤンマーエネルギーシステム（株）を設立
2004年	ヤンマー建機（株）とヤンマー建機販売（株）を設立
2013年4月	ヤンマーホールディングス（株）を株式移転により純粋持株会社として設立し持株会社制へ移行

2972　ユアサ商事（株）
[証券コード]8074
[上場区分]東証一部

1919年6月	（株）湯淺七左衛門商店を設立
1940年10月	湯淺金物（株）に社名変更
1943年10月	湯淺金属産業（株）に社名変更
1946年10月	湯淺金物（株）に社名変更
1948年8月	国興工業（名）を設立（後：（株）国興）
1978年6月	湯淺商事（株）に社名変更
1978年7月	湯浅興産（株）を設立
1992年4月	ユアサ産業（株）と合併しユアサ商事（株）に社名変更
2002年12月	ユアサ木材（株）を設立
2011年4月	ユアサR&S（株）を吸収合併

〈ユアサ産業系〉

1898年9月	湯浅竹之助商店を設立
1916年7月	（名）湯浅商店に社名変更
1918年8月	〈旧1〉湯浅貿易（株）に社名変更
1921年10月	〈旧1〉湯浅貿易（株）と湯浅商店（株）と湯浅木材（株）と湯浅洋行（株）に分離し〈旧2〉湯浅貿易（株）を設立
1950年3月	湯浅商店（株）を合併
1950年6月	〈旧2〉湯浅貿易（株）と湯浅木材工業（株）が合併し湯浅貿易（株）に社名変更
1970年1月	（株）ユアサに社名変更
1975年11月	ユアサ産業（株）に社名変更
1977年12月	ユアサ建材工業（株）

2973　（株）ユアテック
[証券コード]1934
[上場区分]東証一部

1944年10月	東北配電（株）と東北電工（株）と応用電気（株）と佐藤電気工業所（株）と大東工業（株）と小松原電気商会（株）らが統合し東北電気工事（株）を設立
1972年5月	宮城電設（株）を設立
1986年4月	（株）テクス山形を設立（後：（株）ユアテックサービス）
1986年4月	（株）テクス福島を設立
1986年6月	（株）テクス新潟を設立
1986年6月	（株）ニューリースを設立
1989年2月	（株）テクス宮城を設立
1989年2月	（株）トークスを設立
1990年2月	（株）ユートスを設立
1990年4月	（株）テクス岩手を設立
1990年4月	（株）テクス秋田を設立
1990年8月	（株）テクス青森を設立
1991年4月	（株）ユアテックに社名変更
2001年4月	（株）庄内テクノ電設を設立
2001年5月	グリーンリサイクル（株）を設立
2002年10月	（株）アクアクララ東北を設立
2013年4月	（株）ユアソーラー富谷を設立
2014年3月	（株）ユアソーラー保原を設立

2974　（株）UEX
[証券コード]9888
[上場区分]ジャスダックスタンダード

1955年1月	（株）雄司商店を設立

1956年2月	(株)上野雄司商店に社名変更
1962年7月	上野金属産業(株)に社名変更
1969年1月	東海金属(株)を設立
1973年7月	上野エンジニアリング(株)を設立
1986年4月	ステンレス急送(株)を設立
1989年2月	東海金属(株)を吸収合併し(株)上野メタレックスに社名変更
1991年11月	特殊発條興業(株)との共同出資により(株)UTSを設立
1994年2月	(株)三益UEXを設立
1998年10月	(株)UEXに社名変更
2002年5月	(株)大崎製作所を買収

2975　(株)USEN
[証券コード]4842
[上場区分]ジャスダックスタンダード

1964年6月	有線音楽放送を開始
1964年9月	(株)有線音楽放送に社名変更
1999年4月	ユーズ音楽出版(株)を設立(後:(株)ユーズミュージック)
2000年4月	(株)有線ブロードネットワークスに社名変更
2000年7月	(株)ユーズコミュニケーションズを設立(後:アルテリア・ネットワークス(株))
2005年3月	(株)USENに社名変更
2008年10月	GyaO(株)を設立(後:GYAO)

2976　郵船ロジスティクス(株)
[証券コード]9370
[上場区分]東証一部

1955年2月	(株)国際旅行公社を設立
1959年9月	郵船航空サービス(株)に社名変更
2010年10月	郵船ロジティクス(株)に社名変更

2977　(株)UACJ
[証券コード]5741
[上場区分]東証一部

2013年10月	古河スカイ(株)と住友軽金属工業(株)経営統合し(株)UACJが発足

2978　(株)UACJ製箔

1933年11月	福田重錫アルミ箔製造(株)と東洋錫紙(株)と天野製箔(株)が合併し日本錫紙(株)を設立
1934年12月	河内錫紙製造(株)を合併
1937年1月	日本製箔(株)に社名変更
1959年8月	日本ラミネート工業(株)を設立
1972年3月	ニッパク産業(株)を設立
1978年6月	ニッパクホイル加工(株)を設立
1978年6月	日本金属箔工業(株)を設立
1987年12月	日本ラミネート工業(株)と合併
2014年1月	住軽アルミ箔(株)を吸収合併し(株)UACJ製箔に商号変更

2979　(株)ユー・エス・エス
[証券コード]4732
[上場区分]東証一部

1980年10月	愛知自動車総合サービス(株)を設立
1988年7月	(株)ユー・エス・エス九州を設立
1991年12月	(株)ユー・エス・エス静岡を設立
1993年11月	(株)ユー・エス・エス東京を設立
1994年5月	(株)ユー・エス・エス・ジャパンを設立
1994年12月	(株)ユー・エス・エス物流を設立
1995年3月	(株)ユー・エス・エスに社名変更
1995年3月	(株)ユー・エス・エス九州を吸収合併
1995年10月	(株)ユー・エス・エス岡山を設立
1996年1月	(株)ユー・エス・エス東京を吸収合併
1997年6月	(株)ユー・エス・エス札幌を設立
1999年11月	(株)ユー・エス・エス・カーバンクネットを設立(後:(株)カークエスト)
2001年11月	(株)ユー・エス・エス大阪を設立
2002年1月	(株)ユー・エス・エス・ジャパンを吸収合併
2003年12月	(株)USSリサイクルオートオークションと(株)アビヅを設立
2004年9月	(株)USS神戸を設立
2006年3月	(株)USSサポートサービスを設立
2006年10月	(株)USSリサイクルオートオークションを吸収合併
2006年10月	(株)USS新潟を設立
2010年10月	(株)USS関東を吸収合併
2011年2月	(株)USSロジスティクス・インターナショナル・サービスを設立
2011年7月	(株)ユー・エス・エス横浜と(株)USS関西を吸収合併
2012年10月	(株)ユー・エス・エス札幌と(株)ユー・エス・エス東北と(株)USS北陸と(株)ユー・エス・エス岡山と(株)USS関越を吸収合併

2980　(株)UMNファーマ
[証券コード]4585
[上場区分]東証マザーズ

2004年4月	(株)UMNファーマを設立
2010年5月	(株)UNIGENを設立

2981　ULSグループ(株)
[証券コード]3798
[上場区分]ジャスダックスタンダード

2000年7月	ウルシステムズ(株)を設立
2011年10月	(株)イーシー・ワンと経営統合を実施しULSグループ(株)に商号変更
2011年10月	〈新〉ウルシステムズ(株)を共同新設分割の方法により設立

2982　雪印メグミルク(株)
[証券コード]2270
[上場区分]東証一部

2009年10月	日本ミルクコミュニティ(株)と雪印乳業(株)が経営統合し両社を完全子会社とする共同持株会社として雪印メグミルク(株)を設立
2011年4月	日本ミルクコミュニティ(株)と雪印乳業(株)を吸収合併

2983　(株)ユークス
[証券コード]4334
[上場区分]ジャスダックスタンダード

1993年2月	ユークス(有)を設立
1996年6月	(株)ユークスに組織変更
1998年2月	〈別〉(株)ユークスと株式額面変更のため合併
1999年11月	(株)ファインを設立
2005年11月	YUKE'S Company of Americaを設立(後清算)

| 2009年9月 | YUKE'S LA Inc.を設立 |

2984　(株)UKCホールディングス
[証券コード]3156
[上場区分]東証一部
〈共信テクノソニック系〉
| 1961年10月 | 共信電気(株)を設立 |
| 2000年4月 | (株)テクノソニックとソニーコンポーネントマーケティング(株)と合併し共信テクノソニック(株)に社名変更 |

〈ユーエスシー系〉
1973年6月	ユニー(株)を設立
1977年2月	ユニーシステム(株)に社名変更
1984年7月	(株)ユニーセミコンダクタを設立
1986年11月	(株)ユニーセミコンダクタと合併し(株)ユーエスシーに社名変更
1992年8月	(株)ユーエスシー・トレーディングを設立(後:(株)デジサーブ)
2000年10月	(株)アイ・エス・アイと合併
2000年12月	(株)ユーエスシー・デジアークを設立

＊　＊　＊　＊

| 2009年10月 | (株)ユーエスシーと共信テクノソニック(株)が共同持株会社として(株)UKCホールディングスを設立 |
| 2011年10月 | (株)ユーエスシーと共信テクノソニック(株)が合併し(株)UKCエレクトロニクスに商号変更(後:(株)UKCテクノソリューション) |

2985　油研工業(株)
[証券コード]6393
[上場区分]東証一部
1929年6月	(個)結城製作所を設立
1952年11月	(有)油圧機器研究所に社名変更
1956年10月	(旧)油研工業(株)に社名変更
1959年1月	油圧機器販売(株)を設立(後:(株)ユケンハイメックス)
1961年3月	油装工業(株)を設立(後:(株)ユケンマシナリー)
1962年6月	〈別〉油研工業(株)と合併(額面変更のため)し油研工業(株)に社名変更
1969年5月	台湾油圧工業股份有限公司を合弁で設立(後:台湾油研股份有限公司)
1971年5月	名古屋油研(株)を設立
1976年5月	ユケン・インディアLTD.を合弁で設立
1978年3月	ユケンコウギョウ(H.K.) CO., LTD.を設立
1979年9月	(株)北陸油研を設立
1980年7月	ユケン(U.K.) LTD.を設立(後:ユケン・ヨーロッパLTD.)
1987年4月	(株)ユケンサービスを設立
1992年7月	楡次油研液圧有限公司を合弁で設立
1997年4月	(株)ユケンハイメックスを吸収合併
2006年3月	油研液圧工業(張家港)有限公司を設立
2007年2月	韓国油研工業を設立
2010年2月	油研(上海)商貿有限公司を設立
2012年4月	YUKEN SEA CO., LTD.を設立
2013年9月	油研(仏山)商貿有限公司を設立

2986　(株)UCS
[証券コード]8787
[上場区分]ジャスダックスタンダード
1991年5月	ユニー(株)が出資し(株)ユニーサービスを設立
1997年5月	ユーシーエスサービスを設立
2004年9月	(株)ユニーサービスと(株)ユーシーエスサービスを吸収合併し(株)UCSに社名変更
2005年1月	センチュリーインシュアランスサービス(株)を吸収合併

2987　UCCホールディングス(株)
1933年	上島忠雄商店を創業
1940年	(名)上島忠雄商店を設立
1951年	上島珈琲(株)に社名変更
1964年	ラッキー珈琲機械(株)を設立(後:ラッキーコーヒーマシン(株))
1969年	ユーシーシーボトラーズ(株)を設立
1970年	ユーシーシーコーヒー(株)を設立
1978年	(株)フーヅサプライインターナショナルを設立(後:ユーシーシーフーヅ(株))
1979年	日本ヒルスコーヒー(株)を設立
1991年	UCC上島珈琲(株)に社名変更
1999年	沖縄ユーシーシーコーヒー(株)を設立
2010年4月	UCCホールディングス(株)を持株会社として設立
2010年4月	UCC上島珈琲(株)を会社分割により設立

2988　ユシロ化学工業(株)
[証券コード]5013
[上場区分]東証一部
1933年	ソルビル化学研究所を設立
1944年7月	ユシロ化学工業(株)に社名変更
1973年11月	ユシロドブラジルインダストリアケミカ(有)を設立
1977年6月	ユシロ運送(株)を企業合同で設立
1978年3月	三宜油化股份有限公司を設立
1986年11月	ユーマインダストリーズ(株)を合弁で設立(後:ユシロマニュファクチャリングアメリカ(株))
1994年8月	啓東興字化工有限公司を合弁で設立(後:啓東尤希路化学工業有限公司)
2001年2月	上海尤希路化学工業有限公司を合弁で設立
2004年9月	ユシロ(タイランド)(株)を合弁で設立
2008年5月	広州尤希路油剤有限公司を合弁で設立
2008年6月	ユシロ(インディア)(株)を合弁で設立
2010年5月	PT.ユシロインドネシアを合弁で設立
2011年3月	ユシロ・ゼネラルサービス(株)を設立

2989　(株)ユーシン
[証券コード]6985
[上場区分]東証一部
1926年7月	(資)有信商会を設立
1936年11月	(株)有信商会に改組
1942年4月	有信精器工業(株)に社名変更
1977年6月	有信販売(株)を設立
1982年6月	有信精器工業(株)と共同で出資し(株)ワイエヌスを設立
1984年4月	(株)ユーシンに社名変更
1986年12月	Jay Industriesと合弁しJAY USHIN LTD.を設立
1987年2月	信孚産業股份有限公司と合弁し有信興業股份有限公司を設立

ゆしんせい

1987年6月	(株)ユーシン広島を設立
1987年6月	(株)ユーシン大阪を設立
1987年6月	(株)ユーシン東京を設立
1987年7月	ORTECHを設立(後:YUHSHIN U.S.A. LTD.)
1987年7月	(株)ユーシンオンワードを設立
1987年12月	(株)ユーシンクレジットを設立
1992年7月	東京測定機材(株)を設立
1996年12月	(株)ユーシン茨城を設立
1998年3月	(株)ショウワを設立(後:(株)ユーシン・ショウワ)
1999年6月	(株)ユーシンエンジニアリングを設立
1999年6月	(株)ユーシン・コンピュータ・サービスを設立
2000年7月	U-SHIN(THAILAND)CO., LTD.を設立
2000年11月	ORTECH EUROPE KFT.を設立(後:U-SHIN EUROPE LTD.)
2002年4月	有信制造(中山)有限公司を設立
2003年5月	有信国際貿易(上海)有限公司を設立
2003年6月	U-SHIN DEUTSCHLAND GMBHを設立
2004年12月	有信制造(蘇州)有限公司を設立
2005年4月	有信(香港)有限公司を設立
2009年2月	U-SHIN AMERICA INC.を設立
2011年8月	U-SHIN INDIA PRIVATE LIMITEDを設立
2012年1月	U-SHIN AUTOPARTS MEXICO, S.A.DE C.V.を設立

2990 (株)ユーシン精機
[証券コード]6482
[上場区分]東証一部

1971年1月	ユーシン精機を設立
1973年10月	(株)ユーシン精機に改組
1988年10月	ユーシン・アメリカ・インクを設立
2000年10月	ユーシン・コリア・カンパニー・リミテッドを設立
2001年5月	ユーシン・プレシジョン・イクイップメント・エス・ディー・エヌ・ビー・エイチ・ディーを設立
2001年7月	有信國際精機股份有限公司を設立
2001年8月	ユーシン・プレシジョン・イクイップメント・(タイランド)・カンパニー・リミテッドを設立
2004年3月	ユーシン・オートメーション・リミテッドを設立
2004年4月	有信精机工貿(深圳)有限公司を設立(後:有信精机貿易(深圳)有限公司)
2006年11月	有信精机商貿(上海)有限公司を設立
2007年8月	ユーシン・プレシジョン・イクイップメント・(インディア)・プライベート・リミテッドを設立
2008年9月	広州有信精密機械有限公司を設立
2012年11月	ピー・ティー・ユーシン・プレシジョン・イクイップメント・インドネシアを設立
2014年2月	ユーシン・プレシジョン・イクイップメント・(ベトナム)・カンパニー・リミテッドを設立

2991 (株)ユタカ技研
[証券コード]7229
[上場区分]ジャスダックスタンダード

1976年12月	プレス技研工業(株)を設立
1986年11月	(株)ユタカ技研に社名変更
1988年6月	鋼管技研工業(株)を合併
1994年4月	ユタカ・マニファクチャリング(フィリピンズ)インコーポレーテッドを設立
1995年2月	カーディントン・ユタカ・テクノロジーズ・インコーポレーテッドを設立
1995年6月	重慶金豊機械有限公司を合弁で設立
1996年3月	ピー・ティー・ユタカ・マニファクチャリング・インドネシアを合弁で設立
1996年6月	ユタカギケン(ユーケー)リミテッドを設立
1996年6月	ユニバート・ユタカ・システムズ・リミテッドを設立(後:ユーワイエス・リミテッド)
1999年2月	サウスキャロライナ・ユタカ・テクノロジーズ・インコーポレーテッドを設立(後清算)
2001年3月	タタ・ユタカ・オートコンプ・プライベート・リミテッド(ユタカ・オートパーツ・プーネ・プライベート・リミテッド)を合弁で設立
2001年12月	ユタカ・ド・ブラジル・リミターダを設立
2002年8月	ワイエス・テック(タイランド)カンパニー・リミテッドを合弁で設立
2004年8月	佛山優達佳汽配有限公司を設立
2005年3月	武漢金豊汽配有限公司を合弁で設立
2006年12月	アラバマ・カルマン・ユタカ・テクノロジーズ・リミテッド・ライアビリティ・カンパニーを設立
2007年3月	ユタカ・オートパーツ・インディア・プライベート・リミテッドを設立
2012年3月	ユタカ・テクノロジーズ・デ・メキシコ・エス・エー・デ・シー・ブイを設立

2992 豊商事(株)
[証券コード]8747
[上場区分]ジャスダックスタンダード

1957年1月	豊商事(株)を設立
1990年2月	YUTAKA SHOJI SINGAPORE PTE.LTD.を設立
1991年10月	豊不動産(株)を吸収合併

2993 ユーテック(株)

1952年10月	内山木棉製造所を創業
1962年10月	内山梱包資材紙器に社名変更
1969年4月	(株)内山梱包資材紙器に改組
1980年6月	内山電子工業(株)を設立
1986年7月	内山物流(株)を設立
1987年7月	(株)パックウチヤマと内山梱包奈良(株)を設立(後:(株)ロジックス)
1987年12月	郡山物流(株)を設立
1991年5月	〈旧〉(株)ユーテックを設立(後:アイテック)
1991年12月	内山電子工業(株)と内山物流(株)と郡山物流(株)を吸収合併
1996年8月	(株)サンテックを設立(後:(株)カシハラテック)
1997年2月	(株)エヌテックを設立
1997年11月	(株)ミエテックを設立
1999年11月	ユーテック(株)に社名変更

2000年8月	(株)ロジックス三重サプライ・マテリアル・センターを設立
2005年11月	(株)カメヤマテックと無錫由派克包装材料有限公司(無錫ユーパック)を設立
2006年10月	U-TEC Poland Sp.zo.o.を設立
2008年1月	森田電器(寧波)有限公司を設立
2011年1月	Japan Solartech (Bangladesh) LTD.を設立
2011年8月	無錫泰闊電子科技有限公司(WTECH)を設立
2013年6月	(株)青葉を設立

2994 ユナイテッド(株)
[証券コード]2497
[上場区分]東証マザーズ

1998年2月	(株)ネットエイジを設立
2004年3月	(株)ネットエイジグループに商号変更
2007年7月	**ngi group(株)**に商号変更
2007年7月	ngi knowledge(株)を設立(後:(株)ネットエイジ)
2007年7月	(株)ネットエイジをngi media(株)とngi mobile(株)とngi technologies(株)に新設分割
2008年5月	ngi capital(株)を吸収合併
2010年12月	(株)フラクタリストを吸収合併
2011年9月	ngi growth capital(株)を設立(後:ベンチャーユナイテッド(株))
2012年6月	モーションビート(株)に商号変更
2012年12月	(株)スパイアを吸収合併し**ユナイテッド(株)**に商号変更
2013年6月	フォッグ(株)を設立
2013年9月	CocoPPa, Inc.を設立

2995 ユナイテッド・アーバン投資法人
| 2003年11月 | ジャパン・リート・アドバイザーズ(株)を設立企画人としユナイテッド・アーバン投資法人を設立 |
| 2010年12月 | 日本コマーシャル投資法人を吸収合併 |

2996 (株)ユナイテッドアローズ
[証券コード]7606
[上場区分]東証一部

1989年10月	(株)ユナイテッドアローズを設立
1998年4月	(株)エスレフルと額面変更のため合併
2007年8月	(株)ペレニアル ユナイテッドアローズを設立(後清算)
2008年5月	(株)コーエンを設立
2013年8月	台湾聯合艾諾股份有限公司を設立

2997 ユナイテッド・スーパーマーケット・ホールディングス(株)
[証券コード]3222
[上場区分]東証一部
〈マルエツ系〉

1952年6月	(有)魚悦商店を設立
1959年9月	(有)丸悦ストアーに社名変更
1970年12月	(株)丸悦ストアーに改組
1973年2月	(株)マルエツに社名変更
1975年2月	高橋興業(有)と合併
1976年4月	マルエツ商事(株)と合併
1978年1月	(株)プリマートと合併
1981年7月	(株)サンコーと合併
2002年10月	(株)日本流通未来教育センターを設立
2007年12月	(株)ポロロッカと合併
2010年4月	(株)マルエツフレッシュフーズと(株)マーノセンターサポートを設立
2010年7月	(株)食品品質管理センターを設立
2012年8月	丸悦(香港)有限公司を設立
2013年1月	丸悦(無錫)商貿有限公司を設立
2013年2月	(株)トマトスタンプと合併

〈カスミ系〉

1961年6月	(株)霞ストアーを設立
1968年10月	〈元〉(株)カスミストアーに社名変更
1980年3月	〈別〉(株)カスミストアーと合併(額面変更)し(株)カスミストアーに社名変更
1984年3月	(株)サンマートを吸収合併
1985年8月	(株)カスミに社名変更
1987年	(株)ローズコーポレーションを設立
1988年	(株)カスミ家電を設立(後:(株)ワンダーコーポレーション)
1988年	(株)ブックランドカスミを設立
1994年	(株)カスミハウジングを設立
1998年	(株)ティ・エイチ・オー・エムを設立
2001年	(株)カスミトラベルを設立
2009年8月	(株)カスミグリーンを設立

* * * *

| 2015年3月 | (株)マルエツと(株)カスミとマックスバリュ関東(株)は共同株式移転の方式により完全親会社である**ユナイテッド・スーパーマーケット・ホールディングス(株)**を設立 |

2998 ユニオンツール(株)
[証券コード]6278
[上場区分]東証一部

1960年12月	(株)ユニオン化学研究所を設立
1971年5月	ユニオンツール(株)に社名変更
1981年3月	MEGATOOL INC.を合弁で設立
1983年11月	(株)大善を設立
1985年3月	台湾佑能工具股份有限公司を設立
1985年12月	UTEL UNION-TOOL AG.を設立(後:UNION TOOL EUROPE S.A.)
1986年1月	UNION-TOOL(EUROPE)LTD.を設立(後:UNION TOOL EUROPE S.A.)
1987年1月	(株)ユーエフツールを設立
1995年12月	佑能工具(上海)有限公司を設立
1998年2月	UNION TOOL HONG KONG LTD.を設立
2000年5月	UNION TOOL SINGAPORE PTE LTD.を設立
2002年11月	東莞佑能工具有限公司を設立
2003年4月	優能工具(上海)有限公司を設立
2008年2月	ユニオンエンジニアリング(株)を設立
2012年6月	ユニオンビジネスサービス(株)を設立

2999 (株)ユニカフェ
[証券コード]2597
[上場区分]東証一部

1972年11月	(株)ユニカフェを設立
2001年9月	サントリー(株)と合弁しサンカフェ(株)を設立
2005年9月	大連欧米奇咖啡有限公司を合弁で設立

ゆにくるふ

3000 ユニーグループ・ホールディングス(株)
[証券コード]8270
[上場区分]東証一部
1969年8月	(株)西川屋チェンと(株)ほていやとタキヒョー(株)が共同で出資し(株)ユニーを設立
1971年2月	(株)西川屋チェンと(株)ほていやと(株)ユニーと新名浜(株)と合併しユニー(株)に社名変更
1973年4月	(株)さが美を設立
1975年2月	(株)関東ユニーと(株)中部ユニーと(株)東海ユニーと合併
1976年8月	名浜(株)と(株)松喜屋と(株)西川屋と犬山食品(株)を合併
1977年6月	(株)ユーストアを設立
1984年1月	サークルケイ・ジャパン(株)を設立(後:(株)サークルKサンクス)
2008年8月	(株)ユーストアを吸収合併
2013年2月	ユニーグループ・ホールディングス(株)を持株会社として設立
2013年2月	〈新〉ユニー(株)を設立

3001 ユニコムグループホールディングス(株)
1958年9月	山栄物産(株)を設立
1979年8月	ユニオン貿易(株)に社名変更
1995年10月	日本ユニコム(株)に社名変更
2006年10月	ユニコムグループホールディングス(株)に商号変更

3002 ユニゾホールディングス(株)
[証券コード]3258
[上場区分]東証一部
1959年9月	大商不動産(株)を設立
1966年5月	泉州物産(株)と八千代興業(株)を合併
1972年6月	常和興産(株)に商号変更
1973年6月	常和ビルサービス(株)を設立
1974年3月	八千代興産(株)を設立(後:八千代興業(株))
1977年5月	(株)サン・ホテルを設立
1977年9月	常和ビルディング(株)を設立
2004年3月	サン・ホテルを新設(後:常和ホテルマネジメント(株))
2004年3月	常和アセット・マネジメント(株)を設立(後:常和アセットマネジメント(株))
2004年3月	常和ゴルフ(株)を新設(後:常和ゴルフマネジメント(株))
2004年3月	(株)サン・ホテルと常和ビルディング(株)と合併を行い常和ホールディングス(株)に社名変更
2004年3月	常和建物(株)と常和ホテルズ(株)と常和不動産(株)を新設(後:常和不動産(株))
2005年2月	常和ビル開発(株)を設立(後:常和不動産(株))
2013年11月	Jowa Real Estate One, LLCを設立
2014年12月	Jowa Real Estate Two, LLCとJowa Holdings NY, LLCを設立
2015年7月1日	ユニゾホールディングス(株)に商号変更

3003 ユニチカ(株)
[証券コード]3103
[上場区分]東証一部
1889年6月	(有責)尼崎紡績を設立
1893年7月	尼崎紡績(株)に改組
1908年5月	東洋紡織(株)を合併
1914年8月	東京紡績(株)を合併
1916年2月	日本紡績(株)を合併
1918年6月	摂津紡績(株)を合併し大日本紡績(株)に社名変更
1923年7月	日本絹毛紡績(株)を合併
1924年3月	鹿児島紡織(株)を合併
1938年7月	岸和田人絹(株)を合併
1941年3月	宮川毛織(株)と帝国毛糸紡績(株)と東海毛糸紡績(株)を合併
1941年7月	岸和田紡績(株)と三島毛織(株)と日本整毛工業(株)を合併
1941年11月	日本製絨(株)を合併
1942年1月	東亜繊維工業(株)と第一毛糸紡績(株)を合併
1942年3月	山保毛織(株)を合併
1964年4月	ニチボー(株)に社名変更
1969年10月	日本レイヨン(株)を合併しユニチカ(株)に社名変更
1971年4月	ユニイースト(株)を設立
1973年2月	ユニチカサンシ(株)を設立
1973年3月	ユニチカ絹糸(株)を設立(後清算)
1977年6月	ユニチカ化成(株)とユニチカレーヨン(株)を設立
1977年10月	大阪染工(株)を設立
1982年10月	ユニチカテキスタイル(株)を設立
1984年4月	ユニチカウール(株)を設立
1989年10月	ユニチカ化成(株)とユニチカレーヨン(株)とユニチカウール(株)とユニチカビルディング(株)と(株)ユニチカ京都ファミリーセンターと(株)ユニチカオークタウンとユニチカ興発(株)を吸収合併
1990年	(株)アドールを設立
1997年	タスコを設立
1999年	ユニチカテキスタイル(株)を設立
1999年	ユニチカファイバー(株)を設立
2003年3月	ユニチカロジスティクス(株)とユニチカスパンボンドプロダクツ(株)とユニチカセントラルサービス(株)を設立
2004年9月	ユニチカ宇治プロダクツ(株)とユニチカリアルティ(株)を設立
2005年4月	ユニチカグラスファイバー(株)と(株)ユニオンを吸収合併
2007年10月	ユニチカ宇治プロダクツ(株)とユニチカスパンボンドプロダクツ(株)とユニチカプロテック坂越を吸収合併
2010年1月	ユニチカビジネスサービス(株)を吸収合併
2014年10月	ユニチカロジスティクス(株)を吸収合併

3004 ユニ・チャーム(株)
[証券コード]8113
[上場区分]東証一部
1961年2月	大成化工(株)を設立
1973年9月	ユニ・チャーム(株)に社名変更
1984年10月	嬌聯工業股份有限公司を設立(後:嬌聯股份有限公司)
1987年7月	Uni-Charm (Thailand) Co., Ltd.を

1993年6月	設立 ユニ・チャーム東日本(株)を設立(後：ユニ・チャームプロダクツ(株))
1993年11月	Uni.Charm Mölnlycke B.V.を設立
1995年12月	上海尤妮佳有限公司を設立(後：尤妮佳生活用品(中国)有限公司)
1996年	ユニテック(株)と合併
1997年6月	PT Uni-Charm Indonesiaを設立
1999年5月	ユニ・チャーム中日本(株)を設立(後：ユニ・チャームプロダクツ(株))
2001年11月	尤妮佳生活用品(中国)有限公司を設立
2002年2月	尤妮佳生活用品服務(上海)有限公司を設立(後：尤妮佳生活用品(中国)有限公司)
2008年7月	Unicharm India Hygienic Private Ltd.を設立(後：Unicharm India Private Ltd.)
2010年9月	ユニ・チャームペットケア(株)を吸収合併
2011年9月	尤妮佳(中国)投資有限公司を設立
2012年7月	尤妮佳生活用品(江蘇)有限公司を設立

3005　ユニデンホールディングス(株)
[証券コード]6815
[上場区分]東証一部

1962年2月	ユニ電子産業(株)を設立
1973年3月	山形ユニデン(株)を設立
1973年12月	ユニデン(株)に社名変更
1974年4月	総武電子有限公司を設立(後：香港友利電有限公司)
1975年4月	パルサー電子(株)を設立
1979年10月	山形ユニデン(株)とパルサー電子(株)を吸収合併
1987年2月	UNIDEN CORPORATION OF PHILIPPINESを設立(後：UNIDEN PHILIPPINES, INC.)
1989年4月	UNIDEN AUSTRALIA PTY. LTD.とUNIDEN NEW ZEALAND LTD.を設立
1993年3月	友利電電子(深圳)有限公司を設立
1994年11月	UNIDEN PHILIPPINES LAGUNA, INC.を設立
1995年4月	ユニデントゥエンティーワン(株)を吸収合併
1996年5月	UNIDEN HOLDING, INC.を設立
1997年10月	〈新〉UNIDEN AMERICA CORPORATIONを設立
1998年7月	UNIDEN SERVICE, INC.を設立
1999年5月	UNIDEN USA, INC.を設立
2000年4月	ネットウィナーズ(株)を設立
2001年4月	UNIDEN BUSINESS NETWORK SYSTEMS, INC.を設立(後：UNIDEN AMERICA CORPORATION)
2002年6月	友利電電子(江西)有限公司を設立
2004年11月	UNIDEN HOME ELECTRONICS CORPORATIONを設立(後：UNIDEN DIRECT IN USA INC.)
2005年5月	UNIDEN ELECTRONICS PHILIPPINES, INC.を設立
2005年11月	ユニデン・ディレクトイン(株)を設立
2007年4月	UNIDEN VIETNAM LTD.を設立
2012年10月	ユニデンキャピタル(株)を設立(後：ユニデン不動産(株))
2013年1月	(株)e-Dragon Powerを設立
2015年	ユニデンホールディングス(株)に商号変更

〈ユニデントゥエンティーワン系〉

1950年10月	ウエストン音響(株)を設立
1956年11月	(株)昭電社に社名変更
1963年5月	(株)東洋ビジネスセンターに社名変更
1973年5月	ウエストン(株)に社名変更
1989年7月	ユニデントゥエンティーワン(株)に社名変更
1992年10月	ユニデン電子部品(株)を吸収合併

3006　(株)ユニバーサル園芸社
[証券コード]6061
[上場区分]ジャスダックスタンダード

1974年2月	(株)ユニバーサル園芸社を設立
2007年12月	上海寰球園芸産品租賃有限公司を設立

3007　(株)ユニバーサルエンターテインメント
[証券コード]6425
[上場区分]ジャスダックスタンダード

〈ユニバーサル販売系〉

1973年6月	(株)ユニバーサルの販売部門を分離独立させユニバーサル技研(株)を設立
1975年5月	ユニバーサル販売(株)に商号変更
1979年12月	(株)ユニバーサルの開発部門を分離独立させユニバーサルテクノス(株)を設立

〈ユニバーサル系〉

1969年12月	ユニバーサルリース(株)を設立
1971年10月	(株)ユニバーサルに商号変更

　　　　＊　　＊　　＊　　＊

1993年4月	ユニバーサル販売(株)が(株)ユニバーサルを吸収合併
1998年4月	ユニバーサルテクノス(株)とユニバーサル販売(株)が合併しアルゼ(株)に商号変更
2003年10月	北京アルゼ開発有限公司を設立
2006年5月	アルゼ分割準備(株)を設立
2008年2月	ARUZE Investment Co., Ltd.を設立
2009年6月	アルゼマーケティングジャパン(株)を吸収合併
2009年11月	(株)ユニバーサルエンターテインメントに商号変更

3008　ユニバーサルソリューションシステムズ(株)
[証券コード]3390
[上場区分]ジャスダックスタンダード

1996年7月	(株)ベンチャー・リンクコミュニケーションズを設立
2005年2月	ユニバーサルソリューションシステムズ(株)に商号変更

3009　ユニパルス(株)

1970年4月	ユニパルス(株)を設立
2009年	(株)ナノテストを合併
2011年	ユニパルス貿易(無錫)有限公司を設立
2012年	Unipulse Asia PacificとUnipulse Indiaを設立
2013年	Unipulse Instruments Thailandを設立

ゆにはんす

　　　　2013年　　　（株）ナノテックスを合併

3010　（株）ユニバンス
［証券コード］7254
［上場区分］東証二部
〈フジユニバンス系〉
　　　　1937年3月　　富士鐵工所を設立
　　　　1947年3月　　（名）富士鐵工所に改組
　　　　1955年9月　　（株）富士鐵工所に改組
　　　　1963年9月　　富士協同運輸（株）を設立
　　　　1989年10月　（株）ウエストレイクを設立
　　　　1991年10月　（株）フジユニバンスに社名変更
　　　　1995年7月　　ユニバンスINC.を設立
　　　　1996年3月　　PTユニバンスインドネシアを設立
〈アイエス精機系〉
　　　　1960年7月　　（株）富士鐵工所より分離独立し（株）鈴木鉄工所を設立
　　　　1984年4月　　（株）小沢渡製作所を吸収合併
　　　　1986年10月　アイエス精機（株）に社名変更

　　　　　　　　＊　　＊　　＊　　＊

　　　　2005年10月　アイエス精機（株）と（株）フジユニバンスが合併し（株）ユニバンスに社名変更
　　　　2011年4月　　ユニバンスタイランドCO., LTD.を設立

3011　ユニプレス（株）
［証券コード］5949
［上場区分］東証一部
　　　　1945年3月　　山川板金工業（株）を設立
　　　　1961年3月　　山川工業（株）に社名変更
　　　　1975年12月　（株）関東片倉製作所を設立
　　　　1976年1月　　勝山プレス工業（株）を設立
　　　　1984年10月　（株）ワイエスエムを設立（後：ユニプレスモールド（株））
　　　　1987年2月　　YAMAKAWA MANUFACTURING CORPORATION OF AMERICAを設立（後：UNIPRES U.S.A., INC.）
　　　　1989年5月　　山川広島（株）を設立（後：ユニプレスモールド（株））
　　　　1995年3月　　YAMAKAWA MANUFACTURING DE MEXICO, S.A. DE C.V.（を合弁で設立（後：UNIPRES MEXICANA, S.A. DE C.V.）
　　　　1998年4月　　大和工業（株）と合併しユニプレス（株）を設立
　　　　2002年　　　三菱アルミニウム（株）と共同で出資し（株）ミューテックを設立
　　　　2002年1月　　UNIPRES SOUTHEAST U.S.A., INC.を設立
　　　　2002年7月　　UNIPRES EUROPE, SASを設立
　　　　2003年1月　　UM CORPORATION, SASを設立
　　　　2003年7月　　UNIPRES NORTH AMERICA, INC.を設立
　　　　2003年10月　UNIPRES GUANGZHOU CORPORATIONを設立
　　　　2008年10月　UNIPRES INDIA PRIVATE LIMITEDを設立
　　　　2009年7月　　UNIPRES (THAILAND) CO., LTD.を設立
　　　　2009年10月　UNIPRES PRECISION GUANGZHOU CORPORATIONを設立
　　　　2011年4月　　ユニプレス技術研究所を設立
　　　　2011年7月　　PT. UNIPRES INDONESIAを設立
　　　　2012年2月　　UNIPRES (CHINA) CORPORATIONを設立
　　　　2012年5月　　UNIPRES ZHENGZHOU CORPORATIONを設立
　　　　2014年1月　　UNIPRES RUSSIA LLCを設立
　　　　2014年7月　　UNIPRES ALABAMA, INC.を設立

3012　（株）ユニマットライフ
〈ユニマットオフィスコ系〉
　　　　1991年9月　　ユナイテッドスティール（株）より分離独立し（株）ユニマットオフィスコを設立
〈ユニマットクリーンライフ系〉
　　　　1999年4月　　（株）ユニマットライフより分離独立し（株）ユニマットクリーンライフを設立
　　　　2004年4月　　（株）ユニマットファクトリーを吸収合併

　　　　　　　　＊　　＊　　＊　　＊

　　　　2006年4月　　（株）ユニマットオフィスコと（株）ユニマットクリーンライフが合併し（株）ユニマットライフに社名変更
　　　　2013年4月　　（株）ユニマットホールディングと合併

3013　（株）ユニマット リタイアメント・コミュニティ
［証券コード］9707
［上場区分］ジャスダックスタンダード
　　　　1975年6月　　（有）埼玉臨床検査研究所を設立
　　　　1976年12月　（株）埼玉臨床検査研究所に改組
　　　　1981年7月　　（株）関東医学検査研究所を設立
　　　　1986年6月　　関東医学検査研究所を吸収合併
　　　　1986年7月　　（株）関東医学研究所に社名変更
　　　　2001年3月　　（株）メデカ ジャパンに社名変更
　　　　2004年12月　（株）メデカジャパン・ラボラトリーを設立
　　　　2011年3月　　（株）ユニマットケアサポートを吸収合併
　　　　2011年9月　　（株）ユニマットそよ風に社名変更
　　　　2015年10月　（株）ユニマット リタイアメント・コミュニティに商号変更

3014　（株）ユニリタ
［証券コード］3800
［上場区分］ジャスダックスタンダード
　　　　1982年5月　　スリービー（株）を設立
　　　　1987年10月　ビーエスピーに商号変更
　　　　1989年9月　　BSP Singapore Pte.Ltd.を設立（後解散）
　　　　1995年8月　　BSP International Corp.を設立（後解散）
　　　　2001年4月　　（株）ビーエスピーソリューションズを設立
　　　　2006年10月　（株）ビーエスピー・プリズムを設立（後吸収合併）
　　　　2008年1月　　備実必（上海）軟件科技有限公司を設立
　　　　2015年4月　　（株）ユニリタに商号変更

3015　（株）U-NEXT
［証券コード］9418
［上場区分］東証マザーズ

2009年2月	(株)ユーズマーケティングから新設分割にて(株)U'sブロードコミュニケーションズを設立
2010年7月	(株)U-NEXTに商号変更
2010年12月	(株)U-NEXTマーケティングを設立
2011年5月	(株)U-MXを設立
2011年7月	(株)U-CMを設立
2011年7月	(株)ユーズフィルムを吸収合併
2012年1月	(株)U-MODEを設立(後清算)
2012年10月	(株)U-mobileを設立
2013年1月	大和リビング(株)との合弁でD.U-NET(株)を設立
2013年12月	(株)U-mobileを吸収合併

3016 (株)UPGホールディングス

1939年4月	下千葉化学工業所を設立
1941年11月	(株)下千葉化学工業所に改組
1959年4月	キングペイント(株)に社名変更
1972年4月	大起ペイント(株)を吸収合併しユニオンペイント(株)に社名変更
1988年10月	利根コーティング(株)を設立(後:TCユニオン(株))
1994年	TOA-UNION PAINT (THAILAND) Co., Ltd.を合弁で設立
2014年1月	(株)UPGホールディングスに社名変更

3017 (株)UBIC
[証券コード]2158
[上場区分]東証マザーズ

2003年8月	(株)Universal Business Incubatorsを設立
2004年8月	(株)UBICに商号変更
2007年12月	UBIC North America, Inc.を設立
2010年8月	Payment Card Forensics(株)を設立
2011年4月	(株)UBICリスクコンサルティングを設立(後吸収合併)
2011年10月	UBIC Taiwan, Inc.を設立
2011年12月	UBIC Korea, Inc.を設立
2012年6月	(株)UBICパテントパートナーズを設立

3018 (株)ユビテック
[証券コード]6662
[上場区分]ジャスダックスタンダード

1977年11月	タウ技研(株)を設立
2004年7月	(株)IRIユビテックに社名変更
2007年12月	(株)ユビテックに社名変更

3019 (株)夢真ホールディングス
[証券コード]2362
[上場区分]ジャスダックスタンダード

1970年5月	(個)佐藤建築設計事務所を設立
1980年1月	(有)佐藤建築設計事務所に改組
1990年10月	(株)夢真に社名変更
1996年12月	YUMESHIN VIETNAM CO., LTD.を設立
1997年4月	(株)ユメノテクノを設立(後清算)
1999年5月	(株)夢真消費者サービスセンターを設立(後清算)
2005年4月	(株)夢真を事業継承のため新たに設立
2005年4月	(株)夢真ホールディングスに社名変更
2005年10月	夢真証券(株)を設立
2005年11月	(株)夢真テクノスタッフサービスを設立
2007年10月	(株)夢真を吸収合併
2008年10月	(株)夢真コミュニケーションズを吸収合併
2009年10月	(株)我喜大笑を設立(後:(株)夢真メディカルサポート)
2010年7月	(株)夢真メディカルサポートを設立

3020 (株)夢テクノロジー
[証券コード]2458
[上場区分]ジャスダックスタンダード

1989年7月	(株)神奈川進学研究会を設立
2002年10月	(株)フルキャストテクノロジーに商号変更
2011年7月	(株)夢テクノロジーに商号変更
2014年10月	(株)ユニテックソフトと合併

3021 夢展望(株)
[証券コード]3185
[上場区分]東証マザーズ

1998年5月	ドリームビジョン(株)を設立
2007年2月	(有)ドリームスクウェアを吸収合併
2008年6月	夢展望(株)に社名変更
2008年7月	夢展望貿易(深圳)有限公司を設立
2009年7月	夢展望(台湾)有限公司を設立(後清算)
2012年11月	南通佳尚服装有限公司を設立

3022 (株)夢の街創造委員会
[証券コード]2484
[上場区分]ジャスダックスタンダード

1999年9月	夢の街創造委員会(株)を設立
2011年12月	夢創会(北京)商務諮詢有限公司を設立
2013年7月	(株)DeliDeliを設立

3023 夢みつけ隊(株)
[証券コード]2673
[上場区分]ジャスダックスタンダード

1980年10月	(株)コスミックを設立
1994年9月	(株)夢みつけ隊に社名変更
2004年8月	STEILAR C.K.M(株)に社名変更
2005年7月	(株)夢隊ファクトリィーを設立
2006年7月	(株)ソシオを設立
2007年9月	(株)クリスタルアースを吸収合併
2011年7月	夢みつけ隊(株)に社名変更

3024 幼児活動研究会(株)
[証券コード]2152
[上場区分]ジャスダックスタンダード

1972年9月	幼児活動研究会(株)を設立
1982年4月	(株)山善を設立(後吸収合併)(後:(株)コスモケア環境福祉研究所)
1997年2月	(有)日本経営教育研究所を設立(後:(株)日本経営教育研究所)

3025 養命酒製造(株)
[証券コード]2540
[上場区分]東証一部

1923年6月	(株)天龍舘を設立
1932年	(資)天龍舘を設立(後:(株)養命酒本舗天龍舘)
1943年2月	(株)養命酒本舗天龍舘を合併
1951年11月	養命酒製造(株)に社名変更

よこお

1953年1月	天龍酒造(株)を合併
2013年12月	ヤマツル(株)を吸収合併

3026 (株)ヨコオ
[証券コード]6800
[上場区分]東証一部

1922年9月	横尾製作所を設立
1951年6月	(株)横尾製作所に社名変更
1967年12月	台湾横尾工業股份有限公司を設立(後：友華科技股份有限公司)
1973年11月	香港横尾有限公司を設立(後：香港友華有限公司)
1978年4月	YOKOWO（SINGAPORE）PTE. LTD.を設立
1984年7月	YOKOWO AMERICA CORPORATIONを設立
1987年11月	YOKOWO ELECTRONICS（M）SDN.BHD.を設立
1990年10月	(株)ヨコオに社名変更
1994年5月	東莞友華電子有限公司を設立
1995年11月	東莞友華汽車配件有限公司を設立
1999年11月	東莞友華通信配件有限公司を設立
1999年12月	YOKOWO EUROPE LTD.を設立
2002年8月	YOKOWO MANUFACTURING OF AMERICA LLC.を設立
2002年12月	YOKOWO KOREA CO., LTD.を設立
2005年4月	友華貿易(香港)有限公司を設立
2007年5月	YOKOWO（THAILAND）CO., LTD.を設立
2011年7月	YOKOWO VIETNAM CO., LTD.を設立

3027 横河電機(株)
[証券コード]6841
[上場区分]東証一部

1920年12月	(株)横河電機製作所を設立
1926年12月	(個)山下研究所を合併
1957年10月	Yokogawa Electric Works, Inc.を設立
1970年5月	横河京浜サービス(株)を設立
1970年5月	横河鹿島サービス(株)を設立
1970年5月	横河千葉サービス(株)を設立(後：横河エンジニアリングサービス(株))
1974年3月	Yokogawa Electric Singapore Pte. Ltd.を設立(後：Yokogawa Electric Asia Pte. Ltd.)
1982年4月	横河メディカルシステム(株)を設立
1983年4月	(株)北辰電機製作所と合併し横河北辰電機(株)に社名変更
1986年10月	横河電機(株)に社名変更
1989年4月	三鷹工業(株)と合併
1996年10月	横河エムアンドシー(株)を設立
2001年4月	横河エレクトロニクス・マニファクチャリング(株)を設立
2002年10月	横河電機(蘇州)有限公司を設立
2004年4月	安藤電気(株)と事業統合
2005年4月	Yokogawa Electric International Pte. Ltd.を設立
2006年1月	横河電機(中国)商貿有限公司を設立
2008年3月	横河電機(中国)有限公司を設立
2010年4月	横河医療ソリューションズ(株)を設立
2013年4月	横河ソリューションサービス(株)を設立

3028 (株)横河ブリッジホールディングス
[証券コード]5911
[上場区分]東証一部

1907年2月	(個)横河橋梁製作所を設立
1918年5月	(株)横河橋梁製作所に改組
1963年4月	横河工事(株)を設立
1984年10月	(株)横河技術情報を設立
1988年10月	横河工事(株)と合併し(株)横河メンテックを設立
1991年6月	(株)横河ニューライフを設立
1991年10月	(株)横河ブリッジに社名変更
2001年8月	(株)横河システム建築を設立
2007年4月	(株)横河橋梁を設立(後：(株)横河ブリッジ)
2007年8月	(株)横河ブリッジホールディングスを持株会社として設立

3029 (株)横田製作所
[証券コード]6248
[上場区分]ジャスダックスタンダード

1948年5月	横田ポンプ研究所を創業
1953年5月	(株)横田ポンプ製作所を設立
1959年4月	(株)横田製作所に商号変更
1977年5月	(株)横田技研を設立

3030 横浜魚類(株)
[証券コード]7443
[上場区分]ジャスダックスタンダード

1947年12月	横浜魚(株)を設立
1948年1月	横浜魚類(株)に社名変更
1969年5月	(株)磯谷海産を設立(後：丸浜食品(株))
1973年4月	(株)横浜食品サービスを設立
1973年5月	(株)ヤマムロと共同で出資しミナト食品(株)を設立
1973年8月	(株)マルハマ冷食を設立
1975年3月	サカエ食品(株)を設立
1981年4月	東都水産(株)と共同で出資し川崎魚市場(株)を設立
2005年4月	丸浜フレッシュ(株)を設立
2008年12月	川崎魚市場(株)を吸収合併

3031 横浜ゴム(株)
[証券コード]5101
[上場区分]東証一部

1917年10月	横濱電線(株)とザ・ビー・エフ・グッドリッチ・カンパニー《米国》と共同で出資し横濱護謨製造(株)を設立
1950年2月	金町ゴム工業(株)を設立
1950年4月	日本ゼオン(株)を共同出資で設立
1963年1月	ハマ化成(株)を設立(後：シーアイ化成)
1963年10月	横浜ゴム(株)に社名変更
1969年11月	ヨコハマタイヤ コーポレーションを設立
1973年7月	エイロクイップ社《米国》と共同で出資し横浜エイロクイップ(株)を設立
1983年11月	(株)スポーツコンプレックスを設立(後：(株)プロギア)
1988年	ヨコハマライフェンを設立
1988年	東京ハマタイト(株)を設立
1991年	ヨコハマタイヤ静岡販売(株)を設立
1991年	ヨコハマタイヤ中国販売(株)を設立

1992年	(株)アスクルを設立
1992年	ヨコハマタイヤ近畿販売(株)を設立
1992年	ヨコハマタイヤ九州販売(株)を設立
1992年	ヨコハマタイヤ中部販売(株)を設立
1992年	ヨコハマタイヤ函館販売(株)を設立
1992年	(株)ワイズダムを設立
1994年	(株)プロギアを設立
1996年	(株)アライズを設立
1996年	(株)ヨコハマフランチャイズセンターを設立(後:(株)YFC)
1996年6月	ヨコハマタイヤ フィリピンを合弁で設立
1996年7月	ヨコハマ ラバー(タイランド)カンパニーを設立
2001年12月	杭州横浜輪胎有限公司を合弁で設立(後:杭州優科豪馬横浜輪胎有限公司)
2002年4月	ヨコハマコンチネンタルタイヤ(株)を合弁で設立
2004年1月	ヨコハマタイヤ マニュファクチャリング(タイ)を設立
2004年10月	横浜ハイデックス(株)を吸収合併
2005年11月	横浜橡胶(中国)有限公司を設立(後:優科豪馬橡胶有限公司)
2007年10月	ヨコハマ インディアを設立
2008年8月	ヨコハマ アジアを設立
2008年12月	LLC ヨコハマ R.P.Z.を設立
2009年4月	ヨコハマ工業品ヨーロッパ(有)を設立
2009年7月	(株)ヨコハマタイヤジャパンを設立
2010年10月	横浜ゴムMBジャパン(株)を設立
2011年12月	ヨコハマピアサポート(株)を設立
2013年4月	ヨコハマビジネスアソシエーション(株)とヨコハマ・モータースポーツ・インターナショナル(株)を設立
2014年1月	ヨコハマタイヤ マニュファクチャリングヴァージニア LLCを設立
2014年4月	横浜工業品製造インドネシアを設立

3032　横浜丸魚(株)
[証券コード]8045
[上場区分]ジャスダックスタンダード

1931年10月	横浜生魚塩干(株)を設立
1944年7月	神奈川県魚類統制会社に社名変更
1947年5月	横浜魚市場(株)に社名変更
1947年10月	横浜魚市場荷受(株)に社名変更
1948年1月	横浜丸魚(株)に社名変更
1956年1月	川崎丸魚(株)を設立
1960年3月	(有)横浜魚市場運送を設立(後:(株)横浜魚市場運送)
1967年11月	神奈川県海産物(株)を吸収合併
1970年10月	(有)太洋水産を設立(後:(株)ハンスイ)
1970年11月	小田原丸魚(株)を設立(後:(株)ハンスイ)
1973年8月	(株)横浜冷食を設立(後:(株)ハンスイ)
1976年6月	(株)丸館魚市場を設立(後:館山丸魚(株))
1979年1月	(株)東名水産を設立(後:(株)ハンスイ)
1990年2月	(株)ハンスイを設立
1992年3月	(株)大洋興産を設立(後:(株)ハンスイ)
1996年11月	エムエー・フレッシュ・サービス(株)を設立(後清算)
2015年4月	川崎丸魚(株)を吸収合併

3033　横浜冷凍(株)
[証券コード]2874
[上場区分]東証一部

1948年5月	横浜冷凍企業(株)を設立
1953年11月	横浜冷凍(株)に社名変更
1991年10月	東部横冷(株)を吸収合併
2009年6月	(株)アライアンスシーフーズを設立
2011年12月	BEST COLD CHAIN CO., LTD.を設立
2013年7月	YOKOREI CO., LTD.を設立

3034　(株)ヨシックス
[証券コード]3221
[上場区分]ジャスダックスタンダード

1985年4月	(株)テンガロンキッドを設立
2001年4月	飯蔵(株)を吸収合併し(株)ヨシックスに商号変更
2007年3月	(株)ヨシオカ建装を吸収合併

3035　吉野石膏(株)

1901年	山形県吉野鉱山にて石膏原石の採掘を開始
1937年	吉野石膏(株)を設立
1959年	東北吉野石膏(株)を設立
1961年	菱化吉野石膏(株)を設立
1962年	チッソ吉野石膏(株)と宇部吉野石膏(株)を設立
1963年	住鉱吉野石膏(株)を設立
1967年	新潟吉野石膏(株)と菱化吉野石膏(株)を設立
1968年	ラサ吉野石膏(株)を設立
1971年	新潟吉野石膏(株)を設立
1973年	小名浜吉野石膏(株)を設立
1974年	直島吉野石膏(株)を設立
1984年	(株)吉野石膏DDセンターを設立
1992年	東化学工業(株)と共同で出資し相馬石膏(株)を設立
1992年	東北電力(株)と共同で出資し能代吉野石膏(株)を設立
2009年	日本ソーラトン(株)を設立

3036　(株)吉野家ホールディングス
[証券コード]9861
[上場区分]東証一部

1958年12月	(株)吉野家を設立
1988年3月	(株)ディー・アンド・シーを吸収合併し(株)吉野家ディー・アンド・シーに社名変更
2007年	(株)吉野家と(株)四国吉野家を設立
2007年	(株)吉野家ホールディングスに社名変更
2009年	(株)吉野家インターナショナルと(株)中日本吉野家を設立
2010年	(株)北日本吉野家を設立
2013年	(株)西日本吉野家を設立
2014年	アジアヨシノヤインターナショナルを設立
2015年	(株)関西吉野家を設立

3037　吉本興業(株)

1914年4月	(個)吉本興業部を設立
1932年3月	吉本興業(名)に社名変更
1948年1月	吉本興業(株)に改組
1973年5月	(株)アイ・ティ・エスを設立
1975年10月	(株)吉本音楽出版を設立
1986年2月	(株)エス・エス・エムを設立(後：よしもとクリエイティブ・エージェンシー)
1987年	(株)パシフィックエンタプライズを設立
1997年	ワイ・エヌ・パートナーズ(株)と(株)吉本倶楽部と(株)よしもとフードサービスとYOSHIMOTO U.S.A., INC.を設立
1997年4月	(株)イエス・ビジョンズを設立
1997年11月	(株)ニューキッズインよしもとを設立
1998年	(株)ワイズビジョンを設立
1998年6月	(株)吉本ファイナンスを設立
1998年10月	(株)ヨシモトライブミュージックエージェンシーを設立
1999年	(有)スリー・ツー・ワンレコーズを設立
2000年	(株)オレンジミュージックを設立
2000年1月	(株)ニューエックスを設立
2000年1月	(株)ファンダンゴを設立(後：(株)よしもとクリエイティブ・エージェンシー)
2000年10月	(株)ロイヤルウィングを設立
2001年	(株)アール・アンド・シー・ジャパンと(株)キャスティを設立
2002年	(株)よしもとトラベルエンタテイメントを設立
2002年12月	(株)よしもとフードサービスと(株)吉本倶楽部を合併し(株)よしもと倶楽部を設立
2005年	(株)よしもとラフ&ピースを設立
2007年	(株)よしもとクリエイティブ・エージェンシーと(株)よしもとデベロップメンツと(株)よしもとアドミニストレーションを設立
2008年	(株)ゾフィープロダクツとKYORAKU吉本.ホールディングス(株)を設立
2009年	(株)よしもとスタッフ・マネジメントを設立
2010年	Yoshimoto Entertainment Taipei Co., Ltd.とYoshimoto Entertainment Seoul Co, , Ltdを設立
2010年	クオンタムエンターテイメント(株)と合併
2013年	Yoshimoto Entertainment (Thailand) Co.Ltdと(株)よしもとエンタテインメント沖縄を設立
2014年	(株)よしもとロボット研究所と(株)MCIPホールディングスと(株)きょうのよしもとと(株)ガイノイドと(株)KATSU-doと(株)カワイイアン・ティービーを設立
2015年	(株)よしもとビジョンと(株)よしもとASCを設立

3038　(株)淀川製鋼所
[証券コード]5451
[上場区分]東証一部

1935年1月	(株)淀川製鋼所を設立
1940年10月	(名)大阪トタン板製造所を買収
1942年1月	四国鉱業(株)を設立(後：淀鋼商事(株))
1968年6月	京葉鐵鋼埠頭(株)を設立
1980年3月	高田鋼材工業(株)を設立
1995年2月	PCM STEEL PROCESSING SDN. BHD.を設立
1995年7月	淀鋼國際儉有限公司を設立
1996年8月	ヨドコウ興発(株)を設立
1999年3月	ヨドコウ興産(株)を設立
1999年4月	PCM PROCESSING (THAILAND) LTD.を設立
2002年7月	(株)淀川芙蓉を設立
2004年1月	淀鋼建材(杭州)有限公司を設立
2011年1月	YODOKO (THAILAND) CO., LTD.を設立
2011年10月	淀川盛餘(合肥)高科技鋼板有限公司を設立

3039　米久(株)
[証券コード]2290
[上場区分]東証一部

1969年2月	米久畜産販売サービス(株)を設立
1978年7月	米久(株)に社名変更
1981年10月	パルマプロシュート(株)を設立
1985年12月	日本たばこ産業(株)と共同で出資し富士バイオファーム(株)を設立
1987年3月	(株)山静ブロイラーを設立(後：米久おいしい鶏(株))
1989年8月	米久レストラン・システムズ(株)を設立
1991年7月	ミセキベンディング(株)を設立
1991年10月	如皋米久食品有限公司を設立
1994年9月	御殿場高原ビール(株)を設立
1995年3月	南通富士美食品有限公司を設立
1996年10月	米久デリカ(株)を設立
1999年6月	三菱商事と共同で出資しときめきファーム(株)を設立
2002年9月	米久かがやき(株)を設立
2003年11月	アイ・ポーク(株)を設立
2006年12月	米久東伯(株)を設立(後：米久おいしい鶏(株))
2010年11月	大洋ポーク(株)を設立

3040　ヨネックス(株)
[証券コード]7906
[上場区分]東証二部

1958年	(株)米山製作所を設立
1963年4月	(株)ヨネヤマスポーツを設立(後：ヨネックス貿易(株))
1965年6月	(有)ミノルスポーツを設立(後：(株)ヨネックス東京工場)
1967年2月	(株)ヨネヤマラケットに社名変更
1973年1月	ヨネックススポーツ(株)に社名変更
1981年7月	YONEX SPORTS GmbHを設立
1982年7月	ヨネックス(株)に社名変更
1983年8月	YONEX AMERICA INC.を設立
1987年3月	YONEX U.K. LIMITEDを設立
1987年7月	YONEX TAIWAN CO., LTD.を設立
1988年4月	YONEX SPORTS HONG KONG LIMITEDを設立
1989年4月	ヨネックス開発(株)を設立

1989年8月	YONEX GmbHを設立
1990年4月	(株)ヨネックス東京工場とヨネックス貿易(株)を吸収合併
1996年1月	YONEX CORPORATION U.S.A.を設立(後:YONEX CORPORATION)
2005年	ヨネックス開発(株)を吸収合併
2010年7月	尤尼克斯(上海)高尔夫有限公司を設立(後:尤尼克斯(上海)体育用品有限公司)

3041 (株)よみうりランド
[証券コード]9671
[上場区分]東証一部

1949年9月	(株)川崎競馬倶楽部を設立
1950年1月	(株)関東競馬倶楽部に社名変更
1950年11月	(株)関東レース倶楽部に社名変更
1966年2月	(株)よみうりランド農場を設立(後:(株)よみうり建設)
1968年1月	(株)よみうりランドに社名変更
1972年5月	よみうり開発(株)を設立
1987年10月	よみうりスポーツ(株)を設立
1990年9月	静岡よみうりスポーツ(株)を設立(後:よみうり開発(株))
2002年11月	(株)よみうりメディカルサービスを設立
2005年4月	(有)ワイエル21を設立

3042 (株)読売広告社
[証券コード]
[上場区分]

1929年6月	山元新光社を山元國三が創業
1946年7月	〈旧〉(株)読売広告社に社名変更
1965年6月	(株)読広企画を設立
1988年10月	(株)読広スタッフサービスを設立
1991年5月	(株)読広アドクレスを設立
1994年4月	(株)ワイアンドケイを設立
1996年4月	(株)読売神奈川広告社を設立
1998年4月	(株)読広コムズと(株)読広アドラインを設立
2002年4月	(株)ワイエスアールを設立
2003年4月	(株)ワイアンドケイと合併し(株)読売広告社に社名変更
2003年10月	(株)博報堂と(株)大広と共同で(株)博報堂DYホールディングスを持株会社として設立
2005年12月	(株)博報堂と(株)大広が共同新設分割し(株)博報堂DYメディアパートナーズを設立
2007年3月	読広大広(上海)広告有限公司を設立(後:読広(上海)広告有限公司)
2008年4月	(株)読広企画を吸収合併
2011年7月	(株)インストア ブランド コンサルティングを設立
2013年5月	(株)ショッパーインサイトを設立
2013年7月	(株)読広エンタテインメントを設立
2014年2月	台湾讀廣股份有限公司を設立

3043 (株)ヨロズ
[証券コード]7294
[上場区分]東証一部

1948年4月	萬自動車工業(株)を設立
1970年6月	庄内プレス工業(株)を設立(後:(株)庄内ヨロズ)
1976年12月	(株)ヨロズサービスを設立
1986年9月	カルソニック・ヨロズ・コーポレーションを合弁で設立(後:ヨロズオートモーティブテネシー社)
1988年7月	(株)福島ヨロズを設立(後清算)
1990年6月	(株)ヨロズに社名変更
1993年2月	(株)ヨロズエンジニアリングとヨロズメヒカーナ社を設立
1996年6月	ヨロズタイランド社を設立
1997年7月	ヨロズアメリカ社を設立
2000年9月	ヨロズオートモーティブノースアメリカ社を設立
2001年9月	ヨロズオートモーティブミシシッピ社を設立(後清算)
2002年11月	ヨロズエンジニアリングシステムズタイランド社を設立
2003年9月	(株)ヨロズ大分を設立
2003年11月	広州萬宝井汽車部件有限公司を合弁で設立
2004年3月	(株)ヨロズ栃木を設立
2005年8月	(株)ヨロズ愛知を設立
2010年7月	武漢萬宝井汽車部件有限公司を合弁で設立
2011年2月	ヨロズ JBMオートモーティブタミルナドゥ社を設立
2012年2月	ヨロズオートモーティブインドネシア社を設立
2012年3月	ヨロズオートモーティブグアナファトデメヒコ社を設立
2012年4月	ワイ・オグラオートモーティブタイランド社を設立
2012年9月	ヨロズオートモーティブ ド ブラジル社を設立

3044 (株)ヨンキュウ
[証券コード]9955
[上場区分]ジャスダックスタンダード

1963年4月	四国急速冷凍(株)を設立
1971年6月	四国食鳥(株)を設立(後解散)
1975年3月	四国飼料販売(株)に社名変更
1976年3月	四国飼料販売(株)を設立
1978年8月	四国水産(株)を設立
1982年7月	四急運輸(有)を設立
1990年4月	四国急速冷凍(株)に社名変更
1991年6月	(株)ヨンキュウに社名変更
2012年9月	(株)西日本養鰻を設立

3045 (株)四電工
[証券コード]1939
[上場区分]東証一部

1963年5月	徳島電気工事(株)と南海電気工事(株)と伊豫電気工事(株)と香川電気工事(株)が合併し南海電工(株)を設立
1965年12月	四国電気工事(株)に社名変更
1989年11月	(株)四電工に社名変更
1996年10月	(株)アクセル徳島を設立
1997年2月	(株)ヨンコービジネスを設立
1997年4月	(株)キャデワサービスを設立
1997年10月	(株)アクセル松山と(株)香川クリエイトを設立
2006年2月	(株)宇多津給食サービスを設立
2006年12月	(株)ヨンコービジネスを設立
2007年11月	(株)徳島市高PFIサービスを設立
2010年11月	(株)徳島農林水産PFIサービスを設立

2011年4月　　（株）大洲給食PFIサービスを設立
2012年12月　（株）仁尾太陽光発電を設立
2013年9月　　（株）ヨンコーソーラーを設立
2014年3月　　（株）桑野太陽光発電を設立

3046　（株）ヨンドシーホールディングス
［証券コード］8008
［上場区分］東証一部
1950年5月　　十和織物（株）を設立
1951年2月　　十和（株）に商号変更
1963年9月　　広島衣料（株）を合併
1967年9月　　（株）フジを設立
1986年4月　　（株）エフ・ディ・シィ・プロダクツを設立
1991年9月　　（株）アスティに商号変更
2006年9月　　（株）F&Aアクアホールディングスに純粋持株会社へ移行し商号変更
2013年9月　　（株）ヨンドシーホールディングスに商号変更

3047　（株）ラ・アトレ
［証券コード］8885
［上場区分］ジャスダックグロース
1990年12月　（株）ラ・アトレにじゅういちを設立
2000年1月　　（株）ラ・アトレに商号変更
2009年3月　　（株）ラ・アトレレジデンシャルを設立

3048　ライオン（株）
［証券コード］4912
［上場区分］東証一部
〈ライオン歯磨系〉
1891年10月　小林富次郎商店を設立
1909年10月　（匿）小林富次郎商店に改組
1918年9月　　（株）小林商店に社名変更
1938年6月　　ライオン刷子（株）を設立（後：ライオン不動産（株））
1940年9月　　ライオン製薬（株）を設立（後解散）
1949年2月　　ライオン歯磨（株）に社名変更
1961年6月　　ライオン不動産（株）を設立
1963年11月　ライオンサービス（株）を設立（後：ライオン流通サービス（株））
1966年12月　ライオン食品（株）を設立（後解散）
1975年11月　ライオンマコーミック（株）を設立
1976年12月　ライオンクーパー（株）を設立（後：ライオン歯科材（株））
1978年1月　　ライオン製品（株）を設立
〈ライオン油脂系〉
1910年12月　（匿）小林富次郎商店より分離独立し（資）ライオン石鹸工場を設立
1919年8月　　ライオン石鹸（株）に社名変更
1940年9月　　ライオン油脂（株）に社名変更
1941年2月　　ライオン石鹸東京配給（株）を設立（後：ライオン商事（株））
1947年7月　　ミクニ食糧工業（株）を合併
1960年11月　リード石鹸（株）を設立（後：ライオン流通サービス（株））
1963年11月　ライオン・アーマー（株）を設立（後：ライオン・スペシャリティ・ケミカルズ（株））
1967年12月　泰国獅王油脂有限公司を設立（後：泰国獅王企業有限公司）
1969年9月　　九州ライオン石鹸（株）を吸収合併
1971年2月　　ライオンエンヂニアリング（株）を設立（後：ライオンエンジニアリング（株））
1976年10月　市原ボトル（株）を設立（後：ライオンパッケージング（株））
1979年5月　　カルプ工業（株）を設立
　　　　　　　　＊　　　＊　　　＊　　　＊
1980年1月　　ライオン歯磨（株）とライオン油脂（株）が合併しライオン（株）に社名変更
1980年4月　　ブリストルマイヤーズ・ライオン（株）を設立
1982年3月　　獅王家庭用品（シンガポール）有限公司を設立（後：獅王企業（シンガポール）有限公司）
1982年11月　ライオン化学（株）を設立（後：ライオンケミカル（株））
1987年12月　ライオンハイジーン（株）を設立
1989年2月　　ライオンオレオケミカル（株）を設立
1993年1月　　アンネ（株）を吸収合併
2007年6月　　ライオンエコケミカルズ有限公司を設立
2011年6月　　獅王（中国）日用科技有限公司を設立
2012年6月　　ピアレスライオン（株）を設立

3049　（株）RISE
［証券コード］8836
［上場区分］ジャスダックスタンダード
1946年5月　　二一土建を設立
1947年2月　　吉田建設興業（株）に社名変更
1963年12月　（株）吉田工務店に社名変更
1991年10月　（株）ヒューネットに社名変更
2005年8月　　（株）ヒューネット・ディスプレイテクノロジーを設立
2006年4月　　（株）ヒューネット不動産投資顧問を設立（後：（株）プレスト）
2007年8月　　コブコ（株）を吸収合併
2009年1月　　（株）RISEに社名変更

3050　（株）ライトオン
［証券コード］7445
［上場区分］東証一部
1980年4月　　（株）ライトオンを設立
1989年9月　　（株）スパイスアイランドを設立
2011年8月　　（株）チャイムを吸収合併

3051　（株）ライドオン・エクスプレス
［証券コード］6082
［上場区分］東証マザーズ
1992年　　　　サブマリンを開業
1995年　　　　（株）サブマリンを設立
2001年7月　　（株）レストラン・エクスプレスを設立
2002年10月　（株）サブマリンを吸収合併
2010年4月　　ファインダイン（株）を吸収合併
2013年4月　　（株）ライドオン・エクスプレスに社名変更
2015年1月　　（株）エースタートを設立
2015年2月　　次世代ホームネットファンドを設立

3052　ライト工業（株）
［証券コード］1926
［上場区分］東証一部
1943年7月　　（個）上條防水工業所を設立
1946年4月　　（個）東北防水工業所に社名変更
1948年9月　　（株）ライト防水工業所に社名変更
1951年3月　　ライト工業（株）に社名変更
1989年　　　　（株）ライト21を設立

1991年	フグロ・ジオサイエンスを設立		*3057*	ラオックス(株)

- 1991年　　フグロ・ジオサイエンスを設立
- 1994年9月　(株)エド・エンタープライズを設立
- 1996年　　(株)ライト・スタッフサービスを設立（後：(株)アウラ・シーイー）
- 1997年6月　RAITO, INC.を設立
- 1998年8月　(株)シーイー・クリエートを設立（後：(株)東海リアライズ）
- 2001年4月　(株)仙台リアライズを設立（後：(株)東北リアライズ）
- 2001年4月　(株)福岡リアライズを設立（後：(株)九州リアライズ）
- 2002年　　ソレタンシュバッシグループと合併しソルデータ・ジャパンを設立
- 2005年7月　RAITO SINGAPORE PTE.LTD.を設立
- 2005年11月 (株)やさしい手らいとを設立
- 2006年3月　(株)みちのくリアライズを設立
- 2008年4月　(株)福島シビルを設立（後：(株)福島リアライズ）
- 2008年5月　(株)丸喜建設と(株)北海道リアライズを設立
- 2009年10月 (株)らいとケアを設立
- 2009年12月 (株)山口リアライズを設立
- 2010年10月 (株)新潟リアライズを設立
- 2013年1月　(株)西日本リアライズを設立
- 2013年8月　RAITO NEW ZEALAND LIMITEDを設立
- 2014年1月　RAITO SINGAPORE PTE.LTD.を設立

3053　(株)ライフ

- 1961年10月 (株)職域互助会を設立
- 1963年11月 東洋信販(株)に社名変更
- 1967年5月　(株)チケットひろしまに社名変更
- 1976年4月　(株)ライフに社名変更
- 2010年7月　ライフカード(株)を設立
- 2011年7月　アイフル(株)に吸収合併

3054　ライフネット生命保険(株)
[証券コード]7157
[上場区分]東証マザーズ
- 2006年10月 ネットライフ企画(株)を設立
- 2008年3月　ライフネット生命保険(株)に商号変更

3055　(株)ライフフーズ
[証券コード]3065
[上場区分]ジャスダックスタンダード
- 1986年3月　エル・フーズ(株)を設立
- 1991年3月　(株)ライフフーズに商号変更
- 1997年3月　〈別〉(株)ライフフーズと合併（額面変更のため）

3056　(株)ラウンドワン
[証券コード]4680
[上場区分]東証一部
- 1980年12月 杉野興産(株)を設立
- 1994年12月 〈旧〉(株)ラウンドワンを吸収合併し(株)ラウンドワンに社名変更
- 1999年11月 (株)ウイナーズナインを設立
- 1999年11月 (株)クラブネッツを設立（後清算）
- 2001年3月　(有)ウィズと合併
- 2009年4月　Round One Entertainment Inc.を設立

3057　ラオックス(株)
[証券コード]8202
[上場区分]東証二部
- 1976年9月　朝日無線電機(株)より分離独立しラオックス(株)を設立
- 1982年4月　松波総業(株)と松波無線(株)を吸収合併
- 1992年10月 (株)ダイオーショッピングプラザを設立（後清算）
- 1993年4月　マルスズ電気(株)を設立
- 1993年9月　ラオックスヒナタ(株)を設立（後清算）
- 1997年6月　東北ラオックス(株)を設立
- 1997年10月 ラオックストゥモロー(株)を設立（後清算）
- 2000年11月 (株)真電と共同で出資しラオックス真電を設立
- 2002年4月　東北ラオックス(株)を吸収合併
- 2002年6月　ラオックス・ビービー(株)を設立
- 2005年10月 (株)ナカウラを吸収合併
- 2010年5月　楽購思(上海)商貿有限公司を設立
- 2011年10月 楽購仕(南京)商品採購有限公司を設立
- 2011年11月 楽購仕(南京)商貿有限公司を設立
- 2012年3月　楽購仕(上海)商貿有限公司を設立
- 2012年4月　楽購仕(北京)商貿有限公司を設立
- 2012年9月　楽購仕(天津)商貿有限公司を設立
- 2012年11月 楽購仕(廈門)商貿有限公司を設立

3058　ラクオリア創薬(株)
[証券コード]4579
[上場区分]ジャスダックグロース
- 2008年2月　ラクオリア創薬(株)を設立
- 2013年1月　(株)AskAtを設立

3059　楽天(株)
[証券コード]4755
[上場区分]東証一部
- 1997年2月　(株)エム・ディー・エムを設立
- 1999年6月　楽天(株)に社名変更
- 2000年10月 楽天ブックス(株)を設立
- 2004年10月 (株)楽天野球団を設立

3060　(株)ラクーン
[証券コード]3031
[上場区分]東証マザーズ
- 1993年9月　ラクーントレイドサービスを創業
- 1995年9月　(有)ラクーントレイドサービスを設立
- 1996年5月　(株)ラクーンに社名変更

3061　ラサ工業(株)
[証券コード]4022
[上場区分]東証一部
- 1911年2月　ラサ島燐砿(資)を発足
- 1913年5月　ラサ島燐砿(株)に改組
- 1920年9月　大阪晒粉(株)を合併
- 1934年3月　〈旧〉ラサ工業(株)に社名変更
- 1941年9月　鯛生産業(株)と合併
- 1944年6月　東亜鉱工(株)に社名変更
- 1949年3月　ラサ工業(株)に社名変更
- 1950年11月 田川炭鉱(株)を設立（後：大阪造船(株)）
- 1959年4月　宝運実業(株)を設立（後：ラサ晃栄(株)）
- 1959年9月　東洋鉱山(株)を合併

らさしよう

1963年7月	ラサ化成(株)を設立
1968年7月	八坂貿易(株)を設立
1971年10月	ラサ化成(株)とラサ機械工業(株)を合併
1973年6月	ラサ機工(株)を設立
1976年11月	ラサ興発(株)を設立(後:ラサ晃栄(株))
1979年7月	(株)東北ラサ機械製作所を設立
1981年10月	日本シーアールアイ(株)を設立
1982年10月	ラサ薬品工業(株)を合併
1986年12月	ラサスティール(株)を設立
2003年12月	理盛精密科技股份有限公司を設立
2005年7月	RAITO SINGAPORE PTE.LTD.を設立
2005年7月	日本シーアールアイ(株)を吸収合併

3062　ラサ商事(株)
[証券コード]3023
[上場区分]東証一部
1939年1月	ラサ商事(株)を設立
2006年9月	アルファトレーディング(株)を吸収合併
2015年2月	ラサ・リアルエステート(株)を設立

3063　(株)ラック
[証券コード]3857
[上場区分]ジャスダックスタンダード
2007年10月	〈旧〉(株)ラックとエー・アンド・アイシステム(株)は共同して株式移転により完全親会社となるラックホールディングス(株)を設立
2012年4月	〈旧〉(株)ラックとエー・アンド・アイシステム(株)と(株)アイティークルーを吸収合併し〈新〉(株)ラックに商号変更
2015年1月	(株)ベネッセホールディングスと合弁で(株)ベネッセインフォシェルを設立

3064　(株)ラックランド
[証券コード]9612
[上場区分]東証一部
1970年5月	ラックランド工業(株)を設立
1992年12月	(株)ラックランドに社名変更
2008年10月	(株)ラゾを設立
2008年11月	(株)ケークリエイトを設立
2009年3月	(株)ラアペックを設立(後清算)
2012年4月	(株)資産管理を設立
2012年6月	(株)ラックもっく工房を設立
2013年1月	ラックランド アジアを設立
2013年9月	LUCKLAND (CAMBODIA) & T.A.G Co., Ltd.を設立
2014年4月	LUCKLAND MALAYSIA SDN. BHD.を設立
2014年11月	LUCKLAND (THAILAND) CO., LTD.を設立
2014年12月	LUCKLAND VIET NAM CO., LTD.を設立

3065　(株)ラピーヌ
[証券コード]8143
[上場区分]東証二部
1950年2月	(株)大東を設立
1967年4月	(株)ラピーヌに社名変更
2007年6月	(株)ベルラピカを設立
2012年9月	ラピーヌ夢ファーム(株)を設立

3066　(株)ランシステム
[証券コード]3326
[上場区分]ジャスダックスタンダード
1988年12月	(有)ランシステムを設立
1991年11月	(株)ランシステムに改組
2006年2月	(株)グローバルファクトリーを設立
2010年1月	(株)グローバルファクトリーを吸収合併

3067　リアルコム(株)
[証券コード]3856
[上場区分]東証マザーズ
2000年4月	(株)リアルコミュニケーションズを設立
2001年2月	リアルコム(株)に商号変更
2006年2月	Realcom Technology, Inc.を設立
2008年3月	Realcom U.S., Inc.を設立

3068　(株)リアルワールド
[証券コード]3691
[上場区分]東証マザーズ
2005年7月	(株)リアルワールドを設立
2006年7月	(株)ポイントスタイルを設立(後吸収合併)
2011年11月	(株)REALCOREを設立(後清算)
2011年12月	REALWORLD ASIA PTE.LTD.を設立
2012年5月	(株)リアルマーケティングを設立
2012年7月	PT.SITUS KARUNIA INDONESIAを設立
2013年9月	(株)READOを設立

3069　(株)リオグループホールディングス
〈リオチェーンホールディングス系〉
1969年4月	横山(株)より分離独立し(株)リオボランタリーチェーンを設立
1971年12月	(株)リオチェーンに社名変更
1985年4月	(株)エルベンスと合併
1986年8月	シルエット工業(株)と合併
1996年9月	(株)マルティーヌと合併
2008年9月	(株)リオチェーンホールディングスに社名変更
2012年3月	(株)リオチェーンを吸収合併

〈リオ横山ホールディングス系〉
1926年4月	横山商店を開業
1950年3月	横山(株)を設立
1980年6月	(株)リオ横山に社名変更
2009年4月	(株)リオ横山ホールディングスを設立
2009年11月	上海理欧商貿有限公司を設立

＊　＊　＊　＊

| 2012年5月 | (株)リオチェーンホールディングスと(株)リオ横山ホールディングスが合併し(株)リオグループホールディングスを設立 |

3070　リオン(株)
[証券コード]6823
[上場区分]東証一部
| 1944年6月 | (株)小林理研製作所を設立 |
| 1960年3月 | リオン金属工業(株)を開業 |

1960年4月	リオン(株)に社名変更	
1969年5月	東北リオン(株)を設立(後清算)	
1979年4月	理音電子工業股份有限公司を設立	
1996年4月	(有)アールアイを設立	
2002年4月	リオンサービスセンター(株)とリオンテクノ(株)を設立	
2006年5月	リオン計測器販売(株)を設立(後清算)	
2006年8月	東海リオン(株)を設立	
2012年12月	上海理音商貿有限公司を設立	
2014年8月	上海理音科技有限公司を設立	

3071 (株)リーガルコーポレーション
[証券コード]7938
[上場区分]ジャスダックスタンダード

1902年1月	(名)大倉組と(資)桜組と福島(名)と東京製皮(資)を統合し日本製靴(株)を設立
1967年8月	チヨダシューズ(株)と共同で出資し西日本シューズ(株)を設立
1967年12月	チヨダシューズ(株)と共同で出資し中部日本シューズ(株)を設立
1967年12月	チヨダシューズ(株)と共同で出資し北日本シューズ(株)を設立
1968年11月	チヨダシューズ(株)と共同で出資し近畿日本シューズ(株)を設立
1969年2月	チヨダシューズ(株)と共同で出資し東日本シューズ(株)を設立
1969年12月	米沢製靴(株)を設立
1970年12月	チヨダシューズ(株)と共同で出資し東北日本シューズ(株)を設立
1971年4月	チヨダシューズ(株)と共同で出資し関東日本シューズ(株)を設立
1972年2月	岩手製靴(株)を設立
1973年7月	岩手シューズ(株)を設立
1973年9月	秋田製靴(株)を設立
1973年10月	九州皮革工業(株)を設立(後:鹿児島製靴(株))
1987年4月	(株)タップスを設立
1987年5月	(株)コーストを設立
1988年4月	(株)アーバンクラフトを設立
1989年5月	(株)ジーベックを設立
1990年12月	(株)リーガルコーポレーションに社名変更
1993年1月	(株)クラフィットを設立
1993年1月	(株)タップウェストを設立
1998年	(株)アール・アンド・エー・フットウエアを設立
2005年7月	上海麗格鞋業有限公司を設立
2006年10月	香港麗格靴業有限公司を設立
2008年4月	蘇州麗格皮革製品有限公司を設立

3072 (株)LIXIL

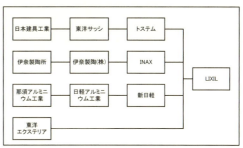

〈トステム系〉
1923年	妙見屋商店を設立
1949年9月	日本建具工業(株)を設立
1971年8月	トーヨーサッシ(株)へ商号変更
1992年7月	トステム(株)へ商号変更

〈INAX系〉
1766年	伊奈長三郎が茶器の制作販売を始める
1921年	匿名組合伊奈製陶所が発足
1924年	伊奈製陶(株)を設立
1985年	(株)INAXに社名変更
2001年	(株)INAXトステム・ホールディングスが発足

〈新日軽系〉
1899年	那須アルミニューム器具製造所を創業
1951年	那須アルミニウム工業(株)に社名変更
1958年	日軽アルミニウム工業(株)に社名変更
1984年	新日軽(株)を設立

〈サンウエーブ工業系〉
1936年	中外精工(株)を設立
1946年	菱和木工(株)を設立
1947年	菱和工業(株)に商号変更
1952年	中外精工(株)が吸収合併され三中産業(株)に商号変更
1954年	菱和工業(株)と三中産業(株)が合併しサンウエーブ工業(株)を設立

〈東洋エクステリア系〉
1974年	東洋エクステリア(株)を設立

* * * *

2011年4月	トステム(株)と(株)INAXと新日軽(株)とサンウエーブ工業(株)と東洋エクステリア(株)が合併し(株)LIXILに商号変更

3073 (株)LIXILグループ
[証券コード]5938
[上場区分]東証一部

1949年9月	日本建具工業(株)を創設
1967年9月	東洋サッシ(株)を設立(後:東洋サッシ工業(株))
1971年8月	トーヨーサッシ(株)へ商号変更
1971年10月	東洋ドアー(株)を吸収合併
1974年11月	東洋エクステリア(株)を設立
1977年9月	東洋ビルサッシ(株)を設立
1982年10月	東洋サッシ工業(株)とジーエルホーム(株)を吸収合併
1987年4月	TOSTEM THAI Co., Ltd.を設立
1987年4月	トステムファイナンス(株)を設立(後:LIXILグループファイナンス(株))

1992年7月	トステム(株)へ商号変更	1992年	(株)フロムエー関西を設立(後:(株)リクルートジョブズ)
1993年4月	トステム不動産(株)他3社を吸収合併		
1998年10月	トステムセラ(株)と日本レポール(株)を吸収合併	1994年	(株)リクルート北海道じゃらんを設立
		1998年	(株)東海カーセンサーを設立(後:(株)リクルート東海カーセンサー)
1999年7月	(株)日本住宅保証検査機構を設立		
2001年1月	トステム試験研究センター(株)とトステム検査(株)を吸収合併	1999年	(株)北海道カーセンサーと(株)九州カーセンサーと(株)リクルートエリアリンクを設立
2001年4月	トステムビバ(株)を合併		
2001年4月	大連通世泰建材有限公司を設立(後:驪住通世泰建材(大連)有限公司)	2000年	(株)リクルート・アバウトドットコム・ジャパンを設立
		2001年	(株)リクルート・エックスを設立
2001年10月	(株)INAXトステム・ホールディングスに商号変更	2002年	(株)リクルートメディアコミュニケーションズと(株)オージェイティー・ソリューションズを設立
2001年10月	〈新〉トステム(株)を会社分割により営業の全部を承継し設立(後:(株)LIXIL)		
		2003年	(株)リクルートHRマーケティングと(株)リクルートHRマーケティング関西と(株)リクルートHRマーケティング東海を設立
2002年3月	(株)アイフルホームテクノロジーとブライトホーム(株)他2社の株式を現物出資しハコス(株)を設立(後:(株)21世紀住宅研究所)(後:(株)LIXIL住宅研究所)		
		2004年	(株)インディバルと(株)リクルートマネジメントソリューションズと(株)リクルートキャリアコンサルティングと(株)ネクスウェイを設立
2004年10月	(株)住生活グループへ商号変更		
2010年7月	(株)INAXサンウエーブマーケティングを設立	2005年	(株)メディアシェイカーズを設立
2011年4月	トステム(株)と(株)INAXと新日軽(株)とサンウエーブ工業(株)と東洋エクステリア(株)が合併し(株)LIXILに商号変更	2006年	(株)プロアウトと(株)リクルートインキュベーションパートナーズと亜潤投資管理諮詢(上海)有限公司と(株)リクルートコミュニケーションエンジニアリングと上海瑞可利商務諮詢有限公司を設立
2011年12月	驪住海尓住建設施(青島)有限公司を設立		
		2007年	(株)ブログウォッチャーと(株)シーナッツと(株)フロムエーキャリアを設立
2012年7月	LIXIL GLOBAL MANUFACTURING VIETNAM Co., Ltd.を設立	2008年	(株)リクルートゼクシィなびと(株)リクルートスタッフィングクラフツを設立
2012年7月	(株)LIXILグループへ商号変更	2009年	(株)働きがいのある会社研究所と(株)リクルート沖縄じゃらんを設立
2014年6月	(株)LIXILホームファイナンスを設立		
		2010年	RGF Jalan USA, Inc.とRGF Jalan Korea Co., Ltd.と(株)ごちまると(株)ニジボックスを設立

3074 (株)リクルートホールディングス
[証券コード]6098
[上場区分]東証一部

1960年	大学新聞広告社を創業
1963年	(株)日本リクルートセンターに社名変更
1971年	(株)リクルートコンピュータプリントを設立(後:(株)リクルートコミュニケーションズ)
1977年	(株)人材情報センターを設立(後:(株)リクルートキャリア)
1982年	(株)リクルートフロムエーを設立(後:(株)リクルートジョブズ)
1983年	(株)リクルート映像を設立(後:(株)リクルートビジュアルコミュニケーションズ)
1984年	(株)リクルートに社名変更
1986年	(株)リクルート出版を設立(後:(株)メディアファクトリー)
1987年	(株)シーズスタッフを設立(後:リクルートスタッフィング)
1987年	(株)関西リクルート人材センターを設立(後:(株)リクルートキャリア)
1989年	(株)人事測定研究所を設立(後:(株)リクルートマネジメントソリューションズ)
1990年	(株)リクルートプラシスを設立(後:(株)リクルートオフィスサポート)

2011年	(株)エモーチオとTaofang Corporationと(株)ビズアイキューとRGF HR Agent India Private LimitedとRGF HR Agent Vietnam Co., Ltdを設立
2012年10月	(株)リクルートホールディングスに社名変更
2012年10月	(株)リクルート住まいカンパニーと(株)リクルートマーケティングパートナーズと(株)リクルートライフスタイルと(株)リクルートテクノロジーズと(株)リクルートアドミニストレーションを設立

3075 (株)理経
[証券コード]8226
[上場区分]東証二部

1957年6月	理経産業(株)を設立
1971年6月	(株)理経に社名変更
1973年10月	リケイ・コーポレーション・オブ・アメリカを設立(後清算)
1974年7月	リケイ・コーポレーション(H.K.)リミテッドを設立
1975年6月	理経コンピューター(株)を設立
1986年4月	理経コンピューター(株)を合併

1988年3月	ベントリー・ネバダ社《米国》と共同で出資し日本ベントリー（株）を設立
1992年12月	グシノス社《ベルギー》と共同で出資しグシノスパシフィック（株）を設立
1995年4月	リケイ・コーポレーション（シンガポール）Pte.Ltd.を設立（後清算）
1996年10月	日本ログフォース（株）を設立
2001年6月	理経電子貿易（上海）有限公司を設立（後清算）

3076　（株）リケン
[証券コード] 6462
[上場区分] 東証一部

1934年3月	理化学興業（株）より分離独立し**理研ピストンリング（株）**を設立
1935年2月	理研特殊鉄鋼（株）を設立
1935年2月	理研特殊鉄鋼（株）を合併
1938年10月	**理研重工業（株）**に社名変更
1940年9月	理研自動車改造（株）を設立
1941年8月	理研重工業（株）と理化学興業（株）と理研圧延工業（株）と理研鋼材（株）と理研工作機械（株）と理研鍛造（株）と理研鋳造（株）が合併し**理研工業（株）**に社名変更
1949年12月	理研工業（株）を解体し第2会社として**理研柏崎ピストンリング工業（株）**を設立
1950年8月	**理研ピストンリング工業（株）**に社名変更
1953年5月	理研鋳鉄（株）を合併
1959年10月	柏崎機械工業（株）を設立
1968年6月	台湾理研工業股份有限公司を合弁で設立
1970年9月	P.T.スリ・リケン・ヴィグナ・インドネシアを合弁で設立（後：P.T.パカルティリケンインドネシア）
1973年1月	（株）理研柏崎工作所を設立
1973年12月	サイアムリケン社を合弁で設立
1974年2月	リケンオブアメリカ社を設立
1979年3月	理研工営（株）を設立
1979年10月	**（株）リケン**に社名変更
1983年7月	ユーロリケン社を設立
1989年6月	アライドリング社を設立
2004年1月	理研汽車配件（武漢）有限公司を設立
2009年9月	PT.リケンオブアジアを設立
2011年12月	リケンCKJVを設立
2012年8月	リケンメキシコ社を設立
2014年10月	アムテックリケン社を設立

3077　（株）理研グリーン
[証券コード] 9992
[上場区分] ジャスダックスタンダード

1957年6月	**イハラ商事（株）**を設立
1964年5月	**（株）イハラ・グリーン・メンテナンス**に社名変更
1965年11月	**（株）イハラグリーン**に社名変更
1982年10月	東神道路メンテナンス（株）を設立
1985年4月	**（株）理研グリーン**に社名変更
1985年5月	理研薬販（株）を吸収合併
1989年8月	（株）理研メンテを設立
1996年1月	良地産業（株）を買収
2002年3月	浅田商事（株）を買収
2008年1月	三栄商事（株）を買収

3078　理研計器（株）
[証券コード] 7734
[上場区分] 東証一部

1934年7月	**沢藤電気工業（株）**を設立
1938年5月	**富国機械（株）**に社名変更
1939年3月	**理研計器（株）**に社名変更
1952年11月	理研精機光学（株）を吸収合併
1971年3月	理研サービス（株）を設立
1972年1月	理研計器九州サービス（株）を設立
1972年11月	（株）理研計器奈良製作所を設立
1979年6月	理研計器関西サービス（株）を設立
1987年9月	理研計器中部サービス（株）を設立
1988年1月	理研実業股份有限公司を設立
1988年2月	理研計器中国サービス（株）を設立
1990年8月	（株）理研計器恵山製作所を設立
1993年4月	理研計器北海道サービス（有）を設立
1993年8月	RK INSTRUMENTS（S）PTE LTDを設立
1994年7月	RKI INSTRUMENTS INC.を設立
2008年1月	（株）理研計器恵山製作所を吸収合併
2009年12月	理研計器商貿（上海）有限公司を設立
2015年1月	理研サービス（株）と理研計器関西サービス（株）と理研計器西日本サービス（株）を吸収合併

3079　理研コランダム（株）
[証券コード] 5395
[上場区分] 東証二部

1935年12月	**理研コランダム（株）**を設立
1946年1月	**日本コランダム（株）**に社名変更
1952年6月	**理研コランダム（株）**に社名変更
1970年6月	ノートンカンパニー《米国》と共同で出資し理研ノートン（株）を設立
1981年1月	（株）理研を吸収合併
2002年11月	理研精密器材（蘇州）有限公司を設立
2004年6月	理研精密（株）を設立
2007年1月	理研香港有限公司を設立

3080　リケンテクノス（株）
[証券コード] 4220
[上場区分] 東証一部

1951年3月	**理研ビニル工業（株）**を設立
1989年4月	リケンタイランドカンパニーリミテッドを合弁で設立
1990年2月	リムテックコーポレーションを合弁で設立
1995年4月	P.T.リケンアサヒプラスチックスインドネシアを合弁で設立（後：PT.リケンインドネシア）
1995年5月	リケンU.S.A.コーポレーションを設立
2001年8月	上海理研塑料有限公司を合弁で設立
2001年10月	**リケンテクノス（株）**に社名変更
2003年5月	リケンテクノスヨーロッパB.V.を設立
2003年8月	理研食品包装（江蘇）有限公司を合弁で設立
2006年6月	リケンエラストマーズコーポレーションを合弁で設立
2011年6月	理元（上海）貿易有限公司を設立
2011年7月	リケンエラストマーズタイランドカンパニーリミテッドを設立
2013年7月	リケンテクノスインターナショナルコリアコーポレーションを設立
2014年4月	リケンテクノスインターナショナルプ

2014年11月	ライベートリミテッドを設立 リケンベトナムカンパニーリミテッドを設立

3081　理研ビタミン（株）
[証券コード] 4526
[上場区分] 東証一部

1949年8月	理研栄養食品（株）より分離独立し理研ビタミン油（株）を設立
1963年5月	理研油脂工業（株）を吸収合併
1964年7月	理研食品（株）を設立
1980年1月	理研ビタミン（株）に社名変更
1991年1月	RIKEVITA（MALAYSIA）SDN. BHD.とサニー包装（株）を設立
1993年10月	天津理研東元食品有限公司を設立
1994年8月	RIKEVITA（SINGAPORE）PTE LTDを設立
1994年11月	青島福生食品有限公司を設立
2003年12月	RIKEN VITAMIN EUROPE GmbHを設立
2004年3月	GUYMON EXTRACTS INC.を設立
2004年12月	RIKEN VITAMIN USA INC.を設立
2005年3月	理研維他精化食品工業（上海）有限公司を設立
2006年6月	理研維他亜細亜股份有限公司を設立
2013年1月	RIKEVITA（INDIA）PRIVATE LIMITEDを設立
2015年3月	RIKEVITA TURKEY FOOD INDUSTRY LIMITED COMPANYを設立

3082　（株）リコー
[証券コード] 7752
[上場区分] 東証一部

1936年2月	理化学工業（株）より分離独立し理研感光紙（株）を設立
1936年10月	（個）川合商会を合併
1937年5月	（個）吉村商会と（個）近藤商会と（個）大島屋を合併
1938年3月	理研光学工業（株）に社名変更
1953年4月	旭精密工業（株）と愛光商事（株）を吸収合併
1962年12月	RICOH OF AMERICA INC.を設立（後：RICOH AMERICAS CORPORATION）
1963年4月	（株）リコーに社名変更
1971年6月	RICOH NEDERLAND B.V.を設立（後：RICOH EUROPE HOLDINGS B.V.）
1973年1月	RICOH ELECTRONICS, INC.を設立
1973年4月	（株）迫東北リコー製作所を設立（後：迫リコー（株））
1973年7月	リコー光学（株）を設立
1976年12月	リコークレジット（株）を設立（後：リコーリース（株））
1978年12月	RICOH BUSINESS MACHINES, LTD.を設立（後：RICOH HONG KONG LTD.）
1983年12月	RICOH UK PRODUCTS LTD.を設立
1987年4月	RICOH INDUSTRIE FRANCE S.A.を設立（後：RICOH INDUSTRIE FRANCE S.A.S.）
1991年1月	RICOH ASIA INDUSTRY（SHENZHEN）LTD.を設立
1996年12月	RICOH ASIA PACIFIC PTE LTD.を設立
1997年3月	RICOH SILICON VALLEY, INC.を設立（後：RICOH INNOVATIONS CORPORATION）
1999年1月	リコーテクノネット（株）とリコー情報システム（株）を統合しリコーテクノシステムズ（株）を設立
2002年10月	RICOH CHINA CO., LTD.を設立
2008年5月	RICOH MANUFACTURING（THAILAND）Ltd.を設立
2010年7月	リコージャパン（株）を設立

3083　リスクモンスター（株）
[証券コード] 3768
[上場区分] ジャスダックスタンダード

2000年9月	リスクモンスター（株）を設立
2005年12月	リスモン・マッスル・データ（株）を設立

3084　リズム時計工業（株）
[証券コード] 7769
[上場区分] 東証一部

1950年11月	リズム時計工業（株）を設立
1973年4月	龍水時計（株）を合併
1977年10月	リズム工機（株）を設立（後：東北リズム（株））
1977年11月	茨城リズム（株）を設立
1978年4月	リズムサービスを設立
1989年4月	RHYTHM U.S.A., INC.を設立
1990年2月	RHYWACO（H.K.）CO., LTD.を設立
1992年3月	RHYTHM INDUSTRIAL（H. K.）LTD.を設立
1994年12月	RHYTHM PRECISION（H.K.）LTD.とRHYKA VACUUM PLATING（H. K.）LTD.を設立

3085　理想科学工業（株）
[証券コード] 6413
[上場区分] 東証一部

1955年1月	（株）理想科学研究所を設立
1963年1月	理想科学工業（株）に社名変更
1986年1月	RISO, INC.を設立
1989年4月	RISO EUROPE LTD.を設立
1990年1月	RISO（Deutschland）GmbHを設立
1991年4月	RISO FRANCE S.A.を設立
1992年5月	RISO（U.K.）LTD.を設立
1993年1月	RISO IBERICA, S.A.を設立
1993年4月	RISO HONG KONG LTD.を設立
1999年5月	珠海理想科学工業有限公司を設立
2003年6月	理想工業（香港）有限公司を設立
2003年9月	オリンパス（株）と共同で出資しオルテック（株）を設立
2009年10月	RISO LATIN AMERICA, INC.を設立
2010年4月	RISO EURASIA LLCを設立
2011年6月	RISO INDUSTRY（THAILAND）CO., LTD.を設立
2011年9月	オルテック（株）を吸収合併

3086　（株）リソー教育
[証券コード] 4714

［上場区分］東証一部
1985年7月	（株）日本教育公社を設立
1998年10月	（株）リソー教育を設立
2002年12月	（株）スクールツアーシップを設立（後：（株）TOMAS企画）
2003年1月	（株）名門会を設立
2013年10月	（株）インターTOMASと（株）プラスワン教育を設立

3087　リゾートソリューション（株）
［証券コード］5261
［上場区分］東証一部
1931年2月	日本エタニットパイプ（株）を設立
1934年12月	日本鋳物工業（株）と（個）蒲田鋳造所と第二日本エタニットパイプ（株）を合併
1968年3月	エタニットコンクリート工業（株）を吸収合併
1988年3月	プリシア与論（株）を設立
1988年10月	ミサワリゾート（株）に社名変更
1993年4月	（株）ホテル330を設立（後：ジャパンホテルマネジメント（株））
1995年8月	（株）ミサワホーム群馬を吸収合併
1996年4月	（株）日本ゴルフ会を吸収合併
2001年11月	（株）北武蔵カントリークラブを吸収合併
2004年2月	（株）SEED330を設立
2005年11月	リゾートソリューション（株）に社名変更
2007年3月	リソルフードマネジメント（株）を設立（後：リソルゴルフマネジメント西日本（株））
2007年5月	リソルアドベンチャー（株）を設立
2008年6月	アールアンドエスマネジメント（株）を設立（後：リソルアールアンドエスマネジメント（株））
2010年9月	プリシアリゾートヨロン（株）を設立

3088　リゾートトラスト（株）
［証券コード］4681
［上場区分］東証一部
1973年4月	宝塚エンタープライズ（株）を設立
1981年2月	ジャパン・アール・シー・アイ（株）を設立（後：アール・シー・アイ・ジャパン（株））
1982年11月	（株）サンホテルインターナショナルを設立
1986年4月	リゾートトラスト（株）に社名変更
1986年10月	（株）サンホテルエージェントを設立
1987年11月	ジャストファイナンス（株）を設立
1989年1月	リゾートトラスト沖縄を設立（後：アール・ティー開発（株））
1990年1月	（株）サンホテルインターナショナルを吸収合併
1992年9月	（株）ハイメディックを設立
1994年4月	（株）ジェスを設立
1998年7月	RESORTTRUST PALAU, INC.を設立
1999年12月	（株）ディスパースを設立
2000年4月	アール・エフ・エス（株）を設立
2000年5月	リゾートトラスト初島（株）を吸収合併
2001年7月	（株）セントクリークゴルフクラブを設立
2003年7月	リゾートトラスト那須白河（株）とアール・ティー開発那須白河（株）を吸収合併
2005年9月	（株）東京ミッドタウンメディスンを設立
2005年10月	ベストクレジット（株）を設立
2006年7月	（株）メイプルポイントゴルフクラブを設立
2007年12月	（株）軽井沢森泉ゴルフクラブを吸収合併
2014年7月	RESORTTRUST HAWAII, LLCを設立

3089　（株）りそな銀行
〈埼玉銀行系〉
1943年7月	（株）武州銀行と（株）第八十五銀行と（株）忍商業銀行と（株）飯能銀行が合併し（株）埼玉銀行を設立

〈協和銀行系〉
1945年5月	（株）不動貯金銀行と（株）安田貯蓄銀行と（株）大阪貯蓄銀行と（株）日本貯蓄銀行と（株）東京貯蓄銀行と（株）内国貯蓄銀行と（株）日本相互貯蓄銀行と（株）摂津貯蓄銀行と（株）第一相互貯蓄銀行が合併し（株）日本貯蓄銀行を設立
1948年7月	（株）協和銀行を設立

〈あさひ銀行系〉
1991年4月	（株）埼玉銀行と（株）協和銀行が合併し（株）協和埼玉銀行を設立
1992年9月	（株）あさひ銀行に社名変更

〈大和銀行系〉
1918年5月	（株）大阪野村銀行を設立
1926年1月	野村證券（株）を設立
1927年1月	（株）野村銀行に社名変更
1944年8月	野村信託銀行（株）を吸収合併
1948年10月	（株）大和銀行に社名変更
1993年9月	コスモ証券（株）を子会社化
1998年3月	日本アイ・ビー・エム（株）と共同で出資しディアンドアイ情報システム（株）を設立
2000年6月	住友信託銀行（株）と共同で出資し日本トラスティ・サービス信託銀行（株）を設立
2001年12月	（株）近畿大阪銀行と（株）奈良銀行と共同で株式を移転し（株）大和銀ホールディングスを持株会社として設立
2001年12月	大和銀信託銀行（株）を設立
2002年10月	あさひ信託銀行（株）と合併

＊　　＊　　＊　　＊

2003年3月	（株）あさひ銀行と（株）大和銀行が合併し（株）りそな銀行に社名変更
2006年1月	（株）奈良銀行と合併
2009年4月	りそな信託銀行（株）と合併

3090　（株）りそなホールディングス
［証券コード］8308
［上場区分］東証一部
2001年12月	（株）大和銀行と（株）近畿大阪銀行と（株）奈良銀行が株式移転により（株）大和銀ホールディングスを持株会社として設立
2002年2月	大和銀信託銀行（株）を完全子会社化
2002年3月	（株）あさひ銀行を完全子会社化

2002年10月	(株)りそなホールディングスに社名変更	
2003年3月	(株)りそな銀行に商号変更(旧:(株)大和銀行)	
2003年3月	(株)埼玉りそな銀行に社名変更(旧:(株)あさひ銀行)	
2005年3月	りそな信託銀行(株)を完全子会社化	

3091　リーダー電子(株)
[証券コード]6867
[上場区分]ジャスダックスタンダード

1954年5月	大松電気(株)を設立
1962年5月	リーダー電子(株)に社名変更
1969年9月	リーダー・インスツルメンツ・コーポレーションを設立
1980年7月	リーダー・インスツルメンツ・ホンコン・リミテッドを設立(後解散)
1989年4月	オーエムメタル(株)を吸収合併
1989年12月	リーダー・インスツルメンツ・ヨーロッパ・リミテッドを設立(後解散)
1994年3月	リーダー・インスツルメンツ・アジア・プライベート・リミテッドを設立(後解散)
1994年6月	リーダー・インスツルメンツ・アジア・マレーシア・センドリアン・ベルハッドを設立(後解散)
2001年3月	(有)ミレーテックを吸収合併
2012年12月	佳隆利宜達(北京)電子貿易有限公司を設立

3092　(株)リックコーポレーション
[証券コード]3147
[上場区分]ジャスダックスタンダード

1917年3月	岡山市において個人商店を創業
1955年3月	(株)洲脇家具店を設立
1957年2月	(株)洲脇タンス店を吸収合併し(株)洲脇タンス店に商号変更
1965年12月	(株)すわきに商号変更
1983年4月	(株)すわきフーズと(株)すわき衣装店を設立
1984年5月	(株)タイムを設立
1988年2月	(株)すわきフーズと(株)タイムを吸収合併
1991年2月	(株)すわき衣装店を吸収合併
2001年8月	(株)リックコーポレーションに商号変更
2009年4月	(株)アレンザコーポレーションを設立(後:(株)アレンザ・ジャパン)

3093　リックス(株)
[証券コード]7525
[上場区分]東証二部

1907年	山田商店を創業
1964年5月	山田商事(株)に社名変更
1969年3月	協和工業を吸収合併し山田興産(株)に社名変更
1969年11月	西日本オイルシール販売(株)を設立(後:エクノス(株))
1990年11月	リックス(株)に社名変更
2003年3月	RIX TECHNOLOGY (THAILAND) Co., Ltd.と瑞顧斯貿易(上海)有限公司を設立
2006年8月	SIAM RIX MANUFACTURING Co., Ltd.を設立
2008年7月	瑞顧克斯(常州)機械制造有限公司を設立
2012年10月	RIX Europe GmbHを設立
2013年1月	瑞顧克斯工業(大連)有限公司を設立

3094　(株)リテールパートナーズ
[証券コード]8167
[上場区分]東証二部

1954年3月	(株)防府大店を設立
1954年5月	(株)丸久に社名変更
1971年3月	丸久不動産開発(株)を設立
1979年10月	防府商業振興(株)を設立
1986年6月	(株)アルファシステムズを設立
1992年9月	(株)アトラスを設立
1993年12月	(株)丸久生鮮流通センターを設立
1993年12月	(株)四季彩を設立
2006年9月	(株)丸久保険サービスを設立
2010年9月	(株)ピクロスと(株)かいたを吸収合併
2012年3月	(株)サンマートを吸収合併
2015年7月	(株)リテールパートナーズに商号変更

3095　(株)リニカル
[証券コード]2183
[上場区分]東証一部

2005年6月	(株)リニカルを設立
2008年7月	LINICAL USA, INC.を設立
2013年5月	LINICAL TAIWAN CO., LTD.とLINICAL KOREA CO., LTD.を設立

3096　リーバイ・ストラウス ジャパン(株)
[証券コード]9836
[上場区分]ジャスダックスタンダード

1982年11月	リーバイ・ストラウス・インターナショナルが全額出資し(旧)リーバイ・ストラウス ジャパン(株)を設立
1988年12月	利須(株)と合併しリーバイ・ストラウス ジャパン(株)に社名変更
2010年1月	LVC JP(株)を設立

3097　リバーエレテック(株)
[証券コード]6666
[上場区分]ジャスダックスタンダード

1949年3月	富士産業(名)を創立
1951年3月	富士産業(株)に改組
1975年10月	台湾利巴股份有限公司を設立
1980年11月	River Electronics Corporationを設立
1986年12月	高雄力巴股份有限公司を設立
1988年6月	River Electronics (Singapore) Pte. Ltd.を設立
1989年11月	青森リバーテクノ(株)を設立
1990年7月	River Electronics (Ipoh) Sdn. Bhd.を設立
1991年10月	リバーエレテック(株)に社名変更
2000年12月	リバー金木(株)を設立(後:青森リバーテクノ(株))
2007年3月	River Electronics (Singapore) Pte. Ltd. (Shanghai Liaison Office)を設立
2009年10月	西安大河晶振科技有限公司を設立

3098　(株)リヒトラブ
[証券コード]7975
[上場区分]東証二部

1948年5月 リヒト産業(株)を設立
1968年12月 (株)リヒト商事を設立(後:アイ.ダブリュー.ガティ(株))
1985年10月 大江ビルサービス(株)を設立
1991年7月 (株)リヒトラブに社名変更
2004年12月 LIHIT LAB. VIETNAM INC.を設立
2008年2月 アイ.ダブリュー.ガティ(株)を吸収合併

3099　(株)リブセンス
[証券コード]6054
[上場区分]東証一部
2006年2月 (株)リブセンスを設立
2014年8月 Livesense Americaを設立

3100　(株)リプロセル
[証券コード]4978
[上場区分]ジャスダックグロース
2003年2月 (株)リプロセルを設立
2011年1月 ReproCELL USA Inc.を設立
2014年2月 RCパートナーズ(株)を設立

3101　リベレステ(株)
[証券コード]8887
[上場区分]ジャスダックスタンダード
1970年9月 (個)河合組を設立
1979年6月 (有)河合工務店に社名変更
1983年6月 (株)河合工務店に改組
1988年4月 トータル情報センター(株)を設立
1999年10月 リベレステ(株)に社名変更
2006年5月 ネコマホテル(株)を設立
2011年12月 トータル情報センター(株)を吸収合併
2013年3月 River Sky Homes Co., Ltdを設立

3102　(株)リミックスポイント
[証券コード]3825
[上場区分]東証マザーズ
2004年3月 (株)リミックスポイントを設立
2011年9月 (株)ディーシースクエアを吸収合併

3103　菱電商事(株)
[証券コード]8084
[上場区分]東証一部
1947年4月 (株)利興商会を設立
1952年11月 (株)大興商会と合併
1958年5月 菱電商事(株)に社名変更
1965年5月 大阪菱冷工業(株)を設立(後:菱商テクノ(株))
1975年10月 菱幸(株)を設立(後:リョーコー(株))
1976年2月 名古屋菱冷工業(株)を設立(後:菱商テクノ(株))
1985年4月 東京菱冷工業(株)を設立(後:菱商テクノ(株))
1990年4月 RYOSHO TECHNO SINGAPORE PTE LTDを設立
1994年7月 菱商香港有限公司を設立
1994年10月 東京菱商デバイス(株)と東京菱商物流(株)と大阪菱商物流(株)を設立
1995年4月 大阪菱商デバイス(株)を設立
1999年1月 RYOSHO U.S.A. INC.を設立
2001年7月 菱商電子(上海)有限公司を設立
2008年2月 RYOSHO (THAILAND) CO., LTD.を設立
2010年2月 台湾菱商股份有限公司を設立
2011年3月 RYOSHO EUROPE GmbHを設立
2012年8月 RYOSHO KOREA CO., LTD.を設立

3104　(株)良品計画
[証券コード]7453
[上場区分]東証一部
1989年6月 (株)良品計画を設立
1993年3月 (株)アール・ケイ・トラックを設立
1998年4月 RYOHIN KEIKAKU FRANCE S.A.Sを設立
2000年5月 ムジ・ネット(株)を設立
2001年3月 MUJI (HONG KONG) CO., LTD.を設立
2003年1月 MUJI (SINGAPORE) PRIVATE LTD.を設立
2003年8月 台湾無印良品股フン有限公司を設立
2004年9月 MUJI ITALIA S.p.Aを設立
2004年12月 MUJI Korea Co., Ltd.を設立
2005年5月 無印良品(上海)商業有限公司を設立
2005年7月 MUJI Deutschland GmbHを設立
2006年4月 MUJI Global Sourcing Private Limitedを設立
2006年8月 (株)ニューイデーを設立(後:(株)イデー)
2006年10月 MUJI U.S.A. Limitedを設立
2007年1月 MUJI EUROPE HOLDINGS LIMITEDを設立
2009年10月 愛姆吉斯(上海)貿易有限公司を設立
2011年10月 MUJI (MALAYSIA) SDN.BHD.を設立
2012年11月 MUJI RETAIL (Thailand) Co., Ltd.を設立
2013年5月 MUJI RETAIL (AUSTRALIA) PTY LTDを設立
2014年4月 MUJI CANADA LIMITEDを設立

3105　(株)両毛システムズ
[証券コード]9691
[上場区分]ジャスダックスタンダード
1970年1月 (株)両毛電子計算センターを設立
1982年6月 (株)両毛システムズに社名変更
1998年11月 (株)両毛ビジネスサポートを設立
2002年1月 (株)両毛データセンターを設立
2004年9月 ファイブ・スター・ソリューションズ・ベトナム・リミテッドを設立(後:リョウモウ・ベトナム・ソリューションズ・カンパニー・リミテッド)
2008年10月 (株)RSコンサルタンツを設立
2011年3月 (株)RSコンサルタンツを吸収合併
2015年1月 リョウモウ・フィリピンズ・インフォメーション・コーポレーションを設立

3106　菱洋エレクトロ(株)
[証券コード]8068
[上場区分]東証一部
1961年2月 菱洋電機(株)を設立
1985年6月 菱洋エレクトロ(株)に社名変更
1989年8月 RYOYO ELECTRO SINGAPORE PTE., LTD.を設立
1996年1月 RYOYO ELECTRO HONG KONG LIMITEDを設立

	1997年2月	RYOYO ELECTRO USA, INC.を設立	1985年6月	シェラー・リョービCORP.を設立
	1997年3月	台湾菱洋電子股份有限公司を設立	1985年9月	生野(株)を設立
	2003年8月	菱洋電子貿易(上海)有限公司を設立(後：菱洋電子(上海)有限公司)	1988年8月	リョービモータープロダクツCORP.を設立
	2004年9月	リョーヨーセミコン(株)を設立	1989年1月	リョービヨーロッパS.A.を設立
	2006年1月	RYOYO ELECTRO (THAILAND) CO., LTD.を設立	1990年2月	リョービアメリカCORP.を設立
	2006年10月	菱洋電子貿易(大連)有限公司を設立	1990年5月	リョービアルミニウムキャスティング(UK)，LIMITEDを設立

3107　(株)リョーサン
[証券コード]8140
[上場区分]東証一部

	1953年11月	(有)菱三電気を設立
	1957年3月	(株)菱三電気に改組
	1963年10月	(株)菱三貿易を設立
	1974年2月	HONG KONG RYOSAN LIMITEDを設立
	1976年6月	SINGAPORE RYOSAN PRIVATE LIMITEDを設立
	1979年1月	RYOTAI CORPORATIONを設立
	1980年4月	(株)鶴製作所を吸収合併
	1981年10月	(株)リョーサンに社名変更
	1985年10月	オムロン(株)と共同で出資し(株)エフエーリョーサンを設立
	1988年4月	(株)菱三貿易を吸収合併
	1988年12月	三菱樹脂(株)とラスコ(株)と共同で出資し(株)文字図形センターを設立
	1992年4月	(株)ウィル・ビジネスサービスを設立
	1996年4月	RYOSAN TECHNOLOGIES USA INC.を設立
	1997年11月	ZHONG LING INTERNATIONAL TRADING (SHANGHAI) CO., LTD.を設立
	2000年4月	(株)イーシーリョーサンを設立
	2001年2月	KOREA RYOSAN CORPORATIONを設立
	2001年11月	RYOSAN (THAILAND) CO., LTD.を設立
	2002年7月	RYOSAN IPC (MALAYSIA) SDN. BHD.を設立
	2002年12月	DALIAN F.T.Z RYOSAN INTERNATIONAL TRADING CO., LTD.を設立
	2008年11月	(株)サクシスと(株)ジャイロニクスを設立
	2012年3月	RYOSAN EUROPE GMBHを設立
	2014年4月	(株)リノベントを設立
	2014年9月	RYOSAN INDIA PRIVATE LIMITEDを設立

3108　リョービ(株)
[証券コード]5851
[上場区分]東証一部

	1943年12月	(株)菱備製作所を設立
	1966年5月	三良坂工業(株)を設立(後：リョービミラサカ(株))
	1966年8月	御調工業(株)を設立(後：リョービミツギ(株))
	1972年11月	世羅工業(株)を設立(後：リョービパワーツール(株))
	1973年9月	リョービ(株)に社名変更
	1982年4月	リョービオーストラリアPTY.LTD.を

		設立
	1985年6月	シェラー・リョービCORP.を設立
	1985年9月	生野(株)を設立
	1988年8月	リョービモータープロダクツCORP.を設立
	1989年1月	リョービヨーロッパS.A.を設立
	1990年2月	リョービアメリカCORP.を設立
	1990年5月	リョービアルミニウムキャスティング(UK)，LIMITEDを設立
	1994年1月	良明(大連)機器有限公司を設立(後：利優比(大連)机器有限公司)
	2005年4月	利優比圧鋳(大連)有限公司を設立
	2007年4月	アールディシーエム, S.de R.L.de C.V.を設立
	2010年11月	利優比圧鋳(常州)有限公司を設立
	2011年5月	リョービダイキャスティング(タイランド) CO., LTD.を設立
	2012年4月	リョービイマジクス(株)を吸収合併
	2014年1月	リョービMHIグラフィックテクノロジーを設立
	2014年10月	利佑比(上海)商貿有限公司を設立

3109　りらいあコミュニケーションズ(株)
[証券コード]4708
[上場区分]東証一部

	1987年6月	(株)もしもしホットラインを設立
	1998年4月	(株)チェスコム神奈川と合併
	1999年10月	テレガイド日本(株)と合併
	2007年9月	(株)アイヴィジットを設立
	2009年11月	MOCAP Vietnam Joint Stock Campanyをベトナムに設立
	2015年10月	りらいあコミュニケーションズ(株)に商号変更

3110　(株)リロ・ホールディング
[証券コード]8876
[上場区分]東証一部

	1967年3月	日本建装(株)を設立
	1969年1月	日本住建(株)に社名変更
	1984年5月	(株)日本リロケーションセンターに社名変更
	1989年6月	Relocation International (U.S.A), Inc.を合弁で設立
	1989年6月	(株)日本リロケーションに社名変更
	1990年5月	(株)リロケーション・ファイナンスを設立(後：(株)リロ・フィナンシャル・ソリューションズ)
	1999年10月	(株)福利厚生倶楽部九州を合弁で設立
	2000年5月	(株)福利厚生倶楽部中部を合弁で設立
	2000年7月	(株)福利厚生倶楽部中国を合弁で設立
	2001年7月	(株)リロケーション・ジャパンと(株)リロクラブを会社分割により設立し(株)リロ・ホールディングに社名変更(持株会社化)
	2001年8月	(株)リラックス・コミュニケーションズを設立(後：(株)リロクラブ)
	2003年10月	(株)リロ不動産投資顧問を設立(後：(株)リロエステート)
	2005年6月	(株)リロケーション・エキスパットサービスを設立(後：(株)リロケーション・インターナショナル)
	2009年9月	(株)アール・オー・アイを設立(後：(株)ワールドリゾートオペレーショ

ン)

3111　(株)リンガーハット
[証券コード]8200
[上場区分]東証一部

1964年3月	(株)浜かつを設立
1973年4月	(株)浜勝に社名変更
1973年8月	(株)サン・ナガサキを設立(後:(株)長崎ちゃんめん)
1982年3月	(株)キャプテンフードサービスを設立
1982年8月	(株)リンガーハットに社名変更
1992年6月	(株)リンガーハット山口を設立
1992年6月	(株)リンガーハット北関東を設立
1999年2月	(株)そこかしこを設立
1999年6月	リンガーハットリアルエステート(株)を設立(後解散)
1999年6月	リンガーハット情報システム(株)を設立
2001年3月	(株)浜勝を吸収合併
2003年12月	(株)長崎浜勝を吸収合併
2005年	レック(株)を吸収合併
2010年1月	Champion Foods Co., Ltd.を設立
2012年4月	Ringer Hut Hawaii Inc.を設立
2013年3月	Ringer Hut Hong Kong Co., Ltd.を設立

3112　(株)リンクアンドモチベーション
[証券コード]2170
[上場区分]東証一部

2000年3月	(株)リンクアンドモチベーションを設立
2004年12月	(株)リンクプレイスを設立
2009年2月	(株)リンクインベスターリレーションズを設立(後:(株)リンクコーポレイトコミュニケーションズ)
2010年11月	(株)モチベーションアカデミアを設立
2011年2月	(株)レイズアイを設立(後:(株)リンク・アイ)

3113　リンテック(株)
[証券コード]7966
[上場区分]東証一部

1927年4月	不二商会を設立
1931年8月	不二(名)に社名変更
1934年10月	不二紙工会社に社名変更
1964年3月	(株)不二紙工機械事業部を設立(後:FSKエンジニアリング(株))
1984年10月	**FSK(株)**に社名変更
1987年9月	FSK OF AMERICA, INC.を設立(後:LINTEC USA HOLDING, INC.)
1987年10月	FSKエンジニアリング(株)を合併
1990年4月	四国製紙(株)と創研化工(株)と合併しリンテック(株)に社名変更
1993年10月	琳得科(天津)実業有限公司を設立
1994年5月	PT.LINTEC INDONESIA.を設立
1995年10月	(株)エルホームを設立
1996年4月	モダン・プラスチック工業(株)と合併
2000年4月	LINTEC INDUSTRIES (MALAYSIA) SDN.BHD.を設立
2002年6月	琳得科(蘇州)科技有限公司を設立
2002年8月	LINTEC SPECIALITY FILMS (KOREA), INC.を設立
2002年10月	プリンテック(株)を設立
2003年8月	LINTEC SPECIALITY FILMS (TAIWAN), INC.を設立
2004年9月	LINTEC KOREA, INC.を設立
2007年3月	琳得科(無錫)科技有限公司を設立
2011年6月	LINTEC (THAILAND) CO., LTD.を設立
2012年7月	普林特科(天津)標簽有限公司を設立
2015年1月	LINTEC ASIA PACIFIC REGIONAL HEADQUARTERS PRIVATE LIMITEDを設立

3114　(株)ルック
[証券コード]8029
[上場区分]東証一部

1962年10月	(株)レナウンルックを設立
1963年11月	(株)レナウンモードを吸収合併
1986年1月	レナウンルック(H.K.) Ltd.を設立(後:ルック(H.K.) Ltd.)
1988年1月	(株)サンバウルルックを設立(後:(株)アイディールック)
2002年10月	(株)ルックに社名変更
2008年9月	(株)エル・ターミナルを設立
2008年12月	(株)エル・ロジスティクスを設立
2011年1月	(株)ルックモードを設立
2014年7月	(株)ヴェラ・ブラッドリー・スタイルを設立

3115　ルーデン・ホールディングス(株)
[証券コード]1400
[上場区分]ジャスダックグロース

2000年6月	(株)アライヴ コミュニティを設立
2006年3月	(株)エルトレードを設立
2006年3月	(株)オアシスソリューションを設立
2008年9月	ルーデン・ホールディングス(株)に社名変更

3116　(株)ルネサスイーストン
[証券コード]9995
[上場区分]東証一部

1954年12月	福島電気工業(株)を設立
1987年6月	(株)イーアンドイーを設立
1998年10月	(株)イーアンドイーを合併
1998年10月	(株)イーストンワークスを設立
2003年2月	EASTON ELECTRONICS (S) PTE. LTD.を設立(後:RENESAS EASTON (SINGAPORE) PTE. LTD.)
2004年7月	TAIWAN EASTON CO., LTD.を設立(後:台湾瑞薩易事通股份有限公司)
2005年10月	易事通(上海)貿易有限公司を設立(後:瑞薩易事通(上海)貿易有限公司)
2008年4月	EASTON ELECTRONICS (THAILAND) CO., LTD.を設立(後:RENESAS EASTON (THAILAND) CO., LTD.)
2009年4月	(株)ルネサスデバイス販売と合併し(株)ルネサスイーストンに商号変更
2013年1月	RENESAS EASTON AMERICA INC.を設立

3117　ルネサスエレクトロニクス(株)
[証券コード]6723

［上場区分］東証一部
　2002年11月　日本電気（株）の汎用DRAMを除く半導体事業を会社分割により分社化し**NECエレクトロニクス（株）**を設立
　2004年7月　NECファブサーブ（株）を設立
　2006年4月　NEC化合物デバイス（株）を簡易合併方式により当社に吸収合併
　2006年9月　NECエレクトロニクス韓国社を設立
　2006年11月　NECデバイスポート（株）を簡易合併方式により当社に吸収合併
　2010年4月　（株）ルネサステクノロジと合併し**ルネサスエレクトロニクス（株）**に商号変更
　2013年10月　ルネサスエレクトロニクス販売（株）を簡易合併方式により当社に吸収合併
　2014年2月　ルネサス エレクトロニクス・インド社を設立
　2014年10月　ルネサスモバイル（株）を簡易合併方式により当社に吸収合併

3118　（株）ルネサンス
［証券コード］2378
［上場区分］東証一部
　1982年8月　（株）ディッククリエーションを設立
　1989年7月　伊王島スポーツリゾート開発（株）を合弁で設立
　1990年4月　（株）ルネサンス棚倉を合弁で設立
　1991年5月　（株）リーヴ・スポーツを合弁で設立
　1992年3月　（株）**ディックルネサンス**に社名変更
　2000年12月　（株）スポーツクラブトリムを合併
　2003年7月　（株）**ルネサンス**に社名変更
　2004年7月　トーアスポーツ（株）を吸収合併
　2006年9月　（株）玉島スポーツプラザと合併
　2008年8月　（株）リーヴ・スポーツと合併
　2013年1月　RENAISSANCE OLYMPIA CO., LTDを設立
　2014年6月　RENAISSANCE VIETNAM, INC.を設立

3119　（株）レアジョブ
［証券コード］6096
［上場区分］東証マザーズ
　2007年10月　（株）レアジョブを設立
　2008年10月　RareJob Philippines, Inc.を設立

3120　（株）レイ
［証券コード］4317
［上場区分］ジャスダックスタンダード
　1981年6月　（株）スタジオ・レイを設立
　1990年8月　エム・シー・ビジョンズ（株）を合弁で設立
　1991年10月　（株）システム・レイと（株）レイ・グラフィックを吸収合併し（株）**レイ**に社名変更
　1995年3月　（株）マックレイを吸収合併
　1996年2月　（株）クラフトを設立
　1997年9月　（株）クレイグを設立
　1998年3月　住友商事（株）と住商エレクトロニクス（株）と共同で出資しデジタルサイト（株）を設立
　1998年5月　（株）クラフトを吸収合併
　1999年3月　（株）クレイグを吸収合併
　2004年9月　（株）ブレイズと（株）ブレントとマックレイ（株）を設立
　2005年12月　モバイルゲート（株）を設立
　2014年3月　（株）ウイーズ・ブレーンとマックレイ（株）を吸収合併

3121　（株）**LEOC**
　1983年4月　（株）ソデックスコーポレーションと合併し**ソデッソジャパン（株）**に社名変更
　1983年4月　（株）メディカルサポートを設立
　2003年8月　（株）**レオックジャパン**に社名変更
　2003年10月　（株）レオックフーズを設立
　2004年10月　東海旅客鉄道（株）と共同で出資し（株）レオック東海を設立
　2005年4月　（株）レオック東北と（株）フィートエンターテイメントを設立
　2005年6月　（株）レオックヒューマンケアを設立
　2011年4月　（株）レオック北日本と（株）レオック東北と（株）レオック関東と（株）レオック東京と（株）レオック南関東と（株）レオックサービスと（株）レオック関西と（株）レオック西日本と（株）レオックヒューマンケアと合併し（株）**LEOC**に社名変更
　2011年5月　（株）レオック東海と合併
　2012年4月　LEOC GLOBAL ASIA Co. Ltd.を設立
　2012年8月　SELF（HONG KONG）Co. Ltd.を設立
　2013年2月　LEOC U.S.A. Inc.を設立
　2013年10月　LEOC FRANCE SASを設立
　2014年7月　LEOC UK Limitedを設立
　2014年11月　LEOC California INC.を設立
　2015年2月　LEOC New York INC.を設立
　2015年4月　LEOC International Company Limitedを設立

3122　（株）レオパレス21
［証券コード］8848
［上場区分］東証一部
　1973年8月　（株）ミヤマを設立
　1985年4月　（株）東京ミヤマホームを吸収合併
　1987年2月　（株）ユニツアーズを設立（後：（株）ミヤマトラベル）
　1988年1月　Miyama Guam, Inc.を設立（後：Leopalace Guam Corporation）
　1989年10月　（株）**エムディアイ**に社名変更
　1991年12月　Miyama Guam Distributing Corporationを設立（後：Leopalace Guam Distributing Corporation）
　1996年9月　MGC Service Corporationを設立（後：Leopalace Guam Service Corporation）
　2000年7月　（株）**レオパレス二十一**に社名変更
　2006年6月　（株）**レオパレス21**に社名変更
　2006年9月　（株）レオパレス・リーシングとレオパレス損保プランニング（株）を設立
　2007年4月　（株）レオパレス・ファイナンスを設立（後：プラザ賃貸管理保証（株））
　2009年6月　レオパレス21ビジネスコンサルティング（上海）有限公司を設立
　2009年8月　（株）レオパレス・スマイルを設立
　2012年11月　（株）レオパレス・パワーとWoori & Leo PMC Co., Ltd.を設立
　2013年10月　Leopalace21（Thailand）CO., LTD.

2013年11月	を設立 LEOPALACE21 VIETNAM CO., LTD.を設立		2003年7月	サム・キャピタル・インベストメント) (有)アセット・ホールディングスを設立(後:(株)アセット・ホールディングス)
2013年12月	(株)アズ・ライフケアを設立		2008年1月	(株)レーサムに社名変更
2014年5月	(株)レオパレス・エナジーとレオパレス21(上海)プロパティマネジメント有限公司を設立		2013年4月	SOKNA PARTNERS CO., LTD.を設立
2014年6月	Leopalace21(Cambodia)Co., Ltd.を設立		2013年12月	Raysum Philippines, Inc.を設立
2014年8月	LEOPALACE21 REAL ESTATE (CAMBODIA) Co., Ltd.を設立			

3123　レオン自動機(株)
[証券コード]6272
[上場区分]東証一部

1963年3月	レオン自動機(株)を設立
1974年4月	レオンUSAを設立
1974年5月	レオンヨーロッパを設立
1978年4月	オレンジベーカリーを設立
1985年6月	(株)レオンアルミを設立
2008年1月	レオンアジアを設立
2008年7月	レオンフランスを設立

3124　レカム(株)
[証券コード]3323
[上場区分]ジャスダックスタンダード

1994年9月	(株)レカムジャパンを設立
1997年10月	(株)アイ・シー・エスと(株)リンクと(株)テレネックを吸収合併
2002年1月	レカム(株)に社名変更
2003年10月	大連賽卡睦通信信息服務有限公司を設立(後:大連賽卡睦通信設備有限公司)
2005年3月	大連賽卡睦通信設備有限公司を設立
2008年10月	レカムホールディングス(株)に社名変更
2008年10月	〈旧〉レカム(株)を設立
2010年9月	WizBiz(株)を設立
2011年10月	琉球レカム・リール(株)を設立
2013年6月	〈旧〉レカム(株)を吸収合併しレカム(株)に社名変更

3125　レーザーテック(株)
[証券コード]6920
[上場区分]東証一部

1960年7月	(有)東京アイ・テイ・ブイ研究所を設立
1962年8月	日本自動制御(株)を設立
1986年6月	レーザーテック(株)に社名変更
1986年7月	レーザーテック研究所を設立
1986年12月	レーザーテック・ユー・エス・エー・インクを設立
1987年6月	レーザーテック販売(株)を設立
1989年7月	レーザーテック研究所とレーザーテック販売(株)を吸収合併
2001年2月	レーザーテック・コリア・コーポレーションを設立
2010年6月	レーザーテック・タイワン・インクを設立

3126　(株)レーサム
[証券コード]8890
[上場区分]ジャスダックスタンダード

1992年5月	(株)レーサムリサーチを設立
2001年1月	(有)ギャレックを設立(後:(株)レー

3127　レシップホールディングス(株)
[証券コード]7213
[上場区分]東証一部

1953年3月	(株)三陽電機製作所を設立
1974年4月	三陽貿易(株)を設立(後:レシップ貿易事務代行(株))
1987年11月	THAI SANYO DENKI COMPANY LIMITEDを設立(後:THAI LECIP CORPORATION LIMITED)
1989年3月	三陽電子(株)を設立(後:レシップ電子(株))
1993年4月	三陽エンジニアリング(株)を設立
1995年4月	三陽アクセル(株)を設立
2002年1月	レシップ(株)に社名変更
2002年4月	三陽エンジニアリング(株)と三陽アクセル(株)を吸収合併
2002年6月	LECIP U.S.A., INC.を設立
2004年1月	レシップ上海電機有限公司を設立
2004年3月	レシップ貿易事務代行(株)を吸収合併
2005年3月	レシップ産業(株)を設立
2010年3月	LECIP INC.を設立
2010年10月	レシップホールディングス(株)に商号変更
2010年10月	岐阜DS管理(株)を設立
2010年10月	〈新〉レシップ(株)とレシップインターナショナル(株)を設立
2012年12月	LECIP(SINGAPORE) PTE LTDを設立
2014年8月	LECIP S.A. de C.V.を設立

3128　レック(株)
[証券コード]7874
[上場区分]東証一部

1983年3月	駿河工業(株)を設立
1992年1月	スルガ(株)に社名変更
2009年10月	レック(株)に社名変更
2009年10月	〈旧〉レック(株)を吸収合併(後:レック(株))
2010年6月	麗固日用品(南通)有限公司を設立
2012年1月	寧波利克化工有限公司を設立

3129　(株)レッグス
[証券コード]4286
[上場区分]東証一部

1988年3月	(株)レッグスを設立
1992年3月	(株)エスアイピーを設立
2005年1月	(株)プロコミットを設立
2008年10月	睿恪斯(上海)貿易有限公司を設立
2010年5月	VORTEX PROMOTIONS, INC.を設立
2011年2月	睿恪斯(上海)広告有限公司を設立
2012年3月	睿恪斯(深圳)貿易有限公司を設立
2013年8月	LEGS Singapore Pte.Ltd.を設立
2013年10月	(株)エム・アンド・アイを吸収合併

れつとふら

3130　(株)レッド・プラネット・ジャパン
[証券コード]3350
[上場区分]ジャスダックスタンダード

1999年6月	ダイキサウンド(株)を設立
2000年7月	(株)ディスカスを設立
2003年5月	(株)ゼロットを設立(後：ディスカス(後))
2005年7月	(株)e-musicを設立
2006年1月	(株)トレジャーミュージックを設立(後：ディスカス(後))
2006年2月	北京至高科技有限公司を設立(後株式譲渡)
2006年4月	Daiki Sound International, Inc.を設立(後解散)
2006年5月	(株)サウンドコンテンツ出版を設立(後：ディスカス(後))
2008年2月	ダイキエンターサイネージ(株)を設立
2011年3月	(株)フォンツ・ホールディングスに社名変更
2011年11月	(株)フォンツ・コアファンクションを設立
2011年12月	(株)フォンツ・ジュエリーを設立
2014年1月	(株)レッド・プラネット・ジャパンに社名変更

3131　(株)レデイ薬局

1959年7月	銀天街ストアーを開業
1968年7月	(株)レデイ薬局を設立
1998年2月	(株)アアバンレデイ薬局を吸収合併
1999年8月	(株)サカエレデイ薬局を吸収合併
2004年9月	(株)フアーマシートミナガ薬局を吸収合併
2005年6月	(株)WINドラッグを設立
2010年9月	(株)メディコ・二十一を吸収合併

3132　(株)レナウン
[証券コード]3606
[上場区分]東証一部

〈旧レナウン系〉

1930年	大阪佐々木営業部を設立
1931年4月	(株)東京佐々木営業部を設立
1935年2月	(株)大阪佐々木営業部に改組
1938年	(株)東京佐々木営業部と(株)大阪佐々木営業部を統合し(株)佐々木営業部に社名変更
1943年	佐々木実業(株)に社名変更
1944年12月	江商(株)が企業再建整備法により合併し江商(株)に社名変更
1947年9月	江商(株)より分離独立し佐々木営業部(株)に社名変更
1955年4月	レナウン商事(株)に社名変更
1956年10月	九州レナウン販売(株)を設立
1956年10月	中京レナウン販売(株)を設立
1956年10月	中国レナウン販売(株)を設立
1956年10月	中部レナウン販売(株)を設立
1956年10月	東北レナウン販売(株)を設立
1956年10月	北海道レナウン販売(株)を設立
1962年10月	(株)レナウンルックを設立
1967年11月	(株)レナウンに社名変更
1968年1月	レナウン工業(株)を合併
1968年4月	(株)レリアンを設立
1970年7月	(株)ダーバンを設立
1972年1月	(株)レナウンガーメントを設立

〈ダーバン系〉

1970年7月	(株)レナウンと(株)ニシキと伊藤忠商事(株)と三菱レイヨン(株)と(株)レナウンルックと共同で出資し(株)レナウンニシキを設立
1970年12月	(株)レナウンソーイングを設立(後閉鎖)
1972年1月	(株)ダーバンに社名変更
1973年2月	(株)ダーバン宮崎ソーイングを設立
1989年8月	(株)アルクーノを設立
1990年4月	(株)ドメインを設立
1990年6月	(株)アイディディジャパンを設立
1990年6月	(株)ダーバンインターフェイスを設立
1992年8月	(株)フレイムを設立
1993年9月	(株)アークを設立
2001年9月	(株)スプラウトを設立
2002年6月	(株)ダーバン物流を設立
2003年7月	(株)フレンチコネクションジャパンを設立

＊　＊　＊　＊

2004年3月	(株)レナウンと(株)ダーバンが共同し株式移転により(株)レナウンダーバンホールディングスを設立
2004年12月	(株)ポルトと(株)アルクーノを完全子会社化
2005年3月	(株)ポルトと(株)アルクーノを合併し(株)REDUインターフェイスに社名変更
2005年3月	(株)ダーバンと(株)レナウンオムが合併
2005年3月	(株)マキリスを吸収合併
2006年2月	(株)アニヤ・ハインドマーチジャパンを設立
2006年2月	(株)レナウンネクステージを吸収合併
2006年3月	(株)レナウンと(株)ダーバンを合併し(株)レナウンに商号変更
2006年3月	(株)レリアンを子会社化
2007年3月	(株)アイディディジャパンを吸収合併
2007年3月	(株)アキコオガワデザインスタジオを設立
2008年3月	(株)レナウンハートフルサポートを設立
2014年9月	(株)ジブ・リテイリングを設立

3133　レンゴー(株)
[証券コード]3941
[上場区分]東証一部

〈三成社系〉

1909年4月	(個)三成社を設立

〈レンゴー系〉

1920年5月	(個)三成社と(個)東紙器製造所と(個)栄立社と(株)大阪三成社と大阪紙器(株)を合併し聯合紙器(株)を設立
1923年11月	日本製紙(株)を合併
1942年10月	丸吉製紙(株)と日本紙器(株)を合併
1946年2月	大和紙器(株)を設立
1959年10月	聯合運送(株)を設立
1972年1月	レンゴー(株)に社名変更
1991年10月	福井化学工業(株)を合併
1994年4月	旭川レンゴー(株)を合併
1994年4月	新潟段ボール(株)を合併
1999年4月	セッツ(株)を合併

2011年4月	レンゴー・パッケージングInc.を設立

〈セッツ系〉
1947年11月	攝津板紙(株)を設立
1951年1月	攝津紙業(株)と相互紙器(株)を吸収合併
1986年10月	セッツ(株)に社名変更

3134 (株)レントラックス
[証券コード] 6045
[上場区分] 東証マザーズ
2005年12月	(株)コエルを設立
2006年1月	(株)レントラックスに商号変更
2007年8月	(株)クオリュクス&パートナーズを設立(後:(株)Anything)
2012年3月	RENTRACKS VIETNAM CO., LTDを設立

3135 (株)ロジコム
[証券コード] 8938
[上場区分] ジャスダックグロース
1987年6月	(株)フォルザインターナショナルを設立
1995年7月	(株)ロジコムに社名変更
1999年6月	(株)本荘マネジメントと合併
2007年7月	(株)ファニチャープランニングを設立
2009年8月	(株)ロジコム・アセットマネジメントを設立(後:(株)LCパートナーズ)
2009年11月	SJ Almaden II, Inc.を設立
2013年7月	(株)ファニチャープランニングを吸収合併
2014年5月	ロジコム・アセット・マネジメント(株)を設立(後:ロジコムリアルエステート(株))
2014年12月	(株)LCレンディングを設立

3136 (株)ロジネットジャパン
[証券コード] 9027
[上場区分] 札証
1950年3月	北海道運送(株)を設立
1960年4月	札幌通運(株)に社名変更
1961年4月	琴似運輸(株)を合併
1969年2月	北海運輸(株)を合併
1992年9月	十勝運輸(株)を合併
1994年4月	札幌市場荷役(株)を設立
1999年10月	札通ロジスティックス(株)を設立
2004年7月	(株)札通ロジスティックス東京を設立
2005年10月	中央通運(株)と共同で持株会社として(株)ロジネットジャパンを設立
2009年7月	札通トランスライン(株)を設立

3137 (株)ローソン
[証券コード] 2651
[上場区分] 東証一部
1975年4月	ダイエーローソン(株)を設立
1976年10月	(株)TVBサンチェーンを設立
1979年12月	(株)ローソンジャパンに社名変更
1989年10月	ローソン・サンチェーンを合併しダイエーコンビニエンスシステムズを設立
1996年6月	(株)ローソンに社名変更
2000年5月	(株)ローソン・イープランニングを設立
2000年10月	(株)アイ・コンビニエンスを設立
2001年5月	(株)ローソン・エイティエム・ネットワークスを設立
2004年3月	(株)ベストプラクティスを設立
2005年4月	(株)バリューローソンを設立(後:(株)九九プラス)
2010年4月	重慶羅森便利店有限公司を設立
2011年5月	Lawson Asia Pacific Holdings Pte. Ltd.を設立
2011年9月	大連羅森便利店有限公司を設立
2012年5月	羅森(中国)投資有限公司を設立
2012年7月	(株)SCIを設立
2013年11月	(株)ローソンマートを設立
2014年2月	(株)九九プラスを吸収合併
2014年7月	ローソンHMVエンタテイメント・ユナイテッド・シネマ・ホールディングス(株)を設立

3138 ローツェ(株)
[証券コード] 6323
[上場区分] ジャスダックスタンダード
1985年3月	(旧)ローツェ(株)を設立
1995年9月	日田砕石(株)と合併(額面変更のため)しローツェ(株)に社名変更
1996年2月	RORZE INTERNATIONAL PTE. LTD.を設立
1996年3月	RORZE TECHNOLOGY, INC.を設立
1996年10月	RORZE ROBOTECH INC.を設立(後:RORZE ROBOTECH CO., LTD.)
1996年11月	RORZE AUTOMATION, INC.を設立
1997年11月	RORZE SYSTEMS CORPORATIONを設立
2002年6月	VINA-BINGO CO., LTD.を設立
2003年6月	RORZE TECHNOLOGY SINGAPORE PTE. LTD.を設立
2004年5月	RORZE TECHNOLOGY CONSULTANTS(SIP)CO., LTD.を設立(後清算)
2008年6月	RORZE TECHNOLOGY TRADING CO., LTD.を設立
2013年2月	JIKA JIKA CO., LTD.を設立
2014年10月	NINGBO YUNYU MAGNETIC-TECH ELECTRICAL AND MECHANICAL CO., LTD.を設立

3139 (株)ロックオン
[証券コード] 3690
[上場区分] 東証マザーズ
2001年6月	(有)ロックオンを設立
2003年7月	(株)ロックオンへ組織変更
2010年11月	LOCKON marketing of U.S.A. inc.を設立
2013年12月	LOCKON Vietnam Co., Ltd.(ベトナム)を設立

3140 (株)ロック・フィールド
[証券コード] 2910
[上場区分] 東証一部
1972年6月	(株)ロック・フィールドを設立
1986年4月	コウベデリカテッセン(株)を吸収合併
1986年5月	コウベデリカテッセン(株)を設立
2012年8月	岩田(上海)餐飲管理有限公司を設立

ろつくへい

3141　ロックペイント（株）
［証券コード］4621
［上場区分］東証二部

1931年9月	創業者 辻 巌が個人にてラッカー性塗料の製造を始める
1952年4月	（株）ロック塗料製造所に改組
1955年7月	ロックペイント（株）に社名変更
1961年1月	ロック商事（株）を設立
1964年3月	ケミコ（株）を設立
1970年1月	ロックペイントタイランド（株）を設立（後解散）
1973年10月	デクスター社（米国）と共同出資しデクスター・ミドランド（株）を設立（後：バルスパーロック（株））
1983年11月	九州ロックペイント（株）を設立
1983年12月	ピーアイエー（株）を設立
1984年5月	関東ロックペイント（株）を設立
2009年1月	関東ロックペイント（株）と九州ロックペイント（株）を吸収合併
2011年5月	PT.ROCK PAINT INDONESIAを設立

3142　（株）ロッテホールディングス

1948年6月	（株）ロッテを設立
1959年12月	ロッテ商事（株）を設立
1961年8月	ロッテ不動産（株）を設立
1967年7月	（株）ロッテ・アドを設立
1967年12月	みどり商事（株）を設立
1968年7月	（株）ロッテ物産を設立
1968年10月	（株）ファミリーを設立
1969年1月	ロッテオリオンズを設立（後：（株）千葉ロッテマリーンズ）
1971年12月	ロッテ電子工業（株）を設立
1972年2月	（株）ロッテリアを設立
1976年10月	日本食品販売（株）を設立
1978年3月	（株）ロッテリースを設立
1978年9月	ロッテUSAを設立
1982年8月	（株）ムッターローザを設立
1982年8月	（株）ロッテ会館を設立
1985年9月	ロッテデータセンター（株）を設立
1987年4月	ロッテ物流（株）を設立
1987年6月	（株）ロッテサービスを設立
1988年3月	ロッテ冷菓（株）を設立（後：（株）ロッテアイス）
1989年1月	タイロッテを設立
1993年6月	ロッテインドネシアを設立
1996年3月	ロッテベトナムを設立
2002年10月	（株）ロッテスノーを設立（後：（株）ロッテアイス）
2005年4月	台湾楽天製菓を設立
2007年4月	（株）ロッテホールディングスを設立
2007年10月	ロッテマレーシアを設立
2009年1月	ロッテコンフェクショナリー フィリピーナスを設立
2010年11月	ロッテ・ド・ブラジルを設立
2011年9月	ロッテシンガポールを設立

3143　ロート製薬（株）
［証券コード］4527
［上場区分］東証一部

1899年2月	（個）山田安民薬房を設立
1949年9月	ロート製薬（株）に社名変更
1996年9月	ロート・インドネシア社を設立
1997年8月	ロート・メンソレータム・ベトナム社を設立
1998年3月	ロートUSAを設立
2010年5月	天津ロート社を設立

3144　（株）ロブテックス
［証券コード］5969
［上場区分］東証二部

1945年10月	日本理器（株）を設立
1977年5月	ロブスター販売（株）と合併
1988年	（株）ロブソンを設立（後：（株）ロブテックスファスニングシステム）
1990年	鳥取ロブスターツール（株）を設立
1991年	（株）ロブエースを設立
1992年10月	（株）ロブテックスに社名変更
2008年6月	（株）ロブテックスアンカーワークスと（株）ロブメディカルを設立

3145　ローヤル電機（株）
［証券コード］6593
［上場区分］ジャスダックスタンダード

1952年10月	ローヤル電機製作所を設立
1955年5月	ローヤル電機（株）に社名変更
1987年6月	台湾楽揚電機股份有限公司を設立
1994年5月	東陽電機（株）を設立（後：（株）浜口微生物研究所）
2005年4月	三洋電機クレジット（株）と共同で出資しRSインベストメント（株）を設立
2009年5月	ローヤルテクノ（株）を設立
2009年6月	（株）多賀製作所を設立

3146　ロングライフホールディング（株）
［証券コード］4355
［上場区分］ジャスダックスタンダード

1986年9月	（株）関西福祉事業社を設立
1998年4月	日本ロングライフ（株）に商号変更
1999年11月	（有）地域福祉商事と（有）ベテル・ケアを吸収合併
2003年11月	エルケアサポート（株）を設立
2006年8月	ロングライフプランニング（株）とロングライフエージェンシー（株）を設立
2006年12月	ロングライフダイニング（株）を設立
2007年12月	ロングライフ分割準備（株）を設立
2008年5月	ロングライフホールディング（株）に社名変更
2010年10月	ロングライフ国際事業投資（株）を設立
2010年11月	新華錦（青島）長楽頤養服務有限公司を設立
2011年5月	エルケア東北（株）を設立
2013年3月	PT.Jababeka Longlife Cityを設立
2013年4月	（株）トータルライフサポート研究所と共同でロングライフ・カシータ（株）を設立

3147　ロンシール工業（株）
［証券コード］4224
［上場区分］東証二部

1928年9月	川口ゴム製作所を設立
1943年12月	川口ゴム工業（株）に社名変更
1972年7月	ロンシールインコーポレイテッドを設立
1972年7月	ロンシール工業（株）に社名変更
1998年12月	（株）ロンエスを設立
2011年1月	龍喜陸（上海）貿易有限公司を設立

3148 ワイエイシイ(株)
[証券コード] 6298
[上場区分] 東証一部
1973年5月	ワイエイシイ(株)を設立
1975年8月	ワイエイシイサービスエンジニアリング(株)を設立(後:ワイエイシイエンジニアリング(株))
1984年2月	ヤックシステム(株)を設立
1991年4月	ヤックシステム(株)を吸収合併
1991年6月	ワイオーシイ(株)を設立
1995年10月	HYAC CorporationとDESITECH Pte Ltdを設立
2000年4月	(株)プラズマシステムを吸収合併
2009年12月	YAC Korea Co., Ltd.を設立
2010年5月	瓦愛新(上海)国際貿易有限公司を設立
2014年6月	(株)ワイエイシイダステックを設立

3149 ワイエスフード(株)
[証券コード] 3358
[上場区分] ジャスダックスタンダード
1994年5月	ワイエスフード(株)を設立
1994年9月	ワイエスシステム(株)を設立
2006年5月	YAMAGOYA (THAILAND) CO., LTD.を合弁で設立
2006年7月	ワイエスシステム(株)を吸収合併
2008年9月	ふくおか製麺(株)を設立
2015年4月	ふくおか製麺(株)を吸収合併

3150 YKK AP(株)
[証券コード]
[上場区分]
1957年7月	吉田商事(株)を設立
1976年4月	YKKインダストリーズ・シンガポール社を設立(後:YKK APシンガポール社)
1986年9月	YKKアルミコ・インドネシア社を設立(後:YKK APインドネシア社)
1990年2月	YKKアーキテクチュラルプロダクツ(株)に社名変更
1991年4月	YKK APアメリカ社を設立
1999年12月	YKK AP香港社と大連YKK AP社を設立
2000年10月	(株)プロスを設立
2001年2月	YKK AP深圳社を設立
2002年3月	YKK AP蘇州社を設立
2002年8月	東北YKK AP工業(株)と関東YKK AP工業(株)と中部YKK AP工業(株)と兵庫YKK AP工業(株)と九州YKK AP工業(株)を合併
2002年10月	YKK AP(株)に社名変更
2002年12月	YKK中国投資社を設立
2004年4月	北陸PG(株)を設立
2008年1月	YKK AP FACADE社とYKK AP上海社を設立
2011年12月	YKK APマレーシア社を設立
2013年7月	YKK AP FACADEベトナム社を設立
2015年4月	YKK APタイ社を設立

3151 YKT(株)
[証券コード] 2693
[上場区分] ジャスダックスタンダード
1924年3月	山本敬蔵、個人商店として築地に事業創業
1941年9月	山本工業(株)を設立
1949年2月	山本工業(株)より分離し(株)山本商会を設立
1967年9月	〈旧〉山本機械通商(株)に社名変更
1977年10月	山本機械通商(株)を設立
1997年4月	ワイケイティ(株)に社名変更
2001年10月	微科帝(上海)国際貿易有限公司を設立
2002年11月	YKT(株)に社名変更
2003年10月	(株)山本グループと合併
2005年1月	YKT Europe GmbHを設立
2006年12月	微科帝貿易股份有限公司を設立

3152 (株)ワイズテーブルコーポレーション
[証券コード] 2798
[上場区分] 東証二部
1999年3月	(有)ワイズテーブルコーポレーションを設立
2000年11月	(株)ワイズテーブルコーポレーションに改組
2001年9月	(株)ゼックスと(有)アザブイーストを合併
2004年12月	Y'S TABLE INTERNATIONAL CO., LIMITEDを設立
2005年6月	SALVATORE CUOMO JAPANを設立
2005年11月	PAUL BASSETT JAPANを設立
2006年9月	(株)A・C・Tを設立
2006年11月	(株)Y's & partnersを設立
2007年8月	(株)CRYSTAL JADE JAPANを設立
2009年8月	Y's table Asia Pacific Pte. Ltdを設立(後清算)
2012年6月	(株)SALVATORE CUOMO JAPANを吸収合併
2013年11月	微風和伊授桌餐飲管理顧問股份有限公司を設立
2014年9月	(株)シェフズ・ファームズを設立

3153 (株)和井田製作所
[証券コード] 6158
[上場区分] ジャスダックスタンダード
1946年10月	(株)和井田製作所を設立
1998年1月	WAIDA AMERICA INC.を設立(後清算)
1999年6月	和井田エンジニアリング(株)を設立(後清算)
2007年9月	WAIDA Europe GmbHを設立(後清算)
2012年3月	和井田友嘉精機股份有限公司を設立

3154 (株)ワイヤレスゲート
[証券コード] 9419
[上場区分] 東証マザーズ
2004年1月	(株)トリプレットゲートを設立
2011年3月	(株)ワイヤレスゲートに商号変更
2012年11月	(株)ワイヤレステクノロジー・ラボと(株)ワイヤレスマーケティング・ラボを設立
2014年7月	(株)ワイヤレステクノロジー・ラボを吸収合併

3155 (株)WOWOW
[証券コード] 4839
[上場区分] 東証一部
1984年12月	日本衛星放送(株)を設立
1990年4月	(株)ワウワウプログラミングを設立

1990年7月	(株)ワウワウ・ミュージック・インを設立 (後清算)
1998年2月	(株)ワウワウ・コミュニケーションズを設立 (後：(株)WOWOWコミュニケーションズ)
1998年11月	サンセントシネマワークス(株)を設立 (後清算)
2000年3月	(株)ワウワウ・マーケティングを設立 (後清算)
2000年6月	ワウワウクラブ・ドットコム(株)を設立 (後清算)
2000年7月	(株)シーエス・プロジェクトを設立 (後清算)
2000年12月	(株)**WOWOW**に社名変更
2001年9月	(株)ケータイワウワウを設立 (後清算)

3156 **(株)ワオ・コーポレーション**

1976年5月	(株)能力開発センターを設立
1979年3月	(株)能開総合教育センターに社名変更
1986年10月	(株)こども情報センターと合併
1987年1月	(株)教育総研に社名変更
1989年9月	(株)総研クレジットを設立 (後：(株)ジャパンファイナンスサービス)
1989年11月	(株)トラベライフを設立
1990年4月	(株)アシーナを設立
1990年5月	(株)アクシスを設立
1996年5月	(株)アイキューブを設立 (後：(株)ワオ出版)
1997年7月	〈旧〉(株)ワオ・コーポレーションを設立 (後：(株)ディーシーシーワオ)
2000年7月	(株)ワオ・コーポレーションに社名変更
2000年7月	(株)ワオネットを設立
2000年7月	(株)ワオワールドを設立
2000年7月	(株)ワントゥワンを設立
2003年2月	(株)ディーシーシーワオを合併
2004年3月	(株)ワントゥワンを合併
2005年	ルネサンス・アカデミー(株)を設立
2006年	WAO SINGAPORE PTE. LTD.を設立

3157 **わかもと製薬(株)**

[証券コード]4512
[上場区分]東証一部

1933年1月	(株)栄養と育児の会を設立
1935年12月	(株)わかもと本舗栄養と育児の会に社名変更
1942年7月	総合ビタミン(株)を合併
1943年7月	**わかもと製薬(株)**に社名変更
1944年3月	同仁製薬(株)を合併
2011年7月	信栄(株)を吸収合併

3158 **和光純薬工業(株)**

1922年6月	武田長兵衛商店より分離独立し**武田化学薬品(株)**として発足
1947年	**和光純薬工業(株)**に社名変更
1974年	ドイツ和光純薬(有)を設立
1981年	米国和光純薬(株)を設立
2012年	米国和光ホールディングス(株)と米国和光純薬(株)と米国和光ライフサイエンス(株)と米国和光オートメーション(株)と和光純耀(上海)化学有限公司を設立

3159 **和弘食品(株)**

[証券コード]2813
[上場区分]ジャスダックスタンダード

1964年3月	**和弘食品(株)**を設立
1970年5月	北海道和弘食品(株)に社名変更
1988年8月	**和弘食品(株)**に社名変更
2012年1月	WAKOU USA INC.を設立

3160 **(株)ワコム**

[証券コード]6727
[上場区分]東証一部

1983年7月	**(株)ワコム**を設立
1988年6月	ワコムコンピュータシステムズを設立 (後：ワコムヨーロッパ)
1991年8月	ワコムテクノロジーを設立
2000年3月	ワコムチャイナを設立
2004年4月	ワコムデジタルソリューションズを設立 (後：ワコムコリア)
2005年4月	ワコムオーストラリアを設立
2006年4月	ワコムホンコンを設立
2006年5月	ワコムシンガポールを設立
2008年9月	ワコムタイワンインフォメーションを設立
2010年8月	ワコムテクノロジーサービスを設立
2010年10月	ワコムインディアを設立

3161 **綿半ホールディングス(株)**

[証券コード]3199
[上場区分]東証二部

1949年2月	**(株)綿半銅鉄金物店**を設立
1953年10月	(株)島幸を設立 (後：(株)シマコー)
1966年4月	**綿半鋼機(株)**に商号変更
1967年10月	綿半地所(株)を設立 (後：綿半興産(株))
1968年8月	飯田軽石ブロック工業(株)を譲り受け綿半コンクリート工業(株)に商号変更 (後：綿半建材工業(株))
1977年1月	(株)綿半ホームエイドを設立
1995年4月	綿半テクノス(株)を設立
2000年4月	綿半緑化(株)と綿半建材工業(株)が合併し綿半インテックに社名変更
2003年4月	**綿半ホールディングス(株)**に商号変更

3162 **ワタベウェディング(株)**

[証券コード]4696
[上場区分]東証一部

1971年4月	**(株)ワタベ衣裳店**を設立
1989年10月	ワタベ・ユーエスエーINC.を設立
1993年2月	華徳培婚紗(上海)有限公司を設立 (後：華徳培婚礼用品(上海)有限公司)
1993年5月	ワタベ・オーストラリアPTY.LTD.を設立
1994年1月	ワタベ・サイパンINC.を設立
1995年6月	ワタベ・グアムINC.を設立
1996年2月	ワタベ・ヨーロッパS.A.R.L.を設立
1996年8月	**ワタベウェディング(株)**に社名変更
1997年10月	上海華徳培唯婷婚礼服務有限公司を設立 (後：華徳培婚礼用品(上海)有限公司)
2003年12月	沖縄ワタベウェディング(株)を設立
2004年10月	華徳培婚礼用品(上海)有限公司を設立
2005年4月	上海先衆西服有限公司を設立 (後：華徳培婚礼用品(上海)有限公司)

2005年12月	ワタベウェディング・ベトナムCO., LTD.を設立
2007年8月	華徳培薇婷香港有限公司を設立
2008年8月	メルパルク（株）を設立
2009年3月	華徳培婚禮股份有限公司を設立
2010年6月	（株）ツドイエを設立
2011年1月	ワタベ・シンガポールPTE.LTD.を設立
2014年2月	（株）ウェディング企画を設立（後：（株）クレッシェンドプロデュース）

3163　ワタミ（株）
［証券コード］7522
［上場区分］東証一部

1986年5月	（株）ワタミを設立
1987年2月	ワタミフードサービス（株）に社名変更
1998年7月	（株）ピー・エム・エスを設立（後：ワタミファーム＆エナジー（株））
1998年11月	ティージーアイ・フライデーズ・ジャパンを合弁で設立（後：ワタミフードシステムズ（株））
2000年11月	（株）カーラジェンテを設立
2002年3月	ワタミ手づくり厨房（株）と（有）ワタミファームを設立
2002年4月	（株）和み亭を設立
2003年4月	（株）和み亭と（株）カーラジェンテを吸収合併
2003年10月	ワタミ手づくり厨房（株）を吸収合併
2004年4月	ワタミメディカルサービス（株）を設立（後：ワタミの介護（株））
2004年7月	ワタミダイレクトフランチャイズシステムズ（株）を設立（後：ワタミフードシステムズ（株））
2005年4月	ワタミ（株）に社名変更
2005年5月	三商和民股份有限公司を設立（後：台灣和民餐飲股份有限公司）
2005年9月	（株）ワタミバイオ耕研を設立（後：（株）ワタミファーム）
2006年2月	ワタミフードサービス（株）を設立（後：ワタミフードシステムズ（株））
2006年3月	ワタミ医療サービス（株）を設立
2008年10月	和民國際有限公司を設立
2008年11月	WATAMI FOOD SERVICE SINGAPORE PTE.LTDを設立
2011年8月	和民餐飲管理（上海）有限公司を設立
2012年11月	GNS WATAMI FOOD AND BEVERAGE SERVICE CO., LTD.を合弁で設立
2013年12月	Delis Watami Cambodia Co. Ltd.を合弁で設立

3164　（株）ワッツ
［証券コード］2735
［上場区分］東証一部

1995年2月	（株）ワッツを設立
2005年3月	（株）関東ワッツと（株）中部ワッツと（株）関西ワッツと（株）中四国ワッツと（株）九州ワッツを設立
2006年5月	（株）バリュー100を設立
2008年6月	（株）ワッツオースリー販売を設立
2009年1月	Thai Watts Co., Ltd.を設立
2011年5月	（株）ワッツオースリー北海道を設立
2012年3月	寧波喜美客家居用品有限公司を設立
2012年10月	Watts Harrisons Sdn. Bhd.を設立
2013年9月	上海望趣商貿有限公司を設立
2014年5月	（株）シーエムケー・トレーディングを吸収合併
2014年8月	Watts Peru S.A.C.を設立

3165　わらべや日洋（株）
［証券コード］2918
［上場区分］東証一部

1964年3月	日東石油（株）を設立
1964年10月	日洋産業（株）に社名変更
1971年7月	日洋フーズ（株）を設立（後：（株）日洋）
1975年5月	日洋デリカ（株）を設立（後：（株）わらべや本店）
1979年1月	日洋設備機器（株）を設立
1982年6月	TOKYO BENTO NICHIYO, INC.を設立（後：WARABEYA USA, INC.）
1984年3月	（株）わらべや本店と合併しわらべや日洋（株）に社名変更
1987年8月	日洋物流（株）を設立（後：（株）ベストランス）
1992年1月	（株）穂高を吸収合併
1995年10月	わらべや福島（株）を設立
1996年5月	わらべや関西（株）を設立
2002年7月	わらべや東海（株）を設立
2002年8月	（株）ニチヨーテックを設立
2004年5月	（株）アロマパーティクルニチヨーを設立
2005年3月	わらべや北海道（株）と（株）わらべやを設立
2010年9月	（株）デリモアを吸収合併
2011年3月	（株）フレボファームを設立

3166　（株）ワールド

1959年1月	（株）ワールドを設立
1975年2月	（株）リザを設立
1978年1月	（株）エスプリを設立
1979年12月	（株）ワールドファッション・エス・イーを設立
1980年8月	（株）ワールドテキスタイルを設立
1980年11月	（株）ワールドインダストリーを設立
1981年4月	（株）ノーブルグーを設立
1984年8月	（株）ルモンデグルメを設立
1986年11月	（株）エスプリツーリストを設立
1987年10月	（株）ワールドサービスを吸収合併
1991年2月	（株）オリゾンティを設立
2000年	（株）ワールドストアパートナーズを設立
2003年	（株）ワールドビジネスブレインを設立
2004年	（株）イッツデモを設立
2004年	（株）ワールドビジネスサポートを設立
2007年	世界時興（上海）貿易有限公司を設立
2009年	（株）ホールファクトリーを設立（後：（株）ワールドインダストリーニット）
2011年	（株）ファッション・コ・ラボと（株）ワールドフランチャイズシステムズと世界連合（上海）管理有限公司を設立

3167　（株）ワールドホールディングス
［証券コード］2429
［上場区分］ジャスダックスタンダード

1993年2月	（株）ワールドインテックを設立
2003年7月	（株）ワールドコーディネーターバンク

	と台湾英特科人力（股）を設立
2008年8月	悟路徳商務諮詢（上海）有限公司を設立
2010年2月	（株）アドバンを設立
2010年4月	（株）ワールドレジデンシャルを設立
2012年2月	（株）ワールドアイシティを設立
2012年3月	（株）ワールドインテック福島を設立
2013年1月	（株）ウィステリアホームズを設立（後：（株）ワールドウィステリアホームズ）
2014年7月	（株）ワールドホールディングスに社名変更

3168　（株）ワンダーコーポレーション
［証券コード］3344
［上場区分］ジャスダックスタンダード

1988年3月	（株）カスミ家電を設立
1999年9月	（株）ワンダーネットを設立
2000年1月	（株）ワンダーコーポレーションに社名変更
2002年4月	（株）中部ワンダックスを設立
2006年3月	（株）ブックランドカスミを吸収合併
2006年4月	（株）TSUTAYAワンダーグーを合弁で設立
2007年3月	（株）中部ワンダックスと（株）近畿ワンダックスを吸収合併
2015年3月	（株）ニューウェイブディストリビューションを設立

3169　（株）ワンダーテーブル

1946年7月	三井船舶（株）より分離独立し協同水産（株）を設立
1951年5月	協同海運（株）に社名変更
1953年8月	宝永汽船（株）と蓬莱タンカー（株）を吸収合併し富士汽船（株）に社名変更
1954年9月	千代田汽船（株）を吸収合併
1972年7月	極東船舶（株）と合併
2000年10月	（株）ワンダーテーブルに社名変更
2002年7月	（株）ヒューマックスハートを吸収合併
2013年4月	Wondertable Thailand Co., Ltd.を設立
2015年6月	Wondertable USA Corporationを設立

社 名 索 引

【あ】

社名	ページ
アアバンレデイ薬局	3131
アイ・アム	0213
アイ・アム＆インターワークス	0213
アイ・アール・アイ コマースアンドテクノロジー	0188
IRIユビテック	3018
アイアールエス精工	0200
アイ・アール・エム	0568
アイ・アール債権回収	0069
IR任意組合	1640
I&Iエグゼクティブエージェント	0213
愛安徳技研貿易（上海）有限公司	0260
愛安徳電子（深圳）有限公司	0260
アイ・アンド・ケイ	0620
アイ・アンド・コム	1539
アイ・イー・エー	2550
アイ・イー・エス	0024
アイウィル	2377
アイエー	0004
IHI	0001
IHI運搬機械	0002
IHI建材工業	0003
アイ・エイチ・アイ・パーキング・テクノス	0002
アイエーグループ	0004
アイ・エス・アイ	2252, 2984
ISIDアドバンストアウトソーシング	1772
ISIDエンジニアリング	1772
ISIDテクノソリューションズ	1772
アイエスアイディ・デロイト	1772
ISIDビジネスコンサルティング	1772
ISID北海道	1772
アイエスアイディ・ホライゾン	1772
アイ・エス・インダストリーズ SDN.BHD.	1367
アイエスシー化学	0792
アイエス精機	3010
アイ・エス・ソリューション	0396
アイ・エス・ティ北海道	2658
アイ・エス・ビー	0005
アイエスビー応用システム	0005
アイエスビー東北	0005
ISBパーソナルサービス	0005
アイエスビー・ブレインズ	0005
アイエックス	0006
アイエックスときわテクノロジー	0006
アイエックス・ナレッジ	0006
アイエックス・ナレッジ	0646
アイ・エヌ・エイ生命保険	1442
アイ・エヌ・エイひまわり生命保険	1442
アイエヌジー・エージェンシー	0342
アイ・エヌ・ジーコミュニケーションズ	0460
アイエヌジー生命保険	0342
アイ・エフ・シー	0062
アイエフネット	0371
アイ・エム・シー	2649
IMV	0007
アイ・エム・ファンド	0039
アイエムブイ	0007
アイエムボートリー	0057
相生合同自動車	1224
あいおい損害保険	0008
あいおいニッセイ同和損害保険	0008
アイオーク	0460
アイオーテクノ	0778
アイ・オー・データ機器	0009
アイ・オー・データ機器	2429
アイ・オー・ネット	0009
足利無尽	1917
アイカ工業	0010
アイカ工業	0023
アイカ中国	0010
アイカ電子	0010
アイカ販売	0010
アイ・カフェ	1705
安威川水力電気	0781
鮎川捕鯨	0693
愛起	1225
愛客彩股份有限公司	0287
アイ・キャンパス	1980
アイ・キュー	0706
愛笛科技有限公司	0116
アイキューブ	3156
愛協産業	0014
泰極（広州）汽車内飾有限公司	1594
愛銀コンピュータサービス	0020
愛銀ディーシーカード	0020
愛銀ビジネスサービス	0020
愛銀ファイナンス	0020
愛銀ファクター	0020
あいけあ	0038
アイケア	0012
アイケイ	0011
IKIアットラーニング	0006
艾克欧東晟商貿（上海）有限公司	2171
アイケイオー販売	2171
アイ・ケイ・ケイ	0012
アイ・ケイ・ケイ不動産	0012
アイケイコーポレーション	2300
アイケイ商事	0011
アイケイモーターサイクル	2300
アイケーケーセンター	0203
愛光商事	3082
愛国製粉	2069
愛国煉乳	2925
アイコーサービス	0022
アイコーシステム輸送	1953
アイコス	0034
アイコー倉庫	1953
アイコム	0006
アイコン	2803
アイコンセプト	0901
アイ・コンビニエンス	3137
アイザス	2369
アイザック	1825
アイザワ・インベストメンツ	0013
藍澤證券	0013
藍澤商店	0013
藍澤投資顧問	0013
アイザワ・ベンチャー1号投資事業有限責任組合	0013
アイザワ・ベンチャー2号投資事業有限責任組合	0013
アイザワ3号投資事業有限責任組合	0013
アイサン	0015
愛三熊本	0014
愛三工業	0014
アイサンソフトウェア	0015
アイサンソフトウェアー	0015
アイサンテクノロジー	0015
アイサン東海	0015
IJTテクノロジーホールディングス	0016
アイ・シー・エス	0199, 1258, 3124
アイシーエル	0926
愛史科電子貿易（上海）有限公司	0311
アイシス	2322
ICソリューションズ	1979
アイジータツノコ	0017
アイシーティー	2143
愛思徳（杭州）珠宝有限公司	0106
アイシーピー	1705
IGポート	0017
愛捷是（広州）商務服務有限公司	0272
愛捷是（北京）商務服務有限公司	0272
愛司聯發軟件科技（上海）有限公司	0296
愛信精工〔ENPLAS（KOREA），INC.〕	0398
会津勧業無尽	1493
会津銀行	1862
会津セコニック	1359
アイスター	1320
アイ・スタイル	0018
アイスタイル	0018
アイスタイルキャピタル	0018
アイスタイルトレーディング	0018

社名	番号
アイスタイル・マーケティングソリューションズ	0018
会津タムラ製作所	1613
アイステッチ	0856
会津木材防腐	1512
愛誠会	0019
アイセイテック	0023
アイセイ・メディケア	0019
アイセイ薬局	0019
愛績昊（上海）信息科技有限公司	0141, 1121
アイセコ	1412
izmデザイン	0251
アイゼン保土谷	2667
アイタック	2033
アイ・タック技研	0638
アイ.ダブリュー.ガティ	3098
愛知海産興業	0536
愛知化学工業	0010, 0023
愛知カシオ	0537
愛知缶詰興業	0536
愛知機器	0023
アイチ木曽岬精工	0023
愛知銀行	0020
愛陸電子貿易（上海）有限公司	0388
愛知クレジットサービス	0281
愛知県自動車整備配給	0281
愛知県自動車配給	0281
愛知興業	2003
愛知航空機	0023
愛知合同無尽	0020
愛知小型運輸	1953
アイチコーポレーション	0021
愛知サンカー販売	0281
愛知自動車総合サービス	2979
愛知車輛	0021
愛知車輛九州販売会社	0021
愛知車輛工業	0021
愛知車輛工業	0021
愛知車輛四国販売	0021
愛知車輛中国販売会社	0021
愛知車輛東北販売	0021
愛知車輛北陸販売会社	0021
愛知車輛北海道販売	0021
愛知住宅工業	2771
愛知商事	0536
アイチ情報システム	0022
愛知食糧品製造	0536
愛知スズキ販売	0281
愛知精機	0724
愛知製鋼	0022
愛知製鋼	1944
愛知製粉	1856
愛知ダイカスト工業	2867
アイチップス・テクノロジー	0194
愛知電機	0023
愛知電気鉄道	2001
愛知電工	0023
愛知電子	1225
愛知電子（中山）有限公司	1225
愛知電子（香港）有限公司	1225
愛知電装	0010, 1770
愛知特殊印刷	1624
愛知時計製造	0023
愛知時計電機	0023
愛知時計電機	0010
愛知トマト	0536
愛知トマト製造	0536
愛知トマトソース製造	0536
愛知トヨタ興業	0281
愛知トヨタ自動車	0281
愛知トヨタ総合開発	0281
愛知トヨタ販売	0281
愛知燃料機合同	0281
愛知フェンス工業	1369
愛知琺瑯	1943
アイチ・マイクロ・インテリジェント	0022
愛知ミサワホーム	2771
愛知無尽	0020
愛知洋紙店	1236
愛寵頂級（北京）商貿有限公司	0291
愛知菱重施設	2813
アイ・ディ	1720
アイディアラボ	1750
和泉電気	0024
ITエージェント	2567
アイ・ティ・エス	3037
アイ・ディー・エス・ピー	0460
アイディーエナジー	0209
ITエンジニアリング	1661
アイティークルー	3063
ITサービスフォース	0027
ITCNアシスト	0862
アイ・ティー・シーネットワーク	0862
アイ・ティー・シーネットワークサービス	0862
ITGマーケティング	0009
ITCモバイル	0862
アイ・ティ・ジャパン	0006
ITストレージサービス	2262
アイティ ソリューション サービス	1322
アイディディジャパン	3132
ITPセールス	2137
アイティフォー	0025
ITbook	0026
アイティープレコン	0003, 1565
アイディホーム	0161
ITホールディングス	0027
アイティメディア	0028
アイ・ディ・ユー	1446
アイディーユー	2200
アイディーユーコム・ドットコム	2200
アイディーユー総合事務所	0308
アイディーユービービー	2200
アイディーユープラス	2200
アイディールルック	3114
アイディール・ライフ	0244
アイティーワーク	1557
アイテクノ	0778, 2265
アイテス	2173, 2655
アイ・テック	0029
アイテック	2993
アイテック運輸	0029
アイデックコントロールズ	0024
アイデックシステムズ	0024
アイテックス	0234
アイ・テックストラクチャー	0029
アイテック阪神ハンシン	2376
アイテムプラス	2428
愛東	2086
愛徳威広告（上海）有限公司	0114
愛徳威軟件開発（上海）有限公司	0114
愛特（香港）有限公司	0257
アイナボホールディングス	0030
愛柏包装制品貿易（深圳）有限公司	1503
アイパック	0708
アイビー	0170, 0926, 2963
アイピーアンドケイ	0035
アイ・ピー・エス	0031
アイ・ピー・エス	2252
アイピーエス・ノート	0031
アイビー化粧品	0032
アイ・ビー・コーポレーション	0118
アイピーサポート	1193
IBJ	0033
アイヴィジット	3109
アイビス	2078
アイビーダイワ	0763
アイビックジェイピードットコム	0049
アーイ引越センター	0909
アイヴィット	2871
アイ・ビー・ティー	0646
アイピー・テレコム	1094
アイビート	0313
アイピー・ブロス	2473
愛ファクトリー	0223
アイ・ファミリーマート	2461
アイフィス	0005
アイフィス・インベストメント・マネジメント	0034
アイフィスジャパン	0034
愛富士士（中国）投資有限公司	0369
アイフラッグ	0035
アイブラティナ	0032
アイプラン	0088
アイフリーク	0036
アイフリークホールディングス	0036
アイフル	3053

社名	ページ
アイフルホームテクノロジー	3073
アイペックス	1453
アイホー	0010
愛蓬（中国）商貿有限公司	0152
愛姆吉斯（上海）貿易有限公司	3104
アイ・ポーク	3039
あいホールディングス	0037
アイム	0157
アイメタルテクノロジー	0016
アイメディアドライブ	0018
藍屋	1270
愛雅仕商貿	1502
愛雅仕商貿（北京）有限公司（後	1502
アイ・ユー・ケイ	1773
アイヨンテック	0444
愛ライフ	1629
i・ライフソリューションズ	1219
アイラッシュガレージ	2435
アイル	1077
愛麗絲（北京）摂影工作室有限公司	1284
アイレックス	0023
アイレップ	0038
アイレムソフトウェアエンジニアリング	0273
アイロム	0039
アイロム・プロスタッフ	0039
アイロムホールディングス	0039
アイロムメディック	0039
アイロンジャパン	2324
アイワ	1422
アイワイバンク銀行	1372, 1373
新土屋ホーム	1672
アウディジャパン	2943
AURAエンジニアリング	0800
アウラ・シーイー	3052
アウン沖縄ラボラトリーズ	0040
アウンコンサルティング	0040
葵信用保証	1108
葵デジタルクリエーション	0042
アオイ電子	0041
AOI Pro.	0042
葵プロモーション	0042
葵リース	1108
AOKIホールディングス	0043
アオキインターナショナル	0043
青木食品	1286
青木染工場	0334
青木二階堂	0710
青木二階堂薬局	0710
アオキファッション	0043
アオキファッション販売	0043
あおぎんカードサービス	0046
青銀キャッシュビジネス	0046
あおぎんクレジットカード	0046
あおぎんコンピュータサービス	0046
あおぎんジェーシービーカード	0046
あおぎん信用保証	0046
青銀スタッフサービス	0046
あおぎんディーシーカード	0046
あおぎん抵当証券	0046
青銀ビジネスサービス	0046
青銀不動産調査	0046
あおぎんリース	0046
あおぞらインベストメント	0044
あおぞら銀行	0044
あおぞら銀行グループ	0364
あおぞら債権回収	0044
あおぞら信託銀行	0044
あおぞら地域総研	0044
あおぞら投信	0044
あおぞら不動産投資顧問	0044
青葉	2993
アヲハタ	0045
青葉台電子	0417
アヲハタエフエムサプライ	0045
青旗缶詰	0045
アヲハタ興産	0045
青味	0048
青森アトム	0297
青森キーコーヒー	0620
青森木村コーヒー	0620
青森銀行	0046
青森コンデンサ	0388
青森商業銀行	2783
青森ゼネラル	2530
青森地域社会研究所	0046
青森貯蓄銀行	2783
青森電装	2449
青森ミツワ電機	2828
青森リバーテクノ	3097
青山	0048
アオヤマ・ウエルス・マネジメント・プライベート・リミテッド	0047
青山ガーデン	1556
青山キャピタル	0048
青山財産ネットワークス	0047
青山財産ネットワークスUSA	0047
青山商事	0048
青山綜合エステート	0047
青山ブックセンター	2556
アオンズエステート	0094
アガ	1592
赤石木材工業	1906
赤城カートランド	0540
赤城電子	1535
阿賀高原開発	2492
アガ コスメティックス	1592
赤坂銀行	1177
明石ステーション・センター	2028
明石製作所	0644
明石製粉	2733
明石丸海	1481
暁印刷	2383
暁教育図書	0815
暁事業再生ファンド	0047
暁精機	1097
暁電波工業	0660
アーガスケミカル社	0112
赤線検温器	1760, 2918
赤谷鉱産	2080
あかつきキャピタルマネジメント	0049
アカツキ商事	2125
あかつきビーピー	2383
あかつきフィナンシャルグループ	0049
アガツマ	1572
アーカンソー・スチール・アソシエイツLLC	2961
秋川食品	0050
秋川牧園	0050
あきぎんオフィスサービス	0051
あきぎんコンピュータサービス	0051
秋銀スタッフサービス	0051
秋銀ビジネスサービス	0051
秋銀不動産調査サービス	0051
アキコオガワデザインスタジオ	3132
秋田エイテック	0088
秋田エレコン	2555
秋田ガルバー	1602
秋田銀行	0051
秋田グランドリース	0051
秋田国際カード	0051
秋田指月	1109
秋田ジェーシービーカード	0051
秋田ジンクソリューションズ	1971
秋田ジンクリサイクリング	1971
秋田住友ベーク	1325
秋田製靴	3071
秋田製錬	1971
秋田ダイケン	1467
秋田電通建設	1710
秋田日石	2065
秋田ビューホテル	2179
秋田ファーム	2472
秋田ベークライト	1325
秋田保証サービス	0051
秋田ミツミ	2825
秋田ミツワ電機	2828
秋田妙徳	2845
秋田木工	0433
秋田ワシントンホテル	2527
秋津海運	0693
アキツ工業	1264
秋津冷蔵	0693
アーキテクツ・スタジオ・ジャパン	0052

アーキテクノ … 1672	アクーヴ・ラボ … 0179	アゴーラ・ホテルマネジメント伊豆 … 0070
阿久根ゼンチク … 1286	アクモス … 0062	アコレ … 2707
アキュロムセントラルヨーロッパ … 2520	アークランドサカモト … 0063	朝岡香辛料 … 0650
アキュロムメキシコ … 2520	アークランドサカモト … 1183	アサカエムアール … 0072
アキュロムU.S.A.インコーポレーテッド … 2520	アークランドサービス … 0064	アサカケミカル … 0072
アキュロム（U.K.）リミテッド … 2520	アークランドサービス … 0063	アサカ弘運 … 0072
アキラ … 0642	アークランドマルハミート … 0064	朝香工芸 … 0463
秋和建設 … 2557	アクリーティブ … 0065	朝香工芸社 … 0463
商人 … 0929	アクリーティブ・ファイナンス … 0065	アサカ, マテイアリアル, リデュース … 0072
あきんどスシロー … 0053	アグリトレード … 2373	アサガミ … 0071
アーク … 0248, 3132	アクリフーズ … 2746	浅上航運倉庫 … 0071
アクア … 0874	アグルー・ジャパン … 2293	浅上重機作業 … 0071
アクア・アート … 2564	アグレックス … 0027	浅上倉庫 … 0071
アクア・グラツィエ … 1663	アクレーテク・マイクロテクノロジ … 1822	アサガミプレスいばらき … 0071
アクアクララ東北 … 2973	ACRO … 2673	アサガミプレス物流 … 0071
アクアサービス … 0707	アクロス … 0711	アサカ理研 … 0072
アクアテクノサービス … 0707	アクロディア … 0066	アサカ理研工業 … 0072
アクアプラス … 0638	アグロメデック … 2042	浅草紙工 … 1158
アクアブルー … 2653	アゲイン … 1705	浅草ビューホテル … 2179
アクアリウムコンピューター … 1743	上尾企画 … 1303	浅草楽天地 … 1836
アクイジオジャパン … 0038	明科電子工業 … 2646	あさくまサクセッション … 1774
アクサ ジャパン ホールディング … 0054	明智セラミックス … 1835	アサクラ … 1527
アクサ生命保険 … 0054	明知耐火煉瓦 … 1835	朝里川温泉開発 … 0540
アクサ生命保険 … 0055	曙アドバンスドエンジニアリング … 0067	浅田商事 … 3077
アクサダイレクト生命保険 … 0055	曙石綿工業 … 0067	浅田商店 … 2380
アクサニチダン生命保険 … 0055	曙石綿工業所 … 0067	アサツーインターナショナル … 0074
アクサニチダン保険ホールディング … 0054, 0055	曙インターナショナル … 0067	アサックス … 0073
アクサ保険ホールディングス … 0054	曙産業 … 0067	アサックス債権回収 … 0073
アクシアル リテイリング … 0056	アケボノテック … 0067	アサツー ディ・ケイ … 0074
アクシーズ … 0057	曙ブレーキ岩槻製造 … 0067	アサツー ディ・ケイ … 1742
アクシス … 0416, 3156	曙ブレーキ工業 … 0067	淺沼組 … 0075
アクシスケミカル … 0057	曙ブレーキ産機鉄道部品販売 … 0067	淺沼建物 … 0075
アクシスデバイス・テクノロジー … 0984	曙ブレーキ館林製造 … 0067	浅野カーリット … 0576
アクシーズフーズ … 0057	曙ブレーキ中央技術研究所 … 0067	浅野研究所 … 1667
アクシヴエイベックス・プランニング＆デベロップメント … 0284	曙ブレーキ福島製造 … 0067	浅野小倉製鋼所 … 1821
	曙ブレーキ三春製造 … 0067	アサノスレート … 0259
アクシブドットコム … 2672	曙ブレーキ山形製造 … 0067	浅野スレート … 0259
ACCESS … 0058	曙兵器工業 … 0067	浅野スレート工場 … 0259
アクセス … 0058, 0348	曙マネジメントサービス … 0067	浅野セメント … 0259, 0576, 1699
アクセスパブリッシング … 0058	あけぼの123 … 0067	浅野セメント川崎工場 … 1699
アクセル … 0059	赤穂交通 … 1224	浅野パイプ … 0259
アクセル徳島 … 3045	アコース … 1693	浅野物産 … 2098
アクセルマーク … 0060	アコーディアAH02 … 0068	浅野防火建材 … 0259
アクセル松山 … 3045	アコーディア・ガーデン甲子園浜 … 0068	朝日 … 0775, 0963
アークダイニング … 0064	アコーディア・ゴルフ … 0068	アサヒアジア … 0088
アクタス … 2833	アコーディアゴルフ … 0068	アサヒ, アジア, フォト, エンジニアリング … 0088
アクティ … 2841	アコーディア・ゴルフ・アセット合同会社 … 0068	アサヒアメリカホールディングス … 0083
アクティブ・ブレインズ・トラス … 0803	アコーディア・リテール … 0068	朝日石綿工業 … 0259
アクティブワーク … 0953	アコード・システム … 0803	朝日インテック … 0076
アクティ二十一 … 0519	アコム … 0069	朝日インテックJセールス … 0076
アクト企画 … 0097	アコム … 2823	旭運輸 … 0599
アクトコール … 0061	アコヤ興産 … 1591	アサヒエージェンシー … 0628
	あこや商事 … 1591	アサヒエステート … 2831
	あこや真珠母貝養殖所 … 1591	旭小津 … 0467
	アゴーラ・ホスピタリティー・グループ … 0070	朝日海上火災保険 … 0008
		旭開発 … 2578
		朝日化学研究所 … 0083
		朝日化学肥料 … 0079, 0770

旭加工硝子	0077	
旭化成FDKエナジーデバイス	0370	
旭化成工業	0425, 0467	
旭硝子	0077	
旭硝子	0112, 2862	
旭硝子汽車玻璃（中国）有限公司	0077	
旭硝子顕示玻璃（昆山）有限公司	0077	
旭硝子特種玻璃（大連）有限公司	0077	
旭硝子ファインテクノ韓国社	0077	
旭硝子ファインテクノ台湾社	0077	
旭川日糧	2044	
旭川レンゴー	3133	
朝日企業	0073	
アサヒ急送	0082	
朝日牛乳	2875	
あさひ銀行	3089, 3090	
朝日銀行	2776	
あさひ銀情報システム	0270	
あさひ銀総合システム	0270	
アサヒグループホールディングス	0078	
旭経営研究所	0080	
旭計器製作所	2148	
旭建材	1047	
旭建築設計事務所	0112	
旭工業	1513	
朝日興業	0775	
朝日工業	0079	
朝日工業所	2555	
朝日コーポレーション	0537	
旭コンクリート工業	2946	
朝日産業	1196	
アサヒ自動車工業	1200	
旭酒造	1574	
朝日商会	0963	
朝日商事	0496	
朝日照明	0474	
朝日照明硝子	0474	
旭食品	0080	
朝日食品	0079	
旭食品販売	0112	
あさひ信託銀行	3089	
朝日新聞事業	2179	
朝日新聞社	0081	
朝日スチール	0079	
朝日スレート	0259	
旭製網	0459	
旭製鋼所	2575	
朝日製鋼所	1229	
旭精密工業	3082	
朝日生命保険相互会社	1823	
旭石油	0836	
旭総合工事	0112	
旭相互銀行	2831	
朝日建物企業	1588	
朝日チエン	1496	
旭通信社	0074, 1742	
朝日テック	1200	
旭電化工業	0112, 0607, 1256, 2110	
旭電化工業農業薬品部	2239	
朝日電子	2646	
朝日堂	1118	
旭特殊硝子	0077	
朝日土地興業	2800	
アサヒ・トーヨー	2315	
朝比奈機械	1844	
朝日ナショナル照明	2336	
朝比奈鉄工所	1844	
朝日乳業	2872	
朝日ネット	0081	
朝日農園	0913	
朝日ビジネスコンサルタント	2524	
アサヒビューインターナショナル	2179	
アサヒビール	0078	
朝日麦酒	0078	
アサヒビール飲料製造	0078	
アサヒビール食品	0078	
朝日ビルディング	0259	
アサヒビール薬品	0078	
朝日ファインテック	0076	
アサヒ・ファインフーズ	0112	
アサヒファシリティズ	1588	
旭物産	2440	
朝日物産	1851	
アサヒフードアンドヘルスケア	0078	
アサヒ不動産	1200	
朝日不動産ローン	0073	
旭フードサービス	0080	
アサヒプリテック	0083	
旭兵器製造	0462	
旭ペイント	0082	
アサヒペン	0082	
アサヒペンアメリカINC.	0082	
アサヒペン販売	0082	
アサヒペン・ホームイングサービス	0082	
朝日紡績	1091	
旭細野西蔵	0080	
アサヒホールディングス	0083	
アサヒマス板硝子社	0077	
朝日松下電工	2336	
朝日ミニロープ	0076	
朝日ミニロープ工業所	0076	
朝日ミニロープ販売	0076	
旭無尽	1939	
旭無線電気	2838	
朝日無線電機	3057	
アサヒメッシュ産業	2946	
旭メンテナンス工業	1650	
旭森下酒販	0080	
旭ラッカー製造所	0077, 1511	
アサヒラテックス化学研究所	0915	
旭ラベル	2282	
朝日レザー	0688	
アザブイースト	3152	
浅間エレクラフト	1569	
浅間産業	2701	
浅本精機	2968	
あさやま商事	0265	
あさやま総合企画	0265	
あさやまファミリークラブ	0265	
アサンテ	0084	
アジア・アライアンス・ホールディングス	0085	
アジアエアーフォト	0088	
アジアエンジニアリング	0088	
アジア開発キャピタル	0085	
アジアグロースキャピタル	0086	
アジアゲートホールディングス	0087	
アジア航空測量	0088	
アジア航測	0088	
亜細亜商会	2604	
亜細亜証券印刷	1742, 2604	
アジアシリコーンズモノマーLtd.	1221	
アジア耐火	2192	
アジア ダイワ（ホンコン）Co.，リミテッド	0765	
アジア武田開発センター Pte. Ltd.	1587	
亜細亜田崎真珠股份有限公司	1591	
アジア投資	2833	
アジア・トライアングル・サービス	0088	
アジア・パシフィック日産自動車会社	2058	
アジア・ビジネスフォーム	1919	
アジア物産	1713	
亜細亜部品	0263	
アジアマネジメントサポート	0088	
アジアヨシノヤインターナショナル	3036	
ASIAN STAR	0089	
アジアンニッタン Pte, Ltd.	2079	
アジェット	0090	
アシェル	1565	
アシオ織物	0096	
足尾機械	2577	
味香り戦略研究所	1405	
足利銀行	0091	
足利信用保証	0091	
足利ダイヤモンドクレジット	0091	
足利ホールディングス	0091	
あじかん	0092	
あじかんアグリファーム	0092	
あしぎんカード	0091	
あしぎんシステム開発	0091	
あしぎん事務センター	0091	
あしぎん総合開発研究所	0091	
あしぎん総合研究所	0091	
足銀ビジネスサービス	0091	
あしぎんビジネスサポート	0091	

社名	番号
あしぎん不動産調査	0091
味車	2044
アシスト シンコー	1258
あしたば商品	1452
アーシーチャイニーズファクトリー	0749
味兆	0325
アシックス	0093
アシックス関越販売	0093
アシックス九州販売	0093
アシックスジャパン	0093
アシックス商事	0093
アシックススポーツビーイング	0093
アシックスデポルテ	0093
アシックス東北販売	0093
アシックス中四国販売	0093
アシックス販売	0093
アシックス物流	0093
アシックス歩人館	0093
アシッズ	1314, 1971
アシード	0094
アシード情報システム	0094
アシードホールディングス	0094
アシーナ	3156
アシーニ	2462
葦の会	1979
味の素	0095
味の素	1186
味の素アニマル・ニュートリション・グループ	0095
味の素エンジニアリング	0095
味の素製薬	0095
味の素製油	0095, 1045
味の素ゼネラルフーヅ	0095
味の素ダノン	0095
味の素パッケージング	0095
味の素ファインテクノ	0095
味の素ファルマ	0095
味の素物流	0095
味の素フレッシュフーズ	0095
味の素ベーカリー	0095
味の素本舗鈴木商店	0095
味の素冷凍食品	0095
味の素レストラン食品	0095
味富士	2536
芦森エンジニアリング	0096
芦森工業	0096
芦森工業山口	0096
芦森製鋼所	0096
アシモリセンイ	0096
芦森不動産	0096
芦屋産業	0749
芦屋ステーションビル	2028
亞洲電子商務科技有限公司	1432
アジュバン	0097
アジュバン関西販売	0097
アジュバンコスメジャパン	0097
亜潤投資管理諮詢（上海）有限公司	3074
味よし食堂	0827
アジレント・テクノロジー	2245
阿仁鉱山	2577
アース	0019
アスウェア	1440
アズウェル	0151
アスカ	0098
あすかActavis製薬	0099
あすかアニマルヘルス	0099
アスカ工業	0098
アスカ純薬	0203
あすか製薬	0099
あすか製薬メディカル	0099
アスカニア	2265
アスカニア・ヴェルケ	2265
アース環境サービス	0101
アスク	0106, 0259
アスク・サンシンエンジニアリング	0259
アスクテクニカ	0259
アスクル	3031
アスクレップ・メディオ	0214
アスコ	2662
アスコット	0100
アスコットコミュニティ	0100
アスコットレント	0100
アズコムデータセキュリティ	2756
アースコンサルタント	0088
あずさ電子工業	2681
アース製薬	0101
アスティ	0263, 3046
アスティ開発	2963
アスティ・スポーツ	2963
アスティプラス	0263
アステック	0021, 0088, 1439
アスデックス	0022
アステル中部	1653
アストマックス	0102
アストマックス・トレーディング	0102
アストム	0263, 1908
アストラインターナショナル社	2537
あすなろ理研	1868
アスパイア	0038
アズパートナーズ	1575
アズビル	0103
アスプコミュニケーションズ	2604
アスプレンディ	1814
アスペック	1688, 2926
東海運	0104
東化学工業	3035
アズマ工業	0578
東工業	1702, 2045
吾嬬ゴム	2094
東紙器製造所	3133
東倉庫	2056
アズマ電子工業	1238
アズマハウス	0105
アヅマ・ロジテック	0104
あずみ	0106
As-meエステール	0106
安曇野本多通信工業	2681
アスモ	0107
アスモ介護サービス	0107
アスモトレーディング	0107
アスモフードサービス	0107
アズ・ライフケア	3122
アスラポート・ダイニング	0108
アゼアス	0109
アセット・インベスターズ	2703
アセット・ホールディングス	3126
アセットマネージメント	0966
アセット・マネジャーズ	0181
アセット・マネジャーズ・ホールディングス	0181
アーセミン商会	1450
麻生セメント	0230
アソシエーツ オブ ケープ コッド インク	1332
アソシエント・イースト	2938
アタカ大機	2415
アタカマ・コーザン鉱山特約会社	2080
愛宕物産	2676
アダストリア	0110
アダストリア・ゼネラルサポート	0110
アダストリアホールディングス	0110
足立工機	0876
安達工機工業所	1631
安立サービス	1351
足立石灰工業	2080
アダツアーズジャパン	0893
アターブル松屋	2717
アタリヤ農園	0913
厚木伊勢原ケーブルネットワーク	0937
厚木佐川急便	0917
厚木自動車部品	2058, 2414
厚木生コン	1699
厚木ヒューテック	2175
厚木三菱自動車販売	0832
アツギユニシア	2414
アッシュ	0143
アッシュクリート	0156
熱田急配	2056
アツタ工業	1636
アーツテクノロジー	2479
アットウィル	0033, 0261
アット東京	1828
アットマーク・アイティ	0028
アットムービー・パイレーツ	0719
アップトゥーミー	1113
アップフロントグループ	1175
アップル	2642
アップルインターナショナル	0111
渥美電鉄	2001
渥美風力開発	2247
アディッシュ	0520

あてか　社名索引

名称	頁
ADEKA	0112
アデカ・アーガス	0112
アデカアーガス産業	0112
アデカエンジニアリング	0112
アデカ・スウィフト化学	0112
アデカ総合設備	0112
ADEKA物流	0112
アデカ物流	0112
アテクト	0113
アテクトコリア	0113
アテクト・プログレッシヴ・アンド・イノヴェイティヴ・マニュファクチャリング	0113
アデコ	2548
アテック	0076
アテックス	0138
アテツ石灰化工	2080
アテーナ	0874
アテナシステム	2486
アデマック	0572
アート・アンド・クラフト	0761
アドウェイズ	0114
アドウェイズエージェンシー	0114
アドウェイズ・サポート	0114
アドウェイズ・スタジオ	0114
アドウェイズ・プラネット	0114
アドウェイズ・ラボット	0114
アトコ	0281
アドジャポン	2465
アドソル日進	0115
アトソン	0081
アドック	2404
アドテクノ	0156
アドテック	0088, 0116
アドテック プラズマ テクノロジー	0116
亜土電子工業	2697
アートネイチャー	0117
アトネイチャー四国	0117
アドバート	1160
アドバン	3167
アドバンス	0850
アドバンスアイ	1953
アドバンス・カーライフサービス	1351
アドバンス・キッチン	0548
アドバンスド コア テクノロジー	1430
アドバンスド・コア・テクノロジー	0460
アドバンスト・メディカル・ゲートウェイ	2902
アドバンストロジスティクス	1596
アドバンテッジインシュアランスサービス	0118
アドバンテッジライフプランニング	0118
アドバンテッジリスクマネジメント	0118
アート ピストン インドネシア	1714
アドファイン	2404
アートプラス	1490
アド・プロ	1739
アドヘヤ化工	1354
アドヘヤ・サービス	1354
アドヘヤ産商	1354
アドヘヤ紙工	1354
アドベンチャー	0119
アドミラルシステム	0262
アトムリビンテック	0120
アトモス空調サービス	1461
アドユニット	1333
アトラ	0121
アトラ工器	2087
アトラス	0281, 3094
アトラス物流	0257
アトラス貿易	0960
アトリウム	0753
アドール	3003
アトルエムアイ	2951
アドン	2285
アナザーノーツ	2343
ANAP	0122
アナボンド タオカ インド プライベート リミテッド	1546
アナリィティカルインスツルメンツ	0261
阿南興亜電工	0804
阿南ハイトラスト	1581
アニエスベーサンライズ	0926
アニコム インシュアランス プランニング	0123
アニコム インターナショナル	0123
アニコム損害保険	0123
アニコム パフェ	0123
アニコム フロンティア	0123
アニコム ホールディングス	0123
アニブロ	2599
アニヴェルセル	0043
アニマ・アクティス・ジャパン	1724
アニマ・ジャパン	1724
アニマルメディカルセンター	1125
アニメイト	2599
アニヤ・ハインドマーチジャパン	3132
アニュー	2331
アーネストワン	0161
アーバネット	0124
アーバネットコーポレーション	0124
アーバネット設計連合	0124
アーバネットデザインパートナーズ	0124
アーバネットリビング	0124
アパマンショップコムズ	0125
アパマンショップ・コンサルタンツ	0125
アパマンショップネットワーク	0125
アパマンショップ保証	0125
アパマンショップホームプランナー	0125
アパマンショップホールディングス	0125
アーバンクラフト	3071
アーバンシティー	2550
アバンセ	0509
アバンテ	2077
アバント	0126
アーバンリゾーツ昭和の森	1204
アビオシステムテクノロジー	2103
アビヅ	0397, 2979
アビスト	0127
アビストH&F	0127
アビタ	0394
アブニール	0033
アプライド	0128
アプライドテクノロジー	0128
アプラス	0129
アプラスインベストメント	0129
アプラスクリエイト	0129
アプラスクレジット	0129
アプラス債権回収	0129
アプラスパーソナルローン	0129
アプラスビジネスサービス	0129
アプラスフィナンシャル	0129
アプラスプラザ	0129
アプラスリース	0129
油屋・伊助	1979
アプリケイツ	0128
アプリコット	0694
アプリス	1333
アプリックス	0130
アプリックスIPホールディングス	0130
アプリボット	0896
アプレスト	0680
アプロス	0203
亞文香港營銷事業股份有限公司	0040
アベイル	1153
安部環保技術（上海）有限公司	1471
阿部商事	1712
阿部住建	2954
阿部鉄工所	1927
阿部ペイント製造所	1511
阿部窯業	0030
阿部窯業ユニット	0030
アベルコ	0030
アベルコ分割準備会社	0030
アボット・ラボラトリーズ	1004
アポロ技研	2879
アポロサービス	0187
アポロテクニカ	1187
アマガサ	0131
尼崎海上火災保険	1441
尼崎すし半本店	0941

尼崎製釘所	2748	
尼崎製鉄	0823	
尼崎紡績	3003	
アマダ	0132	
アマダカッティングマシナリー	0132	
アマダ技術サービス	0132	
天田製作所	0132	
アマダソノイケ	0132	
アマダツール	0132	
アマダホールディングス	0132	
アマダマシニックス	0132	
アマダメトレックス	0132	
アマダメトレメックス	0132	
アマダワシノ	0132	
天辻鋼球製作所	2149	
天野製箔	2978	
奄美興発	2540	
奄美真珠母貝養殖所	1591	
アミタ	0133	
アミタエコブレーン	0133	
アミタ持続可能経済研究所	0133	
アミタホールディングス	0133	
アミック	2409	
アミューズキャピタル	1951	
アーム	1049	
アムコ	2807	
アーム興産	2219	
アームシステックス	1049	
アームス	0098	
アームズ	0184	
アムスク	0134	
アームストロング・ウイットウォース会社	2219	
アムスライフサイエンス	0265	
アムタス	0219	
アムテックリケン社	3076	
アメイズ	0135	
アメイズ	1182	
アメリカンホンダファイナンス・コーポレーション	2680	
アメリカンホンダモーターカンパニー・インコーポレーテッド	0372	
アメリカン・ミツバ・コーポレーション	2807	
アメリカン・ミツバ・セールス・エル・エル・シー	2807	
アメリカラグ シー ジャパン	0926	
廈門日セラ電器有限公司	2155	
綾瀬運輸梱包	2846	
綾羽クツシタ	0807	
綾部エンプラ	0770	
アライアンスシーフーズ	3033	
アライズ	1436, 3031	
アライドアーキテクツ	0136	
アライドハーツ・ホールディングス	0842	
アライドライフ	0367	
アライドリング社	3076	
アライヴ コミュニティ	3115	
荒尾コンクリート工業	2959	
荒尾ナフコ	2011	
荒川プライウッド	1834	
アラコ	1946	
アラバマ・カルマン・ユタカ・テクノロジーズ・リミテッド・ライアビリティ・カンパニー	2991	
アラビア石油	2523	
有明観光開社	1311	
有明システム	0897	
有明炭鉱	2787	
有家銀行	1176	
ありがとうサービス	0137	
有沢製作所	2674	
アリスキャリアサービス	1284	
アリスデジタルソリューションセンター	1284	
有馬パラダイス土地	1809	
ア・リリアーレ	1663	
アールアイ	3070	
アールアンドアール	2025	
アールアンドエスマネジメント	3087	
アール・アンド・エー・フットウエア	3071	
アール・アンド・シー・ジャパン	3037	
アールアンドディープランニング	1542	
アールイー大分	2454	
アールイー鹿沼	2454	
アールイー福島	2454	
アールエイジ	0138	
アールエイジ住宅販売	0138	
アールエイジ・テクニカル・サービス	0138	
RSインベストメント	3145	
RSコンサルタンツ	3105	
RSTechnologies	0139	
艾爾斯半導體股份有限公司	0139	
アール・エフ・エス	3088	
アール・エム・エス東京	1639	
アール・エム・ビジネス	0296	
アール・エム・プランニング	0296	
アール・オー・アイ	3110	
アルキャン・アセアン	2123	
アルクーノ	3132	
アール・ケイ・トラック	3104	
RKB毎日放送	0140	
アール・ケー・ビー映画社	0140	
アール・ケー・ビー興発	0140	
アール・ケー・ビー・セレナ	0140	
アール・ケー・ビー不動産	0140	
アール・ケー・ビー毎日放送	0140	
アール・ケー・ビー毎日ミュージック・システム	0140	
アール・ケー・ビー・ミューズ	0140	
アルコア・クロージャー・システムズ	1067	
アルゴグラフィックス	0141	
アルゴグラフィックス	0646, 0776	
アルゴコンサルティングサービス	0646	
アルゴシステムサポート	0141, 0776	
アルコス	2369	
アルゴテクノス21	0646	
アルコニックス	0142	
アルコニックス・オオカワ	0142	
アルコニックス・三高	0142	
アルコニックス三伸	0142	
アルコニックス・ハヤシ	0142	
アルゴハイテック	0141	
アルゴ21	0646	
アール・シー・アイ	0787	
アール・シー・アイ・ジャパン	3088	
RJオグラ	2815	
RCパートナーズ	3100	
アール・シーひばりヶ丘特定目的会社	0847	
アールジー保証	0169	
RC武蔵小杉特定目的会社	0847	
アルス	2103	
アルスネット	2302	
アルゼ	3007	
アルゼ分割準備	3007	
アルゼマーケティングジャパン	3007	
ALSOKケア	1400	
ALSOK山陰	1400	
アルテ	0143	
アルティア	2463	
RTS−ミニストップ・リミテッド・ライアビリティ・パートナーシップ	2832	
アール・ティー開発	3088	
アール・ティー開発那須白河	3088	
アールディシーエム, S.de R.L. de C.V.	3108	
アルティマ	2696	
アルティマックス	1076	
アールディメタル	2639	
アルテサロンホールディングス	0143	
アールテック・ウエノ	0144	
アルテリア・ネットワークス	2975	
アルトナー	0145	
アルトラン	1953	
ALBERT	0146	
アルバート・カルバー社	0985	
アルバートサンスター	0985	
RVH	0147	
アルビオン	0850	
アールビバン	0148	
アルファ	1445	
アルファウェーブ	1982	
アルファエレクトロンHK	2370	
アルファエレクトロンHK社	2628	
アルファ科学	2227	

社名	番号
アルファクス・フード・システム	0149
アルファシステムズ	3094
アルファジャパン	2874
アルファテクノ	0434
アルファ電子	2370, 2628
アルファトレーディング	3062
アルファネット	0434
アルファネットワーク24	0434
アルファハウジング	1825
アルファビート	0665
アルファペッツ	0700
アルファポリス	0150
アルファミック	1201
アルフィクス	1836
アルプスウォーター	1897
アルプス産業	1134, 2781
アルプス社	2945
アルフレッサ システム	0151
アルフレッサ ホールディングス	0151
アルペン	0152
アルペントラベル企画	0152
アルボース	2147
アルボース薬粧	2147
アルマコーポレーション	2078
アルマジャパン	1382
アルミック	0639
アルミニウム・リミテッド	2123
アルメディア	0762
アールモバイル	2323
アールワイフードサービス	2815
アレクセオ・ジャパン	2224
アレグロ	2387
アレグロ マイクロシステムズ インク	0974
アレグロ マイクロシステムズ エルエルシー	0974
アレフネット	0704
アレルゲンフリー・テクノロジー研究所	0112
アレンザコーポレーション	1527, 3092
アレンザ・ジャパン	1527, 3092
アローエース	1542
アロカ	0153
アロカ	2254
アロカエンタープライズ	0153
アロカシステムエンジニアリング	0153
アロカテクニカルサービス	0153
アロカビジネスサービス	0153
アローヒューマンリソース	1661
アロマパーティクルニチヨー	3165
アローメイツ	1661
アロン化成	1782
淡路町プロジェクト	0950
淡路煉乳	2274
阿波製紙	0154
阿波製紙（上海）有限公司	0154
芦原自動車教習所	2077
杏栄	0694
安古藤倉橡膠有限公司	2509
アンク	2763
アンクルール	2893
安慶安帝技益精機有限公司	1714
安慶環新集団有限公司	1714
安慶市杭華油墨科技有限公司	1683
安慶帝伯格茨缸套有限公司	1714
安慶中船柴油機有限公司	1513
安慶帝伯格茨活塞環有限公司	1714
安慶帝伯功能塑料有限公司	1714
鞍山市和豊耐火材料有限公司	1133
アンジェ	2366
アンジェス インク	0155
アンジェス エムジー	0155
アンジェスMG	0155
アンジェス ユーロ リミテッド	0155
アンジェロセック	0298
アンジメックス・キトク	0636
アンジメックス・キトク合弁会社	0636
安信リース	2564
アンスオート整備	0963
安速日用化学（蘇州）有限公司	0101
安泰科技股份有限公司	0113
アンタック	2483
安徽科大恒星電子商務技術有限公司	0313
アンティル	2617
アンテナ	0061
安藤方	0156
安藤組	0156
安藤・間	0156
安藤建設	0156
安藤サービス	0156
安藤電気	3027
アンド エー	0926
アンドール	0157
アンドール・コンシューマ・エンジニアリング	0157
アンドールシステムズ	0157
アンドールシステムソリューションズ	0157
アンドールプロテック	0157
アントレプレナー	0035
アンネ	3048
アンビエントガーデン和泉中央	0950
AMBITION	0158
アンフェノール社	0204
アンフォルマ	1824, 1920
アンプリア	1105
杏友精器	1888
安和金属工業股份有限公司	1020

【い】

社名	番号
イーアイエス・ジャパン	0185
イー・アイ・ソル	1440
イー・アドバイザー	2910
ERIホールディングス	0159
イー・アール・エス	0409
イー・アール・シー高城	1227
イーアンドイー	3116
飯重都市開発	1800
飯島セラミック	2170
いい生活	0160
いい生活不動産	0160
飯蔵	3034
飯田軽石ブロック工業	3161
飯田銀行	2330
飯田グループホールディングス	0161
飯田三協	2231
飯田産業	0161
飯田住建工業	2455
飯田帝通	1697
飯田テクノサービス	1896
飯塚工業	2821
飯塚順天堂駅前薬局	1181
飯塚順天堂薬局	1181
飯野汽船	0589
飯能銀行	3089
飯村機電工業	2937
飯山日本無線	1989
イー・インベストメント	0577
イーウェーヴ	2836
イーウェル	1800
イー・ウォーター島根	0234
ESRIジャパン	2325
イー・エス・ジー	0879
イーエスティー教育システム	0543
イー・エス・ディー・テクノロジー	0621
イエス・ビジョンズ	3037
イー・エス・プログレス	2430
イー・エフ・ケー	2506
イーエルコーポレーション	2204
イー・エンジン	1706
伊王島スポーツリゾート開発	3118
イーオーエル	2604
イオス	1277
イオスエナジーマネジメント	2247
イオスエンジニアリング＆サービス	2247
イオスサービス	2247
イオン	0164, 0165, 2969
イオン銀行	0164

社名索引　　　　　　　　　　　　　いすみうん

社名	頁
イオンクレジットサービス	0164
イオン興産	0166
イオンディライト	0162
イオンディライト	2450
イオンテクノサービス	0162
イオンファンタジー	0163
イオンフィナンシャルサービス	0164
イオン保険サービス	0164
イオン北海道	0165
イオンマーケティング	0164
イオンモール	0166
医学研究所	0153
医学生物学研究所	0167
医学生物学研究所	0515
井華鉱業	1311, 1314
伊賀三交タクシー	2763
伊賀自動車	2763
伊賀証券	2775
イー・ガーディアン	0168
伊賀電気鉄道	0702
伊賀塗料	2154
イー・カナゾン	1501
伊賀農商銀行	2762
伊賀マシナリー	1813
井谷製絨所	1891
いきいきジュンテック	2739
イー・キャッシュ	2324
イー・キャッシュライフウェア	2324
イー・ギャランティ	0169
イー・ギャランティ・ソリューション	0169
イーキュービック	0335
医業経営研究所	2900
偉金有限公司	1841
イグアス	1058
イクオス	0197
イグニス	0170
イグニス	2574
イグニッション	0170
生野	3108
e-暮らし	1013
イーグランド	0171
イーグル工業	0345
イーグルリテイリング	0048
池貝自動車製造	0867
池上電気鉄道	1815
池谷医療器械店	2895
池島アーバンマイン	2802
池田泉州TT証券	1794
池田泉州TT証券準備	1794
池田銀行	0172
ヰゲタ鋼管	2083
ヰゲタ鋼管販売	2083
池田工具製作所	0132
池田実業銀行	2789
池田泉州銀行	0172
池田泉州ホールディングス	0172
池田無線電機製作所	0304
維傑思科技（杭州）有限公司	
⋯	2450
池野	0241
池の平ホテル	0070
池袋ステーションビル	2367
池袋どてらい商事	1476
威高泰尓茂（威海）医療製品有限公司	1760
維酷公共関係諮問（上海）有限公司	2617
イー・コーチング	2106
生駒環境サービス	1227
イーコマース総合研究所	1742
イー・コマース・テクノロジー	0314, 1432
生駒鋼索鉄道	0702
イーコリア＆クロダ エレクトリック インディア PVT. LTD.	0760
イーコンテクスト	1742
イザット	1061
イザットハウス	1061
諌早銀行	1176
イーサポート	0173
イーサポートリンク	0173
イサムエアーゾール工業	0174
イサム土地建物	0174
イサム塗料	0174
イサムモータープール	0174
イーシー・アーキテクト	1432
石井化学研究所	2667
石井商事	0763
石井通信工業	2528
イージェイ	0358
E・Jホールディングス	0175
イージェーワークス	2403
イージェーワークス・ドットコム	2403
石岡銀行	1195
石狩ゼンチク	1286
石狩東洋	1880
石川機械製作所	0176
石川銀行	2485
石川サンケン	0974
石川式絹織機	0176
石川島運搬機械	0002
石川島運搬機械エンジニアリング	0002
石川島クレーン	0002
石川島建材工業	0003, 1565
石川島建材商事	0003
石川島航空工業	0001
石川島芝浦精機	0001
石川島重工業	0001
石川島修船所	0001
石川島造船所	0001
石川島沼津製作所	0002
石川島沼津輸送機	0002
石川島播磨重工業	0001, 0002, 0003
石川島平野造船所	0001
石川島物流工事	0002
石川島輸送機	0002
石川製作所	0176
石川精練	1408
石川積和工事	1355
いしかわファルテック	2463
石崎商店	0013
イヂヂ化成	0057
イヂヂ商事	0057
石塚感応電子（韶関）有限公司	1376
石塚感応電子（深圳）有限公司	1376
石塚国際貿易（上海）有限公司	1376
石塚製作所	1520
石塚電機製作所	1376
石塚電子	1376
イー・システムズ	0669
石田海運	1495
伊地知種鶏場	0057
易事通（上海）貿易有限公司	3116
ECD三桜	0962
ECナビ	2672
イシネン	1134
石巻花卉園芸	0432
石原永壽堂	0177
石原兄弟製作所	0821
石原ケミカル	0177
石原産業	0792
石原薬品	0177
イーシームズ	0394
イシメックス	0176
イシモク	1179
石本商店	1737
石山旭山印刷	1274
石山GatewayHoldings	0178
衣裳館トーカイ	1898
イーシーリョーサン	3107
イーシー・ワン	2981
偉福（広州）汽車技術開発有限公司	0372
いすゞオート半田	0762
伊豆急行	1815
伊豆銀行	1108
伊豆七島海運	1792
伊豆シャボテンリゾー	0179
いすゞキャステック	0016
いすゞバス製造	1055
イー・スタッフ	0268
イースタンホール	1839
イースタンマリンシステム	0104
イースタン・リース	1823
伊豆貯蓄銀行	1108
イー・ステート・オンライン	1824
Eストアー	0180
イーストンワークス	3116
いすゞ部品工業	1716
イズ・プランニング	1476
イースマイ	0494, 2271
いづみ	1476
イズミ	0464
井住運送	1320

企業名変遷要覧2　519

社名	ページ
和泉オプトデバイス	0024
和泉織物	1891
泉川運輸	1578
泉興産	1906
和泉興産	2296
泉産業	0569
和泉芝生	1849
和泉商会	0024
泉新橋ビルディング	1324
イズミテック	1311
和泉電気富山製作所	0024
泉電線	1323
和泉撚糸	2575
和泉パワーデバイス	0024
泉日比谷ビルディング	1324
泉ビルディング	1324
いづみフード	1476
泉不動産	1324
和泉紡績	1891
泉包装作業	0569
イズミヤ	0278
出雲製織	1543
出雲ナカバヤシ	1992
出雲村田製作所	2864
伊豆芳建設	1432
威星（香港）有限公司	2844
伊勢勝白煉瓦製造所	1133
イーセクター	1026
伊勢コンピュータサービス	1258
伊勢商業開発	2707
伊勢丹	2805
伊勢中央紡績	1891
伊勢電鉄自動車	2763
伊勢原自動車	0551
伊勢紡織	1891
磯谷海産	3030
磯部組	0967
いそべや	2714
イソライト工業	1133
イターナルサービス	1957
イタミ・キユーソー	0657
伊丹製缶	1040
イータリー・アジア・パシフィック	0631
イタリアントマト	0620
市売木材	1294
市川毛織	2182
市川進学教室	0182
一汽マツダ汽車販売有限公司	2712
イチコー	1699
いちごグループホールディングス	0181
市進	0182
市進教育センター	0182
市進ホールディングス	0182
いちたかガスワン	0183
イチ・ニ・イチ	2742
イチネン	0184
イチネン・カー・サービス	0184
イチネンパーキング	0184
イチネンホールディングス	0184
イチネン本社	0184
イチネン・リース	0184
イチノウ	2472
一之沢社	0539
一関コバル	2229
一関ヒロセ電機	2449
一関富士通ゼネラル	2530
一戸フォレストパワー	0335
一宮運輸	2878
一宮整理	1421
市原グリーン電力	2797
市原ボトル	3048
威直貿易（寧波）有限公司	0238
一れつ商事	1476
イッコー	1054
一光商事	1054
一高たかはし	0183
一丁	2383
イッツデモ	3166
逸博顧問有限公司	0290
E2パブリッシング	0028
五輪堂洋紙店	1236
イデー	3104
いであ	0185
イデア・インターナショナル	0186
イデアインターナショナル	0186
イデア・コンサルティング	2524
イデア・リンク	0387
イーディーコントライブ	0090
出石ケーブル	2305
イーディーピー・アプリケーションシステム	0756
イーディーピーサービス	0756
イーテック	0088, 1032
イデックスオート・ジャパン	1219
イデックスガス	1219
イデックスヒューマンクリエイト	1219
イデックスライブクリエイション	1219
イデックスリテール熊本	1219
イデックスリテール南九州	1219
出光エンジニアリング	0187
出光オイルアンドガス開発	0187
出光ガスアンドライフ	0187
出光クレジット	0187
出光興産	0187
出光興産	2068
出光商会	0187
出光石油化学	0187, 1908
出光タンカー	0187
以天安（北京）科技有限公司	0185
遺伝子治療研究所	1086
イード	0188
イートアンド	0189
伊藤糸店	2748
伊藤外海組	2748
伊藤京店	2748
伊東港運	1792
いとう呉服店	0428
伊藤産業	0428
伊東下田電気鉄道	1815
伊藤染工場	2748
伊藤忠	2748
伊藤忠エネクス	2803
伊藤忠建材	2495
伊藤忠航空整備	1173
伊藤忠（中国）集団有限公司	1823
伊藤忠商事	0169, 0323, 0581, 1497, 1823, 2029, 2080, 2271, 2352, 2537, 2620, 2748, 3132
伊藤忠商店	2748
伊藤忠セラテック	0755
伊藤忠テクノサイエンス	0190
伊藤忠テクノソリューションズ	0190
伊藤忠データシステム	0190
伊藤忠丸紅鉄鋼	1040, 2748
伊藤長兵衛商店	2748
伊藤西店	2748
伊藤本店	2748
伊藤輸出店	2748
イトー急行	2056
イトマン	2083
イドムココミュニケーションズ	0862
イトーヨーカ堂	1371, 1372
イートライアル	0192
イー・ドリンコ	1501
イー・ドリンコイースト	1501
イー・ドリンコ大阪	1501
イー・ドリンコ神奈川	1501
イー・ドリンコ関東	1501
イー・ドリンコ高知	1501
イー・ドリンコ四国	1501
イー・ドリンコ東京	1501
イー・ドリンコ新潟	1501
イー・トレード	0321
イー・トレード証券	0320, 0321
イナガス	1017
伊那三協	2231
伊奈製陶	3072
INAX	1170, 3072, 3073
INAXサンウエーブマーケティング	3073
INAXトステム・ホールディングス	3072, 3073
因伯銀行	1918
員弁銀行	2762
井波機業	2598
井波経編興業	2598
井波信用金庫	1940
イナリサーチ	0191
猪苗代銀行	1862
イニシオフーズ	2069
イニシャル	2617
乾鉄線	1229
犬山食品	3000

社名	頁
犬山ユピカ	1891, 2257
イーネット・フロンティア	1070
イノアックTGインドネシア	1942
井上金属工業	1732
井上工業	0740
井上食卓	0740
井上鉄工所	1732
井上北洋	2815
井上坩堝	2192
威高日機装（威海）透析機器有限公司	2051
ゐのくち式機械事務所	0360
イノフィス	0617
イノベイト	2481
イノベーションアライアンス	0235
イノベックス	1078
イノベーティブ・ベンチャー投資事業有限責任組合	0338
桧家住宅さいたま	2424
茨城イリソ電子	0200
茨城エナジック	2803
茨城カンセキ	0604
茨城銀行	1669
茨城グランディハウス	0730
茨城グリコ	0294
茨城ケイテクノ	0606
茨城サービス	1191
茨城サービスエンジニアリング	1191
茨城鈴電	1281
茨城第一精工	0398
茨城中央信用組合	1195
茨城貯蓄銀行	1195
茨城ピー・エス	2385
茨城リズム	3084
茨城冷機	2937
イハラグリーン	3077
イハラ・グリーン・メンテナンス	3077
庵原郡農村工業購買半谷利用組合	0720
イハラ自動車	0720
イハラ商事	3077
いはら西川	2026
イハラ農薬	0720
庵原農薬	0720
イー・ピー・エス	0192
イーピーエス	0192, 1072
EPSインターナショナル	0192
EPS益新	0192
イーピーエス東京	0192
イーピーエス分割準備	0192
EPSホールディングス	0192
イービックス	2836
イー・ピー・ディー・シー海外炭	1766
イーピーメイト	0192
イーピーメディック	2951
イーピーリンク	0192
イフ	0877
イー・ファーマ	0772
偉福科技工業（中山）有限公司	0372
偉福科技工業（武漢）有限公司	0372
イプシロン	2587
イープランニング	2299
イーフロッグ	0035
eBASE	0193
イーベスト	2618
イーペック広島	1649
イベリカ デス スペンシオネス	2173
イベント企画	1725
今井浜東海観光	0070
イー・マーキュリー	2767
IMAGICA	0194
イマジカ	0194
IMAGICAウェスト	0194
IMAGICAエンタテインメント	0194
イマジカデジタルスケープ	0194
イマジカホールディングス	0194
イマジカ・ロボット ホールディングス	0194
イマージュ	2441
依摩泰国際貿易	0390
依摩泰電子（大連）有限公司	0390
依摩泰貿易（大連）有限公司	0390
依摩泰無錫科技有限公司	0390
今田商事	0222
今立織布工場	0905
E－マテリアルズCo., Ltd.	2116
今橋証券	1173
今治商業銀行	0199
今治無尽	0363
今村化学研究所	1377
今村証券	0195
今村直治商店	0195
伊万里製作所	0084
伊万里東洋	1880
射水環境サービス	1227
イムナス・ファーマ	0515
イモノキック	1956
イムラ	0196
井村貿易	0465
井村屋	0196
井村屋グループ	0196
井村屋シーズニング	0196
井村屋製菓	0196
井村屋乳業	0196
イメージアンドメジャーメント	0198
イメージ情報開発	0197
イメージ ワン	0198
イメージワン ソリューションズ	0198
イーメディカル	1747
医用材料（ジェイ・エム・エス大連）有限公司	1044
いよエバーグリーン事業承継応援ファンド投資事業有限責任組合	0199
いよエバーグリーン農業応援ファンド投資事業有限責任組合	0199
いよエバーグリーン6次産業化応援ファンド投資事業有限責任組合	0199
いよぎんキャピタル	0199
伊予銀行	0199
伊豫銀行	0199
いよぎんコンピュータサービス	0199
いよぎん資産管理	0199
いよぎん証券	0199
いよぎんスタッフサービス	0199
いよぎん地域経済研究センター	0199
いよぎんディーシーカード	0199
いよぎんビジネスサービス	0199
いよぎん保証	0199
いよぎんモーゲージサービス	0199
いよぎんリース	0199
伊豫合同銀行	0199
伊豫相互貯蓄銀行	0199
伊豫電気工事	3045
いよベンチャーファンド1号投資事業有限責任組合	0199
いよベンチャーファンド2号投資事業有限責任組合	0199
いよベンチャーファンド3号投資事業有限責任組合	0199
イーライフデザイン	1800
イーラル	2049
イリイ	1115
イリイ三重	2384
医理学研究所	2254
意力速（上海）電子技術研発有限公司	0200
意力速（上海）貿易有限公司	0200
イリソコンポーネント	0200
イリソ電子工業	0200
イリソ電子工業所	0200
已立商事	0994
杁中三洋堂	1008
イリノイ・ツール・ワークス・インコーポレーテッド	2244
イリノイ・ツール・ワークス社	2195
入丸産業	2083
医療事務研究センター	1438
医療情報研究所	1747
医療福祉工学研究所	0803
イーレックス	0201
イーレックスニューエナジー	0201
イーレックスニューエナジー佐伯	0201

イレブン		1056
偉路愛而泰可印刷（蘇州）有限公司		0229
岩井金属工業		2015
岩井コスモ証券		0202
岩井コスモホールディングス		0202
岩井産業	0506,	1409
岩井証券		0202
岩井証券設立準備		0202
岩井商店	0413,	1409
岩井本店		1409
岩尾生産		1196
イワキ		0203
岩城市太郎商店		0203
磐城沖石油開発		0836
岩城硝子製作所		2024
いわき建築サービス		1190
いわき紙器		1191
岩城商店		0203
岩城製薬		0203
磐城炭礦		1191
いわき電子		0370
岩城塗料製造		0603
イワキファルマネット		0203
磐城無尽		1493
岩城薬品		0203
いわき湯本カントリークラブ		1191
いわぎんクレジットサービス		0206
イワギンコンピュータサービス		0206
いわぎんディーシーカード		0206
いわぎんビジネスサービス		0206
いわぎんリース・データ		0206
いわき大王製紙		1456
岩国ウッドパワー		2454
岩崎商事		2727
岩崎通信機		0204
岩崎通信機製作所		0204
岩崎マニファクス		0346
岩島フーズ		2472
岩塚製菓		0205
岩塚農産加工場		0205
岩瀬銀行		1155
岩瀬興業銀行		1862
いわせ煉乳工場		2875
岩田（上海）餐飲管理有限公司		3140
岩谷産業	0104, 0258, 1256,	2947
イワタニ理化		1256
岩田屋	2461,	2805
岩田屋三越		2805
岩通計測		0204
岩通システムソリューション		0204
岩通販売		0204
岩通香港有限公司		0204
岩手エノモト		0357
岩手河西		0598
岩手銀行		0206
岩手県是製糸		0539
いわて県北クリーン		1581
岩手興産無尽		0626
岩手サンキョウ		1368
岩手芝浦電子		1137
岩手シューズ		3071
岩手酒類工業		0687
岩手殖産銀行		0206
岩手スリーエム		1329
岩手製靴		3071
岩手貯蓄銀行		0206
岩手ティアック		1682
岩手妙徳		2845
岩手無尽		0626
岩戸栄養薬品創製所		1087
岩根林業		0252
イワブチ		0207
イワブチ化成		0207
岩淵金属工業		0207
岩淵電気器材		0207
岩淵プラスチック工業		0207
イワブチメカニクス		0207
岩淵メッキ工業		0207
石見鉱山		2786
イング	0017,	0229
インクステクノ物流		0912
イングリッシュコンパニオン		1034
インシュアランスサービス		2076
インステクノ		1864
インストア ブランド コンサルティング		3042
インストラクティービー		1034
インスパイア		1394
インスペック		0208
インターアクション		0209
インターエデュ・ドットコム		0542
インターエレクトロニクスシンガポール社		2201
インターキュー		1076
インターコスメ		0850
インタースペース		0210
インターテクト		0076
インターデコール		0544
インターテック		1821
インターTOMAS		3086
インタートレード		0211
インターナショナル・エシカル・ハッカー・エンジニア・コンソーシアム		2137
インターナショナル・カーゴ・サービス		1397
インターナショナルツアーズ		0276
インターナショナル東京精密		1822
インターナショナル・トレーディング・コーポレーション		0362
インターナショナル・ハーベスター社		0867
インターナショナル・プロセス・フーズ		2209
インターナショナルマリンコンサルティング		0341
インターナショナル・ラバー・パーツ・カンパニー		2026
インターナショナル・レクティファイアー会社		0663
インターネットイニシアティブ		0858
インターネット総合研究所		0188
インターネットなび東京		0748
インターネットレボリューション		0858
インターファーム		2909
インタープライズ・コンサルティング		0387
インターマーク		0621
インターユニット		2201
インターライフホールディングス		0212
インターワークス		0213
インディア ジーシーアイ レ トップ プライベート リミテッド		0769
インディアジャパンライティングプライベートリミテッド		0807
インディアナプレシジョンテクノロジー・インコーポレーテッド		0791
インディバル	2945,	3074
インティメート・マージャー		2574
インテクス		1973
インテグレート・システム		2166
インテージ		0214
インテージ・アソシエイツ		0214
インテージ・インタラクティブ		0214
インテージ長野		0214
インテージ分割準備会社		0214
インテージホールディングス		0214
インデックス	0788,	1640
インデックスネットワークス		2269
インテックホールディングス		0027
インテリアシステムサポート		1892
インテリジェンスビジネスソリューションズ沖縄		1773
インテリジェンスビジネスソリューションズベトナム		1773
インテリジェント ウェイブ		0215
インテリジェントソーラーシステム		0478
インテリックス		0216
インテリックス空間設計		0216
インテリックスプロパティ		0216

社名	頁
インド岡谷鋼機会社	0452
因特瑞思（北京）信息科技有限公司	2206
インド特殊陶業	2170
インド日本電産	2228
インドネシア エヌエス	2148
インドネシア岡谷鋼機会社	0452
インドネシア・カパー・スメルティング社	2821
インドネシアコイト	0807
インドネシア石油	0836
インドネシアニッカケミカルズ	2049
インドネシア ニッポンセイキ社	2148
インドネシア日本通運	2161
インドネシアヤクルト	2935
インドヤクルト・ダノン	2935
イントラマート・シー・エス・アイ	0352
イントランス	1025
因島船渠	2415
インパクト二十一	0519
インヴァスト証券	0217
インパック	1737
インビット	1062
インヴィンシブル投資法人	0218
インフィニットコンサルティング	1440
インフォコム	0219
インフォコムサービス	0219
インフォコム東日本	0219
インフォストックスドットコム	2465
インフォテリア	0220
インフォニクス	2302
インフォニックス	0903
インフォビジョン	0677
インフォベック	0219
インフォマート	0221
インフォマートインターナショナル	0221
インフォマート北京コンサルティング有限公司	0221
インフォミュートス	0219
インフォメイション・サービス・ビューロー	0005
インフォメーションクリエーティブ	0222
インフォメーション・ディベロプメント	0223
艾迪系開発（武漢）有限公司	0223
インフォメックス	1560
インフォライズ	0221
インフォレスト	0921
インプット・サービス	2404
インプレス	0224
インプレスR&D	0224
インプレスエイアンドディ	0224
インプレスコミュニケーションズ	0224
インプレスデザイン	0401
インプレスホールディングス	0224
インヴォークモード	2366
インランドコンテナー	2361

【う】

社名	頁
ウィザス	0225
ウィズ	0226
ウィズ	3056
ウィズ	0226
ウィズ ステーション	0233
ウィステリアホームズ	3167
ウイスト	2842
ウイーズ・ブレーン	3120
ウイズミー	2683
ウイズワールド	0226
ウィッシュコーポレーション	0105
ウイナーズナイン	3056
ウィーブ	1287
ウィーリング・ニッシン, Inc.	2067
ウィール	1742
ウイル	0227
ウィルグループ	0228
ウイルコ	0229
ウイルコホールディングス	0229
ウイル・コーポレーショ	2334
ウイル・コーポレーション	0229
ウィルス医科学研究所	1401
ウィルスタジオ	0227
ウィルソン・ガートナーグループ	0230
ウィルソン・ラーニング GmbH.	0230
ウィルソン・ラーニング インド PVT.LTD.	0230
ウィルソン・ラーニング コリア	0230
ウィルソン・ラーニング社	0230
ウィルソン・ラーニング ワールドワイド	0230
ウィルニック	2271
ウィル・ビジネスサービス	3107
ウィルフィナンシャルコミュニケーションズ	0227
ウィル不動産販売	0227
ウィルホールディングス	0228
ウィルワンカード	0547
ウイン・インターナショナル	0232
ウインインターナショナル	0362
ウイング	1014
ウイング アンド ウイールス エクスプレス インコーポレイテッド	2741
WINGSグループ	0294
ウィングロード	0700
ウィーン建築設計事務所	0979
ウィンテック	0231
ウインテック	1733, 2701
ウィンテリア	0471
WINドラッグ	3131
ウイン・パートナーズ	0232
ウエザーステーション	0879
ウェザーニューズ	0233
上島珈琲	2987
上島忠雄商店	2987
ウエスコ	0234
ウエスコ住販	0234
ウエスコホールディングス	0234
ウェスコム	1277
ウエスタンコーポレーション	2943
ウエスタン・ジュエル	0106
ウエスタンリース	1621
ウエスト	0235
ウエストイノベーションアライアンス	0235
ウェストウェーブ	2299
ウエストエネルギーソリューション	0235
ウエストO&M	0235
ウエストオーナンバ	0478
ウエストジャパンプロダクツ	0833
ウエストハウザー	0471
ウエストビギン	0235
ウエストベンディング	0833
ウエストホールディングス	0235
ウエストホールディングス	0038
ウエストレイク	3010
ウエストロー・ジャパン	1254
ウエストン	3005
ウエストン音響	3005
植製作所	1466
上田ガーバン	0236
ウエダ散	1718
上田昭栄	2439
上田商店	0236
上田短資	0236
上田短資証券	0236
植田茶園	1718
植田奈良漬製造	0278, 2374
上田日本無線	2071
上田バトラートレジャリーサービス	0236
上田ハーロー	0236
上田八木証券	0236
上田八木短資	0236
ウェッジインベストメント	0237
ウェッジホールディングス	0237
ウェッズ	0238
ウェディング企画	3162
ウェディングサポート	1147

上野エンジニアリング	......	2974
上野観光温泉	......	1853
上野金属産業	......	2974
上野計算センター	......	0523
上野新薬開発	......	0144
上野ダイタン商事	......	1476
上野なとり	......	2008
上野松坂屋	......	0428
上野メタレックス	......	2974
上野雄司商店	......	2974
ウェーバー	......	0747
上原硝子	......	0239
上原産業	......	0239
上原成介商店	......	0239
上原成商事	......	0239
ウェブオフィス	......	0330
ウェブシアターインターナショナル	......	0179
ウェブドゥジャパン	......	0747
ウェブプログレッシブ	......	1049
ウェブポータル	......	0125
ウェブマーケティングジャパン	......	2581
ウェーブロックホールディングス	......	1457
ウェブ・ワークス	......	0035
上本町ホテルビル	......	0702
上村旭光有限公司	......	0240
ウエムラ・インターナショナル・コーポレーション	......	0240
ウエムラ・インターナショナル・シンガポール	......	0240
ウエムラ・インドネシア	......	0240
上村化学（上海）有限公司	......	0240
上村工業	......	0240
上村工業（深圳）有限公司	......	0240
ウエムラ・システムズ・コーポレーション	......	0240
上村長兵衛商店	......	0240
上村（香港）有限公司	......	0240
ウエムラ・マレーシア	......	0240
ウエルシア関東	......	0241
ウエルシアホールディングス	......	0241
ウェルズ技研	......	0386
ウェルス・マネジメント	......	0242
ウエルディングガス九州	......	0808
ウエルディング・ガス・サービス	......	0808
ウェルテック	......	1179
ウェルテック関西	......	1179
ウェルネス	......	0400
ウェルネスデザインシステム	......	2068
ウェルビー京都	......	0239
ウェルビー湖南	......	0239
ウエルマート	......	2709
ウエルライフ	......	2127
魚喜	......	0243
魚喜水産	......	0243
ウォーターダイレクト	......	0244

ウォーターネット	......	0414
ウォーターネットエンジニアリング	......	0414
魚民股份有限公司	......	2930
ウォーテック北海道	......	2689
魚力	......	0245
魚力商事	......	0245
魚力商店	......	0245
ウオリキ・フレッシュ・インク	......	0245
ウオルブロー社	......	2807
うかい	......	0246
うかい商事	......	0246
羽後ジャスコ	......	2708
羽後ショッピング	......	2708
ウシオオプトセミコンダクター	......	0247
ウシオ工業	......	0247
ウシオ総合技術研究所	......	0247
ウシオ電機	......	0247
ウシオ電機	......	0867
ウシオマリーン	......	0247
ウシオユーテック	......	0247
ウシオライティング	......	0247
宇治ケミカル	......	0830
牛込製粉工場	......	1835
宇塚至誠堂	......	0556
沃達王木業（上海）有限公司	......	0252
宇多津給食サービス	......	3045
内田	......	0249
ウチダインフォメーションテクノロジー	......	0249
ウチダエスコ	......	0248
ウチダエスコ	......	0249
ウチダオフィスメーション	......	0249
内田交易	......	0249
内田興産	......	0249
ウチダ・コンピューター・エンジニアリング	......	0248
ウチダ・コンピュータエンジニアリング	......	0249
ウチダコンピュータシステム	......	0249
ウチダサービス	 0248,	0249
ウチダシステム	......	0249
ウチダ事務機サービス	......	0249
ウチダ人材開発センタ	......	0249
ウチダスペクトラム	......	0249
内田製作所	 0882,	1526
内田設備工業	......	0249
ウチダ総合物流	......	0249
ウチダテクノサービス	......	0249
ウチダデータ	......	0249
内田ピーエス	......	0249
ウチダ・プログラム・プロダクツ	......	0248
ウチダユニコム	......	0249
内田洋行	......	0249
内田洋行	......	0248
内田洋行ITソリューションズ	......	0249

内田洋行ITソリューションズ西日本	......	0249
内の岱鉱業	......	1971
内山梱包資材紙器	......	2993
内山梱包奈良	......	2993
内山電子工業	......	2993
内山物流	......	2993
ウチヤマホールディングス	......	0250
内山木棉製造所	......	2993
ウツイ	......	1699
ウッズスタッフ	......	0039
ウッディーホーム	......	1287
ウッドフレンズ	......	0251
ウッドランド	 0646,	2562
ウッドワン	......	0252
沃達王國際有限公司	......	0252
宇都宮瓦斯	......	1812
宇都宮商業銀行	......	0091
宇都宮徳蔵回漕店	......	0253
宇都宮パークレーンズ	......	2242
宇都宮緑屋	......	0753
宇都宮ワシントンホテル	......	2527
内海醤油	......	1169
内海造船	......	2084
内海紡織	......	1946
宇徳	......	0253
宇徳運輸	......	0253
宇徳企業	......	0253
宇徳港運	......	0253
宇徳ビジネスサポート	......	0253
宇徳不動産	......	0253
宇徳プラントサービス	......	0253
宇徳陸運	......	0253
宇徳ロジスティクス	......	0253
卯根倉鉱業	......	1971
畝傍電機製作所	......	1755
宇野酸素	......	0808
宇部アンモニア工業	......	0254
宇部エクシモ	......	0254
ウベ・ケミカルズ・アジア,パブリック・カンパニー・リミテッド	......	0254
宇部興産	......	0254
宇部興産	......	2418
宇部興産機械	......	0254
宇部合成ゴム	......	0254
宇部サイコン	......	0254
宇部新川鉄工所	......	0254
宇部セメント製造	......	0254
宇部曹達工業	......	1393
宇部窒素工業	......	0254
宇部鋳鍛鋼	......	0254
宇部鉄工所	......	0254
ウベ・ナイロン・タイランド,リミテッド	......	0254
宇部日東化成	......	0254
宇部不動産	......	0254
宇部マクセル	......	2418
宇部マテリアルズ	......	0254
宇部丸善ポリエチレン	......	0254
宇部三菱セメント	 0254,	2821
宇部吉野石膏	......	3035

社名	ページ
ウーマンスタッフ	1773
ウメコーポレーション	0255
梅崎産業	1179
梅田映画劇場	1859
梅田機器販売	1098
梅田シネマ	0411
梅田製機	0876
梅テック	1707
梅の花	0255
梅の花不動産管理	0255
梅の花plus	0255
梅の花26	0255
梅の花27	0255
梅の花28	0255
梅の花29	0255
梅屋動薬販売	0203
烏山銀行	0091
ウライ	0256
裏井	0256
裏井商店	0256
浦賀瓦斯製造	1812
浦楽熙普信息科技	2597
浦賀重工業	1327
浦賀船渠	1327
浦賀玉島ディゼル工業	1327
浦上靖介商店	2308
浦上糧食工業所	2308
浦川銀行	1108
浦東高分子（上海）有限公司	2071
浦浜農園	2022
浦和ダイタン商事	1476
浦和ポリマー	1222
雨竜炭鉱	2577
ウルシ	0504
ウルシステムズ	2981
ウロコ興業	1017
宇和島シロキ	1217
上月電装	1698
雲雀國際股份有限公司	1270
運送計算所	2161
恩乃普電子商貿（上海）有限公司	0343
雲南盤橋燐電有限公司	2110

【え】

社名	ページ
エアアジア・ジャパン	0264
エーアイティー	0257
エーアイピーブリッジ	1432
エア・ウォーター	0258
エア・ウォーター	0039, 1532
エアサイクルホームシステム	2495
エアージャパン	0264
エアーニッポン	0264
エアーニッポンネットワーク	0264
エアーネクスト	0264
エア・プロダクツ・アンド・ケミカルズ・インコーポレーテッド	0258
エアポートバス	2179
エアポートマックス	2208
エアモンテ	0745
エアーアールエー社	2799
エー・アールシーインターナショナル	0463
エアロ航空	2943
エー・アンド・アイ	0268
エー・アンド・アイ システム	3063
エー・アンド・アイシステム	2524
エーアンドエー工事	0259
エーアンドエス	0926
エーアンドエー名古屋	0259
エーアンドエーマテリアル	0259
エー・アンド・デイ	0260
エー・アンド・デイ・システム	0260
AIG	1051
エイ・アイ・シー	0937
AIGエジソン生命	1144
エイアイジー・スター生命	1144
AITソリューションズ	0257
ARSエンタープライズ	0297
ARM総合研究所	0118
エイアンドティー	0261
エイ・アンド・ブイ	1378
エイアンドワイビューティサプライ	1525
エィ・イー企画	2377
英・インターナショナル	2366
ASアセットマネジメント	0100
エイエス化成	0112
エイエス・コミュニケーションズ	0125
エイ・エス・ジイテクノ	1440
ASJ	0262
エイエス出版	0125
ASTI	0263
ASプロジェクト	0737
エイ・エヌアートプランニング	0122
ANAウイングス	0264
ANAホールディングス	0264
AN友の会	0117
AFC-HDアムスライフサイエンス	0265
エイエフティー	1463
エイ・エム・アイ	0203
エイ・エム・シー	2649
永旺永楽（杭州）服務外包有限公司	0162, 2450
永旺永楽（中国）物業服務有限公司	0162
永旺永楽（北京）物業管理有限公司	0162
永旺幻想（中国）児童遊楽有限公司	0163
永旺幻想（北京）児童遊楽有限公司	0163
永旺（中国）投資有限公司	2707
永旺美思佰楽（江蘇）商業有限公司	2707
永旺美思佰楽（青島）商業有限公司	2709
AOCホールディングス	2523
映音	2284
AQインタラクティブ	2726
エイケン	0267
栄研化学	0266
栄研化学	2850
栄研器材	0266
エイケン工業	0267
栄研生物科技（上海）有限公司	0266
エイケン熱器	0267
栄研ロジスティクスサービス	0266
エイコー	2369
栄光	0268
栄光アドインターナショナル	0268
栄光オフィスサプライ	0268
栄光教育文化研究所	0268
正興施設エンジニアリング	1338
栄光ゼミナール	0268
栄光ゼミナール北海道	0268
栄光ホールディングス	0268
英国豊田合成	1942
英国日産自動車製造会社	2058
英国日本通運	2161
英国BAEシステムズ社	1318
英国BOC社	0806
英国三井物産	2799
衛材（蘇州）製薬有限公司	0293
衛材（中国）投資有限公司	0293
衛材（中国）薬業有限公司	0293
エイジア	0269
エイジアコミュニケーションズ	0269
エイシアン・タナカ・バンコク・カンパニーリミテッド	1604
エイシアン・ホンダ・モーター・カンパニーリミテッド	2807
A.Cインベストメント	0087
エイジーエイ	0541
AGS	0270
AGSシステムアドバイザリー	0270
AGSプロサービス	0270
ACKグループ	0271
エイシーケイグループ	0271
エイジス	0272
エイジスコーポレートサービス	0272
エイジスシステム開発	0272
艾捷是（上海）商務服務有限公司	0272
エイジスビジネスサポート	0272

社名	頁
A・C・T	3152
ACTGen	0167
A.Cファイナンス	0087
永沼燃料	2803
英昌刃物	1777
エイシン	1982
衛星教育ステーション	0542
衛星劇場	1188
EIZO	0273
EIZOエンジニアリング	0273
EIZOサポートネットワーク	0273
エイゾーサポートネットワーク	0273
エイゾーテクノキャリア	0273
A−ソリューション	1121
永大小名浜	0275
永大化工	0274
永代化工（上海）有限公司	0274
永大化工ベトナム会社	0274
永大産業	0275
永大スタッフサービス	0275
永大テクニカ	0275
永大テクノサポート	0275
永大ハウジング	0275
永大ベニヤ	0275
永大木材工業	0275
栄太郎	1752
榮太郎	1476
営団社システム	1273
営団社不動産	1273
営団社募集サービスセンター	1273
エイチ・アイ・イー	2308
エイチ・アイ・エス	0276
HIS-HS九州産交投資事業有限責任組合	0954
エイチ・アイ・エス協立証券	0954
HRプロデュース	1362
エイチアンドエフ	0277
エイチイーシー	2415
エイチイーシーエンジニアリング	2415
HS-IPO投資事業有限責任組合	0954
HSI-VLOH投資事業組合	0954
エイチ・エスインベストメント	0954
エイチ・エス開発	2415
エイチ・エス債権回収	0954
エイチ・エス証券	0954
エイチ・エス証券分割準備	0954
エイチ・エスファイナンス	0954
エイチ・エスライフプランニング	0954
HFGマネジメント	2380
エイチ・エム・アール	2491
HMリテーリングス	2663, 2965
エイチオーエンジニアリング	2634
エイチ・ケイズ・コーポレーション	0124
エイチ・ツー・オーリテイリング	0278
エイチ・ツー・オーリテイリング	2374
エイチディ開発	0278, 2374
HTKエンジニアリング	2681
エイチ・ティー・シー	2318
HTBクルーズ	0276
HPCソリューションズ	0141
エイチーム	0279
エイチームライフスタイル	0279
エイチワン	0280
エイチワン	0810
エイチワン・パーツ・シラチャ・カンパニー・リミテッド	0280
ADE社	0561
エイ・ディー・エス	0071
ATO社	1782
ATグループ	0281
ADKアーツ	0074
ADKインターナショナル	0074
ADKデジタル・コミュニケーションズ	0074
ADKボーイズ	0074
A.T.サポート	0279
エイ・ディ・ディー	2797
エイティーディジコム	0261
ADTech	2149
ATビジネス	0281
エイティング	0282
エイティング沖縄	0282
エイティングネットワークス	0282
エイデン	0333
エイド	1953
エイト開発	1527
英徳知市場諮詢（上海）有限公司	0214
エイトクロップス	2465
エイト香辛料	0650
エイトコンサルタント	0175
エイト食品	0650
エイトピア	1894
エイトファーム	1527
エイトフーズ	1527
エイトメイト	1527
エイト薬品	1527
エイトレッド	1430
ABM	2562
エイビス・レンタカー・システム・インク	2812
APテクノグラス社	0077
エイビーパートナー	0069
ABホテル	1849
エイブル	0283
エイブルウェア	1364
エイブル サニット インダストリーズ	0962
エイブル サンオー インダストリーズ カンパニー リミテッド	0962
エイブル サンオー インダストリーズ（1996）カンパニー リミテッド	0962
エイブル総合研究所	0283
エイブルCHINTAIホールディングス	0283
エイブルCHINTAIマーケティング	0283
エイブルパーキング	0283
エイブル＆パートナーズ	0283
エイブル不動産	0283
エイブルリサーチ・インターナショナル	0283
英普麗斯（北京）科技有限公司	0224
エイベックス	0284
エイベックス・エンタテインメント	0284
エイベックス・グループ・ホールディングス	0284
エイベックスジャパン	2299
エイベックス・ディストリビューション	0284
エイベックス・ディー・ディー	0284
エイベックス・デジタル	0284
エイベックス ネットワーク	0284
エイベックス・マーケティング	0284
エイベックス・マーケティング・コミュニケーションズ	0284
エイベックス・マネジメント	0284
エイベックス・ミュージック・クリエイティヴ	0284
エイベックス・ミュージック・パブリッシング	0284
エイベックス・ライヴ・クリエイティヴ	0284
榮豊興産	2552
A-box	2581
エイミーストリートジャパン	1086
Aiming	0285
エイムクリエイツ	2729
エイメ	1389
栄養と育児の会	3157
Aライフサポート	0162
永楽開発	1653
永楽自動車	1653
永楽不動産	1653
栄立社	3133
エイロクイップ社	3031
英和	0286
帝和エンジ	1698
英和商店	0286
栄和ストア	2732
英和精器	0286
英和精工	0286
栄和綜合リース	1752
エイワパレット	1557
エー.エー.エス空間情報センター	0088
エー.エー.エス.クリエーション	0088

社名	頁	社名	頁	社名	頁
エー．エー．エス．ビジネスサービス	0088	エクセディタイランド	0289	エーザイ化学	0293
エー・エー・ケミカル	1201	エクセディ電設	0289	江坂東急ビル	1800
エー・エス・サガミ	0916	エクセディニュージーランド	0289	江崎	0294
エーエスシー	2638	エクセディフリクションマテリアル	0289	**江崎グリコ**	0294
エーエスピーランド	1338	エクセディプリマインドネシア	0289	江崎グリコ栄養実験所	0294
エーエスホールディングス	0053	エクセディ北京	0289	江崎航機	0294
エーエフシー	0265	エクセディベトナム	0289	江差興業	1971
エーエムアイ研究所	0496	エクセディマニファクチャリングインドネシア	0289	江差風力開発	2247
エーエムエス	0543	エクセディマレーシア	0289	エー・シー・エス・クレジットマネジメント	0164
エー・エム・エンジニアリング	1821	エクセディミドルイースト	0289	エー・シー・エス債権管理回収	0164
エーエムカードサービス	0891	エクセディ南アフリカ	0289	エー・シー・エス・ファイナンス	0164
エー・エム企画	2701	エクセディメキシコアフターマーケットセールス	0289	エーシートレーディング	0156
エー・エム・コンポジット	1296	エクセディモーターサイクルインドネシア	0289	**エージーピー**	0295
エー・エム・シー	0444	エクセディラテンアメリカ	0289	エージーピーアグリテック	0295
エーエムジー・ジャパン	2943	エクセディロシア	0289	エージーピー沖縄	0295
エーエム商事	0132	エクセディSB兵庫	0289	エージーピー開発	0295
エーエム・ピーエム・関西	2461	**エクセル**	0290	エージーピー関西	0295
エーエム・ピーエム・ジャパン	2461	エクセル人材派遣センター	0653	エージーピー九州	0295
江川製作所	1359	エクノス	3093	エージーピー中部	0295
江川ベニヤ	1047	エーケン工業	0267	エージーピー北海道	0295
碧海電気鉄道	2001	エコアドバンス	1765	エーシーベンチャーズ	0069
液化炭酸	1532	エコグリーン埼玉	0825	エジリ	2343
エキサイト	0287	エコジェノミクス	1956	江尻銀行	1155
エキスパート東邦	1860	エコシス	1742	エシロールインターナショナル	2024
駅探	0288	エコ テックウェル インベストメント Inc.	0760	エージーワイ	0137
駅前探険倶楽部	0288	エコ・トライ	0297	AG ONE	0550
駅レンタカー関西	2028	**エコートレーディング**	0291	AG-ONE	0550
駅レンタカー中国	2028	エコトロン	2070	SIサイエンス	1186
エクシス	2581	エコナック	0292	エスアイシー・インベストメント	0705
エクシーダ	1749	エコナックホールディングス	0292	エスアイピー	3129
エクシング	2568	エコネコル	0397	エスアイヤ	0033
エグスキアーNHK社	2173	エコネコル・ホールディングス	0397	SRIスポーツ	1315, 1619
エクステイン	2545	エコノス・ジャパン	1336	SRIタイヤトレーディング	1315
エクスペリエンス	1050	エコパワーJP	2115	SRIハイブリッド	1315
エクスモーション	1440	エコー販売	0291	エス・アール・イー	1205
エクセディ	0289	エコファーム・マルシェ	2738	**SRAホールディングス**	0296
エクセディアメリカ	0289	エコーフーズ	2947	エス・アール・エス	0921
エクセディインドネシア	0289	エコプランニング・マルシェ	2738	エスアールエス・さくらインターネット	0921
エクセディエンジニアリングアジア	0289	エコー・プロダクツ・インコーポレイテッド	2123	エスアールエル	2850
エクセディオーストラリア	0289	エコプロ・リサーチ	0720	エスアールジー・カナモト	0297, 0553
エクセディクラッチインディア	0289	エコポート九州	2115	エスアールジーカンキ	0297
エクセディクラッチヨーロッパ	0289	エコミット	0397	**エスアールジータカミヤ**	0297
エクセディグローバルパーツ	0289	エコム・ジャパン	0441	エスアンドエス	1673
エクセディ広州	0289	エコモ	1344	S&Sエンジニアリング	1258
エクセディ上海	0289	エコーラック	0854	S&Sコンポーネンツ	1278
エクセディ（上海）複合摩擦材料	0289	エコーラック・ブランド	0854	エス・アンド・オー	1420
エクセディ重慶	0289	エコーリフレックス	0854	S&K プレシジョン テクノロジーズ（タイランド）Co., LTD	1285
エクセディダイナックス上海	0289	エコーレンテックス	2968	**エスイー**	0298
エクセディダイナックスメキシコ	0289	**エーザイ**	0293	**SEIオプティフロンティア**	0299
エクセディダイナックスヨーロッパ	0289	エーザイ	0332	SEインベストメント	0301
エクセディ太陽	0289			エスイーエムキャド大阪	1322
				エスイーエム・ダイキン	1322
				エスイー産業	0298

エスイーシー	0300	
エスイーシー化成	0637	
SECカーボン	0300	
エー・スイーツ・ハウス	1397	
SEデザイン	0301	
エスイーバイオマステクノ	0298	
SEプラス	0301	
エスイープロダクツ	2138	
SEホールディングス・アンド・インキュベーションズ	0301	
SEモバイル・アンド・オンライン	0301	
エス・イー・ラボ	0027	
SASロジスティックス	2741	
エス・エイチ・エル ジャパン	2106	
エスエーカーボン	1246	
エス・エス・エス	0962	
エス・エス・エム	3037	
エスエスサポート	1429	
エス・エス・ジェイ	0646	
エスエス製薬	2625	
エス・エス・ソリューションズ	1206	
エス・エス・デー	0955	
SSデベロップメンツ有限責任事業組合	0966	
エスエックス・テクノロジー	1121	
SNコミュニティ	1253	
エス・エヌサービス	1419	
SNCインベストメント	1270	
エスエヌティブル	1244	
SNビルテック	0297	
エス・エヌメディアテクノ	0984	
SNリフラテクチュア東海	0705, 0755	
エス・エヌロジスティクス	1419	
エス・エー・ピー	0152	
SFインベストメンツ	0999	
SFキャピタル	0999	
エスエフシイ	1325	
エス・エフ・ディー	1136	
エスエフディ	1947	
SFPダイニング	0302	
SFビルサポート	0999	
エス・エム・イー	1406	
エスエムイーレコーズ	1425	
エス・エム・エス	0303	
エス・エム・エスキャリア	0303	
エス・エム・エスフィナンシャルサービス	0303	
エス・エム・エスメディケアサービス	0303	
SMFLインベストメント	2792	
SMK	0304	
SMC	0305	
エス・エム・シー	1265	
SMBCコンシューマーファイナンス	2793	
SMBC日興証券	2789	
SMBCフレンド証券	2793	
エス・エル・エス	1206	
エスエルディー	0306	
愛斯佩克試験儀器（広東）有限公司	0327	
SOLHoldings	0307	
エース・オートリース	2060	
エス企画	0698	
エス・キュー・マーケティング	1338	
エスグラント・アドバイザーズ	1296	
エスクロー・エージェント・ジャパン	0308	
エスクロー・エージェント・ジャパン信託	0308	
エスクロー・エージェント・ジャパン・トラスト	0308	
エスケーアイ	0309	
エスケーアイ開発	0309	
エスケーアイマネージメント	0309	
エスケアメイト	1280	
エスケイエンジニアリング	1358	
エスケイ開発	1385	
エスケイ工業	0598	
エスケイ産業	1358	
エスケイジャパン	0310	
エスケーエナジー	1135	
エスケーエナジー東京	1135	
エスケーエナジー名古屋	1135	
エスケーエルテック	1220	
エスケーエレクトロニクス	0311	
エスケー化研	0312	
エスケー建材工業	1220	
エス・ケー興産	0906	
エスケー興産	1347	
エスケーシー	1220	
エスケーシステム	1257	
エスケー商事	1100	
エスケーティー	1223	
エスケー電子	1220	
エスコ・アシスト	0248	
エース工機	2922	
エース工業	0624	
エスコム	1034	
エスコンアセットマネジメント	2203	
エスシー	1430	
エスシーアイ	2422	
エス・シー・インファオテック	0314	
SJI	0313	
SJアルピーヌ	0313	
SJホールディングス	0313	
エス・ジー・エス	0985	
SCS・ITマネジメント	0314	
SCSK	0314	
エスシーエス・ネットワークス	0314	
エスシーエスピー	1394	
SCSファイナンシャル・コンサルティング	0314	
エスジーエヌ	1893	
エス・ジー・エム	1270	
エスシーエム興産	1311	
エス・ジー・ケー	1270	
エス・ジー・シー	0985	
エス・ジー・シューズ・カンパニー	0362	
エスジーダイニング	0564	
エス・シー・テクノ	0960	
SGホールディングス	0917	
エスシー・マシーナリ	1156	
エスシー・リース・マシーナリ	1156	
エースタート	3051	
SWMジョージア LLC	1217	
SWテクノ	0936	
エステ	0106	
エステー	0315	
エスデイアイ・エレクトロニクス・ジャパン	2181	
エス・ティ・エス	2012	
SDSグリーン	0316	
エス・ディー・エスバイオテック	0316	
エス・ディー・エスバイオテックホールディングス	0316	
エスティ・エルシーディ	1944	
エス・ティー・エンジニアリング	1253	
SDエンターテイメント	0317	
エスティ オートマチックマシナリー エスディエヌ ビーエッチディ	1819	
エスティーケー	2298	
エス・ディ・コラボ	1280	
エス・ティ・サービス	1335	
エス・ティー・ジェネラル	2318	
エスティック	0318	
SDネクスト	1280	
SDVカーソリューションズ	1308	
SDVホールディングス	1308	
SDホールディングス	2479	
エス・ティ・マシーナリー・サービス	1335	
エス・ディー・マネジメント	1895	
エス・テー・エス	0955	
エステーオート	0315	
エステー化学	0315	
エステー化学工業	0315	
エステー化学工業所	0315	
エステーグローブ	0315	
エステーケミカル（アメリカ）インク	0315	
エーステック	2753	
エステック	1388	
エステート栄和	0851	
エステートレーディング	0315	
エステービジネスサポート	0315	
エステー・マイコール	0315	
エステール	0106	
エステールカンボジアCO., LTD	0106	

社名	ページ
エステールベトナムソフトウェア CO., LTD	0106
エステールホンコン LTD.	0106
エストネーション	0926
エストラスト	0319
エースネット	0081
エス・バイ・エル	2955
エス・バイ・エル沖縄	2955
エス・バイ・エル九州	2955
エス・バイ・エルコンゴロ	2955
エス・バイ・エル住工	2955
エス・バイ・エル東北	2955
エス・バイ・エルトラスト	2955
エス・バイ・エルハウジング	2955
エス・バイ・エルホームセンター	2955
エスパック	2308
エスピー	1565
SBIインベストメント	1742
SBIカード	0321
SBIキャピタル	0321
エスビーアイ・キャピタル	0321
エスビーアイ債権回収サービス	0321
SBIサーチナ	2910
SBI児童福祉	0321
SBIジャパンネクスト証券	0321
SBIジャパンネクスト証券準備	0321
SBI証券	0320
SBI証券	0321
SBI損害保険	0321
SBI損保設立準備	0321
エスビーアイ・プロモ	2299
SBIホールディングス	0321
エス・ビ・アラーム	1360
SPAパートナーズ	0928
エスビーエス	0322
SBSスタッフ	0322
SBS即配	0322
SBSホールディングス	0322
SBエナジー	1431
エス・ビー・エフ	0753
エス・ビー・エル興産	2792
エス・ビー・エル・サービス	2792
エスビーガーリック工業	0324
エスビーカレーの王様	0324
SPK	0323
エスビー興産	1243
エスビー興産	0324
エスビーサンキョーフーズ	0324
エス・ピー・シー	1350
エスピーシー	0593
エスビー食品	0324
エスビースパイス工業	0324
SBTコンサルティング	1432
エスビーネットワークス	1432
エスピーノザワ	2283
SPP長崎エンジニアリング	1318
SPPテクノロジーズ	1318

社名	ページ
エス・ビー・レーザー	1420
SVニッタン	2157
SVニッタンプレシジョン	2157
エスフーズ	0325
エスプリ	3166
エスプリツーリスト	3166
エスプール	0326
エスプールエコロジー	0326
エスプールセールスサポート	0326
エスプール総合研究所	0326
エスプールヒューマンソリューションズ	0326
エスプールプラス	0326
エスプール・マーケティング	0326
エスプールロジスティクス	0326
エースベーカリー	2881
エスペック	0327
エスペックエンジニアリング	0327
愛斯佩克環境儀器	0327
エスペック環境試験技術センター	0327
エスペックテストセンター	0327
エスペックミック	0327
エースホーム	2955
sMedio	0328
エスライン	0329
エスライン各務原	0329
エスラインギフ	0329
エスライン九州	0329
エスライン郡上	0329
エスライン羽島	0329
エスラインヒダ	0329
エスラインミノ	0329
エスリード管理	2204
エスリード企画	2204
エスレフル	2996
エスレンフォーム	1353
エス・ロジスティックス	2669
エスワン	1360
エーゼット	2481
エソテリック	1682
エタニットコンクリート工業	3087
エタニット社	1894
エー・ダブリュー・アイ・メディカルサポート	0039
越後抄	0205
越後商事	1251
越後谷三郎兵衛商店	2115
越前カントリー倶楽部	1389
越前商業銀行	2485
エックスネット	0330
エッグヘッドウチダ	0249
越佐商船	0938
エッセンシュアルズジャパン	0143
エッチ・イー・シー産業	2415
エッチ・ケー・エス	0331

社名	ページ
エッチ・ケー・エス・サービス	0331
エッチ・ケー・エス テクニカルファクトリー	0331
エッチ・ケー・エス・販売	0331
エッチ・ディ・ロジスティクス	2355
エッチ・ビー・アール	1958
エーツーメディア	2604
エーディア	0332
エー・テイ・エイチ	2327
エー・ディー・エステート	0334
エディオン	0333
エー・ディー・パートナーズ	0334
エー・ディー・リモデリング	0334
エー・ディー・ワークス	0334
エデック	2505
エデックリンセイシステム	2505
エデュケーショナルネットワーク	0268
エド・エンタープライズ	3052
江戸川精機	0345
江戸川段ボール工業	1236
江戸川バリウム工業所	2817
恵那銀行	1177
エナジーサービス・アセット・マネジメント	2454
エナジーソリューション	2656
エナジーライン	0937, 1899
エナス	1639
江夏商事	2947
江夏商店	2947
恵那東海理化	1798
エナリス	0335
エナリス神奈川太陽光発電	0335
エナリスパワー	0335
エナリス・パワー・マーケティング	0335
エナリスホールディングス	0335
エナリスPVパワー合同会社	0335
エニコムシステム関西	1248
エニタイムウェア	0901
エニックス	1273
エニックスプロダクツ	1273
enish	0336
エヌアイエス	2010
エヌ・アイ・エフ	2196, 2528
エヌ・アイ・コンサルティング	0340
エヌアイシ・オートテック	0337
エヌアイシ・セイコー	0337
NACデベロップメントコーポレーション	2104
NI帝人商事	1703
エヌアイフィットネス	2068
エヌアイマテリアル	2286
NIメカトロニクス	2099
NRIネットコム	2290

社名	ページ
エヌ・アール・エス・テクノロジー	2235
エヌ・アンド・イー	0275
NECエレクトロニクス	3117
NECエレクトロニクス韓国社	3117
NEC化合物デバイス	3117
NECキャピタルソリューション	0338
NECデバイスポート	3117
NECネッツエスアイ	0339
NECファブサーブ	3117
NEC三菱電機ビジュアルシステムズ	2819
NECリース	0338
エヌイーシーリース	0338
NEテクノ	1509
NAI・トーセイ・JAPAN	1913
エヌエイ・インダストリーズ Inc.	2143
NHK−アソシエイテッドスプリング社	2173
NHKオートモーティブ コンポーネンツ インディア社	2173
NHKオブアメリカサスペンションコンポーネンツ社	2173
NHKシーティングオブアメリカ社	2173
NHKスプリング（シンセン）社	2173
NHKスプリング（タイランド）社	2173
NHKスプリングプレシジョンオブアメリカ社	2173
NHKスプリング（ホンコン）社	2173
NHKマニュファクチャリング（マレーシア）社	2173
エヌエイチサービス	2136
NATペリフェラル社	2173
エヌエー開発	0156
エヌエスアドバンテック	2148
エヌエス インスツルメンツ インディア社	2148
エヌ・エス・インターナショナル社	2148
NSウエスト	2148
NSMコイルセンター	2083
エヌ・エス・エー・メタルズ Proprietary Limited	2067
エヌエスエレクトロニクス	2148
エヌエスオカムラ	0448
エヌエス・カルコンプ	0648
エヌエス環境	0409
エヌ・エス・環境科学コンサルタント	0409
エヌ・エス・グリーン	2143
エヌ・エス・ケイ	1798
NSKコーポレーション社	2149
NSKステアリングシステムズ	2149
NSKテクノロジー	2149
エヌエスケー・ステアリングシステムズ	2149
エヌエスケー・トリトン	2149
エヌエスケーナカニシ	1984
エヌエスケー福島	2149
エヌエスケー・プレシジョン	2149
エヌエスケー・ワーナー	2149
NS・コンピュータサービス	2148
エヌエス・コンピュータサービス	2148
エヌエスサービス	2014
エヌエスサンパウロ・コンポーネント・オートモーティブ社	2148
エヌエスジーコーポレーション	2068
NSスチレンモノマー	1246
NSステンレス	2083
NSソリューションズ関西	1248
NSソリューションズ東京	1248
NSWウィズ	2139
エヌエスダブリュ販売	2139
NSD	0340
エヌ・エス・ディ九州	0340
エヌ・エス・ディシステム研究所	0340
エヌ・エス・ディシステムサービス	0340
NSDソフトウェア	0340
NSDビジネスイノベーション	0340
NSDビジネスサービス	0340
NSDリアルエステートサービス	0340
エヌ・エス・テック	1334
NSテックスエンジ釜石	2082
NSフィナンシャルマネジメントコンサルティング	1247, 1248
エヌエス・マイクロエレクトロニクス	2370, 2628
NSモータース	2148
NSユナイテッド海運	0341
NXゲームズ・インク	2273
エヌヌ生命保険	0342
エヌ・エフ・エンジニアリング	2182
エヌエフエンジニアリング	0343
エヌエフ回路設計ブロック	0343
エヌエフカストマサービス	0343
エヌエフ計測システム	0343
NFKテクノロジー	0344
NFKファイナンス	0344
NFKホールディングス	0344
エヌ・エフ・サービス	2182
エヌエフ商事	0343
エヌエフ通商	0343
NFT韓国	2264
NFテクノコマース	0343
エヌ・エフ・ピー	2268
エヌ・エフ・ファイナンス	2182
エヌエフフローズン	2152
NMSホールディング	2186
エヌ・エム・ビー	2833
エヌ・エム・ビー オーディオリサーチ	2833
エヌ・エム・ビー セミコンダクター	2833
エヌ・エム・ビー電子精工	2833
NLアセットサービス	0338
NOK	0345
NOK Inc.	0345
NOK EG&G オプトエレクトロニクス	0345
NOKクリューバー	0345
NOKメグラスティック	0345
NQ屋台街有限責任事業組合	0966
NQ屋台村	0966
NQ屋台村有限責任事業組合	0966
エヌ・ケイ・アイ	0006
NKアグリ	2296
エヌ・ケイ・エス	2117
NKSJひまわり生命保険	1442, 1443
NKSJホールディングス	1443, 2592
エヌケイエンジニアリング	2056
NKKスイッチズ	0346
エヌケイパッケージ	0909
エヌ・ケイ・プランニング	1443
NKメディコ	2296
NKUSラボ	2214
NKリレーションズ	2296
NKワークス	2296
エヌケー・インベストメント合同会社	2439
エヌケーオーバル	0487
エヌケーケー	1244
エヌケー建物管理	2363
エヌ・ジェイ・アクシベイン	1461
エヌ・ジェイ・アールサービス	1255
エヌ・ジェイ・アールセミコンダクタ	1255
エヌ・ジェイ・アール秩父	1255
エヌ・ジェイ・アールトレーティング	1255
エヌ・ジェイ・アール福岡	1255
NJS	0347
エヌジェーエス・イーアンドエム	0347
エヌジェーエス・コンサルタンツ	0347
エヌジェーエス・デザインセンター	0347
エヌシーエス	1187
NGSアドバンストファイバー	2113
NCS&A	0348

エヌ・シー・エス興産 ……	0164	
NCSサポート＆サービス …	0348	
NC貝原コンクリート ……	2134	
NC貝原パイル製造 ……	2134	
NC関東パイル製造 ……	2134	
NC九州パイル製造 ……	2134	
NGK-Eソリューション ……	2888	
NGKスパークプラグユーラシア	2170	
NGK唐山電瓷有限公司 ……	2108	
NGK水環境システムズ ……	2888	
エヌ・シー興産 ……	0234	
エヌシーシー ……	2159	
エヌシーダイヤモンドボーツ	2159	
エヌシーテクノロジー ……	0348	
エヌシー・テック ……	2110	
エヌシー電子 ……	1651	
NC西日本パイル製造 ……	2134	
NCPサプライ ……	0234	
エヌシーピーサプライ ……	0234	
NCPバイオガス発電投資事業有限責任組合 ……	0335	
NCマネジメントサービス …	2134	
NCロジスティックス ……	2134	
エヌズサービス ……	2299	
エヌズスタッフ ……	2299	
エヌズテレコム ……	2299	
エヌズファイナンス ……	2299	
NWコーポレーション ……	1345	
エヌチーエヌ製作所 ……	0350	
NDS	0349	
エヌティーエス ……	2295	
NDSインフォス ……	0349	
NTN ……	0350	
NTN上伊那製作所 ……	0350	
NTN能登製作所 ……	0350	
NTN販売会社 ……	0350	
NTN平野製作所 ……	0350	
NTN袋井製作所 ……	0350	
NTN宝達志水製作所 ……	0350	
エヌティオートサービス ……	2060	
NDKアールアンドイー ……	2167	
NDKイッツ ……	2167	
NTKセラミック ……	2170	
NDK総合サービス ……	2167	
エヌディーケー・イッツ ……	2167	
エヌ・ティー・サービス ……	2157	
エヌ・ティ・シー ……	0980	
エヌ・ディー・シー ……	2054	
エヌティーシー ……	2421	
エヌティジェー ……	1304	
エヌ・ティ・ティ・アクティフ ……	0354	
エヌ・ティ・ティ・アド ……	1955	
エヌ・ティ・ティ・移動通信企画 ……	0353	
エヌ・ティ・ティ・移動通信網 ……	0353	
エヌ・ティ・ティ・エステート ……	0354	
エヌ・ティ・ティ関西建物 …	0354	
エヌ・ティ・ティ九州不動産 ……	0354	

エヌ・ティ・ティ・クレイス …	0354	
エヌ・ティ・ティ・クレド …	0354	
エヌ・ティ・ティ中央移動通信	0353	
エヌ・ティ・ティ・データ …	0351	
エヌ・ティ・ティ・データ …	0352	
NTTデータ・アイ ……	0351	
エヌ・ティ・ティ・データ・イントラマート ……	0352	
エヌ・ティ・ティ・データ・イントラマート ……	0351	
NTTデータイントラマートソフトウェア系統（上海）有限公司 ……	0352	
NTTデータ・イントラマートCSI ……	0352	
エヌ・ティ・ティ・データ・ウェーブ ……	0351	
NTT DATA EMEA LTD. ……	0351	
エヌ・ティ・ティ・データ・オフィスマート ……	0351	
エヌ・ティ・ティ・データ・カスタマサービス ……	0351	
エヌ・ティ・ティ・データ関西 ……	0351	
エヌ・ティ・ティ・データ関西エス・エム・エス ……	0351	
エヌ・ティ・ティ・データ関西カスタマサービス ……	0351	
エヌ・ティ・ティ・データ九州 ……	0351	
エヌ・ティ・ティ・データ・クイック ……	0351	
エヌ・ティ・ティ・データ・クオリティ ……	0351	
エヌ・ティ・ティ・データクリエイション ……	0351	
エヌ・ティ・ティ・データ経営研究所 ……	0351	
エヌ・ティ・ティ・データ四国 ……	0351	
エヌ・ティ・ティ・データ・システムズ ……	0351	
エヌ・ティ・ティ・データ信越 ……	0351	
エヌ・ティ・ティ・データ・スリーシー ……	0351	
エヌ・ティ・ティ・データ先端技術 ……	0351	
エヌ・ティ・ティ・データ・ソリューション ……	0351	
NTTデータ・チャイナ・アウトソーシング ……	0351	
エヌ・ティ・ティ・データ中国 ……	0351	
エヌ・ティ・ティ・データ通信 ……	0351	
エヌ・ティ・ティ・データ・テクノロジ ……	0351	
エヌ・ティ・ティ・データ東海 ……	0351	
エヌ・ティ・ティ・データ東京エス・エム・エス ……	0351	

エヌ・ティ・ティ・データ東北 ……	0351	
エヌ・ティ・ティ・データ・ネッツ ……	0351	
NTTデータ・ビジネス・システムズ ……	0351	
エヌ・ティ・ティ・データ・フィット ……	0351	
NTTデータ・フィナンシャルコア ……	0351	
エヌ・ティ・ティ・データ・フォース ……	0351	
エヌ・ティ・ティ・データ・フロンティア ……	0351	
エヌ・ティ・ティ・データ北陸 ……	0351	
エヌ・ティ・ティ・データ北海道 ……	0351	
エヌ・ティ・ティ・データ・マネジメント・サービス ……	0351	
エヌ・ティ・ティ・データ・ユニバーシティ ……	0351	
エヌ・ティ・ティ東海不動産 ……	0354	
NTTドコモ ……	0353	
エヌ・ティ・ティ・ドコモ ……	0164, 0214, 0353	
エヌ・ティ・ティ・都市開発 …	0354	
エヌ・ティ・ティ都市開発 …	0354	
NTT都市開発投資顧問 ……	0354	
NTT都市開発西日本BS …	0354	
エヌ・ティ・ティ都市開発ビルサービス ……	0354	
エヌ・ティ・ティ・PCコミュニケーションズ ……	1050	
エヌ・ティ・ティ・ビーシーコミュニケーションズ ……	1955	
エヌ・ティ・ティ北海道エステート ……	0354	
エヌディーテレコム ……	1289	
エヌ・ディ・パウダー ……	2159	
エヌティー ピストンリング インドネシア社 ……	2178	
エヌテーエヌ製作所 ……	0350	
エヌ・テー・エヌ東洋ベアリング ……	0350	
エヌテーエヌ販売 ……	0350	
エヌ・デーソフトウェア ……	0355	
エヌテック ……	2993	
エヌピーアール オートパーツ マニュファクチュアリング インディア社 ……	2178	
エヌピーアール オブ アメリカ社 ……	2178	
エヌピーアール オブ ヨーロッパ社 ……	2178	
エヌピーアール シンガポール社 ……	2178	
エヌピーアール マニュファクチュアリング インドネシア社 ……	2178	
エヌピーアール マニュファクチュアリング ケンタッキー社 ……	2178	

社名	頁
エヌピーアール マニュファクチュアリング ミシガン社	2178
エヌピーアール ユーエス ホールディングス社	2178
エヌピイ工業	2180
NBインベストメント	2075
エヌピーエフジャパン	2152
NPFティーツー・インベストメント	1617
エヌピー化成	2250
NBK	2383
エヌピー工機	2250
エヌピーサービス	2250
エヌ・ピー・シー	0356
エヌピーシー今治システムズ	2413
エヌピーシー北海道	2413
NBCメッシュテック	2069
NBネットワークス	2075
NBファシリティーズ	2075
エヌブイシーカスタマーサービス	2276
NVソフト	2484
エヌワイケイシステム総研	2189
NYCソリューションズ	1998
エヌ・ワイ・ティ	1922
エネビック	2302
エネルギー	1652
エネルギーアドバンス	1812
エネルギー総合開発研究所	0942
エノモト	0357
榎本製作所	0357
榎本徳次郎商店	0913
エヴァグリーン	2397
エバジツ	0358
エバージーン	0383
エバタ生コン	1699
エバ・モーダ	0519
荏原インフィルコ	0360
荏原エリオット	0360
荏原環境テクノ北海道	0360
荏原機械シ博有限公司	0360
荏原九州	0360
荏原工業	0358
エバラコーポレーション	0359
荏原サービス	0360
エバラCJフレッシュフーズ	0359
荏原実業	0358
荏原食品	0359
エバラ食品工業	0359
荏原食品（上海）有限公司	0359
荏原食品香港有限公司	0359
荏原製作所	0360
荏原製作所	2334
荏原総合研究所	0360
荏原テクノサーブ	0360
荏原博ポンプポンプ業有限公司	0360
荏原由倉ハイドロテック	0360
荏原冷熱システム	0360
エバレイ	0359
エバーワークス	0871
エバンジェ・タヤ	1615
エバンス	1687
エーピーアセットマネジメント	0361
エー・ピー・エム	0869
エーピーエム	0598
エビオス薬品工業	0078
エー・ピーカンパニー	0361
エービーシ	2524
エービーシーサービスビューロ	2524
エービーシー・マート	0362
恵比寿開発	0933
恵比寿ガーデンプレイス	0933
恵比寿天	1473
EPIC・ソニー	1425
エピックレコードジャパン	1425
エビデンスラボ	1401
エー・ピーファーム	0361
エーピーファーム	2612
えひめアグリファンド投資事業有限責任組合	0363
えひめガイヤファンド投資事業有限責任組合	0363
愛媛銀行	0363
愛媛県合同罐詰	2875
愛媛サニタリープロダクツ	0526
愛媛相互銀行	0363
愛媛通運	2161
愛媛ホーチキ	2654
愛媛無尽	0363
愛媛メディカルラボラトリー	2387
海老屋	2969
エビラ	0156
エビラ興産	0156
エフ	2473
FRSファシリティーズ	2483
エフ・アール興産	2595
エフアール興産	2707
エフ・アール・ディー	2506
エフアール・フーズ	2457
F&Aアクアホールディングス	3046
エフアンドエイチエアエクスプレス	2497
エフアンドエヌ・フードサービス	2291
エフ・アンド・エフ	2492
エフアンドエム	0364
エフアンドエムネット	0364
エフアンドエル	2493
エフアンドピーアメリカ・マニュファクチャリング・インコーポレーテッド	0372
エフアンドピージョージア・マニュファクチャリング・インコーポレーテッド	0372
エフアンドピー・マニュファクチャリング・インコーポレーテッド	0372
エフ・イ・イ	0690
FEインベスト	0691
エフ・イー・エル	0194
エフイージー・デ・ケレタロ・ソシエダアノニマ・デ・カピタルバリアブレ	0372
エフ・イ・テック	0690
エフエージェイ	0228
FSKエンジニアリング	3113
エフ・エス・ピー	2217
FSPエレベータPRIVATE LTD.	2538
エフエスロジスティックス	1758
FFRI	0365
FFGビジネスコンサルティング	2487
エフ・エフ・ソル	1440
エフエフティ	2908
FMIオートモーティブコンポーネンツ	2554
FMSソリューション	0162, 2450
エフエムディー山大	2954
エフエーリョーサン	3107
エフエルシー	2530
エフ・オー・テック	0465
エフケ石油販売	2511
エフケー・ツタイ	0767
エフケールブネット	2511
エプコ	0366
艾博科建築設備設計（深圳）有限公司	0366
FCインベストメント・アドバイザーズ	2467
FJPリテールサービス	2532
FJリゾートマネジメント	0367
エフ・ジェー・コミュニティ	0367
エフ・ジェー・ネクスト	0367
エフ・ジェー不動産販売	0367
FCM	0368
エフシーエム	0368
エフ・ジー・エル・サービス	2564
エフ・シー・シー	0369
FCパートナーズ	2467
FCリート・アドバイザーズ	2467
エプソン	1340
エプソンイメージングデバイス	1340
エプソンダイレクト	1340
エプソントヨコム	1340
エフ・ディー	1628
エフティエス	1942
エフティーエフ	0460
FDK	0370
FDK	2528
FDKエナジー	0370
FDKエンジニアリング	0370
FDKトワイセル	0370
エフ・ディー・ケイ パワトロニクス	0370

FDK販売 …………… 0370	エポック・ティエスシー …… 1440	エム・エスプロダクト …… 2380
FDKメカトロニクス …… 0370	エポンゴルフ …………… 0395	MS北陸 ………………… 2815
FDKモジュールシステムテクノロジー ………… 0370	エマソン・レトリック社 …… 1677	MS北海道 ……………… 2815
	江間忠ウッドベース ……… 2003	MNリテールサービス …… 2746
エフ・ディー・コイル・フィリピンInc. ………… 2577	江間忠ウッドベース中部 …… 2003	エムエーピー ………… 2200
	江間忠木材 ……………… 2003	MFCグローバル・インベストメント・マネジメント・ジャパン社 …………… 2721
エフティコミュニケーションズ ………… 0371	エーマックス ………… 0322	
エフティコミュニケーションズ ………… 0742	エミック ……… 1438, 1636	
エフ・ディ・シィ・プロダクツ ………… 3046	エミット興産 ………… 1977	エムエー・フレッシュ・サービス ……………… 3032
	エミードレス …………… 0721	エムエムインターナショナル ………………… 2747
エフティ資生堂 ………… 1118	MIEテクノ …………… 2764	
エフ・ティ・ジャパン …… 1566	エムアイエス ………… 2951	エム・エム・エス ……… 1438
エフ・ティ・プレシジョン・インコーポレーテッド ……… 1604	エムアイトレーディング …… 2751	MMエナジー …………… 2802
	エムアップ …………… 0375	エム・エム・シー・エー …… 2718
エフテック …………… 0372	エムアップAE ………… 0375	MMCダイヤモンドファイナンス ………………… 2822
エフテックアールアンドディノースアメリカ・インコーポレーテッド ………… 0372	エム・アール・アイ・キャリアスタッフ ………… 2818	
	エムアールアイ債権回収 …… 2729	エムエムネット ………… 2899
エフテックアールアンドディフィリピン・インコーポレーテッド ………… 0372	MRIバリューコンサルティング ……………… 2818	MMライフサポート …… 2802
		エム・エル・エス ……… 2718
	エム・アール・アイビジネス ………………… 2818	エム・エルエンジニアリング ………………… 0908
エフテックノースアメリカ・インコーポレーテッド …… 0372	エム・アール・アイリサーチアソシエイツ ………… 2818	エム・エレック ………… 1412
		エムキューブ ………… 0382
エフテックフィリピン・マニュファクチャリング・インコーポレーテッド ………… 0372	**MRT** …………………… 0376	エムクロッシング ……… 2215
	エム・アンド・アイ …… 3129	MKカーゴ ……………… 2695
エフテック・マニュファクチャリング（タイランド）リミテッド ………… 0372	エム・アンド・アール …… 2033	MKコミュニケーションズ …… 2893
	M&Sテクノロジー …… 2753	**エムケイシステム** …… 0379
	エムアンドエム ……… 0619	エムケイ情報システム …… 0379
F.デリカッパ …………… 0545	エムアンドシーシステム …… 2729	エムケー関西販売 ……… 0380
エフバランス ………… 0118	エムアンドティー ……… 1705	エムケー企画 ………… 1119
エフピー・アモコカップ …… 0373	M&Tオリビン ………… 2797	エムケー九州販売 ……… 0380
エフビーインベストメントツー ……………… 2456	エムアンドティ・カー …… 2701	エムケー商会 ………… 1119
	エムアンドディークリーンエネルギー ………… 2803	**エムケー精工** ………… 0380
エフビーエーエム準備会社 ……………… 2456		エムケーチーズ ………… 2925
	MES-KHI由良ドック …… 2797	エムケー中京販売 ……… 0380
エフビーエス ……… 2456, 2690	MESシッピング ……… 2797	エムケーネット ………… 0380
エフビー企業投資 ……… 2456	エム・イー・エス由良 …… 2797	エムケービッグトップ西日本販売 ………………… 0380
エフビーキャピタルインベストメント ……… 2456	エム・イー・工房 ……… 1898	
	エムイーホテルオペレーションズ ……………… 2683	エムザ …………………… 2759
エフピコ …………… 0373		エームサービス ………… 2799
エフピコチューパ ……… 0373	エムイーホテルズ ……… 2683	エム・シー・アイ ……… 0387
エフピコ日本パール …… 0373	エム・エイチ・アイ・ターボテクノ ……………… 2813	MCIPホールディングス …… 3037
FPコーポレーション …… 2039		MJウィンドパワー市原 …… 2247
エフピコ愛パック ……… 0373	エムエイチアイ日立製鉄機械 ……………… 2813	MJS M&Aパートナーズ …… 2853
エフピー債権回収 ……… 2456		MJCテクノ ……………… 2185
FPG ………………… 0374	エム・エイチ・インベストメント ……………… 2463	エム・ジェイ・ティ …… 2729
エフ・ピー・ジー ……… 0374	エム・エイチ・エム …… 2281	エムジェイラボ ………… 2918
エフピー商事 ………… 0373	**エム・エイチ・グループ** …… 0377	エム・シー・エス ……… 2786
FPGリアル・エステート …… 0374	エムエイチティ・アメリカ・ホールディングス・インコーポレイテッド ………… 2798	エムジーエス ………… 0137
FPGリアルエステート …… 0374		MCSハートフル ……… 0979
エフピー倉庫運輸 ……… 0373		エムシー研究所 ………… 2691
エフ・ヴィ・ファイナンス …… 1169	**MS&ADインシュアランスグループホールディングス** ……………… 0378	エム・シー・サービス …… 1394
エブリ …………………… 0348		エム・シー・シー ……… 2229
エブリスタ ……………… 1690	MS関東 ………………… 2815	**MCJ** ………………… 0381
エフルート ……………… 0060	エム・エス香料 ………… 1418	エムシージェイ ………… 0381
エーベル ……………… 0709	エム・エス・コミュニケーションズ ………… 1695	MCJデジタルペリフェラル ………………… 0381
エボシタクシー ………… 1449		MCJパートナーズ ……… 0381
エポス少額短期準備 …… 2729	エム・エスシー ………… 2737	エム・シー・ビジョンズ …… 3120
エポス少額短期保険 …… 2729	エム・エスジンク …… 1314, 2786	エムジープレシジョン …… 2219
エポックシステム ……… 1440	エムエステック ………… 2843	エムズ …………………… 1615
エポック社 ……………… 1572	エムエステート ………… 2891	エムズカーケアパフォーマンス ………………… 0638

エムズフロンティア	………	2848
エムズモード	………	2729
エムスリー	………	0382
エムスリー	………	0303
エムスリーキャリア	… 0303,	0382
エムスリードクターサポート		
	………	0382
エムスリーマーケティング		
	………	0382
M2・インベストメント・アドバイザリー		2722
エムティーアイ	………	0383
エムディアイ	………	3122
MTアクアポリマー	………	1782
MT&ヒルトン	………	2923
MDAコーポレーション	………	0068
エムディエス	………	1157
エムディエス・シーエムジー		1157
MTエチレンカーボネート	‥	1782
エム・ディー・エム	………	3059
MDエンジニアリング	………	1513
MTゴルフ開発	………	2923
エムディサイエンス	………	1907
エムティジェネックス	………	0384
エム・ディー・システムズ	…	2868
エム・テイ・テイ	………	2718
エム・ディー特機	………	2797
MDビジネスパートナー	………	2818
エムディービーセンター	………	0901
MTファシリティサービス	‥	2923
エムディフード	………	1592
エム・ディーマシナリー	………	2876
エム・デー・シー	………	1275
エム・データ	………	2429
エムテック	… 2415,	2807
エムパイヤミシン	………	1164
エム・ピー・アイ	………	2718
エム・ピー・エム・オペレーション		2817
エムビーエルベンチャーキャピタル		0167
エムビー情報サービス	………	2866
エム・ファーム	………	0019
エムフーズ	………	2747
エム物流	………	0657
エムペック	………	2600
エム・ユー・コミュニケーションズ		0069
エム・ユー信用保証	………	0069
エム・ワイ・エム商会	………	0995
エムワンカード	………	2729
エムワンプロダクション	………	1720
エーメイ	………	1866
エモーチオ	………	3074
エモリエ化粧品	………	0265
エーユー	………	0779
エラストミックス	………	1032
エラン	………	0286
エリアエナジー	………	1086
エリアクエスト	………	0385
エリアクエスト店舗&オフィス		0385
エリアサービス	… 1800,	1802
エリアリサーチ	………	0385
エリアリンク	………	0386
エリアリンク	………	0385
エリエールインターナショナルコリアCo., LTD		1456
エリエールインターナショナルタイランドCo., LTD	……	1456
エリエールインターナショナルトレーディングインドネシア		1456
エリエールインターナショナルマニュファクチャリングインドネシア		1456
エリオクリーニング	………	2657
エリカ	………	1572
エリックス	………	1359
エリデック	………	0024
えりも風力開発	………	2247
エル・アレンジ北海道	………	1028
L&Sコーポレーション	………	0960
エルエ	………	0497
エルエムアイカスタムミキシング		1942
LLCフルカワ・ユニック・ルス		2577
LLC ヨコハマ R.P.Z.	………	3031
LOXヘルスプラザ	………	1724
エルキャスト	………	0923
エル・クラッセ	………	0699
エルケアサポート	………	3146
エルケア東北	………	3146
エルコー	………	0852
エルコン大阪	………	0394
エル・シー・エーコミュニケーションズ		0387
エル・シー・エーホールディングス		0387
エルシード	………	0923
LCパートナーズ	………	3135
エルシーピー投資法人	………	0218
エルジョイ	………	0466
エル食品	………	2642
LCレンディング	………	3135
エルストファーマ	………	0019
エル・ターミナル	………	3114
エルドラド	………	2629
エルトレード	………	3115
エルナー	………	0388
エルナーいわき	………	0388
エルナー電子	………	0388
エルナー電子・フォックス工業		0388
エルナー東北	………	0388
エルナー松本	………	0388
エルナー宮城	………	0388
エルネット	………	2334
LPG物流	………	1897
エルピージーブレイン	………	0552
エルヴィン・ジック社	………	0491
エル・フーズ	………	3055
エルプラン関東	………	0657
エルプラン九州	………	0657
エルプラン東海	………	0657
エルプラン西日本	………	0657
エルプラン東日本	………	0657
エルブリトーメキシカンフードプロダクトCorp.	………	2308
エルベック	………	0870
エルベンス	………	3069
エルホーム	………	3113
エルマ	………	0770
エルミック・ウェスコム	…	1277
エルメックスハウス	………	0700
エルメッド エーザイ	………	0293
エルモアイテック	………	1735
エルモ社	………	1735
エルレボイド商館都市工業部		1268
エル・ロジスティクス	………	3114
エル・ロブレ採鉱	………	2080
エレクセル	………	1447
エレクトロラクス・オートリブAB		2506
エレコム	………	0389
エレコムサポート&サービス		0389
エレコム・テクノロジー	………	0389
エレコム販売	………	0389
エレコムヘルスケア	………	0389
エレット	… 1886,	2088
絵麗奈	………	0292
エレマテック	………	0390
エレマテックロジサーブ	…	0390
エーワイ食機	………	1261
エーワイ マニュファクチャリング リミテッド	………	2942
エーワン	………	0549
延吉秀愛食品有限公司	………	1184
エンゲル・ディストリビューション Pty Ltd.	………	0955
エンコード・ジャパン	………	2484
エンサイドデザイン	………	1556
エンサインアド	………	0801
エンジェライト	………	0135
エンジニアリング プラスチックス		1981
エン・ジャパン	………	0391
エンシュウ	………	0392
遠州機械	………	0392
遠州銀行	………	1108
遠州クロス	………	0392
遠州ゴム	………	0688
遠州織機	………	0392
遠州製作	………	0392
遠州(青島)機床商貿有限公司		0392
遠州(青島)機床製造有限公司		0392
遠州トラック	………	0393
遠州トラック関東	………	0393
遠州トラック浜松	………	0393
塩城高周波熱煉有限公司	…	0816
エンジン	………	0237
エンゼルフードシステムズ		2924

社名	頁
烟台青旗農業科技開発有限公司	0045
煙台科思摩思電機有限公司	1817
煙台科思摩思貿易有限公司	1817
煙台三拓進和攪拌設備維修有限公司	1265
烟台市長野建材有限公司	1568
烟台進和接合技術有限公司	1265
煙台万華木村化工機械有限公司	0640
烟台富士沃森技術有限公司	2537
烟台三井富士汽車模具有限公司	2537
烟台森浩経貿有限公司	1568
煙台利時徳拉索系統有限公司	2305
猿田公益銀行	1195
エンターテインメントサポート	2105
エンティス	0550
遠藤照明	0394
遠藤照明大阪販売	0394
遠藤照明器具製作所	0394
遠藤照明京都店	0394
遠藤照明渋谷販売	0394
遠藤照明東京販売	0394
遠藤製作所	0395
遠藤製作所	0394
エントレージ・ブロードコミュニケーションズ	1431
エンバイオテック・ラボラトリーズ	0396
エンバイオ・ホールディングス	0396
エンバイロメンタルエンジニアリング	0360
エンビプロ・ホールディングス	0397
エンプラス	0398
エンプラス茨城	0398
エンプラス鹿沼	0398
エンプラス研究所	0398
エンプラス ディスプレイ デバイス	0398
エンプラステック	0398
エンプラス半導体機器	0398
エンブレム	2841
鉛粉塗料	1511

【お】

社名	頁
オーアイ・エヌイージー・ティービー・プロダクツ Inc.	2164
オーアイデータシステム	0401
オアシスウォーター	0414
オアシスソリューション	3115
オーアンドケイ	0587
王子ゴム化成	0745
尾家産業	0399
尾家商店	0399
おいけインベストメント	0676
おいけプロパティ	0676
オイコス	0397
オーイーシー・アカギ	0456
おいしい	1403
オー・イー・シー金沢	0431
オーイーシー・サービス	0456
オーイーシーシステムズ	0504
オイシックス	0400
オーイズミ	0401
オーイズミサポート	0401
うおいち	0499
奥入瀬電子工業	0417
オイルギヤジャパン	0846
オイレス建材	0402
オイレス工業	0402
オイレスECO	0402
欧愛水基保科技（蘇州）有限公司	0414
オーウイル	0403
オーウイルビジネスアシスト	0403
旺旺・ジャパン	0205
応化工業	1808
扇インベストメント	1292
扇屋コーポレーション	2383
扇屋商店	2152
旺傑芯微電子（上海）有限公司	2185
王子板紙	0404, 0405
王子化工	0404
欧士机（上海）精密工具有限公司	0412
王子金属工業	2786
王子証券	0404
王子製紙	0404, 0405, 2150
王子製紙工業	0404
王子製鉄	1497
王子染色	2667
王子染料製造所	2667
王子鋳造	0404
王子兵器	0404
王子ホールディングス	0404
王子マテリア	0405
欧州武田開発センター Ltd.	1587
欧州日産会社	2058
欧州日産自動車会社	2058
欧州日本運	2161
欧州三井物産	2799
王将椎茸	1902
王将商事	0406
王将食品	0406
王将チェーン	0406
旺昌電子股份有限公司	0795
王将フードサービス	0406
王子連合通商	0834
おうちDEPO	0509
オウチーノ	0407
欧南芭（上海）貿易有限公司	0478
欧南芭電子配件（昆山）有限公司	0478
欧那美国際貨運代理	0477
近江絹綿	0497
近江絹糸紡績	0497
近江信託	1089
近江精工	2889
近江ニスコ工業	2244
近江ファスナー	1216
近江屋長兵衛	1587
近海郵便	2189
応用アール・エム・エス	0409
応用インターナショナル	0409
応用技術	0408
応用工学研究所	0006
応用地震計測	0409
応用地質	0409
応用地質調査事務所	0409
応用電気	0606, 2973
邑楽製作所	0247
旺陞貿易有限公司	2549
欧利晶精密機械（上海）有限公司	0505
欧利生東邦塗料（東莞）有限公司	0505
欧利生塗料（天津）有限公司	0505
欧立美克（上海）貿易有限公司	0500
欧立美克香港有限公司	0500
欧力士（中国）投資有限公司	0506
OATアグリオ	0410
OATステビア	0410
オー・エー・エス	1385
オーエーエンジニアリング	0348
オーエス	0411
OSアミック	0411
オーエス映画劇場	0411
オーエス共栄	0411
オーエス共栄カクタス	0411
OS共栄ビル管理	0411
オーエスサービスセンター	0417
オーエスジー	0412
OSJBホールディングス	0413
オーエスジー関西	0414
オーエスジー九州	0414
オーエスジーコーティングサービス	0412
OSGコーポレーション	0414
OSGコミュニケーションズ	0414
OSCゴルフワールド	0509
OSCサイクル	0509
オーエスジーシステムプロダクツ	0412
オーエスジー東海	0414
オーエスジー東京	0414
オーエス・シネブラザーズ	0411
オーエスジー販売	0412
オーエスジー・ファミリー	0414

おえすしふ　　　　　　　　　　　社名索引

社名	頁
オー・エス・シー・フーズ	0509
OSCフットウェアー	0509
OSテック	1009
オーエス・パーキング	1648
オーエス販売	2457
OS不動産	0411
オーエス不動産	0411
OSフードサービス	0411
オーエスマシナリー	2659
オー・エックス	0468
オーエーテック	0029
オー・エヌ・コラボ	0465
オーエムオートサービス	2260
オーエムシーカード	0118
オーエムスリー	0764
オーエムツー関西	0415
オーエムツー関東	0415
オーエムツーデリカ	0415
オーエムツー西日本	0415
オーエムツーネットワーク	0415
オーエムツー東日本	0415
オーエムツーミート	0415
オーエムメタル	3091
オー・エンターテイメント	0464
大井	2775
大井開発	0278
大石工業	0416
大石サッシ	0416
大石産業	0416
大石商事	0473
大石商店	0416, 0473
大石田食品	0045
大井証券	2775
大井証券投資信託委託	2775
太泉映画	1786
大泉航空機器製作所	0417
大泉國際貿易有限公司	0417
太泉スタヂオ製作	1786
大泉製作所	0417
大泉製作所	0401
大井製作所	2786
大分エマルジョン	1201
大分エル・エヌ・ジー	0655
大分カード	0418
大分キヤノン	0645
大分キヤノンマテリアル	0645
大分銀行	0418
大分ケミカル	1782
大分合同銀行	0418
大分砕石	1186
大分佐川急便	0917
大分シーイーシー	1026
大分証券	2775
大分製絲	1220
大分ダイヘン	1520
大分段ボール	0416
大分貯蓄銀行	0418
大分テクノス	2082
大分不動産商事	0418
大分紡績	2544
大分保証サービス	0418
大分三井造船	2797
大分リース	0418
大分ロボケアセンター	0899
オオイテクノ	0419
大井電気	0419
大井電子	0419
大岩	0538
大江商店	1856
大江ビルサービス	3098
大江山ニッケル	2188
大江山ニッケル工業	2188
大垣化成工業	2130
大垣共立銀行	0420
大垣貯蓄銀行	0420
大垣電気冶金工業所	1251
大垣土地興行	1001
大垣トラック合同	1342
大垣村田製作所	2864
大金・アールエム	0289
大金空調（上海）有限公司	1464
大金空調（蘇州）有限公司	1464
大金製作所	0289
大金（中国）投資有限公司	1464
大金フッ素化学（中国）有限公司	1464
大金聯動機工業	0289
大川	1303
大川田中事務所	2150
大川ホームセンター	1303
扇島石油基地	1783
扇島パワー	1812
大北火災海上運送保険	1441
大北電建	0870
おおぎみファーム	0437
大銀ビジネスサービス	0418
大口サービス	0559
大口屋	0092
オオクボ	0415, 2624
大久保時計店	2624
大久保養鶏場	0415
大隈エンジニアリング	0462
大隈技術サービス	0462
大隈机床（上海）有限公司	0462
大隈興業	0462
大隈式麺機製作所	0462
大隈鋳工	0462
大隈鋳造	0462
大隈鐵工所	0462
大隈鉄工マシンサービス	0462
大隈豊和機械	0462
大隈麺機商会	0462
大隅屋	1588
大倉紙パルプ商事	1236
大倉組	1486, 3071
大倉組商会	1486
大倉建販	0421
大倉工業	0421
大倉商貿（上海）有限公司	1236
大倉商貿（上海）有限公司 広州分公司	1236
大倉土木	1486
大倉土木組	1486
太倉日夏精化有限公司	2147
大倉博進	1236
大倉孫兵衛洋紙店	1236
大倉三幸	1236
大倉洋紙店	1236
大桑産業	0464
大阪アイス興業	2016
大阪東運送	2391
大阪阿部窯業	0030
太堺産業	2082
大阪市岡	0506
大阪魚市場	0499
大阪内田洋行	0249
大阪運輸	2577
大阪エイチシー	0859
大阪王将	0189
大阪王将食品	0189
大阪岡本硝子	0450
大阪海運	1455
大阪株式取引所	2172
大阪ガルバ	1602
大阪機械工作所	0422
大阪機工	0422
大阪機工サービスセンター	0422
大阪机工（上海）商貿有限公司	0422
大阪技術センター	0145
大阪木村コーヒー店	0620
大阪競艇施設	2016
大阪銀行	2789
大阪金属工業	1464
大阪金属工業所	1464
大阪クレジットビューロー	1065
大阪警報機製作所	0478
大阪ケミカル	1511
大阪建築金物製造	1466
大阪コア	0803
大阪小池酸素	0806
大阪広栄サービス	0809
大阪工機	0423
大阪工具	0423
大阪航空電機製作所	0478
大阪鋼材	2083
大阪工作	0422
大阪合成品	0729
大阪合同	0465
大阪合同紡績	1891
大阪鋼板工業	2083
大阪高野鉄道	2016
大阪魚	0499
大阪佐川急便	0917
大阪佐々木営業部	3132
大阪サービス・センター	1859
大阪晒粉	0077, 3061
大阪三愛	0414
大阪三光合成樹脂工業	0977
大阪酸水素	1256

大阪三成社	3133	
大阪酸素工業	1532	
大阪紙器	3133	
大阪織布会社	1891	
大阪資生堂	1118	
大阪自動車	0323	
大阪市乳製品	2101	
大阪車輪製造	1927, 2833	
大阪住機	1571	
大阪証券業協会	1470	
大阪証券金融	1470	
大阪証券代行	1470	
大阪証券取引所	1470, 2172	
大阪商事	2775	
大阪新運輸	0424	
大阪信用販売	0129	
大阪進和	1265	
大阪水産物	1481	
大阪水産物直売	0499	
大阪水産物販売	0499	
大阪スタヂアム	2016	
大阪スタヂアム興業	2016	
大阪スピンドル製作所	0478	
大阪スレート興業	0259	
大阪セイコー	1548	
大阪製鋼	0821	
大阪製鎖	1327	
大阪製紙	2636	
大阪製鐵	0424	
大阪製糖	2794	
大阪製銅	1321	
大阪製粉	2152	
大阪製薬	1510	
大阪製煉	2154	
大阪製錬	2577	
大阪石油化学	2784	
大阪ゼブラ特販	1608	
大阪ゼリア	1380	
大阪染工	3003	
大阪先端画像センター	1125	
大阪造船	3061	
大阪曹達	0425	
大阪送電	1497	
大阪ソーダ	0425	
大阪帯革製造所	2097	
大阪タイガース工販	1459	
大阪代行	1470	
大阪暖房商会	1491	
大阪チタニウム製造	1245	
大阪チタニウムテクノロジーズ	0426	
大阪築港運輸	1495	
大阪貯蓄銀行	3089	
大阪定温物流サービス	0465	
大阪鉄工	1588	
大阪鉄工所	2415	
大阪鉄道	0702	
大阪鉄板製造	2067	
大阪デリカフーズ	1758	
大阪電気	1520, 2188	
大阪電気音響社	0514	
大阪電気軌道	0702	
大阪電気商会	1491	
大阪電気商会大阪暖房商会	1491	
大阪電機精機	2336	
大阪電気暖房	1491	
大阪電気鉄管工業	1491	
大阪電工	0682	
大阪電子計算	0472	
大阪電線工業	1598	
大阪藤和コミュニティ	1895	
大阪投資マネージメント	0966	
大阪東部水産市場	0499, 1481	
大阪戸上電機販売	1900	
大阪特殊製鋼	1009	
大阪特殊製鉄所	1245	
大阪トタン板製造所	3038	
大阪トヨペット	0427	
大阪トヨペット販売	0427	
大阪取引所	2172	
大阪ドレネーヂ工業	0733	
大阪ナイガイ	1973	
大阪日報	2685	
大阪ニチユ整備	2043	
大阪日冷	2046	
大阪ニチロウ商事	2153	
大阪野村銀行	2292, 3089	
大阪白青舎	2316	
大阪ピグメント	2177	
大阪ビジネス	0489	
大阪日立家庭電器月賦販売	2409	
大阪日立サービス	2417	
大阪日立サービス・ステーション	2417	
大阪ヒューズ	1520	
大阪麦酒	0078, 0933	
大阪物産	0424	
大阪プラントエンジニアリング	2415	
大阪プラント販売	2397	
大阪ブロー成型	1590	
大阪プロセスセンター	2380	
大阪変圧器	1520	
大阪紡績	1891	
大阪北港	1316	
大阪毎日新聞	2685	
大阪マクセル	2091	
大丸松坂屋百貨店	0428	
大丸松坂屋百貨店	1060	
大阪丸誠	2683	
大阪丸善製品販売	2742	
大阪三井造船	2797	
大阪ミートサービス	2380	
大阪無線商事	1520	
大阪無線電業所	2254	
大阪無線日本サービス社	2254	
大阪明電エンジニアリング	2880	
大阪屋	0429	
大阪屋インフォメーションセンター	0202	
大阪野球倶楽部	2376	
大阪薬品試験	1510	
大阪屋証券	0202	
大阪屋証券投資信託委託	0202	
大阪屋商事	0429	
大阪屋商店	0202	
大阪屋物流	0429	
大阪屋リサーチセンター	0202	
大阪屋ロジスティクス	0429	
大阪有機化学工業	0430	
大阪洋酒醸造会社	0861	
大阪菱商デバイス	3103	
大阪菱商物流	3103	
大阪菱冷工業	3103	
大阪坩堝	2192	
大阪冷凍海老	1481	
大阪ロープ工業	1821	
オオサキインターナショナル	2260	
大崎運送	2260	
大崎エンジニアリング	0431	
オオサキサービス	2260	
オオサキ産業	0607	
大崎製作所	2974	
大里製粉所	2152	
大沢研究所	0194	
大沢商会	0194	
大沢証券	0320	
大沢螺子研削所	0412	
大彌産業	2291	
大下回春堂	2561	
大下製薬	2561	
大島開発	1792	
大洲給食PFIサービス	3045	
大島興業	1990	
大島光綿紡績	0497	
大嶋崎電気製作所	2807	
大島製鋼所	1821	
大島電力	0655	
大島マリンサービス	1792	
大島屋	3082	
大島旅客自動車	1792	
大島煉乳	2875	
大末組	1482	
大末パートナーズ	1482	
大田ウィングス	0432	
大田魚力	0245	
大田花き	0432	
大多喜ガス	0775	
大多喜住設	0775	
大多喜天然瓦斯	0775	
大竹塗装所	2942	
太田工業	2691	
太田工業商会	1785	
大田合水	1632	
大田工務店	2342	
大田市場ロジスティクスセンター	1820	
太田ダンボール	1938	
大谷重工業	0821	
大谷薬品	1724	
大月商店	1866	
大塚アグリテクノ	0410	
大塚オートサービス	0434	
大塚化学	0410, 0435	

大塚化学薬品	0435	大船電機	0955	岡野商会	0445
大塚家具	0433	大宮瓦斯	1812	オガノ電子	0647
大塚航空工業	2857	大宮航空工業	0962	**岡野バルブ製造**	0445
大塚資訊科技股份有限公司	0434	大都魚類	1632	岡野メンテナンス	0445
大塚システムエンジニアリング	0434	大宮芝浦電子	1137	岡福商事	2175
大塚商会	0434	大宮ダイタン商事	1476	岡藤商事	0446
大塚製作所	2857	大牟田プラントサービス	1766	岡藤商事分割準備	0446
大塚製薬	0435	**大本組**	0440	岡藤ビジネスサービス	0446
大塚製薬工業部	0435	大森観光ホテル	0070	**岡藤ホールディングス**	0446
大塚製薬工場販売部門	0435	**大盛工業**	0441	岡部	0447
大塚倉庫	0435	大森実業	0442	岡部エンジニアリング	0447
大塚チルド食品	2101	**大森屋**	0442	岡部開発	0447
大塚ホールディングス	0435	オオモリ薬品	1087	岡部機工	0447
大津工業	0783	大森屋（上海）貿易有限公司	0442	岡部建材	0447
大津ゴム工業	1315	大八木商店	0765	岡部工業	2202
大手銀行	2485	大屋熱処理	0479	岡部構造システム	0447
大戸屋	0436	大山ウィンドファーム	2247	岡部商事	0447
大戸屋食堂	0436	大山金属製作所	0474	岡部新電元	1238
大戸屋ホールディングス	0436	大山電機工業	0474	岡部ストラクト	0447
鳳梱包	0822	大淀大日精化工業	1505	オカベテック	2202
鳳選鉱	0822	大協石油	0687	岡部鉄工	0447
鳳テック	0822	大和田カーボン工業	1883	岡部鉄工所	0447
大浪運輸倉庫	0477	オカケンスタッフサービス	0454	岡部土木	0447
大西電気	0390	オカコー四国	0447	オカベ・ホールディングUSA, Inc.	0447
大ニミサワホーム	2771	岡崎工業	0967	オカベリース	0447
大野	1043, 1044	岡崎商業開発	1932	岡村エンジニアリング	0448
大野会計センター	0364	岡崎醸造	2736	オカムラオフィックス	0448
大野シャッター	0635	岡崎セイコー	1548	オカムラ・コンピュータ・システム	0448
大野税理士事務所	0364	岡崎日本堂薬品	1979	オカムラサポートアンドサービス	0448
大野町信用組合	2000	岡崎紡績	2071	オカムラスペースクリエイツ	0448
オオバ	0437	岡崎マルサン	2736	**岡村製作所**	0448
オオバ技術サービス	0437	小笠原海運	1792	オカムラ施工サービス	0448
オオバクリエイト	0437	小笠原商店	1723	オカムラタイラー	0448
大橋興産	0484	小笠原不動	1723	オカムラ・テクノス	0448
大橋商事	0484	岡三アセットマネジメント	0443	オカムラトレーディング	0245
大橋商店	1658	岡三インフォメーションサービス	0443	オカムラビジネスサポート	0448
大橋精密電子（上海）有限公司	0484	岡三オンライン証券	0443	オカムラ物流	0448
大橋精密件（上海）有限公司	0484	岡三経済研究所	0443	**オカモト**	0449
大橋精密件製造（広州）有限公司	0484	岡三興業	0443	岡本	1236
オオバ調査測量	0437	岡三国際（亜洲）有限公司	0443	岡本紙流通	1236
大場土木建築事務所	0437	岡三証券	0443, 2775	**岡本硝子**	0450
大場宗憲土木事務所	0437	**岡三証券グループ**	0443	岡本技研サービス	0451
大場木材工業	0437	岡三証券分割準備	0443	岡本光学科技股份有限公司	0450
大林カナダホールディングス	0438	岡三商店	0443	岡本光学科技（蘇州）有限公司	0450
大林組	0438	岡三情報システム	0443	岡本工機	0451
大林組	0439	岡三投資顧問	0443	岡本興業	2788
大林新星和不動産	0438	岡三ビジネスサービス	0443	**岡本工作機械製作所**	0451
大林スポーツ	0439	岡三ホールディングス	0443	岡本ゴム工業	0449
大林店	0438	岡島パイプ製作所	0567	岡本商店	0753, 1236
大林道路	0439	岡商店	1369	岡本専用工作機械製作所	0451
大林不動産	0438	岡惣不動産	0166	岡本歯車	0451
大林USA	0438	**オカダアイヨン**	0444	オカモトフットウェア	0449
大仁ジェーシー・フーズ	1064	オカダ鑿岩機	0444	岡本理研茨城製作所	0449
大平加工製紙	1506	岡田舗装	2788	岡本理研ゴム	0449
大平工業	2010	オカノ	2373	岡谷エレクトロン	0453
大平コンベヤー	2444	岡野クラフト	0445	**岡谷鋼機**	0452
大平製紙	1506	岡野工業	0445		
		岡野サービス	0445		

社名	頁
岡谷鋼機	0810
岡谷商店	0452
岡谷電機産業	0453
岡谷電機産業	1714
おかや東急百貨店	1988
岡谷香港貿易有限公司	0453
岡谷香港有限公司	0453
岡山イワミ食品	2950
岡山エレテック	1649
岡山化学工業	1418
岡山化成工業	0425
おかやまキャピタルマネジメント	1645
岡山クリエート	1128
岡山県貨物運送	0454
岡山県貨物鋼運	0454
岡山県合同食品	2875
岡山廣済堂	0815
岡山廣済堂岡山情報センター	0815
岡山合同貯蓄銀行	1645
岡山佐川急便	0917
岡山三相電機	0988
岡山指月	1109
岡山新晃工業	1228
岡山ステーションセンター	2028
岡山染織整理	0724
岡山高島屋	1555
岡山電子工業	1608
岡山日本電産	2228
岡山プリペイドカード	1645
岡山三谷セキサン	2782
岡山村田製作所	2864
岡谷無線	0453
小川食品商事	2394
小川精機	2555
小川製作所	0670
小川日梱	2056
おきぎんエス・ピー・オー	0457
おきぎん環境サービス	0457
おきぎん経済研究所	0457
おきぎんジェーシービー	0457
おきぎんシステムサービス	0457
おきぎんスタッフサービス	0457
おきぎん総合管理	0457
おきぎんビジネスサービス	0457
沖商会	0455
沖セラミック工事	0455
尾北商工信用組合	2000
オーキッド・エアロスペース	2186
沖電気	0455, 0456
沖電気カスタマアドテック	0455
沖電機気工場	0455
沖電気工業	0455
沖電気工事	0455
沖電気実業（深セン）有限公司	0455
沖電線	0456
沖電線	0455
沖電線サービス	0456
沖電線フレキシブルサーキット	0456
沖電線ワイヤーハーネス	0456
沖縄ITbook	0026
沖縄環境調査	0185
沖縄キーコーヒー	0620
沖縄木村コーヒー	0620
沖縄きもと	0643
沖縄銀行	0457
沖縄三和シヤッター	1020
沖縄生命保険	1144
沖縄ゼリア	1380
沖縄セルラー電話	0458
沖縄セルラー電話	0779
沖縄創健社	1403
沖縄テクノス	1731
沖縄テレコム	1998
沖縄バリューイネイブラー	0458
沖縄日立クレジット	2409
沖縄ビルサービス	0457
沖縄ファミリーマート	2461
沖縄丸一	2730
沖縄モバイルクリエイト	2913
沖縄ヤマダ電機	2958
沖縄ユーシーシーコーヒー	2987
沖縄臨床検査センター	2462
沖縄ロジスティクス	0548
沖縄ワシントンホテル	2527
沖縄ワタベウェディング	3162
沖ノ山炭鉱	0254
沖ビジネスマシン販売	0455
オーク	0519
奥会津地熱	2786
Oakキャピタル	0459
奥斯机（上海）精密工具有限公司	0412
オークシステム	0344
億食	0548
オクトス	1982
オクトス物流	1982
奥日光高原ホテル	0777
オークネット	0460
オークネット	1430
オークネット・インスペクション・サービス	0460
オークネットメディカル	0460
オークびゅう	0439
オークファン	0461
オークファン	2426
オーク・フィナンシャル・パートナーズ	0460
オークフーズ	0464
オークマ	0462
オークマ興産	0462
オークマ ホールディングス	0462
オークマ マシナリー Corp.	0462
オークマ マシナリー Inc.	0462
オークマ マシン ツールス Inc.	0462
Oak-Mitsui Inc.	2786
オーク三井	2786
奥蜜思商貿（北京）有限公司	2673
オークライト工業	1782
オグラ・インダストリアル・コーポレーション	0463
小倉クラッチ	0463
オグラクラッチ・インディア PVT.LTD.	0463
オグラクラッチ・タイランド CO., LTD.	0463
オグラクラッチ・ド・ブラジル・リミターダ	0463
オグラクラッチ・マレーシア SDN.BHD.	0463
小倉建材工業	2959
オグラ・コーポレーション	0463
オークラ情報システム	0421
小倉製作所	0463
オークラハウス	0421
オークラプレカットシステム	0421
オークラホテル	0421
オークラホテル高松	0421
オークラホテル丸亀	0421
オグランジャパン	0539
オグラS.A.S.	0463
おくりバント	0114
オークワ	0464
オークワジャパン	1504
オークワホームセンター	0464
オーケイ	2300
オーケイケイ・シムテック	0422
OKKテクノ	0422
OKBフロント	0420
オーケーケーエンジニアリング	0422
オーケーケーキャスティング	0422
オーケー工業	0402
オーケーコンテナエキスプレス	0783
オーケー商会	0290
オーケー電機	0290
オーケー電機商会	0290
桶狭間フーズ	1056
小郡商事	2457
オザキ軽化学	2804
ヲサメ合成化学工業	2143
ヲサメ硫酸工業所	2143
尾去沢鉱山	2821
尾澤組	0539
小澤酸素	1532
小沢電炭製造所	2113
小沢渡製作所	3010
オー・ジー	0465
オージーアイテクノサービス	0408
オージェイティー・ソリューションズ	3074
オーシーエス	0960

オージー化学工業 ………… 0465	小田原急行鉄道 ………… 0468	オードラック ………… 0464
オーシーシー ………… 1636	小田原急行土地 ………… 0468	オートラマケーユー ……… 0793
オーシー・ファイナンス …… 0438	小田原鉄工所 ……… 0469, 0470	オートラマヨコハマ ……… 0963
オージーフィルム ………… 0465	小田原丸魚 ……………… 3032	オートリサイクル秋田 …… 1971
オーシャン＆オーツカ ……… 0101	越智産業 ………………… 0471	オートリブ・ニチユ ……… 2042
オーシャンエンジニアリング	越智商店 ………………… 0471	オートローン保証会社 …… 0502
………………… 0409	**OCHIホールディングス** … 0471	オートワークス京都 ……… 2059
オーシャンシステム ……… 0466	オックス …………………… 0107	音羽女子学生会館 ……… 2605
オーシャンリース ………… 0819	オックス製菓 …………… 2881	オーナー企業総合研究所 … 2956
オーシャンルーツ ………… 0233	オーツタイヤ …………… 1315	小名浜港石炭荷役 ……… 1191
オージョイフル ……… 0464, 1700	追浜工業 ………………… 2968	小名浜港セメント荷役 …… 1191
オー・ジー和歌山 ………… 0465	オーディオリサーチ …… 2833	小名浜合板 ……………… 0275
小津銀行 ………………… 2762	オーディーケイ情報システム	小名浜堺化学 …………… 0906
小津産業 ………………… 0467	………………… 0472	小名浜蒸溜 ……………… 2111
小津（上海）貿易有限公司	**ODKソリューションズ** … 0472	小名浜パワー事業化調査 … 2111
………………… 0467	オーティーシーロジスティク	小名浜吉野石膏 ………… 3035
小津商事 ………………… 0467	ス ……………………… 0484	お名前ドットコム ……… 1077
オーストラリアヤクルト …… 2935	オーティック ……………… 0433	**オーナミ** ………………… 0477
オーストリア・アグルー社 … 2293	OTプランニング ………… 0093	御成門第二ビル ………… 1311
オーセンスグループ ……… 2630	**オーテック** ……………… 0473	**オーナンバ** ……………… 0478
オソサパ大正 …………… 1477	オーテック ………… 0071, 0450	オーナンバインターコネクトテ
お台場王国 ……………… 0829	オーテックサービス北海道	クノロジー …………… 0478
オータキ産業 …………… 0775	………………… 0473	オーナンバ化工 ………… 0478
オータキ電子 …………… 0647	**オーデリック** …………… 0474	オーナンバ歯冠製造 …… 0478
小田急エージェンシー …… 0468	オーデリック貿易 ……… 0474	鬼塚 ……………………… 0093
小田急カード …………… 0468	オートアライアンスインターナ	鬼塚商会 ………………… 0093
小田急キャップエージェン	ショナル, Inc. ………… 2712	オニツカ ………………… 0093
シー …………………… 0468	オートアライアンス（タイラン	小名木川綿布 …………… 2544
小田急建材 ……………… 0468	ド）Co., Ltd. ………… 2712	オネスト・エス ………… 1028
小田急建材ベストン …… 0468	**オートウェーブ** ………… 0475	**オーネックス** …………… 0479
小田急交通 ……………… 0468	オートガーデンアソシエーショ	オーネックステックセンター
小田急砂利 ……………… 0468	ン ……………………… 0541	………………… 0479
小田急商事 ……………… 0468	男の美学 ………………… 2344	オーネックス山口 ……… 0479
小田急情報サービス …… 0468	於菟商会 ………………… 0775	小野市兵衛商店 ………… 0483
小田急スポーツサービス … 0468	オートステージ ………… 2270	尾上ロープ加工 ………… 1229
小田急電鉄 ……………… 0468	オートステージヒロタ …… 2270	オノ エンタープライズ …… 0482
小田急電鉄 ……………… 1815	オートセブン …………… 1119	**小野建** ………………… 0480
小田急トラベル ………… 0468	オートセブン分割準備 …… 1119	小野建沖縄 ……………… 0480
小田急トラベルサービス … 0468	オートテクニック ……… 2056	小野建材社 ……………… 0480
小田急西新宿ビル ……… 0468	オートテクニックジャパン	**小野産業** ………………… 0481
小田急箱根高速バス …… 0468	………………… 2056	小野スーパー …………… 2709
小田急百貨店 …………… 0468	オートテック・インドネシア	**小野測器** ………………… 0482
小田急百貨店ビル ……… 0468	………………… 2506	オノソッキ ……………… 0482
小田急ビルサービス …… 0468	オート電子 ……………… 2919	オノソッキインディア …… 0482
小田急ビル代行 ………… 0468	オートトランス ………… 1950	小野測器宇都宮 ………… 0482
小田急不動産 …………… 0468	オートパーツ インディア プラ	小野測器エンジニアリング
小田急ホテルズアンドリゾー	イベート リミテッド …… 2045	………………… 0482
ツ ……………………… 0468	オートバックス香西 …… 0476	小野測器カスタマーサービス
小田急ランドフローラ …… 0468	オートバックスさいたま …… 2332	………………… 0482
小田急レストランシステム	**オートバックスセブン** …… 0476	小野測器製作所 ………… 0482
………………… 0468	オートバックスセブンヨーロッ	小野測器製造 …………… 0482
織伊興業 ………………… 2189	パS.A.S. ……………… 0476	オノソッキ テクノロジーイン
オーダーコスメジャパン …… 0629	オートバックス東名インター	ク ……………………… 0482
小田洲炭鉱 ……………… 2636	………………… 0476	オノ テクノ システム …… 0482
小田通商 ………………… 0630	オートバックス・東大阪 …… 0476	オノ・ファーマ・ユーエスエー
小田陶器 ………………… 1091	オートバックス福岡長尾 …… 0476	インク ………………… 0483
オーダーメイド創薬 ……… 0039	オートバックスフランスS.A.	オノ・ファーマ・ユーケー・リ
小樽酸素 ………………… 0258	S. ……………………… 0476	ミテッド ……………… 0483
小樽無尽 ………………… 2643	オートバックス松山北 …… 0476	尾道瓦斯 ………………… 2447
小田原エンジニアリング … 0469	オートバックス・まるがめ … 0476	尾道クミカ工業 ………… 0720
小田原オートメーション長岡	オートマックセールス …… 0162	オノモリ ………………… 0868
………………… 0469	オートモビル・インスペクショ	**小野薬品工業** …………… 0483
小田原機器 ……………… 0470	ン・システム ………… 0460	オーバークロック ……… 0883

オーハシテクニカ	0484	
オーハシロジスティクス	0484	
尾花沢食品	2420	
小浜レース	0292	
オハラ	0485	
小原金属工業	0486	
OBARA GROUP	0486	
小原光学硝子製造所	0485	
小原光学（中山）有限公司	0485	
小原光学（香港）有限公司	0485	
小原サプライズ	0486	
オバラシマリス	1374	
オーバル	0487	
オーバルアシスタンス	0487	
オーパルオプテックス	0491	
オーバル機器工業	0487	
オーバルテクノ	0487	
オーバルテック	0470	
オーパルテックス	0491	
オーバンスチール社	0666	
オービーエー	0403	
オー・ピー・エル	2387	
オビカ商事	2754	
おひさま農場	0209	
オーピーシー	0485	
オービーシステム	0489	
オービス	0488	
オービス・ナカハマ	0488	
オービック	0489	
オービックオフィスオートメーション	0489	
オービックオフィスオートメーション・中部	0489	
オービックシステムエンジニアリング	0489	
オービックビジネスコンサルタント	0490	
オービックビジネスコンサルタント	0489	
オービックビジネスソリューション	0489	
オービット	1124	
オーヒラ	1572	
オフィス・アドバン	2807	
オフィスアドバンス	2524	
オフィスオペレーション	1179	
オフィス事務サービス	0630	
オフィスPAC	1870	
オフィスブレイン	0249	
オフショア・ジャパン	0590	
オフセット印刷	1624	
オプテス	2154	
オプテックス	0491	
オプテックス	0492	
オプテックス・エフエー	0492	
オプテックス・エフエー	0491	
オプテック・タムロン	1614	
オプト	0493, 0494	
オプトエレクトロニクス	0493	
オプトジャパン	0493	
オプトネクサス	1929	

オプトホールディング	0494	
オプトメール	1370	
オプトレックス	0077	
オプトワン	1564	
オフロム	0491	
オープンハウス	0495	
オーベクス	0496	
オペレータサービス	0402	
オーマイ	2152	
オーマガトキ	1237	
オーマート	0464	
オーミケンシ	0497	
オーミケンシキャリアサービス	0497	
オーミケンシレーヨン	0497	
オーミ建設	0497	
オーミ・ジロー・ローレンゼッチ繊維工業	0497	
オーミ・ド・ブラジルテキスタイル	0497	
オーミハイテク	1216	
オーミ・リアルエステート	0497	
オーミ緑化	0497	
オーム製薬	2611	
オムニトラストジャパン	1947	
オムニバス・ジャパン	1870	
オムロン	0498	
オムロン	3107	
オムロンアミューズメント	0498	
オムロンオートモーティブエレクトロニクス	0498	
オムロンスイッチアンドデバイス	0498	
オムロンセミコンダクターズ	0498	
オムロンソーシアルソリューションズ	0498	
オムロンヘルスケア	0498	
オムロンベンチャーズ	0498	
オムロンリレーアンドデバイス	0498	
オメガ・プロジェクト	0179	
オメガプロジェクト・ホールディングス	0179	
オーモリ	0412	
うおや亭	0243	
オーヤマ照明	0474	
オーヤマ通商	0474	
オーヤマデザイン研究所	0474	
OUGホールディングス	0499	
泳ぎとらふぐ料理専門店 とらふぐ亭	1803	
オランダ日本通運	2161	
オランダミツトヨ	2806	
オリイ	0500	
オリイ自動機製作所	0500	
オリイ商事	0500	
オリイ精機	0500	
オリイメック	0500	
オリイメック	2013	
オリエンタル機械	0501	
オリエンタルコンサルタンツ	0271	

オリエンタルコンサルタンツグローバル	0271	
オリエンタルチエン工業	0501	
オリエンタルチエン販売	0501	
オリエンタルペイント	0603	
オリエントエイオン生命保険	0502	
オリエント・オート・リース	0506	
オリエント興産	1982	
オリエントコーポレーション	0502	
オリエントコーポレーション	1823	
オリエントサービス	1876	
オリエント証券	0954	
オリエント測器レンタル	0506	
オリエント・ティナーズ・ジャパン	2135	
オリエントファイナンス	0502	
オリエント・リース	0506	
オリエント・リース・インテリア	0506	
オリエント・ロジ	0249	
オリオンキャピタル・インベストメント	1893	
オリオンラバーマニュファクチャリング社	0637	
オリコオートホールディングス	0502	
オリコオートリース	0502, 1823	
オリコ関西	0502	
オリコ関東	0502	
オリコ九州	0502	
オリコサポート	0502	
オリコ商事	0502	
オリコ中部	0502	
オリコ東京	0502	
オリコ東北	0502	
オリコ西関東	0502	
オリコビジネス＆コミュニケーションズ	0502	
オリコビジネスリース	1823	
オリコ北海道	0502	
オリコン	0503	
オリコン・グローバルエンタテインメント	0503	
おりこんダイレクトデジタル	0503	
オリジナル設計	0504	
オリジナル設計事務所	0504	
オリジン・エレクトリック・アメリカ	0505	
オリジン電気	0505	
オリジン・ミキ	0505	
オリゾンティ	3166	
オリックス		
オリックス	0366, 0553, 2947	
オリックス・アルファ	0506	
オリックス市岡	0506	
オリックス・オート・リース	0506, 2947	
オリックス・オマハ生命保険	0506	

オリックス・クレジット	0506	
オリックス・コモディティーズ	0506	
オリックス債権回収	0506	
オリックス自動車	0506	
オリックス生命保険	0506	
オリックス不動産	0506	
オリックス・リアルエステート	0506	
オリックス・レンタカー	0506, 2947	
オリックスレンタカー四国	2500	
オリックス・レンタカー福岡	2947	
オリックスレンタカー横浜	0963	
オリックス・レンテック	0506	
オリバー	0507	
オリバーアメリカ・インターナショナルINC.	0507	
オリバーファーム・ニュージーランドLTD.	0507	
オリーブ	1438	
オリファサービス債権回収	0502	
オリムピア映画	1786	
オリンパス	0508	
オリンパス	1422, 3085	
オリンパスイメージング	0508	
オリンパスオプトテクノロジー	0508	
オリンパス光学工業	0508	
オリンパスシンボル	0508	
オリンパス精機	0508	
オリンパステクニカルサービス	0508	
オリンパス テルモ バイオマテリアル	1760	
オリンパス販売	0508	
オリンパス光電子	0508	
オリンパスビジネスクリエイツ	0508	
オリンパスプロマーケティング	0508	
オリンパスメディカルシステムズ	0508	
オリンピック	0509	
Olympicグループ	0509	
オリンピックショッピングセンター	0509	
オリンピックホーム	0105	
オール	1655	
オールアシスト	2592	
オールアバウト	0510	
オールアバウトエンファクトリー	0510	
オールアバウトフィナンシャルサービス	0510	
オルガノ	0511	
オルガノ（アジア）SDN. BHD.	0511	
オルガノエコテクノ	0511	
オルガノ関西	0511	
オルガノ九州	0511	
オルガノ工事	0511	
オルガノ（蘇州）水処理有限公司	0511	
オルガノソフナー	0511	
オルガノ（タイランド）CO., LTD.	0511	
オルガノ中部	0511	
オルガノ・テクノロジー有限公司	0511	
オルガノ東京	0511	
オルガノ東北	0511	
オルガノフードテック	0511	
オルガノプラントサービス	0511	
オルガノ北海道	0511	
オルガノ（マレーシア）SDN. BHD.	0511	
オルガノメンテナンスサービス	0511	
オルガノ山下薬品	0511	
オルガノローディアフードテクノ	0511	
オルサン社	0095	
オール・ジャパン・インベントリ・サービス	0272	
オールジーン	1753	
オルテック	0508, 3085	
オルトダッシュ	0512	
オルトプラス	0512	
オルビス	2673	
オルモ	2742	
オールライフメイト	0571	
オルラーヌ社	2673	
オルラーヌジャポン	2673	
オレオトレード・インターナショナル	2147	
オレンジタウン	0082	
オレンジチェーン	2642	
オレンジベイフーズ	1286	
オレンジベーカリー	3123	
オレンジミュージック	3037	
OYOインターナショナル	0409	
尾鷲銀行	2432	
岩出環境サービス	1227	
尾張精機	0513	
尾張時計	0513	
尾張時計航空機工業	0513	
尾張紡績	1891	
オーワン	2964	
恩佳昇（連雲港）電子有限公司	1989	
恩希愛（杭州）化工有限公司	2112	
恩喜愛思（上海）計算機系統有限公司	0348	
オンキヨー	0514	
オンキヨーエレクトロニクス	0514	
オンキヨーサウンド＆ビジョン	0514	
オンキヨーデジタルソリューションズ	0514	
オンキヨーマーケティングジャパン	0514	
恩結雅（上海）貿易有限公司	1255	
オンコセラピー・サイエンス	0515	
オンコリスダイアグノスティクス	0516	
オンコリスバイオファーマ	0516	
温州欣視界科技有限公司	2905	
オンセール	0609	
温調機器	1485	
温調システム	1485	
温調プラミング	1485	
温調メンテナンス	1485	
音通	0517	
音通アミューズメント	0517	
恩梯恩阿愛必（常州）有限公司	0350	
恩梯恩LYC（洛陽）精密軸承有限公司	0350	
恩梯恩（中国）投資有限公司	0350	
恩梯恩日本電産（浙江）有限公司	0350	
恩悌（上海）商貿有限公司	2157	
恩悌（香港）有限公司	2157	
オンテックマニュファクチュアファリング	0482	
オンラインスクール	1597	
オンリー	0518	
オンリートレンタ	0518	
オンワード樫山	0519	
オンワード商事	0519	
オンワードホールディングス	0519	
オンワードラグジュアリーグループS.P.A.	0519	

【 か 】

嘉麻太陽光発電	0606
解亜園（上海）電子製造有限公司	2225
ガイアックス	0520
ガイアックスカフェ	0520
ガイアートT・K	0717
ガイアホールディングス	0130
ガイアン	2691
海燕亭	1853
買取王国	0521
海川電力	1764
開技司科技（深圳）有限公司	0621
凱欣自動化技術（深セン）有限公司	0760
開渓愛（上海）貿易有限公司	0586
カイゲン	0522

改源 ……………………… 0522	海陽岩淵金属製品有限公司 ……………………… 0207	各務原鉄道 ……………… 2001
カイゲンファーマ ………… 0522	海洋化学 ………………… 2551	加賀屋 …………………… 1409
外国出願支援サービス …… 2682	海洋環境コンサルタント …… 0447	香川銀行 ………… 1903, 1939
介護食運営 ……………… 1209	カ・インパナ …………… 0868	香川クリエイト ………… 3045
カイコム・インベストメント ……………………… 0523	カウネット ……………… 0840	香川相互銀行 …………… 1939
カイコムテクノロジー …… 0523	カウンセリングデリバリー ……………………… 2466	香川第一無尽 …………… 1939
KYCOMホールディングス ……………………… 0523	加越印刷 ………………… 2489	香川電気工事 …………… 3045
バゲージハンドラーズ …… 0926	花王 ……………………… 0526	香川パルタック ………… 2369
会社ビデオエイティー …… 0517	花王 ……………………… 0112	香川三谷セキサン ……… 2782
凱碧世聯（上海）化学繊維有限公司 ……………………… 1382	花王化学 ………………… 0526	香川無尽 ………………… 1939
快洗隊 …………………… 0638	**花王カスタマーマーケティング** ……………………… 0527	垣内商事 ………………… 1457
かいた …………………… 3094	花王カスタマーマーケティング ……………………… 0526	垣外製糸場 ……………… 0539
海諾依薇雅商貿有限公司 … 2281	花王クエーカー ………… 0526	花き施設整備 …………… 0432
カイツ …………………… 2862	花王化粧品販売 …… 0526, 0527	我喜大笑 ………………… 3019
回天堂薬局 ……………… 0848	花王（合肥）有限公司 … 0526	柿安商事 ………………… 0530
凱道起重設備（上海）有限公司 ……………………… 0635	花王コスメプロダクツ小田原 ……………………… 0526	**柿安本店** ……………… 0530
開東不動産 ……………… 2811	花王コルゲート・オーラルプロダクツ ……………………… 0526	柿安メルサ店 …………… 0530
ガイドデント …………… 2187	花王（上海）化工有限公司 ……………………… 0526	河曲銀行 ………………… 2762
うかい鳥山 ……………… 0246	花王（上海）産品服務有限公司 ……………………… 0526	かぎんオフィスサービス …… 0535
海南鈞達汽車飾件 ……… 0598	花王石鹸 ………………… 0526	かぎんオフィスビジネス …… 0535
開南染工化学 …………… 1506	花王石鹸長瀬商会 ……… 0526	かぎん会計サービス …… 0535
海南堂 …………………… 0855	花王（中国）投資有限公司 ……………………… 0526	かぎんシステムサービス …… 0535
海南紡織 ………………… 2094	花王販売 …………… 0526, 0527	かぎん代理店 …………… 0535
凱迩必液圧工業（鎮江）有限公司 ……………………… 0574	花王フード ……………… 0526	かぎんビジネスサービス …… 0535
凱迩必機械工業（鎮江）有限公司 ……………………… 0574	花王（香港）有限公司 … 0526	学育舎 …………………… 0225
凱迩必（中国）投資有限公司 ……………………… 0574	花王油脂 ………………… 0526	学育社 …………………… 0225
凱迩必貿易（上海）有限公司 ……………………… 0574	花王ロジスティクス東北 …… 0527	**カークエスト** ………… 0531
ガイノイド ……………… 3037	加賀アミューズメント …… 0529	カークエスト …………… 2979
カイノス ……………… 0524	可開嘉来（上海）商貿有限公司 ……………………… 0842	学習研究社 ……………… 0543
海伯力国際貿易（上海）有限公司 ……………………… 2397	曄華企業股份有限公司 … 0290	**学情** …………………… 0532
海伯力物流（上海）有限公司 ……………………… 2397	科学研究所 ……………… 0534	学伸社 …………………… 0268
海伯力（香港）有限公司 … 2397	**カカクコム** …………… 0528	学生サービスプラザ …… 2684
海白（上海）商貿有限公司 ……………………… 2344	カカクコム ……………… 1742	カクダイウエルマート …… 2708
開発工事 ………………… 1766	カカクコム・インシュアランス ……………………… 0528	カクダイジャスコ ……… 2708
開発設計コンサルタント …… 1766	カカクコム・フィナンシャル ……………………… 0528	家具の島忠 ……………… 1150
開発電気 ………………… 1766	科学情報社 ……………… 0815	角館芝浦電子 …………… 1137
開発電子技術 …………… 1766	可楽麗国際貿易（上海）有限公司 ……………………… 0729	格満林 …………………… 0869
開発土木コンサルタント …… 1766	加賀寿庵 ………………… 0855	格満林（南京）装飾建材有限公司 ……………………… 0869
開発肥料 ………………… 1766	加賀コミュニティプラザ …… 2613	格満林（南京）装飾工程有限公司 ……………………… 0869
快美特汽車精品（深セン）有限公司 ……………………… 0571	加賀コンポーネント …… 0529	岳陽製紙 ………………… 2150
開封河西汽車飾件有限公司 ……………………… 0598	加賀ソルネット ………… 0529	学力研修社 ……………… 0225
開封太陽金明食品有限公司 ……………………… 1528	加賀チエン ……………… 1496	カクレド ………………… 2600
開封金明食品有限公司 … 1528	加賀デバイス …………… 0529	科恵白井電路有限公司 … 1216
開封金明農業科技有限公司 ……………………… 1528	加賀電気工業（無錫）有限公司 ……………………… 2418	科恵白井（佛岡）電路有限公司 ……………………… 1216
開封香麦士食品有限公司 … 1528	**加賀電子** ……………… 0529	掛川ソーイング ………… 1457
海帆 …………………… 0525	加賀電子（大連）有限公司 ……………………… 0529	掛川風力開発 …………… 2247
海盟国際物流（深圳）有限公司 ……………………… 1967	可果美（杭州）食品有限公司 ……………………… 0536	**花月園観光** …………… 0533
開明堂 …………………… 2862	鏡島銀行 ………………… 1177	かけ橋企画 ……………… 2439
		カケン …………………… 1777
		科研化学 ………………… 0534
		化研工業 ………………… 0961
		カケンジェネックス …… 2850
		華元食品股份有限公司 … 2594
		科研製薬 ……………… 0534
		科研ファルマ …………… 0534
		科研物流 ………………… 0534
		科研不動産サービス …… 0534
		科研薬化工 ……………… 0534
		嘉興奥尓薩村上汽車配件有限公司 ……………………… 2862

化工機エンジ	2809	
化工機環境サービス	2809	
化工機工事	2809	
化工機商事	2809	
化工機製作	2809	
化工機プラント環境エンジ	2809	
化工建設	1212	
佳豪実業有限公司	0960	
化合物安全性研究所	2127	
嘉興村上石崎汽車配件有限公司	2862	
嘉興村上汽車配件有限公司	2862	
加古川環境サービス	1227	
鹿児島エレクトロニクス	0668	
鹿児島化学工業	0972	
鹿児島カード	0535	
鹿児島キャピタル	0535	
鹿児島銀行	0535	
鹿児島経済研究所	0535	
鹿児島興業銀行	0535	
鹿児島商業銀行	0535	
鹿児島製靴	3071	
鹿児島相互無尽	2831	
鹿児島地域経済研究所	0535	
鹿児島中央酒販	2947	
鹿児島貯蓄銀行	0535	
鹿児島データ・アプリケーション	1745	
鹿児島日東タイヤ	2777	
鹿児島配合肥料工業	0972	
鹿児島パルタック	2369	
カゴシマバンズ	0361	
鹿児島ビジネスコンピュータ	1435	
鹿児島紡織	3003	
鹿児島保証サービス	0535	
鹿児島松下電子	2337	
鹿児島無尽	2831	
鹿児島リカーフーズ	2947	
鹿児島リース	0535	
カゴメ	0536	
カゴメ興業	0536	
カゴメ物流サービス	0536	
カサイエンジニアリング	0598	
加西グローリー	0766	
カサイサービス	0598	
カサイサポートシステム	0598	
嘉財実業有限公司	2559	
カサイロジスティクス	0598	
笠神製作所	2171	
カザテック	0544	
風間電機興業	2227	
カシオ計算機	0537	
カシオ情報機器	0537	
樫尾製作所	0537	
カシオ電子科技（中山）有限公司	0537	
カシオ電子工業	0537	
カシオ電子（深圳）有限公司	0537	
カシオ日立モバイルコミュニケーションズ	0537	
カシオマイクロニクス	0537	
カシオリース	0537, 2822	
梶川	1932	
梶川呉服店	1932	
科地克（上海）貿易有限公司	0607	
華日軽金（深せん）有限公司	2123	
華実無尽	0601	
カシーナ・ジャパン	0544	
カシハラテック	2993	
カシマ	1639	
鹿島エンジニアリング	1037	
鹿島塩ビモノマー	0112	
カジマ オーバーシーズ アジア ピー ティー イー リミテッド	0538	
鹿島共同施設	0112	
鹿島組	0538	
鹿島ケミカル	0112	
鹿島建設	0538	
鹿島建設	0409, 2797	
鹿島興亜電工	0804	
鹿島サンケン	0974	
鹿島酸素	1532	
鹿島飼料	2472	
鹿島製作所	0538	
鹿島タンクターミナル	2741	
鹿島電解	0112	
鹿島東洋埠頭	1890	
鹿島道路	0538	
鹿島バルクターミナル	2741	
鹿島南共同発電	0112	
鹿島檜	2146	
カジマ ユー エス エー インコーポレーテッド	0538	
カジマ ヨーロッパ ビー ヴイ	0538	
カジマ ヨーロッパ リミテッド	0538	
鹿島リース	0538	
樫山	0519	
樫山工業	0519	
樫山商店	0519	
カジュアルランドあおやま	0048	
加州銀行	2661	
華潤麒麟飲料（大中華）有限公司	0696	
加商	1945	
嘉祥東洋炭素有限公司	1883	
柏井紙業	0834	
柏木験温器製作所	1450	
柏崎機械工業	3076	
柏原銀行	1089	
柏原自動車	1224	
柏原細幅織物	0096	
花神	2847	
花心酒造	2969	
春日井ガスセンター	0808	
春日無線工業	1057	
春日無線電気商会	1057	
ガスクロ工業	1084, 1730	
ガスクロ・ヤマガタ	1084, 1730	
カスケード	1577	
かずさファーネス	0755	
ガスター	1812	
カスタムエース	1461	
カスタムサービス	1737	
カスタムサーブ	2147	
カーステーション新潟	2148	
ガステックサービス	0951, 1651	
カストマエンジニアーズ	0659	
ガスパル	1494	
ガスパル関東	1494	
ガスパル九州	1494	
ガスパル近畿	1494	
ガスパル中国	1494	
ガスパル中部	1494	
ガスパル東北	1494	
和宏光機	1614	
カスミ	2997	
霞が関東京會館	1809	
カスミ家電	2997, 3168	
カスミグリーン	2997	
カスミストアー	2997	
霞ストアー	2997	
カスミトラベル	2997	
カスミハウジング	2997	
カセイ	2968	
風と光のファクトリー	1403	
カーセブンディベロプメント	0793	
嘉善科友盛科技有限公司	1728	
科大創新股份有限公司	0313	
佳耐美国際貿易有限公司	2922	
片岡商店	0657	
片岡製作所	1634	
片岡塗料	2508	
片倉磐城製糸	0539	
片倉越後製糸	0539	
片倉機器工業	0539	
片倉機業	0539	
片倉キャロン	0539	
片倉組	0539	
片倉工業	0539	
片倉江津製糸	0539	
片倉佐越生糸	0539	
片倉自転車	0539	
片倉製糸紡績	0539	
片倉ハドソン	0539	
片倉ハドソン靴下	0539	
片倉富士紡ローソン	0539	
堅田レース	0292	
かたばみ興業	0538	
かたばみ商事	0538	
片山工業	0098	
カタリスト・モバイル	2267	
カタール国営石油	2109	
ダレット	0568	
加太電気鉄道	2016	
価値開発	0540	
價値開發亞洲有限公司	0540	
カーチス	0541	
カーチス倶楽部	0541	

カーチスホールディングス … 0541	カトウ工芸 … 1306	神奈川県冠婚葬祭サービスセンター … 1014
カーチスリンク … 0541	**加藤産業** … 0548	神奈川県魚類統制会社 … 3032
かちどきGROWTH TOWN … 1824	加藤商業 … 1945	神奈川県互助サービス … 1014
カツオ … 1476	加藤商店 … 0548	神奈川県互助センター … 1014
学究社 … 0542	**加藤製作所** … 0549	神奈川サンドラッグ … 0994
学研アールポーテ … 0543	加藤（中国）工程機械有限公司 … 0549	神奈川樹脂 … 1063
学研イーピーオー … 0543	加藤低温 … 0548	神奈川進学研究会 … 3020
学研エリアマーケット … 0543	加藤電機商会 … 0789	神奈川造機 … 2885
学研割賦販売 … 0543	加藤発条 … 2298	**神奈川中央交通** … 0551
学研教育みらい … 0543	加藤発條 … 2298	神奈川中央三菱自動車販売 … 0832
学研ココファン … 0543	カトウ美装 … 1306	神奈川中央乗合自動車 … 0551
学研ココファンスタッフ … 0543	加藤不動産 … 0548	神奈川電気 … 0552
学研ココファン・ナーサリー … 0543	カトー菓子 … 0548	神奈川電燈 … 0552
学研ジー・アイ・シー … 0543	**カドカワ** … 0550	神奈川ネポン販売 … 2279
学研スクールマネジメント … 0543	角川エンタテインメント … 0550	神奈川メディアセンター … 1188
学研トイホビー … 0543	角川グループパブリッシング … 0550	神奈川日冷スター販売 … 2046
学研ネットワークサービス … 0543	角川グループホールディングス … 0550	科昵西貿易（上海）有限公司 … 0861
学研ホールディングス … 0543	角川書店 … 0550	金沢駅西開発 … 2870
学研メソッド … 0543	角川ホールディングス … 0550	金沢市乳 … 2872
学研メディコン … 0543	加ト吉 … 1752	金沢スタジアム … 2841
学研ロジスティクス … 0543	加ト吉興産 … 1476	金沢ソディック … 1420
学校図書 … 1909	加ト吉商事 … 1752	金沢貯蓄銀行 … 2645
カッシーナ・イクスシー … 0544	加ト吉食品 … 1752	金沢ニューグランドホテル … 1538
カッシーナ・インターデコール・ジャパン … 0544	加ト吉水産 … 1752	金沢都ホテル … 0702
カッシーナ・ジャパン … 0544	加ト吉ノースイ … 1752	金沢村田製作所 … 2864
カッシーナジャパン … 0544	加ト吉バイオ … 1752	兼三 … 2702
勝沼洋酒 … 0632	加ト吉ファイナンス … 1752	カナダオイルサンド … 1358
カッパ・クリエイト … 0545	カトキチフーズ … 1752	神奈中アカウンティングサービス … 0551
カッパ・クリエイトコリア … 0545	加ト吉フードレック … 1752	神奈中システムプラン … 0551
カッパ・クリエイト・サプライ … 0545	加ト吉リガ … 1476	神奈中情報システム … 0551
カッパ・クリエイトホールディングス … 0545	華徳培婚紗（上海）有限公司 … 3162	神奈中スイミングスクール … 0551
河重産業 … 2595	華徳培婚禮股份有限公司 … 3162	神奈中タクシーホールディングス … 0551
カッパ不動産 … 0545	華徳培婚礼用品（上海）有限公司 … 3162	神奈中ハイヤー … 0551
かつみ企画 … 2765	華徳培薇婷香港有限公司 … 3162	金津製作所 … 0791
神工業 … 0878	角倉化工 … 2369	金津村田製作所 … 2864
勝山プレス工業 … 3011	角倉商事 … 2369	カナテック … 0552
桂川染工 … 2544	角倉商店 … 2369	**カナデン** … 0552
桂川電機 … 0546	カードコマースサービス … 1079	科拿電国際貿易（上海）有限公司 … 0552
桂工業 … 1506	カード・コール・サービス … 1079	カナデンサプライ … 0552
カティエント … 1049	カトー酒販 … 0548	カナデンテクノエンジニアリング … 0552
カーディナル … 0547	カード情報管理センター … 2701	カナデンテレコムエンジニアリング … 0552
カーディントン・ユタカ・テクノロジーズ・インコーポレーテッド … 2991	カトーデンキ … 0789	カナデンテレシス … 0552
カテナ … 1111	カトーデンキ販売 … 0789	カナデンブレイン … 0552
カテリーナビルディング … 2241	カトー特殊計紙 … 0778	加拿殿香港有限公司 … 0552
ガーデンクリエイト … 1556	ガートナー・グループ社 … 0230	科拿電（香港）有限公司 … 0552
ガーデンクリエイト関東 … 1556	カトー農産 … 0548	カナデン冷熱プラント … 0552
ガーデン・スタジオ … 0042	加藤発條製作所 … 2298	金町ゴム工業 … 3031
ガーデンヴィラ … 0681	カードフレックスジャパン … 1705	金丸商事 … 0499
ガーデンベーカリー … 0581	カトーロジスティクス … 0548	金丸食品 … 0499
加藤SCアジアインベストメント … 0548	香奈維斯（天津）食品有限公司 … 1528	**カナモト** … 0553
カトウ開発 … 1306	金岩工作所 … 2528, 2534	カナモト … 0297
カトウガラス … 1306	神奈川エナジック … 2803	カナモトエンジニアリング … 0553
加藤金属 … 0980	神奈川銀行 … 2776	金山 … 1476
	神奈川ケイテクノ … 0606	
	神奈川競輪 … 0533	
	神奈川県海産物 … 3032	

カナレシステムワークス	0554	カネフサド ブラジル LTDA.	0559	花福堂	0855
カナレテック	0554	兼房刃物工業	0559	カプコン	0568
カナレ電気	0554	兼房刃物販売	0559	カプコンチャーボ	0568
カナレ電線	0554	カネフサメキシコ S.A. DE C.V.	0559	株式現物業岩井商店	0202
カナレハーネス	0554	カネフサUSA, INC.	0559	株式新聞社	2910
華南富貴電子	1697	カネフサヨーロッパB.V.	0559	カープラザSeibu	1344
かにしげ	0255	鐘紡	0905, 2846	佳報（上海）信息技術有限公司	1058
可児セラミック	2170	カネボウ石鹸製造	2846	傳法紡績会社	1091
カーニバルカンパニー	0930	**兼松**	0560	嘉穂銀行	2487
鹿沼麻糸工場	1821	兼松	0879	華北電機工業	1359
関栄	2356	**兼松エレクトロニクス**	0561	嘉穂長崎鉱業	2080
カネカ	0555	兼松エレクトロニクス	1831	カーボフォル・ジャパン	0787
カネカ	0041, 2904	**兼松エンジニアリング**	0562	カーマ	1700
カネカイノベイティブファイバーズSdn.Bhd.	0555	兼松機工	1514	釜石鉱山	2080
カネカエペランSdn.Bhd.	0555	兼松江商	0560, 0561	鎌倉市民座	1825
鐘化企業管理（上海）有限公司	0555	兼松事務機販売	0560	カマケン	1439
カネカシンガポールCo.（Pte）Ltd.	0555	金松商店	2663	カマタ研究所	1439
カネカソーラーテック	0555	兼松商店	0560, 1514	蒲田鋳造所	3087
カネカテキサスCorp.	0555	兼松寝装	0566	蒲田調帯	1326
カネカニュートリエンツL.P.	0555	兼松繊維	0560	鎌田ポリエステル商会	1207
カネカハイテックマテリアルズInc.	0555	兼松デバイス	0560	蒲原瓦斯	2644
カネカ服部商店	0828	兼松デュオファスト	0563	蒲原機械工業	2534
カネカファーマヨーロッパN.V.	0555	兼松電子サービス	0561	蒲原機械電子	2534
カネカフーズインドネシア	0555	兼松電子（成都）有限公司	0561	カーマン	2970
鐘淵化学工業	0555	兼松日産工事	0563	上伊那ガス燃料	1017
鐘淵紡績	0555	**兼松日産農林**	0563	上伊那銀行	2330
鐘淵油脂工業	1256	兼松日産農林	0560	神岡鉱業	2132, 2786, 2787
カネカペーストポリマーSdn.Bhd.	0555	兼松房次郎商店	0560	神岡セラミック	2170
カネカマレーシアSdn.Bhd.	0555	兼松不動産	0560	上北エレックス	0417
カネカメディックス	0555	兼松メディカルシステム	0561	**上組**	0569
カネカモディファイヤーズドイチュラントGmbH	0555	兼松羊毛研究所	0566	上組	2068
カネコ種苗	0556	兼松羊毛工業	0560, 0566, 1502	上組海運	0569
かねこ商店	1665	**カネ美食品**	0564	上組航空サービス	0569
カネジ	0610	**カネミツ**	0565	上組土建	0569
金下組	0557	金光銅工熔接所	0565	上組浜仲	0569
金下建設	0557	金本商店	0553	上組綿花運送	0569
カネシメ食品	0558	金本（香港）有限公司	0553	上組陸運	0569
カネシメ高橋水産	0558	かねもり	2833, 2965	上條防水工業所	3052
カネシメ高橋松吉商店	0558	金山鋳造鉱業	1682	かみたに	1585
カネシメ不動産	0558	**カネヨウ**	0566	上津	0569
カネシメ冷蔵	0558	兼羊タツノ	0566	カミックス	0569
カネショー	0808	加納興産	0567	上津興産	0569
カネセ金属工業	1466	加能合同銀行	2661	神永製作所	1855
金田兄弟商会	0985	加納鋼板加工	0567	神永電線	1855
金田金属工業	0985	加納鋼板工業	0567	雷門TP	1789
かね辰・鈴木商店	1409	佳能珠海有限公司	0645	神庭商会	2378
カネックス	0566	加納商事	2369	神根サイボー	0902
カーネット車楽	2060	加納商店	0567	神辺凸版	1624
金巾製織	1891	佳能（蘇州）有限公司	0645	神ノ山炭礦	1191
金平鉱業	1971	佳能大連事務機有限公司	0645	紙パ資源	2115
兼房	0559	加納鉄鋼	0567	大倉商事	2846
カネフサインディア Pvt.Ltd.	0559	加納物流センター	0567	神谷町パーク	2357
		庚子銀行	1155	神谷電子工業	1149
		カノークス	0567	かみや薬品	1866
		カノークス北上	0567	カムズ	2874
		歌橋製薬所	2040	**カメイ**	0570
		蒲原銀行	1155	亀井商店	0570
		カバロ	2125	カメイ・ショウテン・オブ・アメリカ	0570
		歌舞伎チャンネル	1188	**カーメイト**	0571
				カーメイト物流	0571

カメイ物流サービス	0570	
カメオインタラクティブ	2886	
亀田あられ	0572	
亀田製菓	0572	
亀田トランスポート	0572	
亀の井ホテル	0135, 1182	
亀の井旅館	0135	
亀屋パン	2044	
カメヤマテック	2993	
カメラのきむら	0630	
カメリアシステム	2267	
蒲生銀行	1089	
加茂開発	1654	
鴨川電気鉄道	0781	
鴨川風力開発	2247	
加茂上毛撚糸	0540	
加茂信用組合	2637	
化薬化工（無錫）有限公司	2116	
火薬工業	2116	
化薬（湖州）安全器材有限公司	2116	
化薬（上海）管理有限公司	2116	
カヤク セイフティシステムズ デ メキシコ, S.A. de C.V.	2116	
カヤク セイフティシステムズ マレーシア Sdn. Bhd.	2116	
化薬ヌーリー	2116	
カヤック	0573	
萱場オートサービス	0574	
カヤバ工業	0574	
萱場工業	0574	
萱場航空兵器	0574	
萱場産業	0574	
カヤバシステムマシナリー	0574	
萱場製作所	0574	
萱場発明研究所	0574	
カヤバ・マックグレゴー・ナビーレ	0574	
カヤフロック	2116	
科友電子有限公司	1728	
科友貿易（広州）有限公司	1728	
科友貿易（大連保税区）有限公司	1728	
かようアイランド	2313	
科陽精細化工（蘇州）有限公司	0861	
カヨトコ	0520	
ガーラ	0575	
カライダ・マニュファクチャリング・インコーポレーテッド	0280	
可来軟件開発	0725	
カーライフ・イチネン	0184	
カーライフケーヨー	0794	
カーライフセブン	1119	
カーラジェンテ	3163	
烏丸商事	0675	
ガーラバズ	0575, 2666	
カラーファスナー工業	2922	

樺太工業	0404	
樺太産業	0404	
樺太通運	2161	
ガーラモバイル	0575	
科陸電子貿易（上海）有限公司	0795	
佳里多（上海）貿易有限公司	0576	
カーリット産業	0576	
カーリットホールディングス	0576	
嘉利特荏原ポンプ業有限公司	0360	
ガリバーインターナショナル	0577	
ガリバーインターナショナルコーポレーション	0577	
刈谷機械製作所	1052	
刈谷機工	1052	
苅谷製作所	0500	
華龍東光科技（深圳）有限公司	1841	
佳隆利宜達（北京）電子貿易有限公司	3091	
カーリンク	0387	
カール	0314	
カール・アジアパシフィック	0314	
軽井沢倶楽部	2955	
軽井沢森泉ゴルフクラブ	3088	
ガルガンチュア・アセット・マネジメント	2697	
カール・シェンクAG	1805	
カールシェンク社	1805	
カールスジュニアジャパン	2803	
カルソニック	0578	
カルソニック・インコーポレイティッド	0578	
カルソニック・インターナショナル社	0578	
カルソニック・インターナショナル（UK）社	0578	
カルソニックエスアイアイ・コンプレッサー社	0578	
カルソニックカンセイ	0578	
カルソニックカンセイ宇都宮	0578	
カルソニックカンセイ・コリア社	0578	
カルソニックカンセイ・スペイン社	0578	
カルソニックカンセイ・タイランド社	0578	
カルソニックカンセイ（中国）社	0578	
カルソニックカンセイ・ブラジル社	0578	
カルソニックカンセイ・マレーシア社	0578	
カルソニックカンセイ（無錫）社	0578	
カルソニックカンセイ・メキシコ社	0578	

カルソニックカンセイ・ユーケー社	0578	
カルソニックカンセイ・ヨーロッパ社	0578	
カルソニックカンセイ・ルーマニア社	0578	
カルソニックカンセイ・ロシア社	0578	
カルソニック・クライメート・コントロール社	0578	
カルソニックコミュニケーション	0578	
カルソニックコンプレッサー	0578	
カルソニックニッティー	0578	
カルソニックハリソン	0578	
カルソニック販売	0578	
カルソニック物流	0578	
カルソニックプロダクツ	0578	
カルソニック・メキシコ社	0578	
カルソニック・ヨロズ・コーポレーション	3043	
カルソニック・ヨロズ社	0578	
カールソンワゴンリートラベル社	1051	
カルチュア・エンタテインメント	0579	
カルチュア・コンビニエンス・クラブ	0579	
カルチュア・コンビニエンス・クラブ	1415, 1920	
カルナック	0581	
カルナバイオサイエンス	0580	
ガルバ	2602	
カルビー	0581	
カルビー・イートーク	0581	
カルビー（杭州）食品有限公司	0581	
カルビー食品	0581	
カルピス味の素ダノン	0095	
カルピス食品工業	0095	
カルビー製菓	0581	
カルビーポテト	0581	
カルプ工業	3048	
カルメン	1851	
カルヤ・バハナ・ウニガム社	2173	
カルラ	0582	
可麗愛特（上海）商貿有限公司	0733	
可麗美（北京）国際貿易有限公司	0743	
カレン	2304	
カロライナシステムテクノロジー・インコーポレーテッド	0791	
かろりーな	2598	
カロリナ	2598	
カワイアシスト	0583	
カワイイアン・ティービー	3037	
カワイインドネシア	0583	
カワイウッド	0583	
カワイ音楽企画	0583	
カワイ音響システム	0583	

社名	頁	社名	頁	社名	頁
河合楽器研究所	0583	川崎化成物流	0588	カワタMFシンガポールPTE. LTD.	0595
河合楽器サービスセンター	0583	**川崎汽船**	0589	カワタエンジMFG. SDN. BHD.	0595
河合楽器製作所	0583	川崎汽船	0590	川田機械製造	0595
河合楽器（寧波）有限公司	0583	川崎汽船外航定期貨物	0589	川田機械製造（上海）有限公司	0595
カワイキャスティング	0583	川崎キトー製品サービス	0635	川田機械香港有限公司	0595
河合組	3101	川崎岐阜製作所	0592	川田建設	0596
カワイ月販	0583	**川崎近海汽船**	0590	川田工業	0596
河合工務店	3101	川崎近海汽船	0589	川田國際股份有限公司	0595
カワイコスモス	0583	川崎競馬倶楽部	3041	川田（上海）有限公司	0595
川合商会	3082	川崎鉱業	0714	川田製作所	0595
カワイ精密金属	0583	川崎航空機工業	0591, 1098	カワタタイランドCO., LTD.	0595
カワイテクノセンター	0583	川崎コークス	1042	カワタテクノサービス	0595
カワイドイチュランドGmbH	0583	川崎さいか屋	0891	川田テクノシステム	0596
カワイハイパーウッド	0583	川崎佐川急便	0917	川田テクノロジーズ	0596
カワイビジネスソフトウェア	0583	川崎試錐機製作所	0593	川田鉄工所	0596
河合貿易（上海）有限公司	0583	川崎車輛	0591	川棚東芝セラミックス	0705
カワイミュージックインドネシア	0583	**川崎重工業**	0591	カワタマーケティングインドネシア	0595
カワイヨーロッパGmbH	0583	川崎重工業	1042, 2797	カワタU.S.A. INC.	0595
河内	0465	川崎商店	0591	カワタラピッドジャパン	0595
賀和運送	0894	川崎製鉄	0591, 1042	河内銀行	2789
カワカ機工	0588	川崎設備工業	0592	河内錫紙製造	2978
カワカ産業	0588	川崎装飾	0587	河内屋	0671
川上塗料	0584	川崎造船	0591	河内屋紙	0671
川上塗料製造所	0584	川崎造船所	0589, 0591	**カワチ薬品**	0597
川金金融	0585	**川崎地質**	0593	河内屋資源	0671
川金テクノソリューション	0585	川崎築地造船所	0591	河内屋洋紙店	0671
川汽不動産	0589	川崎帝通	1697	河内屋リサイクルセンター	0671
川金ホールディングス	0585	川崎電機製造	0591, 2539	河津無線電機	2528
川口印刷	1909	川崎土木	0593	川鉄商事	0759
川口印刷所	1909	川崎兵庫造船所	0591	川鉄エンジニアリング	1042
川口化学研究所	0586	カワサキプラントシステムズ	0591	川鉄化学	1042
川口化学工業	0586	カワサキプレシジョンマシナリ	0591	川鉄計量器	1042
川口金属加工	0585	川崎ボーリング	0593	川鉄鉱業	1042
川口金属工業	0585	川崎本店	0591	川鉄鋼材工業	1039
川口金属鋳造	0585	川崎マイクロエレクトロニクス	2886	川鉄鋼管工事	1042
河口湖うかい	0246	川崎丸魚	3032	川鉄鋼線工業	1042
川口工業	0825	川崎有機	1782	川鉄コンテナー	1040
河口湖精密	1122, 1123	川崎窯業	1042	川鉄システム開発	1041
川口ゴム工業	3147	川島	0844	川鉄情報システム	1041
川口ゴム製作所	3147	川島屋証券	2055	川鉄電気設備工事	1042
川口酸素工業	0806	川島屋商店	2055	川鉄リース	1823
川口製鉄	0585	川重施設	0591	川中島中央ショッピングセンター	2716
川口ソーイング	1124	川商スタッフサービス	1773	川中嶋土地開発	0628
川口総合ガスセンター	1532	川尻機械	0922	河西	0598
川口テクノソリューション	0585	カワシン	1047	河西機械製作所	2531
川口ニッカ	2207	カワスミ	0594	**河西工業**	0598
川越魚市場	1854	**川澄化学工業**	0594	川西甲子園冷蔵	0599
川越エンジニアリング	1660	カワスミバイオサイエンス	0594	川西商事	0599
川越水産市場	1854	カワスミラボラトリーズアメリカ	0594	川西ショッピングセンター	2716
川越紡績	2071	カワスミラボラトリーズヨーロッパ	0594	川西製作所	2090
カワサキ	0587	カワセツ近畿サービス	0592	**川西倉庫**	0599
川崎魚市場	3030	カワセツサービス	0592	河西テクノ	0598
川崎回漕店	0591	カワセツ中部サービス	0592	河西テック	0598
川崎化成エンジニアリング	0588	カワセツ東京サービス	0592	川西ファインサービス	0599
川崎化成工業	0588	河宗石油	1219	川西ホームセンター	2716
		カワタ	0595		
		カワタインドネシア	0595		

社名	頁
川西ロジスティックス（シンガポール）有限公司	0599
川野醬油	1169
川辺	0600
川辺（上海）商貿有限公司	0600
川部装飾	0587
川辺富造商店	0600
川村インキ製造所	1681
川村喜十郎商店	1681
河村スクリーンプレート製作所 冷凍部	1485
カワモサービス	1264
川湯グランドホテル	1228
河与商事	2866
かんがるーフーズ	1357
カンキ	0297
関急旅社	0777
環境エンジニアリング	2557
環境開発	0847
環境情報技術センター	2325
環境生物	0185
環境ソルテック	1581
環境調査技術研究所	2496
環境バイリス研究所	2147
環境保健生物センター	2147
勧業無尽	0020
関銀リース	0601
関空デリカ	1752
カン研究所	0293
関工ケー・シー・エス 警備	0606
関工興業	0606
森観光トラスト	2923
関工不動産管理	0606
観光ホテル丸栄	2732
関工メンテナンスサービス	0606
韓国安全システム	1360
韓国上村	0240
韓国NTK工具	2170
韓国NTKセラミック	2170
韓国OSG	0412
韓国小野薬品工業	0483
韓国カレーハウス	2308
韓国共同PR	0672
韓国共立メンテナンス	0681
韓国黒田精工	0759
韓国グンゼ	0770
韓国慶南太陽誘電	1535
韓国コシダカ	0845
韓国堺商事	0908
韓国サード・パーティ	2137
韓国サンケン	0974
韓国三洋化成	1004
韓国GMB工業	1083
韓国昭光通商	1186
韓国神商	1230
韓国新東工業	1242
韓国SUMIDA電子	1312
韓国精密化学	2049
韓国大気社	1461
韓国ダイショー	1475
韓国デサント	1737
韓国東海カーボン	1791
韓国特殊インキ工業	1683
韓国豊田合成	1942
韓国豊田合成オプト	1942
韓国TOWA	1970
韓国ナスロン	2151
韓国日亜	2031
韓国日産化学	2057
韓国日鍛	2079
韓国日本電産	2228
韓国任天堂	2266
韓国美馬	2615
韓国フコク	2498
韓国フランスベッド	2573
韓国古里工業	2580
韓国フルヤメタル	2587
韓国ベアリング	1083
韓国ミツトヨ	2806
韓国ミツトヨサービス	2806
韓国未来工業	2847
韓国安永	2941
韓国油研工業	2985
韓国・Pulmuone Health & Living Co., Ltd.	2459
カンザイ	0504
関西亜鉛鍍金工業所	1996
関西アジア航測	0088
関西アーバン銀行	0601
関西アーバン銀リース	0601
関西地区はるやまチェーン	2371
関西イトミック	1851
関西運送	1455
関西エアポートワシントンホテル	2527
関西エヌ・ティ・ティ・データ通信システムズ	0351
関西岡部	0447
関西岡村製作所	0448
関西オークラ	0421
関西カクタス	0411
関西紙パ資源	2115
関西木村化工機	0640
関西急行鉄道	0702, 0777, 2016
関西牛乳運輸	2872
関西共和計測	0685
関西銀行	0601, 1103
関西金属網科技（昆山）有限公司	2181
関西空港交通	2016
関西グラフテックエスエス	0037
関西グリコ	0294
関西栗田整備	0738
関西クレジット・サービス	0601
関西興行	0411
関西廣済堂	0815
関西廣済堂印刷	0815
関西櫻井廣済堂	0815
関西さわやか	0601
関西さわやか銀行	0601
関西サーンガス	1532
関西ジオスター	1085
関西島忠	1150
関西写真製版	2826
関西車輛サービス	1264
関西商運	1455
関西スーパー物流	0602
関西スーパーマーケット	0602
関西製織所	1502
関西石油化学	2784
関西セグメント	0003
関西セルラー電話	0779
関西総合信用	0601
関西総合設備	0964
関西総合リース	0601
関西相互銀行	0601
関西ダイエットクック	0799
関西中部リテイルネットワークシステムズ	0901
関西ツーバイフォー	2801
関西テクシス	0351
関西データサイエンス	2836
関西データサービス	1058
関西デリカ	0930
関西電力	1360
関西特器	2493
関西図書印刷	1909
関西トーハイ事業	1304
関西トヨクニ	0299
関西二井販売	2035
関西二井製作所	2035
関西日産化学	2057
関西日本エス・イー	2272
関西配送	0605
関西ハウスコム	1494, 2307
関西白青舎	2316
関西バターピーナツ	0548
関西ハーバー	2344
関西ビジネス	0601
関西ビレットセンター	0424
関西福祉事業社	3146
関西不二サッシ	2514
関西フローズン	0294
関西ペイント	0603
関西ペイント	1511, 2361
関西ペイント工業所	0603
関西ペイント販売	0603
関西ベンチャーキャピタル	0202
関西ホーチキエンジニアリング	2654
関西ほっかほっか亭	2315
関西翻訳センター	2682
関西丸一食品	2380
関西モーゲージサービス	0601
関西ヤマザキ	2950
関西輸送機	0002
関西吉野家	3036
関西リクルート人材センター	3074
関西リズムタッチ販売	0414
関西ワッツ	3164
神崎製紙	0404
関紴	1502
管周推進技建	2492

かんしゅん　　　　　　　　　　　　社名索引

冠潤実業有限公司 ………… 1123
カンセイ …………………… 0578
カンセキ ………………… 0604
完全自動車整備塗装 ……… 1224
神田淡路町ビル …………… 1913
漢泰国際電子股份有限公司
　　………………………… 1901
神田運送 …………………… 0605
カンダコアテクノ ………… 0605
カンダコーポレーション … 0605
カンダコーポレーション分割準
　備 ……………………… 0605
神田製作所 ………………… 2668
カンダハーティーサービス
　　………………………… 0605
カンダビジネスサポート … 0605
カンダ物流 ………………… 0605
カンダホールディングス … 0605
関電兼平製作所 …………… 1520
関電興産 …………………… 0607
カンデン渋川産業 ………… 0607
関電工 …………………… 0606
関東アジア航測 …………… 0088
関東医学研究所 …………… 3013
関東医学検査研究所 ……… 3013
関東運輸 …………………… 0607
関東オークラ ……………… 0421
関東オーバルサービス …… 0487
関東オルト ………………… 2356
広東海徳世拉索系統有限公司
　　………………………… 2305
関東瓦斯 …………………… 1812
関東片倉製作所 …………… 3011
関東銀行 …………………… 1669
関東空調サービス ………… 1253
関東クラウン工業 ………… 0815
関東グラフテックエスエス
　　………………………… 0037
関東グリコ ………………… 0294
関東珪曹硝子 ……… 0112, 2110
関東競馬倶楽部 …………… 3041
関東建設 …………………… 0775
関東高圧化学 ……………… 0576
関東コールド ……………… 1854
関東サニタリー・メンテナン
　ス ……………………… 1581
関東酸曹 …………………… 2057
関東紙業 …………………… 2114
関東島忠 …………………… 1150
感動（上海）商業有限公司
　　………………………… 0654
関東重工業 ………………… 2554
関東ジョイフル …………… 1182
関東商事 …………………… 2408
関東食品 …………………… 2875
関東ジョーシン …………… 1187
関東進和 …………………… 1265
関東水力電気 ……… 0576, 0607
関東水力電気興業 ………… 0112
関東スチール ……………… 0666
関東スーパーハウス ……… 1999
関東精機 …………………… 0578
関東製鋼 …………………… 1497

関東石材工業 ……………… 0606
関東積水樹脂 ……………… 1354
関東石油 …………………… 0604
関東セグメント …………… 0003
関東繊維工業 ……………… 1502
関東セントラル開発 ……… 1396
関東即配 …………………… 0322
関東ダイエットエッグ …… 0799
関東ダイエットクック …… 0799
関東大径鋼管 ……………… 0715
関東高島屋 ………………… 1555
関東通信金属 ……………… 1100
関東つくば銀行 …………… 1669
関東筒中 …………………… 1325
関東TSK …………………… 2305
関東電化工業 …………… 0607
関東電化工業 ……………… 0112
関東電化KOREA …………… 0607
関東電化産業 ……………… 0607
関東電気興業 ……………… 0576
関東電気工業 ……………… 0576
関東電気工事 ……………… 0606
関東天然瓦斯開発 ………… 0775
関東ニットサービス ……… 1511
関東日本シューズ ………… 3071
関東配電 …………… 0606, 1828
関東ピラーエンジニアリング
　サービス ……………… 2180
関東富士機工 ……………… 2506
関東紡績 …………………… 0497
関東松坂屋ストア ………… 0428
関東ミツワ電機 …………… 2828
関東メタル ………………… 1827
関東ヤナセマリーン ……… 2943
関東ユニー ………………… 3000
関東流通 …………………… 0671
関東リョーショク ………… 2815
関東レース倶楽部 ………… 3041
関東ロックペイント ……… 3141
関東YKK AP工業 …………… 3150
関東ワッツ ………………… 3164
関東熔材工業 ……… 0937, 1899
韓富エンジニアリング …… 2520
カントラ …………………… 2872
カントリーイン …………… 2620
カントリーバイリーン …… 2240
カントン …………………… 2331
広東高秀花園製品有限公司
　　………………………… 1556
広東船明光電有限公司 …… 2559
広東炒飯店 ………………… 1000
広東百維生物科技有限公司
　　………………………… 2078
広東三井汽車配件有限公司
　　………………………… 2786
広東聯塑艾博科住宅設備設計服
　務有限公司 …………… 0366
広東聯塑科技実業有限公司
　　………………………… 0366
かんなん丸 ……………… 0608
感応貿易（深圳）有限公司
　　………………………… 1376
カンノ・コーポレーション … 0844

観音鋳造所 ………………… 1541
カンピー食品工業 ………… 0548
カンペ・アド ……………… 0603
カンペ共販大阪 …………… 0603
カンペ共販東京 …………… 0603
カンペ不動産 ……………… 0603
ガンホー・オンライン・エンター
　テイメント …………… 0609
ガンホー・モード ………… 0609
カンポリサイクルプラザ … 1581
ガンホー・ワークス ……… 0609
関門海 …………………… 0610
関門商事 …………………… 2114
関門福楽館 ………………… 0610
漢陽機工 …………………… 1970
管理事業 …………………… 1675
環菱中央化学管理有限公司
　　………………………… 1630
咸臨運輸 …………………… 1557
カンロ …………………… 0611

【 き 】

希亜思（上海）信息技術有限公
　司 ……………………… 1049
ギアシステムズ …………… 2119
キーイングホーム ………… 0750
キーウェア九州 …………… 0612
キーウェアサービス ……… 0612
キーウェアソリューションズ
　　………………………… 0612
キーウェア西日本 ………… 0612
キーウェア北海道 ………… 0612
キーウェアマネジメント … 0612
キーエンス ……………… 0613
喜開理（中国）有限公司 … 1098
ギガスケーズデンキ ……… 0789
ギガフォトン ……… 0247, 0867
ギガ物産 …………………… 2727
幾久建設 …………………… 1784
桔梗 ………………………… 0433
企業組合極東化学ドライ … 0689
企業組合平和ブロック工業
　　………………………… 1571
企業年金ビジネスサービス
　　………………………… 1454
菊井織布 …………………… 1942
菊井紡織 …………………… 1946
キクカワエンタープライズ
　　………………………… 0614
菊川鉄工所 ………………… 0614
菊水 ………………………… 0615
菊水インターナショナル … 0615
菊水化学工業 …………… 0615
菊水化工（上海）有限公司
　　………………………… 0615
菊水クリエイト …………… 0615
菊水商事 …………… 0615, 1405
菊水電子工業 …………… 0616
菊水電子（蘇州）有限公司
　　………………………… 0616

社名	ページ
菊水電波	0616
菊水電波研究所	0616
菊水貿易（上海）有限公司	0616
菊竹産業	0755
菊地商会	0955
菊池製作所	0617
菊池プレス工業	1130
菊池ヘルスクリエイト	0617
菊池ヘルスクリエイト並	0617
菊池ボデー工業	1130
ギケン	1777
技研	0451
ギケン アメリカ コーポレーション	0619
技研建設	0618
技研興業	0618
技研製作所	0619
技研施工	0619
技研通商	0619
技研トラステム	0491
ギケン ヨーロッパ ビー・ブイ	0619
キーコーヒー	0620
キーコーヒーサービス	0620
キザイサービス	1901
機材サービス	2926
喜萊博股份有限公司	1907
きざしカンパニー	1049
木更津瓦斯	1812
木更津石油	0794
木更津風力開発	2247
喜志高松機械（杭州）有限公司	1566
喜志高松貿易（杭州）有限公司	1566
キジネタコム	2617
岸本商店	2748
汽車製造	0591
紀州産業	0464
貴州CFAゴンマ有限公司	2498
紀州製紙	2636
紀州製紙パルプ	2636
紀州造林	2636
紀州不動産	2636
技術経済情報センター	2818
岸和田人絹	3003
岸和田紡績	3003
起信精密模具（天津）有限公司	2555
希森美康医用電子（上海）有限公司	1117
希森美康生物科技（無錫）有限公司	1117
淇水堂印刷	0565
木津川油脂	1447
キスク	0536
杰富意金属容器（重慶）有限公司	1040
杰富意金属容器（浙江）有限公司	1040
キスコフーズ	0711
キーストン	1209
キスマークジャパン	0152
既製服中央第74代行	0519
ギーゼッケ・アンド・デブリエント	2416
紀摂鉄道	2016
紀泉鉄道	2016
木曽高原開発	0628
木曽精機	1697
木曽電気興業	1497
木曽電気製鉄	1497
北愛知トヨタ中古車販売	0281
北一大隈（北京）机床有限公司	0462
北井電気商会	0606
北茨城包装	1982
北大阪電気軌道	2376
北ガス建設	2656
北ガスサービス	2656
北ガスジェネックス	2656
北ガス燃料	2656
北ガス不動産	2656
北上科技（珠海）有限公司	1841
北上ハイテクペーパー	2817
北樺太石油	0836
キタガワエンジニアリング	0622
北川工業	0621
北川ゴム工業	0621
北川（瀋陽）工業機械製造有限公司	0623
北川精機	0622
北川精機貿易（上海）有限公司	0622
北川製作所	0623
北川船具製作所	0623
北川鉄工所	0623
北川冷機	0623
北関東アジア航測	0088
北関東コンサルタント	0088
北関東佐川急便	0917
北関東佐川物流	0917
北関東福山通運	2497
北九州エル・エヌ・ジー	0655
北九州銀行	2948
北九州金融準備	2948
北九州コカ・コーラセールス	0833
北九州コカ・コーラボトリング	0833
北九州飼料	2472
北九州TEK&FP合同会社	2543
北九州データサービス	2938
きたぎんコンピュータサービス	0626
きたぎん集金代行	0626
きたぎんビジネスサービス	0626
きたぎんユーシー	0626
きたぎんリース	0626
きたぎんリース・システム	0626
北国クレジットサービス	2661
北邦サービス	0317
北国冷蔵	2046
吉良合材プラント	1904
北里第一三共ワクチン	1450
北沢工業	0624
北沢産業	0624
北澤製作所	0634
北澤精密機械（昆山）有限公司	0634
北澤閥門（昆山）有限公司	0634
北沢バルブ	0634
北澤半導体閥門（昆山）有限公司	0634
喜田商店鉱業部	1196
キタショク	1666
北スマトラ海洋石油資源開発	0836, 1358
キタック	0625
北東北福山通運	2497
北長野ショッピングセンター	1988
木谷商事	0049
北日本精工	2149
北日本製紙	0404
北日本製紙産業	0404
北日本ウエルマート	2708
北日本大潟食品	2586
北日本仮設センター	2492
北日本技術コンサルタント	0625
北日本銀行	0626
北日本グラフテックエスエス	0037
北日本建材リース	2492
北日本航空	2212
北日本五泉食品	2586
北日本財務（香港）有限公司	2783
北日本産業	2586
北日本シューズ	3071
北日本食品	2586
北日本食糧工業	2586
北日本信用販売	1162
北日本製菓	2586
北日本相互銀行	0626
北日本通信建設	0870
北日本月潟食品	2586
北日本電子	2646
北日本豊浦食品	2586
北日本ハイウエイ	1304
北日本ハウジング	2492
北日本羽黒食品	2586
北日本紡績	0627
北日本巻食品	2586
北日本無尽	2643
北日本村上食品	2586
北日本吉野家	3036
北日本和島食品	2586
北野建設	0628
北野建築工業	0628
北野商会	1293
北の達人コーポレーション	0629

北野電気工業	1293	
北野林業	0628	
北浜薬品工業	2143	
北福島佐川急便	0917	
キタボー興産	0627	
北見金鉱	1321	
北見東京電波	2864	
北見ベニヤ	1723	
北見ポートリー	2647	
北武蔵カントリークラブ	3087	
キタムラ	0630	
キタムラ	2403	
キタムラ写真機店	0630	
北村商会	0630	
北村鋳造所	0782	
キタムラトレードサービス	0630	
北村バルブ	0782	
キタムラピーシーデポ	0630, 2403	
北村溶剤化学製品所	0174	
吉栄	1827	
吉奥馬科技（無錫）有限公司	1088	
吉思愛（上海）工程塑料加工有限公司	1066	
吉姿商貿（瀋陽）有限公司	1030	
吉祥寺緑屋	0753	
吉明美汽配（南通）有限公司	1083	
吉明美（杭州）汽配有限公司	1083	
紀伊貯蓄銀行	0661	
きちり	0631	
吉利	0631	
吉林不二蛋白有限公司	2522	
亀甲万（上海）貿易有限公司	0632	
キッコー食品工業	0632	
キッコーマン	0632	
キッコーマン醤油	0632	
キッコーマンソイフーズ	0632	
キッコーマンデイリー	0632	
キッコーマンバイオケミファ	0632	
キッコリー	0874	
喫茶トミヤマ	2607	
契島興産	1860	
吉祥	0735	
キッズグッズ	2556	
キッセイコムテック	0633	
キッセイ商事	0633	
キッセイ薬品工業	0633	
キッツ	0634	
キッツウェルネス	0634	
キッツエンジニアリングサービス	0634	
キッツシステム	2841	
キッツマイクロフィルター	0634	
キッツメタルワークス	0634	
キテラス	0550	
キトー	0635	
旗道園	0045	

鬼頭鈎鎖機器工業	0635	
鬼頭商事	0635	
鬼頭製作所	0635	
岐東ファミリーデパート	2373	
木徳	0636	
木徳九州	0636	
木徳滋賀	0636	
木徳神糧	0636	
木徳製粉	1856	
キトク・タイランド会社	0636	
木徳（大連）貿易有限公司	0636	
木徳東海	0636	
木徳備前岡山ライスセンター	0636	
キトーサービスエンジニアリング	0635	
キトーサービスエンジニアリング管理	0635	
キトーホイストサービス	0635	
宜得利家居股份有限公司	2194	
畿内電気鉄道	0781	
衣浦グランドホテル	0540	
キヌガワ大分	0637	
キヌガワ郡山	0637	
鬼怒川ゴム工業	0637	
鬼怒川護謨工業	0637	
鬼怒川橡塑（広州）有限公司	0637	
鬼怒川橡塑（鄭州）有限公司	0637	
鬼怒川橡塑（蕪湖）有限公司	0637	
鬼怒川水力電気	0468	
鬼怒川（大連）摸具開発有限公司	0637	
キヌガワブレーキ部品	0637	
キヌガワ防振部品	0637	
キヌテック	0637	
絹屋兵右衛門	1579	
杵屋元気寿司東海	0749, 0797	
技能認定振興協会	1438	
機能水細胞分析センター	2238	
紀ノ国屋食品	2472	
きのこセンター金武	1573	
宜野座カントリークラブ	2955	
キノシタオート	1119	
木下金属工業	2015	
キノシタ商事	1119	
ギノージャパン	2759	
きのはな	2965	
輝之翼軟件有限公司	0991	
ぎのわん観光開発	2873	
KeePer技研	0638	
キハチアンドエス	0926	
紀阪鉄道	2016	
吉備工業	1916	
吉備風力エネルギー開発	1961	
岐阜銀行	1177	
岐阜クリエート	1128	
岐阜グリコ乳業	0294	
岐阜合同産業	0329	
岐阜佐川急便	0917	

岐阜蚕業	1220	
岐阜信託銀行	1177	
岐阜神保電器	2847	
ギーブスアンドホークスジャパン	1502	
岐阜倉庫銀行	1177	
岐阜高島屋	1555	
岐阜中発	1638	
岐阜貯蓄銀行	1177	
岐阜珍味	1074	
岐阜DS管理	3127	
岐阜テクノス	0088	
岐阜電子計算センター	1768	
ギフトカムジャパン	2893	
ギフトポート	1742	
岐阜トラック	0329	
岐阜トラック運輸	0329	
岐阜乗合自動車	2001	
岐阜ヒマラヤ	2430	
岐阜紡績	1946	
岐阜繭糸	0166	
紀文フードケミファ	0632	
希米科医薬技術発展（北京）有限公司	1157	
奇兵隊	2684	
きぼうキャピタル	1214	
紀北商業銀行	2432	
岐北トラック	0329	
稀本商貿（上海）有限公司	0643	
木味	0636	
貴弥功電子研発（無錫）有限公司	2126	
貴弥功（無錫）有限公司	2126	
キムラ	0639	
キムラ	1183	
木村	0642	
木村鉛工所	0640	
木村鉛鉄化学機械	0640	
木村鉛鉄機械工業所	0640	
木村化工機	0640	
木村金物	0639	
木村金物店	0639	
木村漁業	2042	
木村興産	2360	
木村コーヒー店	0620	
木村産業	2360	
木村商店	0620, 2969	
木村寝台工業	2360	
木村寝台製作所	2360	
木村製函所	0642	
木村製作所	1571	
木村製薬所	0101	
キムラタン	0641	
木村坦	0641	
木村坦商店	0641	
キムラタンリテール	0641	
キムラ電気販売	0852	
木村徳兵衛商店	0636, 2472	
キムラ物流センター	0639	
木村本社	0642	
キムラユニティー	0642	
キムラユニティーキムラ運輸		

……………………… 0642	ギャバン ……………… 0650	九州エヌ・ティ・ティ・データ通信システムズ …… 0351
キムラユニティーキムラシステム ……………………………… 0642	ギャバン朝岡 ………… 0650	九州エフ・シー・シー … 0369
キムラユニティーキムラハウジング ………………………… 0642	ギャバンスパイス …… 0650	九州エフテック ……… 0372
キムラユニティーキムラ物流 ……………………………… 0642	キャピタル・エンジン …… 0049	キュウシュウ・エレクトリック・ウィートストーン社 …… 0655
キムラユニティーキムラ保険 ……………………………… 0642	キャピタルソリューション ……………………………… 2956	キュウシュウ・エレクトリック・オーストラリア社 …… 0655
キムラユニティーキムラ本社 ……………………………… 0642	キャピタルソリューション壱号投資事業有限責任組合 2956	九州大石商事 ………… 0473
キムラユニティートヨペットサービスショップ ……… 0642	キャピタルソリューション弐号投資事業有限責任組合 2956	九州大田花き ………… 0432
キムラライフサポート … 0642	キャピタルパートナー・二号投資事業有限責任組合 … 2956	九州大森実業 ………… 0442
キムラリースサービス … 0642	キャビンプラザ ……… 1504	九州オオヤマ販売 …… 0474
きもと ………………… 0643	キャブ ………………… 2300	九州オークラ ………… 0421
きもと商会 …………… 0643	ギャブコンサルティング … 2404	九州オーテック ……… 0473
木本新技術（上海）有限公司 ……………………………… 0643	キャプテンクック …… 2349	九州オルガノ商事 …… 0511
木本鉄工 ……………… 2634	キャプテンフードサービス ……………………………… 3111	九州花王販売 ………… 0527
希門凱電子（無錫）有限公司 ……………………………… 2138	キャメリアン ………… 0497	九州化工 ……………… 1505
ギャザ阪急 …………… 2376	ギャラクシー・エンタープライズ ………………………… 1870	九州化成 ……………… 1900
キャスティ …………… 3037	キャラバン …………… 2509	九州カーセンサー …… 3074
木屋瀬タクシー ……… 1449	キャリアアップ ……… 2964	九州加藤 ……………… 0548
キャタピラー社 ……… 0644	キャリア・サービス … 0822	九州紙パ資源 ………… 2115
キャタピラージャパン … 0644	キャリア社 …………… 1250	九州紙袋 ……………… 2114
キャタピラー三菱 …… 0644	キャリアデザインITパートナーズ …………………………… 0651	九州カルシウム ……… 2733
キャッスルサガミ …… 0916	キャリアデザインコンサルティング ……………………… 0651	九州河西 ……………… 0598
キヤップ ……………… 0869	**キャリアデザインセンター** ……………………………… 0651	九州機材倉庫 ………… 2618
キャップアイシステム … 1354	キャリアネット ……… 1010	九州協立機械 ………… 0680
キャディアン ………… 0297	**キャリアバンク** …… 0652	九州グラビア製版 …… 2745
キャデム ……………… 0157	キャリアフリー ……… 2278	九州グリコ …………… 0294
キャデワサービス …… 3045	キャリアメイト ……… 1640	九州クロス工業 ……… 1506
キャドテック ………… 2088	キャリア・メッセ …… 0577	九州グンゼ …………… 0770
キャドラボ …………… 1276	キャリアライフサポート … 2434	九州ケーズデンキ …… 0789
キャノップ …………… 0567	**キャリアリンク** …… 0653	九州ケミカル ………… 1511
キヤノン …………… 0645	ギャレック …………… 3126	九州建設工業 ………… 1110
キヤノンITソリューションズ ……………………………… 0646	キャンジェルInc. …… 2078	九州コア ……………… 0803
キヤノン化成 ………… 0645	**キャンドゥ** ………… 0654	九州鋼弦コンクリート … 2541
キヤノンカメラ ……… 0645	キャンパス …………… 2709	九州弘和陸送 ………… 1383
キヤノンカメラ販売 … 0649	キャンプドラフト …… 1720	九州駒井鉄工所 ……… 0866
キヤノン・コンポーネンツ … 0645	ぎゅあん ……………… 1390	九州さが美 …………… 0914
キヤノンシステムアンドサポート ………………………… 0649	久運 …………………… 2161	九州佐川急便 ………… 0917
キヤノンシステムソリューションズ ……………………… 0646	久悦 …………………… 1712	九州産業 ……………… 1197
キヤノン事務機サービス … 0649	久華世（成都）商貿有限公司 ……………………………… 0711	九州サンクス ………… 2338
キヤノン事務機販売 … 0645, 0649	九江宏威－艾斯特尔珠宝有限公司 ………………………… 0106	九州指月 ……………… 1109
キヤノンソフトウェア … 0649	九江高秀園芸製品有限公司 ……………………………… 1556	九州資源 ……………… 0416
キヤノン電子 ……… 0647	九江日本タングステン有限公司 ………………………… 2157	九州システム建設 …… 1110
キヤノン電子 ………… 0645	九コン販売 …………… 2946	九州昭産飼料 ………… 1197
キヤノン販売 ………… 0645, 0649	旭日電子股份有限公司 … 0991	九州昭和産業 ………… 1197
キヤノンプリントスクエア ……………………………… 0648	九州アイチ …………… 0021	九州ショーワ ………… 1215
キヤノンプリントスクエア ……………………………… 0648	九州愛知車輌 ………… 0021	九州飼料 ……………… 2472
キヤノンプレシジョン … 0645	九州アサヒ …………… 0083	九州シロキ …………… 1217
キヤノンプロダクションプリンティングシステムズ … 0648	九州アジア航測 ……… 0088	九州シンエイ電子 …… 1220
キヤノンマーケティングジャパン	九州岩通 ……………… 0204	九州信越建設 ………… 1110
キヤノンマーケティングジャパン ………………………… 0645	九州ウィルソンラーニング ……………………………… 0230	九州進和 ……………… 1265
	九州宇徳 ……………… 0253	九州スターツ ………… 1287
		九州スチレンペーパー … 1036
		九州住商情報システム … 0314
		九州スレート興業 …… 0259
		九州星電 ……………… 2651
		九州製糖 ……………… 2794
		九州精版印刷 ………… 1624
		九州製粉 ……………… 2069
		九州石油 ……………… 1038
		九州セグメント ……… 0003
		九州セルラー電話 …… 0779

社名	番号
九州染工	2703
九州総合設備	0964
九州曹達	2156
九州ダイエットクック	0799
九州耐火煉瓦	0755
九州ダイフク	1514
九州タカラ工業	1571
九州ダルトン	1616
九州炭礦汽船	2821
九州中央化学	1630
九州通信工業	1480
九州ツヅキ	1670
九州ツヅキエンジニアリング	1670
九州ツーバイフォー	2801
九州テイ・エス	1689
九州DTS	1708
九州テクシス	0351
九州デサント	1737
九州データ通信システム	1708
九州テックランド	2958
九州テレビサービス	0140
九州テレビジョン映画社	0140
九州電気工業	0808
九州電子金属	1245
九州電力	0655
九州東華販売	1683
九州東芝機械	1844
九州東洋金網	1779
九州東洋製版	1873
九州東和コンピュータ	2413
九州特殊鋼	2512
九州トリシマ	1961
九州日貿	2216
九州日冷	2046
九州ニチレキ工事	2047
九州日東精工	2089
九州日配	2472
九州配電	0655
九州パイリーン	2240
九州パイロット	2306
九州ぱど	2334
九州ハーバー	2344
九州ハマイ	2350
九州バルカー	2175
九州皮革工業	3071
九州ビクター	1057
九州日立家庭電器月賦販売	2409
九州日立情報システムズ	2413
九州日立マクセル	2418
九州ファインケミカルズ	2784
九州不二化学	0369
九州富士機工	2506
九州変圧器	1520
九州ホイール工業	1927
九州松下電器	2336, 2337
九州丸一鋼管	2730
九州マルコ	2735
九州丸善製品販売	2742
九州丸和ロジスティクス	2756
九州ミツミ	2825
九州ミツワ電機	2828
九州ミート	2380
九州明電エンジニアリング	2880
九州ヤマト運輸	2962
九州洋紙	0834
九州洋伸建設	0878
九州ライオン石鹸	3048
九州リアライズ	3052
九州理化	1838
九州リースサービス	0656
九州リズムタッチ販売	0414
九州冷蔵	2046
九州レナウン販売	3132
九州ロックペイント	3141
九州YKK AP工業	3150
九州和研	2569
九州ワッツ	3164
九州JTニフコ	2195
九州火力建設	0655
九州大真空	1480
九電新桃投資股份有限公司	0655
旭展電子股份有限公司	0904
求名ファーム	0057
牛や	0070
玖洋建設	0596
旭洋商事	2794
QSOサービス	2688
キユーソーエルプラン	0657
キユーソーエルプラン中日本	0657
キユーソーエルプラン西日本	0657
キユーソーエルプラン東日本	0657
キユーソーサービス	0657
キユーソーティス	0657
キユーソー荷役	0657
キユーソー流通システム	0657
キユーソー流通システム	0658
キユーデン・インターナショナル	0655
キユーデン・インターナショナル・ネザランド	0655
キュノ・トヤマセールス	0337
キユーピー	0658
キユーピー	0657
キユーピー醸造	0658
キユーピー倉庫	0657, 0658
キユーピー倉庫運輸	0657
Qubitalデータサイエンス	2588
キユーピータマゴ	0658
キユーピーフローズン	0658
キユーピー流通システム	0657
キューブシステム	0659
キュープロシステムズ	2841
キューヘン	1520
キュムラス	2240
キューンレコード	1425
教育総研	3156
教育用品センター	1129
共印商貿（上海）有限公司	0670
共英加工販売	0666
共営銀行	0420
共栄工業	0870
共栄産業	0666
協栄産業	0660
協栄ジェネックス	0384
協栄システム	0660
共栄システムズ	0523
共栄商会	0960
共英伸鉄	0666
キョウエイ・スチール・ベトナム社	0666
共栄青果	2707
キョウエイ製鐵	0666
共栄製鉄	0666
共英製鉄	0666
協栄生命再保険	1144
協栄生命保険	1144
共栄設備	2771
共英鍛工所	0666
共栄通信工業	2021
共栄データセンター	0523
共英特殊鋼	0666
共栄農事	0913
共栄プラスコ	1590
共栄貿易	0960
協栄マリンテクノロジ	0660
共英メソナ	0666
共英リサイクル	0666
共益	1766
協越興業	2639
紀陽カード	0661
紀陽カードサービス	0661
紀陽カードジェーシービー	0661
紀陽カードディーシー	0661
紀陽キャピタル	0661
京銀カードサービス	0675
紀陽銀行	0661
紀陽銀スタッフサービス	0661
京銀総合管理	0675
京近土地	0702
京銀ビジネスサービス	0675
京銀リース・キャピタル	0675
京極運輸商事	0662
京極社	0662
京極石油	0662
京極トランスポートサービス	0662
京呉服まるかわ	0674
共済情報ビジネス	1748
餃子の王将チェーン	0406
京三エンジニアリングサービス	0663
京三化工	0663
京三金属工業	0663
京三興業	0663
京三工事	0663
京三システム	0663
京三商会	0663
京三精機	0663
京三製作所	0663
京三電機	0663

社名	ページ
京三電設工業	0663
京三電線	1855
共酸薬化	0258
京写	0664
京進	0665
共信	2091
協新産業	2217
共信商事	2091
協進商事	1258
協進石油	2065
共信テクノソニック	2984
共信電気	2984
京進ランゲージアカデミー	0665
共成組	2414
共成工業	2414
行政刷新研究機構	2137
共成産業	0667
共生産業	1951
共英製鋼	0666
共成電機産業	0667
共成レンテム	0667
共成冷機工業	2414
京セラ	0668
京セラ	1823
京セラSLCテクノロジー	0668
京セラコミュニケーションシステム	0668, 2493
京セラサーキットソリューションズ	0668
京セラ商事	0668
京セラソーラーコーポレーション	0668
京セラTCLソーラー合同会社	1823
京セラディーディーアイ未来通信研究所	0779
京セラメディカル	0668
京セラリーシング	2822
紀陽染工	0724
兄弟機械（西安）有限公司	2568
兄弟高科技（深圳）有限公司	2568
兄弟工業（深圳）有限公司	2568
兄弟（中国）商業有限公司	2568
兄弟販売	2568
兄弟ミシン（西安）有限公司	2568
協鍛	0395
紀陽貯蓄銀行	0661
京津電気軌道	0781
キョウデン	0669
協デン	1715
キョウデンエレクトロニクス	0669
共電商事	0685
キョウデン東北	0669
キョウデンビジネスパートナー	0669
京都アセチレン	0808
京都インベストメント・ファイナンス	0675
共同印刷	0670
共同印刷製本	0670
共同印刷データリンク	0670
共同印刷西日本	0670
共同運輸	0670
共同運輸会社	2189
共同エージェンシー	0670
京都魚市場	1481
共同オフセット	0670
協同海運	3169
共同加工	1728
共同火災海上保険	0008
橋洞金山	1640
共同企業	2189
共同キャラクター	0670
共同漁業	2145
協同組合靴下屋共栄会	1607
協同組合札幌プリントピア	1405
協同組合ナフコ商品センター	2011
協同組合広島クーポン	0502
協同軽金属	1186
共同計算センター	0504
共同毛糸紡績	0724
共同工業	0682
協同鋼業	2921
協同国産自動車	2425
共同国産煉乳	2875
共同コンピュータ	0523
共同コンピュータサービス	2775
共同コンピュータホールディングス	0523
協同酢酸	1490
共同酸素	0258
共同酸素販売	0258
共同辞書印刷	0670
共同施設	0670
共同紙販ホールディングス	0671
共同証券	2055
協同証券	2829
協同商事	0990
協同飼料	2472
協同飼料販売	2472
共同シンロン印刷工業	0670
共同水産	1481, 1666
協同水産	3169
共同水産加工	1481
共同石油	1038, 1783
共同総業	0670
共同拓信公関顧問（上海）有限公司	0672
共同デジタル	0670
共同戸田製本	0670
共同野村銀行	0418
共同ピーアール	0672
共同PRメディックス	0672
共同物流	0670
共同不動産	0670
キョウドウプリンティングカンパニー（シンガポール）プライベートリミテッド	0670
協同紡績	2544
共同包装	0670
協同ポリマー	1490
共同リネンサプライ	2321
協同燐酸	2110
共同輪転印刷	0670
京都エレックス	1447
京都科学標本	1148
京都金網	2181
京都罐詰興業	2875
京都機械工具	0673
京都きもの友禅	0674
京都きもの友禅友の会	0674
京都銀行	0675
京都銀行	2776
京都近鉄百貨店	0703
京都クレジットサービス	0675
京都建設ファスナー	0787
京都國際財務（香港）有限公司	0675
京都国際ホテル	2527
京都コトブキ	0855
京都佐川急便	0917
京都三協サッシ	0239
京都三協サッシセンター	0239
京都写真型	0664
京都写真工業	2817
京都証券取引所	2172
京都商工銀行	2776
京都進学教室	0665
京都新阪急ホテル	2375
京都新薬堂	2144
京都信用保証サービス	0675
京都セラミック	0668
京都総合経済研究所	0675
京都ダイヘン	1520
京都大丸	0428
京都タバイ	0327
京都中央市場倉庫	1637
京都ツール	0673
京都デベロッパー	0292
京都日冷	2046
京都白青舎	2316
京都物産館	0703
京都ホテル	0676
京都ホテルサービス	0676
京都ホテル実業	0676
京都メディカル一光	2898
京都煉乳	2875
きょうのよしもと	3037
京阪神建築サービス	0780
紀陽ビジネスサービス	0661
共保生命保険	1685
紀陽ホールディングス	0661
京町堀地所	1366
京まろん	1184
紀陽木工	0526
京友商事	0675
紀陽リース	0661
紀陽リース・キャピタル	0661

共立	2968	
共立アシスト	0681	
共立印刷	0677	
協立エアテック	0678	
共立エコー物産	2968	
協立機械	0680	
共立キャピタル	0420	
共立クレジット	0420	
協立計器	0680	
共立ケータリングサービス	0681	
協立興業	0606	
協立工業所	0678	
共立航空撮影	2325	
共立コミュニケーション	0681	
共立コンピューターサービス	0420	
共立砕石所	2021	
共立産業	2021	
協立産業	0678	
共立事業計画研究所	0681	
協立証券	0954	
協立商貿易（深）有限公司	0680	
協立情報通信	0679	
協立食品	2540	
共立信用保証	0420	
共立製本	0677	
共立製本マーケティング	0677	
共立総合研究所	0420	
協立電機	0680	
協立電機計器	0680	
協立電機（上海）有限公司	0680	
協立電設	0679	
協立電波	2584	
協立道路サービス	1304	
共立トラスト	0681	
共立トラスト西日本	0681	
共立農機	2968	
協立ハイパーツ	0578	
共立ビジネスサービス	0420	
共立ファイナンシャルサービス	0681	
共立フーズサービス	0681	
共立不動産調査	0420	
共立文書代行	0420	
共立メンテナンス	0681	
共立モスリン	2125	
共立ライブネット	0681	
橋梁メンテナンス	0596	
京冷	0294	
嬌聯工業股份有限公司	3004	
嬌聯股份有限公司	3004	
協和医科器械	2895	
協和医科ホールディングス	2895	
協和医療開発	0687	
協和エクシオ	0682	
協和エンジニヤリングコンサルタンツ沖縄	0684	
協和化学工業	0687	
共和化工	0688	
協和ガス化学工業	0729	
協和カーボン	0300	
共和機械（山東）有限公司	0683	
協和機工	1961	
協和キリン富士フイルムバイオロジクス	0687	
協和銀行	3089	
共和計測	0685	
共和計測工事	0685	
協和ケミカルズ	0687	
協和建興	0686	
協和興業	1593	
協和工業	1851, 2548, 3093	
共和工業所	0683	
共和航空化工	0688	
共和興塑膠（廊坊）有限公司	0688	
共和工事所	1649	
協和コンサルタンツ	0684	
協和コンサルタンツ鹿児島	0684	
共和梱包	2121	
協和埼玉銀行	3089	
共和サカモト	0688	
共和サービス	0094	
協和サービス	0686	
共和サービスセンター	0685	
共和サポートアンドサービス	0688	
協和産業	0556, 0687	
共和紙工	2051	
協和静岡	2460	
協和システム	1851	
共和殖産	2000	
協和製作所	1411, 2591	
協和整備	0686	
共和電化工業	2679	
協和電機製作所	1698	
共和電業	0685	
共和電業（上海）貿易有限公司	0685	
協和電設	0682	
協和陶管	0384	
協和土地	0300	
共和トラスト	0865	
協和日成	0686	
共和ハイテック	0685	
協和発酵キリン	0687	
協和発酵ケミカル	0687	
協和発酵工業	0687, 1201	
協和発酵バイオ	0687, 0696	
協和発酵フーズ	0687	
京和物産	1071	
協和物流サービス	0682	
共和貿易	0960	
共和防災設備	2363	
協和紡織	1946	
協和魔法瓶工業	1411	
共和無線研究所	0685	
協和メデックス	0687	
協和油化	0687	
協和ライフサービス	0686	
共和レザー	0688	
協和管工事	0686	
キョーエイ	2362	
キョーエイレンタリース	2021	
魚悦商店	2997	
キョクスイフーズ	0080	
キョクソー	1408	
きょくとう	0689	
極東オートサービス	0690	
極東開発機械工業	0690	
極東開発工業	0690	
極東開発（昆山）機械有限公司	0690	
極東開発東北	0690	
極東開発パーキング	0690	
極東化学ドライ糸島	0689	
極東化学ドライ大橋	0689	
極東化学ドライ粕屋	0689	
極東化学ドライ観音	0689	
極東化学ドライ篠栗	0689	
極東化学ドライ拾六町	0689	
極東化学ドライ田隈	0689	
極東化学ドライ東部	0689	
極東化学ドライ七隈	0689	
極東化学ドライ中広	0689	
極東化工	0985	
極東現像所	0194, 1981	
極東工業	1251	
極東航空	0264	
極東サービスエンジニアリング	0690	
極東サービスエンジニアリング西日本	0690	
極東サービスエンジニアリング北海道	0690	
極東証券	0691	
極東証券（亜洲）有限公司	0691	
極東証券経済研究所	0691	
極東船舶	3169	
極東特装車貿易（上海）有限公司	0690	
極東特装販売	0690	
極東不動産	0691	
極東プロパティ	0691	
極東貿易	0692	
極東貿易（上海）有限公司	0692	
極東冷蔵	2237	
極東煉乳	2872	
極洋	0693	
極洋	2166	
極洋海運	0693	
極洋食品	0693	
極洋水産	0693	
極陽セミコンダクターズ	1532	
極洋日配マリン	0693	
極洋フレッシュ	0693	
極洋捕鯨	0693, 2189	
キョクヨーフーズ	0693	
キョクヨーマリン愛媛	0693	
キョクヨーマリンファーム	0693	

魚鮮水産	1628	
キョーセック	0258	
巨東精技股份有限公司	1970	
KYORAKU吉本.ホールディングス	3037	
キョーリン	0694	
キョーリン製薬グループ工場	0694	
キョーリン製薬ホールディングス	0694	
キョーレ	0688	
キョーワ	0960	
きらやか銀行	1159	
きらやかターンアラウンド・パートナーズ	1159	
霧島地熱	2080	
キリシマデリカ	2356	
キリシマドリームファーム	2356	
キリシマパック	2356	
桐生英工舎	2230	
キリン	0696	
キリン協和フーズ	0687	
キリンコミュニケーションステージ	0696	
キリンサービス	1872	
キリン・シーグラム	0696	
キリンシティ	0696	
麒麟（中国）投資有限公司	0696	
キリンディスティラリー	0696	
キリン堂	0695	
麒麟堂美健国際貿易（上海）有限公司	0695	
キリン堂ホールディングス	0695	
キリン・トロピカーナ	0696	
キリンビバレッジ	0696	
麒麟麦酒	0696	
キリンビールマーケティング	0696	
キリンファーマ	0687	
キリンホールディングス	0696	
キルロスカ トヨタ テキスタイル マシナリー	1944	
キルロスカ トヨダ テキスタイル マシナリー	1944	
宜麗客	0389	
喜六	0310	
キロニー	1892	
紀和商事	1460	
金海商事	1504	
金鶴香水	2759	
銀河高原ビール	2242	
金華紡織	2544	
錦華紡績	1543	
近畿アルミ	0697	
近畿アルミサッシ	0697	
近畿大阪銀行	3089, 3090	
近畿花王販売	0527	
近畿貨物輸送	0704	
近畿共同印刷	0670	
近畿クリエート	1128	
近畿工業	0697	
近畿コカ・コーラボトリング	0833	
近畿コカコーラボトリング	0749	
キンキ・コーポレーション	2898	
きんきゴルフセンター	0697	
近畿交通社	0777	
近畿サニタリー・メンテナンス	1581	
近畿車輛	0697	
近畿ジョイフル	1182	
近畿商事三重	2898	
近畿セキスイハイム工業	1352	
近畿デサント	1737	
近畿電気工事	0704	
近畿電話通信社	0895	
近畿ナショナル住宅産業	2342	
近畿ニチレキ工事	2047	
近畿日本航空観光	0777	
近畿日本交通社	0777	
近畿日本シューズ	3071	
近畿日本商事	0703	
近畿日本ツーリスト	0701, 0777	
近畿日本ツーリスト九州	0777	
近畿日本ツーリスト個人旅行	0777	
近畿日本ツーリスト商事	0777	
近畿日本ツーリスト中国四国	0777	
近畿日本ツーリスト東北	0777	
近畿日本ツーリスト北海道	0777	
近畿日本鉄道	0697, 0702, 0777, 2016	
近畿日本鉄道分割準備	0702	
近畿ノーリツエンジニアリング	2295	
近畿ノーリツサービス	2295	
近畿パナホームサービス	2342	
近畿バンドー	2379	
近畿ハンナン	2380	
近畿三谷セキサン	2782	
近畿明販	2872	
近畿予研BML	2387	
近畿予防医学研究所	2387	
近畿菱重施設	2813	
近畿冷熱	0258	
近畿ワンダックス	3168	
キング	0698	
錦宮（香港）有限公司	0699	
キング工業	2198	
キングジム	0699	
キング商会	2198	
キング商事	0698	
キングスオート	2600	
キングスター宝飾	1673	
キング染織	0698	
キング染工芸社	0698	
キングダイヤモンド	1814	
キングテキスタイル	0698	
キングビジネスサポート	0699	
キングペイント	3016	
キングランド	0406	
近絹（上海）商貿有限公司	0497	
金網工務店	1252	
銀座タクシー	0468	
銀座ハーバー	2344	
銀座ファッション	0700	
ギンザヤマガタ	0700	
銀座山形屋	0700	
銀座山形屋トレーディング	0700	
銀座山形屋リテイリング	0700	
金産自動車工業	1055	
錦糸町交通会館	1836	
錦糸町ステーションビル	1836	
近車サービス	0697	
金城興業	2634	
近商ストア	0703	
近代化学工業	1861	
錦築（煙台）食品研究開発有限公司	2046, 2069	
近鉄エクスプレス	0701	
近鉄エクスプレス	0702, 2417	
近鉄観光バス	0702	
近鉄グループホールディングス	0702	
近鉄航空貨物	0701, 0702, 0777	
近鉄航空配送	0701	
近鉄コスモス大阪	0701	
近鉄コスモス東京	0701	
近鉄サービスネット	0702	
近鉄商業開発	0703	
近鉄ステーションサービス	0702	
近鉄バス	0702	
近鉄バスホールディングス	0702	
近鉄百貨店	0703	
近鉄百貨店	0702	
近鉄ビルディング	0702	
近鉄不動産	0702	
近鉄ホテルシステムズ	0702	
きんでん	0704	
銀天街ストアー	3131	
近電商事	0704	
金原銀行	2820	
金原織布工場	1279	
キンバレー	0106	
きんぶん図書	1926	
金文図書出版販売新社	1926	
錦美舎	1836	
錦茂国際物流（上海）有限公司	1967	
金融システムソリューションズ	2775	
近電サービス	0704	

【く】

クアーズテック	0705
クイック	0706
クイック・エリアサポート	0706

クイックサービス	....	0706
クイック・テクノサービス	...	0706
クイックプランニング	...	0706
空橋克拉伍徳信息技術服務（大連）有限公司	....	1597
空港施設	....	0707
クエーカー・ケミカル社	...	2715
クエスト	....	0708
クエストホールディングス	....	0385
クォーツリード	....	1274
グーオート	....	2600
クオラス	....	2547
クオリカ	....	0027
クオリタ	....	0276
クオリティワークス	....	1824
クオリュクス＆パートナーズ	....	3134
クオール	....	0709
クオールアカデミー	....	0709
クオールアシスト	....	0709
クオールSDホールディングス	....	0709
クオールメディス	....	0709
クオンシステム	....	1125
クオンタムエンターテイメント	....	3037
区画整理センター	....	2325
九九プラス	....	3137
九紅産業	....	1047
九笹商業	....	1589
クサツエストピアホテル	....	2683
草山商事	....	0710
グシノス社	....	3075
グシノスパシフィック	....	3075
九十九島グループ	....	0855
郡上きのこファーム	....	2373
郡上信用組合	....	0420
郡上トラック	....	0329
釧路海陸作業	....	2161
釧路飼料	....	2472
釧路石炭乾溜	....	1519
釧路土地	....	2439
釧路日糧	....	2044
葛生銀行	....	0091
葛生苦灰石鉱業	....	2080
葛生石灰砕石	....	2080
クスリのアオキ	....	0710
クスリのツルハコントロールセンター	....	1679
久世	....	0711
久世商店	....	0711
久世フレッシュ・ワン	....	0711
久世（香港）有限公司	....	0711
倉敷機械	....	0724
九段アドバンテッジ	....	0118
クック・オペレーション	....	1129
クックパッド	....	0712
クックマン	....	0636
グッドー	....	0639
グッド・アイ	....	2887
グッドイブニング	....	0573
グッドライフ	....	0979
グッドリブ	....	1555
グッドリフォーム	....	2036
杳名	....	1849
響	....	1916
クツワ弁柄製造	....	1916
グーディング グループ リミテッド	....	0974
グーディング サンケン リミテッド	....	0974
工藤建設	....	0713
工藤浄水工業所	....	0713
工藤電気	....	1322
くに	....	2619
国東電線製造所	....	1829
国武商店	....	0855
国立学院	....	0542
クニマイン	....	0714
クニミエ	....	0714
國峯硬化工業	....	0714
クニミネ工業	....	0714
國峯鉱業	....	0714
クニミネ商事	....	0714
クニミネ通商	....	0714
クニミネ物流	....	0714
国見山資源	....	1699
久野食糧	....	2947
口之津銀行	....	1176
クノール食品	....	0095
クーピー	....	0573
クプアス・インターナショナル・ジャパン	....	2582
クボタ	....	0715
クボタ	1013,	2336
久保田海運	....	0104
久保孝ペイント	....	1511
久保田建材工業	....	0715
クボタコンピュータ	....	0715
クボタシーアイ	....	0715
久保田証券	....	2292
久保田製作所	....	1242
久保田鋳造所	....	1242
久保田鉄工	....	0715
久保田鉄工所	....	0715
久保田鉄工所機械部	....	0715
クボタトラクター Corp.	....	0715
クボタハウス	0715,	1013
クボタ松下電工外装	....	2336
クボタメゾン	....	0715
クボタヨーロッパ S.A.S.	....	0715
久保田陸機工業	....	0715
クボテック	....	0716
熊谷組	0717, 1049,	1085
クマガヤ工機	....	0132
熊谷テクノス	....	0717
熊谷電子	....	2528
熊谷道路	....	0717
熊沢製油産業	....	1045
熊本共英工業	....	0666
熊本極陽サービス	....	1532
熊本銀行	....	0718
クマモト抗体研究所	....	1956
熊本佐川急便	....	0917
熊本相互銀行	....	0718
熊本段ボール	....	0416
熊本電子工業	....	1608
熊本ビーエスゴム	....	2575
熊本ファミリー銀行	0718, 2487,	2488
熊本無尽	....	0718
熊山三相電機	....	0988
gumi	....	0719
クミアイ化学工業	....	0720
組合組織藤田組	....	1971
クミカ計算センター	....	0720
クライオワン	....	1532
クラウディア	....	0721
クラウディアコスチュームサービス	....	0721
クラウディアブライダルサービス	....	0721
クラウドランド	....	0561
クラウドワーク	....	0722
クラウドワークス	....	0722
クラウン	....	2838
クラウンガスライター	....	0815
クラウンガーデネックス	....	2434
クラウン商事	....	2838
グラウンド	....	1073
グラウンド・ファイナンシャル・アドバイザリー	....	1073
クラウンラジオ販売	....	2838
クラーク・イクイップ社	....	0448
くらコーポレーション	....	0723
倉敷アイビースクエア	....	0724
倉敷機械工業	....	0724
倉敷絹織	0724,	0729
倉敷きのしん	....	1473
倉敷毛織	....	0724
倉敷工業	....	0724
倉敷鉱業	....	0724
倉敷航空機工業	....	0724
倉式珈琲	....	1000
倉敷佐川急便	....	0917
倉敷サンマルク	....	1000
倉敷繊維加工	....	0724
倉敷染工	....	0724
クラシキ・ド・ブラジル・テキスタイル	....	0724
倉敷撚糸紡績	....	0724
倉敷紡績	....	0724
倉敷紡績所	....	0724
倉敷無尽	....	1931
倉敷レイヨン	....	0729
倉敷ロイヤルアートホテル	....	1296
クラシファイド	....	0494
クラスエイ	....	0301
クラスター	....	0869
グラスホッパー・マニファクチュア	....	0609
鞍手モウルド	....	0416
クラビット	....	2602
KLab	....	0725
グラファイトデザイン	....	0726
グラフィックプロダクツ	....	1024

クラフィット	………………	3071
グラフテクエスエス	………	0037
グラフテック	………………	0037
グラフテックエスエス	……	0037
グラフテックエンジニアリング		0037
グラフテックキャド	………	0037
グラフテック研究所	………	0037
グラフテック商事	…………	0037
グラフテック電子機器	……	0037
クラフト	0637,	3120
クラフトワーク	………………	1954
クラブネッツ	…………………	3056
クラフレックス	………………	0729
クラボウインターナショナル		0724
クラボウ・マヌンガル・テキスタイル		0724
蔵前千代田屋	…………………	0109
グラマー・フィッシュ	……	1476
倉持薬局	………………………	0597
倉元製作所	……………………	0727
クラヤ三星堂	…………………	2901
クラヤ薬品	……………………	2901
クラリオン	……………………	0728
クラリオン商事	………………	0728
クラリオンセールスアンドマーケティング		0728
クラリオン販売	………………	0728
クラリティ・アソシエイツ	…	1968
クラレ	…………………………	0729
クラレ	…………………………	2293
クラレアクア	…………………	2293
クラレエンジニアリング	…	0729
クラレケミカル	………………	0729
クラレチコピー	………………	0729
クラレトレーディング	……	0729
クラレノリタケデンタル	…	0729
クラレノリタケデンタルホールディングス		0729
クラレファスニング	………	0729
クラレメディカル	……………	0729
グランシエルセキショウ	…	1351
グランセナフットボールクラブ		1920
グランディ商事	………………	0730
グランディテクノロジー	…	0730
グランディ都市計画	………	0730
グランディ土木建設	………	0730
グランディハウス	……………	0730
グランディリフォーム	……	0730
グランドタマコシ	……………	0464
グランドデュークホテル	…	2613
グランドホテル神奈中	……	0551
グランパス	……………………	0088
グラン・パリ	…………………	1993
グリー	…………………………	0731
グリー	…………………………	0512
グリーウッドカントリークラブ		1990
クリエ	…………………………	0850
クリエアナブキ	………………	0732
クリエイティブガレージ	…	1742
クリエイティブ・センター	…	1909
クリエイティブハウスサブ		0042
クリエイティブ・メディア	…	0009
クリエイティブ・モールド	…	2946
クリエイト	……………………	0733
クリエイト	……………………	1785
クリエイトインターナショナル		1398
クリエイトエス・ディー	……	0734
クリエイトSDホールディングス		0734
クリエイトL&S	………………	0551
クリエイト大阪	………………	0733
クリエイト神奈川	……………	0733
クリエイト北関東	……………	0733
クリエイト吉祥	………………	0735
クリエイト九州	………………	0733
クリエイト京都	………………	0733
クリエイト四国	………………	0733
クリエイト信越	………………	0733
クリエイト東海	………………	0733
クリエイト東京	………………	0733
クリエイト東北	………………	0733
クリエイト西	…………………	0733
クリエイト東関東	……………	0733
クリエイト北海道	……………	0733
クリエイトラボ	………………	0751
クリエイト・レストランツ	…	0735
クリエイト・レストランツ・ジャパン		0735
クリエイト・レストランツ・ホールディングス		0735
クリエ・イルミネート	……	0732
クリエート	……………………	1128
クリエート国際貿易（大連）有限公司		0736
クリエート・プロシード	…	1426
クリエートメディック	……	0736
クリエ・ロジプラス	………	0732
クリオ・エアー	………………	0258
クリーク・アンド・リバー社		0737
グリコ	…………………………	0294
グリコ栄養食品	………………	0294
グリコ協同乳業	………………	0294
グリコ埼玉アイスクリーム		0294
グリコ商事	……………………	0294
グリコ仙台アイスクリーム		0294
グリコ千葉アイスクリーム		0294
グリコ乳業	……………………	0294
グリコ兵庫アイスクリーム		0294
グリコ物流サービス	………	0294
グリコフードサービス	……	0294
クリシュナグループ	………	2173
クリスタ	………………………	0738
クリスタルアース	……………	3023
クリスタルスペシャリティーズ		1186
クリスティーナ	………………	2473
栗田エンジニアリング	……	0738
クリタ化成	……………………	0738
クリタ空調薬品	………………	0738
クリタ・ケミカル製造	……	0738
栗田工業	………………………	0738
栗田出版販売	…………………	0429
クリタ（シンガポール）Pte. Ltd.		0738
クリタス西日本	………………	0738
栗田製造所	……………………	0738
栗田テクニカルサービス	…	0738
クリタ・ビルテック	………	0738
クリタ分析センター	………	0738
栗田水処理管理	………………	0738
クリップアクトスタジオ	…	0739
クリップコーポレーション		0739
クリップホーム	………………	0739
クリップワーク	………………	0739
クリテック九州	………………	0745
クリテックサービス	………	0738
クリナップ	……………………	0740
クリナップサービス	………	0740
クリナップ常磐工業	………	0740
クリナップステンレス加工センター		0740
クリナップ調理機工業	……	0740
クリナップテクノ	……………	0740
クリナップテクノサービス		0740
クリナップテクノサービス西日本		0740
クリナップ東京販売	………	0740
クリナップ香港リミテッド		0740
クリノグラフィ	……… 1043,	1044
栗原毛織	………………………	1502
栗原工業	………………………	0741
栗原工業所	……………………	0741
栗原システムリンク	………	0741
栗原シンガポール	……………	0741
栗原シンテック	………………	0741
栗原タイランド	………………	0741
栗原タンロン合弁会社	……	0741
栗原テクノサポート	………	0741
栗原テック	……………………	0741
栗原葡萄酒醸造	………………	2536
栗原ベトナム有限責任会社		0741
栗原紡織	………………………	1502
グリフィンバイオテック	…	1249
クリマティサドーレス・カルソニック社		0578
グリムス	………………………	0742
グリムスソーラー	……………	0742
グリムスプレミアムウォーター		0742
グリムスベンチャーズ	……	0742
クリムゾン	……………………	0743
久留米運送	……………………	1923
栗本足田鉄工所	………………	0744
栗本化成工業	…………………	0744
栗本鋼管工業	…………………	0744

社名	頁
栗本鐵工所	0744
栗本排水管工業	0744
クリモトファイナンス	0744
栗本細野	0744
クリモトメック	0744
クリヤマ	0745
クリヤマ技術研究所	0745
栗山興産	0745
栗山ゴム	0745
栗山護謨	0745
栗山ゴム商会	0745
クリヤマコンソルト	0745
クリヤマハウス	0745
クリヤマプラスチック工業	0745
クリヤマホールディングス	0745
克龍風速上海商貿有限公司	0762
クリーンアップ	2162
グリーンアニマル	1125
グリーンアローズ九州	1489
グリーンアローズ中部	1488, 1489
グリーンアローズ東北	1584
グリーンアローズホールディングス	1584
グリーンエナジーホールディングス	2454
グリーンエネルギーマーケティング	0038
グリーンエンジニアリング	1125
グリーンオートサービス	2497
グリーンクロス	0241
グリーンクロス・コア	0241
グリーンケアガーデン	2122
グリーンケア虹	2122
グリーンケアはーねす	2122
グリーンケアブリッジ	2122
グリーンコール西海	1766
グリーンサービス	1979
グリーンサプライ	2202
グリーンシティ	0166
グリーンスタッフサービス	2497
グリーンテニス	0902
グリントファイナンス	1275
グリーンナンバー・ワン	1357
ぐりーんはうす	2754
グリーンパックス	1487
グリーンぱる	1979
グリーンパワー瀬棚	1766
グリーンフーズ	1752
グリーンフラッシュ	0848
グリーンホスピタルサプライ	1125, 2792
グリーンボックス管理	0125
グリーンポートリー	0825
グリーンマーケティング研究所	0214
クリーンメイト	2363
グリーンメディ	2122
グリーンライフ九州	2947
グリーンライフ東北	1125
グリーンランド	0746
グリーンランドサービス	0746
グリーンランド商事	0746
グリーンランドリゾート	0746
グリーンリサイクル	2973
クルーズ	0747
ぐるなび	0748
ぐるなびサポートアソシエ	0748
ぐるなび総研	0748
ぐるなびプロモーションコミュニティ	0748
ぐるなび6次産業化パートナーズ	0748
ぐるなび6次産業化パートナーズ投資事業有限責任組合	0748
くるねっと	0035
グルーバー	0494
グループダノン	2935
グループにじゅういち	0713
クルメ	1071
グルメ	0749
グルメあしや	0749
グルメ杵屋	0749
グルメぴあ	2382
グルメぴあネットワーク	1214
グルメブランズカンパニー	0735
クレアファシリティマネジメント	0750
クレアホールディングス	0750
クレイグ	3120
クレオ	0751
クレオスアパレル	1066
クレオスマイル	0751
クレオネットワークス	0751
呉瓦斯	2447
呉銀行	2448
クレサンベール	0668
グレーシア大同アメリカLLC	1499
グレース・カーペット	1892
クレスコ	0752
クレスコ・イー・ソリューション	0752
クレスコワイヤレス	0752
呉ステーション開発	2028
クレストコーポレーション	1191
クレストビル	1191
クレストヒルズ	1191
クレスポ	0868
クレセル	1438
クレゾー	0049
呉造船所	0001
呉竹	0914
クレッシェンドプロデュース	3162
クレディア	0321
クレディセゾン	0753
クレディセゾン	2948
クレト	0337
クレト商会	0337
クレハ	0754
クレハGmbH	0754
呉羽	0754
クレハ・アメリカInc.	0754
呉羽化学工業	0754, 2667
呉羽化成	0754
クレハ・ケミカルズGmbH	0754
クレハ・コーポレーション・オブ・アメリカ	0754
呉羽製鉄	1517
呉羽石油化学工業	0754
クレハ・バッテリー・マテリアルズ・ジャパン	0754
クレハ・ピージーエーLLC	0754
クレハプラスチックス	0754
呉羽プラスチックス	0754
クレハ・ベトナムCo., Ltd.	0754
呉羽紡績	1891, 2748
呉羽油化	0754
クレハロン・インダストリーB.V.	0754
クレボ	0613
クレマリーミルク	0226
グレラン製薬	0099
クレーン商事	1679
黒岩石材工業	1522
グローウェイ	1304
グローウェルホールディングス	0241
蔵人	0966
黒川木徳キャピタルマネジメント	0049
黒川木徳フィナンシャルホールディングス	0049
黒川木徳リアルエステート	0049
クロカワベニヤ	1047
クロコス	2945
黒崎機工	0755
黒崎産業	0755
黒崎サンソ	1532
黒崎耐火原料	0755
黒崎耐火工業	0755
黒崎築炉工業	0755
黒崎築炉工業所	0755
黒崎播磨	0755
黒崎播磨	0705
黒崎播磨（上海）企業管理有限公司	0755
黒崎播磨（上海）国際貿易有限公司	0755
黒崎播磨セラコーポ	0755
クロサキビジネスサービス	0755
黒崎窯業	0755
黒崎炉工業	0755
黒崎炉材	0755
グロザス	2196
黒潮	0464
グロース	1084
クロスキャット	0756
クロススタッフ	0756

クロススポーツマーケティング	1368	
クロスチェック	1289	
グロスディー	0561, 1831	
グロス・パートナーズ	1742	
クロスフィニティ	0494	
クロスフォース	1049	
クロスプラス	0757	
客楽思普勒斯（上海）時装貿易有限公司	0757	
客楽思普勒斯（上海）服飾整理有限公司	0757	
客楽思普勒斯（上海）服飾整理有限公司・青島分公司	0757	
客楽思普勒斯（上海）服飾有限公司	0757	
クロス・マーケティング	0758	
クロス・マーケティンググループ	0758	
黒瀬電子	2646	
クロダインターナショナル	0759	
クロダ エレクトリック インドネシア	0760	
クロダ エレクトリック コリア INC.	0760	
クロダ エレクトリック フィリピンズ, INC.	0760	
クロダ エレクトリック（ベトナム）CO., LTD.	0760	
クロダ エレクトリック（マレーシア）SDN.BHD.	0760	
クロダ エレクトリック U.S.A. INC.	0760	
黒田化学	0760	
黒田虹日集団（香港）有限公司	0760	
黒田工業	0760	
黒田興産	0759	
黒田国光堂	0840	
黒田狭範製作所	0759	
黒田商事	0184, 0760	
黒田商事営業所	0760	
クロダ シンセイ（タイランド）CO., LTD.	0760	
黒田精工	0759	
黒田テクノ	0760	
黒田電気	0760	
黒田電気（上海）有限公司	0760	
黒田電気（中国）有限公司	0760	
黒田電気貿易（無錫）有限公司	0760	
黒田電気（香港）有限公司	0760	
黒田電子（深セン）有限公司	0760	
黒谷	0761	
クロタニコーポレーション	0761	
クロダニューマティクス	0759	
黒田表紙店	0840	
クロダプレシジョンインダストリーズマレーシア	0759	
黒田貿易	0760	
クロップス	0762	
クロップス・クリエイト	0762	
クロップス・クルー	0762	
クロップス・レボルバ	0762	
クロノス	2402	
クローバー	1014	
クローバースタジオ	0568	
黒羽フエルト	2182	
グローバルITサービス	1390	
グローバルアクト	1129	
グローバルアジアホールディングス	0763	
グローバル インベストメント コンセプト, インク.	0764	
グローバルエール	0225	
グローバル・エルシード	0923	
グローバル芸術家有限責任事業組合	1296	
グローバルゲートインスティテュート	0225	
グローバル・ケミカル・ホールディングス	1409	
グローバル住販	0923	
グローバル製缶	1040	
グローバルセキュリティエキスパート	2404	
グローバルセンター・ジャパン	2601	
グローバルダイニング	0764	
グローバルダイニング, インク. オブ カリフォルニア	0764	
グローバルテーブルサプライ	1390	
グローバル投資顧問	0923	
グローバル・ハート	0923	
グローバルピザシステム	1390	
グローバルファクトリー	3066	
グローバル・フィナンシャル・データ	0351	
グローバルフーズ	1390	
グローバルフレッシュサプライ	1390	
グローバルヘルスケア	2620	
グローバルホールディングス	1296	
グローバルマリタイム	1976	
グローバルメディアオンライン	1076	
グローバルルート	2606	
グローバルロジスティックスインベストメンツ	2189	
グローブライド	0765	
グローベルス	2598	
グローリー	0766	
グローリアス	0228	
グローリー機器	0766	
グローリー工業	0766	
グローリーサービス	0766	
グローリー商事	0766	
グローリーテック	0766	
九和会	2261	
クワザワ	0767	
クワザワエージェンシー	0767	
クワザワサッシ工業	0767	
桑沢商店	0767	
クワザワリフォームセンター	0767	
桑嶋日石	2065	
桑名銀行	2432	
桑名グリーンヒル開発	2763	
桑名紡績	1891	
桑野太陽光発電	3045	
桑山	0768	
桑山貴金属	0768	
桑山貴金属鎖	0768	
群栄化学工業	0769	
群栄商事	0769	
群栄ボーデン	0769	
ぐんぎんリース	0771	
郡宏光電股份有限公司	0770	
グンゼ	0770	
郡是医療器材（深圳）有限公司	0770	
グンゼエヌシー販売	0770	
グンゼ開発	0770	
グンゼグリーン	0770	
郡是工業	0770	
グンゼ産業	1066	
郡是産業	1066	
郡是（上海）商貿有限公司	0770	
郡是（上海）節能設備貿易有限公司	0770	
グンゼシルク	0770	
郡是シルクコーポレーション	1066	
グンゼスポーツ	0770	
郡是製絲	0770	
郡是繊維工業	0770	
グンゼ塚口開発	0770	
グンゼ販売	0770	
グンゼ物流	0770	
グンゼ包装システム	0770	
群南テクノ	2312	
黛杰漢金（滄州）精密模具有限公司	1474	
群馬ウシオ電機	0247	
群馬栄養薬品	0769	
群馬編物	1973	
群馬化学	1764	
群馬銀行	0771	
群馬グランディハウス	0730	
群馬ケイテクノ	0606	
群馬県金融	0771	
群馬コイケ	0806	
群馬高速オフセット	2826	
群馬財務（香港）有限公司	0771	
群馬種苗	0556	
群馬信用保証	0771	
群馬総合リース	0771	
群馬ダイドー	1501	
群馬大同銀行	0771	

群馬タムラ製作所	1613	
群馬中央興業	0771	
群馬鉄工所	0607	
群馬東京電波	2864	
群馬日梱	2056	
群馬配送	0605	
群馬ミツワ電機	2828	
群馬木芸	1047	

【け】

ケアサポート中日	2362
ケアにじゅういち	0773
ケアネット	0772
ケアネット・インターナショナル	0772
ケアパートナー	1494
ケアフォース	2895
ケアプランサービス	1392
ケアボット	1392
ケア・リンク	0387
ケーアンドエムプロセス	0677
ケーアンドケー	2298
ケア21	0773
ケア21メディカル	0773
ケア21薬局	0773
ケアイアイ情報システム	0720
ケアイアイセンター	2300
ケイ・アイ・ピー	0546
ケアイピー イメージ インテグレーション	0546
KIホールディングス	0774
ケイ・アド	2209
ケイ・アール・エム	0690
慶安集団有限公司	1464
K&Oエナジーグループ	0775
K&Kプラント	0623
KEC建築事務所	0684
経緯津田駒紡織機械（咸陽）有限公司	1671
経緯紡織機械股份有限公司	1671
経営統合	1341
経営プランニング研究所	2205
ケイ・エス	2794
KSAインターナショナル	0104
KSK	0776
KSKアルパ	0776
ケイ・エス・ケイ・カード	0048
KSK九州	0776
ケイエスケイ商事	0776
KSKテクノサポート	0776
ケイエスケイテクノサポート	0776
KSKデータ	0776
ケイエスケイデータ	0776
ケイエスケイリース	0776
KNT個人	0777
KNT-CTホールディングス	0777
KNT団体	0777
ケイヌ・ファシリティーズ	2117
ケイ・エム・アイ	0585
ケイ・エム・シー	2649
ケイ・エム トランスダーム	2904
ケイ・エル・アイ	0656
ケイエル・インシュアランス	0811
ケイ・エル大分	0656
ケイエル・オフィスサービス	0811
ケイ・エル熊本	0656
KL合人社	0656
ケー・イー・エルシステムズ	0561
ケー・イー・エル総合サービス	0561
ケー・イー・エルテクニカルサービス	0561
ケー・イー・エルマネジメントサービス	0561
ケイ・エル宮崎	0656
ケイエル・リース＆エステート	0811
ケイエル・レンタル	0811
京王帝都電鉄	1815
京王電気軌道	0468, 1815
京急興業	0784
京急新橋地下駐車場	0784
京急百貨店	0784
京急不動産	0784
恵久ホーム	0171
KKFGキャピタル	0049
型研精工	2298
恵光水産	2631
ケイコウ・フーズ	2594
ケーイーシー	2402
KGアセット・マネジメント	0545
ケイシイシイ	0855
ケーイーシー・インターナショナル	0684
ケイシーケイエンタープライズ	2321
ケーイーシー・京北	0684
ケーイーシー商事	0684
ケイ・システム	0572
京滋ツバメプロパン瓦斯	0239
ケイ・ジー・ティー	0900
ケーイーシー東北	0684
ケイジー物流	0637
ケーイーシー リプロセンター	0684
桂新電機	0546
ケイス	0868
ケイズコーポレーション	2373
ケイ・スタッフ	0291
勁草書房	1538
ケイ・ダイニング	2209
ケイ低温フーズ	0548
ケイティケイ	0778
ケイディディ	0779
KDDI	0779
KDDI	0668
ケイディディアイ・ウィンスター	0779
KDDIエボルバ	0779
KDDI研究所	0779
KDDIネットワーク＆ソリューションズ	0779
KDDIフィナンシャルサービス	0779
KDDIまとめてオフィス	0779
ケイディディ・ウィンスター	0779
ケイディディ研究所	0779
ケイディディコミュニケーションズ	0779
KDDテレマーケティング	0779
ケイテック	0805
啓東興宇化工有限公司	2988
啓東尤希路化学工業有限公司	2988
慧徳科技（大連）有限公司	0708
芸南観光レンタル	0045
ゲイナンキューソー	0657
芸南食品	0045
京阪アセットマネジメント	0781
京阪観光社	0781
京阪交通社	0781
京阪住宅建設	0781
京阪神観光	2527
京阪神急行電鉄	0278, 0781, 2374, 2376
京阪神競馬	0780
京阪神建物管理	0780
京阪神南紀興産	0780
京阪神ビルディング	0780
京阪神不動産	0780
京阪デパート	0781
京阪電気工事	0704
京阪電気鉄道	0781
京阪電気鉄道	2376
京阪道路サービス	1304
京阪土地	0781
けいはんなバスホールディングス	0702
京阪バス	0781
京阪百貨店	0781
KPE・高砂販売	0858
芸備銀行	2448
KVK	0782
KBKオフィスワークス	0692
KBKスチールプロダクツ	0692
KBKフロンティア	0692
KPサービス	2360
ケイ・ビー・シー	0022
KBセーレン	1382
ケイヒン	0783
ケイヒン アメリカ コーポレーション	0783
京浜運河	1781
ケイヒン エヴェレット フォワーディング カンパニー インク	0783
ケイヒン海運	0783

京浜化成工業	0588	
京浜間電気鉄道	0784	
京浜機械	2159	
京浜気化器	0791	
京浜急行電鉄	0784	
京浜急行電鉄	1815	
京浜急行バス	0784	
京浜京極運送	0662	
京浜計算センター	0708	
ケイヒン港運	0783	
ケイヒン航空	0783	
京浜港通関	1495	
ケイヒンコンテナ急送	0783	
京浜住宅	1253	
京浜住宅販売	1253	
京浜商会	1316	
京濱精機股份有限公司	0791	
京濱精機製作所	0791	
ケイヒンセイキ（タイランド）カンパニー・リミテッド	0791	
ケイヒンセイキヨーロッパ・リミテッド	0791	
京浜倉庫	0783	
京浜炭素工業	2113	
京浜電気鉄道	0468, 0784, 1815	
京濱電子装置研究開発（上海）有限公司	0791	
京浜特殊印刷	0945	
ケイヒン配送	0783	
京濱（武漢）汽車零部件有限公司	0791	
ケイヒン マルチトランス（シャンハイ）カンパニー リミテッド	0783	
ケイヒン マルチトランス（シンガポール）プライベート リミテッド	0783	
ケイヒン マルチトランス タイワン カンパニー リミテッド	0783	
ケイヒン マルチトランス（ホンコン）リミテッド	0783	
ケイヒン マルチトランス ヨーロッパ ビーヴィ	0783	
京浜ライフサービス	2033	
ケイヒン陸運	0783	
ケイブ	0785	
ケイブ・オンライン・エンターテイメント	0785	
ケイブシステムズ	0785	
ケイ・フーズ	2209	
ケイ物流	0657	
ケイ物流サービス	0605	
ケイ・フロンティア	1394	
霓碧（上海）貿易有限公司	2097	
Kマート	0509	
京葉銀オフィスサービス	0786	
京葉銀カード	0786	
京葉銀キャッシュサービス	0786	
京葉銀キャリアサービス	0786	
京葉銀行	0786	
京葉銀ビジネスサービス	0786	
京葉銀ファイナンス	0786	
京葉銀保証サービス	0786	
京葉銀メンテナンス	0786	
京葉ケミカル	2110	
京葉産業	0794	
京葉資源センター	2636	
京葉照明	0474	
京葉鐵鋼埠頭	3038	
京葉トランスポート	0786	
京葉ミツウロコ	2803	
京葉ムービング	2729	
ケイライン システムズ	0589	
ケイラインシステムセンター	0589	
ケイラインジャパン	0589	
ケイライン物流ホールディングス	0589	
ケイライン ロジスティックス	0589	
ケイ・ラボラトリー	0725	
桂林播磨化成有限公司	2361	
ケイロジスティックス	0589	
ケイロジステクス	2302	
KYクレジットサービス	0674	
KYテクノロジー	1877	
KYBエンジニアリングアンドサービス	0574	
ケー・エイチ・ケミカル	2667	
ケーエスエンジニアリング	0578	
ケーエスケー	0855, 2301	
ケーエスサービス	0697	
ケーエステクノス	0697	
ケーエスデザイン	0697	
ケーエッチケー販売	2298	
ケー・エヌ・アロンソン	0806	
ケー・エフ・シー	0787	
ゲオ	0788	
ゲオアクティブ	0788	
ゲオウェブサービス	0788	
ゲオエステート	0788	
ゲオ・ジェイピー	1059	
ゲオステーション	0788	
ゲオスポーツ	0788	
ゲオディノス	0317	
ゲオ・ビービー	0788	
ゲオフーズ	0788	
ゲオホールディングス	0788	
ゲオミルダ	0788	
ケー・クリエイト	0826	
ケークリエイト	3064	
ケーシーエンジニアリング	0810	
ケーシー加工センター	0810	
ケージーケイ	0560	
ケー・システム	0826	
ケージーセントラルスポーツ	1395	
ケーシーピー	0583	
ケーシー物流	0810	
ケージープランニング	2656	
ケーシーマテリアル	0810	
ケーズデンキ	0789	
ケーズホールディングス	0789	
気仙沼酸素	0808	
ケータイワウワウ	3155	
月光商会	2817	
ゲットバック・エンタテインメント	0863	
月布川工業	0714	
結雅希（上海）貿易有限公司	2254	
ケー・ティー・アイ	0804	
ケー・ティ・エイチ・シェルバーン・マニュファクチャリング・インコーポレーテッド	0280	
ケー・ティ・エイチ・パーツ インダストリーズ・インコーポレーテッド	0280	
ケーティシー化工	0673	
ケーティーシーサービス	0673	
ケー・ティ・シー商事	0673	
ケー・ティ・シーツール	0673	
ケーティーシー販売	0673	
ケー・テクス	0826	
ケーデーケー	2126	
ケー・デー・シー	0684	
ゲートウェイ	0178	
ゲートウェイホールディングス	0178	
ゲートフォー	2481	
ケネディクス・オフィス投資法人	0790	
ケネディクス不動産投資法人	0790	
ケネディクス・リート・マネジメント	0790	
ゲノミックブレーン	1610	
ゲノムサイエンス研究所	0167	
ケーピーエス	0822	
ケー・ピー・エム	0768	
ケーピープロダクツ	2298	
ケーヒン	0791	
ケーヒンアイピーティーマニュファクチュアリング・インコーポレーテッド	0791	
ケーヒンアイピーティーマニュファクチュアリング・エルエルシー	0791	
ケーヒンアジアバンコクカンパニー・リミテッド	0791	
ケーヒンインディアマニュファクチュアリング・プライベートリミテッド	0791	
ケーヒンエアコンノースアメリカ・インコーポレーテッド	0791	
ケーヒンエフ・アイ・イー・プライベートリミテッド	0791	
ケーヒンエレクトロニクステクノロジー	0791	
ケーヒンオートパーツ（タイランド）カンパニー・リミテッド	0791	

社名	頁
ケーヒンオートモーティブシステムズインディア・プライベートリミテッド	0791
ケーヒンカロライナシステムテクノロジー・エルエルシー	0791
ケーヒンサクラ	0791
ケーヒンセールスアンドデベロップメントヨーロッパ・ゲーエムベーハー	0791
ケーヒン（タイランド）カンパニー・リミテッド	0791
ケーヒンテクノロジア・ド・ブラジル・リミターダ	0791
ケーヒン・デ・メキシコ・エスエーデシーブイ	0791
ケーヒンノースアメリカ・インコーポレーテッド）	0791
ケーヒンパナルファ・プライベートリミテッド	0791
ケーヒンバルブ	0791
ケーヒンベトナムカンパニー・リミテッド	0791
ケーヒンマレーシアマニュファクチュアリング・エスディエヌビーエイチディ	0791
ケーヒンミシガンマニュファクチュアリング・エルエルシー	0791
ケーヒンヨーロッパ・リミテッド	0791
ケーヒンワタリ	0791
ケーブル・アンド・ワイヤレス・アイディーシー	1431
ケーブルシステム	0578
ケーブルシステム建設	1225
ケーブルテック	1229
ケーブルテレビジョン	2714
ケミカル運輸	1426
ケミカルトランスポート	1876
ケミコ	3141
ケミコン岩手	2126
ケミコンコンダクターズセールス	2126
ケミコンシーリングラバー	2126
ケミコン福島	2126
ケミコン宮城	2126
ケミハン	2126
ケミプロインターメディエイト	0792
ケミプロ化成	0792
ケミプロ興産	0792
ケミプロ産業	0792
ケミプロファインケミカル	0792
ゲームグース	0301
ゲームズアリーナ	0550
ゲームデザイナーズ・スタジオ	1273
ゲームバンク	1431
ケーユー	0793
ケーユー商事	0793
ケーユーホールディングス	0793
ケーユーモータース	0793
ケーヨー	0794
ケーヨーカーサービス	0794
ケララケミカルズアンドプロテインズLtd.	2078
ケル	0795
見市商会	1459
ケンウッド	1057, 1394
ケンウッドサービス	1057
ケンウッド ティー・エム・アイ	1057
建越工業股份有限公司	2512
玄海ソーイング	1124
玄海テック	2013
玄海風力エネルギー開発	1961
ゲンキー	0796
玄気商貿（上海）有限公司	0796
元気寿司	0797
元気寿司	0749
ゲンキーつくしの店	0796
ゲンキーネット	0796
研究ネットワーク	1610
ゲンキーリテイリング	0796
健康デリカ	2963
ケンコーコム	0798
ケンコー・マヨネーズ	0799
ケンコーマヨネーズ	0799
ケンコーロジコム	0798
建材社	1461
げんじ	2911
原子燃料工業	1321
健翔	1688
建商	2021
建信啓記股份有限公司	2512
建設技研	0800
建設技研インターナショナル	0800
建設技研地質環境	0800
建設技研調査部	0800
建設技術研究所	0800
建設工業会館	1676
建設サービス	0885
建設ファスナー	0787
建設保全サービス協会	1252
現代医療社	0483
ゲンダイエージェンシー	0801
現代広告社	0801
現代工房舎	1114
ケンタッキー・フライド・チキン・コーポレーション	2209
建築美術研究所	0817
幻冬舎	0802
幻冬舎総合財産コンサルティング	0802
黔東南州凱創水資源環保科技工程有限公司	2293
建販	1999
健美舎	0695
ゲンブ	1447
健宝製作所	0453
元禄	0797, 1129
元禄商事	0797

【こ】

社名	頁
KOA	0804
コーア	0804
コア	0803
瓦愛新（上海）国際貿易有限公司	3148
コア・コーポレーション	0241
コアシステム	1434
コアセッフィックス	0804
コアセフィックス	0804
コーアツ工業	0805
コーアツ三谷セキサン	2782
コア・ティー・アール・ダブリュー	0804
コア・ティー・アンド・ティー	0804
コアデジタル	0803
コアネクスト	1440
コアネットインタナショナル	0803
コアネット東北	1871
コアファーム	0803
コアプライス	0528
小池アセチレン	0806
コイケアメリカ	0806
コイケアロンソン	0806
コイケアロンソンブラジル	0806
コイケイタリア	0806
コイケエンジニアリング・ジャーマニー	0806
コイケカッティングアンドウェルディング	0806
コイケコリア・エンジニアリング	0806
小池酸素	0806
小池酸素工業	0806
小池酸素（唐山）有限公司	0806
小池製作所	0806
小池（唐山）商貿有限公司	0806
小池ビーオーシー	0806
小池熔断機	0806
コイケヨーロッパ・ビー・ブイ	0806
小石川プロセス	0670
香寿庵	0855
小泉東リカーペット	1892
小泉ペイント	2154
小糸九州	0807
小糸源六郎商店	0807
小糸工業	0774
小糸車輛	0807
小糸商事	0774
小糸製作所	0807
小糸製作所	1098

社名	ページ
コイトチェコs.r.o.	0807
小糸電機	0807
コイト電工	0774
コイト保険サービス	0807
コイトヨーロッパNV	0807
小岩井乳業	0696
コイン	0712
興亜栄養化学研究所	0266
興亜エレクトロニクス	0804
興亜海上火災運送保険	1441
興亜化学工業	0266
興亜火災海上保険	1441
興亜起業	2940
興亜工業社	0804
興亜航空機材	0404
興亜ゴム	2026
興亜商事	2742
興亜石油	1038
高圧化学工業	1447
高圧ガス工業	0808
興亜電工	0804
興亜販売	0804
興亜貿易	2742
郷イノベーション	0831
江陰凱澄起重機械有限公司	0635
幸運股份有限公司	1696
光栄	0829
広栄	0809
光栄アド	0829
広栄化学工業	0809
光栄キャピタル	0829
高栄産業	1551
光栄シージー	0829
江栄商事	0294
広栄製薬	0809
光栄ソフト	0829
広栄テクノサービス	0809
光栄電子工業（蘇州）有限公司	0766
光栄堂	1688
宏栄土木設計事務所	0409
光栄ネット	0829
広栄パーストープ	0809
光栄不動産	0829
恒栄フード・サービス	0941
弘永舗道	0936
光栄ミュージック	0829
広海興産	2084
甲賀エース	1542
光華産業有限公司	0978
杭華油墨化学有限公司	1683
鋼管化学工業	1042
鋼管技研工業	2991
公冠グンゼ	0770
好間炭鉱	2577
孝感中星汽車零部件有限公司	1638
鋼管ドラム	1040
ゴウキ	1476
虹技	0810
虹技	0280
高技国際計測器（上海）有限公司	0835
虹技サービス	0810
光碩（上海）化工貿易有限公司	0430
虹技ソリューション	0810
広汽トヨタ自動車	1943
広汽日野自動車	2425
虹技ファウンドリー	0810
虹技物流	0810
虹技物流機工	0810
虹技ブロワ	0810
鋼球事業	1675
公共警備保障	2848
公共財アセットマネジメント	2474
公共シィー・アール・イー	1023
工業電気計器	1148
公共標識	1399
公共ファイナンス研究所	2474
興業無尽	0601
公共ロジスティックス	1023
虹技ロール	0810
興銀エヌダブリュ・アセットマネジメント	2775
興銀オートリース	0811
ごうぎんキャピタル	0956
ごうぎんクレジット	0956
ごうぎんジェーシービー	0956
ごうぎんシステムサービス	0956
高銀システムサービス	0819
ごうぎん証券	0956
興銀証券	2776
ごうぎんスタッフサービス	0956
興銀第一ライフ・アセットマネジメント	1454
ごうぎん代理店	0956
高銀ビジネス	0819
合銀ビジネスサービス	0956
高銀ファイナンス	0819
ごうぎん保証	0956
興銀融資租賃（中国）有限公司	0811
興銀リース	0811
航空商事	1175
航空電子エンジニアリング	2213
航空熱科学工業	1461
合克薩斯（へくさす）精工（嘉興）有限公司	0513
興研	0812
光建	0138
航建	1175
工研工業	1941
鉱研工業	0813
鉱研試錐工業	0813
鉱研マシンサービス	0813
好好飲茶	2008
郷工務店	0831
興国企業	1047
興国汽船	0589
興国工業	0810
興国ハウジング	1047
興国無尽	1931
光彩工芸	0814
高財社	0819
鋼材商事	1039
廣済堂	0815
廣済堂	2334
廣済堂印刷	0815
廣済堂科学情報社	0815
廣済堂クラウン	0815
廣済堂埼玉ゴルフ倶楽部	0815
廣済堂芝浦ビル	0815
廣済堂商事	0815
廣済堂新聞印刷	0815
廣済堂製版センター	0815
興産	2356
興産自動車	1540
興産相互銀行	0626
興産無尽	0626
甲子園製氷冷蔵	0599
甲子園砥石	2211
合資会社萬屋商店	2947
高絲化粧品銷售（中国）有限公司	0850
高絲化粧品有限公司	0850
甲子産業	2572
合資組織淡陶社	1618
硬質エンビ工業	2687
康師傅方便食品投資（中国）有限公司	0581
高絲香港有限公司	0850
広州愛機汽車配件有限公司	0280
広州安橋国光音響有限公司	0514
広州艾司克汽車内飾有限公司	0598
広州奥泰斯工業自動化控制設備有限公司	0492
広州欧立机電有限公司	0500
杭州岡村伝動有限公司	0448
杭州海徳世拉索系統有限公司	2305
広州海勒徳世拉索系統有限公司	2305
広州汽車集団股份有限公司	1943, 2425
杭州丘比食品有限公司	0658
広州京進語言技能信息諮詢有限公司	0665
広州倉敷化工製品有限公司	0724
広州黒田電子有限公司	0760
杭州経済技術開発区杭華油墨化学有限公司	1683
広州原同貿易有限公司	1499
広州小糸車灯有限公司	0807
杭州杭化哈利瑪化工有限公司	2361
杭州杭化播磨造紙化学品有限公司	2361
広州広汽木村進和倉庫有限公司	0642

こうしゅう　　　　　　　　　　　社名索引

広州国超森茂森信息科技有限公司 ………… 1025
広州薩莉亜餐飲有限公司 …… 0893
広州サイゼリヤ食品有限公司 ………… 0893
広州三櫻制管有限公司 …… 0962
広州三五汽車部件有限公司 ………… 0975
広州斯坦雷電気有限公司 1293
広州市福満家便利店有限公司 ………… 2461
広州市福満家連鎖便利店有限公司 ………… 2461
杭州晶鑫科技有限公司 …… 2477
杭州晶シン科技有限公司 … 0705
広州昭和汽車零部件有限公司 ………… 1215
広州昭和減震器有限公司 1215
広州白木汽車零部件有限公司 ………… 1217
広州新中通機械有限公司 1242
広州新電元電器有限公司 1238
杭州精工技研有限公司 …… 1337
広州扇拡物流有限公司 …… 1385
杭州先進石英材料有限公司 ………… 2477
杭州先進陶瓷材料有限公司 ………… 2477
豪州第一物産 ……………… 2799
杭州泰賀塑化有限公司 …… 1459
広州泰賀塑料有限公司 …… 1459
広州泰李汽車座椅有限公司 ………… 1594
杭州泰谷諾石英有限公司 1730
広州大中精密件有限公司 0484
杭州大和熱磁電子有限公司 ………… 2477
広州多寧健康科技有限公司 ………… 2238
杭州頂可食品有限公司 …… 0799
杭州頂全便利店有限公司 2461
広州京進実戦語言技能培训有限公司 ………… 0665
杭州同舟瀝青有限公司 …… 2047
広州徳来路博科技有限公司 ………… 1887
広州トッパン・フォームズ情報技術有限公司 1919
広州富田国際貿易有限公司 ………… 1933
広州富田貿易有限公司 …… 1933
広州トヨタ自動車 ………… 1943
広州長瀬貿易有限公司 …… 1981
広州西川密封件有限公司 2026
広州日弘機電有限公司 …… 2173
広州日華化学有限公司 …… 2049
杭州日華化学有限公司 …… 2049
広州日写精密塑料有限公司 ………… 2215
広州日正弾簧有限公司 …… 2173
広州野田電子有限公司 …… 2286
高周波精密 ………………… 2129
高周波鋳造 ………………… 2129
高周波熱錬 ……………… 0816

高周波熱錬（中国）軸承有限公司 ………… 0816
杭州播磨電材技術有限公司 ………… 2361
杭州哈利瑪電材技術有限公司 ………… 2361
広州番禺三協豪施有限公司 ………… 0971
広州東富井特種紡織品有限公司 ………… 1778
広州日立工機有限公司 …… 2412
広州福恩凱汽配有限公司 … 2173
広州富士機工汽車部件有限公司 ………… 2506
杭州藤倉橡膠有限公司 …… 2509
杭州富士工具有限公司 …… 2520
杭州碧幟食品有限公司 …… 0045
広州丸嘉貿易有限公司 …… 2734
広州丸順汽車配件有限公司 ………… 2739
広州萬宝井汽車部件有限公司 ………… 3043
豪州三井物産 ……………… 2799
広州三葉電機有限公司 …… 2807
広州摩托集団公司 ………… 2807
杭州優科豪馬横浜輪胎有限公司 ………… 3031
杭州友嘉高松機械有限公司 ………… 1566
広州有信精密机械有限公司 ………… 2990
広州尤希路潤油剤有限公司 2988
杭州横浜輪胎有限公司 …… 3031
杭州利時徳控制拉索有限公司 ………… 2305
杭州和源精密工具有限公司 ………… 2477
廣州恩梯恩裕隆傳動系統有限公司 ………… 0350
江商 …………… 0560, 3132
高信エレクトロニクス …… 1412
興進会研究所 ……………… 0812
甲信サンリン ……………… 1017
高絲私人公司 ……………… 0850
廣成 ………………………… 2319
洪盛銀行 …………………… 2485
合成工業 …………………… 2784
江西高秀進出口貿易有限公司 ………… 1556
興生水産 …………………… 1332
江西碧彩田淵変圧器有限公司 ………… 1608
江西同和資源綜合利用有限公司 ………… 1971
広西蒙山梧華林産科技有限公司 ………… 1683
コウセンサービス ………… 1229
江蘇大福日新自動輸送機有限公司 ………… 1514
構造計画研究所 ………… 0817
構造工事 …………………… 0813
江蘇王子製紙有限公司 …… 0404
高速道路管理 ……………… 1304
江蘇聖泰実田環境修復有限公司 ………… 0396

江蘇双友東綱金属製品有限公司 ………… 1821
江蘇大同海瑞克斯車門系統有限公司 ………… 2305
江蘇大同海徳世車門系統有限公司 ………… 2305
江蘇日新外運国際運輸有限公司 ………… 2061
江蘇納博特斯克液圧有限公司 ………… 2012
江蘇納博特斯克今創軌道設備有限公司 ………… 2012
江蘇富天江電子電器有限公司 ………… 2530
江蘇芙蘭舒床有限公司 …… 2573
コウダ ……………………… 1047
抗体研究所 ………………… 0167
康泰克科技股分有限公司 0887
康泰克国際電子有限公司 0887
康泰克（上海）信息科技有限公司 ………… 0887
講談社 …………………… 0818
講談社 ……………… 1742, 2896
講談社インターナショナル ………… 0818
講談社（北京）文化有限公司 ………… 0818
高知カシオ ………………… 0537
高知カード ………………… 0819
高知技研コンサルタント … 0619
高知銀行 ………………… 0819
高知銀行 …………………… 1103
高知佐川急便 ……………… 0917
高知ジェーシービー ……… 0819
高知新阪急ホテル ………… 2375
高知相互銀行 ……………… 0819
高知ソフトウェアセンター ………… 1021
高知第三十七国立銀行 …… 1103
高知大陽セミコンダクターズ ………… 1532
高地電気冶金工業 ………… 0823
高知無尽 …………………… 0819
高知溶工 …………………… 0562
高知溶材 …………………… 1532
高知冷蔵 …………………… 2046
晃通建 ……………………… 0870
光電工業富岡製作所 ……… 2214
弘電社 …………………… 0820
弘電社機電工程 …………… 0820
弘電社物業管理（北京）有限公司 ………… 0820
光電製作所 ………………… 2355
弘電テクノス ……………… 0820
弘電社技術諮問（北京）有限公司 ………… 0820
合同 ………………………… 0699
合同会社医知悟 …………… 1736
合同会社カーコンマーケット ………… 0510
合同会社群馬ソーラーパーク ………… 1134
合同瓦斯 …………………… 2644
江東機工 …………………… 2566

社名	番号
合同クレジットサービス	0956
合同酒精	1891
江東製鋼	0821
合同製鐵	0821
合同製鐵	1827
江東製錬	2110
合同電気	1388
江東プライウッド	1834
江東北辰社	2875
合同油脂	2042
合同油脂グリセリン	2042
江東楽天地	1836
郷土建鉄工	0831
公南サービス	2759
甲南サービス	2794
鴻池亜細亜物流（江蘇）有限公司	0822
鴻池運輸	0822
鴻池運輸	2895
コウノイケ・エアポート・エンジニアリング	0822
コウノイケ・エアポートサービス	0822
コウノイケ・エキスプレス	0822
コウノイケ・エキスプレス和歌山	0822
コウノイケ・エンジニアリング	0822
鴻池組	0822
コウノイケ・コーポレートサービス	0822
コウノイケ・シッピング	0822
コウノイケ・パーソナルサービス	0822
鴻池物流（上海）有限公司	0822
鴻池メディカル	0822
鴻池ロジスティクスネットワーク	0822
河野与助商店	2866
康貝（上海）有限公司	0889
鋼鈑建材	1877
鋼鈑商事	1877
合肥網村信息技術有限公司	2484
合肥科大恒星計算機技術研究有限公司	0313
合肥小林日用品有限公司	0864
甲府カシオ	0537
甲府・峡東環境サービス	1227
甲府共電業	0685
興服産業	0828
甲府工場	0537
工部省兵器製作所	0591
高分子化学工業	1201
興文舎印刷	1624
光文堂	1585
神戸SC開発	2028
神戸オーエス食品	0411
神戸岡崎銀行	2789
神戸海産物	1481
神戸海上火災保険	0008
神戸機械製作所	0825
神戸共商	0688
神戸銀行	0506, 2789
神戸グリコ	0294
神戸工業	2528, 2531
神戸航空	1291
神戸合同キューソー	0657
神戸三田新阪急ホテル	2375
神戸桟橋	0589
神戸自動車交通	1224
神戸聚楽館	1188
神戸商業信用組合	2830
KOBE証券	0217
こうべ証券	0217
神戸食品	1042
神戸ステーション開発	2028
神戸製鋼所	0823
神戸製鋼所	1133, 1227, 1229, 1258, 1409, 1874, 2012, 2540, 2821
神戸製鋼所尼崎工場	1229
神戸製紙所	2817
東神戸造船鉄工	0569
神戸鋳鉄所	0810
神戸テクノス	1731
コウベデリカテッセン	3140
神戸トラックターミナル	2794
神戸日本汽船	0589
神戸発動機	0824
神戸発動機製造所	0824
神戸浜仲	0569
神戸阪急	0278, 2374
神戸物産	0825
神戸物産エコグリーン北海道	0825
神戸物産（香港）有限公司	0825
神戸物産（安丘）食品有限公司	0825
神戸ペイント	1243
神戸ボイル油	1243
神戸ボイル油製造所	1243
神戸美樹工業	2765
神戸ミルクプラント	2875
更北中央ショッピングセンター	2716
高北農機	1549
高北農機製作所	1549
合本安田銀行	2776
小梅	2663
光明	2184
光明社	2184
光明貿易有限公司	1860
工毛会	1421
江門星輝造紙有限公司	2636
高野山電気鉄道	2016
高野大師鉄道	2016
光友股份有限公司	0904
光陽化学工業	0826
興陽化成	1043
高陽銀行	1103
甲陽建設工業	1037
光陽社	0826
光洋住建	2003
光洋精工	1052
光洋精工社	1052
洸陽フューチャーズ	0049
幸楽苑	0827
幸楽苑アソシエイト東京	0827
幸楽苑ホールディングス	0827
厚利巴貿易（上海）有限公司	2676
廣陵証券	1879
光菱電子股份有限公司	0904
好麗姿（上海）服飾商貿有限公司	2343
好麗姿（香港）有限公司	2343
興和	0828
興和	2492
宏和エンジニアリング	2220
広和工業	0997
厚和産業	2116
広和産業	2084
光和実業	2814
興和新薬	0828
高和精工（上海）有限公司	1548
興和製作所	0578
興和地下建設	2492
弘和電機	2807
興和電子（太倉）有限公司	0804
光和ファイナンス	1015
興和紡績	0828
港湾工業	1781
高和精密模具（上海）有限公司	1548
コーエー	0829
コーエーテクモホールディングス	0829
コーエーリブ	0829
コエル	3134
コーエン	2996
ゴオウインドネシアケミカル	0830
ゴオウインドネシアコーポレーション	0830
互応運輸	0830
互応化学工業	0830
郷鉄工所	0831
互応物流	0830
コオニ運輸	0637
郡山キヌガワ	0637
郡山国際ホテル	2179
郡山商業銀行	1862
郡山ビューホテル	2179
郡山ヒロセ電機	2449
郡山物流	2993
郡山無尽	1493
ゴカ・キューソー	0657
個学舎	0182
古賀鉱業	2802
コカ・コーライーストジャパン	0832
コカ・コーラウエスト	0833
コカ・コーラウエストジャパン	0833
コカ・コーラウエストセールスサポート	0833

コカ・コーラウエスト販売機器サービス	0833	
コカ・コーラウエストプロダクツ	0833	
コカ・コーラウエストベンディング	0833	
コカ・コーラウエストホールディングス	0833	
コカ・コーラウエストリテールサービス	0833	
コカ・コーラ セントラル ジャパン	0832	
小岸商会	2829	
五協産業	1510	
五金沃森有限公司	2537	
悟空出版	1214	
国益チエン	1496	
国華工業	1942	
国際飲料	0933	
国際運送	2161	
国際開発ビルディング	2944	
国際紙パルプ商事	0834	
国際観光	2527	
国際機械商事	1593	
国際機械振動研究所	0007	
国際計測器	0835	
国際劇場	1188	
国際工業	2059	
国際航業	0707, 2325	
国際航業ホールディングス	2102	
国際コンテナターミナル	0253	
国際佐渡観光ホテル	2022	
國際三陽股份有限公司	1006	
国際システム	0141, 0776	
国際重機整備	1852	
国際証券	2292	
国際石油開発	0836	
国際石油開発帝石	0836	
国際石油開発帝石	1358	
国際セルロイド工業	1490	
国際チャート	0837	
国際通運	2161	
国際電信電話	0779, 1050, 1955	
國際電設	0231	
国際特殊印刷	0837	
国際物産交易	2799	
国際埠頭	2741	
国際フードサービス	2732	
国際プリンティング	0837	
国際プロセスシステム	2252	
国際貿易商事	0362	
国際旅行公社	2976	
国策パルプ工業	2150	
国策工務所	2150	
国産工業	2414	
国産製砥商会	2294	
国産電機	0838	
国産パインミシン	1164	
国産肥料	2112	
国栄機械製作所	0766	
国栄商事	0766	
コクド	1345	
国土環境	0185	
国土道路	1784	
国分	0839	
国分	2101	
國分商店	0839	
國分漬物	0839	
国民共済无尽	0786	
国民生命保険相互会社	1319	
コクヨ	0840	
コクヨIK	0840	
コクヨオフィスシステム	0840	
国誉家具商貿（上海）有限公司	0840	
国誉家具（中国）有限公司	0840	
国誉商業（上海）有限公司	0840	
国誉商事	0840	
コクヨ商店	0840	
国誉帳簿製造	0840	
コクヨビジネスサービス	0840	
コクヨベトナム	0840	
コクヨマーケティング	0840	
コクヨロジテム	0840	
極楽湯	0841	
極楽湯（上海）沐浴有限公司	0841	
小倉製鋼	1245	
小倉製紙所	0404	
小倉精密工業	0463	
小倉石油	1038	
小倉フーズ	2494	
小倉ミルクプラント	2875	
小倉離合機（長興）有限公司	0463	
小倉離合機（東莞）有限公司	0463	
小倉離合機（無錫）有限公司	0463	
コグレ	0384	
古暮	0384	
古暮金網	0384	
古暮商店	0384	
コグレ流通センター	0384	
コーケン防災システム	0812	
五光商事	1065	
互光建物	1856	
ココカラファイン	0842	
ココカラファイン ソレイユ	0842	
ココカラファインホールディングス	0842	
湖北発爾特克汽車零部件有限公司	2463	
ココスジャパン	0843	
九重おひさまファーム	2627	
九重町おこしエネルギー	0825	
ココファン	0543	
ココロ	0291, 1015	
こころネット	0844	
御在所ロープウエイ	2763	
小坂製錬	1971	
小坂鉄道	1971	
越谷流通サービス	1973	
コシダカホールディングス	0845	
小島喜四郎商店	0195	
五洲汽船	2873	
小島証券	2829	
五洲大気社工程有限公司	1461	
小島鉄工所	0846	
小島鐵工所	0846	
五十銀行	1195	
湖州杭華油墨科技有限公司	1683	
湖州敷島福紡織品有限公司	1091	
五十六銀行	2789	
五六銀行	0420	
五城銀行	2009	
互助サービス	1014	
コーシン工業	0267	
コスカ	0011	
こづつみ倶楽部	1350	
コースト	3071	
コスミック	0804, 3023	
コスメ・コム	0018	
コスメドステラ	1295	
コスメ ラボ	0850	
コスメラボ	2049	
コスモ	1448, 1572	
コスモインフォメーションセンター	0202	
コスモ開発	2558	
コスモ技研	2056	
コスモ近畿	0697	
コスモ クロダ エレクトリック s.r.o.	0760	
コスモケア環境福祉研究所	3024	
コスモ工業	0697	
コスモ証券	0202, 3089	
コスモ証券経済研究所	0202	
コスモスアセットマネジメント・スリー	0847	
コスモスイニシア	0847	
コスモス・コーポレーション	0848	
コスモスサービス	1233	
コスモス電子販売	1817	
コスモス・ベリーズ	2958	
コスモスモア	0847	
コスモス薬品	0848	
コスモスライフ	0847	
コスモスライフサポート	0847	
コスモ総合ファイナンス	0202	
コスモ第一興商	1448	
コスモ・バイオ	0849	
コスモ・メディカル	0019	
コーセー	0850	
コーセー	0851	
コーセーアセットプラン	0851	
コーセーアールイー	0851	
小関商事	0854	
御所銀行	2020	
コーセー化粧品販売	0850	
コーセーコスメニエンス	0850	

コーセーコスメピア	0850	
コーセーコスメポート	0850	
コーセー商事	0850	
コーセープロビジョン	0850	
コーセーホームネット	0851	
コーセル	0852	
コーセルアジアLTD.	0852	
コーセルヨーロッパGmbH		
....	0852	
小僧寿し	0853	
小僧寿し岡山	0853	
小僧寿し関西地区本部	0853	
小僧寿し静岡	0853	
小僧寿し長野	0853	
小僧寿し本部	0853	
コダック 1681,	2817	
コダックダイヤミック	2817	
児玉化学工業	0854	
兒玉機械股份有限公司	0854	
児玉金属工業	0854	
児玉組	0071	
児玉建材	0767	
ごちまる	3074	
御調工業	3108	
国華工業名古屋工場	1942	
コック冷凍運輸	1752	
国興	2972	
国興工業	2972	
國興システムズ	0231	
国光地銅店	2319	
国光電器股份有限公司	0514	
國興電業	0231	
国光紡績	0724	
コーテリー森尾	2915	
御殿場ケーブルテレビ	0937	
御殿場高原ビール	3039	
御殿場製作所	2229	
後藤鍛工所	2889	
湖東紡績	2071	
琴海土地開発	2098	
琴浦ウィンドファーム	2247	
琴浦紡績	1891	
琴似運輸	3136	
コトヒキ産業	1752	
コトブキ	0855	
寿庵	0855	
寿会館	1182	
コトブキ香寿庵	0855	
ことぶき食品	1270	
寿スピリッツ	0855	
寿製菓	0855	
寿製作所	0622	
寿製紙	2150	
コトブキチョコレートカンパ		
ニー	0855	
寿電機	2339	
寿電工	2339	
寿堂	0855	
寿販売	0855	
寿百貨店	2717	
ことぶきホン	0755	
コトブキ屋	0855	
寿屋	0995	

壽屋	2706	
寿屋洋酒店	0995	
寿録音機	2339	
こども情報センター	3156	
コドレ不織布	1702	
コナカ	0856	
コナカエンタープライズ ...	0856	
コナカコーポレーション ...	0856	
コナカ商事	0856	
コナミ	0858	
コナミ・アスレティックス ...	0857	
コナミエンタテインメント		
....	0858	
コナミオリンピックスポーツク		
ラブ	0857	
コナミオンライン	0858	
コナミ工業	0858	
コナミ興産	0858	
コナミコンピュータエンタテイ		
ンメント大阪	0858	
コナミコンピュータエンタテイ		
ンメントジャパン	0858	
コナミコンピュータエンタテイ		
ンメントスクール	0858	
コナミコンピュータエンタテイ		
ンメントスタジオ	0858	
コナミコンピュータエンタテイ		
ンメント東京	0858	
コナミスクール	0858	
コナミスポーツ	0857	
コナミスポーツプラザ	0857	
コナミスポーツ&ライフ	0857	
コナミビジネスエキスパート		
....	0858	
コナミホールディングス ...	0858	
コナミマーケティング	0858	
コナミミュージックエンタテイ		
ンメント	0858	
コナミメディアエンタテインメ		
ント	0858	
コナミ モバイル・オンライン		
....	0858	
コーナン商事	0859	
湖南湘電東洋電気有限公司		
....	1886	
湖南湘電風能有限公司	2358	
コーナン電子	1346	
湖南平和堂実業有限公司 ...	2613	
コーナンロジスティックス		
....	0859	
コニカ	0860	
コニカエニックス	1273	
コニカ販売	2024	
コニカミノルタ	0860	
コニカミノルタアドバンストレ		
イヤー	0860	
コニカミノルタエムジー ...	0860	
コニカミノルタオプティクス		
....	0860	
コニカミノルタオプト	0860	
コニカミノルタカメラ	0860	
コニカミノルタセンシング		
....	0860	

コニカミノルタテクノロジーセ		
ンター	0860	
コニカミノルタビジネスエキス		
パート	0860	
コニカミノルタビジネステクノ		
ロジーズ	0860	
コニカミノルタフォトイメージ		
ング	0860	
コニカミノルタホールディング		
ス	0860	
コニカミノルタIJ	0860	
コニシ	0861	
小西儀助商店	0861	
小西本店	0860	
小西屋	0861	
小西薬品	1587	
小西屋六兵衛店	0860	
小西六エニックス	1273	
小西六写真工業 0860,	1273	
小西六本店	0860	
コネクシオ	0862	
コネクシオウィズ	0862	
コネクト	0863	
コネクトテクノロジーズ ...	0863	
コネクトホールディングス		
....	0863	
五戸電子工業	0417	
コノミーズ	0711	
御牧噴墨打印科技（浙江）有限		
公司	2837	
コバショウ 0864,	2369	
コパトーン	1639	
コバヤシ	0556	
小林	0471	
小林インキ店	1873	
小林江夏商店	2947	
小林家具製作所	1164	
小林鉱業内地事業所	1474	
小林コーセー	0850	
小林コーム	0864	
小林産業	0447	
小林商店 1873, 2829,	3048	
小林製鋼所	0823	
小林生産技術研究所	0387	
小林盛大堂	0864	
小林製薬	0864	
小林ソフアモアダネック ...	0864	
小林大薬房	0864	
小林鉄工所	0413	
小林富次郎商店	3048	
小林ヘルスケア社	0864	
小林ヘルスケア ヨーロッパ社		
....	0864	
小林洋行	0865	
小林理研製作所	3070	
コパル 2228,	2229	
コパル・アグファ	2229	
コパルエステート	2229	
コパル研究所	2229	
コパル光機	2229	
コパル光機製作所	2229	
コパルコーオン	2229	
コパル商事	2229	

コパル精密	2229	
コパル精密部品	2229	
コパル電子	2229	
コパルハイテック	2229	
コパル・ヤマダ	2229	
コバレントマテリアル	0705	
コバレントマテリアル上海社	0705	
五番町ビル	1366	
コピア販売	0649	
コービスプロダクト	2380	
コビト	1197	
珈琲まめ工房	0825	
コープ印刷	1350	
コブコ	3049	
こぶし食品工業	0935	
コーヘイ	0400	
五平太	2311	
コベルコクレーン	0823	
コベルコ建機	0823	
コベルコ マテリアル銅管	0823	
コベルコマテリアル銅管	2821	
コベルコ溶接ソリューション	1230	
瓦房店軸承集団有限責任公司	1686	
湖北銀行	1089	
湖北小糸車灯有限公司	0807	
湖北日発汽車零部件有限公司	2173	
湖北日本レース	0292	
小堀興業	2955	
小堀興産	2955	
小堀住工	2955	
小堀住研	2955	
小堀住研興業	2955	
コーポリマー化工	2099	
コーポレイトディレクション	1049	
駒井喜商店	0866	
駒井鉄工	0866	
駒井鐵工所	0866	
駒井ハルテック	0866	
コマ・スタジアム	1859	
コマツアルミ	0869	
小松インターナショナル製造	0867	
コマツインターリンク	0868	
小松エージェンシー	0868	
小松織物精練染工	0868	
小松化成	0867	
コマツキャステックス	0867	
小松キャビネット	0869	
コマツ工機	0867	
小松サービス販売	0867	
コマツ産機	0867	
小松住江テック	0868, 1309	
小松製作所	0867	
小松精練	0868	
小松精練エンジニアリング	0868	
小松精練（蘇州）有限公司	0868	
小松精練テクノフロント	0868	
コマツディーゼル	0867	
コマツドレッサーカンパニー	0867	
コマツパーテイション工業	0869	
小松原電気商会	2973	
コマツフラッシュ	0869	
小松村田製作所	2864	
小松屋	2401	
小松屋石雲荘	2179	
コマツユーティリティ	0867	
コマ電子工業	1238	
コマニー	0869	
コマニーエンジニアリング	0869	
小見川農商銀行	1626	
コミックジェイピー	0383	
コミックスマート	1370	
コミネ日昭	2114	
コミューチュア	2848, 2849	
コミュニケーション科学研究所	1742	
コミュニティファクトリー	2945	
コムサネット	1064, 2209	
コムシスイーテック	0231	
コムシスウィングス	0231	
コムシスホールディングス	0870	
コムシード	0871	
コムチュア	0872	
コムチュアネットワーク	0872	
コムチュアマーケティング	0872	
コムテック	1729	
コムテックエンジニアリング	2844	
コムニック創研	0646	
ゴメス	2910	
コメック	1532	
コメ兵	0873	
米兵	0873	
コメリ	0874	
米利	0874	
米利商店	0874	
コモ	0875	
コモサポート	0875	
コモリ アジア テクニカル サービスセンター エス.ビー.	0876	
コモリ アメリカ コーポレーション	0876	
コモリ イタリア エス.アール.エル.	0876	
小森印刷機械	0876	
小森印刷机械（シンセン）有限公司	0876	
小森印刷機械製作所	0876	
コモリ インターナショナル ネザランズ ビー.ヴィ.	0876	
コモリ インターナショナル ファイナンス ビー.ヴィ.	0876	
コモリ インターナショナル ヨーロッパ ビー.ヴィ.	0876	
コモリ ウエスト インコーポレーテッド	0876	
コモリ エイチ アール ビー コーポレーション	0876	
小森エレクトロニクス	0876	
小森エンジニアリング	0876	
コモリ オーストラリア ピーティーワイ リミテッド	0876	
小森機械製作所	0876	
小森机械（南通）有限公司	0876	
小森国際貿易（シンセン）有限公司	0876	
小森コーポレーション	0876	
コモリ シャンボン エス.エイ.	0876	
コモリ シャンボン エス.エイ.エス.	0876	
小森精密ギヤー	0876	
コモリ タイワン リミテッド	0876	
コモリ フランス エス.エイ.	0876	
コモリ フランス エス.エイ.エス.	0876	
小森プリシジョンヤマガタ	0876	
小森香港有限公司	0876	
小森マシナリー	0876	
コモリ マレーシア Sdn.Bhd.	0876	
小森山形エレクトロニクス	0876	
コモリ ユー.ケー.リミテッド	0876	
コモリ ヨーロッパ ビー.ヴィ.	0876	
コモリ ヨーロッパ リミテッド	0876	
コモリ リースィング インコーポレーテッド	0876	
小山化学	2240	
小山銀行	0091	
小山証券	1794	
小山製作所	2152	
五洋インテックス	0877	
五洋建設	0878	
コーヨースキャナー	0826	
コーヨーテクノ	0463	
コリアバイリーンカンパニーリミテッド	2240	
コリアフィルタテックカンパニーリミテッド	2240	
コリアフィルトレーションテクノロジーズカンパニーリミテッド	2240	
コルク	2920	
ゴールデンサービス	1045	
ゴールデン産業	1045	
ゴールデントランスポート	1045	
ゴールデン バード シッピング社	2013	
ゴールデンマーケティング	1045	

社名	頁
ゴールデンマジック	1525
ゴールドウイン	0879
ゴールドウインイベントサポート	0879
ゴールドウインエンタープライズ	0879
ゴールドウイン開発	0879
ゴールドウインシステムサービス	0879
ゴールドウインテクニカルセンター	0879
ゴールドウイントレーディング	0879
ゴールドウインロジテム	0879
コールド・エアー・プロダクツ	0258
ゴールドクレスト	0880
ゴールドクレストコミュニティ	0880
ゴールドクレスト住宅販売	0880
ゴールドテック	0618
ゴールドン	0814
コルドンヴェール	2969
ゴルフアライアンス・ジャパン	0068
ゴルフダイジェスト・オンライン	0881
ゴルフパークヒマラヤ	2430
ゴルフプランナー	0152
コルポラシオン・ミツバ・デ・メヒコ・エス・エー・デ・シー・ブイ	2807
コレクト	0246
是則倉庫運輸	2796
コロカフェ	0884
悟路徳商務諮詢（上海）有限公司	3167
コロナ	0882
コロナ電子工業	0204
コロナ販売	0882
コロナ物流	0882
コロプラ	0883
コロムビアアーティストマネジメント	2133
コロムビア音響工業	2133
コロムビアファミリークラブ	2133
コロムビアマグネプロダクツ	2133
コロムビアミュージックエンタテインメント	2133
コロモ・キユーソー	0657
コロロナ物流	0882
コロワイド	0884
婚活サポートコンソーシアム	0033
コングロエンジニアリング	2955
金剛組	1567
金剛石電機研究所有限公司	1526
金剛石電機国際貿易（蘇州）有限公司	1526
金剛石電機（蘇州）有限公司	1526
混混	2691
権左ヱ門	0121
昆山麦克芯微電子有限公司	2185
昆山恩都照明有限公司	0394
昆山兼房高科技刀具有限公司	0559
昆山兼房精密刀具有限公司	0559
昆山三民塗頼電子材料技術有限公司	1887
昆山自重堂時装有限公司	1124
昆山正日研磨料有限公司	2211
昆山中発六和機械有限公司	1638
昆山中和弾簧有限公司	1638
昆山東訊機電有限公司	1728
昆山統万微生物科技有限公司	0632
昆山同和熱処理工業炉有限公司	1971
昆山日セラ電子器材有限公司	2155
昆山日門建築装飾有限公司	2251
昆山微鉄克光電設備有限公司	2471
昆山野拓電子有限公司	2286
昆山之富士機械製造有限公司	2505
ゴンジーノ	0886
紺政商店	1913
コンセック	0885
ゴンゾ	0886
今創集団有限公司	2012
ゴンゾ・ディジメーション	0886
ゴンゾ・ディジメーション・ホールディング	0886
コンチネンタル・オートモーティブ	2071
コンチネンタル・テーベス	2071
交通アド	0748
コンテック	0887
コンテック	1514
コンテック・イーエムエス	0887, 1514
コンテックソフトウェア開発	1514
コンテック・マイクロエレクトロニクス	0887
コンドー	2833
コントゥアー・ネットワークス・ジャパン	2224
近藤化工	0687
近藤カーボン工業	1883
近藤商会	3082
近藤商店	0888
近藤鉄工	0888
コンドーテック	0888
コントロールズ社	1098
コントロンエンベデッドテクノロジー, INC.	1500
コントロンテクノロジージャパン	1500
コンバインド保険会社	0502
コンパスティービー	1214
コンパスメッドインテグレーション	0076
コンパックコンピュータ	2245
コンパニオン	1034
コンバムコーポレーション	2845
コンビ	0889
コンビウイズ	0889
コンビウェルネス	0857, 0889
コンビネクスト	0889
コンビヘルス	0889
コンピュータアプリケーションズ	1049
コンピューターエンジニアーズ	1026
コンピュータエンジニアリング	1024
コンピュータサービス	0314
コンピュータシステムプランニング	2252
コンピューター・テクニカル・サービス	0214
コンピュータ・テクノロジー・インテグレイタ	1653
コンピュータビルサービス	0780
コンフォートピア	2891
コンポジット	0550
昆明美花花卉有限公司	2434
コンユ	2217

【さ】

社名	頁
サイアム・エヌケーエスCO., LTD.	2207
サイアム エヌピーアール社	2178
サイアムオカムラスチールCO., LTD	0448
サイアムクボタコーポレーション Co., Ltd.	0715
サイアムクボタトラクター Co., Ltd.	0715
サイアム・クラボウ	0724
サイアム スリヤ会社	0452
サイアム セメント パブリック社	2178
サイアム センシング デバイス マニファクチュアリング カンパニー リミテッド	1137
サイアムディーケーテクノロジー	0289
サイアムテキスタイルケミカル CO., LTD.	2049
サイアムフコク	2498
サイアム・メタル・テクノロジー社	1244

サイアム ヤチヨ カンパニー リミテッド	2942	
サイアム・ヤマト・スチールカンパニーリミテッド	2961	
サイアムリケン社	3076	
サイアン	2296	
サイエルファーマ, INC.	1087	
サイエンスボーテ	2479	
サイエント コマーステクノロジー	0630	
サイエント ソリューションズ	0630	
サイオステクノロジー	0890	
サイオステクノロジー	0434	
賽欧思（北京）科技有限公司	0890	
ザイオン	2453	
彩賀開発	0891	
彩華顔料	1505	
彩華色素工業	1505	
さいか屋	0891	
さいか屋マーケットプロモーション	0891	
西京電機製作所	0498	
西京電機立石製作所	0498	
埼京ムービング	2729	
サイクルオリンピック	0509	
サイクレックス	0167	
彩光建設	0927	
埼工設備	0902	
サイゴンオプティカルCO., LTD.	0106	
彩コンサルタント	0088	
サイゴンパールLTD.	0106	
財産ドック	0979	
サイジニア	0892	
彩旬館	2420	
サイゼリヤ	0893	
才田組	0894	
サイタホールディングス	0894	
埼玉オリジン	0505	
埼玉カントリー倶楽部	1140	
埼玉機工	2506	
埼玉キッコーマン	0632	
埼玉協同緑化	2239	
埼玉銀行	3089	
埼玉ケイテクノ	0606	
埼玉県魚市場	1854	
埼玉県水産物卸売市場	1854	
埼玉興業	2092	
埼玉製麺	2092	
埼玉トヨクニ	0299	
埼玉日新	2065	
埼玉配送	0605	
埼玉ハム	2472	
埼玉フエルト	2182	
埼玉紡績	0902	
埼玉ホーチキ	2654	
埼玉りそな銀行	3090	
埼玉臨床検査研究所	3013	
埼玉日本無線	1255, 2254	
斉藤商会	2150	
斎藤製作所	1200	
斎藤誠司商店	1409	
斉藤電気	1388	
サイトシーイング	1134	
サイトデザイン	2479	
済南大帝キャンドモータポンプ修理有限公司	1698	
済寧東洋熱交換器有限公司	1719	
サイネックス	0895	
サイネックス・イーシーネット	0895	
サイネックス・コミュニケーションズ	0895	
サイバーウェイ	1435	
サイバーエージェント	0896	
サイバーエージェント	0018	
サイバー・コミュニケーションズ	1431, 1742	
サイバーコム	0897	
サイバーステップ	0898	
サイバーステップ・ドット・コム	0898	
CYBERDYNE	0899	
サイバード	0725	
サイバートラベル	0119	
サイバネット工業	0668	
莎益博工程系統開発（上海）有限公司	0900	
サイバネットシステム	0900	
莎益博設計系統商貿（上海）有限公司	0900	
サイバービズ	0931	
サイバーリンクス	0901	
サイバーリンクス東海	0901	
サイボー	0902	
才望子信息技術（上海）有限公司	0903	
彩貿（上海）貿易有限公司	0902	
サイボウズ	0903	
サイボウズスタートアップス	0903	
サイボウズ・ドットネット	0903	
サイボウズファイナンス	0903	
サイボウズ・ラボ	0903	
サイマート	0629	
彩裕フーズ	2727	
サイレジェン	2621	
サイレントグリスホールディング社	1914	
ザイロ	1364	
ザインエレクトロニクス	0904	
ザインエレクトロニクスコリア	0904	
ザ・インクテック	1681	
賽恩電子香港股份有限公司	0904	
ザイン・マイクロシステム研究所	0904	
ザウアーダンフォス インク	1464	
ザウアーダンフォス・ダイキン	1464	
サウス・インディア・コーポレーション・エージェンシーズ・リミテッド	2807	
サウスキャロライナ・ユタカ・テクノロジーズ・インコーポレーテッド	2991	
サウスランドボックスカンパニー	1938	
サウンドコンテンツ出版	3130	
サウンド北越	2335	
蔵王ニコン	2024	
佐賀安全産業	2118	
さかい	1129	
酒伊編織工場	0905	
サカイエルコム	0905	
酒伊エルコム	0905	
サカイエンジニアリング	0907	
サカイオーベックス	0905	
堺化学工業	0906	
堺化学工業	0908	
堺化学精錬所	0906	
堺ガスセンター	1532	
酒井機工	0907	
酒井建設工業	0878	
酒井工作所	0907	
酒井工程机械（上海）有限公司	0907	
酒伊合同紡織	0905	
堺産業	0908	
堺システム開発	2396	
酒井重工業	0907	
堺商事	0908	
堺商事	0906	
堺商事貿易（上海）有限公司	0908	
酒伊織産	0905	
酒伊精錬加工場	0905	
堺精錬所	0906	
酒伊繊維工業	0905	
酒伊繊維名古屋工場	0905	
堺田中亜鉛鍍金	1602	
酒伊通信工業	0905	
坂出LNG	1104	
坂出カントリークラブ	0440	
サカイテキスタイル	0905	
酒伊テキスタイル	0905	
坂出ユタカサービス	1045	
堺電機製作所	1308	
サカイ電子	0905	
サカイナゴヤ	0905	
酒伊ニッテイング	0905	
境野製作所	1205	
堺バッテリー工業所	1308	
サカイ引越センター	0909	
堺引越センター	0909	
堺貿易	0908	
酒伊貿易（上海）有限公司	0905	
堺ホーク製作所	2917	
堺リサイクルセンター	0666	
栄	1662	
栄エンジニアリング	2732	
栄工業	0384	

社名	番号
栄商事	1044
サカエ食品	3030
栄電子	0910
栄電子工業	0417
栄町ビル	2732
栄屋	0428
佐賀エレクトロニクス	1255
サカエレデイ薬局	3131
栄工社	2732
佐賀銀行	0911
坂口機械製作所	1514
阪口フーズ	0610
佐賀グリコ乳業	0294
佐賀興業銀行	0911
阪堺電気軌道	2016
佐賀関銀行	0418
佐賀綜合警備保障	1400
佐賀泰明堂	2743
阪田インキ製造	0912
サカタインクス	0912
サカタインクス	1093
サカタインクスインターナショナル	0912, 1093
阪田カーボン	0912
酒田共同火力発電	1871
サカタ興業	0912, 0913
阪田産業	0912
阪田種苗	0913
阪田種苗（蘇州）有限公司	0913
阪田商会	0913
阪田商会	0912
阪田商会インキ製造所	0912
酒田ショッピングセンター	0166
阪田製作所	1379
サカタテクノサービス	0913
阪田謄写版工業	0912
坂田農園	0913
サカタのタネ	0913
阪田油脂化学	0912
サカタラボステーション	0912
サカタロジスティックス	0913
佐賀中央銀行	0911
さかな亭	0610
阪根産業	1728
佐賀板金塗装	1900
佐賀福留	2494
曽我部（蘇州）減速機製造有限公司	0934
さが美	0914
さが美	3000
サガミインターナショナル	0916
相模瓦斯	1812
相模神奈川バス	0551
相模協栄商会	1016
相模工業	0867, 2411
相模ゴム工業	0915
サガミサービス	0916
相模水力電気	2544
相模第一コンクリート	1699
サガミチェーン	0916
相模中央交通	0551
相模鉄道	1414
相模野興業	1414
相模原酸素	1532
相模富士機工	2506
サガミフード	0916
相模プラスチック工業	0915
相模紡績	2544
相模マニュファクチャラーズ有限公司	0915
坂本産業	0063
坂本商事	2650
坂柳銀行	0046
佐川	0917
佐川急便	0917
佐川航空	0917
佐川自動車工業	0917
佐川車体	0917
佐川物流	0917
佐川物流サービス	0917
佐川林業	0917
佐川ロジテック大阪	0917
砂金瓦工業	0808
佐銀コンピュータサービス	0911
佐銀信用保証	0911
佐銀ビジネスサービス	0911
サーク	1970
佐久エレクトロン	2526
佐久銀行	2330
サクサホールディングス	0918
索馬龍精細化工（珠海）有限公司	1437
サクシス	3107
サクセスアカデミー	0919
サクセスプロスタッフ	0919
サクセスホールディングス	0919
索利通網絡系統（上海）有限公司	1439
佐久間富士機工	2506
索馬龍（香港）有限公司	1437
桜井広済堂	0815
櫻井廣済堂大阪支店	0815
桜井商店	1409
桜井製作所	0920
櫻井謄写堂	0815
桜井ビルテクノ	0235
さくらインターネット	0921
桜ヶ岡研究所	0293
さくらカラー販売	0860
さくら観光	0070
桜組	3071
さくら銀行	2789, 2793
さくらクリエイティブ	0921
櫻護謨	0922
桜醸造	0687
さくら精機	2233
桜製作所	2400
さくら総合研究所調査部	2221
櫻テクノ	0922
さくらノート	0229
桜麦酒	0078, 0933
ザ・クラブ・アット・エビスガーデン	0857
さくらフューチャーズ	0049
サクラフローシステムズ	0922
桜町工業所	2149
櫻屋商事	0757
櫻屋商店	0757
さくらリース	2792
さくらんぼ東根学校給食サービス	0989
サークル機工	2165
サークルケイ・ジャパン	3000
サークルライフ	2684
サークルKサンクス	3000
索路克（杭州）信息科技有限公司	1440
THEグローバル社	0923
ザ・ケイ・コレクション	0698
佐憲鉄工所	2665
サコス	0924
迫東北リコー製作所	3082
迫リコー	3082
ザ・サイアム・セメント社	2961
笹川護謨	1326
佐々木営業部	3132
佐々木工業所	0299
佐々木実業	3132
佐々木電線製造	0299
ササクラ	0925
笹倉機械製作所	0925
笹倉サービスセンター	0925
佐々幸建設	0936
サザビー	0926
サザビーリーグ	0926
サザビーリーグ（上海）有限公司	0926
サザビーリーグHR	0926
細雪酒造	2042
サザン・イート・アイランド	2311
ザ・シネマ	1870
さしま環境サービス	1227
颯進（上海）貿易有限公司	1778
ザ・スタンダード・プロダクツ・カンパニー	2026
佐世保日本無線	2254
佐田組	0927
佐田建設	0927
定谷紙業	1992
サダマツ	0928
貞松時計店	0928
札通市場荷役	3136
雑貨屋ブルドッグ	0929
サツキセイシ	0405
サックスバーホールディングス	0930
サッシプリント	1236
サッシプリント販売	1236
サッソフィルムズ	1720
札通トランスライン	3136
札通ロジスティックス	3136
札通ロジスティックス東京	

……………	3136	佐藤ビニール工業所 ……	1572	サニーフーズ ……………	1982
ザッツ福島 …………………	1535	サトウライト ……………	1450	サニー包装 …………………	3081
ザッパラス …………………	0931	佐藤渡辺 ……………………	0936	讃岐製粉 ……………………	2069
札幌印刷 ……………………	1405	サト運輸 ……………………	0941	讃岐貯蓄銀行 ………………	2433
サッポロ飲料 ………………	0933	ザ・トーカイ ………………	0937	讃岐紡績 ……………………	0724
サッポロエージェンシー …	0933	ザ・トーカイ ………………	1899	讃岐無尽 ……………………	1939
札幌銀行 ……………………	2643	佐渡観光ガイド ……………	0938	サノウ ………………………	1075
札幌クリエート ……………	1128	サトー機工 …………………	0939	佐野銀行 ……………………	0091
札幌ケミカル ………………	1511	佐渡汽船 ……………………	0938	サノチュー …………………	2380
札幌廣済堂印刷 ……………	0815	佐渡汽船営業サービス ……	0938	サノビオン・ファーマシューティカルズ・アジア・パシフィック・プライベート・リミテッド	1510
札幌水力電気 ………………	0404	佐渡汽船コンピューターサービス ……………………	0938		
札幌通運 ……………………	3136	佐渡汽船シップマネジメント ……………………	0938		
サッポロドラッグサポート ……………	0932	佐渡汽船シップメンテナンス ……………………	0938	佐野マルカ …………………	0397
サッポロドラッグストアー ……………	0932	佐渡汽船商事 ………………	0938	佐野マルカ商店 ……………	0397
札幌ネポン販売 ……………	2279	佐渡汽船スチュワーデス …	0938	サノヤス ……………………	0943
札幌白洋舍 …………………	2321	佐渡汽船清掃 ………………	0938	サノヤス・インタラクションズ ……………………	0943
札幌ハンナン ………………	2380	佐渡汽船宅配 ………………	0938	サノヤス精密工業 …………	0943
サッポロビール …… 0857,	0933	佐渡汽船通運 ………………	0938	佐野安船渠 …………………	0943
札幌麦酒 …………… 0078,	0933	佐渡汽船ニュー商事 ………	0938	佐野安造船所 ………………	0943
札幌フードセンター ………	2710	佐渡汽船ビルサービス ……	0938	サノヤス・ヒシノ明昌 ……	0943
札幌北洋ホールディングス ……………	2643	佐渡金山 ……………………	2821	サノヤスホールディングス ……………	0943
サッポロホテルエンタプライズ ……………	0933	サトーグリーンエンジニアリング ……………………	0939	鯖江合繊 ……………………	0905
サッポロホールディングス ……………	0933	佐渡商船 ……………………	0938	鯖江村田製作所 ……………	2864
札幌松坂屋 …………………	0428	佐渡西三川ゴールドパーク ……………	0938	サハグループ ……… 1679,	2535
札幌丸井今井 ………………	2805	サトープライマリーラベルインターナショナル ……	0939	サハダイヤモンド …………	0944
札幌丸井三越 ………………	2805	サード・プランニング ……	1973	ザ・パック …………………	0945
札幌ミサワホーム …………	2771	サードプランニング ………	2343	ザ・パックアメリカコーポレーション ……………………	0945
札幌三越 ……………………	2805	サトーヘルスケア …………	0939	サハ・パタナ社 ……………	0658
サッポロライオン …………	0933	サトーホールディングス …	0939	サハビリヤニッタン ………	2157
サッポロラーメン11番 ……	1056	サトーマーキング直販 ……	0939	サハラ ………………………	2304
サッポロ流通システム ……	0933	サトームセン ………………	2958	サヴィアン …………………	1105
札幌冷蔵 ……………………	0558	サトーラベル ………………	0939	ザ・ビー・エフ・グッドリッチ・カンパニー …………	3031
札幌煉乳所 …………………	2872	佐鳥エス・アイ・シー ……	0940	サブアンドリミナル ………	1370
さつま郷本舗 ………………	0805	佐鳥エス・テック …………	0940	サフィールリゾート ………	2873
薩摩製糸 ……………………	0539	佐鳥オートマチックス ……	0940	サブマリン …………………	3051
さとう ………………………	0464	佐鳥テクノシステム ………	0940	ザ・プルデンシャル・インシュアランス・カンパニー・オブ・アメリカ ………… 1422,	1423
サト …………………………	0941	佐鳥電機 ……………………	0940		
サトー ………………………	0939	佐鳥バイニックス …………	0940		
サト・アークランドフードサービス ………… 0064,	0941	佐鳥不動産 …………………	0940	佐文工業所 …………………	1686
サトーRFIDソリューションズ ……………	0941	サトレストランシステムズ ……………	0941	ザポイントスタジオ ………	1331
サトーインターナショナル ……………	0939	サトレストランシステムズ ……………	0064	サーボソリューションジャパン ……………………	2230
佐藤 …………………………	0934	サナ …………………………	2281	サーボテクノシステム ……	2230
佐藤加工所 …………………	1572	真田KOA ……………………	0804	サーボテック ………………	2230
佐藤金属 ……………………	0083	ザナヴィ・インフォマティクス ……………………	0728	サポートフーズ ……………	0693
佐藤ケミグラス ……………	0934			サポート21 …………………	0773
佐藤建築設計事務所 ………	3019	サニクリーン ………………	1592	ザ・マスターズコーポレーション ……………………	2887
佐藤産業 ……………………	0955	ザ・ニコルス ………………	0945	サマトール社 ………………	1532
佐藤商事 ……………………	0934	サニックス …………………	0942	サマトール・タイヨウニッポンサンソ・インドネシア社 …	1532
佐藤食品工業 ………………	0935	サニックスエナジー ………	0942		
佐藤食品工業所 ……………	0935	サニックスエンジニアリング ……………………	0942	サーマル ……………………	1870
佐藤竹工機製作所 …………	0939	サニックス・ソフトウェア・デザイン ……………………	0942	サマンサタバサジャパンリミテッド ……………………	0946
佐藤電機工業所 ……………	2126			サミー ………………………	1349
佐藤電気工業所 ……………	2973	サニックス・ソリューション ……………………	0942	サミックス …………………	0240
佐藤道路 ……………………	0936			サミット ……………………	1316
佐藤新潟加工センター ……	0934	サニトーンジャパン ………	2321		
佐藤ハガネ商店 ……………	0934				

社名	頁
サミット・ショーワ・マニファクチャリング・カンパニー・リミテッド	1215
サミットストラッピングCorp.	1354
サミット・フジキコー・クラタ・マニュファクチャリング・Co., Ltd.	2506
サムエル・ムアー社	2077
サムカワフードプランニング	0302
SUMCO	0948
サムコ	0947
サムコ	0960
サムコインターナショナル研究所	0947
莎姆克股份有限公司	0947
サームコ社	1806
サムコーポレーション	2801
サムコム エレクトロニクス	0990
サムザップ	0896
サムシング	0310, 0949
サムシング四国	0949
サムシング東海	0949
サムシング西日本	0949
サムシング・ホウルディング	0949
サムシングホールディングス	0949
サムソン・エステート	0523
サムソン総合ファイナンス	0523
サムティ	0950
サムティ開発	0950
サムティ管理	0950
サムハイテックス	0240
サムファイナンスサービス	2801
サムライベイビー	0114
サーモス	1532
サーモテック	0595
サモンド・サービス	0640
穴吹人材派遣センター	0732
穴吹テンポラリーセンター	0732
狭山製作所	2181
狭山精密工業	1123
狭山綜研	1402
狭山電子	0417
狭山日梱	2056
佐用グローリー	0766
サーラコーポレーション	0951
サーラコーポレーション	1651
サーラ住宅	0952
サラダカフェ	0799
サーラの水	0951
サーラハウスサポート	0952
サーラ物流	0951
サリマルチウタマ社	1548
ザルツブルグ・モータース	1351
サレーヌ	0985
サロンキャリア	2435
サロンデイ	0734
沢井製薬	0953
澤井製薬	0953
澤邦発展有限公司	1634
澤田ホールディングス	0954
サワフジ エレクトリック タイランド CO., LTD.	0955
澤藤機械製造	0955
澤藤電機	0955
澤藤電機研究所	0955
沢藤電気工業	3078
澤藤電機工業所	0955
沢村亜鉛	0603
さわやか	0832, 2092
さわやか倶楽部	0250
三港運送	2132
三愛運輸	0975
三愛ファミリー	0414
サンアクアトートー	1921
サンアグロ	2057
燦アセットマネージメント東京支社	0966
サン・アーチスト・スタジオ	0074
サンアドバンス	1013
サンアプロ	1004
三亜洋行有限公司	1934
サン・アルミニウム工業	2540
サン・アロー化学	1908
サンアンドキュー	2803
サンイエロー	0963
山陰アシックス工業	0093
山陰オフィスサービス	0956
山陰経済経営研究所	0956
山陰合同銀行	0956
山陰債権回収	0956
山陰佐川急便	0917
山陰信用保証	0956
山陰ステーション開発	2028
山陰総合リース	0956
山陰ダイケン	1047
山陰貯蓄銀行	0956
サンインテリア	2085
山陰ベニヤ	1834
山陰薬品	1688
サンウエーブ工業	3072, 3073
サンウッド	0957
サンエー	0958
サンエイインターナショナルコーポレーション	0960
三栄運送	1016
三栄建築設計	0959
三栄コーポレーション	0960
三栄コーポレーション	0959
三栄商事	3077
三栄食品	1184
三栄食品販売	0092
三栄シリカ	0769
三栄製玉	0092
三英製作所	1616
蚕栄製糸	0770
三栄石油	0963
三栄設備工事	2841
燦HE	0966
三栄通商	0960
三栄電器香港有限公司	0960
三栄貿易	0960
三栄貿易（深圳）有限公司	0960
サンエイム	0942
三栄薬品	2301
三栄洋行有限公司	0960
サンエー・インターナショナル	1687
サンエー運輸	0958
サンエー化学工業	0961
サンエー化研	0961
サンエーガス	2841
サンエー食品	0092
サンエース	0986, 1222
サンエス	0310, 2301, 2815
サンエス工業	1229, 1461
サンエスハイム製作所	1352
サンエツ金属	1100
サンエツ精工	1100
サンエーテイクケア	2841
サンエーデベロッパー	0964
サンエー電機	0491
サンエー物流	0657
サンエブリー	2950
サンエム工業	2889
サン・エレクトロニクス	1535
サン・エンジニアリング	2082
サンエー21	2947
サンオー アメリカ インコーポレーテッド	0962
サンオー イジェフスク リミテッド ライアビリティ カンパニー	0962
サンオー インダストリアル デ メキシコ S.A.DE C.V.	0962
サンオーインダストリーズ（タイランド）カンパニー リミテッド	0962
サンオー インディア プライベート リミテッド	0962
サンオー インドネシア	0962
三櫻企業管理（上海）有限公司	0962
三王技研工業	1769
三櫻工業	0962
三櫻（重慶）汽車部件有限公司	0962
三櫻（中国）投資有限公司	0962
三櫻（東莞）汽車部件有限公司	0962
三櫻（武漢）汽車部件有限公司	0962
三櫻（無錫）汽車部件有限公司	0962
サンオー エムティーシー インコーポレーテッド	0962
サンオオイシ	0416
サンオオクボ	2624
サンオー オボニック パワーシステムズ コーポレーション	0962

社名	頁
サンオクト	0491
サンオーコミュニケーションズ	0962
サンオー コリア カンパニー リミテッド	0962
サンオー サンクトペテルブルクリミテッド ライアビリティ カンパニー	0962
サンオーシステムソリューションズ	0962
サンオータス	0963
サンオー フルトン（フィリピンズ）インコーポレーテッド	0962
サンオー ベトナム カンパニー リミテッド	0962
サンオー ボルガ リミテッド ライアビリティ カンパニー	0962
サンオー マジャール kft.	0962
サンオー マニュファクチュアリング コーポレーション	0962
サンオー ヨーロッパ GmbH	0962
サンオー ヨーロッパ（フランス）EURL	0962
サンオー UK マニュファクチュアリング リミテッド	0962
山海館	1191
三開者製作所	2138
燦曄合成科技貿易（上海）有限公司	0977
三華合成（廣州）塑膠有限公司	0977
三曄国際貿易（上海）有限公司	0960
サンカフェ	2999
三機アイティサービス	0964
三機化工建設	0964
三機加工センター	0964
サンキ環境サービス	0964
三機環境サービス	0964
三機環設センター	0964
三機空調センター	0964
三基計装	1625
三机建筑工程（上海）有限公司	0964
三機工業	0964
三機工業	1250
三機サービス	0965
三機産業設備	0964
三機産設センター	0964
三機食品設備	0964
サン機電	1715
三機電設センター	0964
サンキムラヤ	2950
燦キャピタルマネージメント	0966
山九	0967
山九運輸	0967
山九運輸機工	0967
山九産業運輸機工	0967
山九東南アジアホールディングス	0967
参急山田自動車	2763
三宜油化股份有限公司	2988
サンキョウ	1368
三共	1325, 1450
三共インターナショナル	0993
産業革新機構	2196
三京化成	0968
産業経済新聞社	0969
産業経済新聞東京本社	0969
三協光学工業	2231
三協サービスエンジニアリング	2231
三共商会	0970
三協商会	0968
三協飼料	2947
産業振興	1755
三協精機製作所	2231
三共生興	0970
三共生興アパレルファッション	0970
三共生興ファッションサービス	0970
三共生興ホームファッション	0970
三共生興リビング	0970
三京ダイヤモンドグループ	1865
三共通信機部品	0616
三共電器	0993
三共電器電装	0993
三共販売	0993
三共ファルマInc.	1450
三共ファルマGmbH	1450
三協フロンテア	0971
産京貿易（上海）有限公司	0968
三共ポンプ製作所	2414
三協ミツウロコ	2803
三協・立山ホールディングス	1601
三金機工	2785
三金レア・アース	2786
参宮急行電鉄	0702
サンクス	2336, 2338
サンクス光電販売	2338
サンクスソフトウェアサービス	2338
サンクス中央研究所	2338
サンクス電子	2338
サンクス貿易	2338
サングリーン	2691
サンクレア	1395
サングレイス	2908
サンケイ化学	0972
三啓化学工業	0972
サンケイゴルフ	1548
サンケイゴルフ製造	1548
三桂精機	0546
産経デジタル	0969
三慶日華化学	2049
サンゲツ	0973
山月堂	0973
サンケミ	2761
サンケミカル	1004, 2132, 2787
三建アーキテクト	0959
サンケン エレクトリック コリア	0974
サンケン エレクトリック シンガポール プライベート リミテッド	0974
サンケン エレクトリック ホンコン カンパニー リミテッド	0974
サンケンオプトプロダクツ	0974
三建化工	1546
サン建築設計	0089
サンケン電気	0974
サンケン電設	0974
三建道路	2788
サンケントランスフォーマー	0974
サンケン ノースアメリカ インク	0974
サンケン パワー システムズ（ユーケー）リミテッド	0974
サンケンロジスティクス	0974
サンコー	0976
サンコー	0447, 1074, 2997
三五	0975
三興	0405, 2748
三光アジア航測	0088
三交ウェルフェア	2763
三光エンジニアリング	0977
三光開発	2117
三光化学工作所	0977
三交観光社	2763
三光機械リース	0924
サン興業	1503
三交クリエイティブ・ライフ	2763
三光建設	0979
三交興業	2763
三光工業	0154, 2094
三光合成	0977
三光合成樹脂工業	0977
三交産業	2410, 2763
三光産業	0978
サンコウサンギョウ（タイランド）Co., Ltd.	0978
サンコウサンギョウ（マレーシア）SDN.BHD.	0978
三交シーエルツー	2763
三光社製作所	0388
三光純薬	0332
三交ショッピングセンター	2763
三光精機	0977
三興製作所	1232
三光製作所	0976
三興製紙	0405
三興線材工業	0981
三光ソフラン	0979
三光ソフランホールディングス	0979

三交タクシー	2763	
三興電器	1238	
三興電気	1846, 2807	
三興電気事務所	1846	
燦光電子（深圳）有限公司	0978	
三交南紀交通	2763	
三交ニューサービス	2763	
三交百貨店	2763	
三交不動産	2763	
三光不動産	0979	
三光プリンティング	0978	
三交ホーム	2763	
三交ホールディングス	2763	
三交旅行	2763	
三興レンタル	2025	
三光染業	2544	
三五関東	0975	
三石工業	2400	
サンコーストナジー	0980	
サンコーテクノ	0980	
三五北海道	0975	
三五三重	0975	
サンコーミタチ	0976	
サンコミュニケーションズ	0991	
三五米野	0975	
サンコール	**0981**	
サンコールエンジニアリング	0981	
サンコール菊池	0981	
サンコール仙台	0981	
サンコーワ	2807	
サン・コンサルタンツ	0347	
三墾電気（上海）有限公司	0974	
サンサプライ	2308	
サンジェニックス	2225	
サン・ジェルソ・トレーディング	0768	
サン・ジオテック	0088	
サンシー殖産	2066	
三之知通用零部件（蘇州）有限公司	2827	
三社エレクトロコンポーネント	0982	
三社エンジニアリングサービス	0982	
三社電機サービス	0982	
三社電機（上海）有限公司	0982	
三社電機製作所	**0982**	
サン・ジャパン	0313	
三十八銀行	2789	
サンジュエル	2624	
三商	1236, 2884	
三条瓦斯	2644	
三生不動産	2060	
三商和民股份有限公司	3163	
サンショク	0564	
サンショップヤマザキ	2950	
サン書房	2707	
三信	0889	

三信カーテンウォール	2541	
三信建設工業	**0983**	
三信建設工業（香港）有限公司	0983	
三信国際貿易（上海）有限公司	0984	
三伸精機	1149	
三信建物	2800	
三信電気	**0984**	
三信特殊線工業	2151	
三信ネットワークサービス	0984	
サンシンフーズ	2744	
三信メディア・ソリューションズ	0984	
三信力電子（深圳）有限公司	0984	
酸水素油脂工業	1256	
サンスター	**0985**	
サンスターSA	0985	
サンスターエンジニアリングインドネシア	0985	
サンスターエンジニアリングタイランド	0985	
サンスター開発	0985	
サンスター技研	0985	
サンスター機工	0985	
サンスター金属	0985	
サンスター金属工業	0985	
サンスターグループエンジニアリング	0985	
サンスターケミカルタイランド	0985	
サンスター歯科保健振興財団	0985	
サンスター商事	0985	
サンスター シンガポール Pte. Ltd.	0985	
サンスタースイスSA	0985	
サンスターパッケージ	0985	
サンスター歯刷子	0985	
サンスター歯磨	0985	
サンスターロザンヌSA	0985	
サンスターロジスティックシンガポール	0985	
サン・スチール・（ハノイ）・カンパニー・リミテッド	2730	
サンスーツ	1368	
サンステージ・ファイナンス	2629	
燦ストラテジックインベスト	0966	
サンセイ	0987	
三星	1374, 2732	
三星海運	1996	
三西化学工業	2784	
三星機工	1996	
三成建築工業	2955	
三成工業	2955	
三生興産	2060	
サンセイコミュニティ	0987	
サンセイサービス	0987	
三成社	3133	
サンセイ住宅販売	0987	

三精商会	0986	
三正製作所	0132	
三精テクノロジーズ	**0986**	
三星電気	1348	
三星電子	0904, 1970	
三星堂	2901	
三精不動産設備	0986	
サンセイメンテナンス	0986	
三精輸送機	0986	
サンセイランディック	0987	
サンセツオーストラリアP.T.Y.リミテッド	2520	
サンセブン	1119	
サンセリテ	1275	
サンセルP.T.Y.リミテッド	2520	
サン・セレモニー	1014	
三川工業	2761	
三全社	0539	
サンセントシネマワークス	3155	
サンソー	1549	
三造環境エンジニアリング	2797	
三造環境サービス	2797	
三造機械部品加工センター	2797	
三造企業	2797	
三相電機	**0988**	
三造メタル	2797	
三造リフレ	2797	
サンソー精工	0988	
三泰	1265	
サンダイヤポリマー	1004	
三丹佐川急便	0917	
三中産業	3072	
山長佐藤商店	2969	
産直開発	2727	
三通国分商貿（青島）有限公司	0839	
三通中部飼料（山東）有限公司	1652	
サンティスト	2807	
3DDS名古屋有限責任事業組	0692	
サンデイリー	2963	
サン・テクトロ	2219	
サン・テクノロジー	0984	
サンデーサン	1213	
サンデーサン・エンタープライズ	1213	
サンデーサントレーディングス	1213	
santec	0990	
サンテック	**0989**	
サンテック	0235, 0249, 0990, 2993	
サンテック オーシーシー	0990	
サンテックス	2120	
サンデックス	0371	
サンテック・フォトニクス研究所	0990	
サンテック・レーザー	0990	
サンデーペイント	1511	

サンデリカ	2950	
サンデン	0993	
3.1フィリップリム・ジャパン	0926	
3.1 phillip lim LLC.	0926	
参天医薬販売（蘇州）有限公司	0992	
サンデンインターナショナル	0993	
サン電子	**0991**	
サンデンシステムエンジニアリング	0993	
参天製薬	**0992**	
参天製薬（中国）有限公司	0992	
サンデン電装	0993	
参天堂	0992	
参天堂製薬	0992	
サンデン販売	0993	
サンデン物流	0993	
参天物流	0992	
サンデンホールディングス	**0993**	
山東外運公司	0104	
山東冠世針織有限公司	0770	
山東三盛鈦工業有限公司	1623	
三東スーツ	1498	
山東東佳集団有限公司	1623	
山東日信工業有限公司	2063	
山東安永精密機械有限公司	2941	
サントーエンジニアリング	2794	
三都急配	0917	
サントク運輸	1009	
サントク加工	1009	
山特工業	1009	
サントクコンピュータサービス	1009	
サントクサービス	1009	
サントク人材センター	1009	
サントク精研	1009	
山特精鍛	1009	
山特テクノス	1009	
サントクテック	1009	
サントクフーズ	1009	
山特不動産	1009	
サントク保障サービス	1009	
サントーサービス	2794	
サンドストランド社	2012	
サン・トックス	1908	
サンドライ	0497	
サンドラッグ	**0994**	
サンドラッグ東海	0994	
サンドラッグ・ドリームワークス	0994	
サンドラム	0662	
サンドラムサービス	0662	
サントリー	**0995**	
サントリー	2999	
サントリーグローバルイノベーションセンター	0995	
サントリー食品	0996	
サントリー食品アジア社	0995	
サントリー食品インターナショナル	0996	
サントリー食品インターナショナル	0995	
サントリー食品ヨーロッパ	0995	
サントリー（中国）ホールディングス	0995	
三得利ヒ酒（上海）有限公司	0995	
サントリービール	0995	
サントリーフーズ	0995	
サントリーフラワーズ	0995	
サン・ナガサキ	3111	
サンナム・コーポレーション	1004	
サンネット	1767	
サンネットワーク中部	2692	
サンネットワークマエダ	2692	
山王	0997	
山王興業	1241	
山王電子（無錫）有限公司	0997	
山王鍍金工業所	0997	
山王ホテル	2376	
サンノプコ	1004	
サンバイオ	**0998**	
サンハウス食品	2308	
サンパーク	2707	
サン・パッケージ	1503	
三發電器製造廠有限公司	0960	
三發電器製品（東莞）有限公司	0960	
三發貿易有限公司	0960	
サンバンウルルック	3114	
サン・ビジネスサポート	2796	
サンピース	1224	
サンビップ	2807	
三美電機	2825	
三美電機製作所	2825	
サンビルド	0713	
サンファイバー	2049	
サンファースト	0970	
サンファミリー	0657	
サンフエルト	1659	
三福	0556, 0975	
サンフラワー	2754	
サンフラワー薬局	2033	
サンフランシスコ・ホールディングス	0302	
サン・プランニング	1164	
サン・フリーズドライ	1982	
サンブリッジ	2114	
サン・プリプレス	1503	
サンフルリアルエステート	2882	
サンフレア	0517	
サンフレックス永谷園	1982	
サンフレッドケミカル	1528	
サンフレンド	2373	
サン プロシード	0970	
サンフロンティア	0999	
サンフロンティア不動産	**0999**	
サンフロンティア不動産投資顧問	0999	
サン・ペトロケミカル	1004	
サンベリー・コンポーネント・インダストリーズ・インコーポレイテッド	1215	
サンボ	1270	
三峰川電力	1201	
三瑩電子工業	2126	
三宝メタル販売	2821	
サン・ホテル	3002	
サンホテルインターナショナル	3088	
サンホテルエージェント	3088	
サンマーチ	1982	
参松工業	1045	
サン・マテック	1228	
サンマート	2997, 3094	
サンマルク	1000	
サンマルクグリル	1000	
サンマルクチャイナ	1000	
サンマルクホールディングス	**1000**	
三味	2932	
サンミック商事	2114	
サンミックス	2950	
サンミック千代田	2114	
サンミック通商	2114	
サンメッセ	**1001**	
サンメディア	0963	
サンメディック	2033	
サンユー	2338, 2807	
サンユウ	**1002**	
三友技術研究所	2338	
サンユウ九州	1002	
三友シャフト工業	1002	
サンユウ商事	0776	
三友不動産	2797	
三友ホームサービス	2801	
サンユーエステート	1003	
サンユーケミカル	0430	
サンユー建設	**1003**	
三陽アクセル	3127	
山陽アメニティサービス	1010	
山陽飲料	0833	
山陽SC開発	2028	
三洋エプソンイメージングデバイス	1340	
三陽エンジニアリング	3127	
山陽岡本	0451	
山陽オーバルメンテナンス	0487	
山洋開発	1007	
山陽化学工業	0687	
三洋カーシステム	0184	
三洋化成工業	**1004**	
三洋化成（上海）貿易有限公司	1004	
三洋化成精細化学品（南通）有限公司	1004	
三洋機械工業	1011	
三養基製薬	2401	
山陽機電技術（上海）有限公		

社名	ページ
司	0989
山陽銀行	1645
三洋工業	**1005**
三洋工業	1710
三陽工業	1572
三洋工業九州システム	1005
三陽工業所	1754
三洋工業東京システム	1005
三洋工業東北システム	1005
三洋工業北海道システム	1005
山陽興産	1703
山陽コカ・コーラセールス	0833
山陽コカ・コーラボトリング	0833
山陽国策パルプ	2150
三洋コミュニティサービス	1013
山陽コンテナトランスポート	0454
三洋コンピュータ	2168
山陽サービス	1931
三洋酸素	1532
三洋実業	0841
山陽自動車	1224
三洋商会	1005
三陽商会	**1006**
山洋商会	1007
三陽商会製作所	1006
三陽商會香港有限公司	1006
三洋商事	2114
三洋消毒	0084, 0942
三洋消毒社	0084
山陽ステーション開発	2028
山陽製鋼	1009
山陽相互銀行	1931
三洋テクノス	1011
山陽デリバリーサービス	1010
山洋電気	**1007**
三洋電機クレジット	0184, 3145
山洋電気工事	0989
山洋電気（上海）貿易有限公司	1007
三陽電機製作所	3127
山洋電気精密機器維修（深圳）有限公司	1007
山洋電気テクノサービス	1007
山洋電気貿易（深圳）有限公司	1007
山洋電氣（香港）有限公司	1007
三陽電子	3127
三洋堂おひさま保険	1008
三洋堂書店	1008
三洋堂プログレ	1008
三洋堂ホールディングス	**1008**
三洋鍍金	1005
山陽特殊鋼貿易	1009
山陽特殊製鋼	**1009**
山陽友の会	1010
山陽ハイドリック工業	0067
山陽パルプ	2150
山陽パルプ工業	2150
三洋日比谷	2114
山陽百貨店	1010
山陽ピラーエンジニアリングサービス	2180
三洋物産貿易（上海）有限公司	1011
三洋物産貿易（香港）有限公司	1011
三洋貿易	**1011**
三陽貿易	3127
三洋ホームズ	1013
三洋ホームズコミュニティ	1013
三洋油脂	1004
三洋油脂工業	1004
山陽リース	1931
山陽レース	0724
山陽煉乳	2875
山陽火工業	2219
サンヨーカセイ（タイランド）リミテッド	1004
サンヨーコンサルタント	1012
サンヨーショウカイニューヨーク, INC.	1006
サンヨーショウカイミラノS.p.A.	1006
サンヨー土木測量	1012
サンヨーハウジング名古屋	**1012**
サンヨーホームズ	**1013**
サンヨーマート	1010
サンライズ	0464, 0824, 2377
サンライズエアカーゴ	2417
サンライズ・エム・エス・アイ	0861
サンライズシステムセンター	0341
サンライズ・リアルエステート	1661
サンライズMSI	2843
サンライト	2871
サン・ライフ	**1014**
サンライフ	0885
サン・ライフサービス	1014
サン・ライフ・ファミリー	1014
サン・ライフメンバーズ	1014
サンライン	1399
サンリオ	**1015**
サンリオエンターテイメント	1015
サンリオキャラクターソフト	1015
サンリオグリーティング	1015
三麗鷗股份有限公司	1015
サンリオコミュニケーション・ワールド	1015
三麗鷗上海国際貿易有限公司	1015
サンリオ電機工業	1015
サンリオピューロランド	1015
サンリオファーイースト	1015
サンリオ文化研究所	1015
三麗鷗有限公司	1015
三陸森林海洋開発	2954
サンリツ	**1016**
三立化工機	2257
三立	0975, 1016
三立梱包運輸	1016
サン流通システム	0605
サンリン	**1017**
サンリンエネルギー商事	1017
サンレックスアジアパシフィックPTE.LTD.	0982
サンレッズ	0660
サン・レッツ	0970
サンロイヤル	2950
サンワ	1158, 1265
三和	0249
三和印刷	1503
三和エクステリア	1020
三和エレック	0870
三和化学工業	2112
サンワカンパニー	**1018**
三和喜雅達門業設計（上海）有限公司	1020
三和銀行	0506, 2334, 2823
三和金属工業	0016
山和計装	0103
三和ケミカル	2112
三和工機	0975
三和興行	1859
三和工業	0598, 0660
産和工業	1011
三和シヤッター	1020
三和シヤッター工業	1020
三和シヤッター（シンガポール）有限公司	1020
三和シヤッター製作所	1020
三和シヤッター（香港）有限公司	1020
三和商会	0030
三和商事	0030, 1020
三和製紙所	0154
三和倉庫	2156
三和相互銀行	1931
三和タジマ	1020
産和ターミナル	0341
三和鋳造所	0016
三和通商	1865
サンワテクニックヨーロッパ	1019
サンワテクノス	**1019**
サンワテクノスアメリカ	1019
サンワテクノスインドネシア	1019
サンワテクノスシンガポール	1019
サンワテクノス深圳	1019
サンワテクノスタイランド	1019
サンワテクノス台湾	1019
サンワテクノスホンコン	1019
サンワテクノスマレーシア	1019
サンワテクノスヨーロッパ	1019
三和電気土木工事	1649
三和ドアー工業	1020

三和動熱工業 ... 2415
サンワトリニティ ... 1019
サンワフーズ ... 2583
三和プランニング ... 1745
三和防錆 ... 0240
三和ホールディングス ... 1020
三和無尽 ... 1931
三和窯業商会 ... 2835
サンワロジスティック ... 1019

【し】

CIS ... 0740
GIS東海 ... 2325
GIS東京 ... 2325
GIS北陸 ... 2325
GIS北海道 ... 2325
シーアイエム ... 1157, 1659
シーアイ化成 ... 0715, 3031
シーアイケー ... 1659
シー・アイ・シー ... 2958
ジー・アイ・シー ... 0543
CIJ ... 1021
シー・アイ・ジェイ ... 1021
CIJソリューション ... 1021
CIJマネージ ... 1021
ジー・アカデミー ... 1129
ジアース ... 2200
地頭鶏ランド日南 ... 0361
シーアール ... 1642
CRI・ミドルウェア ... 1022
シーアールアイ・ミドルウェア ... 1022
シーアールイー ... 1023
シー・アール・エス ... 0923
CRCソリューションズ ... 0190
ジー・アール・ディ ... 0879
CR任意組合 ... 1640
シアンス・アール ... 2601
C&Rリーガル・エージェンシー社 ... 0737
シー・アンド・シー ... 1953
G&Gサイエンス ... 0167
C&Gシステムズ ... 1024
シー・アンド・シー時計販売 ... 2729
C&Cビジネスサービス ... 1058
ジーアンドティープランニング ... 0748
ジーアンドビー ... 0619
ジーアンドピー ... 0768
シイアールアンドパートナーズ ... 0540
シーイーヌソリューションズ ... 1049
シイエムケイエンジニアリング ... 2138
シイエムケイ回路設計センター ... 2138
シイエムケイ蒲原電子 ... 2138
シイエムケイサンテクノ ... 2138
シイエムケイハイテックス ... 2138
シイエムケイパッケージテクニック ... 2138
シイエムケイパッケージテック ... 2138
シイエムケイ・プロダクツ ... 2138
シイエムケイメカニクス ... 2138
シイエム・シイ ... 1025
GEキャピタル ... 2076
シーイー・クリエート ... 3052
シーイーシー ... 1026
シーイーシーカスタマサービス ... 1026
シーイーシークロスメディア ... 1026
シーイーシー（杭州）科技有限公司 ... 1026
シーイーシー（上海）信息系統有限公司 ... 1026
シーイーシー名古屋情報サービス ... 1026
ジィティオ ... 0093
ジー・イー・ニッセイ ... 2102
シーイーパートナーズ ... 0647
GEヘルスケア・ジャパン ... 1027
GEヘルスケア バイオサイエンス ... 1027
CEホールディングス ... 1028
GE横河メディカルシステム ... 1027
CEリブケア ... 1028
シーインベストメント ... 1907
シーインベストメント バイオ・メディカルファンド投資事業組合 ... 1907
ジェー・アイ・イー・シー ... 1029
シェアーズ ... 1082
シェアホルダーズ・リレーションサービス ... 0340
ジェーアンドシーカンパニー ... 1064
ジェーアンドピーシステム ... 1187
JIEC ... 1029
ジェイ・アイ・エス ... 2166
ジェイアイエヌ ... 1030
ジェイアイディ ... 1124
ジェイ・アイ・ピー ... 1191
JIPテクノサイエンス ... 2166
J・ART日航商事 ... 1175
ジェイアール ウェスト レストラン ... 2028
ジェイアールエフ・パトロールズ ... 1394
ジェイ・アール・エム ... 2225
ジェイ・アール・エムグループ ... 2225
JRM香港有限公司 ... 2225
ジェイアールサービスネット米子 ... 2028
ジェイ・アール・シーエンジニアリング ... 2254
ジェイ・アール・シー特機 ... 2254
ジェイ・アール・シーモビテック ... 2254
ジェイアールセントラルビル ... 1796
ジェイアール高崎商事 ... 0439
JR東海 ... 1051
ジェイアール東海高島屋 ... 1796
ジェイアール東海ツアーズ ... 1051
ジェイアール東海バス ... 1796
ジェイアール東海百貨店 ... 1796
ジェイアール東海不動産 ... 1796
ジェイアール東海ホテルズ ... 1796
JR西日本SC開発 ... 2028
ジェイアール西日本開発 ... 2028
JR西日本カスタマーリレーションズ ... 2028
ジェイアール西日本クリエイト ... 2028
JR西日本山陰開発 ... 2028
ジェイアール西日本商事 ... 2028
ジェイアール西日本デイリーサービスネット ... 2028
ジェイアール西日本ファイナンス ... 2028
JR西日本フィナンシャルマネジメント ... 2028
ジェイアール西日本福岡開発 ... 2028
ジェイアール西日本フーズ ... 2028
ジェイアール西日本不動産 ... 2028
ジェイアール西日本不動産開発 ... 2028
ジェイアール西日本フードサービスネット ... 2028
ジェイアール西日本ホテル開発 ... 2028
ジェイアール西日本リーテックス ... 2028
JR西日本レンタカー＆リース ... 2028
JR西日本宮島フェリー ... 2028
ジェイアールバス関東 ... 2393
ジェイアールバス東北 ... 2393
ジェイアール東日本企画 ... 2393
ジェイアール東日本高架開発 ... 2393
JR東日本情報システム ... 2393
ジェイアール東日本情報システム ... 2393
ジェイアール東日本都市開発 ... 2393
ジェイアール東日本ビルディング ... 2393
ジェイアール東日本ビルテック ... 2393
ジェイアール東日本メカトロニクス ... 2393
J&Kカーエレクトロニクス ... 1057
J&Kテクノロジーズ ... 1057

J&Jギフト	………	1065
J&J事業創造	……… 1051,	1065
JFE製缶	………	1040
JFE炉材	………	1133
ジェイウインド	………	1766
ジェイウインド大間	………	1766
ジェイウインドサービス	………	1766
ジェイウインドせたな	………	1766
JAICシードキャピタル	………	2199
ジェイエイエストレーディング	………	1175
ジェイ エイ シー ジャパン	………	1031
ジェイエイシーリクルートメント	………	1031
ジェイ・エイチ・エム	………	0540
ジェイ・エイチ・オークラ・エンド・コンパニー	………	2281
JHKパートナーズファンド	………	0954
ジェイエイチビー関東	………	2918
JHリサイクル	………	2115
ジェイエイト	………	1046
JA三井リース	………	2799
JSR	………	1032
ジェイエスアールエレクトロニクス九州	………	1032
ジェイエスアールオプテック筑波	………	1032
JSRオプテック筑波	………	1032
JSRトレーディング	………	1032
ジェイエスエス	………	1033
ジェイ・エスコムホールディングス	………	1034
JSC	………	2836
JSW ITサービス	………	2219
JSWアフティ	………	2219
JSW樹脂機械サービス	………	2219
JST	………	1035
JSTブリッジ	………	1035
ジェイエスピー	………	1036
JXエンジニアリング	………	1037
JXホールディング	………	1038
JNS管理サービス	………	1162
シーエイエフ	………	2459
JFRコンサルティング	………	1060
JFEガスシリンダー	………	1040
JFE鋼材	………	1039
JFEコンテナー	………	1040
ジェイ エフ イー コンテイナー	………	1040
JFEシステムズ	………	1041
JFEスチール	………	1042
JFE都市開発	………	1042
ジェイ エフ イー ホールディングス	………	1042
ジェイ・エフ・サービス	………	1162
ジェイエフシー	………	1124
JMS	………	1044
ジェイ・エム・エス	………	1043
ジェイ・エム・エス	………	1044
ジェイエムエス	………	1065
ジェイ・エム・エス高分子	………	1043
ジェイ・エム・エス・サービス	………	1044
ジェイ・エム・エス・シンガポールPTE.LTD.	………	1044
ジェイ・エム・エス西部販売	………	1043
ジェイ・エム・エス中四国販売	……… 1043,	1044
ジェイ・エム・エス東部販売	………	1043
ジェイ・エム・エス・ドゥ・ブラジルLTDA.	……… 1043,	1044
ジェイ・エム・エス・ノース・アメリカ・コーポレーション	……… 1043,	1044
ジェイ・エム・エス販売	………	1044
ジェイ・エム・エス・ヘルスケア・フィリピン, INC.	……… 1043,	1044
ジェイ・エム・エス合機	………	1043
JMエナジー	………	2686
ジェイ エム エフ（ホンコン）社	………	0203
JMエンジニアリングサービス	………	1171
JM活性コークス	………	1766
ジェイ・エム・シィ	………	1814
ジェイ・エム・ティ	………	1244
CAM宮崎台	………	0847
CAL信用保証	………	0502
J-オイルミルズ	………	1045
J-オイルミルズ	………	0095
Jオークション	………	1266
ジェイ・オフタイム	………	1214
J缶管財	………	1040
ジェイキッチン	………	1059
ジェイキャスト	……… 1046,	1059
シェイクスピアカントリークラブ	………	0087
シェイクハンズ	………	2452
ジェイグループインターナショナル	………	1046
ジェイグループホールディングス	………	1046
JK工業	………	1047
ジェイ・ケイ・スタッフ	………	1191
ジェイ・ケイ・ハウス	………	1190
JKホールディングス	………	1047
JKリアルエステート	………	1191
ジェイ・ケイ・レストランサービス	………	1191
ジェイ・コア	………	1116
ジェイコム	………	1048
ジェイコムスタッフ	………	1048
ジェイコムテクノロジー	………	1180
ジェイコムハート	………	1180
ジェイコムホールディングス	………	1048
ジェイゴルフ	………	1824
ジェイコンストラクション	………	1061
ジェイサット	………	1271
JCアライアンス	………	2169
CACエクシケア	………	1049
JCMシステムズ	………	2120
CACクリニット	………	1049
JCBエクセ	………	1065
JCBトラベル	………	1065
CACHoldings	………	1049
ジェイ・スカイ・ビー	………	1271
Jストリーム	………	1050
Jストリーム	………	1955
ジェイストリーム	………	1050
ジェイスポーツ	………	1061
ジェイソフト	………	2345
ジェイティキャニング	………	2659
ジェイティシイエムケイ	………	2138
JT-ニフコ	………	2195
ジェイティービー	………	1051
JTB熊本リレーションセンター	………	1051
JTB国内旅行企画	………	1051
JTBコーポレートソリューションズ	………	1051
JTBシニアスタッフ	………	1051
ジェイティービー情報システム	………	1051
JTBデータサービス	………	1051
JTBトラベランド	………	1051
ジェイ・ティー・ピー ネットワーク・コミュニケーションズ	………	2137
JTBパブリッシング	………	1051
ジェイティービービジネストラベルソリューションズ	………	1051
JTBベネフィット	………	1051
JTB北海道	………	1051
JTBワールドバケーションズ	………	1051
ジェイテクト	………	1052
ジェイテクノ	………	1012
ジェイ・テック	………	1053
ジェイテック	………	1053
ジェイテック	………	1173
ジェイテック・エンジニアス・カンパニー	………	1053
ジェイ・トム	………	1590
Jトラスト	………	1054
ジェイドラッグ	………	0630
ジェイトランス	………	1116
ジェイトレード	………	1046
ジェー・イー・ネクスト	………	1187
J-netレンタリース京都	………	2952
ジェイ・バス	………	1055
ジェイパートナーズ	………	1187
ジェイパワー・エンテック	………	1766
ジェイパワージェネックスキャピタル	………	1766
J-POWER民営化ファンド	………	1766
JBISコンサルティング	………	2166
JBISホールディングス	………	2166
JBイレブン	………	1056
JBインベストメントパートナーズ	………	0085
JPエクスプレス	………	2161
ジェイ・ビー・エス・エス	………	1058
ジェイ・ピー・エフ・ワークス	………	2244

社名	頁
JPMCアセットマネジメント	2193
JPMCエージェンシー	2193
JBサービス	1058
ジェイ・ピー・サービス	1059
JPサンキュウグローバルロジスティクス	0967
JP資源	2115
JVCケンウッド	1057
ジェイビーシーサプライ	1058
JBCC事業分割準備	1058
ジェイビーシー・システムサービス	1058
JBCCホールディングス	1058
J-ビジネスサービス	1045
ジェイヴィス	1284
ジェイ・ピー・スタッフ	1059
JP総合開発	2115
JP中国	2115
ジェイ・ビー・ティー・エス	1058
ジェイ・ビー・ディー・ケー	1058
JPハイテック	1766
JPパワー	1161
JPビジネスサービス	1766
JPホーム	1567
JPホールディングス	1059
JPリースプロダクツ&サービシイズ	1165
JPリソーシズ	1766
ジェイビルダーズ	1061
JBレストラン	1056
Jファブリック・インターナショナル	1421
JVC・ケンウッド・ホールディングス	1057
Jフィルター	2425
ジェイ・プラ	1590
ジェイ・プラス	0687
ジェイ・プランニング	1059
ジェイ・プランニング販売	1059
ジェイ・ブリッジ	0085
ジェイプロジェクト	1046
ジェイ・ブロード	1413
J.フロント リテイリング	1060
J.フロント リテイリング	0428
ジェイペック	1766
ジェイ・ホビー	1187
ジェイホーム	1061
ジェイホーム・ドットコム	1061
ジェイホールディングス	1061
ジェイ・ランド	2952
CAリワード	0896
ジェイロジスティクス	2497
ジェー・エム・ビー	0351
シーエーエム・フォー武蔵小杉	0847
ジェクシード	1062
ジェクシードコンサルティング	1062
ジェクシード・テクノロジー・ソリューションズ	1062
ジェクス	0449
ジェコー	1063
ジェコーオートパーツフィリピン	1063
ジェコム	2269
シーエーシー	1049
ジェー・ジー・エス	2850
ジェーシーエムテクノサポート	2120
ジェーシー・コムサ	1064
ジェー・シー・シー	1064
ジェーエーシティ	0912
ジェーシービー	1065
ジェーシービー	1051
ジェーシービー・インターナショナル	1065
ジェーシービー・カード開発センター	1065
ジェーシービー・サービス	1065
ジェーシービー・トラベル	1065
ジェーシービーバレッジ	0576
ジェーシービー北海道	1065
ジェーシービー・リース	1065
ジェーシー・フーズ	1064
ジェーシー・フーズネット	1064
ジェーシーボトリング	0576
ジェス	2322, 3088
シーエスアイ	1028
GSIクレオス	1066
CSIジャパン	1067
シーエスアイ・テクノロジー	1028
シーエスアール	0571
シー・エス・エイ	0022
CSS	2126
CSSビジネスサポート	1068
CSSホールディングス	1068
シーエスエヌ	1244
CSK	0314
シーエスケイ・エレクトロニクス	2697
CSK総合研究所	1022
CSKホールディングス	0314
シー・エスーケー実験動物研究所	1641
シーエスコーポレーション	1995
シーエスコンテ	1634
ジーエス産業	2492
シー・エス・シー	0716, 1562
シーエス商事	1634
CST	0423
シーエス日本	2162
CSPほっとサービス	1394
シーエス・プロジェクト	3155
CSマーケティング	1415
シー・エス・メンテック	1191
ジーエス・ユアサ コーポレーション	1069
シー・エス流通	1070
シーエス・リンク	0387
シーエスロジネット	1070
ジェーソン	1071
ジェック第一教育センター	0225
ジェー・ティー・エス	1162
ジーエーティ研究所	0414
ジェ・ディ・ビジネスクリエイション	1502
ジェー・ティー・ピー・プラザ	2137
ジーエートラスト	1952
シェトワ	2366
シーエナジー	1653
ジーエヌアイ	1072
ジーエヌアイグループ	1072
シー・エヌ・シー	1377
ジーエヌシステム	0766
シー・エヌ・シー・ディーテックス・カンパニー・リミテッド	0280
ジェネックス	1783
ジェネラル	2366
ジェノサイファー	1753
ジェノファンクション	2401
ジェノミディア	0155
ジェー・ピー・エヌ・ケミカル	2042
ジェーピー共同物流	2115
ジェーピーシー	1058
ジェーピー情報センター	2115
ジェー・ピー・ダブリュー	2252
ジェーピー北海	2115
ジェーピーホームサプライ	2115
ジー・エフ	2102
GFA	1073
ジーエフエス	0802
ジー・エフグループ	2102
シー・エフ・ケイ	1630
CFゴンマ社	2498
シー・エフ・シー	0475
シー・エフ・シー	2102
ジーエフシー	1074
シェフズ・ファームズ	3152
シェフズブイ	2908
ジェフネット	2101
CFフコクルクセンブルクS.A.	2498
ジェム	2322
ジェムアメリカ	2234
CMEオートモーティブ・エル・エル・シー	2807
CMEコーポレーション	2807
ジー・エム・エス・ジャパン	1749
ジェム・エンタープライズ	0545
GMOアドパートナーズ	1075
GMOアドパートナーズ	1076, 1948
GMOアドマーケティング	1075
GMOインターネット	1076
GMOインターネット	0066
GMOインターネット証券	1076
GMO SEOテクノロジー	1078
GMOクラウド	1077
GMOクリック証券	1076, 1082
GMOクリックホールディング	1082
GMOグローバルサイン	1077
GMO Global Payment Fund 投資事業組合	1079

社名	ページ
GMOゲームセンター	0066, 1076
GMOサンプランニング	1075
GMOジャパンマーケットインテリジェンス	1081
GMO総合研究所	1081
GMOTECH	1078
GMOペイメントゲートウェイ	1079
GMOペイメントサービス	1079
GMOペパボ	1080
GMOホスティングアンドテクノロジーズ	1077
GMOホスティング＆セキュリティ	1077
GMOマネージドホスティング	1077
GMOモバイル	1075
GMOリサーチ	1081
GMOクリックホールディングス	1082
シエムケイエンジニアリング	2138
シーエムケー・トレーディング	3164
シーエムサウンド	0475
シー・エム・シー	0088
ジェム上海	2234
ジェム台湾	2234
ジェムパール	0944
GMB	1083
ジーエムビー	1083
シー・エム・ビー・ジャパン	1647
GMフーズ	1390
ジェム香港	2234
ジェムヨーロッパ	2234
シーエー・モバイル	0896
シェラー・リョービCORP.	3108
ジェルアヤン	0814
シーエルエスジー私募投資専門会社第1号	1750
ジーエルサイエンス	1084
ジーエルソリューションズ	1084
シー・エル・ソル	1440
ジェルベ・ダノン社	0095
ジーエルホーム	3073
ジーエルホーム愛知三河	1849
ジェレンク	0093
シェンク東京衡機	1805, 2676
ジェンラッド社	1806
ジオ・インシュランス・リサーチ	0949
獅王家庭用品（シンガポール）有限公司	3048
獅王企業（シンガポール）有限公司	3048
獅王（中国）日用科技有限公司	3048
シーオーエヌエス	0504
シー・オー・エム	2613
ジオ技術研究所	1399
ジオサイン	0563, 0949
ジオスター	1085
ジオテクノ関西	0088
ジオテクノス	1971
ジオトップ	1167
ジオトレーディング	1053
ジオネクスト	1086
ジオネットジャパン	1126
塩野義製薬所	1087
シオノギ Ltd.	1087
シオノギ INC.	1087
シオノギエンジニアリングサービス	1087
塩野義化学	1087
塩野義三郎薬種問屋	1087
塩野義商店	1087
シオノギシンガポール Pte. Ltd.	1087
塩野義製薬	1087
塩野義製薬	2625
シオノギテクノアドバンスリサーチ	1087
シオノギファーマ, INC.	1087
シオノギファーマケミカル	1087
シオノギ分析センター	1087
シオノギUSA, INC.	1087
シオノギUSAホールディングス, INC.	1087
塩原温泉ホテル	1825
ジオブレイン	1296
ジオマテック	1088
ジオ・リサーチ	0088
滋賀缶詰	0536
滋賀銀行	1089
しがぎんビジネスサービス	1089
しがぎんリース	1089
滋賀県魚市場	0499
志賀高原ホテル	0676
滋賀佐川急便	0917
滋賀松風	1192
滋賀ジョーシン	1187
滋賀相互銀行	0601
滋賀立川布帛工業	1595
滋賀貯蓄銀行	1089
滋賀ディーシーカード	1089
滋賀東リカーペット	1892
滋賀ファスナー	2952
滋賀フィルム	0770
滋賀保証サービス	1089
滋賀無尽	0601
石川鉄工所	0176
シギケン セイサクショ アジア プライベート・リミテッド	0619
四季彩	3094
色器材装備	1909
敷島カタン糸	1091
敷島カンバス	1091
敷島工業織物（無錫）有限公司	1091
敷島航空工業	1091
敷島興産	1091
敷島製パン	1090
敷島帆布	1091
シキシマパン松山工場	1090
敷島紡績	1091
敷島屋製粉所	2069
シキボウ	1091
シキボウ開発	1091
シキボウ江南	1091
シキボウ電子	1091
シキボウ物流システム	1091
敷紡貿易（上海）有限公司	1091
敷紡（香港）有限公司	1091
四急運輸	3044
シーキューブ	1092
シーキューブ愛知	1092
シーキューブシステムサービス	1092
シーキューブトータルサービス	1092
シーキューブ名東	1092
似玉堂	2215
四銀経営研究所	1103
四銀コンピューターサービス	1103
四銀総合リース	1103
四銀代理店	1103
四銀地域経済研究所	1103
四銀ビル管理	1103
ジグ	2591
シークス	1093
シークス	0912
シークスエレクトロニクス	1093
ジグソー	1094
シグナス・エルヌジー・シッピング社	1828
シグナル	2617
シグマクシス	1095
シグマ光機	1096
詩克楽商貿（上海）有限公司	1275
Gクラッセ	0699
シークラフト	0879
シークレットテーブル	1525
CKRインダストリーズ・インク	0637
GKNドライブライン トルクテクノロジー	1097
GKNドライブライン トルクテクノロジー	1099
CKD	1098
CKD	1633
CKDフィールドエンジニアリング	1098
ジーケーエヌ・ジャパン	1099
ジーケーエヌドライブライン宇都宮	1099
GKNドライブライン ジャパン	1099
シーケーエンジニアリング	0578
シーケーケー	0578
シーケーサービス	0578
CKサンエツ	1100

社名	頁
シーケーディ	1098
シーケーディエンジニアリング	1098
シーケーディ大阪販売	1098
シーケーディグローバルサービス	1098
シーケーディ精機	1098
シーケーディ西部販売	1098
シーケーディ中部販売	1098
シーケーディ東京販売	1098
シーケーディ東部販売	1098
シーケーディプレシジョン	1098
シーケー販売	0578
シーケーフーヅ	2891
シーケー物流	0578
茂森興産	2959
茂原商業開発	0794
じげん	1101
じげんホールディングス	1101
四航コンサルタント	0088
四港サイロ	2237
四国アイチ	0021
四国アサヒ	0083
四国花王販売	0527
四国化学研究所	0312
四国化成欧艾姆（上海）貿易有限公司	1102
四国化成工業	1102
四国化成（上海）貿易有限公司	1102
四国環衛興業	2452
四国機械	1327
四国企業	1104
四国機工	1593
四国急速冷凍	3044
四国銀行	1103
四国計器工業	1104
シコク景材	1102
シコク景材関東	1102
四国計測工業	1104
四国建設機器	2017
四国鉱業	3038
シコク興産	1102
四国興産	1102
四国航測	0088
四国コンピュータ研究所	1021
四国佐川急便	0917
四国シキシマパン	1090
四国紙業	1456
シコク・システム工房	1102
四国実業	0421
四国住宅	0421
四国食鳥	3044
四国飼料販売	3044
四国飼料販売	3044
四国水産	3044
四国スーパーマーケット	2754
四国製紙	3113
四国石炭	1311
四国セルラー電話	0779
四国テクシス	0351
四国電気工事	3045
四国電力	1104
四国特装	1593
四国トヨニ	0299
四国ナフコ	2011
四国ニチレキ工事	2047
四国配電	1104
四国ハーバー	2344
四国ビジネスサービス	1103
四国日立情報システムズ	2413
四国ファインケミカルズ	1102
四国福山通運	2497
シコク・フーズ商事	1102
シコク・フーズ保険サービス	1102
四国保育サービス	1059
四国保証サービス	1103
四国丸一鋼管	2730
四国丸和ロジスティクス	2756
四国明治乳業	2872
四国名鉄運輸	2878
四国ヤマト運輸	2962
四国吉野家	3036
四国冷食協同組合	1752
四国冷凍食品加工販売協同組合	1752
シーコ社	1730
ジーコム	2786
ジーコレクション	0211
志澤	0753
資産管理	3064
資産管理サービス信託銀行	1454
GCAサヴィアン	1105
GCAサヴィアングループ	1105
GCAホールディングス	1105
ジージェイライン	1953
シーシーエス	1106
CGMマーケティング	1742
シージーシー	0283
シジシージャパン	0509
CCCマーケティング	0579
西芝サテック	2027
自潤軸承（蘇州）有限公司	0402
氏仁商会	0643
シーズ	2696
シーズアンドアーバス	0842
シスウェーブ	0307
シスウェーブテクノ	0307
シスウェーブトレーディング	0307
シスウェーブ分割準備会社	0307
シスウェーブホールディングス	0307
静岡液化瓦斯	1107
静岡オートグラス	2862
静岡加工紙共販	0961
静岡加工紙工業	0961
静岡ガス	1107
静岡加卜吉	1752
静岡蒲原瓦斯	1107
静岡キャピタル	1108
静岡銀行	1108
静岡ケイテクノ	0606
静岡県医療情報センター	2404
静岡県食肉卸	0325
静岡工電社	0349
静岡コンピューターサービス	1108
静岡三十五銀行	1108
静岡サンミラー	2862
静岡自動車	1336
静岡シブヤ精機	1143
静岡スバル自動車	1336
静岡ダイヤモンドクレジット	1108
静岡貯蓄銀行	1108
静岡ティージーオブシード	1942
静岡テクノサービス	1896
静岡日本ハム	2174
静岡ネポン販売	2279
静岡パイオニア	2297
静岡白洋舎	2321
静岡ブイオート	1336
静岡布帛	1275
静岡ミツワ電機	2828
静岡明電エンジニアリング	2880
静岡モーゲージサービス	1108
静岡よみうりスポーツ	3041
静岡ロジスティクス	1906
指月獅子起（上海）貿易有限公司	1109
指月製作所	1109
指月電気工業	1109
指月電機製作所	1109
静銀信用保証	1108
静銀セゾンカード	1108
静銀総合サービス	1108
静銀ティーエム証券	1108
静銀ディーシーカード	1108
静銀ビジネスクリエイト	1108
静銀ビジネス・サービス	1108
静銀モーゲージサービス	1108
静銀リース	1108
SYSKEN	1110
シスコム	2841
シーズスタッフ	3074
シーズ・スリー	2289
シスター石鹸グループ	2042
シーズテクノロジー	2696
システック	2841
システック・エンジニアリング	0989
システナ	1111
システムアイシー	1768
システムイン	0646
システムイン郡山	2323
システムウエアリンケージ	2139
システムエンジニアリング	0596, 1768
システム計装	0473
システムコア	0803
システム工房	1102

社名	頁
システムズ・デザイン	1112
システム創研	1557
システム綜合開発	2322
システムソフト	1113
システムソフト福岡	1113
システムソフト・プロダクション	1113
システムディ	1114
システムテクノロジーインスティテュート	2806
システムデザイン	1193
システム トウエンティ・ワン	2818
システムナレッジ	1283
システムニシツウ	1110
システムプラン昭和	2404
システムプロ	1111
システムユティリティ	1049
システムリサーチ	1115
システム・レイ	3120
システム・ロケーション	1116
ジスト	0464
シスネット	0386
シスプロカテナ	1111
シーズプロモーション	2278
シスメックス	1117
シスメックス アジア パシフィック ピーティーイー リミテッド	1117
シスメックス アメリカ インク	1117
シスメックス インフォシステムズ アメリカ インク	1117
シスメックス オーストラリア ピーティーワイ リミテッド	1117
シスメックス コロンビア エセアーエセ	1117
シスメックス シンガポール ピーティーイー リミテッド	1117
シスメックス ターキー ダイアグノスティック システム レリ リミテッド エスティーアーイ	1117
シスメックスビジネスサポート	1117
シスメックス フィリピン インク	1117
シスメックス フランス エス エーアールエル	1117
シスメックス フランス エス エーエス	1117
シスメックス ユーケー リミテッド	1117
シスメックス ヨーロッパ ゲーエムベーハー	1117
シスメックス ルース エルエルシー	1117
資生堂	1118
資生堂	2042
資生堂アメリカInc.	1118
資生堂アメリカズCorp.	1118
資生堂インターナショナル	1118
資生堂インターナショナル Corp.	1118
資生堂インドPrivate Limited	1118
資生堂化粧品販売	1118
資生堂コスメティクス インドネシア	1118
資生堂コスメティクスベトナム Co., Ltd.	1118
資生堂コスメティチ（イタリア）S.p.A.	1118
資生堂コスメティックス	1118
資生堂コスメティックA.S.	1118
資生堂コスメニティー	1118
資生堂商事	1118
資生堂食品販売	1118
資生堂製薬	1118
資生堂石鹸	1118
資生堂大昌行化粧品有限公司	1118
資生堂（中国）投資有限公司	1118
資生堂ドイチュラントGmbH	1118
資生堂販売	1118
資生堂フィティット	1118
資生堂プロフェッショナル	1118
資生堂プロフェッショナル韓国 Co., Ltd.	1118
資生堂ベトナムInc.	1118
資生堂香港有限公司	1118
資生堂ミドルイーストFZCO	1118
資生堂薬粧販売	1118
資生堂薬品	1118
資生堂薬局	1118
資生堂麗源化粧品有限公司	1118
次世代ホームネットファンド	3051
G-7ホールディングス	1119
ヂーゼル機器	2662
ヂーゼル機器販売	2662
ヂーゼル自動車工業	2425
四川日普精化有限公司	2147
四川寧江昭和減震器有限公司	1215
じぞう	1476
地蔵堂鋳物工業所	2638
志太医研	2462
白井商事	1216
斯大精密（大連）有限公司	1285
志鷹吉蔵商店	0195
志太キャフトシステム	1120
下島興業	1158
下島産業	1158
下島不動産	1158
シダックス	1120
シダックスエンジニアリング	1120
シダックスオフィスパートナー	1120
シダックス・コミュニティー	1120
シダックス・コミュニティープラーザ	1120
シダックス・スポーツアンドカルチャー	1120
シダックス中伊豆ワイナリーヒルズ	1120
シダックスビューティーケアマネジメント	1120
シダックスフードサービス	1120
シダックスフードサービス北海道	1120
ジーダット	1121
ジーダット	0141
ジーダット・イノベーション	1121
GW鹿島発電所	0178
GWソリューション	0178
GW福祉農場	0178
GWメディカルサポート	0178
GW長岡製作所	0178
思多励貿易（上海）有限公司	1297
斯坦雷電気（中国）投資有限公司	1293
斯坦雷電気貿易（深圳）有限公司	1293
シチズン・アメリカ・コーポレーション	1123
シチズン・ウオッチ・カンパニー・オブ・アメリカInc.	1123
シチズン・ウオッチ・ヨーロッパGmbH	1123
シチズン・システムズ	1123, 2183
シチズンシービーエム	1123
シチズン事務機	1123, 2183
シチズン商事	1123
シチズンセイミツ	1122, 1123
シチズン・ディスプレイズ	1123
シチズンテクノロジーセンター	1123
シチズン電子	1123
シチズン時計	1122, 1123, 1285
シチズンファインテック	1122
シチズンファインテックミヨタ	1122, 1123
シチズンファインデバイス	1122
シチズンホールディングス	1123
星辰表（香港）有限公司	1123
シチズンミヨタ	1122
七福相互銀行	2830
七福相互無尽	2830
自重堂	1124
実業貯蓄銀行	0418
ジックオプテックス	0491
ジック創健	1403
ジックマテリアル	0016

ジップエンジニアリング ……	2166	
ジップエンジニアリングサービス ……	2166	
シップコーポレーション ……	1125	
シップヘルスケアエステート東日本 ……	1125	
シップヘルスケアホールディングス ……	1125	
シップヘルスケアリサーチ＆コンサルティング ……	1125	
ジップ・ホールディングス ……	0842	
七宝無尽 ……	1939	
CTIアカデミー ……	0800	
シーティーアイ環境テクノ ……	0800	
シー・ティ・アイ情報処理研究所 ……	0800	
CDIソリューションズ ……	1049	
シーティーアイ調査設計 ……	0800	
GTIパートナーズ ……	0381	
CTIミャンマー ……	0800	
師定アグリ ……	2373	
CDS ……	1127	
シー・ティー・エス ……	1126	
シーティーエス ……	1126	
ジー・ディ企画 ……	0726	
シティグループ・ジャパン・ホールディングス ……	2055	
シーティーサービス ……	2191	
CDG ……	1128	
シーティーシー・エスピー ……	0190	
シーディーシグナル ……	2191	
シーティーシー・システムオペレーションズ ……	0190	
CTCシステムマネジメント ……	0190	
シーディーシーソリューションズ ……	0646, 1194	
シーティーシー・テクノロジー ……	0190	
ジー・テイスト ……	1129	
シティ・ネット ……	2382	
GDBRコメルシオ有限責任会社 ……	1942	
シティびほろ ……	2642	
シーディーメッツ ……	2191	
シーディーライン ……	2191	
CTラバー＆プラスチックス社 ……	0637	
ジーテクト ……	1130	
ジーテクト ……	0280	
シーテック ……	1653	
ジーテック ……	2064	
シーテックス オートモーティブ メキシコ S.A. DE C.V. ……	1594	
四電エンジニアリング ……	1104	
四電情報ネットワークサービス ……	1104	
シード ……	1131	
シード ……	1132	
シードアイサービス ……	1131	
自動車鋳物 ……	0016	
自動車機器 ……	2662	
自動車工業 ……	2425
自動車車輪 ……	2591
自動車製造 ……	2058
自動車電機工業 ……	2807
自動車ねぢ工業 ……	0016
自動車部品工業 ……	0016
自動車部品製造 ……	0016
自動販売サービス ……	0696
寺徳(香港)有限公司 ……	1754
実瞳(上海)商貿有限公司 ……	1131
シードテクノロジー ……	1075
シード平和 ……	1132
ジー・トレーディング ……	0577
品川開発 ……	1133
品川化成 ……	1133
品川キルン ……	1133
品川鉱業 ……	1133
品川シーズンテラスビルマネジメント ……	0354
品川白煉瓦 ……	1133
品川白煉瓦製造所 ……	1133
品川燃料 ……	1134
品川ビルサービス ……	1494
品川ファインセラミックス ……	1133
品川ブリケット ……	1134
品川豆炭 ……	1134
品川リフラクトリーズ ……	1133
品川炉材 ……	1133
シナジー・コンサルティング ……	1061
シーナッツ ……	3074
シナティクスソリューションズ ……	2939
シナネン ……	1134
シナネン ……	2803
シナネン・オートガス ……	1134
シナネンライフサポート ……	1134
信濃音響 ……	2480
信濃音響研究所 ……	2480
信濃機工 ……	0463
信濃銀行 ……	2776
品野信用組合 ……	0020
信濃電気 ……	1221
信濃特機 ……	2228
信濃乳業 ……	2872
信濃燃料 ……	1017
しなのポリマー ……	1222
深夜放送 ……	0175
シネックアセレント ……	0339
シー・ネットワークス ……	1129
自然堂 ……	0841
シノケンウェルネス ……	1135
シノケングループ ……	1135
シノケンコミュニケーションズ ……	1135
シノケンハーモニー ……	1135
シノケンファシリティーズ ……	1135
シノケンプロデュース ……	1135
シノテック ……	1026
忍商業銀行 ……	3089
志のぶ寿司 ……	1136
シノブデリカ ……	1136
シノブフーズ ……	1136
シバウラ エレクトロニクス ヨーロッパ GmbH ……	1137
芝浦エレテック ……	1138
芝浦機械製作所 ……	1844
芝浦共同工業 ……	0001
芝浦京町製作所 ……	1138
芝浦工機 ……	1844
芝浦工事 ……	1846
芝浦紙器 ……	1842
芝浦自販機 ……	1138
芝浦スプリング製作所 ……	2173
芝浦製作所 ……	1138, 1617, 2228
芝浦製糖 ……	2794
芝浦電気工業 ……	1842
芝浦電産 ……	2228
芝浦電子 ……	1137
芝浦電子コリア ……	1137
芝浦電子製作所 ……	1137
芝浦乗合自動車 ……	1815
芝浦ハイテック ……	1138
芝浦プレシジョン ……	1138
芝浦マツダ工業 ……	1617
芝浦メカトロニクス ……	1138
柴崎製作所 ……	1067
柴崎メタルプリント ……	1067
芝ソフトウェア ……	0752
ジーパーソン ……	0879
柴田安染料店 ……	0465
芝山機械 ……	0451
地盤ネット ……	1139
地盤ネット) ……	1139
地盤ネットホールディングス ……	1139
CBS ……	1425, 1645
シービーエス・インク ……	1422
CBS・ソニー ……	1425
CBS・ソニーグループ ……	1425
CBS・ソニーレコード ……	1422, 1425
GPエナジー ……	1612
シービーエム ……	1123
シービー開発 ……	0849
シービーケー ……	2717
シー・ビー・ジェイ ……	1615
シービーシー・クア・アルプ ……	1654
CBCテレビ ……	1654
CBCテレビ分割準備 ……	1654
CBCヴィジョン ……	1654
ジー・ピー・ダイキョー ……	1463
シービック ……	1639
シー・ビー・トランスポート ……	1639
CBフィールド・イノベーション ……	1639
シー・ビー・ホールディングス ……	2603
シー・ピー・ユー ……	2381
シー・ビー・ロジスティクス ……	1639
澁澤海運 ……	1140

澁澤倉庫	1140	
澁澤倉庫部	1140	
澁澤物流（上海）有限公司	1140	
澁澤陸運	1140	
志布志飼料	2472	
ジーフット	1141	
SHIFT	1142	
シーフードバリュー	1303	
シブヤITソリューション	1143	
シブヤインターナショナルインコーポレーテッド	1143	
渋谷開発	1815	
シブヤ機工	1143	
シブヤ機電	1143	
澁谷工業	1143	
澁谷工業販売	1143	
シブヤシーエス	1143	
シブヤ精機	1143	
シブヤ精工	1143	
シブヤパーツ	1143	
シブヤホールディングスコーポレーション	1143	
シブヤマシナリー	1143	
シブヤマシン	1143	
シブヤEDI	1143	
ジブラルタ生命	1144	
ジブラルタ生命保険	1144	
ジブ・リテイリング	3132	
四平恩悌タングステン高新技術材料有限公司	2157	
四平日本タングステン有限公司	2157	
ジーベック	3071	
シベール	1145	
ジーベンサガミ	0916	
ジボ・コーS.P.A.	0519	
思渤科技股份有限公司	0900	
シーボン	1146	
シーボン化粧品	1146	
シーボン化粧品総合本舗	1146	
シーボンプロダクツ	1146	
シーマ	1147	
島アイデア・センター	1149	
志摩開発	2966	
しまぎんビジネスサービス	1151	
しまぎんユーシーカード	1151	
シマコー	3161	
島幸	3161	
島崎織物	1382	
島崎文教堂	2609	
シマヅ（エイシア パシフィック）プライベイト リミテッド	1148	
シマヅ オイローパ ゲーエムベーハー	1148	
島津金属工業	1148	
島津金属精工	1148	
島津計器工業	1148	
シマヅ サイエンティフィック インスツルメンツ インク	1148	
島津製作所	1148	
島津電気計測器	1148
シマヅ プレシジョン インスツルメンツ インク	1148
志摩スペイン村	0702
島津（香港）有限公司	1148
島津メディカル	1148
シマヅ ユーエスエー マニュファクチュアリング インク	1148
島津理化器械	1148
島精榮榮（上海）貿易有限公司	1149
島精機	1149
島精機製作所	1149
シマセイキU.S.A.	1149
シマダ	2716
嶋田寝具店	0788
島田リゾート	0937
島忠	1150
島忠箪笥店	1150
島忠ホームズ	1150
ジーマック	2302
志摩電気鉄道	2763
しまなみ債権回収	2448
島根アシックス工業	0093
島根アースエンジニアリング	2096
島根エレテック	1649
島根オニツカ	0093
島根化学工業	2150
島根銀行	1151
島根工業	1819
島根工業所	1819
島根佐川急便	0917
島根島津	1148
島根セルトップ	0913
島根ナカバヤシ	1992
島根レーヨン	1543
シマノ	1152
島野足立	1152
シマノ関西	1152
島野工業	1152
島野自転車	1152
シマノセールス	1152
シマノ釣具販売	1152
島野鉄工所	1152
島野山口	1152
シマノ臨海	1152
島原温泉観光	2527
島原素麺本舗	2394
シマファインプレス	1149
島藤建設工業	1915
シーマブライダル	1147
しまむら	1153
島村呉服店	1153
島屋興産	0822
島屋商事	2101
島屋商店	2101
シマリス住研	1374
シマンテック・ウェブサイトセキュリティ	1154
島一醬油	1169
清水エル・エヌ・ジー	1107
清水瓦斯	1107
清水カードサービス	1155
清水キャリエール	1155
清水銀キャリアップ	1155
清水銀行	1155
清水組	1156
清水建設	1156
清水シャーリング	0029
清水シャーリング運輸	0029
清水シャーリング鋼材	0029
清水醬油	1169
清水信用保証	1155
清水精機	1336
清水製薬	0095
清水総合開発	1156
清水総合コンピュータサービス	1155
清水総合保険	1155
清水総合メンテナンス	1155
清水総合リース	1155
清水地域経済研究センター	1155
清水ビジネスサービス	1155
シミズ・ビルライフケア	1156
清水ミリオンカード	1155
シミズメディカル	0095
清水ライフサービス	0755
シミズリフォーム	1156
シミック	1157
シミックMPSS	1157
シミックCRC	1157
シミックBS	1157
シミックビーエス	1157
シミックホールディングス	1157
思美定（上海）貿易有限公司	1377
事務計算センター	2139
シムコ社	0826
シムコジャパン	0826
思夢樂股份有限公司	1153
志村鋼業	2121
私盟会社三井銀行	2789
シメオ精密	1123
シーメット	2012
シーメンス社	2539, 2939
下川鉱業	2821
下川薬品	2752
シモジマ	1158
下島（上海）商貿有限公司	1158
シモジマ商事	1158
下田タウン	0166
下千葉化学工業所	3016
下妻無尽会社	1669
じもとホールディングス	1159
下仁井田クリナップ工業	0740
下野紡績	1891
下総興業	1226
ジャイロニクス	3107
社会調査研究所	0214
ジャガー東京	2060
爵士客香港控股有限公司	1064

社名	ページ
若泉富士機工	2506
ジャクソンジャパン	0030
車検館	2060
写真化学	0311
ジャスコ	0164, 0464, 2832, 2969
ジャスコ・オークワ	0464
ジャスコ興産	0166
ジャスコパーク	0166
ジャスコ不動産	0166
ジャスダック証券取引所	2172
ジャスティック上信越	1361
ジャスティン	2716
ジャステック	1160
ジャスト	1972
ジャストコミュニケーションズ	1030
ジャストサービス	1181
ジャスト商事	1181
ジャストファイナンス	3088
ジャストプランニング	1161
ジャスネット	1955
ジャスフォート	0630
ジャスプロ	1364
車体工業	2591
ジャック	0541, 1687
ジャック・エイム・ジャパン	2283
ジャック・コーポレーション	1687
ジャックス	1162
ジャックス	0069
ジャックスカーリース	1162
ジャックス債権回収サービス	1162
ジャックス・シー・シー・エヌ	1162
ジャックス情報システムサービス	1162
ジャックススタッフサービス	1162
ジャックス・トータル・サービス	1162
ジャックス・ビジネスサポート	1162
ジャックス・ペイメント・ソリューションズ	1162
ジャック・ホールディングス	0541
ジャックリアルエステート	0541
シャディ	1742
ジャトコ	1163
ジヤトコ	1163
ジヤトコ（広州）自動変速機有限公司	1163
ジヤトコ コリアサービス社	1163
ジヤトコ タイランド社	1163
ジヤトコ・トランステクノロジー	1163
ジヤトコ フランス社	1163
ジヤトコ メキシコ	1163
ジャトス	2502
ジャノメインダストリアルエクイプメントアメリカ	1164
ジャノメインダストリアルエクイプメント上海	1164
ジャノメインダストリアルエクイプメント台湾	1164
ジャノメインダストリアルエクイプメントヨーロッパ	1164
蛇の目金属工業	1164
ジャノメクレディア	1164
ジャノメサービス	1164
蛇の目産業	1164
蛇の目精機	1164
蛇の目精密工業	1164
ジャノメダイカスト	1164
ジャノメダイカストタイランド	1164
蛇の目電算センター	1164
蛇の目不動産	1164
ジャノメブラジル	1164
ジャノメ北海道販売	1164
蛇の目ミシン	1164
蛇の目ミシン宇部販売	1164
蛇の目ミシン岡山販売	1164
蛇の目ミシン工業	1164
蛇の目ミシン販売	1164
シャノン	1908
ジャパック	1635
ジャパーナ	0152
ジャパーナインターナショナル	0152
ジャパン	1272
ジャパンアシュアランス	2453
ジャパンアパレル・サービス	2321
ジャパン・アール・シー・アイ	3088
ジャパン・インシュアランス	0364
ジャパン・インターナショナル傷害火災保険	1051
ジャパン・インフォレックス	2101
ジャパン・インベストメント・アドバイザー	1165
ジャパンインベストメントアドバイザー	1165
ジャパンウェイスト	0083
ジャパンエナジー	1038
ジャパン オイルサンド アルバータ社	1358
ジャパンオークションシステムズ	0944
ジャパン カナダ オイルサンド社	1358
ジャパン・カーリース・サービス	0184
ジャパンキャスト	2879
ジャパンクリニカルサービス	2387
ジャパンケーブルネット	1360
ジャパン建材	1047
ジャパン・コンサルタンツ	2385
ジャパンコンポジット	2143
ジャパンスイミングサービス	1033
ジャパンスーパークォーツ	0948
ジャパンソファルシム	2127
ジャパンソフト	0115
ジャパン・ツーリスト・ビューロー	1051
ジャパンディスプレイ	1166
ジャパンディスプレイイーストプロダクツ	1166
ジャパンディスプレイウェスト	1166
ジャパンディスプレイセントラル	1166
ジャパン・トランズ・ライン	1923
ジャパンハイドロテクト・コーティングス	1921
ジャパンパイル	1167
ジャパンパイル製造	1167
ジャパンパイル富士コン	1167
ジャパンパイル分割準備	1167
ジャパンハウステック	2239
ジャパンパウダー塗料製造	1511
ジャパン・パック産業	2804
ジャパンビバレッジ	1168
ジャパンビバレッジコミサリー	1168
ジャパンビバレッジホールディングス	1168
ジャパンビバレッジSP	1168
ジャパンファイナンスサービス	3156
ジャパン ファイン プロダクツ	1532
ジャパン・フード＆リカー・アライアンス	1169
ジャパンフレッシュ	1090
ジャパンベストレスキューシステム	1170
ジャパンペール	1040
ジャパン・ペンション・サービス	1319
ジャパンホテルマネジメント	3087
ジャパン・ホームウォーターシステム	0813
ジャパンマクニクス	2696
ジャパンマテリアル	1171
ジャパンメタルフィニッシング	0203
ジャパン・メディカル・サプライ（シンガポール）プライベート・リミテッド	1044
ジャパンメンテナンス	0162
ジャパンメンテナンスアカデミー	0162
ジャパンメンテナンス九州	0162
ジャパンメンテナンス信越	0162
ジャパンメンテナンスセキュリティー	0162

社名	ページ
ジャパンメンテナンス東北	0162
ジャパンメンテナンス北海道	0162
ジャパンモータアンドジェネレータ	2880
ジャパン・ユニバーサル・ホールディングス・アルファ	1734
ジャパンリアルエステイトアセットマネジメント	1454
ジャパン・リテール・アドバイザーズ	2367
ジャパン・リート・アドバイザーズ	2995
ジャパンレジャー開発	0583
ジャパンワクチン	1450
ジャフコ	1172
ジャフコ アジア インベストメント サービス	1172
ジャフコ・エス・アイ・ジー	1901
ジャフコ・エスアイジーNO.2	2186
ジャフコ公開コンサルティング	1172
ジャフコ・コンサルティング	1172
ジャフコ・ファイナンス	1172
ジャフコファイナンスサービス	1172
ジャフコブレインズ	1172
ジャフコ・プロパティーズ	1172
ジャフコペン	1172
シャフト	1893
シャプロ	2127
ジャプロ	1187
ジャペックス	2042
ジャペックスBlockA	1358
ジャペックス モントニー社	1358
ジャペックス ユーケー イーアンドピー社	1358
ジャペックス ユーケー イーアンドピー セントラル社	1358
ジャーマンレストランシステム	1922
ジャムコ	1173
ジャムコエアロテック	1173
ジャムナNHKアルバールサスペンション社	2173
ジャムナグループ	2173
ジャヤ大林	0438
写楽精密機械（上海）有限公司	1379
車輪工業	1927
ジャルエクスプレス	2212
ジャルコ	1174
ジャルコ精工	1174
ジャルコ物産	1174
JALCOホールディングス	1174
JALUX	1175
ジャルックス	1175
JALUXトラスト	1175
JALUXフレッシュフーズ	1175
JALUX保険サービス	1175
JALUXライフデザイン	1175
シャーロック	1287
シャロム電子	2235
上海愛意特国際物流有限公司	0257
上海愛意特商務諮詢有限公司	0257
上海愛意特物流有限公司	0257
上海藍澤投資諮詢有限公司	0013
上海愛斯佩克環境設備有限公司	0327
上海愛斯佩克環境儀器有限公司	0327
上海尼思塑胶机械有限公司	2074
上海網村信息技術有限公司	2484
上海易初日精有限公司	2148
上海井上憲商務諮詢有限公司	0739
上海意力速電子工業有限公司	0200
上海雲雀餐飲管理有限公司	1270
上海艾実碧貿易有限公司	2062
上海星昂機械有限公司	1285
上海遠州出口商品整理服務有限公司	0393
上海欧積貿易有限公司	0465
上海欧利生東邦塗料有限公司	0505
上海大金協昌空調有限公司	1464
上海岡村家具物流設備有限公司	0448
上海岡谷鋼機有限公司	0810
上海小野測器測量技術有限公司	0482
上海恩梯恩精密機電有限公司	0350
上海魁可企業管理諮詢有限公司	0706
上海開滋国際貿易有限公司	0634
上海凱道貿易有限公司	0635
上海凱特希工具貿易有限公司	0673
上海海立中野冷機有限公司	1991
上海海隆宜通信息技術有限公司	0383
上海花王有限公司	0526
上海核心信息技術有限公司	0803
上海可以可邁伊茲明勝人才咨詢服務有限公司	0706
上海可爾電子貿易	0804
上海華昇富士達扶梯有限公司	2538
上海科素商貿有限公司	0852
上海河拓克貿易有限公司	2442
上海華長貿易有限公司	1981
上海華徳培唯婷婚礼服務有限公司	3162
上海可夢楽旦商貿有限公司	0641
上海カワイ電子有限公司	0583
上海環月物業管理有限公司	2363
上海漢虹精密機械有限公司	2477
上海冠生園協和アミノ酸有限公司	0687
上海冠生園大正有限公司	1477
上海小糸車灯有限公司	0807
上海北川工業電子有限公司	0621
上海北川鉄社貿易有限公司	0623
上海丘寿儲運有限公司	0657
上海求歩申亜信息系統有限公司	0659
上海協昌ミシン総公司	1464
上海協立科迪測試系統有限公司	0680
上海協和アミノ酸有限公司	0687
上海金星三相電機有限公司	0988
上海金和源建設工程有限公司	0553
上海金和源設備租賃有限公司	0553
上海栗山貿易有限公司	0745
上海頗麗美容有限公司	2673
上海呉羽化学有限公司	0754
上海黒田管理有限公司	0760
上海桑江金属科技有限公司	2764
上海興亜電子元件有限公司	0804
上海巧芸府餐飲有限公司	1182
上海高秀園芸建材有限公司	1556
上海高信国際物流有限公司	2061
上海高信貿儲実業有限公司	2061
上海光電医用電子儀器	2214
上海昂統快泰商貿有限公司	0113
上海庫納佳服装服飾有限公司	0856
上海小林友誼日化有限公司	0864
上海御牧貿易有限公司	2837
上海寰球園芸産品租賃有限公司	3006
上海薩莉亜餐飲有限公司	0893
上海佐商貿易有限公司	0934
上海莎都餐飲管理有限公司	0941
上海三櫻機械製造有限公司	0962
上海三櫻汽車管路有限公司	0962
上海三机工程諮詢有限公司	0964
上海三機大楼設備維修有限公司	0965

上海三相電機有限公司 …… 0988	上海世覇商貿有限公司 …… 1302	上海東洋炭素工業有限公司 …… 1883
上海三電環保冷熱系統有限公司 …… 0993	上海世覇包装材料有限公司 …… 1302	上海東洋炭素有限公司 …… 1883
上海三電汽車空調有限公司 …… 0993	上海扇拡国際貨運有限公司 …… 1385	上海東洋油墨制造有限公司 …… 1873
上海三電冷机有限公司 …… 0993	上海泉秀国際貿易有限公司 …… 1388	上海特殊陶業有限公司 …… 2170
上海三得利梅林食品有限公司 …… 0995	上海泉秀国際貿易有限公司 天津分公司 …… 1388	上海弩速克国際貿易有限公司 …… 1984
上海三陽時装商貿有限公司 …… 1006	上海先衆西服有限公司 …… 3162	上海内外環亜運輸代理有限公司 …… 1976
上海山洋電気技術有限公司 …… 1007	上海尖能国際貿易有限公司 …… 1367	上海内外特浪速運輸代理有限公司 …… 1976
上海サンワテクノス …… 1019	上海創喜投資諮詢有限公司 …… 2467	上海奈依尓貿易有限公司 …… 1973
上海JRM有限公司 …… 2225	上海象印家用電器有限公司 …… 1411	上海長瀬貿易有限公司 …… 1981
上海敷紡服飾有限公司 …… 1091	上海双鹿中野冷機有限公司 …… 1991	上海那科夢楽商貿有限公司 …… 1995
上海自潤軸承有限公司 …… 0402	上海速特99化工有限公司 … 1436	上海日更国際貿易有限公司 …… 2052
上海思多励国際貿易有限公司 …… 1297	上海第一精工模塑有限公司 …… 1453	上海西川密封件有限公司 …… 2026
上海思達典雅信息系統有限公司 …… 1289	上海泰極愛思汽車部件有限公司 …… 1594	上海日亜光電販売有限公司 …… 2031
上海芝浦電子有限公司 …… 1137	上海大正力保健有限公司 …… 1477	上海日亜電子化学有限公司 …… 2031
上海秀愛国際貿易有限公司 …… 1184	上海大東紡織貿易有限公司 …… 1498	上海日安電子有限公司 …… 2104
上海重機ミシン有限公司 …… 1178	上海大徳多林克商貿有限公司 …… 1501	上海日安天線有限公司 …… 2104
上海柴油機股份有限公司 …… 2425	上海ダイナックス …… 0289	上海日セラ磁性器材有限公司 …… 2155
上海城建日瀝特種瀝青有限公司 …… 2047	上海太洋栄光商業有限公司 …… 1533	上海日セラセンサ有限公司 …… 2155
上海協立シンタン電子科技有限公司 …… 0680	上海太陽食研国際貿易有限公司 …… 1528	上海日輪汽車配件有限公司 …… 2045
上海昭和汽車配件有限公司 …… 1215	上海高島屋百貨有限公司 … 1555	上海日精儀器有限公司 …… 2148
上海新域系統集成有限公司 …… 2450	上海高鳥機電科技有限公司 …… 1563	上海日泉服飾検整有限公司 …… 2076
上海新域信息系統有限公司 …… 2450	上海鷹野商貿有限公司 …… 1564	上海新田明膠有限公司 …… 2078
上海新宇宙煤気監控設備有限公司 …… 1233	上海他喜龍塑料有限公司 …… 1580	上海日鍛金属有限公司 …… 1244
上海森億服飾整理有限公司 …… 2927	上海卓多姿中信化粧品有限公司 …… 1118	上海能美西科姆消防設備有限公司 …… 2280
上海新華菱文具制造有限公司 …… 2808	上海竹田包装印務技術有限公司 …… 1585	上海能率有限公司 …… 2295
上海新晃空調設備股份有限公司 …… 1228	上海竹本容器包装有限公司 …… 1590	上海野村水処理工程有限公司 …… 2293
上海新晃空調設備有限公司 …… 1228	上海田崎真珠有限公司 …… 1591	上海野村水処理国際貿易有限公司 …… 2293
上海新電元通信設備有限公司 …… 1238	上海中瑞・富士離合器有限公司 …… 0369	上海巴栄有限公司 …… 2373
上海新富士克制線有限公司 …… 2535	上海中煉線材有限公司 …… 0816	上海白銅精密材料有限公司 …… 2319
上海申和熱磁電子有限公司 …… 2477	上海通運国際物流有限公司 …… 2161	上海巴黎三城光学有限公司 …… 2766
上海瑞可利商務諮詢有限公司 …… 3074	上海通暖紅針織有限公司 …… 1607	上海巴黎三城眼鏡有限公司 …… 2766
上海瑞亦康生物科技有限公司 …… 2905	上海津村製薬有限公司 …… 1678	上海微鉄克貿易有限公司 …… 2471
上海水仙能率有限公司 …… 2295	上海迪桑特商業有限公司 …… 1737	上海日野エンジン …… 2425
上海鈴謙滬中医薬有限公司 …… 1280	上海電視一廠 …… 0988	上海平木福客商業有限公司 …… 2443
上海住友倉儲有限公司 …… 1320	上海天地日成停車場管理有限公司 …… 2075	上海平田机械工程有限公司 …… 2444
上海星栄精機有限公司 …… 1285	上海天馬精塑有限公司 …… 1775	上海ピラートレーディング有限公司 …… 2180
上海西格瑪光机有限公司 …… 1096	上海電科電工材料有限公司 …… 2157	上海芬理希夢時装有限公司 …… 2476
上海盛賀美餐飲有限公司 …… 0916	上海東装家居材料製造有限公司 …… 1914	上海福満家便利有限公司 …… 2461
上海制和貿易有限公司 …… 1348	上海東棉半導体有限公司 …… 1935	上海フコク有限公司 …… 2498
上海江崎格力高南奉食品有限公司 …… 0294	上海東優刃物国際貿易有限公司 …… 1888	上海藤尾餐飲管理有限公司 …… 2503
		上海富士克貿易有限公司 …… 2535

上海富士克制線有限公司 …… 2535	ジーユー …………………… 2457	十六銀行 ………………… 1177
上海藤倉化成塗料有限公司	十一番 …………………… 1056	十六合同ファイナンス …… 1177
…………………………… 2508	十一屋 …………………… 2732	十六コンピュータサービス
上海不二光学科技有限公司	十一屋呉服店 …………… 2732	…………………………… 1177
…………………………… 2543	秀英舎 …………………… 1508	十六ジェーシービー ……… 1177
上海不二越精密軸承有限公司	秋欧機械設備（上海）有限公	十六信用保証 …………… 1177
…………………………… 2512	司 ……………………… 1636	十六総合研究所 ………… 1177
上海富斯市場営銷諮詢有限公	重機（上海）工業有限公司	十六ダイヤモンドクレジット
司 ……………………… 2581	…………………………… 1178	…………………………… 1177
上海不二精机有限公司 …… 2519	重機（中国）投資有限公司	十六ビジネスサービス …… 1177
上海富士達電梯研発有限公司	…………………………… 1178	十六リース ……………… 1177
…………………………… 2538	重慶永仁心医療器械有限公司	ジュエリーアイ ………… 0928
上海日村商貿有限公司 …… 2293	…………………………… 2305	ジュエリーオクボ ……… 2624
上海賦絡思广告有限公司 … 2581	重慶海徳世控制拉索系統有限	ジュエリーシノン ……… 2624
上海古林国際印務有限公司	公司 …………………… 2305	ジュエリーデン ………… 2346
…………………………… 2585	重慶海徳世拉索系統集団有限	ジュエル貴 ……………… 0768
上海米源国際貿易有限公司	公司 …………………… 2305	ジュエルベリテオオクボ … 2624
…………………………… 0553	重慶関西塗料有限公司 …… 0603	ジュエル貿易 …………… 1814
上海米源実業有限公司 …… 0553	重慶金豊機械有限公司 …… 2991	ジュオ・ハタノ ………… 0436
上海浜神服飾整理有限公司	重慶三電汽車空調有限公司	珠海欧愛水基水科技有限公司
…………………………… 2352	…………………………… 0993	…………………………… 0414
上海蓓如娜服装整理有限公司	重慶市三瀝高科道路材料有限責	珠海東洋科美化学有限公司
…………………………… 2629	任公司 ………………… 2047	…………………………… 1873
上海宝鋼集団 …………… 2410	重慶新明和耐徳機械設備有限	珠海理想科学工業有限公司
上海宝産三和門業有限公司	公司 …………………… 1264	…………………………… 3085
…………………………… 1020	重慶東京散熱器有限公司 … 1837	**JUKI** ………………… 1178
上海望趣商貿有限公司 …… 3164	重慶福達巴汽車部件有限公司	JUKIオートメーションシステ
上海寶麗妍貿易有限公司 … 2673	…………………………… 2554	ムズ …………………… 1178
上海松屋餐飲管理有限公司	重慶三鈴大金離合器製造 … 0289	宿遷天野貿易有限公司 …… 1721
…………………………… 2718	重慶羅森便利店有限公司 … 3137	シュクレイ ……………… 0855
上海摩立特克鋼鉄商貿有限公	重慶利時徳汽車部件有限公司	寿恵会 …………………… 1542
司 ……………………… 2921	…………………………… 2305	ジューケン特販 ………… 0252
上海摩立特克鋼鉄商貿有限公司	重慶利時徳拉索有限公司 … 2305	寿香寿庵 ………………… 0855
広州分公司 …………… 2921	重工環境サービス ……… 2813	首鋼総公司 ……………… 0755
上海茉莉林紡織品有限公司	十字薬局 ………………… 0241	珠洲風力開発 …………… 2247
…………………………… 2927	十條商事 ………………… 2114	寿松庵 …………………… 0582
上海ミツトヨ …………… 2806	十條製紙 ………………… 2150	シューズデリカ ………… 0930
上海妙徳空覇睦貿易有限公司	十條パルプ ……………… 2150	シューズフォレスト …… 0509
…………………………… 2845	十條木材 ………………… 2150	出版QRセンター ………… 1926
上海名港国際貨運有限公司	住精エンジニアリング …… 1318	出版共同流通 …………… 2141
…………………………… 2869	住精科技（揚州）有限公司	ジューテック …………… 1179
上海豫園商城創造餐飲管理有限	…………………………… 1317	ジュテックス …………… 0855
公司 …………………… 0735	住精ケミカル …………… 1317	ジューテックホーム …… 1179
上海豫園南翔饅頭店有限公司	住精テクノサービス …… 1318	**ジューテックホールディング**
…………………………… 0735	住精ハイドロシステム …… 1318	**ス** ……………………… 1179
上海尤妮佳有限公司 ……… 3004	住宅金融債権管理機構 …… 1802	ジューテックリブ ……… 1179
上海榕東活動房有限公司 … 1795	住宅流通サービス ……… 2771	シュテルン世田谷 ……… 0793
上海理欧商貿有限公司 …… 3069	住宅流通推進協会 ……… 1288	シュテルンつくば ……… 1351
上海理音商科技有限公司 … 3070	十七銀行 ………………… 2487	シュテルン福岡 ………… 1219
上海理音商貿有限公司 …… 3070	周南ケミカル …………… 1908	酒東不動産管理 ………… 0910
上海理研塑料有限公司 …… 3080	周南バルクターミナル …… 1908	シュトットガルト・オート・サー
上海力至優叉車製造有限公司	十二銀行 ………………… 2645	ビス …………………… 2812
…………………………… 2043	十八オフィスサービス …… 1176	シュトレ モトーレンタイレ社
上海利富高塑料製品有限公司	十八カード ……………… 1176	…………………………… 2178
…………………………… 2195	十八キャピタル ………… 1176	ジュピターテレコム …… 1180
上海龍雲精密機械有限公司	**十八銀行** ……………… 1176	ジュピターテレコム …… 1316
…………………………… 1600	十八合同ファイナンス …… 1176	ジュピターTV …………… 1180
上海龍徳塑料有限公司 …… 1580	十八総合リース ………… 1176	主婦の店 ………………… 2373
上海麗格鞋業有限公司 …… 3071	十八ソフトウェア ……… 1176	主婦の店オークワ ……… 0464
上海尤希路化学工業有限公司	十八ビジネスサービス …… 1176	主婦の店商事中部本社 …… 2373
…………………………… 2988	住理工FCシール ………… 1326	主婦の店スーパーチェーン
上海丸嘉貿易有限公司 …… 2734	住理工化工産品（上海）有限	…………………………… 2709
上海丸光金球服装有限公司	公司 …………………… 1326	主婦の店秩父店 ………… 2626
…………………………… 2606	十六カード ……………… 1177	主婦の店バロー ………… 2373
上海黒田貿易有限公司 …… 0760		

主婦の店ベルク	2626		1376	松竹サービスネットワーク	
シュライバーフーズ社	2846	笑輝餐飲（上海）有限公司			1188
周和産業	2153		2930	松竹事業	1188
純藍	0855	諸暨市龍的絲橡筋有限公司		松竹シネプラッツ	1188
春絲麗有限公司	0850		1973	松竹第一興行	1188
順天堂	1181	捷希艾（上海）貿易有限公司		松竹土地興行	1188
順天堂商事	1181		2110	松竹ナビ	1188
順天堂土地住宅	1181	焼結金属工業	0305	松竹ニューセレクト	1188
順天堂薬局	1181	商研管財	0929	松竹パフォーマンス	1188
ジュンテンドー	1181	商研	0929	松竹ブロードキャスティング	
春徳汽船	0590	昭興	1186		1188
順徳三社電機有限公司	0982	商工印刷工業	0895	松竹プロモーション	1188
順風路	1656	昭光エレクトロニクス	1186	松竹マルチプレックスシアターズ	
ジョイ	2710	昭光化学工業	1186		1188
ジョイジョイ	0748	昭光サイエンティフィック		ショウティック	1201
ジョイテック	2626		1186	昭電社	3005
ジョイナム	2284	尚工舎時計研究	1123	省電舎	1189
ジョイフル	1182	昭光通商	1186	湘電風能有限公司	2358
ジョイフル朝日	0464	昭光通商アグリ	1186	城東鋼業	1858
ジョイフルアスレティッククラブ		昭光通商（上海）有限公司		上東興産	0509
	1183		1186	城東電機	2651
ジョイフルエーケー	0639, 1183	昭光通商保険サービス	1186	城東電気鉄道	0702
ジョイフルカンパニー	1183	商工通信	0895	承徳帝賢北日本紡績有限公司	
ジョイフルサービス	1182	昭光プラスチック製品	1186		0627
ジョイフル内装	1183	商工プロセス	0895	小豆島銀行	2433
ジョイフル本田	1183	昭光紡績	2094	庄内川染工所	1894
ジョイランド	0533	昭産開発	1197	庄内川レーヨン	1894
ジョイリビング	2933	昭産商事	1197	庄内テクノ電設	2973
ジョイリンク	0653	昭産ビジネスサービス	1197	庄内プレス工業	3043
ジョイント・キャピタル・パートナーズ		ショウサンレストラン企画		庄内ヨロズ	3043
	1356		1922	湘南瓦斯	1812
ジョイント・リート投資法人		銚子屏風ヶ浦風力開発	2247	湘南神奈交バス	0551
	1356	常州恩梯恩精密軸承有限公司		湘南管工	0686
ショウエイ	1207		0350	湘南牛乳	2872
昭栄	2439	上州銀行	0771	湘南共栄システムズ	0523
昭栄アセットマネジメント		常州綜研加熱炉有限公司	1402	湘南情報サービス	0340
	2439	常州拓自達恰依納電線有限公司		湘南食品	2935
昭栄エレクトロニクス	2439		1598	湘南スポーツセンター	0360
昭栄化工	1207	常州日研磨機有限公司	2211	湘南総合化学研究所	2784
正栄菓子	1184	常州不二精機有限公司	2519	湘南電気鉄道	0784
昭栄興業	1186, 2439	常州朗鋭東洋伝動技術有限公司		湘南電力	0335
正栄産業	1184		1886	湘南糖化工業	2794
翔泳社	0301	上新サービス	1187	湘南燃料	2803
正栄食品工業	1184	上新電機	1187	湘南半島自動車	0784
昭栄製糸	2439	上新電機商会	1187	湘南日立工機	2412
昭栄製絲	2439	上新電気商会	1187	湘南物流	2502
照栄製袋	1208	商船三井	2447	湘南ベルマーレ	0335
正栄デリシィ	1184	小台伸銅	1497	城南無尽	0718
昭栄堂製本	2282	湘潭電機股份有限公司	1886	常熟快風空調有限公司	0678
昭栄貿易	0960	松竹	1188	常熟史力勝体育用品貿易公司	
翔泳社人材センター	0301	松竹	2547		1619
上越鉱業	1490	松竹衣裳	1188	常熟星和電機有限公司	1348
上越電炉工業	1490	松竹映画都市	1188	常熟特殊陶業有限公司	2170
上越日曹ケミカル	2156	松竹映像センター	1188	常熟日油化工有限公司	2042
上越ミツワ電機	2828	松竹エンタテインメント	1188	常熟日新中外運輸有限公司	
招遠先進化工有限公司	2116	松竹関西興行	1188		2061
小学館	1049, 2896	松竹関東サービス	1188	常熟星電貿易有限公司	1348
小学館プロダクション	1185	松竹キネマ	1188	常磐エンジニアリング	1191
小学館ミュージック＆デジタルエンタテイメント		松竹キネマ合名社	1188	常磐開発	1190
	1185	松竹京都映画	1188	常磐化成	0906
小学館集英社プロダクション		松竹京都撮影所	1188	常磐硝子	2504
	1185	松竹興行	1188	常磐共同印刷	0670
韶関市小金井電子有限公司		松竹撮影所	1188	常磐港運	1191

常盤興行	1188	
常盤興産	0670	
常磐興産	1191	
常磐興産倉庫	1191	
常磐興産ピーシー	1191	
常磐コンクリート工業	1191	
常磐紙業	1191	
常磐製作所	1191	
常磐製粉	2069	
常磐相互銀行	2392	
常磐炭礦	1191	
常磐炭礦練炭	1191	
常磐鉄工	1190	
常磐パッケージ	1191	
常磐ピーシー	2541	
常磐プラスチック工業	1191	
常磐包装	0670	
常盤ホテル	0676	
常磐無尽	0363, 2392	
常磐湯本温泉観光	1191	
匠美	0914, 2736	
松美舎	2717	
粧美堂	1211	
粧美堂日用品（上海）有限公司	1211	
上武	0307	
松風	1192	
松風陶歯製造	1192	
松風バイオフィックス	1192	
松風プロダクツ	1192	
祥福開発	1849	
捷幅瓦電源開発諮詢（北京）有限公司	1766	
祥福コーポレーション	1849	
祥福不動産	1849	
上武支援準備会社	0307	
昭富実業股份有限公司	1934	
菖蒲フーズ	1578	
昌平工業	0738	
松宝	2258	
情報開発リース	0679	
情報企画	1193	
情報技術開発	1194	
情報技術開発	0646	
情報資源管理センター	0504	
情報システム	2252	
情報政策研究所	0026	
情報センター	0815	
捷報（大連）信息技術有限公司	1058	
城北工業	2152	
勝美達電子股份有限公司	1312	
上毛	0540	
上毛実業	0540	
上毛製粉	2069	
上毛日新	2065	
上毛日石	2065	
上毛撚糸	0540	
上毛ハウジング	0540	
上毛ファミリーサービス	0540	
庄や	1476	
庄山	1476	
松友商事	2704	
襄陽恩梯恩裕隆傳動系統有限公司	0350	
常陽キャッシュサービス	1195	
常陽銀行	1195	
常陽産業研究所	1195	
襄陽三五汽車部件有限公司	0975	
常陽施設管理	1195	
常陽証券	1195	
常陽製菓	1184	
襄陽東風李爾泰極愛思汽車座椅有限公司	1594	
常陽ヤクルト工場	2935	
昇龍東光科技（中国深圳市）有限公司	1841	
ショウレイ	1197	
ショウワ	2989	
常和アセット・マネジメント	3002	
常和アセットマネジメント	3002	
昭和アルミニウム	1201	
昭和アルミニウム缶	1201	
昭和エフキャスト	1200	
昭和エレクトロニクス	0669	
昭和オートレンタリース	1206	
昭和海運	2189, 2796	
昭和化学工業	1196	
昭和化学工業	0077	
昭和ガステック	0239	
昭和化成肥料	1201	
昭和火薬工業	2188	
昭和乾溜工業	0300	
昭和機械工具	0299	
昭和機工	1200	
昭和汽車零部件研究開発（広州）有限公司	1215	
昭和銀行	2776	
昭和軽金属	1201	
昭和計算センター	1198	
昭和鶏卵	1197	
昭和鋼管	1042	
昭和興業	1326	
昭和工業	1212	
昭和航空精機	1215	
昭和工作所	1891	
昭和興産	0003	
常和興産	3002	
昭和工事	1201	
昭和合成化学工業	1201	
昭和高分子	1201	
昭和ゴム	1205	
昭和護謨	1205	
昭和ゴム技術開発	1205	
常和ゴルフ	3002	
常和ゴルフマネジメント	3002	
昭和産業	1197	
昭和産業	2150	
昭和システムエンジニアリング	1198	
昭和実営	0156	
昭和島サービスセンター	2060	
昭和写真工業	0860	
昭和重工業	2634	
昭和情報機器	0648, 1562	
昭和真空	1199	
昭和眞空	1199	
昭和眞空機械	1199	
昭和真空機械（上海）有限公司	1199	
昭和真空機械貿易（上海）有限公司	1199	
昭和信用組合	0020	
昭和精工	1199	
昭和製作所	1215, 2689	
昭和製紙	2150	
昭和製器	2659	
昭和製粉	1197	
昭和生命保険相互会社	1454	
昭和セメント	2283	
昭和染色	1382	
昭和製袋工業	1203	
昭和造機工業	2015	
昭和創研	0648	
昭和曹達	1782	
昭和ソフトウエアエンジニアリング	1198	
昭和耐火材料	0755	
昭和ダイカスト	2786	
昭和ダイヤモンド化学	0316	
常和建物	3002	
昭和段ボール	1503	
昭和テクノ	1204	
昭和テクノス	0682	
昭和鉄工	1200	
昭和鉄工東京製作所	1200	
松和電器	2336	
昭和電気建設	0682	
松和電器商事	2336	
昭和電機製作所	0453	
昭和電極	0300	
昭和電工	1201	
昭和電工	1186, 1532, 1782	
昭和電工パッケージング	1201	
昭和電工プラスチックプロダクツ	1201	
昭和電線電纜	1202	
昭和電線ホールディングス	1202	
昭和トータルサービス	1200	
昭和ネオス	1200	
昭和熱技研	1205	
昭和の森エリアサービス	1204	
昭和の森綜合サービス	1204	
昭和の森ライフサービス	1204	
昭和ハイテクレント	1206	
昭和培土	1186	
昭和パックス	1203	
昭和飛行機工業	1204	
昭和飛行機テクノサービス	1204	
昭和飛行機ビジネスコンサルタント	1204	
昭和肥料	1201	
常和ビル開発	3002	

昭和ビル管理	1204	
常和ビルサービス	3002	
常和ビルディング	3002	
昭和不動産	1042	
常和不動産	3002	
昭和フロント	1020	
昭和フロント販売	1020	
昭和ベアリング製造	0350	
昭和紡績	0770	
常和ホテルズ	3002	
常和ホテルマネジメント	3002	
昭和ポール	1201	
昭和ホールディングス	1205	
常和ホールディングス	3002	
昭和マツタカ	1201	
昭和無線工業	0304	
昭和メンテサービス	1200	
昭和冶金	2157	
昭和油化	1201	
昭和ユニオン合成	1201	
昭和リース	1206	
昭和冷凍食品	1197	
昭和レーヨン	1891	
昭和煉乳	2872	
昭和毛糸紡績	2125	
SHOEI	1207	
ショーエイコーポレーション	1208	
職縁互助会	3053	
職縁人力資源（上海）有限公司	0391	
職業能力開発大学校日本調理アカデミー	1476	
殖産銀行	1159	
食鮮館タイヨー	2373	
食品工業	0658	
食品品質管理センター	2997	
ショクブン	1209	
食文化	0748	
食文化研究所	1209	
ショクリュー	0499	
ショーケース・ティービー	1210	
如皋米久食品有限公司	3039	
徐州太鵬工程機械有限公司	1533	
諸城華日粉末冶金有限公司	1860	
ジョーシンサービス	1187	
ジョーシンナルス	1187	
女性起業塾	1968	
ショットモリテックス	2920	
ショッパーインサイト	3042	
ショップエアライン	2426	
ショップ二十一	0129	
ジョナサン	1270	
SHO-BI	1211	
ショーフク	1849	
ジョホール護謨	0563	
ショーボンド	1212	
ショーボンド化学	1212	
ショーボンド化工	1212	
ショーボンド建設	1212	
ショーボンドホールディングス	1212	
ジョリーパスタ	1213	
ショールジャパン	1639	
ジョルダン	1214	
ジョルダン情報サービス	1214	
ショール ピーエルシー	1639	
ショーワ	1215	
ショーワ・インディア・プライベート・リミテッド	1215	
ショーワエスデー	1205	
ショーワ・オートパーツ（タイランド）・カンパニー・リミテッド	1215	
ショーワ・オートパーツ・メキシコ・エス・エー・デ・シー・ブイ	1215	
ショーワ・カナダ・インコーポレイテッド	1215	
ショーワコーポレーション	1205	
ショーワスポーツ	1205	
ショーワ・ド・ブラジル・リミターダ	1215	
ショーワバンクラフト	1205	
ショーワ・ユー・ケー・リミテッド	1215	
ショーワ・リージョナル・センター（タイランド）・カンパニー・リミテッド	1215	
シライサービスセンター	1216	
白石金鉱	1321	
白石フード	2046	
白井電子科技（香港）有限公司	1216	
シライ電子工業	1216	
白井電子商貿（上海）有限公司	1216	
白井電子（香港）有限公司	1216	
シライハイテク工業	1216	
白銀化粧品	0032	
白河ウッドパワー	2454	
白河コスモス電機	1817	
白河瀬谷銀行	1862	
白河精機	1838	
白河ゼネラル	2530	
白河電子工業	0388	
白河デンセイ	2087	
白河日東工器	2087	
白河パルプ工業	2817	
白木金属工業	1217, 1815	
白木興業	1217	
白木屋シンガポール株式有限責任会社	2930	
白木屋香港有限公司	2930	
白坂産業	1430	
白沢ドラッグ	0842	
白根瓦斯	1358	
シーランドリサーチ	2325	
シリアル・アムスク・マイクロエレクトロニクス	0134	
シリコン・コンパイラ・システムズ・ジャパン	1439	
シリコン・センシング・システムズ・リミテッド	1318	
シリコンテクノロジー	0576	
シリコン ユナイテッド マニュファクチュアリング	0948	
尻別風力開発	2247	
ジール	0126	
シルエット工業	3069	
シルエンス	0674	
ジールネット	0801	
シルバー生野	2821	
シルバー工業	1571	
シルバーサービス	2033	
シルバーフェリー	0590	
シルバーホテル	2022	
ジール分割準備	0126	
しろがね産業	2917	
シロキアジア	1217	
シロキインドネシア	1217	
シロキ・ウイックス・コーポレーション	1217	
シロキ運輸	1217	
シロキ工機	1217	
シロキ工業	1217	
シロキ工業	1815	
シロキGA LLC	1217	
シロキGT LLC	1217	
シロキ商事	1217	
シロキ精工	1217	
シロキタイランド	1217	
シロキテクニコインディア	1217	
シロキノースアメリカ	1217	
シロキU.S.A.	1217	
代田保護菌研究所	2935	
白鳩	1218	
城山開発	2693	
城山サービス	0057	
城山熱供給	2923	
ジー・ワイ・トレーディング	0700	
ジーワークス	1651	
ジーワン・オート・パーツ・デ・メキシコ・エス・エー・デ・シー・ブイ	0280	
ジー・ワンファイナンシャルサービス	0577	
新大華機械股份有限公司	2968	
新愛知時計電機	0023	
新アプリックス	0130	
新安城商業開発	2963	
新出光	1219	
新出光	2481	
新出光石油	1219	
新出光フォーバル	1219, 2481	
信栄	3157	
新英	2482	
神栄	1220	
神栄アグリテック	1220	
神栄アグリフーズ	1220	
神栄会社	1220	
神栄生糸	1220	
信栄機鋼	2083	
神栄キャパシタ	1220	
神栄コンデンサ	1220	

新英産業	1016	
神栄実業	1220	
神栄（上海）貿易有限公司	1220	
神栄商事（青島）貿易有限公司	1220	
神栄製絲	1220	
信栄倉庫	2056	
神栄テストマシナリー	1220	
神栄電機	1220	
シンエイ電子部品	1220	
神栄ビジネスエンジニアリングサービス	1220	
神栄ライフテックス	1220	
信越アステック	1221	
信越エンジニアリング	1221	
信越化学工業	1221	
信越化学工業	1222	
信越化工業	1222	
シンエツ化成	1221	
信越協同建設	1221	
信越金属工業	1221	
信越酢酸ビニル	1221	
信越聚合物（上海）有限公司	1222	
信越シーラント	1221	
シンエツシリコーンズタイランドLtd.	1221	
信越石油化学工業	1221	
信越窒素肥料	1221	
信越電炉	1221	
信越半導体	1221	
信越ポリマー	1222	
信越ポリマー	1221	
信越ユニット	1222	
新王子製紙	0404	
新大阪造機	0770	
新大峰炭鉱	2577	
新開	1488	
新華エンタープライズ	0672	
新華錦（青島）長楽頤養服務有限公司	3146	
新花太陽	1102	
シンガー日鋼	2219	
シンガポール岡谷鋼機会社	0452	
シンガポール大正製薬	1477	
シンガポールデサント	1737	
新川	1223	
新川韓国	1223	
新川（上海）半導体機械有限公司	1223	
新川製作所	1223	
新川テクノロジーズ	1223	
新川半導体機械股份有限公司	1223	
新関西	0297	
新韓バルブ工業	2502	
シンキ	0653	
信貴生駒電鉄	0702	
神姫観光	1224	
神姫観光バス	1224	
神姫観光ホールディングス	1224	
シンキ興業	1224
神姫合同自動車	1224
信貴山急行電鉄	0702
神姫自動車	1224
神姫自動車商会	1224
神姫商工	1224
神姫ゾーンバス	1224
神姫逓送	1224
神姫バス	1224
神姫バスツアーズ	1224
新キャタピラー三菱	0644
新教育社	2571
新協オートサービス	0951, 1651
新業態準備	1628
新宜麗客（上海）商貿有限公司	0389
新宜麗客民台（上海）商貿有限公司	0389
新宮スチレンペーパー	1036
新宮木材パルプ	1936
ジンクエクセル	1971
新倉敷飛行機	1173
シンクレイヤ	1225
シンクレイヤ ラテンアメリカ	1225
シンクロア	0336
新京成車輌工業	1226
新京成電鉄	1226
新京阪鉄道	0781
新建	0471
新建ナガキタ	0297
新晃アトモス	1228
神鋼アルコアアルミ	0823
新光インベストメント	2775
振興エステート	1755
新高化学	2023
新高化学工業	2023
新交貸切バス	2022
神鋼環境ソリューション	1227
新交企画	2022
新交北貸切バス	2022
神鋼金属工業	0823
新晃空調工業	1228
新晃空調サービス	1228
神鋼建機販売	1230
信幸建設	1781
新晃工業	1228
新晃工業岡山工場	1228
新晃工業秦野工場	1228
神鋼興産	0823
神鋼工事	0823
神鋼鋼線工業	1229
神鋼鋼線鋼索	0823, 1229
神鋼鋼線（広州）販売有限公司	1229
神鋼鋼線ステンレス	1229
新興国策工業	0688
神鋼コベルコツール	0823, 2821
新光コンピューターシステム	2775
新交佐渡貸切バス	2022
新興産業建設社	2128
新晃実業	1228
新考思莫施電子（上海）有限公司	1233
新興重機工業有限公司	1178
新光証券	2775
伸交商事	0551
新光商事	1231
新光商事	1219
神鋼商事	1230
新光商事エルエスアイデザインセンター	1231
神鋼商貿（上海）有限公司	1230
新興水産	2145
新交ストアー	2022
新興スレート	0259
新光製作所	1143
新興製紙	1506
新光製糖	2068
神港製粉	1197
新光石油瓦斯	0937, 1899
新晃設備サービス	1228
新構造技術	0298
神鋼タセト	0823
新興炭鉱	2080
新興畜産保土ケ谷農園	2061
新興通信工業	2833
新光テクノサーブ	1234
新晃テクノス	1228
神鋼電機	1258
新光電気工業	2528
新興電業	2128
新光電舎	0924, 2025
新興電力工業	1846
神鋼投資有限公司	0823
新交西貸切バス	2022
新光パーツ	1234
神鋼パンテック	1227
神鋼パンテック環境管理	1227
神鋼パンテック・サービス	1227
神鋼フアウドラー	0823, 1227
神鋼フアウドラー環境管理	1227
神鋼フアウドラー・サービス	1227
新興プランテック	1232
新光プリンシパル・インベストメント	2775
新光プレシジョン	1234
新神戸電機	2408
信興棉花	1409
神港有機化学工業	0430
シンコー化成	1548
神国海上火災保険	1441
新コスモス電機	1233
新コスモス電機メンテナンス	1233
新光電気工業	1234
シンコーバルタック	2369
人材情報センター	3074
人財プロモーション	1857
新相模酸素	1532
親山	1476
新三徳工業	1262

しんさんよ

新三洋	0724	新生紙パルプ商事	1236
人事測定研究所	3074	シンセイ酒類	2947
紳士服のコナカ	0856	新生証券	1235
シンシュー	0106	新精商事	2153
信州航空電子	2213	新生信託銀行	1235
信州シキシマ	1090	新星鉄板	2067
信州実験動物センター	0191	新星堂	1237
真宗信徒生命保険	1685	新星堂ポータル	1237
信州精器	1340	新星堂モバイルプラス	1237
信州セイコー	1548	シンセイ栃木	1699
信州ダイワ	0765	新清土木	1156
信州動物実験センタ	0191	新生ビジネスファイナンス	1206
信州動物実験センター	0191	新生物流	1236
信州パスコボトリング	2325	シンセツ工業	0500
信州宝石	0106	深圳杭華穎博油墨有限公司	1683
信州無尽	2789	信泉興業	1324
信州流通ネットワーク	1767	深圳市頂全便利店有限公司	2461
新宿活魚	1803	深圳新華菱文具製造有限公司	2808
新宿スクエアタワー管理	1824	深圳深日鋼材有限公司	2083
新宿屋	1867	深圳日商沃徳諮詢有限公司	0244
新宿ワシントンホテル	2527	深圳美星塑料有限公司	1937
仁寿生命保険	1685	深圳福吉米科技有限公司	2546
新正栄ダイカスト工業	2018	深圳本多通信技術有限公司	2681
神商エヤーコーハン	1230	深セン津村薬業有限公司	1678
神商大阪精工（南通）有限公司	1230	新総合オンラインシステム稼動	0535
神商開発	1230	新栄倉庫	2061
信昌機械グループ	1798	心栄電子商貿（上海）有限公司	0910
神商金属加工	1230	新組織科学研究所	0167
神商金属販売	1230	新大協和石油	1850
神商神戸ウエルディング	1230	新大証設立準備	2172
信昌国際投資有限公司	1798	新大同海運	2440
新庄織布工場	0905	新大同製鋼	1497
新象製造廠有限公司	1411	新ダイヤ産業	0239
神商精密器材（蘇州）有限公司	1230	新大洋工業	0016
新庄ゼネラル	2530	新ダイワインク	2968
新昌船舶	0341	新ダイワ工業	2968
神商鉄鋼販売	1230	仁丹アニコ	2918
新庄電子	2646	仁丹井村屋食品	0196
新昇電子貿易（深セン）有限公司	2138	仁丹栄光薬品	2918
新昇電子（香港）有限公司	2138	ジンタン・オーアイエヌ	2918
新常磐炭礦	1191	震旦大塚股份有限公司	0434
神商非鉄	1230	仁丹商事	2918
新庄富士通ゼネラル	2530	仁丹食品	2918
シンシロケーブル	2507	仁丹体温計	1760
新紳	0856	仁丹テック	2918
新伸興業	1445	仁丹テルモ	1760
新々商事	0567	仁丹ドルフ	2918
しんしん丸	0608	仁丹ファインケミカル	2918
ジンズ	1030	仁丹ミラセルびわ湖	2918
睛姿商貿（上海）有限公司	1030	新千葉物産	1639
睛姿美視商貿（北京）有限公司	1030	新中央工業	2833
シンセイ	1699	新中央発條	1638
新晴海運	0341	神中鉄道	1414
新世紀サービス	0909	真長兵衛商店	1979
新生銀行	1235	神鉄エンジニアリング	0810
シンセイ群馬	1699	シンテックINC.	1221
新星工業有限公司	1123		

真電	3057	シンデンゲン・アメリカ・インコーポレイテッド	1238
		シンデンゲン・インディア・プライベート・リミテッド	1238
		新電元エンタープライズ	1238
		新電元熊本テクノリサーチ	1238
		新電元計測	1238
		新電元工業	1238
		新電元（上海）電器有限公司	1238
		新電元商事	1238
		シンデンゲン・シンガポール・ピーティーイー・リミテッド	1238
		新電元スリーイー	1238
		新電元精機	1238
		新電元センサーデバイス	1238
		シンデンゲン（タイランド）カンパニー・リミテッド	1238
		シンデンゲン・ディベロップメント・インコーポレイテッド	1238
		新電元デバイス販売	1238
		シンデンゲン・フィリピン・コーポレーション	1238
		シンデンゲン・ベトナム・カンパニー・リミテッド	1238
		新電元（香港）有限公司	1238
		新電元メカトロニクス	1238
		新電元メンテナンス	1238
		新電元メンバツ	1238
		シンデンゲン・ラオス・カンパニー・リミテッド	1238
		新電元ロジステック	1238
		神電工事	1258
		シンデン・ハイテックス	1239
		神電ファクトリーサービス	1258
		シントーアメリカ社	1242
		シントーインドネシア社	1242
		新東	1240
		新東赤瓦	1240
		新東亜交易	1241
		新東京計器	1816
		新東工業	1242
		新東工業商貿（昆山）有限公司	1242
		新東産業	1577, 1709
		新東商事	1790
		新東セラミック	1240
		新東ダストコレクタ	1242
		神東塗料	1243
		神之東塗料貿易（上海）有限公司	1243
		新東物産	1880
		新東ブレーター	1242
		神銅兵器工業	0823
		新東北メタル	2159
		新東窯業	1240
		新東洋ロール	1516
		新東ルーフ	1240

シントーエンジニアリングインディア社	1242	
新得ファーム	0361	
シントーケミトロン	1243	
神都交通	2763	
新都市科学研究所	2278	
神都乗合自動車	2763	
新トーハイ	1304	
シントーバラットマニュファクチャリング社	1242	
シントーファミリー	1243	
シントーブラジルプロドゥトス社	1242	
新巴川加工	1936	
新巴川製紙	1936	
新長岡マツダ販売	2148	
新名古屋ビル	2800	
新日化機能材製造	1246	
新日化産	1419	
新日軽	2123, 3072, 3073	
新日興進(瀋陽)房地産有限公司	1252	
新日鉱ホールディングス	1038	
新日国工業	2059	
新日清製粉食品(青島)有限公司	2069	
新日曹化工	2156	
シンニッタン	1244	
新日鐵化学	1245, 1246	
新日鐵化学工業	1245	
新日鉄情報通信システム	1245, 1247, 1248	
新日鐵住金	1245	
新日鐵住金	1248	
新日鐵住金化学	1246	
新日鐵住金ステンレス	1245	
新日鐵住金ソリューションズ	1247	
新日鉄住金ソリューションズ	1248	
新日鉄ソリューションズ	1248	
新日鉄ソリューションズ	1245, 1247	
新日鉄軟件(上海)有限公司	1247, 1248	
新日本科学	1249	
新日本空調	1250	
新日本商業開発	2142	
新日本製鐵	0448, 1245, 1248, 2080, 2083	
新日本製鉄化学工業	1245, 1246	
新日本鋳造	2159	
新日本電気	2163	
新日本電工	1251	
新日本アーバンマトリックス	1253	
新日本インターナショナル投資顧問	2775	
新日本開発	0730	
新日本カードサービス	2775	
新日本カーボン	2113	
新日本硝子	2255	
新日本硝子工業	2255	
新日本環境調査	0185	
新日本気象海洋	0185	
新日本空調工程(上海)有限公司	1250	
新日本グランディ	0730	
新日本建設	1252	
新日本建設	1253	
新日本建築	1840	
新日本鋼球	2149	
新日本興業	1815, 2794	
新日本工業	2082	
新日本工販	2481	
新日本地所	0730, 1253	
新日本証券	2775	
新日本証券調査センター	2775	
新日本証券ビジネスサービス	2775	
新日本商事	0761, 2152	
新日本情報システム	2775	
新日本石油	1038	
新日本石油開発	1038	
新日本石油精製	1038	
新日本建物	1253	
新日本建物販売	1253	
新日本テクノカーボン	2113	
新日本鍛工	1244	
新日本電建	1494	
新日本投資顧問	2775	
新日本ハイパック	1503	
新日本パイプ	0744	
新日本ハウス	1252, 1253	
新日本ビスフェノール	1246	
新日本ファイナンス	2775	
新日本フェノール	1246	
新日本不動産	1252	
新日本プロセス	2252	
新日本法規実業	1254	
新日本法規出版	1254	
新日本紡績	2703	
新日本マグナス	2312	
新日本無線	1255	
新日本無線	2254	
新日本無線商事	1255	
新日本理化	1256	
新日本理化	0112	
新日本リフォームサービス	0730	
新日本レジデンス	1253	
新日本レース	0292	
シンノウ仁丹	2918	
新野村貿易	2291	
シンパ	2440	
進学会	1257	
新函館都市ガス	2656	
シンパシー	0700	
シンパツサンライズ	0824	
新阪急ホテル	2375, 2376	
新阪急ホテルアネックス	2375	
シンフォニアエンジニアリング	1258	
シンフォニア商事	1258	
シンフォニアテクノロジー	1258	
シンフォニック	2563	
信学産業股份有限公司	2989	
新扶桑金属工業	1245	
神府貿易(上海)有限公司	1261	
シンプレクス・インベストメント・アドバイザーズ	1259	
シンプレクス不動産投資顧問	1259	
シンプロメンテ	1260	
新開社活版印刷業	2383	
シンポ	1261	
シンポアメリカインク	1261	
新報国製鉄	1262	
新報国製鉄三重	1262	
新豊食品	2068	
シンポ工業	2232	
シンポセラミックス	2232	
新北海鋼業	0424	
神保電器	2847	
真間進学会	0182	
新丸金小谷商店	1476	
新三井製糖	2794	
新みなと飼料販売	2947	
新都ホテル	0702	
神明電機	1263	
新明興産業	0585	
神明電機製作所	1263	
新名糖	2794	
新名浜	3000	
新明和岩国航空整備	1264	
新明和ウエステック	1264	
新明和エンジニアリング	1264	
新明和オートエンジニアリング	1264	
新明和オートセールス	1264	
新明和興業	1264	
新明和工業	1264	
新明和(上海)商貿有限公司	1264	
新明和(上海)精密機械有限公司	1264	
新盟和(上海)精密機械有限公司	1264	
新盟和(上海)貿易有限公司	1264	
新明和ソフトテクノロジ	1264	
新門司砕石工業	1311	
新薬リサーチセンター	1956	
信友	1647	
進勇商事	0174	
シンヨー	2874	
瀋陽岩旺米粉製造有限公司	0205	
瀋陽木本數据有限公司	0643	
信陽工業	1733	
新洋興産	0590	
新洋酸素	1532	
瀋陽日亜創業投資管理有限公司	2199	
瀋陽日新気化器有限公司	2050	
瀋陽木本実業有限公司	0643	
シンヨー・サンワテクノス	2874	
仁淀運輸	0917	

社名	ページ
信頼の森	1504
真利銀行	0420
新理研工業	1497
新菱建設	2385
新菱商事	2815
新菱製罐	2821
神糧物産	0636
進菱三谷セキサン	2782
森林	2927
森林（亜洲）有限公司	2927
森林公園ゴルフ場運営	0251
森林商店	2927
森林紡績	2927
シンロンプレス社	0670
シンワ	0107
進和	1265
シンワアートオークション	1266
新和運輸	1283
シンワ運輸埼玉	1283
シンワ運輸東京	1283
新和エンジニアリング	0341
シンワ エンジニアリング・サービス	0341
シンワオックス	0107
親和会	1266
新和海運	0341
シンワ化学工業	1203
進和機械	1143
シンワ機工	1265
進和機工	1522
親和銀行	2488
新和ケミカルタンカー	0341
新和興業	0341
新和工業	1689, 2244
真和工業	2808
新和光投資委託	2775
新和システム	0341
信和実業	2321
那欧雅進和（上海）貿易有限公司	1265
進和商会	1265
信和商事	0107
新和商事	2080
神和製作所	2705
新和精密	2079
新和テクノ	0341
信和電業社	1998
進和（天津）自動化控制設備有限公司	1265
シンワート	1283
新和内航海運	0341
シンワハイテク	2705
伸和バルジ	0975
新和パルタック	2369
新和ビジネスマネジメント	0341
親和ファイナンス	2653
新和マリン	0341
シンワメディカル	1266
シンワメディコ	1266
親和陸運	1140
G-7・オート・サービス	1119
G7ジャパンフードサービス	1119
G-7スーパーマート	1119
G-7デベロップメント	1119

【 す 】

社名	ページ
瑞翁（上海）管理有限公司	2154
瑞花	0205
水機テクノス	1268
水機メンテナンスサービス	1268
瑞顧克斯工業（大連）有限公司	3093
瑞顧克斯（常州）机械制造有限公司	3093
瑞顧斯貿易（上海）有限公司	3093
瑞光	1267
瑞光（上海）電気設備有限公司	1267
瑞光鉄工	1267
瑞鵠汽車模具有限公司	2537
瑞薩易事通（上海）貿易有限公司	3116
水産増殖施設	0905
瑞思創智（北京）信息科技有限公司	2206
瑞思放送（北京）数字科技有限公司	2206
瑞思豊通（北京）信息科技有限公司	2206
吹田アンチモニー工業	2218
吹田製紙	0405
スイチョク	0499
水道機工	1268
水道機工サービス販売	1268
スイト会館	1001
水都産業	1342
スイート ヴィラ ガーデン	0012
スインビー・フーズ	0941
スウィングベーカリー	1197
スウェーデンハウス	1938
末広建設工業	1304
末広商会	0476
末広製菓	2950
スカイインターナショナル企画	2602
スガイ・エンタテインメント	0317
スガイ化学工業	1269
菅井化学工業	1269
菅井化学工場	1269
スガイケミー	1269
須貝興行	0317
スガイシステムサービス	1269
スカイスクレイパー	0550
スカイパーフェクト・コミュニケーションズ	1271
スカイフーズ	0749
スカイマーク	0276
スカイマークエアラインズ	0276
すかいらーく	1270
スカイリサーチ	0088
スカイ365	1756
スカパーJSATホールディングス	1271
スカパーJSAT	1271
菅谷商店	1491
スカルパジャポネ	0745
菅原木工場	1938
スカンディア生命保険	1810
杉浦商会	1524
スギスマイル	1272
杉野興産	3056
スギホールディングス	1272
スギメディカル	1272
スギ薬局	1272
スキャンポファーマ	0144
すき家本部	1390
スクアーツ	1273
スクウェア	1273
スクウェア・エニックス	1273
スクウェア・エニックス・ホールディングス	1273
スクウェアサウンズ	1273
スクウェアネクスト	1273
スクウェアヴィジュアルワークス	1273
スクラッチ	0042
スクリーン	0827
SCREENホールディングス	1274
スクールツアーシップ	3086
スクロール	1275
図形処理技術研究所	1276
ズケンGmbH	1276
図研	1276
ズケン・アメリカInc.	1276
ズケン・インディアPrivate Limited	1276
図研エルミック	1277
ズケン・コリアInc.	1276
図研上海技術開発有限公司	1276
ズケン・シンガポールPte.Ltd.	1276
図研テクノマティックス	1276
図研ネットウェイブ	1276
図研プロセスデザイン研究所	1276
ズケン・ユーエスエーInc.	1276
ズケン・ヨーロッパGmbH	1276
瑞光メディカル	1267
スコッチ洋服店	2366
須坂帝通	1697
須崎販売	0080
壽司岩	1476
すし太郎	0053
鮨の美也古	0564
すし半	2595
鈴鹿日梱	2056
鈴鹿ロボケアセンター	0899

鈴川化学工業	0465	
スズキ	1279	
鈴木	1278	
鈴木組運輸	1842	
鈴木謙三郎商店	1280	
鈴木式機械	1279	
鈴木式織機	1279	
鈴木式織機製作所	1279	
鈴木自動車工業	1279	
すずき商会	0937	
鈴木商会	0738	
鈴木証券	0443	
鈴木商店	0095, 1045, 1409, 2042	
鈴木商店神戸製鋼所	0823	
鈴木尚美社	2215	
鈴木食料工業	0095	
スズキ精機	1278	
鈴木製作所	1278	
鈴木製薬所	0095	
鈴木鉄工所	2771, 3010	
鈴木電気商会	1281	
鈴木電業	1281	
鈴木電興	1281	
鈴木東新電子（中山）有限公司	1278	
鈴木東新電子（香港）有限公司	1278	
鈴木油房	1045	
スズケン	1280	
鈴謙洋行	1280	
鈴茂機械工業	1282	
鈴茂商事	1282	
鈴商メディカル	1532	
鈴丹	2372	
スズデン	1281	
鈴電	2848	
スズデンインダストリアルシステムズ	1281	
スズデンビジネスサポート	1281	
鈴彦商店	2301	
鈴政式織機	0392	
鈴政式織機製作所	0392	
鈴茂器工	1282	
鈴与機械製作所	1336	
鈴与シンワ運輸	1283	
鈴与シンワ埼玉	1283	
鈴与シンワート	1283	
鈴与シンワ物流	1283	
スズラン企業	2165	
裾野共同テレビ協会	0937, 1899	
スター	1715	
スターアメリカ ホールディング・INC	1285	
スタイリンク	0757	
スタイル運輸	1687	
スタイルテックス	1687	
スターインフォテック	1497	
スター・エレクトロニクス	0940	
スタークラウドサービス・INC	1285	
スタジオアリス	1284	
スタジオアリスコリア・カンパニー・リミテッド	1284	
スタジオアリスタイワン・カンパニー・リミテッド	1284	
スタジオガレージ	1742	
スタジオキング	0170	
スタジオプラスコ	2267	
スタジオ・レイ	3120	
スタシオン・セルビス	1226	
スター商会	1123	
スター製作所	1285	
スター精密	1285	
スターゼン	1286	
スターゼンアメリカ, INC.	1286	
スターゼンインターナショナル	1286	
スターゼン北日本販売	1286	
スターゼン広域販売	1286	
スターゼン食品	1286	
スターゼンシンガポールPte. Ltd.	1286	
スターゼン西日本販売	1286	
スターゼン販売	1286	
スターゼン東日本販売	1286	
スターゼンミートグループ	1286	
スターゼン南日本販売	1286	
スターゼンヨーロッパApS	1286	
スター・チャンネル	1870	
スターツ	1287, 1288	
スター・ツアーズ・ジャパン	2836	
スターツエージェンシー	1287	
スターツ笠間ゴルフ倶楽部	1287	
スターツケアサービス	1287	
スターツコーポレーション	1287	
スターツ出版	1288	
スターツ商事	1287	
スターツ信託	1287	
スターツ総合研究所	1287	
スターツツーリスト	1287	
スタッフジャパン	0322	
スターツホテル開発	1287	
スターツホーム	1287	
スターティア	1289	
スターティアラボ	1289	
スターティアレナジー	1289	
スタート・トゥデイ	1290	
スタートトゥデイ	1290	
スタートトゥデイコンサルティング	1290	
スタートメディアジャパン	2894	
スタートラボ	1535	
スターバックス コーヒー ジャパン	0926	
スターフライヤー	1291	
スターフライヤービジネスサービス	1291	
スターフライヤーフロンティア	1291	
スター・マイカ	1292	
スター・マイカ・アセット・パートナーズ	1292	
スター・マイカ・アセットマネジメント	1292	
スター・マイカ・ボレオ	1292	
スター・マイカ・レジデンス	1292	
スターマイクロニクス・GmbH	1285	
スターマイクロニクス アメリカ・INC	1285	
スターマイクロニクス・AG	1285	
スターマイクロニクス サウスイースト アジアCo., LTD	1285	
スターマイクロニクス GB・LTD	1285	
スターマイクロニクス（タイランド）Co., LTD	1285	
スターマイクロニクス プレシジョン（タイランド）Co., LTD	1285	
スターマイクロニクス マニュファクチュアリング（タイランド）Co., LTD	1285	
スターマイクロニクス マニュファクチュアリングドイツ・GmbH	1285	
スターマイクロニクス UK・LTD	1285	
スターマイクロニクス ヨーロッパ・LTD	1285	
スタミナ食品	0325	
スタミナフードサプライ	0325	
スターリース	2321	
スタンダード油脂	2042	
スタンレー伊那製作所	1293	
スタンレーいわき製作所	1293	
スタンレー鶴岡製作所	1293	
スタンレー電気	1293	
スタンレー宮城製作所	1293	
スター CNC マシンツール Corp.	1285	
スティネス社	1342	
スティル	2920	
すてきナイスグループ	1294	
ステップアップ	1253	
ステラ ケミファ	1295	
ステンレス急送	2974	
ステンレス鋼板	2067	
ストアークルーズ	0065	
ストアシステム	1485	
ストライダーズ	1296	
ストライプス	2200	
ストラップヤ.com	2354	
ストリーム	1297	
ストレートプレスネットワーク	2617	
スナックフード・サービス	0581	
スナップス販売	0630	
スノーピーク	1298	
スノーピークウェル	1298	
スパイア	2994	

スパイクフィルムス	………	0042
スパイシーソフト	………	2616
スパイシー・ベクター	………	2616
スパイス	………	1394
スパイスアイランド	………	3050
スパイラル	………	1071
スーパーエディション	………	1094
スパー・エフエム・ジャパン		
	………………………	2369
スパークス・アセット・マネジメント		1299
スパークス・アセット・マネジメント投信	……… 1299,	1300
スパークス・キャピタル・パートナーズ	………	1300
スパークス・グリーンエナジー＆テクノロジー	………	1300
スパークス・グループ		1300
スパークス証券	………	1300
スパークス投資顧問	………	1299
スパークス分割準備	………	1299
スパークテックタイランド		
	………………………	2170
スパジオ	………	1565
スーパージュエルボックスジャパン	………………………	2519
スーパーソルダーテクノロジィズ	………………………	2361
スーパーツール		1301
スーパーナルト	………	2754
スーパーバッグ		1302
スーパーバリュー	………	1303
スーパーブレイン	………	0829
スーパーマーケットバロー分割準備会社	………………………	2373
スーパーヤマザキ	………	2950
スバル	………	0257
昴	………	2494
スバルケミコ	………	1304
スバル興業		1304
スバル興業	………	1859
スバル食堂	………	1304
スバル・ソーラーワークス	………	1304
すばる堂	………	1572
スバルハイウェイ工事	………	1304
スーパーレックス	………	2352
スパンクリートコーポレーション	………	1305
スパンクリート製造	………	1305
スパンクリートライフサービス	………………………	1305
スパン日本光電ダイアグノスティクス	………………………	2214
スピアー	………	0519
スピークライン	………	2620
スピード	……… 2300,	2969
スピードショア社	………	2025
スピードファム	………	0486
スピニング	………	0237
スプラウト	………	3132
スープリーム・デコラックス社	………………………	2226
スプリング投資事業有限責任組合	………………………	0966
スプレーグ テクノロジーズ インク	………………………	0974
スプーンシュガー加工	………	2794
スペイス・ムーブ	………	1116
スペーシア	………	1354
スペシアル レファレンスラボラトリー	………………………	2850
スペース	………	1306
スペースシステム計画事務所	………………………	2558
スペースシャワーネットワーク	………………………	1307
スペースシャワーTV	………	1307
スペースプロダクツ	………	0386
スペースマゼラン	………	0407
スペースユニフォーム	………	1124
スペック	………	1435
スペロ機械工業	………	0445
スポーツクラブトリム	………	3118
スポーツコンプレックス	………	3031
スポーツニッポン新聞社	………	2685
スポーツプレックス・ジャパン	………………………	0857
スポーツマンクラブ	………	2965
スポーツライフプラネッツ	………………………	0765
スポーツレイティングス	………	0262
スポーツロジスティックス	………………………	0152
スポルト	………	0845
スポルト分割準備	………	0845
住まいの情報センター	………	0105
住まい発見のコロンブス	………	1849
スマイル	……… 0050,	0602
スマイルエッジ	………	0550
住まいる検査	………	0949
住まいるテック	………	1179
スマイル本田	………	1183
スマック	……… 1652,	2732
スマートイメージ	………	1210
スマート製販	………	2705
スマートバリュー	………	1308
スマトラ興業	………	1205
スマトラ護謨拓殖	………	0693
スマトラ拓殖	………	0693
スマトラ木材	………	2128
スマートIDテック	………	0837
スミー	………	2302
スミエイト	………	0133
スミエイト興産	………	0133
住江織物	………	1309
住江織物	………	1995
住化武田農薬	………	1313
住金エフアールシー	………	2039
住金オートリース	………	2792
住金化工	………	1245
住金鋼材工業	………	2039
住金鋼鉄和歌山	………	1245
住銀総合リース	………	2792
住金物産	………	2083
住金物産情報システム	………	0646
住銀リース	………	2792
住銀レックス	………	2792
住軽アルミ箔	………	2978
住研機材	………	2955
住建木村工業	………	0252
住建合板	………	0252
住建産業	………	0252
住建（上海）有限公司	………	0252
住建道路	………	2788
住建日商（上海）有限公司	………………………	0252
住研ハウス	………	2955
住建防腐	………	0252
住建木材工業	………	0252
住鉱アイ・エス・ピー	………	1314
住鉱吉野石膏	………	3035
スミコエアー	………	0808
住商エアバッグ・システムズ	………………………	1309
住商エレクトロニクス	……… 0314, 1316,	3120
住商大阪非鉄金属販売	………	1316
住商オートリース	……… 1116,	1316
住商紙パルプ	………	0834
住商グレンジャー	………	2912
住商コンピューターサービス	……… 0314,	1316
住商情報システム	……… 0314,	1316
住商信息系統（上海）有限公司	………………………	0314
住商フーズ	………	0548
住商リース	……… 1316,	2792
住信・パナソニックフィナンシャルサービス	………………………	2790
住信・松下フィナンシャルサービス	………………………	2790
住信リース	………	2790
住生活グループ	………	3073
スミセイ・リース	………	2790
住石開発	………	1311
住石九州	………	1311
住石興発	………	1311
住石貿易	………	1310
住石ホールディングス	………	1310
住石ホールディングス	………	1311
住石マテリアルズ	………	1311
スミセツエンジニアリング	………………………	1322
スミセツ フィリピンズ, INC.	………………………	1322
スミ・タイ・インターナショナル社	………………………	1548
隅田川精鉄所	………	0715
隅田川製鉄所	………	0715
スミダ興産	………	1312
スミダ コーポレーション	………	1312
スミダ電機	………	1312
墨田電機工業	………	1312
スミダパワーエレクトロニクス	………………………	1312
スミダパワーテクノロジー	………………………	1312
隅田冷凍工業	………	1805
住電空調	………	1322
住電資材加工センター	………	1321

住電ハイプレシジョン 0299	スミトモ セイカ ポリマーズ コリア カンパニー リミテッド 1317	住吉耐火煉瓦 1835
住友 1313, 1314, 1320		すみれタクシー 1449
住友アイ・エス・ピー 1314	住友製鋼所 1245	須鎗産業 2961
住友アルミニウム 2123	**住友精密工業** 1318	スラウェッシ興産 0620
住友アルミニウム製錬 1313	住友精密工業 1245	スリー・エー・システムズ 0543
住友アルミニウム販売 1313	住友精密工業技術（上海）有限公司 1318	スリーエス 2117
スミトモ エレクトリック ライトウェーブ コープ 1321	住友生命保険 1319	スリー・エス・シンワ 1283
スミトモ エレクトリック ワイヤリング システムズ インク 1321	**住友生命保険相互会社** 1319	スリーエス物流 0329
	住友製薬 1510	スリー・エフ 2491
住友海南鋼管 1245	住友石炭赤平炭鉱 1311	**スリーエフ** 1328
住友化学 1313	住友石炭鉱業 1310, 1311	スリーエフ 2093
住友化学工業 0112, 1313, 1317, 1490, 1764	住友倉儲（中国）有限公司 1320	スリーエフ・オンライン 1328
住友化工材工業 1325	**住友倉庫** 1320	**スリーエム ジャパン** 1329
住友機械工業 1327	住友倉庫 2789	スリーエム・ビジネスシステムズ 1329
住友機械製作所 1327	住友多木化学工業 1317	スリーエム フェニックス 1329
住友銀行 2221, 2789, 2793	住友炭鉱 1311, 1314	スリーエム物流倉庫 1329
住友金属工業 0948, 1098, 1245, 1318, 1728, 2039, 2821	住友千葉化学工業 1313	スリーエムヘルスケア 1329
住友金属鉱山 2786	住友通信工業 1098, 2163, 2164	スリーエム薬品 1329
住友金属鉱山アメリカ社 1314	住友デュレズ 1325	3COM社 1439
住友金属鉱山シポレックス 1314	**住友電気工業** 1321	スリーコム・ソリトン 1439
住友金属鉱山シンガポール社 1314	住友電気工業 1728	3WM 0397
住友金属物流 2084	**住友電設** 1322	スリー・ツー・ワンレコーズ 3037
住友金属鉱山 1314	住友電線製造所 1321	スリーディ開発 1540
住友軽金属工業 0697, 1245, 2977	**住友電装** 1323	スリーディーテック 2879
住友ケミカルエンジニアリング 1313	住友電装 1278	3-D Matrix, Inc. 1330
住友建機 1327	住友特殊金属 1245	**スリー・ディー・マトリックス** 1330
住友鋼管 2081	住友土地工務 1316	スリー・ディー・マトリックス・ジャパン 1330
住友鉱業 1311, 1314	住友ノーガタック 1490	
住友興産 1320	住友ビジネスコンサルテイング 2221	3-D Matrix Da America Latina Representacao Comercial Ltda. 1330
住友ゴム工業 1315	住友肥料製造所 1313	スリード 0015
住友ゴム工業 1619	住友ビルディング 1316	スリービー 3014
住友橡膠（湖南）有限公司 1315	**住友不動産** 1324	スリープロ 1331
住友シチックス 1245	住友不動産ファイナンス 1324	**スリープログループ** 1331
住友重機械マリンエンジニアリング 1327	住友不動産フィットネス 1324	スリープロコミュニケーションズ 1331
住友商事 1316	住友不動産ベルサール 1324	スリープロネットワークス 1331
住友商事 0779, 1180, 1791, 2237, 2425, 2712, 2912, 2961, 3120	住友不動産ホーム 1324	スリープロフィッツ 1331
住友商事九州 1316	スミトモプレシジョン・ユーエスエイ・インク 1318	スリ・リケン・ヴィグナ・インドネシア 3076
住友商事グループ 2961	住友ベークライト 1325	スルガ 3128
住友商事ケミカル 1548	住友別子鉱業所工作方 1327	駿河工業 3128
住友商事東北 1316	住友別子鉱山 1311, 1314	駿河精機 2778
住友商事プラスチック 1548	住友別子鉱山新居浜製作所 1327	スルガセイキ科技（上海）有限公司 2778
住友商事北海道 1316	住友本社 1324	スルガセイキ商貿（上海）有限公司 2778
住友信託銀行 2791, 3089	住友ミネソタ 1329	スルガセイキ（南通）有限公司 2778
住友伸銅管 2123	住友ライフ・インベストメント 1319	
住友伸銅鋼管 1245	住友理工 1326	駿河冷蔵 2046
住友伸銅場 1321	住友林業 2039	スルザー社 1944
住友スリーエム 0546, 1329	**住友重機械工業** 1327	スルブカンパニーBSC 2961
住友精化 1317	スミノエ 1309	すわき 3092
スミトモ セイカ シンガポール プライベート リミテッド 1317	住之江興業 2016	すわき衣装店 3092
住友精化貿易（上海）有限公司 1317	住江互太（広州）汽車繊維製品有限公司 1309	洲脇家具店 3092
	スミノエシーホース 1309	洲脇タンス店 3092
	スミノエ テイジン テクノ 1309	すわきフーズ 3092
	住江テクノ 1309	諏訪精工舎 1340, 1341
	住江奈良 1309	スワッグアップ 0170
	住野鋳造所 1541	

スワットビジネス 0778	正興エンジニアリングサービス 1338	西電興産 1343
諏訪帝通 1697	セイコーウォッチ 1341	清電舎 0606
汕頭華鉅科技有限公司 1841	誠宏織物 2125	誠電舎 0682
スワロー急送 0329	星光化学工業 1339	政投銀日亜投資諮詢（北京）有限公司 2199
スワロー物流東京 0329	精工管理 2113	成都永華富士離合器有限公司 0369
駿州銀行 1155	正興機器製作所 1338	聖徳科（上海）光通信有限公司 0990
駿富製紙 2150	**精工技研** 1337	成都江華・富士離合器有限公司 0369
	誠巧技研 1453	成都大帝キャンドモータポンプ修理有限公司 1698
【せ】	正興サービス＆エンジニアリング 1338	成都寧江昭和汽車零部件有限公司 1215
西安北方恵安化学工業有限公司 1490	正光産業 0808	成都福満家便利有限公司 2461
西安思達典雅軟件有限公司 1289	正興C&E 1338	西南企画 2500
西安大河晶振科技有限公司 3097	星光社 0985	勢南銀行 2432
西安朝陽光伏科技有限公司 0209	精工舎 1341	西濃運輸 1342
西安榕東活動房有限公司 1795	誠工舎 0428	西濃コスモエキスプレス 1342
西安大金慶安圧縮機有限公司 1464	成光舎牛乳店 1184	西濃シェンカー 1342
星悦精細化工商貿（上海）有限公司 1339	正興商会 1338	西濃トラック運輸 1342
清遠愛機汽車配件有限公司 0280	星光精細化工（張家港）有限公司 1339	セイノー商事 1342
セイカエレクトロニクス 1334	正興製作所 1338	セイノー情報サービス 1342
生化学研究所 1332	正興ソフトウェアエンジニアリング 1338	セイノー通関 1342
生化学工業 1332	精工炭素股份有限公司 1883	セイノー引越 1342
生化学バイオビジネス 1332	正興電気建設 1338	セイノーホールディングス 1342
成学社 1333	成光電機工業 1359	精版印刷 1624
精華工業 2243	**正興電機製作所** 1338	製版センター 0815
星科工程塑料（深圳）有限公司 1937	正興電機製作所社会システムカンパニー 1338	西備綟網 2090
正華産業 0792	**星光PMC** 1339	西備綟織 2090
西華産業 1334	星光ポリマー 1339	整美社 2376
盛嘉商会 1639	セイコーエスヤード 1341	精美堂 0670
西華デジタルイメージ 1334	**セイコーエプソン** 1340	精美堂印刷 1804
西曄貿易（上海）有限公司 1334	セイコーエプソン 1341	西部エスロン工事 1352
西科姆（中国）有限公司 1360	セイコーオプティカルプロダクツ 1341	西武化学工業 0079
西希安工程模擬軟件（上海）有限公司 0900	セイコークロック 1341	西武クレジット 0753
精機技研工業 1215	セイコージュエリー 1341	西部コクヨ商店 0840
世紀建設 1335	セイコー電子工業 0337, 0646	西府産業 0658
静軌建設 2870	セイコープレシジョン 1341	西部産業 2634
世紀建設工業 1335, 1815	**セイコーホールディングス** 1341	西武情報センター 1362
精機光学工業 0645	セイサ 1327	西部シントー 1243
精機工学研究所 0645	星際化工有限公司 1937	西部新東工業 1242
世紀東急工業 1335	星際富溢（福建）信息諮詢有限公司 2469	西武炭鉱 2577
世紀東急工業 1815	製紙会社 0404	西部通信工業 1110
セイキメタル 2012	セイジョー 0842	西武抵当証券 0753
精勤舎 1916	星硝 2255	西部テクノサービス 1343
セイコー 1341, 2347	セイシン 1460	西武鉄道 1345
セイコーインスツルメンツ 0578, 1121	精新プロセス 0670	**西部電機** 1343
セイコーインスツルメンツ社 0578	静清鋼業 0029	西部電機工業 1343
静甲 1336	盛世利（中国）租賃有限公司 1823	**西部電気工業** 1344
正興ITソリューション 1338	生鮮市場 1303	西部電気通信工業 1344
静甲いすゞ自動車 1336	セイソー 2373	西部電設 1344
静甲いすゞ自動車販売 1336	聖戈班中硝安全玻璃（青島）有限公司 1393	西府農場 0658
	製鉄化学工業 1317	西部ハイテック 1343
	西鉄城精電科技（香港）有限公司 1123	西武ハウス工業 0235
	星電高科技 2651	西部日立運輸 2417
	セイデン工業 0337	西武百貨店 1371
		西部ペイント 1343
		西部北陵 2461
		西武ホールディングス 1345
		西部毎日テレビジョン放送

·······························	0140
西部丸山 ··················	2753
ゼィープラスホールディング	
·································	1375
ゼィープラス・マネジメント	
·································	1375
セイホクパッケージ ······	1036
精密焼結合金（無錫）有限公司	
司 ································	2451
生命保険中央会 ···········	1144
生毛工房 ·····················	2419
セイモス情報開発研究所 ····	2260
正友 ····························	2663
正友地所 ·····················	2690
星友商事 ·····················	2649
西友ストアー ···············	2461
征洋ジュエル ··············	0768
セイヨージュエル ········	0768
西菱電機 ··················	1346
西菱電機エンジニアリング	
·································	1346
静菱電業 ·····················	1336
正露丸（國際）有限公司 ····	1471
正和 ····························	2663
星和運輸 ·····················	0933
成和機械 ·····················	1486
成和機工 ·····················	1486
セイワキャリアサービス ····	1348
青和銀行 ·····················	2783
清和鋼業 ·····················	1347
西和工業 ·····················	2026
清和サービス ··············	1347
成和産業 ·····················	1688
清和商事 ·····················	0917
星和情報システム ········	1348
清和倉庫 ·····················	1347
清和中央ホールディングス	
·································	1347
星和テクノロジー ········	1348
星和電機 ··················	1348
星和電機（包頭）有限公司	
·································	1348
星和電子 ·····················	1348
セイワ物流 ··················	0107
西和物流 ·····················	2026
ゼオス ························	1364
ゼオス宇部 ··················	1364
ゼオン化成 ··················	2154
ゼオン・ケミカルズ社 ···	2154
ゼオン・ケミカルズ・シンガポール社	
ル社 ····························	2154
ゼオン・ケミカルズ・タイランド社	
ド社 ····························	2154
ゼオン・ケミカルズ・USA社	
·································	2154
ゼオン・ケミカルズ・ヨーロッパ社	
パ社 ····························	2154
ゼオンコリア社 ···········	2154
ゼオン マニュファクチャリング ベトナム社	
グ ベトナム社 ············	2154
セガ ····························	1349
世界時興（上海）貿易有限公司	
司 ································	3166
世界長 ························	0449

世界連合（上海）管理有限公司	
司 ································	3166
セガサミークリエイション	
·································	1349
セガサミー釜山 ···········	1349
セガサミーホールディングス	
·································	1349
セガミメディクス ········	0842
セカンドニュース ········	2617
セキ ····························	1350
関印刷所 ·····················	1350
関口機械工業 ··············	2566
関口興業社 ··················	0145
関口木材 ·····················	1357
関興産 ························	1350
石産金属工業 ··············	0585
セキサン工業 ··············	2782
石州銀行 ·····················	0956
積樹製作所 ··················	1354
積樹道路 ·····················	1354
関彰エンジニアリング ···	1351
セキショウカーライフ ···	1351
セキショウキャリアプラス	
·································	1351
関彰商事 ··················	1351
関彰商店 ·····················	1351
セキショウ総業 ···········	1351
セキショウブランニューシステム	
ム ································	1351
セキショウホンダ ········	1351
セキショウモバイル ·····	1351
セキショウライフサポート	
·································	1351
積水アドヘヤ工業 ········	1354
セキスイ・アメリカ・コーポレーション	
ション ························	1352
積水化学工業 ···········	1352
積水化学工業 ··············	1355
積水化成品工業 ········	1353
積水化成品（上海）精密塑料有限公司	
限公司 ························	1353
積水化成品（蘇州）科技有限公司	
司 ································	1353
積水化成品北海道 ········	1353
積水好施新型建材（瀋陽）有限公司	
公司 ···························	1355
積水産業 ·····················	1352
セキスイジュシB.V. ····	1354
積水樹脂 ··················	1354
積水樹脂キャップアイシステム	
ム ································	1354
積水樹脂産商 ··············	1354
積水樹脂商事 ··············	1354
セキスイジュシフィリピンCorp.	
Corp. ··························	1354
セキスイジュシヨーロッパホールディングスB.V.	
ルディングスB.V. ·······	1354
積水スポンジ工業 ········	1353
積水精機製作所 ···········	1352
セキスイソフラン工業 ···	1353
セキスイハイム九州 ·····	1352
セキスイハイム近畿 ·····	1352
セキスイハイム山陽 ·····	2765

セキスイハイム中国 ·····	1352
セキスイハイム中部 ·····	1352
セキスイハイム東北 ·····	1352
セキスイハイム中四国 ···	1352
積水ハウス ···············	1355
積水ハウス ·········· 2283, 2891
積水ハウス・SI投資法人 ···	1356
積水ハウス・SI レジデンシャル投資法人	
ル投資法人 ··················	1356
積水ハウス山陰 ···········	1355
積水ハウス産業 ······ 1352, 1355
積水ハウス四国 ···········	1355
積水ハウス投資顧問 ·····	1355
積水ハウスフィナンシャルサービス	
ビス ···························	1355
積水ハウス北陸 ···········	1355
積水ハウス木造 ···········	1355
積水ハウス山梨 ···········	1355
績達特軟件（北京）有限公司	
·································	1121
セキチュー ···············	1357
セキチューリース ········	1357
関ドライブイン ···········	2763
関配 ····························	1812
関配リビングサービス ···	1812
関水興業 ·····················	0576
セキュアイーサ・マーケティング	
グ ································	1432
石油開発公団 ··············	1358
石油開発サービス ········	2109
石油資源開発 ···········	1358
関洋紙店印刷所 ···········	1350
積和グランドマスト ·····	1355
積和サポートシステム ···	2891
積和不動産 ··················	1355
積和不動産関西 ···········	1355
積和不動産九州 ···········	1355
積和不動産札幌 ···········	1355
積和不動産中国 ···········	1355
積和不動産中部 ···········	1355
積和不動産東北 ···········	1355
ゼクセル ·····················	2662
ゼクセルエスイー尾島 ···	2662
ゼクセル興産 ··············	2662
ゼクセル販売 ··············	2662
ゼクセルロジテック ·····	2662
セコニック ··················	1359
賽科尼可三誠高科技（深圳）有限公司	
限公司 ························	1359
賽科尼可電子（常熟）有限公司	
司 ································	1359
セコニック部品 ···········	1359
セコニックホールディングス	
·································	1359
賽科尼可有限公司 ········	1359
セコム ························	1360
セコム ························	1170
セコム朝日 ··················	1360
セコム医療システム ·····	1360
セコムウィン ··············	1170
セコム科学技術振興財団 ···	1360
セコム漢方システム ·····	1360
セコムキャロル社 ········	1360

セコムケアサービス		1360
セコム工業		1360
セコム在宅医療システム		1360
セコムサービス		1360
セコムジャスティック上信越		1361
セコム上信越		1361
セコムテクノサービス	1170,	1360
セコムトウェンティフォー		1360
セコム東北		1360
セコムPLC		1360
セコムホームライフ		1360
セコムメンテナンス上信越		1361
セシール		1713
セシールエンタープライズ		1713
セシールコミュニケーションズ		1713
賽詩麗商貿(上海)有限公司		1713
セシールビジネス&スタッフィング		1713
セシールブランドクリエイト		1713
セシールロジスティクス		1713
セスコ社		0578
ゼスト・アセットマネジメント		1443
セゾン情報システムズ		1362
世存信息技術(上海)有限公司		1362
セゾンファンデックス		0753
セタ・インターナショナル		2421
セック		1363
セック・インターナショナル		1363
ゼックス	0618,	3152
浙江川電鋼板加工有限公司		0759
浙江傑富意金属容器有限公司		1040
浙江品川精密機械有限公司		1664
浙江正特高秀園芸建材有限公司		1556
浙江正松紡織有限公司		0566
浙江新東鋼丸有限公司		1242
浙江瑞星フッ化工業有限公司		1295
浙江泰極愛思汽車部件有限公司		1594
浙江中硝康鵬化学有限公司		1393
浙江東陽高秀花園製品有限公司		1556
浙江日華化学有限公司		2049
浙江富昌泰汽車零件有限公司		2506
浙江前澤嘉盛排水材料有限公司		2687
セッツ		3133
攝津板紙		3133
攝津紙業		3133
摂津酒造		1574
摂津貯蓄銀行		3089
摂津電気鉄道		2376
摂津紡績		3003
ゼット		1364
ゼット・ウェスト・アメリカ・コーポレーション		1366
ZMP		2333
ゼットオー販売		1411
Z.クロダ エレクトリックCO., LTD.		0760
Z.クロダ (シンガポール) PTE.LTD.		0760
Z.クロダ(タイランド)CO., LTD.		0760
ゼットシステム		2761
セップ		1307
セップ映像企画		1307
Zeppライブ		1425
瀬戸内コトブキ		0855
瀬戸内パイプライン		2447
せとうち寿		0855
瀬戸田船渠		1974
瀬戸田造船		1974
瀬戸電気鉄道		2001
ゼトラ		1364
ゼニス羽田		1365
ゼニス羽田ホールディングス		1365
錢高組		1366
ゼニタカ不動産		1366
銭函土地		2385
銭函風力開発		2247
ゼネコン・サービス		1832
ゼネラル	1367,	2530
ゼネラル・イメージング・テクノロジー(U.K.) LTD.		1367
ゼネラル エレクトリック社		1981
ゼネラル興産		1367
ゼネラル シーティング オブ アメリカ社		2173
ゼネラル シーティング オブ カナダ社		2173
ゼネラル シーティング(タイランド)社		2173
ゼネラル電子工業		2530
ゼネラルフーヅ社		0095
ゼネラルホールディングス		1367
ゼネラル・モーターズ社		0578
ゼネラルモータース社		2149
ゼネラル・リボン・デ・メヒコ S.A.DE C.V		1367
ゼネラルOAサプライズCO., LTD		1367
ゼネラルSRL		1367
セノー		0857
ゼノア		1364
世派機械工具貿易(上海)有限公司		1301
ゼビオ		1368
ゼビオインシュアランスサービス		1368
ゼビオカード		1368
ゼビオコリア		1368
賽標(成都)体育用品有限公司		1368
賽標(中国)体育用品有限公司		1368
ゼビオナビゲーターズネットワーク		1368
ゼビオビジネスサービス		1368
ゼービス		1380
世美特電子(威海)有限公司		1376
セーブ・イー		2363
セフィックス		0804
セフテック		1369
セプテーニ		1370
セプテーニ・ダイレクトマーケティング		1370
セプテーニ・ホールディングス		1370
ゼブラケンコー自転車		0449
セーブルネットワークス		2276
セーブルネットワークスジャパン		2276
セブン		1572
セブン&アイ・ホールディングス		1371
セブン&アイ・ホールディングス		1372
セブン&アイ・ネットメディア		1371
セブン&アイ・フィナンシャル・グループ		1371
セブン&アイ・フードシステムズ		1371
7-Eleven, Inc.		1371
セブンーイレブン・ジャパン		1372
セブンーイレブン・ジャパン		1371
セブン・イレブン成都有限公司		1372
セブン・イレブン中国有限公司		1372
セブン・イレブン北京		1372
セブン開発	0166,	1374
セブンカルチャーネットワーク		1372
セブン銀行		1373
セブン工業		1374
セブンシーズ債権回収		1375
セブンシーズ・テックワークス		2453
セブンシーズフィナンシャルソリューションズ		1375
セブンシーズホールディングス		1375
セブンセイレイ		1374
セブンドリーム・ドットコム		1372
セブンハウス		2085
セブン美のガーデン		1371
セブン・フィナンシャルサービス		1371

セブンプランニング	1119	前海賽恩電子（深圳）有限公司	0904	千住プライウッド	1834
セブンヘルスケア	1371			千住ベニヤ	1834
セブン・ミールサービス	1372	緯暉科技	0290	千住ベニヤ工業	1834
セブンライズ	2481	全管協サービス	0061	千住緑屋	0753
セブンCSカードサービス	0753	善行	1476	千趣ロジスコ	1389
SEMITEC	1376	全教科研究会	1384	ゼンショー	1390
セメダイン	1377	**全教研**	1384	ゼンショー・クリーン・エナジー	1390
セメダインオートモーティブ	1377	全教研学習指導協会	1384	ゼンショービジネスサービス	1390
セメダイン神奈川販売	1377	全教研北九州	1384	ゼンショー分割準備会社	1390
セメダインケミカル	1377	全教研熊本	1384	ゼンショーベストクルー	1390
セメダインヘンケル	1377	全教研久留米	1384	**ゼンショーホールディングス**	1390
世羅工業	3108	全教研佐賀	1384		
セーラー工藝社	1378	全教研適性調査会	1384	仙真堂	1086
セーラー広告	1378	全教研ネス	1384	千相オフィスサービス	0786
セーラー広告社	1378	全教研福岡	1384	千相トランスポート	0786
セーラー出版	1379	仙都地域開発	0166	千相ファイナンス	0786
瀬良商工	1541	ゼンケンオール	2834	千相ローンサービス	0786
セーラー万年筆	1379	ゼンケンオール分割準備	2834	仙台一番町開発特定目的会社	2439
セーラー万年筆阪田製作所	1379	ゼンケントップ	2834	仙台宇徳	0253
セラミックセンサ	2170	ゼンケンホールディングス	2834	仙台銀行	1159
ゼリア	1380	全研本社	2834	仙台クリエート	1128
ゼリアエコテック	1380	**センコー**	1385	仙台グリコ	0294
ゼリア化工	1380	扇興運輸	1385	仙台小林製薬	0864
ゼリア新薬工業	1380	扇興運輸商事	1385	仙台梱包運搬社	1387
ゼリアップ	1380	扇興汽船	1385	仙台宝印刷	1570
ゼリア薬粧研究所	1380	千幸電機	1625	仙台電気保全	2167
セル	2581	全国朝日放送	1761	仙台特殊鋼	1872
セルシード	1381	全国畜産	1286	仙台ニコン	2024
セールスアウトソーシング	0652	全国畜産協同組合	1286	仙台ぱど	2334
セルテクノ	1258	全国ビジネスパートナー	1386	仙台ミサワホーム	2771
セルメック	0989	全国不動産情報センター	2771	仙台妙徳	2845
セレクティブ	1947	**全国保証**	1386	仙台リアライズ	3052
セレッソ大阪	2174	センコー計算センター	1385	仙台ワシントンホテル	2527
セレナ音楽出版	0140	センコー商事	1385	仙台光陽社	0826
セレモニーサービス	2434	センコー情報システム	1385	千田商会	1409
セーレン	1382	ゼンコロ	1051	全但銀行	2789
セーレンオーカス	1382	センコンインベストメント	1387	ゼンチク	1286
世聯汽車内飾（蘇州）有限公司	1382	センコンエンタープライズ	1387	ゼンチクパックセンター	1286
セーレンケーピー	1382	センコンテクノサービス	1387	ゼンチクハム	1286
セーレンコスモ	1382	センコンファイナンス	1387	ゼンチク販売	1286
セーレンシステムサービス	1382	**センコン物流**	1387	センチュリー	1357
セーレン商事	1382	センサ工業	0417	センチュリーインシュアランスサービス	2986
セーレン殖産	1382	センサビジョン	0492	センチュリー・エージェンシー	1823
セレンテ	2377	千車科技（北京）有限公司	1116	センチュリー・オート・リース	1823
セーレン電子	1382	千住板紙	0405	センチュリー・スタッフ	1823
世聯電子（蘇州）有限公司	1382	泉州銀行	0172	センチュリー・リーシング・システム	1823
世聯美仕生活用品（上海）有限公司	1382	千秋商事	2439	センチュリー21	1391
セーレンミサワホーム	1382	泉州製氷	2046	センチュリー21・ジャパン	1391
セーレンリョーカ	1382	千秋通信建設	1710	センテニアルミル会社	2702
ゼロ	1383	**泉州電業**	1388	仙東建設	1710
ゼロ九州	1383	泉州配送センター	0662	セントクリークゴルフクラブ	3088
ゼロ弘和	1383	泉州物産	3002	セントケア	1392
ゼロ・ジャパン	2713	**千趣会**	1389	セントケア少額短期保険準備	1392
ゼロット	3130	千趣会コールセンター	1389	セントケア東北	1392
ゼロドライブスタッフ	1383	千趣会チャイルドケア	1389		
ゼロ・トランス	1383	千趣会香港有限公司	1389		
全医研	2033	千趣興産	1389		
		千趣ビジネスサービス	1389		
		千趣物流	1389		

セントケア・ホールディング …… 1392	全日空商事 …… 1397	総合商業研究所 …… 1405
セントスタッフ …… 1392	全日空商事 …… 0264	**総合商研** …… 1405
セント・プラス少額短期保険 …… 1392	全日空商事エアクラフト …… 1397	総合スポーツ施設 …… 2916
セントヘルスケア …… 1392	全日空商事デューティーフリー …… 1397	総合製版 …… 0815
セントメディア …… 0228	全日空スカイホリデー …… 1397	綜合整備 …… 2385
セントメディアフィールドエージェント …… 0228	全日空整備 …… 0264	総合設備工事会社上海住設貿易有限公司 …… 1322
セントメディカルサービス …… 1392	全日本空輸 …… 0264	総合設備工事会社住設機電工程（上海）有限公司 …… 1322
セントラル印刷 …… 1545	泉熱化学工業 …… 0972	総合ソフトウェア研究所 …… 1955
セントラルエージェンシー …… 1394	泉熱製塩工業 …… 0972	綜合臨床薬理研究所 …… 1407
セントラルエンタープライズ …… 2869	千年の杜 …… 0750	総合ビジネスサービス …… 2254
セントラルオートリース …… 2822	船場ISビル …… 0950	総合ビタミン …… 3157
セントラル開発 …… 1396	船舶無線電信電話 …… 0231	総合物流システム …… 0322
セントラル化学 …… 1393	**仙波糖化工業** …… 1398	総合メディア …… 2473
セントラル化成 …… 1393	仙波包装 …… 1398	総合メディアサプライ …… 1406
セントラル硝子 …… 1393	泉半ビルディング …… 1324	**総合メディカル** …… 1406
セントラルグラスファイバー …… 1393	泉北高島屋 …… 1555	総合メディカル・サービス …… 1406
セントラルグラスモジュール …… 1393	千本松船渠 …… 0943	総合メディカル・リース …… 1406
セントラル警備保障 …… 1394	川友商事 …… 0589	総合メディプロ …… 1406
セントラル合同肥料 …… 1393	千里企画総合 …… 1047	綜合メンテナンス …… 0596
セントラルコンサルタント …… 2325	潜龍石炭 …… 1311	そうごう薬局 …… 1406
セントラルサービスシステム …… 1068	ゼンリン …… 1399	総合リアルエステート …… 1406
セントラル・サンゴバン・インベストメント …… 1393	善隣 …… 1399	総合リース …… 2792
セントラル産商 …… 1395	善隣出版社 …… 1399	古河スカイ …… 2977
セントラル・サン・メディカル …… 0332	ゼンリンデータコム …… 1399	綜合臨床エムケア …… 1407
セントラルシステム警備 …… 1394	ゼンリン福岡販売 …… 1399	**綜合臨床ホールディングス** …… 1407
セントラル施設 …… 1395	銑和産業 …… 1230	綜合臨床メデフィ …… 1407
セントラルシッピング …… 2869		相互開発 …… 0602
セントラル自動車工業 …… 1635	**【そ】**	相互産業 …… 0602
セントラル自動車整備 …… 2237		相互紙器 …… 3133
セントラルスポーツ …… 1395	ソーイングプラネット …… 1124	相互住宅 …… 2653
セントラルスポーツクラブ …… 1395	創育 …… 1893	倉庫精練 …… 1408
セントラルスポーツダイビング協会 …… 1395	**綜合警備保障** …… 1400	相互建物 …… 1301
セントラル総合開発 …… 1396	**総医研ホールディングス** …… 1401	相互ブラッド・バンク …… 2387
セントラル千代田 …… 1394	双栄運輸 …… 0071	相互貿易 …… 1316
セントラルパートナーズ …… 0309	綜警電気工事 …… 1400	**双日** …… 1409
セントラルビル …… 1396	綜警電気産業 …… 1400	双日インフィニティ …… 1410
セントラルフィルター工業 …… 1490	創健エス・シー・エス …… 1403	双日エネルギー …… 1404
セントラルプラザ …… 0216	**綜研化学** …… 1402	双日ケミカル …… 1409
セントラルプラニング …… 1394	綜研化学アジア …… 1402	双日都市開発 …… 1409
セントラルマネジメントシステム …… 1068	綜研化学アメリカ …… 1402	双日ホールディングス …… 1409
セントラルメインテナンス …… 1490	綜研化学シンガポール …… 1402	双商 …… 2660
セントラル陸運 …… 2260	綜研化学（蘇州）有限公司 …… 1402	創食 …… 2536
セントラル工材 …… 1904	創研化工 …… 3113	象印 …… 1411
セントワークス …… 1392	総研クレジット …… 3156	象印マホービン …… 1411
仙南環境サービス …… 1227	綜研高新材料（南京）有限公司 …… 1402	増進印刷 …… 1257
せんにち …… 2631	**創健社** …… 1403	双信華科技（深圳）有限公司 …… 1412
善日（上海）能源科技有限公司 …… 0942	爽健亭 …… 2093	創進国際投資有限公司 …… 0087
	綜研テクニックス …… 1402	**双信電機** …… 1412
	創建ビルド …… 0495	双信電機中込工場 …… 1412
	総合医科学研究所 …… 1401	双信マイカ …… 1412
	総合印刷 …… 1405	双信マイカ工業 …… 1412
	総合エネルギー …… 1404	創誠 …… 0936
	綜合加工研究所 …… 1402	創生事業団 …… 1175
	総合環境テクノロジー …… 0271	創造工芸新社 …… 2610
	総合管財 …… 0560	走走城（上海）電子商務有限公司 …… 1290
	総合ケアネットワーク …… 1406	曹達商事 …… 1419
	綜合酒販センター …… 2461	曹達日化商貿（上海）有限公司 …… 1419

社名	頁
創注（上海）信息技術有限公司	1026
双鳥電器（深圳）有限公司	1662
創通	1413
創通映像	1413
創通エージェンシー	1413
相鉄イン	1414
相鉄運輸	1815
相鉄エステート	1414
相鉄観光	1414
相鉄都市開発	1414
相鉄トランスポート	1414
相鉄ネクストステージ	1414
相鉄バス	1414
相鉄ビジネスサービス	1414
相鉄ピュアウォーター	1414
相鉄不動産	1414
相鉄プロパティーズ	1414
相鉄ホテル	1414
相鉄ホテルアセッツ	1414
相鉄ホールディングス	1414
相鉄リビングサポート	1414
相鉄流通サービス	1414
総武	1626
送風機事業	1675
相武瓦斯	1812
相武自動車	0551
相武鶴屋自動車	0551
総武電子有限公司	3005
相馬スミダ	1312
相馬石膏	3035
相馬プラスチック	1312
創遊	1825
双洋貿易	2125
双立	2321
ソウルドアウト	0494
曹和金属	1517
早和製本	2282
ソエル	1115
総房水産	1201
ソケッツ	1415
ソーケン	2884
そごう	1371
そごう・西武	1371
そこかしこ	3111
ソーコゴーセン	1408
ソーコ流通サービス	1408
ソシオ	3023
ソーシャルアプリ決済サービス	1079
ソーシャル・エコロジー・プロジェクト	0179
ソーシャルシェアリングサービス	0268
ソーシャルスカウト	2617
蘇州愛培朗緩衝塑料有限公司	0555
蘇州安泰空気技術有限公司	2202
蘇州STK鋳造有限公司	1970
蘇州岡本貿易有限公司	0450
蘇州華泰空気過濾器有限公司	2202
蘇州科大恒星信息技術有限公司	0313
蘇州強力電鍍有限公司	2244
蘇州三電精密零件有限公司	0993
蘇州沙迪克特種設備有限公司	1420
蘇州信越聚合有限公司	1222
蘇州神視電子有限公司	2338
蘇州神商金属有限公司	1230
蘇州瑞紅電子化学品有限公司	2154
蘇州住友電木有限公司	1325
蘇州大和精密模具有限公司	2646
蘇州高輪電子科技有限公司	0390
蘇州中央可鍛有限公司	1631
蘇州天愿結企業形象設計有限公司	1696
蘇州東光優技電気有限公司	1842
蘇州同和環保工程有限公司	1971
蘇州同和資源綜合利用有限公司	1971
蘇州日亜創業投資管理有限公司	2199
蘇州日セラ電子有限公司	2155
蘇州日本電波工業有限公司	2235
蘇州ピラー工業有限公司	2180
蘇州福満家便利店有限公司	2461
蘇州不二精机有限公司	2519
蘇州不二設計技術有限公司	2519
蘇州富泰潔浄系統有限公司	2202
蘇州萬旭光電通信有限公司	2131
蘇州ミツトヨ	2806
蘇州麗格皮革製品有限公司	3071
ソース	1416
ソースネクスト	1416
そーせい	1417
そーせいグループ	1417
そーせいコーポレートベンチャーキャピタル	1417
ソダアクト	1418
曽田香料	1418
ソダコスモ	1418
ソーダ商事	1419
ソーダニッカ	1419
測検	1126
ソディック	1420
沙迪克（厦門）有限公司	1420
ソディックエンジニアリング	1420
沙迪克機電（上海）有限公司	1420
ソディックCPC	1420
ソディックテクニカルサービス	1420
ソディックニューマテリアル	1420
ソディックハイテック	1420
ソディックプラステック	1420
ソディックメカテック	1420
ソディック・リース	1420
ソデックスコーポレーション	3121
ソデッソジャパン	3121
ソト	1421
蘇東運輸	2878
蘇東興業	1421
蘇東電気軌道	2001
ソトージェイテック	1421
ソトープラザ	1421
ソト1号投資事業有限責任組合	1421
ソナック	2077
ソナ・フジキコー・オートモティブ・Ltd.	2506
ソニー	1422
ソニー	0646, 1423, 1425, 1535, 1726, 2795
ソニーイーエムシーエス	1422
ソニー・オリンパスメディカルソリューションズ	1422
ソニー・カルチャーエンタテインメント	1425
ソニー銀行	1424
ソニーケミカル	1422, 1726
ソニーケミカル＆インフォメーションデバイス	1726
ソニー・コンピュータエンタテインメント	1422
ソニーコンポーネントマーケティング	2984
ソニーサプライチェーンソリューション	2795
ソニー生命保険	1423
ソニー生命保険	1424
ソニーセミコンダクタ九州	1422
ソニー損害保険	1424
ソニックノート	0383
ソニートレーディングインターナショナル	2795
ソニー根上	1726
ソニービデオソフトウェアインターナショナル	1425
ソニーフィナンシャルホールディングス	1424
ソニーフィナンシャルホールディングス	1422
ソニー・プルコ生命保険	1423
ソニー・プルーデンシャル生命保険	1423
ソニー・プルーデンシャル生命保険	1422, 1423
ソニー・プレシジョン・テクノロジー	1422
ソニー・マグネスケール	1422
ソニー宮城	1726
ソニー・ミュージックアソシエイテッドレコーズ	1425

ソニー・ミュージックエンタテインメント	1425	
ソニー・ミュージックジャパンインターナショナル	1425	
ソニー・ミュージックディストリビューション	1425	
ソニー・ミュージックネットワーク	1425	
ソニー・ミュージックマニュファクチュアリング	1425	
ソニー・ミュージックレコーズ	1425	
ソニーライフ・エイゴン・プランニング	1423	
ソニー・ライフケア	1424	
ソニーロジスティックス	2795	
曽根組	1426	
ソネック	1426	
ソネット・エムスリー	0382	
園池計器	0132	
園池製作所	0132	
園池西部販売	0132	
園池中部販売	0132	
園池東部販売	0132	
園池バルブ	2502	
園池販売	0132	
ソノルカエンジニアリング	2734	
ソバック	2624	
ソーバル	1427	
ソフィアシステムズ	1428	
ソフィアシステムズ準備会社	1428	
ソフィア総合研究所	1428	
ソフィアデジタル	1428	
ソフィアホールディングス	1428	
ソフィアモバイル	1428	
ゾフィープロダクツ	3037	
ソフトイングローバル	1427	
ソフトウェア企画	0897	
ソフトウェア・サービス	1429	
ソフトウエア・ディベロプメント	0223	
ソフトウエアメインテナンス	0005	
ソフトエナジーホールディングス	2479	
ソフトクリエイト	0460, 1430	
ソフトクリエイトホールディングス	1430	
ソフトコルク工業	1942	
ソフトバンク	1290, 1431, 2284, 2618	
ソフトバンクIDCソリューションズ	2945	
ソフトバンク・アイティメディア	0028	
ソフトバンク・イーコマース	0364	
ソフトバンク・インベストメント	0321, 2299	
ソフトバンク技研	1431, 1432	
ソフトバンクグループ	1431	
ソフトバンク・コマース	2299
ソフトバンク・ジーディーネット	0028
ソフトバンク・テクノロジー	1432
ソフトバンク・テクノロジー	0314
ソフトバンク・テクノロジー・ホールディングス	0313
ソフトバンクネットワークセンター	1431, 1432
ソフトバンク パブリッシング	0028
ソフトバンクBB	1431
ソフトバンク物流	1431
ソフトバンクベンチャーズ	1431
ソフトバンクモバイル	2482
ソフトバンク・モバイル・テクノロジー	1432
ソフトブレーン	1433
ソフトブレーン・インテグレーション	1433
ソフトブレーン・オフショア	1433
ソフトブレーン・サービス	1433
ソフトブレーン・フィールド	1433
ソフトブレーンU.S., INC.	1433
ソフトフロント	1434
ソフトベンチャーキャピタル	0321, 1431
ソフトマックス	1435
ソフト99コーポレーション	1436
ソフマップ・エフ・デザイン	1947
ソフマップ・フューチャー・デザイン	1947
ソフランウイズ	1878
ソフランユーボード	1878
ソフランリビング	2663
ソマテック	1437
ソマリース	1437
ソマール	1437
ソマール工業	1437
ソム・テック	1406
ソーラー・エンタープライズ	1967
ソーラー産業	1543
ソラーズ社	2712
ソラスト	1438
ソラン	0027, 2275
ソリオン	2143
ソリッドインテリジェンス	1746
ソリッドウェーブ	0141
ソリッドグループホールディングス	0541
ソリトロン・テクノロジー	1439
ソリトンシステムズ	1439
ソリューション・ラボ・北関東	0955
ソーリン・グループ・ジャパン	2259
ソルクシーズ	1440
ソルケア	2931
ソルシステムズ	1066
ソルデータ・ジャパン	3052
ソルビル化学研究所	2988
ソレイユ日田	2454
ソレタンシュバッシグループ	3052
ソレックス	2003
ソレックス中部	2003
ソロモン キタノ メンダナホテル リミテッド	0628
ソロン	2284
損害保険ジャパン	1441, 1443
損害保険ジャパン日本興亜	1441
損害保険ジャパン日本興亜	1443
そんとく	0523
損保ジャパン・アセットマネジメント	1443
損保ジャパン日本興亜アセットマネジメント	1443
損保ジャパン日本興亜ひまわり生命保険	1442
損保ジャパン日本興亜ひまわり生命保険	1443
損保ジャパン日本興亜保険サービス	1443
損保ジャパン日本興亜ホールディングス	1443
損保ジャパンひまわり生命保険	1442, 1443

【た】

タアコパ	0926
大亜真空	2012
大亜真空技研	2012
タイ旭苛性曹達社	0077
タイ旭硝子社	0077
ダイアナ	0721
タイ安全硝子社	0077
第一アールストローム	1451
第一エンジニアリング	1451, 1699
第一塩ビ	1908
第一塩ビ販売	1908
第一オーケイパーキング	1449
第一化学工業	1447
第一化研	1769
第一化成	1444
大日化成工業	0113
第一化成工業所	1444
第一カッター・エシカル	1445
第一カッター興業	1445
第一貨物	1923
第一管機	1851
第一勧業銀行	2334, 2776
第一勧業証券	2776

第一観光 ‥‥‥‥‥‥‥ 1825	第一生命保険 ‥‥‥‥‥‥ 1454	大映 ‥‥‥‥‥‥‥‥‥‥ 2547
第一機械サービス ‥‥‥‥ 1451	第一生命保険 ‥‥‥‥‥‥ 2822	大永紙通商 ‥‥‥‥‥‥ 0834
第一機械販売 ‥‥‥‥‥‥ 1451	第一生命保険エージェンシー	大栄食品 ‥‥‥‥‥‥‥ 0499
第一企画 ‥‥‥‥‥‥‥‥ 0074	‥‥‥‥‥‥‥‥‥‥‥ 1454	大栄水産 ‥‥‥‥‥‥‥ 0499
第一稀元素化学工業 ‥‥‥ 1446	第一生命保険相互会社 ‥‥ 1454	大栄太源 ‥‥‥‥‥‥‥ 0499
第一汽車集団 ‥‥‥‥‥‥ 2712	第一製薬 ‥‥‥‥‥‥‥‥ 1450	ダイエイ ペーパーズ インター
第一教研 ‥‥‥‥‥‥‥‥ 0225	第一ゼネラル ‥‥‥‥‥‥ 1367	ナショナル コーポレーショ
第一銀行 ‥‥‥‥‥ 1823, 2776	第一ゼネラルサービス ‥‥ 1449	ン ‥‥‥‥‥‥‥‥‥ 0834
第一金属 ‥‥‥‥‥‥‥‥ 0289	ダイイチセミコン ‥‥‥‥ 1453	ダイエーコンビニエンスシステ
第一クリーンケミカル ‥‥ 1447	第一セメント ‥‥‥‥‥‥ 1699	ムズ ‥‥‥‥‥‥‥‥‥ 3137
第一毛糸紡績 ‥‥‥‥‥‥ 3003	第一セラモ ‥‥‥‥‥‥‥ 1447	ダイエットエッグ東日本 ‥ 0799
第一建工 ‥‥‥‥‥‥‥‥ 1447	第一繊維 ‥‥‥‥‥‥ 0043, 1368	ダイエットクック埼玉 ‥‥ 0799
大一工業 ‥‥‥‥‥‥‥‥ 2171	第一相互貯蓄銀行 ‥‥‥‥ 3089	ダイエットクックサプライ
第一工業 ‥‥‥‥‥‥ 0481, 1321	第一タクシー ‥‥‥‥‥‥ 1449	‥‥‥‥‥‥‥‥‥‥‥ 0799
第一工業製薬 ‥‥‥‥‥‥ 1447	第一通産 ‥‥‥‥‥‥‥‥ 1449	ダイエットクック白老 ‥‥ 0799
第一工業製薬 ‥‥‥‥‥‥ 2143	第一通産自動車整備工場 ‥ 1449	タイNOKCo., Ltd. ‥‥‥ 0345
第一鋼材 ‥‥‥‥‥‥‥‥ 2748	第一電工 ‥‥‥‥‥‥‥‥ 1321	ダイエーホークス ‥‥‥‥ 1431
第一興商 ‥‥‥‥‥‥‥‥ 1448	第一電子工業 ‥‥‥‥‥‥ 0204	ダイエーホールディングコーポ
第一興商 ‥‥‥‥‥‥‥‥ 0517	第一東京計器 ‥‥‥‥‥‥ 1816	レーション ‥‥‥‥‥‥ 2349
第一交通産業 ‥‥‥‥‥‥ 1449	第一土地建物 ‥‥‥‥‥‥ 1449	ダイエーローソン ‥‥‥‥ 3137
第一合同銀行 ‥‥‥‥‥‥ 1645	第一農産興業 ‥‥‥‥‥‥ 2947	ダイエンフーズ ‥‥‥‥‥ 2373
第一国立銀行 ‥‥‥‥‥‥ 2776	第一農薬 ‥‥‥‥‥‥‥‥ 2239	**大王製紙** ‥‥‥‥‥‥‥‥ 1456
ダイイチコンポーネンツ ‥ 1704	ダイイチパーク ‥‥‥‥‥ 1449	大王（南通）生活用品有限公
第一砕石 ‥‥‥‥‥‥‥‥ 1311	ダイイチパーツ ‥‥‥‥‥ 1453	司 ‥‥‥‥‥‥‥‥‥‥ 1456
第一三共 ‥‥‥‥‥‥‥‥ 1450	第一阪急ホテルズ ‥‥‥‥ 2375	大央不動産 ‥‥‥‥‥‥‥ 0428
第一三共Inc. ‥‥‥‥‥‥ 1450	第一ビジネスコンピュータ	タイ大塚製薬 ‥‥‥‥‥‥ 0435
第一三共エスファ ‥‥‥‥ 1450	‥‥‥‥‥‥‥‥‥‥‥ 1058	タイ大林 ‥‥‥‥‥‥‥‥ 0438
第一三共（中国）投資有限公	第一ファーマシューティカル	**ダイオ化成** ‥‥‥‥‥‥‥ 1457
司 ‥‥‥‥‥‥‥‥‥‥ 1450	Corp. ‥‥‥‥‥‥‥‥ 1450	タイ岡谷鋼機会社 ‥‥‥‥ 0452
第一三共ヘルスケア ‥‥‥ 1450	第一ファーマ・ホールディング	ダイオーショッピングプラザ
第一三共ヨーロッパGmbH	スInc. ‥‥‥‥‥‥‥‥ 1450	‥‥‥‥‥‥‥‥‥‥‥ 3057
‥‥‥‥‥‥‥‥‥‥‥ 1450	第一藤工業 ‥‥‥‥‥‥‥ 2517	**ダイオーズ** ‥‥‥‥‥‥‥ 1458
第一実業 ‥‥‥‥‥‥‥‥ 1451	第一物産 ‥‥‥‥‥‥‥‥ 2799	ダイオーズコーヒーサービス
第一実業 ‥‥‥‥‥‥‥‥ 2361	第一不動産 ‥‥‥‥‥‥‥ 1449	‥‥‥‥‥‥‥‥‥‥‥ 1458
第一実業（広州）貿易有限公	第一不動産情報センター ‥ 1449	ダイオーズサービシーズINC.
司 ‥‥‥‥‥‥‥‥‥‥ 1451	第一プラスチック ‥‥‥‥ 1451	‥‥‥‥‥‥‥‥‥‥‥ 1458
第一実業ソーラーソリューショ	第一プログレス ‥‥‥‥‥ 0225	徳欧仕咖啡商貿（北京）有限公
ン ‥‥‥‥‥‥‥‥‥‥ 1451	第一プロジェ ‥‥‥‥‥‥ 0225	司 ‥‥‥‥‥‥‥‥‥‥ 1458
第一実業テクノロジ ‥‥‥ 1451	第一フロンティア ‥‥‥‥ 1454	ダイオーズUSA INC. ‥‥ 1458
第一実業（香港）有限公司	第一フロンティア生命保険	ダイオーズレンタルサービス
‥‥‥‥‥‥‥‥‥‥‥ 1451	‥‥‥‥‥‥‥‥‥‥‥ 1454	‥‥‥‥‥‥‥‥‥‥‥ 1458
第一自動車学園 ‥‥‥‥‥ 1449	第一ホテル ‥‥‥‥‥‥‥ 2376	ダイオーフーズ ‥‥‥‥‥ 1458
第一住宅 ‥‥‥‥‥‥‥‥ 1449	第一ポートリーファーム ‥ 2472	大学新聞広告社 ‥‥‥‥‥ 3074
第一証券 ‥‥‥‥‥‥‥‥ 2292	第一マルキサービス ‥‥‥ 1449	大学堂商事 ‥‥‥‥‥‥‥ 2301
第一商事 ‥‥‥‥‥‥‥‥ 1447	第一メカテック ‥‥‥‥‥ 1451	太科信息技術（大連）有限公
第一商品 ‥‥‥‥‥‥‥‥ 1452	第一メディカル・リサーチInc.	司 ‥‥‥‥‥‥‥‥‥‥ 1597
第一神鋼金属工業 ‥‥‥‥ 0823	‥‥‥‥‥‥‥‥‥‥‥ 1450	タイガースゴム ‥‥‥‥‥ 1459
第一紳士服 ‥‥‥‥‥‥‥ 0043	第一モータース ‥‥‥‥‥ 1449	タイガースゴム工業所 ‥‥ 1459
第一スルザー ‥‥‥‥‥‥ 1451	第一ユアサ電機 ‥‥‥‥‥ 1069	**タイガースポリマー** ‥‥‥ 1459
第一精機 ‥‥‥‥‥‥‥‥ 1716	第一ライフ損害保険 ‥‥‥ 1454	タイガースポリマー ‥‥‥ 0745
第一精工 ‥‥‥‥‥‥‥‥ 1453	第一陸運 ‥‥‥‥‥‥‥‥ 1890	タイ・カプロラクタム，パブリ
第一精工 ‥‥‥‥‥‥‥‥ 0398	第一リース ‥‥‥‥‥‥‥ 1454	ック・カンパニー・リミテッ
第一製鋼 ‥‥‥‥‥‥‥‥ 0666	第一リフォームテクノ ‥‥ 2653	ド ‥‥‥‥‥‥‥‥‥‥ 0254
第一精工研究所 ‥‥‥‥‥ 0398	大宇宙営鏈創信息咨詢（上海）	ダイカライト・オリエント ‥ 2786
第一製紙所 ‥‥‥‥‥‥‥ 1704	有限公司 ‥‥‥‥‥‥‥ 1955	タイカワスミ ‥‥‥‥‥‥ 0594
第一生命ウェルライフサポー	大宇宙商業服務（蘇州）有限公	大韓カルソニック社 ‥‥‥ 0578
ト ‥‥‥‥‥‥‥‥‥‥ 1454	司 ‥‥‥‥‥‥‥‥‥‥ 1955	ダイキ ‥‥‥‥‥‥ 1520, 1700
第一生命カード ‥‥‥‥‥ 1454	大宇宙信息系統（上海）有限公	大軌 ‥‥‥‥‥‥‥‥‥‥ 2870
第一生命キャピタル ‥‥‥ 1454	司 ‥‥‥‥‥‥‥‥‥‥ 1955	ダイキアルミニウム インダス
第一生命経済研究所 ‥‥‥ 1454	大宇宙信息創造（中国）有限公	トリー インドネシア ‥ 1460
第一生命情報サービス ‥‥ 1454	司 ‥‥‥‥‥‥‥‥‥‥ 1955	ダイキアルミニウム インドネ
第一生命情報システム ‥‥ 1454	**大運** ‥‥‥‥‥‥‥‥‥‥ 1455	シア ‥‥‥‥‥‥‥‥‥ 1460
第一生命投資顧問 ‥‥‥‥ 1454	大運 ‥‥‥‥‥‥‥‥‥‥ 1476	**大紀アルミニウム工業所** ‥ 1460
		ダイキエンジニアリング ‥ 1460

ダイキエンターサイネージ ……… 3130	泰克現代教育（大連）有限公司 …… 1597	泰国獅王企業有限公司 …… 3048
大機金型工業 …… 0422	ダイクマ …… 2958	泰国獅王油脂有限公司 …… 3048
ダイキサウンド …… 3130	タイ・クラボウ …… 0724	大黒商事 …… 1652
大気社 …… 1461	**大研医器** …… 1465	大黒天 …… 1504
大気社香港有限公司 …… 1461	**ダイケン** …… 1466	**ダイコク電機** …… 1472
怡記製糖 …… 2794	太源 …… 0499	**大黒天物産** …… 1473
大軌土地 …… 0702	大建 …… 0283	タイ国三井物産 …… 2961
大軌百貨店 …… 0703	大建阿美昵体（上海）商貿有限公司 …… 1467	大黒屋 …… 2345
大起ペイント …… 3016	大研医工 …… 1465	大國屋 …… 0839
大機紡績 …… 0422, 1091	大建ウォールボード工業 …… 1467	第五十九銀行 …… 0046
ダイキメタル …… 1460	ダイケンエンジニアリング …… 1467	第五十九国立銀行 …… 0046
太九 …… 2082		第五丸高食品 …… 1555
太九産業 …… 2082	**大建工業** …… 1467	タイコン コーポレーション …… 2035
第九十八銀行 …… 1626	大建産業 …… 1467, 2748	タイサミット社 …… 2807
大京 …… 1462	大研産業 …… 1465	タイサミット・ミツバ・エレクトリック・マニュファクチュアリング・カンパニーリミテッド …… 2807
大京エル・デザイン …… 1462	大元サンマルク …… 1000	
大京観光 …… 1462	ダイケン物流 …… 1467	
蒂業技凱力知茂（常州）汽車配件有限公司 …… 1686	ダイケンホーム …… 1467	
大京地所 …… 1462	大研メディカル …… 1465	ダイ産業 …… 1476
大恭総業 …… 0929	大建木材工業 …… 1467, 2748	第三銀行 …… 2776
大協西川汽車部件（常熟）有限公司 …… 1463	ダイコー …… 2005	第三郡是製絲 …… 0770
大京流通 …… 1462	タイコイトカンパニーリミテッド …… 0807	第三鋼管 …… 1042
大協和石油化学 …… 0687	**大光** …… 1468	大三工業 …… 2232
泰極愛思（広州）企業管理有限公司 …… 1594	大広 …… 3042	大三紙化工業 …… 1066
泰極愛思（広州）投資有限公司 …… 1594	大幸安部環保技術（上海）有限公司 …… 1471	大三製作所 …… 1791
泰極愛思（武漢）汽車内飾有限公司 …… 1594	大興医酸器 …… 2649	第三十七国立銀行 …… 1103
大魚組 …… 0499	大興運輸 …… 0783	ダイジェット・インコーポレーテッド …… 1474
ダイキョーニシカワ …… 1463	だいこうエンタープライズ …… 1470	**ダイジェット工業** …… 1474
大銀アカウンティングサービス …… 0418	大光海運 …… 2143	ダイジェット・ビジネスサービス …… 1474
ダイキン アメリカ インク …… 1464	たいこうカード …… 1469	タイシキボウ …… 1091
ダイキン インダストリーズ（タイランド）リミテッド …… 1464	大幸環保科技（上海）有限公司 …… 1471	だいし経営コンサルティング …… 1536
ダイキンクラッチ …… 0289	**大光銀行** …… 1469	タイ指月電機 …… 1109
ダイキンクラッチインドネシア …… 0289	太光工業 …… 2082	第四十八銀行 …… 0051
ダイキンクラッチオーストラリア …… 0289	太広産業 …… 2082	第四十八国立銀行 …… 0051
ダイキンクラッチU.S.A. …… 0289	大光ジェーシービー …… 1469	泰志達（蘇州）自控科技有限公司 …… 1735
ダイキンクラッチヨーロッパ …… 0289	秦皇島海燕安全玻璃有限公司 …… 0077	大七銀行 …… 2485
ダイキン工業 …… 1464	秦皇島首鋼黒崎耐火材料有限公司 …… 0755	泰賽国際貿易（上海）有限公司 …… 1744
ダイキン・ザウアーダンフォス …… 1464	大興商会 …… 3103	大師電気鉄道 …… 0784
ダイキン・ザウアーダンフォス・マニュファクチャリング …… 1464	だいこう証券ビジネス …… 1470	タイ シバウラデンシ カンパニー リミテッド …… 1137
大銀スタッフサービス …… 0418	大光商店 …… 1468	泰州石塚感応電子有限公司 …… 1376
ダイキンドライブトレインコンポーネンツ …… 0289	大興食品産業 …… 0302	第十九銀行 …… 2330
ダイキンバーカーニュクラッチ …… 0289	大幸製作所 …… 1686	対州鉱発 …… 1860
ダイキンプラント …… 1464	大光相互銀行 …… 1469	第十八国立銀行 …… 1176
ダイキン ホールディングス（ユーエスエー）インク …… 1464	大興電機製作所 …… 0918	第十六国立銀行 …… 1177
ダイキン ヨーロッパ エヌ ブイ …… 1464	大洸ホールディングス …… 0049	**ダイショー** …… 1475
	大光ミリオンカード …… 1469	ダイショウ …… 1476
	大光無尽 …… 1469	台商 …… 2794
	大幸薬品 …… 1471	**大庄** …… 1476
	大幸薬品（亞洲太平洋）有限公司 …… 1471	大粧 …… 2369
	大幸薬品股份有限公司 …… 1471	大正運送 …… 2057
	大興有限公司 …… 1192	大正運輸 …… 2796
	ダイコク …… 1652	大正オソサパ製薬 …… 1477
	泰国川西 …… 0599	大正回漕 …… 1320
	ダイコク産業 …… 1472	大正化学工業 …… 1641
		大正工業 …… 2150

台象股份有限公司 ………… 1411	大成建設 ………………… 1486	ダイダンサービス関東 …… 1491
鯛生産業 ………………… 3061	泰成光学工業 …………… 1614	ダイタン商事 ……………… 1476
大正産業 ………………… 2652	大成産業 ………… 2512, 2514	大地 ………………………… 1476
大商証券 ………………… 2775	大星山風力エネルギー開発	ダイテク …………………… 1513
大昌食品 ………………… 1475	……………………… 1961	タイテック ………………… 1735
大正製菓 ………………… 2875	大成紙業 ………………… 0834	ダイテツ工業 ……………… 2159
大正製酒 ………………… 1574	大成電機 ………………… 2937	大鐵工業 …………………… 0424
大正製薬 ……………… 1477	大成道路 ………………… 1486	大鉄電気工業 ……………… 2167
大正製薬 ………………… 1478	大成NACHI油圧工業 …… 2512	大鉄百貨店 ………… 0702, 0703
大正製薬所 ……………… 1477	大成ビルガード ………… 1484	大天瓦斯販売 ……………… 0775
大正製薬ホールディングス	大成ビル管理 …………… 1485	タイトー …………………… 1273
……………………… 1478	大成プレハブ …………… 1486	**ダイト** ………………… 1492
大正製薬ホールディングス	大成包材 ………………… 1487	ダイト ……………………… 1500
……………………… 1477	大成紡績 ………………… 1091	ダイドー …………………… 1501
大粧堂 …………………… 2369	大成輸送 ………………… 1486	ダイドーインターナショナル
大商投信委託 …………… 2775	大成ユーレック ………… 1486	……………………… 1502
大正土地建物 …………… 1809	**大成ラミック** ………… 1487	太東 ………………………… 2082
大正富山医薬品 …… 1477, 1478	大成ロテック …………… 1486	台糖 ………………………… 2794
大商不動産 ……………… 3002	ダイセキ ………………… 1488	大東 ………………………… 3065
大昭無尽 ………………… 0786	ダイセキ環境エンジ …… 1489	大同インダストリアルベアリン
大正洋行 ………………… 1572	ダイセキ環境ソリューション	グジャパン ……………… 1499
大昭和運輸 ……………… 2150	……………………… 1489	大同インダストリアルベアリン
大昭和製紙 ……………… 2150	ダイセキ環境ソリューション	グヨーロッパLTD. ……… 1499
タイ昭和パックス ……… 1203	……………………… 1488	大同エアプロダクツ・エレクト
大昭和パルプ …………… 2150	ダイセキプラント …… 1488, 1489	ロニクス ………………… 0258
大昭和海外開発 ………… 2150	タイ セムコン CO., LTD. … 1322	大東園 ……………………… 1890
大昭和紙商事 …………… 2150	**ダイセル** ……………… 1490	台糖エンジニアリング …… 2794
タイショーテクス ……… 2794	ダイセル化学工業 … 1490, 1908	大同大隈股份有限公司 …… 0462
ダイジョブ・グローバルリク	ダイセルクラフト ……… 1490	大同オートモティブプロダクツ
ルーティング ………… 2437	ダイセル・ヒュルス ……… 1490	（PTE）リミテッド …… 0323
ダイショーフードシステムズ	ダイセルファイナンス …… 1490	大同オーバーシーズB.V. … 0323
……………………… 1475	ダイセルポリマー ……… 1490	大同海運 …………………… 0589
ダイシン ………………… 1639	ダイセル・ユーシービー …… 1490	大同化学工業 ……………… 1221
大伸 ……………… 0324, 2369	大善 ………………………… 2998	大東仮構 …………………… 1366
大伸化学 ……………… 1479	大財製作所 ……………… 1900	大東カード ………………… 1493
大真空 ………………… 1480	太千電気工業 …………… 1859	大同キャスティングス …… 1497
大信軽金属 ……………… 2123	大財電機工業 …………… 1900	大東共済会 ………………… 1494
大新鉱業 ………………… 2339	ダイセン・メンブレン・システ	**大東銀行** ……………… 1493
大真興産 ………………… 1480	ムズ ……………………… 1490	大東クレジットサービス …… 1493
タイ新東工業 …………… 1242	ダイソー …………………… 0425	大同毛織 …………………… 1502
大信販 …………………… 0129	大曹エピログラバー ……… 0425	大同毛織 …………………… 0566
大信販マネープラザ …… 0129	大曹化成工業 …………… 0425	大東建設 …………………… 1494
大水 …………………… 1481	大曹工事 ………………… 0425	**大東建託** ……………… 1494
ダイスエ開発 …………… 1482	太総産業 ………………… 2082	大東建託 …………………… 2307
大末建設 ……………… 1482	大曹商事 ………………… 0425	**大東港運** ……………… 1495
耐涂可細精化工（青島）有限公	大曹有機 ………………… 0425	大東港運（江陰）儲運有限公
司 ……………………… 2007	ダイソーエンジニアリング	司 ……………………… 1495
徳欧仕咖啡商貿（上海）有限公	……………………… 0425	大東交易 …………………… 1492
司 ……………………… 1458	ダイソー加工 …………… 0425	大東工業 ………… 1498, 2973
耐素龍精密濾機（常熟）有限公	ダイソーケミカル ……… 0425	大同興業 …………………… 2502
司 ……………………… 2151	秦泰广告（上海）有限公司	**大同工業** ……………… 1496
タイセイ ………………… 1483	……………………… 0283	大同工業 ………… 0968, 1502
大成 ……………………… 1484	タイ大豊 ………………… 1522	大東興産 …………………… 1494
大成温調 ……………… 1485	タイ タカギセイコーカンパ	大同鋼板 …………………… 0448
大成温調機電工程（上海）有限	ニー・リミテッド ……… 1548	大東コーポレートサービス
公司 …………………… 1485	タイ・タカダ・カンパニー・リ	……………………… 1494
大成温調工業 …………… 1485	ミテッド ………………… 1560	大同コンクリート工業 …… 1167
大成温調サービス ……… 1485	臺田環工股份有限公司 …… 1581	太東産業 …………………… 2082
大成温調香港工程有限公司	大拓林業 ………………… 2916	台糖産業 …………………… 2794
……………………… 1485	台田薬品股份有限公司 …… 1606	大東産業 ………… 1494, 2794
泰生開発 ………………… 1396	タイタン ………………… 1753	大同酸素 …………………… 0258
大成化工 ………………… 3004	**ダイダン** ……………… 1491	大同軸受工業 ……………… 1499
大成起業 ………………… 0411	ダイダンサービス関西 …… 1491	大同自動車興業 …………… 0323

大東重機	1990	大同メタルメキシコS.A.DE C.V.	1499	ダイトロン（韓国）CO., LTD.	1500
大東商会	0606	大同メタルメキシコ販売S.A.DE C.V.	1499	ダイトロン（タイランド）CO., LTD.	1500
大糖商事	2947	大同メタルヨーロッパGmbH	1499	ダイトロン（マレーシア）SDN.BHD.	1500
大東殖産	2794	大同メタルヨーロッパLTD.	1499	胎内風力開発	2247
台糖食品販売	2794	大東薬品交易	1492	ダイナシティー	1045
大同信号	0663	大同薬品工業	1501	ダイナックスアメリカ	0289
大東信用保証	1493	大同洋紙店	0834	ダイナックス工業	0289
大東スチール	1494	大東陸運	1495	**ダイナパック**	**1503**
大同ステンレス	2151	大東リース	1493	ダイナミグ・マニュファクチャリングオブ・ストラッドフォード・インコーポレーテッド	0372
大東製機	1498	大同利美特（上海）管理有限公司	1502		
大同製鋼	1497	大同利美特商貿（上海）有限公司	1502	ダイナム	1504
大東製糖	2794	大同リビルドサービスINC.	1499	ダイナムアド企画	1504
大同精密金属（蘇州）有限公司	1499	大同燐寸	0563	タイナム共和	0688
大同生命	1685	大同鏈条（常熟）有限公司	1496	**ダイナムジャパンホールディングス**	**1504**
大同石油化学工業	1488	大同ロジテック	1499	ダイナム情報処理	1504
大東設計	1494	大東ロジテム	1494	ダイナム土地建物	1504
台糖ゼネラルサービス	2794	ダイトエレクトロン	1500	ダイナムホールディングス	1504
大同ゼネラルサービス	1496	ダイトーエンジニアリング	1990	ダイナムPトレーディング	1504
大東相互銀行	1493	ダイド・オート	1496	台南製糖	2794
大東建物管理	1494	タイトー海藻	2794	第二エスシーエスピー	1394
大同チエン	1496	ダイド工販	1496	第二近江絹糸紡績	0497
大同テクノ	1496	ダイドーシェアードサービス	1502	第二大林組	0438
大同鉄器	1040	大都商事	1500	第二郡是製絲	0770
大東電気	1520	ダイドー・タケナカビバレッジ	1501	第二鋼管	1042
大同電気製鋼所	1497	ダイドー・タケナカベンディング	1501	第二しなのポリマー	1222
大東電波工業	0546	ダイトチ	2595	第二三國商工	2768
大同電力	1497	ダイドー電子	1497	第二精工舎	1341
大同特殊鋼	**1497**	大途電子諮詢（深セン）有限公司	1500	第二精工舎諏訪工場	1340
大同特殊鋳造	1497	大途電子（上海）有限公司	1500	大日エンジニアリング	0113
台糖バイオ生産研究	2794	大都電子（香港）有限公司	1500	大日化成工業所	0113
大同ハイレックス	2305	大都東京精磨股份有限公司	1500	大日管理	0113
大同発条	2173	ダイドードリンコ	1501	大日機工	2087
大同発條	1497	ダイドー トレーディング	1502	大日ケミカル	1490
大同パーツセンター	1496	ダイトパワートロン	1500	大日実業	0113
大同パーマウィック	1499	ダイドービジネスサービス	1501	**大日精化工業**	**1505**
台糖ビーエム	2794	ダイドービバレッジ大阪	1501	大日精化（広州）油墨有限公司	1683
大東ビジネスセンター	1494	ダイドービバレッジ埼玉	1501	大日精化（上海）化工有限公司	1505
台糖ビルメンテナンス	2794	ダイドービバレッジサービス	1501	大日精化（上海）貿易有限公司	1505
台糖ファイザー	2794	ダイドービバレッジ静岡	1501	大日精化貿易（深圳）有限公司	1505
大東ファイナンス	1494	ダイドービバレッジ東京	1501	大日通運	1967
大東物流機工	1495	タイトーマート	2794	大日南海通運	1967
大東プラント建設	1495	大都利美特（中国）投資有限公司	1502	大日ピーシーコンパウンド	1505
大同プレーンベアリング	1499	ダイドーリミテッド	1502	大日物流	1967
大同分析リサーチ	1497	ダイドレ	0733	第二月島機械	1667
大同貿易	2748	ダイドレ物流	0733	**ダイニック**	**1506**
大東紡エステート	1498			ダイニック・ジュノ	1506
大東紡織	**1498**			ダイニック フラワー＆グリーン	1506
大東紡寝装	1498			**大日光・エンジニアリング**	**1507**
大同ほくさん	0258			大日光商事	1507
大東ホーム薬品	1494			タイ・ニットウセイモウ・グローバル Co., Ltd.	2090
大東みらい信託	1494				
大東ミリオンカード	1493				
大東無尽	1493				
大同メタルアメリカCORP.	1499				
大同メタル工業	**1499**				
大同メタルコトールAD	1499				
大同メタルチェコs.r.o.	1499				
大同メタルドイツGmbH	1499				
大同メタル販売	1499				
大同メタルベルフォンテンLLC	1499				

大日本インキ化学工業 …… 0112, 1339, 1681, 1782, 2184	第二日本製錬 ………… 2110	大福自動輸送機（広州）有限公司 ………… 1514
大日本インキ製造 ………… 1681	第二不二越鋼材工業 …… 2512	大福洗車設備（上海）有限公司 ………… 1514
大日本インキ販売 ………… 1681	第二不二家 ………… 2549	ダイフクソフトウェア開発 ………… 1514
大日本印刷 ………… 1508	タイ日本電産サンキョー … 2231	
大日本化学工業 ………… 0095	**大日本木材防腐** ………… 1512	大福（中国）自動化設備有限公司 ………… 1514
大日本化成 ………… 1490	第二前田金属工業 ……… 1924	大福（中国）物流設備有限公司 ………… 1514
大日本航空機タイヤ …… 1315	第二丸高食品 ………… 1555	大福（中国）有限公司 … 1514
大日本コンサルタント … 1509	第二大和運輸 ………… 2962	ダイフクテクノサービス … 1514
大日本再生製紙 ………… 2150	泰納包装制品貿易（深圳）有限公司 ………… 1503	ダイフクデザインアンドエンジニアリング ………… 1514
大日本酢酸 ………… 2130	タイパーカライジング …… 2243	
大日本紙業 ………… 1503	大博アルミニウム工業 … 1460	ダイフクビジネスクリエイト ………… 1514
大日本人造肥料 ………… 2057	大博タクシー ………… 1449	
大日本シンロイヒ ………… 1511	ダイバーシンク ………… 1276	ダイフクビジネスサービス ………… 1514
大日本スクリーン製造 ……… 1274, 1782, 1970	タイ ハタチ社 ………… 1548	
大日本スクリーン製造所 … 1274	第八十五銀行 ………… 3089	ダイフクフィールドエンジニア ………… 1514
大日本住友製薬 ………… 1510	タイパックス ………… 2082	
大日本住友製薬 ………… 2621	ダイハツ工業 …… 1463, 1513	ダイフクプラスモア ……… 1514
ダイニッポンスミトモファーマアメリカ・インク ………… 1510	ダイハツ号自動車 ……… 1513	ダイフクマジックテクノ … 1514
	ダイハツ自動車販売 …… 1513	ダイフク・マニュファクチャリング・エキスパート …… 1514
ダイニッポンスミトモファーマアメリカホールディングス・インク ………… 1510	**ダイハツディーゼル** ……… 1513	
	ダイハツディーゼル今治 … 1513	ダイフク・マニュファクチャリング・テクノロジー …… 1514
タイ・ニッポンセイキ社 … 2148	ダイハツディーゼル梅田シティ ………… 1513	
大日本製糖 ………… 2794		ダイフクユニックス ……… 1514
大日本製粉 ………… 2069	ダイハツディーゼル エヌ・エイチ・エヌ ………… 1513	ダイフク・ロジスティック・テクノロジー ………… 1514
大日本製薬 ………… 1510		
大日本製薬USA ………… 1510	ダイハツディーゼルエヌ・エイチ・エヌ ………… 1513	太武産業 ………… 2082
大日本石油鉱業 ………… 0836		大富士瓦斯 ………… 1107
大日本石鹸 ………… 2042	ダイハツディーゼル四国 … 1513	大富士ガス工業 ………… 1107
大日本セルロイド ……… 0688, 1490, 2515	ダイハツディーゼル中部 … 1513	ダイプラ ………… 2219
	ダイハツディーゼル中日本 ………… 1513	台北カルビー食品股份有限公司 ………… 0581
大日本炭素工業 ………… 0300		
大日本時計 ………… 1123	ダイハツディーゼル西日本 ………… 1513	太平機械製作所 ………… 1516
大日本塗料 ………… 1511		太平工業 ………… 2082
大日本塗料販売 ………… 1511	ダイハツディーゼル東日本 ………… 1513	太平鉱業 ………… 2821
大日本乳製品 ………… 2875		太平興産 ………… 2444
大日本ビタミン製薬 … 0078, 0933	ダイハツディーゼル部品サービス ………… 1513	タイヘイコンピュータ … 2334, 2444
大日本麦酒 …… 0078, 0933, 2255		太平梱包 ………… 2082
大日本プラスチックス …… 1490	ダイハツディーゼル輸送 … 1513	太平商事 …… 0823, 1230
大日本兵器 ………… 1327	第百銀行 ………… 2820	**太平製作所** ………… 1515
大日本ベニヤ工業 ……… 1834	第百五国立銀行 ………… 2432	太平製糖 ………… 2794
大日本紡績 ………… 3003	第百三十銀行 ………… 2776	台北製糖 ………… 2794
大日本ミクロ ………… 1508	第百四十七銀行 ………… 0535	太平染工 ………… 1892
大日本無尽 ………… 2789	第百四十七国立銀行 …… 0535	タイヘイテクノス ………… 2444
大日本雄弁会 ………… 0818	第百生命徴兵保険 ……… 2721	泰平展雲自動門（常州）有限公司 ………… 1886
大日本雄弁会講談社 …… 0818	第百生命保険 ………… 2721	
大日本油脂 ………… 0526	第百生命保険相互会社 … 2721	泰平電機 ………… 1886
大日本坩堝会社 ………… 2192	第百二十九国立銀行 …… 0420	**太平電業** ………… 1516
大日本坩堝製造所 ……… 2192	第百二十七国立銀行 …… 1103	泰平電鉄機 ………… 1886
大日本レザー ………… 0688	ダイブ ………… 2206	台北内外發展股份有限公司 ………… 1973
第二帝国人造絹糸 ……… 1702	**ダイフク** ………… 1514	
第二電電 ………… 0779	ダイフク・アルベック・ソフトウェア ………… 1514	太平ハウジング ………… 1515
第二電電企画 …… 0668, 0779		太平舗道 ………… 2082
第二東海電極 ………… 1791	大福機工 ………… 1514	太平洋 ………… 2226
第二東洋汽船 ………… 2189	ダイフクキュービカ ……… 1514	太平洋アスティ ………… 0263
第二東洋曹達工業 ……… 1850	ダイフクキュービカエーエムエフ ………… 1514	太平洋エネルギーセンター ……… 0821, 1517
第二日東製粉 ………… 2092		
第二日本エタニットパイプ ………… 3087	ダイフク研究・開発センター ………… 1514	太平洋海運 …… 0693, 2189
	タイフク建設 ………… 2082	太平洋開発 ………… 1518
第二日本金属産業 ……… 2121	大福工営 ………… 1514	太平洋企業 ………… 0263
第二日本精工 ………… 2149	大福自動搬送設備（蘇州）有限公司 ………… 1514	

たいへいよ　　　　　　　　　　　社名索引

社名	番号
太平洋汽車部件科技（常熟）有限公司	1518
太平洋近海船舶	2189
太平洋金属	1517
太平洋工業	1518
太平洋工業	2385
太平洋工業（中国）投資有限公司	1518
太平洋興発	1519
太平洋産業	1518
太平洋シルバーサービス北海道	1519
太平洋精工	1518
太平洋石油	0836
太平洋田村科技股份有限公司	1613
太平洋炭礦	1519
太平洋電子	0263
太平洋ニッケル	1517
太平洋海苔	1902
太平洋フーズ	1519
太平洋埠頭	1519
太平洋不動産	2111
太平洋マリン・マネージメント	2189
大平洋ランダム	1517
太平洋リビングサービス	1519
太平林産工業	1148
ダイヘン	1520
ダイヘンエンジニアリング	1520
ダイヘン厚生事業団	1520
ダイヘン産機販売	1520
ダイヘン産業機器	1520
ダイヘンスタッド	1520
ダイヘン精密機械	1520
ダイヘンテクノス	1520
ダイヘンテクノス西日本	1520
ダイヘンテクノス東日本	1520
ダイヘンテック	1520
ダイヘン電機システム	1520
ダイヘン電設機器	1520
ダイヘンビジネスサービス	1520
ダイヘン物流	1520
ダイヘン溶接メカトロシステム	1520
ダイヘンOTC機電	1520
大宝運輸	1521
大豊機工	0422
大豊岐阜	1523
大宝急配	1521
大豊建設	1522
大豊興業	1521
大豊工業	1523
太豊産業	2082
大豊産業	0476
大豊商事	0808
大豊殖産無尽	2633
大宝食品	0545
大豊精機	1523
大宝精密工具股份有限公司	0412
タイホウテクノサービス	1523
太豊テクノス	2082
大宝（東莞）模具切削工具有限公司	0412
人豊塗装工業	1522
タイホウパーツセンター	1523
大豊不動産	1522
タイホウ マニュファクチャリング オブ テネシーLLC	1523
大鵬薬品工業	0435
タイホウライフサービス	1523
大豊リバノイスオートメーション	1523
たいほく	2082
ダイホク工業	1520
太北産業	2082
ダイポリシステム	0733
台扣利富高塑膠制品（東莞）有限公司	2195
大毎企画	0532
大松水産	1632
大松電気	3091
タイ マット エヌエス社	2148
大丸	0428, 0753, 1060
大丸印刷	0428
大丸興業	0428
大丸呉服店	0428
大丸札幌大屋商店	2647
ダイマル食品	0092
大丸水産	0499
大丸青果	0428
大丸装工	0428
大丸タクシー	1449
大丸木工	0428
タイミツトヨ	2806
大明	2848, 2849
大明電話工業	2848
大明ビジネスメイト	2848
タイム	3092
タイムス	0340
タイムズサービス	2320
タイムズ広島	2320
タイムズ24	2320
ダイムラークライスラー社	2812
タイムレス	2287
タイメイク	2082
泰明堂	2743
ダイヤ・エンタープライズ	2385
ダイヤ・カーペット	1892
大役	1476
ダイヤクラフト	2808
ダイヤス化成	0584
ダイヤ通商	1524
ダイヤミック	2817
ダイヤメット	2821
ダイヤモンドアセットファイナンス	2822
ダイヤモンドエンジニアリング	2112
ダイヤモンドコンピュータサービス	2524
ダイヤモンドシティ	0166
ダイヤモンド・シャムロックコーポレーション	2042
ダイヤモンドシライシ	1147
ダイヤモンドダイニング	1525
ダイヤモンド電機	1526
ダイヤモンドビジネス	1526
ダイヤモンド富士ソフト	2524
ダイヤモンドマチック	1163
ダイヤモンドリース	2813, 2822
ダイヤ冷機工業	1532
太友（上海）貿易有限公司	1531
大有通信建設	0870
ダイユーエイト	1527
ダイユーエイト・ホームサービス	1527
タイヨー	2593
タイヨーインタコリアリミテッド	1528
タイヨーインタナショナルインク	1528
大洋	1476, 2799
太陽インキ製造	1534
太陽インターナショナル	1534
大洋塩ビ	1764
太洋海運	0589
大洋会館	0891
太陽化学	1528
太陽化学工業	1528, 1535
太洋化研	0754
太陽火災海上	1441
太陽火災海上保険	1441
大洋化成	1580
太陽観光	1528
太洋観光バス	2763
大洋機械	1529
太陽技研	0249
太洋基礎工業	1529
大洋漁業	2472, 2846
太陽銀行	2789
太陽工藤工事	1322
太陽グリーンエナジー	1534
太陽・ケプコ	1532
太陽工機	1530
太陽工機	1691
太洋鋼機工業	1927
太洋工業	1531
大洋工業	0096, 1635
太洋航空	2325
大洋興産	3032
太陽神戸銀行	2789
太陽神戸三井銀行	2789
太陽産業	0895
大陽酸素	1532
太陽紙工	1203
太陽事務機	2593
太洋商事	1775
太陽食品（天津）有限公司	1528
太洋水産	3032
太陽スレート	0388
太洋製作所	0208
太陽生命	1685

社名	ページ
太陽チューブ工業	0985
太陽チューブ工業所	0985
太陽鉄工	0318
大洋電機	2780
太陽電気工事	1322
太陽電設	1322
太陽投信委託	2775
大陽東洋酸素	1532
太陽道路	1304
大陽日酸	1532
大陽日酸（中国）投資有限公司	1532
タイヨウニッポンサンソ・ホールディングス・シンガポール社	1532
太洋日本汽船	0589
太洋物産	1533
太陽物流	1534
太陽フード	1528
太洋プライウッド	1834
太洋ポーク	3039
太陽ホールディングス	1534
大洋ミヨシ千葉精油所	2846
大洋ミヨシ千葉製油所	2846
太陽メッキ	2032
太陽誘電	1535
太陽誘電（廣東）有限公司	1535
太陽誘電（上海）電子貿易有限公司	1535
太陽誘電（深圳）電子貿易有限公司	1535
太陽誘電（中国）投資有限公司	1535
太陽誘電（天津）電子有限公司	1535
太陽油墨（中山）有限公司	1534
太陽油墨貿易（深圳）有限公司	1534
タイヨー シナール ラヤ テクニク	1322
タイヨーフードリミテッド	1528
泰尓茂（中国）投資有限公司	1760
タイヨールシードプライベイトリミテッド	1528
第四銀行	1536
第四合同ファイナンス	1536
第四国立銀行	1536
第四コンピューターサービス	1536
第四ジェーシービーカード	1536
第四信用保証	1536
第四ディーシーカード	1536
第四リース	1536
ダイライト	1467
太陸産業	2082
大菱	2385
大量	1476
大利両毛アグリ	1186
ダイリン	2347
大輪	1476
大冷	1537
ダイレイトレーディング	1537
大連愛捷是科技有限公司	0272
大連遠州貨運有限公司	0393
大連欧米奇咖啡有限公司	2999
大連大石包装有限公司	0416
大連嘉欧農業科技有限公司	1457
大連北村閥門有限公司	0782
大連キャンドモータポンプ廠	1698
大連クリエート医療製品有限公司	0736
大連黒田貿易有限公司	0760
大連健可泉平色拉食品有限公司	0799
大連光華軟件技術有限公司	1585
大連紅葉八番餐飲管理有限公司	2331
大連極楽温泉開発技術諮詢有限公司	0841
大連佐東奥瀝青有限公司	0936
大連三興物流有限公司	1385
大連ジェイ・エム・エス医療器具有限公司	1043, 1044
大連晶亜電器有限公司	1860
大連坤姿時装有限公司	0770
大連大顕股分有限公司	1548
大連大顕高木模具有限公司	1548
大連高千穂電子有限公司	0390
大連長興島大陽日酸気体有限公司	1532
大連通世泰建材有限公司	3073
大連THK瓦軸工業有限公司	1686
大連帝国キャンドモータポンプ有限公司	1698
大連天馬電器有限公司	1860
大連東海結金藤碳素有限公司	1791
大連東計軟件有限公司	1839
大連特迪信息技術開発有限公司	1194
大連日隆物業管理有限公司	2241
大連日通外運物流有限公司	2161
大連原田工業有限公司	2359
大連盤起多摩弾簧有限公司	2378
大連氷山空調設備有限公司	1200
大連福来休食品有限公司	0825
大連富士工具有限公司	2520
大連フロート硝子社	0077
大連賓卡睦通信信息服務有限公司	3124
大連賓卡睦通信設備有限公司	3124
大連保税区北村国際工貿有限公司	0782
大連保税区日里貿易有限公司	0109
大連丸金食品有限公司	1169
大連味思開生物技術有限公司	2931
大連三越精密部件工業有限公司	1100
大連盟和化工製品有限公司	2883
大連羅森便利店有限公司	3137
大連龍雲電子部件有限公司	1600
大連YKK AP社	3150
タイロッテ	3142
大和	1538
ダイワ・イタリア S.r.l	0765
大和印刷社	1538
大和運送	2161
大和運輸	2962
大和鉛筆	2808
大和海陸作業	1495
大和化学工業	0465
大和カーネーションサークル	1538
大和観光	2417
大和機械	1818
大和機械工業	1543
大和機械製作所	1091
大和軌道製造	2961
大和銀行	3089, 3090
大和銀信託銀行	3089, 3090
大和銀ホールディングス	3089, 3090
大和蔵酒造	2969
大和クロス工業	1506
大和建設	1092
大和光学製作所	0645
大和工機	1540
大和工業	0291, 1340, 1543, 2960, 3011
大和工商	1542
大和工商リース	1542
タイワコーポレーション	2082
ダイワゴム	1543
大和護謨栽培	0563
ダイワ・コリア Co., リミテッド	0765
ダイワゴルフ	0765
大和コンピューター	1539
大和梱包	1542
ダイワサービス	1542
大和酸器	1532
大和紙器	3133
大和紙工	1506
大和自動車	1540
大和自動車教習所	1540
大和自動車交通	1540
大和自動車交通江東	1540
大和自動車交通立川	1540
大和自動車交通ハイヤー	1540
大和自動車交通羽田	1540
大和自動車整備	1540
大和（だいわ）重工	1541

社名	ページ
大和重工	1541
ダイワ住宅機器	1542
大和商会	2553
秦和商事	2079
大和商事	1541
大和情報サービス	1542
大和食品	2924
大和真空工業所	1480
ダイワ・スポーツ（広州）Co., リミテッド	0765
ダイワ精工	0765
大和精工	0765
大和製鋼	0424
ダイワセイコー・コリア Co., リミテッド	0765
ダイワセイコー（タイランド）Co., リミテッド	0765
大和製鐵	1827
大和設備工事	2960
大和団地	1542
大和貯蓄銀行	2020
大和塗料工業所	0082
大和ハウジング	1538
大和ハウス工業	1542
大和バルブ	0473
大和バルブ工業	0473
大和ビジネスサービス	2960
大和ファクター・リース	2822
大和服飾研究所	1538
大和物産	1540
ダイワ物流	0765
大和物流	1542
ダイワ・ベトナム・リミテッド	0765
ダイワボウアソシエ	1543
ダイワボウアドバンス	1543
ダイワボウアパレル	1543
大和紡観光	1543
ダイワボウ・クリエイト	1543
大和紡工業（蘇州）有限公司	1543
大和紡興産	1543
大和防災工業	2654
ダイワボウ情報システム	1543
大和紡績	1543
ダイワボウポリテック	1543
ダイワボウホールディングス	1543
ダイワボウ益田	1543
ダイワボウマテリアルズ	1543
ダイワボウレーヨン	1543
ダイワ（ホンコン）Co., リミテッド	0765
大和メンテナンス	2960
大和メンテナンス埼玉	2960
大和木工	2133
大和薬品工業	1492
大和ライフネクスト	1542
ダイワラクダ工業	1542
大和リース	1542
大和リビング	1542, 3015
大和冷機工業	1544
大和冷機工業所	1544
ダイワレジャーリゾート	0765
ダイワロイヤル	1542
台灣亞文營銷事業股份有限公司	0040
台湾岩塚製菓有限公司	0205
台湾微電股份有限公司	2786
台湾上村科技股份有限公司	0240
台湾上村股份有限公司	0240
台湾英視股份有限公司	0208
台湾英特科人力	3167
台灣益富傑股份有限公司	0367
台湾NGKスパークプラグ	2170
台湾高絲股份有限公司	0850
台湾奥蜜思股份有限公司	2673
台湾歐利克（股）有限公司	0502
台灣大戶屋股份有限公司	0436
台灣大橋精密股份有限公司	0484
台湾大林組	0438
台湾岡本硝子股份有限公司	0450
台灣小野薬品工業股份有限公司	0483
台湾小原光学股份有限公司	0485
台湾小原光学材料股份有限公司	0485
台湾開道起重機股份有限公司	0635
台湾開道股份有限公司	0635
台湾可果美股份有限公司	0536
台湾鶴義有限公司	1680
台湾桂川股份有限公司	0546
台湾佳能股份有限公司	0645
台湾佳美工股份有限公司	2126
台湾関西塗料股份有限公司	0603
台灣關東電化股份有限公司	0607
台湾喜開理股份有限公司	1098
台湾技研製作所股份有限公司	0619
台湾キーコーヒー	0620
台湾北澤股份有限公司	0634
台灣北壽心股份有限公司	0855
台湾木徳生技股份有限公司	0636
タイワン キャパシタ リミテッド	2035
台湾京三股份有限公司	0663
台湾麒麟工程股份有限公司	0696
台湾銀行	2041
台湾黒田電器股份有限公司	0760
台湾郡是股份有限公司	0770
台灣京濱化油器股份有限公司	0791
台湾湖池屋股份有限公司	2594
台灣興銀資融股份有限公司	0811
台湾康泰克股份有限公司	0887
台湾講談社媒体有限公司	0818
台灣國際藏壽司股份有限公司	0723
台湾御牧股份有限公司	2837
台湾薩莉亜餐飲股份	0893
台湾堺股份有限公司	0908
台湾索馬龍股份有限公司	1437
台湾賽諾世股份有限公司	2548
台灣貞松股份有限公司	0928
台湾三桂股份有限公司	0546
台湾三墾電気股份有限公司	0974
台湾三信電気股份有限公司	0984
台湾三得利股份有限公司	0995
台湾三洋化成股份有限公司	1004
台灣山洋電氣股份有限公司	1007
台湾山葉機車工業股份有限公司	2967
台湾塩野義製薬	1087
台湾愛捷是股份有限公司	0272
台湾資生堂	1118
台湾實瞳股份有限公司	1131
台湾寶路多股份有限公司	2600
台灣篠倉貿易股份有限公司	0925
台湾写楽股份有限公司	1379
台湾車輌股份有限公司	2140
台湾住精科技股份有限公司	1317
台灣小學館股份有限公司	1185
台湾昭光貿易股份有限公司	1186
台湾昭和貿易股份有限公司	1215
台湾神商股份有限公司	1230
台湾新東機械股份有限公司	1242
台湾新明和工業股份有限公司	1264
台湾瑞薩易事通股份有限公司	3116
台湾図研股份有限公司	1276
台湾住友培科股份有限公司	1325
台湾製糖	2794
台湾施敏打硬股份有限公司	1377
台湾施麗賓股份有限公司	1907
台湾創造餐飲股份有限公司	0735
台湾大伸股分有限公司	1479
台灣大福高科技設備股分有限公司	1514
台湾高岳電機股份有限公司	1842
台湾鷹野股份有限公司	1564
台湾諾日士股份有限公司	2296
台湾武田 Ltd.	1587
台湾田辺製薬股份有限公司	1606
台湾田熊股份有限公司	1581
台湾超級包装材料股份有限公司	1302

社名	頁
台湾椿中島股份有限公司	1675
台湾帝国ポンプ有限公司	1698
台湾電気硝子股份有限公司	2164
台湾東應化股份有限公司	1808
台湾東海精工股份有限公司	1790
台湾東高志電機股份有限公司	1817
台湾銅箔股份有限公司	2786
台湾東洋彩光股份有限公司	1873
台湾東洋先端科技股份有限公司	1873
台湾東利多股份有限公司	1962
台湾東和半導体設備股份有限公司	1970
台湾徳欧仕股份有限公司	1458
台湾特格股份有限公司	2786
台灣讀廣股份有限公司	3042
台湾特瑞仕半導體股份有限公司	1966
台湾長瀬股份有限公司	1981
台湾娜拉波股份有限公司	1192
台灣日寫股份有限公司	2215
台湾日精股份有限公司	2074
台湾日華化学工業股份有限公司	2049
台湾日産化学股份有限公司	2057
台湾日鍛工業股份有限公司	2079
台湾日特先進社	2095
台湾髙鳥股份有限公司	1563
台湾野田電子股份有限公司	2286
台湾パーク二四有限公司	2320
台湾原田工業股份有限公司	2359
台湾原田投資股份有限公司	2359
台湾美施可（股）有限公司	2785
台湾日立工機クーフェン有限公司	2412
台湾美達旗股份有限公司	2780
台湾平田機工股份有限公司	2444
台湾飛羅特股份有限公司	2477
台湾飛羅得股份有限公司	2477
台湾福島国際股份有限公司	2491
臺灣福吉米股份有限公司	2546
台湾普拉材料股フン有限公司	2572
台湾古林股份有限公司	2585
臺灣富禮納恩股份有限公司	2593
台灣北斗生技股份有限公司	2640
台湾星崎国際股份有限公司	2650
台湾星崎股份有限公司	2650
台湾保麗股份有限公司	2673
台湾マクセル有限公司	2418
台湾松下居家内装股份有限公司	2342
台湾丸善有限公司	2740
台湾三越股份有限公司	1100
台湾三菱鉛筆股份有限公司	2808
台湾三菱電機股份有限公司	2819
台湾未来国際工業股份有限公司	2847
台湾無印良品股フン有限公司	3104
台湾メルテックス社	0203
台湾油圧工業股份有限公司	2985
台湾油研股份有限公司	2985
台湾佑能工具股份有限公司	2998
台湾横尾工業股份有限公司	3026
台湾楽天製菓	3142
台湾楽揚電機股份有限公司	3145
台湾理研工業股份有限公司	3076
台湾利巴股份有限公司	3097
台湾菱商股份有限公司	3103
台湾菱洋電子股份有限公司	3106
台湾聯合艾諾股份有限公司	2996
台湾和園國際股份有限公司	2665
台灣和民餐飲股份有限公司	3163
タウ技研	3018
ダウコーニングアジア	1894
ダウムジャパン	0520
タウンサービス	0393
タウンニュース・エンターテイメント	1545
タウンニュース社	1545
タウンニュース・ロコ	1545
タウンパトロール	1952
タオエンタープライズ	2606
田岡化学工業	1546
田岡化学分析センター	1546
タオカ ケミカル インド プライベート リミテッド	1546
タオカ ケミカル シンガポール プライベート リミテッド	1546
田岡合成工業	1546
田岡サービス	1546
田岡商店	1546
田岡染料製造	1546
田岡（天津）有機化学有限公司	1546
田岡播磨ジェネラルサービス	1546
高石圧延工場	0821
貴石製作所	1123
高石製鉄所	0821
高井証券	1879
高井富士ショッピングセンター	2716
タカオカ化成工業	1842
タカオカ機器工業	1842
高岳機工	1842
高岡銀行	2645
高岳金属	1842
高岳興産	1842
高岳工事	1842
高岳産業	1842
タカオカ・システムサービス	1842
高岳商事	1842
高岳製作所	1842
タカオカ・ビジネスサービス	1842
タカオカビジネスサービス	1842
たかお環境サービス	1227
高岡正一商店	1556
高尾金属工業	1130
高雄興亜	0804
高雄力巴股份有限公司	3097
高木アルミニューム製造所	2015
高木エステート	1547
タカギ化工	1548
高木化成	1548
高木汽車部件（佛山）有限公司	1548
高木工業	1571
タカギ・サリマルチウタマ	1548
高木漆器店	1548
高木証券	1547
高木商店	1547
タカギ成機	1548
タカギセイコー	1548
高木精工（香港）有限公司	1548
高木製作所	1548
高木ソリッド	1548
タカキタ	1549
高木ビジネスサービス	1547
タカキュー	1550
高木両替店	1547
タカクラマテリアル販売	0471
高崎板紙	0405
高崎三興	0404, 0405
高崎紙業	0405
高崎製紙	0405
高崎製紙コンテナー	0405
高崎高島屋	1555
高崎DPセンター	2419
高崎ビューホテル	2179
タカサキ物流	0405
高崎森永	2924
高砂インターナショナルコーポレーション	1551
タカサゴインドネシア	1553
タカサゴエンジニアリングインディアPvt.Ltd.	1553
タカサゴエンジニアリングメキシコ, S.A. DE C.V.	1553

社名	ページ
高砂化学工業	1551
高砂化工機	1553
高砂加工販売	1552
高砂漁業	2145
高砂銀行	2789
高砂建築工程（北京）有限公司	1553
高砂工業	1552, 1553
高砂香料	1551
高砂香料工業	1551
高砂香料（広州）有限公司	1551
高砂香料西日本工場	1551
タカサゴシンガポールPte. Ltd.	1553
高砂水力電気	1764
高砂製作所	1552
高砂煖房工事	1553
高砂チェン	1552
高砂鐵工	1552
高砂熱学工業	1553
高砂フードプロダクツ	1551
タカサゴベトナムCo., Ltd.	1553
高砂丸誠エンジニアリングサービス	1553
高砂メンテナンス	1553
高島	1554
タカシマパッケージングジャパン	1554
たかしまや	1555
高島屋	1555
高島屋	2068
高島屋飯田	1555, 2748
高島屋クレジット	1555
高島屋工業	1554
高島屋工作所	1555
高島屋呉服店	1555
高島屋商店	1554
高島屋スペースクリエイツ	1555
高島屋友の会	1555
高島屋日発工業	1555
タカショー	1556
タカショーオーストラレイジア	1556
タカショーコリア	1556
タカショーデジテック	1556
タカショーノースアメリカ	1556
タカショーヨーロッパ	1556
高杉建設	0750
タカセ	1557
多賀製作所	3145
高瀬運輸	1557
タカセ運輸集配システム	1557
高瀬組	1557
タカセディストリビューションシステム	1557
高瀬物流（上海）有限公司	1557
タカセ陸送	1557
タカタ	1558
高田アルミニューム器具製作所	1201
高田アルミニューム製作所	1201
タカダインホメックス	1560
高田エンジニアリング	1559, 1560
高田機工	1559
高田兄弟商会	1559
高田組	1560
高田工業所	1560
高田鋼材工業	3038
高田サービス	1560
高田三東スーツ	1498
タカタ事業企画	1558
高田商会	1409
高田商事	1559
高田船底塗料製造所	2042
高田鉄骨橋梁製作所	1559
高田プラント建設	1560
高田薬局	0241
タカチホ	1561
高千穂技研	0390
高千穂交易	1562
高千穂光学工業	0508
高千穂航器製作所	0390
高千穂国際貿易（深圳）有限公司	0390
高千穂コムテック	1562
高千穂商会	2539, 2542
タカチホ食品	2947
高千穂ストアー	1561
高千穂製作所	0390, 0508
高千穂電気	0390
高千穂貿易（大連保税区）有限公司	0390
高千穂ユースウェア	1562
高槻化成	1459
高槻ホテル実業	0676
タカック・システム開発	1842
高津商事	1452
タカテツ機器開発	1552
タカトリ	1563
タカトリインテックコーポレーション	1563
高鳥機械製作所	1563
タカトリ機工	1563
タカトリサービスセンター	1563
タカトリセイコー	1563
タカトリハイテック	1563
タカニチ	1946
たかの	1561
タカノ	1564
タカノ機械	1564
鷹野製作所	1564
タカノ販売	1564
高輪科技有限公司	0390
高萩ニチハ	2039
高橋秋和建設	2557
高橋カーテンウォール工業	1565
高橋興業	2997
高橋商会	1565
タカハシテクノ	1565
高橋燃料店	0183
高橋冷凍機製作所	1991
高畠製作所	0876
高浜銀行	2485
高浜製作所	1927
高久	1550
タカヒロ	2236
高富士	1567
宝船	0788
宝船屋	0788
宝船屋寝具店	0788
タカマツエマグ	1566
高松機械工業	1566
高松銀行	2433
高松建設	1567
高松コンストラクショングループ	1567
高松鉄工所	1566
高松百十四銀行	2433
高見澤	1568
高見澤興産	1568
高見澤サイバネティックス	1569
高見澤商事	1568
高見澤商店	1568
高見澤電機製作所	2529
高見沢メックス	1569
高宮カントリークラブ	1895
タカヤ	1093
高山商店	1794
高山木工	2285
タカラ	1572
タカラアグリ	1573
タカラアセットマネジメント	1575
タカラアミューズメント	1572
宝印刷	1570
宝エンジニアリング	1733
タカラ工業	1572
宝工業	1733, 1798
宝工務店	1575
タカラ・サーミスタ	1733
宝酒造	1574
寶酒精	1574
寶酒造	1574
寶酒造	1573
宝商会	1570
宝塚エンタープライズ	3088
宝塚策導管	2305
宝塚第一ホテル	2376
宝塚阪急	0278, 2374
タカラスタンダード	1571
宝製油	0095
タカラ倉庫運輸	1572
宝田石油	1038
タカラ厨房	1571
宝電機	2025
宝電産	2025
タカラ投資顧問	1575
宝土建	1904
タカラトミー	1572
タカラトミーアイビス	1572

社名	ページ
タカラトミーアーツ	1572
タカラトミーエンジニアリング	1572
タカラトミービジネスサービス	1572
タカラトミーマーケティング	1572
タカラバイオ	1573
タカラバイオ	1574
タカラ販売	1571
タカラビニール	1572
宝ビニール工業所	1572
宝不動産	1570
タカラプリスクール	1572
宝ヘルスケア	1574
宝ホールディングス	1574
タカラホーロー	1571
宝町食品	0935
タカラモバイルエンタテインメント	1572
宝屋	1555
タカラレーベン	1575
田川鉱業	2787
田川炭鉱	3061
滝澤机床（上海）有限公司	1577
瀧上建設興業	1576
瀧上工業	1576
瀧上工作所	1576
滝澤商貿（上海）有限公司	1577
瀧上精機工業	1576
瀧上鉄骨鉄筋工業	1576
滝澤電気工業	1577
滝川工業	1580
滝川セルロイド	1580
滝川セルロイド工業所	1580
滝川無尽	2643
滝沢商店	1578
滝澤鉄工所	1577
瀧澤鐵工所	1577
滝沢鉄工テクノサービス	1577
滝沢ハム	1578
瀧澤無線電機工業	0728
滝田組	2557
滝田建設	2557
タキヒョー	3000
タキヒヨー	1579
タキヒヨー・オペレーション・プラザ	1579
タキヒヨー滋賀センター	1579
タキヒヨー（上海）貿易有限公司	1579
タキヒヨー北陸センター	1579
多木肥料所	1317
瀧兵	1579
滝兵商店	1579
瀧兵被服工業	1579
他喜龍塑料（常州）有限公司	1580
タキロン	1580
タキロン化学	1580
タキロンKCホームインプルーブメント	1580
タキロンポリマー	1580
拓開（上海）商貿有限公司	0937, 1899
卓華電子	0290
卓華電子科技	0290
托伽米機電貿易（上海）有限公司	1900
卓宏電子科技	0290
タクサンシステムズ	0529
卓獎国際貿易	0290
卓獎電子貿易	0290
拓殖無尽	2643
拓神建設	0936
拓凱碳素貿易（上海）有限公司	1791
田口参天堂	0992
田口自動車	1342
タクト電子	2133
タクトホーム	0161
諾日士（上海）精密機械製造有限公司	2296
托納美国際貨運代理（大連）有限公司	1923
托納美物流（大連）有限公司	1923
宅配百十番一宮	0329
宅配百十番墨田	0329
タクバツ	1476
タクマ	1581
田熊汽罐製造	1581
田熊汽力工事	1581
田熊研究所	1581
タクマシステムコントロール	1581
田熊造船	1974
田熊常吉研究所	1581
タクマテクノス	1581
タクマテクノス北海道	1581
田熊プラント	1581
匠	1507
巧技術研究所	0132
タクミナ	1582
竹内鉱業	0867
竹内工程機械（青島）有限公司	1583
竹内シーピー化学	0792
竹内製作所	1583
タケエイ	1584
タケエイパークゴルフマネジメント	1584
武生駅北パーキング	2613
武生織布工場	0905
武生グリコ	0294
武雄トーア	1693
タケオニシダ・ジャパン	2663
武隈保之	2472
武田アイルランド Limited	1587
タケダ・アメリカ	1587
武田アメリカ・ホールディングス Inc.	1587
竹田印刷	1585
武田欧州研究開発センター	1587
武田化学薬品	1587, 3158
タケダ機械	1586
竹田機械製作所	1586
竹田機械販売	1586
武田クリニカル・リサーチ・シンガポール	1587
武田グローバル研究開発センター Inc.	1587
竹田産業	0962
竹田精版印刷	1585
武田製薬	1587
武田長兵衛商店	1587, 3158
タケダテクニカル	1586
武田ファーマシューティカルズ・アメリカ	1587
武田ファーマシューティカルズ USA Inc.	1587
武田ファーマシューティカルズ・ヨーロッパ Limited	1587
竹田ミクロン	1585
タケダメディカル	0260
武田薬品工業	1587
武田薬品工業	1313
武田薬品試験所	1587
タケックス	1693
タケナカ	1501
竹中工務店	1588
竹中製作所	1588
武並セラミック	2170
竹沼ゴルフ練習場	0068
竹鼻銀行	1177
竹鼻鉄道	2001
竹原アヲハタ	0045
たけびし	1589
竹村商事	0096
竹村商店	1703
竹村帝商	1703
竹村テープ	0096
竹村藤兵衛商店	1703
竹村棉業	1703
竹本総合計画	1590
竹本容器	1590
竹本容器（昆山）有限公司	1590
武山鋳造所	1631
武和テック	0423
多玩國股份有限公司	0550
タコウ	1476
田工商貿（上海）有限公司	1605
田子製氷	1880
TASAKI	1591
田崎運輸サービス	1591
田崎股份有限公司	1591
田崎珠宝（上海）有限公司	1591
田崎マベパール	1591
田崎真珠	1591
田崎真珠商会	1591
田崎真珠養殖所	1591
但馬寿	0855
田島精密工業	2050
田尻機械工業	2838

たしろこう　　　　　　　　　　社名索引

社名	番号
田代鉱機工業	2401
タス	1895
タスカル	0748
田附	1409
ダスキン	1592
ダスキン境	2005
ダスキンサーヴ近畿	1592
ダスキン鶴川	2005
タスコ	0620, 3003
ダステックスホノルル	2321
忠岡倉庫	0587
忠隈炭鉱	1311
タダノ	1593
タダノ・アメリカ・ホールディングスInc.	1593
タダノエンタープライズ	1593
タダノ産業	1593
タダノ・タイランドCo., Ltd.	1593
多田野鉄工所	1593
タダノ北陸販売	1593
タタ・ユタカ・オートコンプ・プライベート・リミテッド	2991
タチエス	1594
タチエス インドネシア	1594
タチエス エンジニアリング ヨーロッパS.A.R.L.	1594
タチエス エンジニアリング ラテンアメリカ S.A. DE C.V.	1594
タチエス オートモーティブ シーティング（THAILAND）Co., Ltd.	1594
タチエス オートモーティブ シーティング U.S.A.LLC	1594
タチエス カナダLTD.	1594
タチエスサービス	1594
タチエス（THAILAND）CO., LTD.	1594
タチエス ブラジル Ltda.	1594
立川瓦斯	1812
立川技術工作所	1595
立川工業所	1595
タチカワサービス	1595
立川シーエスセンター	1961
タチカワシルキーハウス	1595
立川スプリング	1594
立川装備	1595
タチカワトレーディング	1595
立川発条	1594
立川布帛工業	1595
立川ブラインド工業	1595
立川窓飾工業（上海）有限公司	1595
立川南口庄や	1476
立花エレテック	1596
立花オーバーシーズホールディングス社	1596
立花建設	0894
タチバナ工業	1143
橘工業	2730
タチバナ酒販	2947
立花商会	0704, 1596
橘生化学研究所	0633
橘生薬品工業	0633
橘製作所	2024
立花製作所	1143
立花デバイスコンポーネント	1596
立花マネジメントサービス	1596
タチヤ	2373
TAC	1597
タック	0713, 1597
TAC医療事務スタッフ	1597
タックエンジニアリング	0088
TACキャリアサポート	1597
TACグループ出版販売	1597
タックコート	1096
ダックシステム	0783
ダックス佐賀	0373
TAC総合管理	1597
TACプロフェッショナルバンク	1597
タックル シーティング Thailand Co., Ltd.	1594
タックル シーティング U.S.A. LLC	1594
ダッシングディバインターナショナル	2437
ダッズ工業	1512
タツタ興業	1598
タツタ産業	1598
タツタ システム・エレクトロニクス	1598
タツタ商事	1598
タツタ伸銅	1598
タツタ電線	1598
タツタバルブ	1598
ダッチパネル・システムズ	1490
龍野サンソー	0988
龍野松下電工	2336
タップウェスト	3071
タップス	3071
辰紅商店	1665
辰馬海上火災	1441
タツミ	1599
タツミ	0297
タツミ・オブ・アメリカ・コーポレーション	1599
タツミ製作所	1599, 2807
巽パン	1136
巽海運	1495
タツモ	1600
立石電機	0498
立石電機草津製作所	0498
立石電機研究所	0498
立石電機製作所	0498
立石電機販売	0498
立石電機三島製作所	0498
伊達製鋼	2797
舘野栄吉商店	2472
館林製粉	2069
タテホ化学工業	0258
立松化工股份有限公司	2715
立山アルミニウム工業	1601
立山合金工業	1601
立山鋳造	1601
館山デバイス	1841
館山風力開発	2247
館山丸魚	3032
伊達水業	2042
ダートインダストリーズ社	2066
多度津銀行	2433
タートルエース	1542
田中亜鉛鍍金	1602
田中亜鉛鍍金工場	2032
田中亜鉛鍍金所	1602
田中印刷興業	1001
田中印刷興行	1001
田中印刷所	1001
タナカエンジニアリング	1604
タナカオートパーツインディア・プライベート・リミテッド	1604
田中化学研究所	1603
田中機械製作所	2809
田中技研工業	1604
田中金属工業	1604
田中工業	1001, 2938
田中合金製作所	2037
田中興産	1602
田中自動車部品工業	1604
田中車輛	0697
田中車輛工場	0697
田中製作所	1604
田中精密工業	1604
田中部品工業	1604
タナカ・プレシジョン（タイランド）カンパニーリミテッド	1604
タナカ・プレシジョン・ベトナム・カンパニーリミテッド	1604
田中プレス工業	1604
田中マシン工業	1604
棚橋製薬所	2110
タナベ・アバディ社	1606
田辺インターナショナル	1605
タナベ インドネシア社	1606
タナベエンジニアリングシンガポール社	1605
田辺化学工業	1511
田辺建設	1605
田辺工業	1605
田辺工作所	1605
田邊五兵衛商店	1606
田辺製薬	1606
田邊製薬	1606
タナベタイランド社	1605
田辺鉄工所	1605
タナベ ファーマ デベロップメント アメリカ社	1606
タナベ ホールディング アメリカ社	1606
田辺三菱製薬	1606

社名	番号
たなべや薬	1606
タナベU.S.A.社	1606
タナベ ヨーロッパ社	1606
タナベ リサーチ ラボラトリーズ アメリカ社	1606
ダナンニッポンセイキ社	2148
タニ	0638
谷汲鉄道	2001
タニンコンデンサ	0388
たねとファーム	0913
タバイエスペック	0327
タバイエスペック京都	0327
タバイエンジニアリングサービス	0327
タバイ環境設備	0327
田葉井製作所	0327
タバイ理工	0327
田原屋フーズ	2932
ダーバン	3132
ダーバンインターフェイス	3132
ダーバン物流	3132
ダーバン宮崎ソーイング	3132
タビオ	1607
タビオ奈良	1607
たびゲーター	1051
たびごこち	2431
タフコ	1575
田淵電機	1608
田淵電子工業	1608
WNI気象文化創造センター	0233
WDI	1609
ダブリュー・ディー・アイ ホールディング	1609
WDBエウレカ	1610
WDB環境バイオ研究所	1610
WDB研究分析	1610
WDB工学	1610
WDB事業承継パートナーズ	1610
WDBシステムズ	1610
WDBテディス	1610
WDBドクター・ファーマシスト	1610
WDB独歩	1610
WDBホールディングス	1610
WDBメディカル	1610
WDBユニバーシティ	1610
ダブルアップオフィス	2617
ダブルクリック	1955
ダブル・スコープ	1611
ターボシステムズ	1086
タボット	0785
ターボリナックス	1086
ターボリナックスHD	1086
ターボリナックスジャパン	1086
多摩川エナジー	1612
多摩川ソーラーシステムズ	1612
多摩川電子	1612
多摩川ホールディングス	1612
タマキューホーム	2005
多摩鋼管工業	2081
多摩ジェーシー・フーズ	1064
玉島スポーツプラザ	3118
多摩鈴電	1281
多摩製糸	0539
玉造船所	2797
玉塚証券	2775
多摩電気工業	0804
玉野総合コンサルタント	2128
玉の肌石鹸	2846
多摩ファインオプト	0804
タムラエフエーシステム	1613
田村科技股份有限公司	1613
タムラ化研	1613
タムラ化成	1613
田村実業銀行	1862
タムラ精工	1613
タムラ製作所	1613
田村大興ホールディングス	0918
タムラタイランド	1613
田村電機製作所	0918
タムラ電子	1613
タムラネットワークサービス	1613
田村薬品	2034
タムララジオストアー	1613
タムラ流通センター	1613
タムロン	1614
タムロン光学上海有限公司	1614
タムロン商事	1614
田谷	1615
田谷哲哉美容室	1615
田山	0865
タラソシステムジャパン	1565
ダルトン	1616
ダルトン工芸センター	1616
ダルトンサービス	1616
ダルトンメンテナンス	1616
大老	1476
ダロワイヨジャパン	2549
タワービジョン	1131
ダン	1607
タンガロイ	1617
タンガロイ・イギリス社	1617
タンガロイ・イベリカ社	1617
タンガロイ・インド社	1617
タンガロイ・インドネシア社	1617
タンガロイ・オーストラリア社	1617
タンガロイ・韓国社	1617
タンガロイ・クロアチア社	1617
タンガロイ工業	1617
タンガロイ・スカンジナビア社	1617
タンガロイ精密	1617
タンガロイ・チェコ社	1617
タンガロイ・トルコ社	1617
タンガロイ・ハンガリー社	1617
タンガロイ物流	1617
タンガロイ・ブラジル社	1617
タンガロイフリクションマテリアルベトナム社	1617
タンガロイ・ベネルクス社	1617
タンガロイ・ポーランド社	1617
タンガロイ・マレーシア社	1617
タンガロイ・ロシア社	1617
炭鉱商会	1134
丹後王国	2329
丹後産業銀行	0675
丹後商工銀行	0675
暖新国際貿易（上海）有限公司	2417
ダンタニ建材	1047
丹頂	2759
タンデム・ジャパン	0104
ダンデン	1480
ダントー	1618
淡陶	1618
ダントーキャピタル	1618
ダントープロダクツ	1618
ダントーホールディングス	1618
丹和銀行	0675
丹波鉱産	2080
たんぽぽ薬局	1898
ダンロップ護謨	1315
ダンロップスポーツ	1619
ダンロップスポーツマーケティング	1619
ダンロップファルケンタイヤ	1315
ダンロップ・ラバー・カンパニー（ファー・イースト）リミテッド日本支店	1315

【ち】

社名	番号
地域移動通信網	0353
地域企業再生ファンド	0047
地域新聞社	1620
地域電通	1771
地域東芝システム開発	1846
地域福祉商事	3146
チェアサイド	2473
チェスコム神奈川	3109
チェース・マンハッタン銀行	2822
チェリー社	2449
チェルト	0162
チェーンストアオークワ	0464
チェーンストアオークワ友の会	0464
知恩思資訊股份有限公司	0303
力水産	0245
チカラン ヒジョウ インダ	1322
地球環境カレッジ	0185
ちくぎんコンピュータサービス	1621
ちくぎん地域経済研究所	1621
筑銀ビジネスサービス	1621
ちくぎんリース	1621

社名	番号
筑後デリカ	2947
千種製薬所	1087
チクサ石油	2065
筑豊機械製作所	2821
筑邦銀行	1621
筑邦銀行	2487
筑邦信用保証	1621
千曲観光	1287
千曲建設	1287
千曲出版	1288
千曲生コン	1568
チクマハウス販売	1287
千曲ファイナンス	1287
千曲不動産	1287
千曲木材住器販売	1287
竹菱興産	1589
竹菱（上海）電子貿易有限公司	1589
竹菱テクノス	1589
竹菱電機	1589
竹菱電機商会	1589
竹菱香港有限公司	1589
竹菱冷暖房サービス	1589
CHIグループ	1508, 2742
チクロダ エレクトリック チェコ s.r.o.	0760
チケットぴあ九州	2382
チケットぴあ名古屋	2382
チケットひろしま	3053
チケン	2970
知研	2970
地質基礎工業	1190
知多エル・エヌ・ジー	1653
知多鋼業	1622
知多鋼業所	1622
知多鋼材	1622
知多飼料	2472
知多鉄道	2001
知多紡績	1891
チタン工業	1623
秩父英工舎	0645, 0647
秩父環境リサイクルセンター	0079
秩父セメント	2322
秩父電気工業	1201, 1251
秩父電子	1238
秩父トヨクニ	0299
秩父マイクロワークス	1255
チッソ	1490
チッソ吉野石膏	3035
凸版印刷	1624
凸版印刷	0815, 2334
千歳	1665
千歳電気工業	2191
ちとせビル	1384
千歳ポートリー	2647
チノー	1625
チノーサービス	1625
千野製作所	1625
千野測控設備（昆山）有限公司	1625
チノックス販売	1625
チノー・フォックスボロー	1625

社名	番号
千葉宇徳	0253
千葉エレコ	2555
千葉オーバル	0487
チバガイキー社	1981
千葉瓦斯工業	1812
千葉カード	1626
千葉共栄無尽	0786
ちばぎんキャリアサービス	1626
千葉銀行	1626
ちばぎんジェーシービーカード	1626
ちばぎんスタッフサービス	1626
ちばぎんディーシーカード	1626
ちばぎんハートフル	1626
ちばぎんファイナンス	1626
ちばぎん保証	1626
ちばぎんリース	1626
千葉グランディハウス	0730
千葉ケイテクノ	0606
千葉県合同罐詰	2875
千葉県酪農業	2872
千葉広栄サービス	0809
千葉興業銀行	1627
ちば興銀カードサービス	1627
ちば興銀コンピュータソフト	1627
ちば興銀総合管理	1627
ちば興銀ビジネスサービス	1627
ちば興銀ファイナンス	1627
ちば興銀ユーシーカード	1627
千葉合同銀行	1626
千葉合同無尽	0786
ちば債権回収	1626
千葉佐川急便	0917
千葉酸素	0937, 1899
千葉三立梱包運輸	1016
ちばシティ消費生活ピーエフアイ・サービス	2117
千葉脂肪酸	0112, 1256
千葉スチレンモノマー	1764
千葉製粉	2950
千葉ゼブラ	1608
千葉セントラルサービスシステム	1068
千葉倉庫	0001
千葉総合卸売センター	0509
千葉総合リース	1627
千葉相互銀行	0786
千葉チクマハウス販売	1287
千葉貯蓄銀行	1626
千葉天然瓦斯	0775
千葉東陶	1921
千葉東洋合成	1876
チバネン	1134
千葉保証サービス	1627
千葉緑屋	0753
千葉無尽	0786
千原会計センター	0364
千原税理士事務所	0364

社名	番号
千葉流通	2803
千葉ロッテマリーンズ	3142
千葉久友の会	0857
チマニートオカ	1683
チムニー	1628
チャイム	3050
茶月東日本	0853
チャコット	0519
チャーム・ケア・コーポレーション	1629
チャールズ・ファイザー社	2794
チャレンジャー本社	0466
チャンネル銀河	1180
厨	1985
中映	1188
中越銀行	2645
中越テック	2056
中越電化工業	0867
中越電気工業	1791
中越ニット	0539
中央板紙	0404, 0405
中央運輸	0104
中央海運	0341
中央化学	1630
中央化成工業	0588
中央可鍛工業	1631
中央管財	2316
中央管理	1904
中央機械工具商会	0423
中央急配	1521
中央魚類	1632
中央魚類荷受組合	1632
中央経済社	1633
中央珪石煉瓦	2835
中央ケミカル工業	1265
中央興業	0428
中央興行	1609
中央工業	2549
中央興産	1634
中央ゴム工業	1315
中央コンサル	1895
中央コンテ	1634
中央梱包	1637
中央蚕研	0539
中央紙器工業	1634
中央システム	0027
中央自動車工業	1635
中央酒類	1574
中央商事	1699, 2707
中央信用組合	2000
中央スプリング製作所	1638
中央製作所	1636
中央製粉	2092
中央石鹸	1639
中央繊維	0405
中央繊維工業所	0405
中央倉庫	1637
中央相互銀行	0020
中央相武自動車	0551
中央ダイキン空調	1851
中央通運	3136
中央電気	1251

中央電気工業	1251	
中央電気商会	1649	
中央発條	1638	
中央ビック	0267	
中央物産	1639	
中央紡織	1946	
中央紡績	1943, 1946	
中央三井アセット信託銀行	2791	
中央三井信託銀行	2791	
中央三井トラスト・ホールディングス	2791	
中央無尽	0020	
中央無線	1727	
中央銘板工業	2138	
中央窯業	2192	
中央理化学工業	2188	
中央立体図	1127	
中央冷凍	2631	
中央ロジテック	0029	
中央硫黄	1640	
中外運－日新国際貨運有限公司	2061	
中外エアシステムズ	1642	
中外エンジニアリング	1642	
中外化学	1640	
中外環境エンジニアリング	1642	
中外キャピタル	1640	
中外鉱業	1640	
中外鉱業	1642	
中外工業所	1642	
中外商業新報社	2210	
忠海食品	0045	
中外新薬商会	1641	
中外精工	3072	
中外製薬	1641	
中外電気工務所	0704	
中外ファーマボディ・リサーチ・ピーティーイー・リミテッド	1641	
中外物価新報	2210	
中外プラント	1642	
中外プロックス	1642	
中外ホイル	1201	
中外薬品	1641	
中外雷管	2116	
中外林業	1588	
中外ルノー	2425	
中外炉工業	1642	
中外炉設備技術（上海）有限公司	1642	
中外炉熱工設備（上海）有限公司	1642	
中華電信股份有限公司	2620	
中華紡績	2544	
中京医薬品	1643	
中京医薬品コリア	1643	
中京医薬品販売	1643	
中京飲料	0832	
中京金属工業	1631	
中京興業	1098	
中京コカ・コーラボトリング		

	0832	
中京佐川急便	0917	
中京食品	1476	
中京精機	1098	
中京電機	1098	
中京日石	2065	
中京ペイントサービス	2508	
中京メンテナンス	0596	
中京レナウン販売	3132	
中銀アセットマネジメント	1645	
中銀カード	1645	
中銀コンピュータサービス	1645	
中銀システム開発	1645	
中銀事務センター	1645	
中銀投資顧問	1645	
中銀ビジネスサービス	1645	
中銀保証	1645	
中銀リース	1645	
中広	1644	
中鋼運輸	1646	
忠幸麒麟堂（常州）商貿有限公司	0695	
中光橡膠工業股份有限公司	0637	
中交総社	2066	
中広プロダクション	1644	
中興香港有限公司	1998	
中国アイチ	0021	
中国浅野パイプ	0259	
中国アジア航測	0088	
中国イビ建材商事	1047	
中国SC開発	2028	
中国エヌ・ティ・ティ・データ通信システムズ	0351	
中国大塚製薬有限公司	0435	
中国花王販売	0527	
中国科学技術大学科技実業総公司	0313	
中国化学工業	1647	
中国環球公共関係公司	0672	
中国銀行	1645	
中國銀行	1645	
中国工業	1646	
中国鋼材	1646	
中国合資上海松雲国際計測器有限公司	0835	
中国江蘇三得利食品有限公司	0995	
中国康鵬化学グループ	1393	
中国高麗人参	1476	
中国佐川急便	0917	
中国山東省溜博物資配套有限総公司	1568	
中国三桜	0962	
中国産業	0729	
中国シマノ販売	1152	
中国ジョイフル	1182	
中国信託	1645	
中国人民人寿保険	1319	
中国人民保険	1319	
中国杉杉集団	1498	
中国ステーション開発	2028	

中国住建	0252	
中国西濃運輸	1342	
中国積和不動産	1355	
中国セルラー電話	0779	
中國創造餐飲管理有限公司	0735	
中国ソフトウイング	0339	
中国中信大榭開発公司	1402	
中国テクシス	0351	
中国電気工事	1649	
中国電業	1649	
中国東洋金網	1779	
中国塗料	1647	
中国塗料関東販売	1647	
中国塗料近畿販売	1647	
中国塗料工業販売	1647	
中国塗料福岡販売	1647	
中国塗料マリン販売	1647	
中国南車集団戚墅堰機車車両工芸研究所	1886	
中国ニチレキ工事	2047	
中国寧波海天集団股份有限公司	1318	
中国ハーバー	2344	
中国パワーシステム	2937	
中国バンドー	2379	
中国日立情報システムズ	2413	
中国肥料	2057	
中国フード機器	0094	
中国船井電機	2559	
中国プロパン瓦斯	2447	
中国ベスト電器	2618	
中国マリンペイント販売	1647	
中国ミツトヨ	2806	
中国冶金工業部	1026	
中国ヤクルト	2935	
中国レナウン販売	3132	
中国遠州コーポレーション	0393	
中古住宅情報館	0730	
中古住宅センター	1287	
中四国	0502	
中四国ジョーシン	1187	
中四国テックランド	2958	
中四国丸和ロジスティクス	2756	
中四国ワッツ	3164	
駐車場総合研究所	1648	
駐車場綜合研究所	1648	
中小企業M&Aセンター	0364	
中超住江デバイス・テクノロジー	1995	
中水	0499	
中西武商店	0522	
中設工事	1651	
中電エネルギートレーディング	1653	
中電工	1649	
中電興業	1653	
中電工サービス広島	1649	
中電興産	1251	
中電工事	1653	
中電工テクノ広島	1649	

会社名	ページ
中電コンピューターサービス	1653
中電産業	1251
中電シーティーアイ	1653
中電ビル	1653
中電レアアース	1251
中持衣迪亜（北京）環境検測分析株式有限公司	0185
中持依迪亜（北京）環境研究所有限公司	0185
中日運送	2634
中日金属化工	2243
中日鋼材	2634
中日国際電子計算機職業学校	2137
中日電子	1654
中日電子工業所	1654
中日本鋳工	1650
中発テクノ	1638
中阪貿易（上海）有限公司	0423
中部	1651
中部	0951, 1126
中部アジア航測	0088
中部印刷製本センター	1025
中部ウエルマート	2707
中部エコテック	1652
中部オルガノ商事	0511
中部開発	2373
中部花王販売	0527
中部瓦斯	1651
中部ガス工業	0808
中部ガス産業	0808
中部カッティングサービス	1126
中部紙パ資源	2115
中部カーラ・コマース	1501
中部火力工事	1653
中部環境エンジニアリング	1653
中部技術サービス	1651
中部グラフテックエスエス	0037
中部計器工業	1653
中部コア	0803
中部工機	1244
中部航空機工業	1502
中部興産	2373
中部コールセンター	2237
中部サーボ販売	2230
中部三櫻	0962
中部三洋機器	1651
中部三洋機器販売	1651
中部ジオスター	1085
中部システムズ	1025
中部住宅販売	0952
中部ジョイフル	1182
中部飼料	1652
中部新東工業	1242
中部精機	1653
中部セグメント	0003
中部設備工業	1651
中部ゼネラル	2530
中部綜合印刷	2373
中部総合設備	0964
中部測機	1126
中部測量	2325
中部大誠	2373
中部ダイハツディーゼル販売	1513
中部建物	2870
中部鍛工	1244
中部チムニー	1652
中部通信愛知	1092
中部通信建設	1092
中部テクノ	0088
中部テクノス	0088
中部テック	0088
中部テレコミュニケーション	1653
中部テレコム・コンサルティング	1653
中部電力	1653
中部電力	1360
中部東洋金網	1779
中部トヨタリフト	0281
中部ニチレキ工事	2047
中部日東エース	2085
中部日本シューズ	3071
中部日本放送	1654
中部荷役	1882
中部配電	1653
中部ハーバー	2344
中部ハンナン	2380
中部阪南	2380
中部ピラーサービス販売	2180
中部ファコムセンター	2404
中部ファミリーマート	2461
中部フーズ	2373
中部物流サービス	1953
中部プラントサービス	1653
中部プロセスセンター	2380
中部貿易梱包	1882
中部保険サービス	2373
中部ボビン	1548
中部ホームサービス	0952
中部ホームサービスステーション	0952
中部マイクロセンター	1025
中部松坂屋ストア	0428
中部マテリアルズ	2764
中部丸善製品販売	2742
中部ミート	2373
中部薬品	2373
中部ユニー	3000
中部ラインサービス	1126
中部流通	2373
中部流通センター	1579
中部菱光コンクリート工業	1651
中部林産	1653
中部黎紅堂	1070
中部レナウン販売	3132
中部レベラー鋼業	1576
中部YKK AP工業	3150
中部ワッツ	3164
中部ワンダックス	3168
厨房ステーション	2650
中北製薬	1979
中麦柯莱依斯信息咨詢（上海）有限公司	2698
忠勇	1169
忠勇リース	1169
チュチュベビー	0449
美ら島債権回収	0457
チューリップストア	0056
チューリップチェーン	1902
長安フォードマツダエンジン有限公司	2712
長安汽車集団	2712
長栄アドバンテッジ	0118
長栄不動産	2882
張家港東亞迪愛生化学有限公司	1782
張家港北興化工有限公司	2660
長華国際貿易（深圳）有限公司	1981
長華塑膠股份有限公司	1981
長銀信託銀行	1235
長鼎電子材料（蘇州）有限公司	0961
長興華泰格林金属製品有限公司	0447
澄江県水電開発公司	2110
長興（中国）投資有限公司	0961
澄江燐業化工鳳麓有限責任公司	2110
長沙双叶汽車部件有限公司	2554
長沙太平洋半谷汽車部件有限公司	1518
銚子小浜風力開発	2247
銚子東洋	1880
銚子風力開発	2247
銚子丸	1655
長春一汽四環汽車制動器有限公司	1716
長春應化（常熟）有限公司	1808
長春海徳世汽車拉索有限公司	2305
長春韓富工具有限公司	2520
長春世立汽車制動零部件有限責任公司	1716
長春利時徳汽車拉索有限公司	2305
頂正科技股份有限公司	0311
朝鮮製罐	1881
朝鮮製紙	0404
長大	1656
長大橋設計センタ	1656
長大橋設計センター	1656
長大構造技術センター	1656
長大テック	1656
長府製作所	1657
調布緑屋	0753
長門海運	2440
蝶理	1658
蝶理アイ・エス・ターミナル	1658

社名	頁
蝶理生糸	1658
蝶理コム	1658
蝶理商店	1658
蝶理（中国）商業有限公司	1658
長和石油	1999
チヨカジ	1639
千代田アドバンスト・ソリューションズ	1661
千代田アルマナ・エンジニアリング・エルエルシー	1661
千代田インテグレ	1659
チヨダウーテ	1660
チヨダエクスプレス	1660
千代田会館	1654
千代田化工建設	1661
千代田化工建設	1394
チヨダ加工センター	1660
千代田汽船	3169
千代田銀行	2820
千代田グラビヤ	1585
チヨダグリーンセラ	1660
千代田建材	1660
千代田建材工業	1660
千代田検査工業	0822
千代田光学精工	0860
千代田鋼管	2081
千代田工事	2191
千代田工商	1661
千代田サラワク・センドリアン・ベルハッダ	1661
千代田産業	1660, 1809
千代田紙業	2114
チヨダシューズ	3071
千代田情報機器	0025, 1562
千代田情報サービス	1661
千代田精機	2265
千代田精工	1816
千代田製粉	2092
千代田セメント	1764
チヨダセラ	1660
千代田テクノエース	1661
千代田電子計算	1112
千代達電子製造（広州）有限公司	1659
千代達電子製造（山東）有限公司	1659
千代達電子製造（蘇州）有限公司	1659
千代達電子製造（天津）有限公司	1659
千代達電子製造（東莞）有限公司	1659
千代田のきもの	2663
千代田ビジネスソリューションズ	1661
千代田ビジネスデザイン	2796
千代田フエルト	1659
千代田プリントメディア	1585
千代田プロテック	1661
千代田保全	1659
チヨダメタルスタッド	1660
チヨダメタルスタッド関西	1660
チヨダメタルスタッド中部	1660
千代田メディカル	2515
千代田屋	0109
千代田リース	2813
チョロキューモーターズ	1572
陝西中煙工業公司	1490
賃貸くん	0138
賃貸住宅ニュース	0283
青島青旗食品有限公司	0045
青島運東儲運有限公司	0104
青島荏原環境設備有限公司	0360
青島遠州国際物流有限公司	0393
青島遠洋鴻池物流有限公司	0822
青島遠洋鴻池冷蔵有限公司	0822
青島欧積塑膠製品有限公司	0465
青島海華繊維有限公司	0555
青島亀田食品有限公司	0572
青島カルビー食品有限公司	0581
青島吉明美机械制造有限公司	1083
青島吉明美汽車配件有限公司	1083
青島極洋貿易有限公司	0693
青島郡是新包装有限公司	0770
青島三美電子有限公司	2825
青島秀愛食品有限公司	1184
青島新東機械有限公司	1242
青島積水樹脂有限公司	1354
青島尖能辦公用品有限公司	1367
青島東窯陶瓷有限公司	1835
青島東洋熱交換器有限公司	1719
青島日毛織物有限公司	2125
青島日清製粉食品有限公司	2069
青島日水食品研究開発有限公司	2145
青島日東餐飲有限公司	2093
青島日東食品有限公司	2093
青島萩原工業有限公司	2313
青島富吉高食品有限公司	2536
青島美内外時装有限公司	1973
青島扶桑精製加工有限公司	2551
青島扶桑第二精製加工有限公司	2551
青島扶桑貿易有限公司	2551
青島福生食品有限公司	3081
青島瑪莎商貿有限公司	0721
青島松屋快餐有限公司	2718
青島ミニストップ有限公司	2832
青島吉福包装有限公司	0770
青島麗人花園芸有限公司	2434

【つ】

社名	頁
ツインバード工業	1662
通伊欧輪胎（上海）貿易有限公司	1878
通伊欧輪胎張家港有限公司	1878
通運産業	2161
つうけん	0870
つうけんアクト	0870
つうけんアドバンスシステムズ	0870
つうけんオートリース	0870
つうけんコンサル	0870
つうけん商事	0870
つうけんセピア	0870
つうけんテクノネット	0870
つうけんテクノロジー	0870
つうけん道央エンジニアリング	0870
つうけん道東エンジニアリング	0870
つうけん道南エンジニアリング	0870
つうけん道北エンジニアリング	0870
つうけんハーテック	0870
つうけんビジネス	0870
通販倶楽部	1644
司建設	0557
ツーカーセルラー東海	0779
ツーカーセルラー東京	0779
ツカダ	1149
ツカダ・グローバルホールディング	1663
ツーカーホン関西	0779
ツガミ	1664
津上	1664
津上安宅製作所	1664
津上工販	1664
ツガミシマモト	1664
ツガミスクリュー	1664
津上製作所	1664
津上精密机床（浙江）有限公司	1664
津上精密機床（中國）有限公司	1664
津上精密機床（香港）有限公司	1664
津上精密工学工業	1664
津上総合研究所	1664
ツガミテクノ	1664
ツガミハイテック	1664
ツガミプレシジョン	1664
ツガミメカテック	1664
ツカモト	1665
塚本	1665
ツカモトアパレル	1665
ツカモトエイム	1665

社名	ページ
ツカモトエステート	1665
ツカモトコーポレーション	1665
ツカモト札幌	1665
塚本商事	1665
塚本商社	1665
塚本商店	1665
塚本倉庫	1665
塚本ビルサービス	1665
ツカモトファッション	1665
ツカモトユーエス	1665
津軽エノモト	0357
津軽銀行	0046
津軽バイオマスエナジー	1584
築地魚市場	1666
築地食品	1666
つきじちとせ	0855
月島環保機械（北京）有限公司	1667
月島機械	1667
月島機械鋳工	1667
月島製綱	1821
月島テクノマシナリー	1667
月島不動産	1667
月島メンテナンス	1667
月夜野電子	1535
ツクイ	1668
津久井神奈交バス	0551
津久井産業	1668
津久井土木	1668
筑波学園ガス	1812
つくば銀行	1669
筑波銀行	1669
つくば工機	1244
つくば商業都市開発	1183
つくばテック	2411
津久見共同採掘	2080
津久見石灰石	2080
津沢メリヤス製造所	0879
GRコンサルティング	0742
津島毛糸紡績	2703
辻和	2612
都築オフィスサービス	1670
都築シーイーセンター	1670
都築商店	1670
都築スタッフサービス	1670
都築通信技術	1670
都築通信建設	1670
都築電気	1670
都築電気工業	1670
都築電産	1670
都築電話工業	1670
都築フアコムセンター	1670
ツダコマ運輸	1671
津田駒機械製造（常熟）有限公司	1671
津田駒機械設備（上海）有限公司	1671
津田駒金属模具（上海）有限公司	1671
津田駒工業	1671
津田駒次郎工場	1671
ツダコマ・ゼネラル・サービス	1671
津田駒代行	1671
ツダコマテクノサポート	1671
TSUTAYA	0579
TSUTAYA STATIONERY NETWORK	1920
TSUTAYAワンダーグー	3168
土浦佐川急便	0917
土屋システム住宅	1672
土屋住宅流通	1672
土屋製作所	2757
土屋ツーバイホーム	1672
土屋ホーム	1672
土屋ホームトピア	1672
土屋ホールディングス	1672
筒井	0368
筒井伸線	0368
筒井電産	0368
筒井リベット製作所	0368
筒中セルロイド	1325
筒中セルロイド工業所	1325
筒中プラスチック工業	1325, 2862
ツツミ	1673
堤貴金属工業	1673
堤紙工	1503
ツドイエ	3162
つなぐネットコミュニケーションズ	1824
津南ショッピングセンター	2707
恒川鉄工所	0975
ツヴァイ	1674
ツバキE&M	1677
ツバキエマソン	1677
ツバキサポートセンター	1677
ツバキ・ナカシマ	1675
椿中島機械（太倉）有限公司	1675
ツバキ・ピオニ	1211
椿本エマソン	1677
椿本汽車発動機（上海）有限公司	1677
椿本鋼球製造	1675
椿本興業	1676
椿本工業所	1677
椿本商店	1676, 1677
椿本精工	1675
椿本チエイン	1677
椿本チエイン製作所	1677
椿本バルクシステム	1677
椿本マシナリー	1677
椿本モールス	1677
椿本鏈条（天津）有限公司	1677
ツバコー川崎販売	1676
ツバコー・ケー・アイ	1676
ツバコー横浜販売	1676
ツバサ製作所	2282
ツバサ電機	2629
つばめ荘	1629
ツムラ	1678
津村交易	1678
津村順天堂	1678
ツーリストサービス	0777
ツーリズム・マーケティング研究所	1051
鶴岡ブレーキ	1716
敦賀ピラー	2180
鶴製作所	3107
ツルテック	2243
都留東京電波	2864
ツルハ	1679
ツルハホールディングス	1679
鶴羽薬師堂	1679
ツルハ薬局	1679
鶴原都市開発	1229
つるまい	2708
鶴見埋立組合	1781
鶴見工材センター	2160
鶴見製繊	1881
鶴見製作所	1680
鶴見製鉄造船	1042
鶴見曹達	1782
ツルミテクノロジーサービス	1680
ツルミファイナンス	1680
鶴見埋築	1781
鶴見窯業	0755
ツールメールクラブ	1933
ツルヤ靴店	1141
鶴屋呉服店	2717
鶴屋商会	0551
ツルヤ商事	1141
ツワイス	2952

【 て 】

社名	ページ
DIインベストメントパートナーズ	1964
迪愛生投資有限公司	1681
テアトルエージェンシー	1825
テアトルエンタープライズ	1825
テアトル不動産	1825
デアマント・ボアート・エス・エイ	2159
TISソフトウェアエンジニアリング	2836
TISソリューションビジネス	0027
ティアイエス東北ソフトウェアエンジニアリング	2836
TISトータルサービス	0027
TISリース	0027
DIC	1681
DICグラフィックス	1681
TI-ニホンU.K.社	0578
ティーアイビーシー	1944
ディー・アクション	0244
ディアグリーンサイボー	0902
ディアジェイ	1046
D-ASSET アドバイザーズ	2653
ティアック	1682
ティアックウェルフェアサビ	

ス ………………… 1682	ティー・エー・オートモティブ・パーツ・（タイランド）・カンパニー・リミテッド …… 1728	DNP東北 ……………… 1508
ティアック エソテリック カンパニー ……………… 1682		DNP西日本 …………… 1508
ティアックオーディオ …… 1682		DNP北海道 …………… 1508
ティアックシステムクリエイト ………………… 1682	ティー・エー・シー ……… 1524	ティーエーピーマニュファクチュアリング・リミテッド …… 2857
	ティーエス ……………… 1182	
ティアック電子計測 ……… 1682	**TSIホールディングス** …… 1687	ディー・エフ・エル・リース … 2822
ティアック特機 …………… 1682	ティーエスアルフレッサ …… 1688	ティーエフサービス ……… 1595
ティーアールアイ大分エイミー ……………… 1326	ティエスエス・データ・サービス ………………… 1864	ティー・エフ・シー ……… 1579
		ティーエフシープラス …… 1870
TRI九州 ………………… 1326	ディー・エス・エヌ ……… 1271	TFPオーナー企業総合研究所 ………………… 2956
TRI京都 ………………… 1326	ティエスエム工業 ……… 1149	
ティー アール アイ クリエイツ ………………… 1326	ティエスエンジニアリング ………………… 2451	TFPコンサルティンググループ ………………… 2956
ティーアールアイテクノ … 1326	TSオプト ……………… 1942	TFPビジネスソリューション ………………… 2956
ティーアールアイヒューテック ………………… 1326	ティーエス企画 ………… 1571	
	ディエス技研 …………… 1274	TFペイメントサービス … 1919
TRIロジテック ………… 1326	ティー・エス・ケー ……… 1785	ディー・エム・エス ……… 1776
TRNコーポレーション …… 2315	ティーエスケイ・ファイナンス ………………… 1822	ティーエムエナジー・オーストラリア社 ……………… 1828
TRMACエンジニアリング ………………… 1798		
	ディーエス興産 ………… 1327	ティ・エム・エム ………… 2189
TRCZ有限責任会社 …… 1798	ティーエスコーポレーション ………………… 2012	テイエムエムサービス …… 1550
TRBR インダストリア イコメルシオ限責任会社 …… 1798		ティーエムエレクトリック ………………… 2819
	ティーエス・サデ ……… 1818	
ディアンドアイ情報システム ………………… 3089	ティーエスシー ………… 1797	ティーエムケー ………… 2159
	ディー・エス・シー ……… 1444	ティエムケー …………… 2693
ティーアンドエー ……… 0362	DeSCヘルスケア ……… 1690	ティー・エム・シー ……… 1047
T&Nアグリ …………… 1897	TSCマシナリー ………… 1818	ティーエムシー …… 1885, 2380
T&Nネットサービス …… 1897	ティーエス商事 ………… 1513	ディーエムシー ………… 1499
ティーアンドケイ東華 …… 1683	ティーエス精機 ………… 1571	ティーエムシー企画 …… 1271
T&KTOKA …………… 1683	ディ・エス・ティ・マイクロニクス ………………… 1782	ティーエムシーハニー …… 2380
ディー・アンド・シー … 1538, 3036		**DMG森精機** ………… 1691
T&Cフィナンシャルリサーチ ………………… 1684	TSデザイン …………… 1594	DMWインド社 ………… 1765
	テイ・エス テック …… 1689	ティ・エム・ティ ………… 0545
T&Cホールディングス … 1684	テイエス テック ユーエスエー コーポレーション ……… 1689	ティーエム・ティーアンドディー ………………… 2819
ティーアンドシー・ホールディングス ……………… 1684		
	TSトランスポー ………… 0662	TMTマシナリー ………… 2863
T&C FIホールディングス … 1684	テイエス トリム インダストリーズ インコーポレーテッド ………………… 1689	ティエムティマシナリー …… 2012
T&C XTF Japan ……… 1684		TMプランニング ……… 2453
ティ・アンド・ディ ……… 0299		ティー・エー・ユニオン …… 1825
ティーアンドティー ……… 1501	DSP五協フード＆ケミカル ………………… 1510	**ディー・エル・イー** …… 1692
ティアンドティ ……… 1694, 1916		ティーエルシーエスピーシー ………………… 1823
ティーアンドディセラテック ………………… 1683	ティーエスヒートロニクス ………………… 2012	
		TLCタウンシップ ……… 1800
T&Dフィナンシャル生命保険 ………………… 1685	ディーエスピービジネスサービス ………………… 0129	TLCビジネスサービス …… 1823
		TLCリアルティマネジメント ………………… 1800
ティ・アンド・ディ・フィナンシャル生命保険 ……… 1685	ディーエスピーリース …… 0129	
	ティエスプラザ ………… 1687	TLホールディングス …… 1086
T&Dホールディングス … 1685	ティーエスプレシジョン … 2012	TORアセットインベストメント ………………… 1724
ティーイーティー ……… 1523	ティエスヘルスシステム … 2451	
ティーウィン …………… 0165	ティーエス北陸 ………… 1571	**TOA** ………………… 1693
ティウェーブおおさか …… 2376	DSロジスティクス ……… 0425	TOS・デバイス ………… 1966
TAKグリーンサービス … 1554	テイエス・ロジスティクス … 1689	TOLコマーシャル・ディレクション ……………… 1724
TAKリアルティ ………… 1588	ディー・エヌ・エー ……… 1690	
ディーエイチエス ……… 0700	ディー・エヌ・エー … 1389, 2854	TOK尖端材料 ………… 1808
ティ・エイチ・オー・エム … 2997	TNエステート ………… 1253	ティーオーケーエンジニアリング ……………… 1808
THK ………………… 1686	DNCサービス ………… 1463	
THK販売 ……………… 1686	DNTサービス ………… 1511	ティーオーケーテクノサービス ………………… 1808
THK安田 ……………… 1686	ディエヌティ・ハーバーツ … 1511	
THDシェアードセンター … 1773	DNTビジネスサービス … 1511	TOC-index …………… 1724
TAPファーマシューティカルズ ………………… 1587	DNPオフセット ………… 1508	TOCキャパシタ …… 0453, 1714
	DNP書籍ファクトリー …… 1508	TOCディレクション …… 1724
TAPファーマシューティカル・プロダクツ ……… 1587	DNP製本 ……………… 1508	TOC・バイヤーズネット … 1724
	DNP中部 ……………… 1508	ディオンエンターテインメント ………………… 2105
	DNP東海 ……………… 1508	

社名	ページ
テイカ	1694
ティーガイア	1695
帝開思（上海）国際貿易有限公司	1447
テイカ商事	1694
テイカ倉庫	1694
ディーキューブ	1743
テイクアンドギヴ・ニーズ	1696
TKEビジネスサポート	0561
TKサービス	1623
DKYコーポレーション	1527
ティーケー興産	1565
ディーケーファイナンス	1448
ディーケープロナック	0289
ティケーユー	1562
ディーケーロジスティクス	1737
帝国印刷	1909
帝国運送計算保証	2161
帝国化工	1694, 1916
帝国火工製造	2042
帝国火工品製造	2042
帝国活動写真	1188
帝国火薬工業	2042
帝国機械製造	0513
帝国銀行	2776
帝国毛糸紡績	3003
帝国劇場	1859
帝国合同護謨工業	0985
帝国自動車工業	1055
帝国社臓器薬研究所	0099
帝国酒蔵	1574
帝国人絹糸	2012
帝国人造絹糸	1702
帝国人造肥料	1694
帝国水産統制	2046, 2145
帝国精機製造	1164
帝国精工	2149
帝国製糸	2544
帝国製粉	2152
帝国精練	1408
帝国石油	0836
帝国臓器製薬	0099
帝国臓器薬研究所	0099
帝国ダイカスト	2833
帝国ダイカスト工業	2833
帝国通信工業	1697
帝国電機製作所	1698
帝国デンタル製作所	2198
帝国電波	0728
帝国塗料	1243
帝国染料製造	2116
帝国パッキン工業	2175
帝国ピストンリング	0453, 1714
帝国ミシン	1164
帝国木材工業	0563
テイコク ヨーロッパ	1714
帝国坩堝	2192
ティーコムコーポレーション	2547
ディサークル	2841
テイサン	1958
ター	0166
ティージー・アイティーサービス	1812
ティージーアイ・フライデーズ・ジャパン	3163
DGアセットマネジメント	1742
ディージー・アンド・アイベックス	1742
DG&パートナーズ	1742
デイ・シイ	1699
DGインキュベーション	1742
DCA食品会社	2069
DJプレシジョン	1453
ディー・ジェー・ケー興産	1451
TCエージェンシー	1823
DCM JAPAN	1700
DCMジャパン	1700
DCM生コンホールディング	1699
DCMホールディングス	1700
ティージー・エンタープライズ	1812
TGオートモーティブシーリングケンタッキー有限責任会社	1942
ディーシーカード	0069, 2823
DCキャッシュワン	0069
TGキルロスカオートモーティブ	1942
ティージー・クレジットサービス	1812
TGコントラクト	1695
tgサポート	1782
ティー・シー・シー	0313
ティージー情報ネットワーク	1812
ディーシーシーワオ	3156
ディーシースクエア	3102
DGストラテジックパートナーズ	1742
DGソリューションズ	1742
ディジタルメディアプロフェッショナル	1701
ディジタルリンクス	1112
TGテクニカルセンター	1942
TCパワーライン	2191
TG東日本	1942
TCビジネスサービス	1823
DGペイメントホールディングス	1742
TCホールディングズ	1799
TGポンパラ	1942
ディジメーション	0886
DGメディアマーケティング	1742
DGモバイル	1742
鄭州日発汽車零部件有限公司	2173
TCユニオン	3016
ティ・ジョイ	1786
帝人	1702
帝人	1892
帝人アセテート	1702
帝人医薬	1702
帝人化成	1702
帝人クリエイティブスタッフ	1702
帝人航空工業	1702, 2012
帝人コードレ	1702
帝人酢化工業	1702
帝人システムテクノロジー	0219
帝人商事	1703
帝人製機	2012, 2863
帝人製機テキスタイルマシナリー	2012
帝人製機プレシジョン	2012
帝伸製作所	1698
帝人知的財産センター	1702
帝人テクノプロダクツ	1702
帝人デュポンフィルム	1702
帝人ファイバー	1703
帝人フィルム	1702
帝人フロンティア	1703
帝人メモリーメディア	1702
帝人メンテナンス	1702
帝人油化	1702
ディスカス	3130
ディスカス（後	3130
ディスクロージャー・イノベーション	1570
ディスコ	1704
ディスコ アブレイシブ システムズ	1704
ディスコ エンジニアリングサービス	1704
ディスコ・サイヤー・ジャパン	1704
ディスコハイテック	1704
ティスター宮崎	0094
ディステック	1453
テイストホールディング	2707
ディスパース	3088
ディスポ医療器	1043
ディースリー	2377
ディースリー・パブリッシャー	2377
T3デザイン	1954
帝石パイプライン	0836
帝石パイプライン管理	0836
ティー・ゾーン	2697
T・ZONEキャピタル	2697
T・ZONEストラテジィ	2697
T・ZONEホールディングス	2697
T・ZONE DIY	2697
テイツー	1705
帝通エンジニヤリング	1697
ディッククリエーション	3118
ディック農薬	1681
ディック・ハーキュレス	1339
ティー・ツー・クリエイティブ	1725
ディックルネサンス	3118
ディックワン	1466
ディップ	1706
ディップエージェント	1706

社名	ページ
ディーディーアイ	0779
ディーディーアイ関西ポケット電話	0779
ディーディーアイ九州ポケット電話	0779
ディーディーアイ四国ポケット電話	0779
TDIシステムサービス	1194
ディーディーアイ中国ポケット電話	0779
ディーディーアイ東海ポケット電話	0779
ディーディーアイ東北ポケット電話	0779
ディーディーアイネットワークシステムズ	0779
TDIビジネスシステムズ	1194
TDIプロダクトソリューション	1194
ディーディーアイ北陸ポケット電話	0779
ディーディーアイポケット企画	0779
ディーディーアイポケット電話	0779
ディーディーアイ北海道ポケット電話	0779
ティーディーイー	1860
ディー・ディー・エー	0916
DTS	1708
ディー・ティー・エス	1708
ディー・ディー・エス	1707
DTSパレット	1708
ティーディー オートモーティブ コンプレッサー ジョージアLLC	1944
TDK	1709
TTK	1710
ティーティーケイ コリア	1827
TTKテクノ	1710
ティー・ティー・シー	1579
TDCソフトウェアエンジニアリング	1711
ティーディーシーソフトウェアエンジニアリング	1711
TDパワーマテリアル	1908, 1971
ディー・ディー部品サービス	1513
遁天斯（上海）軟件技術有限公司	1708
帝都興業	2859
帝都ゴム	0637
帝都ゴム製造	0637
帝都電鉄	0468
デイトナ	1712
帝都布帛工業	1689
テイトラバーアメリカ社	0637
ディナベック研究所	2401
ディノス	1713, 2547
ディノス・セシール	1713
ディーバ	0126
帝伯愛爾（天津）企業管理有限公司	1714
帝伯環新国際貿易（上海）有限公司	1714
ディーバ・ビジネス・イノベーション	0126
TPR	1714
ティービーアール	1716
TPRアシアンセールス（タイランド）社	1714
TPRアルテック	1714
TPRエンプラ	1714
TPR フェデラル・モーグル テネシー社	1714
ティー・ピー・エス	1828
ティーピーエス	1127
ディー・ビー・エス	1776
ディー・ピー・エス	1503
ティ・ビー・エス・エンタテインメント	1833
ティ・ビー・エス・スポーツ	1833
TBSテレビ	1833
ティ・ビー・エス・ライブ	1833
ティ・ビー・エス・ラジオ・アンド・コミュニケーションズ	1833
ティービーオートパーツマネージメント	1946
TBグループ	1715
TBK	1716
ティービーケイエムアール	1716
ティービーケイ販売	1716
ティービーホールディングス	1832
デーイーファシリティーズ	2416
ディーブイイー	1966
ディーブイエックス	1717
ディーブイエックスジャパン	1717
T・Vエナジーホールディングス	1584
TVBサンチェーン	3137
ディープライス	1473
ティベリウス	0466
Tポイント・ジャパン	0579
ティーポット	0042
T-MEDIAホールディングス	0579
Tメディカルサービス	1554
Tメディカルパッケージ	1554
TUA学生寮PFI	2684
ティーライフ	1718
ティラド	1719
デイリーヤマザキ	2950
ディレクターズ	0930
ティー・ワイ・オー	1720
TYK情報サービス	1835
帝和エンジニアリング	1698
ディワン	1972
ディーワンエンタープライズ	1825
テイン	1721
デ・ウエスタン・セラピテクス研究所	1722
テーエチケー	1686
テーエムケー	1719
テー・エル・シー・サービス	1823
テーオーアイエム	1723
テーオーエル	1724
テーオー小笠原	1723
テーオーシー	1724
テーオースイミングスクール	1723
テー・オー・ダブリュー	1725
デオデオ	0333
テーオーハウス	1723
テーオーファシリティーズ	1723
テオーリアコミュニケーションズ	1720
テーオーリネンサプライ	1724
デカレックス	0494
テーカン	0829
テーカンエレクトロニクス	0829
テキサス・イメージング・サプライINC.	1367
デグサジャパン	2143
テクス	2082
テクス青森	2973
テクス秋田	2973
テクス岩手	2973
テークスグループ	1805
デクスター社	3141
デクスター・ミドランド	3141
テクス新潟	2973
テクス福島	2973
テクス宮城	2973
テクス山形	2973
デクセリアルズ	1726
テクセル	2655, 2658
テクタイト	1070
テクニカル オペレイションズ社	1981
テクニカル電子	1727
テクニックサービス	2056
テクノアース	0775
テクノアソシエ	1728
テクノアソシエ・（タイランド）・カンパニー・リミテッド	1728
テクノアソシエ・チェコ・エス・アール・オー	1728
テクノアルファ	1729
テクノウェーブ	2524
テクノエイド	0045
テクノエフアンドシー	2771
テクノカメイ	1892
テクノ河原	2874
テクノキャスト	0761
テクノクオーツ	1730
テクノクオーツ	1084
テクノクオーツ・シーコ	1730
テクノグラフテック	0037
テクノクリエイト	0552
テクノ・クレスト	1191
テクノ・クローバ	2807
テクノ工業	1143
テクノ工房	0297

テクノサービス 1092	デジタルアーツ 1738	テックシステムサービス 2136
テクノサポート 1390, 2944	デジタル・アドバタイジング・コンソーシアム 1739	テック商事 1845
テクノシステム 1651	デジタル・アドバタイジング・コンソーシアム 0038, 1742	テック情報システム 2958
テクノ自動機製作所 2842	デジタルアドベンチャー 1740	テックスエンジソリューションズ 2082
テクノス 0717	デジタル・インフォメーション・テクノロジー 1741	テック電子 1845
テクノスアイティ 1731	デジタルエッグ 1870	テック電子事務機 1845
テクノスサンキュー 1727	デジタルエンタテインメントアカデミー 1273	テックファーム 1749
テクノスジャパン 1731	デジタル・ガーデン 0042	**テックファームホールディングス** 1749
テクノスデータサイエンス・マーケティング 1731	**デジタルガレージ** 1742	鉄研エンジニヤーズ 2252
テクノスマート 1732	デジタルガレージ 2426	鐡鋼運輸興業 0666
テクノ・セブン 1733	デジタルクラブ 2602	鉄興社 0526, 1908
テクノソニック 2984	デジタル・ゲイン 0529	鐡興社 1850
テクノダイイチ 1453	デジタルゲート 2299	**鉄人化計画** 1750
テクノ中部 1653	デジタルサイト 3120	鐡人化計畫（股）有限公司 1750
テクノデザイン 0697	デジタルスケープ 0194	鉄道電気工業 2134, 2167
テクノネット 2909	デジタルテクノロジー 1708	鉄道保安工業 2191
テクノパウダルトン 1616	**デジタルデザイン** 1743	テット・オム 2371
テクノビジョン 1654	デジタルハーツ 2333	鉄特凱商貿（瀋陽）有限公司 1827
テクノファイナンス 1661	デジタルピクチャー 1307	テディス 1610
テクノブライト 0814	デジタルメニューバンク 0149	テーデーエフ 0016
テクノプロ・ホールディングス 1734	デジタルロード 2473	テーデー ドイチェ クリマコンプレッサー 1944
テクノホライゾン・ホールディングス 1735	デジテック 1348	テトス 2502
テクノポリマー 1032	デーシーパック 2228	テトラ 2557
テクノ・マーケティング 1528	デジビア 2286	テトラ商事 2557
テクノラティジャパン 1742	デジプリ 2567	デナールシラン 1764
テクノ冷熱 1991	デジマ テックB.V. 2674	デニーズジャパン 1371, 1372
テクノロジー アンド モバイル ラボラトリー 0829	デジライト販売 1556	テネックス 2757
テクノロジー・イノベーション 2628	テス 0766, 1744	**テノックス** 1751
テクノロジーネットワークス 1180	テス・エンジニアリング 0478	テノックス九州 1751
テクノワークス 1482	テスコ 0232, 0583, 1270, 2186	デノン 2133
テクノワシノ 0132	テスコ・テクノブレーン 2186	デパート信用販売 1162
テクノワックス 2153	テストドライバー 2431	デビアス 2617
テクマ 2700	テスビック 1974	テーピアルテック 1714
テクマトリックス 1736	デスペラード 2475	テーピ工業 1714
テクモ 0829	テセック 1744	テーピ興産 1714
テクモソフトプロダクツ 0829	テセックサービス 1744	テーピ塚間製作所 1714
テー・ケイ化成 1548	**データ・アプリケーション** ... 1745	テーピ販売 1714
デゴラ商事 1309	データエクスチェンジコンソーシアム有限責任事業組合 1746	デファクトスタンダード 0461
デコラニット 1325, 2094	データエントリー 1026	テプコ・オーストラリア社 .. 1828
デコール 1000	データ・エントリー・ソリューション 2137	テプコケーブルテレビ 1828
デサアントアパレル 1737	データ・処理センター 0708	テプコシステムズ 1828
デザイア 0085	**データセクション** 1746	テプコ・ダーウィン・エルエヌジー社 1828
デザインアーク 1542	データ通信システム 1708	TEPCOトレーディング 1828
テザック神鋼ワイヤロープ 1229	データプロセシング 0006	テプコーユ 1828
デザート・イン 2203	データプロセスコンサルタント 0006	テープテック 2691
デサント 1737	**データホライゾン** 1747	テープ堂 0788
デサントエンタープライズ 1737	**データリンクス** 1748	**テーブルマーク** 1752
デサントグローバルリテール 1737	鉄宇国際運輸（天津）有限公司 0253	デプロ 1382
デサントコリア 1737	テック 0088, 1845	デベロ介護センター 2033
デサント商事 1737	テックアプライアンス 1845	でほぎゃらりー 0550
TGRテクニカルセンター有限責任会社 1942	テックインフォメーションシステムズ 1845	テマコン エンジニアリング SDN.BHD. 1322
デジキューブ 1273	テックエンジニアリング 1845	デミヘアケアシステムズ, INC. 2049
デジサーブ 2984	テックサイト 2958	デュオシステム 0026
		デュオシステムズ 0026
		デューデリ&ディール 2200

社名	ページ
テラ	1753
テラ	0208
デライト	1964
寺浦不動産	2305
寺岡（上海）高機能膠粘帯有限公司	1754
寺岡（深圳）高機能膠粘帯有限公司	1754
寺岡製作所	1754
寺岡製作所（香港）有限公司	1754
テラサキ伊万里	1755
寺崎エステート	1755
寺崎電気産業	1755
寺崎電機製作所	1755
寺崎電気販売	1755
テラスカイ	1756
デラップス商事	2640
デラップス・ランドリー	2640
テラテック	1755
寺彦製粉	1959
テラファーマ	1753
テラプローブ	1757
テラメックス	1755
デリア食品	0658
デリカキッチン	1136
デリカサラダボーイ	0080
デリカサラダボーイえひめ	0080
デリカシェフ	2308
デリカバリュー	1303
デリカパレット多治見	0564
デリカフーズ	1758
デリカフレンズ	2947
デリコ	2261
デリモア	3165
テリロジー	1759
テル・アヴイエーション	1806
テル・エンジニアリング	1806
テル管理サービス	1807
テル九州	1806
テル・サームコ	1806
テル・ジェンラッド	1806
テル・データ・システム	1806
テル東北	1806
テル・バリアン	1806
デルファイサウンド	2726
デルファイ・サギノー・エヌエスケー	2149
テル・ファミリー・サービス	1806
テルマンフーズ	1578
テルマー湯	0292
テルメック	1806
テルモ	1760
テルモアジアホールディングス Pte. Ltd.	1760
テルモアメリカスホールディング, Inc.	1760
テルモインディアプライベート Ltd.	1760
テルモチリLtda.	1760
テルモハート, Inc.	1760
テルモBCTベトナム　Co., Ltd.	1760
テルモベトナムCo., Ltd.	1760
テルモメディカルイノベーション, Inc.	1760
テルモメディカルケア社	1760
テルモ山口	1760
テルモ山口D&D	1760
テルモロシア LLC.	1760
テル・ラム	1806
テレウェイヴ	0035
テレウェイヴリンクス	0035
テレガイド日本	3109
テレクオリティ	1387
テレコム	0901
テレコムシステムインターナショナル	0383
テレコムスタンダード	2263
テレコムネット	1289
テレコムパーク	1695
テレコムバンク	0682
テレコムワン	0309
テレネック	3124
テレパーク	1695
テレビ朝日	1761
テレビ朝日分割準備	1761
テレビ朝日ホールディングス	1761
テレビ共聴開発	0937, 1899
テレビテクニカ	1870
テレビ東京	0881, 1762
テレビ東京ゴルフダイジェスト・オンラインLLC合同会社	0881
テレビ東京ブロードバンド	1762
テレビ東京ホールディングス	1762
テレビ東京ホールディングス	2210
テレマックス	2284
デロイトトーマツコンサルティング	1772
テンアートニ	0434, 0890
テンアライド	1763
テンエックスラボ	0520
田園都市	1815
テンオンキョー	2531
デンカアズミン	1764
電解箔工業	2126
デンカエンジニアリング	1764
天閣雅（上海）商貿有限公司	1695
デンカケミカルズホールディングスアジアパシフィックP.L.	1764
天笠	0131
天笠靴業（上海）有限公司	0131
デンカ石油化学工業	1764
電化セメント	1764
デンカリノテック	1764
テンガロンキッド	3034
電気科学研究所	0804
電気化学工業	1764
電気化学工業	1490
電気科学工業	0804
電気硝子	2164
電気硝子（廈門）有限公司	2164
電気硝子（広州）有限公司	2164
電気硝子（上海）広電有限公司	2164
電気金融	0705
電気工商	1520
電気製鋼所	1497
電気製鉄	1042
電気冶金工業所	1251
天宇客貨運輸服務有限公司	2161
電業社オリディア	1765
電業社開発	1765
電業社機械製作所	1765
電業社原動機製造所	1765
電業社工事	1765
電業社商事	1765
電業社水車製造所	1765
電業社水車製造部	1765
天御遠東国際貿易（北京）有限公司	1721
天御減振器製造（江蘇）有限公司	1721
天御股份有限公司	1721
天御香港有限公司	1721
天狗チェーン	1763
デンケイ	0803, 2227
電計科技研発（上海）有限公司	2227
電源開発	1766
天愿結婚慶（上海）有限公司	1696
天愿結婚慶（深圳）有限公司	1696
天愿結婚慶（台湾）有限公司	1696
電建興業	0682
天工	0684
デンコードー	0789
電材運輸	2004
テンサービス	1763
電算	1767
電算システム	1768
電子化工	0204
電子技研	0791
電子債権アクセプタンス	0338
天津TDC軟件技術有限公司	1711
電車線工事	2191
天昇アメリカコーポレーション	1769
天昇塑料（常州）有限公司	1769
天昇電気工業	1769
天昇電子	1769
天昇ポーランドコーポレーション	1769
天津阿斯化学有限公司	0101

天津三五汽車部件有限公司 ………… 0975	天津莫莱斯柯科技有限公司 ………… 2929	電発コール・テック アンドマリーン ………… 1766
天津奥貝庫斯技研有限公司 ………… 0496	天津ミットヨ ………… 2806	電発フライアッシュ ………… 1766
天津奥優星通伝感技術有限公司 ………… 0409	天津冶金鋼線鋼繊集団有限公司 ………… 2032	テンパル ………… 2608
天津OKK機械有限公司 …… 0422	天津理研東元食品有限公司 ………… 3081	天美鉱業 ………… 2218
天津亀田食品有限公司 …… 0572	天津隆星弾簧有限公司 …… 1638	テンフィートライト ……… 1334
天津斯坦雷電気有限公司 …… 1293	天津ロート社 ………… 3143	テンプスタッフ ………… 1773
天津木村進和物流有限公司 ………… 0642	天津和興機電技術有限公司 ………… 2632	テンプスタッフ福岡 ……… 1560
天津黒田貿易有限公司 …… 0760	デンセイ・ラムダ ………… 1709	テンプベトナム ………… 1773
天津虹岡鋳鋼有限公司 …… 0810	電設工サービス ………… 2167	テンプホールディングス …… 1773
天津豪熙電電子 ………… 2651	デンソー ………… 1770	テンポ ………… 2065
天津三櫻飛躍汽車部件有限公司 ………… 0962	デンソー ………… 1052	電報通信社 ………… 1771
天津三華塑膠有限公司 …… 0977	デンソー・アブドゥル・ラティフ・ジャミール ………… 1770	デン・ホケン ………… 0827
天津新電元電子有限公司 …… 1238	デンソー・インターナショナル・アジア ………… 1770	テンポスインベストメント ………… 1774
天津星通聯華物聯網応用技術研究院有限公司 ………… 0409	デンソー・インターナショナル・オーストラリア ………… 1770	てんぽす・きっず ………… 1774
天津積水化成品有限公司 … 1353	天創 ………… 2663	テンポス情報館 ………… 1774
天津大気社塗装系統有限公司 ………… 1461	電装 ………… 1770	テンポス店舗 ………… 1774
天津太平洋汽車部件有限公司 ………… 1518	転送コム ………… 2426	テンポス店舗企画 ………… 1774
天津高秀国際工貿有限公司 ………… 1556	デンソー・カンボジア …… 1770	テンポスドットコム ……… 1774
天津田辺製薬有限公司 …… 1606	デンソー工業 ………… 0417	テンポスバスターズ ……… 1774
天津中央化学有限公司 …… 1630	デンソー・セールス・ミドルイースト＆ノースアフリカ …… 1770	テンポハンズ ………… 1774
天津中星汽車零部件有限公司 ………… 1638	デンソー・セールス・ロシア ………… 1770	**天馬** ………… 1775
天津中発華冠機械有限公司 ………… 1638	デンソー・マニュファクチュアリング・チェコ ………… 1770	天馬 ………… 1463
天津中発富奥弾簧有限公司 ………… 1638	天台永大貿易有限公司 …… 0274	天馬皇冠精密工業（蘇州）有限公司 ………… 1775
天津天冶日亜鋼業有限公司 ………… 2032	転宅便 ………… 1542	天馬合成樹脂 ………… 1775
天津東海理化汽車部件有限責任会社 ………… 1798	天タコシステム ………… 1774	天馬精塑（中山）有限公司 ………… 1775
天津東邦鉛資源再生有限公司 ………… 1860	展智 ………… 0230	天馬精密工業（中山）有限公司 ………… 1775
天津東洋電機国際貿易有限公司 ………… 1886	**電通** ………… 1771	天馬精密注塑（深圳）有限公司 ………… 1775
天津東洋油墨有限公司 …… 1873	電通 …… 0826, 1431, 1742, 1772	天馬マグテック ………… 1775
天津徳山塑料有限公司 …… 1908	電通イーマーケティングワン ………… 1772	天馬ミシン製造有限公司 …… 2615
天津豊田合成汽車軟管有限公司 ………… 1942	電通国際システム ………… 1772	**デンヨー** ………… 1776
天津豊田合成有限公司 …… 1942	**電通国際情報サービス** …… 1772	天陽航太科技股份有限公司 ………… 1318
天津長瀬国際貿易有限公司 ………… 1981	電通国際情報サービス …… 1771	電洋社 ………… 0606
天津日泉国際貿易有限公司 ………… 2076	電通デジタル・ホールディングス ………… 0074	デンヨー興産 ………… 1776
天津日特固防音配件有限公司 ………… 2236	電通東北 ………… 1771	デンヨーテクノサービス …… 1776
天津バイアムオートモーティブプロダクツカンパニーリミテッド ………… 2240	電通東日本 ………… 1771	デンヨーベトナム CO., LTD. ………… 1776
天津不二蛋白有限公司 …… 2522	デンドー ………… 2035	デンヨー貿易 ………… 1776
天津ペガサス エス イー 有限公司 ………… 2615	電燈廣告 ………… 1828	デンヨー ヨーロッパ B.V. …… 1776
天津ペガサス嶋本自動車部品有限公司 ………… 2615	伝統文化放送 ………… 1188	天龍運輸 ………… 2731
天津碧美特工程塑料有限公司 ………… 2177	デン時計店 ………… 2346	天龍運輸会社 ………… 2731
天津北陸電気有限公司 …… 2646	天然ガス自動車北海道 …… 2656	天竜楽器製造 ………… 2966
	天年三愛環保科技（蘇州）有限公司 ………… 0414	天龍舘 ………… 3025
	天然色写真 ………… 2515	天龍木下運輸 ………… 2731
	電脳広告社 ………… 0210	天龍組 ………… 2731
	天王寺SC開発 ………… 2028	天龍酒造 ………… 3025
	天王寺ステーションビルディング ………… 2028	**天龍製鋸** ………… 1777
	天王寺ターミナルビル …… 2028	天龍製鋸（中国）有限公司 ………… 1777
	天王洲スポーツ ………… 1395	電力工業 ………… 1846
	天王洲郵船ビル ………… 2189	電路工業名古屋支店 ……… 0349
	テンノットツアーズ ……… 2068	テンワールドトレーディング ………… 1763

【と】

社名	ページ
TOAアソシエート	1693
toaエンジニアリング	1782
トーアスポーツ	3118
ドアトゥドア	0291
トーア紡コーポレーション	1778
トーアホールディング	1784
トーアホールディングス関東	1784
トーアミ	1779
トーア メディカル エレクトロニクス ドイチュラント ゲーエムベーハー	1117
トーア メディカル エレクトロニクス ユーケー リミテッド	1117
独逸顔料	2686
独逸顔料工業	2686
ドイツ日本通運	2161
ドイツトヨ	2806
ドイツ和光純薬	3158
トイレタリージャパンインク	2362
トーイン	1780
トーインエンタープライズ	1804
トーイン加工	1804
トーイン工業	1780
ドゥー	2284
東亜	2005
東亞医用電子	1117
東亜エージェンシー	1781
東亜エージェンシー西日本	1781
東亜エンジニアリング	1785
東亜化学	2154
東亜化学興業	0687, 1891
東亜化学工業	2207
東亜化学製錬	2154
東亜化工	2875
東亜化成	0465
東亜共石	1783
東亜金属工業	1874
東亜クリエイト	1785
東亜建設工業	1781
英国新東亜交易会社	1241
東亜航空	2212
東亜鉱工	3061
東亞合成	1782
東亜合成化学工業	1782
東亜港湾工業	1781
東亜国内航空	2212
東亜交通公社	1051
トウアサービス	1785
東亜サービス	1783
東亜地所	1781
東亜商会	1196
東亜商事	1693
東亜製菓	2875
東亜セイコー	1912
東亜製粉	2152
東亜石油	1783
東亜繊維工業	3003
東亞テクノガス	1782
東亜テックス	1783
東亜電気商会	0704
東亜道路工業	1784
東亜特殊電機	1693
東亞特殊電機	1117
東亜特殊電機製作所	1693
東亜土木	1781
東亜農薬	0720
東亜バルブ	1785
東亜バルブエンジニアリング	1785
トウアバルブオーバーシーズ PTE.LTD.	1785
トウアバルブグループ本社	1785
東亜ビルテック	1781
東亜ペイント	2154
東亜紡織	1778
東亜無線電機	0816
大東亜薬品交易	1492
大東亜薬品交易統制	1492
東亜旅行社	1051
東市築地水産貿易（上海）有限公司	1666
東市フレッシュ	1666
統一午茶風光股份有限公司	0926
統一多拿滋股份有限公司	1592
統一超商股份有限公司	0926, 1592
統一東京股份有限公司	1823
統一能科建築安装（上海）有限公司	1896
東印東京青果	1820
ドウイング	1843
東映	1786
東永	1902
東映アニメーション	1787
東映アニメーション	1786
東映アニメーション音楽出版	1787
藤栄運輸	2509
東栄海洋企業有限公司	1788
東永興業	0453
東映興業不動産	1786
藤栄産業	2509
東栄住宅	0161
東栄商会	2717
東栄スーツ	1498
東栄電子	0910
東永電子	0453
東映動画	1787
東映ビデオ	1786
東栄物産	1788
東栄貿易	0960
東栄リーファーライン	1788
21LADY	1789
トゥエニーワンレイディ・ドット・コム	1789
東奥科研	1868
東罐化学工業	1881
東海編機	1457
東海アルミ箔	2123
東海エヌ・ティ・ティ・データ通信システムズ	0351
東海エレクトロニクス	1790
東海オートマチックス	1790
東海オフィスメーション	0249
東海ガス	0937, 1899
東海瓦斯	0937, 1899
東海瓦斯運輸	0937, 1899
東海化成	1906
東海化成九州	1326
東海カーセンサー	3074
東海カーボン	1791
東海観光	0070, 1792
東海観光事業	0070
東海乾物	1902
東海汽船	1792
洞海汽船	0967
東海銀行	2776, 2823
東海金属	2974
東海グラスファイバー	1790
東海クリエイト	0751
東海計装工業	1790
東海計測	0680
東海毛糸紡績	3003
東海ケミカル	2909
東海建設工業	1092
東海高圧ガス	0937, 1899
東海工業	0281
東海コトブキ	0855
東海寿	0855
東海ゴム工業	1326
東海護謨興業	1326
東海サービス	2909
東海事業	1906
東海シップサービス	1792
東海シティサービス	0937, 1899
東海自動車サービス	1792
東海証券	1794
東海橡塑企業管理（浙江）有限公司	1326
東海橡塑技術中心（中国）有限公司	1326
東海橡塑（合肥）有限公司	1326
東海ジョーシン	1187
東海紙料	1906
東海製菓	2924
東海製罐	1245
東海精工（香港）有限公司	1790
東海精密	1285
東海染工	1793
東海倉庫	1882
東海総合エンジニアリング	2082
東海造船運輸	0937, 1899
東海碳素（蘇州）有限公司	1791
東海ダイケン	1047

とうかいた　　　　　　　　　　社名索引

東海炭素（天津）有限公司 1791
東海地域スパー本部 1902
東海鋳造 2797
東海通信建設 1092
東海デイリー 2420
東海テクシス 0351
東海テクニカルセンター ... 1244
東海テック 1427
東海テックランド 2695, 2958
東海鉄工所 2949
東海電化工業 0112
東海電気工事 1896
東海電極製造 1791
東海電子研究所 2353
東海電線 1323
東海電線製造所 1323
東海東京アカデミー 1794
東海東京アセットマネジメント 1794
東海東京インベストメント 1794
東海東京SWPコンサルティング 1794
東海東京証券 1794, 2948
東海東京証券アメリカ 1794
東海東京証券分割準備 1794
東海東京証券ヨーロッパ ... 1794
東海東京シンガポール 1794
東海東京ビジネスサービス 1794
東海東京ファイナンス＆リアルエステート 1794
東海東京フィナンシャル・ホールディングス 1794
東海道乗合自動車 0551
東海東邦 1866
東海都市ガス 0937, 1899
東海ニックス 2844
東海ネットワーク 0862
東海能代精工 1791
東海パルプ 1906
東海パルプ林産 1906
東海ビジネス 2483
東海美装 1306
東海美装興業 1832
東海ファインカーボンマシニング 1791
東海ファシリティーズ 1790
東海フォレスト 1906
東海物産 1790
東海物産社 1790
東海マテリアル 1791
東海マリンサービス 1792
東海丸万証券 1794
東海ミツワ電機 2828
東海無尽 0020
東海ムービング 2729
東海メカノ 1798
東海綿業 1898
東海木工 1164
東海ユニー 3000
東海耀碳素（大連）有限公司

.... 1791
東海リアライズ 3052
東海リオン 3070
トウカイリカアジア 1798
東海理化アドバンスト 1798
トウカイリカインドネシア 1798
東海理化サービス 1798
トウカイリカセイフティインドネシア 1798
東海理化販売 1798
トウカイリカベルギー 1798
トウカイリカ ミンダ インディア 1798
東海リース 1795
東海リース 1898
東海リズムタッチ販売 0414
東海旅客鉄道 1796
東海旅客鉄道 3121
東海冷蔵 2046
東海炉材 0705
東華（広州）油墨有限公司
.... 1683
東華色化学工業 1683
東化地所 1868
東華貨運代理 0104
東葛プランニング 1797
東葛ボディーファクトリー
.... 1797
東葛ホールディングス ... 1797
東華電建 1710
銅金 2319
東華油墨国際（香港）有限公司 1683
東海理化電機製作所 1798
東華隆（広州）表面改質技術有限公司 1901
東賀隆（昆山）電子有限公司
.... 1901
東幹 1902
東莞鋭視光電科技有限公司
.... 1106
東莞大泉傳感器有限公司 ... 0417
東莞岡谷電子有限公司 0453
東莞橋頭星電科技電子 2651
東莞橋頭中星電器 2651
東莞京濱汽車電噴装置有限公司 0791
東莞宏冠包装印刷科技有限公司 1634
東罐興業 1881
東莞虹日金属科技有限公司
.... 0760
東莞市頂全便利店有限公司
.... 2461
東莞寺徳電子膠粘帯有限公司 1754
東莞芝浦電子有限公司 1137
東莞勝美達（太平）電機有限公司 1312
東莞信越聚合物有限公司 ... 1222
東莞精刻電子有限公司 1063
東莞双叶金属製品有限公司
.... 2554
東莞大日化工廠有限公司 ... 1505
東莞田淵電機有限公司 1608
東莞鐵和金属製品有限公司
.... 2083
東莞道ジャオ万宝至馬達有限公司 2725
東莞友華汽車配件有限公司
.... 3026
東莞友華通信配件有限公司
.... 3026
東莞友華電子有限公司 3026
東莞日精電子有限公司 2148
東莞日専服飾検整有限公司
.... 2076
東莞百楽仕汽車精密配件有限公司 2298
東莞フコク有限公司 2498
東莞佑能工具有限公司 2998
東莞立丸奈米科技有限公司
.... 2733
東莞利富高塑料製品有限公司
.... 2195
東機エレクトロニクス 1813
東機工業 2414
東機サービス 1813
東汽商事 1792
東北日本シューズ 3071
東吉明美工業有限公司 1083
東気TEC 1461
東輝電気 1848
東輝電気工業 1848
東急エージェンシー 1800
東急観光 1815
東急建設 1799
東急建設 1800
東急国際ホテル 1815
東急コミュニティー
.... 1800, 1801, 1802
東急車輛製造 1815
東急住宅リース 1801
東九州ネポン販売 2279
東急ストア 1815
東急セキュリティ 1815
東急道路 1335
東急百貨店 1815
東急不動産 1800
東急不動産 1801, 1802, 1815
東急不動産アクティビア投信
.... 1800
東急不動産キャピタル・マネジメント 1800
東急不動産コンフォリア投信
.... 1800
東急不動産地域サービス ... 1802
東急不動産ホールディングス
.... 1801
東急不動産ホールディングス
.... 1802
東急不動産SCマネジメント
.... 1800
東急房地産股份有限公司 ... 1802
東急ホテルチェーン 1815
東急ホーム 1800
東急ホームサービス 1800

社名	頁
東急ホームズ	1800
東急横浜製作所	1815
東急リアルインベストメントマネージメント	1800
東急リゾートサービス	1800
東急リバブル	1802
東急リバブル	1800, 1801
東急麗邦投資諮詢(上海)有限公司	1802
東急レクリエーション	1815
東急ロジスティック	1815
東急ワイ・エム・エムプロパティーズ	1815
東京アイディアルウッド	1834
東京アイ・テイ・ブイ研究所	3125
東京麻絲紡績	1702
東京アサヒペン	0082
東京アジアコンサルタント	0088
東京あじかん	0092
東京アセテート	1506
東京アパートメント保証	1296
東京アルメタル工業	1808
東京イーシー	2819
東京石川島造船所	0001
東京石川島造船所浦賀分工場	1327
東京一番フーズ	1803
東京医薬品	2901
東京医薬品工業	2034
東京インキ	1804
東京インキ	0670
東京印刷紙器	1780
東京飲料	0832
東京魚市場	1666, 1854
東京羽毛工房	2419
東京運輸倉庫	1047
東京映画配給	1786
東京榮太郎	1476
東京衡機	1805
東京エコン建鉄	1085
東京エディオン	0333
東京エルエヌジータンカー	1812
東京エルピー瓦斯	1897
トウキョウ・エレクトリック・パワー・カンパニー・インターナショナル・パイトンI社	1828
東京エレクトロン	1806
東京エレクトロンEE	1806
東京エレクトロンAT	1806
東京エレクトロン エフイー	1806
東京エレクトロン技術研究所	1806
東京エレクトロン九州	1806
東京エレクトロン研究所	1806
東京エレクトロン佐賀	1806
東京エレクトロン札幌	1806
東京エレクトロン ソフトウェア・テクノロジーズ	1806
東京エレクトロン デバイス	1807
東京エレクトロン デバイス	1806
東京エレクトロン東北	1806
東京エレクトロン宮城	1806
東京オイルシール工業	0345
東京応化工業	1808
東京オートリース	1823
東京鬼塚	0093
東京オペラシティビル	0354
東京オルガノ商事	0511
東京卸売りセンター	1724
東京卸売りセンター流通グループ	1724
東京會舘	1809
東京會舘食品	1809
東京海産物	1854
東京海上アシスタンス	1810
東京海上火災保険	1810, 1811, 2822
東京海上日動アトラディウス・クレジットマネジメント	1810
東京海上日動あんしん生命保険	1810
東京海上日動火災保険	1810
東京海上ビジネスサポート	1810
東京海上保険	1810
東京海上ホールディングス	1811
東京海上ホールディングス	1810
東京海上メザニン	1810
東京花王販売	0527
東京科学	2725
東京加工技研	2240
東京菓子	2875
東京瓦斯	1812
東京ガスエネルギー	1812
東京ガス・エンジニアリング	1812
東京ガスエンジニアリングソリューションズ	1812
東京瓦斯会社	1812
東京ガス・カスタマーサービス	1812
東京ガスケミカル	1812
東京瓦斯電気工業	2012, 2414, 2425
東京ガス都市開発	1812
東京ガス豊洲開発	1812
東京瓦斯貿易	2544
東京ガスライフバル西むさし	0686
東京ガスリビングライン	1812
東京カトウ美装	1306
東京金網	2181
東京株式取引所	2172
東京カメラ流通協同組合	2419
東京顔料工業	1505
東京機械製作所	1813
東京機械製造	1813
東京機器工業	2414
東京機工	1851
東京機工エンジニアリング	1851
東京汽船	0341
東京北野商会	1293
東京貴宝	1814
東京キャピタルマネジメント	2117
東京キャリコ製織	1498
東京急行電鉄	1815
東京急行電鉄	0468, 0784, 1800
東京銀行	2820
東京空港冷暖房	0707
東京靴流通センター	2711
東京グリコ	0294
東京グリコ乳業	0294
東京グロースリート投資法人	0218
東京グンゼ販売	0770
東京計画	2419
東京計器	1816
東京計器アビエーション	1816
東京計器エンジニアリング	1816
東京計器製作所	1816, 1987, 2024
東京計器製造所	1816
東京計器販売	1816
東京計算サービス	1828
東京ケミカル	1511
東京圏駅ビル開発	2393
東京建材工業	1818
東京建設工業	1800
東京航運	0071
東京光学機械	1929
東京光学精機	1929
東京衡機製造所	1805
東京高級炉材	2786
東京興行	1825
東京航空クリーニング	1175
東京航空計器	1816
東京工事警備	0606
東京工場	0537, 2092
東京高速鉄道	0468
東京鋼帯工業	1552
東京合同市乳	2875
東京合同社	2161
東京礦油	1828
東京コカ・コーラボトリング	0832
東京国誉商店	0840
東京コスモス電機	1817
東京小僧寿し	0853
東京護謨工業	1205
東京ゴールド木材	1723
東京コンタクトレンズ研究所	1131
東京コンピュータサービス	0157, 2775
東京コンピューター・タイプ	0815
東京佐川急便	0917
東京佐々木営業部	3132

とうきよう

社名	番号
東京サービスステーション	2419
東京産業	1818
東京産業不動産	1818
東京サンゴ	0944
東京三光合成樹脂工業	0977
東京酸素窒素	1532, 1812
東京紙器	1624
東京紙器製作所	2114
東京施設工業	1819
東京シティ青果	0748
東京シート	1689
東京自働機械製作所	1819
東京自動車工業	0016, 2425, 2662
東京自動車販売	2060
東京市乳	2872
東京芝浦電気	0705, 1138, 1617, 1697, 1845, 2027
東京芝浦電気耐火物製造所	0705
東京シヤリング	1039, 1927
東京シヤリング福山作業所	1039
東京車輪製作所	1927
東京シャルマン	1687
東京重機工業	1178
東京重機製造工業組合	1178
東京出版販売	1926
東京ジョイフル	1182
東京焼結金属	2451
東京証券	1794
東京証券経済研究所	1794
東京証券計算センター	2172
東京証券総合研究所	1794
東京証券取引所	2172
東京証券取引所グループ	2172
東京証券取引所自主規制法人	2172
東京粧美堂	1211
東京情報システム	1670
東京昭和証券	1547
東京紳士服	2371
東京人造肥料	2057
東京人造肥料会社	2057
東京信託銀行	2820
東京伸鉄所	2121
東京シントー	1243
東京新阪急ホテル	2375
東京進和	1265
東京水産興業	1880
東京水産統制会社	1666
東京水産物	1666, 1854
東京水産物統制会社	1854
東京水道工業	2688
東京スタイル	1687
東京スタイルソーイング飯山	1687
東京スタイルソーイング宇都宮	1687
東京スタイルソーイング須賀川	1687
東京スタイルソーイング宮崎	1687
東京スタイルソーイング盛岡	1687
東京スタイルソーイング山之口	1687
東京スタイルソーイング米沢	1687
東京スタイルファイン	1687
東京スペース	1306
東京スポットイマージュ	0198
東京青果	1820
東京青果貿易	1820
東京精工	1625, 1716
東京製綱	1821
東京製綱海外事業投資	1821
東京製綱会社	1821
東京製綱所	1497
東京製綱（常州）機械有限公司	1821
東京製綱（常州）有限公司	1821
東京製綱繊維ロープ	1821
東京製綱テクノス	1821
東京製綱ベトナム有限責任会社	1821
東京製綱（香港）有限公司	1821
東京製皮	3071
東京製粉機製作所	2874
東京精密	1822
東京精密金型製作所	1838
東京精密工具	1822
東京生命保険相互会社	1685
東京製薬	1450
東京セキサン	2782
東京セキスイハイム	1352
東京セキスイハイム工業	1352
東京ゼリア	1380
東京センタービルディング	1825
東京センチュリーリース	1823
東京染料工業	2116
東京総合資材	1660
東京総合ファイナンス	1794
東京装備工業	1914
東京測定機材	2989
東京装備	1914
東京第一商品	1452
東京第一無尽	2789
東京ダイカスト	1858
東京大気社サービス	1461
東京ダイヤモンド工具製作所	1500
東京宝塚劇場	1859
東京タキヒヨー商品センター	1579
東京タキロン	1580
東京建物	1824
東京建物（上海）房地産咨詢有限公司	1824
東京建物テクノビルド	1824
東京建物不動産販売	1824
東京建物プロパティ・マネージメント	1824
東京鍛工所	0016
東京淡水魚	1854
東京月島機械製作所	1667
東京中央管理	1904
東京千代田屋	0109
東京貯蓄銀行	3089
東京通信工業	1422
東京テアトル	1825
東京抵当信用	2041
東京TYフィナンシャルグループ	1826
東京TYフィナンシャルグループ	1830
東京TYリース	1830
東京テキスタイル	1687
東京データセンター	1711
東京テックサービス	2136
東京鐵鋼	1827
東京鐵骨橋梁製作所	1156
東京鉄道工業	1852
東京テナントセンター	2882
東京デーバー・スチール	1827
東京デベロップメントサード特定目的会社	0957
東京デリカ	0930, 1064
東京デリカ準備会社	0930
東京デリカフーズ	1758
東京テレビ音響	1682
東京テレマーケティング	0269
東京電化工業所	0112
東京電気	1202, 1617, 1845, 1847
東京電気音響	1682
東京電気化学工業	0370, 1709
東京電気器具	1845
東京電気技研	1845
東京電機工業	0663
東京電気保全	2167
東京電材輸送	1828
東京電子	1808
東京電子化学	1808
東京電子金属	1314
東京電設サービス	1828
東京電灯	1842
東京電燈	2123
東京電波	2864
東京電波機器	2864
東京澱粉精製	2875
東京電力	1828
東京電力	1360, 2620
東京砥石	2294
東京投信	1794
東京特殊電器	1829
東京特殊電線	1829
東京特殊電線製造所	1829
東京特殊電線販売	1829
東京都市サービス	1828
東京都自動車整備配給	2060
東京都プリプレス・トッパン	1624
東京都保全股份有限公司	2241
東京都民銀行	1830
東京都民銀行	1826
東京トヨタ自動車	1943
東京ナイガイ	1973

社名	頁
東京中野銀行	2820
東京ナショナル住宅産業	2342
東京西セントラルサービスシステム	1068
東京日日新聞	2685
東京ニチユ	2043
東京日産化学	2057
東京日産コンピュータシステム	1831
東京日産コンピュータシステム	0561, 2060
東京日産自動車販売	2060
東京日産ドライビングカレッジ	2060
東京乳業	2872
東京螺子製作所	2833
東京熱処理工業	1971
東京農産	1184
東京ノーリツサービス	2295
東京ハイウエイ	1304
東京白露産業	1286
東京ハマタイト	3031
東京パルコ	2367
東京ヴァンテアンクルーズ	1792
東京ピグメント	2177
東京ビジネスソリューション	2082
東京美装興業	1832
東京美装北海道	1832
東京日立家庭電器月賦販売	2409
東京ビッカース	1816
東京美髪芸術学院	0143
東京ピラー	2180
東京ファイナンシャルプランナーズ	2956
東京ファシリテイズ	0776
東京フェリックス	1333
トウキョウフォレックストレイダーズ証券	1965
東京フジ	0907
東京富士電機家電	2539
東京物産	2460
東京物品火災保険	1810
東京不動産取引所	2200
東京フードサービス	2595
東京部品工業	1716
東京部品ロックウェル	1716
東京ブレーキ工業	1716
東京プレス工業	1858
東京フレッシュサービス	1397
東京プロセス開発	1806
東京ベアリング	2149
東京ペイント	2042
東京貿易	2814
東京貿易会館	1588
東京豊国不動産	1409
東京帽子	0496
東京縫製	1687
東京紡績	2071, 3003
東京放送	1833
東京放送ホールディングス	1833
東京報知機	2654
東京報知機販売	2654
東京防腐木材	0563
東京星電	2651
東京ボード工業	1834
東京HOYAレンズ	2671
東京ポリマー	1804
東京マリンデータサービス	0589
東京丸一青果	1820
東京丸一畜産	2380
東京マルシェ	2738
東京丸善製品販売	2742
東京丸物	2367
東京水処理管理	0738
東京ミッドタウンメディスン	3088
東京三菱キャッシュワン	0069
東京三菱銀行	0069, 2820, 2823
東京南セントラルサービスシステム	1068
東京ミヤマホーム	3122
東京無煙炭	1134
東京無線工業	0728
東京ムービング	2729
東京メイキ	1818
東京明販	2872
東京毛布	2182
東京モスリン	1498
東京モノレール	2417
東京ヤクルト興産	2935
東京ヤクルト工場	2935
東京雪印販売	2101
東京油止工業	0345
東京輸出電球	1848
東京ユタカサービス	1045
東京油墨貿易（上海）有限公司	1804
東京窯業	1835
東京陽光不動産股份有限公司	0999
東京横浜電鉄	0468, 0784, 1815
東京ライト工業	1325
東京ライフ	0902
東京楽天地	1836
東京ラヂエーター製造	1837
東京理化工業所	1838
東京理化工業所	1893
東京リース	1823
東京リースエスピーシー	1823
東京リスマチック	2222
東京リズムタッチ販売	0414
東京リート投信	0218
東京リビングサービス	1828
東京菱重施設	2813
東京菱商デバイス	3103
東京菱商物流	3103
東京菱冷工業	3103
東京臨海リサイクルパワー	1828
東京冷熱産業	1532
東京煉炭	2803
東京濾器計算センター	1839
東京ロープエンジニアリング	1821
東京和裁	0914
東京湾埋立	1781
東京湾汽船	1792
東京湾汽船会社	1792
東京12チャンネル	1762
東京12チャンネルプロダクション	1762
東京府自動車配給	2060
東近畿地域スパー本部	2613
とうぎん総合リース	1869
東計電算	1839
東計電算センター	1839
東建インターナショナルビル	1824
東建大津通A	1840
東建大津通B	1840
東建コーポレーション	1840
東建サービス	1875
東建住宅サービス	1824
東元商業系統有限公司	2533
東建商事	1875
東建多度カントリー	1840
東建テクノ	1875
東建ビル管理	1840
東建ビルサービス	1875
東建リースファンド	1840
東建リゾート・ジャパン	1840
東建リーバ	1840
東光	1841
東鋼磐田製作所	1821
東光計器工事	1842
東光工運	1842
東工産業	1896
東高志（香港）有限公司	1817
東興社	0705
東酵（上海）商貿有限公司	2069
透康（上海）商貿有限公司	1902
東光商会	1896
東光商事	1820
東綱商事	1821
東光精機	1841
東光高岳	1842
東光高岳ホールディングス	1842
東衡テスタック	1805
東光電気	1842
東光電気工事	1896
東光電子（南昌）有限公司	1841
東光東芝メーターシステムズ	1842
東興不動産	1825
東高プラスチック	1548
東綱メタルファイバー	1821
東光ラジオコイル研究所	1841
東コン三谷セキサン	2782
東西化成	1457
東西交易	2814
東西興業	1316
東西電球	1842

とうさんに　　　　　　　　　　社名索引

唐山日翔建材科技有限公司	0787
投資事業有限責任組合えひめベンチャーファンド2004	0363
投資事業有限責任組合えひめベンチャーファンド2013	0363
ドウシシャ	1843
同志社	1843
ドウシシャ・スタッフサービス	1843
ドウシシャファーイースト	1843
ドウシシャ物流	1843
ドウシシャロジスティクス	1843
投資情報センター	2469
東日京三テクノス	1855
東芝	0288, 1138, 2228, 2334, 2336, 2528, 2819
東芝アメリカビジネスソリューション社	1845
東芝医用システム	1847
東芝医療系統（中国）有限公司	1847
東芝医療電気	1847
東芝エンジニアリング	1846
東芝機械	1844
東芝機械研削研究所	1844
東芝機械設備工業	1844
東芝機械セルマック	1844
東芝機械ダイカストエンジニアリング	1844
東芝機械プラスチックエンジニアリング	1844
東芝機械プレスエンジニアリング	2264
東芝機械マシナリー	1844
東芝キヤリア	2530
東芝鋼管	2081
東芝合金	0705
東芝工事	1846
東芝事務機械	1845
東芝住設機器工業	1518
東芝照明システム	1848
東芝住電医療情報システムズ	1847
東芝セラミックス	0705, 0755
東芝セラミックス台湾社	0705
東芝タンガロイ	1617
東芝テック	1845
東芝テック画像情報システム	1845
東芝電気工事	1846
東芝電興	0705
東芝電材	1848
東芝電材マーケティング	1848
東芝電設	1846
東芝プラント建設	1846
東芝プラントシステム	1846
東芝放射線	1847
東芝ホームライティング	1848
東芝松下ディスプレイテクノロジー	2336

東芝三菱電機産業システム	2819
東芝メカトロニクス	1138
東芝メディカル	1847
東芝メディカルシステムズ	1847
東芝メディカルビジュアライゼーションシステムズ・ヨーロッパ社	1847
東芝メディカルリサーチ・アメリカ社	1847
東芝ライテック	1848
東芝炉材	0705
トウショウ	2347
東祥	1849
トウジョウ・ウエザー・サービス・センター	0185
東湘興産	1837
東証コンピュータシステム	2172
東神開発	1555
東新工業	1278
東新鋼業	1821
東進スクール	1980
東信製紙	0404
同仁製薬	3157
東神倉庫	2796
東新建物	1828
東新電機	1670
東神道路メンテナンス	3077
東新ビルディング	1828
東神物流	1837
東瑞盛世利（上海）商業保理有限公司	1823
東瑞盛世利融資租賃有限公司	1823
東水フーズ	1854
東瑞融資租賃有限公司	1823
ドゥ・スポーツプラザ	2068
東精エンジニアリング	1138, 1822
東精エンジニアリングサービス	1822
東静ケーブルネットワーク	0937, 1899
東正産業	1876
東精精密設備（上海）有限公司	1822
東星軟件（杭州）有限公司	1912
東星軟件（上海）有限公司	1912
東誠ビルディング	1913
東誠不動産	1913
東精ボックス	1822
東ソー	1850
東ソー	1764
東装	1503, 1914
東装化工	1914
東曹（広州）化工有限公司	1850
東装繊維	1914
東装窓飾（上海）有限公司	1914
東ソー塩ビ加工開発	1850

東ソー機工	1850
東ソー・サスティール	2667
東ソー日向	1850
東拓工業（蘇州）有限公司	1981
東チタ触媒黒部	1865
東忠	2450
東忠ソフトウェア	2450
東通	2748
東通千種タワー	1840
東通トラベル	1840
東邸管理	0628
東テク	1851
東鉄工業	1852
東電営配サービス	1828
東電環境エンジニアリング	1828
東電建設設計事務所	1828
東天紅	1853
東電工業	1828
東電広告	1828
東電設計	1828
東電通	2848, 2849
東電通テクノス	2848
東電電気商品	1842
東電電球	1842
東電パートナーズ	1828
東電ピーアール	1828
東電物流	1828
東電不動産	1828
東電フライアッシュ工業	1828
東電ホームサービス	1828
東陶エンジニアリング	1921
道東大石商事	0473
道東オーテック	0473
東陶オプトロニクス	1921
東陶機器	1921, 2294
東陶ハイリビング	1921
東陶バスクリエイト	1921
東陶プラテック	1921
東徳巻線工業所	1829
東特興業	1872
東特（浙江）有限公司	1829
東特総合研究所	1829
トウトクテクノ	1829
東特長岡	1829
東都建設	0105
東都水産	1854
東都水産	3030
東都製鋼	1927
東都造機	1927
東都鉄構	1927
東軟安徳医療科技有限公司	0261
東日カーライフグループ	2060
東日京三電線	1855
東日写真印刷	2215
東日商事	1855
東日電線	1855
東日電線加工	1855
東根新電元	1238
東燃ゼネラル石油	1894
東濃佐川急便	0917

東刃機工 … 1888	東蜂産業 … 1930	東北銀ソフトウェアサービス
東波工業 … 2864	東邦産業 … 2373	… 1869
東美商事 … 1832	東邦産業研究所 … 0974	東北クワザワ … 0767
東美鉄道 … 2001	東邦産研電気 … 0974	東北グンゼ … 0770
東風偉世汽車飾件系統 … 0598	東邦システムサイエンス … 1864	東北ケーズデンキ … 0789
東風河西（襄陽）汽車飾件有限公司 … 0598	東邦システムサービス … 1866	東北佐川急便 … 0917
東風河西（大連）汽車飾件有限公司 … 0598	東邦商会 … 0300	東北ジェーシービーカード … 1869
東部エイケン … 0267	東邦情報システム … 1862	東北システム … 1868
東福互光 … 1856	東邦人造繊維 … 2042	東北ジスロン … 1354
東福製粉 … 1856	東邦信用保証 … 1862	東北実業銀行 … 2009
東武住販 … 1857	東邦スタッフサービス … 1862	東北芝浦電子 … 1137
東部シントー … 1242	とうほうスマイル … 1862	東北ジョイフル … 1182
東部中央ショッピングセンター … 2716	東邦精工 … 1686	東北焼結金属 … 2451
動物総合医療センター … 0509	東邦製鋼 … 2639	東北商事 … 2708
東物貿易（広州）有限公司 … 1728	東邦製帽 … 0496	東北情報センター … 0803
東物貿易（大連保税区）有限公司 … 1728	東邦石油 … 1653	東北飼料 … 2472
東部電気 … 0937, 1899	東邦石油樹脂 … 1861	東北シロキ … 1217
東部電話工事 … 1710	東邦相互銀行 … 0199	東北新社 … 1870
東部ファームPFI … 2459	東邦チタニウム … 1865	東北新社クリエイツ … 1870
東部紡毛糸工業 … 1409	東邦千葉化学工業 … 1861	東北セイコー … 1548
東武メディア … 1857	東邦鉄工 … 0578	東北製粉 … 2152
東部横冷 … 3033	東邦テナックス … 1702	東北製錬 … 2110
東普雷（襄陽）汽車部件有限公司 … 1858	東邦電化 … 1251	東北積水樹脂 … 1354
東普雷（佛山）汽車部件有限公司 … 1858	東邦特殊工事 … 1861	東北石油 … 1038
東プレ … 1858	東邦塗料 … 2236	東北積和不動産 … 1355
トウペ … 2154	東邦ビジネスサービス … 1862	東北設備 … 1190
トウペ製造 … 2154	東邦非鉄圧延 … 1860	東北セルラー電話 … 0779
東宝 … 1859	東宝ビル管理 … 1859	東北センバ … 1398
東宝 … 2547	東宝不動産 … 1859	東北造園設計事務所 … 1191
東邦亜鉛 … 1860	東邦不動産 … 1866	東北測量 … 2325
東邦亜鉛（上海）貿易有限公司 … 1860	東邦不動産サービス … 1862	東北ダイキ … 1460
東邦亜鉛香港有限公司 … 1860	東邦ホールディングス … 1866	東北大京 … 1462
東宝映画 … 1859	東邦マテリアル … 1865	東北タイショウ警備保障 … 1911
東邦海運 … 0300, 0341	東邦薬品 … 1866	東北タカギ … 1548
東邦化学工業 … 1861	東邦リサイクル … 1860	東北タカラ・サーミスタ … 1733
東邦化学（上海）有限公司 … 1861	東邦リース … 1862	東北タムラ製作所 … 1613
東邦化学倉庫 … 1861	東邦レマック … 1867	東北ダルトン … 1616
東邦火災保険 … 1810	東北アイチ … 0021	東北中央化学 … 1630
東邦カード … 1862	東北アヲハタ … 0045	東北通産 … 1710
東邦化貿易（上海）有限公司 … 1861	東北浅野スレート … 0259	東北通信建設 … 1710
東邦カーボン製造所 … 2099	東北アジア航測 … 0088	東北帝通 … 1697
東邦乾溜工業 … 0300	東北アジアコンサルタント … 0088	東北テーオーハウス … 1723
東邦キャタリスト … 1865	東北ウエルマート … 2708	東北テクシス … 0351
東邦銀行 … 1862	東北NSソリューションズ … 1248	東北デサント … 1737
東邦金属 … 1863	東北オカヤ … 0453	東北鉄骨橋梁 … 0866
東邦クレジットサービス … 1862	東北沖電気 … 0455	東北電気工事 … 2973
東邦グローバルアソシエイツ … 0750	東北オーナンバ … 0478	東北電気無線 … 0453
東邦計算センター … 1864	東北オルガノ商事 … 0511	東北電工 … 2973
東方国際（集団）有限公司グループ … 2530	東北音響 … 2133	東北電力 … 1871
東邦ゴム … 1867	東北開発 … 2821	東北電力 … 3035
東邦コンピューターサービス … 1862	東北花王 … 0527	東北東華色素 … 1683
	東北化学薬品 … 1868	東北東京鐵鋼 … 1827
	東北カナデンテレコムエンジニアリング … 0552	東北ソー化学 … 1850
	東北カナデン電子サービス … 0552	東北特殊鋼 … 1872
	東北環境クリーンシステム … 1827	東北都市整備 … 0437
	東北木村化工機 … 0640	東北トヨクニ … 0299
	東北きもと … 0643	東北トリオ … 1057
	東北共栄システムズ … 0523	東北那須電機 … 2004
	東北銀行 … 1869	東北日亜鋼業 … 2032
		東北ニチレキ工事 … 2047
		東北ニックス … 1248
		東北日新 … 2065

東北日新工機	2231	
東北日東工業	2088	
東北ネポン販売	2279	
東北パイオニア	2297	
東北配電	1871, 2973	
東北パルプ	2150	
東北バンキングシステムズ	2490	
東北阪南	2380	
東北ビジネスサービス	1869	
東北ヒロセ電機	2449	
とうほくフラワーサポート	0432	
東北防水工業所	3052	
東北星電	2651	
東北保証サービス	1869	
東北保土谷	2667	
東北丸山	2753	
東北丸和サービス	2756	
東北丸和ロジスティクス	2756	
東北満俺	2657	
東北三國工業	2768	
東北ミサワホーム	2771	
東北ミツワ電機	2828	
東北メタル	2159	
東北モリテックス	2920	
東北森永乳業	2925	
東北薬品	1866	
東北ユーザック	0249	
東北吉野石膏	3035	
東北ラオックス	3057	
東北ラサ機械製作所	3061	
東北リアライズ	3052	
東北リオン	3070	
東北理化	1838	
東北リズム	3084	
東北レナウン販売	3132	
東北ロダン	0453	
東北YKK AP工業	3150	
統萬股份有限公司	0632	
東名化成	0724	
東明汽船	2873	
同盟銀行	2433	
東名商事	1840	
東名情報サービス	0679	
東名水産	3032	
東名保険サービス	2088	
東名リース建設	1840	
遠山証券	1794	
東祐	1819	
同友	2708	
東洋アイティーホールディングス	1741	
東洋アルミ商事	2123	
東洋アルミニウム	2123	
東洋アルミホイルプロダクツ	2123	
東洋医学国際センター	0695	
東洋インキ	1873	
東洋インキインド	1873	
東洋インキSCホールディングス	1873	
東洋インキオーストラリア		
	1873
東洋インキ九州	1873
東洋インキ製造	0588, 1873
東洋インキ東北	1873
東洋インキ北海道	1873
東洋インキ中四国	1873
東洋インフォネット	1741
東洋ウェルダー	1636
東洋ウチナミテクノクリーン	1886
東洋運輸	1890, 1938, 2659
東洋映画	0411
東洋エクステリア	3072, 3073
東洋エコー	2123
東洋エージェンシー	1413
東洋エンジニアリング	2784
東洋化学	1764
東洋化工	1367
東洋化工織布	1554
東洋化成工業	0588, 1891
東洋金網	1779
東洋金網製造	2181
東洋カーボン	1791
東洋カロライジング工業	1901
東洋乾板	2515
東洋漢方研究所	2629
東洋機械	1877
東洋機械金属	1874
東洋機械金属	2305
東洋機械金属（広州）貿易有限公司	1874
東洋機械（常熟）有限公司	1874
東洋機械製作所	0023
東曜機械貿易（上海）有限公司	1874
東洋技研工業	1779
東洋機工	1640
東洋汽船	2189
東洋キトクフーズ	0636
東洋組網工業	2090
東洋キャピタル	1879
東洋キャリア工業	1250
東洋金属	0634
豆陽金属工業所	1598
東洋クラッチ	0463
東洋グラビア製版センター	1873
東洋毛糸紡績	1891
東養鶏場	2647
東洋毛織工業	1891
東洋ケミコン	2126
東洋絹糸紡績	2544
東洋絹織	1894
東洋建設	1875
東洋現像所	0194, 1981
東洋建築板	0259
東洋高圧工業	2784
東洋光学硝子製造所	2671
東洋工機	1886
東洋鋼球製作所	1675
東洋鋼球製造	1675
東洋工業	1710, 2712

東洋工研	1941
東洋鉱山	3061
東洋工事	1894
東洋合成化学工業	1647
東洋合成工業	1876
東洋合繊	1764
東洋鋼板	1877
東洋鋼鈑	1877
東洋ゴム化工	1878
東洋ゴム化工品	1878
東洋ゴム化工品販売	1878
東洋ゴム工業	1878
東洋ゴム工業	1353
東洋コルク	2712
東洋コルク工業	2712
東洋コンタクトレンズ	2905
東洋コンチネンタルカーボン	2784
東洋コンピュータシステム	1741
東洋サッシ	3073
東洋サッシ工業	3073
東洋サプライ	1879
東洋サーモコントロール	1175
東洋産業	1886
東洋産業商会	2366
東洋酸素	1532
東洋酸素機械	1532
東洋錫紙	2978
東洋自動機	2012
東洋樹脂	1885
東洋証券	1879
東洋証券亜洲有限公司	1879
東洋橡塑（広州）有限公司	1878
東洋商事	1886, 2473
東洋情報システム	1742
東洋織布	2544
東洋信託銀行	0506, 2823
東洋伸銅	1598
東洋信販	3053
東洋新薬	0117
東洋水産	1880
東洋スチール	1949
東洋スプリート工業	1595
東洋スポーク	2316
東洋住建	0252
東洋製罐	1881, 2659
東洋製罐グループホールディングス	1881
東洋製罐分割準備	1881
東洋製罐小樽工場	2659
東洋精機	1664, 2160
東洋精工	0463, 1686
東洋製鋼	1821
東洋精工業	2160
東洋製鋼所	1886
東洋製作所	2813
東洋製紙	0404
東揚精測系統（上海）有限公司	1884
東洋製粉	2152
東洋染色	1891

社名	ページ
東洋染色工業	1891
東陽倉庫	1882
東洋相互銀行	0457
東陽相互銀行	1669
東洋曹達	2667
東洋曹達工業	1850
東洋耐火煉瓦	0705
東洋炭素	1883
東洋炭素（浙江）有限公司	1883
東洋段ボール	1938
東洋蓄音機	2133
東陽通商	1884
東陽テクニカ	1884
東洋テクノ	1741
東洋テクノ建設	0439
東洋テックス	0439
東洋鉄構	2797
東洋電機	1885
東陽電機	3145
東洋電気工業	2110
東洋電機工作所	1885
東葉電機製作所	2807
東洋電機製造	1886
東洋電気通信工業	2848
東洋電機ファシリティーサービス	1885
東洋電極工業	1532
東洋電具製作所	0041
東洋電子工業	0876
東洋ドアー	3073
東洋陶器	1921, 2294
東洋ドライルーブ	1887
東洋塗料製造	1243
東陽荷役	1882
東洋熱交換器（常熟）有限公司	1719
東洋パイプリノベート	0439
東洋刃物	1888
東洋パルプ	0404
東洋板金製造	1885
東洋ビジネスエンジニアリング	1889
東洋ビジネスエンジニアリング	1276
東洋ビジネスシステムサービス	1889
東洋ビジネスセンター	3005
東洋ヒドラジン工業	2112
東洋ビルサッシ	3073
東洋ビルサービス	0438
東洋ファイナンス	1879
東洋複写紙	1367
東洋物産	1713, 1728
東陽物流	1882
東洋埠頭	1890
東洋埠頭作業	1890
東洋埠頭商事	1890
東洋埠頭青果センター	1890
東洋埠頭配送センター	1890
東洋埠頭陸運	1890
東洋ベアリング磐田製作所	0350
東洋ベアリング岡山製作所	0350
東洋ベアリング製造	0350
東洋ベアリング長野製作所	0350
東洋ベアリング販売	0350
東洋紡	1891
東洋紡織	3003
東洋防水布工業	0531
東洋防水布商会	0531
東洋紡スペシャルティズトレーディング	1891
東洋紡績	0968, 1098, 1891, 2257
東洋紡総合研究所	1891
東洋紡テキスタイル	1891
東洋紡ペットコード	1891
東洋紡STC	1891
東洋保全工業	2683
東洋舗装	0439
東洋ポリスチレン工業	2784
東洋防水布製造	0531, 2771
東洋マリン・サービス	0341
東洋無線電機製作所	2844
東洋メタライジング	1894
東洋メラミン	2784
東洋木材企業	1938
東洋木材防腐	0792
東洋薬局	0842
東洋ユースウエアサービス	1741
東洋ラジエーター	1719
東洋ラヂエーター製作所	1719
東洋リース	0713
東洋リノリューム	1892
東洋緑化	1888
東洋輪胎（上海）貿易有限公司	1878
東洋輪胎張家港有限公司	1878
東洋冷却器	1719
東洋冷凍	1880
東洋レーヨン	1681, 1894
東洋起業	2065
東横映画	1786
東横映画劇場	1859
東横興業	1815
東横百貨店	1815
東誉（上海）国際貨運代理有限公司	1882
東予中検	2462
東豫無尽蓄積	0363
東リ	1892
東リオフロケ	1892
東璃（上海）貿易有限公司	1892
東リ中央配送センター	1892
東立精工	2860
東リ物流	1892
東理ホールディングス	1893
東理ホールディングス	1838
東硫化学工業	2667
東レ	1894
東レ	0588, 2850
東レインターナショナル	1894
東レACE	1894
東レ・エーシーエス	1894
東レエンジニアリング	2012, 2543, 2863
東レグラサル	1894
東レ経営研究所	1894
東レ建設	1894
東レ合成フィルム	1894
東レ・ダウコーニング	1894
東レ・ダウコーニング・シリコーン	1894
東レ・ディプロモード	1894
東レ・テキスタイル	1894
東レ東燃機能膜合同会社	1894
東レバッテリーセパレータフィルム	1894
東レフィルム加工	1894
東レ物流	1894
東レ・メディカル	1894
東レリサーチセンター	1894
東炉	0705
道路計装	0685, 0774
東和アイ	1715
藤和エアーサービス	1895
東和エスポ	1715
同和エンジニアリング	1971
東和織物	0176
東和海運	1283
同和火災海上保険	0008
藤和カントリークラブ	1895
藤和管理	1895
同和企業管理（上海）有限公司	1971
東和建設	1849
同和工営	1971
同和工業	1963
同和鉱業	1314, 1971, 2110
東和興産	0964
同和興産	1971
藤和コミュニティ	1895
東和サン機電	1715
東和サンクサービス	1715
同和ジェム	2234
藤和住販	1895
東和商事	0252
同和精鉱	1971
同和製粉	1971
東和精密工業	1970
東和畜産	2048
道和通建	0870
同和テクノエンジ	1971
同和テクノリサーチ	1971
藤和ハウジング	1895
東和半導体設備（上海）有限公司	1970
藤和ビルディング	1895
藤和不動産	1895
藤和不動産	2811
藤和不動産流通サービス	1895
東和無尽	2643
東和メックス	1715
藤和横須賀	1895
藤和横須賀リゾート	1895

東和レジスター	1715	
トーウンサービス	2659	
トーエイ工業	1716	
トーエイ電資	0669	
トーエネック	1896	
トーエネックサービス	1896	
トーエル	1897	
トーエルエンジニアリング	1897	
トーエルサービス	1897	
トオカインキ	1683	
トオタス	1427	
トオタス情報システム	1427	
トオハ	1888	
トーカイ	1898	
トーカイ	1092	
トーカイ開発	1898	
トーカイシステム	1503	
トーカイシティサービス	0937	
トーカイ・ブロードバンド・コミュニケーションズ	0937, 1899	
TOKAIホールディングス	1899	
TOKAIホールディングス	0937	
TOKAIマネジメントサービス	1899	
TOKAIホームガス	0937	
十勝池田食品	2380	
十勝運輸	3136	
十勝食肉	2380	
十勝食肉販売	2380	
十勝ハンナン	2380	
十勝ポートリー	2647	
戸上化成	1900	
戸上コントロール	1900	
戸上電機製作所	1900	
戸上電気（蘇州）有限公司	1900	
戸上電機ソフト	1900	
戸上電子（常熟）有限公司	1900	
戸上デンソー	1900	
戸上メタリックス	1900	
トーカロ	1901	
トーカン	1902	
朱鷺	1476	
土岐可鍛工業	1631	
トキコ	2414	
トキコエンジニアリング	2414	
トキコ技研	2414	
トキコソフト産業	2414	
トキコ鋳造	2414	
トキコナガノ商事	2414	
トキコハイキャスト	2414	
トキコ福島	2414	
トキコ部品	2414	
トキコメンテナンス	2414	
徳島銀行	1903	
徳島銀行	1939	
土岐耐火工業	1835	
朱鷺の家	1476	
ときめきファーム	3039	
トキメック	1816	
トキメックアビエーション	1816	
トキメック自動建機	1816	
トキメックパワーシステムズ	1816	
トキメックレールテクノ	1816	
常盤銀行	1195	
ときわ相互銀行	2392	
常盤台緑屋	0753	
常盤薬房	1688	
トキワフードセンター	2754	
常盤マックス	2705	
常盤薬品	1688	
常盤薬品工業	2281	
常盤薬局	1688	
ときわ流通	1191	
得愛（上海）企業管理咨詢有限公司	1964	
独エマグ社	1566	
徳倉建設	1904	
特酷時度汽車技術開発（上海）有限公司	1773	
独資会社哈爾濱北友土木工程開発有限公司	0625	
徳島ガーデンクリエイト	1556	
徳島銀行生涯学習振興財団	1903	
徳島合同製紙	0154	
徳島佐川急便	0917	
徳島市高PFIサービス	3045	
徳島ジャムコ	1173	
徳島食肉加工場	2174	
徳島相互銀行	1903, 1939	
徳島電気工事	3045	
徳島農林水産PFIサービス	3045	
徳島ハム	2174	
徳島パルタック	2369	
徳島無尽	1903, 1939	
特殊金型	1526	
特殊金属工業	2181	
徳壽クリエイティブサービス	0735	
特殊合金工具	1617	
特種紙工	1906	
特殊製鋼	1497	
特種製紙	1906	
特殊青銅	2753	
特殊電極	1905	
特種東海製紙	1906	
特種東海フォレスト	1906	
特種東海ホールディングス	1906	
特種東海マテリアルズ	1906	
特殊発條興業	2173, 2974	
特殊変圧器	1526	
特殊ポンプ工業	2051	
特種メーテル	1906	
特殊溶接棒製作所	1905	
トークス	2973	
徳清戸田三峰顔料有限公司	1916	
ドクター・ケイ	2284	
ドクターシーラボ	1907	
徳田製作所	1138	
ドクターベジタブルジャパン	0295, 1204	
ドクター・ルノー社	2759	
トクデン溶接棒	1905	
徳東海	0636	
得得	0545	
徳永硝子	2255	
トークピアサービス	1837	
特百嘉包装製品（常熟）有限公司	0945	
特百嘉包装品貿易（上海）有限公司	0945	
トクホン	1478	
匿名組合伊奈製陶所	3072	
トクヤマ	1908	
トクヤマ	1393	
徳山科学技術振興財団	1908	
徳山化工（浙江）有限公司	1908	
徳玖山国際貿易（上海）有限公司	1908	
トクヤマ情報サービス	1908	
トクヤマシルテック	1908	
徳山積水工業	1352	
徳山石油化学	1201	
トクヤマ・セントラルソーダ	1393, 1908	
徳山曹達	1908	
トクヤマ・チヨダジプサム	1908	
徳山鉄板	2067	
トクヤマデンタル	1908	
トクヤマホームプロダクツ	0449, 1908	
徳山ポリプロ	1908	
トーケン	0868	
土建資材	2514	
トーコーエステート	1852	
トーコー大宮	1852	
トーコー相模	1852	
トーコーサービス千葉	1852	
トーコー産業	1837	
トーコー資材	1556	
トーコスアメリカ	1817	
トーコー高崎	1852	
トーコー千葉	1852	
トーコーテクノ	1821	
ドコモ・インサイトマーケティング	0214	
トーコー山の手	1852	
トーコーリーホーム	1852	
土佐銀行	1103	
土佐酸素	1532	
土佐社中	1525	
土佐貯金銀行	1103	
土佐貯蓄銀行	1103	
土佐堀産業	1703	
都市環境整備センター	2325	
都市交通情報研究所	1648	
図書印刷	1909	
図書館流通センター	1508, 2742	
図書製本	1909	
図書バインダリー	1909	

社名	頁
図書物流	1909
トシン・グループ	1910
トーシンテクノ	1837
トシン電機	1910
利須	3096
トスカ	1687
戸塚化成	2298
戸塚自動車商会	0551
トス・キユーソー	0657
トステム	3072, 3073
トステム検査	3073
トステム試験研究センター	3073
トステムセラ	3073
トステムビバ	3073
トステムファイナンス	3073
トステム不動産	3073
トスネット	1911
トスネット茨城	1911
トスネット釜石	1911
トスネット首都圏	1911
トスネット上信越	1911
トスネット相馬	1911
トスネット北陸	1911
トスネット南東北	1911
トスネット陸前高田	1911
トスネット北東北	1911
トーセ	1912
トーセイ	1913
トーセイ・アセット・アドバイザーズ	1913
トーセイ・リート・アドバイザーズ	1913
トーセイ・リバイバル・インベストメント	1913
トーセイリバイバルインベストメント	1913
トーセ沖縄	1912
トーセーシステムズ	1822
トーソー	1914
トーソーインターナショナル	1914
トーソー化工	1914
トーソク	2228
トーソーサービス	1914
トーソーサービス九州	1914
トーソーサービス近畿	1914
トーソーサービス東京	1914
トーソーサービス南関東	1914
トーソー産業資材	1914
トーソー商事	1914
トーソー繊維	1914
トーソー流通サービス	1914
戸田アドバンストマテリアルズINC.	1916
戸田方	1915
戸田組	1915
戸田建設	1915
戸田工業	1916
戸田工業	1694, 2797
戸田塑磁材料（浙江）有限公司	1916
戸田磁鉄（深圳）有限公司	1916
‥‥‥	1916
戸田建物	1915
戸田道路	1915
戸田麦格昆磁磁性材料（天津）有限公司	1916
戸田パルプ工業	2636
戸田ピグメント	1916
戸田ビルパートナーズ	1915
戸田フェライトコリア CO., LTD.	1916
戸田マテリアル	1916
トータルサービス	1999
トータルシステムコンサルタント	1440
トータルシステムソリューション	2836
トータル情報センター	3101
トータルフリートサービス	0271
トータルメンテナンス	0929
トータルライフサポート研究所	3146
トータル・ワークアウト	2473
トータル・ワークアウトプレミアムマネジメント	2473
戸田レコーディングマテリアル	1916
栃木カネカ	0555
栃木銀行	1917
栃木ケイテクノ	0606
栃木佐川急便	0917
栃木青果	1820
栃木ゼンチク	1286
栃木倉庫銀行	0091
栃木相互銀行	1917
とちぎ地域活性化投資事業有限責任組合	1917
栃木テイト	0637
栃木日東工器	2087
栃木配送	0605
栃木富士産業	1097
栃木富士通テン	2531
栃木三鱗	2803
栃木ミツミ	2825
栃木無尽	1917
とちぎんオフィスサービス	1917
とちぎんカード・サービス	1917
とちぎんキャピタル	1917
とちぎん集中事務センター	1917
とちぎん農業法人投資事業有限責任組合	1917
とちぎんビジネスサービス	1917
とちぎんリーシング	1917
特価COM	1297
ドッドウエル上組エアカーゴ	0569
ドッドウエル ビー・エム・エス	0037
ドットネット	0035
トットメイト	1793
鳥取アシックス工業	0093
鳥取エレテック	1649
鳥取オニツカ	0093
鳥取カントリー倶楽部	0966
とっとりキャピタル	1918
鳥取銀行	1918
鳥取グリコ	0294
鳥取県信用金庫	1918
鳥取ダイヘン	1520
鳥取ダイヤモンド電機	1526
鳥取貯蓄銀行	1918
鳥取電産	2228
鳥取電産	2228
鳥取電子工業	1608
鳥取ロブスターツール	3144
トッパン・エヌエスダブリュ	1624
トッパンエムアンドアイ	0561, 1831
トッパン・エレクトロニクス富士	1624
トッパンエレクトロニクスプロダクツ	1624
トッパン・グラフィック	1624
トッパングラフィック王子	1909
凸版建材開発	1624
トッパン高機能プロダクツ	1624
トッパンコミュニケーションプロダクツ	1624
トッパンTOMOEGAWAオプティカルフィルム	1936
トッパンTOMOEGAWAオプティカルプロダクツ	1936
トッパンパッケージプロダクツ	1624
トッパン・フォームズ	1919
トッパン・フォームズ関西	1919
トッパン・フォームズ・サービス関西	1919
トッパン・フォームズ・サービス西日本	1919
トッパン・フォームズ・セントラルプロダクツ	1919
トッパン・フォームズ西日本	1919
トッパン・フォームプロセス	1919
トッパンマテリアルプロダクツ	1624
トッパン・ムーア	1919
トッパン・ムーア・ビジネスフォーム	1919
トッパンNECサーキットソリューションズ	1624
トップアスリーツ	1395
トップカルチャー	1920
トップカルチャー	1705
トップハウジングシステム	1672
トップブックス	1705
トップマート	2670
トーテツ建材	1827
トーテツ興運	1827
トーテツ産業	1827

トーテツ資源	1827	
トーテツメンテナンス	1827	
どてらい商事	1476	
TOTO	1921	
TOTOアクアテクノ	1921	
トドクック	0610	
ドトールコーヒー	1922	
ドトールシンボライズ	1922	
ドトール・日レスホールディングス	1922	
塔巴依愛斯佩克環境儀器（上海）有限公司	0327	
トナミ運輸	1923	
礪波運輸	1923	
礪波自動車工業	1923	
都南プラザドラッグ	2934	
トナミホールディングス	1923	
トーニチ	1544	
TONE	1924	
利根飲料	0632, 0832	
利根川化工	1377	
トネゲン	2480	
利根コカ・コーラボトリング	0632, 0832	
利根コーティング	3016	
刀根石灰工業	2112	
利根鉄工	2160	
津農商銀行	2762	
トーハイクリーン	1304	
トーハイサービス	1304	
トーハイ事業	1304	
鳥羽シーサイドホテル	2763	
鳥羽（上海）貿易有限公司	1925	
鳥羽神鋼電機	1258	
戸畑鋳物	2058, 2414	
戸畑製罐	1881	
トパック	0850	
鳥羽電装	1258	
鳥羽洋行	1925	
トーハン	1926	
トーハン総研	1926	
トーハン・メディア・ホールディングス	1926	
トービ	1914	
トピーアメリカ, INC.	1927	
トピーインターナショナルU.C.A., INC.	1927	
福建トピー汽車零件有限公司	1927	
トピー工業	1927	
トピーコーポレーション	1927	
飛島組	1928, 2690	
飛島建設	1928	
飛島道路	1928	
飛島土木	1928	
トピー パリンダ マニファクチャリング インドネシア	1927	
トピー履帯（中国）有限公司	1927	
トビムシ	0133	
トピーメタリ	1927	
トーフク	1856	

トプコン	1929	
トプコンビジョンケアジャパン	1929	
トプコンファイナンス	1929	
トプコン山形	1929	
トーブツ興産	1728	
トーブツ・（タイランド）・カンパニー・リミテッド	1728	
トーブツ・チェコ・エス・アール・オー	1728	
トーブツ・（マレーシア）・センドリアン・ベルハット	1728	
トーホー	1930	
トーホーウイング	1930	
トーホー・カワサキ	1930	
土木用達組	1486	
TOHOシネマズ	1859	
トーホーストア	1930, 2373	
トーホー・仲間	1930	
トーホービジネスサービス	1930	
トーホーファーム	1930	
トーホーフードサービス	1930	
苫小牧共同発電	2658	
苫小牧飼料	2472	
苫小牧製紙	0404	
苫小牧熱サービス	0964	
TOMAS企画	3086	
トマック	1875	
苫東コールセンター	2658	
トマトカード	1931	
トマト銀行	1931	
トマトサービス	1931	
トマトスタンプ	2997	
トマトビジネス	1931	
トマトファイナンス	1931	
トマトリース	1931	
泊紡績	2094	
トミー	1572	
ドミー	1932	
富浦飲料	2657	
富岡沖電気	0455	
富岡工場	2159	
富岡製糸所	0539	
富岡無尽	1903, 1939	
富川鉄工	1576	
富源無尽	1917	
トミー工業	0976, 1572	
トミー興産	1572	
富坂護謨工業所	2094	
ドミーサービス	1932	
富沢製作所	2197	
トミーシステムデザイン	1572	
富社（上海）商貿有限公司	2505	
富秋銀行	1177	
富昌（福州）汽車部件開発有限公司	2506	
トミーゼネラルサービス	1572	
トミタ	1933	
冨田機械	1933	
冨田工具	1933	
冨田商店	1933	

トミタ電機	1934	
富田電機	1934	
富田電機製作所	1934	
トミタファミリー	1933	
トミックス	1888	
トミーテック	1572	
トミーデベロップメントセンター	1572	
ドミーデリカ	1932	
ドミーデリカアンドベーカリー	1932	
富永鋼業	1497	
富原産業	2498	
ドミーフーズ	1932	
ドミー保険サービス	1932	
とみんカード	1830	
とみんキャピタル	1830	
とみん銀事務センター	1830	
都民銀商務諮詢（上海）有限公司	1830	
とみん経営カルチャーセンター	1830	
とみん経営研究所	1830	
とみんコンピューターシステム	1830	
とみん信用保証	1830	
とみんビジネスサービス	1830	
とみんリース	1830	
トムキ	0390	
ドーム建設	2096	
トムス・エンタテインメント	1349	
ドムスヤトロン	0524	
トムソンナショナルカントリー倶楽部	0815	
トムテック	0638	
トーメー	2905	
ドメイン	3132	
留岡組	1781	
トーメン	1945	
トーメン・エンタープライズ	1004	
トーメンデバイス	1935	
巴川新興	1936	
巴川製紙所	1936	
巴川ファインコーティング	1936	
巴川物流サービス	1936	
巴川ホールディングス恵州	1936	
巴機械サービス	1937	
巴工業	1937	
巴工業（香港）有限公司	1937	
巴栄工業機械（上海）有限公司	1937	
巴産業	0985	
巴商会	0350	
ともえ商事	0749	
巴物流	1937	
巴屋化粧品製造所	2759	
巴ワイン・アンド・スピリッツ	1937	
トーモク	1938	

社名	ページ
トーモクヒュースAB	1938
トーモクベトナム	1938
都茂鉱業	1640
トモシアホールディングス	0080
トモス	2908
トモニシステムサービス	1939
トモニホールディングス	1939
トモニホールディングス	1903
鞆保命酒屋	1574
友利電子（江西）有限公司	3005
友利電子（深圳）有限公司	3005
斗門大宇化工廠有限公司	1873
富山エレクトロニクス	2646
富山化学工業	1478
富山銀行	1940
富山銀行	2645
富山合同貯蓄銀行	2645
富山小林製薬	0864
トヤマゴールドウイン	0879
富山サンエー工事	2841
富山産業銀行	1940
富山サンリン	1017
富山昭栄	2439
富山昭和電工	1201
富山大建工業	1467
富山電工	1791
富山フューチャー開発	2613
富山保証サービス	1940
富山ミツウロコ	1017
富山村田製作所	2864
富山リース	1940
トーユー	0104
トーヨーアドテック	1764
トーヨー・アドバンスト・テクノロジー	1878
豊岡ジェイ・ピー・エフ工業	2244
トーヨーカラー	1873
豊川製網	1821
豊川鉄道	2001
トヨクニ・エンジニアリングサービス	0299
トヨクニ電線	0299
トーヨーケム	1873
トーヨーケムスペシャリティケミカル	1873
トーヨコ	1232
トーヨーコーケン	1941
豊崎伸銅所	1971
トーヨーサッシ	2632, 3072, 3073
豊住組	1529
トーヨータイヤジャパン	1878
トヨタ インダストリアル イクイップメント	1944
トヨタ インダストリアル イクイップメント マニュファクチャリング	1944
トヨタL&F中部	0281
豊田押切紡織	1946
トヨタオート愛知	0281
豊田化工	1946
豊田貨物自動車運送	2056
トヨタカローラ愛豊	0281
豊田環境サービス	1227
豊田工機	1052, 1943
豊田工業（昆山）有限公司	1944
豊田工業電装空調圧縮機（昆山）有限公司	1944
豊田合成	1942
豊田合成	1490
豊田合成アジア	1942
豊田合成イラプアトメキシコ	1942
豊田合成インド	1942
豊田合成オーストラリア	1942
豊田合成オートモーティブシーリングメキシコ	1942
豊田合成九州	1942
豊田合成光電貿易（上海）有限公司	1942
豊田合成セーフティシステムズインドネシア	1942
豊田合成タイランド	1942
豊田合成チェコ	1942
豊田合成（張家港）科技有限公司	1942
豊田合成（張家港）塑料製品有限公司	1942
豊田合成テキサス有限責任会社	1942
豊田合成（天津）精密製品有限公司	1942
豊田合成ハイフォン社	1942
豊田合成パーソネルサービスメキシコ	1942
豊田合成東日本	1942
豊田合成（佛山）汽車部品有限公司	1942
豊田合成（佛山）橡塑有限公司	1942
豊田合成ブラウンズビルテキサス有限責任会社	1942
豊田合成ホールディングス	1942
豊田合成南アフリカ	1942
豊田合成メテオール	1942
豊田合成ヨーロッパ	1942
豊田合成ラバータイランド	1942
豊田合成ラバーメキシコ	1942
豊田光棉紡績	1943, 1944
トヨタ財団	1943
豊田産業	1945
豊田式織機	2634
豊田式織機継続	2634
トヨタ自工	1770
トヨタ自動車	1943
トヨタ自動車	1052, 1944
トヨタ自動車九州	1943
トヨタ自動車工業	1052, 1943, 1944, 1946, 1963
トヨタ自動車東北北海道	1943
トヨタ自動車販売	1943
豊田自動織機	1944
豊田自動織機	1671, 1886, 1953
豊田自動織機製作所	0022, 1943, 1944
トヨタ車体工業	1943
豊田織布菊井工場	1942
豊田スルザー	1944
豊田製鋼	0022, 1943, 1944
豊田通商	1945
豊田通商	1798
豐田通商	1945
豊田乳業	0825
トヨタビスタ愛知	0281
トヨタファイナンシャルサービス	1943
トヨタ プジョー シトロエン オートモービル チェコ	1943
豊田不動産	0393
トヨタ部品愛知共販	0281
トヨタ紡織	1946
豊田紡織	1943, 1946
トヨタ紡織ソマン	1946
トヨタ紡織ヨーロッパ	1946
トヨタホームしなの	2926
トヨタ モーター インダストリーズ ポーランド	1944
トヨタ モーター ヨーロッパ	1943
トヨタレンタカーサービス愛知	0281
トヨタレンタリース愛知	0281
トーヨー電子	2952
トーヨド建設	1355
豊中包装	1546
豊橋自動車	2001
豊橋市民信用組合	2000
豊橋丸栄	2732
豊武光電（蘇州）有限公司	2860
トライアイズ	1947
トライアイズビジネスサービス	1947
トライアス	0544
ドライ・イー	1189
トライ・コン インダストリーズ リミテッド	1689
トライステージ	1948
トライズデジタルベース	1948
トライニン	0121
トライネットエンタテインメント	2141
ドライバーズネット	2320
ドライブゲート	2341
トライポッド・プランニング	2922
トライメディア	1188
ドラゴン・ジェノミクス	1573
トラスコ中山	1949
トラスコナカヤマ インドネシア	1949
トラスコナカヤマ タイランド	1949

トラスト	1950	
トラストアセットパートナーズ	1952	
トラストアドバイザーズ	1296	
トラストコミュニティ	0319	
トラスト・テック	1951	
トラストネットワーク	1952	
トラストパーク	1952	
トラストホールディングス	1952	
トラストメディカルサポート	1952	
トラストワークス	1951	
トラストワークスサンエー	1951	
ドラッグエルフ	0695	
ドラッグコスモス	0848	
トラーディア	1048	
虎ノ門投資顧問	1299, 1300	
トラフィックアイ	1953	
トラベライフ	3156	
トラベランド興業	1051	
トラベル・ドウ・インターナショナル	2684	
トラベルネット	1051	
トラン	2913	
トランコム	1953	
トランコムEX東日本	1953	
トランコムMA	1953	
特蘭科姆国際貨運代理（上海）有限公司	1953	
トランコムDS関東	1953	
トランコムDS西日本	1953	
トランコムDS東日本	1953	
特蘭科姆物流（大連）有限公司	1953	
特蘭科姆人才服務（天津）有限公司	1953	
トランザクション	1954	
トランス	1954	
トランス・コスモス	1955	
トランス・コスモス	1050	
トランスコスモス	0081	
トランスコスモスシー・アール・エム	1955	
トランスコスモスシー・アール・エム沖縄	1955	
トランスコスモスシー・アール・エム宮崎	1955	
トランスコスモスシー・アール・エム和歌山	1955	
トランスコスモスダイレクト	1955	
トランスコスモス・テクノロジーズ	0408	
トランスジェニック	1956	
トランスシティロジスティクス中部	2237	
トランステクノロジー	1163	
トランズパシフィック	2365	
トランスパック	0637	
トランスフォーメーション	0630	
トランスポートリサーチ	2496	

トランスポルテス ケイヒン チリリミタダ	0783	
トランスユニオン	1967	
トランスロシアエージェンシージャパン	0104	
トリイ	0043	
トリイサカエチカ	0043	
鳥井商店	0995	
トリオ	1057	
トリオ商事	1057	
トリカ・エエスビー	2062	
鳥貴族	1957	
とりぎんカードサービス	1918	
鳥銀ビジネスサービス	1918	
とりぎんリース	1918	
トリケミカル研究所	1958	
鳥光	1639	
鳥越産業	0627	
鳥越商店	1959	
鳥越製粉	1959	
ドリコム	1960	
ドリコム	1101	
ドリコムジェネレーティッドメディア	1101	
ドリコムテック	1960	
酉島エンジニアリング	1961	
酉島ケエスビ商事	1961	
酉島サービス	1961	
酉島産業	1961	
酉島製作所	1961	
酉島変圧器	1520	
酉島ポンプ（天津）有限公司	1961	
酉島ポンプ香港有限公司	1961	
鳥印塗料販売	0584	
登利寿	0995	
鳥清ハム	2174	
東利多控股有限公司	1962	
トリドール	1962	
トリドールコーポレーション	1962	
トリドール三番館	1962	
トリトン社	2149	
トリニタス	0358	
トリニティ	1548, 2444	
トリニティアーツ	0110	
トリニティ工業	1963	
トリビティー	2275	
トリプルアイ	0926	
トリプレットゲート	3154	
ドリームアップ苫前	1766	
ドリームインキュベータ ...	1964	
トリムジン ホールディングス	2238	
ドリームスクウェア	3021	
ドリームズコーポレーション	0105	
ドリームテクノロジーズ	1947	
ドリームバイザー・ドット・コム	0242	
ドリームバイザー・ファイナンシャル	0242	
ドリームバイザー・ホールディングス	0242	

ドリームビジョン	3021	
トリム メディカル インスティテュート	2238	
トリムメディカル ホールディングス	2238	
トリムライフサポート	2238	
鳥良	0302	
トリント	2922	
トリンブルナビゲーション	2024	
トルビオン	1737	
トレイダーズ証券	1965	
トレイダーズ証券分割準備会社	1965	
トレイダーズホールディングス	1965	
トレジャーミュージック	3130	
ドレスコ	0497	
トレス・プロジェクト	1260	
トレーダーズ・アンド・カンパニー	1684	
トレックス・セミコンダクター	1966	
トレックスデバイス	1966	
ドレッサー社	0867	
トレーディア	1967	
トレーデクス	0211	
トレード・サイエンス	2723	
トレード・ラボ投資事業有限責任組合	0049	
トレードワークス	1954	
トーレ・フジバイオニクス	2850	
トレンダーズ	1968	
トレンドマイクロ	1969	
トロナジャパン	1390	
トロワ・エンジニアリング・プレテック	1507	
TOWA	1970	
TOWA	1715	
十和	2500, 3046	
十和織物	3046	
TOWAサービス	1970	
十和田電子	0417	
DOWAテクノリサーチ	1971	
トワテック	1970	
トワ電気	2185	
ドワーフ	1720	
トーワフジマート	2500	
DOWAホールディングス	1971	
ドワンゴ	0550, 2333	
ドワンゴコンテンツ	0550	
ドワンゴ人工知能研究所	0550	
ドワンゴ プランニング アンド ディベロップメント	0550	
ドワンゴ・ミュージックエンタテインメント	0550	
ドワンゴ・ミュージックパブリッシング	0550	
ドワンゴモバイル	0550	
ドワンゴ・ユーザーエンタテインメント	0550	
どん	1592	

社名	頁
ドーンエンターテイメントジャパン	1740
トンガン・ダイワ・スポーティングググッズ・リミテッド	0765
ドンキコム	1972
ドンキ情報館	1972
ドン・キホーテ	1972
ドン・キホーテシェアードサービス	1972
ドンキホーテホールディングス	1972
どんどん庵	0916
トンネルのレンタル	2025
トンボ工業	2054
トンボ日工商事	2054
ドーンミュージック	1740
十勝鉄道	2165

【な】

社名	頁
ナイガイ	1973
ナイガイアパレル	1973
内外編物	1973
内外編物販売	1973
内外医師新薬	2034
ナイガイ・イム	1973
内外エレクトロニクス	1975
内外機材	1975
内外工業	1973
内外シッピング	1976
内外証券	1794
内外商事	0774
内外食品	0636
内海造船	1974
内外テック	1975
内外テック韓国	1975
納宜伽義機材（上海）商貿有限公司	1975
内外トランスライン	1976
内外紡績	1891
内外マシーナリー	2874
ナイガイマート	1973
内外木材工業	0438
内外木材工芸	0438
内外薬学研究所	2034
ナイガイリビング	1973
ナイガイロジスティクス	1973
内国化学工業	2667
内国製薬	1450
内国貯蓄銀行	3089
内国通運	2161
内国通運会社	2161
ナイス	1294
ナイス日榮	1294
ナイテック工業	2215
ナイテック・プレジジョン	2215
ナイテック・プレジジョン・アンド・テクノロジーズ	2215
直江津軽金属工業	2063
直江津電子工業	1221
直江津臨港生コン	1568
直島化成	1511
直島吉野石膏	3035
なおしや又兵衛	2690
ナガイ	1977
中井	2115
永井衣料	1977
中井園芸	0913
長井コンパウンド	1824
永井商運	1187
永井商店	1977
中井商店	2115
中伊豆グリーンクラブ	0551
長泉ハイトラスト	1581
中板サービス	0405
中井電子工業	2416
ナガイ白衣工業	1977
中井本社	2115
ナガイレーベン	1977
ナカウラ	3057
永江印祥堂	2808
那賀欧科（北京）貿易有限公司	1978
ナガオカ	1978
長岡瓦斯	2644
長岡銀行	2637
長岡佐川急便	0917
ナガオカスクリーン	1978
長岡貯蓄銀行	2637
長岡六十九銀行	2637
長尾交通	1449
中尾水産テクノロジー	2436
中川機械	2336
中川精機製造	2769
中川精機山形工場	2769
中川テクノ	1764
中川電機	2336
ナガキタ	0297
長北運輸	2497
中北商店	1979
中北薬品	1979
中桐造船鉄工所	1974
ながぎんビジネスパートナーズ	1983
長久手サービス	2088
中組浜仲	0569
中倉陸運	1637
長崎アンデルセン	1959
長崎キヤノン	0645
長崎銀行	1176
長崎経済研究所	1176
長崎興業	1176
長崎佐川急便	0917
長崎鹿町風力発電	1766
長崎製鋼所	2816
長崎製糸	0539
長崎ちゃんめん	3111
長崎中発	1638
長崎貯蓄銀行	1176
長崎東芝セラミックス	0705
長崎日本ハム	2174
長崎浜勝	3111
長崎ファーム	1803
長崎保証サービス	1176
長崎マリンサービス	1513
長崎ワシントンホテル	2527
中郷無煙炭礦	1191
ナカジマ園芸	0556
中島工業	1675
中島合金所	1675
長島商事	0699
中島董商店	0045
中島製作所	1675
中島飛行機三島製作所	2693
中条共立銀行	1536
那賀（瀋陽）水務設備製造有限公司	1978
ナガセ	1980
長瀬糸店	1981
長瀬科学技術振興財団	1981
ナガセケムテックス	1981
中瀬鉱業	2218
長瀬産業	1981
長瀬産業	0465, 2495
長瀬商会	0526
長瀬商事	1881
長瀬商店	1981
永瀬商貿（上海）有限公司	1980
ナガセ進学センター	1980
長瀬精細化工（無錫）有限公司	1981
長瀬チバ	1981
長瀬電子科技股份有限公司	1981
ナガセピーシースクール	1980
長瀬（香港）有限公司	1981
ナガセマネージメント	1980
長瀬ランダウア	1981
中袖クリーンパワー	2454
永竹	1982
永田町プロジェクト	0957
中楯電気商会	0606
永谷園	1982
永谷園プロパティ	1982
永谷園ホールディングス	1982
永谷園本舗	1982
永谷美笠和装服飾総合研究所	0914
中津川環境サービス	1227
中津川セラミック	2170
中津川テン	2531
中津銀行	0418
中津コスモス電機	1817
永津商店	1902
中津フジボウアパレル	2544
ナガトメタル工業	1499
那加トラック運輸	0329
長野銀行	1983
ナカニシ	1984
中西歯科器械製作所	1984
中西製作所	1985
中西製作所	1984
那賀日造設備（大連）有限公司	1978

なかにちて　　　　　　　　　　　社名索引

会社名	頁
ナガニチデバイス	1989
ナガニチ電工	1989
ナガニチ物流	1989
中日本観光開発	2966
中日本クレジットサービス	2762
中日本興業	1986
中日本重工業	2813
中日本商事	1986
中日本スイッチ	1798
中日本総合リース	2762
中日本ダイハツディーゼル販売	1513
中日本電子	1242
中日本薬業	1866
中日本吉野家	3036
長沼電業社	1649
ナカノエージェンシー	1990
長野エヌ・ティ・ティ・データ通信システムズ	0351
長野エムケー販売	0380
長野オリンパス	0508
長野瓦斯	1812
長野家庭電器再生所	1234
長野カード	1983
中野組	1990
長野計器	1987
長野計器製作所	1987
長野ケンウッド	1057
長野県商工信用組合	1983
中野興業	0836
中野硬質硝子製造所	2504
ナカノコーポレーション	1990, 2557
ナガノコミュニケーションズ販売	1989
長野佐川急便	0917
中野サンプラザ	1062
長野ジェコー	1063
中の島	2016
中野砂利採取	1568
中野商店	2963
長野シンエイ	1220
長野セルトップ	0913
長野相互銀行	1983
中野相互自動車	1540
長野双信電機	1412
中野ソフトウェア・エース	1864
長野ダイヤモンドリース	2330
長野テクシス	0351
長野テクノサービス	1896
ナカノテック	1990
長野電子計算センター	1767
長野電子工業	1221
長野東急エージェンシー	0628
ながの東急百貨店	1988
ながの東急百貨店	1815
ながの東急ライフ	1988
中野銅線工場	1321
長野都市ガス	1812
長野日本無線	1989
長野日本無線エンジニアリング	1989
長野日本無線サービス	1989
長野日本無線（香港）有限公司	1989
長野日本無線マニュファクチャリング	1989
長野ビーエス	1983
ナガノビジネスサービス	1989
長野富士通コンポーネント	2529
長野フーズ	0545
ナカノフドー建設	1990
ナカノフドー建設	2557
ナカノベトナムCO., LTD.	1990
ながの丸善	1988
長野三鱗商事	1017
中野陸送	1568
中野冷機	1991
中野冷機茨城	1991
中野冷機製作所	1991
中野冷機千葉	1991
中野冷機東北	1991
中野冷機西東京	1991
中野冷機東東京	1991
長野大昭和木材	2150
長浜キヤノン	0645
中浜材木店	0488
中浜住宅	0488
長浜電子	2120
中浜ハウス	0488
中浜木材	0488
ナカバヤシ	1992
中林製本社	1992
中林製本所	1992
中林製本手帳	1992
仲林（寧波）商業有限公司	1992
中東日産会社	2058
ナガホリ	1993
長堀珠宝商貿（深圳）有限公司	1993
長堀真珠	1993
長堀貿易	1993
長堀（香港）有限公司	1993
那賀水処理技術（瀋陽）有限公司	1978
中道機械	1994
中道リース	1994
中道レンタル	1994
中村超硬	1995
中村鉄工所	1995
中村販売	0080
中村屋	0967
中村与一郎商店	1998
中銘	2138
中銘エンジニアリング	2138
中銘ドリリング	2138
中本ハウス	0252
中本木材工業	0252
中本林業	0252
中山アモルファス	1996
中山市山洋電気有限公司	1007
中山悦治商店	1996
中山嘉財船井電機有限公司	2559
中山機工	1949
中山共同発電	1996
中山三星建材	1996
中山織布	0497
中山重工業	1996
中山製鋼所	1996
中山製作所	1459
中山船井電機有限公司	2559
中山名古屋共同発電	1996
中山日幸精密機械有限公司	2052
中山日信工業有限公司	2063
中山ファイリング	1949
中山福	1997
中山福サービス	1997
中山福松商店	1997
中山富拉司特工業有限公司	2250
ナカヨ	1998
ナカヨ通信機	1998
中与通信機製作所	1998
ナカヨ電子サービス	1998
名柄本店	2969
流山キッコーマン	0632
ナガワ	1999
ナガワ建販	1999
ナガワ石油	1999
ナカンテクノ	2622
ナグザット	0529
和み亭	3163
名古屋アサヒペン	0082
名古屋インテリア	1594
名古屋運輸作業	0599
名古屋技術センター	2879
名古屋銀行	2000
名古屋劇場御園座	2779
名古屋絹紡	1891
名古屋港運	2869
名古屋コクヨ	0840
名古屋コクヨ商店	0840
名古屋ゴム	1942
名古屋三光合成樹脂工業	0977
ナゴヤシッピング	2869
名古屋重工業	0001
名古屋織布	2634
名古屋進和	1265
名古屋スポーツガイド	0281
名古屋製函	0023
名古屋製罐倉庫	1881
名古屋製作所	1900
名古屋製粉	2092
名古屋製薬	1979
名古屋船舶	2869
名古屋倉庫	1882
名古屋相互銀行	2000
名古屋造船	0001
名古屋鉄道	2001
名古屋鉄道	0762
名古屋デリカフーズ	1758
名古屋電機工業	2002
名古屋電機商事	2002

社名	ページ
名古屋電元社	2006
名古屋電燈	1497
ナゴヤトランスポートセンター	1953
名古屋塗料	2007
名古屋ナイガイ	1973
名古屋日冷スター販売	2046
名古屋ノーリツサービス	2295
名古屋パルプ	1456
名古屋ピグメント	2177
名古屋日立家庭電器月賦販売	2409
名古屋ペイント	2007
名古屋変圧器製作所	2002
名古屋紡績	1891, 2094
名古屋無尽	0020
名古屋明電エンジニアリング	2880
名古屋木材	2003
名古屋油研	2985
名古屋菱冷工業	3103
名古屋レミントンランド・マイクロフィルムサービス	1025
ナショナルクレジット	2790
ナショナル住宅建材	2336, 2342
ナショナル住宅産業	2342
ナショナル通信工事	2340
ナショナルラジオ月販	2790
ナショナーレ・ネーデルランデン生命保険	0342
ナショナーレ・ネーデルランデン生命保険会社N.V.日本支店	0342
那須アルミニウム工業	3072
那須アルミニューム器具製造所	3072
那須エンジニアリング	2004
那須化成	2004
那須観光	2179
ナスク	0736
那須グリコ乳業	0294
那須興業	2179
那須工業	2004
那須鋼板	2004
那須ストラクチャー工業	2004
那須設計	2004
那須ディ・エヌ・ティ	1511
那須鉄工車輌	2004
那須鉄工所	2004
那須電機商事	2004
那須電機鉄工	2004
那須電材産業	2004
那須ハイランドゴルフ	1895
ナスビジネスサービス	2188
那須牧場	2179
ナスラック	1840
奈積工業	1352
灘商業銀行	2789
ナチ九州	2512
ナチ工具販売	2512
ナチ鋼材	2512
ナチ山陽	2512
ナチツールエンジニアリング	2512
那智不二越（江蘇）精密機械有限公司	2512
那智不二越（上海）貿易有限公司	2512
ナチベアリング	2512
ナチ油圧センター	2512
ナチュラブ	2026
ナチュラル・ダイニング	2209
ナック	2005
ナックチェーン本部	2005
ナックライフパートナーズ	2005
夏目光学	1096
ナティーク城山	1974
なでしこキャリア	1706
ナ・デックス	2006
ナデックス企画	2006
那電久寿機器（上海）有限公司	2006
ナ・デックスプロダクツ	2006
ナトコ	2007
ナトコ商事	2007
ナトコペイント	2007
なとり	2008
なとり観光	2008
名取ゴム工業	0637
なとり商会	2008
名取商会	2008
なとり食品販売	2008
なとり製菓	2008
名取製作所	0744
なとりデリカ	2008
なとり納品代行	2008
ナナオ	0273
七転八起	0114
七十七カード	2009
七十七銀行	2009
七十七クレジットサービス	2009
七十七コンピューターサービス	2009
七十七事務代行	2009
七十七信用保証	2009
七十七スタッフサービス	2009
七十七ビジネスサービス	2009
七十七リース	2009
七十六銀行	0420
浪速製紙	2817
浪速精密工業所	1083
浪華倉庫	1140
浪速電気商会	0704
浪速電車軌道	2016
浪速土地	0438
浪花モスリン	1447
浪速流通サービス	1728
ナノテクフォトン	0808
ナノテスト	3009
ナノテックス	3009
なの花薬局	0848
NANOぴあ	2382
ナノ・メディア	2382
那覇総合ビルサービス	0295
名浜	3000
ナビ	0225
ナビスコ社	2950
ナビタス	2010
ナビタスインモールディングソリューションズ	2010
納維達斯机械（蘇州）有限公司	2010
納維達斯商貿（蘇州）有限公司	2010
ナビタスビジョンソリューション	2010
ナビックスマイスター	2683
ナビックスライン	2683
ナフィックス	2285
ナフコ	2011
ナブコ	2012
ナフコ商品センター	2011
ナプス	0857
ナブテスコ	2012
ナブテスコオートモーティブ	2012
鍋島石材興業	0760
並木製作所	2306
ナムコ	2377
ナムテック	2293
名村エンジニアリング	2013
名村重機船渠	2013
名村情報システム	2013
名村造船所	2013
名村造船鉄工所	2013
名村マリン	2013
滑川不二越	2512
奈良エース	1542
奈良ガーデンクリエイト	1556
奈良軌道	0702
奈良銀行	3089, 3090
奈良コトブキ	0855
ナラサキ産業	2014
楢崎産業	2014
楢崎商事	2014
楢崎商店	2014
ナラサキスタックス	2014
ナラサキ石油	2014
楢崎石油商事	2014
楢崎総合運輸	2014
習志野新京成バス	1226
奈良電気鉄道	0702
奈良万葉カンツリ倶楽部	0075
なら寿庵	0855
成田エアポートエンタープライズ	2208
成田空港施設	0707
ナリタ合成	0637
成田東急ビル	1800
ナルコ岩井	2015
鳴海製陶	1245
ナレッジ・マネジメント・ケア研究所	0355
南亜共和塑膠（南通）有限公司	0688
南亜公司	1205
南安石油販売	1017

社名	頁
南越航空補機	0905
南越染色	0905
南央国際貿易（上海）有限公司	2021
南海運輸	1967
南海オーエーシステム	0901
南海化学工業	1996
南海果工	1551
南海華達模具廠	1548
南海観光バス	2016
南海建材商貿（上海）有限公司	2017
南海港運	2017
南海航空観光	2016
南海国際旅行	2016
南海ゴム	0688
南海交通	2016
南海地所	2016
南海システム作業	2017
南海自動車興業	2016
南海車両工業	2016
南海商事	2016
南海白浜観光	2016
南海親和商事	2016
南海タクシー	2016
南海調帯製造所	2379
南海通信特機	0901
ナンカイテクナート	0688
南海鉄道	0702, 2016
南海電気工事	3045
南海電気鉄道	2016
南海電工	3045
南海徳島ビルディング	2016
南海徳バスビルディング	2016
南海都市創造	2016
南海ニッケ・トレンガヌ社	2125
南海ニッケ・マレーシア社	2125
南海乗合自動車	2016
南海バス	2016
南海ビルサービス	2016
南海フェリー	2016
南海不動産	2016
南海プライウッド	2017
南海プラザ	2754
南海ホテルアンドトラベル	2016
南海ホーム	2016
南海無線	0901
南海木材	2017
南海窯業	1618
南紀興産	0780
南京恩梯恩精密機電有限公司	0350
南京華洋電気有限公司	1885
南京京濱化油器有限公司	0791
南京航海航標装備総廠	1714
なんぎん代理店	2020
南京帝伯熱学有限公司	1714
南京日恒信息系統有限公司	0313
南京日梱儲運実業有限公司	2056
南京富国勃朗峰橡胶有限公司	
………	2498
南京名紅旺食品有限公司	2008
南港紙センター	2115
南山カントリークラブ	1654
南寿製菓	0855
ナンシン	2018
南進ゴム工業所	2018
南信高森開発	2944
南星物流器械（蘇州）有限公司	2018
南栄アクト	2548
南総建設	2019
南総総業	2019
南総タクシー	2019
南総通運	2019
南総デマンドサポート	2019
南総電子工業	2019
楠泰塑膠	0274
南通佳尚服装有限公司	3021
南通康賽克工程工具有限公司	0885
南通匯羽豊新材料有限公司	0754
南通住友電木有限公司	1325
南通富士美食品有限公司	3039
ナンテック	0087
南都カードサービス	2020
南都銀行	2020
南都コンピュータサービス	2020
南都地所	2020
南都信用保証	2020
南都スタッフサービス	2020
南都ディーシーカード	2020
南都投資顧問	2020
南都ビジネスサービス	2020
南都リース	2020
南寧哈利瑪化工有限公司	2361
軟脳軟件（北京）有限公司	1433
軟脳離岸資源（青島）有限公司	1433
難波ニッピ都市開発	2097
ナンバーワントラベル渋谷	0276
南部梅ケ丘温泉	1482
南部エンタープライズ	2329
南部佐川急便	0917
南放セーラー広告	1378
ナンヨー	2021
南陽	2021
南陽機材	2021
南陽クリエイト	2021
南陽交易	1945
南陽興業	2667
南陽重車輛	2021
南陽相互銀行	0457
南陽ディーゼルトウゲ	2021
南陽鉄道	2016
南陽トレーディング	2021
南洋物産	2748
南陽リース	2021
南陽レンテック	2021
南豫無尽金融	0363
ナンリツ	2017
南和電気鉄道	0702

【 に 】

社名	頁
新潟味のれん本舗	0205
新潟アンドール	0157
新潟板紙	2636
新潟エヌ・デー・ケー	2235
新潟エリート食品	1197
新潟岡本硝子	0450
新潟オービックシステムエンジニアリング	0489
新潟カウボーイ	0466
新潟瓦斯	2644
新潟汽船	0938
新潟共同火力発電	1871
新潟銀行	1536
新潟高圧ガス	0808
新潟工事	1232
新潟交通	2022
新潟合同自動車	2022
新潟交友事業	2022
新潟交通観光バス	2022
新潟交通北	2022
新潟交通佐渡	2022
新潟交通西	2022
新潟サンリン	1017
新潟ジェコー	1063
新潟ジャムコ	1173
新潟証券取引所	2172
新潟人絹工業	2042
新潟信託	1536
新潟製鋼所	2639
新潟星電	2651
新潟大東紡	1498
新潟ダイヤモンド電子	1526
新潟太陽誘電	1535
新潟段ボール	3133
新潟電鉄	2022
新潟東芝セラミックス	0705
新潟道路サービス	2492
新潟東和メックス	1715
新潟日梱	2056
新潟日本産コパル	2229
新潟ニューエナジー	2454
新潟ネポン販売	2279
新潟福山通運	2497
新潟ブックオフ	2335
新潟ポリマー	1222
新潟マテリアル	2411
新潟みちのり会	1920
新潟ミツウロコ	2803
新潟ミツワ電機	2828
新潟吉野石膏	3035
新潟リアライズ	3052
新潟ワシントンホテル	2527
ニイタカ	2023
二一土建	3049
新居浜化学工業	1313

にちあんし

社名	番号
新盛軒	0845
仁尾太陽光発電	3045
仁賀保高原風力発電	1766
仁木島商事	2101
仁木島商店	2101
二期リゾート	0268
肉の太公	0825
二興製作所	1827
ニコン	2024
ニコンアイウェア	2024
ニコンイメージングシステムズ	2024
ニコンイメージングジャパン	2024
ニコンインステック	2024
ニコン・エシロール	2024
ニコンエンジニアリング	2024
ニコンカメラ販売	2024
ニコンシステム	2024
ニコンスタッフサービス	2024
ニコン・セル・イノベーション	2024
ニコンつばさ工房	2024
ニコンテック	2024
ニコン・トリンブル	2024
ニコンビジョン	2024
西胆振環境	2219
西蒲米菓	2586
ニシエイ	1982
ニジオ	1812
西奥羽ジャスコ	2708
西奥羽ファミリー	2708
西尾建設機械販売	2025
西尾実業	2025
西尾精機	1523
西尾鋳造	1650
西尾リース	2025
西尾レントオール	2025
ニシオレントオール神奈川	2025
ニシオレントオール北海道	2025
ニシオワークサポート	2025
ニシカワ・オブ・アメリカ, Inc.	2026
西川化成	1463
西川楽器製造所	2966
ニシカワ・カリヤ・インドネシア	2026
西川ゴム工業	2026
西川護謨工業所	2026
西川ゴム山口	2026
ニシカワ商会	2320
ニシカワ・スタンダード・カンパニー	2026
西川精機	0337
ニシカワ・タチャプララート・クーパー Ltd.	2026
ニシカワ・タチャプララート・ラバー・カンパニー Ltd.	2026
西川デザインテクノ	2026
西川ビッグウェル	2026
西川屋	3000
西川屋チェン	3000
西川鑢製作所	0337
ニシキ	3132
西九州ウエルマート	2706
西九州ネポン販売	2279
にじげん	1101
西静ケーブルネットワーク	0937, 1899
西芝エンジニアリング	2027
西芝テクノ	2027
西芝電機	2027
西芝ベトナム社	2027
西陣ジャカード機製作所	2863
西園鉄工所	0350
ニシツウ長崎	1110
西日本コンクリート工業	2782
西日本精工	2149
西日本製紙	2150
西日本電気テック	2028
西日本梅の花	0255
西日本オイルシール販売	3093
西日本カスタマーサービス	0833
西日本環境エネルギー	0655
西日本共同火力	0655
西日本キヨスク	2028
西日本建設コンサルタント	0234
西日本興産	1013
西日本三桜	0962
西日本システム建設	1110
西日本シティTT証券	1794
西日本シティTT証券準備	1794
西日本重工業	2813
西日本シューズ	3071
西日本商業開発	2142
西日本鐘商	0235
西日本松竹興行	1188
西日本情報サービスセンター	2433
西日本食販	0499
西日本シンクタンク	0803
西日本スチールセンター	0480
西日本スーパーバッグ	1302
西日本製鋼	0424
西日本測量設計	0234
西日本大京	1462
西日本ダイケンプロダクツ	1467
西日本通信建設	1110
西日本テクノサービス	0234
西日本電材	1110
西日本電子工業	1608
西日本電設	1110
西日本パルプ	1456
西日本バンドー	2379
西日本ビジネスコンピュータ	1435
西日本ビバレッジ	0833
西日本プラント工業	0655
西日本ベアリング	2021
西日本紡織	2703
西日本紡績	2703
西日本マジックパール	2472
西日本モバイル	2284
西日本養鰻	3044
西日本吉野家	3036
西日本リアライズ	3052
西日本菱重施設	2813
西日本旅客鉄道	2028
にしの	2029
西野工作所	2219
西野商事	2029, 2101
西野商店	2029
西宮銀行	2789
西原金属工業	1480
ニジボックス	3074
西松組	2030
西松建設	2030
西松工業所	2030
西松地所	2030
西村	2669
西村ラヂエーター製作所	1837
西本貿易	2296
西山工業	0098
二十二銀行	2776
二十一世紀	0922
21世紀住宅研究所	3073
二十銀行	2776
二十三銀行	0418
西菱電機販売	1346
ニスカ精工	0814
ニスコ	2244
ニスコ販売	2244
ニスコンコア	0756
日亜	0834
日亜アメリカ	2031
日亜インド	2031
日亜化学工業	2031
日亜化学（香港）有限公司	2031
日亜化学ヨーロッパGmbH	2031
日亜加工鋼業	2032, 2067
日亜企業	2032
日亜機電	2032
日亜ケミカルヨーロッパGmbH	2031
日亜工運	2032
日亜鋼業	2032
日亜鋼業	2067
日亜シンガポール	2031
日亜製鋼	2032, 2067
日亜タイ	2031
日亜電機股份有限公司	2070
日亜（天津）創業投資管理有限公司	2199
日亜投資諮詢（上海）有限公司	2199
日亜マレーシア	2031
日亜薬品工業	1087
日亜ヨーロッパB.V.	2031
日亜ロシア	2031
ニチアンシーエーテブイ	2104
ニチアンCATV	2104

社名	ページ
ニチイ	0857
ニチイ学館	2033
ニチイ学館	2564
ニチイ関東	2033
ニチイ・クレジット・サービス	2648
ニチイケア愛知	2033
ニチイケア岐阜	2033
ニチイケア京都	2033
ニチイケア長野	2033
ニチイケア兵庫	2033
日医工	2034
ニチイ興産	0162
日医（広州）商貿有限公司	2033
日医工ファーマ	2034
日医工物産	2034
ニチイジャパン開発	0162
日医信販	2036
日医神和	2036
日医神和フロリダ, INC.	2036
日板商事	2067
ニチイのきらめき	2033
ニチイのほほえみ	2033
日医（北京）商貿有限公司	2033
日醫香港有限公司	2033
ニチイメンテナンス	0162
ニチウラ	0109
ニチウラ千代田屋	0109
ニチエー	2301
日栄化学工業	1681
日栄住宅資材	1294
日栄電子	2126
日英電子（上海）有限公司	2201
日英物産	2195
日榮不動産	1294
日越建設コンサルタント	0298
日エレ	0669
日沖電線（常熟）有限公司	0456
日開香港有限公司	0346
日碍環境サービス	2888
ニチギ・エンジニアリング	2119
日機工業	2136
日気サービス	2050
ニチギ整備	2119
日機装エイコー	2051
日機装工事	2051
日機物産	1634
日響電機工業	1058
日金スチール	2121
日金スリット工業	2121
日金精整テクニックス	2121
日金電磁工業	2121
日劇不動産	1001
日ケミ商事	1850
日建設計	1316
日建設計工務	1316
日合ゴム加工	1032
日合商事	1032
ニチゴー機工	2130
日国工業	2059
ニチゴー日興	1532
ニチゴー・モートン	2130
ニチゴー・モビニール	2130
ニチコン	2035
ニチコンアセットマネジメント	2135
ニチコン（アメリカ）コーポレーション	2035
ニチコン岩手	2035
ニチコン エレクトロニクス（インディア）プライベート リミテッド	2035
ニチコン エレクトロニクス（宿遷）カンパニー リミテッド	2035
ニチコン エレクトロニクス トレーディング（上海）カンパニー リミテッド	2035
ニチコン エレクトロニクス トレーディング（深圳）カンパニー リミテッド	2035
ニチコン エレクトロニクス（無錫）カンパニー リミテッド	2035
ニチコン大野	2035
ニチコン（オーストリア）ゲー・エム・ベー・ハー	2035
ニチコン亀岡	2035
ニチコン草津	2035
ニチコン滋賀	2035
ニチコン（シンガポール）プライベート リミテッド	2035
ニチコンスプラーグ	2035
ニチコン製箔	2035
ニチコン（タイランド）カンパニー リミテッド	2035
ニチコン（台湾）カンパニー リミテッド	2035
ニチコンタンタル	2035
ニチコンデンドー	2035
ニチコン長野	2035
ニチコン販売	2035
ニチコン福井	2035
ニチコンホールディングス	2135
ニチコン（香港）リミテッド	2035
ニチコン（マレーシア）センディリアン バハッド	2035
ニチコン（ヨーロッパ）リミテッド	2035
日車開発	2140
日車建設工事	2140
日写（昆山）精密模具有限公司	2215
日車情報システム	2140
日写商貿有限公司	2215
日鋳サービス	2160
日触アロー化学	2143
日触化工（張家港）有限公司	2143
日神開発	2036
日神管理	2036
日神建設	2036
日神コーポレーション オブ アメリカ, INC.	2036
日神コーポレーション USA, INC.	2036
日神住宅サポート	2036
日神住宅流通	2036
日神ファイナンス	2036
日神不動産	2036
日神不動産投資顧問	2036
日製エレクトロニクス	2416
日精儀器科技（上海）有限公司	2148
日精儀器武漢有限公司	2148
日誠毛織	2125
日静減速機製造（常州）有限公司	2073
日精工業	2073
日精工程塑料（南通）有限公司	2148
日製サイエンス	2416
日精塑料机械（太倉）有限公司	2074
日精サービス	2148
日製産業	2416
日精樹脂工業科技（太倉）有限公司	2074
日精樹脂製作所	2074
日製石油販売	2416
日製ソフトウェア	2416
日精テクニカ	2074
日精テクノ	2151
日静電機	2416
日静貿易（上海）有限公司	2073
日精ホンダ	2148
日精メタルワークス	2074
日静理化	2416
日セラ三和電器（蘇州）有限公司	2155
日セラテック	2155
日セラ電子	2155
日セラ販売	2155
日セラマーケティング	2155
ニチゾウアイエムシー	1974
ニチゾウ電子制御	2415
ニチゾウマテリアル	2415
ニチゾウ陸機設計	2415
ニチダイ	2037
ニチダイフィルタ	2037
ニチダイプレシジョン	2037
日鍛工器	1301
日鍛バルブ製造	2079
ニチデコ	2226
日鉄鋼管	2081
日テレ7	2162
日伝	2038
日電海外エンジニアリング	0338
日電機工	2163
日電厚生サービス	2163
日伝国際貿易（上海）有限公司	2038

日電産（上海）管理有限公司 …… 2228	日貿信債権回収サービス …… 2041	ニチリン …… 2045
日電産（上海）国際貿易有限公司 …… 2228	日貿信ファイナンス …… 2041	ニチリン化成 …… 2045
日電産新宝（上海）国際貿易有限公司 …… 2232	日本舗装道路 …… 1512	ニチリン カプラ テック ユー・エス・エー インク …… 2045
日電産貿易（北京）有限公司 …… 2228	日満アルミニウム …… 1201	日輪工販 …… 2045
日電子技術サービス …… 2233	日満漁業 …… 2145	日輪ゴム工業 …… 2045
日電子物産 …… 2233	日満倉庫 …… 1890	日輪橡塑工業（上海）有限公司 …… 2045
日伝鉄工 …… 2038	日満塗料 …… 2184	ニチリン テネシー インク …… 2045
日電物流センター …… 2163	ニチメン …… 0372, 1409, 2537	日輪軟管工業（上海）有限公司 …… 2045
日動映画 …… 1786, 1787	ニチメンアジア大洋州 …… 1409	ニチリン ベトナム カンパニー リミテッド …… 2045
日動火災海上保険 …… 1810, 1811	ニチメンアパレル …… 1409	ニチリン ユー・ケー・リミテッド …… 2045
日動技研 …… 0618	ニチメン衣料 …… 1410	ニチレイ …… 2046
日動生命保険 …… 1810	ニチメンインフィニティ …… 1410	ニチレイ・アプリ …… 2046
日独写真機商店 …… 0860	ニチメンエネルギー …… 1404	ニチレイプロサーヴ …… 2046
日南養魚 …… 2631	ニチメン建材 …… 1409	ニチレキ …… 2047
日農（上海）商貿有限公司 …… 2239	日綿実業 …… 2950	日瀝 …… 2047
ニチノー緑化 …… 2239	日綿實業 …… 0506, 1409	日瀝化学工業 …… 2047
ニチノーレック …… 2239	ニチメン樹脂販売 …… 2572	日瀝（上海）商貿有限公司 …… 2047
ニチハ …… 2039	ニチメンデータシステム …… 1736	日瀝道路 …… 2047
日配車えび飼料 …… 2472	ニチメン・日商岩井ホールディングス …… 1409	日瀝特殊加工 …… 2047
日配クレジットサービス …… 2472	ニチメンパルテックス …… 1409	日レキ特殊工事 …… 2047
日配飼料販売 …… 2472	ニチメンフーズ …… 1409	ニチロ …… 2746
日配薬糧 …… 2472	ニチメンプラスチック …… 2572	日和産業 …… 2048
ニチハ装飾建材（嘉興）有限公司 …… 2039	ニチメンブルミエ …… 1409	日和産業海運 …… 0341
ニチハ装飾繊維セメント壁板（嘉興）有限公司 …… 2039	日門（江西）建材有限公司 …… 2251	ニッカ …… 2548
ニチハ富士テック …… 2039	日門（上海）貿易有限公司 …… 2251	ニッカエンタープライズ …… 2049
ニチバン …… 2040	日門（青島）建材有限公司 …… 2251	日華化学 …… 2049
日絆工業 …… 2040	日油 …… 2042	日華化学技術諮詢（上海）有限公司 …… 2049
日阪（上海）商貿有限公司 …… 2400	日油（上海）商貿有限公司 …… 2042	日華化学研発（上海）有限公司 …… 2049
日阪（常熟）機械科技有限公司 …… 2400	力至優叉車（上海）有限公司 …… 2043	日華化学工業 …… 2049
ニチバンテクノ …… 2040	日輪商事 …… 2056	日華化学工業所 …… 2049
ニチバンプリント …… 2040	ニチユソリューション …… 2042	日華化学輸送部 …… 2049
ニチバンメディカル …… 2040	ニチユビルド …… 2042	日華絹綿紡織 …… 2544
日絆薬品工業 …… 2040	ニチユ三菱フォークリフト …… 2043	日化新菱 …… 2111
ニチビ …… 0539	ニチユMHI近畿 …… 2043	日化スミエイト …… 0133
日ピス今西製造所 …… 2178	ニチユMHI東京 …… 2043	日化（成都）電材有限公司 …… 2110
日ピス岩手 …… 2178	ニチユMHIフォークリフト …… 2043	日華生命保険 …… 2721
日ピス川口製造所 …… 2178	日洋 …… 3165	日化設備エンジニアリング …… 2408
日ピス福島製造所 …… 2178	日陽エンジニアリング …… 1037	日化ビジネスサービス …… 2111
日ピス物流センター …… 2178	日熊工業 …… 2140	日火ビル …… 1441
日飛電子精機 …… 1727	日洋産業 …… 3165	ニッカVIETNAM CO., LTD. …… 2049
ニチブツサービス …… 2084	日洋設備機器 …… 3165	ニッカポリマ …… 2112
ニチプリ電子工業 …… 2183	日洋デリカ …… 3165	日華萬歳生命保険 …… 2721
日米飲料 …… 0833	日洋フーズ …… 3165	ニッカU.S.A., INC. …… 2049
日米加工 …… 0154	日洋物流 …… 3165	日環汽車零部件製造（儀征）有限公司 …… 2178
日米観光 …… 1809	日洋フレッシュ …… 1090	日刊工業新聞社 …… 0006
日米コカ・コーラボトリング …… 0833	ニチヨーテック …… 3165	日環粉末冶金製造（儀征）有限公司 …… 2178
日米蓄音機製造 …… 2133	ニチラエージェンシー …… 0578	ニッキ …… 2050
ニチボー …… 3003	日里服装輔料（上海）有限公司 …… 0109	日揮 …… 2293
日峰 …… 1284	日里服装輔料（大連）有限公司 …… 0109	日機装 …… 2051
日豊 …… 2173	日隆精化國際股份有限公司 …… 2147	
日豊化学工業 …… 2156	日糧製パン …… 2044	
日峰写真工芸 …… 1284	日糧デリー食品 …… 2044	
日貿信 …… 2041	日糧所沢工場 …… 2044	ニッキ ソルテック …… 2050

ニッキ ソルテック サービス …… 2050	日興コーディアルグループ …… 2055	日産化学アグロコリア …… 2057
日協産業 …… 1818	日興コーディアル証券 ‥ 2055, 2789	**日産化学工業** …… 2057
日協商事 …… 1409	日工産業 …… 1279, 2412	日産化学工業 …… 1256, 2042
日金東部コイルセンター …… 2121	日硬産業 …… 2053	日産化学製品（上海）有限公司 …… 2057
ニック …… 2251	日興酸素 …… 1532	日産汽船 …… 2189
ニック食品工業 …… 0620	**日興シティホールディングス** …… 2055	ニッサン ケミカル アメリカ コーポレーション …… 2057
ニックス …… 2052	日工（上海）工程機械有限公司 …… 2054	ニッサン ケミカル ヒューストン コーポレーション …… 2057
ニックス …… 1409	日興証券 …… 2055	ニッサン ケミカル ヨーロッパ S.A.R.L. …… 2057
ニックス・オー・エイ・サービス …… 1248	日興証券投資信託委託 …… 2055	日産研究所 …… 2072
ニック・セイコー・マイスナー・ヴルスト …… 0337	日興証券投資信託サービス …… 2055	日産興業 …… 0563
ニックパワーズ …… 1506	日興證券投資信託販売 …… 1794	日産コンピュータ …… 2528, 2533
ニッケ・アミューズメント …… 2125	日光商事 …… 1564	日酸サーモ …… 1532
日経アシスト …… 2589	日航商事 …… 1175	**日産自動車** …… 2058
日軽圧延 …… 2123	日鋼商事 …… 2219	日産自動車 …… 0578, 2414, 2662
日軽アルミ …… 2123	日航商事ショップサービス北海道 …… 1175	日産自動車九州 …… 2058
日軽アルミニウム工業 …… 3072	日鋼情報システム …… 2219	日産自動車販売 …… 2058
日軽化工 …… 2123	日光製紙 …… 0405	**日産車体** …… 2059
日軽技研 …… 2123	日工セック …… 2054	日産車体九州 …… 2059
日軽金アクト …… 2123	日鋼設計 …… 2219	日産車体工機 …… 2059
日軽金加工開発ホールディングス …… 2123	日工ダイヤクリート …… 2054	日産重工業 …… 2058
日経グループアジア本社 …… 2210	日工タナカエンジニアリング …… 2412	日産水産研究所 …… 2072
日軽（上海）汽車配件有限公司 …… 2123	日鋼テクノ …… 2219	日産石油化学 …… 2057
日軽（上海）国際貿易有限公司 …… 2123	日鋼デザイン …… 2219	ニッサン石鹸 …… 2042
日警電設 …… 1360	日航デリバリー …… 1175	ニッサン石鹸工業 …… 2042
日軽苫小牧 …… 2123	日工電子工業 …… 2054	**日産東京販売ホールディングス** …… 2060
日軽パネルシステム …… 2123	日硬陶器 …… 2053	日産農林工業 …… 0560, 0563
日経BP社 …… 2210	日硬陶業 …… 2053	日産物流 …… 2057
日経プレステージ …… 2589	日鋼特機 …… 2219	日産丸紅商事 …… 2057
日経マグロウヒル社 …… 2210	日鋼トラック …… 2219	日産木材工業 …… 2042
日軽冷熱 …… 2123	日工パーツ …… 2412	日産陸送 …… 1383
ニッケ機械製作所 …… 2125	日興ビーンズ証券 …… 2723	日産リース …… 2533
日毛（上海）管理有限公司 …… 2125	日工部品販売 …… 2412	ニッショー …… 0451, 2197
日毛商会 …… 2125	日光ブロック販売 …… 2363	日商 …… 0506, 1409, 2540
ニッケ・タイランド社 …… 2125	日鋼マシナリー …… 2219	日昭 …… 1196
ニッケ不動産 …… 2125	日鋼マテリアル …… 2219	日硝 …… 2255
ニッケレジャーサービス …… 2125	日鋼室蘭マネジメントサービス …… 2219	日商岩井 …… 0142, 0219, 0252, 1409, 2110, 2196, 2361, 2528, 2807
ニッケン …… 2136	日興リサーチセンター …… 2055	日商岩井アパレル …… 1703
日建企画 …… 0713	ニッコーエムイー …… 2053	日商岩井アルコニックス …… 0142
日健中外製薬有限公司 …… 1641	ニッコーエンジニアリング …… 2024	日商岩井衣料 …… 1703
ニッコー …… 2053	ニッコー産業 …… 2213	日商岩井インフォコム …… 0219
ニッコー …… 0578, 1564	ニッコーバウマシーネン …… 2054	日商岩井インフォコムシステムズ …… 0219
日工 …… 2054	ニッコー・ロジスティクス …… 2213	日商岩井建材 …… 1409
日光板紙 …… 0405	ニッコン九州 …… 2056	日商岩井コンピュータシステムズ …… 0219
日鋼運輸 …… 2219	**ニッコンホールディングス** …… 2056	日商岩井証券 …… 0321
日鉱エンジニアリング …… 1037	日塞環汽車零部件製造（鎮江）有限公司 …… 2178	日商岩井石油 …… 1404
日鋼機械センター …… 2219	日塞環貿易（上海）有限公司 …… 2178	日商岩井繊維 …… 1703
日興企業 …… 2261	日債銀債権回収 …… 0044	日商岩井繊維原料 …… 1703
日鋼キャスティング …… 2219	日債銀信託銀行 …… 0044	日商岩井非鉄販売 …… 0142
日鉱共石 …… 1038	日債銀プライベートエクイティ …… 0044	日商岩井メタルプロダクツ …… 0142
日鉱金属 …… 1038, 2786	日彩控股有限公司 …… 1936	ニッショウ・コーポレーション …… 0558
日鋼検査サービス …… 2219	日産アグリ …… 2057	日商産業 …… 1409
日鋼工営 …… 2219	日産エンジニアリング …… 2057	日昭電線伸銅 …… 2414
日幸工業 …… 2052		日昭輸送 …… 1196
日晃工業 …… 2236		
日鋼鉱業 …… 2219		
日工興産 …… 2054		

社名索引　にっせきみ

社名	ページ
日触テクノファインケミカル	2143
日触物流	2143
日食物流	2217
ニッショードラッグ	0695
ニッシン	0545
日新	2061
日新アルミニウム工業	2015
日清印刷	1508
日新運輸	1967, 2061
日新運輸倉庫	2061
日新運輸倉庫（香港）有限公司	2061
日新エアカーゴ	2061
日新エアポートサービス	2061
日精エー・エス・ビー機械	2062
日清エフ・ディ食品	2066
日進エンジニアリング	2064
日清エンジニアリング	2069
ニッシン・オートモーティブ・チュービング LLC	2067
日清化学	2069
日信化学工業	1221
日新化学工業	1313
日新瓦斯	2065
日新化成品	2065
日新缶詰	2356
日新技術サービス	2070
日進ケムコ	2110
日新高技電機（東莞）有限公司	2070
日信工業	2063
日新興業	0086
日新工業社	2070
日進工具	2064
日新航空サービス	2061
日進工具製作所	2064
日進工具香港有限公司	2064
日新工事	2070
日新高性能ト層（瀋陽）有限公司	2070
日新高性能ト層（天津）有限公司	2070
日新高性能ト層（東莞）有限公司	2070
日進サーキット	1216
日新サプライズ	2065
日新酸素	1532
日新システムズ	2070
日進社	2198
日清（上海）食品安全研究開発有限公司	2066
日新受配電システム	2070
日新商会	2065
日新商事	2065
日新商事	2061
日伸食品	0545
日清食品	2066
日清食品チルド	2066
日清食品ビジネスサポート	2066
日清食品ホールディングス	2066
日清食品有限公司	2066
日清食品冷凍	2066
ニッシン・スチールUSA, LLC	2067
日新製鋼	2067
日新製鋼	1532
日新製鋼ホールディングス	2067
日新製作所	1686
日新製糖	2068
日新製糖ホールディングス	2068
日清製粉	2069
日清製粉グループ本社	2069
日清製粉グループ本社	2046
日清製粉東酵（上海）商貿有限公司	2069
日清製粉プレミックス	2069
日清生命保険	1685
日新倉運（深圳）貨運代理有限公司	2061
進ソフトウエア	0115
日新（大連）高性能ト層技術有限公司	2070
日清ダート	2066
日新通商	1945
日清ディー・シー・エー食品	2069
日新テクノス	2070
日清テクノミック	2069
日新電機	2070
日新電機（呉江）有限公司	2070
日新電機商事	2070
日新電機タイ	2070
日新電機（大連）技術開発有限公司	2070
日新電機ベトナム	2070
日新電機（無錫）電力電容器有限公司	2070
日新電機（無錫）有限公司	2070
日新日倉国際貨運（上海）有限公司	2061
日新ハイテック	2070
日新ハイボルテージ	2070
日清フーズ	2069
ニッシンフーズ（U.S.A.）Co., Inc.	2066
日新物産	1634
ニッシン・フランス S.A.	2067
日清ペット・フード	2069
日清紡企業管理（上海）有限公司	2071
日清紡ケミカル	2071
日信防災	2280
日清紡精密機器（上海）有限公司	2071
日清紡績	2071
日清紡績（上海）有限公司	2071
日清紡大陸精密機械（揚州）有限公司	2071
日清紡テキスタイル	2071
日清紡都市開発	2071
日清紡ブレーキ	2071
日清紡ブレーキ販売	2071
日清紡ペーパー プロダクツ	2071
日清紡ポスタルケミカル	2071
日清紡ホールディングス	2071
日清紡メカトロニクス	2071
日新珠瑯製作所	1943
ニッシン・ホールディング, Inc.	2067
日新（無錫）機電有限公司	2070
日信室賀製作所	2063
ニッシン・USA, Inc.	2067
日新余暇開発	2068
日新理化	1256
日清レイヨン	2071
日水製薬	2072
ニッセイ	2073
ニッセイ	2089
日成	0686
ニッセイ・アドバンテック・メヒコ社	2148
ニッセイアメリカINC.	2074
日成エンジニアリング	2075
日星金属制品（上海）有限公司	1728
日星産業	2057
日星地所	2102
日精樹脂工業	2074
ニッセイ損害保険	0008
日星調剤	1125
ニッセイ・ディスプレイ・メヒコ社	2148
日製電機	2416
ニッセイ同和損害保険	0008
日成ビルド工業	2075
ニッセイプラスチック（インディア）PVT.LTD.	2074
ニッセイプラスチック インドネシア	2074
ニッセイプラスチックシンガポールPTE LTD	2074
ニッセイプラスチック（タイランド）CO., LTD.	2074
ニッセイプラスチック フィリピン INC.	2074
ニッセイプラスチック（ベトナム）CO., LTD.	2074
ニッセイプラスチック（ホンコン）LTD.	2074
ニッセイプラスチックマシナリー（タイランド）CO., LTD.	2074
ニッセイマシナリーサービス PTE. LTD.	2074
ニッセイメキシコS. A.DE C. V.	2074
日成リース	2075
日星流通	0985
日石アジア石油開発	1038
日石人吉中央給油所	2777
日石三菱	0836, 1038

企業名変遷要覧2　655

日石三菱精製	1038
ニッセツ	2112
ニッセン	2076
ニッセンエヴァーズ大分	2076
日染興業	0981
日泉国際貿易（上海）有限公司	2076
ニッセン・ジー・イー・クレジット	2076
ニッセンシェイプファンデ	2076
ニッセンプレミアム	2076
ニッセンホールディングス	2076
ニッセンライフ	2076
日曹化工	2156
日曹化成	2156
日曹火薬	0576
日曹金属	2156
日曹金属化学	2156
日曹金属鉱山	2156
日桑建材	0767
日曹鉱業	2156
日曹商事	2156
日曹製鋼	1517, 2156
日曹炭鉱	2156
日曹南海アグロ	2156
日曹ビーエーエスエフ・アグロ	2156
日曹油化工業	2156
ニッタ	2077
ニッタケーシングズInc.	2078
ニッタケーシングズ（カナダ）Inc.	2078
ニッタコーポレーション・オブ・アメリカ	2078
ニッタサービス	2077
新田産業	2077
新田製粉	2092
新田ゼラチン	2078
ニッタゼラチンインディアLtd.	2078
ニッタゼラチンエヌエーInc.	2078
ニッタゼラチンカナダInc.	2078
ニッタゼラチンベトナムCo., Ltd.	2078
ニッタゼラチンホールディングInc.	2078
ニッタゼラチンユーエスエーInc.	2078
新田帯革製造所	2077
日辰貿易	1681
ニッタバイオラボ	2078
新田膠質工業	2078
ニッタフィンドレイ	2078
新田ベルト	2077
新田牧場	2077
ニッタホンコンLtd.	2078
ニッタ・ムアー	2077
ニッタ・ムアーカンパニー	2077
ニッタンインディアテックPvt.Ltd.	2079
日坩運輸	2192
日短エナジー	0201
ニッタンエンジニアリング	2079
ニッタン機材	1244
日坩組運送	2192
ニッタン・グローバル・テック	2079
ニッタン商事	1244
ニッタンタイランドCo., Ltd.	2079
日坩築炉工業	2192
日鍛バルブ	2079
ニッタン物流	1244
ニッタンベトナムCo., Ltd.	2079
ニッタン・ユーロ・テックsp.z o.o.	2079
日蓄工業	2133
日室運輸	1385
日沖商業（北京）有限公司	0455
日通キャピタル	2161
日通国際物流（中国）有限公司	2161
日通保険総代理社	2161
日本ラヂエーター	0578
日鐵超硬	1617
日鉄エレックス	2082
日鉄海運	0341
日鐵化学工業	1245, 1246
日鉄鹿児島地熱	2080
日鉄汽船	0341
日鐵建材	1245
日鐵建材工業	1245
日鐵鋼機	0424
日鉄鉱機械販売	2080
日鉄鉱業	2080
日鉄鉱コンサルタント	2080
日鉄鉱チリ	2080
日鉄鉱道南興発	2080
日鉄鉱不動産	2080
日鐵コンピュータシステム	1245, 1248
日鐵商事	2083
日鐵商事コイルセンター	2083
日鉄住金鋼管	2081
日鉄住金スチール	0666
日鉄住金テックスエンジ	2083
日鉄住金物産	2083
日鉄住金物産	0048
日鉄住金物流	2084
日鐵物流	2084
日鐵物流コンピュータシステム	2084
日鐵物流コンピュータシステム大分	2084
日鐵物流コンピュータシステム姫路	2084
日鐵流通センター	2084
日鐵ロープ工業	1821
NITTOH	2085
ニットー	0578, 2085
日東麻網	1821
日東アスベスト	2071
日東運輸	2414, 2417
日東運輸倉庫	2092
日東エンジニアリング	2088, 2089
日東化学	1436
日東化工	2086
日東化工販売	2086
日東化成	1490
日東カルシウム	2733
日東技研	2087
日東毛絲紡績	2094
日東工器	2087
日東工器サービスセンター	2087
日東工器省力機器貿易（上海）有限公司	2087
日東工器－美進	2087
日東工器物流	2087
日東工業	2088
日東工業	2062
日東航空	2212
日東工具販売	2089
日東工砿業	2094
日東砿山	2094
日東公進	2089
日東酸素	1532
日東シュリンプ	2631
日東商会	1436
日陶商会	2294
日東食品製造	2093
日東スタッフ	2088
日東精機	1123
日東製器	2659
日東精工	2089
日東製網	2090
日東製糸	0539
日東製粉	2092
日東石油	3165
日東石膏	2294
日東倉庫	2093
日東タイヤ	1205, 2086
日東タイヤ販売	2086
日東建物	2838
日東直販	2093
日東ディ・エム・システム	2089
日東テクノ・グループ	0983
日東テクノサービス	2088
日東電気工業	2091, 2418
日東電工	2091
日東電工包装システム	2091
日東電工マテックス	2091
日東電子	0355
日東ネット	2090
日東白堊	2733
日東販売	2088
日東富士製粉	2092
日東フーズサービス	2092
日東ベスト	2093
日東紡伊丹加工	2094
日東紡建材	2094
日東紡織	2094
日東紡績	2094
日東紡績	1325

日東紡不動産	2094	
日東紡マテリアル	2094	
日東毛業	2094	
日東緑化サービス	2088	
日塗エンジニアリング	1511	
日塗化学	1511	
ニットク	2917	
日特アメリカ社	2095	
日特エンジニアリング	2095	
日特エンジニアリング西販売	2095	
日特エンジニアリング東販売	2095	
日特機械工程（深圳）有限公司	2095	
日特機械工程（蘇州）有限公司	2095	
日特金属工業	1327	
日特建設	2096	
日特固（広州）防音配件有限公司	2236	
ニットクシーケー	2236	
ニットク社	2095	
日特シンガポール社	2095	
日特テクノシステム	2095	
日特電子	2170	
日特不動産	2096	
日特ヨーロッパS.A.S.社	2095	
日特ヨーロッパ社	2095	
ニットーコンサルタント	0347	
ニットサービス	1511	
日塗不動産	1511	
ニットーボー新潟	2094	
ニットーボー和歌山	2094	
ニットマック	1149	
ニットマックエンジニアリング	1149	
ニットマテリアル	2535	
ニッパイフード東海	2472	
ニッパイフード東北	2472	
ニッパク産業	2978	
ニッパクホイル加工	2978	
日発運輸	2173	
ニッパツ エフ クリシュナ インド オートモティブ シーティング社	2173	
ニッパツ機工	2173	
ニッパツ九州	2173	
ニッパツサービス	2173	
沸吉亜日発（襄陽）汽車座椅有限公司	2173	
日発精密工業	2173	
日發電子科技（東莞）有限公司	2173	
日発投資有限公司	2173	
ニッパツパーキングシステムズ	2173	
日発販売	2173	
ニッパツメキシコ	2173	
ニッピ	2097	
ニッピ化成	2177	
ニッピコラーゲン化粧品	2097	
ニッピコラーゲン工業	2097	
日皮（上海）貿易有限公司	2097	
ニッピゼラチン工業	2097	
ニッピ都市開発	2097	
ニッピ・フジタ	2097	
ニップ縫整	2182	
ニップンエンジニアリング	2152	
ニップン機工	2152	
ニップン商事	2152	
ニップン商事コーポレーション	2152	
ニップン飼料	2472	
ニップンドーナツ	2152	
ニップンドーナツ関西	2152	
ニップン冷食	2152	
NIPPO	2098	
NIPPO	1037	
ニッポー	1733	
日宝	0238	
日邦アミューズメント	2099	
日邦産業	2099	
日邦精密工業（深圳）有限公司	2099	
日邦メカトロニクス	2099	
ニッポー電測	0307	
日本アクア	2100	
日本アクセス	2101	
日本アクセス	2029	
日本アジアグループ	2102	
日本アビオニクス	2103	
日本アンテナ	2104	
ニッポンアンテナ（アメリカ），INC.	2104	
ニッポンアンテナ（フィリピン），INC.	2104	
ニッポンアンテナ（ヨーロッパ），LTD.	2104	
ニッポンアンテナ（ヨーロッパ）GmbH	2104	
日本精工	0574	
日本一ソフトウェア	2105	
日本エス・エイチ・エル	2106	
日本エス・エイチ・エル販売	2106	
日本エマージェンシーアシスタンス	2107	
ニッポン・エレクトリック・グラス・マレーシア Sdn.Bhd.	2164	
ニッポン・エレクトリック・グラス・ヨーロッパ GmbH	2164	
日本ガイシ	2108	
日本碍子	2108	
日本碍子	2170, 2294, 2888	
日本海洋掘削	2109	
日本化学工業	2110	
日本化学工業	0095	
日本触媒化学工業	2143	
日本化成	2111	
日本カーバイド工業	2112	
日本カーボン	2113	
日本カーボン商事	2113	
日本カーボン・ローレンヌ	2113	
日本紙通商	2114	
日本紙パルプ商事	2115	
日本化薬	2116	
日本化薬	2674	
ニッポンカヤク コリアCo., Ltd.	2116	
ニッポンカヤク CZ, s.r.o.	2116	
日本化薬東京	2116	
日本化薬福山	2116	
日本化薬フードテクノ	2116	
日本管財	2117	
日本管財環境サービス	2117	
日本管財サービス	2117	
日本乾溜工業	2118	
日本ギア工業	2119	
日本金銭機械	2120	
日本金属	2121	
日本金属衛帯工業	2175	
日本金属産業	2121	
日本金属商事	2121	
日本金属箔工業	2978	
日本ケアサプライ	2122	
日本軽金属	2123	
日本軽金属	0300, 2124, 2658	
日本軽金属総合研究所	2123	
日本軽金属ホールディングス	2124	
日本軽金属ホールディングス	2123	
日本毛織	2125	
日本ケミコン	2126	
日本ケミファ	2127	
日本工営	2128	
日本工営横浜事業所	2128	
日本高周波鋼業	2129	
日本合成化学工業	2130	
日本合成化学工業	0729	
ニッポン高度紙工業	2131	
日本コークス工業	2132	
日本コークス工業	2787	
日本コロムビア	2133	
日本コロムビア	2475	
日本コンクリート工業	2134	
日本コンセプト	2135	
日本コンベヤ	2136	
日本コンベヤ工事	2136	
日本コンベヤー製作所	2136	
日本サード・パーティ	2137	
日本シイエムケイ	2138	
日本シイエムケイマルチ	2138	
日本システムウエア	2139	
日本車輌製造	2140	
日本出版販売	2141	
日本商業開発	2142	
日本触媒	2143	
ニッポンショクバイ（アジア）PTE.LTD.	2143	
ニッポンショクバイ・インドネシア	2143	
ニッポンショクバイ・ヨーロッパ N.V.	2143	
日本新薬	2144	
日本水産	2145	

社名	頁
日本スキー場開発	2146
日本スキー場開発	2158
日本精化	2147
日本精機	2148
ニッポンセイキ・コンシューマ・プロダクツ（タイ）社	2148
ニッポンセイキ・デ・メヒコ社	2148
ニッポンセイキ・ド・ブラジル社	2148
ニッポンセイキヨーロッパ社	2148
日本精工	2149
日本精工九州	2149
日本製紙	2150
日本製紙	0275, 3133
日本製紙グループ本社	2150
日本製紙ケミカル	2150
日本精線	2151
日本製粉	2152
日本精蠟	2153
日本ゼオン	2154
日本ゼオン	3031
日本セラミック	2155
日本曹達	1517
日本曹達工業	1908
日本曹達	2156
日本タングステン	2157
日本駐車場開発	2158
日本鋳造	2159
日本鋳鉄管	2160
日本通運	2161
日本通運	1742
日本テレビホールディングス	2162
日本電気	2163
日本電気	0366, 1049, 1624, 1697, 2819, 3117
日本電気移動無線サービス	2163
日本電気応用	0663
日本電気音響	2133
日本電気海外市場開発	2163
日本電気硝子	2164
日本電気計器	1148
日本電気建設エンジニアリング	0339
日本電気工業	1201
日本電気工事	0339, 1846, 2163
日本電気コストコンサルティング	2163
日本電気システム建設	0339
日本電気真空硝子	2163
日本電器製造	2336
日本電気電力エンジニアリング	2163
日本電気時計	1063
日本電気冶金	1251
日本電気熔接機材	1776
日本電気リース	0338
日本甜菜製糖	2165
日本電子計算	2166
日本電設工業	2167
日本電通	2168
日本電通建設	2168
日本動物高度医療センター	2169
日本特殊陶業	2170
日本特殊陶業	2108
日本トムソン	2171
日本トムソン販売	2171
日本トムソンベアリング	2171
日本取引所グループ	2172
日本発條	2173
日本発条・エフ・ケービーユー・オートモーディブ・シーティング社	2173
日本ハム	2174
日本ハム食品	2174
日本バルカー工業	2175
日本BS放送	2176
日本BS放送	2419
日本ピグメント	2177
日本ピストンリング	2178
ニッポンピストンリング インドネシア社	2178
日本ピストンリング製作所	2178
日本ビューホテル	2179
日本ビューホテル事業	2179
日本ピラー工業	2180
日本ピラー工業所	2180
日本フイルコン	2181
日本フエルト	2182
日本フエルト商事	2182
日本プリメックス	2183
日本ペイント	2184
日本ペイント（アメリカ）社	2184
日本ペイント工業用コーティング	2184
日本ペイント製造	2184
日本ペイント販売	2184
日本ペイントホールディングス	2184
日本ペイントマリン	2184
ニッポン放送	2547
日本マイクロニクス	2185
日本マニュファクチャリングサービス	2186
日本メディカルネットコミュニケーションズ	2187
日本冶金	1863
日本冶金工業	2188
日本郵船	2189
日本郵船	2109
日本郵船会社	2189
日本ラッド	2190
日本ラッド情報サービス	2190
ニッポンリーダシステム	0289
日本リーテック	2191
日本坩堝	2192
日本管理センター	2193
ニデコ	0290
ニトムズ	2091
ニトリ	2194
似鳥家具卸センター	2194
似鳥（中国）采購有限公司	2194
ニトリ物流分割準備会社	2194
ニトリ分割準備会社	2194
ニトリホールディングス	2194
ニートン・オート・プロダクツ	2250
ニートン・オート・メヒカーナ	2250
ニートン・ローム・インコーポレーテッド	2250
二宮製作所	0812
ニフコ	2195
利富高（塩城）精密樹脂製品有限公司	2195
ニフコ熊本	2195
利富高（江蘇）精密樹脂制品有限公司	2195
利富高（湖北）精密樹脂制品有限公司	2195
ニフティ	2196
ニプロ	2197
ニプロ医工	2197
尼普洛医療器械（合肥）有限公司	2197
ニプロ医療電子システムズ	2197
ニプロインディアコーポレーションPVT.LTD.	2197
ニプロインドネシアJAYA	2197
ニプログラスインディアPVT.LTD.	2197
尼普洛貿易（上海）有限公司	2197
日本電解製鉄所	1517
日本伝導	2038
日本アイ・エス・ケイ	2198
日本アイ・ディー・ユー	2200
日本アイデントラス	0340
日本アイ・ビー・エム	0955, 2404, 2524, 3089
日本アイビック	0049
日本亜鉛	1860
日本亜鉛製錬	1860
日本亜鉛鍍	2032, 2067
日本亜鉛鍍鋼業	2032, 2067
日本アクアメディア	2293
日本アグフア・ゲバルト	2229
日本アジア航空	2212
日本アジア投資	2199
日本アジア投資	1742, 2205
日本アセアン投資	2199
日本アセチレン化学工業	1876
日本アセチレン工業	0808, 2130
日本アセットマーケティング	2200
日本圧延加工	1571
日本アニメーション	1572
日本アニメディア	1572
日本アビオトロニクス	2103
日本アビオニクス販売	2103

日本アポック	…………	2932
日本アルミ	…………	2015
日本アルミ安城製造所	……	2015
日本アルミ建材工業	………	2015
日本アルミ滋賀製造所	……	2015
日本アルミツルマル	………	2015
日本アルミニウム建材	……	2015
日本アルミニウム工業	……	2015
日本アルミニューム製造所		
	…………………………	2015
日本アンダーライター・アカデミー		
	…………………………	1597
日本アンモニア	…………	1317
日本ERI	…………	0159
日本イーアールアイ	………	0159
日本医工	…………	2197
日本石綿盤製造	…………	2283
日本移動通信	…………	0779
日本鋳物工業	…………	3087
日本医薬総合研究所	………	2223
日本医薬品工業	…………	2034
日本イリジウム	…………	0779
日本医療経営協会	…………	1438
日本医療経営新社	…………	1438
日本医療サービス	…………	0019
日本医療事務学院	…………	2033
日本医療事務センター	……	1438
日本医療事務センター新潟		
	…………………………	1438
日本医療電気	…………	1847
日本インジェクタ	…………	2768
日本インスタントコーヒー		
	…………………………	0620
日本インター	…………	2201
日本インター	…………	0663
日本インターコネクションシステムズ		
	…………………………	1329
日本インターシステム	……	0036
日本インターナショナル整流器		
	……………… 0663,	2201
日本インターネットメディアセンター		
	…………………………	2187
日本インテグレート	………	1556
日本インテリジェントビルシステムズ		
	…………………………	2923
日本インフォメーション・エンジニアリング		
	…………………………	1029
日本インプットサービス	……	2166
日本ウィルソン・ラーニング		
	…………………………	0230
日本裏地	…………	0109
日本運輸	…………	2056
日本エアシステム	…………	2212
日本エアーテック	………	2202
日本エアポートデリカ	……	1175
日本映画劇場	…………	1859
日本衛材	…………	0293
日本衛星放送	…………	3155
日本HP	…………	2245
日本エーイーパワーシステムズ		
	…………………………	2880
日本エイパワーシステムズ		
	…………………………	2539
日本エイ・ブイ・シー	……	2398
日本栄養化学	…………	0266
日本液炭	…………	1532
日本液炭ホールディングス		
	…………………………	1532
日本エコテクノロジーズ	……	2134
日本エコテック	…………	2239
日本エス・エス・ピー	……	2248
日本エスエフ	…………	1553
日本エスクロー信託	………	2957
日本エスコン	…………	2203
日本エスリード	…………	2204
日本エタニットパイプ	…… 2771, 3087
日本エー・ディー・イー	……	0561
日本エナメル	…………	1571
日本エービーエス	…………	2012
日本エフ・エーシステム	……	0492
日本エム・アイ・エス	……	2597
日本M&Aセンター	……	2205
日本エム・アンド・エーセンター		
	…………………………	2205
日本エムアンドティー	……	2110
日本エヤーブレーキ	…… 0823,	2012
日本エランコ	…………	1087
日本エル・シー・エー	……	0387
日本エレクトロニクス	……	0669
日本エレベーター製造	……	2414
日本エレメント	…………	0267
日本エンジニアリング	……	1042
日本エンタープライズ	……	2206
日本エントリーサービス	……	0340
日本オイルシール工業	……	0345
日本オイルレスベアリング研究所		
	…………………………	0402
日本オイレス工業	…………	0402
日本オキソコール	…………	0687
日本オセ	…………	0648
日本オートマトン	…………	1741
日本オーナーズクレジット		
	…………………………	1567
日本オフィスメーション	……	0249
日本オルガノ商会	…………	0511
日本音響	…………	1057
日本温泉管	…………	1268
日本温泉水道品	…………	1268
日本海エル・エヌ・ジー	……	1871
日本海洋漁業統制	…………	2145
日本海サービス	…………	0466
日本海上火災保険	…………	1441
日本海底電線	…………	1321
日本カイノール	…………	0769
日本開発機	…………	2797
日本開発機製造	…………	2797
日本開発銀行	…………	2797
日本開発興産	…………	1553
日本開閉器工業	…………	0346
日本海洋石油資源開発	……	1358
日本科学警備保障	…………	1832
日本化学産業	…………	2207
日本化学肥料	…………	2057
日本かきセンター	…………	2436
日本化研	…………	2250
日本火工	…………	2188
日本化工製紙	…………	1236
日本火災海上保険	…………	1441
日本瓦斯化学工業	…… 1036,	2810
日本ガスケット工業	………	2180
日本化成工業	…………	0077
日本カーソリューションズ		
	…………………………	1823
日本家畜飼料	…………	2048
日本楽器製造	…… 2966,	2967
日本活性珪藻土	…………	1196
日本カードネットワーク	……	1065
日本金網	…………	2181
日本火熱材料	…………	0344
日本カプセルコンピュータ		
	…………………………	0568
日本カーボン精工	…………	2113
日本かまぼろ観光	…………	2208
日本紙パック	…………	2150
日本貨物航空	…… 0264,	2189
日本貨物鉄道	…………	1394
日本火薬製造	…………	2116
日本硝子	…………	2255
日本硝子工業	…… 0078, 0933, 2255
日本硝子商事	…………	2197
日本加里工業	…………	1197
日本カーリット	…… 0576,	2042
日本カルコンプ	…………	0648
日本カールフロール	………	1461
日本ガレン	…………	2034
日本管楽器	…………	2966
日本勧業銀行	…… 0506,	2776
日本環境調査研究所	………	1832
日本玩具	…………	2294
日本感光紙工業	…… 0840,	2636
日本機械計装	…………	2051
日本機械商事	…………	1336
日本機械製造	…………	1336
日本機械設計	…………	2879
日本機械貿易	…………	2799
日本気化器製作所	…………	2050
日本擬革	…………	0688
日本技術	…………	0349
日本技術開発	…………	0175
日本技術研究製作所	………	2155
日本絹綿紡績	…………	2544
日本キャスト	…………	0668
日本キャビネット	…………	1795
日本キャンパック	…………	2659
日本急配運送	…………	2497
日本教育研究所	…………	0042
日本教育公社	…………	3086
日本教育テレビ	…………	1761
日本共栄	…………	0933
日本橋梁	…………	0413
日本橋梁エンジニアリング		
	…………………………	0413
日本橋梁建築	…………	0413
日本橋梁分割準備	…………	0413
日本漁業糸	…………	2535
日本近海汽船	…………	0590
日本近距離航空	…………	0264
日本金属工業	…………	2067

日本金属精工 …………… 0249	日本原ソーラーエナジー …… 2758	日本光電ブラジル ………… 2214
日本金融システム研究所 …… 0314	日本ケンタッキー・フライド・	日本光電フランス ………… 2214
日本空港技術サービス …… 2208	チキン ………………… 2209	日本光電貿易 ……………… 2214
日本空港テクノ …………… 2208	日本絹毛紡績 ……………… 3003	日本光電マレーシア ……… 2214
日本空港動力 ……………… 0295	日本興亜生命保険 …… 1442, 1443	日本光電ミドルイースト …… 2214
日本空港ビルデング …… 2208	日本興亜損害保険 …… 1441, 1443	日本光電UK ……………… 2214
日本空港ビルデング ……… 1175	日本高圧瓦斯 ……………… 2112	日本光電ヨーロッパ ……… 2214
日本空港ロジテム ………… 2208	日本工営パワー・システムズ	日本光電ラテンアメリカ … 2214
日本クエーカー・ケミカル … 2715	………………………… 2128	日本合同抵当信用 ………… 1172
日本クライス ……………… 2753	日本光学工業 ……… 1816, 2024	日本合同肥料 ……………… 1393
日本クリアテック ………… 2110	日本高架電鉄 ……………… 2417	日本合同ファイナンス …… 1172
日本クリアリングサービス	日本硬質陶器 ……………… 2053	日本高分子 ………………… 2071
………………………… 1470	日本鋼管 …………………… 1042	日本高分子管 ……………… 2071
日本クリエート …………… 2072	日本鋼管工事 ……………… 1042	日本高炉セメント ………… 1699
日本グリセリン工業 ……… 2042	日本鋼管ライトスチール …… 1042	日本国際航空工業 ………… 2059
日本クリーニング ………… 2189	日本工機 …………………… 2042	日本穀産化工 ……………… 2217
日本グリーンアンドガーデン	日本鉱機 …………………… 0574	日本国内航空 ……………… 2212
………………………… 2667	日本高級塗料 ……………… 2042	日本国有鉄道 ……………… 2393
日本クリーンエナジー …… 2421	日本興業 …………………… 1800	日本黒耀石工業 …………… 0624
日本クリーンエネルギー開発	日本鉱業 ………… 0836, 1038, 2042	日本コマーシャル投資法人
………………………… 1766	日本鉱業化学部門 ………… 2057	………………………… 2995
日本クリーンテック ……… 1832	日本興業銀行 …………… 0506,	日本コミュニティー ……… 2241
日本クレジットサービス …… 0164	0811, 2055, 2775, 2776	日本ゴム工業 ……………… 0449
日本クレジットビューロー	日本興業住宅 ……………… 1913	日本コムシス ……………… 0870
………………………… 1065	日本工業新聞 ……………… 0969	日本コラーゲン …………… 2097
日本クロス工業 …………… 1506	日本工業新聞社 …………… 0969	日本コランダム …………… 3079
日本クロレラ ……………… 2935	日本工業ファスナー ……… 2195	日本ゴールドメタル工業 …… 2751
日本軍事工藝 ……………… 2289	**日本航空** ………………… 2212	日本ゴルフ会 ……………… 3087
日本ケアコミュニケーション	日本航空インターナショナル	日本コンタクトレンズ …… 2905
ズ ……………………… 0355	………………………… 2212	日本コンタクトレンズ研究所
日本経営教育研究所 ……… 3024	日本航空エレクトロニクス	………………………… 2905
日本経営研究所 …………… 2205	………………………… 2213	日本交通公社 ……………… 1051
日本KFCホールディングス	日本航空工業 ……………… 2059	日本コンデンサ工業 ……… 2035
………………………… 2209	日本航空システム ………… 2212	日本コントロールズ ……… 1098
日本ケイカル ……………… 2843	日本航空ジャパン ………… 2212	日本コンピューター ……… 0348
日本経済新聞社 ………… 2210	日本航空整備 ……………… 2212	日本コンピュータ研究所 …… 1021
日本毛糸紡績 ……… 1891, 2125	日本航空電器 ……………… 0292	日本コンピューター・サービ
日本警備保障 ……… 1360, 1361	日本航空電機 ……………… 1098	ス ……………………… 1194
日本警備保障上信越 ……… 1361	**日本航空電子工業** ……… 2213	日本コンピューター・システ
日本警備保障新潟 ………… 1361	日本航空電子工業 ………… 1453	ム ……………………… 0348
日本ケース ………………… 0945	日本工具製作 ……………… 2054	日本コンピューターテクノロ
日本結婚相談行協会 ……… 0033	日本工芸工業 ……………… 1963	ジー …………………… 0872
日本結婚相談所連盟 ……… 0033	日本広告 …………………… 1771	日本コンピューターリース
日本決済代行 ……………… 0065	日本高周波重工業 ………… 2129	………………………… 1058
日本ケーブル・システム … 2305	日本合成化学研究所 ……… 2130	日本梱包 …………………… 0488
日本ケーブル・システム埼玉	日本高速通信 ……………… 0779	日本梱包運搬社 …………… 2056
………………………… 2305	日本合成ゴム ……… 1032, 1490	日本梱包運輸 ……………… 2056
日本ケーブル・システム島根	日本合成染料販売 ………… 1981	日本梱包運輸倉庫 ………… 2056
………………………… 2305	日本恒星（南京）電脳系統有限	日本債権回収 ……………… 0502
日本ケミカルコンデンサ … 2126	公司 …………………… 0313	日本債券信用銀行 …… 0044, 0118
日本ケミカルコンデンサー	日本構造技術研究所 ……… 2166	日本再生工業 ……………… 2243
………………………… 2126	日本高速通信 ……………… 0779	日本栽培水産 ……………… 2472
日本ケミカルリサーチ …… 2611	日本光電アメリカ ………… 2214	日本作業護謨 ……………… 0563
日本建機 …………………… 0623	日本光電イタリア ………… 2214	日本酢酸エチル …… 0687, 1201
日本建具工業 ……… 3072, 3073	日本光電イノベーションセン	日本醋酸製造 ……………… 1764
日本健康機構 ……………… 1438	タ ……………………… 2214	日本酢ビ・ポバール ……… 1221
日本研削砥粒 ……………… 0576	日本光電イベリア ………… 2214	日本砂鐵工業 ……………… 0821
日本研紙 ………………… 2211	日本光電インディア ……… 2214	日本サードパーティ ……… 2137
日本研紙クリエイティブ …… 2211	日本光電九州 ……………… 2214	日本サブリック …………… 1898
日本絹糸紡績 ……………… 0497	**日本光電工業** …………… 2214	日本サーボ ………………… 2230
日本建商 …………………… 1567	日本光電コリア …………… 2214	日本サーボヨーロッパ社 …… 2230
日本原子力防護システム …… 1360	日本光電シンガポール …… 2214	日本酸化鉄工業 …………… 0607
日本建設産業 ……………… 1316	日本光電富岡 ……………… 2214	日本産業 …………… 0563, 1038, 2058
日本建装 …………… 1102, 3110	日本光電フィレンツェ …… 2214	

社名	番号
日本産業大阪鉄工所	2415
日本産業開発	0006
日本酸素	1532
日本ザンパック	1036
日本サンホーム	0112, 1447
日本シーアールアイ	3061
日本C.H.ベーリンガーゾーン	2625
日本シェークブルーフ	2244
日本ジェネリック	2223
日本ジオトラスト	1077
日本市街地開発	1414
日本紙器	3133
日本色素製造	2116
日本紙共販	2150
日本篩絹	2069
日本錫紙	2978
日本システムウェア	1624
日本システム工業	0692
日本システムサービス	1049
日本システムディベロップメント	0340
日本システム・マシン	0348
日本自洗機メンテナンス協会	2023
日本シーディーシー	0900
日本自動車	1886
日本自動車サービス	2158
日本自動車流通研究所	0793
日本自動制御	3125
日本地熱発電	1086
日本シビックコンサルタント	2128
日本事務翻訳	2604
日本車載標識	2002
日本写真印刷	2215
日本重工業	0724
日本住宅耐震補強	2085
日本住宅地図出版	1399
日本住宅保証検査機構	3073
日本住宅流通	1542
日本住宅ローン	2409
日本重化学工業	0705
日本樹脂	2572
日本樹脂化学工業	2810
日本酒精	1574
日本酒蔵	1574
日本出版配給	0429
日本出版貿易	2216
日本重油	1783
日本シュライバーフーズ	2846
日本酒類	0687
日本純薬	1782
日本商業会社	1409
日本商業銀行	2776
日本商業施設	1972
日本上下水道設計	0347
日本証券業協会	2172
日本証券クリアリング機構	2172
日本証券テクノロジー	2775
日本証券投資	0013
日本商事	1066, 1311
日本樟脳	2147
日本情報機器	0984
日本情報サービス	2221
日本蒸溜工業	2143
日本食材情報	0748
日本食品化工	2217
日本食品販売	2595, 3142
日本書籍新社	0670
日本シールオール	0345
日本シルバークール	2557
日本真空時計	1063
日本人絹パルプ	0404
日本人絹紡織	2156
日本人造テグス工業	2535
日本信託銀行	2820, 2823
日本信用リース	2564
日本森林燃料	2454
日本水素工業	2111
日本水力	1497
日本図形技術	2166
日本スチール	0424
日本スチールコンテイナー	1040
日本スチレンペーパー	1036
日本スチレンモノマー	1246
日本ステリ	0332
日本ステンレス	1245
日本スピードショア	2025
日本住建	3110
日本製靴	3071
日本製罐	1040, 1881
日本精鉱	2218
日本製網	1821
日本製鋼所	2219
日本製絨	3003
日本製鉄	0341
日本製鐵	0755, 1245, 2080
日本製鐵広畑製鐵所	2084
日本精糖	2540
日本製銅	1321
日本制動安全研究所	0067
日本制動機	2012
日本製箔	2978
日本精版	1508
日本精密	2220
日本生命保険	2822
日本生命保険相互会社	1823
日本製網	2090
日本整毛工業	3003
日本製網造機	2090
日本生薬	1678
日本製錬	2110
日本石油	0836, 1038, 2098
日本石油開発	1038
日本石油化学	1004, 1201
日本石油ガス	0836
日本石油精製	1038
日本石鹸	2042
日本接点研究所	0417
日本ゼニスパイプ	1365
日本セメント	2080
日本セラミック研究所	2155
日本繊維化工	2703
日本染芸	2076
日本染工	1793
日本セントラルシステム	1394
日本染料	1313
日本染料薬品製造	1681
日本造機製網	2090
日本総研システムソリューション	2221
日本総研ソリューションズ	2221
日本総合研究所	2221
日本総合研究所	2793
日本綜合配送	0249
日本相互銀行	2789
日本相互貯蓄銀行	3089
日本創発グループ	2222
日本ソファー	0507
日本ソフテック	2166
日本ソフトバンク	1431
日本ソーラーサービス	2683
日本ソーラトン	3035
日本ソレノイド	1098
日本耐火器製造	2192
日本大昭和板紙	2150
日本大豆製油	1045
日本タイヤ	2575
日本太陽	1534
日本ダクロシャムロック	2042
日本ターニング	2090
日本たばこ産業	0826, 2195, 2659, 3039
日本ダブリュー・ディー・アイ	1609
日本タール工業	2821
日本タンクサービス	0662
日本鍛工川崎製造所	1244
日本炭酸	1532
日本団体生命	0054, 0055
日本ダンロップ	1315
日本ダンロップ護謨	1315
日本蓄音機	2133
日本蓄音器商会	2133
日本チケット・ヴァン・サービス	2382
日本窒素肥料	1221
日本昼夜銀行	2776
日本長期信用銀行	0118, 1235
日本調剤	2223
日本調剤ファルマスタッフ	2223
日本鋳鍛鋼	2816
日本直販	1955
日本貯蓄銀行	3089
日本貯蓄興業	0020
日本通信	2224
日本ツーリスト	0777
日本低温流通	2046
日本抵抗器大分製作所	2225
日本抵抗器製作所	2225
日本抵抗器販売	2225
日本抵抗器福光製作所	2225
日本抵当証券	2564

日本ティバルディ	2540	
日本テクニカル・サービス	0419	
日本テクニカルサービス	0340	
日本テクノウェイブ	2139	
日本テクノシステム	0646	
日本デコラックス	2226	
日本デジタル放送サービス	1271	
日本データネット	1431	
日本デックス	2863	
日本鉄鋼工業	0585	
日本鉄線鋼索	0823, 1229	
日本鉄塔大森工場	1035	
日本鉄塔工業	1035	
日本鉄塔鉄構カンパニー	1035	
日本鉄板	2067	
日本鉄粉	2310	
日本テトラポッド	2557	
日本デリカ	2472	
日本デルモンテ	0632	
日本デルモンテアグリ	0632	
日本テレコム	1431	
日本テレックス	2268	
日本テレビ音楽	2162	
日本テレビサービス	2162	
日本テレビ分割準備	2162	
日本テレビ放送網	2162	
日本テレビワーク24	2162	
日本電気営業部工事所	0339	
日本電気システム建設メディアサービス	0339	
日本電氣租賃香港有限公司	0338	
日本電気ホームエレクトロニクス	2163	
日本電極	0300	
日本電計	2227	
日本電計（香港）有限公司	2227	
日本電興	0705, 2168	
日本電工	1251	
日本電産	2228	
日本電産エレクトロニクス	2228	
日本電産エンジニアリング	2228	
日本電産キョーリン	2228	
日本電産グローバルサービス	2228	
日本電産コパル	2229	
日本電産コパル精密	2229	
日本電産コパル電子	2229	
日本電産コパル・ベトナム会社	2228	
日本電産コンポーネントテクノロジー	2228	
日本電産サーボ	2230	
日本電産サンキョー	2231	
日本電産三協（浙江）有限公司	2231	
日本電産三協電子（東莞）有限公司	2231	
日本電産サンキョーシーエムアイ	2231	
日本電産サンキョー商事	2231	
日本電産自動車モータ・アメリカ	2228	
日本電産自動車モータ（浙江）有限公司	2228	
日本電産シバウラ（浙江）有限公司	2228	
日本電産芝浦（浙江）有限公司	2228	
日本電産（韶関）有限公司	2228	
日本電産シンポ	2232	
日本電産シンポ	2228	
日本電産新宝（浙江）有限公司	2232	
日本電産新宝（香港）有限公司	2232	
日本電産（浙江）有限公司	2228	
日本電産総合サービス	2228	
日本電産綜合服務（浙江）有限公司	2228	
日本電産テクノモータ	2228	
日本電産テクノモータホールディングス	2228	
日本電産（東莞）有限公司	2228	
日本電産トーソク	2228	
日本電産ニッシン	2231	
日本電産パワーモータ	2939	
日本電産プレシジョン	2228	
日本電産モーターズ アンド アクチュエーターズ	2228	
日本電産リード	2228, 2232	
日本電子	2233	
日本電子アクティブ	2233	
日本電子開発	0612	
日本電子機器	2414, 2662	
日本電子技術	0247	
日本電子クリエイティブ	2233	
日本電子光学研究所	2233	
日本電子材料	2234	
日本電子材料	2126	
日本電子材料工業	2126	
日本電子テクニクス	2233	
日本電子データム	2233	
日本電信電話	0351, 0353, 1955	
日本電信電話公社	0353, 0779	
日本電装	1770, 1943	
日本電装工業	1516	
日本電池	1069, 1148, 1511	
日本伝導精機	2038	
日本電熱	2248	
日本電波工業	2235	
日本電報通信社	1771	
日本電爐工業	2156	
日本電話工業	0682	
日本電話施設	0349	
日本動電	1787	
日本導火線	2116	
日本陶器	1921, 2108, 2294	
日本動産火災保険	1810	
日本投資委託	0202	
日本投資信託制度研究所	2288	
日本投信委託	0443	
日本どうぶつ先進医療研究所	0123	
日本特殊加工印刷	0229	
日本特殊金属工業	2181	
日本特殊金属精錬所	2121	
日本特殊毛織	2182	
日本特殊鋼	1497	
日本特殊鋼材工業	2121	
日本特殊飼料	0636	
日本特殊鉄粉	2310	
日本特殊土木工業	2096	
日本特殊塗料	2236	
日本ドクター・ルノー化粧品	2759	
日本塗紙工業	1764	
日本土地開発	0878	
日本ドッグセンター	1249	
日本土木	1486	
日本土木会社	1486	
日本トヨコム	2848	
日本トーライト	1196	
日本トラスティ・サービス信託銀行	3089	
日本トランスシティ	2237	
日本トリム	2238	
日本トレード・サービス	1455	
日本トロール	2145	
日本内外商事	0807	
日本内装	1567	
日本内装材工業	1595	
日本捺染	2076	
日本ナレッジインダストリ	0006	
日本ニッケル	0079	
日本乳製品	2872	
日本尿素工業	2810	
日本二輪車ロードサービス	1170	
日本ネイルゲージシステムズ	0222	
日本ネットワーク・エンジニアリング	1766	
日本粘着テープ工業	1754	
日本ノイズコントロール	1461	
日本農薬	2239	
日本農薬	0112	
日本配合飼料	2472	
日本配合飼料研究所	2472	
日本ハイパック	1503	
日本ハイブリッド	1230	
日本バイリーン	2240	
日本バイリーン	1681	
日本ハウズイング	2241	
日本ハウスホールディングス	2242	
日本パーオキサイド	2667	
日本パーカーライジング	2312	
日本パーカライジング	2243	
日本橋興業	2439	
日本橋倉庫	0085	
日本橋不動産	2433	
日本発条	2173, 2244	

日本発送電 …………… 0655, 1104, 1653, 1828, 1871, 2658	日本フィナンシャルセキュリティーズ …………… 0446	日本ベッツディアボーン …. 2042
日本ハードボード工業 …… 2039	日本フィールド・エンジニアリング …………… 0419	日本ペットフード …… 2459, 2472
日本バノック …………… 1687		日本ペットフード販売 …… 2472
日本パフ …………… 2933	**日本風力開発** …………… 2247	日本ベニア …………… 1179
日本パブリック …………… 2096	日本フエルト工業 …………… 1659	日本ヘリコプター …………… 0264
日本バリュー …………… 1179	日恵得造紙器材（上海）貿易有限公司 …………… 2182	日本ベリサイン …………… 1154
日本パルスガード …………… 2846		日本ベーリンガーインゲルハイム …………… 2625
日本パルプ工業 …………… 0404	日本フェローフルイディクス …………… 2477	
日本パワーシステム …………… 1058	**日本フェンオール** …………… 2248	日本ベルクロ …………… 0729
日本パワーステアリング …………… 0574, 2149	日本フォノグラム …………… 1057	日本ベンダーネット …………… 1238
	日本フォームサービス …………… 2249	日本ベントリー …………… 3075
日本パワーファスニング … 2244	日本福祉サービス …………… 1392	日本保安 …………… 1911
日本板金工業 …………… 1837	日本不織布 …………… 2691	日本保育サービス …………… 1059
日本バンテン …………… 0094	日本フード …………… 0196	日本保育総合研究所 …………… 1059
日本VIAM …………… 2240	日本不動産銀行 …………… 0044	日本ボイスメール …………… 2853
日本ビー・エー・シー …… 1228	日本フードサービス …………… 2595	日本ポイントアネックス …………… 1051, 1065
日本ビーエス放送 …………… 2176	日本ブライダル・コミュニティー …………… 0033	
日本ビーエス放送企画 ‥ 2176, 2419		日本貿易信用 …………… 2041
日本PMC …………… 1339	日本プライベートエクイティ …………… 2199, 2205	日本防災通信工業 …………… 2280
日本皮革 …………… 2097		日本紡織 …………… 2544
日本ビクター …………… 1057, 2398	日本プラスチックスペシャリティーズ …………… 2197	日本紡績 …………… 3003
日本ビクター蓄音器 … 1057, 2398		日本包装容器 …………… 0405
日本ピー・ケミカル …………… 2184	**日本プラスト** …………… 2250	日本ポスタルフランカー …… 2071
日本ビジネスコンサルタント …………… 2413	日本プラスト …………… 0578	日本鋪道 …………… 2098
日本ビジネスコンピューター …………… 1058	日本プラスト工芸 …………… 2250	日本ポート産業 …………… 2068
	ニホンプラストタイランド …………… 2250	日本ポリウレタン工業 … 1850, 2667
日本ビジネスサポート …… 0179	ニホンプラストメヒカーナ …………… 2250	日本ポリウレタン（瑞安）有限公司 …………… 1850
日本ビジネステレビジョン …………… 1430	**ニホンフラッシュ** …………… 2251	日本ポリエステル …………… 2143
日本ビチュマルス …………… 1784	ニホンフラッシュ北海道工場 …………… 2251	日本ポリオレフィン …………… 1201
日本ピッチコークス工業 …… 1246	日本プラント …………… 0487	日本ポリケミカル …………… 1850
日本ビット …………… 2252	日本プリンタエンジニアリング …………… 2183	日本ポリマー工業 …………… 2143
日本ビニロン …………… 0539		日本マカロニ …………… 2540
日本ビブロン …………… 0835	日本ブレーキライニング製作所 …………… 2175	日本マクドナルド …………… 2253
日本ピーマック …………… 1553	日本フレクト …………… 1553	日本マグドナルド …………… 2253
日本ピュアテック …………… 2110	日本プレス興建 …………… 1085	**日本マクドナルドホールディングス** …………… 2253
日本ヒューチャア …………… 2103	日本プレス興産 …………… 1085	
日本ヒューレット・パッカード …………… 2245	日本プレスコンクリート …… 1085	ニホンマグネシオ …………… 2250
日本標識工業 …………… 2118	日本プレスセグメント …… 1085	日本マーケティングセンター …………… 2558
日本ピラーアメリカ …………… 2180	日本プレースメントセンター …………… 0681	日本マージャーアンドアクイジションセンター …………… 2205
日本ピラー九州 …………… 2180	日本プレタ・マンジェ …………… 2253	
日本ピラーシンガポール …… 2180	日本プレミックス …………… 2257	日本町おこしエネルギー …… 0825
日本肥料 …………… 1197	日本ブレーンセンター …………… 0391	日本マーチャントサービス …………… 1065
日本麦酒 …………… 0078, 0933	**日本プロセス** …………… 2252	
日本麦酒鉱泉 …………… 0078, 0933	日本プロセスコンサルタント …………… 2252	日本マックス …………… 0291
日本ビルコン …………… 1851	日本プロセス・マネージメント …………… 2252	日本マレット …………… 2846
日本ビルコン関西 …………… 1851		日本マントル・クエスト …… 2109
日本ビルコン新潟 …………… 1851	日本プロパティ開発 …………… 0966	日本ミクロコーティング …… 2686
日本ヒルスコーヒー …………… 2987	日本プロパティ・ソリューションズ …………… 2117	日本ミシン精機 …………… 2073
日本ビルディング …………… 1441		日本ミシン製造 …………… 2568
日本ファインコーティングス …………… 2184	日本文化シヤッター …………… 2608	日本ミシン製造会社 …………… 2650
日本ファーストフードサービスインダストリ …………… 2595	日本文化鉄扉 …………… 2608	日本ミシン針製造 …………… 2073
	日本粉末合金 …………… 2451	日本ミート販売 …………… 2380
日本ファーネス工業 …………… 0344	日本ベアトリーム …………… 2846	日本ミネソタスリーエム …… 1329
日本ファーネス製造 …………… 0344	日本兵器製造 …………… 0422	日本ミネチュアベアリング …………… 2833
日本ファーネス炉材 …………… 0344	日本PayPal …………… 1431	日本ミネチュアベアリング販売 …………… 2833
日本ファルコム …………… 2246	日本ベークライト …………… 1325	日本ミルクコミュニティ …… 2982
日本フィーダー工業 …………… 1582		日本無尽 …………… 2789
日本フィーダー産業 …………… 1582		**日本無線** …………… 2254
		日本無線 …………… 0153, 1255, 1697

にほんむせ		
日本無線医理学研究所	0153	
日本無線硝子	2254	
日本無線電信機製造所	2254	
日本無線電信電話	2254	
日本メガケア	1532	
日本メクトロン	0345	
日本メタル工業	1499	
日本メディカル・サプライ	1043, 1044	
日本メディカルシステム	1435	
日本メディカルテクノロジー	2713	
日本メディカルマテリアル	0668	
日本メディコ	0864	
日本綿花	1409	
日本網膜研究所	2621	
日本模範製剤社	1979	
日本モルガン・クルシブル	2192	
日本薬品工業	2127	
日本山村硝子	2255	
日本有機	0526	
日本有機化学工	0483	
日本油脂	0112, 1256, 2042, 2057	
日本油止工業	0345	
日本油脂工業所	0670, 1804	
日本輸送機	2043	
日本輸送機製作所	2043	
日本油槽船	2189	
日本ユニオンポンプ	1765	
日本ユニケラー	2236	
日本ユニコム	3001	
日本ユニシス	2256	
日本ユニシス	0223	
日本ユニシス・サプライ	2256	
日本ユニシス情報システム	2256	
日本ユニシス・ソリューション	2256	
日本ユニシス・ラーニング	2256	
日本ユニパック	1198, 2256	
日本ユニパック・サプライ	2256	
日本ユニパック情報システム	2256	
日本ユニパック総合研究所	2256	
日本ユニパック・ソフト・エンジニアリング	2256	
日本ユニパックホールディング	2150	
日本ユピカ	2257	
日本窯業	1133	
日本沃度	1201	
日本予防医学研究所	0265	
日本雷管	2116	
日本ライティング	0474	
日本ライトン	2258	
日本ライナーシステム	2189	
日本ライニング製作所	2175	
日本ライヒホールド	1681	
日本ライヒホールド化学工業	1681	
日本ライフライン	2259	
日本ラジエーター製造	0578	
日本ラテックス加工	1032	
日本ラテックスゴム工業	0915	
日本ラミネート工業	2978	
日本理化工業	1532, 2130	
日本理器	3144	
日本陸送	2056	
日本リクルート映画社	0847	
日本リクルートセンター	3074	
日本理研ゴム	0449	
日本リース	0656	
日本リースキン	1898	
日本リッチ	2152	
日本リテールホールディングス	1390	
日本リネンサプライ	2321	
日本リバーブラザーズ	2042	
日本リファビッシュ	2137	
日本硫酸	1623	
日本硫炭工業	1102	
日本流通産業	0464	
日本流通未来教育センター	2997	
日本糧産化学工業	2044	
日本リルサン	1782	
日本リロケーション	3110	
日本リロケーションセンター	3110	
日本輪業	2045, 2917	
日本輪業ゴム	2045	
日本リングサービス	2178	
日本冷蔵	2046, 2813	
日本レイヨン	3003	
日本瀝青化学工業所	2047	
日本瀝青工業	2047	
日本レギュレーター	2265	
日本レース	0292	
日本レストランシステム	1897, 1922	
日本レポール	3073	
日本レミントン・ユニパック	2256	
日本煉炭工業	1134	
日本煉乳	2924, 2925	
日本ロイス	2734	
日本ログフォース	3075	
日本ロジテム	2260	
日本ロシュ	1641, 2472	
日本ロータリーノズル	1133	
日本ローブ	0970	
日本ロングライフ	3146	
日本和装クレジット	2261	
日本和装文化研究所	2261	
日本和装ホールセラーズ	2261	
日本和装ホールディングス	2261	
日本和装マーケティング	2261	
二村コーンスターチ	2217	
ニューイデー	3104	
ニューウェイブディストリビューション	3168	
入山採炭	1191	
丹生織布工場	0905	
ニューエックス	3037	
ニューエラー	1593	
ニューキッズインよしもと	3037	
ニューコア社	2961	
ニューコア・ヤマト・スチールカンパニー	2961	
ニューサカエビル	2732	
ニューサバイナインダストリーズ社	2148	
ニュー湘南眼鏡	2887	
ニューステクノロジー	2617	
ニューステップ	1141	
ニューゾーン	0059	
ニューテック	2262	
ニューテック	0685, 2385	
ニューテックス	1446	
ニュートーキュウモータース	1815	
ニュートラル	0561	
ニュートリテック	2472	
ニュートン・フィナンシャル・コンサルティング	2263	
ニュートン・フィナンシャル・コンサルティング	0309	
ニュートン・リスク・マネジメント	2263	
ニューフレアテクノロジー	2264	
ニューフレアテクノロジー	1844	
ニュープロセス製版社	0670	
ニューポート産業	2068	
ニューホライズン九州	1560	
ニューメーサーメタルス社	2173	
ニューメディカル	0668	
ニューヨーカー	1502	
ニューリー・インスツルメンツ	1011	
ニューリース	2973	
尼利可自動控制机器（上海）有限公司	2265	
ニレコ	2265	
ニレコ計装	2265	
ニレコ・サービス	2265	
丹羽製作所	1364	
ニワンゴ	0550	
寧夏銀和新能源科技有限公司	2477	
寧夏富楽徳石英材料有限公司	2477	
任天堂	2266	
任天堂かるた	2266	
任天堂骨牌	2266	
寧波維科棉紡織有限公司	2071	
寧波喜美客家居用品有限公司	3164	
寧波山陽特殊鋼製品有限公司	1009	
寧波市大榭開発区綜研化学有限公司	1402	
寧波杉京服飾有限公司	1498	
寧波杉杉大東服装有限公司	1498	

社名	頁
寧波住精液圧工業有限公司	1318
寧波仲林文化用品有限公司	1992
寧波利克化工有限公司	3128
寧波菱鋼弾簧有限公司	2816
寧波ルコック服飾有限公司	1737

【ぬ】

社名	頁
ヌーヴ・エイ	2367
沼津瓦斯	1107
沼津毛織	1498

【ね】

社名	頁
ネイチャービューティラボ	2344
ネオアクシス	0027
ネオシス	2545
ネオジャパン	2421
ネオ書房	0074
ネオシルク化粧品	2907
ネオス	2267
ネオステラ・キャピタル	1454
ネオストリート	0067
ネオックス	2692
ネオトラスト	2946
ネオプト	0345
根上工業	0868
ネクサス	1368, 2299
ネクサス・エレケミックCO., LTD.	2207
ネクサスストアマネジメント	2299
ネクサスビジネスソリューション	2299
ネクサスプロモーションアンドマーケティング	2299
ネクサスミュージック	2299
ネクシィーズ	2268
ネクシィーズ・トレード	2268
ネクス	2269
ネクスウェイ	3074
ネクスグループ	2269
ネクスティア生命保険	0055
ネクステージ	2270
ネクステル	2268
ネクスト	2271
ネクスト	0494
ネクストウェア	2272
ネクストエネルギー	0836
ネクストジャパンホールディングス	1054
ネクストフィナンシャルサービス	2271
ネクストフィールド	0038
ネクソン	2273
ネクソン・アメリカ・インク	2273
ネクソン・コーポレーション	2273
ネクソンジャパン	2273
ネクソン・パブリッシング・ノースアメリカ・インク	2273
ネクソン・ヨーロッパ・リミテッド	2273
ネクソン・ヨーロッパ・SARL	2273
ねこぐみ	1214
ネコマホテル	3101
ネスコ	1203
ネスティー	0292
ネスト	1866
ネスレ・アングロ・スイス煉乳会社	2274
ネスレコンフェクショナリー	2274
ネスレ・スノー	2274
ネスレ日本	2274
ネスレピュリナペットケア	2274
ネスレ・プロダクト・カンパニー	2274
ネスレ・プロダクト・カンパニー神戸支店	2274
ネスレマッキントッシュ	2274
ネスレマニュファクチャリング	2274
ネックス神奈川北	2284
ネックス神奈川中央	2284
ネックス埼玉	2284
ネックス湘南	2284
ネックス南多摩	2284
ネックス八王子	2284
熱研工業	1888
ネッスル社	2549
ネッスルマッキントッシュ	2549
ネッツトヨタ愛知	0281
ネッツトヨタ東海	0281
ネットアドバンス	1049
ネットイヤークラフト	2275
ネットイヤーグループ	2275
ネットイヤーゼロ	2275
ネットイヤー・ナレッジキャピタル・パートナーズ	2275
ネットイヤームーヴ	2275
ネットインデックス	2269
ネットウィナーズ	3005
ネットエイジ	2994
ネットエイジグループ	2994
ネットグラビティ・アジアパシフィック	1955
ネットセーブ	0606
ネット東海	0901
ネットビジネス設立準備	0219
ネットビレッジ	2484
ネットプライス	2426
ネットプライスドットコム	1742, 2426
ネットプロ・コンサルティング	1432
ネットプロコンサルティング	1431
ネットマックス	2773
ネットライダーズ・デイトナ	1712
ネットライフ企画	3054
ネットライフパートナー	2196
ネットワークサービス	0582, 2832
ネットワークバリューコンポネンツ	2276
ネットワークラボ	2567
ネットワールド	0434
ネットワンシステムズ	2277
ネットワンパートナーズ	2277
熱ポンプ工業	2279
ネツレンアメリカコーポレーション	0816
ネツレン・インドネシア	0816
ネツレン甲府	0816
ネツレン・チェコ	0816
ネツレン・ヒートトリート	0816
ネプス抵当証券	1990
ネプロサービス	2278
ネプロジャパン	2278
ネポン	2279
ネポンパーテック	2279
ネマステックジャパン	2267
根室銀行	2776
ネヤガワ製作所	1354
年代網際事業股份有限公司	1692

【の】

社名	頁
ノア・インフォテクノ	2166
ノアック	0465
能開総合教育センター	3156
直方砕石	2021
直方ナフコ	2011
農産銀行	0420
農商務省兵庫造船所	0591
農商無尽	1917
能美防災	2280
能率（上海）住宅設備有限公司	2295
能率（中国）投資有限公司	2295
能率電子科技（香港）有限公司	2295
能率風呂工業	2295
能率香港集団有限公司	2295
能率香港有限公司	2295
能力開発センター	3156
能和銀行	2661
ノエビア	2281
ノエビアフーズ	2281
ノエビアホールディングス	2281

社名	頁
ノエビア ヨーロッパエスアールエル	2281
濃厚銀行	1177
野口祐靖電気工業所	1846
野崎印刷紙業	2282
野崎カレンダー	2282
野崎紙業	2282
野崎商店	2282
ノザワ	2283
野澤石綿	2283
野澤石綿興業	2283
野澤石綿鉱業セメント	2283
野澤幸三郎商店	2283
ノザワ興産	2283
ノザワ商事	2283
野澤積水好施新型建材（瀋陽）有限公司	2283
ノザワトレーディング	2283
野澤貿易（上海）有限公司	2283
野澤屋呉服店	0428
ノーザンライツコンピュータ	0890
ノジマ	2284
ノジマエレクトロニクスサービス	2284
ノジマステラスポーツクラブ	2284
野島電気工業社	2284
野島電気商会	2284
能代吉野石膏	3035
ノースアメリカンライティングインク	0807
ノースアメリカンライティングメキシコエスエーデーシーブイ	0807
ノースデリカ	2044
ノースパレス	1257
能勢電産業	2376
ノダ	2285
野田合板	2285
野田醬油	0632
野田商誘銀行	1626
野田スクリーン	2286
野田製材所	2285
野田製作所	1137
野田テクノ	2286
野田喜商事	2815
ノーツ	0757
能登興業開発	2527
能都産業	0627
ノートンカンパニー	3079
ノバオートリース	2409
ノバスジーン	0508
ノハナ	2767
ノバビジネスサービス	2409
ノバポリマー	1490
ノバレーゼ	2287
ノービル	2240
ノプコ・ケミカル	1004
ノプコ・ケミカル社	1004
ノーブルエレクトロニクスベトナム	1697
ノーブルグー	3166
ノーブル興業	1697
ノーブルスタット	1697
ノーブルセンサー商事	1697
ノーブルチャータリング社	0589
ノーブルトレーディング	1697
ノーブルバタム	1697
ノーブルV&S	1697
ノーブルプレシジョン	1697
ノーブル貿易（上海）有限公司	1697
延岡運輸	1385
延岡銀行	2839
ノベル	1431
登別ポートリー	2647
登別養鶏ファーム	2647
昇商会	1769
能美商会	2280
野水電化	1662
野水電化被膜工業所	1662
能美防災工業	2280
野村アセット投信研究所	2288
野村アセットマネジメント	2288
野村アセット・マネジメント投信	2288
ノムライスラミックアセットマネジメント	2288
野村カードサービス	1172
野村キャピタル・インベストメント	2292
野村銀行	3089
ノムラグローバルアルファエルエルシー	2288
野村建設工業	2291
野村鉱業	2660
乃村工藝建築装飾（北京）有限公司	2289
乃村工藝社	2289
乃村工藝社ピーオーピー広告事業部	2289
ノムラコムス	2289
野村コリア	2293
野村コンピュータシステム	2290, 2292
ノムラサービス	2289
野村システムズ関西	2290
野村證券	2292, 3089
野村證券投資信託委託	2288
野村證券投資信託販売	2292
野村商店	0202
野村殖産貿易	2291
野村信託銀行	2292, 3089
野村生命保険	1685
野村総合研究所	2290
野村総合研究所	2288, 2292
野村総合研究所（上海）有限公司	2290
野村総合研究所（大連）有限公司	2290
野村総合研究所（北京）有限公司	2290
ノムラ・タンホア・ガーメント	2291
野村テクノ	2293
ノムラデュオ	2289
ノムラデュオイースト	2289
ノムラデュオウエスト	2289
野村電子計算センター	2290, 2292
野村投資顧問	2288
野村トレーディング・ホールディングス	2291
野村南洋事業部	2291
野村微科學工程股份有限公司	2293
野村ビジネスサービス	2292
野村ピュア	2293
野村ファイナンス	1172
野村ファンドネット証券	2292
野村不動産ファイナンス	1172
野村ブラックロック・アセット・マネジメント	2288
野村プレミアムブランズ	2291
ノムラプロダクツ	2289
野村ヘルスケア・サポート＆アドバイザリー	2292
野村貿易	2291
野村貿易マシナリーサービス	2291
野村北海道菜園	2291
野村ホールディングス	2292
野村マイクロ・サイエンス	2293
野村マイクロ・サイエンス USA Ltd., Co	2293
野村マイクロ・サイエンス USA, Inc	2293
野村マイクロ・サイエンス（Singapore）Pte Ltd	2293
野村マイクロ・サイエンス UK Ltd.	2293
野村リアルティ・キャピタル・マネジメント	2292
野村德七商店	0202
ノリタケアーティストクラブ	2294
ノリタケエンジニアリング	2294
ノリタケカンパニーリミテド	2294
ノリタケカンパニーリミテド	0729
ノリタケ機材	2294
ノリタケスーパーアブレーシブ	2294
ノリタケセラミックス	2294
ノリタケテーブルウェア	2294
ノリタケデンタルサプライ	2294
ノリタケボンデッドアブレーシブ	2294
ノリタ光学	0398
ノーリツ	2295
ノーリツエレクトロニクステクノロジー	2295
ノーリツエンジニアリング	2295

ノーリツキャピタル	2295	
ノーリツ研究センター	2296	
ノーリツ鋼機	2296	
ノーリツ光機製作所	2296	
ノーリツサービス	2295	
ノーリツ産業	2296	
ノーリツテック	2296	
ノルディス	1175	
野和ビル	2859	

【は】

バイアム（TN）リミテッドパートナーシップ	2240
バイアム ホールディングインコーポレーテッド	2240
バイアムマニファクチュアリング（タイランド）カンパニーリミテッド	2240
バイアムマニファクチュアリングメキシコソシエダアノニマデカピタルバリアブレ	2240
バイオアクティス	1249
バイオ・アプライド・システムズ	2676
バイオエナジー・リソーシス	1612
バイオコール大阪平野	1766
バイオディーゼル岡山	1971
パイオニア	2297
パイオニアアンサホン	2297
パイオニアクレジット	1162
パイオニア・ディスプレイ・プロダクツ	2297
パイオニアトレーディング	0743
パイオニアビデオ	2297
パイオニア・マイクロ・テクノロジー	2297
パイオニアリース	1162
バイオネンサービス	2454
パイオラックス	2298
パイオラックス インディア プライベート リミテッド	2298
パイオラックスエイチエフエス	2298
パイオラックス九州	2298
パイオラックス ビジネスサービス	2298
パイオラックス メキシカーナ	2298
パイオラックス メディカル デバイス	2298
パイオン	2299
バイキャムインコーポレーテッド	2240
バイク王	2300
バイク王＆カンパニー	2300
バイクセブン	1119
バイクリーン	2240
ハイグレード農園	2943

貝賽萊（上海）多媒体信息技術有限公司	2396
ハイジ	0060
ハイ・ジー・サービス	0859
ハイシステムコントロール	2415
バイセル	0637
ハイセン インコーポレーテッド	0962
ハイセンス	2476
ヴァイソム	0700
バイタルケーエスケー・ホールディングス	2301
バイタルネット	2301
ハイテクアソシエーツ	0273
ハイテクリース	2096
ハイデック	0024
ハイテック	2240, 2302
バイテックグローバルソーラー	2302
バイテックシステムエンジニアリング	2302
バイテックソーラーエナジー	2302
バイテックホールディングス	2302
バイテックローカルエナジー	2302
バイデル	2761
ハイネケン・キリン	0696
ハイネケン ジャパン	0696
ハイネット	2308
ハイパー	2303
ハイパーコンセプション	2303
榛原銀行	1108
パイプドビッツ	2304
ハイブリッド・サービス	2397
派盟交通咨詢（上海）有限公司	1648
派盟静態交通技術開発（天津）有限公司	1648
ハイメディック	3088
派蒙蜂巣停車場管理（天津）有限公司	1648
派蒙蜂巣停車場管理（北京）有限公司	1648
ハイライト	0733
ハイランドテクノ	1554
バイリーン茨城サービス	2240
バイリーンクリエイト	2240
バイリーン滋賀サービス	2240
バイリーンメディカル	2240
ハイレックスコーポレーション	2305
パイロット	2306
パイロットインキ	2306
パイロット化学工業	2306
パイロットグループホールディングス	2306
パイロットコーポレーション	2306
パイロットプレシジョン	2306
パイロット萬年筆	2306
パイロットロジテム	2306

ハインズテック	2388
パインミシン	1164
パインミシン製造	2219
パインミシン縫製機械製作所	1164
ハインリッヒワグナーシントーマシーネンファブリーク社	1242
バウ・クリエーション	1972
ハウザー	0105
ハウジング幸陽	1224
ハウジングテクノ	2955
ハウジングワークス	2955
ハウズイング合人社沖縄	2241
ハウズイング合人社北海道	2241
ハウスオソサファフーズ	2308
ハウスカレー浦上商店	2308
ハウスカレリーナ	2308
ハウスケア	0235
ハウスコム	2307
ハウスコム	1494
ハウス食品	2308
ハウス食品グループ本社	2308
ハウス食品工業	2308
ハウス食品（上海）商貿	2308
ハウス食品（中国）投資	2308
ハウス食品分割準備	2308
ハウス食品分析テクノサービス	2308
ハウステクノ	0471
ハウスドゥ	2309
ハウスドゥ・キャリア・コンサルティング	2309
ハウスドゥ住宅販売	2309
ハウスドゥ・フランチャイズ・システムズ	2309
ハウスドゥローンサービス	2309
ハウスドクター	0235
ハウス配送	2308
ハウスフーズベトナム	2308
ハウス物流サービス	2308
ハウスポート・リブ	0334
ハウス美家レストラン管理	2308
ハウスリーブ	1494
ハウスレストラン管理	2308
パウダーテック	2310
バオ	2311
芳賀環境サービス	1227
パーカー工業	2312
パーカー興産	2243
パーカーコーポレーション	2312
はが紙販	0671
はが紙販ホールディングス	0671
パーカー商事	2312
芳賀精密	1097
はかた匠工芸	2261
博多まるきた水産	2145
博多臨港倉庫	1320
パーカー油販	2312

社名	頁
バカルティリケンインドネシア	3076
萩華機械技術（上海）有限公司	2313
ハギハラ・ウイハルタ・インドネシア社	2313
ハギハラ・ウエストジャワ・インダストリーズ社	2313
バキューム・コンクリート	1191
ハーキュリーズ	1004
ハーキュリーズ－サンヨー・インコーポレイテッド	1004
ハーキュレスInc.	1256
萩原アシスト	2313
萩原工業	2313
萩原商店	2313
ハギワラソリューションズ	0389
萩原電気	2314
萩原電気韓国	2314
萩原電気工業社	2314
萩原電気貿易（上海）有限公司	2314
萩原貿易（上海）有限公司	2314
パーキングプロフェッショナルサービシーズ	2158
羽咋電機	0273
パーク王	2300
ハグオール	2556
麦卡発商貿（上海）有限公司	2129
白元アース	0101
白山工業	1196
白山タイル工業	2053
白山無線電機	0728
博進社	1236
博進社印刷工場	0670
ハークスレイ	2315
白青ガーデン	2316
白青警備保障	2316
ハクセイサービス	2316
白青舎	2316
白青舎エンジニアリング	2316
博瀬電機貿易（上海）有限公司	2449
博宣インターナショナル	1720
パークタワーホテル	1812
博展	2317
伯東	2318
白銅	2319
伯東インフォメーション・テクノロジー	2318
伯東A&L	2318
伯東エンジニアリング	2318
伯東化学	2318
白銅商店	2319
ハクトロニクス	2318
パーク二四	2320
白馬ウォーター	1897
バグフェスタ	0930
博文館印刷工場	0670
博文館印刷所	0670
博文館印刷所練肉部	1804
白峰製紙	1906
博報堂	1401, 1742, 3042
博報堂DYホールディングス	3042
博報堂DYメディアパートナーズ	3042
博宝楽輸送帯科技（昆山）有限公司	2668
白洋舎	2321
白洋舎インターナショナル	2321
白洋舎クリーニング	2321
白洋舎不動産	2321
白洋貿易	1409
パケット	1275
箱島湧水発電PFI	2960
ハコス	3073
函館エヌ・デー・ケー	2235
函館菓子製造	2875
函館製粉	2069
函館セコニック	1359
函館造林	2527
函館第一製パン	2044
函館なとり	2008
函館日糧	2044
函成工業	1203
箱根観光船	0468
箱根高原ホテル	0777
箱根施設開発	0468
箱根ロープウェイ	0468
ハコボー	0577
パサニア	1692
間銀行	1177
間組	0156
ハザマ興業	0156
バジェット・レンタカー	0506
バジェット レンタカー九州	1219
バジェット・レンタカー北陸	1923
パシオリユース	0114
パシフィックアイテック	2323
パシフィック・エルエヌジー・シッピング社	1828
パシフィックエンタプライズ	3037
パシフィック技研	2240
パシフィック航業	2325
パシフィック航業海洋調査部	2325
パシフィック航空測量	2325
パシフィックコンサルタンツグループ	0271
パシフィックシステム	2322
パシフィック商工	1518
パシフィック測量調査	2325
パシフィックテクノス	2322
パシフィック都市開発	1895
パシフィックネット	2323
パシフィック・ハウジング・インターナショナル	1047
パシフィック・ユーラス・シッピング社	1828
パシフィック・リース	0811
パシフィックレンタル	2323
羽島トラック	0329
一建設	0161
橋本化成	1295
橋本化成工業	1295
橋本製作所	2235
橋本フォーミング工業	2463
橋本升高堂製薬所	1295
ハーシュマンCorp.	1285
バス	2324
パス	1777
パスカル	0326
バスキン・ロビンス社	2549
パスコ	2325
パスコインターナショナル	2325
パスコ・エクスプレス	1090
パスコ総合環境センター	2325
パスコ道路技術センター	2325
パスコ道路センター	2325
パステル	2368
パーストープAB	0809
パスポート	2326
パスポルテ	0276
PATHマーケット	2324
長谷川毛織	0724
長谷川工務店	2328
長谷川香料	2327
長谷川香料（上海）有限公司	2327
長谷川香料（蘇州）有限公司	2327
長谷川実業	0764
長谷川歯車	2355
長谷川ビジネスサービス	2327
長谷川ファインフーズ	2327
長谷川藤太郎商店	2327
長谷工アネシス	2328
長谷工インテック	2328
長谷工コーポレーション	2328
長谷工コーポレーション	2142
長谷工コミュニティ九州	2328
長谷工ビジネスプロクシー	2328
長谷工不動産	2328
長谷工リフォーム	2328
長谷藤	2327
羽双（成都）商貿有限公司	2208
パソナ	2329, 2620
パソナグループ	2329
パソナグループ	2620
パソナCIO	2329
パソナテキーラ	2329
パソナ東北創生	2329
パソナ農援隊	2329
パソナふるさとインキュベーション	2620
ハタ通信機製作所	2833
秦野工機	2079
秦野自動車	0551
秦野証券	2829

社名	ページ
秦野精機	2079
秦野製作所	2385
秦野ツーリング	2079
働きがいのある会社研究所	3074
八紘セールスエージェント	1412
八紘電業	2213
八王子魚市場	1666
八王子瓦斯	1812
八王子庄や	1476
八王寺ミルクプラント	2875
八欧商店	2530
八欧電機	2530
八欧無線	2530
八欧無線電機会社	2530
八欧無線電機製作所	2530
八十三銀行	2432
八十二亜洲有限公司	2330
八十二オートリース	2330
八十二キャピタル	2330
八十二銀行	2330
八十二システム開発	2330
八十二信用保証	2330
八十二スタッフサービス	2330
八十二ディーシーカード	2330
八十二投資顧問	2330
八十二ビジネスサービス	2330
八十二リース	2330
八丈マリンサービス	1792
八戸エレックス	0417
八戸精錬	2786
八戸電子工業	0417
八戸東市冷蔵	1666
八戸銀行	0046
ハチバン	2331
ハチバン天龍	2331
ハチバントレーディング	2331
八番フードサービス	2331
パチャコム・ジャパン	2383
バーチャル・ラボ	0225
バーチャル和歌山	0901
八菱有限公司	1383
パチンコクラブ・ドットコム	0871
バックウチヤマ	2993
バックタケヤマ	0945
バックマル, INC.	1880
発研	0885
八紅産業	1688
白光製紙	1906
八甲田電子	0417
八甲通信建設	1710
八州藍染	1421
八洲運送	0909
八洲エンジニアリング	2937
八州測量	2325
八昇製菓	2707
発動機製造	1513, 2012
服部	0604
服部紙商事	0834
服部兼三郎商店	0828
服部鋼業	2121
服部商店	0828
服部セイコー	1341
服部精工舎	1341
服部製作所	1035
服部時計店	1341
服部時計店精工舎	1929
バップ	2162
バッファロー	2332
バッファロー	2906
バッファローオートパーツ	2332
ハーツユナイテッドグループ	2333
バーテックス リンク	1296
バーテックスリンクインベストメンツ	1296
バーテックスリンクコンサルティング	1296
バーテックスリンクデジタルデザイン	1296
バーデン	0238
ぱど	2334
ハートアンドアクション・フーズ	2028
ハートアンドアクション・リテイル	2028
ハードオフコーポレーション	2335
ハードオフファミリー	2335
ハートコンピューター	0752
ハドシス	0791
ハドシス（タイランド）カンパニー・リミテッド	0791
ぱどシップ	2334
ハートスタッフ	0454
ぱどデザイン工場	2334
パートナー事業分割準備	1058
パートナーズ	1610
パートナー・メディカル・システムズ	0203
ハートブレーン	2259
ぱどポイント	2334
ぱどラボ	2334
ハートランド	1572
羽鳥研究室	0769
花岡鉱業	1971
ハナカゴタクシー	1449
花笠食品	1982
パナシア	2682
花島煉乳所	2872
パナソニック	2336
パナソニック	0366, 2340
パナソニック・エプコ エナジーサービス	0366
パナソニック エレクトロニックデバイス	2336
パナソニックコミュニケーションズ	2336, 2337
パナソニック四国エレクトロニクス	2339
パナソニック システムネットワークス	2337
パナソニック デバイスSUNX蘇州	2338
パナソニック デバイスSUNX	2338
パナソニック テレコム	0862
パナソニック電工	2336
パナソニック電工SUNX	2338
パナソニック電工SUNX九州	2338
パナソニック ヘルスケア	2339
パナソニック モバイルコミュニケーションズ	2340
パナソニックモバイルコミュニケーションズ	2336
パナソニックEVエナジー	2336
花田製作所	2860
ハナテン	2341
ハナテンエフ シーリンク	2341
ハナテン・オート	2341
ハナテンネット	2341
華フーズ	2311
パナホーム	2342
パナホーム エル アンド シー	2342
パナホーム神奈川	2342
パナホーム近畿	2342
パナホームセキショウ	1351
パナホームセキショウ茨城	1351
パナホーム テック オークラ	2342
パナホーム東京	2342
パナホーム不動産	2342
パナホームリフォーム	2342
花巻バイオチップ	1584
花巻バイオマスエナジー	1584
ハニークラブ	2343
ハニーズ	2343
ハニーズハートフルサポート	2343
バニラ・エア	0264
羽田エアポートエンタープライズ	2208
羽田コンクリート工業所	1365
羽田ヒューム管	1365
ハネックス	1365
パネトロン	1806, 1807
ハーバー	2344
芭貝（上海）毛線編結有限公司	1502
ハーバー研究所	2344
ハーバーツ社	1511
ハーバーメディカルコスメティクス	2344
ハピックス	2345
ハピネス・アンド・ディ	2346
ハピネス アンド ディ コリア	2346
ハピネット	2347
ハピネット・ジェイピー	2347
ハピネット・ピーエム	2347
ハピネット・ピクチャーズ	2347
ハピネット・マーケティング	2347
ハピネット・ロジスティクスサービス	2347

社名	ページ
ハピネット・ロビン	2347
巴比樂視網路科技股份有限公司	2348
パピレス	2348
ハブ	2349
バフ	0140
ハブ・ア・グッド	1070
羽生銀行	0091
パフニッポンピーエム	2615
パブリカ	2304
波路夢（上海）商貿有限公司	2586
波路夢（長興）食品有限公司	2586
はま	2970
ハマイ	2350
ハマイインタナショナル	2351
ハマイエンジニアリング	2351
浜井エンジニアリング	2351
浜井機械器具製作所	2351
ハマイコリア	2350
浜井産業	2351
浜井製作所	2350
パーマウィック社	1499
濱江兄弟信息技術（杭州）有限公司	2568
浜岡綜研	1402
ハマ化成	3031
浜かつ	3111
浜勝	3111
哈邁机械商貿（上海）有限公司	2351
浜協サービス	2352
濱協物流通（香港）有限公司	2352
ハマキョウレックス	2352
浜銀TT証券	1794
浜銀TT証券準備	1794
濱口真珠	1591
浜口微生物研究所	3145
はま寿司	0843
ハマボール	2803
浜松ホトニクス	2353
浜松協同運送	2352
浜松銀行	1108
浜松光学商貿（中国）有限公司	2353
浜松ゴム	0688
浜松コントロールズ	2368
浜松佐川急便	0917
浜松市信用組合	1108
浜松整備	0393
浜松染工	1793
浜松貯蓄銀行	1108
浜松テレビ	2353
浜松ナイガイ	1973
ハママツ・ホトニクス・フランス・エス・ア・エール・エル	2353
ハママツ・ホトニクス・ユー・ケイ・リミテッド	2353
浜村ユアツ	2021
浜本	2500
Hamee	2354
バーミヤン	1270
バーミリオンラバーテクノロジーインク	2498
バムニプロテインズLtd.	2078
哈默納科（上海）商貿有限公司	2355
ハーモニック	0225
ハーモニック・エイディ	2355
ハーモニック・ドライブ・エルエルシー	2355
ハーモニック・ドライブ・システムズ	2355
ハーモニック プレシジョン	2355
ハーモニーランド	1015
林兼缶詰	2356
林兼コンピューター	2356
林兼産業	2356
林兼産業	2472
林兼畜産	2356
林兼デリカ	2356
林兼ファーム	2356
林兼フーズ	2356
林兼ポートリー	2356
林兼冷蔵	2356
林紙業社	0671
林大作商店	1066
林田製作所	2753
林田タクシー	1449
早島紡績	0724
ハヤシマル	2356
林六兵衛商店	0465
早野化学研究所	1148
ハヤマ工業	0041
速水護謨	0563
バライト工業	2110
バラエティーランド・ハトストアー	2613
パラカ	2357
原弘産	2358
原弘産PFIインヴェストメント	2358
原弘産ライフサービス	2358
原宿卑弥呼	2431
原信	0056
原信商店	0056
原信ナルスホールディングス	0056
原田工業	2359
原田造船	2415
原田通信	2359
原田電機製作所	2359
原田荷役	0104
パラテクノ	2360
パラマウント	2360
パラマウント札幌	2360
パラマウント仙台	2360
八楽夢床業（中国）有限公司	2360
パラマウントベッド	2360
パラマウントベッド アジア パシフィック	2360
パラマウントベッド インディア	2360
パラマウントベッド インドネシア	2360
パラマウントベッド タイランド	2360
パラマウントベッド ブラジル	2360
パラマウントベッド ベトナム	2360
パラマウントベッドホールディングス	2360
パラマウントベッド メキシコ	2360
バリアン・アソシエイツ社	1806
ハリケーン	2478
ハリソン東芝ライティング	1848
ヴァリック	0043
播磨エムアイディ	2361
ハリマ化成	2361
哈利瑪化成管理（上海）有限公司	2361
播磨化成工業	2361
ハリマ化成商事	2361
ハリマ化成ポリマー	2361
ハリマ共和物産	2362
播磨工事	2797
播磨商事	2361
播磨製粉	2733
ハリマセラミックス	0755
播磨造船所	0001, 0823
播磨耐火煉瓦	0755
ハリマテックInc.	2361
ハリマテックチェコs.r.o.	2361
ハリマテックマレーシアSdn. Bhd.	2361
はりまハウジング	2765
ハリマビシステム	2363
播磨ビルサービス	2363
パリーミキ	2766
パリーミキ技研	2766
巴黎三城光学（中国）有限公司	2766
バリューHR	2364
バリューエイチアール	2364
バリューコマース	2365
バリュー・ザ・ホテル	0540
バリュー・ザ・ホテル福島	0540
バリュー・ザ・ホテル宮城	0540
バリューサポート	2364
バリューヘルスケア	2364
バリューローソン	3137
バリュー100	1473, 3164
バル	2366
バル	2150
バルカーエスイーエス	2175
バルカーエンジニアリング	2175
バルカー興産	2175
バルカー シール ソリューションズ	2175
バルカーセイキ	2175

バルカー・ハイパフォーマンス・ポリマーズ	2175	
バルカービジネスサービス	2175	
バルカーマテリアル	2175	
パルク	2357	
ばるクル	0475	
パルコ	2367	
パルコ・シティ	2367	
パルコ商事	2367	
パルコプロモーション	2367	
パルサー電子	3005	
パルスガード社	2846	
パルステック工業	2368	
パルスパーロック	3141	
Paltac	2369	
パルタック	2369, 2901	
パルタックKS	2369	
パルテス・デ・プレシシオン・ミツバ・デ・メヒコ・エス・エー・デー・シー・ブイ	2807	
ハルテック	0866	
パルテック	2370	
パルテック	0887, 2628	
パルテックラバー社	0637	
哈爾濱新龍工程技術開発有限公司	0625	
パルボード	2150	
パルマビーズ研究所	0332	
パルマプロシュート	3039	
晴海船舶	0341	
パルメル	1687	
春本組	0866	
春本鐡工	0866	
春本鐡工所	0866	
はるやま商事	2371	
治山服装商貿（上海）有限公司	2371	
パル・リテイルシステムズ・サービス	2366	
パレ	0464	
パレスホテル	1809	
パレットプラザ	2567	
パレード	1750	
パレモ	2372	
巴麓梦（上海）服飾貿易有限公司	2372	
晴山自動車機械工場	2119	
晴山自動車工業	2119	
バレリー	2366	
ハロー	2706	
バロー	2373	
ハローアッカ	0386	
ハローズ	2381	
バロース	2256	
ハローデリカ	0799	
バローファーム海津	2373	
バローホールディングス	2373	
パワー	1476	
パワーアセットマネジメントリミテッド	0954	
ハワイアンズ・グリーングリー	1191	
パワーズインターナショナル	1048	
パワーズフジミ	0935	
パワーテクノロジー	1113	
パワードコム	0779	
パワーフォーメーション	1075	
バーン	0604	
パンウォシュレット	0774, 1921	
ヴァンエンタープライズ	1870	
バンカーズパートナー	1051	
ハンガリーミツトヨ	2806	
盤起弾簧（大連）有限公司	2378	
阪九運送	0329	
阪急オアシス	0278, 2374	
阪急観光開発	2375	
阪急キッチンエール	0278, 2374	
阪急共栄製薬	0278, 2374	
阪急共栄物産	0278, 2374	
阪急地所	2376	
阪急商業開発	0278	
阪急食品工業	0278, 2374	
阪急ショッピングセンター開発	2374	
阪急製菓	2374	
阪急電鉄	2376	
阪急電鉄分割準備	2376	
阪急阪神百貨店	2374	
阪急阪神百貨店	0278	
阪急阪神ホテルズ	2375	
阪急阪神ホールディングス	2376	
阪急百貨店	0278, 2374	
阪急ファイブ	2376	
阪急ファミリーストア	2374	
阪急物産	0278, 2374	
阪急不動産	2376	
阪急ホテルマネジメント	2375	
阪急ホールディングス	2376	
盤錦華日化学有限公司	1402	
盤錦遼河綜研化学有限公司	1402	
番禺三協豪施有限公司	0971	
バンク・コンピュータ・サービス	1918	
バンク・ビジネスファクトリー	1373	
バンコク・ダイキャスティング＆インジェクション社	1548	
パンサー・エクスプレス・インターナショナル	1923	
播州銀行	2789	
バンジョーキャピタルズ	2465	
阪神運送	2374	
阪神エンジニアリング	2376	
阪神貨物自動車	2260	
阪神喫食	2374	
阪神ギフトサービス	2374	
阪神急行電鉄	0781, 2374, 2376	
阪神銀行	2830	
ハンシン建設	2376	
阪神国道電軌	2376	
阪神コンテナー輸送	1967	
阪神商事	2374	
阪神伸銅	1100	
阪神総合レジャー	2376	
阪神相互銀行	2830	
阪神タイガース	2376	
阪神築港	1875	
阪神調剤ホールディング	2899	
阪神電気鉄道	0690, 2376	
阪神道路サービス	1304	
阪神土建工業	2376	
阪神土地	2376	
阪神ぱど	2334	
阪神百貨店	0278, 2374	
阪神不動産	2376	
阪神マート	2374	
阪神みどり会	2374	
バンス	2175	
ハンスイ	3032	
幡豆食品	0536	
播西電業	2027	
バンダイ	2377	
バンダイ・オーバーシーズ	2377	
バンダイ工業	2377	
バンダイ出版	2377	
バンダイチャンネル	2377	
バンダイナムコオンライン	2377	
バンダイナムコゲームス	2377	
バンダイナムコスタジオ	2377	
バンダイナムコホールディングス	2377	
バンダイナムコライブクリエイティブ	2377	
バンダイネットワークス	2377	
バンダイビジュアル	2377	
バンダイ模型	2377	
萬代屋	2377	
バンダイロジパル	2377	
ハンターズ クリーク ゴルフコース, INC.	2036	
半田通運	2878	
阪築商事	1875	
パンチ工業	2378	
盤起工業（瓦房店）有限公司	2378	
盤起工業（大連）有限公司	2378	
盤起工業（東莞）有限公司	2378	
盤起工業（無錫）有限公司	2378	
バンディック	1970	
播電自動車	1224	
磐東銀行	1862	
阪東式調帯	2379	
バンドウ倉庫	0405	
阪東調帯ゴム	2379	
阪東調帯護謨	2379	
バンドーエラストマー	2379	
バンドー化学	2379	
バンドー化学	1093	
バンドー興産	2379	
バンドー・ショルツ	2379	

社名	ページ
バンドートレーディング	2379
阪都不動産管理	2439
ハンナン	2380
阪南銀行	2789
ハンナングループコーディネート	2380
阪南合同牛乳	2872
ハンナン食肉	2380
ハンナン食品	2380
阪南タンクターミナル	2522
阪南畜産	2380
阪南畜産浅田商店	2380
阪南電機製作所	1755
阪南トーブツ	1728
ハンナンファーム	2380
ハンナンフーズ	2380
ハンナンフーズ関西	2380
ハンナンフーズ北関東	2380
ハンナンフーズ九州	2380
ハンナンフーズ東海	2380
ハンナンフーズ東北	2380
ハンナンフーズ中四国	2380
ハンナンフーズ北海道	2380
ハンナンミートサービス	2380
ハンナンライブストック	2380
バンノウ水産	0884
販売会社カワイピアノ・ロシア	0583
パンパシフィック・カッパー	2786
ハンプトン	1502
阪和アルファビジネス	2381
阪和エコスチール	2381
阪和興業	2381
阪和鋼板加工（東莞）有限公司	2381
阪和商会	2381
阪和信用保証	0661
阪和スチールサービス	2381
阪和電気鉄道	2016
阪和不動産	2381
阪和流通センター	2381

【ひ】

社名	ページ
ぴあ	2382
ぴあ	1742
ピーアイエー	3141
ピー・アイ・エム	2945
ビーアイジーグループ	0377
ピーアイシステム	1518
ぴあインターナショナル	2382
ぴあ会計事務所	2382
ぴあコンピュータシステム	2382
ピアサポート	1392
ピーアシスト	2556
ぴあシティ・ネット	2382
ぴあ総合研究所	2382
ぴあデジタルコミュニケーションズ	2382
ぴあデジタルマップ	2382
ぴあデジタルライフライン	2382
ピアノリサイクル	0583
ヴィア・ホールディングス	2383
ピー・アール・エス	0070
ビー・アールジャパン	2549
ピアレスライオン	3048
ビイエスフーヅ	0064
ビーイーエム	1420
ビイケイエステート	2434
ビーイング	2384
BASFジャパン	1916
BASF戸田バッテリーマテリアルズ合同会社	1916
美麗花壇股份有限公司	2434
美瑛白土工業	2660
ピーエーシー販売	2402
ピー・エス	2385
PSSキャピタル	2590
ビーエスエル	0459
BSLインシュアランス	0459
ピーエス機工	2385
ピー・エス・コンクリート	2385
ビー・エス・シー	2533
ピーエスシー	2452
BSジャパン	1762
ピー・エス・ティ	0744
ピーエスティー	2298
ピーエスニチレキ	2047
BS日本	2162
ビーエス日本	2162
ビーエスピー	0123, 3014
備実必（上海）軟件科技有限公司	3014
ビーエスピーソリューションズ	3014
ビーエスピー・プリズム	3014
ビーエスフジ	2547
BSプロジェクト	0737
ピーエス三菱	2385
ピエトロ	2386
ピエトログルト	2386
ピエトロソリューションズ	2386
ビー・エヌ・アイ・システムズ	0351
ピーエヌエス	2298
ビーエフ情報サービス	0045
ビーエフマネジメント	0396
ピー・エム・エス	3163
ビー・エム・エル	2387
ビーエムエル神奈川	2387
ピー・エム技研	0745
BMコンサルタンツ	0027
ビーエムジー	2312
ピー・エム・トラスト	1952
ビーエムハナテン	2341
ピー・エム・ピー	2366
P.M.フロンティア	2366
ヴィエール	0928
PLMジャパン	2404
ビー・エル・オートテック	2379
ピーエルシー	0432
ビーエルティー	0926
ビオ	2946
ビーオーエフインターナショナル	1740
ビー・オー・エム	2556
日置エンジニアリングサービス	2388
日置（上海）商貿有限公司	2388
日置電機	2388
日置フォレストプラザ	2388
ビオテック	2946
ビオフェルミン製薬	2389
ビオフェルミン製薬	1478
ピーオーリアルエステート	2673
比較.comサービス	2390
比較.com	2390
ビガーグループ	0377
ヒガシ運送サービス	2391
東扇島オイルターミナル	1783
東大阪生駒電鉄	0702
東大阪土地建物	0702
東興業	0104, 1828
東中国菱重施設	2813
ヒガシトゥエンティワン	2391
東日本銀行	2392
東日本ウッドワークス中部	2242
東日本ウッドワークス北海道	2242
東日本梅の花	0255
東日本銀ジェーシービーカード	2392
東日本銀ファイナンス	2392
東日本システム建設	0870
東日本重工	2385
東日本重工業	2813
東日本シューズ	3071
東日本松竹興行	1188
東日本食品	2093
東日本スレート興業	0259
東日本繊維機械	2414
東日本総合管理	2392
東日本ダイカスト工業	2807
東日本ダイハツディーゼル販売	1513
東日本鍛工	1244
東日本電気エンジニアリング	2167
東日本ニューハウス	2424
東日本ハイパック	1503
東日本ハウス	2242
東日本バンドー	2379
東日本ビル管理	1484
東日本保証サービス	2392
東日本ホールセール	2321
東日本熔鋼	2507
東日本旅客鉄道	2393
東阪神	1369
東阪神点灯	1369
東不動産	0105

東不動産販売	0105	肥後佐川急便	0917	ビジネス・ワンホールディングス	2406
東プレ九州	1858	彦島製練	2786	ピーシーマーチャンダイズ	2403
東プレ埼玉	1858	彦島船渠	2415	ビジュアルコミュニケーション	2886
東松山ショッピングセンター	1153	肥後総合リース	2399	美州興産	2835
ヒガシマル	2394	肥後相互銀行	0718	飛州貯蓄銀行	1177
東三河富士機工	2506	彦富工業	2240	坂州電気硝子	2164
東見初炭鉱	0254	彦根エス・シー	0950	ピジョン	2407
東村育種場	0913	彦根ゼラチン	2078	ピジョンウィル	2407
日賀志屋	0324	肥後橋シミズビル	2851	ピジョンキッズワールド	2407
ヒガシヤデリカ	0324	肥後ファミリー銀行	0718	ピジョン クオリティ オブ ライフ	2407
東山会館	1986	ビコムキタムラ	0630	ピジョンケミック	2407
東山フエルト	2182	肥後無尽	0718	ビジョン・コーポレーション	1434
東淀建設	1355	ピコラボ	0026	ピジョンハーツ	2407
光興業	1186	尾西毛糸紡績	2125	ピジョン哺乳器本舗	2407
ヒカリコンピューティングサービス	2395	日阪製作所	2400	ピジョンホームプロダクツ	2407
ひかり製菓	0611	備作製糸	0539	ピジョン真中	2407
光製菓	0611	久田窯業	1835	ビズアイキュー	3074
光通信	0244, 1170	久原鉱業	1038	ビスキャス	2507
光ティーピーエル	2395	久原鉱業日立鉱山所付属修理工場	2414	ビスコ	0213
光ビジネス・フォーム	2395	久光兄弟	2401	ビスコドライブジャパン	1097, 1099
光ビジネスフォーム	2395	久光常英堂	2401	ビースタイル	2556
ヒカリプロセッシング	2395	久光製薬	2401	ビステム・イー	2363
ひかる建設	0713	久光製薬技術諮詢（北京）有限公司	2401	ビステム・クリーン	2363
肥銀キャピタル	2399	ヒサミツ ファルマセウティカ デ マナウス リミターダ	2401	ビー・スマイル	2447
肥銀コンピュータサービス	2399	ヒサミツ ベトナム ファーマシューティカル カンパニーリミテッド	2401	備前化成	1694
肥銀ジェーシービーカード	2399	ヒサミツ ユーケー リミテッド	2401	備前食糧	0636
肥銀ビジネス開発	2399	ピーシーアイ	2422	肥前風力発電	2247
肥銀ベンチャーキャピタル	2399	ピーシーアコウスティック	2312	翠苔号	0249
肥銀用度センター	2399	ピー・シー・エー	2402	日田ウッドパワー	2454
肥銀リース	2399	BGエステート	2435	日高鋼業	1913
肥銀ワールドカード	2399	ピーシーエー販売	2402	日高水力電気	0781
肥銀カード	2399	ピー・ジー・エム	2363	日田共立銀行	0418
ヴィクサス	2450	ピーシーエルジャパン	2387	飛騨銀行	1177
ピクセラ	2396	ピーシー建築技術研究所	2385	美多康（成都）商貿有限公司	2373
ピクセルカンパニーズ	2397	BCJホールディングス5	1270	飛騨小坂ぶなしめじ	2373
ビクターエンタテインメント	2398	BCJホールディングス6	1270	飛騨コトブキ製菓	0855
ビクターエンタテインメント	1057	ピーシーデポコーポレーション	2403	ピタコラム	2944
ビクター音楽産業	1057, 2398	ピーシーデポマックス	2403, 2773	日田砕石	3138
ビクター計算機九州販売	1435	ビジネス・コープ	2620	ひだ寿庵	0855
ビクターターミナルシステムズ	1435	ビジネス・コンサルティング・センター	0140	ヴィータス・ソリューション	0049
ビクター・トーキング・マシン社	1057	ビジネス・トレーニング太田昭和	2404	飛騨セルトップ	0913
ひぐち食品	0466	ビジネスバンク	1062	ピーターソン・アメリカン・コーポレーション	2298
ひぐち食品新潟	0466	ビジネスバンクコンサルティング	1062	日立アプライアンス	2414
ピクチャービジョン・インク	2567	ビジネスピープル	0642	日立インダストリイズ	2414
ピクチャリングオンライン	0630	ビジネスプラン	1471	日立ウィンドパワー	2409
ピクロス	3094	ビジネスブレイン太田昭和	2404	日立運輸	2417
ピー・ケミカル社	2184	ビジネスブレイン昭和	2404	日立運輸東京モノレール	2417
ビ・ケーユー	0793	ビジネス・ブレークスルー	2405	日立エーアイシー	2408
尼康映像儀器銷售（中国）有限公司	2024	ビジネス・ワン	2406	日立エイチ・ビー・エム	2413
肥後協同銀行	2399	ビジネス・ワン賃貸管理	2406	日立オートモティブシステムズ	2414
肥後銀行	2399	ビジネス・ワンファイナンス	2406	日立オープンプラットフォームソリューションズ	2413
肥後銀行	2776				

日立オムロンターミナルソリューションズ	2414	
日立化学	2127	
日立化学製品販売	2416	
日立化工	2408	
日立瓦斯	1812	
日立化成	2408	
日立化成工業	2408	
日立化成テクノプラント	2414	
日立家庭電器販売	2414	
日立家電	2414	
日立家電販売	2414	
日立カードサービス	2409	
日立機電エンジニアリング	2414	
日立機電工業	2414	
日立キャピタル	2409	
日立キャピタル	2414	
日立キャピタル綾瀬SC	2409	
日立キャピタル信託	2409	
日立金属	2410	
日立金属工業	2410	
日立金属投資（中国）有限公司	2410	
日立金属配管機器	2410	
日立クレジット	2409	
日立計測器サービス	2416	
日立系統（広州）有限公司上海分公司	2413	
日立月販	2409, 2414	
日立ケーブルインターナショナル	2410	
日立建機	2411	
日立建機	1327	
日立建機アフリカPty.Ltd.	2411	
日立建機租賃（中国）有限公司	2411	
日立建機中東Corp.FZE	2411	
日立建機ティエラ	2411	
日立建機ビジネスフロンティア	2411	
日立建機ファインテック	2411	
日立建機ユーラシア製造LLC	2411	
日立建機ユーラシア販売LLC	2411	
日立建設機械サービス	2411	
日立建設機械製造	2411	
日立高科技貿易（上海）有限公司	2416	
日立工機	2412	
日立工機エンジニアリング	2412	
日立工機勝田	2412	
日立工機サービス	2412	
日立工機佐和	2412	
日立工機商業（中国）有限公司	2412	
日立工機原町工場	2412	
日立工機販売	2412	
日立工機山形	2412	
日立航空機	2414	
日立工作機	2414	
日立工事	2414	
日立古賀建樹	2411	
日立コミュニケーションテクノロジー	2414	
日立コンシューマエレクトロニクス	2414	
日立コンデンサ	2408	
日立サーボ	2414	
日立産機システム	2414	
日立システムズ	2413	
日立システムズパワーサービス	2413	
日立芝電商事	2416	
日立重機	2414	
日立住宅設備	2414	
日立商業保理（中国）有限公司	2409	
日立情報システムズ	2413	
日立情報ネットワーク	2413	
日立照明	2414	
日立住友重機械建機クレーン	1327, 2411	
日立製作所	2414	
日立製作所	0151, 2046, 2409, 2410, 2539, 2819, 2880	
日立製作所建設機械販売	2411	
日立製作所日立工場	2410	
ヒタチ石油	1351	
日立先端科技股份有限公司	2416	
日立造船	2415	
日立造船	0277, 2042, 2797	
日立造船茨城発電所	2415	
日立造船エンジニアリング	2415	
日立造船技術研究所	2415	
日立造船堺重工業	2415	
日立造船地所	2415	
日立造船船舶設計所	2415	
日立造船ディーゼルアンドエンジニアリング	2415	
日立造船鉄構	2415	
日立造船彦島造船所	2813	
日立造船メカニカル	2415	
日立造船メンテック	2415	
日立造船臨海工事	1875	
日立造兵	2414	
日立租賃（中国）有限公司	2409	
日立ソフトエンジニアリング	2414	
日立デーイーサービス	2416	
日立ディスプレイズ	1166, 2414	
日立ディスプレイテクノロジーズ	1166	
日立ディスプレイデバイシズ	1166	
日立ディスプレイプロダクツ	1166	
日立デーイーテクノロジー	2416	
日立デバイスエンジニアリング	1166	
ヒタチ電解箔研究所	2126	
日立電材	2416	
日立電子エンジニアリング	2416	
日立電子サービス	2413	
日立電線	2410, 2414	
日立電線工場	2410	
日立電線販売	2410	
日立電線木工	2410	
日立トリプルウィン	2409	
ひたちなか極洋	0693	
ひたちなか・東海ハイトラスト	1581	
日立熱器具	2412	
日立ネットビジネス	2413	
日立ハイテクインスツルメンツ	2416	
日立ハイテクサイエンスシステムズ	2416	
日立ハイテクデーイーテクノロジー	2416	
日立ハイテク電子エンジニアリング	2416	
日立ハイテクノロジーズ	2416	
日立ハイテクノロジーズ	2414	
日立ハウステック	2408	
日立フェライト	2410	
日立フーズ＆ロジスティクスシステムズ	2046	
日立物流	2417	
日立物流	2414, 2497, 2832	
日立物流バンテックフォワーディング	2417	
日立プラント建設	2414	
日立プラント建設サービス	2414	
日立プラントテクノ	2414	
日立プラントテクノロジー	2414	
日立プリンティングテクノロジーズ	2412	
日立粉末冶金	2408	
日立兵器	2412, 2414	
日立ホーム・アンド・ライフ・ソリューション	2414	
日立ホームテック	2412	
日立マクセル	2418	
日立マクセル	2091, 2414	
日立マクセルエナジー	2418	
日立メディコ	2414	
日立ユニシアオートモティブ	2414	
日立リース	2409, 2416	
常陸冷蔵	2046	
ピタットハウスネットワーク	1287	
ビタブリッドジャパン	2617	
ピタリフォーム	2944	
ビチュマルス道路工業	1784	
ビッカーズ社	2219	
ビッグアルファ	2335	
ビック・イースト	0267	
ビッグウイング	2208	

ビックウエスト名古屋 ……	0267	
ビックウエスト福岡 ………	0267	
ビッグエナジー ………………	0377	
ビックカメラ ……………	2419	
ビックカメラビルディング …………………………………	2419	
ビック・システム・コンサルタント・グループ ………	0490	
ビック酒販 ……………………	2419	
ビッグショット ………………	2547	
ビックスタッフ ………………	2423	
ビック東海 ………… 0937,	1899	
ビッグトレーディング ……	0769	
ビックパソコン館 ……………	2419	
ビックパワー …………………	0602	
ビックピーカン ………………	2419	
ビッグベリージャパン ……	0689	
ビックポンドストアー ………	2373	
ピックルスコーポレーション …………………………………	2420	
ピックルスコーポレーション関西 ………………………………	2420	
ピックルスコーポレーション長野 ………………………………	2420	
ビッグワン …………………	1972	
引越し侍 ……………………	0279	
ピッチコークス ………………	0300	
Hitz産機テクノ ………………	2415	
Hitzハイテクノロジー ………	2415	
Hitzマシナリー ………………	2415	
ビットアイル ………………	2421	
ピット・エイ …………………	0874	
ピットクルー …………………	2678	
ピットクルー・クロスラボ …	2678	
ピットサーフ …………………	2421	
ビットム ………………………	0081	
ピットライヴ …………………	0475	
ピー・ティ・エイチワン・コウギ・プリマ・オート・テクノロジーズ・インドネシア ‥	0280	
ピーティーエス ………………	2310	
ピー・ティー・エフテック・インドネシア …………………	0372	
ピーティーケーヒンインドネシア …………………………	0791	
ピーティー サンケン インドネシア ………………………	0974	
ピー・ティー・ショーワ・インドネシア・マニファクチャリング ……………………………	1215	
ピー・ティー・ショーワ・オートパーツ・インドネシア …	1215	
ピー・ティー・シンデンゲン・インドネシア ………………	1238	
ピーティー・タツミ・インドネシア ………… 1599,	2807	
秀一精密 ……………………	0412	
ピーティー・テクノアソシエ・インドネシア ………………	1728	
ピーティー.ニチリン インドネシア …………………………	2045	
ピーティー パイオラックス インドネシア ………………	2298	

ピーティー・フタバデンシ・インドネシア …………………	2555	
VTホールディングス ……	2422	
ピーティー ミクニ インドネシア ………………………	2768	
ピーティー・ミツバ・インドネシア ………………………	2807	
ピーティー ムロテック インドネシア ………………………	2865	
ピー ティー ヤチヨ トリミトラ インドネシア ……………	2942	
ピー・ティー・ユーシン・プレジョン・イクイップメント・インドネシア ………………	2990	
ピー・ティー・ユタカ・マニファクチャリング・インドネシア ………………………………	2991	
ピー・ティ・ロダ・プリマ・ランカー ………………………	0280	
ビデェイス ……………………	0328	
ビデオ・グラフ ………………	1870	
ビーデリサービス ……………	1064	
ヒト・コミュニケーションズ …………………………………	2423	
ヴィ・ド・フランス・ベーカリー・ヤマザキ, Inc. ……	2950	
ヴィ・ド・フランス・ヤマザキ, Inc. ……………………………	2950	
ピナ ……………………………	0926	
ビナ・キョウエイ・スチール社 …………………………	0666	
ビナ・ジャパン・エンジニアリング社 ……………………	0666	
備南運輸 ……………………	2497	
備南銀行 ……………………	2448	
備南産業 ……………………	2794	
ビニフレーム工業 ……………	2112	
ヴィーネックス ………………	0041	
桧家住宅 ……………………	2424	
桧家住宅ちば ………………	2424	
桧家住宅東京 ………………	2424	
桧家住宅とちぎ ………………	2424	
桧家住宅上信越 ………………	2424	
桧家住宅北関東 ………………	2424	
桧家ハウステック ……………	2424	
桧家ホールディングス ……	2424	
桧家リフォーミング …………	2424	
日野興産 ……………………	2425	
日野産業 ……………………	2425	
日野ヂーゼル工業 ……………	2425	
日野ヂーゼル販売 ……………	2425	
日野自動車 ………………	2425	
日野自動車工業 ………………	2425	
日野自動車販売 ………………	2425	
日野車体工業 ………………	1055	
日野重工業 …………………	2425	
BEENOS ……………………	2426	
日野セールスサポート ………	2425	
日之高（上海）商貿有限公司 …………………………………	2130	
ヒノデ ………………………	2189	
日之出興業 …………………	0488	
日之出興産 …………………	2189	
日之出商会 ………… 2414,	2416	

日ノ出製鋼 …………………	2149	
日之出生命保険 ………………	1319	
日の出耐火煉瓦 ………………	1497	
日の出陶器商会 ………………	2294	
日出紡織 ……………………	1543	
日之出無尽 …………………	2643	
日野パワートレーン マニュファクチャリング タイランド …………………………………	2425	
日野ファイナンスインドネシア …………………………	2425	
日の丸自動車播美支社 ……	1224	
日野モータース セールス インディア ………………………	2425	
日野モータース セールス ロシア ………………………………	2425	
日野モータース マニュファクチャリング コロンビア …	2425	
日野モータース マニュファクチャリング タイランド …	2425	
日野モータース マニュファクチャリング マレーシア …	2425	
日野モータース マニュファクチャリング メキシコ …	2425	
ひのや ………………………	2695	
日野ルノー販売 ………………	2425	
赫菲（上海）軸承商貿有限公司 …………………………………	2427	
ヒーハイスト精工 …………	2427	
美唄炭礦 ……………………	2821	
美唄鉄道 ……………………	2821	
ビーバーちさん ………………	1357	
ひばり開発 …………………	1270	
雲雀平風力開発 ………………	2247	
ひばりネットシステム ……	1344	
B.B.インキュベーション ……	1062	
ビーピーエーシステム餃子館 …………………………………	0406	
ビービーエフ ………………	2601	
BBL大同プライベートLTD. …………………………………	1499	
響エコサイト ………………	2082	
日比共同精錬 ………………	2786	
日比共同製錬 ………………	2080	
ビー・ビー・ケーブル ………	2602	
ビー・ビー・コミュニケーションズ ……… 1431, 2481, 2482		
ビー・ビー・シー ……………	2618	
ピーピージー・インダストリーズ・ファー・イースト ……	2042	
ビーピーシー・ジャパン ……	0583	
ビー・ビー・ショップ ………	2299	
BBTオンライン ………………	2405	
ビー・ビー・テクノロジー ………… 1431, 2299, 2481, 2482		
ヒビノ ………………………	2428	
日比野電気 …………………	2428	
ヒビノ電気音響 ………………	2428	
ヒビノドットコム ……………	2428	
ビー・ビー・マーケティング …………………………………	2403	
日比谷商事 …………………	2114	
微風和伊授桌餐飲管理顧問股份有限公司 ……………………	3152	

社名	ページ
非フエルネット	1992
ビーブランド・メディコーデンタル	0483
ピープル	0857
ピープルスタッフ	1773
ピープルリソース	1773
ビープレゼント	2556
ビーマップ	2429
ヒマラヤ	2430
卑弥呼	2431
卑弥呼興産	2431
氷見セイコー	1548
ビームサントリー	0995
ビームライト製作所	2336
ひめぎん総合ファイナンス	0363
ひめぎん総合リース	0363
ひめぎんリース	0363
姫路銀行	2789
姫路物流サービス	2084
姫路明治牛乳	2872
ビーメディアワークス	0377
百九銀行	0418
百五オフィスサービス	2432
百五オリエント・リース	2432
百五管理サービス	2432
百五銀行	2432
百五経済研究所	2432
百五コンピュータソフト	2432
百五証券	2432
百五スタッフサービス	2432
百五ダイヤモンドクレジット	2432
百五ディーシーカード	2432
百五ビジネスサービス	2432
百五不動産調査	2432
百五リース	2432
百州銀行	1089
百十四銀行	2433
百十四財団代理店	2433
百十四財務（香港）有限公司	2433
百十四人材センター	2433
百十四総合保証	2433
百十四総合メンテナンス	2433
百十四ソフトウェアサービス	2433
百十四大部代理店	2433
百十四ディーシーカード	2433
百十四ビジネスサービス	2433
百十四福田代理店	2433
百十四リース	2433
百十四ワークサポート	2433
百瀬石油	1017
百二十八銀行	1177
百年工業	1474
日焼けサロンマーメイド 池袋店	1525
ピヤス商事	2123
ビューアドバタイジング	2179
ピュアレックス	2293
日向興業銀行	2839
日向興発	2636
日向市信用組合	2840
日向製錬所	1314
日向中央銀行	2839
日向貯蓄銀行	2839
ビューコス	2759
ビューティ花壇	2434
ビューティガレージ	2435
ビューティショップ田谷	1615
ビューティジーン	2344
ビューティーラボラトリ	0117
福泰克（呉江）電子有限公司	2442
福泰克（深圳）電子有限公司	2442
福泰克香港有限公司	2442
福泰克−楽庭有限公司	2442
福泰克（連雲港）電子輻照有限公司	2442
福泰克（連雲港）電子有限公司	2442
福泰克（連雲港）電線有限公司	2442
ヒューネット	3049
ヒューネット不動産投資顧問	3049
ヒューネット・ディスプレイテクノロジー	3049
ビュープランニング	1326
ヒューマックスハート	3169
ヒューマンアカデミー	2437
ヒューマンアカデミー学園	2437
ヒューマンインキュベーション	2437
ヒューマンウェブ	2436
ヒューマンエヌディー	2437
ヒューマン・グリーンサービス	0084
ヒューマンスポーツエンタテインメント	2437
ヒューマンタッチ	2437
ヒューマン電機	2816
ヒューマンファクトリー	0019
ヒューマンヴェルディ	0923
ヒューマンホールディングス	2437
ヒューマン・メタボローム・テクノロジーズ	2438
ヒューマンメディカルケア	2437
ヒューマンライフケア	2437
ヒューマンリソースインターナショナル	2318
ヒューリック	2439
ヒューリックビルド	2439
ヒューリックビルマネジメント	2439
ヒューリック福岡	2439
ヒューリック保険サービス	2439
ヒューリックホテルマネジメント	2439
ヒュルス社	1490
ヒューロン・プレシジョン・パーツ・コーポレーション	0463
病院システム研究所	1429
ヒョウキ	2440
兵機海運	2440
美窯原料	2835
兵庫ウシオ電機	0247
兵庫ウシオライティング	0247
兵庫機帆船	2440
兵庫京都ジョーシン	1187
兵庫グリコ	0294
兵庫グンゼ	0770
兵庫建材	1437
兵庫県酒類興業	0687
兵庫製油	2048
兵庫富士興産販売	2511
兵庫マックス	2705
兵庫ライフインダストリー	1010
兵庫YKK AP工業	3150
ビヨーブライト	2835
ビーライン・インタラクティブ・ジャパン	0568
ピラーエンジニアリングサービス	2180
平岡証券	0013
平賀	2441
平賀商店	2441
枚方近鉄百貨店	0703
平河電線	2442
平河ヒューテック	2442
ヒラキ	2443
ヒラキ工業	2443
ヒラキ産業	2443
ヒラキ商事	2443
平木製作所	2443
ヒラキ不動産管理	2443
ピラーサービス販売	2180
ピラー産業	2180
ヒラタ	0280, 0459
平田機工	2444
平田机工自動化設備（上海）有限公司	2444
平田機工商事	2444
平田漁網製造	0459
ヒラタ工営	2444
平田工業	0280
平田車輌工業	2444
平田商店	0459
平田製網	0459
ヒラタフィールドエンジニアリング	2444
平田プレス工業	0280
平田紡績	0459
ヒラタ ヤチヨ リーシング リミテッド	2942
平塚グランドホテル	0551
平塚緑屋	0753
平塚ユピカ	2257
ピラーテクノ	2180
ピラーテック	2180
ピラー電子工業	2180
普拉那（天津）複合製品有限公司	0854
平野護謨製造所	1878

社名	ページ
平野電機	2773
平野ラジオ電気商会	2773
平福電機製作所	1698
ピラー不動産	2180
ヒラボウ	0459
ひらまつ	2445
ヒラマツ	0297, 2537
平松	1409
ひらまつ亭	2445
平山電機商事	2528
ビルキャスト	1911
ビルケンシュトックジャパン	0960
ビルボードライブ・インターナショナル	0179
ビルボードライブ・ジャパン	0179
ビルメン	2870
ヴィレッジヴァンガードコーポレーション	2446
ひろぎんオートリース	2448
ひろぎんモーゲージサービス	2448
ひろぎんリース	2822
弘前航空電子	2213
弘前相互銀行	2783
弘前堀田産業	2663
弘前無尽	2783
広島愛パック	0373
広島衣料	3046
広島ガス	2447
廣島瓦斯	2447
広島ガス開発	2447
広島ガス器具販売	2447
広島ガス呉サービス	2447
広島ガスサービス	2447
広島ガス集金	2447
広島ガステクノ	2447
広島瓦斯電軌	2447
広島瓦斯燃料	2447
広島ガス不動産	2447
広島ガスプロパン	2447
広島ガスメイト	2447
広島ガスリビング	2447
広島硝子工業	2255
広島銀行	2448
廣島銀行	2448
広島グリコ乳業	0294
広島県貨物自動車	2497
広島県合同缶詰	0045
広島合同貯蓄銀行	2448
広島紅葉カントリークラブ	0087
廣島證券	1879
廣島證券商事	1879
廣島證券取引所	2172
広島食糧	1342
広島信販	0502
広島信用販売	0502
広島ステーションビル	2028
広島製罐	1881
広島製玉	0092
広島製作所	2219
廣島高井証券	1879
広島電気軌道	2447
広島電鉄	2447
広島東和コンピュータ	2413
広島トクヤマ生コン	1908
広島トナミ運輸	1923
広島バイオメディカル	2459
広島ハンナン	2380
広島フーズ	2494
広島プレス工業	0578
広島プロセスセンター	2380
広島ミート	2380
広島菱重施設	2813
ヒーローズ	2473
ヒロセエレクトリックシンガポールPtd.Ltd.	2449
ヒロセエレクトリックヨーロッパB.V.	2449
広瀬科技（深圳）有限公司	2449
広瀬商会	2449
広瀬商会製作所	2449
ヒロセチェリープレシジョン	2449
広瀬テクノロジー	0981
ヒロセ電機	2449
広瀬電機（蘇州）有限公司	2449
廣瀬電機香港貿易有限公司	2449
広畑海運	2084
広畑港運	2084
びわ銀カード	0601
びわ銀リース	0601
びわこ銀行	0601
びわこ信用保証	0601
びわこ総合リース	0601
琵琶湖鉄道汽船	0781
ビー・ワンサポート	2406
ヴィンキュラム ジャパン	2450
ヴィンクス	2450
備後船渠	2415
備後ソーイング	1124
品質安全研究センター	1403

【ふ】

社名	ページ
ファイコム	0517
ファーイーストカンパニー	0926
ファイナンシャルブレインシステムズ	2404
ファイナンシャル・プロダクト・グルー	0374
ファイナンス・ワークス	2955
ファイバーワーク	2332
ファイブスター	2613
ファイブスター世田谷	0793
ファイブ・スター・ソリューションズ・ベトナム・リミテッド	3105
ファイブスター東名横浜	0793
ファイン	2983
ファイン技研	1614
ファインクリスタル	2219
ファインクロダ	0759
ファインクロダサービス	0560
ファインシンター	2451
ファインシンターインドネシア	2451
ファインダー	2421
ファインダイン	3051
ファインデックス	2452
フアウドラー社	0823, 1227
ファーコス	1438
ファシリティエキスパートサービス	1362
ファステップス	2453
ファーストエスコ	2454
ファースト工務店	2455
ファースト住建	2455
ファーストスタンダード投資顧問	2456
ファーストチョイス	2380
ファーストバイオス	2454
ファーストブラザーズ	2456
ファーストブラザーズ投資顧問	2456
ファースト・リース	1274
ファーストリテイリング	2457
1st Avenue	1720
ファスフォードテクノロジ	2416
ファスマック	2152
ファッサ社	0765
ファッション・コ・ラボ	3166
ファッションヘッドライン	0188
ファディモ	0416
ファナック	2458
ファナック	2528
ファナック健康保険組合	2458
ファナックサービス	2458
ファナックサーボ	2458
ファナックパートロニクス	2458
ファナックビジネス	1026
ファナックレーザサービス	2458
ファナックロボットサービス	2458
ファナックDDモータ	2458
ファナックFAサービス	2458
ファニチャープランニング	3135
ファーネス・カンリ	0344
ファーネスES	0344
ファブリンク	0653
ファーベス	1052
ファーマクラスター	1866
ファーマシートミナガ薬局	3131
ファーマフーズ	2459
ファーマフーズ研究所	2459
ファーマホールディング	2899

社名	頁
ファーマライズ	2460
ファーマライズプラス	2460
ファーマライズホールディングス	2460
ファーマリード・エンジニアリング	2842
ファミマクレジット	2648
ファミマ・ドット・コム	2461
ふぁみーゆツダコマ	1671
ファミリー	3142
ファミリー観光	2179
ファミリーグローブカンパニーリミテッド	0315
ファミリーコーポレーション	2101
ファミリー信販	0506
ファミリーストアーあらい	2754
ファミリースーパーマルキ	2373
ファミリーセンターいとう	2969
ファミリーテレホン	0371
ファミリーネット・ジャパン	1828
ファミリーファイナンス	0880
ファミリーマート	2461
ファミール	1371
ファーム	1438
ファルコイムノシステムズ	2462
ファルコSDホールディングス	2462
ファルコバイオシステムグループ	2462
ファルコ・バイオシステムズ	2462
ファルコバイオシステムズ	2462
ファルコバイオシステムズ九州	2462
ファルコバイオシステムズ山陰	2462
ファルコバイオシステムズ西日本	2462
ファルコビジネスサポート	2462
ファルコホールディングス	2462
ファルコム	2246
ファルコン・ジャパン	0624
ファルテック	2463
ファン・インベストメント	1292
ファンガーデン	2627
ファンケル	2464
ファンケル化粧品	2464
ファンコミュニケーションズ	2465
ファンシーコーポレーション	1064
ファンダンゴ	3037
ファンデリー	2466
ファンドクリエーション	2467
ファンドクリエーション・アール・エム	2467

社名	頁
ファンドクリエーショングループ	2467
ファンドクリエーション不動産投信	2467
ファンドリー	2638
ブイアイエス	2240
VIVインターケム	1004
ブイ・イメージング・テクノロジー	2471
ブイ・エル・アール	1296
ブイキューブ	2468
ブイキューブインターネット	2468
ブイキューブブロードコミュニケーション	2468
VKシェアードサービス	2301
フィスコ	2469
フィスコアセットマネジメント	2469
フィスコウェブ	2469
フィスコ・キャピタル	2469
フィスココモディティー	2469
フィスコプレイス	2469
ブイ・スリー	0377
Vソリューション	2373
フィックスターズ	2470
フィックスターズマルチコアラボ	2470
フィッシング関東	1152
フィッシング九州	1152
フィッシング・ナカムラ	0765
フィッシング・ワールド	0765
フィット・コム	1539
フィットネス・コミュニケーションズ	1539
VTインターナショナル	2422
V・Tエナジーマネジメント	1584
ヴイ・ディー・エフ・サンロイヤル	2950
ブイ・テクノロジー	2471
フィデック	0065
ヴイテック	1782
フィデックコーポレーション	0065
フィートエンターテイメント	3121
フィード・ワンホールディングス	2472
フィナンシャル・アドバイス	1930
フィナンシャルメディア	1570
Vマート	2373
フィリップス・ケミカル社	1201
フィリピンインターエレクトロニクス社	2201
フィリピン日本通運	2161
フイルコンサービス	2181
フィール・ジー	0036
フィールズ	2473
フィルタレン	2572
フィールテック	0128
フィルテック	1896
フィールドサポート	2299

社名	頁
フィルメック	0076
フィンテック キャピタル リスク ソリューションズ	2474
フィンテック グローバル	2474
富貴電子（淮安）有限公司	1697
富貴（無錫）電子有限公司	1697
風光企画	1585
風力エネルギー開発	1961
風力開発	2247
フェアチャイルド・シンショウ・セミコン	1230
フェアトン	2527
フェアフィールド東海	0098
武栄建設興業	1584
フェイス	2475
フェイス	1438
フェイスオン	2422
フェイス・ビズ	2475
フェイス・ワンダワークス	2475
フェス	1362
フェーズオン	0709
フェスコパワーステーション群馬	2454
フェスコパワーステーション滋賀	2454
フェスコメンテナンス	2454
フェデラルニッタンインダストリーズ	2079
フェデラルモーガル大同HWB CO., LTD.	1499
フェデラル・モーグルインベストメント社	1714
フェデラル・モーグル社	1714
フェデラル・モーグル テープ ヨーロッパ社	1714
フェデラル・モーグル テープ ライナ ヨーロッパ社	1714
フェニックス	2209
フェニックス精工	2622
フェニックス電機	2622
フェニックス電子	2282
フェニックス・パーラー	2622
フェニックス・フーズ	2209
フェニックス・ライティング	2622
フェノロッサ	1964
フェヴリナ	2479
フェヴリナ販売	2479
フェヴリナホールディングス	2479
フェリカポケットマーケティング	0748
フェリシモ	2476
芬理希梦（北京）商貿有限公司	2476
フェローテック	2477
フェローテッククオーツ	2477
フェローテック・グループ	0705
フェローテックシリコン	2477
フェンオール	2248
フェンオールアネシス	2248
フェンオール・システム	2248

フェンオール設備 ……… 2248	フォード横浜 …………… 0963	武漢金豊汽配有限公司 …… 2991
フォアキャスト・コミュニケーションズ ……… 1955, 2162	フォトロン ……………… 0194	武漢昭和汽車零部件製造有限公司 ……………………… 1215
フォーイット …………… 2581	フォートロン・インダストリーズ ……………………… 0754	武漢斯坦雷電気有限公司 … 1293
フォイトターボ社 ……… 0289	フォートロン・インダストリーズLLC ………………… 0754	武漢泰極江森汽車座椅有限公司 ……………………… 1594
フォーオール ………… 2854	フォトロン企画 ………… 0194	武漢長建創維環境科技有限公司 ……………………… 0800
フォーサイト …………… 0118	フォトロン メディカル イメージング ……………………… 0194	武漢提愛思全興汽車零部件有限公司 …………………… 1689
フォーサイド …………… 2478	フォネックス・コミュニケーションズ ……………………… 1912	武漢塔佳奇汽車部件有限公司 ……………………… 1548
フォーサイドエンタテインメント ……………………… 2478	フォーパーキング ……… 0364	武漢日特固防音配件有限公司 ……………………… 2236
フォーサイド・ドット・コム ……………………… 2478	フォーバライブ ………… 2481	武漢百楽仕汽車精密配件有限公司 ……………………… 2298
フォーサイドブック ……… 2478	**フォーバル** ………… 2481	武漢富拉司特汽車零部件有限公司 …………………… 2250
フォーサイド・ペイメントゲートウェイ ……………………… 2478	フォーバル・インターナショナル・テレコミュニケーションズ ……………………… 2482	武漢丸順汽車配件有限公司 ……………………… 2739
フォーシーズホールディングス ……………………… 2479	フォーバルクリエーティブ ……………………… 2481	武漢萬宝井汽車部件有限公司 ……………………… 3043
フォスターエレクトリック（クアンガイ）Co., Ltd. …… 2480	フォーバルシーディーケー ……………………… 2481	吹上富士自販機 ………… 2539
フォスターエレクトリック（ダナン）Co., Ltd. …… 2480	フォーバル総合研究所 … 2481	吹越台地風力開発 ……… 2247
フォスターエレクトリック（ティラワ）Co., Ltd. …… 2480	フォーバル テレコム …… 2481	ぶぎんカードサービス …… 2858
フォスターエレクトリック（バクニン）Co., Ltd. …… 2480	**フォーバルテレコム** … 2482	ぶぎんキャピタル ……… 2858
フォスターエレクトリック（ベトナム）Co., Ltd. …… 2480	フォーバルテレコム …… 1431	ぶぎんシステムサービス … 2858
フォスターエレクトリックIPO（タイランド）Ltd. …… 2480	フォーバルラネッサンス … 2481	ぶぎん総合リース ……… 2858
フォスター音響 ………… 2480	**フォーバル・リアルストレート** ……………………… 2483	ぶぎん地域経済研究所 … 2858
豊達音響（河源）有限公司 ……………………… 2480	フォービスリンク ……… 2249	ぶぎんビルメンテナンス … 2858
フォスター電機 ……… 2480	フォーラム ……………… 0841	ぶぎん保証 ……………… 2858
豊達電機（高州）有限公司 ……………………… 2480	フォルカエンジ ………… 2691	フクイ ……………………… 0733
豊達電機（常州）有限公司 ……………………… 2480	フォルザインターナショナル ……………………… 3135	福井化学工業 …………… 3133
豊達電機（崇左）有限公司 ……………………… 2480	フォルシア社 …………… 2173	福井一夫商店 …………… 0733
豊達電機（南寧）有限公司 ……………………… 2480	フォルシア・ニッパツ … 2173	福井カード ……………… 2485
フォステクス …………… 2480	フォルシア・ニッパツ九州 … 2173	福井管材 ………………… 0733
フォスロ・エレクトロ …… 2336	フォルテNEXT ………… 1214	福井機械 ………………… 0277
フォスロ・シュワーベ松下電工 ……………………… 2336	フォルム ………………… 0509	福井共同電子計算センター ……………………… 0523
フォッグ ………………… 2994	フォーレスト …………… 0517	**福井銀行** ……………… 2485
フォックスセミコン ……… 0388	フォレスト ……………… 0225	福井グリーンパワー …… 1227
フォックス電子工業 …… 0388	フォーレスト・アイ ……… 2605	福井経済経営研究所 …… 2485
フォックスにじゅういち … 1585	フォーレストエイト ……… 0671	福井県絹紬精練 ………… 1382
フォックス・ボロー社 …… 1625	フォレスト オークス カントリークラブ, INC. …… 2036	福井県精練 ……………… 1382
フォティーンフォティ技術研究所 ………………… 0365	フォレスト オークス ホールディング, CORP. …… 2036	福井合同運送 …………… 2161
フォテクス ……………… 2480	フォレストノート ………… 0251	福井コンピュータ ……… 2486
フォード工業 …………… 2712	フォレセーヌ …………… 2923	福井コンピューター …… 2486
フォトニクス …………… 0178	フォワードビルディング … 2439	福井コンピュータアーキテクト ……………………… 2486
フォトニクス・エンジニアリング ……………………… 0178	フォンズ・ニッタ・アジア・パシフィック ……………… 2077	福井コンピュータスマート ……………………… 2486
フォトネット ……………… 2567	フォンツ・コアファンクション ……………………… 3130	福井コンピューター販売 … 2486
フォトネットジャパン …… 2567	フォンツ・ジュエリー …… 3130	**福井コンピュータホールディングス** ……………………… 2486
フォトポリ応化 ………… 1808	フォンツ・ホールディングス ……………………… 3130	福井信託 ………………… 2485
フォードマエダ ………… 2692	フォンテーヌ …………… 0555	福井信用保証サービス … 2485
フォード南九州 ………… 2777	**fonfun** ………………… 2484	福井精練加工 …………… 1382
フォードモーターカンパニー ……………………… 2712	深町家具 ………………… 2011	福井中央漬物 …………… 2373
	深町家具店 ……………… 2011	福井ディーシーカード …… 2485
	フカヤ …………………… 1351	福井帝通 ………………… 1697
	深谷工場 ………………… 2092	福井南部商業開発 ……… 2613
	武漢愛機汽車配件有限公司 ……………………… 0280	福井撚糸染工 …………… 1382
		福井函館 ………………… 0733
		福井東 …………………… 0733

福井ビニール工業	2495	複合技術研究所	1751	司	2486
福井紡績	0828	複合工業	2585	福清京達師工具有限公司	0673
福井村田製作所	2864	複合システム研究所	0571	フクダ医療電機	2493
福井リース	0733	福光セイコー	1548	フクダインターベンションシステムズ	2493
福井ワシントンホテル	2527	福光製作所	2225	福田エレクトロ	2493
福音商会電機製作所	2297	複合紙工業	2585	福田エレクトロ近畿販売	2493
福音電機	2297	福崎工業	0766	福田エレクトロ製作	2493
福音電機製作所	2297	福祉商事	2557	フクダエンジニアリング	0372
福馬（天津）縫製機械有限公司	2615	福島	3071	福田エンジニアリング	0372
福栄無尽	0718	福島アビオニクス	2103	フクダカーディアックラボ関西	2493
福岡榮太郎	1476	福島岩通	0204	フクダカーディアックラボ関東	2493
福岡エネルギーサービス	0655	**福島印刷**	2489	**福田組**	2492
福岡機器製作所	2157	福島エヌ・ティ・ティ・データ通信システムズ	0351	福田重錫アルミ箔製造	2978
福岡銀行	2487	福島加ト吉	1752	福田商会	1302
福岡銀行	2488	福島カードサービス	2490	福田製作所	0372
福岡クリエート	1128	福島環境整備センター	1190	福田電機製作所	2493
福岡クロス工業	1506	福島協栄	0660	**フクダ電子**	2493
福岡ケミカル	1511	**福島銀行**	2490	フクダ電子技術サービス	2493
福岡県酒類工業	0687	福島グリコ	0294	フクダ電子近畿販売	2493
福岡建設機械	2021	福島ケミコン	2126	フクダ電子三岐販売	2493
福岡コンピューターサービス	2487	福島高圧ガス	0937, 1899	フクダ電子商事	2493
ふくおか債権回収	2487	フクシマ弘運	0072	フクダ電子中部特器	2493
福岡信用保証サービス	2487	**福島工業**	2491	フクダ電子東京中央販売	2493
福岡製紙	0404	福島国際	2491	フクダ電子本郷事業所	2493
ふくおか製麺	3149	福島国際韓国	2491	福田道路	2492
福岡セルトップ	0913	福島国際シンガポール	2491	福田特殊医療電気製作所	2493
福岡セントラルサービスシステム	1068	福島国際タイランド	2491	フクダバイタルテック	2493
福岡セントラルビル	2439	福島国際マレーシア	2491	フクダ広島販売	2493
福岡相互銀行	0656	福島サンケン	0974	福田不動産	2492
福岡ソフトバンクホークス	1431	福島芝浦電子	1137	福田プレス工業	0372
福岡貯蓄銀行	2487	福島シビル	3052	フクダメディカル開発	2493
福岡ティー・エー・シー	1597	福島人絹	1891	フクダメディカルソリューション	2493
フクオカ電子パーツ	0128	福島精練製糸	2094	福田屋洋服店	0110
福岡電通工業	1344	福島セコニック	1359	フクダライフテック	2493
福岡ナイガイ	1973	福島相互銀行	2490	フクダライフテック関西	2493
ふくおかフィナンシャルグループ	2488	福島太陽誘電	1535	フクダライフテック京滋	2493
ふくおかフィナンシャルグループ	2487	福島貯蓄銀行	1862	フクダライフテック中国	2493
福岡ベビーランドリー企業組合	0689	福島電気工業	2126, 3116	フクダライフテック中部	2493
福岡ホームイング	2771	福島電子工業	0388	フクダライフテック東京西	2493
福岡三越	2805	福島電話工事	1710	フクダライフテック広島	2493
福岡ヤマックス	2959	福島東洋	1880	フクダライフテック南東北	2493
福岡リアライズ	3052	フクシマ東冷	2491	福田リニューアル	2492
福岡リコー近鉄ビル	0702	フクシマトレーディング	2491	福知山製糸	0770
福岡ロジテム	2260	フクシマフーズ	1880	福知山大福機工	1514
福銀オフィスサービス	2485	福島プラスチックス	0770	福知山日本レース	0292
福銀事務サービス	2487	福島ベストスタディ	0543	福通エクスプレス	2497
福銀スタッフサービス	2485	福久島貿易（上海）有限公司	2491	福通エクスプレス福島	2497
福銀住商リース	2485	福島紡織	2094	福徳長酒種	2924
福銀総合管理	2485	福島紡績	1091	福留東販	2494
福銀ネットワーク	2485	福島無尽	2490	**福留ハム**	2494
福銀ビジネスサービス	2485, 2487	福島無尽金庫	2490	福留ハム製造所	2494
福銀不動産調査	2487	福島ヨロズ	3043	福留ハムパックセンター	2494
ふくぎん保証	2487	福島リアライズ	3052	ふぐ半	0610
福銀ユニオンクレジット	2490	福島リョーショク	2815	**フクビ化学工業**	2495
福銀リース	2485	福州帝都橡膠有限公司	0637	フクビハウジング	2495
福銀ローンワーク	2485	福州仙波糖化食品有限公司	1398	フクビミカタ工業	2495
		福州榕東活動房有限公司	1795	福博印刷	2334
		フクショク	2522		
		福神	0151		
		福申信息系統（上海）有限公司			

福村製紙 … 2345	藤井繊維工業所 … 2535	藤倉化成塗料（天津）有限公司 … 2508
福本銀行 … 2789	藤井太一商店 … 2535	藤倉化成（佛山）塗料有限公司 … 2508
福山愛パック … 0373	藤井乳製品 … 2274	
福山エコオートサービス … 2497	フジイリュージョン … 2516	藤倉工業 … 2508, 2509
福山貨物運送 … 2497	藤井煉乳 … 2274	**藤倉ゴム工業** … 2509
フクヤマコンサルタンツ・インターナショナル … 2496	富士飲料 … 0832	フジクラ・ダイヤケーブル … 2507
	富士運輸倉庫 … 0570	藤倉電線 … 0204, 1321, 2507, 2508
福山コンサルタント … 2496	富士エコサイクル … 0397, 2530	藤倉電線ゴム … 2509
福山佐川急便 … 0917	藤枝合同運送 … 2161	藤倉電線護謨 … 2507
福山スペースチャーター … 2497	**富士エレクトロニクス** … 2501	藤倉烽火光電材料科技有限公司 … 2507
福山製機 … 2090	富士エレクトロニクス … 2696	
福山通運 … 2497	フジ・エレクトロニクス・アメリカ・インク … 2501	藤倉防水布製造所 … 2509
福山通運包装整理（上海）有限公司 … 2497		フジクリエイティブコーポレーション … 2547
	富際電子貿易（上海）有限公司 … 2501	
福山パール運輸 … 0373	富士エンジニアリング … 2511, 2520	不二クリニックラボラトリー … 1629
福山パール九州販売 … 0373	富士吉田ティアック … 1682	富士グリーン … 0972
福山パール紙工 … 0373	藤尾製作所 … 2518	不二蚕糸 … 2522
福山パール紙工販売 … 0373	**フジオーゼックス** … 2502	フジケミカル … 2508
福山パール四国販売 … 0373	富士オートリブ … 2506	フジケミ東京 … 2508
福山リサーチ＆インキュベーションセンター … 2496	**フジオフードシステム** … 2503	不二見研磨材工業 … 2546
	富士オペレーション … 2539	不二見研磨材工業所 … 2546
福利厚生倶楽部九州 … 3110	フジオンラインシステム … 2348	**フジコー** … 2510
福利厚生倶楽部中国 … 3110	富士化学 … 2110	フジコー … 0335
福利厚生倶楽部中部 … 3110	不二化学工業 … 0369, 1641	フジ工業 … 2540
福陵館 … 1384	富士化学工業所 … 1505	富士工業 … 2213
フクロウ … 1061	富士化学紙工業 … 2513	富士航空 … 2212
ブクログ … 1080	富士革布 … 0688	富士航空工業 … 2150
フグロ・ジオサイエンス … 3052	富士瓦斯紡績 … 2544	**富士興産** … 2511
武芸川製作所 … 2171	藤化成 … 2508	富士興産 … 1097, 2541
ブケ東海 … 0937	富士化成工業 … 1683	富士興産アスファルト … 2511
フーコ … 2560	フジ・カードサービス … 2500	富士興産タンカー … 2511
蕪湖河西汽車内飾件有限公司 … 0598	**不二硝子** … 2504	フジ工務店 … 2516
	フジカラーサービス … 2515	富士コカ・コーラボトリング … 0832
蕪湖奇端科技 … 0598	フジカラー販売 … 2515	
フコク … 2498	富士川銀行 … 1155	フジコーサービス … 2510
フコクアメリカインク … 2498	富士川電力 … 2123	**不二越** … 2512
フコクインディア … 2498	富士機械工業 … 2693	不二越鋼材工業 … 2512
フコクインドネシア … 2498	不二機械製作 … 2052	不二越コムサービス … 2512
富国機械 … 3078	**富士機械製造** … 2505	**フジコピアン** … 2513
富国ゴム工業 … 2498	不二機工 … 1516	フジコピアン（USA）インク … 2513
フコクサウスカロライナインク … 2498	**富士機工** … 2506	
	富士機工 … 2544	富士小松ロビン … 2693
フコク情報システム … 2499	富士機工クラタ … 2506	フジ・コーヨー・チェコ・s.r.o. … 2506
富国生命スタッフサービス … 2499	フジキコーオブユーエスエー・コーポレーション … 2506	
		富士コン … 1167
富国生命保険相互会社 … 2499	フジキコー・ハマーシュタイン・オートモティブ・GmbH … 2506	フジコン食品 … 2536
富国生命リサーチ … 2499		富士昆布 … 2536
フコクチェコ … 2498	フジキコー・メキシコ・S.A. DE C.V. … 2506	富士梱包輸送 … 1909
富国徴兵保険相互会社 … 2499		**不二サッシ** … 2514
フコクベトナム … 2498	フジキコー・ヨーロッパ・S.A.S. … 2506	不二サッシ関西 … 2514
フコク貿易（上海）有限公司 … 2498		不二サッシ関東 … 2514
	富士汽船 … 3169	不二サッシ九州 … 2514
フコクメキシコ … 2498	富士機発動機 … 2693	不二サッシ工業 … 2514
フジ … 2500	富士气門（広東）有限公司 … 2502	不二サッシ東北 … 2514
フジ … 3046		不二サッシ販売 … 2514
不二 … 2543, 3113	富士協同運輸 … 3010	富士サービス … 1909
富士アセンブリシステム … 2537	富士銀行 … 2776	藤沢小田急 … 0468
富士アドシステム … 2547	富士克國際（香港）有限公司 … 2535	藤沢神奈交バス … 0551
フジ・アメニティサービス … 2516		藤沢航空サービス … 1173
フジアール … 2547	**フジクラ** … 2507	藤沢さいか屋 … 0891
藤井外治商店 … 0195	藤倉化学工業 … 2508	藤沢自動車 … 0551
藤井製薬 … 0112, 2239	**藤倉化成** … 2508	
藤井繊維 … 2535		

藤沢日梱	....	2056
藤沢ハイトラスト	....	1581
フジサワ・マルゼン	......	2740
藤沢三菱自動車販売	......	0832
フジサンエナジー	....	2543
富士産業	....	3097
富士産業三島工場	....	2693
フジサンケイアドワーク	....	2547
フジサンケイグループ本社		
....		2547
フジサンケイリビングサービス		
.... 1713,		2547
富士酸素	....	1532
不二紙業	....	2114
不二紙工会社	....	3113
不二紙工機械事業部	......	3113
富士システム開発	....	0649
富士自販機サービス	......	0832
不二家食品	....	2549
富士写真光機製作所	......	2515
富士写真フイルム 1490,		2515
富士フイルムホールディングス		
....		2515
フジ住宅	....	2516
フジ住宅販売	....	2516
不二商会	....	3113
富士商会	....	0476
富士証券	....	2776
富士証券	....	0691
フジ商事	....	2540
藤商事	....	2517
不二商事	....	2814
富士商事	 0073,	2510
フジ商店	....	2540
富士食品工業	....	1120
フジシール	....	2518
フジシールインターナショナル		
....		2518
フジシールウエスト	......	2518
富士シール工業	....	2518
フジシールサウスイーストアジア		
....		2518
富士瑞鵠技研（蕪湖）有限公司		
....		2537
富士スチール	....	0507
フジ・スポーツ＆フィットネス		
....		2500
フジ青果	....	2500
不二精機	....	2519
富士精工	....	2520
フジセイ・コーポレーション		
....		2503
富士製作所	....	1715
富士製紙	....	0404
富士製鐵	.... 0448, 1245,	1246
フジ製糖	....	2540
富士製粉	....	2092
富士製本加工	....	1909
富士製薬	....	2881
富士製薬工業	....	2521
不二製油	....	2522
不二製油グループ本社	....	2522

不二製油（張家港）有限公司		
....		2522
富士石油	....	2523
フジセキュリティ	....	2500
富士セミコンダクター	....	2501
フジ・セミコンダクター・シンガポールPTE LTD		
......		2501
不二セメント共同事業	....	1908
富士ゼロックス 1049,		2515
富士繊維工業	....	2544
富士臓器製薬	....	2850
富士ソフト	....	2524
富士ソフトウェア	....	2524
富士ソフトウエア研究所	....	2524
富士ソフトエービーシ	....	2524
富士ソフト・ティッシュエンジニアリング		
....		2524
富士染機械	....	1793
富士ダイス	....	2525
富士ダイス製作所	....	2525
フジ・ダイレクト・マーケティング		
....		1713
藤田エンジニアリング	....	2526
フジタカ工業	....	2073
藤田観光	....	2527
藤田観光工営	....	2527
藤田観光ワシントンホテル		
....		2527
藤田観光ワシントンホテル旭川		
....		2527
藤田組	....	1971
藤田グリーン・サービス	....	2527
藤田興業	 1971,	2527
藤田鉱業	 1961,	1971
藤田航空	....	0264
藤田工事	....	2526
藤田サービス	....	2526
藤田産業機器	....	2526
藤田（上海）商務咨詢有限公司		
....		2527
藤田水道受託	....	2526
藤田善兵衛商店	....	0913
フジタックイースト	......	2518
富士達電梯配件（上海）有限公司		
....		2538
藤田テクノ	....	2526
藤田デバイス	....	2526
富士建物工	....	2241
藤田電機	....	2526
藤田電機商会	....	2526
藤田伝三郎商社	....	1971
藤田電子	....	2526
藤田電子システム	....	2526
藤田物産	....	2527
藤田ホテルサービス	......	2527
藤田ホテルマネジメント	....	2527
富士タンク設備	....	2511
富士厨房サービス	....	2545
富士厨房設備	....	2545
富士貯蓄信用組合	....	0199
富士通	....	2528
富士通	 1049,	
2196, 2458, 2529, 2531,		2539

富士通ITプロダクツ	....	2528
富士通アクセス	....	2528
富士通エフ・アイ・ピー	....	2528
富士通カストマエンジニアリング		
....		2528
富士通機械	....	2534
富士通機電カストマサービス		
....		2534
富士通機電ライフクリエイト		
....		2534
富士通研究所	....	2528
富士通コンポーネント	....	2529
富士通コンポーネント	....	2528
富士通サポートアンドサービス		
....		2528
富士通将軍（上海）有限公司		
....		2530
富士通将軍中央空調（無錫）有限公司		
....		2530
富士通将軍東方国際商貿（上海）有限公司		
....		2530
富士通信機製造 .. 1670, 2528,		2539
富士通ゼネラル	....	2530
富士通ゼネラル	....	0397
富士通ゼネラルイーエムシー研究所		
....		2530
富士通ゼネラルエレクトロニクス		
....		2530
富士通ゼネラルカストマサービス		
....		2530
富士通ゼネラル空調技術研究所		
....		2530
富士通セミコンダクター	....	2528
富士通先端科技（上海）有限公司		
....		2534
富士通高見澤コンポーネント		
....		2529
富士通デバイス	....	2528
富士通テン	....	2531
富士通テン	....	2528
富士通テンサービス	......	2531
富士通天（中国）投資有限公司		
....		2531
富士通テン販売	....	2531
富士通東芝モバイルコミュニケーションズ		
....		2528
富士通パーソナルズ	......	2532
富士通パーソナルズリテールサービス		
....		2532
富士通ビー・エス・シー	....	2533
富士通ビー・エス・シー	....	2528
富士通ビジネスシステム	....	2528
富士通ファナック 2458,		2528
富士通フロンテック	......	2534
富士通フロンテック	......	2528
富士通フロンテックカストマサービス		
....		2534
富士通マイクロエレクトロニクス		
....		2528
富士通モバイルコミュニケーションズ		
....		2528
富士通モバイルテレコム	....	2532
富士通モバイルフォンプロダクツ		
....		2528

富士通リース 2528	富士電機リテイルシステムズ 2539	富士兵器 2506, 2544
フジックス 2535	富士電機冷機 2539	富士変速機 1595
フジックス 2515	富士電機水環境システムズ 2888	フジボウ愛媛 2544
ふじっ子 2536	富士電設備 2707	フジボウカタン 2544
フジッコ 2536	富士電力 2544	フジボウ小坂井 2544
ふじっ子食品 2536	富士電炉工業 0505	富士帽子工業 2510
フジッコフーズ 2536	フジ ド ブラジル マキナス インダストリアイス リミターダ 2505	富士紡（上海）商貿有限公司 2544
フジッコマルシン 2536	藤友物流サービス 0393	富士紡績 2506, 2544
フジッコワイナリー 2536	フジドルフィンクラブ 2500	フジボウ電子 2544
フジ津島店 2500	藤永田造船所 2797	フジボウトレーディング 2544
富士テクニカ 2537	ふしなし漁網 2090	**富士紡ホールディングス** 2544
フジテクニカインドネシア社 2537	富士軟件科技（山東）有限公司 2524	フジボウ和歌山 2544
富士テクニカ宮津 2537	**フジ日本精糖** 2540	フジホーム 1914, 2855
富士テクニカ宮津アメリカ社 2537	富士バイオファーム 3039	富士ホームセット工業 0507
フジテクノ 2502, 2896	フジハウジング 2516	不二ホンダ 1797
フジテック 2538	不二ハウジング 2363	フジマシン アメリカ コーポレイション 2505
フジテック 0616	富士発動機 2693	藤町商店 1930
富士テック 2005	富士バルブ 2502	**フジマック** 2545
フジテック インディア PRIVATE LTD. 2538	富士バルブ興業 2502	フジマックエンジニアリング 2545
フジテックエンジニアリング 2538	富士板金工房 2515	フジマックサービス 2545
フジテック技術研究所 2538	富士半導体有限公司 2501	フジマート 2500
フジテック総合施設 2538	不二販売サービス 2549	フジマート四国 2500
フジテック通商 2538	**富士ピー・エス** 2541	**フジミインコーポレーテッド** 2546
フジテックフロンティア 2538	富士ピー・エス・コンクリート 2541	フジミック 2547
富士鉄工所 2537	富士ビバレッジ 0832	フジミビルサービス 2690
富士鐵工所 3010	フジピュリナプロテイン 2522	伏見屋市兵衛商店 0483
フジテレビジョン 2547	藤博 0541	富士宮瓦斯 1107
富士テレビジョン 2547	富士ファコム制御 2539	フジミ工研 2690
フジテレビ美術センター 2547	フジファミリーフーズ 2500	富士前鋼業 0596
フジテレビフラワーセンター 1713	フジファーム 2500	フジ・メディア・ホールディングス 2547
富士電機 2539	富士フイルム 0687	富士メディカル 1125
富士電機 2880	富士フイルムマイクロデバイス 2515	富士麺業 0825
富士電機アドバンストテクノロジー 2539	富士フイルムメディカル西日本 1125	富士メンテ 2541
富士電機E&C 2542	富士物流 2539	富士模具貿易（上海）有限公司 2525
富士電機エンジニアリング 2539	**富士古河E&C** 2542	**藤森工業** 2548
富士電気化学 0370, 2528	富士古河E&C（インド）社 2542	藤森工業所 2548
富士電機画像デバイス 2539	富士古河E&C（インドネシア）社 2542	フジモリ産業 2548
富士電機家電 2539	富士古河E&C（カンボジア）社 2542	フジモリプラケミカル 2548
富士電機工事 2539, 2542	富士古河E&C（マレーシア）社 2542	**不二家** 2549
富士電気工事 2542	富士古河E&C（ミャンマー）社 2542	富士屋 2373
富士電機工程社 2542	富士古河コスモスエナジー合同会社 2542	冨士屋かまぼこ 1224
富士電機システムズ ... 2539, 2888	**フジプレアム** 2543	富士薬品 1688
富士電機ストレージデバイス 2539	フジプレアム商事 2543	富士薬品商会 2521
富士電機製造 2528, 2539	フジプレアム販売 2543	不二家航空電機 2549
富士電機総合研究所 2539	フジプレシシツールインドネシア 2520	不二家（杭州）食品有限公司 2549
富士電気総合設備 2539	富士プレス 2099	富士屋商店 1973
富士電機総設 2539, 2542	フジプレ販売 2543	フージャース 2550
富士電機テクノエンジニアリング 2539	フジプロテインテクノロジー 2522	フージャースアベニュー 2550
富士電機デバイステクノロジー 2539		フージャースキャピタルパートナーズ 2550
富士電機半導体マレーシア社 2539		フージャースコーポレーション 2550
富士電機ホールディングス 2539		藤安商店 2663
富士電機モータ 2539		フージャースハート 2550
		フージャースホールディングス 2550

フージャースリビングサービス	2550	
不二家テクノ	2549	
不二家電機	0634	
フジヤマトレーディング	0577	
不二家洋菓子舗	2549	
不二家ロードサイドレストラン	2549	
武州銀行	3089	
武州製糸	0539	
武州製薬	1087	
富士油業	2511	
富士ユーザック	0507	
富士輸送機工業	2538	
フジユニバンス	3010	
富士洋紙店	2115	
プジョー シトロエン オートモービルズ SA	1943	
不二ライト工業所	0369	
富士ライフ	2539	
フジリビング	2500	
富士流通	1639	
富士レビオ	2850	
フジ・レンタリース	2500	
富士ロビン	2693	
富士ロビン第一サービス	2693	
フジ・TSUTAYA・エンターテイメント	2500	
富士工精密器材（深圳）有限公司	2510	
富士工香港有限公司	2510	
富士三機鋼管	1245	
フーヅサプライインターナショナル	2987	
フーズ・ロジスティクス・ネットワーク	2815	
豊前開発	0104	
豊前久保田海運	0104	
豊前東陶	1921	
扶桑エンジニアリング	1462	
扶桑化学工業	2551	
扶桑化学（青島）有限公司	2551	
ふそう銀行	0956	
扶桑金属工業	1245	
扶桑興産	1790, 2551	
扶桑興発	2553	
扶桑コーポレイション	2551	
扶桑コーポレーション	2551	
扶桑産業	2553	
扶桑紙業	1506	
扶桑証券	1794	
扶桑商事	0912	
扶桑通信工業	2552	
扶桑通信工事	2552	
扶桑電機	1733	
扶桑電子	2552	
扶桑電通	2552	
扶桑乳業	1245	
扶桑ビジネスサービス	0406	
扶桑薬品工業	2553	
扶桑レクセル	1462	
フタバ伊万里	2554	
二葉印刷	1508	
フタバインダストリアルインドネシア	2554	
フタバインダストリアルテキサス	2554	
双葉貨物自動車	1191	
富得巴国際貿易（上海）有限公司	2555	
フタバ・コーポレーション・オブ・ザ・フィリピン	2555	
二葉護謨	1326	
フタバ産業	2554	
フタバ・ジェイ・ティ・ダブリュー（タイランド）リミテッド	2555	
双葉紙工社	0826	
フタバ自動車	1224	
双葉製作所	0286	
富得巴精模（深圳）有限公司	2555	
双葉精密模具（中国）有限公司	2555	
フタバ知立	2554	
双葉テック	0286	
双葉電建	1092	
双葉電子科技開発（北京）有限公司	2555	
双葉電子工業	2555	
双葉電子部品韓国	2555	
双葉電子部品（恵州）有限公司	2555	
フタバノースアメリカE&M	2554	
フタバ平泉	2554	
フタバ（ベトナム）カンパニー・リミテッド	2555	
フタバ薬局	0994	
二葉煉乳	2875	
二又風力開発	2247	
府中アーバンマネジメント	2219	
府中熱供給	2219	
フッカー・ケミカルコーポレーション	1325	
ブッキング	2141	
ブックオフコーポレーション	2556	
ブックオフ物流	2556	
ブック・スクウェア中部	1705	
ブックデザイン	1706	
ブックライナー	1926	
ブックランドカスミ	2997, 3168	
福建実達聯迪商用設備有限公司	0313	
福建源興トピー汽車零件有限公司	1927	
福建新拓高日用化学品有限公司	2023	
福興社	0606	
佛山金光汽車零部件有限公司	0565	
佛山市順徳区三社電機有限公司	0982	
佛山市南海華達高木模具有限公司	1548	
佛山市南方高秀花園製品有限公司	1556	
物産テレコム	1695	
物産テレコム関西	1695	
佛山東海理化汽車部件有限責任会社	1798	
佛山発爾特克汽車零部件有限公司	2463	
佛山富士離合器有限公司	0369	
物産不動産	2799	
佛山優達佳配有限公司	2991	
富津ウッドパワー	2454	
物流システム	1776	
富帝克信息技術（上海）有限公司	0065	
プティークペルパン	1639	
ブティック サンプチ	0970	
ブティック・ポータルズ	2581	
プティパ	1483	
フーデム	0080	
フード インクルーヴ	1129	
フドウ技研	2557	
不動建設	2557	
フドウサービス	2557	
フドウ重機	2557	
不動住販	0367	
不動貯金銀行	3089	
不動テトラ	2557	
フードクオリティーロジティクス	0657	
フードクロス・マネジメント	1261	
フードケミファ	0632	
フードサービスネットワーク	2815	
フードテーブル	0884	
フードバンク	0149	
フードランド	1045	
船井エステート	0047	
船井キャピタル	2558	
船井軽機工業	2559	
船井コーポレーション	2558	
船井財産コンサルタンツ	0047	
船井財産コンサルタンツ京都	0047	
船井財産ドック	0047	
船井サービス	2559	
船井（上海）商務信息咨詢有限公司	2558	
船井情報システムズ	2558	
船井総研コーポレートリレーションズ	2558	
船井総研コーポレートリレーションズ分割準備会社	2558	
船井総研ホールディングス	2558	
船井総研ロジ	2558	
船井総合研究所	2558	
船井総合研究所分割準備会社	2558	
船井電機	2559	

船井電機（香港）有限公司	
....	2559
船井ファイナンス	2558
船井プロデュース	2558
船川銀行	0051
船津運輸	0329
フナト	0481
船橋魚市	1632
船橋新京成バス	1226
船橋製鋼	0821
船橋中央魚類	1632
船橋バス	1226
船山醬油	1169
負野工業製薬所	1447
負野薫玉堂解舒液部	1447
フーマイスターエレクトロニクス	
ス	2560
フマキラー	2561
フマキラー	0316
フマキラー・トータルシステム	
ム	0316, 2561
フマキラーホームサービス	
....	2561
BOOMグループ合併準備合同	
会社	2723
フュージョン	0519
フュージョン資産マネジメント	
ト	2424
フューチャーアーキテクト	
....	2562
フューチャーイン	1092
フューチャーインベストメント	
ト	2562
フューチャー・エコロジー ...	2419
フューチャーシステムコンサルティング	
ティング	2562
フューチャースコープ	2473
フューチャーソフト	2565
フューチャービジョンミュージック	
ック	0886
フューチャーフィナンシャルストラテジー	
トラテジー	2562
フューチャーレコーズ	2475
フューチャーワークス	1210
フュートレック	2563
芙蓉オートリース	2564
芙蓉コンクリート	1699
芙蓉商会	2504
芙蓉総合開発	2439
芙蓉総合融資租賃（中国）有限公司	
公司	2564
芙蓉総合リース	2564
芙蓉リース販売	2564
ブライダルネット	0033
フライト 2565, 2581, 2836	
フライトシステムコンサルティング	
ング	2565
ブライトセラム	2835
フライト分割準備会社	2565
ブライトホーム	3073
フライトホールディングス	
....	2565
プライベート・エクイティ・ファンド・リサーチ・アンド・インベストメンツ	
ンド・リサーチ・アンド・インベストメンツ	
ンベストメンツ	2292
プライマリーセル	0849
プライムアシスタンス	2592
プライムス・コミュニケーションズ	
ンズ	1955
プライム・ディレクション ...	0284
プライムハーバープロダクツ	
....	2344
プライムプラン	0088
プライムプレイス	1824
プライムポリマー 0187, 2784	
プライム・リンク	0108
プライムワークス	2267
フライング・スコッツマン・ジャパン	
パン	0743
フライングフィッシュ	1976
プラウ社	1639
フラウディア・コミュニケーションズ	
ョンズ	0018
フラグシップ	0568
フラクタリスト	2994
ブラクト	0801
プラコー	2566
プラコーエンジニアリング	
....	2566
プラコーテクノサービス	2566
富拉鑫股份有限公司	2566
普拉材料（天津）国際貿易有限公司	
公司	2572
普拉材料貿易（大連）有限公司	
司	2572
ブラザーインダストリーズ	
....	2568
ブラザーインターナショナル	
....	2568
プラザクリエイト	2567
プラザクリエイトスタッフサービス	
ビス	2567
プラザクリエイトモバイリング	
グ	2567
プラザクリエイトリース	2567
ブラザー工業	2568
プラザ賃貸管理保証	3122
濱江兄弟軟件（杭州）有限公司	
司	2568
プラザハート	2567
ブラザー販売	2568
プラザホテル浦和	2782
ブラザーマシナリー	2568
ブラザーミシン販売	2568
ブラジル岡谷鋼機会社	0452
ブラジル日本電産サンキョー	
....	2231
プラスアルファ	2390
プラスコ	1590
フーラス社	2961
プラスチックス工業	2566
プラスチックス貿易	2566
プラズマシステム	3148
プラス・ワーキング	2841
プラスワン	1086
プラスワン教育	3086
プラチナム	2617
ブラッコ・エーザイ	0293
プラッツ	2569
プラッツアーティスト	0543
プラット・コミュニケーションコンポーネンツ	
コンポーネンツ	2570
プラットフォーム・ワン	1739
ぷらっとホーム	2570
プラップジャパン	2571
プラテック	0621
プラナー東海	0854
プラネット	1548
フラノ産業	2283
プラマテルズ	2572
フラミンゴ	2893
プラメディア	0900
フラワーオークションジャパン	
ン	0432
フラワーメッセージ	0364
ブランコ社	0460
ブランコ・ジャパン	0460
プランザート	0826
ブランジスタ	2268
フランスNGKスパークプラグ	
....	2170
フランス工業省地質調査所	
....	0409
フランスベッド	2573
フランスベッドホールディングス	
ス	2573
フランスベッドメディカル	
....	2573
フランス・モーターズ	2943
ブランドニューデイ	1030
プランニング・センター	1909
プランニングセンター	1633
フリークアウト	2574
フリークアウト	0170
フリーゲート白浜	2366
プリシア与論	3087
プリシアリゾートヨロン	3087
ブリージーグリーン	0874
ブリヂストン	2575
ブリヂストン・インペリアル・イーストマン	
イーストマン	2575
ブリヂストンエラステック	
....	2575
ブリヂストン・クレバイト ...	2575
ブリヂストンサイクル	2575
ブリヂストン自転車	2575
ブリヂストンスポーツ	2575
ブリヂストン・スポルディング	
グ	2575
ブリヂストンタイヤ	2575
普利司通（中国）投資有限公司	
司	2575
ブリヂストンファイナンス	
....	2575
ブリヂストン・フローテック	
....	2575
ブリヂストン・ベカルト・スチール・コード	
ル・コード	2575
ブリヂストンTGオーストラリア	
ア	1942
ブリーズ	0225

社名	ページ
フリスキー	2274
ブリストル ベンディング サンオー リミテッド	0962
ブリストルマイヤーズ・ライオン	3048
プリズム	2105
プリズム企画	2105
ブリッジサポート	2122
ブリティッシュオート	0963
フリード	2483
フリーナ	2732
フリービット	2576
フリービット	0035
フリービットインベストメント	2576
フリービットスマートワークス	2576
フリービット・ドットコム	2576
プリフォーム	0183
プリマート	2997
ブリリアンスインターナショナルジャパン	0768
ブリリアント マニュファクチャリング	2228
プリンシパル・コーポレーション	0763
プリンスエイジェンシー	0698
プリンス自動工業	2058
プリンスホテル	1345
プリンス輸送	1383
プリンテック	3113
プリント企画	1405
プリントハウス	1405
ブルーインテリア	2729
ブルーエナジー	1069
古遠部鉱業	2821
古河	2577
古川エヌ・デー・ケー	2235
古河機械金属	2577
古河機械金属	2080
古河鉱業	2577
古河鉱業会社	2577
古河鉱業事務所	2577
古河さく岩機販売	2577
古河産機システムズ	2577
古河市情報センター	0803
古河商事	2577
古川ステレオパックセンター	2664
古河石炭鉱業	2577
古河総合設備	2542
古河電気工業	0112, 0607, 1321, 2123, 2361, 2539, 2578
古河電工	1321
古河電池	2578
古河鑿岩机械（上海）有限司	2577
古河不動産	2577
古河プラント建設	2577
古河本店	2577
古河メタルリソース	2577
フルカワ・ロック・ドリル・インディアPvt.Ltd.	2577
フルカワ・ロック・ドリル・ラテン・アメリカS.A.	2577
フルキャスト	2579
フルキャストテクノロジー	3020
フルキャストドライブ	1383
フルキャストホールディングス	2579
フルケア成和	1688
フルサト工業	2580
ふるさと再生ファンド	0047
古里鉄工所	2580
フルステリ	0113
フルスピード	2581
フルスピードファイナンス	2581
ブルックス・オートメーション社	2939
フルッタフルッタ	2582
プルデンシャル生命	1144
ブルドック食品	2583
ブルドックソース	2583
ブルドックソース食品	2583
富留得客（北京）商貿有限公司	2583
フルトンプロダクツ工業	0962
フルネット	2580
フルノ関西販売	2584
フルノ北日本販売	2584
フルノ近畿販売	2584
フルノ四国販売	2584
古野電気	2584
古野電気工業所	2584
古野電気商会	2584
フルノ東北販売	2584
フルノ西日本販売	2584
フルノ日本海販売	2584
フルノ北海道販売	2584
古野香港有限公司	2584
フルノ南日本販売	2584
古橋製作所	2651
古林紙器印刷所	2585
古林紙工	2585
古林紙工（上海）有限公司	2585
古林包装材料製造（上海）有限公司	2585
Bullフーズ	2583
ブループラネット	0364, 1431
ブルボン	2586
フルヤ金属	2587
古屋商店	2587
古屋鶴屋呉服店	2717
古屋松呉服店	2717
ブルーライン・カントリー倶楽部	2385
ブルーリバース	0048
ブルーリンク	2583
ブレイズ	3120
ブレイナー	2945
ブレイニーワークス	1772
ブレイブ	2475
フレイム	3132
ブレインズ・カンパニー	2571
ブレインナビ	0237
ブレインナビ・コンテンツファンド投資事業組合	0237
ブレインパッド	2588
フレクソル	0371
プレサンスギャランティ	2589
プレサンスコーポレーション	2589
プレサンスコミュニティ	2589
プレサンス住販	2589
プレサンスリアルタ	2589
プレシジョンクロダ	0759
プレシジョン・システム・サイエンス	2590
プレシジョンスプリング	2816
プレス技研工業	2991
フレスコ	0544
プレス工業	2591
普莱斯工業小型駕駛室（蘇州）有限公司	2591
プレス工業埼玉製作所	2591
プレスコンクリート	1085
プレスタージュ	0216
普莱斯冲圧部件（蘇州）有限公司	2591
ブレステクノロジー	2493
プレステージ・アセット・マネジメント	1367
プレステージ・インターナショナル	2592
プレステージ・AC	2592
プレスト	3049
フレゼニウス川澄	0594
フレック	1532
フレックス	2707
フレックスアコレ	2707
フレックスオート商事	0460
フレックス・ファーム	0776
プレッス作業所	2591
フレッシュ石守	0825
フレッシュシステム	0173
フレッシュダイナー	1880
フレッシュデポ	2754
フレッシュネットワークシステムズ	2872
フレッシュ・フード・サービス	2069
フレッシュヤオコー	2932
プレテックドウ	1507
プレテックロボテックサービス	1507
プレナス	2593
プレナス・エムケイ	2593
ブレーバーソニックコーポレーション	0113
プレハブシステム	1485
プレビ	0128
フレボファーム	3165
プレミアITソリューション	2592
プレミアアシスト西日本	2592
プレミアアシスト東日本	2592

社名	頁
プレミアインシュアランスプランニング	2592
プレミア・エイド	2592
プレミア・クロスバリュー	2592
プレミアネットワーク	2592
プレミアパークアシスト	2592
プレミア・プロパティサービス	2592
プレミアムウォーター	0742
プレミアムサポート	2963
プレミアロータス・ネットワーク	2592
プレミアRS	2592
プレミネット	0704
フレムピック	0509
フレンチコネクションジャパン	3132
フレンテ	2594
フレンテ・インターナショナル	2594
フレンテホールディングス	2594
フレンド	2613
プレント	3120
フレンドリー	2595
フレンドリーデリカ	2947
プロアウト	3074
フロイス	1283
フロイデンベルグ＆バイリーンインターライニングス（ナントン）カンパニーリミテッド	2240
フロイデンベルグ＆バイリーンフィルタ（タイランド）カンパニーリミテッド	2240
フロイデンベルグ＆バイリーンフィルタ（チェンドゥ）カンパニーリミテッド	2240
フロイント化成	2596
フロイント産業	2596
プロギア	3031
プロキュバイネット	2038
ブログウォッチャー	3074
プログレス	1257
プログレッシブネットワークス社	1050
プロコミット	3129
プロジェクト	2429
プロジェクトエイト	2600
プロジェクトカーゴジャパン	2417
プロジェクト48	0361
プロシップ	2597
普楽希普信息系統	2597
プロシップフロンティア	2597
プロス	3150
プロステック	2250
プロスペクト	2598
プロスペック	1751
プロセス・マネジメント	2481
プロセス・ラボ・ミクロン	1585
プロソフトトレーニングジャパン	2278
フロー・ダイナミックス	1451
プロダクション・アイジー	0017
プロダクトサービスエンタープライズ	2534
ブロッコリー	2599
ブロッコリー音楽出版	2599
ブロッサム	1253
プロツールナカヤマ	1949
プロデイア	1993
プロテック	2180
プロトギガ	2600
プロトコーポレーション	2600
宝路多（上海）旧機動車経紀有限公司	2600
宝路多（上海）広告有限公司	2600
プロトデータセンター	2600
ブロードバンドジャパン	2284
ブロードバンドタワー	2601
ブロードバンドタワーPE	2601
ブロードバンド・テクノロジー	1432
ブロードメディア	2602
ブロードメディア・ティービー企画	2602
ブロードリーフ	2603
プロトリンク	2600
プロトール	2600
ブロニカ	1614
プロネクサス	2604
プローバ・シチズン	1123
プロバスト	2605
プロビジョン	0850
プロフェッショナル・マネージメント	2473
プロフェッションネットワーク	1597
プロミス	2793
フロムエー関西	3074
フロムエーキャリア	3074
フロムガレージ	1742
フロム・ソフトウェア	0550
フロム・ネットワークス	0550
フロムノース	2261
プロメック	1192
フロリア	0902
フローリストサカタ	0913
プロリード	0913
プロルート天理流通センター	2606
プロルート丸光	2606
ブロンコ	2607
ブロンコビリー	2607
フロンテア化学	0971
フロンテア化工	0971
フロンテアガーデン	0971
フロンテア環境システム	0971
フロンテア流通	0971
フロンティアデジタルマーケティング	0038
文化財調査コンサルタント	0593
文化シャッター	2608
文化シヤッター	2608
文化堂百貨店	1480
文化農報社	2057
文化放送	2547
文化放送ブレーン	2106
噴火湾漁業	2042
噴火湾東水産	2042
文教堂	2609
文教堂グループホールディングス	2609
ぶんけい出版	2610
文溪製本	2610
文溪堂	2610
ぶんど	0523

【 ヘ 】

社名	頁
ベアーズファクトリー	0110
ベアトリーム社	2846
平安海産	2356
米キトク・アメリカ会社	0636
兵機帆船運送	2440
米国アクアメディア	2293
米国アボット・ラボラトリーズ	1587
米国岡谷鋼機会社	0452
米国ゼネラルミルズ社	2924
米国センサー	2170
米国TG	1942
米国テクノロジー	2170
米国新東亜交易会社	1241
米国特殊陶業	2170
米国トムソン社	1254
米国日産自動車会社	2058
米国日産自動車製造会社	2058
米国日産販売金融会社	2058
米国日本通運	2161
米国バード社	0864
米国ブラックロック社	2288
米国フルヤメタル	2587
米国ホールディング	2170
米国三井物産	0462, 2799
米国三井不動産	2800
米国三井不動産グループ	2800
米国三菱ポリシリコン社	2821
米国森永製菓	2924
平湖黒田捷納泰克商貿有限公司	0759
平湖黒田精工有限公司	0759
米国和光オートメーション	3158
米国和光純薬	3158
米国和光ホールディングス	3158
米国和光ライフサイエンス	3158
米国CAIInternational, Inc.	1165
平湖御牧貿易有限公司	2837
平湖日東漁具有限公司	2090

社名	番号
ベイ・コミュニケーションズ	2376
ペイサー	2678
ベイサイドエナジー	1766
JCRファーマ	2611
ペイジェント	1690
米州コマツカンパニー	0867
米州武田開発センター Inc.	1587
平生風力開発	2247
ベイテクノ	0606
平禄	1129
兵和銀行	2789
平和建設	1132
平和興産	2612
平和サービス	2614
平和紙業	2612
平和紙業（上海）有限公司	2612
平和製紙所	0154
平和相互銀行	2789
平和第一交通	1449
平和地域サービス	2614
平和電工	0682
平和堂	2613
平和堂	0464
平和時計製作所	1123
平和フーズ	2613
平和不動産	2614
平和ヘルスケア	2614
平安企画	0533
ヴェーエムエフ ジャパン コンシューマーグッズ	0960
ヴェオリア・ウォーター・ジャパン	1584
ペガサスグローバルエクスプレス	0605
ペガサス（天津）ミシン有限公司	2615
ペガサスミシン製造	2615
ヘキスト合成	2130
ヘキスト社	2130
ヘキストセラニーズ社	1490
北京愛徳旺斯貿易有限公司	0142
北京愛慕郡是服飾有限公司	0770
北京艾睿普广告有限公司	0038
北京阿普特応用技術有限公司	0408
北京アルゼ開発有限公司	3007
北京威馬捷国際旅行援助有限責任公司	2107
北京医薬集団有限責任公司	0736
北京英特創軟件科技有限公司	1043, 1044
北京エヌ・ティ・ティ・データ・ジャパン	0351, 0352
北京艾路摩科技有限公司	1735
北京遠州包装服務有限公司	0393
北京エンタープライズモバイルテクノロジー有限公司	2206
北京岡谷鋼機有限公司	0452
北 京KITO-BLUESWORD物流系統集成有限公司	0635
北京丘比食品有限公司	0658
北京京車双洋軌道交通牽引設備有限公司	1886
北京近鉄運通運輸有限公司	0701
北京宏達日新電機有限公司	2070
北京康泰克電子技術有限公司	0887
北京幸福生活貿易有限公司	2476
北京薩莉亜餐飲管理有限公司	0893
北京塩野義医薬科技有限公司	1087
北京至高科技有限公司	3130
北京新興日祥科有限公司	1886
北京瑞来特貿易有限公司	1196
北京正興聯合電機有限公司	1338
北京世貿翰林企業管理有限公司	2186
北京創ново技術有限公司	2233
北京拓普康商貿有限公司	1929
北京中基衆合国際技術服務有限公司	2186
北京頂全便利店有限公司	2461
北京迪愛慈広告有限公司	1739
北京迪愛慈商務諮詢有限公司	1739
北京天安徳喜医療科技有限公司（T&C Beijing, Ltd.）	1684
北京東方三盟公共関係策画有限公司	0672
北京日華材創国際技術服務有限公司	2186
北京新田膠原腸衣有限公司	2078
北京仁本新動科技有限公司	0340
北京紐約克服装販売有限公司	1502
北京能美西科姆消防設備有限公司	2280
北京東櫻花翻訳有限公司	2682
北京普楽普公共関係策劃有限公司	2571
北京好麦道餐飲管理有限公司	2593
北京北開日新電機高圧開関設備有限公司	2070
北京ホリバメトロン社	2676
北京瑪利亜諾餐飲有限公司	0893
北京万東医療装備股份有限公司	0736
北京万東クリエート医用製品有限公司	0736
北京普楽普公共関係顧問有限公司	2571
北京立美基投資咨詢有限公司	1330
北京利富高塑料制品有限公司	2195
北京麗源公司	1118
北京路新大成景観舗装有限公司	2047
北京思元軟件有限公司	2533
ベクター	2616
ベクトル	2617
ベクトルコミュニケーション	2617
ベクトルスタンダード	2617
ベークライト商事	1325
ベケイヒン マルチトランス（ベトナム）カンパニー リミテッド	0783
ヘスコ	2415
ベストインテリア	1914
ベストウェスタンホテルズジャパン	0540
ベスト玩具	1572
ベストクレジット	3088
ベストグローバル	1663
ベストコ	1997
ベストサービス	2618
ベストシステムズ	0141
ベスト電器	2618
ベストーネ	2613
ベストフィナンシャル	2618
ベストフーズ本楯	2093
ベスト物流	2618
ベストブライダル	1663
ベストブライダルインターナショナル	1663
ベストブライダル分割準備会社	1663
ベストプラクティス	3137
ベストプランニング	1663
ベスト・フローズン	2093
ベストブロードバンド	2618
ベストホスピタリティハート	1663
ベストホーム	2618
ベストホーランド	2618
ベストランス	3165
ベストン	0468
ベッカー	1571
ベック	0312
ペック	2615, 2622
別子建設	1311
別子鉱業	1311, 1314
別子百貨店	1311
別所無尽	1931
ペッツバリュー	0291
ヘッド・ソリューションズ	1756
ペットペット	0291
ペットランド	0960
ペットランドジャパン	0960
ペッパーフードサービス	2619
別府化学工業	1317
ペティア	0509
ベテル・ケア	3146
ベトナムNGKスパークプラグ	2170

社名	番号
ベトナム岡谷鋼機会社	0452
ベトナムクリエートメディック	0736
ベトナムクリエートメディック国際貿易	0736
ベトナム田淵電機	1608
ベトナム・ニッポンセイキ社	2148
ベトナム日本通運	2161
ベトナム日本電産会社	2228
ベトナム日本電産サンキョー会社	2231
ベニア商会	1179
紅忠	2748
ベニックス	1020
紅屋	1665
ベネックス	0700
ベネッセインフォシェル	3063
ベネッセホールディングス	3063
ベネフィットデリバリー	1064
ベネフィット・ワン	2620
ベネフィットワン・パートナーズ	2620
ペーパーボーヤ	1080
ヴェラ・ブラッドリー・スタイル	3114
ベーラント バイオサイエンスコーポレーション	1313
ベーラントU.S.A. コーポレーション	1313
ヘリオス	2621
ヘリオス	2186
ヘリオステクノホールディング	2622
ベリサーブ	2623
百力服軟件測試（上海）有限公司	2623
ベリテ	2624
ベーリンガーインゲルハイムシオノギベトメディカ	2625
ベーリンガーインゲルハイムジャパン	2625
ベーリンガーインゲルハイム製薬	2625
ベーリンガーインゲルハイムベトメディカジャパン	2625
ベル	2613
ベルガレージ	0475
ベルク	2626
ベルグアース	2627
ベルクス	2616
ベルクハウス	1253
ベルグ福島	2627
ベルシティ	0166
ヘルシー・ネット	0798
ヘルシーライフサービス	2033
ヘルスクリック	1157
ヘルスケア一光	2898
ヘルスケア・キャピタル	2898
ヘルツ	1717
ベルデ九州	0556
PALTEK	2628
ベルトン・トウトク・テクノロジー	1829
ベルーナ	2629
ベルーナメーリングサービス	2629
ベルネット クレジット カンパニー リミテッド	2629
ベルベット石鹸	2042
ベルメゾンロジスコ	1389
ベルラピカ	3065
ペレニアル ユナイテッドアローズ	2996
ペンオイルセールス	0263
ぺんぎんアソシエイツ	1485
ヘンケルオレオケミカルズSdn. Bhd.	1256
ヘンケルリカSdn.Bhd.	1256
弁護士ドットコム	2630
ペンタスポーツ	1498
ペンタックス	2671
ペンタビルダーズ	0878
ペンタファシリティサービス	0878
ベンチャー総研	2205
ベンチャーユナイテッド	2994
ベンチャー・リンク	0108, 0387, 2503
ベンチャー・リンクコミュニケーションズ	3008
弁当のポプラ	2670
ベントリー・ネバダ社	3075
ヘンミエンジニアリング	1111

【 ほ 】

社名	番号
保安工業	2191
保育総合学院	2033
ボーイズ	0074
ヴォイス・オブ・エスケー	1220
ボイスメディア	1076
ボイスメール	2853
ホイールアブレーター社	1242
ホイールアブレーターシントードブラジル社	1242
ポイント	0110
波茵特股份有限公司	0110
ポイントスタイル	3068
宝運実業	3061
豊英エンタープライズ	2882
宝永汽船	3169
宝永興業	2539
豊栄興業	1835
豊苑	2634
豊賀	1798
豊海東市冷蔵	1666
防かび環境エンジニアリング	0156
宝貴産業	1013
紡機製造	0823
豊興工業	1052
宝鋼日立金属札輥（南通）有限公司	2410
豊国糸業	0763
報国鋼業	0409
豊国佐々木電線	0299
報徳産業	2003
豊国産業	0763
豊国自動車	0427
報国写真館	2296
報國水産	2631
豊国セメント	2821
豊国電線	0299
豊国不動産	1409
豊産商事	1045
宝珠	1476
放出中古車センター	2341
芳醇	0941
防消火エンジニアリング	2248
豊晶光電	1942
豊神警備保障	1045
法人上組（香港）有限公司	0569
ホウスイ	2631
紡績製造	1874
法専組鉄工所	1232
法専鉄工所	1232
房総観光	1792
包装技研	1336
房総コンピューターサービス	0775
邦駐（上海）停車場管理有限公司	2158
防長マックス	2705
豊通テレコム	1800
放電精密加工研究所	2632
宝日医生物技術（北京）有限公司	1573
豊年味の素	1045
豊年味の素製油	0095
豊年商事	1045
豊年製油	1045
豊年リーバ	1045
防府商業振興	3094
防府大店	3094
保谷硝子	2671
保谷クリスタル	2671
保谷クリスタル硝子製造所	2671
保谷クリスタル販売	2671
保谷光学硝子販売	2671
保谷光学工業	2671
保谷電子	2671
保谷陶器製造所	2671
保谷レンズ	2671
宝友	2947
豊裕	1942
豊友産業	2634
豊友物産	2634
宝洋海運産業	2189
豊洋水産	2042
鳳来寺鉄道	2001
蓬莱タンカー	3169
邦楽座	1188

社名	頁	社名	頁	社名	頁
宝林	0944	⋯⋯⋯⋯	0915	北陸瓦斯	2644
寶麗化粧品（香港）有限公司		北洲	2495	北陸ガスエンジニアリング	
	2673	北信越ジョーシン	1187		2644
宝麗（中国）美容有限公司		ホクシンエンタープライズ		北陸ガス保安サービス	2644
	2673		1257	北陸ガスリビングサービス	
琺瑯鉄器	2764	北新港運	2061		2644
豊和銀行	2633	北辰社	2875	北陸共栄システムズ	0523
豊和銀行	0418	北辰商品	2724	北陸銀行	2645
豊和工業	2634	北辰電機製作所	3027	北陸銀行	2641
豊和工作機	2634	北星産業	0874	北陸金属工業	1100
豊和重工業	2634	北勢電気鉄道	2763	北陸ケーティシーツール	0673
豊和相互銀行	2633	北大学力増進会	1257	北陸興産	2646
豊和（天津）机床有限公司		北大増進会	1257	北陸寿	0855
	2634	北電興業	2658	北陸佐川急便	0917
ほうわバンクカード	2633	ホーク電子	2235	北陸産業	0596
豊和貿易	2549	ほくでん情報テクノロジー		北陸ジオコンサル	0088
ボーエン化成	0203		2658	北陸紙業	2115
帆風	0826	北電マレーシア	2646	北陸車輛	0596
ホギ	2635	ほくでんライフシステム	2658	北陸（上海）国際貿易有限公	
ホギインドネシア	2635	ホクト	2640	司	2646
保木記録紙販売	2635	北斗	0243	北陸ジョイフル	1182
保木明正堂	2635	北東電設	0870	北陸人造肥料	2057
ホギメディカル	2635	北斗音響	2833	北陸信託	2645
ホギメディカルセールスインド		ホクト産業	2640	北陸水電	1764
ネシア	2635	北斗第15号投資事業有限責任組		北陸精機	2646
ホクイー	1999	合	0966	北陸石産工業	2782
北越板紙	2636	北斗第17号投資事業有限責任組		北陸セキスイハウス	1355
北越鋳物機械	2638	合	0966	北陸セルラー電話	0779
北越エンジニアリング	2636	北斗第18号投資事業有限責任組		北陸染色加工	1408
北越カード	2637	合	0966	北陸ソディック	1420
北越紀州製紙	2636	北斗第19号投資事業有限責任組		北陸ダイセキ	1488
北越紀州販売	2636	合	0966	北陸中央	1630
北越キャピタル	2637	北斗電工	2880	北陸彫刻所	0905
北越銀行	2637	ホクトメディカル	2640	北陸テクシス	0351
北越興業	2639	北部三交タクシー	2763	北陸電気科学工業	2646
北越工業	2638	北部建設	1710	北陸電気（広東）有限公司	
北越ジェーシービー	2637	北米カルソニックカンセイ			2646
北越資産管理	2637		0578	北陸電気工業	2646
北越システム開発	2637	北米カルソニックカンセイ社		北陸天然瓦斯興業	2644
北越紙精選	2636		0578	北陸PG	3150
北越信用保証	2637	北米カルソニック社	0578	北陸ピラー	2180
北越水力電気	2639	北米日産会社	2058	北陸ファーマシューティカル	
北越製紙	0840, 2636	ホクホー	0165	サービス	2460
北越タンバックル	2639	ほくほくファイナンシャルグ		北陸ファミリーマート	2461
北越電化工業	2639	ループ	2645	北陸マレーシア	2646
北越パッケージ	2636	ほくほくフィナンシャルグルー		北陸やまや	2969
北越パルプ	2636	プ	2641	北陸油研	2985
北越ビジネス	2637	ホクヤク	0203	北陸ユーザック	0249
北越メタル	2639	北雄ラッキー	2642	北陸リョーショク	2815
北越リース	2637	北洋銀行	2643	ホクリヨウ	2647
北欧倶楽部	2373	北洋商会	2815	ホクリヨウ赤井川畜産セン	
北欧トーキョー	0468	北洋商事	2815	ター	2647
北温信用組合	0363	北洋水産	2631	ホクリヨウ生産	2647
ホクギン経済研究所	2637	北陽製紙	0404, 0405	ホクリヨウ畜産	2647
北銀コーポレート	2641	北洋相互銀行	2643	北菱電機工業	2368
ほくぎんフィナンシャルグルー		北陽日冷	2046	北菱不動産	2811
プ	2641, 2645	北洋無尽	2643	ポケットカード	2648
北銀不動産サービス	2645	北陸アイシー	2646	保健医療総合研究所	1125
ホクコーパックス	2660	北陸アイチ	0021	歩神戸衛生実験所	2389
北薩酒類販売	2947	北陸アジア航測	0088	ポコメロ	2663
ほくさん	0258	北陸アジアホールディング		星医療酸器	2649
北酸商事	0258		2646	星医療酸器関西	2649
北支護謨乳液化学有限公司		北陸インターナショナル	2646	星医療酸器東海	2649
		北陸化工	2310		

社名	ページ
星エンジニアリング	2649
細川化学工業所	2211
細川活版所	2826
細川粉体機器サービス	2652
細川粉体工学研究所	2652
細川密克朗(上海)粉体機械有限公司	2652
星コーポレーション	2649
ホシザキ沖縄	2650
ホシザキ家電	2650
ホシザキ関東	2650
ホシザキ北関東	2650
ホシザキ北九	2650
ホシザキ京阪	2650
ホシザキ四国	2650
ホシザキ湘南	2650
ホシザキ中国	2650
星崎(中国)投資有限公司	2650
ホシザキ電機	2650
星崎電機	2568, 2650
星崎電機(蘇州)有限公司	2650
ホシザキ東海	2650
ホシザキ東京	2650
ホシザキ東北	2650
ホシザキ南九	2650
ホシザキ阪神	2650
ホシザキ北信越	2650
ホシザキ北海道	2650
星崎香港有限公司	2650
ホシザキ冷器	2650
星崎冷熱機械(上海)有限公司	2650
保志商店	1448
星製薬	1724
ポジック	0110
ホシデン	2651
星電器製造	2651
ホシデン九州	2651
星電子工業	2651
ホシデン精工	2651
ホシデン東北	2651
ホシデン新潟	2651
ホシデン米子	2651
ボスシステム	0897
ボスティック・ニッタ	2078
ポスドクスタイル	1610
ボストン・バイオメディカル・ファーマ・インク	1510
ホスピカ	2033
ホスピタリティ・ネットワーク	1663
ホスピタルサプライジャパン	2792
ホスピタル・ブレイン昭和	2404
ホスピタルマネジメント研究所	1438
ポスフール	0165
保善銀行	2776
細井商店	1309
ホソカワインターナショナル	2652
ホソカワ環境エンジニアリング	2652
細川鉄工所	2652
ホソカワ東京機器サービス	2652
ホソカワパウダエンジニアリング	2652
ホソカワ粉体機器工業	2652
ホソカワ粉体技術研究所	2652
ホソカワミクロン	2652
細倉鉱業	2821
細田機械工業	0451
細田工務店	2653
細田資材流通	2653
細田シティホーム	2653
細田住宅販売	2653
細谷組	1062
穂高	3165
穂高ショッピングセンター	0794
ホーチキ	2654
ホーチキエンジニアリング	2654
ホーチキ大阪メンテナンス	2654
ホーチキオーストラリアPTYリミテッド	2654
ホーチキ札幌メンテナンス	2654
ホーチキサービスS.de R.L.de C.V.	2654
ホーチキ消防科技(北京)有限公司	2654
ホーチキ中国メンテナンス	2654
ホーチキ東北メンテナンス	2654
ホーチキ名古屋メンテナンス	2654
ホーチキ西日本メンテナンス	2654
ホーチキ東日本メンテナンス	2654
ホーチキ福岡メンテナンス	2654
ホーチキ物流センター	2654
ホーチキミドルイーストFZE	2654
ホーチキメキシコS.A.de C.V.	2654
ホーチキメンテナンスセンター	2654
ホーチキ横浜メンテナンス	2654
ぼちぼち	2383
北海運送	3136
北海運送保証計算	2161
北海産資	1580
北海酸素	0258
北海澁澤物流	1140
北海商運	0499
北海水力発電	2658
北海製罐	2659, 2821
北海製函乾燥	1938
北海製罐倉庫	2659
北海曹達	1782
北海タングステン工業	1863
北海電気工事	2655
北海道アイチ	0021
北海道アサヒビール	0078
北海道朝日麦酒	0078
北海道アジアコンサルタント	0088
北海道厚産	2219
北海道アルペン	0152
北海道岩城製薬	0203
北海道飲料	2657
北海道運送	3136
北海道エス・ピー・エフ畜産センター	2647
北海道エスレン	1353
北海道NSソリューションズ	1248
北海道FB	2383
北海道LNG	2656
北海道オリジン	0505
北海道オルガノ商事	0511
北海道花王販売	0527
北海道瓦斯	2656
北海道カーセンサー	3074
北海道カネカ	0555
北海道火力工事	2658
北海道管材	0767
北海道キャンティーン	2657
北海道キューブシステム	0659
北海道銀行	2641
北海道空港	1175
北海道グリコ	0294
北海道クローム鉱業	1251
北海道グローリー	0766
北海道コア	0803
北海道興農工業	2165
北海道コカ・コーラプロダクツ	2657
北海道コカ・コーラボトリング	2657
北海道佐川急便	0917
北海道サニタリー・メンテナンス	1581
北海道サニックス環境	0942
北海道サービス	2657
北海道産業無尽	2643
北海道・シーオー・ジェイピー	0629
北海道システム開発	2657
北海道ジャスコ	2710
北海道車輛酸素	0258
北海道上毛	0540
北海道昭和鉄工	1200
北海道飼料	2472
北海道仁丹食品	2918
北海道スチレンペーパー	1036
北海道スーパーバッグ	1302
北海道住建	0252
北海道製鉄	2219
北海道製糖	2165
北海道セルラー電話	0779
北海道総合通信網	2658

北海道測技 …………	2325
北海道大京 …………	1462
北海道大日精化工業 ………	1505
北海道タクマ環境サービス	
………………………	1581
北海道ダルトン …………	1616
北海道炭礦汽船 …………	2219
北海道中央化学 …………	1630
北海道中央牧場 …………	2647
北海道通信工事 …………	0870
北海道テクシス …………	0351
北海道電子工業 …………	0493
北海道電設工事 …………	2658
北海道電力 …………	2658
北海道電話工事 …………	0870
北海道糖業 …………	2794
北海道道路 …………	2788
北海道ナガイ …………	1977
北海道永井三谷セキサン …	2782
北海道那須電機 …………	2004
北海道ニチイ …………	0165
北海道ニチレキ工事 ……	2047
北海道ニックス …………	1248
北海道日産化学 …………	2057
北海道日新 …………	2061
北海道日新運輸倉庫 ……	2061
北海道日水 …………	2145
北海道配電 …… 2655,	2658
北海道パワーエンジニアリン	
グ …………………	2658
北海道バンドー …………	2379
北海道ビクター …………	1057
北海道日立情報システムズ	
………………………	2413
北海道日立物流サービス …	2417
北海道ビバレッジサービス	
………………………	2657
北海道ファインケミカル …	2145
北海道ファミリーマート …	2461
北海道プレス …………	0289
北海道文化シヤッター ……	2608
北海道ベンディング ………	2657
北海道報国製菓 …………	2044
北海道ホーチキサービスセン	
ター …………………	2654
北海道マシンメンテナンス	
………………………	2657
北海道丸一鋼管 …………	2730
北海道丸善製品販売 ……	2742
北海道三谷セキサン ………	2782
北海道無尽 …………	2643
北海道明電エンジニアリング	
………………………	2880
北海道森田ポンプ …………	2919
北海道森永乳業販売 ……	2925
北海道ヤマキ …………	1179
北海道床板工業 …………	1938
北海道用地 …………	2655
北海道リアライズ …………	3052
北海道リョーショク ………	2815
北海道レナウン販売 ………	3132
北海道糧食 …………	2647
北海道若めす …………	2647
北海道和弘食品 …………	3159
北海道わらべや …………	2044
北海三井倉庫 …………	2796
北海ミート …………	2174
北海木材工業 …………	1938
北海安田倉庫 …………	2940
北海油脂工業 …………	2042
ポッカクリエイト …………	2567
ポッカコーポレーション ……	2567
ポッカサッポロフード＆ビバレ	
ッジ …………………	0933
ほっかほっか亭 …… 2315,	2593
ほっかほっか亭岡山地区本部	
………………………	2315
ほっかほっか亭九州地域本部	
………………………	2593
ホッカンホールディングス	
………………………	2659
ボックシステム …………	0523
北興化学 …………	2660
北興化学工業 …………	2660
北弘科技（深圳）有限公司	
………………………	0621
北興産業 ………… 2115,	2660
北興商事 …………	2639
北国石川ジェーシービーカー	
ド …………………	2661
北國銀行 …………	2661
北國債権回収 …………	2661
北国総合リース …………	2661
北国保証サービス …………	2661
北國マネジメント …………	2661
ホッコン …………	1167
ホッコンJP …………	1167
ボッシュ …………	2662
ボッシュエレクトロニクス	
………………………	2662
ボッシュエンジニアリング	
………………………	2662
ボッシュエンジニアリングサー	
ビス …………………	2662
ボッシュオートモーティブシス	
テム …………………	2662
ボッシュブレーキシステム	
………………………	2662
ボッシュリアルエステートジャ	
パン …………………	2662
堀田産業 …………	2663
堀田丸正 …………	2663
ホッツ …………	2065
ホットアイ …………	0193
ホットカプセル …………	1378
ホットスコープ …………	2666
ホットネス …………	1824
ホットポット …………	0168
ホットマン …………	2664
ホットマン多賀城 …………	2664
ホットランド …………	2665
ホットリンク …………	2666
ホットリンクコンサルティン	
グ …………………	2666
ボディソニック …………	0179
ボディソニック・ラボ ……	0179
ほていや …………	3000
ホテル小田急 …………	0468
ホテル小田急サザンタワー	
………………………	0468
ホテル小田急静岡 …………	0468
ホテルグランパシフィック	
………………………	0784
ホテルクレスト札幌 ………	1191
ホテル京急 …………	0784
ホテルサイボー …………	0902
ホテルサンフラワー札幌 …	0777
ホテルサンルート博多 ……	2701
ホテルジャパン東急 ………	1815
ホテルテート …………	1809
ホテルパシフィック東京 …	0784
ホテル阪神 …………	2375
ホテル阪神レストラン・システ	
ムズ …………………	2375
ホテル東日本 …………	2242
ホテルポポロ東京 …………	0777
ホテルみゆき …………	1986
ホテル330 …………	3087
ボーデン社 …………	0769
ボードウォーク …………	1772
保土谷アグロス …………	2667
保土谷アグロテック ………	2667
保土谷アシュランド ………	2667
保土谷エンジニアリング ……	2667
保土谷化学工業 …………	2667
保土谷コントラクトラボ ……	2667
保土谷（上海）貿易有限公司	
………………………	2667
保土谷曹達 …………	2667
程谷曹達工場 …………	2667
保土谷ダイカラー …………	2667
保土谷大連ピーティージー	
………………………	2667
保土ヶ谷発条 …………	2298
保土谷UPL …………	2667
保土谷ロジテックス ………	2667
ポート・ケンブラ・カパー社	
………………………	2080
ポートサイド …………	2678
ホトニクス・マネージメント・	
コーポ …………………	2353
ボナー …………	0250
ポニーキャニオンエンタープラ	
イズ …………………	1070
ボヌール販売 …………	0449
骨太住宅 …………	0235
ホーネン興産 …………	1045
ホーネンコーポレーション	
………………………	1045
ホーネンサービス …………	1045
ホーネンビジネスサービス	
………………………	1045
ホーネン・ファイナンス ……	1045
ホーネン物流 …………	1045
ホノルルコーヒージャパン	
………………………	2503
ポバール興業 …………	2668
ポバール販売 …………	2668
ポピー ………… 1932,	2377
ホビーラ・ホビーレ ………	2808
ホビーラホビーレ …………	2808

ホーブ … 2669	堀場製作所 … 1805, 1970	香港日華化学有限公司 … 2049
ホープ … 1224	ホリバ・台湾社 … 2676	香港日幸有限公司 … 2052
ボブ … 1932	堀場（中国）貿易有限公司 … 2676	香港日泉有限公司 … 2076
ポプラ … 2670		香港日本精機有限公司 … 2148
ポプラフーズ … 2670	堀場テクノサービス … 2676	香港日本通運 … 2161
ポプラ物流サービス … 2670	ホリバ・バイオテクノロジー … 2676	香港野田電子有限公司 … 2286
ポプラ保険サービス … 2670		香港本多有限公司 … 2681
ホープ21 … 2669	堀場無線研究所 … 2676	香港丸山有限公司 … 2753
ホーマック … 1700	ホリバ・ヨーロッパ・ホールディング社 … 2676	香港山崎麺飽有限公司 … 2950
ホーミング工業 … 2772		香港友華有限公司 … 3026
ホーム … 2622	ポリプラスチックス … 1490	香港友利電有限公司 … 3005
ホームアドバイザー … 0407	ホリーベトナム … 0297	香港横尾有限公司 … 3026
ホーミイング … 2771	ボーリング・テクノサービス … 0813	香港麗格靴業有限公司 … 3071
ホームコア … 0471		本州化学工業 … 2679
ホームコンポーネント … 2801	ボールウェイ … 1675	本州製紙 … 0404
ホームセンターバロー分割準備会社 … 2373	ポルキャスト・ジャパン … 1738	本州ダンボール工業 … 0404
	ボルグ・ワーナー社 … 1677, 2149	本州緑化 … 0404
ホームセンターヤマキ … 1179	ボルテージ … 2677	本荘マネジメント … 3135
ホームダイレクト … 0389	ボルテック … 0529	本所化成 … 1764
ホームテクノリサーチ … 2801	ポルト … 3132	ボンスラッガー … 1205
ホームデリカ … 2626	ポールトゥウィン … 2678	本多エレクトロン … 2269
ホームピック … 0509	ポールトゥウィン・ピットクルーホールディングス … 2678	ホンダエンジニアリング … 2681
HOYA … 2671		本田エンジニアリング … 2680
HOYAアドバンストセミコンダクタテクノロジーズ … 2671	ボールネジ … 1675	ホンダオートセールス … 2422
	ホールファクトリー … 3166	ホンダオートモービル（タイランド）カンパニー・リミテッド … 2680
HOYAオプティクス … 2671	ポロロッカ … 2997	
HOYAクリスタル … 2671	ホロンテクノロジー … 1745	
HOYAクリスタルショップ … 2671	ホワイト・アトラス … 0284	ホンダオートモーベイス・ド・ブラジル・リミターダ … 2680
	ホワイトビジネスイニシアティブ … 2482	
VOYAGEGROUP … 2672		ホンダオブアメリカマニュファクチュアリング・インコーポレーテッド … 2680
HOYAヘルスケア … 2671	ホワイトボックス … 1870	
ポーラ … 2673	ホワイトボード … 1289	
ポーラ・オルビスホールディングス … 2673	ポーン … 0698	ホンダオブザユー・ケー・マニュファクチュアリング・リミテッド … 2680
	ボン・アティソン … 1507	
ポーラ化成工業 … 2673	ボンアンジュ … 0083	
ポーラ化粧品本舗 … 2673	本郷 … 0280	ホンダカーズ東葛 … 1797
ポーラ商事 … 2673	本郷製作所 … 0280	ホンダカーズマニュファクチュアリング（タイランド）カンパニー・リミテッド … 2680
ポーラー セミコンダクター インク … 0974	香港易初日精有限公司 … 2148	
	香港英達電子有限公司 … 2201	
ポーラー セミコンダクター エルエルシー … 0974	香港大戸屋有限公司 … 0436	ホンダカナダファイナンス・インコーポレーテッド … 2680
	香港大森屋有限公司 … 0442	
ポーラデイリーコスメ … 2673	香港岡谷鋼機有限公司 … 0452	本田技研工業 … 2680
ポラテクノ … 2674	香港漢虹新能源装備集団有限公司 … 2477	本田技研工業 … 1069
ポラテクノ … 2116		本田技研工業（中国）投資有限公司 … 2680
ポラテクノ販売 … 2116, 2674	香港佐藤商事有限公司 … 0934	
ポーラ販売 … 2673	香港三栄洋行 … 0960	本田技術研究所 … 2680
ポーラー ファブ エルエルシー … 0974	香港三和金属処理有限公司 … 1887	本田銀行 … 0420
		ホンダクリオ東葛 … 1797
ポーラファルマ … 2673	香港時興投資有限公司 … 2110	ホンダクレジット … 2680
ポーランドミツトヨ … 2806	香港賜丹雷器有限公司 … 1293	ホンダ工機 … 2680
ホリイフードサービス … 2675	香港芝浦電子有限公司 … 1137	本多興産 … 2681
ホリイプロジェクト … 2675	香港正栄国際貿易有限公司 … 1184	ホンダ埼玉南 … 2056
堀江金属工業 … 1942		ホンダサウスアメリカ・リミターダ … 2680
堀工務店 … 1003	香港新星堂有限公司 … 1237	
埔里社製糖 … 2794	香港星和電機有限公司 … 1348	ホンダ産業 … 1183
ホリデイ … 1849	香港住友倉儲有限公司 … 1320	ホンダ自販タナカ … 1604
ホリデー・インターナショナル・トラベル … 1397	香港精工技研有限公司 … 1337	本多商事 … 2362
	香港象印有限公司 … 1411	本多製作所 … 2681
ホリバアイテック社 … 2676	香港鷹野国際有限公司 … 1564	本田製作所 … 0388
ホリバ・インド社 … 2676	香港田淵電機有限公司 … 1608	本多通信工業 … 2681
ホリバ・インドネシア社 … 2676	香港迪桑特貿易有限公司 … 1737	本辰酒造 … 1574
堀場ジョバンイボン … 2676	香港塗頼潤滑有限公司 … 1887	ホンダ・デ・メキシコ・エス・エー・デ・シー・ブイ … 2680
堀場ジョバンイボン社 … 2676	香港日寫有限公司 … 2215	
堀場製作所 … 2676		

本多電子工業	2681	
ホンダノースアメリカ・インコーポレーテッド	2680	
ホンダファイナンス	2680	
ホンダプリモ埼玉南	2056	
ホンダプリモ テイ・エス	1689	
ホンダプリモ テイ・エス 埼玉	1689	
ホンダプリモ テイ・エス 中部	1689	
ホンダベルノ東海	2422	
ホンダベルノ東葛	1797	
ホンダベルノ長岡	2148	
ホンダマニュファクチュアリングオブアラバマ・エル・エル・シー	2680	
ホンダモーター・ド・ブラジル・リミターダ	2680	
ホンダモーターヨーロッパ・リミテッド	2680	
ホンダモトール・デ・アルヘンティーナ・エス・エー	2680	
ポンドエルミックシステム	1277	
ボンドエンジニアリング	0861	
ボンドケミカル商事	0861	
ボンド興産	0861	
ボンド販売	0861	
ボンド物流	0861	
ボンパナ	0916	
ポンビスコ	2586	
本坊商店	2461	
ホンモクトランスポート	1383	
翻訳センター	2682	

【ま】

マイオームセンター	1287	
マイカルカード	2648	
マイカルクリエイト	0163	
マイカルシステムズ	2450	
マイカル総合研究所	2450	
マイカル北海道	0165	
マイクロアド	0896	
マイクロジェニックス	2225	
マイクロソフト社	0179	
マイクロソリューション	0529	
マイクロテクノ	2720	
美科樂電子股份有限公司	2185	
邁嘉路微電子（上海）有限公司	2185	
マイクロニックアイカ	0010	
マイクロニックアイカインターナショナル	0010	
マイクロワールド	0871	
マイスターエンジニアリング	2683	
マイスターソリューション	2683	
マイスターパーク	2683	
マイスターファシリティ	2683	
マイスターホテルマネジメント	2683	
マイスター60	2683	
舞鶴重工業	2415	
舞鶴製糸	0770	
舞鶴ツバメガス	0239	
真坂電子	2228	
マイティーサーバー	1077	
毎日クリエイト	0532	
毎日コムネット	2684	
毎日コムネットグリーン電力	2684	
毎日コムネットレジデンシャル	2684	
毎日新聞グループホールディングス	2685	
毎日新聞社	2685	
毎日・スポニチ持株移行	2685	
毎日建物	2684	
毎日ツーリスト	2684	
毎日ネットワーク	2684	
Mipox	2686	
マイポックス・アジア・プライベート・リミテッド	2686	
マイポックス・アブレイシヴス・インディア・プライベート・リミテッド	2686	
マイポックス・インターナショナル・コーポレーション	2686	
マイポックス・インターナショナル・トレーディング（上海）コーポレーション	2686	
マイポックス（上海）トレーディングコーポレーション	2686	
マイポックス・シンガポール・プライベート・リミテッド	2686	
マイポックス・プレシジョン・ポリッシング・プロダクト（上海）コーポレーション	2686	
マイポックス・マレーシア・センドリアン・バハード	2686	
マイホームライナー	2550	
マインクリーナース	2321	
マウスコンピューター	0381	
マウスコンピュータージャパン	0381	
前澤エンジニアリングサービス	2689	
前澤化成工業	2687	
前澤機工	2689	
前澤給装工業	2688	
前澤給装（南昌）有限公司	2688	
前澤工業	2689	
前澤実業	2688	
前澤バルブ工業	2689	
前田金属工業	1924	
前田軍治商店	1924	
前田建設工業	2690	
前田建設工業	2117, 2692	
前田工繊	2691	
前田産業	2690	
前田事務所	2690	
前田製作所	2692	
前田製作所	2690	
マエダレンタル	2692	
前橋商工	1998	
前山電具製作所	2807	
マガサ商店	0131	
牧華	2373	
マキタ	2693	
マキタ・アフリカ s.a.r.l.a.u.	2693	
マキタ・アルゼンチンS.A.	2693	
マキタ一宮	2693	
マキタ EU S.R.L.	2693	
マキタ・インディア Pvt. Ltd.	2693	
マキタ・ウクライナLLC	2693	
マキタSA	2693	
マキタOy	2693	
マキタ・カザフスタンLLP	2693	
マキタ・ガルフFZE	2693	
マキタ韓国	2693	
マキタ・コロンビア S.A.	2693	
牧田（昆山）有限公司（中国）	2693	
牧田（上海）機電国際貿易有限公司	2693	
マキタ・チリLtda.	2693	
マキタ d.o.o	2693	
マキタ電機製作所	2693	
牧田電機製作所	2693	
マキタ沼津	2693	
マキタ・ブルガリアEOOD	2693	
マキタ・ベトナム	2693	
マキタ・ペルーS.A.	2693	
マキタ・マニュファクチュアリング・タイ Co., Ltd.	2693	
マキタ・マレーシアSdn.Bhd.	2693	
マキタ・ヨーロッパN.V.	2693	
マキタ・ラテン・アメリカInc.	2693	
マキタ・ロシアLLC	2693	
牧野技術サービス	2694	
牧野机床（中国）有限公司	2694	
牧野堅フライス製作所	2694	
牧野商店製作部	2694	
牧野電装	2694	
牧野フライス製作所	2694	
牧野リース	2694	
牧野J	2694	
マキヤ	2695	
まきや金物店	2695	
マキヤ金物店	2695	
マーキュリーコメット	2321	
マキリス	3132	
牧之原風力エネルギー開発	1961	
MAG	2697	
まぐクリック	1075, 1076	
マーク産業	0291	
マグスタイル	2366	
マクセルエンジニアリング	2418	

マクセル大阪 … 2418	マシンツールエンジニアリング … 1844	マックスアンドグローイング … 1579
マクセル（上海）貿易有限公司 … 2418	マーズ … 2200	マックス工業 … 2705
マクセル商事 … 2418	マースウインテック … 2701	マックスサービス … 2705
マクセルスマートコミュニケーションズ … 2418	**マースエンジニアリング** … 2701	マックスシステム … 0689
マクセルスリオンテック … 2418	マスク … 0678	邁庫司（上海）商貿有限公司 … 2705
マクセル精器 … 2418	マースコーポレーション … 2701	マックスシンワ … 2705
マクセル電気工業 … 2091, 2414, 2418	マースシステム販売 … 2701	マックス製販 … 2705
マクセル東京 … 2418	マーススポーツエージェント … 0228	美克司電子機械（深圳）有限公司 … 2705
マクセルファインテック … 2418	マスターシップ … 0801	美克司電子機械（蘇州）有限公司 … 2705
マクセル北陸精器 … 2418	増田製粉所 … 2702	マックスバリュ関東 … 2997
マクニカ … 2501, 2696	増田増蔵 … 2702	マックスバリュ北東北 … 2708
マクニカネットワークス … 2696	増田増蔵製粉所 … 2702	マックスバリュ九州 … 2706
マクニカ・富士エレ ホールディングス … 2696	マーステクノサイエンス … 2701	マックスバリュ中京 … 2707
マクニカ・富士エレホールディングス … 2501	マスト … 0366	マックスバリュ中部 … 2707
マグネ … 2691	マーストーケンソリューション … 2701	マックスバリュ東北 … 2708
MAGねっと … 2697	マースプランニング … 2701	マックスバリュ名古屋 … 2707
MAGねっとホールディングス … 2697	マースフロンティア … 2701	マックスバリュ西日本 … 2709
マグフォース … 1075	桝谷商会 … 2083	マックスバリュ北海道 … 2710
マークラインズ … 2698	マタイ大石樹脂 … 0416	マックス物流倉庫 … 2705
マグロ … 1476	マダガスカル大豊 … 1522	マックドライ … 0689
マクロウィル … 2354	又新紡績 … 0724	**マックハウス** … 2711
マクロス … 0517	まだまだ現役 … 1610	マックメイト … 1410
マクロボード … 2257	町田興産 … 0509	マックレイ … 3120
マクロミル … 0772	松谷製作所 … 2720	マツケン … 2929
マクロミルケアネット … 0772	**マーチャント・バンカーズ** … 2703	松阪商業開発 … 2707
マーケットメイカーズ … 2158	松井組 … 2704	松阪電気鉄道 … 2763
マーケティングパートナー … 0322	**松井建設** … 2704	松坂屋 … 0428, 1060
誠建設工業 … 2699	松井製作所 … 0765	松坂屋ストア … 0428
マコト工業 … 2505	松井リフォーム … 2704	マツザカヤ友の会 … 0428
誠住宅センター … 2699	松栄電気股份有限公司 … 0984	松坂屋ホールディングス … 0428, 1060
誠不動産 … 2699	松栄土地 … 0956	
誠ホームサービス … 2699	松栄不動産 … 2030	松阪らくらく亭 … 2707
誠design工房 … 2699	松江片倉製糸 … 0539	松﨑光学 … 1088
マーコンサワフジ Ltd. … 0955	松江共和物産 … 2369	松﨑光学精密硝子 … 1088
眞崎市川鉛筆 … 2808	松江銀行 … 0956	松﨑真空 … 1088
眞崎鉛筆 … 2808	松江佐川急便 … 0917	松﨑真空被膜 … 1088
眞崎鉛筆製造所 … 2808	松江相互銀行 … 1151	松下エコシステムズ … 2336
政木興産 … 1814	松江相互貯金 … 1151	松下乾電池 … 2336
眞崎大和鉛筆 … 2808	松江相互無尽 … 1151	松下金属 … 2336
真砂製紙 … 1906	松江日製 … 2416	松下クレジット … 2790
マザーズエスクロー … 0308	松江バイオマス発電 … 1992	松下クレジットサービス … 2790
マザーズオークション … 2200	松江不動産 … 0956	松下航空工業 … 2336
マザーズオークションカンパニー … 2200	松江リース … 1151	松下寿電子工業 … 2336, 2339
マザーズオークションキャピタル … 2200	松江ワシントンホテル … 2527	松下産業機器 … 2336
マザーズキャピタル … 2200	松岡インターナショナル … 0245	松下産業情報機器 … 2336
マザーズDD … 2200	松岡水産 … 0245	松下住設 … 2336
マザーズ・ローン・サービス … 2200	松尾電気 … 1293	松下住設機器 … 2336
真人日本精機 … 2148	松尾糧食工業 … 0581	松下制御機器 … 2336, 2338
マサル … 2700	松尾糧食工業所 … 0581	松下蓄電池 … 2336
マサルエンジニアリング … 2700	マッキー … 0853	松下通信工業 … 2336, 2340
マサル工業 … 2700	松木鉱業 … 2821	松下テクノリサーチ … 2336
マサルソービ … 2700	松喜屋 … 3000	松下電器 … 2336
マジックテープ … 0729	マッキャナ … 0060	松下電気器具製作所 … 2336
	まつぎんビジネスサービス … 1151	松下電気器具製造所 … 2336
	マック … 1360	松下電気工業 … 2336
	マックインターフェイス … 0408	松下電器産業 … 2336, 2340
	マックシステムズ … 1798	松下電器製作所 … 2336
	マックス … 2705	松下電気製作所 … 2336
	マックス … 0431	松下電器直売 … 2336

松下電器貿易	2336	
松下電工	2336, 2338	
松下電工インフォメーションシステムズ	2336	
松下電子工業	2336	
松下電子部品	2336	
松下電池工業	2336	
松下電動機	2336	
松下電熱	2336	
松下東芝映像ディスプレイ	2336	
松下プラズマディスプレイ	1894	
松下マイクロ電池	2336	
松下無線	2336	
松下リース	2790	
松下リース・クレジット	2790	
松下冷機	2336	
松島海運	2802	
松島建設工業	2802	
松島興産	2802	
松島産業	2802	
マツシマ商事	2802	
松島製作所	2802	
松島第一商事	2802	
松島炭鉱	2802	
松島ハイプレシジョン	2802	
マツダ	2712	
マツダ	0578	
マツダ環境	2713	
マツダ貴金属工業	2713	
松田銀行部	1176	
松田産業	2713	
松田商店	2713	
松田製作所	0422	
マツダセールス（タイランド）Co., Ltd	2712	
マツダソラーズマヌファクトゥリングルースLLC	2712	
マツダパワートレインマニュファクチャリング（タイランド）Co., Ltd.	2712	
マツダメタル工業	2713	
マツダモーターオブアメリカ, Inc.	2712	
マツダモーターマニュファクチャリング（USA）コーポレーション	2712	
マツダモーターロシア, OOO	2712	
マツダモトールマヌファクトゥリングデメヒコS.A. de C.V.	2712	
マツダリサーチ＆ディベロップメントオブノースアメリカ, Inc.	2712	
丸忠販売	2738	
松戸新京成バス	1226	
松戸ダイタン商事	1476	
松戸福留	2494	
松戸メディカルラボラトリー	2387	
松永化学工業	2719	
松永製薬所	1641	

松波総業	3057	
松波無線	3057	
松早コンビニエンス・ストア	2461	
松林国際試験機（武漢）有限公司	0835	
松早ファミリーマート	2461	
松前風力開発	2247	
松村石油	2929	
松村石油研究所	2929	
松本片倉清水製糸場	0539	
マツモトキヨシ	2714	
マツモトキヨシ薬店	2714	
マツモトキヨシ不動産	2714	
マツモトキヨシ保険サービス	2714	
マツモトキヨシホールセール	2714	
マツモトキヨシホールディングス	2714	
マツモトキヨシ薬品	2714	
松本建工	2039	
松本サンコー	0976	
松本商店	2715	
松本日梱	2056	
松本プリント	0388	
松本米穀製粉	2092	
松本米穀肥料	2092	
松本薬舗	2714	
マツモトユシ・インドネシア	2715	
松本油脂製薬	2715	
マツヤ	2716	
松屋	2717	
松屋呉服店	2717	
松屋小山商店	2716	
松屋商事	2716, 2718	
松屋食品	2718	
松屋スーパー	2716	
松屋製粉	2152	
松屋鶴屋呉服店	2717	
松屋フーズ	2718	
松屋フーズ開発	2718	
松屋フーズ建設	2718	
松山銀行	2433	
松山五十二銀行	0199	
松山生必	0092	
松山紡績	0724	
松山無尽	0363	
祭原	2815	
マーテック21	0646	
マテリアルエンジニアリング	2415	
マテリアルナカムラ	1995	
マトコ工業	1963	
マナ精密鋳工	2336	
マナック	2719	
マナック（南京）化工新材料有限公司	2719	
マニー	2720	
馬尼（北京）貿易有限公司	2720	
マニュライフ・アセット・マネジメント	2721	

マニュライフ・インベストメンツ・ジャパン社	2721	
マニュライフ生命保険	2721	
マニュライフ・センチュリー生命保険	2721	
マニー・リソーシズ	2720	
マネジメントテクノ	0800	
マネースクウェアHD	2722	
マネースクウェア・ジャパン	2722	
マネースクウェア・ジャパン分割準備	2722	
マネックス・オルタナティブ・インベストメンツ	2723	
マネックスグループ	2723	
マネックス証券	2723	
マネックス・ビジネス・インキュベーション	2723	
マネックス・ビーンズ・ホールディングス	2723	
マネックスベンチャーズ	2723	
マネックス・ユニバーシティ	2723	
マネーパートナーズ	2724	
マネーパートナーズグループ	2724	
マネーパートナーズソリューションズ	2724	
マネーパートナーズ分割準備	2724	
マーノセンターサポート	2997	
マノヨント社	1714	
マーバ	2377	
マハートウェルス・マジメント	0923	
マービー	0249	
マービー化工	0249	
馬渕工業	2725	
マブチ国際通商	2725	
マブチ精工	2725	
万宝至精工（東莞）有限公司	2725	
マブチモーター	2725	
万宝至馬達（江西）有限公司	2725	
マブチモーターコリアカンパニーリミテッド	2725	
マブチモーターダナンリミテッド	2725	
万宝至馬達貿易（深圳）有限公司	2725	
マブチモーターメキシコエスエーデシーブイ	2725	
万宝至馬達（鷹潭）有限公司	2725	
マーベラス	2726	
マーベラスインタラクティブ	2726	
マーベラスAQL	2726	
マーベラスエンターテイメント	2726	
マーベラス音楽出版	2726	
マーベラススタジオ	2726	
マーベラスライブウェア	2726	

ママメディア ……………	0641	
マミー …………………	2709	
マミーサービス …………	2727	
マミート ………………	2377	
マミーマート	2727	
マミーマート流通グループ ………………………	2727	
マーメイドアパレル ……	1091	
マーメイドソーイング秋田 ………………………	1091	
マーメイドテキスタイルインダストリーインドネシア ……	1091	
豆蔵 ……………………	2728	
豆蔵OSホールディングス …	2728	
碼媒卓軟件（上海）有限公司 ………………………	2728	
豆蔵ホールディングス ……	2728	
マリアス ………………	0550	
マリアーヌ商会 …………	0893	
マリアーノ ………………	0893	
マリテック ………………	1955	
マリンフーズ ……………	2174	
マルイ …………………	2963	
丸井 ……………………	2729	
マルイアクセス …………	2729	
丸井運輸 ………………	2729	
マルイエムズモード ……	2729	
マルイカード …………	2729	
丸井グループ	2729	
丸井広告事業社 …………	2729	
マルイシーズニング ……	2729	
丸井商貿（上海）有限公司 ………………………	2729	
丸井信用販売 …………	2729	
マルイスマートサポート …	2729	
マルイチ ………………	1047	
マルイチ・アメリカン・コーポレーション …………	2730	
丸一インベストメント ……	2730	
マルイチ・オレゴン・スチール・チューブLLC …………	2730	
丸一鋼管	2730	
丸一鋼販 ………………	2730	
マルイチ・サン・スチール・（ハノイ）・カンパニー・リミテッド ………………	2730	
マルイチメックス S.A.de C.V. ……………………	2730	
丸一薬品 ………………	1979	
マルイテキスタイル ……	0905	
マルイパレット …………	2729	
マルイファッションナビ …	2729	
マルイホームサービス ……	2729	
丸運	2731	
丸運安科迅物流（常州）有限公司 ……………………	2731	
丸運急送 ………………	2731	
丸運国際貨運代理（上海）有限公司 …………………	2731	
丸運トワード物流 ………	2731	
丸栄	2732	
丸永 ……………………	1409	
丸栄商事 ………………	0134	
丸栄友の会 ……………	2732	
マルエツ ………………	2997	
マルエツ商事 ……………	2997	
丸悦ストアー ……………	2997	
マルエツフレッシュフーズ ………………………	2997	
丸悦（香港）有限公司 …	2997	
丸悦（無錫）商貿有限公司 ………………………	2997	
丸尾カルシウム	2733	
丸尾（上海）貿易有限公司 ………………………	2733	
丸尾商事 ………………	2733	
丸尾製粉 ………………	2733	
丸嘉 ……………………	2734	
マルカキカイ	2734	
丸嘉機械 ………………	2734	
マルカ産業 ……………	2734	
丸嘉商会 ………………	2734	
マルカ・ナチ販売 ………	2734	
丸上 ……………………	0079	
丸神海運 ………………	0823	
マルカメディテック ……	2734	
丸亀無尽 ………………	1939	
マルカレンタルサービス …	2734	
まるかわ ………………	0674	
マルカワ ………………	0674	
まるかわおしゃれ会 ……	0674	
丸館魚市場 ……………	3032	
丸喜建設 ………………	3052	
丸喜産業 ………	1156, 2851	
丸起証券 ………………	0217	
丸木証券 ………………	2829	
マルキタ米菓 ……………	2586	
丸吉 ……………………	1047	
丸吉商店 ………………	1047	
丸吉製紙 ………………	3133	
丸吉広島 ………………	1047	
マルキン共栄 ……………	1169	
マルキン醬油 ……………	1169	
マルキン忠勇 ……………	1169	
マルキン東日本 …………	1169	
マルケー自動車整備 ……	0454	
マルケー商事 ……………	0454	
丸建基礎工事 ……………	2749	
丸建工事 ………………	2749	
丸建機材 ………………	2749	
マルケンシールドテック …	2749	
マルコ	2735	
丸光 ……………………	2606	
丸弘製作所 ……………	0463	
マルコ熊本 ……………	2735	
丸越 ……………………	1538	
瑪露珂爾（上海）国際貿易有限公司 …………………	2735	
マルコハウジング ………	2735	
マルコポーロXTF Japan …	1684	
マルコ本社 ……………	2735	
丸米証券 ………………	0443	
マルコン電子 ……………	2126	
マルサカ商事 ……………	0429	
マルサカブックサービス …	0429	
丸定運輸 ………………	1576	
丸定鋼業 ………………	1576	
丸定産業 ………………	1576	
マルサンアイ	2736	
丸三愛食品商貿（上海）有限公司 ……………………	2736	
丸三証券	2737	
マルサン商事 ……………	2736	
丸三商店 ………………	2737	
マルサン食品 ……………	2736	
丸三染工場 ……………	1382	
丸三染練合資組合 ………	1382	
丸三多田岩吉商店 ………	2737	
丸三土屋建設 ……………	1672	
丸三投資顧問 ……………	2737	
丸三土地建物 ……………	2737	
丸三長尾秀一商店 ………	2737	
丸三ファイナンス ………	2737	
マルサンフーヅ …………	2736	
丸三吉田政四郎商店 ……	2737	
マルシェ	2738	
丸七白川口市売木材 ……	1374	
丸七住研工業 ……………	1374	
丸七ミヤマ工業 …………	1374	
丸島醬油 ………………	1169	
丸十証券 ………………	1879	
丸十製パン ……………	2044	
丸順	2739	
丸順精器工業 ……………	2739	
丸正 ……………………	2663	
丸正産業 ………………	1437	
丸正商店 ………………	2663	
マルス …………	0521, 2933	
マルスズ電気 ……………	3057	
丸誠エンジニアリング ……	2683	
丸精基礎 ………………	2749	
まるせん ………………	2642	
マルゼン	2740	
丸善 ………	0548, 1508, 2742	
丸全 ……………………	1286	
丸全エア エクスプレス インターナショナル ………	2741	
丸善化工 ………………	2742	
丸全鹿島物流 ……………	2741	
丸全川崎物流 ……………	2741	
丸全関西物流 ……………	2741	
丸全九州運輸 ……………	2741	
丸善銀座屋 ………	1815, 1988	
丸全京浜物流 ……………	2741	
丸全京葉物流 ……………	2741	
丸全港運 ………………	2741	
丸善システムインテグレーション ………………	2742	
丸善システムサービス ……	2742	
丸善出版 ………………	2742	
丸善商社 ………………	2742	
丸全昭和運輸	2741	
丸全昭和組 ……………	2741	
丸善書店 ………………	2742	
丸善製品販売 ……………	2742	
丸善石油 ………………	0849	
丸善石油バイオケミカル ……	0849	
丸善CHIホールディングス ………………………	2742	
丸善CHIホールディングス		

まるせんち　　　　　　　　　　社名索引

··················	1508
丸全中部物流 ·············	2741
丸千千代田水産 ············	0748
丸全テクノパック ···········	2741
丸善トライコム ············	2742
丸全トランスパック ··········	2741
マルゼン燃器製造 ···········	2740
丸善服装雑貨卸店 ···········	2742
丸善ブックメイツ ···········	2742
丸善ブックメイツ大阪 ·········	2742
丸全北海道運輸 ············	2741
丸善メイツ ···············	2742
丸善洋物卸店 ·············	2742
丸善石油化学 ·············	0254
マルタイ ················	2743
マルダイ ················	2708
丸大商会 ················	2708
マルタイ泰明堂 ············	2743
丸高 ···················	1555
丸高食品 ················	1555
マルチ ··················	1136
マルチク ················	1652
マルチテック ··············	2868
マルチプロダクツ工業 ·········	0962
マルチボックス ············	1059
マルチャン, INC. ···········	1880
マルチャンテキサス, INC. ·····	1880
マルチャンバージニア, INC.	
··················	1880
丸中 ···················	2947
マル厨工業 ···············	2740
丸忠興業 ················	2738
丸忠産業 ················	0380
丸忠食品 ················	2738
丸忠酔虎伝 ···············	2738
丸長産業 ················	1179
丸長木材工業所 ············	1179
丸長木材産業 ·············	1179
丸千代商事 ···············	2744
丸千代山岡家 ·············	2744
マルティーヌ ··············	3069
マルテックス ··············	2753
マールド ·················	2729
丸東化研 ················	2745
丸東化工 ················	2745
丸東工業 ················	2745
丸東産業 ················	2745
丸東商会 ················	2745
丸東農材 ················	2745
丸同明治計算保証 ···········	2161
マルト興産 ···············	1880
丸友共和産業 ·············	1524
丸寅商店 ················	2804
マルナカ畜産商事 ···········	1652
丸ノ内興業 ···············	2439
丸の内商事 ···············	0811
丸ノ内製菓 ···············	2924
マルハグループ本社 ··········	2746
マルハニチロ ··············	2746
マルハニチロ ··············	0064
マルハニチロ北日本 ··········	2746
マルハニチロ九州 ···········	2746
マルハニチロ食品 ···········	2746

マルハニチロ水産 ···········	2746
マルハニチロ畜産 ···········	2746
マルハニチロホールディング	
ス ··················	2746
マルハニチロマネジメント	
··················	2746
丸浜食品 ················	3030
丸浜フレッシュ ············	3030
マルハマ冷食 ·············	3030
まるはら ················	2005
マルハン ················	2747
マルハンコーポレーション	
··················	2747
マルハンダイニング ··········	2747
丸久 ·············· 2752,	3094
丸久生鮮流通センター ········	3094
丸久電機 ················	1776
丸久不動産開発 ············	3094
丸久保険サービス ···········	3094
丸菱電機 ················	1910
丸広証券 ················	2775
丸福 ···················	2266
丸福かるた販売 ············	2266
丸福商事 ················	2663
まるぶん ················	1181
丸紅 ···················	2748
丸紅 ············· 0325, 1607,	
1850, 2026, 2042, 2425,	2846
丸紅飯田 ················	2748
丸紅英国会社 ·············	2748
丸紅欧州会社 ·············	2748
丸紅建材リース ············	2749
丸紅商店 ················	2748
丸紅繊維洋品 ·············	1607
丸紅鉄鋼建材リース ··········	2749
丸ホームテキスタイル ·······	1091
マルマエ ················	2750
マルマエ工業 ·············	2750
丸松 ···················	0582
マルマン ················	2751
丸萬 ···················	2751
マルマンエンタープライズ	
··················	2751
マルマンコーポレーション	
··················	2751
マルマンゴルフ ············	2751
丸万証券 ················	1794
丸万投資顧問 ·············	1794
マルマンバイオ ············	2751
丸万ファイナンス ···········	1794
丸万（北京）商易有限公司	
··················	2751
丸万（香港）有限公司 ·······	2751
マルミフーズ ·············	2931
マルミヤ ················	2752
マルミヤ下川 ·············	2752
マルミヤストア ············	2752
マルモ・オイエ ············	0399
丸物 ···················	0703
丸屋商社 ················	2742
マルヤマエクセル ···········	2753
丸山工機 ················	2753
丸山工業 ················	0380

丸山（上海）貿易有限公司	
··················	2753
丸山商会 ················	2753
丸山商事 ··········· 0262,	2753
丸山製作所 ···············	2753
丸山製作所中四国販売 ·······	2753
マルヤマ（タイ）CO., LTD.	
··················	2753
マルヨシセンター ···········	2754
マルロ ··················	1603
MARUWA ···············	2755
丸和運輸機関 ·············	2756
丸和（上海）貿易有限公司	
··················	2755
丸和セラミック ············	2755
丸和ビニール工業所 ··········	0274
丸石工業 ················	0001
丸二運輸 ················	1389
丸二商会 ············ 0930,	2729
マレーシアミツトヨ ··········	2806
マレット社 ···············	2846
マーレテネックス ···········	2757
マーレフィルターシステムズ	
··················	2757
廻る元禄 ················	0797
満久利食品貿易有限公司 ······	2380
萬歳生命保険 ·············	2721
満州鉄道 ················	1875
満州日本ペイント ···········	2184
満州紡績 ················	2544
満州鋪道 ················	2098
満洲里高秀木業有限公司 ······	1556
万上味醂 ················	0632
萬貫 ···················	2615
マンズワイン ··············	0632
マンセイサービス ···········	2758
萬世商会 ················	2758
萬世電機 ················	2758
萬世電機工業 ·············	2758
万世電機貿易（上海）有限公	
司 ··················	2758
萬世電機香港有限公司 ·······	2758
マンダム ················	2759
満長組 ··················	0989
満鉄豆油製造場 ············	1045
政所 ···················	0092

【み】

三池化成工業 ·············	2786
三池港物流 ········· 2132,	2787
三池港務所 ···············	2787
三池炭鉱社 ···············	2132
三池窒素工業 ·············	2784
三池ポートサービス ··· 2132,	2787
三浦アクアテック ···········	2761
三浦印刷 ················	2760
三浦印刷所 ···············	2760
三浦インターナショナル ·····	2761
三浦ウィンドパーク ·········	2247
三浦エヌピー ·············	2761

三浦環境マネジメント	……	2761
三浦研究所	……	2761
三浦工機	……	2761
三浦工業	……	2761
三浦工業設備（蘇州）有限公司		2761
三浦精機	……	2761
三浦製作所	……	2761
三浦鋳造所	……	0810
三浦テクノ	……	2761
ミウラテック	……	2760
ミウラ・バイデル	……	2761
三浦プロテック	……	2761
三浦マシン	……	2761
三浦マニファクチャリング		2761
三重アセチレン	……	0808
三重オーナンバ	……	0478
三重会館	……	2763
三重化成	……	1186
三重カヤバ製作所	……	0574
三重河西	……	0598
三重共同貯蓄銀行	……	2432
三重銀カード	……	2762
三重銀行	……	2762
三重銀総合リース	……	2762
三重グリコ	……	0294
三重交通グループホールディングス	……	2763
三重コトブキ製菓	……	0855
MIEコーポレーション	……	2764
三重交通	……	2763
三重寿庵	……	0855
三重進和	……	1265
三重製糸所	……	1891
三重ダイケン	……	1467
三重中京医薬品	……	1643
三重テクノサービス	……	1896
ミエテック	……	2993
三重電気鉄道	……	0702, 2763
三重ナゴヤホームズ	……	2003
三重ニチハ	……	2039
ミエネラリア研究所	……	1268
三重乗合自動車	……	2763
三重紡績	……	1891
三重紡績会社	……	1891
三重紡績所	……	1891
三重琺瑯	……	2764
三重ホーロー	……	2764
味王食品	……	0265
三笠コカ・コーラボトリング	……	0833
三方	……	1175
ミカド時計宝飾	……	1175
ミカドフローリング製作所		1723
ミカレディ	……	0497
三河畜産工業	……	2472
三河鉄道	……	2001
三河富士電化	……	0370
三城	……	2766
三木伊本店	……	0506
三木組	……	2765
美樹建設	……	2765
美樹工業	……	2765
三木産業	……	0505
三木商店	……	0970
三木石鹸工業所	……	2846
美樹設備工業	……	2765
三城時計店	……	2766
ミキハウス＆小学館プロダクション	……	1185
ミキハウス子育て総研	……	1185
三城ホールディングス	……	2766
ミクシィ	……	2767
ミクシィ・リクルートメント	……	2767
ミクニ	……	2768
ミクニアデック	……	2768
ミクニ インディア プライベート リミテッド	……	2768
三国飲料	……	0832
ミクニ化学産業	……	2072
三國工業	……	2768
三国コカ・コーラボトリング	……	0832
三国（上海）企業管理有限公司		2768
三国商業銀行	……	2485
三國商工	……	2768
三國商店	……	2768
ミクニ食糧工業	……	3048
三國製作所	……	2768
三国セルロイド	……	1490
三國通商	……	2768
ミクニパーテック	……	2768
ミクロトリミング	……	1697
ミクロン精密	……	2769
ミクロンテクニカルサービス	……	2769
ミサワ	……	2770
三澤	……	2771
ミサワ建設鳥取	……	2772
三澤工業	……	2583
三沢精機製作所	……	2770
ミサワセラミックホーム鹿児島	……	1110
ミサワセラミックホーム関西協和	……	0682
ミサワセラミックホーム北九州	……	1110
ミサワセラミックホーム協和	……	0682
ミサワセラミックホーム熊本	……	1110
ミサワテクノ	……	2771
ミサワ東洋	……	0531, 2771
ミサワホーム	……	2771
ミサワホーム北日本	……	2771
ミサワホーム九州	……	2771
ミサワホーム群馬	……	3087
ミサワホームサンイン	……	2771, 2772
ミサワホームしまね	……	2772
ミサワホーム下関	……	2772
ミサワホーム総合研究所	……	2771
ミサワホーム中国	……	2772
ミサワホーム中部	……	0952
ミサワホーム東海	……	2771
ミサワホーム東京	……	2771
ミサワホーム鳥取	……	2772
ミサワホーム北海道	……	2771
ミサワホームホールディングス	……	2771
ミサワホーム山口	……	2772
三澤木材店	……	2771
三澤屋商店	……	2583
ミサワリゾート	……	2771, 3087
ミシガン オートモーティブ コンプレッサー	……	1944
三島毛織	……	3003
三島精機	……	2778
ミシュランオカモトタイヤ	……	0449
水口化学産業	……	0861
ミスヂ商事	……	2350
水島可塑剤	……	0112
ミズシマキユーソー	……	0657
水島合成化学工業	……	2130
水島石油化学工業	……	2810
水島有機	……	2112
三鈴開発	……	2237
ミスター	……	0296
ミスター貸地	……	0386
ミスタージョン	……	0874
ミスタースタミナ	……	0325
ミスタービルド東京南	……	1020
ミスタービルドなにわ	……	1020
MrMax	……	2773
ミスターマックス	……	2773
ミスターマックス	……	2403
美津濃	……	2774
ミズノアベール	……	2774
ミズノ・インターナショナル	……	0152
美津濃運動用品	……	2774
ミズノエクセル	……	2774
水の救急車	……	1170
水野組	……	0878
ミズノ国際スポーツ交流財団	……	2774
水野国際スポーツ交流財団	……	2774
ミズノゴルフバード	……	2774
美津濃商店	……	2774
ミズノスポーツ振興会	……	2774
水野スポーツ振興会	……	2774
水野セラミックス	……	1835
ミズノテクニクス	……	2774
水野土地	……	0878
ミズノランバード	……	2774
ミズノリゾート月山	……	2774
ミズノリゾート八ヶ岳	……	2774
みずふれんど	……	0097
みずほ	……	2717
みずほアセット信託銀行	……	2776
みずほアドバイザリー	……	2776
みずほインベスターズ証券	……	2775
ミヅホ企画工業	……	1740
みずほグローバル	……	2776

みずほこほ　　　　　　　　　　社名索引

みずほコーポレート銀行	2776
みずほ証券	2775
瑞穂トーアリゾート	1898
みずほフィナンシャルグループ	2776
みずほフィナンシャルグループ	2775
みずほプロジェクト	2776
みずほホールディングス	2776
Misumi	2777
ミスミ	2777, 2778
ミスミ熊本	2777
ミスミグループ本社	2778
ミスミ建設	2777
三角住宅設備機器	2777
三住商事	2778
ミスミ石油鹿児島	2777
三角石油瓦斯	2777
ミスミ石油人吉	2777
ミスミ石油宮崎	2777
ミスミ電子	2265
ミセキベンディング	3039
味全食品工業股份有限公司	0581
溝口緑屋	0753
御園座	2779
みその事業	2779
ミソノピア	2779
実鷹企画	0532
三鷹工業	3027
三鷹倉庫運輸	0657
ミタカ電機	1472
三田機械製作所	1813
三田製作所	0962
ミタチ産業	2780
敏拓吉電子（上海）有限公司	2780
美達奇電子（深圳）有限公司	2780
美達奇（香港）有限公司	2780
三田土ゴム製造	1205
ミタニ	2781
三谷	2781
三谷ガス	2841
三谷ガスサービス	2841
三谷金沢出張所	2841
三谷基礎	2782
三谷コンピュータシステム	2781
三谷産業イー・シー	2841
三谷産業コンストラクションズ	2841
三谷産業コンストラクション・プロダクツ	2841
三谷住設	2841
三谷商事	2781
三谷商店	2781, 2841
三谷伸銅	1719
三谷住建販売	2841
三谷セキサン	2782
三谷石炭	2841
三谷石油サービス	2841
三谷生コン	2781

三谷ワークスマネジメント	2841
三谷住機	2841
三田薬品製錬所	1087
みち銀総合管理	2783
みちのくエムシーカード	2783
みちのくオフィスサービス	2783
みちのくキャピタル	2783
みちのく銀行	2783
みちのくサービスセンター	2783
みちのく飼料	2048
みちのく信用保証	2783
みちのくユーシーカード	2783
みちのくリアライズ	3052
三井	2787, 2800
ミツイ・アジア・ヘッドクォーターズ・プライベート・リミテッド	2798
三井アセット信託銀行	2791
三井圧延	2786
三井エンジニアリング	2798
三井化学	2784
三井化学	0187, 1782
三井化学工業	2132, 2784, 2787
三井化学不織布（天津）有限公司	2784
三井化学ポリウレタン	2784
三井華陽汽車配件有限公司	2786
三井銀行	2776, 2789, 2796
三井金属愛科特（上海）管理有限公司	2786
三井金属アクト	2786
三井金属エンジニアリング	2785
三井金属韓国	2786
三井金属九州機工	2786
三井金属計測機工	2786
三井金属鉱業	2786
三井金属鉱業	1314, 2080, 2132, 2785
三井金属工芸	2786
三井金属（上海）企業管理有限公司	2786
三井金属（珠海）環境技術有限公司	2786
三井金属ダイカスト	2786
三井金属特種陶瓷（蘇州）有限公司	2786
三井金属箔製造	2786
三井金属パーライト	2786
三井金属貿易（上海）有限公司	2786
三井金属三池製錬所	2786
三井串木野鉱山	2786
三井グリーンランド	0746
三井高科技（広東）有限公司	2798
三井高科技（上海）有限公司	2798
三井高科技（天津）有限公司	2798

三井工作所	2798
三井鉱山	2787
三井鉱山	2132, 2786, 2802
三井鉱山建材販売	2802
三井鉱山合資会社	2132
三井鉱山合名会社	2132
三井鉱山コークス	2132, 2787
三井鉱山コークス工業	2132
三井鉱山土地開発	0746
三井鉱山物流	2132, 2787
三井合名会社鉱山部	2132
三井住建道路	2788
三井スタンピング	2798
三井住友海上火災保険	0378
三井住友海上グループホールディングス	0378
三井住友カード	2793
三井住友銀行	2789
三井住友金属鉱山伸銅	1314, 2786
三井住友銀リース	2792, 2793
三井住友信託銀行	2791
三井住友トラスト・パナソニックファイナンス	2790
三井住友トラスト・ホールディングス	2791
三井住友トラスト・リーシング・シンガポール	2790
三井住友ファイナンス＆リース	2792
三井住友フィナンシャルグループ	2793
三井住友フィナンシャルグループ	2789
三井製糖	2794
三井製糖食品	2794
三井石炭工業	2787
三井石炭鉱業	2132
三井石油化学工業	1804, 2784
三井セメント	2132, 2787
三井船舶	3169
三井泉北石油化学	2784
三井倉庫	2796
三井倉庫オフィスビルディング	2796
三井倉庫九州	2796
三井倉庫港運	2796
三井倉庫サプライチェーンソリューション	2795
三井倉庫（中国）投資有限公司	2796
三井倉庫ホールディングス	2796
三井倉庫ホールディングス	2795
三井造船	2797
三井造船	1513
三井造船システム技研	2797
三井造船千葉機工エンジニアリング	2797
三井造船鉄構工事	2797
三井造船プラントエンジニアリング	2797
三井造船プラント工事	2797

三井造船マシナリー・サービス	2797	
三井武田ケミカル	2143, 2784	
三井テクノス	2798	
三井デザインテック	2801	
三井電器	2798	
三井東圧化学	1764, 2110, 2784	
三井東圧染料	2784	
三井東圧肥料	2784	
三井銅箔（広東）有限公司	2786	
三井銅箔（香港）有限公司	2786	
三井道路	2788	
三井トラストフィナンシャルグループ	2791	
三井トラスト・ホールディングス	2791	
三井西日本埠頭	2132, 2787	
三井日曹ウレタン	2784	
三井ハイテク	2798	
ミツイ・ハイテック（カナダ）インコーポレイテッド	2798	
三井ハイテック熊本	2798	
ミツイ・ハイテック（シンガポール）プライベート・リミテッド	2798	
ミツイ・ハイテック（タイランド）カンパニー・リミテッド	2798	
ミツイ・ハイテック（タイワン）カンパニー・リミテッド	2798	
ミツイ・ハイテック（ホンコン）リミテッド	2798	
ミツイ・ハイテック（マレーシア）センドリアン・バルハド	2798	
三井物産	2799	
三井物産	0544, 0631, 1592, 1623, 1850, 1923, 2248, 2425, 2472, 2473, 2495, 2537, 2600, 2784, 2797, 2801, 2803, 2899, 2961	
三井物産コイルセンター	2083	
三井物産情報通信	1695	
三井物産造船部	2797	
三井物産テレパーク	1695	
三井不動産	2800	
三井不動産	2801	
三井不動産建設	2800	
三井不動産（上海）投資諮詢有限公司	2800	
三井不動産販売	2800	
三井不動産リアルティ	2800	
三井不動産レジデンシャル	2800	
三井ホーム	2801	
三井ホーム	2800	
三井ホームインテリア	2801	
三井ホームエステート	2801	
三井ホームエンジニアリング	2801	
三井ホームエンヂニアリング	2801	
三井ホームエンヂニアリング九州	2801	
三井ホームエンヂニアリング横浜	2801	
三井ホームコンポーネント	2801	
三井ホームコンポーネント関西	2801	
三井ホームテクノス	2801	
三井ホームデザイン研究所	2801	
三井ホームリモデリング	2801	
三井ホームリンケージ	2801	
三井松島産業	2802	
三井松島リソーシス	2802	
ミツイ・マニュファクチュアリング（シンガポール）プライベート・リミテッド	2798	
ミツイ・マニュファクチュアリング（ホンコン）リミテッド	2798	
三井三池開発	2787	
三井三池化工機	2132, 2787	
三井三池港務所	2132, 2787	
三井三池製作所	2132, 2787	
三井三池土地建物	2787	
三井ミーハナイト・メタル	2797	
三井木材工業	2799	
三井リース事業	2799	
ミツウロコ	1017, 2803	
三鱗運送	1017	
三鱗運送部	2803	
ミツウロコ運輸	2803	
ミツウロコクリエイティブソリューションズ	2803	
ミツウロコグリーンエネルギー	2803	
ミツウロコグループホールディングス	2803	
ミツウロコ住宅設備	2803	
三鱗石炭	2803	
三鱗石炭部	2803	
ミツウロコ石油	2803	
ミツウロコファイナンス	2803	
三鱗無煙炭	2803	
三鱗煉炭原料	2803	
三ヶ日凸版印刷	1624	
ミック	0327, 1275, 2759	
ミックス	2404	
MICS化学	2804	
米可思化学商貿（蘇州）有限公司	2804	
ミック長野システムズ	0214	
ミック長野センター	0214	
ミックビジネスサービス	0214	
三越	2805	
三越伊勢丹	2805	
三越伊勢丹ホールディングス	2805	
三越伊勢丹ホールディングス	0188	
三越金属工業	1100	
三越金属（上海）有限公司	1100	
三ツ知製作所	2827	
三ツ知鋲螺	2827	
三ツ知部品工業	2827	
三ツ知守山工場	2827	
ミッドマップ東京	2325	
ミツトヨ	2806	
ミツトヨ欧州研究所	2806	
ミツトヨオランダプレシジョンB.V.	2806	
ミツトヨサウスアジア	2806	
三豊商事	2806	
三豊製作所	2806	
三豊紡績	0724	
ミツノリ	2796	
ミツバ	2807	
ミツバ・アジア・アール・アンド・ディー・カンパニーリミテッド	2807	
ミツバ・ウオルブロー	2807	
ミツバ・エムテック・ベトナム・カンパニーリミテッド	2807	
ミツバ・オートパーツ・ド・ブラジル・インダストリア・リミターダ	2807	
ミツバ・オートモーティブ・システムズ・オブ・ヨーロッパ・ケー・エフ・ティー	2807	
ミツバ・オブ・アメリカコーポレーション	2807	
ミツバ環境分析リサーチ	2807	
ミツバサービスパーツプロダクト	2807	
ミツバサンコーワ	2807	
ミツバ・シカル・インディア・リミテッド	2807	
ミツバ・ジャーマニー・ジー・エム・ビー・エイチ	2807	
三葉士林電機（武漢）有限公司	2807	
三ツ葉電機製作所	2807	
三ツ葉電機利根製作所	2807	
三葉電機（香港）有限公司	2807	
ミツバ・ド・ブラジル・リミターダ	2807	
ミツバ・ド・ブラジル・レプレゼンタシオン・コメルシアル・リミターダ	2807	
ミツバ・バーズダウン・インコーポレーテッド	2807	
ミツバ・フィリピンズ・コーポレーション	2807	
ミツバ・ベトナム・テクニカル・センター	2807	
ミツバ・マニュファクチュアリング・フィリピンズ・コーポレーション	2807	
ミツバ・ヨーロッパ・リミテッド	2807	
三菱	1810, 1816, 2811, 2813, 2814, 2821	
三菱アルミニウム	3011	
三菱ウェルファーマ	1606	
三菱江戸川化学	2810	

みつひしえ　　　　　　　　　　　社名索引

三菱エンジニアリングプラスチックス ……………… 2810
三菱鉛筆 ……………………… 2808
三菱鉛筆大阪販売 ……… 2808
三菱鉛筆関西販売 ……… 2808
三菱鉛筆九州販売 ……… 2808
三菱鉛筆札幌販売 ……… 2808
三菱鉛筆軸板工業 ……… 2808
三菱鉛筆商務（香港）有限公司 ……………………………… 2808
三菱鉛筆中国販売 ……… 2808
三菱鉛筆中部販売 ……… 2808
三菱鉛筆東京販売 ……… 2808
三菱鉛筆名古屋販売 …… 2808
三菱鉛筆広島販売 ……… 2808
三菱鉛筆福岡販売 ……… 2808
三菱鉛筆貿易（上海）有限公司 ……………………………… 2808
三菱オートリース ……… 2822
三菱オートリース・ホールディング ………………………… 2822
三菱海運 ………………… 2189
三菱会社 ………………… 2820
三菱海上火災保険 ……… 1810
三菱化学 ……… 1004, 2810, 2850
三菱化学フォームプラスティック …………… 1036, 1630
三菱化工機 ………………… 2809
三菱瓦斯化学 ……………… 2810
三菱瓦斯化学
　　0112, 1045, 1490, 2257
三菱瓦斯化学工程塑料（上海）有限公司 …………………… 2810
三菱化成工業 …… 0077, 2112, 2130
三菱汽船 ………………… 2814
三菱銀行 …………… 2820, 2822
三菱金属 …………… 1511, 2821
三菱金属鉱業 …………… 2821
三菱金属中央研究所 …… 2821
三菱軽合金工業 ………… 2015
三菱原子力工業 ………… 2813
三菱建設 ………………… 2385
三菱鉱業 ………………… 2821
三菱鉱業セメント ……… 2821
三菱航空機 ……………… 2813
三菱鋼材 ………………… 2816
三菱工作機械 …………… 2813
三菱地所 ……………………… 2811
三菱地所 ………………… 1895
三菱地所住宅販売 ……… 2811
三菱地所設計 …………… 2811
三菱地所投資顧問 ……… 2811
三菱地所ハウスネット … 1895
三菱地所ホーム ………… 2811
三菱地所リアルエステートサービス ……………… 1895, 2811
三菱地所レジデンス … 1895, 2811
三菱自動車工業 ……………… 2812
三菱自動車工業 …… 1069, 2813
三菱自動車販売 ………… 2812
三菱自動車販売金融 …… 2812
三菱重工環境・化学エンジニアリング ……………………… 2813

三菱重工業 ……………… 2813
三菱重工業 ……………… 0644,
　　2043, 2414, 2662, 2812
三菱重工コンプレッサ … 2813
三菱重工メカトロシステムズ ……………………………… 2813
三菱樹脂 ………………… 3107
三菱商事 ……………………… 2814
三菱商事 ……… 0275, 0448, 0749,
　　1051, 1064, 1069, 1095, 1532,
　　1630, 1742, 1800, 1850, 1878,
　　2092, 2209, 2540, 2587, 2812,
　　2815, 2822, 2832, 2884, 3039
三菱食品 ………………… 2815
三菱信託銀行 …………… 0069,
　　0542, 2820, 2822, 2823
三菱伸銅 ………………… 2821
三菱住友シリコン …… 0948, 2821
三菱製鋼 ……………………… 2816
三菱製鋼 ………………… 2813
三菱製鋼磁材 …………… 2816
三菱製鋼室蘭特殊鋼 …… 2816
三菱製紙 ……………………… 2817
三菱製紙所 ……………… 2817
三菱石油 …………… 1038, 1661
三菱セメント …………… 2821
三菱総合研究所 ……………… 2818
三菱総合研究所 ………… 0355
三菱造船 ………………… 2813
三菱ダイヤモンド証券 … 2820
三菱大夕張炭礦 ………… 2821
三菱高島炭礦 …………… 2821
ミツビシ タナベ ファーマ ホールディングス アメリカ社
　　……………………………… 1606
三菱電機 ……………………… 2819
三菱電機 ………………… 0077,
　　0115, 2414, 2768, 2813
三菱電機アジア社 ……… 2819
三菱電機アメリカ社 …… 2819
三菱電機R&Dセンター・ヨーロッパ社 ………………… 2819
三菱電機インド社 ……… 2819
三菱電機インドネシア社 … 2819
三菱電機インフォメーションシステムズ …………… 2818, 2819
三菱電機インフォメーションテクノロジー ……………… 2819
三菱電機インフォメーション・テクノロジーセンター・アメリカ社 ………………… 2819
三菱電機インフォメーション・テクノロジーセンター・ヨーロッパ社 ………………… 2819
三菱電機エンジニアリング
　　……………………………… 2819
三菱電機オスラム ……… 2819
三菱電機オスラムメルコ … 2819
三菱電機クレジット …… 2822
三菱電機住環境システムズ
　　……………………………… 2819
三菱電機情報ネットワーク
　　……………………………… 2819

三菱電機照明 …………… 2819
三菱電機（中国）有限公司
　　……………………………… 2819
三菱電機トルコ社 ……… 2819
三菱電機ビルテクノサービス
　　……………………………… 2819
三菱電機ブラジル社 …… 2819
三菱電機ベトナム社 …… 2819
三菱電機US社 …………… 2819
三菱電機USホールディングス社 ……………………… 2819
三菱電機ライフサービス … 2819
三菱電機ライフファシリティーズ …………………… 2819
三菱電機リサーチ・ラボラトリーズ社） ……………… 2819
三菱電機ロシア社 ……… 2819
三菱電機ロジスティクス … 2819
三菱電線工業 ……… 2507, 2821
三菱東京フィナンシャル・グループ ……………… 2820, 2823
三菱東京UFJ銀行 …………… 2820
三菱東京UFJ銀行 ……… 2823
三菱内燃機製造 ………… 2813
三菱長崎機工 …………… 2816
三菱日本重工業 ………… 2813
三菱ハイテクペーパービーレフェルトGmbH ……………… 2817
三菱ハイテクペーパーフレンスブルグGmbH …………… 2817
三菱ハイテクペーパーヨーロッパGmbH …………………… 2817
三菱日立製鉄機械 ……… 2813
三菱日立パワーシステムズ
　　……………………………… 2414
三菱日立ホームエレベーター
　　………………………… 2414, 2819
三菱ふそうトラック・バス … 2812
三菱プレシジョン ……… 2819
三菱ペーパーインターナショナル, Inc. …………………… 2817
三菱ペーパーGmbH …… 2817
三菱ペーパーホールディング（ヨーロッパ）GmbH …… 2817
三菱マテリアル ……………… 2821
三菱マテリアル ………… 0254,
　　0823, 0948, 1432, 2659
三菱マテリアル神戸ツールズ
　　……………………………… 2821
三菱マテリアルシーエムアイ
　　……………………………… 2231
三菱マテリアルシリコン … 0948
三菱マテリアルツールズ … 2821
三菱UFJ証券 …………… 2823
三菱UFJ証券ホールディングス ……………………… 2823
三菱UFJニコス ………… 2823
三菱UFJフィナンシャル・グループ ……………………… 2820
三菱UFJリース ……………… 2822
三菱ユーエフジェーフィナンシャル・グループ ……… 2823
三菱油化 …………… 0112, 1532

社名	頁
三菱レイヨン	3132
三菱レンタカー	2812
三ッ星	2824
三ッ星商会	2824
ミツミ電機	2825
ミツミニューテク	2825
光村印刷	2826
光村印刷所	2826
光村原色版印刷所	2826
三ツ知	2827
三ツ輪銀行	1195
ミツワデイリー	1880
ミツワ電機	2828
ミツワ電機商会	2828
ミディミュージックセンター Inc.	0583
ミード	2361
三東洋行有限公司	0968
水戸コンピュータ・サービス	2829
水戸証券	2829
水戸ニコンプレシジョン	2024
ミートバリュー	1303
水戸不動産	2829
緑運送	2941
みどり銀行	2830
緑興産	2096
美登里商会	1608
みどり商事	3142
美登里製作所	1608
みどりドラッグストアー	0734
緑の電力を創る1号投資事業有限責任組合	0335
緑屋	0753
緑屋計算センター	1362
みどり薬局	0734
ミドリヤファイナンス	0753
三永	1687
ミナス・エル・ロブレ社	2080
みなと銀行	2830
ミナト建材	2959
ミナト食品	3030
港炊飯センター	0564
みなと木材工業	2132
ミナノ石産	0079
水俣首都電力	0335
水保レース	0292
南アジア・オセアニア日本通運	2161
南アフリカNGKスパークプラグ	2170
南アルプスウォーター	1897
南大阪佐川急便	0917
南九州ウィンド・パワー	1766
南九州コカ・コーラボトリング	0833
南九州総合リース	2839
南九州畜産	0057
南九州トーヨータイヤ	2777
南九州バイオマス	0057
南九州ファミリー	2461
南九州福山通運	2497
南九州ヤマダ電機	2958
南小梨ペインティング	1207
南千葉佐川急便	0917
南塚口ビル	1990
南東北福山通運	2497
南彦根都市開発	2613
南日本銀行	2831
南日本高圧コンクリート	0805
南日本バンクカード	2831
南野建設	0087
南房総風力開発	2247
南街映画劇場	1859
南丸東	2745
南満州鉄道中央試験所	1045
みなみ薬局	2460
南山上村旭光有限公司	0240
ミナモト通信	0774
ミナモト通信サービス	0774
ミニストップ	2832
ミニ四駆ネットワークス	0785
ミネチュアベアリング販売	2833
ミネベア	2833
ミネベアエレクトロニクス	2833
ミネベア音響	2833
ミネベア信販	2833
ミネベア通販	2833
ミネベア電子	2833
ミネベアモータ	2833
ミネルヴァインテリジェンス	2834
ミノー油絵具	2835
箕面有馬電気鉄道	2376
箕面駅前パーキングサービス	2316
美濃銀行	1177
美濃合同銀行	1177
美濃実業銀行	0420
美濃製紙	1906
ミノセラミックス商事	2835
美濃電気軌道	2001
三戸芝浦電子	1137
三戸ゼンチク	1286
美濃窯業	2835
美濃窯業製陶	2835
美野里工業	0298
ミノリ商事	2408
Minoriソリューションズ	2836
ミノルスポーツ	3040
ミノルタ	0860
ミノルタカメラ	0860
ミノルタカメラ販売会社	0860
ミノルタ事務機販売	0860
箕輪興亜	0804
箕輪香料	1418
ミノワノーブル	1697
ミノン電子	0647
三橋設計	1656
三原木村化工機	0640
三春銀行	1862
三春電器	1137
三保産業	0755
三保舎	0705
ミマキエンジニアリング	2837
ミマキプレシジョン	2837
三益ADM	2355
三益UEX	2974
美馬精機	2615
ミマツ化学	0889
美馬(香港)有限公司	2615
美馬ミシン	2615
美馬ミシン工業	2615
美馬ミシン工業所	2615
美馬ミシン商会	2615
宮市大丸	1538
宮市百貨店	1538
宮入バルブ製作所	1686
宮川毛織	3003
ミヤギ	2632
宮城沖電気	0455
宮城オプトデバイス	2548
宮城銀行	2009
宮城県是共栄蚕糸	0539
宮城製粉	0825
宮城電子工業	0388
宮城電設	2973
宮城東洋	1880
宮城ニコンプレシジョン	2024
宮城日本調剤	2223
宮城ネットワーク	1360
宮銀カード	2839
宮銀コンピューターサービス	2839
宮銀スタッフサービス	2839
宮銀ビジネスサービス	2839
宮銀ビルサービス	2839
宮銀ベンチャーキャピタル	2839
宮銀保証	2839
宮銀リース	2839
三宅工具製作所	2512
宮越商事	2838
宮越ホールディングス	2838
都染色工芸	1793
都城ウエルネスミート	2356
宮古パンチ工業	2378
宮崎ウッドペレット	1766
宮崎エプソン	1340
宮崎沖電気	0455
宮崎オーバル	0487
宮崎銀行	2839
宮崎県土産	0855
宮崎ジャムコ	1173
宮崎住宅ローン	2839
宮崎住商コンピューターサービス	0314
宮崎積水樹脂	1354
宮崎セントラルサービスシステム	1068
宮崎相銀ビジネスサービス	2840
宮崎相互銀行	2840
宮崎双信電機	1412
宮崎太陽キャピタル	2840
宮崎太陽銀行	2840
宮崎太陽農園	1026

宮崎太陽ビジネスサービス ………… 2840	妙徳空覇睦機械設備（上海）有限公司 ……………… 2845	ミンダTGラバー ………… 1942
宮崎ピー・エス ………… 2385	妙徳製作所 ……………… 2845	ミントウェーブ ………… 1842
宮崎ビジネスコンピュータ ……………………………… 1435	妙見屋商店 ……………… 3072	みんなのウェディング …… 2854
宮崎福留 ………………… 2494	ミヨシ ……………………… 2846	
宮崎プレコン …………… 2946	ミヨシ化学 ……………… 2846	【む】
宮崎松下電器 …………… 2337	ミヨシ化学興業 ………… 2846	
宮崎無尽 ………………… 2840	三好化成工業 …………… 2361	
宮製鋼所 ………………… 1927	三次急送 ………………… 2497	六日町コパル …………… 2229
宮田機械印刷研究所 …… 0547	三次銀行 ………………… 2448	昔亭 ……………………… 1537
宮竹楽器製造 …………… 2966	ミヨシ産業 ……………… 1683	武川エレクトロニクス …… 1612
ミヤタサイクル ………… 2919	ミヨシ製油 ……………… 2846	麦パン工房 ……………… 0825
宮津銀行 ………………… 0675	ミヨシ石鹸 ……………… 2846	麦まる …………………… 0749
三谷産業 ……………… 2841	ミヨシ石鹸工業 ………… 2846	**ムゲンエステート** ……… 2855
ミヤネン ………………… 1134	ミヨシ石鹸製造 ………… 2846	向島船渠 ………………… 2415
雅興産 …………………… 1537	三好セラミックス ……… 2294	武庫川化成 ……………… 1459
ミヤマ …………………… 3122	ミヨシ物流 ……………… 2846	ムーサ …………………… 2612
ミヤマ工業 ……………… 2690	**ミヨシ油脂** …………… 2846	ムサシ …………………… 2856
ミヤマ特殊工事 ………… 2690	御代田精密 ………… 1122, 1123	ムサシ …………………… 2435
ミヤマトラベル ………… 3122	ミヨタ ……………… 1122, 1123	武蔵 ………………… 0063, 2856
宮本製菓 ………………… 0611	ミヨタプレシジョン …… 1122	ムサシアジアカンパニー・リミテッド ………………… 2857
宮元屋ムサシ …………… 0063	未来 ……………………… 2847	
ミャンマーフォスターエレクトリックCo., Ltd. ………… 2480	未来運輸 ………………… 2847	ムサシインディア・プライベートリミテッド ……… 2857
	未来化成 ………………… 2847	
三幸 ……………………… 1236	未来技研 ………………… 2847	武蔵エナジックセンター …… 2803
三幸工業 ………………… 0980	**未来工業** ……………… 2847	武蔵エンジニアリング …… 2856
三幸実業 ………………… 2797	ミライコミュニケーションネットワーク ………………… 2847	ムサシオートパーツインディア・プライベートリミテッド ………………………… 2857
三幸商事 ………………… 0980	みらいテクノハウス …… 0713	
三幸商事顧問股份有限公司 ……………………………… 0980	ミライト ………………… 2848	ムサシオートパーツカナダ・インコーポレーテッド …… 2857
三幸精機 ………………… 0975	ミライト ………………… 2849	
三幸ターミナル倉庫 …… 2260	ミライト・テクノロジーズ … 2849	ムサシオートパーツベトナムカンパニー・リミテッド …… 2857
三幸電気 ………………… 0685	**ミライト・ホールディングス** ……………………………… 2849	
御幸ビルディング ……… 2822		ムサシオートパーツミシガン・インコーポレーテッド …… 2857
三幸物流 ………………… 2797	ミライト・ホールディングス ……………………………… 2848	
三幸紙商事 ……………… 1634	みらい翻訳 ……………… 2563	ムサシオートパーツメキシコ・エス・エー・デ・シー・ブイ ……………………………… 2857
ミュージック・ドット・ジェイピー ……………………… 0383	未来B計画 ……………… 2227	
ミュージック・フォリオ … 0284	**みらかホールディングス** … 2850	ムサシオートパーツユーケー・リミテッド ……………… 2857
ミューチュアル ……… 2842	味楽会 …………………… 1389	
ミュチュアル・トレイディング ……………………… 2842	美樂食餐飲股份有限公司 … 2503	武蔵汽車配件（中山）有限公司 ……………………… 2857
ミューテクノ …………… 2828	三良坂工業 ……………… 3108	
ミューテクノ神奈川 …… 2828	ミリオン書房 …………… 0074	武蔵光学 ………………… 0828
ミューテクノ群馬 ……… 2828	ミリオンテックス ……… 1502	武蔵興産 ………………… 2856
ミューテクノ埼玉 ……… 2828	ミルクリーク東海 ……… 0251	ムサシサウスカロライナ・インコーポレーテッド …… 2857
ミューテクノ多摩 ……… 2828	**ミルックス** …………… 2851	
ミューテクノ千葉 ……… 2828	ミルックス ……………… 1156	武蔵産業 ………… 2310, 2856, 2857
ミューテック …………… 3011	**ミルボン** ……………… 2852	武蔵紙業 ………………… 2856
ミュートス ……………… 0219	ミレアホールディングス ……………………… 1810, 1811	武蔵商事 ………………… 2856
ミューハウスエンジニアリング ……………………… 2828	ミレーテック …………… 3091	武蔵精密企業投資（中山）有限公司 …………………… 2857
妙高観光 ………………… 0070	ミレニアムリテイリング … 1371	
明星建工 ………………… 2843	ミロク計算センター …… 2853	武蔵精密汽車零部件（中山）有限公司 ……………… 2857
明星工業 ……………… 2843	ミロク経理 ……………… 2853	
明星工業所 ……………… 2843	ミロクシステムサポート … 2853	武蔵精密汽車零部件（南通）有限公司 ……………… 2857
明星電気 ……………… 2844	**ミロク情報サービス** … 2853	
明星不動産 ……………… 2843	ミロクドットコム ……… 2853	**武蔵精密工業** ………… 2857
明星マネジメントサービス ……………………………… 2844	ミロク・ユニソフト …… 2853	ムサシダアマゾニア・リミターダ …………………… 2857
妙徳 …………………… 2845	三輪 ……………………… 1018	
妙徳韓国 ………………… 2845	三輪化学顔料工業 ……… 2177	武蔵野映画劇場 ………… 2859
	美和産業 ………………… 1427	武蔵野エンタテインメント ……………………………… 2859
	三輪商店 ………………… 2177	むさしのカード ………… 2858
	民成紡績 …………… 1943, 1946	武蔵野館 ………………… 2859

武蔵野銀行	2858	
武蔵野興業	2859	
武蔵野工務店	0979	
武蔵野コパル	2229	
武蔵野サンドラッグ	0994	
武蔵野信用保証	2858	
ムサシノースアメリカ・インコーポレーテッド	2857	
武蔵野総合リース	2858	
武蔵野電機	2254	
武蔵野（ぶぎん）ビジネスサービス	2858	
ムサシハンガリーマニュファクチャリング・リミテッド	2857	
ムサシ・フィールド・サポート	2856	
ムサシユーエスエー・インコーポレーテッド	2857	
ムサシヨーロッパ・ゲーエンベーハー	2857	
虫印バルブ製作所	1785	
ムジ・ネット	3104	
無錫NOKフロイデンベルグCo., Ltd.	0345	
無錫開司科技有限公司	0621	
無錫科索電子有限公司	0852	
無錫金藤首飾有限公司	0768	
無錫凱迩必拓普減震器有限公司	0574	
無錫黒崎蘇嘉耐火材料有限公司	0755	
無錫興高工程技術有限公司	1232	
無錫市美峰橡胶制品製造有限公司	1878	
無錫ジャパーナ体育用品有限公司	0152	
無錫積水樹脂有限公司	1354	
無錫先進化工有限公司	2116	
無錫先進化薬化工有限公司	2116	
無錫泰闊電子科技有限公司	2993	
無錫大帝キャンドモータポンプ修理有限公司	1698	
無錫太陽緑宝科技有限公司	1528	
無錫高千穂燦科技有限公司	0390	
無錫塔尓基熱交換器科技有限公司	1837	
無錫東洋美峰橡胶制品製造有限公司	1878	
無錫徳松科技有限公司	2929	
無錫ニチコン エレクトロニクス R&Dセンター カンパニー リミテッド	2035	
無錫日新電機有限公司	2070	
無錫日立マクセル有限公司	2418	
無錫福満家便利店有限公司	2461	
無錫普拉那塑膠有限公司	0854	
無錫宝来光学科技有限公司	2674	
無錫松村貿易有限公司	2929
無錫由派克包装材料有限公司	2993
無錫理昌科技有限責任公司	1798
無印良品（上海）商業有限公司	3104
夢真メディカルサポート	3019
虫印バルブ製造	1785
睦海運	0104
ムッターローザ	3142
ムトーアイテックス	2861
ムトウ	1275
ムトウ衣料	1275
武藤衣料	1275
ムトウクレジット	1275
武藤系統信息咨詢（上海）有限公司	1275
武藤工業	2861
武藤合成	2860
武藤合成樹脂工業所	2860
ムトウサービス	1275
武藤商事	1275
武藤精密工業（太倉）有限公司	2860
武藤縫製	1275
武藤香港有限公司	2860
武藤目盛彫刻	2861
ムトウヤマノ	1275
ムトウ流通センター	1275
ムトーエンジニアリング	2861
ムトーエンタープライズ	2861
ムトーオレンジキャット	2861
ムトー シンガポール PTE LTD	2860
ムトー精工	2860
ムトー（タイランド）CO., LTD.	2860
ムトーテクノサービス	2861
ムトーテクノロジーハノイCO., LTD.	2860
ムトードイツ社	2861
ムトーフィギュアワールド	2861
ムトーベトナムCO., LTD.	2860
ムトーベルギー社	2861
MUTOHホールディングス	2861
ムトーヨーロッパ社	2861
ムネカタ電子	0235
ムービーズ	2893
ムービータイム	0874
ムービン	1550
ムービング	2729
ムライ住宅産業	0471
村上開明堂	2862
村上開明堂化成	2862
村上開明堂九州	2862
村上開明堂コンフォーム	2862
村上開明堂（香港）有限公司	2862
村上建設	1486
村上総合企画	1253

村上造船鉄工所	1974
村上テレビサービスステーション	0901
村研薬品	2301
村田機械	2863
村田機械	2012
村田技術研究所	2864
村田工場	1309
村田精工	0976
村田製作所	2864
村田土地建物	2864
村田貿易	2864
ムラタ・マシナリー・インディア	2863
ムラタ・マシナリー・メキシコ	2863
ムラチク	0325
ムラテックオートメーション	2863
ムラテックC.C.S	2863
室金属工業	2865
室金属製作所	2865
六鹿証券	1794
六鹿商店	1794
ムロコーポレーション	2865
ムロテック オハイオ コーポレーション	2865
ムロテック コーポレーション	2865
ムロ テック ベトナム コーポレーション	2865
ムロ ノース アメリカ インク	2865
室蘭環境プラントサービス	2219
室蘭魚糧	2042
室蘭鋼業	0553
室蘭新エネ開発	2219
室蘭特殊鋼	2816
ムーン	0853
ムーンバット	2866

【め】

明延鉱業	2821
明応商貿（上海）有限公司	2194
名旺商事	2008
名海運輸作業	2869
名鑑堂	0699
メイキ	2874
名機アメリカ・コーポレーション	2867
名岐運輸	2878
名機シンガポールPTE.LTD.	2867
名機製作所	2867
名岐鉄道	2001
名銀コンピューター・サービス	2000
メイクス	0074

社名	頁	社名	頁	社名	頁
メイコー	2868	明治乳業	2872, 2875, 2877	明電舎	2539
名港海運	2869	明治紡績	1091	明電商事	2880
名工建設	2870	**明治ホールディングス**	2877	明電情報システム	2880
明工舎	0455	明治ホールディングス	2872, 2875	明電設工業	2848
明光重工業	0744	明治マクビティ	2875	明電鋳工	2880
名港商貿（上海）有限公司	2869	明治屋商事	2815	明電通信工業	2880
名幸電子工業	2868	名粧	2369	明電板金塗装	2880
名幸電子（広州南沙）有限公司	2868	明昭	0813	名電不動	2006
名幸電子（番禺南沙）有限公司	2868	明昌特殊産業	0943	明電プラント	2880
名幸電子（武漢）有限公司	2868	明治魯抗医薬	2875	名東カイウン商事	0104
名幸電子香港有限公司	2868	盟伸工業	2883	**名糖産業**	2881
明光堂	1881	メイスタッフ	2879	名糖販売	2881
名港荷役	2869	メイセイエレクトリック（マレーシア）Sdn.Bhd.	2844	メイプルポイントゴルフクラブ	3088
明光ネットワークジャパン	2871	メイセイエンジニアリング	2844	明豊	2882
名港陸運	2869	明正興産	1554	**明豊エンタープライズ**	2882
メイコーテック	2868	メイセイソフト開発	2844	明豊コーポレーション	2882
メイコン	2056	メイセイテクノロジー	2844	明豊プロパティーズ	2882
メイサク	0599	メイセイ電気工事	2844	メイホク食品	2008
メイサービス	2879	明正電設	1110	名木施工	2003
明治	2872	メイセイビジネス	2844	メイモク・リグノ	2003
明治アルミ工業	1020	明正紡織	2544	名門会	3086
明治医薬	2875	明拓システム	1293	明勇色彩	0174
明治運送	2161	明達科（上海）科技有限公司	2879	明楽組	1522
明治運輸	2161	メイテツ	2874	明楽工業	1522
明治エンジニアリング	2876	**名鉄運輸**	2878	明楽工務店	1522
明治海運	2873	**メイテック**	2879	メイリョウ	2008
明治火災海上保険	1810	メイテックEX	2879	名菱不動産	2811
明治火災保険	1810	メイテックインテリジェントテクノロジー	2879	明和アペックス	1548
明治機械	2874	メイテックキャスト	2879	明和印刷所	1264
明治機械（徳州）有限公司	2874	メイテック教育センター	2879	明和管理	2885
明治企画	2874	メイテックグローバルソリューションズ	2879	明和興業	1264
明治牛乳	2875	メイテックCAE	2879	明和工芸	1264
明治護謨工業	1205	明達科（上海）諮詢有限公司	2879	**明和産業**	2884
明治産業	2875	明達科（西安）科技培訓有限公司	2879	明和産業	1548
明治システム計測	2876	明達科（成都）科技培訓有限公司	2879	**盟和産業**	2883
明治商会	2876	メイテックネクスト	2879	明和産業（上海）有限公司	2884
明治商業銀行	2776	メイテックフィルダーズ	2879	**明和地所**	2885
明治商事	2875	名鉄建設	2944	明和地所住宅販売	2885
明治食品	2875	名鐵工業	2870	明和商事	2885
明治食糧	2875	名鉄交通	2001	明和醸造	0687
明治飼料	2472	名鉄自動車整備	2001	名和精工	1970
明治進和	2876	名鉄総合企業	2001	明和製作所	1264
明治製菓	2872, 2875, 2877	名鉄タクシーホールディングス	2001	明和セールス	2884
Meiji Seika ファルマ	2875	名鉄バス	2001	盟和（大連）汽車配件有限公司	2883
Meiji Seika ファルマ	2877	名鉄百貨店	0762, 2001	明和鉄工	1588
明治製菓リテイル	2875	名鉄ビルディング	2001	明和ファイナンス	2885
明治製乳	2875	明電エンジニアリング	2880	盟和（佛山）汽車配件有限公司	2883
明治製粉	2152	名電工作所	2006	盟和（佛山）汽車配件有限公司広州分公司	2883
明治生命	1319	明電興産	2880	明和不動産	2439
明治生命保険	2822	名電産業	2006	明和リアルエステート	2885
明治製薬	1477	メイデンシステム	2006	目尾産業	2577
明治畜産	2872	明電システムエンジニアリング	2880	メガサーチ	1131
明治テクノサービス	2872	**明電舎**	2880	メガシステム	1061
明治鉄工所	2874			メガショップ	1061
明治電機工業	2876			**メガチップス**	2886
明治電機商業	2876			メガチップスLSIソリューションズ	2886
明治トレーディング	2874			メカニック設計事務所	1686

社名	ページ
メガネスーパー	2887
メガネの三城	2766
メガポート放送	2176
メキシコ日産自動車会社	2058
メクテックCorp.台湾	0345
メクテックマニュファクチャリングCorp.珠海Ltd.	0345
メクテックマニュファクチャリングCorp.蘇州Ltd.	0345
メクテックマニュファクチャリングCorp.タイLtd.	0345
メクト	0356
メグレ・ミルヒルインダストリー社	1528
目黒蒲田電鉄	1815
目黒自動車	1815
目黒精機製作所	0645
メザック	2963
メジカルセンス	2909
メジカルリンク	2909
メジャーオート	2300
メスコパイプ工業	2785
メタウォーター	2888
メタウォーターテック	2888
メタルアート	2889
メタルテックス	2889
メタルトランスポート	2639
メタルフォージ	2889
メタルワン	2814
メタレックス	1316
メック	2890
メック	2946
メックテクノ	2880
メックマシナリー	0500, 2013
メッセージ	2891
めっちゃ魚が好き	1628
メッツエース	1542
メッドネクスト	1994
メディア	1705
メディアインクルーズ	0725
メディア・ガーデン	0042
メディアキュート	2267
メディアクリエイト	2567
メディアグロウ	0060
メディアグローバルリンクス	2892
メディア工房	2893
メディアサービス	0339
メディアシェイカーズ	3074
メディアシーク	2894
メディアシティキタムラ	0630
メディアスタッフ	1115
メディアスホールディングス	2895
メディアセレクト	0028
メディアソケット	1415
メディアッティ・コミュニケーションズ	1180
メディアテクノロジー ジャパン	1274
メディアドゥ	2896
メディアバンク	1431
メディアバンク企画	1431
メディアファクトリー	3074
メディアフラッグ	2897
MEDIAFLAG沖縄	2897
メディアフラッグ沖縄	2897
梅地亜福（上海）管理咨詢有限公司	2897
メディアプレス瀬戸内	1350
メディアボックス	1825
メディアラボNEXT	0630
メディアラボバル	2229
メディア・リンクス	2892
メディアリンクスシステムズ	2892
メディアレップドットコム	1075
メディカルアライアンス合同会社	1952
メディカル一光	2898
メディカル・オブリージュ	2903
メディカルサポート	3121
メディカル・システム・サービス	2127
メディカル・システム・サービス神奈川	0099
メディカル・システム・サービス北関東	0822
メディカル・システム・サービス成和	1688
メディカルシステムネットワーク	2899
メディカルテクノ	2720
メディカルデータ	2493
メディカル翻訳センター	2682
メディカルリサーチアンドテクノロジー	0376
メディカルリソース	2223
メディカロイド	1117
メディケアシステムズ	2918
メディコン	0864
メディコ・二十一	2500, 3131
メディサイエンスプラニング	0382
メディサイトコーポレーション	1008
メディサ新薬	0953
メディシスサイエンス	2899
メディシン一光	2898
メディスンショップ・ジャパン	1392
メディセオ・パルタックホールディングス	2901
メディセオホールディングス	2901
メディネット	2900
メディネット	0695
メディネット光電医療軟件	2214
メディパルホールディング	2901
メディバンク	2902
メディビック	2902
メディビック・アライアンス	2902
メディビックグループ	2902
メディビックファーマ	2902
メディプロ	0709
メテオールシーリングシステム	1942
メデカ ジャパン	3013
メデカジャパン・ラボラトリー	3013
メドーエレクトロニクス	2087
メドジーン	0155
メドジーン バイオサイエンス	0155
メドセル	2900
メドピア	2903
メドマン	1941
メトラン	2493
メドレックス	2904
メニコン	2905
メニコンネクト	2905
メニック	2861
メニワン	2905
メモレックス・テレックス	0561, 2229
メリカ・フーズ	2594
メリッツ	2387
メルコ・セールス・シンガポール社	2819
メルコ・パワー・システムズ	0115
メルコホールディングス	2906
メルシャン	0696
メルス	1550
メルセデス・ベンツ日本販売	2812
メルテックス	0203
メルテックスアジアタイランド社	0203
メルテックスアジアパシフィック社	0203
メルテックスコリア社	0203
美緑達科技（天津）有限公司	0203
メルテックス香港社	0203
メルパルク	3162
免疫生物研究所	2907
免震エンジニアリング	0402
メンズショップ小郡商事	2457
メンズニューヨーカー	1502
メンテックス	2373

【 も 】

社名	ページ
毛利電気商会	1649
木隆木業（上海）有限公司	0252
モザイクリアルティ	0278
門司飼料	2472
文字図形センター	3107
もしもしホットライン	3109
モーションビート	2994
モ・ジール	1705
モスインスティテュート	2102

モス・サンファームむかわ …	2908	
モスストアカンパニー ……	2908	
モスダイニング …………	2908	
モストウイン ………………	0135	
モスファーム熊本 …………	2908	
モスファームすずなり ……	2908	
モス・フード・サービス …	2908	
モスフードサービス ………	2908	
モスフードサービス関西 …	2908	
モスフードサービス九州 …	2908	
モスフードサービス東北 …	2908	
モスフードサービス南関東		
………………………………	2908	
モスフードサービス北関東		
………………………………	2908	
モスフード・シンガポール社		
………………………………	2908	
モスフローズンフード ……	2908	
モスマスフィーディング …	2908	
モダン・プラスチック工業 …	3113	
持越金山 …………………	1640	
持越鉱業 …………………	1640	
持田インターナショナル …	2909	
持田シーメンスメディカルシステム		
………………………………	2909	
持田商会薬局 ……………	2909	
持田製薬 …………………	2909	
持田製薬工場 ……………	2909	
持田製薬販売 ……………	2909	
持田ヘルスケア …………	2909	
持田メディカルシステム …	2909	
モチベーションアカデミア		
………………………………	3112	
摩理都石原汽車配件有限公司		
………………………………	2922	
もっとネクスト ……………	2390	
モトガレージオープン ……	2300	
本久ケーヨー ……………	0794	
モトホンダ・ダ・アマゾニア・リミターダ		
………………………………	2680	
元町阪神ビルディング ……	2376	
モトーレン・アイ＆エフ ……	1351	
モトーレングローバル ……	0577	
モトーレン東名横浜 ………	0793	
モトーレン水戸 …………	1351	
モートン・サイオコール …	2042	
モートンニチユ ……………	2042	
モーニングスター …………	2910	
モーニングスター・アセット・マネジメント		
………………………………	2910	
モーニング ダイダラス ナビゲーション社		
………………………………	2013	
物語コーポレーション ……	2911	
物語（上海）企業管理有限公司		
………………………………	2911	
物語香港有限公司 ………	2911	
モノセンス ………………	2426	
MonotaRO ………………	2912	
モノリス …………………	2835	
モバイル＆ゲームスタジオ		
………………………………	2278	
モバイルクリエイト ………	2913	
モバイルゲート …………	3120	
モバイルコミュニケーションズ		
………………………………	2206	
モバイルコンテンツ ………	0550	
モバイルスタッフ …………	1308	
モバイルスタッフ東京 ……	1308	
モバイルビズ ……………	1308	
モバイルファクトリー ……	2914	
モバオク …………………	1690	
モバコレ …………………	1389	
モビテック ………………	1695	
モビぶっく ………………	2478	
モービル石油 ……………	1823	
もみじホールディングス …	2948	
桃桃 ………………………	1763	
桃山自動車 ………………	0781	
森インベストメント・トラスト		
………………………………	2923	
森尾エンジニアリングサービス		
………………………………	2915	
森岡産業 …………………	2075	
盛岡電話工事 ……………	1710	
盛岡東京電波 ……………	2864	
盛岡無尽 …………………	0626	
森尾商会 …………………	2915	
森尾商会製作所 …………	2915	
森尾テクノ ………………	2915	
森尾電機 …………………	2915	
森尾ロボテックス ………	2915	
森開発エンタープライズ …	0384	
モリ金属 …………………	2917	
もりぐち …………………	2261	
モリクボ …………………	1866	
森組 ……………………	2916	
モリ工業 …………………	2917	
森産業トラスト …………	2923	
森紙工 ……………………	0945	
森下興建 …………………	1355	
森下仁丹 …………………	2918	
森下仁丹 …………………	0196	
森下仁丹ヘルスコミュニケーションズ		
………………………………	2918	
森下仁丹ヘルスサポート …	2918	
森下南陽堂 ………………	2918	
森下博薬房 ………………	2918	
森下弁柄工業 ……………	0607	
社自動車 …………………	1224	
森商店 ……………………	2921	
森新治郎商店 ……………	0086	
モーリス写真工業 ………	2622	
モリ・ステンレス建材 ……	2917	
森精機興産 ………………	1691	
森精機製作所 ……………	1691	
森精機セールスアンドサービス		
………………………………	1691	
森精機治具研究所 ………	1691	
森精機テクノ ……………	1691	
森精机（天津）机床有限公司		
………………………………	1691	
森精機ハイテック ………	1691	
森精機販売 ………………	1691	
森精機部品化工研究所 …	1691	
森精機プレシジョン ………	1691	
森製作所 …………………	2917	
森ゼンマイ鋼業 …………	2921
モリタ ……………………	2919
モリタエコノス …………	2919
森田ガソリン喞筒製作所 …	2919
モリタ環境テック ………	2919
森田喞筒工業 ……………	2919
森田銀行 …………………	2485
モリタ総合サービス ……	2919
モリタ第一機工 …………	2919
森田貯蓄銀行 ……………	2485
モリタテクノス …………	2919
森田電気工事 ……………	2807
森田電器（寧波）有限公司	
………………………………	2993
モリタ防災テック ………	2919
モリタホールディングス …	2919
森田ポンプ ………………	2919
森田ポンプサービス工場 …	2919
森田ポンプセンター ……	2919
森田ポンプ北海道製作所 …	2919
モリテックス ………………	2920
モリテックスASIA有限公司	
………………………………	2920
モリテックス光電 ………	2920
モリテック スチール ……	2921
モリテックスチールインドネシア	
………………………………	2921
モリテックスチール（ベトナム）会社	
………………………………	2921
モリテックスチールメキシコ	
………………………………	2921
モリテックス販売 ………	2920
モリテックス香港有限公司	
………………………………	2920
モリテックプロダクトサポート	
………………………………	2921
森鉄工所 …………………	2917
森電機 ………………… 0086,	2608
モリト ……………………	2922
モリトクエンジニアリング	
………………………………	2919
森トラスト ………………	2923
森トラスト・アセットマネジメント	
………………………………	2923
森トラスト・ホールディングス	
………………………………	2923
森永アメリカフーズ ……	2924
森永エンゼルデザート …	2924
森永開発 …………………	2924
森永関西牛乳 ……………	2924
森永キノインドネシア …	2924
森永キャンディーストアー	
………………………………	2924
森永キャンデーストアー …	2924
森永産業 …………………	2924
森永商事 …………………	2924
森永醸造 …………………	2924
森永商店 …………………	2924
森永食品工業 ……………	2924
森永食品（浙江）有限公司	
………………………………	2924
森永食糧工業 ……………	2924
森永製菓 …………………	2924
森永製品奥羽販売 ………	2924

森永製品東北販売 ………… 2924	八百照商店 ………… 2969	安川設備技研 ………… 2939
森永製品販売 ………… 2924	八百半デパート ………… 0464	**安川電機** ………… 2939
森永西洋菓子製造所 ………… 2924	八百久 ………… 2707	安川電機製作所 ………… 2939
森永ゼネラルミルズ ………… 2924	八百久食料品店 ………… 2707	安川プラントエンジニアリング ………… 2939
森永茶業 ………… 2924	八百久不動産 ………… 2707	安川ブルックスオートメーション ………… 2939
森永デザート ………… 2924	八百久フードセンター ………… 2707	安川モートル ………… 2939
森永東北農産工業 ………… 2924	矢上銀行 ………… 0956	安川ロジステック ………… 2939
森永乳業 ………… 2925	**ヤギ** ………… 2933	安さ一番携帯ディスカウント ………… 0309
森永乳業 ………… 1528, 2924	八木 ………… 0428, 2933	安田運輸 ………… 2940
森永煉乳 ………… 2872, 2924	ヤギ アメリカ コーポレーション ………… 2933	安田エステートサービス ………… 2940
森ビル開発 ………… 2923	八木銀行 ………… 2020	安田火災ひまわり生命保険 ………… 1442
森ビル観光 ………… 2923	八木商店 ………… 2933	安田銀行 ………… 2439, 2776
森ビル産業 ………… 2923	八木短資 ………… 0236	安田商店 ………… 2776
森藤 ………… 2922	焼肉園 ………… 1182	安田醤油 ………… 1169
森藤商店 ………… 2922	八木ビル ………… 2933	安田倉儲（上海）有限公司
モリミチエンタープライズ ………… 1922	YAKIN大江山 ………… 2188	………… 2940
森村銀行 ………… 2820	YAKIN川崎 ………… 2188	**安田倉庫** ………… 2940
森村商事 ………… 2110, 2294	**薬王堂** ………… 2934	安田貯蓄銀行 ………… 3089
森本商店 ………… 0799	薬王堂販売 ………… 2934	安田中倉国際貨運代理（上海）有限公司 ………… 2940
森本倉庫 ………… 1967	ヤグチテクノ ………… 1451	安田ビル ………… 2940
森本油脂 ………… 0799	八雲鉱業 ………… 1640	安田ビルディング ………… 1824
守谷建工 ………… 2926	躍陽信息技術（上海）有限公司 ………… 0991	安田メディカルロジスティクス ………… 2940
森谷梱包 ………… 1534	ヤクルト薬品工業 ………… 2935	安田屋 ………… 2776
守谷商会 ………… 2926	**ヤクルト本社** ………… 2935	安田リース ………… 2564
守谷道路 ………… 2926	八茎鉱山 ………… 2080	ヤスダワークス ………… 2940
モリヤマ ………… 0412	八坂貿易 ………… 3061	**安永** ………… 2941
守山レース ………… 0292	矢崎エナジーシステム ………… 2936	安永運輸 ………… 2941
モリヨシフーズ社 ………… 2908	矢崎計器 ………… 2936	安永エアポンプ ………… 2941
モリリン ………… 2927	矢崎資源 ………… 2936	安永エンジニアリング ………… 2941
モリワン ………… 2371	**矢崎総業** ………… 2936	安永キャスティング ………… 2941
モルタ ………… 0860	矢崎総業北海道販売 ………… 2936	安永クリーンテック ………… 2941
モルタ事務機販売 ………… 0860	矢崎電線 ………… 2936	安永総合サービス ………… 2941
モルフォ ………… 2928	矢崎部品 ………… 2936	ヤスナガ タイランド カンパニー リミテッド ………… 2941
MORESCO ………… 2929	矢崎モロッコ ………… 2936	安永鋳造所 ………… 2941
モレスコサービス ………… 2929	やさしい手らいと ………… 3052	安永鉄工所 ………… 2941
モレスコテクノ ………… 2929	ヤシカ ………… 0668	ヤスナガワイヤソーシステムズ ………… 2941
諸戸タオル ………… 0132	八禧洲（上海）電機商貿有限公司 ………… 2937	八勢化工 ………… 2250
モンスター・ウルトラ ………… 1720	**八洲電機** ………… 2937	雅達貨運（中山）有限公司 ………… 1557
門前クリーンパーク ………… 1584	八洲電機サービス ………… 2937	ヤタニ酒販 ………… 0548
モンテローザ ………… 2930	八洲電機商会 ………… 2937	矢田硅瑯製作所 ………… 1571
モンテローザファーム ………… 2930	ヤスヰ電業 ………… 1388	ヤチヨ インダストリー（ユーケー）リミテッド ………… 2942
モンド ………… 0179, 1184	安井ミシン兄弟商会 ………… 2568	ヤチヨ インディア マニュファクチュアリング プライベート リミテッド ………… 2942
	安井ミシン商会 ………… 2568	
	安浦アセチレン ………… 0808	
【 や 】	ヤス運送 ………… 1647	ヤチヨ オブ アメリカ インコーポレーテッド ………… 2942
	靖江王子橡膠有限公司 ………… 0745	
焼津瓦斯 ………… 0937, 1899	安川エンジニアリング ………… 2939	ヤチヨ オブ オンタリオ マニュファクチュアリング インコーポレーテッド ………… 2942
焼津ケーブルテレビジョン ………… 0937, 1899	安川航空電機 ………… 2939	
焼津ケーブルビジョン ………… 1899	安川コントロール ………… 2939	八千代銀行 ………… 1826, 1830
焼津水産化学工業 ………… 2931	安川システムエンジニアリング ………… 2939	八千代興業 ………… 3002
哉英電子股份有限公司 ………… 0904	安川シーメンス エヌシー ………… 2939	**八千代工業** ………… 2942
八重洲建物 ………… 2113	安川シーメンス オートメーションドライブ ………… 2939	八千代工業（中山）有限公司 ………… 2942
八重洲リース ………… 0811	安川商事 ………… 2939	
ヤオコー ………… 2932	安川情報エンベデッド ………… 2938	
八百幸商店 ………… 2932	安川情報北九州 ………… 2938	
ヤオコービジネスサービス ………… 2932	**安川情報システム** ………… 2938	
八尾精鋼 ………… 1002	安川情報システム ………… 2939	
八百津銀行 ………… 1177	安川情報プロサービス ………… 2938	

社名	頁
八千代工業（武漢）有限公司	2942
八千代興産	3002
ヤチヨ ジャーマニー ゲー エム ベー ハー	2942
八千代地域新聞社	1620
八千代地下工業	2096
八千代塗装	2942
ヤチヨ ド ブラジル インダストリア エ コメルシオ デ ペサス リミターダ	2942
八千代物産	2794
ヤチヨ マニュファクチュアリング オブ アメリカ エル エル シー	2942
ヤチヨ マニュファクチュアリング オブ アラバマ エル エル シー	2942
八千代ムセン電機	0789
ヤチヨ メキシコ マニュファクチュアリング エス エー デ シー ブイ	2942
薬局マツモトキヨシ	2714
ヤックシステム	3148
八代ニチハ	2039
ヤナイ	2179
柳沢有機化学工業所	2207
柳本工務店	2414
柳津コスモス電機	1817
ヤナセ	2943
梁瀬	2943
ヤナセアウディ販売	2943
ヤナセウェルサービス	2943
ヤナセ大阪クライスラー	2943
ヤナセ岡本航空	2943
ヤナセ沖縄	2943
ヤナセグローバルモーターズ	2943
ヤナセサターン	2943
ヤナセ四国	2943
梁瀬自動車	2943
梁瀬自動車工業	2943
梁瀬商会	2943
梁瀬商事	2943
ヤナセスカンジナビアモーターズ	2943
ヤナセ石油販売	2943
ヤナセバイエルンモーターズ	2943
ヤナセヴィークルワールド	2943
矢作葵ビル	2944
矢作建設工業	2944
矢作工業	1782
矢作地所	2944
矢作水力	1782
ヤハギ道路	2944
ヤハギ緑化	2944
耶馬溪製作所	1755
八幡エナメル	1571
八幡化学工業	1245, 1246
八幡銀行	1089
八幡鋼管	1245
八幡製鐵	1085, 1245, 1246
八幡船舶	2084
ヤフー	2945
ヤフー	1051, 1431, 2588
ヤフーカスタマーリレーションズ	2945
矢吹銀行	1862
ヤベ	2695
山井幸雄商店	1298
山井商店	1298
ヤマウ	2946
ヤマウ・アサヒ	2946
ヤマウ工業	2959
ヤマウコンクリート工業	2959
ヤマウ商事	2946
ヤマウセメント製品工業	2946
ヤマウ総合開発	2946
ヤマウ相知プレコン	2946
山内任天堂	2266
ヤマウトラスト	2946
ヤマウハウス	2959
ヤマウプレコン	2946
山栄物産	3001
ヤマエオート	2947
ヤマエ酒類販売	2947
ヤマエ商事	2947
ヤマエ石油	2947
ヤマエ農業資材	2947
ヤマエ久野	2947
ヤマエホーム	2947
ヤマエレンタリース	2947
山岡内燃機	2971
山岡発動機工作所	2971
山岡家	2744
山岡家スープ	2744
山形ウエルマート	2708
山形カシオ	0537
山形機械工業	1929
山形共和電業	0685
山形クリエイティブ	2233
山形ケンウッド	1057
山形県合同食品	2875
山形航空電子	2213
山形サンケン	0974
山形しあわせ銀行	1159
山形新電元	1238
山形スリーエム	1329
山形セルトップ	0913
山形田淵電子工業	1608
山形チノー	1625
山形通信工事	1710
山形ハイパック	1503
山形日立建機	2411
山形三菱鉛筆精工	2808
山形ミツミ	2825
山形メイコー	2868
山形名幸電子	2868
山形明星電気	2844
山形屋	0700
山形野菜センター	0913
ヤマガタヤ産業	2003
山形屋洋服店	0700
山形ユニデン	3005
山叶証券	2775
山川工業	3011
山川商事	0694
山川製薬	2116
山川板金工業	3011
山川広島	3011
ヤマキ	0874, 1179
山木商事	1179
山木木材	1179
山口朝日ミサワホーム	2772
山口アースエンジニアリング	2096
山口宇部ソーラー	0989
山口エヌエフ電子	0343
山口エレテック	1649
山口園芸	2627
山口共英工業	0666
山口銀行	2948
山口県缶詰	2356
山口県合同缶詰	2356
山口再エネ・ファクトリー	2206
山口佐川急便	0917
山口田辺製薬	1606
山口電装	1507
山口フィナンシャルグループ	2948
山口フィナンシャルグループ	1794
山口ミサワ建設	2772
山口ミサワホーム	2772
山口リアライズ	3052
ヤマコウ	1298
山越機械	2874
山越工場	2874
ヤマザキ	2949
ヤマザキ	2950
ヤマザキエンジニアリング	2950
山崎製菓	2950
山崎製パン	2950
山崎製パン所	2950
山崎製パン千葉工場	2950
山崎製パン新潟工場	2950
山崎製パン横浜工場	2950
山崎鉄工所	2949
ヤマザキ・ナビスコ	2950
山崎ファイナンス	1931
山崎兄弟商会	0423
山静ブロイラー	3039
山下医科器械	2951
山下医療器械店	2951
山下汽船	1875
山下研究所	3027
ヤマシナ	2952
山科サービス	2952
山科精工所	2952
山城無尽	0601
山甚	1856
山信工業	2953
ヤマシンフィルタ	2953
山成商事	2373
山善	3024

山田晃久司法書士・土地家屋調査士事務所	2957	
山田安民薬房	3143	
山大	2954	
山大産業	2954	
山大ホーム	2954	
ヤマダ・ウッドハウス	2958	
山田エスクロー信託	2957	
ヤマダ・エスバイエルホーム	2955	
山田FAS	2956	
山田MTSキャピタル	2956	
山田ガステック	0239	
ヤマダ・キャピタル・ホールディングス	2958	
山田銀行	2762	
山田空調	1019	
山武	0103	
山武エンジニアリング	0103	
山武計器	0103	
山武計装	0103	
山武工業	0103	
山武コントロールプロダクト	0103	
山武産業システム	0103	
山武商会	0103	
山武テクノシステム	0103	
山武ハネウエル	0103	
山武ハネウエル計器	0103	
山武ビルシステム	0103	
山武プレシジョン	0103	
山田興業	2705	
山田工業	1019	
山田工業研究所	1019	
山田航空工業	2705	
山田興産	3093	
山田コンサルティンググループ	2956	
山田債権回収管理総合事務所	2957	
山田司法書士・土地家屋調査士総合事務所	2957	
山田商事	2815, 3093	
山田商店	0698, 3093	
山田総合事務所	2957	
山田測量設計	2957	
山田知財再生	2957	
山立国際貨運代理（上海）有限公司	1016	
ヤマダ電機	2958	
ヤマダ電機	2695	
山田電気工業	0704	
山田電業	1710	
ヤマダハウジング	2958	
ヤマダファイナンシャル	2958	
ヤマダブロードバンド	2958	
ヤマダ流通	1019	
ヤマックス	2959	
ヤマツル	3025	
ヤマト	2960	
ヤマト．イー．アール	2960	
ヤマト・イズミテクノス	2960	
ヤマト運輸	2962	
ヤマト運輸分割準備	2962	
やまと建設	1567	
大和工業	2961	
ヤマトコウギョウアメリカ・インク	2961	
ヤマトコウギョウ（ユー・エス・エー）コーポレーション	2961	
ヤマト・コリア・スチールコーポレーション	2961	
ヤマトコレクトサービス	2962	
ヤマト産業	2291	
ヤマトシステム開発	2962	
大和（やまと）重工	1541	
大和（やまと）重工業	1541	
ヤマトスチール	2961	
ヤマトテキスタイル	2735	
ヤマトフィナンシャル	2962	
大和福祉産業	1668	
ヤマトホールディングコーポレーション	2961	
ヤマトホールディングス	2962	
山留	0465	
やまとや	0166	
ヤマト・ユーピーエス	2962	
ヤマナカ	2963	
山中光学工業	2671	
ヤマナカ商店	2963	
ヤマナカメンテナンス	2963	
山梨アビオニクス	2103	
ヤマナシ・エレクトロニクス（タイランド）カンパニー・リミテッド	1238	
山梨化学興業	0511	
山梨ケイテクノ	0606	
山梨三光	2138	
山梨シルクセンター	1015	
山梨鈴木シャタァ工業	1540	
山梨千代田計算	1112	
山梨帝通	1697	
山梨電子工業	1238	
山梨ヒカリビジネス	2395	
山梨ミクロコーティング	2686	
やまねメディカル	2964	
ヤマノインベストメント	2965	
ヤマノクレジットサービス	2965	
山野鉱業	2787	
ヤマノジュエリーシステムズ	2965	
ヤマノスポーツシステムズ	2965	
ヤマノプラザ	2965	
ヤマノホールディングコーポレーション	2965	
ヤマノホールディングス	2965	
ヤマノホールディングス	1275	
ヤマノリテーリングス	2965	
ヤマノ1909プラザ	2965	
ヤマハ	2966	
ヤマハエレクトロニクスマーケティング	2966	
ヤマハ鹿児島セミコンダクタ	2966	
雅馬哈楽器音響（中国）投資有限公司	2966	
やまは食品	0499	
ヤマハ食品	0499	
ヤマハ発動機	2967	
ヤマハ発動機	2966	
山葉風琴製造所	2966	
ヤマハマリン	2967	
ヤマハマリン製造	2967	
ヤマハミュージックエンタテインメントホールディングス	2966	
ヤマハミュージックメディア	2966	
ヤマハメタニクス	2966	
ヤマハ八代製造	2967	
ヤマハリゾート	2966	
ヤマハリビングテック	2966	
ヤマハレクリエーション	2966	
ヤマハレクリエーション	2966	
やまびこ	2968	
やまびこ債権回収	2330	
山村インターナショナル・タイランド	2255	
山村化学研究所	2909	
山村硝子	2255	
山村製壜所	2255	
山村プラスチック	2255	
ヤマムロ	3030	
ヤマモト	0734	
山本機械通商	3151	
ヤマモトキユーソー	0657	
山本グループ	3151	
山本工業	3151	
山本鋼業	2083	
山本工務店	1482	
山本重工業	1262	
山本商会	2817, 3151	
山本商事	0884	
山元新光社	3042	
やまや	2969	
やまや関西	2969	
やまやジャスコ	2969	
ヤマヤ商事	1639	
やまや商流	2969	
山保毛織	3003	
やまや北陸	2969	
やまやロジスティクス	2969	
やまよしフーズ	0749	
ヤーマン	2970	
ヤーマンリミテット	2970	
弥生京極社	0662	
彌生工業	1040	
やる気茶屋	1476	
ヤンセン協和	0687	
ヤンセン社	0687	
ヤンマー	2971	
ヤンマーエネルギーシステム	2971	
ヤンマーエネルギーシステム製造	2971	
ヤンマー建機	2971	
ヤンマー建機販売	2971	

ヤンマー産業	2971	
ヤンマー造船	2971	
ヤンマーディーゼル	2971	
ヤンマー農機	2971	
ヤンマー舶用システム	2971	
ヤンマー物流サービス	2971	
ヤンマーホールディングス	2971	
ヤンマーマリンインターナショナル	2971	

【ゆ】

ユーアイ・テクノ・サービス	0248
ユーアイ電子	0760
ユアサ	2972
ユアサR&S	2972
ユアサオートリース	0184
ユアサ化成	1069
湯淺化成	1069
湯淺金物	2972
湯浅乾電池	1069
湯浅教育システム中部	0739
湯淺金属産業	2972
ユアサ建材工業	2972
湯浅興産	2972
ユアサコーポレーション	1069
ユアサ産業	2972
ユアサシステム	0739
湯淺七左衛門商店	2972
ユアサ商事	2972
湯浅商事	2972
湯淺商店	1230, 2972
ユアサ総電	1069
湯浅竹之助商店	2972
湯浅蓄電池製造	1069
湯浅蓄電池製造所	1069
ユアサ電源システム	1069
湯浅電池	1069
湯浅電池総合サービス	1069
ユアサバッテリー販売	1069
湯浅プラザ	0464
湯浅貿易	2972
ユアサメンテナンス販売	1069
ユアサメンプレンシステム	1069
ユアサ木材	2972
湯浅木材	2972
湯浅木材工業	2972
湯浅洋行	2972
ユアソフト	2786
ユアソーラー富谷	2973
ユアソーラー保原	2973
油圧機器研究所	2985
油圧機器販売	2985
ユアテック	2973
ユアテックサービス	2973
ユアペティア	0509
ユーアンドエー研究所	2801

ユーアンドユー	2060
UEX	2974
由比銀行	1155
ユーイング	2613
遊	0227
優科豪馬橡胶有限公司	3031
ユウエヌエイ	0249
ユウ・エフ	0253
友華科技股份有限公司	3026
友嘉実業股份有限公司	1566
友華貿易（香港）有限公司	3026
結城オリジン	0505
有機化学工業	2110
結城製作所	2985
悠禧貿易（上海）有限公司	2014
優彩美	0256
雄司商店	2974
友進	0182
有信興業股份有限公司	2989
有信國際精機股份有限公司	2990
有信国際貿易（上海）有限公司	2989
有信商会	2989
有信精器工業	2989
有信精机工貿（深圳）有限公司	2990
有信精机商貿（上海）有限公司	2990
有信精机貿易（深圳）有限公司	2990
有信制造（蘇州）有限公司	2989
有信制造（中山）有限公司	2989
有信販売	2989
有信（香港）有限公司	2989
USEN	2975
有線音楽放送	2975
郵船クルーズ	2189
郵船航空サービス	2976
有線ブロードネットワークス	2975
郵船ロジスティクス	2976
郵船ロジティクス	2976
郵テック	1296
佑佲工具（上海）有限公司	2998
優能工具（上海）有限公司	2998
夕張フローリング製作所	1723
郵便汽船三菱会社	2189
郵便事業	0967
勇払土地利用研究所	2150
有楽土地	1486
UACJ	2977
UACJ製箔	2978
ユーエース	1572
ユー・エス・エス	2979
ユー・エス・エス	0397
ユー・エス・エス大阪	2979
ユー・エス・エス岡山	2979

ユー・エス・エス・カーバンクネット	0531, 2979
USS関越	2979
USS関西	2979
USS関東	2979
ユー・エス・エス九州	2979
USS神戸	2979
USSサポートサービス	2979
ユー・エス・エス静岡	2979
ユー・エス・エス・ジャパン	2979
ユー・エス・エス東京	2979
ユー・エス・エス東北	2979
USS東洋	0531
USS新潟	2979
ユー・エス・エス物流	2979
USS北陸	2979
ユー・エス・エス横浜	2979
USSリサイクルオートオークション	2979
USSロジスティクス・インターナショナル・サービス	2979
ユーエスエムコーポレーション	2355
USOL関西	2256
USOL九州	2256
USOL中国	2256
USOL中部	2256
USOL東京	2256
USOL東北	2256
USOL北海道	2256
USOLホールディングス	2256
ユー・エス・キンデン・コーポレーション	0704
ユーエスシー	2984
ユーエスシー・デジアーク	2984
ユーエスシー・トレーディング	2984
ユー エス ヤチヨ インコーポレーテッド	2942
ユーエックスビジネス	0330
UFJ銀行	2820, 2823
UFJニコス	2823
UFJホールディングス	2823
ユーエフツール	2998
ユー・エム	0243
UMIウェルネス	2931
UMNファーマ	2980
ユーエムジー・エービーエス	0254
ULSグループ	2981
ユーカリ	1913
ユーカリ工業	1913
ユーカリ広告	2714
湯河原製紙	2636
雪アイス	2101
雪ケ谷金属	1174
雪印アイスクリーム販売	2101
雪印アクセス	2101
雪印商事	2101
雪印乳業	2068, 2274, 2982
雪印物産	2101
雪印メグミルク	2982

社名	ページ
ユーキチ	1932
ユーキチ呉服店	1932
ユークス	2983
ユークリッドプランニング	0124
UKCエレクトロニクス	2984
UKCテクノソリューション	2984
UKCホールディングス	2984
UKトレーディング	0245
ユーケーエヌ・エス・アイ社	2148
ユケン・インディアLTD.	2985
楡次油研液圧有限公司	2985
油研液圧工業（張家港）有限公司	2985
油研工業	2985
ユケンコウギョウ（H.K.）CO., LTD.	2985
ユケンサービス	2985
油研（上海）商貿有限公司	2985
有限責任日本石油会社	1038
ユケンハイメックス	2985
油研（仏山）商貿有限公司	2985
ユケンマシナリー	2985
ユケン（U.K.）LTD.	2985
ユケン・ヨーロッパLTD.	2985
ユーザック電子工業	2528
湯沢銀行	0051
UGRコーポレーション	0563
UJプランニング	1175
UCS	2986
ユーシーエスサービス	2986
UCC上島珈琲	2987
ユーシーシーコーヒー	2987
ユーシーシーフーズ	2987
ユーシーシーボトラーズ	2987
UCCホールディングス	2987
輸出ゴム製造	0637
ユシロ	2988
ユシロインドネシア	2988
ユシロ運送	2988
ユシロ化学工業	2988
ユシロ・ゼネラルサービス	2988
ユシロドブラジルインダストリアケミカ	2988
ユシロマニュファクチャリングアメリカ	2988
ユーシン	2989
ユージーン	1956
ユーシン・アメリカ・インク	2990
ユーシン茨城	2989
ユーシンエンジニアリング	2989
ユーシン大阪	2989
ユーシン・オートメーション・リミテッド	2990
ユーシンオンワード	2989
ユーシンクレジット	2989
ユーシン・コリア・カンパニー・リミテッド	2990
ユーシン・コンピュータ・サービス	2989
ユーシン・ショウワ	2989
ユーシン精機	2990
ユーシン東京	2989
ユーシン広島	2989
ユーシン・プレシジョン・イクイップメント・（インディア）・プライベート・リミテッド	2990
ユーシン・プレシジョン・イクイップメント・エス・ディー・エヌ・ビー・エイチ・ディー	2990
ユーシン・プレシジョン・イクイップメント・（タイランド）・カンパニー・リミテッド	2990
ユーシン・プレシジョン・イクイップメント・（ベトナム）・カンパニー・リミテッド	2990
ユース	2373, 2461
ユーズ音楽出版	2975
ユースガス	0183
ユーズコミュニケーションズ	2975
ユーストア	3000
ユーズフィルム	3015
U'sブロードコミュニケーションズ	3015
ユーズマーケティング	3015
ユーズミュージック	2975
油装工業	2985
ユタカ・オートパーツ・インディア・プライベート・リミテッド	2991
ユタカ技研	2991
ユタカ技研	0372
ユタカギケン（ユーケー）リミテッド	2991
豊産業	0877, 1045
豊商事	2992
ユタカ・テクノロジーズ・デ・メキシコ・エス・エー・デ・シー・ブイ	2991
ユタカデベロップメント	1045
ユタカ・ド・ブラジル・リミターダ	2991
ユタカ美容化学	2852
豊不動産	2992
豊ホルマリン工業	1045
ユタカ・マニファクチャリング（フィリピンズ）インコーポレーテッド	2991
ユーテック	2993
ユーテック	0247, 0482
ユートス	2973
ユートピアホーム	2424
ゆとりフォーム	2608
ユナイティッド マニュファクチャリング ソリューションズ	1691
ユナイテッド	2994
ユナイテッド・アーバン投資法人	2995
ユナイテッドアローズ	2996
ユナイテッド・インスペクターズ	0949
ユナイテッド サンオー インダストリーズ SDN.BHD	0962
ユナイテッド・スチールカンパニー	2961
ユナイテッドスティール	3012
ユナイテッドスティールカンパニー	1168
ユナイテッド・スーパーマーケット・ホールディングス	2997
ユナイテッド・スルブカンパニー（サウジスルブ）LLC	2961
ユナイテッドデザイン	1643
ユニー	2984, 2986, 3000
ユニアデックス	2256
ユニイースト	3003
ユニオン	3003
ユニオンエンジニアリング	2998
ユニオン化学研究所	2998
ユニオン化成	2880
ユニオン・グラビア	0421
ユニオンケミカルズ	0095
ユニオン商事	0656
ユニオンスチール	1949
ユニオンツール	2998
ユニオンパック	1503
ユニオンビジネスサービス	2998
ユニオンペイント	3016
ユニオン貿易	3001
ユニオンポリマー	1908
ユニオンポンプ社	1765
ユニオンリース	0656, 1372
ユニオンワニス	2880
ユニカフェ	2999
ユニカム	0184
ユニキド・ホールディングス	1094
ユニーグループ・ホールディングス	3000
ユニ工業	2808
ユニコムグループホールディングス	3001
ユニコン	1040
ユニーサービス	2986
ユニシアジェックス	2414
ユニーシステム	2984
ユニーセミコンダクタ	2984
ユニゾホールディングス	3002
ユニチカ	3003
ユニチカ宇治プロダクツ	3003
ユニチカウール	3003
ユニチカオークタウン	3003
ユニチカ化成	3003
ユニチカ京都ファミリーセンター	3003

ユニチカグラスファイバー 3003	ユニバーサルリース 3007	夢真 3019
ユニチカ絹糸 3003	ユニパック 0416	夢真コミュニケーションズ 3019
ユニチカ興発 3003	ユニパート・ユタカ・システムズ・リミテッド 2991	夢真証券 3019
ユニチカサンシ 3003	ユニパルス 3009	夢真消費者サービスセンター 3019
ユニチカスパンボンドプロダクツ 3003	ユニパルス貿易（無錫）有限公司 3009	夢真テクノスタッフサービス 3019
ユニチカセントラルサービス 3003	ユニバンス 3010	夢真ホールディングス 3019
ユニチカテキスタイル 3003	ユニバンスINC. 3010	夢創会（北京）商務諮詢有限公司 3022
ユニチカビジネスサービス 3003	ユニバンスインドネシア ... 3010	夢隊ファクトリー 3023
ユニチカビルディング 3003	ユニバンスタイランドCO., LTD. 3010	ユーメックス 0578
ユニチカファイバー 3003	ユニプラ 0402	夢テクノロジー 3020
ユニチカプロテック坂越 ... 3003	ユニプレス 3011	夢展望 3021
ユニチカリアルティ 3003	ユニプレス技術研究所 3011	夢展望（台湾）有限公司 ... 3021
ユニチカレーヨン 3003	ユニプレスモールド 3011	夢展望貿易（深圳）有限公司 3021
ユニチカロジスティクス ... 3003	ユニベール 1502	ユメノテクノ 3019
ユニ・チャーム 3004	ユニマットオフィスコ 3012	夢の街創造委員会 3022
ユニ・チャーム 0225	ユニマットクリーンライフ 3012	ゆめファーム 0050
ユニ・チャームエデュオ ... 0225	ユニマットケアサポート ... 3013	夢ファーム土佐山 0080
尤妮佳生活用品（江蘇）有限公司 3004	ユニマットコーポレーション 1168	夢ファーム有漢 0080
尤妮佳生活用品（中国）有限公司 3004	ユニマットそよ風 3013	夢みつけ隊 3023
尤妮佳生活用品服務（上海）有限公司 3004	ユニマットファクトリー ... 3012	湯本信用無尽 2490
尤妮佳（中国）投資有限公司 3004	ユニマットホールディング 3012	ユーモールド 0254
ユニ・チャーム中日本 3004	ユニマットライフ 3012	友華堂 2629
ユニ・チャーム東日本 3004	ユニマット リタイアメント・コミュニティ 3013	由良精工 2679
ユニ・チャームプロダクツ ... 3004	ユニモマネジメント 2456	由良風力開発 2247
ユニ・チャームペットケア ... 3004	ユニリタ 3014	由良三井造船 2797
ユニツアーズ 3122	ユニロイヤル社 2077	ゆーらむ 1186
ユニック 2577	ユニワインド 0392	百合ヶ丘開発 2707
ユニッタ 2077	U-NEXTマーケティング ... 3015	由利商事 2708
ユニティ 0107	U-NEXT 3015	由利本荘風力発電 1766
ユニテック 0088, 3004	ユーノスエーツーゼット ... 0788	優励心（上海）管理諮詢有限公司 0118
ユニテックソフト 3020	ユーノスロードフレックス 2707	ユーロエクセディクラッチ 0289
ユニデン 3005	湯原リゾート 0386	ユーロスポーツ 2479
ユニデンキャピタル 3005	UBICパテントパートナーズ 3017	ユーロセル 2786
ユニ電子産業 3005	UBICリスクコンサルティング 3017	ユーロリケン社 3076
ユニデン・ディレクトイン ... 3005	ユーピーエス・インターナショナル・インク 2962	ユーロリジン 0095
ユニデン電子部品 3005	ユピカサービス 2257	ユーワイエス・リミテッド ... 2991
ユニデントゥエンティーワン 3005	優必佳樹脂（常熟）有限公司 2257	ユー ワイ ティー リミテッド 2942
ユニデン不動産 3005	ユビキタスエナジー 0742	
ユニデンホールディングス 3005	UPGホールディングス 3016	【よ】
ユニトロン 1670	UBIC 3017	
ユニネット 1982	ユービック 2295	よいこのくに社 0543
ユニバーサル 3007	ユビテック 3018	八日市駅前商業開発 2613
ユニバーサル園芸社 3006	ユーフィット 0027	陽紀 1460
ユニバーサルエンターテインメント 3007	ユーフォリンク 1095	洋光 2219
ユニバーサル技研 3007	ユーブック 1705	陽光アセット・インベスターズ 0089
ユニバーサル製缶 2659, 2821	ユーホーニイタカ 2023	陽光産業 0112
ユニバーサルソリューションシステムズ 3008	ユーマインダストリーズ ... 2988	陽光住販 0089
ユニバーサルテクノス 3007	弓ヶ浜水産 2145	陽鋼スチール 1009
ユニバーサル・バイオ・リサーチ 2590	ユーミーケア 2500	陽光都市開発 0089
ユニバーサルハウス 0667	弓場商事 2065	陽光ビルシステム 0089
ユニバーサル販売 3007	ユーメイト 1572	陽鋼物産 1009
	夢饗年代股份有限公司 1692	幼児活動研究会 3024

社名	頁
洋電貿易（北京）有限公司	1886
養命酒製造	3025
養命酒製造	1478
養命酒本舗天龍舘	3025
洋麵屋ピエトロ	2386
養本社	0913
洋物店長瀬商店	0526
養老銀行	0420
陽和地所	0661
洋和船舶	2189
陽和ビジネスサービス	0661
陽和不動産	2811
尤尼克斯（上海）高尓夫有限公司	3040
ヨーク国際留学センター	2033
ヨークセブン	1372
ヨーク物産	1371
ヨークベニマル	1371
ヨークマツヤ	2716
ヨコオ	3026
横尾商店	2947
横尾製作所	3026
横河医療ソリューションズ	3027
横河エムアンドシー	3027
横河エレクトロニクス・マニファクチャリング	3027
横河エンジニアリングサービス	3027
横河鹿島サービス	3027
横河技術情報	3028
横河橋梁	3028
横河橋梁製作所	3028
横河京浜サービス	3027
横河工事	3028
横河システム建築	3028
横川シヤリング工場	1039
横河ソリューションサービス	3027
横河千葉サービス	3027
横河電機	3027
横河電機	1027, 2564
横河電機製作所	3027
横河電機（蘇州）有限公司	3027
横河電機（中国）商貿有限公司	3027
横河電機（中国）有限公司	3027
横川電力	1764
横河ニューライフ	3028
横河・ヒューレット・パッカード	2245
横河ブリッジ	3028
横河ブリッジホールディングス	3028
横河北辰電機	3027
横河メディカルシステム	1027, 3027
横河メンテック	3028
横河レンタリース	2564
ヨーコー管財	0089
横須賀技術センター	1861
横須賀合同	2161
横須賀さいか屋	0891
横須賀水産	1880
ヨコスカ・ブルーイング・カンパニー	0735
横田技研	3029
横田製作所	3029
横田ポンプ研究所	3029
横田ポンプ製作所	3029
横手ホームセンター	1179
ヨコハマ アジア	3031
横浜阿部窯業	0030
横浜アリーナ	0696
ヨコハマ インディア	3031
横浜魚市場	3032
横浜魚市場運送	3032
横浜魚市場荷受	3032
横浜エイロクイップ	3031
横浜エージェンシー	0359
横浜エージェンシー＆コミュニケーションズ	0359
横浜液化ガスターミナル	0104
横浜うかい	0246
横浜海運倉庫	2061
横浜化学	1186
横浜火災海上保険	0008
横浜瓦斯	1812
横浜神奈交バス	0551
横浜ガルバー	1602
横浜起業	2065
横浜魚類	3030
横浜経営研究所	0966
横浜鋼業	0480
横浜工業品製造インドネシア	3031
ヨコハマ工業品ヨーロッパ	3031
横浜興信証券	2775
横浜ゴム	3031
横浜ゴムMBジャパン	3031
横濱護謨製造	3031
ヨコハマコンチネンタルタイヤ	3031
横浜魚	3030
横浜佐川急便	0917
横浜桟橋倉庫	1824
ヨコハマ地所	0089
横浜正金銀行	2820
横浜橡膠（中国）有限公司	3031
横浜食品サービス	3030
横浜鈴電	1281
横浜製綱	1821
横浜製糖	2794
横浜船渠造船部	2813
ヨコハマ・ソディック・マテリアルセンター	1420
ヨコハマタイヤ九州販売	3031
ヨコハマタイヤ近畿販売	3031
ヨコハマタイヤ コーポレーション	3031
ヨコハマタイヤ静岡販売	3031
ヨコハマタイヤジャパン	3031
ヨコハマタイヤ中国販売	3031
ヨコハマタイヤ中部販売	3031
ヨコハマタイヤ函館販売	3031
ヨコハマタイヤ フィリピン	3031
ヨコハマタイヤ マニュファクチャリング	3031
ヨコハマタイヤ マニュファクチャリングヴァージニアLLC	3031
横浜高島屋	1555
横浜デイ・エム生コン	1699
横濱電線	3031
横浜電線製造	2578
横浜生魚塩干	3032
横浜バイオニクス	0346
横浜ハイデックス	3031
ヨコハマピアサポート	3031
ヨコハマビジネスアソシエーション	3031
ヨコハマフランチャイズセンター	3031
横浜ボンドマグネット	0274
横浜松坂屋	0428
横浜丸魚	3032
横浜ミート	2472
横浜ミートセンター	2472
横浜緑屋	0753
ヨコハマ・モータースポーツ・インターナショナル	3031
ヨコハマライフェン	3031
ヨコハマ ラバー（タイランド）カンパニー	3031
横浜冷食	3032
横浜冷凍	3033
横浜冷凍企業	3033
横浜煉炭	2803
横山	3069
横山工業	0591
横山商店	3069
ヨーコン	1167
ヨシオカ建装	3034
吉川新光電気	1234
吉川製油	2147
ヨシケイ愛知	1209
ヨシケイ岐阜	1209
ヨシケイ京都	1209
ヨシケイ新潟	0466
ヨシケイ新潟長岡販売	0466
ヨシケイ三重	1209
吉幸食品工業	0632
吉田建設興業	3049
吉田工務店	3049
吉田商事	3150
吉田商店	2261
吉田プロフェッショナル・サービス	2261
ヨシダホールディングス	2261
ヨシックス	3034
吉野銀行	2020
吉野石膏	3035
吉野石膏DDセンター	3035

吉野鉄道 … 0702	淀川プレス製作所 … 0132	ムズタイランド社 … 3043
吉野家 … 3036	淀鋼建材（杭州）有限公司 … 3038	ヨロズ大分 … 3043
吉野家インターナショナル … 3036	ヨドコウ興産 … 3038	ヨロズオートモーティバドブラジル社 … 3043
吉野家ディー・アンド・シー … 3036	ヨドコウ興発 … 3038	ヨロズオートモーティブインドネシア社 … 3043
吉野家ホールディングス … 3036	淀鋼國際傯有限公司 … 3038	ヨロズオートモーティブグアナファト デ メヒコ社 … 3043
吉原商店 … 1045	淀鋼商事 … 3038	
吉原製油 … 1045	ヨード・ファインケム … 2719	ヨロズオートモーティブテネシー社 … 3043
吉原定次郎商店 … 1045	米子銀行 … 0956	
よしみね … 2843	米子製鋼所 … 1517	ヨロズオートモーティブノースアメリカ社 … 3043
吉見紡績 … 1891	米子大同自興 … 0323	
吉村工業石鹸製造所 … 2846	米子高島屋 … 1555	ヨロズオートモーティブミシシッピ社 … 3043
吉村砂利興業 … 1414	**米久** … 3039	
吉村商会 … 3082	米久おいしい鶏 … 3039	萬警備保障 … 1557
よしもとアドミニストレーション … 3037	米久かがやき … 3039	ヨロズサービス … 3043
よしもとASC … 3037	米久畜産販売サービス … 3039	ヨロズ JBMオートモーティブタミルナドゥ社 … 3043
よしもとエンタテインメント沖縄 … 3037	米久デリカ … 3039	
吉本音楽出版 … 3037	米久東伯 … 3039	萬自動車工業 … 0578, 3043
よしもと倶楽部 … 3037	米久レストラン・システムズ … 3039	ヨロズタイランド社 … 3043
吉本倶楽部 … 3037		萬デザイン … 2087
よしもとクリエイティブ・エージェンシー … 3037	米沢製靴 … 3071	ヨロズ栃木 … 3043
	米沢明電舎 … 2880	ヨロズメヒカーナ社 … 3043
吉本興業 … 3037	**ヨネックス** … 3040	ヨーロッパクボタトラクタ販売 … 0715
吉本興業部 … 3037	ヨネックス開発 … 3040	
よしもとスタッフ・マネジメント … 3037	尤尼克斯（上海）体育用品有限公司 … 3040	ヨーロッパ特殊陶業 … 2170
よしもとデベロップメンツ … 3037	ヨネックススポーツ … 3040	ヨーロッパヤクルト … 2935
	ヨネックス東京工場 … 3040	ヨーロピアンハウス … 1840
よしもとトラベルエンタテイメント … 3037	ヨネックス貿易 … 3040	**ヨンキュウ** … 3044
	よねはら … 2663	ヨンコーソーラー … 3045
よしもとビジョン … 3037	ヨネヤマスポーツ … 3040	ヨンコービジネス … 3045
吉本ファイナンス … 3037	米山製作所 … 3040	ヨンソー開発 … 2237
よしもとフードサービス … 3037	ヨネヤマラケット … 3040	**四電工** … 3045
ヨシモトライブミュージックエージェンシー … 3037	**よみうりランド** … 3041	ヨンドシーホールディングス … 3046
	よみうり開発 … 3041	
よしもとラフ&ピース … 3037	読売神奈川広告社 … 3042	
よしもとロボット研究所 … 3037	よみうり建設 … 3041	
豫州銀行 … 0199	**読売広告社** … 3042	【 ら 】
ヨダゼミイースト … 0773	読売広告社 … 1742	
四浦珪石 … 2080	よみうりスポーツ … 3041	ラ・アトレ … 3047
四日市海運 … 2237	よみうりメディカルサービス … 3041	ラ・アトレにじゅういち … 3047
四日市銀行 … 2762		ラ・アトレジデンシャル … 3047
四日市港運 … 2237	よみうりランド農場 … 3041	ラアペック … 3064
四日市港運倉庫 … 2237	読広アドクレス … 3042	ライオケム … 1873
四日市港国際物流センター … 2237	読広アドライン … 3042	**ライオン** … 3048
四日市港湾荷役 … 2237	読広エンタテインメント … 3042	ライオン・アーマー … 3048
四日市倉庫 … 2237	読広企画 … 3042	ライオンエコケミカルズ有限公司 … 3048
四日市貯蓄銀行 … 2762	読広コムズ … 3042	
四日市鉄道 … 2763	読広（上海）広告有限公司 … 3042	ライオンエンジニアリング … 3048
四日市東曹 … 1850	読広スタッフサービス … 3042	
四日市ポリマー … 1850	読広大広（上海）広告有限公司 … 3042	ライオンエンヂニアリング … 3048
よつば電機 … 0789		
四倉不動産 … 2237	四方 … 1574	ライオンオレオケミカル … 3048
淀川化成 … 2175	予約ネット … 2600	ライオン化学 … 3048
淀川製鋼所 … 3038	予約.com … 2390	ライオンクーパー … 3048
淀川盛餘（合肥）高科技鋼板有限公司 … 3038	ヨリイ電子 … 0647	ライオンケミカル … 3048
	寄居武蔵野自動車教習所 … 2859	ライオンサービス … 3048
淀川鋳鋼 … 0821	**ヨロズ** … 3043	ライオン歯科材 … 3048
淀川芙蓉 … 3038	ヨロズ愛知 … 3043	ライオン商事 … 3048
	ヨロズアメリカ社 … 3043	ライオン食品 … 3048
	ヨロズエンジニアリング … 3043	ライオン・スペシャリティ・ケミカルズ … 3048
	ヨロズエンジニアリングシステ	

ライオン製品 …… 3048	ラインファルト工業 …… 0906	ラゾ …… 3064
ライオン製薬 …… 3048	ラウンジオーエス …… 0411	ら・たんす山野 …… 2965
ライオン石鹸 …… 3048	ラウンドパワー …… 2897	ラッキーLtd. …… 1256
ライオン石鹸工場 …… 3048	**ラウンドワン** …… 3056	ラッキー珈琲機械 …… 2987
ライオン石鹸東京配給 …… 3048	**ラオックス** …… 3057	ラッキーコーヒーマシン …… 2987
ライオンハイジーン …… 3048	ラオックス真電 …… 3057	**ラック** …… 3063
ライオンパッケージング …… 3048	ラオックストゥモロー …… 3057	ラックペーパー …… 0952
ライオン歯磨 …… 3048	ラオックスヒナタ …… 3057	ラックホールディングス …… 3063
ライオン不動産 …… 3048	ラオックス・ビービー …… 3057	ラックもっく工房 …… 3064
ライオン刷子 …… 3048	楽市 …… 2969	**ラックランド** …… 3064
ライオンマコーミック …… 3048	ラクオリア創薬 …… 3058	ラックランド アジア …… 3064
ライオン油脂 …… 3048	楽購仕（厦門）商貿有限公司 …… 3057	ラックランド工業 …… 3064
ライオン流通サービス …… 3048	楽購仕（上海）商貿有限公司 …… 3057	ラッシーニNHKアウトペサス社 …… 2173
ライコ …… 1712	楽購思（上海）商貿有限公司 …… 3057	ラッシーニ社 …… 2173
ライジングプロ …… 2597	楽購仕（天津）商貿有限公司 …… 3057	ラッシュネットワーク …… 0377
RISE …… 3049	楽購仕（南京）商品採購有限公司 …… 3057	ラップマスターエスエフティ …… 2874
ライズ …… 1438	楽購仕（南京）商貿有限公司 …… 3057	ラディクスエースエンタテインメント …… 0237
ライスピア …… 0636	楽購仕（北京）商貿有限公司 …… 3057	ラドンナ …… 0699
ライダーズ・サポート・カンパニー …… 1712	らくさあ …… 2303	ラネーNSKステアリングシステムズ社 …… 2149
ライトオン …… 3050	楽清（上海）清潔用具租賃有限公司 …… 1592	ラネット …… 2447
ライドオン・エクスプレス …… 3051	楽清服務股份有限公司 …… 1592	ラバー・フレックス …… 1459
らいとケア …… 3052	楽清香港有限公司 …… 1592	ラヴィス …… 0043
ライト工業 …… 3052	**楽天** …… 3059	ラピッドサイト …… 1077
ライト・スタッフサービス …… 3052	楽天地エンジニアリング …… 1836	ラビットジャパン …… 0531
ライト電機 …… 1910	楽天地ステラ …… 1836	**ラピーヌ** …… 3065
ライトパイプ …… 2920	楽天地スポーツ …… 1836	ラピーヌ夢ファーム …… 3065
ライト貿易 …… 2606	楽天地スポーツセンター …… 1836	ラフィネ …… 0292
ライト防水工業所 …… 3052	楽天地セルビス …… 1836	ラプラスファルマ …… 2144
ライト21 …… 3052	楽天地パブ …… 1836	ラブリー …… 0721
ライニングコンテナー …… 2585	楽天ブックス …… 3059	ラボ …… 2902
ライフ …… 3053	楽天野球団 …… 3059	ラボ生産 …… 0630
ライブウェア …… 2726	ラグナガーデンホテル …… 2873	ラボット …… 0114
ライフカード …… 3053	ラグーナテンボス …… 0276	ラボネットワーク …… 0630
ライフクリエートバンク …… 1663	楽陽食品 …… 1045	ラムズインターナショナル …… 2332
ライフコメリ …… 0874	洛陽食品 …… 0676	ラム・リサーチ社 …… 1806
ライフサービス …… 1014	**ラクーン** …… 3060	ラムーン …… 2360
ライフスケープ研究所 …… 0448	ラクーントレイドサービス …… 3060	ランゲゼロックス社 …… 2515
ライフスタイル・アセットマネジメント …… 1789	ラサ化成 …… 3061	ランゲージ・ティーチング・レボリューションズ …… 0268
ライフストア …… 0464	ラサ機械工業 …… 3061	**ランシステム** …… 3066
ライフスパーク, Inc. …… 2116	ラサ機工 …… 3061	ランタイム …… 2726
ライフタイムテクノロジーズ LTD. …… 0106	ラサ晃栄 …… 3061	ランダムハウス講談社 …… 0818
ライフテック …… 2295	**ラサ工業** …… 3061	ランチサービス長岡 …… 0466
ライフテック研究所 …… 1192	ラサ工業 …… 0139, 2110	ランチボックス …… 0466
ライフデポ …… 1170	ラサ興発 …… 3061	ランデブー …… 2468
ライブドアオート …… 0541	**ラサ商事** …… 3062	ランドコンシェルジュ …… 0396
ライフネット生命保険 …… 3054	ラサスティール …… 3061	ランドサポート …… 0801
ライフパートナー …… 2263	ラサ島燐砿 …… 3061	ランドジャパン …… 0063
ライフバランスマネジメント …… 0118	ラサ薬品工業 …… 3061	ランプーン・シンデンゲン・カンパニー・リミテッド …… 1238
ライフフーズ …… 3055	ラサ吉野石膏 …… 3035	ランマート …… 0460
ライフミン …… 2072	ラサ・リアルエステート …… 3062	
ライフメイツ …… 2376	ラヂウム製薬 …… 1587	
ライブネオ …… 2421	ラジオ九州 …… 0140	**【り】**
ライフリフレッシュサービス …… 0755	ラジオ東京 …… 1833	
莱陽龍大朝日農業科技有限公司 …… 0079	ラスコ …… 3107	リア社 …… 2173
ライラック・フーズ …… 0799	ラスター …… 2616	リアス …… 2492
LINE …… 0731, 1773, 2896		
ラインサービス …… 1126		

リアリット 1972	リクルート 2945, 3074	理経コンピューター 3075
リアルウッドマーケティング 0251	リクルートアドミニストレーション 3074	理経産業 3075
リアルコミュニケーションズ 3067	リクルート・アバウトドットコム・ジャパン 3074	理系人 1610
リアルコム 3067	リクルートインキュベーションパートナーズ 3074	理経電子貿易（上海）有限公司 3075
リアルジョブ 1287, 1288	リクルート映像 3074	理系の転職 1610
リアル・ストリーム 1050	リクルートHRマーケティング 3074	リゲル・ジャパン 1506
リアルバリュー 0385	リクルートHRマーケティング関西 3074	リケン 3076
リアルビジョン 0147, 1276	リクルートHRマーケティング東海 3074	リケン 1100
リアルビジョン北九州 0147	リクルート・エックス 3074	理研 3079
リアルマーケティング .. 2299, 3068	リクルートエリアリンク 3074	リケンアサヒプラスチックスインドネシア 3080
リアルワールド 3068	リクルート沖縄じゃらん 3074	理研圧延工業 3076
聯迪恒星電子科技（上海）有限公司 0313	リクルートオフィスサポート 3074	理研維他亜細亜股份有限公司 3081
聯迪恒星（北京）信息系統有限公司 0313	リクルートキャリア 3074	理研維他精化食品工業（上海）有限公司 3081
リインフォース 2333	リクルートキャリアコンサルティング 3074	リケンインドネシア 3080
リウボウ 2461	リクルートコスモス 0847	理研栄養食品 3081
リエンフーピラー 2180	リクルートコミュニケーションエンジニアリング 3074	リケンエラストマーズコーポレーション 3080
リオグループホールディングス 3069	リクルートコミュニケーションズ 3074	リケンエラストマーズタイランドカンパニーリミテッド 3080
リオチェーン 3069	リクルートコンピュータプリント 3074	リケンオブアジア 3076
リオチェーンホールディングス 3069	リクルート出版 3074	リケンオブアメリカ社 3076
リオボランタリーチェーン 3069	リクルートジョブズ 3074	理研化学 0687
リオ横山 3069	リクルートスタッフィング 3074	理研柏崎工作所 3076
リオ横山ホールディングス 3069	リクルートスタッフィングクラフツ 3074	理研柏崎ピストンリング工業 3076
リオン 3070	リクルート住まいカンパニー 3074	理研感光紙 3082
リオン金属工業 3070	リクルートゼクシィなび 3074	理研汽車配件（武漢）有限公司 3076
リオン計測器販売 3070	リクルートテクノロジーズ 3074	理研グリーン 3077
リオンサービスセンター 3070	リクルート東海カーセンサー 3074	理研計器 3078
リオンテクノ 3070	リクルートビジュアルコミュニケーションズ 3074	理研計器恵山製作所 3078
理音電子工業股份有限公司 3070	リクルートプラシス 3074	理研計器関西サービス 3078
理化学研究所 0534	リクルートフロムエー 3074	理研計器九州サービス 3078
理化学興業 3076	リクルート北海道じゃらん 3074	理研計器商貿（上海）有限公司 3078
理化学工業 3082	リクルートホールディングス 3074	理研計器中国サービス 3078
理化精機 1798	リクルートマーケティングパートナーズ 3074	理研計器中部サービス 3078
理化テクニカ 1798	リクルートマネジメントソリューションズ 3074	理研計器奈良製作所 3078
理化ハーキュレス 1256	リクルートメディアコミュニケーションズ 3074	理研計器西日本サービス 3078
リーガルコーポレーション 3071	リクルートライフスタイル 3074	理研計器北海道サービス 3078
リーガル・ユナイテッド・トラスティーズ 2958	理経 3075	理研工営 3076
理嘉工業 1798	リケイ・コーポレーション・オブ・アメリカ 3075	理研光学工業 3082
りきしゃまん 2349	リケイ・コーポレーション（シンガポール）Pte.Ltd. 3075	理研工業 3076
利久発酵工業 0687	リケイ・コーポレーション（H.K.）リミテッド 3075	理研鋼材 3076
陸運元会社 2161		理研工作機械 3076
LIXIL 3072		理研合成樹脂 1201
LIXILグループ 3073		理研琥珀工業 1201
LIXILグループファイナンス 3073		理研ゴム 0449
驪住通世泰建材（大連）有限公司 3073		理研コランダム 3079
驪住海尔住建設施（青島）有限公司 3073		理研サービス 3078
LIXILホームファイナンス 3073		リケンCKJV 1100, 3076
陸友物流有限公司 1383		理研実業股份有限公司 3078
リクリ 2567		理研自動車改造 3076
		理元（上海）貿易有限公司 3080
		理研重工業 3076
		理研食品 3081
		理研食品包装（江蘇）有限公司 1630, 3080

社名	ページ
理研真空工業	2414
理研精機光学	3078
理研精密	3079
理研精密器材（蘇州）有限公司	3079
リケンタイランドカンパニーリミテッド	3080
理研鍛造	3076
理研鋳造	3076
理研鋳鉄	3076
リケンテクノス	3080
リケンテクノス	1630
リケンテクノスインターナショナルコリアコーポレーション	3080
リケンテクノスインターナショナルプライベートリミテッド	3080
リケンテクノスヨーロッパB.V.	3080
理研特殊鉄鋼	3076
理研ノートン	3079
理研ピストンリング	3076
理研ピストンリング工業	3076
理研ビタミン	3081
理研ビタミン油	3081
理研ビニル工業	3080
リケンベトナムカンパニーリミテッド	3080
理研香港有限公司	3079
リケンメキシコ社	3076
理研メンテ	3077
理研薬販	3077
リケンU.S.A.コーポレーション	3080
理研油脂工業	3081
リコー	3082
利興商会	3103
リコークレジット	3082
リコー光学	3082
リコージャパン	3082
リコー情報システム	3082
リコーテクノシステムズ	3082
リコーテクノネット	3082
リコーリース	3082
リザ	3166
リサイクルアース	0704
リサイクル・システムズ・ジャパン	1971
リサイクル燃料貯蔵	1828
リサシテーションソリューション	2214
リサーチパネル	2672
リジテックジャパン	0235
リージョナルマーケティング	0932
リースキンサポート	1898
リスクモンスター	3083
リース事務機	1296
リステック	2303
リース電子	1296
リスブラン	2072
リズム工機	3084
リズムサービス	3084
リズム時計工業	3084
リズモン・マッスル・データ	3083
理盛精密科技股份有限公司	3061
理想科学研究所	3085
理想科学工業	3085
理想工業（香港）有限公司	3085
リソー教育	3086
リゾートソリューション	3087
リゾートトラスト	3088
リゾートトラスト沖縄	3088
リゾートトラスト那須白河	3088
リゾートトラスト初島	3088
リゾートメーション・エンジニアリング	1194
リゾートワールド	2579
りそな銀行	3089
りそな銀行	3090
りそな信託銀行	3089, 3090
りそなホールディングス	3090
リソルアドベンチャー	3087
リソルアールアンドエスマネジメント	3087
リソルゴルフマネジメント西日本	3087
リソルフードマネジメント	3087
リーダー	1972
リーダー・インスツルメンツ・アジア・プライベート・リミテッド	3091
リーダー・インスツルメンツ・アジア・マレーシア・センドリアン・ベルハッド	3091
リーダー・インスツルメンツ・コーポレーション	3091
リーダー・インスツルメンツ・ホンコン・リミテッド	3091
リーダー・インスツルメンツ・ヨーロッパ・リミテッド	3091
リーダー電子	3091
リチウムエナジー ジャパン	1069
リック・コーポレーション	0627
リックコーポレーション	3092
リックコーポレーション	1527
リックス	3093
リック東京	0384
立正電機製作所	2070
リッチオ	1504
陸中銀行	0206
リッテル	2271
立風書房	0543
3-D Matrix Europe SAS.	1330
リーディングスタイル	0429
リーディングソフト	0313
リテック徳倉	1904
リテールパートナーズ	3094
リテールパートナーズ	2752
リーデン・ナショナル・オキシジェン社	1532
リード	0154, 1476
リードエレクトロニクス	2232
リード工業	0154
リード石鹸	3048
リード電機	0613
リトラ	0260
リトルクック	2963
リトルスワングループ	2530
リニカル	3095
リノウエスト	0227
リノベント	3107
リーバイ・ストラウス・インターナショナル	3096
リーバイ・ストラウス ジャパン	3096
リバーエレテック	3097
リバー金木	3097
リバティ書房	1254
リバブルアセットマネジメント	1802
リバンスネット	1319
リビタ	1828
リヒト産業	3098
リヒト商事	3098
リヒトラブ	3098
リフォーム群馬	0927
リフォーム埼玉	0927
リーヴ・スポーツ	3118
リブセンス	3099
リブートテクノロジーサービス	0338
リブラ	1423
リブリカ	1912
リフレ	1275, 2492, 2629
リプロセル	3100
リペアエンジ	2946
リベレステ	3101
利覇来科（天津）電子有限公司	0641
リミックスポイント	3102
リムテックコーポレーション	3080
リヤ シーティング社	2173
琉球レカム・リール	3124
竜奥興業	1033
硫酸肥料	2057
龍水時計	3084
柳成企業社	1714
流通情報ソリューションズ	1362
柳伯安品活塞環有限公司	1714
溜博高見澤混凝土有限公司	1568
リユースコネクト	2556
利優比圧鋳（常州）有限公司	3108
利優比圧鋳（大連）有限公司	3108
利佑比（上海）商貿有限公司	3108
遼寧品川和豊冶金材料有限公司	1133

菱化貿易（上海）有限公司 ‥‥‥ 2809	菱洋電子貿易（大連）有限公司 ‥‥‥ 3106	リンクアンドモチベーション ‥‥‥ 3112
遼河油田華油実業公司 ‥‥‥ 1402	菱和技研 ‥‥‥ 2809	リンクインベスターリレーションズ ‥‥‥ 3112
菱化吉野石膏 ‥‥‥ 3035	菱和工業 ‥‥‥ 3072	リンクコーポレイトコミュニケーションズ ‥‥‥ 3112
菱金製作所 ‥‥‥ 2821	菱和酒類販売 ‥‥‥ 2815	
菱金不動産 ‥‥‥ 2821	菱和木工 ‥‥‥ 3072	リンク・コンセプト ‥‥‥ 1194
菱建商事 ‥‥‥ 2385	リョーカ ‥‥‥ 1382	リンクシス・ジャパン ‥‥‥ 1296
菱幸 ‥‥‥ 3103	リョーカジャパン ‥‥‥ 2815	リンクプレイス ‥‥‥ 3112
菱晃開発 ‥‥‥ 0156	リョーコー ‥‥‥ 3103	リンク・プロモーション ‥‥‥ 0387
良綱社 ‥‥‥ 2414	リョーサン ‥‥‥ 3107	リンク・ワン ‥‥‥ 0387
菱鋼鋳造 ‥‥‥ 2816	リョーショクフードサービス ‥‥‥ 2815	林産工業 ‥‥‥ 0714
両国食品 ‥‥‥ 0749		臨床薬品研究所 ‥‥‥ 2909
菱三電気 ‥‥‥ 3107	リョーショクリカー ‥‥‥ 2815	リンセイシステム ‥‥‥ 2505
菱三貿易 ‥‥‥ 3107	リョービ ‥‥‥ 3108	リンテック ‥‥‥ 3113
菱自運輸 ‥‥‥ 2056	リョービアメリカCORP. ‥‥‥ 3108	琳得科（蘇州）科技有限公司 ‥‥‥ 3113
菱重環境エンジニアリング ‥‥‥ 2813	リョービアルミニウムキャスティング（UK），LIMITED ‥‥‥ 3108	
菱テクノ ‥‥‥ 3103		琳得科（天津）実業有限公司 ‥‥‥ 3113
菱商電子（上海）有限公司 ‥‥‥ 3103	リョービイマジクス ‥‥‥ 3108	普林特科（天津）標簽有限公司 ‥‥‥ 3113
	リョービMHIグラフィックテクノロジー ‥‥‥ 3108	
菱商香港有限公司 ‥‥‥ 3103		琳得科（無錫）科技有限公司 ‥‥‥ 3113
菱食 ‥‥‥ 2101, 2815	リョービオーストラリアPTY. LTD. ‥‥‥ 3108	
菱新製管 ‥‥‥ 2821		リントメディア ‥‥‥ 1585
菱信リース ‥‥‥ 2822	リョービダイキャスティング（タイランド）CO., LTD. ‥‥‥ 3108	リンネット ‥‥‥ 2947
両丹銀行 ‥‥‥ 0675		リンリン ‥‥‥ 2284
良地産業 ‥‥‥ 3077		リンレイビル管理 ‥‥‥ 1484
両津港ターミナルビル ‥‥‥ 0938	リョービパワーツール ‥‥‥ 3108	
両津南埠頭ビル ‥‥‥ 0938	リョービミツギ ‥‥‥ 3108	
菱電運輸 ‥‥‥ 2819	リョービミラサカ ‥‥‥ 3108	【る】
菱電エンジニアリング ‥‥‥ 2819	リョービモータープロダクツCORP. ‥‥‥ 3108	
菱電機器 ‥‥‥ 2819		ル・グレンアンビテ ‥‥‥ 1145
菱電サービス ‥‥‥ 2819	リョービヨーロッパS.A. ‥‥‥ 3108	ルセル森下 ‥‥‥ 0095
菱電商事 ‥‥‥ 3103	リョーヨーセミコン ‥‥‥ 3106	ルーセント・ピクチャーズエンタテインメント ‥‥‥ 2473
菱電不動産 ‥‥‥ 2819	リヨン企画 ‥‥‥ 0944	
菱東タイヤ ‥‥‥ 1878	りらいあコミュニケーションズ ‥‥‥ 3109	るーちぇ ‥‥‥ 2747
菱東貿易（上海）有限公司 ‥‥‥ 1818		ルック ‥‥‥ 3114
	リラックス・コミュニケーションズ ‥‥‥ 3110	ルック（H.K.）Ltd. ‥‥‥ 3114
菱野金属工業 ‥‥‥ 0943		ルックモード ‥‥‥ 3114
菱備製作所 ‥‥‥ 3108	リリーベット ‥‥‥ 0960	ルーデン・ホールディングス ‥‥‥ 3115
利優比（大連）機器有限公司 ‥‥‥ 3108	リレイツ ‥‥‥ 0069	
	リーレックス ‥‥‥ 1638	ルナ ‥‥‥ 2866
良品計画 ‥‥‥ 3104	リロエステート ‥‥‥ 3110	ルナックス ‥‥‥ 2545
良明（大連）机器有限公司 ‥‥‥ 3108	リロクラブ ‥‥‥ 3110	ルナパーク ‥‥‥ 1188
	リロケーション・インターナショナル ‥‥‥ 3110	ルネサスイーストン ‥‥‥ 3116
両毛システムズ ‥‥‥ 3105		ルネサスエレクトロニクス ‥‥‥ 3117
両毛システムズ ‥‥‥ 2807	リロケーション・エキスパットサービス ‥‥‥ 3110	
両毛製粉 ‥‥‥ 2069		ルネサスエレクトロニクス ‥‥‥ 2414
両毛データセンター ‥‥‥ 3105	リロケーション・ジャパン ‥‥‥ 3110	
両毛電子計算センター ‥ 2807, 3105	リロケーション・ファイナンス ‥‥‥ 3110	ルネサス エレクトロニクス・インド社 ‥‥‥ 3117
両毛ビジネスサポート ‥‥‥ 3105		
リョウモウ・フィリピンズ・インフォメーション・コーポレーション ‥‥‥ 3105	リロ・フィナンシャル・ソリューションズ ‥‥‥ 3110	ルネサスエレクトロニクス販売 ‥‥‥ 3117
	リロ不動産投資顧問 ‥‥‥ 3110	ルネサステクノロジ ‥ 2414, 3117
リョウモウ・ベトナム・ソリューションズ・カンパニー・リミテッド ‥‥‥ 3105	リロ・ホールディング ‥‥‥ 3110	ルネサステクノロジー ‥‥‥ 2819
	リンガーハット ‥‥‥ 3111	ルネサスデバイス販売 ‥‥‥ 3116
	リンガーハット北関東 ‥‥‥ 3111	ルネサスモバイル ‥‥‥ 3117
菱優工程塑料（上海）有限公司 ‥‥‥ 2810	リンガーハット情報システム ‥‥‥ 3111	ルネサンス ‥‥‥ 3118
		ルネサンス・アカデミー ‥‥‥ 3156
菱洋エレクトロ ‥‥‥ 3106	リンガーハット山口 ‥‥‥ 3111	ルネサンス棚倉 ‥‥‥ 3118
菱洋電機 ‥‥‥ 3106	リンガーハットリアルエステート ‥‥‥ 3111	ルノー日産オートモーティブインディア社 ‥‥‥ 2058
菱洋電子（上海）有限公司 ‥‥‥ 3106		
	リンク ‥‥‥ 1969, 3124	
菱洋電子貿易（上海）有限公司 ‥‥‥ 3106	リンク・アイ ‥‥‥ 3112	

社名	番号
ルノー・日産会社	2058
ルービィ工業	0402
ルームギャランティ	0158
ルームプロ	2589
ルモンデグルメ	3166

【れ】

社名	番号
レアジョブ	3119
レイ	3120
レイ・グラフィック	3120
麗港控股有限公司	1843
レイケム社	1490
レイケンタイランドCO., LTD.	0595
麗光精密（香港）有限公司	0977
麗固日用品（南通）有限公司	3128
レイズアイ	3112
レイデル社	0598
冷凍食品	0095
嶺南銀行	2485
レイマーク社	0289
レイヤーズ・TDIソリューションズ	1194
れいわ	0292
レインボー食品	0045
レインボー・テクノロジーズ	1431
レオ	2711
LEOC	3121
レオック関西	3121
レオック関東	3121
レオック北日本	3121
レオックサービス	3121
レオックジャパン	3121
レオック東海	3121
レオック東京	3121
レオック東北	3121
レオック西日本	3121
レオックヒューマンケア	3121
レオックフーズ	3121
レオック南関東	3121
レオハウス	2005
レオパレス・エナジー	3122
レオパレス・スマイル	3122
レオパレス損保プランニング	3122
レオパレス・パワー	3122
レオパレス・ファイナンス	3122
レオパレス・リーシング	3122
レオパレス21	3122
レオパレス21（上海）プロパティマネジメント有限公司	3122
レオパレス21ビジネスコンサルティング（上海）有限公司	3122
レオパレス二十一	3122
レオンアジア	3123
レオンアルミ	3123
レオン自動機	3123
レオンフランス	3123
レオンUSA	3123
レオンヨーロッパ	3123
レカム	3124
レカムジャパン	3124
レカムホールディングス	3124
レキスト	0605
レクセディスライティング	1942
レクリェーションセンター	2162
れこっず	2832
レーザーアンドマシン	0617
レーザーテック	3125
レーザーテック研究所	3125
レーザーテック・コリア・コーポレーション	3125
レーザーテック・タイワン・インク	3125
レーザーテック販売	3125
レーザーテック・ユー・エス・エー・インク	3125
レーサム	3126
レーサム・キャピタル・インベストメント	3126
レーサムリサーチ	3126
レジェンド ジュエル プライベート リミテッド	1814
レジェンド（ファーイースト）リミテッド	1814
レシップ	3127
レシップインターナショナル	3127
レシップ産業	3127
レシップ上海電機有限公司	3127
レシップ電子	3127
レシップ貿易事務代行	3127
レシップホールディングス	3127
レジテックコーポレーション	0367
レジャーニッポン新聞社	2473
レジン化学工業	0787
レストラン・エクスプレス	3051
レストラン五平太	2311
レストラン サイゼリヤ	0893
レストランダイワ	1538
レストラン阪神	2374
レストラン森永	2924
レック	3128
レック	3111
レックス	1906, 2492
レッグス	3129
睿恪斯（上海）広告有限公司	3129
睿恪斯（上海）貿易有限公司	3129
睿恪斯（深圳）貿易有限公司	3129
レッスンパス	0731
烈卓（上海）貿易有限公司	0571
レッツトライ	2727
レッド・プラネット・ジャパン	3130
レディースニューヨーカー	1502
レデイ薬局	3131
レデス・ニットー・ペルー・S.A.C.	2090
REDUインターフェイス	3132
レナウン	3132
レナウンオム	3132
レナウンガーメント	3132
レナウン工業	3132
レナウン商事	3132
レナウンソーイング	3132
レナウンダーバンホールディングス	3132
レナウンニシキ	3132
レナウンネクステージ	3132
レナウンハートフルサポート	3132
レナウンモード	3114
レナウンルック	3114, 3132
レナウンルック（H.K.）Ltd.	3114
レバプロテインズLtd.	2078
レビオ・ジェン	2850
レーヴック	0150
レマック	1867
麗瑪克香港有限公司	1867
レミット	0743
レーヨン曹達	1782
レリアン	3132
レリバンシー・プラス	0038
連雲港北澤精密閥門有限公司	0634
連雲港平河電子有限公司	2442
連雲港杰瑞福泰克電子有限公司	2442
レンゴー	3133
聯合運送	3133
聯合紙器	3133
レンゴー・パッケージングInc.	3133
レンタックス	1126
レンタルアイチ	2692
レンタルテーオー	1723
レンタル・トゥエンティワン	2692
レンタルナガキタ	0297
レンテック	0021
連東北ダルトン	1616
レントラックス	3134
聯迪恒星（南京）信息系統有限公司	0313
福建聯迪商用設備有限公司	0313

【ろ】

社名	番号
ロイヤル・アッシャー・ジャパン	1993

社名	番号
ロイヤルウィング	3037
ロイヤルパークホテルズアンドリゾーツ	2811
ロイヤルハンナンミートパッキング	2380
ロイヤルヒルズ	0152
ロイヤルホームセンター	1542
ロイヤルミートコントロール	0107
廊坊欧爵士食品有限公司	1064
廊坊科森電器有限公司	0838
廊坊榕東活動房有限公司	1795
ロカリオ	0038
ログイット	2012
六十九銀行	2637
六十三銀行	2330
六十八銀行	2020
ロケーションビュー	2200
ロジコネット	0912
ロジコム	3135
ロジコム・アセット・マネジメント	3135
ロジコム・アセットマネジメント	3135
ロジコムジャパン	0833
ロジコムリアルエステート	3135
ロジスティクス・ネットワーク	2046
ロジスティクス・プランナー	2046
ロジスメイト	2260
ロジックス	2993
ロジックス三重サプライ・マティリアル・センター	2993
ロジテムインターナショナル	2260
ロジテムエージェンシー	2260
ロジテムエンジニアリング	2260
ロジテム軽貨便	2260
洛基泰姆（上海）倉庫有限公司	2260
ロジトライ	2803
ロジトライ関東	2803
ロジトライ東北	2803
ロジネットジャパン	3136
ロジメディカル	0605
ローズコーポレーション	2997
ローズ色彩工業	0174
ローゼンクイーン商会	2105
ローソン	3137
ローソン	1742
ローソン・イープランニング	3137
ローソンHMVエンタテイメント・ユナイテッド・シネマ・ホールディングス	3137
ローソン・エイティエム・ネットワークス	3137
ローソン・サンチェーン	3137
ローソンジャパン	3137
羅森（中国）投資有限公司	3137
ローソンマート	3137
ローツェ	3138
六ヶ所村風力開発	2247
ロッキー	0243
ロッキンガムペンタ	1498
ロック	1924
ロックウェル・インターナショナル社	1716
ロックオン	3139
ロック商事	3141
ロック塗料製造所	3141
ロック・フィールド	3140
ロックフーズ	1475
ロックペイント	3141
ロックペイントタイランド	3141
六甲証券	2775
六光商事	0860
ロッジ	1364
ロッテ	3142
ロッテアイス	3142
ロッテ・アド	3142
ロッテインドネシア	3142
ロッテオリオンズ	3142
ロッテ会館	3142
ロッテコンフェクショナリーフィリピーナス	3142
ロッテサービス	3142
ロッテ商事	3142
ロッテショッピング社	2457
ロッテシンガポール	3142
ロッテスノー	3142
ロッテデータセンター	3142
ロッテ電子工業	3142
ロッテ・ド・ブラジル	3142
ロッテ物産	3142
ロッテ物流	3142
ロッテ不動産	3142
ロッテベトナム	3142
ロッテホールディングス	3142
ロッテマレーシア	3142
ロッテUSA	3142
ロッテリア	3142
ロッテリース	3142
ロッテ冷菓	3142
ローディア日華	2049
ロデール社	2077
ロテルド倉敷	1296
ロデール・ニッタ	2077
ロート・インドネシア社	3143
ロート製薬	3143
ロート・メンソレータム・ベトナム社	3143
ロートUSA	3143
露日物産	0750
ローヌ・プーラン日華	2049
ロバーツシントー社	1242
ロバート・ボッシュ・ゲーエムベーハー	2662
ロバート・ボッシュ社	2012, 2768
ロビニア	1184
ロビュー	1793
ロビン企画	2610
ろびんふっど	0843
ロブエース	3144
ロブスター販売	3144
ロブソン	3144
ロブテックス	3144
ロブテックスアンカーワークス	3144
ロブテックスファスニングシステム	3144
ロブメディカル	3144
ローヤル	2144
ローヤルテクノ	3145
ローヤル電機	3145
ローヤル電機製作所	3145
ローヤル・モーターズ	2144
ローリー	0056
ロールテック	0328
ロンエス	3147
ロングライフエージェンシー	3146
ロングライフ・カシータ	3146
ロングライフ国際事業投資	3146
ロングライフダイニング	3146
ロングライフプランニング	3146
ロングライフ分割準備	3146
ロングライフホールディング	3146
ロングルアージュ	0926
ロンザ	2729
ロンシールインコーポレイテッド	3147
ロンシール工業	3147
龍喜陸（上海）貿易有限公司	3147
ロンデックス	1973
ロンローインターナショナルネットワークス	1969

【 わ 】

社名	番号
ワァコマース	2468
ワイアンドケイ	3042
Y&Tパワーテック社	1714
ワイ・イー・データ	2939
ワイ・イー・ドライブ	2939
ワイエイシイ	3148
ワイエイシイエンジニアリング	3148
ワイエイシイサービスエンジニアリング	3148
ワイエイシイダステック	3148
ワイエスアール	3042
ワイエスインベストメント	2957
ワイエスエム	3011
ワイエス企画	1747
ワイエスケー工業	2953
ワイエスシステム	3149
ワイエス・テック（タイランド）カンパニー・リミテッド	2991

社名	ページ
ワイエスフード	3149
ワイエヌエス	2148, 2989
ワイ・エヌ・パートナーズ	3037
ワイ・エフ・リーシング	2564
ワイエムキユーソー	0657
ワイエム証券	1794, 2948
ワイエムセゾン	2948
ワイエル21	3041
ワイ・オグラオートモーティブタイランド社	3043
ワイオーシイ	3148
YKKアーキテクチュラルプロダクツ	3150
YKKアルミコ・インドネシア社	3150
YKKインダストリーズ・シンガポール社	3150
YKK AP	3150
YKK中国投資社	3150
YKT	3151
ワイケイティ	3151
ワイケイブイ	0634
和地工務所	0437
ワイケー・スチールコーポレーション	2961
微科帝（上海）国際貿易有限公司	3151
微科帝貿易股份有限公司	3151
ワイジェー	2969
YJキャピタル	2945
ワイシーシー	2932
ワイジーテック	2942
ワイジャスト	2958
ワイズ	0700, 2966
ワイズ・アソシエイツ	2261
ワイズ・インシュアランス	2945
ワイス・エーザイ	0293
Y'sアセットマネジメント	2952
ワイズダム	3031
ワイステーブルコーポレーション	3152
ワイズビジョン	3037
和井田エンジニアリング	3153
和井田製作所	3153
和井田友嘉精機股份有限公司	3153
ワイ・ディー・システムズ	2938
ワイテック	2947
ワイトレーディング	0966
ワイヤーコンパウンド	2442
ワイヤーハーネス製作所	2507
ワイヤープロセス	2442
ワイヤーモールド	2442
ワイヤレスゲート	3154
ワイヤレステクノロジー	0752
ワイヤレステクノロジー・ラボ	3154
ワイヤレスマーケティング・ラボ	3154
WOWOW	3155
ワウワウクラブ・ドットコム	3155
WOWOWコミュニケーションズ	3155
ワウワウ・コミュニケーションズ	3155
ワウワウプログラミング	3155
ワウワウ・マーケティング	3155
ワウワウ・ミュージック・イン	3155
ワオ・コーポレーション	3156
ワオ出版	3156
ワオネット	3156
ワオワールド	3156
和歌魚	0499
若狭商業銀行	2485
ワカサ電機	2035
わかさ屋情報印刷	0229
わかさや美術印刷	2334
わかさ屋美術印刷	0229
わかしお銀行	2789
和賀水力電気	1764
若津トラック	2497
若戸スポール	1196
若林	1169
若林工場	1309
若林酒造	1169
若林酒類食品	1169
若林食品工業	1169
若林食品東京工場	1169
わかばリース	2580
ワーカホリック	2287
若松服部製作所	1035
わかもと製薬	3157
わかもと本舗栄養と育児の会	3157
若柳電子工業	1613
和歌山海南地方産業情報センター	0901
和歌山魚類	0499
和歌山銀行	0661
和歌山ケーディーガス	0258
和歌山コーナン	0859
和歌山産業	0548
和歌山ジョーシン	1187
和歌山水力電気	0781
和歌山相互銀行	0661
和歌山タカラ工業	1571
和歌山津田青果	0464
和歌山電気鉄道	2016
和歌山バス	2016
和歌山共同製鋼	0666
和歌山紡織	1543
和歌山無尽	0661
和歌山名鉄運輸	2878
脇田	1055
脇田自動車工業	1055
ワークウェイ	0699
ワーク・サービス	2659
ワクチン・サイエンス	0515
ワークデーターバンク	1610
ワグナーシントーギーセライマシーネン社	1242
わーくはぴねす農園	0326
和光	1341
和光カードサービス	2775
和光経済研究所	2775
和光工業	0041
和光鋼帯	2121
和光純薬工業	3158
和光純耀（上海）化学有限公司	3158
和光証券	2775
和弘食品	3159
和光通商	1884, 2065
和光データセンター	2775
和光電気	2958
和光投資顧問	2775
和光ファイナンス	2775
和興フィルタテクノロジー	2425
和洸フューチャーズ	0049
和光薬品	2301
和光ヤマダ電機	2958
ワコム	3160
ワコムインディア	3160
ワコムオーストラリア	3160
ワコムコリア	3160
ワコムコンピュータシステムズ	3160
ワコムシンガポール	3160
ワコムタイワンインフォメーション	3160
ワコムチャイナ	3160
ワコムテクノロジー	3160
ワコムテクノロジーサービス	3160
ワコムデジタルソリューションズ	3160
ワコムホンコン	3160
ワコムヨーロッパ	3160
鷲津精機	1613
ワシノエンジニアリング	0132
ワシノ機械	0132
ワシノ工機	0132
鷲野興業	0132
ワシノ商事	0132
ワシノ商店	0132
ワシノ製機	0132
ワシノ製機商事	0132
ワシノ製鋼	0132
鷲野製作所	0132
ワシノ電気製作所	0132
ワシノトラップ	0132
ワシノ風力機	0132
和新ガラス	1411
早稲田殖産	1945
輪設計	2691
ワソウ・ドットコム	2261
和田計器製作所	1816
渡辺	1364
渡辺運動用品	1364
渡辺組	0936
渡辺研究所	0037
渡邊ゴム工業所	1326
渡辺商事	2740
渡辺測器	0037
渡辺測器製作所	0037
渡辺鉄工所	1631
渡辺電子機器	0037

渡辺梁三商店	1364	
渡波水産製氷冷凍	1854	
綿半インテック	3161	
綿半建材工業	3161	
綿半鋼機	3161	
綿半興産	3161	
綿半コンクリート工業	3161	
綿半地所	3161	
綿半テクノス	3161	
綿半鋼鉄金物店	3161	
綿半ホームエイド	3161	
綿半ホールディングス	3161	
綿半緑化	3161	
ワタベ衣裳店	3162	
ワタベウェディング	3162	
ワタベウェディング・ベトナムCO., LTD.	3162	
ワタベ・オーストラリアPTY. LTD.	3162	
ワタベ・グアムINC.	3162	
ワタベ・サイパンINC.	3162	
ワタベ・シンガポールPTE. LTD.	3162	
ワタベ・ユーエスエーINC.	3162	
ワタベ・ヨーロッパS.A.R.L.	3162	
ワタミ	3163	
ワタミ医療サービス	3163	
和民國際有限公司	3163	
和民餐飲管理（上海）有限公司	3163	
ワタミダイレクトフランチャイズシステムズ	3163	
ワタミ手づくり厨房	3163	
ワタミの介護	3163	
ワタミバイオ耕研	3163	
ワタミファーム	3163	
ワタミファーム＆エナジー	3163	
ワタミフードサービス	3163	
ワタミフードシステムズ	3163	
ワタミメディカルサービス	3163	
稚内観光開発	2873	
ワッツ	3164	
ワッツ	1473	
ワッツオースリー販売	3164	
ワッツオースリー北海道	3164	
ワッツ・ジャパン	2369	
ワードコンプ	1570	
輪西鉱山	2080	
輪西製鉄	2219	
和林電子有限公司	0304	
わものや	2629	
わらべや	3165	
わらべや関西	3165	
わらべや東海	3165	
わらべや日洋	3165	
わらべや福島	3165	
わらべや北海道	3165	
わらべや本店	3165	
笑笑コリア	2930	
ワールド	3166	
ワールド	1421	
ワールドアイシティ	3167	
ワールドインダストリー	3166	
ワールドインダストリーニット	3166	
ワールドインテック	3167	
ワールドインテック福島	3167	
ワールドウィステリアホームズ	3167	
ワールドエアーネットワーク	0264	
ワールドグルメ	0749	
ワールドコーディネーターバンク	3167	
ワールドサービス	3166	
ワールドストアパートナーズ	3166	
ワールド・スポーツ	0765	
ワールドテキスタイル	3166	
ワールド日栄証券	0321	
ワールドビジネスサポート	3166	
ワールドビジネスブレイン	3166	
ワールドファッション・エス・イー	3166	
ワールドフランチャイズシステムズ	3166	
ワールドホールディングス	3167	
ワールドリゾートオペレーション	3110	
ワールドレジデンシャル	3167	
ONEエネルギー	0366	
One's Life ホーム	0987	
ワンダーキープ高萩	2310	
ワンダーコーポレーション	3168	
ワンダーコーポレーション	2997	
ワンダーテーブル	3169	
ワンダーネット	3168	
ワントゥワン	3156	

【 3 】

3MT （THAILAND） CO., LTD.	2865

【 4 】

4K Acquisition Corp.	0858
4K Media Inc.	0858
4M INDUSTRY SDN.BHD.	2843
4U Applications	2450

【 8 】

8981 INC.	1870

【 ABC 】

a2media	2604
ABADI TAMBAH MULIA INTERNASIONAL	1373
ABC-MART KOREA, INC.	0362
A.Cインターナショナル	0087
ACAPEL, INC.	1434
Accordia Golf Trust Management Pte. Ltd.	0068
ACCRETECH ADAMAS （THAILAND） CO., LTD	1822
ACCRETECH AMERICA INC	1822
Accretive Holdings （Thailand） Co., Ltd.	0065
Accretive Service （Cambodia） Co., Ltd.	0065
Accretive （Thailand） Co., Ltd.	0065
Acme Printing Ink Company	0912
Acquisio Inc.	0038
Acrodea America, Inc.	0066
Acrodea Korea, Inc.	0066
ACS CREDIT SERVICE （M） SDN.BHD.	0164
ACS SERVICING （THAILAND） CO., LTD.	0164
ACS TRADING VIETNAM CO., LTD.	0164
Active Link	0387
ADASTRIA SINGAPORE PTE.LTD.	0110
A&D ENGINEERING, INC.	0260
A&D Europe GmbH	0260
adingo	2672
A&D INSTRUMENTS INDIA PRIVATE LIMITED	0260
A&D INSTRUMENTS LIMITED	0260
ADJUVANT HONG KONG COMPANY LIMITED	0097
A&D KOREA Limited	0260
A&D RUS CO., LTD.	0260
A&D SCIENTECH TAIWAN LIMITED	0260
A&D Technology Inc.	0260
ADVANCED FLON TECHNOLOGIES （SHANGHAI） CO., LTD.	2175
ADVANCED GRAPHITE, INC.	1883

社名	頁
Advanced Green Components, LLC	1009
ADVANCED MATERIAL TRADING PTE.LTD	0142
Advanced Star Link Pte.Ltd.	1695
A&D Vietnam Limited	0260
Adways Frontier	0114
ADWAYS INERACTIVE, INC.	0114
ADWAYS KOREA INC.	0114
ADW Management USA, Inc.	0334
ADW-No.1 LLC	0334
A.D.Works USA, Inc.	0334
AEON CREDIT CARD (TAIWAN) CO., LTD.	0164
AEON CREDIT GUARANTEE (CHINA) CO., LTD.	0164
AEON Credit Holdings (Hong Kong) Co., Ltd.	0164
AEON CREDIT SERVICE (ASIA) CO., LTD.	0164
AEON CREDIT SERVICE INDIA PRIVATE LIMITED	0164
AEON CREDIT SERVICE INDONESIA	0164
AEON CREDIT SERVICE (M) BERHAD	0164
AEON CREDIT SERVICE SYSTEMS (PHILIPPINES) INC.	0164
AEON CREDIT SERVICE (TAIWAN) CO., LTD.	0164
AEON CREDIT TECHNOLOGY SYSTEMS (PHILIPPINES) INC.	0164
AEON DELIGHT (MALAYSIA) SDN. BHD.	0162
AEON DELIGHT (VIETNAM) CO., LTD.	0162
AEON FANTASY GROUP PHILIPPINES INC.	0163
AEON FANTASY INDONESIA	0163
AEON FANTASY (MALAYSIA) SDN.BHD.	0163
AEON Fantasy (Thailand) Co., Ltd.	0163
AEON Financial Service (Hong Kong) Co., Limited	0164
AEON INFORMATION SERVICE (SHENZHEN) CO., LTD.	0164
AEON INSURANCE BROKERS (HK) LIMITED	0164
AEON MALL (CAMBODIA) CO., LTD.	0166
AEON MALL (CHINA) CO., LTD.	0166
AEON MALL (CHINA) BUSINESS MANAGEMENT CO., LTD.	0166
AEON MALL INDONESIA	0166
AEON MALL INVESTMENT (CAMBODIA) CO., LTD.	0166
AEON MALL VIETNAM CO., LTD.	0166
AEON MICROFINANCE (CAMBODIA) PRIVATE COMPANY LIMITED	0164
AEON MICRO FINANCE (SHENYANG) CO., LTD.	0164
AEON THANA SINSAP (THAILAND) PLC.	0164
AGCアジア・パシフィック社	0077
AGCオートモーティブ・タイランド社	0077
AGCオートモーティブ・ハンガリー社	0077
AGCケミカルズタイランド社	0077
AGCディスプレイグラス台湾社	0077
AGCフラットガラス・タイランド社	0077
AGCフラットガラス・ノースアメリカ社	0077
Agro Chemical International Inc.	0720
AG TECH CORP.	1083
aigo Digital Technology Co. Ltd.、	2576
A.I.HOLDINGS	0111
Aiming Global Service, Inc.	0285
Aiming High, Inc.	0285
Aiming Korea, Inc.	0285
AIRMAN ASIA SDN.BHD.	2638
AIRMAN USA CORPORATION	2638
AIRPORT FACILITIES ASIA PTE.LTD.	0707
AIRTECH INTERNATIONAL MANUFACTURING, INC.	2202
AIT LOGISTICS (THAILAND) LIMITED	0257
Aizawa Asset Management (C.I.) Ltd.	0013
aj	0143
AJIS (HONG KONG) CO., LIMITED	0272
AJIS INDIA PRIVATE LIMITED	0272
AJIS (MALAYSIA) SDN. BHD.	0272
AJIS (THAILAND) COMPANY LIMITED	0272
AJS	0027
AK開発	0135
AKESAOVAROS CO., LTD.	0658
A-Kong, Inc.	0285
AK.PARKER (THAILAND) COMPANY LIMITED	2312
ALCAR CHEMCO INDONESIA	2063
ALCONIX	0142
ALCONIX	0142
ALCONIX DIECAST SUZHOU CO., LTD.	0142
ALCONIX EUROPE GMBH	0142
ALCONIX HONGKONG CORP., LTD.	0142
ALCONIX LOGISTICS (THAILAND) LTD.	0142
ALCONIX (SHANGHAI) CORP.GUANGZHOU BRANCH	0142
ALCONIX (SHANGHAI) CORP.SHENZHEN BRANCH	0142
ALCONIX VIETNAM CO., LTD	0142
ALD Vacuum Technologies GmbH	2713
Alfagomma America, Inc.	0745
Alfagomma S.P.A.	0745
all engineer.jp	2879
Allied Asia Pacific Pte. LTD.	0136
ALPHA HI-LEX, S.A.DE C.V.	2305
ALTEC SRG GLOBAL (THAILAND) CO., LTD.	2463
AltPlus Korea Inc.	0512
ALTPLUS VIETNAM Co., Ltd.	0512
ALVINY INDONESIA	2112
Amalgaam	0167
AMANA SHIPHOLDING S.A.	1950
AMAZONLATERNA	1787
AMBITION VIETNAM CO., LTD	0158
America, Inc.	1692
America Fujikura Ltd.	2507
AMERICAN NTN BEARING MFG.CORP.	0350
AMERICAN SHIZUKI CORP.	1109
American TRS Inc.	1837
AMERICA OOTOYA INC.	0436
AMG	0143
AMI	0098
AMS	0066
ANA&JPエクスプレス	0264
ANATOLE (TAIWAN) CO., LTD.	1680
ANBH ASSETS DEV. PHILIPPINES CORPORATION	0117
ANGELO PIETRO, INC.	2386
A.N.I.LOGISTICS, LTD.	2056

ANITR 社名索引

A.N.I.TRANSPORT, LTD. 2056
Antolin Kasai TEK Chennai Private Ltd. 0598
Anything 3134
AP Company International Singapore Pte., Ltd. 0361
AP Company USA Inc. 0361
AppGT 2592
Apple Auto Auction (Thailand) Company Limited 0111
Applied 3D Science, Inc. ... 0157
APRI 0694
Aqua Patch Road Materials, L.L.C. 1175
ARABIAN COMPANY AND SASAKURA FOR WATER AND POWER 0925
ARCO/JSP社 1036
Arco Sentinel社 1036
ARGO DNE Technology PTE.Ltd. 0141
ARS CHEMICAL (THAILAND) CO., LTD. 0101
Arteche Nissin, Sociedad Limitada 2070
ARTNATURE (CAMBODIA) INC. 0117
ARTNATURE LANDHOLDING PHILIPPINES INC. 0117
ARTNATURE MALAYSIA SDN. BHD. 0117
ARTNATURE MANUFACTURING PHILIPPINES INC. 0117
ARTNATURE SINGAPORE PTE. LTD. 0117
ARuCo Union 0387
ARUZE Investment Co., Ltd. 3007
ARVIND OG NONWOVENS PVT. LTD. 0465
Arvin Sango, Inc. 0975
A&S プレシジョン マシンツールス・LTD 1285
ASAHI INDUSTRIES AUSTRALIA PTY.LTD. 0079
Asahi Net International, Inc. 0081
ASAP 2270
ASB INTERNATIONAL PVT. LTD. 2062
ASHAKY 0523
ASIA ATLANTIC AIRLINES CO., LTD. 0276
ASIA CEMEDINE CO., LTD. 1377
ASIAN NDK CRYSTAL SDN. BHD. 2235
Asian Stanley International Co., Ltd. 1293
ASIA PARKING INVESTMENT PTE.LTD. 2075
Asia Private Equity Capital 2902
ASIA SHIPPING NAVIGATION S.A. 0590

ASIA UTOC PTE.LTD. ... 0253
AskAt 3058
ASMO CATERING (TAIWAN) COMPANY LIMITED 0107
ASRAPPORT FRANCE SAS 0108
A.T.brides 0279
Ateam NHN Entertainment 0279
ATMD (Hong Kong) Limited 1935
ATS Co., LTD. 1514
At Working Singapore Pte. Ltd. 1170
AUBE 1773
AUN Global Marketing Pte. Ltd. 0040
AUN Korea Marketing, Inc. 0040
AUN Thai Laboratories Co., Ltd. 0040
Austin Tri-Hawk Automotive Inc. 1130
Automat Engineering Glasgow Ltd 1755
Automatic Data Processing, Inc. 2172
Automotive Components Technology India Private Limited 2786
Auto Parts Alliance (China) Ltd. 1130
AUTO TECHNIC AMERICAS, INC. 2056
Avex Taiwan Inc. 0284
AZM MARINE S.A. 0104
AZUMA CIS LLC 0104
AZUMA SHIPPING MONGOLIA LLC 0104
AZUMA TRANSPORT SERVICES (Thailand) CO., LTD. 0104
BANDAI AMERICA INC.がBANDAI ENTERTAINMENT INC. 2377
BANDAI NAMCO Entertainment Malaysia Sdn.Bhd. 2377
BANDAI NAMCO Games Malaysia Sdn.Bhd. 2377
BANDAI NAMCO PHILIPPINES INC. 2377
BANDAI NAMCO (SHANGHAI) CO., LTD. 2377
BANDAI PHILIPPINES INC. 2377
Bando Belt Manufacturing (Turkey), Inc. 2379
Bando Belt (Tianjin) Co., Ltd. 2379
Bando Chemical Industries (Europe) GmbH 2379
Bando Chemical Industries (Singapore) Pte. Ltd. ... 2379
Bando Chemical Industries (Tianjin) Co., Ltd. 2379
Bando Europe GmbH 2379
Bando Iberica, S.A. 2379

Bando (India) Pvt. Ltd. .. 2379
Bando Indonesia 2379
Bando Jungkong Ltd. 2379
Bando Kockaya Belt Manufacturing (Turkey), Inc. 2379
Bando Korea Co., Ltd. 2379
Bando Manufacturing (Dongguan) Co., Ltd. ... 2379
Bando Manufacturing (Thailand) Ltd. 2379
Bando Manufacturing (Vietnam) Co., Ltd. 2379
Bando Sakata Ltd. 1093, 2379
Bando (Shanghai) Industrial Belt Co., Ltd. 2379
Bando (Shanghai) Industry Equipment Element Co., Ltd 2379
Bando (Shanghai) International Trading Co., Ltd .. 2379
Bando (Shanghai) Management Co., Ltd. 2379
Bando SIIX Ltd. 1093
Bando Siix Ltd. 2379
Bando (Singapore) Pte.Ltd. 2379
Bando (U.S.A.), Inc. 2379
Bando USA, Inc. 2379
BANEX JAPAN 0747
Bangkog Inter Food Co., Ltd. 2540
Bangkok Eastern Coil Center Co., Ltd. 2083
BANGKOK ENSHU MACHINERY Co., Ltd. 0392
BANGKOK MAGNET CORPORATION Co., Ltd. ... 2816
BANGKOK SAGAMI CO., LTD. 0916
Bangkok Synthetics Co., Ltd. 1032
BANKAN 2629
BAR CODE SATO ELECTRONICS (M) SDN BHD 0939
BAR CODE SATO ELECTRONICS (S) PTE LTD 0939
BARCODE SATO (THAILAND) CO., LTD. 0939
Bargsala AB 2726
BASIS PLANET 1050
BAU BIO INTERNATIONAL 0750
BBH 1062
BBS (Thailand) Co., Ltd. 2404
BCC 0140
Beacon Intermodal Leasing, LLC 2822
BEAUTY GARAGE 2435
BEELINE INTERACTIVE, INC. 0568
BEELINE INTERACTIVE EUROPE LTD. 0568
Beenos Asia Pte. Ltd. 2426
Beenos Partners 2426

BEENOS Plaza Pte.Ltd 2426
Being Global Services, LLC
.... 2384
Being (Myanmar) Co., Ltd.
.... 2384
Benefit One Asia Pte. Ltd.
.... 2620
Benefit One Deutschland GmbH 2620
BENEFIT ONE INDONESIA 2620
Benefit One Shanghai Inc.
.... 2620
Benefit One (Thailand) Co., Ltd. 2620
Benefit One USA, Inc. 2620
Bertelsmann AG 1422
Best Bridal Korea Inc. 1663
Best Bridal Singapore Pte. Ltd. 1663
BEST COLD CHAIN CO., LTD. 3033
BESTDENKI INDONESIA
.... 2618
Best Restaurants, Inc. 1663
BETAGRO OOTOYA CO., LTD. 0436
B&H 2556
Bhartiグループ 1431
Bharti SoftBank Holdings Pte. Ltd 1431
BI.Garage 1742
BIJ 0209
BioKyowa Inc. 0687
BioWa, Inc. 0687
BIRLA NGK INSULATORS PRIVATE LIMITED. 2108
BL Autotec (Shanghai) , Ltd. 2379
Bloom Energy Japan 1431
BMAH CORP. 2575
BNX 0377
BOA, INC. 0444
B.O.C. PRODUCE KOREA INC. 2556
BOOKOFF CANADA TRADING INC. 2556
BOOKOFF FRANCE E.U.R.L. 2556
BOOKOFF U.S.A. INC. ... 2556
BOOOM 2473
Bourbon Foods USA Corporation 2586
BQ 0168
Brainpad US Inc. 2588
BRIDGESTONE AMERICAS, INC. 2575
BRIDGESTONE ASIA PACIFIC PTE. LTD. 2575
BRIDGESTONE/FIRESTONE POLAND SP. Z O.O. 2575
BRIDGESTONE MIDDLE EAST & AFRICA FZE
.... 2575
BRIDGESTONE MIDDLE EAST FZE 2575
BRIDGESTONE NATURAL RUBBER (THAILAND) CO., LTD. 2575
BRIDGESTONE POZNAN SP. Z O.O. 2575

BRIDGESTONE TIRE MANUFACTURING (THAILAND) CO., LTD.
.... 2575
Broccoli International USA Inc. 2599
BS 1213
BSP International Corp. ... 3014
BSP Singapore Pte.Ltd. 3014
Budget Orient Leasing Limited 0506
Bulbit 0114
Burlap Limited 1090
BX BUNKA TAIWAN Co., Ltd. 2608
CAC AMERICA CORPORATION 1049
CAC EUROPE LIMITED
.... 1049
CAC India Private Limited
.... 1049
CAC PACIFIC CORPORATION 1049
CAIJ 1165
Calbee 0581
Calbee America, Inc. 0581
Calbee Four Seas Co., Ltd.
.... 0581
Calbee North America, LLC
.... 0581
Calbee Tanawat Co., Ltd.
.... 0581
Calbee-URC, Inc. 0581
Calbee-Wings Food 0581
CAM5 0847
CAMI Automotive Inc. 1279
Camp KAZ 1720
Canare Cable, Inc. 0554
Canare Corporation of America 0554
Canare Corporation of Korea
.... 0554
Canare Corporation of Taiwan 0554
Canare Electric Corporation of Tianjin 0554
Canare Electric (Shanghai) Co., Ltd. 0554
Canare France S.A.S. 0554
Canare Singapore Private Ltd. 0554
Canon Australia Pty.Ltd. .. 0645
Canon Bretagne S.A. 0645
Canon Bretagne S.A.S. 0645
Canon (China) Co., Ltd.
.... 0645
Canon Electronics (Malaysia) Sdn.Bhd. 0647
Canon Electronics Vietnam Co., Ltd. 0647
Canon Europa N.V. 0645
Canon Europe Ltd. 0645
Canon Europe S.A. 0645
Canon Hi-Tech (Thailand) Ltd. 0645
Canon Opto (Malaysia) Sdn.Bhd. 0645
Canon Singapore Pte.Ltd.
.... 0645
Canon U.S.A., Inc. 0645

Canon Vietnam Co., Ltd. .. 0645
Canon Virginia, Inc. 0645
CAPCO PTE LTD 1635
CAPCOM ASIA CO., LTD.
.... 0568
CAPCOM ENTERTAINMENT, INC.および CAPCOM DIGITAL STUDIOS, INC. 0568
CAPCOM ENTERTAINMENT FRANCE SAS ... 0568
CAPCOM ENTERTAINMENT GERMANY GmbH
.... 0568
CAPCOM ENTERTAINMENT KOREA CO., LTD.
.... 0568
CAPCOM GAME STUDIO VANCOUVER, INC. 0568
CAPCOM INTERACTIVE, INC. 0568
CAPCOM STUDIO 8, INC
.... 0568
CAPCOM TAIWAN CO., LTD. 0568
CAPCOM U.S.A., INC. 0568
CAPCO USA, INC. 1635
Card King 0747
Carl Freudenberg 1681
Carlit Singapore Pte.Ltd.
.... 0576
CARMATE CAR ACCESSORIES CO., LTD. 0571
CARMATE India Private Limited 0571
CAR MATE KOREA CO., LTD. 0571
Car Mate USA, Inc. 0571
CarnaBio USA, Inc. 0580
CARNA MEDICAL DATABASE PVT.LTD.
.... 2895
Casio, Inc. 0537
Casio America, Inc. 0537
Casio Computer Co., GmbH Deutschland 0537
Casio Computer (Hong Kong) Ltd. 0537
Casio Electronics Co., Ltd.
.... 0537
Casio Europe GmbH 0537
Casio Holdings, Inc. 0537
CA Tech Kids 0896
Cavirin Systems, Inc. 0296
CCS America, Inc. 1106
CCS-ELUX LIGHTING ENGINEERING PVT.LTD.
.... 1106
CCS Europe N.V. 1106
CDG Promotional Marketing Co., Ltd. 1128
C&D Lightec 1070
CE EUROPE LTD. 0568
CEG INTERACTIVE ENTERTAINMENT GmbH
.... 0568
Cellebrite GmbH 0991
Cellebrite Asia Pacific Pte Ltd. 0991

Company	Page
Cellebrite Canada Data Solutions Ltd.	0991
Cellebrite France SAS.	0991
Cellebrite Solucoes Technol'ogicas Ltda.	0991
Cellebrite UK Limited	0991
CellSeed Europe Ltd.	1381
CellSeed Europe SARL	1381
CellSeed France SARL	1381
CellSeed Sweden AB	1381
CEMEDINE PHILIPPINES CORP.	1377
CEMEDINE (THAILAND) CO., LTD.	1377
CENTE SERVICE CORP.	1870
Central Sports U.S.A., Inc.	1395
Century Tokyo Capital (Malaysia) Sdn. Bhd.	1823
Century Tokyo Leasing Indonesia	1823
Champion Foods Co., Ltd.	3111
Changchun FAW Sihuan TBK Co., Ltd.	1716
Changchun FAWSN TBK Co., Ltd.	1716
Changchun TBK SHILI Auto Parts Co., Ltd.	1716
CHATPERF HOLDINGS PTE LTD	1142
CHINO Corporation (Thailand) Limited	1625
CHINTAI	0283
Chiral Technologies-Europe SARL	1490
Chiral Technologies Europe S.A.S.	1490
CHITA INDONESIA	1622
CHIYODA INTEGRE DE BAJA CALIFORNIA, S.A. DE C.V.	1659
CHIYODA INTEGRE DE MEXICO, S.A. DE C.V.	1659
CHIYODA INTEGRE DE TAMAU LIPAS, S.A. DE C.V.	1659
CHIYODA INTEGRE INDONESIA	1659
CHIYODA INTEGRE PHILIPPINES, INC.	1659
CHIYODA INTEGRE (PHILIPPINES) CORPORATION	1659
CHIYODA INTEGRE SLOVAKIA, s.r.o.	1659
CHIYODA INTEGRE VIETNAM CO., LTD.	1659
CHODAI KOREA CO., LTD.	1656
Chorus Call Asia	2416
CHRISTIE, INC.	0247
CHRISTIE DIGITAL SYSTEMS, INC.	0247
CHRISTIE DIGITAL SYSTEMS MEXICO, S. DE R.L. DE C.V.	0247
CHRISTIE DIGITAL SYSTEMS (SHANGHAI), LTD.	0247
CHRISTIE DIGITAL SYSTEMS (SHENZHEN) CO., LTD.	0247
CHRISTIE DIGITAL SYSTEMS SOUTH AMERICA LTDA.	0247
CHRISTIE DIGITAL SYSTEMS USA, INC.	0247
CHRISTIE SYSTEMS, INC.	0247
Chubu Energy Trading Singapore Pte.Ltd.	1653
CHUDENKO (Malaysia) Sdn.Bhd.	1649
Chugai Ro Indonesia	1642
Chugai Ro (Thailand) Co., Ltd.	1642
CHUGOKU PAINTS (India) Pvt. Ltd.	1647
CHUHATSU TECHNO INDONESIA	1638
Chunghwa Benefit One Co., Ltd.	2620
CHUO PRECISION SPRING GLASGOW, INC.	1638
CI	1907
Ciagram	0210
CIC Korea, Inc.	1955
C&I Holdings	0387
Ci: Labo USA, Inc	1907
CIT Group Inc.	1823
Cixi New MeiPeiLin Precision Bearing Co., Ltd	2833
CIXM	0544
CJ-LINX	1086
CJ-LINX Capital Management Ltd.	1086
CJ-LINX Finance	1086
CKD MANUFACTURING INDONESIA	1098
CKD MEXICO, S. de R.L. de C.V.	1098
CKD TRADING INDONESIA	1098
CKD VIETNAM ENGINEERING CO., LTD.	1098
CKF	0578
CKK	0578
Clarion Corporation of America	0728
Clarion (H.K.) Industries Co., Ltd.	0728
Clarion Hungary Electronics Kft.	0728
Clarion India Pvt.Ltd.	0728
CLEARSIGHT NETWORKS, INC.	1884
CLIP	1953
Clontech Laboratories, Inc.	1573
CMC ASIA PACIFIC CO., LTD.	1025
CMC PRODUCTIONS USA INC.	1025
C.M.C. S.A.	0926
CMC Solutions	1025
CMIC ASIA-PACIFIC, PTE. LTD.	1157
CMK AMERICA CORPORATION	2138
CMK ASIA (PTE.) LTD.	2138
CMK CORPORATION (THAILAND) CO., LTD.	2138
CMK EUROPE N.V.	2138
CMK Global Brands Manufacture, Ltd.	2138
CMKS INDONESIA	2138
CMK SINGAPORE (PTE.) LTD.	2138
CMKS (MALAYSIA) SDN. BHD.	2138
CO3	1050
CocoPPa, Inc.	2994
Coflusa S.A.U.	0926
Columbia Fasteners, INC.	2580
Combi Asia Ltd.	0889
Combi Holdings Limited	0889
Combi INTERNATIONAL CORP.	0889
Comercial de Autopecas KYB do Brasil Ltda.	0574
COMFILL	1047
COMINIX INDIA PRIVATE LIMITED	0423
COMINIX INDONESIA	0423
COMINIX MEXICO, S.A.DE C.V.	0423
COMINIX (PHILIPPINES), INC.	0423
COMINIX VIETNAM CO., LTD.	0423
Compania Internacional de Comercio, S.A.P.I. de C.V.	1478
Computer Applications (America) Co., Ltd.	1049
Computer Applications (Europe) Company Limited	1049
Conghua K&S Auto Parts Co., Ltd.	1130
CONSORCIO NJS-SOGREAH S.A.	0347
Consumer first	0494
CONVUM (THAILAND) CO., LTD.	2845
COOKPAD Inc.	0712
COOKPAD PTE.LTD.	0712
CORE PAX (M) SDN.BHD.	0416
COSMO	0387
COSMO BIO USA, INC.	0849
COTEM Co., Ltd.	1808
COUNTRY LIFE, LLC	0632
Creare	0932
create restaurants asia Pte. Ltd.	0735
Creative Visions Indonesia	0018
Credit Saison Asia Pacific Pte. Ltd.	0753
CREEK & RIVER KOREA Co., Ltd.	0737
CREEK & RIVER SHANGHAI Co., Ltd.	0737
CRESCO INC.	0620

Name	Page
CRI Middleware, Inc.	1022
CROOZ America, Inc.	0747
CROOZ Korea Corporation	0747
Cross Marketing Asia Pte. Ltd.	0758
Cross Marketing China Inc.	0758
Crymson USA INC.	0743
CRYSTAL JADE JAPAN	3152
CS	1213
CUBE SYSTEM VIETNAM CO., LTD.	0659
Cybernet Systems Korea Co., LTD.	0900
CyberStep Brasil, Ltda.	0898
CyberStep Communication, Inc.	0898
CyberStep Entertainment, Inc.	0898
CyberStep HongKong Limited.	0898
CyberStep Jakarta Games	0898
CyberStep Philippines, Inc.	0898
CyberZ	0896
CYBOZU CORPORATION	0903
Cybozu Vietnam Co., Ltd.	0903
Cygames	0896
CYTECH GLOBAL PTE. LTD.	2696
CZECH REPUBLIC ON-AMBA S.R.O.	0478
DAC ASIA PTE. LTD.	1739
DAEDONG HI-LEX OF AMERICA, INC.	2305
Daicel Chemical (China) Investment Co., Ltd.	1490
Daicel (China) Investment Co., Ltd.	1490
Daicel Chiral Technologies (China) Co., Ltd.	1490
Daicel Chiral Technologies (India) Pvt. Ltd.	1490
Daicel Safety Systems America, LLC	1490
Daicel Safety Systems Europe Sp. z o. o.	1490
Daicel Safety Systems (Jiangsu) Co., Ltd.	1490
Daicel Safety Systems Korea, Inc.	1490
Daicel Safety Systems (Thailand) Co., Ltd.	1490
DAIDO (AUSTRALASIA) PTY.LTD.	0834
DAIDO CORPORATION OF AMERICA	1496
Daido Electronics (Thailand) Co., Ltd.	1497
DAIDO INDIA PVT.LTD.	1496
DAIDO INDONESIA MANUFACTURING	1496
DAIDO INDUSTRIA DE CORRENTES DA AMAZONIA LTDA.	1496
DAIDO SITTIPOL CO., LTD.	1496
Daido Steel (America) Inc.	1497
DaiEi Australasia Pty.Ltd.	0834
DaiEi Papers (H.K.) Limited	0834
DaiEi Papers (S) Pte Ltd	0834
DaiEi Papers (USA) Corp.	0834
DAIFUKU CARWASH-MACHINE KOREA INC.	1514
DAIFUKU DE MEXICO, S.A. DE C.V.	1514
DAIFUKU INDIA PRIVATE LIMITED	1514
DAIFUKU KOREA CO., LTD.	1514
DAIFUKU KOREA CO., LTD.	1514
DAIFUKU NORTH AMERICA HOLDING COMPANY	1514
DAIFUKU WEBB HOLDING COMPANY	1514
DAIHATSU DIESEL ANQING IRONWORKS.CO., LTD.	1513
DAIICHI JITSUGYO ASIA PTE. LTD.	1451
DAIICHI JITSUGYO DO BRASIL COMERCIO DE MAQUINAS LTDA.	1451
DAIICHI JITSUGYO (PHILIPPINES), INC.	1451
DAIICHI JITSUGYO (VIETNAM) CO., LTD.	1451
DAI-ICHI KIMIA RAYA	1447
Daiichi Kosho U.S.A.Inc.	1448
DAI-ICHI SEIKO AMERICA, INC.	1453
DAIKEN SARAWAK SDN. BHD.	1467
Daiki Sound International, Inc.	3130
DAIKOH (THAILAND) CO., LTD.	0423
DaikyoNishikawa Mexicana, S.A. de C.V.	1463
DaikyoNishikawa Tenma Indonesia	1463
DaikyoNishikawa (Thailand) Co., Ltd.	1463
DAINICHI COLOR INDIA PRIVATE LTD.	1505
DAINICHI COLOR VIETNAM CO., LTD.	1505
DAINICHISEIKA CHEMICAL (SHENZHEN) FACTORY LTD.	1505
DAINICHISEIKA (HK) COLOURING CO., LTD.	1505
DAINIPPON SCREEN ELECTRONICS (SHANGHAI) CO., LTD.	1274
DAINIPPON SCREEN ELECTRONICS (TAIWAN) CO., LTD.	1274
DAINIPPON SCREEN MT (HANGZHOU) CO., LTD.	1274
DAINIPPON SCREEN (TAIWAN) CO., LTD.	1274
DAI NIPPON TORYO MEXICANA, S.A. de C.V.	1511
Daiohs Korea Co., Ltd.	1458
Daiohs U.S.A., Inc.	1458
DAISO Fine Chem GmbH	0425
DAISO Fine Chem USA, Inc.	0425
Daito Pharmaceuticals America, Inc.	1492
Daiwabo Hong Kong Co., Limited	1543
Daiwabo Nonwoven Indonesia	1543
Daiwabo Sheetec Indonesia	1543
DAJIN SHIPPING PTE LTD	0341
DALIAN F.T.Z RYOSAN INTERNATIONAL TRADING CO., LTD.	3107
DA Music	1740
DA Music Publishing	1740
DANSOX UK Co., Ltd	1607
Danto	1618
DAPUR MASAK PTE. LTD.	0712
DATA HORIZON PHILS, INC.	1747
DATASECTION VIETNAM CO., LTD	1746
D&A Technology Co., Ltd.	0141
DAXEL	1472
DAYTONA AZIA	1712
DDS Hong Kong, Ltd.	1707
DDS Korea, Inc.	1707
DDS Shanghai Technology, Inc.	1707
decencia	2673
DE Diamond Electric India Private Limited	1526
DeliDeli	3022
Delis Watami Cambodia Co. Ltd.	3163
DELIVERY THAI CO., LTD.	2894
DELIVERY VIETNAM CO., LTD.	2894
DEL.S.A.	1843
DEMI (BEIJING) INTERNATIONAL TRADING CO., LTD.	2049

DEMI KOREA CO., LTD. 2049	DMG/MORI SEIKI AUSTRALIA PTY LTD 1691	DRILUBE 1887
DeNA Global, Inc. 1690	DMG MORI SEIKI INDONESIA 1691	DRILUBE VIETNAM CO., LTD. 1887
Design & Construction 0251	DMG Mori Seiki Manufacturing USA, Inc. 1691	D.S.NORTH AMERICA HOLDINGS, INC. 1274
DESITECH Pte Ltd 3148	DMG Mori Seiki（Thailand）Co., Ltd. 1691	DSS Takara Bio India Private Limited 1573
DIAMアセットマネジメント 1454	DMG MORI SEIKI USA SALES, INC. 1691	DTL MORI SEIKI, INC. ... 1691
Diamond Dining International Corporation 1525	DMG森精機セールスアンドサービス 1691	DTS America Corporation 1708
Diamond Dining International CorporationがDiamond Wedding LLC. 1525	DNE Technology 社 0141	DTS IT Solutions 1708
Diamond Electric Asia Pacific Co., Ltd 1526	DNE Technology社 0141	DTS SOFTWARE VIETNAM CO., LTD. 1708
Diamond Electric Hungary Kft. 1526	DNS ELECTRONICS, LLC 1274	DTS WEST 1708
Diamond Electric Indonesia 1526	DNT KANSAI MEXICANA S.A. de C.V. 1511	D.U-NET 3015
Diamond Electric Korea Co., Ltd. 1526	DOM 0868	DUWUN社 0800
Diamond Electric Mfg Indonesia 1526	Dongbu Lightec Co., Ltd. 1070	DyDo DRINCO RUS, LLC 1501
Diamond Electric（Thailand）Co., Ltd. 1526	Dongguan Clarion Orient Electronics Co., Ltd. 0728	Dynam Hong Kong Co., Limited 1504
Diamond Lease（Hong Kong）Ltd. 2822	DONGGUAN DONGFA TEAC AUDIO CO., LTD. 1682	DYNAPAC（HAIPHONG）CO., LTD. 1503
D.I.D 1496	Dongguan Shilong Kyocera Co., Ltd. 0668	DYNAPAC PACKAGING TECHNOLOGY（PHILIPPINES）INC. 1503
D.I.D ASIA CO., LTD. 1496	Dongguan Shilong Kyocera Optics Co., Ltd.（ 0668	DYNIC TEXTILE PRESTIGE 1506
DID EUROPE S.R.L. 1496	Dongil Bando Co., Ltd. 2379	Eastman Kodak 1681
DI Digital 1964	Doreicu 1214	EASTON ELECTRONICS（S）PTE.LTD. 3116
D.I.D INDIA TRADING PVT.LTD. 1496	Double Click社 1955	EASTON ELECTRONICS（THAILAND）CO., LTD. 3116
D.I.D VIETNAM CO., LTD. 1496	DOUBLEHEART CO.LTD. 2407	EAST POWERSHIP S.A. 1788
Digiplug S.A.S. 2475	DOWA HD EUROPE GmbH 1971	EATALY社 0631
Digital Arts America, Inc. 1738	DOWA HOLDINGS（THAILAND）CO., LTD. 1971	Ebara Indonesia 0360
Digital Arts Europe Ltd ... 1738	DOWA METALS&MINING（THAILAND）CO., LTD. 1971	Ebara Industrias Mecanicas e Comercio Ltda. 0360
Digital Arts Investment, Inc. 1738	DOWA METALTECH（THAILAND）CO., LTD. 1971	Ebara International Corp. 0360
Digital Garage Development LLC 1742	DOWA THERMOTECH INDONESIA 1971	Ebara Italia S.p.A. 0360
Digital Garage US, Inc. 1742	DOWA THERMOTECH MEXICO S.A. DE C.V. 1971	Ebara Pumps Europe S.p.A. 0360
DIGITAL MARKETING INDONESIA 0038	DOWA THERMOTECH（THAILAND）CO., LTD. 1971	Ebara Pumps Middle East FZE 0360
Digital Media Professionals USA Inc. 1701	DPPヘルスパートナーズ ... 1747	eBASE-NeXT 0193
DIGITAL TECHNOLOGY LABORATORY CORPORATION 1691	D&Q JEWELLERY Co., Ltd. 0928	eBASE-PLUS 0193
DI Investment Partners Limited 1964	DR.CI: LABO PTE.LTD. 1907	Echo Advanced Technology Indonesia 0854
DI MARKETING CO., LTD. 1964	Dr.Ci: Labo Company Limited 1907	ECHO AUTOPARTS（THAILAND）CO., LTD. 0854
DI Pan Pacific Inc. 1964	Dr.Ci: Labo Hawaii Inc. ... 1907	econtext ASIA EC Fund投資事業有限責任組合 1742
DISCO HI-TEC TAIWAN CO., LTD. 1704	DR.CI: LABO KOREA 1907	e-Dragon Power 3005
DIT America, LLC. 1741	Dream Incubator 1964	E&Gエレクトロニック（シンセン）LTD. 1367
DIVA CORPORATION OF AMERICA 0126	DREAM INCUBATOR SINGAPORE PTE.LTD. 1964	E&G香港LTD. 1367
DIXEO 1472	Dress 2200	EIDAI DO BRASIL MADEIRAS S.A. 0275
DJK EUROPE GMBH 1451	DRESSER-NAGANO, LTD. 1987	Eidai Vietnam Co., Ltd. ... 0275
DJK INDONESIA 1451		EINS INTERNATIONAL（THAILAND）CO., LTD 0884
DK Gate 1742		EIN U.S.A., INC. 1721
DLC 0863		Eisai GmbH 0293
DM Bio Limited 2875		Eisai Inc. 0293
DM COLOR MEXICANA S. A. DE C.V. 1505		Eisai Ltd. 0293
DMG MORI GmbH 1691		
DMG MORI Finance GmbH 1691		

Eisai Inc./Andover研究所 0293	ELNA ELECTRONICS (S) PTE.LTD. 0388	ENPLAS TECH SOLUTIONS, INC. 0398
Eisai Corporation of North America 0293	ELNA PCB (M) SDN.BHD. 0388	ENPLAS TECH (U.S.A.), INC. 0398
Eisai Deutschland GmbH ... 0293	ELNA-SONIC SDN.BHD. 0388	ENPLAS (U.K.) LTD. 0398
Eisai Europe Ltd. 0293	E-ma 0949	ENPLAS (U.S.A.), INC. 0398
Eisai Korea Inc. 0293	EMERGENCY ASSISTANCE JAPAN (SINGAPORE) PTE. LTD. 2107	ENSHU GmbH 0392
Eisai London Research Laboratories Ltd. 0293		ENSHU INDONESIA 0392
Eisai Manufacturing Ltd. ... 0293		ENSHU (Thailand) Limited 0392
Eisai Medical Research Inc. 0293	EMERGENCY ASSISTANCE JAPAN (U.S.A), INC. 2107	ENSHU (USA) CORPORATION 0392
Eisai Inc./North Carolina工場 0293	EMERGENCY ASSISTANCE (THAILAND) COMPANY LIMITED ... 2107	ENSHU VIETNAM Co., Ltd. 0392
Eisai Pharmaceuticals India Pvt. Ltd. 0293		en world (Chonburi) Recruitment Co., Ltd. 0391
Eisai Pharmatechnology, Inc. 0293	Emery Oleochemicals Rika (M) Sdn.Bhd. 1256	en world Hong Kong Ltd. .. 0391
Eisai Pharmatechnology & Manufacturing Pvt. Ltd. 0293	EMPRESA DE DESARROLLO PESQUERO DE CHILE, LTDA. 2145	en world Korea Co., Ltd. ... 0391
		en world Singapore Pte. Ltd. 0391
Eisai Research Institute of Boston, Inc. 0293	EMS 0192	EOS Energy Singapore Pte. Ltd. 2247
Eisai S.A. 0293	e-music 3130	EPCO (HK) LIMITED ... 0366
Eisai S.A.S. 0293	en-Asia Holdings Ltd. 0391	EPDC (Australia) Pty. Ltd. 1766
EIZO Inc. 0273	ENCORE LAMI SDN.BHD. 0416	EPI 0192
EIZO AG 0273	ENDO FORGING (THAILAND) CO., LTD. 0395	Epic Voyage 0731
EIZO Display Technologies (Suzhou) Co., Ltd. 0273		Epson (China) Co., Ltd. .. 1340
EIZO Europe GmbH 0273	ENDO Lighting SE Asia Pte. Ltd 0394	Epson Electronics America, Inc. 1340
EIZO Limited 0273	ENDO Lighting (THAILAND) Public Co., Ltd. 0394	Epson Europe B.V. 1340
Eizo Nanao AG 0273		Epson Europe Electronics GmbH 1340
EIZO Nordic AB 0273	ENDO THAI CO., LTD. ... 0395	Epson Semiconductor GmbH 1340
Eizo Sweden AB 0273	ENERES INTERNATIONAL INDONESIA 0335	
ELECOM COMPUTER PRODUCT INC. 0389		Epson Telford Ltd. 1340
ELECOM Deutschland GmbH 0389	ENERES INTERNATIONAL PTE LTD. 0335	Era-Bee Limited 2446
		Escom China Limited 1034
ELECOM EUROPE B.V. 0389	Engineers and Constructors International, Inc. 2797	ESPEC (CHINA) LIMITED 0327
ELECOM Europe GmbH .. 0389	Engine Holdings Asia PTE. LTD. 0237	ESPEC CORP. 0327
Elecom India Private Limited 0389		ESPEC KOREA CORP. ... 0327
ELECOM ITALY s.r.l 0389	Engine Lease Finance Corporation 2822	ESPEC NORTH AMERICA, INC. 0327
ELECOM KOREA CO., LTD. 0389	Engine Property Management Asia PTE.LTD. 0237	eSPORTS 2430
ELECOM SALES HONG KONG LIMITED 0389		ESRI社 2325
ELECOM SINGAPORE PTE.LTD. 0389	ENOMOTO HONG KONG Co., Ltd. 0357	ESTec Corporation (Cambodia) Ltd. 2480
ELECOM UK LIMITED ... 0389	ENOMOTO PHILIPPINE MANUFACTURING Inc. 0357	ESTec Phu Tho Co., Ltd. .. 2480
ELECTRO-CERAMICS (THAILAND) CO., LTD. 2112		ESTIC America, Inc. 0318
	e-NOVATIVE 1639	ESTIC (THAILAND) CO., LTD. 0318
Elematec Czech s.r.o. 0390	ENPLAS CO., (SINGAPORE) PTE. LTD. 0398	eTEN 1307
Elematec Korea Co., Ltd. 0390		etra 0143
ELEMATEC MEXICO S.A. DE C.V. 0390	ENPLAS ELECTRONICS (SHANGHAI) CO., LTD. 0398	EURASIA Logistics社 1967
		EURO-CONCEPT B.V. ... 2135
Elematec (Thailand) Co., Ltd. 0390	ENPLAS HI-TECH (SINGAPORE) PTE.LTD. 0398	Eurofredグループ 2530
Elematec Trading India Private Limited 0390		European Sakata Holding S. A.S. 0913
Elematec USA Corporation 0390	ENPLAS HY-CAD INTERNATIONAL TRADING (SHANGHAI) CO., LTD. 0398	Europe Chemi-Con (Deutschland) GmbH ... 2126
ELMIC SYSTEMS OF AMERICA, INC. 1277		Eval Company of America 0729
Elmic Systems USA, INC. 1277	ENPLAS PRECISION (THAILAND) CO., LTD. 0398	EVAL Europe N.V. 0729
ELMO Europe SAS 1735		EXCEL ELECTRONICS TRADING (THAILAND) CO., LTD. 0290
ELNA AMERICA, INC. ... 0388		EXCITE INDONESIA 0287

Company	Page
EXCITE MEDIA SERVICES PH, INC.	0287
Exigen Asia Pacific	2592
Ezaki Glico USA Corp.	0294
F	2473
FAITEC	1708
Faith Technologies S.A.S.	2475
Faith West Inc.	2475
FALTEC (THAILAND) CO., LTD.	2463
FANUC EUROPE GmbH	2458
FANUC Europe Corporation	2458
FANUC FA AMERICA CORPORATION	2458
FANUC FA Europe S.A.	2458
Fanuc GE CNC Europe S.A.	2458
FANUC ROBOMACHINE EUROPE GmbH	2458
FANUC ROBOSHOT EUROPE GmbH	2458
Far East Mercantile GmbH	0692
Far East Mercantile Corp.	0692
FasTac, Inc.	0484
FAST RETAILING FRANCE S.A.S.	2457
Fatty Chemical (Malaysia) Sdn.Bhd.	0526
FCC (Adams), LLC.	0369
FCC AUTOMOTIVE PARTS DE MEXICO, S.A.DE C.V.	0369
FCC CLUTCH INDIA PRIVATE LTD.	0369
FCC DO BRASIL LTDA.	0369
FCC (EUROPE) LTD.	0369
FCC INDIA MANUFACTURING PRIVATE LTD.	0369
FCC (INDIANA), INC.	0369
FCC (INDIANA), LLC.	0369
FCC INDONESIA	0369
FCC (North America), INC.	0369
FCC (North Carolina), INC.	0369
FCC (North Carolina), LLC.	0369
FCC (PHILIPPINES) CORP.	0369
FCC RICO LTD.	0369
FCC SEOJIN CO., LTD.	0369
FCC (THAILAND) CO., LTD.	0369
FCC (VIETNAM) CO., LTD.	0369
FC Investment Ltd.	2467
FDK AMERICA, INC.	0370
FDK-INTERCALLIN	0370
FDK LANKA (PVT) LTD.	0370
FDK (THAILAND) CO., LTD.	0370
FDK (THAILAND) CO., LTD.	0370
Feldmuhle AG	0668
Feldmuhle Kyocera Europe Elektronische Bauelemente GmbH	0668
Felissimo Universal Corporation of Europe	2476
Fenris	0719
FENWAL CONSULTING (SHENZHEN) CO., LIMITED	2248
FENWAL CONTROLS OF JAPAN (H.K.), LIMITED	2248
FE-ONE	0690
FFC	2539
FGA (Thailand) Co., Ltd.	2530
FG Eurofred Limited	2530
FILCON EUROPE SARL	2181
FILCON FABRICS & TECHNOLOGY CO., LTD.	2181
FILWEL	0727
FinalCode, Inc.	1738
FINDLEX CORP.	2063
FINDLEX GEORGIA CORP.	2063
Fine Crystal (H.K.) Co., Ltd.	2219
Fine Crystal Precision (S.Z.) Co., Ltd.	2219
First Glory Holdings Ltd.	2905
FISCO (BVI) Ltd.	2469
FISCO International (BVI) Ltd.	2469
FISCO International Limited	2469
Fixstars Solutions, Inc.	2470
F.Kanematsu & Co., GmbH	0560
FLEXELLO LTD.	2018
FLIGHT SYSTEM USA Inc.	2565
F&M	1774
FMC社	0112
FNA MECHATRONICS MEXICO S.A. de C.V.	2099
For-side.com.AU.PTY., Ltd	2478
For-side.com KOREA Co., Ltd.	2478
For-side.com.U.K.Co., Ltd.	2478
For-side.com.U.S.A.Co., Ltd.	2478
For-sidePlus.KOREA.Co., Ltd.	2478
For-sidePlus.U.K.Co., Ltd.	2478
For-sidePlus.U.S.A.Co., Ltd.	2478
FORVAL (CAMBODIA) CO., LTD.	2481
FORVAL INDONESIA	2481
FORVAL VIETNAM CO., LTD.	2481
Four Roses Distillery, LLC	0696
F-Power	2454
France bed International (Thailand) Co., Ltd.	2573
FREAKOUT ASIA PACIFIC PTE.LTD.	2574
FREAKOUT INTERNATIONAL, INC.	2574
FREMONT BEEF COMPANY	0325
FREUND PHARMATEC LTD.	2596
FR FRANCE S.A.S.	2457
FRL Korea Co., Ltd.	2457
FSK	3113
FSK OF AMERICA, INC.	3113
FSP	2491
FTC	2535
FT Communications (Thailand) Co., Ltd.	0371
FUCHI ELECTRONICS CO., LTD.	0370
Fudo Construction Inc.	2557
FUJICHEM, INC.	2508
FUJIKO INDONESIA	2510
Fujikura Automotive Morocco Kenitra, S.A.	2507
Fujikura Automotive Morocco Tangier, S.A.	2507
Fujikura Automotive Paraguay S.A.	2507
Fujikura Composite America, Inc.	2509
FUJIKURA COMPOSITES HAIPHONG, Inc.	2509
Fujikura Composites Korea, Co., Ltd.	2509
Fujikura Electronics (Thailand) Ltd.	2507
FUJIKURA GRAPHICS, INC.	2509
FUJIKURA INDONESIA	2507
FUJIKURA KASEI COATING INDIA PRIVATE LIMITED	2508
FUJIKURA KASEI MALAYSIA SDN.BHD.	2508
FUJIKURA KASEI (SINGAPORE) PTE LTD	2508
FUJIKURA KASEI (THAILAND) CO., LTD.	2508
FUJIKURA KASEI VIETNAM CO., LTD.	2508
FUJILLOY INDIA PRIVATE LIMITED	2525
FUJILLOY INDONESIA	2525
FUJILLOY MALAYSIA SDN.BHD.	2525
FUJILLOY (THAILAND) CO., LTD.	2525
FUJIMI EUROPE GmbH	2546
FUJIMI EUROPE LIMITED	2546
FUJIMI KOREA LIMITED	2546

FUJIMI-MICRO TECHNOLOGY SDN.BHD.	2546	FUNAI ELECTRIC (POLSKA) Sp.z o.o.	2559	General Motors of Canada Ltd.	1279
Fuji Nihon Thai Inulin Co., Ltd.	2540	FUNAI ELECTRIC TRADING (EUROPE) GmbH	2559	GENKI SUSHI HAWAII, INC.	0797
FUJIO FOOD SYSTEM FRANCHISING, INC.,	2503	FUNAI EUROPE GmbH	2559	GENKI SUSHI USA, INC.	0797
FUJIO FOOD SYSTEM SINGAPORE PTE.LTD.	2503	Funai India Private Limited	2559	GEORGE'S CORPORATION	1962
FUJI OIL ASIA PTE.LTD.	2522	FUNAI SERVICE CORPORATION	2559	GEORGE'S DONUTS CORPORATION	1962
FUJI OIL EUROPE	2522	FUNAI (THAILAND) CO., LTD.	2559	GEOSTR-RV PTE.LTD.	1085
FUJI OIL (THAILAND) CO., LTD.	2522	FunFusion	2484	GEOSTR RV (M) SDN. BHD.	1085
FUJI OOZX INDONESIA	2502	FURUKAWA INDOMOBIL BATTERY MANUFACTURING	2578	GETEKA FOUNINDO	1961
FUJI OOZX MEXCO, S.A. DE C.V.	2502	FURUKAWA INDOMOBIL BATTERY SALES	2578	GFライテック	0742
Fuji Seal B.V.	2518	FURUNO DEUTSCHLAND GmbH	2584	GFEI CYTECH TECHNOLOGY (SHENZHEN) LTD.	2696
Fuji Seal Iberia S.L.U.	2518	FURUNO FINLAND OY	2584	GFF	1390
Fuji Seal Indonesia	2518	FURUNO HELLAS LTD.	2584	GGI Technology Ltd.	0770
Fuji Seal Packaging de Mexico, S.A.de C.V.	2518	FURUNO HELLAS S.A.	2584	gift	0802
Fuji Seal Personnel Services, S.A.de C.V.	2518	FUSO (THAILAND) CO., LTD.	2551	GIM	0326
Fuji Seal Poland Sp.zo.o.	2518	Future Architect, Inc	2562	Gimme Corporation	0066
Fuji Seal Vietnam Co., Ltd.	2518	Future Dial Inc.	0991	GIOT	0005
FUJI SEIKI INDONESIA	2519	FYT	0529	GIR	0949
FUJI SPECIALTIES, INC.	2522	Gaban Spice (H.K.) Limited	0650	GIS JEVDAX PTE LTD.	2359
FUJITA ENGINEERING ASIA PTE.LTD.	2526	Gaban Spice Manufacturing (M) SDN.BHD.	0650	GISTEX NISSHINBO INDONESIA	2071
FUJITA KANKO SINGAPORE PTE.LTD.	2527	Gaban Spice Marketing (M) SDN.BHD.	0650	GKN	1097
Fujitsu General (Asia) Pte. Ltd.	2530	Gaban Spice Singapore Pte Ltd	0650	G-KT do Brasil Ltda.	1130
Fujitsu General Engineering (Thailand) Co., Ltd.	2530	GaiaX Asia Corporation	0520	Glabio.Inc,	0890
Fujitsu North America Holdings, Inc.	2528	GaiaX Fukuoka	0520	Glico-Haitai Co., Ltd.	0294
FUJITSU TEN DO BRASIL LTDA.	2531	GaiaX Global Marketing & Ventures Pte.Ltd.	0520	Glico Indonesia	0294
FUJITSU TEN MINDA INDIA PRIVATE LIMITED	2531	GaiaX Interactive Solution	0520	Glico-Wings	0294
FUJI VEGETABLE OIL, INC.	2522	GaiaX Korea Co., Ltd.	0520	Global Auto-Parts Alliance India Private Ltd.	1130
FUJIX INTERNATIONAL Co., Ltd.	2535	GaiaX Sendai	0520	Global Business Design (UK) Ltd.	2324
FUJIX VIETNAM CO., LTD.	2535	GAIAX SINGAPORE PTE. LTD.	0520	Global Food Creators Singapore Pte.Ltd.	1074
Fukui Preferred Capital Cayman Limited	2485	GAIAX U.S.A LTD.	0520	Global Real Management (Singapore) Pte. Ltd.	0923
FUKUVI USA, INC.	2495	GAKKYUSHA EUROPE GmbH	0542	GLOBAL RETAILING FRANCE S.A.S.	2457
FUKUVI VIETNAM CO., LTD.	2495	GAKKYUSHA (U.K.) LTD.	0542	globe	0048
FUKUYAMA GLOBAL SOLUTIONS (CAMBODIA) INC.	2497	GAKKYUSHA U.S.A.CO., LTD.	0542	glocom, Inc.	0494
FUMAKILLA AMERICA, S.A.DE C.V.	2561	GALA KOREA, INC.	0575	GLORY GmbH	0766
FUMAKILLA QUIMICA BRASIL LTDA.	2561	Gala-Net Inc.	0575	GLORY Cash Handling Systems (China) Ltd.	0766
FUNAI CORPORATION, INC.	2559	GALLEON LINE S.A.及びBINTANG LINE S.A.	0590	GLORY Europe GmbHはReis Service GmbH	0766
FUNAI ELECTRIC EUROPE Sp.z o.o.	2559	GaYa	1111	Glory Global Solutions Inc.	0766
Funai Electric Philippines Inc.	2559	GDH	0886	Glory Global Solutions Ltd.	0766
		GDI MEX S.A. DE C.V.	0726	Glory Global Solutions (Hong Kong) Ltd.	0766
		GE	1027	Glory Global Solutions (Singapore) Pte.Ltd.	0766
		GE社	1772, 2293	GLORY MONEY HANDLING MACHINES PTE LTD	0766
		Gecom Corp.	2786	GLORY (PHILIPPINES), INC.	0766
		Geico Taikisha Europe Ltd	1461	GLORY (U.S.A.) INC.	0766
		GEL-Design	0167	GL Sciences, Inc.	1084
		Gendai Agency HK Ltd.	0801	GL TECHNO America, Inc.	1730
		Gene Networks, Inc.	1072	GMAC MEXICO SA DE CV	2302
		GENERAL ELECTRIC社	2108		

Company	Page
GMB AUTOMOTIVE USA INC.	1083
GMB AUTOMOTIVE USA LLC.	1083
GMB KOREA CORP.	1083
GMB ROMANIA AUTO INDUSTRY S.R.L.	1083
GMB RUS TOGLIATTI LLC	1083
GMB UNIVERSAL JOINTS, INC.	1083
GMB UNIVERSAL JOINTS (WEST) INC.	1083
GMO PAYMENT GATEWAY HONG KONG LIMITED	1079
GMO PAYMENT GATEWAY MALAYSIA SDN. BHD.	1079
GMO PAYMENT GATEWAY PTE. LTD.	1079
GMO PAYMENT GATEWAY (THAILAND) CO., LTD.	1079
GMO VenturePartners	1079
GNI-EPS Pharmaceuticals, Inc	1072
GNI USA, Inc.	1072
GNS WATAMI FOOD AND BEVERAGE SERVICE CO., LTD.	3163
Gnze International Europe GmbH	0770
GOLDEN DOWA ECO-SYSTEM MYANMAR CO., LTD.	1971
GOLDEN TOKYU CONSTRUCTION CO., LTD.	1799
G-ONE AUTO PARTS DE MEXICO, S.A. DE C.V.	1130
Grainger International, Inc.	2912
GRANDIT	0219
GRAPHITE DESIGN INTERNATIONAL, INC.	0726
GRAPHITES TECHNOLOGIE ET INDUSTRIE S.A.	1883
GRAPHITES TECHNOLOGY APPLICATIONS S.R.L.	1883
GREE International, Inc.	0731
GREEN HOSPITAL MYANMAR, LTD.	1125
G.S.CERAMICS CO., LTD.	2835
GSI Creos (Beijing) Co., Ltd.	1066
GSI Holding Corporation	1066
GSI (Shenzhen) Ltd.	1066
GS Park24 Co., Ltd.	2320
GT-Agency	0520
GTD GRAPHIT TECHNOLOGIE GMBH	1883
G-TEKT America Corporation	1130
G-TEKT Eastern Co., Ltd.	1130
G-TEKT Europe Manufacturing Ltd.	1130
G-TEKT India Private Ltd.	1130
G-TEKT Indonesia Manufacturing	1130
G-TEKT MEXICO CORP. S.A. DE C.V.	1130
G-TEKT North America Corporation	1130
G-TEKT (Thailand) Co., Ltd.	1130
GUANGZHOU PARKER AUTO PARTS CO., LTD.	2312
Guangzhou Sumida Electric Co., Ltd.	1312
Guhl Ikebana GmbH	0526
Gulf Drilling International Ltd.	2109
Gulf JP Co., Ltd.	1766
Gulf JP CRN Co., Ltd.	1766
Gulf JP KP1 Co., Ltd.	1766
Gulf JP KP2 Co., Ltd.	1766
Gulf JP NK2 Co., Ltd.	1766
Gulf JP NLL Co., Ltd.	1766
Gulf JP NNK Co., Ltd.	1766
Gulf JP NS Co., Ltd.	1766
Gulf JP TLC Co., Ltd.	1766
Gulf JP UT Co., Ltd.	1766
Gulliver Europe Ltd.	0577
Gulliver USA, Inc.	0577
gumiventures	0719
gumiWest	0719
GungHo Online Entertainment Asia Pacific Pte.Ltd.	0609
Gunze (Dusseldorf) Gmbh	1066
Gunze Indonesia	0770
Gunze New York, Inc.	1066
Gunze Plastics & Engineering Corporation of America	0770
Gunze Socks Indonesia	0770
Gunze Trading Hong kong Ltd.	1066
Gunze United Limited	0770
Gunze (Vietnam) Co., Ltd.	0770
GUYMON EXTRACTS INC.	3081
GYAO	2975
GyaO	2975
H3 Biomedicine Inc.	0293
HABA LABS USA INC.	2344
Hagiwara America, Inc.	2314
Hagiwara Electric Europe GmbH	2314
Hagiwara Electric (Thailand) Co., Ltd.	2314
Haitai-Calbee Co., Ltd.	0581
HAITAI Confectionery & Foods Co., Ltd.	0581
Haitai Confectionery & Foods Co., Ltd	0294
HAKUDO (THAILAND) Co., Ltd.	2319
Hakuryu 10, Inc.	2109
Hakuryu 5, Inc.	2109
Hakuto America Holdings, Inc.	2318
Hakuto California, Inc.	2318
Hakuto Europe GmbH	2318
Hakuto Korea Co., Ltd.	2318
Hakuto Singapore Pte.Ltd.	2318
Hakuto Taiwan Ltd.	2318
Hakuto Trading (Shenzhen) Ltd.	2318
HAMAKYOREX CO., LTD.	2352
HAMANO 1880	2663
Hana Technology Co., Ltd.	0116
HANKUK PARKER CO., LTD.	2312
Hantech社	2293
HANWA STEEL SERVICE INDONESIA	2381
HANWA STEEL SERVICE (THAILAND) CO., LTD.	2381
HARADA Asia-Pacific Ltd.	2359
Harada European Research Centre	2359
HARADA EUROPE R&D CENTRE	2359
HARADA INDUSTRIES (EUROPE) LIMITED	2359
HARADA INDUSTRIES VIETNAM LIMITED	2359
HARADA INDUSTRY OF AMERICA, INC.	2359
Harrington Hoists, Inc.	0635
HARUM INDAH SARI TOURS & TRAVEL	0276
HARVARD THAI INDUSTRIAL CO., LTD.	1934
HASEGAWA FLAVOURS AND FRAGRANCES INDONESIA	2327
HATTORI & DREAM PARTNERS LTD.	2766
HAVIX TRADING (Thailand) Co., Ltd.	2345
HC Language Solutions, Inc.	2682
HDA	0283
HDKアメリカ	2646
HDKタイランド	2646
HDKチャイナ	2646
Health Monitoring Business	2496
HEFEI OVAL AUTOMATION CONTROL SYSTEM CO., LTD.	0487
HEFEI OVAL INSTRUMENT CO., LTD.	0487
HEFEI OVAL INSTRUMENT SALES CO., LTD.	0487
HENG YU INTERNATIONAL CO., LTD.	1841
Hercules Incorporated	1339

Company	Page
HEWTECH (BANGKOK) CO., LTD.	2442
HEWTECH PHILIPPINES CORP.	2442
HEWTECH SINGAPORE PTE LTD.	2442
HEWTECH (THAILAND) CO., LTD.	2442
H&F Europe Limited	0277
H&F Services (Thailand) Co., Ltd.	0277
HG LNG Shipping Corporation Limited	2447
Hibino Asia Pacific (Shanghai) Limited	2428
Hibino Europe Limited	2428
Hi-Bis GmbH	2679
HIGASHIMARU VIETNAM CO., LTD	2394
HighLab	2206
High-Pressure Support	2373
HIKAM AMERICA, INC.	2442
HIKAM ELECTRONICA DE MEXICO, S.A.DE C.V.	2442
HIKAM TECNOLOGIA DE SINALOA, S.A.DE C.V.	2442
HIKING TECHNOLOGY CO., LTD.	2388
HI-LEX AMERICA INC.	2305
HI-LEX CABLE SYSTEM CO., LTD.	2305
HI-LEX CIREBON	2305
HI-LEX CONTROLS DE MEXICO S. DE R.L. DE C.V.	2305
HI-LEX CORPORATION	2305
HI-LEX DISTRIBUTION CENTER IN THAILAND LTD.	2305
HI-LEX EUROPE GMBH	2305
HI-LEX HUNGARY CABLE SYSTEM MANUFACTURING LLC	2305
HI-LEX INDIA PRIVATE LTD.	2305
HI-LEX MEXICANA, S.A. DE C.V.	2305
HI-LEX RUS LLC	2305
HI-LEX VIETNAM CO., LTD.	2305
HIOKI INDIA PRIVATE LIMITED	2388
HIOKI KOREA CO., LTD.	2388
HIOKI SINGAPORE PTE. LTD.	2388
HIRAMATSU EUROPE EXPORT SARL	2445
HIRAMATSU EUROPE SARL	2445
HIRAMATSU IMMOBILIER EUROPE SARL	2445
HIRAMATSU RESTAURANT SARL	2445
HIRATA Corporation of America	2444
HIRATA Engineering S.A.de C.V.	2444
HIRATA Engineering Europe GmbH	2444
Hirata Engineering Indonesia	2444
HIRATA Engineering (THAILAND) Co., Ltd.	2444
HIRATA FA Engineering (M) Sdn. Bhd.	2444
HIRATA FA Engineering (S) Pte.Ltd.	2444
HIRATA Robotics GmbH	2444
HISAKA MIDDLE EAST CO., LTD.	2400
HISAKAWORKS S.E.A. SDN. BHD.	2400
H.I.S. AUSTRALIA HOLDINGS PTY LTD	0276
H.I.S. AUSTRALIA PTY. LTD.	0276
H.I.S. (Austria) Travel GmbH	0276
H.I.S. CANADA INC.	0276
H.I.S. Deutschland Touristik GmbH	0276
H.I.S. EUROPE ITALY S.R.L.	0276
H.I.S. EUROPE LIMITED	0276
HIS (FIJI) LIMITED	0276
H.I.S. GUAM, INC.	0276
HIS (HONG KONG) COMPANY LIMITED	0276
H.I.S. INTERNATIONAL TOURS (BC) INC.	0276
H.I.S. INTERNATIONAL TOURS FRANCE SARL	0276
H.I.S. INTERNATIONAL TOURS KOREA INC.	0276
H.I.S. INTERNATIONAL TOURS (NY) INC.	0276
H.I.S. INTERNATIONAL TRAVEL PTE LTD	0276
H.I.S. INVESTMENTS PTY LTD	0276
H.I.S. ITALIA S.R.L.	0276
H.I.S. KOREA CO., LTD.	0276
H.I.S. NEW ZEALAND LIMITED	0276
H.I.S. (PHILIPPINES) TRAVEL CORP.	0276
HIS SAIPAN INC	0276
H.I.S. (SHANGHAI) INTERNATIONAL TRAVEL SERVICE CO., LTD	0276
H.I.S. Tours Co., Ltd.	0276
H.I.S. Travel Nederland B.V.	0276
H.I.S. Travel Switzerland AG	0276
H I S TRAVEL & TOURISM L.L.C	0276
H.I.S. TRAVEL (UAE) L.L.C.	0276
H.I.S. U.S.A. INC.	0276
Hitachi Capital Canada Corp.	2409
Hitachi Capital Management (Thailand) Co., Ltd.	2409
Hitachi Capital (Thailand) Co., Ltd.	2409
Hitachi Fercad Power Tools Italia S.p.A.	2412
Hitachi High-Tech AW Cryo, Inc.	2416
Hitachi High Technologies America, Inc.	2416
Hitachi High-Technologies India Private Limited	2416
Hitachi High-Technologies Indonesia	2416
Hitachi High-Technologies Korea Co., Ltd.	2416
Hitachi High-Technologies Mexico S.A. de C.V.	2416
Hitachi High-Technologies RUS Limited Liability Company	2416
Hitachi Koki do Brasil Ltda.	2412
Hitachi Maxell Global Ltd.	2418
Hitachi Metals (India) Pvt. Ltd.	2410
Hitachi Power Tools de Mexico, S.A. de C.V.	2412
Hitachi Power Tools (Malaysia) Sdn. Bhd.	2412
Hitachi Power Tools Panama S.A	2412
Hitachi Power Tools (Thailand) Co., Ltd.	2412
Hitachi Sunway Information Systems Sdn. Bhd.	2413
HI-TECH INK INDONESIA	1505
HKS EUROPE LIMITED	0331
H.K.SHIKOKU CO., LTD.	0312
HKS-IT Co., Ltd.	0331
HKS (Thailand) Co., Ltd.	0331
H・M	2371
H&M	2899
H&N	2295
HODOGAYA CHEMICAL KOREA CO., LTD.	2667
HOKKAN INDONESIA	2659
HOKTO KINOKO COMPANY	2640
HOKTO MALAYSIA SDN. BHD.	2640
HOKUETSU INDUSTRIES ASIA SDN.BHD.	2638
HOKUETSU INDUSTRIES EUROPE B.V.	2638
HOME'S PROPERTY MEDIA (THAILAND) CO., LTD.	2271
H-ONE KOGI PRIMA AUTO TECHNOLOGIES INDONESIA	0810

Honeys Garment Industry Limited	2343
HONG KONG RYOSAN LIMITED	3107
HONG KONG SAGAMI CO., LTD.	0916
HONG KONG SAIZERIYA CO.LIMITED	0893
HONG KONG SATORI CO., LTD.	0940
Hong Kong Yashima Denki Limited	2937
HOPPA	0665
HOSHIZAKI AMERICA, INC.	2650
Hoshizaki Europe B.V.	2650
Hoshizaki Europe Holdings B.V.	2650
HOSHIZAKI EUROPE LIMITED	2650
HOSHIZAKI INDONESIA	2650
Hoshizaki Korea Co., Ltd.	2650
HOSHIZAKI SINGAPORE PTE LTD	2650
HOSHIZAKI USA HOLDINGS, INC.	2650
HOSIDEN VIETNAM (BAG GIANG) CO., LTD.	2651
H.S.International (Asia) Limited	0954
HSKT CO., LTD.	2632
HS POWER SPRING MEXICO, S.A.de C.V.	0981
Human Metabolome Technologies America, Inc.	2438
HYAC Corporation	3148
Hyakujushi Preferred Capital Cayman Limited	2433
HY-CAD SYSTEMS AND ENGINEERING社	0398
IAD	0224
i and com. Co., Ltd.	1539
IBJ Leasing America Corp.	0811
IBJ Leasing (Hong Kong) Ltd.	0811
IBJ Leasing (UK) Ltd.	0811
IBJ Leasing (USA) Inc.	0811
IBJ VERENA FINANCE	0811
ICE	0224
ICJ	2172
ICS International Inc.	0194
IDEC	0024
ietnam Saison Consulting Company Limited.	0753
IGC	0252
IGNIS AMERICA, INC	0170
Iharabens Industria E Comercio Ltda	0720
I I Stanley Co., Inc.	1293
IKO THOMPSON ASIA CO., LTD.	2171
IKO THOMPSON VIETNAM CO., LTD.	2171
IL Pharma Inc.	2904
IMAGICA PD	0194
Impress Business Development	0224
Impress Comic Engine	0224
Impress Group Singapore Pte. Ltd.	0224
Impress Professional Works	0224
Inaphil, Incorporated	0191
Ina Research Philippines, Inc.	0191
India Nippon Electricals Limited	0838
India Yamaha Motor Pvt. Ltd.	2967
Indofood Comsa Sukses Makmur	1064
INDOMOBILグループ（Salimグループ）	2578
Indomobil Multi Jasa	2425
Indonesia Biomass Resources	1612
Indonesia Chemi-Con	2126
Indonesia Epson Industry	1340
INDONESIA KOSE	0850
INDONESIA NITTO SEIKO TRADING	2089
Indonesia Stanley Electric	1293
Indo SmartEbook.com Private Limited	2478
INDOTOKURA	1904
Industries Werts, Inc.	0926
Infocom America Inc.	0219
INFONICS INTERNATIONAL TRADING (SHANGHAI) CO., LTD.	2302
INFORMATION DEVELOPMENT AMERICA INC.	0223
INFORMATION DEVELOPMENT SINGAPORE PTE. LTD.	0223
Infoteria Hong Kong Limited	0220
Infoteria Singapore Pte.	0220
inrevium AMERICA, INC.	1807
INTAGE INDIA Private Limited	0214
INTAGE INDONESIA	0214
INTAGE SINGAPORE Private Ltd.	0214
INTAGE (Thailand) Co., Ltd	0214
Intan Kenkomayo Indonesia	0799
Integrated DNA Technologies, Inc.	0167
Integrated DNA Technologies MBL	0167
INTELLIGENT WAVE EUROPE LIMITED	0215
Intelligent Wave Korea Inc.	0215
INTELLIGENT WAVE PHILIPPINES, INC.	0215
Intelligent Wave USA, Inc.	0215
InterAct	0271
Inter Action Solomon Islands Limited	0209
INTERSPACE INDONESIA	0210
INTERSPACE (THAILAND) CO., LTD.	0210
Invast Financial Services Pty Ltd.	0217
INX INTERNATIONAL INCORPORATED	0912
IPテクノサービス	2848
I-PEX FRANCE SARL	1453
I-PEX KOREA CO., LTD.	1453
IRIS INSTRUMENTS S.A.	0409
IRIS INSTRUMENTS SAS	0409
IRISO ELECTRONICS EUROPE GmbH	0200
IRISO ELECTRONICS (HONG KONG) LIMITED	0200
IRISO ELECTRONICS PHILIPPINES, INC.	0200
IRISO ELECTRONICS SINGAPORE PTE. LTD.	0200
IRISO ELECTRONICS (THAILAND) LTD.	0200
IRISO ELECTRONICS VIETNAM CO., LTD.	0200
IRISO U.S.A., INC.	0200
iriver japan	0381
IRS (S) PTE. LTD.	0200
I&S	1742
ISI-Dentsu of America, Inc.	1772
ISI-Dentsu of Asia, Ltd.	1772
ISI-Dentsu of Europe, Ltd.	1772
ISI-Dentsu of Hong Kong, Ltd.	1772
ISI-Dentsu Singapore Pte. Ltd.	1772
ISI-Dentsu South East Asia Pte. Ltd.	1772
ISID Indonesia	1772
ISM ASIA LIMITED	1966
iSoftStone Holdings Limited	1111
istyle China Co., Limited	0018
istyle Global (Hong Kong) Co., Limited	0018
istyle Global (Singapore) Pte. Limited	0018
iSYS Information Technology Co., Ltd.	1111
ITC Networks USA, Inc.	0862
ITEC VIETNAM CO., LTD.	2481
ITN	2284
Iwatsu (Malaysia) Sdn. Bhd.	0204
IZM	0251
J	2142
Jababeka Longlife City	3146
JACCS International Vietnam Finance Co., Ltd.	1162
Jackson MSC, Inc.	2650
Jackson WWS, Inc.	2650

Company	Page
JAE Europe, Ltd.	2213
JAE Hong Kong, Ltd.	2213
JAE Korea, Inc.	2213
JAE Philippines, Inc.	2213
JAE Shanghai Co., Ltd.	2213
JAE Singapore Pte Ltd.	2213
JAE Wujiang Co., Ltd.	2213
JAE Wuxi Co., Ltd.	2213
JAFCO America Ventures Inc.	1172
JAFCO Investment (Korea) Co., Ltd.	1172
JAIC ASIA CAPITAL PTE. LTD.	2199
JAIC Indonesia	2199
JAIC INTERNATIONAL (HONG KONG) CO., LTD.	2199
JAIC KOREA CO., LTD.	2199
JAIC (Thailand) Co., Ltd.	2199
JALUX ASIA RECRUITMENT Ltd.	1175
JALUX ASIA SERVICE Ltd.	1175
JALUX HONG KONG Co., Ltd.	1175
JALUX SHANGHAI Co., Ltd.	1175
JAPAN 3D DEVICES	0450
JAPANA (CAMBODIA) CO., LTD.	0152
JAPANA TECHNICALCENTER (CAMBODIA) CO., LTD.	0152
JAPAN CASH MACHINE GERMANY GMBH.	2120
Japan Drilling Indonesia	2109
Japan Drilling (Malaysia) Sdn.Bhd.	2109
Japan Drilling (Netherlands) B.V.	2109
Japan Drilling Saudi Arabia Company	2109
JAPAN MATERIAL (S) PTE LTD	1171
Japan Power Fastening Hong Kong Limited	2244
Japan Solartech (Bangladesh) LTD.	2993
Japan Steel Works Europe GmbH	2219
JAPAN STEEL WORKS INDIA PRIVATE LIMITED	2219
Japan Third Party of Americas, Inc.	2137
JAPON S.A.S.	2216
JASTEC International, Inc.	1160
Jay Industries	2989
JAYTEC, INC.	0369
JAY USHIN LTD.	2989
JBCC	1058
JBCC Hong Kong Limited	1058
JBCC (Thailand) Co., Ltd.	1058
JBIS	2166
JBM Kanemitsu Pulleys Private Limited	0565
JBR Leasing	1170
JBR Motorcycle	1170
JBSエンジニアリング	0127
JBSG PTE. LTD.	1058
J-CASH MACHINE (THAILAND) CO., LTD.	2120
JCI US Inc.	2224
JCI USA Inc.	2110
JCM AMERICAN CORP.	2120
JCM CHINA CO., LTD.	2120
JCM EUROPE GMBH.	2120
JCM GOLD (H.K.) LTD.及びSHAFTY CO., LTD.	2120
JCM UNITED KINGDOM LTD.	2120
J.D.C. Australia Pty. Ltd.	2109
JDC DS Delaware, Inc.	2109
JDC Offshore Malaysia Sdn. Bhd.	2109
JDC Panama, Inc.	2109
JDC Rig Management Services, Inc.	2109
Jefferson Elora Corporation	1130
Jefferson Industries Corporation	1130
Jefferson Southern Corporation	1130
JEOL Ltd.	2233
JEOL ASIA PTE.LTD	2233
JEOL (AUSTRALASIA) PTY.LTD.	2233
JEOLCO (FRANCE) S.A.	2233
JEOLCO (U.K.) LTD.	2233
JEOLCO (U.S.A.) INC.	2233
JEOL DATUM TAIWAN LTD.	2233
JEOL (EUROPE) B.V.	2233
JEOL (EUROPE) SAS	2233
JEOL (GERMANY) GmbH	2233
JEOL (ITALIA) S.p.A.	2233
JEOL KOREA LTD.	2233
JEOL RESONANCE	2233
JEOL (SKANDINAVISKA) A.B.	2233
JEOL TAIWAN SEMICONDUCTORS LTD.)	2233
JEOL (U.K.) LTD.	2233
JEOL USA, INC.	2233
JFJ	2517
JFR PLAZA Inc.	1060
JIBANNET ASIA CO., LTD.	1139
JIBANNET REINSURANCE INC.	1139
JICC	2891
Ji.Coo	1986
JIKA JIKA CO., LTD.	3138
JINS Eyewear US, Inc.	1030
JINS US Holdings, Inc.	1030
JIPAL Corporation	1970
JKC	1047
JKI	1047
JM	2690
JOHNSON ASAHI PTY. LTD.	0079
J-OILMILLS (THAILAND) Co., Ltd.	1045
JORUDAN AMERICA, INC.	1214
Jorudan Transit Directory, Inc.	1214
Jowa Holdings NY, LLC	3002
Jowa Real Estate One, LLC	3002
Jowa Real Estate Two, LLC	3002
JP-BOOKS (UK) LIMITED	2216
JP Nelson Equipment PTE. Ltd.	0553
J-POWER AUSTRALIA PTY. LTD.	1766
J-POWER Generation (Thailand) Co., Ltd.	1766
J-POWER Holdings (Thailand) Co., Ltd.	1766
J-Power Investment Netherlands B.V.	1766
J-POWER North America Holdings Co., Ltd.	1766
J-POWER USA Development Co., Ltd.	1766
J-POWER USA Investment Co., Ltd.	1766
JPT EUROPE LTD.	2216
JRM INDONESIA	2225
JS ADWAYS MEDIA INC.	0114
JSA International Holdings, L.P.	2822
JSOL	2221
JSP America INC.	1036
JSP Europe S.A.R.L.	1036
JSP Foam India Pvt.LTD.	1036
JSP Foam Products PTE. LTD.	1036
JSP International LLC	1036
JSP International S.A.R.L.	1036
JSP International Group LTD.	1036
JSP International Manufacturing S.A.R.L.	1036
JSP International Trading (Shanghai) Co., LTD.	1036
JSP Participacoes LTDA.	1036
JSP Plastics (Dongguan) Co., LTD.	1036
JSP Plastics (Shanghai) Co., LTD.	1036
JSP Plastics (Wuxi) Co., LTD.	1036
JSRマイクロ九州	1032
JSR BST Elastomer Co., Ltd.	1032
JSU, Inc.	1041
JSW Clad Steel Plate Company	2219

JSW Compounding Technical Center 2219
JSW Injection Machine Maintenance (Shenzhen) Co., Ltd. 2219
JSW IT SERVICE KOREA 2219
JSW Machinery (Ningbo) Co., Ltd. 2219
JSW Machinery Trading (Shanghai) Co., Ltd. 2219
JSW Plastics Machinery, Inc. 2219
JSW Plastics Machinery (H.K.) Co., Ltd. 2219
JSW Plastics Machinery Indonesia 2219
JSW Plastics Machinery (M) SDN. BHD. 2219
JSW Plastics Machinery (Philippines) Inc. 2219
JSW Plastics Machinery (Shanghai) Corp. 2219
JSW Plastics Machinery (S) Pte Ltd. 2219
JSW Plastics Machinery (T) Co., Ltd. 2219
JSW Plastics Machinery (TAIWAN) Corp. 2219
JSW Plastics Machinery Vietnam Ltd. 2219
Juken New Zealand Ltd. 0252
Juken Nissho Ltd. 0252
Juken Sangyo (Phils.) Corp. 0252
JUKI AMERICA, INC. 1178
JUKI (HONG KONG) LTD. 1178
JUKI SINGAPORE PTE. LTD. 1178
JVC Advanced Media（天津）有限公司 1535
JVC Advanced Media EUROPE GmbH 1535
JVC ADVANCED MEDIA U.S.A. INC. 1535
JWD Till-Moyland Windpark GmbH 2247
J-Win 2219
K9 2897
KADOKAWA 0550, 2333
KADOKAWA・DWANGO 0550
KAGA DEVICES (H.K.) LIMITED 0529
KAGA ELECTRONICS (THAILAND) COMPANY LIMITED 0529
KAGA ELECTRONICS (USA) INC. 0529
KAGA (EUROPE) ELECTRONICS LTD. 0529
KAGA (H.K.) ELECTRONICS LIMITED 0529
KAGA (KOREA) ELECTRONICS CO., LTD. 0529
KAGA (SINGAPORE) ELECTRONICS PTE LTD 0529

KAGA (TAIWAN) ELECTRONICS CO., LTD. 0529
KAGOME INC. 0536
Kagome Australia Pty Ltd. 0536
Kailash ShinMaywa Industries Limited 1264
KALS 0557
KAMEDA USA, INC. 0572
KAMOTO MACHINE TOOL EUROPE GMBH 0451
KANADEN CORPORATION SINGAPORE PTE.LTD. 0552
Kanamoto & JP Nelson Equipment (S) PTE.Ltd. 0553
Kanematsu GmbH 0560
Kanematsu Electronics (Thailand) Ltd. 0561
Kanematsu-Gosho (Hong Kong) Ltd. 0560
Kanematsu (Hong Kong) Ltd. 0560
Kanematsu New York Inc. 0560
Kanematsu USA Inc. 0560
KANE-M DANANG CO., LTD. 2922
KANEMITSU PULLEY CO., LTD. 0565
KANEMITSU SGS INDONESIA 0565
KANE-M (THAILAND) CO., LTD. 2922
KANSAI PAINT INDONESIA 0603
KANSAI RESIN (THAILAND) CO., LTD. 0603
Kao Chemicals Americas Corporation 0526
Kao Chemicals Europe, S.L. 0526
Kao Corporation S.A 0526
Kao Corporation S.A. 0526
Kao Industrial (Thailand) Co., Ltd. 0526
Kao (Singapore) Private Limited 0526
Kao Singapore Private Limited 0526
KAO (Southeast Asia) Pte. Ltd. 0526
Kao (Taiwan) Corporation 0526
KASAI MEXICANA S.A. de C.V. 0598
Kasai Teck See Co., Ltd. 0598
Kasai Teck See (Malaysia) Sdn. Bhd. 0598
KATO WORKS (THAILAND) CO., LTD. 0549
KATSU-do 3037
Kawakin Core-Tech Vietnam Co., Ltd. 0585
KAWASAKI KINKAI KISEN KAISHA (M) SDN BHD 0590

Kawasaki Motors Manufacturing Corp., U.S.A. 0591
Kawasaki Rail Car, Inc. 0591
Kayaba Arvin S.A. 0574
Kayaba Europe GmbH 0574
Kayaba Indonesia 0574
Kayaba (Malaysia) Sdn. Bhd. 0574
Kayaba Vietnam Co., Ltd. 0574
KBK do Brasil Comercio de Maquinas Ltda. 0692
KBK Europe Gmb 0692
KBK Inc 0692
K.C.Tech Co., Ltd. 1791
KDDI Summit Global Myanmar Co., Ltd. 0779
KDK 2126
KD TEC s.r.o. 0529
KEL Trading Inc. 0561
K-engine 2912
Kenko.com U.S.A., Inc. 0798
KEWPIE INDONESIA 0658
KEWPIE MALAYSIA SDN. BHD. 0658
KEWPIE (THAILAND) CO., LTD. 0658
KEWPIE VIETNAM CO., LTD. 0658
KEY BOARD 1047
KEYENCE BRASIL COMERCIO DE PRODUTOS ELETRONICOS LTDA. 0613
KEYENCE (CHINA) CO., LTD. 0613
KEYENCE CORPORATION OF AMERICA 0613
KEYENCE DEUTSCHLAND GmbH 0613
KEYENCE INDIA PVT. LTD. 0613
KEYENCE INDONESIA 0613
KEYENCE VIETNAM CO., LTD. 0613
K・F 0859
KF Instruments India Pvt. Ltd. 0861
KGF 0529
KG INTERNATIONAL FZCO 2512
KHS 1420
K-I Chemical Europe S.A./N.V. 0720
K-I Chemical U.S.A. Inc. 0720
KICHIRI USA INC. 0631
Kifco Vietnam Ltd. 2195
KIKKOMAN 0632
KIKKOMAN FOODS, INC. 0632
KIKKOMAN FOODS EUROPE B.V. 0632
KIKKOMAN INTERNATIONAL INC. 0632
KIKKOMAN SALES USA, INC. 0632
KIKUCHI (HONG KONG) LIMITED 0617
KIKUSUI AMERICA, INC. 0616

Name	Page
KIMA REALTY, INC.	0635
KIMOTO AG	0643
KIMOTO POLAND Sp. z o. o.	0643
KIMOTO TECH, INC.	0643
KIMOTO USA INC.	0643
KIMURA, INC.	0642
KING JIM (VIETNAM) Co., Ltd.	0699
KINKISHARYO INTERNATIONAL CANADA INC.	0697
KINKISHARYO International, L.L.C.	0697
KINKISHARYO (USA) INC.	0697
Kintetsu Integrated Air Services Sdn. Bhd.	0701
Kintetsu World Express (Deutschland) GmbH	0701
Kintetsu World Express (France) S.A.	0701
Kintetsu World Express (HK) Ltd.	0701
Kintetsu World Express (India) Pvt. Ltd.	0701
Kintetsu World Express (Korea), Inc.	0701
Kintetsu World Express South Africa (Pty) Ltd.	0701
Kintetsu World Express (Taiwan), Inc.	0701
Kintetsu World Express (Thailand) Co., Ltd.	0701
Kintetsu World Express (U.K.) Ltd.	0701
Kintetsu World Express (U.S.A.), Inc.	0701
KINUGAWA BRASIL Ltda.	0637
KINUGAWA INDONESIA	0637
KINUGAWA MEXICO, S.A. DE C.V.	0637
Kinugawa Rubber India Private Limited	0637
KINUGAWA (Thailand) CO., LTD.	0637
KIP Business Solution Korea Ltd.	0546
KIP Deutschland GmbH.	0546
KIP Europe S.A.	0546
KIP Europe S.A.S.	0546
KIP (HONG KONG) LTD.	0546
KIRIN-AMGEN, INC.	0696
Kirin Brewery of America, LLC	0696
Kirin Europe GmbH	0696
Kirin Holdings Singapore Pte. Ltd.	0696
KISCO FOODS INTERNATIONAL LIMITED	0711
KITAGAWA ELECTRONICS (SINGAPORE) PTE. LTD.	0621
KITAGAWA ELECTRONICS (THAILAND) CO., LTD.	0621
KITAGAWA INDUSTRIES (H.K.) LIMITED	0621
KITAGAWA INDUSTRIES INDONESIA	0621
KITAGAWA MEXICO, S.A. DE C.V.	0623
KITO INC.	0635
KITO Americas, Inc.	0635
KITO CANADA INC.	0635
KITO DO BRASIL COMERCIO DE TALHAS E GUINDASTES LTDA	0635
Kito Europe GmbH	0635
KITO HOISTS & CRANES ASIA PTE. LTD.	0635
KITO INDONESIA	0635
KITO KOREA CO., LTD.	0635
KITO PHILIPPINES, INC.	0635
KITZ CORP.OF AMERICA	0634
KITZ CORP. OF ASIA PACIFIC PTE. LTD.	0634
KITZ (THAILAND) LTD.	0634
K&K	0755
KKE SINGAPORE PTE. LTD.	0817
KK MACHINE SALES (THAILAND) CO., LTD.	0422
KLab America, Inc.	0725
KLabGames	0725
KLab Global Pte. Ltd.	0725
KLab Ventures	0725
K. L. AMERICA INC.	0656
K. L. HONG KONG LIMITED	0656
"K"LINE KINKAI (MALAYSIA) SDN BHD	0590
"K"LINE KINKAI (SINGAPORE) PTE LTD	0590
K LINE OFFSHORE AS	0589
KMI	0585
KNG AMERICA, INC.	0775
K NOBLE HONG KONG LTD.	0589
KN-Tech Co., Ltd.	2079
KOA DENKO (MALAYSIA) SDN.BHD.	0804
KOA DENKO (S) PTE. LTD.	0804
KOA ELECTRONICS (H.K.) LTD.	0804
KOA Europe GmbH	0804
KOA SPEER ELECTRONICS, INC.	0804
Koatsu Gas Kogyo Vietnam Co., Ltd.	0808
KOBE BUSSAN EGYPT Limited Partnership	0825
Kobe Bussan Green Egypt Co., Ltd.	0825
KOBEBUSSAN MYANMAR CO., LTD.	0825
Kobelco CH Wire Mexicana, S.A.de C.V.	1230
KOBELCO ECO-SOLUTIONS (MALAYSIA) SDN.BHD.	1227
KOBELCO ECO-SOLUTIONS VIETNAM CO., LTD.	1227
Kobelco Plate Processing India Private Limited	1230
Kobelco Trading Australia Pty Ltd	1230
Kobelco Trading India Private Limited	1230
Kobelco Trading Indonesia	1230
Kobelco Trading Vietnam Co., Ltd.	1230
KOC	0745
Kodak Polychrome Graphics	1681
KOHBUNSHI (THAILAND) LTD.	2071
KOKUSAI INC.	0835
Kokusai Chart Corporation of America	0837
KOKUSAI Europe GmbH.	0835
Kokusan MAHLE Siam Co., Ltd.	0838
KOMEHYO HONG KONG LIMITE	0873
KONAKA (THAILAND) CO., LTD.	0856
Konami GmbH	0858
Konami Ltd.	0858
Konami Australia Pty Ltd	0858
Konami Corporation of America	0858
Konami Digital Entertainment B.V.	0858
Konami Digital Entertainment, Inc.	0858
Konami Digital Entertainment Limited	0858
Konami Digital Entertainment Pte. Ltd.	0858
Konami Europe B.V.	0858
Konami Gaming, Inc.	0858
Konami (Hong Kong) Limited	0858
Konami of America, Inc.	0858
KONDOTEC INTERNATIONAL (THAILAND) Co., Ltd.	0888
KONISHI INDONESIA	0861
Konishi Lemindo Vietnam Co., Ltd.	0861
KONOIKE ASIA (THAILAND) CO., LTD.	0822
KONOIKE COOL LOGISTICS (THAILAND) CO., LTD.	0822
KONOIKE-PACIFIC (CALIFORNIA), INC.	0822
KONOIKE TRANSPORT&ENGINEERING (H.K.) LTD.	0822

KONOI 社名索引

KONOIKE TRANS-
PORT&ENGINEERING
(USA) , INC. 0822
KONOIKE VINATRANS
LOGISTICS CO., LTD.
.... 0822
Kony Sunrise Trading Co.,
Ltd. 0861
KOREA KIKUCHI CO.,
LTD. 0617
KOREA KOKUSAI CO.,
LTD. 0835
KOREA NAGANO CO.,
LTD. 1987
KOREA RYOSAN CORPO-
RATION 3107
KOREA SATORI CO., LTD.
.... 0940
KOREA SHINKO MICRO-
ELECTRONICS CO., LTD.
.... 1234
KOREA SHINKO TRADING
CO., LTD. 1234
KOSAI VIETNAM CO.,
LTD. 0814
KOSE Corporation INDIA
Pvt.Ltd. 0850
KOSE KOREA CO., LTD.
.... 0850
KOSPA 1036
KOURAKUEN (THAILAND)
CO., LTD. 0827
KOUZIRO 2958
Kowa Asia Ltd. 0828
Kowa Europe GmbH 0828
Kowa Research Europe, Ltd.
.... 0828
Kowa Research Institute, Inc.
.... 0828
KOYA 2444
KOZO SUSHI AMERICA,
INC. 0853
KP do Brasil Ltda. 1130
KRA CORPORATION 0723
Krakatau Osaka Steel 0424
KRAKATAU STEEL 0424
Krosakiharima Europe B.V.
.... 0755
Krosaki USA Inc. 0755
KSPC社 0759
K & S WIRE CO., LTD. ... 0981
K・T・H Parts Industries, Inc.
.... 1130
KUBC Preferred Capital Cay-
man 2 Limited 0601
KUBC Preferred Capital Cay-
man Limited 0601
KUBOTEK Europe srl 0716
KUBOTEK KOREA COR-
PORATION 0716
Kubotek USA, Inc. 0716
K&U Enterprise Co., Ltd.
.... 0693
Kula Sushi USA, Inc. 0723
Kula West Irvine, Inc. 0723
Kumika International Inc.
.... 0720
KUMIKA KOREA., Ltd ... 0720
KUNIMINE (THAILAND)
CO., LTD. 0714

Kunshan JSP Seihoku Pack-
aging Material Co., LTD.
.... 1036
Kuraray America, Inc. 0729
Kuraray America, Inc 0729
Kuraray Europe GmbH 0729
Kuraray Eval Europe GmbH
.... 0729
Kuraray Holdings U.S.A.,
Inc. 0729
Kuraray India Private Lim-
ited 0729
Kuraray International Corp.
.... 0729
Kuraray Singapore Pte., Ltd.
.... 0729
Kuraray South America
Ltda. 0729
Kuraray Specialties Asia Pte.
, Ltd. 0729
Kuraray Specialties Europe
GmbH 0729
Kuraray (Thailand) Co.,
Ltd. 0729
KURAUDIA AUSTRALIA
PTY.LTD. 0721
KURAUDIA GUAM.INC.
.... 0721
KURAUDIA USA.LLC. 0721
KURAUDIA USA.LTD ... 0721
Kuri Tec Corporation 0745
Kuri Tec Manufacturing, Inc.
.... 0745
Kuriyama Canada, Inc. 0745
Kuriyama of America Inc.
.... 1459
Kuriyama (Thailand) Co.,
Ltd. 0745
KUROTANI NORTH AMER-
ICA INC. 0761
KUWAYAMA EUROPE N.
V. 0768
KUWAYAMA HONG KONG
CO., LTD. 0768
KUWAYAMA THAILAND
CO., LTD. 0768
KUWAYAMA USA, INC.
.... 0768
KW Inc. 0696
KWE-Kintetsu World Ex-
press (S) Pte Ltd. 0701
KYB Advanced Manufactur-
ing Spain, S.A. 0574
KYB Americas Corporation
.... 0574
KYB Asia Co., Ltd. 0574
KYB CHITA Manufacturing
Europe s.r.o 1622
KYB CHITA Manufacturing
Europe s.r.o. 0574
KYB Corporation of America
.... 0574
KYB Europe GmbH 0574
KYB Europe Headquarters B.
V. 0574
KYB Europe Headquarters
GmbH 0574
KYB Hydraulics Manufactur-
ing Indonesia 0574

KYB Latinoamerica S.A. de
C.V. 0574
KYB Manufacturing Czech s.
r.o. 0574
KYB Manufacturing Vietnam
Co., Ltd. 0574
KYB Mexico S.A. de C.V.
.... 0574
KYB Middle East FZE 0574
KYB Motorcycle Suspension
India Pvt. Ltd. 0574
KYB Steering Spain, S.A.
.... 0574
KYB Steering (Thailand)
Co., Ltd. 0574
KYB (Thailand) Co., Ltd.
.... 0574
KYB-UMW Malaysia Sdn.
Bhd. 0574
KYCOM 0523
KYCOM ASIA PTE. LTD.
.... 0523
KYD 0523
Kyocera Document Technol-
ogy (Dongguan) Co., Ltd.
.... 0668
Kyocera Document Technol-
ogy Vietnam Co., Ltd. ... 0668
Kyocera Fineceramics GmbH
.... 0668
Kyocera International, Inc.
.... 0668
Kyocera Mita Office Equip-
ment (Dongguan) Co., Ltd.
.... 0668
Kyocera Mita Vietnam Tech-
nology Co., Ltd. 0668
Kyocera Solar, Inc. 0668
Kyocera (Tianjin) Solar En-
ergy Co., Ltd. 0668
Kyocera Vietnam Co., Ltd.
.... 0668
Kyocera Vietnam Manage-
ment Co., Ltd. 0668
KYODO DIE-WORKS
(THAILAND) CO., LTD.
.... 2632
KYODO PRINTING
(VIETNAM) CO.LTD.
.... 0670
Kyodo Public Relations
America, Inc. 0672
KYOEI ELECTRONICS
AMERICA INC. 0660
KYOEI ELECTRONICS
HONG KONG LIMITED
.... 0660
KYOEI ELECTRONICS
SHANGHAI CO., LTD.
.... 0660
KYOEI ELECTRONICS
SINGAPORE PTE LTD
.... 0660
KYOEI ELECTRONICS
(THAILAND) CO., LTD.
.... 0660
KYOKUTO FUTURES
(SINGAPORE) PTE, LTD.
.... 0691

Company	Page
Kyokuto Indomobil Distributor Indonesia	0690
Kyokuto Indomobil Manufacturing Indonesia	0690
Kyokuto Trading (India) Private Limited	0692
Kyokuyo America Corporation	0693
Kyokuyo Europe B.V.	0693
Kyokuyo (Thailand) Co., Ltd.	0693
KYORITSU ELECTRIC CORPORATION	0680
Kyoritsu Electric India Pvt Ltd.	0680
Kyoritsu Electric Indonesia	0680
Kyoritsu Electric Singapore Pte, Ltd	0680
Kyoritsu Electric Tech (Philippines) Inc.	0680
Kyoritsu Electric (Vietnam) Co., Ltd.	0680
Kyoritsu Engineering (Thailand) Co., Ltd.	0680
Kyosan India Private Limited	0663
Kyosha America Corporation	0664
Kyosha Hong Kong Company Limited	0664
Kyosha IDT (Holdings) Company Limited	0664
Kyosha Indonesia	0664
KYOSHIN JETC CO., LTD.	0665
Kyoshin USA, Inc.	0665
KYOWA AMERICAS INC.	0685
KYOWA DENGYO MALAYSIA SDN.BHD.	0685
Kyowa Hakko Europe GmbH	0687
Kyowa Hakko Kirin Pharma, Inc.	0687
Kyowa Hakko U.S.A., Inc.	0687
Kyowa Pharmaceutical, Inc.	0687
KYUSHU LEASING SERVICE (H. K.) CO., LIMITED	0656
Laboratoires OncoTherapy Science France S.A.R.L.	0515
LABO USA, INC.	1907
LABO WELL	2970
LABOWELL CORPORATION	2970
Lamon Bay Furniture Corp.	2770
LANSINOH LABORATÓRIOS DO BRASIL LTDA.	2407
LAO NISSIN SMT CO., LTD	2061
L.A.Style	2665
LATERNA	1787
Lawson Asia Pacific Holdings Pte. Ltd.	3137
Lawter B.V.	2361
LCA-I	0387
LCL Partners	1853
LDF	1848
LECIP INC.	3127
LECIP S.A. de C.V.	3127
LECIP (SINGAPORE) PTE LTD	3127
LECIP U.S.A., INC.	3127
LEGS Singapore Pte.Ltd.	3129
LEOC California INC.	3121
LEOC FRANCE SAS	3121
LEOC GLOBAL ASIA Co. Ltd.	3121
LEOC International Company Limited	3121
LEOC New York INC.	3121
LEOC UK Limited	3121
LEOC U.S.A. Inc.	3121
Leonian Singapore Pte. Ltd.	1368
Leopalace21 (Cambodia) Co., Ltd.	3122
LEOPALACE21 REAL ESTATE (CAMBODIA) Co., Ltd.	3122
Leopalace21 (Thailand) CO., LTD.	3122
LEOPALACE21 VIETNAM CO., LTD.	3122
Leopalace Guam Corporation	3122
Leopalace Guam Distributing Corporation	3122
Leopalace Guam Service Corporation	3122
Lifull (Thailand) Co., Ltd	2271
Lighting ENDO (THAILAND) Co., Ltd.	0394
LIGITEC PHOTOVOLTAIC CO., LTD.	0235
LIHIT LAB. VIETNAM INC.	3098
Lilama3-Dai Nippon Toryo Co., Ltd	1511
Limited Liability company Kinugawa RUS	0637
LINDE TEVES JACOBARG	1755
LINE Book Distribution	2896
LINICAL KOREA CO., LTD.	3095
LINICAL TAIWAN CO., LTD.	3095
LINICAL USA, INC.	3095
LINTEC ASIA PACIFIC REGIONAL HEADQUARTERS PRIVATE LIMITED	3113
LINTEC INDONESIA.	3113
LINTEC INDUSTRIES (MALAYSIA) SDN.BHD.	3113
LINTEC KOREA, INC.	3113
LINTEC SPECIALITY FILMS (KOREA), INC.	3113
LINTEC SPECIALITY FILMS (TAIWAN), INC.	3113
LINTEC (THAILAND) CO., LTD.	3113
LINTEC USA HOLDING, INC.	3113
Lippo Kyosha Indonesia	0664
LITE-ON JAPAN (H.K.) LIMITED	2258
Livesense America	3099
LIXIL GLOBAL MANUFACTURING VIETNAM Co., Ltd.	3073
L&K INDUSTRIES PHILIPPINES, INC.	2258
L&K TRADING CO., LTD.	2260
L.L.C. Hitachi Power Tools RUS	2412
LLC KYB Eurasia	0574
L.L.C NISSIN RUS	2061
LLC OBARA RUS	0486
LOCKE INSULATORS, INC.	2108
LOCKON marketing of U.S.A. inc.	3139
LOCKON Vietnam Co., Ltd.	3139
LOFT	0579
LOGITEM MYANMAR CO., LTD.	2260
LOGITEM (THAILAND) CO., LTD.	2260
LOGITEM VIETNAM CORP.	2260
LOGITEM VIETNAM HOLDING & INVESTMENT COMPANY LIMITED	2260
LOIKUM WINDPARK GMBH.	1961
LOJ KOREA CO., LTD.	2258
LTK INDUSTRIES LTD.	2442
LUAC	1597
LUCKLAND (CAMBODIA) &T.A.G Co., Ltd.	3064
LUCKLAND MALAYSIA SDN.BHD.	3064
LUCKLAND (THAILAND) CO., LTD.	3064
LUCKLAND VIET NAM CO., LTD.	3064
LVC JP	3096
Lyudia	2601
M3 USA Corporation	0382
MACHINO TSK NIPPON CABLE PRIVATE LTD.	2305
MACNICA, INC.	2696
MACNICA ASIA PACIFIC PTE LTD	2696
MACNICA HONG KONG, LIMITED	2696
MACNICA SHANGHAI, LIMITED	2696

Name	Page
MACNICA SINGAPORE PTE LTD	2696
MACNICA TAIWAN, LIMITED	2696
MACNICA (THAILAND) CO., LTD.	2696
MACNICA USA, INC.	2696
MAEDA KOSEN VIETNAM CO., LTD.	2691
Magyar Suzuki Corporation Ltd.	1279
MAKINO INDIA PRIVATE LIMITED	2694
MALAYSIAN PRECISION MANUFACTURING SDN. BHD.	2089
MALAYSIAN QUARTZ CRYSTAL SDN. BHD.	2235
MANDOM CHINA CORPORATION	2759
MANDOM CORPORATION (INDIA) PRIVATE LTD.	2759
MANDOM VIETNAM CO., LTD.	2759
MANI HANOI CO., LTD.	2720
MANI MEDICAL HANOI CO., LTD.	2720
MANI-MEINFA CO., LTD.	2720
MANI VIENTIANE CO., LTD.	2720
MANI VIENTIANE SOLE. CO., LTD.	2720
MANI YANGON LTD.	2720
MANUFACTURAS H.I.A., S.A. DE C.V.	2359
MAOMING SAKATA INX CO., LTD.	0912
MAPLE LNG TRANSPORT INC.	2447
MAQL Europe Limited	2726
MARIANO CO., LIMITED	0893
MARINE VICTOR SHIPPING S.A.	0590
Maritima Seguros S.A.	1443
MarkLines North America, Inc.	2698
MarkLines (Thailand) Co., Ltd.	2698
Marubeni-Itochu Steel PTE. LTD.	1085
Maruka Enterprises, Inc.	2734
Maruka Export (Thailand) Co., Ltd.	2734
MARUKA INDIA PVT.LTD.	2734
MARUKA INDONESIA	2734
Maruka Machinery (Thailand) Co., Ltd.	2734
Maruka Mexico S.A.de C.V.	2734
Maruka (M) SDN.BHD.	2734
MARUKA U.S.A.INC.	2734
MARUKA VIETNAM CO., LTD.	2734
MARUMITSU INDONESIA	2194
MARUMITSU-VIETNAM EPE	2194
MARUTO (THAILAND) CO., LTD.	2745
MARUWA CERAMIC	2755
MARUWA Electronic (India) Pvt.Ltd.	2755
Maruwa Electronics (Beijing) Co., Ltd.	2755
MARUWA ELECTRONICS (HK) CO., LIMITED	2755
MaruzenSamuderaTaiheiyo	2741
MaruzenShowa (Thailand) Ltd.	2741
Maruzen (Thailand) Co., Ltd.	2740
Marvelous Europe Limited	2726
Matsuda Resource Recycling (Suzhou) Co., Ltd.	2713
Matsuda Sangyo (Malaysia) Sdn.Bhd.	2713
Matsuda Sangyo (Philippines) Corporation	2713
Matsuda Sangyo (Singapore) Pte.Ltd.	2713
Matsuda Sangyo (Thailand) Co., Ltd.	2713
Matsuda Sangyo Trading (Qingdao) Co., Ltd.	2713
Matsuda Sangyo Trading (Thailand) Co., Ltd.	2713
Matsuda Sangyo (Vietnam) Co., Ltd.	2713
MATTHEWS WRIGHTSON SHIPPING LTD.	0341
MAX ASIA PTE.LTD.	2705
Maxell Asia, Ltd.	2418
Maxell Asia (Singapore) Pte. Ltd.	2418
Maxell Electronics (Malaysia) Sdn. Bhd.	2418
Maxell Europe Ltd.	2418
Maxell Finetech (Thailand) Co., Ltd.	2418
Maxell Latin America, S.A.	2418
Maxell (Shenzhen) Trading Co., Ltd.	2418
Maxell Tohshin (Malaysia) Sdn. Bhd.	2418
Maxell (U.K.) Ltd.	2418
MAX EUROPE B.V.	2705
MAX-NANMEE CO., LTD.	2705
MAX (THAILAND) CO., LTD.	2705
MBH America, Inc.	2723
MBK FOOD SYSTEM CO., LTD.	2503
MBL International Corporation	0167
MBM Resources Berhad	2425
MBS	0260
MCo	1105
MC PACK (MALAYSIA) SDN.BHD.	1634
MDI SDN. BHD.	1453
MDK Co., Ltd.	2185
MDS Circuit Technology, Inc.	2868
MEC CHINA SPECIALTY PRODUCTS (SUZHOU) CO., LTD.	2890
MEC EUROPE NV.	2890
MEC (HONG KONG) LTD.	2890
MEC TAIWAN COMPANY LTD.	2890
MEC USA SPECIALTY PRODUCTS INC.	2890
Medallion Foods, Inc.	2069
MEDIA LINKS, INC.	2892
MEDIA SOCKET US, INC.	1415
MegaChips Taiwan Corporation	2886
MEGA FIRST SAKATA INX SDN.BHD.	0912
MEGATOOL INC.	2998
MEIJI CORPORATION	2876
Meiji Electric Industries (Thailand) Co., Ltd.	2876
Meiji (Thailand) Co., Ltd.	2876
MEIJI UK LTD.	2876
MEIKI (Thailand) CO., LTD.	2867
MEIKO AMERICA, INC.	2869
MEIKO ASIA CO., LTD.	2869
Meiko Electronics America, Inc.	2868
Meiko Electronics Thang Long Co., Ltd.	2868
Meiko Electronics Vietnam Co., Ltd.	2868
MEIKO EUROPE N.V.	2869
MEIKO LOGISTICS (INDIA) PVT., LTD.	2869
MEIKO TRANS DE MEXICO, S.DE R.L.DE C.V.	2869
MEIKO TRANS (HONG KONG) CO., LTD.	2869
MEIKO TRANS POLSKA SP.Z O.O.	2869
MEIKO TRANS (THAILAND) CO., LTD.	2869
MEIKO WAREHOUSING, INC.	2869
MEINFA社	2720
MEISEI INDONESIA	2843
MEISEI INTERNATIONAL CO., LTD.	2843
MEISEI INTERNATIONAL PTE.LTD.	2843
MEISEI MIDDLE EAST W.L.L.	2843
MEISEI NIGERIA LTD.	2843
MEISEI SAUDI CO., LTD.	2843

Company	Page
MEIWA INDUSTRY NORTH AMERICA, INC.	2883
MEIWA INDUSTRY (THAILAND) CO., LTD.	2883
MEK Co., Ltd.	2185
Menicon GmbH	2905
Menicon America, Inc.	2905
Menicon China Co., Ltd.	2905
Menicon Espana S.L.	2905
Menicon Europe S.A.	2905
Menicon Holdings B.V.	2905
Menicon Korea Co., Ltd.	2905
Menicon-Mandarin Asia Pte. Ltd.	2905
Menicon Pharma S.A.	2905
Menicon Pharma SAS	2905
Menicon SAS	2905
Menicon Singapore Pte.Ltd.	2905
Menicon Singapore Sales Pte. Ltd.	2905
Menicon UK Ltd.	2905
MERCURY OVERSEAS KOREA CO., LTD	2380
Meridian Central, Inc.	1395
MESCOENG (MALAYSIA) SDN.BHD.	2785
MESCO (U.S.A.), INC.	2785
MES Engineering, Inc.	2797
METALART ASTRA INDONESIA	2889
MetroDeal Co., Ltd.	1955
Mex Okaya-TN, S. DE R.L. DE C.V.	0452
Mex Okaya-TN (U.S.A.), Inc.	0452
MGC ELECTROTECHNO (THAILAND) CO., LTD.	2810
MGC MONTNEY HOLDINGS LTD.	2810
MGC Service Corporation	3122
MG Finance GmbH	1691
MGR	0520
MHA Construction Inc.	2801
MHCB Consulting (Thailand) Co., Ltd.	1045
MHI Holding Denmark ApS	2813
MHI International Investment B.V.	2813
Michinoku Preferred Capital Cayman Limited	2783
Micron Europe GmbH	2769
Micron Machinery (Thailand) Co., Ltd.	2769
Microtek Shanghai Ltd.	2318
Microtrac, Inc.	2051
Midland Color Company	0912
Miki Energy Pte. Ltd.	0085
MIKI PARIS S.A.R.L.	2766
Milbon Korea Co., Ltd.	2852
MILBON (THAILAND) CO., LTD.	2852
Milbon Trading (Shanghai) Co., Ltd.	2852
MILLENNIUM INVESTMENT	0750
MIMAKI AUSTRALIA PTY LTD	2837
MIMAKI BRASIL COMERCIO E IMPORTACAO LTDA	2837
MIMAKI BRASIL REPRESENTACOES LTDA	2837
MIMAKI EUROPE B.V.	2837
MIMAKI INDONESIA	2837
MIMAKI SINGAPORE PTE. LTD.	2837
MIMAKI USA, INC.	2837
MIMATS Co., LTD.	1514
MINDA F-TEN PRIVATE LIMITED	2531
MINEBEA (CAMBODIA) Co., Ltd.	2833
MINEBEA ELECTRONIC DEVICES (SUZHOU) LTD.	2833
MINEBEA ELECTRONICS & HI-TECH COMPONENTS (SHANGHAI) LTD.	2833
MINEBEA ELECTRONICS (THAILAND) COMPANY LIMITED	2833
MINEBEA THAI LIMITED 及び PELMEC THAI LIMITED	2833
Miraca USA, Inc.	2850
MIRUCA	1708
MISTER DONUT KOREA CO., LTD.	1592
MISUMI INDIA Pvt. Ltd.	2778
MISUMI INDONESIA	2778
MITACHI INDONESIA	2780
MITACHI (THAILAND) CO., LTD.	2780
MITACHI TRADING (THAILAND) CO., LTD.	2780
MITHRA KYOKUTO SPECIAL PURPOSE VEHICLE COMPANY PRIVATE LIMITED	0690
MITOS Windpark GmbH	2247
Mitrajaya Ekaprana	0581
Mitsubishi Caterpillar Forklift America Inc.	2813
MITSUBISHI DEVELOPMENT PTY LTD	2814
Mitsubishi Heavy Industries America, Inc.	2813
Mitsubishi Hitachi Power Systems Americas, Inc.	2813
MITSUBISHI PENCIL (AUSTRALIA) PTY.LTD.	2808
MITSUBISHI PENCIL CORP., OF AMERICA	2808
MITSUBISHI PENCIL CO (S.E.A.) PTE.LTD.	2808
MITSUBISHI PENCIL CO. U.K.LTD.	2808
MITSUBISHI PENCIL ESPANA, S.A.	2808
MITSUBISHI PENCIL EUROPEAN DISTRIBUTION CENTER SAS	2808
MITSUBISHI PENCIL (THAILAND) CO., LTD.	2808
MITSUBISHI PENCIL VIETNAM CO., LTD.	2808
Mitsubishi Power Systems, Inc.	2813
Mitsubishi UFJ Lease & Finance (Hong Kong) Ltd.	2822
MITSUBOSHI PHILIPPINES CORPORATION	2824
MITSUBOSHI THAI CO., LTD.	2824
Mitsuchi Corporation of America	2827
Mitsui Chemicals America, Inc.	2784
Mitsui Components Europe Ltd.	2786
Mitsui Copper Foil (Malaysia) Sdn.Bhd.	2786
Mitsui Elastomers Singapore Pte. Ltd.	2784
MITSUI FUDOSAN AMERICA, INC.	2800
Mitsui Home Canada Inc.	2801
Mitsui Homes Canada Inc.	2801
Mitsui Hygiene Materials Thailand Co., Ltd.	2784
MITSUI KINZOKU ACT INDONESIA	2786
MITSUI KINZOKU ACT MEXICANA, S.A. de C.V.	2786
Mitsui Kinzoku Catalysts America Inc.	2786
Mitsui Kinzoku Catalysts Jakarta	2786
Mitsui Kinzoku Catalysts (Thailand) Co., Ltd.	2786
Mitsui Kinzoku Catalysts Vietnam Co., Ltd.	2786
Mitsui Kinzoku Components India Private Limited	2786
MITSUI MATSUSHIMA AUSTRALIA PTY.LTD.	2802
MITSUI MATSUSHIMA INTERNATIONAL PTY.LTD.	2802
Mitsui Phenol Singapore Pte. Ltd.	2784
Mitsui Phenols Singapore Pte. Ltd.	2784
Mitsui Prime Advanced Composites India Pvt.Ltd.	2784
Mitsui Siam Components Co., Ltd.	2786
Mitsui-Soko International Pte. Ltd.	2796
Mitsui-Soko (Singapore) Pte. Ltd.	2796

Mitsui-Soko (U. S. A.) Inc. 2796	MORESCO MACRO ADHESIVE 2929	MUJI (MALAYSIA) SDN. BHD. 3104
Mitsui/ZCA Zinc Powders. 2786	MORESCO (Thailand) Co., Ltd. 2929	MUJI RETAIL (AUSTRALIA) PTY LTD 3104
Mitsui Zinc Powder LLC ... 2786	MORESCO USA Inc. 2929	MUJI RETAIL (Thailand) Co., Ltd. 3104
MIURA BOILER DO BRASIL, LTDA. 2761	Morinaga Nutritional Foods, Inc. 2925	MUJI (SINGAPORE) PRIVATE LTD. 3104
MIURA BOILER MEXICO, S.A.DE C.V. 2761	Morio USA Corporation 2915	MUJI U.S.A. Limited 3104
MIURA INDUSTRIES (THAILAND) CO., LTD. 2761	MORIRIN INDONESIA ... 2927	Mundy New York, Inc. 1609
	MORIRIN LIVING INDONESIA 2927	Murakami Corporation (Thailand) Ltd. 2862
MIURA INTERNATIONAL AMERICAS INC. 2761	MORIRIN (THAILAND) CO., LTD 2927	Murakami Manufacturing Mexico, S.A.de C.V. 2862
MIURA MANUFACTURING AMERICA CO., LTD. ... 2761	MORIRIN VIETNAM CO., LTD 2927	Murakami Manufacturing (Thailand) Co., Ltd. 2862
MIURA NETHERLANDS B.V. 2761	Mori Seiki Argentina S.A. 1691	Murakami Manufacturing U.S.A.Inc. 2862
MIURA SOUTH EAST ASIA PTE.LTD. 2761	MORI SEIKI AUSTRALIA PTY LIMITED 1691	Murakami Saikyu (Thailand) Co., Ltd. 2862
MIURA TURKEY HEATING SYSTEMS INDUSTRY CO., LTD. 2761	Mori Seiki Canada, Ltd. ... 1691	Murata (China) Investment Co., Ltd. 2864
	MORI SEIKI Europe AG ... 1691	
	MORI SEIKI INDIA PRIVATE LIMITED 1691	Murata Electronics (India) Private Limited 2864
mixi America, Inc. 2767	MORI SEIKI INDONESIA 1691	Murata Electronics (Vietnam) Co., Ltd. 2864
Miyama Guam, Inc. 3122		
Miyama Guam Distributing Corporation 3122	MORI SEIKI MALAYSIA SDN.BHD. 1691	Mutual (Thailand) Co., Ltd. 2842
MIZUNO (CHINA) CORPORATION 2774	Mori Seiki Manufacturing (Thailand) Co., Ltd. 1691	Myanmar FujiP.S Construction Company Limited ... 2541
MIZUNO CORPORATION AUSTRALIA PTY. LTD. 2774	Mori Seiki Manufacturing USA, Inc. 1691	MYANMAR TASAKI CO., LTD. 1591
MIZUNO IBERIA, S.L. 2774	MORI SEIKI MOSCOW LLC 1691	Nabtesco Power Control (Thailand) Co., Ltd. ... 2012
MIZUNO KOREA LTD. ... 2774	MORITO VIETNAM CO., LTD. 2922	NACHI CZECH s.r.o. 2512
MIZUNO NORGE AS 2774	Morpho Korea, Inc. 2928	NACHI KG TECHNOLOGY INDIA PRIVATE LTD. 2512
MIZUNO SINGAPORE PTE. LTD. 2774	MORY INDUSTRIES INDONESIA 2917	
MJC Electronics Corporation 2185	MPD 2141	NACHI MOTHERSON PRECISION LTD. 2512
MJC Europe GmbH 2185	MPS-CT LLC 2813	NACHI MOTHERSON TOOL TECHNOLOGY LTD. 2512
MJO 0117	MQJ Management Services, Inc. 2109	
MKBコリア 2893	M.R.L 2913	NACHI PILIPINAS INDUSTRIES, INC. 2512
MK CENTENNIAL MARITIME B.V. 2873	MS&Consulting 0387	NACHI PRECISION NORTH CAROLINA INC. 2512
MKJ JEWELLERY PRIVATE LTD. 0106	MSM CANADA INC. 2816	NACHI ROBOTIC SYSTEMS INC. 2512
	MSM INDONESIA 2816	
MKK Asia Co., Ltd. 2809	MSM Spring India Pvt.Ltd. 2816	NACHI TECHNOLOGY INC. 2512
MKK・USA・インク 2730	MSM (THAILAND) CO., LTD. 2816	NACHI TECHNOLOGY MEXICO S.A. DE C.V. 2512
MK SEIKO (VIETNAM) CO., LTD. 0380	MSM US INC. 2816	
ML AU PTY LTD 2892	M.SUMIDA ELECTRIC SDN.BHD. 1312	NACHI TECHNOLOGY (THAILAND) CO., LTD. 2512
MMH-ECサービス 2832	M.T.Burn 0170, 2574	
MMK 1978	M.& T. Chemical社 2110	NACHI TOOL AMERICA INC. 2512
M.N.INDUSTRY CO., LTD. 2063	MTC Industries, Inc. 2784	NAD 2293
Mobile Solution, Inc 0066	M-TEK INC. 0598	NADESCO INDONESIA 2006
MOCAP Vietnam Joint Stock Campany 3109	M-TEK Mississippi, Inc. ... 0598	NADEX MEXICANA, S.A.de C.V. 2006
Molins-Kao S.A. 0526	muamua games 0114	NADEX (THAILAND) CO., LTD. 2006
Moneual Inc. 0514	MUJI CANADA LIMITED 3104	
Moneual Onkyo Lifestyle Inc. 0514	MUJI Deutschland GmbH 3104	NADEX USA CO., LTD. .. 2006
MONEY SQUARE INTERNATIONAL, INC. 2722	MUJI EUROPE HOLDINGS LIMITED 3104	Nagase America Corp. 1981
MONTARI SAKATA INX LIMITED 0912	MUJI Global Sourcing Private Limited 3104	
MORESCO Holding (Thailand) Co., Ltd. 2929	MUJI (HONG KONG) CO., LTD. 3104	
MORESCO INDONESIA 2929	MUJI ITALIA S.p.A 3104	
	MUJI Korea Co., Ltd. 3104	

Company	Page
NAGASE BROTHERS INTERNATIONAL PTE.LTD.	1980
Nagase do Brasil Comercio de Produtos Quimicos Ltda.	1981
Nagase Engineering Service Korea Co., Ltd.	1981
Nagase (Europa) GmbH	1981
Nagase FineChem Singapore (Pte) Ltd.	1981
Nagase Impor-Ekspor Indonesia	1981
Nagase India Private Ltd.	1981
Nagase Korea Corp.	1981
Nagase (Malaysia) Sdn.Bhd.	1981
Nagase Philippines Corp.	1981
Nagase Philippines International Services Corp.	1981
Nagase Singapore (Pte) Ltd.	1981
Nagase (Thailand) Co., Ltd.	1981
Nagase Vietnam Co., Ltd.	1981
NAGATANIEN USA, INC.	1982
NAGAWA DO BRASIL INDUSTRIA DE CONSTRUCOES MODULARES LTDA.	1999
NAGAWA INDONESIA INTERNATIONAL	1999
NAGAWA (THAILAND) CO., LTD	1999
NAIGAI APPAREL (H.K.) LTD.	1973
NAKANE DIAGNOSTICS, INC.	0167
Nanao USA Corporation	0273
NANJING FDK CORPORATION	0370
NANJING JINNING SANHUAN FDK CO., LTD.	0370
NANKAI INDONESIA	2017
NANSIN USA CORPORATION	2018
NAP	1973
NARASAKI VIETNAM CO., LTD.	2014
NARP	2620
NATOCO PAINT PHILIPPINES, INC.	2007
NAVIMRO Co., Ltd.	2912
NAVITAS VIETNAM CO., LTD.	2010
NB COATINGS, INC.	2184
NCI (VIETNAM) CO., LTD.	2112
NDB	0085
NDK AMERICA, INC.	2235
NDK CRYSTAL, INC.	2235
NDK ELECTRONICS (HK) LIMITED	2235
NDK-ELECTRONICS SHANGHAI CO., LTD.	2235
NDK EUROPE LTD.	2235
NDK HOLDINGS USA, INC.	2235
NDK QUARTZ MALAYSIA SDN. BHD.	2235
NEC Avio赤外線テクノロジー	2103
NEC Capital Solutions Malaysia Sdn. Bhd.	0338
NEC Capital Solutions Singapore Pte.Limited	0338
NE-CMT Engineering Co., Ltd.	1509
NE Mobile Services (India) Pvt. Ltd.	2206
Nemustech Co., Ltd 社	2267
Neo Innovation, Inc.	1742
NEOMAX	2410
Neos Innovations International, Inc.	2267
NEPON (Thailand) Co., Ltd.	2279
Net One Systems Singapore Pte. Ltd.	2277
Net One Systems USA, Inc.	2277
Netprice Partners	2426
NetVillage, Inc.	2484
Networks & System Integration Saudi Arabia Co. Ltd.	0339
New Context, Inc.	1742
NEXDG	1742
NEXT	0026
Nexyz.BB	2268
ngi capital	2994
ngi group	2994
ngi growth capital	2994
ngi knowledge	2994
ngi media	2994
ngi mobile	2994
ngi technologies	2994
NGK（蘇州）環保陶瓷有限公司	2108
NGK（蘇州）精細陶瓷器具有限公司	2108
NGK（蘇州）電瓷有限公司	2108
NGK-BAUDOUR S.A.	2108
NGK CERAMICS EUROPE S.A.	2108
NGK CERAMICS MEXICO, S.DE R.L.DE C.V.	2108
NGK CERAMICS POLSKA SP. Z O.O.	2108
NGK CERAMICS SOUTH AFRICA (PTY) LTD.	2108
NGK CERAMICS USA, INC.	2108
NGK EUROPE S.A.	2108
NGK METALS CORPORATION	2108
NGK NORTH AMERICA, INC.	2108
NHK Spring Philippines社	2173
NHN Entertainment Corporation	0279
NH Parking Systems Taiwan Co., Ltd.	2136
N&I ASIA PTE LTD.	2053
NIC Autotec (Thailand) Co., Ltd.	0337
NICERA AMERICA CORP.	2155
NICERA HONG KONG LTD.	2155
NICERA PHILIPPINES INC.	2155
NICHICON EUROPE B.V.	2135
NICHIDAI AMERICA CORPORATION	2037
NICHIDAI (THAILAND) LTD.	2037
NICHIDEN (Thailand) Co., Ltd.	2038
NICHIDEN Trading (Thailand) Co., Ltd.	2038
NICHIDEN VIETNAM CO., LTD.	2038
Nichiha USA, Inc.	2039
NICHII INTERNATIONAL CLINIC PTE.LTD.	2033
Nichi-Iko	2034
Nichino America, Inc.	2239
Nichino Do Brasil Consultoria Em Agroquimicos Ltda.	2239
Nichino Europe Co., Ltd.	2239
Nichiyu Asia Pte.Ltd.	2043
Nichiyu Forklifts India Pvt. Ltd.	2043
Nichiyu Forklift (Thailand) Co., Ltd.	2043
NIF	2201
Nifco America Corporation	2195
Nifco Central Mexico S.de R.L.de C.V.	2195
Nifco Deutschland GmbH	2195
Nifco India Private Ltd.	2195
Nifco Indonesia	2195
Nifco Korea Poland Sp.z o.o.	2195
Nifco Korea USA Inc.	2195
Nifco KTS GmbH	2195
Nifco (Malaysia) SDN BHD.	2195
Nifco Manufacturing (Malaysia) Sdn. Bhd.	2195
Nifco North America Inc.	2195
Nifco Poland. Sp.z o.o.	2195
Nifco (Singapore) Pte. Ltd.	2195
Nifco South India Manufacturing Private Ltd.	2195
Nifco (Thailand) Co., Ltd.	2195
Nifco U.S. Corporation	2195
Nifco Vietnam Ltd.	2195
NIHON CREDIT SERVICE (ASIA) CO., LTD.	0164
NIHON DENKEI INDIA PRIVATE LTD.	2227
NIHON DENKEI INDONESIA	2227

NIHON

NIHON DENKEI PHILIPPINES, INC. 2227
NIHON DENKEI VIETNAM CO., LTD. 2227
Nihon Nohyaku America, Inc. 2239
NIHONWASOU FRANCE SAS 2261
Nihonwasou International Business Head Quarter ... 2261
Nihonwasou (Thailand) Co., Ltd. 2261
NIHONWASOU USA, INC. 2261
NIHONWASOU VIETNAM Co., Ltd. 2261
NIKKI AMERICA, INC. ... 2050
NIKKI AMERICA FUEL SYSTEMS, LLC 2050
NIKKI INDIA FUEL SYSTEMS PRIVATE LIMITED 2050
NIKKI KOREA CO., LTD. 2050
Nikkiso Cryo, Inc. 2051
Nikkiso Deutschland GmbH 2051
Nikkiso Europe GmbH 2051
Nikkiso LNG Testing, Inc. 2051
Nikkiso Medical GmbH 2051
Nikkiso Pumps America, Inc. 2051
Nikkiso Pumps Europe GmbH 2051
Nikkiso Vietnam, Inc. 2051
Nikkiso Vietnam MFG Co., Ltd. 2051
NIKKI (THAILAND) CO., LTD. 2050
NIKKO CERAMICS, INC. 2053
Nikon Asia Pacific Pte.Ltd. 2024
Nikon Australia Pty Ltd ... 2024
NIKON DO BRASIL LTDA. 2024
Nikon Holdings Hong Kong Limited 2024
Nikon Imaging Korea Co., Ltd. 2024
Nikon India Private Limited 2024
NIKON INDONESIA 2024
Nikon Instruments Korea Co. , Ltd. 2024
Nikon Lao Co., Ltd 2024
Nikon Mexico, S.A.de C.V. 2024
Nikon Middle East FZE 2024
Nikon (Russia) LLC. 2024
Nikon Sales (Thailand) Co., Ltd. 2024
Ningbo Da-An Chemical Industries Co., Ltd. 1490
NINGBO YUNYU MAGNETIC-TECH ELECTRICAL AND MECHANICAL CO., LTD. 3138

Nintendo France S.A.R.L. 2266
Nintendo of America Inc. .. 2266
Nintendo of Europe GmbH 2266
NIPPI CANADA LIMITED 2097
NIPPI COLLAGEN NA INC. 2097
NIPPN California Inc. 2152
NIPPN FOODS INDONESIA 2152
NIPPN (Thailand) Co., Ltd. 2152
NIPPOコーポレーション ... 2098
NIPPO C&D CO., LTD. ... 2099
NIPPO GLOBAL MANAGEMENT CO., LTD. 2099
NIPPO (HONG KONG) LTD. 2099
NIPPO MECHATRONICS INDONESIA 2099
NIPPO MECHATRONICS (M) SDN.BHD. 2099
NIPPO MECHATRONICS PARTS (MALAYSIA) SDN.BHD. 2099
NIPPO MECHATRONICS PARTS (THAILAND) CO., LTD. 2099
NIPPO MECHATRONICS (THAILAND) CO., LTD. 2099
NIPPO MECHATRONICS (VIETNAM) CO., LTD. 2099
NIPPON CARBIDE INDIA PVT.LTD. 2112
NIPPON CARBIDE INDUSTRIES (South Carolina) INC. 2112
NIPPON CARBIDE INDUSTRIES (USA) INC. 2112
NIPPON CONCEPT AMERICA, LLC. 2135
NIPPON CONCEPT SINGAPORE PTE.LTD. 2135
Nippon Conveyor Vietnam Co., Ltd. 2136
Nippon Engineering-Vietnam Co., Ltd. 1509
Nippon Flour Mills (Thailand) Ltd. 2152
NIPPON GOHSEI Europe GmbH 2130
NIPPON GOHSEI Singapore Pte Ltd. 2130
NIPPON GOHSEI (THAILAND) CO., LTD. 2130
NIPPON GOHSEI UK Ltd. 2130
NIPPON GOHSEI (U.S.A.) Co., Ltd. 2130
NIPPON KINZOKU (MALAYSIA) SDN.BHD. 2121
NIPPON KINZOKU (SINGAPORE) PTE.LTD. 2121

NIPPON KINZOKU (THAILAND) CO., LTD. 2121
NIPPON KODOSHI KOGYO (MALAYSIA) SDN. BHD. 2131
NIPPON KOEI INDIA PVT. LTD. 2128
NIPPON KOEI LAC, Inc. 2128
NIPPON KOEI LAC DO BRASIL LTDA. 2128
NIPPON KONPO VIETNAM CO., LTD. 2056
NIPPON MINIATURE BEARING GmbH 2833
NIPPON MINIATURE BEARING CORPORATION 2833
NIPPON PAINT (CHINA) COMPANY LIMITED ... 2184
NIPPON PAINT (EUROPE) LTD. 2184
NIPPON PAINT (USA) INC. 2184
NIPPON PARKING DEVELOPMENT (THAILAND) CO., LTD. 2158
NIPPON PGM EUROPE S. R.O. 1971
Nippon Seiro (Thailand) Co. , Ltd. 2153
NIPPON STEEL & SUMIKIN BUSSAN 2083
NIPPON SUISAN AMERICA LATINA S.A. 2145
NIPPON SUISAN (U.S.A.) , INC. 2145
NIPPON TUNGSTEN USA, INC. 2157
NIPPO (SHANG HAI) LTD. 2099
NIRECO AMERICA CORP. 2265
Nireco Process Korea Co., Ltd. 2265
NIS America, Inc. 2105
NIS Europe, Inc. 2105
NISHIO RENT ALL (THAILAND) CO., LTD. 2025
NISSEI ASB GmbH 2062
NISSEI ASB CENTRO AMERICA, S.A. DE C.V. 2062
NISSEI ASB CO. 2062
NISSEI ASB DO BRASIL COMERCIAL LTDA. 2062
NISSEI ASB FZE 2062
NISSEI ASB PTE. LTD. ... 2062
NISSEI ASB SUDAMERICA LTDA. 2062
NISSEI BUILD ASIA PTE. LTD. 2075
NISSEI CORPORATION OF AMERICA 2073
NISSEY CAMBODIA CO., LTD. 2220
NISSEY (HONG KONG) LIMITED 2220

Company	Page
NISSEY VIETNAM CO., LTD.	2220
Nissha Europe GmbH	2215
Nissha Industrial and Trading Malaysia Sdn. Bhd.	2215
NISSHINBO AUTOMOTIVE CORPORATION	2071
NISSHINBO CALIFORNIA INC.	2071
NISSHINBO COMMERCIAL VEHICLE BRAKE LTD.	2071
NISSHINBO DO BRASIL INDUSTRIA TEXTIL LTDA.	2071
NISSHINBO INDONESIA	2071
NISSHINBO MECHATRONICS INDIA PRIVATE LIMITED	2071
NISSHINBO MECHATRONICS (THAILAND) LTD.	2071
NISSHINBO SINGAPORE PTE.LTD.	2071
NISSHINBO SOMBOON AUTOMOTIVE CO., LTD.	2071
Nisshin Seifun Turkey Makarna Ve Gida Sanayi Ve Ticaret A.S.	2069
Nisshin-STC Flour Milling Co., Ltd.	2069
NISSIN ABC LOGISTICS PRIVATE LIMITED	2061
Nissin Advanced Coating Indo Co., Ltd	2070
NISSIN BELGIUM N.V.	2061
NISSIN BRAKE DE MEXICO, S.A. DE C.V.	2063
NISSIN BRAKE DO BRASIL LTDA.	2063
NISSIN BRAKE GEORGIA, INC.	2063
NISSIN BRAKE INDIA PRIVATE LTD.	2063
NISSIN BRAKE OHIO, INC.	2063
NISSIN BRAKE PHILIPPINES CORP.	2063
NISSIN BRAKE SYSTEM CO., LTD.	2063
NISSIN BRAKE (THAILAND) CO., LTD.	2063
NISSIN BRAKE VIETNAM CO., LTD.	2063
NISSIN FRANCE S.A.S.	2061
NISSIN INTERNATIONAL TRANSPORT U.S.A., INC.	2061
NISSIN JAYA INDONESIA	2061
NISSIN LOGISTICS POLAND SP.ZO.O.	2061
NISSIN LOGISTICS (VN) CO., LTD.	2061
NISSIN MIDDLE EAST FZE	2061
NISSIN R&D ASIA CO., LTD.	2063
NISSIN R&D EUROPE S.L.U.	2063
NISSIN SHOJI SINGAPORE PTE.LTD.	2065
NISSIN TRANSPORT GmbH	2061
NISSIN TRANSPORT (CANADA) INC.	2061
NISSIN TRANSPORTES ESPANA S.A.	2061
NISSIN TRANSPORT GES. MBH	2061
NISSIN TRANSPORT INDONESIA	2061
NISSIN TRANSPORT PHILIPPINES CORPORATION	2061
NISSIN TRANSPORT (S) PTE.LTD.	2061
NISSIN (U.K.) LTD.	2061
NISTRADE (M) SDN.BHD.	2065
NISTRANS (M) SDN.BHD.	2061
NITORI FURNITURE INDONESIA	2194
NITORI FURNITURE VIETNAM EPE	2194
NITORI USA, INC.	2194
Nittetsu Shoji (H.K.) Company Limited	2083
NITTO ALAM INDONESIA	2089
NITTO DENKO (CHINA) INVESTMENT CO., LTD.	2091
NITTO DENKO (SUZHOU) CO., LTD.	2091
Nitto-Fuji International Vietnam Co., Ltd.	2092
NITTO KOGYO TRADING	2088
NITTO KOHKI AUSTRALIA MFG.PTY., LTD.	2087
NITTO KOHKI AUSTRALIA PTY., LTD.	2087
NITTO KOHKI DEUTSCHLAND GMBH	2087
NITTO KOHKI EUROPE CO., LTD.	2087
NITTO KOHKI INDUSTRY (THAILAND) CO., LTD.	2087
NITTO KOHKI (THAILAND) CO., LTD.	2087
NITTO KOHKI U.S.A., INC.	2087
NITTO SEIKO (THAILAND) CO., LTD.	2089
NIX OF AMERICA	2052
NIXS Corporation	2034
NIX TRADING (THAILAND) LTD.	2052
NJC Europe Ltd.	1256
NJC Korea Co., Ltd.	1256
NJC Malaysia Sdn.Bhd.	1256
NJR KOREA CO., LTD.	1255
NJS CONSULTANTS, INC.	0347
NJS CONSULTANTS (OMAN), L.L.C.	0347
NJS ENGINEERS INDIA PVT.LTD.	0347
NKA CUSTOMS SERVICE, INC.	2056
NKA LOGISTICS, INC.	2056
NK AMERICA, INC.	2056
NKA TRANSPORTATION, INC.	2056
NK BRASIL LOGISTICA LTDA.	2056
NKLAC, INC.	2128
NKMコーティングス	0603
NK MECHATRONICS CO., LTD.	2099
NK PARTS INDUSTRIES, INC.	2056
NKP MEXICO, S.A. DE C.V.	2056
NKSバンコク	2214
NMB HI-TECH BEARINGS LIMITED	2833
NMB-MINEBEA DO BRASIL IMPORTACAO E COMERCIO DE COMPONENTES DE PRECISAO LTDA	2833
NMB-Minebea India Private Limited	2833
NMB-Minebea Thai Ltd.	2833
NMB PRECISION BALLS LIMITED	2833
NMB SINGAPORE LIMITED	2833
NMB TECHNOLOGIES, INC.	2833
NMB THAI LIMITED	2833
N.M.B. (U.K.) LIMITED	2833
NMS International Vietnam Company Limited	2186
nms (Thailand) Co., Ltd.	2186
NNC	2168
NOF AMERICA CORPORATION	2042
NOF EUROPE GmbH	2042
NOF EUROPE N.V.	2042
NOF MAS CHEMICAL INDUSTRIES	2042
Nojima (Cambodia) Co., Ltd.	2284
NOK-USA., Inc.	0345
NOLTEX L.L.C.	2130
NOMURA DESIGN & ENGINEERING SINGAPORE PTE. LTD.	2289
Nomura Research Institute India Private Limited	2290
Nomura Research Institute Singapore Pte. Ltd.	2290
Noritsu India Private Limited	2296
NORITSU ITALIA S.r.l.	2296

| NORITSU KOKI AUSTRALIA PTY. LIMITED ... 2296
| NORITSU PHILIPPINES, INC. ... 2296
| Noritsu (R) Limited ... 2296
| NORITZ AMERICA CORPORATION ... 2295
| NORITZ AUSTRALIA PTY LTD ... 2295
| North America Sekisui House, LLC ... 1355
| North Consulting Group Pte. Ltd. ... 2562
| NOVALUX AMERICA INC. ... 1231
| NOVALUX EUROPE, S.A. ... 1231
| NOVALUX HONG KONG ELECTRONICS LIMITED ... 1231
| NOVARESE KOREA INC. ... 2287
| Novoferm Europe Ltd. ... 1020
| NPA COATINGS INC. ... 2184
| NP AUTOMOTIVE COATINGS (EUROPE) LTD. ... 2184
| NPC社 ... 2293
| NPC America Corporation ... 0356
| NPC China Co., Ltd. ... 0356
| NPC Europe GmbH ... 0356
| NPC Korea Co., Ltd. ... 0356
| NPC Taiwan Co., Ltd. ... 0356
| NPD GLOBAL CO., LTD. ... 2158
| NPD KOREA CO., LTD. ... 2158
| NP ROLPIN SAS ... 2017
| NQA-Japan ... 0387
| NSD AMERICA INC. ... 0340
| NSD International, Inc. ... 0340
| NSE Limited ... 2083
| NSG EUROPE LTD. ... 2018
| NSG (MALAYSIA) SDN. BHD. ... 2018
| NSK韓国社 ... 2149
| NSK昆山社 ... 2149
| NSKシンガポール社 ... 2149
| NSKドイツ社 ... 2149
| NSKベアリング・インドネシア ... 2149
| NSKベアリング・マニュファクチュアリング・メキシコ社 ... 2149
| NSK Dental Korea Co., Ltd. ... 1984
| NSK DENTAL LL ... 1984
| NSK EURO HOLDINGS S.A. ... 1984
| NSK EUROPE GmbH ... 1984
| NSK NAKANISHI ASIA PTE LTD. ... 1984
| NSK-NAKANISHI DENTAL SPAIN S.A. ... 1984
| NSK OCEANIA LTD ... 1984
| NSK OCEANIA PTY.LTD ... 1984
| NSK UNITED KINGDOM LTD ... 1984

NS Murai Inc. ... 2220
NS Pharma, Inc. ... 2144
NSSOL SYSTEMS INDONESIA ... 1247, 1248
NS Solutions Asia Pacific Pte. Ltd. ... 1247, 1248
NS Solutions IT Consulting Europe Ltd. ... 1247, 1248
NS Solutions USA Corporation ... 1247, 1248
NTL-LOGISTICS (HK) LIMITED ... 1976
NTL NAIGAI TRANS LINE INDONESIA ... 1976
NTL NAIGAI TRANS LINE (KOREA) CO., LTD. ... 1976
NTL NAIGAI TRANS LINE (S) PTE LTD. ... 1976
NTL NAIGAI TRANS LINE (THAILAND) CO., LTD. ... 1976
NTN-BCA CORP. ... 0350
NTN BEARING CORP.OF AMERICA ... 0350
NTN BEARING CORP.OF CANADA LTD. ... 0350
NTN BEARING CORP.OF CANADA LTD ... 0350
NTN BEARING MFG. CANADA LTD. ... 0350
NTN-BOWER CORP. ... 0350
NTN DRIVESHAFT, INC. ... 0350
NTN ELGIN CORP. ... 0350
NTN Kugellagerfabrik (Deutschland) G.m.b.H. ... 0350
NTN MANUFACTURING DE MEXICO, S.A.DE C.V. ... 0350
NTN Manufacturing India Private Limited ... 0350
NTN MANUFACTURING (THAILAND) CO., LTD. ... 0350
NTN-NIDEC (THAILAND) CO., LTD. ... 0350
NTN TRANSMISSIONS EUROPE ... 0350
NTN USA CORP. ... 0350
NTN Walzlager (Europa) G.m.b.H. ... 0350
NTV America Company ... 2162
NTV International Corporation ... 2162
NuFlare Technology America, Inc. ... 2264
Nui Tec Corporation ... 1594
NYK CONTAINER LINE ... 2189
NYK LINE JAPAN ... 2189
OAT&IIL India Laboratories Private Limited ... 0410
OBARA ... 0486
OBARA AUSTRALIA PTY. LTD. ... 0486
OBARA KOREA CORP. ... 0486
OBARA (MALAYSIA) SDN.BHD. ... 0486

OBARA (NANJING) MACHINERY & ELECTRIC CO., LTD. ... 0486
OBARA (SHANGHAI) CO., LTD. ... 0486
OBARA (THAILAND) CO., LTD. ... 0486
ODAWARA AMERICA CORP. ... 0469
OG ASIA INDONESIA ... 0465
OG. ASIA (TAIWAN) CORPORATION ... 0465
OG CORPORATION INDIA PVT. LTD. ... 0465
OG TRADING (THAILAND) CO., LTD. ... 0465
O&H ... 2897
OHARA GmbH ... 0485
Ohara Corporation ... 0485
OHARA DISK (M) SDN. BHD. ... 0485
Ohara Optical Glass Inc. ... 0485
OHARA OPTICAL (M) SDN.BHD. ... 0485
OHASHI SATO (THAILAND) CO., LTD. ... 0484
OHASHI TECHNICA (THAILAND) CO., LTD. ... 0484
OHASHI TECHNICA UK, LTD. ... 0484
OHASHI TECHNICA U.S.A., INC. ... 0484
OHASHI TECHNICA U.S.A. MANUFACTURING INC. ... 0484
OHIO STAR FORGE CO. ... 1497
OHIZUMI MFG (THAILAND) CO., LTD. ... 0417
Oiles America Corporation ... 0402
Oiles Czech Manufacturing s.r.o. ... 0402
Oiles France SASU ... 0402
Oiles India Private Limited ... 0402
Oiles Self Lubricating Bearings Manufacturing Private Limited ... 0402
Oiles (Thailand) Company Limited ... 0402
Oiles USA Holding Incorporated ... 0402
OKAMOTO CORPORATION ... 0451
Okamoto North America, Inc. ... 0449
Okamoto Realty, LLC ... 0449
Okamoto Sandusky Manufacturing, LLC ... 0449
OKAMOTO (SINGAPORE) PTE, LTD. ... 0451
OKAMOTO (THAI) CO., LTD. ... 0451
Okamoto U.S.A., Inc. ... 0449

Company	Page
OKAYA ELECTRIC AMERICA, INC.	0453
OKAYA ELECTRIC (SINGAPORE) PTE LTD	0453
OKAYA ELECTRIC (THAILAND) CO., LTD.	0453
OKAYA LANKA (PVT) LTD.	0453
OKC	0429
OKI BRASIL INDUSTRIA E COMERCIO DE PRODUTOS E TECNOLOGIA EM AUTOMACAO S.A.	0455
OKI EUROPE LTD.	0455
OKK Europe GmbH	0422
OKK INDONESIA	0422
OKK MANUFACTURING (THAILAND) CO., LTD.	0422
OKK USA CORPORATION	0422
Okuma America Corporation	0462
Okuma Australia Pty. Ltd.	0462
Okuma Europe RUS LLC	0462
Okuma India Pvt. Ltd.	0462
Okuma Indonesia	0462
Okuma Latino Americana Comercio Ltda.	0462
Okuma New Zealand Ltd.	0462
Okuma Techno (Thailand) Ltd.	0462
Okuma Vietnam Co. Ltd.	0462
OLED Material Solutions	2164
Olympus America Inc.	0508
Olympus Asset Management Limited	0508
Olympus Camera Corporation	0508
Olympus Corporation of America	0508
Olympus Corporation of the Americas	0508
Olympus Europa Holding GmbH	0508
Olympus Hong Kong Limited	0508
Olympus NDT Corporation	0508
Olympus Optical Co. (Europa) GmbH	0508
Olympus (Shenzhen) Industrial Ltd.	0508
Olympus USA Incorporated	0508
OM., Inc.	0449
OMRON ASIA PACIFIC PTE.LTD.	0498
OMRON (CHINA) CO., LTD.	0498
OMRON EUROPE B.V.	0498
OMRON MANAGEMENT CENTER OF AMERICA, INC.	0498
OMRON MANAGEMENT CENTER OF INDIA	0498
Omron Management Center of Latin America	0498
OMRON VIETNAM CO., LTD	0498
O & M SOLAR S.R.O.	0478
OMTRANS Logistics Ltd.社	1967
OMTRAX Packaging Solutions Ltd.	1967
ONAMBA INDONESIA	0478
ONAMBA (M) SDN. BHD.	0478
ONAMBA (THAILAND) CO., LTD.	0478
One Flower	2434
OOO東洋トランス	1890
OOOTB東洋トランス	1890
OOTOYA (THAILAND) CO., LTD.	0436
OPENECO Ltd.	1086
Open Network Lab	1742, 2426
OPTEX AMERICA, INC.	0491
OPTEX DO BRASIL LTDA.	0491
OPTEX (DONGGUAN) CO., LTD.	0491
OPTEX ELECTRONICS (TAIWAN), LTD.	0491
OPTEX (EUROPE) LTD.	0491
OPTEX (H.K.), LTD.	0491
OPTEX INCORPORATED	0491
OPTEX KOREA CO., LTD.	0491
OPTEX PINNACLE INDIA PRIVATE LIMITED	0491
OPTEX SECURITY, LLC	0491
OPTEX SECURITY SAS	0491
OPTEX SECURITY Sp.z o.o.	0491
OPTEX TECHNOLOGIES INC.	0491
OPTEX (U.S.A.), INC.	0491
Opticon, Inc.	0493
Option Sensors Pty.Ltd.	0493
OPTIQUE PARIS-MIKI (S) PTE.LTD.	2766
OptoSigma Corporation	1096
OptoSigma Europe S.A.S.	1096
ORBIS ASIA PACIFIC Headquarters PTE.LTD.	2673
ORBIS CHINA HONG KONG LIMITED	2673
ORBIS KOREA Inc.	2673
Oriental Consultants Gulf LLC	0271
Oriental Consultants India Private Limited	0271
Oriental Consultants Indonesia	0271
Oriental Consultants Japan co., Ltd.	0271
Oriental Yeast India Pvt.Ltd.	2069
Orient Bina Usaha Leasing	0506
Orient Leasing Containers, Inc.	0506
Orient Leasing (Hong Kong) Ltd.	0506
ORIIMEC DE MEXICO S.A. DE.C.V.	0500
Oriimec (Thailand) Co.Ltd.	0500
Oriimec Trading (Thailand) Co.Ltd.	0500
ORIX Asia Limited	0506
ORIX Australia Corporation Limited	0506
ORIX Aviation Systems Limited	0506
ORIX Indonesia Finance	0506
ORIX Leasing Malaysia Berhad	0506
ORIX USA Corporation)	0506
ORTECH	2989
ORTECH EUROPE KFT.	2989
OSAKAGODO AMERICA INC.	0465
OSAKAGODO KOREA CORPORATION	0465
O&S CALIFORNIA, INC.	0478
OSD	0453
OSG GmbH	0412
OSG Asia Pte Ltd.	0412
OSG Belgium S.A.	0412
OSG Canada Ltd.	0412
OSG Comaher S.L.	0412
OSG Europe Limited	0412
OSG Europe S.A.	0412
OSG Ferramentas de Precisao Ltda.	0412
OSG Limited	0412
OSG Sulamericana de Ferramentas Ltda.	0412
OSG Tap and Die, Inc. Illinois	0412
OSG Tooling Iberica, S.L.	0412
OSK	0434
OSK INTERNATIONAL (H.K.) LIMITED	0481
OSR, INC.	0513
OSS	0429
O.S.Technology, Inc.	0484
OTC DAIHEN INDIA Pvt. Ltd.	1520
OTC DAIHEN INDONESIA	1520
OTR Makina Sanayi ve Ticaret Ltd. Sti.	0462
OVAL EUROPE B.V.	0487
OVAL GAS ENGINEERING KOREA COMPANY	0487
OVAL KOREA LIMITED	0487
OVAL SINGAPORE PTE. LTD.	0487
OWARI PRECISION PRODUCTS (INDIA) PVT. LTD.	0513

O'WILL (ASIA) HOLDINGS PTE.LTD. 0403
OYO CORPORATION, PACIFIC 0409
OYO CORPORATION U.S.A. 0409
OYT CO., LTD. 0513
Ozu (Thailand) Co., Ltd. 0467
Pステーション 2473
PACECO CORP. 2797
Pacific Housing Materials & Design Inc. 1047
PACIFIC INDUSTRIES AIR CONTROLS, INC. 1518
PACIFIC INDUSTRIES EUROPE NV/SA 1518
PACIFIC INDUSTRIES (THAILAND) CO., LTD. 1518
PACIFIC INDUSTRIES USA INC. 1518
PACIFIC MANUFACTURING OHIO, INC. 1518
PACIFIC MANUFACTURING TENNESSEE, INC. 1518
PacificNet (Cambodia) Co., Ltd. 2323
Paiton Energy 2799
PAKARTI TATA 0341
PALMAJU EDIBLE OIL SDN.BHD. 2522
PALTEK Hong Kong Limited 2628
PANAHOME MALAYSIA SDN.BHD. 2342
PANAMA TRL S.A. 1788
Panash Limited 1090
Pan Pacific International Holdings Pte. Ltd. 1972
Panta GmbH 1312
PANTA ROMANIA S.R.L. 1312
paperboy&co. 1080
PAPST-MINEBEA-DISC-MOTOR GmbH 2833
PARADISE SEGASAMMY Co., Ltd. 1349
PARIS MIKI S.A.R.L. 2766
PARIS MIKI AUSTRALIA PTY.LTD. 2766
PARKER ADVANCED CHEMICAL (SHANGHAI) CO., LTD. 2312
PARKER CORPORATION MEXICANA, S.A.DE C.V. 2312
PARKER INTERNATIONAL CORPORATION (THAILAND) LTD. 2312
PARKER INTERNATIONAL (TAIWAN) CORPORATION 2312
PARKER INTERNATIONAL TRADING (SHANGHAI) CO., LTD. 2312
PARKER M&E PARTS (FOSHAN) CO., LTD. 2312

PARKER-PCP AUTO COMPONENTS PVT.LTD. ... 2312
Pars Drilling Kish Co., Ltd. 2109
Pasco Corporation of America 1090
PASCO Europe B.V. 2325
PASCO International Europe B.V. 2325
PASCO SPACE MAPPING TECHNOLOGY 2325
Pasona HR Consulting Recruitment (Thailand) Co., Ltd. 2329
Pasona HR Indonesia 2329
Pasona HR Malaysia Sdn. Bhd. 2329
Pasona Korea Co., Ltd. 2329
Pasta Montana, L.L.C. 2152
PAUL BASSETT JAPAN 3152
Payment Card Forensics ... 3017
PayPal Pte. Ltd. 1431
PCC-1 NISSEI TIC AUTO PARKING JOINT STOCK COMPANY 2075
PC INTERNATIONAL (CZECH) S.R.O. 2312
PC INTERNATIONAL TRADING (EUROPE) B.V. 2312
PCM PROCESSING (THAILAND) LTD. 3038
PCM STEEL PROCESSING SDN.BHD. 3038
PCN 1157
pdc 2673
PEGASUS CORPORATION OF AMERICA 2615
PEGASUS PFAFF EUROPA GmbH 2615
PEGASUS SEWING MACHINE PTE. LTD. 2615
PEGASUS SEWING MACHINES (HONG KONG) LTD. 2615
PEGASUS-SHIMAMOTO AUTO PARTS (VIETNAM) CO., LTD. 2615
PEGASUS VIETNAM SEWING MACHINE CO., LTD. 2615
PELMEC INDUSTRIES (PTE.) LIMITED 2833
Pengeluaran Getah Bando (Malaysia) Sdn. Bhd. ... 2379
PENNGRAPH, INC. 1883
PERTAMA PRECISION BINTAN 1453
PERUBCO NITTO KAKO CO., LTD. 2086
PeX 2672
PFAFF-PEGASUS OF U.S.A., INC. 2615
P&F MEXICANA, S.A. DE C.V. 2559
PFU 1093, 2528
P&F USA, Inc. 2559
PFU Technology Singapore Pte. Ltd. 1093

Phan Vu Investment Corporation 1167
Phan Vu Quang Binh Concrete Company Limited 1167
PharmaBio Co., Ltd. 2459
Pharma Foods Korea Co., Ltd. 2459
PHILIPPINE D-I, INC. ... 1453
Philippine FamilyMart CVS, Inc. 2461
Philippine Manufacturing Co. of Murata, Inc. 2864
PHILLIP TOKAI TOKYO INVESTMENT MANAGEMENT PTE. LTD. 1794
Phnom Penh Combi (Cambodia) Co., Ltd. ... 0889
PHOTRON EUROPE Limited 0194
PHOTRON USA, Inc. 0194
PHOTRON VIETNAM TECHNICAL CENTER Ltd. 0194
Phuc Son Technology Co., Ltd. 0116
PIA ASIA PACIFIC CO., LIMITED 2382
PIETRO SINGAPORE PTE. LTD. 2386
PIGEON INDIA PVT.LTD. 2407
PIGEON INDUSTRIES (CHANGZHOU) CO., LTD. 2407
PIGEON PRODUTOS INFANTIS LTDA. 2407
PIGEON (SHANGHAI) CO., LTD. 2407
Pilipinas Kao, Inc. 0526
Pioneer & Onkyo U.S.A. Corporation 0514
PK Manufacturing Indonesia 2591
PLA MATELS INDIA PRIVATE LIMITED 2572
PLA MATELS (MALAYSIA) SDN. BHD. 2572
Pla Matels (Singapore) Pte. Ltd. 2572
Pla Matels (Thailand) Co., Ltd. 2572
Platform ID 0494
Plat'Home USA Ltd. 2570
PLATZ VIETNAM CO., LTD. 2569
Plenus, Inc. 2593
PLENUS AusT PTY.LTD 2593
PLUS-A 0061
Plus Thank 2527
POBAL DEVICE KOREA CO., LTD. 2668
POLA LLC 2673
Poland Tokai Okaya Manufacturing Sp. z o.o. 0452
POLAR STAR LINE S.A. 0590
Pole To Win America Hunt Valley, Inc. 2678
POVAL ASIA PTE LTD ... 0729
POVAL ASIA Pte Ltd. 2130

Company	Page
POVAL KOBASHI (THAILAND) CO., LTD.	2668
POWDERTECH CORP	2310
POWDERTECH INTERNATIONAL CORP	2310
Powertech Technology Inc.	1757
POWERWAY・JAPAN	0235
PracticeMatch Corporation	0382
Precision System Science Europe GmbH	2590
Precision System Science USA, Inc.	2590
Preferred Infrastructure	2574
Prime Evoluе Singapore Pte. Ltd.	2784
PRIME ON CORPORATION LIMITED	0111
Primus Communications社	1955
PRINCIA Co., LTD.	1775
Prism Solutions Inc.	1749
Project White	2958
Prospect Motor	2502
PROTO INDONESIA	2600
PROTO SINGAPORE Pte. Ltd.	2600
PR TIMES	2617
PSS Bio Instruments, Inc.	2590
Pulstec USA, Inc.	2368
PUNCH INDUSTRY INDIA PVT. LTD.	2378
PUNCH INDUSTRY INDONESIA	2378
PVネクスト	1773
Q&B FOODS, INC.	0658
Qiaotou TBK Co., Ltd.	1716
Qlix	2567
QMS	0398
QUEENSLAND PRAWN FARM PTY.LTD.	2394
QUICK USA, Inc.	0706
Quimi-Kao S.A. de C.V.	0526
Rabigh Petrochemical Logistics LLC	1320
RAITO, INC.	3052
RAITO NEW ZEALAND LIMITED	3052
RAITO SINGAPORE PTE. LTD.	3052, 3061
RareJob Philippines, Inc.	3119
Raysum Philippines, Inc.	3126
R&C	0543
RDO-CALBEE FOODS, LLC	0581
R.D.OFFUTT COMPANY	0581
READO	3068
Realcom Technology, Inc.	3067
Realcom U.S., Inc.	3067
REALCORE	3068
Real Networks社	1955
REALWORLD ASIA PTE. LTD.	3068
REFRACTORIES CORPORATION OF THE PHILIPPINES	2835
Reichhold Chemicals, Inc.	1681
Relocation International (U.S.A), Inc.	3110
REMtech Corporation	1312
Remunera Jorudan	1214
RENAISSANCE OLYMPIA CO., LTD	3118
RENAISSANCE VIETNAM, INC.	3118
RENESAS EASTON AMERICA INC.	3116
RENESAS EASTON (SINGAPORE) PTE.LTD.	3116
RENESAS EASTON (THAILAND) CO., LTD.	3116
RENTRACKS VIETNAM CO., LTD	3134
ReproCELL USA Inc.	3100
RESORTTRUST HAWAII, LLC	3088
RESORTTRUST PALAU, INC.	3088
REXUS INTERNATIONAL CORPORATION	0107
RfStream	2396
RGF HR Agent India Private Limited	3074
RGF HR Agent Vietnam Co., Ltd	3074
RGF Jalan Korea Co., Ltd.	3074
RGF Jalan USA, Inc.	3074
RhiGene Inc.	0167
RHJ International SA	1095
RHYKA VACUUM PLATING (H.K.) LTD.	3084
RHYTHM INDUSTRIAL (H.K.) LTD.	3084
RHYTHM PRECISION (H.K.) LTD.	3084
RHYTHM U.S.A., INC.	3084
RHYWACO (H.K.) CO., LTD.	3084
RICH MOUNT INC.	0977
RICOH AMERICAS CORPORATION	3082
RICOH ASIA INDUSTRY (SHENZHEN) LTD.	3082
RICOH ASIA PACIFIC PTE LTD.	3082
RICOH BUSINESS MACHINES, LTD.	3082
RICOH CHINA CO., LTD.	3082
RICOH ELECTRONICS, INC.	3082
RICOH EUROPE HOLDINGS B.V.	3082
RICOH HONG KONG LTD.	3082
RICOH INDUSTRIE FRANCE S.A.	3082
RICOH INDUSTRIE FRANCE S.A.S.	3082
RICOH INNOVATIONS CORPORATION	3082
RICOH MANUFACTURING (THAILAND) Ltd.	3082
RICOH NEDERLAND B.V.	3082
RICOH OF AMERICA INC.	3082
RICOH SILICON VALLEY, INC.	3082
RICOH UK PRODUCTS LTD.	3082
Rieter Nittoku Automotive Sound Proof Products India Pvt. Ltd.	2236
Rietor Automotive Internationa	2236
Rietor Automotive International AG	2236
RiKA International Ltd.	1256
RIKEN VITAMIN EUROPE GmbH	3081
RIKEN VITAMIN USA INC.	3081
RIKEVITA (INDIA) PRIVATE LIMITED	3081
RIKEVITA (MALAYSIA) SDN.BHD.	3081
RIKEVITA (SINGAPORE) PTE LTD	3081
RIKEVITA TURKEY FOOD INDUSTRY LIMITED COMPANY	3081
Ringer Hut Hawaii Inc.	3111
Ringer Hut Hong Kong Co., Ltd.	3111
Rising Star Games Limited	2726
RISO, INC.	3085
RISO (Deutschland) GmbH	3085
RISO EURASIA LLC	3085
RISO EUROPE LTD.	3085
RISO FRANCE S.A.	3085
RISO HONG KONG LTD.	3085
RISO IBERICA, S.A.	3085
RISO INDUSTRY (THAILAND) CO., LTD.	3085
RISO LATIN AMERICA, INC.	3085
RISO (U.K.) LTD.	3085
River Electronics	3097
River Electronics Corporation	3097
River Electronics (Ipoh) Sdn. Bhd.	3097
River Electronics (Singapore) Pte. Ltd.	3097
River Sky Homes Co., Ltd	3101
RIX Europe GmbH	3093
RIX TECHNOLOGY (THAILAND) Co., Ltd.	3093
RKI INSTRUMENTS INC.	3078
RK INSTRUMENTS (S) PTE LTD	3078
RMS社	0409
Robin Village International PTE.LTD.	1085
ROCK PAINT INDONESIA	3141

RODA PRIMA LANCAR 0810	SAILOR U.S.A., INC. 1379	Sakata Tarim Urunleri ve Tohumculuk Sanayi ve Ticaret Limited Sirketi 0913
RONDEX (Thailand) CO., LTD. 1973	Saint Marc Cayman 1000	Sakata Vegenetics RSA (Pty) Ltd. 0913
RORZE AUTOMATION, INC. 3138	SAIZERIYA AUSTRALIA PTY.LTD. 0893	Sakata Vegetables Europe S. A.S. 0913
RORZE INTERNATIONAL PTE.LTD. 3138	SAKAI AMERICA, INC. 0907	SAKURA Internet (USA), Inc. 0921
RORZE ROBOTECH CO., LTD. 3138	SAKAI AMERICA MANUFACTURING, INC. 0907	SAKURAI (THAILAND) LTD. 0920
RORZE ROBOTECH INC. 3138	SAKAI AUSTRALIA PTY LTD. 0908	SAKURAI U.S.A., Co. 0920
RORZE SYSTEMS CORPORATION 3138	SAKAI CHEMICAL (VIETNAM) CO., LTD. 0906	SAKURAI VIETNAM CO., LTD. 0920
RORZE TECHNOLOGY, INC. 3138	SAKAI INDONESIA 0907	SALMONES ANTARTICA S. A. 2145
RORZE TECHNOLOGY CONSULTANTS (SIP) CO., LTD. 3138	SAKAI ROAD MACHINERY INDONESIA 0907	SALVATORE CUOMO JAPAN 3152
RORZE TECHNOLOGY SINGAPORE PTE. LTD. 3138	SAKAI TRADING AUSTRALIA PTY LTD. 0908	SAMANTHA THAVASA USA, INC. 0946
RORZE TECHNOLOGY TRADING CO., LTD. ... 3138	SAKAI TRADING EUROPE GmbH 0908	Samsung Electronics Co., Ltd. 1422
Round One Entertainment Inc. 3056	SAKAI TRADING NEW YORK INC. 0908	SAMVARDHANA MOTHERSON FINANCE LTD. 2512
R-TEK Ltd. 0598	SAKAI TRADING (THAILAND) CO., LTD. 0908	SanBio Merger Sub, Inc. ... 0998
RYOHIN KEIKAKU FRANCE S.A.S 3104	SAKAMURA 2663	SANDEN INTERNATIONAL 0993
RYOSAN EUROPE GMBH 3107	Sakata America Holding Company Inc. 0913	SANDEN INTERNATIONAL (EUROPE) LTD. 0993
RYOSAN INDIA PRIVATE LIMITED 3107	Sakata Holland B.V. 0913	SANDEN MANUFACTURING EUROPE S.A.S 0993
RYOSAN IPC (MALAYSIA) SDN.BHD. 3107	SAKATA INX ESPANA, S. A. 0912	SANDEN MANUFACTURING MEXICO SA DE CV 0993
RYOSAN TECHNOLOGIES USA INC. 3107	SAKATA INX (INDIA) PRIVATE LIMITED 0912	SANDEN MANUFACTURING POLAND SP.ZO.O. 0993
RYOSAN (THAILAND) CO., LTD. 3107	SAKATA INX INDONESIA 0912	SANDENVENDO AMERICA INC. 0993
RYOSHO EUROPE GmbH 3103	Sakata Inx Logistics Phils. Inc. 1093	SANDEN VIKAS PRECISION PARTS PRIVATE LIMITED 0993
RYOSHO KOREA CO., LTD. 3103	SAKATA INX (MALAYSIA) SDN.BHD. 0912	SAN EAST UK PLC 0970
RYOSHO TECHNO SINGAPORE PTE LTD 3103	SAKATA INX SHANGHAI CO., LTD. 0912	Sangetsu America, Inc. 0973
RYOSHO (THAILAND) CO., LTD. 3103	Sakata Inx TWN Co., Ltd. 1093	SANGO India Automotive Parts Prv. Ltd. 0975
RYOSHO U.S.A. INC. 3103	Sakata Ornamentals Europe A/S 0913	SANGO INDONESIA 0975
RYOTAI CORPORATION 3107	Sakata Seed America, Inc. 0913	SANGO TURKEY INC. ... 0975
RYOYO ELECTRO HONG KONG LIMITED 3106	Sakata Seed America, Inc.が Alf Christianson Seed Co. 0913	SANKO ENGINEERING INDONESIA 1232
RYOYO ELECTRO SINGAPORE PTE., LTD. 3106	Sakata Seed Chile S.A. 0913	SANKO FASTEM (THAILAND) LTD. 0980
RYOYO ELECTRO (THAILAND) CO., LTD. 3106	Sakata Seed Chile S.A.が Sakata Ornamentals Chile Ltda. 0913	SANKO FASTEM USA INC. 0980
RYOYO ELECTRO USA, INC. 3106	Sakata Seed de Mexico, S.A. de C.V. 0913	SANKO FASTEM (VIETNAM) LTD. 0980
SAERON AUTOMOTIVE CORPORATION 2071	Sakata Seed do Brasil Ltda. 0913	SANKO GOSEI MEXICO, S. A.DE C.V. 0977
SAFE 1688	Sakata Seed Europe B.V. .. 0913	SANKO GOSEI PHILIPPINES, INC. 0977
Sagadril, Inc. 2109	Sakata Seed France S.A.R.L. 0913	SANKO GOSEI TECHNOLOGIES USA, INC. 0977
Sagadril 2, Inc. 2109	Sakata Seed Iberica S.L. ... 0913	
SAGAMI INTERNATIONAL CO., LTD. 0916	Sakata Seed India Private Limited 0913	SANKO GOSEI TECHNOLOGY INDIA PRIVATE LTD. 0977
Saha Seiren Co., Ltd. 1382	Sakata Seed Oceania Pty Ltd 0913	
SAILOR AUTOMATION, INC. 1379	Sakata Seed Sudamerica Ltda. 0913	SANKO GOSEI TECHNOLOGY INDONESIA 0977
	Sakata Siam Seed Co., Ltd. 0913	

Company	Page
SANKO GOSEI TECHNOLOGY (SINGAPORE) PTE LTD.	0977
SANKO GOSEI TECHNOLOGY (THAILAND) LTD.	0977
SANKO GOSEI (THAILAND) LTD.	0977
SANKO GOSEI UK LTD.	0977
SANKO NEDERLAND B.V.	0977
SANKO PETERSON CORP.	0981
SANKO TOCHEMI MANUFACTURING (THAILAND) LTD.	0977
SANKO TRADING USA, INC.	0976
SANKYO INTERNATIONAL (SINGAPORE) PTE.LTD.	0993
SANKYO INTERNATIONAL (U.K.) LTD.	0993
SANKYO KASEI SINGAPORE PTE. LTD.	0968
SANKYO KASEI (THAILAND) CO., LTD.	0968
SANKYO SEIKO (ASIA PACIFIC) CO., LTD.	0970
SANKYO SEIKO EUROPE S.A.	0970
Sankyu Eastern International (H.K.) Co., Ltd.	0967
Sankyu Indonesia International	0967
Sankyu Logistics & Engineering Services (Thailand) Co., Ltd.	0967
Sankyu (Malaysia) Sdn.Bhd.	0967
Sankyu S/A	0967
Sankyu (Singapore) Pte. Ltd.	0967
SankyuSoutheastAsia Holdings Pte.Ltd.	0967
Sankyu U.S.A., Inc.	0967
SAN MODE FREIGHT SERVICE, INC.	2869
Sannno Philippines Manufacturing Corporation	0997
Sanno Land Corporation	0997
Sanoyas Rides Australia Pty Ltd	0943
Sanrio GmbH	1015
Sanrio, Inc.	1015
Sanrio Asia Merchandise Co., Ltd.	1015
Sanrio Chile SpA.	1015
Sanrio Communications, Inc.	1015
Sanrio Do Brasil Comersio e Representacoes Ltda.	1015
Sanrio Global Ltd.	1015
Sanrio Global Asia Ltd.	1015
Sanrio (Hong Kong) Co., Ltd.	1015
Sanrio Korea Co., Ltd.	1015
Sanrio License GmbH	1015
Sanrio UK Finance Ltd.	1015
Sanrio Wave Hong Kong Co., Ltd.	1015
SANRITSU LOGISTICS AMERICA Inc.	1016
Sansei Technologies Inc.	0986
SANSHIN ELECTRONICS CORPORATION	0984
SANSHIN ELECTRONICS (HONG KONG) CO., LTD.	0984
SANSHIN ELECTRONICS KOREA CO., LTD.	0984
SAN SHIN ELECTRONICS (MALAYSIA) SDN. BHD.	0984
SANSHIN ELECTRONICS SINGAPORE (PTE) LTD.	0984
SANSHIN ELECTRONICS (THAILAND) CO., LTD.	0984
SANTAKU SHINWA INDONESIA	1265
SANTEC Europe Ltd.	0990
SANTEC U.S.A. CORPORATION	0990
Santen Inc.	0992
Santen Holdings EU B.V.	0992
Santen Holdings U.S. Inc.	0992
Santen India Private Limited	0992
Santen Italy S.r.l.	0992
Santen Oy	0992
Santen Pharmaceutical Asia Pte.Ltd.	0992
Santen Pharmaceutical Spain, S.L.	0992
SANTEN PHARMA MALAYSIA SDN. BHD.	0992
SANTEN PHILIPPINES INC.	0992
Santen Switzerland SA	0992
SANTEN (THAILAND) CO., LTD.	0992
Santen UK Limited	0992
San-Thap International Co., Ltd.	1011
Santiago Agrisupply SpA	0045
SANWA COMPANY HUB PTE.LTD.	1018
Sanwa Shutter Europe Ltd.	1020
Sanwa USA Inc.	1020
SANYEI CORPORATION (MALAYSIA) SDN. BHD.	0960
Sanyo Corporation of America	1011
SANYO DENKI AMERICA, INC.	1007
SANYO DENKI EUROPE S.A.	1007
SANYO DENKI GERMANY GmbH	1007
SANYO DENKI INDIA PRIVATE LIMITED	1007
SANYO DENKI KOREA CO., LTD.	1007
SANYO DENKI PHILIPPINES, INC.	1007
SANYO DENKI SINGAPORE PTE. LTD.	1007
SANYO DENKI TECHNO SERVICE (SINGAPORE) PTE.LTD.	1007
SANYO DENKI (THAILAND) CO., LTD.	1007
SANYO ENGINEERING & CONSTRUCTION VIETNAM CO., LTD.	0989
Sanyo Special Steel India Pvt. Ltd.	1009
SANYO SPECIAL STEEL INDONESIA	1009
SANYO SPECIAL STEEL U.S.A., INC.	1009
Sanyo Trading India Private Limited	1011
Sanyo Trading Indonesia	1011
Sanyo Trading (Viet Nam) Co., Ltd.	1011
SASAKURA INDONESIA	0925
SASAKURA INTERNATIONAL (H.K.) CO., LTD.	0925
SATO AMERICA INC.	0939
SATO ASIA PACIFIC PTE. LTD.	0939
SATO AUSTRALIA PTY LTD.	0939
SATO AUTO-ID INDIA PVT.LTD.	0939
SATO AUTO-ID MALAYSIA SDN.BHD.	0939
SATO AUTO-ID (THAILAND) CO., LTD.	0939
SATO BAR CODE & LABELLING SDN BHD	0939
SATO BENELUX B.V.	0939
SATO ELECTRONICS (M) SDN BHD	0939
SATO EUROPE GmbH	0939
SATO EUROPE NV.	0939
SATO GERMANY GmbH	0939
SATO GLOBAL BUSINESS SERVICES PTE.LTD.	0939
SATO Global Solutions, LLC	0939
SATO HOME&PRODUCTS CO., LTD.	0934
SATO IBERIA S.A.U.	0939
SATO INTERNATIONAL AMERICA, INC.	0939
SATO INTERNATIONAL ASIA PACIFIC PTE.LTD.	0939
SATO INTERNATIONAL EUROPE N.V.	0939
SATO LABELING SOLUTIONS AMERICA, INC.	0939

SATO LABELLING MALAYSIA ELECTRONICS SDN.BHD ………… 0939
SATO LABELLING POLAND SP.Z O.O. …… 0939
SATO LABELLING SOLUTIONS EUROPE GmbH ………………………………… 0939
SATO MALAYSIA ELECTRONICS MANUFACTURING SDN.BHD. …… 0939
SATO MALAYSIA SDN. BHD. ……………………… 0939
SATO NEW ZEALAND LTD. ……………………… 0939
SATO POLSKA SP.Z O.O. ………………………………… 0939
SATORI ELECTRIC (AMERICA) INC. …… 0940
SATORI ELECTRIC (GERMANY) GmbH … 0940
SATORI ELECTRIC (THAILAND) CO., LTD. ………………………………… 0940
SATORI E-TECHNOLOGY (AMERICA) INC. …… 0940
SATORI PINICS HONG KONG CO., LTD. …… 0940
SATORI PINICS (SINGAPORE) PTE., LTD. ………………………………… 0940
SATORI PINICS (THAILAND) CO., LTD. ………………………………… 0940
SATORI PRODUCTION MANAGEMENT CONSULTING CO., LTD. …… 0940
SATORI S-TECH HONG KONG CO., LTD. ……… 0940
SATORI S-TECH PRODUCTION MANAGEMENT CONSULTING CO., LTD. ……………………… 0940
SATO SHANGHAI CO., LTD. ……………………… 0939
SATO-SHOJI INDONESIA ………………………………… 0934
SATO SHOJI KOREA CO., LTD ……………………… 0934
SATO-SHOJI (THAILAND) CO., LTD. ………………… 0934
SATO-SHOJI (VIETNAM) CO., LTD. ………………… 0934
SATO TECHNO LAB EUROPE AB ……………… 0939
SATO VICINITY PTY LTD ………………………………… 0939
SATO VIETNAM CO., LTD. ………………………………… 0939
Saville & Holdsworth Ltd. ………………………………… 2106
SB Durez Holding, Inc. …… 1325
S&B INTERNATIONAL CORPORATION ……… 0324
SBI VEN HOLDINGS PTE. LTD. …………………… 0321
SBR …………………………… 0035
SBS Logistics Holdings Singapore Pte. Ltd. ………… 0322

SBS Logistics RHQ Pte. Ltd. ………………………………… 0322
SCENTEE HOLDINGS PTE LTD ……………………… 1142
SCHOTT社 ……………………… 0727
SCHOTT KURAMOTO Processing Korea Co., Ltd. ·· 0727
SCI ………………………………… 3137
SCM SOUTHRIDGE, LLC ………………………………… 0966
SDS ENERGY INDONESIA ………………………………… 1189
SE Bordnetze Tunisia S.A.R.L. ………………………… 1323
SEC ……………………… 1014, 1312
SECRON Co., Ltd ………… 1970
SEED330 ………………… 3087
SEED CONTACT LENS ………………………………… 1131
SEED CONTACT LENS ASIA PTE.LTD. ………… 1131
SEED Contact Lens Europe S.A. ………………………… 1131
SEIKA MACHINERY, INC. ………………………………… 1334
Seika Sangyo GmbH ……… 1334
Seika Sangyo (Thailand) Co., Ltd. ……………………… 1334
Seika YKC Circuit (Thailand) Co., Ltd. …… 1334
SEIKOH GIKEN EUROPE GmbH …………………… 1337
SEIKOH GIKEN USA, INC. ………………………………… 1337
SEIREN INDIA PRIVATE LIMITED ………………… 1382
SEIREN INDONESIA …… 1382
Seiren Produtos Automotivos Ltda. ……………………… 1382
Seiren U.S.A. Corporation ………………………………… 1382
SEIWA ELECTRIC (VIETNAM) Co., Ltd. ………………………………… 1348
SEJアセットマネジメント＆インベストメント ………… 1372
Sekisui House Australia Holdings Pty Limited ……… 1355
Sekisui Plastics Europe B.V. ………………………………… 1353
Sekisui Plastics Indonesia ………………………………… 1353
Sekisui Plastics (Thailand) Co., Ltd. ………………… 1353
Sekisui Plastics U.S.A., Inc. ………………………………… 1353
SELF (HONG KONG) Co. Ltd. ……………………… 3121
SEMITEC ELECTRONICS PHILIPPINES INC. …… 1376
SEMITEC ELECTRONICS VIETNAM CO., LTD. … 1376
SEMITEC Europe GmbH ………………………………… 1376
SEMITEC (HONG KONG) CO., LTD ………………… 1376
SEMITEC KOREA CO., LTD ……………………… 1376
SEMITEC PHILIPPINES CORPORATION ……… 1376

SEMITEC TAIWAN CORP. ………………………………… 1376
SEMITEC USA CORP. …… 1376
SENIOR MARKETING SYSTEM ASIA PTE. LTD. ………………………………… 0303
SENIOR MARKETING SYSTEM SDN.BHD. ………… 0303
SENIOR MARKETING SYSTEM (THAILAND) CO., LTD. ……………………… 0303
Senko International Logistics Pte. Ltd. ……………… 1385
SENSHU ELECTRIC PHILIPPINES CORPORATION ………………… 1388
SENSHU ELECTRIC (THAILAND) CO., LTD. ………………………………… 1388
SENTUHAMONI SDN.BHD. ………………………………… 2017
SEPTON Company of America ……………………… 0729
SE Wiring Systems Egypt S.A.E ……………………… 1323
SEWS-CABIND S.p.A. …… 1323
SGL CARBON AG ……… 1791
SGL TOKAI CARBON LTD. SHANGHAI ……………… 1791
SHアジアパシフィック社 … 1314
SHマテリアル ……………… 1314
SHANDONG TSURUMI HONGQI ENVIRONMENTAL TECHNOLOGY CO., LTD. ……………………… 1680
SHANGHAI ESTIC CO., LTD. ……………………… 0318
SHANGHAI FDK CORPORATION ………………… 0370
SHANGHAI inrevium SOLUTIONS LTD. ……………… 1807
Shanghai Kyocera Electronics Co., Ltd. ……………… 0668
Shanghai OBC Safe Software Co., Ltd. ……………… 0490
SHANGHAI OVAL INSTRUMENT CO., LTD. ……… 0487
SHANGHAI PARKER M&E PARTS CO., LTD. ……… 2312
SHANGHAI SATORI CO., LTD. ……………………… 0940
SHANGHAI SHINKO TRADING LTD. ………… 1234
SHANGHAI SHOFU Dental Material Co., Ltd. ……… 1192
Shanghai Sumitomo Mitsui Finance and Leasing Co., Ltd ……………………… 2792
Shanghai Topcon-Sokkia Technology & Trading Co., Ltd. ……………………… 1929
SHANGHAI TSURUMI PUMP CO., LTD. ……… 1680
Shenzhen Murata Technology Co., Ltd. ……………… 2864
SHENZHEN SATORI CO., LTD. ……………………… 0940
Shibusawa Logistics Vietnam Co., Ltd. ……………… 1140
Shidax USA Corporation … 1120

Company	Page
SHIFT GLOBAL PTE LTD	1142
SHIFT INDIA PRIVATE LIMITED	1142
Shiga Preferred Capital Cayman Limited	1089
SHIKOKU INTERNATIONAL CORPORATION	1102
SHIKOKU (M) SDN.BHD.	0312
Shimano American Corporation	1152
Shimano Batam	1152
Shimano Components (Malaysia) Sdn.Bhd.	1152
Shimano Czech Republic, s.r.o.	1152
Shimano (Europa) GmbH	1152
Shimano Europe Bike Holding B.V.	1152
Shimano Europe Holding B.V.	1152
Shimano (Kunshan) Bicycle Components Co., Ltd.	1152
Shimano (Philippines) Inc.	1152
Shimano (Shanghai) Bicycle Components Co., Ltd.	1152
Shimano (Shanghai) Sales Corporation	1152
Shimano (Singapore) Pte. Ltd.	1152
Shimano Taiwan Co., Ltd.	1152
Shimano (Tianjin) Bicycle Components Co., Ltd.	1152
SHIMA SEIKI (THAILAND) CO., LTD.	1149
Shinden Hightex Korea Corporation	1239
Shinden Hong Kong Limited	1239
Shinden Korea Techno Co., Ltd.	1239
Shinden Singapore Pte. Ltd.	1239
Shinden (Thailand) Co., Ltd.	1239
Shinden Trading (Shanghai) Co., Ltd.	1239
Shinden U.S.A. INC.	1239
Shin-Etsu Polymer America, Inc.	1222
Shin-Etsu Polymer Europe B.V.	1222
Shin-Etsu Polymer Hong Kong Co., Ltd.	1222
Shin-Etsu Polymer Hungary Kft.	1222
Shin-Etsu Polymer India Pvt. Ltd.	1222
Shin-Etsu Polymer Indonesia	1222
Shin-Etsu Polymer (Malaysia) Sdn.Bhd.	1222
Shin-Etsu Polymer Singapore Pte.Ltd.	1222
Shin-Etsu Polymer (Thailand) Ltd.	1222
Shinkawa (Malaysia) Sdn. Bhd.	1223
Shinkawa Manufacturing Asia Co., Ltd.	1223
Shinkawa Philippines, Inc.	1223
Shinkawa Singapore Pte. Ltd.	1223
Shinkawa (Thailand) Co., Ltd.	1223
Shinkawa U.S.A., Inc.	1223
Shinkawa Vietnam Co., Ltd.	1223
SHINKO ELECTRIC AMERICA, INC.	1234
SHINKO ELECTRIC INDUSTRIES (WUXI) CO., LTD.	1234
SHINKO ELECTRONICS (MALAYSIA) SDN. BHD.	1234
SHINKO ELECTRONICS (SINGAPORE) PTE. LTD.	1234
SHINKO PLANTECH	1232
SHINKO PLANTECH (THAILAND) CO., LTD.	1232
SHINKO (PTE) LTD.	1231
ShinMaywa Aerotech Pte. Ltd.	1264
ShinMaywa (Bangkok) Co., Ltd.	1264
ShinMaywa Industries India Private Limited	1264
ShinMaywa JEL Aerotech Pte. Ltd.	1264
SHINSEI PULP&PAPER AUSTRALIA PTY LTD.	1236
SHINSEI PULP & PAPER (USA) Corp.	1236
Shinsho American Corp.	1230
Shinsho Australia Pty.Ltd.	1230
Shinsho Europe GmbH	1230
Shinsho (Malaysia) Sdn. Bhd.	1230
Shinsho Mexico S.A. de C.V.	1230
Shinsho (Philippines) Corp.	1230
Shinto Paint Indonesia	1243
Shinto Paint Manufacturing Indonesia	1243
SHINWA INTEC Co., Ltd.	1265
SHINWA INTEC MALAYSIA SDN. BHD.	1265
SHINWA (U.K.) LTD.	0341
SHINWA (U.S.A.) INC.	0341
Shinyei Company, Inc.	1220
Shinyei Corp.of America	1220
Shinyei Electronics Corp. of America	1220
Shinyei Kaisha Electronics (M) SDN. BHD.	1220
Shinyei Singapore Pte.Ltd.	1220
SHIZUKI AMERICA INC.	1109
Shizuoka Bank (Europe) S.A.	1108
Shizuoka Liquidity Reserve Limited	1108
SHO-BI Corporation	1211
SHOEI (EUROPA) GMBH	1207
SHOEI EUROPE BVBA	1207
SHOEI EUROPE DISTRIBUTION SARL	1207
SHOEI FOODS (U.S.A.), INC.	1184
SHOEI FRANCE SARL	1207
SHOEI ITALIA S.R.L.	1207
SHOEI SAFETY HELMET CORPORATION	1207
SHOFU Dental GmbH	1192
SHOFU Dental Asia-Pacific Pte.Ltd.	1192
SHOFU Dental Corp.	1192
SHOFU Dental Co. (Singapore) Pte., Ltd.	1192
SHOFU Dental Supplies (Shanghai) Co., Ltd.	1192
SHOFU Dental Trading (Shanghai) Co., Ltd.	1192
SHOKEN U.S.A. CORPORATIO	0929
Shoko America, Inc.	1186
SHOKO SINGAPORE PTE. LTD.	1186
Shoko Tsusho (Thailand) Co., Ltd.	1186
Shop Airlines America, Inc.	2426
ShoPro USA	1185
Showa Aircraft Industry Philippines Inc.	1204
SHOWA AIRCRAFT USA INC.	1204
Shun Yin Investment Ltd.	2886
SIAM AZUMA MULTI-TRANS CO., LTD.	0104
SIAM CHITA CO., LTD.	1622
SIAM DEL MONTE COMPANY LIMITED	0632
Siamese-Bando Rubber Industry Ltd.	2379
SIAM JALUX Ltd.	1175
Siam Kayaba Co., Ltd.	0574
Siam Kirin Beverage Co., Ltd.	0696
SIAM KITO CO., LTD.	0635
SIAM KOKEN LTD.	0812
SIAM MESCO Co., Ltd.	2785
Siam Mitsui PTA Co., Ltd.	2784
SIAM NCS CO., LTD.	0164
SIAM NISTRANS CO., LTD.	2061
Siam Okamoto Co., Ltd.	0449
SIAM RIX MANUFACTURING Co., Ltd.	3093

Siam Sanyo Special Steel Product Co., Ltd. 1009
Siam Somar Co., Ltd. 1437
SIAM TAKUMA CO., Ltd. 1581
SIGMAXYZ SINGAPORE PTE. LTD. 1095
SIIX Bangkok Co., Ltd. 1093
SIIX COXON PRECISION PHILS., INC. 1093
SIIX (Dongguan) Co., Ltd. 1093
SIIX EMS (DONG GUAN) Co., Ltd. 1093
SIIX EMS Dongguan Ltd. 1093
SIIX EMS INDONESIA ... 1093
SIIX EMS MEXICO S de RL de C.V. 1093
SIIX EMS PHILIPPINES, INC. 1093
SIIX EMS (Shanghai) Co., Ltd. 1093
SIIX EMS Slovakia s.r.o. ... 1093
SIIX Logistics Phils, Inc. ... 1093
SIIX MEXICO, S.A DE C.V. 1093
SIIX (Shanghai) Co., Ltd. 1093
SIIX TWN Co., Ltd. 1093
SIKOKUKAKEN (LANGFANG) CO., LTD. 0312
SIKOKUKAKEN (SHANGHAI) CO., LTD. 0312
Silicon Compiler Systems社 1439
SINAR MAS TUNGGAL 2042
SINAR OLEOCHEMICAL INTERNATIONAL 2042
SINFONIA TECHNOLOGY (THAILAND) CO., LTD. 1258
Singapore Chemi-Con (Pte.) Ltd. 2126
SINGAPORE CONTEC PTE. LTD. 0887
SINGAPORE DAI-ICHI PTE.LTD. 1453
SINGAPORE ONAMBA PRIVATE LTD. 0478
SINGAPORE POINT PTE. LTD. 0110
SINGAPORE RYOSAN PRIVATE LIMITED 3107
SINGAPORE SAGAMI PTE. LTD. 0916
SINGAPORE SAIZERIYA PTE.LTD. 0893
SINGAPORE SATORI PTE. , LTD. 0940
Sinor-Kao S.A. 0526
Sisterna B.V. 1447
SiTime Corporation 2886
SITUS KARUNIA INDONESIA 3068
Six Apart, Inc. 0219
SJ Almaden II, Inc. 3135

SJ Rental, Inc. 0553
SK COATINGS SDN.BHD. 0312
SKE KOREA CO., LTD. .. 0311
SKJ Metal Industries Co., Ltd. 1009
SKJ USA, INC. 0310
SK KAKEN (M) SDN. BHD. 0312
SK KAKEN (THAILAND) CO., LTD. 0312
SKK CHEMICAL (M) SDN. BHD. 0312
SKK CHEMICAL (THAILAND) CO., LTD. 0312
SKK (H'K) CO., LTD. 0312
SKK KAKEN INDONESIA 0312
SKK KAKEN (KOREA) CO., LTD. 0312
SKK (S) PTE.LTD. 0312
SKK VIETNAM CO., LTD. 0312
Sky Express Hawaii, Inc. ... 0178
S-LCD Corporation 1422
SLD SINGAPORE PTE. LTD. 0306
SLK Solution Inc. 1116
Sluzba SIIX Electronics s.r.o. 1093
Smarprise 1968
Smart Cloud 2576
SmartEbook.com 2478
SMARTEBOOKCOM INDONESIA 2478
SmartEbook.com Mexico, S. de R.L.de C.V. 2478
SmartEbook.com Vietnam Company Limited 2478
SmartVPS LIMITED 2576
SMCアメリカ 0305
SMCイギリス 0305
SMC韓国 0305
SMC広州 0305
SMCシンガポール 0305
SMCスペイン 0305
SMC台湾 0305
SMC中国 0305
SMCドイツ 0305
SMC北京製造 0305
SMC Mfg シンガポール ... 0305
SMC TOAMI LIMITED LIABILITY COMPANY 1779
sMedio America Inc. 0328
sMedio Technology (Shanghai) Inc. 0328
SMFL Leasing Indonesia ... 2792
SMI GLOBAL SDN.BHD. 2843
SMK Electronics Corporation of America 0304
SMK Electronics Corporation, U.S.A. 0304
SMK Electronics (Dongguan) Co., Ltd. ... 0304
SMK Electronics (Europe) Ltd. 0304

SMK Electronics (H.K.) Ltd. 0304
SMK Electronics Int'l Trading (Shanghai) Co., Ltd. 0304
SMK Electronics (Malaysia) Sdn. Bhd. 0304
SMK Electronics (Phils.) Corporation 0304
SMK Electronics Singapore Pte. Ltd. 0304
SMK Electronics Technology Development (Shenzhen) Co., Ltd. 0304
SMK Electronics Trading (Shanghai) Co., Ltd. 0304
SMK Electronics Trading (Shenzhen) Co., Ltd 0304
SMK Europe N.V. 0304
SMK Europe S.A. 0304
SMK Hungary Kft. 0304
SMK-Link Electronics Corporation 0304
SMK (U.K.) Ltd. 0304
SMS PHILIPPINES HEALTHCARE SOLUTIONS INC. 0303
SMS VIETNAM CO., LTD. 0303
SNBL Clinical Pharmacology Center, Inc. 1249
SNC Sound Proof Co., Ltd. 2236
Snow Peak Korea, Inc. 1298
Snow Peak U.S.A., Inc. 1298
SOARUS L.L.C. 2130
SODA NIKKA INDONESIA 1419
SODA NIKKA VIETNAM CO., LTD. 1419
Sofix Corp. 1981
Softfront, Inc. 1434
SOFTFRONT VIETNAM CO., LTD. 1434
Soil Tek Indonesia 1699
SOKNA PARTNERS CO., LTD. 3126
SOKO SEIREN MEXICANA, S.A.DE C.V. 1408
SOKUDO 1274
SOL ASIA HOLDINGS PTE. LTD. 0307
Soliton Systems, Inc. 1439
Soliton Systems Singapore Pte.Ltd. 1439
Solitron Technologies社 1439
Solphone, Inc. 1439
SOLUTION BUSINESS TECHNOLOGY KOREA Ltd. 1432
Somar Corporation India Pvt. Ltd. 1437
SOMETHING HOLDINGS ASIA PTE.LTD. 0949
Something Re.Co., Ltd. 0949
Sompo Japan Nipponkoa Holdings (Americas) Inc. 1443
So-net M3 USA Corporation 0382

SONY BMG MUSIC EN-TERTAINMENT 1422
Sony Life Insurance (Philippines) Corporation 1423
Sony Music Entertainment 1422
Sophia Asia-Pacific Limited 1428
SOSHIN ELECTRONICS EUROPE GmbH 1412
SOURCENEXT Inc. 1416
SPACE SHANGHAI CO., LTD. 1306
SPACE VALUE (THAILAND) CO., LTD. 2075
SPARX Asset Management International, Ltd. 1300
SPARX Finance S.A. 1300
SPARX Fund Services, Inc. 1300
SPARX Global Strategies, Inc. 1300
SPARX International, Ltd. 1300
SPARX International（Hong Kong）Limited 1300
SPARX Investment & Research, USA, Inc. 1300
SPARX Overseas Ltd. 1300
SPARX Securities, USA, LLC 1300
SPC 0178
SPEEDFAM MECHATRONICS（NANJING）LTD. 0486
SPEEDFAM MECHATRONICS（SHANGHAI）., LTD. 0486
SPK広州CO.LTD. 0323
SPKシンガポールPTE.LTD 0323
SPKビークルパーツCorporation 0323
SPKビークルプロダクツSDN. BHD. 0323
SPKモーターパーツCO., LTD. 0323
SPKヨーロッパB.V. 0323
SPL 2326
SPP Canada Aircraft, Inc. 1318
S&P Syndicate Public Company Limited社 0255
SPT 1199
SQUARE ENIX（China）CO., LTD. 1273
SQUARE ENIX OF AMERICA HOLDINGS, INC. 1273
SRA 0296
SRA International Holdings, Inc. 0296
SRA IP Solutions（Asia Pacific）Pte.Ltd. 0296
Srixon Sports Hong Kong Co., Limited 1619
Srixon Sports Korea Ltd. ·· 1619

Srixon Sports Manufacturing（Thailand）Co., Ltd. ···· 1619
Srixon Sports（Thailand）Co., Ltd. 1619
SRJ 0225
SRN Sound Proof Co., Ltd. 2236
S&S HYGIENE SOLUTION 0908
S.T. 0315
Stadoco Takao Europe 1130
Stanley Electric（Asia Pacific）Ltd. 1293
Stanley Electric do Brasil Ltda. 1293
Stanley Electric Holding Asia-Pacific Pte. Ltd. 1293
Stanley Electric Holding Europe Co., Ltd. 1293
Stanley Electric Holding of America, Inc. 1293
Stanley Electric Hungary Kft. 1293
Stanley Electric Korea Co., Ltd. 1293
Stanley Electric Mexico S.A. de C.V. 1293
Stanley Electric Sales of America, Inc. 1293
Stanley Electric Sales of India Pvt. Ltd. 1293
Stanley Electric U.S. Co., Inc. 1293
STANLEY-IDESS S.A. 1293
STANLEY-IDESS S.A.S. ... 1293
Starbucks Coffee International, Inc. 0926
Starts Brasil Real Estate Ltd. 1287
Starts Deutschland GmbH. 1287
Starts（Shanghai）Real Estate Service Co., Ltd. 1287
STCニッカCO., LTD. 2049
STEILAR C.K.M 3023
STELCO GmbH 1312
STELLA CHEMIFA SINGAPORE PTE LTD 1295
S&T Enterprises（Singapore）Pte.Ltd. 2318
S&T HITECH LTD. 2318
STIサンオーインディアリミテッド 0962
STL Co., Limited 0946
STNet 1104
STORYWRITER 0042
Stumpp Schuele & Somappa Auto Suspension Systems Pvt.Ltd. 2816
Stumpp Schuele & Somappa Springs Pvt.Ltd. 2816
Style us 0224
SUGAI AMERICA, INC. 1269
SUIDO KIKO VIET NAM CO., LTD 1268
SUKIT BUSINESS CO., LTD. 0635
SUMCO USA Corp. 0948
SUMIDA AG 1312

SUMIDA AMERICA COMPONENTS INC. 1312
SUMIDA AMERICAN HOLDINGS. INC. 1312
SUMIDA Components GmbH 1312
Sumida Electric（Changde）Co., Ltd. 1312
SUMIDA ELECTRIC（GUANGXI）CO., LTD. 1312
Sumida Electric（H.K.）Company Limited 1312
Sumida Electric（JI'AN）Co., Ltd. 1312
SUMIDA ELECTRIC（USA）COMPANY LIMITED 1312
SUMIDA Electronic SuQian Co., Ltd. 1312
SUMIDA ELECTRONIC VIETNAM CO., LTD. ··· 1312
SUMIDA Europe GmbH ··· 1312
Sumida Finance B.V. 1312
SUMIDA flexible connections GmbH 1312
SUMIDA FLEXIBLE CONNECTIONS ROMANIA S.R.L. 1312
Sumida Holding Germany GmbH 1312
SUMIDA Korea, Inc 1312
SUMIDA LCM COMPANY LIMITED 1312
SUMIDA OPT-ELECTRONICS COMPANY LIMITED ... 1312
SUMIDA REMtech CORPORATION 1312
SUMIDA SHINTEX COMPANY LIMITED 1312
Sumida Technologies Inc. ·· 1312
SUMIDA TRADING（KOREA）COMPANY LIMITED 1312
SUMIDA TRADING（SHANGHAI）COMPANY LIMITED 1312
Suminoe Surya Techno 1309
Sumisho Computer Service（Europe）Ltd. 0314
Sumisho Computer Service（USA）, Inc. 0314
Sumisho Computer Systems（Asia Pacific）Pte.Ltd. 0314
Sumisho Computer Systems（Europe）Ltd. 0314
Sumisho Computer Systems（USA）, Inc. 0314
Sumitomo Bakelite North America Holding, Inc. 1325
Sumitomo Mitsui Finance and Leasing（China）Co., Ltd. Beijing Branch 2792
Sumitomo Mitsui Finance and Leasing（China）Co., Ltd. Chengdu Branch 2792

Sumitomo Rubber AKO Lastik Sanayi ve Ticaret A. S. 1315
Sumitomo Rubber Do Brasil Ltda. 1315
Sumitomo Warehouse (Deutschland) GmbH ... 1320
Sumitomo Warehouse (Europe) GmbH 1320
Sumitomo Warehouse (Singapore) Pte Ltd 1320
Sumitomo Warehouse (U.S.A.), Inc. 1320
Summit Auto Seats Industry Co, Ltd 2236
SUNCALL AMERICA INC. 0981
SUNCALL CO., (H.K.) LTD. 0981
SUNCALL (Guangzhou) CO., LTD. 0981
Suncall (Guangzhou) Trading Co., Ltd. 0981
SUNCALL HIGH PRECISION (THAILAND) LTD. 0981
SUNCALL INDONESIA ... 0981
SUNCALL SANKO CORP. 0981
SUNCALL TECHNOLOGIES MEXICO, S.A.DE C.V. 0981
SUNCALL TECHNOLOGY VIETNAM CO., LTD. ... 0981
SUNCALL (Tianjin) Co., Ltd. 0981
SUN CORPORATION OF AMERICA 0991
SUNCORP USA, Inc. 0991
SUN Foresight RE.Ltd 0966
Sun Messe (Thailand) Co., Ltd. 1001
SUN NHK PHILIPPINES社 2173
Sun Phoenix Mexico, S.A. de C.V. 1011
SUN ReXIS Inc. 0966
SUNSHINE HONG KONG ELECTRONICS LTD. ... 1231
SUNX KOREA Limited ... 2338
SURA INDAH WOOD INDUSTRIES 2285
Surapon Nichirei Foods Co., Ltd 2046
SURUGA India Pvt. Ltd. 2778
SURUGA KOREA CO., LTD. 2778
Suzhou Epson Co., Ltd. 1340
Suzhou Epson Quartz Devices Co., Ltd. 1340
SUZHOU FDK CO., LTD. 0370
SUZUDEN HONG KONG LIMITED 1281
SUZUDEN SINGAPORE PTE LTD 1281
SUZUDEN TRADING (SHANGHAI) CO., LTD 1281

Suzuki Motor Gujarat Private Ltd. 1279
Suzumo International Corporation 1282
Suzumo Machinery USA Inc. 1282
SWM-GT LLC 1217
SYMBOL TECHNOLOGIES INC. 0508
SYNERGY MARKETTING CO., LTD. 0854
Synphonie 0336
Systena America Inc. 1111
Systena Vietnam Co., Ltd 1111
Tabio Europe Limited 1607
Tabio France S.A.R.L. 1607
Tabio France S.A.S. 1607
Tabio Retail S.A.S. 1607
TACMINA KOREA CO., LTD. 1582
TACMINA USA CORPORATION 1582
TAIHEI ALLTECH CONSTRUCTION (PHIL.), INC. 1516
Taikisha (Cambodia) Co., Ltd. 1461
Taikisha Engineering India Private Ltd. 1461
Taikisha Engineering India Pvt. Ltd. 1461
Taikisha Engineering (M) Sdn. Bhd. 1461
Taikisha Indonesia Engineering 1461
Taikisha Manufacturing Indonesia 1461
Taikisha Myanmar Co., Ltd. 1461
Taikisha Philippines Inc. ... 1461
"Taikisha (R)" LLC 1461
Taikisha (Singapore) Pte. Ltd. 1461
Taikisha UK Ltd. 1461
Taikisha Vietnam Engineering Inc. 1461
Taisei Lamick USA, Inc. ... 1487
TAISEI ONCHO INDIA PRIVATE LIMITED 1485
TAIWAN DENKEI SOLUTION CO., LTD. 2227
TAIWAN EASTON CO., LTD. 3116
Taiwan JSP Chemical Co., LTD. 1036
TAIWAN SATORI CO., LTD. 0940
TAIWAN SHINKO ELECTRONICS CO., LTD. 1234
TAIWAN SOSHIN ELECTRIC CO., LTD. 1412
TAIWAN SUMIDA TRADING COMPANY LIMITED 1312
TAIWAN USHIO LIGHTING, INC. 0247
TAI WING PAPERS (HONG KONG) LTD. 0834
Taiyo GmbH 1528

TAIYO BUSSAN KAISHA USA LTD. 1533
TAIYO TECHNOLEX (THAILAND) CO., LTD. 1531
TAIYO YUDEN (SARAWAK) SDN. BHD. 1535
TAIYO YUDEN TRADING (THAILAND) CO., LTD. 1535
TAKACHIHO Czech s.r.o. 0390
TAKACHIHO ELECTRIC (THAILAND) CO., LTD. 0390
TAKACHIHO KOHEKI (H.K.) LTD. 1562
TAKACHIHO KOREA CO., LTD. 0390
Takachiho USA, Inc. 0390
TAKAMATSU MACHINERY (THAILAND) CO., LTD. 1566
TAKAMATSU MACHINERY U.S.A., INC. 1566
TAKAMAZ INDONESIA 1566
TAKAMAZ MACHINERY EUROPE GmbH 1566
Takao America Corporation 1130
Takao Eastern Co., Ltd. 1130
Takao (Thailand) Co., Ltd. 1130
Takara Bio USA Holdings Inc. 1573
TAKARA International (Hong Kong) Limited ... 1570
Takara Mirus Bio, Inc. 1573
Takari Kokoh Sejahtera 2822
Takasago Europe G.m.b.H. 1551
TAKASHIMAYA TRANSCOSMOS INTERNATIONAL COMMERCE PTE. LTD. 1955
Takata Automotive Electronics (Shanghai) Co., Ltd. 1558
TAKATA AUTOMOTIVE SAFETY SYSTEMS INDONESIA 1558
TAKATA (CHANGXING) SAFETY SYSTEMS CO., LTD. 1558
TAKATA INDIA PRIVATE LIMITED. 1558
Takata Petri RUS LLC 1558
TAKATA-PETRI SIBIU S.R.L. 1558
Takata Rus LLC 1558
Takata Safety Systems Hungary Kft. 1558
TAKATA Sibiu S.R.L. 1558
Takaya SIIX Electronics (Shanghai) Co., Ltd. 1093
TAKE AND GIVE NEEDS INDONESIA 1696

Name	Page
TAKEBISHI EUROPE B.V.	1589
TAKEBISHI (THAILAND) CO., LTD.	1589
Takemoto Packaging Inc.	1590
TAKEUCHI FRANCE S.A.S.	1583
TAKEUCHI MFG.	1583
TAKEUCHI MFG. (U.S.), LTD.	1583
TAKIRON INDONESIA	1580
TAKISAWA INDONESIA	1577
Takisawa Tech Corp.	1577
TAKMAキャピタル	2469
TAKUMI	0984
TAMRON France EURL.	1614
TAMRON INDIA PRIVATE LIMITED	1614
TAMRON OPTICAL (VIETNAM) CO., LTD.	1614
Tamron (Russia) LLC.	1614
TANDEM GLOBAL LOGISTICS MONGOLIA LLC	0104
TANDEM GLOBAL LOGISTICS (NL) B.V.	0104
TANDEM HOLDING (HK) LTD.	0104
TANIN ELNA CO., LTD.	0388
Taofang Corporation	3074
Tasaki Euro N. V.	1591
TASAKI FRANCE S.A.S.	1591
TASAKI KOREA Co., Ltd.	1591
Tasaki U.S.A. Inc.	1591
Tata AutoComp GY Batteries Pvt. Ltd.	1069
Tata AutoComp Systems Limited	1069
TATSUTA ELECTRONIC MATERIALS MALAYSIA SDN.BHD.	1598
TAYCA (Thailand) Co., Ltd.	1694
TAYCA (VIETNAM) CO., LTD.	1694
TAY TWO MARKETING, INC.	1705
TAZMO INC.	1600
TAZMO KOREA CO., LTD.	1600
TAZMO VIETNAM CO., LTD	1600
TBK China Co., Ltd.	1716
TC Aviation Capital Ireland Limited	1823
TC-CIT Aviation Ireland Limited	1823
TC-CIT Aviation U.S., Inc.	1823
T&C Cosmic, Inc.	1684
T&C FA Holding AG	1684
TCFG Compressor (Thailand) Co., Ltd.	2530
T&C Financial Advisor (Schweiz) AG	1684
T&C Financial Research USA, Inc.	1684
TCIPlus	1955
T&C Pictures, Inc.	1684
TDK-EPC	1709
TEAC AUDIO (CHINA) CO., LTD.	1682
TEAC AUSTRALIA PTY., LTD.	1682
TEAC SALES & TRADING (ShenZhen) CO., LTD	1682
TEAC SHANGHAI LTD.	1682
TEAC SSE LTD.	1682
Technology&Business Development Centre	0939
TechnoPro Asia Limited	1734
TECHNO QUARTZ SINGAPORE PTE LTD.	1730
teco	1440
Teijin Aramid B.V.	1702
Teijin Twaron B.V.	1702
TEIKOKU ELECTRIC GmbH	1698
TEIKOKU KOREA CO., LTD.	1698
TEIKOKU SOUTH ASIA PTE LTD.	1698
TEIKOKU USA INC.	1698
TEIN UK LIMITED	1721
TEL Technology Center, America, LLC	1806
TEL Venture Capital, Inc.	1806
Tenet Capital Ltd.	1443
Tenet Sompo Insurance Pte. Ltd.	1443
TENMA CIKARANG INDONESIA	1775
TENMA (U.K.) LIMITED	1775
TENMA VIETNAM CO., LTD.	1775
Tennoz Initiative Inc.	2277
TENOX KYUSYU VIETNAM CO., LTD.	1751
TENRYU AMERICA, INC.	1777
TENRYU EUROPE GMBH	1777
TENRYU SAW DE MEXICO, S.A. DE C.V.	1777
TENRYU SAW INDIA PRIVATE LIMITED	1777
TENRYU SAW (THAILAND) CO., LTD.	1777
TEPRO, INC.	0637
Teraoka Seisakusho Indonesia	1754
TeraPower Technology Inc.	1757
TERASAKI CIRCUIT BREAKERS (S) PTE.LTD.	1755
Terasaki Circuit Breaker Co., (UK) LTD.	1755
TERASAKI DO BRASIL LTDA.	1755
TERASAKI ELECTRIC (CHINA) LIMITED	1755
TERASAKI ELECTRIC CO., (F.E.) PTE.LTD.	1755
TERASAKI ELECTRIC (EUROPE) LTD.	1755
TERASAKI ELECTRIC (M) SDN.BHD.	1755
TERASAKI ESPANA, S.A.U.	1755
TERASAKI ITALIA s.r.l.	1755
Terilogy Hong Kong Limited	1759
TerraSky Inc.	1756
TESEC, INC.	1744
TESEC EUROPE S.A.	1744
TESEC (M) SDN.BHD.	1744
TESEC SEMICONDUCTOR EQUIPMENT (SINGAPORE) PTE.LTD.	1744
TES E&M Service Co., Ltd.	1230
TETSUJIN USA Inc.	1750
TEW AMERICA, Inc.	2864
Texas Farm, Inc.	2174
Texas Farm, LLC	2174
TFC	1936
TFI	2320
TFP・Web	2956
TFT	1694
TGケンタッキー	1942
TGケンタッキー有限責任会社	1942
TGセーフティシステムズチェコ	1942
TGノースアメリカ	1942
TGパーソネルサービスノースアメリカ	1942
TGフルイドシステムズUSA	1942
TGミズーリ	1942
TGミント	1942
TGヨーロッパ	1942
T&G WEDDING ASIA PACIFIC Co., Limited	1696
THAI DAI-ICHI SEIKO CO., LTD.	1453
THAI DECAL CO., LTD.	2112
Thai Escorp Ltd.	1230
Thai Fermentation Industry Co., Ltd.	2540
THAI FERRITE CO., LTD.	2833
THAI FUJI SEIKI CO., LTD.	2519
Thai G&B Manufacturing Ltd.	1130
THAI GMB INDUSTRY CO., LTD.	1083
Thai Gunze Co., Ltd.	0770
THAI KANSAI PAINT CO., LTD.	0603
Thai Kayaba Industries Co., Ltd.	0574
THAI KODAMA CO., LTD.	0854

Thai Kodama (Vietnam) Co Ltd ... 0854
Thai Kokusai CO., LTD. ... 0835
THAI KUROTANI CO., LTD. ... 0761
Thai Kyowa Biotechnologies Co., Ltd. ... 0687
THAI KYOWA GMB CO., LTD. ... 1083
THAI LECIP CORPORATION LIMITED ... 3127
Thai Maeda Corporation Ltd. ... 2690
Thai Mitchi Corporation Ltd. ... 2827
Thai Nisshin Seifun Co., Ltd. ... 2069
THAI NITTO SEIKO MACHINERY CO., LTD. ... 2089
Thai NS Solutions Co., Ltd. ... 1247, 1248
THAI OKK MACHINERY CO., LTD. ... 0422
THAI PARTS FEEDER CO., LTD. ... 1258
THAI RENT ALL CO., LTD. ... 2025
THAI SANKI ENGINEERING & CONSTRUCTION CO., LTD. ... 0964
THAI SANKO CO., LTD. ... 0976
THAI SANKO TRADING CO., LTD. ... 0976
THAI SANYO DENKI COMPANY LIMITED ... 3127
THAI SEISEN CO., LTD. ... 2151
Thai Semitec Co., Ltd ... 1376
Thai ShinMaywa Co., Ltd. ... 1264
THAI SINTERED MESH CO., LTD. ... 2037
Thai Stanley Electric Public Co., Ltd. ... 1293
THAI SUMMIT PK CORPORATION LTD. ... 2591
Thai Suzuki Motor Co., Ltd. ... 1279
Thai Toyo Electric Co., Ltd. ... 1885
Thai United Awa Paper Co., Ltd. ... 0154
Thai Watts Co., Ltd. ... 3164
T.HASEGAWA CO. (S.E. ASIA) PTE.LTD. ... 2327
T.HASEGAWA (SOUTHEAST ASIA) CO., LTD. ... 2327
T.HASEGAWA U.S.A., INC. ... 2327
The Coca-Cola Bottling Company of Northern New England, Inc. ... 0696
THE INX GROUP LIMITED ... 0912
THE JAPAN VIETNAM TRANSPORTATION CO., LTD. ... 0822

THE SAILOR (THAILAND) CO., LTD. ... 1379
The Shinsho American Corp. ... 1230
THE WATERMARK HOTEL GROUP PTY LTD ... 0276
THIEN HA KAMEDA, JSC. ... 0572
Thin Materials GmbH ... 2057
THK（上海）国際貿易有限公司 ... 1686
THK（中国）投資有限公司 ... 1686
THK（無錫）精密工業有限公司 ... 1686
THKメカニック技術研究所 ... 1686
THK Europe B.V. ... 1686
THK France S.A.S. ... 1686
THK India Pvt. Ltd. ... 1686
THK LM SYSTEM Pte. Ltd. ... 1686
THK Manufacturing of America, Inc. ... 1686
THK Manufacturing of Europe S.A.S. ... 1686
THK MANUFACTURING OF VIETNAM CO., LTD. ... 1686
THK RHYTHM MEXICANA ENGINEERING, S.A. DE C.V. ... 1686
THK RHYTHM MEXICANA, S.A. DE C.V. ... 1686
THK RHYTHM (THAILAND) CO., LTD. ... 1686
THK（遼寧）精密工業有限公司 ... 1686
THREAD ... 2366
THT TECHNOLOGY CO., LTD. ... 2388
TI Corporation ... 0066
Tigerflex Corporation ... 0745, 1459
Tigerpoly Industria de Mexico S.A. de C.V. ... 1459
Tigerpoly Manufacturing Inc. ... 1459
Tigerpoly (Thailand) Ltd. ... 1459
Tigers Polymer (Malaysia) Sdn. Bhd. ... 1459
Tigers Polymer Singapore Pte. Ltd. ... 1459
T.I.P.P. ... 1873
Tirtha Bridal ... 1663
TIS ... 0027
TITICACA HONGKONG LIMITED ... 2446
T&I湖南インベストメント ... 1916
TKK HIOKI CO., LTD. ... 2388
TK Logistica de Mexico S.de R.L.de C.V. ... 0642
TK Logistica do Brasil Ltda. ... 0642
TKS (U.S.A.), INC. ... 1813

TLC Capital (Malaysia) Sdn. Bhd. ... 1823
TM ... 0383
TMR ... 0520
TN Fine Chemicals Co.Ltd ... 2145
TOA Communication Systems, Inc. ... 1693
TOA ELECTRONICS (M) SDN. BHD. ... 1693
TOA ELECTRONICS SOUTHERN AFRICA (PROPRIETARY) LIMITED ... 1693
TOA Electronics (Thailand) Co., Ltd. ... 1693
TOA ELECTRONICS VIETNAM COMPANY LIMITED ... 1693
TOA-UNION PAINT (THAILAND) Co., Ltd. ... 3016
TOBA (THAILAND) CO., LTD. ... 1925
TOBISHIMA BRUNEI SDN. BHD. ... 1928
TOEI ANIMATION EUROPE S.A.S. ... 1787
TOEI ANIMATION INCORPORATED ... 1787
TOEI RECRUITING SERVICE CO., LTD. ... 1788
TOEI RECRUITING SERVICE S.A. ... 1788
TOELL U.S.A. CORPORATION ... 1897
TOHO CHEMICAL (THAILAND) CO., LTD. ... 1861
TOHOKU Manufacturing (Thailand) Co., Ltd. ... 1872
Toho Titanium America Co., Ltd. ... 1865
Toho Titanium Europe Co., Ltd. ... 1865
TOKAI CARBON EUROPE GmbH ... 1791
TOKAI CARBON EUROPE LTD. ... 1791
TOKAI CARBON EUROPE S.R.L. ... 1791
TOKAI CARBON ITALIA S.R.L. ... 1791
TOKAI Myanmar Co., Ltd. ... 1899
TOKAI MYANMAR COMPANY LIMITED ... 0937
TOKAI PRECISION AMERICA, LTD. ... 1790
TOKAI PRECISION INDONESIA ... 1790
TOKAI PRECISION PHILIPPINES, INC. ... 1790
TOKAI PRECISION (S) PTE.LTD. ... 1790
TOKAI PRECISION (THAILAND) LTD. ... 1790
Tokai Rubber Auto Hose Indonesia ... 1326

Tokai Rubber Auto-Parts India Private, Ltd. 1326	TOKYO RADIATOR SELAMAT SEMPURNA 1837	Topcon Singapore Holdings. Pte.Ltd. 1929
Tokai Rubber Chemical and Plastic Products (Thailand) Ltd. 1326	Tokyo Sangyo, Inc. .... 1818 Tokyo Sangyo Europe GmbH 1818	Topcon South Asia Pte.Ltd. .... 1929 Topre America Corporation 1858
Tokai Rubber Indonesia .... 1326 Tokai Rubber Industrial Hose India Private Ltd. 1326	TOKYO SANGYO INDONESIA .... 1818 Tokyo Sangyo Machinery, S. A.de C.V. 1818	Topre Autoparts Mexico, S.A. de C.V. .... 1858 TOPRE REFRIGERATOR INDONESIA 1858
TOKAI TEXPRINT INDONESIA .... 1793 TOKIMEC KOREA HYDRAULICS CO., LTD. 1816	TOKYO SANGYO (THAILAND) CO., LTD. .... 1818 Tokyo Tomin Finance (Cayman) Limited 1830	TOPRE (THAILAND) CO., LTD. .... 1858 TOREX (HONG KONG) LIMITED 1966
TOKIMEC KOREA POWER CONTROL CO., LTD. ... 1816	TOKYU CONSTRUCTION INDONESIA 1799	TOREX SEMICONDUCTOR DEVICE (HONG KONG) LIMITED 1966
TOK INTERNATIONAL INC. .... 1808 TOKO SINGAPORE PTE. LTD. 1841	TOKYU LAND INDONESIA .... 1800 TOL .... 1724 TOLCD 1724	TOREX SEMICONDUCTOR EUROPE LIMITED 1966
TOKUDEN TOPAL CO., LTD. .... 1905 TOKURA DO BRASIL CONSTRUTORA LTDA. 1904	TOMITA ASIA CO., LTD. .... 1933 TOMITA CANADA, INC. 1933	TOREX SEMICONDUCTOR (S) PTE LTD ...... 1966 TOREX USA Corp. .... 1966 TORIDOLL LLC 1962
TOKURA THAILAND CO., LTD. .... 1904 Tokuyama Korea Co., Ltd. 1908	TOMITA ELECTRONICS (ZHUHAI) LTD. .... 1934 TOMITA ENGINEERING (THAILAND) CO., LTD.	TORIDOLL AUSTRALIA PTY LIMITED .... 1962 TORIDOLL KENYA LIMITED 1962
Tokuyama Malaysia Sdn. Bhd. .... 1908 TOKYO BENTO NICHIYO, INC. 3165	.... 1933 TOMITA FERRITE LTD. .... 1934 TOMITA FERRITE CORES	TORIDOLL KOREA CORPORATION .... 1962 TORIDOLL USA CORPORATION 1962
TOKYO ELECTRON DEVICE ASIA PACIFIC LTD. 1807	[HK]LTD. .... 1934 TOMITA INDIA PVT.LTD. 1933	TORISHIMA EUROPE LTD. 1961
TOKYO ELECTRON DEVICE HONG KONG LTD. 1807	TOMITA INDONESIA ..... 1933 TOMITA INVESTMENT U. S.A., LLC. 1933	TORISHIMA EUROPE PROJECTS LTD. .... 1961 TORISHIMA GUNA ENGINEERING 1961
TOKYO ELECTRON DEVICE (SHANGHAI) LTD. 1807	TOMITA MEXICO, S. DE R. L. DE C.V. .... 1933 TOMITA U.K., LTD. 1933	TORISHIMA GUNA INDONESIA .... 1961 TORISHIMA SERVICE SOLUTIONS EUROPE LTD.
TOKYO ELECTRON DEVICE SINGAPORE PTE. LTD. 1807	TOMITA U.S.A., INC. ..... 1933 Tomoe Engineering USA, Inc. 1937	.... 1961 TORISHIMA SERVICE SOLUTIONS FZCO. 1961
TOKYO ELECTRON DEVICE (WUXI) LTD. .... 1807 Tokyo Electron (Kunshan) Ltd. 1806	TOMOEGAWA HONG KONG CO., LTD. .... 1936 TOMORROW COMPANY 0758	TOSEI SINGAPORE PTE. LTD. .... 1913 TOSE PHILIPPINES, INC. 1912
Tokyo Electron (Shanghai) Ltd. .... 1806 Tokyo Electron (Shanghai) Logistic Center Ltd. 1806	TOMY Corporation .... 1572 TOMY (Shanghai) Ltd. .... 1572 TOMY (Shenzhen) Ltd. 1572	TOSE SOFTWARE USA, INC. .... 1912 TOSHIBA MACHINE COMPANY CANADA LTD.
Tokyo Electron Singapore Pte. Ltd. .... 1806 Tokyo Electron U.S. Holdings, Inc. 1806	TONE VIETNAM CO., LTD. .... 1924 Topas Advanced Polymers GmbH 1490	.... 1844 TOSHIBA MACHINE DO BRASIL COMERCIO DE MAQUINAS LTDA. 1844
TOKYO GAS AUSTRALIA PTY LTD .... 1812 Tokyo Gas International Holdings B.V. 1812	Topas Advanced Polymers, Inc. .... 1490 Topcon (Beijing) Opto-Electronics Corporation	TOSHIBA MACHINE (EU) LTD. .... 1844 TOSHIBA MACHINE (INDIA) PVT.LTD. 1844
TOKYO KEIKI PRECISION TECHNOLOGY CO. , LTD. 1816	.... 1929 Topcon (Beijing) Opto-Electronics Development	TOSHIBA MACHINE INDONESIA .... 1844 TOSHIBA MACHINE
TOKYO KEIKI (SHANGHAI) CO., LTD. 1816	Corporation .... 1929 Topcon Europe Medical B.V. 1929	MANUFACTURING (THAILAND) CO., LTD. 1844
TOKYO KIHO OVERSEAS (HK) LIMITED .... 1814 Tokyo Ohka Kogyo Europe B. V. 1808	Topcon Europe Positioning B. V. .... 1929 Topcon Medical Laser Systems, Inc. 1929	TOSHIBA MACHINE (SHENZHEN) CO., LTD. 1844

Company	Page
TOSHIBA MACHINE (VIETNAM) CO., LTD.	1844
TOSO EUROPE S.A.S.	1914
TOSTEM THAI Co., Ltd.	3073
TOSYALI TOYO CELIK ANONIM SIRKETI	1877
TOTO Asia Oceania Pte. Ltd.	1921
TOTO Do Brasil Distribuicao e Comercio, Ltda.	1921
TOTO INDIA INDUSTRIES PVT. LTD.	1921
TOTOKU Europe GmbH	1829
TOTOKU PHILIPPINES, INC.	1829
TOTOKU (THAILAND) CO., LTD.	1829
TOTO Manufacturing (Thailand) Co., Ltd.	1921
TOTO MEXICO, S.A.DE C.V.	1921
TOTO SANITARIOS DE MEXICO, S.A.DE C.V.	1921
TOTO VIETNAM CO., LTD	1921
TOUKEI (THAILAND) CO., LTD.	1839
TOWA韓国	1970
TOWA半導体設備（蘇州）有限公司	1970
TOWA AMERICA, Inc.	1970
TOWA Asia-Pacific Pte.Ltd.	1970
TOWA Europe B.V.	1970
TOWA GLOBAL TECH CORP.LTD.	1715
TOWA MECCS EUROPE S.A.	1715
TOWA Semiconductor Equipment Philippines Corp.	1970
TOWA Singapore Mfg.Pte. Ltd.	1970
TOWA USA Corporation	1970
TOYO AIG LOGISTICS (MYANMAR) CO., LTD.	1882
TOYO AUTOMOTIVE PARTS DE MEXICO, S.A.DE C.V.	1878
Toyo Automotive Parts (USA) , Inc.	1878
TOYO DENKI USA, INC.	1886
TOYO INK COMPOUNDS VIETNAM CO., LTD.	2572
TOYO LOGISTICS (S) PTE. LTD.	1882
TOYO LOGISTICS (THAILAND) CO., LTD.	1882
TOYO MACHINERY (M) SDN.BHD.	1874
TOYO MACHINERY (T) CO., LTD.	1874
TOYO-MEMORY TECHNOLOGY SDN.BHD.	1877
TOYO RUBBER CHEMICAL PRODUCTS (THAILAND) LIMITED	1878
TOYO SOFLAN WIZ (THAILAND) CO., LTD.	1878
TOYO TANSO AMERICA, INC.	1883
TOYO TANSO EUROPE S.P.A.	1883
TOYO TANSO FRANCE S.A.	1883
TOYO TANSO GRAPHITE AND CARBON PRODUCTS INDUSTRY AND COMMERCIAL A.S	1883
TOYO TANSO INDIA PRIVATE LIMITED	1883
TOYO TANSO KOREA CO., LTD.	1883
TOYO TANSO PA GRAPHITE, INC.	1883
TOYO TANSO SINGAPORE PTE. LTD.	1883
TOYO TANSO (THAILAND) CO., LTD.	1883
TOYO TANSO USA, INC.	1883
Toyota Tsusho America, Inc.	1945
Toyota Tsusho CBM Queensland Pty Ltd	1945
Toyota Tsusho Energy Europe Cooperatief U.A.	1945
Toyota Tsusho Mining (Australia) Pty.Ltd.	1945
Toyota Tsusho (Thailand) Co., Ltd.	1045
Toyota Tsusho U.K.Ltd.	1945
Toyota Tsusho Wheatland Inc.	1945
Toyo Tire Deutschland GmbH	1878
Toyo Tire North America, Inc.	1878
Toyo Tire North America Manufacturing Inc.	1878
Toyo Tire (Thailand) Co., LTD.	1878
Toyo Tyre Malaysia Sdn Bhd	1878
Toyo Tyre Manufacturing (Malaysia) Sdn Bhd	1878
TOYO US HOLDINGS L.L.C	1884
TP MACHINE PARTS CO., LTD.	1566
TPRインドネシア	1714
TPRオートパーツMFG.インディア社	1714
TPRセールス インドネシア社	1714
TPRブラジル社	1714
TPRベトナム社	1714
TPS Australia Holdings Pty Ltd.	1929
TPSC (THAILAND) CO., LTD.	1846
TPSC US CORPORATION	1846
TPSC (VIETNAM) CO., LTD.	1846
Trade Works Asia Limited	1954
T.RAD INDONESIA	1719
T.RAD (VIETNAM) Co., Ltd.	1719
TRANCOM GLOBAL HOLDINGS CO., LTD.	1953
TRANCOM (HK) LIMITED	1953
TRANCOM INDONESIA	1953
Trancy Logistics (Cambodia) Co., Ltd.	2237
Trancy Logistics Mexico S.A. de C.V.	2237
Trancy Logistics (Shanghai) Co., Ltd.	2237
Trancy Logistics (Vietnam) Co., Ltd.	2237
transcosmos Korea Inc.	1955
TRANS WORLD PROSPECT CORPORATION	0714
Trex Thairung Co., Ltd.	0690
TRIACE LIMITED	0960
TRIM USA CORPORATION 設	2238
TRI PETCH ISUZU SALES COMPANY LIMITED	2814
TRM Corporation B.V.	1719
TROIS ELECTRONICS (VIETNAM) CO., LTD.	1507
TROIS ENGINEERING PRETEC HONG KONG LTD.	1507
TROIS (THAILAND) CO., LTD.	1507
TROPICAL LINE S.A.	0590
TRS PANAMA S.A.	1788
TRUST AMERICAS INCORPORATED	1950
TRW社	2502
TSCマニュファクチュアリング	1548
TS Intelligence South Asia Holdings Pte.Ltd.	1773
TSK of AMERICA INC.	2305
TSO YAO TRADING CO., LTD.	0940
TS TECH ASIAN CO., LTD.	1689
TS TECH DEUTSCHLAND GmbH	1689
TS TECH HUNGARY Kft.	1689
TS TECH INDIANA, LLC	1689
TS TECH INDONESIA	1689
TS TECH (KABINBURI) CO., LTD.	1689

TS TECH (MANDAL) PRIVATE LIMITED	1689
TS TECH SUN RAJASTHAN PRIVATE LIMITED	1689
TSTM	2012
TST MANUFACTURING DE MEXICO, S. DE R. L. DE C.V.	1689
TS TRIM BRASIL S/A	1689
TSUBACO KTE CO., LTD.	1676
TSUBACO SINGAPORE PTE.LTD.	1676
Tsubaki Hoover India Pvt., Ltd.	1675
TSUBAKIMOTO AUTOMOTIVE KOREA CO., LTD.	1677
TSUDAKOMA SERVICE INDIA PRIVATE LIMITED	1671
TSUGAMI GmbH	1664
TSUGAMI EUROPE GmbH	1664
TSUGAMI KOREA CO., LTD.	1664
TSUGAMI PRECISION ENGINEERING INDIA PRIVATE LIMITED	1664
TSUGAMI TECH SOLUTIONS INDIA PRIVATE LIMITED	1664
TSUGAMI Universal Pte. Ltd.	1664
TSUMURA USA, INC.	1678
Tsuruha (Thailand) Co., Ltd.	1679
Tsurumi (Europe) GmbH	1334
TSURUMI PUMP MIDDLE EAST FZE	1680
TSURUMI PUMP (M) SDN. BHD.	1680
TSURUMI PUMP TAIWAN CO., LTD.	1680
TSURUMI PUMP (THAILAND) CO., LTD.	1680
TTA, INC.	1883
TTAMERICA, INC.	1883
T-Tech Japan	1671
T.T.I	1793
TTI LAGUNA PHILIPPINES INC.	1829
TTK Asia Transport (THAILAND) Co., LTD.	0642
TTK Logistics (THAILAND) Co., LTD.	0642
TUFFINDO NITTOKU AUTONEUM	2236
TUI MARITIME S.A.	0488
TUKURU	1483
Tunas Maruka Machinery Co.	2734
TUNGALOY FRICTION MATERIAL VIETNAM LTD.	2063
Turbolinux India Private Ltd.	1086
TWO-BASE	1705
TYKヨーロッパGmbH	1835
TYOプロダクションズ	1720
TYO Administration	1720
UBIC Korea, Inc.	3017
UBIC North America, Inc.	3017
UBIC Taiwan, Inc.	3017
UCB社	1490
UCHIDA-SATO TECH (THAILAND) CO., LTD.	0934
U-CM	3015
UD AUSTRALIA PTY LIMITED	0354
UD EUROPE LIMITED	0354
UD USA Inc.	0354
UFJセントラルリース	2822
Ultegra Nederland B.V.	1152
Ultrafabrics, LLC	1444
UM CORPORATION, SAS	3011
UMENOHANA S&P CO., LTD.	0255
UMENOHANA (THAILAND) CO., LTD.	0255
UMENOHANA USA INC.	0255
U-mobile	3015
U-MODE	3015
UMW JDC Drilling Sdn. Bhd.	2109
U-MX	3015
u&n	2076
UNCOVER TRUTH	0758
Unicharm India Hygienic Private Ltd.	3004
Unicharm India Private Ltd.	3004
Uni-Charm Indonesia	3004
Uni.Charm Mölnlycke B.V.	3004
Uni-Charm (Thailand) Co., Ltd.	3004
UNIDEN AMERICA CORPORATION	3005
UNIDEN AUSTRALIA PTY. LTD.	3005
UNIDEN BUSINESS NETWORK SYSTEMS, INC.	3005
UNIDEN CORPORATION OF PHILIPPINES	3005
UNIDEN DIRECT IN USA INC.	3005
UNIDEN ELECTRONICS PHILIPPINES, INC.	3005
UNIDEN HOLDING, INC.	3005
UNIDEN HOME ELECTRONICS CORPORATION	3005
UNIDEN NEW ZEALAND LTD.	3005
UNIDEN PHILIPPINES, INC.	3005
UNIDEN PHILIPPINES LAGUNA, INC.	3005
UNIDEN SERVICE, INC.	3005
UNIDEN USA, INC.	3005
UNIDEN VIETNAM LTD.	3005
UNIGEN	2980
Union Autoparts Manufacturing Co., Ltd.	0452
UNION-TOOL (EUROPE) LTD.	2998
UNION TOOL EUROPE S. A.	2998
UNION TOOL HONG KONG LTD.	2998
UNION TOOL SINGAPORE PTE LTD.	2998
UNIPRES ALABAMA, INC.	3011
UNIPRES (CHINA) CORPORATION	3011
UNIPRES EUROPE, SAS	3011
UNIPRES GUANGZHOU CORPORATION	3011
UNIPRES INDIA PRIVATE LIMITED	3011
UNIPRES INDONESIA	3011
UNIPRES MEXICANA, S.A. DE C.V.	3011
UNIPRES NORTH AMERICA, INC.	3011
UNIPRES PRECISION GUANGZHOU CORPORATION	3011
UNIPRES RUSSIA LLC	3011
UNIPRES SOUTHEAST U. S.A., INC.	3011
UNIPRES (THAILAND) CO., LTD.	3011
UNIPRES U.S.A., INC.	3011
UNIPRES ZHENGZHOU CORPORATION	3011
Unipulse Asia Pacific	3009
Unipulse India	3009
Unipulse Instruments Thailand	3009
UNIQLO EUROPE LIMITED	2457
UNIQLO HONGKONG, LIMITED	2457
UNIQLO USA, Inc.	2457
UNISEA, INC.	2145
United Chemi-Con, Inc.	2126
United Orient Leasing Company Bhd.	0506
United Phosphorus Limited	2667
UNITED ROBOT ENGINEERING, INC.	1205
Universal Business Incubators	3017
Universal Robina Corporation	0581
U.S.エンジンバルブコーポレーション	2079
US EBARA FOODS INC.	0359
U.S.Epson, Inc.	1340
U-SHIN AMERICA INC.	2989

社名	頁
U-SHIN AUTOPARTS MEXICO, S.A.DE C.V.	2989
U-SHIN DEUTSCHLAND GMBH	2989
U-SHIN EUROPE LTD.	2989
U-SHIN INDIA PRIVATE LIMITED	2989
U-SHIN (THAILAND) CO., LTD.	2989
USHIO AMERICA, INC.	0247
USHIO AMERICA HOLDINGS, INC.	0247
USHIO ASIA PACIFIC (THAILAND) LTD.	0247
USHIO DEUTSCHLAND GmbH	0247
USHIO EUROPE B.V.	0247
USHIO FRANCE S.A.R.L.	0247
USHIO HONG KONG, LTD.	0247
USHIO INTERNATIONAL B.V.	0247
USHIO KOREA, INC.	0247
USHIO LIGHTING (HONG KONG) CO., LTD.	0247
USHIO OREGON, INC.	0247
USHIO PHILIPPINES, INC.	0247
USHIO SHANGHAI, INC.	0247
USHIO (SHAOGUAN) CO., LTD	0247
USHIO SHENZHEN, INC.	0247
USHIO (SUZHOU) Co., LTD.	0247
USHIO TAIWAN, INC.	0247
USHIO U.K., LTD.	0247
USHIO U-TECH (HONG KONG) CO., LTD.	0247
U.S.INFONICS INC.	2302
U.S. Suzuki Motor Corp.	1279
U-TEC Poland Sp.zo.o.	2993
UTEL UNION-TOOL AG.	2998
UTOC AMERICA, INC.	0253
UTOC ENGINEERING PTE.LTD.	0253
UTOC (THAILAND) CO., LTD.	0253
UTOC (U.S.A), INC.	0253
UTOKU ENGINEERING PTE LTD.	0253
UTOKU EXPRESS (U.S.A), INC.	0253
UTOKU (THAILAND) CO., LTD.	0253
utoneum Nittoku Sound Proof Products India Pvt. Ltd	2236
UTS	2974
UZHOU SUMIDA ELECTRIC COMPANY LIMITED	1312
Valor International USA, Inc.	2373
VALQUA KOREA CO., LTD.	2175
VALQUA VIETNAM CO., LTD.	2175
VAMO-FUJI SPECIALITIES, N.V.	2522
VARO CO., LTD.	2373
V-cube Global Operations Pte. Ltd.	2468
V-cube Global Services Pte. Ltd.	2468
V-CUBE INDONESIA	2468
V-cube Malaysia Sdn. Bhd.	2468
V-cube Singapore Pte. Ltd. (	2468
V-cube Singapore R&D Centre Pte. Ltd.	2468
V-cube USA, Inc.	2468
V-drug Hong Kong CO., LTD.	2373
V-drug International CO., LTD.	2373
VECTOR	2617
Vector Group Ltd.	2617
VECTOR GROUP COMPANY LIMITED	2617
Vector Group International Limited	2617
Vector Group Pte. Ltd.	2617
VENUS MARINE CO.LTD., S.A.	0822
V Flower	2373
VideAce Technology Inc.	0328
VideAce Technology Co.	0328
VIET HOA ELECTRONICS CO., LTD.	1841
VIETNAM DAI-ICHI SEIKO CO., LTD.	1453
VIETNAM KURAUDIA CO., LTD.	0721
Vietnam Nisshin Seifun Co., Ltd.	2069
VIETNAM ONAMBA CO., LTD.	0478
VIETNAM RARE EARTH COMPANY LIMITED	1251
VIETNAM RARE EARTH JOINT STOCK COMPANY	1251
Vietnam Rare Elements Chemical Joint Stock Company	1446
VIETNAM TOMITA CO., LTD.	1933
Village Vanguard (Hong Kong) Limited	2446
Village Vanguard (Taiwan) Limited	2446
Village Vanguard Webbed	2446
VINA-BINGO CO., LTD.	3138
VINA-PSMC Precast Concrete Company Limited	2385
VINA-PSMC PRECAST CONCRETE JOINT VENTURE COMPANY	2385
VINA-SANWA COMPANY LIABILITY LTD.	1020
Vinculum Malaysia Sdn.Bhd.	2450
Vinx Malaysia Sdn.Bhd.	2450
VINX VIETNAM COMPANY LIMITED	2450
Viscotec Automotive Products, LLC	1382
Viscotec México S.A.deC.V.	1382
Viscotec U.S.A.LLC	1382
Viscotec World Design Center, LLC	1382
VISION EXPRESS OF AUSTRALIA Pty.LTD.	2766
VITEC ELECTRONICS (H.K.) CO., LTD.	2302
VITEC ELECTRONICS (SHENZHEN) CO., LTD.	2302
VITEC ELECTRONICS TRADING (SHANGHAI) CO., LTD.	2302
VIZ Media, LLC	1185
VIZ Media Europe, S.A.R.L	1185
VMC	2373
VOGT electronic AG	1312
Voltage Entertainment USA, Inc.	2677
VORTEX PROMOTIONS, INC.	3129
VOYAGE MARKETING	2672
V-Power	2302
VPS CORPORATION	2596
VSI AUTOMATION ASSEMBLY, INC.	2089
V-TEC Co., Ltd.	2471
V Technology Korea Co., Ltd.	2471
V Technology North America Inc.	2471
V Technology USA Inc.	2471
V&V	2524
W-ABLE CO., LTD	1611
WAEN International Limited	2665
WAIDA AMERICA INC.	3153
WAIDA Europe GmbH	3153
WAKOU USA INC.	3159
WAKUWAKU JAPAN	1271
WAO SINGAPORE PTE. LTD.	3156
WARABEYA USA, INC.	3165
WATAMI FOOD SERVICE SINGAPORE PTE.LTD	3163
Watana Inter-Trade Co., Ltd	0561
Watts Harrisons Sdn. Bhd.	3164
Watts Peru S.A.C.	3164
WDB	1610
WDB Singapore Pte. Ltd.	1610
WDI Hawaii, Inc.	1609
WDI Indonesia	1609
WDI International, Inc.	1609
WEALTHY JAPAN	0855
Weavers	1746

Name	Page
WEB2.0	1742
Weds North America, INC.	0238
Wellbridge Central, Inc.	1395
WESTAIR-NITTO MANUFACTURING PTY., LTD.	2087
WESTAIR-NITTO SALES PTY., LTD.	2087
WHG KOREA INC.	2527
Wijaya Karya Komponen Beton	2385
WILL GROUP Asia Pacific Pte. Ltd.	0228
WinStar Communications, Inc.	0779
WIRE MOLD (HONG KONG) LTD.	2442
WizBiz	3124
WIZ (H.K.) LTD.	0226
WOMCOM	2617
Wondertable Thailand Co., Ltd.	3169
Wondertable USA Corporation	3169
WOODLANDS SUNNY FOODS PTE.LTD.	2522
Woori & Leo PMC Co., Ltd.	3122
WR Hambrecht & Co Japan	2723
Wright Flyer Studios	0731
W-SCOPE KOREA CO., LTD.	1611
Wuhan Auto Parts Alliance Co., Ltd.	1130
WUXI inrevium SOLUTIONS LTD.	1807
XAAX	2473
XIAMEN FDK CORPORATION	0370
Xi'an Huida Chemical Industries Co., Ltd.	1490
YAC Korea Co., Ltd.	3148
YAMAGOYA (THAILAND) CO., LTD.	3149
Yamaha Corporation of America	2966
Yamaha de Mexico, S.A. de C.V.	2966
Yamaha Indonesia Motor Manufacturing	2967
Yamaha International Corporation	2966
Yamaha Motor Corporation, U.S.A.	2967
Yamaha Motor do Brasil Ltda.	2967
Yamaha Motor Europe N.V.	2967
Yamaha Motor Vietnam Co., Ltd.	2967
Yamaha Music Europe GmbH	2966
Yamaha Music Holding Europe GmbH	2966
YAMAICHI ASIA VENTURE CAPITAL PTE. LTD.	2199
YAMAKAWA MANUFACTURING CORPORATION OF AMERICA	3011
YAMAKAWA MANUFACTURING DE MEXICO, S.A. DE C.V. (	3011
YA-MAN U.S.A Ltd	2970
YAMASHIN AMERICA INC.	2953
YAMASHIN CEBU FILTER MANUFACTURING CORP.	2953
YAMASHIN EUROPE B.V.	2953
YAMASHIN EUROPE BRUSSELS BVBA	2953
YAMASHIN EUROPE BRUSSELS BVBAが YAMASHIN EUROPE B.V.	2953
YAMASHIN FILTER SHANGHAI INC.	2953
YAMASHIN FILTER (SIP) RESEARCH & DEVELOPMENT CENTER INC.	2953
YAMASHIN THAI LIMITED	2953
YAMA-SUN CORPORATION	2970
YAMAZAKI-IKE (THAILAND) CO., LTD."	2949
YAMAZAKI TECHNICAL VIETNAM CO., LTD.	2949
YANG INSTRUTECH CO., LTD.	0487
Yashima Denki Singapore Pte.Ltd.	2937
YASUDA LOGISTICS (VIETNAM) CO., LTD.	2940
Yasuda Maritima Seguros S.A.	1443
Yasuda Seguros S.A.	1443
YASUNAGA S&I	2941
YFC	3031
YKK APアメリカ社	3150
YKK APインドネシア社	3150
YKK AP上海社	3150
YKK APシンガポール社	3150
YKK AP深圳社	3150
YKK AP蘇州社	3150
YKK APタイ社	3150
YKK AP香港社	3150
YKK APマレーシア社	3150
YKK AP FACADE社	3150
YKK AP FACADE ベトナム社	3150
YKT Europe GmbH	3151
YNC (Penang) SDN. BHD.	0650
YODOKO (THAILAND) CO., LTD.	3038
Yokogawa Electric Asia Pte. Ltd.	3027
Yokogawa Electric International Pte. Ltd.	3027
Yokogawa Electric Singapore Pte. Ltd.	3027
Yokogawa Electric Works, Inc.	3027
YOKOREI CO., LTD.	3033
YOKOWO AMERICA CORPORATION	3026
YOKOWO ELECTRONICS (M) SDN.BHD.	3026
YOKOWO EUROPE LTD.	3026
YOKOWO KOREA CO., LTD.	3026
YOKOWO MANUFACTURING OF AMERICA LLC.	3026
YOKOWO (SINGAPORE) PTE.LTD.	3026
YOKOWO (THAILAND) CO., LTD.	3026
YOKOWO VIETNAM CO., LTD.	3026
YONEX GmbH	3040
YONEX AMERICA INC.	3040
YONEX CORPORATION	3040
YONEX CORPORATION U.S.A.	3040
YONEX SPORTS GmbH	3040
YONEX SPORTS HONG KONG LIMITED	3040
YONEX TAIWAN CO., LTD.	3040
YONEX U.K. LIMITED	3040
Yoshimoto Entertainment Seoul Co, , Ltd	3037
Yoshimoto Entertainment Taipei Co., Ltd.	3037
Yoshimoto Entertainment (Thailand) Co.Ltd	3037
YOSHIMOTO U.S.A., INC.	3037
YSK	2953
Y's & partners	3152
YS PUND Co., LTD	0975
Y's table Asia Pacific Pte. Ltd	3152
Y'S TABLE INTERNATIONAL CO., LIMITED	3152
YUASA SATO (Thailand) Co., Ltd.	0934
YUHSHIN U.S.A. LTD.	2989
YUKEN SEA CO., LTD.	2985
YUKE'S Company of America	2983
YUKE'S LA Inc.	2983
YUMESHIN VIETNAM CO., LTD.	3019
YURISOFT, INC.	0523
YUTAKA SHOJI SINGAPORE PTE.LTD.	2992
ZACROS AMERICA, Inc.	2548
ZACROS (HONG KONG) CO., LTD.	2548
ZAO KAWAKAMI PARKER 人	2312

Zappallas, Inc.	0931
ZEG	2333
ZENRIN EUROPE GmbH	1399
Zensho America Corporation	1390
ZENSHO DO BRASIL COMERCIO DE ALIMENTOS LTDA.	1390
ZENSHO (THAILAND) CO., LTD	1390
ZERIA USA, INC.	1380
Zero-Sum ITS Solutions India Private Limited	2002
ZHEJIANG PARKER THERMO TECHNOLOGY CO., LTD.	2312
ZHONG LING INTERNATIONAL TRADING (SHANGHAI) CO., LTD.	3107
ZHONGSHAN ENOMOTO Co., Ltd.	0357
ZIGExN VeNtura Co., Ltd.	1101
ZOJIRUSHI AMERICA CORPORATION	1411
ZOJIRUSHI SE ASIA CORPORATION LTD.	1411
ZOZOTOWN HONGKONG CO., LIMITED	1290
Zucks	2672
ZUIKO INC.	1267
ZUIKO ASIA (THAILAND) CO., LTD.	1267
ZUIKO INDUSTRIA DE MAQUINAS LTDA.	1267
ZWEI (THAILAND) CO., LTD.	1674

編者紹介

結城 智里（ゆうき・ちさと）
慶應義塾大学図書館情報学科卒。一般財団法人機械振興協会経済研究所情報創発部調査役。ビジネス支援図書館推進協議会理事。東京都図書館協会理事。
共編に『企業名変遷要覧』(日外アソシエーツ 2006)、論文に「インターネット情報から抜け落ちた過去を現在につなぐ」(情報管理 2007) などがある。

企業名変遷要覧 2

2015年12月25日　第1刷発行

編　者／機械振興協会経済研究所 結城智里
発行者／大高利夫
発　行／日外アソシエーツ株式会社
　　　　〒143-8550 東京都大田区大森北 1-23-8 第3下川ビル
　　　　電話 (03)3763-5241(代表)　FAX(03)3764-0845
　　　　URL http://www.nichigai.co.jp/
発売元／株式会社紀伊國屋書店
　　　　〒163-8636 東京都新宿区新宿 3-17-7
　　　　電話 (03)3354-0131(代表)
　　　　ホールセール部(営業)　電話 (03)6910-0519

　　　　電算漢字処理／日外アソシエーツ株式会社
　　　　印刷・製本／株式会社平河工業社

不許複製・禁無断転載　《中性紙H-三菱書籍用紙イエロー使用》
〈落丁・乱丁本はお取り替えいたします〉
ISBN978-4-8169-2575-7　　　　Printed in Japan, 2015

企業名変遷要覧

結城智里（機械振興協会経済研究所），神戸大学経済経営研究所附属政策研究リエゾンセンター，
日外アソシエーツ編集部 共編
B5・1,040頁　定価（本体38,000円＋税）　2006.1刊

上場企業およびその他の有力企業、あわせて4,317社の社名変遷を時系列に一覧。現社名から、社名変更・合併・分離などによる変化を、母体となった会社設立まで遡って調査することができる。

国際ビジネス英和活用辞典
―国際取引・貿易・為替・証券

菊地義明 編　A5・520頁　定価（本体5,200円＋税）　2015.5刊

国際取引で多用される用語4,200語、関連語句12,900件、文例4,700件を収録。国際ビジネスで用いられる専門用語、頻出語句、カレント・トピックスの文例を豊富に収録し、実務翻訳に活用できる。

経済・金融ビジネス 英和大辞典

菊地義明 編　B5・1,050頁　定価（本体23,800円＋税）　2012.5刊

金融専門分野に特化し、多様な語義と関連語句、文例を網羅した金融ビジネス用語の英和辞典。銀行、証券、保険、財務会計分野の各種公式文書、報告書、アナリスト・レポート、専門紙誌を読み解く上で必要な基本語、最新語、重要語句、関連語5万語と文例1.7万件を収録。既存の辞典には収録されていない言い回しや表現も豊富。

白書統計索引 2013

A5・920頁　定価（本体27,500円＋税）　2014.2刊

2013年刊行の白書111種に収載された表やグラフなどの統計資料17,180点の総索引。主題・地域・機関・団体などのキーワードから検索でき、必要な統計資料が掲載されている白書名、図版番号、掲載頁が一目でわかる。

ビジネス・技術・産業の賞事典

A5・740頁　定価（本体18,800円＋税）　2011.6刊

国内の経済・経営、科学・技術、農林水産業、製造業、通信・サービスの各分野の主要な109賞の概要と、第1回からの全受賞情報を掲載。

日本の創業者―近現代起業家人名事典

A5・520頁　定価（本体14,200円＋税）　2010.3刊

日本経済をリードしてきた企業800社の創業者865人を収録した人名事典。江戸時代から現代まで、日本の起業家たちの経歴と業績、創業エピソードを紹介。

データベースカンパニー
日外アソシエーツ

〒143-8550　東京都大田区大森北1-23-8
TEL.（03）3763-5241　FAX.（03）3764-0845　http://www.nichigai.co.jp/